OTTO DOPPELFELD · WILLY WEYRES
DIE AUSGRABUNGEN IM DOM ZU KÖLN

RÖMISCH-GERMANISCHES MUSEUM · KÖLN

Kölner Forschungen

BAND 1

1980

VERLAG PHILIPP VON ZABERN · MAINZ AM RHEIN

OTTO DOPPELFELD · WILLY WEYRES

Die Ausgrabungen im Dom zu Köln

mit Beiträgen von

IRMINGARD ACHTER, GERD BIEGEL, KURT BÖHNER, ERNST HOLLSTEIN, HILTRUD KIER, WERNER MEYER-BARKHAUSEN, WILHELM SCHNEIDER, ALBERT VERBEEK UND ARNOLD WOLFF

HERAUSGEGEBEN VON

HANSGERD HELLENKEMPER

VERLAG PHILIPP VON ZABERN · MAINZ AM RHEIN

Gedruckt mit Unterstützung
des Ministers für Landes- und Stadtentwicklung
des Landes Nordrhein-Westfalen
und
der Stadt Köln

CIP-Kurztitelaufnahme der Deutschen Bibliothek

Doppelfeld, Otto:
Die Ausgrabungen im Dom zu Köln/Otto Doppelfeld; Willy Weyres. Mit Beitr. von Irmingard Achter ... Hrsg. von Hansgerd Hellenkemper. – Mainz am Rhein: von Zabern, 1980.
(Kölner Forschungen; Bd. 1)
ISBN 3-8053-0458-7

NE: Weyres, Willy:

ISBN 3-8053-0458-7

Printed in Germany/Imprimé en Allemagne
Gesamtherstellung: Konrad Triltsch, Würzburg

Inhalt

Vorwort

In der Sitzung vom 22. Oktober 1945 beschloß das Metropolitan-Kapitel an der Hohen Domkirche zu Köln, im Dom Ausgrabungen vornehmen zu lassen. Seit dem 26. Mai 1946 wird unter dem Dom und in seiner unmittelbaren Umgebung ohne Unterbrechung ausgegraben. In der Notzeit der ersten Nachkriegsjahre hat sich ein wissenschaftliches Unternehmen entwickelt, das als ›Domgrabung‹ ein bedeutender Abschnitt der archäologischen Forschung in Deutschland geworden ist.

Die Aufnahme der Ausgrabungen war ein Stück Zukunftsglaube. Dennoch ahnten weder Archäologe noch Dombaumeister damals, daß die Untersuchungen länger als eine Generation dauern sollten. Mit großer Leidenschaft hat Otto Doppelfeld von 1946 bis 1963 die Ausgrabungen geleitet. Willy Weyres übernahm 1963 die Ausgrabung, die er schon als Dombaumeister seit den Anfängen begleitet hatte. Wilhelm Schneider ist es, der ihnen zur Seite seit den ersten Tagen die Arbeiten mit besonderer Umsicht und Sorgfalt führt.

Das Metropolitan-Kapitel der Hohen Domkirche hat in der Überzeugung, daß die Ausgrabungen für die Geschichte des Domes, für das Erzbistum und für die Stadt Köln von besonderer geschichtlicher Bedeutung sind, die Trägerschaft übernommen, zuerst unterstützt von der Stadt Köln, dann vom Land Nordrhein-Westfalen.

Die Ausgrabungen unter dem Dom dauern an. Viele Befunde harren noch der Auswertung und der Diskussion. Seit dem Beginn haben alle an der Forschung Beteiligten kontinuierlich über den Fortgang der Arbeiten berichtet. Die Mehrzahl der Aufsätze erschien in Fachzeitschriften und begründete so im In- und Ausland den wissenschaftlichen Ruf der ›Domgrabung‹.

Um die Leistung und die Ergebnisse zu würdigen, hat das Römisch-Germanische Museum der Stadt Köln den beiden wissenschaftlichen Leitern vorgeschlagen, noch vor Abschluß der Ausgrabungen eine Aufsatzsammlung zusammenzutragen, die die wesentlichen Stationen der Domgrabung seit mehr als 30 Jahren umfaßt. Die Auswahl der Beiträge – mit Otto Doppelfeld und Willy Weyres überlegt und besprochen – versucht, alle wichtigen Aspekte der Ausgrabungen zu berücksichtigen. Die Vorlage der erschienenen Berichte und Untersuchungen in ihrer Gesamtheit wäre zu umfangreich, Überschneidungen zu häufig gewesen. Die Bibliographie im Kölner Domblatt des Zentral-Dombau-Vereins erfaßt alle wissenschaftlichen Diskussionsbeiträge.

Dieser Sammelband soll über die bisherigen Ergebnisse und ihre Interpretation Rechenschaft ablegen, eindringlicher als es bisher in der verstreuten und nicht überall zugänglichen Fachliteratur geschehen ist. Die hier zusammengetragenen Beiträge sind Vorarbeiten zu einer späteren endgültigen

Auswertung. Die Berichte haben jedoch gegenüber anderen den Vorzug, daß sie vielfach ausführlich archäologische und baugeschichtliche Befunde und Einzelbeobachtungen mitteilen, die es dem Außenstehenden ermöglichen, die Ergebnisse in wesentlichen Teilen zu überprüfen. Diese Zusammenschau – mosaikartig aneinandergefügt – soll dazu beitragen, den Weg der Ausgrabungen über 30 Jahre hinweg mit den sich ändernden Fragen und Antworten zu verfolgen, zugleich aber auch die Möglichkeit geben, neue Überlegungen zu den bisherigen Ergebnissen anzuregen. Die Vielfalt und der Reichtum der Funde aus Antike und Mittelalter mögen auch der kritischen Diskussion zu archäologischen, baugeschichtlichen und kunsthistorischen Fragen helfen.

Ein herzlicher Dank gilt den Autoren, die die Domgrabung durch ihre wissenschaftliche Diskussion begleitet und der erneuten Vorlage ihrer Arbeiten zugestimmt haben. Ohne die vielfältige Hilfe von Freunden und Förderern wäre die Herausgabe im Jahr des Domjubiläums nicht möglich gewesen: Hugo Borger, Hans-Ulrich Eichler, Josef Hecking, Margrit Ludwig, Paul A. Memmesheimer, Paul von Naredi-Rainer, Christoph B. Rüger, Franz Rutzen, Wilhelm Schneider, Reinhard Tränkner, Andrea Weisbecker, Arnold Wolff. Ihnen allen ist zu danken.

Otto Doppelfeld hat nur noch die Vorbereitung dieses Bandes mit lebhafter Anteilnahme verfolgen können. Ihm, dem Entdecker des ›unterirdischen Domes‹ sind die ›Ausgrabungen im Dom zu Köln‹ gewidmet.

Hansgerd Hellenkemper

Widmungsbild aus dem Hillinus-Codex, um 1025, Domschatzkammer.

Erzbischof Hildebold mit dem Modell des Alten Domes, Entwurf August Essenwein, Mosaik im Chorumgang (1889 – 1892).

Schmuck aus dem fränkischen Frauengrab unter dem Dom.

Grabplatte des Erzbischofs Gero, nach 976, Dom, Stephanuskapelle.

Holzkreuz aus dem Alten Dom, gestiftet von Erzbischof Gero, vor 976.

Schrein des Heiligen Heribert, um 1160 – 1170, Emailmedaillon mit Darstellung des Alten Domes (?).

Achskapelle (Dreikönigenkapelle) im gotischen Dom, Ausmalung von Friedrich Stummel (1891) und Altar von Friedrich Wilhelm Mengelberg (1908). Wiederherstellung 1978.

Otto Doppelfeld

Ein Schnitt durch den Untergrund des Kölner Doms

Aus: Forschungen und Fortschritte 24, Nr. 9/10, 1948, 97 – 101

Köln rüstet zur Jubelfeier seines Domes. Scheinbar kaum beschädigt, ragt dieser erhabene Bau als dunkle Masse über die hellen Trümmerfelder der Altstadt hinaus. Und doch schlugen Bomben und Granaten schwerste Breschen in das kunstvolle Gefüge des Domes – und in das nicht weniger empfindliche Herz der Kölner, wo sie Seiten bloßlegten und Kräfte weckten, die bis dahin schlummerten. Es weht ein neuer Geist um den Dom, und seine Träger finden sich erfreulicherweise gerade an den verantwortlichen Stellen im Domkapitel und der Dombauverwaltung. Heute wollen wir den Dom nicht mehr als ein stilreines und isoliertes Schaustück; er soll vielmehr, ähnlich wie es früher war, räumlich mit dem Leben der Stadt und zeitlich mit den vielen Generationen, die an ihm bauten, sichtbar verflochten erscheinen. Denen, die aus diesem Geiste hinaus die Grabungen in die Wege leiteten und förderten, zu danken, ist uns eine angenehme Pflicht.

Wir müssen es heute als ein Glück ansprechen, daß man im vorigen Jahrhundert, obwohl die Gelegenheit beim Ausbau des Domes denkbar günstig war, aus der ganz anderen Einstellung dem Bauwerk gegenüber keine größeren Grabungen unternommen hat. Man hätte, wie die Aufzeichnungen über die vereinzelten Nachgrabungen, die man damals vornahm, zeigen, sich mit dem Suchen der alten Mauerzüge begnügt und uns damit die Möglichkeit einer Schichtenuntersuchung für immer genommen. Wieviele Erkenntnisse uns damit entgangen wären, mag man aus dem Schnittbild ersehen, das wir hier als bereits fertiges Einzelergebnis der lange noch nicht abgeschlossenen Grabungen vorlegen. Dieser Aufschluß an einem der für die Geschichte des Abendlandes bedeutungsvollsten Punkte ist auch in methodischer Hinsicht bemerkenswert; ein Schichtenprofil von zehn Meter Höhe würde man eher in einem vorgeschichtlichen Burgwall oder in einem vorderasiatischen Tell als in einer mittelalterlichen Kirche erwarten.

Die Grabungen begannen 1946 im Langhaus des Doms, wo im ersten Schnitt die Westapsis des karolingischen oder „Alten" Domes gefunden wurde. Dann mußten sich die Grabungen auf den Chor des Domes konzentrieren, weil dieser zur Feier am 15. August wiederhergestellt sein soll. Hier wurde 1947 am Eingang zur Scheitelkapelle des Chorumganges die Ostapsis des Alten Domes gefunden. Nun bot sich in dem brunnenartigen Schacht, der einerseits von der gerade gefundenen Apsis und im übrigen von dem hufeisenförmigen Fundament der gotischen Kapelle gebildet wird, eine Gelegenheit, ohne größere Vorrichtungen in die Tiefe zu gehen (Abb. 1), denn außer der nächstliegenden Frage nach der Lage und Gestalt des Alten Domes drängen sich bei der Grabung andere wichtige Probleme, wie das des römischen Tempels und der merowingischen Kirche auf, zu deren Lösung in erhebliche Tiefen heruntergegraben werden muß. Bei diesen Arbeiten wurden außer dem hier abgebildeten Profil (Abb. 3), das in der Richtung der Domachse liegt, ein Kontrollprofil 1 m südlich davor und senkrecht zu diesen beiden ein Querschnitt stufenweise abge-

Abb. 1. Blick von Nordosten auf die Ostapsis des Alten Doms. Dahinter die Wittelsbacher Gruft 237. Links und rechts ist das gotische Fundament an die alte Apsis angelehnt. Unten links die römische Mauer 275. Grabungsaufnahme von Call.

schachtet und aufgemessen. Diese drei Schnittbilder geben in 14 Bauperioden einen lückenlosen Überblick über die ganze in Frage kommende Zeitspanne von Augustus bis ins 19. Jahrhundert. Im Folgenden sollen bei der Beschreibung der Schichten auch die übrigen Ergebnisse der Grabungen zu den einzelnen Perioden kurz angeführt werden.

Das Profil reicht in den gewachsenen Boden hinein. Unten sind verschiedene Lagen feinen Triebsandes (z), wahrscheinlich diluvialer Herkunft, und darüber die im ganzen Kölner Gebiet vorhandene alluviale Lehmdecke (y) angeschnitten; der Rand der Lehmdecke (x) ist durch Infiltration dunkler gefärbt. Der Vergleich mit Messungen der Oberkante des gewachsenen Bodens in der Umgebung zeigt, daß wir uns hier auf einer natürlichen Ebene befinden, die erst weiter ostwärts beginnt, zum Rheinbett abzufallen und auch nach Osten in gleicher Höhe noch weiter zu verfolgen ist, bis etwa in der Gegend der Domvierung das Gelände mit einem unvermittelten Knick zur Niederterrasse ansteigt. Wie die in sauberer Technik ausgeführte Mauer 299 zeigt, ist diese in normalen Jahren hochwasserfreie Ebene schon in augusteischer Zeit (Schicht s) bebaut worden (Periode I a), obwohl wir uns hier aller Wahrscheinlichkeit nach außerhalb des Oppidum Ubiorum befinden. Wie der Platz im einzelnen benützt wurde, können wir nach den wenigen bisher bekannt gewordenen Resten nicht sagen. Klarer sehen wir in der folgenden Periode I b, wo eine gewaltige Kalklage, wahrscheinlich der letzte, nicht mehr verwendete Rückstand einer „Kalkpfanne" (r 2 bis 4) ein Bauvorhaben von größtem Ausmaß andeutet. Dies kann kein anderes gewesen sein als der Bau der

gewaltigen Stadtmauer, von der wir wissen, daß sie an den Beginn der Colonia Claudia Ara Agrippinensium, also in die claudische Zeit zu datieren ist. Sie umschloß mit unregelmäßiger Linienführung das natürliche Plateau, auf dem die Kolonie begründet wurde. Ihr östlicher Trakt folgt genau dem Ufer eines kleinen Rheinarmes, der als Hafen ausgebaut wurde. Die Einfahrt zu diesem Hafen lag vor der Nordostecke der Stadt, also in Höhe des Domes. Wir befinden uns hier also keineswegs in einem toten Winkel der Römerstadt, sondern an einem ihrer bedeutendsten und weithin sichtbaren Punkte, gleich nahe zur Hafeneinfahrt wie zum Haupttore gelegen (Abb. 2).
Das kommt auch in der gleich einsetzenden intensiven Bebauung (Periode II) zum Ausdruck. Unser Profil zeigt eine Mauer (287), die bald von einer ähnlichen (275) überbaut wurde, und verschiedene Bodenhorizonte (q, p = Periode II a, II b). Die Zerstörung des älteren Baus (287) dürfte mit dem Bataveraufstand in Verbindung zu bringen sein. Die Mauern gehören zu einer Badeanlage, von der größere Teile mit einem achteckigen Laconicum weiter ostwärts in den Jahren 1866 und 1926 gefunden wurden (Abb. 2, D). Wir möchten diese Anlage in direkte Beziehung zu dem im Jahre 1941 unter dem Dombunker (Abb. 2, G) entdeckten älteren Palast setzen, der seiner Lage und Größe nach sehr wohl die Residenz des Statthalters von Niedergermanien gewesen sein könnte. Haben wir so über die Bebauung unserer unteren Ebene schon sehr klare Vorstellungen gewonnen, so läßt sich über die Verhältnisse weiter westlich auf der Stufe der Niederterrasse noch gar nichts aussagen. Ein hart ostwärts vor dem Domchore gefundenes großes Bruchstück einer Bauinschrift spricht von einer Renovierung „a fundamentis" des Merkurtempels durch die Augustalen des Titus. Diese Renovierung könnte ebenso wie die neue Herrichtung unserer Mauer 287 durch die Ereignisse des Bataveraufstandes notwendig geworden sein. Wenn der Tempel, wie man aus der sicherlich nicht weit verschleppten Inschrift mit Recht geschlossen hat, in der Nähe zu suchen ist, so möchte man ihn am ehesten auf der Terasse, also über der breitgelagerten Palastgruppe vermuten. – Eine Besonderheit aller römischen Mauern in der Nordostecke der Stadt sei noch kurz er-

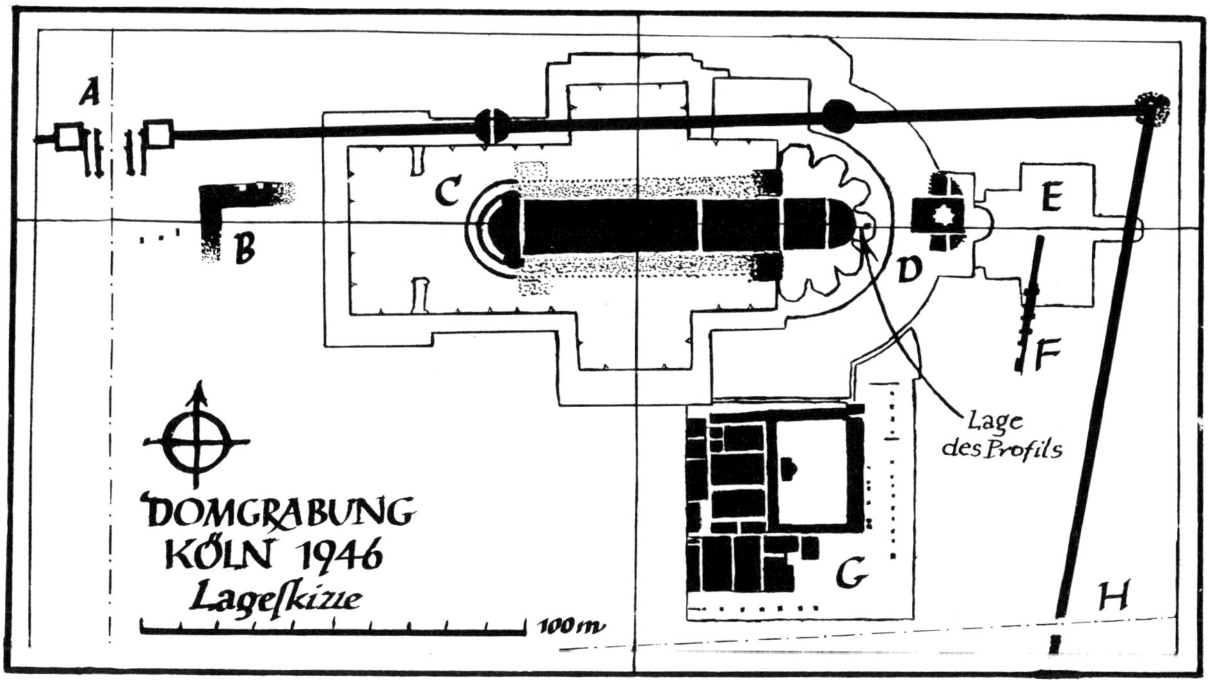

Abb. 2. Lageplan. A: römisches Nordtor, B: Reste des alten Atriums, C: Der Alte Dom, D: römische Badeanlage, E: die abgebrochene Kirche Maria ad gradus, F: „Stützmauer", G: Dombunker mit Palast und Kolonnade, H: römisches Tor zum Rheinhafen hin. – Maßstab 1 : 2000.

wähnt: sie liegen schiefwinklig zueinander und folgen darin der von der Natur vorgezeichneten spitzwinkligen Nordostecke der Stadtmauer. Die einzige Ausnahme bildet die eingangs erwähnte augusteische Mauer 299, die genau von Norden nach Süden verläuft, also auch aus diesem Grunde zeitlich vor die Stadtmauer gesetzt werden muß. Die große Kalklage, die diese erste Mauer von den späteren schräg verlaufenden Mauern scheidet, ist demnach auch ihrer stratigraphischen Lage nach mit dem Stadtmauerbau in Verbindung zu bringen.

Die nächste Bauperiode III (Schichten m, n, o) zeigt planmäßige Aufschüttungen (o) in Verbindung mit neuem Komfort (Bodenheizung 273). Das entspricht der Neugestaltung auf der ganzen unteren Ebene. Ein barock anmutendes Becken mit ausgeschwungenen Wänden ersetzt das schlichte Achteck-Laconicum, und der Statthalterpalast wird durch einen Neubau mit prächtigem Peristyl und einem Oecus, den das schöne Dionysos-Mosaik schmückt, überbaut. Neben dieser ganz nach südlichem Vorbild gebauten Sommerwohnung nimmt die Winterwohnung mit Bodenheizung und einem Kamin mehr Rücksicht auf das Kölner Klima. Wir befinden uns im Zeitalter der Antonine, als in der Colonia soviel gebaut und geschafft wurde, aber offenbar nichts geschah, was den Griffel der Geschichtsschreiber hätte in Bewegung setzen können.

Im großen und ganzen blieb die Planung der Periode III, die im Grunde ja auf Periode II, also den Beginn der Kolonie zurückgeht, auch bis an das Ende der Römerzeit bestehen. Nur eine Änderung trat in nicht genau zu bestimmender Zeit (Periode IV) hinzu: Die Straßen wurden von gewaltigen Pfeilerreihen eingefaßt. Der am Palast vorbeiführende Weg wurde außerdem zu einer dreischiffigen Porticus erweitert, die einen kleinen Streifen des Peristyls beanspruchte. Weiter nördlich war die Kolonnade wieder einreihig. Sie schnitt hier mitten durch die Räume der Badeanlage. Einen ihrer Pfeiler haben wir vor dem Profil angetroffen. Er ist in den älteren Boden mit Heizkanal (273) eingetieft.

Die nun folgende fränkisch-merowingische Periode (V) ist die dunkelste für die Geschichte Kölns. Haben die Franken wirklich den verwüsteten Stadtkern in Trümmern liegen lassen und sich ringsherum ihre Holzhäuser gebaut? Am allerwenigsten möchte man das für die Umgebung des Domes gelten lassen, die wohl von Anfang an königlicher Besitz und wie in römischer Zeit Residenz war. Einfache Bauten, die an die Stelle des gänzlich zerstörten Palastes traten, mögen in diese Zeit zu setzen sein. Die mächtigen Pfeiler dürften noch gestanden haben. So haben wir die Schichten l unseres Profiles mit Vorbehalt in diese Zeit gesetzt. Bisher spricht noch kein Argument dagegen, daß auch römische Bauten von den Franken übernommen und ihren Zwecken dienstbar gemacht wurden. In unserem Falle dreht es sich in erster Linie um das achteckige Becken, das möglicherweise als Baptisterium weiter bestanden haben könnte. Solange aber noch nicht auf der Niederterrasse und besonders unter der Domvierung gegraben und festgestellt ist, ob hier der römische Tempel und später vielleicht eine fränkische Kirche oder Palastkapelle gestanden haben, ist eine Erörterung dieser Fragen, die durch die noch umstrittene Lokalisierung der ersten Kölner Bischofskirche sehr verwickelter Natur sind, verfrüht.

Erst von der Regierung Karls des Großen kennen wir den Platz der Kölner Kathedrale. Karl schenkte seinem Hofkaplan Hildebold, dem ersten Erzbischof von Köln, das alte „Hachtgebiet" im Nordostwinkel der Stadt, und hier begann Hildebold den Dombau, – so berichtet die spätere Tradition. Aber erst sein zweiter Nachfolger Willibert konnte ihn 870, wie historisch feststeht, einweihen. Die Grabung hat diesen bisher nicht sicher feststehenden Sachverhalt in denkbar eindeutiger Weise bestätigt. Der Bau der Periode VI zeigt eine glänzende Planung (Abb. 2, C): doppelchörige Anlage bei über 91 m innerer Länge mit Querhäusern und Treppentürmen und Paradiesen vor beiden Apsiden, und zwar im Westen ein halbrundes mit gedecktem Umgang, im Osten ein gepflastertes, das in unserem Profil bei 284 sichtbar wird. Die Anlage, die auffallend an den Bauriß von St. Gallen erinnert und diesem sicherlich als Vorbild gedient hat, ist gänzlich neu, wie die tiefe Fundamentgrube (k) für die Apsismauer (252), die alle römischen Schichten und auch einen Teil des spätrömischen Pfeilers 272 abschneidet, deutlich erkennen läßt. Umfangreiche Erdbewegungen gingen voraus, denn der Bau reicht weit über die natürliche Geländestufe der Niederterrasse, die durch Anschüttungen weit hinausgeschoben wurde. Aber der Bau geriet ins Stocken. Das aufgehende Mauerwerk (252 b) ist später (Periode VII) schlechter gemauert worden als die Fundamente. Die Paradiese wurden aufgegeben. Boden 284 wurde, soweit die Platten nicht entfernt waren, mit Erde bedeckt. Die späte hastige Vollendung dieses ersten fertigen und durch Willibert 870 eingeweihten Baus ist auch an der Auswitterung des Mauerfußes in unserem Profil zu erkennen, die auf mangelnde Ableitung des Regenwassers schließen läßt.

In der nächsten Periode VIII hat man durch Aufkleben eines Mörtelwulstes und wiederholte Erdanschüttungen das Regenwasser von der Mauer ferngehalten. Die Apsis wurde mit einem weißen Außenputz versehen; sie muß bei Sonnenbestrahlung einen herrlichen Anblick vom Rheine her geboten haben. In salischer Zeit (Periode IX) baut Erzbischof Anno († 1075) die kleine Stiftskirche Maria ad gradus (Abb. 2, E) vor die Ostapsis. Etwas Ähnliches muß wohl schon in der VI. Periode von Hildebold geplant worden sein, denn der Plattenboden (284) sollte ja sicherlich zu irgendeinem Bauwerk hinführen. Für die Zeit Annos ist zwischen den beiden Kirchen ein Friedhof bezeugt, und da unsere Strate e mit den beiden Gräbern 266 und 277 sowie vielen anderen Bestattungen den einzigen Friedhof unseres Profils darstellt, gewinnen wir einen festen Anhalt für die Datierung dieser Schicht in die salische Zeit. Ein späterer Plattenboden (274), der den Friedhof abdeckte und wahrscheinlich gleichzeitig mit einem noch im beginnenden 19. Jahrhundert bestehenden Säulengang ist, wäre dann in die staufische Zeit zu setzen, also in die letzte Phase des Alten Domes. Die erhaltene Platte liegt schon höher als der Schrägsockel der Apsismauer.

Die Grundsteinlegung zum gotischen Dom erfolgte am 15. August 1248 (Periode XI). Nach unserer Auffassung vollzog sich der feierliche Akt – entgegen der bisherigen Meinung – in der Achse des Domes, da wo das Fundament der Kapelle (271) eine später zugemauerte Lücke (268) aufweist. Darauf wurde der obere Teil des Fundaments frei hochgemauert und Erde angefüllt (d, c). Nun begann die Absteckung der aus fünf Seiten des Achtecks gebildeten Kapelle. Ein glücklicher Zufall hat uns die Spur des Meßpfahls, den der erste Dombaumeister Gerhard dabei benutzte, finden lassen (281). Die Chorweihe fand 1322 statt. Danach (Periode XII) wurde die Leiche Konrads von Hochstaden vom Alten Dom in den neuen überführt, und zwar an die Stelle, wo er den Grundstein gelegt hatte. Grab 236, das wegen seiner hohen Lage im Vergleich zum älteren Domboden (235) mit einer Tumba überbaut gewesen sein muß, jetzt aber bis auf die Reste sehr reicher Paramente (236 a) leer war, ist wohl der Platz, an den man Konrad überführte. Jedenfalls wüßten wir keine ander Persönlichkeit, der dieser Ehrenplatz vor dem Dreikönigenaltare sonst zugestanden hätte.

In der Barockzeit (Periode XIII) wurde mitten in der Kapelle für den Dreikönigenschrein ein kleines Mausoleum errichtet, dessen Grundmauern noch angetroffen wurden (229, 231). Bei dieser Gelegenheit dürfte Konrad von Hochstaden in die nördlich angrenzende Kapelle überführt worden sein, wo jetzt noch sein, – allerdings neues und weder ober- noch unterirdisch irgendwelche Reste umschließendes – Grabmal steht. – Der merkwürdige Ziegelbehälter (257) hat sicherlich das Herz der Königin von Frankreich, Maria von Medici, umschlossen, die als Feindin Richelieus 1644 in Köln in der Verbannung starb. – Am Anfang des 18. Jahrhunderts dürfte die Gruft 237 angelegt worden sein, in der in schrecklich verwühltem Zustand die Leichen der Erzbischöfe Joseph Clemens und Clemens August, der Erbauer der Schlösser von Bonn und Brühl, lagen. Als in der Zeit Napoleons der Dom als Pferdestall und Magazin benutzt wurde, hat man die Gruft erbrochen, um das Pallium und die andern Sehenswürdigkeiten daraus in den Wirtschaften Kölns für Geld zu zeigen. – Schließlich gehört auch die Gasrohrleitung (a 4) für die Beleuchtung des Doms im 19. Jahrhundert (Periode XIV) heute schon der Geschichte an.

Zwei Jahrtausende sind in der bunten Folge der 14 Perioden des Profils vor unseren Augen lebendig geworden. Wir glauben vor dieser Erdwand den Pulsschlag der Geschichte des Abendlandes zu verspüren. Greifbar wird uns hier vor Augen geführt, daß wir uns in Köln und vor allem im Dom in einem der Brennpunkte des historischen Geschehens befinden.

Erläuterungen zum Schichtenprofil (Abb. 3)

a Neuzeit (Perioden XIV und XIII)

Beplattung des 19. Jahrhunderts und barocke Einbauten

a 1 moderner Mosaikboden
a 2 Betonunterlage zu a 1
a 3 gelber Marmor
a 4 Gasrohrleitung (a 1 bis 4 19. Jahrh.)
a 5 weißgrauer Abbruchschutt
a 6 locker, braun, erdig mit Schutt
a 7 humose Erde (Grube zu 257)
a 8 Ziegelunterlage zu den Stufen
a 9 gelbbraun, locker, sandig

b Gotisch um 1322 (Periode XII Wilhelm von Gennep)

Letzte gotische Auffüllungen und Beplattung; Überführung der Leiche Konrads von Hochstaden in den Neuen Dom

b 1 sehr locker, oben glatt
b 2 fest, gelbgrau, lehmig
b 3 hellgrau mit Mörtelbrocken
b 4 locker humos

c, d Gotisch 1248 bis 1322 (Periode XI, Konrad von Hochstaden)

Aufschüttungen und Bauhorizonte während des Aufbaus

c 1 (hier nicht erfaßt)
d 1 graubraun, lehmig-sandig
d 2 mörtelhaltiger Schutt
d 3 graubraun, sandig
d 4 dunkelbraun, sandig
c 2 schwarzgrau, humos, zieml. locker
d 5 dunkelgrau, sandig
d 6 grau, sandig
d 7 dunkelbraun, sandig
d 8 Steinabfall vom Grundmauerbau

dd etwa Staufisch (Periode X, Reinald von Dassel)

Plattenboden 274, stellenweise mit Mörteluntergrund

e Salisch (Periode IX, Anno II)

Friedhof

e 1 schwarz, fettig mit einzelnen Gebeinen
e 2 Gräberschicht mit Sarkophagen und anderen Gräbern

f etwa Ottonisch (Periode VIII, Bruno)

Außenputz; Wechsel von Anschüttungen und „Laufschichten", Mörtelwulst am Mauerfuß

f 1 grau, sandig
f 2 dunkel, humos
f 3 grau, sandig
f 4 schwarz, fest
f 5 hellbraun, sandig, mit Schutt
f 6 schwarz, fettig

g Späterkarolingisch (Periode VII, Willibert)

Aufgehendes Apsismauerwerk 252 b

g 1 Schüttung aus kleingeklopften Resten eines bemalten Wandputzes; da ohne sonstige Beimengung, sicher aus allernächster Nähe, also wohl dem Dome Williberts herrührend.
g 2 schwarze Erde; Oberfläche der Periode VII
g 3 Steinpackung, in die g 2 von oben eingesickert ist.

h, i, k Frühkarolingisch (Periode VI, Hildebold)

Apsisfundament 252 a und Grube dazu (k), ungeklärte kleinere Gruben (i), Plattenboden 284 und Bettung dazu (h)

h 1 Kieslage
h 2 schwarzbraun, sandig
i 1 schwarz, fettig
i 2 schwarz, fettig
i 3 grau, sandig
i 4 schwarz, lehmig,
i 5 grau, sandig
i 6 schwarzbraun
i 7 grau, sandig
i 8 Wechsel schwarz-fettiger und grau-sandiger Lagen
i 9 schwarz fettig
i 10 humose Erde
i 11 fettige Erde
k 1 schwarz, fettig, unten bräunlich-sandig
k 2 grau, sandig
k 3 ähnlich k 2, dunkler
k 4 dunkelbraun, locker
k 5 dunkelbraune Erde
k 6 braun mit Schutt
k 7 grauer Mörtelschutt
k 8 graubraun mit Mörtel
k 9 grauer Mörtelschutt

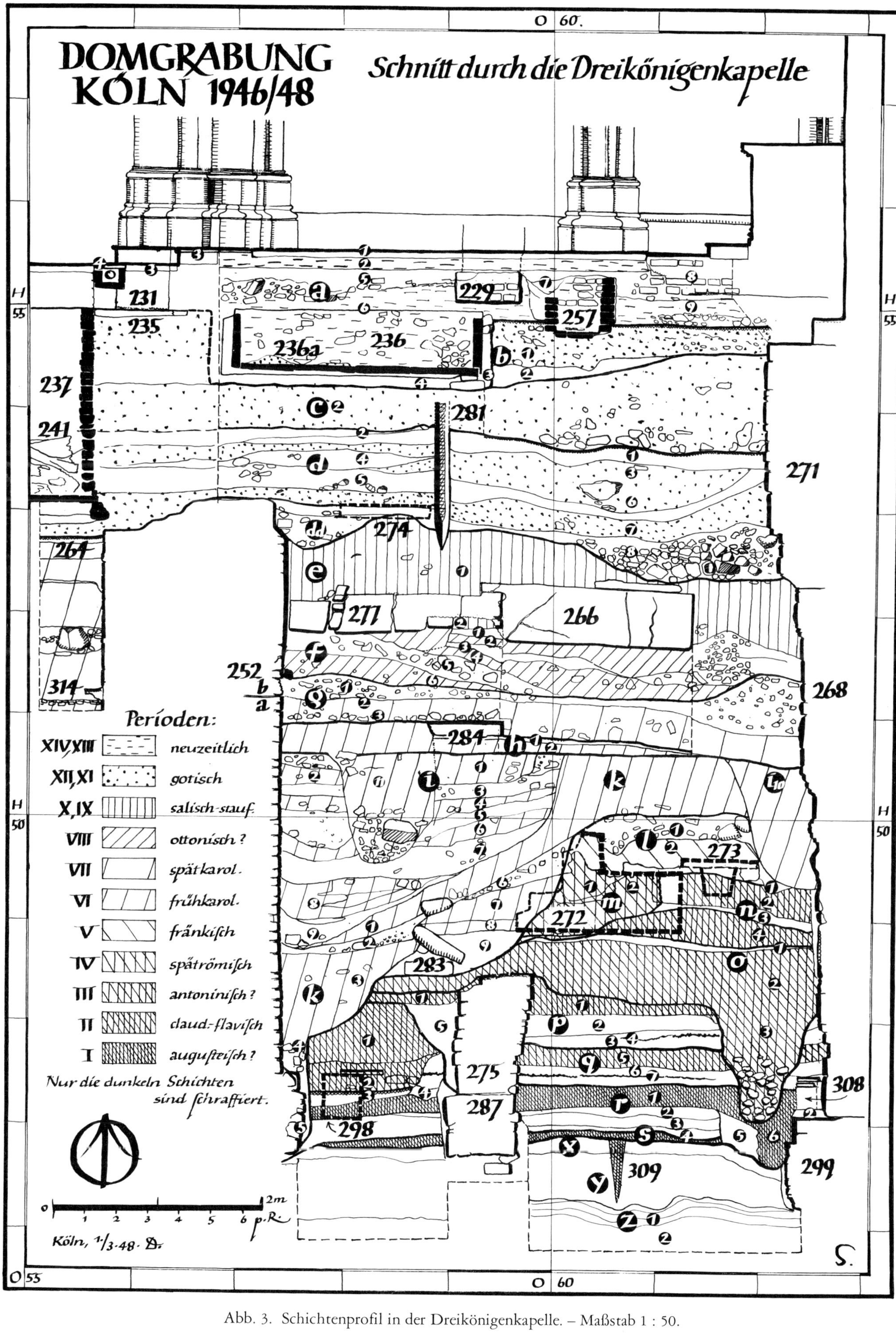

Abb. 3. Schichtenprofil in der Dreikönigenkapelle. – Maßstab 1 : 50.

l Merowingisch? (Periode V)

l1 heller Bauschutt vom Abbruch des Pfeilers 272
l2 schwarz, fettig mit vielen Ziegelstücken (nachröm. Horizont?)

m Letzte römische Zeit (Periode IV)

Grube zum Pfeiler 272, der selbst hart vor dem Profil liegt.

m1 Schutt
m2 Steine

n, o Römische Blütezeit (Periode III, antoninisch)

starke Aufschüttungen und Boden mit Heizkanal 273

n1 gelbbraun, lehmig
n2 dunkel, humos
n3 grau-sandig mit Lehm
n4 dunkelgrau, sandig
o1 grau, sandig mit Tuffbrocken
o2 dunkelbraun mit kleinen Schuttteilchen
o3 Grube mit Steinen

p 1. Jahrhundert (Periode IIb, flavisch?)

Mauer 275 und Horizonte

p1 schwarzbraun
p2 grau
p3 schmutziger Lehm
p4 schwarze, kohlehaltige Ader
p5 locker, hellbraun, kiesig (Grube zu Mauer 275)

q 1. Jahrhundert (Periode II a, claudisch)

Mauer 287, Ziegelboden (?) 298, 308

q1 schwarz mit Mörtel
q2 grau, sandig
q3 lockerer Schutt
q4 grauer Mörtel
q5 braunschwarz, locker
q6 schmutziger Lehm
q7 kohlehaltige Ader

r Mitte 1. Jahrhundert (Periode I b, claudisch)

Kalklage vom Stadtmauerbau

r1 braunschwarz, locker
r2 reiner weißer Kalk
r3 gelblicher, knotiger Kalk
r4 reiner weißer Kalk
r5 Kalk mit Erde
r6 Erde mit Kalk

s Erste Hälfte 1. Jahrhundert (Periode I a augusteisch?)

unterste Kulturschicht, fein, sandig, schwarz, oben Holzkohle; dazu Mauer 299

x, y, z Gewachsener Boden

x graubrauner, infiltrierter Lehm
y dunkelbrauner Lehm (alluviale Auenlehm-Decke)
z1 feiner Sand („Puffsand") mit Adern (diluvialer Herkunft?)
z2 feiner Sand, rein, weiß

229 Bogenfundament zum barocken Dreikönigenmausoleum
231 Mörtelspur des Fundaments der Front des Mausoleums
235 Reste des ersten gotischen Plattenbodens
236 Schieferplattengrab mit Schutt gefüllt (Konrad von Hochstaden?)
236a Reste reicher Paramente des 13. Jahrhunderts in Grab 236
237 Gruft der Wittelsbacher (Periode XIII)
241 Sarg des Erzbischofs Clemens-August († 1761)
252a Fundament der Ostapsis des Alten Doms (Periode VI)
252b Aufgehendes Mauerwerk der Ostapsis (Periode VII) mit verwittertem Fuß und aufgeklebtem Mörtelwulst sowie Putz der Periode VIII
257 Runder Ziegelbehälter mit Erde und Holzresten (Maria von Medici?)
264 Kryptaboden des Alten Doms (Periode VII)
266 Sarkophag (Periode IX), in gotischer Zeit ganz mit den beim Fundamentschachten gefundenen Gebeinen gefüllt
268 Unregelmäßigkeit im Mauerwerk des gotischen Fundaments 271 (Lage des Grundsteins?)
271 Fundament der gotischen Dreikönigenkapelle (Periode XI)

272 Römisches Pfeilerfundament einer nord-südlich verlaufenden Kolonnade (Periode IV)
273 Heizkanal unter dem Boden der Periode III
274 Boden aus roten Sandsteinplatten (Periode X)
275 Römische Mauer von NNO nach SSW verlaufend (Periode II b)
277 An die Apsis und Sarkophag 266 gemauertes Grab, wie der Sarkophag später mit Gebeinen angefüllt (Periode IX)
281 Meßpfahl, genau unter dem Schlußstein der Kapelle (Periode XI)
283 Steinreihe, zur provisorischen Befestigung der Grubenwand beim Bau des Fundaments 252 a, lose hingelegt (Periode VI)
284 Trachyt- (und Kalkstein-) Plattenboden zum Paradies der Periode VI
287 Römische Mauer, Vorgängerin von Mauer 275 und wie diese verlaufend (Periode II a)
298 Tuffquader mit Ziegelplatte (Boden? der Periode II a)
299 Älteste Mauer, genau nordsüdlich verlaufend (Periode I a)
308 Ziegellage, in gleicher Höhe wie 298 (Periode II a)
309 Pfahlloch (Periode I a)
314 Rest eines Bodens in der Apsis 252 a, wohl Kryptaboden der Periode VI

Otto Doppelfeld

Die Domgrabung

I. Fragestellung, II. Methode, III. Perioden

Aus: Kölner Domblatt 1, 1948, 20–42

I. Fragestellung

Als vor nunmehr gerade 50 Jahren die letzte Platte des neuen Fußbodens im Dom gelegt war, glaubte man wohl, einen endgültigen Abschluß, ein Werk für Jahrhunderte geschaffen zu haben. Und doch gehen wir heute schon mit sehr veränderten Gefühlen über diesen allzu glatten und ach so harten Boden. Keine Grabplatte, keine sonstigen Unterbrechungen lassen uns ahnen, wie viele und wie mannigfache Zeugnisse einer langen und ruhmreichen Geschichte unter unseren Füßen den Mutterboden bilden, aus dem auch der gotischen Dom doch letzten Endes gewachsen ist. Das Gotteshaus erscheint uns durch diesen Boden von seinen Wurzeln abgeschnitten, ähnlich wie die Domfreilegung sein Äußeres mit einer kalten und windigen Isolierschicht umgab. Die Breschen, die der Krieg in den eisenharten Beton des Bodens schlug, gaben also eigentlich nur einen äußeren Anlaß zu den Ausgrabungen, die nun schon fast zwei Jahre im Gange sind und zu schöneren Ergebnissen geführt haben, als wir zu erwarten wagten. Heute sind die verantwortlichen Stellen nicht in den Fehler der vergangenen Generationen verfallen, über dem gewiß berechtigten Drang, das Gotteshaus möglichst bald wiederherzustellen, die Gelegenheit zu Bodenuntersuchungen zu verpassen. Damals war der Fußboden eben fertiggestellt, als von vielen Seiten der immer lauter werdende Ruf nach Grabungen im Dom einsetzte. Dank dem Weitblick des Metropolitankapitels und der Dombauverwaltung sind wir heute als Ausgräber in einer glücklicheren Lage. Die Grabungen gehen nicht als ein hinderliches und nur geduldetes Unternehmen neben, sondern im engsten Zusammenhang mit den Ausbauarbeiten vonstatten, ohne diese wesentlich zu hindern. Heute wissen wir, daß die Grabungsergebnisse nicht nur in die Sphäre einer ohnehin fragwürdigen absoluten Fachwissenschaft gehören, sondern vom Dom als Bauwerk und Gotteshaus nicht mehr wegzudenken sind. Sie stellen eine Bereicherung des Baues dar und sind geeignet, den Teilen, die – wie weit mit Recht, sei hier nicht erörtert – mit dem Tadel einer allzu schulmäßigen Ausführung behaftet sind, nach einem Ausspruch des Dombaumeisters „historisches Relief" zu geben.
Im einzelnen nun harrt eine Fülle von Fragen der Lösung durch die Grabungen. An einem historisch so bedeutsamen Punkte mit einem von Altertümern so durchsetzten Boden, wie es beim Dom der Fall ist, braucht man nur an einer beliebigen Stelle den Spaten anzusetzen, um gleich eine Menge gewiß nicht belangloser Fragen anzuschneiden. An Problemen mangelt es also wirklich nicht; es gilt vielmehr im Gegenteil, sich weise zu beschränken und die Klärung der wesentlichsten Fragen als klares Ausgrabungsziel herauszustellen. Einerseits wird man nämlich nicht das ganze Dominnere von unten nach oben umwühlen können, und andererseits würde, selbst wenn man das wollte, es doch noch sehr darauf ankommen, wie und wo man damit anfängt. Will man zu wirklich

bindenden Schlüssen gelangen, darf man sich nicht mit dem Suchen und Freilegen der Bodenaltertümer begnügen, sondern muß mit planmäßigen Schnitten auch das Erdreich durchforschen. Der Ansatz dieser Schnitte richtet sich aber nach den Zielen der Grabung, also danach, welche Fragen man durch die Untersuchungen beantwortet wissen möchte. Wir haben uns nun gleich zu Beginn der Grabung als Hauptziel, das mit allen zur Verfügung stehenden Mitteln erreicht werden soll, die Klärung dreier Fragen gestellt: 1. Lage und Gestalt des „Alten Domes" sowie, wenigstens in den Grundzügen seine Baugeschichte; 2. Art der Bebauung oder sonstigen Benutzung des durch das heutige Dominnere umschriebenen Platzes in römischer Zeit; 3. die vielleicht schwierigste Frage der Kontinuität von der Antike zum Mittelalter, die Frage also, ob der karolingische Dom auf ein antikes Gebäude zurückgeht oder ob vielleicht vor ihm eine ältere Kirche hier stand, die ihrerseits auf römische Mauern zurückgehen könnte. Andere Fragen werden vorläufig nur soweit behandelt, als sie durch die den Hauptzielen dienenden Schnitte berührt werden. Hierher gehören die vielen Feststellungen zur Kulturgeschichte der älteren Perioden und alle Beobachtungen, die die gotischen und neuzeitlichen Jahrhunderte betreffen. Es handelt sich hier um eine Menge sehr reizvoller Einzelheiten, die, soweit sie zutage treten, mit der gleichen Sorgfalt untersucht werden wie die Hauptfragen. Damit diese aber nicht zurücktreten, werden den Nebenfragen vorläufig keine weitergehenden Nachgrabungen gewidmet.

Das erste der drei genannten Hauptziele kann in den Grundzügen schon als erreicht bezeichnet werden. Der genaue Standort des Alten Domes steht jetzt fest. Bei Beginn der Grabungen waren die Anhaltspunkte dazu sehr gering. Man konnte annehmen, daß die Achse des Alten Domes etwa der des gotischen entsprach, weil die Kirche Maria ad gradus beiden vorgelagert war. Ferner mußte er bis unter den gotischen Chor gereicht haben, da man 1248 Teile desselben abreißen mußte. Über das Maß dieser Überschneidung hatte man sich aber sehr getäuscht. Nach den bisherigen Rekonstruktionen hätte unser erster Grabungsschnitt im 3. Langhausjoch die Mitte des Alten Domes schneiden müssen, tatsächlich erfaßte er aber gerade noch seine Westapsis. Die Ostapsis wurde dann später unter dem Eingang, zur Dreikönigenkapelle freigelegt, und damit erwiesen sich auch die bisherigen Ansetzungen über Ausmaße und Gestalt des Alten Domes als verfehlt. Die wenigen historischen Angaben über seine Chöre im Osten und Westen, ferner über Türme, Leuchterzahl und Altäre und die recht schematischen und überdies problematischen Darstellungen im Hillinuskodex und auf der Scheibe des Heribertusschreines boten bei allem aufgewendeten Scharfsinn doch eine zu schmale Basis für eine Rekonstruktion. Obwohl die Frage der Türme und Querhäuser auch heute noch nicht geklärt ist, kann doch schon gesagt werden, daß der Alte Dom eine auffallende Übereinstimmung mit dem bekannten Bauriß von St. Gallen aufweist. Diese überraschende und der Forschung neue Wege weisende Tatsache soll ebenso wie die schon gewonnenen Anhaltspunkte für die spätere Baugeschichte des Alten Domes in einem der folgenden Aufsätze behandelt werden.

Zur zweiten Frage, nach den römischen Resten sind bisher noch keine befriedigenden Resultate zu verzeichnen. Das liegt nicht daran, daß die römischen Mauern in viel größeren, bis zu 10 m reichenden Tiefen liegen – wir haben an verschiedenen Stellen bereits alle Schichten bis zum gewachsenen Boden durchstoßen – sondern ist, so hoffen wir wenigstens, darauf zurückzuführen, daß wir mit unseren bisherigen, vor allem der Suche nach dem Alten Dom dienenden Schnitten den entscheidenden Punkt für das Römische zwar umkreist aber noch nicht gefaßt haben. Die Problemlage ist, kurz umrissen, folgende: Wir befinden uns hart an der Nordmauer der römischen Stadtbefestigung. Ostwärts und südostwärts des Doms sind in früheren Jahren Anlagen entdeckt worden, die auf ein vornehmes Wohnviertel mit mosaikgeschmückten Palästen (Dionysos-Mosaik) und Badegelegenheiten von wahrscheinlich privatem Charakter (achteckiges Frigidarium unter der Domterrasse) schließen lassen. Daran ändert auch die großartige spätrömische Pfeilerstellung unter dem Dombunker nichts; sie gehört nämlich nicht, wie man vermutet hat, zu einer forensischen Basilika, sondern zu einer der auch sonst in Köln beobachteten Straßenkolonnaden. Wir fanden nämlich in der

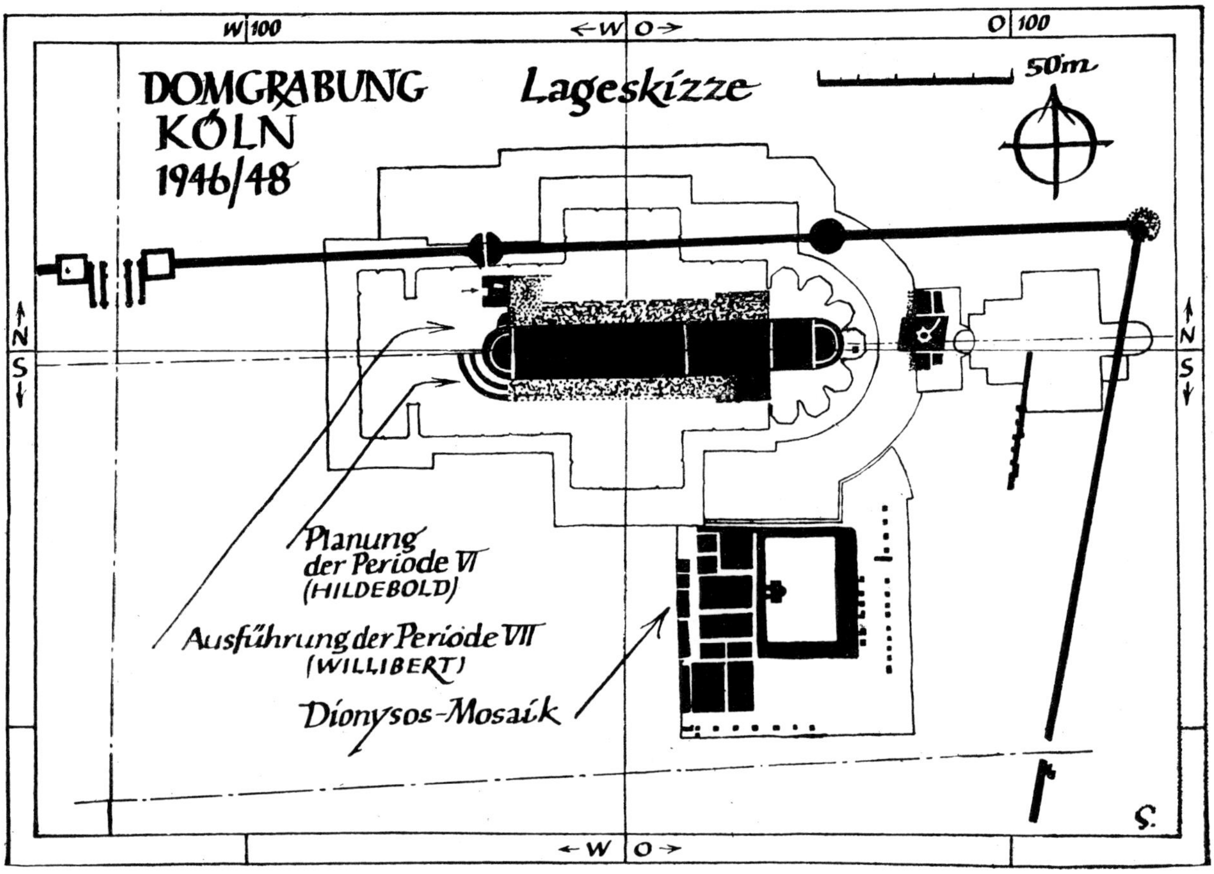

Abb. 1. Lage des alten Domes. Im Bereich eines möglichen westlichen Querhauses ist noch nicht gegraben worden. Vom östlichen Querhaus ist die Ausdehnung nach Norden, Süden und Westen noch nicht sicher festgestellt. – Maßstab 1 : 2000.

Dreikönigenkapelle, also weit von den bisher entdeckten Pfeilern, einen weiteren, der genau in der Flucht einer der für die Basilika beanspruchten Pfeilerreihen steht. Wie dieser neu aufgefundene Pfeiler bisher Bekanntes ergänzt, so vervollständigen auch die sonstigen in der Dreikönigenkapelle und im Chor gefundenen Baureste die bereits bekannten Badeanlagen. Daß schließlich die römische Stadtmauer an ihrer Innenseite von einer Straße begleitet wurde, die wir beim ersten Schnitt im nördlichen Seitenschiff anschnitten, ist eigentlich auch selbstverständlich. So haben die Grabungen in diesem Punkte noch nichts wesentlich Neues gebracht. Es fehlt bislang jede Spur von einem römischen Großbau. Es ist mit guten Gründen vermutet worden, daß auf dem Domhügel ein römischer Tempel gestanden hat (Fremersdorf, Bonner Jahrb. 123, S. 221). Den natürlichen Geländeverhältnissen entsprechend, könnte er auf dem zum Rhein gelegenen Saum der Niederterrasse, also etwa unter der Domvierung, zu suchen sein. An dieser Stelle liegt unseres Erachtens der Schlüssel zur Beantwortung der Frage nach der Bedeutung des Domhügels in römischer Zeit und in den ersten nachrömischen Jahrhunderten.

Damit haben wir bereits die dritte Frage der Ausgrabung gestreift. Ein wesentlicher Punkt zu dieser Frage konnte bereits geklärt werden: Der oben kurz geschilderte Alte Dom geht nicht auf ein römisches Bauwerk zurück, sondern ist bestimmt eine nachrömische und sehr wahrscheinlich eine karolingische Neugründung. Mit der letzten Feststellung aber wird die Frage aufgeworfen, was in der fränkischen Zeit hier gestanden hat. Es wäre zu wünschen, daß die Grabungen auch in diese „dunkelste" Epoche der Kölner Geschichte ein wenig Licht brächten.

Damit glauben wir die wesentliche Fragestellung der Domgrabung umrissen zu haben und wollen, bevor wir an die Beschreibung der Einzelheiten gehen, im folgenden Bericht zunächst die Methode der Grabung und ihre praktische Durchführung behandeln, möchten aber auch in diesem ersten Berichte nicht verfehlen, allen Dienststellen, Forschern und privaten Unternehmungen für die mannigfache Hilfe zu danken, die die Durchführung der Grabung bei den schwierigen Zeitverhältnissen ermöglichte.

II. Methode

Bevor wir zu einer Schilderung der bisherigen Grabungsergebnisse übergehen, müssen wir einige Augenblicke bei der wissenschaftlichen Methode der Ausgrabungen im allgemeinen und der Domgrabungen im besonderen verweilen. Wie wir schon an der Fragestellung erkennen können, geht es nicht darum, lediglich Mauern oder gar nur hübsche Dinge zu finden, sondern wir wollen uns auch bemühen, das Alter der aufgefundenen Baureste zu bestimmen. Es ist ein weitverbreiteter Irrtum, daß man bei einer Mauer etwa aus ihrer Technik, dem Mörtel, dem Steinformat oder dergl. ohne weiteres auf ihr Alter schließen könnte. Das glückt nur in ganz seltenen Fällen, weil diese technischen Dinge in ganz verschiedenen Zeitaltern mit erstaunlicher Ähnlichkeit wiederkehren und überdies von Ort zu Ort stark variieren können. Viel weiter kommen wir mit einer kritischen Bauuntersuchung, bei der ältere Teile von der jüngeren an Hand von Tatbeständen, wie Überbauung, Anbau, Übertünchung und ähnlichen Kriterien, geschieden werden, wie es in der bauforschenden Kunstgeschichte und Archäologie üblich ist. Darüber hinaus hat der Ausgräber aber noch ein Hilfsmittel, das in den seltensten Fällen versagt, zur Hand, nämlich die Schichtenbeobachtung oder Stratigraphie. Die auszugrabenden Mauern und Altertümer sind zu irgendwelchen Zeiten nacheinander in die Erde gekommen. Es lagerte sich also im Laufe der Zeit eine Erdschicht über die andere, und im Normalfalle ist die höhere Schicht mit den Resten, die sie umschließt, auch die jüngere. Allerdings läßt sich das Alter einer Schicht nicht mit dem Zollstock abgreifen, denn zu allen Zeiten wurde auch in die Erde hineingegraben, wodurch jüngere Teile tiefer zu liegen kamen als ältere. Hier gilt es also zu unterscheiden. Wenn Gräber oder Fundamente in die Erde eingetieft wurden, so mußten Gruben gegraben werden, die die bis dahin abgelagerten Erdschichten abschnitten. Eine Grube ist also jünger als die oberste von ihr abgegrabene Schicht. Da es nun ungezählte Arten und Schattierungen von Erden gibt, lassen sich die einzelnen Erdablagerungen voneinander scheiden und die Gruben bei einer Grabung wieder ausfindig machen, weil die Erde, mit der man eine Grube verfüllt, immer anders aussieht, vor allem mehr durcheinander gewürfelt ist als die anstehenden Schichten. Beim einfachen Graben mit dem Spaten lassen sich allerdings nur die gröbsten Unterschiede im Erdreich erkennen. Aber schon ein wiederholtes Glattstechen der jeweiligen Schachtsohle läßt die Grenzen der Schichten und vor allem die Gruben hervortreten. Noch viel deutlicher zeigen dann die glattgestochenen Schachtwände die Überlagerung der Schichten; sie zeigen ein sogenanntes Profil oder Schichtprofil. Es handelt sich nun bei Ausgrabungen darum, durch systematisch angelegte Schnitte das ganze Erdreich aufzuschließen und dabei die gesuchten oder bereits gefundenen Altertumsreste zu erfassen, so daß in dem abgestochenen Profil das Verhältnis der Mauern, Gräber und anderen Funde zu den zeitlich aufeinanderfolgenden Schichten sichtbar wird. Auf diese Art gelangt man zu einer Periodenteilung, die zunächst noch relativen Charakters ist, insofern, als zwar die Aufeinanderfolge feststeht, damit aber für die zeitliche Ansetzung noch nichts Genaueres gesagt ist. Zu diesem Ziel, der sogenannten absoluten Chronologie verhelfen uns die in den einzelnen Schichten liegenden Funde, wie Münzen, kunstgewerbliche Gegenstände und vor allem die Topfscherben, die eine mehr oder weniger genaue Zeitbestimmung der Schichten und zugehörigen Baureste gestatten, wobei natürlich immer das jüngste Fundstück den Ausschlag gibt. Zu einer präziseren Datierung dienen historische Nachrichten, mit denen die eine oder andere der Perioden wegen ihrer allgemeinen Zeitstellung und aus Erwägungen allgemeinerer Art in Zusammenhang gebracht werden kann, womit für die zwischenliegenden Perioden der Spielraum für die Datierung enger wird. Die hier geschilderte, an die Geologie und Anatomie erinnernde Grabungsmethode, ist kaum drei Generationen alt; wir müssen es daher als ein Glück ansehen, daß man im vorigen Jahrhundert, beim Ausbau des Doms die Gelegenheit zu größeren Grabungen nicht wahrnahm, denn damit wäre uns die Möglichkeit zu stratigraphischen Untersuchungen für immer genommen.

Aus der zuletzt angeführten Tatsache, daß man Ausgrabungen, wie wir sie verstehen, nicht wiederholen kann, ergibt sich die große Verantwortung und das erste Gebot für den Ausgräber, Vermutungen – ohne ein gewisses Maß von Einbildungskraft führen Grabungen so wenig wie andere wissenschaftliche Untersuchungen zu brauchbaren Resultaten – von den tatsächlichen Feststellungen klar zu trennen und den objektiven Sachverhalt mit aller Sorgfalt und allen zu Gebote stehenden Mitteln festzuhalten, damit er für spätere Nachforschungen jederzeit verglichen werden kann. Die Methoden, die zu diesem Zweck auf der Domgrabung angewandt werden, sind im folgenden aufgeführt, weil das zum Verständnis der weiteren Berichte und Pläne wesentlich beiträgt.

Die vorgefundenen Dinge werden beschrieben, abgebildet und ganz oder teilweise aufbewahrt.

1. Die Beschreibung erfolgt zunächst im Tagebuch der Grabung, das vom Grabungsleiter und seinem Stellvertreter getrennt geführt wird, und ferner im Grabungsbericht, einer katalogmäßig geordneten Beschreibung aller angelegten Schnitte, aufgefundenen Gräber, Mauern, Böden, gezeichneten Erdprofile usw. Der beachtenswerten Einzelheiten sind dabei aber so viele, daß sie von vornherein gekennzeichnet werden müssen. Das geschieht mittels laufender arabischer Ziffern, mit denen die Dinge gleich bei ihrem Erscheinen benannt werden, und die ihnen dann ein für alle Male bleiben. Es wird ohne Bildung besonderer Sachgruppen durcheinander numeriert. Es bedeutet also beispielsweise „Pfeiler 272“ nicht, daß vorher bereits 271 Pfeiler gefunden wurden. Dieses einfache Verfahren ist von F. Fremersdorf seit langem bei den Kölner Grabungen eingeführt und hat sich gerade für den Kölner Boden, der die Dinge meist nur ausschnittweise hergibt, so daß es vielfach schwer ist, sie gleich richtig anzusprechen, hervorragend bewährt.

Die Erdschichten eines Profils werden von oben nach unten, also wie sie beim Graben erscheinen, mit den kleinen Buchstaben des Alphabets bezeichnet. Größere Schichtzusammenhänge („Straten“) erhalten dabei einen Buchstaben; die einzelnen Schichten werden durch angehängte Zahlen unterschieden. Kleinere unbedeutende Schichten („Lagen“) werden unter einer Schichtenziffer zusammengefaßt. Römische Zahlen werden nur für die Kennzeichnung der Perioden verwandt, während die großen Buchstaben des Alphabets für die Bezeichnung räumlicher Bezirke reserviert bleiben.

Übersicht:	1, 1a, 1b . . 2 . . 3 . . . 4 . .	Punkte des Grabungsberichtes
	a, a1, a2 . . b . . c . . . d . .	Erdschichten
	I, Ia, Ib . . II . . . III . .	Perioden
	A, B, C, D	Räume, Bezirke

2. Die zeichnerische Abbildung der vorgefundenen Reste ist die wichtigste und schwierigste Arbeit bei Grabungen und wird meist von den Grabungsleitern selbst oder in ihrem Beisein von erfahrenen Zeichnern durchgeführt. Es wird dabei viel mehr mit Kratzern, Schabeisen, Bürsten und Blasebälgen an den Objekten als mit dem Bleistift auf dem Papier gearbeitet.

Die Zeichnungen werden „steingerecht“ in der Regel im Maßstab 1 : 20 hergestellt, wobei für jede Gesteins- und Bodenart eine besondere Schraffur verwandt wird. Wenn die Zeichnungen für den Druck oder zu Übersichtsplänen verkleinert werden sollen, werden die feinen Schraffuren durch größere oder durch Farben ersetzt, die nicht nach dem Material, sondern nach den Perioden unterschieden sind. Die Farbfolge ist um die Jahrhundertwende von der Typenkommission festgelegt worden. Danach bedeutet: rot = Steinzeit, gelb = Bronzezeit, blau = Eisenzeit, braun (orange) = römische Kaiserzeit, grün = Völkerwanderungszeit (Merowingerzeit), violett = frühes Mittelalter (karolingisch-ottonische Zeit). Wir schließen für die folgenden Zeiten die ersten drei Farben nochmals an: rot = romanisch, gelb = gotisch, blau = neuzeitlich. Bei schwarz-weißer Wiedergabe werden die Schraffen gebraucht, die seit Jahrhunderten in der Heraldik für die Farben üblich sind: rot = senkrecht, gelb = punktiert, blau = waagrecht, braun = senkrecht gekreuzt mit schräg von links oben nach rechts unten, grün = schräg von links oben nach rechts unten, violett = schräg von rechts oben nach links unten.

Die Einzelzeichnungen müssen auf das genaueste orientiert und nach ihrer Lage bestimmt sein, damit sie, zusammengesetzt, auch bei großen dazwischen liegenden Strecken nicht ausgegrabenen Gebietes das getreue Grundrißbild ergeben. Einfache Meßmethoden, etwa von den Kirchwänden oder den Pfeilern aus würden dabei zu schweren Fehlern führen, da die Kirchengebäude ja nicht genau ausgerichtet sind und ihre Unregelmäßigkeiten in den Grundrißplänen meist nicht zum Ausdruck kommen. Es ist vielmehr nötig, über das ganze Ausgrabungsgebiet eine Meßachse zu legen, von der aus jeder Punkt seiner Lage nach durch Koordinaten bestimmt werden kann. Für Köln sind wir in der glücklichen Lage, hervorragend genaue Grundrißpläne in großem Maßstab (1 : 250) zu besitzen, die alle auf ein Koordinatensystem ausgerichtet sind, dessen Ursprung der Dachreiter des Domes ist. Wir bezeichnen der größeren Anschaulichkeit halber die Entfernung von diesem Nullpunkt des Systems nicht mit positiven und negativen x- und y-Werten, sondern nach der Himmelsrichtung mit N O S W. Die entsprechenden Angaben an den Rändern unserer Pläne (beispielsweise „W 50" oder „S 100") bezeichnen also immer die Entfernung vom Dachreiter. Zahlenangaben mit vorgesetztem H geben die Höhe über Normal-Null an. Der Kölner Pegel, nach dem noch lange gemessen wurde, liegt 35,93 m über Normal Null, weshalb man beim Vergleich mit älteren Plänen zu den Höhenangaben diese Zahl hinzuzählen muß. Die Höhen werden mit Nivellierinstrumenten gemessen, da eine Messung von dem nie ganz ebenen Kirchenboden Fehler und lästige Umrechnungen mit sich bringt.

Die Zeichnungen werden auf Millimeterpapier gleich in der richtigen Orientierung hergestellt. Daher geht dem Zeichnen immer eine genaue Verlegung der Meßlatten oder Meßbänder voraus. Das Millimeternetz ist also gleichzeitig das Koordinatennetz, so daß jeder Punkt der Zeichnung leicht zahlenmäßig bestimmt werden kann. Das bringt einen großen Vorteil mit sich. Man kann, ohne auf einen notwendigerweise verkleinerten und damit ungenaueren Gesamtplan zurückgreifen zu müssen, alle Punkte miteinander vergleichen, indem man Entfernungen, Winkel oder Richtungen berechnet. Entsprechend werden die Profilzeichnungen von vorneherein auf Normal-Null eingerichtet, so daß alle Höhen leicht miteinander verglichen werden können. Außerdem wird jeder Grundrißplan mit einer Menge nivellierter Höhenzahlen versehen; so kann später ein genaues Modell von der Grabung hergestellt werden. – Das Zeichnen auf Millimeterpapier hat noch einen weiteren Vorteil; die durch Dehnung oder Schrumpfung des Papiers entstehenden kleinen Fehler werden vermieden, da ja für die genaue Lage eines Punktes nicht die Maße auf dem Papier, sondern die abgezählten Gitterlinien ausschlaggebend sind.

Die Grundlagen für die Vermessung können nicht genau genug gelegt werden. Bei größeren Grabungen auf weite Strecken und in unterirdischen Stollen genügen zum Ausfluchten von Linien, zum Loten und zum Abstecken von rechten Winkeln, die sonst gebräuchlichen Fluchtstäbe und Winkelspiegel nicht mehr. Um sicher zu gehen, muß ein Theodolith benutzt werden. Er dient auch in Verbindung mit einem Auftraggerät zur trigonometrischen Überprüfung der Meßergebnisse. Die Übertragung der großen Originalplane auf einen Übersichtsplan in kleinerem Maßstab geschieht mit einem Kartiergerät.

Gegenüber der zeichnerischen Vermessung tritt die Bedeutung der Photographie bei Grabungen in den Hintergrund. Sie kann keineswegs, wie man oft hört, weil sie angeblich objektiver ist, die

Zeichnung ersetzen, doch leistet sie zu ihrer Ergänzung unentbehrliche Dienste. Wir photographieren auf Kleinbildformat, Platten 9×12 und 10×15 sowie auf Negativ-Karton 18×24 cm. Infrarot-Aufnahmen, Farbfotos, Stereofotos und photogrammetrische Aufnahmen, die eine erwünschte zusätzliche Kontrolle der Vermessungen bilden würden, können wir wegen des Fehlens von Gerät und Material bisher noch nicht machen.

3. Die Aufbewahrung der Fundstücke wird nach Fundeinheiten durchgeführt, indem die Funde aus einem bestimmten Bezirk, einr Schicht oder dergl. als eine Einheit bewahrt werden, worüber eine bereits über 500 Nummern zählende Kartei und eine Liste geführt werden. Da die Fundstücke aber auch an sich, abgesehen von ihrer Herkunft für die Wissenschaft von Wert sind, wird der Inhalt einer jeden Fundeinheit sofort nach dem folgenden Schema, dem das Teilungsprinzip der Dezimalklassifikation zugrunde liegt, verzettelt.

RÖMISCHE KERAMIK

1 Terra Sigillata
  1 arretinische
  2 Bildsigillata
  3 glatte
  4 marmorierte
  5 mit Kerbbändern
  6 mit „Glasschliff"
  7 mit „Barbotine"
  8 mit Applikation
  9 mit Rädchensigillata
2 Firniskeramik
3 sonst. überzog. Keramik
4 tongrundige Keramik
5 Schwerkeramik
6 rauhwandige Keramik
7 belgische Ware
  1 Nigra
  2 Rubra
8 germanische Keramik
9 Sonderformen
  1 Lampen

NACHRÖM. KERAMIK

1 fränkische
2 Pingsdorfer
3 Reliefbandamphoren
4 tongrundige mittelalt. Keramik
5 Steinzeug
  1 Siegburger
6 glasierte („Hafnerware")
7 neuzeitliche Keramik

NATURWISSENSCH. MATERIAL

1 Anthropologie
2
3
4 Säugetiere
5 sonstige Wirbeltiere
6 wirbellose
7 Botanik
8
9 Mineralogie, Geologie

ARCHITEKTUR

1 Stein
2 Ziegel
3 Glas
4 Eisen
5 sonst. Metall
6 organ. Stoffe
7 Erde
8 Mörtel
9

Alle 8 Abteilungen der Architektur werden nach folg. Schema eingeteilt:

1 Mauer
2 Stützen (Säulen)
3 Balken, Bogen
4 Ausbau, Werkstücke
5 Wasserbau
6 Heizung
7 Fußboden
8 Wände
9 Decke, Dach

KUNSTGEWERBE

1 Stein	5 sonst. Metall	9 „Cimelien"
2 Ton	6 organische Stoffe	1 Schmuck
3 Glas	7	9 Münzen
4 Eisen	8	

In ähnlicher Art ist eine Sammlung von Proben solcher Stücke angelegt, die ganz aufzubewahren nicht möglich oder erwünscht ist:

1 Stein	4 Eisen	7 Erde
2 Ziegel und Ton	5 sonst. Metall	8 Mörtel
3 Glas	6 organische Stoffe	9

Diese Proben stehen zum späteren Vergleich und zur chemischen Untersuchung bereit. Ein Teil von ihnen wurde bereits spektralanalytisch untersucht.
Die oben aufgeführte Klassifikation ließe sich natürlich noch weiter unterteilen, doch ist die Teilung nur so weit durchgeführt worden, wie es für die praktischen Bedürfnisse der Grabung zweckmäßig schien. Die Verzettelung geschieht nicht durch Aufschreiben der Ziffern, sondern zur schnelleren Übersicht durch Ankreuzen in den Zahlenstellen entsprechenden Feldern.
Schließlich wollen wir noch kurz die praktische Durchführung der Grabung erwähnen. Sie ist ein Gemeinschaftsunternehmen des Hohen Metropolitankapitels in seiner Eigenschaft als Hausherr und Träger der Grabungen, der Stadtverwaltung und der Dombauverwaltung. Herr Dombaumeister Dipl.-Ing. Willy Weyres und Herr Ministerialrat Prof. Dr. Walter Bader sind beratende Mitarbeiter des Grabungsleiters. Ständig auf der Grabung beschäftigt sind die Techniker und Zeichner J. Löhausen, W. Schneider, H. Busch, G. Strunk und P. Stute, als Zeichner und Photograph H. Schumacher, ferner die Museumsarbeiter A. Richartz, J. Kleinmann und C. Blankenheim. Im Sommer und Herbst 1947 halfen von der Dombauverwaltung abgestellte Strafgefangene bei den Erdarbeiten. Die spektralanalytischen Untersuchungen sowohl bei der Grabung wie an den gotischen Glasfenstern führt Herr Studienrat i. R. H. Bergsch durch. Mörteluntersuchungen übernahmen die Firma Zervas und die Westdeutsche Zement-A.-G. Hilfe beim Photographieren leisteten die ehrw. Schwester Margarete (Hohenlind), Frl. Kranz und Herr H. Gall. Als Volontär war mit der Fundebearbeitung Herr stud. phil. R. Geil beschäftigt, der jetzt von Herrn stud. phil. E. Depel wegen Aufnahme des Studiums abgelöst ist. Die Paramente aus Grab 236 bearbeiteten Frl. Reis (Berlin) und Frl. Dr. Jaques (Krefeld).
Viele Fachgelehrte, vor allem die Herren der Kölner Museen, der Denkmalspflege und der Vermessungsabteilung, sowie die Herren des Bonner Landesmuseums und der Provinzialdenkmalpflege haben neben Vertretern der verschiedensten Wissenszweige die Grabungen bei wiederholten Besuchen durch Ratschläge und Meinungsaustausch wesentlich gefördert. Sie alle hier namentlich aufzuführen ist gar nicht möglich, doch sind ihre Namen im Gästebuch der Grabung und im Tagebuch festgehalten. Mit dem Dank für ihre vielseitige Hilfe sei die Bitte verbunden, auch weiterhin den Grabungen ihre Aufmerksamkeit zu widmen; es ist zu wünschen, daß möglichst viele kritische Augen die Dinge gesehen haben, bevor sie entfernt oder wieder mit Erde zugeworfen werden müssen.
Zum Schluß sei den Kölner Firmen gedankt, die durch die Bereitstellung von Gerät und Material die Durchführung der Grabungen in unserer schweren Zeit überhaupt erst ermöglicht haben: Josef Oettgen (Inh. P. Thelen), J. Bind und H. Jöhren (Neuß) für Büro- und Zeichenbedarf, F. Lotzgesell und T. Strömer (Bonn) für Vermessungsinstrumente, Schmitt und Schmitt, Fotohaus Steins und Fotogroßhandlung G. Jansen für Fotomaterial und Gerät, H. Löhndorf und J. Feinhals für leere Zigarrenkisten zur Aufbewahrung der vielen Kleinfunde.

III. Perioden

Chronologische Ordnung in das Gewirr der im Boden über- und ineinander geschobenen Reste zu bringen, ist, wie wir im vorigen darlegten, die Hauptaufgaben der Grabungen, an deren endgültige Lösung meist erst gegen Ende der Erdarbeiten gegangen werden kann. So haben wir denn auch auf der Domgrabung 1½ Jahre gearbeitet, ehe wir zu einer durchgehenden Periodenteilung gelangten, und obwohl die Grabungen noch lange nicht ihrem Ende zugehen, glauben wir doch, daß die nun aufgestellte Gliederung, abgesehen von kleineren Unterteilungen, beibehalten werden kann. Das Schichtenprofil, von dem diese Einteilung ausging, und das wahrscheinlich der Angelpunkt für die Chronologie bleiben wird, liegt in der Achse des Doms in der Dreikönigenkapelle. An dieser ausschlaggebenden Stelle zwischen den Scheitelpunkten der beiden Dome (des Alten und des Neuen), konnten wir in genügender Breite aller Schichten bis in den gewachsenen Boden hinein durchstoßen ohne gezwungen zu sein, durch kostspielige Verschalungen uns selbst dauernd die Übersicht zu verbauen; der brunnenartige Schacht, den die romanischen und gotischen Fundamente bilden, war die einfachste und sicherste Grubenversteifung. Ferner ist dieser Punkt durch seine ehemalige Hanglage für Schichtenuntersuchungen besonders geeignet, denn an einem Hang wird von Natur aus immer neue Erde abgelagert, und selten etwas weggenommen, so daß sich jede Periode durch ihre Ablagerungen kenntlich macht. Und schließlich ermutigt uns noch eine dritte Tatsache, schon jetzt an Hand dieses Profils eine Periodenteilung für die weiteren Grabungen aufzustellen. Es ist die völlige Gleichheit der beiden weit auseinanderliegenden Apsiden des Alten Doms und der an ihnen zu beobachtenden Bauabschnitte, die uns für die beiden entscheidenden Karolingischen Perioden VI und VII schon jetzt klar sehen läßt. – Bei der folgenden kurzen Aufzählung der in der Achskapelle zu unterscheidenden Perioden wird besonderer Wert darauf gelegt, die Trennung und Datierung der Bauperioden zu begründen; eine eingehendere Beschreibung und Abbildung des Profils erscheint gleichzeitig in der Jubiläumsfestschrift und in „Forschungen und Fortschritte". Es sollen im folgenden auch die Perioden der Achskapelle mit den 1866 beim Bau des Petrusbrunnens und 1926 beim Bau der Kapitelsgruft entdeckten Bauresten und Horizonten verglichen werden (Abb. 2 u. 3. Wegen der kleinen Wiedergabe mußte die Bezifferung wegbleiben).

Periode I a (augusteisch-vorclaudisch, Horizont H 46,90)

Der von Menschenhand nicht berührte, sog. gewachsene Boden besteht aus einer knapp 1 m starken alluvialen Lehmdecke, die etwa in gleicher Stärke überall auf Kölner Gebiet den feinen „Puffsand" und die darunter folgenden Kieslagen überdeckt. Die von uns angetroffene normale Lagerung gestattet den Schluß, daß an dieser Stelle keine wesentlichen Abgrabungen des anstehenden Bodens vorgenommen wurden, und daß die unterste Kulturschicht mit Holzkohlenresten tatsächlich die erste menschliche Spur an diesem Punkte darstellt. Zehn Meter weiter nach dem Rhein zu wurde beim Bau der Kapitelsgruft die Oberkante des „Puffsandes" nicht etwa, wie man vermuten sollte, tiefer, sondern gut 20 cm höher angetroffen. Der natürliche Abfall zum Rheinbett hin wurde also an unserer Stelle durch eine Terasse unterbrochen. Diese zur Bebauung geeignete Ebene ist schon in der Zeit vor Gründung der Colonie also in einer Zeit, als der Platz noch nicht in den Bereich der Stadt einbezogen war, architektonisch ausgenutzt worden. Die unter dem gotischen Fundament sichtbare Mauer gehört nämlich in die Zeit der untersten Kulturschicht, da ihr Fundament nur bis an diese heranreicht, und der Rest ihres aufgehenden Teiles bereits von der Kalklage der folgenden Periode überdeckt wird. Zur Datierung ist zunächst festzustellen, daß sie wohl nicht vorrömisch ist, denn wir haben bisher im Gebiete der Römerstadt keine sicher vorrömischen Scherben, geschweige denn Mauern angetroffen. Ferner muß Periode I a vor der claudischen Zeit liegen, weil, wie wir bei der nächsten Periode zeigen werden, die darüberliegende Kalkschicht und die genau von Norden nach Süden verlaufende Richtung der Mauer sie vor den Bau der römischen Stadtmauer verweisen.

Abb. 2. Maßstab 1 : 100.

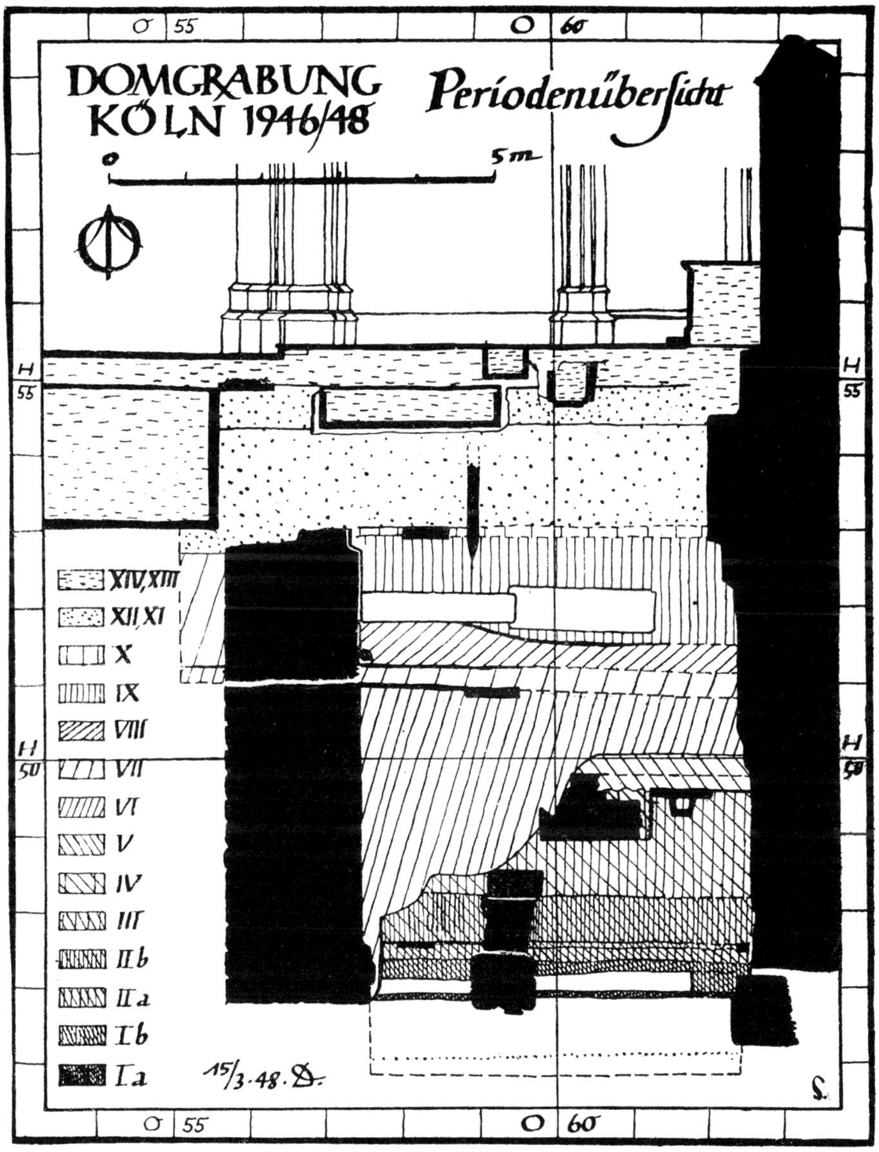

Periode I b (claudisch, Horizont etwa H 47,20)

Die Reste dieser Periode bestehen aus einer oberen Erdschicht und einer ausgedehnten Kalklage, deren scharfer seitlicher Begrenzung man es noch deutlich ansieht, daß wir es hier mit dem letzten Rückstand einer großen „Kalkpfanne" zum Löschen des bei einem Bauunternehmen großen Ausmaßes benötigten Kalkes zu tun haben. Dieses Bauvorhaben muß wohl die römische Stadtmauer gewesen sein, denn (1.) befinden wir uns hier nur etwa 40 m von ihr entfernt und (2.) reiht sich die Kalklage auch zeitlich sehr gut ein. Die Nordostecke der Stadtmauer bildete nämlich einen spitzen Winkel, den alle in der Nähe gelegenen Mauern, soweit sie bisher bekannt sind, mehr oder weniger getreu nachbilden, so daß die Räume die Grundrißgestalt eines Parallelogramms erhalten. Die bereits genannte Mauer der Periode I a (unter dem Kalk) läuft noch genau nordsüdlich, muß also wohl älter sein als die Stadtmauer; dagegen läuft gleich die erste Mauer über dem Kalk schräg, setzt also die Stadtmauer schon voraus. Für die Datierung der Stadtmauer sind bisher zwei Ansätze vorhanden: früher hielt man sie für spätrömisch, dann aber hat Fremersdorf sie mit durchschlagen-

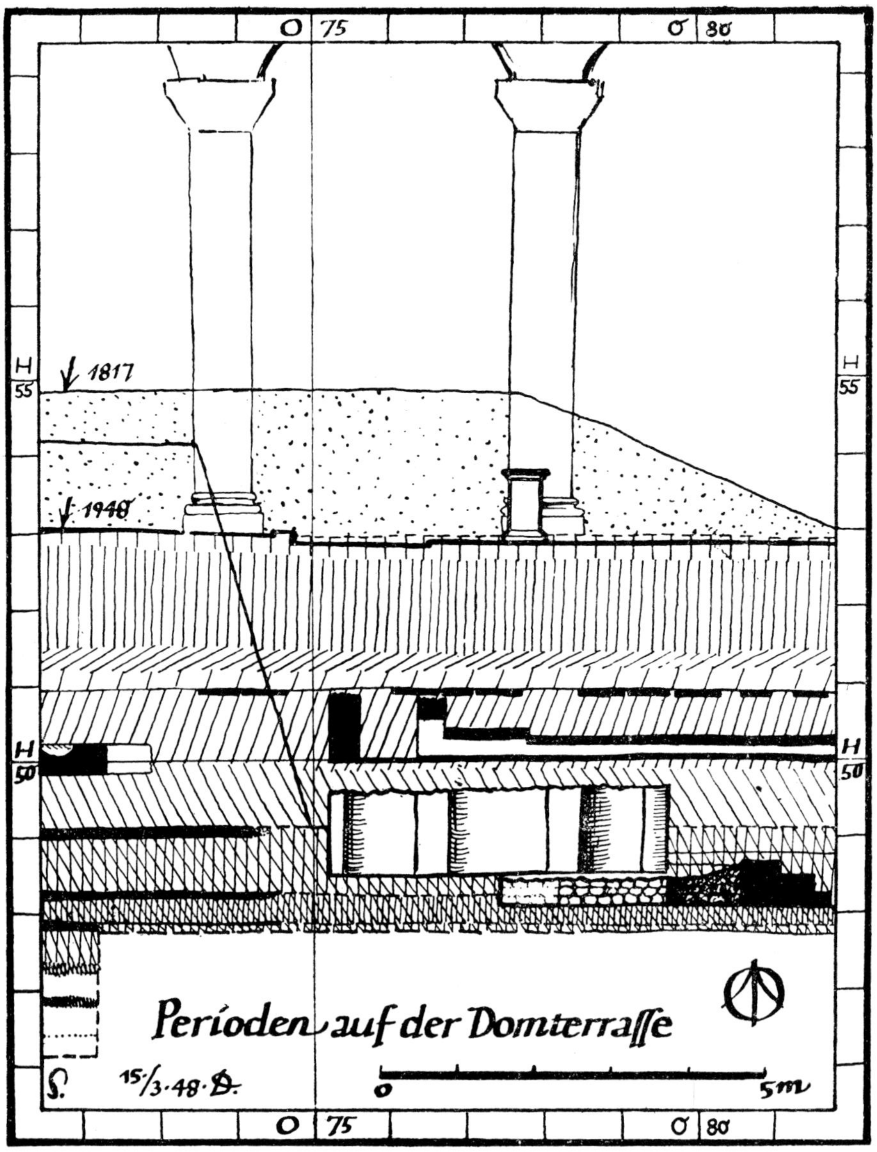

Abb. 3. Maßstab 1 : 100.

den Gründen in die erste Zeit der Colonie datiert. Unsere Beobachtungen bestätigen diese Ansetzung. Bei den älteren Grabungen auf der Domterrasse sind keine Reste unserer Perioden I a und I b beobachtet worden.

Perioden II a und II b (claudisch-flavisch, H 47,55 und 48,20)

Die in die II. Periode zu setzenden Reste bestehen aus der bereits erwähnten von NNO nach SSW parallel zur Stadtmauer laufenden Mauer und einer Anzahl Erdschichten, die sich schwer in Horizonte (Böden) scheiden lassen. Unsere Zweiteilung der Periode beruht in erster Linie auf den Beobachtungen an der genannten Schrägmauer. Sie muß anfänglich ein wenig weiter westlich gestanden haben, wurde dann offenbar bis in das Fundament hinein abgebrochen und unter Verwendung des verbleibenden Restes „a fundamentis" schräg hochgeführt. Von dieser jüngeren Mauer (Periode II b) ist der Beginn des aufgehenden Werkes und damit die Höhe des Bodens dieser Periode gege-

Abb. 4. Blick in den Schacht der Dreikönigskapelle. Römische Befunde. Grabungsfoto.

ben. Da die ältere, wie gesagt, tief ausgebrochen war, fehlt dieser Anhaltspunkt hier. Statt dessen können wir aber aus der Höhenlage zweier Ziegelplatten ostwärts und westlich der Mauer auf den zugehörigen Horizont schließen, wenn auch die Unterbauung dieser Platten (der westlichen durch einen glatten Tuffquader, der östlichen durch eine starke Mörtellage) noch ungeklärt ist. Ferner erscheint die Zweiteilung dieser Periode gerechtfertigt, weil bei der Grabung 1926 zwei Böden in entsprechenden Höhen gefunden wurden. Periode II a dürfte unmittelbar dem Stadtmauerbau gefolgt, also noch claudisch sein. Der ohne wesentliche Änderungen erfolgte Neubau der Periode II b könnte vielleicht durch eine gewaltsame Zerstörung (während des Bataveraufstandes?) oder durch die großen Heidebrände des Jahres 59, die nach Tacitus (Ann. XIII, 57) *ferebantur in ipsa conditae nuper coloniae moenia*, notwendig geworden sein. Wir setzen daher Periode II b mit Vorbehalt in die flavische Zeit. Eine Stütze für diese Ansetzung sehen wir in der am Osthang des Domes gefundenen Bauinschrift, die von der Renovierung eines Merkurtempels „*a fundamentis*" zur Zeit des Titus spricht. Ein Tempel an dieser Stelle wird damals kaum länger als 20 Jahre bestanden, also normalerweise einer so gründlichen Erneuerung nicht bedurft haben. Auf der Domterrasse gehört zu unserer Periode II b das ältere, schlichte Achteckbecken, das wir vielleicht als einen Teil des älteren Palastes unter dem Dombunker ansehen dürfen. Wenn diese Annahme zu Recht besteht, und der Palast tatsächlich, wie verschiedene Umstände es nahelegen, dem Statthalter von Niedergermanien als Residenz diente, so hätten wir es hier mit dem Bade Trajans und bei dem Palast mit der Stelle zu tun, an der er im Jahre 98 nach Chr. die Regierung des Römischen Reiches übernahm.

Periode III (antoninisch, Horizont H 49,60)

Starke Erdschichten, über deren Deutung als eigens zum Zwecke der Terrainerhöhung aufgetragene Schuttmassen kaum ein Zweifel bestehen kann, bedecken die Reste des wohl absichtlich niedergelegten Baues der Periode II b und zeigen damit deutlich den Beginn einer neuen Bauperiode an. In der Dreikönigenkapelle ist von den Neubauten allerdings beim Fundamentschachten in karolingischer und gotischer Zeit nur der Rest eines Estrichbodens mit darunterliegendem Heizkanal übrig geblieben. Doch gibt uns die Höhenlage dieses Bodens einen erwünschten Anhalt zum Vergleich mit den Horizonten der Domterrasse. Hier müssen wir das jüngere Becken mit ausgerundeten Seiten und den dazu gehörigen Boden, der erst 1926 beobachtet wurde, mit unserer Periode III gleichsetzen, obwohl unser Boden 50 cm höher liegt. Das wird verständlich, wenn man berücksichtigt, daß unter ihm noch die 45 m tiefe Heizvorrichtung liegt, und daß die Räume keine direkte Verbindung miteinander hatten, wie die 1926 gefundene Abschlußmauer des Raums mit dem Becken erkennen läßt. In die gleiche Periode (III) setzen wir den (jüngeren) Palast unter dem Dombunker mit dem Dionysosmosaik, denn weder das Becken noch dieser Palast wurde in römischer Zeit überbaut. Durch das Mosaik erhalten wir einen Anhalt für die Datierung unserer Periode III in die Blütezeit der Colonie, die Zeit der Antonine.

Periode IV (spätrömisch, Horizont etwa H 49,80)

In spätrömischer, aber bisher noch nicht genauer festzulegender Zeit ist eine letzte bauliche Änderung vorgenommen worden, die wir als Periode IV bezeichnen. Man säumte die Ränder der Straßen, und zwar nicht nur innerhalb der römischen Stadt, mit mächtigen Pfeilerreihen, die man sich als Laubengänge, ähnlich denen im alten Ostia, ergänzt denken muß, da an verschiedenen Stellen sehr saubere Mörtelböden dazu gefunden wurden. Wenn der Anlage dieser Portiken auch nicht wie bei den früheren Perioden eine völlige Niederlegung der älteren Bauten voraufging, so sind wir doch berechtigt, sie einer besonderen Periode zuzuweisen, denn sie schlugen an verschiedenen Stellen Breschen in den Baubestand der III. Periode. So wurde vom vermutlichen Statthalterpalast ein Streifen des Peristyls okkupiert, und in der Achskapelle des Domes zerschlug man bei der Anrichtung eines der Pfeiler der gleichen Flucht den Boden der vorigen Periode entzwei. Wenn wir eine Vermutung über die nähere Datierung der Periode IV äußern dürfen, so möchten wir sie am ehesten mit dem 10jährigen gallischen Kaisertum des Postumus in Verbindung bringen, der seine Residenz vielleicht ähnlich der nova urbs des Nero gestalten wollte.

Ein Rückblick auf die römischen Perioden zeigt, daß in der raschen Folge von drei aufeinanderfolgenden Anbauperioden innerhalb des ersten Jahrhunderts der Colonie, das Bild der römischen Stadt wenigstens in ihrer Nordwestecke fertig ausgeprägt war. Die Pfeilerreihen der IV. Periode gaben der Stadt zwar eine vollkommen neue Fassade, haben aber am baulichen Bestande doch nicht allzu viel verändert.

Periode V (fränkisch, Horizont H 50,00 oder höher)

Die letzte römische Erdschicht zu bestimmen, ist nicht so leicht, wie es scheinen mag, da Funde aus fränkischen und karolingischen Schichten im Dom fast ganz fehlen, während sie sich vor dem

Dom in größten Mengen finden. Die Schicht, die den Abbruchschutt des Pfeilers enthält, wird nicht mehr römisch sein, denn diese Pfeiler haben, wie es weiter südlich durch spätere Anbauten nachgewiesen werden kann, die römische Zeit überdauert. Es wäre durchaus denkbar, daß der Pfeiler in der Achskapelle erst beim Bau des karolingischen Domes abgebrochen wurde. Die Ansetzung des schmalen Erdstreifens zwischen dem letzten römischen und dem untersten karolingischen Horizont in die fränkische Zeit ist daher nur eine Verlegenheitslösung. Möglicherweise ist in fränkischer Zeit an unserer Stelle Erde abgetragen worden, um damit die tieferliegenden Räume des Bades auszufüllen. Für die Höhenlage der Periode V gibt uns die 1926 auf der Domterrasse entdeckte große Steinrinne einen gewissen Anhalt. Sie ist das einzige Stück, das wir mit einiger Sicherheit nachrömisch und vorkarolingisch datieren können.

Periode VI (frühkarolingisch, Horizont H 50,90)

In diese Periode setzen wir den Baubeginn des alten Domes. Nach unten setzt sie sich deutlich durch die Baugrube für die Ostapsis ab; nach oben bildet der Wechsel im Apsidenmauerwerk die Begrenzung dieser Periode. Wir halten diesen Wechsel also nicht für eine Erscheinung von untergeordneter Bedeutung, sondern führen ihn aus folgenden Gründen auf eine längere Bauunterbrechung zurück: 1. Das obere Mauerwerk hat anderen, nämlich roten Mörtel. 2. Es ist schlechter aufgeführt als das noch mit Erde bedeckte Fundament. 3. Der den Horizont der VI. Periode bildende Plattenboden war oder wurde großenteils wieder weggeräumt, als man daranging, das aufgehende Apsidenmauerwerk hochzuführen. 4. An der Westapsis wurde in ähnlicher Weise die halbrunde Paradiesanlage durch das Fundament eines Treppenturms (?) der Periode VII mit rotem Mörtel zerschlagen. 5. Der Wechsel im Mauerwerk liegt überall in Höhe der damaligen Erdoberfläche. Wenn der Bau in der VI. Periode höhergeführt oder gar vollendet gewesen wäre, müßte er in Periode VII bis zum Boden zerstört oder abgetragen worden sein, wofür weder der Grabungsbefund noch die historische Überlieferung irgendeinen Anhalt bietet. Wir können also im Vergleich zur nächsten Periode grundlegende Änderungen sowohl in der Technik wie in der Planung feststellen und sind daher berechtigt, von einer Periode und nicht von einer Bauphase zu sprechen, d. h. zwischen den beiden Perioden muß wohl eine geraume Zeit verstrichen sein, und der Bau der VII. Periode ist der erste vollendete Dom. Da er 870 durch Willibert eingeweiht wurde, muß Periode VI davor liegen. Die Zeit Gunthars kommt für den Baubeginn wohl weniger in Frage. Dagegen weisen die auffallenden Übereinstimmungen der ersten Anlage mit dem frühkarolingischen Bauriß von St. Gallen uns deutlich genug in die Zeit Hildebolds, dem ja der Baubeginn durch eine allerdings spätere Überlieferung zugeschrieben wird. Mit der Datierung der VI. Periode noch weiter zurückzugehen, verbieten allgemeine historische Erwägungen und die großartige Planung; immerhin wäre es nach dem bisherigen Grabungsbefund statthaft, denn es ist bis jetzt nur erwiesen, daß Periode VI nachrömisch ist.

Periode VII (spätkarolingisch, Horizont H 51,00)

Über die untere Begrenzung dieser Periode der bescheidenen Vollendung des in der VI. Periode groß angelegten Planes ist schon gesprochen worden. Nach oben wird sie durch die gut sichtbaren baulichen Zutaten der nächsten Periode (VIII) begrenzt. Da wir aber für deren Beginn bisher noch keine datierenden Anhaltspunkte haben, können wir das Ende der VII. Periode nicht näher bestimmen. Sie muß jedoch eine längere Zeit gedauert haben, da der Mauerfuß der Apsis in dieser Periode durch herabfließendes Wasser stark verwittert ist.

Periode VIII (ottonisch? Horizont H 51,20)

Der Beginn der Periode ist durch folgende Änderungen an der Apsis gegeben: 1. Der bemalte Innenputz der vorigen Periode wird abgeschlagen; die Stücke werden vor der Apsis zum Auffüllen und zum Bedecken des in der vorigen Periode stark verwitterten Mauerfußes verwendet. Die Putzreste bilden nämlich eine starke Lage vor der Apsis, die gar keine sonstigen Erdbeimengungen enthält; sie müssen daher aus einem in allernächster Nähe stehenden Gebäude stammen, und dieses kann eigentlich kein anderes als der Dom selbst gewesen sein. 2. Anbringung eines weißen Putzes an der Außenseite der Ostapsis, der so tief reicht, daß er an den Anfang dieser Periode gesetzt werden muß. 3. Abdichten des Mauerfußes gegen herabfließendes Wasser durch Ankleben eines Mörtelwulstes. 4. Dem gleichen Zweck diente das Anhäufen von Erde schräg gegen den Mauerfuß, das im Verlaufe der Periode noch zweimal wiederholt wurde. – Wann diese Änderungen vorgenommen wurden, ist noch nicht ersichtlich. Da aber die voraufgehende und die folgende Periode gut zu datieren sind, bleibt für Periode VIII nur die Spanne zwischen Willibert und Anno. Wem anders als dem baufreudigen Bruno, der den Dom an anderen Stellen erweiterte, möchte man die Verschönerung der Ostapsis zuschreiben?

Periode IX (salisch, Horizont H 53,00)

Die Schichten der Periode IX sind die einzigen aus romanischer Zeit, die Gräber enthalten. In der Vita Annonis wird für unsere Stelle, nämlich zwischen dem Dom und der von Anno erbauten Kirche Maria ad gradus, ein Friedhof bezeugt. Somit wird die Friedhofsschicht der Periode IX in die Zeit von etwa 1050 ab datiert. Daß wir uns bereits in der Spätzeit des Alten Domes befinden, ist daraus ersichtlich, daß das Erdreich bereits den Schrägsockel der Apsis erreicht hat. Das Ende der Periode ist ebenso wie der Anfang der folgenden nicht genauer festzulegen.

Periode X (staufisch, Horizont H 53,10)

In der letzten Zeit des Alten Domes wurde der Friedhof vor seiner Ostapsis mit Rotsandsteinplatten zugedeckt, von denen sich allerdings nur noch eine vorfand, weil die übrigen wohl beim Ausschachten für die gotischen Fundamente entfernt worden sind. In diese oder die vorige (annonische) Periode ist der Säulengang zwischen den beiden Kirchen zu setzen, der in Resten noch am Anfang des vorigen Jahrhunderts bestand. Einer der Säulenstümpfe wurde 1866 noch in situ gefunden und eingemessen. Die Zeitspanne für die Datierung reicht von Anno bis Konrad von Hochstaden, weshalb wir diese Periode als staufisch bezeichnen können. In dieser Zeit hat Reinald von Dassel dem Dome zwei Türme zugefügt. Diese oder andere bauliche Änderungen sind aber durch die Grabungen bisher nicht festgestellt worden.

Periode XI (frühgotisch, Horizonte H 53,70, 54,50, 54,95)

Als Periode XI bezeichnen wir die gotische Zeit bis zur Chorweihe im Jahre 1322. Somit wird die obere Begrenzung durch den alten Plattenboden des gotischen Domes gebildet, der merkwürdigerweise, wie auch die heute tief im Boden steckenden Pfeilerbasen zeigen, etwa 50 cm tiefer lag als der jetzige Boden. Eine Reihe seiner Platten sind an der Stelle enthalten, wo später die Frontmauer des barocken Dreikönigenmausoleums aufsetzte; aber auch innerhalb der Kapelle war der gleiche Horizont als ganz ebene Fläche, auf der die Platten gelegen haben müssen, zu erkennen. Die darunterliegenden Horizonte, die mit dem Fortschreiten des Baues stiegen, genauer zu datieren, dürfte schwer fallen. Jedenfalls sind sie aber nicht, wie es im Langhaus beobachtet wurde, in rascher Folge angeschüttet worden. Entgegen der dort geübten Praxis hat man im Chor vielmehr zunächst die Fundamente eingetieft und dann erst das Niveau erhöht. Letzteres war natürlich geschehen, als man an die Errichtung der Kapellenwände ging, wie sich u. a. aus der Höhenlage der Spur des beim Abstecken der Kapelle benutzten Pfahls ergibt.

Periode XII (gotisch, Horizont H 54,95)

Wenn wir das Jahr 1322 als Grenze setzen, so gehört das in der Kapelle gelegene Grab, in dem wir die neue Ruhestätte Konrads von Hochstaden vermuten möchten, in diese Periode. Da die langen Schieferplatten, die die Längswände des Grabes bilden, mit ihren Oberkanten die Höhe des damaligen Fußbodens erreichen, kann das Grab nicht mit einer in den Boden eingelassenen Platte bedeckt, sondern muß von einer Tumba irgendwelcher Art überbaut gewesen sein. Im übrigen sind die Überreste dieser spätgotischen Zeit natürlich im Lang- und Querhaus zu suchen.

Periode XIII (barock, Horizont H 55,40)

Wann die Erhöhung des Fußbodens erfolgte, ist noch nicht klar zu sehen. Im Jahre 1660 wird wohl erst die Tumba über dem vermutlichen Grabe Konrads von Hochstaden an ihre jetzige Stelle in der Johanniskapelle versetzt worden sein, denn noch 1633 ist an diesem Platz nur eine Grabplatte gezeichnet. Das ältere Mausoleum, das hauptsächlich aus einem schmiedeeisernen Gittergehäuse bestand und 1660 abgebrochen wurde, war also um die Tumba herumgebaut, und der Dreikönigenschrein muß wohl auf dieser gestanden haben. – Der eigenartige kleine Ziegelschacht vor dem Altar der Achskapelle hat, wie wir vermuten, das Herz der Königin Maria von Medici umschlossen.

Periode XIV (19. und 20. Jahrhundert, Horizont H 55,50)

Bei der Legung des heutigen Mosaikbodens in der Kapelle gegen Ende des vorigen Jahrhunderts stieg das Niveau des Fußbodens abermals um etwa 10 bis 15 cm.

Wie aus der Aufstellung der Perioden zu ersehen ist, sind in dem hier behandelten Profil der Achskapelle alle wesentlichen Bauperioden des Domes und seiner Vorgänger bis hinab in die augusteische Zeit durch Ablagerungen vertreten. Wenn von einigen Perioden (V und XII) an dieser Stelle auch nur wenig vorhanden ist, so mußten diese geringen Reste doch bei der Bezifferung berücksichtigt werden, weil die Gliederung auch für die übrigen Teile des Domes gelten soll, wo diese Perioden stärker hervortreten werden. Für die spätgotische ist das ja sicher zu erwarten. Wir hoffen aber, daß auch die noch recht dünne und überdies nicht sicher faßbare Schicht der fränkischen Periode V sich im Verlaufe der weiteren Grabungen mit greifbaren Resten füllen wird.

Nachtrag. Während des Druckes dieses Berichtes erschienen 2 Aufsätze von E. Gerster über das Dionysos-Mosaik und den Palast (Römischer „Palast" mit Dionysos-Mosaik in Köln, Forschungen und Fortschritte, 24. Jahrg. S. 73 ff. und Römischer Palast und Dionysos-Mosaik in Köln. Ein Bericht über die Ergebnisse der Ausgrabungen am Kölner Dom, Theologische Literaturzeitung 1948, 2. Heft Sp. 73 ff.). Die in diesen Aufsätzen etwas voreilig mit Berufung auf mich gegebene Schilderung des Palastes und seiner Baugeschichte ist in vielen Punkten irrig. Sie fußt auf einem gelegentlichen Einblick in den Grabungsplan und offenbar mißverstandenen mündlichen Äußerungen von mir. Von einer „Badeanlage mit Praefurnium" im Süden des Palastes ist nichts gefunden worden. Die südlichen Räume des Palastes sind nicht jünger als das Mosaik. Der Eingang zum Palast hat sicherlich nicht im Westen gelegen. Einen Springbrunnen wird man im Garten nicht ergänzen dürfen, eher einen aus der Wand der Konche fließenden Wasserstrahl. Schließlich werden die Perioden der Dombunkergrabung, die ich 1942 aufstellte, und denen die Perioden der Domgrabung angeglichen sind, durcheinandergebracht. Sie verteilen sich nicht auf das 2. und 3. Jahrhundert, sondern fallen in der Hauptsache auf das 1. und die 1. Hälfte des 2. Jahrhunderts. Nach einer regen Bautätigkeit hat das Bild der Stadt etwa um 150 n. Chr. seine endgültige Form angenommen, die nur in der Spätzeit (Periode IV) noch einmal durch Hinzufügung der Pfeilerkolonnaden bereichert wird. Das Dionysos-Mosaik gehört in Wirklichkeit der Periode III an, wie es im vorstehenden Bericht vermerkt ist. Dieses Mosaik ist der einzige, aber auch voll ausreichende Anhalt für die genauere Zeitbestimmung des Anfangs unserer Periode III.

OTTO DOPPELFELD

Die Ausgrabung des karolingischen Doms

Aus: Der Kölner Dom. Festschrift zur Siebenhundertjahrfeier 1248 – 1948 (1948) 159 – 183

Mitten im Greuel der Verwüstung an der ehrwürdigen Stätte des Kölner Domes erfreut uns als tröstlicher Lichtblick die schöpferische Gestaltungskraft, die, frei von ängstlicher Flickerei, am Werke des Wiederaufbaus tätig ist und gleichsam abermals einen Grundstein zu einer Erneuerung und Vertiefung des Dombaugedankens legt. In diesem Geiste wurden auch die Grabungen im Dom unternommen und trotz aller Nöte der Zeit weitergetrieben. Dabei wurden unsere Erwartungen nicht getäuscht. Schon die bisherigen Ergebnisse erwecken in uns ein ganz neues Bild vom Dom, das viel reicher und lebendiger ist als unsere bisherigen Vorstellungen, die vielleicht nicht immer so geartet waren, daß sie dem altehrwürdigen Gotteshause in jeder Hinsicht gerecht wurden.

Aus der Fülle der Probleme, die durch die Grabungen angeschnitten wurden, sei hier nur das nächstliegende, nämlich die Frage nach dem „Alten Dom", der vor 700 Jahren dem Neubau weichen mußte, herausgegriffen. Solange die Grabungen noch in vollem Gange sind, ist es begreiflicherweise schwer, etwas Abschließendes zu sagen. Aus diesem Grunde werden wir in unserer Abhandlung bald die breite Ebene allgemeiner Erörterungen verlassen und den Leser an einem besonderen Punkte des Alten Domes, nämlich dicht vor seiner Ostapsis, in die Tiefe führen. Da in dem hier ausgehobenen Schacht die Untersuchungen beendet sind, können seine Ergebnisse schon abschließend beschrieben werden. Sie geben uns einen Überblick über die Geschichte des Domhügels und lassen den Alten Dom als ein bedeutsames Glied einer langen Entwicklungsreihe hervortreten.

1. Lage, Gestalt und Baugeschichte des Alten Domes nach dem augenblicklichen Stande der Grabungen (Januar 1948) (Abb. 2, 6)

Aus den allzu spärlichen Anhaltspunkten und Nachrichten über den Alten Dom konnte die Forschung bisher bei allem aufgewendeten Scharfsinn keine wirklich bindenden Schlüsse zu seiner Lage und Form ziehen. Es ist daher nicht verwunderlich, daß die Grabungen manche Überraschungen brachten. So hätte der erste Grabungsschnitt durch das dritte Langhausjoch des Domes nach den bisherigen Vorstellungen den Alten Dom in der Mitte schneiden müssen; in Wirklichkeit erfaßte er aber gerade noch seine westliche Apsis (52), die man bislang zwischen den Domtürmen vermutet hatte. Der Bau lag also wesentlich weiter ostwärts [1]. Als wir daraufhin dann, alle bisherigen Rekonstruktionen außer Acht lassend, das Ostende des Alten Doms unter dem heutigen Chorschluß

[1] Die von H. Vogts, Domfestschrift 1930, S. 8/9 angenommene Lage der Westapsis kam also der Wirklichkeit sehr nahe.

Abb. 1. Ausgrabungen des alten Doms. Blick vom südlichen Triforium auf Schnitt 1 im 3. Langhausjoch des Doms. Vorne die Westapsis (52) des karolingischen Doms; darin später eine Confessio mit Fenestella eingebaut. Dahinter kleiner Rest der inneren Mauer (35) des halbrunden Umgangs der Periode VI, links vom gotischen Pfeilerfundament, rechts vom Treppenturmfundament (40) des Alten Doms der Periode VII abgeschlagen. Im Hintergrunde der nordwestliche Vorbau mit dem ganz oben rechts sichtbaren Grab des Emundus. Grabungsfoto, Schwester Margarete.

suchen wollten und einen Stollen von der Dreikönigenkapelle her in dieser Richtung trieben, fanden wir die Ostapsis gleich am Anfang unseres Stollens, gerade unter dem Eingang zur Dreikönigenkapelle (252). Der Bau hatte also die unerwartet großen Ausmaße von 91,44 m innerer Länge bei einer inneren Apsidenweite von etwa 11 Metern. Ein Vergleich mit den beiden hier in erster Linie heranzuziehenden Grundrissen von Fulda und St. Gallen zeigt deutlich, daß der Alte Dom aufs engste mit dem Bauriß von St. Gallen verwandt ist. Die Kirche auf diesem Bauriß hat ungefähr die gleiche Länge und ganz dasselbe Längen-Breiten-Verhältnis des Mittelschiffes. Diese ungewöhnlich langgezogene Gestalt hat die Forschung veranlaßt, nur die auf dem Plan beigeschriebenen reduzierten Maße gelten zu lassen und die davon abweichende Zeichnung als allgemeine Skizze ohne Maßstab zu betrachten. Der Alte Dom zeigt, daß die Zeichnung auf dem Bauriß sehr wohl der ursprünglichen Bauabsicht entsprochen haben kann.
Zur sonstigen Grundrißgestalt des Alten Domes konnte schon festgestellt werden, daß, genau wie in St. Gallen, im Osten zwischen Apsis und dem vermutlichen Querhaus (263 und 303) ein besonderes Chorjoch eingeschoben gewesen sein muß. Ob wir allerdings aus der feststehenden Tatsache, daß das Mittelschiff um ein Joch über die seitlichen Teile hinausragte, mit Recht auf ein Querhaus schließen, muß erst der weitere Verlauf der Grabung zeigen.
Der Alte Dom hatte, wenigstens in der späteren Zeit, unter jeder Apsis eine nur etwa 60 cm unter dem Langhausniveau liegende Krypta. Ursprünglich dagegen scheint, wieder wie in St. Gallen, nur unter der Ostapsis eine etwa 2 m tiefe K r y p t a geplant gewesen zu sein.
Spuren des Fußbodens wurden bisher an einer Stelle im Langhaus entdeckt, wo ein roter Mörtelstreifen (225) und ein anschließendes Mörtelbett für dünne Platten einen bunten Boden, vielleicht mit figürlichen Darstellungen in opus sectile, vermuten lassen, während an der Stelle, wo wir das Querhaus vermuten, kräftige rote Tonplatten lagen. Die Krypten waren ursprünglich mit einem schlichten Mörtelboden ausgestattet, der in der Westkrypta später durch einen rot und schwarz karierten Fliesenboden überdeckt wurde. Sonst wurde im Dom selbst bisher keine Überlagerung von Böden beobachtet, weshalb es unentschieden bleiben muß, ob die geschilderten Böden in die früheste Zeit des Domes zurückgehen.

Wenn wir von den Krypten, deren Baugeschichte noch nicht geklärt ist, absehen, konnten bauliche Änderungen im Innern des Domes bisher nicht festgestellt werden. Dagegen läßt das Mauerwerk der beiden Apsiden und die Gestaltung des Terrains davor deutlich zwei frühe Bauabschnitte erkennen, die für die Datierung von ausschlaggebender Bedeutung sind. Sie führen im Rahmen der 14 für die ganze Grabung aufgestellten Bauperioden die Bezeichnung VI und VII. Sowohl im Osten wie im Westen ist das untere Apsidenmauerwerk (Periode VI) aus ziemlich regelmäßigen Handquadern, durchweg aus Tuffstein, in festem hellgrauem Mörtel gemauert und reicht bei beiden Apsiden nur wenig über die gleichzeitige Terrainoberfläche, die ihrerseits, offenbar gleich nach Fertigstellung der Fundamentmauer, vor beiden Apsiden besonders ausgestaltet wurde. Man legte nämlich im Osten und Westen ein Paradies an. Das westliche Paradies ist halbrund und von einem halbkreisförmigen Gang begrenzt, der nicht ganz konzentrisch, sondern mit einer Mittelpunktsverschiebung von etwa 1 m um die Apsis herumgeführt ist. Er war mit einem Mörtelboden versehen, also bedacht und öffnete sich wohl nach innen, zum Paradies hin mittels einer Säulenstellung. Dieses halbkreisförmige Atrium findet sich nun in den gleichen Maßen und mit der gleichen Mittelpunktsverschiebung auf dem Bauriß von St. Gallen wieder, wie auf jeder photographischen Widergabe des Planes deutlich sichtbar ist. Hier wird die oben geschilderte Konstruktion des Umganges mit einem einzigen praegnanten Hexameter erklärt: *Hic muro tectum impositum patet atque columnis.*
Das zwischen Umgang und Apsis offen liegende Paradies hat die folgende Beischrift: *Hic Paradisiacum sine tecto sternito campum.*
Der Bauriß zeigt uns auch das in Köln noch nicht freigelegte Portal am Scheitelpunkt des Umganges mit der Erläuterung: *Adveniens aditum populus hic cunctus habebit.*

Abb. 2.
Maßstab
1 : 1000.

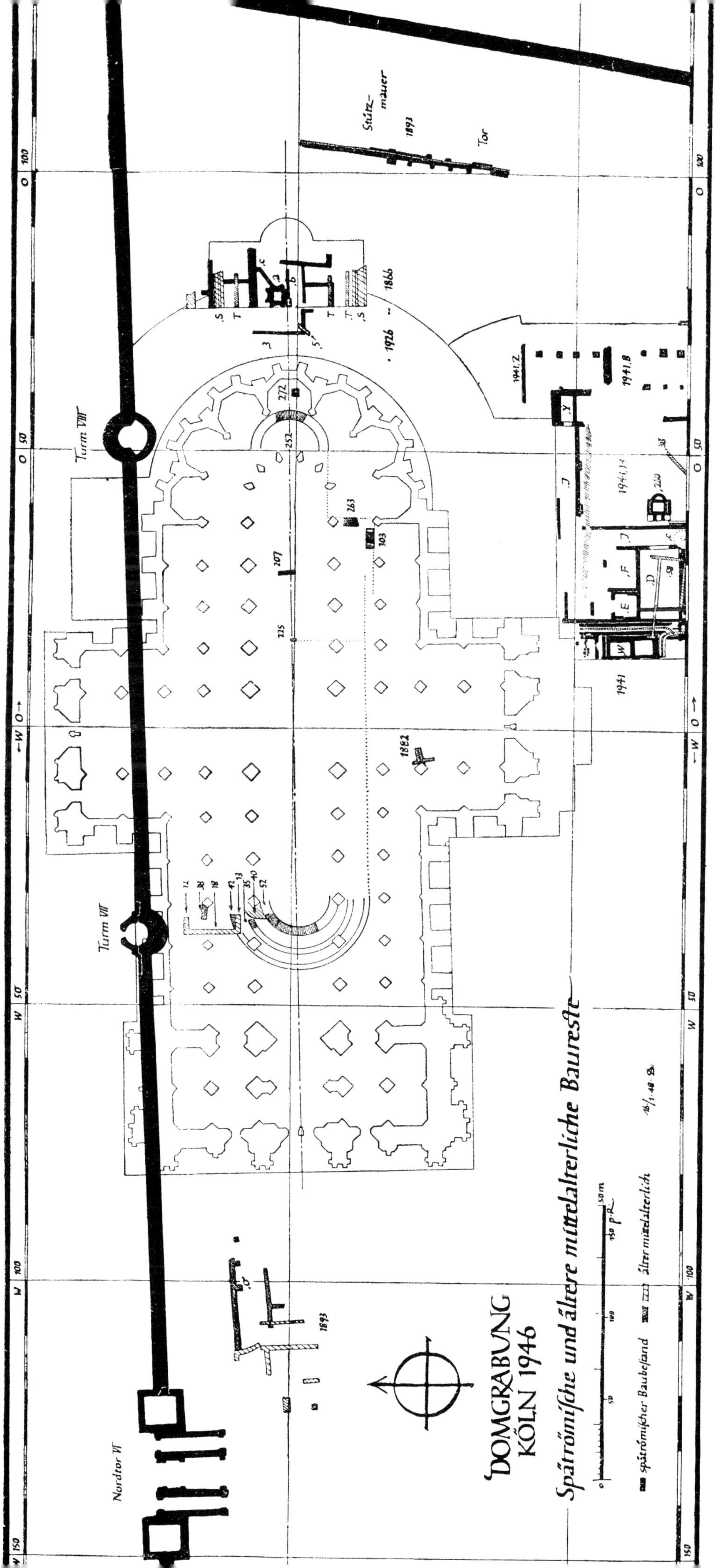

So wird uns der Sinn dieser Anlage besonders bei einer Domkirche, um die es sich ja in Köln, im Gegensatz zu St. Gallen handelt, faßbar: für das „ankommende Volk" ist ein eindrucksvoller in der Achse gelegener Eingang erwünscht, der, da die Apsis im Wege ist, vorgelagert wird.

Auf dem Plan von St. Gallen ist auch für die Ostapsis ein Paradies vorgesehen, dessen Boden jedoch nicht als campus, sondern als „ebene Flächen" bezeichnet wird, also wohl mit Platten belegt gedacht war: *Hic sine domatibus paradisi plana parantur.*

Dieses mit Platten belegte Paradies ist auch bei unserm Alten Dom vorhanden gewesen, und zwar sind es die seit langem bekannten Trachytplatten, die nicht, wie man bisher annahm, in die Zeit Annos und der Kirche Maria ad Gradus zu setzen sind, sondern, wie weiter unten gezeigt wird, ganz sicher zum Anfangsbau des Alten Doms gehören (Periode VI). Ganz gleich, wie man sich dieses Paradies in Köln ergänzt denkt, ob halbrund wie in St. Gallen, oder wahrscheinlicher rechteckig und vielleicht mit einem beiderseitigen Säulengang, der in St. Gallen nicht vorgesehen war, in Köln aber für die spätere Zeit belegt ist, man wird aus dem bloßen Vorhandensein eines Plattenbodens in jedem Fall schließen müssen, daß die Gesamtplanung hier nicht zu Ende war, sondern weiter ostwärts irgend eine Baulichkeit geplant oder sogar ausgeführt war, zu der der Boden hinführte. Die für St. Gallen an dieser Stelle vorgesehene kleine Kirche für die Novizen und Kranken erinnert so stark an die Kölner Kirche Maria ad gradus, daß wir diese nicht für eine völlig neue Konzeption Annos halten möchten. – Die aufgeführten Übereinstimmungen zwischen dem Bau der Periode VI und St. Gallen lassen einen engen Zusammenhang des Baurisses mit der im Bau befindlichen Kathedrale nicht mehr zweifelhaft erscheinen; man kann wohl weitergehen und sagen, daß der Kölner Bischofsdom bestimmt eher das Vorbild als eine Nachahmung des St. Gallener Planes gewesen ist.

Die Datierung des geschilderten ersten Bauabschnitts des Alten Doms (Periode VI) in die nachrömische Zeit ist durch den Aufschluß in der Dreikönigenkapelle gesichert. Seine genauere Datierung in den Beginn des 9. Jahrhunderts kann bisher zwar nicht gerade so sinnfällig bewiesen werden, muß aber mit Rücksicht auf die eben geschilderten und die noch zu behandelnden Zusammenhänge ebenfalls als gesichert gelten. Wir haben hier nämlich aller Wahrscheinlichkeit nach den Bau Hildebolds vor uns. Diesem ersten Kölner Erzbischof und Hofkaplan Karls des Großen wird von der späteren Tradition der Baubeginn zugeschrieben; vollendet wird er ihn jedenfalls nicht haben, da die Weihe erst durch seinen zweiten Nachfolger Willibert im Jahre 870 vollzogen wurde. Der von Willibert geweihte Bau kann aber erst der des zweiten Abschnitts (Periode VII) gewesen sein, denn es läßt sich einwandfrei nachweisen, daß der Bau in der VII. Periode überhaupt erstmalig vollendet wurde, während sein Vorgänger der Periode VI längere Zeit unvollendet liegen blieb. Das beweist zunächst das Mauerwerk beider Apsiden, das durchlaufend von der gleichen Lage ab einen deutlich sichtbaren Wechsel zu einer weniger sorgfältigen Technik und zu anderem, nämlich rotem Mörtel aufweist. Die Möglichkeit, im unteren Mauerwerk (VI) den Bau von 870 anzusprechen und das obere (VII) noch später zu datieren, scheidet aus, weil in diesem Falle der 870 natürlich fertige Bau später einmal bis zum Boden systematisch abgetragen worden sein müßte, wozu jeder historische Anhalt fehlt. Eine zweite Möglichkeit, nämlich die beiden Perioden VI und VII eng aneinander zu rücken und als bloße Phasen eines einzigen Bauvorhabens in die Jahre vor 870 zu datieren, scheidet ebenfalls aus, denn der Bauplan der Periode VII ist ein wesentlich anderer als der der Periode VI: er verzichtet auf die bauliche Gestaltung der Plätze vor den Apsiden. Der Plattenboden vor der Ostapsis und das halbrunde Atrium vor der Westapsis sind bereits in Periode VII wieder aufgegeben worden. Der Gang des Atriums wird durch das zur Periode VII gehörige halbrunde Mauerwerk 40, das wohl das Fundament eines Treppenturmes bildete, zerschlagen. Der Beweis für das Aufgeben des Plattenbodens vor der Ostapsis in Periode VII wird bei der Beschreibung der Schichten vor dieser Apsis weiter unten folgen. Die großartige Planung der Periode VI wird also fallen gelassen. Man beschränkt sich auf einen, der Mauertechnik nach zu urteilen, schnellen Aufbau des Kirchengebäudes. Ob man an diesem Bau selbst, dem man, wie die Apsiden zeigen, die ursprüngliche Länge beließ, sonst irgendwelche Änderungen vornahm, werden die weiteren Grabungen zeigen.

Eine Stütze für unsere Datierungen finden wir beim Grabe des Emundus (38), dem A. Verbeek in dieser Festschrift eine besondere Abhandlung widmet. Die Tiefenlage des Grabes, ferner die an seinen Umbauten und dem zugehörigen Gebäude vorgenommenen Änderungen und schließlich die drei hier übereinanderliegenden und teilweise stark abgenützten Böden sprechen für ein hohes Alter des Grabes und zugehörigen Gebäudes und machen es sehr wahrscheinlich, daß der hier bestattete Graf Emundus mit dem Sendboten beim Reichstage von Aachen im Jahre 825 identisch ist. Demnach würde das Grab und sicherlich auch das Gebäude, in dem es liegt, noch dem 9. Jahrhundert angehören und vielleicht älter sein als der Dom der Periode VII. Andererseits ist das Gebäude jünger als der Bau der Periode VI, denn seine Südmauer (13) hat bereits den halbkreisförmigen Gang der VI. Periode zerschlagen.
Über die Anfänge des Alten Domes können wir also schon jetzt, wie gezeigt wurde, sehr viel Positives aussagen, obwohl eigentlich erst die beiden Enden freigelegt sind und der weite dazwischen liegende Raum noch so gut wie gar nicht untersucht ist. Das ist auf den glücklichen Umstand zurückzuführen, daß sich die beiden Apsiden in den Maßen und in der Technik vollständig gleichen und daher schon für den ganzen Bau gültige Zeitbestimmungen möglich machen. Für die spätere Baugeschichte ist das noch nicht angängig. Die im folgenden am Ostchor zu besprechenden weiteren romanischen Perioden VIII – X können wir noch nicht mit den Änderungen im Westchor (Erneuerung von Böden und Einbau einer Confessio in der Krypta) in ein zeitliches Verhältnis bringen, zumal ein nahe dem Emundusepitaph entdecktes Grab mit der Jahreszahl 1277 daran erinnert, daß die letzten romanischen Änderungen vielleicht zeitlich mit der ersten gotischen Periode im Osten (XI) gleichzusetzen sind. Wir sehen daher von einer vorzeitigen Erörterung dieser Fragen ab und gehen zur Einzelbeschreibung eines bereits abgeschlossenen Teiles der Grabung über, wo die Lagerung des Alten Doms innerhalb einer über zweitausend Jahre sich erstreckenden Schichtenfolge mit einem einzigen Blick zu übersehen war.

2. Beschreibung des Aufschlusses in der Dreikönigenkapelle vor der Ostapsis des alten Doms (Abb. 3, 4)

Als im Verlaufe der Grabungen Mitte Juli 1947 die Ostapsis des Alten Doms unter der Stufe zur Dreikönigenkapelle gefunden war, wurde anschließend von Juli bis November 1947 im Bereiche der ganzen Kapelle tiefer gegraben, um die Apsis ganz freizulegen und ihr Alter sowie ihr Verhältnis zu den schon vor vielen Jahren auf der Domterrasse gefundenen Mauerresten zu bestimmen. Die Erdarbeiten wurden von unsern Museumsarbeitern A. Richartz, C. Blankenheim und J. Kleinmann und ferner von acht jungen Strafgefangenen ausgeführt. Zur Beobachtung der Erdschichten wurden dabei drei glatte Schnitte senkrecht von oben nach unten durch das Erdreich geführt und im Maßstab 1:20 steingerecht aufgezeichnet [2]. Zwei dieser Schnitte laufen parallel von Westen nach Osten, der dritte, die beiden andern senkrecht schneidend, von Süden nach Norden.
Die Schichtenbeobachtung wurde vom Verfasser und gleichzeitig von J. Löhausen, W. Schneider und G. Strunk durchgeführt. Im folgenden wird nur der in der Richtung der Domachse liegende Hauptschnitt (Profil 280) besprochen. Die Lagerungsverhältnisse kommen in ihm meist deutlich zum Ausdruck; nur gelegentlich werden die Ergebnisse der andern beiden Schnitte zur Kontrolle oder Ergänzung herangezogen.
Die unheimliche Menge von Linien und Schichten in diesem 10 m tiefen und 5 m breiten Aufschluß wirkt – nicht nur auf Außenstehende – zunächst verwirrend. Bei näherem Zusehen erweist

[2] Leider mußte die Zeichnung für den Druck vereinfacht werden. Sie enthält zwar alle eingemessenen Schichtlinien, aber lose Steine wurden weggelassen, ebenso wurde die Schraffur der Steine nach dem Material fallen gelassen. Die Schichten konnten in der Verkleinerung nur in dunkle Humusschichten und solche mit hellerem Bauschutt geteilt werden. Dafür sind Schraffuren mit Periodenunterscheidung gewählt worden.

sich das Profil aber in allen wesentlichen Fragen als erfreulich aufschlußreich und eindeutig, so daß wir uns glücklich schätzen können, mit diesem Aufschluß an einem so bedeutsamen Punkte ein historisches Dokument ersten Ranges erworben zu haben. Daher soll es hier in allen Einzelheiten abgebildet und besprochen werden. – Die Ansicht ist von Süden genommen. Die Schichten sind in der Reihenfolge ihres Erscheinens bei der Grabung, also von oben nach unten mit kleinen Buchstaben beziffert; umgekehrt ist die Unterscheidung der Bauperioden in historischer Reihenfolge, also im allgemeinen von unten nach oben mit römischen Zahlen durchgeführt.

Die östliche Begrenzung des Profils bildet das Fundament der Außenmauer des Doms (271), in der viele Steine vom Abbruch des Alten Doms vermauert sind. Sie rückt mit zunehmender Tiefe weiter nach außen, was man vielleicht mit anfänglicher Unklarheit über die Größe der geplanten Dreikönigenkapelle erklären kann. Noch auffallender ist, daß in dem hier gezeigten Schnitt, also in der Domachse, keine Fundamentgrube zu erkennen war, die Grundmauer vielmehr gegen eine Erdwand gemauert ist. Das ist aber nur in der Domachse der Fall und darauf zurückzuführen, daß man im Fundamentmauerwerk hier zunächst eine Lücke (268) ließ, die erst später, als man den nicht eingegrabenen Teil des Fundamentes errichtete, zugemauert wurde. Der Sinn dieser Lücke ist ganz unklar, wenn wir sie nicht mit dem von uns auch aus anderen Gründen hier vermuteten Grundstein in Beziehung bringen. Unter dem Fundament zeigt sich noch eine alte römische Mauer (299), die wegen des abweichenden Verlaufs und einer dazwischenliegenden Kalkschicht (r 2) nicht mehr zum gotischen Fundament gerechnet werden kann.

Die linke Begrenzung der Schichten bildet die in der Franzosenzeit ausgeplünderte Gruft (237) der Kurfürsten Josef-Clemens und Clemens-August (241) und darunter die in einer Höhe von 6 Metern erhaltene Apsismauer des Alten Doms, die deutlich in einen oberen jüngeren (252 b) und einen unteren älteren Teil (252 a) gegliedert ist.

Die obersten Schichten des Profils gehen auf die Zeit der letzten Beplattung des Fußbodens zurück (1885 – 1898) und sind als Periode XIV bezeichnet. Das Mettlacher Mosaik liegt in einer reinen Zementbettung, die schwerer zu brechen ist als die Steinchen selbst (a 1): von ähnlicher Festigkeit ist die Unterlage dazu (a 2) aus kieselhaltigem Beton. An den Stufen zur Kapelle wird der Boden durch einige Streifen gelber Marmorplatten unterbrochen (a 3), unter denen bei a 4 eine Leitung für die frühere Gasbeleuchtung des Doms sichtbar wird.

Die gleich unter dem modernen Boden folgenden Schichten a 5 – a 7 gehören ebenso wie die Mauern, die von ihnen umschlossen werden, der Barockzeit an (Periode XIII). In dieser Zeit stand in der Kapelle ein kleiner Tempel in jonischen Formen, der als Mausoleum für den Dreikönigenschrein im Jahre 1660 errichtet wurde. Vorher hatte ein ähnlicher, aber leichterer Einbau hier gestanden, von dem wir keine Spuren mehr vorfanden. Der Bau von 1660 war dagegen durch mächtige unterirdische Backsteinbögen untergründet, von denen einer im Profil bei 229 (im Schnitt durch seinen Scheitel) sichtbar ist. Nur die Schaufront war ohne besondere Untergründung auf den älteren gotischen Plattenboden gesetzt, wo die Mörtelspur der Steine noch zu erkennen war (231). Beim Bau des Mausoleums muß das gotische Grab 236 geleert und mit Schutt angefüllt worden sein (a 5 weißgrauer, a 6 brauner, sehr lockerer Boden mit Steinen). Ein weiterer Rest aus der Barockzeit ist ein kleiner runder, aus Ziegelsteinen gemauerter Schacht im Boden (257), der mit wenig lockerer Erde und einigen zu Staub zerfallenden Holzresten gefüllt war. Sein zeitliches Verhältnis zum Fundament des Mausoleums (229) war aus der Schichtung leider nicht mehr zu erschließen, da die zugehörige Grube an der fraglichen Stelle gestört ist (a 7). In diesem merkwürdigen kleinen Ziegelschacht hat man vermutlich das Herz der französischen Königin Maria von Medici beigesetzt, als man die Gruft der Wittelsbacher anlegte. – Das Fundament der Stufen zum Dreikönigenaltar (a 8) und die darunter liegende Erdschicht (a 9) sind sicherlich neuzeitlich, aber es ist fraglich, welcher der beiden Perioden XIII und XIV sie zuzuteilen sind.

Die nun folgenden Schichten (b) gehören in die früheste Zeit des gotischen Domes, etwa kurz nach und vor der Chorweihe von 1322 (Periode XII). Der damalige Boden ist in einer Rei-

Abb. 3. Blick von Osten gegen die Ostapsis des alten Doms. Die unteren beiden Drittel der Gesamthöhe bilden das Fundament der Periode VI (Hildebold). Darüber folgt das Mauerwerk der Periode VII (eingeweiht 870), dessen zwei unterste Lagen ausgewittert und in Periode VIII an ihrer Oberkante mit einem Mörtelwulst abgedichtet sind. Wenig höher der Platz der Periode VIII (ottonisch?). Ganz oben der Schrägsockel. Links und rechts ist das Fundament der gotischen Dreikönigskapelle angelehnt. Vorne links der spätrömische Pfeiler 272. Grabungsfoto.

he von Trachyt- und Basaltlavaplatten vor der Kapelle noch erhalten geblieben (235) und liegt beinahe 50 cm unter dem heutigen Boden des Chorumgangs. In der Kapelle ist das gleiche Niveau gut an der schmutzigen und festgetretenen ebenen Oberfläche der zur Planierung aufgetragenen locker sandigen und mit Mörtelteilen durchsetzten Schicht b 1 zu erkennen. Die feste, lehmige, gelbgraue Schicht b 2 diente wohl auch nur zur Auffüllung. In diese beiden Schichten ist die Grube für das Grab 236 (b 3 hellgrau mit kleinen Mörtelstückchen; b 4 locker humos) eingeschnitten, jedoch liegt das Grab nur so tief, daß die Oberkanten seiner Längswände die Höhe des damaligen Fußbodens erreichten, also in unschöner Weise sichtbar geworden wären, wenn das Grab keinen Aufbau gehabt hätte. Daß eine Tumba vorhanden gewesen sein muß, geht auch aus dem Vergleich mit der Tiefenlage eines andern gotischen Grabes dicht dabei (im Profil nicht erfaßt) hervor, das in der normalen Tiefe von 80 cm lag. Die Tumba in der Mitte der Kapelle war natürlich hinderlich, als das Mausoleum errichtet werden sollte. Damals hat man sie aller Wahrscheinlichkeit nach entfernt und das Grab mit Schutt gefüllt. Unsere Vermutung, daß dieses Grab, aus dem noch die Re-

Abb. 5. Stola aus dem vermutlichen Grabe Konrads von Hochstaden. Grabungsfoto

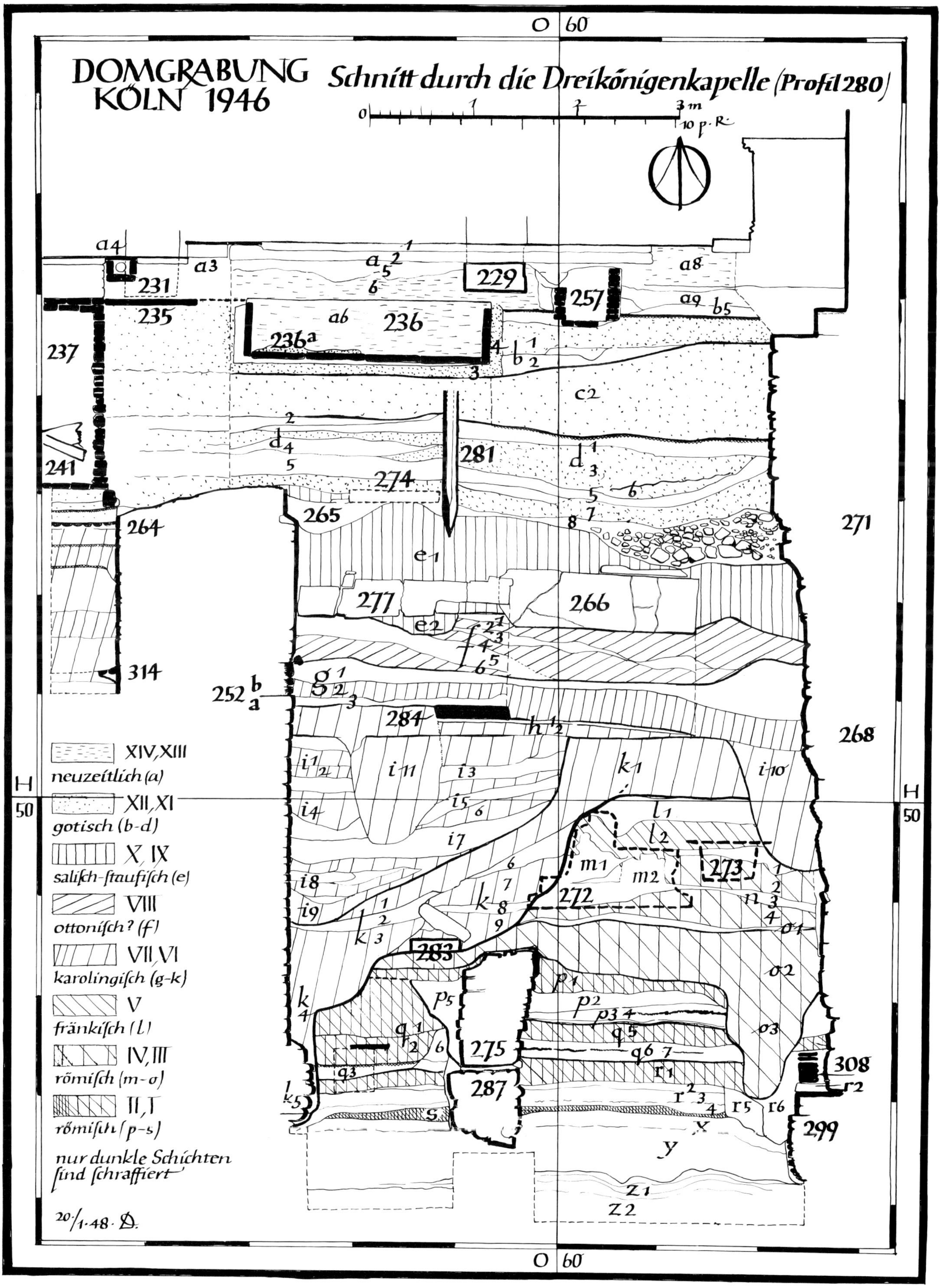

Abb. 4. Maßstab 1 : 50.

ste reicher Paramente geborgen werden konnten (Abb. 5), die erste Ruhestätte Konrads von Hochstaden im gotischen Dom gewesen ist, sei hier nicht näher begründet.

Mit den beiden folgenden Straten [3] c und d gelangen wir in die Zeit des gotischen Baubeginns, also in die ersten Jahre nach 1248 (Periode XI). Die Oberfläche der Strate c bildete den Schauplatz, auf dem Meister Gerhard – nach unserer Vermutung zuerst – seine Konstruktionen hochführte. Wir haben noch die Spur seines Meßpfahls gefunden, von dem aus er die Absteckung der Achteckseiten der Kapelle vornahm (281). Er war kantig zugeschlagen und angespitzt. Es fand sich nur eine Hohlform ohne jegliche Holzspuren im Boden; demnach ist er wohl später wieder herausgezogen worden. Ein von der Mitte des Schlußsteins der Kapelle gefälltes Lot trifft auf die Pfahlspur nur 3 cm nordöstlich ihrer Mitte. Im übrigen bieten die Schichten dieser Strate keine besonderen Aufschlüsse: c 1 ist auf dem dargestellten Schnittbilde nicht erfaßt, c 2 besteht aus schwarzgrauer, ziemlich lockerer Erde, die in einem Zuge aufgetragen wurde, nachdem der obere Teil des Fundamentes frei hochgemauert war. Dies war von der Oberfläche der schmutzig-lehmig-sandigen Schicht d 1 aus geschehen, deren schwarze Oberkante noch deutlich erkennen läßt, daß auf ihr viel herumgelaufen wurde; die einzelnen an der Mauer liegenden Steinbrocken sind Abfallstücke vom Fundamentmauerwerk. Die übrigen Schichten der Strate d sind entweder dunkelgrau-sandig-erdig mit kleinen Holzkohleteilchen, oder aber meist heller mit vielen kleinen Mörtel- und Steinstücken, die vom Putzen der beim Abbruch der romanischen Apsismauer gewonnenen Steine herrühren dürften; wir fanden diese Steine ja im gotischen Fundament wieder verwendet. Die unterste Schicht d 8 barg dann in einer Mulde gröberen Abfall vom Abbruch. Außerdem zeigt uns diese Mulde, die in den andern beiden Profilen noch tiefer reicht, daß man beim Eingraben des Fundaments den romanischen Friedhof gründlich umwühlte; die Hohlräume der Sarkophage wurden ausgefüllt, bevor man das Niveau durch Aufschüttungen erhöhte. Wie aus dem nordsüdlich verlaufenden Querprofil, das die Grube zum gotischen Fundament deutlich zeigt, außerdem hervorgeht, ist die Durchwühlung des Friedhofs vor Errichtung des Fundaments, die Aufschüttung aber nachher oder gleichzeitig mit dem Höherwachsen der Grundmauer erfolgt.

Die erwähnten tiefen Einschnitte beim gotischen Dombau haben von dem jetzt zu besprechenden letzten Plattenboden aus romanischer Zeit (Periode X) nur eine einzige Platte übriggelassen (274), die nicht in den Bereich unseres Profils fällt, sondern südlich davor lag und aus diesem Grunde hier punktiert gezeichnet ist. Es war eine gut 10 cm starke und sehr große Rotsandsteinplatte, die auf einer ganz unregelmäßigen, aber sehr festen und stellenweise 60 cm hinabreichenden Unterlage aus Steinbrocken in festem Mörtel ruhte (265 = dd 2). Da jedoch zwischen diesem Mörtel und der Platte eine 10 cm starke graue Sandschicht (dd 1) lag, ist es nicht sicher, ob sie überhaupt etwas mit dem Plattenboden zu tun hat. Auch fanden sich keine Anzeichen mehr dafür, daß der Boden über eine größere Fläche sich erstreckte, da sein Niveau ringsherum gänzlich abgegraben war. Der Boden bildet in unserm Profil den letzten romanischen Horizont und liegt bereits über dem Schrägsockel der Apsis.

Wenn auch ein Plattenboden das Bestatten von Toten nicht gänzlich ausschließt, so müssen wir doch die unter dem Boden folgende Friedhofsschicht e in eine frühere Zeit (Periode IX) setzen, denn ihre dunklen Schichten sind so mit menschlichen Gebeinen durchsetzt, daß man auf einen langen und regen Gebrauch des Platzes vor der Apsis als Friedhof schließen muß. Die obere Schicht e 1 ist schwarz und fettig und schließt vereinzelte kleinere Gebeinreste ein, wie sie beim Ausheben neuer Gräber an der Stelle älterer und auch bei der Durchwühlung in gotischer Zeit nach oben gelangten. Die untere, dunkelbraune und nicht so fettige Schicht e 2 dagegen ist die eigentliche Gräberschicht, in der viele Gebeine zum Teil noch in situ lagen und ein ganzes Skelett sowie zwei steinerne Behälter mit Skeletten gefunden wurden. Der Sarkophag 266 aus wenig festem grü-

[3] Als „Stratum" oder „Strate" (eigentlich synonym mit Schicht) bezeichnen wir einen größeren Schichtenzusammenhang, während nicht bezifferte Schichten geringen Ausmaßes „Lagen" genannt werden.

nem Sandstein barg auf seiner Sohle noch das ursprüngliche Skelett mit ausgestreckten Armen und nach Osten gewendetem Blick. Darüber aber lag, fast bis zum Sargrande reichend, Erde mit mehreren Schädeln und vielen Gebeinen dazwischen, die bei den Bauarbeiten gefunden und in den Sarg gelegt worden sein müssen. Das gleiche war mit dem aus unregelmäßigen Tuffsteinen an die Apsis angelehnten Grabe 277 geschehen. Zeitlich müssen wir den Friedhof ebenfalls noch der Spätzeit des romanischen Doms zurechnen, da er bereits den Sockel der Apsis erreicht hat. Die spätesten in ihm gefundenen Scherben (Pingsdorfer Ware und Reliefbandamphoren) brauchen nicht dagegen zu sprechen, sondern können nur einen terminus post quem geben.

Das Niveau der eigentlichen Blütezeit des Alten Doms erreichte die Grabung erst, nachdem die Friedhofschicht e durchstoßen war und die schräg von der Apsis abfallenden Schichten f angeschnitten wurden, in denen, wie überhaupt in allen tieferen Schichten, keine Spuren von menschlichen Bestattungen mehr gefunden wurden. In der Strate f ist ein dreimaliger Wechsel von absichtlich aufgeschütteten helleren sandigen Bauschuttlagen (f 1, f 3, f 5) mit dunkel-humosen Schichten (f 2 schwarz-sandig, f 4 schwarz-fest, f 6 schwarz-fettig) festzustellen. Jede der schwarzen Schichten muß im Laufe längerer Zeit, während welcher sie die Oberfläche bildete, unter dem Einfluß der Niederschläge und fortgesetzter Begehung entstanden sein. Die höheren Schichten dieser Strate sind später von der Gräberschicht e 2, wohl ohne besondere Absicht, planiert worden. Sie reichten ursprünglich höher an die Apsis heran, bedeckten also einen großen Teil des hier noch erhaltenen Außenputzes. Nach dem unteren Rande dieses Putzes zu urteilen, muß er angebracht worden sein, als die fettige Schicht f 6 die Terrainoberfläche bildete. Wir bezeichnen die Zeit des geschilderten Zustandes, als der Platz vor der Apsis ungepflastert war und gegen die Mauer hin anstieg, als Periode VIII. Ihr Beginn wird durch die Anbringung des weißen Putzes klar markiert. Bei Sonnenlicht muß die strahlende Rundmauer besonders vom Rheine her ein recht eindrucksvolles Bild geboten haben.

Auch die voraufgehende Periode VII, der die Strate g zuzuweisen ist, muß von langer Dauer gewesen sein. Das beweist die in dieser Höhe an der ganzen Mauer zu verfolgende Verwitterung der weichen, damals den Mauerfuß bildenden Tuffsteine, die durch stehende Wasserpfützen und gegen die Mauer spritzendes Tropfwasser entstanden sein muß. Die Schicht g 2, deren Oberfläche genau der Verwitterungszone entspricht, bietet denn auch mit ihrer schwarzen Erde wieder das typische Bild einer lange begangenen Terrainoberfläche. Die darunter liegende Steinlage g 3 ist sicherlich mit Absicht zur Festigung gelegt worden, nachdem vielleicht lange vorher der alte Plattenboden 274 größtenteils weggeräumt war. Am Ende der Periode VII ist die helle Schicht g 1 aufgetragen worden, die ausschließlich aus kleingeschlagenen Wandputzresten mit Malerei besteht. Wenn an sich auch die Möglichkeit besteht, daß diese Malerei von irgendeinem Nebengebäude, das vielleicht abgerissen wurde, herrührt, so könnte dieses doch, wegen des Fehlens jeglicher Beimengungen in der Schicht, nur in allernächster Nähe gestanden haben. Es ist daher der naheliegende Schluß berechtigt, daß die Malerei aus dem Dom selber stammt. Wir bekommen so außer dem Aufschluß über die Art seiner Ausmalung in der Periode VII vor allem wieder eine Zaesur, die lange Baugeschichte des Doms, für die historische Nachrichten ja fast ganz fehlen, weiter unterzuteilen, denn die Menge der Putzreste gibt ja von einer gründlichen Renovierung beim Beginn der Periode VIII Zeugnis. Der Anfang von Periode VII wird durch eine noch einschneidendere Zaesur, nämlich die bereits im 1. Abschnitt beschriebene Vollendung des Apsidenmauerwerks hervorgehoben. In unserm Schnittbild ist die Trennung zwischen dem älteren Mauerwerk mit weißlichem Mörtel (252 a) und dem oberen mit rotem Mörtel an der Unterkante der besprochenen Verwitterungszone sichtbar. In den zugehörigen Erdschichten sind keine Anzeichen dafür zu finden, daß dieser Aufmauerung eine Zerstörung oder ein Abbruch voraufgegangen ist. Schichten mit frischem Abbruchmaterial, wie etwa g 1 oder d 8 weiter oben, suchen wir in dieser Höhe vergebens. Eine schwarze Brandschicht mit nennenswerten Kohleresten als Zeichen einer gewaltsamen Zerstörung oder eines Schadenfeuers sind ebensowenig vorhanden. Wir kommen also auch hier, genau wie bei der Westapsis, zu dem Ergebnis, daß der Wechsel im Apsidenmauerwerk auf eine Bauunterbrechung zurückzuführen ist.

Als Periode VI bezeichnen wir die Zeit, in der die Apsismauer 252 begonnen, aber nicht vollendet und der sehr bald wieder aufgegebene Plattenboden 284 gelegt wurde. Daß das untere Mauerwerk 252 a tatsächlich nur bis auf diese Periode und nicht, wie zuerst wegen seines sehr soliden Aussehens vermutet wurde, bis in die römische Zeit zurückreicht, ist wohl das wichtigste Ergebnis unseres Schachtes. Auf unserer Profilzeichnung sieht man die Fundamentgrube zu dem Mauerwerk (282) die oberste römische Schuttschicht mitsamt dem spätrömischen Pfeiler 272 durchschneiden und abgetreppt bis an die Unterkante der Mauer reichen. Auf die oberste der Abstufungen der Grube hat man zur Festigung der Grubenböschung die beim Ausheben der Grube vorgefundenen Steine in langer Reihe hingelegt; einer von ihnen ist bei 283 in der Zeichnung sichtbar. Die Grube wurde nach Fertigstellung der Grundmauer natürlich wieder mit der ausgehobenen Erde verfüllt. Daher ist es nicht verwunderlich, daß sich in der Füllung nur römische Einschlüsse finden (vielleicht mit Ausnahme einer bemalten Scherbe, deren Datierung noch nicht sicher feststeht). Der Schichtenwechsel innerhalb der Grube ist also rein zufälliger Art und ohne besondere Bedeutung (k 2 grau-sandig mit Mörtel, k 3 ähnlich aber dunkler, k 4 locker dunkelbraun mit Steinen, k 5 dunkelbraune Erde, k 6 braun mit Ziegeln und Mörtel, k 7 grauer Mörtelschutt, k 8 graubraun mit Mörtel, k 9 grauer Mörtelschutt). Einige Schwierigkeiten bietet nur die fettig-schwarze mit kleinen Holzkohleresten durchsetzte Schicht k 1; nach Zusammensetzung, Stärke und Höhenlage ist es eine Humusschicht, die man eher für eine im Verlaufe sehr langer Zeit sich von selbst bildende Ablagerung als für eine aufgetragene Schicht halten möchte. Trotzdem haben wir bei mehrmaligem Ableuchten mit hellem Licht die Grubenlinie nicht bis in diese schwarzen Lagen hinauf verfolgen können. Jedoch können auf diesem Aussetzen der Linie keine weittragenden Schlüsse gebaut werden, da erfahrungsgemäß in derartig schwarzen Schichten die Erkennung von Grubenlinien manchmal nicht möglich ist, wenn die gleiche schwarze Erde beim Verfüllen wieder gegen die Schnittfläche geraten ist. Immerhin muß mit der Möglichkeit gerechnet werden, daß die Schicht k 1 zeitlich zwischen dem Apsidenmauerwerk und dem Plattenboden liegt. Gleichfalls zwischen Mauer und Boden sind einige kleinere Gruben anzusetzen, deren Zweck nicht klar, aber wohl kaum von Bedeutung ist. In eine ältere, die wechselnd mit humosen (i 1, i 2, i 4, i 6, i 8, i 9) und schutthaltigen Lagen (i 3, i 5, i 7) gefüllt ist, hat man eine jüngere (i 11) eingetieft. Eine weitere Grube ostwärts davon ist mit i 10 bezeichnet. Die Unterlage für den Plattenboden bildete schließlich eine dünne Kieslage (h 1), die auf einer sandig-humosen Planierungsschicht (h 2) aufliegt.

Die Schicht l 1 (heller Bauschutt mit Ziegeln und Mörtel) geht auf den Abbruch der letzten römischen Baureste, also hier hauptsächlich des Pfeilers 272 zurück. Ein Stumpf dieses Pfeilers mag das Ende der Römerzeit überstanden haben. Darauf könnte die unter dem Schutt liegende schwarz-fettig-humose Schicht l 2 mit Ziegel- und Mörtelstückchen hindeuten, die wieder eine von den Schichten ist, die im allgemeinen nicht aufgetragen werden, sondern sich langsam von selbst bilden. Die Strate l wird daher mit Vorbehalt als Periode V in die fränkische Zeit gesetzt.

Von hier abwärts begegnen wir nur noch römischen Schichten. Zunächst folgt der schon mehrfach genannte Pfeiler 272 mit seiner Fundamentgrube (m 1 Schutt, m 2 Steine). Er steht genau in der Flucht einer Kolonnade, die beim Bau des Dombunkers 1941 herauskam und hier wie auch ähnliche Kolonnaden an andern Stellen der Stadt die letzte römische Periode hindurch gestanden hat. Ein Boden zu dieser letzten römischen Periode IV ist in unserm Schacht nicht angetroffen worden. Im Dombunker gehört zu den Pfeilern ein einfacher Estrichboden.

Der Estrichboden 294, wie der Pfeiler dicht vor der dargestellten Erdwand gelegen und daher punktiert gezeichnet, gehört nicht zum Pfeiler, sondern in die voraufgehende Periode III, weil er beim Bau des Pfeilers ebenso wie der zugehörige Heizkanal durchschlagen wurde. In unserm Profil ist nur die gelbbraune lehmige Unterlage des Bodens noch zu erkennen (n 1). In die darunter liegende dunkel-humose Schuttschicht n 2 ist der Heizkanal für den Boden eingegraben. Die Schichten n 3 (grau-sandig mit Lehmflecken) und n 4 (dunkelgrau-sandig mit Schutt) sind sicherlich reine Auffüllschichten. Mit der Schicht o 1 (grau-sandig mit Tuffbrocken) scheint ein Bauhorizont erreicht zu sein, doch muß die darunterlagernde Schicht o 2 (dunkelgraubraun mit vielen kleinen Mörtel- und Kohleteilchen), der man es ansieht, daß es alte, vielfach bewegte Kulturerde ist, wieder als planmäßige Auffüllung zum Zwecke der Niveauerhöhung angesprochen werden. Vorher hatte man aus nicht geklärten Gründen eine Grube (o 3) tief in die älteren Schichten gegraben. Alle diese Erdbewegungen setzen wir an den Anfang der Periode III.

Darunter stoßen wir erst wieder auf Baureste. Bei etwa gleichbleibender Mauerführung lassen sich zwei Horizonte (II a und II b) unterscheiden. Der obere (Periode II b) wird durch die Stelle des Übergangs des Fundamentes von Mauer 275 zum glatten aufgehenden Teil ungefähr angedeutet. Die Schicht p 1 (dunkelgrau-fein-sandig) zeigt die Höhe des nicht mehr erhaltenen Bodens an. Die übrigen Schichten der Strate p sind wahrscheinlich unmittelbar vor Errichtung des Bauwerkes zu Mauer 275 aufgetragen (p 2 grau mit großen Mörtelbrocken, p 3 schmutzig-lehmig, darin p 4 schwarze kohlehaltige Ader, p 5 die mit hellen Mörtelbrocken gefüllte Grube zum Fundament der Mauer 275, die nur im Westen sichtbar war, da das Fundament mit seiner Ostfläche gegen die Grubenwand gemauert war).

In der Periode II a hatte die Mauer 275 eine nur wenig weiter nach Westen liegende Vorgängerin (287), die aber bis tief in das Fundament hinein ausgebrochen wurde, so daß nur noch dessen Packlagen angetroffen wurden. Die Bodenhöhe dieser Periode dürfte wohl der Oberkante der Schichten q 1 und q 5 entsprechen. In gleicher Höhe liegt westlich der Mauer eine einzelne Ziegelplatte auf einem sauber behauenen Tuffquader, der hart hinter der Erdwand unseres Profils in die mit den Schichten q 2 und q 3 angefüllte Grube eingelassen war. Ferner erreichen die gleiche Höhe einige Ziegellagen weiter ostwärts bei 308, die auf einer Mörtellage ruhen. Wenn wir auch in den Ziegelplatten die letzten Reste eines Bodens erkennen möchten, so bleibt die eigenartige Unterbauung doch ungeklärt. (Schichtenbeschreibung: q 1 schwarz mit Mörtel, q 2 grau-sandig, q 3 graubrauner lockerer Schutt mit Mörtel, q 4 grauer Mörtel, q 5 braunschwarz-locker-lehmig mit wenig Schutt, oben Mörtelstreifen, q 6 schmutzig-lehmig, darin q 7 Streifen mit Holzkohle.)

Mit der Strate r (Periode I b) nähern wir uns bereits dem gewachsenen Boden. Baureste fanden wir aus dieser Zeit nicht in unserm Schacht, wohl aber als Zeugnis für eine großartige Bautätigkeit eine ausgedehnte Lage reinen Kalkes. Unter einer wenig besagenden Auffüllschicht (r 1 braunschwarz-locker-lehmig mit einigen Schutteilchen) lag eine bis zu 30 cm starke Kalkschicht, die sich in drei Lagen sonderte; oben lag rein gelöschter Kalk (r 2), darunter eine Lage gelblich-knotigen, also nicht ganz gelöschten Kalkes (r 3) und schließlich wieder reiner weißer Kalk (r 4). Im Osten endet der Kalk mit einer senkrechten Kante; es folgt ein Streifen mit Erde durchsetzten Kalkes (r 5) und anschließend (r 6) Erde mit einigen Kalkspuren. Wir gehen wohl nicht fehl, wenn wir in dieser Anlage eine sogenannte Kalkbank oder Kalkpfanne sehen, d. h. einen jener großen flachen Kästen, in denen auch heute noch der Kalk bei ständigem Umrühren unter Dampfen gelöscht wird, um dann in die Kalkgrube abgelassen zu werden. Da, wo der Kalk im Osten wie senkrecht abgeschnitten erscheint, hat wohl die Holzwand des Kastens gesessen. Der schräge Abfall des Geländes daneben ist durch Abgraben des gewachsenen Bodens erreicht, also wohl mit Absicht, um das Gefälle für den Abfluß des gelöschten Kalkes herzustellen. Da am Westrand des Profils die Kalkschicht in der gleichen Weise fällt, dürfte hier das andere Ende der Kalkbank gelegen haben. Sie war demnach über 4 m breit. Die Länge scheint noch erheblicher gewesen zu sein, denn im Bereiche der Kapelle haben wir weder das Nord- noch das Südende der Kalkschicht gefunden. Eine so große Kalkpfanne läßt auf ein großes Bauvorhaben in der Nähe schließen. Wir kennen ein solches aus dieser frühen Zeit: es ist die Stadtmauer der jungen Kolonie.

Die Kalkbank steht nun nicht, wie wir zuerst annahmen, am Anfang der Bautätigkeit an dieser Stelle, vielmehr muß die zuletzt in der Tiefe vorgefundene Mauer 299 noch davor datiert werden (Periode I a). Ihr Fundament steht ganz im gewachsenen Lehm, das Aufgehende, von dem noch zwei durchgehende Lagen glatter Tuff- und Grauwackequäderchen erhalten sind, beginnt in gleicher Höhe wie die unterste Schicht über dem gewachsenen Boden (s fein-sandig-schwarz, oben ein Holzkohlestreifen). Über die Abbruchfläche der Mauer zieht sich ein Ausläufer der Kalkschicht hin.

In den von Menschenhand nicht berührten sogenannten gewachsenen Boden haben wir 1 m tief hineingegraben, wobei sich herausstellte, daß die natürliche Lehmdecke (y) mit ihrer durch Infiltration dunkler verfärbten Kruste (x) in normaler Stärke über dem feinen Triebsand, dem sogenannten Puffsand lagert. Es sind also keine wesentlichen Abgrabungen in früher Zeit hier vorgenommen worden. Die Oberkante des Triebsandes (z 1) ist mit dunkelbraunen welligen Streifen durchzogen; darunter ist er gleichmäßig weiß (z 2).

Wir haben im Vorstehenden anhand des 10 m tiefen Schachtes mancherlei Aufschlüsse über die lange Geschichte eines zwar einzelnen, aber hochbedeutsamen Punktes von Köln erhalten und wollen anschließend, unsere Ergebnisse zusammenfassend, den Rahmen ein wenig weiter spannen, indem wir den Osthang des Domhügels mit seinen schon länger bekannten Altertumsfunden in unsere Betrachtung einbeziehen.

3. Überblick über die Schichtung am Osthang des Domhügels (Abb. 6)

Der Domhügel senkte sich von Natur aus nicht, wie es noch in letzter Zeit vor dem Bau des Dombunkers war, langsam und stetig zum Rheinufer hin, sondern bildete etwa unter der Westmauer des Bunkers und dem Ostrande der Domvierung eine steile Stufe, die zwei große, beinahe ebene Terrassenflächen voneinander schied. Die obere, westliche dieser Flächen ist unter dem Namen Niederterrasse bekannt, während die untere morphologisch bereits zum Rheinbett gehört. Landeinwärts und nach Süden erhob sich der Domhügel nur unwesentlich über seine Umgebung. Im Norden fiel er dagegen steil zu der natürlichen Rinne, durch die heute die Trankgasse führt, ab. Die beiden terrassenartig gestaffelten und an ihrer Nordseite jäh abfallenden Flächen boten ideale Bauplätze für eine monumentale Gestaltung der Rheinfront. So ist denn auch der Domhügel die ganze Römerzeit hindurch und sicherlich noch einige Jahrhunderte später bebaut gewesen, wobei die Stufe zur Niederterrasse erhalten blieb, oder, besser gesagt, durch die Bebauung noch besonders hervorgehoben wurde. Unten stand der Palast mit dem bekannten Dionysos-Mosaik (1941, D) und, weiter nördlich, ein Komplex von Bauten, die vielleicht als Bad dienten (1866 und 1926). Wie die Niederterrasse darüber bebaut war, haben wir noch nicht feststellen können. Daß aber gleich auf ihrem Rande eindrucksvolle Bauten errichtet waren, zeigten die Stützmauern und starken Fundamente (1941, W), die am Westrande des Dombunkers aufgefunden wurden. – Wurde die Geländestufe auf diese Weise durch die Bebauung noch betont, so war sie natürlich da hinderlich, wo Straßen den Verkehr zum Rhein hin vermitteln sollten. Daher wurde sie an der Südseite des Domhofs, wo die römische Straße durch das Tor an der Bechergasse zum Rheine führte, schon von frühester Zeit an durch Aufschüttungen ausgeglichen. Als dann im Laufe der nachrömischen Jahrhunderte diese Straße sich schrittweise zu einem Platz, dem heutigen Domhof, erweiterte, schritt auch im gleichen Maße die Verwischung der Geländestufe weiter nach Norden bis an die Stelle des Domes vor. Hier, unter dem Dom blieb jedoch immer eine Stufe bestehen, allerdings wurde sie in karolingischer Zeit durch Anschüttungen weit hinausgeschoben, sodaß ein künstlicher Vorsprung mit viel stärkerem Abfall zum Rheine hin entstand. Diese Nase, die heute noch, wenn auch in wieder verkürzter Gestalt als Domterrasse besteht, ist mit dem Rheingelände durch die Treppenlage am Petrusbrunnen verbunden. Wenn man sie als Domhügel im engeren Sinne bezeichnen will, so besteht die bei den Ausgrabungen von 1866 und 1926 geäußerte Auffassung, daß der Domhügel eine künstliche Aufschüttung sei, zweifellos zu Recht (Voigtel 1866, Fremersdorf 1926, Bonner Jahrb. 52, bzw. 123. Die gegenteilige Auffassung von H. Köhler, Köln. Natürliche Grundlagen einer Großstadt, Berlin 1941, S. 102 ist entsprechend zu modifizieren).

Für die früheste Bebauung unseres Platzes (Periode I a) haben wir in der Mauer 299 einen Beleg. Auf ihre tiefe Lage und Zugehörigkeit zur ältesten Kulturschicht wurde schon hingewiesen; Scherben wurden in dieser dünnen Schicht bisher nicht gefunden, doch läßt sich eine präzisere Datierung der Mauer anhand ihres genauen nordsüdlichen Verlaufs vornehmen. Alle anderen römischen Mauern an dieser Stelle sind nämlich mehr oder weniger genau nach den Stadtmauern ausgerichtet, und da diese an der Nordostecke der Stadt keinen rechten Winkel bilden, so sind auch alle Bauten in der Nähe dieser Ecke schiefwinklig. Weil unsere älteste Mauer nun sich nicht nach diesem Winkel richtet, wird sie sicherlich älter sein als die Stadtmauer und der Zeit des Oppidum Ubiorum angehören. Nach neuerer Auffassung über die Lage des Oppidums (Klinkenberg, Bonner Jahrb. 1936, S. 289) hat sie außerhalb dieses gelegen. Vermutungen über ihre Zweckbestimmung zu äußern, ist verfrüht, solange sie der einzige sichere Baurest aus dieser Zeit bleibt. Einige Reste aus früher Zeit, die unter dem Dombunker lagerten, sind nicht mit gleicher Sicherheit in die Zeit vor der Kolonie zu datieren und liegen auch zu weit entfernt, als daß man sie mit unserer Mauer in Verbindung bringen könnte.

Den nächsten Bauabschnitt (Periode I b) setzen wir in die Zeit des Kaisers Claudius, wieder weniger der nicht sehr charakteristischen Scherbenfunde wegen, als auf Grund der Lagerung unter der folgenden Periode IIa, deren Mauer bereits nach der schrägen Stadtmauer ausgerichtet ist. Der einzige Befund aus der Periode Ib ist die große Kalklage 285, die wir bereits schilderten und mit dem Bau der Stadtmauer in Verbindung bringen möchten. Von früheren Funden aus der Umgebung ist nichts mit Sicherheit unserer Periode Ib zuzuschreiben, doch rückt die folgende Periode wahrscheinlich sehr nahe an sie heran. Es sei noch darauf hingewiesen, daß durch den Nachweis des sehr frühen Richtungswechsels der Mauern (die erste Schrägmauer 287 reicht noch in den gewachsenen Lehm) ein weiteres Argument für die frühe Datierung der Stadtmauer erbracht ist (Fremersdorf, Das Alter der römischen Stadtmauer Kölns, Bonner Jahrb. 1934, S. 64 ff.).

Die Ergebnisse unseres Schachtes in der Dreikönigenkapelle mit älteren Forschungsergebnissen in direkte Verbindung zu bringen, gelingt uns erst bei den Resten unserer Periode II b. Die Mauer 287 entspricht der Tiefenlage nach der beim Bau der Kapitelsgruft aufgemessenen Mauer 1926, 1, die sich sehr weit rheinwärts erstreckt und am Rande der Grabung von 1866 wahrscheinlich mit den älteren nordsüdlichen Schrägmauern zusammenhängt (Vergl. Fremersdorf, Bonner Jahrb. 1926, Taf. XIX, dort Mauer I und Boden I A). Leider war es uns nicht möglich, diese lange Mauer und ihre mögliche Verbindung mit unserer Mauer 287 in der Dreikönigenkapelle zu suchen. Aber auch dadurch würde das Bild der ganzen Anlage, die wegen ihrer Ausdehnung keinesfalls von untergeordneter Bedeutung gewesen sein kann, kaum vollständiger werden.

Etwas durchsichtiger wird das Bild der Anlage in der nächsten Periode II b, in der zwar gründliche Erneuerungen vorgenommen werden, die allgemeine Disposition aber bestehen bleibt, so daß ein Rückschluß auf die ältere Zeit wohl statthaft ist. Mit Rücksicht auf die Höhenlage rechnen wir zu dieser Periode das ältere Achteckbecken der Grabung von 1866 (1866, e), das nach den dürftigen Angaben im Bericht etwa so gelegen haben muß, wie wir es eingezeichnet haben. Der zugehörige Boden außerhalb des Beckens liegt etwa in gleicher Höhe wie der Boden 1926, 2a, der an die Mauer 1926, 2 gestrichen ist, die ihrerseits nach Richtung und Höhenlage zu unserer Mauer 275 zu setzen ist. Unter dem Dombunker dürften der gleichen Zeit die Reste einer Palastanlage gehören, die unmittelbar unter dem Palast mit dem Dionysos-Mosaik gefunden wurden. Ferner ist eine unter dem Domchor liegende ältere Rundmauer hierher zu setzen. Während so im Bereich des Dombunkers in dieser Zeit Wohnbauten gestanden haben, deuten die nördlich davon in und vor dem Dom gefundenen Reste eher auf Badeanlagen. Bei dieser Feststellung wollen wir es offen lassen, ob es sich um ein Privatbad oder um öffentliche Thermen gehandelt hat.

Die gleichen Verhältnisse dauern auch die Periode III hindurch an, doch werden jetzt die alten Gebäude durch prächtige Neubauten ersetzt. Im Bereich des Bunkers wird der Palast mit dem Dionysos-Mosaik gebaut. Unter der Domterrasse wird das schlichte Laconicum durch ein solches mit ausgerundeten Achteckseiten überbaut (1866, d). Der um dieses Becken herumführende Boden wurde 1866 nicht vorgefunden oder nicht als solcher erkannt. Er muß höher als die Stufen des alten Beckens und der Abflußkanal (1866, e) gelegen haben, da diese Teile natürlich unter ihn zu liegen kamen. So gelangen wir zu einer Bodenhöhe, die das Einsteigen in das Becken ermöglicht und der Höhe des weiter westlich gelegenen Bodens 1926, 3a entspricht. Zum letztgenannten Boden gehört die Mauer 1926, 3, die den Bau nach Westen abschließt. Westlich von dieser Mauer scheint ein nicht mehr zugehöriger Raum geschaffen worden zu sein, denn der in der Dreikönigenkapelle gefundene und wohl gleichzeitige Boden 294 mit Bodenheizung liegt 50 cm höher. Ist so die alte Geschlossenheit der Anlage aufgegeben, so glauben wir doch, daß auch weiterhin das ganze Viertel mit Bäderbauten ausgefüllt war, da auch ein noch weiter westlich unter dem Chore gefundener kreisrunder Raum von 5 m Durchmesser mit schräg durch die Mauer geführtem Eingang am zwanglosesten als Glied einer Folge von Baderäumen erklärt werden kann.

Das scheint sich in der folgenden Periode IV zu ändern. Daß der zuletzt genannte runde Raum unter dem Chor jetzt durch einen rechteckigen Bau, von dem bisher eine Mauer (207) und ein anschließender Boden festgestellt sind, überbaut wird, ist nicht so ausschlaggebend, wie die Tatsache, daß eine große Pfeilerkolonnade von Süden nach Norden quer durch den Bezirk gelegt wird. Pfeiler 272 in der Dreikönigenkapelle steht in der Flucht der westlichen von den beiden Pfeilerreihen, die unter dem Dombunker gefunden wurden und damals den Gedanken an eine Basilika aufkommen ließen (1941, B). Die unter dem Bunker durch die beiden Pfeilerreihen und einen beiderseits bis zu abschließenden Mauern geführten Estrichboden geschaffene Wandelhalle legte die Deutung als Basilika allerdings nahe. Aber da die eine Pfeilerreihe, wie sich nun zeigt, nach Norden über die Halle hinausgeführt ist und im Süden, wie schon länger bekannt ist, in eine ganz gleiche Pfeilerreihe am Rande der römischen Ostweststraße mündete, müssen wir die Pfeiler doch als Ganzes im Zusammenhang betrachten und den Gedanken an eine Basilika fallen lassen. Es soll dabei nicht ganz abgestritten werden, daß sich vielleicht in der später, wenigstens im Norden (1941 Z), zugemauerten Halle, Geschäfte wie in einer Basilika abwickelten. – Die Kolonnade hat von dem Palaste mit dem Dionysos-Mosaik einen schmalen Streifen des Peristyls (1941, HJ) beansprucht. Im übrigen blieb der Palast ebenso wie weiter nördlich der Raum mit dem achteckigen Becken bestehen. Beide Anlagen sind in römischer Zeit nicht überbaut worden.

Daß in den nachrömischen Jahrhunderten (Periode V) die Reste des Palastes ganz verschwunden waren, geht aus den kreuz und quer über sie gelegten Mauern (z. B. 1941, 58 und 38) hervor. Die Pfeiler waren dagegen wohl noch sichtbar, denn spätere Mauern sind stellenweise an sie angelehnt. Aus der gleichen Erwägung setzten wir in der Dreikönigenkapelle die letzte römische Schuttschicht in der Nähe des Pfeilers in die nachrömische Zeit. Auf der Domterrasse wurde 1926 der Rest einer großen Rinne aus Stein gefunden (1926, 5), deren Verlängerung schräg am Rande des Beckens vorbeiführt. Es scheint daher nicht ganz ausgeschlossen zu sein, daß das Becken in irgendeiner Form in fränkischer Zeit noch gebraucht wurde. Um auch diesen Gedanken weiterzuführen und das Becken für ein vielleicht schon in spätrömischer Zeit als solches gebrauchtes Taufbecken zu halten, ist nach dem augenblicklichen Stande der Grabungen und Forschungen sicherlich nicht ganz abwegig. (Vgl. zuletzt Th. Klauser, Reallexikon für Antike und Christentum s. v. Achteck und Achtzahl.)

Mit dem in Periode VI beginnenden Bau des Alten Doms wird dem hier behandelten Teil des Domhügels in den Grundzügen bereits die bauliche Gestaltung gegeben, die tausend Jahre lang bestanden hat und erst im Jahre 1817 beim Abbruch der Kirche Maria ad gradus geändert wurde. Das Schnittbild zeigt nämlich einwandfrei, daß der schon 1866 und dann wieder 1926 entdeckte Trachytplattenboden, den wir ja auch in der Dreikönigenkapelle in gleicher Höhe antrafen, zu den allerersten Anfängen des karolingischen Domes gehört. Ein solcher Boden führt, wie wir schon im ersten Abschnitt hervorhoben, natürlich nicht ins Leere, sondern sollte sicherlich die Verbindung vom Alten Dom zu einem andern Bauwerk herstellen. Wir möchten daher aus dem Vorhandensein

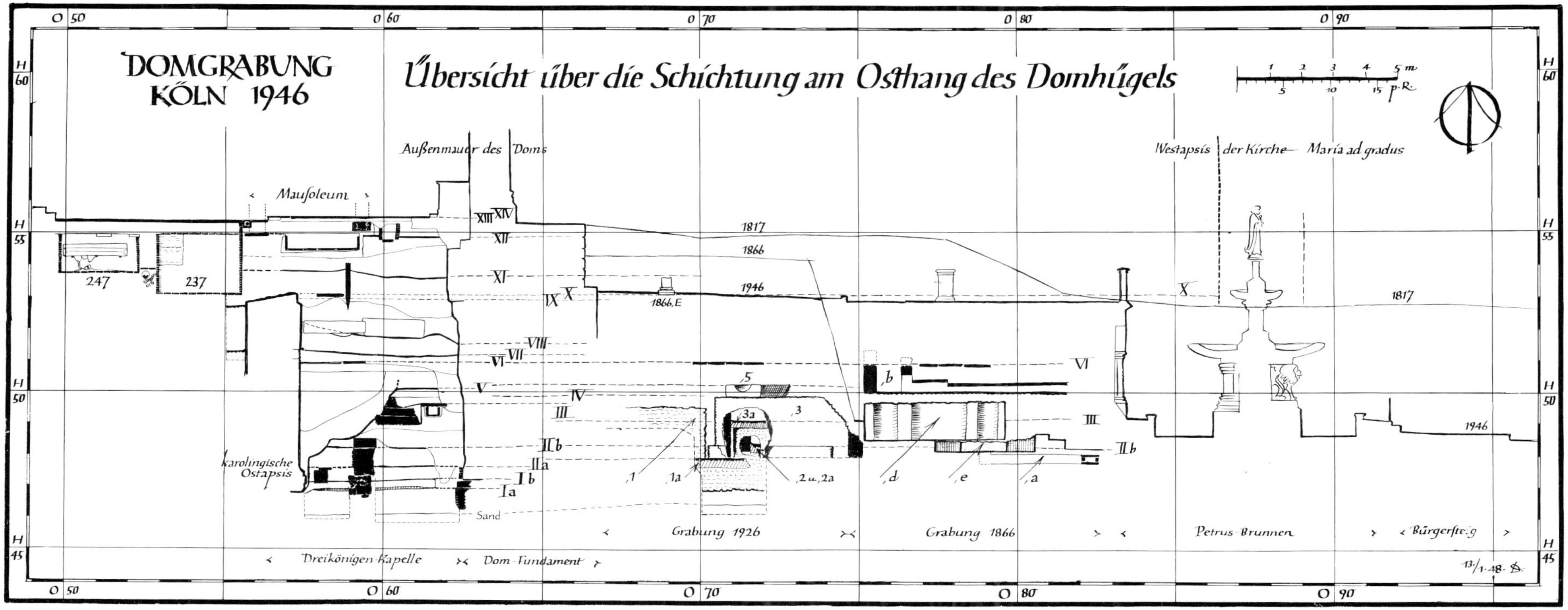

Abb. 6. Maßstab 1 : 200.

des Bodens schließen, daß die von Anno gebaute Kirche bereits in karolingischer Zeit eine Vorgängerin gehabt hat, oder wenigstens daß eine solche geplant war. Über die Form dieses Baues läßt sich nichts mehr ermitteln, da ja, bevor 1866 die ersten Aufmessungen vorgenommen wurden, der gesamte Untergrund der annonischen Kirche längst abgegraben war. Aber über den Zwischenraum bis zum Alten Dom hin kann doch noch einiges festgestellt werden. Zunächst geht aus unserem Profil klar hervor, daß der Plattenboden zu einem Hof und nicht, wie man 1866 noch glaubte, zu einem Gebäude gehörte. Der Schacht 1866, b mit anschließendem Kanal könnte das sich im Hof sammelnde Regenwasser abgeleitet haben. Die vielen nachrömischen Mauern, die 1866 entdeckt wurden, sind natürlich nicht alle gleichzeitig gebaut worden. Die hohen Mauern 1866, S sind für die frühe Periode auszuscheiden, da ihre Fundamentvorsprünge höher als der Plattenboden liegen; aber die enger gestellten Mauern 1866, T könnten als Begrenzung des Bodens gedient haben. – Über die Datierung der Periode VI in die Zeit Hildebolds und die Feststellung, daß der Bau in dieser Periode nicht vollendet wurde, ist im 1. Abschnitt bereits gesprochen worden.

Auch die Gleichsetzung des Baues der Periode VII mit dem von Willibert im Jahre 870 geweihten Dom ist bereits begründet worden. Anzeichen für eine Bebauung der Domterrasse in dieser Zeit sind nicht vorhanden. Das Ende der Periode ist noch nicht zeitlich festzulegen. Mit dem Einfall der Normannen von 881 fällt es jedenfalls nicht zusammen, denn einerseits spricht die Verwitterungszone am Fuß der Apsis für eine längere Dauer und andererseits weist die am Ende der Periode aufgetragene Schicht mit Resten von Wandmalerei ohne Spuren von Brand auf eine planmäßige Erneuerung hin.

Ein Versuch, die Periode VIII zu datieren, wäre verfrüht, weil die historischen Nachrichten zu spärlich sind (die einzige Nachricht aus der in Frage stehenden Zeit ist die über die Erweiterungen Brunos) und weil es noch nicht erwiesen ist, ob die an der Ostapsis beobachteten Änderungen nicht nur örtlich begrenzter Natur sind. In unserem Profil markiert sich Periode VIII immerhin als deutlich erkennbarer Abschnitt; der verwitterte Mauerfuß wird durch Anschüttung von Mörtelschutt zugedeckt und gleichzeitig die Fuge zwischen der Erdoberfläche und der Mauer durch einen Mörtelwulst gedichtet; ein weißer Putz wird an der Außenwand angebracht und schließlich auch im Verlaufe der Periode durch wiederholtes Anwerfen von Erde an die Apsismauer das Regenwasser von ihr abgeleitet. In der weiteren Umgebung der Apsis sind keine gleichzeitigen Änderungen festgestellt worden.

Für die Datierung der Zeit des Friedhofs (Periode IX) haben wir wieder einen festen Anhalt. Der Friedhof, der, wie wir schon erwähnten, nur in dieser Periode in Gebrauch war, wird in der Vita Annonis zu dessen Todesjahr 1075 als zwischen Maria ad gradus und dem Dom liegend genannt. Er ist sicher erst durch Anno bei Erbauung der Marienkirche angelegt worden; jedenfalls haben Kirche und Friedhof zu gleicher Zeit bestanden, wie auch ein Vergleich mit der noch einigermaßen genau zu ermittelnden Höhenlage der Stiftskirche nahelegt.

Fraglich muß es aber noch bleiben, ob auch der doppelte Säulengang zwischen den beiden Kirchen noch auf Anno zurückgeht. Wir möchten ihn eher der letzten romanischen Periode X zuteilen. Der 1866 noch in situ auf der Grundmauer (1866, S) gefundene Säulenstumpf (1866, E) zu diesem Gang kann nicht tiefer gestanden haben als in unserer Zeichnung angegeben ist. (Eine Angabe über die Höhenlage fehlt leider [4].) Sie entspricht ihrer Lage nach also dem Plattenboden 274 der Periode X. Aber auch abgesehen davon wird man sich eine so imposante Porticus doch lieber um einen gepflasterten Hof als um Grabhügel geführt denken mögen. Diese stratigraphische Datierung des Säulengangs erscheint uns stichhaltiger als die typologische nach der Form der Säule, über deren Alter schon verschiedene Meinungen geäußert wurden. Schließlich gibt das Alter der Säulen nur einen terminus post quem, denn sie können vorher ja anderswo gestanden haben. Die Prozes-

[4] Sie ist versehentlich in der Zeichnung um die Hälfte zu klein wiedergegeben.

sion mit der Leiche Annos ging 1075 übrigens *„per cimeterium interjacens"*; von einer Porticus ist keine Rede.

Erst in den Perioden IX und X, also in der Spätzeit des alten Domes hat das ostwärts vor ihm liegende Terrain die Höhe seines Fußbodens im Innern, die von Williberts Zeit an stets die gleiche geblieben ist, erreicht. Den Aufschüttungen, die außen im Laufe von gut drei Jahrhunderten 2,50 m ausmachten, entspricht im Innern also eine einzige gleich hohe Aufschüttung, die in der Zeichnung im Innern der Apsis zu sehen ist. – Südlich des Doms kamen 1941 beim Bau des Bunkers viele mittelalterliche Mauern zutage, die größtenteils in die bisher beschriebenen Perioden V bis X zu datieren sind. Für eine genauere Aufteilung dieser Reste fehlen leider genügende Anhaltspunkte.

Der Beginn des gotischen Neubaues (Periode XI) erfolgte am Kapellenkranz; diese schon lange gemachte Feststellung wurde durch die Grabung mehrfach bestätigt. Beim Bau der Dreikönigenkapelle wurde zunächst der letzte Plattenboden 274 entfernt. Beim Ausheben der Fundamentgrube legte man die vorgefundenen Gebeine in die Steingräber 266 und 277. Nachdem die Grube mit etwa 10 cm starken schräggestellten Rundhölzern und dahintergeschobenen Bohlen verschalt war, mauerte man das Fundament bis zur Oberkante der Grube aus Steinen des abgebrochenen Doms, die mit Lagen von frischen Säulenbasalten wechselten. In der Achse des Doms ließ man im Fundament jedoch eine Lücke, um dort, so möchten wir vermuten, – den Grundstein zu legen. Danach wurde die Lücke zugemauert und die ganze Fundamentmauer in einem Zuge frei hochgeführt. Nachdem sie einige Meter hoch gediehen war, wurde Erde angeschüttet und so die Ebene geschaffen, von der aus die aufgehenden Teile mit Hilfe des Meßpfahls 281 abgesteckt und hochgeführt wurden. Einen Anhalt für die Höhenlage dieses Planums bietet die stehengebliebene Säule 1866 E, die sicherlich in dieser Zeit bereits mit Erde bedeckt war.

Nun folgten etwa im ersten Viertel des 13. Jahrhunderts (Periode XII) der Ausbau des Chors, Legung des ersten gotischen Plattenbodens, Überführung Konrads von Hochstaden und einiger seiner Vorgänger und Errichtung der Tumba über dem zentralen Grabe in der Dreikönigenkapelle, das, wie wir vermuten, die Ruhestätte Konrads von Hochstaden wurde. Die wesentlich tiefere Lage des gotischen Plattenbodens geht aus unserem Profil und außerdem aus dem Befund an den Pfeilern hervor, deren Basen erst durch die Grabungen wieder ganz freigelegt wurden. Wir haben Reste dieses Bodens bisher nur unter der Schaufront des Dreikönigenmausoleums gefunden, offenbar weil sie bei der Höherlegung des Bodens sorgfältig aufgelesen wurden. Da aber andererseits die Höhenlage der übrigen Fundamente dieses Mausoleums bereits den höheren Boden voraussetzt, muß die Erhöhung des Bodens gleichzeitig mit dem Bau des Mausoleums, also 1660 erfolgt sein.

In die Barockzeit (Periode XIII) sind außer dem Bau des Mausoleums die Wittelsbacher Gruft (237), die wohl beim Tode Josef-Clemens' 1725 angelegt wurde, und der kleine Ziegelschacht 257 zu setzen. Da dieser bereits den höheren Fußboden von 1660 voraussetzt, wird man die Überbleibsel der Königin von Frankreich, wenn unsere Vermutung richtig ist, beim Bau der Wittelsbacher Gruft, an deren Platz sie bis dahin geruht haben müssen, vor den Dreikönigenaltar überführt haben. Ihr Grabstein lag später noch – jedoch ohne Inschriftplatte – über der Wittelsbacher Gruft.

Die Änderungen des 19. Jahrhunderts (Periode XIV) in der Kapelle (Beseitigung des Mausoleums, dessen Schaufront 1920 vor der Schatzkammer als Dreikönigenaltar wieder aufgerichtet wurde, die Anbringung der Gasbeleuchtung, des Gitters und des Mosaikbodens) sind bekannt. Draußen wurden am Domhügel nacheinander viele Änderungen vorgenommen. 1817 wurde die Kirche Maria ad gradus abgerissen und das Terrain zum Zwecke eines Kostenanschlages für die Abtragung des Hügels nivelliert. Die Abtragung ist in verschiedenen Etappen vor sich gegangen

(1817, 1827, 1848), bis schließlich dem Hügel 1866 die heutige Form gegeben wurde. Ohne Veränderung der Terrassenhöhe wurde 1926 dicht am Chorfundament in der Achse des Domes die Gruft der Kanoniker angelegt.

Voraussichtlich werden wir noch viele Jahre im Dom zu graben haben. Nach Wiederherstellung des Chors ist beabsichtigt, die Arbeiten unter dem Fußboden fortzusetzen. Auch die noch ausstehenden Untersuchungen im Bereiche der Vierung werden wahrscheinlich unterirdisch durchgeführt werden müssen. Von dieser Stelle am Saume der Niederterrasse erhoffen wir die Klärung von zwei wichtigen, bisher noch nicht angeschnittenen Fragen, ob nämlich in römischer Zeit auf dem Domhügel ein Tempel oder ein sonstiger Monumentalbau gestanden hat, und ob – vielleicht in Anlehnung an diesen Bau – bereits in merowingischer Zeit eine Bischofskirche errichtet wurde.

Eine ganz andersartige Frage, die durch die Grabungen überhaupt erst aufgeworfen wurde und uns im Jubiläumsjahre besonders naheliegt, konnte leider noch nicht restlos geklärt werden. Wir haben in unserem Bericht bereits mehrfach die Vermutung ausgesprochen, daß der hohe Würdenträger des 13. Jahrhunderts, von dessen sehr reichen Paramenten wir noch Reste in dem früher mit einer Tumba versehenen Grabe 236 an der hervorragendsten Stelle des Doms, mitten vor dem damaligen Dreikönigenaltare, fanden, kein anderer als Konrad von Hochstaden gewesen sein kann, und daß man ihn beim Bau des Dreikönigen-Mausoleums in die Johanniskapelle überführt hat. Dann müßte aber auch der Grundstein nicht dort, sondern in der Achskapelle zu suchen sein. *(„Conradus . . . sepultus . . . ubi . . . primum posuerat fundamentum"*, Mon. Germ. SS. XXIV p. 357.) Vergeblich haben wir das jetzige Hochstadengrab aus dem Jahre 1848 ober- und unterirdisch nach den restlichen Paramenten durchforscht: es bildet eine einzige kompakte Steinmasse, die nichts in sich birgt. Die Überreste sind wohl bei der Verstümmelung des alten Grabmals in der Franzosenzeit abhanden gekommen. Aber auch unsere der gleichen Beweisführung dienenden Bemühungen, den Grundstein in der eigenartigen Lücke des Fundamentes unter dem ehemaligen Dreikönigenaltar ausfindig zu machen, waren bisher erfolglos. Die britische Militärregierung stellte uns freundlicherweise ein Minensuchkommando zur Verfügung, das die Lücke abhorchte. Derartige Instrumente scheinen für unseren Zweck aber nicht geeignet zu sein, denn das Gerät sprach an vielen Stellen der Lücke und auch bei anderem Mauerwerk an, wo gewiß kein Metall vermauert ist.

Wenn wir somit bisher auch noch keinen zwingenden Beweis führen können, so möchten wir doch, solange keine widersprechenden Beobachtungen gemacht werden, an unserer Vermutung festhalten, daß wir hier am Scheitelpunkt des Domes die Stelle gefunden haben, wo der Grundstein gelegt wurde zu dem gewaltigen Werk, dessen siebenhundertjährigen Bestand wir heute feiern.

Albert Verbeek

Das Grabmal des Emundus im Kölner Dom und die frühen rheinischen Bogengräber

Aus: Der Kölner Dom. Festschrift zur Siebenhundertjahrfeier 1248 – 1948 (1948) 184 – 194

Der neue Dom, zu dem 1248 der Grund gelegt wurde, ließ bei der Eigengesetzlichkeit seines gewaltigen Plans für das aus vergangenen Jahrhunderten Überkommene keinen Raum. Eine solche Entwurzelung mag angesichts der beharrenden Wesensart kölnischer Geschichte fremdartig genug erscheinen. Doch hat sich Köln, damals noch in Blüte, damit ebenso abgefunden, wie es sich die neue Kunstform, deren Voraussetzungen ganz außerhalb des städtischen Bereichs lagen, anzueignen und schließlich sie umzubilden vermochte. Im neuen Dom scheint man nur den Platz des Hochaltars, den Wurzelstock gleichsam der ganzen Anlage, beibehalten zu haben. Die Gebeine der Erzbischöfe, die man aus dem alten Dom übernahm, wurden umgebettet und in den neuen baulichen Zusammenhang der Strahlkapellen des gotischen Chorumganges eingeordnet, – sämtlich in neugeschaffenen Tumben, ohne daß die früheren Grabstätten in Erinnerung geblieben wären. (Nur bei der gotischen Tumba des 978 verstorbenen Gero in der Stefankapelle des Chorumgangs – der ehemaligen Kreuzkapelle, wie denn Gero ursprünglich neben dem von ihm gestifteten und mit dem berühmten Kruzifix ausgestatteten Kreuzaltar des alten Doms beigesetzt war – wurde eine Platte aus farbigem Mosaik römischer Herkunft wiederverwendet, vielleicht vom Bodenbelag über dem alten Grab.) An einer einzigen Stelle des gotischen Doms ist bis in unsere Zeit das Gedächtnis einer Grabstätte bewahrt worden, die viel älter ist als der Bau.

I

Inmitten der beiden Nordschiffe des Langhauses, am dritten Freipfeiler von Westen, ist eine weißmarmorne kleine Inschrifttafel anscheinend des 18. Jhs. angebracht, die eines Grafen Edmund gedenkt [1]. In Kapitalen heißt es dort:

INCLITUS ANTE FUI COMES EMUNDUS VOCITATUS
HIC NECE PROSTRATUS SUBTEGOR UT VOLUI
FRISHEIM SANCTE MEUM FERO, PETRE, TIBI COMITATUM
ET MIHI REDDE STATUM TE PRECOR AETHEREUM
HAEC LAPIDUM MASSA COMITIS COMPLECTITUR OSSA.

[1] P. Clemen, Der Dom zu Köln (Die Kunstdenkmäler der Rheinprovinz VI, 3; Stadt Köln I, 3). Düsseldorf 1938, S. 285 f.

Grab des Emundus im nördlichen Seitenschiff (unten der Sarkophag, darüber die Reste des Denkmals, am gotischen Pfeiler die Inschrifttafel). Grabungsfoto, Schwester Margarete.

Diese Inschrift soll den Wortlaut einer älteren wiederholen, die auf einer Metallplatte an der gleichen Stelle angebracht war [2]. Zu Unrecht wollte man sie als Fälschung des Ägidius Gelenius ansprechen [3], der sie überlieferte. Eine Grafschaft Friesheim freilich, von der die Rede ist, hat es wohl nie gegeben, doch erklären sich Unstimmigkeiten solcher Art aus der nachträglichen Abfassung der Verse zu einer Zeit, da man von der Person des Grafen Emund nichts mehr wußte, indessen seine mit Friesheim verbundene Stiftung lebendig geblieben war. Aus verschiedenen Aufzeichnungen um Mitte des 13. Jhs. [4], der Zeit des Neubaubeginns, geht hervor, daß am Vorabend des Sterbetags des Grafen Emund im Dom dessen Totenoffizium gehalten wurde, wobei der Propst selbst vier Kerzen aufzustellen hatte. Anschließend gab es ein Festessen der Kanoniker (rufum convivium), für das der jeweilige Lehnsträger des Gutes Friesheim sorgte. Offenbar hing die ganze Stiftung mit Friesheim (Kreis Euskirchen) zusammen, das sich im Mittelalter zu einer eigenen Herrschaft entwickelt hat [5]. Noch am Ende des 18. Jhs., bis zur Auflösung des Domstifts, wurde das Jahrgedächtnis in dieser Weise mit besonderer Feierlichkeit begangen, nach der Memorie am Hochaltar die Commendatio *„infra Pasculum"*, offenbar an der durch die Tafel bezeichneten Stelle im nördlichen Seitenschiff (so genannt nach der 1508 – 1843 im Nordquerschiff gelegenen Pfarrkirche St. Marien im Pesch). An sich hat diese Form, das Jahrgedächtnis eines vornehmen Stifters zu begehen, im Mittelalter nichts Auffallendes. Die Nekrologien der Stifte verzeichnen dafür zahlreiche Beispiele; für Essen etwa finden sich genaue Angaben über die Gedächtnisfeiern des Stifters Altfrid († 874) und mehrerer Äbtissinnen des 10. und 11. Jhs. [6]: fast stets wiederholt sich die „Illumination" des Grabes mit vier Lichtern, die durch den Drost des Stifts oder einen anderen Amtsträger an den Ecken aufgestellt werden – für das Kölner Severinstift sind noch 1737 vier große, nur diesem Zweck dienende Leuchter bezeugt [7] – ebenso wie die Verteilung von Spenden.

Von einem im Dom bestatteten Grafen Emund leitet sich demnach offenbar die Schenkung der Grundherrschaft Friesheim an das Domkapitel her. Wir wissen nichts Näheres von ihm, den erst spätere Jahrhunderte zu einem Grafen von Friesheim machten, doch spricht nichts dagegen, daß es – wie schon Alfter (1728 – 1808) vermutet hatte [8] – derselbe karolingische Graf Edmund war, der in Begleitung des Kölner Erzbischofs Hadebold auf der Aachener Synode von 825 zum Sendboten ernannt wurde [9]. Dann hätte er jedenfalls sein Grab im Bereich des Alten Doms noch vor dessen Weihe im Jahr 870 gefunden, vermutlich noch vor Mitte des 9. Jhs. – Aus der Inschrift ist zu entnehmen, daß beim Neubau der Nordschiffe des Doms im 14. Jahrhundert auf den Platz der

[2] Aeg. Gelenius, De admiranda magnitudine . . . Coloniae. Köln 1645, S. 240 f.

[3] Th. Ilgen, Kritische Beiträge zur rheinisch-westfälischen Quellenkunde des Mittelalters V, 2 Ergänzungen: Westdt. Zs. f. Gesch. u. Kunst 30 (1911), S. 286 ff. – Dagegen H. Schroers, „Fälschungen" der Brüder Gelenius und kein Ende: Annalen d. Hist. Ver. f. d. Niederrhein 95 (1913), S. 35, – und vor allem H. H. Roth, Die Grabschrift des Grafen Emundus im Dom zu Köln: ebenda 96 (1914), S. 25 – 39.

[4] Roth, a. a. O., – hier S. 28 – 33 die Zusammenstellung der Quellen.

[5] P. Simon, Friesheim – Geschichte der domkapitularischen Herrschaft. Euskirchen 1933, S. 5.

[6] K. Ribbeck, Ein Essener Nekrologium aus dem 13. und 14. Jh.: Beitr. z. Gesch. von Stadt und Stift Essen 20 (1900), S. 49, 51 f., 71, 96 f., 101, 124, 128. – F. Arens, Der Liber ordinarius der Essener Stiftskirche: ebenda 21 (1901), S. 74 f., 102 – 107, 115 ff., 127 f. – Vgl. auch etwa für Steinfeld Th. Paas: Annalen d. Hist. Ver. f. d. Niederrhein 93 (1912), S. 32 f.

[7] Roth, a. a. O. S. 30, – hier S. 33 f. auch über das mit der Stiftung verknüpfte Essen der Kanoniker (ähnlich z. B. 1195 für St. Severin), mit Hinweis auf Ducange, Glossarium II. v. 549 unter Convivium.

[8] J. B. Alfter, Geographisches Lexikon II (=Köln Stadtarchiv, Chron. u. Darst. 160), Bl. 45, – Ähnlich auch Hüpsch, Epigrammatographia II. Köln 1801, Nr. 21.

[9] Roth, a. a. O. S. 35, Anm. 2 die Hinweise, – dazu M. G. LL. sect. II, cap. I, 308. – Nach K. Hellman (Der Kölngau und die civitas Köln. Halle 1900, S. 103) wäre Emund Graf von Köln gewesen, doch „den Beweis bleibt er schuldig". Vgl. O. Oppermann: Wd. Zs. 19 (1900), S. 198. – Eine angebliche Urkunde von 844 für St. Martin in Köln, in der ein Graf Ecmund an der Spitze der Zeugen erscheint, ist nach Oppermann eine Fälschung des 18. Jhs. Damit entfällt auch der Hinweis von C. Hegel, Die Chroniken der deutschen Städte XII, Köln I, Leipzig 1875, S. XV Anm.

Grabstätte jener Freipfeiler zu stehen kam, in dessen Fundament die Gebeine dann eingeschlossen wurden: *Haec lapidum massa Comitis complectitur ossa.* Gelen freilich bezieht den Vers auf ein einst vorhanden gewesenes Grabmal – was nach dem Grabungsbefund an sich ja möglich wäre [10] –, doch ist die Inschrift der Bronzetafel offenbar erst nach Zerstörung des Grabmals verfaßt worden, eben als die Tafel an dem neugesetzten Pfeiler angebracht wurde. Im Volk erhielt sich indes – nach Gelen – die Überlieferung, der Pfeiler umschließe ein Grab, wenngleich irrigerweise angenommen wurde: das eines Baumeisters [11]. Mit diesem Pfeiler hat man selbstverständlich nicht ausweichen können, auffallender ist es, daß man im 14. Jahrhundert die schon ein halbes Jahrtausend alte Grabstätte überhaupt noch bezeichnete, während man alle übrigen aufgab. Das erklärt sich eben nur aus der Stiftung, die an das Jahrgedächtnis geknüpft war. Nach Gelen wurden die dazu bestimmten vier Lichter, nachdem das Grab verschwunden war, rings um den Gewölbepfeiler aufgestellt, ein Brauch, der sich bis zu Beginn des 19. Jahrhunderts gehalten hat.

II

Es traf sich, daß 1946 die Grabung nach dem Vorgänger des heutigen Doms in nächster Nähe gerade dieser Stelle der Nordschiffe angesetzt wurde. Dadurch sind wir in der Lage, die überlieferten Nachrichten über das einstige Grab des Emund nachzuprüfen. Die Einzelheiten des Grabungsbefunds läßt die genaue zeichnerische Aufnahme (S. 61) [12] erkennen, so daß eine eingehendere Beschreibung überflüssig ist. Der entleerte Sandsteinsarkophag (38) römischer Herkunft, den man schon zur mittelalterlichen Bestattung durch Abtrennung einer Seitenwand und deren Ersatz durch hinausgeschobene Beimauerung erbreitert hatte, ist am Fußende seinerzeit gerade so weit abgearbeitet worden, wie es das in verschaltem Schacht ohne ausgeweitete Grube eingetiefte Fundament des gotischen Pfeilers erforderte. Westlich davon fand sich, die Längsrichtung fortsetzend, der Rest einer Mauer aus verschiedenem Gestein (32), wie es scheint das Fundament eines zugehörigen Grabmals, vielleicht eines bogenförmigen von der aus dem ganzen Mittelalter bekannten Art, wie sie gleich vorgeführt wird. Eine jüngere zweite Mauer nördlich davon (4), die sich an die nördliche Längswandung des Sarkophags anlehnt, aber im westlichen Verlauf leicht schräg nach Norden ausweicht, ist noch mehr als 1 m hoch über dem alten Fußboden aufgehend erhalten. Über der Westecke des Steinsargs weist sie einen Einsprung zu einer flachen Nische auf, der offenbar mit Säulchen besetzt war. Davon hat sich an einem Sandsteinpfosten allerdings nur die linke Basis von attischem Schnitt mit gerolltem Eckblatt erhalten, die eine Zeitsetzung in die Stauferzeit, gegen Ende des 12. Jahrhunderts oder den Anfang des 13., zuläßt. Dieser würde auch die Mauertechnik der ziegelmäßigen Tuffsteine entsprechen. Rechts neben der Säulenbasis, also mitten über dem Sarkophag, haftet noch am Mörtel die letzte Schicht einer größeren Kalksinterplatte (28), die wir als die einstige Inschrifttafel des Grabmals ansprechen dürfen. Offensichtlich handelt es sich um den Rest eines Arkosolgrabs, bestehend aus einem Blendbogen über Säulen, mit der Inschrift auf einer Sockelzone dazwischen, vielleicht mit Malerei auf dem freien Wandteil darüber. Wir wissen auch, was die Versetzung und Erneuerung des Grabmals veranlaßte: der Raum, in dem es stand, vermutlich eine Vorhalle des Alten Doms, erhielt damals – also wohl um 1200 – in ihrer viel älteren Westwand einen bedeutend erbreiterten Zugang, dessen drei herabführende Stufen (23) sich noch erhalten haben. Man brauchte Platz für diesen neuen Eingang, der nach den Spuren starker Benutzung auf dem gefundenen Plattenboden eine Hauptpforte gewesen sein muß. So erklärt sich auch die Schräglage der neuen Nordwand mit dem Bogengrab.

[10] Gegen Illgen, a. a. O., der Steindenkmäler mit Bronzeplatten vor dem 12. Jh. nicht für möglich hält.
[11] Roth, a. a. O. S. 26, 37.
[12] Die Aufnahme verdanke ich dem Grabungsleiter Dr. Doppelfeld und seinem Mitarbeiter Schneider.

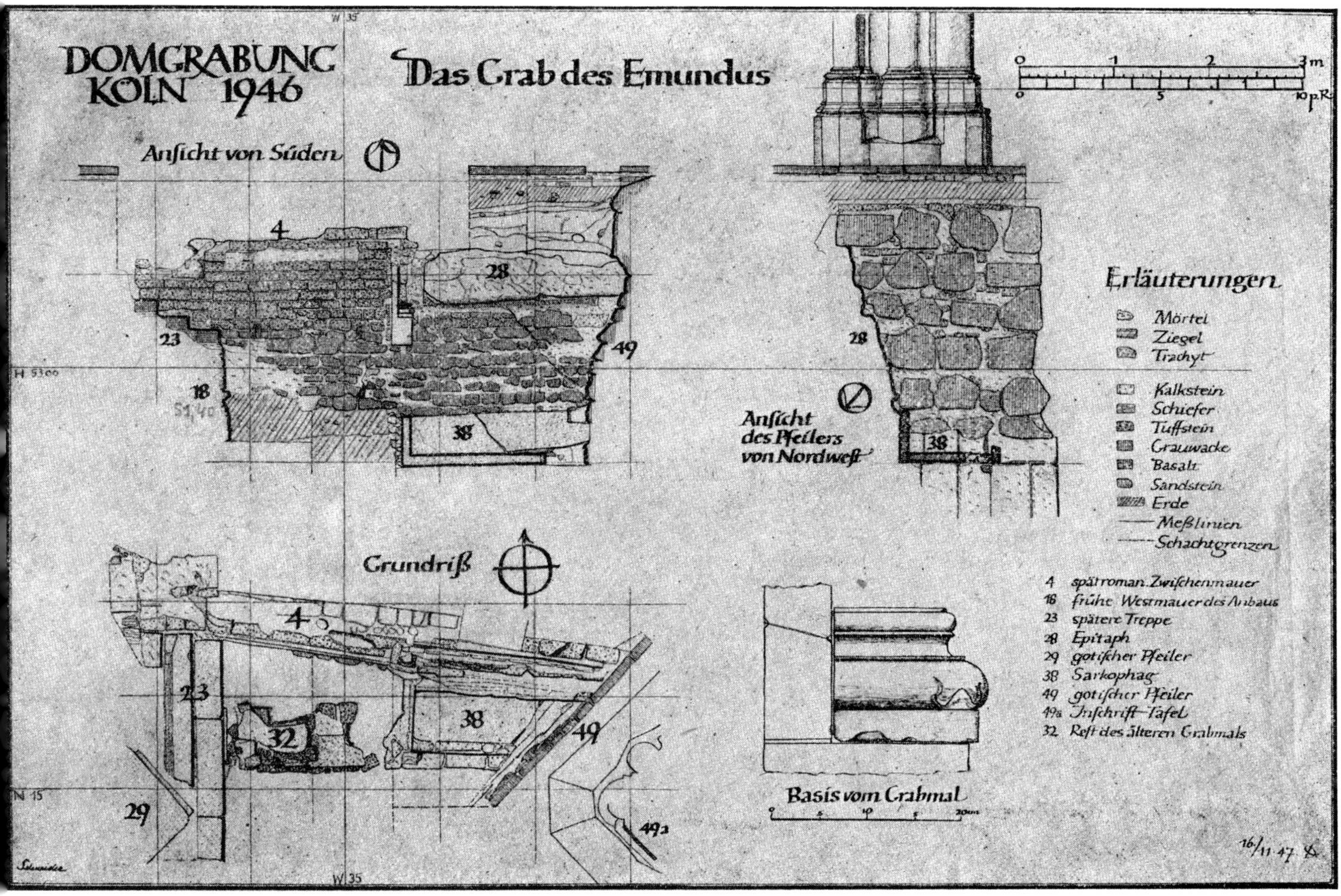

Das Emundgrab scheint zum ältesten Bestand des Vorraums am Westende des nördlichen Seitenschiffs in Höhe der Westapsis zu gehören. Auch seiner Tiefenlage nach – unter drei aufeinander folgenden, stark abgenutzten Böden – kann es sehr wohl um Mitte des 9. Jahrhunderts entstanden sein, das hieße: zwischen der anzunehmenden Gründung des Doms durch Hildebold zu Beginn des 9. Jahrhunderts und dem Ausbau vor der Weihe von 870 (vgl. den vorstehenden Beitrag Doppelfelds). Damit erhebt sich die Frage, ob der Raum schon damals Vorhalle war oder nicht vielmehr in einem Zwischenzustand vor dem endgültigen Ausbau des karolingischen Doms zu einer vorläufigen „Notkirche" in einem Teil des nördlichen Seitenschiffs gehörte. Doch ist das ohne weitere Funde nicht zu entscheiden. Daß es ursprünglich außerhalb, etwa im offenen Atrium gelegen hat, ist kaum anzunehmen. Wir wissen auch von Bestattungen anderer vornehmer Wohltäter vor allem des 11. Jahrhunderts in einer Vorhalle des Doms [13], so der berüchtigten Gräfin Adela von Uplage († 1020), die Erzbischof Heribert hier beisetzen ließ *(ante ecclesiam Beati Petri sepelitus)* [14]. Doch hat

[13] K. Corsten, Neue Studien zum alten Dom und zum römischen Forum in Köln: Annalen 129 (1936), S. 29.

[14] Vita Meinwerci c. 140. – Corsten, a. a. O. S. 29 und 35. – Markgraf Liuthar († 1003) wurde offenbar in der Südvorhalle beigesetzt, ebenso wohl Graf Heinrich von Kessel († 1114): *Colonie iuxta ecclesiam maiorem beati Petri honorifice tumulatus est* (Chronica regia Col.: SS. rer. Germ. ed. G. Waitz. Hannover 1880, S. 55). – Die Grablege in Vorhallen trug den aus einer von Hof und hohem Klerus getragenen Bewegung erwachsenen Konzilbeschlüssen der Karolingerzeit Rechnung, die sich gegen die Bestattung in den Kirchen wandten. Vgl. H. Wisman, Grab und Grabmal Karls des Großen (Heidelb. Phil. Diss.) Ludwigshafen 1933, S. 11 ff., 25 ff.

man dafür an einen Vorraum auf der Südseite gedacht, der zugleich als Gerichtsstätte diente [15], und erst 1325 im Zuge des gotischen Neubaus niedergelegt wurde *(quam porticum propter novum iam fundamentum pro ecclesie nostre constructione ponendum expedit demoliri)* [16].

III

Für das ältere Grabmal bleibt die Form des Aufbaues unsicher. Doch scheint der Befund sich einleuchtend nur so erklären zu lassen, daß die sichtlich in Verbindung mit dem Grab – vermutlich also um Mitte des 9. Jahrhunderts – aufgeführte Zwischenwand, deren Reste sich fanden und im weiteren Verlauf der Grabung fortgeräumt wurden, sich über den Sarkophag spannte und das Grabmal trug. Dieses könnte man sich, wie gesagt, als Bogennische vorstellen, wie sie sich für die mehr als drei Jahrhunderte jüngere Erneuerung feststellen ließ. Nun ist das Bogengrab in Italien seit dem frühen Christentum und im mittelalterlichen Frankreich weit verbreitet, doch schien es bisher auf deutschem Boden nur ausnahmsweise im westlichen Randgebiet vorzukommen. „Das Wandgrab ist eine spezifisch moselanische Erscheinung" [17] (vom deutschen Denkmälerbestand her gesehen). Vor allem wird dabei an Trier gedacht, wo im Dom eine ganze Reihe von Bogengräbern des 12. und 13. Jahrhunderts überliefert ist [18]. Und nach unveröffentlichten Funden aus Pfalzel und an St. Paulin soll die Form hier noch früher heimisch gewesen sein [19]. Das älteste bekannte Beispiel im Dom, das Grabmal des Erzbischofs Gottfried von Vianden († 1129), der *„sub arcu"* bestattet wurde, ist zerstört, doch stammen davon wahrscheinlich zwei Doppelkapitelle, wonach es ähnlich den Bögen des Kardinals Ivo (1144) und des Erzbischofs Albero († 1153) zu denken wäre. Weitere mögen ebenfalls zerstört sein, wie der Hillins († 1169), von dem sich nur noch ein Doppelkapitell am ursprünglichen Ort erhielt. Noch gegen 1230 wurden von drei zusammengefaßten Bögen die Gräber der Erzbischöfe Udo († 1077), Egilbert († 1101) und Bruno († 1122) überbaut. – Der am besten erhaltene Ivo-Bogen zeigt den Typus des an die Wand gelehnten Bogengrabs (Abb. 2, S. 64). Die gerahmte Fläche des sarkophagähnlichen Sockels enthielt die Inschrift, darüber trägt ein Paar von Doppelsäulen auf Tierbasen einen verzierten Bogen (die rechteckige Rahmung wurde im 19. Jahrhundert ergänzt). Putzspuren auf der Deckplatte des Sockels sollen auf eine ehemals darauf ruhende Liegegestalt des Verstorbenen hindeuten. Damit würde das Grabmal ganz dem in Italien und Südfrankreich verbreiteten Typus entsprochen haben [20]. Doch war das eigentliche Grab vor dem Mal in den Boden gesenkt, der Sockel nicht der Sarkophag selbst, wie für den nachträglich errichteten dreifachen Bogen des 13. Jahrhunderts ohne weiteres klar ist.

Seinen Ursprung hat diese Grabmalform offenbar im antiken, auf altem östlichen Brauch beruhenden Arkosolgrab, bei dessen einfachster Gestalt über dem aus gewachsenem Gestein gehauenen Grabtrog eine Bogennische ausgespart ist [21]. Genau wiederholt diese Urform sich noch gegen Ende

[15] K. Corsten, Der alte Dom und das römische Forum in Köln: Annalen 126 (1935), S. 25 f.

[16] Corsten, a. a. O. 129 (1936), S. 29, – vgl. Lacomblet: Archiv II, S. 172.

[17] H. Bergner, Handbuch der kirchlichen Kunstaltertümer in Deutschland. Leipzig 1905, S. 299.

[18] N. Irsch, Der Dom zu Trier (=Die Kunstdenkm. d. Rheinprov. XIII, 1). Düsseldorf 1931, S. 262/3, 265. – Ders., Die Trierer Abteikirche St. Matthias und die trierisch-lothringische Baugruppe. Augsburg-Köln-Wien 1927, S. 153 ff., 166 ff., 175. – F. Kutzbach, Die älteren Grabbögen im Trierer Dom: Trier, Chron. 4 (1908), S. 6 ff.; 6 (1910), S. 107 f.

[19] Funde F. Kutzbachs in Pfalzel, vgl. Irsch, Dom, a. a. O. S. 265. – Das Grabmal des Trierer Bischofs Bertold († 884), „ein Arkosolgrab ältester Form, dessen Nische unten ganz von dem Steinsarg eingenommen wird", einst an der Südwand der salischen Paulinkirche (um 1100), wurde 1911 außerhalb des barocken Neubaues an der Wand der teilweise noch als Küsterwohnung erhaltenen alten Sakristei aufgedeckt. Vgl. E. Renard: Zs. d. Rhein. Ver. f. Denkmalpfl. u. Heimatschutz 8 (1914), S. 236.

[20] R. de Lasteyrie, L'architecture religieuse en France à l'époque romane. Paris 1929, S. 717 ff., mit weiteren Hinweisen. – Vgl. auch J. Buchkremer (s. Anm. 23): Zs. d. Aachener Geschichtsver. 29 (1907), S. 160 ff.

[21] G. Stuhlfauth, Arkosol: Reallexikon z. dt. Kunstgesch. I. Stuttgart 1937, Sp. 1050 f.

des 12. Jahrhunderts, z. B. in dem „Heiligen Grab", das am Fuß der Externsteine aus dem Fels herausgearbeitet ist [22]. Vor dieser Ausprägung wird deutlich, daß gerade in der älteren Form der Nischenbogen den über der Erde stehenden Sarkophag überspannt. Erst in weiterer Ableitung wird der Bogen zum zierenden Mal über dem eigentlichen Grab im Boden.

Indessen trifft es doch nicht zu, daß die Form des Bogengrabes „im Rheinland bis auf Trier" unbekannt sei. Allem voran wäre das Grabmal Karls des Großen († 814) in Aachen zu stellen, das zwar nicht erhalten, von dem aber durch Einhart überliefert ist, daß es aus einem vergoldeten Bogen mit Bildnis und Inschrift bestand *(arcusque supra tumulum deauratus cum imagine et titulo extructus)* [23]. Durch Buchkremers Forschungen ist man in der Lage, sich nach der späteren Überlieferung und dem örtlichen Befund die Grabanlage einigermaßen vorzustellen (Abb. 3, S. 64). Im Aachener Münster hatte sich das Grabmal des großen Karl – seit der Erhebung 1165 freilich entleert – an der Wand des südöstlichen Geviertjochs im unteren Umgang, linkerhand angelehnt an den Gewölbepfeiler, bis zum Abbruch 1788 erhalten. Ein Rundbogen bildete eine Nische, deren unverputztes, nur angestrichenes Bogenfeld sich bei der Untersuchung bis zu 1,38 m Höhe vom Boden (die rechte Kante zerstört) noch abzeichnete, von Pfeilertiefe und von 2,15 m Breite. Die Nischenbreite ist genau gleich der Länge des sogenannten Proserpina-Sarkophags, einer noch wohlerhaltenen antiken Marmorwanne, die nach der Überlieferung ursprünglich Karls Gebeine aufgenommen hatte. Dieser Sarg, auf einen gemauerten Sockel oder etwa konsolartige Pfosten gestellt, hätte die untere Hälfte der Bogennische eingenommen, während die obere (bis zum Scheitel 1,44 m hohe) Platz für das Bild, wohl eine sitzende Gestalt, und die überlieferte Inschrift geboten hätte. Tatsächlich war das Grabmal somit vor die Wand gesetzt, der Sarg wirkte aber wie über dem Boden eingemauert. Die auch damals ungewöhnliche Bestattungsweise ließe sich aus den besonderen Umständen erklären, jedenfalls ist damit zu rechnen. (Mehrere der merowingischen Königsgräber in St. Denis und St. Germain des Prés waren gleichfalls mit Bogendenkmälern ausgestattet, selbst jedoch in den Boden eingesenkt.)

Dieses eine Beispiel des Bogengrabs in Aachen war von solcher Bedeutung, daß eine vorbildliche Wirkung sich von selbst verstünde; fast müßte man sich wundern, wenn es in seiner Art das einzige geblieben wäre. Wahrscheinlich hat es auch in den bedeutenderen rheinischen Kirchen noch andere dieser Art gegeben, die sich durch die Möglichkeit einer baulich klaren Form in enger Anlehnung an Umfassungsmauern empfahl. Gerade für Denkmäler der Frühzeit, zumal wenn sie nicht durch besonderen bildnerischen Schmuck ausgezeichnet waren, ist mit weit überwiegendem Verlust zu rechnen, – nicht nur in den nachmittelalterlichen Jahrhunderten, in denen nicht überall die Sitte sorgsamer Bewahrung des als störend entfernten Kunstguts gepflegt wurde wie am Trierer Dom. Das erkennt man schon an der Überlieferung solcher Fälle, die oft zufällig genug ist. Ein Beispiel dafür ist das ehemalige Stiftergrab – des Megingaud († 998/9) und seiner Gemahlin Gerberga

[22] Abb. z. B.: B. J. 94 (1893), S. 125, Fig. 13, Taf. V und VI. – Vgl. G. Dalman, Das Grab Christi in Deutschland (Stud. über christl. Denkmäler 14). Leipzig 1922, S. 40 f. – A. Fuchs, Im Streit um die Externsteine – ihre Bedeutung als christliche Kultstätte. Paderborn 1934, bes. S. 15 ff. – F. Focke, Beiträge zur Geschichte der Externsteine. Stuttgart – Berlin 1943, S. 42 ff., bes. 50. – Es handelt sich dabei anscheinend um eine unmittelbare Nachbildung des Heiligen Grabes in Jerusalem, um 1100, vielleicht nach einer entsprechenden Anlage in der 1036 geweihten Paderborner Busdorfkirche, zu welcher Bischof Meinwerk 1033 die Maße von den Heiligen Stätten in Jerusalem hatte besorgen lassen.

[23] Aus dem umfangreichen Schrifftum ist vor allem zu nennen: J. Buchkremer, Das Grab Karls des Großen: Zs. d. Aachener Geschichtsver. 29 (1907), S. 68 – 210. – An den Hauptergebnissen dieses Beitrags ist trotz gelegentlicher Einsprüche festzuhalten; Buchkremers letzte Stellungnahme: Dom zu Aachen, Beiträge zur Baugeschichte I. Aachen 1940, S. 28, Abb. 7. – Der Einwurf von A. Huyskens (vgl. Zs. des Aachener Geschichtsver. 55, 1933/4, S. 225) beruft sich auf die Auffindung einer leeren Gruft vor dem Hauptaltar des Münsters (1914), in der 1002 Otto III. beigesetzt wurde, während für Karl das Bogengrab mit dem Proserpinasarkophag erst nach Öffnung der Gruft im Jahre 1000 und Erhebung der Gebeine angelegt worden sei: ausgerechnet in der Form, die Einhart als die des ursprünglichen Grabmals beschreibt.

Abb. 1. Steinbach, Einhardbasilika:
Grabmal des Probstes Libelin.

Abb. 2. Trier, Dom:
Grabmal des Kardinals Ivo † 1144.

Abb. 3. Aachen, Münster:
Grabmal Karls des Großen (nach Buchkremer)
Mittelrheinische Bogengräber.

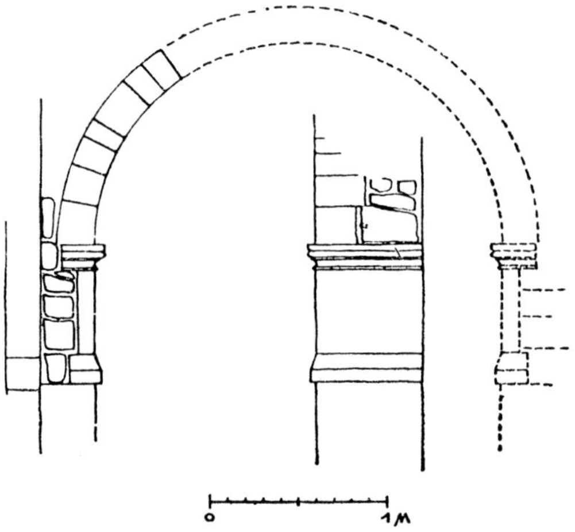

Abb. 4. Mainz, St. Johann:
Bogengrab.

(† 995) – in der Klosterkirche Vilich rechtsrheinisch gegenüber Bonn. Dessen verlorene Inschrift war nach Überlieferung der ursprünglichen Fassung *„in arcu deaurato"* angebracht, das Grabmal wurde demnach mit den gleichen Worten wie das Aachener gekennzeichnet [24].

[24] K. Strecker, Die Grabschrift der Stifter des Klosters Vilich: Neues Archiv d. Ges. f. ält. dt. Geschichtskde. 50 (1935), S. 439 ff. – Vgl. H. Neu, Die vermutlichen Gebeine der Stifter des Klosters bzw. Stiftes Vilich: Annalen 131 (1937), S. 149 ff. – und A. Groeteken, die hl. Adelheid von Vilich und ihre Familie (Große deutsche Frauengestalten 3). Kevelaer (1937), S. 92, 180 Anm. 8.

Schließlich seien noch zwei weitere deutsche Beispiele des 12. Jahrhunderts aus dem mittelrheinischen Bereich genannt. In Mainz fand sich bei der Instandsetzung von St. Johann in der Südwand des Chors der Rest einer Bogennische von 60 cm Tiefe aus schlichtem Pfeiler mit geschmiegtem Fuß und Kämpfer von umgekehrt attischem Schnitt, – von Kautzsch wohl mit Recht als Arkosolium angesprochen (Abb. 4, S. 64) [25]. Aus Steinbach im Odenwald, der Basilika Einharts, stammt ein reiches Arkosolgrab, das in die Schloßkapelle von Erbach gelangte: einen sarkophagartigen, mit drei Zierbögen gegliederten Untersatz überwölbt ein Bogen, dessen abschließende Leiste die Inschrift trägt (Abb. 1, S. 64); danach war es das Denkmal des Propstes Libelin, der bald nach 1119 gestorben ist [26].

Immerhin dürfte dargetan sein, daß Trier nicht die einzigen romanischen Bogengräber im deutschen Westen ausgebildet hat, wenn es auch über die meisten erhaltenen verfügt und in langer Überlieferung die Form bis in die Gotik pflegte. Ist von deren Verbreitung die Rede, so wäre außer Aachen und Mainz nunmehr auch Köln zu nennen.

[25] R. Kautzsch, Die Johanniskirche, der alte Dom zu Mainz: Mainzer Zs. 4 (1909), S. 59, Abb. 5.

[26] Kunstdenkm. im Großhzt. Hessen: Prov. Starkenburg, Kreis Erbach. Darmstadt 1891, S. 262 f., Fig. 135.

Otto Doppelfeld

Der Alte Dom zu Köln und der Bauriß von St. Gallen

Aus: Das Münster 2, Heft 1/2, 1948, 1 – 12

Wer an einer Stelle, die wie der Kölner Dom seit zweitausend Jahren Schauplatz weltgeschichtlicher Ereignisse ist, den Spaten in die Erde stößt, kann sicher sein, etwas zu finden. Wenn er den Dingen aber auf den Grund gehen will, muß er sich mit Geduld und Umsicht wappnen, weil von vorneherein mit großen Tiefen und verwickelten Tatbeständen zu rechnen ist. Die Ergebnisse der Domgrabung sind daher auch so vielseitig, daß wir es heute nach zweijähriger Grabungszeit als einen besonderen Glücksfall ansehen müssen, wenn wir es schon wagen dürfen, das räumlich und zeitlich weitverzweigte Material der Grabung in einer durchgehenden Periodenteilung aufzugliedern. An den Wänden unserer 10 m tiefen Schächte lassen sich die folgenden 14 Perioden unterscheiden:

- Ia augusteisch (Mauern, an dieser Stelle der Stadt überraschend neu),
- Ib frühclaudisch (große Kalkgrube vom Bau der Stadtmauer; frühe Wallstraße mit Gräbchen),
- IIa claudisch (Neubauten der Colonie, zu einer Badeanlage gehörig, die zum älteren Palast unter dem Dombunker zu rechnen ist),
- IIb flavisch (Erneuerung der Bauten nach Zerstörung im Bataveraufstand?),
- III antoninisch (großartiger Neubau der Bade- und Palastanlage; hier Entstehung des Dionysosmosaiks),
- IV spätrömisch (Anlage großer Kolonnaden, die auch bis unter den Dom reichen),
- V fränkisch (bisher nur einige Erdschichten mit Vorbehalt hierher zu setzen),
- VI frühkarolingisch (Baubeginn des Doms, von dem im Folgenden gehandelt wird),
- VII spätkarolingisch (Vollendung und erste Zeit des Doms),
- VIII ottonisch (Blütezeit des Alten Doms; neue Ausmalung innen und außen),
- IX salisch (Spätzeit des Alten Doms; Friedhof steigt bis an den Schrägsockel),
- X staufisch (letztes Aufblühen des Alten Doms; verschiedene Verbesserungen und Erweiterungen, Grabmäler u. ä.),
- XI frühgotisch (viele Feststellungen zum gotischen Baubeginn; Grab Konrads von Hochstaden und Grundstein vermutlich an anderer Stelle als bisher angenommen),
- XII spätgotisch (Einzelheiten zur späteren Baugeschichte; Grube für den Guß der Glocken des Südturms),
- XIII neuzeitlich (verschiedene Gräber, u. a. Clemens-August; Barockes Mausoleum der Heiligen Drei Könige),
- XIV Ausbau des Doms (letzte Gräber, neuer Boden, Gasrohrleitung).

Von diesen Perioden ist die fränkische (V) leider noch sehr dunkel. Die römische Zeit ist, wie aus der Periodenteilung zu ersehen ist, an den Stellen, wo wir gegraben haben, zwar schon in übersichtlicher Gliederung faßbar, da wir aber noch nicht an der für die ganze vorkarolingische Zeit zweifellos entscheidenden Stelle der Domvierung gegraben haben, können wir über die zentralen Probleme der frühen Epochen (I – V), nämlich die Frage des römischen Tempels und des besonders heiß umstrittenen „Ältesten" Domes noch keine neuen Ergebnisse oder Gesichtspunkte vorlegen, wenn wir von der negativen, aber in Hinsicht auf die bisher aufgestellten anderslautenden Thesen [1] immerhin bedeutungsvollen Feststellung absehen wollen, daß der Alte Dom, ein Neubau war, der sich, soweit bisher festgestellt wurde, nirgends an älteres Mauerwerk anlehnte.

Die Erforschung der Lage, Gestalt und Geschichte dieses Alten Doms bildet natürlich das erste und nächstliegende Grabungsziel, und wir dürfen wohl sagen, daß wir sowohl über seine Anfänge wie über die Baugeschichte schon eine Reihe nicht unwesentlicher Erkenntnisse gewonnen haben, obwohl wir noch nicht viel mehr als seine beiden Endpunkte freilegten. Ihn überhaupt in dem 140 m weiten Areal des Doms zu finden, war an sich schon eine Aufgabe. Anhaltspunkte waren kaum gegeben, weshalb es auch nicht verwunderlich ist, daß wir ihn viel weiter östlich fanden als man bisher vermutet hatte.

Im Folgenden soll, da bereits mehrere Abhandlungen über die bisherigen Gesamtergebnisse der Grabung im Druck sind [2] nur von den Anfängen des Alten Doms, also Periode VI der Grabung, und von den überraschenden Zusammenhängen mit dem bekannten Plan von St. Gallen eingehender gesprochen werden. Es kann sich dabei noch nicht um eine abschließende Arbeit handeln, denn viele wesentliche Punkte müssen erst durch die weiteren Grabungen geklärt werden, und andererseits ist es während dieser alle Aufmerksamkeit beanspruchenden Arbeiten nicht möglich, die angeschnittenen Probleme nach allen Richtungen hin zu verfolgen und die umfangreiche Literatur zu bearbeiten. Aber das Letztere ist vielleicht von geringerer Bedeutung, da ja durch die Ergebnisse der Grabung die ganze Frage des Baurisses von St. Gallen ohnehin auf eine vollkommen neue Basis gestellt wird. Darauf recht bald hizuweisen ist wohl die Pflicht des Ausgräbers. Wir geben uns dabei der Hoffnung hin, daß durch die rasche Veröffentlichung einer noch nicht abgeschlossenen Untersuchung die Kritik der Fachwelt zum Nutzen der weiteren Grabungen geweckt wird.

Zur Periode VI der Grabung zählen wir zunächst als konstituierende Teile die folgenden Baureste:

(52a) Das Fundament der Westapsis, erst später (Periode VII) durch das anders gemauerte Aufgehende der Apsis vervollständigt: Breite 1,70 m, lichter Durchmesser etwa 11,00 m; Füllmauerwerk mit Außenschalen von nicht sehr gleichmäßigen Handquadern aus Grauwacke und wenigen Tuff- und Kalksteinen (durchschnittliche Lagenhöhe knapp 14 cm) in mäßig festem grauweißen Mörtel; demgegenüber ist der Mörtel des späteren Aufgehenden (52b) rot (mit Ziegelsplitt), auch setzt letzeres nicht überall bündig auf dem Fundament auf. Die Innenseite des Fundaments ist gegen die Grubenwand und ohne Verbreiterung der Sohle gemauert, während die Außenfläche in der Grube frei hochgemauert wurde; nur die

[1] K. Corsten in Ann. d. hist. Vereins f. d. Niederrhein 126 und in Rhein. Vierteljahresblätter 9, 1939. Die Annahme, daß das untere Apsidenmauerwerk der Periode VI römisch sei, der wir beim ersten Auffinden zuneigten, müssen wir jetzt, nachdem an der Ostapsis die Entstehung in nachrömischer Zeit nachgewiesen ist, und der ganze Bau sich langsam herausschält, endgültig fallen lassen. Es hat sich also die alte Tradition vom Dome des Hildebold und die Darstellung, die im Kunstdenkmälerband gegeben ist, durch die Grabungen als die richtige herausgestellt (Clemen, Neu, Witte, Der Dom zu Köln, 2. Aufl. Düsseldorf 1938=Die Kunstdenkmäler der Rheinprovinz VI, III).

[2] Die Ausgrabung des karolingischen Doms (Jubiläumsfestschrift des Zentraldombauvereins Köln, 1948=hier S. 36 ff.) – Ein Schnitt durch den Untergrund des Kölner Doms (Forschungen und Fortschritte, Berlin 1948 S. 97 ff.=hier S. 11 ff.). – Die Domgrabung (laufende Berichte im Kölner Domblatt, ab 1948=hier S. 20 ff.). – Der unterirdische Dom, Grabungen im Dom zu Köln, Köln, Staufenverlag 1948.

untersten Lagen wurden auch hier in eine Vertiefung der Baugrube, die sie ganz ausfüllen, gebettet, so daß sie jetzt 20 – 40 cm vorspringen. Unterkante H 49,50, Oberkante des Sockels H 49,85, Oberkante des Fundaments H 52,53 (Höhe des heutigen Dombodens zum Vergleich: H 55,25 über Normal-Null, im Durchschnitt).

(252a) Das Fundament der Ostapsis, in allen Einzelheiten, auch des späteren Aufgehenden (252b) mit der Westapsis übereinstimmend, nur ist, durch die Lage am Hang bedingt, die absolute Höhenlage eine andere und die Tiefe des Fundaments größer: Unterkante H 46,70, Oberkante des Sockels H 47,50, Oberkante des Fundaments H 51,20.

(284) Reste eines ausgedehnten Plattenbodens vor der Ostapsis, der schon 1926 auf der Domterrasse und 1866 beim Bau des Petrusbrunnens in gleicher Höhe angetroffen und als „Trachytplattenboden" bezeichnet wurde. Man deutete ihn 1866 als Innenboden eines Gebäudes; später wurde er gerne mit dem salischen oder staufischen Säulengang zwischen Dom und Maria ad Gradus in Verbindung gebracht. Die Schichtung der Achskapelle verweist ihn aber ohne allen Zweifel in die Periode VI der Grabung. Die jetzt gefundenen Platten sind nur zum Teil aus Trachyt, während andere aus Kalkstein bestehen. Stärke der Platten 10 cm; Maße 38×60 cm, 50×70 cm (beide Kalkstein), 90×? (über 70), 56×? (über 80); die beiden letzten sind abgebrochene Trachytplatten. Der Boden liegt auf einer etwa 1 cm starken reinen Kieslage, ohne sonstige Stickung. Vor der Westapsis wurde kein Plattenboden, sondern nur lockeres Erdreich angetroffen, das von einem halbrunden Umgang begrenzt wurde.

(35) Innere Mauer des halbrunden Umgangs, nicht ganz konzentrisch zur Apsis 52, konzentrisch zur Außenmauer (42) des Umgangs. Der Kreismittelpunkt des Umgangs liegt etwa 1 m westlich der Apsismitte. Zwischen beiden und an Mauer 35 angestrichen der Mörtelboden 74. Nur ein kurzes Stück der Mauer ist erhalten; einerseits wurde sie vom Treppenturmfundament 40 der Periode VII und andererseits durch das gotische Pfeilerfundament 19 abgeschnitten. Das 78 cm breite Fundament aus 4 Lagen Grauwacke-, Kalkstein- und Trachytquäderchen ist nach Mauer 42 zu, also an der dem Umgang zugekehrten Seite mit dem Aufgehenden bündig; von diesem nur an der einen Seite noch 2 Lagen größerer Grauwackesteine (von 20 und 25 cm Höhe) erhalten. Unterkante H 51,65; Oberkante des Fundaments H 52,10.

(42) Äußere Mauer des halbrunden Umgangs. Da die Mauer beim Bau der Emunduskapelle der Länge nach abgeschlagen wurde, ist die Breite und die Verbindung mit dem Mörtelboden 74 ebenso wie die genaue lichte Weite des ganzen Umgangs vorläufig nicht zu ermitteln. Das Fundament hauptsächlich aus Grauwackequäderchen verschiedener Größe und Form, das Aufgehende vorwiegend aus Tuffsteinen mit Rest einer Lisene (?). Unterkante H 52,8; Oberkante des Fundaments H 52,16.

(74) Mörtelboden innerhalb des halbrunden Umgangs zwischen den Mauern 35 und 42. Er ist an Mauer 35 hochgestrichen und bildet soweit sichtbar deren Verputz. Der Boden ist durchschnittlich 2 cm stark und besteht aus rötlichem Mörtel; eine besondere Unterstickung wurde nicht beobachtet. Die Unterlage wird durch eine starke Lage Mörtelschutt gebildet. Oberkante H 52,14. Auf dem Boden lagerte eine 2 – 3 cm hohe festgetretene Schmutzschicht („Laufschicht"), auf der, etwa 5 cm hoch, Mörtelstaub lag.

Zu diesen die VI. Periode „konstituierenden" Teilen können wir eine Reihe weiterer Reste stellen, deren Zusammenhang mit den genannten Mauern zwar noch nicht erwiesen aber durch sonstige Beobachtungen hinlänglich gesichert ist. Vor allem bei denjenigen von ihnen, bei denen der gleiche Wechsel vom weißen zum roten Mörtel wie bei den Apsiden schon festgestellt wurde, dürfte kaum mehr ein Zweifel bestehen.

(332) Verspannmauer der Ostapsis von 1,45 m Breite. Die Grabung ist hier zwar noch

Abb. 1. Blick von der Vierung des Kölner Domes nach Südwesten auf die südliche Langhauswand (Grabungsfoto, Call).

nicht bis zu der Tiefe vorgedrungen, wo der Wechsel im Mörtel zu erwarten ist, aber der Umstand, daß sie mit der südlichen Mittelschiffmauer (331) im Verband steht, bei der dieser Wechsel bereits festgestellt ist, gestattet auch diese Mauer in ihren unteren Teilen auf Periode VI zurückzuführen.

(331) Südliche Mittelschiffmauer von 1,45 m Breite. Bis auf H 52,60 also tiefer als die Oberkante des Fußbodens ausgebrochen; bisher bis H 51,00 ausgegraben. Der weiße Mörtel beginnt von H 51,30, an einer anderen Stelle von H 50,80 abwärts. Füllmauerwerk ganz gleich dem der Apsiden; oben hauptsächlich Tuffquäderchen.

Abb. 2. Blick vom südlichen Triforium auf Schnitt 1 der Grabung. Vorne die Westapsis des „Alten Doms" (52) mit später in die Krypta eingebauter Confessio; anschließend Treppenturmfundament 40 der Zeit Williberts und daneben Rest der inneren Umgangsmauer aus der Zeit Hildebolds (= Mauer 35). Im Hintergrund die Kapelle mit dem Emundusgrab (Grabungsfoto, Verfasser).

(263) Ostmauer des südlichen Teiles des (östlichen) Querhauses. Verbindung mit den übrigen Mauern durch den gotischen Pfeiler ganz gestört. Breite 1,40 m. Nur bis H 51,20 freigelegt, bei welcher Höhe noch kein Wechsel im Mörtel festgestellt werden konnte.

(303) Südliche Seitenschiffmauer im Bereich des Querhauses. Breite 1,45 m. Ebenfalls beiderseits durch gotische Pfeiler abgeschlagen. Unterkante des Fundaments H 46,40. Von etwa H 51,10 abwärts beginnt wie bei den anderen Mauern der weiße Mörtel. Auch die

Technik der Mauer entspricht ganz der der andern. Im oberen Teil wieder hauptsächlich Tuffquäderchen.

(323) Südliche Abschlußmauer des Querhauses? Nur ein kurzes Stück der Nordfläche dieser Mauer ist bisher unter dem südlichen Chorfundament des Domes sichtbar. Breite der Oberkante hier 0,82 m. Obwohl die Mauer erst bis H 51,30 ausgegraben ist, zeigt sie bereits in H 52,05, also 1 m höher als die benachbarten Mauern, den Wechsel vom weißen zum roten Mörtel. Im unteren Mauerwerk sind zwei etwas größere Kalksteine sichtbar (26×17 und 23×24 cm), sonst entspricht das Mauerwerk oben und unten bei einer Schichthöhe von etwa 14 cm durchaus dem der andern bisher angeführten Mauern.

(353) Nördliche Seitenschiffmauer. Ihre Kante wurde am Grunde einer Fundamentgrube für die neue Orgeltribüne gefunden, konnte einstweilen aber nicht weiter freigelegt werden. In späterer romanischer Zeit war die Mauer an dieser Stelle zum Zweck einer Erweiterung niedergelegt und ein Trachytplattenboden über das Fundament hinwegeführt worden. Das Fundament konnte nur 20 cm tief freigelegt werden; es zeigte in dieser oberen Lage ein anderes Bild als die bisher beschriebenen Mauern, nämlich große Trachyt-, Tuff-, Grauwackequadern von 70, 80 und über 110 cm Länge in rotem Mörtel. Es kann aber in der Tiefe mit einiger Sicherheit auf ein älteres, den übrigen Mauern der Periode VI gleiches Fundamentmauerwerk geschlossen werden.

Die aufgeführten Reste, deren Gleichzeitigkeit größtenteils, wie wir zeigten, erwiesen ist, lassen schon jetzt eine ausgedehnte, über 90 m lange doppelchörige Anlage mit östlichem Querhaus – oder jedenfalls mit überstehendem Chorquadrat – und einem mit Platten belegten Paradies im Osten, sowie einem anders gestalteten, von einem halbrunden Umgang begrenzten Paradies im Westen erkennen. Zur Datierung dieser von uns als Periode VI zusammengefaßten Baureste bedarf es zunächst ihrer Begrenzung nach oben und unten. Da die V. (merowingische) Periode bisher auch schichtenmäßig schwer, jedenfalls noch nicht mit absoluter Sicherheit faßbar ist, steht als Grabungsergebnis bisher erst fest, daß Periode VI nachrömisch ist, denn die Fundamentgrube zur Ostapsis durchschneidet alle römischen Schichten und außerdem auch die Lagen, die wir der V. Periode zuteilen möchten. Vorausgesetzt selbst, daß auch diese Lagen noch römisch sind, wäre das immer noch kein zwingender Grund, Periode V fallen zu lassen und die oben beschriebenen Reste der Periode VI in die merowingische Zeit in die sich die großartige Anlage wohl schwer einordnen ließe, zu datieren. Die Abgrenzung der Periode VI gegen die folgende VII. Periode beruht auf dem besonders im Kölner Domblatt 1948 geführten Nachweis, daß die Anlage der Periode VI nicht in einem Zuge, sondern erst später nach Eintritt einer Stockung in weniger solider Technik und unter Aufgabe der Paradiese vollendet wurde, wobei im Mauerwerk überall, wo wir es bisher untersuchen konnten, ein roter Mörtel verwendet wurde. Fertiggestellt wurde der Dom also erstmalig in Periode VII, die wir einwandfrei datieren können, da die Weihe durch Erzbischof Willibert im Jahre 870 historisch feststeht. Wem aber sollen wir die ursprüngliche, weiter ausgedehnte und mit großartigem Schwung begonnene Anlage, die eine gänzliche Umgestaltung des Domhügels durch umfangreiche Erdarbeiten voraussetzte, zuschreiben? Die Jahrzehnte nach dem Tode Karls des Großen sind durch die inneren Zwistigkeiten unter seinen Nachfolgern, durch Wirren im Erzbistum Köln und durch die beginnenden Normanneneinfälle so bewegt, daß man ihnen wohl die bescheidenere Weiterführung des Werkes, aber keineswegs den gewaltigen Anfang zutrauen möchte. Wir kommen deshalb für die Periode VI auf die Zeit Karls und seines Erzkapellans Hildebold, des Erzbischofs von Köln, dem eine spätere Tradition den Baubeginn tatsächlich zuschreibt. Da nun Alkuin († 804) vom Dombau noch nichts zu berichten weiß, obwohl er die Ausschmückung zweier Altäre durch Hildebold preist, und da der Bau offenbar mit besonderer Tatkraft begonnen wurde, indem man den Dom und gleichzeitig auch die Paradiese in Angriff nahm, können wir noch einen Schritt weitergehen und den Baubeginn etwa in das zweite Jahrzehnt des 9. Jahrhunderts, also in die Spätzeit Hildebolds († 819) datieren. Eine wesentliche Stütze erhält diese Datierung durch den in die gleiche Zeit zu setzenden Bauriß von St. Gallen, der im Folgenden mit dem Kölner Grundriß verglichen werden soll.

Der Bauriß gibt uns dasselbe Bild einer außergewöhnlich langgestreckten Kirche, deren Mittelschiffbreite 7 ½ mal in der Länge enthalten ist. Auch hier springen die Ansätze der Apsiden gegenüber dem Mittelschiff ein wenig zurück. Wie in Köln ragt das Chorjoch als Chorquadrat um Mittelschiffbreite über die Seitenschiffe hinaus. Von der Stollenkrypta haben wir allerdings noch nichts gefunden, obwohl wir an einer der Stellen schon gegraben haben; allerdings mußten wir die Arbeiten hier wegen der bevorstehenden Jubiläumsfeier zunächst einstellen. Da, wo in St. Gallen das Querhaus an das Chorquadrat stößt, fanden wir in Köln eine entsprechende Mauer (263). Den südlichen Abschluß des Querhauses könnte das kleine unter der Südwand des Chores gefundene Mauerstück (323) andeuten. Aber es fehlt noch der westliche Abschluß des Querhauses. Außerdem muß eine Schwierigkeit erwähnt werden, auf die mich W. Weyres aufmerksam machte. Daß das Mittelschiff-Fundament (331) als Bank für die Säulen durchläuft, ist erklärlich. Auffällig ist aber, daß auch die Seitenschiffmauer (303) dort unterirdisch durchgeführt ist, wo sie, wenn wir mit Recht ein Querhaus ansetzen, kaum belastet worden wäre. Immerhin könnte sie als Verspannmauer

Abb. 3. Blick von Osten auf die Ostapsis des Alten Domes (Mauer 252). Links und rechts ist das Fundament der Achskapelle angelehnt. Unter dem Schrägsockel der Apsis der Putz aus ottonischer Zeit, darunter zeigt der ausgewitterte Streifen die Höhe des Terrains in spätkarolingischer Zeit (Periode VII) an. Ganz unten links eine Mauer aus augusteischer Zeit (Grabungsfoto, Schumacher).

auch hier einen Zweck erfüllt haben. So ist neben der Frage der Krypten auch die der Querhäuser – die Stelle eines in St. Gallen zwar nicht vorhandenen, in Köln aber immerhin möglichen Querhauses im Westen, haben wir noch gar nicht aufgegraben – noch nicht entschieden, wenn wir auch feststellen können, daß die bisher aufgedeckten Teile sich sämtlich dem Bilde des Baurisses einfügen lassen.

In mehreren anderen Einzelheiten ist die Übereinstimmung aber zur Evidenz erwiesen. Hier sind vor allem die Paradiese zu nennen. Der ausgedehnte Plattenboden vor der Kölner Ostapsis findet seine genaue Beschreibung an der gleichen Stelle des Planes:

Hic sine domatibus Paradisi plana parantur.

Plana wird der Boden genannt im Gegensatz zu dem Erdreich, das wie in Köln vor der Westapsis gedacht ist und als campus bezeichnet wird:

Hic Paradisiacum sine tecto sternito campum.

Abb. 4. Einzelheit der Ostapsis des Alten Doms während der Freilegung. Putz aus ottonischer Zeit (Periode VIII) und Auswitterung aus spätkarolingischer Zeit (Periode VII). Oben rechts die Gruft des Kurfürsten Clemens August (Grabungsfoto, Schumacher).

Der halbkreisförmige Laubengang wird mit einem einzigen Hexameter treffend charakterisiert:
Hic muro tectum impositum patet atque columnis.
Daß auch der Kölner Umgang gedeckt werden sollte, geht aus dem Vorhandensein des Mörtelbodens (74) zwischen den beiden Umgangsmauern hervor. Daß er wie der Mauermörtel der Periode VII rot ist, läßt auf besondere Sorgfalt schließen; man wählte für den Boden einen farbigen und nach alter römischer Tradition wasserfesten Mörtel, denn der Umgang ist nach dem Paradiese zu ja offen zu denken. Spuren einer Säulenstellung haben wir auf der inneren Umgangsmauer (35) nicht gefunden; eine ebenerdige Verbindung zum Paradies bestand also an dieser Stelle nicht, die trennende Brüstungsmauer (35) muß mindestens 60 cm hoch gewesen sein. Der rote Mörtel des Bodens war an ihrer konvexen Innenwand als Wandputz hochgeführt. – Die leichte Exzentrizität von etwa 1 m des Umgangs gegenüber der Apsis, ist auf der Zeichnung des Planes schon mit dem bloßen Auge zu erkennen. In Köln springen, soweit man das aus den kleinen weitauseinanderliegenden Teilen, die bisher freiliegen, schließen kann, die Ansätze der äußeren Umgangsmauer (42) gegenüber den Seitenschiffmauern ein wenig zurück. Auf dem Plan sind diese Punkte mit einfachen Strichen gezeichnet, so daß man hier mit beiden Möglichkeiten rechnen muß.
Schließlich erinnert die Gruppierung der Anbauten um die Kirche des Baurisses von St. Gallen sehr stark an die Anordnung in Köln. Wenn die im Umkreis des Domes angeschnittenen oder nur vermuteten Bauten auch nicht aus so früher Zeit belegt sind, so dürfte die ganze Disposition der nordöstlichen Stadtecke doch sicherlich auf Hildebold (Periode VI) zurückgehen. So ähnelt der Bau mit dem Grabe des Emundus nördlich der Westapsis, obwohl er zweifellos später, wahrscheinlich in Periode VII anzusetzen ist, weil er den halbrunden Gang der Periode VI zerschlägt, doch in seiner ungewöhnlichen Stellung zum Dome und zur Apsis stark den quadratischen Durchgangsräumen nördlich und südlich der Westapsis in St. Gallen. Ferner ist auf dem Plan die ganze Nordflanke des Langhauses mit allerlei Nebenräumen zugefüllt, die sich eng aneinanderreihen, als ob hier ein Hindernis die weitere Ausdehnung nach Norden versperrt hätte. In Köln ist diese Anordnung durch die Stadtmauer zwangsläufig vorgeschrieben. Die Abtei liegt in St. Gallen nördlich der Kirche, während der erzbischöfliche Palast in Köln südlich, aber bezeichnenderweise genau an der gegenüberliegenden Stelle stand. Den Platz des Paradieses vor der Ostapsis nahm in salischer Zeit der Friedhof des Stiftes Maria ad gradus ein und daran anschließend folgt die Stiftskirche. Auch der Plattenboden der Periode VI (284) sollte sicherlich nicht ins Leere, sondern zu einem Vorgänger der Stiftskirche führen. Der Bauriß notiert hier die kleine, ebenfalls doppelchörige Kirche der Kranken und Novizen. Und schließlich soll nicht unerwähnt bleiben, daß sich die „*exitus necessarii*" und „*requisita naturae*" auf dem Plane gerade an der Nord- und Ostseite des Klosters befinden, also an den Stellen, die nach der alten Gepflogenheit, solche Einrichtungen über den Festungsmauern anzubringen, auch in Köln der gegebene Platz dafür waren. Wenn einzelne der hier angeführten Details sich zweifellos auch mit den besonderen Erfordernissen des Klosters erklären lassen, so gewinnen sie im Zusammenhang mit der starken Übereinstimmung der Kirchen doch an Bedeutung. Es wäre nach den bisherigen Feststellungen nicht verwunderlich, wenn wir später auch die merkwürdigen freistehenden Türme des Baurisses in Köln wiederfinden würden. Bestenfalls werden wir aber nur die Fundamente antreffen, denn die Bauarbeiten sind in Periode VI bisher nirgends höher als die Terrainoberfläche gediehen. Die Türme waren aber bereits in Periode VII an die Westapsis herangerückt.
Bisher haben wir bei unseren Vergleichen uns genau an die zeichnerische Wiedergabe der Kirche des Planes gehalten und stillschweigend vorausgesetzt, daß die absoluten Maße etwa denen des Alten Kölner Domes entsprachen. Hier sind jedoch noch einige Schwierigkeiten aus dem Wege zu räumen. In den meisten Darstellungen der letzten Jahrzehnte ist die Kirche des Planes von St. Gallen in stark verkürzter Form abgebildet [3]. Das treibende Motiv für diese Reduzierung des Grundris-

[3] Nicht jedoch bei E. Gall, Karolingische und ottonische Kirchen, (Deutsche Bauten 17) Burg bei Magdeburg 1930.

Abb. 5. Blick von Südosten auf die zum Teil freigelegte Ostapsis des Alten Domes; rechts zwei Platten des karolingischen Bodens 284 (Periode VI); unten spätrömischer Pfeiler, der beim Setzen des Apsidenfundamentes teilweise abgeschlagen wurde (Grabungsfoto, Schumacher).

ses dürfte in der Überlegung bestanden haben, daß die Kirche des Baurisses eine so außergewöhnliche Länge hat. Einen Anhalt für die Verkürzung boten die in den Plan eingeschriebenen Maßangaben, die in ihrer Gesamtheit sich nicht mit der an sich doch sehr klaren Zeichnung des Grundrisses in Einklang bringen lassen. Nachdem einmal der Anfang gemacht war, wurde an der Zeichnung weiter korrigiert, um eine volle Konkordanz zu erzielen, bis schließlich die Zeichnung als ein ganz allgemeines Schema, das seinen Sinn erst durch die beigefügten Erklärungen erhalten sollte, abgetan wurde [4]. Wenn es wirklich so gewesen sein sollte, dann war aber die als Schema benützte Zeichnung nicht irgend ein Phantasiegebilde, sondern eine sehr reale Wirklichkeit, nämlich die genaue Nachbildung der im Bau befindlichen Kölner Domkirche. Allenfalls ließen sich so die nun einmal nicht wegzuleugnenden groben Unstimmigkeiten zwischen Text und Bild als beabsichtigte Änderungen erklären, wenn es auch schwer erklärlich bleiben würde, wie man in den mit so viel Genauigkeit gezeichneten Plan ein ganz anderes Kirchengebäude als man sich vorstellte, einzeichnen konnte. Die Möglichkeit, daß die Maße später von anderer Hand eingeschrieben sein könnten, ist verworfen worden. Neben dem Schriftvergleich hat man in diesem Zusammenhang mit Recht dar-

[4] So H. Reinhardt in Bulletin Monumental 1937. Für die übrige Literatur zu St. Gallen sei auf eine demnächst erscheinende Arbeit von F. Arens verwiesen.

auf hingewiesen, daß solche späteren Zusätze wohl kaum, wie es bei der Angabe der Säulenabstände geschehen ist, in Versform abgefaßt worden wären. Wir können aber jetzt, nachdem wir durch die Kölner Grabung wirklich greifbare Vergleichsmaße gewonnen haben, mit anderen Voraussetzungen an diese Frage herangehen; wir können die Maße von St. Gallen kontrollieren und dürfen sie wohl auch korrigieren. Der Grundriß des Planes ist so konsequent und maßgetreu gezeichnet, daß wir ihn mit Sicherheit auf eine Vorlage von der Hand eines Fachmannes zurückführen können. Diese Vorlage mag eine Beschriftung in flüchtigen Schriftzügen enthalten haben, oder die Schrift mag eine Zutat des Bestellers des Planes sein, oder schließlich mag der ganze erhaltene Plan eine Abschrift sein, kurzum, es bestehen Möglichkeiten genug, Fehler in den Maßangaben, für die der Schreiber wahrscheinlich weniger Sinn hatte, verständlich zu machen.
Der Plan enthält für die Kirche vier Maßangaben, die schon ihrer Anordnung wegen sicherlich alle als ursprünglich anzusehen sind, wenn auch nur die Maße für die Säulenabstände in metrische Form gefaßt sind. Hier bei den Säulen handelt es sich nicht um nüchterne Längenmaße, sondern um die „Ordnung", eine Angelegenheit, die von Vitruvs Tagen bis in unsere Zeit nie anders als mit einem gewissen Ernst und einer beinahe kultischen Feierlichkeit behandelt worden ist. So lesen wir auf dem Plan, zwischen den beiden Säulenreihen verteilt, das feierliche, wenn auch nicht ganz klare Distichon:
Bis senes metire pedes interque columnas/Ordine quas isto constituisse decet.

Abb. 6. Reste des südlichen Querhausarmes des Alten Domes. In der Mitte der Ziegelplattenboden 304, rechts die östliche Querhausmauer 263, größtenteils durch das gotische Fundament mit vermauerter Säule bedeckt. Links die südliche Seitenschiffmauer 303 (Spannmauer). Vorne und oben links gotische Pfeilerfundamente (Grabungsfoto, Schumacher).

Abb. 7. Säule vom Alten Dom im gotischen Pfeilerfundament (Grabungsfoto, H. Call).

Die Länge wird durch eine in ähnlicher Art über die ganze Kirche hingezogene Beschriftung angegeben:
Ab oriente in occidentem longitudo CC pedum.
Die Breite des Mittelschiffes wird durch eine entsprechend in Richtung der Breite angebrachte Beischrift:
Latitudo interioris templi pedum XL
und die der Seitenschiffe mit
Latitudo utriusque porticus pedum XX
angegeben.
Von diesen Maßen stimmen nur die beiden letzten mit der Zeichnung und auch mit den Ergebnissen der Domgrabung überein. In beiden Fällen ist das Mittelschiff doppelt so breit wie die Seitenschiffe. In Köln betrug nun die Breite des Seitenschiffes etwas weniger als 6 m, die des Mittelschiffes etwa 12 m. Wir müssen mit diesen ungefähren Maßen noch solange operieren, als wir nur Fundamente und keine Reste des aufgehenden Mauerwerks – wenigstens der Seitenschiffwände – haben. Die Schiffe waren sicherlich wie in St. Gallen in Breiten von 40 und 20 Fuß vorgesehen.
Die Länge können wir in Köln schon genau messen. Sie beträgt von den beiden äußeren Scheitelpunkten gemessen 94,80 m, im Innern 91,40 m. Im Innern sind sicherlich 300 Fuß abgemessen worden, wobei wir – richtige Messung vorausgesetzt – auf eine Fußeinheit von 30,04 cm kommen würden. Auch die Kirche des Baurisses ist, wenn wir von den Breitenmaßen ausgehen, 300 Fuß lang gezeichnet. Die Zahlenangabe beträgt aber dort nicht CCC sondern CC Fuß, was man wohl mit einem Versehen des in technischen Dingen vielleicht unerfahrenen Schreibers erklären darf.
Ein ähnliches Versehen wird beim Schreiben des Distichons für die Säulenabstände unterlaufen sein. Ihre Achsabstände – und diese sind doch wohl bei der allerdings nicht ganz eindeutigen Formulierung gemeint – entsprechen in der Zeichnung genau der Seitenschiffbreite, betragen also 20 Fuß oder „bis denos pedes", und nicht „bis senos pedes" (12 Fuß). Ein Verwechseln von d und s liegt immerhin im Bereiche der Möglichkeit. Zur Frage der Säulenstellung hat die Domgrabung bisher noch keine Anhaltspunkte gebracht. Im gotischen Pfeilerfundament fand sich ein Säulenstück aus rotem Sandstein mit sauberer, nur wenig ausladender Gliederung aus Torus und Anlauf vermauert, das sicherlich zum Alten Dom gehörte. Sein Schaftdurchmesser beträgt 56 cm; als Mit-

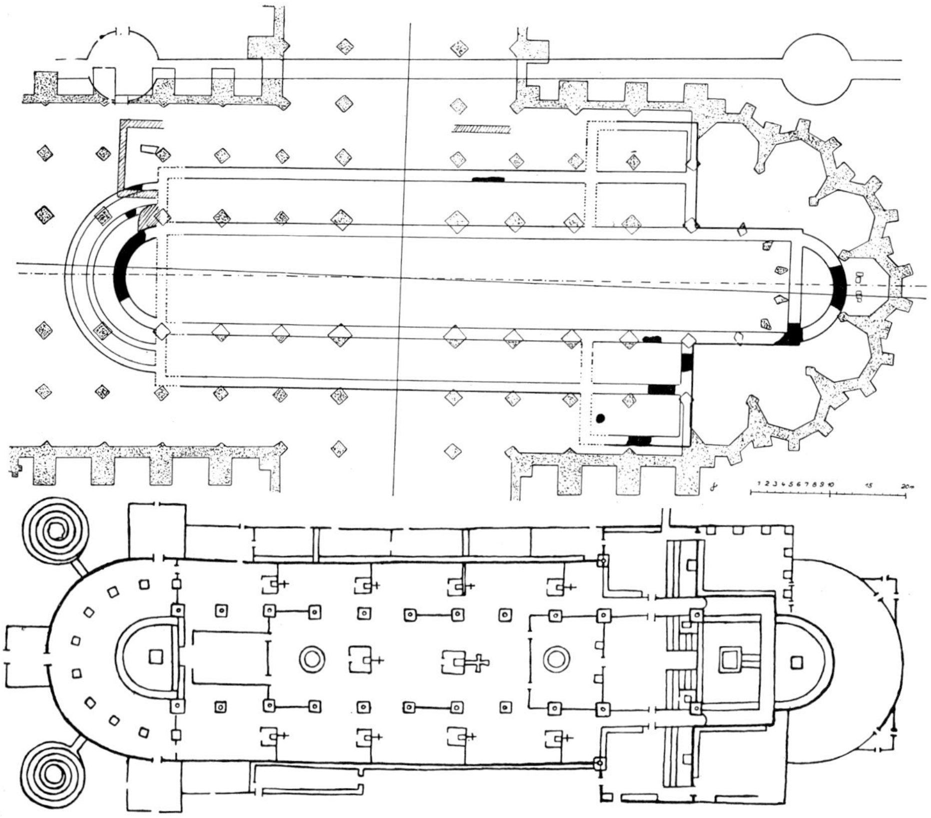

Plan I. Mutmaßlicher Grundriß des Alten Doms in frühkarolingischer Zeit (Periode VI) und – schraffiert – Änderungen in spätkarolingischer Zeit (Periode VII). Festgestellte Mauern der Periode VI sind schwarz ausgefüllt. Im Westen: Apsis 52, innere und äußere Umgangsmauern 35 bzw. 42, dazwischen Boden 74. Im Norden: Mauer 353. Im Osten: Apsis 252 und davor Boden 284, ferner Apsis-Spannmauer 332 und Mittelschiffmauer 331. Im Süden: östliche Querhausmauer 263, südliche Querhaus(?)-Mauer 323, Spannmauer 303 in Verlängerung der Seitenschiffmauer. – Darunter in gleichem Maßstab der Grundriß der Kirche auf dem Plan von St. Gallen. – Maßstab 1 : 1000.

telschiffsäule kann sie wegen dieses geringen Durchmessers allerdings wohl kaum verwendet worden sein.

Nach den geschilderten Ergebnissen muß zwischen dem Plan von St. Gallen und dem Hildebold-Dom in Köln ein enges Kausalverhältnis bestehen, denn aus allgemeinen in jener Zeit herrschenden Bauvorstellungen lassen sich die vielen Übereinstimmungen wohl kaum erklären. Beide Grundrisse könnten auf ein gemeinsames unbekanntes Vorbild zurückgehen. Dagegen scheint mir aber die Ähnlichkeit in der Planung des umliegenden Geländes zu sprechen. Wenn, wie vermutet wird, der Plan in der engsten Umgebung des Kaiser kurz nach dessen Tode auf dem Reformkonzil in Aachen entstanden ist[5], – der Absender nennt den Abt von St. Gallen „*dulcissime fili*" – so scheidet auch die Möglichkeit der Priorität des Baurisses von St. Gallen aus. Wir kommen vielmehr zu der immer festeren Überzeugung, daß die berühmte im Bau befindliche Domkirche des Metropoliten und Erzkapellans Hildebold das unmittelbare Vorbild für die Klosterkirche in St. Gallen war, mag sie selbst auch letzten Endes auf die Reformideen Benedikts von Aniane zurückgehen, der die letzten Jahre seines Lebens (815 – 821) als Abt des von ihm gegründeten Klosters Inda (Cornelimünster) in nächster Nähe des Hofes und nicht weit von Köln verbrachte.

[5] A. Dopsch, Vierteljahrschrift f. Sozial- und Wirtschaftsgeschichte XIII, 1915, S. 63 ff.

Otto Doppelfeld

Die Domgrabung

IV. Der Schacht in der Dreikönigenkapelle

Aus: Kölner Domblatt 2/3, 1949, 118 – 164

Die mittlere der sieben Kapellen, die den hohen Chor des Domes im Halbrund umstehen, wird wechselnd als Dreikönigenkapelle, Marienkapelle oder auch ihrer Lage nach als Achskapelle bezeichnet. Der Marientitel war wohl der ursprüngliche, denn 1319 wird hier ein Marienaltar genannt. Nachdem aber der Dreikönigenschrein entgegen der ursprünglichen Absicht in dieser Kapelle seine dauernde Aufstellung gefunden hatte, wurden Altar und Kapelle nach ihm benannt, während der durch die drei südlichsten Joche des Chorhauses gebildete Raum fortan die Marienkapelle war. Nach der Verbringung des Dreikönigsschreins in die Schatzkammer ging der Marientitel wieder auf die Achskapelle über, und der bisherige Marienaltar wurde Sakramentsaltar; jedoch haben sich diese Änderungen nicht ganz durchgesetzt. Immer noch haftet an der Achskapelle der Name der über alles geschätzten Reliquien, die lange Jahrhunderte hindurch der viel besuchte Kernpunkt der Kapelle, das Herzstück des Domes und der Stadt waren.

Als wir im Frühjahr 1947 vor der Aufgabe standen, zu dem bereits gefundenen Westende des alten Doms auch die Ostapsis zu suchen, hielten wir uns aus praktischen Gründen beim Ansatz der Suchschnitte zunächst an die wenigen Stellen, wo wir in die Tiefe gehen konnten, ohne das zwar moderne, aber schwer wieder zu verlegende Mosaik, das fast die ganze Osthälfte des Domes ausfüllt, entfernen zu müssen. Es bot sich am Eingang der Achskapelle ein schmaler durch die hier befindliche Stufe bedingter Streifen, der nicht vom Mosaik bedeckt war. Hier gingen wir am 10. 6. 1947 in die Tiefe (Schnitt 230), um dann unter dem Mosaik her nach der Ostapsis zu suchen. Sehr bald wurde der ältere Boden (235) und darauf die Mörtelspur (231) des Dreikönigenmausoleums entdeckt. An der Ostwand des Schnittes zeichneten sich die Kopfenden der beiden gotischen Gräber 236 und 238 ab, während an der gegenüberliegenden Schachtwand eine neuere Backsteinmauer sichtbar wurde. Da wir die Ostapsis weiter westlich, also hinter dieser dünnen und beim Anklopfen hohl klingenden Wand vermuteten, wurde diese eingeschlagen. Der Raum, der sich unseren Blicken am 23. 7. öffnete, bot den schaurigen Anblick einer vollkommen durchwühlten und ausgeplünderten Gruft (237).

Nach zeichnerischer und photographischer Aufnahme des Tatbestandes erschien es als eine selbstverständliche Pflicht, die toten Erzbischöfe in neue Särge zu betten. Schwieriger wurde die Entscheidung bei der westlich gleich anschließenden Gruft (247), die bei der Suche nach der Ostapsis im Wege zu stehen schien. Hier liegt in zwar stark zerfallenem, aber gänzlich unberührtem Zustand seit dem 15. Jahrhundert Erzbischof Dietrich von Moers. Der schwere Entschluß, die Bestattung zu transferieren, wurde uns erspart, denn nach der Räumung der barocken Gruft (237) war es möglich, im ursprünglichen Schnitt (230) weiterzugehen, und hier fanden wir am 11. Juli 1947 am Boden unseres Schnittes die gesuchte Ostapsis (252), auf die wir schon einige Wochen vorher gestoßen waren, ohne sie fassen zu können, da sie wegen ihrer Breite noch wenig unter die Gruft reichte.

Nun war der weitere Verlauf der Grabung klar vorgezeichnet; das Fundament der gotischen Achskapelle ist, wie wir mit Recht erwarteten, nach Art eines Brunnenschachtes gebaut, den es nur zu entleeren galt, um die alte Apsis bis zu Sohle freizulegen. Unsere gleich zu Beginn sehr hoch gespannten Erwartungen, durch sorgfältige Schichtenbeobachtung eine Datierung nicht nur der Apsis, sondern darüber hinaus auch der schon lange bekannten Reste auf der Domterrasse am Petrusbrunnen vornehmen zu können, wurden in erfreulich hohem Maße erfüllt. Hier, an einem der entscheidenden Punkte Kölns, zwischen den Scheitelpunkten des Alten und des Neuen Doms, entrollte sich langsam eine lückenlose Übersicht über die Geschichte Kölns von unserer Zeit hinab bis zu den Anfängen unter Augustus. Der zu untersuchende und auszuräumende zylindrische Erdblock (256) wurde in vier Quadranten eingeteilt, deren sich überkreuzende Trennflächen das Hauptprofil 280 (Taf. 7) und das Querprofil 255 (Taf. 6) bilden sollten. Die Abteufung begann mit den beiden südlichen Quadranten, doch wurden diese zur Beobachtung und Aufnahme des ein Meter vor dem Hauptprofil angesetzten Kontrollprofils 80 (Taf. 5) zunächst nur in ihren südlichen Zwickeln ausgehoben. Da die Abschachtung über zehn Meter tief hinabführte, mußte sie in Etappen vorgenommen werden. Bei der letzten Etappe mußten wir, um jede Möglichkeit einer Gefährdung des Domes auszuschalten, auf eine gänzliche Ausräumung aller Kulturschichten verzichten und uns mit kreuz- und querlaufenden Gräben (288 und 289) begnügen.

Die Arbeiten wurden von den drei bewährten Museumsarbeitern und 20 Strafgefangenen der Siegburger Anstalt durchgeführt. Mit den technischen Arbeiten waren die bereits im zweiten Bericht genannten Personen betraut. Die Hauptarbeit zog sich bis Ende 1947 hin. Doch wurde in steigendem Maße nebenher an anderen Schnitten gearbeitet. Bis gegen Ende Februar 1948 wurde die Einzeluntersuchung fortgesetzt. Dann wurde der untere ostwärtige Teil des Schachtes mit Erde verfüllt, die durch eine Mauer in Form eines liegenden Bogens begrenzt wird, so daß die alte Apsis in ganzer Tiefe frei bleibt. Mitte März war die Betondecke über dem Schacht fertig, der augenblicklich nur durch eine Einsteiglücke und mittels einer hineinzustellenden Leiter zugänglich ist.

Mit Ausnahme des zentralen, Konrad von Hochstaden zugeschriebenen Grabes (236) und der damit zusammenhängenden Erörterung besonders auch über die Frage des Grundsteins, die dem nächsten Bericht vorbehalten sind, und einer Besprechung der Kleinfunde, wird nachstehend eine Beschreibung aller in und unmittelbar vor der Dreikönigenkapelle gemachten Feststellungen gegeben. Ein anschließender Katalog soll im Zusammenhang mit den im Maßstab 1:50 gedruckten Tafeln ein kritisches Studium unserer Ergebnisse und Folgerungen ermöglichen.

Die Wittelsbacher Gruft (237, Periode XIII)

Die vor der Mitte der Dreikönigenkapelle vorgefundene Gruft (237) enthielt keine Anhaltspunkte für die Identifizierung der drei in ihr bestatteten Toten; aus dem Grabungsbefund ergibt sich nur, daß sie Kleriker, wahrscheinlich Bischöfe des 18. Jahrhunderts gewesen sein müssen. Aber die noch bis an den Anfang des vorigen Jahrhunderts vor der Kapelle in einer Reihe liegenden Grabplatten geben uns Anhaltspunkte.

6.	5.	4.	3.	1.	2.	7.	8.
Nopelius und Hutter	Maximilian Friedrich v. Königseck	Sigismund v. Königs-eck	Clemens August	Maria von Medici	Joseph Clemens	Grafen von Sayn	Tilman Joseph Godesberg
†	†	†	†	†	†	†	†
1605 1637	1784	1756	1761	1642	1723	1461	1754

1. In der Mitte lag eine Grabplatte, die, obwohl die ursprünglich in sie eingelassene Bronzeplatte mit der Inschrift schon vor 1821 abhanden gekommen und nicht notiert war, einhellig Maria von Medici († 1642) zugeschrieben wird.
2. Südlich daneben lag die noch in Trümmern auf der Domterrasse erhaltene Grabplatte des Erzbischofs Joseph Clemens, Herzog von Bayern (1688 – 1723).
3. Die ebenfalls noch auf der Domterrasse erhaltene Platte seines Nachfolgers und Neffen Clemens August, Herzog von Bayern (1723 – 1761) lag an der anderen, nördlichen Seite der Platte Marias von Medici. In der Nähe muß das nicht näher vermerkte Grab eines Wild- und Rheingrafen gelegen haben. Es folgten nach Norden:
4. Joseph Maria Sigismund, Graf von Königseck-Rotenfels, Domkapitular und Dechant von Gereon († 1756), Bruder des neben ihm bestatteten.
5. Erzbischof Maximilian Friedrich, Graf von Königseck-Rotenfels (1761 bis 1784).
6. Gemeinsame Grabplatte für Johann Nopelius, Weihbischof und Pfarrer von St. Kolumba († 1605) und Dr. Jakob Hutter, Domkapitular († 1637). Nach Süden folgten auf die mittlere Gruppe:
7. Gemeinsame Grabplatte für die im gleichen Jahre (1461) gestorbenen Domkapitulare Gottfried und Johann, Grafen von Sayn.
8. Tillman Joseph Godesberg, Domkapitular († 1754).

Nach dieser Anordnung der Grabplatte wäre in der Gruft zunächst die Beisetzung der Eingeweide Marias von Medici zu erwarten gewesen. Da wir aber nicht die geringste Spur davon fanden, ist anzunehmen, daß die Beisetzung beim Bau der Gruft, der vielleicht beim Tode Joseph Clemens (1723) erfolgte, transferiert wurde, wenn sie überhaupt sich unter der Platte befunden hatte. Im übrigen können wir aber nach den beiden benachbarten Platten zwei Bestattungen der Gruft mit einiger Sicherheit bestimmen. Die Überreste, die ursprünglich wohl unter der südlichen Platte lagen, und erst bei der Plünderung schräg durch die Gruft gezogen wurden (242), müssen wohl die Joseph Clemens' sein, da der Schädel noch die an den Porträts dieses Kirchenfürsten auffallende asymmetrische Gesichtsbildung deutlich erkennen läßt. Die nördliche Beisetzung muß demnach die Clemens Augusts sein, obwohl sich bei ihr ebensowenig wie bei den andern beiden irgendwelche Zeichen des hohen Ranges mehr fanden. Diese wurden, wie feststeht, in der Franzosenzeit aus der Gruft geraubt und in den Wirtschaften Kölns herumgezeigt. Clemens August wurde nach seinem Tode in Ehrenbreitstein nach Bonn gebracht, einbalsamiert und aufgebahrt. Ein Kupferstich stellt diese Aufbahrung dar. Der Tote ist als Hochmeister des Deutschen Ordens – ein Rang, der ihn als

den legitimen Herrn Preußens übrigens veranlaßte, Friedrich den Großen nur als Kurfürst von Brandenburg gelten zu lassen – im Ordensmantel aufgebahrt. Aber auch davon fand sich im Grabe keine Spur. (Einzelheiten im Katalog weiter unten.)
Unsicher ist noch die Identifizierung der dritten Beisetzung (243). Bei der starken Verwühlung war die Aufeinanderfolge der drei Bestattungen nicht mehr zu eruieren, so daß es offen bleiben muß, ob wir hier die Überreste des Erzbischofs oder die des Domkapitulars Königseck oder schließlich eine ältere Bestattung vor uns haben.
Die losen Gebeine, die hinter der Gruft lagen (246 und 248) haben zu älteren Beisetzungen vor dem Dreikönigenschrein gehört, die aber bei der Anlage der Gruft weichen mußten, ebenso wie sicherlich die Platte der Grafen von Sayn erst in späterer Zeit nach Süden verschoben worden ist. Jedoch können wir diese und ähnliche Fragen, wie etwa die nach dem Grabe des Erzbischofs Ernst von Bayern (1583 – 1612), das angeblich in der Dreikönigenkapelle liegen soll, aber nicht angetroffen wurde, nur durch eine systematische Untersuchung weiterer Grüfte, die aber nicht zu den Absichten der Grabung gehört, klären.

Das Grab der Maria von Medici (257, Periode XIII)

Als Maria von Medici am 3. Juli 1642 ihr schicksalreiches Leben, das sie vom Hof in Florenz auf den Thron Frankreichs gebracht hatte, schließlich in Köln, im Gronsfelder Hof in der Sternengasse gottergeben beschlossen hatte, stand ihre einbalsamierte Leiche noch ein halbes Jahr lang im Sterbehause, bis sie endlich nach dem Wunsch der Verstorbenen und ihres Sohnes, Ludwigs XIII., gegen die Widerstände Richelieus am 8. Februar 1643 abgeholt und in die Königsgruft von St. Denis gebracht wurde. Vorher schon waren, gleich nach der Einbalsamierung, die Eingeweide im Dom bei den Heiligen Drei Königen beerdigt worden [1].
Die Grabung hat diese Sachlage wenigsten zum Teil bestätigen können. Der kleine Ziegelschacht 257 hinter dem Mausoleum kann eigentlich nur als eine Gruft kleinsten Ausmaßes erklärt werden, in der die Eingeweide entweder in einem bis auf geringe Spuren verfallenen Holzbehälter oder vielleicht auch in einer später entwendeten Urne beigesetzt waren. Der Grabungsbefund macht es sehr wahrscheinlich, daß die Anlage des kleinen Schachtes später als die Errichtung des Mausoleums von 1660, also möglicherweise, wie schon vermutet wurde, erst im Jahre 1723 erfolgte, als bei Anlage der Wittelsbacher Gruft eine Umbettung erforderlich wurde; nachweisen läßt sich das aber nicht mehr, da die moderne Betonschicht (a 2 der Profile) die oberen Schichtlinien abgeschnitten hat. Eine dritte Möglichkeit schließlich, die nämlich, daß wie d'Hame berichtet, die Verstorbene sechs Monate lang unter ihrem Grabstein vor dem Mausoleum begraben war, wird durch das Vorhandensein des Schachtes 257 in hohem Grade unwahrscheinlich gemacht.

Die Fundamente des Dreikönigen-Mausoleums (229, 231, 232, 233, Periode XIII)

Das Mausoleum, ein im Jahre 1660 durch Erzbischof Maximilian Heinrich (1652 – 1688) nach Entwurf des Domkapitulars Heinrich von Mering in der Dreikönigenkapelle errichtetes Tempelchen

[1] So Ennen, der Dom zu Köln 1872, S. 152. Nach d'Hame, Historische Beschreibung der berühmten hohen Erzdomkirche zu Cöln am Rhein, 1821, S. 178, wurde die ganze Leiche nach dem Tode Marias im Dom beerdigt und sechs Monate später für die Überführung nach St. Denis wieder ausgegraben. Diese und andere Widersprüche in den Nachrichten zum Tode Marias zu klären, würde uns zu sehr von unserer eigentlichen Aufgabe abführen (vgl. auch Ennen im Domblatt 1875, Nr. 303, ferner Ann. h. V. Niederrhein 13/14, 1863, S. 212, und Domblatt 1854, Nr. 116, 117).

mit großen vergitterten Fenstern zwischen jonischen Pilastern, barocken Giebeln und einer Docken-Attika wurde in den 70er Jahren des vorigen Jahrhunderts entfernt und im Südturm abgestellt. Die Schaufront bildet seit 1920 den Aufbau des neuen Dreikönigenaltars an der Schatzkammer. Bei der Grabung fanden sich die Fundamente des Mausoleums. Für die Seitenwände und die Rückfront hat man als Untergründung mächtige Backsteinbögen gewählt (229, 232, 233), denn das Erdreich war hier außerordentlich locker, ein Umstand, der mit hoher Wahrscheinlichkeit darauf schließen läßt, daß außer dem zentralen Grabe 236, welches stehen blieb, aber ganz mit Schutt gefüllt wurde, noch weitere Gräber in der Kapelle vorhanden waren, die an andere Stellen verlegt werden mußten. Dabei denken wir wegen der allerdings wohl etwas späteren Epitaphien vor allem an die frühen Wittelsbacher (Ernst 1583 – 1612 und Ferdinand 1612 – 1640). Die schweren Backsteinbögen gehen sicherlich nicht auf den schmiedeeisernen Vorgänger des Mausoleums zurück, der einer solchen Substruktion nicht bedurfte und wohl auch erheblich schmäler war. Die Schaufront des Mausoleums kam auf festeren nicht durch Gräber gestörten Boden zu stehen, dahin, wo auch schon die Front des älteren Gittergehäuses gestanden hatte. Hier war auf diese Weise noch ein Streifen des viel älteren Plattenbodens (235) erhalten geblieben, auf dem noch die Mörtelspur der Fundamente sichtbar war (231).

Älterer Fußboden des Doms (235, Periode XII)

Die Datierung dieses bereits erwähnten aus wechselnd breitgeschnittenen Basaltlava- und einzelnen Trachyt- und Marmorplatten zusammengestellten Bodens, von dem bisher nur der schmale Streifen, der durch die Fronten der Mausoleen geschützt war, beobachtet wurde, bereitet Schwierigkeiten. Seine verhältnismäßig tiefe Lage entspricht dem Beginn der sauberen Bearbeitung der benachbarten Pfeilerbasen, die heute wenig glückliche Proportionen zeigen, da sie etwa zur Hälfte im Boden stekken. In der Kapelle ließ sich der gleiche Horizont an der glatten Oberkante der Schicht b1 im Hauptprofil (280) wiedererkennen; das zentrale Grab 236 reichte mit seinen Längsseiten bis zur Höhe des Bodens, woraus auf eine ursprüngliche Überbauung des Grabes geschlossen werden kann. Anfänglich waren wir der Ansicht, daß der Boden erst mit Errichtung des Mausoleums (1660) höher gelegt worden sei. Dagegen scheinen die beiden großen Gedenktafeln der Wittelsbacher zu sprechen, die bereits das erhöhte Niveau voraussetzen. Über den genaueren Zeitpunkt der Errichtung dieser Tafeln konnte allerdings bisher nichts ermittelt werden. Von der Grabplatte über der Gruft Dietrichs von Moers (247) steht die Stärke und ihr Alter noch nicht fest, so daß wir auch hier noch keinen Anhalt für die Fußbodenhöhe im 15. Jahrhundert haben. Vielleicht hängt die Höherlegung des Fußbodens mit zwei zu beobachtenden Bruchstellen an den Basen zweier Dienste der Kapelle zusammen. So ist die Basis des Dienstes, der die Tafel Ernst' von Bayern nach Osten begrenzt, ganz gerissen; der obere Teil ist nach Norden ausgerückt. Einen entsprechenden Bruch mit Versetzung in gleicher Richtung weist der Dienst nördlich neben dem Altar der Kapelle auf. Bei diesem war die Schadenstelle mit Mörtel ausgeglichen. Durch die Anhöhung des Fußbodens wurde die Bruchstelle, vielleicht mit Absicht, zugedeckt; heute sind sie wieder sichtbar, denn die neue Betondecke liegt nur in Höhe des Chorumgangs.

Die Gruft Dietrichs von Moers (247, Periode XII)

Dietrich (Theoderich) II., Graf von Moers (1414 – 1463), war der erste Kölner Erzbischof, der nicht unter einem Hochgrab begraben sein wollte, sondern sich noch bei Lebzeiten eine Gruft hinter den beiden letzten Hochchorpfeilern (dem Christus- und dem Marienpfeiler) mauern ließ, offenbar in beabsichtigtem Gegensatz zu der gewaltigen Kalksteintumba, die noch seinem Vorgänger, Friedrich III. Graf von Saarwerden (1370 – 1414), errichtet wurde. Die kleine Backsteingruft 247, die wir westlich der Wittelsbacher Gruft und zu Füßen des figurenreichen zwischen den genannten Hochchorpfeilern aufgestellten Grabmals antrafen, ist ohne Zweifel das zugehörige Grab des Erzbischofs. Er liegt in seinem ganz zerfallenen Sarg, von dem nur noch die Bleifütterung einigermaßen erhalten ist. Bischofsstab, Mitra und Stola sind von einer Schadenstelle im Fußende des Bleisargs aus zu erkennen. Der Sarg steht schon, wie es später auch allgemein üblich war, auf einem eingemauerten eisernen Gestänge, und so sank der zinnerne Grabkelch durch eine große Lücke im Bleiboden des Sarges auf den Boden der Gruft. Der Bleisarg ist nach einem komplizierten Muster aus je einem Stück für den Ober- und Unterteil geschnitten, und zwar so, daß die ganzen Giebelstücke zum Unterteil, die oberen Hälften der Langseiten aber zum Oberteil geschnitten wurden. Das geschah offenbar, weil man den schweren Bleideckel durch innen angenietete Eisenbänder festigen mußte. Nach dem Verlöten der Fugen wurde der Holzsarg herumgezimmert, wobei einige Nägel in den Rand des Bleisarges eindrangen. Das Gemäuer der Gruft macht einen überaus frischen Eindruck, der uns zunächst veranlaßte, an eine ganz junge Erneuerung zu denken. Aber gleichzeitig mit unserer Ausgrabung wurde im Bonner Münster die Gruft des Nachfolgers Dietrichs, Ruprecht von der Pfalz († 1480), aufgedeckt. Ihr Mauerwerk mutete ebenso neuzeitlich an; auch hier fand sich ein Bleisarg, der jedoch nach einem andern Zuschnitt angefertigt war.

Gräber aus der Zeit der Chorweihe (236, 238, Periode XII)

Im Anschluß an die Chorweihe (1322) wurden die Leichen Konrads und einiger seiner Vorgänger vom Alten in den Neuen Dom überführt. Die beiden gotischen Gräber, die wir in der Achskapelle, leider entleert, vorfanden, gehören wohl zu diesen Bischofsgräbern. Besondere Aufmerksamkeit verdient das eine von ihnen (236), das in der Achse des Domes und so hoch gelegen war, daß es von einer Tumba überbaut gewesen sein muß. Es war aus mächtigen Schieferplatten ohne Verband zusammengesetzt. Eine Deckplatte fehlte. Unter dem Schutt, den man bei der Aufräumung hineinfüllte, fanden sich noch die Reste reicher Paramente des 13. Jahrhunderts. Über diese Funde und unsere Vermutung, hier das ehemalige Grab Konrads von Hochstaden gefunden zu haben, soll im nächsten Bericht eingehender behandelt werden.

Das zweite Grab (238) lag südlich daneben, aber in größerer Tiefe. Auch hier fehlte die Abdeckung und füllte der lockere Schutt das ganze Grab aus, weshalb es sehr fraglich ist, ob der einzig darin gefundene Rest einer Schädeldecke zur ursprünglichen Bestattung gehört; diese wird vielmehr beim Bau des Mausoleums verlegt worden sein. Die Wände des Grabes waren aus verschieden großen Tuffblöcken mit sehr sorgfältigem Fugenschnitt und glatten Innenflächen, aber unregelmäßigen roh abgeflechteten Außenseiten zusammengesetzt. Als Boden diente eine ganz dünne Mörtelschicht mit Rötelbelag. An die Süd- und Ostseite des Grabes schloß sich etwa mit dessen Oberkante abschließend eine bankartig untermauerte Mörtelebene an (240), die vielleicht als Standfläche bei der Beisetzung diente.

Spuren des gotischen Baubeginns
(Fundament 271, Grubenverschalung 279, Meßpfahl 281, Periode XI)

Es ist schon länger vermutet worden, daß der Neubau des gotischen Doms außen am Kapellenkranz begonnen wurde. Bei den Grabungen im südlichen Chorumgang wurde mehrfach der Beweis dafür erbracht. So ist es nicht zu verwundern, daß im Ringfundament der Achskapelle (271) besonders viele Steine vom Abbruch des alten Domes mit allerlei Ziergliedern, wie profilierten Stücken und Klötzchenfriesen, vermauert sind. Die alten Steine wechseln mit durchgehenden Lagen von frischen Säulenbasalten, deren Kopfenden radial auf die Kapellenmitte hinweisen. Das Innere des Fundaments, in das wir ein Meter tief mit dem Preßlufthammer eindrangen, birgt gröbere und unregelmäßigere Basalte in wirrem Durcheinander mit anderen Steinen und in einem sehr festen Mörtel. In der Außenwand des Fundaments wurden 1926 beim Bau der neuen Domherrengruft auf der Domterrasse auch viele römische Spolien beobachtet. Der unterste Teil des Fundaments ist in einem Arbeitsgang meist gegen die Baugrubenwand und stellenweise auf den tiefen augusteischen Mauerresten errichtet. Dagegen läuft im mittleren Drittel des Fundaments eine deutliche Mauernaht (268) schräg von oben nach unten auf die Domachse zu. Der südliche, hinter dieser Naht befindliche Teil des Fundaments ist wie das übrige in einer Grube zum Teil gegen die Erdwand, zum Teil frei ohne Berührung mit der Erde hochgemauert. Später wurde der nördliche Arm des Fundaments daran angesetzt, aber dieser wurde in einer sorgfältig verschalten Grube gemauert. Die Verschalung (279) kann sehr einfach mit wenig besagenden Gründen, etwa drohender Einsturzgefahr der Grubenwand erklärt werden; jedoch scheint sie, wie wir annehmen möchten, mit der Verlegung des Grundsteins zusammen zu hängen. Darauf soll im nächsten Bericht gleichzeitig mit der Erörterung der Frage des Grabes Konrads von Hochstaden näher eingegangen werden. Der hufeisenförmige Bogen, den das Fundament beschreibt, ist unten enger und weiter nach Osten ausladend, nach oben zu wird er flacher, so daß das Fundament im Scheitelpunkt mit fortschreitender Tiefe zurückspringt, während der nördliche und südliche Seitentrakt mit zunehmender Tiefe weiter ausladen, wie es bei einem Fundament zu erwarten ist. Diese unregelmäßige Gestaltung mit besonderen statischen Überlegungen erklären zu wollen, ist wohl verfehlt. Andererseits ist die Abweichung nicht bedeutend genug, um daraus eine erste, wesentlich andere Planung für die Achskapelle – im Sinne eines Hervortretens der Mitte aus dem Kranz der übrigen Kapellen – zu folgern. Immerhin scheint uns hier aber ein Hinweis dafür vorzuliegen, daß an der Dreikönigenkapelle die ersten Fundamentierungsarbeiten des Neubaus begannen, zu einer Zeit, als man sich über den Plan noch nicht ganz im klaren war oder jedenfalls noch nicht die notwendige Routine angeeignet hatte. Allerdings wird man diese Frage erst endgültig entscheiden können, wenn die Fundamente anderer Kapellen untersucht sind und zum Vergleich herangezogen werden können. Nach Fertigstellung des Fundaments, dessen oberer Teil wieder gleich dem untersten ohne Mauernaht in einem Zuge hochgeführt wurde, hat man, da dieser obere Teil der Grundmauer zwei Meter über das bisherige Niveau herausragte, Erde angefüllt (Schicht c und d). Zur Absteckung des Polygons der Kapelle wurde ein Meßpfahl eingeschlagen (281), dessen Form und Lage noch nach dem hinterlassenen Hohlraum erschlossen werden konnte. Das von der Mitte des Schlußsteins der Kapelle gefällte Lot trifft den Pfahl nur 3 cm von seiner Mitte. Über das Alter des jetzt in der Kapelle stehenden Altares konnten durch die Grabung keine neuen Anhaltspunkte gewonnen werden, da wegen Absturzgefahr an seinen Fundamenten nicht gearbeitet werden durfte.

Die Apsismauer des Alten Domes (252, Periode VI – X).

Die stattliche im ganzen über 6 Meter hoch erhaltene Ostmauer des karolingischen Doms umschließt mit ihrem 1,70 Meter starken Mauerwerk eine Apsis von etwa 11 Metern Durchmesser. Bemerkenswert ist es, daß wir in diesem mächtigen Gemäuer bisher keine größeren Steine, sondern nur Handquäderchen angetroffen haben, die hier an der Ostapsis meist aus Tuff bestehen und bei wenig gleichmäßiger Lagenhöhe die Außenschale des Füllmauerwerks darstellen. Bei dieser Feststellung erhebt sich die Frage, von wo die vielen im gotischen Fundament eingemauerten größeren Quader, die zweifellos vom Abbruch des Alten Doms herrühren, genommen wurden. Sie werden gewiß in den höheren jetzt nicht mehr erhaltenen Teilen der Apsis vermauert gewesen sein, und in irgendeiner Weise zur Gliederung der Mauerfläche gedient haben. Bei der ganz entsprechenden westlichen Apsismauer ist an einer Stelle ein Rest der höheren Mauerlage erhalten, und hier sind tatsächlich derartige größere Quadern im Mauerwerk verwendet worden. Bei der Ostapsis, von der wir hier zu handeln haben, sind bis über den Schrägsockel keine größeren Quader zu sehen. – Der mit einer Schräge von 45° etwa 10 cm vorspringende Sockel ist auch nicht aus Werksteinen gemeißelt, sondern aus kleinen Tuffsteinen zusammengestückelt. Man wird sich ein solches Mauerwerk kaum ohne einen glättenden Außenputz vorstellen können. Aber der jetzt noch auf der Mauer haftende Putz stammt nicht aus der frühesten Zeit, weil er nicht bis zum untersten Niveau herabreicht. Zwar wurde eine größere Flickstelle in diesem Putz beobachtet; Rest eines älteren Aufstrichs wird man aber nicht ohne Zerstörung großer Teile des erhaltenen Putzes feststellen können. Daß unterhalb des unteren Randes dieses noch haftenden Verputzes der ältere sicherlich hier einst vorhandene karolingische Putz spurlos vergangen ist, wird leicht verständlich, wenn man berücksichtigt, daß hier die unteren Lagen des Aufgehenden ja bis in den Stein hinein ausgewittert sind. Ein tief ausgehöhlter Streifen zieht sich so um die ganze Rundung und deutet den karolingischen Horizont an. Später hat man durch Niveauerhöhung diese Zone unter die Erde gebracht und wohl gleich anschließend durch Anbringung eines Mörtelwulstes abgedichtet. Dieser Wulst ist jedenfalls von außen später an der Mauer angebracht worden; er läßt sich noch jetzt federnd von der Mauer wegziehen.

Von besonderer Bedeutung für die Periodenteilung ist der Unterschied im Mörtel der Apsismauer. Das obere Mauerwerk (b) zeigt roten Ziegelsplittmörtel, das untere, fast ganz zum Fundament gehörige (a) dagegen weißlichen Mörtel, der in den obersten beiden Lagen ein wenig gelblich aussieht. Über diesen Wechsel vom weißen zu rotem Mörtel, der an allen bisher freigelegten Mauern des Alten Doms festgestellt wurde, als ein entscheidendes Merkmal für die Trennung von Periode (hochkarolingisch) und VII (spätkarolingisch) ist schon im dritten Aufsatz über die Perioden gesprochen worden (vgl. auch Das Münster 2. Jg. 1948 S. 1 f. = hier S. 66 f.). Die Technik des unteren Mauerwerks ähnelt sehr der des oberen. Auch hier folgt eine Lage von kleinen Handquadern auf die andere, mit geringen Schwankungen in der Lagenhöhe. Der aus den Fugen quellende Mörtel ist flüchtig glatt gestrichen, so daß er mit lappigen Konturen die Mauersteine größtenteils überdeckt. Der unterste Fundamentsockel springt 20 bis 40 cm vor. Er ist gegen die Erdwand der tiefsten Grubensohle gemauert (s. Profil 80) und hält nur gelegentlich (s. Profil 280) einen geringen Abstand von der Grubenwand. Die Innenrundung der unteren Apsismauer ist noch nicht freigelegt. Nach Analogie der Westapsis dürfte sie eng gegen eine steile Grubenwand und ohne Sockelvorsprung gemauert sein.

Die Grube zur Apsismauer (282, 283, Periode VI)

Die Datierung der Apsismauer in die nachrömische Zeit erfolgt, wie schon in voraufgehenden Berichten mehrfach hervorgehoben wurde, an Hand ihrer Fundamentgrube. Diese schneidet, wie sowohl aus dem Hauptprofil (280) wie dem Kontrollprofil (80) mit aller wünschenswerten Klarheit hervorgeht, die oberen römischen Schichten mitsamt dem Pfeiler 272 ab. Eine nähere Datierung der Grube ist leider nicht aus den Profilen abzulesen, denn die Schichtenbeobachtung war in den ersten nachrömischen Schichten sehr schwierig, was in den Zeichnungen durch die Versetzung der Schraffuren bei fehlenden Trennungslinien innerhalb der Strate k zum Ausdruck kommt. Die auf diese Art nur durch ein Versetzen der Schraffierung angedeuteten Schichtlinien sind möglich und sehr wahrscheinlich, wurden aber nicht beobachtet. Aber wenn wir auch genau wüßten, von welchem Horizont innerhalb der Strate k die Grube ausging, so würde uns das doch nicht viel weiterhelfen, denn diese Lagen bargen fast gar keine Keramik, die uns eine genauere Datierung ermöglichen könnte – ein Umstand übrigens, der darauf hinzuweisen scheint, daß die Stelle von frühmittelalterlichen Zeiten an dem profanen oder jedenfalls alltäglichen Gebrauch entrückt war.

Die Grubenwand ist in halber Höhe abgetreppt, und auf die Stufe hat man die größeren Steine gelegt, die man beim Ausheben der Grube vorgefunden hatte. So entstand eine bunte Steinreihe, deren Verlauf auffälligerweise geradlinig und nicht mit der Apsis konzentrisch ist. Das ist wohl auf die römischen Mauerreste zurückzuführen, auf die man beim Ausschachten stieß und die die ursprünglich weiter ausbuchtende Grube in der Tiefe einengten. So bildet auch der unterste in die tiefste Sohle der Grube hineingemauerte Teil des Fundaments eigentlich eine gerade Linie, die erst in sehr grobem Umriß die Rundung der Apsis andeutet. Die Grube und der Fundamentsockel sind demnach zunächst in ungefähren Umrissen festgelegt worden, und erst als man über die enge Grubensohle hinausgekommen war, hat man mit mehr Bewegungsfreiheit die Rundung abgesteckt.

Rest eines spätromanischen Plattenbodens (274, Periode X)

Der oberste der mittelalterlichen Reste, die an der Apsis herab in verschiedenen Tiefen angetroffen wurden, ist eine Platte eines Bodens aus rotem Sandstein, die sicherlich das letzte einer größeren Anzahl gleicher beim Abbruch des Doms zu weiterer Verwendung entfernter Stücke ist. Entweder gehörte sie zu einem ausgedehnten Plattenboden oder, wahrscheinlicher zu einem Plattensteig, der um die Apsis herumführte. Für die letzte Annahme spricht die radiale Lage zur Apsis und der leicht trapezförmige Zuschnitt des erhaltenen Fragments. Die hohe Lage oberhalb der Höhe des Mauersockels und die in jedem Fall sichere Lagerung des Bodens oder Steigs über einem Grabe des salischen Friedhofs verweisen ihn in die letzte Zeit des Alten Doms [2].
Ein großes amorphes Mörtel- und Steinbrockenkonglomerat (265), das sich unterhalb der erhaltenen Platte in der Erde befand, hat entgegen unserer anfänglichen Vermutung doch wohl keine Beziehung zu der Platte, da diese nirgends daran haftete, sondern durch eine wechselnd dünne Erdlage von dem Mörtel getrennt war. Dieser Mörtel ist vielleicht nichts anderes als ein übriggebliebener Rest, den man in eine Grube gekippt hat.

Der salische Friedhof (266, 276, 277, Periode IX)

Von dem zum Todesjahre Annos II. (1075) in dessen Vita (MGSS XI, S. 506) bezeugten Friedhof zwischen S. Maria ad gradus und dem Alten Dom wurden in der Achskapelle ein Sarkophag (266), ein stark zerstörtes (276) und ein besser erhaltenes gemauertes Grab (277) und die ganz verstreuten Reste einer Anzahl schlichter Bestattungen angetroffen. Der Sarkophag führt uns in seiner schlechten Ausführung aus brüchigem Sandstein das Abklingen dieses Bestattungsbrauches vor Augen, der mehr und mehr von dem Typus der gemauerten Gräber abgelöst wird, den wir schon bei dem gotischen Grabe (238) kennenlernten, und der hier auf dem salischen Friedhof durch das an den Sarkophag gemauerte, also spätere Grab 277, und das wieder an dieses angelehnte Grab 276 vertreten ist. Die Ausführung ist flüchtiger, aber durchaus die gleiche wie bei dem gotischen Grab: ohne Boden und unter Verwendung von Tuffsteinen, die nur an den Grabwänden glatte Flächen zeigen. Bezeichnend für den neuen Brauch ist das Anlehnen der Gräber aneinander. So ist die einzig erhaltene Nordwand von Grab 276 nichts anderes als die ein wenig höher geführte Südwand von Grab 277, die nun aber durch Beiflicken und Verputzen nach der anderen Seite hin ihre glatte Fläche erhielt. Die Beisetzung zu Grab 276 und die übrigen wohl schlichteren Gräber, die ringsherum angenommen werden müssen, sind beim Bau des gotischen Doms gänzlich verwühlt worden. Einen

[2] Die in der Domfestschrift 1948 S. 180 = hier S. 54 und Der unterirdische Dom S. 49 geäußerte Vermutung, daß der stattliche Säulengang, von dem Reste noch im Werke Boisserées abgebildet sind – eine dieser Säulen steht noch jetzt, wie A. Verbeek nachgewiesen hat, im Margarethenkloster –, staufisch ist, ist auf Skepsis gestoßen (A. Verbeek und Zimmermann mündlich). Ein Beweis ist in dieser Sache noch nicht zu führen. Es muß aber berücksichtigt werden, daß ein älterer etwas engerer Vorgänger des Säulenhofes bestanden haben muß (Der unterirdische Dom, Tafel 3, E), der aus den 1866 endeckten Mauern T (s. Domfestschrift 1948 Taf. 36 = hier S. 39 Abb. 2) erschlossen werden darf.

Teil der Gebeine legte man damals in die erhaltenen Steingräber, viele andere lagen noch verstreut in der Erde. Die Friedhoferde muß beim Fundamentbau des Doms mehrfach umgesetzt worden sein (vgl. Profil 255, Taf. 6, bei d 13).

Skelett in karolingischer oder fränkischer Schicht (267, Periode V ? VI ?)

Annähernd zwei Meter tiefer als die Skelette der salischen Zeit fand sich ein vereinzeltes Skelett (267), bis auf Unterschenkel und Füße, die durch die gotische Fundamentgrube abgeschnitten wurden, und den zertrümmerten Schädel vollkommen erhalten, in Rücklage mit dem Blick nach Osten, so daß man es als eine normale Bestattung ansprechen möchte, wenn sich auch weder Spuren eines Sarges noch einer Grube auffinden ließen. Vor allem das Fehlen der Grubenlinien ist bedauerlich, da wir so einen wichtigen Anhalt für die Zuweisung zu einer unserer Perioden verlieren. Der Schichtenverlauf über dem Skelett auf Profil 80 (Taf. 5) ist der hart hinter dem Skelett beobachtete, denn leider wurde in der ersten Hast der Entdeckung das Profil ein wenig eingebuchtet, um das Skelett ganz frei zu bekommen. Aber auch ohnehin haben wir Anhalte für die Datierung; die schräge Lage des Oberkörpers und vor allem die Zertrümmerung des Schädels lassen erkennen, daß das Skelett im Boden lag als die Fundamentgrube zur Apsis aufgehoben wurde. Es gehört demnach in die frühkarolingische oder in die fränkische Zeit. Es bietet einen willkommenen Hinweis über die Benützung des Platzes vor der Erbauung des alten Domes, verengt den Spielraum für die Datierung des Baubeginns, in dem es diesen der karolingischen Zeit näher bringt, und bestätigt schließlich besser als Scherbenfunde es vermöchten, unsere Trennungslinie zwischen den römischen und nachrömischen Schichten, denn eine Bestattung war hier innerhalb der Stadtmauer in römischer Zeit nicht denkbar [3].

Steinsetzung (278, Periode V)

In gleicher Höhe mit dem einzelnen Skelett 267 fand sich der Rest einer Anlage, deren Zweck nicht ohne weiteres zu erkennen ist. Eine flach auf die Erde gelegte Sandsteinplatte ist an den Seiten von kleinen Mauersteinen und Steinbrocken dicht umpackt. Der nördliche Abschluß ist durch die gotische Fundamentgrube gestört, aber sicherlich ähnlich wie die übrigen drei Seiten zu ergänzen. Vielleicht schloß sich hier an die eine erhaltene Platte eine weitere an. Obwohl wir keine Kalkspuren auf der Platte entdeckten, möchten wir, solange sich keine einleuchtendere Erklärung findet, an der gleich bei der Entdeckung aufkommenden Vermutung festhalten, daß wir es hier mit einem jener Kalköfen zu tun haben, wie sie beim Bau des Dombunkers entdeckt wurden. In solchen Öfen verbrannten die Franken römische Kalksteine von Bauten und Grabmälern zu Kalk. Beim Bunkerbau entdecke P. A. Tohlen in einem derartigen Ofen noch Stücke eines römischen Grabmals, das von der weiteren Umgebung, etwa vom Eigelstein, herbeigeschleppt worden sein muß, denn innerhalb der Stadtmauer gab es ja keine römischen Gräber.

[3] Der Schichtenverlauf, wie er auf Profil 80 gezeichnet ist, dürfte demnach auch über dem Skelett, das auf der hier Taf. 5 wiedergegebenen Zeichnung an Hand der nivellierten Grundrißzeichnung hinzugefügt ist, der gleiche gewesen sein. Bei der Abfassung des ersten Berichtes in der Domfestschrift 1948 war die tiefe Lage des Skelettes dem Bewußtsein entfallen, so daß die dort S. 169 und 179=hier S. 46 und 52 f. gemachten Angaben, daß nur in der salischen Schicht Skelette gefunden worden seien, entsprechend zu korrigieren sind.

Der karolingische Paradiesboden (284, Periode VI)

Der Boden ist schon bei den Nachgrabungen von 1866 und 1926 auf der Domterrasse entdeckt worden. 1926 wurde er auch nivelliert. Er wird als Trachytplattenboden bezeichnet. Nähere Einzelheiten fehlen. Seine Bestimmung wurde bisher falsch gedeutet oder überhaupt nicht erörtert. Dazu haben wir jetzt ebenso wie zu seiner Datierung im Anschluß an die Ostapsis sichere Anhaltspunkte gewonnen. Fünf Platten verschiedener Größen sind in situ erhalten, drei kleine aus Kalkstein und zwei größere aus Trachyt. Darüber hinaus konnte noch die dünne Sandbettung für den Boden verfolgt werden (Schicht h 1). Der Boden ist ausschließlich in die Periode VI, d. h. in die Zeit der Mauerung des Fundaments 252 a zu setzen. Als man in Periode VII das Aufgehende (252 b) mauerte, oder schon früher, hat man die meisten Platten zwecks anderer Verwendung wieder entfernt; das ergibt sich daraus, daß die verbleibenden Platten von mehreren ungestörten Schichten überlagert sind, die das Terrain bis zu dem an der Auswitterung in der Apsis erkennbaren Niveau der Periode VII erhöhten. Es fällt auf, daß die fünf erhaltenen Platten in einer Reihe von Norden nach Süden liegen, genau wie 2,50 m darunter die lose Steinreihe (283) auf dem Treppenansatz der Fundamentgrube. Vielleicht haben an dieser etwa ein bis zwei Meter von der Apsis entfernten Stelle beide Male die Pfosten für das Baugerüst gestanden. Über die Bedeutung des Bodens in topographischer Hinsicht (Frage eines Vorgängers der Kirche Maria ad gradus) und im Hinblick auf den Plan von St. Gallen vgl. Der unterirdische Dom, Domfestschrift 1948, und Das Münster, 2. Jahrg. S. 1 ff. = hier S. 36 ff. u. 66 ff.

Der spätrömische Pfeiler (272, Periode IV)

Das Pfeilerfundament entspricht in der Technik durchaus den Fundamenten, die in großer Zahl beim Bau des Dombunkers beobachtet wurden. Außerdem steht es genau in der Flucht der westlichen der beiden Reihen, die ostwärts vor dem Peristyl des Palastes von Süden nach Norden führen. Er gehört daher sicher zu dieser Reihe, wenn auch die Höhenlage, wie sich herausstellt, nicht genau die gleiche ist. Die zugehörige Bodenhöhe ist für unseren Pfeiler nicht mehr zu ermitteln; die Sohlentiefe der einzelnen Pfeilerfundamente kann stark wechseln, und schließlich ist es nicht ausgeschlossen, daß tatsächlich an einer so langen Kolonnade Niveauunterschiede, zwischen denen Treppen vermittelten, bestanden. Das Fundament hat den römischen Boden 294 abgeschlagen, und über seinen Abbruchstumpf folgt die nachrömische Bestattung 267. Aus dieser Sachlage folgt, daß der Pfeiler zu den letzten an dieser Stelle erkennbaren baulichen Änderungen aus römischer Zeit gehört.

Der Estrich (294) und der Heizkanal (273, Periode III)

Ein kleines Stück eines Estrich-Bodens mit Heizvorrichtung ist der einzige Baurest, der uns aus der III. Periode übrig blieb. Westlich ist der sehr feste, mit Ziegelsplitt durchsetzte Boden, wie schon erwähnt, beim Bau des Pfeilers abgeschlagen worden. Er muß sich aber viel weiter westlich erstreckt haben, denn große Stücke davon fanden sich in der Fundamentgrube für die Apsis. Südlich und ostwärts wurde er wohl beim gotischen Fundamentbau abgeschlagen. Nach Norden und vielleicht auch nach Osten hat er nicht viel weiter gereicht; denn der von WSW heranführende Heizkanal ist nach Norden hin kaum viel weiter geführt worden. Die aus hintereinander gelegten Ziegeln gebildete Kanalsohle geht nämlich in dem erhaltenen Stück mit einem Knick von der Horizontalen zu einer Schräge von etwa 45° über. Hier ist also die Stelle, wo die heiße Luft aus dem unterirdischen Kanal in das Heizrohr in der Wand überging, um von da durch einen Schornstein abgeleitet zu werden. Die Nord- oder Ostwand oder auch die Nordostecke des Raums dürfte also in nächster Nähe gelegen haben. Andere Räume der gleichen Zeit sind weiter ostwärts seit 1866 und 1926 bekannt (vgl. Domfestschrift 1948, Taf. 35 = hier S. 39 Abb. 2).

Die Mauern 275 und 287 (Periode II).

Die beiden übereinander liegenden quer durch die Dreikönigenkapelle von Süden nach Norden mit leichter Neigung nach Osten verlaufenden Mauern sind, wie in früheren Berichten bereits ausgeführt wurde, wegen ihrer Schräglage später als die gleichfalls schräg laufende Ostmauer der Stadtbefestigung, also nicht vor die zweite Hälfte des 1. Jahrhunderts zu setzen. Der Wechsel von der unteren Mauer 287, die bis in die Stickung ausgebrochen ist, zur oberen (275), die von da ab mit leichter Versetzung nach Osten hochgeführt ist, wurde mit einem Schadensfalle zur Zeit des Bataverkrieges oder einige Jahre vorher zusammengebracht, der seinen Niederschlag auch in der flavischen Bauinschrift des Mercurius-Augustus-Tempels, wo doch wohl von einer Erneuerung, nicht dem Neubau des Tempels die Rede ist, gefunden hat. So wird die untere Mauer in die claudische, die obere in die flavische Zeit zu setzen sein. Ein Fußbodenhorizont zur oberen Mauer ist höchstens aus dem Beginn des aufgehenden Mauerwerks zu erschließen, doch auch da besteht Unsicherheit, da die beiden Seiten der Mauer verschieden gestaltet sind. Der untere Horizont wird durch Ziegelplatten, die an zwei Stellen in gleicher Höhe gefunden wurden, angedeutet (298, 308). Beide Horizonte haben ebenso wie die beiden sich nacheinander ablösenden Mauern ihre in früheren Berichten bereits nachgewiesenen Entsprechungen auf der Domterrasse.

Die Tuffquader 298 und 328 (Periode II a)

Eine der zuletzt genannten Ziegelplatten ruhte teilweise auf einem in die Erde eingegrabenen Tuffquader (298), der keine Verwitterungsspuren aufwies, sondern wie eben frisch geschnitten erschien. Der Rest eines ganz gleichen Quaders (328) kam in gleicher Höhe zwei Meter weiter nördlich heraus. Bei der Lückenhaftigkeit und verhältnismäßig geringen Ausdehnung der freigelegten Reste ist es schwer, über die Bestimmung der Quader eine Vermutung zu äußern.

Die römische Kalkpfanne (285, Periode I b)

Auch über die große Kalkbank, die fast die ganze Dreikönigenkapelle ausfüllte und nach Westen und Norden sicher noch darüber hinausgriff, ist in früheren Berichten bereits eingehend gehandelt worden. Sie wird mit dem Bau der römischen Stadtmauer in Verbindung gebracht, zunächst wegen ihrer ungewöhnlichen Größe und außerdem vor allem auf Grund ihrer stratigraphischen Lage: sie fällt zeitlich zwischen die erste Mauer (287), die der Schräge der Stadtmauer folgt, und die früheste Mauer überhaupt am Platze (299), die noch genau nordsüdlich verläuft. Die südliche Begrenzung des Kalkes wird durch die augusteische Mauer 329 gebildet. Ostwärts reicht sie aber nicht ganz bis an die andere etwa gleichaltrige Mauer 299. Eine Holzbohlenspur (r 7) lief hier 60 bis 70 cm vor der Mauer. Unsauberer Kalk befindet sich aber auch noch außerhalb der Pfanne jenseits der Bohle (r 5, r 6), ja die oberste Kalkschicht (r 2) findet sich rein auf der Abbruchfläche der Mauer 299 wieder. Es dürfte schwerfallen, für diese Gegebenheiten eine einleuchtende Erklärung zu finden; vielleicht war an dieser Stelle die Abflußvorrichtung angebracht.

Reste aus der Zeit des Augustus (299, 329, 309, Periode I a)

Die sehr sauber im Fundament aus Grauwacken im Aufgehenden aus glatten Tuffquadern errichtete und genau von Norden nach Süden geführte Mauer 299 wurde bereits erwähnt. Da sie mit ihrem Fundament ganz in den gewachsenen Boden eingetieft ist, gehört sie den Anfängen Kölns, wahrscheinlich der Zeit des Augustus an. Ihre schnurgerade Flucht, ihre sauber nach römischen Fußmaß geschnittenen Quader und die geradezu astronomisch genaue Ausrichtung nach Norden geben uns im kleinen Ausschnitt ein beredtes Zeugnis von dem hohen Stande der augusteischen Kultur, auch in technischen Dingen. Gleichzeitig oder vielleicht etwas später ist die in gleicher Höhenlage errichtete Mauer 329, die im Grunde auch die gleiche Technik aufweist; doch ist sie bei weitem nicht so sorgfältig ausgerichtet und bildet außerdem mit Mauer 299 keinen rechten Winkel. In der gleichzeitigen dünnen Kulturschicht (s) fanden sich außer winzigen Holzkohleteilchen und einem Pfostenloch (309) keine Spuren baulicher Ausgestaltung.

Stratigraphie (Profile 80, 280, 255, Taf. 5 – 7)

In diesem Bericht werden erstmalig die drei Erdprofile in der Achskapelle mit allen Einzelheiten wiedergegeben. Um zu einem erträglichen Verkleinerungsmaßstab (1:50) zu gelangen, konnten nur die eigentlichen Kulturschichten gebracht werden. Die zur Orientierung erwünschte Umgebung der Profile möge in früheren Berichten (u. a. Domblatt 1948, Heft 1, S. 34 = hier S. 29) nachgeschlagen werden. Die Steine sind mit einer das Material kennzeichnenden Schraffur (Erläuterung auf Taf. 1), die Erdschichten mit Perioden-Schraffuren (Erläuterung auf Taf. 5), und zwar für die drei Profile übereinstimmend versehen worden.
Die Fülle der stratigraphischen Beobachtungen und Folgerungen, die aus dem Neben- und Ineinander der drei Profile abgeleitet werden können, hier einzeln aufzuzählen, würde viel zu weit führen. Es soll nur versucht werden, die Hauptzüge zu erläutern. Für ein weiteres Studium der Profile sei auf die Zeichnungen selbst und die Angaben im anschließenden Katalog verwiesen.

A) Neuzeitlich, Periode XIV und XIII.
Die obersten Schichten, der Mosaikboden a 1, a 2 und die westlich der hier dargestellten Profile liegenden Stufen a 3 sowie das Gasrohr a 4 gehen kaum über das letzte Viertel des vorigen Jahrhunderts hinaus. Älter, aber nicht genauer zu datieren, sind das Altarfundament, die Stufe vor dem Altar und das aus Backsteinen gegen das aus gleichen Steinen errichtete Altarfundament gemauerte Bema-Fundament a 8. In die Zeit der Errichtung des Mausoleums (1660) sind zu datieren: die Schuttschichten a 5 und a 6 (im vermutlichen Hochstadengrab 236) und a 11, a 12, die beim Bau des südlichen Fundaments zum Mausoleum (233) zuletzt bewegt sein dürften. Der Ziegelschacht 257 (Medici?) scheint nach der Errichtung des Mausoleums errichtet worden zu sein, wie vor allem der Schichtenverlauf im Kontrollprofil 80, wo man einen Ausläufer der Grube zu erkennen glaubt, nahelegt. Demnach ist, wenn hier wirklich die Eingeweide beigesetzt waren, dies nicht die erste Beisetzung, sondern eine Umbettung (aus dem Jahre 1723?). Das Fehlen zweier Steinlagen am westlichen Rande des Schachtes wird durch Schicht a 7 erklärt; hier hat man wohl beim Legen des Mosaiks im vorigen Jahrhundert einen Blick in den Schacht werfen wollen.

b) Gotisch um 1320, Anfang Periode XII.
Die Oberkante der als Aufschüttung zu bezeichnenden Strate b wird durch eine annähernd ebene Fläche gebildet, die nur nach Norden zu, vielleicht durch die vielen dort liegenden Steine bedingt, etwas abfällt (Profil 255). Diese Fläche dürfte die gewesene oder die geplante Unterlage für den Boden 235 (Taf. 1) gebildet haben. Von ihr geht die Grube für das vermutliche Hochstadengrab (236) aus.

c) Gotisch kurz vor 1320, Ende Periode XI.
Die Oberfläche der Strate c ist weniger eben; sie zeigt in der Mitte der Kapelle eine Kuppe, die nach Norden stetig abfällt, im Süden aber in eine Ebene übergeht, die sich durch die Schmutzschicht c 1 (Profil 80) als begangene Oberfläche ausweist. Hier also ist eine Etappe während der Auffüllung (b c d) eingetreten. Wir ersehen (aus Profil 80) auch, was auf der schmalen Fläche c 1 vor sich gegangen ist; man schnitt von ihr aus die Grube zu Grab 238 ein, und die Beisetzung (oder Überführung) scheint in feierlicher Form vor sich gegangen zu sein, vorausgesetzt, daß wir die südlich und ostwärts an das Grab anschließende Mörtelebene (240) richtig deuten. Leider wissen wir nicht wer hier beigesetzt wurde. – Auch der Pfahl 281 ist dieser Strate zuzurechnen, nicht nur weil seine Spur zwar noch in sie hinein-, aber nicht darüber hinausragt, sondern vor allem mit Rücksicht auf Grab 238, das man sicherlich nicht anlegte, bevor die Kapelle geschlossen war.

d) Gotischer Chorbau, Periode XI 1248 – 1320.
Die Auffüllungen der Strate d gleich nach Fertigstellung des Fundaments unterscheiden sich im Grunde von den späteren (c b) nur durch eine streifigere Lagerung und größere Massierung von Steinabfällen, die wohl auf eine rege Bautätigkeit am Fundament während der Ablagerung dieser Schichten schließen lassen. Zu d gehört auch die Grube, die man beim Baubeginn, also von der Oberkante der Strate e ab für das Fundament ausgehoben hat. Im Hauptprofil (280) ist sie nur gelegentlich in der Tiefe als schmale Brettspur zu erkennen. Im Kontrollprofil sieht man zwar den oberen Ansatz sehr deutlich; weiter unten aber erscheint das Fundament auch gleich gegen die Erdwand oder ein Schalbrett gemauert. Wesentlich tiefer reicht die weite Grube im südlichen Teil des Querprofils (255), aber nur im nördlichen Teil dieses Profils läßt sie sich bis zur Sohle des Fundaments verfolgen. Hier steht der Teil des Fundaments, dessen mittlere Lagen, wie bereits ausgeführt wurde, später als die gleichen Lagen des übrigen Fundaments gemauert wurden, von denen er durch eine Naht (268) getrennt ist. Man sieht auf der Zeichnung einen der Pfähle zur Verschalung der Grube. Obwohl der Verlauf der Grubenwand hier unterhöhlt ist, möchte ich, wie oben schon angedeutet wurde, nach dem Gesamtbefunde den an sich naheliegenden Gedanken, daß die Erdwand einzustürzen drohte und daher verschalt wurde, nicht als den einzigen und ausschlaggebenden Anlaß für die sorgfältige Befestigung der Grube ansehen. – Daß die Grube zum Fundament im Hauptprofil (280) nicht sichtbar ist, hängt übrigens auch mit der schon geschilderten ständigen Verkürzung des Bogens, den das Fundament im Grundriß beschreibt, zusammen. Schließlich gehört, genau genommen, zur Strate d auch noch der größte Teil der Friedhofsschicht e 1, denn diese Erde wurde zuletzt in gotischer Zeit bewegt. Aber das geschah zu wiederholten Malen und offenbar so gründlich, daß diese Bewegungen nicht mehr faßbar sind, und so bei d 13 (im Querprofil 255) der Eindruck hervorgerufen wird, als ob die Fundamentgrube schon von der Strate f ausginge, also bedeutend früher wäre.

dd) Staufisch? Periode X, 12. Jahrhundert.
Über den Plattenboden oder -steig ist bereits gesprochen worden (274). Im Querprofil 255 ist nichts mehr von dieser Strate faßbar.

e) Salischer Friedhof, Periode IX, 11. Jahrhundert.
Eine Schichtung ist in der durchwühlten Friedhofserde nicht zu erkennen, mit Ausnahme eines Streifens im Kontrollprofil 80, in dem eine Anzahl Steinstücke liegen, die sichtlich zu dem wahrscheinlich erst in gotischer Zeit gestörten Grabe 276 gehörten.

f) Ottonisch, Periode VIII, 10. Jahrhundert.
Die gegen die Apsis ansteigenden Schichten sind oben durch die Friedhofsschicht abgeschnitten. Die oberen (f 1 und f 2) stiegen ursprünglich wohl nach Westen zu weiter an. Die dunklen Schichten sind sicherlich in gewissen Zeitabständen entstanden; die helleren hat man vermutlich zwischendurch zwecks Ausgleichs und Trockenlegung der Oberfläche aufgeschüttet. Das Querprofil

255 schneidet die Schrägschichten ungünstig und gibt daher für diese Strate keine Aufschlüsse. Die Unterkante des Putzes an der Apsis fällt etwa mit der Schicht f6 zusammen; der Verputz fällt daher in die Anfangszeit der Periode VIII.

g) Spätkarolingisch, Periode VII, 9. Jahrhundert.
Die lediglich aus kleingeschlagenen Stücken bemalten Wandputzes bestehende Schicht g1, durch die die ausgewitterte Zone am Fuße der Apsis bedeckt wird, ist zeitlich nach an die Strate f zu rükken. Ihr Verlauf ist in allen Profilen zu verfolgen. Am Ostrande des Hauptprofils 280 schwillt sie aus ungeklärten Gründen stark an. Den eigentlichen und vermutlich durch die ganze Periode VII bestehenden Horizont bildet Schicht g2. Die Steine (g3) sind wohl Abfall vom Bau der Apsismauer 252b.

h) Hochkarolingisch, Periode VI, um 815.
Daß der Plattenboden 284 den ursprünglichen Paradiesboden gebildet hat, und vor der Fertigstellung des Doms wieder großenteils entfernt wurde, ist nicht mehr zu bezweifeln. Im Hauptprofil 280 gehen die Schichten g2 und g3 nämlich ungestört über den fast weggeräumten aber noch an seiner Kiesbettung zu verfolgenden Boden hin; der Boden befand sich also in dem Zustand, wie wir ihn fanden, bereits zu der Zeit, als die Schichten g abgelagert wurden. Die Schicht g2 ist aber nach ihrer Lage zum Mörtelwechsel (252a/b) und zur unmittelbar darüber anschließenden Auswitterungszone der Apsis der erste Horizont des fertiggestellten Doms. Da der Plattenboden ein wenig tiefer lag, können wir die beiden oberen Lagen des älteren Mauerwerks 252a schon zum geplanten Aufgehenden der Periode VI rechnen.

i) Hochkarolingisch, Periode VI, um 815.
Mehrere, teils nacheinander (i11) eingetiefte Gruben im Hauptprofil haben, wie ein Vergleich mit dem Kontrollprofil zeigt, nur beschränkte Ausdehnung gehabt; eine befriedigende Erklärung für sie ist noch nicht gefunden.

k) Hochkarolingisch, Baubeginn Periode VI, um 815.
Wie bereits oben bei Beschreibung der Grube (282) zur Apsismauer gesagt wurde, läßt sich aus dem Verlauf der Linie eindeutig die nachrömische Entstehung folgern. Der oberste Anfang der Grube ist leider nicht mehr faßbar; er lag vermutlich weiter ostwärts, wo er durch das gotische Fundament abgeschnitten wurde. Ganz unten fallen im Kontrollprofil 80 Grubenwand und Mauerung zusammen, während ein Meter weiter im Hauptprofil 280 die Grubenlinie fast bis zur Sohle des Fundaments hinab zu verfolgen war.

l) Fränkische Schicht? Periode V, 5 – 8. Jahrhundert.
Über die Unsicherheit bei der Bestimmung des kleinen noch stehenden Zwickels über den römischen Schichten und unter der großen karolingischen Grube ist bei der Beschreibung des Skeletts 267 schon gesprochen worden. Der Umstand, daß hier im südöstlichen Quadrat der Kapelle zuerst in die Tiefe gegangen und das Skelett zu hastig freigelegt wurde, erschwerte die Beobachtung. Doch dürften auch bei einer anderen Schnittführung für diesen kleinen Zwickel kaum wesentlich reichere Erkenntnisse erzielt worden sein.

m) Spätrömisch, Periode IV, 3. – 4. Jahrhundert.
Die Stratigraphie der römischen Schichten ist zwar streckenweise auch nicht ergiebig, aber immerhin doch klar. Zum Pfeiler 272 fehlt leider der zugehörige Boden. Das Fundament des Pfeilers ist deutlich sichtbar in den älteren Boden 294 eingeschnitten.

n, o) Antoninisch, Periode III, 2. Jahrhundert.
Die gut ein Meter hohen Anschüttungen lassen in ihrem horizontalen Verlauf erkennen, daß eine planmäßige Niederlegung der älteren Bauten, zu denen Mauer 275 gehörte, dem Neubau vorauf-

ging. In die Aufschüttung wurde ein Gräbchen für den Heizkanal 273, der ganz in reinen Lehm gebettet ist, eingetieft.

p, q) Claudisch-flavisch, Periode II, 2. Hälfte des 1. Jahrhunderts
In den Schichten beiderseits der beiden übereinanderstehenden Mauern 287 und 275 tritt zweimal ein von einer Kohleader durchzogenes schmutziges Lehmband auf. Für diese auch sonst in Köln auftretende Erscheinung haben wir noch keine Erklärung gefunden. Die Hauptmasse dieser Strate sind wohl Aufschüttungen vor Beginn des Baus der Mauer 275, denn sie werden von der Grube zu dieser Mauer (p 5) durchschnitten, und andererseits wird der Bodenhorizont des voraufgehenden Abschnitts durch die Ziegelplatten 298, 308 gegeben. Die flache Grube q 1 und ihr Verhältnis zum Quader 298 sind nicht geklärt.

r) Zeit des Beginns der Colonie, Periode I b, kurz nach 50 n. Chr.
Die Kalkbank (r 2 – 4) und die aus ihrer stratigraphischen Lage (Mauer 287 durchschneidet sie, ist also jünger; Mauer 299 wird von ihr noch überdeckt, ist also älter) abzuleitende Datierung ist bereits eingehend besprochen worden. Die viel spätere Grube o 3 steht in keinem Zusammenhang mit den zufällig darunter ebenfalls sinkenden Schichten r 5 und r 6, wie mit besonderer Sorgfalt festgestellt worden ist.

s) Zeit des Oppidum Ubiorum, Periode I a, etwa 10 vor – 50 n. Chr.
Die dünne, homogene und viele kleine Kohleteilchen, aber keine datierenden Scherben enthaltende Schicht s dicht über dem gewachsenen Boden gehört zweifellos zur Mauer 299, die wegen ihrer genau von Norden nach Süden verlaufenden Richtung oben bereits in die Zeit des Oppidums datiert werden konnte.

x, y, z) Gewachsener Boden.
Es folgen von oben nach unten zunächst ein Band grau gefärbten Lehms (x), dann reiner Lehm (y) und feiner, zum Teil wellig lagernder Treibsand (z), unter dem dann wechselnde Lagen mehr oder weniger groben Kieses, zuweilen von feinen Sandadern und Streifen von kleinen Bimsstückchen unterbrochen, zu erwarten wäre. Das ist die typische Reihenfolge im Untergrund Kölns. Das oberste, dunkle Lehmband senkt sich am Rande der Kalkbank genau wie die darüber liegenden kalkigen Schichten und verrät damit seinen Ursprung; es bildet die oberste Kruste des an sich reinen Lehms, der lediglich durch die Infiltration aus den Humus- und Kulturschichten im Hangenden dunkler gefärbt ist.

KATALOG
zum Schacht in der Dreikönigenkapelle

Reihenfolge der Angaben:

1. Ziffer – Bezeichnung – allgemeine Richtung oder Lage – Zeitstellung.
2, Verhältnis zu anderen Ziffern des Katalogs oder Teilen des Domes.
3. Lage in Zahlenwerten.
4. Ausmaße in Zahlenwerten.
5. Beschreibung.
6. Pläne: (Hinweise auf Grundrisse und Profile).
7. Fotos: (Hinweise auf bereits publizierte Abbildungen).
8. Funde: (Hinweise auf Kleinfunde und entnommene Proben).

Abkürzungen:

N, O, S, W	Norden, Osten, Süden, Westen. Beigefügte Zahlen bezeichnen die Entfernung vom Dachreiter des Domes, dem Ursprung des Kölner Vermessungssystems in Metern.
n, o, s, w	nördlich, ostwärts, südlich, westlich.
H	Höhenlage in Metern über Normal-Null (Amsterdamer Pegel). Der Kölner Pegel liegt seit 1. 7. 1895 35,932 über Normal-Null (1816 bis 1895: + 35,943; 1810 bis 1816: + 36,10; davor + 37,10).
T	Tiefenlage in Metern vom heutigen Boden.
Lg	Länge.
Br	Breite.
Hh	Höhenausdehnung.
Tf	Tiefenausdehnung.
Dm	Durchmesser.
OK	Oberkante.
Uk	Unterkante.
	Maße, wenn nichts anderes angegeben ist, in Meter.

80 Profil O-W („Kontrollprofil") in Richtung der Nullachse, die in der Domvierung mit der Domachse (vgl. 280) zusammenfällt, wegen der abweichenden Orientierung des Doms aber (Chorachse etwa 1°, nämlich 58′ 36″, die Langhausachse wenig mehr, nämlich 84′ 46″ von der Ostrichtung abweichend) in der Dreikönigenkapelle etwa 1,0 s der Domachse fällt. Bei O 60,0 wird das Kontrollprofil vom Querprofil 255 gekreuzt.

Von O 57,0 S 0,0 nach O 62,4 S 0,0; H 55,53 – 45,9.

Lg 5,4 Tf 9,6.

Das Profil zeigt für die Erdschichten das genaue Schnittbild in der O-W-Nullachse; nur für die eingeschlossenen Steingräber und Baureste wurde wenig davon abgewichen. Skelett 267 wurde nach der nivellierten Grundrißzeichnung später eingefügt. Sonst war die Erdwand so abgeschachtet, wie sie auf der Zeichnung sichtbar ist, – bis auf das unterste Ende von H 48,0 ab. Hier wurde die spiegelverkehrt gezeichnete S-Wand des Schnittes 288 als genaue Vertiefung des Profils angefügt.

Das Profil wurde in Konkordanz mit den beiden anderen (280, 255) beziffert; es folgt daher hier eine Beschreibung für alle drei Profile der Kapelle zusammen:

Schichtbeschreibung der Profile 80, 280, 255

a Periode XIV.XIII = 16. – 19. Jahrhundert
a 1 moderner Mosaikboden
a 2 Betonunterlage zu a 1
a 3 gelbe Marmorstufen (auf Taf. 5 und 7 nicht dargestellt)
a 4 Gasrohrleitung (gleichfalls hier nicht dargestellt)
a 5 weißgrauer heller Schutt
a 6 locker braun erdig mit Mörtel- und Steinstücken
a 7 humose Erde, Störung, unten Grube zu 257
a 8 Ziegelfundament zum Bema des Altares
a 9 gelbbraun locker sandig
a 10 (in 80) entspr. a 7 in 280
a 11 (in 80) sandig lehmig
a 12 (in 80) graubraun mit kleinen Steinbrocken
a 13 (in 80) hellgrau
a 14 (in 255) braun sandig locker mit etwas Mörtel.

b Periode XII = gotisch ab 1322
b 1 sehr locker, oben „Laufschicht" (festgetretener Schmutz)
b 2 fest gelbgrau lehmig
b 3 hellgrau mit Mörtelstückchen
b 4 locker humos (b 3, b 4 Grube zu 236)
b 6 (in 255) große Menge Steine

c Periode XI = gotisch bis 1322
c 1 schwärzlich fettig
c 2 schwarzgrau humos locker

d Periode XII = gotisch von 1248 ab
d 1 graubraun lehmig-sandig, oben Laufschicht
d 2 mörtelhaltiger Schutt
d 3 graubraun sandig mit Kohle
d 4 dbraun sandig mit Mörtel
d 5 dgrau sandig mit Mörtel
d 6 grau sandig mit Mörtel und Steinen
d 7 dbraun sandig mit Kohle
d 8 Steinabfälle
d 9 gelbsandig mit Mörtel
d 10 dunkel sandig mit Kohle
d 11 grau sandig
d 13 nicht von e zu unterscheiden, aber sicher zu d gehörig
d 14 braungrau locker mit Mörtel
d 15 graubraun sandig mit Mörtel
d 16 dunkelbraun locker
d 17 dunkelgrau locker sandig
d 18 locker sandig gestreift
d 19 dunkelbraun gestreift mit Steinen

dd Periode X = staufisch, bis 1248 oben humose Erdschicht, unten amorpher Mörtelblock 265

e Periode IX = salisch, etwa 11. Jahrhundert
e 1 schwarz fettig, mit einzelnen Gebeinen
e 2 Gräberschicht, ähnlich e 1

f Periode VIII = ottonisch, etwa 10. Jahrhundert
f 1 grausandig
f 2 dunkelhumos bis schwarz sandig
f 3 grau sandig mit Mörtel
f 4 dunkel humos schwarz fest
f 5 sehr heller bräunlicher Sand mit Steinen
f 6 schwarz fettig sandig-lehmig mit Ziegelstückchen

g Periode VII = spätkarolingisch, etwa 2. Hälfte 9. Jahrh.
g 1 kleingeklopfter bemalter Wandputz ohne sonstige Beimengung
g 2 schwarze Erde mit viel kleinem Schutt
g 3 Steinpackung, in die g 2 von oben eingesikkert ist

h Periode VI = hochkarolingisch, Anfang des 9. Jahrh.
h 1 Kiesbettung zum Plattenboden 284
h 2 schwarzbrauner Sand mit kleinem Schutt

i Periode VI wie h
i 1, i 2 schwarz fettig
i 3 grau mit Mörtel, sandig
i 4 schwarz lehmig mit Kohle
i 5 grau sandig mit Mörtel
i 6 schwarzbraun mit Kohle
i 7 grau sandig mit Mörtel und Steinen
i 8 Wechsel schwarz fettiger und grau sandiger Lagen
i 9 schwarz fettig
i 10 Grube mit humoser Erde
i 11 Grube mit fettiger Erde, unten Steine

k Periode VI wie h
k 1 schwarz fettig mit Kohle, unten mehr bräunlich-sandig
k 2 grau sandig mit Mörtel

k 3 ähnlich k 2, dunkler
k 4 locker dunkelbraun mit Steinen
k 5 dunkelbraune Erde
k 6 braun mit Ziegel- und Mörtelstücken
k 7 grauer Mörtelschutt
k 8 graubraun mit Mörtel
k 9 grauer Mörtelschutt
k 11 sandig humos
k 12 dunkelbräunlich-sandig
k 13 sandig grau mit viel Schutt
k 14 sandig, unten schwarz, oben gelblich
k 15 bräunlich sandig

l Periode V = fränkisch, etwa 5. bis 8. Jahrh.
l 1 heller Bauschutt mit Ziegel- und Mörtelstükken
l 2 schwarz fettig mit vielen Ziegeln und weißem Mörtel

m Periode IV = spätrömisch, etwa 3., 4. Jahrh.
m 1 Schutt
m 2 Steine

n Periode III = antoninisch, etwa 2. Hälfte des 2. Jahrh.
n 1 gelbbraun lehmig, ostwärts viel Mörtel
n 2 dunkelhumos
n 3 grau sandig mit Lehmflecken
n 4 dunkelgrau sandig mit kleinem Schutt

o Periode III wie n
o 1 grau sandig fein mit Tuffbrocken
o 2 dunkelgraubraun mit viel Mörtel- und Kohleteilchen
o 3 Grube, unten Steine, Gerölle und Bauabfall

p Periode II b = flavisch, etwa 3. Drittel des 1. Jahrh.
p 1 ähnlich o 2, aber dunkler
p 2 grau mit großen Mörtelbrocken
p 3 schmutzig lehmig, dazwischen p 4
p 4 schwarze kohlehaltige Ader in p 3
p 5 locker hell ockergelb mit Mörtelbrocken

q Periode II a = claudisch, etwa 3. Viertel des 1. Jahrh.
q 1 schwarz mit Mörtel
q 2 grau sandig
q 3 graubrauner lockerer Schutt mit Mörtel
q 4 grauer Mörtel
q 5 braunschwarz locker lehmig, wenig Schutt, oben Mörtelstreifen
q 6 schmutzig lehmig, darin q 7
q 7 schwarze kohlehaltige Ader in q 6

r Periode I b – Anfang d. Colonie, 50 nach Christus
r 1 braunschwarz locker lehmig mit wenig Schutt
r 2 reiner weißer Kalk
r 3 gelblicher knotiger Kalk
r 4 reiner weißer Kalk
r 5 Kalk mit Erde
r 6 Erde mit Kalk
r 7 graubraun sehr locker (Spur einer Bohle)

s Periode I a = Zeit des Oppidums, Ende 1. Jahrh. vor – Anfang 1. Jahrh. nach Chr. fein sandig schwarz, oben Holzkohle

x, y, z, gewachsener Boden
x infiltrierter Lehm
y reiner Lehm

z 1 feiner „Puffsand" mit welligen Adern
z 2 reiner „Puffsand" (z auf den Profilen Taf. 5, 6, 7 nicht mehr dargestellt).

229 Fundament N-S der Ostmauer des Mausoleums, Per. XIII in Verband mit den gleichartigen Fundamenten 232, 233.
Mittellinie von O 59,42, N 3,02 nach O 59,50/S 1,11 OK H 55,34 UK H 54,40 UK d. Bogenscheitels H 55,0.
Lg 4,2 Br 0,55 – 0,76 Hh 0,94 – 0,34.
Die Ecken werden durch Backsteinfundamente gebildet mit wechselnden nicht ganz regelmäßigen Läufer- und Binderschichten. Zwischen diese Eckpfeiler ist ein 1½ Stein starkes Bogensegment von 2,4 Lg bei einem Radius von etwa 1,78 gespannt – in unregelmäßigem Mauerverband, Ziegelformat: 0,05 – 0,07 × 0,12 – 0,14 × 0,24 – 0,26 (– 0,28).
Pläne: Taf. 2 (Grundriß), Taf. 5 u. 7 (Schnitt), Taf. 6 (Ansicht).
Funde: Probe 31.

230 Schnitt etwa N-S an der Stufe zur Kapelle darin 231, 232, 233, 235. W-Wand von O 55,46, N 3,76 nach O 55,60 S 1,88 UK H 53,0.
Lg 5,6 Br 1,25 Tf 2,50.
Funde: 330 – 34.

231 Fundamentspur N-S der Front des Mausoleums, Per. XIII auf den Platten 235; geht nach N über 232 hinaus.
Mittellinie etwa von O 56,0 N 3,6 nach O 56,08 S 1,40 UK H 54,95.
Lg noch 4,20 Br 0,5.
Zwei Binderreihen lagen ohne nennenswerten Fugenversatz nebeneinander.
Steinformat: ?×0,11 – 0,12×0,24 – 0,26 (– 0,28).
Pläne: Taf. 1.
Funde: Probe 27.

232 Fundament O-W der Nordmauer des Mausoleums, Per. XIII, wahrscheinlich früher ohne Verband an die nicht mehr vorhandene Mauer 231 anstoßend, mit 229 in Verband.
S-Wand von O 55,26 N 2,36 nach O 59,04 N 2,36, also genau o-w OK H 55,34 UK H 54,4.
Lg 2,78 Br 0,58 – 0,70 Hh 0,95 – 0,33.
Technik und Maße genau 229 (s. d.) entsprechend. W-Ende jedoch nicht durch einen Eckpfeiler gehalten, sondern das Bogenende fand wohl urspr. an der Mauer 231 Halt.
Pläne: Taf. 2.
Funde: Probe 25.

233 Fundament O-W der Südmauer des Mausoleums, Per. XIII wahrscheinlich ohne Verband an die ehemalige Mauer 231 gestoßen mit 229 in Verband.
N-Seite von O 56,06 S 0,50 nach O 59,12 S 0,50 also genau o-w OK H 55,34 UK H 54,30 UK d. Scheitels H 54,94.
Lg 3,12 Br 0,58 – 0,62 Hh 0,35 – 1,02
ganz 232 entsprechend (s. d.)
Pläne: Taf. 2.
Funde: Probe 26.

235 Rest eines Plattenbodens, Per. XI, in Schnitt 230; darauf Mörtelspur 231 OK H 54,95 aus 0,40 – 0,60 breiten und 0,05 starken sauber geschnittenen Trachytplatten, die ohne erkennbare Musterung von zwei schmäleren Basaltlava- und einem 0,18 breiten Marmorstreifen unterbrochen sind.
Pläne: Taf. 1.
Funde: Probe 17 u. 28.

236 Grab in der Mitte der Kapelle (Hochstadengrab ?), Per. XI, darin die Paramente 236a.
Mittelachse von O 57,04 N 0,92 nach O 59,20 N 0,98 Boden OK H 54,40, Seitenplatten OK H 54,94 Stirnplatten OK H 54,86.
Lg innen 2,16 Br 0,64 (O) und 0,67 (W) Hh 0,66.
Die Abdeckung fehlt. Seitenwände aus je 1 nicht sehr planen, 0,10 starken Schieferplatte. Dazwischen zunächst die 0,08 starke w Stirnplatte gesetzt. Anschließend Boden aus 4 Schieferplatten (etwa 0,08 stark) gelegt. Auf dem Boden steht die o Stirnwand. Das ganze fast ohne Mörtel in eine nur wenig weitere Grube gesetzt. Zwischen den Platten und Grubenwänden sowie dem Grubenboden Steine zur Verkeilung.
Pläne: Taf. 2, 5, 6, 7.
Funde: 369, 500 Proben 47, 48.

237 Wittelsbachergruft vor der Kapelle, Per. XIII, darin Beisetzungen 241, 242, 423.
S-Wand von O 52,97 N 0,06 nach O 55,51 N 0,10 Boden H 53,10.
Innenmaße: Lg (s) 2,52, (n) 2,55 Br (w) 1,95, (o) 1,97 Hh 1,84 ohne Wölbung.
Mit Ausnahme der ½ Stein breiten O-Wand in Steinbreite mit vielen, jedoch nicht lagenweise verteilten Bindern mit grauem, sandigem Mörtel gemauert. Steinformat: 0,06×0,12 – 0,13×0,26 – 0,28. Zum Aufsetzen der Särge sind 3 vierkantige Eisenstäbe in etwa 0,30 Abstand vom Boden in die Wände eingemauert. Tonne ebenso gemauert. An der nicht glatt geputzten Decke mehrfach Krücken- und Antoniuskreuze mit dem Ruß der Kerze eingebrannt. An der oberen n-w Ecke in Decke und Seitenwand ein gebrochenes Loch, roh wieder zugemauert. Dazu wurde in die Lücke Bauschutt geworfen und auf die-

sen eine Platte gelegt, die dem primitiven Lehrgerüst für die Schließung des Loches im Gewölbe als Standfläche diente. Das Gerüst noch in Resten erhalten.
Pläne: Taf. 1.
Funde: 335, Probe 19.

238 Tuffsteingrab in der Kapelle, Per. XI, unter Fundamentbogen 233; an das Grab schließt sich nach S u. O die bankartige Mauerung 240.
n Innenwand von O 57,10 S 0,20 nach O 59,22 S 0,20; OK H 54,26 (W) 54,24 (O) Boden H 53,70.
Innenmaße: Lg 2,14 Br 0,52 (O) 0,59 (W) Tf 0,54.
Abdeckung fehlt. Boden aus knapp 1 cm starkem, brüchigem Mörtel, mit rotem Ziegelstaub oder Rötel bedeckt. Wände aus 2 Lagen Tuff verschiedener Größe mit sehr sauberen Fugen- und Innenflächen, aber unebenen Außenflächen. Längswände aus zweimal je 3 Steinen; die unteren Lagen stehen beiderseits an den Enden über die oberen hinaus, so daß an den vier Ecken eine Art Verband entsteht. Stirnwand im W aus einem langen oberen und einem kürzeren unteren Stein gebildet. An der o Stirnwand statt des einen unteren ein halber und 6 ganz kleine Steine. Die oberen Steine der N-Wand waren innen mit einfachen x-Marken versehen. An der S-Wand, 7 cm von der OK horizontale eingekratzte Spur; an verschiedenen Stellen der Wände, 20 cm vom Boden entfernt horizontale Holzstaubstreifen. Das Grab war ganz mit lockerer Erde gefüllt; darin das Fragment einer Schädeldecke.
Pläne: Taf. 2, 5, 6.
Funde: Proben 41 – 46.

240 Mauerung an Grab 238, Per. XI. OK H 54,32.
Lg 2,85 (o-w) und 1,30 (n-s) Br 0,33 – 0,44.
An die S- und O-Wand von Grab 238 schloß sich etwa 0,06 höher als dessen OK eine glatt gestrichene Mörtelfläche an, die stellenweise durch eine leichte Mauerung untergründet war. Nach außen, besonders nach S, verlief sie mit unregelmäßigem Umriß.
Pläne: Taf. 2 u. 6 (ohne Bezifferung).

241 Bestattung in der Wittelsbacher Gruft (Clemens August?, gest. 1761), Per. XIII.
Der Sarg, entgegen der sonstigen Gepflogenheit mit dem Kopfende im O, aus zölligen, jetzt wie Glas brechenden Eichenbrettern war von sechsseitigem Querschnitt wie heutige Särge, außen schwarz angestrichen und oben mit einem langen weiß aufgemalten Ankerkreuz versehen. Ein am Kopfende gefundenes durchbrochen gegossenes trapez- oder dreieckförmiges Beschlagstück aus Zinn mit Alpha und Omega zwischen Ornamenten war wohl außen am Sarge angebracht. Bedeckt war der Sarg ursprünglich mit einer seegrünen Seidendecke mit grünen Schleifen und schwarz-silbernen Troddeln. Innen war der Sarg mit dunkelrotem Plüsch ausgeschlagen, wobei anscheinend zur Versteifung der Ecken dünne Kupferlamellen in Dreieckform verwendet worden waren. Der Sarg war gänzlich auseinandergefallen; die Bretter lagen wirr durcheinander (auf der Zeichnung ist nur eines dargestellt). So hing der Tote ohne den Kopf über dem Gestänge der Gruft. Bei der Einbalsamierung war die Schädeldecke abgetrennt worden, die Gehirnhöhle mit Watte gefüllt und die abgesägte Kalotte mit einer um den Unterkiefer geführten Binde in ihrer Lage wieder befestigt worden. Der Schädel lag am Boden in den Rest eines roten mit Randschnüren besetzten Kissens (?) verwickelt. Beim Kopf fand sich ein jetzt schwärzlich rot aussehender Pileolus (Käppchen). Der Körper war in einen jetzt dunkelroten weiten Talar aus Seide mit eingewebtem Granatmuster gehüllt. Der breite kreisrund geschlossene Kragen ist mit querlaufenden Streifen aus Borte besetzt. Die gleiche Borte ist an den Kanten des Talars vorbeigeführt. Verschluß durch Häkchen; der oberste Haken ist größer und aus vergoldeter Bronze. Die Halsgegend war stark verwühlt; herausgerissen, aber nicht mitgenommen war bei der Plünderung ein doppeltes Skapulier mit den Monogrammen Christi und Mariae, die auf weißer Seide gestickt sind. Die Füße sind beim Plündern oder beim Einfüllen des Schutts in die Gruft abgetrennt und nach S verlagert worden, so daß sie neben dem Schädel 243 lagen. Der in den Talar gehüllte und trotz der Einbalsamierung stark zerfallene Körper wurde nicht untersucht, sondern wie er war neu eingesargt; zwei Lederstulpen, gefüllt mit einer torfartigen Materie, fanden sich s der Bestattung in Brusthöhe über dem später eingebrachten Schutt.
Pläne: Taf. 1.
Funde: Probe 21.

242 Bestattung in der Wittelsbacher Gruft (Joseph Clemens?), Per. XIII. Der Schädel, der aller Wahr-

scheinlichkeit zu dieser offenbar nicht einbalsamierten Bestattung gehört, war nicht aufgeschnitten. Er zeigt die auffällige Gesichtsbildung des Erzbischofs Joseph Clemens. Auch der sonstige Zusammenhang des fast nur mehr aus Gebeinen bestehenden Körpers war nur mühsam zu ermitteln. Er war bei der Plünderung in eine schräge Bauchlage gebracht worden; die Schenkel sind stark angewinkelt. Die noch zusammenhängende Brustwirbelsäule weist eine weitgehende Verwachsung der Wirbel zusammen mit einer starken Lordose als Alterserscheinung (Altersbuckel) auf. Vom Sarg waren nur noch zwei lose Bretter unter dem Skelette mit der Bestattung in Zusammenhang zu bringen.
Pläne: Taf. 1.
Funde: Probe 22.

243 Bestattung der Wittelsbacher Gruft, Per. XIII.
Zu dem außen mit schwarzem Samt beschlagenen Sarge dieser Bestattung, der sich von heutigen Särgen durch den kastenförmigen Unterteil unterscheidet, gehören der Lage nach vier schlichte eiserne Sarggriffe. Die Bestattung war ebenfalls stärker durchwühlt als 241. Der Kopf war gänzlich abgetrennt. Der Schädel war bei der Einbalsamierung geöffnet worden. Er lag bei der Auffindung mit dem Blick nach SW; dabei lag ein barock geschweiftes tiefschwarzes Birett mit dem Ansatz einer Mittelquaste oder eines Knopfes. Einigermaßen in situ lagen noch einige Wirbel und das Becken. Zwei lange Strümpfe mit Strumpfbändern fanden sich stark verdreht und nach W verschoben. Darin befinden sich noch die Gebeine und die schon erwähnte, auch sonst in der Gruft allerseits zu findende torf- oder tabakähnliche Materie.
Pläne: Taf. 1.
Funde: Probe 23.

245 Ziegelboden zwischen den Grüften 237 u. 247, Per. XII?
Vielleicht der Rest einer älteren, bei Anlage von 237 zerstörten Gruft; darauf zusammengelegte Gebeine 246.
OK H 52,92.
Lg 1,50, Br 0,30.
Format der Ziegel: 0,14 – 0,15×0,28 – 0,30.
Pläne: Taf. 1.
Funde: 359 – 60.

246 Gebeine zwischen den Grüften 237 u. 247, Per. XII?
auf Boden 245
bis H 53,75
Acht nicht ganz erhaltene Extremitätenknochen und ein Schädel gehören wahrscheinlich zu einer einzigen Bestattung, deren Gruft unter Beibehaltung eines Restes des Bodens in der Barockzeit stark eingeengt wurde.
Pläne: Taf. 1.
Funde: 336.

247 Gruft und Sarg Dietrichs v. Moers (gest. 1463) Per. XII.
W der Gruft 237 und zu Füßen des Epitaphs Dietrichs von Moers; innere N-Wand: von O 49,90 N 1,27 nach O 52,10 N 1,28; Boden 53,75, Sargfirst H 54,60.
Innenmaße: Lg 2,18 Br 0,92 Hh 1,15.
Steinstarkes Mauerwerk mit meist wechselnden Läufer- und Binderschichten. N-, O- und W-Wand sind innen glattgemauert mit verstrichenen Fugen; die S-Wand dagegen von außen her zugesetzt; Boden aus Ziegeln, Abdeckung oben 3 starke Bohlen und darauf schwere Steinplatte nicht bestimmten Materials und Alters. 3 Eisenstäbe für den Sarg relativ hoch (0,45) vom Boden eingemauert. Zuschnitt des verlöteten, 2,04 langen leicht trapezförmigen Bleisarges von fünfseitigem Querschnitt mit schmalem First und rechtwinkligem Unterteil nach folgendem Schema:

Oberteil

Unterteil

Im Oberteil drei Esenbänder als Stützen innen angenietet. Vom Holzsarg viele Stücke und einige Nägel erhalten. Von der Bestattung, soweit von außen sichtbar, erhalten: Mitra, Stola, Kasel, Holzstab, Grabkelch. Unterarm, Stola und Kelch (aus nicht ganz reinem Zinn) sind durch eine Schadenstelle des Bleibodens gesunken. Gebeine und Gewänder mit einer festverkitteten Schicht aus erhärteten Häuten von unzähligen Larven überkrustet.
Pläne: Taf. 1.
Fotos: Doppelfeld, Der unterirdische Dom (1948), im folgenden abgekürzt D. u. Dom, Taf. XIII u. S. 59.
Funde: 416, Proben 20 u. 24.

248 Gebeine zwischen den Grüften 247 und 249, Per. XII?
etwa in H 53,60.
Einige Arm- und Beinknochen sowie ein Schädelrest, die bei der Anlage einer der beiden Grüfte hier zusammengelegt wurden.
Pläne: Taf. 1.

249 Gruft nördlich neben Gruft 247, Per. XII? XIII?
Nur die SO-Ecke dieser Gruft wurde freigelegt und eingemessen.
Pläne: Taf. 1.

252 Ostapsis des Alten Doms, Per. VI und VII
dazu im O Grube 282 und Böden 284 und 274; im W Böden 264 u. 314, die angestrichen sind; das got. Fundament 271 beiderseits an- und aufgemauert.
Punkte der Innenrundung: O 55,43 N 2,20; O 55,60 N 0,0; O 55,64 N 0,60 (Scheitelpunkt ?) O 51,50 S 4,96 (vorläufige Messung). Nach diesen drei Punkten wurde von Oberstudiendirektor A. Müller und der Unterprima des Naturwissenschaftlichen Gymnasiums Humboldtstraße die Lage des Mittelpunktes errechnet: O 49,74 N 0,65 Punkte der Außenfläche oberhalb des Schrägsockels: O 56,88 N 3,20; O 57,20 N 2,0; O 57,30 N 0,80 (Scheitelpunkt?) O 57,12 S 0,95. – OK H 53,08; Schrägsockel; OK H 52,80 UK H 52,72; ausgewitterte Zone etwa H 51,16 – 51,32; Mörtelwechsel: H 51,16; Fundament: UK H 46,72; OK des Vorsprungs H 47,5. Br (mit Schrägsockel) 1,68 – 1,72; lichter Dm etwa 11,0, vorläufiger Versuch einer annähernden Bestimmung des äußeren Dm aus der Sehne (=2 h) durch die beiden äußersten bisher freigelegten Punkte oberhalb des Schrägsockels und aus der zugehörigen Bogenhöhe (=p): $\mathrm{Dm} = 2\,r = p + \frac{h \cdot h}{p} = 0{,}32 + \frac{2{,}10 \cdot 2{,}10}{0{,}32} = 14{,}00$; innerer Dm demnach 14,00 – 2 · 1,66=10,68. Die analytische Bestimmung des Dm, die ebenfalls von Dir. Müller mit seiner Unterprima durchgeführt wurde, weicht ab: Dm=2 · 5,88=11,76. – Solange nicht größere Teile der Apsis freigelegt sind, muß mit der Möglichkeit gerechnet werden, daß sie keinen genauen Halbkreis bildet. – (Für die W-Apsis ergibt das gleiche Verfahren zweimal angewandt einen äußeren Dm von 14,58, einen inneren Dm von 11,18). Hh gesamt 6,36; Hh Fundamentsockel 0,80:
Beschreibung S. 85
Pläne: Taf. 3 und 7
Fotos: D. u. Dom Taf. VIII.
Domfestschr. 1948, Taf. 21.= hier S. 43, Abb. 3. Das Münster 2. Jg. 1948, S. 7, 8, 9,= hier S. 72 ff. Forschungen und Fortschritte 24. Jg. 1948, S. 98, hier S. 12.
Funde: Proben 54 und 73 – 84.

253 Schnitt innerhalb der Gruft 237 an der Apsis 252 hinab darin Böden 264 und 314.
UK H 51,0.
Lg 1,97 Br 0,60 Tf 2,10.

255 Profil N-S bei O 60 („Querprofil") schneidet Profil 80 und 280 von O 60,0 S 2,0 nach O 60,0 N 3,8; H 55,53 – 45,9.
Lg 5,80 Tf 9,60.
Das Profil wurde genau in der Linie O=60 abgeschachtet; in der Tiefe jedoch wurde es von H 49,45 ab auf die Linie O=60,3 verlegt. Die untere S-Ecke wurde nicht ausgegraben; die obere S-Ecke stürzte vor dem Zeichnen ein; in beiden Ecken sind in der Zeichnung die in der Nähe liegenden Mauern dargestellt.
Bezifferung der Schichten in Konkordanz mit den Profilen 80 und 280 vgl. Erläuterungen bei 80.
Pläne: Taf. 6.

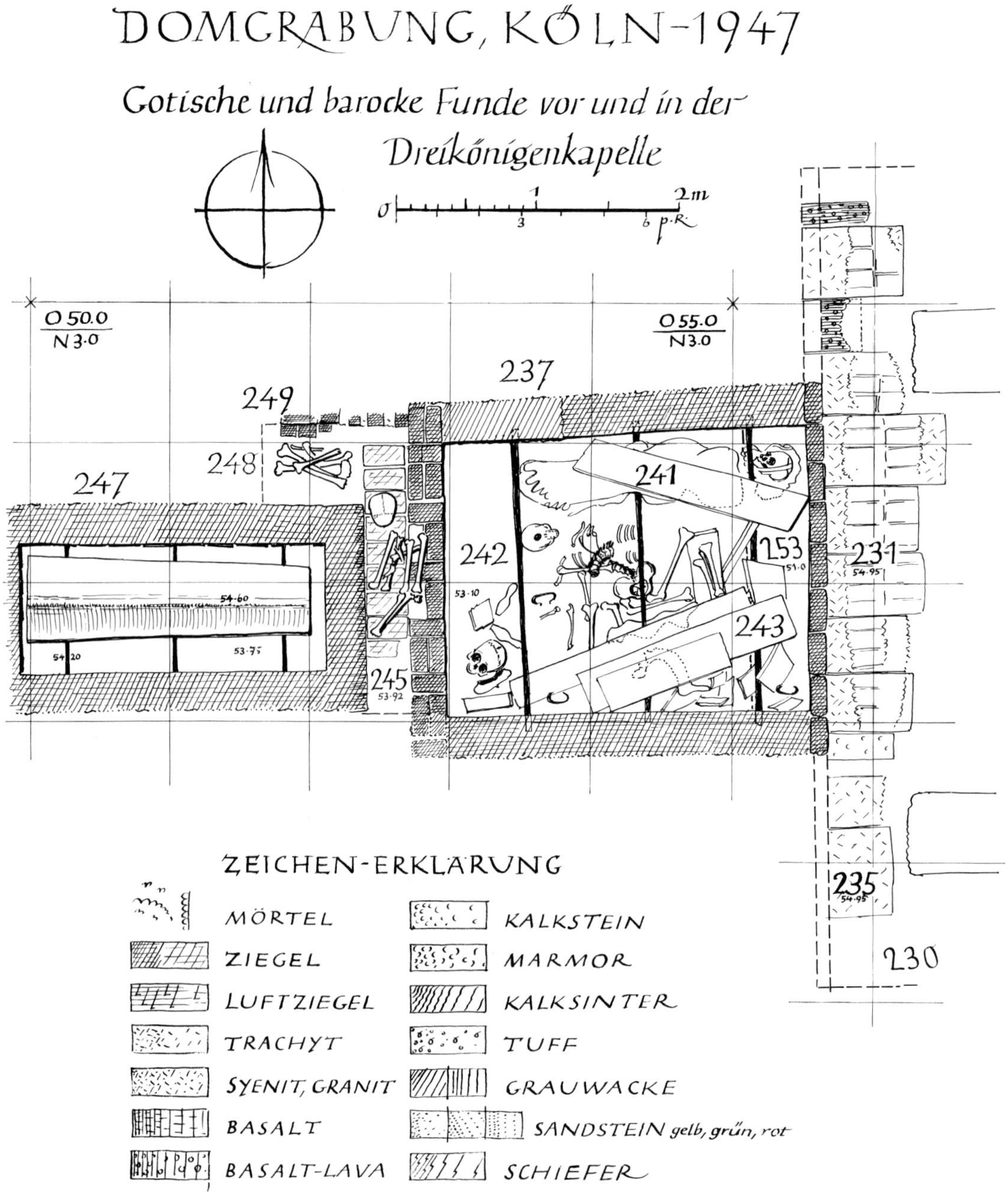

Tafel 1. Maßstab 1 : 50.

256 Der Schacht in der Dreikönigenkapelle.
Die abzuschachtende Erde wurde in vier Quadranten eingeteilt:
1 (SW), 2 (SO), 3 (NO), 4 (NW). Von den Quadranten 1 und 2 sind durch das Kontrollprofil 80 die Streifen 1 a und 2 a abgetrennt. Reihenfolge der Abschachtung im Allgemeinen: 2, 1, 2 a, 1 a, 3, 4. Von H 49,0 bez. H 48,0 ab wurde nur noch in einzelnen Schnitten (288, 289) in die Tiefe gegangen. Abschließend wurde dann zwischen der Apsis und den Mauern 275, 287 durchgehend bis H 47,5 abgegraben, damit der ganze Sockel des Apsisfundaments frei wurde.
Funde: 350 – 4; im 1. und 2. Quadr.: 361 – 4, 366 – 7, 376, 379 – 80, 418, 426 – 29, 431 – 33; Quadr. 1 a, 2 a: 368, 370 – 75, 391 – 99, 406 – 7, 414, 424, 434 – 40, 442; im Quadr. 3 und 4: 384 – 7, 39o, 402 – 5, 408 – 10, 415, 417, 419, 422 – 3, 430, 441, 443 – 7, 449 – 56.

257 Ziegelschacht (Beisetzung der Maria v. Medici?). Per. XIII.
Mitte bei O 60,25 N 0,95 OK H 55,30 Sohle H 54,64, innerer Dm 0,40 – 0,48; Hh 0,62.
Halbsteinbreite Mauerung meist aus Ziegelstücken, außen ganz roh, innen nur wenig glatter. Boden durch einige Ziegel nicht ganz ausgefüllt. Ziegelformat; 0,05 – 0,06 × 0,11 – 0,13 × 0,24 (?).
Pläne: Taf. 2 u. 7.
Funde: Proben 34 – 40.

264 Estrichrest innerhalb der Apsis 252, Per. VII an das Mauerwerk 252b gestrichen (Kryptaboden der Periode VII?).
OK H 52,70.
Lg freigelegt 1,97; Br freigelegt 0,60: Hh 0,06,
ohne besondere Stickung gleichmäßig aufgetragener Mörtel mit kleinen Steinbrocken.
Pläne: Forschgn. u. Fortschr. 1948, S. 99, hier S. 17
Domfestschr. 1948, S. 167, hier S. 45
Funde: Probe 85.

265 Mörtel- und Steinkonglomerat unter Platte 274, Per. X?
von O 57,4 – O 59,2 und von N 0,2 – S 1,2; H 52,40 – 52,90
größte Lg 2,0
unregelmäßig oval im Umriß, nach unten sich verjüngend. Wahrscheinlich in eine Grube versenkte Überreste.
Pläne: nicht i. Grundriß Taf. 3; Schnittbild Taf. 5dd.
Funde: Proben 49 – 52

266 Sarkophag in der Domachse, Per. IX.
Grab 277 ist angebaut; in gotischer Zeit gestört.
Innere N-Wand von O 59,42 N 1,59 nach O 61,18 N 1,44; UK H 51,64 (O) – H 51,70 (W).
Lg 2,0 Br 0,79 Hh (Trog) 0,55.
Wandstärke 0,10; grüner sehr brüchiger Sandstein. Die glatte Deckelplatte mehrfach gebrochen. Außer der ersten Beisetzung ohne Beigaben enthielt der Behälter in gotischer Zeit eingebrachte Erde und Gebeine.
Pläne: Taf. 3, 7, 6.
Fotos: D. u. Dom. Taf. XI.
Funde: 420 Proben 62 u. 63.

267 tiefliegendes Skelett, Per. V? VI?
Scheitel bei O 60,24 S 0,05; OK Schädel H 50,04; OK Becken H 50,24. Grube nicht beobachtet: Skelett bis auf Schädel und Unterschenkel nicht gestört; männlich.
Pläne: Taf. 3 u. 5.

268 Mauernaht im got. Fundament 271, Per. XI, 1248,
von O 61,84 S 0,1 H 52,40 nach O 62,6 N 1,4 H 48,5.
Südlich dieser Linie sauber lagenweise gemauertes Fundament; nördlich unregelmäßiger angesetztes Fundamentmauerwerk.
Fotos: D. u. Dom Taf. XII.

271 Fundament der got. Dreikönigenkapelle, Per. XI.
Beiderseits an und auf die Apsis 252 gesetzt; in 271 Baunaht 268; am Nordarm des Fundaments die Pfähle 279, UK H 46,7 OK H 54,7 bez. 54,9.
Br schätzungsweise 4,0.
Die unteren in die Grube gemauerten Lagen bis etwa H 48,5 beschreiben einen Bogen von etwa 4,8 n-s und etwa 5,2 o-w Dm. Der mittlere durch die Naht 268 unterteilte Abschnitt bis etwa H 52,4 beschreibt einen gedrückteren Bogen: Dm n-s: 5,4; o-w: 4,9. Der obere, wieder durchgemauerte Teil ist noch flacher; n-s 6,0, o-w: 4,6.
Funde: Proben 53 u. 97.

272 Römischer Pfeiler, Per. IV,
in der Flucht der w Pfeilerreihe am O-Rande des Palastes unter dem Dombunker
Mutmaßliche Mitte bei O 60,32 N 0,02; UK H 48,90; OK H 49,86 Br (n-s) 1,40; Br (o-w) noch 1,44; Hh noch 0,96.
Auf eine 0,10 hohe Stickung aus Tuffbrocken Mauerwerk aus verschieden großen Kalkquadern und

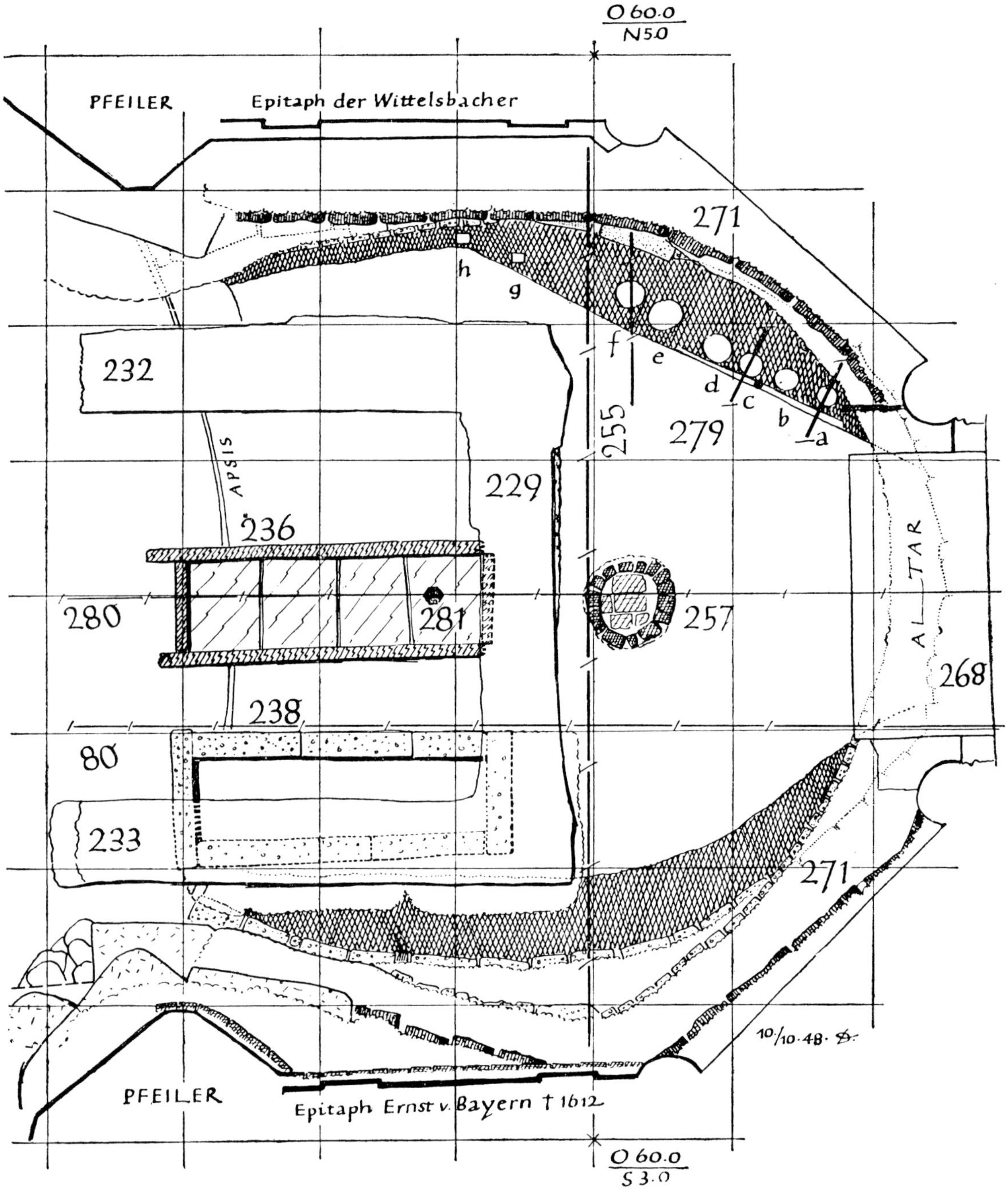

Tafel 2. Maßstab 1 : 50.

Platten, die stellenweise durch Ziegelstücke ausgeglichen, hauptsächlich an den Ecken und Rändern angebracht sind, während in der Mitte kleinere Steine und Ziegel, vielfach hochgestellt, vermauert sind. Heller, weißer Mörtel. Der Beginn des Aufgehenden ist nicht zu bestimmen, er muß aber gut 1 m höhergelegen haben als der zu den Pfeilern der Kolonnade gehörige Boden unter dem Dombunker.
Pläne: Taf. 4, 5, 6.
Fotos: D. u. Dom. Taf. XII; Das Münster 2. Jg. 1948, S. 9, hier S. 75.
Funde: Proben 87 – 88 u. 105.

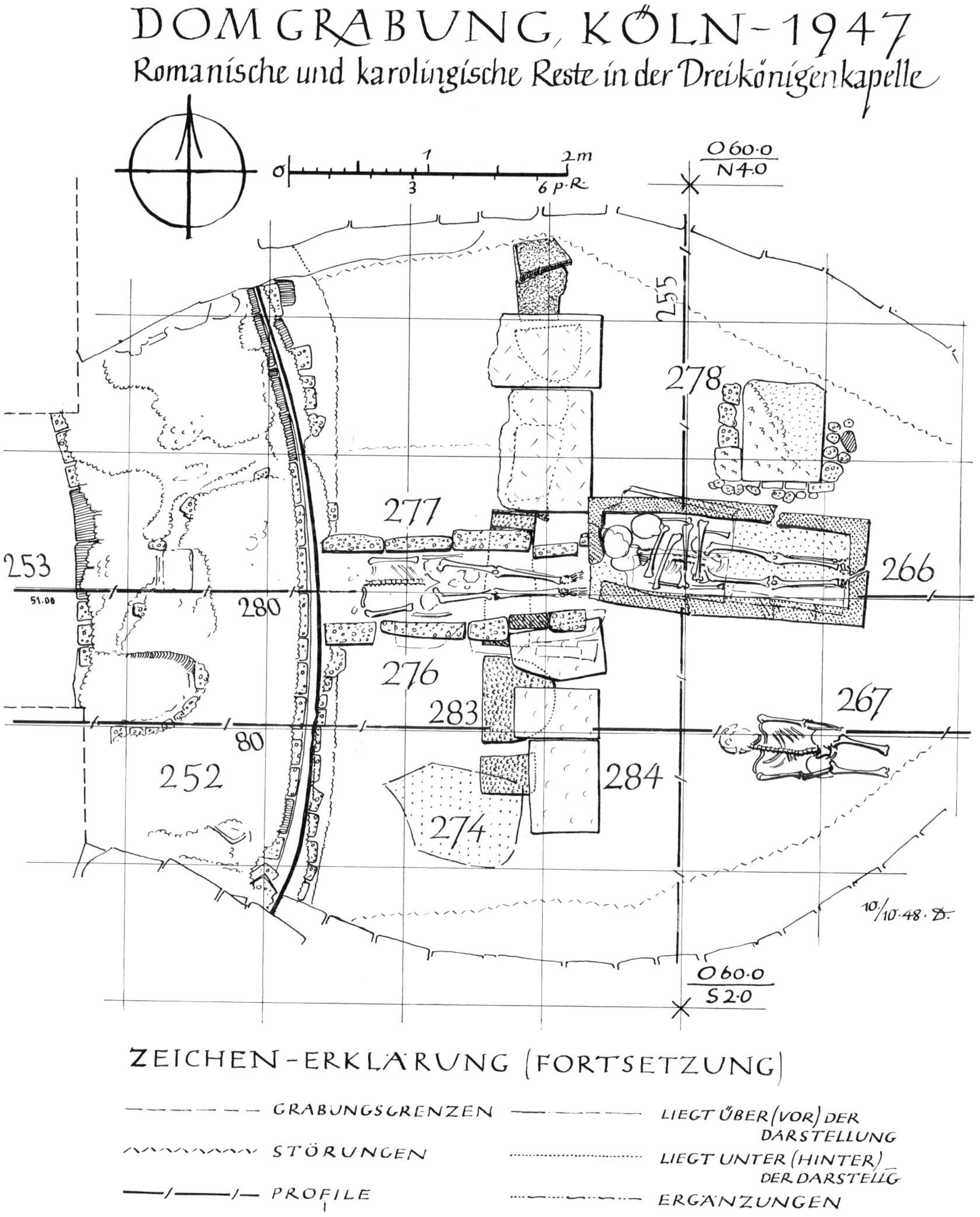

Tafel 3. Maßstab 1 : 50.

273 Heizkanal SSW-NNO unter Boden 294, Per. III.
An zwei Seiten durch got. Fundament abgeschlagen.
Sohle H 49,22.
Lichte Hh 0,24, lichte Br 0,28 – 0,30 Lg noch 0,53.
Oberer und unterer Abschluß noch je 1 tegula; Wände aus kleinen in reinen Lehm gebetteten Tuffbrocken mit glatten Innenflächen.
Am NO-Ende ist noch das untere Stück einer der den Boden bildenden Tegulae erhalten, die im Win-

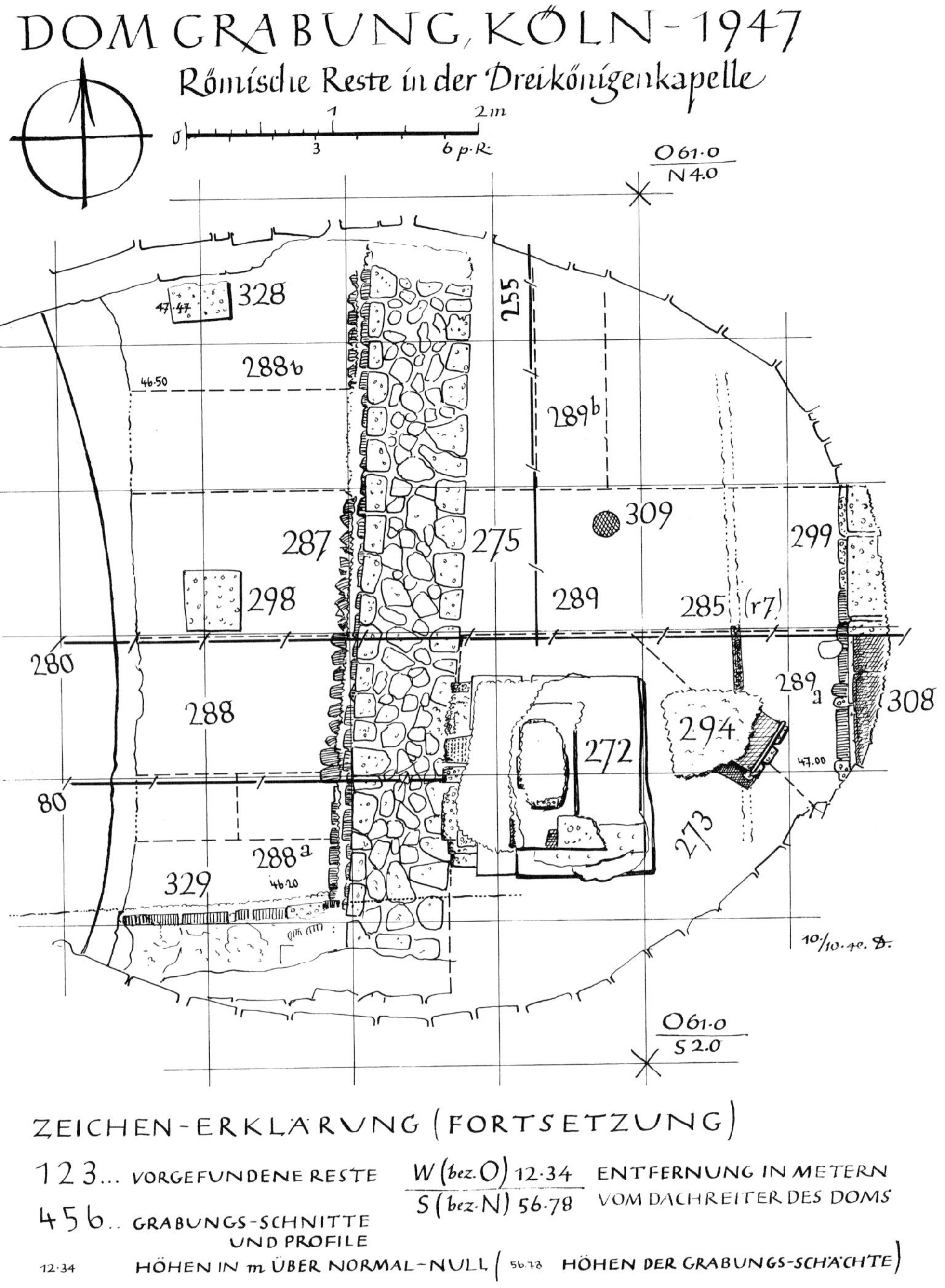

Tafel 4. Maßstab 1 : 50.

kel von 45° schräggestellt und in dieser Lage fest mit Lehm unterlegt war (Ansatz der Wandtubulation; vgl. Beschreibg. S. 133 = hier S. 89.

Pläne: Taf. 4 u. 5.

274 rote Sandsteinplatte von einem Boden, Per. X.

Oberhalb des Mörtels 265, aber von diesem durch Erdschicht getrennt.

Zwei Punkte der N-Kante: O 58,20 S 0,24 und O 58,84 S 0,36 OK H 53,06.

Br 0,62 (am O-Ende 0,66) Lg noch 1,0 Hh 0,12,

roter Sandstein; im W abgebrochen, im O unregelmäßige, anscheinend stark abgeschlissene Kante; dies und die radikale Stellung zur Apsis lassen einen Steig rings um die Apsis vermuten.
Pläne: Taf. 3 u. 5.

275 römische Mauer NNO-SSW, Per. II b.
Über Mauer 287 und 239, beide Enden durch got. Fundament abgeschlagen.
O-Seite von O 59,62 S 2,20 nach O 59,36 S 3,38; OK H 48,50 UK H 47,30.
Lg noch 4,85 Br 0,70 Hh rund 1,90. Leicht gewellter Verlauf. Das 0,90 hohe Fundament ist aus 2 nach Art einer Stickung gesetzten Lagen von Tuffbrocken, die durch breite Bänder ganz groben und lockeren, kaum mehr als solchen zu bezeichnenden Mörtels unterbrochen sind, schräg hochgeführt. Darauf folgen 2 bis 3 Lagen unregelmäßiger Tuffsteine von 0,10 bis 0,20 Hh, die nach den Mauerflächen hin ihre glatten Seiten zeigen und im Mauerkern mit kleineren Stücken abwechseln.
Pläne: Taf. 4, 5, 7.
Fotos: D. u. Dom. Taf. VIII u. XII.
Funde: 508.

276 gemauertes Grab an Grab 277, Per. IX.
OK H 52,17.
Nur ein Stück der N-Wand dieses Grabes ist erhalten; sie stellt eine verputzte Ummantelung der S-Wand des Nachbargrabes 277 durch oben und seitlich angesetzte schmale Steine dar.
Pläne: Taf. 3 u. 7.
Funde: Proben 64 – 66.

277 gemauertes Grab an der Ostapsis, Per. IX,
zwischen Apsis 252 und Sarkophag 266 eingebaut; Grab 276 ist angelehnt.
Mittelachse von O 57,38 N 1,02 nach O 59,34 N 1,10; OK H 52,04 – 52,10.
Lg 1,95 Br licht 0,45 – 0,52 Hh 0,30, aus nur einer Lage hochkant gestellter Tuffsteine mit glatten Innenflächen (1 Grauwacke darunter) ohne besondere Stirnwände und ohne Boden; Abdeckung fehlt. Über der ursprünglichen beigabenlosen Bestattung in gotischer Zeit eingefüllte Erde und Gebeine.
Pläne: Taf. 3 u. 7 (die später eingefüllten Gebeine nicht vermessen).
Fotos: D. u. Dom. Taf. XI.

278 Steinsetzung (Kalkofen?), Per. V. S-Seite der Platte von O 60,40 N 1,82 nach O 60,98 N 1,84 OK Platte H 50,02; OK Rand H 49,99 – 50,14.
Platte Lg 0,71 Br 0,58 Hh 0,08.
Das Trockenmäuerchen um die Sandsteinplatte (roter Sandstein) beginnt in gleicher H wie deren Unterfläche. Die Platte war mit einem etwa 2 cm starken Mörtelaufstrich bedeckt, der auch an die Randsteine gestrichen war. – Eine wohl zu einer ähnlichen Anlage gehörige lockere NO-SW führende Steinreihe wurde vor der Vermessung bereits entfernt; sie führte von der SO-Ecke von 278 schräg nach NO etwa zwischen den Punkten O 61,0 N 1,6 und O 61,6 N 2,2.
Pläne: Taf. 3 u. 6.
Fotos: Das Münster 2. Jg., 1948, S. 9, hier S. 75.
Funde: Probe 69.

279 a–f Pfahllöcher in der got. Fundamentgrube, Per. XI, 1248,
an der Innenseite des n Fundamentarmes 271 entlang und schräg in dieses hineinführend.
Lage der Mitten: g: O 59,45 N 3,49 H 49,45 (oberste Enden der Spuren) gemessen: a: bei O 61,68 N 2,46 Dm 0,14 b: bei O 61,38 N 2,58 Dm 0,16 c: O 61,12 N 2,70 Dm 0,16 d: O 60,88 N 2,81 Dm 0,22 e: O 60,50 N 3,06 Dm 0,22 f: O 60,26 N 3,22 Dm 0,20 Lg 2,40 – 2,70 mit etwa 12° Schräge in Richtung auf das Fundament nach unten führend.
Die Pfähle setzten mit stumpfen Enden auf dem Rande des bereits bis etwa H 47,0 aufgeführten Fundaments auf; ihre unteren Enden wurden so mit eingemauert; s der Pfahlreihe wurde noch, teils an der Verfärbung, teils als Hohlraum die Lage eines Verschalbrettes für die Grube beobachtet.
Pläne: Taf. 2 u. 6.
(Schnitt durch 279 f)

279 g–h Pfahlspuren an der got. Fundamentgrube, Per. XI, 1248.
w anschließend an die Reihe 279 a – f. Lage der Mittelpunkte und Dm bei h: O 59,05 N 3,64 UK etwa H 48,5. Maße 0,08×0,10 Hh etwa 0,05.

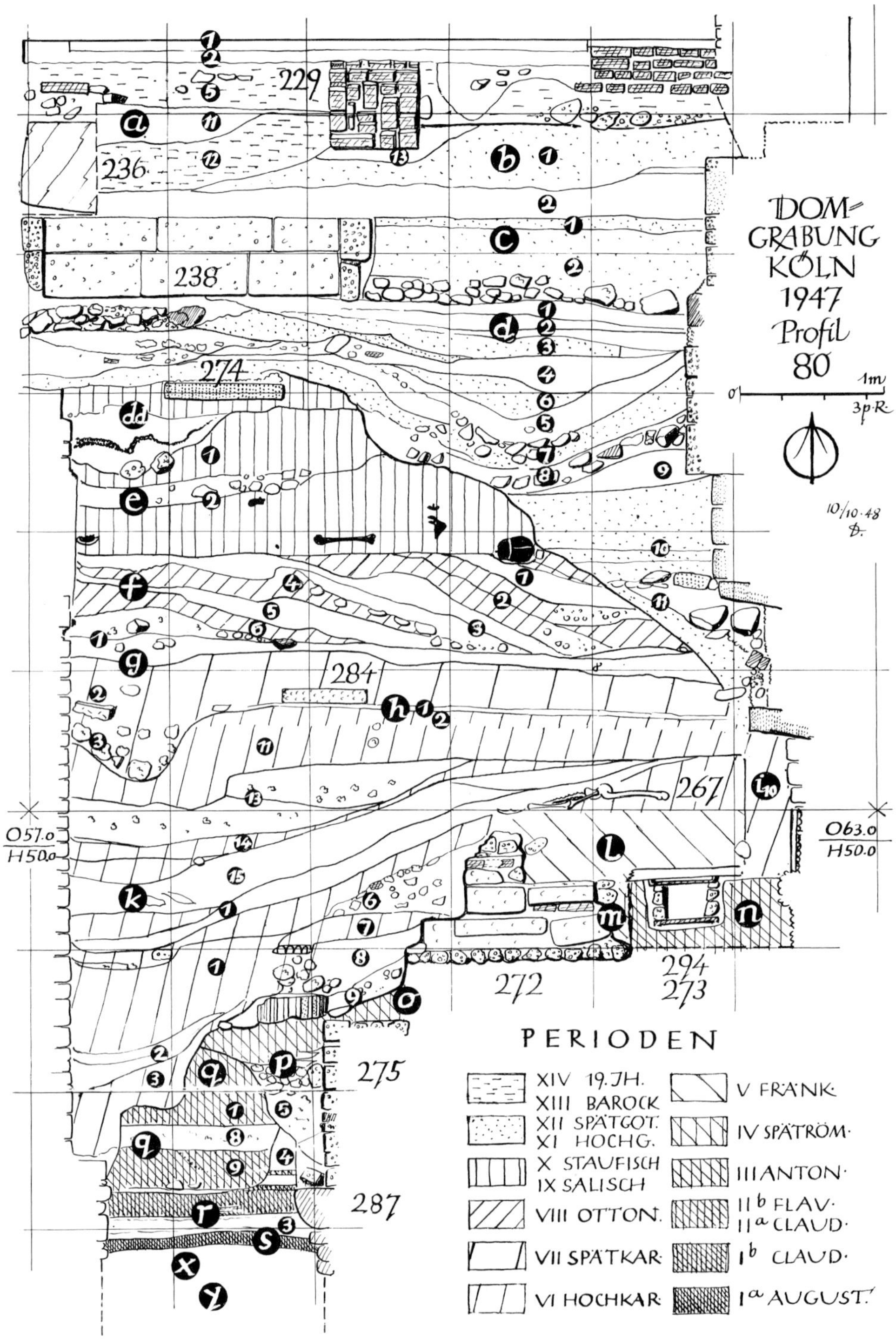

Tafel 5. Maßstab 1 : 50.

Untere Abdrücke zweier ähnlich wie die große Pfahlreihe unten vom Mauermörtel umgebener Pfählchen.

Pläne: Taf. 2.

Funde: Probe 103.

280 Profil O-W in der Achse des Doms („Hauptprofil") von O 55,1 N 1,0 nach O 62,7 N 1,0; von H 55,53 bis 45,80 Lg 7,6 Tf 9,73.

Mit Ausnahme der salischen Gräber, deren Ansichtfläche ein wenig vor dem Profil liegt und eines schmalen Erdsockels unter Grab 266, der 0,10 bis 0,20 vor dem Profil liegt, sowie des 0,8 hinter dem

Profil liegenden Pfostenlochs 309 zeigt die aufgemessene Zeichnung das genaue Schnittbild in der Domachse. Die W-Hälfte bis Mauer 275 wurde als N-Wand des Schnitts 256 (Quadrant 1a) und weiter unteren Teil von H 48,0 abwärts die spiegelverkehrt gezeichnete S-Wand des Schnitts 289.
Beschriftung in Konkordanz mit den Profilen 80 und 255 (s. bei 80).
Pläne: Taf. 7 (ohne den unteren und den W-Rand des Profils. Das ganze Profil: Forschg. u. Fortschr. 24. Jg. 1948, S. 99, hier S. 17 und Domfestschr. 1948, S. 167, hier S. 45;
vgl. auch die Übersichtszeichnung Domblatt 1948, 1. Folge, S. 34, hier S. 29.

281 Spur eines Meßpfahls, Per. XI, kurz nach 1248
im Mittelpunkt der Dreikönigenkapelle Mitte der Spur O 58,84 N 0,99 (Mitte des Schlußsteins der Kapelle – sehr genau mit der Chorachse übereinstimmend – bei O 58,86 N 1,02, also nur gut 0,03 NNO von der Pfahlmitte. H 52,60 – 54,06.
Lg 1,46 Dm 0,12 – 0,16.
Der Pfahl, von dem sich nur noch die hohle Spur, kein Holzrest mehr vorfand, war ziemlich regelmäßig sechskantig zugeschlagen und am unteren Ende vierkantig zugespitzt.
Pläne: Taf. 2 (liegt tiefer als Grab 236) und Taf. 7.

282 Grube zum Fundament der Apsismauer 252, Per. VI,
darin Steinreihe 283; die Grube hat einen Teil des röm. Pfeilers 272 abgeschlagen.
Oberer O-Rand bei O 61,6 oder noch weiter nach O; OK H 50,40 oder noch höher; UK H 46,7.
Br bis zur Mauer oben mindestens 4,2. Gründe für den beinahe geraden Verlauf im Bereich der Achsenkapelle s. S. 129. Die Grube enthielt bis auf eine Ausnahme nur römische Einschlüsse.
Pläne: Taf. 5 und 7.
Funde: vermutl. karol. Scherbe tief in der Grube: Fund 440.

283 Lose Steinreihe N-S in Grube 282, Per. VI.
auf einem breiten Absatz in der Grubenböschung.
OK H 48,60 – 48,83.
Lg. noch 4,0; Br und Hh wechselnd. Unter den Steinen sind zu nennen: flache Halbsäulentrommel mit verstäbten Kanneluren (sichtbar in Profil 80, Taf. 5 langer Binderstein eines Kalksteingesimses. Bruchstücke einer flachen Sandsteinmulde (Wasserrinne?)
Pläne: Taf. 3, 5, 7.
Funde: 481.

284 Trachyt und Kalksteinplattenboden, Per. VI.
oberhalb der Grube 282.
anscheinend durchlaufende Fuge von O 59,38 N 3,04 nach O 59,38 S 0,74; OK H 50,90 (– 50,77);
Hh 0,10 Plattengrößen: 0,38×0,60; 0,50×0,70; 0,90×über 0,70; 0,56×über 0,80.
Die drei im S erhaltenen Platten Kalkstein; die beiden im N Trachyt.
Pläne: Taf. 3, 5, 7.
Fotos: D. u. Dom Taf. XI; Das Münster 2. Jg. 1948, S. 9, hier S. 75.
Funde: 482, Probe 67.

285 Kalkpfanne im Bereich der Kapelle, Per. I b.
obere Lage streicht über Mauer 299; Mauer 287 schneidet in den Kalk ein; ungefähr n-s ausgerichtet, mit leichter Neigung nach O, entsprechend der die S-Grenze bildenden Mauer 329. S-Grenze bei etwa S 0,8, O-Grenze bei etwa O 61,6; UK H 46,80 – 46,96; OK H 47,06 – 47,18.
Lg u. Br mindest. 6,0×6,0; Hh 0,22 – 0,30.
oben und unten schmälere Schichten reinen ganz weißen Kalkes (r 2 und r 4); in der Mitte etwa 0,15 hohe Lage gelben knotigen Kalkes. Den O-Abschluß bildet die Brettspur r 7. Der anschließende verschmutzte Kalk (r 5) strich offenbar an der ganzen Grube entlang, während die kalkhaltige Erde r 6 einer begrenzten Einarbeitung innerhalb r 5 entsprechen dürfte (S-Rand bereits bei N 0,74).
Pläne: Taf. 4, 5, 6, 7.
Funde: Proben 90 – 95.

287 Fundamentrest NNO-SSW, Per. II a,
unter Mauer 275; n wie es scheint, vom got. Fundament 271 überbaut; S-Ende an Mauer 329 anstoßend.
Zwei Punkte der W-Flucht: O 58,82 S 0,74 und O 59,02 N 3,25 UK H 46,7 OK H 47,3.

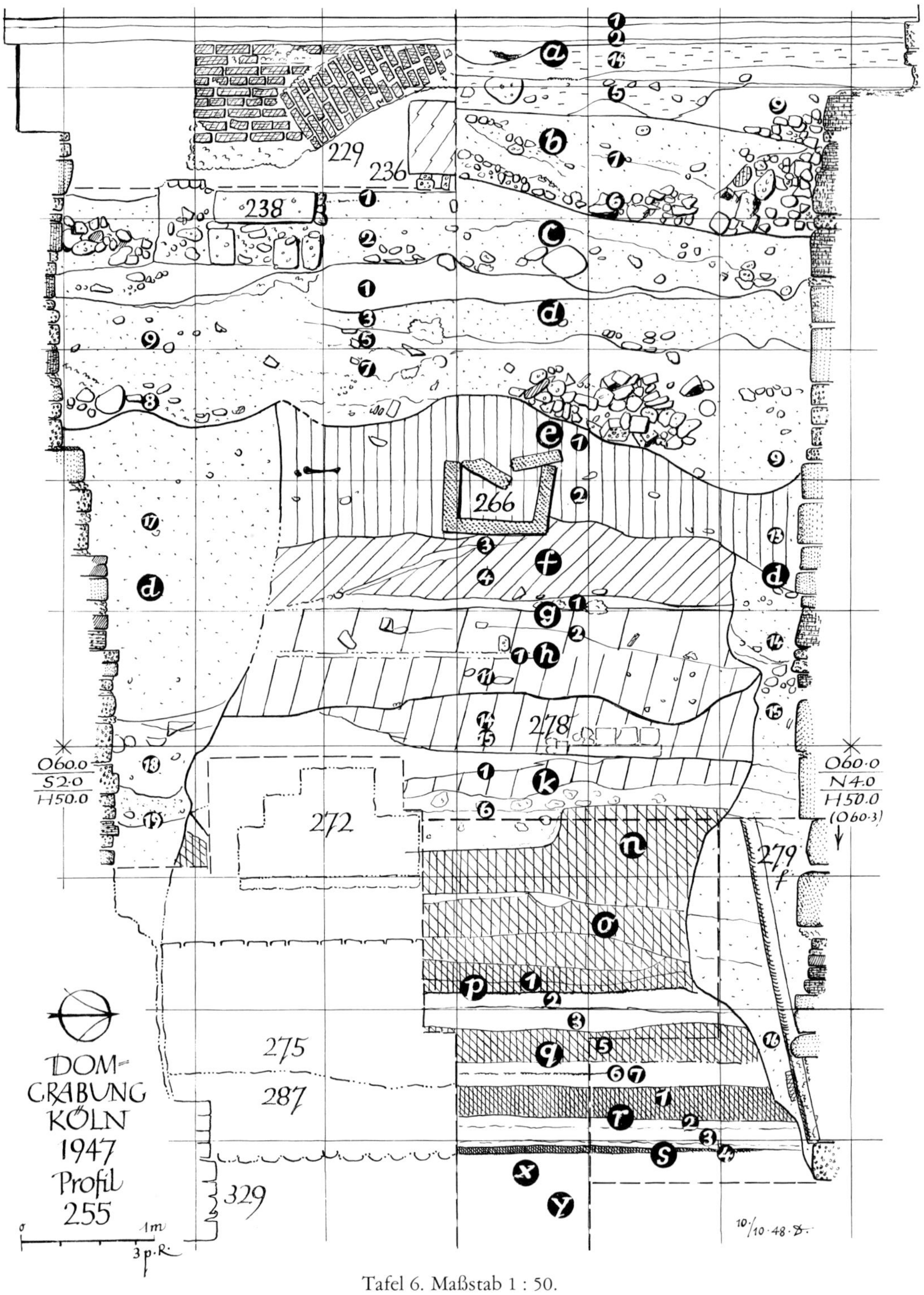

Tafel 6. Maßstab 1 : 50.

Erhalten sind nur 2 Lagen Stickung aus meist hochkant gestellten Grauwacke- und Tuffbrocken; dazwischen lockerer Kies, kaum Mörtel.

Pläne: Taf. 4 – 7.

288 Schnitt O – W, Vertiefung des Schachtes 256.

N-Wand ist unteres Ende des Profils 280; S-Wand dgl. von Profil 80. Der Schnitt wurde anschließend um 1,0 nach N verbreitert.

O 57,5 – 59,0 N 0,0 – 1,0 (2,0) H 48,0 – 45,8

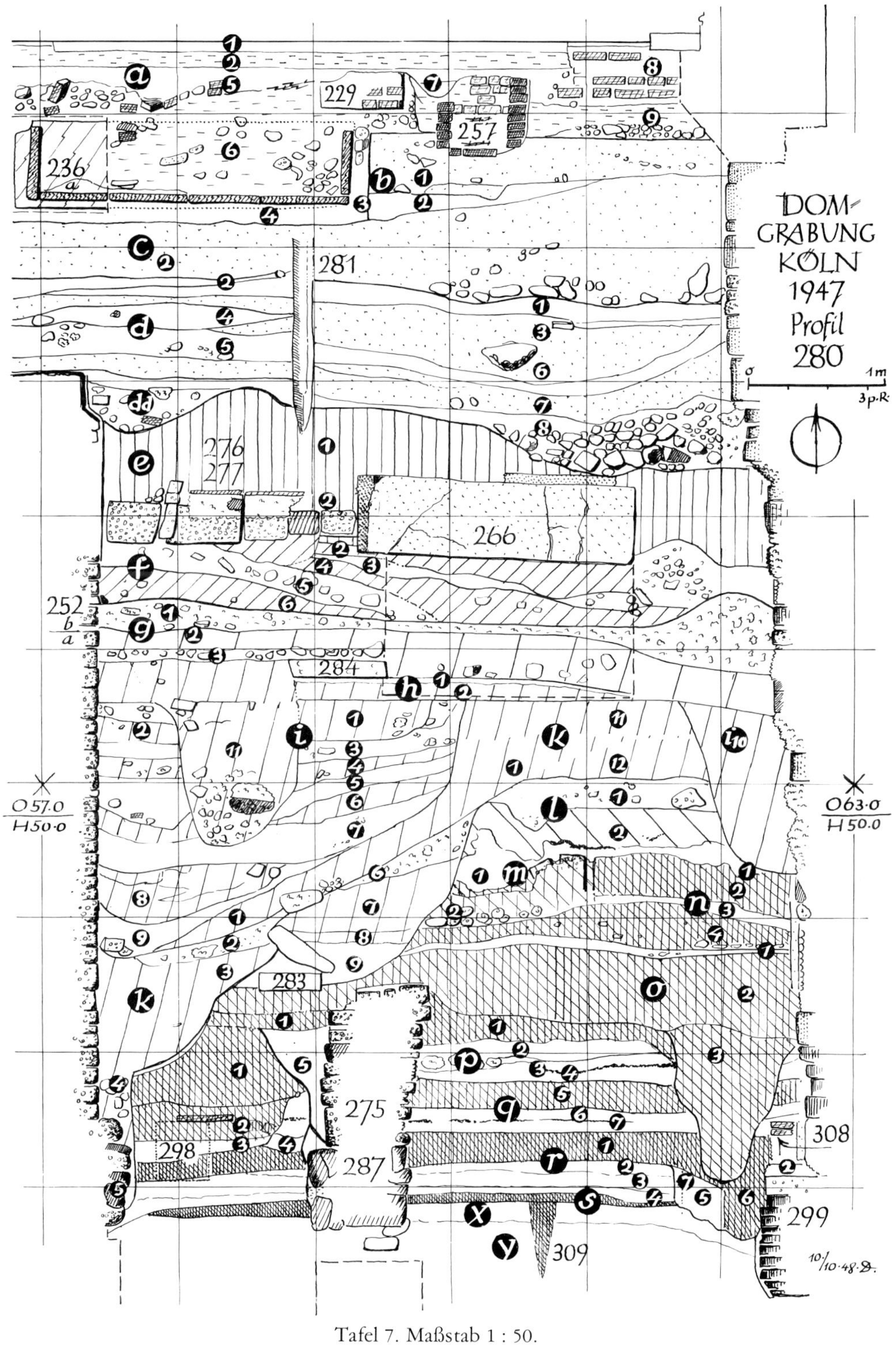

Tafel 7. Maßstab 1 : 50.

Lg 1,50 Br 1,0 (2,0) Tf 2,80.
Fotos: D u. Dom Taf. XII.
Funde: 457, 463 – 4.

288 a Schnitt O – W im Mauerwinkel 287/329/252
O 57,4 – 58,8 S 0,4 – 0,9 H 48,0 – 46,2
Lg 1,40 Br 0,50 Tf 1,80.
Funde: 486 – 8.

288b Schnitt O – W in der NW-Ecke der Kapelle zwischen den Mauern 275, 252 und 271; darin Tuffquader 328
O 57,3 – 59,0 N 2,7 – 3,5 H 47,5 – 46,5
Lg 1,70 Br 0,80 Tf 1,0.
Funde: 489 – 90.

289 Schnitt O – W, Vertiefung des Schachtes 256
davon abzweigend 289a und b; darin Mauer 299 und Ziegellage 308. S-Wand ist die Vertiefung des Profils 280
O 59,7 – 62,6 N 1,0 – 2,0 H 48,5 – 45,8,
Lg 2,90 Br 1,00 Tf 2,70.
Fotos: D u. Dom Taf. XII.
Funde: 459 – 60.

289a Erweiterung von Schnitt 289 nach Süden
SW-Grenze von O 61,0 N 1,0 nach O 62,0 N 0,0 H 49,5 – 47,0 dreieckig 1,6×1,2.
Der Schnitt diente dazu, ein weiteres Stück der augusteischen Mauer 299 freizubekommen; dabei wurde die Brettspur (r7) zur Kalkpfanne 285 gefunden.
Funde: 468 – 70.

289b Schnitt N – S, Abstecher von Schnitt 289 nach N; W-Wand ist Vertiefung von Profil 255
O 60,3 – 60,8 N 2,0 – 3,6 H 48,5 – 46,8
Lg 1,60 Br 0,50 Tf 1,70
Diese Vertiefung des Profils 255 wurde aus Gründen der Sicherheit wegen der überhängenden Mauer 287/275 0,30 nach O versetzt, so daß die Pfahlspur 279 f von dem Profil geschnitten wurde.

298 einzelner Tuffquader, Per. II a
der ganz ähnliche Quader 328 liegt 1,73 weiter nach N, jedoch wenig weiter nach W; die Ziegellage 308 liegt in gleicher H wie der Ziegel auf dem Tuffquader.
Mitte bei O 58,06 N 1,24 OK H 47,51 (Ziegel OK H 47,55)
Br 0,36 – 0,39×0,41 Hh 0,44.
Tuff von frischem Aussehen, scharf aber nicht ganz rechtwinklig geschnitten.
Pläne: Taf. 4 u. 7.

299 früheste Mauer genau N – S, Per. I a.
Das Kapellenfundament 271 ist auf die Mauer gesetzt, während zwischen 299 und 308 noch die Kalkschicht r2 erhalten ist.
W-Flucht des Aufgehenden von O 62,40 N 1,90 nach O 62,40 N 0,06 OK H 47,10 UK H 46,20 OK Fundamentabsatz H 46,86.
Lg frei 1,84 Br ? Hh 0,90.
Das Fundament besteht aus 10 Lagen frisch geschlagener flacher, in eine enge Grube im gewachsenen Lehm gemauerter Grauwackesteine mit zackigen Kanten in weißem, festen Mörtel. Die oberste dieser Lagen springt 0,06 zurück. Bündig mit diesem Rücksprung beginnt das Aufgehende mit einer erhaltenen, 15 cm hohen Lage sauber behauener 0,59 langer Tuffsteine, deren Br nicht ermittelt werden konnte. Die genaue Einmessung des kurzen Mauerstücks wurde mit besonderer Sorgfalt in zwei voneinander unabhängigen Verfahren, die zum gleichen Ergebnis führten, vorgenommen, und zwar durch rechtwinklige Messung von der Meßachse (N=0,0) und durch Winkel- und Streckenmessung von zwei Fixpunkten aus.
Pläne: Taf. 4 u. 7.
Funde: Probe 104.

308 Ziegellage, Per. II a.
Der Rest liegt über Mauer 299 und Kalkschicht r2; im O durch das got. Fundament 271 abgeschlagen; im W wohl durch die Grube o3 des Profils 280 (Taf. 7) gestört. Fortsetzung nach N vielleicht durch die Arbeiter nicht beachtet und weggeräumt.
Zwei Punkte der (vielleicht zufällig erhaltenen) W-Kante:
O 62,43 N 0,94 und O 62,43 N 0,18; OK H 47,55
Lg noch 0,76 Br noch 0,20 Hh 0,36.
Unten 0,20 hohe lockere dunkelgelbe mörtelartige Masse mit vielen nußgroßen Kieseln, darauf 3 Lagen

Ziegel, deren Leisten abgeschlagen sind; zwischen den Ziegeln kiesiger Sand. – Unklar, ob als Boden (gleiche H wie Platte auf Quader 298) oder zu anderer Bestimmung dienend.
Pläne: Taf. 4 u. 5: (Die Profilzeichnung gibt hier nicht mehr den ursprünglichen Befund wieder. Als das Profil gezeichnet wurde, war die oberste, nur noch in Stücken erhaltene Platte weggeräumt.)
Funde: Probe 96.

309 Pfostenloch, Per. I a.
Mittelpunkt O 60,76 N 1,74 UK H 46,30
Dm oben 0,20 Lg 0,60.
Spitze eines kräftigen Pfahls von der untersten Kulturschicht (s), die in das Loch eingesunken ist, ausgehend.
Pläne: Taf. 4 u. 7 (das Loch lag jedoch 0,76 hinter [n] der Profilwand).

314 Estrich innerhalb der Apsis, Per. VI?
in Schnitt 230; an die Apsis 252 gestrichen aber stark gestört; 1,48 unterhalb des Bodens 265.
OK H 51,22
Hh 0,06 – 0,12 Br noch 0,18 Lg 1,97.
Mörtelstrich ohne erkennbare Stickung, die aber vielleicht weggeräumt ist. Nur ein schmaler Rand am Apsismauerwerk 252 b (wenig höher als der Mörtelwechsel, der nur an der Außenseite verfolgt wurde) erhalten. Fraglich, ob Boden zur ersten Anlage (VI) oder älterer und tieferer Kryptaboden der Periode - VII.
Pläne: nicht auf Taf. 7 (vgl. Profil 280 in Forschungen und Fortschritte 1948, S. 99, hier S. 17 und in Domfestschr. 1948 S. 167, hier S. 45.)
Funde: Probe 86.

328 einzelner Tuffquader, Per. II a.
1,73 von dem ähnlichen Quader 298 entfernt; die Verbindungslinie läuft nicht parallel zu der gleichzeitigen Mauer 287; im N ist der Quader vom got. Fundament 271 abgeschlagen.
Vermutlicher Mittelpunkt: O 56,98 N 3,34 OK H 47,47
Br 0,39 – 0,42×? Hh 0,44.
Im Aussehen 298 ganz gleichend; könnte vom gleichen leicht trapezförmigen Stein geschnitten sein. Die 4 cm tiefere Lage kann durch das got. Fundament verursacht worden sein.
Pläne: Taf. 4.
Fotos: Das Münster, 2. Jg. 1948, S. 7, hier S. 72.

329 frühe Mauer O – W, Per. I a
durch Apsis 252 bis auf die untersten 7 Lagen abgeschlagen; Mauer 287 ist daran, Mauer 275 daran und darauf gesetzt.
N-Flucht des Aufgehenden von O 57,46 S 0,94 nach O 54,0 S 0,85 (also schiefwinklig zu Mauer 299, aber rechtwinklig zum O-Rande der Kalkgrube 285, die an der Mauer ihre s Begrenzung findet).
OK H 47,90 OK Fundament H 46,9 – (im W) 46,8 UK H 46,24.
Lg frei 2,10 Br ? Hh 1,66.
Die Mauer ist der etwa gleichzeitigen Mauer 299 sehr ähnlich, aber nicht so sorgfältig ausgeführt. Die Steine wechseln in der Größe stark; Tuffsteine sind im Grauwacke-Fundament und umgekehrt Grauwacken im oberen Tuffmauerwerk vorhanden. Im Fundament keine durchgehenden Lagen. Rücksprung des Aufgehenden etwa 0,06; dieses in unregelmäßigen Lagen (Hh 0,06 – 0,18) aus größeren Lagen und ganz kleinen Flickstücken aufgeführt. Die obere Abbruchkante der Mauer entspricht der Grubenlinie 282; unter der Mauer 275 ist sie daher relativ hoch erhalten.
Pläne: Taf. 4 und Taf. 6 (schematisches Schnittbild etwa bei O 58).

Fotos: Das Münster, 2. Jg. 1948, S. 7, hier S. 72.
Funde: Proben 106 – 109.

Otto Doppelfeld

Die Domgrabung

V. Die Einzelfunde aus der Dreikönigenkapelle

Aus: Kölner Domblatt 4/5, 1950, 118–145

Es ist eine schwierige Aufgabe, im Rahmen eines kurzen Aufsatzes einen Überblick über die vielen Fundstücke einer Grabung zu geben, selbst wenn man sich dabei auf den kleinen Bezirk der Dreikönigenkapelle des Domes bescheidet; haben doch diese knapp 30 Quadratmeter, oder, wenn wir die Tiefe mitrechnen, rund 200 Kubikmeter Kölner Bodens an die 6000 Einzelfunde geliefert. Sie wurden während der Grabung in 106 Fundeinheiten dergestalt zusammengefaßt, daß jede dieser Einheiten immer die Funde enthält, die in einem bestimmten Bezirk, also beispielsweise in einem bestimmten Erdblock oder in einer Schicht gefunden wurden. Etwa die Hälfte der Stücke konnte gleich bei der ersten Durchsicht als belanglos beiseite gelassen werden, so daß jede Einheit oder Fundnummer neben den großen Stücken nur noch eine, in seltenen Fällen zwei oder drei Kästchen füllt. Nun gilt es für die hier folgende Übersicht wiederum aus der immer noch erschrecklichen Menge das allerwichtigste auszuwählen. Bei derartigen Sichtungen sind immer zwei grundverschiedene Gesichtspunkte nebeneinander maßgebend. Einmal können auch die bescheidensten Scherben im Hinblick auf ihre Herkunft bedeutsam sein, indem sie uns über den Charakter und vor allem die Zeitstellung der Schichten Auskunft geben, in denen sie gefunden wurden (Leitfunde). Daneben können die Stücke auch an sich einen künstlerischen, musealen oder wissenschaftlichen Wert haben. Dieser zweifachen Sicht entsprechend sollen im folgenden zunächst die Leitfunde, die über die Datierung der Schichten etwas aussagen können, und dann anschließend in einer Übersicht über die Gattungen die sonst bemerkenswerten Scherben behandelt werden, die zur Datierung nichts beisteuern können, weil sie in Schichten gefunden wurden, die beträchtlich jünger als sie selbst sind. Im Anschluß an die Keramik werden die sonstigen Funde geschlossen behandelt.

Leitfunde

Auf Taf. I sind die wichtigsten Leitfunde übersichtlich nach Schichten zusammengestellt. Es sind ausschließlich Scherben von Tongefäßen. Diese „fictilia" bilden ja bekanntlich immer, wenn wir vom Paläolithikum absehen, die eigentlichen Leitfossilien des Ausgräbers, denn sie haben als ständig benötigte aber leicht zerbrechliche Gebrauchsgegenstände nur eine kurze Lebensdauer, überdauern aber andererseits als Scherben im Boden unbegrenzte Jahrtausende. So findet man sie überall in genügenden Mengen, und diese Fülle gestattete der Wissenschaft, sie eingehender zu gruppieren und zu datieren als andere Kulturreste. Die unbegrenzte Lebensdauer der Scherben bringt es mit sich, daß fast jede Schicht der Ausgrabung neben zeitgenössischen Scherben auch allerlei ältere Reste enthält, die mit dem Erdreich, das man irgendwo abgrub, nach oben gelangten. Für die Datierung der Schichten sind also die jüngsten Funde ausschlaggebend. Daher sind auf der Tafel die Stücke, die zweifellos viel älter sind als das Gros, aus der fraglichen Schicht weggelassen.

Nachrömische Schichten

Auf der ersten, nachrömischen Hälfte der Taf. I fehlen daher alle römischen Scherben aus diesen Schichten. Eine weitere Aussonderung schien in diesem Teile jedoch nicht ratsam, denn über die Datierung der schlichten Gebrauchskeramik des Mittelalters herrscht noch sehr große Unklarheit. So ist hier fast das ganze nachrömische Material abgebildet. Es ist nicht sehr viel, denn wir befinden uns hier ja innerhalb des gotischen und hart vor dem Alten Dome. Man muß sich vielmehr umgekehrt fragen, wie denn die neuzeitlichen Scherben hierher gelangen konnten. Es wird wohl beim Einbau der Epitaphien der Wittelsbacher oder noch wahrscheinlicher beim Bau des Dreikönigenmausoleums im Jahre 1660 geschehen sein, als man zum Ausfüllen der Gräber Erde von draußen in den Dom schaffen mußte.

a, b) Diese neuzeitlichen, vermutlich 1660 in den Dom gelangten Dinge sind der Rest einer Tabakpfeife (1) aus weißem Ton und einige Scherben von sogenannten Hafnergeschirr, buntglasiert, wie man es noch heute in alten Häusern sehen kann. Der Ton ist weiß (2 – 4) oder ziegelrot (5 – 6). Die Innenwand ist stets hell grünlichgelb oder ockergelb glasiert, die Außenwand zeigt meist den matten Tongrund (4 – 6) oder eine andere, etwa braun und gelb gemusterte Glasur (2 – 3); die gleichen Farben trägt die Schale (5) im Innern; Nr. 4 ist der Griff eines dreibeinigen Tiegels.

Die spätgotischen Schichten (b) ließen sich bei der Fundbeobachtung nicht von den obersten trennen. Die Keramik dieser Zeit nach 1322 wird durch den Krug (7) aus hellgrauem Siegburger Steinzeug mit braunen Glasurflecken und durch einen Krug (8) in älterer Technik aus grauschwarzem, an der Rinde schmutziggrauem Steinzeug wohl einheimischen Ursprungs vertreten. Das kleine kugelige Hängegefäß (9) aus hartem gelbem Ton dürfte dagegen etwas älter sein, ebenso die nach Pingsdorfer Art mit Klecksen bemalte Topfscherbe (10), die wegen ihres blaugrauen, sehr hart gebrannten und beiderseits graugelb überzogenen Tones vermuten läßt, daß die Pingsdorfer Malweise vielleicht noch recht lange nachlebte.

c, d) Die in der Zeit zwischen 1248 (Abbruch des alten Doms) und 1322 (Chorweihe) aufgetragenen hochgotischen Schichten bargen als Leitfunde wiederum das gelbe, im Tonkern hellblaue aber nur matt glasierte Siegburger Steinzeug („gelbgraue Ware", 11 – 13) neben der primitiveren, „rotbraunen", im Kerne schwarzen Kruggattung (14 – 16). Dazu treten Gattungen, die vielleicht nicht mehr im Gebrauch waren, jedenfalls aber viel älteren Ursprungs sind, nämlich grautonige Kugeltöpfe mit hellroter (17) oder dunklerer (18) Rinde und weißtoniges, außen gelbliches Geschirr (19), das der typischen Pingsdorfer Ware (20 – 21) sehr ähnlich ist.

e) Das Material aus dem salisch-staufischen Friedhof dürfte in der Hauptsache der zweiten Hälfte des 11. Jahrhunderts (1058 Gründung des Stifts Maria ad gradus) und dem 12. Jahrhundert angehören, mit einem äußersten Endtermin von 1248. Das Siegburger Steinzeug reicht nicht mehr in diese Tiefe hinab, wohl erkennen wir die primitivere „rotbraune" Gattung von Krügen wieder (22 – 24, 30). Nicht davon zu trennen ist die Technik einiger Böden (26 – 29), die bei gleichem Äußeren im Tonkern gelbgrau sind. Wir müssen diese Gattung als eine Vorstufe und auch minder vollkommene Art von Steinzeug ansehen. Ganz anderer Art dagegen ist das „blaugraue", außen fleckig schwarz geschmauchte Geschirr (31 – 32, wohl von ein und demselben

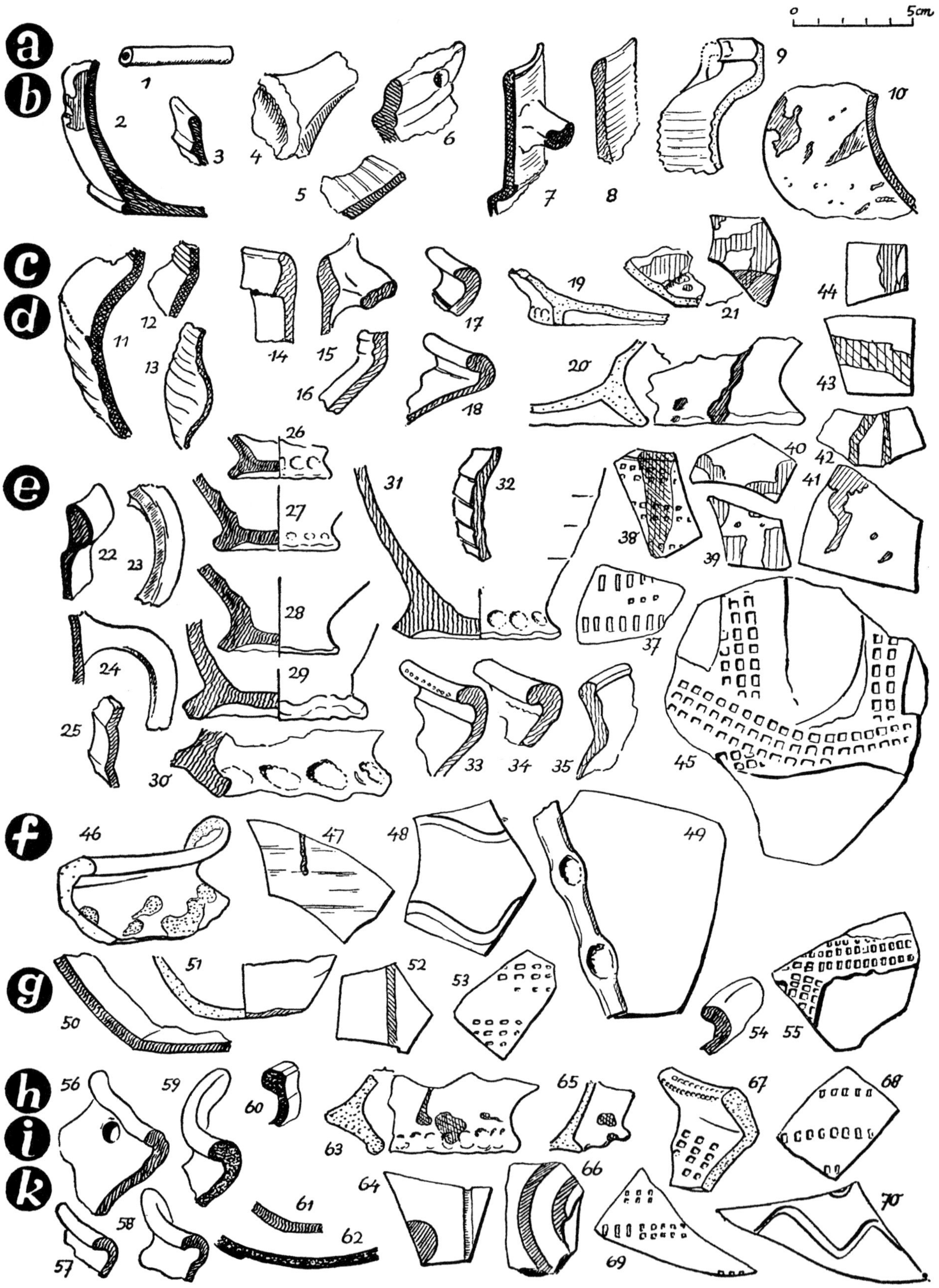

Tafel I. Leitfunde (nachrömisch) – Maßstab 1 : 2,5.

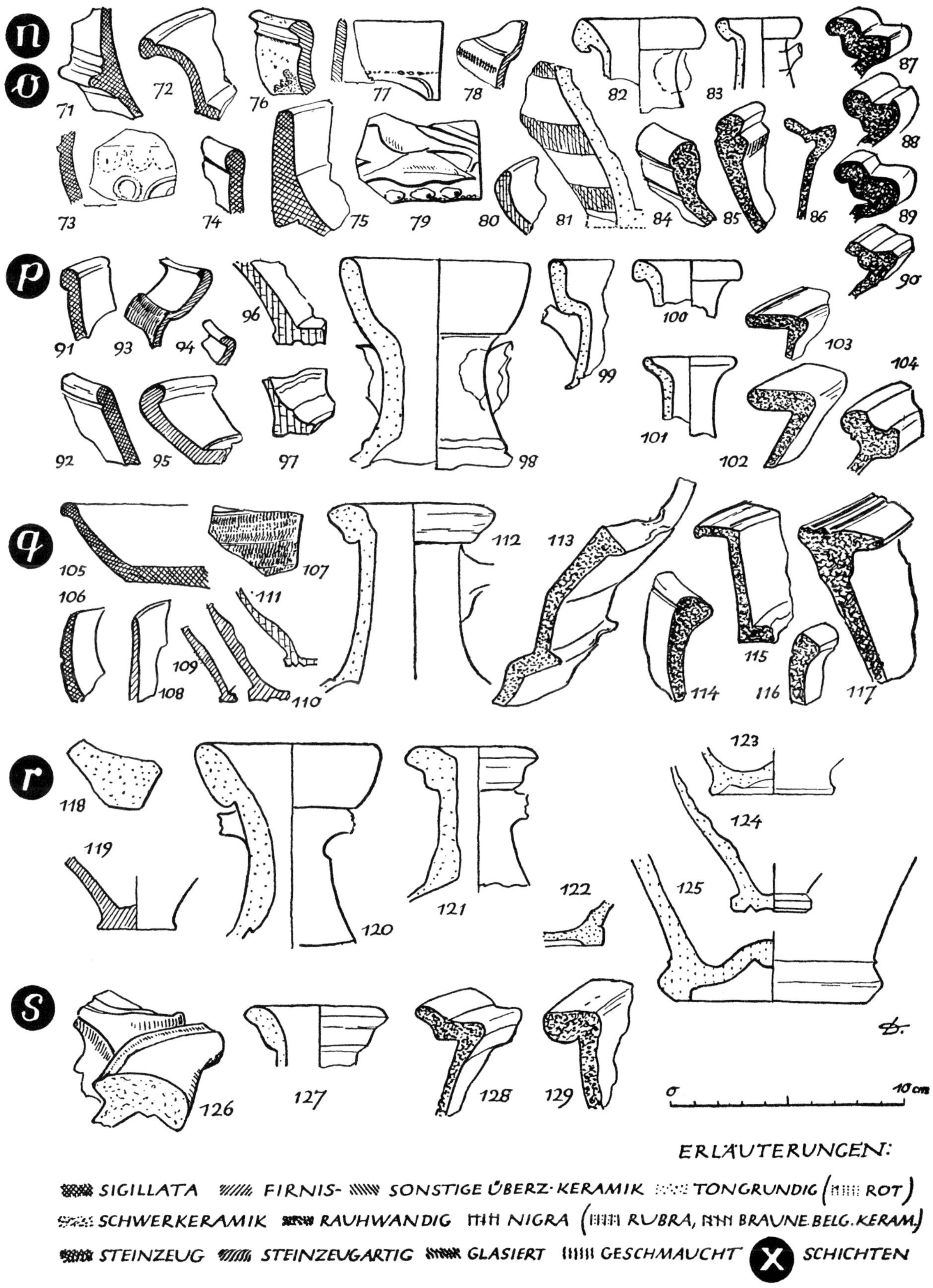
n
o
p
q
r
s
0
10 cm
ERLÄUTERUNGEN:
SIGILLATA
FIRNIS-
SONSTIGE ÜBERZ·KERAMIK
TONGRUNDIG (ROT)
SCHWERKERAMIK
RAUHWANDIG
NIGRA (RUBRA, BRAUNE BELG. KERAM.)
STEINZEUG
STEINZEUGARTIG
GLASIERT
GESCHMAUCHT
X SCHICHTEN

Maßstab 1 : 2,5.

Krug). Neben diesen die Schicht datierenden Leittypen finden sich wieder die älteren, wohl auch noch im Gebrauch befindlichen Kugeltöpfe aus blaugrauem geschmauchtem (35) oder fleckig hellrot gebranntem Ton (33 – 34), ferner die übliche gelblichweiße mit Farbflecken oder Rollstempeln oder in beiden Arten verzierte Ware mit wenig glatter Oberfläche (37 – 44), und schließlich (45) „Reliefbandamphoren", große eiförmige Fässer mit enger Mündung, an der meist vier breite Bandhenkel ansetzten. Der Ton ist der gleiche wie bei den Kugeltöpfen und wie bei diesen häufig an der Rinde hochrot gebrannt.

f) Die wenigen Scherben aus den Schichten f (Pingsdorfer Ware, 46 – 47, Scherbe mit Wellenlinie, 48 und Scherbe mit aufgesetzter Leiste 49) sind gute Vertreter der ottonischen Zeit, in die wir diese Schichten gesetzt haben; freilich kommen sie auch schon in karolingischer Zeit vor.

g) Das gleiche gilt für die bemalten (52), mit Rollstempeln (53) und Reliefbändern (55) verzierten Scherben der Schichten g aus spätkarolingischer Zeit. Bemerkenswert sind die Scherben von Kugeltöpfen aus grauem (54) oder braunem Ton, die beinahe steinzeugartig gebrannt sind. Einer anderen, besonders im karolingischen Badorf bekannt gewordenen Gattung gehören die linsenartig herausgearbeiteten Gefäßböden an (50 schokoladenbrauner, steinzeugartiger Ton, 51 gelbweißtonig).

h) Die dünnen Kies- und Schuttlager unter den Paradiesplatten Hildebolds bargen keine Funde, doch gehören sie in die gleiche hochkarolingische Zeit wie die Gruben i und k darunter.

i, k) Bei der Durchsicht der Scherben aus der großen Grube k zum Fundament der Ostapsis des Alten Doms zeigte es sich, daß zwischen den Mengen römischer Keramik doch eine Anzahl karolingischer Scherben waren. Wir können also bei der Datierung des Alten Doms einen Schritt weiter gehen als uns die stratigraphischen Erwägungen, die uns nur eine nachrömische Datierung gestatteten (IV. Bericht, S. 128=hier S. 86), gebracht haben. Es fanden sich in der Grube: gute Pingsdorfer Keramik (63 – 65) der gegenüber die noch umstrittenen Scherbe (66) von der Sohle des Fundaments an Bedeutung verliert; ferner, wie auch in den Schichten g, „Linsenböden" (61 braungrau, steinzeugartig, 62 wie Pingsdorfer Ton, mit hellrotem Kern), gute karolingische Kugeltöpfe, alle durch und durch steinzeugartig hart gebrannt mit dünner, dunkler gefärbter, glasharter allerdings nicht glatter Rinde (56 durchlocht, graubraun, 57 gelbbraun, 58 schokoladenbraun, 59 sattgelb), schließlich aus dem Pingsdorfer Ton ein Schalenrand (60) und mit Rollstempeln verzierte Scherben (67 – 69). Diese kleine Scherbengruppe aus der Grube k dürfte auch für die Keramikforschung von Wert sein, denn bei den Gegebenheiten (Beginn des Dombaus etwa im zweiten Jahrzehnt des 9. Jahrhunderts) müssen die in der Grube vertretenen Gattungen bereits im 8. Jahrhundert voll entwickelt gewesen sein.

Römische Schichten

m, n) Der letzten römischen Periode (IV), die in der Dreikönigenkapelle bis auf das eingetiefte Pfeilerfundament (272) gänzlich abgegraben ist, läßt sich natürlich kein Leitfund zuteilen. Auch die Schichten n, die mit den Schichten o eine zeitliche Einheit bilden dürften (Periode III), lieferten nur eine brauchbare Scherbe von einer Sigillata-Kragenschüssel (71) Dragendorf 44 bez. Niederbieber 18, die in die erste Hälfte des 3. Jahrhunderts zu datieren sein dürfte, wonach also die Kölner Kolonnaden, zu denen ja der Pfeiler 272 gehört, kaum vor die Mitte des 3. Jahrhunderts gesetzt werden können.

o) In die gleiche Spätzeit weisen die von n kaum zu trennenden Funde der Schichten o. Freilich pflegt man den weißtonigen Krug (81) mit aufgemalten roten Bändern erst vom Ende des 3.

Jahrhunderts ab zu datieren, aber der Beginn dieser Malweise mag immerhin doch erheblich früher liegen. Die übrigen Funde dieser Gruppe fallen zum größten Teil in das Jahrhundert zwischen etwa 150 – 250. Bei der Sigillata sind Formen, die um und nach 150 anzusetzen sind (72 Niederbieber 2 in einem Frühstadium mit nach unten hängendem Rand wie im antoninischen Newstad; 73 ist der Rest einer späten Bilderschüssel; 74 ist nicht eindeutig zu bestimmen), neben späteren Formen (75 von einer Reibschale wie Taf. II, 17=Niederbieber 22, aber noch bis an das Ende des 3. Jahrhunderts belegt). Die gelb-rot marmorierte Scherbe 76 gehört wohl dem 1. Jahrhundert an. Eine grünglasierte Scherbe aus weißen Ton (77) der Zeit um 200 zeigt durch ihre Form und Ornamentik, an welche Gattung die im 3. Jahrhundert in Köln blühende gelb und grün glasierte Keramik anschloß, nämlich an die Firnisbecher mit Jagdszenen, von denen eine Scherbe (79) in den gleichen Schichten gefunden wurde. Die neuen eleganteren Erzeugnisse der Firniskeramik des 3. Jahrhunderts vertritt eine kleine Scherbe (78) bester Technik aus rotem Ton, die wohl Trierer Herkunft ist, woher die neuen Anregungen für diese Gattung herzuleiten sind. Die tongrundigen Krughälse (82 – 83), die rauhwandigen Schalen (84 – 85, vgl. Niederbieber 112) und die rauhwandigen Kochtöpfe mit Herzprofil (87 – 90, vgl. Niederbieber 89) fügen sich in den Rahmen. Die kleine weißverbrannte Nigrascherbe (80) ist zeitlich schlecht festzulegen. – Das mehrfach herangezogene Kastell Niederbieber ist von etwa 190 – 260 besetzt gewesen (F. Oelmann, Die Keramik des Kastells Niederbieber, Frankfurt, 1914=Materialien zur römisch-germanischen Keramik, I). Die Funde unserer Schichten n o reichen also bis zur Mitte des 3. Jahrhunderts. Sie datieren die III. Periode der Grabungen, die wir mit dem Dionysosmosaik um 150 beginnen und mit der Errichtung der Kolonnaden enden ließen. Diese können keineswegs vor 250 errichtet worden sein, denn in der Dreikönigenkapelle haben wir zwischen das oben beschriebene Scherbenmaterial und den Pfeiler noch den Bau des Raumes einzugliedern, von dem der Boden 294 und der Heizkanal 273 erhalten sind, und der noch vor den Pfeiler, der ihn zerschlagen hat, also etwa an das Ende der Periode III zu setzen ist. (Vgl. Profil 80, Taf. 5 des IV. Berichtes, hier S. 108)

p) Die nächsttieferen Schichten der Periode IIb enthielten Scherben von Gefäßen, die alle vor der Mitte des 2. Jahrhunderts entwickelt waren, aber teilweise auch noch viel länger dauerten, so daß sie einzeln genommen eine präzise Datierung nicht ermöglichen würden, insgesamt aber unsere Ansetzung der Periode IIb von flavischer Zeit bis zur Mitte des 2. Jahrhunderts rechtfertigen. So gehören die beiden Sigillata-Ränder zu länger lebenden Formen, zeigen jedoch Merkmale früher Vertreter ihrer Gattungen. Der Rand (91) der Bilderschüssel Dragendorf 37 hat eine niedrige ornamentfreie Zone, und der konische Becher (92) Dragendorf 33 hat weder die frühe Biegung nach innen, noch wie das Taf. II, 22 abgebildete Stück die leichte Schwingung nach außen, sondern eine gerade Wand, und zeigt ferner eine Rille am oberen Außenrand; das sind Einzelheiten, die gerade für die Zeit der Periode IIb charakteristisch sind. Sehr langlebig ist der Firnisbecher der Form Niederbieber 32c, der in zwei weißtonigen Scherben vertreten ist (93 – 94); er beginnt im frühen 2. Jahrhundert. Der weißtonige rötlich schwarz gefirniste Teller (95) mit eingezogenem Rand ist typisch für den Anfang und die Mitte des 2. Jahrhunderts und tritt in Niederbieber nur noch in einem Exemplar „als Irrläufer" auf (Niederbieber 40). Ferner fügen sich gut in die angesetzte Zeit die Topf- und Schalenränder (102 – 104), die schon in Hofheim belegt sind (Hofheim 91=Wiesbaden 10). Die Nigraböden (96 – 97) und die weißtonigen Krughälse (98 – 100) geben wenig Anhalt zu näherer Datierung. Der kleine weißtonige Hals (101, ohne Farbspuren) dürfte zu einem Salbfläschchen des 1. Jahrhunderts gehören.

q) Wenn wir Periode IIa der Grabung, die den Schichten q entspricht, in die Zeit vor dem Bataveraufstand datierten, so bietet das Material aus diesen Schichten nicht ganz das Bild, das man bei einer vorflavischen Schicht erwartet hätte. Freilich kommen die meisten Stücke in dem in dieser Zeit belegten Lager von Hofheim vor, etwa die Sigillataschale (105) Dragendorf 18 (=Hofheim 2), ferner der Firnisbecher (109) mit Sandbewurf (Hofheim 25), der Krug 112 (Hofheim 50), die „Räucherschale" 113 (ähnlich, aber größer als Hofheim 71 Ba) und der Nigraboden (111) sowie das rauhwandige Topfprofil 117 (Hofheim 91). Von den rauhwandigen Schüsseln (114 – 116) entspricht 115, eine Form, die in Köln vielfach auftritt, nur annähernd Hofheim 94A, während 114 und 116 in späterer Zeit geläufig sind (Niederbieber 111), aber auf die claudische Zeit zurückgehen. Aber die kleine Sigillatascherbe 107 von einer Schüssel Dragendorf 37 ist erst von hadrianischer Zeit ab sicher belegt, wenngleich man annimmt, daß ihr erstes Auftreten ebenso wie das der Bilderschüssel gleicher Form bereits in neronischer Zeit erfolgte (Niederbieber 16). – Das vielfach zitierte Lager von Hofheim im Taunus war 40 – 51 (und später nochmals 74 – 80) belegt. Vgl. E. Ritterling, Das frühröm. Lager bei Hofheim = Nassauische Annalen 40, 1912.

r) Spärlicher wird das Material aus den tiefsten Schichten, die nur durch schmälere Schlitzgräben aufgeschlossen wurden. Die weißtonigen Krughälse (120 – 121) sprechen zwar nicht gegen eine Datierung der Schicht r in claudische Zeit, sind aber auch keine charakteristischen Vertreter dieser Epoche; die Böden (122 – 124) dagegen weisen die saubere Bearbeitung claudischer Zeit auf (Hofheim 30, 50, 51 u. a.). Von der orangerot gefirnisten und mit Sandbewurf versehenen Scherbe (118 weißer Ton) und dem einfach abgestrichenen Boden eines schwarzen Firnisgefäßes (119) läßt sich nicht viel Genaues sagen. Das hellrot ziegelartig gebrannte Stück 125 schließlich scheint überhaupt nicht zu einem Gebrauchsgefäß gehört zu haben.

s) Wenn wir die dünne Kulturschicht dicht über dem gewachsenen Boden nach den vier in ihr gefundenen Scherben datieren müßten, würden wir sie eher für claudisch als augusteisch halten, denn wir vermissen die wirklich und ausschließlich frühen Dinge, wie arretinische Sigillata, Haltener Kochtöpfe und scharf geschnittene Krughälse, die jetzt südlich des Doms in genügender Menge aus den untersten Schichten geborgen wurden. Trotz dieses Fehlens müssen wir die erste Periode der Dreikönigenkapelle in die Frühzeit unter Augustus datieren, und wenn wir sie bis an das Jahr 50 heranreichen lassen, so gehören die vier Scherben sicher wohl in die zweite Hälfte oder an das Ende der Periode. – Die Reibschale mit Ausguß (126) aus weißem Ton tritt gerade noch in Haltern auf und wird „erst in tiberischer Zeit am Rheine dominierend" (Haltern 60), um dann in Hofheim (Hofheim 80B) in Mengen zu erscheinen. Der weiße Krugrand (117) erinnert nur noch schwach an seine scharfgeschnittenen Ahnen, doch ist die Verflachung, wie wir sie hier sehen, im frühen Lager von Hofheim der Jahre 40 – 51 nach Christi Geburt an einigen Krügen bereits ebenso weit fortgeschritten (Hofheim 50 und 62). Der rauhwandige Topfrand (128) wird etwa in die gleiche Zeit gehören; er unterscheidet sich deutlich von den viel späteren herzförmigen Profilen aus den Schichten o (87 – 89). Den rauhwandigen Tellerrand (129) mag man an die ähnlichen Formen Haltern 56 und Hofheim 94 anschließen. – Das Bild der ersten Periode ist in der Kapelle ganz anders als draußen vor dem Dom; es fehlen die Spuren des Alltagslebens mit Abfallgruben, Brunnen, Scherben und Hüttenresten. Statt dessen stehen hier die schönen Mauern 299 und 329, die einzigen frühen im weiten Umkreis, und lassen vielleicht auf eine besondere Bedeutung der Stelle schließen. – Das vielfach genannte Lager Haltern war von 11 vor bis 16 nach Christus belegt. (S. Loeschcke, Keramische Funde in Haltern = Mitt. d. Altertums-Kommission für Westfalen V, 1909, S. 101 ff.).

Gattungen

1. Keramik unbestimmter (und vorrömischer) Zeit

Die einzige Scherbe, über deren Alter noch Unklarheit herrscht, ist bereits bei k besprochen worden (Taf. I, 66). – Vorrömische Keramik ist nicht gefunden worden.

2. Römische Keramik

1. Terra Sigillata (Taf. II.)

(1) Wie schon zur Schicht s bemerkt wurde, fehlen mit Ausnahme einer Firnisscherbe augusteische Kleinfunde in der Kapelle ganz. Es fehlt daher auch die arretinische Sigillata. – (2) Die im Anschluß an diese in den neuen süd- und mittelgallischen Fabriken hergestellte Reliefsigillata ist in ihrer älteren Form durch zwei Scherben (8 – 9) der knickwandigen Schalenform Dragendorf 29 vertreten. Das hübsche Rankenmuster (8), das die obere steilere Zone der Schale zierte, ist in dieser Form bei verschiedenen Meistern zu finden, das merkwürdige Blättchen darin aber bei einem engeren Kreise von Töpfern, von denen die zur Zeit des Claudius und Nero zusammen arbeitenden Töpfer Bassus und Coelus unserer Ranke am nächsten kommen. Von neronischer Zeit an verdrängt die neue halbkugelige Form der Bilderschale (Dragendorf 37) mit einer oberen freien Zone die alte große Bilderschüssel bald ganz. Die neue Form wird hauptsächlich in ostgallischen also rheinischen Fabriken hergestellt. Die hier abgebildeten Proben zeigen schon stark entartete Figuren, eine lemurenartige Gestalt (1), die wohl lange vorher einmal einen Hermes mit Caduceus und Geldbeutel dargestellt hat (vgl. Katalog Slg. Nießen 1625), und eine in einem Rundmedaillon laufende Gestalt (7), vielleicht ein Bogenschütze wie Slg. Nießen 1705. Die Reliefbilder entarten im 2. Jahrhundert mehr und mehr und werden auch durch ganz einfache Muster (10) ersetzt. – (3) Von den gleichzeitig mit der Reliefkeramik hergestellten unverzierten Gefäßen seien nur einige Beispiele erwähnt: der fast ganz erhaltene, sehr häufig vorkommende Becher (22) der Form Dragendorf 33, von dem wir bei den Schichten p schon sagten, daß er wegen der leichten Ausschwingung zu den späten, antoninischen Beispielen dieser Form gehört; die Scherbe einer Reibschüssel mit Ausguß und Kragen (18) der Form Dragendorf 43 (etwa 150 – 250 nach Christus); und zwei Böden (20 – 21), wohl von halbkugeligen Schälchen mit eingeschnürter Wand (Dragendorf 27, 1. und erste Hälfte des 2. Jahrhunderts) mit leider kaum lesbaren Stempeln VIT(ALIS) und CA. . . sowie den Boden (19) einer Schale Dragendorf 18 mit Stempelrest . . .ERG auf dem nach oben gewölbten Boden (claudisch-trajanisch). – (4) Marmorierter Sigillata ähnelt das schon bei den Schichten o besprochene Stück (Tafel I, 76); aber sein Randprofil gehört zu keiner Sigillataform. – (5) Die mit Kerbband verzierte Sigillata vom Typ Niederbieber 16 ist gleichfalls schon (bei q, Taf. I, 107) besprochen und vermutungsweise in neronischer Zeit beginnend datiert worden. – (6) Ganz anders, nämlich nicht mit einem abgerollten Rädchen, sondern mit einem Schleifrade ist die Sigillata mit Glasschliffdekor verziert worden. Dies ist eine der neuen Weisen, die die alte Reliefverzierung verdrängen; sie tritt auf neuen Formen auf, nämlich bei Flaschen, Krügen, Vasen, oder, wie bei unserm Beispiel (11) auf dem oben und unten durch kräftig profilierte Leisten eingerahmten Fries von steilwandigen, mehr oder weniger stark rundlichen Näpfen (Drag. 44, Ludowici SM, Niederbieber 19). – (7) Die beliebteste Verzierung der neuen Gefäßformen ist die mit Tonschlamm-Malerei mittels eines Spritzbeutels (á la barbotine). Auf dem Rande kleiner Teller einer ganz bestimmten Form (Dragendorf 35 und 36) tritt sie schon seit neronischer Zeit, aber immer nur mit den gleichen Blättchen auf (15). Nun aber sehen wir sie die Wände von Flaschen, Krügen (16) und Kragenschüsseln (13) in ganz freier Manier überspinnen. Ein Meisterstück dieser Gattung ist der Delphin (14) am Grunde eines kräftigen Tellers, Dragen-

[1] Die folgende Übersicht erstreckt sich nur auf das im eigentlichen Sinne archaeologische Material, also auf von Menschenhand geschaffene Dinge. Die naturwissenschaftlichen, anthropologischen und zoologischen Funde sind noch nicht bearbeitet und werden ebenso wie die Materialbestimmungen besser in einem größeren Zusammenhang behandelt. Von den archaeologischen Funden werden zunächst die keramischen, dann die sonstigen kunstgewerblichen und schließlich die baulichen Reste besprochen, wobei jeweils zuerst die unsicheren und vorgeschichtlichen, dann die römischen und zuletzt die nachrömischen Dinge behandelt werden. Für die weitere Einteilung dieser neun Gruppen von Altertümern vgl. den II. Bericht, Domblatt 1, 1948 = hier S. 20 ff.

dorf 32. Eine plastische Verzierung an dieser Stelle ist für den praktischen Gebrauch des Tellers natürlich denkbar ungeeignet; sie ist daher auch sehr selten dort anzutreffen. Zu vergleichen ist ein Fisch in der gleichen Technik auf einem Teller von der Saalburg (Röm.-Germ. Korr. Bl. VII, 1914, S. 55, Abb. 27); ferner auf einem Teller in Mainz ein Pfau, und ein Hahn auf einem Teller aus Friedberg in Darmstadt (beide ebendort S. 26, Abb. 12). Es handelt sich in allen Fällen um dieselbe Tellerform und die gleiche Technik. Als Herkunftsort kann man Rheinzabern annehmen. Die hellenistischen Fischteller sind nicht plastisch verziert, sondern gemalt, also als Teller zu benutzen; auf ihnen tummeln sich bezeichnenderweise auch nur genießbare Meeresbewohner, zu denen der Delphin ja nicht gehört (L. Lacroix, La faune marine dans la décoration des plats á poisson, Verviers o. J.). Sonst aber ist der Delphin ein beliebtes Motiv auf vielen Vasengattungen aller Zeiten, auch auf der Reliefsigillata und auf anderen Formen der Barbotine-Sigillata (vgl. Niederbieber 19, Oelmann, a. a. O. S. 29, Tafel V, 3, 4,). – (8) Eine weitere aber nicht so verbreitete Art die Sigillata zu verzieren ist die Applikation, das Aufkleben plastischer Formen auf das fertig gedrehte Gefäß. Allgemein geläufig ist sie nur bei einer Form, nämlich der Reibschale (Niederbieber 22, Dragendorf 45) mit einem röhrenförmigen Ausguß, der durch einen Löwenkopf maskiert ist. Dieser ist vielfach so flüchtig modelliert, daß er eher einem Fledermauskopf ähnlich sieht (17). Diese Reibschalen gehören etwa in die Zeit von 150 – 250, kommen aber noch bis zum Ende des 3. Jahrhunderts vor. – (9) Der letzte Ausläufer der Sigillata ist die Rädchensigillata des 4. Jahrhunderts (12). Die alte Schüsselform Dragendorf 37 wird mit Kästchenmustern verziert, die in ein Rädchen eingeschnitten sind und um das Gefäß herum in dichten Streifen untereinander abgerollt werden, so daß der Eindruck eines Schachbretts entsteht. Uralte prähistorische Motive beginnen sich hier auf der römischen Keramik breit zu machen, um in den nachrömischen Jahrhunderten gänzlich zu dominieren.

2. Firniskeramik (Taf. III)

Die älteste Scherbe (5) der Dreikönigenkapelle ist dünnwandig aus weißem Ton mit schwarzem Firnis und gehört zu einem Becher mit eingezogenem Rand der Form Haltern 41 d, die nur noch in einigen Exemplaren in die Zeit des Tiberius reicht. Von ausgesprochen, claudischer Firniskeramik ist nichts vorhanden. Der einfache Teller (11) kommt auch in Hofheim vor. Sehr genau läßt sich der in Köln häufige Becher mit Sandbewurf und feinem Karniesrand (6 – 7) in die vier Jahrzehnte von etwa 80 – 120 nach Christus datieren (Wiesbaden 11, 12). Der vielleicht nicht viel jüngere bauchige Becher (8, aus rotem Ton) mit einwärts geneigtem Hals und Kerbbändern, dem wir schon in den Schichten o begegneten, dauerte bis in die spätrömische Zeit fort. Eine Zeitlang, von etwa 150 bis nach 200, wird die Form neben anderen Trägerin der besonders in Köln bekannten Jagddarstellungen (1 – 4), mit wild um das Becherrund herumhetzenden Tieren, meist Hasen, Rehe, Hirsche (1), gehetzt von einem Hunde, alles in unerhört virtuoser Barbotinetechnik leicht auf die Gefäßwand aufgespritzt. Einzigartig ist der prachtvolle Löwe mit seiner wundervollen Mähnen-Perücke. Die Hetze spielt sich zwischen großen schön geschwungenen Ranken ab (2 – 3, vgl. auch Taf. I, 79). Diese Jagdbecher sind alle aus weißem Ton und sicher in Köln hergestellt. – Ein etwa gleichzeitiges billigeres Produkt der Kölner Töpfereien ist der schlichte doppelkonische Becher (9, weißer Ton) mit einfacher, fast die ganze Wand füllender Rädchenverzierung. – Eine der zuletzt erscheinenden Formen ist der bauchige Becher mit hohem Kegelhals und Rundstablippe (10, roter Ton, vgl. auch Taf. I, 78). Der Typ scheint um 200 in Trier entstanden zu sein. Er ist meist mit besonders dünnen Wänden und einem metallisch glänzenden Firnis versehen, auf dessen schwarzem Grunde gerne weiße und auch hellrote Ranken und Sprüche in filigranartiger Eleganz angebracht sind.

3. Sonstige überzogene Keramik (Taf. III.)

Hier ist zunächst eine seltene Gattung zu nennen, das „bronzierte Geschirr" mit „Goldglimmerüberzug" der ersten Hälfte des 1. Jahrhunderts, das in Nachahmung von Metallgefäßen, wie

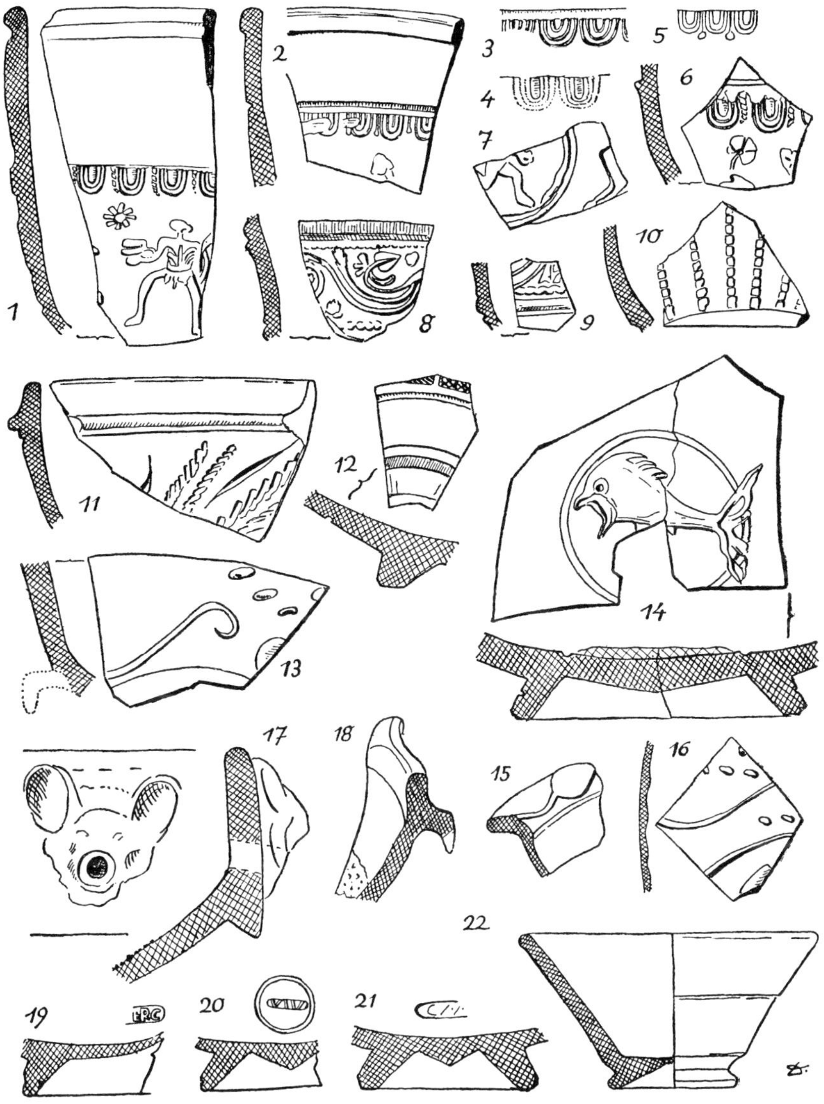

Tafel II. Sigillata – Maßstab 1 : 2,5.

man annimmt, in Trier hergestellt wurde. Aber auch in Köln finden wir immer wieder Scherben von Töpfen und Tellern (12) dieser Gattung. – Weiterhin sei hier eine dünne weißtonige Scherbe (14) mit feinen rotbraun aufgemalten Strichen angeführt.

4. Tongrundige Keramik (Taf. III)

Von den schlichten Tonkrügen ist bei den Schichten schon mehrfach gesprochen worden, wobei die charakteristischen frühen Typen vermißt wurden; hier sei nur noch ein eigenartiger weißtoniger Randscherben einer Schale mit gekerbter Leiste abgebildet (16).

5. Schwerkeramik (Taf. III)

Die vielen Amphorenscherben, -henkel und -ränder, die wie überall auch in der Dreikönigenkapelle das Scherbenmaterial anschwellen ließen, wurden, da größtenteils nichtssagend, ausgeschieden. Nur ein Amphorenstempel, wie sie auf den Henkeln dieser großen als Versandbehälter für Wein, Saucen und sonstiges flüssiges Gut verwendeten Tongefäße als Etikett der Herstellerfirma des Behälters oder ihres Inhalts vorkommen, wurde gefunden (18, der Henkel ist auf der Zeichnung doppelt so stark verkleinert wie die übrigen Scherben). Der vollständige Stempel ist in Rom am Monte testaccio [CIL, XV 1325], in Ehl im Elsaß und in Besançon gefunden worden [CIL, XIII 10002, 425]. Er lautet: OF (ficina) G (aii) R (. . .) AR (. . .) LVG (. . .).

6. Rauhwandiges Geschirr (Taf. III)
Hierzu zählen nicht nur die groben Kochtöpfe und Schüsseln, die wir bei den Schichten mehrfach antrafen, sondern auch feine dünnwandige Becher und Töpfe mit sorgfältiger Verzierung in Barbotinetechnik, von denen eine Scherbe in der Kapelle gefunden wurde (nicht abgebildet).

7. „Belgische" Ware (Taf. III)
Als solche bezeichnet man die mit der römischen konkurrierende und sie teils täuschend imitierende, andererseits aber auch mit einer Fülle origineller eigener Formen und besonderer technischer Gattungen, wie Terra nigra, Terra rubra u. a., aufwartende einheimische Keramik-Industrie. Die Konkurrenz baut aber von claudischer Zeit an schnell ab, wenigstens verschwinden die Eigenheiten fast ganz, um später wieder in gemilderter Form aufzutreten. Als eine ausgesprochen frühe Keramik ist sie in der Dreikönigenkapelle wie alles Frühe schwach vertreten. Ein Stück jedoch fand sich hier, das besondere Aufmerksamkeit verdient, nämlich der Rand einer Schüssel (17), die in groben Zügen ohne genau imitieren zu wollen, die frühen Bilderschüsseln Dragendorf 29 nachahmt. Der Ton ist rotbräunlich weiß und mit einem dünnen blaßroten Überzug versehen. Der fein profilierte und gestrichelte Rand des Sigillata-Vorbildes ist durch einen außen angebrachten Wulst mit einer mittels Rädchen hergestellten Kerbung nachgeahmt. Zu vergleichen sind eine ganze Schale der Sammlung Nießen im Röm.-Germ. Museum in Köln (2981) in weißgebrannter Nigra, eine Scherbe von der Alteburg (Katalog-Slg. Nießen S. 140) und zwei Scherben von der Georgskirche (Köln, Inv.-Nr. 30. 1187 und 1325). Die angeführten Vergleichsstücke sind sämtlich in Nigratechnik, während das neue Stück den roten Sigillataton nachahmt, doch halten sie sich in der Form und Verzierung etwas enger an das Vorbild, indem sie dem oberen Lippensaum eine etwas feinere Profilierung geben und durch mit dem Zirkel geschlagene konzentrische Kreise das Guirlandenmotiv der Bildschüsseln (vgl. Taf. I, 8 – 9) flüchtig nachahmen.

8. Germanische Keramik römischer Zeit
In der Dreikönigenkapelle wurde keine germanische Keramik gefunden, doch sei bei dieser Gelegenheit ein ganzer Kochtopf einfachster Form erwähnt, der vor dem Südportal des Doms in einem augusteischen Brunnen mit Ateius-Scherben zusammen gefunden wurde und streng von dem „Halterner Kochtopf" (Haltern 91 „belgischer" Herkunft zu trennen ist, – strenger als Loeschcke es (Mitt. d. Altert. Komm. f. Westf. V, 1909, S. 296) tut. Er ist zu Loeschckes Typ Haltern 98 und zu Hofheim, S. 379 Abb. 98, 1 – 3 zu stellen und ist, wie Loeschcke (a. a. O. Abb. 48 A) nachweist, sehr langlebig. Ferner hat sich an anderer Stelle im Dom eine mittelkaiserzeitliche germanische Urnenscherbe gefunden.

9. Sonderformen (Taf. III).
Ein einziges Lampenfragment fand sich in der Dreikönigenkapelle, nämlich (13) der Boden einer rottonigen „Firmalampe" (Hofheim 39). Mit dem Firmenstempel VRSIO F(ecit). Der Lampenfabrikant Ursio ist aus Köln, Xanten und Vichy bekannt (CIL, XIII 10001, 342). Schließlich haben wir zum Beschluß der römischen Keramik noch ein in den obersten Schichten gefundenes, zwar tönernes, aber nicht eigentlich keramisches Produkt aufzuführen, den Henkel der Abformung einer Silberkanne mit reicher, aus bacchischen Symbolen zusammengesetzter Verzierung, den T. Dohrn im Anschluß an diesen Bericht in einem besonderen Aufsatz würdigt. Die Silberkanne war nicht

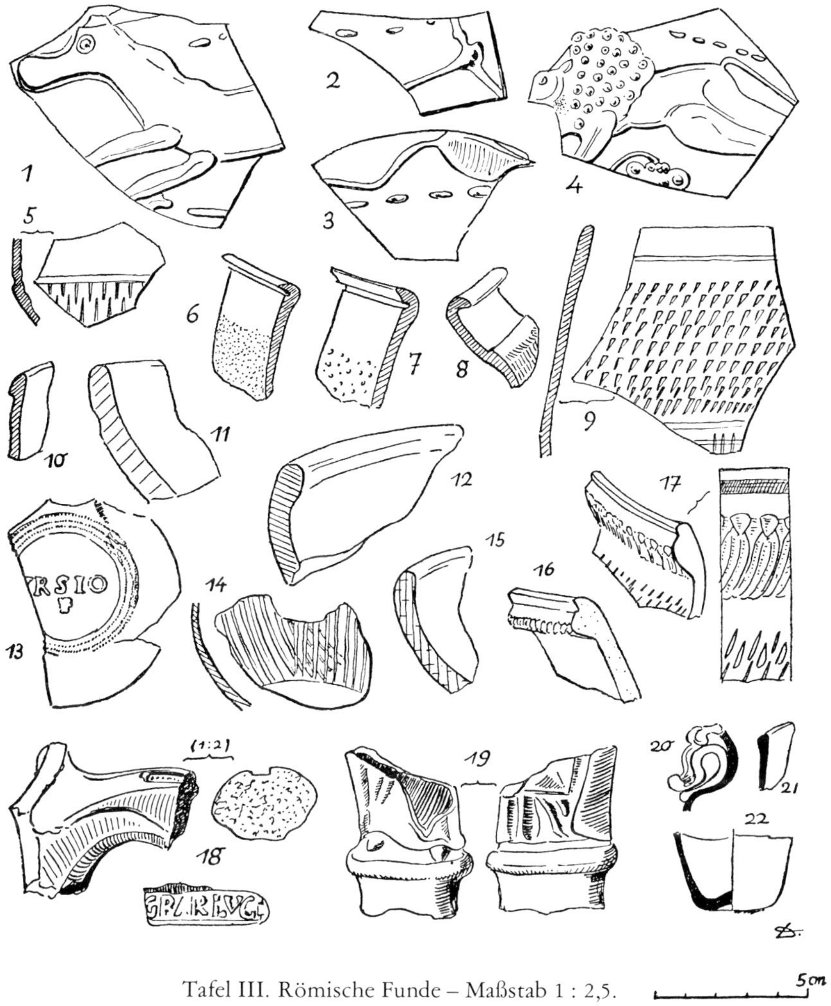

Tafel III. Römische Funde – Maßstab 1 : 2,5.

mehr neu, wie man an dem stark abgeschliffenen Kopfe des Bockes ersehen kann. Der spröde gelblich weiße Ton wäre auch bei längerem Gebrauch der abgeformten Kanne nicht so rundlich abgeschlissen. Auch zeigen die noch frischen Fingerstriche an der Innenseite des Henkels, daß die Tonkanne nicht lange in Gebrauch war. Das ähnliche Stück aus der Töpferei am Mauritiuswall war noch ärger abgeschlissen als ein Töpfer es abformte. Immerhin erschien es noch wert, abgeformt zu werden, denn altes Silber war bei den Römern besonders geschätzt, wie Plinius berichtet, der diese Wertschätzung mit dem Verfall der Silberschmiedekunst in Zusammenhang bringt [2].

3. Nachrömische Keramik (Taf. I)

Die nicht sehr zahlreichen Scherben von nachrömischer Keramik sind schon bei den Leitfunden besprochen worden, weil nach dem derzeitigen Stande der Forschung die Schichtung in der Dreikönigenkapelle für die Datierung der Scherben meist reicheren Aufschluß gibt, als diese zur Datierung der Schichten beitragen können. Wir fassen hier die Ergebnisse nach Gattungen zusammen.

[2] *Ars haec {caelutura argenti} ita exolevit, ut sola iam vetustate censeatur, usuque attritis caelaturis, si nec figura discerni possit, auctoritas constet* (Nat. hist. XXXIII, 157) – A. Rumpf machte mich freundlicherweise auf diese Stelle aufmerksam.

1. Fränkische Keramik wurde nicht gefunden.

2. Die Pingsdorfer, mit Farbklecksen versehene Gattung kommt in der Grube zur Apsis vor (63 – 65), muß also bereits in frühkarolingischer Zeit hergestellt worden sein. Sie ist dann durch alle späteren Schichten zu verfolgen (46, 39 – 44, 20 – 21, 10), woraus sich leider nichts über die tatsächliche Lebensdauer, die recht lang geschätzt wird, ableiten läßt. Einmal, und zwar in der salischen Schicht, kommt die Pingsdorfer Bemalung zusammen mit Rollstempeln vor (38).

3. Keramik mit Rollstempelverzierung
Das früheste Auftreten der Reliefbandverzierung mit Rollstempeln ist in der spätkarolingisch-ottonischen Schicht g1 (55), später noch zweimal in der salischen Schicht e (45 und außerdem ein typischer Henkel). – Rollstempel auf glatter Wand ohne Leisten sind viel älter und kommen daher in der Grube k bereits mehrmals vor (67 – 69 „Badorfer Ware").

4. Unverzierte Keramik
Dem 8. Jahrhundert sind, da in der Grube k gefunden, zunächst verschiedene Kugeltöpfe zuzuweisen, und zwar sowohl solche mit tongrundiger Oberfläche (59) als auch klingendhart gebrannte, die schon an das Steinzeug erinnern (56). Der Kugeltopf hat eine lange, noch ungeklärte Geschichte und kommt bis ins 14. Jahrhundert als Leitform in der ostdeutschen Kolonisationskeramik vor. – Linsenförmige Böden sind in der gleichen Grube k und im spätkarolingischen (g) vertreten, wiederum entweder in steinzeugartiger Härte (50,61) oder mit tongrundiger Oberfläche (51,62). In den ottonischen Schichten f und darüber sind sie nicht mehr gefunden worden, scheinen auch kaum länger gedauert zu haben; sie bildeten wohl in der Zeit des Aufkommens des Kugeltopfes eine Angleichung anderer Formen an dessen gewölbten Boden. Eine karolingische Verzierungsweise, die auf das Fränkische und letzten Endes auf das Römische zurückgeht, ist die Wellenverzierung, die in der Dreikönigenkapelle nur vom Karolingischen bis ins Ottonische zu verfolgen ist (70,48).

5. Henkelkrüge aus Steinzeug und in anderer Technik
Die hoch- und spätmittelalterliche Gebrauchskeramik ist ein noch weniger durchforschtes Gebiet als die frühmittelalterliche Keramik. Die wenigen Scherben aus der Dreikönigenkapelle können einen kleinen, nicht unwesentlichen Beitrag zu ihrer Datierung geben. Die hier gewonnenen Ergebnisse stimmen weitgehend mit der Gruppierung der ostdeutschen Kolonisationskeramik, die ich bei unseren Grabungen in Zantoch aufstellte, überein. Hier gruben wir 1932 – 33 einen historisch vielfach bezeugten Burgwall am Zusammenfluß von Netze und Warthe in der östlichen Mark Brandenburg aus. Er ergaben sich 12 übereinander gebaute Burgen aus pomoranischer, polnischer und deutscher Zeit. Die ältesten deutschen Burgen (6 – 9) gehören der askanischen Zeit (13. und 14. Jahrhundert) an; die jüngeren (Burg 10 – 12) sind Bauten des deutschen Ritterordens und des Johanniterordens. Letztere enthielten glasierte Siegburger und Hafnerware, die der Keramik der etwa gleichzeitigen Schichten a, b im Dom entspricht, während die früheren deutschen Burgen von Zantoch noch das ältere blaugraue, rotbraune und graugelbe Material der salisch-staufischen und gotischen Schichten e, d, c des Domes brachten (O. Doppelfeld, Beschreibung der Burgen und Kleinfunde, in Brackmann-Unverzagt, Zantoch, eine Burg im deutschen Osten = Deutschland und der Osten I, Leipzig 1936, S. 76 ff.).
Erstmals in der salischen Schicht e sehen wir neben den offenbar noch weiter hergestellten älteren Gattungen eine neue Form auftreten, die mehr und mehr die beherrschende wird und offenbar zu vielerlei Zwecken, unter anderm auch als Versandtopf benutzt wurde, den schlanken einhenkligen Krug mit gewelltem Bodenrand und hohem, verschiedenartig geformten Halse. In salisch-staufischer Zeit begegnet diese neue Form in zweifacher Technik: 1. aus hellblaugrauem nicht sehr fe-

stem Ton, außen fleckig-schwarz geschmaucht (31 – 32). Ein Kugeltopf der gleichen Technik ist im westlichen Teil des Doms ausgegraben worden; von einem ähnlichen ist auch die Scherbe 35. Diese „blaugraue Ware" bildet, später stellenweise vervollkommnet und schärfer gebrannt, die Hauptmasse des Geschirrs der ostdeutschen Kolonisation des 13. und 14. Jahrhunderts (Vgl. Zantoch, a. a. O., Abb. 28). – 2. Reicher vertreten ist die zweite Gattung der Henkelkrüge aus meist schwarzem, mit kleinen Steinchen gemagertem Ton und mit rötlich violettem oder graubraun schillerndem Überzug (24 – 30). Diese steinzeugartig hart gebrannte „rotbraune Ware" scheint die Vorstufe der Siegburger Keramik zu sein, denn auch dort zeigen die Krüge, die für die ältesten angesehen werden (J. B. Dornbusch in A. d. h. Ver. f. d. Niederrh. 25, Taf. I. 1 – 2 „Galgenberg Ware") die gleiche noch rohe Technik. In Ostdeutschland ist sie neben der graublauen Ware im 13. und 14. Jhdt. zu finden, freilich bei weitem nicht so dominierend wie in Köln (Zantoch, a. a. O., Abb. 29, 1 – 4). In Köln werden diese Krüge fast täglich in solchen Mengen gefunden, daß man auf eine in oder bei Köln gelegene Töpferei, die diese Ware herstellte, schließen kann. Sie bildete sicherlich noch lange neben den Kunsterzeugnissen der Töpfereien vom Eigelstein, der Maximinen- und Komödienstraße das gewöhnlichste Gebrauchsgeschirr. Ihre Anfangsdatierung in salisch-staufische Zeit, jedenfalls vor 1248, gibt einen sehr erwünschten Anhaltspunkt. – 3. Das Siegburger Steinzeug, zunächst noch ohne besondere Glasur, aus feinem im Kern noch grauem, klingend hart gebranntem Ton mit gelblicher, noch matt glänzender Rinde, tritt erst in den gotischen Schichten c, d (1248 – 1322) auf (11 – 13). Auch diese mattglänzende Siegburger „gelbgraue Ware" ist noch im 14. Jhdt. zum Osten gelangt (Zantoch, a. a. O., Abb. 29, 5 – 6). – 4. Die glasierte Siegburger Keramik des 15. Jahrhunderts kommt nur in den obersten Schichten der Dreikönigenkapelle vor (7). Das abgebildete Stück zeigt eine in Flecken aufgebrachte hellbraune Glasur. Andere Exemplare dieser Gattung zeigen hellrote Flecken, die absichtlich beim Brande erzeugt wurden und offenbar beliebt waren, da sie mehrfach auf den Tafelbildern der Zeit zu sehen sind. Die glasierte Siegburger Ware erscheint im Osten erst in den letzten Burgen, also im 15. Jahrhundert und nicht wie die früheren Gattungen mit Verspätung (Zantoch, a. a. O., Abb. 34, 9, 10, 14, 15).

6. Glasierte Hafnerware
Zur Datierung des einfachen, meist nur im Innern mit leuchtenden Farben glasierten Gebrauchsgeschirrs (2 – 6) bietet die Grabung in der Dreikönigenkapelle keine Anhaltspunkte; in den gotischen Schichten vor 1322 (c, d) kommt es nicht vor. Im Osten scheint es entsprechend im 13. und 14. Jahrhundert zu fehlen, und erst im 15. Jahrhundert aufzutreten (Zantoch, a. a. O., Abb. 34, 11, 17, 19).

4. Kunstgewerbe unbestimmter Zeitstellung

Sowohl nach Alter wie Zweckbestimmung ungewiß ist die Deutung eines aus grauem weichem Stein geschnittenen schalenartigen Gebildes (Taf. IV, 9).

5. Römisches Kunstgewerbe

Von Steingegenständen ist der Rest (IN) einer Inschrift (Taf. IV, 10) mit Spuren vorgerissener anderer Buchstaben (I und V) zu nennen. – Aus weißem Ton in zweiteiliger Form gepreßt ist das in den obersten Schichten gefundene Fragment einer Terrakotte (Taf. III, 19), eine schreitende weibliche Person in Stola und Palla auf rundem Sockel darstellend. Ein ganz ähnliches Stück wurde in der Georgskirche in claudisch-flavischer Schicht gefunden (Inv. Nr. 30. 1137). – Aus Glas sind nur der Henkel eines schlichten Badefläschchens (III, 20) und der Rand einer dünnwandigen Schale (III, 21) zu nennen, beide aus blaugrünem Glase.

6. Nachrömisches Kunstgewerbe

Hier ist der Boden eines trichterförmigen grünen Glases (Taf. III, 22) mit rundlichem, eingedelltem Boden aufzuführen. Am Bodenrande befinden sich die nicht abgearbeiteten Glasreste, mit denen es bei der Herstellung auf das Hefteisen festgeschmolzen war. Beim Bau des neuen südlichen Orgelpfeilers wurden in einer Brandschicht viele Scherben solcher, etwa 10 cm hoher oben weit ausladender Gläser gefunden, die sicherlich als Lämpchen auf einen großen Leuchter gesteckt waren, obwohl sie nicht die gestuft trichterförmige Wandung der sonst bekannten Lampen dieser Art erkennen lassen. (Vgl. F. Rademacher, Die deutschen Gläser des Mittelalters, Berlin 1933, S. 75 ff.) – Die barocken Schuhe und Textilien aus den Gräbern in der Wittelsbacher Gruft wurden wieder in die neuen Särge gelegt. Die ursprünglichen Eichensärge und der Bleisarg in der Gruft Dietrichs von Moers sind im vorigen Bericht beschrieben worden. Die reichen Paramente aus dem vermutlichen Grabe Konrads von Hochstaden wurden zur Untersuchung entnommen; die Bearbeitung ist soweit abgeschlossen, so daß wir über ihre technische Herstellung berichten können (vgl. Jaques, Kölner Domblatt 4/5, 1950, S. 150 ff.).

7. Architekturreste unbestimmter Zeit (Taf. IV)

Zweifel über das Alter bestehen eigentlich nur bei dem rundlichen Leistchen (5) aus Blaustein. Bei den übrigen Architekturteilen läßt sich aus dem Material und aus den Formen, seltener aus der Fundlage, mit einiger Sicherheit auf das Alter schließen, wenn auch bei den in höheren Schichten gefundenen römischen Stücken meist, teilweise sicher, mit einer Wiederverwendung in nachrömischer Zeit gerechnet werden muß.

8. Römische Architekturteile (Taf. IV)

Bei den Steinen lassen die Rest konstruktiver Teile auf stattliche Bauten schließen. Mauerquadern sind nur in der ganz frühen Mauer 299 angetroffen worden; sie sind aus Tuff und haben eine Länge von 59 cm (=2 röm. Fuß) und eine Höhe von 15 cm (=½ röm. Fuß); die Breite konnte nicht ermittelt werden. Die späteren Mauern hier bestehen aus schlichtem Füllmauerwerk. Von Säulen und Stützen fanden sich der Rest einer Kalksteinsäule (19) von 58 – 59 cm d. h. 2 Fuß Durchmesser; auf dem Umfang waren 18 mit gut gewölbten Stäben ausgefüllte Kanneluren angebracht. Weniger sorgfältig war eine Pilaster-Halbsäule (17) gleichen Durchmessers aus gelbgrauem Sandstein gearbeitet; die Kanneluren waren unregelmäßig breit und flach verstäbt; der rechteckige, 22 cm tiefe Teil des Pfeilers springt kaum merklich vor und ist, was die Unklarheit noch erhöht, genau wie die Halbsäule kanneliert; das Stück ist eine roh abgeschlagene Scheibe von einer ursprünglich höheren Trommel und fand sich in der losen Steinreihe 283 in der karolingischen Fundamentgrube k (vgl. IV. Bericht, Taf. 3 und 5). – Das Bruchstück einer dorischen Basis mit Anlauf (20) aus Kalkstein gehört zu einer schwächeren Säule von etwa 45 cm Durchmesser. – Von einem großen, mindestens 70 cm breiten Kalksteinsockel mit einem durch leichte Kehlung vertieften Mittelfelde ist eine Platte (18) für den Paradiesboden 284 abgeschnitten worden. Wie man dabei verfuhr, ist an der Kalksteinplatte (12) zu sehen, an der noch die Sägespuren und der bogenförmig begrenzte, nicht mehr durchgesägte, sondern abgesprengte Rest zu erkennen ist. – Der gut gearbeitete Kalkstein mit Profil (13) aus der losen Steinreihe 283 (vgl. den Lageplan im IV. Bericht, Taf. 3) ist doch wohl nicht ein Glied eines höheren Gebälks, wie zuerst angenommen wurde, sondern, da er schräg geschnitten ist, ein Stück von einer dachförmigen Deckplatte einer Ädikula (Höhe 17,5 bzw. 21,5 cm). Römische Gebälkstücke von großen Bauten sind sicherlich für die Platten des Paradieses zerschnitten

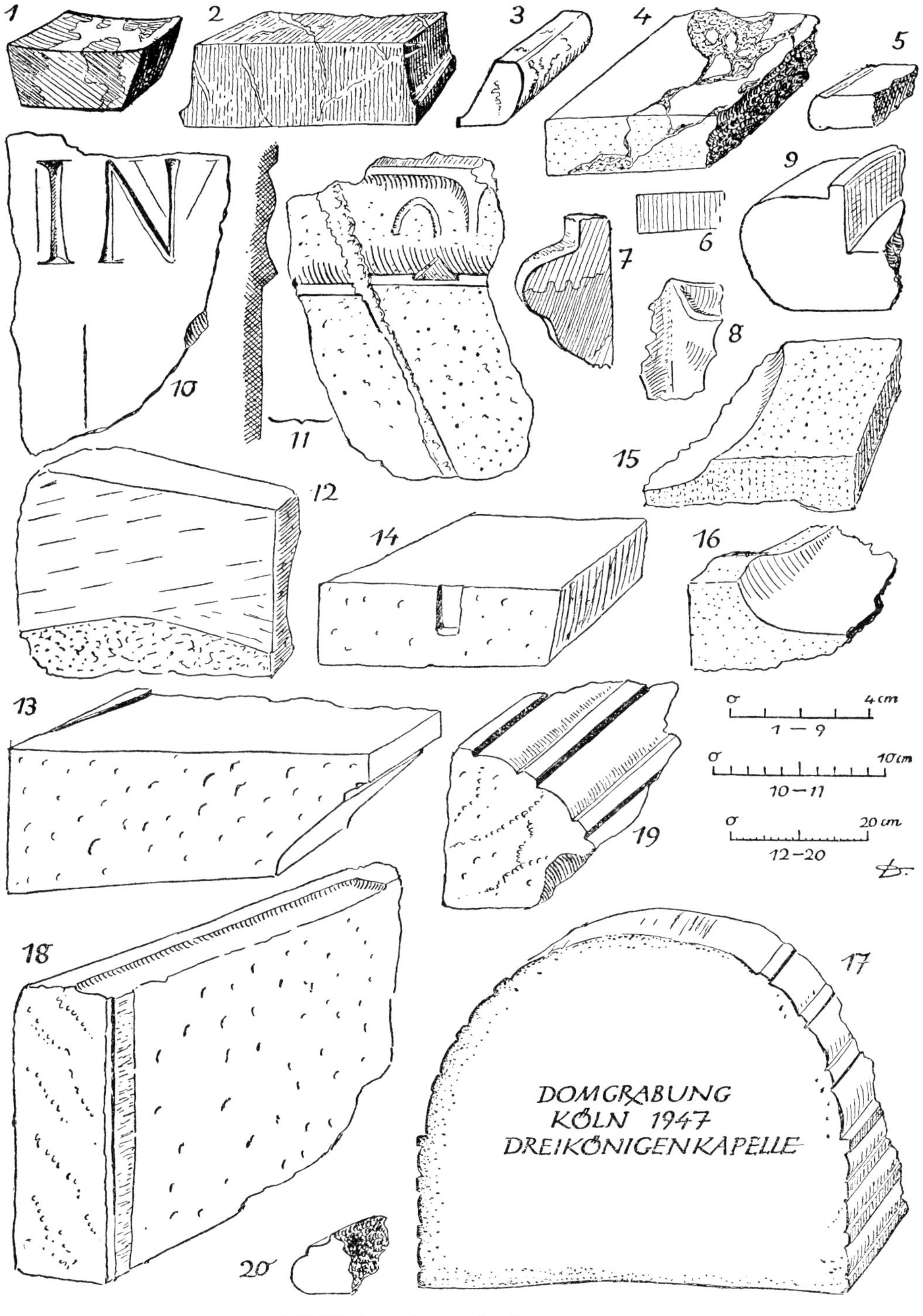

Tafel IV. Bauteile – Maßstab 1 : 2; 1 : 4; 1 : 10.

worden (14 mit Wolfsloch, andere mit bis auf die Enden der Bohrlöcher abgeschlagenem Blattwerk).

Die Reste vom Ausbau verraten eine reiche Ausstattung. Aus dunkel und hellgrün gefärbtem Marmor ist ein kleines Parkettsteinchen (1), 4 cm im Quadrat und 2 cm hoch mit schrägen Kanten. Vom Bodenbelag sind ferner vielleicht Reste von 2,8 cm starken Platten aus blaßrotem, weiß geädertem Marmor, doch zeigt eine nicht viel schwächere Platte (2) aus dem gleichen Material eine sorgfältige Profilierung, die wohl auf Verwendung für die Wandinkrustation schließen läßt. Ein

Leistchen (3) aus grüngeädertem weißem Marmor, eine weiße, schwarz gezeichnete Marmorplatte (4) und eine bräunlich rote Marmorplatte sind Stücke, wie sie auch sonst von Wandverkleidungen bekannt sind. Ein keilförmig zugeschnittenes Stück (7) aus hell- und dunkelgrau geflecktem Marmor zeigt, daß die Inkrustation auch vorspringende Wandteile bedeckte. Abbildung 11 auf Taf. IV zeigt an der Unterkante eines Stücks Mörtelboden den negativen Abdruck einer gesprungenen Steinplatte, deren positives Profil daneben gezeichnet ist. Wie an dem Abdruck noch schwach zu erkennen ist, war die flache Randwelle der Platte mit Blattwerk verziert.

Von Ziegeln sind nur die Tegulae, aus denen der Heizkanal 273 errichtet war, bemerkenswert; sie hatten die gewöhnliche Form der römischen Dachziegel und waren 48 cm lang und 32 cm breit.

Der römische Wandputz aus der untersten Schicht s trägt, wie im augusteischen Köln vielfach beobachtet wurde, eine schlichte weiße Tünche oder einen einfachen Anstrich in gelber und in der besonders bezeichnenden bräunlich-rosa getönten Farbe. In den jüngeren Schichten sucht man vergeblich nach dem auf dem Domhof so häufigen pompejanisch roten und meisterhaft gewachsten Anstrich. Weiße und gelbe Flächen kommen gelegentlich mit guter Glättung vor. Es überwiegen aber weniger geglättete Stücke mit Verwendung sonst seltener blauer Töne in einfacher Musterung. Auch die in gleicher Weise getönten Stücke aus der karolingischen Fundamentgrube sind wegen ihrer typischen im gebrannten Lehm sichtbaren Abdrücke des Rutengeflechts aus kantigen, 2 – 6 cm breiten Leisten sicherlich in die römische Zeit zu setzen. Diese Zeugnisse einer einfachen wenn auch farbig ausgemalten Fachwerkbauweise stehen in einem auffälligen Gegensatz zu den vorher besprochenen Resten monumentaler, reich mit Marmor verkleideter Architektur. Aber auch am Domhof wohnten, wie die jüngsten Grabungen zeigten, protziger Reichtum und bescheidene Dürftigkeit dicht beieinander; das gehört zum Wesen einer richtigen Stadt.

9. Nachrömische Architekturreste (Taf. IV und V)

Von den Steinen in der karolingischen Fundamentgrube zur Ostapsis sind einige bereits bei den römischen Architekturteilen besprochen worden (13, 17). Die restlichen Steine der Reihe sind wohl einer vor- oder frühkarolingischen Anlage entnommen, die beim Bau des Hildebolddomes abgerissen wurde. Es befanden sich nämlich darunter zwei Stücke von Wasserrinnen (15 aus rotem, 16 aus gelbem Sandstein), die sicherlich mit der Rinne zusammenhängen, die 1926 beim Bau der Domherrngruft auf der Domterrasse aufgemessen wurde und ihrer Höhenlage nach in die fränkische Zeit zu setzen sein dürfte (vgl. Der Kölner Dom, Festschrift 1948, hier S. 53, Abb. 6, ferner III. Bericht im Domblatt 1, 1948, S. 35 = hier S. 30). Zur gleichen Anlage mögen ebenfalls in der Grube gefundene Bodenplattenreste erheblicher Stärke (12 – 21 cm) mit dem bei Bodenplatten üblichen Schrägschnitt an den Kanten gehören, deren schlechtes gebändertes Sandsteinmaterial schon an sich auf die fränkische Zeit hinzudeuten scheint. Form und Zweck der vermuteten fränkischen Anlage aus den geringen Resten zu erschließen, wird leider nicht möglich sein. – Von sonstigen nachrömischen Steinresten ist nur die Spitze einer gotischen Krabbe (8) zu nennen, die aus den Schichten b, c, also aus der Zeit vor der Chorweihe stammt. Eine ihrer Flächen ist leuchtend rot, die andere golden bemalt; beide Farben lösen sich in Wasser sofort auf.

Eine Tonfliese aus der spätkarolingischen Schicht g 1 hat unregelmäßig quadratisches Format von rund 12 cm Seitenlänge und 3,4 – 4 cm Stärke; die bei den späteren Tonfliesen des Alten Domes gleich beim Formen vorgesehene Schräge der Kanten ist bei diesem Stück durch nachträgliches Abdengeln erzielt.

Die karolingischen Wandmalereireste (Taf. V), die im spätkarolingisch-ottonischen Schutt (g 1 und g 2) gefunden wurden, verdienen schließlich noch eine eingehendere Besprechung und zeichnerische Wiedergabe, sind sie doch trotz ihres trümmerhaften Zustandes als gut datierbare Stücke von hohem Wert. Es sind zu unterscheiden: Stücke, die sicher aus der hellen nur

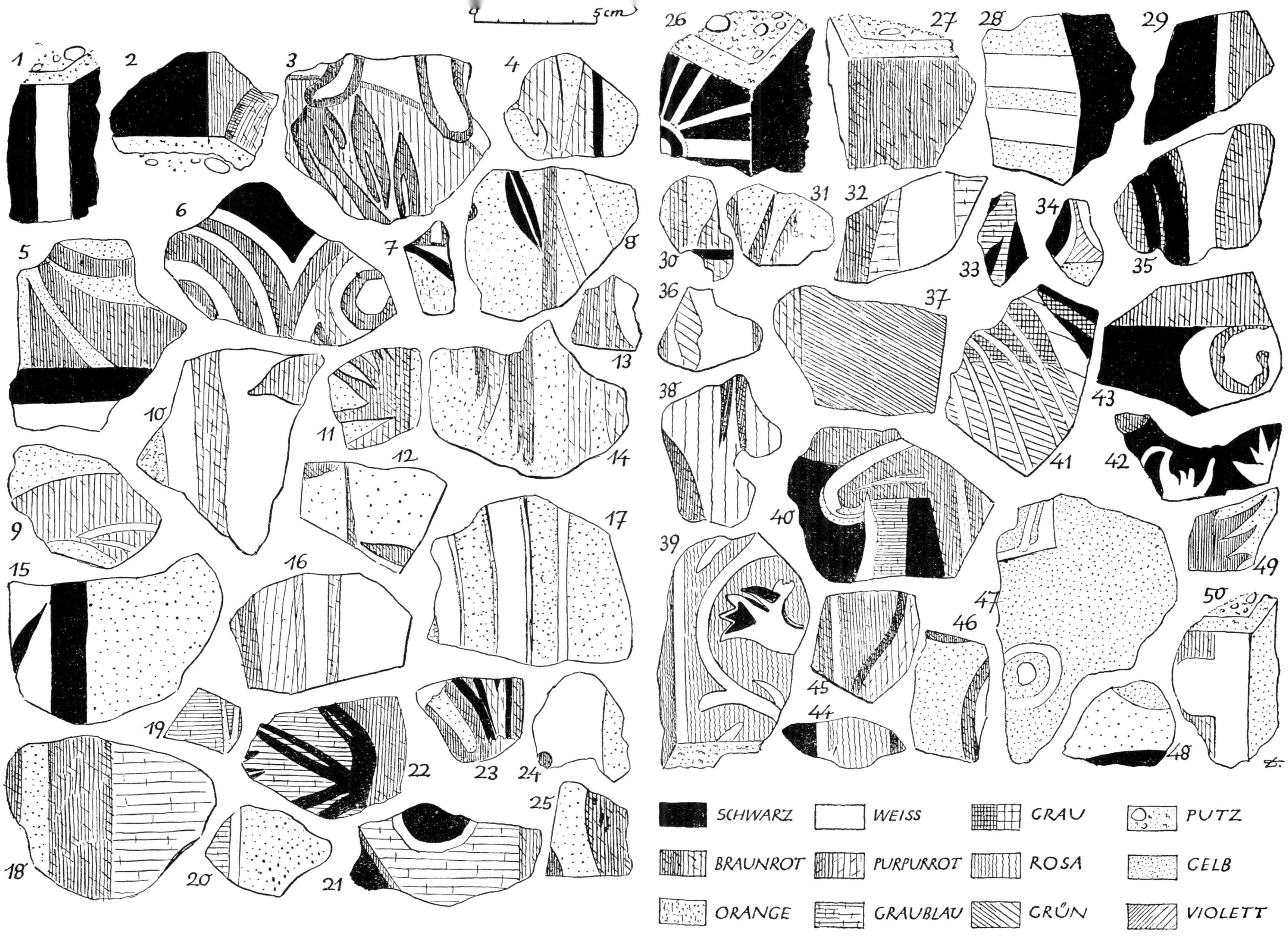

Tafel V. Karolingische Wandmalerei – Maßstab 1 : 2.

abgeklopften Putz, eine Tonfliese wowie einige Scherben enthaltenden Schicht g 1 geborgen wurden (1 – 38) und solche, die ohne genauere Trennung sowohl aus der genannten wie aus der darunterliegenden schwarzen Erde g 2 stammen können (39 – 50). Dieser Unterschied sei erwähnt, weil sich die letztere Gruppe auch stilistisch durch den rosafarbenen Flächenton (39 – 40) und durch reichere Rankenornamentik (39, 42, 43) sowie den Rest einer gemalten Drapierung abzuheben scheint. Es ist allerdings nicht erforderlich, hier auch auf ein stilistisches Nacheinander zu schließen, denn die Stücke mögen aus verschieden ausgemalten Teilen des Alten Domes abgeklopft und mit Fortschreiten der Arbeit nacheinander abgelagert worden sein.
Die Verputztechnik ist bei allen Stücken die gleiche; auf einen noch bis 3 cm Stärke feststellbaren wenig festen, mit dem Messer schneidbaren Rauhputz mit wenig, meist in Knötchen zusammengeballtem Kalk und viel Sand, sowie Kieseln bis zu Bohnengröße folgt der 6 – 9 mm starke Feinputz mit etwas mehr aber ebenso schlecht gelöschtem Kalk und feinerem Sand ohne Kiesel (vgl. 1, 2, 26, 27, 50); gleich auf den Feinputz ist ohne einen besonderen Malgrund die Farbe aufgetragen. Die bemalte Wand war infolgedessen nur an einigen Stellen halbwegs glatt, und durchweg von körniger, stellenweise auch stark welliger Oberfläche. Nur die auffälligsten Unebenheiten des Rauhputzes hatte man vorher durch einen Zwischenputz von der gleichen Art wie der Feinputz ausgeglichen. Herr Studienrat H. Bergsch hatte die Freundlichkeit, Proben der Malerei spektralanalytisch zu untersuchen. Im Rot befindet sich bei weitem nicht die Menge Barium, die er bisher bei allen römischen Proben von Rot (aus Köln) festgestellt hat. Die Roterde hat man demnach von einer anderen Stelle geholt. Auch die Metallbeimengungen (Zinn, Zink, Blei, Kupfer) sind bei allen Farben bedeutend geringer als bei den römischen. Organische Bindemittel konnten nicht festgestellt werden; die Bindung löst sich in schwacher Salzsäure, sogar in Essigsäure vollständig auf. Demnach ist die Farbe wohl mit Kalk gebunden worden. Wie der Putz und die Malerei an den Ecken angebracht wurden, ist aus den Stücken 1, 2, 26, 27, 39, 50 ersichtlich, von denen vier (26, 27, 39, 50) rechte Winkel haben, eines (1) einen Winkel von etwa 110° und ein anderes (2) einen solchen von etwa 120° und außerdem den Ansatz eines kleinen Fenster- oder Nischenbogens erkennen läßt.
Die verwendeten Farben sind: schwarz, weiß (häufig als Deckweiß, so bei 1, 3, 21, 39, 40, 47, in anderen Fällen, wie 6, 26 ausgespart), ein dunkelbräunliches Bordeauxrot, gelegentlich eher als Purpurrot anzusprechen und je nach der Stärke des Auftrags heller oder dunkler oder auch gelegentlich durch Mischen mit Weiß als ein neuer, rosafarbener Grundton erscheinend, und schließlich ockergelb, von satten bis mittelhellen, durch Mischen mit Weiß erzielten Tönen variierend. Selten ist Olivgrün und nur einmal Orangerot vertreten, dieses wohl zufällig durch Überstreichen eines roten nassen Untergrundes mit Gelb entstanden. Reines Blau kommt nicht vor, sondern nur verhältnismäßig selten bläuliches Grau. Reines Grau ist selten.
Die Farbenskalen der rheinischen Wandmalerei scheinen folgende Frühstufen durchlaufen zu haben: 1. (karolingische Stufe) Aachen: braunrot, gelb, grün; 2. (Zwischenstufe) Werden, St. Peter: die alten Farben braunrot-purpurrot, gelb, grün, und dazu neu: mattrot und, noch untergeordnet, graublau; 3. (ottonische Stufe) Essen: mit Blau als dominierender Farbe (vgl. P. Clemen, Die romanische Monumentalmalerei in den Rheinlanden, Düsseldorf 1916). Die Kölner Reste scheinen sich mit dem matten Rosa und dem zwar schon vorhandenen aber nur untergeordneten und durch grau stark gedämpften Blau zwanglos der Werdener Stufe einzugliedern, zumal in Werden auch die Kölner Blättchenmotive (3, 8, 11, 15, 22, u. s. w.) wiederkehren (Clemen a. a. O., Abb. 68 und 69). Das würde mit unserer Datierung der Schichten g in die spätkarolingische und bis an den Anfang der ottonischen Zeit durchaus übereinstimmen. Aber was wissen wir denn überhaupt von der karolingischen Wandmalerei? Es ist so herzlich wenig, daß er ratsam schien, die fünzig wichtigsten von den winzigen Stücken, die uns durch die günstigen Fundumstände einigermaßen genau datiert werden, hier im Bilde mit Farbsignaturen vorzulegen.

Werner Meyer-Barkhausen

Ein karolingisches Säulenkapitell, vermutlich aus dem alten Dom

Aus: Kölner Domblatt 4/5, 1950, 7 – 14.

Im Magazin des Wallraf-Richartz-Museums befand sich vor dem Kriege ein großes, sehr verstümmeltes Kapitell aus grauem Sandstein mit den Inventarnummern 122 und 162, das sich jedoch in den älteren Inventaren nicht verzeichnet fand und über dessen Herkunft nichts in Erfahrung zu bringen war (Abb. 1) [1]. Die Messungen ergaben: Höhe etwa 66 cm, obere Breite 69 cm, Halsdurchmesser ca. 40 cm. Ecken und Eckvoluten sind abgebrochen, überhaupt ließ nur eine Seite noch einigermaßen den Aufbau erkennen: Zwei Blattreihen, aus denen Schäfte mit Hüllkelchen und inneren und äußeren Voluten hervorwachsen, zwischen den Hüllkelchen Blütenstengel mit kreisrunder Blüte, Kalathosvorrundung, kräftig eingezogene Deckplatte. Also das vollständige Schema des korinthischen Kapitells in besonderer Klarheit und Regelmäßigkeit.
Dabei sind die Einzelformen offensichtlich mittelalterlich vereinfacht und stilisiert. Statt des reich gegliederten Akanthus glatte Blätter, für die die kuglig gewölbten Rücken und die kreisrunden, platt in die Blattfläche gelegten Überfälle besonders charakteristisch sind. Die Hüllkelche, durch einfachen Einschnitt von dem vollrunden Schaft abgesetzt, sind zu einem glatten Flügelpaar geworden, das sich unter den eigentlichen Voluten an den Enden einrollt, so daß in den Mitten zwei Volutenpaare übereinander sitzen. Entsprechend sind auch an den Ecken Hüllkelcheinrollungen unter den Eckvoluten zu ergänzen. Offenbar waren die Stiele dieser Eckvoluten hinterschnitten bzw. freigearbeitet, wie sich aus der geglätteten Fläche des Kapitellkerns über den Bruchstellen ergibt. Nur so erklärt sich das Abbrechen der Eckvolute mit Stiel und Hüllkelchhälfte. Nach der schmalen Eckbruchstelle scheint eine Eckvolute und darunter eine Hüllkelcheinrollung beiden hier zusammenstoßenden Seiten gemeinsam gewesen zu sein. Von der einfach leistenförmigen, offenbar kräftig eingezogenen Deckplattenkante sind nur kurze Ansätze beiderseits der Mittelblüte erhalten. Gegen sie rundet sich ein Segment des den eigentlichen Kapitellkelch (Kalathos) abschließenden Randes vor, durchdrungen von einem zylindrischen aus der Deckplatteneinziehung hervorstoßenden glatten Körper, dessen vordere Kreisfläche die Blüte darstellt. Ein dünner rundlicher Blütenstengel ist am Fuß begleitet von einem glatten Hakenblattpaar, das gleichzeitig die Höhlung zwischen den inneren Hüllkelchflügeln ausfüllt.
Die sorgfältige Bearbeitung der Blätter, die Stilisierung der Überfälle, der Hüllkelche und der Blüte schließen aus, daß es sich um einen unfertigen, nur bossierten Zustand handeln könnte. In der Umbildung der Einzelmotive ist vielmehr ein auf Geschlossenheit der Form ausgehender Stilwille unverkennbar.

[1] Das Kapitell wurde vor etwa 20 Jahren von mir im Magazin des Wallraf-Richartz-Museums festgestellt, photographiert und vermessen. M. W. ist es bis zum Kriege nicht von dort entfernt worden.

Abb. 1. Wallraf-Richartz-Museum, Köln. Säulenkapitell, vermutlich aus dem Alten Dom.

Abb. 2. Aachen, Dommuseum. Karolingisches Säulenkapitell aus dem Münster.

Der Versuch einer Einordnung des Kapitells wird von seiner engen Bindung an die Antike ausgehen müssen. Antikisierende Kapitelle sind in Köln vom 10. – 12. Jahrhundert nicht selten. Die karolingisch-ottonischen Renaissancebestrebungen haben hier ein langes Nachleben gehabt von den Kapitellen der Westwandarkaden ist St. Maria im Kapitol bis zu denen der Obergadendekoration von St. Ursula. Aber zu all diesen verblockten oder aufgelockerten und malerisch bereicherten, mehr oder weniger freien Umbildungen der antiken Form weist unser Kapitell in seiner strengen Regelmäßigkeit und Klarheit kaum Beziehungen auf. Man muß schon ins 9. Jahrhundert hinaufgehen, in die Zeit der eigentlichen karolingischen Renaissance, um einer ähnlich klassisch empfundenen Kapitellform zu begegnen.
Im Zentrum der karolingischen Kunstbewegung, in dem altehrwürdigen Aachener Marienmünster hat das Kölner Kapitell seine nächste Verwandtschaft. An den wenigen hier erhaltenen ursprünglichen Säulenkapitellen, von denen zwei sicher karolingische Nachahmungen ebenfalls erhaltener antiker Originale sind (Abb. 1 und Textabb.) [2], fällt die gleiche schlanke Gesamtform, der elegante, zunächst fast senkrecht ansteigende und erst im oberen Teil stärker ausschwingende Kelchumriß auf. Dabei spricht auch das Fehlen des Halsrings mit, der wie in der Antike auch in karolingischer Zeit noch vielfach der Säule angearbeitet war [3], wenn nicht gar wie in Aachen, antike Säulenschäfte Verwendung fanden. An einem der Aachener Marmorkapitelle (Abb. 2), einer meist im Bossenzustand verbliebenen, wohl durch Umarbeitung von Altmaterial entstandenen karolingischen Arbeit, finden sich auch im Einzelnen wichtige Anklänge an das Kölner Kapitell. Schon die Blätter haben

[2] Noch nicht veröffentlichtes Forschungsergebnis aus anderem Zusamenhange.

[3] Rundprofilierte Halsringe am Kapitell treten zuerst an den großen Kapitellen der Fuldaer Klosterkirche (gew. 819) auf. Die Kapitelle der Lorscher Torhalle und die Pilasterkapitelle am Aachener Münster haben glatte, wenig vorspringende Leisten. Aber noch an den Säulen der Höchster Justinuskirche (gew. etwa Mitte 9. Jahrhundert) und denen des Corveyer Westwerks (873 – 885) ist der Halsring dem Schaft angearbeitet, nicht dem Kapitell. Nach Gabriel Plat, L'art de bâtir en France des Romains a l'an 1100 (1939) p. 146, wären die karolingischen Baumeister erst in der 2. Hälfte des 9. Jahrhunderts zu einer Verbindung des Halsrings mit dem Kapitell gekommen. Jedenfalls haben beide Formen lange nebeneinander bestanden.

Aachen, Münster, Bronzegitterkapitell.

Aachen, Münster, Antikes Säulenkapitell.

Höchst a. M., Justinuskirche, Säulenkapitell.

eine ähnlich geschlossene Gesamtform mit gewölbten, in der Mitte hochgezogenen Rücken. Zwischen den Hochblättern steigen wie in Köln dicke, glatte, nach unten verjüngte Schäfte auf, die durch horizontalen Einschnitt – an Stelle des antiken Kaulsknotens – von der flächigen Volutengabel abgesetzt sind. Es ist das ein so charakteristisches und seltenes Motiv, daß ihm besonderes Gewicht für die Beziehungen zwischen den beiden Kapitellen zugemessen werden muß. Was den Oberteil des Aachener Kapitells anbetrifft, so fehlen zwar die Hüllkelche, aber die kleinen Innenvoluten und die freigearbeiteten Außenstiele erinnern auch wieder an Köln. Einen Blütenstengel hat das Aachener Kapitell auch, nur sehr viel plumper und breiter z. T. direkt leistenförmig, und ohne das Blättchenpaar am Fuß. Blütenstengel mit Blättchenpaaren haben indes die antiken Musterkapitelle im Münster (Textabb.), und von ihnen haben sie auch die karolingischen Pilasterkapitelle außen am Oktogon übernommen [4]. So scheint auch dieses Motiv des Kölner Kapitells auf Aachen zu weisen.

Zu den wichtigsten Zeugnissen einer karolingischen Renaissance gehören die Bronzearbeiten des Münsters, die Türen und die Gitter. Von den letzteren hat ein Teil eine Pilasterdekoration mit zwei Typen von Kapitellen, von denen einer sich unverkennbar an das Vorbild von Großkapitellen anschließt (Textabb.) [5]. Hier findet sich nun auch jene Einrollung der glatten Hüllkelchflügel unter den eigentlichen Voluten, die für das Kölner Kapitell so charakteristisch ist. Wir dürfen sie auch bei dem hier vorauszusetzenden, nicht erhaltenen Großkapitell vermuten, an das sich dann auch das Kapitell in Köln angelehnt hätte.

Auf das Aachener Gitterkapitell und aus diesem zu erschließende Großkapitelle weist noch eine andere Gruppe von karolingischen Kapitellen, die der Justinuskirche in Höchst/M. (2. V. 9. Jh.;

[4] Vgl. Kunstdenkm. d. Rheinprov. 10, 1 S. 74.

[5] Jahrb. d. pr. Kunstslgen 45 S. 74 und Zeitschr. f. Bild. Kunst 64 (1930/31) S. 46.

Textabb.)[6]. Hier handelt es sich allerdings um Einzelheiten die das Kölner Kapitell nicht berühren: Übereinandersitzende Blätter, Löffelblättchenabschluß der Oberblätter, Pyramidenstutzkämpfer. Wichtig erscheint nur für unseren Zusammenhang, daß die Höchster Kapitelle ebenso wie das Kölner glattflächige Blätter haben, was also auch von den zu vermutenden Aachener Vorbildern angenommen werden darf. Ferner haben die Höchster Kapitelle mit etwa 64 cm Höhe und etwa 67 cm oberer Breite ungefähr die gleichen Abmessungen wie unser Kölner Stück, nur daß der Halsdurchmesser mit etwa 50 cm etwas größer ist.

Was das Vorkommen glattflächiger an Stelle ausgearbeiteter Blätter betrifft, so finden sie sich schon an dem erwähnten Marmorkapitell aus dem Münster (Abb. 2), nur daß Anfänge einer Ausarbeitung an einzelnen Blättern (mit Bohrlochreihen!) sie als unfertig und nicht als ursprünglich so beabsichtigt erscheinen lassen. Aber schon, daß man sich mit dem unfertigen Zustand abgefunden hat, ist beachtenswert. Kleine glattblättrige, korinthisierende Kapitelle, die in ihrer feinen Kelchform wieder an die Aachener Marmorkapitelle erinnern, sind aus den Turmarkaden der von Einhard erbauten Laurentiuskirche in Seligenstadt (um 817) erhalten und gleiche Stücke finden sich unter den Resten aus der Lorscher Klosterkirche[7]. Die sichere Beziehung auf Einhard als Bauherrn in Seligenstadt verweist auch hier auf den Aachener Kreis. Im übrigen sind diese Kleinkapitelle auch den Höchster Kapitellen verwandt, und es ist aus diesen Zusammenhängen zu verstehen, daß man an einem der auch hierher gehörigen Kleinkapitelle aus der Petersbergkirche[8] bei Fulda auch dem Motiv der übereinandersitzenden Voluten begegnet.

Die Kapitelle der Höchster Justinuskirche lassen sich in enge Verbindung bringen mit einer Gruppe oberitalienischer Kapitelle des 8. und 9. Jahrhunderts, wobei mit einer Vermittlung der Motive durch Aachen gerechnet werden muß. Auf Italien gehen in Höchst außer den glatten Blättern auch die als kleine Dreiecke stilisierten und in die Blattfläche geklappten Blattüberfälle zurück. Die kreisförmigen Blattüberfälle in Köln lassen den gleichen Stilisierungswillen erkennen, und auch für sie gibt es ein Beispiel in Oberitalien an einem Kapitell der kleinen Rundkirche San Satiro in Mailand (879), das nun eigentümlicherweise auch den aus der Deckplatteneinziehung herausstoßenden, der Kalathosvorrundung aufliegenden Blütenzylinder mit kreisrunder Vorderfläche hat[9].

Kreisförmige Blattüberfälle in Verbindung mit dem Blütenzylinder hat nun auch ein bisher wenig beachtetes glattblättriges Kapitell in Zyfflich. Es befindet sich in den Langhausarkaden der um 1000 erbauten Kirche und zwar in zweiter Verwendung, was sich daraus ergibt, daß es durch Abschneiden unter den Kranzblattüberfällen roh passend gemacht ist. Auch die zugehörige Säule ist offensichtlich in zweiter Verwendung. Es handelt sich also um älteres Abbruchmaterial, anscheinend aus einem karolingischen Bau. An diesem Kapitell, das in zwei so charakteristischen Motiven und auch in der Form der glatten Blätter mit hochgewölbten Rücken mit Köln zusammengeht, findet sich nun auch ein Aachener Motiv: der breite, leistenförmige Blütenstengel, dem wir an dem karolingischen Bossenkapitell aus dem Münster begegneten und der in Verbindung mit der Zylinderblüte auch für das Kölner Kapitell einen Hinweis mehr auf Aachen darstellt.

Es gibt noch ein weiteres Kapitell im Niederrheingebiet, an dem sich die glatten Blätter mit den kuglig gewölbten Rücken und den kreisförmigen, platten Überfällen finden: das einzelne kleine korinthisierende Kapitell in den Emporenarkaden der Werdener Peterskirche, als des der Abteikirche in den Jahren 876 – 943 angebauten Westwerks[10]. Die Vereinzelung unter Pilzkapitellen zusammen mit den Ansätzen einer Umarbeitung lassen auch dieses Kapitell in zweiter Verwendung erschei-

[6] W. Meyer-Barkhausen, Die Kapitelle der Justinuskirche in Höchst a. M. Jahrb. d. preuß. Kunstsammlungen 45 (1933) S. 69 ff.

[7] Ebda S. 85.

[8] Ebda S. 87.

[9] Über San Satiro vgl. Kingsley Porter, Lombard architecture II, 638 ff.

[10] Vgl. Wilh. Effmann, Die karolingisch-ottonischen Bauten zu Werden, I (1899), S. 299 ff.

nen. Im übrigen handelt es sich allerdings um eine recht rohe Arbeit, die nur als entfernter Ausklang des Aachener Kunstkreises zu betrachten ist.

Dagegen erscheint nach allem unser Kölner Kapitell als unmittelbare Ausstrahlung des karolingischen Kunstzentrums. Die Vorbildlichkeit der Aachener Bauten und ihrer Schmuckformen erklärt sich ohne weiteres aus der straffen Zentralisierung des Kunstbetriebs im Rahmen der karolingischen Kulturpolitik. Einhard, die in Kunstfragen maßgebende Persönlichkeit am Hofe, übte, wie wir wissen, eine Lehrtätigkeit aus, in deren Mittelpunkt die Architekturlehre Vitruvs stand [11]. An der Kleinarchitektur eines Elfenbeinschreins wurden die antiken Säulen- und Kapitellformen erklärt [12]. Gewiß dienten auch die anderen Schmuckformen des Münsters als Studienmaterial. Bezeichnend, daß sich die Bronzegitter als Schmuckmotiv auf dem Elfenbeinkelch des hl. Liafwin in Deventer finden [13]. So mögen auch die Formen und Motive der Münsterkapitelle Verbreitung gefunden haben.

Von dem, war es ursprünglich an Säulen und Kapitellen in Aachen gab, ist nur ein geringer Bruchteil und gewiß nicht das Beste erhalten. Über verlorene Kapitelle lassen, wie gezeigt wurde, die Gitterkapitelle in ihren Beziehungen zu Höchst und dem Kölner Kapitell einige Vermutungen zu. Die karolingischen Kapitelle des Münsters gehören zu den frühesten Zeugnissen der karolingischen Renaissance. So wird man die grobschlächtige oder ganz fehlende Einzeldurchbildung der mangelnden Schulung der Werkleute zugute halten müssen. Ob Einhard auf ihre Gestaltung schon Einfluß hatte, ist sehr zweifelhaft, da die Säulen 796 bereits eingebaut waren, in welchem Jahre wir die erste Kunde von Einhards Zugehörigkeit zu dem Kreise der „Akademiker" am karolingischen Hofe haben. Von Einhards Lehrtätigkeit erfahren wir erst sehr viel später, im zweiten und dritten Jahrzehnt des 9. Jahrhunderts. Erst in den Jahrzehnten nach dem Tode Karls des Großen scheint diese Kunst zur Blüte und Reife gekommen zu sein. Halten sich die Münsterkapitelle noch ängstlich an den Sonderfall des einzelnen antiken Vorbildes, so macht sich bei späteren Arbeiten, wie den Kapitellen der Lorscher Torhalle (um 820) oder denen der Justinuskirche in Höchst schon eine tiefere Einsicht in die Gesetzmäßigkeit der antiken Form, in die Schönheit ihrer Verhältnisse geltend bei freierer Behandlung und Stilisierung des Einzelnen.

Hierher gehört nun auch unser Kölner Kapitell. In der Blütezeit der Aachener Schule, im 2. oder 3. Jahrzehnt des 9. Jahrhunderts scheint es, wohl in unmittelbarer Auswirkung von Einhards Lehre, entstanden zu sein.

In dieser Zeit, wie überhaupt im 9. Jahrhundert, kommt in Köln nur ein Bauwerk in Betracht, für das ein so ansehnliches Kapitell geschaffen sein könnte: der alte Dom. In bezug auf seinen Grundriß haben wir jetzt durch die Grabungen Doppelfelds wichtigste Aufschlüsse erhalten, die auch Zusammenhänge mit Aachen erkennen lassen. Die doppelchörige Anlage in Verbindung mit dem konzentrischen Atrium vor der Westapsis weist auf den Kirchengrundriß des Planes von St. Gallen, dessen Entstehung in Aachen aufgrund der durch die Aachener Synode von 816 gefaßten Beschlüsse zur Klosterreform sehr wahrscheinlich ist [14]. Wenn in Fulda Abt Eigil (817 – 22) den Kreuzgang der 819 geweihten großen Basilika konzentrisch um die Apsis herumführt [15], so wird

[11] Vgl. den Vussinus-Brief aus der Briefsammlung Einhards. Deutsch mit ausführl. Anmerkung Michael Tangls in Geschichtsschr. der dt. Vorzeit 16 (Einhard, Kaiser Karls Leben) S. 84 – 86.

[12] Eine Vorstellung von der „capsella" geben die von Otto Müller in Seligenstadt aufgefundenen Reste eines Elfenbeinbehälters mit kannelierten Säulen und sehr sorgfältig ausgeführten jonischen Kapitellen.

[13] W. Meyer-Barkhausen. Ein Bronzegitter als Schmuckmotiv des Elfenbeinkelches von Deventer. Zs. für bild. Kunst 64 (1930/31) S. 244 ff.

[14] Über die Entstehung des Planes am ausführlichsten, wenn auch nicht in allem überzeugend, Joseph Hecht, Die romanischen Kirchen des Bodenseegebietes I (1928) S. 28 ff. Vgl. dazu Hans Reinhardt, Comment interpréter le plan carolingien de Saint-Gall? Bulletin monumental 96 (1937) p. 265.

[15] Joseph Vonderau, Die Ausgrabungen am Dome zu Fulda in den Jahren 1908 bis 1913. 16. Veröff. d. Fuld. Geschichtsver. 1919. S. 8 ff. u. Pl. 1.

man diese ungewöhnliche Anordnung vielleicht auch mit jenem vorbildlichen Aachener Schema in Verbindung bringen dürfen. Das konzentrische Atrium des Kölner alten Domes scheint jedenfalls seine Kenntnisse vorauszusetzen. Planung und Grundsteinlegung bald nach der Synode von 816 wäre noch durchaus mit jener Tradition vereinbar, die den 819 verstorbenen Erzbischof Hildebold als den Begründer des Domes bezeichnet. Daß Hildebold, der als *„sacri palatii capellanus"* in engster Beziehung zum Hofe stand, seinen Dombau nicht ohne Mitwirkung und Unterstützung des Königs und seiner Ratgeber unternommen hat, ist dabei von vornherein anzunehmen.[16]. Die Beziehung unseres Kapitells auf dem Dom, wo es, wenn nicht in den Langhausarkaden, so doch etwa in den Säulenstellungen des Atriums seinen Platz gehabt haben könnte, würde die künstlerische Abhängigkeit von Aachen besonders betonen. Jedenfalls gibt es uns zusammen mit dem großzügigen Grundriß eine Vorstellung von der Bedeutung des Bauwerks, die die Bezeichnung der Kölner Kirche als der „erlesensten nach Rom"[17] verstehen läßt.

[16] Die These von A. Calsbach, daß es sich bei dem Bau Hildebolds zunächst um ein „monasterium" gehandelt habe, dem erst Willibert 870 die Zweckbestimmung als Domkirche gegeben habe, stehen doch erhebliche Bedenken entgegen. Vgl. Otto Doppelfeld, Der unterirdische Dom, S. 75 ff. Daß Hildebold einen solchen Bau gewissermaßen ins Blaue unternommen hätte, ohne vorher oder gleichzeitg ein Kloster zu begründen, ist doch recht unwahrscheinlich. Im übrigen wäre es doch seltsam und kaum zu verstehen, wenn Hildebold sein Augenmerk statt auf den Bau einer repräsentativen Bischofskirche, die in Köln fehlte, auf die Begründung einer Klosterkirche gerichtet hätte, die die damals bestehende Bischofskirche an Größe und Glanz weit übertreffen sollte.

[17] Annales Xantenses, SS. Rer. Germ. in us. schol., p. 27: *quae quondam post Romam eligantissima habebatur.*

OTTO DOPPELFELD

Stand der Grabungen und Forschungen am Alten Dom von Köln

Aus: Neue Beiträge zur Kunstgeschichte des ersten Jahrtausends (1954) 69 – 100

Verlauf der Grabungen [1]

Gleich nach Beendigung des Krieges leitete das Kölner Metropolitan-Kapitel auf Anregung des Dombaumeisters, Dr. W. Weyres in sehr dankenswerter Weise eine archäologische Untersuchung des Domuntergrundes in die Wege, und schon im Frühjahr des Jahres 1946 konnte mit den Erdarbeiten begonnen werden. Die Grabungen sind also jetzt schon fast sechs Jahre ununterbrochen im Gange. Bei einer Wertung der bisher geleisteten Arbeit ist zu berücksichtigen, daß durchschnittlich nur vier Erdarbeiter zur Verfügung standen, die Grabungen sich auch auf das umliegende Gelände erstreckten, überall mindestens auf 4 m, an vielen Stellen sogar bis auf 10 m Tiefe gegraben werden mußte und trotz dieser erheblichen Tiefen kaum Erdlagen angetroffen wurden, die eine schnelle Abtragung erlaubt hätten, weil keine wesentlichen Aufschlüsse aus ihnen zu erwarten gewesen wären. Der Untergrund ist hier vielmehr von oben an bis zum gewachsenen Boden durchsetzt mit Mauerresten und sonstigen Spuren einer zweitausendjährigen Vergangenheit. Diese Häufung ansehnlicher Überreste, die auf die verschiedensten Epochen zurückgehen und in vierzehn Perioden unterteilt werden mußten, zeigt uns an sich schon, daß wir uns hier an einem Punkte von ungewöhnlicher historischer Bedeutung befinden.

Es können und dürfen daher auch diese Grabungen nicht nur der einen in dem hier gegebenen Berichte herausgegriffenen Aufgabe der Auffindung und Erforschung des Alten Domes dienen. Sie stehen vielmehr gleichzeitig und unabweislich vor den vielen anderen Fragen, die seit langem an diesen Punkt der Altstadt von Köln geknüpft sind, der Frage der natürlichen Gestalt des Domhügels und seiner ersten Besiedlung, des römischen Stadtmauerbaus, des hier vermuteten, aber nicht gefundenen Forums, des ebenfalls hier vermuteten römischen Tempels oder gar Tempelbezirkes [2] – auch die Ara Ubiorum glaubte man hier suchen zu müssen [3], – ferner des frühen Christentums, der dunkeln fränkischen Jahrhunderte, des gotischen Neubaus mit seinen vielen Gräbern und baulichen Änderungen bis zum endgültigen Ausbau im vorigen Jahrhundert.

[1] Der hier vorliegende Bericht über die wesentlichen Ergebnisse der Kölner Domgrabung wurde bereits 1951 abgefaßt. Da die Grabungen aber seit diesem Zeitpunkt fast ganz ruhten, gibt er auch heute noch den Stand der Arbeiten in allen wesentlichen Punkten wieder. Eine baugeschichtliche Würdigung der beiden Kölner Domgrundrisse erscheint im nächsten Kölner Domblatt, 1954.

[2] Forum: J. Düntzer, Bonner Jahrbuch 43, 1867; K. Corsten, Annalen d. hist. Ver. f. d. Niederrh. 126, 1935; Tempel: J. Düntzer a. a. O.; J. Klinkenberg, Das römische Köln, 1906; F. Fremersdorf, Bonner Jb. 133, 1928.

[3] K. Corsten, Rhein. Vierteljahrsbl. 9, 1939.

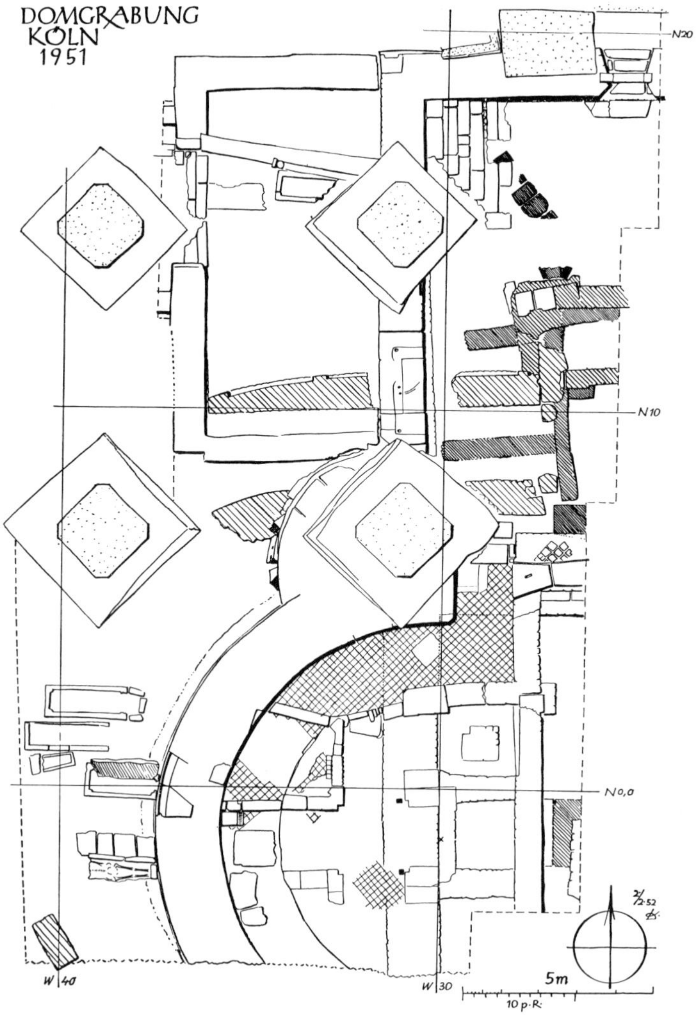

Abb. 29. Köln, Dom; Gesamtplan der Grabungsfläche im Langhaus. – Maßstab 1 : 200.

Im ersten Jahr der Grabung wurde ein Querschnitt durch den Dom im dritten Langhausjoch angelegt, der nach der bis dahin vorherrschenden Meinung von der Lage des Alten Doms [4] diesen in der Mitte hätte schneiden müssen, in Wirklichkeit aber sein westliches Ende, nämlich den Scheitel der Westapsis traf. Eine Ausweitung dieses Schnittes mußte zunächst unterbleiben, da jetzt auch die Ostapsis gesucht werden mußte, die ja nun entsprechend weit nach Osten in dem Teil des Domes zu vermuten war, der bis zum Jubiläum des Jahres 1948 wiederhergestellt werden sollte. Die Suche begann im Hochchor, da sie hier verhältnismäßig leicht von einer dort befindlichen Gruft ausgehen konnte. Da sich jedoch keine Spur einer Apsis fand, mußten wir uns im zweiten Jahre der Grabung entschließen, weiter ostwärts in den Chorumgang zu gehen, wo das zwar moderne, aber schwer zu entfernende und noch schwieriger wieder zu verlegende Mosaik die Anlage großer Suchschnitte verbot. Glücklicherweise fanden wir auch hier die Apsis im ersten schmalen Schacht, den wir am Eingang der Dreikönigenkapelle in der Achse des Domes aushoben. Der Scheitel der Apsis wurde bis zur Sohle freigelegt. Die dabei untersuchten Erdschichten ergaben ein sehr aufschlußreiches Schichtenprofil von 10 m Höhe, das mittlerweile auch weiteren Kreisen bekannt geworden ist. Anschließend wurden einige weitere Schächte im südlichen Arm des Chorumgangs angelegt, um die übrige

[4] Nur H. Vogts, Domfestschrift 1930, kam der Wirklichkeit sehr nahe.

Abb. 30. Köln, Dom; Blick von oben auf die Grabungsfläche: Westapsis und Krypta.

Gestaltung des Ostabschlusses des Alten Domes zu untersuchen, wobei sich herausstellte, daß sich an die Apsis ein freies, quadratisches Altarhaus angeschlossen haben muß, dessen Mitte der Stelle des heutigen Hochaltars entspricht. Spuren von Turmfundamenten wurden an diesem Altarhaus vergeblich gesucht. Zwar war es an der Stelle, wo es an das breitere Langhaus stieß, durch das gotische Bankfundament der Hochchorpfeiler gestört, aber es war klar ersichtlich, daß hier kaum ein Turm, selbst von den kleinsten Ausmaßen, gestanden haben kann. An der Stelle, wo bei normaler Seitenschiffbreite die Außenmauer des Alten Domes zu erwarten war, fand sich tatsächlich eine entsprechende Mauer; eine noch weiter außerhalb angetroffene Mauer gleicher Art konnte nichts anderes als der Abschluß des Querhauses sein. Natürlich konnte bei den noch sehr beengten Grabungsschnitten die erwünschte volle Sicherheit nicht erreicht werden. [5]. Das gelang auch nicht, als wir nach dem Domjubiläum, während des Jahres 1949, beim Ausbau der Sakramentskapelle nochmals für kurze Zeit Gelegenheit hatten, an dieser Stelle weiterzugraben. Die Deutung stieß hier vielmehr zunächst auf unerwartete Schwierigkeiten, deren Aufklärung aber dann im folgenden Jahre erfolgte, als wir die Grabungen im Langhaus des Domes wieder aufgenommen hatten.

Im übrigen wurden aber nach dem Domjubiläum das 3. und 4. Jahr der Grabung mit der Untersuchung des westlich und südlich des Domes gelegenen Geländes fast ganz ausgefüllt, denn hier sollte das Terrain zwecks Herstellung des ursprünglichen Zustandes um etwa 2 m angehöht werden, was eine vorherige Untersuchung dringend notwendig machte. Dabei fanden wir zu Füßen der Domtürme, im „Domkloster", neue Spuren der schon länger bekannten Arkaden des Atriums; ferner fand sich der Kantharus dieses Atriums, der nicht etwa mit Erde verfüllt, sondern lediglich zugewölbt war und in der Tiefe noch Wasser führte. Schließlich erfaßten wir mit dem gleichen Suchgraben noch den unter der römischen Stadtmauer herführenden ausgemauerten Gang (Abb. 34), der im Jahre 1074 dem Heiligen Anno die Flucht aus dem Alten Dom und aus der Stadt ermöglichte [6].

Im südlichen Vorgelände des Domes, im „Domhof", wurden aus der Zeit des Alten Domes die Reste einer großen ummauerten Hofanlage festgestellt; es handelt sich hier wohl um die an dieser Stelle bezeugte *curtis* oder *curia regis,* die später *curia episcopalis* genannt wurde [7].

Im 5. und 6. Jahr der Grabung schließlich, 1950 und 1951, wurde wieder im Dom selbst gegraben, und zwar im Langhaus, an der gleichen Stelle, wo wir 1947 aufgehört hatten. Es wurde hier ständig gearbeitet, wenn auch die Arbeiterschaft sehr bald auf zwei Mann zusammenschmolz und die Untersuchung der Ende 1950 bei der Cäcilienkirche entdeckten Thermen ein halbes Jahr viel Aufmerksamkeit und Arbeiten erforderte. Das uns bei der Domgrabung wider Willen aufgezwungene langsame Arbeitstempo hat sich im Interesse einer gründlichen Untersuchung doch sehr günstig ausgewirkt. Die jetzt freiliegende Grabungsfläche (Abb. 29, 30) von etwa 360 qm wurde hauptsächlich in kleinen Streifen abgedeckt, so daß die vielen aufgenommenen Profile der Erdschichten eine Rekonstruktion aller wesentlichen Vorgänge, auch schwer faßbarer, wie etwa die Neuanlage eines römischen Straßengrabens oder das Setzen eines Rüstpfahls, der nach dem Mauerbau natürlich wieder herausgezogen wurde, ermöglichten. Das bedeutende Objekt, das es auszugraben galt, verlangte eine behutsame Arbeitsweise, und die Ergebnisse haben sie vollauf gerechtfertigt. Die aufkommenden Schwierigkeiten bei der Zuordnung der vorgefundenen Reste konnten gänzlich besei-

[5] Der Stand der Grabungen im Jahre 1948 ist von mir in mehreren Aufsätzen veröffentlicht worden: Domfestschrift 1948=hier S. 36 ff.; Forschungen und Fortschritte 24, 1948, S. 97 ff.=hier S. 11 ff.; Der unterirdische Dom, Köln und Krefeld 1948; Das Münster 2, 1948, S. 1 ff.=hier S. 66 ff.; – Laufende Grabungsberichte sowie eine umfassende Bibliographie findet man jährlich im Kölner Domblatt, Jahrbuch des Zentral-Dombau-Vereins, herausg. J. Hoster, seit 1948.

[6] Kölner Untersuchungen=Beiheft 2 der Kunstdenkmäler des Landesteils Nordrhein, herausg. W. Zimmermann, Ratingen 1950, S. 29 ff.

[7] Ausführlicher Bericht im Kölner Domblatt 1952.

Abb. 31. Köln, Dom; Grundrißskizze des Domes Periode VI und VII. – Maßstab 1 : 1000.

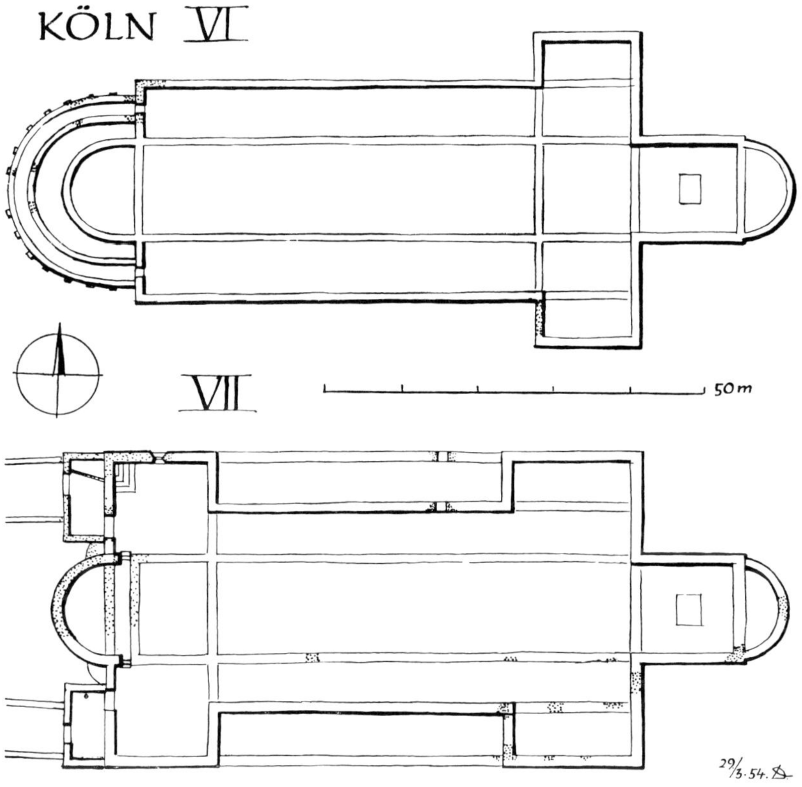

tigt werden. Wir können heute nicht nur einen, sondern zwei verschiedene karolingische Domgrundrisse nachweisen (Abb. 31), und selbst für die merowingische Zeit ist zwar noch kein geschlossenes Bauwerk, aber schon jetzt ein sehr beachtlicher Befund zu verzeichnen [7a].

Situation

Die zusammenhängende, jetzt offenliegende Grabungsfläche, die uns die neuen Erkenntnisse brachte (Abb. 29, 30), liegt im 3. und 4. Langhausjoch von Westen, erstreckt sich aber nur über das Mittelschiff und die beiden nördlichen Seitenschiffe; ganz im Norden deutet auf der Zeichnung eine Linie die Innenfläche des heutigen Außenmauerfundamentes an. In den südlichen Seitenschiffen wurde bisher nicht gegraben, weil hier ein großer durchgehender Fundamentgraben für die Hochschiffpfeiler alles gestört hat, während man für die nördlichen Pfeiler einzelne Schächte abteufte, deren Wände da, wo man auf altes Mauerwerk stieß, nicht glatt nach unten geführt wurden, so daß das den ganzen Schacht füllende Pfeilerfundament mit den stehengebliebenen Stümpfen der alten Mauern verzahnt wurde und bei oberflächlichem Hinsehen der Eindruck entsteht, als ob die gotischen Pfeiler auf die Mauern des Alten Domes aufgesetzt wären. Vor der Fundierung der Pfeiler, aber kaum vor Beginn des 15. Jahrhunderts ist der westliche Teil des Alten Domes abgerissen und durch Aufschütten von Erde in zwei Etappen ein 2 m höheres Bauniveau geschaffen worden, auf dem sich allerlei Spuren der gotischen Bautätigkeit – Mauern für Werkstätten, Gruben und Guß-

[7a] Inzwischen sind genauere Grundrisse der Perioden VI und VII gezeichnet worden; diese Pläne werden im Kölner Domblatt 1954 = hier S. 161 veröffentlicht.

herde für den Glockenguß – fanden. Alle diese Reste sind ebenso wie die vielen Sarggräber im nördlichsten Seitenschiff, mit Ausnahme einer Gruft ganz im Norden, auf unserer Zeichnung nicht dargestellt. Auch die vielen romanischen Gräber in der nördlichen Hälfte des Planes mußten, bis auf das Grab des Emundus, der Übersichtlichkeit halber wegbleiben, obwohl sie zum Alten Dom gehören. Schließlich fehlen auf dem Plane alle römischen Reste; die Situation ist aber hinlänglich be-

Abb. 32. Köln, Dom; Grabungsfläche: Blick von oben auf Reste des Querhauses und älterer Anlagen aus einem Spalt im nördlichen Seitenschiffgewölbe.

Abb. 33. Köln, Dom; Grabungsfläche: merowingische Mauern und (unten) römischer Straßen pfeiler.

kannt[8]. Die nördliche Langhausmauer des gotischen Domes steht auf der römischen Stadtmauer, der Alte Dom ist in 5,30 m Abstand parallel zu ihr errichtet und hat nicht, wie Keussen annahm, eine mittelalterliche Ausbuchtung der bekanntlich noch bis um 1100 als Stadtgrenze fungierenden Mauer nötig gemacht. An der Innenfront der Stadtmauer vorbei lief in römischer Zeit eine knapp 12 m breite Straße, von der im Bereich des dritten Langhausjoches eine der großen, das römische Stadtschema formierenden Nordsüdstraßen abzweigte. Ihre Achse fällt mit der Westfront des nordwestlichen Vorbaus des Alten Doms, der sogenannten Emunduskapelle zusammen und tangiert die Apsis. Sie läuft auf den Mittelpunkt des lange bekannten römischen Turmes der Stadtmauer zu, der nicht schon in römischer Zeit, sondern ganz sicher erst im Mittelalter mit einer Schlupfpforte versehen wurde. Die Lage des Alten Doms ist sicher durch diesen und den ostwärts anschließenden Nachbarturm, der im gleichen Verhältnis zur Ostapsis steht, bestimmt worden, dergestalt, daß der

[8] Kurze Anzeige der Ergebnisse im Kölner Domblatt 1950, S. 177 ff.

Abb. 34. Köln, Dom; Rekonstruktion: Atrium und Querhaus Periode VII.

Bau die ganze Breite einer römischen insula und überdies die Hälften der begrenzenden Straßen bis zu deren Achsen einnahm. Das römische Straßensystem der Colonie war demnach an dieser Stelle schon ein wenig gelockert.[9]

Wie es sonst um den römichen Untergrund des Domhügels bestellt ist, darüber sind wir jetzt einigermaßen genau unterrichtet. Überall, wo wir im Bereiche der beiden römischen insulae, um die es hier geht, gegraben haben, mußten wir eine dichte Bebauung feststellen. Die Mitte der östlichen insula, über der der Alte Dom steht, wurde von reichen Palästen eingenommen, von denen einer das Haus mit dem Dionysosmosaik ist, während ein zweiter 1949 entdeckt wurde. Die Straßenfronten der insula waren dagegen von Reihenhäusern gesäumt, die sicherlich als Geschäftslokale dienten. Da wir aber in der Mitte des Domes noch nicht gegraben haben, müssen wir immer noch mit der Möglichkeit rechnen, daß hier vielleicht doch noch der Tempel gestanden hat, dessen Architravinschrift sich unweit gefunden hat, freilich von einem Tempelbezirk oder gar einem Forum, woran man bisher dachte, kann keine Rede mehr sein. Schließlich ist von einer Grabung in der Vierung des Domes noch die Klärung einer weiteren, unser hier gestelltes Thema direkt berührenden Frage zu erhoffen, der Frage nämlich nach den ersten Anfängen des Christentums innerhalb der Stadt, also der ersten Bischofskirche, des „Ältesten Doms". Die Cäcilienkirche, die bisher entsprechend der mittelalterlichen Überlieferung für den Ältesten Dom gehalten wurde, haben wir im Frühjahr 1951 in Verbindung mit den dicht dabei gelegenen Thermen kreuz und quer geschnitten und dabei nicht die geringste Spur einer Bestätigung dieser Prärogative, die übrigens schon kurz vorher von E. Hegel[10] als fromme Legende erkannt worden war, gefunden. Daher rückt bei der Erörterung dieser Frage der Dom wieder in unser Blickfeld. Auf den einzigen bisher faßbaren schwachen Anhaltspunkt haben wir schon vor einigen Jahren hingewiesen[11], auf jenes achteckige Becken ostwärts vor dem Dom, das ursprünglich sicher zu einem römischen Privatbade gehörig, später als Baptisterium benützt worden sein könnte, zumal es nicht ausgeschlossen ist, daß es in nachrömischer Zeit noch in Gebrauch war. Einen weiteren Anhalt können vielleicht einmal die merowingischen Reste liefern, die wir neuerdings unter dem Alten Dom freigelegt haben.

[9] O. Doppelfeld, Die römische Stadtmauer von Köln, in Kölner Untersuchungen a. a. O. 1950, S. 1 ff. – Zur Stadtanlage siehe die bahnbrechende Arbeit von J. Klinkenberg, Die Stadtanlage des römischen Köln und die Limitation des Ubierlandes, in Bonner Jb. 140/141, 1936.

[10] E. Hegel, Die Domlegende von St. Cäcilien, in Ann. d. hist. Verf. f. d. Niederrh. 146/147, 1948.

[11] Domfestschrift 1948 S. 178=hier S. 55; Der unterird. Dom S. 28; ferner in einer Übersicht: Die christliche Archäologie und die jüngsten Ausgrabungen im Rheinland, in Rheinische Kirchen im Wiederaufbau, herausg. W. Neuss, München-Gladbach 1951, S. 55 ff.

Abb. 35. Köln, Dom; Außenansicht der Westapsis mit dem karolingischen Sockel und Gräbern aus romanischer Zeit.

Merowingische Zeit (Periode V)

Wie bereits angedeutet wurde, brachten uns die Grabungen der letzten beiden Jahre in den nördlichen Seitenschiffen des 4. Langhausjoches erfreulicherweise die ersten sicher merowingischen Mauern Kölns [12] (Abb. 29 [dunkel schraffiert], 32, 33). Wir haben es bisher noch unterlassen, dem unansehnlichen und vielfach gestörten, aber wertvollen Konglomerat noch mehr Abbruch zu tun, hoffen vielmehr, auch ohne dies im Verlaufe weiterer Grabungen letzte Klarheit über die Aufeinanderfolge zu gewinnen. Es handelt sich zunächst um eine vielleicht älteste, aus großen Tuffblöcken trocken gefügte Schrägmauer, die in nordwestlicher Richtung auf die Mitte des römischen Turms der Stadtmauer und andererseits auf das nördlichste der drei römischen Tore der Rheinfront weist. Vielleicht bildet sie also den Rest einer frühen Abriegelung und Befestigung der Nordostecke der Römerstadt, die wegen ihres spitz herausspringenden Winkels und der beherrschenden Lage am

[12] Das Alter des „fränkischen Bogens" an der Cäcilienkirche konnte auch durch die Grabungen des Jahres 1951 nicht sicher ermittelt werden.

Rhein und am Hafen zur Schaffung einer Burg innerhalb der Stadt besonders geeignet war. Eine ähnliche zyklopische Mauer wurde beim Bau des Dombunkers entdeckt und konnte mit großer Wahrscheinlichkeit ebenfalls in die merowingische Zeit datiert werden [13]. Sie läuft allerdings in anderer Richtung und diente zur Festigung des Hangs der Niederterrasse.

Die, wie wir bereits vermuteten, vielleicht ursprünglich weiter nach Südosten verlaufende Absperrmauer wird, wie es scheint, von den Resten eines etwas späteren Bauwerks unterbrochen, von dem eine Ecke und ein weiteres Mauerstück erhalten sind. Diese Reste liegen unter der in der Zeichnung heller schraffierten Ecke des im folgenden noch zu besprechenden ersten Domgrundrisses der Periode VI und scheinen dessen Schema vorweggenommen zu haben; die Nordwestecke des Langhauses der Periode VI steht auf der alten Mauerecke, während die Mauern des Umgangs eigene Fundamente haben. Das Gemäuer an der Nordwestecke ist vor dem Bau der Periode VI verbreitert worden; es ist noch nicht geklärt, ob dies nur zwecks Schaffung eines breiteren Fundamentes der Periode VI geschehen ist, was die nächstliegende Erklärung wäre, oder ob, wie es der Mörtelvergleich nahelegt, ein Umbau der merowingischen Periode V vorliegt, in welch letzterem Falle bereits zweimal ein Gebäude mit ungefähr gleicher Nordwestecke hier errichtet worden wäre, bevor der Bau mit dem St. Gallener Schema wiederum auf der gleichen Ecke errichtet wurde.

Die Blöcke der Schrägmauer liegen unmittelbar auf der obersten Schicht der römischen Straße und sind damit als nachrömisch erwiesen. Die Mauern des Gebäudes stehen über dem verfüllten römischen Straßengraben und auf einem Fundament der Straßenkolonnade; eine Säulentrommel liegt noch neben dem Fundament in der Grabenfüllung (Abb. 33). Die nord-südlich verlaufende Mauer des Baus läuft gegen einen mächtigen Quader, gegen dessen verputzte Nordfläche sie gemauert war. Der Quader ist also jedenfalls älter und sehr wahrscheinlich, auch seiner Tiefenlage nach, römisch. An seiner Südfläche dürfte die merowingische Mauer wieder angesetzt sein; festgestellt wurde sie jedoch erst ein Stück weiter südlich in dem Tiefschacht, den wir in der Achse des Domes ausgehoben haben.

Der enge Kontakt mit den noch in situ befindlichen römischen Resten, die reichliche Verwendung römischer Baureste in den sonst kümmerlichen Fundamenten und das liebevoll, aber ohne großes Können aus kleinen Tuffquäderchen gemauerte Aufgehende machen eine Datierung des Baues in die merowingische Zeit sehr wahrscheinlich. Die gleiche Technik ist auch von den frühesten Bauten am Domhof bekannt. Die volle Sicherheit der Datierung hängt aber von der Datierung der nachfolgenden Bauten ab.

Es ist noch verfrüht, über die Zweckbestimmung des in so geringen Resten erfaßten Bauwerks Vermutungen anzustellen. Immerhin ist zu beachten, daß der Bau der unmittelbare Vorgänger eines Kirchenbaues war. Ferner ist zu berücksichtigen, daß im Bereich des Domes schon sehr früh Bestattungen festzustellen sind. So fanden wir in der Achskapelle des Domes in der ersten nachrömischen Schicht ein sehr frühes Grab; es war nachweislich älter als der Bau der Ostapsis. Ferner fanden sich im Mauerwerk der Emunduskapelle mehrere trapezförmige Grabsteine. Bestattungen innerhalb der römischen Stadtmauer setzen aber ganz sicher einen Kirchhof, das heißt die Nähe einer Kirche voraus [14]. Über die Möglichkeit, daß das achtzackige Badebecken vor der Ostseite des Domes nicht nur in römischer, sondern auch noch in merowingischer Zeit als Baptisterium gedient haben kann, ist schon gesprochen worden. Auch dies würde für einen merowingischen, allenfalls frühkarolingischen Kirchenbau unter dem Kölner Dom sprechen.

Das St. Gallener Schema (Periode VI, Abb. 31)

Schon bald nach Beginn der Grabungen stellte es sich heraus, daß wir mit zwei verschiedenen Domgrundrissen rechnen mußten, denn es ergaben sich zwei grundverschiedene Vorhöfe, von de-

[13] Kölner Domblatt 1952.

nen der untere mit einem um die Apsis herumgeführten gedeckten Gang, ähnlich wie die Kirche auf dem Klosterplan von St. Gallen [15], versehen war, während der obere und spätere an Stelle des kleinen halbrunden „Paradieses" jenes langgestreckte, leicht trapezförmige Atrium setzte, dessen Spuren schon länger bekannt sind [16].

Nun zeigt sich, daß die Apsis in zwei Phasen errichtet ist; das Fundament hat weißen, das Aufgehende und das mit diesem zusammen gebaute Turmfundament aber roten Mörtel. Es lag also der Schluß nahe, das untere Mauerwerk der Apsis mit dem Umgang zusammenzubringen, denn eine Apsis muß ja zu dem Umgang gehört haben, und Spuren einer weiteren Rundmauer waren beim weiteren Ausschachten nirgends zu finden. Außerdem zeigte ein Vergleich mit dem Plan von St. Gallen, daß dort wie in Köln die gleiche Exzentrizität zwischen Umgang und Apsis von etwa 1 m festzustellen ist.

Der Wechsel im Mörtel (unten weiß, oben rot) zeigte sich nun bei allen Mauern des Alten Domes, die wir in der Folge im Chorumgang und in der Achskapelle freilegten; sie wurden daher in ihren unteren Teilen alle als mit dem halbrunden Umgang gleichzeitig erachtet, zumal sie eine völlige Übereinstimmung mit dem St. Gallener Plan ergaben. Die kurze Nachgrabung in der Sakramentskapelle ergab dann aber eine Abweichung; die angenommene Querhausbreite bestätigte sich nicht, wenigstens nicht bei den soliden und tiefreichenden Mauern mit dem Mörtelwechsel; diese bildeten vielmehr ein Querhaus oder, allgemeiner gesagt, eine Ausweitung des Dominnern von einer lichten Weite von 16 m. Noch größer war unser Erstaunen, als wir bei der seit 1950 im Langhaus betriebenen Ausweitung des ersten Schnitts feststellen mußten, daß eine der Mauern mit dem bezeichnenden Mörtelwechsel, nämlich die Westmauer des Querhauses, den Umgang durchschlagen hat; dieser ist also älter als der untere Teil der Apsis und all der anderen Mauern mit dem Mörtelwechsel. Wir haben es also mit drei an Stelle von zwei Perioden oder Bauabschnitten zu tun: VI (St. Gallen), VII a (Fundamente mit weißem Mörtel), VII b (Aufgehendes mit rotem Mörtel) [17]. Fragt man sich nun, was nach Fortfall der vielen Mauern für die Periode VI aus der 1948 unternommenen Gegenüberstellung dieser Periode mit dem St. Gallener Plan geworden ist, so ist festzustellen, daß dieser Vergleich trotz allem nicht hinfällig wird, sondern, wie im folgenden gezeigt wird, weitere Bestätigungen erhalten hat.

Der knapp 2 m weite Umgang ist mit einem Mörtelboden mittlerer Qualität versehen und beiderseits von 1 m breiten Mauern eingefaßt. Die innere dieser Mauern, von deren westlichem Scheitel vor kurzem (auf dem Plan noch nicht eingezeichnete) Stücke entdeckt wurden, war an ihrer konvexen Fläche verputzt und ist so hoch erhalten, daß sie als Brüstungsmauer zu denken ist, die eine Säulenstellung trug, welche den Blick auf die Apsis freigab. Die äußere Mauer war an der Außenfläche durch deutlich erkennbare Lisenen gegliedert. Im Grundriß war das Halbrund um etwa 4 m gestelzt, genau wie in St. Gallen, viel genauer, als wir es bisher zu ergänzen wagten. Der Gang führte, wieder wie auf dem Pergamentplan, durch eine etwas engere Türöffnung und über die als Stufe dienende Mauer der Periode V in das ein wenig tiefere Kircheninnere. Wie auf dem Pergamentplan fluchtet die Seitenschiffmauer mit der äußeren Umgangsmauer, auch schließt sich nordwärts ein Nebenraum an, jedoch hat dieser in Köln nur etwa die halbe Breite der St. Gallener Nebenräume. Der in St. Gallen an den geraden Teil des Umgangs gesetzte quadratische Raum könnte in Köln durchaus vorhanden gewesen sein, denn überall da, wo seine Mauern zu suchen sind, waren tiefe Störungen bis auf das kleine Ende nördlich der Langhausecke, das allerdings, soweit es erhalten ist, auf die frühere Periode zurückgeht. Während wir 1948 noch annehmen konnten, daß der verhält-

[14] Denn in römischer Zeit ist die Bestattung innerhalb einer Stadt durch uraltes Gesetz, an das man sich auch strikte hielt, verboten: *(hominem mortuum in urbe ne sepelito neve urito:* Tabula X des Zwölftafelgesetzes). Die Anlage eines frühchristlichen Friedhofes in der Stadt kann also nur durch die Nähe einer Kirche hervorgerufen worden sein.

[15] O. Doppelfeld, Der Alte Dom von Köln und der Bauriß von St. Gallen, in Das Münster 2, 1948, S. 1 ff. = hier S. 66 ff.

[16] R. Schultze und C. Steuernagel, Colonia Agrippinensis, in Bonn. Jb. 98, 1895, Taf. XIV.

Abb. 36. Köln, Dom; Pforte in der Nordwand des Querhauses.

nismäßig schwachen Fundierung des Umgangs eine wesentlich stärkere Gründung der höherragenden Bauteile entsprochen hätte [5], wissen wir jetzt, daß auch diese stärker belasteten Teile zwar auf wenig breiteren, aber kaum wesentlich tieferen Fundamenten ruhten. So können wir, da sich Spuren einer besonderen Apsis der Periode VI nicht fanden, mit Sicherheit aussagen, daß sie an der Stelle der späteren Apsis gestanden hat und durch deren breite und erheblich tiefer reichende Fundamente völlig beseitigt worden sein muß. Die alte Apsis war demnach entgegen der jüngeren gestelzt, und zwar, wie auf dem Pergamentplan, um etwa 3 m. Weiterhin dürfen wir jetzt folgern, daß in der gleichen Weise, wie die jüngere Apsis die ältere vernichtete, auch die übrigen Mauern der Periode VI, soweit sie mit den späteren Mauern zusammenfielen, endgültig verloren sind, und daß nur an den Stellen, wo die Grundrisse voneinander abweichen, Reste des älteren zu erwarten sind. So haben wir nur der verschiedenen Grundrißgestalt die Erhaltung der besprochenen Reste im Atrium und Querhaus des späteren Baus zu verdanken. Es mag nun verwegen erscheinen, auf solch gewissermaßen negativer Basis den Grundriß einer Kirche über 90 m hin zu ergänzen. Aber wir wissen schon jetzt, daß das Westende und die Langhausbreite der beiden Dome übereinstimmten. Daß auch die Gesamtlänge aller Wahrscheinlichkeit nach die gleiche gewesen sein muß, geht aus der Lage des Querhauses hervor. Als wir 1949 bei der kurzen Nachgrabung in der Sakramentskapelle die west-

[17] In den Grabungsakten und der vorläufigen Anzeige, Kölner Domblatt 1950, ist dieser Periodenfolge VI a, VI b, VII genannt worden.

liche Mauer des Querhauses suchten, fanden wir tatsächlich genau an der vermuteten Stelle eine Mauer. Aber da sie nur 50 cm tief reichte und in Technik sowie Erhaltung keinen Vergleich mit den soliden Mauern aushielt, deren unteren, mit weißem Mörtel gemauerten Teil wir damals noch der Periode VI zuteilten, und da sie mit diesen Mauern, die, wie schon gesagt, ein Querhaus von 16 statt nur 12 m Breite bildeten, keine Verbindung hatte, schieden wir sie damals für unsere Periode VI aus. Da wir aber jetzt das wirklich zum Umgang dieser Periode gehörige Mauerwerk kennen, müssen wir die vorher verworfene, jetzt als einzige bisher in den östlichen Teilen bekannte Mauer dieser Periode bezeichnen. Sie verdankt, wie alle anderen erhaltenen Mauern der Periode VI, nur einer Abweichung der beiden Domgrundrisse, in diesem Falle ihrer Querhausbreiten, die Erhaltung. Die Grabungen im Chorumgang waren nicht umfangreich genug, um bei dieser Sachlage den Grundriß der Periode VI mit völliger Sicherheit zu bestimmen. So wäre es immerhin denkbar, daß die genannte einzige erhaltene Mauer nicht die westliche, sondern die östliche Querhausmauer gewesen ist, oder daß zu dieser Periode gar kein oder vielleicht ein oblonges Chorhaus gehört hat. Aber die Anlehnung des jüngeren Baus an den älteren und die Übereinstimmung mit St. Gallen sind so groß, daß die bisher gegebene Ergänzung der Periode VI auch weiterhin als die einzig wahrscheinliche gelten muß.

Bei der Datierung des Baus der Periode VI wird man ihn einerseits nicht wesentlich früher als den Bauriß von St. Gallen (um 816) ansetzen; andererseits ist als einziges Datum die Weihe des Nachfolgebaus 870 gegeben. An diesem ist aber offenbar lange gebaut worden, denn in der Weihenachricht wird er als *„immer noch nicht geweiht" (eatenus minime consecrata)* bezeichnet, und an seinem Mauerwerk läßt sich, wie noch gezeigt werden soll, eine Baustockung erkennen. Beide Bauten werden somit auf die hochkarolingische Zeit zurückgehen; vielleicht sind beide von Hildebold begonnen worden. Das würde dieser baufreudigen und nach neuen Formen suchenden Zeit, in der gerade Köln als neues Erzbistum und Sitz des Hofkapellans einen großen Aufschwung nahm, durchaus entsprechen[18].

Der endgültige Bau (Periode VII, Abb. 31)

Die größere Flächengrabung der letzten beiden Jahre hat uns also unverhofft nicht nur einen, sondern zwei sehr verschiedene Grundrisse karolingischer Großbauten beschert, und schon ein kurzer Überblick über die Grabungsfläche läßt die Umstände erkennen, denen wir dieses außerordentlich aufschlußreiche Nacheinander zu verdanken haben; es ist das möglicherweise noch während des Baus der älteren Anlage eintretende Bedürfnis, großartiger und repräsentativer zu bauen. Das zeigen die ungleich festeren und tieferen Mauern und vor allem die Errichtung des Querhauses im Westen. Diese westlichen Querhäuser galten schon den Zeitgenossen als Ausdruck römischer Baugepflogenheiten, und ihre Errichtung ist sicher in betonter Angleichung an die Hauptkirchen der Christenheit geschehen. Aber in Köln ist ebenso wie in Fulda aus dem westlichen Querhause etwas ganz anderes geworden, die Funktion ist eine ganz andere als in der Peters- und Lateranbasilika; die deutschen Querhäuser stehen zwar im Westen und sind auch mit ihrer Apsis getreue Nachahmun-

[18] Vgl. Clemen, Neu, Witte, Der Dom zu Köln, Die Kunstdenkmäler der Rheinprovinz VI, III ^{2} 1938, S. 39 ff. – Die Tradition weiß von einem Baubeginn durch Hildebold, und wenn sie auch erst im 15. Jh. niedergeschrieben wurde, so wird sie damit doch nicht gänzlich unglaubwürdig. Wir haben jetzt sogar zwei Grundrisse, die wir mit Hildebold in Verbindung bringen können und dürfen mit Recht vom „Hildeboldom" sprechen. Willibert weihte ihn 870, nachdem er noch nicht ein Jahr vorher zum Erzbischof gewählt war. K. Corsten dachte daran, daß Willibert eine römische Forumsbasilika zur Kirche umgewandelt haben könnte (a. a. O. Ann. hist. Ver. f. d. Niederrh. 126, 1935 und Rhein. Vierteljahrbl. 9, 1939). Eine solche Umwandlung dürfte aber wohl kaum innerhalb von 8 Monaten zu bewältigen gewesen sein. Aber diese, solange nicht gegraben war, immerhin bestechende Theorie hat nun durch die Ergebnisse der Grabungen in jeder Hinsicht und so vollständig alle ihre Grundlagen verloren, daß es verwunderlich ist, wie ihr Autor immer noch an ihr festhalten kann (Rhein. Vierteljahrsbl. 14, 1949; Entgegnung ebd. 15/16, 1950/1951, S. 500).

gen der römischen, und doch stehen sie an anderer Stelle. Sie bilden nicht mehr das Ende des Weges, den der Besucher der Kirche zurücklegte, sondern die Schaufront, die er schon von weitem beim Durchschreiten des geräumigen Atriums sah und die er beim Besuch der Kirche zuerst betrat. Aber eben dieser repräsentative Vorhof, das Atrium mit dem Kantharus, den wir in Köln ja auch gefunden haben (Abb. 34), ist das, was man in erster Linie *more Romano* erstrebte; das eindrucksvolle Atrium von Alt-St. Peter mit dem berühmten Kantharus galt es nachzuahmen, und das war nur möglich, wenn die Basilika eine genügend breite Front darbot, die bei den römischen Basiliken mit ihren fünf Schiffen ohne weiteres durch deren breite Giebelfront gegeben war, bei dreischiffigen Anlagen aber erst durch Zwischenschaltung eines quergelagerten Baukörpers geschaffen werden mußte. Der Kölner Bau war ursprünglich wohl auch dreischiffig, und er hätte vielleicht ein ebenso breites Atrium und überdimensionales Querhaus wie Fulda erhalten, wenn nicht die Stadtmauer eine Grenze gesetzt hätte.

Daß die Westseite die repräsentative Schaufront des Domes war, zeigt auch ein Vergleich der Apsiden. Sie sind zwar beide in der gleichen Technik und mit gleicher Sorgfalt gemauert, aber der vor kurzem entdeckte Sockel der Westapsis besteht aus einem in sauberer Steinmetzarbeit gemeißelten fallenden Karnies (Abb. 35) gegenüber dem schlichten gemauerten Schrägsockel der Ostapsis. Weiterhin hat die im Fundament 1,70 m breite Mauer reichliche Eckverquaderung und auch sonstige ohne erkennbares System vorkommende Quader, ist aber im übrigen durchweg als Schalenmauerwerk errichtet, dessen Füllung zu gut 50% aus Steinen besteht, die einigermaßen lagenweise gebettet sind. Das Fundament, das nur außen und nur in den untersten Lagen die Baugrube füllend unregelmäßig vorspringt, beschreibt einen etwas abweichenden Bogen; es ist mit einer ebenso tiefen und nur wenig schmäleren (1,50 m) unterirdischen Spannmauer im Verband und geht ebenso unmittelbar in das Fundament des Mittelschiffs über. Zu den genannten Abweichungen tritt noch der schon mehrfach erwähnte Unterschied im Mörtel.

Den Unterschied zwischen einer älteren Bauphase mit weißem Mörtel und einer jüngeren, die rötlichen Mörtel verwendete, können wir neuerdings auch an dem in den Winkel zwischen Apsis und Querhaus gesetzten Treppenturm nachweisen. Hier ist die Abweichung so stark, daß wir sie erst entdeckten, als wir uns kürzlich entschlossen, ein Stück des Fundamentes zu opfern, um nach einem älteren Kern zu suchen, der sich dann auch fand. Er reicht anscheinend bis zur gleichen Tiefe wie die übrigen Fundamente herab; bei einer gänzlichen Freilegung würden wir die überhängenden oberen Teile der später weniger tief fundierten, aber breiter ausladenden Turmbasis gefährden. Diese verbreiterte Basis hat durch eine mit Mörtel vergossene Packlage aus großen, wohl römischen Spolien, die meist von einem Gebälk stammen, eine für einen kleinen Turm wohl ausreichende Fundierung erhalten.

Die Verbindung der Apsis mit dem Querhaus ist durch den gotischen Pfeiler gestört und nur durch die letzte stehengebliebene Schale des Turmfundamentes noch nachweisbar. Nach Lage und Technik ist sicher zu schließen, daß die Westmauer des Querhauses in einem Arbeitsgang mit der Apsis und der genau in ihrer Verlängerung liegenden Spannmauer der Apsis gemauert ist. Daß wird es hier mit einem Querhaus zu tun haben, ist bei dem gänzlichen Fehlen einer Seitenschiffmauer sicher. Auch hier weichen die Fundamente im (weißen) Mörtel in ihrer sorgfältigen Mauerung und in Breite und Richtung ein wenig vom Aufgehenden ab. Die Schwelle des 2,30 m breiten, zweiflügeligen Portals (Abb. 32) ist nicht die ursprüngliche, wenn auch der Verschleiß am Schwellstein selbst sowie an den Angelpfannen und den mehrfach erneuerten Vorrichtungen für den Fallriegel auf einen sehr langen Gebrauch dieser letzten Schwelle schließen lassen. Ursprünglich muß das Portal, wie sich weiter unten ergeben wird, erheblich kleiner gewesen sein.

Außer dem Portal sind bisher zwei weitere, kleinere Zugänge zum Querhaus festgestellt worden. Durch die Nordwand des Querhauses führte an der Stelle der vermutlichen Mitte eine kleine, einflügelige Tür mit abgeschrägtem Gewände (Abb. 36). Eine andere, sicher ebenso enge Tür muß in der Nordwestecke durch die Westwand geführt haben. Ihre Schwelle hat erheblich über dem Fuß-

Abb. 37. Köln, Dom; fränkischer Grabstein im Mauerwerk der Emunduskapelle.

boden gelegen und war durch eine nach oben sich verschmälernde Treppe zu erreichen, die offensichtlich hinter der Tür durch den schmalen abgetrennten Raum der Emunduskapelle, sich weiter verschmälernd, auf das Stockwerk des Atriumflügels führte. Dies ist gewiß der *angustus aditus de templo in dormitorium, item de dormitorio in atrium et in domus cuiusdam canonici, adhaerentem muro civitatis,* den der Heilige Anno 1074 bei seiner Flucht vor den aufsässigen Kölnern benutzte. Den unterirdischen Gang, den er dann vom Hause des Kanonikers aus durchschritt, um aus der Stadt zu entweichen, haben wir ebenfalls unter der römischen Stadtmauer vor den Domtürmen wiedergefunden (Abb. 34) [19].

Ein älterer Fußboden im Querhaus bestand aus roten und schwarzen Tonfliesen; er hat sich nur an einer Stelle, unter einer späteren Mauerung, vielleicht einer Mensa, neben dem Eingang zur Krypta erhalten. Später war vor allem die nördliche Hälfte des Querhauses dicht mit Gräbern belegt; die schließlich noch verbleibenden, nicht durch Grabplatten und Inschriften eingenommenen Teile des Bodens waren mit Blausteinplatten ausgelegt, von denen jedoch nur zwei Reste gefunden wurden.

Die Emunduskapelle

Die bisher besprochenen Teile des endgültigen Baues sind gleichzeitig untergründet und nach einer mehr oder weniger langen Pause sämtlich mit rotem Mörtel hochgeführt worden. Abweichend da-

[19] O. Doppelfeld, Die röm. Stadtmauer von Köln, a. a. O. (Kölner Unters.) S. 29 ff.

von sind Technik und Mörtel des Vorraums, der als Zwischenglied zwischen Dom und Atrium diente und seit der Auffindung wegen des dort befindlichen Grabes des Emundus als Emunduskapelle bezeichnet wird[20]. Obwohl es jetzt feststeht, daß diese Vorhalle wirklich ein Anbau an die bereits aufgeführte Mauer des Querhauses ist, so kann sie doch kaum wesentlich jünger sein. Es ist aus verschiedenen Gründen zu bedauern, daß wir trotz jahrelanger Bemühungen keinen Anhaltspunkt für eine genauere Datierung dieses Bauteils finden konnten; er hängt offenbar mit dem Bau des großen Atriums zusammen, für das wir damit auch eine Datierung erlangen könnten. Leider ist es auch nicht absolut sicher, daß der hier begrabene Emundus identisch ist mit dem einzigen sonst bekannten Träger dieses Namens, der zum Jahre 825 genannt wird. Es spricht jedoch alle Wahrscheinlichkeit dafür. Die Halle hat nämlich drei übereinanderliegende Böden und ist einmal umgebaut worden, wobei eine schräg eingezogene Querwand einerseits das Epitaph des Emundus trug und andererseits das schon genannte Stiegenhaus zum Dormitorium begrenzte. Diese Änderung wird wegen der Erwähnung des *angustus aditus* in der Vita Annonis vor das Jahr 1074 zu datieren sein. Zum gleichen Umbau gehören eine Erweiterung nach Süden um etwa 70 cm, die schon erwähnte Verbreiterung des Querhausportals und der gegenüberliegenden breiten Treppe sowie die Plattung des Fußbodens mit Namurer Blaustein. Vorher hatte die noch nicht verbreiterte und mit engeren Zugängen versehene Kapelle den schon vom Querhaus bekannten Boden aus roten und schwarzen Tonfließen gehabt, und darunter befand sich ein sonst in den westlichen Teilen des Alten Doms nicht festgestellter einfacher Mörtelboden. Wenn man aus dem Querhaus kommend, den Dom verließ, durchquerte man in schräger Richtung am Grabe des Emundus vorbei die Vorhalle und gelangte zu der nicht verschließbaren Maueröffnung, wo man drei, zuletzt sehr abgetretene, Stufen steigen mußte, um in den Atriumsgang zu gelangen (Abb. 34). Die Masse der Besucher scheint sich dann aber gleich nach rechts und Norden gewandt zu haben, um über einige weitere Stufen zu der Pforte im Stadtmauerturm zu gelangen, die aus der Römerstadt hinaus in die Vorstadt Niederich führte. Westlich der Emunduskapelle ist noch zu wenig freigegraben worden, um schon entscheiden zu können, ob die beiden Mauern, die rechts und links der Treppe sich anschließen, die Begrenzungsmauern des Atriumsganges sind. Ungeklärt ist auch noch ein älterer Mauerstumpf zwischen Treppe und Emundus-Sarkophag. Zur Zeit des Abbruchs des Domes hat man hier eine große Grube gegraben, sicherlich, um das bedeutende Grab auszuplündern, wobei leider alle Zusammenhänge gestört wurden. Aber seiner Tiefenlage nach kann dieses Grab als das älteste der vielen von verschiedenen Bodenniveaus ausgehenden Gräber der Vorhalle gelten. Das Mauerwerk der Vorhalle ist besonders im Fundament wenig sorgfältig. Es befinden sich darin viele trapezförmige Grabsteine, drei von ihnen mit Darstellung des Anker- oder Volutenkreuzes (Abb. 37). So wäre es auch, mit Rücksicht auf die noch unsichere Datierung solcher Grabsteine, erwünscht, wenn es uns gelingen würde, die bisher nur aufgrund der genannten Indizien vorgenommene Datierung der Vorhalle in das 9. Jahrhundert sicher zu fundieren[21].

Die Krypta

Die westliche Krypta (Abb. 38, 39) wurde beim Abbruch des Alten Domes gründlich ausgeleert, so daß wir von den aufgehenden Teilen nur noch einige kaum über Kniehöhe erhaltene, aber keinen Gewölbeansatz mehr vorfanden und den Grundriß meist mühsam nach den Mörtelabdrücken der

[20] A. Verbeek, Das Grabmal des Emundus im Kölner Dom und die frühen rheinischen Bogengräber, in Domfestschrift 1948, S. 184 ff. = hier S. 57 ff.

[21] W. Meyer-Barkhausen glaubt auf Grund seiner neuen, im Druck befindlichen Arbeit nicht, daß Volutenkreuze älter sind als das 9. Jh., da sie noch nicht früher zu belegen seien. Der inzwischen erschienene Aufsatz (Zeitschr. d. Verf. f. hess. Gesch. u. Landeskunde 13, 1952, S. 27 ff.) bringt allerdings keinen zwingenden Beweis für die ausschließlich späte Datierung.

Einbauten im Boden suchen mußten. Datierende Kleinfunde haben wir nicht geborgen, so daß wir das Nacheinander verschiedener Bauzustände nur aus den Bauresten selbst erschließen können; denn auch stratigraphische Beobachtungen konnten zur Baugeschichte der Krypta nicht gemacht werden. Eine Krypta ist in der Höhe ja begrenzt, und bei baulichen Änderungen wird man etwa einen neuen Boden nicht über den alten, sondern eher, um Höhe zu gewinnen, tiefer legen. So fanden wir unter dem Fliesenboden der Hallenkrypta nicht eine einzige Spur eines älteren Bodens. Und doch muß eine andere Form der Krypta voraufgegangen sein, wie aus der sonst unerklärlichen Art der Fundamente hervorgeht. An die tiefreichende Spannmauer der Apsis schließt sich nämlich westlich eine gut 50 cm tief reichende Fundamentplatte aus unregelmäßigem Mörtelguß mit vielen Steinbrocken an, die nicht, wie man es bei einer Hallenkrypta erwarten sollte, das ganze Apsisrund ausfüllt, sondern im gleichmäßigen Abstand von 1,40 m von der Apsis durch eine konzentrische Bogenlinie begrenzt wird. In der gleichen Technik und mit derselben Tiefe sind an der anderen Seite der Spannmauer vier kurze Streifen angesetzt, die gleichzeitig mit dem Fundament der Abschlußmauer der Krypta gemauert sind. Man wird in dieser auffälligen Anordnung der Fundamente die letzten Spuren einer ursprünglichen Stollenkrypta sehen dürfen. Der halbkreisförmige Stollen blieb auch noch lange am freien Umgang zu erkennen; die (später) auf die Fundamentplatte gesetzten Pfeiler treten nicht über die Rundung der Platte heraus. Diese Pfeiler sind gleichzeitig und im Verband mit kurzen Mauerstücken errichtet, die in der Mitte ein nach drei Seiten offenes Geviert erga-

Abb. 38. Köln, Dom; Blick von Osten in die Westkrypta.

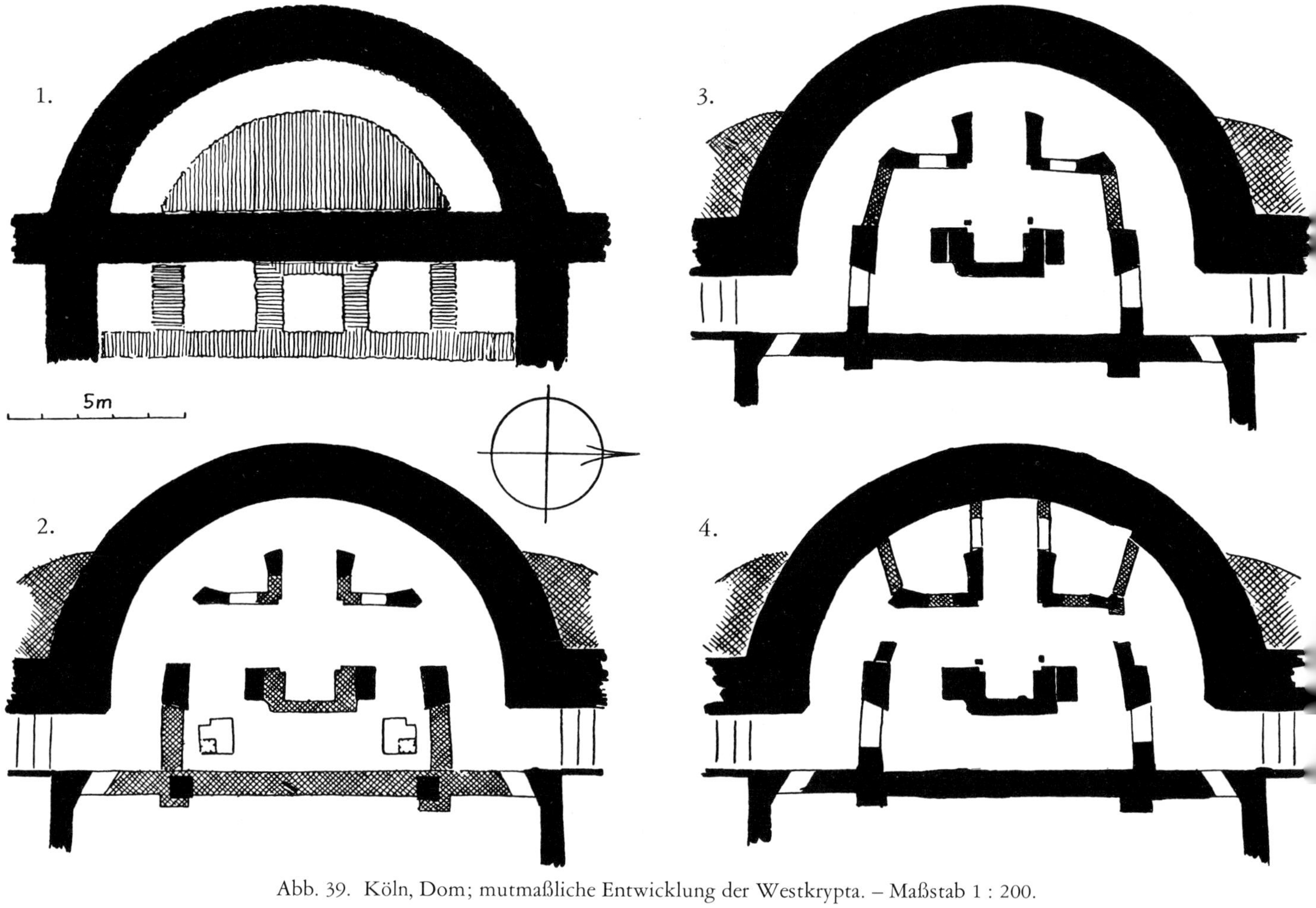

Abb. 39. Köln, Dom; mutmaßliche Entwicklung der Westkrypta. – Maßstab 1 : 200.

ben[22] und im ostwärtigen Teile der Krypta einen schmalen Raum absonderten, in dem eine quadratische Mörtelspur mit geringen Resten von Steinen auf zwei ungeklärte Einbauten schließen läßt, deren zeitliche Zugehörigkeit zu den Pfeilern und Mauern nicht gesichert ist. Letztere haben jedoch bestanden, als der Boden aus roten und schwarzen Fliesen durch die ganze Krypta gelegt wurde. Die späteren Mauern dagegen sind auf die Fliesen gesetzt. Zunächst hat man die seitlichen Zugänge zu dem zentralen Raum geschlossen und statt dessen weiter ostwärts neue Öffnungen gebrochen. Zuletzt wurde auch der ältere Zugang zum Zentrum wieder teilweise geöffnet, jedoch wurde nun

[22] Vor den beiden östlichen Ecken dieses Gevierts befinden sich zwei Höhlungen im Boden, in denen zwei rechtkantige Pfosten gestanden haben, die mit Mörtel am Boden befestigt waren. –
Das Geviert in der Mitte der Krypta wurde lange, bevor es freigelegt war, schon von A. Verbeek ergänzt. Es ist mir eine angenehme Pflicht, bei dieser Gelegenheit den Kunsthistorikern zu danken, die durch häufige Besuche und Beratungen sowie durch sonstige Unterstützung die Grabungen förderten und immer wieder wertvolle Hinweise zur Deutung der gefundenen Baureste gaben, vor allem Herrn Ministerialrat Prof. Dr. W. Bader, den Herren der Denkmäleraufnahme in Bonn, Direktor Dr. W. Zimmermann und Dr. A. Verbeek und nicht zuletzt Herrn Dombaumeister Dr.-Ing. Weyres. –
Sehr fruchtbringend waren auch die wiederholten Besprechungen mit Herrn Stadtarchitekt W. Wegener, der zur Ausstellung „1900 Jahre Köln" in Zusammenarbeit mit Herrn Prof. Dr.-Ing. H. Vogts ein Modell des Alten Domes entwarf; vgl. Köln 1900 Jahre Stadt, Aufsätze und Bilder zur Stadtgeschichte, Köln 1950 (2., veränderte Aufl. des Katalogs der Ausstellung) S. 235 ff. und Taf. 50.

der bis dahin immer frei gebliebene Umgang gesperrt, weil hier zwei Kammern eingerichtet wurden, von denen die nördliche gut, die südliche nur in Spuren erhalten ist. Sie hatten wohl beide keine Türen, sondern öffneten sich nach der Achse der Krypta hin durch Fenster. In der nördlichen Kammer hat an der Rückwand offenbar ein Sarkophag gestanden, bei dessen Aufstellung man durch Einschneiden in die Apsis und den Pfeiler den benötigten Raum schaffen mußte. Die beiden an eine Confessio mit Fenestella erinnernden Kammern wurden vermutlich im Jahre 1248 eingerichtet, um Sarkophage aufzunehmen, die bis dahin in der in diesem Jahr abgerissenen Osthälfte des Domes gestanden hatten und nun untergebracht werden mußten. Schließlich sind noch einige rohe Umänderungen zu nennen, die wohl auf die Zeit des Abbruchs auch dieser restlichen Hälfte des Domes um 1400 zurückgehen; so wurde der Zugang zur Mitte wieder mit lockeren Steinen zugesetzt, an anderer Stelle wurde ein Durchgang gebrochen, und an Stelle der bereits abgebrochenen südlichen Kammer wurden einige dicke Steinplatten, wohl als notdürftige Ausfüllung von Lücken im Fliesenboden, niedergelegt. Aus solchen Beobachtungen gewinnt man den Eindruck, als ob die Krypta nach Abbruch des Domes eine Zeitlang als Werkraum benützt worden sei. – Der Zugang zur Krypta erfolgte auf Treppen von drei Stufen von dem nur 60 cm höher liegenden Querhaus; außerdem gab es zwei (?) schmale, schräg durch die Abschlußmauer der Krypta geführte Zugänge oder Lichtschächte vom Mittelschiff aus. Einen schwachen Anhalt zur Datierung der Einrichtung der Hallenkrypta kann vielleicht der Fliesenboden geben, dessen rote Fliesen übrigens an einigen Stellen geringe Spuren einer weißen Glasur erkennen ließen. Er war der letzte Boden der Krypta, während die ganz entsprechenden Fliesenböden im Querhaus und in der Emunduskapelle später durch Blausteinplatten ersetzt oder auch überdeckt wurden, die die zwischen den im Laufe der Zeit zahlreicher werdenden Gräbern verbleibenden Zwickel ausfüllten. Die Aufgabe des Fliesenbodens fällt in der Emunduskapelle mit der baulichen Veränderung zusammen, die das schmale Treppenhaus hinter dem Emundusgrab schuf. Da dieser *angustus aditus de templo in dormitorium* 1074 erwähnt wird, muß der Fliesenboden vorher aufgegeben worden sein. Daher ist es auch der Fliesenboden der Krypta und somit der Ausbau zur Hallenkrypta mit großer Wahrscheinlichkeit weit vor das Jahr 1074 zu datieren.

Das Langhaus

Die ostwärtigen Teile des Alten Domes, die Ostapsis, das quadratische Altarhaus, Querhaus und Langhaus, sind schon 1948 in verschiedenen Aufsätzen eingehend behandelt worden, und oben haben wir bereits dargelegt, daß die meisten der hier angetroffenen Mauern nicht zur Periode VI (St. Gallen) gehören, sondern die Reste dieser Periode überall da, wo die Grundrisse übereinstimmten, vollkommen vernichtet haben. Es bleiben jetzt nur noch die bisher bekannt gewordenen Abweichungen zu besprechen, am östlichen Querhaus nämlich und in den möglicherweise später hinzukommenden äußeren Seitenschiffen. An Stelle des östlichen Querhauses von normaler Breite (12 m), das wir nach den Gegebenheiten für Periode VI vermuten dürfen, tritt beim Neubau ein erheblich weiteres „Querhaus", ein 16 m breiter Flügelraum, der sehr wahrscheinlich durch eine Säulenstellung mit dem Langhaus in Verbindung stand; zwei Säulenbasen fanden sich in der Nähe und waren offenbar von den Werkleuten der gotischen Bauhütte als Unterlagen für Werktische gebraucht und zu diesem Zwecke ein wenig von ihrer Stelle gerückt worden.
Die südliche Abschlußmauer dieses Flügelraumes läuft nun über dessen Westflucht hinaus weiter, und wenn wir sie bis zum westlichen Querhaus verlängern würden, erhielten wir, zumal da auch an der Nordseite des Domes entsprechende Mauern entdeckt wurden, eine fünfschiffige Anlage. Eine solche war zunächst aber nicht vorgesehen, denn der östliche Flügelarm war ja durch eine kräftige Mauer abgetrennt, und außerhalb (westlich) dieser Mauer liegen die Mörtelböden 90 – 100 cm tiefer als im Innern des Domes. Welchem Zwecke der Raum diente, der sich hier außerhalb der Kir-

che anschloß, ist bei dem geringen Ausschnitt, der uns einstweilen zur Verfügung steht, nicht zu entscheiden. Später jedoch ist er zum Dominnern geschlagen worden, die Mauer wurde abgetragen und der Domboden über sie hinweggeführt. Es ist somit sehr wahrscheinlich, daß durch diese und vielleicht andere, an weiteren Stellen durchgeführte Änderungen der Alte Dom in der Spätzeit ein breites, fünfschiffiges Langhaus erhalten hat. Doch wird man sich diesen Vorgang und sein Endergebnis nicht als eine einfache und glatte Lösung vorstellen dürfen, denn es werden vielerlei ältere Gegebenheiten manche Unregelmäßigkeiten hervorgerufen haben, so vor allem das von Voigtel im gotischen Querschiff entdeckte Rundmauerwerk mit dem Rest einer römischen Wasserleitung, das nach seiner Zeichnung bis an den heutigen Domboden reicht und daher mit einer allzu schematischen Ergänzung des Alten Dom-Grundrisses kollidieren müßte. An einem Platz wie dem Kölner Dom mit einer so langen und wechselvollen Baugeschichte können eben nur ausgedehnte Grabungen zu Ergebnissen führen, die auch in den Einzelheiten gesichert sind.

Otto Doppelfeld

More Romano

Die beiden karolingischen Domgrundrisse von Köln

VII. Bericht über die Domgrabung

Aus: Kölner Domblatt 8/9, 1954, 33 – 61

I.

Grabungen in einem Bauwerk vom Range des Kölner Domes sind trotz mannigfaltiger Förderung doch zwangsläufig durch Rücksichten verschiedenster Art gehemmt und können daher nicht so planmäßig wie Freilandgrabungen verlaufen, sondern müssen sprunghaft da und dort einsetzen, wie sich die Gelegenheiten bieten. So folgte bei unseren Grabungen im Kölner Dom auf das Jahr 1946/1947 mit seinen schier ungehemmten Grabungsmöglichkeiten aber um so schmäleren Mitteln ein zweites Jahr 1947/1948 mit ebenso bescheidenen Hilfsmitteln und dazu aufkommender zeitlicher Bedrängnis, da das Domjubiläum vor der Türe stand. Die dann geplante Aufhöhung der Domumgebung machte eine vorherige schnelle Untersuchung des Domhofes und Domklosters notwendig, womit das dritte Grabungsjahr 1948/1949 ausgefüllt wurde. Dann erst konnte mit Beginn des Jahres 1950 an eine ruhige und planmäßige Untersuchung im Langhaus des Domes herangegangen werden. Aber die sehr erfolgreichen Arbeiten mußten gegen Ende des Jahres 1951 vorläufig eingestellt werden, da nun Besorgnisse um die Sicherheit des Domes aufkamen. Seit diesem Zeitpunkt wird bis heute an dem festen Ausbau unserer Schächte und Stollen gearbeitet. Wenn es auch der Grabung mit knapper Not gelungen ist, vor der plötzlichen und unerwarteten Unterbrechung ein einigermaßen geschlossenes Bild vom Alten Kölner Dom zu gewinnen, so wird der Leser des vorliegenden Berichtes doch bald bemerken, daß selbst zu dieser wichtigsten der verschiedenen an die Grabung gestellten Fragen noch manche Ergänzungen und Bestätigungen erwünscht sind – von den weiteren Fragen, vor allem nach den merowingischen Resten und römischen Grundlagen ganz zu schweigen.

Verlauf der Grabungen

Als am 1. Mai des Jahres 1946 mit den Grabungen begonnen wurde, bot das verwüstete Dominnere, wie schon gesagt, ein unbegrenztes Grabungsfeld dar. Aber es war damals schwer, die notwendigsten Hilfsmittel und Arbeitskräfte zu bekommen, und als es uns trotzdem schon bald gelungen war, im Langhaus die westliche Apsis des alten Domes zu finden, drängte die Zeit; die Grabung im Westen mußte als sehr schmaler Suchgraben liegen bleiben, weil im Chor nach dem anderen Ende des Alten Domes gesucht werden mußte. Hier waren die umfangreichen Aufbauarbeiten zum Domjubiläum, die uns heute in der Rückschau als eine geradezu märchenhafte Leistung erscheinen, im vollen Gange. Zwischen Kränen und Gerüsten suchten wir zunächst in den Grüften des Hochchores, ohne wesentliche Erkenntnisse zu unserer Frage nach dem Alten Dom zu gewinnen. Aber

im Sommer des Jahres 1947 gelang es, in der Scheitelkapelle des Domes die alte Ostapsis freizulegen. Ferner gelang es dann noch vor dem Jubiläum durch Grabungen im südlichen Chorumgang das Ostende des östlichen Querhauses, das freistehende Chorquadrat, sowie durch Beobachtung der Baugruben für die Pfeiler der neuen Orgeltribüne am Anfang des nördlichen Chorumgangs die nördlichen Langhausmauern zu ermitteln. Das südliche Hauptschiff-Fundament wurde schließlich noch durch einen kleinen Schacht am südwestlichen Vierungspfeiler angeschnitten.
So gründete sich zur Zeit des Domjubiläums unsere Vorstellung vom Alten Dom zwar nur auf schmalen Ausschnitten in sehr engen Schächten, aber wir konnten es doch schon wagen, seine Umrisse zu ziehen, wenn auch die Frage der Querhäuser noch offen bleiben mußte [1]. Die damals im Anschluß an den bekannten Plan von St. Gallen vorgenommene Ergänzung hat sich inzwischen zwar voll bestätigt, genauer sogar als wir es ahnen konnten, aber doch in anderer, komplizierterer Weise, als wir es uns vorgestellt hatten. Die damals noch engen Schnitte hatten nämlich nicht erkennen lassen, daß es sich nicht nur um einen, sondern um zwei teilweise voneinander abweichende Grundrisse aus karolingischer Zeit handelte, und zwar um einen älteren, der in verhältnismäßig schlechter Mauertechnik aufgeführt war, und einen jüngeren von soliderer Mauerung und stellenweise abweichender Gestalt. Die einzige 1948 freigelegte Stelle, an der die beiden Grundrisse voneinander abweichen, war der halbkreisförmige Umgang vor der Westapsis, der nur in einem engen Ausschnitt freilag und noch keine Veranlassung gab, an einen älteren Plan zu denken, da seine schwächeren Mauern als weniger belastete Teile eines Vorbaus sehr gut zu dem stärkeren Mauerwerk des Hauptbaus gestellt werden konnten. Es wurden allerdings auch 1948 schon für den karolingischen Bau zwei Perioden unterschieden (VI und VII); aber sie bezeichneten zwei mit nur geringen Planänderungen verbundene Bauphasen des jüngeren Bauplanes, die wir jetzt, nach Entdekkung des wirklichen Sachverhaltes als VII a (mit weißem Mörtel) und VII b (mit rotem Mörtel) bezeichnen, während als Periode VI jetzt der ältere, ganz nach dem Schema von St. Gallen angelegte Bau geführt wird.
Ein weiterer Umstand schließlich versperrte uns 1948 noch die Erkenntnis der wirklichen Sachlage, die Tatsache nämlich, daß der jüngere Bau (VII) mit seinen breiten und tiefen Fundamenten überall da, wo er dem älteren Bau (VI) entspricht, dessen Reste spurlos beseitigte.
Als wir daher im Jahre 1949 während der schon erwähnten dringenden Grabungen in der Umgebung des Domes (vgl. Domblatt 1952) nochmals für kurze Zeit Gelegenheit hatten, im Chorumgang des Domes zu graben, erlebten wir bei der Suche nach der noch fehlenden Westabschlußmauer des östlichen Querhauses zunächst eine Enttäuschung. Wir fanden zwar an der fraglichen Stelle Mauerwerk, aber es war so schwach, daß wir es nicht den kräftigen Mauern des einzigen damals erfaßten Domgrundrisses zugesellen konnten, zumal sich kurz darauf weiter westlich eine wirklich dazu gehörige Querhausmauer fand. Tatsächlich aber hatten wir hier eine Abweichung der beiden Grundrisse erfaßt. Die schwache Mauer gehörte zum alten Plan (VI) und lag genau an der Stelle, wo sie nach dem St. Galler Plan zu erwarten war; sie war erhalten geblieben, weil der spätere Bau (VII) das östliche Querhaus in größere Flügelräume verwandelt hatte.

[1] Die Domgrabung I – III, Kölner Domblatt, 1. Folge = hier S. 20 ff.; O. Doppelfeld, Der unterirdische Dom, Köln u. Krefeld, 1948; Der Kölner Dom, Festschr. 1948, S. 159 ff. = hier S. 36 ff.

Plan I. Reste und Ergänzung des älteren karolingischen Domgrundrisses von Köln. Maßstab 1 : 500; schwarz: angetroffene Reste, kreuzweise schraffiert: sichere Ergänzung, schräg schraffiert: mutmaßliche Ergänzung, gestrichelte Linie: Grabungsgrenzen (nur auf Plan II eingezeichnet), gestrichelte Zickzacklinie: Störungen. Das Koordinatenkreuz ist nach geographisch Nord ausgerichtet; Nullpunkt ist der Dachreiter des Domes.
Plan II. Reste und Ergänzung des jüngeren karolingischen Domgrundrisses von Köln. Maßstab 1 : 500. Die mit parallelen Strichen ausgefüllten Räume gehörten nicht oder nicht ursprünglich zum Kircheninnern. Sonstige Zeichen wie auf Plan I.

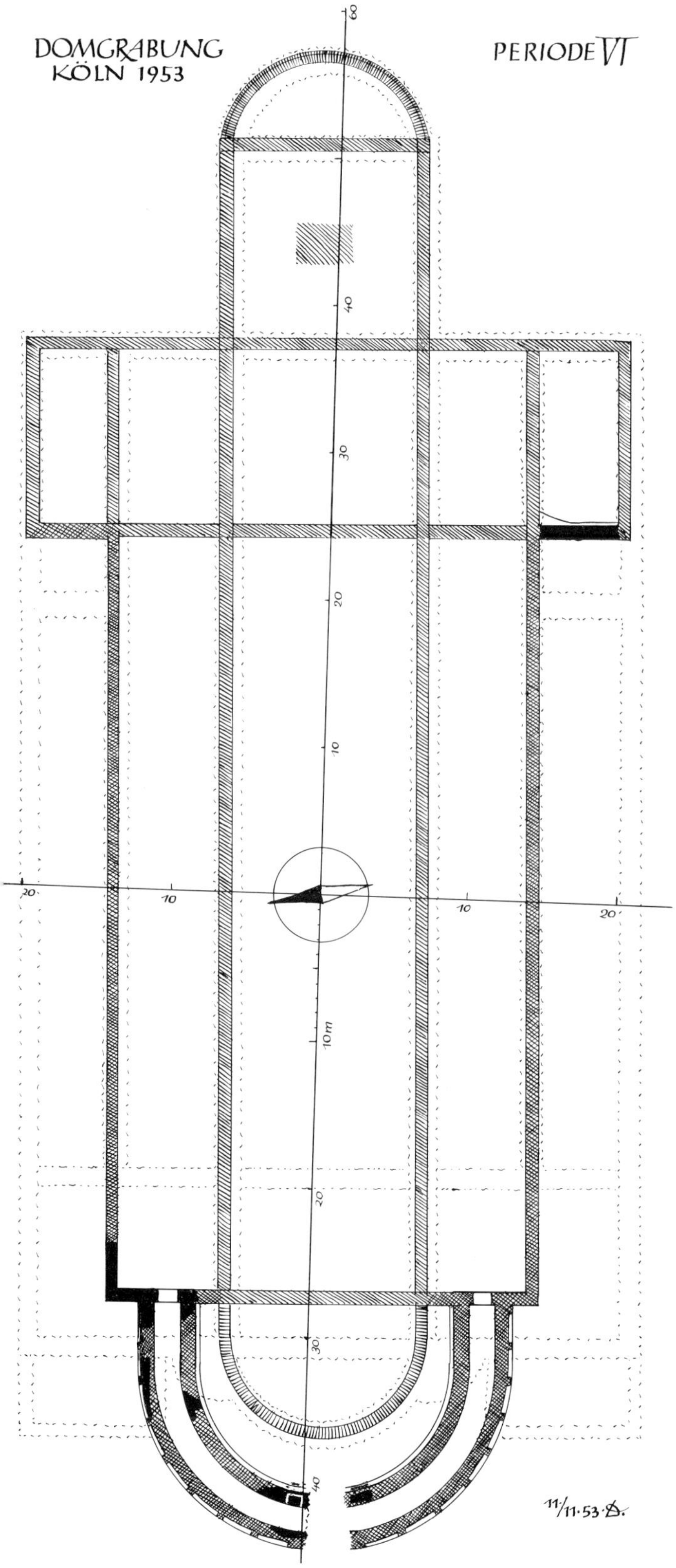

Plan I

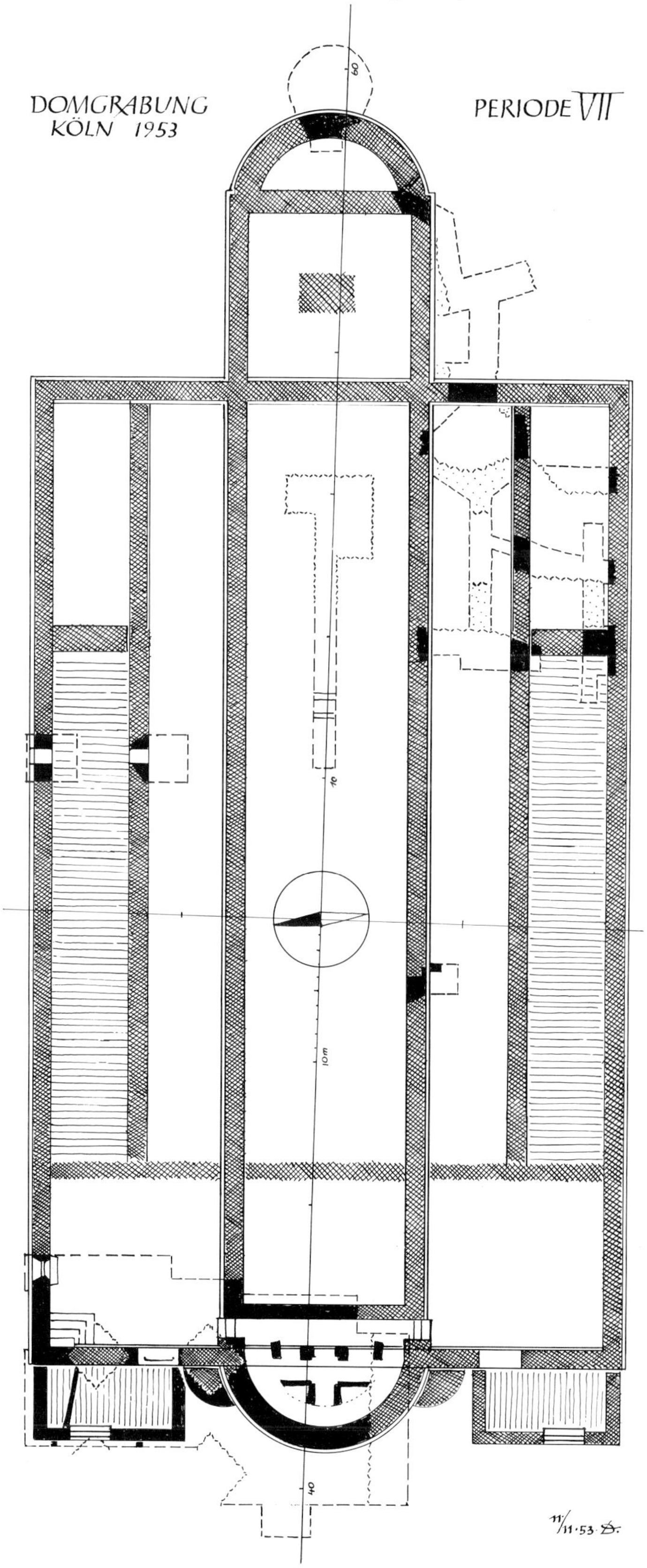

Plan II

Die Einsicht in diesen ganzen Sachverhalt vermittelte uns aber erst die 1950 wieder aufgenommene Grabung am Schnitt 1 im Langhaus des Domes. Hier zeigte es sich bei der Erweiterung des Schnittes sehr bald, daß der halbkreisförmige Umgang nicht nur von dem Treppenturm der Bauphase VII b mit rotem Mörtel, sondern auch von dem mit weißem Mörtel gemauerten Fundament der Bauphase VII a durchschlagen war, also älter als beide Bauphasen sein mußte. Im weiteren Verlauf der Grabung wurde dann die Nordwestecke des Baus der Periode VI aufgedeckt, die nun viel genauer als erwartet St. Gallen entsprach und nur deswegen erhalten geblieben ist, weil für den neuen Bau VII im Westen ein Querhaus angelegt wurde. Nach Resten der zum Bau VI gehörigen Apsis haben wir beiderseits der neuen Apsis (VII) vergeblich gesucht; sie muß also an der gleichen Stelle wie diese gelegen haben, was auch durch den Vergleich mit St. Gallen bestätigt wird. Es wurde klar: wir haben es mit zwei verschiedenen Plänen zu tun.

Wenn wir es nun jetzt unternehmen, die Zeichnungen der beiden Grundrisse vorzulegen, so wird schon ein flüchtiger Blick auf diese die Lücken und Unklarheiten erkennen lassen, die nur durch eine Fortsetzung der augenblicklich noch ruhenden Arbeiten beseitigt werden können.

Der Plan der Periode VI (St. Gallen)

Besonders der ältere Grundriß erscheint noch sehr lückenhaft und hypothetisch, und eine Bestätigung für seine Richtigkeit ist eigentlich nur auf negativem Wege zu erlangen, indem nämlich nachgewiesen werden müßte, daß er nirgends sonst von dem späteren Bau abwich, als es bisher festgestellt worden ist. Das ist aber begreiflicherweise schwieriger und umständlicher als der positive Nachweis von Mauerzügen. Immerhin ist, wie auf dem Plan der VII. Periode eingezeichnete Grabungsgrenzen zeigen, der negative Nachweis schon weitgehend gelungen. Ausgehend von dem noch vorhandenen Westabschluß können wir feststellen, daß die Apsis sehr genau der späteren entsprochen haben muß, denn größer wird man sie keineswegs ansetzen wollen, und kleiner kann sie, wie wir schon andeuteten, nicht gewesen sein, weil wir sie sonst hätten finden müssen. Die Erdwand der Baugrube für die neue Apsis liegt nämlich hart an deren Innenrundung, hätte also eine vorhandene kleinere Apsis ganz oder teilweise verschont, da keine weiteren Störungen festgestellt werden konnten. Mit der Apsis ist auch die ungefähre Breite des Mittelschiffes gegeben. Die Länge des Baus steht – bisher wenigstens – nicht so sicher fest; es wäre immerhin nach dem heutigen Stande der Grabung noch vorstellbar, daß die einzige positiv erhaltene Mauer, die wir hier zum Ostquerhaus setzen, zu irgendeinem anderen Bauteil gehört hätte, und noch weiter ostwärts ist die sehr beschränkte Ausdehnung der Grabungsschnitte nicht ausreichend genug, um schon jetzt mit aller Sicherheit sagen zu können, daß der Ostabschluß des alten Planes – vor allem, was das freistehende Chorquadrat angeht – wirklich nicht anders gewesen sein könnte als beim späteren Bau. Jedoch läßt sich abschließend festhalten, daß bisher alles, was wir gefunden haben, für eine sehr enge Übereinstimmung mit St. Gallen spricht. Die Übereinstimmung ist in den näher untersuchten Westteilen größer, als wir zunächst annahmen, als wir die erste Phase des Neubaus (VII a) noch mit dem Umgang als Periode VI zusammenbrachten und so beispielsweise die zwar noch nicht gefundene aber durch das Treppenturmfundament in ihrer Lage schon einigermaßen zu erschließende Querhausmauer des späteren Baues für das Langhausende der Periode VI hielten [2]. Nun aber fand sich dieser alte Langhausabschluß weiter ostwärts, Apsis und Umgang waren also genau wie auf dem Plan von St. Gallen gestelzt, die Apsis weniger stark, um etwa 2 m, der Umgang auffälliger, nämlich etwa 4 m. Die innere Weite des Langhauses läßt sich mit etwa 27,5 m einigermaßen genau bestimmen (80 Fuß auf dem St. Galler Plan). Die genaue Aufteilung dieser Gesamtbreite auf Mit-

[2] O. Doppelfeld, Der Alte Kölner Dom und der Bauriß von St. Gallen, in: Das Münster, 2. Jahrg. 1948, S. 1 ff. = hier S. 66 ff.

tel- und Seitenschiffe wird sich wegen der geschilderten Vernichtung beim Neubau wohl nie mehr ermitteln lassen. Der im lichten 1,70 m weite Umgang kann sich nicht völlig frei zur Apsis hin geöffnet haben; nehmen wir Arkaden an, so müssen sie zumindest auf einer Brüstungsmauer gestanden haben, aber der Gang könnte auch nur durch Fenster beleuchtet worden sein. Allem Anscheine nach vermittelte der im Scheitel des Umgangs befindliche Eingang gleichzeitig den Zugang zum Paradieshof und zur Apsis. Die bisher hier angetroffenen Reste sind leider durch die Glockengußgruben des 15. Jahrhunderts so sehr gestört, daß hier erst die weitere Grabung, insbesondere auch über die nach der Lage der bisher freiliegenden Reste wahrscheinliche Betonung der Torgewände durch Eckquader Aufklärung geben kann. Mit besonderer Spannung wird man schließlich bei weiteren Grabungen an die Stellen herangehen, wo nach dem St. Galler Plan freistehende Glockentürme gestanden haben müßten.

Die Ausführung des Bauwerks ist, wie bereits gesagt, nicht sonderlich solide. Die erhaltene Nordwestecke des Langhauses ist teilweise auf älterem, ebenfalls schwachem Gemäuer, teilweise auf einem nur 60 cm hohen und etwa 80 cm breitem Fundament aus Tuffabfall und Spolien im Aufgehenden hauptsächlich aus Tuffquäderchen von einer Größe zwischen 10 und 20 cm bei einer Mauerstärke von etwa 68 cm aufgeführt. Bei gleicher Technik sind die Mauern des halbkreisförmigen Umgangs doch etwas sorgfältiger errichtet worden. Vor allem hat man die Außenfront mit sauberen Lisenen versehen, die bei einer Breite von 55 cm 11 cm vorspringen und aus einem Schrägsockel, der ebenso wie die Lisenen selbst aus den bei der Mauer verwendeten Quäderchen gebildet ist, bündig herauswachsen. Der Umgang war im Innern weiß getüncht und mit einem jetzt beuligen, dünnen Estrich von etwa 5 cm Stärke und ohne jede Stickung versehen. Am Ende des Umgangs gelangte man durch eine Tür, von der keine Einzelheiten mehr zu erkennen waren, und über eine ebenso stark zerstörte Stufe hinab in das tiefer gelegene Seitenschiff, dessen Boden aus einem dünnen Ziegelsplittestrich bestand, der jedoch mit einer gut 10 cm hohen Packlage aus Bruchsteinen besser unterstickt war als der sonst gleiche Boden des Umgangs.

Der Plan der Periode VII

Der Grundriß des Neubaues, der nach Niederlegung seines vielleicht gar nicht fertig gebauten Vorgängers mit größeren Mitteln begonnen (VII a) und – vermutlich nach einer längeren Baustockung – mit geringen Abweichungen auch fertiggestellt wurde (VII b), ist begreiflicherweise schon im jetzigen Stadium der Grabung mit weit größerer Sicherheit zu zeichnen; dies ist ja der „Alte Dom", der durch die Jahrhunderte fortbestand, um manche Zutaten und Anbauten bereichert wurde und schließlich erst dem gotischen Neubau weichen sollte. Allerdings geschah sein Abbruch schrittweise und erstreckte sich wiederum über Jahrhunderte hin. Die westlichen Teile haben nachweislich noch das 15. Jahrhundert gesehen.

Der Bau hatte, im Aufgehenden oberhalb des Sockels gemessen, eine Länge von 94,72 m, eine Langhausbreite von 28,3 m und eine Ausdehnung des Querhauses von 41,70 m; die Breite des Querhauses ist noch nicht ermittelt. Die innere Apsisweite betrug (in der Krypta) 11,30 m, jedoch bildete die Apsis keinen genauen Halbkreis, denn der mittlere Teil ihres Bogens war nach einem Radius von nur 5,10 m gekrümmt. Die innere Weite des Mittelschiffs entsprach im Fundament der der Apsis. Die beiden Apsiden waren im Fundament 1,70 m breit; oberhalb des Sockels betrug ihre Breite 1,40 m (Westapsis) bzw. etwa 1,60 m (Ostapsis, wegen des schlichteren Sockels). Die Fundamentbreite aller übrigen Mauern betrug nur etwa 1,40 m; für das Aufgehende scheint durchweg eine Breite von 1,30 m vorgesehen zu sein; der entsprechende Sockelrücksprung ist bisher immer an nur einer Seite der Mauern festgestellt worden. Alle Fundamente führen bis zu einer Tiefe von etwa 3,70 m, vom Sockel gerechnet, hinab. Nur die Mauern der Emunduskapelle bleiben hinter den

Mauern des eigentlichen Kirchengebäudes sowohl in ihrer Breite wie in der Fundamenttiefe erheblich zurück.

Das Mauerwerk der Fundamente hat durchweg keine Stickung und springt nur gelegentlich in den untersten Lagen wenig vor. Im übrigen ist es ohne Absatz glatt bis zur Terrainoberfläche hochgeführt. Es besteht ausschließlich aus Handquadern, und zwar meist von Tuff mit vereinzelten Kalkstein- oder Grauwackequäderchen. Die Lagenhöhe beträgt durchschnittlich 14 cm. Der Mörtel der Fugen ist breit verschmiert, wo er nicht, wie an der Innenrundung der Apsis, gegen die Erdwand der Baugrube gequollen ist. Der Mörtel des Fundaments ist an allen bisher beobachteten Stellen weißlich (VII a), während der des Aufgehenden (VII b) durch Beischlag von Ziegelmehl rötlich gefärbt ist. Im übrigen aber gleicht das aufgehende Mauerwerk dem Fundament, stellenweise ist es sogar weniger sorgfältig ausgeführt; es war unter einer dicken Putzschicht verborgen. Größere Kalksteinquader wurden bisher nur am aufgehenden Mauerwerk der Westapsis festgestellt. Hier, an der Schauseite des Domes, trat auch an die Stelle des sonst schlichten, durch schräg behauene Quäderchen gebildeten Sockels, der etwa 1,20 m über der ursprünglichen Terrainoberfläche angebracht war, ein sauber aus tief in der Mauerung verankerten Kalksteinen geschnittener Karnies. Darüber fanden wir noch einzelne größere Quader vermauert, leider so wenig erhalten, daß nicht festgestellt werden kann, ob sie nach einem bestimmten System im Mauerwerk verteilt waren. Durch große Kalk- und Sandsteinquader war auch der am Ansatz der Apsis befindliche Treppeneingang zur Krypta gebildet, wie überhaupt alle Ecken und Türlaibungen, soweit es noch feststellbar war, verquadert waren.

Statt des engen Paradieses der alten Anlage hatte der Neubau – und dies ist, wie noch gezeigt werden soll, die ausschlaggebende Änderung – ein langgestrecktes Atrium, von dem zwar erst verhältnismäßig kleine Ausschnitte – 1893 bei Tieferlegung des Domklosters [3] und 1948 bei unserer Grabung vor der Wiederanhöhung [4] bekannt geworden sind. Wenn eine sichere Rekonstruktion auf Grund dieser Reste auch noch nicht möglich ist, so läßt sich die Trapezgestalt von mindestens 80 m Länge doch schon umreißen, vorausgesetzt, daß wir es nicht mit einer völlig unregelmäßigen Form zu tun haben. Eine wesentliche Stütze der Rekonstruktion bildet der 1949 in der Mitte des Atriums gefundene Kantharus, der heute noch 15 m tief erhalten ist und Wasser führt. Beim Bau des gotischen Südturms im 15. Jahrhundert wurde etwa in halber Tiefe des Brunnens ein Seitenschacht schräg an die Nordwestecke des neuen Turms herangeführt, wahrscheinlich, um in die gewaltige Baugrube des Turms bequem das benötigte Bauwasser leiten zu können. Stiche des 18. Jahrhunderts zeigen noch an der gleichen Ecke des Turmes eine schlichte Wasserpumpe.

Das trapezförmige Atrium weitete sich nach Osten zu und dürfte bei seinem Anschluß an das Kirchengebäude die Breite des Querhauses erreicht haben. Im Norden war zwischen Atriumstrakt und Querhaus eine Vorhalle von 4,50 m Tiefe eingeschaltet, die von uns wegen des dort aufgefundenen Emundusgrabes als Emunduskapelle bezeichnet wird und im Süden wohl eine symmetrische Entsprechung gehabt hat. Die Anschlußmauern des Atriums an die Emunduskapelle sind durch die Grabungen noch nicht eindeutig erfaßt. Man stieg, vom Atrium kommend, über die drei Stufen einer knapp 3 m breiten Treppe in die Vorhalle oder „Emunduskapelle", die stark mit Gräbern belegt war, hinab. Außerdem konnte man vom oberen Stock des Atriums, wo das Dormitorium des Kapitels zu suchen ist, direkt in das Querhaus des Domes hinabsteigen; dies geschah über eine schmale, nach unten breiter werdende Treppe, die am Nordrande der Vorhalle hinter einer Schrägmauer vorbeiführte und mit ihren untersten und breitesten Stufen im Nordwestwinkel des Querhauses auslief. Dieser noch mit vier nach Osten und Norden abfallenden Stufen erhaltene Auslauf der Treppe läßt mit Sicherheit auf das Vorhandensein

[3] Col. Agr. = Bonner Jahrb. 98, S. 127 ff., Taf. XIV.

[4] Noch nicht veröffentlicht.

eines nicht mehr erhaltenen Pförtchens über Bodenniveau und auf den gleichfalls natürlich nicht mehr vorhandenen weiteren Lauf der Treppe, wie er bereits geschildert wurde, schließen. Wir haben hier den in der Vita Annonis geschilderten *„angustus aditus de templo in dormitorium"* vor uns, den Anno 1074 zur Flucht aus der Kirche in das Dormitorium und das Atrium und schließlich durch einen geheimen Ausgang unter der Stadtmauer her benützte [5]. Die das schmale Treppenhaus von der Vorhalle absondernde Schrägmauer trug an der der Vorhalle zugewandten Südseite das in staufischer Zeit erneuerte Epitaph des Emundus, wonach wir diesen Raum zu bezeichnen pflegen [6].

Die Emunduskapelle dürfte der meistbenützte Eingang zum Alten Dom gewesen sein, denn außer den Besuchern, die von Westen her durch das Atrium hereinkamen, durchquerten auch alle Besucher, die von der nördlichen Vorstadt durch ein dicht dabei gelegenes in den alten Turm der römischen Stadtmauer geschlagenes Pförtchen in den Dom gingen, die Kapelle. Es ist daher nicht verwunderlich, daß ihr ursprünglicher Mörtelboden zweimal erneuert wurde. Zunächst wurde er durch einen Belag aus schwarzen und roten (ursprünglich weiß glasierten) Fliesen, wie sie auch im Querhaus und in der Krypta festgestellt wurden, ersetzt. Die Größe der Fliesen beträgt 16×16 cm; an der Unterseite haben sie 2 bis 3 konische Einstiche; die knapp 2 cm starken Seitenkanten sind abgeschrägt. Im Laufe der Zeit waren die Fliesen so stark abgeschlissen und durch die sich häufenden Grabplatten so sehr verdrängt worden, daß man sie schließlich ganz entfernte oder überdeckte und die schmalen noch verbleibenden freien Streifen zwischen den Gräbern mit je nach Bedarf zurechtgeschnittenen Schieferplatten auslegte.

Nach der Durchquerung der Emunduskapelle gelangte man zu dem rechter Hand in der Ecke gelegenen zweiflügeligen Portal des Domes, dessen Schwelle mit angearbeiteten Auflagern für das Gewände sowie den Zapflöchern für die Türangeln und den Resten des mehrfach erneuerten Einschubs für den Fallriegel erhalten ist.

Über die ein wenig aus dem Boden herausragende und daher besonders unter dem linken, nördlichen Türflügel stark abgeschlissene Steinschwelle führte der Weg in das Querhaus. Daß es sich um ein solches und nicht etwa um die Enden zweier Seitenschiffe handelt, geht aus dem Aussetzen der Seitenschiffmauer sowie aus dem Umstand, daß sich in der Flucht der Seitenschiffmauer Gräber und das Portal befinden, klar genug hervor, wenn auch die Ostwand des Querhauses noch nicht ermittelt ist und so seine Breite sich noch nicht angeben läßt. Außer dem Portal und der bereits erwähnten, aus den Treppenstufen in der Nordwestecke zu erschließenden Pforte über Bodenniveau, die in das Dormitorium führte, hatte das Querhaus noch einen dritten, ebenerdigen Zugang von Norden, wo ein schmales Pförtchen mit nach Art der Fenstergewände beiderseits abgeschrägten Laibungen angebracht war. Es führte in den schmalen Raum zwischen Dom und Römermauer, die bis Ende des 11. Jahrhunderts als Stadtmauer diente. Vom letzten Boden des Querhauses war außer einigen Resten später Grabeinfassungen des 14. Jahrhunderts nichts erhalten. Doch dürfte er genau wie der Boden der Vorhalle ganz aus Grabplatten und den zugehörigen beschrifteten Randeinfassungen sowie aus schmalen die restlichen freien Teile ausfüllenden Schieferplatten bestanden haben. Ein älterer Tonfliesenboden ist jedoch auch hier erwiesen; ein kleiner Rest davon hat sich links neben dem Eingang zur Krypta unter einer späteren Überbauung erhalten. Hier muß die Flanke der nur 60 cm tiefer liegenden Krypta und der auf das entsprechend hoch anzusetzende Niveau des Chores führenden Treppe weit in das Querhaus hineingeragt und sein Gewicht als raumbildender Faktor stark gemindert haben.

Drei aus Schieferblöcken gebildete Stufen führten in die Krypta, deren Fußboden weder durch Gräber noch durch übermäßigen Verkehr beschädigt war und noch die alten schwarzen und die

[5] Die gefundenen Stationen dieses Fluchtwegs beschrieben in Kölner Untersuchungen, 1950, S. 32.

[6] Zum Emundusgrab vgl. A. Verbeek, Das Grabmal des Emundus etc. Der Kölner Dom, Festschrift 1948 des Zentral-Dombau-Vereins, S. 184 ff. = hier S. 57 ff.

roten, ursprünglich weiß glasierten Fliesen bewahrt hat. Wie schon erwähnt, war der Krypteneingang durch große, sauber zurechtgeschnittene und versetzte Quader ausgezeichnet. Am Fuße der Treppe stellte ein schmaler schräg laufender Schacht eine Verbindung mit dem Mittelschiff der Kirche her. Da er nur bis Kniehöhe herabreicht und sehr schmal ist, dürfte es sich hier eher um einen Lichtschacht als um eine Schlupfpforte handeln.

In der Krypta ist von den letzten und allerletzten, leicht kenntlichen Änderungen abzusehen; die groben Mauerdruchbrüche und die an deren Stellen vorgenommenen Verschließungen von Durchgängen mittels hineingesetzter Steine gehen sicher auf die Zeit des Abbruchs dieses Teiles des Domes zurück. In der davor liegenden Zeit, nämlich von 1248 – 1320, als die Osthälfte für den Neubau bereits niedergelegt war, und die Westhälfte deren Ausstattungsstücke bergen mußte, dürften zwei Kammern an der Innenseite des Apsisscheitels in der Krypta eingerichtet worden sein, von denen die nördliche noch leidlich erhalten ist. Sie hatte keine Tür, sondern nur ein nach der Domachse führende Fensteröffnung mit Nut für ein Gitter. Diesem Fenster gegenüber muß an der Rückwand der Kammer ein Sarkophag gestanden haben, der jedoch in dem winkligen Geviert erst aufgestellt werden konnte, nachdem die Apsismauer und der Kryptapfeiler entsprechend ausgekerbt worden waren. Für die Einrichtung der Kammer wurden römische kannelierte Vierkantpfeiler verwendet, die auf die Fliesen des Bodens gelegt wurden und den bis dahin freien Durchgang zwischen Apsis und Kryptapfeilern schlossen.

Wenn wir die genannten späten Änderungen in der Krypta ausschalten, bietet die verbleibenden Hallenkrypta immer noch ein recht eigenartiges Grundrißbild. Vier kräftige Pfeiler verschiedener Form stehen auf der starken und tiefen Verspannmauer der Apsis, die mit dieser im Verband gemauert ist. Das mittlere Paar ist an den Ecken mit Nuten versehen. Diese entsprechen weiteren Nuten an den beiden westwärts gegenüberliegenden Pfeilern von keilförmiger Grundrißgestalt. So entsteht in der Mitte der Krypta ein Quadrat. Die beiden westlichen, keilförmigen Pfeiler dieses Quadrates bilden zusammen mit angesetzten Mauerstücken Winkel. Alle der Apsisrundung zugekehrten Pfeiler und Mauerköpfe werden in ihren Flächen durch einen konzentrisch zur Apsis gezogenen Kreis begrenzt. Nur bis zu diesem Kreise und nicht bis zur Apsis reicht auch die Fundamentplatte der Krypta; sie ist 40 cm stark, von Westen an die Verspannmauer angemauert und trägt mit dieser zusammen alle Stützen der Krypta. Eine der Fundamentplatte ähnliche Untergründung findet sich auch im östlichen Teile der Krypta; hier sind jedoch an Stelle einer einzigen Platte vier Mauerzüge gleicher Technik und Stärke von der Spannmauer zum Ostende der Krypta geführt. Der durchgehende Fliesenboden der Krypta liegt also teils auf der soliden Mauer und der ebenfalls festen Fundamentplatte, teils aber auf blosser Erde, so daß er hier an der Apsisrundung abgesunken ist. Diese unterschiedliche Untergründung, die übrigens vor kurzem in ähnlicher Weise bei Ausgrabungen unter dem Allerheiligenmünster in Schaffhausen festgestellt wurde [7], ist wohl kaum anders als mit der Annahme einer ursprünglichen Stollenkrypta zu erklären, die an der inneren Apsisrundung entlangführte und vielleicht im Scheitel zwischen den beiden keilförmigen Pfeilern in eine Confessio mündete. Daß von dem Boden dieses ersten Stollens nichts mehr vorhanden ist, wird verständlich, wenn man die besonderen Verhältnisse einer Krypta bedenkt, bei der man durch Übereinanderlegen von Fußböden zuviel an Raumhöhe verlieren würde, und daher in die Tiefe gehen muß, wenn man, etwa für höhere Gewölbe, Platz schaffen will, ohne die Höhe des darüber liegenden Chores zu verändern.

Im Winkel zwischen Apsis und Querhaus waren Treppentürme angebracht. Zuerst hatte es den Anschein, als ob ihr Fundament nicht sehr tief reichte, und da sie außerdem mit dem roten Mörtel der Periode VII b fundamentiert waren, wurden sie anfänglich für eine spätere Zutat gehalten. Nachdem aber ein Teil dieses breiten und wenig tiefen Fundamentes abgetragen war, fand sich im Kerne ein engeres tiefreichendes Fundamentmauerwerk mit dem weißen Mörtel der Periode

[7] Linus Birchler in Neue Züricher Zeitung 30. 3. 1952 Beilage „Wochenende" Nr. 694 (Separatabdruck).

VII a, das überdies mit der Apsis – und sehr wahrscheinlich auch mit dem Querhausfundament – in Verband steht.

Die ausgedehnte Freilegung der Nordostecke des Alten Domes bietet uns jetzt einen brauchbaren Ausgangspunkt für die richtige Beurteilung der übrigen, nur in kleinen Suchschächten abgetasteten Grundrißgestalt. So wurde das südliche Mittelschiff-Fundament an vier verschiedenen Punkten erfaßt. An der Südostecke des Chorhauses steht es in Verband mit der östlichen Apsis und deren Verspannmauer, ohne daß, wie an der gleichen Stelle im Westen Spuren eines Krypteneingangs zu sehen wären. Aber bei freistehendem Chorhaus ist dieser Eingang zur Ostkrypta ja ohnehin an einer anderen Stelle zu suchen. Ein freistehendes Chorhaus ist nun in erster Linie aus dem Umstand zu erschließen, daß die Abschlußmauer des Seitenschiffs am Ansatz des Chorhauses gefunden wurde. Sie entspricht durchaus der Mittelschiffmauer, jedoch ist leider die Verbindungsstelle mit dieser durch einen gotischen Hochchorpfeiler völlig gestört. Diese Störung ist jedoch nicht so ausgreifend, daß sie auch die Fundamente eines etwa hier vorhandenen Treppenturmfundamentes völlig hätte beseitigen können. Man wird es daher einstweilen offen lassen müssen, wo die nach den historischen Nachrichten auch für die Ostseite anzunehmenden Türme aus späterer Zeit gestanden haben mögen.

Zur Grundrißgestalt des Langhauses sind zwei wesentliche Fragen erst im Verlaufe der nach 1948 durchgeführten Grabungen geklärt worden: die nach dem östlichen „Querhaus" und nach der Anzahl der Seitenschiffe. Die letztgenannte Frage schien 1948 eindeutig im Sinne der Dreischiffigkeit beantwortet zu sein. Bei den Ausschachtungen für die neue Orgeltribüne fanden sich nämlich an einer Stelle, wo nicht, wie bei den bis dahin festgestellten beiden südlichen Seitenschiffmauern, mit einem Querhaus zu rechnen war, wieder die beiden „Seitenschiffmauern", die innere wirkliche Seitenschiffmauer und wieder weiter außerhalb eine weitere Mauer in der Flucht der Ausladung der Querhäuser. Der Gedanke, daß der Alte Dom fünf Schiffe gehabt haben könnte, lag nahe, wurde aber dennoch durch die Feststellung einer Türschwelle in der inneren der beiden Mauern so gut wie ausgeschlossen, denn diese innere Mauer hätte in einem fünfschiffigen Bau ja doch nur als Fundament einer Stützenreihe dienen können. Die weitere Klärung des Sachverhaltes brachte dann die Nachgrabung 1949 im südlichen Chorumgang. Auch hier sahen wir die äußere Mauer nach Westen auf den Bezirk des Langhauses übergreifen. Überdies aber zeigte sie sich im festen Verband mit der Abschlußmauer des östlichen „Querhauses". Es ist also kein Zweifel möglich: diese äußeren „Seitenschiffmauern" gehören nicht zu später in die Lücke zwischen den Querhäusern gebauten Annexen, sondern zur ersten Konzeption der Periode VII a. Aber sie begrenzten trotzdem ursprünglich nicht das Kircheninnere, denn den ursprünglichen Boden fanden wir hier fast einen Meter tiefer als den des Dominnern. Erst in einer wahrscheinlich erheblich späteren Zeit wurden die trennenden Mauern niedergelegt, und ein neuer, der Bodenhöhe des Innern entsprechender Estrich wurde über die abgebrochenen Mauern hinweggeführt. Wenn wir diesen, bisher in kleinem Ausschnitt beobachteten Vorgang verallgemeinern wollen, können wir annehmen, daß der Alte Dom in seiner Spätzeit tatsächlich fünf Schiffe gehabt hat. Sie könnten für das gleichfalls fünfschiffige Langhaus des gotischen Domes als Vorbild gedient haben.

Es erhebt sich nun die Frage, wie wir uns die Flügelräume des östlichen „Querhauses" vorzustellen haben. Die Durchführung der (inneren) Seitenschiffmauer entgegen dem Verfahren beim westlichen Querhaus, wo sich, wie schon geschildert wurde, die Seitenschiffmauer nicht fand, und ferner die erhebliche Weite von 16 m gegenüber einer Mittelschiffbreite von nur gut 11 m erinnern weniger an ein Querhaus als vielmehr an schlichte oder mit Emporen ausgestattete Flügelräume wie in Fulda II oder Hildesheim. Das am Eingang zu diesen Flügelräumen durchlaufende Fundament der Seitenschiffmauern diente als Untergründung für eine Arkadenstellung, in Köln wohl auf zwei Säulen, denn zwei Basen fanden sich zwar nicht mehr in situ aber nur wenig verschoben, offenbar weil man sie nach Abbruch des Domes als

Werktische oder Unterlagen für die Bearbeitung von Bauholz zurechtgerückt hat, zu welchem Zwecke man durch einfach aufgelegte Quadersteine die erwünschte Höhe erzielte [8].

Der Fußboden des Langhauses scheint durchweg mit den aus der Vorhalle, dem Querhaus und der Krypta im Westen bekannten Fliesen belegt gewesen zu sein. Es fanden sich jedoch nur schwache Reste davon im Hochchor, nach denen der Fliesenboden durch schmale Mörtelstreifen in größere rechteckige Felder aufgeteilt gewesen sein muß. Einen abweichenden Bodenbelag fanden wir am Ostende des südlichen (inneren) Seitenschiffs, in Gestalt eines größer erhaltenen Komplexes einer Plattung aus verschiedenen großen rechteckigen Ziegelplatten auf die beim Brande von 1248 das Blei des Daches getropft war. Dieser Boden hat aber vermutlich nur eine beschränkte Ausdehnung gehabt [9].

Über Reste vom Aufgehenden des Alten Doms ist nicht viel zu berichten. Von Teilen in ursprünglicher Lagerung sind zu nennen schlichtes Mauerwerk, der schlicht gemauerte und verputzte Schrägsockel der Ostapsis, der schön gearbeitete Karnies als Sockel der Westapsis, Reste der Verquaderung an Türen, Eingängen und der Nordwestecke des Querhauses, der weiße mit schlichten dunkelroten Blumen verzierte Putz der späten Kammern in der Krypta und eine staufische Basis als Rest des Arkosols über dem Emundusgrab [10]. Von verstreuten Stücken sind nicht viel mehr gefunden worden; eine ganz ähnliche Basis wie die vom Emundusepitaph an der erwähnten Türschwelle in der nördlichen Seitenschiffmauer, Basis und Trommel einer mittelgroßen Säule [11], und Säulenbasen die dem Hauptschiff zugeschrieben werden können, mit einem Schaftdurchmesser von 60 cm. Hierzu gehören die beiden genannten Basen vom Eingang des südlichen Flügelraumes, die jedoch in der Form voneinander abweichen. Eine von ihnen hat ein strenges attisches Profil. Da ein absolut gleiches Stück bei den Ausgrabungen am Petersbrunnen 1952 gefunden wurde [12], dürfen wir vielleicht annehmen, daß es sich hier nicht um Spolien handelt, sondern die karolingische Zeit diese klassischen Profile für den Dombau neu geschaffen hat. Zu nennen sind schließlich noch Kämpfer- und Kapitellfragmente, ein ganz erhaltener Sattelkämpfer, wohl von einem Turmfenster, in der Nähe des nordwestlichen Treppenturms gefunden, ein Keilstein aus einer kleinen Rundbogennische, der aus einem römischen Matronenstein gearbeitet ist, und schließlich kleine Malereireste mit Inschriften aus der Westkrypta sowie die vielen Malereireste, die sich vor der Ostapsis fanden [13].

Datierung

Fassen wir zum Zwecke einer zeitlichen Fixierung zusammen, so ergeben sich drei Phasen oder Perioden, die aufeinander folgen, aber zeitlich zu trennen sind: VI, der Bau in der Gestalt der Kirche auf dem St. Galler Idealplan eines Klosters aus dem 2. Jahrzehnt des 9. Jahrhunderts; darauf folgt VII a, ein Bau an der gleichen Stelle, weitgehend in den Mauerzügen mit dem Vorgängerbau zusammenfallend aber mit wesentlichen Erweiterungen, vor allem in der Breite, bedeutend solider gebaut und ersichtlich in der ganzen Ausdehnung des Kirchengebäudes gleichzeitig fundamentiert mit weißem Mörtel; und schließlich wird in der Periode VII b weitergebaut, weniger sorgfältig und mit anderem Mörtel, wobei geringe Änderungen vorgenommen werden, zu den mit Sicherheit die

[8] Vgl. W. Wegener, Zum Rekonstruktionsversuch des Alten (Hildebold-) Domes, Köln 1900 Jahre Stadt, Aufsätze und Bilder zur Stadtgeschichte, Köln 1950, S. 25 ff. = 2. Aufl. des Katalogs der Stadtgeschichtlichen Ausstellung.

[9] Abgebildet in Das Münster, 2. Jahrg. 1948, S. 10 = hier S. 76 und Der unterirdische Dom, Taf. VII.

[10] Vgl. A. Verbeek a. a. O.

[11] Der unterirdische Dom, Taf. VII.

[12] Den Hinweis auf die Identität der Basen verdanke ich W. Meyer-Barkhausen. Vgl. auch Kölner Domblatt 1950, S. 7 ff. = hier S. 133 ff.

[13] Vgl. Kölner Domblatt 1950, S. 141 ff. = hier S. 96 ff.

Verbreiterung der Treppenturmfundamente, wahrscheinlich aber auch Änderungen in der Krypta gehören. Die Stellung des Atriums ist noch nicht gesichert. Die Emunduskapelle, die doch wohl dazu zu rechnen ist, ist jedenfalls nicht, wie wir früher vermuteten, älter als Periode VII b [14]. Es spricht aber weiterhin alles dafür, daß die Emunduskapelle und das Atrium zur gleichen Periode VII b gehören. Die in ihren Mauern enthaltenen Grabplatten mit Ankerkreuzen sprechen keineswegs dagegen, denn diese Platten sind sicherlich wie man bisher auch immer angenommen hat, merowingisch, und wenn sie auch noch in die spätkarolingische Zeit hinein in Gebrauch gewesen sein mögen, so sind sie doch nicht alle in diese späte Zeit zu datieren [15].

Die drei genannten Perioden VI, VII a, VII b sind nicht auf irgendwelche kriegerische Ereignisse hin aufeinander gefolgt, auch hat kein Feuer oder sonstiger Schadenfall einen Neubau nötig gemacht; wir hätten sonst größere Brand- und Trümmerschichten finden müssen. Man hat vielmehr den Eindruck, daß alle drei Perioden zu einem einzigen Bauvorhaben gehört haben. Das ist für VII a und b ohne weiteres klar; aber auch von Periode VI möchte ich annehmen, daß auf dem Grundrißplan kein fertig ausgebautes Kirchengebäude gestanden hat. Von einem solchen, dann niedergelegten Bau hätten wir doch Reste vorfinden müssen, sei es in Form von Trümmerschichten oder aber als vermauerte Steine und Zierglieder. Nur im halbkreisförmigen Atriumsgang fand sich eine Schuttschicht, die beweist, daß man an dieser Stelle schon erheblich über die Fundamente herausgekommen war und den Gang im Innern sogar schon verputzt hatte.

Für die Datierung dieses also in drei Etappen ausgeführten großen Bauvorhabens haben wir nur ein sicheres Datum, den Tag der Weihe am 27. 9. 870. „*Etiam domum Sancti Petri eatenus minime consecratam dedicaverunt. Feruntur etiam in eadem nocte, quando basilica mane erat consecranda, voces malignorum spirituum audiri inter se loquentium et valde dolentium, se ab obsessis diutissime sedibus expelli debere.*" (Annales Fuld. MGSS I, S. 383). Diese für uns zweifellos sehr wichtige Nachricht in den Fuldaer Annalen beweist uns zunächst, da sie datiert ist, daß der weihende Erzbischof Willibert nicht der eigentliche Bauherr gewesen sein kann, denn er war erst neun Monate vorher auf den erzbischöflichen Stuhl gekommen. Sie bezeichnet das Bauwerk ferner als „*eatenus minime consecratam*", ein Ausdruck, der in jedem Falle auf irgendwelche Hemmungen oder Verzögerungen schließen läßt. Sei es, daß gesagt werden soll, es wurde sehr lange an ihm gebaut, oder daß er schon lange fertig war, aber immer noch nicht geweiht, weil der Vorgänger Williberts im Banne war, oder es soll vielleicht sogar angedeutet werden, daß der gebannte Gunthar ihn widerrechtlich geweiht habe, diese Weihe aber nicht als gültig anzusehen sei. Schließlich bringt die Nachricht noch die Erzählung von dem Klagegeschrei der bösen Geister, die in der Nacht vor der Weihe ihrem Ärger Luft machen: „*se ab obsessis diutissime sedibus expelli debere*". Das ist doch nichts als eine übliche Legende zur Bekräftigung des Weiheaktes, die aber keineswegs als Beweis dafür herangezogen werden kann, daß der Bau römisch-heidnischen Ursprungs ist. Diese Hypothese, der wir ganz zu Beginn der Grabung zuneigten, ist ja durch den Tatbestand längst widerlegt [16].

[14] Der unterirdische Dom, S. 38.

[15] Eine dieser Platten aus der Emunduskapelle bildet Meyer-Barkhausen in Zs. d. Ver. f. hess. Gesch. u. Ldskde 63, 1952, S. 31 ab und datiert sie als spätkarolingisch. Den Beweis aber, daß das Volutenkreuz erst im 9. Jahrhundert auf Grabplatten auftritt, bleibt er schuldig. Diese schlichte Kreuzform ist jedenfalls schon in der langobardischen Kunst geläufig und sie geht, wie M.-B. ja selbst anführt, auf die byzantinische Kunst zurück. Man erinnere sich nur an das große Kreuz in der Apsis von St. Apollinare in Classe. Die Umwandlung dieser eleganten Kreuzform oder zierlicher Rankenkreuze zum derben Voluten- oder Ankerkreuz ist ja auch eher der merowingisch-langobardischen als der karolingischen Epoche zuzurechnen.

[16] Es hat keinen Sinn, auf die Entgegnungen nochmals einzugehen, die der Urheber dieser an sich ansprechenden und vor den Grabungen zweifellos berechtigten Hypothese immer wieder vorbringt; vgl. K. Corsten in Rhein. Vierteljahrsbl. 14, S. 157 ff.; Entgegnung darauf ebenda 15/16, S. 500; Flugblatt von K. Corsten: Nochmals die alten Kölner Kathedralen, und K. Corsten, Die alten Kölner Kathedralen auf Grund der Ausgrabungen und der literarischen Quellen, Honnef a. Rh. 1952.

Wir haben also als festes Datum für die endgültige Fertigstellung des Baus (VII b) das Jahr 870, und es erhebt sich die Frage nach dem Beginn des Dombaus, vor allem dem Anfang der Periode VI. Man wird diesen Bau zeitlich nicht allzu weit vom St. Galler-Plan abrücken dürfen. Dagegen sprechen auch die Verhältnisse in Köln; der Baubeginn des Neubaus VII a wird vor die Zeit der Normanneneinfälle und der Guntharschen Wirren in Köln zu setzen sein, womit Bau VI an den Anfang des 9. Jahrhunderts hinaufgerückt wird. Andererseits kann man mit ihm auch kaum erheblich weiter hinauf in die merowingische Zeit gehen, weil darunter noch ältere nachrömische Mauern liegen, die vielleicht auch schon zu einem Sakralbau gehört haben. Die schon erwähnten in der Emunduskapelle später vermauerten Grabsteine aus merowingischer Zeit und die in der Achskapelle angetroffene frühe Bestattung 267 [17] lassen jedenfalls einen Kirchhof und damit eine Kirche schon in merowingischer Zeit vermuten. So wird der zweimalige Ansatz zum Bau des Alten Domes (VI und VII a) in eine beschränkte Zeit, die hochkarolingische Periode, die verschleppte Fertigstellung VII b des zweiten Planes aber etwa in die Mitte des 9. Jahrhunderts zu setzen sein. Es steht nichts im Wege, den zweifachen Ansatz zum Bauen mit ein und derselben Persönlichkeit in Verbindung zu bringen. Die karolingische Zeit war eine sehr baufreudige Epoche, die nach neuen Formen suchte. Neue Anregungen für Großbauten erhalten die Bauherren auf Reisen. Warum sollte nicht der erste Erzbischof von Köln, Hildebold, der als Erzkapellan Karls ausdrücklich durch die Frankfurter Synode von der Residenzpflicht entbunden war, und demzufolge viel auf Reisen gewesen sein muß, der Initiator beider Grundrißpläne sein?
Die Tradition ist ja nicht darum falsch, weil sie nicht durch zeitgenössische Quellen, sondern erst durch eine Nachricht aus dem Jahre 1494 belegt ist [18]. „*Quoddam aliud monasterium novum sancti Petri in Colonia anno 800 a domino Hildebaldo tunc temporis episcopo coloniensi in parte inceptum, pro principali ecclesia per Willibertum fundatur et consecratur.*" Die Stelle ist in verschiedener Hinsicht bemerkenswert. Einmal zeigt sie, wie schon Kalsbach hervorgehoben hat, wie die beiden Erzbischöfe an dem Bau beteiligt sind. Ferner aber ist die Unterscheidung zwischen monasterium (wobei es dahingestellt sein mag ob damit eine Klosterkirche oder eine Stiftskirche gemeint ist) und principalis ecclesia zu beachten. Wenn wirklich, wie Kalsbach mit Recht folgert, erst Willibert den Bau als Bischofskirche bestimmte und sich die Quelle hier nicht irrt, so müssen die baulichen Voraussetzungen für diesen Wechsel in der Zweckbestimmung lange vor Willibert geschaffen worden sein, nämlich mit der Aufgabe des Planes der Periode VI und dem Baubeginn der Periode VII.

Monasterium und principalis ecclesia

Der Übergang vom Bau der Periode VI zum Neubau VII kann nämlich in seinem Wesen kaum treffender bezeichnet werden als mit den Worten monasterium und principalis ecclesia. Abgesehen von der wenig soliden Ausführung der Periode VI, die wohl für eine Klosterkirche ausreichen mochte, aber kaum den Ansprüchen einer Hauptkirche genügen dürfte, gibt der St. Galler-Plan das typische Schema einer Klosterkirche. Die Klausurgebäude liegen an der südlichen Langseite; von hier gehen die eigentlichen Benützer in ihr Gotteshaus, während der nebenbei auch noch zugelassene „*cunctus populus*" wie es auf dem St. Galler-Plan heißt, von Westen her durch das kleine Halbkreisparadies eintritt. Der neue Plan setzt an die Stelle des kleinen Paradieses das große langgestreckte Atrium, den weiten Vorhof, durch den große Mengen Volkes an dem Brunnen vorbei in die Hauptachse der Kirche schreitend sich der breitgelagerten Fassade nähern konnten, die

[17] Köln. Dombl. 1949, S. 150 = hier S. 103.

[18] Sammelkodex von St. Caecilien, Köln. Stadtarchiv Christl. Abt. Nr. 72, vgl. A. Kalsbach in Der unt. Dom, S. 77 „für Corsten ist sie ‚ganz widerspruchsvoll', was ihn freilich nicht hindert, ihren Schluß als Zeugnis für seine These zu verwenden".

erst durch die Zwischenschaltung des mächtigen Querhauses der ganzen Hofanlage einen repräsentativen Abschluß gab. Daß die Stiftsgebäude nun nicht mehr in klösterlicher Weise seitwärts sondern vor der Kirche angeordet waren, ist also nicht das primär entscheidende, sondern die Ausrichtung aller wesentlichen Teile auf eine einzige Hauptachse. Auch das Querhaus ist nicht der zunächst entscheidende Faktor; es wurde durch die Breite des Atriums vorgeschrieben, da der dreischiffige Bau zu schmal gewesen wäre, um den Platz zu schließen. Es wird klar, worauf die ganze Planänderung letztlich hinausläuft: auf eine Nachahmung des Alten Petersdomes in Rom, dessen Atrium mit dem berühmten Kantharus gleichfalls vor dem Eintritt in die Kirche durchschritten wurde und bei den Pilgern der karolingischen Zeit den gleichen würdevollen Eindruck hervorrief, wie uns heute Berninis Kolonnaden. Der Brunnen mit dem heute noch im Cortile della Pegna erhaltenen Pinienzapfen aus Erz rauschte ähnlich wie heute die Fontänen; er diente außerdem noch einem besonderen Zwecke, als *„ministra manibus et oribus nostris"* der Reinigung von Hand und Mund (Paulinus von Nola). Die Nachahmung in Köln ist nicht völlig durchgeführt. Zwar haben beide Dome ein westliches Querhaus, aber der Kölner Dom ist geostet, der Eingang lag also im Westen während Alt St. Peter in Rom von Osten her betreten wurde und fünfschiffig war, also keines besonderen Querbaus als Abschluß des Atriums bedurfte. Der wesentliche Vergleichspunkt ist, wie gesagt, die starke Betonung der Hauptachse, bewirkt durch die Verlagerung der Stiftsgebäude von der Flanke der Kirche vor den achsialen Zugang.

Diese achsiale Anordnung, die ja bei den meisten alten Kirchen Roms gegeben war, nannte man in karolingischer Zeit die römische. Das wissen wir aus den Lebensbeschreibungen des Abtes Eigil von Fulda, des Zeitgenossen Hildebolds, der seine alte Klosterkirche (Fulda I) mit ihren in der hergebrachten Weise an die Südseite anschließenden Klausurgebäuden, umbauen und aus ihr auch etwas ähnliches wie eine principalis ecclesia für Massen von Gläubigen machen mußte, denn das Grab des heiligen Bonifatius mußte in würdiger Form den vielen Pilgern zugänglich gemacht werden. Er griff zu dem gleichen Mittel, der Verlegung der Klausur in die Hauptachse der Kirche, zur „römischen Anordnung", wie es in seiner Prosa-Vita ausdrücklich heißt: *Quaesitum est, in quo loco aedificatio claustri congruentius potuisset aptari: quidam dederunt consilium, contra partem meridianam basilicae iuxta morem prioris; quidam autem, Romano more, contra plagam occidentalem satius poni confirmant, propter vicinitatem Martyris, qui in ea basilicae parte quiescit* [19]. Die metrische Lebensbeschreibung des gleichen Abtes läßt erkennen, daß man auch in der westlichen Lage des Querhauses etwas römisches sah, obwohl es in Fulda sowie in Köln, wie wir bereits andeuteten, als an der Eingangsseite gelegener Bauteil an sich ja eine ganz andere Funktion erfüllte als das zwar auch westlich, aber doch am Ende der Kirche gelegene Querhaus von Alt St. Peter.

His ita perceptis gressum porrexit in aram
Pontificalis apex magno comitatus honore
In parte occidua Romano more peractam [20].

II

More Romano also hat man in Köln die Gestalt des Petersdomes dem erhabenen Vorbild in Rom angeglichen. Es ist zweifellos mit voller Absicht geschehen, wie wir aus den zeitgenössischen Äußerungen über den gleichen Vorgang beim Bau von Fulda deutlich genug ersehen konnten. Diese Wendung nach Rom war nun allerdings nichts absolut Neues, sondern ist eher als ein festeres Knüpfen längst bestehender Bindungen in dieser Richtung anzusehen, als ein Zurückgehen an die Quelle selbst, nachdem man aus dem römischen Strom schon lange geschöpft hatte, denn

[19] MG SS XV, 1, p. 299 ff.
[20] MG Poetae lat. II, 110 – 113, c. 17.

auch der erste Kölner Plan liegt hart an diesem Strome. Das wird klar, wenn wir die Bauten in der Metropole des Erzkapellans neben Karls Pfalzkapelle, die ja nur eine Tagereise entfernt lag, oder neben die Kirchen mit Westwerken, vor allem die von Karls Schwiegersohn erbaute Abteikirche in Centula, stellen. Diese Bauten sind nicht oder bei weitem nicht in dem Maße als römisch zu bezeichnen wie die Pläne von Köln, Fulda, St. Gallen und anderen Orten, so etwa Paderborn mit dem neu ausgegrabenen Plan der Abdinghofkirche. Bei den Kaiserlichen Bauten sind andere Prinzipien angewandt, die nicht als römisch, sondern eher als rhomäisch zu bezeichnen sind.

Um diesen Zusammenhängen nachgehen zu können, müssen wir die Kluft der „dunkeln Jahrhunderte" überspringen und an die Anfänge der christlichen Architektur zurückgehen. Wir haben diesen Schritt ja ohnehin schon getan, indem wir die konstantinische Peterskirche mit unseren karolingischen Grundrissen verglichen. Dieser Rückgriff ist alles andere als selbstverständlich, sondern im Gegenteil recht erstaunlich und gewiß ein sehr bemerkenswertes historisches Faktum. In den dazwischen liegenden dunkeln Jahrhunderten muß ja im Abendland auch in baulicher Hinsicht etwas geschehen sein, und im oströmischen Reich fällt in eben diese Jahrhunderte die glänzende und steile Aufwärtsentwicklung der byzantinischen Architektur. Wenn wir also zum Verständnis der Kölner Domgrundrisse weit zurückgreifen und uns an die Anfänge bemühen müssen, so soll es versucht werden, weil unsere Vorstellungen von den Anfängen trotz der gerade in neuerer Zeit wieder anschwellenden Literatur eigentlich noch verworrener geworden sind, als sie bisher schon waren.

Bei einer solchen umfassenden Untersuchung, die in die Zeit des beginnenden Auseinanderfallens des Reiches in eine westliche und östliche Hälfte zurückreichen, wird man die Zeugnisse baulicher, sprachlicher, kirchenhistorischer und politischer Natur peinlich nach ihrer Herkunft aus Ost oder West sondieren müssen. Es ist nicht angängig, daß beispielsweise der Bauforscher in seinem eigenen Gebiet zwar den Osten und Westen auseinanderhält, bei der Heranziehung anderer, etwa patristischer Quellen aber wahllos die Zeugnisse aus dem Osten und Westen, ja aus ganz verschiedenen Zeiten durcheinander bringt. Die gleiche Verwirrung wird von Historikern verursacht, die das Auseinanderfallen des Reiches beispielsweise an der Verlegung der Residenzen genau verfolgen, die Kirche aber stets wie eine völlig homogene Einheit behandeln, was sie ja auch vor der Trennung nicht gewesen ist.

Auch in sachlicher Hinsicht ist eine scharfe Scheidung vonnöten. Das christliche Kirchengebäude ist eine komplexe Erscheinung. Verschiedene Faktoren haben bei seiner Entstehung zusammen gewirkt und sind bei seiner weiteren Entwicklung immer wieder wirksam geworden. Aus einer einzigen dieser Wurzeln, etwa aus den Totenkultanlagen allein, läßt sich das Ganze nicht erklären. Die drei Hauptstämme, auf die der Kirchenbau zurückzuführen ist, sind heute noch an der Hauptkirche der Christenheit, St. Peter in Rom, zu erkennen. Wir nennen diesen Bau mit Recht einen Dom und denken dabei in erster Linie an die schöne Kuppel Michelangelos. Im Englischen und Französischen bedeutet das Wort Dom ja Kuppel. Der Kuppelsaal ist die eine Komponente, die kaiserliche, wie wir sehen werden, der christlichen Architektur.

Der Petersdom ist aber nicht, wie allgemein bekannt ist, die volle Verwirklichung des reinen Kuppelsaales, wie er von Michelangelo entworfen war. Das Langhaus Madernas wurde später dazugesetzt, weil die ganze Länge der alten basilikalen Halle von Alt St. Peter vom neuen Dom umschlossen werden sollte. So hat also in diesem Dom der Dome auch die andere Komponente des Kirchenbaus, die basilikale Halle noch ihre Spur hinterlassen. Die dritte Komponente schließlich tritt in den Grotten von St. Peter sehr eindrucksvoll in unser Bewußtsein: der frühe und immer wieder wirksame Einfluß verehrter Heiligengräber und Grüfte auf den christlichen Kirchenbau. Grotten, Hallen und Dome sind die Wurzelstöcke, die am Anfang da waren, sich bald einander näherten und teilweise auch vereinigten, aber immer wieder daneben neue Schößlinge trieben. Es sind mit geläufigeren Worten ausgedrückt, die sepulkralen, gemeindekirchlichen und höfischen Komponenten des Kirchenbaus.

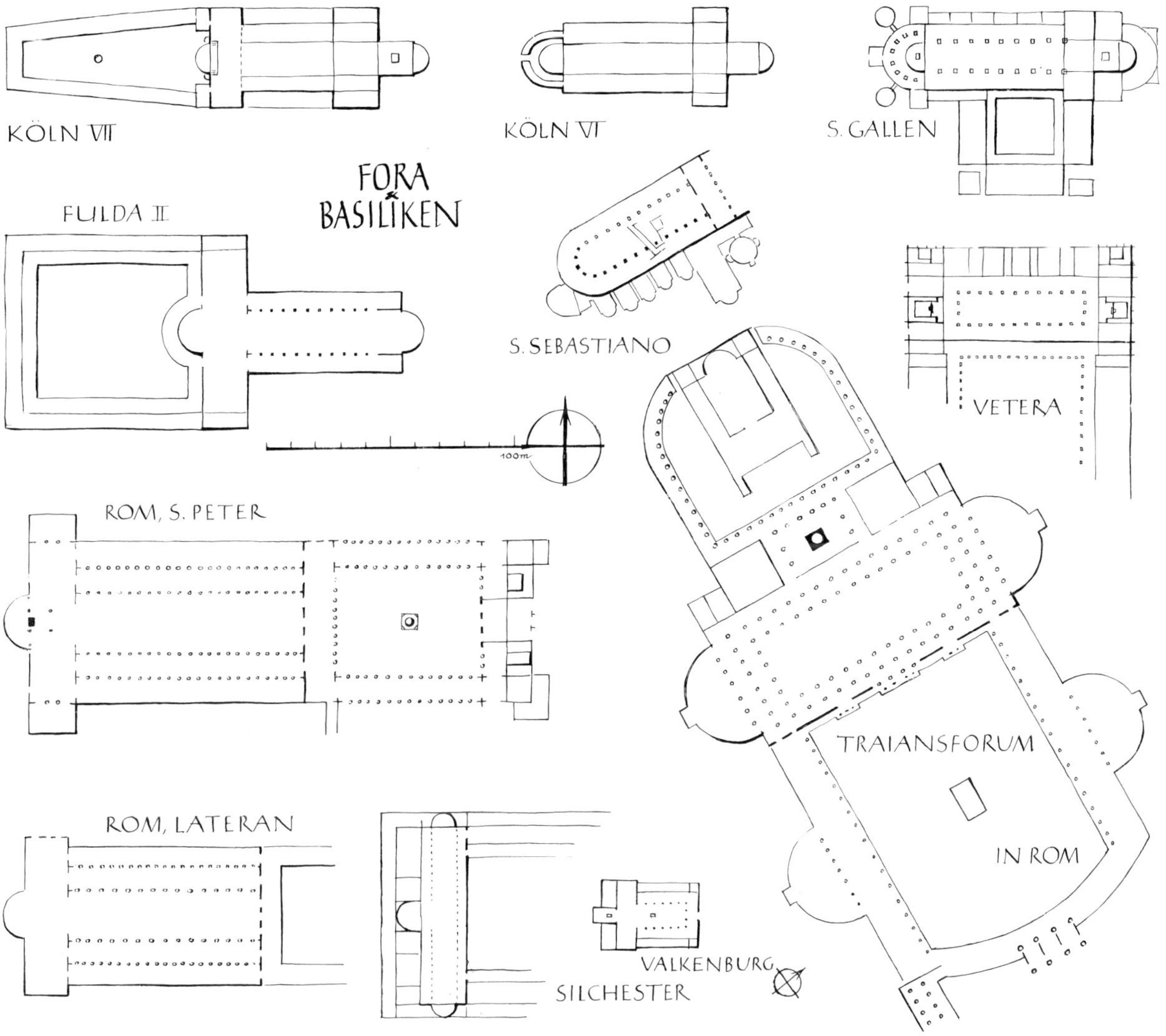

Plan III. Versuch einer Ableitung und Einordnung der beiden karolingischen Domgrundrisse von Köln. – (Köln VII und Fulda II, Rom St. Peter und Lateran-Basilika, römische Fora und Basiliken in Rom, kleineren Städten und Legionslagern. Köln VI, St. Gallen, St. Sebastiano, bzw. römische Fora.) Maßstab 1 : 3000.

Grotten

Man neigt heute dazu, die Doppelchörigkeit der größeren Kirchen, wie wir sie bei den beiden Kölner Plänen, aber auch bei vielen anderen karolingischen Kirchen feststellen können, auf die sepulkrale Praxis zurückzuführen [21]. Zum ursprünglichen Titelheiligen der Kirche tritt ein zweiter, der selige Gründer der Kirche selbst, der, zur Würde der Altäre erhoben, im Gegenchor seiner Kirche eine würdige Verehrungsstätte erhält., so etwa Bonifatius im Westchor der neuen Kirche von Fulda. Im Agaunum ist durch die neueren Grabungen L. Blondels sehr gut zu erkennen, wie 787 die ursprünglich in getrennten Heiligtümern verehrten Leiber des heiligen Mauritius und seiner Thebäer einerseits und des heiligen Innozentius andererseits in den beiden

[21] Vgl. neuerdings Adolf Schmidt, Westwerke und Doppelchöre, höfische und liturgische Einflüsse auf die Kirchenbauten des frühen Mittelalters, Göttinger Diss. 1950, Manuskript.

Chören einer neu errichteten doppelchörigen Kirche beigesetzt werden [22]. Nun sind doppelchörige Basiliken auch schon aus frühchristlicher Zeit bekannt, nämlich aus Afrika. Auch hier glaubt man jetzt, daß der Gegenchor für ein weiteres Märtyrergrab errichtet worden ist [23].
Die bisher vorherrschende Erklärung der doppelchörigen Kirchen ging von den forensischen Basiliken, der Basilica Ulpia in Rom und ähnlicher Anlagen in den Provinzen aus [24]. Diese Möglichkeit soll, vor allem im Hinblick auf die typische Klosteranlage, bei der das Klosterquadrum an das Forum, die Kirche an die das Forum flankierende Basilika erinnert [25] nicht ganz abgestritten werden, doch sei hervorgehoben, daß dieser Theorie mit unseren Kölner Ergebnissen eine wesentliche Stütze entzogen ist. Gerade in Köln glaubte man nämlich einen besonders klaren Fall dieser Art zu haben. Der Alte Dom geht aber nicht, jedenfalls nicht – das können wir heute schon sagen – in seiner Länge und in den wesentlichen Apsiden auf einen römischen Bau zurück; eine forensische Basilika kann hier überhaupt nicht gestanden haben, weil das Forum nicht hier gewesen ist.
Noch eine dritte Möglichkeit, den karolingischen Gegenchor zu erklären, sei angedeutet. Die karolingischen Kirchen waren ohne Ausnahme geostet, der Hauptaltar stand am östlichen Ende der Kirche. Die alten römischen Basiliken, vor allem Alt St. Peter, hatten den Altar dagegen am Westende der Kirche. Wollte man diese westliche Stellung des Altares nachahmen, so blieb nichts anderes übrig als einen zweiten Chor hinzuzufügen. Daß solche Gedankengänge mitgespielt haben müssen, geht aus der schon angeführten metrischen Lebensbeschreibung des Abtes Eigil von Fulda hervor. Die Erscheinung der doppelten Chöre ist also nicht ganz sicher und eindeutig auf sepulkral-liturgische Motive zurückzuführen; sie ist zudem nicht allgemein verbreitet. Eine Form jedoch, die überall anzutreffen ist und als das typische Produkt der christlichen Architektur in Grotten anzusprechen ist, ist der Umgang. Das Grab des Heiligen zog einen Strom von Pilgern an, der solange der Sarg nicht in Gold gefaßt auf den Altar „erhoben" wurde, unterirdisch um die Grabkammer herumgeleitet wurde. Bei der berühmten Grabeskirche des heiligen Martin in Tours ist das, wenn auch in späterer Ausführung, noch ebenso klar zu erkennen, wie etwa bei einer schlichten Kirche, die vor kurzem in Vreden in Westfalen ausgegraben wurde. Wie die örtlichen Verhältnisse es mit sich bringen, wird, wie in der Emmeramskirche in Regensburg der Umgang auch außen um die Apsis herumgelegt. Auch in Agaunum führte er ursprünglich außen herum und wurde erst später als Stollenkrypta in die Apsis verlegt. Schließlich mag auch der in Köln (VI) und St. Gallen mit Abstand um die Apsis geführte Gang, der einen kleinen Paradieshof einschließt, entwicklungsgeschichtlich mit den Gängen um das Märtyrergrab herum zusammenhängen, wenn er auch hier zunächst den sehr einfachen Zweck erfüllt, der Kirche eine in der Achse gelegene Portalanlage zu verschaffen, die man, da die Apsis im Wege stand vor diese legen mußte. Sowohl von dieser Funktion als Atrium als auch von der Verbindung mit den Umgängen um die Märtyrergräber müßten wir absehen, wenn wir den Kölner und St. Gallener Umgang mit der leoninischen Porticus um die Apsis der Lateransbasilika in Verbindung bringen und somit auch für den älteren Kölner und den St. Galler-Plan an eine direkte Anlehnung an Rom denken wollten [25a]. Der Umgang um ein verehrtes Grab hat eine lange Tradition. Der Totenkult war

[22] Louis Blondel, Les anciennes basiliques d'Agaune, Vallesia III, 1948 und Pierre Bouffard, Die ersten christlichen Basiliken von St. Maurice d'Agaune (Schweiz), Österr. Zs. f. Denkmalspflege III, 1949.

[23] Frdl. Mitt. von Frl. M. Roques, Genf.

[24] R. Schultze, Basilika = Röm.-Germ. Forschungen II, Bln 1928.

[25] Etwa im Sinne einer Entwicklung wie sie die Beispiele auf Taf. III, Trajansforum, Silchester und Vetera – St. Gallen andeuten.

[25a] R. Wallrath, Zur Bedeutung der mittelalterlichen Krypta (Chorumgang und Marienkapelle) in Beiträge zur Kunst des Mittelalters, Vorträge der Ersten Deutschen Kunsthistorikertagung auf Schloß Brühl 1948, Berlin 1950, S. 54 ff. Es ist aber nicht mehr mit einer Alternative St. Gallen oder Lateransbasilika zu rechnen, denn die inzwischen fortgeschrittenen Grabungen haben eine so weitgehende Übereinstimmung mit St. Gallen gebracht – speziell in der hier infragestehenden Westpartie –, daß alles, was man zur Erklärung des einen Baus anführt, ohne weiteres auch für den andern gilt.

Heiden und Christen gemeinsam und in seiner primitiven Form der Spende am Grabe der Angehörigen so verwurzelt, daß selbst der heilige Augustinus diese verbotene Sitte seiner Mutter Monika durchgehen lassen mußte. Selbst ganz arme Leute, die sich kein noch so bescheidenes Grabhäuschen leisten konnten und die Asche der Toten in einer wertlosen Weinamphore im Schatten reicherer Gräber beisetzen mußten, wie es sehr schön auf der Isola Sacra zu sehen ist, ließen es sich nicht nehmen, an den bestimmten Tagen zu den Gräbern zu gehen und dem Toten durch eine Öffnung im Stöpsel der Amphore die Spende zu gießen. Auch im christlichen „Campo Centrale" des Friedhofs, der neuerdings unter St. Peter, ganz in der Nähe des Apostelgrabes, ausgegraben wurde, ist durch einen langen Schacht der von der Oberfläche zu einem der Gräber führte, für das Eingießen der Spende Vorsorge getroffen. Reichere Leute trafen sich im Familienmausoleum, wie sie gleichfalls unter der Peterskirche in so reicher Ausstattung freigelegt wurden. Für unsere Frage aber haben nur die noch größeren Sippenmausoleen Bedeutung, die dem verehrten Stammherrn, dem Heros, errichtet wurden, in denen sich der ganze Stamm zu Sippenhandlungen, wie Verträgen, Heiraten und dgl. traf. Solche Heroa sind vor allem durch die Grabungen des dänischen Forschers Dyggve in Dalmatien bekannt geworden, heidnische sowohl wie christliche. Der christliche Heros ist natürlich der Martyrer. Wenn Dyggve aber versucht, das christliche Kirchengebäude ganz von diesen Anlagen abzuleiten – er möchte das, indem er die offenen Hofanlagen dieser Heroa als eine basilica discoperta ansieht, deren unbedachtes Mittelschiff nur überdeckt zu werden brauchte, um den Typ der normalen Basilika zu bilden – so hat er damit doch wenig Anklang gefunden [26]. Die christliche Gemeindekirche, die basilikale Halle, hat vielmehr ihre eigenen Wurzeln, worüber noch zu sprechen sein wird; und das christliche Heroon hat seinerseits auch seine eigene Entwicklung, die sich erst später mit der Basilika vereinigt.

Wir kennen doch das bedeutendste christliche Heroon, das leider von der Forschung in diesem Zusammenhang kaum gewürdigt wird, die berühmte Basilica Apostolorum (S. Sebastiano) an der Via Appia, in der die Apostelfürsten verehrt wurden [27]. Es kann hier nicht erörtert werden, wann, warum und wielange die Leiber der Apostelfürsten hier geruht haben. Die Tatsache der Verehrung steht fest; wir sehen, inmitten des Kirchenschiffes angeschnitten, die Reste eines wirklichen Heroons, die sog. Tricla, in der sich die Mitglieder der Gemeinde versammelten, Refrigerium hielten und das durch Kritzeleien an der Wand bezeugten (Plan III). Wir sehen hier aber vor allem, was später aus dem christlichen Heroon geworden ist: ein großes Kirchengebäude aus konstantinischer oder wenig späterer Zeit, das eigentlich nur aus einem einzigen Umgang der uns schon vertrauten Art besteht. Der Umgang um die zu verehrenden Gräber ist die Bauform, die aus dem Märtyrerkult dem christlichen Kirchengebäude zufloß. Im Halbkreis ging man auch ursprünglich um das Heilige Grab in Jerusalem herum. In S. Sebastiano sehen wir an der Stelle, die kata kymbas hieß und den Katakomben ihren Gattungsnamen gab, die Architektur aus der Tiefe der Katakomben, Gräber und Grotten herauswachsen mit einer Form, die mit der Basilika von Hause aus nichts zu tun hat.

Von hier aus betrachtet können wir nicht die konstantinische Petersbasilika auf dem Vatikan als den Typus der Märtyrerbasilika ansehen. Wenn sie es wäre; so hätte es gar keinen Sinn hier von einem besonderen Typus zu sprechen, denn sie gleicht ja aufs genaueste den in der Stadt liegenden Basiliken, die bestimmt keine Grabeskirchen waren, vor allem der Lateransbasilika. Wie sehr sie ihnen glich, haben die letzten Grabungen erwiesen; das Querschiff ist in seiner ganzen Länge ursprünglich, und das einzige was sie noch als Grabeskirche auszeichnete, die unterirdische Confessio hat sich als später erwiesen; sie konnte in die Zeit Gregors d. Gr. datiert werden,

[26] Ejnar Dyggve in vielen Aufsätzen, neuerdings in History of Salonitan Christianity, Oslo 1951; Th. Klauser, Vom Heroon zur Märtyrerbasilika, Kriegsvorträge der Rhein. Fr. Wilh. Universität, Band 3, Bonn 1944, S. 436 ff.

[27] Vgl. vor allem A. v. Gerkan, Die christlichen Anlagen unter St. Sebastiano in H. Lietzmann, Petrus und Paulus in Rom [2], Bonn, 1927, S. 248 ff., ferner die Führungshefte von F. Fornari und G. Mancini.

entsprechend der Mitteilung des Liber Pontificalis: *Hic fecit ut super corpus beati Petri missas celebrarentur* [28]. Aus dem konstantinischen, nicht über dem Fußboden erhöhten Presbyterium ragte ein weit über mannshohes Monument heraus, die Stelle des Grabes bezeichnend. Mag der Wunsch, die Deckplatte dieses Monuments als Altarplatte zu benützen, ausschlaggebend gewesen sein, oder mögen sich die Formen des Ritus gewandelt haben – was wissen wir von der frühen Stellung des Altares? – oder sei es, daß man den Strom der Pilger von der nun fixierten Stelle des Altares fernhalten und unterirdisch um das Grab herumleiten wollte, das Ergebnis ist die „confessione semianulare", der halbkreisförmige Umgang, der in der echten Märtyrerkirche S. Sebastiano vorgebildet war, und der nun in der Form, wie er in St. Peter angelegt war, in ungezählten Stollenkrypten nachgebildet wurde: „ad instar confessionis S. Petri". Der Umgang erst macht die Peterskirche auch in der Form zu einer Märtyrerbasilika, bis dahin müssen wir sie zu den Gemeindekirchen zählen, wenn eine Typenunterscheidung überhaupt noch Sinn haben soll.

Hallen

Die späte Umwandlung von S. Pietro, also eines Baues vom Typus der Gemeindekirche, in eine auch der Form nach als solche anzusprechende Grabeskirche durch Hinzufügung der „Grotten" ist ein Beispiel für die allgemeine Tendenz der Entwicklung. Die Kirchen innerhalb der Stadt, die Gemeindekirchen, hatten ursprünglich gar keine Beziehung zu einem Märtyrergrab und trugen auch nicht den Namen eines Märytrers [29]. Gemeindekirche und Grabeskirche waren ursprünglich zwei ganz verschiedene Dinge, die erst mit Aufkommen der Sitte, unter oder in einem festen Altare die Reliquien eines Märtyrers zu bergen, verschmolzen wurden. Das Sepulkrum machte die Gemeindekirche gleichzeitig zu einer Grabkirche. Diese Tendenz der Vereinheitlichung griff aber noch weiter um sich. Die Kirchengebäude innerhalb der Stadt, vor allem um den Sitz eines Bischofs, waren nämlich ursprünglich untereinander stark differenziert. Es gab neben der eigentlichen Gemeindekirche die Taufkirche, die ihr Sonderdasein am längsten fristete, ferner aber eine Kirche für andere bischöfliche Handlungen und sehr wahrscheinlich auch Katechumenenkirchen. Es bildeten sich also ganze „Kirchenfamilien", die im Laufe der Zeiten in dem einen Hauptgebäude, der ursprünglichen Gemeindekirche, zusammengefaßt wurden. So war schließlich jede Pfarrkirche durch das Sepulkrum im Altar und den Taufstein am Eingang gleichzeitig eine Grabes- und Taufkirche [30]. Von diesem Standpunkt aus läßt sich nun die ursprüngliche Zweckbestimmung der Gemeindekirche viel enger, als es gemeinhin geschieht, umreißen. Sie dient der Verkündigung des Wortes und der Feier des Sakramentes oder, wie Augustinus es ausdrückt, dem Sermo und der Oratio: *ecce post sermonem fit missa catechumenis: manebunt fideles, venietur ad locum orationis* [31]. Die Verkündigung des Wortes ex cathedra war an die

[28] Esplorazioni sotto la Confessione di San Pietro in Vaticano, eseguite negli anni 1940 – 1949. Relazione a cura die B. M. Apollonj Ghetti, A. Ferrua S.J., E. Josi, E. Kirschbaum S.J., Città del Vaticano, 1951, p. 193 ff.

[29] A. M. Schneider in Kunstchronik, 1951, Heft 5.

[30] E. Lehmann, Die entwicklungsgeschichtliche Stellung der karolingischen Klosterkirche zwischen Kirchenfamilie und Kathedrale, Wissensch. Zs. d. Friedrich-Schiller-Universität Jena, 1952/53, S. 131 ff.; ferner ders. in Kunstchronik, 1953, Heft 9. Zur Frage der Doppelkirchen und der Katechumenenkirche vgl. J. Hubert, Vortrag in Spoleto 1951, darüber Th. Kempf in Kunstchronik, 1953, S. 243.

[31] Aug. s. 49,8: nach F. van der Meer ‚Christus' oudste gewaad, Utrecht u. Brüssel, 1949, S. 107, wo der Gang von der Lesung zur Eucharistie sehr schön geschildert wird: „Was de leerdienst, die vanaf de Absis werd geleid en, daarvóór staande, door de menigte gevolgd, afgelopen, dan zond men de oningewijden weg; de deuren gingen dicht, de lampen aan, de gordijnen tussen de zuilen toe, en, zegt Augustinus, dan komen wij (naar beneden) naar de plaats des gebeeds.' Dan ligt de exedra verlaten, de kerk ist half leeggestroomed en het altaar wordt umringd. En aldus vindt de polariteit die, hoe latent dan ook, bestaat tussen woord en sacrament, zelfs een zekere uitdrukking in de plaatsing van kathedra en altaar." Die Polarität möchte ich allerdings etwas anders sehen; die Stelle des Sakraments ist kein Gegenpol, sondern der Raum selbst, das Mittelschiff der Kirche. So ist denn auch bei der bekannten Beschreibung der Peterskirche bei Paulinus von Nola, die v. d. Meer selbst S. 114 heranzieht, der Altar nicht genannt; wir wissen jetzt warum; er war noch kein fester Bestandteil der Architektur, dazu hat ihn erst Gregor d. Gr. gemacht.

Apsis, die Feier der Eucharistie aber an keine so umgrenzte Stelle gebunden. Sie fand mitten in der Gemeinde statt. Der Altar war beweglich und noch nicht an Gräber und Grotten gebunden.
So kam der Gedanke der Gemeinde mit ihrem Bischof viel stärker zur Geltung. Der Bau hatte also nicht mehr zu sein als ein großes Gemeindehaus mit einem einzigen Akzent, dem Bischofssitz in der Exedra. Ecclesia nannte man den Bau und die Gemeinde. Als die Gemeinde noch klein war und sich in Wohnhäusern versammelte, mag sie sich ebenso schlicht Familia genannt haben. Die Wohnhäuser, in denen sie sich traf, führten keine hochtrabenden Namen, sondern hießen noch viele Jahrhunderte später „Tituli", was wir heute mit „Haus" oder „Hausnummer" bezeichnen würden. Die größere Gemeinde nannte sich ebenso schlicht und doch sehr anspruchsvoll ecclesia, die Volksversammlung, und traf sich da, wo man sich im Süden zu versammeln pflegte, nämlich auf dem Forum und in dem „überdachten Annex des Forums", d. h. in der basilica – freilich in der eigenen Basilika und auf dem eigenen Forum, als das man das Atrium vor der Basilika ansehen kann.
Wenn wir somit das Atrium der Basiliken für einen ihrer wesentlichsten Bestandteile halten, so braucht uns nicht der Name davor zurückzuschrecken. Ursprünglich das eigentliche Wohnhaus, war das Atrium nach Einführung des griechischen Peristyls zu einem Vorraum herabgesunken und hatte als solcher auch der christlichen Hauskirche gedient; es ist leicht erklärlich, daß der Name auch dem Vorhof der christlichen Basilika anhaften blieb. Wir werden zu der erneuten Betonung des Atriums ermutigt durch neue Beobachtungen an einer Reihe der Basiliken Roms, so an SS. Giovanni e Paolo und an der Basilica Liberiana (S. Maria Maggiore). Es konnte festgestellt werden, daß die Basiliken in der Regel an ihrer Stirnseite nach dem Atrium zu völlig offen gewesen sein müssen [32]. Man mag sie notfalls durch Vorhänge verschlossen haben; ihre Zumauerung ist jedenfalls erst später erfolgt. Eine ungefähre Vorstellung solcher Gestaltung mag heute noch der Blick vom Atrium gegen den Narthex (9. Jahrh.) von S. Ambrogio in Mailand vermitteln. Der Gedanke, daß aus einem offenen Säulenhof eine gedeckte Halle entstehen könnte, wird von Architekten heftig zurückgewiesen [33]. Aber es bleibt auffällig, daß durch die ganze Reihe der (profanen wie der christlichen) Basiliken die Tendenz zu immer weiterer Überdachung zu verfolgen ist. Angefangen von der stoa basileia des Archon Basileus in Athen, die eben kaum mehr als eine Stoa oder Säulenhalle ist, über Priene, Milet, Delos und Thera zur römischen Marktbasilika, die erst einen architektonisch geschlossenen Raum darstellt. Wenn nun daran als ein noch weitgehendes überdachtes Forum die christliche Basilika angeschlossen wird, so ist damit schon gesagt, daß sie sich aus dem profanen Vorläufer nicht einfach erklären läßt – dieser Versuch kann, vor allem im Hinblick auf die normale Querlagerung der Forumsbasiliken, wohl als hoffnungslos gelten – sondern daß sie tatsächlich als eine Neuschöpfung angesehen werden muß, freilich als eine Schöpfung, die nicht völlig aus der Luft gegriffen ist. Nur ein Teilstück der römischen Basiliken kann der Form und Bestimmung nach mit der Forumbasilika verglichen werden, nämlich das Querhaus. Gewiß, dieses Querhaus ist eine stadtrömische Sonderform, aber es ist zu beachten, daß es die Sonderform der Stadt ist, die der Neuschöpfung das Leben gab.
Die Zweckbestimmung der Basilika hat sich im Laufe der Jahrhunderte zwar verschoben, aber eines haftet ihr immer an: die Rechtsprechung. Der Archon Basileus richtete in seiner Stoa über Mord- und Sakrilegfälle, Vitruv dagegen scheint nur eine Sorge beim Bau einer Basilika zu kennen, daß „die Geschäftsleute im Winter ohne Belästigung durch schlechtes Wetter dort verkehren können". Das profane Marktgewimmel überwiegt schon. Aber immer noch wird hier Recht gesprochen,

[32] Hierauf machte mich freundlicherweise an Ort und Stelle bei SS. Giovanni e Paolo und an kleineren Kirchen P. Kirschbaum aufmerksam. Wie eng Atrium und Basilika zusammengehören, mag man auch daraus ersehen, daß bei den Grabungen vor und unter dem Trierer Dom wegen der Gleichmäßigkeit der Pfeiler lange Ungewißheit herrschte, wo man das Atrium aufhören und die Basilika beginnen lassen sollte.

[33] A. v. Gerkan und U. Hoelscher, Kunstchronik 1953, S. 241 ff.

mögen es auch kleine Streitigkeiten sein, die der Praetor in der Exedra schlichtet. In seiner Exedra sitzt auch der Bischof und richtet über seine Gemeinde, nicht nur in kirchlichen Dingen, sondern, wie bekannt ist, auch im Auftrag des Kaisers. Bei einer Erscheinung, die trotz starker Wandlungen im Laufe der Jahrhunderte doch sowohl in der Form als auch in der Zweckbestimmung eine durchgehende Linie erkennen läßt, ist es nicht verwunderlich, daß ihr der gleiche oder jedenfalls ein ähnlich klingender Name anhaften blieb. Es ist jedoch nicht angängig, nur aus dem „merkwürdigen Namen" (v. Gerkan) auf Herkunft und Sinn schließen zu wollen. Als der Name für das christliche Gebäude in Gebrauch kam, hatte er seinen königlichen Glanz längst eingebüßt. Man bezeichnete damit die „gute Stube" (Klauser) der Paläste, einfache Hallen und sogar Exerzierhallen [34]. Die Vorstellung der Basilika als der Halle des Christos Basileus ist eine viel spätere patristische Interpretation, vom etymologischen Standpunkt könnte man sie als einen Kurzschluß bezeichnen. Auch geht es nicht an, höfische Einflüsse im frühen Kirchenbau mit dem Hinweis auf den Basileus Christos zu erklären. Konstantin, dem es gewiß um den königlichen Glanz in der Kirche ging, nennt sie nicht, wenn er diesen hervorheben will, basilica, sondern aula und domus regalis simili fulgore. Alle diese Dinge, vor allem auch der Vergleich mit dem himmlischen Jerusalem, stehen nicht am Anfang, sind im Ursprung nicht römisch. Bild und Vergleich sind sekundär; das Primäre ist der nackte Bau.

Daher sollte man auch nicht die Basilika das Bild einer Stadt nennen. Immerhin kommen die Gedanken von L. Kitschelt [35] der hier gegebenen Interpretation sehr nahe. Die konstantinische Basilika stellte aber keine ganze Stadt, sondern nur ihren Kern dar [36]. Sie war auch nicht das Bild eines Forums, sondern ein wirkliches Forum, wie das Forum Romanum, eine einzige Via triumphalis mit Basilica, Triumphbogen und dem Tropaion, dem Siegeszeichen, wie es in der Peterskirche zu sehen war, das Forum eines Staates im Staate, ähnlich wie auch eine andere Gemeinschaft, die schon vorher, wenn auch in ganz anderer Weise den Staat unterwanderte, das Heer nämlich, im Lager sein „Forum" hatte [37].

Dergestalt zeigt sich also die Basilika nicht als eine Vergrößerung des römischen Wohnhauses, auch nicht als eine Fortentwicklung eines Teiles desselben, der kleinen Privatbasilika, die als „gute Stube" benutzt wurde. Wir sehen sie auch nicht als eine „basilica sotteranea" (wie die vor der Porta Maggiore in Rom) für unterirdische Geheimkulte, auch nicht als Fortentwicklung oder Parallelerscheinung der Höhlen des Mithraskultes und schließlich nicht als Sproß der Synagoge, für die man ältere, dreigeteilte Räume ähnlicher Art annehmen möchte, aber nicht nachweisen kann [38].

Die römische Basilika – und um diese muß es sich zunächst handeln – ist vielmehr eine äußerst nüchterne und zweckentsprechende Einrichtung. Sie atmet den spezifischen Geist römischen Christentums und ist, ganz auf die Bedürfnisse der Gemeinde als solche und als Ganzes eingestellt, kein Bau für montanistische Schwärmer und donatistische Rigoristen, auch weniger für ägyptische Mönche oder kappadokische Theologen eingerichtet, sondern ein echter Bau der ecclesia schlechthin, wie sie in Rom aufgefaßt wurde.

[34] „basilica exercitatoria" Nachweise RE s. v. Basilika.

[35] Die frühchr. Bas. als Darst. d. himml. Jerusalem, München 1938.

[36] Zur Stadt gehört repräsentativ das Tor; aber gerade an diesem, der Antike genau so wie uns heute noch für ein Stadtbild unabdinglichen Symbol ermangelt es der Basilika. Nur die syrischen Sonderformen werden von Kitschelt hier angeführt.

[37] Vgl. Plan III Vetera und Valkenburg.

[38] Trotz Emmaus, dessen Priorität übrigens neuerdings bezweifelt wird; vgl. Th. Klauser a. a. O. Anm. 6; die These der jüdischen Herkunft der christlichen Kunst allgemein besonders bei O. Wulff, Die altchristliche Kunst, Handb. d. Kunstwissenschaft, Neudruck mit Nachtrag Potsdam 1936; wie schlecht und nebensächlich rangieren bei solcher Darstellung die stadtrömischen Basiliken, die in Wirklichkeit doch die frühesten sicheren Denkmäler dieser Gattung sind! Was besagt überhaupt eine so allgemeine und naheliegende Disposition wie die Einteilung in drei „Schiffe" bei kleinen Kultgebäuden und -höhlen für die Herleitung einer so ausgeprägten Bauform wie die Basilika?

Der griechische Osten hat vor allem später und vielleicht auch schon gleichzeitig reichere Formen entwickelt; aber es ist wie mit den Gaben des lebendigen griechischen Geistes überhaupt und insbesonders mit den tiefen Gedanken und Spekulationen der griechischen Kirchenväter; das entscheidende und in der Geschichte wirksame Wort hat Rom gesprochen, klang es auch nüchtern, vorsichtig und vielleicht sogar aufschiebend.

Dome

Die Stellung der Basilika, und insbesondere der römischen, wird noch klarer, wenn sie aus negativer Sicht betrachtet wird, wenn man sich fragt, wie sie nicht gestaltet ist, und welche Mängel ihr anhaften. Da ist zunächst ein Umstand hervorzuheben, der leider kaum in Betracht gezogen wird, obwohl er doch für eine Würdigung von großer Bedeutung ist, nämlich die geradezu großzügige Stückelei, mit der auch bei den alten Basiliken die Bauglieder, besonders Säulen und Gebälk, als Spolien von überallher zusammengesucht und (trotz allem) zu einem imponierenden Ganzen zusammengeflickt sind, das zu vertuschen auch die barocke Umgestaltung sich meist nicht die Mühe gibt. Die Peterskirche war da auch nicht besser gestellt. Wir sehen natürlich von den gewundenen Säulen ab, die vom Tempel in Jerusalem stammen sollten und daher an besonderer Stelle im Presbyterium aufgestellt wurden, wie sie ja auch noch am heutigen Petersdom, weniger auffällig an den vier Kuppelpfeilern untergebracht sind. Nein, auch die normalen Säulen des Langhauses waren alten Berichten zufolge vielfältig zusammengestückelt. Und das bei einem Bau Konstantins, der mit so viel Mühe und Aufwand in den Fundamenten begonnen war!
Ebenso verwunderlich ist die Raumform der Basilika, wenn man den damaligen Stand der römischen Architektur berücksichtigt. Sie wird denn auch als Kunstwerk ganz unterschiedlich gewürdigt. Je nach ihrem Ausgangspunkt rühmen die einen das großartige Raumerlebnis, dem sich kein Besucher entziehen kann, während die andern, von den mittelalterlichen Domen herkommend, sie „markthallenartig am Boden hinkriechend" nennen (Pinder). Diese letzte Feststellung beruht natürlich auch auf einer richtigen Beobachtung. Wir müssen uns wieder fragen, wie das bei Bauten Konstantins zu erklären ist. Denn Konstantin hat doch sonst anders gebaut. So hat er die von seinem Feinde Maxentius begonnene große Marktbasilika am Forum zu Ende geführt. Auch dies ist eine riesige Halle, eine Basilika, aber eine völlig andere Raumschöpfung. Der riesige Mittelraum wird von Kreuzgewölben überspannt, die von übergroßen Säulen getragen werden und ihre gewaltige Last auf die niedrigeren Quertonnen der Seitenschiffe ableiten. Das ist die Architektur der römischen Kaiser. Zur Zeit des Augustus kannte man sie noch nicht; man setzte bei Großbauten die Säulenordnungen übereinander. Noch das flavische Amphitheater zeigt dies Verfahren. Aber in eben dieser Zeit ging man schon zu der neuen Bauweise über, die die italienischen Forscher architettura termale nennen, weil sie bei den großen Thermensälen zuerst angewandt wurde. Die Thermen des Caracalla in Rom, die Kaiserthermen in Trier, zeugen noch heute als Ruinen von der Größe dieser Architektur. Einen noch unmittelbareren Eindruck vermittelt das von Michelangelo zur Kirche S. Maria degli Angeli ausgebaute Frigidarium der Diokletiansthermen und die zur Kirche St. Bernardo alle Terme umgestaltete Eckrotunde des gleichen Thermenbereiches.
Kuppeln, überwölbte Säle, Rotunden und das „menschliche" Maß der Ordnungen übersteigende Säulenstellungen, das sind die Zeichen kaiserlicher Architektur. Konstantin hat selbst auch so in Rom gebaut, bei seinen Thermen und bei den Mausoleen für seine Mutter und Tochter (S. Constanza und Torre Pignatara). Auch in den Provinzen scheint er oder seine Mutter so gebaut und geplant zu haben. Die Kirche des heiligen Gereon in Köln ist zwar erst in der zweiten Hälfte des 4. Jahrhunderts gebaut, kann aber nach der Ansicht v. Gerkans, der ihr allerdings die Kuppel genommen hat, sehr wohl, wie die Legende will, auf Helena und Konstantin zurückgehen.

Man muß sich fragen, ob Konstantin wirklich der alleinige und bestimmende Bauherr der Gemeinde- und Pilgerkirchen gewesen ist. Das Gegenteil soll hier nicht behauptet werden, denn, wie sollte man es beweisen [39]?

Daß Konstantins ganzes Bestreben darauf ging, der Kirche und ihren Bauten den Mantel kaiserlicher Pracht umzuhängen, steht außer Zweifel. Daß er aber die Kirche ermahnen mußte, prächtig zu bauen, wie er es in seinem Briefe nach Jerusalem tat, scheint doch darauf hinzudeuten, daß die Bischöfe dieser Pracht nicht nur unbeholfen, sondern bewußt zögernd, um nicht zu sagen ablehnend gegenüberstanden. Sie mögen auch die neuen kaiserlichen Prunkgewänder, die sie den höchsten kaiserlichen Beamten gleichstellten, mit gemischten Gefühlen angetan haben. Darüber hinaus müssen beim Klerus, vor allem beim Bischof von Rom, Widerstände gegen die neue Pracht wirksam geworden sein. Sie haben sich wohl nicht auf liturgische Fragen beschränkt, sondern mögen wohl eher auf prinzipielle Erwägungen psychologischer und taktischer Natur zurückgehen und sind dem großen Wohltäter der Kirche gegenüber gewiß nicht offen zutage getreten, sondern mit diplomatischem Geschick eingeschaltet worden. Kurzum, wenn Konstantin und seine Hofarchitekten den neuen Bautyp der Basilika allein geschaffen hätten, wäre er wohl anders ausgefallen.

Daß speziell in Rom, aber auch an den anderen Bischofssitzen der westlichen Reichshälfte Widerstände wirksam waren, ersieht man auch auf kirchenpolitischem Gebiet, vor allem in einer so bedeutenden Frage wie der Synodalpraxis. Hier ist seinem Versuch, das für seine ganze Innenpolitik entscheidende Synodalwesen der Kirche kurzerhand an sich zu reißen, vom Westen und Rom erfolgreich entgegengewirkt worden. Die erste Synode 313 im Lateran wurde von Konstantin als ein Schiedsrichterkollegium einberufen, vom Bischof Miltiades aber als Synode aufgezogen; die zweite 314 in Arles, wiederum von Konstantin als Versammlung mit der gleichen begrenzten Aufgabe (Schlichtung im Donatistenstreit) gedacht, behandelt wieder das Ganze. Auf beiden Synoden war auch Maternus von Köln zugegen. Und wenn auch später im Osten mit Nicäa eine Synodalpraxis einsetzt, die den Absichten des Kaisers mehr entsprach, so zeigt die Entwicklung bis Nicäa doch, daß er der Kirche als einer Macht gegenüberstand, die vor allem im Westen ihre Würde zu wahren wußte und deren Bischöfe er nicht mehr, wie er es anfangs tat, mit so blassen Titeln, wie Euer Ehrwürden (*τιμιώτατε*) oder Euer Ehrenfesten (*στερρότης*) bedenken konnte, sondern als Geliebte Brüder anzureden für geratener hielt [40].

Das Synodalwesen, wie Rom es gehandhabt wissen wollte, zeigt uns neben anderem, daß die Kirche weit mehr als ein Konventikel, und mehr werden konnte als eine reine Religionsgemeinschaft. Es zeigt uns eine Gemeinschaft, die mit demokratischen und republikanischen Zügen der altrömischen Tradition näher stand als der Dominat der Kaiser. Wie sie die Initiative über ihre Synoden nicht aus der Hand geben wollte, so wird sie auch bei der Gestaltung ihrer Bauten ein entscheidendes Wort mitgesprochen haben, sei es, daß man die schlichte basilikale Bauweise für angemessener hielt, sei es, daß man nicht bauen wollte wie die Kaiser, deren Wölbungsbauten zu peinlich an die verpönten Thermen und Höhlen des Lasters erinnerten; das Wort für Wölbung, fornicatio, muß ja in dieser Zeit seine zweite Bedeutung, nämlich Unzucht, erhalten haben.

[39] Vgl. schon 1832 c. Bunsen in Platner, Bunsen etc., Beschreibung der Stadt Rom II, S. 50 f.: Daß Konstantin die Basilika über der Märtyrerstätte des Apostels Petrus, und zwar in dem Umfange, den ihre Grundrißmauern bis 1506 zeigten . . . aufführen ließ, scheint außer Zweifel zu sein. Denn, wenn man auch die allerdings nicht hinlänglich alten und zuverlässigen Nachrichten der Papstchronik und selbst die . . . Inschriften mit Konstantins Namen nicht als Beweis dafür will gelten lassen; so kann man doch nicht leugnen, daß die uns bekannte Basilika im vierten Jahrhundert erbaut sei, ja kaum auch, daß sie dreißig Jahre nach Konstantin schon als bestehend gedacht werden muß, und kann also der Frage nicht entgehen: wenn jener Kaiser nicht der Erbauer dieser Kirche war, wer hat sie denn gebaut?

[40] Diese Gedankengänge nach E. Caspar, Gesch. d. Papsttums, 1930, I. S. 109 ff.

„Aber was wollte Konstantin machen", fragt Jacob Burckhardt, „wenn durch einen allgemeinen Drang der Zeit die Kirche ihm unter den Händen zum Staat, der Staat zur Kirche wurde?" Er ist vom Westen, dem er seinen Aufstieg verdankte, zum Osten gegangen. Wie man die weltgeschichtliche Bedeutung der Gründung des Neuen Rom am Bosporus erst rückwärts schauend an ihren Folgen ermessen kann, so muß man auch die baugeschichtlichen Konsequenzen und Hintergründe dieses Schrittes aus ihrer weiteren Entwicklung erschließen. Von den Bauten des Kaisers selbst ist nämlich in Konstantinopel so gut wie nichts erhalten. Die Bauten des Gründers, darunter auch die Apostelkirche, in der er als „dreizehnter Apostel" bestattet wurde, sind durch die Bauten Justinians erneuert und überstrahlt worden. Die Architektur dieser Hochblüte geht mit schwellenderer Raumwirkung und raffinierterer Lichtführung auf die Thermenarchitektur des Westens zurück. Sie ist die Fortsetzung der kaiserlichen Architektur des alten Rom. Das ältere System der übereinandergestellten Ordnungen wird wieder aufgegriffen, doch dient es jetzt dazu, die riesigen Bogenspannungen auszukleiden. Gerade dieses Übergreifen großer Bögen über dahineingestellte Ordnungen ist das, was das Mittelalter aufgriff. Neben dem Neuen Rom trat das alte heidnische in das Schattendasein eines großen „Museums der Romidee". Es fanden sich auch bald die Custoden dieses Museums; Hermann Dessau und Andreas Alföldi haben sie nachgewiesen [41]. Die Symmachi und Nicomachi und die anderen „Retter des geistigen Vätererbes" verfügten allerdings über ärmliche Mittel: Geschichtsklitterung, philosophische Spekulation, billige Gedenkmünzen. Wirkungsvoller als die heidnische Reaktion im alten Rom hat eine andere, die wir neben ihr sehen müssen, die christliche nämlich, das Erbe der Väter wenn auch in völlig neuer Gestalt angetreten, denn sie bewahrte gewiß mehr altrömische Züge als der Dominat und vollends der Caesaropapismus [42].

Ihr äußeres Gewand ist allerdings auch, wenigstens gegenüber Byzanz als dürftig zu bezeichnen. Neben der Hagia Sophia steht immer noch Alt-St.-Peter, ein Bau, der schon bei seiner Errichtung nicht mehr „modern" war. Für Jahrhunderte, während derer die byzantinische Baukunst ihren steilen Aufstieg nahm, ist in Rom kaum ein formaler Fortschritt, kaum eine Entlehnung aus Byzanz zu verzeichnen. Dies ist aber nicht nur mit Verarmung und Stagnation zu erklären; unter dem dürftigen Gewande lebt der Wille zum Festhalten an römische Sitte.

Zu dem Versuch, zu bestimmen, was der karolingischen Zeit als moris Romani galt, wurde weit ausgeholt. Von den drei behandelten Faktoren ist die aus dem Totenkult entstehende Grottenarchitektur nicht als spezifisch römisch anzusehen. Sie ist später, und zwar, wie es scheint, zunächst in Rom, mit der hallenmäßigen Gemeindekirche eine enge Verbindung eingegangen, dergestalt, daß sie unter dem Boden als Krypta weiterleben konnte und durch die wachsende Heiligenverehrung immer wieder neue Triebe hervorbrachte. Römisch scheint bei dieser Verschmelzung die Beschränkung auf den unterirdischen Bereich oder schließlich auf das enge Sepulkrum im Altar zu sein. Römisch ist bei dieser Verbindung ferner das Hintanhalten der bei den Märtyrerkirchen sonst, vor allem im Osten, unverkennbaren Einflüsse von seiten der höfischen Architektur mit Zentralräumen und Kuppeln [43]. Die römische Basilika bleibt auch nach der Verschmelzung mit der Märtyrerkirche die „demokratische" Halle.

[41] Zu den Scriptores Historiae Augustae, vgl. neuerdings E. Kornemann, Weltgeschichte des Mittelmeerraums II, München 1949, S. 361; ders. bei Gercke-Norden III 2^3, 155 ff.; H. Dessau, Hermes XXIV, 1889, S. 337 ff. – A. Alföldi, Die Kontorniaten, 1943; neuerdings ders. The conversion of Constantine and pagan Rome, Oxford, 1948.

[42] E. Demougeot, De l'unité à la division de l'empire Romain, Paris, 1951, S. 63: Théodose oublie à Milan son Césaro-papisme de Constantinople ... il assiste aux offices dans le choeur comme un clerc, au scandale de St. Ambroise, qui à Milan doit lui faire réintégrer derrière la clôture sa place de simple fidèle. S. 72: Sulpice Sévère et ses amis admirent avec envie l'héroisme des „athlètes de la foi" du désert de Nitrie ou des solitudes palestiniennes, ce qui toutefois ne les empêche pas de juger saint Martin supérieur aux ascètes orientaux justement parce qu'il „vivait au milieu de la société des hommes, de scandales presque cotidiennes qui le tiraillaient de tous cotés" en tenant tête à tous (Sulp. Sev. Dial. I, 24).

[43] Vgl. A. Grabar, kurz in Kunstchronik 1951, S. 101.

Jahrhunderte nach der Trennung des Römerreiches in Ost und West kommt mit dem neuen Kaisertum des Westens auch die kaiserliche Architektur wieder in das Abendland. Das Abendland erlebt aufs neue die im Osten längst aufgehobene Polarität zwischen Regnum und Sacerdotium, die zu jenem säkularen Ringen zwischen den beiden Gewalten führte, das sich nicht zuletzt auch in der Architektur widerspiegelt. Daß Karl in seiner Aachener Pfalzkapelle die kaiserliche Bauweise, wie er sie in Ravenna sah, zwar nicht kopiert, aber doch sichtlich daran, und damit an Byzanz anknüpft, steht außer Zweifel [44]. Daß aber gleichzeitig in der Metropole des Erzkapellans zwei Kirchenpläne entstehen, die nicht an den Osten, sondern an die unkaiserlichen Kirchen von Rom selbst anschließen, dürfte jetzt ebensowenig zweifelhaft sein. Allerdings hat man wie in Aachen so auch in Köln keine genaue Kopie zu erwarten. Die Entwicklung ist auch im Abendland trotz des Dunkels der Jahrhunderte weitergegangen, hauptsächlich, wie wir sahen, unter dem Einfluß der bei den Franken besonders großen Verehrung der Heiligengräber. Natürlich ist das Ganze, wenn man so will, eine Entwicklung auf die romanischen Dome hin. Aber es braucht und darf heute nicht mehr, wie Pinder noch meinte, „beim Karolingischen immer von der Zukunft zu reden" sein. Diese „Renaissance" – warum über das Wort stolpern – blickte tatsächlich in die Vergangenheit, nach Rom und Ravenna. Wir kennen jetzt mehr Großbauten dieser Zeit, und es schälen sich allmählich auch klare Typen heraus, so daß getrost auch von der karolingischen Gegenwart zu reden sein wird. Es gibt vor allem unter den großen Kirchenbauten dieser Zeit solche, die nicht nach römischer Sitte gebaut sind, bei denen vielmehr der Akzent auf einem durchaus nicht römischen Bauteil liegt, einem merkwürdigen Gebilde, das an die Eingangsseite „herangeschoben erscheint", dem sog. Westwerk. Diese für die karolingische Zeit „besonders bezeichnenden" Westwerke sind vor allem im Hinblick auf Aachen als Ausdruck höfischer Bauweise zu deuten [45]. Fortschrittlich im Sinne baulicher Technik sich mit den schwierigeren Problemen polygonaler Pläne, komplizierter Wölbungen und gewagter Turmbauten befassend, sind sie Glieder einer stolzen „kaiserlichen" Reihe, die bis zu den romanischen „Kaiserdomen" geht. Neben den Kaiserdomen aber stehen die schlichten Bauten der Reformer, die ihrerseits auf eine ebenso lange Ahnenreihe zurückgehen können. Der unserem älteren Kölner Grundriß stark ähnelnde Plan des Klosters von St. Gallen wird seit langem und unbestritten mit der Klosterreform des Benedikt von Aniane zusammengebracht. Rückwärts blickend können wir die eine Reihe als römisch, die andere aber als rhomäisch bezeichnen.

Beide Pläne von Köln sind unkaiserlich, Romano more entworfen, der ältere in herkömmlicher Weise, der jüngere mit bewußter Hinwendung nach Rom. Die Kölner *„mater et matrona omnium ecclesiarum quae sunt in Alemannia"* stand schließlich neben den neu entstehenden Kaiserdomen am Rhein und neben den ebenso kaiserlich gewölbten Kirchen in ihrer nächsten Nähe, in der gleichen Stadt als ein Denkmal römischer Treue, so wie in Rom St. Peter und die anderen Basiliken, vor allem die älteste unter ihnen, *„omnium Urbis et Orbis ecclesiarum Mater et Caput"*, die Lateransbasilika – bewußt unmodern, eigentlich schon vom Tage ihrer Errichtung ab.

Die Kölner Kathedralkirche hat die Blütezeit der kaiserlichen Dome übersprungen. Denn der gotische Dom ist mit seinen Gewölben und Türmen nun doch nicht im herkömmlichen Sinne kaiserlich, sondern auf einer höheren Ebene königlich, die *Domus Sacra Trium Regum.*

[44] Hier das Ravenna des Ostgotenkönigs Theoderich hervorheben zu wollen, erscheint mit eine Verdrehung des Sachverhaltes.

[45] Vgl. A. Schmidt a. a. O.

OTTO DOPPELFELD

Die Domgrabung

IX. Die Ausgrabungen am Petersbrunnen

Aus: Kölner Domblatt 12/13, 1957, 49 – 85

Im Januar des Jahres 1952 mußten die Grabungen im Innern des Domes auf unbestimmte Zeit eingestellt werden, da die statische Sicherheit des Bauwerkes zunächst überprüft werden sollte. Wir mußten also wieder nach draußen gehen und uns, wie 1948, nach einem Betätigungsfeld in der Umgebung des Domes umsehen. Grabungen und Beobachtungen waren zwar im Umkreis des Domes schon vielfach gemacht worden, aber es gab und gibt heute noch viele Fragen, die auf eine Aufklärung warten. Das nördliche Gelände, wo der römische Stadtgraben verläuft, erschien für eine Grabung wenig geeignet. Im Westen des Domes hatten schon unsere Grabungen von 1949 die älteren, bei der Tieferlegung des Domklosters gemachten Beobachtungen ergänzt [1]. Die gleichzeitig vor dem Südportal durchgeführte Grabung hatte uns die endgültige Aufklärung darüber gebracht, daß der Domhof in römischer Zeit kein Forumsplatz gewesen sein kann [2]. Das südöstliche Vorgelände des Domes war durch die Beobachtung während des Bunkerbaues im Jahre 1941 und durch den Fund des bekannten Dionysos-Mosaiks weitgehend aufgeklärt worden [3]. Im Osten des Domchores war schon zweimal gegraben worden. Im Jahre 1866 machte der damalige Dombaumeister Voigtel beim Bau der noch jetzt bestehenden Anlage des Petersbrunnens genaue Aufzeichnungen, die er zusammen mit H. Düntzer in den Bonner Jahrbüchern veröffentlichte [4]. Die Beobachtungen von Voigtel wurden 1926 bei der Anlage der neuen Domherrengruft vor dem Scheitel des Domes in erfreulicher Weise ergänzt und von F. Fremersdorf, gleichfalls in den Bonner Jahrbüchern, als zu einem vermuteten Tempelbezirk gehörig angesprochen [5], eine Auffassung, von der er dann später abrückte.

Diese älteren Grabungen am Petersbrunnen brachten sehr beachtliche Ergebnisse, aber leider wegen mangelnder Schichtbeobachtung doch ein nur sehr lückenhaftes Bild; vor allem fehlte auch die

[1] Vgl. O. Doppelfeld, Die römische Stadtmauer von Köln in: Kölner Untersuchungen, Ratingen 1950, S. 13 ff. Die älteren Aufzeichnungen bei Schultze und Steuernagel, Colonia Agrippinensis (=Bonn. Jahrb. 98), Tafel XIV, S. 127 ff.

[2] Vgl. den VI. Bericht über die Domgrabung im Kölner Domblatt 1952, S. 102 ff.

[3] Der Fundbericht ist jetzt von F. Fremersdorf als Band I der „Kölner Ausgrabungen" veröffentlicht worden: Das römische Haus mit dem Dionysos-Mosaik vor dem Südportal des Kölner Domes, Berlin 1956.

[4] Die an der Ost- und Nordseite des Domes zu Köln entdeckten Reste römischer und mittelalterlicher Bauten; I. Fundbericht von Voigtel, II. Ergebnisse von Düntzer=B. J. 53/54, 1873, S. 199 ff. mit Taf. 15 und 16. Die dort gefundenen Inschriften hat Düntzer schon vorher veröffentlicht: B. J. 42, 1867, S. 79 ff.

[5] F. Fremersdorf, Tempelreste auf dem Domhügel zu Köln. B. J. 133, 1928, S. 213 ff. Die Deutung der Mauern als Tempelreste beruht auf der bemerkenswerten Häufung von Fundstellen römischer Götterdenkmäler in der Umgebung des Domes, darunter auch einer Architravinschrift des Mercurius-Augustus-Tempels (Dessau Inscr. Lat. Sel. Nr. 3191; CIL XIII 8236, vgl. U. Kahrstedt in Kölner Domblatt 1949, S. 165), die aber inzwischen vom Autor selbst widerrufen worden ist (Kölnische Rundschau 30. 10. 1949; vgl. Dombibliographie 1949/50 Nr. 15 in Domblatt 1950, S. 193).

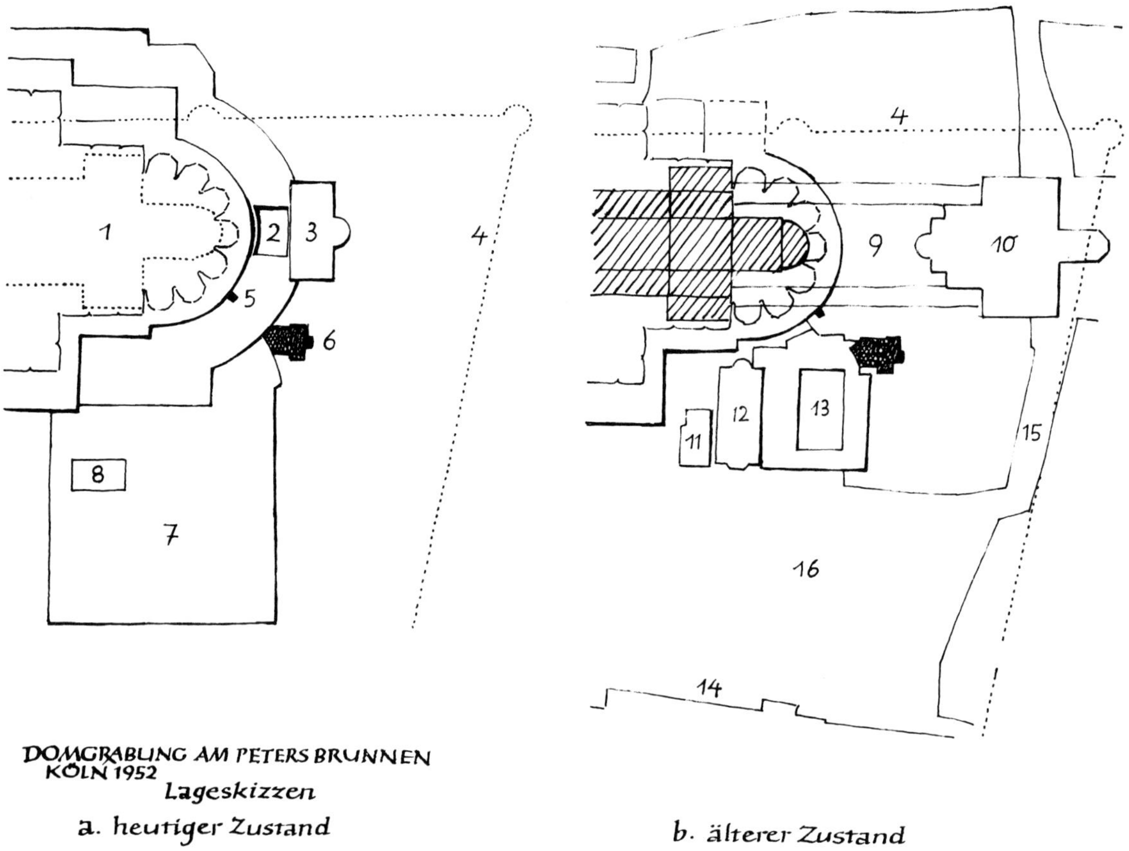

Tafel 1, Maßstab 1 : 2000.

Verbindung mit den weiter südlich beim Bau des Dombunkers gemachten Entdeckungen, bei denen P. A. Tholen wegen der gebotenen Eile nur in beschränktem Maße die Schichten verfolgen konnte. Unsere Grabung von 1952 wurde daher mit der Absicht unternommen, hier eine Verbindung zwischen den älteren Beobachtungen zu vermitteln und, wenn möglich, eine auch auf die älteren Grabungen anwendbare Stratigraphie zu gewinnen. Sie begann an der Stelle, wo der heutige Dombunker sich mit einer leicht geschwungenen Betontreppe an die runde Stützmauer der Domterrasse anlehnt. In den hier befindlichen Grünanlagen wurde ein von West nach Ost geführter Schnitt (781) ausgehoben, der beiderseits mehrfach verbreitert wurde. Die Grabung dauerte vom 18. Januar 1952 bis 26. März 1953. Die Aufmessungen und Fotografien wurden von W. Schneider und J. Löhausen gemacht. Eine weitere Ausdehnung der Grabung nach Süden zu den römischen Resten unter dem Bunker hin, war wegen des dortigen Gartenlokals nicht gut durchführbar. Unsere Absicht, nach Norden hin weiter vorzustoßen und die Verbindung mit den 1866 entdeckten Resten herzustellen, wurde durch den Einspruch des Gartenbauamtes verhindert. Obwohl unsere rund 100 qm große Grabungsfläche also nirgends unmittelbar an die älteren Aufmessungen heranreichte, sind wir mit unserer Grabung doch zum Ziel gekommen, weil die entdeckten Baureste glücklicherweise von solcher Art sind, daß sich Verbindungslinien nach allen Seiten hin ziehen lassen. Eine Bearbeitung und Veröffentlichung der etwas verwickelten Verhältnisse und Überlagerungen in unserem Schnitt kann nicht länger aufgeschoben werden, selbst auf die Gefahr hin, daß vielleicht schon in naher Zukunft mögliche Erweiterungen unsere Ergänzungslinien korrigieren sollten.

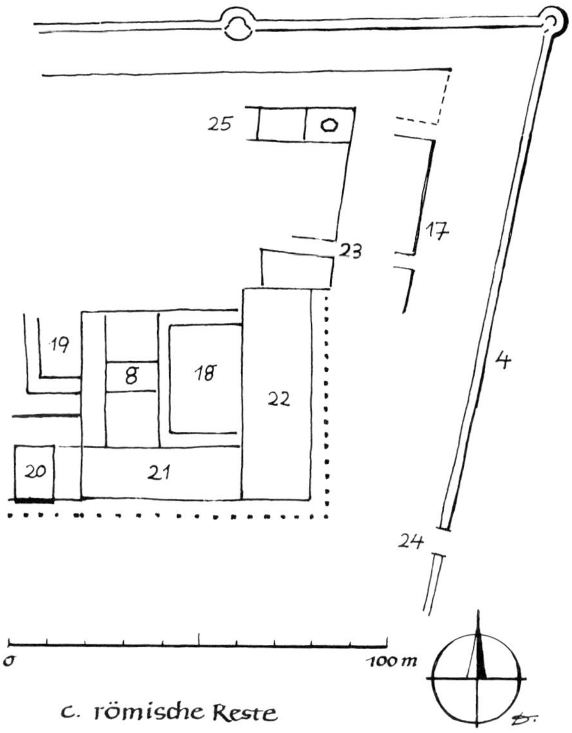

1 Dom; 2 Domherrengruft (1926); 3 Petersbrunnen (1866); 4 röm. Stadtmauer; 5 Schacht auf der Domterrasse (1947); 6 Grabung am Petersbrunnen (1952); 7 Dombunker (1941); 8 Dionysos-Mosaik; 9 Säulenhof (annonisch); 10 Mariengradenkirche (Maria ad Gradus, annonisch, Chor gotisch); 11 Hochgericht; 12 St. Johann Evangelist; 13 Priesterseminar; 14 Erzbischöfl. Palast Reinalds v. Dassel; 15 Sporergasse; 16 Domhof; 17 Stützmauer mit Tor; 18 Peristylhaus mit Dionysos-Mosaik (1941); 19 zweites Peristylhaus (1949); 20 öffentl. Gebäude (Tempel? 1949); 21 Läden; 22 'Horreum'; 23 Torweg (1952); 24 Tor an der Bechergasse; 25 römische Räume mit Badebecken (1866, 1926, 1948)

Allgemeine Lage (vgl. Taf. 1)

Das vor dem Chore des Domes gelegene und als Domhügel bekannte Gelände ist zweifellos ein Punkt der Stadt, der im Laufe der 2000jährigen Geschichte wie kaum ein zweiter sein Gesicht geändert hat. Ursprünglich kann nämlich von einem besonderen Hügel keineswegs die Rede sein. Der Domhügel wurde vielmehr als eine künstliche Anschüttung erst im frühen Mittelalter geschaffen und dann im 19. Jahrhundert wieder schrittweise abgetragen. So ist es zu erklären, daß mittelalterliche Bauwerke, wie die Mariengradenkirche (Maria ad Gradus), heute bis auf die letzte Fundamentspur verschwunden, andererseits aber doch an der gleichen Stelle noch römische Reste in guter Erhaltung zu finden sind. Für das Verständnis der frühmittelalterlichen Anschüttungen ist die Lage der Ostmauer des römischen Köln heranzuziehen. Sie stand am Ufer eines Rheinarmes, der in römischer Zeit als Hafen benutzt wurde. Das Plateau der Stadt reichte nicht bis an diese Mauer heran, die natürliche Geländestufe verlief vielmehr etwa in der Querachse des heutigen Domes. Der Drang, das zwischen der Stadtmauer und der Geländestufe befindliche tief liegende Terrain aufzufüllen, ist daher verständlich, man begann damit schon in spätrömischer Zeit. Erst das im vorigen Jahrhundert einsetzende Bestreben, den Dom freizulegen, hat sowohl die Stadtmauer wie die zunächst von ihr gehaltene dann aber über sie hinwegreichende Anschüttung beseitigt und so in etwa den alten, aber keineswegs schöneren Zustand wiederhergestellt.

Auf Plänen des 18. Jahrhunderts ist die alte Disposition noch gut erkennbar. Den schrägen Zug der römischen Ostmauer erkennt man an der alten Sporergasse wieder. Die annonische Stiftskirche Maria ad Gradus geht bis an die Flucht der Römermauer heran und überschreitet diese erst später mit ihrem gotischen Ostchor. Zwischen der Kirche Maria ad Gradus und dem Alten Dom befand sich ein Säulenhof. Südlich von diesem, durch Dom und Stiftskirche gebildeten Trakte, muß sich im Mittelalter die Curtis Regia befunden haben, über deren genaue Lage nur wenig bekannt ist. Einige dazugehörige Mauerstücke konnten 1949 ausgegraben werden[6]. Im 18. Jahrhundert liegt an dieser Stelle der Domhof mit den eng an den Dom herangerückten Gebäuden des Priesterseminars, der Kirche Johann Evangelist und des Hochgerichts. Soweit man die Nachrichten zurückverfolgen konnte, ist an der Stelle des Domhofes immer ein freier Platz gewesen. Das hat schon im vorigen Jahrhundert zu der irrigen von H. Düntzer vertretenen Annahme geführt, daß auch in römischer Zeit hier ein Forumsplatz gewesen sei. Sie schien später bekräftigt zu werden durch die Heranziehung einer historischen Nachricht aus dem 9. Jahrhundert, in der von einem Forum Julii die Rede ist[7]. Dieses Forum wird dort zwar im Zusammenhang mit dem Dome genannt, braucht aber nicht unbedingt in dessen unmittelbarer Nähe gewesen zu sein. Die schon genannten Ausgrabungen von 1949 haben zusammen mit den Beobachtungen beim Bunkerbau jetzt den sicheren Beweis erbracht, daß in römischer Zeit die Umgebung des Domes dicht bebaut gewesen ist. In typisch römischer Art lagen im Kern der Wohnblöcke geräumige Peristylhöfe, während die Straßenfronten von öffentlichen und Geschäftslokalen eingenommen wurden. Diese Planung ist uns heute in den großen Zügen klar erkenntlich, aber wenn es gilt, sie in den Einzelheiten aus den erhaltenen Resten zu rekonstruieren, gibt es Schwierigkeiten; denn das römische Straßennetz ist schiefwinklig, und die Ergänzung festgestellter Mauerzüge wird daher außerordentlich erschwert. In dem Gelände vor der Ostseite des Domes tritt eine weitere Erschwerung hinzu, da die Ostmauer der römischen Stadt nicht von Norden nach Süden läuft, sondern in erheblicher Schräge nach Nordosten abweicht. In der gleichen Schrägrichtung verläuft die etwa 14 Meter landeinwärts festgestellte Stützmauer. Das führte in römischer Zeit zur Errichtung von schiefwinkligen Häusern oder in anderen Fällen zum Bau von zwar rechtwinkligen, aber schräg zueinander stehenden Anlagen.

So kamen denn auch bei unserer Grabung alsbald schräge Mauern zutage, die eine Richtung aufwiesen, wie sie in der gesamten Umgebung des Domes bisher nirgends festgestellt worden war. Zwar kommen in der frühesten römischen Zeit sonst in der Stadt völlig vom Straßenschema abweichende Mauerzüge vor. Diese richten sich aber meist mehr oder weniger genau nach dem von J. Klinkenberg nachgewiesenen Limitationsgitter, während es sich bei unserer neuentdeckten Anlage um eine weit geringere Abweichung nach Südosten handelt. Mit Ausnahme der obersten mittelalterlichen Reste zeigten alle römischen Baureste, die wir in unserem Schnitt fanden, die gleiche Ausrichtung. Es stellte sich bald heraus, daß die entdeckten Anlagen nach der Schräge der östlichen Stadtmauer ausgerichtet waren und mit den Schrägmauern, die 1866 von Voigtel weiter nördlich entdeckt wurden, im Zusammenhang gestanden haben müssen. Beim weiteren Ausgraben zeigte es sich, daß die Anlage mehrfach umgebaut wurde; ihre östliche Begrenzung aber, die durch die „Frontmauer" (783) gegeben ist, wurde im Laufe der römischen Zeit nie verändert, und diese Frontmauer ist es, deren genaue Verlängerung bei den Aufmessungen von Voigtel wiederzufinden ist (Mauer 33, bei Voigtel 0). Sie wird im Bereiche unserer Ausgrabungsfläche durch eine breite Torschwelle unterbrochen. Eine ähnliche Toranlage ist 20 Meter weiter östlich in der Stützmauer schon seit langem bekannt. Die beiden Tordurchgänge liegen sich gegenüber, und auch der Kanal, der seinerzeit unter dem östlichen Tore festgestellt wurde, konnte durch unsere neueren Ausgrabungen weiter nach Westen verfolgt werden (795).

Bauperioden

Bevor wir an eine nähere Beschreibung der aufeinanderfolgenden Bauzustände der genannten Anlage gehen, erscheint es ratsam, an Hand des Schichtenprofils eine zeitliche Gliederung vorzunehmen.

[6] Vgl. Domblatt 1952, S. 118.

[7] K. Corsten in Ann. d. hist. Ver. f. d. Niederrhein 126, 1935 und in Rhein. Vierteljahrsblätter 9, 1939. Auf seine laufend wiederkehrenden wenig erquicklichen Versuche, diese seine Ansichten auch gegenüber den Ausgrabungsergebnissen noch mit allen, selbst sehr bedenklichen Mitteln zu verteidigen, kann ich bei allem Entgegenkommen nun nicht nochmals eingehen.

Von den vielen, bei der Grabung aufgemessenen Profilen wurden für die Zwecke des vorliegenden Berichtes ein Querprofil und ein Längsprofil zusammengestellt (Taf. 5 u. 6). Wie man aus diesen Profilen ersehen kann, besteht der gewachsene Boden aus unterschiedlich zusammengesetzten Lagen von Lehm, Sand oder sandigem Lehm. Seine Oberkante liegt etwa bei Höhe 46,20 bis 46,30 und damit nur wenig tiefer als weiter nördlich, wo in der Domherrengruft in Höhe 46,38 notiert wurde, während jedoch weiter landeinwärts in der Achskapelle des Domes die natürliche Oberfläche schon Höhe 46,90 erreicht. Auf dem gewachsenen Boden ist eine erste Kulturschicht, die sich stellenweise als dünne Mörtellage (788c, Periode I) abzeichnete, aber keine datierenden Funde brachte, zu erkennen. Von den angetroffenen Mauerzügen ist keiner mit dieser Schicht in Verbindung zu bringen, denn die Fundamentabsätze der frühesten Mauern liegen rund 20 Zentimeter über der Schicht. Der zu diesen ältesten Fundamentabsätzen (785, 783) gehörige Horizont hebt sich ebenfalls als eine stark mit Mörtel durchsetzte Laufschicht ab und liegt bei Höhe 46,50 (794a, Periode IIa). Bei Höhe 47,00 ist ein neuer Boden festzustellen, der auf weite Strecken als fester Mörtelboden (784) erhalten ist. In dieser Zeit muß das System des schon genannten Kanals und seiner Verzweigungen (795) gebaut worden sein (IIb). Der Horizont der III. Periode muß etwa bei Höhe 47,65 gelegen haben, wie man an der Höhenlage der zugehörigen Schwellen und der Unterkante des Putzes an der in dieser Periode neu errichteten Mauer 789 ersehen kann. Daß diese Mauer später ist als Periode IIb, ist an ihrem Schnittbild im Querprofil zu erkennen (Taf. 5). Hier schneidet die Fundamentgrube der Mauer den Horizont der Periode IIb ab. Der letzte römische Horizont (Periode IV) liegt wiederum 40 Zentimeter höher bei rund Höhe 48,00. Im nördlichen Teil der Grabung (s. Querprofil, Taf. 5 rechts) ist er an einem außerordentlich festen und stark unterstickten Mörtelboden von 40 Zentimeter Gesamthöhe zu erkennen (800a). Weiter südlich folgt eine bedeutend schwächerer Mörtelboden (788a), auf dem eine große quadratische Ziegelplattenlage (788b) festgestellt wurde, die offenbar als Herdstelle diente. Auf beiden Böden der Periode IV sind ohne besondere Fundamentierung Mauerzüge (800b – e) und Säulen aufgesetzt, wobei nur bei einer Säule (786a) eine Festigung des Untergrundes durch eine Anzahl tief eingerammter Pfähle zu beobachten ist. Die Funde auf den Böden der Periode IV reichen bis in das Ende des 4. Jahrhunderts.

Periode I

Die genannte Mörtelschicht unmittelbar über dem gewachsenen Boden (788c) ist der einzige Rest, den wir aus der Frühzeit in die erste Periode setzen können. Daß die ältesten Mauerzüge, die wir angetroffen haben, nicht in diese Frühzeit zurückreichen können, ist, wie schon angedeutet, aus der höheren Lage ihrer Fundamentabsätze und auch daraus zu schließen, daß auch sie schon die erwähnte Schrägrichtung aufweisen und damit die Existenz der Stadtmauer und der Stützmauer voraussetzen. Weiter nördlich festgestellte Mauerzüge, die wirklich der ersten Periode angehören, zeigen denn auch noch eine genaue Ausrichtung nach Norden, wie sie vor dem Bau der Stadtmauer entsprechend dem Straßensystem der Stadt zu erwarten ist. Zur Datierung unserer untersten Schicht ist nur eine allgemeine Ansetzung in die Zeit vor 50 nach Christi Geburt möglich.

Periode IIa (Taf. 2 u. Taf. 7)

Die Periode IIa ist vermutlich der claudisch-flavischen Zeit zuzuteilen. Über einem Kalkband fand sich bei der frühen Mauer (785) in Höhe von deren Sockel eine Münze des Trajan, die zeigt, daß die Periode bis an das Ende des 1. Jahrhunderts gedauert haben muß. In dieser Bauperiode wird die genannte Frontmauer (783) parallel zum schrägen Zuge der Stadtmauer und der Stützmauer erstmalig errichtet. Auch das Portal ist schon vorgesehen und durch kräftige Pfeiler mit aufgesetzten Kalksteinblöcken markiert. Es ist in dieser ersten Anlage bei einer lichten Weite von 3,40 Meter noch verhältnismäßig eng. Ein Schwellenbelag wurde nicht mehr angetroffen. Zwei parallele Mauerzüge (785 u. 799a) führen vom Portal mindestens 11 Meter weit als ein Torweg ins Stadtinnere. In der nördlichen der langen Mauern (785) scheint eine 1 Meter weite Türöffnung gewesen zu sein. Die Mauern waren in der auch sonst bekannten frühen Technik in sauberen Schichten von wechselnder Höhe hauptsächlich aus Grauwackehandquadern errichtet. Weitere Einzelheiten sind nicht zu erkennen.

Periode IIb (Taf. 2 u. Taf. 7)

In einem folgenden Bauabschnitt bleibt die gesamte Plandisposition bestehen. Man legte jedoch den Boden um rund 50 Zentimeter höher und fügte 10 Meter westlich des Portals eine Treppe mit Grauwackestufen von 21 Zentimeter Höhe und 40 Zentimeter Breite hinzu, von denen drei erhalten sind (792). Außerdem wurden erst in diesem Bauabschnitt, wie schon bei der Besprechung der Schichtung hervorgehoben wurde, die Kanäle angelegt, die in der üblichen Technik aus Ziegeln und kleinen Handsteinen gemauert und mit schweren Platten abgedeckt wurden. Für die Datierung dieser Bauarbeiten haben sich bisher keine näheren Anhaltspunkte finden lassen.

Periode III (Taf. 2 u. Taf. 7)

Auch für die Datierung der III. Periode ist es schwer, an Hand von Funden einen näheren zeitlichen Ansatz zu gewinnen, da, wie erwähnt, der Horizont dieser Periode stark verwühlt war und so die Zuweisung und selbst eine Trennung der einzelnen Schichten kaum durchführbar ist. Der Grund für die starke Durchwühlung dürfte in dem Umstand zu suchen sein, daß zu Beginn der Periode IV ein kostbarer Boden entfernt worden ist. In der Tat fanden wir in den durchwühlten Schichten immer wieder einzelne Mosaiksteinchen von schwarzer, roter und weißer Farbe und von türkisgrünen Glasflüssen. Wir werden daher nicht fehlgehen in der Annahme, daß in der Periode III der Torweg mit einem Mosaikboden geziert war. Die Wandmalerei dieser Periode haftete mit ihren unteren Teilen noch an den Wänden. Der zugehörige Boden aber war, wie die Unterkante des Putzes zeigte, offenbar mit Sorgfalt entfernt worden. Im übrigen kamen in der Periode III durch die abermalige Erhöhung des Geländes die untersten Stufen der Treppe (792) unter Bodenniveau zu liegen. Wahrscheinlich fiel die Treppe ganz weg. Jedenfalls muß sie, wenn sie bestehen blieb, durch eine neue, breitere Anlage ersetzt worden sein, denn in dieser Periode wurde der ursprünglich 3,40 Meter weite Torweg verbreitert und auf eine Weite von 6 Meter gebracht. Zu diesem Zweck wurde die Nordmauer des älteren Torweges (785) abgerissen und durch die neue, weiter nördlich gelegene Tuffmauer (789) ersetzt.

Die neue, verbreiterte Torschwelle war gut erhalten und bestand aus nicht gleichmäßig zugeschnittenen Kalksteinplatten von rund 18 Zentimeter Stärke. Die Toröffnung war 4,45 Meter weit. An beiden Enden der Schwelle sind rechteckige Auskerbungen zu sehen, die offensichtlich die Pfosten für ein irgendwie geartetes Verschlußgitter aufnahmen, dessen Schleifspuren in der Schwelle noch zu erkennen waren. Die erhaltenen Spuren schließen die Annahme eines Flügeltores aus. Die Südmauer des Torweges blieb an der alten Stelle bestehen, wurde aber mit Tuffsteinen aufgestockt (799b). Eine 2,90 Meter breite Türschwelle, ebenfalls aus Kalksteinplatten, führte in einen südlich anschließenden Raum. Diese Tür muß, anders als die breite Torschwelle im Osten, mit einer normalen Zweiflügeltür verschließbar gewesen sein, wie das eine noch erhaltene runde Angelloch erkennen läßt. Eine andere, nur 1,40 Meter breite Tür führte vom Torweg nach Norden durch die neue Nordmauer des Torweges (789). Die Schwelle zu dieser Tür hat ebenfalls aus Kalkstein bestanden, war jedoch eingeschlagen worden, als zu Beginn der Periode IV der unter der Schwelle hergeführte Seitenkanal (795c) verfüllt wurde. Hinter der Tür führte ein schmaler Korridor nach Norden.

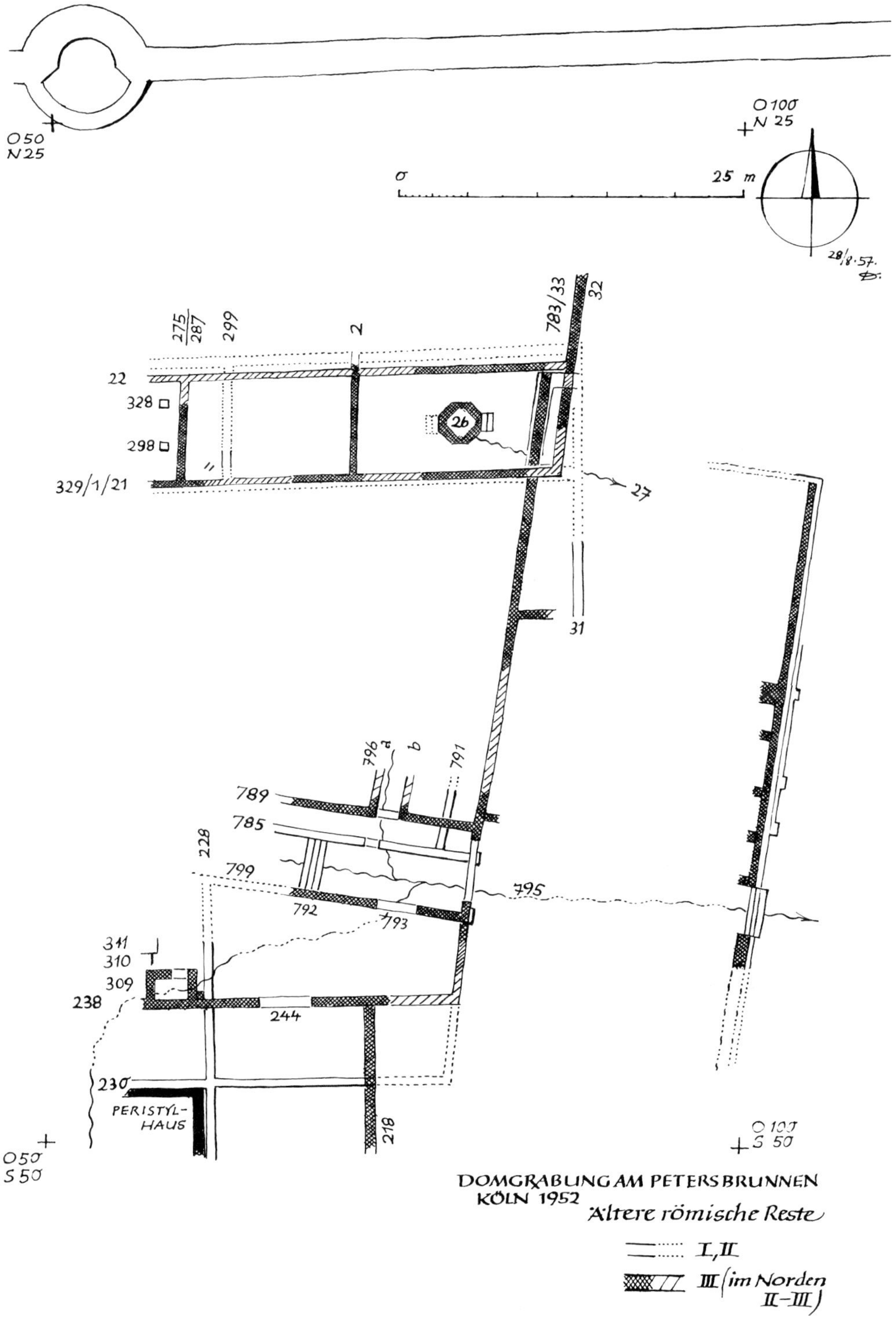

Tafel 2, Maßstab 1 : 500.

Periode IV (Taf. 3 u. Taf. 7)

Die eben erwähnte Verfüllung des Seitenkanals 795 c ist nicht die einzige durchgreifende Änderung, die mit Beginn der IV. Periode eintrat. Es wurde vielmehr das ganze System der Kanäle aufgegeben; ihre Abdeckplatten wurden vorher entfernt. Nur unter dem großen Portal 783 c blieb eine Abdeckplatte liegen (vgl. Taf. 9). Die tiefen Ausbruch- und Verfüllgruben sind über den Kanälen in allen Schichtprofilen deutlich erkennbar. Welcher Ersatz für das aufgegebene Entwässerungssystem geschaffen wurde, konnte nicht festgestellt werden. Auch in der räumlichen Disposition gab es zu Beginn dieser Periode wesentliche Änderungen. Zwar blieb die große Frontmauer 783 bestehen, auch blieb das große zum Rhein führende Portal in dieser Mauer offen. Von einer architektonischen Gestaltung fand sich jedoch keine Spur. Durch die abermalige Erhöhung des Niveaus wurden die erhaltenen Schwellsteine der Periode III von einer 30 Zentimeter hohen Erdschicht bedeckt, deren Laufschichten erkennen lassen, daß das Portal jetzt nur noch aus einer offenen Mauerlücke bestanden hat. Die sonstigen baulichen Änderungen sind sehr wahrscheinlich in zwei Abschnitten vorgenommen worden (IV a und IV b). Zunächst muß die nördliche Begrenzungsmauer des alten Torweges (789) noch bestanden haben, denn nördlich anschließend an diese Mauer wurde ein außerordentlich fester und gut unterstickter Mörtelboden (800 a) gelegt, der schon bei der Beschreibung der Schichtung erwähnt wurde und der auch weiter unten noch zu besprechen sein wird. Erst im zweiten Bauabschnitt (IV b) dürfte dann die Mauer bis zum Niveau des neuen Bodens entfernt und mit Mörtel abgeglichen worden sein. Als südliche Fortsetzung des Bodens jenseits der Mauer wurde dann ein ungleich schwächerer und nur noch stellenweise erhaltener Mörtelboden (788 a) gelegt. Auf diesem Boden fand sich sehr nahe des Toreingangs die 1,70 Meter mal 1,90 Meter große Pflasterung (788 b) aus verschieden großen römischen Ziegeln, die starke Brandspuren aufwies und daher wohl als Herdstelle gedeutet werden muß. Westlich von dieser Herdstelle und offenbar ihr zugeordnet standen, in einem Abstand von etwa 6 Meter von der Frontmauer entfernt, zwei kleinere Säulen (Taf. 10, 1 u. 2) ohne besondere Untergründung auf dem neuen Boden 788 a. Dicht neben der südlichen von ihnen war ein 90 mal 90 mal 80 Zentimeter großer Kalksteinquader zur Hälfte in den Boden eingelassen und durch eine Anzahl eingerammter Pfähle untergründet. Auf dem Quader waren noch Reste einer Basis von etwa 80 Zentimeter Durchmesser erhalten (Taf. 10, 5). Gleichfalls ohne besondere Fundamentierung auf den Boden 788 a aufgesetzt sind zwei kleine Mauern (800 d u. e), die sich möglicherweise zu einem kleinen, 3,40 Meter langen Bau mit nach Süden gerichteter Apsis ergänzen lassen. Zwei Mauern ähnlicher Technik (800 b u. c) wurden wahrscheinlich gleichzeitig auf dem älteren Boden 800 a errichtet.

Die baulichen Änderungen der Periode IV b bezeichnen einen völligen Wandel der Anlagen und lassen in der technischen Ausführung und dem zusammengesuchten Baumaterial eine sichtliche Verrohung erkennen. Sie dürften an das Ende der römischen Zeit zu datieren sein, wofür auch die auf dem späten Boden und dem Herd gefundenen Stücke, vor allen Dingen die schon genannte Münze des Arcadius und der mit dem Zeichen des Kreuzes und der Lebensrune verzierte Knochenkamm mit glockenförmig geschweiftem Griff, deutlich genug sprechen (vgl. Abb. in Dombl. 1956 [Katalog der Domausstellung 1956], S. 19).

Nachrömische Perioden (Taf. 4)

In den Erdschichten, die über dem Abbruch der Reste der letzten römischen Periode lagerten, fanden sich Fundamentreste von mittelalterlichen Bauten, die zu gering sind, als daß sie eine Zuweisung zu einer bestimmten Baugruppe oder Zeitstellung zulassen würden. Möglicherweise handelt es sich auch um Reste des barocken Priesterseminars, das mit seiner Nordostecke in den Bereich unserer Grabungsfläche hereinragte.

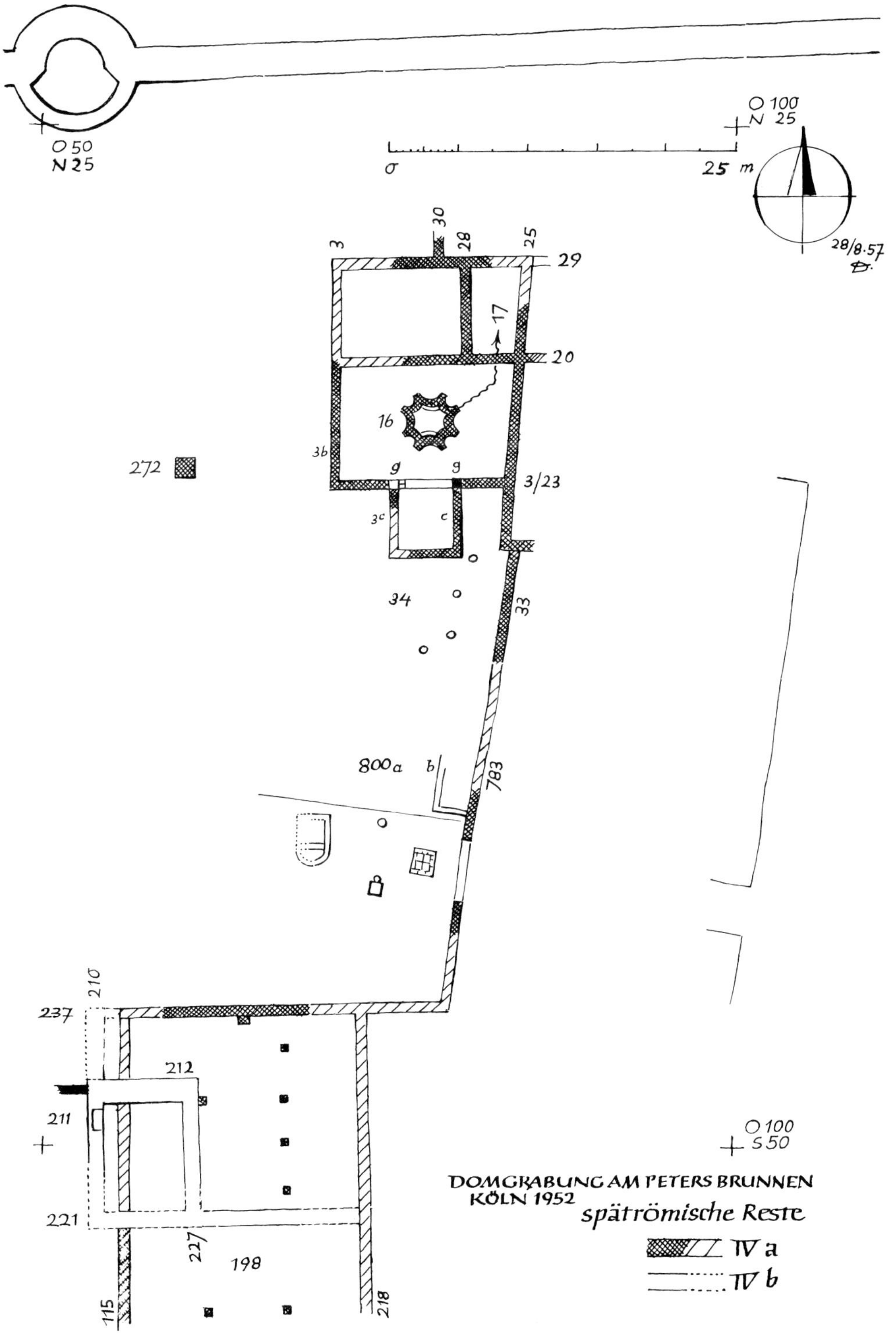

Tafel 3, Maßstab 1 : 500.

Der Schacht auf der Domterrasse (Taf. 4 u. 8)

Anhangweise seien hier die bei einer Kalkgrube vor dem Domchor im Jahre 1947 entdeckten Reste behandelt (Taf. 8). Die Ausschachtung für die genannte Kalkgrube wurde hart an der südöstlichen Mauer des Dombanketts vorgenommen. Bei Höhe 51,50 stieß man auf eine nach Süden sich senkende Pflasterung (782 i) aus Kieselsteinen und Bruchplatten verschiedenster Art. Das Pflaster wurde durch nordsüdlich und ostwestlich verlaufende Ziegelstreifen in größere Felder eingeteilt. Es reichte nach Süden zu ursprünglich wohl bis zu einer ostwestlich verlaufenden Mauer (782 j), deren Breite nicht festgestellt werden konnte. Im Nordwesten endet das Pflaster an einer bogenförmigen Mauer (782 k), an die es angelegt ist. Diese Mauer scheint konzentrisch zum gotischen Dombankett zu verlaufen, und man würde sie daher gerne für eine dazugehörige Fundamentverbreiterung halten, wenn wir nicht wüßten, daß dieses Fundament sonst bei weitem nicht zu stark auslädt, und wenn nicht ein weiterer bogenförmiger Mauerzug (782 l) in völlig anderer Richtung darauf gesetzt wäre.
Die Pflasterung liegt tiefer als das Niveau des annonischen Säulenhofes zwischen Dom und Mariengradenkirche, aber andererseits auch höher als das Niveau der merowingischen Periode V; ihre zeitliche Zuweisung muß daher vorerst offengelassen werden.

Vergleich mit den bekannten römischen Anlagen am Petersbrunnen

Nach der oben gegebenen kurzen Schilderung der wichtigsten Ergebnisse unserer neuen Grabung, für deren Einzelheiten auf den weiter unten folgenden Katalog und die Abbildungen verwiesen wird, stellt sich uns jetzt die Aufgabe, entsprechend dem Ziele unserer Grabung die neuen Erkenntnisse mit den älteren Feststellungen in Beziehung zu bringen. Zu diesem Zweck sind in dem Katalog auch die in Frage kommenden Reste der älteren Ausgrabungen aufgeführt und, wo es nötig schien, neu beziffert worden. Da im vorliegenden Falle die Ziffern der verschiedenen Grabungen nicht kollidieren, ist von einer besonderen Kennzeichnung der einzelnen Unternehmungen abgesehen worden.
Die Verbindung unserer Grabung nach Osten zu der Stützmauer hin ist, wie schon erwähnt, durch die Stellung der beiden Portale gegeben. Die Achse des Tores in der Stützmauer fällt nicht mit der Achse der älteren, engeren Torfahrt, sondern mit der verbreiterten der Periode III zusammen. Daraus darf man wohl schließen, daß, wenn nicht die ganze Stützmauer, so doch wenigstens das Tor in der Form, wie es uns bekannt ist, ebenfalls der III. Periode zuzuweisen ist. Wie die Niveauverhältnisse in der Spätzeit (IVb) gewesen sind, ist nicht mit Sicherheit festzustellen. Wir müssen aber mit der Möglichkeit rechnen, daß schon in römischer Zeit die Anhöhungen soweit fortgeschritten waren, daß die ganze Stützmauer von Erdmassen überlagert wurde und die Stadtmauer nur noch einige Meter über das neue Niveau herausragte. Der gleiche Vorgang ist bei den Rathausgrabungen [8] mit Sicherheit zu beobachten gewesen. Ob die Terrainerhöhung gleichzeitig mit einer Aufstockung der Stadtmauer verbunden gewesen ist, wird sich wohl nie mehr feststellen lassen.
Über die Verbindung unserer neuen Mauern nach Süden, zu den beim Bunkerbau entdeckten Anlagen hin, dürfte wenigstens in den großen Zügen kaum ein Zweifel bestehen. Die Anlagen unter dem Bunker sind genau nach Norden ausgerichtet und finden in der Mauer 238 mit Portal 244 in der III. Periode und in der dicht dabei während der IV. Periode errichteten Mauer 237 einen genau nach Osten orientierten Abschluß. Der Übergang von der schrägen zur nordsüdlichen Rich-

[8] Vgl. O. Doppelfeld, Reste römischer Großbauten unter dem Kölner Rathaus, Germania 34, 1956, S. 87, Abb. 2.

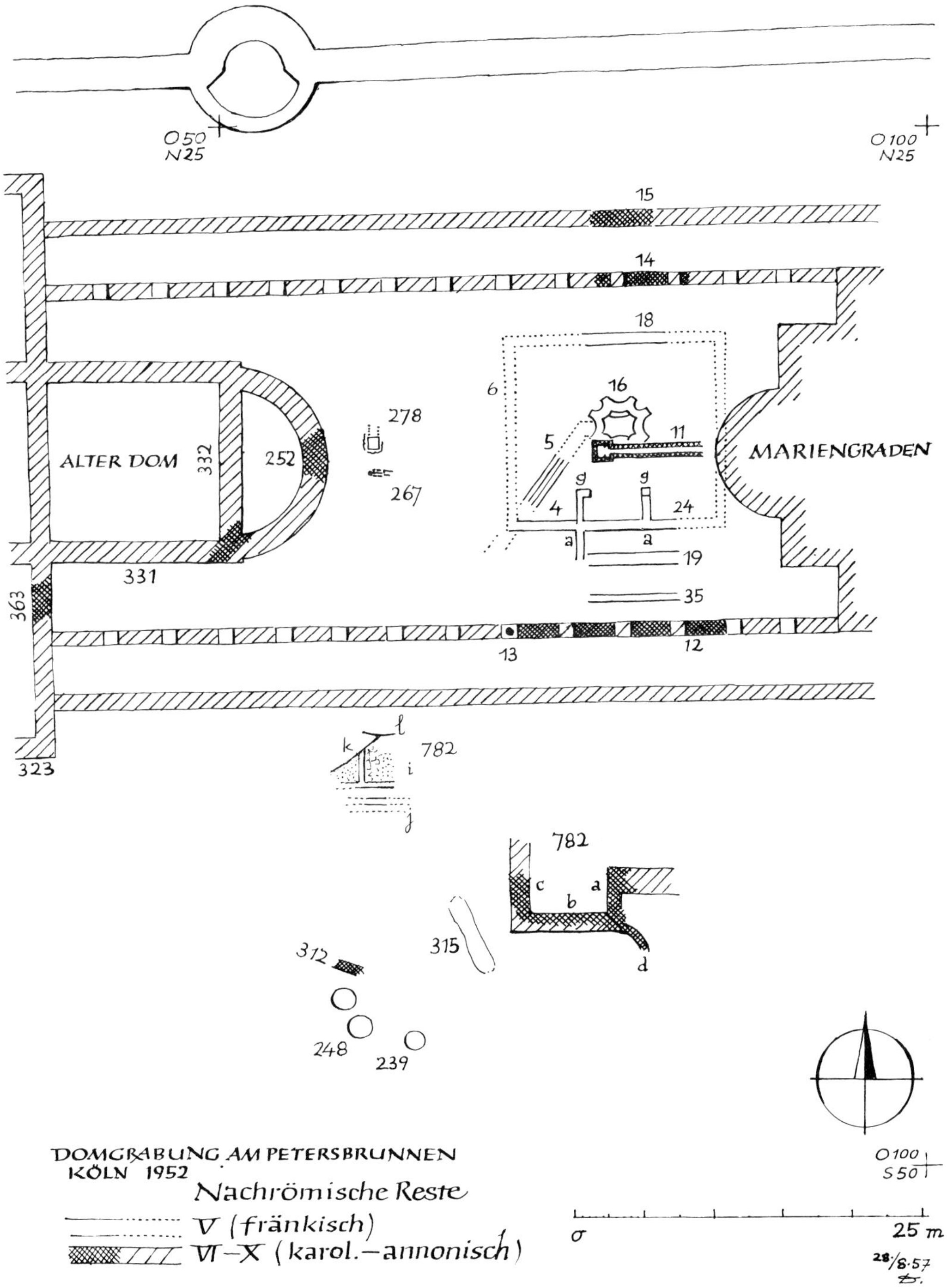

Tafel 4, Maßstab 1 : 500.

tung muß also in dem kleinen Zwischenraum zwischen den älteren und unseren neuen Grabungen stattgefunden haben. Die Verlängerung unserer Frontmauer 783 nach Süden und die verlängerte Flucht der genannten Mauern 237 und 238 ergeben also mit großer Sicherheit den Punkt, wo die schrägen Anlagen ihr Ende fanden und mit einem Rücksprung in die nordsüdlich ausgerichtete Hausfront übergingen. In der II. Periode liegt der Abschluß der Bauten unter dem Bunker 5 Meter weiter südlich; der Rücksprung dürfte daher in dieser Periode weiter südlich gelegen haben. In jedem Falle entstand an der Übergangsstelle ein völlig schiefwinkliger Raum, der in der III. Periode von Norden und Süden durch die Türen 793 und 244 zugänglich war und von dem Kanal 795 b durchquert wurde. Seine merkwürdige Gestalt kann nach den eingangs gemachten Feststellungen über die Schiefwinkligkeit in der Architektur des römischen Köln nicht mehr befremden. Unsere neuen Feststellungen machen übrigens die von H. Mylius versuchte Ergänzung des Peristylhauses mit dem Dionysos-Mosaik hinfällig [9]. Die von Mylius gezeichnete Kolonnade ostwärts des Peristylhauses fügt sich dagegen sehr gut in den Rücksprung der von uns neu erkannten Situation ein.

Von besonderer Bedeutung ist die Verbindung der neuentdeckten Anlagen nach Norden zu, nach den Räumen mit dem Wasserbecken hin, die von Voigtel 1866 entdeckt wurden. Es ist oben schon verschiedentlich darauf hingewiesen worden, daß Voigtels Mauer 33 unserer Frontmauer 783 entsprechen muß. Voigtel gibt zwar keine genauen Angaben über ihre Höhenlage, rechnet sie aber zu den „ältesten römischen Mauern". Ein weiterer, auch stratigraphisch verwertbarer Anschluß an die Voigtelschen Aufmessungen ist mit dem spätrömischen Boden 800 a gegeben. Wie der Höhenvergleich auf unserem Querprofil (Taf. 5) zeigt, liegt er in der gleichen Höhe wie Boden 34 von Voigtel. Beide Böden sind in der gleichen Technik und in gleicher Stärke hergestellt, also sicherlich identisch und gehören möglicherweise zu einem einzigen großen Raum oder Platz. Eine weitere Übereinstimmung ist darin zu erblicken, daß wir unter dem südlich anschließenden Boden 788 a, genau wie Voigtel unter dem Boden 34, die Stücke zerschlagener Skulpturen entdeckten und daß weiterhin auf unseren späten Böden, ebenso wie auf dem Boden 34, Säulen und leichtere Mauerzüge ohne besondere Fundamentierung aufgesetzt sind. Voigtel hält die Säulen, die er auf dem Boden fand (34 a), zwar für zufällig dahingesetzt, ich möchte sie aber doch nach unseren Ergebnissen für die Reste einer primitiv gestalteten Architektur der Spätzeit halten.

Wie nun der Raum mit dem achtzackigen Badebecken 16 zu dem Boden 34 steht, ist nach dem Profil von Voigtel, das wir auf Tafel 5 wiedergeben, nicht ohne weiteres ersichtlich. Eines jedoch ist sicher, daß der Boden im Baderaum höher gelegen haben muß, denn die Abflußrinne 17 des Beckens muß, ebenso wie die Reste des älteren achtseitigen Beckens, von diesem Boden überdeckt gewesen sein. Da der Boden 34 an die Südmauer des Baderaumes 23 anschließt, muß diese Mauer, ebenso wie ihre Entsprechung im Norden (20) zu dem Raum der Spätzeit gehört haben. Die einen engeren Raum bildenden Mauern 21 und 22 dagegen dürften dem älteren Vorgänger des Baderaumes mit dem schlichten achtseitigen Becken zuzurechnen sein. Die Abbruchfläche der letztgenannten Mauer 22 ergibt also ein Mindestmaß für die Höhenlage des Boden im Baderaum der Spätzeit. Seine Oberfläche muß demnach mindestens in H 49, d. h. 1 Meter höher als der Boden 800 a/34, gelegen haben. Wir können aber nicht umhin, Boden 34 und das Badebecken 16 zur gleichen Periode zu rechnen und kommen zu dem Schluß, daß man während der Periode IV über eine Treppe von fünf Stufen in den Baderaum gelangt ist. Diese Treppe könnte in dem kleinen Mauergeviert, das sich südlich des Beckens über dem Boden 34 erhebt, untergebracht gewesen sein.

Die Grabung von 1926 erbrachte die westlichen Ergänzungen zu dem genannten vermutlichen Treppenaufgang und dem Baderaum. Sie brachten überdies eine Bestätigung der eben geäußerten Vermutungen über die Höhenlage des zugehörigen Bodens. Die Reste des Bodens im Baderaum wurden nämlich bei dieser Gelegenheit entdeckt (3 a) und lagen in der für den Boden des Baderaumes angenommenen Höhe von etwa 49,00 (genau 49,08). Überdies hat dieser Boden (3 a) nach

[9] Kölner Ausgrabungen 1 (a. a. O. vgl. Anm. 3), Abb. 27.

dem Fundbericht die gleiche Stärke, Stickung und Ausführung gehabt, wie unser Boden 800a. Es bleibt nur unerklärlich, warum der Boden im Westteil des Baderaumes 1926 entdeckt wurde, während Voigtel bei der Ausgrabung des weitaus größeren Teiles dieses Raumes keine Reste davon angetroffen zu haben scheint. Immerhin ist es möglich, daß der Boden um das Becken herum aus irgendwelchen Gründen stark zerstört war und daher bei den Aufgrabungen 1866 nicht mehr erkannt worden ist.

Bei den Grabungen in der Achskapelle des Domes kam von Resten der Spätzeit nur ein großer Pfeiler 272 zutage. Er liegt genau in der Verlängerung einer Pfeilerflucht, die beim Bunkerbau entdeckt wurde und zu einer nordsüdlich gerichteten Anlage gehörte, die zunächst als Basilika und neuerdings als Horreum angesprochen wurde. Ich halte beide Erklärungen nicht für genügend gesichert.

Nachdem wir durch die Gleichsetzung der Böden 34, 800a und 3a für die Spätzeit einen chronologischen Zusammenhang festgestellt haben [10], ergibt sich das Bild der frühen Zeit ohne besondere Schwierigkeiten. Der ursprüngliche Baderaum der Periode III (und möglicherweise auch II) hat eine gestrecktere Form gehabt als sein spätrömischer Nachfolgebau. Die Begrenzungsmauern im Norden und Süden (21, 22) liegen, wie schon angedeutet wurde, enger beieinander. Die westliche Begrenzungsmauer, die 1926 festgestellt wurde, lag dagegen weiter westlich. Für die östliche Mauer liegen keine Anhaltspunkte vor, jedoch dürfen wir aus Symmetriegründen annehmen, daß auch sie weiter herausgerückt war und etwa dem Mauerzug 32 entsprochen hat. Auf diese Art kommt das schlichte achtseitige Becken (26) in die Mitte eines schmalen Raumes zu liegen. Es ist mit hoher Wahrscheinlichkeit anzunehmen, daß den im Osten erhaltenen Zugangsstufen zum Becken gleiche Stufen im Westen entsprochen haben. Westlich anschließend an den Baderaum müssen sich in der III. Periode weitere Räume von ähnlichem Zuschnitt angereiht habe, von denen sich Mauerreste bei der Grabung 1926 und bei der Domgrabung in der Achskapelle fanden. Dieser Disposition im Norden dürfte weiter südlich im Bereiche unserer neuen Ausgrabung die verbreiterte Portalsanlage mit dem vermuteten Mosaikboden und den seitlichen Türen nach Süden zum Peristylhaus und nach Norden zum Baderaum hin entsprochen haben.

Der ältere Torweg mit dem engeren Portal und der später eingebauten Treppe (IIa und IIb) haben keine Entsprechungen im nördlichen Bereich, wenn nicht der ältere Baderaum mit dem Becken auf diese Frühzeit zurückgeht und demnach eine längere Lebensdauer gehabt hat. Die ältesten Baureste in der Achskapelle des Domes können wir jedenfalls nicht mit dem engen Torweg unserer Periode IIa und b in Verbindung bringen; denn diese frühesten Mauern im Dom sind genau nach Norden ausgerichtet. Man erkennt eine frühe Mauer (299) und zwei im Abstand von 4 Meter davor errichtete Pfeiler, die ebenfalls genau nach Norden ausgefluchtet sind. Man ist versucht, diese Reste zu einer ältesten Anlage unter den späteren Räumen zu ergänzen und mit einer der älteren Mauern Voigtels in Verbindung zu bringen, die genau von Norden nach Süden verläuft (31). Diese vermutete rechtwinklige und nach Norden ausgerichtete Anlage muß aber schon ihrer Orientierung wegen in die Zeit vor der Errichtung der Stadtmauer zurückdatiert werden.

Die nachrömischen Baureste am Petersbrunnen

Die bei unserer Ausgrabung von 1952 gefundenen Reste aus nachrömischer Zeit waren so lückenhaft und schlecht erhalten, daß ihre Zuweisung kaum möglich sein dürfte. Die Mauerreste 782a bis d zeigten kaum mehr Spuren des Aufgehenden. Immerhin dürften sie zusammengehören; wie sie aber zu den wenigen nachrömischen Resten stehen, die westlich davon beim Bunkerbau zutage kamen – es handelt sich um eine Schrägmauer (312), ein grobes Fundament, in dem viele Säulen-

[10] wobei das achtzackige Becken 16 nicht mehr, wie früher, der Periode III, sondern dem ersten Abschnitt der Periode IV zugeteilt wird.

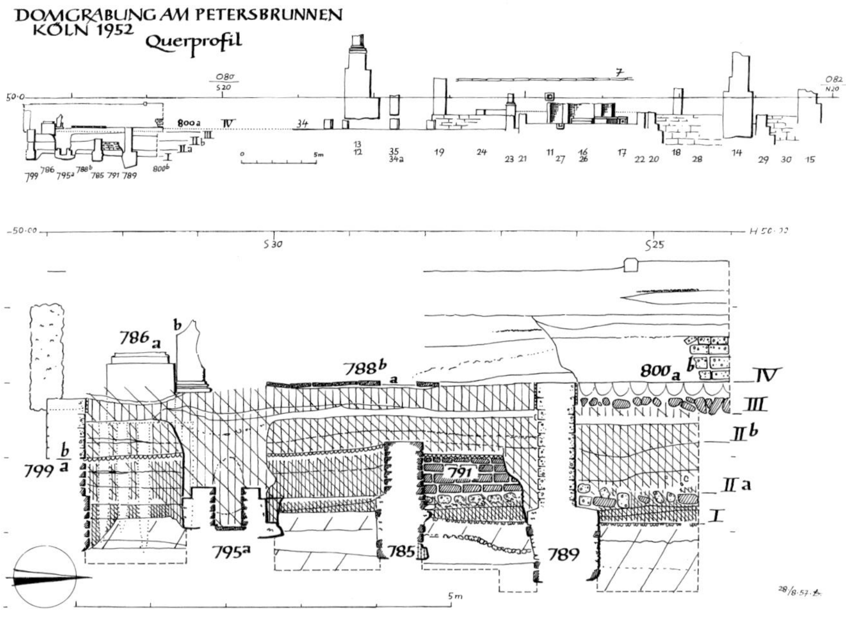

Tafel 5. Querprofil. Nord-südlich, zusammengesetzt aus den Grabungsprofilen 781 v und x; oben Vergleich mit den 1866 entdeckten Resten.
Maßstab 1 : 500.

Maßstab 1 : 100

stümpfe lagen (315) und einige Brunnen und Gruben (239 und 248) –, ist nicht ersichtlich. Ebenso schwierig ist es, sie mit der Pflasterung 782 i, die beim Bau einer Kalkgrube 1947 aufgemessen wurde, in Verbindung zu bringen. Von dieser Pflasterung wurde schon gesagt, daß sie an ein bogenförmiges Fundament (782 k) angelegt ist, das dem Bankettfundament des Domes entspricht, aber sehr weit vorspringt und außerdem von einer zweiten Mauer überlagert wird (782 l), deren Bedeutung noch ganz unklar ist. Wenn wir das Pflaster mit dem im folgenden zu behandelnden Säulengang in Verbindung bringen wollen, so kann es sich wegen der Tiefenlage nur um eine Kellerpflasterung gehandelt haben, was der Ausführung des Bodens auch durchaus entsprechen würde.

So haben zwar unsere neuentdeckten Reste keine Ergänzungen der nachrömischen Anlagen gebracht, die Voigtel 1866 vorfand, aber durch die jetzt mögliche schichtenmäßige Ordnung seiner Mauern sind wir doch in der Lage, genaueres auch über die mittelalterlichen Mauern Voigtels zu sagen, wobei wir wieder von dem späteren, deutlicher faßbaren Zustand ausgehen.

Voigtel bringt in seinem Bericht ein Querschnittbild, das wir auf unserer Tafel 5 wiederholen. Er rechnet dort zwei hoch ragende und sehr tief fundamentierte Mauern (12 und 14) zu einem großen Bauwerk, das hier bestanden haben soll und durch die schwächeren, schlecht fundamentierten und bei weitem nicht so hoch reichenden Mauern 35, 24, 18 und 19 unterteilt worden sei. Zu einer weiteren, wieder kräftig fundamentierten Mauer (15) ganz im Norden äußert er sich nicht. Es dürfte nun aber keinem Zweifel unterliegen, daß die beiden kräftigen Langmauern 12 und 14 den Stylobat des Laubenganges getragen haben, der den annonischen Friedhof zwischen altem Dom und der Stiftskirche Maria ad Gradus umsäumte. Reste dieser Arkaden standen noch am Anfang des 19. Jahrhunderts und sind auf der Gesamtansicht des Domes bei Boisserée offenbar nicht ganz maßgerecht dargestellt. Eine der Säulen (13) wurde von Voigtel sogar noch auf der Mauerflucht 12 stehend angetroffen. Setzen wir für die Arkaden eine Achsweite von etwa 4 m an, so ergeben sich zwischen dem alten Dom und der Stiftskirche dreizehn Säulen und vierzehn Bögen auf jeder Seite. Auf unserem Längsprofil (Taf. 6) ist diese Stellung der Arkaden angedeutet, wobei die heute auf der Kaffee-Terrasse gegenüber den Domtürmen stehende Säule als Maß genommen ist [11]. Es muß zugestanden werden, daß unserer Ergänzung, wie allen ähnlichen Versuchen, eine gewisse Willkür an-

[11] Vgl. A. Verbeek, Der Säulenhof von Mariengraden=Jahrb. d. Köln. Geschichtsvereins 18, 1936.

haftet. So nimmt beispielsweise H. Vogts einen größeren Achsabstand von 5 Meter, kommt aber gleichfalls zu vierzehn Interkolumnien, weil er die Lage der Mariengradenkirche offenbar zu weit nach Osten gezeichnet hat [12]. Wie die Gliederung im einzelnen auch gewesen sein mag, sicher ist, daß die großen Mauern 12 und 14 die annonischen Arkaden getragen haben. Dann aber können wir weiterhin Voigtels Fundament 15 im Norden mit der Rückwand des Laubenganges in Verbindung bringen, denn sie ergibt eine der Säulenstellung durchaus entsprechende Breite des Korridors. Wir werden sie symmetrisch ergänzen dürfen, obgleich ihre südliche Entsprechung bisher nicht beobachtet wurde, weil in dem fraglichen Bereich nie gegraben wurde. Die lichte Weite des Säulenhofes entspricht mit 24 Meter der Breite des Chores der Kirche Maria ad Gradus und fügt sich auch gut der Ostfront des alten Domes an. Im übrigen stimmt die Höhenlage der Säulenbasis 13 mit dem bereits angewachsenen Niveau der salisch-staufischen Periode IX und X der Achskapelle des Domes überein (Boden 274).

In karolingischer und ottonischer Zeit lag das Niveau vor dem alten Dom erheblich tiefer. Aus der karolingischen Zeit VI sind Reste eines Plattenbodens (284) in der Achskapelle erhalten, der in dem Trachytboden 7 der Grabungen von 1926 und 1866 wiederkehrt. Die 1866 und 1926 angegebenen Höhenlagen dieses Bodens stimmen zwar nicht genau überein, doch dürfte dies entweder mit einem Meßfehler oder mit einer dazwischenliegenden Abstufung des Bodens zu begründen sein. Zu diesem Boden 7 dürfte der brunnenartige Schacht 11 mit Ablaufrinne gehört haben.

Es bleibt uns jetzt noch die Aufgabe, die Mauerreste 35, 24, 19 und 18 einzuordnen, die Voigtel, wie oben angedeutet, als Unterteilung zu einem großen Bau mit den Mauern 12 und 14 verbinden wollte. Die Mauern sind zum großen Teil ohne Fundamentverbreiterungen auf dem losen Schutt der letzten Periode errichtet. Die Verlängerung der Mauer 24 wurde als Mauer 4 bei gleicher Sohlentiefe im Jahre 1926 entdeckt. Diese Mauern setzen ein Niveau voraus, das mindestens so hoch gelegen war, wie der Boden im spätrömischen Baderaum. Der vierkantige Pfeiler 23 g, den Voigtel südlich des Beckens vorfand, ist so hoch erhalten, daß er in nachrömischer Zeit noch verwendet worden sein muß. Ihm muß die 1926 festgestellte Fundamentierung 3 g mit zwei Ziegelplatten, die vielleicht einem ähnlichen Pfeiler diente, gegenübergestellt werden. Wir kommen also auch für die nachrömische Zeit wieder zu einer baulichen Gestaltung, die auf das späte römische Becken 16 ausgerichtet ist, aber eine erhebliche Niveauerhöhung mit sich brachte. Die für die spätrömische Zeit vermutete Treppenanlage zu dem damals höher als die umliegenden Räume gelegenen Baderaum wurde ausgeglichen und überdies muß das Becken, wenn es, wie wir annehmen möchten, auch jetzt noch bestanden hat, jetzt noch tiefer in der Erde gesteckt haben. Einen ungefähren Anhalt für die zugehörige Niveauhöhe erhalten wir mit der Wasserrinne 5, die schräg von Südwesten auf das Bekken zuführt und so hoch liegt, daß die Basis des Pfeilers 23 g unter dem neuen Boden verschwunden sein muß. Leider fehlen Anhaltspunkte für die westliche und östliche Begrenzung des Baderaumes der nachrömischen Zeit. Immerhin ist auf der Fotografie der Ausgrabung von 1926 in der Nordwand der Schachtgrube der Rest einer Mauer (6) zu erkennen, die vielleicht der gesuchte Westabschluß des Raumes gewesen ist. Mit allem Vorbehalt können wir daher einen 12,50×14 Meter großen Raum um das Badebecken 16 ergänzen, wobei die Stellung der weiter südlich liegenden Mauern 19 und 35 noch offenbleiben muß. Von den Funden in der Achskapelle sind in die gleiche Periode V die Steinsetzung 278 und das Skelett 267 zu setzen. Die Deutung der Steinsetzung ist nicht geglückt; vielleicht handelt es sich um die Reste eines Kalkofens (vgl. Domblatt 1949, Tafel 3). Das Skelett aber, dem durch das gotische Fundament die Unterschenkel abgetrennt wurden, ist von größter Bedeutung. Leider war es ohne Beigaben, aber seine Datierung in die Zeit vor den Bau des karolingischen Domes ist durch die Schichtung völlig gesichert (Domblatt 1949, Tafel 5). Bestattungen innerhalb der Stadt sind in römischer Zeit völlig undenkbar und lassen in der nachrömischen Zeit mit Sicherheit auf die Nähe eines Sakralbaues schließen. Die Domgrabung hat noch

[12] H. Vogts, Köln im Spiegel seiner Kunst, Köln 1950, S. 47 ff. Abb. 7.

nicht den sicheren Nachweis erbringen können, daß vor dem karolingischen Dom an der gleichen Stelle schon ein Gotteshaus bestanden hat. Aber gefundene ältere Mauerstücke und die Bestattung 267 machen es doch sehr wahrscheinlich. Dann würde auch die schon lang vermutete Deutung des Badebeckens als christliches Baptisterium ihre Bestätigung erhalten, zumal wir jetzt erkennen können, daß es aller Wahrscheinlichkeit nach in nachrömischer Zeit als der Mittelpunkt eines neuen Gebäudes im Gebrauch geblieben ist [13].

Einzelfunde

Funde von 1952

Keramische Reste wurden in mäßigen Mengen gefunden. Frühes Material fehlt überhaupt ganz und das spätere ist zur Datierung der Schichten nur im gewissen Rahmen heranzuziehen, da in der III. Periode die Wegräumung des vermutlichen Mosaikbodens Verwühlungen mit sich brachte und in der IV. überdies bei der Ausräumung der Kanäle und durch sonstige tiefe Gruben alles vollends durcheinandergewürfelt wurde. Auch sachlich bieten die Scherbenfunde kaum wesentlich neues. Erwähnt sei Rädchensigillata im Zusammenhang mit der Periode IV (Fundnr. 1058 und 1070) und ferner in noch erkennbarem sichtbarem Zusammenhang mit der Periode II b, in H 46,80 Hofheimer Sigillatatypen und Firniskeramik (Fundnr. 1069).
Nachrömische Scherben wurden nur in verschwindender Anzahl geborgen. Pingsdorfer Ware, die weiter südlich auf dem Domhof, auch schon vor der Bunkergrabung, in großer Menge vertreten war, fehlt ganz. Nur eine einzige Badorfer Scherbe mit Rollstempelmuster auf Rand und Schulter wurde gefunden (Fundnr. 1056).
Von sonstigem Kleingerät sind einige wenige, aber nennenswerte Stücke hervorzuheben. In den Ritzen und Ecken der Kanäle fand sich eine kleine Kollektion schlichter beinerner Haarnadeln, die in der Zeit, als das Kanalsystem noch im Gebrauch war (Periode II b, III), hineingeraten sein müssen (Fundnr. 1076 und 1099). Auch drei dünne bronzene Stecknadeln wurden in den Ritzen des Hauptkanals 795 a gefunden (Fundnr. 1076). Eine hübsche Augenfibel lag im Torweg bei H 46,4 und gehört demnach in die Periode II a (Fundnr. 1075). In die gleiche Zeit gehört eine, nur wenig höher (46,60) gefundene Bronzenadel mit scheibenförmig verbreitertem und plattiertem Kopf, an dessen Ende eine Ringöse angebracht ist (Fundnr. 1074). Ein wichtiger Fund aus der Spätzeit ist der Haarkamm aus Beinplatten, die in drei Lagen geschichtet und mit Bronzestiften aneinandergenietet sind [14]. Die Griffplatte ist glockenförmig geschweift und mit einer Randverzierung aus vielen kleinen Kreisen versehen, die auf der einen Seite ein aus den gleichen Kreisen zusammengesetztes Kreuz, auf der anderen aber eine germanisch-heidnische Rune (die Mann- oder Lebensrune) einrahmt. Dieser Kammtyp gehört an das Ende der römischen Zeit und den Beginn der Völkerwanderungszeit [15]. Der Kamm und das Kämmen der Haare spielen überhaupt bei den Germanen eine wesentlich größere Rolle als bei den Römern. Es sei an die berühmte Darstellung des sich das Haupthaar kämmenden Kriegers auf dem Niederdollendorfer Grabstein erinnert [16]. Man kann mit hoher Sicherheit sagen, daß Gräber im Kölner Boden, in denen solche Kämme vorkommen, dem germanischen Bevölkerungsteil zuzuschreiben sind [17]. So finden sie sich in den Gräberfeldern, beispielsweise unter der Severinskirche. Wichtiger sind die Stücke, die, wie unser neues Exemplar, im römi-

[13] Vgl. O. Doppelfeld, Der unterirdische Dom, Köln und Krefeld 1948, S. 79, ferner ders. Die Ausgrabungen des karol. Domes in: Kölner Dom, Festschrift 1948 S. 178 f. = hier S. 36 ff.

[14] Abgebildet im vorigen Domblatt 1956 = Katalog der Domausstellung, S. 19, vgl. auch O. Doppelfeld, Kreuz und Rune auf einem neuen Fundstück vom Petersbrunnen in Kölnische Rundschau 29. 6. 1952.

[15] Vgl. O. Doppelfeld in Prähistorische Zeitschrift 1931, S. 177 f.

[16] Vgl. dazu K. Böhner in Germania 28, S. 63 ff.

[17] Vgl. F. Fremersdorf in Prähistorische Zeitschrift 18, 1927, S. 289 ff., wo eine Reihe ähnlicher Kämme aus dem Kölner Boden abgebildet ist.

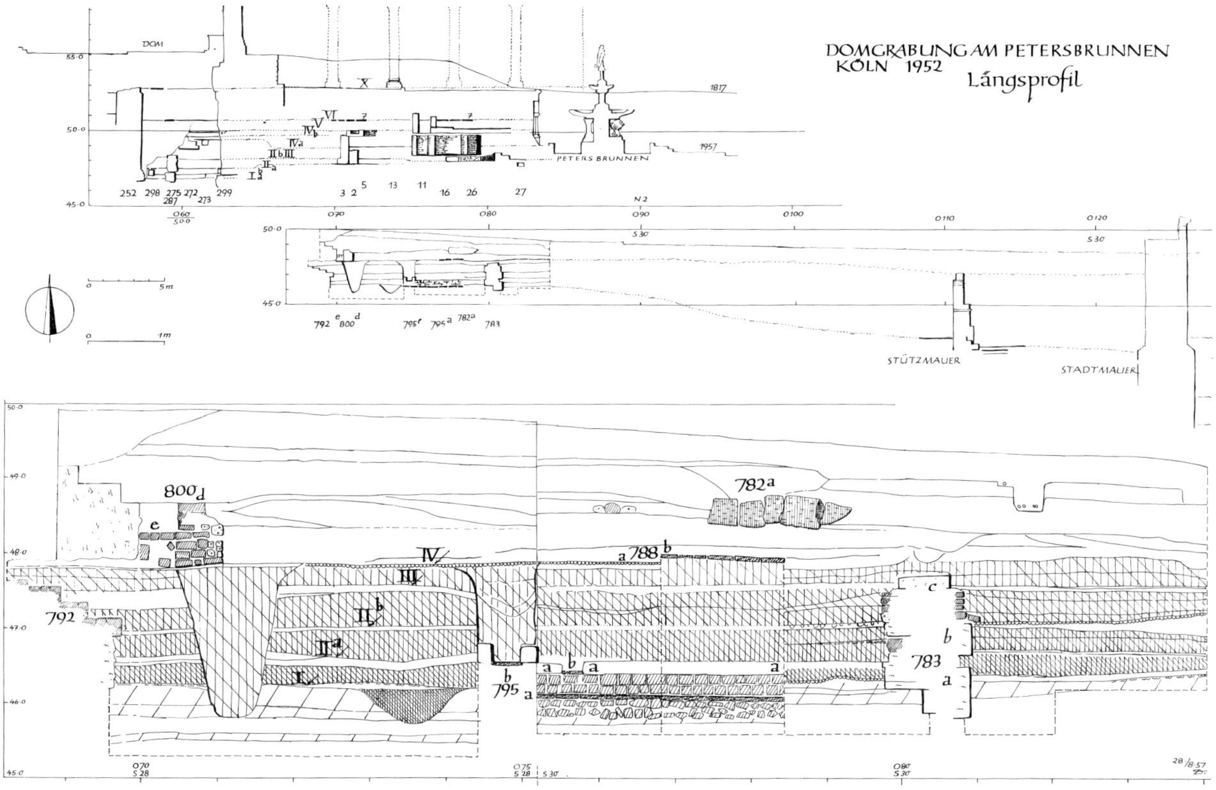

Tafel 6. Längsprofil. Westöstlich zusammengesetzt aus den Grabungsprofilen 781 q und r. Oben in Verkleinerung 1 zu 5 Höhenvergleich mit der Stadtmauer und den Funden vom Petersbrunnen und in der Achskapelle des Domes. – Maßstab 1 : 500 (oben), 1 : 100 (unten).

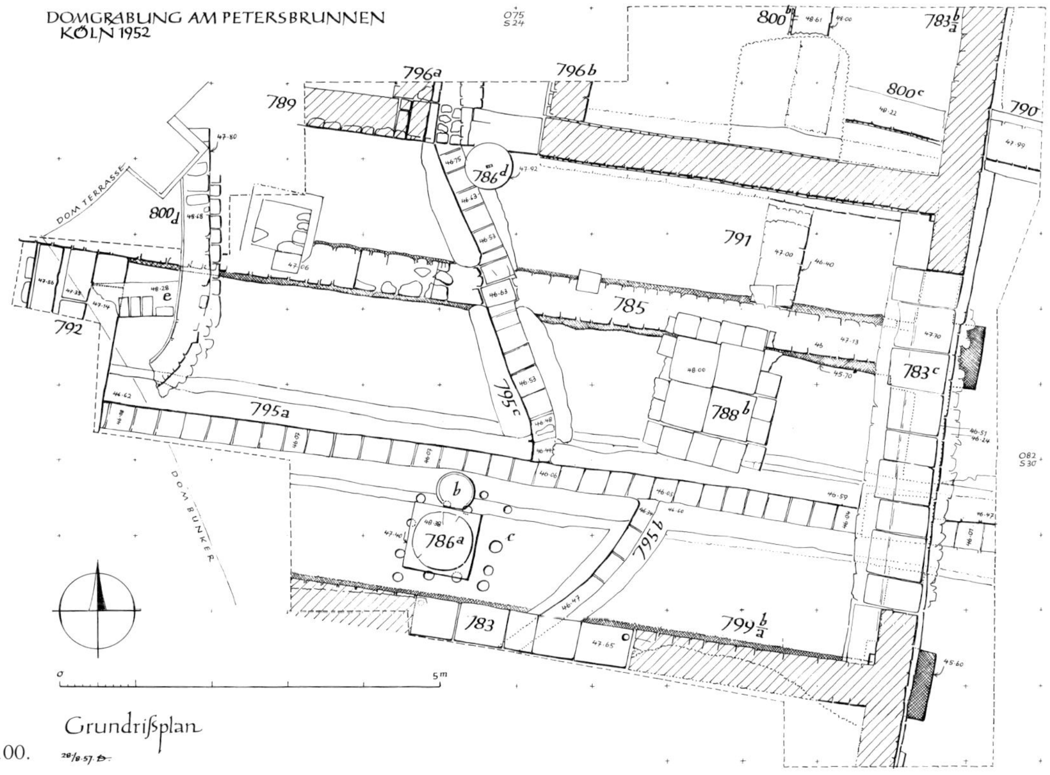

Tafel. 7.
Maßstab 1 : 100.

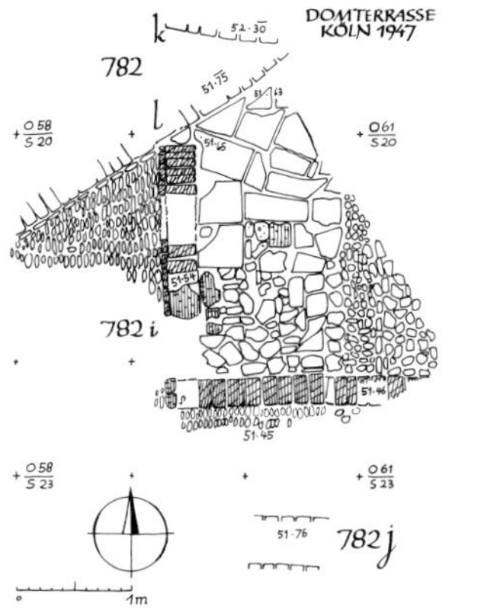

Tafel 8. Grundrißplan der Beobachtungen beim Bau einer Kalkgrube auf der Domterasse im Jahre 1947. – Maßstab 1 : 100

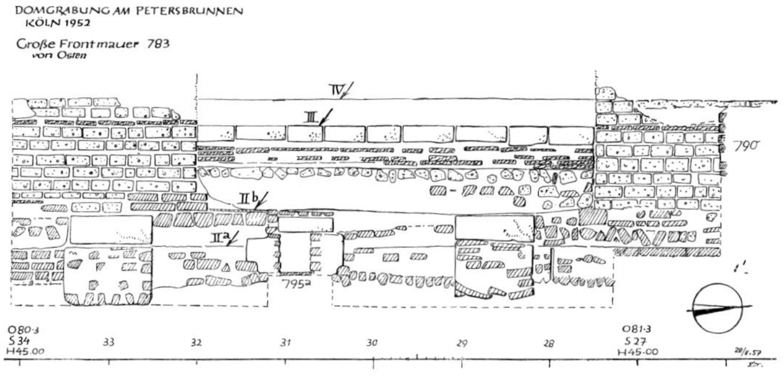

Tafel 9. Ansicht der großen Frontmauer mit dem Portal und den verschiedenen Schwellhöhen. – Maßstab 1 : 100.

schen Stadtinnern gefunden wurden, nämlich eins in der Nähe der Kirche Maria im Kapitol, von der wir jetzt wissen, daß sie auf den Resten des römischen Kapitolstempels steht, und ein weiterer Kamm, der in der Elstergasse (westlich des Wallraf-Richartz-Museums) gefunden wurde. In der Nähe des Kammes vom Petersbrunnen fand sich eine schlichte beinerne Haarnadel mit Kugelkopf und eine einfache Pinzette aus Bronze, wie sie bei den Germanen von altersher zur Bartpflege gebraucht wurden (Fundnr. 1091).

Einige Münzen fanden sich glücklicherweise in Fundlagen, die zur Datierung der Perioden beitragen können. Ein gut erhaltenes Großerz des Trajan lag oberhalb einer Kalkschicht nördlich von Mauer 785 in Höhe von deren Sockel; die Münze gehört also in die Zeit der Entstehung der Mauer, mindestens aber noch in die Zeit des Bestehens der Periode II a (Fundnr. 1050; Av. IMP CAES NERVAE TRAIANO AUG GER DAC PM TRP COS V PP/Kopf nach rechts; Rv. Fortuna mit Füllhorn, Steuer und Prora SPQR OPTIMO PRINCIPI; Coh. 477 M.S. II 280, Nr. 500; Strack, Trajan Nr. 399). – Innerhalb des Torwegs, nahe der Schwelle 783 c, wurde ein Kleinerz der Helena gefunden, dessen Zuteilung zu der Periode III oder IV wegen der Verwühlung unsicher ist (Fundnr. 1077, Av. HEL]ENAE AUG; Kopf nach rechts; Rv. Pax PV]BLICA; Coh. 4). – Weiter ostwärts, vor der Schwelle und in deren Höhe lag ein Kleinerz des Arcadius, das aber für die Datierung der Schwelle, die wir der III. Periode zuteilen, nicht herangezogen werden kann (Fundnr. 1085, Av. DN ARCADIVS PF, Kopf nach rechts; Rv. VICTO[RIA AUGGG; Constantinopel I; wie Honorius Coh. 39). – Schließlich lag auf Boden 788 a ein Mittelerz des Constantius II (Fundnr. 1089, Av. FL IVL CONSTANTIVS NO [B C, Kopf nach rechts; Rv. GLORIA EXERCITVS; Coh. 104). Die Bestimmung der Münzen hat W. Binsfeld vorgenommen.

Von Bedeutung im Hinblick auf ähnliche Funde von 1866 sind einige kleine Bruchstücke eines gut gearbeiteten, zerschlagenen Matronensteines, die sich unterhalb des Bodens 788 a fanden. Es sind die mit Faltenwurf bekleideten Unterschenkel zweier sitzender Matronen mit Fruchtkörben auf den Schößen, ein weiterer Fruchtkorb und ein Sockelfragment (Fundnr. 1095, Kalkstein).

Die größeren Architekturreste, vor allem die Säulen, wurden fast ausschließlich in den spätrömischen Schichten gefunden. Sie gehen aber in der Mehrzahl sicher auf ältere Zeiten zurück und wurden jeweils beim Neubau einer Periode zwecks weiterer Verwendung ausgebaut, so daß schließlich ein buntes Gemisch verschiedenster Säulen zusammenkam (Taf. 10). Das gleiche gilt von dem Pilaster, den Voigtel 1866 noch in situ südlich des Beckens fand (vgl. Katalog 23 g) und der sicherlich auch ursprünglich für eine andere Stelle gearbeitet war.

Der bemalte Wandputz an Mauer 789 (Periode III) zeigt mit seinen dünnen, senkrechten Strichgruppierungen auf weißen, allerdings noch panneau-artig eingefaßten Feldern schon den Beginn des Stils der Spätzeit [17a], während ein größeres Fragment, das der Periode II b zugeteilt werden kann, noch die gute alte Technik der pompejanisch roten Panneaux mit sauberer Spiegeleinfassung durch einen gelben Strich und mit grüner Umrahmung erkennen läßt (Fundnr. 1081).

Die Mosaiksteinchen von einem zerstörten Boden der Periode III wurden schon mehrfach erwähnt; sie finden sich vereinzelt bei mehreren Fundeinheiten; ein kleines zusammenhängendes Stück mit zwölf Steinchen fand sich bei H 47,6 bis 47,9 (Fundnr. 1062).

Vereinzelte Reste von Marmorinkrustation fanden sich verschiedentlich, darunter schwarz-weiß geäderte Stücke, grüne Porphyrstücke und graue von verschiedener Stärke. Ein einzelner Parkettziegel (50×112×27 mm) lag in der zu Beginn der Periode IV durchwühlten Schicht (Fundnr. 1062). In Höhe des Bodens der Spätzeit (800 a) lagen einige Ziegelplatten von Fußmaß (29×29 cm) und eine etwas kleinere (25×27 cm) mit dem Stempel der 22. Legion in der Form der Spätzeit (C I L 13,6, Form 49 in schlichter Umrahmung, Fundnr. 1090, L[egionis] XXII C[onstantis?] V[ictricis?]; kursives L, C und V ligiert.)

Frühere Funde

Im Anschluß sollen noch die älteren Funde vom Petersbrunnen erwähnt werden, da sie für die Beurteilung der Situation nicht ohne Bedeutung sind; sie waren größtenteils schon 1926 im Museum nicht mehr auffindbar.

Über dem Boden 34 fanden sich viele Scherben, wie Reste einer Handmühle, Holzkohlen, viele Tierknochen, Fischgräten und massenhaft Austernschalen. Unter dem Boden 34 wurden viele zerschlagene skulptierte Architekturteile und ein zerschlagenes Reiterstandbild in halber Größe (wohl Grabstein) gefunden. Als Abdeckung des Kanals 17 wurde ein Weihestein der locarii (Platzmieter oder dergl. im Theater?) oder focarii (Heizer? Köche? Ofenhändler? C I L 13, 8183) gefunden (vgl. ausführlich Düntzer in B. J. 42, S. 83 ff.; Düntzer-Katalog [17b] Nr. 27).

In den Räumen nördlich des Baderaumes fand sich ein bronzener Stilus mit der Inschrift HEGO SCRIBO SINEM MANUM (Inv.-Nr. 482). Ferner fand sich ebendort, 7 Fuß unter Straßennieveau, dh. bei etwa H 47,0 und somit unter dem Niveau des Bodens 34 der bekannte Architravrest eines Tempels des Mercurius Augustus (U. Kahrstedt in Kölner Domblatt 1949, S. 165), ebendort fand sich nach dem Katalog von Düntzer ein Mercurrelief (Düntzer-Katalog Nr. 8). Einige weitere Stücke im gleichen Katalog, von denen gesagt wird, daß sie bei den Ausschachtungen nordöstlich des Domes gefunden sind, müssen auch wohl aus den Zimmern nördlich des Baderaumes stammen. Es sind: ein Weihestein für Epona (Düntzer Nr. 32, Inv.-Nr. 343), ein ungedeutetes Relief (Düntzer Nr. 35), architektonische Reste und vier Altärchen, davon zwei halbfertig (Düntzer Nr. 163), ein Gesimsfragment und Säulenbasis aus Rotsandstein (Düntzer Nr. 164).

In der Domherrengruft, also im westlichen Teil des Baderaumes und davor wurden 1926 nur wenig Reste gefunden: das Fragment einer tordierten Säule, 18 cm Durchmesser (B. J. 133, S. 215, Abb. 2,2), das Fragment einer flach kannelierten Säulentrommel (Dm?) und ein skulptierter Altar für die Deae Lucretiae (ebd. Abb. 2,1).

Zusammenfassung

Die frühesten Spuren in der Umgebung des Petersbrunnens, wie überhaupt im Umkreise des Domes – das Fehlen von Bauresten und Kleinfunden aus der neuen Grabungsstelle von 1952, das frü-

[17a] Vgl. O. Doppelfeld in Kölner Domblatt 1955, S. 33 ff.; ders. Von Postumus zu Konstantin, über die Kunst und die Stellung Kölns im 3. Jh. = Wallraf-Richartz-Jb. 18, 1956, 7 ff.

[17b] H. Düntzer, Verzeichnis der römischen Altertümer des Wallraf-Richartz-Museums in Köln, 3. Aufl., Köln 1885.

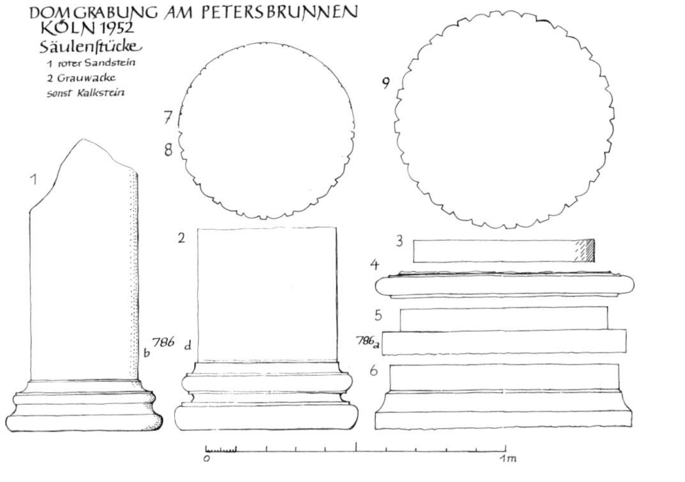

Tafel 10. Reste von Säulen. 1, 2 und 5 gehören zu der spätrömischen Säulenstellung 786. – Maßstab 1 : 50.

he Auftreten sehr schöner, genau nach Norden gerichteter Mauern im Dom gegenüber den schlichten Gruben vom Domhof und einer Grabenspur, die noch nach der Limitation ausgerichtet ist –, alle diese verschiedenartigen Tatbestände zu ordnen, wird solange kaum möglich sein, als wir über die früheste Zeit und die Art der ersten Befestigung von Köln im unklaren sind. Die Versuche, die I. Periode zu unterteilen, müssen daher vorläufig noch als solche gewertet werden. Man kann sich die Abfolge etwa so vorstellen, daß auf einen ersten Abschnitt, der noch nach dem schrägen Limitationsgitter ausgerichtet war, ein zweiter folgte, der mit dem Bau des Oppidum Ubiorum zwar schon die nach den leicht nördlich abweichenden Westoststraßen ausgerichteten Schrägmauern brachte, der aber die nordsüdlichen Mauern auch im Nordostwinkel der Stadt noch wie die Straßen genau nach Norden ausrichtete, weil die schräge Hafenmauer, die den späteren Mauerzügen in ihrer Nähe die Schrägrichtung vorschrieb, noch nicht bestand. Wenn ich auch nach wie vor der Ansicht bin und durch einen neuen Befund darin bestärkt werde, daß das Oppidum eine Befestigung mit Wall und Graben hatte, die an der gleichen Stelle lag wie die spätere Stadtmauer, so gilt dies nicht für den rheinseitigen Abschluß, über dessen Gestaltung in der Frühzeit noch völlige Unklarheit herrscht [18]. Die II. Periode bringt mit der Stadtmauer auch einen lückenlosen Anbau in der Nordostecke der Stadt. Die Stützmauer kann durchaus mit der Stadtmauer entstanden sein, wenn auch das darin entdeckte Tor in dieser Form erst in der III. Periode gebaut worden sein dürfte. Hinter den schrägen Fluchten der Hafen- und der Stützmauer folgt als eine dritte Staffelung die neu entdeckte Frontmauer (783) mit dem Portal und dem dahinter befindlichen Torweg. Dieser dritte Mauerzug folgt nur in seinem nördlichen Teil der Schräge; weiter südlich geht er an einer Stelle, die wir oben bestimmen zu können glaubten, in die genau nordsüdliche Flucht des älteren Peristylhauses unter dem Dombunker über. Der Torweg wird in einem zweiten Abschnitt der Periode höher gelegt und mit Kanälen sowie einer Treppenanlage versehen. Auch im Dom können wir etwa gleichzeitige Erneuerung feststellen, am Domhof dagegen nicht. In der III. Periode wird der Torweg verbreitert und mit schlichter Wandmalung sowie einem Mosaikboden versehen. In der Stützmauer wird genau gegenüber ein (neues, verbreitertes?) Tor eingebaut. Es ist die Zeit, in der das Dionysos-Haus und das 1949 entdeckte Peristylhaus westlich davon neu aufgeführt werden. In dieser sicherlich sehr lange dauernden Periode hat auch das schlichtere, achtseitige Becken bestanden, was nicht ausschließt, daß es schon auf Periode II zurückgeht.

Das größere gezackte Becken ist nach unseren neuen Erkenntnissen erst in die IV. Periode und gleichzeitig mit wesentlichen Änderungen zu datieren, die empfindliche, wenig glückliche und gewaltsame Eingriffe in das seit langem bestehende Plangefüge darstellen: Die Errichtung des großen,

[18] Vgl. O. Doppelfeld, Die römische Stadtmauer von Köln, a. a. O.; über die älteste Uferbefestigung, S. 29.

als Lagerhaus gedeuteten Baues, der ein Stück vom Dionysos-Haus abschneidet, die Vernachlässigung des Portals in der Frontmauer und des Torweges; statt dieser organischen Bindeglieder zwischen den verschieden ausgerichteten Baukörpern, scheint jetzt eine Baulücke entstanden zu sein. Auch unter dem Dom zeigt der Einbau des Pfeilers 272, daß eine grundsätzliche Änderung eintrat, wenn wir auch an dem einen Pfeiler noch nicht erkennen können, welcher Art sie gewesen ist. In einem ganz späten Abschnitt der Periode IV wird die Baulücke dann in einer sehr primitiven Weise mit Flickbauten aufgefüllt. Charakteristisch für die ganze Periode IV ist neben der Verwendung von Spolien aus älteren Zeiten die verschiedentlich festgestellte Zerschlagung von älteren Grabdenkmälern, Weihesteinen und Baugliedern.

Diese Tatsache spricht zusammen mit anderen Erscheinungen, wie dem schlechten Latein auf dem Griffel und der germanischen Rune auf dem Kamm, deutlich genug für die veränderten Zeiten. Allem Anschein nach hat nur der Raum mit dem Badebecken eine besondere Bedeutung behalten; er blieb bestehen, während ringsherum durchgreifende Veränderungen, die auf viel weitläufigere Anlagen schließen lassen, erfolgten.

In der nachrömischen Zeit (Periode V) scheint dann der Bau um das Becken erneut in größerer Form errichtet worden zu sein. Wann der Bau und das Becken aufgegeben wurden, ist nicht zu erkennen. Beim Bau des karolingischen Domes wird es jedenfalls keine Bedeutung mehr gehabt haben, denn der zugehörige Plattenboden ist wohl mit der Wasseranlage 11, die über dem Becken errichtet wurde, in Verbindung zu bringen. Erst in salisch-annonischer Zeit bekommen wir wieder eine klar überschaubare Anlage zu fassen, den Säulenhof, den man zwischen dem alten Dom und der Kirche Maria ad Gradus erbaute.

Die Ergebnisse der neuen Grabungen sind also in zweifacher Hinsicht bedeutungsvoll. Zunächst ergänzen sie in willkommener Weise unsere topographischen Kenntnisse von der Nordostecke der römischen Stadt, die wegen der verschiedenen Schrägfluchten – des Straßensystems und der Hafenmauer – der Forschung immer Schwierigkeiten geboten hat und übrigens auch jetzt noch viele Fragen offenläßt. Zum anderen eröffnen sich neue Einblicke in die baulichen und sonstigen Gepflogenheiten der Zeit des Überganges von der römischen zur fränkischen Herrschaft, die uns hoffen lassen, daß vielleicht in Zukunft durch weitere Beobachtung auf diese uns noch sehr dunklen Zusammenhänge mehr Licht fallen möge. Bemerkenswert ist immerhin die Lage der ganz modernen Bunkertreppe genau über den Treppenstufen der älteren römischen Anlagen und nicht weit von den Stiegen, die der Mariengradenkirche ihren Namen gaben. Aber das kann immerhin mit dem Ansteigen des Geländes vom Hafen her zusammenhängen [19]. Ein anderes Zusammentreffen aber ist mit solchen natürlichen Gegebenheiten kaum zu erklären; der heutige Petersbrunnen steht nämlich über dem römischen Badebecken, und auch in der Zwischenzeit war eine Wasseranlage an der gleichen Stelle vorhanden. Wieder erkennen wir hier das für Köln so bezeichnende, über Jahrtausende hinweggehende Festhalten an bestimmten Punkten; es sei nur an die zweitausend Jahre genau an der gleichen Stelle verlaufende Hohe Straße erinnert. Ein Übereinander solcher Art mag in manchen Fällen zunächst als reiner Zufall erscheinen, bis dann eines Tages neue Entdeckungen doch einen inneren Zusammenhang bloßlegen. Das wird vielleicht auch einmal beim Petersbrunnen vor dem Kölner Dom gelingen.

[19] F. Oelmann erinnert (mündlich) im Zusammenhang mit der Kirche Maria ad Gradus an den Namen der Hafenstadt Grado (Gradus) vor dem verlandeten Hafen von Aquileja.

KATALOG

1. Die Grabung 1952 (und Nachtrag 1947)
(Katalogziffern der Domgrabung)

781 a Schnitt WO von O 70 – 84 bei S 28 – 30; der im Laufe der weiteren Grabungen bis zum gewachsenen Boden vertiefte Schnitt geht durch die Mitte des Torwegs mit Portalschwelle.

781 b Südliche Verbreiterung von 781 a bei gleicher Länge von S 30 – 32; dieser Schnitt brachte die südliche Begrenzung des Torwegs und die mit Pfostenstellungen und Quader gesicherte Säulengruppe 786 a b c.

781 c Nördliche Verbreiterung im Verlauf der Frontmauer 783 von O 76,5 – 82 und S 28 – 42, brachte die nördliche Wange des Portals.

781 d Entsprechende südliche Verbreiterung von S 25 – 28; konnte nicht bis zum gewachsenen Boden vertieft werden.

781 e Nordwestliche Ausweitung der Grabung von S 28 – 22 brachte die ganze nördliche Abschlußmauer des verbreiterten Torwegs (789) mit der Türöffnung 797.

781 f Entsprechende südliche Ausweitung zur gänzlichen Freilegung der Südmauer des Torwegs (799) mit der Türschwelle (793); konnte nicht bis zum gewachsenen Boden vertieft werden.

781 g Schnitt zur weiteren Freilegung der Mauer 783 nach Norden, konnte nicht weitergeführt werden wegen Einspruchs des Gartenbauamtes.

781 p Längsprofil WO bei S 32, Südwand der tief ausgeschachteten Grabungsfläche mit Schnittbild des Kanals 795 b und der Frontmauer 783.

781 q Längsprofil WO bei S 30, Südwand des Schnittes 781 a mit Ansicht der Kanalwange 795 a des Herdes 788 b und Schnitt durch die Mauer 783. Die östliche Hälfte des Profils ist in dem hier auf Taf. 6 wiedergegebenen Profil gezeichnet.

781 r Längsprofil WO bei S 28, Nordwand des Schnittes 781 a mit Schnittbild der Mauern 800 d, b und e des Kanals 795 c. Die linke, westliche Hälfte dieses Profils ist in unserem Längsprofil (Taf. 6) wiedergegeben.

781 s Längsprofil WO am Nordrand der Gesamtausgrabung bei S 25 und mit Schnittbild der Mauern 783, 800 b auf Boden 800 a, der Mauern 796 a und b und des Kanals 795 c.

781 t Querprofil SN bei O 82 Ostwand der Ausgrabungen mit Schnittbild des Kanals 795 a und der Mauer 790.

781 u Ansicht der Frontmauer 783 von O mit Schnittbild der angesetzten Mauer 790 und des Kanals 795 a, vgl. hier Taf. 9.

781 v Querprofil SN bei O 78,80 bis 78,40 mit Schnittbild der südlichen Begrenzungsmauer 799, des Kanals 795 a, der älteren Nordmauer 785, der jüngeren Nordmauer 789 sowie Ansicht der von 789 abgeschlagenen Mauer 791 und der auf dem Boden 800 a aufsetzenden Mauer 800 b, fernerhin mit Schnittbild des Herdes 788 b auf Boden 788 a, vgl. hier Taf. 5.

781 w Querprofil SN bei O 76,70 mit Schnittbild der Südmauer 799, der Kanäle 795 a und b, der frühen Nordmauer 785 und der späten Nordmauer 789.

781 x Teile eines Querprofils bei O 75 mit Schnitt durch die Säulengruppen 786 a, b und d und die bis auf den Kanal 795 a reichenden Pfähle 786 c. Das letztgenannte Schnittbild ist in unserem Querprofil (Taf. 5) eingetragen.

781 y Querprofil SN etwa dem Westrand der gesamten Grabung entsprechend, bei O 72,0 bis 72,30 mit Schnittbild durch die Südmauer 799, den Hauptkanal 795 a, die frühe Nordmauer 785 und die späte Nordmauer 789.

782 a Basaltfundament von etwa 2 m Ausdehnung, stark gestört. Die Fundamentsteine waren nur mit wenig Mörtel verbunden. Reste des Aufgehenden lassen einen Mauerwinkel erkennen, der mit dem Fundamentresten 782 b und c eine kleine, etwa 5,50 m weite Nische ergibt. Uk H 48,40, reicht bis H 48,70. Schnittbild in Längsprofil 781 q, vgl. Taf. 6, auf dem Gesamtgrundriß nicht eingetragen, vgl. Situationsskizze Taf. 4, mittelalterlich oder neuzeitlich.

782 b Basaltfundament am südlichen Rand der Grabung im Zusammenhang und von gleicher Art wie 782 a. Lg 4,60 m, Uk H 48,20, reicht bis H 48,85, mittelalterlich oder neuzeitlich.

782 c Basaltfundament NS, zu 782 a und b, jedoch höher (bis H 49,10) erhalten. Neben Basalt kommen

Grauwacke, weiße und rote Sandsteine und Kalksteine vor. Fester harter Mörtel. Mittelalterlich oder neuzeitlich.

782 d Ansatz einer Rundmauer im Zusammenhang mit 782 a und b. Technik und Höhenlage wie diese; nur auf die Situationsskizze (Taf. 4) eingetragen; mittelalterlich oder neuzeitlich.

782 f Reste eines schwachen Mörtelbodens im nordwestlichen Winkel der Ausgrabung. H 48,72; wie die folgenden Bodenreste nicht mehr datierbar.

782 g Rest eines ähnlichen Mörtelbodens, westlich von 782 f, H 48,83.

782 h Rest eines Mörtelbodens in südöstlichem Teil der Grabung. Vielleicht zu den Mauern 782 a bis d gehörig. H 47,80.

782 i Pflasterung, die mit den folgenden Nummern bis 782 l (vgl. Taf. 8) im Jahre 1947 bei der Anlage einer Kalkgrube auf der Domterrasse südöstlich des Banketts freigelegt wurde, aus Rheinkieseln, die durch Ziegelbänder (Format 12×25 – 27×6 cm) in Felder geteilt werden. In der Mitte des freigelegten Ausschnitts wird die Kieselpflasterung durch eine unregelmäßige Lage von Plattenbruchstücken aus Kalkstein, die mit Tuff- und Basaltbrocken abwechseln, unterbrochen. Die Pflasterung offenbar an das vorher bestehende Rundmauerwerk 782 k angelegt, ging wahrscheinlich südlich bis an Mauer 782 i. H im NW-Teil 51,65, im SO-Teil 51,45. Deutung (Kellerpflasterung?) und Zeitstellung ungewiß.

782 j Mauer OW aus kleinen Tuffsteinen; nur die Nordwand wurde 1947 freigelegt, festgestellte Lg 70 cm, Br mindestens 60 cm, Ok H 51,76. Zeitstellung ungewiß.

782 k Bogenförmiges Mauerwerk. Anscheinend konzentrisch mit dem Dombankett, aber rund 2 m vorspringend. Der Kieselboden 782 i ist an das Fundament angelegt. Unregelmäßiges Mauerwerk mit vielen Ziegeln, anscheinend des gleichen Formats wie die beim Boden 782 i verwendeten. Auf das Fundament ist die Mauer 782 l aufgesetzt. Ok H etwa 51,75.

782 l Mauerrest in der nördlichen Ecke der Ausschachtung für die Kalkgrube. Nach einem Radius von etwa 3 m gekrümmt; Mauerwerk aus kleinen Tuffsteinen, wovon 4 – 5 Lagen erhalten sind. Ok H etwa 52,30. Zeitstellung und Bedeutung ungewiß.

783 Mauer SSW – NNO, die „Frontmauer" mit dem Portal (vgl. Taf. 9). – 783 a Fundament aus Grauwakkelagen mit viel Mörtel auf Stickung von kleinen senkrecht gestellten Grauwackesteinen; im Verband mit dem Fundament zwei Pfeilerfundamente, auf denen noch je ein Kalksteinblock von etwa 90×90 cm Größe und von 35 cm Höhe lagert. Mit den Pfeilerfundamenten sind die frühen Mauern 785 und 799 a als nördliche und südliche Begrenzung des Torwegs in Verband gemauert. Vom Aufgehen der Mauer 783 a ist außer den Kalkblöcken nichts mehr erhalten. Br des Fundaments 0,65, Periode II a. – In der Periode II b wird der Kanal 795 a in das Mauerwerk eingefügt, gleichzeitig muß das Niveau der Portalschwelle erhöht worden sein, wovon aber allenfalls zwei Grauwackelagen erhalten sind. – 783 b Aufstockung der Mauer a. Das neue Fundament ähnlich wie das alte aus unregelmäßigen Grauwackelagen, jedoch weiter ausladend bis zu 1,10 Gesamtbreite; das wohl gleichzeitig, noch 1,50 hoch erhaltene Aufgehende aus Tuffsteinen mit wechselnder Lagenhöhe und einem Band aus einer Ziegellage in Höhe der Schwelle der Periode III. Reste aus rotem und grauem Putz an der westlichen Außenfront. Periode III, Br des Aufgehenden 0,50. Das Aufgehende ist im Verband mit Mauer 789 und 799 b gemauert. Die 4,50 weite Portalöffnung ist vom Fundament ab mit glatten Leibungen vorgesehen, aber in verschiedenen Lagen durch grobes Mauerwerk aus Grauwacke und Tuffbrocken bzw. Ziegelsteinen ausgefüllt und bei H 47,70 durch eine sorgfältig gelegte Schwelle aus Kalksteinplatten von 15 – 20 cm Dicke abgedeckt. – Diese Schwelle 783 c ist breiter als das zugehörige Mauerwerk und greift nach innen (Westen) in die Mauerwinkel hinein, wo zwei rechteckige Auskerbungen die Stelle von Pfosten angeben, an denen eine Vergitterung angebracht gewesen sein dürfte. Eine zwischen den Pfosten laufende Schleifrille scheint von dieser Verschlußvorrichtung herzurühren. Die westliche Begrenzung der Schwelle ist unregelmäßig, woraus zu schließen ist, daß die Schwelle bündig mit dem zugehörigen Niveau gelegen hat.

784 Estrichboden, hauptsächlich östlich vor dem Portal 783 und nördlich Mauer 789 festgestellt, schwacher Mörtelboden von 3 cm Stärke. Ok H 47,10; entspricht dem Niveau der Periode II b, das im Innern des Torwegs nur als schwächeres Mörtelband zu erkennen ist.

785 Mauer OW, die Nordmauer des engeren Torwegs der Periode II a und b, mit dem nördlichen Pfeiler der Mauer 783 a in Verband, zeigt, wie diese auf Grauwackestickung ein in die Grube gegossenes Fundament mit Grauwackebrocken in viel Mörtel, Br 0,70, darüber mit beiderseitigem Rücksprung in

0,52 Breite das Aufgehende aus behauenen Grauwackesteinen und durchschnittlich 25 cm Länge und 10 cm Lagenhöhe, wovon sieben Lagen erhalten sind. Lg 12 m, Sohle H 45,60, Fundamentabsatz H 46,50, Ok H 47,40. Die Mauer scheint in einer Entfernung von 7 m vom Portal eine 1 m weite Türöffnung gehabt zu haben. Sie wird von dem Kanal 795 c, der erst in Periode II b angelegt wurde, durchbrochen. Periode II a, b.

786 Spätrömische Säulen. – 786 a Rest einer Säulenbasis mit rechtwinkliger Abtreppung auf großem Trachytblock von 90×90 cm Br und 80 cm Höhe. Die Säule aus Kalkstein muß einen Durchmesser von gut 80 cm gehabt haben (vgl. Taf. 10,5). Uk der Säule H 48,25, Uk des Trachytblocks H 47,45. Der Block war also zur Hälfte in den Boden der Periode IV eingetieft und ragte etwa 40 cm über ihn hinaus. – 786 b. Unterer Teil einer Säule aus rotem Sandstein mit angearbeiteter attischer Basis, die an der Südseite abgeschlagen war, so daß die Säule dicht an den Trachytblock 786 a herangerückt werden konnte. Die Säule stand auf dem Boden 788 a der Periode IV. Uk H 47,85, Schaft-Dm 36 cm (vgl. Taf. 10,1). – 786 c Pfahllöcher unter dem Block 786 a und der Säule 786 b. Sie rühren von etwa 15 cm starken bis 1,70 langen zugespitzten Pfählen her, die zur Verstärkung des Untergrundes eingeschlagen worden sind. – 786 d Säule mit angearbeiteter attischer Basis aus Kalkstein auf Boden 788 a der Periode IV. Uk H 47,90. Die Säule stand wie 786 b in einem Abstand von knapp 6 m von der Frontmauer 783 entfernt. Schaft-Dm 46 cm.

787 Vgl. 795 c.

788 a Mörtelboden der Periode IV südl. der Mauer 789. Sehr schlechter und bröckliger Boden von 4 bis 5 cm Stärke und unterschiedlicher Oberfläche. Im Westteil des Torwegs ist er auf H 47,85 abgesunken, während er sonst noch fast bis an H 48,00, die seine ursprüngliche Höhe sein dürfte, heranreichte. Auf dem Boden stehen die Säulen 786 b und d sowie die Herdstelle 788 b.

788 b Herdstelle aus Ziegelplatten der Periode IV. Die Plattenlage liegt gegenüber dem Portal in der Mitte eines verschobenen Vierecks, das von den Leibungen des Portals und den beiden Säule 786 b und d gebildet wird. In der Mitte vier römische bipedale Ziegelplatten, die umsäumt sind von semipedalen Ziegeln 30×30 bzw. 40×40 cm. Ok H 48,00, Lg 1,90, Br 1,80. Die Fläche war mit einer tiefschwarzen Brandschicht bedeckt. Die Ziegelplatten waren, besonders in der Mitte, durch die Hitze mehrfach gesprungen.

788 c Estrich der frühesten römischen Zeit (Periode I). Mörtellage von 2 bis 4 cm Stärke unmittelbar über dem gewachsenen Lehm. H 46,30.

789 Mauer OW, die Nordmauer des späten, verbreiterten Torwegs der Periode III. Das 95 cm starke und 1 m hohe Fundament (Uk H 45,45) besteht aus Grauwackesteinen und Sandsteinen. Nach Süden zu 15 cm, nach Norden 30 cm Rücksprung. Das 0,50 breite Aufgehende besteht aus sauberen Tufflagen von durchschnittlich 12 cm Höhe und 20 cm Länge. Es war noch 1,70 hoch erhalten und bei H 48,00 in Periode IV sauber abgetragen. Bei H 47,64 ist die Unterkante des südlichen Putzes erhalten, während die Unterkante des Putzes der Nordwand 6 cm höher liegt. Der Putz an der Südwand war bemalt. Es ließ sich noch eine 18 cm hohe rote Sockelzone erkennen. Die darüber folgende weiße Fläche wurde durch 15 cm breite Streifen in Felder gegliedert, von denen eines, das an die Schwelle grenzt, durch weitere senkrechte Linien in gelber Farbe aufgeteilt war. Die Mauer hat die ältere Mauer 791 und den Boden 784 durchschlagen. Der Boden 800 a der Periode IV ist von Norden an die abgebrochene Mauer 789 und vielleicht später über deren saubere Abbruchkante geführt.

790 Mauer OW östlich an Mauer 730 angesetzt. Fundament Br. 0,85, Aufgehendes Br 0,45, Sockel H 47,90, Uk H 47,17, Ok H 48,00. Mauerwerk aus groben Grauwackesteinen von 20 bis 25 cm Länge und 10 cm Höhe. Lg der Mauer 0,80. Es ist die einzige Mauer, die ostwärts der Frontmauer 783 festgestellt wurde. Da ihr Sockel in gleicher Höhe wie die Schwelle der Periode III liegt, dürfte dieses Mauerstück auch der Periode III zuzuweisen sein.

791 Mauer NS der Periode II, nördlich an Mauer 785 angesetzt und von der Baugrube der Mauer 789 abgeschlagen. Weiter nördlich durch eine tiefe Störung bis auf die untersten Lagen abgetragen (vgl. Querprofil Taf. 5), ohne Fundamentabsatz auf einer Schicht von Tuffbrocken aus Grauwackesteinen der üblichen Länge von 20 bis 30 cm und 10 cm Stärke mit festem weißem Mörtel gemauert. Der Mörtelboden 784 ist über ihre Abbruchkante hinweggeführt. Br 0,60, Lg 1,40 bzw. 3,60, Uk H 46,40, Ok H 47,00, Periode II a.

792 Treppe am Westende des Torwegs. Periode II b. Die Stufen der Treppe kamen unterhalb der modernen

Betontreppe, die auf den Dombunker führt, zutage. Die Treppe ist an die frühere Mauer 785 angesetzt und reichte nach Süden wahrscheinlich bis an die Mauer 799 (a), gehört also zu dem älteren engeren Torweg. Da sie außerdem über den Kanal 795 a gebaut wurde, kann sie erst in der Periode II b entstanden sein. Erhalten sind von der Treppe nur dreieinhalb Stufen, die sehr grob aus Grauwackesteinen verschiedener Größe gemauert sind. Auf den Stufen müssen 4 cm hohe Abdeckplatten gelegen haben, die man an den Mörtelabdrücken noch erkennen konnte. Das Fundament der Treppe reicht von der untersten Stufe 70 cm hinab (vgl. Längsprofil Taf. 6). Die Stufen haben eine Höhe von 21 bis 22 cm und eine Breite von 38 bis 42 cm. Uk der untersten Stufe bei H 46,90.

793 Türschwelle in Mauer 799 b, Periode III. Die Schwelle führte vom Torweg in den südlich anschließenden Raum. Sie bestand aus vier Kalksteinen und einem (östlichen) roten Sandstein. Am östlichen Rande der 3 m breiten Schwelle ein Angelloch von 10 cm Durchmesser. Das gegenüberliegende Angelloch konnte nicht freigelegt werden. Br 0,54, Stärke der Kalksteine etwa 0,25, des roten Sandsteines 0,40.

794 a Römischer Mörtelboden, sehr schlecht erhalten, mit rotem Ziegelsplitt. Ok H 46,50 (schwankend), Periode II a.

794 b Reste eines Bodens im Torweg, Periode III, von dem nur noch geringe Mörtelfetzen vorhanden waren. Aus den verschiedentlich gefundenen einzelnen Mosaiksteinchen von 1 cm Größe aus roten, schwarzen und weißen Steinen sowie grünem Glas ist zu schließen, daß hier ein Mosaikboden entfernt worden ist, dessen Oberkante bei H 47,64 gelegen haben muß, wie aus der Unterkante des bemalten Putzes an Mauer 789 zu ersehen ist.

795 Kanäle der Periode II b. Ein Hauptkanal (795 a) ist von Westen nach Osten durch die Mitte des engen älteren Torwegs geführt. Er ist in die bereits bestehende Frontmauer 783 a eingelassen und führte offenbar nach Osten weiter zu dem Kanal, der unter dem Tor der Stützmauer festgestellt wurde (vgl. Taf. 6). Von SW ist der Kanal 795 b herangeführt, der bei der Einmündung etwa 30 cm höher liegt als der Hauptkanal. Er dürfte mit dem Kanal 247 der Dombunkergrabung identisch sein. – Von NW mündet wenig weiter westlich Kanal 795 c (zunächst 787 genannt) in den Hauptkanal; er liegt an der Mündungsstelle rund 40 cm höher als dieser, ist in die bereits bestehende ältere Mauer 785 eingelassen und von der späteren Schwelle 797 in der jüngeren Nordmauer 789 überdeckt. – Der Hauptkanal hat ein stetiges verhältnismäßig geringes Gefälle nach Osten (auf 12 m nur etwa 7 cm: 46,08 bis 46,01), während die Seitenkanäle starkes Gefälle aufweisen (auf 4 m 30 cm bei c, ähnlich bei b). Die Bauart der Kanäle ist die übliche, die Böden bestehen aus Ziegelplatten, während die Wangen aus Grauwackesteinen innen glatt und außen sehr unregelmäßig gemauert sind. Der Querschnitt des Hauptkanals beträgt 32×46, der nördliche Seitenkanal hat einen ähnlichen, der südliche einen geringeren Querschnitt (20 cm Br). Die Kanäle wurden in der Periode IV mit Erde verfüllt, nachdem man vorher die Deckplatten entfernt hatte (vgl. die Ausbruchgruben auf dem Längs- und dem Querprofil). Nur an der Stelle, wo der Hauptkanal durch die Frontmauer geführt ist, blieb eine Abdeckplatte erhalten; sie ist 16 cm stark und besteht aus Kalkstein.

796 a Mauer NS, anschließend an die westliche Wange der Tür 797, die durch die Mauer 789 aus dem Torweg nach Norden führt. Die Mauer bildet gleichzeitig unter Bodenniveau die westliche Wange des Kanals 795 c, Tuffsteinmauerwerk, an 789 angesetzt, im Aufgehenden Br 50 cm, im Fundament bei östlichem Absatz 62 cm, Lg nur 30 cm festgestellt. Uk nicht erreicht. Ok H 47,70, Periode III.

796 b Mauer NS, gegenüber 796 a an die rechte Wange der Tür 797 anschließend. Br und Technik wie 796 a; der Fundamentabsatz springt nach Westen vor, Periode III.

797 Türöffnung in Mauer 789, führt vom Torweg der Periode III zwischen den Mauern 796 a und b nach Norden. Unter der Schwelle Kanal 795 c. Die Tür scheint ursprünglich 1,50 breit gewesen zu sein, wurde dann aber auf 1,80 verbreitert, wobei die linke Flankierungsmauer 796 a niedergelegt worden sein muß. Die Schwelle wurde ursprünglich von 30 cm starken Kalksteinplatten gebildet. Diese wurden aber zerschlagen und teilweise weggeräumt, als man in der Periode IV das Kanalsystem abbaute und verfüllte. Anschließend scheint die Tür vermauert worden zu sein. Ok der Schwellsteine etwa H 47,70, Lagerfläche der Schwellsteine H 47,34, Periode III.

798 Estrich an der südlichen Grabungsgrenze, südlich der Schwelle 793. Der Estrich bildete den Boden des Raumes der sich südlich an den Torweg anschloß. Die Ok lag bei H 47,60, also 5 cm tiefer als die Schwelle. Der Boden konnte nicht weiter untersucht werden. Per. III. – Vgl. 317 bei den Funden von Dombunkerbau 1941.

799 Mauer OW, südliche Begrenzung des Torwegs. Der untere Teil der Mauer (a) gehört zu den ältesten Mauern (Periode II a) und ist mit dem Pfeiler der Mauer 783 a in Verband gemauert. Hammerrecht geschlagene Grauwackesteine von 20 bis 30 cm Länge und 10 cm Höhe auf Grauwackestickung, die senkrecht in den gewachsenen Boden gebettet ist. Kanal 795 b ist später eingelassen. Br 0,50, im Fundament Br 0,62, vom Aufgehenden sind vier Grauwackelagen gleich 0,42, vom Fundament fünf Lagen gleich 0,75 erhalten. Uk H 45,70, Sockel H 46,50, Ok H 46,90, Periode II a, b. – Das obere Mauerwerk (b) setzt in gleicher Breite auf und besteht wie die gleichzeitige Mauer 789 aus Tuffsteinen. An der Nordseite wurde in gleicher Höhe (Uk H 47,60) wie an dieser Mauer, Wandputz festgestellt. In das Mauerwerk ist die Schwelle 793 eingelassen, Periode III.

800 a Estrich der IV. Periode nördlich des Torwegs. Packlage aus Grauwackebrocken von 15 bis 20 cm Höhe. Der Boden selbst ist 16 cm stark und mit Ziegelsplitt durchsetzt. Ok H 48,00 bis 48,07. Mauer 789 ist bis zum Bodenniveau abgetragen und offenbar glatt gestrichen, vielleicht in späterer Zeit (IV b) und im Zusammenhang mit der Legung des sehr viel schlechteren südlich anschließenden Bodens 788 a. Auf dem Boden 800 a sind verschiedene Mauern aufgesetzt. Periode IV a. Boden 800 a entspricht nach Höhe und Technik durchaus dem Boden 34 von 1866.

800 b Mäuerchen NS, ohne Fundament auf Boden 800 a gesetzt. Br 0,50, Ok H 48,61, Uk H 48,00, Tuffstein, an der Westseite Putz erhalten, Periode IV b?

800 c Mäuerchen OW, entsprechend und ursprünglich wohl verbunden mit 800 b. Die Verbindungsstelle ist gestört. Erhalten bis H 48,22. Im übrigen wie 800 b; der Putz haftet an der Südwand.

800 d Mäuerchen NS, im Süden in eine Rundung übergehend. Auf Estrich 800 a und 788 a gesetzt. 65 cm breites Fundament aus Grauwacke- und Tuffsteinen, 50 cm hoch, darüber 36 cm breites Mauerwerk aus Grauwackesteinen und einigen Tuffsteinen. Die Mauer endet im Norden mit glatter Kante; sehr wahrscheinlich war hier eine Mauerecke. Die Mauerrundung im Süden entspricht einem inneren Durchmesser von etwa 1,80. Die Spannmauer (e) der kleinen Apsis ist ohne Verband gegen Mauer 800 d gesetzt, Periode IV b?

800 e Mäuerchen OW, auf Estrich 788 a ohne Verband gegen Mauer 800 d gesetzt an der Stelle, wo diese in die Rundung übergeht. Grauwackesteine mit Ziegelbrocken, Br 0,45, erhaltene H 0,50, Periode IV b?

2. Ausgrabung in der Achskapelle des Domes 1947/48

(Katalogziffern der Domgrabung vgl. den ausführlichen Bericht in Kölner Domblatt 1949, =hier S. 95 ff.)

252 Ostapsis des Alten Domes.

267 Skelettgrab, Periode V oder Anfang VI. Das Grab wurde beim Bau der Apsis des Alten Domes durch die Fundamentgrube gestreift, wobei der Schädel teilweise zertrümmert wurde. Die Unterschenkel dürften beim Bau des gotischen Kapellenfundaments entfernt worden sein. Ok Becken H 50,24. Eine Grabgrube konnte nicht mehr festgestellt werden. Der Lagerung nach ist das Grab aber bestimmt nachrömisch und älter als der Alte Dom.

272 Römisches Pfeilerfundament, Periode IV a, in der Flucht der westlichen Pfeilerreihe im „Horreum"; Uk H 48,90, Ok H 49,86. Der Beginn des Aufgehenden und damit das zugehörige Niveau sind nicht mehr sicher zu ermitteln.

Abb. 11 – 14 Fotos von der Domgrabung am Petersbrunnen:

11. Überblick über den Ostteil der Grabung von Norden. Links, die große Schwelle 783 c (Periode III), vorn die zugehörige Nordmauer 789, dahinter die ältere Nordmauer 785 (Periode II a). Ferner der Kanal 795 a (Periode II b) und die südliche Abschlußmauer 799 a und b (Periode II und III), rechts die große Herdstelle 788 b.
12. Kanal 795 c, durch Mauer 785 geführt. Der Durchbruch durch die dahinter befindliche spätere Mauer 789 (mit bemalten Putzresten) ist noch mit Erde bedeckt, oben die Säule 786 d; Ansicht von Süden.
13. Reste der Treppenanlage 792. Rechts an Mauer 785 gelehnt, links über Kanal 795 a geführt, oben die moderne Bunkertreppe und das Domterrassenfundament; Ansicht von Osten.
14. Die Säulenstellung 786 a (Basisrest auf Kalksteinblock), b (Rotsandsteinsäule) und die dazu gehörigen Pfahllöcher c, unten rechts Einmündung des Kanals 795 c in 795 a; Ansicht von Osten.

Abb. 11.

Abb. 12.

Abb. 13.

Abb. 14.

273 Rest eines Heizkanals SSW/NNO, Periode III (IV?). Wände aus Tuffbrocken, Boden und Abdeckung aus Tegulae, alles ohne Mörtel in Lehm gesetzt. Sohle H 49,22, steigt dann nördlich um 45 Grad. Die Stellung des kleinen Restes zum zugehörigen Raum ist nicht zu erkennen.

274 Rote Sandsteinplatte vom letzten Boden im annonischen Säulenhof, Ok H 53,06, Periode X.

275 Schräge Mauer NNO/SSW, Periode II b, aufgestockt auf Mauer 287, Ok H 48,50, Uk H 47,30, Br 0,70. Vom darunterliegenden Fundamentrest 287 ab schräghoch geführtes und nicht gerade fluchtendes Mauerwerk aus Tuffsteinen.

278 Steinsetzung (Rest von Kalkofen?), Periode V. Eine noch erhaltene Kalksteinplatte (Ok H 50,02) an drei Seiten von Trockenmäuerchen umgeben.

284 Karolingischer Plattenboden vor der Apsis des Alten Domes (Periode VI), wohl identisch mit Boden 7, weiter östlich, Trachyt- und Kalksteinplatten von 10 cm Stärke. Ok H 50,90.

287 Fundamentrest einer älteren und in gleicher Schräge laufenden Mauer unter 275. Grauwacke und Tuffbrocken, meist hoch gestellt, wenig Mörtel. Uk H 46,70, Ok H 47,30, Periode II a.

298 Tuffquader, südlich (nicht entsprechend Mauerflucht 275 südwestlich) von dem ähnlichen Quader 328; nicht ganz regelmäßiger Kubus von etwa 40 cm Seitenlänge. Ok H 47,51, darauf eine wohl zu 308 gehörige Ziegelplatte; Periode I b.

299 Mauer NS (ohne Abweichung nach NO), Periode I; unter dem Scheitelfundament; Br nicht ermittelt; Grauwackefundament (0,65), Aufgehendes aus größeren zwei römische Fuß langen und einen halben römischen Fuß hohen Tuffsteinen. Zu dieser Mauer gehört offenbar ein alter Vorläufer des Mauerzuges 329/1/21, der bei 329 erfaßt ist, aber 1866 und 1926 nicht beobachtet wurde. Uk H 46,20, Ok H 47,10, Absatz H 46,86.

308 Reste eines Ziegelbodens? der Periode II a; über dem Abbruch der Mauer 299 und über Tuffquader 298 beobachtet.

328 Tuffquader, entsprechend 298; Ok H 47,47, Periode I b.

329 Mauer OW der Periode I. Im Zuge der nur für spätere Zeit (II a), nachweisbaren südlichen Begrenzung des Baderaumes (1/21); ähnlich, aber nicht ganz so sorgfältig, wie Mauer 299 ausgeführt; Uk H 46,24, Ok H 47,90, Absatzhöhe 46,85.

3. Ausgrabung beim Bau der Domherrengruft 1926

(mit teilweise geänderter und vervollständigter Bezifferung nach B.J. 133, 1928, und dem Fundbericht im Museum, dessen Plan im Kriege verbrannte und daher kaum ausgiebiger ist als der gedruckte Bericht. Höhen von Kölner Pegel auf Normal-Null umgerechnet: Nullpunkt = 35.93 N.N.)

1 Mauer OW, Südmauer der älteren Anlagen (Periode II/III) in einer Flucht mit Mauer 21 im Osten und 329 im Dom; letztere geht allerdings mit tieferer Fundamentsohle auf Periode I zurück. Die Mauer ist im Ostteil von Estrich 2 a überdeckt, reichte im Westen aber höher (wie hoch?). An der Südseite Putzreste (Außenputz?); Br etwa 0,45, an der Sohle nach zweimaliger Fundamentabtreppung nach Norden hin Br etwa 0,80, Lg 4,50, Uk H 46,83, auf nicht ganz reinem Puffsand, dessen Oberfläche erst bei H 46,37 festgestellt wurde.

1 a Estrich zu Mauer 1, aber nur südlich davon festgestellt, sehr sorgfältig mit Ziegelsplitt, 14 cm stark, auf 22 cm hoher Bruchsteinstickung, Ok H 47,86, also 50 cm tiefer als der zeitlich zugehörige Boden im älteren Baderaum (2 a), Periode II/III.

2 Mauer NS, Westmauer des älteren Baderaumes; im S an dessen Südmauer (1) angesetzt, im N aber über die Nordflucht des Baderaumes hinausreichend. Später ist Mauer 3 mit 10 cm Zwischenraum danebengesetzt genau wie bei den anderen von Voigtel entdeckten Mauern des Baderaumes vgl. 20 und 23; sorgfältig aus Bruchsteinen gemauert, Br 0,58, Lg 8,40, Uk H 48,05.

2 a Estrich im älteren Baderaum, ostwärts und zugehörig zu Mauer 2; sorgfältig mit Ziegelkleinschlag, 15 cm stark auf 20 cm hoher in zwei Lagen gepackter Tuffbrockenstickung, die oben mit Traß(?)-Mörtel abgeglichen ist. Ok H 48,33, Periode II/III.

2 b Pfahllöcher (mindestens acht), unterhalb der Fundamentsohle von Mauer 2 von eingeschlagenen Pfählen mit 70 cm Länge und 10 cm Durchmesser zur Befestigung des Untergrundes.

2 c Kerbe im Mauerwerk 2, senkrecht nur bis zum Boden 2 a hinabreichend, etwa 12 cm breit und 8 cm

tief; „wie von einer Balkenlage". Da der Bau nicht hypokaustiert ist und die Kerbe nicht tiefer als der zugehörige Boden reicht, handelt es sich wohl um eine Mauerverstärkung durch Holz, wie bei der etwa gleichzeitigen Mauer 626 am Domhof (vgl. Domblatt 1952, Taf. III und S. 116), wo noch verkohlte Holzreste in den Schlitzen waren, während dort bei einer anderen Mauer (710) die Kerbe verputzt war und überdies an der Außenfront lag, daher als Regenabfall zu deuten ist.

2d Riß in Mauer 2.

3 Mauer OW, Südmauer des späteren Baderaumes (IVa) mit etwa 10 cm Abstand südlich neben Mauer 1 gesetzt. Ihre Verlängerung ist Mauer 23. Sie ist mit Mauer 3b offenbar in einem Zuge gemauert; 3c „grenzt an"; sorgfältiges Bruchsteinmauerwerk, Br 0,54; der Mauerwinkel 3/3b ist außen mit einem 15 bzw. 20 cm breiten Fundamentvorsprung versehen. Lg 4,60, Aufgehendes noch bis 1,47 hoch erhalten. Uk H 47,87.

3a Estrich im späteren Baderaum an Mauer 3, nicht so sorgfältig wie die älteren Estriche 2a oder gar 1a; 15 cm stark auf kräftiger Bruchsteinstickung. Ok H 49,06, Periode IVa. Die Fortsetzung des Bodens nach Osten wird von Voigtel nicht erwähnt, allerdings spricht er (a. a. O. S. 202) von einem Boden des Raumes.

3b Mauer NS, Westmauer des späten Baderaumes (IVa), über dessen Nordflucht hinausreichend; in schiefwinkligem Verband mit Mauer 3 und wie diese beschaffen; erhaltene Lg 9,50.

3c Mauer NS, Westwange des (Treppen?)-Anbaues vor dem Baderaum, „grenzt an" Mauer 3 und wie diese beschaffen. Erhaltene Lg 2,10.

3g Zwei Ziegel (etwa 30×40 cm) auf schwacher Mörtelbettung, am Mauerwinkel 3/3c. Höhenlage leider nicht festgestellt. Vielleicht Schwelle vom (Treppen?)-Anbau vor dem späten Baderaum oder Rest einer Fundamentierung für einen Pfeiler; Periode IVa.

4 Mauer OW, bildet mit Mauer 24 den Südabschluß des Raumes der Periode V; schlechtes Tuffmauerwerk, Br 0,65, Lg 9,0 Hh 0,85, Uk H 48,76.

4a Mauer NS über Mauer 3c, Westmauer des Anbaues der Periode V; Technik und Höhenlage offenbar wie 4; wurde vorzeitig abgerissen und nur noch in der Südwand der Ausschachtung beobachtet.

5 Kanal SW/NO, läuft über der Abbruchkante von Mauer 3 auf das Becken 16 zu; Verhältnis zu 4 nicht mehr zu ermitteln; schlechtes, „ganz unrömisches" Mauerwerk, Ok H 49,25, Periode V.

6 Vermutlicher Westabschluß des Baderaumes der nachrömischen Zeit (Periode V). Nicht eingemessen und nirgends erwähnt, aber auf dem Foto der Grabung von 1926 in der Nordwand der Grube sichtbar.

7 Trachytplattenboden, 1926 in H 50,92 notiert; 1866 weiter ostwärts bei H 51,30 gezeichnet, im Text aber als 10 Fuß über dem römischen Boden, also H 51,14, liegend vermerkt; offenbar identisch mit dem Plattenboden 284 in der Achskapelle des Domes; „aus 3 Zoll (= 77 mm) starken, sauber behauenen drachenfelser Hausteinplatten". Wasserschacht 11 ist wahrscheinlich zugehörig. Periode VI, hochkarolingisch.

4. Ausgrabung von Voigtel und Düntzer beim Bau des Petersbrunnens 1866
(mit ganz neuer Bezifferung; nach B.J. 53/54, 1873; Höhen auf Normal-Null umgerechnet)

11 Wasserrinne mit brunnenartigem Schacht; bei Voigtel b; „aus gewöhnlichen Ziegelsteinen neuerer (d. h. wohl nichtrömischer) Form konstruiert", „steht zu der römischen Wasseranlage außer Beziehung; scheint zur Ableitung von Wasser aus den mittelalterlichen Bauanlagen gedient zu haben". Lichte Weite des Kanals etwa 0,20×0,20, bei der Ausmündung aus dem Schacht höher, lichte Weite des Schachtes etwa 0,65×0,90 mit Einschnürungen, vielleicht für eine Absperrvorrichtung. Sohle etwa 50,00. Der Schacht ist bis H 51,30, also bis zur Höhe des Plattenbodens 7, wie Voigtel ihn zeichnet, erhalten. Periode VI (karolingisch), möglicherweise auch Periode X (annonisch) oder bis Periode X im Gebrauch.

12 Mauer OW, südliche Säulenhofmauer; bei Voigtel S; wie die Nordmauer 14 aus drachenfelser Stein; Säule 13 zugehörig, Br oben 1,10, beiderseits Fundamentvorsprung von 0,30 bei H 52,0 (also höher als der demnach ältere Boden 7), nochmaliger Vorsprung nach N zu. Untere Fundament-Br 2,30, Periode X.

13 Säule aus drachenfelser Stein (Trachyt), zu Mauer 12; bei Voigtel E (mit Detailzeichnung); Schaft-

Dm 0,80; „in der Richtung der südlichen Umfassungsmauer (= 12) acht Fuß (2,50 m) vom Domsokkel entfernt, im Lager stehend ausgegraben" (in unserer Rekonstruktionszeichnung [Tafel 4] ist die Entfernung vom Scheitel des Domsockels zu Grunde gelegt), Periode X.

14 Mauer OW, nördliche Säulenhofmauer; bei Voigtel S; Ausführung, Br des oberen Teils und Richtung wie 12, auch ähnlich wie diese im Fundament mehrfach abgetreppt, und zwar hauptsächlich nach Süden; untere Fundament-Br nur 1,90, Periode X.

15 Mauerrest OW, wohl vom Fundament der Rückwand des nördlichen Säulenganges; bei Voigtel nicht beziffert; 1,60 breites Fundament mit etwa 40 cm Rücksprung an der Nordseite; nicht so hoch erhalten und weniger tief freigelegt als die Säulenmauern 12 und 14; Periode X.

16 Achtzackiges Badebecken der Spätzeit (Periode IV a – V) über dem älteren achtseitigen Badebecken 26; bei Voigtel d; „aus Tuffsteinquadern gefertigt und mit sorgfältig geglättetem roten Mörtelputz (von allen Seiten) bekleidet". Die Grundrißfigur des Beckens ist in einen Kreis von 4,70 Dm derart eingeschrieben, daß durch bogenförmig eingebuchtete Seitenflächen acht Zacken entstehen, die aber nicht den Ecken eines regelmäßigen Achtecks entsprechen, sondern paarweise enger gestellt sind und so von der Figur eines eingeschriebenen Quadrats ausgehen. Die obere Brüstungsmauer des Beckens bildet eine 47 cm breite Mauerung, deren Oberkante nicht erhalten war. Eine 30 cm breite Treppung läuft etwa 68 cm oberhalb des Bodens mit entsprechenden Buchtungen an der Innenfläche des Beckens entlang. An der Nord- und Südseite ist vor diese Bank noch je eine etwa 40 cm hohe Stufe gelegt. – Das Becken wurde schon bei der Entdeckung von H. Düntzer als baptisterium angesprochen (B.J. 1873, S. 206 ff.), von F. Fremersdorf zunächst als „merkwürdiges Becken" bezeichnet (B.J. 1928, S. 218), von mir 1948 vermutungsweise als christliches Baptisterium gedeutet (Der unterirdische Dom, 1948, S. 79 und Der Kölner Dom, Festschrift 1948, S. 178 f., hier S. 52 f.), eine Auffassung, der F. Fremersdorf sich anschloß (Köln und sein Dom, Festschrift der Stadt Köln 1948). Die Achtzahl steht bekanntlich in besonderer Verbindung mit dem Taufritus. Der dreifach getreppte Einstieg und der wiederum über drei Stufen gehende Ausstieg wird bei Isidor von Sevilla ausdrücklich für die Taufe gefordert. Beispiele ähnlicher Becken führt F. Fremersdorf a. O. an. – Das Becken wurde im Boden erhalten und durch ein Backsteingewölbe geschützt. 1926 wurde es für kurze Zeit freigelegt. Es wäre dringend zu wünschen, daß es im Zusammenhang mit der neuen Domumbauung endgültig freigelegt und zugänglich gemacht würde. – Die zeitliche Ansetzung des Beckens, das wir bisher in die Periode III gesetzt haben, ist nach den Ergebnissen unserer Grabung von 1952 zu ändern; das ältere Becken (26) muß noch in Periode III bestanden haben und erst zu Beginn der Periode IV durch das gezackte Becken 16 ersetzt worden sein.

17 Ablaufrinne zum Becken 16; bei Voigtel c; „mit Platten gedeckt . . . führte nach NO das gebrauchte Wasser in die Abzugsgräben; in die Umfassungsmauer des Wasserbeckens d (= 16) dicht am Boden eingelassen und in den Kanal c (= 17) eingelegt, befand sich der ca. sechs Fuß (1,88 m) lange Rest eines gut erhaltenen Bleirohrs von zwei Zoll (5,2 cm) lichter Weite. Das Rohr, aus Bleiplatten zusammengelötet, zeigte an seiner Einmündung in das Wasserbecken keinerlei Vorrichtung zum Verschluß. Als einer der zum Kanal verwendeten Decksteine wurde hier ein Weihestein, dem Genius der zu Köln wohnenden Focarii gewidmet, zutage befördert". (C I L 13,8183, vgl. Beschreibung der Funde, oben), Periode IV a.

18 Mauer OW, nördliche Begrenzungsmauer des vermutlichen Baderaumes der nachrömischen Zeit (Periode V); bei Voigtel T; Br etwa 0,60; ohne Fundamentabsatz auf Schutt; Uk H 49,0; in einer Lg von etwa 6 m und bis H 50,60 erhalten.

19 Mauer OW, vor der südlichen Begrenzung des vermutlichen Baderaumes der nachrömischen Zeit (Periode V), wohl zum Eingang gehörig; bei Voigtel T; auf Schutt und streckenweise auf römischer Mauer aufgesetzt ohne Fundamentverbreiterung. Uk H 48,80, Br etwa 0,85 bis H 51,50 und in einer Lg von 6,0 erhalten.

20 Mauer OW, Nordmauer des Baderaumes der Periode IV a, mit 16 cm Zwischenraum nördlich neben die ältere Mauer 22 gesetzt; bei Voigtel ohne Nummer; sicherlich sind die beiden Mauern nicht, wie Voigtel annimmt, gleichzeitig mit einem Zwischenraum als Isolierschicht errichtet. Der gleiche Luftzwischenraum ist am Westabschluß des Raumes durch späteres Hinzusetzen der Mauer 3 b zwischen dieser und der älteren Mauer 2 entstanden. Aufgehendes Br 0,55, im Fundament nach N (außen) zweimal getreppt bis Br 1,05, Uk nicht erfaßt, tiefer als 47,00; bis H 49,0 und in etwa 10,0 Länge erhalten. Ob Mauer 28 in Verband stand, ist ungewiß.

21 Mauer OW, östliches Stück des Mauerzuges 329/1/21, der die Südgrenze der Raumflucht der Periode II/III bildete; bei Voigtel ohne Nummer; über das Verhältnis zu der später mit Abstand daneben gesetzten Mauer 23 vergl. bei 20. Br 0,45, Uk nicht erfaßt, bis H 49,0 und in 8,0 Länge erhalten.

22 Mauer OW, Nordgrenze der Räume der Periode II/III, jedoch ohne bisher festgestellte Fortsetzung nach W hin; etwas breiter (0,55) und auch länger (10,0) erhalten, sonst wie die zugehörige Südmauer 21.

23 Mauer OW, Südwand des späteren Baderaumes (IV a); bei Voigtel ohne Nummer; Verlängerung nach W ist Mauer 3 von 1926; wohl in Verband mit Mauer 23 c; auf der Mauerecke 23/23 c der Pfeiler 23 g; Boden 34 scheint angestrichen zu sein.

23 c Mauer NS, östliche Wange des (Treppen?)-Anbaues der Periode IV a, entspricht der westlichen Wange 3 c.

23 g Pilaster auf dem Mauerwinkel 23/23 c. Periode IV/V; bei Voigtel R, mit Detailzeichnung; aus Jurakalk, an drei Seiten bearbeitet: Saubere verstäbte Kannelierung auf attischer Basis, Br etwa 0,46, Plinthe in situ bei etwa H 49,40; bis H 50,30 erhalten; wahrscheinlich Spolie, die möglicherweise erst in Periode V hier am Eingang zum Baderaum aufgestellt wurde.

24 Mauer OW, Südwand des vermuteten Raumes der Periode V; bei Voigtel ohne Nummer; bildet mit 24 a einen Mauerwinkel, der im Osten, entsprechend 4 und 4 a im Westen, den Eingang flankiert; nur zwei Lagen und in geringer Lg (4,0?) erhalten. Ok H 49,20, Uk H 48,90.

24 a Vergl. 24.

25 Mauer SSW/NNO, vermutliche Ostwand der Räume in Periode IV a, wohl in Verband mit den anderen Mauern der Periode IV a. Die mit einer östlichen Strebe (?) versehene Mauer bildete offenbar eine spätere und partielle Rückverlegung der alten Frontmauer 783/33. Einzelheiten wegen mangelnder Höhenangaben aber unsicher. Br 0,50.

26 Älteres, achtseitiges Badebecken, Periode II/III; bei Voigtel e; nur der Ostteil mit zwei Stufen erhalten. Offenbar regelmäßiges Achteck von 3 m Breite mit Stufen an der Ost- und sicherlich auch an der Westseite. Uk etwa H 48,30; Details, etwa Einbau des zugehörigen Kanals 27, nicht ersichtlich.

27 Abflußkanal zu 26; bei Voigtel a; gemauerter Kanal von acht Zoll (0,21) Breite in SO-Richtung.

28 Mauer NS, zu den Räumen nördlich des Baderaumes der Periode IV a; offenbar mit 20 und 29 in Verband; Uk nicht erreicht, aber tiefer als H 47,00, Br 0,55, Lg 6,50; bis H 48,90 erhalten.

29 Mauer OW, zu den gleichen Räumen, Br 0,70, im Fundament zweimal nach N vorspringend zu Br 1,30; im übrigen wie 28, Periode IV a.

30 Mauer NS, wohl im Verband mit Mauer 29, Br 0,65, nur ein kurzes Stück (1,60) erhalten; im übrigen wie 28.

31 Mauer NS, vermutlich wegen der genauen Ausrichtung nach N und der weit vorgeschobenen Lage nach O die älteste Frontmauer der Periode I. Bei Voigtel ohne Bezifferung und Erwähnung, nur auf seinem Plan faßbar; Br 0,80, Lg 6,50, Höhenlage?

32 Mauer SSW/NNO; bei Voigtel P; Frontmauer, die vermutlich die Ostwand des älteren Baderaumes (Periode II/III) getragen hat. Br 0,85.

33 Mauer SSW/NNO; bei Voigtel O; Frontmauer in der Flucht der neu entdeckten Verlängerung 783; verschiedene Breiten mit mehreren Strebemauern (?) nach O hin.

34 Boden der Periode IV a, entspricht nach Art und Höhenlage Boden 800 a. In Voigtels Raum I südlich des Baderaumes. Estrich aus rotem Ziegelmehlmörtel auf starker Stickung aus zerschlagenen Baugliedern und Skulpturen, darunter Reiterstandbild in halber Lebensgröße (wohl von einem Grabstein). Gesamtstärke etwa 0,40 bis 0,50, Ok H 48,0; wahrscheinlich an Mauer 23 und 23 c angestrichen.

34 a Vier Säulentrommeln auf Boden 34; bei Voigtel m, aber kaum, wie Voigtel annimmt, zufällig dorthin gestellt, vergl. 786 b und d in der gleichen Schrägrichtung parallel zur Frontmauer.

35 Mauer OW, südlich vor dem vermuteten Baderaum der Periode V und zeitlich wohl zugehörig, in der Bedeutung aber unklar. Bei Voigtel T; Br 0,65, Lg 6,50, ohne Fundament, auf spätrömischem Schutt, Uk H 48,80, Ok H 50,20.

5. Ausgrabung beim Bau des Dombunkers 1941
(Auszug aus dem Fundbericht)

115 Mauer NS, Westmauer des „Horreums", Periode IV; stand auf einer älteren Mauer. Im O der gleichzeitige Estrich 198 angestrichen. Uk H 47,50, Br 0,56, Lg noch 10 m. Zwei Pfeilerverstärkungen im W.

198 Estrich im „Horreum", Ok H 47,69; auf 15 bis 20 cm hoher Stickung aus Grauwacke- und einzelnen Kalksteinen ein 10 bis 12 cm starker Estrich mit Ziegelkleinschlag. Unter dem Boden: Rest einer Grabinschrift (Inv.-Nr. 41.187), späte Scherben (41.188) u. a. Auf dem Estrich keine Brandspur, aber 20 cm hohe sehr feste Lage aus Resten von Dachziegeln, darüber 50 cm dunkle graue Erde.

210 Mauer NS, Periode IVb; mit Portal 211; Verband mit Mauer 212; anschließend nach W Estrich 213, Uk H 45,80, Br 1,05; 0,40 hohe Stickung aus Grauwacke, darüber Grauwackelagen von 10 bis 12 cm Höhe mit festem hartem Mörtel; hellgelber Wandputz in zwei Lagen an der Westseite erhaltene Hh 4,30, Ok H 50,10.

211 Portal in Mauer 210, Periode IVb; Kalksteinschwelle aus einem einzigen Block, 2,30×1,05×0,38, darin eine der Türöffnung entsprechende Stufe 1,50×0,71 eingearbeitet; zwei runde Angellöcher; Nordlaibung als 1,20 hohe, 1,00 breite, 0,20 starke Platte, mit 3 cm vorspringendem Anschlag und Riegelloch in situ erhalten; Schleifspur eines Fallriegels vom südlichen Türflügel.

212 Mauer OW, Periode IVb in Verband mit 210 und 227, Uk H 45,80 (wie 210), Br 1,50; wie 210 gemauert.

213 Estrich zu 210, Periode IVb. Ok H 48,55; 13 cm grober Ziegelsplittmörtel, darüber 8 cm feiner Ziegelmehlmörtel, ohne Stickung.

218 Mauer NS, Ostabschluß des „Horreums", Periode III/IV; vom unteren Teil (III) nur noch Grauwakkefundament erhalten; oberer Teil (IV): auf Grauwackestickung Tuffmauerwerk.

221 Mauer OW, Periode IVb, wohl zu 210; Uk H 46,60, Br 1,16; in der Mitte noch 1,40 hoch erhalten; im O nur als Ausbruchgrube; Technik wie 210.

227 Mauer NS, Periode IVb, zu 210 und 212, Technik wie diese; Uk H 45,80; dicht neben der älteren Mauer 228.

228 Mauer NS, Periode IIa; bildete wahrscheinlich die Westwand des südlich an den Torweg anschließenden schiefwinkligen Raumes. Die Mauer stand dicht bei Mauer 227 und reichte bis unter den Estrich 198. Uk H 46,70; auf Grauwackestickung (0,28) folgen Grauwackemauerwerk (0,40), eine Ziegelschicht (0,06), Grauwackelage (0,12), Ziegelschicht (0,06), Tuffmauerwerk (0,24).

230 Mauer OW, Periode II, bildete wahrscheinlich die Südwand des südlich an den Torweg anschließenden und in dieser Periode weiter nach S reichenden Raumes; Ok direkt unter Estrich 198, Uk H 46,90, Br 0,46; Technik ähnlich wie 228 mit Grauwacke-, Tuff- und Ziegellagen.

237 Mauer OW, Periode IVa, Trennungsmauer zwischen dem „Horreum" und dem zu einer weitläufigen Anlage ausgeweiteten Torweg der Spätzeit, dicht neben 238. Nach S schließt sich der Boden des „Horreums" 198 an. Uk H 46,70, Br 0,70; über Grauwackestickung (0,20) folgen Grauwackefundament (0,43), dann, 12 cm rückspringend, Grauwacke und Tuff (zwei Lagen 0,28), dann wieder rückspringend, (0,04) Tuffmauerwerk (1,77, Lagenhöhe 10 cm, Lg der Tuffsteine 25 cm), darüber zwei Ziegellagen. In der Mitte der Mauer ist eine große, 2,80 breite Flickstelle, die vielleicht eine vermauerte Türöffnung ist.

238 Mauer OW, Periode III, dicht nördlich Mauer 237; mit der Tür 244 und dem nördlich anschließenden Estrich 243; Uk H 46,50; über Grauwackestickung (0,30) Grauwacke- und Tuffundament, dann ein Ziegelband in H der Türschwelle 244, darüber noch sechs Tufflagen.

239 Karolingische Grube, reichte bis H 46,90 hinab; dunkle Füllung mit Badorfer Scherben.

242 Ostwand der Kammer 309, ohne Verband gegen Mauer 238 gesetzt, mit Putzresten an der Innenfläche; Periode III.

243 Estrich nördlich Mauer 238, der Estrich im Raum südlich des Torwegs. Ok H 47, 50 (?) Grauwackestickung (0,10) Ziegelsplittestrich (0,10), Periode III.

244 Tür in Mauer 238, Periode III. Sohle H 48,33 (d. h. 0,64 über dem Boden im „Horreum"), Br 3,35; drei Trachytplatten 18 bis 20 cm hoch, vielleicht Spolien eines großen Rundbaues, Laibung aus rotem Sandstein. Keine Angellöcher, sondern an den Seiten 9 cm breite und 50 cm lange Rillen, die mit zunehmender Tiefe senkrecht auf die Leibungen zulaufen.

245 Kalksteinblock (52×66×44 cm), östlich der Kammer 309, im Winkel der Mauern 238 und 242; reichte 3 cm unter den Estrich 243; Ok H 48,46; auf 45 cm hohem Fundament und 12 cm hoher Stickung, Periode III.

246 Mauer OW, Nordmauer der Kammer 309 mit Fensterbank (?) aus Trachytplatte in H 48,70, Periode III.

247 Kanal SW/NO, unter Kammer 309, über Mauer 228; unter Boden 243, der über dem Kanal bei dessen Verlegung oder bei einer Reparatur ausgeschlagen und dann wieder roh geflickt wurde. Der Kanal ist wohl identisch mit Kanal 795 b; Periode II b/III.

248 Mittelalterliche Abortgrube mit frühgotischen Scherben.

249 Späterer Boden in Kammer 309, Periode III? IV? Ok H 48,70. Der Boden ist 8 cm stark und gegen den Putz von Mauer 242 gestrichen.

307 Südmauer der Kammer 309. Das Verhältnis dieser Mauer zu der an der gleichen Stelle liegenden Mauer 238 ist nicht ersichtlich; wahrscheinlich sind beide Teile nur Stücke der gleichen Mauer; Periode III.

308 Westmauer der Kammer 309, im Verband mit 307. Nur die Ostseite wurde auf ein kurzes Stück freigelegt, Periode III.

309 Kammer aus den Mauern 307, 308, 242 und 246. Die Bedeutung der kleinen, im Lichten 2,10×1,50 messenden und anscheinend mit einem Fenster versehenen Kammer ist unklar. Der ursprüngliche Boden war an die Mauern 207 und 308 angestrichen. Seine Ok lag bei H 47,50; er bestand aus drei Lagen: unten 16 cm Kalkmörtel mit grobem Splitt, darüber 3 cm roter Ziegelmehlmörtel, darüber 3 bis 5 cm grauer Mörtel; Periode III.

310 Kleiner Rest eines Ziegelmauerwerks. Im N an Mauerwerk 311 reichend mit glatter Kante im O. Uk H 47,04, 23 cm hoch, aus Ziegelplatten, mit Ziegelsplittmörtel gemauert und oben mit dem gleichen Mörtel abgeglichen; wohl Rest eines Wasserbeckens oder dergl.; Periode II/III.

311 Mauerecke, Periode II/III, Ok H 49,00, Uk nicht ermittelt. Grauwackemauerwerk mit glatter Süd- und Ostkante. Br nicht ermittelt.

312 Mittelalterliche Mauer NW/SO, auf und an Mauer 311 gesetzt.

315 Mittelalterliches Fundament aus zusammengetragenen römischen Säulenresten, die unten trocken mit Bruchsteinen verkeilt waren. Die Oberfläche war mit Mörtel abgeglichen. Ausdehnung und Begrenzung nicht ermittelt.

317 Estrich mit Ziegelsplitt, unter Fundament 315 und auch weiter östlich, dicht bei der Grabung von 1952, aber immer nur an seiner Oberfläche freigelegt. Uk H 47,70. Er dürfte mit unserem Boden 798, von dem ebenfalls nur die Oberfläche freigelegt wurde, identisch sein; Periode III.

Otto Doppelfeld

Neue Ergebnisse der Domgrabung

Pfeilerstellung und Bodenbelag des Alten Domes

Aus: Kölner Domblatt 12/13, 1957, 144 – 145

Nach einer durch den Katholikentag 1956 und die Wiederherstellung des ganzen Domes gegebenen Unterbrechung sind die Grabungen im Frühjahr 1957 wieder aufgenommen worden. Der Längsstollen in der Achse des Domes war 1956 bis zur Vierung vorangetrieben und ausgemauert worden. Von da waren wir südlich und nördlich bis zu den Grenzen der Vierung abgezweigt, wo wir an den eben dort verlaufenden Mittelschiffmauern des Alten Domes stehengeblieben waren.

Bei den neuen Grabungen wurde zunächst wieder in östlicher Richtung auf den Chor zu weitergegraben. Hier trafen wir bald auf eine Mauer, die auf den Bodenplatten des Alten Domes aufsetzte und als die 1248 nach Abbruch der Osthälfte des Domes gesetzte Absperrmauer für die Westhälfte, die bis in das 15. Jahrhundert stehenblieb, anzusprechen ist. An ihrer weiß verputzten Westwand sind noch die Spuren der Stufen eines davor errichteten Altarpodiums zu sehen. Kurz hinter dieser Abschlußwand des Alten Domes kamen dann die Fundamente der Absperrmauer des neuen gotischen Chores zum Vorschein. Hier mußte die Grabung zunächst haltmachen, damit der neue Schacht vermauert werden konnte. Inzwischen wurde an der Abschlußmauer entlang nach Norden gegraben, um endlich Aufklärung über die Art der Mittelstützen des Alten Domes zu erhalten. Wir gingen nämlich von der Voraussetzung aus, daß die Abschlußwand einem Joche des Alten Domes entsprechen müßte und hofften, in sie eingebunden noch eine Stütze (Pfeiler oder Säule) des Mittelschiffes zu finden. Leider jedoch war das wertvolle Steinmaterial des Pfeilers beim endgültigen Abbruch des Alten Domes ganz abgeräumt worden. Es ist aber doch gelungen, die Frage nach Art und Zahl der Stützen zu klären; wir wissen jetzt, daß das Mittelschiff von kräftigen oblongen Pfeilern (1,15×1,70) begrenzt wurde, und daß die Pfeiler einen Achsabstand von 5,50 m hatten. Es ergeben sich danach, auf die Länge des Alten Domes verteilt, genau dreizehn Pfeiler mit zwölf Arkadenöffnungen.

Neben diesen Ergebnissen aus den Querstollen hat aber auch der Hauptstollen, von dem wir zunächst keine wesentlichen Ergebnisse erwarteten, zu einer sehr interessanten Feststellung geführt. Er brachte uns nämlich neben den schon erwähnten beiden Absperrmauern eine erfreuliche Aufklärung über den Fußboden des Alten Domes. Für die Domausstellung des Jahres 1956 haben wir in einer Rekonstruktionszeichnung die bisherigen Beobachtungen zusammengestellt (vgl. Katalog [=Domblatt 1956] S. 22 Nr. 13). Wir bringen diese Zeichnung hier mit der jetzt ermöglichten Einzeichnung der Pfeiler zum Abdruck (Abb. 1).

Erstmalig fanden wir schon im Jahre 1946 Spuren vom Boden des Alten Domes, und zwar in der Emundus-Kapelle, wo ein später Boden aus Schieferplatten die Lücken zwischen den vielen Grabplatten ausfüllte und einen älteren Tonfliesenboden überdeckte. Dann fanden wir 1947 im

Abb. 1.
Pfeilerstellung
und Bodenbelag
des Alten
Domes.

Chor geringe Spuren vom Abdruck gleich großer Fliesen. Ein ganz anderer Belag wurde 1948 im Chorumgang am Ende des südlichen Seitenschiffes des Alten Domes festgestellt, wo kräftige Ziegelplatten von verschiedener Größe, auf denen wir das herabgetropfte Blei vom Dach des Alten Domes fanden, angetroffen wurden. Diese Ziegelplatten haben wir bisher sonst nirgends gefunden. Vielmehr stießen wir 1950 im nördlichen Querhaus wieder auf die Spuren der gleichen Tonfliesen wie in der Emundus-Kapelle. Anschließend fanden wir in der Krypta denselben Boden in größeren zusammenhängenden Flächen erhalten wieder. Als dann 1953 mit dem großen Stollen in der Achse begonnen wurde, mußten wir zu unserem Bedauern feststellen, daß der Bodenbelag im Langhaus des Alten Domes bis auf zwei dreieckige Plättchen aus schwarzem und weißem Marmor sorgfältig aufgelesen worden war. Immerhin konnte man daraus schon schließen, daß das weggeräumte Material einen gewissen Wert gehabt haben muß. Soweit es noch möglich war, wurden daher die Mörtelabdrücke genau aufgemessen. Es ergab sich beim Fortschreiten der Arbeiten ein überaus abwechslungsreiches Bild verschiedenster Fliesenformen und -zusammenstellungen, die zu einem Rekonstruktionsversuch reizten. Dabei mußten die Farben allerdings willkürlich eingesetzt werden. Auch in den Linien waren einige Ergänzungen notwendig, vor allen Dingen an der Stelle, wo die unterirdische Spannmauer des Querhauses, die unter Bodenniveau ausgebrochen war, verlief. Man darf wohl annehmen, daß die vermutlich im Anfang des 15. Jahrhunderts entnommenen Marmorplättchen für die Chorkapellen des gotischen Domes verwendet wurden; denn hier glaubt man die gleichen Formate wiederzufinden. Vielleicht kommt man durch einen eingehenden Vergleich noch zu Rückschlüssen über die farbige Gestaltung des alten Dombodens. Die reiche Ausstattung des Bodens ist nicht über die ganze Länge und Breite des Mittelschiffs zu verfolgen. Vielmehr ist nur ein gut vier Meter breiter Mittelstreifen in der Achse des Domes wie mit einem bunten Teppich ausgelegt, dessen Pracht sich nach dem Westchore zu – und wohl auch entsprechend nach dem Ostchore hin – steigerte. Vor dem Westchore muß ein besonders wertvoller großer runder Stein gelegen haben, der von vier Segmentplatten eingerahmt wurde. Er ist wohl schon bei einer früheren Gelegenheit entfernt und durch eine einfache Mörtelfüllung ersetzt worden. Es ist möglich, daß der bunte Mittelstreifen im westlichen Querhaus Abzweigungen nach Süden und Norden hatte; hier haben wir noch nicht gegraben.

Die neuen Grabungen unter der Vierung förderten auch wieder römische Mauerreste zutage, jedoch konnten wir sie bisher nicht bis zur untersten Sohle freilegen. Was einstweilen zu erkennen ist, sind spätrömische, unter Verwendung von Spolien, darunter einer Schuppensäule von 45 cm Durchmesser, errichtete Mauern bescheidenen Ausmaßes und ein schlichter Estrichboden, Dinge, die kaum auf einen Bau von besonderer Bedeutung schließen lassen.

Otto Doppelfeld

Die Domgrabung

X. Die Ausgrabungen am Domkloster

Aus: Kölner Domblatt 14/15, 1958, 11 – 32

Klösterliche Erinnerungen irgendwelcher Art, und sei es auch nur noch eine leise Andeutung von der alten baulichen Geschlossenheit, wird man heute zu Füßen der Domtürme vergeblich suchen. Die Stelle heißt zwar immer noch das Domkloster, aber von einer geschlossenen Form – denn das ist ja die Bedeutung des Wortes Kloster – ist gar nichts mehr zu spüren; von Form kann überhaupt nicht die Rede sein in dieser Leere, die den Namen Platz kaum verdient und eher als das Vorgelände des Domes zu bezeichnen wäre. Von anderen Kölner Klosteranlagen, wie beispielsweise dem Gereonskloster, ist in den Fluchtlinien des heutigen Stadtplans doch meist das alte Kreuzgangsquadrum noch ganz oder wenigstens stückweise wiederzufinden; das Domkloster aber ist im vorigen Jahrhundert völlig der Manie, den Dom freizulegen, und den auch in dieser noch autolosen Zeit ständig steigenden Bedürfnissen des Verkehrs zum Opfer gefallen. Bis dahin hatte der Platz trotz des einschneidenden Eingriffs, der gegen Ende des Mittelalters durch den gotischen Turmbau nötig wurde, doch sehr lange und zäh die uralten Fluchtlinien und die burgartig geschlossene Westfront des ursprünglich königlichen, dann bischöflichen Hachtgebietes bewahrt, anders als das Vorgelände an der Chorseite des Domes, das wegen der durchgreifenden Änderungen der Rheinfront sein Aussehen mehrfach von Grund auf gewandelt hat [1].
Es sind am Domkloster zwei Fluchtlinien, die schon vom römischen Köln übernommen worden waren und bis ins 19. Jahrhundert das westliche Vorgelände des Domes formten, ohne es, wie man einmal gemeint hat, einzuschnüren: die römische Stadtmauer im Norden und die Hauptstraße der Römerstadt, die zweitausend Jahre alte Straßenflucht Hohe Straße/Unter Fettenhennen im Westen. Im Schnittpunkt dieser Linien lag die Porta Clericorum („Pafepootz"), das alte römische Nordtor, und bezeichnete die Nordwestecke des Hachtgebietes. Der letzte Rest dieses Tores wurde erst vor einem Menschenalter nach heftigen Diskussionen abgetragen und vor das Wallraf-Richartz-Museum plaziert, wo er jetzt noch steht. An Ort und Stelle erinnert heute nur noch eine Inschriftplatte im Boden an das Haupttor des römischen Köln. Aber auch diese letzte bescheidene Erinnerungsinschrift schwimmt im Verkehr: die Platte wurde schon mehrfach, u. a. bei Gleisarbeiten verschoben.
Das „Kloster" des Domes waren die Gebäude der „domini", nämlich der Domkapitulare, die ursprünglich und bis ins 11. Jahrhundert noch alle in klösterlicher Gemeinschaft lebten, also zunächst die Bauten der Gemeinschaft, der Speisesaal (nicht überliefert), das Dormitorium (Schlafsaal), die Stupa (heizbarer Raum, „Stube"), die Schola (die berühmte Domschule), die Pastrina (Bäckerei), die Coquina (Küche), in zweiter Linie und auch später – um die Mitte des 13. Jahrhunderts leben nur noch die jungen Schülerkanoniker in der vita communis – die Bauten der Vereinzelung, die

[1] Vgl. den Bericht über die Grabung am Petersbrunnen, Domblatt 1957, 49 ff. = hier S. 183 ff.

Wohnungen der Kapitelsherren, vor allem des Dechanten und des Propstes; und schließlich verschiedene Kapellen, darunter Maria im Pesch, die dem Namen nach zu urteilen in der Mitte des Atriums gelegen haben dürfte. Die übrigen Bauten waren zur Zeit des Alten Domes um den Atriumshof gruppiert, der „more Romano" vor der westlichen Eingangsfront der Kathedrale gelegen war und nicht, wie bei Klöstern sonst üblich, an der Flanke der Kirche. An der Seite der Kirche lag vielmehr in Köln die Curtis Regia, die im 11. Jahrhundert zur Zeit Annos II. noch in königlichem Besitz gewesen sein muß [2].

Als das Langhaus und die Türme des gotischen Domes die östliche Hälfte des „Klosters" okkupierten, waren viele seiner Bauten, besonders der Schlafsaal und sonstige Gemeinschaftsräume ohnehin nicht mehr vonnöten. Aber die Domdechanei stand bis in das 19. Jahrhundert an der gleichen Stelle, wo sie jahrhundertelang die Nordwestecke des alten Atriums gebildet hatte. Freilich hatte sie sich inzwischen mit ihren rückwärtigen Gärten weit nach Norden über die römische Stadtmauer hin ausgedehnt und bildete, von der dahinter aufragenden Domfront nur durch die kleine Gasse „Auf der Litsch" getrennt, eine ungewöhnlich malerische Gruppe, die wir von vielen alten Stichen und Bildern kennen.

Am gegenüberliegenden südlichen Atriumsgang hatte die Domschule wahrscheinlich an der Stelle des gotischen Südturms gestanden. Sie wurde als *„Aula Theologica"* für die theologische Fakultät der alten Kölner Universität 1526 dicht neben dem Südturm neu errichtet.

Noch weiter südlich stand an der Südwestecke des Hachtgebietes die Dompropstei, die aller Wahrscheinlichkeit nach anfänglich auch weiter nördlich gestanden und zu den das alte Atrium *„in ordine"* umsäumenden Gebäuden gehört hatte, denn um 1156 schenkt Erzbischof Arnold II. sein Haus *„in claustro"* als Wohnung für den jeweiligen Dompropst. Im hohen Mittelalter kam es zur Gütertrennung zwischen Propst und Kapitel, die 1375 von Papst Gregor XI. bestätigt wurde. Der Propst schied aus dem Kapitel aus, was auch durch die bauliche Absonderung der Propstei zum Ausdruck kam. Der nunmehr zum Leiter des Kapitels aufrückende Dekan residierte folgerichtig auch weiterhin in seiner Dechanei im eigentlichen claustrum.

Schriftliche Überlieferung

Über die genannten Gegebenheiten besitzen wir nur recht lückenhafte schriftliche Aufzeichnungen [3]. Erst verhältnismäßig spät, im Jahre 1074, hören wir zum ersten Male Näheres über das Domkloster, und zwar in der noch zu behandelnden bekannten Stelle der Vita Annonis, die uns neben der Erwähnung des Ganges unter der Stadtmauer auch sonstige Aufklärung gibt. Man kam von der Kirche durch eine kleine Pforte in den Schlafsaal, der im Stockwerk des Ganges *(superior ambitus)* gelegen haben muß; die dahin führende Treppe ist im Dom gefunden worden. Es war dies jedoch an sich kein geheimer Ausgang, sondern ein schmaler, aber vielbenützter Weg, den die Kanoniker täglich beim ersten und letzten Stundengebet gegangen sein dürften. Vom Schlafsaal muß auch in der anderen Richtung nach Westen eine Treppe in das Atrium hinabgeführt haben. Ferner ist zu entnehmen, daß schon im 11. Jahrhundert in dem Raum zwischen Atrium und Stadtmauer wenigstens ein Kanonikerhaus gestanden hat, das an die Stadtmauer herangebaut war. – Kurz darauf (1076) taucht auch der Name Domkloster auf *(Claustrum maioris ecclesiae)*. Im Jahre 1156 wird es im Zusammenhang mit der schon erwähnten Schenkung des Hauses der Dompröpste *„Claustrum sancti Petri"* genannt. Um 1200 ist von einem Haus im oberen Umgang die Rede, das früher

[2] Vgl. den Bericht über die Domhofgrabung, Domblatt 1952, 102 ff.

[3] Vgl. H. Vogts, Der Kölner Dom im Stadtplan und Stadtbild, Der Dom zu Köln, Festschrift 1930, S. 1 ff., ferner H. Keussen, Topographie der Stadt Köln im Mittelalter, 1910, Bd. II, S. 299 – 302, wo die Belege für die hier angeführten Stellen zu finden sind.

die *stupa* (heizbarer Raum) *dominorum* gewesen sei, um die gleiche Zeit werden alle Kapellen des Domes aufgeführt, darunter *Maria in Pasculo et aliae antiquae capellae claustri* (Maria im Pesch und andere alte Kapellen des Domklosters).
Im 13. Jahrhundert erfahren wir etwas über einen *famulus dormitorii ecclesiae maioris* (Schlafsaaldiener, 1286, die Schüler müssen ihm für das Bettenmachen ihr Pfründenbier abtreten), weiter von neun *cubicula* (Häuser oder „Gaddemen") vor dem Dom, die dem Kapitel gehören und deren erstes an die Domklosterpforte gestoßen habe; 1247 bzw. 1246 hören wir von der *pistrina nostra* (der Bäkkerei) sowie der *coquina dominorum maioris ecclesiae,* der Küche, die einen ganzen Baukomplex – vielleicht inmitten des Hofes – dargestellt haben muß, da darin zwei Klostergebäude errichtet wurden. Küche und Bäckerei werden auch im 14. Jahrhundert erwähnt; sie können nicht weit auseinandergelegen haben, denn 1385 wird ein Haus zwischen *pistrinum nostrum et coquinam nostram* genannt. Wenig später (1387) sind die Bäckerei und andere dort (am nördlichen Gang) aufgereihte Häuser erwähnt, die bald dem gotischen Dombau weichen sollen *(pistrinum nostrum et aliae domus ibidem in ordine existentes).* Weiterhin sind im 14. Jahrhundert zwei Kapellen mit Namen genannt, die *Capella S. Lamberti in emunitate ecclesiae coloniensis* (1386, sie lag an der Straße Unter Fetten Hennen), und die *Capella S. Nicolai iuxta ecclesiam maiorem* (1316) und schließlich 1382 ein Wohnhaus des Erzbischofs *(domus habitationis archiepiscopi infra emunitatem ecclesiae coloniensis),* das noch bis 1486 erwähnt wird. Wie aus den letzten Quellen ersichtlich ist, wird das Domkloster jetzt auch gerne die Kölner Immunität genannt.
Gebäude, die noch im 15. Jahrhundert erwähnt werden, müssen zum westlichen Teil des Atriums gehört haben, da damals schon der Südturm stand; die Glocken wurden 1437 angebracht. Es sind dies die Küche, offenbar schon nicht mehr als solche benützt, denn 1456 heißt sie „die sogenannte Küche" *(domus dicta coquina dominorum,* 1479 aber noch *coquina dominorum),* die Bäckerei, die noch 1528 als Pisterei genannt wird, die Lambertkapelle (1446) und Propsteigebäude (1465: *domus contigua curiae prepositurae versus puteum;* Brunnen 458e?). Aus der Koelhoffschen Chronik (II 424) ist zu schließen, daß noch am Ende des 15. Jahrhunderts Teile der Atriumsgänge gestanden haben.
Am Anfang des 16. Jahrhunderts hören wir dann fast nur noch vom Abbruch und der Verlegung ehemaliger Bauten des Domklosters. 1508 wird Maria im Pesch an die Nordseite des Domes verlegt, 1523 sind die Häuser teils abgerissen, teils anderen Zwecken zugeführt *(partim solo adaequata partim in alios usus conversa).* Im gleichen Jahr beschließt man, die Schola, wie sie (vorher) im Umgang gewesen war, neu zu bauen. 1526 ist sie nächst dem Glockenturm (Südturm) des Domes fertig gebaut; 1528 wird berichtet, daß sie vorher nächst danebengestanden habe und mit einem Teil des Umgangs abgebrochen worden sei (sicherlich beim Bau des Südturms).

Die Ausgrabung

Noch spärlicher als die schriftliche Überlieferung ist unsere Kenntnis von vorhandenen oder aufgemessenen Bauresten. Bei der Tieferlegung des Gebietes im Zusammenhang mit der Domfreilegung und bei der Kanalisation im vorigen Jahrhundert sind leider nur spärliche Überreste zutage gekommen, bei denen im einzelnen nicht zu sagen ist, zu welchen Bauten des Atriums sie gehört haben. Bei einigen ist es, wie wir jetzt wissen, sicher, daß sie auf die römische Bebauung zurückzuführen sind [4]. Dazu gehören vor allen Dingen die restlichen Pfeiler der Nordkolonnade, die, wie weiter unten gezeigt werden soll, auf die spätrömische Zeit zurückgehen. Bevor wir gruben, war aber vor allen Dingen die grundlegende Frage, ob wir vor der Turmfront und der Südseite des Domes, wie fälschlich vermutet wurde, einen Forumplatz anzunehmen haben, noch nicht völlig geklärt.

[4] Vgl. R. Schultze und C. Steuernagel, Colonia Agrippinensis = Bonner Jahrbücher 98, 1895, Taf. 14 und S. 124 ff.

Als im Jahre 1948 nach dem Domjubiläum die Umgebung des Domes, die vor 100 Jahren bekanntlich durch Abgraben um etwa 2 m gesenkt worden war, wieder aufgehöht werden sollte, erschien es ratsam, vorher durch Grabungen die wichtigsten Probleme zu klären. So kam es zu den Grabungen am Domhof, über die bereits berichtet worden ist (Domblatt 1952 und 1954 [=hier S. 159 ff.]), und am Domkloster, über die im folgenden zu handeln ist.
Die Ausgrabung begann am 30. August 1948 mit einem nordsüdlichen am Fuße der Freitreppe vor den Türmen entlanggeführten Schnitt (401). Am 9. September 1948 wurden daneben die Grabungen am Domhof unternommen. Am Domkloster gab es kurz vor dem Weihnachtsfest des Jahres 1948 einen unangenehmen Zwischenfall. Durch die Grabungen waren eine große Anzahl von Kabeln und Leitungsrohren freigelegt worden. In der Nacht zum 23. Dezember versuchte ein Schrottsammler, ein Stück Bleirohr zu entwenden, ohne zu wissen, daß er ein Hauptwasserrohr anschlug. Am anderen Morgen stand die ganze Ausgrabung unter Wasser. Abgesehen von der allgemeinen Gefährdung bedeutete dies für die Ausgrabung einen empfindlichen Rückschlag, da bekanntlich die Erdwände der Schächte mit ihren Schichtlagerungen bei modernen Ausgrabungen die wichtigsten Aufschlüsse geben; die Schachtwände mußten daher ganz neu abgestochen werden. Der genannte Nordsüdschnitt führte, wie beabsichtigt, nördlich auch über die römische Stadtmauer hinaus, die in erfreulich gutem Zustande angetroffen wurde. Als einen besonderen Glücksfall müssen wir es ansehen, daß unser Schnitt gerade an der Stelle der Stadtmauer traf, wo der berühmte aus der Lebensbeschreibung des heiligen Anno bekannte unterirdische Durchgang unter der Mauer herführte. Über diese Einzelheit der Ausgrabung ist bereits in anderem Zusammenhang berichtet worden [5]. Am 27. Januar 1949 wurde senkrecht zu dem ersten Schnitt ein zweiter in der Domachse von Osten nach Westen verlaufender Graben angefangen (462). Es war außerordentlich schwierig, diesen Schnitt in die fest fundamentierte Freitreppe des Domes hineinzutreiben; auch waren die Ergebnisse wegen der tiefreichenden Fundamente dieser Treppe zunächst recht spärlich. Aber schließlich führte auch dieser Schnitt zu einer erfreulichen Entdeckung. Es gelang, den Brunnen zu fassen, der zum alten Atrium gehört hatte und noch sehr lange in Gebrauch gewesen sein muß. Erst im vorigen Jahrhundert dürfte er aufgegeben worden sein; er wurde damals aber nicht verfüllt, sondern mit einem kräftigen Gewölbe zugemauert, nach dessen Öffnung wir jetzt bis zum Wasserspiegel heruntersteigen konnten. – Die Erdarbeiten wurden von dem bewährten Grabungstrupp des Römisch-Germanischen Museums unter dem inzwischen verstorbenen Vorarbeiter A. Richartz durchgeführt. Die meisten Aufmessungen machte J. Löhausen als Grabungstechniker im Auftrage der Domgrabung, unterstützt von W. Schneider von der Dombauverwaltung, der vor allem die schwierige Aufgabe übernahm, den 15 m tiefen Brunnen und seinen Nebenschacht zu untersuchen und aufzumessen. Während der Arbeiten am Domkloster waren die Studenten Nitschke und Urban zur Ausbildung bei der Domgrabung beteiligt. Besonderer Dank gebührt Herrn Dr. E. Kühnemann, der zu dieser Zeit mit einem Stipendium der Kunstdenkmäleraufnahme zur Grabung gehörte. Er übernahm einen Teil der Aufmessungen und vor allem die erste, sehr zuverlässige Redaktion des Katalogs. Nicht zuletzt sei auch dankbar der ständigen Hilfe des Herrn Dombaumeisters und seiner Dombauhütte gedacht, die sich bei den manchmal schwierigen Unternehmungen in diesem Abschnitt unserer gemeinsamen Grabungsarbeiten als unentbehrlich erwiesen hat.
Die Grabung wurde im Oktober und November 1949 wieder verfüllt. Im folgenden Bericht sind außer den Ergebnissen dieser Plangrabung auch noch Beobachtungen berücksichtigt, die 1955 beim Bau des Kanals vor der Westfront des Domes gemacht wurden. Nach Verfüllung unserer Grabung wurde von der Dombauhütte der Brunnen erneut zugewölbt. Die gut vermauerte Stelle, an der der

[5] O. Doppelfeld, Die römische Stadtmauer von Köln, in Kölner Untersuchungen, Festgabe zur 1900-Jahrfeier der Stadtgründung=Beiheft 2 der Kunstdenkmäler im Landesteil Nordrhein, Ratingen 1950, S. 3 ff., insbesonders S. 13 – 21 und 29 – 33.

unterirdische Gang unter der Stadtmauer herführte, wurde nicht mit Erde verfüllt, sondern nur mit den zugehörigen Platten geschlossen.

Schichtung (Taf. 1)

Der vor den Domtürmen hart am Fuße der Freitreppe ausgehobene Suchgraben (401) gibt einen guten Einblick in den Untergrund dieses für die Geschichte Kölns so bedeutenden Platzes. Die allein aufgemessene Westwand der fast 50 m langen Schnittes – die gegenüberliegende Ostwand bot wegen der tiefreichenden Fundamente der Treppe nichts Beachtenswertes – verrät beim ersten Überblick, was wir im Boden des Domklosters noch zu erwarten haben und was endgültig abzuschreiben ist; ferner wieviel von letzterem völlig weggeräumt ist, und was davon doch wenigstens noch in der Spur zu fassen sein könnte. Zunächst fällt auf, daß die Kulturschicht kaum stärker als 3 m ist. Das ist wenig für eine zweitausendjährige Stadt und vollends vor ihrem Dom, der „Summus" genannt wurde und somit andere Ablagerung erwarten lassen sollte. Wir wissen ja auch, daß man mit großen Erdanschüttungen das Niveau für den gotischen Neubau um ein Beträchtliches gehoben hat. Diese Anschüttung ist aber im vorigen Jahrhundert, wie wir es auch am Domhof beobachten konnten, beseitigt worden, um dem Dom einen Sockel zu verschaffen. Vor den Türmen hat man dabei wegen der Treppe besonders gründlich geräumt, so daß wir heute schon nach einigen Spatenstichen auf dem karolingischen Niveau anlangen.

Der verbleibende Rest ist nun aber leider keineswegs eine übersichtliche und klare Schichtung der Ablagerungen und Reste aus den ersten acht Jahrhunderten unserer Stadtgeschichte, sondern ein verwirrendes Gedränge sich überschneidender Gruben aus den verschiedensten Zeiten. Aber die Gruben sind immerhin noch zu fassen, und gerade die späteren von ihnen, die in karolingischer und gotischer Zeit ausgehoben wurden, sind zwar die verheerendsten, lassen aber noch Rückschlüsse zu; sie sind ja zu einem bestimmten Zweck, nämlich zur Gewinnung von Steinmaterial, ausgehoben worden. Sie lassen daher vielfach mit Sicherheit auf die Lage der älteren Mauern schließen. Die große gotische Ausbruchgrube im südlichen (linken) Teil des Schichtenprofils, die hier in den tieferen römischen Schichten sauber den römischen Mauerzügen nachgespürt hat, weitet sich nach Westen zu, wie 1955 bei der Kanalausschachtung festgestellt wurde, zu einer tiefen, alles durchwühlenden Mulde aus. Hier hat man offenbar die südliche Arkadenreihe zum Atrium des Alten

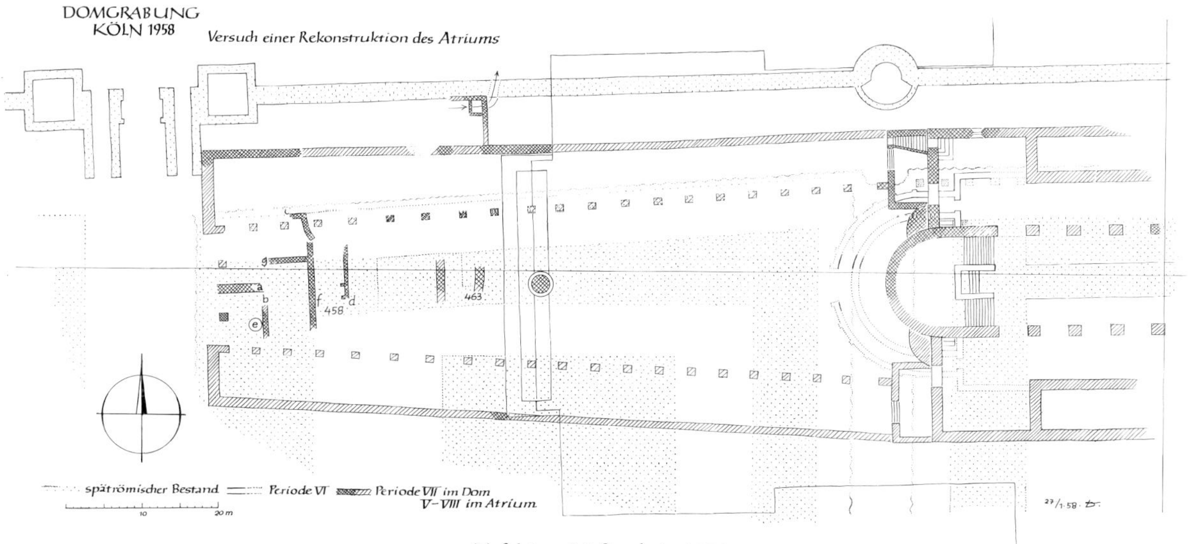

Tafel 1. – Maßstab 1 : 1000.

Domes gründlich ausgeräumt und in tieferen Lagen gutes römisches Quadermaterial gefunden, wie einzelne liegengebliebene Reste (5510) erkennen lassen. Für die ganze südliche Atriumslaube besteht somit wenig Aussicht, daß wir jemals noch einen ihrer Pfeiler antreffen werden. Die nördliche Reihe ist diesem Schicksal entgangen, weil, wie schon gesagt wurde, hier noch bis in das 19. Jahrhundert die alte Fluchtlinie im großen und ganzen beibehalten worden ist.

Das karolingische Niveau ist nicht, wie man bisher annahm, an Hand der schon länger bekannten Säulen und Sockel der Nordseite auszumachen, sondern lag, wie unten gezeigt werden soll, etwa 50 cm höher. In den römischen Lagen lassen sich wieder, wie auch sonst, vier Horizonte erkennen. Sie sind schwieriger zu bestimmen, weil wir keine Türschwellen und keinen Verputz an den Wänden angetroffen haben und bei den Böden zu berücksichtigen ist, daß ein Teil von ihnen sicher oder wahrscheinlich Unterböden für Hypokaustanlagen gewesen ist, in diesem Falle also zu einem zwei Fuß (60 cm) höheren Niveau zu rechnen sind. Immerhin geben aber die vielen Kanäle und die Fundamentabsätze der erhaltenen Mauern einen ungefähren Anhalt für die jeweilige Höhe des begangenen Bodens in den verschiedenen Jahrhunderten. Einen willkommenen Pegelmesser für das Steigen der Schichten liefert uns das Schnittbild der Straßen im nördlichen (rechten) Teil des Profils. Hier kann man in dem Wechsel von aufgetragenen Schotterungen und schmutzigen, festgetretenen und -gefahrenen „Laufschichten" die einzelnen Straßenkörper gut voneinander trennen. Wir haben es hier mit einem Schnitt durch die nördlichste Straße des römischen Köln zu tun, das „Intervallum", die Mauer- oder „Glacisstraße", die hinter der nördlichen Stadtmauer vorbeiführte. Unser Suchschnitt wurde bis an die Stadtmauer und darüber hinaus verlängert, um zu sehen, wie sich die mit dem allgemeinen Stadtniveau in die Höhe wachsende Straße zur Festungsmauer verhielt, ob diese allmählich zugefüllt wurde oder ob ihr ursprünglicher Sockel durch Böschungen des Straßenrandes freigehalten wurde. Leider aber war die Straße nur in ihrem untersten Teil in ganzer Breite erhalten. Die oberen Straßenkörper sind nördlich durch die kräftigen Fundamente der Atriumsrückwand (435) gänzlich verwühlt. Die von dem genannten Fundament nach Norden abfallenden Linien täuschen; es handelt sich hier nicht um eine alte Straßenböschung, denn unter dem fallenden Linien kamen noch spätgotische Scherben heraus.

Für die uns solchermaßen also entgangene römische Straßenhälfte wurden wir aber reichlich vertröstet durch das, was diese Zerstörung verursacht hatte, den annonischen Stollen nämlich, der hier durch und unter das Fundament der Stadtmauer geführt wurde und mit seinen Details und späteren Vermauerungen gut erhalten war.

Die Oberkante des gewachsenen Bodens liegt durchschnittlich bei H 50,50 über Normal-Null und somit vier Meter höher als an der anderen Seite des Domes vor dem Chor, aber nur knapp einen halben Meter höher als vor dem Südportal, wo bekanntlich schon die Höhe der Niederterrasse erreicht ist. In der nördlichen Hälfte des Profils folgt 20 bis 30 cm unter der Oberkante des gewachsenen Bodens eine dünne Ortsteinschicht, die den von Menschenhand geschaffenen Linien und Mauerkanten folgt und daher erst in römischer Zeit durch sickerndes Wasser entstanden sein kann. Von einer kompakten, natürlichen Lehmdecke, die sonst in Köln über dem Sande liegt, war nirgendswo mehr etwas zu finden; der Lehm hat aber wohl auch hier den reinen Sand ursprünglich überdeckt und dürfte im Anfang der römischen Zeit abgegraben worden sein, denn er findet sich in größeren Lagen, rot gebrannt oder mit Kohleteilchen vermischt, in den untersten Kulturschichten.

Römische Stadtbefestigung (Taf. 1, 5, 6, 7, Abb. 4 – 6)

Die älteste bei den Grabungen angetroffene Römerspur ist ein kleines, etwa 30 cm breites und ebenso tiefes Gräbchen (437) mit muldenförmiger Sohle, das in dem kurzen von uns freigelegten Ausschnitt so genau mit der Richtung der Stadtmauer übereinstimmt, daß man es mit ihr in Zusammenhang bringen möchte. Aber es ist doch sicherlich ein halbes Jahrhundert älter. Die Pfähle,

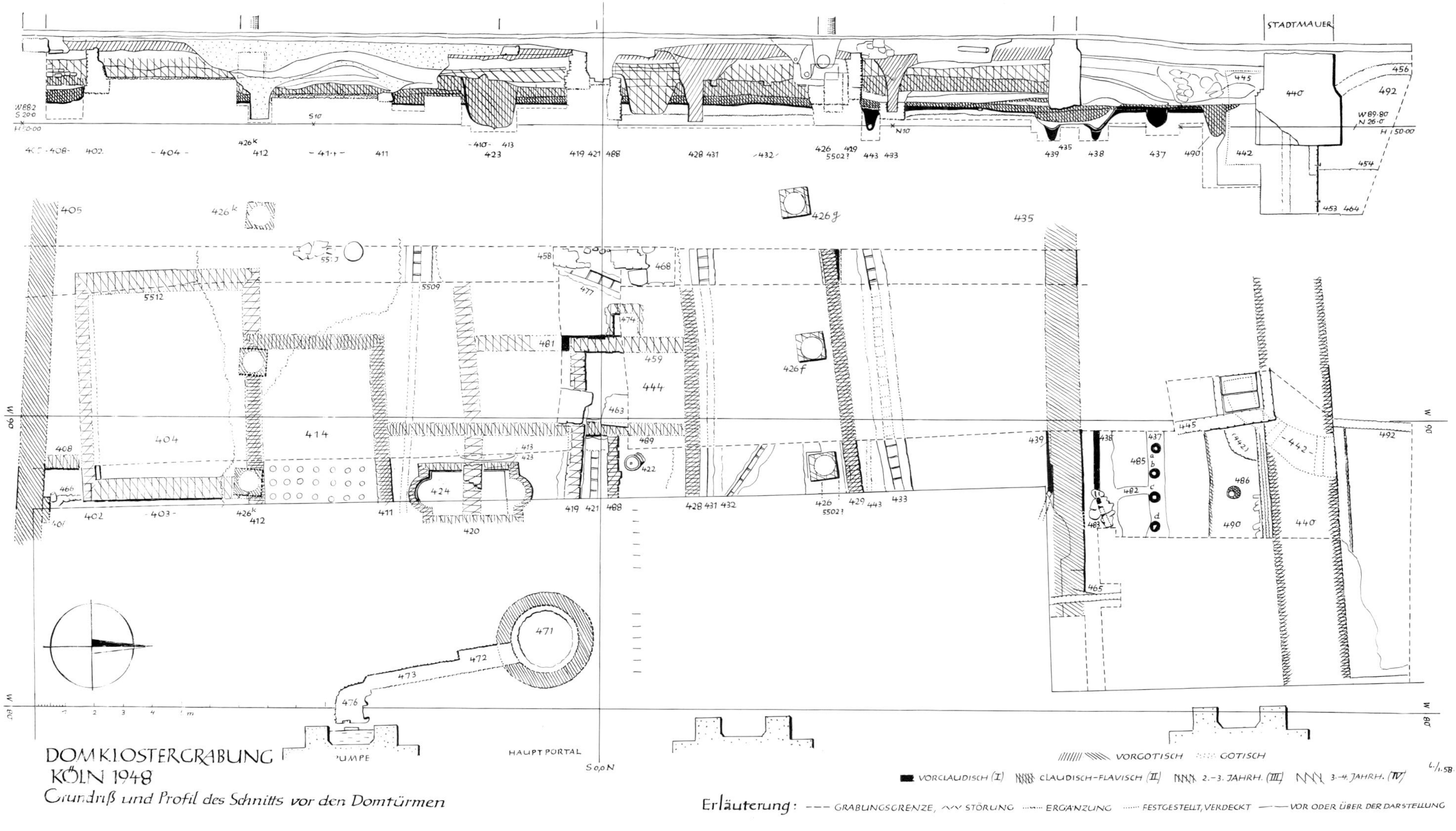

Tafel 2. – Maßstab 1 : 200.

die hineingesetzt wurden (485 a – d), zeigen denn auch eine merklich andere, nämlich genau nach Osten weisende Ausrichtung. Es waren ursprünglich in Abständen von knapp einem Meter eingegrabene, unten stumpfe Rundhölzer von annähernd 20 cm Durchmesser, von denen einige einmal ausgewechselt und durch zugespitzte Kanthölzer ersetzt worden sein müssen, die man nicht wieder eingegraben, sondern nach Entfernung der schadhaften Pfähle eingerammt hat. Die Pfahlreihe hat mit der Straße als solcher nichts zu schaffen, denn sie macht die eigenartigen Krümmungen der Straßengräbchen, die weiter unten zu besprechen sind, mit sich. Sie hat aber offensichtlich gleichzeitig mit der ältesten Straße bestanden und ist sicherlich nur kurze Zeit vor dieser gesetzt worden. Aller Wahrscheinlichkeit nach haben wir in diesen vier Pfählen, zwischen denen sich übrigens eine winzige neolithische Scherbe fand, die zur Datierung aber nichts aussagt [6], die Reste einer älteren Befestigung von Köln vor und, von der wir noch sehr wenig wissen, weil sie an den drei Landseiten den gleichen Verlauf wie die spätere Stadtmauer hatte, welche mit ihrem breiten Fundamentgraben und durch die nach Vollendung des Mauerbaues erfolgte Planierung des angrenzenden Streifens die älteren Spuren meist ganz verwischt hat. Die Pfahlreihe könnte sehr wohl die Begrenzung eines älteren, völlig abgegrabenen und einplanierten Walles gebildet haben. Zu diesem Wall hätte dann ein Graben gehört; ich bin nach wie vor der Ansicht, daß dies der Ursprung des römischen Stadtgrabens von Köln ist, der gemeinhin mit der Entstehung der Stadtmauer um die Mitte des ersten Jahrhunderts n. Chr. zusammengebracht wird. Für diese Mauer und vor allem für ihr Fundament bildete der Graben aber eher eine Gefahr als einen Schutz, da er viel zu nahe dabei lag und durch keinerlei Vermauerung oder Pflasterung gefestigt war. Daher wurde er auch mit Beginn des Mauerbaues teilweise wieder verfüllt [7]. Leider gelang es uns nicht, den Graben mit unserem Schnitt zu erfassen, weil, wie schon gesagt, der Annostollen hier viel zerstört hat und überdies ein im Anschluß an den Ausgang des Stollens gebauter sehr tiefer Keller breit vor die Außenfront der Mauer gelagert war. Über die römische Stadtmauer soll an dieser Stelle nicht nochmals gehandelt werden. Das von uns auf vier Meter Länge ganz freigelegte Stück bestätigte alles, was bisher von diesem schönen und mit bemerkenswerter Gleichmäßigkeit durchgeführten Bauwerk bekannt war: Das drei Meter breite, mit flacher und nur gelegentlich unterstickter Sohle aufgeführte Fundament, den dreifach getreppten Sockel an der Innenseite, den Schrägsockel an der Außenfront und schließlich den sauber verstrichenen Petit-appareil des aufgehenden Mauerwerks. Neu war die Entdeckung von ganz schlichten Mustern, einfachen aus je vier Steinen gebildeten Kreuzen, die sich nur durch die hellere Farbe des Steinmaterials im Gefüge der Außen- und Innenfront abhoben – eine sehr bescheidene Belebung gegenüber der reichen musivischen Verzierung der Türme. Wir haben diese Kreuzmuster trotz besonderer Aufmerksamkeit bisher an keiner weiteren Stelle der Stadtmauer wiederfinden können. Es war also doch wohl nur eine Spielerei der Maurer, die gerade an diesem Stück gearbeitet haben; man erkennt daraus, daß sie mit Liebe ans Werk gegangen sind. Ihr Mauerwerk ist ihnen dann auch so gut gelungen, daß seine ästhetische Wirkung auch ohne Ornament als vollkommen zu bezeichnen ist.

Wir haben bei der Grabung am Domkloster auch erstmalig die Fundamentgrube an der Innenseite der Stadtmauer beobachtet und gut datierendes Scherbenmaterial daraus geborgen, das ihre frühe Datierung in die claudische Zeit, vermutlich gleich nach Entsendung der Kolonie, wieder bestätigt hat [8].

[6] Die mit Tiefstichzonen verzierte Scherbe ist abgebildet in Niederrheinisches Jahrbuch III 1951 (Festschrift für Albert Steeger), Taf. II, 1. Sie ist stark abgerollt und wahrscheinlich schon in vorgeschichtlicher Zeit mit dem Sande angeschwemmt worden.

[7] Ich habe diese Zusammenhänge eingehend behandelt in meinem Aufsatz: Die römische Stadtmauer von Köln in Kölner Untersuchungen = Beiheft 2 der Kunstdenkmäler im Lande Nordrhein, Ratingen 1950, S. 1 ff., und wurde später durch einen weiteren Befund am Mauritiussteinweg in meiner Ansicht bestärkt; hier ist nämlich die Fundamentgrube zur Stadtmauer in Schichten eingeschnitten, die weiter westlich in den Graben streichen.

[8] Vergl. E. Fremersdorf, Das Alter der römischen Stadtmauer Kölns, B. Jb. 139, 1934, S. 64 ff.; die Argumentik, besonders bezüglich des Grabens, halte ich allerdings für völlig verfehlt. Anders: H J. Lückger, Das Alter der römischen Stadtmauer Kölns, gesammelte Aufsätze, Bonn 1936, S. 79 ff. – vergl. meinen o. z. Aufsatz in Kölner Untersuchungen.

Tafel 3. – Maßstab 1 : 100.

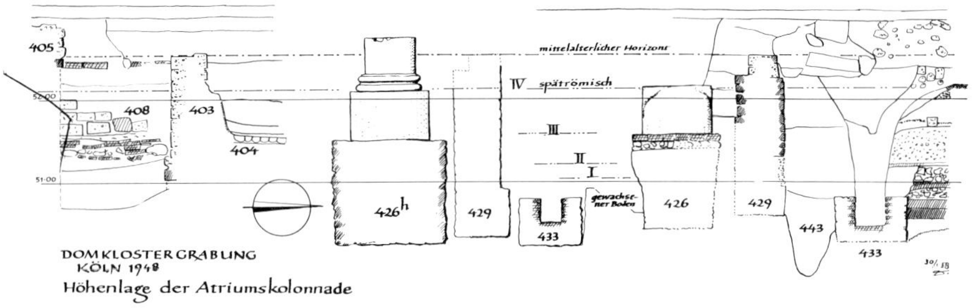

Die Mauerstraße (Glacisstraße), Abb. 2

Wie schon bemerkt, geht die Mauerstraße in die Zeit vor der Entsendung der Veteranen nach Köln und der Errichtung der Stadtmauer zurück. Das ist auch sonst an vielen Stellen von Köln bei den Beobachtungen des Römisch-Germanischen Museums immer wieder festgestellt worden [9].

Nun liegen die ältesten Straßen von Köln, soweit ich es übersehe, alle ohne Schotterung unmittelbar auf dem gewachsenen Lehm, sind stellenweise auch in diesen hineingeschnitten oder zeigen, wie in unserem Falle am Domkloster, eine aufgetragene, mehr oder weniger reine Lehmdecke. Diese Bauart machte besondere Vorrichtungen für die schnelle Entwässerung bei Niederschlägen notwendig, da Lehm wenig wasserdurchlässig ist. So finden wir gerade bei den frühen Straßen von Köln statt einer normalgewölbten Straßenkrone meist ebene Fahrdämme mit leichter Schräge und statt der Gossen immer wieder komplizierte Gräbchen, in denen hölzerne oder bleierne Abflußrohre gelegen haben müssen und gelegentlich auch noch gefunden werden. Zwei solcher Gräbchen fanden sich parallel zu der genannten Pfahlreihe sehr nahe beieinander (438, 439). Zunächst waren wir geneigt, wegen des geringen Abstandes von nur 1,60 m und der Lage der Gräbchen in der späteren Straßenachse, sie für Wagenspuren zu halten. Aber die weitere Untersuchung zeigte, daß sie sehr sorgfältig ausgehoben und an der Sohle mit einer Lage von reinem Lett ausgelegt waren. In diesem Lettboden dürften, wie man an der Rundung der Lagerfläche noch erkennen kann, Wasserrohre gelegen haben. Welchen Zweck aber diese später entfernten Rohre in der Mitte der Straße hatten, ist schwer erkennbar. Wollte man annehmen, daß die Straße ursprünglich schmäler war, so bietet der Verlauf der Gräbchen weitere Schwierigkeiten. Zunächst laufen sie nämlich genau parallel. Der nördliche von ihnen (438) biegt dann aber nach Nordosten ab, während der südliche (439) in der entgegengesetzten Richtung nach Südosten geführt haben muß. Der Sinn dieser Anlage ist vorläufig noch völlig dunkel. – Ein normales Straßengräbchen aus der Frühzeit fanden wir weiter südlich an der Stelle, wo auch in der ganzen späteren römischen Zeit der südliche Straßenrand gewesen ist (443). In dem tief herabreichenden, mit loser, schwarzsandiger Erde gefüllten Gräbchen fanden sich noch Reste der verrotteten Holzrohrleitung. Oberhalb des zuletzt genannten Straßengräbchens fand sich die gemauerte Gosse der II. Periode (433). Sie entsprach einem höheren Straßenkörper, der sich 12 m breit bis an den Sockel der in dieser Periode errichteten Stadtmauer erstreckte. Auch diese Straße zeigte zunächst noch ein geradliniges Profil und bestand aus schmutzigen Erdlagen. Im Verlauf der II. Periode wurde sie in ihrem mittleren Teil durch Abnützung muldenförmig ausgehöhlt. Man füllte die Mulde mit dunkelgrausandiger Erde an und gab darüber hinaus dem mittleren Teil

[9] Die in jahrzehntelanger Arbeit aufgestapelten Beobachtungen und Aufmessungen sind nach dem Kriege in dem fragmentarischen Zustand, wie sie aus dem Brande des Museums hervorgingen (die größeren Lagepläne sind fast sämtlich verbrannt) und ohne Überarbeitung veröffentlicht worden: F. Fremersdorf, Neue Beiträge zur Topographie des römischen Köln = Römisch-Germanische Forschungen 18, Berlin 1950. Die hier bei der nicht mehr zu bezweifelnden Datierung des Straßennetzes der Colonie schon in die Zeit des Augustus unterlaufene Vorstellung, daß dieses Netz auch die älteste Spur der Römer überhaupt in Köln sei, ist aber irrig und an den abgedruckten Berichten und Bildern selbst leicht zu widerlegen.

eine schwache Wölbung. Aber erst gegen Ende der II. Periode ging man dazu über, der Straße in ihrer ganzen Breite ein gewölbtes Profil zu geben, das nun nicht mehr durch bloßes Aufschütten von Erde, sondern durch eine regelrechte Packlage aus Kies und Sand geschaffen wurde. In dieser Form ist die Straße lange Zeit in Gebrauch gewesen. In Periode III gab es eine weitere Anhöhung um ungefähr 50 cm, die wieder durch Auftragen von Kies bewerkstelligt wurde. Die erheblicheren Aufhöhungen der IV. Periode schließlich begannen zunächst mit einer Anschüttung von sandiger Erde, über die dann eine besonders grobe Packlage aus Steinen gebreitet wurde. Die südliche Straßengosse blieb an der gleichen Stelle bestehen, wo sie in Periode II beim Bau der Stadtmauer angelegt war. Sie muß natürlich mit dem Steigen der Straßenkrone auch mehrfach neu eingerichtet worden sein. Leider sind aber alle Details zerstört, weil man am Ende der römischen Zeit aus unerfindlichen Gründen tief bis zur Sohle der ursprünglichen Gosse hinabgegraben hat.

Wie schon bemerkt wurde, sind von den geschilderten späteren Straßen nur die südlichen Hälften erhalten. Es konnte aber an Hand eines kleinen Profils (487) südlich des großen Schnittes wenigstens soviel festgestellt werden, daß mit Beginn der ersten Anhöhungen auch der Sockel der Stadtmauer mit Erde bedeckt worden ist.

Römischer Anbau (Taf. 1 und 2)

Was an Resten römischer Häuser in unseren zwei Grabungsschlitzen aufgefunden wurde, langt natürlich nicht aus zur Ergänzung geschlossener Grundrisse, gibt uns aber immerhin genügend Aufklärung über den Charakter des Anbaues und die Grundzüge seiner Entwicklung. Zunächst ist mit einem Blick zu sehen, daß die These vom Forum Julii am Dom auch für das Domkloster – und somit überhaupt hinfällig ist. Im einzelnen ergibt sich die folgende Baugeschichte. Der I. Periode ist mit Sicherheit nur eine Mauer zuzuweisen (481); sie verläuft von Norden nach Süden, ist mit ihrem Fundament ganz in den gewachsenen Boden eingetieft und beginnt beim Niveau der Periode I mit schönem Mauerwerk aus Trachytquäderchen. Eine zweite Trachytmauer gleicher Tiefenlage ist nicht mit der gleichen Sicherheit der I. Periode zuzuweisen (5502). Sie kam 1955 bei den Kanalausschachtungen westlich von unserer Grabung heraus und wurde leider nicht genau eingemessen [10]. Sie verlief ostwestlich und dürfte im Bereiche unseres Schnittes in dem Mauerkonglomerat stecken, das durch das Zusammenfallen der Straßenfluchten aus vier römischen Jahrhunderten (429) mit der nördlichen Atriumskolonnade des Alten Domes (426) entstanden ist und das abzutragen uns leider nicht mehr die Zeit blieb. Wir können also mit hoher Wahrscheinlichkeit annehmen, daß der Rand der Mauerstraße bereits in vorclaudischer Zeit mit steinernen Häusern bebaut war; die Rückfront dieser Häuser muß etwa 4,80 m weiter südlich gelegen haben, wo eine Ausbruchgrube (428), die tiefer reicht als alle von uns angetroffenen Mauern, ihre ursprüngliche Lage erkennen läßt und es weiterhin wahrscheinlich macht, daß diese Rückfront in die Frühzeit zurückgeht und, vielleicht mehrfach aufgestockt, die ganze römische Zeit über bestanden hat. Sie hat auch, wenigstens in dem von uns untersuchten Teil, ihre Ausrichtung nach Osten offenbar nicht verändert, während die Nordfront später der bekannten Schräge aller Ost-West-Straßen der Kolonie, der auch die Stadtmauer mehr oder weniger genau folgte, angeglichen wurde (429). In direkter Verlängerung der Rückfrontmauer ist bei den Arbeiten im vorigen Jahrhundert eine entsprechende tief fundamentierte Mauer herausgekommen, die mit unserer Mauer 428 identisch sein muß (vgl. Col. Agr. Taf. XIV c – d). Sie ist dort allerdings schräg und parallel zu der späteren Vorderfront der Häuser gezeichnet, was angesichts der vielen Möglichkeiten, die das schiefwinklige Straßennetz mit sich

[10] Sie war offenbar durch ein Versehen im Fundbericht genau 10 m zu weit nach Norden gezeichnet, wo sie mitten in den Straßenkörpern aller römischen Mauerstraßen als römische Mauer völlig undenkbar ist. Versetzen wir sie genau um 10 m nach Süden, so fällt sie in den südlichen Straßenrand, wo auch die späten Mauern der Straßenflucht stehen.

brachte, nicht befremden kann. Die aus den genannten Indizien in den großen Zügen zu erschließende Disposition des Anbaues der vorclaudischen Zeit dürfte in der II. Periode, die den Stadtmauerbau und die Regulierung der Mauerstraße brachte, fortbestanden haben. Das allgemeine Niveau hob sich, ähnlich wie bei der Straße, um 20 bis 40 cm auf eine durchschnittliche Höhe von 51,20, wie man aus der Höhenlage einiger Estrichböden, Kanäle und Gruben schließen kann.

In Periode III, die eine weitere, etwa 40 cm betragende Erhöhung auf rund 51,60 über Normal-Null mit sich brachte, ist ganz neu gebaut worden. Die Straßenfront wurde jetzt der Schrägrichtung der Stadtmauer angeglichen, während die zugehörige Rückfront die bisherige Richtung beibehielt. Es entstand also eine schiefwinklige Häuserzeile. Von den dahinterstehenden Bauten ist jetzt ein wenig mehr zu erkennen als in den älteren Perioden. An die Straßenzeile schloß sich ein nach Süden gehender Trakt mit einem leider nur sehr schlecht erhaltenen Einbau von wahrscheinlich schmal rechteckiger Form an (424). Dieser hatte an den beiden Schmalseiten kleine Halbkreisnischen und ist wohl als eine Piscine anzusehen. Sein roter Estrichboden war nämlich, wie an einer Stelle noch zu erkennen war, in ganzer Stärke an den Umfassungsmäuerchen wannenartig hochgeführt und bildete im Knick eine Rundkehlung, nicht, wie man es von dergleichen römischen Anlagen sonst gewohnt ist, einen Viertelstab. Weiter südlich schloß sich an die Piscine ein voll unterheizter Raum an (414), der mehr nach Westen vorsprang und einen kleinen Hofraum zu begrenzen scheint. Die Räume der Häuserzeile an der Straße wurden nur durch Kanäle unter dem Boden geheizt (431, 432).

Ein letztes Mal wurde in Periode IV ein grundlegender Wandel geschaffen. Wie weiter unten bei der Besprechung der Atriumskolonnade gezeigt wird, sind deren Pfeiler nichts anderes als die bekannten Straßenpfeiler der Periode IV, die wir schon von vielen Stellen der römischen Stadt kennen. Auch an der Mauerstraße sind weiter östlich im Dom einige dieser Pfeiler ausgegraben worden. Der Bau der Laubengänge brachte eine Rückverlegung der Häuserzeile an der Straße mit sich. Mauer 428, die ursprünglich die Rückfront gebildet hatte, dürfte jetzt die neue Vorderfront getragen haben. Die neue Häuserzeile erstreckte sich rückwärts bis zur Mitte der Piscine (424) der Periode III. Ebenso wie die Piscine wurde auch das Hypokaust (414) abgerissen. Entsprechend weiter nach Süden entstand ein neues Hypokaust (404) mit höher gelegenem Boden, wohl die Nordwestecke eines Privathauses.

Das Atrium (Taf. 2)

Über das Atrium des Alten Domes wurde bereits bei der Erörterung der Schichtung gesprochen. Von der nördlichen Säulenreihe sind jetzt vier Fundamente bekannt. Sie bestehen aus rotem Sandstein. Auf dem von uns ausgegrabenen Sockel war noch der Abdruck einer gut 70 cm weiten Basis zu sehen (426). Auf einem der früher entdeckten Sockel (426 h) ist noch ein Säulenstumpf mit angearbeiteter Basis in situ angetroffen worden. Der Westabschluß des Atriums ist bisher nur durch eine Säule (426 i) nachgewiesen. Vom südlichen Säulengang fehlt bisher jede Spur. Es wurde aber bereits betont, daß er von der großen gotischen Ausbruchgrube weggeräumt wurde, während die Nordreihe ihre bessere Erhaltung dem Umstand verdankt, daß noch bis ins vorige Jahrhundert die Bauten der Domkurien über ihr standen. Es besteht aber kein Grund, an der Existenz des südlichen Umgangs überhaupt zu zweifeln; denn er wird 1528 genannt (Keussen Topogr. II Sp. 301 b), und es gelang uns, am Südende unseres Schnittes in etwa 7 m Entfernung die südliche Abschlußwand des Atriums zu fassen (405). Sie ist viel schwächer und bei weitem nicht so gut erhalten wie die nördliche Abschlußmauer (435), die während unserer Grabung und ferner bei der Kanalausschachtung 1955, aber auch schon im vorigen Jarhundert am römischen Nordtor, in kompakter Erhaltung angetroffen wurde. Unsere Ergänzung der südlichen Kolonnade erhält eine weitere wesentliche Stütze durch das Vorhandensein des Brunnens des Atriums (471), der bei der hier vorgeschlagenen

Ergänzung genau in die Achse des Atriumshofs fällt. Im übrigen ist es aber schwierig, die Gestalt des Atriums, dessen trapezförmige Grundform feststeht, im einzelnen genau zu ergänzen. Die Abstände der erhaltenen vier Säulen der Nordreihe sind schwankend, und weiterhin müssen wir für das langgestreckte Atrium mit der Möglichkeit von verschiedenen Unregelmäßigkeiten rechnen. Im Übersichtsplan (Taf. 2) sind die Kolonnaden und die rückwärtigen Abschlußmauern versuchsweise als gerade Fluchten rekonstruiert.

Datierung der Kolonnaden des Atriums (Taf. 3)

Wollten wir an der bisherigen Datierung der Pfeiler des nördlichen Atriumsganges festhalten, so ergäben sich große Schwierigkeiten. Das ursprüngliche Niveau seiner Kolonnaden steht durch die übereinstimmenden Messungen unserer Grabung und der Aufzeichnungen von Schultze und Steuernagel im vorigen Jahrhundert fest. Es gibt auch keinen Zweifel über seine Ansetzung, denn bei dem von uns ausgegrabenen Sockel zeigt die Standspur der Säule und bei dem schon genannten Pfeiler 426h die Säulenbasis selbst das ursprüngliche Niveau an. Es lag bei rund 52,10 über Normal-Null, also nicht höher als das spätrömische Niveau. Sehen wir uns nun im Profil des Schnittes 401 nach Resten von etwa zugehörigen Pflasterungen um, so müssen wir feststellen, daß ein grobes Pflaster (410) und Reste eines Ziegelbelags bei Mauer 405 gut 30 bis 40 cm höher als die Säulensockel liegen. Noch schwerwiegender ist, daß römische Mauern bis zur gleichen Höhe über das Niveau der Pfeilerstellung hinausragen. Wir kommen also zu dem Schluß, daß diese römischen Mauern bei der Erbauung der ursprünglichen Pfeilerstellung noch benützt worden sind. Das wird besonders deutlich bei Mauer 429, die hart nördlich der Nordreihe vorbeiläuft. Da sie aber jetzt noch steht, muß sie auch einmal neben der Pfeilerreihe bestanden haben. Man wird sie als eine Brüstungsmauer zu denken haben. Aber auch so ist sie im Atrium kaum vorstellbar, da sie innerhalb des Laubenganges gestanden hätte. Der römische Laubengang lag dagegen an der anderen, südlichen Seite der Säulenreihe; die Brüstungsmauer stand also in römischer Zeit außen vor der Kolonnade, was zwar auch kein ideales Bild ergibt, aber immerhin denkbar und in ganz ähnlicher Weise an der Säulenreihe der Ost-West-Straße südlich des Dionysoshauses belegt ist.

In dieselbe Richtung führt uns der Höhenvergleich mit dem alten Dom. Sein Boden liegt 53,20 und stellenweise 53,32 Normal-Null, also mehr als ein Meter höher als die Pfeilerbasen des Atriums. Wenn man weiterhin berücksichtigt, daß man noch drei Stufen steigen mußte, um aus der Emunduskapelle in den nördlichen Atriumsgang zu gelangen, so ergibt sich für das Ende des Atriums eine Niveauhöhe von etwa 53,70, also 1,60 m höher als die Säulenbasen. Andererseits liegt aber das Niveau des ersten Plans des Alten Doms (Periode VI) genau auf deren Höhe. Es muß aber beachtet werden, daß das allgemeine Niveau hier tiefer ist; so liegen auch die dort angetroffenen römischen Straßenpfeiler unter dem Boden der Periode VI, deren halbrundes Atrium sich im übrigen ja auch nicht an die Kolonnaden hält.

– Für das höhere Alter der Kolonnaden spricht weiterhin der Umstand, daß die Säulen ungleiche Abstände haben. Das ist bei den römischen Kolonnaden vielfach zu beobachten, läßt sich aber schwerlich erklären, wenn man, wie bisher, annimmt, daß das Atrium in karolingischer oder späterer Zeit völlig neu gebaut worden sei. – Ein weiteres Argument ist die Richtung der Säulenreihe. Sie verläuft nicht parallel zur Stadtmauer, sondern weicht nach Süden ab. Das war in der römischen Zeit notwendig, weil die Baumasse des Nordtores weit nach Süden in das Stadtinnere vorsprang und die Straße ohne wesentliche Verengung vorbeigeführt werden mußte. Im Mittelalter entfiel diese Notwendigkeit, weil die Straße aufgegeben und überbaut war.

Nach all diesen Überlegungen erscheint es sicher, daß die Nordreihe des Atriums auf die spätrömische Zeit zurückgeht und in den nachrömischen Jahrhunderten weiter bestanden hat. Das ist eine erfreuliche Bereicherung unserer kargen Kenntnisse von der Topographie des nachrömischen Köln, wenn wir auch einstweilen mit der vereinzelten Säulenreihe noch nicht allzu viel anfangen können.

Der Kantharus (Taf. 4)

Somit haben unsere Ausgrabungen zwar die Existenz und die allgemeine Lage des Atriums nachweisen können, aber es haben sich doch viele neue Fragen aufgetan, die die Geschichte dieses Platzes verwickelter erscheinen lassen, als man zunächst angenommen hatte. Um so erfreulicher ist, daß wir durch die Aufdeckung des Atriumsbrunnens eine Bereicherung unseres Wissens und einen festen Anhalt für die Lage des Atriums erhalten konnten. Der Brunnen wurde entdeckt, als wir quer zu unserem Längsschnitt in der Achse des Domes gruben, um das große Längsprofil durch den Dom (80), an dessen Herstellung wir seit Beginn der Grabung arbeiteten, zu vervollständigen (Schnitt 462). Es erschien zunächst wenig verheißungsvoll, in Verfolg dieses Schnittes die große Freitreppe des Domes aufzubrechen. Und in der Tat haben wir unter der Treppe gar keine älteren Schichtungen mehr gefunden. Die Mühen wurden aber reichlich belohnt durch die Entdeckung des Brunnens. – Das Fundament der beiden Treppenabsätze wölbt sich in zwei Halbtonnen über einem leeren Raum. Unter der den oberen Treppenabsatz tragenden Halbtonne entdeckten wir ein grob zugemauertes Kuppelgewölbe. Nachdem wir es eingeschlagen hatten, öffnete sich der Brunnenschacht, an dessen Grund tief unten das Wasser spiegelte. Der mit einem lichten Durchmesser von 2,35 m und einer Mauerstärke von 50 cm mit 23×15×18 cm großen Tuffsteinen sauber gemauerte Brunnenzylinder reicht 11 m in die Tiefe. An der Unterkante springt ein ringförmiger Mörtelwulst 20 cm nach innen vor, so daß der Brunnen von da abwärts nur noch einen Durchmesser von 1,95 m hat. Unmittelbar darunter folgt ein Kranz von leicht schräggestellten Eichenbohlen, die untereinander durch Zwischenstücke verzapft sind. Die oberen Köpfe der Pfähle werden von dem genannten Mörtelwulst überdeckt. Ein zweiter in gleicher Weise konstruierter korbförmiger Kranz von Eichenpfählen ist in den ersten hineingeschoben; seine Pfostenköpfe liegen 50 cm unterhalb des oberen Kranzes. Möglicherweise folgen in größerer Tiefe weitere Bohlenkränze. Der heutige Wasserspiegel steht 1,20 m unter dem Rand des oberen Bohlenkranzes. 1,50 m unterhalb des Wasserspiegels konnten wir durch Loten und Staken den schlammigen Boden des Brunnens einmessen. Die Brunnensohle liegt also in einer Tiefe von 15 m unter dem heutigen Straßenniveau. Der heutige Wasserstand von 39,70 über Normal-Null liegt, wie wir von anderen Brunnengrabungen wissen, bedeutend unter dem normalen mittelalterlichen Spiegel.

Gut 4 m über dem heutigen und damit sicherlich auch oberhalb des höchsten mittelalterlichen Wasserstandes, jedenfalls noch 1 m über dem uns bekannten höchsten Wasserstand des Rheines, sind bei 44,40 über Normal-Null fünf Rüstlöcher zur Aufnahme einer Bretterbühne in das Tuffmauerwerk eingestemmt und so auf den Umfang des inneren Brunnenrandes verteilt, da sie fünf Ekken eines Sechsecks bezeichnen. An Stelle der sechsten Ecke ist ein enger tonnengewölbter Stollen durch das Mauerwerk gebrochen, der mit wechselndem Querschnitt 5,30 m weit nach Süd-Südost an das Fundament der Eckstrebe des gotischen Südturms führte. Hier geht ein wie dieses Fundament aus Säulenbasalten gemauerter Schacht hoch bis unter die frühere Oberfläche, wo er mit einem Tonnengewölbe aus Ziegelsteinen verschlossen ist. Am Turmfundament sind Steigeisen angebracht. Die übrigen drei Seiten des Schachtes scheinen zeitlich eher als das Turmfundament gemauert zu sein, jedoch kaum wesentlich früher; denn in der Westwand wurde ein verworfenes gotisches Zierglied vorgefunden.

Auf einigen alten Darstellungen des Südturmes findet man eine an der Nordweststrebe angebrachte Pumpe, die also genau über unserem Seitenschacht des Brunnens gestanden hat. Sie ist nach einem alten Foto von 1856 in unserem Aufriß eingezeichnet. Aus dem oben beschriebenen Grabungsbefund ist zu schließen, daß der Stollen und der Schacht nicht eigens für diese Pumpe angelegt worden sind, sondern schon vorher beim Bau des Südturms geschaffen wurden, wahrscheinlich um das für den Mörtel benötigte Wasser gleich in die Baugrube pumpen zu können. Der senkrechte Schacht wurde dann wohl gleichzeitig mit dem Turmfundament hochgemauert. Das Wasser für den Bau auf geradem Wege im Brunnenschacht selbst bis zur Oberfläche zu pumpen und dann in die Baugrube des Turmes zu leiten, wäre umständlich und überdies nicht leicht zu bewerkstelligen gewesen; denn die maximale Höhe eines Saugrohres beträgt, entsprechend dem atmosphärischen Druck, der ja das Wasser in das vom Pumpenkolben geschaffene Vakuum drückt, nur 10 Meter. Daher müssen wir uns auch die später nach Fertigstellung der Turmfundamente und weiterhin bis in das 19. Jahrhundert genützte Pumpe so konstruiert denken, daß das eigentliche Pumpwerk mit Kolben und Ventilen in halber Tiefe, also in Höhe des Stollens angebracht war. Das Saugrohr führte das Wasser aus dem Brunnen durch den Stollen an den Schacht unterhalb der Pumpe. Hier wurde es beim Niedergehen des Kolbens in das Steigrohr gedrückt, das in dem Schacht bis zum Pumpenhahn hinaufführte. Daß wir von dem ganzen Mechanismus nichts mehr vorgefunden haben, erklärt sich leicht aus dem nicht geringen Wert der langen Kupferrohre.

Daß der Nebenschacht mit dem Stollen auf die Zeit der Erbauung des Turms zurückgehen muß, geht auch aus der merkwürdig geknickten Form des Stollens hervor. Er besteht aus zwei Stücken (472 und 473), die nur ungefähr zueinander passen. Man hat also im 15. Jahrhundert von beiden Seiten, vom Brunnen sowohl wie von der Baugrube des Turmes aus, den Tunnel getrieben und gleich vermauert, dabei aber die Richtung nicht genau getroffen. Nur an der Sohle konnte man den so entstandenen Knick durch Aufhöhung des zu tief angesetzten Ostteils ausgleichen, allerdings mit dem Ergebnis, daß man diesen Trakt nur sehr mühsam in stark gebückter Stellung begehen kann.

Der Kantharus des Alten Domes wurde nach Beendigung der Grabung wieder zugemauert. Es wäre aber zu erwägen, ob dieses bedeutsame und ehrwürdige Denkmal nicht in irgendeiner Form, und sei es nur als runde Steinplatte im Boden bei der Gestaltung der Domumgebung, zur Geltung gebracht werden kann.

Der Brunnen ist in der schriftlichen Überlieferung nirgends erwähnt. In dem „more Romano" angelegten Atrium hätte man aber einen Kantharus nach dem berühmten und besungenen Vorbild von Alt-St.-Peter in Rom vermuten müssen, auch wenn wir ihn nicht gefunden hätten.

Der Annostollen (Taf. 5 – 7, Abb. 4 – 6)

Wenn wir von den Laubengängen und der Domdechanei, die ja erst im 19. Jahrhundert niedergelegt wurde, absehen, können wir heute von den historisch überlieferten Gebäuden des Domklosters keines mit den spärlichen noch erhaltenen Mauern in Verbindung bringen – mit der einen Ausnahme des an sich wohl unbedeutenden Hauses eines Kanonikers, das durch die Vita Annonis berühmt geworden ist, weil von ihm der geheime Ausgang unter der Stadtmauer, den Anno zur Flucht benützte, ausging [11]. Wir dürfen wohl als sicher annehmen, daß der Stollen, den wir in unse-

[11] *Angustus aditus patebat de templo in dormitorium, item de dormitorio in atrium domumque canonici cuiusdam adherentem muro civitatis. Isque ante paucos dies ortae sedicionis impetraverat ab archiepiscopo, Deo salutem archiepiscopi hoc ipsum misericorditer providente, ut rupto muro civitatis parvulum sibi posticum facere sineretur. Ibi eductus archiepiscopus, applicitis propere in evectionem eius et comitum eius quattuor equis, abiit opacae noctis tenebris, ne ab obviantibus agnosceretur, commodissime usus.* (Lamperti monachi Hersfeldensis opera. rec. O. Holder-Egger. MGSS schol. p. 189.) Übersetzung: Es gab einen engen Zugang vom Dom in den Schlafsaal und weiter vom Schlafsaal in das Atrium und in das Haus eines Kanonikers, das an die Stadtmauer gebaut war. Dieser nun hatte einige Tage vor dem Aufstand vom Erzbischof die Erlaubnis erhalten – Gott selbst hatte dies zur Rettung des Erzbischofs so gefügt –, die Stadtmauer zu durchbrechen und sich so einen kleinen Hinterausgang zu verschaffen. Da hinaus wurde der Erzbischof geleitet, und nachdem man für seine und seiner Begleiter Reise schnell vier Pferde verschafft hatte, entkam er und konnte glücklicherweise unerkannt die stockfinstere Nacht ausnutzen.

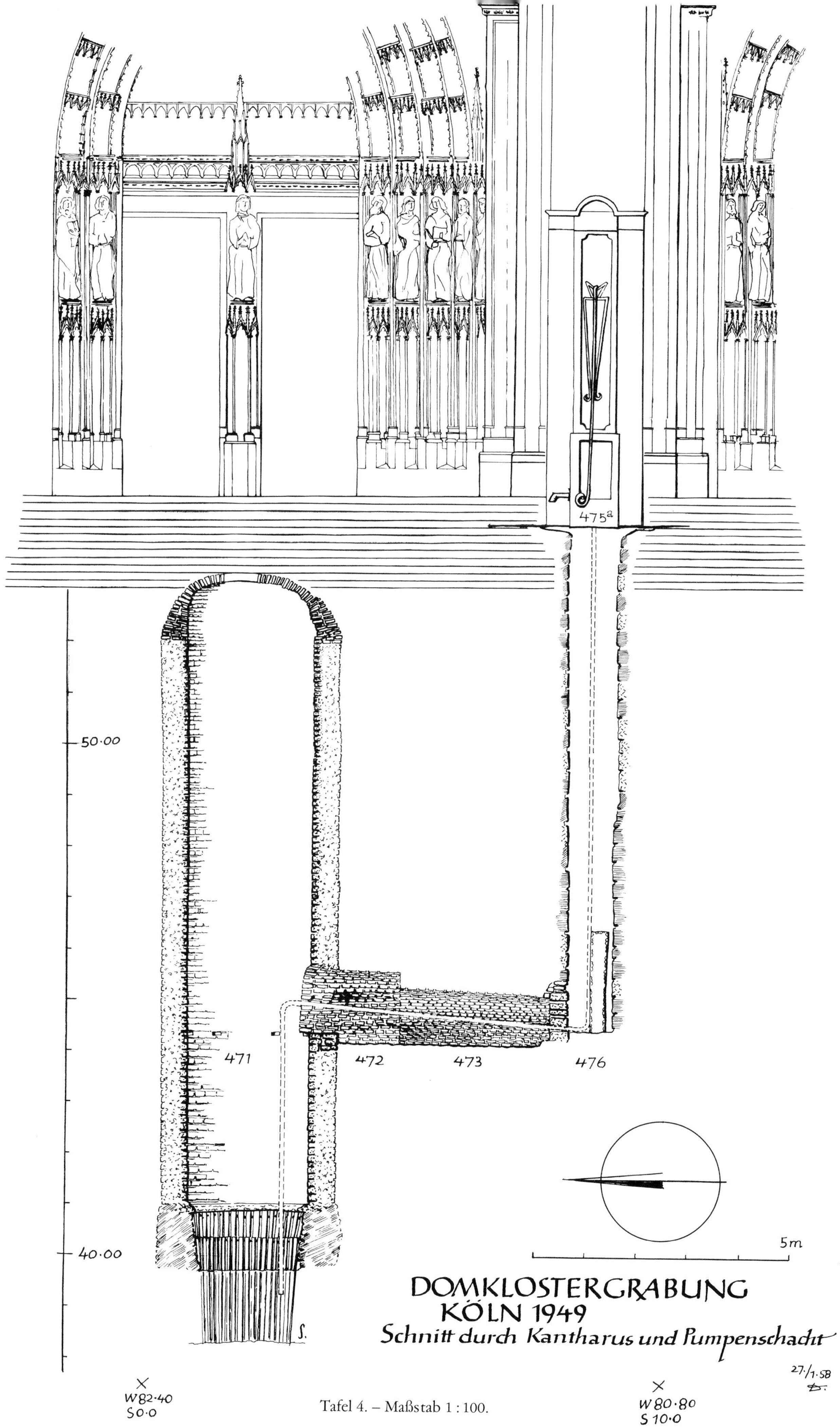

Tafel 4. – Maßstab 1 : 100.

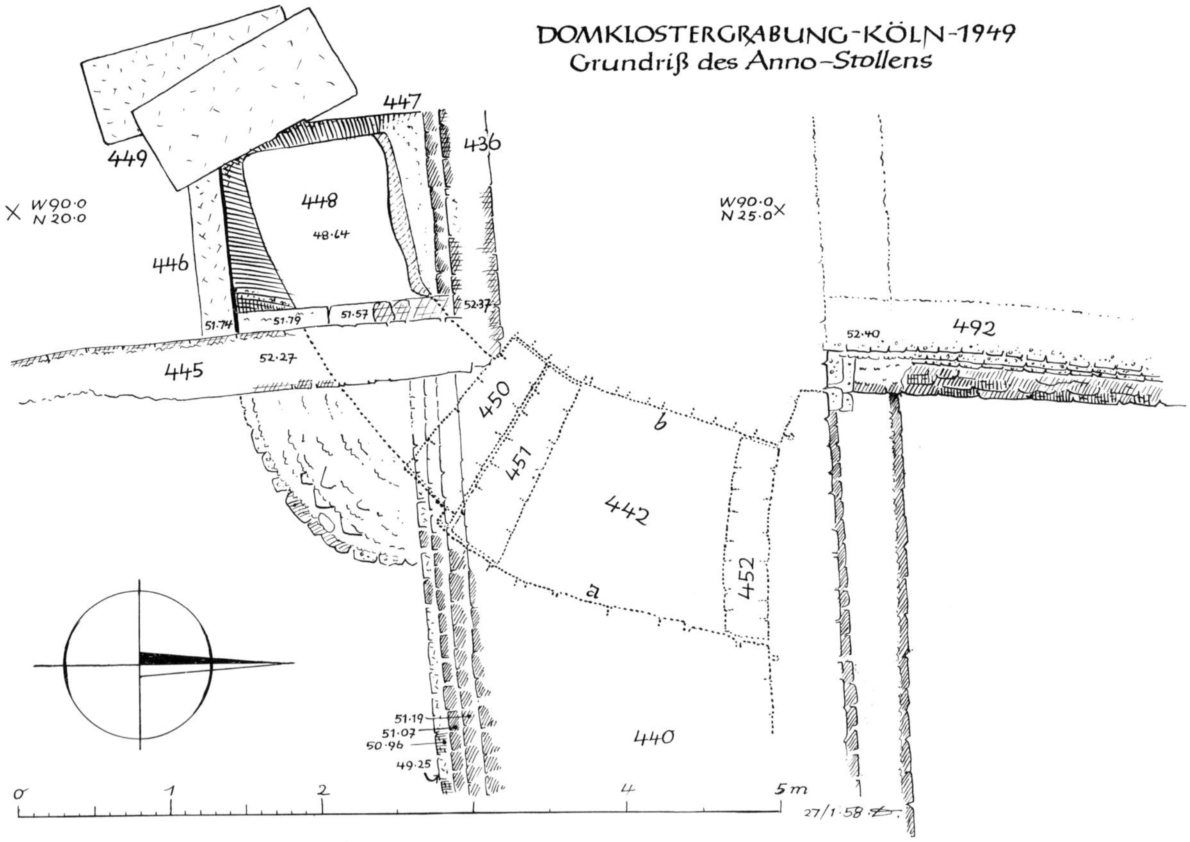

Tafel 5. – Maßstab 1 : 50.

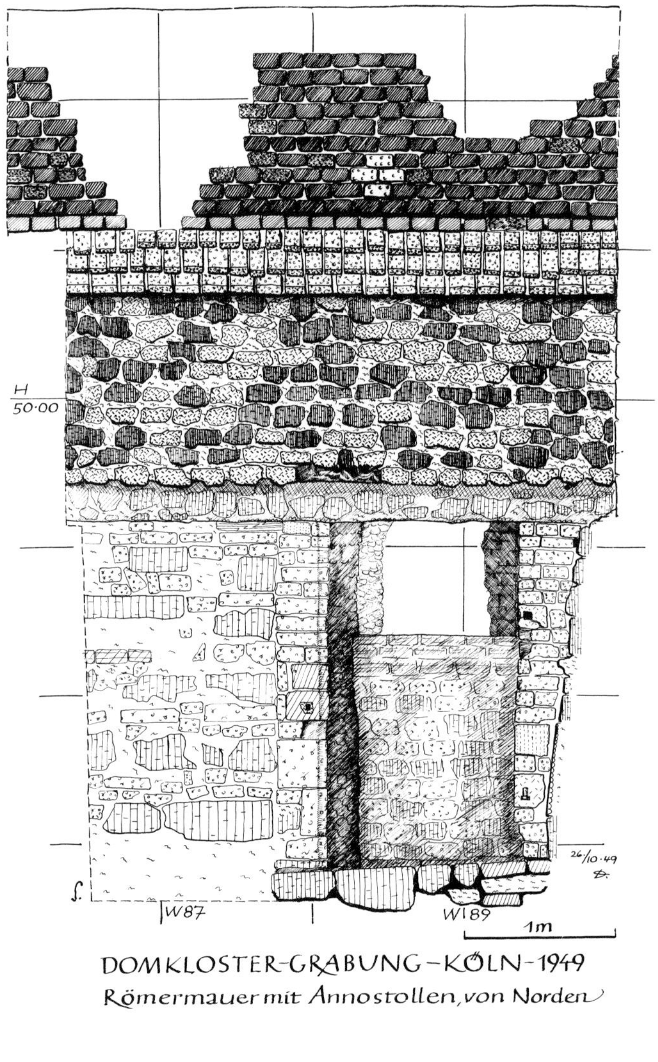

Tafel 6. – Maßstab 1 : 50.

Tafel 7. – Maßstab 1 : 10.

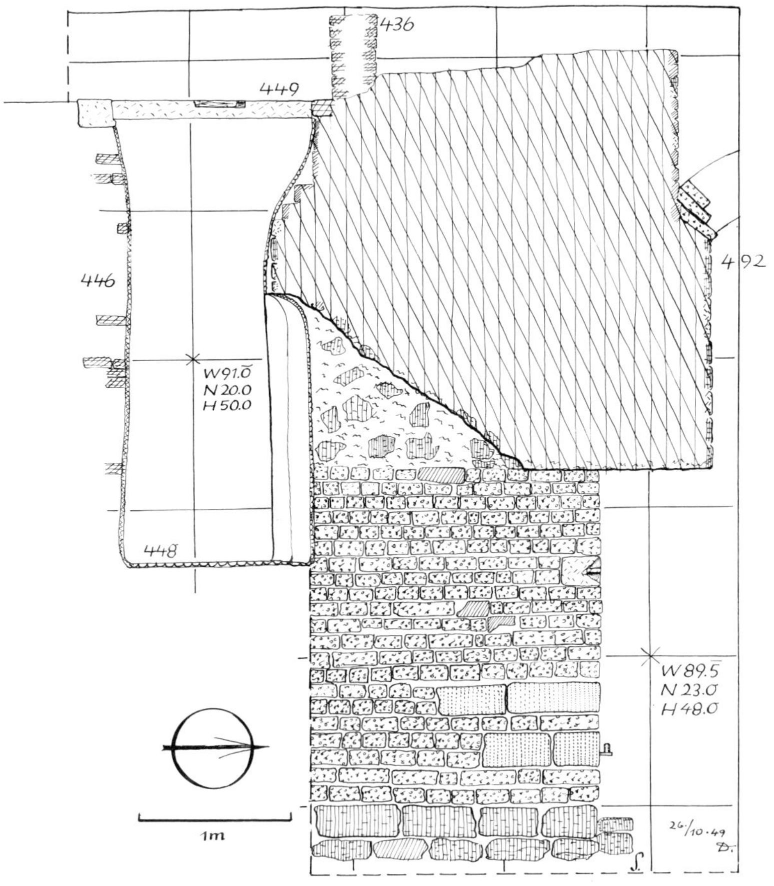

rem Grabungsschnitt freilegten, eben diese historische Schlupfpforte Annos vom Jahre 1074 gewesen ist; denn in der Vita steht, daß Gott es gefügt hatte, daß Anno kurz vorher diesen Ausweg hatte brechen lassen. Es hatte also im Bereich des Domklosters vorher nichts dergleichen gegeben und später war keine Veranlassung mehr gegeben, die schwierigen Unterminierungsarbeiten nochmals auf sich zu nehmen, da sehr bald die (zweite) Stadterweiterung die Stadtmauer vorverlegte und somit ein heimlicher Ausgang unter der alten Mauer wohl kaum noch von Bedeutung war.

Das Mauerwerk der römischen Stadtmauer ist außerordentlich fest, wie man auch heute bei Abbrucharbeiten immer wieder feststellen muß. Es ist daher nicht verwunderlich, daß man im 11. Jahrhundert sehr bald von dem Plan, den Stollen durch das Fundament der Stadtmauer zu treiben, Abstand nahm und nach anfänglichen Versuchen ihn schließlich unter der Sohle der Mauer weiterführte. Der Gang beginnt also an der Innenseite der Mauer mit einer ausgestemmten im Winkel von 45 Grad fallenden Tonne und endigt mit geradem durch die Sohle der Stadtmauer gebildeten Sturz. Die Seiten wurden mit Tuffmauerwerk verkleidet, das an den Stellen, wo die Türbeschläge angebracht waren und an einigen anderen Punkten mit rotem Sandstein verquadert war. Der Boden war unregelmäßig ausgelegt und zeigte nur am nördlichen Ausgang des Stollens eine aus mehreren Steinen zusammengesetzte Schwelle. Die Angeln und die Verriegelungsvorrichtung waren noch in der Nordfront des Türrahmens erhalten. Ebenso war an der südlichen Laibung der leicht abgesetzte Türanschlag zu erkennen. Die Sohle des Stollens lag 2,10 m unter der Stadtmauer. Es ist anzunehmen, daß der Gang sich ursprünglich mit allmählich steigender Sohle an der Innenkante der Stadtmauer entlangzog und über eine flach gestufte Treppe (Anno führte Pferde mit sich, die nach dem Text allerdings wohl erst außerhalb der Stadtmauer herbeigeschafft wurden), nach oben führte. Eine Untersuchung in dieser Richtung wurde nicht durchgeführt, weil wir damit die recht interessante spätere Gestaltung hätten zerstören müssen.

Der Gang war nämlich durch drei spätere Sperrmauern verschlossen. Die späteste von ihnen dürfte die sein, die den Nordausgang versperrte (452); sie reicht nur bis kurz unter den späteren Boden des gewölbten Kellers, der vor der Stadtmauer angelegt war, herab (454). Ein älterer Boden des gleichen Kellers lag 1,50 m tiefer, in Höhe der Sohle des Stollens (464). In diesem älteren Keller bildete der am Südende (451) vermauerte Stollen eine Nische. Eine dritte Sperrmauer (450) stand dicht neben der letztgenannten am ehemaligen Eingang zum Stollen. Sie bildete zusammen mit der Südflucht der Stadtmauer den unregelmäßigen Nordabschluß eines schlauchartigen Schachtes, dessen Sohle weit höher als die Sohle des Stollens lag, und der nach oben bis Höhe 51,75 aufgemauert war, wo er mit einer quadratischen Öffnung von 1,40×1,40 m Größe endete, die mit zwei schweren Trachytplatten verschlossen war. Diese Grube muß zu den späteren Gebäuden der Domdechanei gehört haben, von deren Kellerniveau sie in die Tiefe ging. Ihre unregelmäßigen Wände waren glatt verputzt. Bei der Auffindung war die Grube mit lockerem Schutt verfüllt. Um eine Fäkaliengrube kann es sich nicht gehandelt haben. Möglicherweise bildete sie das Verließ für inhaftierte Personen geistlichen Standes, die in Gewahrsam zu nehmen dem Domdechanten oblag. Nach Beendigung der Grabung wurde die Grube wieder mit den Platten verschlossen; auch der übrige Stollen wurde nicht mit Erde verfüllt, sondern für eine später mögliche Freilegung offengehalten.

Zusammenfassung

Bei der Grabung wurden rund 160 Quadratmeter, das ist nur etwa der siebzehnte Teil des fraglichen Gebietes untersucht. Eine restlose Aufklärung über alle Fragen wird man daher kaum erwarten dürfen, und für die mittelalterliche Zeit wird es wohl bei diesem lückenhaften Stand unseres Wissens bleiben, denn große Überraschungen werden spätere Entdeckungen nicht mehr bringen können, weil allzu viel abgetragen worden ist.

Anders verhält es sich mit den römischen Schichten, die ja auch stellenweise tief durchwühlt, aber doch nicht ganz abgeräumt sind. Hier darf man hoffen, bei Gelegenheit Näheres über die Pfostenreihe (485) zu erfahren, von der wir vermuten, daß sie die letzte Spur einer vorclaudischen Stadtbefestigung ist. Weiterhin wäre zu wünschen, einmal mehr über den weiteren Verlauf der merkwürdig geführten Leitungsgräbchen aus der frühen römischen Zeit zu erfahren (438, 439), wie überhaupt über den Zweck solcher Gräbchen.

Im übrigen ist die Entwicklung der Mauerstraße vom lehmigen flachen Fahrdamm zur geschotterten Straßenkrone mit gewölbtem Profil und gemauerter Gosse klar zu erkennen gewesen und hat unsere sonstigen Beobachtungen an römischen Straßen bestätigt. Einige sonst bekannte Details sind ausgeblieben, so die Trennung der Gehsteige – nur in der I. Periode scheint sich ein solcher am südlichen Straßenrand und vielleicht auch im Norden abzuzeichnen –; auch das Verhältnis der späteren höheren Straßenkörper zur Stadtmauer, das uns durch mittelalterliche Störungen entgangen ist, und die späteren Formen der Straßengossen, die aus dem gleichen Grunde nicht mehr zu fassen waren, sind ungeklärt geblieben.

Der Anbau an der Straße und im Innern des Wohnblocks (Insula) ist für die ersten Perioden in den Grundzügen zu erkennen. Nach den Erfahrungen beim Dombunkerbau und bei der Domhofgrabung sind die Aussichten, für die I. Periode später mehr zu erfahren, nicht sehr groß. Die Bebauung der Insula in den späteren Perioden wird vielleicht durch spätere Ausschachtungen weiter aufgeklärt werden können. Aber schon jetzt zeichnet sich das Prinzip der Bebauung klar ab: die Straßenfronten waren wie bei der Nachbarinsula mit dem Dionysoshause und dem zweiten 1949 entdeckten Peristylhaus mit einer Häuserzeile, in der wohl Geschäftslokale untergebracht waren, zugebaut, während teilweise in direktem Kontakt mit dieser Zeile oder an anderen Stellen durch Hofräume von ihr getrennt, größere und komfortable Wohnpaläste den Kern der Insula einnahmen. So blieb die Bebauung bis ins 3. Jahrhundert hinein. Die römische Spätzeit brachte, wie auch beim Dionysoshause, mit dem Einbau der Kolonnaden eingreifende Veränderungen. Die Häuser der Straßenfront rückten entsprechend nach Süden. Dabei wurden ältere Bauten niedergelegt und durch weiter südlich in veränderter Form errichtete Bauten ersetzt.

Die Datierung der nördlichen Atriumskolonnade, die wir selbst bisher mit allen anderen Bearbeitern für mittelalterlich, allenfalls merowingisch hielten, in die spätrömische Zeit, wirft wiederum einen kleinen Lichtstrahl in das Dunkel der ersten nachrömischen Jahrhunderte. Ähnlich wie vor der Chorseite des Domes sehen wir jetzt auch am Domkloster Reste der Römerzeit in das frühe Mittelalter hineinragen. Welche Bedeutung die Säulen damals, vor der Errichtung des Atriums hatten, läßt sich allerdings noch nicht durchschauen. Weiter ostwärts unter dem alten Dom wurde die Kolonnade frühzeitig abgeräumt und in ihrer Flucht eine Mauer errichtet, die älter ist als der ältere karolingische Kirchengrundriß (VI, St. Gallen). Ob der Bau, zu dem diese und einge weitere Mauern gehörten, schon ein Kirchenbau war, läßt sich leider noch nicht entscheiden. Er lehnte sich offenbar noch stark an die römischen Gegebenheiten an, indem ein Flügel (oder ein Seitenschiff?) in den römischen Laubengang hineingesetzt wurde. Bau VI ist demgegenüber leicht verschoben und nicht mehr auf die Kolonnaden ausgerichtet, wie er ja auch mit seinem halbrunden Atrium eine eigene Lösung für den Westabschluß vorgesehen hat. Erst in Periode VII entsteht ein Bau, dessen breite Westfront sich über die römische Straße hin ausdehnte. Im Anschluß an diesen breiten Riegel folgten die Laubengänge des Atriums, für die die alte Säulenreihe der römischen Kolonnade verwendet wurde. Sie erlitt dabei eine Frontveränderung; bildete die Reihe bisher den Nordabschluß einer nach Norden offenen Laube, so gehört sie jetzt zu einem Gang, der nördlich von ihr liegt und sich nach Süden öffnet. Die also verkehrte Säulenfront steckte damals mit ihren Basen schon tief im Boden der mittlerweile angewachsenen Stadt. Als ihre Stümpfe schließlich nach Abbruch des Atriums ganz im Boden versanken, lagen sie für Jahrhunderte sicher geborgen unter der genau darüber verlaufenden Südfront der Domkurien, bis sie im vorigen Jahrhundert dieses Schutzes beraubt wurden und nun einem ungewissen Schicksal entgegensehen.

KATALOG

401 Schnitt nordsüdlich unmittelbar am Fuße der westlichen Domfreitreppe entlang. Durchschnittliche Br 2,0, Lg 48,0. Westwand von W 86,82, S 20 bis W 87,68, N 30 bildet Profil 415 (Taf. 1, Abb. 6). Die Ostwand besteht aus der Fundamentierung der Domtreppe. Nur im nördlichen Teile nordwärts der Treppe wurde die Ostwand gezeichnet (Profil 455). Erweiterung des Schnittes an seinem Nordende: 461 südlich der Römermauer und 457 nördlich der Römermauer. Quer zu Schnitt 401 verläuft in der Achse des Domes Schnitt 462.

402 Mauer OW in Verband mit 403, Periode IV; schlägt Mauer 408 entzwei; Südmauer des Raumes 404, dessen Estrich an die Mauer angestrichen ist. Die Mauer besteht wie 403 aus kleinen Tuffquadern (0,12×0,15×0,40); grauer fester Mörtel. Das Fundament besteht aus unbehauenen Grauwackebrocken und springt etwa 10 cm vor. Absatz bei H 51,30. Die Nordseite des Fundaments ist abgeschrägt und mit rotem Putz beworfen, woraus zu schließen ist, daß in etwa H 52,20 der zugehörige Fußboden gelegen hat, während der 60 cm tiefer erhaltene Boden 404 als Unterboden des Hypokaustes anzusehen ist (vgl. Taf. 3).

403 Mauer NS in Verband mit 402, wie diese gemauert und zu Boden 404 gehörig. Das Fundament ist breiter (0,70) und springt nach beiden Seiten etwa 15 cm vor; Periode IV.

404 Boden zu den Mauern 402 und 403, an diese angestrichen. OKH 51,55. Stärke insgesamt 0,17, wovon

die Hälfte auf die Stickung, der Rest auf den roten Estrich entfallen. Wegen der Schräge an Mauer 402 als Unterboden eines Hypokaustes anzusehen. Das Nordende des Bodens ist wie Mauer 403 durch die Ausbruchgrube 412 gestört. Periode IV (vgl. Taf. 3).

405 Mauer OW mittelalterlich, vermutlich Rest der Südmauer des südlichen Atriumsganges, aber bei weitem nicht so tief fundamentiert wie die entsprechende Mauer im Norden (435). Die Breite der Mauer wurde durch Sondierung ermittelt: 0,95. Der Mauerrest ist schlecht erhalten, läßt aber noch eine leichte Schrägrichtung von Südost nach Nordwest erkennen. An der Mauer befindet sich der Pilastervorsprung (?) 406. OKH 53,0, UKH 52,40 (vgl. Taf. 3).

406 Pilastervorsprung (?) zu Mauer 405. Br nicht ermittelt, Vorsprung 0,20. Zwei übereinandergelegte Tuffsteine (20×20×15) markieren die Nordweststrecke des im übrigen aus kleinen Steinen gemauerten Vorsprungs.

407 Querprofil in Schnitt 401 bei S 13,10. Schnittbild der Mauer 403 mit anschließendem Boden 404.

408 Mauer NS in der Westwand von 401. Periode III. Durch Mauer 402 abgeschlagen. OKH 52,0, UKH 51,25, Br nicht ermittelt. UK Aufgehendes wahrscheinlich bei H 51,60. Weiterer Verlauf und Zugehörigkeit der Mauer unsicher (vgl. Taf. 3).

409 Querprofil in Schnitt 401 bei S 9,6. Schnittbild des Bodens 414 mit den darüberliegenden Schichten, die das Hypokaust ausgefüllt haben. Ferner Profil des modernen Treppenfundaments mit zugehöriger Baugrube.

410 Rohe Pflasterung zum Atriumshof gehörig südlich anschließend an Mauer 419, aber nicht deren ursprünglichen Horizont darstellend. Das Südende der Pflasterung ist durch eine große Störung abgegraben. Sie besteht aus Steinen aller Arten und Größen, die ohne Bildung einer glatten Oberfläche in Lehm verlegt sind. Obere Abgleichung durch Schmutzschicht (Laufschicht), die in die Zwischenräume der Höcker eingedrungen ist. Erhaltene Lg noch 4,20 m, Br 1,50 m, OKH 52,40 (also höher als die Säulenbasis 426). Nur im Profil auf Taf. 1 eingezeichnet.

411 Mauer OW, Periode II – III. Nördliche Begrenzung des Bodens 414. OKH 51,07, UKH 50,80, Br. 0,45. Mauerwerk aus drei Lagen Grauwacke.

412 Ausbruchgrube einer römischen Mauer OW, parallel zu 411 und wie diese die (südliche) Begrenzung des Estrichs 414. UKH 50,20. Die Mauer ist durch die große gotische Störung (5511) bis zur untersten Sohle ausgebrochen worden. Vermutlich geht die Mauer auf Periode I zurück und bestand als nördliche Begrenzung des Raumes 404 bis in die IV. Periode, möglicherweise darüber hinaus noch entsprechend 429 bis in die nachrömische Zeit.

413 Rest einer Mauer (?) auf der Pflasterung 410. Zwei bis drei Lagen Grauwackesteine mit Mörtelverbindung. H 30 cm. UKH 52,40. Nur im Profil eingezeichnet (Taf. 1).

414 Estrichboden der Periode III, Unterboden eines Hypokaustes mit den deutlichen Standspuren der runden Hypokaustsäulen; begrenzt durch Ausbruchgrube 412 und Mauer 411, an letztere angestrichen. OKH 51,00; 4 cm starker roter Estrichboden auf 10 cm hoher Stickung.

415 Profil NS, Westwand des Schnitts 401 (s. d.). Vgl. Taf. 1 u. 3 und die Beschreibung der Schichtung im Text.

416 Rest eines Bodens oder eines Kanals, zwischen dem Hypokaust 414 und der Piscine 424. Hat keine Verbindung mit Mauer 411 und 417. Möglicherweise Rest des Kanals 5509; erhalten ist ein Stück rosafarbenen Ziegelsplittmörtels, dessen Oberfläche rauh und bröckelig ist. OKH 51,08, Stärke 0,15, Periode II/III:?

417 Südliche Apsis der Piscine 424, Periode III. In Verband mit der Westmauer 418; Boden 424 ist angestrichen. OKH 51,11, Br der Öffnung 1,1, Br der Mauer 0,26. Die Mauer ist bis auf den Boden 424 abgebrochen. Fundament aus Ziegeln wie 418 mit weißem Mörtel.

418 Westmauer der Piscine 424. Die Apsiden 417 und 427 sind im Verband gemauert. Der Boden der Piscine ist an der Mauer hochgestrichen (Profil 467). Die Mauer ist durchschlagen von Mauer 420 der Periode IV. Ziegelmauerwerk in weißem, festem Mörtel. Format der Ziegel 12×26 cm. Lg 2,9, Br 0,3, Hh des Aufgehenden 0,40. OK 51,25 bis 51,49, UK nicht erreicht. Periode III.

419 Mauer OW, Periode IV. Auf die Südwange des Kanals 421 und über Mauer 489 gesetzt, an Mauer 459 angesetzt, von Mauer 463 durchbrochen, Südgrenze des Bodens 444; südlich schließt Boden 484 an. OKH 52,55, UKH 51,30, Lg noch 5,0, Br 0,50, Hh 1,25. Vom Aufgehenden sind zwei Lagen 20 bis 50 cm lange, behauene Sand-, Tuff-, Trachyt- und Grauwackesteine, erhalten. Das Fundament besteht

aus fünf Lagen von Bruchsteinen des gleichen Materials, darunter auch einige Basalte, wenig Mörtel. Die Mauer gehört zur Straßenzeile der Periode IV.

420 Mauer OW, Periode IV, über Piscine 424. Lg noch 0,95, Br 0,60, Hh 0,64, OKH 51,72, UKH 51,08; aus Ziegel- und Grauwackesteinen mit festem weißem Mörtel. Die Mauer bildet die Südgrenze der Straßenzeile der Periode IV.

421 Kanal OW, Periode III. Südlich an Mauer 488 angesetzt, auf die Südwange ist Mauer 419 aufgesetzt. Westgrenze Mauer 489, über die hinaus sich der Kanal nicht verfolgen ließ. Lg 2,0, Br 0,30, Hh 0,15, OKH 51,50. Als Sohle dienen Ziegelplatten (0,4×0,3×0,03), die auf einer 6 cm starken Mörtelschicht aufliegen. Die Wangen bestehen aus Ziegelbruch und weißem mit etwas Ziegelsplitt gemischtem Mörtel. Innerer Verputz aus Ziegelsplittmörtel.

422 Vereinzelte Säulenbasis auf Boden 444, stark lädiert. Das breit ausladende und fein gezeichnete Profil besteht von unten nach oben aus: fallendem Karnies, Plättchen, Viertelwulst-Plättchen, Viertelkehle, oben ein Dübelloch; nicht mehr in situ. Wahrscheinlich in Periode IV verbaut, aber älteren Ursprungs, Kalkstein.

423 Grube westlich der Piscine 424, Periode III. Nur der östliche Rand der steilwandigen Grube wurde im Profil 415 erfaßt. Br 1,90, Tf 1,75, UKH 49,86 (im gewachsenen Sand), gefüllt mit wechselnden Schichten von gelbem und grauem Sand.

424 Boden der Piscine, Periode III, zu den Mauern 417, 418, 427, an die er angestrichen ist; Mauer 420 ist aufgesetzt. Lg 3,16, OKH 51,05, roter Mörtelboden, der, wie bei Mauer 418 beobachtet wurde, in ganzer Stärke (0,05) an den Wänden hochgeführt war.

425 Entfällt.

426 Sockel einer Säule der Straßenkolonnade (Periode IV) und der Nordreihe des Atriums. Roter Sandstein 0,9×0,9×0,58. OKH 52,15, UKH 51,57. An der Oberfläche Mörtelspur der aufsetzenden Säulenbasis. Der Sockel steht auf einem 25 cm hohen Ziegelfundament (UKH 51,32) und steht vermutlich über der übermauerten älteren Mauer der Straßenfront (5502). Abstand des Sockels von der noch über seine Oberkante hinaus erhaltenen spätrömischen Mauer 429: 0,36. Der Sockel wich in seiner Richtung deutlich von der Ostwestrichtung, aber auch von der Stadtmauer, entsprechend der Schrägrichtung der übrigen, schon länger bekannten Sockel dieser Reihe, ab. Vgl. auch Taf. 3 und Abb. 1.

426f Roter Sandsteinsockel, wie die folgenden bei der Tieferlegung des Domklosters im vorigen Jahrhundert aufgemessen (vgl. Col. Agr. Taf. 14 bei f); roter Sandstein mit Basisspur. OKH 16,25 über K(ölner) P(egel) = 52,18 über Normal Null.

426g Weiterer Säulensockel gleichen Materials und gleicher Höhenlage.

426h Weiterer Säulensockel etwa gleicher Höhenlage (52,09) und ebenfalls von rotem Sandstein. Auf diesem Sockel wurde die Basis mit angearbeitetem Schaftteil einer Säule aus rotem Sandstein noch in situ gefunden (vgl. Col. Agr. Taf. 14 „O" und hier Taf. 3), Säulendurchmesser 0,60 Hh des Stücks 0,638, attische Basis; Maße des Sockels 0,94×0,94×0,60. Der Sockel war untermauert mit Grauwackenmauerwerk von 1,35×1,45 Ausdehnung, dessen OK bei 15,56 KP = 51,58 und dessen UK bei 14,34 KP = 50,27 lag.

426i Roter Sandsteinsockel von dem vermutlichen Westabschluß des Atriums. Seine OK lag 25 cm höher als die OK der Sockel der Nordreihe bei H 52,43. Auf dem Sockel stand eine rote Sandsteinsäule (vermutlich Nahe-Sandstein). Vgl. Taf. 2.
Die Suche nach weiteren Sockeln in der Umgebung war seinerzeit erfolglos. Die gefundenen Sockel und Säulen wurden „Auf der Litsch" (der Straße, die an den Domtürmen vorbeiführte) aufgestellt und sind jetzt verschollen.

426k Die nicht mehr vorhandenen Sockel der südlichen Kolonnade; die Lage der Kolonnade läßt sich mit einiger Sicherheit aus der achsialen Lage des Kantharus, ihre Richtung aus der Schräge der Mauer 405 erschließen. Die Reihe wurde durch die große gotische Störung, die im Profil 415 (vgl. Taf. 1) festgestellt und auch 1955 (vgl. 5511) weiter nach Westen verfolgt werden konnte, abgeräumt, wobei auch tiefliegende römische Mauern bis zur Sohle ausgebrochen wurden (412).

427 Nördliche Apsis der Piscine 424, deren Boden angestrichen ist; in Verband mit der Westmauer der Piscine 418. Nur eine Spur des Aufgehenden ist erhalten; das Fundament dehnt sich erheblich weiter als bei der Gegenapsis 417 aus; es ist aus Grauwacke und Ziegeln mit festem weißem Mörtel gemauert. OKH 50,79, im übrigen wie 417.

428 Ausbruchgrube einer römischen Mauer OW, vom letzten römischen Horizont ausgehend. Die Grube reicht bis zu einer T von 50,15 herab; es dürfte also hier eine auf die I. Periode zurückgehende Mauer gestanden haben, die den rückwärtigen Abschluß der an der Straße entlang führenden Häuserzeile bildete. Da die Mauer sehr sauber ausgebrochen ist, läßt sich an der Ausbruchgrube ihre genaue ostwestliche Richtung noch erkennen. Die Mauern der Vorderfront dieser Häuserzeile (429) laufen dagegen schräg.
Weiter westlich ist die Mauer nicht ausgebrochen und im vorigen Jahrhundert angetroffen worden (Col. Agr. Taf. 14 bei c, d; sie wird hier als gleichartig mit Mauer 429 angegeben). Gleichzeitig fand man eine von ihr abzweigende Mauer 428 a.

428a Mauer NS in Verband mit 428 und gleicher Technik (Col. Agr. Taf. 14).

429 Mauer OW, Periode III – IV. Die nördliche Frontmauer der Häuserzeile an der Straße. Lg 1,50, Br 0,53, Hh 1,22, OKH 52,54, UKH 51,32. Bei H 52,30 beiderseitiger Fundamentabsatz, der das vielleicht zugehörige Niveau der Spätzeit angibt, aber höher liegt als Pfeilersockel 426. Kleine Grauwackequadern und wenige Tuffsteine. Die Vorgängermauern der Periode II und III liegen wahrscheinlich südlich unterhalb 429. Vgl. auch 5502.

430 Rest eines Bodens südlich des Pfeilersockels 426. OKH 51,33, Periode II? Grauweißer Mörtelboden ohne Stickung und ohne erkennbaren Anschluß. Stärke 5 cm.

431 Heizkanal OW, Periode III. Wahrscheinlich Verlängerung von Kanal 5506, OKH 51,58, Sohle H 51,36, Br 6,25, Tf 0,22; aus 40 – 55 cm langen Ziegelplatten und -stücken von innen ausgekleidet. An die OK der Südwand ist ein 30 cm breiter Mörtelboden angestrichen. Im Profil 415 wurde beobachtet, daß ein Mörtelboden über die nördliche Kanalwange geführt war.

432 Heizkanal NW/SO, Periode III. OKH 51,52, Sohle H 51,38, Br 0,2, Tf 0,14; Boden aus 40 – 50 cm langen Ziegelplatten. Seitenwände aus 30 cm langen Dachziegeln. Wangen aus Ziegelplatten und Bruchstücken 30 cm breit gemauert.

433 Kanal OW nördlich Mauer 429; Periode II; Straßengosse am südlichen Rand der Mauerstraße. OKH 50,84, Sohle H 50,48 – 50,42, Gefälle nach Osten. Br 0,3 – 0,38, Tf 0,35. Die 25 cm breiten Wangen bestehen aus regelmäßigem Ziegelmauerwerk (Dachziegel) mit weißem Mörtel. Den Boden bilden Ziegelplatten. Vgl. auch 5504.

434 Entfällt.

435 Mauer OW, nördliche Rückfront des Atriumshofes, gestört durch Mauer 465. OKH 53,0, UKH 50,64, Lg 9,30, Br 0,7 – 1,1, Hh 2,35. Die Mauer steht mitten auf der römischen Straße und reicht bis in das Straßenniveau der II. Periode hinab. Ihre Verlängerung wurde 1955 weiter westlich festgestellt (5503). Der Anschluß an das römische Nordtor scheint von Schulze und Steuernagel (Col. Agr. Taf. 14) erfaßt zu sein. Die Mauer verbreitert sich nach Westen um 40 cm. Die Nordwand zeigt Tuffquadern von 10 – 20 cm Lg und 6 – 10 cm Hh, unterbrochen von einigen bis über 30 cm hohen Trachytsteinen. Die Südwand hat Bruchsteinmauerwerk. Vgl. auch Taf. 2.

436 Mittelalterliche Mauer über der Südkante der Stadtmauer, im Verband mit Mauer 445. Im Winkel der beiden Mauern führt der Annostollen an der Stadtmauer hinab. Die Mauern dürften zu einem späteren Umbau des Hauses gehören, das in der Vita Annonis erwähnt wird. OKH 52,37, Br 0,30, Lg 1,40; Material: Ziegelsteine (20 cm Lg). Vgl. auch Taf. 5 u. 6.

437 Palisadengräbchen OW, Periode I. Im Abstand von 3 m parallel zur Stadtmauer; die Palisadenreihe (vgl. 485 a – d) jedoch genau ostwestlich orientiert. OKH 50,58, UKH 50,0, Lg aufgedeckt 3,3, Br 0,6, Tf 0,58. Das Gräbchen hat konkave Wände und ist mit sandiger lockerer Erde gefüllt. Möglicherweise Reste eines älteren Wallfußes.

438 Gräbchen OW, Periode I. Parallel zur Stadtmauer im Abstand von 5,60. Die Steinabfälle 483 (vermutlich vom Stadtmauerbau) liegen in der Verfüllung des Gräbchens. Lg freigelegt 3,30, Br oben 0,40, unten 0,20, Tf etwa 0,60. Das Gräbchen hat konvexe Wände und muldenförmige Verfüllungsschichten (sandig). An der untersten Sohle bis 4 cm starke hellgraue reine Lettschicht mit halbrundem Abdruck eines Rohres (?). Der Verlauf des Gräbchens ist zunächst ostwestlich; unter den Steinen 483 biegt er nach Nordosten ab. Tiefenlage wie 439. Vgl. Abb. 2.

439 Gräbchen OW, Periode I, entspricht 438; Abstand von der Stadtmauer 7,0, Sohle H 49,55, Lg freigelegt 1,78, Br und Tf wie 538. Bau und Verfüllung ebenfalls wie 438. Das Gräbchen muß, entsprechend 438, jedoch in der anderen Richtung, nämlich nach Südosten abgeknickt sein, denn bei geradem Ver-

Abb. 1. Säulensockel (426) der röm. Straßenkolonnade und mittelalt. Atriumslaube (Schnitt 401).

Abb. 2. Straßengräbchen (438) der frühröm. Zeit; oben Steinabfälle, darunter sandige und lettige Füllungen.

Abb. 3. Blick vom Nordturm auf das Nordende des Grabungsschnitts 401 mit Stadtmauer und Annoschacht.

lauf hätte es in dem Profil 487 erscheinen müssen. Sein weiterer Verlauf nach Südosten ist gestört durch das tiefe Fundament der Freitreppe des Domes.

440 Die römische Stadtmauer. Das durch die Grabung freigelegte 10,30 m lange Stück der Stadtmauer zeigt an der Nordfront eine Schräge, die im Verhältnis von 1 : 22 von der Ostwestrichtung nach Norden abweicht; die Südfront dagegen zeigt eine stärkere Schräge von 1 : 16. Das Interturrium, zu dem das Stück gehört, hat nach bisherigen Beobachtungen eine Schrägrichtung von 1 : 20, die der Schrägrichtung der römischen Ostweststraßen entspricht, während das östlich anschließende Interturrium nach unseren bisherigen Feststellungen nur schwächer (1 : 30) nach NO abweicht. Die übrigen Maße der Mauer entsprechen den bisherigen Beobachtungen: Aufgehendes Br 2,40, Fundament-Br 3,0, bei beiderseits gleich breitem, innen dreimal getrepptem, außen schrägem Fundamentabsatz. Hh des Fundaments 2,1. Es besteht an der Südseite aus zwölf regelmäßigen Lagen von Trachyt- und Basaltsteinen über einer 30 cm hohen Packlage. Auf der Nordseite sind die Lagen nicht gleichmäßig waagerecht durchgeführt. Das Aufgehende hat auf der Südseite noch dreizehn Lagen von 10 cm hohen und 15 – 20 cm langen Grauwackequäderchen. Die beiden untersten Lagen springen 10 cm, die dritte 12 cm zurück. Die Fugen sind geglättet. In der fünften, sechsten und siebten Lage heben sich zwölf Trachytsteine als drei helle Kreuze in unregelmäßigem Abstand aus der Grauwackemauer heraus. Ein gleiches Kreuz aus Kalkstein wurde an der Nordwand beobachtet. Vgl. auch 5501.

441 Schnitt nördlich der Stadtmauer im Keller 454/464.

442 Der Annostollen besteht aus zwei Teilen, dem eigentlichen Gang unter der Stadtmauer und dem senkrechten Schacht als Zuführung, die an der Innenseite der Stadtmauer hinabführte und in ihrer letzten Form einen senkrechten verputzten Schacht darstellte. Der Gang unter der Mauer ist später durch die Sperrmauern 450, 451, 452 verriegelt worden (vgl. Taf. 5 – 7).

442 a Ostmauer des Ganges unter der Stadtmauer. OKH 50,05 – 49,2, Lg 2,6; unten sieben Lagen Basaltsteine (etwa 20×15 cm), darüber Tuffsteine (8×20 cm) in elf Lagen; weißer harter Mörtel.

442 b Westmauer des Ganges unter der Stadtmauer. Lg 1,90, besteht vorwiegend aus Tuffsteinen. Taf. 6.

442 c Decke des Ganges unter der Stadtmauer, bestehend aus einem gewölbten, mit fallendem Scheitel in das Basaltmauerwerk des Stadtmauerfundaments gestemmten Teil und einem waagrechten Teil, der durch die Sohle der Stadtmauer gebildet wird. Lg 2,30, Br 1,40. Weitere Einzelheiten des Annostollens 446 ff.

443 Gräbchen mit Holzrohrleitung OW, Periode I, Br oben 0,6, Tf 1,0; der Graben war mit schwarzem Sande gefüllt und enthielt vermorschte Holzreste der Rohrleitung.

444 Estrich der Periode IV, zwischen Mauer 419 u. 459. Nordgrenze gestört, Ostgrenze nicht erreicht. Es ist der Boden der spätrömischen, nach Süden gerückten Straßenzeile. Mauer 463 ist aufgesetzt. Auf dem Boden fand sich die Säulenbasis 422. Grober Ziegelsplitt mit eigroßen Splittern und weißem Mörtel ohne Stickung über einer Sandschicht, Stärke 0,08, OKH 52,0.

445 Mauer NS, mittelalterlich? In Verband mit Mauer 436, zu einem späteren Umbau des Hauses gehörig, von dem der Annostollen ausging. OKH 52,27, UKH 51,20, Lg noch 3,15, Br 0,4; Ziegelmauerwerk. Im nördlichen über den Annostollen geführten Teile ein Entlastungsbogen. Taf. 1 u. 5.

446 Südwand des senkrechten Annoschachtes. In Verband mit der Westwand 447. Die Ostgrenze bildet die Sperrmauer 452. Aus Ziegelsteinen errichtete Mauer; leicht nach S gewölbt; sauber verputzt; im unteren Teil mit festem hellgrauem Mörtel und im oberen Teil ab H 50,08 mit lockerem dunkelgrauem Mörtel. Ziegelformate nicht ermittelt, da die Anlage intakt gehalten werden sollte; vgl. aber 450.

447 Westwand des senkrechten Annoschachtes in Verband mit 446. An die Südwand der Stadtmauer 440 angesetzt. Lg 0,95; Ziegelmauerwerk mit starkem grauem Putz einheitlich von oben bis unten versehen. Der Putz füllt die Mauerecken rund aus.

448 Boden des senkrechten Annoschachtes an die Seitenmauern 446 und 447 angestrichen. OKH 48,64, glatte Schicht aus feinem grauem Mörtel.

449 Deckel des senkrechten Annoschachtes, bestehend aus zwei Trachytplatten rund 60×1,35, die mit geringer Auflage in das Quadrat der Schachtöffnung eingelassen sind.

450 Südliche Sperrmauer im Annogang; angesetzt an 442 a. OKH 50,40, UKH 48,50, Lg 1,15, Br 0,4, Hh 1,9; Ziegelmauerwerk (Formate 28,5×14,5 bzw. 24,5×13,5); die Südwand der Mauer, die die Begrenzung des senkrechten Annoschachtes bildet, ist wie der übrige Schacht mit 1 – 2 cm starkem, glattem, hartem und grauem Putz versehen.

451 Mittlere Sperrmauer im Annostollen, dicht neben 450 und wie diese zwischen die Gangmauern gesetzt.

Abb. 4. Nördlicher Ausgang des Annostollens mit Türanschlag und Angeln. Ansicht von Norden.

Abb. 5. Blick von Norden in den Annostollen. Hinten der nach oben führende Schacht.

Abb. 6. Die Innenfront der römischen Stadtmauer in Schnitt 401. Das Fundament ist links durch den Annostollen durchschlagen und verdeckt; schlichte Kreuzmuster aus hellen Trachytsteinen.

OKH 49,6, UKH nicht erfaßt, Lg 1,30, Br 0,25 – 0,4, Hh mindestens 3,0; oben sechzehn Lagen Ziegelsteine (0,3×0,15×0,07), darunter drei Lagen Tuffsteine (Lagenhöhe 12 cm), darunter fünf Lagen Basaltsteine (25 – 30 cm Höhe), weißer Mörtel.

452 Nördliche Sperrmauer am Ende des Annogangs. OKH 49,22, UKH 48,38; die Mauer war zwischen die Laibungen der Ausgangstür des Ganges gespannt mit leichter Ausbuchtung nach S. Ihr Fundament sitzt auf losem Schutt, da mittlerweile das Niveau des anschließenden Kellerraums (454) gestiegen war; zwölf Lagen Ziegelbruchmauerwerk. Nordwand glatt, Südwand unregelmäßig.

453 Schwelle am nördlichen Ausgange des Annostollens; Lg 1,80, Br 0,25, Hh 0,35, OKH 47,05; zwei Lagen Basaltsteine. Der ältere Boden 464 des Kellers ist mit gleichem Niveau angesetzt.

454 Später Boden im Keller nördlich der Stadtmauer über 464; an die zugehörige aber ältere Mauer 492 angesetzt. OKH 48,45; aus Ziegelsteinen (0,25×0,12×0,06) und in grauem sandigem Mörtel sauber verlegt. Stickung aus grauem Mörtel mit Ziegel- und Steinkleinschlag.

455 Profil der Ostwand von Schnitt 401 an seinem nördlichen Ende mit Schnitt durch die Stadtmauer, ihre Baugrube und das Pfahlloch 486.

456 Gewölbe des Kellers nördlich der Stadtmauer, zu Mauer 492 und den Böden 454, 464 gehörig. Scheitelhöhe 52,09. Das Gewölbe setzte auf der Schräge des Fundamentvorsprungs der Stadtmauer auf, in die ein Widerlager eingestemmt wurde; Tuffquader 0,25×0,15×0,10 mit grauweißem zähem Mörtel. Der Kellerraum muß eine Br von etwa 4,50 m gehabt haben.

457 Verbreiterung des Schnitts 441 nördlich der Stadtmauer.

458 Mauer NS in Schnitt 462, wohl zum Atrium gehörig, über Boden 468. OKH 52,35, UKH 51,96, Lg (erfaßt) 3,3, Br 0,7, Hh 0,4; aus drei Lagen von unregelmäßigen Tuffsteinen in lockerem Mörtel.

Es folgen die Mauern, die im vorigen Jahrhundert bei der Domklosterregulierung aufgemessen wurden (vgl. Col. Agr. Taf. 14). Sie gehören mittelalterlichen Einbauten zum Atrium an, sind aber nicht weiter zu identifizieren. Ich vermute, daß sie teilweise mitsamt dem Brunnen (e) zur Küche des Kapitels gehört haben. Vgl. Taf. 2.

458a Breite Mauer OW am Westrand des Atriums nördlich 426i und etwa in der Achse gelegen.

458b Mauer NS am Westende des Atriums in der Nähe des Brunnens 458e.

458c Bogenförmiges Mauerstück über Mauer 429.

458d Schmale Mauer NS mit Vorsprüngen nach W, über Mauer 428 geführt.

458e Mittelalterlicher Brunnen im südwestlichen Teil des Atriums; ohne nähere Beschreibung; vielleicht der 1465 erwähnte puteus.

458f Mauer NS in Verlängerung von c und in Verband mit g.

458g Mauer OW in Verband mit f.

459 Mauer NS in Schnitt 462, Periode IV, über Mauer 481 der Periode I; Mauer 419 und die Böden 444 und 474 sind angesetzt. OKH 52,7, UKH 51,4, Lg 1,75, Br 0,50, Hh 1,3. Tuff und Grauwacke mit festem Mörtel, der Kiesel bis zur Nußgröße enthält.

460 Erweiterung des Schnitts 401 nach O.

461 Schmale Erweiterung des Schnitts 460 im Verlauf der Mauer 435 bis an das Domfundament.

462 Schnitt OW in der Domachse, Br 2,0, Lg 15,0.

463 Mauer NS in Schnitt 462; gotisch oder zum Atrium gehörig; auf Boden 444; durchbricht Mauer 419. OKH 52,94. UKH 51,9, Lg (freigelegt) 2,5, Br 1,20, Hh 1,04; aus groben Basaltblöcken, Tuffsteinen und Grauwacken mit hartem, weißem, kieshaltigem Mörtel.

464 Ursprünglicher Boden im Keller nördlich der Stadtmauer, mittelalterlich, unter Boden 454. OKH 47,0; aus Ziegelsteinen ohne Stickung in Lehm verlegt. Formate 30×13,5×6,5; 25×12,5×6,5; 26×13×6.

465 Kleine Mauer NS in Schnitt 461 nördlich Mauer 435. OKH 52,87, UKH 52,35, Br 0,4; vier Lagen Tuffsteine.

466 Lose Steinreihe NS, mittelalterlich. In der Südostecke von Schnitt 401, an Mauer 402 angelehnt. OKH 51,89 bzw. (im S) 53,0; aus ganz unregelmäßigen Basalten, Kalksteinen, Tuff, Grauwacke; offenbar unterste Lage einer Mauerstickung.

467 Querprofil OW in Schnitt 401 mit Profil der Piscine 424.

468 Estrich in Schnitt 462, Periode III; südlich der Häuserzeile des Straßenrandes, von dem Mäuerchen 480 der IV. Periode abgeschlagen. OKH 51,75, lockerer, 9 cm starker Boden aus grobem Ziegelsplitt und Mörtel.

469 Grube in Schnitt 462, Periode I. Westlich der Mauer 481, unterhalb des späteren Bodens 478. OKH 50,8, UKH 50,2, Tf 0,6, Br 1,0×1,6. Die Grube beginnt 20 cm über dem Fundament der Mauer 481 und geht 30 cm tief in den gewachsenen Boden; in der Füllung augusteisches Material (Fund-Nr. 792).

470 Bohlenkränze im Brunnen 471. Die Wand des Brunnens 471 ist unten mit Eichenholzbohlen ausgeschlagen, die mehrere ineinandergreifende Ringe bilden, von denen die beiden obersten 50 bzw. 75 cm über dem Wasserspiegel sichtbar waren. Die Bohlen haben 2–5 cm Abstand und sind durch Zapfen verbunden. Der zweite Kranz ist so in den obersten gesetzt, daß er dessen Fugen verschließt. Die Bohlenköpfe des oberen Ringes werden von einem Mörtelvorsprung des Brunnenmauerwerks überdeckt.

471 Kantharus des Alten Domes. Dm (oben) 2,5, OKH 52,1, Sohle 38,22, Wasserspiegel im Jahre 1949: 39,7, Tf 13,88. Der Brunnenzylinder ist in einer Mauerstärke von 55 cm aus Tuffsteinen (23×15×8 cm) mit schmalen Fugen sauber gemauert. Diese Mauerung reicht bis 11,1 Tiefe. Hier überdeckt ein 0,15 starker 0,2 vorspringender Mörtelwulst den obersten Bohlenkranz 470. Durch dessen Fugen ist grobes Mauerwerk mit viel Mörtel erkennbar. Etwa 6 m über der Sohle führt der Stollen 472 nach SSO. In gleicher Höhe sind Eintiefungen in die Brunnenwände getrieben, offenbar als Rüstlöcher für eine in Höhe des Stollens angebrachte Bretterbühne, oben ist der Brunnen mit Ziegelsteinen zugewölbt. Nach der Grabung wurde er noch eine Zeitlang offengehalten und im Oktober 1951 wieder zugemauert.

472 Erster Stollen von Brunnen 471 nach SSO führend und mit einem Versprung in Stollen 473 mündend. Lg 1,9, Br 0,8, Hh 1,4, OKH 45,65, UKH 44,2. Der Stollen durchbricht die Südwand des Brunnens. Er ist mit Ziegelsteinen und grauem festem Mörtel vermauert und mit einer Halbtonne eingewölbt. Sein Boden liegt 30 cm tiefer als die 0,55 breite Schwelle, die von der Brunnenwand gebildet wird, und hat leichtes Gefälle nach S. Die Ostwand ist 5–8 cm vom Boden abgerissen. Der Boden ist stark verschlammt.

473 Stollen in Verlängerung von 472; an seinem Ende führt der Pumpenschacht 476 in die Höhe. Lg 3,4, Br 0,52, Hh 0,9–1,0, OKH 45,2, UKH 44,2. Der Stollen setzt mit einem Versprung von 30 cm an 472 an. Material und Ausführung wie Stollen 472. Die gewölbte Decke steigt kurz vor der Einmündung in den Pumpenschacht an. Der Stollen verengt sich an der gleichen Stelle stark (vgl. die Beschreibung im Text).

474 Kleiner Estrich-Boden in dem Anbau 459, 479, 480, Periode IV. Lg 0,78, Stärke 0,1, OKH 51,48. Der Boden besteht aus grobem Ziegelsplitt mit weißem Mörtel und liegt auf einer 30 cm starken Mörtelstickung. An Mauer 459 ist er angestrichen.

475 Das Fundament des gotischen Südturms. Der vom Brunnen 471 ausgehende Stollen führt an die Nordwestecke des Südturmfundaments, wo der Pumpenschacht 476 so an das Fundament gesetzt ist, daß dieses die Ostseite des Schachtes bildet. Das Fundament ist aus groben Basaltblöcken aufgelöst. Im unteren Teil des Schachtes ist offenbar durch eine Unregelmäßigkeit in der Verschalung beim Turmbau ein 2 m hoher pilasterartiger Vorsprung entstanden. Vielleicht hängt dieser Vorsprung auch mit dem eingesetzten Pumpwerk zusammen. Oberhalb dieses Vorsprungs folgen in 2½ m Abstand übereinander Mauerhaken, auf denen Reste von vermoderten Brettern lagen.

475a Die Pumpe. Sie wurde nach einer Fotografie aus dem Jahre 1856 eingezeichnet (vgl. Taf. 4 und Alt-Kölner Bilderbuch, Köln 1950, Abb. 89). Aus dem Foto ist zu ersehen, daß das Niveau vor Anlage der Freitreppe in unmittelbarer Nähe des Domes vier Stufen tiefer gelegen hat als heute.

476 Mauerung des Pumpenschachtes. Regelmäßiges Trachytmauerwerk, sauber verstrichene Lagen, Steinformat 0,40×0,20×? Im Mauerwerk war ein gotischer Maßwerkzwickel vermauert; zwei gotische Krabben lagen lose im Geröll (Fund-Nr. 787).

477 Kanal NO-SW in Schnitt 462, Periode II. Boden 478 östlich angesetzt. OK (Sohle) H 50,77–50,85 Gefälle nach N, Lg 2,0, Br 0,35, Hh 0,06; aus Ziegelplatten im Format 50×35 cm. Wangen aus Dachziegeln und Ziegelbruch.

478 Mörtelboden in Schnitt 462, Periode II. Östlich an Kanal 477 angesetzt. OKH 50,90, Stärke 1 cm. Der Boden besteht aus weißem Mörtel.

479 Mäuerchen OW, Periode IV. An Mauer 481/459 angesetzt, bildet mit 480 einen Winkel, der von Boden 474 ausgefüllt wird. UKH 51,0, Lg 0,77, Br 0,28, Hh 0,15, nur eine Lage Grauwacke ist erhalten.

480 Mauer NS, Periode IV. Zu 479 und Boden 474. Die Mauer hat den Boden 468 abgeschlagen. UKH 51,9, Br 0,38, Hh 0,7. Sechs Lagen Tuff und Grauwacke; weißer Mörtel mit nußgroßen Kieseln.

481 Mauer NS, Periode I; unter Mauer 459, Mauer 479 ist angesetzt. OKH 51,75, UKH 49,95, Lg 2,1, Br 0,5, Hh 1,8. Das Fundament aus Gußmauerwerk reicht bis H 50,7 und springt beiderseits 6 cm vor. Das Aufgehende hat fünf Lagen von etwa 8 cm hohen Trachytsteinen unter einem Ziegelstreifen. Über dem Ziegelstreifen sind im nördlichen Teil noch vier weitere Trachytlagen erhalten. Im Südteil ist das Aufgehende stark gestört. Der Mörtel besteht aus feiner grauer Masse.

482 Gräbchen NS, Periode I, verbindet die Gräben 437 und 488. UKH 50,25, OKH 50,5, Lg 1,2, Br 0,4, Tf rund 0,25.

483 Steinabfall, Periode II, im Gräbchen 438, von H 50,39–49,9; Trachyt und Basaltbruchstücke, offenbar vom Stadtmauerbau.

484 Boden in Schnitt 462, Periode IV. Südlich an Mauer 419 angesetzt, Westgrenze bildet Mauer 459 bzw. 481. Mauer 463 ist aufgesetzt. OKH 51,91, Stärke 0,08. Die Ost- und Südgrenze des Bodens wurden nicht festgestellt. Fester Boden aus grobem Ziegelsplitt (bis Eigröße) und Mörtel.

485 a – d Pfahlreihe im Gräbchen 437; Abstand der Pfähle 0,6–0,8. Die Pfosten wurden in das verfüllte Gräbchen 437 mittels enger (Dm 0,40) Pfostenlöcher eingegraben. Diese Löcher waren mit Sand verfüllt, in dem sich lehmige Flocken fanden. Die Form der Pfosten war ursprünglich rund, am unteren Ende waren sie stumpf. Sie konnten nur noch an der Erdverfärbung erkannt werden. Kantig zugeschlagene und zugespitzte Pfosten sind offenbar später nach Entfernung schadhafter Pfosten eingeschlagen worden (c und d).

486 Pfahlloch in der Grube zur Stadtmauer, 0,70 von dieser entfernt. OKH 50,5, Dm 0,4, Tf 0,5; mit Steinen gefüllt, die einen rundlichen Hohlraum freiließen. Offenbar Pfostenloch eines mit Steinen verkeilten Gerüstpfostens zum Bau des aufgehenden Teiles der Stadtmauer.

487 Profil der Ostseite von Schnitt 460.

488 Mauer OW in Schnitt 401/462, Periode III, in Verband mit 489 unter Boden 444, Kanal 421 ist angesetzt. OKH 51,7, UKH 50,2, Br 0,35. Das Aufgehende hat noch zwei Lagen aus beschlagenen Grauwackesteinen und Ziegeln. Zu den Räumen gehörig, die sich an die Straßenzeile anschlossen.

489 Mauer NS, Periode III, in Verband mit 488, unter Mauer 419. OKH 51,6, UKH 50,2, Br 0,5. Das Aufgehende beginnt bei etwa H 51,50. Die Mauer ist stark zerstört. An einer Stelle erkannte man noch zwei Lagen des Aufgehenden aus behauenen Grauwackesteinen.

490 Grube zur Stadtmauer, Periode II; in der verfüllten Grube Pfahlloch 486. Die datierenden Funde aus dieser Grube sind abgebildet bei O. Doppelfeld, Die römische Stadtmauer von Köln, a. a. O., Abb. 9.

491 Profil an der Westwand des Schnitts 462.

492 Mauer NS, mittelalterlich; Westmauer des Kellers nördlich der Stadtmauer, in den der Annostollen mündete. OKH 52,4, Hh 5,4, Lg und Br nicht ermittelt; große Basaltblöcke und Grauwackebruch in weißem hartem Mörtel. Das Aufgehende beginnt bei H 51,0 und flieht bis zur OK 20 cm zurück. Die drei obersten Lagen bestehen aus Tuffsteinen (20×15 cm).

Beobachtungen beim Bau eines Kanals westlich des Domes im Jahre 1955. Der Kanal verläuft nordsüdlich bei etwa W 95 und überschneidet sich mit dem Westende unseres Grabungsschnittes 462.

5501 Die Römische Stadtmauer. Das hier freigelegte Stück entspricht nach Material und Maßen dem 5 m ostwärts in Schnitt 401 aufgenommenen Teil (vgl. 440). An dem 1,20 m langen freigelegten Stück fand sich keine Steinornamentik.

5502 Mauer OW, sehr schlecht erhalten aus Trachyt (und Basalt) mit porösem, gelblichem Mörtel. Br 0,65, OKH 52,00, UKH 50,00. Der Tiefenlage und dem Trachytmaterial nach zu urteilen, dürfte es sich um eine Mauer der Periode I handeln (vgl. 481). Sie ist offenbar 10 m zu weit nach Norden, mitten im Körper der römischen Straße eingemessen worden. Es dürfte sich um die früheste Mauer am Straßenrand handeln (vgl. Anm. 10).

5503 Mauer OW, entspricht 435.

5504 Kanal OW, entspricht Kanal 433, Periode II, Boden aus Ziegeln (30×40 cm). Wangen jedoch hier aus Grauwacke gemauert, Sohle hier H 50,50.

5505 Mauer OW, entspricht 429; Tuff- und Grauwackesteine 12×15–40 cm in sauberen Schichten. Br 0,70, OKH 52,38, UKH 50,50. Fundamentvorsprung von 10 cm an der Nordseite bei H 51,50.

5506 Kanal OW in Verlängerung des Heizkanals 431, aber offensichtlich ein Wasserkanal. Wasserrinne aus Ziegeln 40×40 cm, Wangen aus Bruckstücken, heller Mörtel. Br (insgesamt) 0,70, Sohle H 51,50, Gefälle nach O.

5507 Mauerrest bei N 4,8, nicht eingezeichnet.

5508 Große Störung unbestimmter Zeit von N 5 bis S 5, also 10 m weit und bis zum gewachsenen Boden reichend; hauptsächlich wohl das Westende unseres Schnittes 462.

5509 Kanal OW, vielleicht zu dem Rest (eines Kanals?) 416 gehörig. Wasserrinne aus Ziegeln 40×40 cm. Gleiche Ziegel verkleideten die aus Bruchstücken gemauerten Wangen; heller Mörtel. Br (insgesamt) 0,90, Sohle H 51,05.

5510 Architekturteile (Säulenreste u. dgl.) innerhalb der Störung 5511 auf der Höhe des gewachsenen Bodens liegend.

5511 Die große gotische Störung, 7 m breit und bis zum gewachsenen Boden reichend. In dieser Störung sind die Südkolonnaden des Atriums und die römische Mauer 412 ausgeräumt worden.

5512 Mauer NS, Periode IV; in Verband mit Mauer 402. Die Mauerecke war mit Spolien, die Inschriftreste trugen, verquadert (vgl. Domblatt 1956 [Domausstellung] Taf. 2).

Die weiteren Funde aus der Verlängerung der Kanalausschachtung südlich des Südturms zum Domhof hin sollen in anderem Zusammenhang behandelt werden. Die bisher gemachten Entdeckungen lassen vielleicht auf bedeutende Aufschlüsse hoffen; neben den schönen Malereiresten (vgl. Domblatt 1956, S. 17 und die Abbildungen in meinem Aufsatz „Von Postumus zu Konstantin", Wallraf-Richartz-Jahrbuch 18, 1956, S. 7 ff.) sind in großer Tiefe Mauern von Häusern gefunden worden, die die aus den ersten Anfängen Kölns bekannte Schrägrichtung erkennen lassen, die in der Umgebung des Domes bisher nur an einigen Erdfärbungen nachweisbar war.

I. ACHTER, A. VERBEEK UND O. DOPPELFELD

Zur Datierung des Alten Domes

Aus: Kölner Domblatt 14/15, 1958, 185 – 195

Im folgenden bringt die Schriftleitung drei Beiträge, die sich mit der Datierung des Alten Domes befassen. Irmingard Achter und Albert Verbeek treten dafür ein, daß die Periode VII ottonisch ist und der Zeit des Erzbischofs Bruno zuzuschreiben wäre, wogegen Otto Doppelfeld an der Entstehung in karolingischer Zeit festhält.

1. Zur Datierung der Periode VII

von Irmingard Achter

Daß die vorgotische Kölner Bischofskirche, der sog. Alte Dom, einen wichtigen Platz in der mittelalterlichen Architekturgeschichte einnehme, ist zwar schon in der älteren Literatur vermutet worden, aber solange man allein angewiesen war auf die spärlichen Schriftquellen, auf die in ihrer Wirklichkeitstreue fragwürdige Darstellung im Hillinus-Codex (Anf. 11. Jhdt.) und auf Rückschlüsse aus späteren Bauten, hatten alle diese Überlegungen nur mehr hypothetischen Charakter. Es ist den so ergebnisreichen Grabungen der Nachkriegsjahre zu verdanken, daß unser Wissen um die Gestalt des Alten Domes eine feste Grundlage erhalten hat. Die – angesichts der Größe, und „Vielschichtigkeit" der Aufgabe – sehr beschränkten Untersuchungsmöglichkeiten stellten höchste Anforderungen an die Grabungsleitung. Nur auf Grund exaktester Registrierung aller Einzelbeobachtungen konnte eine solche Fülle an Ergebnissen gewonnen werden, wie sie uns nun vorliegt. Aber nicht nur das Resultat stellt der Grabungsleitung das beste Zeugnis aus: Daß sie es außerdem unternahm, die Öffentlichkeit durch fortlaufende detaillierte Berichte in dieser Zeitschrift, ergänzt durch Profilzeichnungen und Fundkataloge, am Gang der Arbeiten teilhaben zu lassen, verdient besonders hervorgehoben zu werden. Auf diese Weise ist es selbst einem Außenstehenden möglich, sich über Methode und Ergebnisse der Domgrabung ein Urteil zu bilden und – gegebenenfalls auch Zweifel an der Interpretation zu äußern. Denn die Kenntnis und uneingeschränkte Einbeziehung des Grabungsbefundes ist selbstverständliche Voraussetzung für jegliche Kritik; der Bodenuntersuchung steht das erste und das letzte Wort zu, und nur, wo ihre Mittel versagen, ist die Heranziehung von Schriftzeugnissen und kunsthistorischen Vergleichsbeispielen zulässig. Dies gilt vor allem für die Frage der Datierung. Im allgemeinen können Grabungen – zumal an frühmittelalterlichen Objekten – nur eine relative Chronologie verschiedener Bauten oder Bauzustände bieten; für die Entscheidung, an welchen historischen Fixpunkten jene Ergebnisse aufzuhängen sind, sind in gleicher Weise die historischen Wissenschaften zuständig und verantwortlich.

Wenn im folgenden versucht wird, eine Umdatierung des Kölner Dombaues der Periode VII vorzunehmen, so handelt es sich dabei lediglich um die Deutung des Grabungsbefundes; die hervorragenden Leistungen, die grabungstechnisch in Köln vollbracht worden sind, werden in keiner Weise davon berührt. Im Gegenteil – nur die Gewissenhaftigkeit und das Verantwortungsbewußtsein, die zu der Veröffentlichung der Zwischenergebnisse geführt haben, bildeten – wie gesagt – die Voraussetzung dieser Einwendungen und bergen als Positivum die Möglichkeit, daß die Fortsetzung der Domgrabung eine eindeutige Antwort auf die hier gestellten Fragen gibt.
Die schriftliche Überlieferung nennt für den Bau des Alten Domes nur ein einziges festes Datum, nämlich den durch Erzbischof Willibert vollzogenen Weiheakt im Jahre 870. – Die Grabungen haben jedoch die Fundamente zweier Großbauten aus vorgotischer Zeit nachweisen können, von Doppelfeld als Periode VI und VII bezeichnet. Die grundlegende Frage lautet nun, auf welchen der beiden aufgedeckten Bauten die obengenannte Weihenachricht zu beziehen ist.
Nach bisheriger Ansicht stellt sich die Baugeschichte des Alten Domes folgendermaßen dar:
Bau VI wurde im ersten Jahrzehnt des 9. Jahrhunderts durch Erzbischof Hildebold begonnen. Diese Anlage ist gekennzeichnet durch ihre Übereinstimmungen mit der Kirche des St. Galler Klosterplanes: doppelchörig, mit halbkreisförmigen Paradies im Westen und östlichen Querhaus. Die unsolide Ausführung der Fundamente und das Fehlen jeglichen Abbruchschuttes führten zu der Annahme, daß dieser Bau nur kaum über Bodenhöhe hinaus ausgeführt wäre, als er aufgegeben und – noch unter dem gleichen Erzbischof Hildebold († 819) – durch die Planung des aufwendigeren Baues VII ersetzt worden sei.
Der Dombau der Periode VII übernimmt weitgehend die Grundrißanlage seines Vorgängers, unterscheidet sich von ihm jedoch durch die Mächtigkeit seiner Fundamentmauern, durch eine umfassende Erweiterung der Westteile und (wahrscheinlich) die Verbreiterung der östlichen Querhausflügel. – Auf diesen Bau VII bezog man bisher die Weihe des Jahres 870.
Die Datierung der Periode VI in das frühe 9. Jahrhundert kann – auf Grund der Übereinstimmung mit der St. Galler Planzeichnung (um 816) und der unter Erzbischof Hildebold (791 – 819) bezeugten Bautätigkeit am Alten Dom – nicht angezweifelt werden. Anders die Ansetzung der Periode VII. Schwerwiegende Gründe sprechen dafür, den (vollendeten!) Bau der Periode VI (St. Gallen) mit jener 870 geweihten Domkirche zu identifizieren und die Unternehmungen der Periode VII erst der ottonischen Zeit, dem Erzbischof Bruno (953 – 965) und seinen Nachfolgern, zuzuschreiben. Zur Stützung dieser These sind gewisse Grabungsbefunde, die schriftliche Überlieferung und die kunsthistorische Einordnung anzuführen.

a) Grabungsbefund

Gegen eine Datierung des Baues VII in das frühe 9. Jahrhundert spricht
- das Vorkommen von Pingsdorfer Keramik in der Fundamentgrube der (in Periode VII neuerrichteten) Ostapsis. Durch zahlreiche z. T. münzdatierte Funde scheint erwiesen, daß das Aufkommen der Pingsdorfer Ware nicht vor 860/70 anzusetzen ist;
- die Verwendung mehrerer Grabsteine mit Volutenkreuzen als Altmaterial im Mauerwerk der NW-Vorhalle (Emundus-Kapelle). – Grabsteine dieser Art gibt es andernorts erst seit dem 9. Jahrhundert;
- die Ausstattung der beiden in Periode VII neuerrichteten Apsiden mit einem Mauersockel. – Es ist kein karolingischer Bau bekannt, der einen Sockel aufweist.
- Die Übereinstimmung der Domfundamente der Periode VII mit denen der Kirche St. Pantaleon, der Gründung Brunos, stützt eine etwa gleichzeitige Entstehung beider Anlagen.
  (Die beiden zuletzt angeführten Hinweise verdanke ich den Herren Dr. Verbeek und Dr. Schaefer.)
- Der Nachweis von Verputzresten am halbkreisförmigen Westparadies der Periode VI beweist die

Vollendung des zugehörigen Kirchenbaues (St. Gallen) und bietet die Möglichkeit, auf ihn die Weihe von 870 zu beziehen.

Soweit bisher bekannt, nötigt kein Grabungsbefund zu einer Ansetzung der Bauperiode VII in die Zeit Erzbischof Hildebolds und seiner Nachfolger.

b) Schriftquellen

Ruotger berichtet im 31. Kapitel seiner Vita Brunonis, unmittelbar im Anschluß an die Erwerbung der Petrusreliquien für die Domkirche, daß Bruno den Dom zu Ehren des Apostelfürsten prächtig erweitert und verschönert habe. Vorausgesetzt, daß der Petrus-Chor im Westen der Kirche lag, ist hierbei vor allem an die Ausgestaltung der Westteile zu denken.

In seinem Testament vermacht Erzbischof Bruno die Summe von 100 Pfund für die Errichtung eines Oratoriums für den Märtyrer Gregor von Spoleto, nachdem ein gleichartiges Oratorium für die Gebeine des hl. Privatus *„in occidente ecclesiae"* bereits fertiggestellt sei. – Schon vor Beginn der Grabungen ist von Bellmann die Vermutung geäußert worden, daß es sich hierbei um westliche Querhausflügel handeln könne.

Der Schwerpunkt der bisherigen Grabungen lag im Westteil des Alten Domes, aber Spuren von einer Bautätigkeit Brunos haben sich nicht gefunden – es sei denn, man könnte sich entschließen, ihm die Bauten der Periode VII zuzuschreiben.

c) Kunsthistorische Gesichtspunkte

Der Alte Kölner Dom der Periode VII ist der früheste uns bekannte Bau mit doppeltem Querschiff. Alle anderen Kirchen, die dieses Motiv aufweisen, sind in der 2. Hälfte des 10. Jahrhunderts bis gegen Ende des 11. Jahrhunderts entstanden; in der Mehrzahl handelt es sich dabei um Bischofskirchen, aber auch um bedeutendere Stiftskirchen, besonders in der Diözese Lüttich, einem Kölner Suffraganbistum. Im frühen 9. Jahrhundert würde diese Architekturform völlig isoliert dastehen. Im 10. Jahrhundert hingegen böte die Überführung der Petrusreliquien eine Erklärung dafür, warum man zu dem schon im Vorgängerbau (VI) vorhandenen östlichen Querhaus nun ein zweites im Westen anlegt. Etwa gleichzeitig mit Köln tritt das doppelte Querschiff wahrscheinlich in Magdeburg, der Lieblingsgründung Ottos d. Gr., des Bruders des Kölner Erzbischofs, auf, um dann für anderthalb Jahrhunderte den Typ der deutschen Bischofskirche zu bestimmen. – Daß sich kein doppelchöriger Bau mit westlichem und östlichem Querhaus im Bereich des West frankenreiches findet, spricht ebenfalls gegen eine Datierung dieser Architekturform in die hochkarolingische Zeit.

Einen weiteren Anhaltspunkt für die Spätdatierung der Periode VII bietet die Überführung der Petrusreliquien (Stab und Teile der Ketten) in die Kölner Domkirche durch Bruno. Der Wunsch des Kölner Erzbischofs, für diese kostbarsten Petrusreliquien außerhalb Roms einen Bau zu erstellen, der der Grabkirche des Apostels ähnlich sei, könnte zugleich eine Erklärung für die besondere architektonische Gestaltung des Baues VII bieten. Wie schon Doppelfeld betont hat, sind die wesentlichen Abweichungen des Baues VII von seinem Vorgänger nur als eine bewußte Angleichung an Alt-St.-Peter zu verstehen, so das ausladende westliche Querhaus mit unmittelbar anschließender Apsis, die Ringkrypta und das westliche Atrium. Alle diese „römischen" Elemente dienen in Köln bezeichnenderweise der Bereicherung des (westlichen) Petrus-Chores. Auch die Frage nach der Zweckbestimmung der Ringkrypta darf in diesem Zusammenhang nicht außer acht gelassen werden. Nach unserer bisherigen Denkmälerkenntnis sind Ringkrypten grundsätzlich nur in solchen Kirchen nachzuweisen, die sich durch den Besitz hervorragender Reliquien, meist ganzer Heiligenleiber, auszeichneten und Anziehungspunkt größerer Pilgerscharen waren. Erst mit der Erwerbung der Petrusreliquien kurz nach Mitte des 10. Jahrhunderts war diese Voraussetzung für den Alten Dom gegeben. Wir möchten annehmen, daß es diese kostbaren Heiligtümer waren, welche im Zentrum der Kölner Krypta, unter dem Altar des Hauptpatrons St. Peter geborgen waren, in Analogie zu der verehrten Grabstätte des Apostelfürsten in der Ringkrypta von Alt-St.-Peter in Rom.

Ob in Periode VII ein vollständiger Neubau erstellt oder nur eine Teilerneuerung vorgenommen wurde, ist nach dem augenblicklichen Stand der Grabung noch nicht mit Sicherheit zu entscheiden. Fest steht, daß die ganze Westpartie, die Ostapsis und wohl auch das Ostquerschiff in Periode VII neuerrichtet wurden. Aber selbst wenn sich auch die Fundamente des Langhauses als zur Periode VII gehörig erweisen sollten, gibt es gewichtige Gründe für die Annahme, daß diese Erneuerung allmählich, schrittweise durchgeführt wurde. Höchstwahrscheinlich nahm die Bautätigkeit ihren Ausgang von der Umgestaltung des westlichen Petrus-Chores unter Erzbischof Bruno und griff dann auf die übrigen Bauteile über. Die in den Grabungsberichten wiederholt zum Ausdruck gebrachte Nachlässigkeit und Dürftigkeit der Fundierung des Baues VI mag statische Schäden hervorgerufen und die Nachfolger Brunos veranlaßt haben, den übrigen noch bestehenden Bau VI nach und nach in soliderer Technik neu aufzuführen. Folgende Argumente sprechen für eine allmähliche Erneuerung des karolingischen Bestandes in einzelnen Bauabschnitten:

- das Fehlen jeglichen Abbruchschuttes aus der Periode VI; er mag für die im 10. Jahrhundert erfolgte Trockenlegung des römischen Hafens gute Dienste geleistet haben;
- die weitgehende Beibehaltung der alten Grundrißgestalt. Nur im Westteil, wo die Reliquien die Verwirklichung neuer Baugedanken forderten, weicht Bau VII grundlegend von seinem Vorgänger ab;
- das Schweigen der Schriftquellen über eine Gesamtweihe dieser zweiten vorgotischen Domkirche.

Nur mehr andeutend konnten in dem hier gegebenen Bericht die Gründe angeführt werden, die eine Spätdatierung des Alten Domes der Periode VII nahelegen. Diese Ausführungen sind – in gekürzter Form – der Bonner Dissertation der Verf. (Die Baugeschichte der Stiftskirche Vilich bis 1050. 1957) entnommen und im Januar 1958 im Bonner Kunsthistorischen Colloquium vorgetragen worden. – Auf alle Literaturangaben wurde hier ebenso verzichtet wie auf die Behandlung einiger wichtiger Punkte, die zur Klärung der Voraussetzungen notwendig wäre (Lage des Petrus-Chores im Westen des Domes, Möglichkeit der Bergung von Sekundärreliquien in einer Ringkrypta). Eine umfassende Untersuchung, die neben jenen Fragen auch die sich aus der Umdatierung ergebenden historischen Folgerungen behandeln soll, ist in Vorbereitung *.

* Irmingard Achter hat die hier angesprochene Untersuchung zu Fragen der Datierung des vorgotischen Domes vorgelegt in:
I. Achter, Die Kölner Petrusreliquien und die Bautätigkeit Erzbischof Brunos (935 – 965) am Kölner Dom, in: Das Erste Jahrtausend. Kultur und Kunst im werdenden Abendland an Rhein und Ruhr, hrsg. von Victor H. Elbern u. a., Band 2, Düsseldorf 1964, S. 948 – 991. [Hrsg.]

2. Zum äußeren Mauersockel am Alten Dom

von Albert Verbeek

In der Diskussion über die Zeitstellung der Periode VII des Alten Doms verdient der Außensockel des aufgehenden Mauerwerks als einziges geformtes Bauglied, das an einigen Stellen in situ angetroffen wurde, besondere Beachtung. Den Sockel der Westapsis bildet ein fast 20 cm weit ausladender fallender Karnies zwischen Plättchen, der sauber aus tief in der Mauerung verankerten Kalksteinquadern geschnitten ist [1]. An der Ostapsis ist der Sockel schlichter, er besteht hier aus einer etwa 10 cm vorspringenden Schräge von 45 ° und ist aus kleinen Tuffsteinen zusammengestükkelt [2]. Die eigentliche Schauseite des Doms ist aus verschiedenen Gründen, wie Doppelfeld gezeigt hat, im Westen zu suchen. Hier war das große Atrium vorgelagert, aus welchem vielbenutzte Eingänge durch Vorhallen in die Querflügel des Westhauses führten, die nördliche, die sog. Emundus-

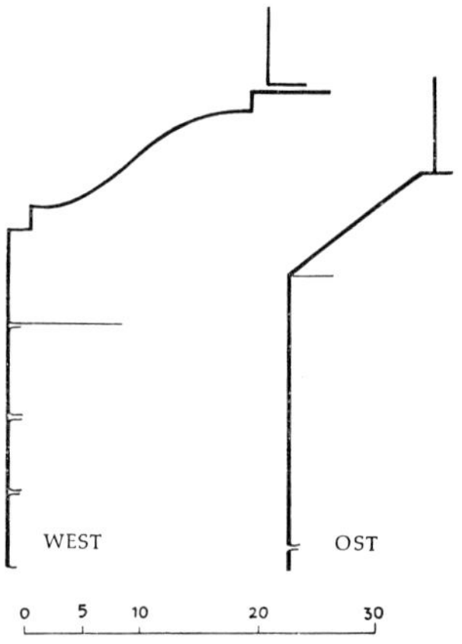

kapelle, konnte genauer untersucht werden. Der dem hl. Petrus geweihte Westchor hatte mit seiner Krypta auch liturgisch offenbar ein besonderes Gewicht. Damit ist die reichere Sockelbildung der Westapsis hinreichend erklärt. Zunächst ist aber weniger die Form des Sockels als das Glied selbst in seinem baulichen Zusammenhang bedeutsam. Architekturgeschichtlich ist das Aufkommen des äußeren Mauersockels im Mittelalter noch nicht genauer untersucht. In der monumentalen Baukunst der Romanik eine Selbstverständlichkeit, scheint der Außensockel anfangs überhaupt zu fehlen. Für karolingische Zeit ist er bisher nicht nachgewiesen. Bei dem geringen Denkmälerbestand, den wir vergleichen können, mag das zunächst noch nicht viel besagen. Wenn wir aber sehen, daß bei dem bedeutendsten karolingischen Bauwerk, das nahezu vollständig aufrecht steht und in fast allen durchgebildeten Einzelheiten nachzuweisen ist, der Pfalzkapelle Karls des Großen in Aachen, die Außenmauer glatt aus dem Boden aufsteigt, so dürfen wir nicht mit zufälligem Fehlen, sondern mit bewußter Gestaltung rechnen. Die äußere Wandfläche ist als solche, wie sich auch sonst zeigt, besonders betont. Den oberen Abschluß bildet ein reich ausgestaltetes antikisierendes

[1] O. Doppelfeld, Stand der Grabungen und Forschungen am Alten Dom von Köln: Frühmittelalterl. Kunst (=Forsch. zur Kunstgesch. u. christl. Archäologie I, 2). Baden-Baden 1954, S. 88, Abb. 35=hier S. 148, 152.– Ders., More romano (VII. Bericht über die Domgrabung): Kölner Dombl. 8/9, 1954, S. 38=hier S. 164.

[2] Ders., More romano a. a. O. S. 43=hier S. 168. – Ders., Der Schacht in der Dreikönigenkapelle (=IV. Bericht über die Domgrabung): Kölner Dombl. 2/3, 1949, S. 127=hier S. 85 f.

Dachgesims, das aber nach Buchkremers überzeugenden Darlegungen am Giebel wohl nicht in antiker Weise waagrecht durchgeführt war, sondern die Wandfläche betonend nur an der Dachschräge hochging [3]. Auf dieses Fehlen des Sockelglieds am Außenmauerwerk in karolingischer Zeit hat schon Kurt Reißmann hingewiesen [4] und auch den Sonderfall der Lorscher Torhalle besprochen, wo die attischen Basen an den Pfeilern der Bogenöffnungen von den Halbsäulen gleichsam übertragen sind. Sieht man sich in der deutschen Baukunst um, so findet man ausgeprägte Sockelbildungen erst seit ottonischer Zeit. Erst im Laufe des 11. Jahrhunderts werden sie allmählich üblich. Eine staufische Kirche ist selbst bei sonst ungegliederten Flächen ohne markanten Sockel kaum zu denken.

Die Michaelskirche in Hildesheim (1010 bis 1031) steht auf einem umlaufenden, 50 cm hohen Sockel, der mit gekehlter Schräge etwa 10 cm vorspringt und am westlichen Chorumgang um die Strebepfeiler verkröpft ist [5]. Bei der um 1025 gegründeten Abteikirche Limburg an der Haardt scheint der Außensockel an die Lisenengliederung gebunden zu sein (wie Reißmann glaubhaft machte), da er nur an den Apsiden und den Treppentürmen vorkommt. Noch im frühen 11. Jahrhundert war der Mauersockel keineswegs die Regel, wie ein Blick auf die Westbauten in Essen und Reichenau-Mittelzell zeigt. Das hier Angedeutete bedarf noch gründlicher Untersuchung, die auch auf antike und östliche Vorbilder der mittelalterlichen Baukunst auszudehnen wäre. Immerhin läßt schon die Fragestellung erkennen, wie wichtig eine frühe Datierung dieses Bauglieds mit der Periode VII des Alten Kölner Doms wäre.

Was die Form des westlichen Apsidensockels angeht, so ist das antikisierende Karniesprofil in umgekehrter Folge als Gesims von jeher üblich gewesen und geradezu bezeichnend für die Verbindung der ottonischen Baukunst mit der karolingischen. In ottonischer Zeit ist es aber auch an Sockeln nachzuweisen, allerdings bloß bei Pfeilern: flach ausladend an den Langhauspfeilern der alten Aachener Adalbertkirche (vor 1005) [6] – oder ein wenig steiler am Zwischenpfeiler des ottonischen Kreuzgangs von St. Pantaleon in Köln (vor 965?) [7]. Der schlichte Schmiegensockel, wie ihn die Ostapsis des Doms aufweist, findet sich im 11. Jahrhundert häufig. Dabei handelt es sich ersichtlich um die einfachste Form, die am Anfang jeder über bloßen Vorsprung hinausgehenden Sockelbildung steht. Die Westwand der vermutlich spätkarolingischen „Krypta" der Bergkirche in Kornelimünster zeigt ebenfalls eine solche Schräge; wenn sie dem ursprünglichen Zustand angehört, hätten wir damit eines der frühesten Beispiele für den Mauersockel an dem Teil eines Kleinbaus (noch 9. Jahrhundert?).

Der Sockel der Ostapsis war offenbar von Anfang an verputzt (wenn sich auch nur noch späterer Putz nachweisen ließ) und lag etwa 1,20 m über dem ursprünglichen Niveau. Das mächtige Mauerwerk zeigt hier wie bei allen anderen festgestellten Resten der Umfassungsmauern – bei etwas breiteren Fundamenten im Aufgehenden von 1,30, an den Apsiden von 1,40 bzw. 1,60 m Stärke –, also anscheinend durchgehend, einen merkwürdigen Unterschied in der Zusammensetzung des Mörtels, der in den Fundamenten weißlich, im Aufgehenden durch Beischlag von Ziegelmehl rötlich ist. Doppelfeld schließt daraus auf eine längere Baupause und weist die Grundmauern als Periode VII a der hochkarolingischen Zeit (Hildebold † 818) zu, die

[3] Jos. Buchkremer, Untersuchungen zum karolingischen Bau der Aachener Pfalzkapelle: Zs. f. Kunstwiss. 1, 1947, S. 9.

[4] K. Reissmann, Romanische Portalarchitektur in Deutschland. Würzburg 1937, S. 42 f.

[5] H. Beseler und H. Roggenkamp, Die Michaeliskirche in Hildesheim. Berlin 1954, S. 29, 40, 58, 75 ff., Abb. S. 100 f. und Taf. VI.

[6] Nach Notiz in einem Skizzenbuch von Friedrich Adler 1859 (ehem. im Denkmal-Archiv der Prov. Brandenburg, Potsdam). Vgl. E. Kubach, St. Adalbert und St. Salvator in ihrer kunstgeschichtlichen Stellung: Rheinische Vierteljahresblätter 7, 1937, S. 46 ff.

[7] Vgl. H. Beseler, Fragen zum ottonischen Kreuzgang des Pantaleonklosters in Köln: Karoling. u. ottonische Kunst (=Forsch. zur Kunstgesch. u. christl. Archäologie III). Wiesbaden 1957, S. 159 ff.

Obermauern als Periode VII b der spätkarolinigschen, die erst mit der Weihe von 870 abschloß [8]. Vom Befund her läßt sich eine zwischen a und b liegende größere Zeitspanne, wie die geschichtliche Situation sie nahelegt, indes nicht begründen, vielmehr scheint es eher eine Baugewohnheit zu sein, die den Mauermörtel unter der Erde anders behandelte als darüber. Dieselbe Eigenart läßt sich durch zufällige Beobachtung auch an einer niederrheinischen Kleinkirche etwa des 10. Jhdts. nachweisen, der Kapelle in Ramrath (Gemeinde Höningen, Kr. Grevenbroich). Hier wurde im Fundament hellgrauer Mörtel, im Aufgehenden rötlicher mit Ziegelsplitt verwendet, ohne daß deshalb ein Stocken oder gar eine längere Pause zu erschließen wäre [9]. Weswegen man diesen Unterschied machte, ist ebensowenig zu sagen wie man den Grund für die Beibehaltung oder Wiederaufnahme spätantiker Eigenheiten im frühen Mittelalter kennt, etwa des Fischgrätenverbands oder des Ziegeldurchschusses im Mauerwerk.

Doppelfelds Ausdeutung des Grabungsbefundes ist bestechend, da sie den Bauvorgang am Dom als Spiegelung der Zeitverhältnisse erscheinen läßt. Der Grundriß der Periode VI, weitgehend nur erschlossen, aber an der entscheidenden Stelle im Westen mit ringförmigem Vorhof um die Apsis gesichert, zeigt eine auffallende Verwandtschaft mit dem St. Galler Kirchenplan, dessen „Zweigesichtigkeit" Walter Boeckelmann als handgreifliches Zeugnis für die Wendezeit nach dem Tode Karls des Großen anspricht. Wie am St. Galler Plan die Reform Benedikts von Aniane (814 – 817 Musterkloster Inden/Kornelimünster bei Aachen) eine Änderung der beigeschriebenen Maße veranlaßt habe, so sehe man die nach 814 einsetzende „Restauration" sich in Köln als Planänderung zu VII auswirken [10]. Als weiteres Beispiel für die entscheidende Zäsur von 814 nennt Boeckelmann Vreden in Westfalen, wo ebenfalls zwei karolingische Kirchengrundrisse ergraben wurden. Der Wechsel von VII a zu VII b in Köln fände dann seine einleuchtende Erklärung in einer durch die Ungunst zur Zeitverhältnisse bedingten jahrzehntelangen Stockung der Bauarbeiten.

In der überlieferten Weihe von 870 sieht Doppelfeld das einzige feststehende Datum, von dem die anderen Datierungen nach rückwärts abzuleiten seien. Im Grabungsbefund selbst befindet sich dafür kein zwingender Hinweis. Das hat Irmingard Achter eingehend dargetan. Ihren Argumenten scheinen sich die Überlegungen, die sich aus der Art des Mauerwerks mit seiner ausgeprägten Sockelbildung ergeben, nahtlos anzufügen. Es geht nicht an, die auf Erzbischof Bruno bezüglichen Nachrichten, die besten Quellen für die kölnische Kunst des 10. Jhdts., einfach außer acht zu lassen. Von Brunos Bautätigkeit müßten sich gerade im Westen Spuren finden lassen. Die Periode VII könnte sich als ein großzügiger Umbau darstellen, der von Bruno im Westen begonnen ward und bei dessen Tode (965) laut Testament hier noch im Gange war. Das als Erneuerung und Erweiterung eines Bauteils Begonnene könnten Brunos Nachfolger dann fortgesetzt haben, so daß es im Endergebnis fast einem Neubau gleichkam. Vor allem ist an Gero (969 – 976) zu denken, den Gründer der Abtei Gladbach, der im Dom 979 beigesetzt wurde, anscheinend an einer hervorragenden Stelle, die sonst vorzugsweise bedeutenden Bauherren zukam. (Der von ihm gestiftete große Kruzifixus hatte seinen Platz *„in medio ecclesia",* doch wohl am Kreuzaltar, und das Grab ließe sich wie in zahlreichen anderen Fällen vor diesem denken; vielleicht geht eine dort kürzlich aufgefundene Grube darauf zurück.) Auch diese Erklärung des Bauvorgangs bietet nur eine Möglichkeit, die aber den Vorzug hätte, mit manchen Gegebenheiten des architektonischen Befunds wie der Schriftquellen besser im Einklang zu sein als eine Datierung beider Grundrisse der Perioden VI und VII in das zweite Jahrzehnt des 9. Jahrhunderts.

[8] Doppelfeld, More romano a. a. O. S. 38, 44 = hier S. 164, 168 f.; ders., Stand der Grabungen a. a. O. S. 83, 88, 91 = hier S. 149, 152, 153 f.; ders., Über die kunstgeschichtliche Stellung der karolingischen Domgrundrisse von Köln: Kunstchronik 6, 1953, S. 258 ff.

[9] W. Haberey: Bonner Jb. 1951, S. 209 ff.

[10] W. Boeckelmann, Der Widerspruch im St. Galler Klosterplan: Zs. f. schweiz. Archäologie u. Kunstgesch. 16, 1956, S. 125 ff., bes. S. 130 f.

3. Entgegnung

von Otto Doppelfeld

Als mir zu Beginn dieses Jahres die oben in Kürze wiederholten neuen Gedanken und Vorschläge bei der Lektüre der Dissertation der Verfasserin begegneten, wurde ich, wie zugegeben sei, zunächst schwankend. Wir hatten vor Jahren zwar auch diese Möglichkeit in Erwägung gezogen, dann aber wieder fallen lassen, weil sowohl der quellenmäßige als auch der archäologische Befund eindeutig dagegen sprach. Nach einer erneuten Prüfung der Quellen, die in der Dissertation nicht im ganzen Wortlaut wiedergegeben sind, bin ich doch der Überzeugung, daß die bisherige Interpretation die einzig richtige ist und nach wie vor mit den Ergebnissen der Grabung, so wie sie bisher gedeutet wurden, durchaus im Einklang, jedenfalls nicht im Widerspruch steht. Bei dem genannten Bonner Kolloquium habe ich meine Bedenken vorgebracht, aber offenbar nicht mit genügendem Nachdruck, denn in dem obigen Schlußsatz werden schon historische Folgerungen in Aussicht gestellt.
Daher sollen meine Bedenken hier noch einmal in Kürze angeführt werden zu gründlicher Erwägung, solange die Grabungen noch neue Argumente – sei es nun für die eine oder die andere Auffassung – bringen können; denn ausgehandelt ist die Sache noch nicht, wenn ich persönlich auch der Ansicht bin, daß die Aussicht auf eine nachträgliche Bestätigung der neuen Datierungsvorschläge nicht sehr groß ist.
An sich begrüße ich natürlich die Diskussion und sehe in der Tatsache, daß sich berufene Fachkräfte mit den Befunden und meiner Ausdeutung so gründlich befassen, die beste Bestätigung für die Richtigkeit meiner Ansicht, daß über eine Ausgrabung an einer so bedeutenden Stelle schnellstens berichtet werden muß, sei es auch auf die Gefahr hin, daß der Berichterstatter in der dadurch ausgelösten Diskussion Federn lassen muß.

Die These der Verfasserin, daß dem Grabungsbefund in jedem Falle vor der schriftlichen Überlieferung der Vorrang zu geben sei, kann in dieser Form allerdings keine allgemeine Gültigkeit haben. Es gibt doch nicht selten Befunde im Boden, die verschiedene Deutungen zulassen, und andererseits historische Nachrichten, die so klar sind, daß man an ihnen einfach nicht vorbeikommt. Zu diesen sind in der Tat die Aussagen Ruotgers und die Bestimmungen Brunos im Testament zu zählen. Aber man muß sie auch als ganzes und in den Einzelheiten genau nehmen. Deshalb seien sie hier nach der neuen Ausgabe von Irene Ott gebracht (MGSS Nova Series X, Weimar 1951; Übersetzung von J. Schmale-Ott in den Geschichtsschreibern der deutschen Vorzeit, Bd. 30, Münster und Köln 1954).

Kap. 31 (Erwerbung von Reliquien) Leiber und Reliquien von Heiligen und jede Art Erinnerungszeichen sammelte er von überallher, um für die Seinen mehr und mehr Fürsprecher zu gewinnen, und um nah und fern unter allen Völkern durch diese Verherrlichung den Ruhm Gottes zu verkünden. Für sie schuf er in reicher Fülle mit allem Aufwand und Glanz Kultstätten und Dienste; über jedes einzelne von ihnen wäre eine Menge zu sagen, wenn die versprochene Kürze es zuließe. Sie sind Zeichen eines unerschütterlichen Glaubens, in welchem er nicht das Seine suchte, sondern das, was Jesu Christi ist.

Mit welchem Eifer, mit welcher Glut und mit welcher Freude er den Stab und die Kette des hl. Petrus nach Köln brachte, diesen aus Metz, jene aus Rom, das wissen alle. Zu seiner Ehre erweiterte er wundervoll sein hochgefeiertes Haus, das er aus einem schönen Gotteshaus zu einem allerschönsten machte . . . *Sanctorum corpora atque reliquias et quelibet monumenta, ut suis patrocinia cumularet et per multos populos ultra citraque hac celebritate gloriam Domini propagaret, undecumque collegit. His loca et ministeria omni sumptu et apparatu copiosius preparavit, de quibus singulis plura essent dicenda, si paterentur promissa compendia. Indicia sunt hec invicte fidei, qua non ea, que sua, sed que sunt Iesu Christi, quesivit. Baculum et catenam sancti Petri, qua diligencia quo fervore, quo gaudio Coloniam, alterum Metti, alteram Roma adduxerit, omnes noverunt. In cuius honore domum eius honoratissimam mirabiliter ampliavit, quam de pulchra pulcherrimam fecit.*

Kap. 47. (Verlesung des Testamentes) . . . In der Morgenfrühe lief die ganze Stadt zusammen und eine unzählbare Menge von Menschen, die, durch die plötzliche Kunde erschüttert, aus den verschiedenen Provinzen und Ländern ankam. Der Erzbischof von Trier war da und der Lütticher Bischof. Die Bischöfe Theoderich und Wikfrid traten in die Mitte, die Zeugen seines letzten Willens und seiner letzten Botschaft, die er seinen Söhnen, die hier Gott dienten, schickte. Sein Testament wurde in dem ehrwürdigen Presbyterium vor dem Altar des heiligen Petrus verlesen; auch das wurde vorgetragen, was er in frommem und für die Sache Gottes besorgtem Sinn verlangt und geboten hatte, aber nicht hatte aufschreiben lassen, nämlich daß dieses ganze Jahr hindurch an jedem Tag niemals weniger als ein volles Pfund Denare für die Armen verteilt werden soll. *Mane autem facto convenit universa civitas et eorum, qui de diversis provinciis et regnis subita fama exterriti advenerunt, innumerabilis multitudo. Affuit Treverensis archiepiscopus et Leodicensis antistes. Processerunt in medium episcopi Theodericus et Wicfridus, testes ultime sanctionis eius et legationis, quam filiis suis ibidem Deo militantibus misit. Lectum est testamentum eius in presbiterio venerabili ante altare sanctissimi Petri; recensita sunt et ea, que pio quidem et sollicito in Dei rebus animo rogavit et iussit, sed scribenda non censuit, videlicet, ut anno illo toto per singulos dies numquam minus quam libra denariorum integra in usus pauperum erogari deberet.*

Kap. 49. (Bestimmungen des Testamentes) . . . Und was der Kirche an Schätzen aus unserem Vermögen zugebracht wurde, was immer es auch sei, wird von Evizo, dem erlauchten Mann und Schatzmeister des heiligen Petrus, unter Verschluß verwahrt mit Ausnahme dessen, was von den Dienern noch nicht zurückgegeben ist; damit es nicht den Anschein erweckt, als sei der Kirche etwas entzogen, sollen unter dem Zeugnis Christi und der Kirche alle goldenen Geräte und die sonstigen Wertgegenstände vor dem Altar des heiligen Petrus und vor den Augen des Herrn Poppo, des Vorstehers und Verwalters unserer Kirche, zusammengestellt, sorgfältig untersucht und dann zum Dienst der seligen Gottesmutter Maria und des heiligen Apostels Petrus in eben dieser Kirche zum immerwährenden Gebrauch auf immer geweiht werden . . . Ein gleiches Oratorium, wie wir es dem heiligen Privatus neben dem Altar des heiligen Martin im Westen der Kirche errichtet haben, soll für den heiligen Gregor, den großen Märtyrer, der kürzlich gebracht worden ist, gebaut werden, wo sein hochheiliger Leib beigesetzt werden soll. Für diese Gründung seien 100 Pfund bestimmt . . . *Quicquid thesauri nostris opibus illati ecclesie, quicquid enim est, clavibus huius Evizonis, viri illustris kimiliarchi sancti Petri, custoditur, preter si quid a ministris nondum relatum sit, ne quid ab ecclesia divisum esse videretur, sub testimonio Christi et ecclesie ante altare sancti Petri, palam domno Poppone, proto et iconomo ecclesie nostre congesta diligentique ratione inspecta vasa aurea et precisiora queque in ministerio sancte Dei genitricis Marie et beati Petri apostoli in ipsa ecclesia in perpetuo usu perpetuo consecrentur.*

(Es folgen Vermächtnisse für Pantaleon. [Cimelien, 100 Pfund zur Vollendung des Klosters, 300 Pfund für die Erweiterung der Kirche, Textilien, Liegenschaften, Einkünfte.] Dann kommt das Testament wieder auf den Dom zurück.)

Instar oratorii, quod beato Privato construimus iuxta altare sancti Martini in occidente ecclesie beato Gregorio, magno martyri, qui recens adductus est, fiat, ubi sacratissmum corpus eius recondatur. Huic fundando C libre legentur.
(Es folgen St. Gereon, St. Severin und die anderen Stifte in Stadt und Sprengel.)

Ruotger spricht also in der Vita von einer Erweiterung des Domes zu Ehren des hl. Petrus im – allerdings nicht unbedingt kausalen – Zusammenhang mit der Erwerbung kostbarer Petrusreliquien, des Stabes und der Kette. Er spricht im Perfektum, woraus wir schließen müssen, daß die Erweiterung von Bruno durchgeführt und abgeschlossen wurde. Man kann sie also nicht mit den im Testament angeordneten baulichen Änderungen im Westteil des Domes zusammenbringen. Diese werden dort zwischendurch erwähnt und mit der nicht übermäßigen Summe von 100 Pfund bedacht. Das eine Oratorium war beim Tode Brunos noch nicht vollendet (Praesens!), aber offenbar fast fertiggestellt, da es dem zweiten als Vorbild dienen sollte. Es befand sich neben einem Nebenaltar (denn der Martinsaltar war bestimmt nicht der Hauptaltar im Westen), kann also kaum als der eine Querhausarm angesehen werden, wie die Verfasserin möchte. Der ganze Westteil des Domes wäre dann nämlich beim Tode Brunos eine einzige Baustelle gewesen. Im Testament aber wird vorgeschrieben, daß die Verteilung der Hinterlassenschaft vor dem Altar des hl. Petrus vor sich gehen sollte, und die Vita berichtet, daß dies auch „*in presbiterio venerabili*" geschah – also demnach auf einer Baustelle, ohne daß der sonst so genaue Ruotger auch nur ein Wort darüber verliert? Nein, die im Testament genannte Änderung im Westen kann nur von untergeordneter Bedeutung gewesen sein, und es ist nicht unbedingt erforderlich, daß wir bei der Grabung davon noch Spuren finden.
Anders die von Bruno selbst noch vollendete Erweiterung. Den Westteil der Periode VII können wir nicht als diese Erweiterung ansehen, denn der ganze Bau VII ist offensichtlich in einem Zuge entstanden. Es ist kaum zu erwarten, daß die weiteren Grabungen eine Baunaht zwischen den östlichen und westlichen Teilen des Domes bringen werden. Und selbst wenn es möglich wäre, hier zu unterscheiden und man annehmen wollte, daß Bruno den ganzen Westteil neu gebaut hätte, so würde Ruotger ganz andere Worte dafür gefunden haben; denn es handelt sich um einen völligen Neubau, der überdies noch geändert wurde (VII a und VII b) und kaum in der zwölfjährigen Amtszeit Brunos fertig werden konnte. Wir haben aber durch die Grabung eine Erweiterung des Domes kennengelernt, die wirklich als solche zu bezeichnen ist und auch sehr gut von Bruno durchgeführt sein könnte: die Einbeziehung des 4. und 5. Seitenschiffs in das Kircheninnere.
So brachte die Grabung zwar keine Einzelhinweise für die Datierung der Periode VII in die karolingische Zeit, aber das Ganze spricht deutlich genug für diese frühe Ansetzung. Hinzu kommt, daß wir ja nur die eine Weihenachricht von 870 kennen. Die für die spätere Datierung angeführten Grabungsbefunde sind zwar zahlreich, aber nicht gewichtig.

- Die Pingsdorfer Keramik ist keineswegs so sicher datiert; im fernen Haithabu geht sie immerhin bis in die Mitte des 9. Jahrhunderts zurück. Die fraglichen Kölner Stücke sind, wie mir versichert wurde, typische frühe Vertreter ihrer Gattung. Aber sie fanden sich ja nicht im Westen, sondern in der Grube zur Ostapsis, würden also, wenn wir der These folgen wollten, eher dagegen sprechen, indem sie dann die östlichen Teile des Domes später datieren würden. Es geht aber der Verfasserin um eine spätere Ansetzung der Westteile.
- Daß Ankerkreuzsteine nicht auch älter sind als das 9. Jahrhundert, ist eine Behauptung, die nie bewiesen wurde; im Gegenteil läßt sich an einigen sicher datierten Beispielen nachweisen, daß diese Kreuzform keineswegs zu den späten Erscheinungen der langobardischen Kunst gehört, sondern schon während der langobardischen Herrschaft entwickelt war. So treten sie etwa als Lilienkreuze am Ciborium-Altar in S. Giorgio die Valpolicella auf, der durch die Inschrift ausdrücklich in die Zeit König Liutprands (712 – 744) datiert ist. Die Form des Kreuzes mit breiteren Balken und kleinen Voluten begegnet auf einem Stein, der zu Bau B von

Romainmoutier, also ins 7. Jahrhundert gehört, ferner auf dem Altar, den König Ratchis für seinen Vater Pemmo von Friaul in S. Martino in Cividale errichten ließ. Ursprung und Anfänge des Ankerkreuzes lassen sich bis in das 6. Jahrhundert zurückverfolgen. Zu seiner Ausbildung haben einerseits die selbständig werdenden Helices des korinthischen Kapitells und die Rundung des Rho im Christogramm beigetragen (beides zusammen im Exarchenpalast von Ravenna auf einem Pilaster, der aus dem Palast Theoderichs d. Gr. stammt); andererseits wirkte die in der byzantinischen Kunst geläufige Kreuzform mit Blättchen an den leicht geschweiften Balkenenden (Apsismosaik) von S. Apollinare in Classe, um 550) jahrhundertelang bei Langobarden, Franken und Westgoten nach. Die Vergröberung der Formen ist zweifellos Einflüssen derberer Handwerkszweige, in unserem Falle der Schmiede zuzuschreiben; so ist am Fürstengrab von Civezzano (7. Jahrhundert) das Kopfende der Lade mit einem geschmiedeten Ankerkreuz beschlagen.

- Mauersockel sind eine so geläufige Sache, daß man sie nicht einen ganzen Zeitalter absprechen kann. Der voraufgehende Beitrag von A. Verbeek zeigt, daß es doch möglicherweise auch schon im 9. Jahrhundert Mauersockel gegeben hat.
- Der Mauervergleich mit Pantaleon ist kaum als eine Stütze anzusehen.
- Die Putzreste im Umgang von Periode VI könnten zu unserer Frage vielleicht etwas aussagen, wenn wir diese Periode wirklich sicher datieren könnten.

Ein weiterer Befund kommt noch hinzu. Das Emundusgrab, das mit gutem Grund ins 9. Jahrhundert datiert wird (vgl. A. Verbeek in: Der Kölner Dom, Festschrift 1948, S. 184 ff. = hier S. 57 ff.), liegt über dem Niveau der Periode VI, setzt also schon den Bau VII voraus.

Die kunstgeschichtlichen Gesichtspunkte müssen hinter den genannten Tatsachen zurücktreten. Immerhin ist zu beachten, daß Bau VII doch noch kein ausgesprochen ottonischer Bau wie etwa Magdeburg oder Hildesheim ist. Die Querhäuser sind sehr ungleich, und ich scheue mich überhaupt, das östliche mit seiner lichten Weite von 16 m als ein solches zu bezeichnen. Dazu kommen die merkwürdigen Fundamente im Norden und Süden zwischen den Querhäusern, die den Eindruck erwecken, als ob man im Anfang zunächst an eine fünfschiffige Anlage gedacht hätte. Gegenüber den klaren Bauschöpfungen ottonischer Zeit wirkt der Kölner Bau unausgeglichen, so, als ob die Form noch im Werden begriffen wäre. Daß sie dann erst im nächsten Jahrhundert in reifer Ausgestaltung auftritt, ist doch nicht verwunderlich, sondern ein ganz normaler historischer Vorgang, für den es Beispiele genug gibt.

Und schließlich der Gedanke, von dem das Ganze ausging, die Krypta. Der Stab des hl. Petrus unterirdisch zur Verehrung aufgestellt in einer dazu gebauten Ringkrypta, also einer Bauform, die immer als eine Grabanlage gedacht war, – das mag nach mittelalterlichem Denken möglich sein, aber ganz geheuer ist einem bei dieser Vorstellung doch nicht. Daß man andererseits unter gar keinen Umständen eine Ringkrypta gebaut hätte, wenn nicht eine besonders hervorragende Reliquie dafür vorhanden gewesen wäre, ist auch nicht einzusehen. Irgend etwas wird ja wohl zur Hand oder in Aussicht gewesen sein, wenn die Überlieferung es uns auch nicht mitteilt. Von den Reliquien erfahren wir ja meist nur, wenn es sich um deren Neuerwerbung handelt, oder wenn ihr Verlust gemeldet wird. So sind in der fraglichen Zeit Hildebold zweimal und Hilduin einmal maßgeblich bei der Translation von Reliquien in die Erzdiözese beteiligt. Die Reliquien waren aber nicht für Köln bestimmt und nicht für den Dom. Die Kathedrale muß also demnach versorgt gewesen sein, und erst nach dem Normannensturm erbittet und bekommt Herman I. 891 von Papst Stephan V. neue Reliquien der Gottesmutter Maria und anderer Heiliger für die Kirchen der Stadt. Es müssen also wohl von altersher bedeutende Reliquien vorhanden gewesen sein, über die wir nichts erfahren.

Aber selbst wenn keine adäquate Reliquie beim Dombau zur Stelle gewesen sein sollte, so besteht durchaus die Möglichkeit, anzunehmen, daß man damals, wenn man schon dabei war, „more Romano" zu bauen, dann auch die Krypta *„ad instar confessionis S. Petri"* übernahm. E. Kirschbaum

führt zwei solcher Nachahmungen der Confessio von St. Peter an, die „tutto il systema" übernahmen, ohne daß als primärer Anlaß ein Heiligengrab vorhanden war: S. Stefano dei Abissini und die Salvatorkirche von Canterbury (Esplorazioni sotto la Confessione di San Pietro in Vaticano, S. 188). In der aus angelsächsischer Zeit stammenden Kirche von Canterbury stand zwar später das Grab des hl. Dunstan in der Confessio; aber dieser starb 988; die Confessio, die nach Eadmer (um 1122) „*ad instar confessionis S. Petri fabricata*" war, ist aber zweifellos älter.
In dem Aufsatz More Romano (Domblatt 1954=hier S. 159 ff.) ist mehr Gewicht auf das Querhaus als auf die Krypta gelegt worden, weil das westliche Querhaus wirklich ein Zeichen erneuter Hinwendung nach Rom ist, während die Krypta zwar auch, aber doch schon vorher aus der gleichen Richtung kam und längst geläufig war; ferner auch, weil die Anfänge der Kölner Krypta noch recht unklar waren und erst jetzt durch die schönen Ergebnisse von Vilich aufgeklärt sind, wenn auch ihre Datierung gleichzeitig mit Periode VII gerade im Hinblick auf die neuen Erkenntnisse von Vilich noch einer gründlichen Überprüfung bedarf.

Willy Weyres

Die „absides" des alten Domes zu Köln

Über eine Bedeutung der Wörter Absis und Absida in mittelalterlichen Quellen

Aus: Kölner Domblatt 20, 1961/62, 99 – 102

Levold von Northof (1279 – 1359) berichtet in seinem Katalog der Erzbischöfe von Köln, daß Erzbischof Bruno den Kölner Dom *„uno abside in utroque latere ampliavit"* [1]. Hasak hat daraus geschlossen [2], daß der karolingische Dom ursprünglich in beiden Chören geraden Abschluß gehabt und Bruno diese geraden Chöre in halbrund geschlossene umgewandelt habe. Nun hat schon einmal die Gleichsetzung des mittelalterlichen Wortes absis oder absida mit Apsis nach unserem Gebrauch zu einer Rekonstruktion Anlaß gegeben, die sich bei einer nachträglichen Grabung als falsch herausstellte. Es handelt sich um Weises Wiederherstellungsversuch der Abteikirche von St. Trond auf Grund der zahlreichen Baunachrichten [3], die sich in den Gesta Abbatum Trudonensium finden [4]. Der schematische Grundriß von Weise ist von Lehmann übernommen worden [5]. Er teilt zwar in einem Nachtrag mit, daß Nachgrabungen die Nichtexistenz des von Weise erschlossenen Trikonchos ergeben haben [6], druckt ihn aber auch in der zweiten Auflage des verdienstvollen und vielbenutzten Buches noch einmal ab [7]. Die von Weise an seine Rekonstruktion geknüpften Folgerungen, vor allem seine Meinung, daß der Grundriß von St. Trond eine Vorstufe zu St. Maria im Kapitol sei, sind nach der Grabung hinfällig und im übrigen schon von Frankl, allerdings aus anderen Gründen, angezweifelt worden [8].

Wenn man aber absis bzw. absida mit Abseite übersetzt, ergibt sich ein Grundrißbild, das sich mit den Grabungsergebnissen im großen und ganzen deckt: eine dreischiffige Basilika mit östlichem und westlichem Querschiff, Chorabseiten und Turmwestchor. Das Wort absida muß in St. Trond einmal für die Abseiten des Sanktuariums und ein anderes Mal für die Abseiten des Schiffes verwendet worden sein. Die Gesta selbst erklären: *„Abside vero sunt exedre seu appenditie, que aularum seu ecc-*

[1] M. Hasak, Der Dom zu Köln, Berlin (1911), S. 25.

[2] M. Hasak, a. a. O.

[3] Georg Weise, Die ehemalige Abteikirche zu St. Trond, Zs. f. Geschichte d. Architektur IV, 1910/11, S. 124.

[4] Monumenta Germaniae SS, X, S. 213 ff.

[5] E. Lehmann, Der frühe deutsche Kirchenbau, Berlin 1938, Taf. 48.

[6] Ebd., S. 138; St. Leurs, Geschiedenis van de Vlaamsche Kunst I, Antwerpen 1936, S. 19.

[7] Rekonstruktion auf Grund der Grabungen von H. E. Kubach in: Die frühromanische Baukunst des Maaslandes, Zs. f. Kunstwissenschaft VII, 1955, S. 113; ferner H. E. Kubach, Die vorromanische und romanische Baukunst in Mitteleuropa. Zs. f. Kunstgeschichte, 1955, S. 179; R. Lemaire, De romaanse Bouwkunst in de Nederlanden, Brüssel 1952, S. 77 ff.

[8] P. Frankl, Die frühmittelalterliche und romanische Baukunst, Wildpark-Potsdam 1926, S. 91.

lesiarum lateribus adherent pro deambulatione amplianda" [9]. Das trifft auf Seitenschiffe eindeutig, auf Chorabseiten nur ungenau zu.

Die Übersetzung von absis bzw. absida mit Abseite ist nicht unbekannt. Schon 1901 hatte Georg Hager aus den Constitutiones Hirsaugienses diese Bedeutung für St. Aurelius in Hirsau erschlossen [10]. Er weist dabei sogar ausdrücklich auf St. Trond hin und sagt, daß im 15. Jahrhundert Trithemius *absis* sowohl für das Querhaus in Limburg a. d. H. als auch für das Seitenschiff in Hirsau gebraucht [11].

Das Griechische ἄψις gleich Radfelge, Himmelsgewölbe erscheint lateinisch bei Plinius d. J. als astronomischer Begriff, aber auch für Bogen und Gewölbe; Augustinus hat für die gleichen Begriffe absida. Das mittellateinische absida wird volksetymologisch zur Erklärung des mittelhochdeutschen absîte herangezogen, das mit Abseite übersetzt und als gewölbter Nebenraum in einer Kirche oder überhaupt als Nebengebäude gewertet wird [12]. Eine Erklärung aus karolingischer Zeit steht bei Walahfrid Strabo (808 – 49) [13]: *„Exedra est absida quaedam, separata modicum quidem a templo vel palatio."* Hier ist exedra ein Unterbegriff für absida; die exedrae gehören also zu den absidae, sind aber ein wenig von der Kirche oder dem Palas abgetrennt. Danach müßte man absida in diesem Falle generell mit Nebenraum, exedra aber mit „durch eine Säulenstellung oder sonstwie abgetrennten Nebenraum" übersetzen. Allerdings bringt der Plan von St. Gallen eine neue Unklarheit. Dort sind nämlich die beiden Apsiden mit exedra bezeichnet, was der gleichzeitigen Definition des Walahfrid offensichtlich widerspricht. Karolingische Schriftquellen verwenden sonst das Wort exedra anscheinend sehr selten, das Wort absis oder absida dagegen doppeldeutig. In 7 von 15 Zitaten bei Schlosser [14] ist unter absis oder absida unverwechselbar Apsis in unserem Sprachgebrauch zu verstehen. Bei den übrigen Stellen können Querschiffarme oder Seitenschiffe gemeint sein.

Wenn man aber die von Lehmann-Brockhaus zusammengestellten Quellen aus dem 11. und 12. Jahrhundert [15] durchsieht, so ist bei 43 Zitaten die landläufige Übersetzung von absis oder absida mit Apsis im Sinne eines gerundeten oder polygonalen Abschlusses eines Altarhauses nur in 11 Fällen eindeutig richtig; 10 davon gehören nach Italien, das elfte betrifft den Mainzer Dom. Ein weiteres Zitat bezieht sich auf den Westchor des Bremer Domes, der keine Apsis hat. Alle anderen bedeuten mit größter Wahrscheinlichkeit etwas anderes, nämlich in 8 Fällen Seitenschiffe, in 3 Chorabseiten, in 6 Querschiffarme und in 9 entweder Querschiffarme oder Seitenschiffe. Was der Ausdruck *„absida conversorum"* [16] besagt, ist unklar wie auch zwei andere Zitate. Die vielfältigen Bedeutungen des Wortes werden besonders bei einem Bericht des Rupert v. Deutz über den Brand der Abteikirche in Deutz deutlich [17]. Dort wird von einer *„fenestra sive absida"* erzählt, in der nicht nur eine *„pixis cum corpore dominico"*, sondern auch eine ganze Menge Altargerät aufbewahrt wurde. Sie sei in der Mauer angebracht, *„tegulis ligneis compacta"* und mit Tür und Schloß versehen gewesen. Vielleicht ist ein geräumiger aus der Mauer vorspringender Wandschrank gemeint.

[9] O. Lehmann-Brockhaus, Schriftquellen z. Kg. d. 11. u. 12. Jhdts. in Deutschland, Lothringen und Italien, Berlin 1938, Nr. 1984; bei Du Cange ist exedra Nebenraum allgemein; A. F. Krischii Cornucopiae, Regensburg 1741, kennt exedra als Versammlungsraum, Audienzzimmer, Zelle.

[10] In Zs. f. Christl. Kunst XIV, 1901, S. 143 f; Mettler, Die zweite Kirche in Cluny, Zs. f. Gesch. d. Architektur III, 1909/10, S. 286. Vgl. dazu Mittellateinisches Wörterbuch, München 1959, unter absis.

[11] Annales Hirsaugienses II, S. 553.

[12] M. Lexer, Mittelhochdeutsches Taschenwörterbuch, Leipzig 1906; Fr. Kluge, Etymologisches Wörterbuch d. deutschen Sprache, Berlin und Leipzig 1934; H. Otte, Archaeologisches Wörterbuch, Leipzig [2]1877, bringt Abseite generell für Seitenschiff.

[13] De rebus ecclesiasticis, cap. 6, zitiert nach J. von Schlosser, Schriftquellen zur Geschichte der karolingischen Kunst, Wien 1892, Nr. 6.

[14] a. a. O. (13).

[15] Lehmann-Brockhaus a. a. O. (9).

[16] a. a. O. (9), Nr. 1519 (Weissenau) u. 1266 (Salem), es könnte sich um die Westenden der Kirchen handeln.

[17] a. a. O. (9), Nr. 280.

Das Wort absis oder absida bedeutet demnach im Mittelalter zunächst ganz allgemein Nebenraum. Aus dem Textzusammenhang läßt sich meist entnehmen, welche Art von Nebenraum gemeint ist. Oft werden allerdings nur Grabungen Aufschluß geben, oft wird man den wirklichen Sinn nicht mehr eindeutig feststellen können.

Das Thema wird für den Kölner Dom interessant wegen der Diskussion über die Datierung der bei der Grabung aufgedeckten vorgotischen Kirchen [18]. Die oben zitierte Angabe des Levold von Northof ist in der bisherigen Betrachtung, soweit ich sehe, außer von Hasak nur von Mühlberg herangezogen worden. Sie kann aber nicht vernachlässigt werden, denn ihrer präzisen Aussage wegen muß man wohl ältere Quellen oder eine lokale Tradition voraussetzen. Das von Doppelfeld ergrabene vierte und fünfte Seitenschiff [19] entspräche dem Text Levolds genau, wenn wir für absis die Übersetzung Abseite wählen [20].

F. Mühlberg sagt, daß Levold die beiden westlichen Vorhallen als Apsiden bezeichne [21]. So ist es aber nicht. Es steht mit keinem Wort da, daß diese beiden Räume, die sich zwar auch in utroque latere befinden, gemeint seien. Mühlbergs Ansicht, daß sie das Privatus- und Gregorius-Oratorium seien, die von Bruno in seinem Testament erwähnt werden [22], ist der Grundrißdisposition wegen unwahrscheinlich. Wo sollte da ein Altar gestanden haben? Er müßte an der Ostwand des Raumes, also neben der Tür zum Querschiff und genau gegenüber dem Eingang von draußen errichtet worden sein. Ein Blick auf den Grundriß zeigt, daß das eine ziemlich ungeeignete Stelle ist. Man kann die sorglose Aufstellung von Altären in späterer Zeit kaum als Parallelen anführen und auch nicht die Aufstellung von Altären zwischen den Türen an der Ostwand von Alt-St.-Peter in Rom auf der Zeichnung von Grimaldi [23]. Eine Aufstellung an der Westwand ist in hohem Grade unwahrscheinlich. Es ist mir bisher kein nach Westen gerichteter mittelalterlicher Altar bekanntgeworden (außer in Stollenkrypten, wo die Umstände es nicht anders erlaubten) [24].

Im übrigen ist bei der Grabung kein Altarfundament gefunden worden. Nun ist aber, wie wir sehen, das Wort absis auch für Querschifflügel gebraucht worden. Man könnte geneigt sein, die westlichen Querschiffe für diese absides zu halten. Leider sind die Verbindungsstellen zwischen Westapsis und Querschiff durch die gotische Fundierung zerstört. Die Fortsetzung der Grabung im Ostteil des letzteren kann vielleicht Klarheit bringen. Doppelfeld hegt keinen Zweifel an der Gleichzeitigkeit der Mauern und rechnet sie zu Bau VII.

Je weiter die Grabung vorangeht, desto stärker wird meine Überzeugung, daß der Bau VII tatsächlich in das 9. Jahrhundert gehört. Seine Fundamente reichen an unserer jüngsten Grabungsstelle im südlichen Langchor-Seitenschiff in gleicher Stärke 9,00 m unter das heutige und 7,00 m unter das zu ihnen gehörende Fußbodenniveau. Bei allen Mauern, die bisher aufgedeckt worden sind, zeigt sich ein Wechsel des Mauermörtels; ein graugelber ist in den unteren Schichten und ein mit Ziegelsplitt versetzter, außerordenlich harter in den oberen verwendet. Dombaumeister F. Kreusch teilte mir mit, daß ein ähnlicher Mörtelwechsel in gleicher Abfolge auch beim Atrium des Aachener Domes vorhanden ist. In der dort vor einigen Jahren angelegten Bischofsgruft ist das heute noch nachzuprüfen. Man kann zwar mit Mörtel nicht datieren, doch dürfte eine solche Ähnlichkeit der Verwendung in unserem Falle nicht ohne Belang sein.

Ein gewichtigeres Argument gegen die Datierung von Bau VII in die Zeit Brunos ist das Schweigen der Quellen von einem Unternehmen, dessen gewaltiger Umfang durch die Grabungen immer

[18] I. Achter, A. Verbeek u. O. Doppelfeld im Kölner Domblatt 14/15, 1958, S. 185 ff. = hier S. 248 ff.

[19] a. a. O., S. 194 = hier S. 257 f.

[20] *„quam etiam ecclesiam uno (!) abside in utroque latere decenter ampliavit"*, Kölner Domblatt, 18/19, 1960, S. 74.

[21] F. Mühlberg, Die Frühzeit von St. Pantaleon, Kölner Domblatt 18/19, 1960, S. 74.

[22] Ruotgeri vita Brunonis, hrsg. von Irene Ott, Köln und Graz 1958 (M. G. SS. nova series X, cap. 49).

[23] Schüller-Piroli, 2000 Jahre St. Peter, Olten 1950, S. 215.

[24] Das macht auch die von Doppelfeld in St. Peter in Köln gefundenen westlichen Seitenapsiden schwer deutbar. O. Doppelfeld, Kölner Domblatt 18/19, 1960, S. 37 ff.

klarer wird. Der Text Levolds von Northof schließt aus, daß Bruno wesentliche Teile des Domes neu baute. Nach der vita hat er ihn auf bewundernswerte Weise geräumiger *(mirabiliter ampliavit)* und aus einem schönen zu einem sehr schönen Hause gemacht *(de pulchra pulcherrimam fecit)* [25]. Das Wort ampliare wird zwar auch beim Neubau des gotischen Chores gebraucht; es ist mehrdeutig (erweitern, vermehren, großmachen). Nach der Quellenlage und dem Grabungsbefund besteht aber kein wirkliches Argument gegen Doppelfelds Datierung von Bau VII in die karolingische Zeit.

Man wird, wenigstens zunächst noch, auch die westlichen Querschiffe nicht Bruno zuschreiben können. Wenn aber mit den absides des Levold tatsächlich die äußeren Seitenschiffe gemeint sein sollten, so blieben immer noch die Oratorien des hl. Gregor und des hl. Privatus zu suchen, die nach der Vita Brunonis im Westen des Domes liegen müssen. Sie könnten die westlichen Enden der äußeren Seitenschiffe gebildet haben, aber nur die Grabung kann darüber Aufschluß bringen.

[25] Abgedruckt in Kölner Domblatt 14/15, 1958, S. 192 = hier S. 256.

Otto Doppelfeld

Das fränkische Frauengrab unter dem Chor des Kölner Domes

Aus: Germania 38, 1960, 89 – 113

Am 10. April 1959 wurde bei den Ausgrabungen im Kölner Dom 6 m unter der Mitte des Chores ein reiches fränkisches Frauengrab freigelegt (Abb. 1). Dieser unerwartete Fund ist in vielerlei Hinsicht so bedeutungsvoll, daß mit seiner sofortigen Bekanntgabe nicht gezögert werden soll*.

Bergung

Obwohl das Römisch-Germanische Museum der Stadt gemeinsam mit der Dombauhütte unter Leitung des Verf. schon dreizehn Jahre lang im Dom gräbt, war die Entdeckung des Grabes ein Zufall, denn an sich sollte die planmäßige Untersuchung der tieferen Schichten, zu denen das Grab gehört, erst später erfolgen. Wir haben in den östlichen Bezirken des Domes mit Abschachtungen bis zu 10 m Tiefe zu rechnen und müssen bei den gegebenen Verhältnissen ein besonderes Verfahren anwenden. Da die Sicherheit des Kirchengebäudes durch die Grabungen auf keinen Fall gefährdet werden darf, gehen wir in zwei Abschnitten in die Tiefe. Zunächst wird der Domchor etwa 4 m tief unterhöhlt, um hier eine geräumige Gruftkapelle auszumauern. Vom Bodenniveau dieser neuen Krypta soll dann später bis zum gewachsenen Boden gegraben werden. Für den Fall, daß in dieser zweiten Phase beachtliche Baureste entdeckt würden, könnten sie dann in einem Tiefkeller offengehalten werden. Um diese doppelte Unterkellerung zu ermöglichen, müssen die Pfeilerfundamente der neuen Krypta von vornherein entsprechend fest verankert sein. Als wir für eines dieser Fundamente die Grube aushoben, stießen wir auf eine geborstene Steinplatte, die sofort nachgab, so daß ein Arbeiter mit der Platte in das im Westen gelegene Kopfende des Frauengrabes glitt. Der östliche, größere Teil des entdeckten Grabes reichte als ein völlig intakter Hohlraum unter die 4 m hohen Erdschichten, die darüber noch anstanden. Der erste Plan, diese Erdschichten zunächst abzuräumen und das ganze Grab dann von oben freizulegen, mußte bald aufgegeben werden, da es sich herausstellte, daß auch die nächste Deckplatte des Grabes gerissen war und beim Abschachten un-

* Der hier vorliegende Bericht wurde als erster drei Monate nach der Entdeckung des Frauengrabes geschrieben. Eine anschließend verfaßte Studie des Verf. über „Die Rosettenfibeln aus dem Kölner Dom" erscheint demnächst in der Festschrift für O. H. Förster = hier S. 309 ff. Schließlich wurde gegen Ende des Jahres eine zweite Fassung des Grabinventares mit allgemeineren und die lokale Geschichte stärker berücksichtigenden Ausführungen gegeben (O. Doppelfeld, Die Domgrabung, XI. Das fränkische Frauengrab = Kölner Domblatt, 16. und 17. Folge 1959, 41 ff.). Dieser bereits im Druck erschienene Bericht konnte als zuletzt verfaßter schon das im August 1959 entdeckte, aber auch heute, im Januar 1960, noch nicht untersuchte Männergrab berücksichtigen, das sich an das Fußende des Frauengrabes anschließt. Es erscheint sicher, daß weitere Gräber nicht mehr zu erwarten sind.

weigerlich auf die Gläser und sonstigen Beigaben, die unberührt im Grabe standen, gefallen wäre. Wir mußten uns daher für das weniger schöne Verfahren entscheiden, die Gegenstände vom Kopfende des Grabes her einzeln hervorzuholen, was mit der erforderlichen Vorsicht und genauester Einmessung in den folgenden Tagen geschah. Mein Mitarbeiter W. Schneider von der Dombauverwaltung und cand. phil. G. Band haben sich dieser schwierigen Aufgabe, meist auf dem Bauche liegend, unterzogen. Erfreulicherweise waren die Holzsachen des Grabes noch einigermaßen fest und nicht so stark zersetzt wie die gleich alten Holzreste in den Gräbern unter der Severinskirche, die schon bei der bloßen Berührung zu Staub zerfielen. Wir konnten sie daher ohne Bedenken anfassen und bewegen. Anschließend mußten sie allerdings sofort gefestigt werden. [1].

Topographische Bedeutung

Bei dem für Köln und auch das Rheinland bisher unerhörten Reichtum der Beigaben des neuen Grabes soll nicht übersehen werden, daß der Fund daneben außerdem von größtem Wert für die Topographie des Domes und der Stadt Köln sowie für die gesamte Geschichte der Rheinlande ist. Doch sollen diese Fragen hier nur angedeutet werden, weil erst die weiteren Grabungen das noch lückenhafte Bild ergänzen müssen und der augenblickliche Stand dieser Untersuchungen Gegenstand eines Berichtes im nächsten Jahrgang des Kölner Domblatts werden soll. Zur allgemeinen Orientierung sei hier nur folgendes hervorgehoben. Der Kölner Dom steht bekanntlich innerhalb des römischen Mauergevierts, und zwar in der Nordostecke der Stadt. Heidnische oder frühchristliche Gräber aus römischer Zeit sind weder hier noch sonst im Bereich der Kolonie zu erwarten. Aber auch fränkische Bestattungen fehlten bisher aus dem Innern der Römerstadt, wenn wir von dem vor einigen Jahren entdeckten leeren Sarkophag der Plektrudis in der Kirche Maria im Kapitol und einem gleichen trapezförmigen, ebenfalls leeren Kalksteinsarkophag in der Cäcilienkirche absehen. Neben den reichen Frankengräbern außerhalb des römischen Geviertes in der Severinskirche, bei St. Pantaleon und St. Severin, in Müngersdorf und Junkersdorf, ist das neue Grab demnach die erste und früheste Bestattung, die im Stadtkern selbst entdeckt wurde. Wir dürfen also jetzt doch wieder hoffen, daß sich einmal der dichte Nebel, der auf dem Kölner Stadtkern der ersten nachrömischen Jahrhunderte liegt, lichten wird.

Schon 1947 war in der Achskapelle des Domes ein Skelett in den ersten nachrömischen Schichten, leider aber ohne jede Beigabe, gefunden worden [2]. Außerdem lassen auch die im Mauerwerk des karolingischen Domes verbauten fränkischen Grabsteine auf einen nahen Friedhof schließen. Ein solcher Friedhof im Innern der Stadt kann aber nur ein Kirchhof gewesen sein. So konnte man zu der Vermutung kommen, daß schon in merowingischer Zeit an der Stelle des heutigen Domes ein Gotteshaus gestanden hat. Allerdings sind die Mauern aus merowingischer Zeit, die wir bisher unter dem Dom fanden, noch zu gering an Zahl und Ausdehnung, als daß man aus ihnen allein auch nur versuchsweise einen Kirchengrundriß hätte zusammensetzen können. Hier hat uns der neue Fund ein wesentliches Stück weitergebracht. Das neue Grab gehört nämlich nicht zu einem Friedhof unter freiem Himmel, sondern lag innerhalb eines Gebäudes unmittelbar unter einem Estrichboden, der dem ganzen Zusammenhang nach ein Kirchenboden gewesen sein muß. Man

[1] Zu diesem Zweck haben wir ein neues Mittel (Mowilith) der Hoechster Farbwerke verwandt, das sich anscheinend auch gut bewährt, weil es elastisch und luftdurchlässig bleibt. Die schmalen langen Dauben des Eimers (32) bogen sich aber bei der Tränkung so stark, daß das Präparat in der Museumswerkstatt später wieder herausgekocht werden mußte. Nur die Holzreste des Sarges wurden nicht präpariert, sondern zur Altersbestimmung nach dem Radiokarbon-Verfahren an das Vorgeschichtliche Forschungsinstitut der Universität Köln gegeben. Leider reichten aber die Mengen zu einer Bestimmung nicht aus.

[2] O. Doppelfeld, Der Schacht in der Dreikönigenkapelle, Kölner Domblatt 2, 1949 Taf. 3 – 5 Nr. 267 = hier S. 105 ff.

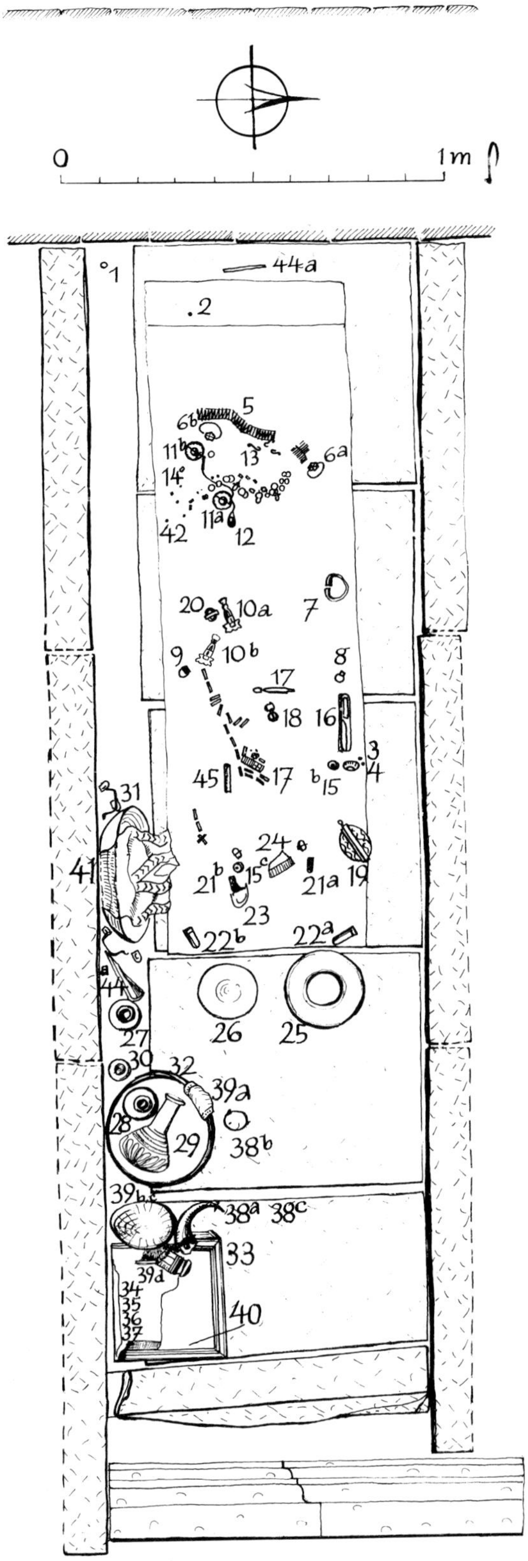

Abb. 1. Köln, Dom. Grundriß des Frauengrabes unter dem Chor und Lage der Funde. – Maßstab 1 : 20.

A Münzen

1	Solidus des Anastasius
2	Siliqua Theoderichs des Gr.
3	Halbsiliqua Theoderichs des Gr.
4	Halbsiliqua des Athalarich

B Kopf- und Armschmuck

5	Stirnbinde
6 a, b	Linker und rechter Ohrring
7	Armring
8	Linker Fingerring
9	Rechter Fingerring

C Brustschmuck

10 a, b	Obere und untere Bügelfibel
11 a, b	Linke und rechte Rosettenfibel
12 a, b, c	Große und kleine Goldkette sowie Münzanhänger (Theodosius II.)
13 a – z	Großer Halsschmuck
14 a – s	Glas- und Bernsteinperlen

D Gürtelgehänge

15 a, b	Glas- und Bergkristallperle
16	Schere
17 a – e	Messer mit Gehänge
18	Kugelförmiger Anhänger
19	Bulle (Amulettkapsel)
20	Gürtelschnalle

E Fußbekleidung

21 a, b	Linke und rechte Schuhschnalle
22 a, b	Linke und rechte Wadenriemenzunge
23	Schuhrest rechts
24 a	Goldgespinst
24 b	Textilreste

F Gläser

25	Große Schale
26	Kleine Schale
27	Große Flasche mit Flüssigkeit
28	Kleine Flasche
29	Fadenglasflasche
30	Sturzbecher

G Bronze und organische Substanzen

31	Bronzebecken, darüber 41
32	Eimer, darin 28 – 29
33	Kasten, darin 34 – 37
34	Pantoffelrest
35	Goldborte
36	Nüsse und Kerne
37 a	Bergkristallperle
37 b	Tonwirtel
38 a, b, c	Trinkhorn mit Randbeschlag und weiteren Resten
39 a	Handschuh (?)
39 b, c, d	Lederflasche
40	Textil- und Wollreste
41	Wolldecke

H Unbestimmt

42	Kleine Beschlagreste
43 a	Doppelniet
43 b	Fischflosse (?)

I Sarg

44 a, b	Holz bzw. Nägel

K Leichnam

45 a	Zähne
45 b	Röhrenknochen
45 c	Schädelreste (?)

darf also mit Sicherheit schließen, daß bereits im 6. Jahrhundert an der Stelle des heutigen Domes ein kirchliches Gebäude gestanden hat.
Ob nun dieser merowingische Sakralbau auch die Bischofskirche gewesen ist oder nur eine fürstliche oder königliche Gruftkapelle darstellte, läßt sich freilich noch nicht entscheiden. Bekanntlich ist die Forschung sich auch heute noch völlig im unklaren, wo der „Älteste Dom", d. h. die Kathedralkirche des Kölner Bischofs Maternus zur Zeit Konstantins, des Euphrates und des Severinus, sowie der merowingischen Bischöfe gestanden hat. Die Grabungen haben bisher nur den „Alten Dom", einen Neubau des 9. Jahrhunderts, mit Sicherheit nachweisen können [3]. Es wird die unter den gegebenen Umständen sehr schwierige Aufgabe der nächsten Jahre sein, Gestalt und Ausdehnung des zu dem neuentdeckten Grabe gehörigen Kirchenbaues zu ermitteln; erst dann wird man die Frage erörtern können, ob dieser Bau möglicherweise die Bischofskirche der fränkischen Zeit gewesen ist.

Grabbau (Abb. 1)

Eine tief im Boden steckende römische Mauer bildete den westlichen Abschluß des Frauengrabes, das ohne besondere Kopfplatte mit seinen Seitenplatten aus Trachyt unmittelbar an sie gesetzt wurde. Im Bereich der Grabkammer war die römische Mauer 2 cm stark mit Lehm verschmiert, und darüber war ein 1 mm dicker Kalkanstrich aufgetragen. Die Bodenplatten des Grabes füllten nicht ganz die Breite der Kammer aus, so daß ein südlicher, mit hartem Lehm verstopfter Streifen frei blieb. Auch die Fugen zwischen den Seitenwänden und der eingefügten Fußplatte waren, da sie nicht dicht schlossen, mit Lehm verschmiert. Von den drei Deckplatten war auch die mittlere gesprungen, ebenso wie die westliche, die, wie erwähnt, zur Entdeckung des Grabes geführt hatte. Trotz allem war die 3,0 : 0,85 m weite und 0,76 m hohe Kammer so dicht, daß im Laufe der Jahrhunderte keine Erde eingedrungen ist. Bei der Bestattung wurde der 0,55 : 1,70 m große Holzsarg im westlichen Teil der Grabkammer niedergesetzt und in dem freigebliebenen Fußende die Beigaben deponiert. Über das Ganze scheint man dann eine Wolldecke gebreitet zu haben, von der sich aber nur ein etwa handgroßer Rest (41) neben dem rechten Fußende des Holzsarges erhalten hat, offenbar weil die darunter stehende oxydierende Bronzeschale ihn konservierte.
In der Grabkammer konnten keinerlei Spuren späterer Störungen durch eindringende Erde oder Wasser beobachtet werden. Das Grab liegt über dem Grundwasser- und dem Hochwasserspiegel des Rheins. Von tierischen Resten fanden sich nur ein Schneckengehäuse in der kleineren der beiden Glasflaschen (28). Obwohl also Störungen von außen ausgeschlossen sind, fallen einige größere Verlagerungen, vor allen Dingen bei dem Messer (17), auf. Sein goldener Griff lag 20 cm von der Klinge entfernt. Diese und ähnliche Störungen dürften durch die einstürzenden Deckelbretter des Sarges verursacht worden sein. Der silberne Mündungsbeschlag des Trinkhorns (38) kam 30 cm weiter von dem offenbar zugehörigen Horn zum Vorschein, woraus man schließen darf, daß das Horn ursprünglich an dem Kasten (33) in der Grabecke aufgehängt war.
Da das Grab im großen und ganzen ungestört ist, kann das folgende Verzeichnis seines Inhalts sich an die Verteilung der Gegenstände im Grabe halten. Die von Westen nach Osten, also vom Kopfzum Fußende fortschreitende Bezifferung, die nur gelegentlich zwecks besserer Übersicht über die Altertümergruppen durchbrochen wurde, entspricht auch ungefähr der Reihenfolge der Entnahme bei der Bergung der Stücke.

[3] Vgl. die laufenden Berichte im Kölner Domblatt Bd. 1 ff. 1948 ff. = hier S. 20 ff. und eine kurze Zusammenfassung in Neue Ausgrabungen in Deutschland (1958) 322 ff.

Liste der Beigaben

A. Münzen (Taf. 13, 1 – 4)*

Außer den acht Goldmünzen, die mit Ösen versehen sind und beim Halsschmuck aufgeführt werden (12 c – 13 g) enthielt das Grab vier Münzen, die nicht zu Schmuckstücken verarbeitet waren und als kursierendes Geld anzusehen sind. Es sind ein Solidus und eine Siliqua des Anastasius bzw. Theoderichs d. Gr., die sich in dem Schlitz zwischen dem Kopfende des Sarges und der Westwand der Grabkammer fanden (1 und 2). Anschließend sind unter 3 und 4 zwei ostgotische Halbsiliquen aufgeführt, die im Sarge mit anderen Dingen (15 a und b) an der Stelle lagen, wo vermutlich die Tasche der Dame gewesen ist. Diese vier, im ersten Drittel des 6. Jahrhunderts geprägten Münzen, vor allen Dingen das kaum abgegriffene ostgotische Kleingeld, sind für die Datierung des Grabes von besonderer Bedeutung [4].

1. Solidus des Anastasius I. (491 – 518), Mzst. Constantinopolis; Perlrand und Kanten abgearbeitet; 4,30 g; Sabatier l; lag in der Südwestecke der Grabkammer (Taf. 13,1).
2. Siliqua Theoderichs d. Gr. (493 – 526), Mzst. Ravenna, Kraus 35; BMC (Ostrogoths) 20/21; wenig abgegriffen, aber korrodiert; 0,835 g; lag hart am Kopfende des Holzsarges, ursprünglich vielleicht unter dem Sarg (Taf. 13, 2).
3. Halbsiliqua Theoderichs d. Gr. (493 – 526), Mzst. Ravenna; Kraus 38; BMC (Ostrogoths) 24/25; 0,695 g; lag in der Gegend der Tasche (Taf. 13, 3).
4. Halbsiliqua des Athalarich (526 – 534), Mzst. Ravenna; Kraus 45; BMC (Ostrogoths) 35; 0,705 g; lag ebenda (Taf. 13, 4).

B. Kopf- und Armschmuck (Taf. 14)

Die Lage dieser Schmuckstücke und ihrer Teile war so, daß Zweifel über Bestimmung und Trageweise sowie auch bei der Stirnbinde über die Zusammengehörigkeit der Einzelteile nicht aufgekommen sind.

5. Stirnbinde (Taf. 14, 5). Von dem 2 cm breiten Band sind nur die Golddrähte des vorderen, etwa 45 cm langen Teils erhalten. Sie laufen als Schußfäden quer zur Bandrichtung und sind in Abständen von etwa 1 cm schlingenförmig gelegt. In der Mitte des Bandes war ein V-förmiger Winkel nicht mit Goldfäden durchzogen. An dieser Stelle über der Mitte der Stirn muß ein dabei gefundener goldgefaßter Almandin befestigt gewesen sein. Der flache Almandin liegt auf einer Waffelblechfolie, ist rund mit Randfacette geschliffen und in eine doppelkonische Goldperle gefaßt, deren vordere Seite (Schauseite) in zwei Kreisen granuliert ist. Die Kügelchen des inneren Kreises sind kleiner als die des äußeren. Die Rückseite der Goldperle ist mit S-Spiralen in sehr sauberer Filigrantechnik besetzt. Aus dem hinteren Ende der Perle ragt ein kurzer, dünner Silberdraht heraus, mit dem das Schmuckstück an der Stirnbinde befestigt gewesen sein muß. Der Dm. der Goldperle beträgt 1 cm. Sie erinnert an fränkische Nadelköpfe. Wenn wir einen Nadelschaft gefunden hätten, könnte man deren Anbringung so denken, daß die Nadel, durch den nicht mit Gold durchwirkten Winkel in der Mitte der Binde und zwischen die Haare gesteckt, den Sitz des Stirnschmucks gesichert hätte. Vielleicht war es auch ursprünglich so, bis dann die Nadel abbrach und der Kopf mit dem dünnen Silberdraht an der Binde festgeheftet wurde; zu mehr

* Die Numerierung der abgebildeten Gegenstände auf den Taf. 13 – 27 entspricht der Zählung in der Liste der Beigaben. Sämtliche Funde verbleiben im Besitze des Kölner Domes.

[4] Die Münzliste wurde freundlicherweise von Frl. W. Hagen und J. Werner revidiert.

scheint der schwache Draht nicht tauglich zu sein. Die nicht erhaltenen Stoffenden der Binde verschmälerten sich wahrscheinlich nach den Enden zu. An der entsprechenden Stelle lagen noch die beiden Haken aus Silberdraht und ein ebensolcher Zwischenhaken. Die Enden der Haken lassen auf die erwähnte Verschmälerung der Bandenden schließen (abgebildet: Kölner Domblatt 16 u. 17. Folge 1959, 53 = hier S. 272).

6a – b. Ein Paar Ohrringe aus Gold mit polyedrischer Kapsel, die mit dreieckigen und viereckigen Almandinen auf Waffelblechunterlage besetzt ist (Taf. 14, 6a – 6b). Die acht Würfelflächen haben außerdem je vier runde Fassungen, die jetzt leer sind, ursprünglich aber echte Perlen enthielten, von denen ein kleiner Rest noch in einer der Fassungen erhalten war. Zwischen den unten mit Filigran umgebenen Fassungen befinden sich S-Ornamente in Filigran. Der linke Ohrring (6a) war bei der Aufdeckung des Grabes stark verdrückt worden. Bei der Restaurierung wurden einige Almandine durch Glas ersetzt; sie müssen schon zu Lebzeiten der Besitzerin gefehlt haben.

7. Armring mit verdickten Enden aus massivem Gold (Taf. 14, 7). Dm. 7 cm. Gewicht 66 g. Unverziert, lag in situ in Höhe des linken Unterarms.

8. Linker Fingerring aus Gold (Taf. 14, 8). Der Reif von flach dreieckigem Querschnitt ist rings mit einem doppelten Filigranfaden besetzt. Die Seitenflächen des umgekehrt pyramidenförmigen Kastens bestehen aus gefältetem Goldblech. Die so entstandenen Rippen sind oben durch aufgelötete Kügelchen verschlossen. Diese Kügelchen bilden den Perlrand für die quadratische Fassung, in die ein quadratisches, gewölbtes Mittelstück, wahrscheinlich aus Knochen, eingelassen ist. Seitlich (oberhalb bzw. unterhalb der Fassung) war in besonderer röhrenförmiger Fassung ursprünglich wohl eine Perle angebracht. Der pyramidenförmige Kasten und die Nebenfassung sitzen auf einer entsprechend ausgebuchteten quadratischen Platte, die mit dünnem Perldraht umgeben ist.

9. Rechter Fingerring aus Gold (Taf. 14, 9). Der dünne rechteckige Reif ist offenbar bei einer Verkleinerung hinten aufgeschnitten und ziemlich roh wieder zusammengehämmert worden. Er verbreitert sich vorn dreieckförmig zu einer großen quadratischen Platte. Die dreieckigen Schulterteile sind mit Punkt- und Kreispunzen sowie mit kleinen Kerbschnittbändern verziert. Auf der Mittelplatte ist ein quadratischer, als Eierstab gebildeter Rahmen aufgelötet, dessen Mitte eine runde Goldscheibe mit zwölfzackigem Sternornament einnimmt. In den Ecken treten kleine Rosettenornamente auf. Der mit dem Stichel tief ausgehobene Grund des Sterns der runden Scheibe ist mit einer blauschwarzen Paste ausgefüllt. Die Kanten der Vorderseite des Ringes sind in Form eines Eierstabes ausgezackt.

C. Brustschmuck (Taf. 15,10 – 12; 17, 10b. 11b)

Die beiden Bügelfibeln lagen, wie üblich, mit dem Kopf nach unten hintereinander gereiht in der Gegend des Bauches. Die Scheibenfibeln dagegen waren beide mit der Schauseite nach unten gekehrt und sind offensichtlich verlagert. Die rechte (11b) fand sich unweit der ursprünglichen Stelle in der Gegend des Schlüsselbeines, während die linke vom linken Schlüsselbein nach rechts unten geglitten ist. Die aus zwei verschiedenen Ketten zusammengesetzte Goldkette mit Münzanhänger (12a – c) muß zwischen den beiden Fibeln getragen worden sein. Ihr linker Teil war an der linken Fibel festoxydiert. Hier lag das äußerste Kettenende dicht neben der verrosteten Fibelnadel. Es war kurz und scharf umgeknickt und somit ursprünglich wohl an die Nadel angeheftet. Das andere, mit Öse versehene Ende der Kette lag frei in der Nähe der rechten Scheibenfibel. Die Nadel dieser Fibel ist erhalten; jedoch war die Öse nicht auf die Nadel geschoben – sie ist auch ein wenig zu eng dazu –, sondern dürfte ebenfalls mit Fäden an der Hinterseite der Fibel befestigt gewesen sein. Die Zusammengehörigkeit der Scheibenfibeln und der Goldkette ist der Lage nach kaum fraglich. –

Tafel 13. Köln, Dom. Münzen aus dem Frauengrab unter dem Chor. 2. 3. 4. Silber, die übrigen Gold; links Vorderseite, rechts Rückseite. – Maßstab 1 : 1. Vgl. dazu Taf. 15, 12 c u. 16, 13.

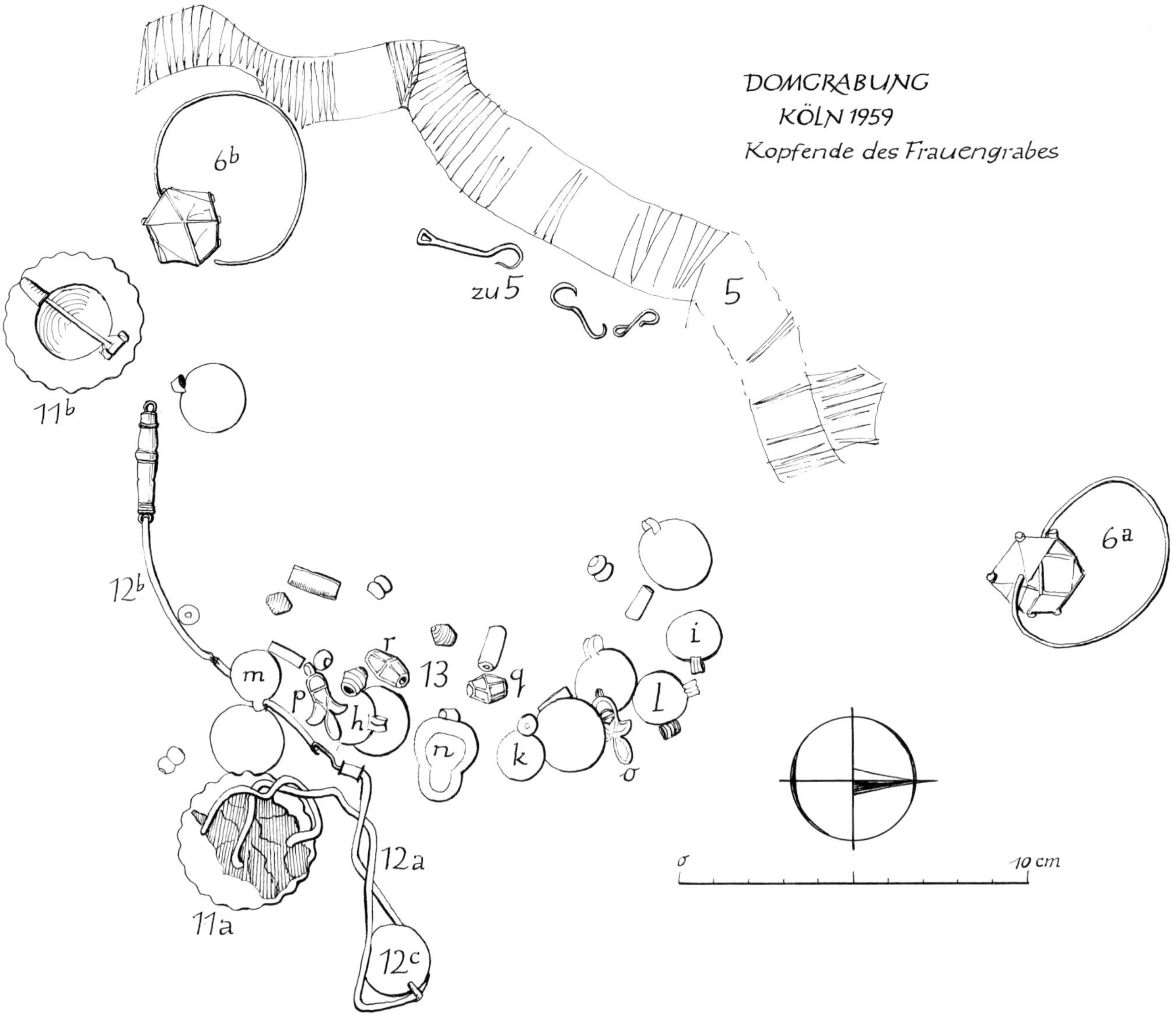

Kölner Domblatt 1959, Taf. 2. Lage der Stirnbinde 5, der Ohrringe 6, der Scheibenfibeln 11, der Goldketten 12 und der Halskette 13. – Maßstab 1 : 2.

Weniger klar war die Reihenfolge der Einzelglieder des großen Kolliers (13) zu erkennen. Die mittlere Gruppe mit den Almandinanhängern kann als gesichert gelten. Aber die genaue Ordnung der vielen Glieder, die sich seitlich anschließen, läßt sich mit Sicherheit nicht mehr wiederfinden. Vor allen Dingen konnte keine Klarheit mehr geschaffen werden über die Zugehörigkeit der Glasperlen (14). Da sie fast ausnahmslos 1 bis 2 cm tiefer lagen als die Goldsachen, die gleich bei der Öffnung des Grabes zu sehen waren, sind sie von uns zu einer besonderen Glasperlenkette zusammengestellt worden. Es ist aber nicht ausgeschlossen, daß sie früher mit den Goldsachen zu einem einzigen Halsschmuck gehörten und dessen Nackenteil bildeten, wodurch sie von vornherein tiefer im Sarge lagen; möglicherweise waren sie aber auch zwischen den Goldanhängern verteilt und sind erst später wegen ihres größeren Gewichtes nach unten gesunken.

10a – b. Ein Paar Bügelfibeln, Silber und Gold, mit Zellverglasung und Filigranschmuck (Taf. 15, 10a – 10b; 17, 10b). Die Kopfplatte ist bei beiden Fibeln stark gezackt und der Bügel verhältnismäßig breit; zwischen dem ovalen Fuß und dem zu einem ausgezackten

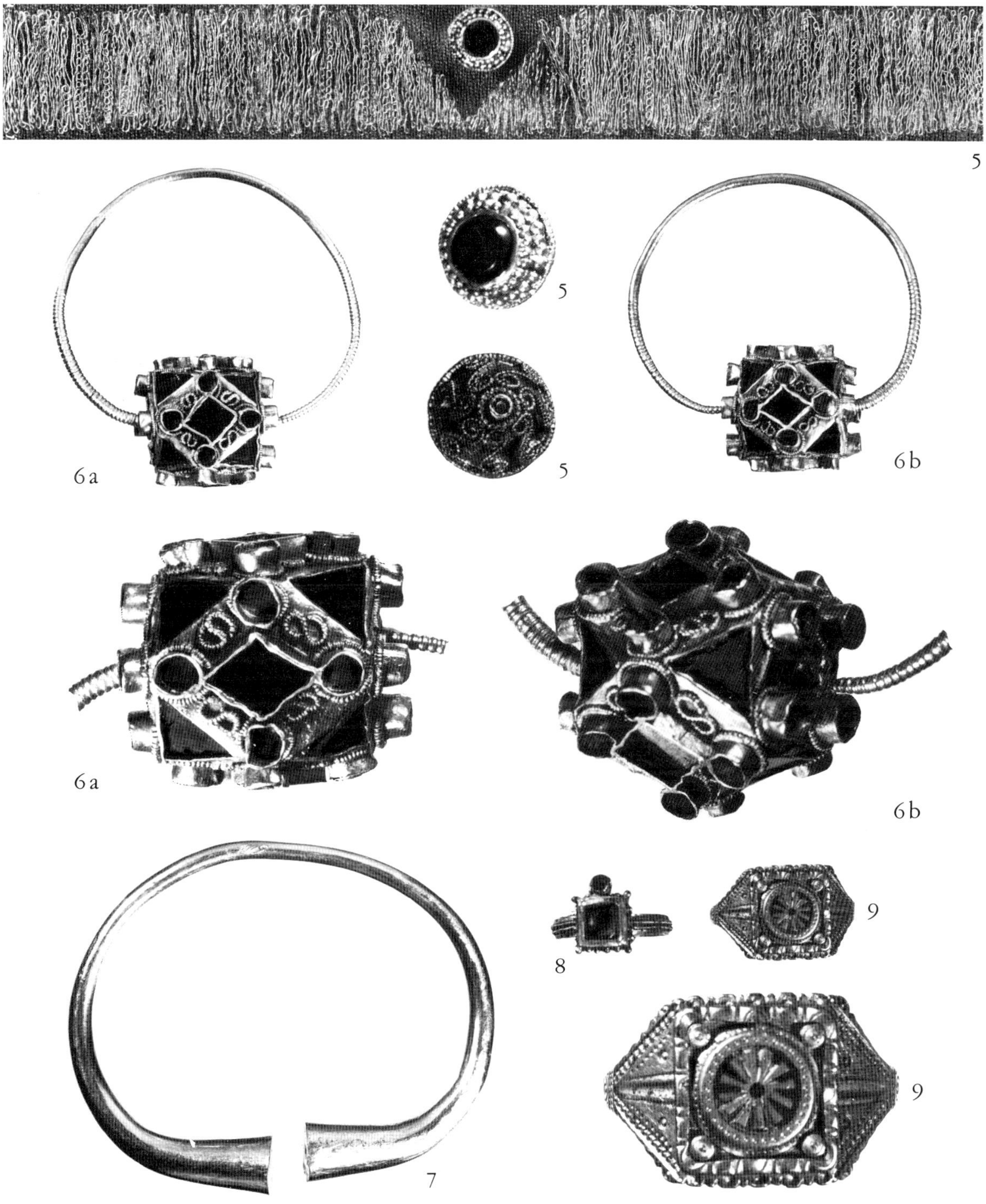

Tafel 14. Köln, Dom. Körperschmuck aus dem Frauengrab unter dem Chor. Schmuckstein (5) oben Vorderseite, unten Rückseite. – Maßstab 1 : 1; 5. 6 a – 6 b. 9 Maßstab 2 : 1.

Ornament gewordenen Tierkopf ist ein rundes Zwischenglied geschoben. L. 7,5 cm. Bei beiden Fibeln besteht die 4 mm starke Grundplatte aus Silber; an ihrer Rückseite ist die bronzene Nadeleinrichtung schwach eingelassen und aufgelötet. Unter der Kopfplatte erscheint über den beiden Stegen für die Spirale ein gleichartiger dritter Steg, durch den wahrscheinlich die Sehne führte, wie man an den schwachen erhaltenen Resten der unteren Fibel (10 b) noch zu erkennen glaubt. Im übrigen ist von den Nadelkonstruktionen nichts mehr erhalten. Auf der Vorderseite sind der filigranverzierte Bügel und die anschließenden vertieften Felder an Kopf und Fuß mit Goldblech belegt, das an den Bügelrändern auf die Hinterseite übergreift, wo es in einem seichten Falz festgekniffen ist. Das Filigran auf dem Bügel besteht aus kleinen, stark eingerollten S-Spiralen beiderseits eines spitzovalen Mittelsteges mit vier Almandinen. An den Rändern folgt ein aus Golddrähten geflochtenes Zopfband; die Kanten sind mit Ringfiligran verziert. Die Flechtbandmuster aus doppeltem Filigran an Kopf- und Fußplatte wurden zunächst auf einer gesonderten Goldplatte aufgelötet. Dann wurden die Zwischenräume des Untergrundes mit dem Stichel weggearbeitet und das Ganze in die vertieften Felder eingelassen. Die Stege der Almandineinlagen sind aus Gold, die Waffelblechunterlage ist klein gegittert. Die Formen der Zellen sind bei beiden Kopfplatten gleich, auf den Füßen dagegen variieren sie. Bei der oberen Fibel (10 a) sind am Fuße Stufenstege verwandt. Das kreisrunde Mittelglied trägt ein Vierpaßmuster, ganz unten sind zwei Halbbögen angebracht. Die untere Fibel (10 b) dagegen hat Winkelstege, im Kreis ein aus drei Halbbögen gebildetes Blütenmotiv und eine durch Wellenstege gebildete Gliederung des unteren zackigen Fußendes. Ein Almandin vom Bügel der unteren Fibel (10 b) fehlt.

11 a – b. Ein Paar Rosettenfibeln, Gold, mit Zellenverglasung und filigranverziertem Buckel (Taf. 15, 11 a – 11 b; 17, 11 b). Dm. 4,1 cm. Die etwa 0,5 mm starke Grundplatte besteht aus Gold und ist in der Mitte stark hochgewölbt. Auf der Rückseite sind die goldenen, aus Bändern mit halbrundem Querschnitt zusammengebogenen Stege für die Spiralen auf einer besonderen Leiste befestigt und mit dieser aufgelötet. Der ebenfalls goldene Nadelhalter ist unten rundlich geschlossen und mit Randwulsten versehen. Der Schlitz für die Nadelspitze befand sich bei beiden Fibeln rechts – bei nach oben gerichteter Nadelspitze. Die bronzene Nadel- und Federkonstruktion ist nur bei der rechten Fibel (11 b) erhalten. Der Rand der Platte ist auf der Vorderseite mit einem mäßig abgeschlissenen Filigrandraht umsäumt. Die Almandine sind zu einem äußeren und einem inneren Kranz der Rosette geordnet, bei dem letzteren sind gegenständig in je vier Gruppen drei kleine hellere Almandine angebracht. Über diesen Dreiergruppen sind am äußeren Rand der Fibel an den Blattenden spitzovale Felder abgeteilt, die mit grünlicher Paste gefüllt sind. Die so hervorgehobenen vier Blätter sind nicht ganz gleichmäßig auf das Rund verteilt. Aber die Abweichung von der genauen Gegenüberstellung findet sich in der gleichen Weise, jedoch in spiegelverkehrtem Sinne bei beiden Scheiben, so daß sie als absichtlich angesehen werden muß. Der stark gewölbte Buckel ist mit feinem Ringfiligran belegt, zwischen dem vier kreuzförmig angeordnete keilförmige Felder von grünlich bläulichem Glasfluß hineinragen. Die Mitte des Buckels wird durch eine große runde Fassung eingenommen, in der ebenso wie in den vier kleinen seitlichen Fassungen Naturperlen zu ergänzen sind. Eine genauere Beschreibung und Würdigung des Fibelpaares erfolgt in der Festschrift für O. H. Förster, Köln 1960, hier S. 309 ff.

12 a. Lange Goldkette aus Drahtringen, die achtförmig zusammengedrückt und dann zusammengebogen und ineinandergesteckt worden sind, wobei je eine Schlaufe überschlagen wurde (Taf. 15, 12 a). Die Kette ist an einer Stelle gerissen und durch ein zusammengeknotetes Drahtringelchen geflickt. An einer anderen Stelle ist ein Glied ausgefallen, was jedoch bei der übergreifenden Konstruktion der Kette noch keinen Riß bedeutet. Nur noch

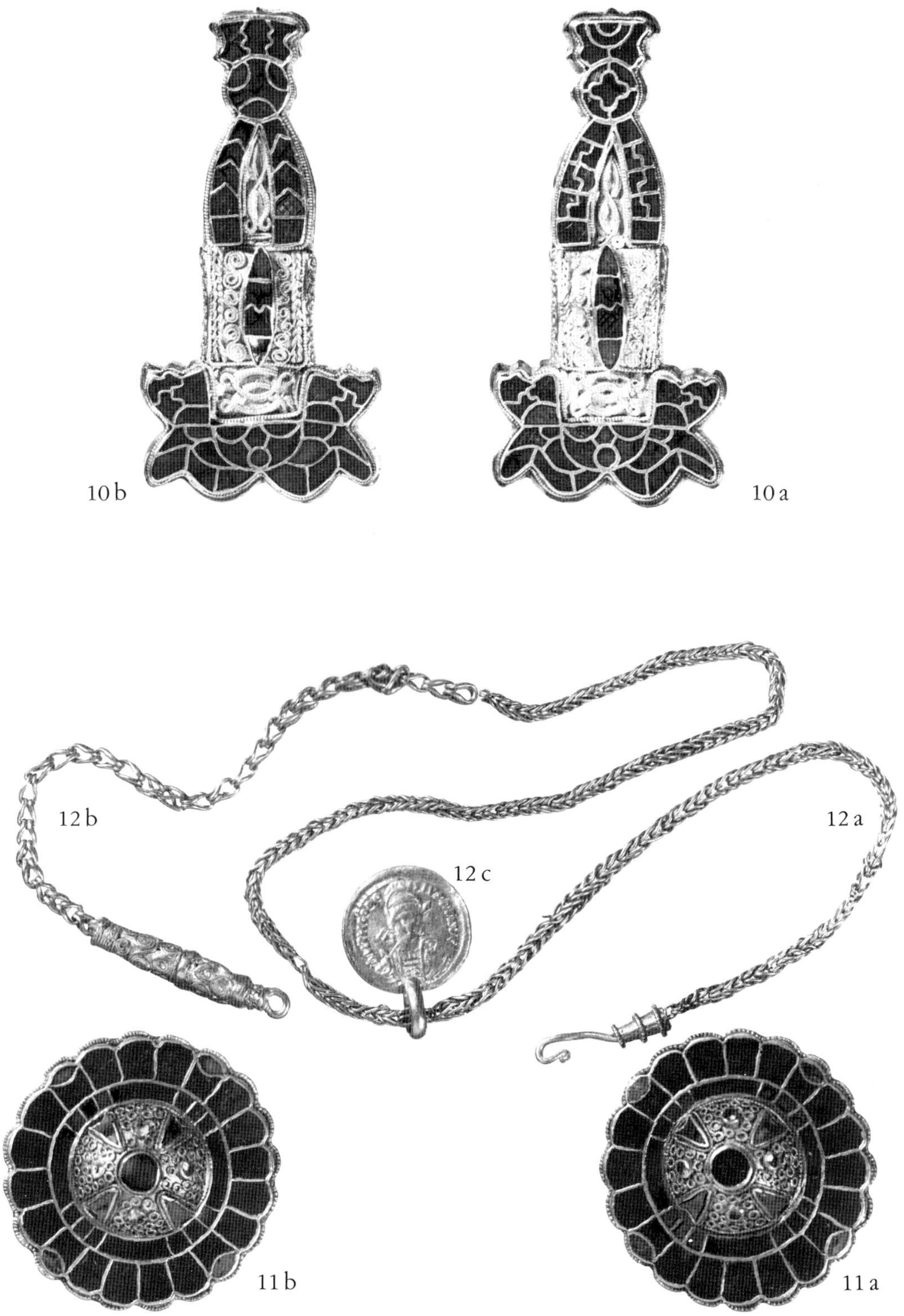

Tafel 15. Köln, Dom. Fibeln und Goldkette aus dem Frauengrab unter dem Chor. – Maßstab 1 : 1. Vgl. dazu Taf. 13, 12 c; 17, 10 b. 11 b.

an einem Ende ist der Schlußhaken mit zylindrischer filigranverzierter Hülse erhalten. Er war in die kurze Goldkette (12 b) eingehakt. L. 36,4 cm.

12 b. Kurze Goldkette (Taf. 15, 12 b). Ähnlich 12 a, aber aus kräftigeren Drahtringen zusammengesteckt, und zwar in einfacher Weise ohne Übergreifen nach Art der heutigen Klempnerketten. Das eine Ende war in den Verschluß der langen Goldkette (12 a) eingehakt. Am anderen Ende eine 2,8 cm lange Hülse, die mit enggerollten S-Spiralen und Zopfbändern in Filigran verziert, aber sehr stark abgenützt ist. Am Ende der Hülse eine geschlossene Öse.

12 c. Münzanhänger mit langer kräftiger Öse von halbrundem Querschnitt. Solidus des Theodosius II. (408 – 450). Mzst. Constantinopolis; Sabatier 14; hing als einziges Schmuckglied an der Kette 12 a/b (Taf. 13, 12 c; 15, 12 c).

Großer Halsschmuck (Taf. 16, 13. 13 h – m; 17, 13 n – r; 21, 13 t – u. w – y)

1. Münzanhänger (Taf. 13, 13 a – g)

13 a. Solidus des Honorius (395 – 423), Mzst. Mailand; Coh. 44; Ulrich-Bansa Taf. VI 61; kaum abgenützt, zylindrische Öse aus vierfach geripptem Goldblech (Taf. 13, 13 a).

13 b. Solidus des Valentinianus I. (364 – 375), Mzst. Thessalonica (364/365); Coh. 43; RIC 4 a; stärker abgenützt, mit Öse aus vierfach geripptem Goldblech, das beiderseits weit auf das Münzbild übergreift (Taf. 13, 13 b).

13 c. Solidus des Valentinianus I. (364 – 375), Mzst. Mailand (364/365); Coh. 28; RIC 2 a; Ulrich-Bansa Taf. 1; stark abgenützt, mit lädierter Öse aus dreifach geripptem Goldblech (Taf. 13, 13 c).

13 d. Solidus des Anastasius I. (491 – 518), Mzst. Constantinopolis; zu Sabatier 1; zu BMC 2; mit Perlrand und doppelkonischer mit S-Spiralen filigranverzierter Öse (Taf. 13, 13 d).

13 e. Solidus des Anastasius I. (491 – 518), Mzst. Ravenna; BMC (Ostrogoths) Theoderich/Anastasius (493 – 526) Nr. 1 Taf. 5, 14–; mit Perlrand und doppelkonischer Öse, genau wie 13 d (Taf. 13, 13 e).

13 f. Solidus des Anastasius I. (491 – 518), Mzst. Ravenna; zu Sab. 2; BMC (Ostrogoths) Theoderich/Anastasius (493 – 526) Nr. 1 Taf. 5, 14–; mit breiter vierfach gerippter Öse, die auf die Umschrift der Münze übergreift (Taf. 13, 12 f).

13 g. Solidus des Justinus I. (518 – 527). Mzst. Contantinopolis (Nachprägung); Sabatier 1; BMC Anm. 5 zu Nr. 5; mit dreifach gerippter Bandöse (Taf. 13, 13 g).

2. Filigrananhänger (Taf. 16, 13 u. 13 h – m)

13 h. Filigrananhänger aus Gold, mit vierfach gerippter Öse. Im Perlkranz Blütenmuster aus drei doppelfädigen Halbkreisen mit Ringfüllung. Dm. 9 mm (Taf. 16, 13 h).

13 i. Filigrananhänger aus Gold mit Blütenmuster aus vier doppelfädigen Halbkreisen (Bogenkreuz) mit Ringfüllung. Dm. 10 mm (Taf. 16, 13 i).

13 k. Filigrananhänger aus Gold mit sternförmigem Blütenmuster aus acht Blättern. Dm. 10 mm (Taf. 16, 13 k).

13 l. Filigrananhänger aus Gold mit vierteiligem Knotenornament („Hakenkreuz") und vier Ringornamenten. Dm. 8 mm (Taf. 16, 13 l).

13 m. Filigrananhänger aus Gold mit vierteiligem Knotenornament, Ringen und Achterschleifen. Dm. 10 mm (Taf. 16, 13 m).

3. Cloisonné-Anhänger (Taf. 16, 13; 17, 13 n – p)

13 n. Blattförmiger Mittelanhänger von birnenförmigem Umriß mit stark verschlissener längsgerippter Bandöse, die an der Rückplatte angenietet ist (Taf. 17, 13 n). Die goldene Rück-

Tafel 16. Köln, Dom. Halsschmuck aus dem Frauengrab unter dem Chor. 13. 13z. 14. – Maßstab 1 : 1; 13 h – 13 m Maßstab 2 : 1. Vgl. dazu Taf. 13, 13 a – 13 g; 17, 13 n – 13 r; 21, 13 t u. w – y.

platte ist am Rand mit einer aufgelöteten feinen Perlleiste abgeschlossen. Der durchsichtige Almandinschmuck der Vorderseite liegt zwischen goldenen, zum Teil welligen Stegen und auf mittelweit gegittertem Waffelblech. L. ohne Öse 23 mm. War wie Ohrring 6a von der einstürzenden Deckplatte beschädigt.

13 o. Linker blütenförmiger Anhänger (Taf. 17, 13 o). Von gleichem Material und gleicher Technik wie 13 n. Die Öse ist angelötet. L. ohne Öse 20 mm.

13 p. Rechter, gleicher blütenförmiger Anhänger (Taf. 17, 13 p). Im oberen Teil sind im Gegensatz zu dem linken Anhänger (13 o) weniger Stege. L. ohne Öse 20 mm.

4. Cloisonné-Perlen (Taf. 17, 13 q – r)

13 q. Linke doppelkonische Perle aus Gold mit Perlkranz an den Mündungen und je sechs trapezförmigen Almandinen auf den beiden konischen Flächen. Material und Technik wie 13 n. L. 11 mm (Taf. 17, 13 q).

13 r. Rechte doppelkonische Perle gleicher Art wie 13 q, jedoch ein wenig schlanker. L. 12 mm (Taf. 17, 13 r).

13 s. Reste von Cloisonné-Arbeiten. Zwei runde Almandinscheibchen mit mittlerer Durchbohrung, Dm. 6 mm, Stärke 1 mm, und zwei goldene Ösenverkleidungen, Dm. 3 mm.

5. Goldperlen (Taf. 16, 13. 13 z; 21, 13 t – u. w – y)

13 t. Zylindrische Filigranperle mit umlaufenden Zickzacklinien. L. 8 mm (Taf. 21, 13 t).

13 u. Zylindrische Filigranperle mit längslaufenden feinen Schlangenlinien aus glattem Draht zwischen Filigranstäben. L. 10 mm (Taf. 21, 13 u).

13 v. Zylindrische Filigranperle mit gröberen Schlangenlinien. L. 8 mm.

13 w. Zylindrische Filigranperle. L. 9 mm (Taf. 21, 13 w).

13 x. Vier doppelkugelige Perlen mit feinem, aber sehr stark abgeschlissenem Filigranornament. L. 7 – 8 mm (Taf. 21, 13 x).

13 y. Vier doppelkonische Goldperlen, aus feinem Perldraht spiralförmig zusammengewickelt und festgelötet. L. 5 – 8 mm (Taf. 21, 13 y).

13 z. Große doppelkonische Goldperle mit Filigranschmuck (S-Haken und Ösenhaken zwischen Wellenband) die Kanten mit geflochtenen Fäden besetzt, sehr stark abgenützt (Taf. 16, 13 z).

Glasperlen (Taf. 16, 14)

14 a. Türkisblaue Melonenperle. Dm. 12 mm.
14 b. Gelbe, flachrunde Glasperle. Dm. 12 mm.
14 c – e. Drei runde bläuliche Glasperlen. Dm. 8 – 12,9 mm.
14 f – i. Vier schlichte Perlen verschiedener Größe.
14 k–m. Drei kugelige Millefioriperlen. Dm. 13 mm.
14 n. Zylindrische Millefioriperle. L. 13 mm.
14 o – q. Drei zylindrische Perlen. L. 12, 14 und 15 mm.
14 r. Flache Bernsteinperle. Dm. 15 mm, H. 5 mm.
14 s. Kleine Bruchstücke von Glasperlen.

D. Gürtelgehänge (Taf. 18, 15 – 18, 20; 19, 19; 20, 18 – 19; 21, 17 g – l)

Der Gürtel der Toten muß ein starker, schmaler Ledergurt gewesen sein, entsprechend der kräftigen Silberschnalle (20), die ihrer Lage nach dazu gehört haben muß. Die Gegenstände, die wir uns

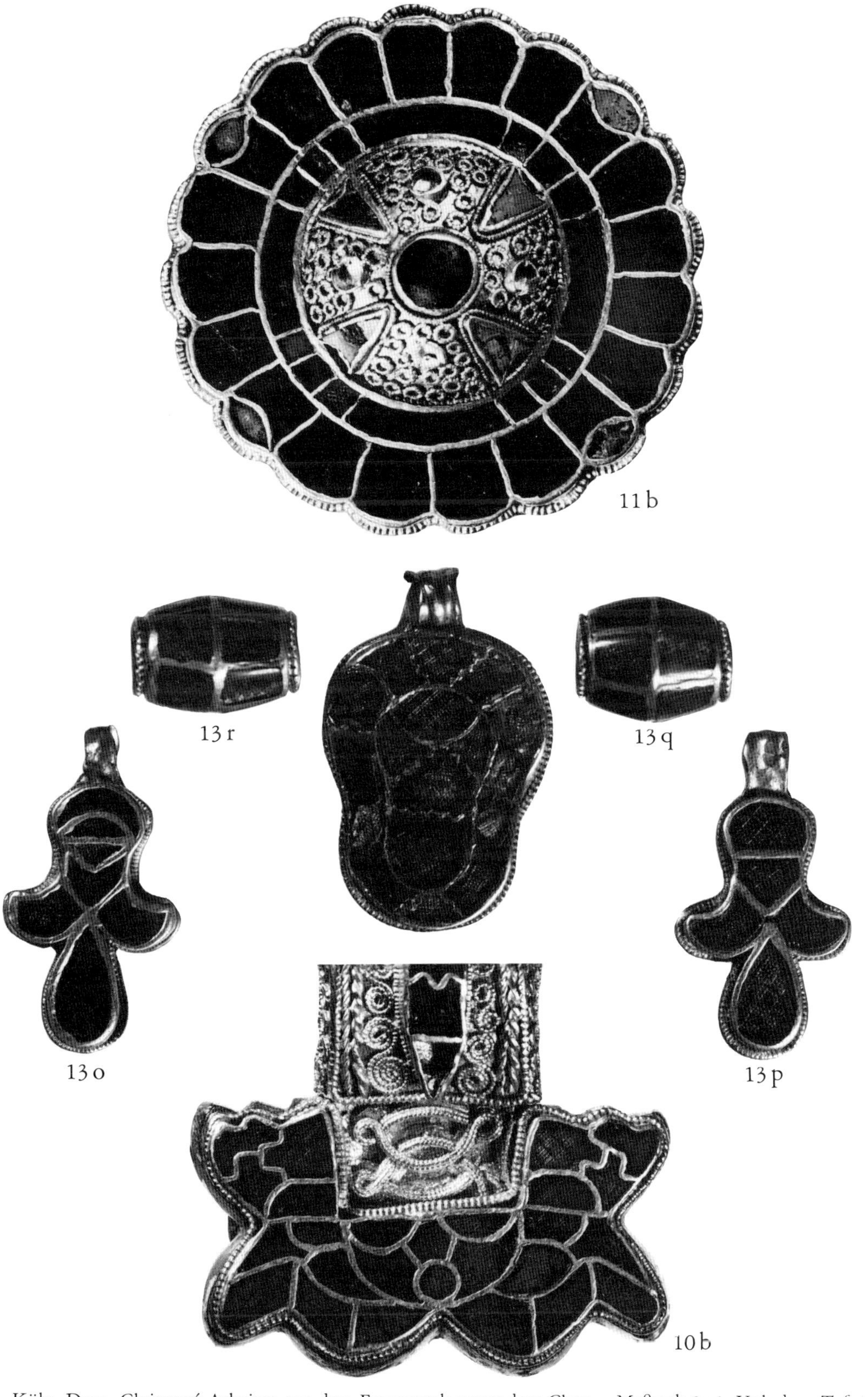

Tafel 17. Köln, Dom. Cloisonné-Arbeiten aus dem Frauengrab unter dem Chor. – Maßstab 2 : 1. Vgl. dazu Taf. 15, 10 b. 11 b; 16, 13.

an diesem Gurt hängend vorstellen müssen, lagen meist noch an den entsprechenden Stellen. Die runde Silberbulle (19) und die Bergkristallkugel (18) mögen ein wenig verrollt sein. Eine größere Verschiebung läßt sich aber nur beim Messer nachweisen; sie wurde, wie schon gesagt, wohl durch den einstürzenden Sargdeckel verursacht. Leider wurde dadurch auch der Zusammenhang der goldenen Schieber des Messergehänges gestört. Diese 21 Schieber ergeben aneinandergereiht eine Länge von etwa 50 cm. Man wird sie also zu einem etwa 25 cm herabreichenden Gehänge für das Messer zusammenstellen müssen, zumal sich auch nur ein dazu passendes Schnällchen gefunden hat (17 d). Die übrigen Sachen müssen wohl mit einfachen, jetzt vergangenen Riemen oder Bändern am Gürtel festgeknotet worden sein. Auch die Tasche hat keinerlei Metallbeschläge gehabt. Ihr Vorhandensein wird aber durch das Kleingeld und die beiden schönen Perlen, an der für die Taschen üblichen Stelle neben dem linken Oberschenkel bewiesen. Ein vergoldeter Doppelniet (43), der sich in der Nähe fand, hat wohl nichts mit der Tasche zu tun.

15 a. Große Glasperle aus schwärzlich bräunlich geflecktem Glas mit umlaufendem weißem Faden und roten Zickzacklinien beiderseits. Dm. 3 cm (Taf. 18, 15 a).

15 b. Prismatische Bergkristallperle, neuneckiger Querschnitt. H. und Dm. 11 cm (Taf. 18, 15 b). In der Nähe die Münzen 3 und 4.

15 c. Spinnwirtel aus grauem Ton, doppelkonisch; lag neben dem rechten Fuß (Taf. 18, 15 c).

16. Schere mit Resten des Lederfutterals, das aus einem rechteckigen Lederstück zusammengebogen und an der Seite kunstvoll vernäht ist (Taf. 18, 16). Zu diesem Zwecke wurden in Abständen von etwa 3 mm kurze Einschnitte in das Leder gemacht, durch die ein kräftiger Faden gezogen wurde. Am Leder geringe Spuren von Gewebe. L. 16,1 cm (vgl. Abbildung Kölner Domblatt 16. u. 17. Folge 1959, 59=hier S. 280).

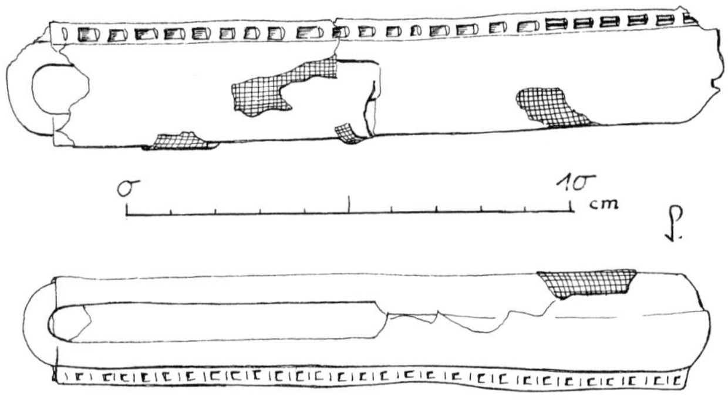

Kölner Domblatt 1959, Taf. 3. Die Schere (16) im Lederfutteral mit anhaftenden Geweberesten. Maßstab 1 : 2.

Messer mit Gehänge (Taf. 18, 17; 21, 17 g – l)

17 a. Eisenklinge mit kurzer Griffangel und Resten der Lederscheide, an der feine Gewebeteilchen haften. L. 9 cm (Taf. 18, 17 a).

17 b. Goldene Griffhülse von ovalem Querschnitt aus dünnem kräftig geripptem Goldblech, stumpf zusammengelötet (Taf. 18, 17 b). Auf der Vorderseite am oberen Ende ein gleicharmiges Kreuz, anscheinend von innen vor dem Zusammenlöten der Hülse herausgetrieben. Den oberen Abschluß der Hülse bildet eine jetzt lose, ursprünglich jedoch aufgeschobene ovale Kappe, die anscheinend nachträglich mit einem seitlich durchgetriebenen Stift befestigt wurde. Die Seitenfläche ist mit einem Zickzackband in Kerbschnitt, das an den Rändern von einer Kerbleiste eingefaßt ist, verziert. Im Innern der Hülse organischer Rest, wahrscheinlich Leder („Stopfleder"). L. 5,4 cm.

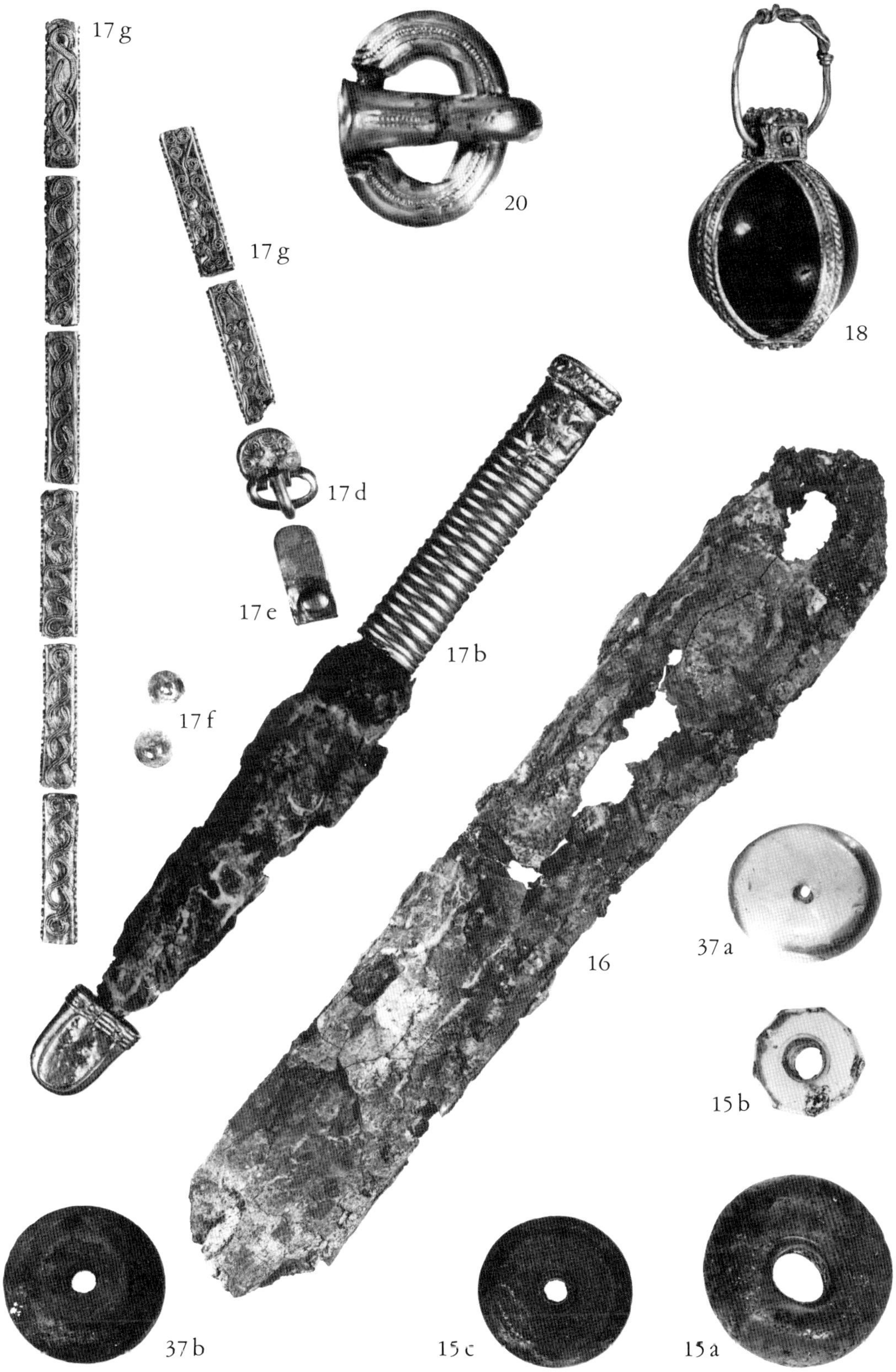

Tafel 18. Köln, Dom. Teile vom Gürtelgehänge aus dem Frauengrab unter dem Chor. – Maßstab 1 : 1. Vgl. dazu Taf. 21, 17 g – 17 l; 20, 18.

17 c. Goldenes Ortband, aus U-förmig profiliertem Blechstreifen zusammengebogen und an der Mündung durch ein vierfach geripptes Goldband zusammengehalten (Taf. 18, 17 c). Die Rückfläche ist mit einem eingesetzten Goldblech geschlossen. Oben zwei seitliche Goldnieten. L. 11 mm, obere Br. 12 mm.

17 d. Kleine Goldschnalle mit ovalem halbrund profiliertem Bügel und kräftigem Dorn (Taf. 18, 17 d). Die halbrunde doppelte Beschlägplatte ist aus einem kräftigen Goldblech zusammengebogen und wird durch zwei Goldnieten in 3 mm Abstand zusammengehalten. Vordere und hintere Beschlägplatte sind mit eingepunzten Halbmondmotiven, die hintere außerdem mit kleinen Kreispunzen verziert. L. insgesamt 1 cm, Br. des Rahmens 10 – 11 mm.

17 e. Kleine Riemenzunge aus zwei glatten Goldblechen zusammengelötet und mit einem Goldniet zusammengehalten, der an der Vorderseite einen breiten flachkugeligen Kopf hat. L. 15 mm, Br. 7 mm (Taf. 18, 13 e).

17 f. Zwei flache glatte Goldscheibchen mit Nieten an der Rückseite. Sie waren ursprünglich auf einer 2 mm starken Unterlage, wohl dem Trageriemchen des Messers, befestigt. Dm. 6 mm (Taf. 18, 17 f).

17 g. Acht Goldschieber, aus kräftigem Goldblech, stumpf zusammengelötet (Taf. 18, 17 g; 21, 17 g). Bei einigen außerdem nahe an jedem Ende ein durchgehender Goldniet. L. der Schieber 2,2 – 2,5 cm, Br. 5 mm, lichte Weite 2 : 4,5 mm. Die schmalen Kanten der Schieber sind mit feinem einfädigem Ringfiligran verziert. Die Flächen tragen bei sechs Stücken ein Flechtbandornament aus drei nebeneinandergelegten Fäden. Abweichend sind eine Hülse, die mit nebeneinandergestellten S-Spiralen in einfädigem Filigran und eine andere, die mit ähnlich eingerollten Brillenspiralen verziert wurden. Diese acht Schieber lagen dicht bei der Griffverschalung des Messers.

17 h. Ein Schieber gleicher Art mit S-Spiralen und einem Goldniet in der Mitte lag oberhalb des Messergriffs (Taf. 21, 17 h).

17 i. Sechs Schieber gleicher Art, davon fünf mit dreifädigem Flechtband und einer mit einfädigen Brillenspiralen lagen noch weiter oberhalb des Messergriffs (Taf. 21, 17 i).

17 k. Zwei Schieber gleicher Art mit Flechtband lagen noch weiter oberhalb (Taf. 21, 17 k).

17 l. Vier Schieber gleicher Art, darunter drei mit S-Spiralen und in der Mitte angebrachtem Niet und einer mit geknickten Brillenspiralen lagen unterhalb des Messergriffs (Taf. 21, 17 l).

18. Kugelförmiger Anhänger aus Bergkristall (?); die Goldfassung besteht aus Blechstreifen, auf die zwei schräggekerbte Bänder zwischen Perlleisten aufgelötet sind (Taf. 18, 18; 20, 18). Unten hält eine runde Deckplatte mit zwölf kleinen Nieten im Kreise und einem Mittelniet die beiden Bänder zusammen. Die Nieten sind mit kleinen Filigrankreisen umgeben, ebensolche Kreise füllen den Zwischenraum. Oben endigen die Bänder in einer übergeschobenen kubischen Kapsel, in der sie mit zwei kreuzweise durchgetriebenen Stiften gehalten werden. Der untere Stift dient gleichzeitig als Aufhänger. Die Seiten der Kapsel sind mit Halbbögen in Perldraht verziert. Die obere Abdeckung der Kapsel ist dicht mit von Perldraht umrandeten Nieten besetzt. H. insgesamt 3,7 cm, Dm. der Kugel 2,6 cm.

19. Bulle (Amulettkapsel), silbervergoldet (Taf. 19, 19; 20, 19). Die gedrückt kugelförmige Kapsel besteht aus zwei aus Silberblech getriebenen Schalen, deren obere 6 mm über die untere greift. Die Verbindung bildet ein sehr schmales Scharnier, dessen Beschlägplatten schildförmig ausgezackt und mit drei Nieten angeheftet sind. Als Achse des Scharniers diente ein 2 mm starker Silberdraht, der zu einer 3 cm großen Tragschlaufe zusammengewunden war; die Kapsel wurde also mit dem Verschluß nach unten getragen. Dieser besteht aus einer Schnalle mit ovalem Bügel und rechteckiger Beschlägplatte, die mit zwei

Nieten befestigt ist. Der kantig profilierte Dorn hat eine rechteckige quergeriefelte Platte. Von einer Riemenzunge für den zur Schnalle gehörigen Riemen ist nichts gefunden worden, ebensowenig vom Riemen selbst, dessen beide Befestigungsnieten an der unteren Kapselhälfte noch zu erkennen sind. Die beiden Schalen der Kapsel sind aus etwa 1 mm starkem Silberblech getrieben und mit einem von innen herausgetriebenen Ornament verziert. Die obere Schale zeigt in einem runden, von schräg gekerbtem Band umgebenen Mittelfeld eine Vierblattpalmette. Im äußeren, ebenfalls von einem gekerbten Band umsäumten Kreise, eine in sich geschlossene Weinranke mit sechs Windungen und nicht naturalistisch gestaltetem Weinlaub ohne Blattrippen. Die untere Schale ist ähnlich ornamentiert, die Vierblattpalmette hat hier die Gestalt eines gleicharmigen Kreuzes. Die Ranken im äußeren Kreis sind weitläufiger gezogen, so daß sich nur vier Windungen ergeben und die Blätter entsprechend größer sind. Die Vergoldung ist nur an den herausgetriebenen Ornamenten angebracht, doch nicht sehr sorgfältig, so daß vor allen Dingen bei den Ranken das aufgetragene Gold weit über die Stengel greift. Dm. 11,7 cm; H. 8,5 cm; Gewicht 140 g (vgl. Abbildung Kölner Domblatt 16. u. 17. Folge 1959, 60 – 61 = hier S. 283).

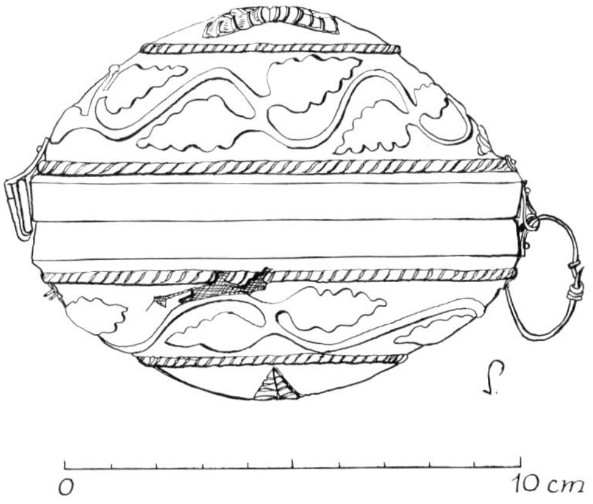

Kölner Domblatt 1959, Taf. 4. Die silberne Amulettkapsel (19) aufgeklappt und geschlossen. Maßstab 1 : 2.

20. Gürtelschnalle aus Silber mit keulenförmigem, hinten trompetenartig erweitertem Dorn und schwerem vollrundem Rahmen. Auf Rahmen und Dorn eingetiefte schlichte Kerbbänder mit Vergoldung. Br. 3,3 cm; Gewicht 40 g (Taf. 18, 20).

E. Fußbekleidung (Taf. 21, 21 a. b – 22 a. b)

Die Schuhschnallen (21) und der Schuhrest (23) lagen an entsprechender Stelle. Dagegen fanden sich die beiden almandinverzierten Riemenzungen in den beiden unteren Ecken des Sarges; trotzdem sind sie zu den Wadenriemen zu rechnen. Man hat der Toten die Waden entweder gar nicht oder nur teilweise gewickelt und die Enden der Riemen bei der Aufbahrung dekorativ unter dem Rock herausgeführt. Die Reste von Goldgespinst (24 a) sind zu gering, um als Überreste eines goldenen Rocksaumes angesehen zu werden.

21 a – b. Ein Paar Schuhschnallen mit Riemenzungen, silbervergoldet (Taf. 21, 21 a – b). Die im Querschnitt kantigen, ovalen Schnallenrahmen sind mit einer kräftigen rings umlaufenden Hohlkehle versehen, die vergoldet ist. Darunter niellierter Saum aus dreieckigen Einschlägen. Der Dorn von dachförmigem Querschnitt hat eine plastisch runde pilzförmige Endung mit vergoldeter Basisrille. Br. 2,5 cm. – Die Riemenzungen sind mit sauber eingeschnittenem und vergoldetem breitem Kerbband umsäumt. Der schmale freibleibende Mittelsteg ist mit nielliertem Randornament aus tief eingeschlagenen Dreiecken verziert. Die obere vergoldete Befestigungslasche mit einem Niet ist am Rande mit einer gegitterten V-förmigen Punze verziert. L. 4,4 cm.

22 a – b. Ein Paar Riemenzungen, silbervergoldet, mit Zellenverglasung, wohl zu den Wadenriemen gehörig (Taf. 21, 22 a – b). Die Mitte der vorn abgeschrägten Zunge ist mit Zellenverglasung in goldenen Stegen ausgefüllt; drei verschiedene Folien sind verwandt: gegitterte Waffelblechfolie, strichgefülltes Gitter und Gitter mit Kreispunktmuster. Das Ganze ist umrahmt von einem niellierten Zickzackband. Die oberen Befestigungslaschen haben zwei Silbernieten und sind mit sauber eingestochenen und vergoldeten Furchen und niellierten Dreieckreihen verziert. L. 6 cm.

23. Schuhrest vom rechten Fuß. Erhalten ist die sehr schmale vordere Kappe mit Rahmenleder, Brandsohle und aufgeklebter(?) Schuhsohle. Oben sind in der Gegend des Zehenansatzes die Reste einer eingestickten Goldspirale zu sehen (vgl. Abbildung Kölner Domblatt 16. u. 17. Folge 1959, 71=hier S. 284).

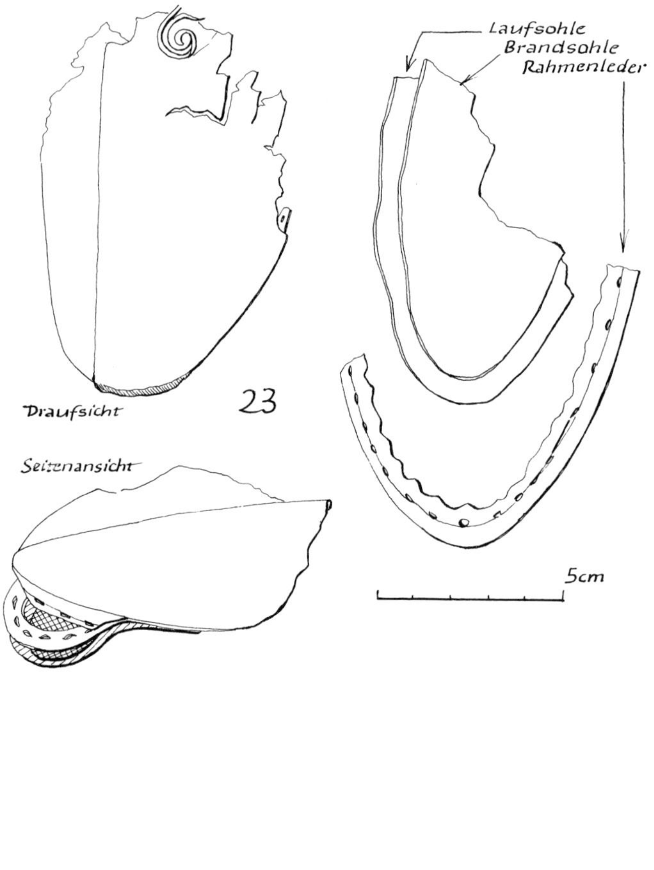

Kölner Domblatt 1959, aus Taf. 8.
Rest des Schuhs (23). – Maßstab 1 : 4.

19

Tafel 19. Köln, Dom. Silberne Bulle aus dem Frauengrab unter dem Chor. – Maßstab 1 : 1. Vgl. dazu Taf. 20, 19.

18

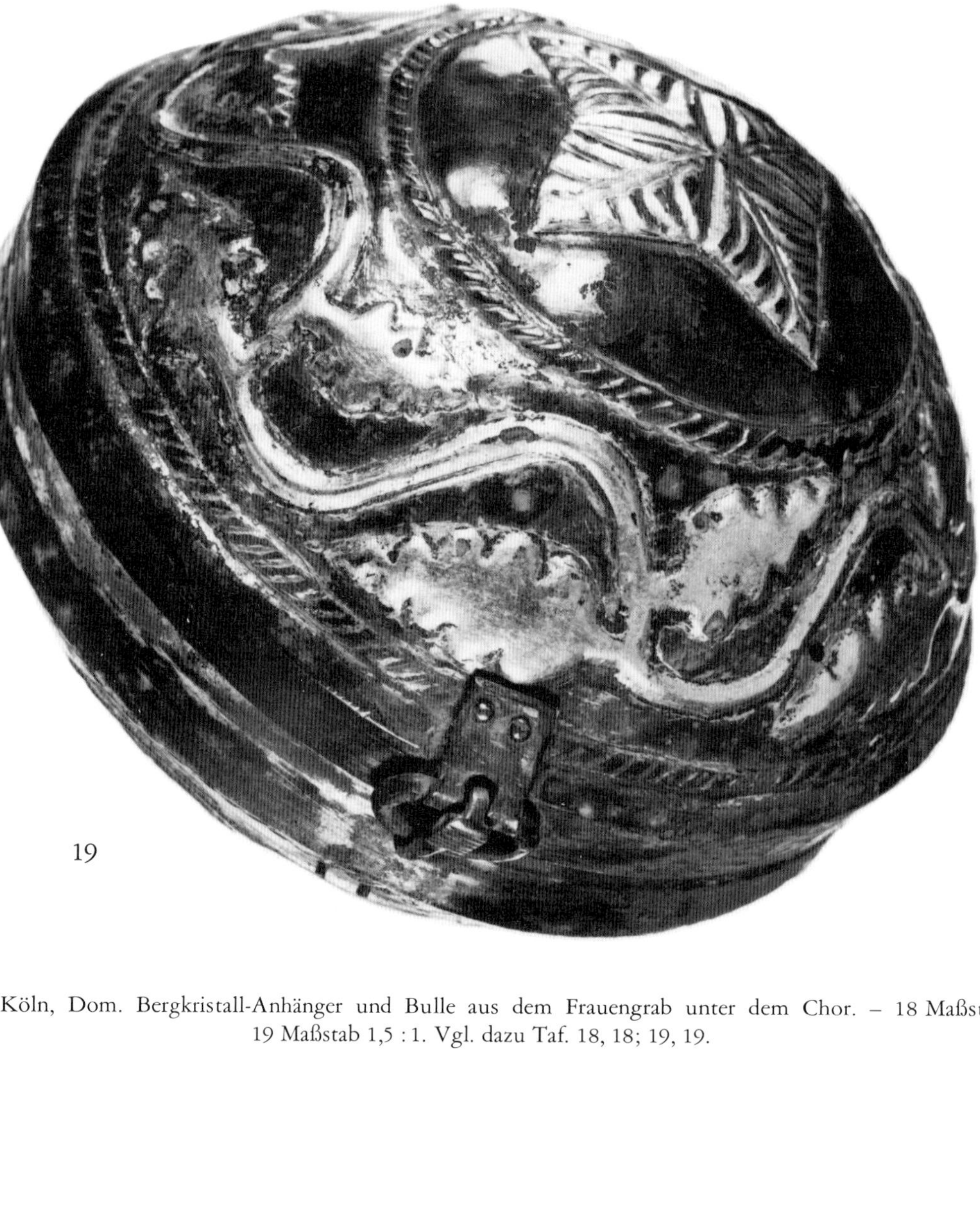

19

Tafel 20. Köln, Dom. Bergkristall-Anhänger und Bulle aus dem Frauengrab unter dem Chor. – 18 Maßstab 2 : 1; 19 Maßstab 1,5 : 1. Vgl. dazu Taf. 18, 18; 19, 19.

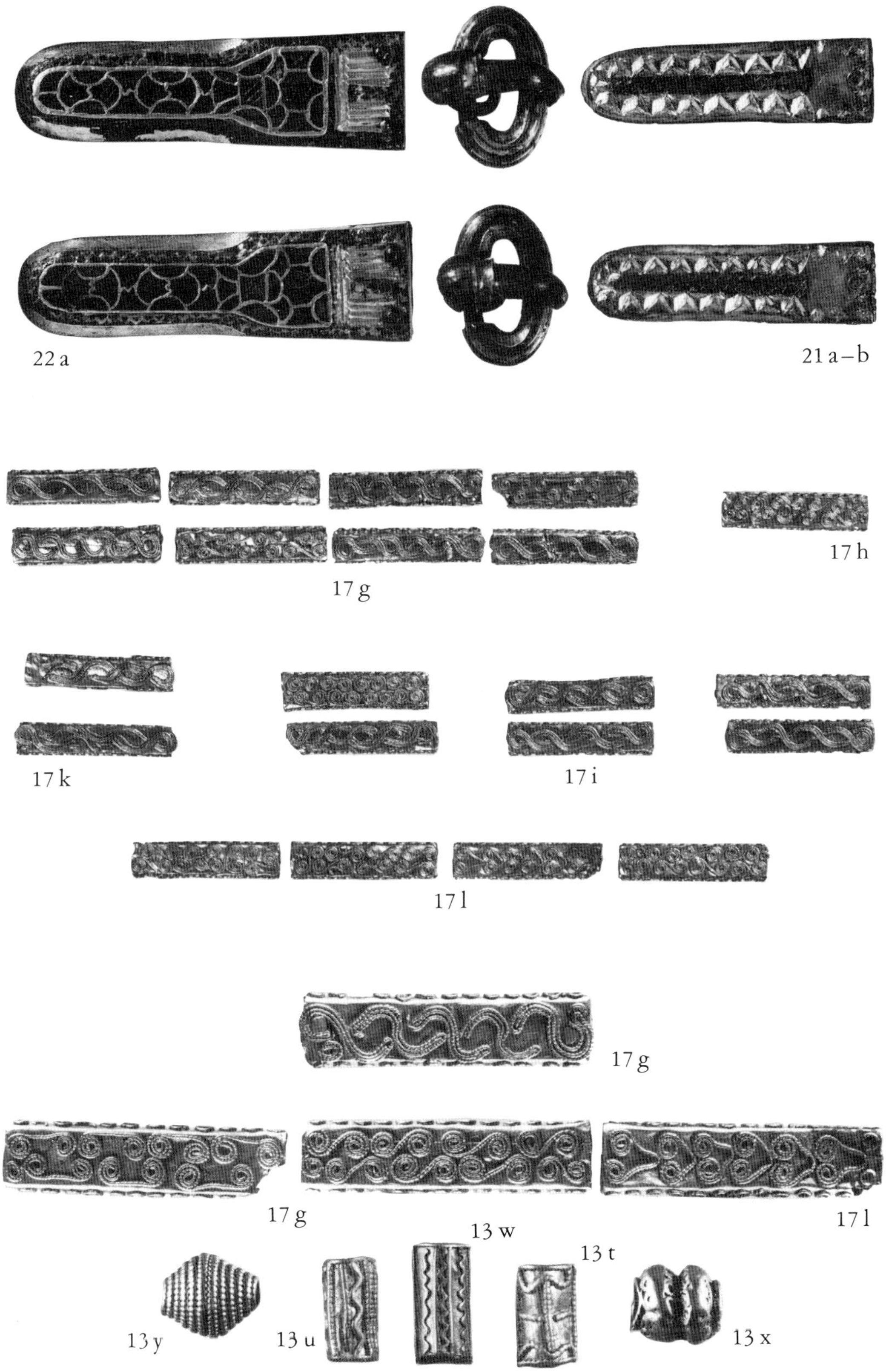

Tafel 21. Köln, Dom. Schuhschnallen, Riemenzungen und Goldschieber aus dem Frauengrab unter dem Chor. 21 a – 21 b. 22 a – 22 b. 17 g – 17 l – Maßstab 1 : 1; 17 g.l und 13 t und w – y Maßstab 2 : 1. Vgl. dazu Taf. 16, 13; 18, 17 g.

Tafel 22. Köln, Dom. Die Glasgefäße aus dem Frauengrab unter dem Chor. – Maßstab etwa 1 : 2. Vgl. dazu Taf. 23.

24 a. Reste von golddurchwirkten Bändern. Dünne Golddrähte waren, wie bei der Stirnbinde, quer versponnen, jedoch ohne schlaufenförmige Zwischenglieder. Br. 14 mm und 20 mm.

24 b. Geringe Textilreste von feiner Webart.

F. Gläser (Taf. 22, 25 – 30; 23, 25 – 26. 29 – 30)

Die sechs unversehrt erhaltenen Gläser des Grabes fanden sich, ebenso wie die folgenden Gegenstände des Katalogs bis Nr. 41, außerhalb des Holzsarges vor dessen Fußende. Die beiden Glasschalen (25 und 26) standen nebeneinander gleich zu Füßen des Sarges, seitlich davon die große Glasflasche (27). Daneben lag der Sturzbecher (30). Die kleine Glasflasche (28) und die Kugelflasche (29) waren in den Holzeimer (32) gepackt (vgl. Abbildung der Gläser in Kölner Domblatt 16. u. 17. Folge 1959, 65=hier S. 290).

25. Größere Glasschale auf kräftigem wulstförmigem Standreif mit leicht hochgewölbtem Boden, unregelmäßig geschweift ausladener Wandung und kräftig umgelegtem Rande; aus fast ganz entfärbtem Glas. Dm. 20,5 cm (Taf. 22, 25; 23, 25).

26. Kleinere Glasschale ohne Standfläche mit leicht eingedelltem Boden und glockenförmig geschweifter Wandung. Leicht verdickter glatter Rand; aus dünnem, ganz entfärbtem Glas. Dm. 15 cm (Taf. 22, 26; 23, 26).

27. Große Glasflasche der üblichen zylindrischen Form mit gerundeter Schulter und stark konisch eingewölbtem Boden. Unter dem wulstförmig verdickten, ausladenden Rand ein

Tafel 23. Köln, Dom. Glasgefäße aus dem Frauengrab unter dem Chor. – Maßstab 1 : 2. Vgl. dazu Taf. 22.

zweiter, etwa schräg sitzender Wulstring; aus schwach grünlich schimmerndem Glas. H. 27,5 cm (Taf. 22, 27). Die Flasche war zu einem Drittel mit einer Flüssigkeit gefüllt, deren chemische Untersuchung keinerlei Spuren ergab. Die Möglichkeit, daß es Wein gewesen ist, scheint nicht ausgeschlossen.

28. Kleinere Glasflasche der gleichen Form, jedoch regelmäßiger geblasen, mit sauberem, nach innen umgelegtem Randwulst und ohne weiteren Wulst darunter; aus schwach grünlichem Glas. H. 21 cm (Taf. 22, 28).

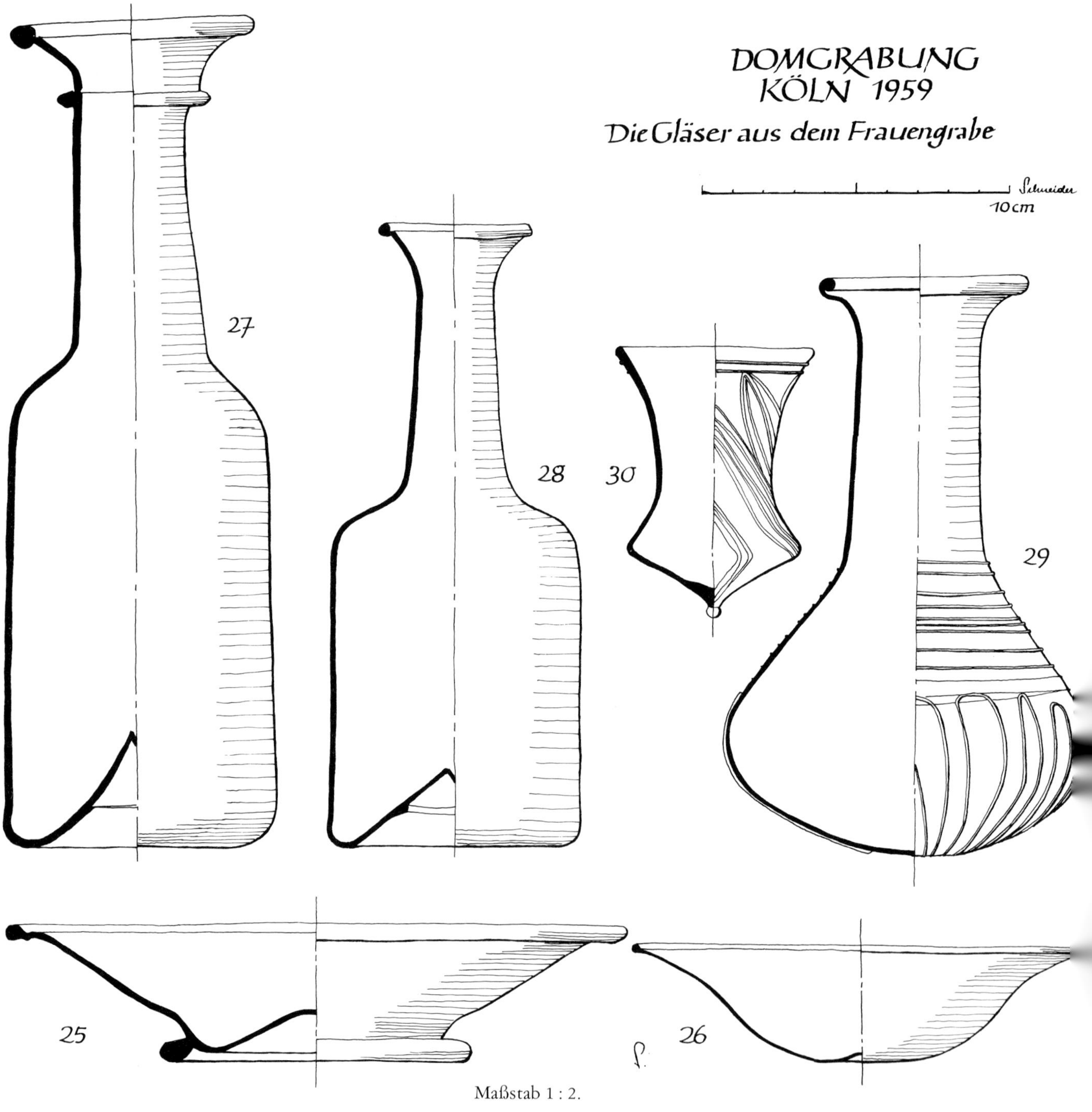

Maßstab 1 : 2.

29. Große Kugelflasche mit aufgelegter Fadenverzierung (Taf. 22, 29; 23, 29). Der hohe Hals ist, wie bei den anderen Flaschen, mit nach innen gelegtem Randwulst versehen. Auf der Schulter befinden sich in gleichen Abständen spiralig herumgelegte Glasfäden. Den Umbruch des flachkugeligen Bauches zieren eng, aber nicht sehr regelmäßig gelegte Schlangenfäden, die fast bis zur Mitte der Unterseite geführt sind; aus schwach grünlichem Glas. H. 18,8 cm.

30. Sturzbecher mit ausbiegendem Rand und Bodenknopf. In dem nur schwach entfärbten Glas sind weiße Fäden eingeschmolzen, die einen vom Bodenknopf ausgehenden vierfachen nach oben sich verbreiternden Wirbel bilden. H. 8,9 cm (Taf. 22, 30; 23, 30).

G. Gegenstände aus Bronze und organischen Stoffen (Taf. 18, 37a – b; 24, 31 – 33; 25, 32)

Die restlichen Beigaben fanden sich dicht gedrängt in der Südostecke der Grabkammer und im östlichen Teile ihrer Südwand. Das Bronzebecken (31) war in den schmalen Zwischenraum zwischen der Kammerwand und dem Fußende des Sarges gestellt. Der Mann oder die Frau, die nach der Beisetzung des Sarges diese letzten Beigaben im Grabe niederlegte, hat demnach in der freien Nordostecke der Kammer gestanden und zunächst ganz in der Ecke den Kasten (33) niedergesetzt. Auf den Kasten wurde wohl ein Kissen gelegt, vorausgesetzt, daß wir die Reste von tuch- und wollartiger Substanz, in der sich Insekteneier (von Motten?) fanden, richtig deuten (40). Am Kasten wurde vermutlich das kleine Trinkhorn aufgehängt, das sich später beim Herunterfallen in seine Bestandteile auflöste (38a – c). Zwischen dem Kasten und dem Eimer fanden sich die Leder- und Holzreste (39). Das stopfen- oder zapfenförmige Stück (39d) lag auf dem Kasten, ein Lederstück (39a) hing über dem Eimerrand. In ähnlicher Weise hing über dem Rand des auf die Kante gestellten Bronzebeckens (31) ein Stoffrest (41), der sicherlich zu einer großen Decke gehört, die zum Abschluß über das Ganze gebreitet wurde.

31. Becken aus etwa 1 mm dickem Bronzeblech mit schwach ausgelegtem, wenig verdicktem, kantigem Rand (Taf. 24, 31). Der gegossene Dreifußring ist angelötet. Er ist nicht wie die übrige Schale grün, sondern braun patiniert. An verschiedenen Stellen der Schale haben sich anscheinend Reste von Vergoldung (?) erhalten. Die omegaförmigen Henkel sind aus fast 3 mm starkem Bronzeblech geschnitten und an den Enden rundgeklopft. Sie hängen in einfachen Ösen, die mit schlichten schildförmigen Attaschen an die Beckenwand angelötet sind. Dm. 35 – 36 cm; H. 11,5 – 13 cm.

32. Bronzebeschlagener Holzeimer aus Obstbaumholz (?) anscheinend mit Resten von Vergoldung (Taf. 25, 32; 24, 32, hier auch S. 292). Der Boden ist nicht erhalten. Die Dauben der Wandung haben verschiedene Breiten: 2,5 – 6 cm und eine Stärke von 7 mm. Sie sind ohne Nuten dicht nebeneinander gesetzt. Ihre oberen Enden sind abgerundet. Der leicht konische Eimer ist mit sechs Bronzereifen umgeben, über die vier senkrechte Bronzestreifen gelegt sind. An den Kreuzungen der Reifen waren je zwei Bronzenägel mit kleinen flachen Köpfen angebracht. Die unteren Reifen sind nicht verziert. Die senkrechten Bänder tragen eingepunzte Verzierungen aus Halbkreisen und Punktkreisen. Der obere Reif greift über die senkrechten Bänder und ist um die oberen Enden der Holzdauben gewulstet. Er ist mit einem breiten, leicht eingeritzten Zickzackband mit Strichfüllung verziert. In den Zonen zwischen den drei oberen Reifen waren schräggestellte Bronzeblechstreifen zwischen die Reifen und die Dauben geschoben und offenbar nur leicht verlötet. Sie sind mit schlichten Punktreihen verziert. Der kräftige, 16 mm breite Bandhenkel ist außen mit den gleichen Punzen verziert wie die senkrechten Bronzebänder. Er bewegt sich in Nieten, die

die Henkelattaschen und ihre innen angebrachten, ebenfalls verzierten Gegenbeschläge verbinden. Die außen angebrachten, ähnlich verzierten Henkelattaschen sind ankerförmig und enden in zwei Vogelköpfen, durch deren Augen je ein Niet geführt ist (Taf. 24, 32). Diese und die anderen Nieten waren ursprünglich durch halbrunde Bronzekappen verdeckt, die jetzt abgefallen sind und sich teilweise noch zu Füßen des Eimers fanden. H. ohne Henkel 25,5 cm, oberer Dm. 24 cm, unterer Dm. 26 cm.

33. Kasten mit Bronzebeschlag (Taf. 24 u. S. 296). Der wahrscheinlich aus Lindenholz hergestellte und an der Vorderseite mit gepunztem Bronzeblech in der üblichen Art verzierte

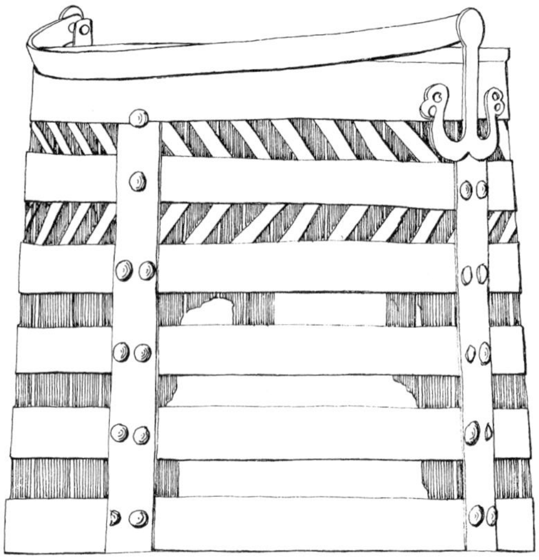

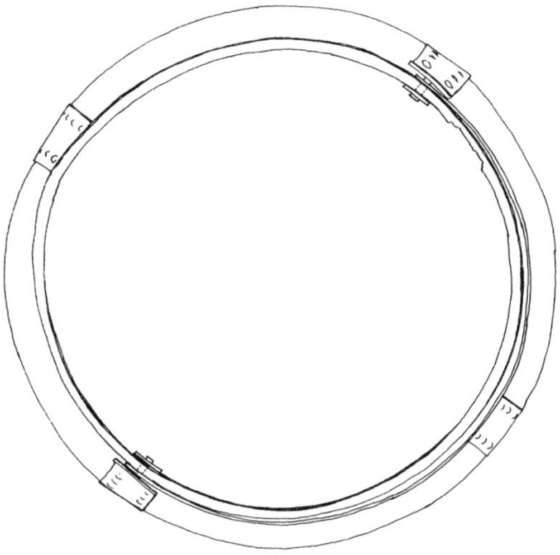

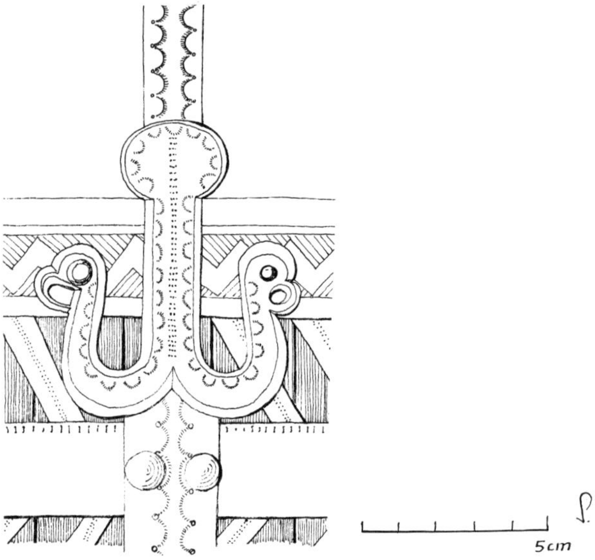

Köln, Dom. Frauengrab, der Eimer 32 (Maßstab oben 1 : 4)

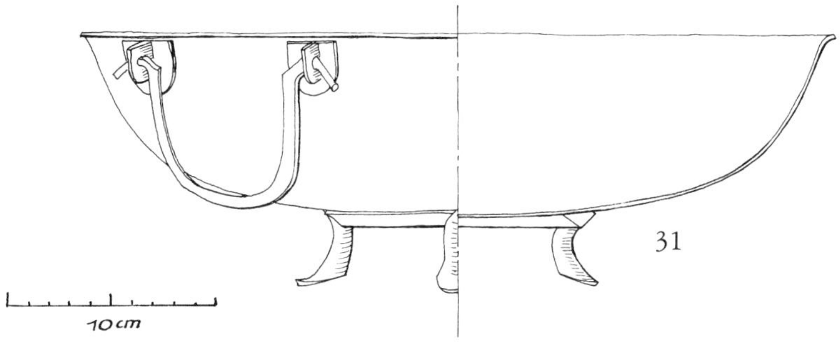

31

31

33

Tafel 24. Köln, Dom. Bronzebecken und Kastenbeschlag aus dem Frauengrab unter dem Chor.

Kasten ist zwar stark zerfallen, aber es ist noch soviel vorhanden, daß eine genaue Rekonstruktion, auch mit Einzelheiten und Beschlägen, möglich ist. Die Dombauhütte hat ein Modell dazu hergestellt. Die Maße des Kastens betragen 30 : 32 cm; die Höhe 23,5 cm, wovon 6 cm auf den Deckel entfallen. Die Wände des Deckels sind stärker (3 cm) als die des Unterteils (1,6 cm, an der Rückwand 2 cm). Beide Teile sind in der gleichen, sehr sauberen Weise mittels schwalbenschwanzförmiger, weit auseinander stehender Zinken zusammengefügt; die Ecken des Deckels haben je einen Zinken, die des Unterteils je drei. Die oberen und unteren Enden der Wände sind auf Gehrung geschnitten. Beim Zusammensetzen der Wände wurden die 5 mm starken Platten für den Deckel und den Boden in tiefe, gut 1 cm von der Ober- und Unterkante entfernte Nuten eingefügt. Ein kleines Nebenfach an der rechten Seite des Kastens ist ebenfalls in Nuten an den Kastenwänden befestigt. Am Deckel ist ein Falz angearbeitet, der über einen entsprechenden Falz des Unterteils greift, so daß der Kasten dicht verschlossen war. Der über die Deckelplatte hinausragende Teil der starken Deckelwände ist nach Art eines Bilderrahmens abgeschrägt, so daß die Wandstärke an der Oberkante auf 1,5 cm vermindert ist. Diese oberste Kante des Kastens wurde durch eine feingearbeitete flache Rille, die von zwei schmalen Furchen begleitet ist, verziert. Von den eisernen Beschlägen ist der wohl auf der Mitte des Deckels angebrachte Traggriff erhalten, der in nicht erhaltenen Ösen beweglich war und im mittleren Teil tordiert ist. Die beiden Scharniere des Kastens bestanden aus je zwei eisernen ineinandergreifenden Ringösen, die mit angearbeiteten Splinten an der Kastenwand befestigt waren. – In einem ähnlich gearbeiteten und angebrachten Splint war an der Vorderwand des Deckels der Einschub des Schlosses beweglich angebracht. So konnte man den Deckel des Kastens – wie es auch bei der Bestattung geschehen ist – schließen, ohne den Kasten zu verschließen, wenn man den Schloßmechanismus ausschaltete, indem man den am Deckel beweglichen Einschub nicht in das Schloß hinein, sondern dahinter führte. Sollte der Kasten aber verschlossen werden, so führte man den aus einem etwa 1 cm breiten und federnd zurückgebogenen Eisenband bestehenden Einschub in den schmalen senkrechten Spalt, der innen in die Wand des Kastens eingestemmt und durch eine vorgenagelte breite Eisenplatte geschlossen war. Der federnde Einschub wurde dabei zusammengedrückt, bis er hinter der scharf umgebörtelten Oberkante der Eisenplatte einschnappte. Zum Öffnen des Kastens mußte nun der hakenförmige Schlüssel durch das hart seitlich des Schlosses angebrachte Schlüsselloch geführt und um 90 Grad gedreht werden, bis die beiden kantigen Nocken des Bartes vor zwei entsprechende Löcher in der Eisenplatte zu stehen kamen. Durch Ziehen am Schlüssel wurde nun die hinter der Eisenplatte liegende Einschubfeder zusammengedrückt und die Sperrung aufgehoben. Die aufgenagelte Bronzeverkleidung der Vorderseite des Kastens entspricht dem üblichen Schema. Ein großer und viele kleine profilierte Kreise sind über die ganze Fläche verteilt. Die Kreise sind nicht mit einer zweiseitigen Form gepreßt, sondern von hinten in eine einseitige Form durch viele Einzelschläge getrieben worden. Das Rahmenwerk zwischen den Kreisen ist so angeordnet, daß in der Mitte die Figur eines Kreuzes entsteht, dessen Balken durch vier hinterlegte mugelige Glasstücke verziert sind. Eine fünfte Glaseinlage befindet sich in der Mitte der Deckelfront. Die Musterung des die Kreise trennenden Rahmenwerkes ist mit einigen wenigen Punzen hergestellt. Für die Perlreihen scheint eine etwa 2 cm lange Punze verwendet worden zu sein. Die übrigen Muster sind mit einer X-förmigen, einer S-förmigen und einer spitz-V-förmigen Punze eingearbeitet, außerdem erscheint eine kleine Sternfigur. Das Bronzeblech greift so weit auf die Seiten des Kastens über, daß dessen Eckverzinkung verdeckt wird. Über die Zinken der hinteren Kanten waren kleine Eckbeschläge aus Bronzeblech genagelt. Zur Rekonstruktion des Kastens, der Scharniere und des Schlosses vgl. Kölner Domblatt 16. u. 17. Folge 1959, 68 ff. = hier Abb. S. 296. Das Schloß des fränki-

Tafel 25. Köln, Dom. Eimer aus dem Frauengrab unter dem Chor. – Maßstab 1 : 2.

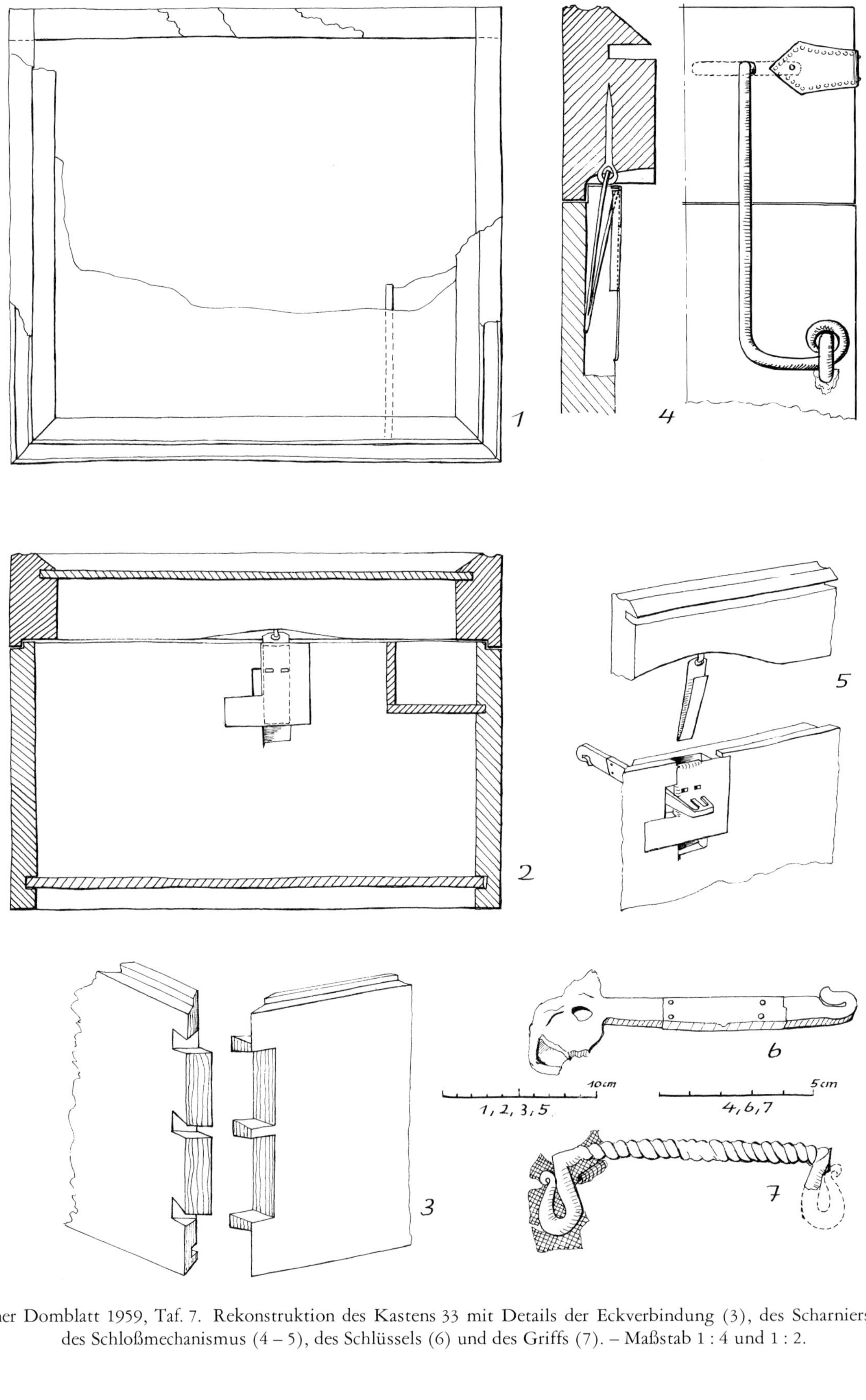

Kölner Domblatt 1959, Taf. 7. Rekonstruktion des Kastens 33 mit Details der Eckverbindung (3), des Scharniers (4), des Schloßmechanismus (4 – 5), des Schlüssels (6) und des Griffs (7). – Maßstab 1 : 4 und 1 : 2.

schen Holzkästchens von Weilbach funktionierte sicherlich genauso wie das des Kastens vom Kölner Dom und war nicht so einfach zu öffnen, wie es H. Schoppa nach den geringeren dort erhaltenen Resten annimmt; vgl. Germania 31, 1953, 47 und Abb. 2; ferner ders., Die fränkischen Friedhöfe von Weilbach (1959) 27 Abb. 2.

34. Rest eines Pantoffels aus dem Kasten (33). Im Gegensatz zu dem Schuhrest (23), der sich am rechten Fuß der Toten fand, war der Pantoffel ohne Rahmenleder und leichter gearbeitet. Das unten einwärts gebogene Oberleder ist mit einem dünnen Lederriemchen und weiten Stichen in einfachster Art (sog. „Vorderstich") an die dünne Sohle genäht (vgl. Abbildung Kölner Domblatt 16. u. 17. Folge 1959, 71=hier Abb. S. 297).

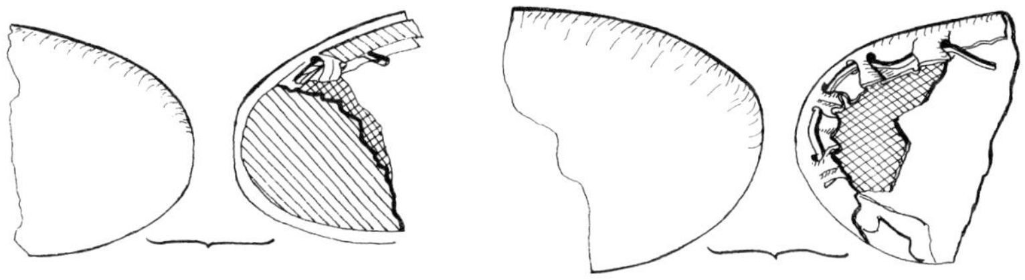

Kölner Domblatt 1959, Taf. 8. Rest eines Pantoffels (34). – Maßstab 1 : 4.

35. Goldborte aus dem Kasten (33). Massive Goldfäden der gleichen Art wie bei 5 und 24a. Br. 2,3 cm.

36. Sechs Haselnüsse, Walnuß und Dattelkern (?) aus dem Seitenfach des Kastens (33).

37a. Flachdoppelkonische Bergkristallperle von unregelmäßiger Form (Taf. 18, 37a). Dm. 21 – 24 mm; aus dem Kasten (33).

37b. Doppelkonischer Spinnwirtel aus schwarzbraunem Ton (Taf. 18, 37b); aus dem Kasten (33).

38a. Trinkhorn, wohl von einem stark gekrümmten Ziegenhorn gearbeitet. In der Nähe der Spitze ein silberner Splint und nahe der Mündung ein silberner Knopf von der Aufhängevorrichtung (vgl. Abbildung Kölner Domblatt 16. u. 17. Folge 1959, 72=hier S. 297).

38b. Silberner Randbeschlag des Trinkhorns; lag 30 cm davon entfernt, besteht aus einem U-förmig gebogenen glatten Silberstreifen, der mit zwei längsgerippten Schlaufen an der Hornmündung mittels silberner Nieten befestigt war. Dm. 6,5 cm.

38c. Reste von weiteren Beschlagstücken: Drei Doppelnieten und rechteckiger Bügel einer Riemchenschnalle.

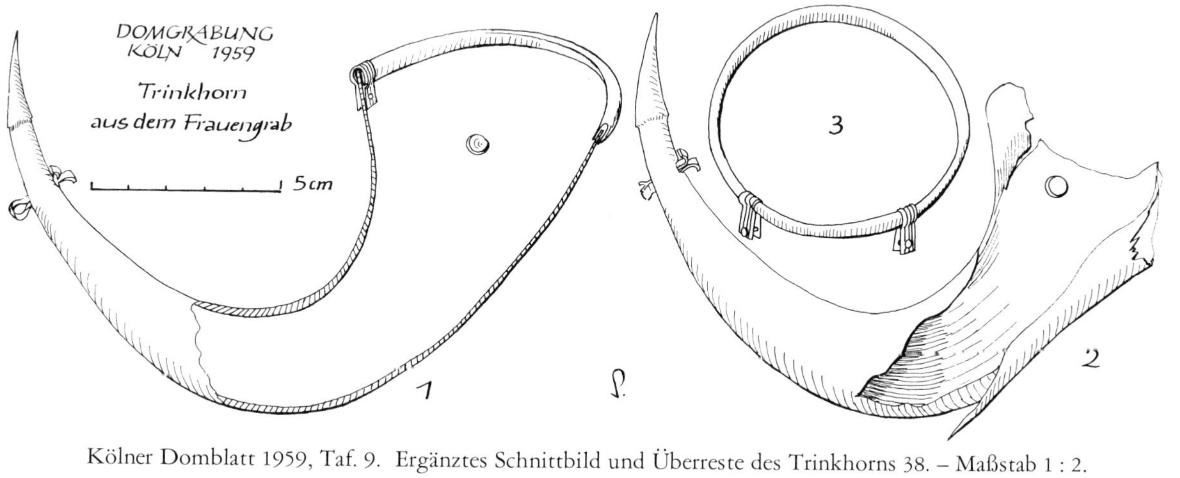

Kölner Domblatt 1959, Taf. 9. Ergänztes Schnittbild und Überreste des Trinkhorns 38. – Maßstab 1 : 2.

39 a. Lederrest (von Handschuh?); lag auf dem Rand des Eimers (32). An zwei Seiten des Restes sind die Ränder umgelegt und mit um die Kante geführten Fäden („Saumstich") festgenäht; vielleicht handelt es sich um den hinteren Rest eines Handschuhs. Dabei lag, ebenfalls auf dem Rand des Eimers, ein Stück, dessen Ränder an drei Seiten umgelegt und ohne Umschlingung der Fäden in einfachem „Vorderstich" festgenäht waren (vgl. Abbildung Kölner Domblatt 16. u. 17. Folge 1959, 72=hier S. 298).

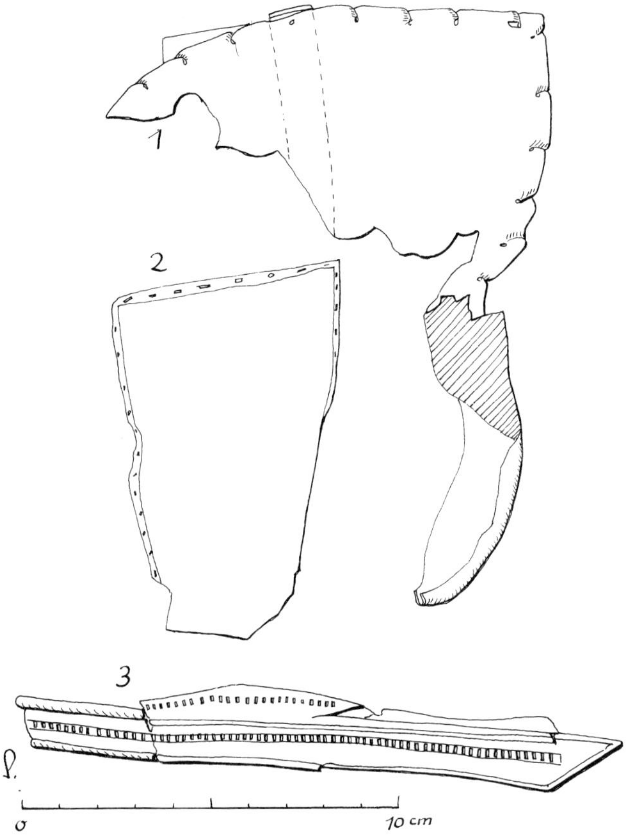

Kölner Domblatt 1959, Taf. 10. Lederrest 39 a (Handschuh?) – Maßstab 1 : 2.

39 b. Zwei schildförmige Lederlappen, die mit einer „Kappnaht" und Vorderstichen aneinandergenäht waren. L. 19 cm. Dabei Reste von 1 cm breiten, am Rande sauber umgelegten Lederriemchen, die in der Mitte mit vielen kleinen Einschnitten, durch die wohl ein Faden gezogen war, verziert sind.

39 c. Zwei schalenförmig gewölbte dünne Holzscheiben. L. noch 11,5 cm.

39 d. Rest eines stopfen- oder zapfenartigen Holzgegenstandes in Form eines unten hohlen Zylinders mit kantig gefastem Mantel, umlaufenden Rillen und knaufartiger Gestaltung am oberen geschlossenen Ende. Dm. 3,8 cm. Wenig unterhalb des geschlossenen Endes steckt in einer 15 mm starken, quer durchgehenden Bohrung ein Holzstopfen. – Bei den Leder- und Holzresten 39 b – d handelt es sich vielleicht um Teile einer beutelartigen Lederflasche, deren Wandungen, wie die ähnlichen Flaschen, die heute noch im Süden gebraucht werden, oben fest um einen hölzernen Hals (39 d) geschnürt sind. Die beiden schalenförmigen Holzgebilde (39 c) lagen zwischen den Lederlappen 39 b und dienten vielleicht zur inneren Versteifung der Flasche, indem sie ursprünglich mit ihren Hohlseiten gegeneinandergestellt und durch die feste Lederumspannung in dieser Lage gehalten wurden; sie mögen sich beim Zerfallen der Flasche ineinandergeschoben haben. Die Reste bildeten bei der

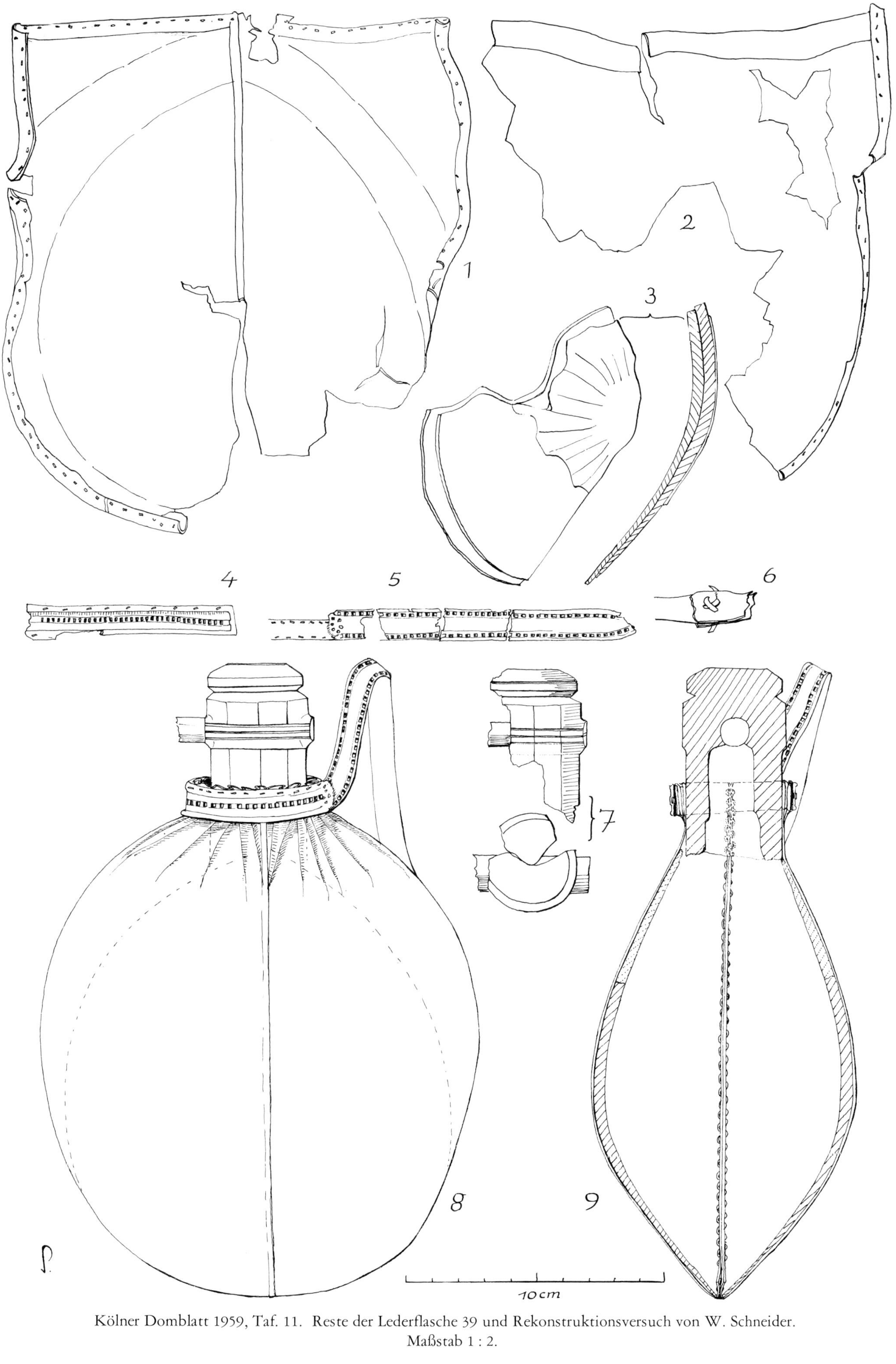

Kölner Domblatt 1959, Taf. 11. Reste der Lederflasche 39 und Rekonstruktionsversuch von W. Schneider.
Maßstab 1 : 2.

Auffindung eine weiche schlammige Masse (vgl. Abbildung und Rekonstruktion in Kölner Domblatt 16. u. 17. Folge 1959, 73, = hier S. 309).

40. Knäuel von Textil- und Wollresten, dazwischen Insekteneier; fand sich oberhalb des Kastens (33) und könnte von einem darauf gelegten Kissen stammen.

41. Reste einer Wolldecke mit einfachem Ornament, das aus parallelen, mit Winkelstegen gefüllten Linien zusammengesetzt ist. Untersuchung steht noch aus. Ein kleines Stück wurde an Dr. h. c. K. Schlabow gegeben, der den Rest als Wollgewebe identifizierte. Das andere, äußerst fragile Stück wurde zur Zentralen Forschungsstelle für Restaurierung historischer Gewebe nach Krefeld gebracht, wo von Dr. Renate Jaques und Ruth Wencker festgestellt wurde, daß die angewandte Knüpftechnik, der sog. Senneh-Knoten, die Decke aller Wahrscheinlichkeit nach in den südöstlichen Mittelmeerraum verweist *.

H. Unbestimmte Reste

Einige unbestimmte Reste lagen im Sarg in der Gegend der Schulter (42) und bei der Schere (43).

42. Kleine schildförmige Gürtelbeschläge aus Silber. L. 11 mm. Spitze einer dünnen Nadel und durchbohrter Steg, vielleicht von der Rückseite einer Fibel.

43 a. Vergoldeter Doppelniet aus Bronze. L. 11 mm; lag in der Gegend der Tasche.

43 b. Flacher organischer Gegenstand, vielleicht eine Fischflosse; lag unmittelbar unter der Bulle (19).

* Die Zentrale Forschungsstelle für Restaurierung historischer Gewebe, Krefeld, legt folgende Untersuchung vor (aus Kölner Domblatt 16/17, 1959, 74 f.):

„Der Textilfund hing von dem hochgestellten Bronzebecken herab und war teilweise abgesunken, wodurch der Stoff im unteren Teil faltig übereinander lag. Die durch Luftabgeschlossenheit und große Feuchtigkeit zu erklärende außerordentlich starke Fragilität gestattete zunächst nur die flache Bettung unter Aufhebung der Fältelung. Die an diesen Stellen bereits bestehenden Brüche ergaben bei der Bergung größere und kleinere Fragmente.

Die gleiche Fragilität bestimmte den vorzusehenden Ablauf der Konservierung. Eine besonders für die reinigende Spezialbehandlung zu erarbeitende Methode ließ den Erfolg offen. Daher entschied man sich für die Feststellung der Webtechnik *vor* der Reinigung.

Webtechnischer Befund (Ruth Wencker)

Es handelt sich hier um ein Gewebe im sogenannten Senneh-Knoten. Der Grundschuß, der zwischen jeder Knotenreihe eingetragen ist und der aus je 4 Einzelfäden besteht, bindet mit der Kette in Leinwandbindung.

Verschiedene Fragmente zeigen eine Webkante.

Bei der Überprüfung der aus der Knüpftechnik zu erklärenden Richtung der Knotenenden ergab sich, daß die vorläufige Anordnung der Fragmente nach der Bergung nicht dem ursprünglichen Zusammenhang entsprechen konnte. Der Fund wird nach der Konservierung in die Originallage gebracht werden.

Technik:

Kette: Verhältnis: nur eine Kette. Material: Wolle, S-Drehung, Fadendichte/cm: 9.

Schuß:
Verhältnis: 4 Einzelfäden in einem Webfach
Material: Wolle, 4 Einzelfäden
mit folgender Drehung:
1., 2. u. 4. Faden Z-Drehung, 3. Faden S-Drehung.
Fadendichte/cm: 3 zu je 4 Einzelfäden

Knoten:
Material: Wolle
Anzahl/cm: H. 3 – 4, Br. 3 – 4
Bindungsbild: s. Zeichnung.

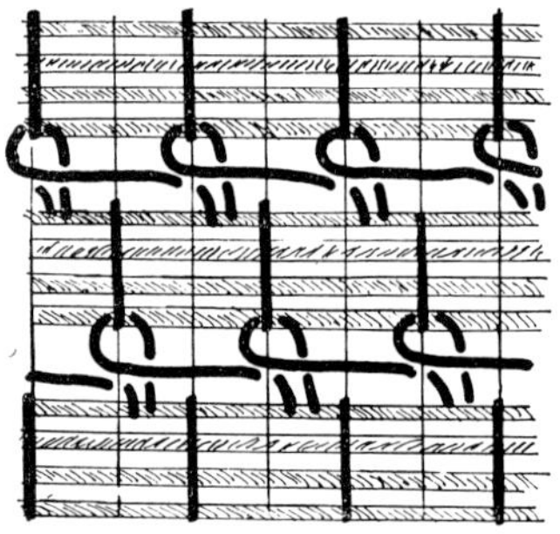

Die in diesem Fragment angewandte Knüpftechnik ist bisher im weitgespannten arabischen Kulturraum nachweisbar. Es bleibt nach der Konservierung festzustellen, wie weit die vor dem Arabischen liegende Anwendung dieser Technik – einschließlich der Nachweisung über die Materialart – erlaubt, die Herkunft im südöstlichen Mittelmeerraum zu suchen.

Der durch die vorläufige Auflegung der Fragmente bei der Bergung entstandene Eindruck eines bortenartig, abgepaßt mit beiderseitigen Webkanten gewebten Streifens läßt sich also nicht halten. Aus diesem Grunde bestätige ich die Doppelfeldsche Auslegung, daß es sich um ein größeres Flächenstück handelt.

Renate Jaques“

I. Sarg

Vom Sarg sind nur geringe Holzreste und einige Sargnägel erhalten. L. 1,70, Br. 0,50 m.

44 a. Holzreste vom Sarg. Brettstärke 22 mm. Die Reste sind leider, wie sich herausstellte, für eine C 14-Untersuchung zu gering.

44 b. Einige Sargnägel. L. etwa 5 cm. Aus Eisen geschmiedet.

K. Reste des Leichnams

Der Körper der Toten war, bis auf die Zähne und geringe Reste, völlig vergangen. Die Körpergröße kann kaum mehr als 1,40 m betragen haben. Auch die schmalen Schuh- und Pantoffelreste lassen auf eine zierliche Gestalt schließen.

45 a. Dreißig Zähne, die von Zahnarzt Doz. Giesguth als zu einem etwa 28jährigen Individuum bestimmt wurden [4a].

45 b. Kleines Stück eines Röhrenknochens, möglicherweise von der rechten Wade.

45 c. Kleine Knochenreste vom Schädel oder den Halswirbeln lagen zwischen den Perlen (14).

[4a] Herr Doz. Giesguth hatte die Freundlichkeit, uns folgendes Gutachten zu übermitteln: Der Fund ergab 30 Zähne, die, in der Region der Wurzeln und Wurzelspitzen, schon stark vermodert oder frakturiert waren. Im Oberkiefer waren alle Zähne von 1 – 16 vorhanden, im Unterkiefer dagegen fehlen rechts 1 und 2. Die Kronen und Wurzeln zeigen keine Anomalien. Die Kariesfrequenz ist sehr niedrig, lediglich die beiden Zähne oben links 7 und 8 sind damit behaftet (oben links 7 Karies media-, oben links 8 Karies super-ficialis). Besondere Kariesformen fehlen. Keilförmige Defekte sind auch nicht vorhanden, lediglich zeigt oben links 1 an der mesialen Schneidekante einen Defekt, der als eine atypische Abrasion anzusprechen ist. Mit aller Wahrscheinlichkeit ist dieser Defekt durch Abbeißen von Fäden bei Näh- und Stickarbeiten entstanden, einer Arbeit, die in damaliger Zeit zur Hauptbeschäftigung der Fürstinnen und Damen gehörte.

Die Zähne im Ober- und Unterkiefer links und rechts 4, 5 und 6 zeigen auf den Kauflächen eine ausgeprägte Abrasion. Diese wird als absolut physiologisch angesehen und entspricht der Idealform des menschlichen Gebisses. Der heutige Mensch, dem fast alle Speisen schon schluckfertig präsentiert werden, vollbringt kaum eine Kauleistung und weist dem entsprechend auch keine Abrasion auf.

Ich habe versucht, die Zähne des Ober- und Unterkiefers wieder zu einer geschlossenen Zahnreihe, zum Gebiß, zusammenzufügen. Ich habe hierbei den Pont'schen Index – modifiziert nach Linder-Harth und Korkhaus – zu Hilfe genommen. Die Summe der Schneidezähne ergab 32 mm, dementsprechend konnte ich die Zahnbogenlänge und vor allem den Abstand von $\frac{4|4}{4|4}$ und $\frac{6|6}{6|6}$ rekonstruieren.

Dieses so gewonnene Bild zeigt eine normale Breite und Länge des oberen und unteren Zahnbogens. Alle Zähne standen gut in Artikulation. Stellungsanomalien lagen nicht vor. Alle Zähne, auch die mit der schon oben erwähnten Kauflächenabrasion, zeigten eine erwähnenswerte Eigentümlichkeit. Bei älteren Menschen finden wir immer neben der Abrasion auch einen Schwund der Kontaktpunkte der einzelnen Zähne zueinander. Die Eigenbewegung der Zähne schleift die Kontaktpunkte langsam zu Kontaktflächen ab. Dieses Gebiß zeigte aber nur *Kontaktpunkte*, und keine Kontaktflächen. Bei Gebissen mit Kontaktflächen finden wir stets eine Mesialwanderung, d. h. eine Bewegung der Zähne von dorsal nach frontal. Wäre diese Verschiebung aufgetreten, so würde der eine oder andere Zahn ein nach distal gewandertes Foramen apicale aufweisen. Auch dieses liegt nicht vor. Ich führe dieses besonders an, um zu beweisen, daß es sich hier trotz der Abrasion um einen jungen Menschen gehandelt haben muß. Die Zähne $\frac{7|7}{7|7}$ zeigen fast keine, und die Zähne $\frac{8|8}{8|8}$ überhaupt keine Abrasion mehr; ein Beweis, daß diese Zähne noch nicht lange durchgebrochen sein konnten. Die Durchbruchszeiten der zweiten Molaren liegen ziemlich sicher zwischen dem 13. bis 14. Lebensjahr. Da die zweiten Molaren, wie schon gesagt, kaum eine Abrasion aufweisen, also höchstens 4 bis 5 Jahre benutzt sein konnten, und wenn wir den Endtermin für den Durchbruch der Weisheitszähne mit 30 Jahren rechnen, *so können wir mit Bestimmtheit sagen, daß diese Frau mit etwa 25 bis 30 Jahren gestorben ist.*

Zwischen der Form der Zähne und des Gesichtsschädels besteht im allgemeinen ein Zusammenhang. Wenn wir die Klassifizierung nach J. L. Williams zugrunde legen, und hiernach die oberen mittleren Schneidezähne betrachten, so haben wir es mit einem dreieckigen Zahntypus zu tun, der für Menschen mit etwas ausgeprägten Jochbögen, kleinem Mund und spitzem Kinn zutreffend sind. Weitere Gesichts- und Schädelformen aus dem Typus der Zähne ableiten zu wollen, entbehrt der wissenschaftlichen Fundamentierung.

Zusammenfassung

Es kann nicht die Aufgabe dieser ersten Übersicht über den neuen bedeutungsvollen Fund sein, zu seinen vielen Einzelteilen Vergleichsstücke von anderen Fundstellen anzuführen. Die Ringe, Ketten und Anhänger, die Perlen aus Gold und Glas, die Schnallen und Riemenzungen, die sechs Gläser, die Bronzeschüssel, die Eimer und auch der Kasten – dies alles sind ja Dinge, die auch sonst vielfach belegt und eine allgemeine Zuweisung in das 6. – 7. Jahrhundert sichern. Die reiche Ausführung aber und die vielfältigen Details der neuen Beispiele werden ebenso wie ihre Vergesellschaftung in einem einzigen reichhaltigen und ungestörten Grab der Forschung in vielerlei Hinsicht dienlich sein.

Als ein besonders naheliegendes Beispiel einer sehr ähnlichen, wenn auch nicht entfernt so reichen Grabausstattung sei das 1957 im Kreuzgang der Severinskirche von uns entdeckte Frauengrab 217 angeführt (Taf. 26 u. 27) [5]. Hier finden wir die goldene Stirnbinde wieder; sie ist jedoch nicht mit Golddrähten, sondern mit goldumsponnenen Fäden durchwirkt, die dem Anscheine nach als Kettfäden horizontal verwebt waren. Die Borte mit quer – als Schuß – verwebten Golddrähten ist aber unter der Severinskirche im Grabe des Sängers mit der Leier vertreten, und zwar in verschieden breiten Ausführungen.

Zu den Stirnbinden ist an die bei Gregor von Tours genannte *vitta auro exornata* zu erinnern, die bei dem Skandal im Frauenkloster von Poitiers, zu dessen Beilegung 590 auch der Kölner Bischof Eberigisil beordert wurde, eine Rolle spielte. Die Äbtissin hatte sie für eine junge Braut, ihre Nichte, für 20 Solidi machen lassen und das Geld angeblich der Klosterkasse entnommen. Die Stirnbinden galten als Abzeichen fränkischer Jungfrauen, die damit ihr frei herabfallendes Haar zusammenhielten. Nach neueren Forschungen sind sie aber wohl eher als Abzeichen der Braut anzusehen [6].

Der Armreif der Frau von St. Severin hat die gleiche massive Form wie der vom Dom, ist jedoch aus Silber. – Der goldene Messergriff entspricht aber sehr genau dem aus dem Domgrab; das hier eingetriebene Kreuzzeichen ist eine spätere Zutat. Die beiden Griffhülsen dürften aus der gleichen Werkstatt stammen. Für weniger verwöhnte Ansprüche wurden ganz ähnlich gerippte Goldkapseln

[5] Das Grab wurde im Sommer 1957 im Kreuzgang der Severinskirche geborgen. Dabei ging völlig unerwartet ein Platzregen nieder, so daß leider nicht für alle Stücke die genaue Lage in dem geräumigen Holzsarg festgestellt werden konnte. Die Tote lag an der Nordwand des Holzsarges. In seiner freien Südhälfte waren die größeren Beigaben (Töpfe, Glasschale, Bronzekasten und Bronzeschüssel) deponiert. Eine eingehendere Veröffentlichung des Grabes steht noch aus. Das Inventarverzeichnis des Römisch-Germanischen Museums in Köln führt unter den Inventarnummern 57, 81 ff. folgende Stücke auf: 57, 81 Graublauer Knicktopf; stand zu Häupten der Toten. – 57, 82 Bronzebeschläge eines Kastens (Taf. 27, 8); fanden sich in der Südwestecke links vom Kopf. – 57, 83 Gewürznelke. – 57, 84 Bronzeschüssel mit Standreif; an der linken Wand des Sarges in Höhe der Brust. – 57, 85 Reste eines Moossträußchens (Rhytidiadelphus triqueter und Rhytidiadelphus squarrosus). – 57, 86 Ohrring mit Silberdraht (Taf. 26, 6). – 57, 87 desgl. – 57, 88 – 89 Zwei kleine Adlerfibeln (Taf. 26, 4.7); lagen quer auf der Brust. – 57, 90 – 91 Paar Bügelfibeln (Taf. 26, 8 – 9); lagen hintereinander in der Gegend des Beckens mit den Köpfen gegeneinander. – 57, 92 Silberner Armring (Taf. 27, 4) vom linken Unterarm. – 57, 93 Silberne Gürtelschnalle (Taf. 27, 6) in situ. – 57, 94 Goldener Fingerring (Taf. 26, 1) von der linken Hand. – 57, 95 Eisenmesser mit Goldgriff und Scheidenbeschlag (Taf. 27, 1); lag zusammen mit dem Löffel rechts neben dem rechten Oberschenkel. – 57, 96 Silberner Sieblöffel (Taf. 27, 2); lag neben dem Messer. – 57, 97 Kleiner Knicktopf; stand in der Südostecke des Sarges. – 57, 98 Schälchen aus grünlichem Glas; stand neben dem kleinen Knicktopf in der Südostecke des Sarges. – 57, 99 Reste der umsponnenen Goldfäden vom Diadem (?) (Taf. 26, 3); lagen über der Stirn. – 57, 100 Almandinverziertes zylindrisches Schmuckstück (Taf. 26, 2); lag in der Gegend des rechten Schlüsselbeines. – 57, 101 In Silber gefaßter Meteorstein (Taf. 27, 5); Lage nicht mit Sicherheit bestimmbar. – 57, 102 – 105 Paar Schnallen und Riemenzungen (Taf. 27, 7) nicht in situ geborgen. – 57, 106 Stiel eines silbernen Ohrlöffelchens. – 57, 107 Winziges Röhrchen aus gerilltem Goldblech. – 57, 108 Kleinerz, nicht mehr bestimmbar. – 57, 109 Zwei durchlochte Perlen (Taf. 26, 5). – 57, 110 Bügel einer silbernen Schnalle. – 57, 111 Silberne Nadel mit verziertem Kopfende (Taf. 27, 3). – 57, 112 Ringförmiger Bronzeblechstreifen mit Nietlöchern. – 37, 113 Eisenrest und Messerspitze.

[6] W. Schultze, Das merowingische Frankenreich (1896) 244; vgl. dagegen Kölner Domblatt 16. u. 17. Folge 1959, 77; Gregor von Tours, Historia Francorum X 16.

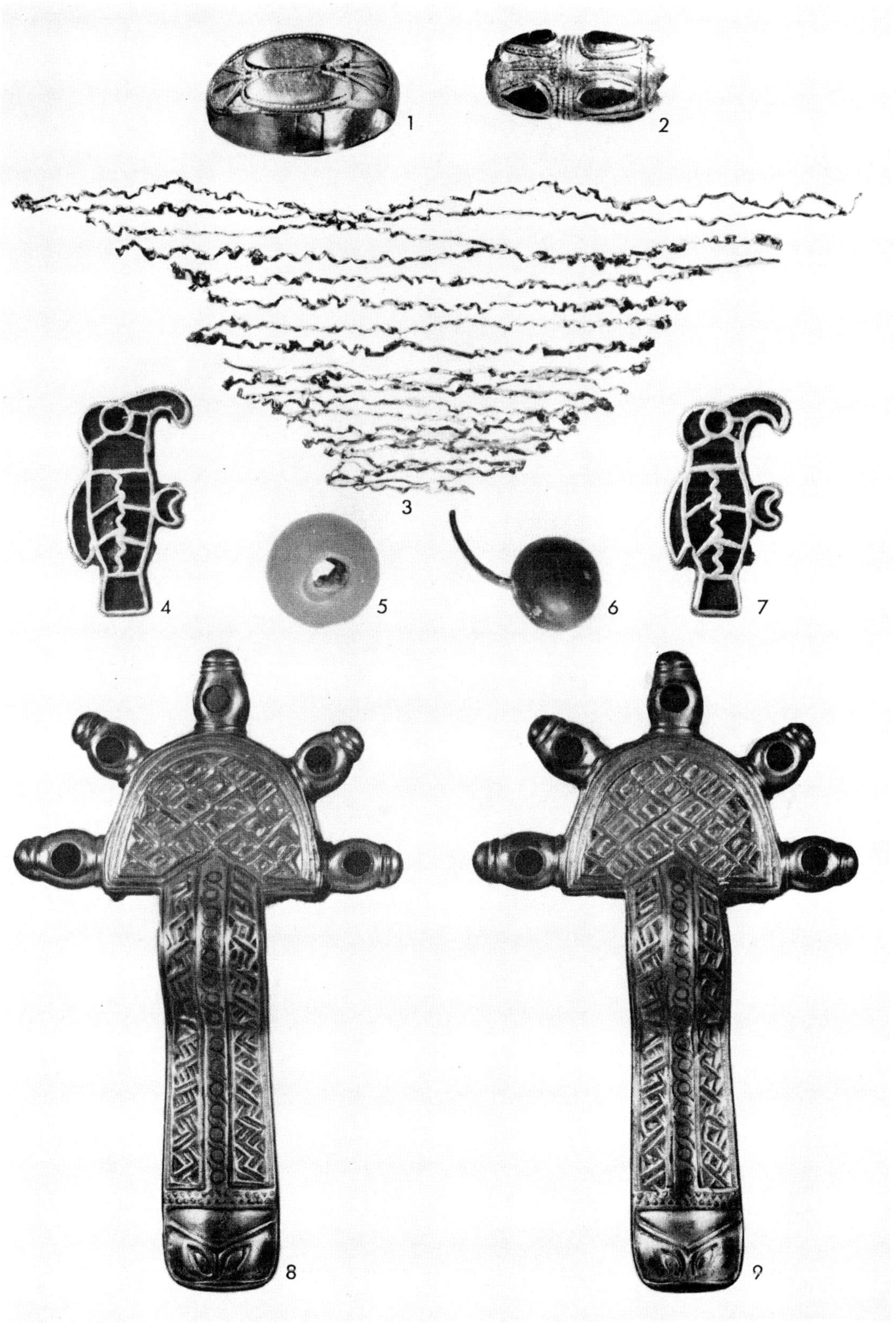

Tafel 26. Köln, Severinskirche. Metallgegenstände aus Grab 217 im Kreuzgang. – Maßstab verschieden. Vgl. dazu Taf. 27.

hergestellt, die nur das obere Ende des Messergriffs umkleideten. Eine solche fand sich vor kurzem in Beerlegem in Flandern [7]. – Dem kugelförmigen Amulettanhänger entspricht im Grab von Severin ein ziemlich roh in Silber gefaßter Meteorstein [7a]. – Der Bronzebeschlag des zu Häupten der Frauenbestattung von St. Severin stehenden Kastens schließlich stimmt sehr genau mit dem aus dem Dom überein; er setzt sich auch aus den gleichen Zierelementen zusammen, Punzen in Form von X, S, V und Perlreihen, aber es sind nicht die gleichen Punzen, die angewandt wurden. – Die übrige Ausstattung des Grabes verrät bei schlichterer Ausführung gleiche Gewohnheiten; die Bügelfibeln fanden sich an gleicher Stelle; den Scheibenfibeln aus dem Dom entsprechen kleine Vogelfibeln; die Schuhschnallen sind ähnlich; der Fingerring und die Ohrringe sind weniger kostbar.
Von der reichen Ausbeute der anderen Kölner Gräberfelder seien zur Ergänzung nur die genau entsprechenden Filigran-Anhänger von Müngersdorf und Junkersdorf und der Goldring aus Grab 135 von Junkersdorf mit becherförmigem Kasten und Nebenfassung für eine Perle genannt [8].
Neben diesen gutfränkischen Alt-Sachen, für die sich viele weitere Parallelen anführen lassen, verdienen die von Süden eingeführten Stücke größere Beachtung, weil sie einen Hinweis auf die besondere Stellung der unter dem Dome bestatteten Dame geben. Außer dem fränkischen Fingerring an der linken Hand (8) trug die Tote rechts den hervorragend gearbeiteten Ring mit dunkler Einlage (9), der byzantinischer Herkunft ist und den Archetypus für schlichte fränkische Nachahmungen darstellt, wie sie sich gelegentlich finden [9].
Ähnlich verhält es sich mit der Bulle. Auch sie vertritt eine importierte Denkmälergattung, von der im fränkischen Bereich bisher nur kleinere und schlichtere Nachahmungen aus einheimischen Werkstätten bekannt waren [10]. Das neue große Exemplar des Archetypus aus Köln ist auch der nördlichste bisher bekannt gewordene Vertreter der ganzen Gattung. An Größe übertrifft es auch die beiden Stücke von den westgotischen Gräberfeldern Deza (8,5 cm Dm.) und Carpio de Tajo (4,5 cm Dm.). Diese westgotischen Beispiele sind wie das Kölner Stück mit nichtgermanischen Ornamenten verziert. Bei der Kölner Bulle verraten die Palmettenkreuze und Weinranken ganz offenbar die Herkunft aus dem Mittelmeerraum, wenn es auch nicht leicht ist, genaue Vergleichsornamente aufzufinden. Es handelt sich hier um ein einfacheres Gebrauchsgerät, das sicherlich in Mengen hergestellt wurde, aber aus dem Ursprungsgebiet kaum mehr zu belegen ist, weil hier die Sitte, derartige Dinge den Toten in die Gräber mitzugeben, längst aufgegeben war. Neben den feinen Ornamenten auf dem spätantiken Silbergeschirr, die als Vorbild dienten, finden wir kräftig aus-

[7] H. Roosens, Bull. van het Koninklijk Inst. van het Kunstpatrimonium 2. Teil, 1959, 138 ff. = Arch. Belgica 44 (1959) 149, mit weiterer Literatur.

[7a] Die Fassung entspricht genau der eines Eisenerzes von Caranda, L. Lindenschmit, Handbuch der Deutschen Altertumskunde 1 (1880 – 89) 469 Abb. 454, c.

[8] Anhänger von Müngersdorf, vielfach abgebildet: H. Kühn, Die vorgeschichtliche Kunst Deutschlands (1935) Taf. 421; F. Fremersdorf, IPEK 1929, 79 ff.; ders., Das fränkische Reihengräberfeld Köln-Müngersdorf. Germ. Denkmäler d. Völkerwanderungszeit 6 (1955) Taf. 89. – Anhänger von Junkersdorf: Germania 30, 1952 Taf. 31, 8. – Für den Ring ist auf die in Vorbereitung befindliche Veröffentlichung des Grabfeldes durch P. La Baume in Germ. Denkmäler d. Völkerwanderungszeit, Reihe B, zu verweisen. Zum Ring von Beerlegem: Roosens a. a. O. 147; Ringe von Gondorf: Rheinische Vorzeit in Wort und Bild 2, 1939, 123; H. Stoll, Bonner Jahrb. 142, 1937 Taf. 56, 1.

[9] Dietersheim und Leutesdorf (RGZM., Inv. Nr. O 25597 und O 3039): G. Behrens, RGZM. Katalog 13 (1947) Abb. 152. – Der gezackte als Eierstab gebildete Rand des Kölner Ringes (9) ist in Vergleich zu den durchbrochenen Münzfassungen, die seit dem späten 3. Jahrhundert vorkommen, zu setzen. Vgl. R. Zahn, Sammlung Baurat Schiller/Berlin, Werke antiker Kleinkunst (1928) 111 u. 112. Die gleiche Randverzierung an quadratischer Platte und dreieckigen Schultern findet sich an einem Goldring aus Kessel, Kr. Kleve (Landesmus. Bonn, Inv. Nr. 35, 262; Bonner Jahrb. 142, 1937 Taf. 53,2). Er wird durch drei konstantinische Münzen datiert und ist reicher und größer als der Kölner Ring.

[10] Die Kapseln wurden von J. Werner zusammengestellt und interpretiert: Das alamannische Fürstengrab von Wittislingen. Münchner Beiträge zur Vor- und Frühgeschichte 2 (1950) 38 ff. mit Verbreitungskarte; neuerdings ergänzt durch W. Guyan, Das alamannische Gräberfeld von Beggingen-Löbern. Schriften des Inst. f. Ur- und Frühgeschichte der Schweiz 12 (1958) 12 ff.

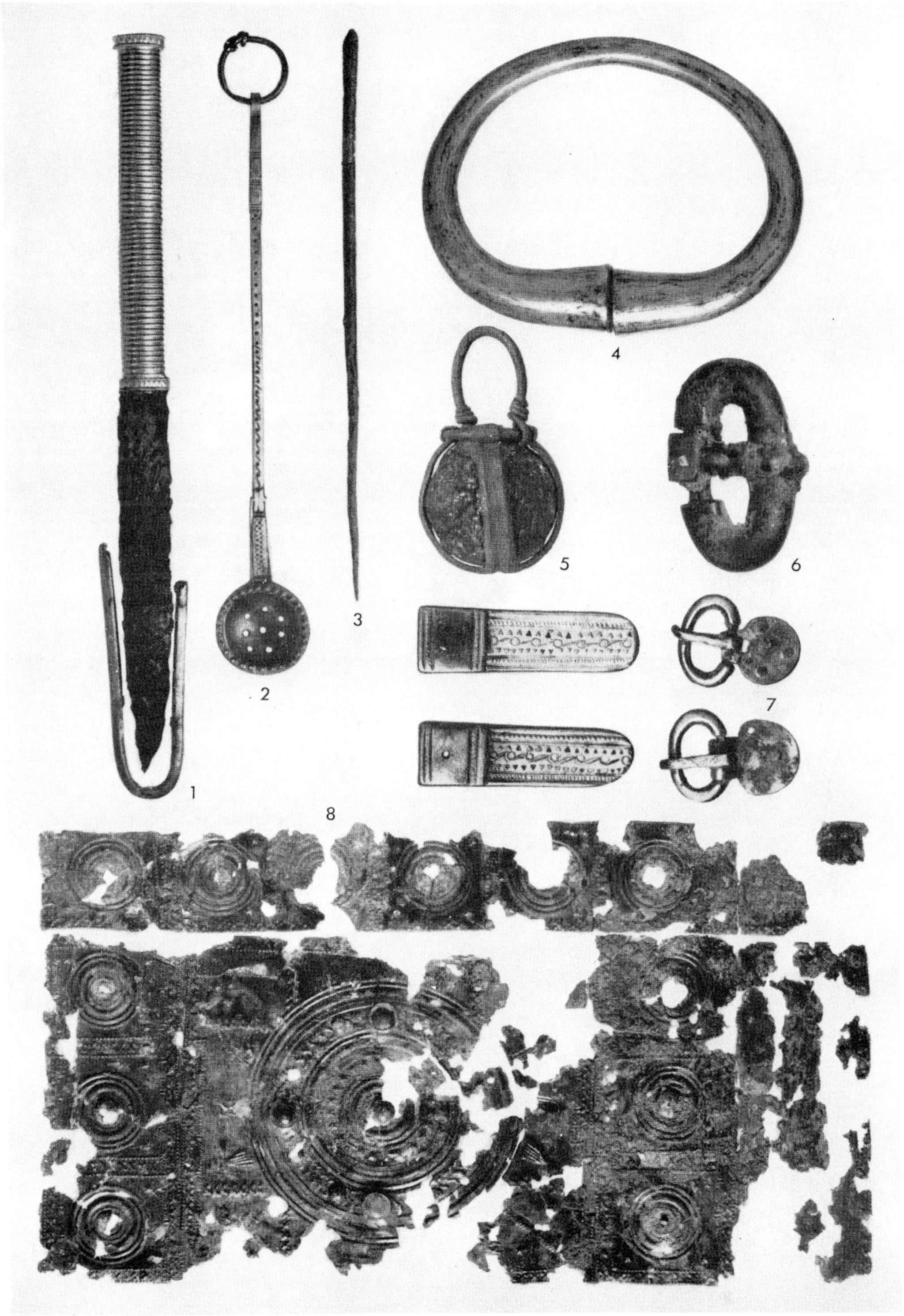

Tafel 27. Köln, Severinskirche. Metallgegenstände aus Grab 217 im Kreuzgang. – Maßstab verschieden. Vgl. dazu Taf. 26.

geführte Ranken und Palmetten an weniger bedeutenden Gegenständen oder an untergeordneten Stellen, etwa auf Preßblechen, die an der Rückseite von Schmuckstücken angebracht sind, oder auf dem Boden von Glasschalen, die in Formen geblasen wurden [11]. Die kleineren fränkischen Bullen weisen sich durch ihr Ornament, soweit ein solches überhaupt vorhanden ist, als germanische Nachahmungen aus. Hier dehnt sich neben der übernommenen, aber schon weiter vereinfachten Palmettenverzierung nicht selten, wie beispielsweise auf dem Stück von Arlon, die Tierornamentik aus. Leider läßt sich über den Inhalt der Kölner Bulle, der einem vertrockneten Bündel von Pflanzenstengeln ähnlich sieht, nichts Näheres mehr ermitteln [12]. Es sei aber noch bemerkt, daß in dem oben genannten Grab 217 von St. Severin zwar keine Kapsel, aber eine Gewürznelke, wie sie in den Kapseln vorkommen, gefunden wurde.

Das größte Interesse dürften indes die vier sicherlich nicht importierten, sondern, wie ich annehmen möchte, in einundderselben Werkstatt am Ort verfertigten Fibeln beanspruchen.

Das Bügelfibelpaar gehört, obwohl es ein Novum und Unicum ist, doch ohne Zweifel zur Gruppe der thüringischen Fibeln mit ausgezackter Kopfplatte. Auf diese verweisen auch der mittelgeteilte Bügel, der ovale Fuß, der Tierkopf und das runde Zwischenstück darüber, das dem runden Almandin entspricht, der bei den älteren Stücken dieser Gruppe verschiedentlich zu beobachten ist. Von Vogel- oder Tierköpfen ist bei den Kölner Stücken freilich jede Spur so gut wie verwischt, mit Absicht, wie es scheint, denn im ganzen Grab ist keine Tierornamentik zu finden. Die Fibel mit ausgezackter Kopfplatte ist ein ausgesprochener Typ des 6. Jahrhunderts. H. Kühn nimmt ihr Ende 580 an [13]. Demgegenüber wird aber die Ornamentik aus Zellenverglasung und Filigran, die in Köln auf der Form des 6. Jahrhunderts auftritt, von der deutschen Forschung hauptsächlich in das folgende Jahrhundert datiert. So zeigt etwa die in ihrer Verzierungsweise einzige vergleichbare Bügelfibel aus dem Fürstengrab von Wittislingen die gleiche Kombination von Cloisonné und Filigran; hier ist das Ornament aber auf einer Fibelform angebracht, die die spätere Datierung in das 7. Jahrhundert durchaus rechtfertigt.

Eine ähnliche Inkongruenz ist bei dem Scheibenfibelpaar von Köln festzustellen. Es sind dies zweifellos die künstlerisch wertvollsten Beigaben des Grabes. Ganz aus Gold, mit farblich nuancierten Almandinen, bläulich getönten Glasflüssen, mit Filigran und fünf Perlen erwecken sie trotz allem nicht den Eindruck bunter Überladenheit, sondern zeugen im Gegenteil mit ihrer feinen farblichen Abstimmung und der geschickten Zusammenfügung der Einzelglieder für vortreffliches Können und künstlerische Meisterschaft. Die Schmuckstücke sind so ausgeglichen und wirken so selbstverständlich, daß man sich wundern muß, nigends eine einschlägige Parallele zu finden. Sie scheinen eine einmalige Meisterschöpfung zu sein und nehmen in der Entwicklung der Scheibenfibeln eine Zwischenstellung ein. Einerseits findet sich der mit Filigran, Perlen und spitzen, kreuzweise gestellten Glaseinlagen verzierte Goldbuckel häufig auf den fränkischen Goldscheibenfibeln des 7. Jahrhunderts wieder, während die langobardischen Buckel lediglich mit Ringfiligran verziert sind. Bei den fränkischen Goldscheibenfibeln ist aber nicht nur der Buckel, sondern die ganze Rundscheibe mit Filigran und einzeln gefaßten Steinen besetzt. Die Kölner Scheiben sind dagegen mit schönstem Cloisonné bedeckt. Wenn man von dem anders gestalteten Buckel absieht, würde man sie als besonders hervorragende Vertreter der fränkischen Almandinrosetten ansprechen, einer Gattung also, die dem 6. Jahrhundert angehört.

[11] Goldarmband aus Ravenna: H. Rupp, Die Herkunft der Zelleneinlage und die Almandinscheibenfibeln im Rheinland. Rhein. Forsch. z. Vorgeschichte 2 (1937) Taf. 13, 6; Anhänger von Olbia: ebd. Taf. 5, 3; Schatz von Rhenen: A. Roes, Proc. State Service for Arch. Invest. in the Netherlands 2, 1951, 30 ff.; Haarschmuck aus der 2. Sammlung Gans: Zahn, Die Sammlung Bachstitz II (1921) Nr. 100 u. Taf. 19; Glasschale von Samson, Prov. Namur: Werner, Ann. Soc. Arch. Namur 48, 1956, 171 ff. = Arch. Belgica 34 (1957) Taf. 21.

[12] H. Schütrumpf hatte die Liebenswürdigkeit, die Reste zu untersuchen.

[13] Kühn, Die Fibeln mit gezackter Kopfplatte, Schumacher Festschrift (1930) 343 ff.

Die Fibeln des Grabfundes verbinden Altes mit Neuem; Formen des 6. Jahrhunderts sind mit Ornamenten versehen, die im 7. Jahrhundert ihre Hauptblüte erreicht haben. Wenn man sie daher einer Meisterwerkstatt zuteilen wollte, die um die Jahrhundertwende arbeitete, so würde sich alles aufs beste fügen; und man könnte dazu noch die Filigran-Anhänger hinzuziehen, die in ganz gleicher Form im Grabe 91 von Müngersdorf auftreten und J. Werner veranlaßten, dieses Grab in die frühe Zeit seiner Gruppe IV, also die Jahre nach 600, zu datieren, obwohl die freilich abgenutzte und durchbohrte Halbsiliqua Justinians im Munde der Toten schon zwischen 555 und 565 geprägt worden ist [14]. Mag das, alles zusammen gewertet, noch angehen, so verbieten die viel älteren, zahlreicheren und kaum abgenutzten Münzen des Domgrabes eine so späte Datierung.
Bei den zwölf Münzen des Grabes kann man von den acht Solidi mit angelöteten Ösen absehen; sechs von ihnen gehören noch dem 4. u. 5. Jahrhundert an, die restlichen zwei den ersten drei Jahrzehnten des 6. Jahrhunderts. Da sie bis auf die beiden ältesten erstaunlich frisch erhalten sind, mögen sie bei diesem oder jenem Anlaß der Schatztruhe entnommen und dem Goldschmied zur Fassung übergeben worden sein. Bei den vier nicht gehenkelten Münzen werden wir jedoch nicht umhin können, sie als kursierendes Geld anzusehen. Ein Solidus und eine Siliqua des Anastasius (491 – 518) bez. Theoderichs lagen zu Häupten des Sarges und sind wohl als eine letzte Konzession an die heidnische Sitte des Charonspfennigs in das Grab geworfen worden. Die beiden noch kleineren Silbermünzen der ersten Ostgotenkönige Theoderich und Athalarich (474 – 526 u. 526 bis 534) lagen im Sarge an der Stelle, wo die Tasche der Verstorbenen gelegen haben muß. Es ist wohl kaum anzunehmen, daß die Dame Kleingeld von geringem Metallwert bei sich führte, das streng genommen schon außer Kurs war. Da die kleinen Münzen überdies fast gar nicht abgegriffen waren, können wir die Bestattungszeit des Grabes nicht allzu weit vom Todesjahr des Athalarich (534) abrükken [15]. Die Tragweite dieser Datierung liegt auf der Hand. Dieses neue und wohl eindeutigste von allen bisher bekannten münzdatierten austrasischen Gräbern macht eine Überprüfung der in Deutschland noch geläufigen Datierungen notwendig. Die späte Datierung – oder, genauer gesagt, Anfangsdatierung – der hier in Frage kommenden Altertümer mit Filigran und engzelligem Cloisonné basiert seit E. Brenner und N. Åberg auf der sicherlich überbewerteten Bedeutung des Jahres 568 (Einwanderung der Langobarden nach Italien) für die Zwecke der Chronologie. Dabei wird die Vermittlerrolle, die den Langobarden bei der Übernahme gewisser Neuerungen zugedacht ist, mehr oder weniger als gegeben vorausgesetzt. J. Werner hat der Bedeutung des Datums von 568 einen ersten Stoß versetzt, indem er darauf hinwies, daß die langobardische Vermittlung sich aus historischen und geographischen Gründen erst nach 591 habe auswirken können; aber trotzdem hält er an der Mittlerrolle der Langobarden fest.
Langobardische Einflüsse sollen für das 7. Jahrhundert nicht abgestritten werden. Aber das neue Grab im Dom zeigt, daß wesentliche Elemente, die bisher auf die Langobarden zurückgeführt wurden, im austrasischen Raume vorhanden waren, lange bevor die Langobarden als Mittler auftreten konnten. Das beweisen die Münzen des Grabes, und es wird überdies nahegelegt durch das Auftreten der Verzierung auf alten Fibeltypen. An sich waren Filigran und Cloisonné im Westen nichts Neues. Das Grab vom Kölner Dom ist geeignet, auch hier die Lücke zu schließen und der immer schon gezwungen anmutenden Unterscheidung zwischen altem und neuem Filigran sowie weit- und engzelligem Cloisonné, wobei die jüngeren Erscheinungen dem langobardischen Anstoß zugeschrieben wurden, die apodiktische Härte zu nehmen.
Wir sehen also im Rheinland des 6. Jahrhunderts und vielleicht in Köln selbst Meister am Werk, die unmittelbaren Kontakt mit der Entwicklung des Kunsthandwerks im Mittelmeergebiet hatten,

[14] Werner, Münzdatierte austrasische Grabfunde a. a. O. 50 u. Taf. 8.
[15] Auch Werner gibt a. a. O. 28 dem kleinen Silbergeld keine allzu lange Umlaufzeit, obgleich es in einzelnen Fällen bis an den Anfang des 7. Jahrhunderts in Gebrauch gewesen sein könnte. Der von ihm angeführte Einzelfall ist aber nicht zwingend und offensichtlich postuliert, um die späte Datierung des übrigen Grabinventars sicherzustellen. Vgl. Holmquist, Kunstprobleme der Merowingerzeit (1939) 282 ff.

in einer Zeit, als die Langobarden sich erst anschickten, in Italien einzufallen, um dort erst zehn Jahre lang ohne Könige und staatliche Ordnung zu leben und räuberische Einzelaktionen ins Frankenreich zu unternehmen.

Dieses Frankenreich ging zwar damals einer Zeit starker innerer Zerrüttung entgegen. Aber es ist nicht zu übersehen, daß der austrasische Reichsteil davon weniger betroffen war. Hier regierten Herrscher, die immerhin neue Konzeptionen und weitgesteckte politische Ziele hatten, die Oberitalien besetzten und in die weltpolitischen Händel maßgebend eingriffen. Vor allem ist Theudebert I. (534 – 548), der Enkel Chlodwigs, zu nennen. Er ließ seinen eigenen germanischen Namen um das Herrscherbild seiner Goldprägungen schreiben – eine unerhörte Anmaßung, die bis dahin niemand gewagt hatte. Ferner hat er versucht, mit Hilfe römischer Beamter, das römische Steuersystem durchzusetzen und sich durch Subventionen der wirtschaftlichen Hebung der Städte seines Reichsteiles angenommen. Dabei stützte er sich, im Gegensatz zu den anderen Teilherrschern und in kluger Voraussicht, auf die Hilfe der Kirche. Man hat in alledem mit Recht eine Vorstufe der späteren Politik der deutschen Kaiser gesehen. Theudebert nahm Subsidien von den Goten und auch von Kaiser Justinian, korrespondierte mit Justinian und plante schließlich sogar nicht lange vor seinem Tode eine Feldzug gegen Konstantinopel. In seinem Reich waren also gewiß alle Voraussetzungen für rege Verbindungen mit der gotischen und byzantinischen Mittelmeerwelt gegeben. Er hat diese Verbindung offenbar gesucht und geschätzt, denn er vermählte sich mit einer Romanin aus der Provence und mußte erst durch seine Franken angehalten werden, endlich die ihm seit langem angetraute langobardische Köngistochter heimzuführen. Schließlich nennt ihn Gregor von Tours nicht ohne Grund einen *homo elegans,* was nur besagen kann, daß er kein homo barbarus war, sondern ein Mann, der dem antiken Geist der Urbanität huldigte.

Es ist daher nicht zu verwundern, wenn in fürstlichen Gräbern seines Zeitalters Importstücke aus der Mittelmeerwelt neben fränkischen Erzeugnissen liegen, die Einflüsse von dort und weniger von seiten der germanischen Tierornamentik erkennen lassen und die außerdem einer gewissen klassischen Eleganz nicht entbehren.

Otto Doppelfeld

Die Rosettenfibeln aus dem Kölner Dom

Aus: Mouseion. Studien aus Kunst und Geschichte für O.H. Förster (1960) 168 – 173

Im Frühling des Jahres 1959 bescherte uns der uralte Kölner Boden, der mit Denkmälern aller Art aus einer zweitausendjährigen Geschichte durchsetzt ist und nie damit kargte, wieder einen neuen Fund von ganz besonderer Schönheit und Bedeutung. An würdigster Stelle der Altstadt, mitten im Chor des Domes, kam bei unseren Grabungsarbeiten, die mit dem Ausbau einer Gruftkapelle Hand in Hand gehen, in großer Tiefe ein fränkisches Frauengrab mit sehr reicher Ausstattung zutage. Der Umstand, daß sich hier unter dem Dom Gräber aus so früher Zeit finden, Gräber, die nicht zu einem Friedhof gehören, sondern, wie sich alsbald herausstellte, unter einem Estrichboden, also im Inneren eines Bauwerks, einer Kirche liegen, ist an sich schon ein neues Faktum, das uns bei unseren langjährigen Bemühungen um die Vorgeschichte des Domes sehr zustatten kommt. Wenn wir von der Kirche, die im 6. Jahrhundert bereits längere Zeit bestanden haben muß und dann gleichzeitig mit der Bestattung erweitert wurde, auch sonst noch nicht viel wissen, so besteht doch die berechtigte Hoffnung, daß im Laufe der weiteren Untersuchungen ihre Größe und Gestalt noch zu ermitteln sein wird. Dann wird man sich auch mit der Frage befassen können, ob dies die Bischofskirche der Frühzeit gewesen ist, und vielleicht diese seit Jahrhunderten gestellte Frage nach dem „Ältesten Dom" von Köln endlich beantworten können [1].

Das tief unter den alten Fußboden hinabgesenkte Grab bestand aus einer Steinkammer, die aus Trachytplatten zusammengesetzt war und trotz bedenklicher Risse in den Decksteinen völlig dicht gehalten hatte. So öffnete sich uns bei der Entdeckung ein Hohlraum, in dem alles so stand, wie es vor dreizehnhundert Jahren hineingesetzt worden war. Der nur 1,70 m lange Sarg war zu Staub zerfallen. In dem 1 m großen Raum, der zu Füßen des Sarges frei blieb, standen sechs fränkische Glasgefäße, von denen eine Flasche zur Hälfte noch mit Wasser, das vielleicht einmal Wein gewesen ist, angefüllt war. Dahinter stand ein reich mit Bronze beschlagener Eimer. Es folgte ein kunstvoll geschreinerter, mit Bronze beschlagener Kasten, der allerlei Kleinigkeiten enthielt: Rest von Tüchern, Pantoffeln, Perlen und einige Nüsse. Am Kasten aufgehängt oder daran angelehnt waren ein Trinkhorn und eine stark zerfallene Feldflasche aus Leder. Schließlich stand an der Wand des Grabes ein großes Bronzebecken, über dem sich Reste eines kunstvoll geknüpften Wollteppichs fanden, mit dem ursprünglich wohl die ganze Bestattung zugedeckt war.

Von der recht zierlich gewachsenen Toten fanden sich außer ganz geringen Knochenresten nur noch die dreißig Zähne, die auf ein Alter von achtundzwanzig Jahren schließen lassen. Auch die

[1] Diese Fragen werden in einem Bericht im Kölner Domblatt, das seit 1948 laufend Grabungsberichte über die Domgrabung bringt, eingehend behandelt (16/17. 1959, 41 – 78, 199 – 200). Wegen ihrer besonderen Bedeutung sind die Fundstücke des Grabes in einem vorläufigen Bericht in Germania, Anzeiger der Röm.-Germ. Komm. d. Deutschen Archäol. Inst. weiteren Fachkreisen mitgeteilt worden, hier S. 264 ff.

Kleidung war bis auf einen Schuhrest und einige Tuchfetzen völlig vergangen. Aber die silber-vergoldeten Schuhschnallen und die mit Almandinen verzierten Zungen der Wadenriemen lagen noch an ihren Stellen. Bemerkenswert sind auch die Sachen, die die Dame nach der Sitte der Zeit an dem mit einer kräftigen Silberschnalle geschlossenen Gürtel trug: das Täschchen, von dem nur der Inhalt erhalten ist, ein Spinnwirtel, eine Bergkristallperle und zwei Stücke ostgotisches Kleingeld aus Silber, „Halbsiliquen" von Theoderich dem Großen und seinem Nachfolger Athalarich († 534), die für die Datierung des Grabes von größter Bedeutung sind; ferner die Schere im Lederfutteral und das Messerchen mit goldenem Griff, das mit seinem langen, dicht mit filigranverzierten Goldschiebern umkleideten Riemengehänge besonders in die Augen stach. Weiterhin müssen am Gürtel gehangen haben: eine Bergkristallkugel mit kunstvoller Goldfassung und schließlich die „Bulle" oder Amulettkapsel aus zwei halbkugelig getriebenen Silberschalen mit vergoldeten Weinranken und Palmettendekor. Solche Bullen, in denen man Dinge aufbewahrte, die man anscheinend von Reisen zu heiligen Stätten mitgebracht hatte – in unserem Falle war es wohl ein Sträußlein Blumen oder Kräuter –, sind nicht gerade selten in fränkischen Gräbern [2]. Aber es sind bisher nur kleinere einheimische Erzeugnisse dieser Art zutage getreten, während das neu gefundene Exemplar bei weitem das größte ist und überdies mit Sicherheit aus dem Mittelmeergebiet stammt, also wohl mitsamt seinem Inhalt nach Köln gebracht worden ist. Byzantinischen oder allgemein mediterranen Ursprungs ist auch der goldene Fingerring der rechten Hand, während an der linken ein Goldring fränkischen Typs gefunden wurde. Vom übrigen Körperschmuck sind der glatte, massive Goldreif am linken Arm, die reich mit Perlen, Almandinen und Filigran verzierten Ohrringe und die Stirnbinde zu nennen, die dicht mit Golddrähten durchwirkt und in der Mitte mit einem Almandin in granulierter Goldfassung besetzt ist. Zwei schwere silberne Spangenfibeln, ganz mit Zellenverglasung und Goldfiligran bedeckt und von einer bisher unbekannten Form (Abb. 24), haben wahrscheinlich als Mantelverschluß gedient. Der Schmuck an Hals und Schultern zeigt verständlicherweise die größte Pracht: ein Kollier mit acht römischen Goldmünzen, fünf filigranverzierten Rundscheiben, zwölf Goldperlen, zwei Perlen mit Almandinen und einer Mittelgruppe aus einem blattförmigen Anhänger und zwei solchen in Form von Blumen und schließlich eine Anzahl verschiedener Glasperlen.

Dazu kam ein zweites Gehänge, bestehend aus einer Goldkette mit Münzanhänger, die an zwei zu beiden Seiten des Halses angesteckten Scheibenfibeln hing (Abb. 1) [3]. Dieses Fibelpaar ist sicherlich als die künstlerisch wertvollste Arbeit des ganzen Grabinhalts anzusehen. Da ihm überdies eine nicht geringe historische Bedeutung beizumessen ist, soll es an dieser Stelle Otto H. Förster, dem unbestechlichen Rufer nach Qualität und geistvollen Deuter unserer Kunstgeschichte, zu seinem Geburtstag dargeboten werden.

Die beiden Fibeln (Abb. 1 – 4) bestehen bis auf die Nadeln aus reinstem, vierundzwanzigkarätigem Gold [4]. Als weitere Ziermaterialien treten hinzu: Almandine, Glasflüsse und Perlen; die letzteren sind im Grabe vergangen. Eine etwa ein Drittel Millimeter starke Grundplatte zeichnet im Umriß die Rosettenform vor; sie ist in der Mitte, entsprechend dem Buckel der Fibel, halbkugelig ver-

[2] Über die Amulettkapseln vgl. J. Werner, Das alemannische Fürstengrab von Wittislingen, 1950, 38 ff., Ergänzungen bei W. Guyan, Das alemannische Gräberfeld von Beggingen-Löbern, Basel 1958.

[3] Der Anhänger ist ein mit grober Öse versehener Solidus Kaiser Theodosius' II. (408 – 450), Münzstätte Constantinopolis, Sabatier (Description Générale des Monnaies Byzantines 1., Leipzig 1930, 116), 14. – Die Kette ist aus zwei verschiedenen Goldketten zusammengesezt; die kürzere besteht aus Ringen, die 8förmig zusammengedrückt, umgebogen und ineinander gesteckt sind, wie unsere heutigen Klempnerketten. Die zweite, längere Kette ist aus ähnlichen Ringen verfertigt, jedoch sind beim Zusammenstecken jeweils die zwei vorhergehenden Glieder umfaßt worden. Beide Kettentypen waren in der Antike geläufig. Die Ketten und ihre verzierten Endglieder sind stark abgeschlissen, stellenweise defekt und einmal mit einem Golddraht repariert. Wie sie an den Fibeln befestigt waren, war bei der Ausgrabung nicht mehr zu erkennen; sehr wahrscheinlich hatte man sie mit Fäden an den Fibelnadeln oder auch am Gewand festgeheftet.

[4] Mit Feuerprobe bei der Degussa in Köln festgestellt.

Abb. 1. Das Rosettenpaar vom Kölner Dom mit dem Kettengehänge.

tieft, wodurch Raum für die Nadelsehne und die Finger der die Fibel öffnenden und schließenden Hand geschaffen wurde. Die Nadelkonstruktion ist nur bei der linken Fibel erhalten (Abb. 4). Sie besteht aus einem 1,5 bis 2 Millimeter starken, in der Mitte der Nadel anschwellenden Bronzedraht und ist nicht als Scharnier, sondern mit beiderseits zweimal gerollter Spirale und unterer, in weitem Bogen bis zur Fibelmitte geführter Sehne gebildet. Die Spiralrolle wird durch einen Bronzestift zwischen den kugeligen Enden zweier goldener, aus einem Band mit halbrundem Querschnitt zusammengebogener Stege gehalten, die ihrerseits auf einer länglichen Platte aufsitzen und mit dieser an die Fibel gelötet sind. Der rundlich geschlossene Nadelhalter aus Goldblech ist mit breiter, umlaufender Lasche angelötet und trägt außer einem doppelten, aufgesetzten Randwulst keinerlei Verzierung. Der seitliche Schlitz für die Einführung der Nadelspitze befindet sich bei beiden Fibeln, wenn man sie so dreht, wie sie getragen wurden, nämlich mit der Spitze nach oben, an der rechten Seite des Nadelhalters; die Fibeln konnten also mit der rechten Hand leicht angelegt werden. Die umgekehrte Anordnung der Schlitze wird erst vom Ende des 6. Jahrhunderts an gebräuchlich [5].

Die Stege der Zellen für die Almandineinlagen sind aus 3 mm breiten Goldbändern gebildet, deren Oberkanten mit dem Stahl breitgestrichen sind, damit die flachen Steine nicht herausfallen. Der äußere Blattkranz ist ein wenig vom Plattenrand eingerückt, um Platz zu schaffen für einen an der Basis herumgeführten, gut gekörnten Filigrandraht, der an den Außenkanten der Fibeln nur wenig abgeschlissen ist. Der äußere, dunkelrote Almandinkranz besteht aus zwanzig Blättern, von denen vier offenbar mit eingerollten Spitzen dargestellt werden sollten, indem durch einen zusätzlichen Bogensteg eine spitz-ovale Zelle gebildet und mit grüner, opaker Glasmasse gefüllt wurde. Die vier so ausgezeichneten Blätter stehen sich bis auf eines, das um ein Feld verschoben ist, diametral

[5] Hertha Rupp, Die Herkunft der Zelleneinlage und die Almandinscheibenfibeln im Rheinland, Bonn 1937, 66 f.

Abb. 2 – 4. Die rechte Rosettenfibel vom Kölner Dom. Seitenansicht der rechten Rosettenfibel. Rückseite der linken Rosettenfibel.

gegenüber. Diese Unregelmäßigkeit ist wohl beabsichtigt, da sie bei beiden Fibeln, und zwar in symmetrisch spiegelverkehrtem Sinne, auftritt. Ein schmalerer, innerer Ring von Almandinen besteht aus vier bogenförmigen Teilen, die mit vier Gruppen von je drei annähernd quadratischen Zellen abwechseln, in die hellere, braunrote Almandine eingelassen sind, durch die auch heute noch die hinterlegte Goldfolie mit Waffelpressung gut zu sehen ist. Nur in einer der Zellen war der Stein nicht mehr vorhanden; da sie aber völlig leer war und uns also keine Aufschlüsse über die Hinterlegung der Almandine geben konnte, wurde an einer anderen Zelle ein Almandin zur Untersuchung gelockert. Er ist knapp 1 mm stark und an den Kanten sauber geschliffen. Bei durchfallendem Licht erscheint er violettrot. Die Glasschneideprobe bestand er spielend (Almandine haben einen Härtegrad von 7¼ bis 7½). Die sehr dünne Goldfolie hinter dem Almandin war mit sechzehn Karos auf einem Quadratmillimeter verhältnismäßig eng gewaffelt und nur noch in Trümmern erhalten. Auch von der Hinterfüllung waren nur noch geringe, undefinierbare schwärzliche Reste erhalten.

In das innere Rund der mit Almandinen besetzten Scheibe ist der aus Goldblech getriebene Buckel eingelassen (Abb. 3). Auf ihm befinden sich vier in nur schwach hervortretenden Einzelfassungen befestigte, keilförmige Glasflüsse von bläulicher und grünlicher Färbung, die kreuzförmig angeordnet sind. Zwischen ihnen stehen vier runde Fassungen, die jetzt ebenso wie die große Rundfassung in der Mitte leer sind. Hier waren sicherlich Perlen angebracht, die im Grabe vergangen sind. In einem der beiden ähnlich verzierten Ohrringe fanden wir noch einen letzten Rest einer solchen Perle. Das übrige Feld des Buckels ist ganz mit Ringfiligran bestreut. Die kleinen Ringe sind aus dem gleichen Filigrandraht hergestellt, der auch die größeren Fassungen und die Basis des ganzen Buckels umsäumt. Der Durchmesser der Fibeln beträgt 4,1 cm.

Auf den kleinen Scheiben der beiden Fibeln sind vier verschiedene Werkstoffe: Gold, Perlen, Almandine in zwei Farbnuancen und schließlich Glasflüsse von bläulicher und grünlicher Tönung verarbeitet. Ferner begegnen wir drei im Grunde sehr verschiedenen Werkverfahren: der Filigranverzierung, der Zellenverglasung (Cloisonné) und der Einzelfassung für Glas und Perlen. Der Künstler hat es meisterhaft verstanden, diese Vielfalt zu einer Einheit zusammenzufügen, so daß der Eindruck der Überladenheit gar nicht aufkommen kann. Auf der dunkelrot schimmernden glatten Scheibe, die behutsam und nur so weit aufgelockert ist, als es zur Vermeidung allzu großer Gleichmäßigkeit notwendig erscheint, erhebt sich plastisch und auch farblich gut abgesetzt die goldene Kuppe, streng gegliedert durch die vier keilförmigen Fassungen und die große, bekrönende Perle. Gegen die neun auf dem Buckel verteilten Fassungen kann sich der Goldgrund mit seinem lebhaft gestreuten Ringfiligran sehr wirkungsvoll durchsetzen. Seine vier breiten Kreuzarme scheinen das Ganze zusammenzuklammern. Reichtum und Vielfalt sind auf den Fibeln vom Dom mit lockerer Leichtigkeit ausgebreitet und doch in geradezu klassischer Strenge gebunden.

Abb. 5. Scheibenfibel, Bronze. Bonn, Rhein. Landesmuseum.

Abb. 6. Scheibenfibel, Bronze. Köln, Röm.-Germ. Museum.

Abb. 7. Goldscheibenfibel. Köln, Röm.-Germ. Museum.

Abb. 8. Goldscheibenfibel von St. Pantaleon. Köln, Röm.-Germ. Museum.

Abb. 9. Scheibenfibel, silbervergoldet. Köln.

Dieser Gesamteindruck wird verstärkt, wenn man das Kölner Fibelpaar gegen die Menge der vielen sonst bekannten fränkischen Scheibenfibeln (Abb. 5 – 9) hält, die in der Regel dann, wenn sie sich einer reicheren Ausstattung befleißigen, sehr viel unruhiger und weniger ausgeglichen wirken; nur selten reichen sie an die klare Strenge der neuen Stücke heran. Bei einem Vergleich mit anderen Fibeln ähnlichen Schlages wird man ferner feststellen, daß die so selbstverständlich und ungezwungen anmutende Bekrönung einer almandinverzierten Scheibe mit einem filigranverzierten Buckel kaum sonst irgendwo anzutreffen ist, und daß in diesem einen Falle ein Künstler es verstanden hat, die Merkmale zweier Fibelgattungen, die wir durchweg leicht voneinander unterscheiden können, weil sie sich neben- und nacheinander entwickelten, in meisterhafter Weise zu vereinigen. Diese beiden vor allem im fränkisch-austrasischen Gebiet verbreiteten Fibeltypen sind die Almandin-Scheibenfibeln und die Gold-Scheibenfibeln [6].

[6] Zu den Almandinscheibenfibeln vgl. H. Rupp 1937. Die Goldscheibenfibeln sind von F. Rademacher, Fränkische Goldscheibenfibeln, München 1940, behandelt worden.

Sieht man von dem Mittelbuckel der Fibeln vom Dom ab, so bleibt eine Almandin-Scheibenfibel, genauer gesagt: eine Rosette von der Art, wie sie in der zweiten Hälfte des 6. Jahrhunderts sehr geläufig waren. Sie konnten damals schon auf eine längere Entwicklungsgeschichte zurückblicken, anfangend mit kleinen goldgefaßten Rundscheiben, die bei den Ostgoten am Schwarzen Meer um 400 n. Chr. vorkommen, dann eine einfache speichenförmige Zellenteilung (Abb. 10–13), mitunter auch einen rosettenförmigen Umriß annehmen, später außen herum einen zweiten oder auch mehr Kreise ansetzen (Abb. 14–17) und sich so schließlich zu großen, minutiös geteilten und kompliziert abgezirkelten „Mosaikfibeln" entwickeln. Im letzten Stadium sind sie auch häufig mit Mittelbuckeln versehen; aber diese tragen bei den Almandin-Scheibenfibeln stets die gleiche Zellenverglasung wie die Scheiben selbst. – Die Entwicklung der Almandin-Scheibenfibeln ist mit dem 6. Jahrhundert im großen und ganzen abgeschlossen und findet sich bei den Franken sowohl wie bei den Goten und Langobarden. Wie die Beziehungen hin- und hergegangen sind und ob dieses oder jenes besondere Stück als Import anzusehen oder einheimischen Ursprungs ist, läßt sich im einzelnen schwer entscheiden.

Im Verlauf der zweiten Hälfte des 6. Jahrhunderts wird die geschlossen verglaste Fläche der Almandin-Scheibenfibeln häufig aufgelockert, indem tiefliegende Felder ausgespart werden, die nicht mit Steinen gefüllt, sondern unten am Grunde mit Preßblech, Kügelchen oder häufiger mit Filigran verziert sind. Über die Herkunft dieses Filigrans gehen die Meinungen auseinander. Die Ostgoten kannten sehr wohl die Filigrantechnik, wandten sie aber zusammen mit der Zellenverglasung nicht an. Die heute noch vorherrschende Meinung in der deutschen Forschung ist die, daß der Anstoß zur Vermischung des Filigrans mit der Zellenverglasung wie überhaupt das erneute Aufblühen dieser beiden Techniken von den Langobarden ausgegangen sei. Doch wird sich diese Theorie nach den neuen Kölner Funden, wie unten gezeigt werden soll, wohl kaum mehr halten lassen.

Bei den Kölner Fibeln kommt noch etwas hinzu. Ihr Filigran liegt nicht wie bei den zuletzt genannten Scheibenfibeln in vertieften Feldern, sondern ziert den hervorstehenden Buckel. Dieser Buckel aber ist ein ganz typisches Merkmal der zweiten genannten Gattung fränkischer Scheiben, der Goldscheibenfibeln (Abb. 5–9). Viele sehr nahestehende Vergleichsstücke für die Kölner Buckel lassen sich anführen. Aber diese Buckel gehören alle zu Goldscheibenfibeln, das heißt zu solchen Fibeln, bei denen nicht nur der Buckel, sondern das ganze Rund mit Filigran und einzeln gefaßten Steinen verziert ist. Die Goldscheibenfibel ist die jüngere Fibelform und löst die Almandinscheibe ab. Doch laufen ihre Anfänge in der zweiten Hälfte des 6. Jahrhunderts neben den reichen Mosaikfibeln her. Gewisse Einflüsse der beiden Typen aufeinander sind daher nicht verwunderlich, aber Beispiele für eine so enge Verbindung, wie sie auf den Kölner Stücken vorkommt, sind bisher nicht bekanntgeworden.

Die grundlegende Neuerung bei den Goldscheibenfibeln ist die Verwendung einzelner gefaßter Steine gegenüber der flächenbedeckenden Verglasung in dicht aneinanderschließenden Zellen. Zwar klingt noch bei angelsächsischen, gelegentlich auch bei langobardischen und kontinental-germanischen Stücken die alte Zellenteilung an; aber die Zellen bilden auf solchen Fibeln nur noch begrenzte Gruppen oder Linien, die in der Wirkung wie eine aus kleinen Stücken zusammengesetzte Einzelfassung zu werten sind. Der Grund für die allmähliche Verdrängung der Steine durch den filigranverzierten Goldgrund, auf dem sie nur noch einzeln in Kästen verteilt sind, ist sicherlich nicht zuletzt in dem Umstand zu suchen, daß die Steine seltener wurden, weil die arabische Expansion den Orienthandel nach und nach unterband und mit der Vernichtung des Sassanidenreiches unter Omar in den dreißiger Jahren des 7. Jahrhunderts völlig zum Erliegen brachte. Die nunmehr im Werte steigenden Granate wurden als kostbare Pretiosen jetzt einzeln, jeder für sich, gefaßt; um die Steine stärker hervortreten zu lassen, werden ihre ursprünglich noch flachen Fassungen zu weit hervorspringenden Kästen. Damit die ganze Scheibe, ähnlich wie die mit den Stegen ihres Zellengitters schwer und massig wirkenden Almandinscheiben, ein gewichtigeres Aussehen erhält, wird zwischen die Goldscheibe und die rückwärtige, mit ihr vernietete Grundplatte eine Füllmasse gestopft.

Abb. 10. Rundfibel, silbervergoldet.

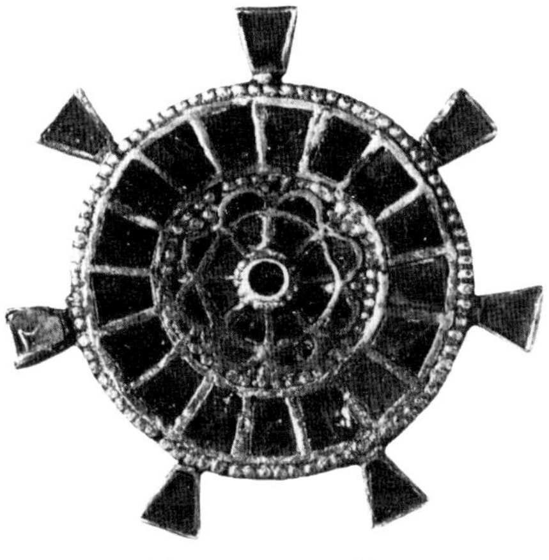

Abb. 11. Strahlenfibel, vergoldete Bronze.

Abb. 12. Rundfibel, Bronze.

Abb. 13. Rundfibel, Silber.

Abb. 14. Rosettenfibel, Silber.

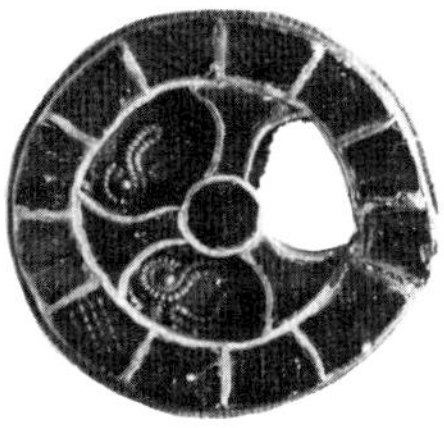

Abb. 15. Rundfibel, Silber.

Abb. 16. Rundfibel, silbervergoldet.

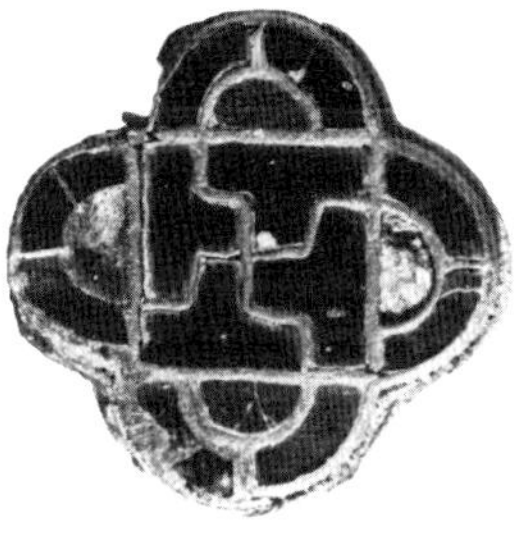

Abb. 17. Vierpaßfibel.

Abb. 10 – 17. Köln, Römisch-Germanisches Museum

Die Goldscheibenfibel nimmt im Verlauf des 7. Jahrhunderts vielfach bewegte Konturen an, wellenförmige Umrißlinien, ausgeprägtere Rosettenformen oder die Gestalt eines Vierpasses (Abb. 6). Sie wird die Urmutter der karolingischen, ottonischen und salischen Fibeln und schließlich auch der Broschen, die unsere Großmütter trugen.

Mit dem Siegeszug der Scheibenfibel als der reinen Schmuckform, neben der die Zweckform, die eigentliche fibula, zur „Sicherheitsnadel" degradiert nur noch ein verborgenes Dasein fristen darf, ist eine durch viele Jahrhunderte gehende Entwicklung für lange Zeit zum Abschluß gekommen. Seit der Erfindung der Fibel in grauer Vorzeit sind in allen Kulturen immer wieder Ansätze gemacht worden, aus der reinen Zweckform ein Schmuckstück zu machen, und es kam wiederholt zu ganz hervorragenden werk- und formgerechten Gestaltungen, vielfach aber auch zu recht merkwürdigen hybriden Mißbildungen. Auch die germanischen Fibeln hatten schon eine lange und wechselreiche Entwicklung durchgemacht (Abb. 18–24). Wenn Tacitus sagt, daß bei den Germanen seiner Zeit das *„sagum fibula aut si desit spina consertum"*, sei [7], so will er damit nach der ganzen Tendenz seiner Schrift den Eindruck größter Anspruchslosigkeit und die Vorstellung einer primitiven Sicherheitsnadel erwecken. In Wirklichkeit aber gehörten die germanischen Fibeln dieser Zeit schon zu den eben genannten, gut gelungenen und kunsthandwerklich wertvollen Gestaltungen der Zweckform. Erst beim Beginn der völkerwanderungszeitlichen Entwicklung im 3. Jahrhundert führt der mit

[7] Tacitus, Germania 17.

dem steigenden Reichtum verbundene Drang nach prunkvollerer Ausgestaltung zu allerlei Zutaten und Umformungen, die nicht immer als besonders glücklich anzusehen sind. Die schließlich resultierende Bügelfibel der Völkerwanderungszeit ist denn auch ein Gebilde, das in seiner vielfältigen und nach Völkerstämmen zu klassifizierenden Ausgestaltung sowie mit seinen manchmal überreichen Ornamenten das Entzücken der Archäologen hervorruft, aber immerhin doch ein Gebilde, das im Grunde genommen als eine Fehlbildung zu werten ist. Das konstruktive Element, die Nadel und der Nadelhalter, verschwindet hinter einer dekorativen Platte, die unsinnigerweise in manchmal sehr bizarren Formen mit dem verkümmerten „Bügel" nur noch entfernt an die ursprüngliche Funktion erinnert. Von hier zur völlig unabhängig vom Nadelmechanismus gestalteten Schmuckscheibe ist nur ein kleiner Schritt. Er war schon vorher mit den Adlerfibeln und den kleineren Zikaden-, Vogel- und S-förmigen Fibeln getan; den eigentlichen Abschluß der Wirrungen und Irrungen der Wanderzeit aber kann man archäologisch im Verschwinden der Bügelfibeln und dem beherrschenden Aufkommen der schlichten runden Zierscheibe erkennen [8].
Es besteht kaum ein Zweifel darüber, daß das Vordringen der Goldscheibenfibeln einer Rückkehr zur antiken Tradition gleichkommt oder wenigstens auf entscheidende Anstöße vom nichtgermanischen Kunsthandwerk der Mittelmeerwelt zurückzuführen ist. Man mag diese Einflüsse getrost als byzantinisch in einem weiteren Sinne bezeichnen; denn Byzanz ist die politische Kraft, die dahinter steht. Nun kennen wir Fibeln dieser Art und auch sonstigen Schmuck leider nicht aus byzantinischen Gräbern, sondern sind für alle diese kleinen Dinge auf die Gräber der germanischen oder sonstigen Nachbarvölker angewiesen, die länger als die christliche Mittelmeerwelt an der alten Sitte festgehalten haben, den Toten ihre Sachen mit ins Grab zu geben. So finden sich besonders in den langobardischen Gräbern des ausgehenden 6. und des 7. Jahrhunderts Goldscheibenfibeln, die den fränkischen zumindest sehr verwandt sind; und auch mit Ringfiligran verzierte Buckel ähnlicher Art wie auf den Kölner Fibeln sind im langobardischen Italien geläufig. Dort liegen diese Erzeugnisse in den Gräbern der Langobarden neben rein germanischen Bügelfibeln von vielfach roherer Machart. Man hält die feineren Scheibenfibeln mit Recht für Arbeiten der eingesessenen romanischen Bevölkerung, also für byzantinisch in dem genannten Sinne [9].
Aus alledem geht hervor, daß die Langobarden selbst das antike Erbe noch nicht wirklich verarbeitet und „erworben" hatten. Trotzdem ist die Meinung weit verbreitet, daß sie als Vermittler des antiken Erbes zu gelten und daß sie die neue byzantinische Zierweise: Filigran und engzellige Verglasung, an die anderen Stämme, darunter auch die Franken, weitergegeben hätten. Obwohl schon lange ernste Bedenken gegen diese langobardische Mittlerrolle vorgebracht worden sind, war sie immerhin noch vertretbar, solange außer verhältnismäßig späten Beispielen keine früher zu datierenden Stücke aus dem Bereich der fränkischen Herrschaft vorlagen [10].
Das neu gefundene Kölner Grab aber bringt jetzt mit den Buckeln der beiden Scheibenfibeln und übrigens auch mit der Zierweise anderer Schmuckstücke seines reichen Inventars den Nachweis, daß dergleichen angeblich langobardische Elemente bei den Franken heimisch und schon innerlich „erworben" waren, daß sie also von den fränkischen Goldschmieden selbst angewandt wurden zu einer Zeit, als die Langobarden sich erst anschickten, nach Italien zu gehen (568), wo es dann, wie schon angedeutet wurde, noch lange dauerte, bis sie selbst sich die neuen Formen zu eigen machten. Es erscheint ausgeschlossen, das Kölner Grab wesentlich später als in die Mitte des 6. Jahrhun-

[8] Eine ganz neue Wertung der Bügelfibeln, die in diesen gewiß merkwürdigen Erzeugnissen „nicht nur eine Brosche, ein Schmuckstück der Frauen", sieht, sondern ihnen einen „tiefen geistigen Sinn, einen Symbolwert von starkem Gehalt", zuschreibt, bringt H. Kühn: Über Sinn und Bedeutung der Bügelfibel in der Völkerwanderungszeit, Ipek 19, 1954 – 1959, 49 f.

[9] J. Werner, Die Langobardenfibeln aus Italien, Berlin 1950.

[10] N. Aberg, Die Goten und Langobarden in Italien, Uppsala 1923; ders., Die Franken und Westgoten in der Völkerwanderungszeit, Uppsala 1922; J. Werner, Münzdatierte austrasische Grabfunde, Berlin 1935; dagegen H. Rupp 1937, F. Rademacher 1940 und W. Holmquist, Kunstprobleme der Merovingerzeit, Stockholm 1939, 282 ff.

18

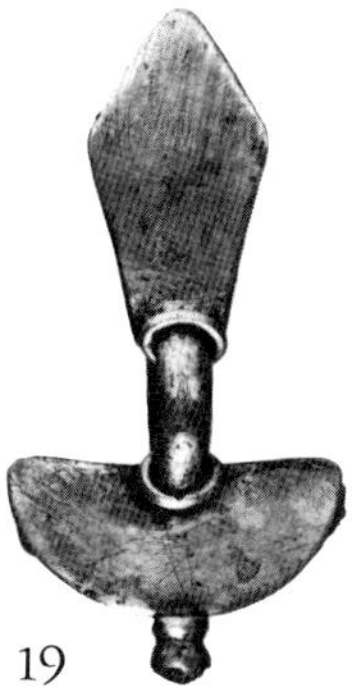
19

20

21

22

Abb. 18 – 23. Bügelfibeln. Köln, Röm.-Germ. Museum.

Abb. 24. Goldene Bügelfibel, Frauengrab, Kölner Dom.

23

24

derts zu datieren. Dabei kann von den acht teilweise viel älteren Goldmünzen, die an den Halsketten hingen, abgesehen werden. Von entscheidender Bedeutung sind aber die vier Geldstücke, die als kursierende Münzen im Grab lagen: ein Solidus und eine Siliqua des Anastasius (491 – 518) und Theoderichs des Großen zu Häupten des Sarges, und im Sarge selbst, an der Stelle, wo die Tasche der Verstorbenen ihren Platz hatte, eine Halbsiliqua Theoderichs des Großen (474 – 526) und eine solche des Athalarich (526 – 534). Keine Münze war abgegriffen, und vor allem das zuletzt genannte winzige ostgotische Silbergeld kann nicht sehr lange umgelaufen sein, bevor es mit der Tasche der Toten in das Grab kam. Die Bestattung wird also um die Mitte des 6. Jahrhunderts erfolgt sein.

Kurz vor der Jahrhundertmitte (548) starb der merowingische König, der nächst Chlodwig als der bedeutendste anzusehen ist: Theudebert I. von Austrasien, ein Enkel Chlodwigs. Gregor von Tours zählt die späteren Jahre seiner Geschichte der Franken jeweils am Ende eines Buches nach diesen beiden Königen.
Theudeberts Vater ist Theuderich I., „*Hugo Theodoricus,* d. i. der Franke, weil einst alle Franken Hugones genannt wurden“ [11]. Theudebert selbst, der Sohn, ist der Wolfdietrich der Sage, in dessen

[11] Quedlinburger Annalen, um 1000 n. Chr.

Gestalt aber auch Züge des Vaters, Hugdietrich, und des Großvaters Chlodwig (auch „Huga") zusammengeflossen sind. Als beim Tode Chlodwigs (511) sein ältester Sohn Theuderich den östlichen Teil des Reiches mit Köln erhielt, berichtet Gregor von Tours: *„Habebat iam tunc Theudoricus filium nomen Theudobertum, elegantem atque utilem* [12]." Er will damit sicherlich nicht sagen, daß dieser Sohn ein Elégant, eine „herrliche Erscheinung", ein „stattlicher und wackerer Mann", „handsome and valiant", „d'une beauté et d'un mérite remarquables" war, sondern er will offenbar hervorheben, daß sein Geist der römischen Gesittung und Kultur aufgeschlossen war. Was wir von ihm hören, entspricht dem durchaus. Er mußte erst von seinen getreuen Franken dazu gebracht werden, seine römische Frau, die er aus der Provence mitgebracht hatte, zu entlassen und endlich die ihm seit langem verlobte langobardische Könistochter heimzuführen. Er ging mit Energie daran, das römische Steuersystem durchzusetzen, und bediente sich dabei des windigen Parthenius, also auch eines Griechen oder Römers, auf den sich dann nach dem Tode des Herrn die ganze Wut der von der Steuer bedrückten Franken entlud. Schließlich sorgte Theudebert auch für die wirtschaftliche Hebung der Städte seines Reiches, und bei alledem stützte er sich auf die römische Kirche. Von ihm wurde also, wie seit langem erkannt ist, die Kaiserpolitik des Mittelalters vorgezeichnet. Er bekriegte die Sachsen, eroberte Thüringen und gliederte Bayern seinem Reiche an, fiel in Italien ein, schlug Ostgoten und Byzantiner, nahm von beiden Subsidien und rüstete schließlich zu einem Kriegszug gegen Byzanz selbst, dessen Ausführung durch seinen Tod verhindert wurde [13].

Die ganze Weite seiner umfassenden Ziele und Ansprüche kommt auf seinen Münzen zum Ausdruck. Die Goldprägung galt damals als alleiniges Vorrecht der oströmischen Kaiser. Die germanischen Könige prägten die römischen Goldmünzen und vielfach auch das Silbergeld mit dem Bilde und der Aufschrift der Kaiser nach. Allenfalls fügten sie ihr Monogramm hinzu; nur auf Silbermünzen nannten sie ihren eigenen Namen und ihren Rang als König. Theudebert aber hatte die für seine Zeit unglaubliche Verwegenheit, seinen eigenen Namen um das Kaiserbild der Goldsolidi zu setzen: DOMINUS NOSTER THEUDEBERTUS PATER PATRIAE AUGUSTUS. Auch aus seiner Kölner Münzstätte gingen solche Solidi hervor [14].

Von Chlodwig, der die letzte römische Herrschaft in Gallien beseitigte, aber seinerseits von Kaiser Anastasius das Patent als Konsul erhielt, bis zu seinem Enkel, der sich selbst Augustus nannte, und weiterhin sind die Bindungen des Frankenreiches an die Welt der Antike und ihr unmittelbarer Kontakt mit der Kultur des Mittelmeeres nicht abgerissen. Es liegt somit, auch von der allgemeinen historischen Situation her gesehen, kein Grund vor, die Langobarden, die erst spät zum Süden zogen und in Italien lange Zeit ohne König und staatliche Ordnung mehr neben als in der antiken Tradition lebten, als Vermittler kultureller Errungenschaften zwischenzuschalten.

Mir scheint, daß die wirklichen Verhältnisse in ihren Grundzügen selbst noch hinter dem Gestrüpp der späten fabulierenden Heldensagen zu erkennen sind. Der langobardische König (Ortnit) erkämpfte sich unter allerlei Gefahren ein schönes südländisches Weib, wurde aber dann von einem Drachen verschlungen. Der fränkische Wolfdietrich ist es, der diesen Drachen tötete.

Wenn wir das Rankenwerk der Sage beiseite schieben, dann erkennen wir im Stamm und in den Wurzeln auch die Zusammenhänge, die entsprechend dem Gang der Geschichte die besondere Stel-

[12] Gregor von Tours, Hist. 3, 1.

[13] Über Theudebert vgl. W. Schultze, Das merovingische Frankenreich, Stuttgart 1896, 116 ff.; ders. in Gebhardts Handbuch der Deutschen Geschichte, 7. Aufl., 1930, 102; A. S. Cooks in Journal of English and Germanic Philology 22, 1923, 424 – 427.

[14] A. Suhle, Die deutschen Münzen des Mittelalters (Handbuch der Staatlichen Museen), Berlin 1935, 11 f.; W. Hävernik, Die Münzen von Köln, Köln 1935, 15, Nr. 4, Taf. 1. Man vgl. Prokop, Gotenkrieg 3, 33 „und jetzt haben sie (die Franken) schon den Vorsitz bei den Zirkusspielen in Arelate und prägen aus gallischem Gold eine Münze, welche nicht, wie es sich gehört, das Bildnis des Kaisers, sondern ihr eigenes zeigt. Selbst der Perserkönig prägt nur Silbermünzen; Goldmünzen aber darf kein Barbarenherrscher prägen, selbst wenn sein Land Gold hervorbringt – das darf nur der Kaiser tun." Geschichtsschreiber der deutschen Vorzeit 7, 248.

lung der Franken hervortreten lassen. Die fränkische Heldensage hat wie die gotische ihren Dietrich. Das historische Urbild ist Theudebert I., *„elegans atque utilis"*, wie wir bereits sahen. Auch der historische Dietrich der Goten, Theoderich, wird in seiner Jugend als ein *„elegans puerulus"* bezeichnet, damals nämlich, als er am byzantinischen Hofe selbst mit den elegantiae einer sinkenden Weltkultur vertraut wurde. Von beiden, dem Goten und dem Franken, berichtet die Sage die Geschichte ihrer Verbannung. Und doch besteht ein grundlegender Unterschied. Der Ostgote Dietrich von Bern erduldet ungewöhnlich abenteuerliche Dinge und geht als Sieger aus ungezählten Kämpfen und Schlachten hervor. Aber er kehrt dann doch nach der Rabenschlacht an den Hof Etzels zurück. Er bleibt der Gefolgsmann, und dieses Vasallenverhältnis ist der eigentliche Grund für seine heldischen Konflikte, die ihn zur beliebtesten Sagenfigur des Mittelalters werden ließen. Viel weniger kompliziert liegen die Dinge bei dem Franken Wolfdietrich. Er kommt aus dem Exil zurück, kämpft zusammen mit seinen Getreuen in der Heimat um sein Erbrecht, das ihm als Bastard streitig gemacht wird, und tritt das Erbe auch wirklich an. So reißen auch die Franken das Erbe des römischen Reiches an sich. Theudebert nennt sich Augustus, und ein Franke wird später Kaiser, während die Goten nur die Verwalter dieser Erbschaft sein wollten und sich immer vor der Majestät des Kaisers gebeugt haben.

Die Brücke aber, über die die Franken in das Reich und zu ihrem Erbteil kamen, war die Stadt, die die Römer gegründet hatten, um umgekehrt die Pax Romana auch über den Rhein zu bringen, die Stadt, in der noch 310 n. Chr. Konstantin eine feste Brücke zum rechten Ufer baute. Wo anders konnte es geschehen als in dieser colonia, wo die Franken sich „gewissermaßen als Pächter (coloni)" [15] niederließen und so den ersten Schritt zum Abendland hin machten. Der Boden Kölns gibt endlich die lange entbehrten Zeugnisse für diese welthistorische Wendung her, und erfreulicherweise sind sie so beschaffen, daß sie die Bedeutung dieses Ereignisses ahnen lassen.

[15] Liber Hist. Francorum 8.

Otto Doppelfeld

Das fränkische Knabengrab unter dem Chor des Kölner Domes

Aus: Germania 42, 1964, 156 – 188

Die Auffindung der beiden fränkischen Gräber unter dem Kölner Domchor ist für alle Beteiligten eine große Überraschung gewesen, denn keiner hatte damit rechnen können, hier intra muros auf so frühe Gräber zu stoßen. Die Aufdeckung war darüber hinaus einem besonderen Glücksfall zu verdanken. Die Gräber lagen nämlich etwa 1 m unterhalb der Sohle der ersten Ausbaustufe der neuen Krypta des Domes, wären also programmgemäß erst sehr viel später entdeckt worden, nämlich bei dem geplanten Vorhaben, die Grabung nach der Fertigstellung der Krypta und der neuen Gruft der Erzbischöfe in einem zweiten Arbeitsgang von diesen neu zu schaffenden Räumen abwärts bis zum gewachsenen Boden hinunter zu treiben. Daß den Gräbern schon ihres Inhaltes und ihrer Lage wegen eine besondere Bedeutung für die Probleme der Domgrabung sowohl wie auch für die Geschichte der Stadt und der fränkischen Kunst überhaupt zukommt, war von vornherein klar. Dies war auch der Grund, das zuerst entdeckte Frauengrab mit seinem Inventar der Forschung ohne Zögern vorzulegen, obwohl das zweite, das des Knaben, inzwischen bereits entdeckt war [1]. Es war dies um so leichter zu machen, als das erste Grab, dasjenige der Frau, nur verhältnismäßig wenige Bergungs- und Konservierungsschwierigkeiten bereitete, und andererseits mit seinem hochbedeutsamen Inhalt die ganze Fülle der durch die Gräber gestellten Fragen aufgeworfen hatte, für die die Untersuchung des zugehörigen zweiten Grabes nur noch ergänzende Zusätze bringen konnte. Außerdem bestand die Absicht, die Bergung dieses zweiten Grabes, das nach dem ersten Einblick nicht für das eines Knaben, sondern für ein Männergrab gehalten wurde, auf unbestimmte Zeit zu verschieben.

Bergung

Zu dem Entschluß, die Untersuchung des zweiten, an das Fußende des ersten anschließenden Grabes aufzuschieben, waren wir genötigt, weil der erste Blick, den wir nach der Entleerung des Frauengrabes hineinwarfen, gezeigt hatte, daß die Bergung wegen der weitgehend erhaltenen Holzreste sehr viel schwieriger sein würde und zweckmäßig von oben her erfolgen sollte. Daher wurde die abgesprungene Ecke am rechten Kopfende des Plattengrabes, deren Entfernung uns den ersten Einblick freigegeben hatte, wieder fest angefügt und abgewartet bis die nötigen Abstützungen es uns ermöglichen sollten die gut 5 m hohe Erdwand über dem Grabe abzutragen. Die schwierigen Betonierungen zogen sich aber lange hin, und als wir nach 5 Monaten die Ecke des Grabes zur Kontrol-

[1] Frauengrab: O. Doppelfeld, Germania 38, 1960, 89 ff. = hier S. 264 ff.; ders., Kölner Domblatt 16 – 17, 1959, 41 ff.; ders., Die Rosettenfibeln aus dem Kölner Dom. Mouseion, O. H. Förster-Festschrift (1960) 168 ff. = hier S. 309 ff.

le wieder öffneten, zeigte ein Vergleich mit dem zuerst gemachten Foto, daß die schwammigen Hölzer bereits sichtlich in sich zusammenzusinken begannen; auch sah man an verschiedenen Stellen weiße Schimmelpilze, die vorher nicht beobachtet worden waren. Die geringe Menge Frischluft, die bei der ersten Öffnung eingetreten war, begann sich also schon auszuwirken. Wir waren gezwungen, die schwierige Bergung der unzähligen, wirr durcheinander liegenden Teile vom Kopfende des Grabes her vorzunehmen, denn die Erde über dem Grabe war in damals absehbarer Zeit nicht abzutragen; es geschah denn auch in Wirklichkeit erst 3 Jahre später. So wurden Anfang 1960 alle Vorbereitungen für die Arbeit in dem engen Schacht getroffen, ein rollbarer Plan für den Maßstab 1 : 1 konstruiert, eine Meßvorrichtung zum Einschieben in den Schacht und eine ähnliche Schiebevorrichtung für Weitwinkelaufnahmen mit Kleinbildkameras gezimmert, ein Diktiergerät und eine Bolex-Filmkamera 16 mm beschafft, Konservierungsmittel und Sprühgeräte, sowie Tabletts mit elastischen Böden aus Juteleinwand bereitgestellt. Es wurde angeordnet, daß jedes entnommene Stück sofort eine vorläufige Nummer, bestehend aus einem Buchstaben und einer Ziffer, erhielt und entsprechend im Plan einzuzeichnen sei, wobei durch den gleichen Buchstaben die vermutlich zueinandergehörigen Teile zusammengefaßt werden sollte. Diese erste Bezifferung ist unabhängig von der im folgenden Katalog gegebenen endgültigen und systematischen durch fortlaufende arabische Ziffern. Die schwierigen Arbeiten, die sich über drei Monate hinzogen, haben der örtliche Vertreter des Verfassers, Herr W. Schneider von der Kölner Dombauhütte, und der Kollege V. Sribar aus Ljubljana, der sich eben zu dieser Zeit zur Weiterbildung bei der Domgrabung befand, einträchtig und mit nimmermüdem Eifer durchgeführt. Je tiefer wir dabei in das Grab hineingingen, um so schwieriger wurde es, besonders nachdem eine zur Sicherung unter die gesprungene mittlere Deckplatte eingebaute Abstützung den an sich schon schmalen Raum noch mehr verengte. Als technische Hilfe wurde Frl. Beate Nagel, damals Schülerin an den Kölner Werkschulen, für die Bergung des Grabes eingestellt. Die Konservierung der Funde haben hauptsächlich die Restauratoren J. Schmitz und H. Müller vom Römisch-Germanischen Museum Köln durchgeführt, teilweise

Blick auf das geleerte Frauengrab und Öffnung des Knabengrabes. Links merowingische Mauer, darüber Betonfundament. Ansicht von SW.

aber auch die Ausgräber selbst, das Römisch-Germanische Zentralmuseum in Mainz und Experten der Chemischen Industrie[2].
Die Funde sind wie die des Frauengrabes im Römisch-Germanischen Museum Köln als Leihgaben der Hohen Domkirche ausgestellt.

Lage

Die Frage nach der Stellung der beiden Gräber in der Topographie der Nordostecke der Römerstadt und ihrer Bedeutung für die Vorgeschichte der Domkirche ist zwar bei weitem noch nicht geklärt, sondern im Gegenteil viel verwickelter geworden als wir zuerst annahmen. Immerhin haben sich die beim ersten Bericht[3] gemachten Feststellungen und Vermutungen als richtig herausgestellt. Gräber aus so früher Zeit innerhalb der Römerstadt lassen auf die Nachbarschaft eines kirchlichen Gebäudes schließen. Von diesem Bauwerk waren zunächst nur eine Ecke und der Estrichboden bekannt. Inzwischen liegt sein ganzer Grundriß fest; es war ein kleines Oratorium mit abgesetzter und leicht gestelzter Apsis im Osten, knapp 6 m breit und 11 m lang (Plan S.323).
Anscheinend gleichzeitig mit der Herstellung der beiden Gräber wurde dieses Oratorium niedergelegt und durch einen Rundbau von knapp 6 m Durchmesser mit Eingang von Osten ersetzt („Rotunde"). In dieses Rund scheint wiederum später eine rechteckige Kammer gebaut worden zu sein. Die zeitliche Stellung der Gräber zu den genannten kleinen Bauwerken ist noch nicht geklärt und wird sich vielleicht auch nie ganz aufklären lassen, da es sich um vielfach gestörte geringe Reste einer sehr unregelmäßigen Architektur mit schlechten, welligen Böden handelt. Soviel ist indessen sicher, daß der erstgenannte Bau mit Apsis niedergelegt war, als die Gräber in die Erde kamen, und demnach wohl in die Zeit unmittelbar nach dem Ende der Römerherrschaft (450) zurückgeht. Fernerhin steht fest, daß dies Oratorium ebenso wie die nachfolgende Rotunde zu einer größeren architektonischen Anlage gehörte, weil zugehörige Estrichböden nicht nur in ihrem Inneren, sondern auch an ihren Außenseiten angestrichen waren. Freilich gehen die Meinungen darüber noch auseinander, ob es sich um Kapellen innerhalb eines größeren Gotteshauses handelt oder ob sie in einem mit Estrich ausgestatteten Atriumshof standen, dessen Hauptbau dann wohl weiter westlich anzusetzen ist. Die hier bisher angetroffenen Mauern sind noch zu wenige, um sie auch nur versuchsweise zu einem Kirchenbau zusammenzufügen. Auch die Aufklärungen, die wir über die römische Zeit hier inzwischen gewinnen konnten, helfen uns in der Kirchenfrage noch nicht viel weiter, so erfreulich sie an sich sind. Wenn nicht aller Anschein trügt, so haben wir nämlich jetzt die Reste eines Podiumtempels mit Vorhof im Osten angeschnitten, der nach Ausweis der Münzfunde (bis Magnus Maximus, 383 – 388) den ersten Frankensturm von 355 überdauert hat und irgendwann später niedergebrannt wurde, wobei Skulpturenreste, die reliefierten Stücke einer Türumrahmung aus Marmor und Fragmente der Bronzeverkleidung der Tür in den Keller gelangten, wo wir sie jetzt ausgegraben haben. Da dieser Bau aber nicht in der Achse des Domes, sondern in den süd-

[2] Verwendete Konservierungsmittel: 1. Mowilith, Hoechst. – 2. Denn-O-Plast, Chem. Industrie Den Haag, zum Vorpräparieren und Festigen von brüchigen Leder- und Hornteilen bei der zeichnerischen Aufnahme. Es wurde anschließend mit dem entsprechenden Lösungsmittel wieder entfernt. – 3. Araldit CY 219, Ciba. Nach einem Gießverfahren von Dr. Werner, Britisches Museum London. Dieses Mittel erwies sich als zu zäh, weil der Verkohlungsprozeß unserer Hölzer zu weit vorangeschritten war und daher Araldit nicht kapillar durchfließen konnte. – 4. Palatal, Badische Anilin u. Soda Werke. Wasserklar zu 50% mit Styrol vermischt ergab ein beinahe wasserflüssiges Mittel, das auch bei Rundhölzern bis zu 50 cm im Gießverfahren nach ca. 20 Min. kapillar durchfloß und die vorher errechnete Menge ganz aufnahm. Beim Zersägen eines Rundholzes wurde eine stabile Ausdehnung über die gesamte Fläche festgestellt. Dieses in Zusammenarbeit mit Dr. chem. R. Jacobi (Sigla) Weinberg, Oberpfalz, entwickelte Verfahren kam endgültig zur Anwendung.

[3] Germania 38, 1960, 90 f. = hier S. 264 f.

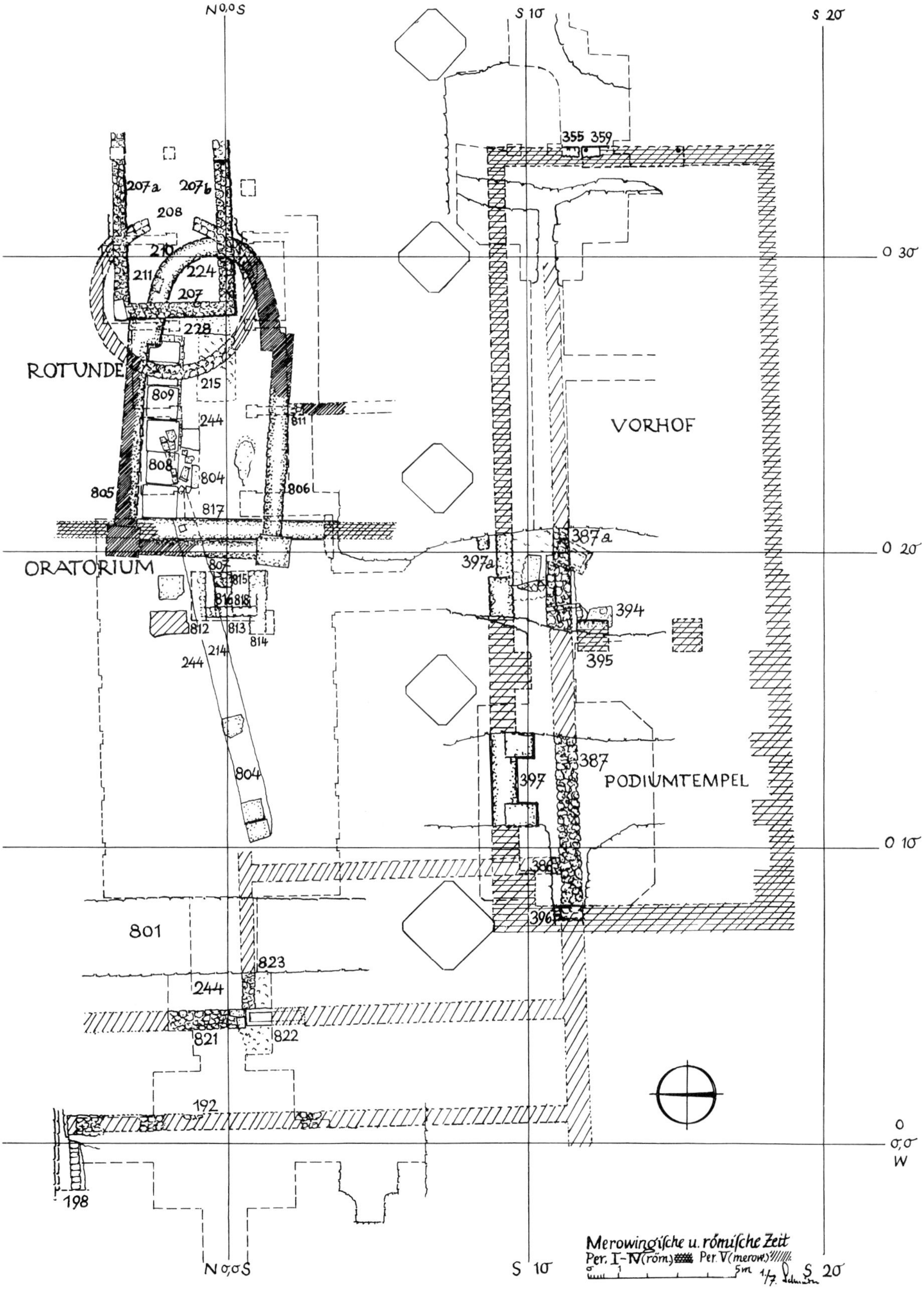

Kölner Dom, Knabengrab. Übersichtsplan (oben) und Profil (unten) der Grabung im Domchor. Nr. 809 Knabengrab.
Maßstab 1 : 200.

lichen Seitenschiffen stand, kann er zur Geschichte der ersten Domkirche nicht allzuviel aussagen; seine Ruinen haben offenbar noch bestanden als die christliche Kirche oder deren Atrium sich an seine nördliche Flanke anlehnte. – Der sehr verwickelte und noch nicht völlig geklärte Stand der Ausgrabungen ist im XV. Bericht der Domgrabung dargestellt, dem der hier beigegebene Planausschnitt entnommen ist (Plan S. 323) [4].

Grabbau

Die Grabkammer ist mit ihren lichten Maßen von 0,90 : 2,20 : 0,80 m (Höhe) nur wenig breiter und höher, aber 80 cm kürzer als die der Frau. Wie diese ist sie aus Steinplatten zusammengesetzt, über deren Herkunft noch nichts zu sagen ist, da sie bisher nur von der Innenseite freigelegt sind. Lediglich die Kopfplatte ist bisher ganz sichtbar geworden. Es ist eine 20 cm starke Kalksteinplatte mit sauberem Karnies und Viertelstab zwischen Plättchen, also eine Spolie von einem römischen Bau, die man verwendete, wie sie sich vorfand, indem man sie seitlich überstehen ließ. In ähnlicher Weise sind wohl auch die übrigen Platten so verwendet worden, daß nur das Innere der Kammer ein regelmäßiges Geviert findet. Immerhin reichten die Platten für den Boden aus, während beim Frauengrab ein freibleibender Streifen mit hartem Lehm ausgestampft werden mußte. Die drei Deckplatten waren gleichmäßig und offenbar für den Zweck eigens zugeschnitten.

Wie beim Frauengrab stand der Holzsarg – hier die zierlich gedrechselte Totenlade – mit dem Kopfende hart an der westlichen Schmalseite der Steinkammer (Abb. 1). Auch war der Platz davor für die Beigaben vorgesehen, die beim Knaben allerdings dicht gedrängt und die ganze Kammer ausfüllend lagen; die sperrigen Waffen waren nicht anders als zu beiden Seiten der Totenlade unterzubringen. Nur die Spatha und die beiden Futterale mit je zwei Messern waren ebenso wie der Zepterstab und die Birkenrute im Sarg selbst untergebracht. Schild, Bogen und Pfeile lagen links, Francisca, Ango und Lanze rechts neben dem Sarg. Zu Füßen stand ein großer Stuhl, auf dem ein Teil der vielen Sachen lag, die nicht alle daneben und darunter Platz fanden. An seiner Lehne muß der Helm gehangen haben. Die Beisetzung war nicht wie beim Frauengrabe mit einem Teppich, sondern mit langen Brettern abgedeckt. Diese Bretter haben ebenso wie die des Schildes beim Zerfall der Möbelstücke die bereits vorher zerfallenen Beigaben vor allem in der Umgebung des Stuhles durcheinander gewürfelt. Eine Störung von außen wurde nicht beobachtet; Wasser oder Erde sind nicht eingedrungen.

Der nun folgende Katalog des Inventars ist der Einteilung der Beigaben des Frauengrabes angepaßt und greift auf die in drei aufeinanderfolgenden Aufsätzen im Kölner Domblatt gegebenen Beschreibungen zurück [5].

[4] Kölner Domblatt 21 – 22, 1963, 105 ff. = hier S. 392 ff.

[5] Ebd. 18 – 19, 1960, 85 ff. (Totenlade und Stuhl); 20, 1961 – 62, 103 ff. (Helm); 21 – 22, 1963, 49 ff. (Rest).

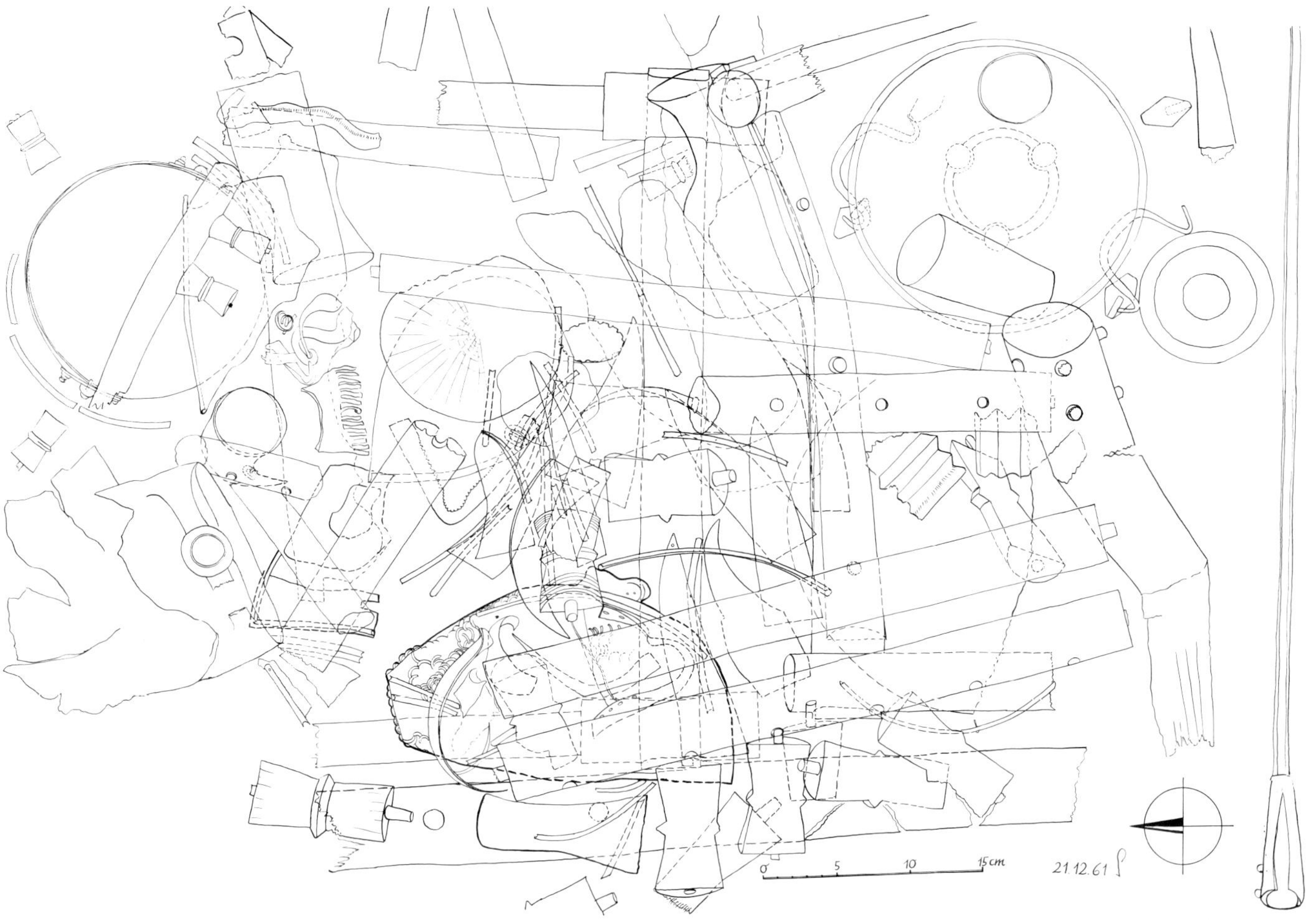

Fränkisches Knabengrab im Kölner Dom, Grundriß des Fußendes mit den Resten des Helmes und allen anderen Funden (vgl. Kölner Domblatt 1960, S. 88, Taf. I). – Maßstab 1 : 5.

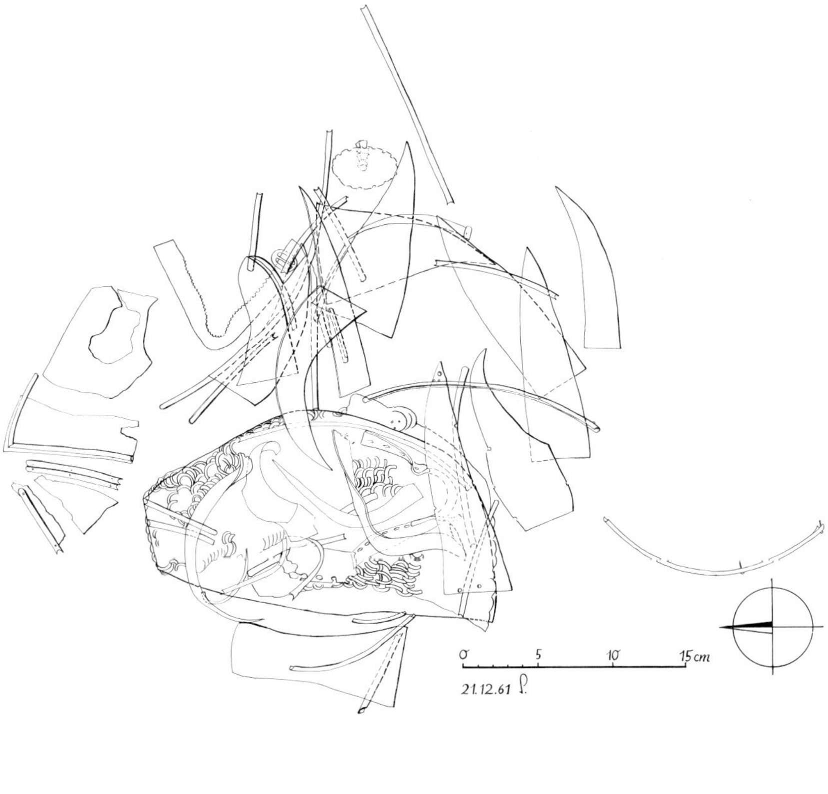

Lagerung der Reste des Helmes im Grab. – Maßstab 1 : 5.

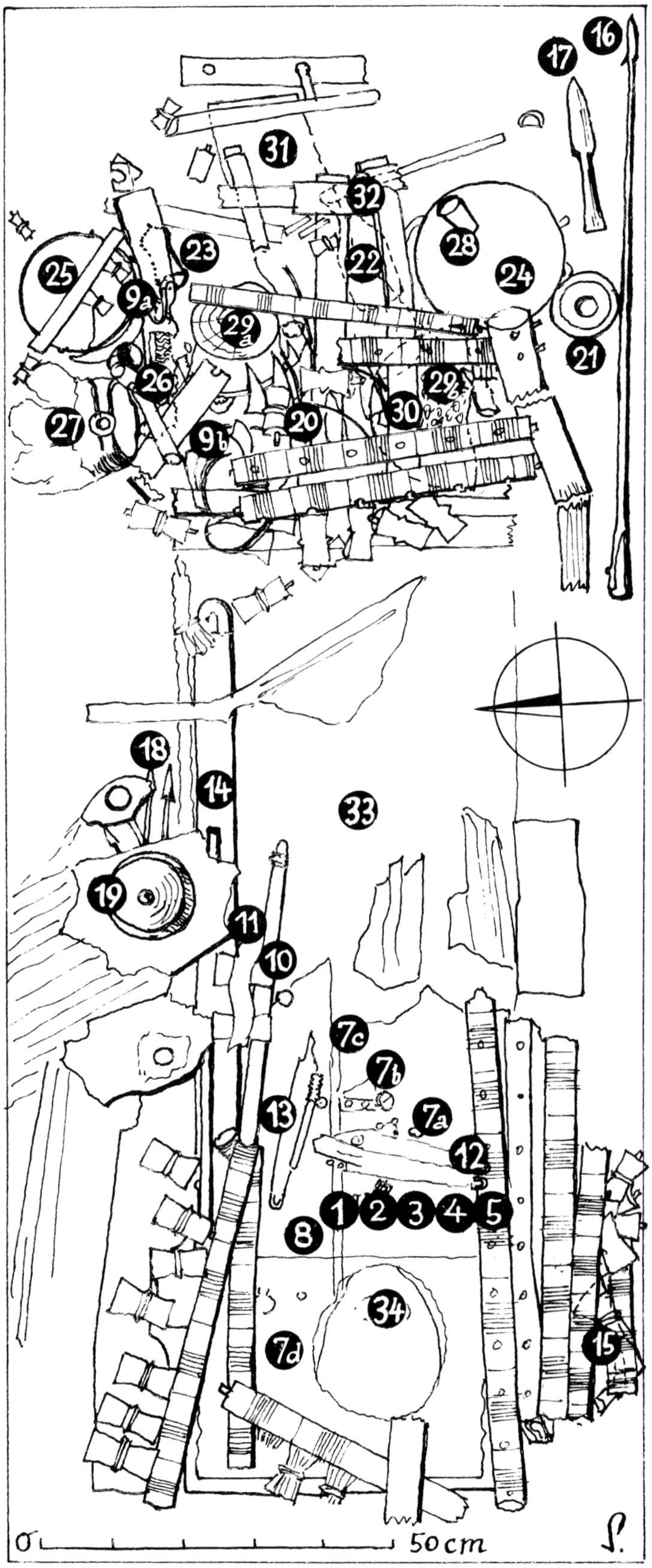

Abb. 1. Kölner Dom, Knabengrab. Plan mit Fundstellen (Fundnummer = Katalognummer S. 327 ff.). – Maßstab etwa 1 : 10.

Münzen
1. Silbermünze einseitig hohlgeprägt
2. Silbermünze einseitig hohlgeprägt
3. Silbermünze einseitig hohlgeprägt
4. Silbermünze einseitig nicht hohlgeprägt
5. Silbermünze einseitig nicht hohlgeprägt

Kleidung und Schmuck
6. Goldener Fingerring
7 a. Silberne Gürtelschnalle
7 b. Flache Silberschnalle mit Riemenstück
7 c. Lederreste
7 d. Textilreste
8. Goldene Knöpfe
9 a. und b. Fausthandschuhe

Holzstäbe
10. Gedrechselter Stab (Zepter?)
11. Birkenrute

Trutzwaffen
12. Futteral mit zwei Messern
13. Messerbesteck
14. Langschwert (Spatha)
15. Streitaxt (Franciska)
16. Wurfspieß (Ango)
17. Lanzenspitze
18. Pfeilspitzen

Schutzwaffen
19. Schild
20. Helm

Gläser
21. Große Glasflasche
22. Kleine Glasflasche
23. Sturzbecher

Bronze und organische Stoffe
24. Bronzebecken
25. Holzeimer
26. Trinkhorn
27. Holzflasche (Pilgerflasche)
28. Trinkbecher
29 a. Holzschälchen
29 b. Holzschälchen
30. Holzteller
31. Lederbeutel

Stuhl
32. Der Stuhl

Totenlade mit Abdeckbrettern
33. Reste des Totenbettes

Liste der Beigaben

Münzen (Taf. 38)

Die einzigen Münzen des Grabes, fünf ganz dünne, einseitig geprägte Silbermünzchen fanden sich unterhalb der Messer des Futterals (12) auf der Brust des Knaben und haben wohl in diesem jetzt sehr stark zerfallenen Futteral gesteckt.

1. Dünne Silbermünze (a), einseitig hohlgeprägt nach Art der mittelalterlichen Brakteaten. Im scharf geschnittenen Perlkreis ebenso scharf geschnittene sinnlose Buchstaben (VMNEN) und Zeichen, die zweifellos auf ein mehrfach vereinfachtes und barbarisiertes römisches Münzbild zurückgehen, mit sitzender behelmter Roma mit umgekehrter seitlich gehaltener Lanze und Victoria auf Globus in der anderen vorgestreckten Hand (ähnlich unten bei Nr. 4, aber mit Blickrichtung nach rechts). Das Faldistolium ist als markantes X Zeichen gut auszumachen. Die Victoria auf der ausgestreckten Linken ist zu zwei Perlreihen aus 7 und 3 Punkten geworden, während die hantelförmige Rechte sich mit dem Lanzenschaft zu einem Kreuz fügt. Der Faltenbausch auf der Brust ist zu vier fächerartig angeordneten Strichen geworden, der Kopf zu einem Punkt, an dem man in der Form des Hakens noch die Crista des Helms erkennen kann. – Wohl stempelgleich mit den Schwarzrheindorfer Münzen[6]. – Ganz erhalten und gesäubert; Dm. 1,33 – 1,44 cm; Stärke 0,3 mm; Gewicht 0,102 g.
2. Silbermünze gleichen Schlags wie Nr. 1 (b), lädiert. Bei der Auffindung war der Perlkranz noch ganz erhalten, das Silber aber so zersetzt, daß von einer Reinigung der Rückseite abgesehen wurde. Sicher stempelgleich mit 1. Geringe Abweichungen sind auf partiellen Doppelschlag zurückzuführen, der bei einer Lederunterlage leicht erklärlich und auch bei 1, jedoch an anderen Partien zu beobachten ist. – Dm. 1,45 cm; Stärke 0,3 mm; Gewicht (mit Rost) 0,128 g.
3. Silbermünze gleichen Schlags wie Nr. 1 (c), jedoch noch stärker zerfallen als Nr. 2. Sicherlich vom gleichen Stempel. – Dm. 1,29 cm; Stärke 0,3 mm.
4. Dünne Silbermünze (d), einseitig, jedoch nicht hohl geprägt. Auf der flachen Rückseite nur geringe Spuren des stark vereinfachten Münzbildes der Vorderseite. In ganz schwachem Perlkranz sitzende behelmte Roma nach links. In der Linken Kreuzstab; auf der ausgestreckten Rechten Victoria (?) oder Kreuz (?). Darunter siebenzackiger Stern. (vic)TORI (aAugg). – Am Rande lädiert geborgen; Dm. 1,50 cm; Stärke 0,3 mm; Gewicht 0,118 g.
5. Dünne Silbermünze (e), ebenfalls einseitig und nicht hohl geprägt, wobei jedoch mehr Spuren der Vorderseite rückwärts sichtbar wurden. In dünnem, unregelmäßigem Perlkranz stark barbarisierte und in der gesenkten Armhaltung abweichende nach links schreitende Victoria mit Kranz in ausgestreckter Hand. Im Abschnitt ONO. Umschrift sinnlos VNVNVTVOI-VIIVTNI. – Stark zerfallen, in drei Stücken nicht komplett geborgen; Dm. 1,41 cm; Stärke 0,3 mm.

Kleidung und Schmuck (Abb. 2. 3. 4)

Von der Bekleidung hat sich beim Knaben nur wenig mehr erhalten als bei der Frau. Mit den geringen Textilresten (7 d) ist einstweilen kaum etwas anzufangen. Jedoch legten bei der Sichtung des Materials die verhältnismäßig zahlreichen Lederfetzen die Vermutung nahe, daß der Knabe Leder zeug getragen hat. Bestärkt wurden wir in dieser Annahme, als sich in der Brust- und Bauchgegend drei Schnallen fanden, eine kleine massive aus Silber, die wohl den Gürtel schloß (7 a), eine winzige

[6] W. Haevernick, Mainzer Zeitschr. 24 – 25, 1929 – 30, 100 ff.

goldene, die ohne Zweifel zum Messerfutteral gehörte (12), und eine dritte sehr flach gearbeitete aus Silber, die mit ebenfalls sehr flachen Nieten und einem Lederflansch an ein größeres Leder genietet ist (7b). Diese letztere ist nicht, wie zuerst vermutet wurde, beim Futteral (12) unterzubringen und muß wohl zur Lederkleidung, vielleicht zum Hosenverschluß, gehört haben, womit auch ihre sehr flache Ausführung hinreichend erklärt ist. – Die winzigen Lederfetzen in der Gegend der Füße lassen keine Einzelheiten der Schuhe mehr erkennen. Das Stück Nr. 9a gehört, obwohl bei den Füßen gefunden, nicht zu den Schuhen sondern zu den Fausthandschuhen, deren einer (9b) wie bei dem Frauengrab auf den Rand des Eimers (25) gelegt war. – Sonst gehören zur Kleidung nur noch die drei schönen Goldknöpfe (8), die auf der Brust lagen und vielleicht zum Verschluß eines Lederwamses gehörten. – Das einzige Schmuckstück, der Ring (6), lag an der Stelle der linken Hand.

6. Massiver Goldring (Abb. 4,a). Der kreisrunde gegossene Reif, von halbovalem Querschnitt zeigt an der schwächsten Stelle innen Schlagspuren, die auf eine nachträgliche Erweiterung des Ringes schließen lassen. Der Reif verdickt sich stetig nach vorne, wo durch Abschneiden eine ovale, den Reif nicht überragende Platte gebildet wird, die nur durch eine flache Rille abgesetzt ist. – Dm. im Lichten 13,5 mm; Gewicht 4,4 g.

7a. Silberne Gürtelschnalle (Abb. 2,a). Oval mit halbrundem, innen und an der Unterseite abgeflachtem Querschnitt und Schilddorn. – Br. 2,4 cm. Zugehörige Riemenreste wurden nicht gefunden.

7b. Flache Silberschnalle (Abb. 2,b). Mit deutlichen Spuren von Vergoldung; flacher ovaler Rahmen und ebenso flacher Schilddorn. – Br. 2,3 cm. – Dazu kurzes Riemenstück mit 2 flachen Silbernieten, das, da es glatt abgeschnitten ist, nicht der Rest eines Gürtels sein kann, sondern zur Befestigung der Schnalle an dem fast ganz vergangenen größeren Lederstück diente, das darunter gefunden wurde und noch deutliche Schnittkanten erkennen ließ (Bundende einer Lederhose?).

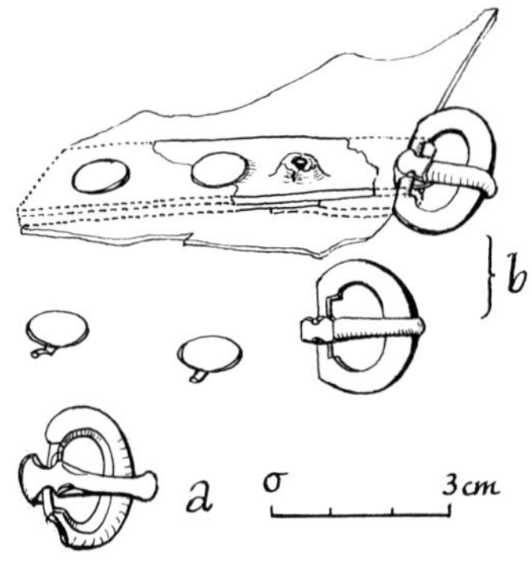

Abb. 2. Kölner Dom, Knabengrab. a Silberne Gürtelschnalle, b Gewandrest (Leder) mit einem Riemenstück und flacher Silberschnalle. – Maßstab 1 : 2.

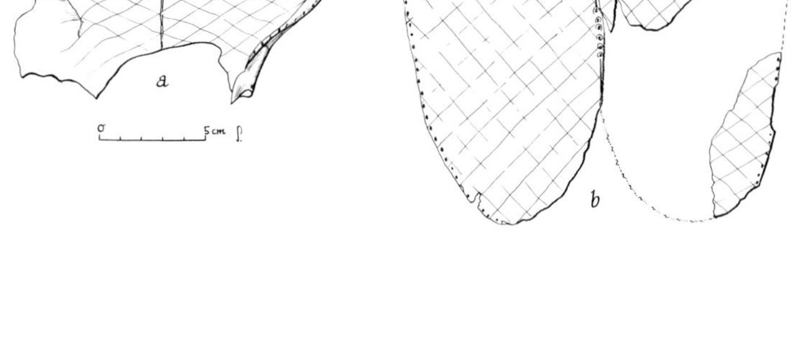

Abb. 3. Kölner Dom, Knabengrab. Fragmente kleiner Fausthandschuhe. Maßstab 1 : 4.

Tafel 38. Kölner Dom, Knabengrab. Fünf Silbermünzen. – Maßstab etwa 2,5 : 1.

7 c. Lederfetzen, nicht mehr zu identifizieren.

7 d. Textilspuren verschiedener Art, noch nicht näher untersucht.

8. Drei goldene Knöpfe (Abb. 4,b). Aus glatten Kugelsegmenten mit Perlreif an der Basis und hinten angelöteten Schlaufen, von denen nur eine ganz erhalten ist. – Dm. 8,9 und 12 mm.

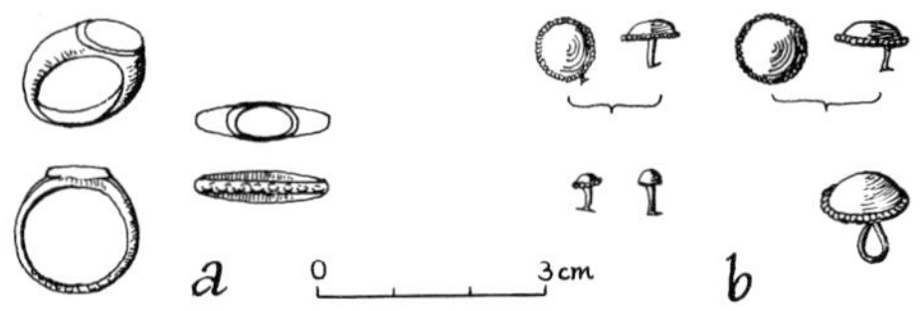

Abb. 4. Kölner Dom, Knabengrab. a Goldener Figerring, b Goldene Knöpfe und Nieten. – Maßstab 1 : 2.

9 a. b. Zwei kleine Fausthandschuhe (Abb. 3, a. b). Aus sehr weichem, 1 mm starkem Leder, dessen Oberfläche durch eingestrichene Linien gegittert ist. Der Rand an der Öffnung des einen Handschuhs war eingerollt und mit schrägen Stichen umsteckt, während der Rand des anderen mit einer Zierkante abschloß. Am Ansatz des Daumens sind noch die Stiche der einfachen Heftnaht zu sehen. Starke Verschleißspuren. – Größe der auseinandergefalteten Reste 12 : 17 cm.

Holzstäbe (Abb. 5 u. Taf. 40, 3.4)

An der linken Wand der Totenlade, noch in dieser, lagen zwischen der Spatha (14) und dem zweiten Messerbesteck (13) zwei Holzstäbe von sehr unterschiedlicher Art, deren Bedeutung noch nicht hinreichend geklärt werden konnte.

10. Gedrechselter Holzstab (Zepter?) (Abb. 5). Ursprünglich drehrund, jetzt stark verfallen, in sich zusammengesunken, von ovalem Querschnitt. Die beiden Enden waren einigermaßen erhalten; in der Mitte war ein etwa 2 cm langes Stück fast ganz weggefault, konnte aber nach Form und Größe anhand des Befundes im Grabe ergänzt werden. Das schwächere mit einem glatten Knopf endende Stück war nach der Lagerung zu urteilen der Griff, der durch zwei Wülste und Gruppen von Drehrillen von dem gleichlangen, aber kräftigeren oberen Teil getrennt wird. Letzterer verjüngt sich konisch und endet in einer Spitze, die durch drei scharfkantige gedrechselte Ringe und einige Drehrillen abgesetzt ist. – L. 54 cm; Dm. bis zu 3 cm. – Sicher wohl Herrschaftszeichen und nicht wie ein ganz ähnliches Stück aus dem Osebergfund[7] eine Spindel. Das sog. Zepter aus einem Grabe von Oberflacht ist Teil eines Leuchters.

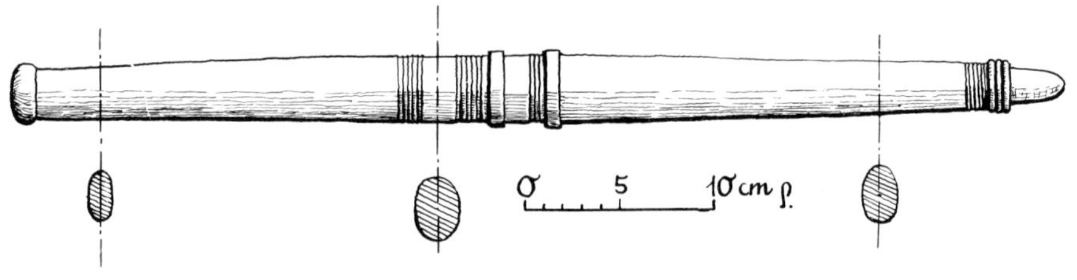

Abb. 5. Kölner Dom, Knabengrab. Gedrechselter Stab (Zepter?). – Maßstab etwa 1 : 5.

11. Birkenrute, an den Enden glatt zugeschnitten, war fast ganz zerfallen; geborgen wurden nur noch einige Reste der Rinde. – L. 74 cm; Dm. 1,5 cm. – Vgl. die sicherlich aus Vorstellungen des Volksglaubens auch in alamannischen Gräbern gefundenen Birkenruten.

[7] A. W. Brøgger und H. Schetelig, Osebergfundet 2 (1928) Abb. 110.

Trutzwaffen (Abb. 6. 7. 8 u. Taf. 40, 1. 2. 5)

Auf der Brust des Knaben lag quer ein Futteral mit zwei gleichen Messern (12); zu seiner Linken fanden sich ein Besteck (13) aus kleinem Sax und Flachmesser, die Holzstäbe (10, 11) und, ebenfalls noch in der Totenlade, die Spatha (14). Es folgten links neben der Lade Bogen und Pfeile (18). Die Francisca (15), deren Blatt mit der Schneide nach Osten rechts neben der Lade in der Höhe des Kopfes lag, ist wohl mit ihrem vergangenen Stiel in die Südwestecke der Steinkammer gelehnt worden. Ango (16) und Lanze (17) lagen mit den Spitzen nach Osten an der Südwand der Kammer.

12. Futteral mit zwei Messern und einem Nadeletui (Abb. 6 u. Taf. 40, 1. 2). Die beiden gleichen Eisenmesser (a, b) mit Holzgriffen steckten in gesonderten Lederscheiden, die, wie man an einigen Stellen erkennen kann, durch eingearbeitete, in der Längsrichtung verlaufende Drähte versteift und mit goldenen Ortbändern verziert waren (c, d). Diese letzteren sind aus U-förmig profilierten Goldbändern gebogen und an den beiden Enden festgenietet. Nur an den Vorderseiten ist das Zwischenfeld mit einer Goldplatte geschlossen, die mit Stückchen einer filigrangeränderten Goldleiste belegt sind. Das Futteral, in dem die beiden Messer mitsamt ihren Scheiden stecken, ist wohl wie folgt zu rekonstruieren. Zunächst wurde eine Lederhülle (e) genäht oder geklebt, aus der die beiden Ortbänder und wohl auch ein gutes

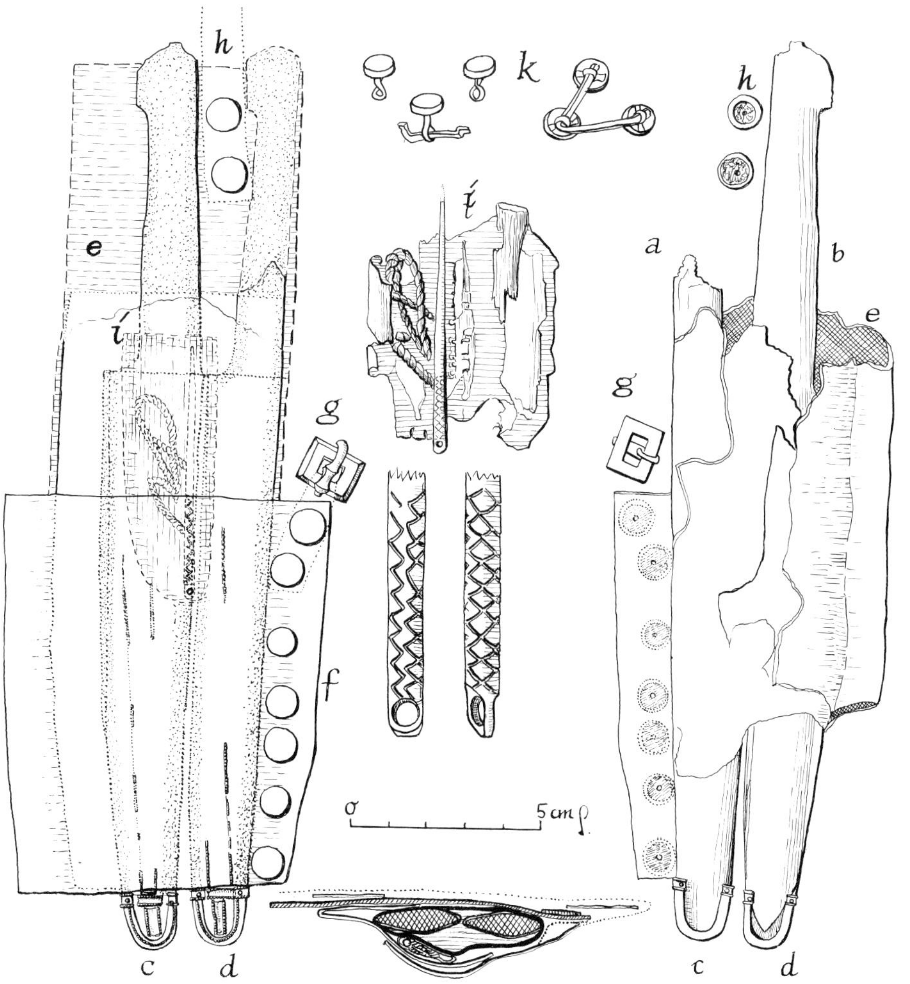

Abb. 6. Kölner Dom, Knabengrab. Futteral mit zwei Messern. – Maßstab 1 : 2.

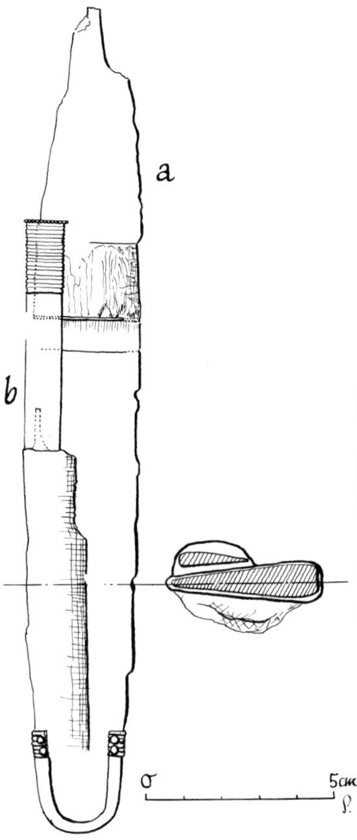

Abb. 7. Kölner Dom, Knabengrab. Messerbesteck. Maßstab 1 : 2.

Stück der Holzgriffe herausragten. Um das Ganze wurde nun eine weitere Hülle, ein Köcher (f) aus steifem Leder gearbeitet, dessen vordere mit Holz versteifte Seite nur die untere Hälfte der Messer – bei wiederum frei herausstehenden Ortbändern – bedeckt, während die nicht erhaltene hintere, am Körper liegende Seite als eine feste, dem ganzen Halt gebende Grundplatte fast die Länge der Messer gehabt haben muß. Die ungleich langen Seiten des Köchers waren wohl aus einem Stück Leder gebogen, dessen Enden mit 7 flachen Goldnieten zusammengeheftet wurden. Mit den beiden oberen von diesen Nieten wurde gleichzeitig wohl die kleine rechteckige Goldschnalle mit Schilddorn (g) an einen kurzen Riemen angenietet. Diese Schnalle gehörte sicherlich zu einem nicht erhaltenen Umhängeriemen, der am oberen, nicht geschlossenen Ende des Köchers angenietet war, da wo zwischen den Griffen zwei weitere Goldnieten gefunden worden sind (h). Wenn man an diesem Riemen die obere freie Lasche des Köchers zurückzog, konnten die mit ihren Griffen dann frei herausstehenden Messer schnell blankgezogen werden. – Zum Futteral gehörten wohl auch noch drei massive Goldbommeln (k), die hart an seiner Unterkante lagen. Wie sie mit dem vierkantigen Lederriemchen, auf das sie gereiht sind, am Futteral befestigt waren, ist nicht mehr zu ermitteln. Die Bommeln sind in eine offene zylindrische Form gegossen und an der leicht konkaven Rückseite mit kräftigen angelöteten Schlaufen versehen. – Eine bemerkenswerte Zutat zum Messerbesteck ist das darin gefundene Ledertäschchen mit verzierter Nähnadel aus Bein und doppelt gezwirnten Wollfaden (i). – L. 24 cm. – Zu vergleichen sind die „messerartigen Eisenstäbe, mit Leder überspannt" und Schnällchen, die auf der Brust der etwa gleichaltrigen Knaben aus St. Severin (5. Jahrhundert) lagen [8].

[8] Germania 25, 1941, 180 ff.

13. Messerbesteck aus Sax und kleinem Messer (Abb. 7). Der kleine, 22 cm lange und 3,8 cm breite Sax (a) hat einen 9 mm breiten Rücken und eine 5 cm lange Griffangel, an der bei der Auffindung noch Spuren des Knochengriffes sichtbar waren. Am oberen Ende der Klinge ist im Eisen eine 2 cm breite umlaufende Zone deutlich abgesetzt, die wenig vertieft und glatter als die übrige Klinge ist. Dies ist aber wohl nicht beabsichtigt, sondern eher auf die fest herumgespannte Hängevorrichtung zurückzuführen, die das Ausblühen des Rostes in Grenzen hielt. Demgegenüber ist wohl die unmittelbar unterhalb dieser Zone in den Holzspuren der Scheide sichtbare 8 mm breite Vertiefung mit Absicht für den festen Sitz des Gehänges angebracht worden. Die Lederscheide ist vermutlich in ihrer ganzen Länge und beiderseits mit einer dünnen Holzeinlage versteift und endigt in einem kräftigen Ortband aus Silber, das wie die kleineren goldenen von Besteck 12 konstruiert, aber oben mit je zwei Nieten angeheftet und abgesehen von einigen Rillen am Rande, unverziert ist. Auf der Scheide ist ein kleines Nebenfach aus Leder aufgeklebt oder aufgenäht (Stiche sind nicht zu erkennen), in dem das kleine Messer (b) steckt. Seine 8 cm lange einschneidige Klinge hat eine kurze dünne Angel, die in einem flachen Heft aus ganz zerfallenem Elfenbein steckte. Den oberen Abschluß bildet eine 2 cm lange Kappe aus quergeripptem Goldblech mit Filigranrand an der glatten Schlußplatte. – Zu vergleichen ist der Sax aus dem neuentdeckten Fürstengrab von Krefeld-Gellep, bei dem ebenfalls eine kleine Goldkappe gefunden wurde, die für den Sax viel zu klein ist und sicherlich von einem zugehörigen kleineren Messer herrührt.

14. Spatha (Abb. 8, a. b u. Taf. 40, 5). Die Reste des eisernen Langschwertes sind so zerfallen, daß eine Festigung und Konservierung unmöglich ist. Der kräftige Elfenbeingriff (b) mit schwachen Ausladungen an Knauf und Parierstange, dessen Umrisse in dem zerfallenen Material noch zu erkennen sind, hatte keinerlei Verzierungen aus Metall oder Edelsteinen. Auch von der Scheide sind nur geringe Holz- und Lederspuren sowie eine schlichte 3,5 cm breite Bastumwicklung am Scheidenmund zu erkennen. Um so größerer Wert scheint auf die Klinge gelegt worden zu sein, die in der Röntgenaufnahme eine ungewöhnlich sorgfältige Damaszierung erkennen läßt: „auf eine (den Kern bildende, nicht damaszierte) Zwischenlage sind je drei Streifen aufgeschweißt, deren Muster zwischen Längs- und Schrägrichtung wechselt". Die Muster sind in unserer Zeichnung (a) nach dem Röntgenbild eingetragen. Die Aufnahme verdanken wir dem Römisch-Germanischen Zentralmuseum in Mainz, wo J. Driehaus die Untersuchung des Schwertes vornahm. Seinem kurzen Bericht ist das Zitat entnommen. – L. 94 cm; Br. 5,5 cm.

15. Francisca (Abb. 8, c). Von zierlicher Form, wie die anderen Waffen von der Südseite des Grabes sehr gut erhalten. In dem ovalen Schaftloch fanden sich noch Holzreste und das S-förmig geschmiedete Keileisen. – L. 16,5 cm; Schneide ursprünglich 9,5 cm; Schaftloch 1,5 : 2,5 cm.

16. Ango (Abb. 8, d. e). Sechskantig geschmiedet mit angeschweißter offener Tülle, in der vierkantigen Spitze verschiedene Einkerbungen. Einer der beiden rundgeschmiedeten und angelegten Widerhaken war abgebrochen. Vom Holzschaft waren nur geringe Spuren erhalten. – L. des Eisens 84 cm.

17. Lanzenspitze (Abb. 8, f). Mit sechseckiger, geschlossener Tülle, die ausschwingt und mit deutlichem Knick in die zunächst geradlinigen Schneiden des gleichmäßig abgedachten Blattes ohne besonders herausgearbeitete Mittelrippe übergeht. – L. 23 cm.

18. Drei eiserne Pfeilspitzen (Abb. 8, g). Unregelmäßigkeit dreiflügelig und mit quergekerbten Schaftangeln; die Flügel hatten ursprünglich Widerhaken. – L. 6,4; 6,6; 9,5 cm. – Holzspuren an der linken Seite der Totenlade sind wohl die letzten Reste des sicherlich den Pfeilen beigegebenen Bogens; die Spur war leider so gering, daß weder über die Länge noch über die Form des Bogens etwas ausgesagt werden kann.

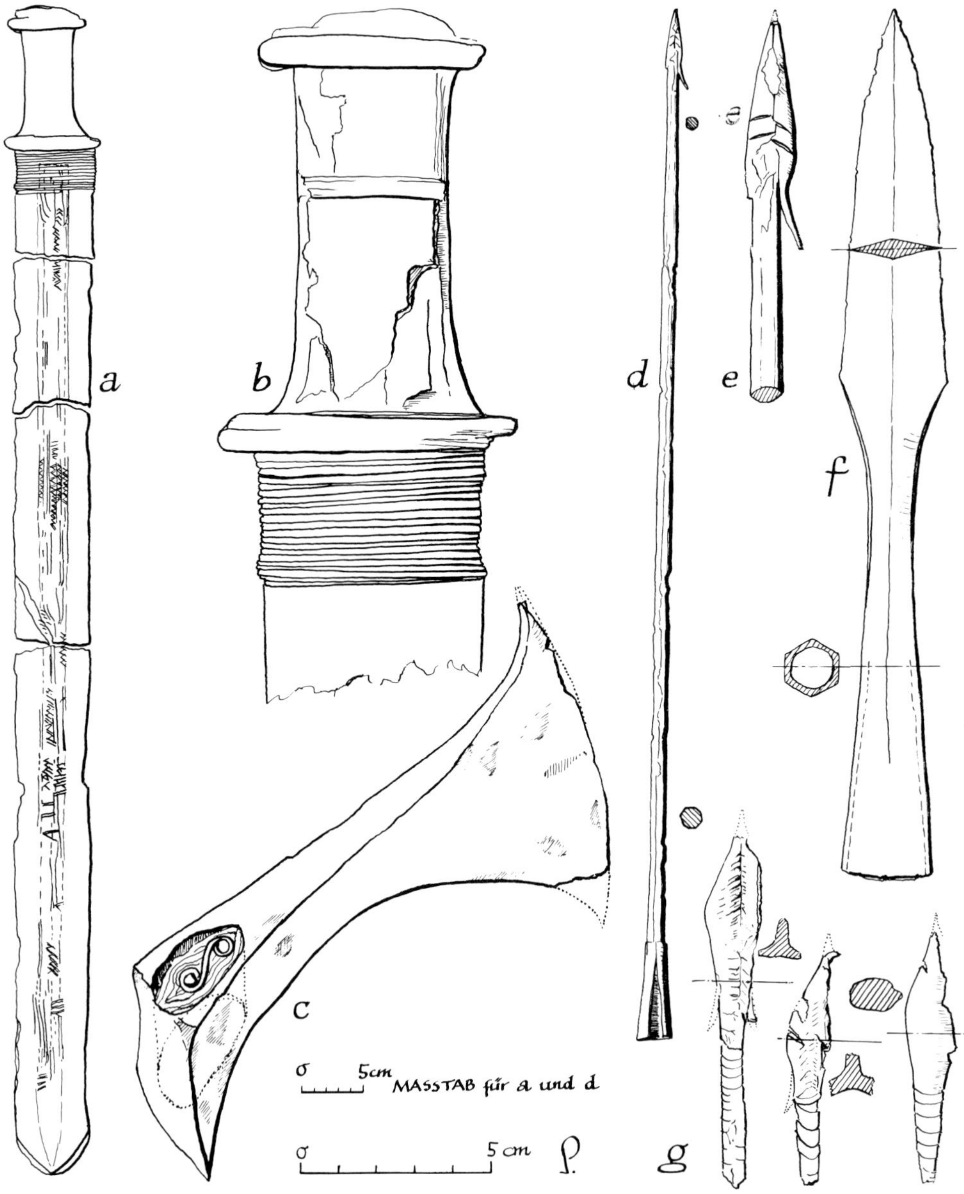

Abb. 8. Kölner Dom, Knabengrab. a Spatha, b Griffstück der Spatha, c Francisca, d Ango, e Spitze des Ango, f Lanzenspitze, g Pfeilspitzen. a. d Maßstab 1 : 6; b. c. e. f. g Maßstab 1 : 2.

Schutzwaffen (Abb. 9. 10. 11 u. Taf. 39)

Die Schutzwaffen, Helm und Schild, mußten aus vielen zerstreuten Teilen zusammengesetzt werden. Das ist beim Helm (20) fast bis in die letzte Einzelheit gelungen, obwohl er in mehr als 80 Teile zerfallen war, nachdem der Stuhl, an dessen Lehne er hing, zusammengebrochen war und die Abdeckbohlen der Bestattung mit ihrem Gewicht ein übriges zur Zerstörung beigetragen hatten. Der Schild (19) kann wegen des fehlenden Randbeschlags nach Größe und Form nicht sicher rekonstruiert werden, obwohl er in seiner Lage links neben dem Totenbett keinem Druck von anderer Seite ausgesetzt war.

19. Schild (Abb. 9). Aus 8 mm starken mit Leder überzogenen Brettern ohne Randbeschlag; der eiserne Schildbuckel (a) und die 40 cm lange eiserne Schildfessel (b) sind mit durchgehenden Nieten befestigt. Der Schild muß, wie die Lage des Buckels bei der Auffindung beweist, links neben der Totenlade, griffbereit für den Toten gestanden haben, denn der obere Rand lag nach Osten hin, der untere nach Westen. Aus dieser Stellung des Schildes ergibt sich leider keine bündige Aussage über Form und Größe, die wegen des Fehlens der Ränder und eines Randbeschlages auch sonst nicht zu erschließen sind. Die Breite kann entsprechend der Höhe des Grabes nicht mehr als 80 cm betragen haben. Für die Höhe kommen wir auf ein Mindestmaß von 55 cm. Daraus folgt, daß man den Schild sowohl rund als auch oval oder kantig ergänzen kann.

Der Schildbuckel hat einen leicht konischen Kragen und eine schwach gewölbte konische Kuppe mit kleinem flachen Knopf an der Spitze. Er ist mit fünf Nieten befestigt; ihren breiten Bronzeköpfen entsprechen auf der Rückseite bronzene Gegenscheiben. Die hinter dem Buckel ausgesägte Öffnung im Brett für die Hand (b) ist links (für die Knöchel) bogenför-

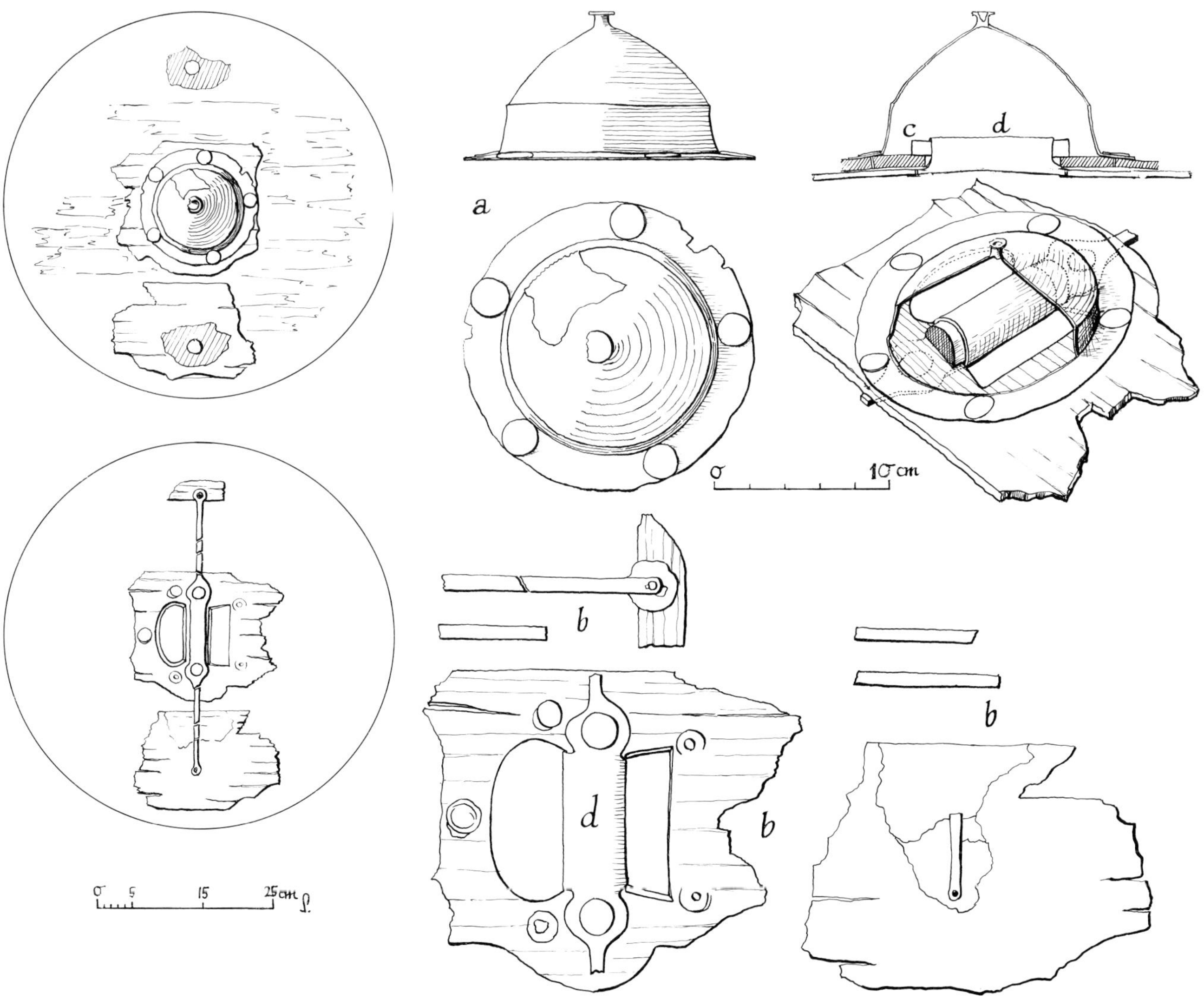

Abb. 9. Kölner Dom, Knabengrab. Schild. – Maßstab rechts 1 : 4; links 1 : 10.

mig, rechts (für die Fingerspitzen) geradlinig und enger begrenzt. Die Öffnung wird außen von einem 8 cm langen und 2,5 cm breiten halbrunden Holzstab, dem Schildgriff (c), überbrückt. Die eiserne Schildfessel (d) ist an der Innenseite fest angenietet und greift mit einer breiten Lasche über den halbrunden Griff, dessen freien Teil völlig umkleidend. Die Fessel ist zunächst am Rande der Grifföffnung und noch im Bereich der vom Buckel geschützten Schildmitte durch zwei breitköpfige Nieten befestigt; dann verschmälert sie sich beiderseits zu einem kantigen Steg, dessen Ende durch zwei weitere Nieten mit bronzenen Gegenscheiben festgehalten werden. Die lang ausgezogenen Stege haben den Zwecke, die senkrecht dazu verlaufenden Bretter des Schildes aneinander zu halten. Aus diesem Grunde wird man die Größe des Schildes der Länge der Schildfessel entsprechend und mit Rücksicht auf noch an ihr haftende Holzreste auf mindestens 50 cm, aber nicht viel mehr als 55 cm ergänzen müssen. Einem so kleinen Schilde entspricht auch die geringe nur 8 cm weite Grifföffnung, in die die Hand eines erwachsenen Kriegers schwerlich hineinfassen kann. – L. der Schildfessel 40 cm; H. des Schildes mindestens 50 cm.

20. Helm (Abb. 10. 11 u. Taf. 39). Die Helmglocke besteht aus zwölf hörnernen Segmentplatten, ebenso vielen dünnen Spangen und einer verzierten Scheitelplatte mit Spitze aus vergoldeter Bronze; der Stirnreif und die Wangenklappen sind gleichfalls aus Horn und mit Stükken gleicher Bronzespangen beschlagen. Die Hornteile des Helms waren, damit die Löcher an den Rändern nicht ausrissen, mit Leder unterlegt und umbörtelt und dann mit Bronzedraht (und Zwirn?) zusammengeheftet. Die Fugen und Nähte wurden von den U-förmigen Spangen überdeckt, die mit Bronzenieten festgeschlagen waren und die auch die um die Hornkanten gebörtelten Lederenden an das Horn preßten. Die Nieten fanden im Inneren Halt an einer steifen Lederauskleidung (Kalotte), hinter der ihre Spitzen umgeschlagen wurden. – Die Helmkappe bestand aus weichem Leder, war mit Lederriemchen genäht und am Stirnreif festgeknotet. Das die Stirn deckende Schweißleder ist ganz erhalten und mit einer unleserlichen eingeritzten Inschrift versehen. – Reste des Helmriemens mit Schnalle. – Nakkenschutz aus eisernem Ringgeflecht. – Kopfweite etwa 52 cm; H. der Glocke mit Spitze 15,5 cm; L. des Nackenschutzes 17 cm (19 Reihen). – Unikum; neuerdings ist jedoch der vor kurzem ausgegrabene Helm von Niederstotzingen im Stuttgarter Landesmuseum (zwölfgeteilte Scheitelplatte und Stirnschutz aus Eisen, nicht mehr vorhandene, aber sicher zu ergänzende Hornplatten) heranzuziehen.

Die fast vollständig erhaltenen Bronzeteile des Helmes und die ebenso vollzählig vorhandenen, aber gänzlich verbogenen und verdrehten Hornteile der Helmglocke wurden bei der Restaurierung gerichtet und mit neuen Nieten auf eine Kalotte aus Plexiglas genagelt. Der Nackenschutz wurde anhand des zusammengerosteten Originals nachgebildet.

In Anbetracht der Einmaligkeit des Helmtypes an sich und der Erhaltung seiner Lederausstattung einschließlich der Kappe folgt eine Zusammenfassung der bereits an anderer Stelle (Kölner Domblatt 20, 1961 – 1962, 103 ff.) gegebenen Beschreibung der Einzelteile und des Herstellungsverfahrens.

Abb. 10 (rechts). Kölner Dom, Knabengrab. Helm. A Hornteile der Glocke. B Bronzeteile der Glocke. C Lederreste der Kalotte. D Wangenklappen und Helmriemen. E Reste der Helmkappe. F Schweißleder mit Inschrift. – Maßstab 1 : 3.

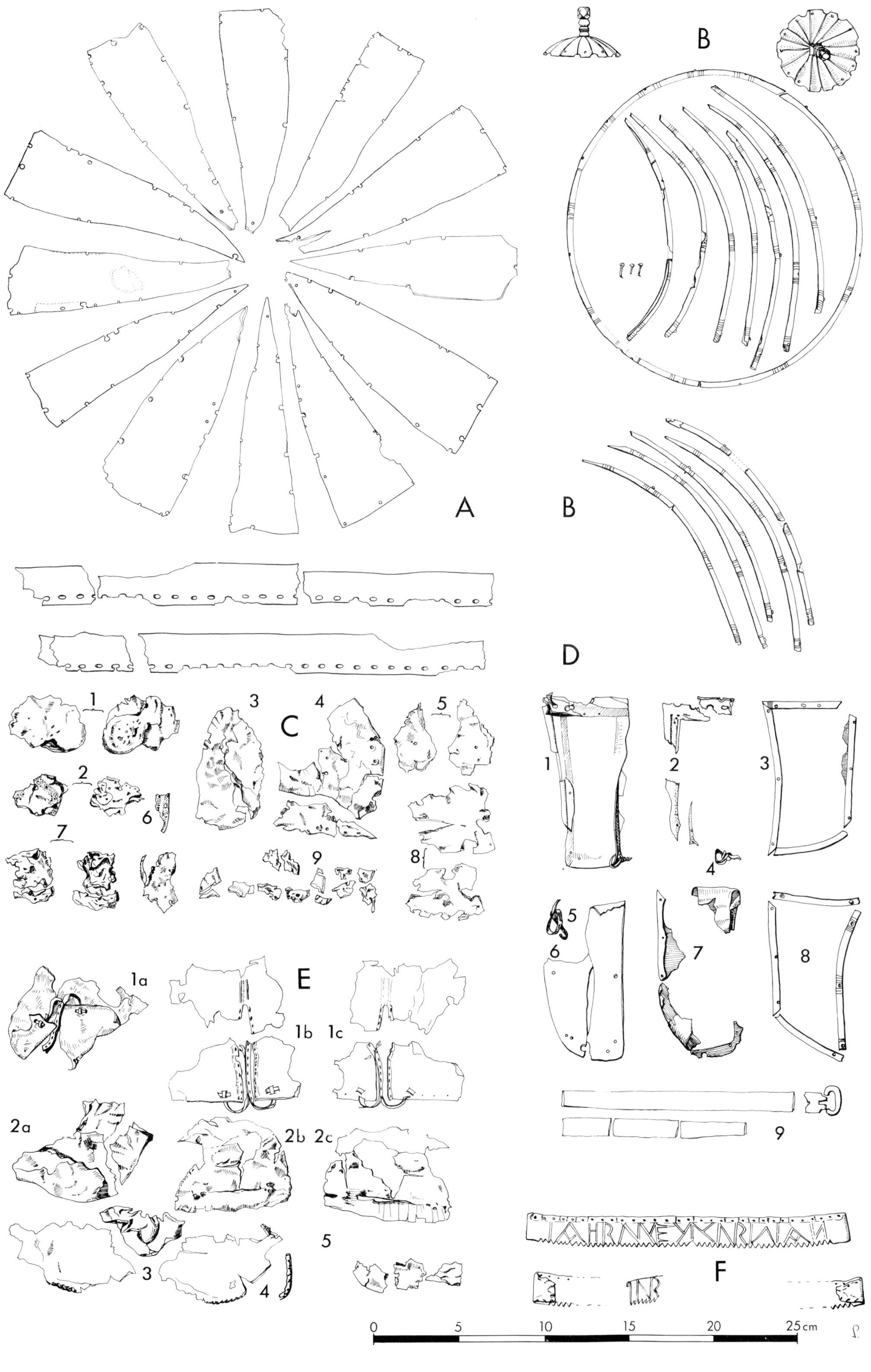
A
B
C
D
E
F
0 5 10 15 20 25 cm

Teile der Helmglocke (Abb. 10)

Bronze (alle Teile vergoldet)

20 a. Scheitelplatte (Abb. 10, B). 1,5 mm stark, wohl gegossen, Dm. 5 cm, H. 1,5 cm; 16 radial geführte Rillen, wenig regelmäßig gefeilt, und auch nicht den von der Scheitelplatte ausgehenden Spangen entsprechend, die verschiedene Abstände untereinander haben (4 – 15 mm). Für die zu überdeckenden Spangenenden sind 12 halbrunde Kerben ausgefeilt, die demnach ebenso wie die Nietlöcher dazwischen sich unregelmäßig auf den Umfang der Platte verteilen. Am Scheitel ist die Helmspitze mit einem vernieteten Zapfen eingelassen. Sie hat keine Hülse, sondern bildet ein 18 mm hohes astragaliertes Zierglied aus vierseitigem Pyramidenstumpf, vierseitiger Platte, Doppelkonus und oben abschließendem Würfel mit stark abgeschrägten Ecken. Die Spitze war leicht seitwärts verbogen und wurde bei der Restaurierung gerade gerichtet.

20 b. 12 Spangen (Abb. 10, B). Aus U-förmig gebogenen, knapp 1 mm starken Bronzebändern von 15 – 17 cm Länge, Breite 5 mm. Die oberen Enden sind lange zugeschärft, so daß sie unter die Auskerbungen der Scheitelplatte geschoben werden konnten; die unteren Enden stießen dagegen stumpf oder mit kurzer Schräge gegen den Stirnreif. Hier am unteren Ende haben alle Spangen ein Nietloch; an den oberen Ende, die ohnehin durch die Scheitelplatte festgehalten wurden, fehlt es bei einigen. Zwischendurch sind bei allen Spangen zwei Nietlöcher mit wechselnden Abständen angebracht. Beiderseits eines jeden Nietloches waren vorher 2 – 4 dünne Rillen eingeritzt worden.

20 c. Stirnreif. Oval, Dm. 16,6 und 18,1 cm. Ausführung und Anbringung wie bei den Spangen. Nicht alle Nietlöcher sind von Strichgruppen begleitet. Der Reif wurde in 3 Stücken gefunden, da jedoch nur an zwei Enden Nietlöcher vorhanden sind, dürfte er ursprünglich aus einem einzigen Stück gebogen worden sein (Abb. 10, B).

20 d. Nieten. Nur in geringer Anzahl erhalten; Stärke etwa 1 mm; halbrunde Köpfe. Bei einigen ist auch das spitze, umgeschlagene Ende erhalten. Die lichte Weite von da bis zum Nietkopf beträgt 6 mm. Davon entfallen knapp 3 mm auf die Wölbung der Spange, so daß für die Stärke der Helmglocke insgesamt gut 3 mm zu erschließen sind (Abb. 10, B).

Horn

20 e. 12 Segmente (Abb. 10, A). L. 13,1 – 14,2 cm, Br. 3,5 – 5,0 cm, Stärke etwa 2 mm, waren bei der Auffindung stark verdreht und verbogen. Die zahlreichen Löcher finden sich nur an den Rändern, so daß sie ausgerissen oder in den meisten Fällen von vorneherein schon auf die Kante gestochen waren. Am Ende eines der Segmente war die deutliche Spur eines festanhaftenden Lederstreifens sichtbar.

20 f. Stirnreif. In 5 Stücken erhalten, die zusammen die Länge des Bronzestirnreifes ergeben. Br. 2,5 cm. Am unteren Rand in ziemlich regelmäßigen Abständen von etwa 1 cm ursprünglich sauber geschnittene ovale Löcher (2 : 5 mm) – die Nietlöcher sind auf der Zeichnung versehentlich nicht angegeben (Abb. 10, A).

Leder

20 g. Lederunterlagen für die Einzelteile aus Horn müssen aus geringen Resten und Spuren erschlossen werden.

20 h. Kalotte (Abb. 10, C). Von sonstigen Lederresten müssen einige zu einer Kalotte gehört haben, auf die die einzelnen Segmente gelegt und festgenietet worden sind. Die Länge der ganz erhaltenen Nieten gibt einen Hinweis für das Vorhandensein und auch die ungefähre Stärke der Kalotte (mindestens 1,5 mm). Das Scheitelstück dieser Kalotte wurde durch die Vernähung an der Helmspitze unregelmäßig gefaltet und gewulstet und ist in dieser Form mit samt den Resten der kreuz und quer durchgezogenen Bronzedrähte erhalten.

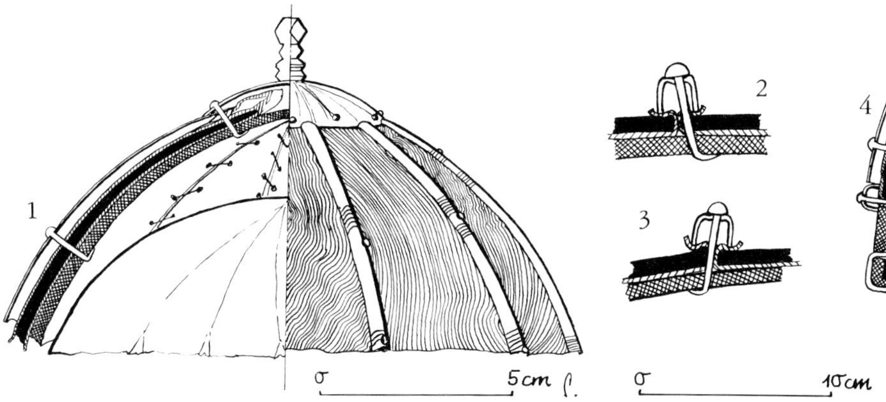

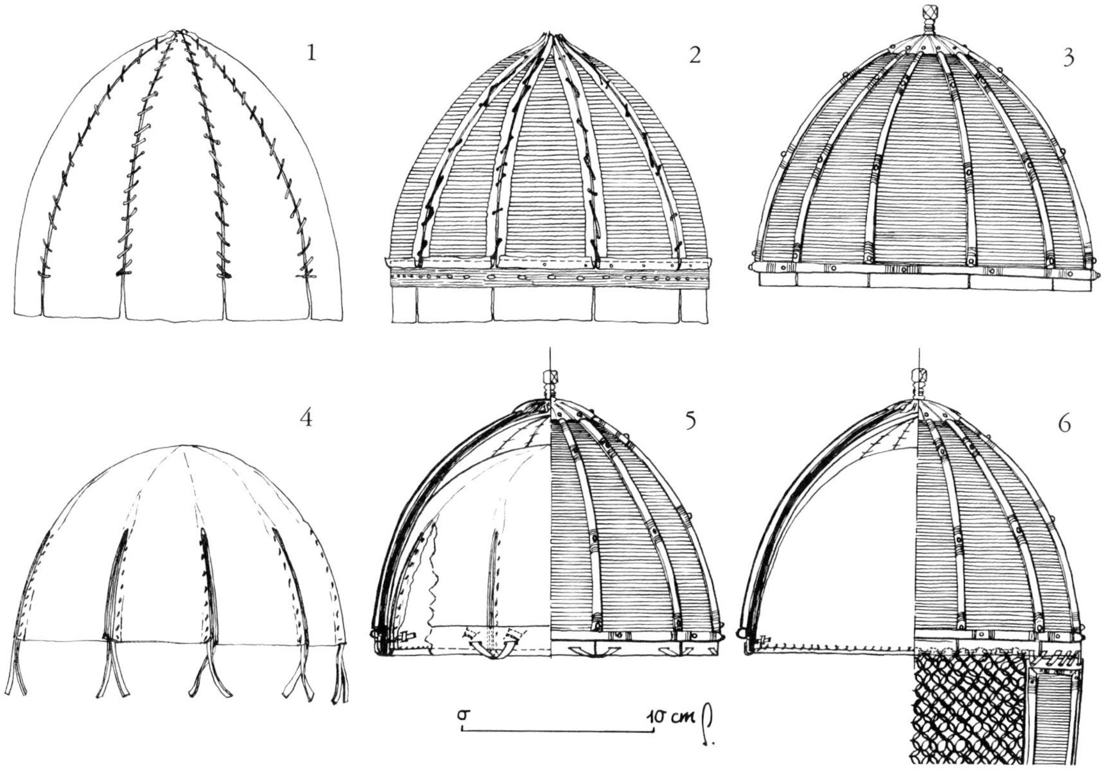

Abb. 11. Kölner Dom, Knabengrab. Rekonstruktion des Helmes. A Details der Vernietung. B Rekonstruktion. C Herstellungsverfahren (1 Kalotte aus Leder, 2 Hornteile sind angebracht, 3 Bronzebeschlag, 4 Helmkappe aus Leder, 5 Helmkappe angeknotet, 6 Nakkenschutz und angehängte Wangenklappen). D Schnittmuster der Helmkappe. – Maßstäbe 1 : 2 und 1 : 4.

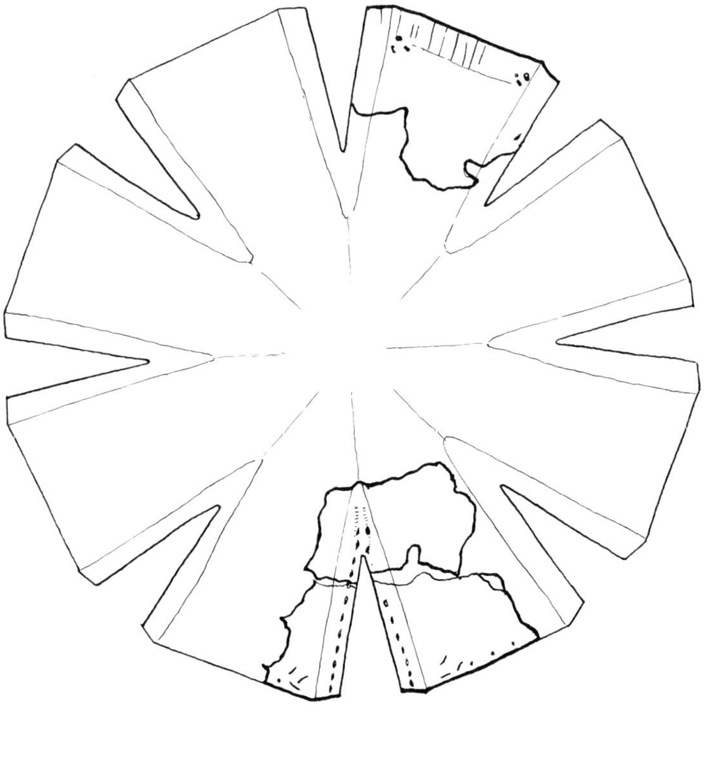

Herstellung der Helmglocke (Abb. 11)

Über einen wahrscheinlich mit Eisen beschlagenen Holzmodel wurde eine erste, aus einem Stück gefertigte oder aus Keilen zusammengenähte kräftige Lederlage (Kalotte) gezogen, deren Rand weit nach unten herabhing. Alsdann wurden für jedes Hornsegment Lederkeile geschnitten, die seitlich einige Millimeter überstanden und um die Kanten der Hornplatten geschlagen wurden. Nachdem zunächst der hörnerne Stirnreif auf der Kalotte angebracht war, wurden nun die 12 auf Leder gelegten Hornsegmente vermutlich mit Leim befestigt. Unten legte man sie über den Stirnreif, während die oberen Spitzen in eine lederne Scheitelscheibe gedrückt wurden. Die jetzt noch sehr lose zusammenhängende Glocke ist wohl vom Model heruntergenommen worden, um sie mit vielen Stichen kreuz und quer zu vernähen. Dies geschah anscheinend durchweg mit Bronzedrähten; beobachtet wurden diese allerdings nur in den Stichlöchern am Scheitel. Hier war eine besonders feste Vernähung vonnöten, damit die eingebogenen Spitzen der Hornsegmente sich nicht wieder aufrichteten. Bei dieser Vernähung am Scheitel wurde die untergelegte Lederscheibe mitsamt den Partien der Kalotte fest zusammengezogen, so daß sie die Zwischenräume zwischen den Spitzen der Segmente mit den sich bildenden Wülsten ausfüllte. Bei der weiteren Vernähung an den Längskanten der Hornteile stach man wahllos schräg herüber und hinüber, wobei die Nadel meist nur den Rand der Hornplatte erfaßte. Da die Kanten aber mit Leder umschlagen waren, hielt die Naht die Teile trotzdem zusammen. Anschließend ist die vernähte Glocke vermutlich auf den Model gestülpt worden zwecks Anbringung des Bronzebeschlages. Als erstes wurde der bronzene Stirnreif hart an die Unterkante der über den Hornreif greifenden Segmente angelegt und festgenietet. Sehr wahrscheinlich hat man zuvor das unten hervorstehende Leder der Kalotte um den Hornreif geschlagen, so daß es dessen ovale Löcher beiderseits verdeckte und von den Kanten des Bronzereifs festgehalten wurde. Anderenfalls hätte nämlich die so nah am Rand angebrachte Lochreihe den Zug der angehängten Wangenklappen und des Nackenschutzes kaum aushalten können. Die anschließend aufgenieteten Bronzespangen waren breit genug, um die unregelmäßigen Stichreihen zwischen den Segmenten zu verdecken; gleichzeitig preßten sie das umgebörtelte Leder fest auf die Oberfläche der Hornplatten. Die überstehenden Lederreste wurden schließlich entlang den Spangenkanten abgeschnitten. Dieses Verfahren war bei den im Leder besser erhaltenen Wangenklappen einwandfrei zu beobachten. Als letztes wurde die bronzene Scheitelplatte mit 12 zwischen den Spangen angebrachten Nieten angeheftet, nachdem man vorher runde Auskerbungen für die unregelmäßig einmündenden Spangen ausgefeilt hatte.

Teile der Helmkappe (Abb. 10, E).

Außer der Lederkalotte, die fest mit den harten Teilen des Helmes vernietet war und mit diesen zusammen die Helmglocke bildete, ist durch die glücklichen Fundumstände auch die Möglichkeit gegeben, die weitere Lederausrüstung des Helmes zu rekonstruieren. Die harte Helmglocke ruhte selbstverständlich nicht direkt auf dem Schädel. Es war vielmehr, wie es bei jedem modernen Helm noch der Fall ist, eine weiche Kappe vorhanden, die unmittelbar auf dem Kopf ruhte und nur am Stirnreif mit der harten Glocke Verbindung hatte. Erhalten sind 3 größere Reste.

20 i. Ein stark zusammengefaltetes, zwischen anderen feuchten Lederresten relativ gut erhaltenes Lederstück, das auseinandergebreitet einen etwa handtellergroßen kräftigen Lederlappen ergab, an dessen einer Seite die ursprüngliche Schnittkante zu erkennen ist, die von einer Reihe weit gestellter Stiche begleitet ist. Senkrecht zu dieser Kante ist das Leder etwa 5 cm weit eingeschnitten. In der Verlängerung dieses Schnittes finden sich zwei parallele eingeglättete Linien. Die beiden Schnittkanten des Einschnittes sind senkrecht hoch gebörtelt

und gegeneinander genäht, nachdem zuvor, ähnlich wie bei den Nähten eines Fußballes, zwei Lederriemchen eingeschoben waren. Die Enden der so in dem Abnäher mitvernähten Riemchen hingen über die Kante des Leders hinaus, waren als Schlaufen zurückgeführt und beiderseits des Einschnitts fest im Leder verknotet. Dies war in der Weise geschehen, daß man das Riemchen zunächst durch einen schmalen Schlitz einführte, dann durch einen zweiten benachbarten wieder herauszog und schließlich durch einen dritten, schräg gestellten Schlitz wieder einführte, worauf es unter dem ersten Einschub fest angezogen wurde. Es ist sicher, daß die so stark verknoteten Schlaufen ursprünglich fest um einen starren Gegenstand gezogen waren. Dies kann nach Lage der Dinge nur der untere Rand des hörnernen Stirnbandes gewesen sein, durch dessen Löcher die Schlaufen geführt waren.

20 k. Ein zweites, etwa gleich großes und ähnliches Lederstück ließ nach dem Ausbreiten ebenfalls eine Originalschnittkante und einen ähnlich vernähten Einschnitt erkennen. Es fehlen jedoch hier die Schlaufen beiderseits des Einschnitts, und die Unterkante des Leders ist

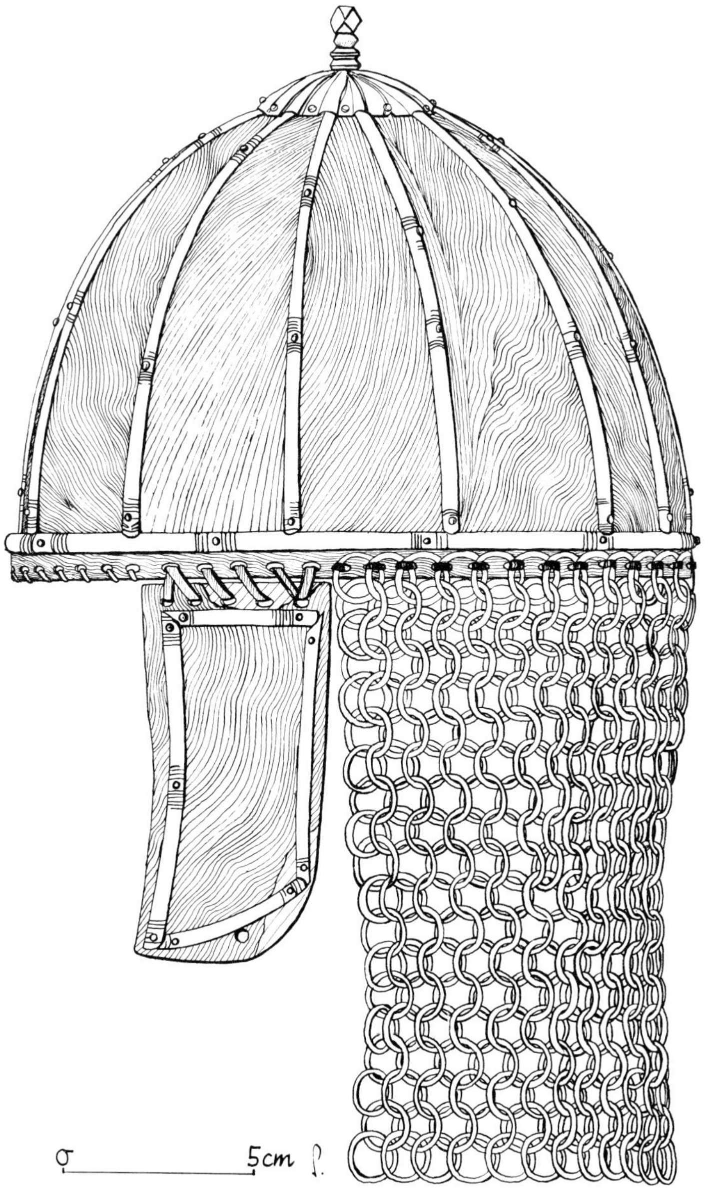

Rekonstruktion des Helmes.

nicht glatt, sondern zeigt Reste von teils ausgeführten, teils nur vorgeritzten kurzen Einschnitten. Oberhalb des so entstehenden ausgefransten Randes sind im Abstand von 4 cm zwei Gruppen kräftiger Nadelstiche zu sehen, mit denen das Stück offensichtlich ebenfalls am Stirnreif festgenäht war. Da von diesem Lederstück die gesamte Breite zwischen zwei Einschnitten erhalten ist, läßt sich errechnen, daß das runde Lederstück für die Helmkappe 8 solcher Einschnitte gehabt haben muß.

20 l. Ein Stück papierdünnen Leders, wohl von einer Schweinsblase, zeigt an dem erhaltenen Rand die Spuren einer sehr feinen Umstecknaht. Wahrscheinlich ist es ein Stück vom Futter der Helmkappe.

Herstellung der Helmkappe (Abb. 11, C 4 – 6. D)
Nach Ausweis dieser drei Stücke kann mit Sicherheit auf eine Helmkappe geschlossen werden. Ein großes rundes Stück Leder wurde naß über einen Holzmodel gezogen. Darauf teilte man, wenn dies nicht schon vorher geschehen war, das Ganze mit dem Falzbein in 8 Segmente ein und schnitt entsprechend den eingedrückten Linien von außen her 5 cm lange Keile aus, so daß in der Mitte ein Scheitelstück von 12 cm Dm. intakt blieb.
Die kunstvolle Einbeziehung der Befestigungsriemchen in die Nähte und die Sorgfalt, mit der sie durch die Löcher des Stirnreifs gezogen und verknotet wurden, ist schon beim ersten Stück geschildert worden. Diese sorgfältige Verknotung scheint nur in der vorderen Hälfte der Kappe angewandt worden zu sein. Der zweite Lederrest scheint vom hinteren Teil der Kappe zu stammen. Hier konnte die Befestigung am Stirnreif durch einfaches Annähen bewerkstelligt werden, da die Stiche von dem Nackenschutz verdeckt wurden. Die ausgefranste Unterkante der Kappe diente wohl als Schutz gegen den Druck der Ringe des Nackenschutzes. Die Innenfläche der so gefertigten Kappe war bis auf die Stellen, wo sie an der Glocke befestigt war, glatt und bedurfte an sich keiner weiteren Polsterung. Es mag daher dahingestellt bleiben, ob eine Schweinsblase (201) als Futter am unteren Rand der Kappe angenäht war. Die feinen Stiche der Blase sind, was allerdings nicht viel zu sagen hat, am Rand des gröberen Kappenleders nicht wiederzufinden.

20 m. Schweißleder (Abb. 10, F). Aus einem etwa 22 cm langen und 1,8 cm breiten, kräftigen Lederstreifen verfertigt. Die beiden Enden wurden verjüngt, zugeschärft, eingeschlagen und mit Saumstichen vernäht, wodurch die Länge des Stücks auf 19,2 cm verringert wurde. Die eine, freie Längskante ist bis nahe an die beiden Enden gezähnt zugeschnitten, während an der anderen Längskante die Reihe der Nadelstiche erhalten ist, mit denen das Leder festgenäht war. Hart neben dieser Stichreihe verläuft eine deutliche Bruchkante, aus der zu schließen ist, daß das Lederband nach dem Annähen scharf umgeschlagen wurde. Es bedeckte nur den Stirnteil des Helmumfangs und muß an der Unterseite der Helmkappe angenäht gewesen sein, an deren Vorderteil Stichlöcher mit den gleichen Abständen wie am Schweißbandleder zu sehen sind.
Die Inschrift nimmt die ganze Breite des Bandes ein. Obwohl die dünnen Linien völlig klar zu erkennen sind und die Inschrift lückenlos erhalten ist, konnte sie bislang nicht gelesen werden. Neben deutlichen lateinischen Buchstaben kommen schwer zu lösende Ligaturen vor. Die Figuration in der Mitte der Inschrift ist vielleicht nur ein Ornament, das zwei Worte oder Namen, aus denen die Inschrift möglicherweise besteht, voneinander trennt.

20 n. Wangenklappen (Abb. 10, D 1 – 8). Nach Lage und Form leicht zu erkennen; sehr viele Details sichern die Rekonstruktion; 2 mm starke Hornplatten, die an der Innenseite mit Leder belegt waren, das um die Kanten herumgeschlagen und außen mittels an den Rändern aufgenieteter halbröhrenförmiger Bronzeleisten festgehalten wurde. Es sind die gleichen vergoldeten Bronzeleisten, wie sie für die Spangen der Helmglocke verwendet wurden, und auch die um den Rand greifende Lederfütterung ist uns bei den Segmenten und dem hörnernen

Tafel 39. Kölner Dom, Knabengrab. Der wiederhergestellte Helm, Seitenansicht. – Maßstab etwa 2 : 3.

Stirnreif der Helmglocke schon begegnet. Ein Rest des Riemchens, mit dem die Klappen an der Lochleiste der Helmglocke angehängt wurden, fand sich noch in einem Loch am oberen Rand der linken Klappe. Ein weiteres verknotetes Riemchen steckte noch in einem Loch am unteren Rand der gleichen Klappe. Vermutlich diente es zur Befestigung des Helmriemens.

20 o. Helmriemen (Abb. 10, D 9). Mit kleiner schlichter Silberschnalle; aus einem längeren Stück gefaltet, Br. 11 mm. Der Riemen war wohl zweiteilig, jedoch ist nur ein abgestepptes Ende erhalten. Das Riemenstück, das durch die Schnalle gesteckt wurde, verjüngte sich allmählich, jedoch fehlt auch hier das letzte, vermutlich spitz zulaufende Ende.

20 p. Nackenschutz (Abb. 11, E). Der zusammengerostete Nackenschutz läßt sich genau rekonstruieren, wenn auch die Herstellungsweise nicht eindeutig zu erkennen ist. Er bestand aus einem einfachen Ringgeflecht von 19 Zeilen zu je 29 Ringen und war 18 cm lang. Jeder der außen im Durchmesser 1,5 cm großen und aus 2 mm starkem Eisendraht gebogenen Ringe ist durch 2 Ringe der vorhergehenden Zeile gesteckt und dann stumpf zusammengebogen, offenbar aber nicht verlötet oder vernietet worden. Spuren der Anbringung an der Helmglocke sind nicht zu sehen, jedoch besteht kein Zweifel, daß die obere Ringzeile nicht lokker mit einem Lederriemchen an der Lochleiste hing, sondern straff am Stirnreif befestigt war. An der ganzen Unterseite des zusammengerosteten Geflechts haften Reste eines Gewebes. Ob dies eine außen angebrachte Helmhaube war oder nur zufällig beim Zerfall angerostet ist, muß dahingestellt bleiben.

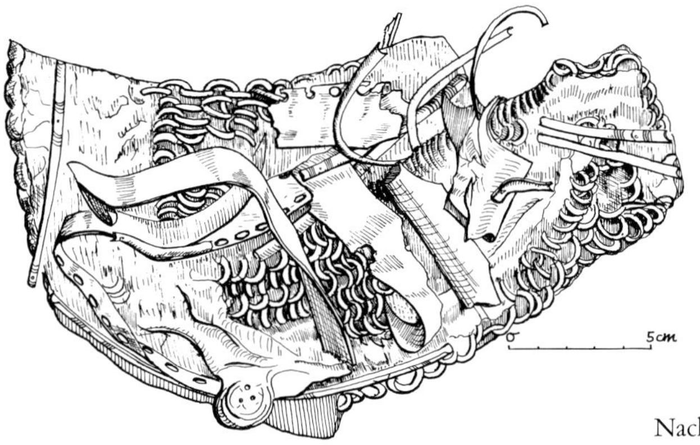

Nackenschutz und andere Helmreste in situ. – Maßstab 1 : 3.

Gläser (Abb. 12 u. Taf. 41, 1)

Die drei Gläser des Grabes standen vor dem rechten Fußende der Totenlade dicht beim Stuhl. Die Flaschen enthielten eine klare Flüssigkeit, die auf Wunsch des verstorbenen Dompropstes Prälat H. J. Hecker nicht entnommen wurde und in den Flaschen bleiben soll. Es wurde auch auf eine chemische Analyse verzichtet, da sie bei dem Wasser aus der Flasche des Frauengrabes [9] zu keinem Ergebnis geführt hat. Die größere Flasche (21) ist noch gut zur Hälfte angefüllt, die kleinere (22) enthält nur noch einen Rest, weil sie beim Zusammenbrechen des Stuhls umgefallen war. Der vielfach vorgebrachte Einwand, es handele sich um Kondenswasser ist gänzlich gegenstandslos, da beim Frauengrab dicht bei der zu etwa einem Drittel angefüllten Flasche die beiden Schalen standen, die keine Flüssigkeit enthielten. Daß das Wasser in 1400 Jahren nicht völlig verdunstet ist, hängt offenbar mit der sehr feuchten Luft im Grabe zusammen.

[9] Germania 38, 1960, 102=hier S. 289 f.

1

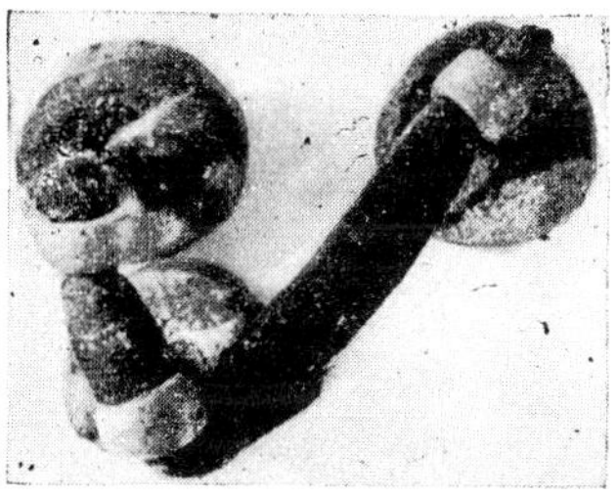

2

3

4

5

Tafel 40. Kölner Dom, Knabengrab. 1 Futteral mit zwei Messern, Originallage bei der Auffindung. 2 Goldbommeln. 3 Gedrechselter Stab (Zepter?), Griff. 4 Oberes Ende des Stabes. 5 Spatha, Griffstück. – 1 Maßstab etwa 1 : 2; 2 Maßstab 3 : 2; 3 – 4 Maßstab etwa 1 : 1 (im trockenen Zustand).

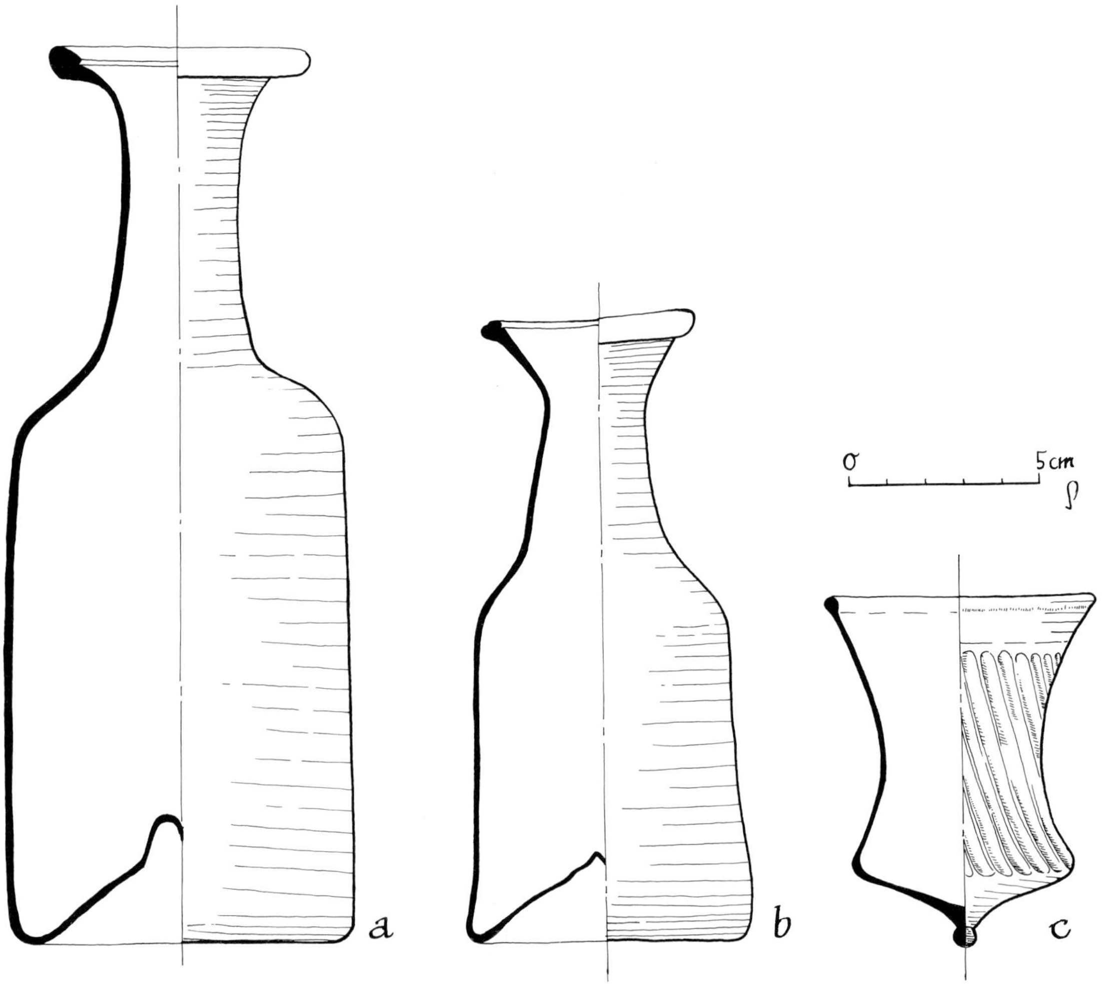

Abb. 12. Kölner Dom, Knabengrab. Glasgefäße. – Maßstab 1 : 2.

21. Zylindrische Glasflasche (Abb. 12, a u. Taf. 41, 1). Aus grünlichem Glas mit stark eingestochenem Boden und ausschwingender, nach innen umgelegter Lippe. – H. 24 cm.
22. Kleinere Flasche ähnlicher Form. – H. 17 cm (Abb. 12, b).
23. Sturzbecher (Abb. 12, c). Aus grünlichem klaren Glas mit rundem Knopf und in der Form vorgeblasenen, dann leicht tordierten Rillen. – H. 9,5 cm.

Gerät aus Bronze und organischen Stoffen (Abb. 13. 14. 15. 16 u. Taf. 41. 42)

Die Sachen waren wie die Gläser vor dem Fußende des Bettes, auf, unter und bei dem Stuhl aufgestellt; links, hinter der Rückenlehne der Eimer (25) und die Holzflasche (27), im Winkel dieser beiden war das Trinkhorn (26). Der dünne Holzbecher (28) lag in der Bronzeschale (24), die unter den Stuhl an dessen linkes vorderes Bein gestellt war; unter der Lehne stand die schlichte Schale (29a), der Holzteller (30) mit Früchten und mit der silberbeschlagenen Schale (29b) stand zwischen den vorderen Stuhlbeinen. Der merkwürdige Lederbeutel (31) mit Mehl (?) hat wohl ursprünglich auf dem Stuhlsitz gelegen.

Tafel 41. Kölner Dom, Knabengrab. 1 Bronzebecken und Glasflasche zwischen Holzresten, Originallage bei der Auffindung. 2 Holzeimer mit Handschuh und Trinkhorn, Originallage bei der Auffindung.

24. Bronzebecken (Abb. 13, a). Aus Blech getrieben, auf gegossenem Dreifußring. Der 7 mm breite Rand trägt umlaufend gravierte, gebogene Zickzackmuster. Die schlichten, kantig gehämmerten und mit einfachen Strichgruppen verzierten omegaförmigen Henkel hängen an angelöteten rhombischen Attaschen einfachster Form. Die Lötung hatte sich ebenso wie die des Fußringes gelöst. – Dm. 20,5 cm; H. 7,5 cm.

25. Holzeimer (Abb. 13, b. c; Taf. 41, 2; 42, 2). Mit Eisenbändern und reichem, vergoldetem Bronzebeschlag. Die knapp 16 cm langen, verschieden breiten und sehr kräftigen Dauben haben im Innern 1 cm vom unteren Rand eine Nut für die geschärften Bodenbretter, die noch zur Hälfte erhalten sind. Die so zusammengefügten Teile aus Holz (Zwetsche?) werden im unteren Teil von drei kräftigen Eisenbändern mit halbrundem Querschnitt gehalten. Der größere obere Teil des Eimers wird von dem reichen Bronzebeschlag zusammengehalten, oben durch ein etwa 5 cm breites glattes Blech, über das der ebenfalls glatte um die Mündung gebörtelte Randbeschlag greift, während es unten durch einen kräftigen, 8 mm breiten und 3 mm starken Bronzereif, der über den drei eisernen Ringen als vierter Faßreifen anzusehen ist, fest an die Dauben gedrückt wird. Dieser bronzene, mit flüchtig gepunzten doppelten Punktkreisen verzierte Reifen hält auch die oberen Kanten der 16 Dreieckbleche, die an ihren unteren Spitzen mit kräftigen Rundkopfnieten gehalten werden. Jedes dieser hängenden Dreiecke ist mit einer gepreßten bärtigen Maske in Perlumrandung verziert. – Der kräftige, 1,8 cm breite am Griffteil wenig breitere Bandhenkel aus Bronze ist mit Reihen von Punzen verziert. Der Henkel wird mit kräftigen tierkopfartig gestalteten Nieten drehbar zwischen den 2,5 cm über den Eimerrand ragenden Armen der Attaschen und der Gegenbeschläge gehalten. – Die Attaschen sind nahe am oberen Rand mit drei Nieten, deren zweimal gekehlte Köpfe 1 cm weit herausragen, befestigt; im übrigen überdecken sie ohne weitere Vernietung den Bronzereifen und die hängenden Dreiecke, vor den letzteren freischwebend. Sie sind gegossen und nachgearbeitet und zeigen bei bewegtem Umriß und Ansätzen von Durchbrucharbeit stark aufgelöste Randtiere, deren Hinterfüße sich an der Mittelrippe berühren. Wahllos eingeschlagene Kreispunzen machen die an sich schon unklare und wohl nicht mehr verstandene Ornamentik noch undeutlicher. H. 15,8 cm; Dm. unten 16,5 cm, oben (mit Beschlag) 17 cm.

26. Trinkhorn mit Gehänge (Abb. 14). Das verwendete 14 cm lange Ziegenhorn war an der 4,5 cm breiten Mündung mit einem U-förmig gebogenen Saum aus Silberblech eingefaßt, der von vier kleinen übergreifenden und festgenieteten Laschen gehalten wurde. Die obere Ringöse für den Trageriemen war 1 cm unter dem Rande befestigt und ist abgebrochen, die untere Ringöse ist fest in der massiven Hornspitze vernietet. Nur der untere Teil des Hornes ist mit Punktreihen, Wulst und strichgefüllten Dreiecken verziert. Der Umstand, daß der größere obere Teil des Hornes unverziert blieb und daß sich ferner unterhalb der Mündung eine unregelmäßig verlaufende Kehlung um das Horn herumzieht, bietet den Ansatzpunkt für die hier in der Abbildung gegebene Rekonstruktion. An der besagten Rille unterhalb der Mündung dürfte der gefranste Lederlatz festgeschnürt gewesen sein, der den oberen, nicht verzierten Teil des Hornes bedeckte. Die übrigen vielen Teile, die weit auseinandergefallen waren, werden vermutlich so zusammengehört haben, wie es der Rekonstruktionsversuch zeigt. Von den sehr langen Riemen sind insgesamt 90 cm erhalten. Sie sind 1 cm breit und aus einem doppelbreiten Bande geklebt; eingestrichene Linien begleiten die Ränder. Zweimal ist eine kunstvolle Verknotung vorhanden, die jedoch offenbar nur dazu diente, die vorhandenen Stücke zu dem langen Riemen zusammenzufügen. Ein sorgfältig zugespitztes Riemenende ist erhalten. Es sind indessen zwei kleine silberne Schnallen unterzubringen. Dies kann zwanglos geschehen, wenn wir, wie es in der Rekonstruktion geschehen ist, die am schwierigsten zu deutenden Teile, nämlich die Schlaufe aus Pferdehaar und die schotenförmigen Lederreste einordnen. Danach gehören diese letzteren zu einem einzi-

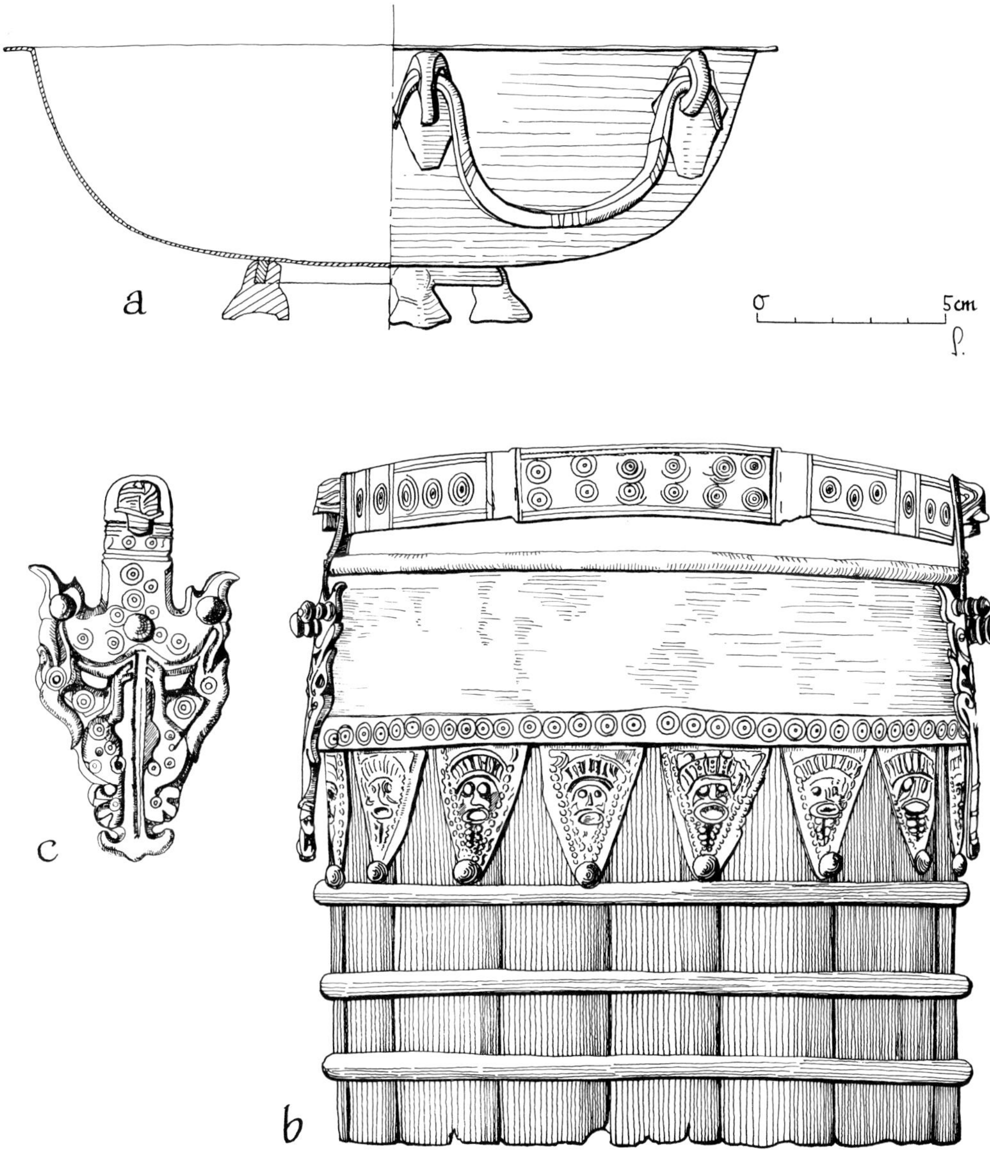

Abb. 13. Kölner Dom, Knabengrab. a Bronzebecken, b Holzeimer mit vergoldeten Bronzebeschlägen, c Henkelattasche. Maßstab etwa 1 : 2.

gen Stück, das an beiden Enden in einen kurzen Riemen mit je einer Schnalle auslief. Der mittlere, röhrenförmig zusammengenähte Teil dieses Gliedes umschloß die Enden des Haarbündels, das in der Mitte aus einer Öffnung der Lederumhüllung als Schlaufe herausragte. Die enge und sehr feste Umwicklung mit Zwirn machte die von den Haaren gebildete Schlaufe zu einer dauerhaften und elastischen Öse. Die feste Umwicklung der beiden Schlaufenenden mitsamt der sie umschließenden Lederhülle band schließlich das Ganze fest zusammen.

27. Gedrechselte Holzflasche (Abb. 15; Taf. 42, 1). Nach Art einer Pilgerflasche, an der Außenseite stark halbkugelig ausgebaucht. Die hier in der Mitte eingesetzte Scheibe, die das für die Aushöhlung der Flasche notwendige Loch verschloß, war bei der Auffindung abgelöst. Die flache, dem Körper zugewandte Seite der Flasche zeigt einige Drehspuren. Die Standfläche ist unverziert und verbreitert sich nach unten. Am Hals setzen unter einem gekehlten

Ring die großen schräggestellten Henkel an, die sorgfältig und zierlicher als an den sonst bekannten Flaschen dieser Art geschnitzt sind. Auch unterscheidet die Flasche sich von den anderen mit ihren mehr flachzylindrischen Körpern durch die weite ballonartige Ausbuchtung. – H. 19,5 cm; Br. von vorn 13 cm, von der Seite 11,3 cm.

28. Kleiner Trinkbecher (Abb. 16,a). Aus Holz, anscheinend aus einem Birkenstämmchen gearbeitet mit Resten der Rinde; sehr dünnwandig, leicht konisch. – H. 8,6 cm; Dm. oben 4,7 cm, unten 3,5 cm.

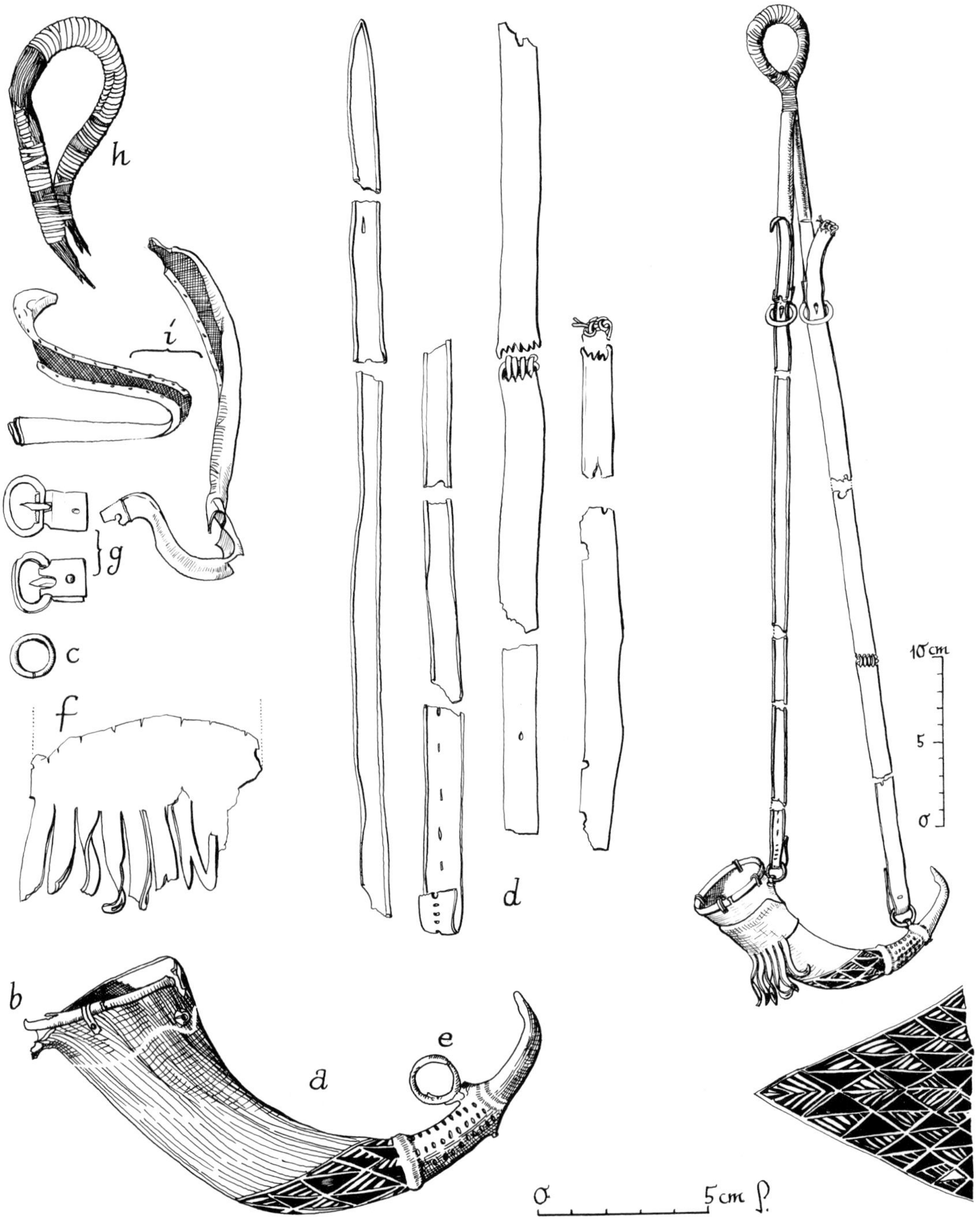

Abb. 14. Kölner Dom, Knabengrab. a – i Details des Trinkhornes, Maßstab 1 : 2. Rechts Rekonstruktionsversuch. Maßstab etwa 1 : 4.

Tafel 42. Kölner Dom, Knabengrab. Oben: 1 Gedrechselte Holzflasche; unten: Holzeimer mit Eisenbändern und vergoldetem Bronzebeschlag; Fundzustand und Wiederherstellung.

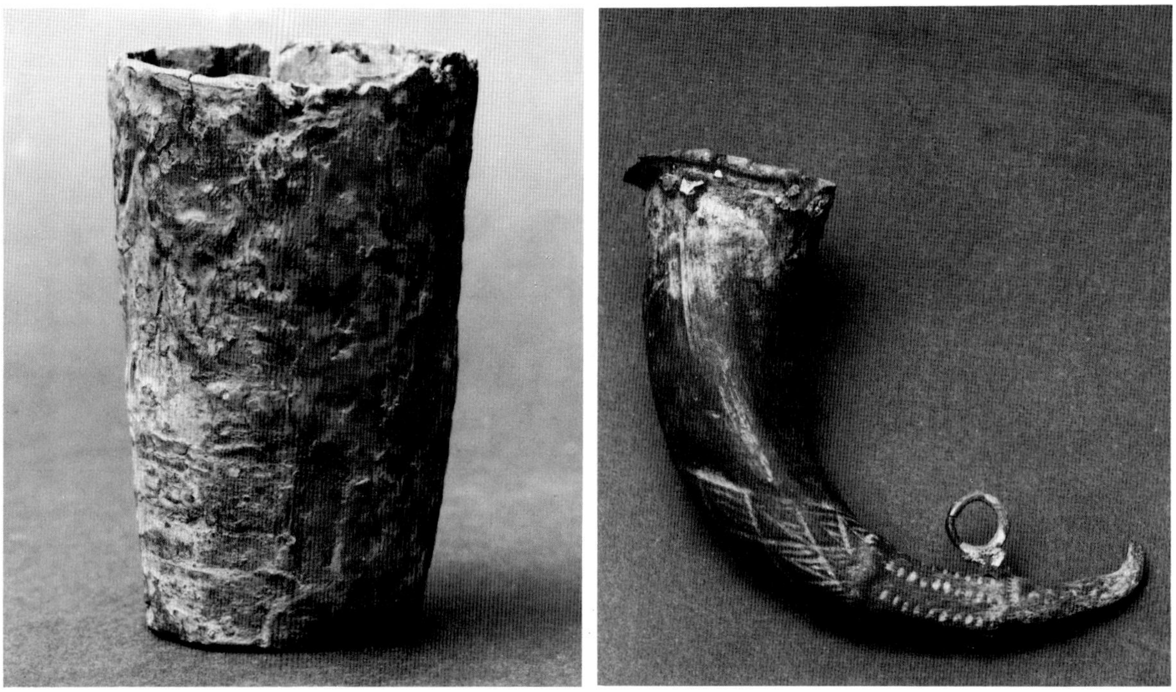

Trinkbecher (28) und Trinkhorn (26) nach Restaurierung.

29 a. Gedrechseltes Holzschälchen (Abb. 16,b). In Kugelabschnittform ohne Bodenabsatz mit Rille am kräftigen, 7 mm starken Boden und mit viel dünnerer, am Rande nur 1 mm starker Wand; deformiert. – Ursprünglicher Dm. 11 cm; H. 4,3 cm.

29 b. Gedrechseltes Holzschälchen (Abb. 16,c). Ähnlicher Art wie 29 a, jedoch mit gleichmäßig dünner Wand (2 mm) und ausschwingender Lippe. Im Innern gehen vom Zentrum radial drei aufgelegte silbervergoldete 12 mm breite Bänder mit Randstreifen aus, die über den Mündungssaum gelegt und mit je zwei Nieten am Rande befestigt sind. Am Grunde des Schälchens wird die Ansatzstelle der drei Bänder durch einen flachen Omphalos mit eingraviertem Rosettenornament überdeckt. – Dm. 12,6 cm, H. 2,9 cm. – Vgl. die ähnliche Holzschale von Güttingen[10].

30. Flacher Holzteller (Abb. 16,d). Zur Hälfte erhalten; in der Mitte 4 mm, gegen den Rand zu 6 mm stark; H. des Randes 1,3 cm; Dm. 26 cm. – Auf dem Teller lagen neben den später daraufgefallenen Resten des Stuhls und des Helmes das ursprünglich wohl hierher gesetzte Schälchen 29 a, Haselnüsse, Walnuß und dattelartige Kerne.

31. Lederbeutel. Sackartig, halbrund, mit geradem oberem Abschluß, nur sehr fragmentarisch erhalten. – L. 41 cm; Br. 15 cm. – Der Inhalt war eine mehlartige Masse, die sich beim Zerfall zwischen den Trümmern verbreitete und an Teilen des Stuhls sowie an der kleineren Flasche 22 haftete.

Stuhl (Abb. 17, 2 a – c)

Man kann den Stuhl wegen seiner normalen Maße, obwohl er verhältnismäßig schmal ist, nicht eigentlich als Kinderstuhl bezeichnen; eher ist er nachträglich durch Verkürzen der Beine zu einem

[10] Germania 17, 1933, 42 Abb. 6.

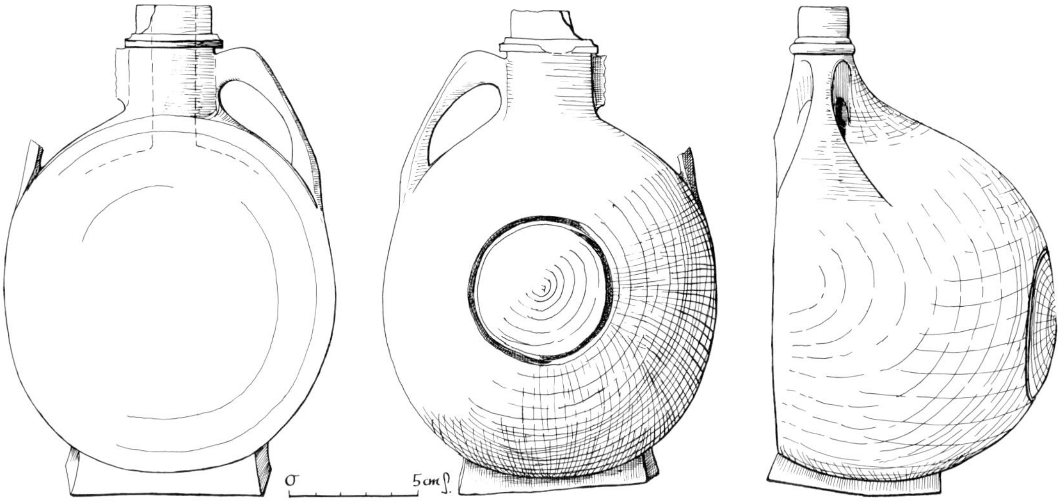

Abb. 15. Kölner Dom, Knabengrab. Holzflasche. – Maßstab 1 : 3.

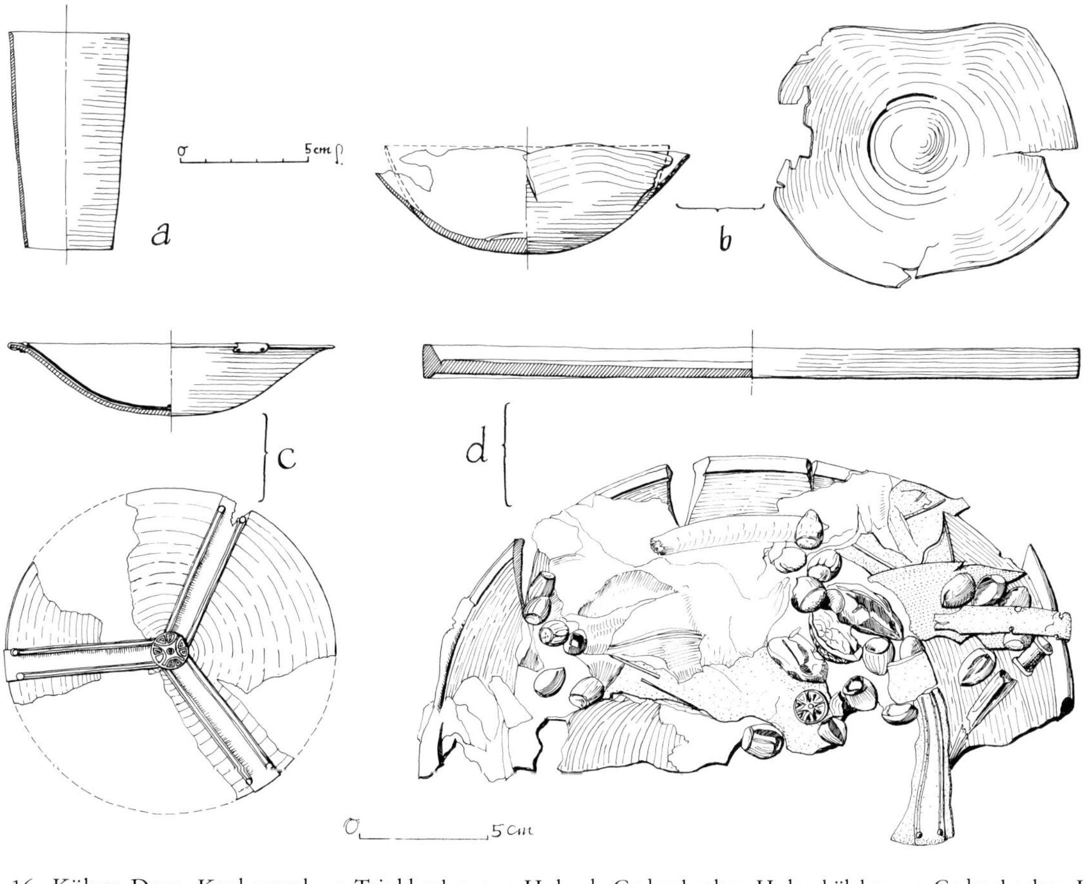

Abb. 16. Kölner Dom, Knabengrab. a Trinkbecher aus Holz, b Gedrechseltes Holzschälchen, c Gedrechseltes Holzschälchen, d Holzteller. – Maßstab 1 : 3.

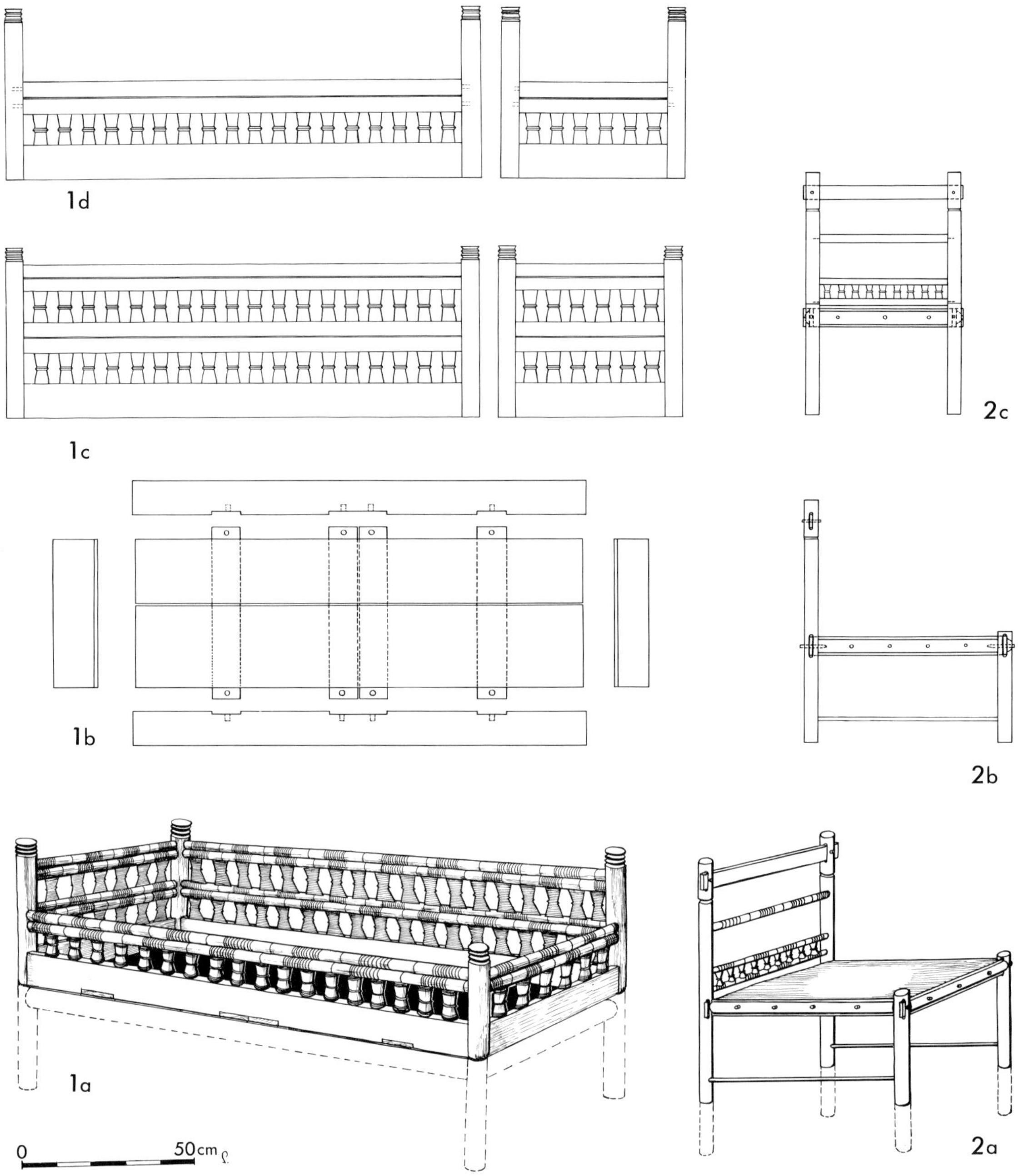

Abb. 17. Kölner Dom, Knabengrab. Rekonstruktion der Totenlade und des Stuhles. Maßstab 1 : 20.

solchen gemacht worden, wenn dies nicht überhaupt erst bei der Bestattung geschehen ist, weil er sonst nicht in der Kammer, wo er zu Füßen der Totenlade mit der Lehne nach links aufgestellt war, Platz gefunden hätte.

32. Stuhl aus Hartholz (Kirsche oder Zwetsche) mit Ledersitz. Aus vielen Resten und nach der Lage im Grabe bis auf unwesentliche Details genau zu rekonstruieren[11]. – Br. 45 cm; L. 55 – 60 cm; H. noch maximal 72 cm, Sitz mindestens 30 cm.

[11] Vgl. die eingehende Beschreibung von W. Schneider, Kölner Domblatt 18 – 19, 1960, 96 ff = hier S. 361 ff.

Kölner Dom, Knabengrab. Nordwestecke der Totenlade.

Die Stuhlbeine waren rund gedrechselt und (wie beim Bett) mit Drehrillen verziert. Das vordere Paar wurde durch die 5 cm breite und 1 cm starke Vorderzarge, die in ganzer Breite durchgezapft und verdübelt war, zusammengehalten, ebenso das hintere Paar, das außerdem am oberen Abschluß der Lehne in derselben Weise und mit einer gleichen Zarge zusammengefügt war. Die Zargen stehen außen 1 cm über. Die seitlichen Zargen des Sitzes, denen die Aufgabe zufiel, das vordere und hintere Beinpaar zusammenzuhalten, konnten nicht wie die übrigen durch die Beine gezapft werden; sie sind in ganzer Breite nur bis an die durchgesteckte Vorder- und Hinterzarge geführt und wurden durch die schon genannten, sehr langen Holzdübel der Vorder- und Hinterzarge, die tief in sie hineingetrieben als Keile wirkten, fest in dem nur kurzen Langloch verspannt; immerhin wird man eine zusätzliche Verleimung des Ganzen als sicher voraussetzen müssen. Zwei eingezapfte runde Fußsprossen von 1,6 cm Stärke waren für die Stabilität des Gestells in achsialer Richtung erforderlich, während man sich für die Stabilisierung in seitlicher Richtung mit der Verstrebung der Lehne begnügte, zu deren oberer Zarge drei ähnliche, ebenfalls nur eingezapfte Rundsprossen traten. Diese Rückensprossen waren indessen mit Drehrillen verziert, und zwischen zweien von ihnen waren 9 kleine sanduhrförmig mit Mittelgrad gedrechselte Docken (Baluster) eingezapft (H. 4 cm). In welcher Höhe diese Dockenleiter und die dritte Sprosse angebracht waren ist unsicher. Die gleichen Docken kehrten in größerer Ausführung bei der Totenlade wieder. – Das Leder des Sitzes war über den Rahmen gespannt und wurde an den Außenseiten der Zargen durch Halbrundstäbe gehalten, die sicherlich verleimt und, wie festgestellt, außerdem durch Holzdübel (an der Vorderfront drei) angenagelt waren.

Totenlade und Deckbretter (Abb. 17, 1 a – d)

Das Totenbett des Knaben machte bei der Rekonstruktion größere Schwierigkeiten als der Stuhl, weil sich bald herausstellte, daß es sich nicht, wie zuerst angenommen wurde, um ein Kinderbett zum normalen Gebrauch handelt, denn der Boden ist ohne Auflager lediglich von unten her mit Dübeln angenagelt und hätte nicht lange gehalten. Weiterhin ergab sich im Laufe der Untersuchung, daß die Lade asymmetrisch gewesen sein muß; eine Längs- und eine Schmalseite waren höher als die restlichen beiden, nämlich die linke und die Kopfseite. An dieser Tatsache ist, wie wir eingehend auseinandergesetzt haben [12], nicht zu zweifeln, wenn auch die Erklärung, die wir dafür gegeben haben, daß nämlich die Asymmetrie mit der Aufbahrung der Leiche zusammenhängen könnte, nur als eine Verlegenheitslösung anzusehen ist. Auch eine später bei Viollet le Duc entdeckte Zeichnung eines Möbelstückes nach einer Chronik des 15. Jahrhunderts [13] hat sich beim Vergleich mit einer Photographie der Miniatur als kaum vergleichbar herausgestellt. Es handelt sich hier um eine Kastenbank mit allerdings verschieden hohen Seitenlehnen. Die Kölner Totenlade wird man aber kaum zu einer Bank rekonstruieren können, weil weder Reste eines zweiten, oberen Bodens (der Sitzfläche) noch irgendein Anhalt für dessen Befestigung gefunden wurden.

33. Totenbett. Aus Zwetschen- und Eichenholz mit vier Pfosten, Bettkasten (Eiche) und darüber angebrachten Leitern aus Docken mit halbrundem Querschnitt zwischen Rundstäben; an einer Längs- und einer Schmalseite zwei Leitern übereinander, an den beiden anderen Seiten nur je eine Leiter. Die Leitern waren an der Innenseite mit Leinenstreifen verklebt. Die Länge der Eckpfosten ist fraglich, da nicht feststeht, ob das Bett von vornherein ohne Füße auf dem Kastenboden gestanden hat. – L. 1,37 m; Br. 0,53 m; H. mindestens (ohne Füße) 0,50 m.

Die vier gedrechselten Pfosten (wie alle gedrechselten Teile aus Zwetschenholz, Dm. 6 cm) waren am oberen Ende durch drei tiefe Rillen verziert. Wie der Bettkasten aus 3 cm starken Eichenbohlen an ihnen befestigt war, ist nicht mehr zu erkennen; es ist jedoch anzunehmen, daß die Rahmenbretter nicht in ihrer ganzen Breite in entsprechende Nuten geführt wurden, sondern daß man, um den Pfosten nicht allzusehr zu schwächen, alternierende Zapfen oder von außen eingetriebene Dübel verwendete. Die sonstige Konstruktion des Kastens ist ersichtlich. Die beiden langen Bohlen, die den Boden bildeten, lagen auf 3 oder 4 Querbrettern, mit denen sie mittels je eines Dübels verbunden waren. Die seitlichen Rahmenbretter wurden nicht auf, sondern neben die Längskanten des Bodens gesetzt. Sie waren an ihrer Unterseite wegen der beiderseits vorstehenden Enden der Querbretter des Bodens ausgeklinkt und nur mit je einem, von unten eingetriebenen Dübel mit diesen verbunden. Die Rahmenbretter der Schmalseiten dagegen wurden auf die Kanten der Bodenbohlen gesetzt; es ist anzunehmen, daß sie mit einem Falz versehen waren, der die Hirnholzkanten der Bodenbretter bedeckte. – Der übrige Aufbau des Bettes bestand aus gedrechselten Teilen. Lange, mit Drehrillen verzierte Rundhölzer (Dm. 4 cm) wurden mit etwa 1 cm starken Zapfen an ihren Enden in den Pfosten verzapft. Obwohl nur noch einige der dazu gebohrten Zapflöcher in den stark vergangenen Eckpfosten faßbar sind, kann man aus der Lage dieser erhaltenen Löcher, ferner aus dem Umstand, daß einige der Rundhölzer keine Zapflöcher für die Dockenleitern haben, die restlichen aber alle nur eine Lochreihe aufweisen und schließlich auch die Rahmenbretter des Kastens mit den gleichen Zapflöchern versehen sind und auch die Größe der Docken feststeht, die Gliederung des Aufbaus genau rekonstruieren. Die in den Kastenrahmen eingesetzten Docken, je 18 an den Längsseiten, 6 an den Schmalseiten, wurden mit ihren oberen Zapfen in ein 8,5 cm über dem Kasten angebrachtes Rundholz eingefügt. Unmittelbar darüber folgte ein zweites Rundholz, das an zwei benachbarten Bettseiten keine Lochreihen hatte und als oberer Abschluß diente. An den beiden anderen Bettseiten folgten je eine weitere ganz wie die unteren konstruierte Sprossenleiter; sie wurden wieder durch ein dicht darüber als Abschluß angebrachtes Rundholz abgedeckt. Die sanduhrförmigen Docken mit kantigem Mittelring und Zapfen sind zunächst vollrund gedreht und dann der Länge nach durchgesägt, nicht gespalten worden; die halbrunden Zapfen wurden mit dem Messer zurechtgeschnitzt. Die Docken des Bettes haben mehr als die doppelte Län-

[12] Kölner Domblatt 18 – 19, 1960, 101 ff.

[13] Dict. d'Arch. Chrét. I (1858) 383 Abb. 31 nach Chroniques de Froissart (Bibl. Nat. Ms. 8, 320 t. I).

Kölner Dom, Knabengrab. Fußende der Totenlade über den Resten des Stuhles, von Westen.

ge der sonst ganz gleichen Docken des Stuhls (8,5 cm). Über den oberen Rand des Aufbaus ragten die mit tiefen Rillen verzierten Köpfe der Eckpfosten 5 cm heraus. Man wird annehmen dürfen, daß die Pfosten ursprünglich auch unten als Bettfüße überragten, obwohl in diesem Falle der Boden nur an 6 oder 8 von unten eingetriebenen Dübeln hing, wenn man nicht als Auflage des Kastens ein unteres Rahmengerüst aus vier in den Eckpfosten verzapften Rundhölzern ergänzen will, wie es bei der in der Zeichnung gebrachten neuen Rekonstruktion geschehen ist. Da aber nichts davon erhalten ist, müßte man in diesem Falle annehmen, daß das ursprünglich vielleicht hochbeinige Bett wie der Stuhl hart unter dem Kasten abgesägt worden ist, damit es in der Grabkammer untergebracht werden konnte.
Die 3 cm starken und gut 50 cm breiten Abdeckbretter aus Nadelholz gehören nicht zur eigentlichen Bettkonstruktion.

Zusammenfassung

Die antiquarische Ausbeute des Knabengrabes ist zwar nicht entfernt so kostbar wie die des Grabes der Frau, übertrifft jene aber in sachlicher Hinsicht. Die vielen erhaltenen Holzreste geben uns mancherlei Aufklärung über das Drechsler- und Tischlerhandwerk und ergänzen in willkommener Weise die schon am Kasten der Frau beobachteten Holzverbindungen mit Eckverzinkung, Nut und Feder sowie den angewandten Gehrungsschnitt. Im Knabengrab überwiegt das Drechslerwerk; es spiegelt wohl sicher die wirklichen Verhältnisse im Schreinerhandwerk der Zeit wieder, wie es ja schon seit langem von den alamannischen Gräbern bekannt ist. Die Fundverhältnisse in diesen vor vielen Jahrzehnten aufgedeckten Gräbern sind heute nicht mehr zu kontrollieren, können aber jetzt anhand des genauer festgehaltenen Kölner Befundes überprüft werden. So dürfte es jetzt feststehen, daß die in den alamannischen Gräbern zu Füßen der Totenlade entdeckten „abgetrennten viereckigen Holzverschläge", „Gestelle" oder „Tischchen mit Geländer" nichts anderes als Stühle gewesen sind, denen als Grabbeigabe von jeher eine besondere Bedeutung allgemeiner Art zukommt, weshalb wir den Kölner Stuhl auch nicht unbedingt als ein Herrschaftszeichen anzusehen haben. – Die schlichte handwerkliche Ausstattung der Möbel mit mehr oder weniger weit gestellten Docken geht zwar bei einfachen Möbeln bis in unsere Zeit durch, wird aber schon im Mittelalter bei gehobenen Ansprüchen durch architektonische Motive (Säulen, Bögen) verdrängt; aus der Docke wird die Balustersäule. Da und dort ist aber noch im hohen Mittelalter – leider ohne Zwischenglieder seit der merowingischen Zeit – das schlichte Dockenwerk belegt, so in Moissac (linkes Gewände mit Bett des reichen Prassers), an den Bänken von Kloster Alpirsbach (Anfang 12. Jahrhundert), an Sesseln und Bänken aus dem Norden, etwa in Alt-Upsala und schließlich bei dem von H. Appuhn[14] rekonstruierten romanischen Thron in Kloster Isenhagen mit Docken, die bis auf ein oben und unten angefügtes rundes Glied den gut ein halbes Jahrtausend älteren Docken aus Köln genau entsprechen. – Gedrechseltes Gerät, Schalen, Teller, Becher, Flaschen bieten mit den ziemlich zeitlosen Formen weniger Schwierigkeiten; es sei jedoch auf das mit Silberbändern verzierte Schälchen (29 b), den einzigartig gut erhaltenen Eimer (25) und den gedrechselten Stab (10) hingewiesen, der neben der schlichten, auf allgemeinen Grabsitten beruhenden Birkenrute (11) doch wohl als ein Herrschaftszeichen zu deuten ist.

Von hohem Wert ist auch das silberbeschlagene Trinkhorn (26), vor allem wegen seiner Schlaufe aus Pferdehaar und der sorgfältigen Lederbearbeitung, wofür weitere Details an der Helmkappe (20), dem Messerfutteral (12) und bei der Kleidung (7, 9) zu nennen sind.

Die Gläser, das Bronzebecken und der Schmuck sind im Frauengrab besser und vielgestaltiger vertreten.

Bei den Waffen sind die weitgehend geklärten Einzelheiten der beiden Messerbestecke (12 und 13) auch für anderwärtige, weniger gut erhaltene Funde wie die Knabengräber von St. Severin in Köln und das neue Fürstengrab von Krefeld von Bedeutung. Der Schild gibt uns Aufklärung über sonst nicht erhaltene Details der Beschläge. Seine Buckelform ist weitverbreitet[15]. Von den sonstigen Waffen sind die dreiflügeligen Pfeilspitzen (Bolzen) mit Dorn besonders hervorzuheben. Sie sind als ein Zeichen awarischen Einflusses, der durch die Langobarden vermittelt wurde, zu werten. In dem gemischt langobardisch-awarischen Gräberfeld von Várpalota, Kom. Veszprém, in Ungarn fanden sich in dem awarischen Grabe 12 ebenfalls drei dieser Dreikantpfeile und dazu die Endbeschläge des zugehörigen Reflexbogens, von dem im Kölner Grab allenfalls eine Holzspur übriggeblieben ist[16]. In die gleiche östliche Richtung weist uns der Helm, der, abgesehen von den Aufschlüssen, die wir aus der rekonstruierten Helmkappe über die innere Einrichtung alter Helme erhielten, auch als Typus das wichtigste Fundstück des Grabes ist. Neben seinen nicht zu übersehenden Gemeinsamkeiten mit der geläufigen Helmform der Zeit, dem Baldenheimer Typus (Scheitelscheibe, Spangen, Nackenschutz und Wangenklappen, Lochleiste als Abschluß des Stirnreifs) hat er doch in seinem Material, Horn und Leder, und in dem Verfahren wie die Teile mit Draht zusammengeheftet sind, unverkennbar östliche Eigenheiten, wie sie – freilich bisher nur in Metall – aus Kertsch und Mezöband bekannt geworden sind. Man wird auch nicht fehlgehen, wenn man manche Einzelheiten der Baldenheimer Form jetzt, da der Kölner Helm bekannt ist, aus der genannten östlichen Richtung ableitet, zumal es sich um Erscheinungen handelt, deren Übernahme aus der an sich klaren und konsequenten spätantiken Form etwas machten, das man nicht anders als eine Fehlkonstruktion benennen kann[17]. Wie die Entwicklung im einzelnen gegangen ist, wird man noch nicht nachweisen können. Wir dürfen aber auf weitere Funde hoffen, deren erster sich schon aus Niederstotzingen mit eiserner, zwölffach geteilter Scheitelplatte und Augenschutz aus Eisen – der Rest aus vergänglichem Material, sicher Horn – angekündigt hat[18].

[14] Lüneburger Bl. H. 9, 1958, 39 f.; weitere Literatur im Domblatt 18 – 19, 1960.

[15] J. Werner, Die Langobarden in Pannonien (1962) 161 f.

[16] Werner a.a.O. 24 Taf. 5, 26 – 28 und Taf. 6, 19 – 26; ferner I. Bóna, Die Langobarden in Ungarn. Acta Arch. Hung. 7, 1956, 189 Taf. 31, 26 – 28 und Taf. 32, 15 – 22.

[17] Für das Nähere muß hier auf meine Abhandlung im Kölner Domblatt 20, 1961 – 62, 118 ff. = hier S. 369 ff. mit Literatur hingewiesen werden.

[18] P. Paulsen sei hier für die Freundlichkeit gedankt, mit der er mir das neue Fürstengrab im Stuttgarter Museum gezeigt hat.

Die fünf winzigen Silbermünzen erlauben keine so genaue Datierung wie die vielen Gold- und Silbermünzen des Frauengrabes, die auch das des Knaben datieren, da beide Gräber um die gleiche Zeit, wenn nicht am gleichen Tage in die Erde gekommen sind. Immerhin datieren die Münzen das Knabengrab vor 575, weil von diesem Zeitpunkt ab die Prägung des stärkeren Denars beginnt. Hier hingegen handelt es sich um den „argenteus" oder „argenteus minutus" der Quellen, der wegen seiner Zerbrechlichkeit nur in wenigen Stücken erhalten ist. Drei dieser seltenen Stücke, die überdies stempelgleich mit den Kölnern (1 – 3) sind, wurden 22 km südlich in Schwarzrheindorf gefunden [19]. Man wird jetzt um so eher Köln als Prägestätte annehmen, als im Knabengrab mit den beiden übrigen einseitig geprägten Münzen (4 und 5) auch typologische Zwischenstufen zu diesen brakteatenartigen Prägungen gegeben sind [20]. Köln ist als Prägestätte König Theudeberts I. in der 1. Hälfte des 6. Jahrunderts bezeugt [21]. Das Schwergewicht lag damals noch auf der Goldprägung, wenn auch die Solidi, statt nach ihrem Nominal gewertet zu werden, vielfach oder sogar im östlichen Reichsteil in der Regel gewogen wurden [22]. Das silberne Kleingeld mit seinem minimalen Gewicht zeigt aber doch, daß Theudebert um eine wirkliche Währung bemüht gewesen sein muß.

Nach alledem sind die historischen Erkenntnisse, die wir der Entdeckung des Knabengrabes verdanken, nicht weniger wertvoll als die aus dem ersten Grabe. Angesichts des reichen Goldschmucks der Frau, der offensichtlich einer Kölner Hofgoldschmiede entstammt, war darauf hingewiesen worden, daß die Vermittlung so hervorragender Handwerkskunst nicht den Langobarden zu verdanken sei, da diese damals noch nicht in Italien waren – wobei nach allgemein geltender Ansicht Impulse aus Italien vorausgesetzt wurden. Diese sollen nicht ganz abgestritten werden, denn Theudebert ist mehrfach in Italien und Südfrankreich gewesen. Wir dürfen aber einen Schritt weiter gehen und annehmen, daß die antike Tradition nicht nur in Italien, sondern auch im Reiche Theudeberts und in seinen Städten am Rhein kaum wesentlich schwächer fortgeführt wurde. Er selbst, der *„homo elegans"* (Gregor von Tours), hat jedenfalls alles getan, um diese Überlieferung zu bewahren und zu verstärken [23]. Sie muß vorhanden gewesen sein, weil schon das spätantike Westreich nicht nur in der Residenz Trier ein kulturelles Eigengewicht hatte, das gegenüber dem Osten nur allzu gerne übersehen wird [24].

Das Knabengrab zeigt uns mehr von der eigenständig germanischen Komponente im Reiche Theudeberts auf, und innerhalb dieser Beziehungen zum Osten, die – in diesem Falle nun doch ganz offensichtlich – durch die damals noch in Pannonien bei den Awaren siedelnden Langobarden vermittelt wurden.

Hier zeigt sich auch ein Anhaltspunkt, wenigstens Vermutungen zur Identifizierung der beiden hochgeborenen Toten anzustellen. Bekanntlich hatten die französischen Kollegen in dieser Hinsicht mehr Glück, als sie vier Monate nach der Entdeckung unseres Frauengrabes in St. Denis das Grab der Arnegundis mit dem Namen der Königin auf dem Fingerring entdeckten. Die Inschrift auf dem Schweißleder des im gleichen Monat August 1959 zuerst gefundenen Knaben ist leider noch nicht zu lesen. Man könnte an Angehörige der von Chlodwig durch die Ermordung Sigiberts des Lahmen und Chloderichs beseitigten Dynastie der in Köln residierenden Ripuarierkönige denken, oder auch an Theudeberts Schwester, die heimgeschickte junge Stiefmutter und Braut des Warnenkönigs [25]. Angesichts der genannten langobardischen Beziehungen hat aber eine andere Vermutung

[19] Haevernick, Mainzer Zeitschr. 24 – 25, 1929 – 30, 100 ff.

[20] Zur früheren Entwicklung vgl. W. Bader, Germania 27, 1943, 35 ff.

[21] Einer der vier erhaltenen Kölner Solidi Theudeberts mit der für die damalige Zeit skandalösen eigenen Namensumschrift statt der des Kaisers konnte 1963 für das Röm.-Germ. Mus. Köln erworben werden; siehe Doppelfeld, Theudebert für Köln in: Vom Bauen, Bilden und Bewahren. Festschrift für W. Weyres, Köln 1964, S. 139 ff.

[22] Werner, Fernhandel und Naturalwirtschaft in der Merowingerzeit. 42. Ber. RGK. 1961, 307 ff.

[23] Doppelfeld in Beiheft 1 zu Gymnasium, 1960, 8 ff.

[24] Ders. in Wallraf-Richartz-Jahrbuch 18, 1956, 1 ff.

[25] Ders., Theudebert für Köln a.a.O. (vgl. Anm. 21).

mehr Wahrscheinlichkeit für sich. Theudebert war sieben Jahre lang mit der langobardischen Prinzessin Wisigarde verlobt, bis er sie endlich auf Drängen seiner Franken heiratete und die Provencalin Deoteria, die Mutter seines Nachfolgers Theudebald, entließ (533). Wisigarde überlebte die Hochzeit nicht lange[26]. Die goldene Kopfbinde der Dame unter dem Dom scheint der Schmuck der Braut zu sein, die *„vitta auro exornata"*, die der Bräutigam zu schenken pflegte[27]. Sie könnte demnach die früh verstorbene Braut des Königs sein und der Knabe zu ihren Füßen ein langobardischer Prinz, der mit ihr an den Rhein kam.

[27] Gregor v. Tours, Hist. X 16. Vgl. Kölner Domblatt 16 – 17, 1959, 76 Anm. 26.

WILHELM SCHNEIDER

Bergung und Rekonstruktionsversuch der Holzmöbel des Knabengrabes

Aus: Kölner Domblatt 18/19, 1960, 96 – 100

I. Das Totenbett

Im August 1959 wurde bei den Ausgrabungen unter dem Chor, ostwärts des bereits berühmt gewordenen Frauengrabes, ein fränkisches Knabengrab entdeckt, dessen Deckplatte an einer Ecke gesprungen war und so einen ersten Einblick gestattete. Aus technischen Gründen konnten damals die Funde noch nicht geborgen werden, aber der Zustand wurde durch photographische Aufnahmen festgehalten. Es war beabsichtigt, dieses Grab ganz freizulegen, um die Funde von oben bergen zu können. Das setzte aber umfassende Absicherungen der hochanstehenden Erdwände voraus, eine Arbeit, die vordringliche Terminarbeiten in der davorliegenden neuen Bischofskrypta zunächst nicht zuließen. Daher wurde das Grab alsbald wieder verschlossen.
Bei einem Anfang Januar 1960 vorgenommenen Vergleich des Zustandes mit den photographischen Aufnahmen war jedoch ein schon einsetzender Verfall der Holzteile zu erkennen. Bei einer Rücksprache mit Herrn Direktor Dr. Doppelfeld und Herrn Dombaumeister Prof. Dr. Weyres wurde beschlossen, das Grab sofort auszuräumen. Da es aber bis auf die Stirnplatte mit Erde umgeben war, mußten Steinmetzen der Dombauhütte die Platte abmeißeln und entfernen.
Als schließlich Ende Januar die Bergung der Funde begann, ergaben sich die gleichen Probleme wie bei dem Frauengrab. Ohne die übliche vorherige Gesamtbetrachtung mußte das Grab von Westen nach Osten abgeräumt werden. Dazu waren wenigstens drei Personen erforderlich. Eine mußte die exakten Vermessungen durchführen und die Funde bergen, während die zweite die Zeichnung anfertigte und den dazugehörigen Bericht einer dritten diktierte. Damit bei der Fülle des zu bergenden Materials die klare Übersicht nicht verlorenging, wurde der Grundrißplan im Maßstab 1 : 1 gezeichnet. So sind auch kleinste Fragmente, deren Bedeutung nicht von vornherein klar war, fixiert worden.
Schon bei der Entdeckung war das kunstvoll gearbeitete Totenbett mit seinen vielen gedrechselten Rundhölzern und Docken aufgefallen. In Ost-West-Lage – zusammengestürzt – war es am Westende durch ein breites Brett fast zugedeckt. Die Numerierung aller Funde erfolgte chronologisch mit der Bergung in drei Gruppen, West-, Mittel- und Ostteil. Alle Funde, die augenscheinlich zum Totenbett gehörten, wurden gesondert numeriert.

Die einzelnen Teile des Totenbettes (Abb. 1)

1. Westteil

Auf der Südseite:

8 Rahmenbrett 10 cm Br., 3 cm stark, erh. Lg. 53 cm, mit Zapfenlöchern für Docken auf der oberen Schmalseite. Zapfenloch-Dm. 1 cm, Lochabstand 6,5 – 7,5 cm.

9 Rundholz mit Zapfenlöchern. Dm. 4 cm, erh. Lg. 70 cm mit Zapfenlöchern. Zapfenloch-Dm. 1 cm, Lochabstand 6,5 – 7,5 cm.

7 Rundholz ohne Zapfenlöcher. Dm. 4 cm, erh. Lg. 51 cm.

4 Rundholz mit Zapfenlöchern. Dm. 4 cm, erh. Lg. 47 cm. Abmessungen der Zapfenlöcher wie bei 9.

13 Rundholz mit Zapfenlöchern. Dm. 4 cm, erh. Lg. 24 cm. Abmessungen der Zapfenlöcher wie bei 9.

2, 5, 6, 12, 14, 15 Docken, annähernd halbrund, m. Zapfenenden. An der flachen Hinterseite Abdrücke eines feinen Gewebes in Leinenbindung. Dm. 4,5 cm, Lg. 8,5 cm. Zapfen-Dm. 1 cm, Lg. 1,5 cm.

Auf der Westseite:

18 Rundholz mit drei eingezapften Docken in N-S-Richtung. Dm. 4 cm, erh. Lg. 36 cm. Ein darüber liegendes Rundholz in O-W-Richtung. Dm. 5 cm, erh. Lg. 16 cm. (Diese zusammengehörenden Teile sind unter einer Fundnummer aufgeführt.) Abmessungen und Abstände der Docken gleichen denen der Fundnummer 9.

Auf der Nordseite:

25 Rahmenbrett 10 cm Br., 3 cm stark, gemessene Lg. 1,25 m, erh. Lg. 60 cm. Abmessungen der Zapfenlöcher wie unter 8.

19 19 a, b, c Rundholz mit drei verzapften Dokken. Dm. 4 cm, erh. Lg. 52 cm. Abmessungen und Abstände der Docken und Zapfenlöcher wie bei 9.

20 Rundholz ohne Zapfenlöcher. Dm. 4 cm, erh. Lg. 46 cm.

21 – 24 Docken, wie an der Südseite beschrieben.

Zum Boden gehörend:

26 Bodenbrett 75×19×2 cm.

27 Bodenbrett 70×23×2 cm.

28 a, b Querhölzer unter den Bodenbrettern 53×9×2 cm.

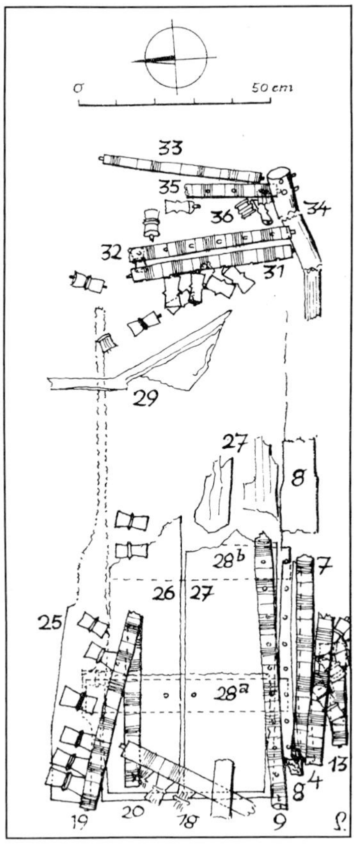

Abb. 1. Lage der Reste des Totenbettes. – Maßstab 1 : 20.

Zur Abdeckung gehörend:
Im Grundriß nicht eingezeichnet.

11 Breites Holzbrett 52×53×3 cm.

1 Fragment zu 11 (?) 56×17×3 cm.

10 Fragment zu 11 (?) 25×7×3 cm.

17 3 kleine Fragmente zu 11 (?) 10×3×3 cm.

29 Fragmente zu 11 (?) 40×13×2 – 3 cm.

2. Mittelteil

25 Stark zerfallene Verlängerung des Rahmenbrettes an der Nordseite.

30 a, b Docken, wie an der Südseite.

8 Verlängerung des Rahmenbrettes an der Südseite, 10 cm Br., 3 cm stark, erh. Lg. 25 cm.

27 a, b Fragmente der Bodenbretter 20×8×? cm.

3. Ostteil

31, 32, 35 Rundhölzer mit Zapfenlöchern. Dm. 4 cm, Lg. 41 cm. Zapfenlöcher Dm. 1 cm, Abstände von links beginnend gemessen 3,5 – 6,5 – 6,5 – 6,5 – 6,5 – 6,5 – 5 cm. Zapfen an den Enden der Rundhölzer. Dm. 1,5 cm, Lg. 2 cm.

33 Rundholz ohne Zapfenlöcher. Abmessungen wie 31.

34 Rundpfosten (Pfosten an der S-O-Ecke). Dm. 6 cm, erh. Lg. 40 cm.

36, 37 2 Fragmente, Pfostenbekrönung zu 34.

31 a, b, 38 – 49 Docken, annähernd halbrund mit Zapfenenden und Gewebeabdrücken. Dm. 4,5 cm, Lg. 8,5 cm. Zapfen-Dm. 1 cm, Lg. 1,5 cm.

Rekonstruktionsversuch nach der Lage der Elemente (Abb. S. 354). Der Rekonstruktionsversuch begann im Westteil an der Nordseite, weil dort die Lage und Erhaltung der Elemente gesichert schienen. Das Rahmenbrett 25 und das Rundholz 19 wurden durch sieben verzapfte Docken verbunden. Das Rahmenbrett war beim Zusammenfall des Bettes nach Norden hin umgekippt. Sein Aufbau, die Docken und das Rundholz, fielen auf seine Innenseite. Drei der Docken waren noch im Rundholz 19 verzapft, die weiteren vier lagen nur wenig verschoben. Die nördlichen Zapfenenden der Docken waren abgebrochen und steckten noch in den Zapfenlöchern des Rahmenbrettes. Die vertikale Stellung war durch das südliche Rahmenbrett 8 nachgewiesen.

Alle an der Nordseite aufgefundenen Teile ließen sich zusammenfügen und sind die besterhaltenen Einzelteile. Das Ergebnis zeigte eine Sprossenwand mit abschließendem Rundstab.

Nur für den Rundstab 20 galt es noch die Funktion zu finden. Die Klärung seiner Stellung ergab sich bei der Rekonstruktion der Ostseite. Hier war auch die S-O-Eckbefestigung erhalten (Rundpfosten 34). Die Ostseite des Bettes war als Ganzes nach Osten hin umgestürzt und lag auf den Beigaben des letzten Grabdrittels.

Daher ließ sich die Anordnung der einzelnen Rundstäbe klar erkennen. Der Eckpfosten hatte sich beim Umsturz um 90 Grad von W nach S verdreht. Er hatte am oberen Ende im rechten Winkel angeordnete Zapfenlöcher. Diese waren die Lösung für die Eckverbindung. Die Rundstäbe 31, 32, 33 und 35 hatten am Südende Zapfen, mit denen sie am Eckpfosten befestigt gewesen sein müssen. 33 und 35 gehörten auf Grund ihrer Lage und Abmessungen in die beiden oberen Zapfenlöcher des Eckpfostens, die dicht untereinander saßen. Die Zapfenlöcher für 31 und 32 waren wegen des Verfalls des Pfostens nicht mehr sicher zu erkennen. 33 hatte keine Zapfenlöcher für Docken. Der halb erhaltene Rundstab 35 wies drei Zapfenlöcher auf. Die westlich davon gelegenen Rundhölzer 31 und 32 hatten je sechs Zapfenlöcher. So ergab sich mit den zwölf vorgefundenen Docken folgendes Bild:

Sechs verstreut liegende Docken bildeten mit 35 und 32 eine Sprossenreihe. Nun mußten noch Rundstab 31, in dem zwei Docken verzapft waren, und vier restliche lose Docken ihren Platz bekommen. Der Rundstab lag westlich von 32, parallel mit ihm und beinahe auf Berührung. Die Docken gehörten zu einer geschlossenen Gruppe. Sie lagen alle mit der Sichtseite zum Boden nahe 31, dem Rundholz, und müssen in ihm verzapft gewesen sein. Damit entstand hier eine zweite Sprossenreihe; allerdings war der zugehörige untere Sprossenträger nicht mehr erhalten. Jedoch muß man annehmen, daß ein gleichartiges Rahmenbrett wie an der Nord- und Südseite auch hier den unteren Abschluß bildete.

Die Erklärung hierfür wurde bei der Westseite erbracht. Sie ergab die Lösung für den unteren Teil der beiden Schmalseiten. Von den auf der Westseite aufgefundenen Elementen – sie wurden unter 18 zusammengefaßt, weil der Erhaltungszustand keine Detaillierung zuließ – war nur ein Rundstab mit drei verzapften Docken erhalten; er hatte an der Nordseite ein Zapfenende.

Die Holzteile lagen in N-S-Richtung an der Westkante des Bodens. Die Außenseiten der Docken zeigten nach oben. Weiterhin fand sich ein Fragment eines Rundstabes von größerem Durchmesser in O-W-Richtung, das wohl zum S-W-Eckpfosten gehörte. Das Ganze war durch 11, ein außergewöhnlich breites und starkes Brett, zugedeckt und belastet.

Außer diesen Stücken wurde für das Westende nichts entdeckt. Ein Aufbau, wie er sich am Ostende des Totenbettes abzeichnete, war nicht gegeben. Das Westende war, durch die Lage von Komplex 18 erkennbar, nach Osten umgestürzt. Mithin war der Rundstab der obere Sprossenträger einer Dockenreihe. Wenn eine zweite Reihe mit Docken, wie am Ostende festgestellt wurde, auch hier sein sollte, müßten sie oder ihre Details östlich anschließend an 18 aufgefunden worden sein. Aber es war nichts vorhanden, obwohl diese Zone im Zentrum der besterhaltenen Holzteile gelegen war. Sie hätten sich auf dem noch erhaltenen Holzboden des Totenbettes befinden müssen.

So glichen sich im Aufbau die Nord- und die Westseite. Wie am Ostende fehlte auch hier ein unterer Sprossenträger für die Dockenreihe. Die völlig erhaltenen Bodenbretter konnten dazu nicht gedient haben. Sie hatten an der Westkante keine Zapfenlöcher, in die die Docken hineinpaßten. Es kam also ein Rahmenbrett oder vielleicht ein Rundstab dafür in Frage. Die Lösung war das Rahmenbrett, weil ein Rundstab ein asymetrisches Gliederungsbild ergeben hätte. Ferner endeten die Reste der Kopfunterlage, eines Kissens, scharfkantig 2 cm vor den westlichen Enden der Bodenbretter. Diese Linie war wie geschnitten. Das geschieht nur, wenn zwei glatte Flächen, in diesem Falle zwei Bretter, aufeinanderstehen und die Ausdehnung des Stoffes verhindern. Das Kissen war bei der Auffindung noch etwa 1 cm stark und bestand aus einigen Lagen Stoff. Bei einem Rundstab-Abschluß wäre dann diese Regelmäßigkeit kaum eingetroffen.

Weiterhin lagen die an der West- und Ostseite des Totenbettes aufgefundenen struktur- und formlosen Holzreste in N-S-Richtung und können daher sehr gut die Überreste der Rahmenhölzer gewesen sein. Und schließlich verdankten diesen Holzresten, besonders denen auf der Westseite, die Wandteile des Bettes, ihre Erhaltung. Sie sicherten auch wie ein Schutzschild die Bodenbretter.

Der Boden, aus den Brettern 26 und 27 bestehend, war mit sicher drei oder vier auf der Grabsohle liegenden Querbrettern (28 a, b) zu einer Ebene verbunden. Sie waren mit Holzdübeln verzapft. Dadurch entstand eine Bodenfreiheit von 2 cm. Die Querbretter waren mit ihren Enden in die Rahmenhölzer eingelassen.

Es ist anzunehmen, daß der gesamte Rahmen des Totenbettes gleiche Brettstärken hatte und auf dem Boden aufstand. Dann müßten die westlichen und östlichen Rahmenhölzer, weil sie 2 cm über den Boden reichten, gefalzt gewesen sein.

Für die vier Eckverbindungen waren gleiche Pfosten wie der an der S-O-Ecke erhaltene 34 anzusetzen. Wie bei Rundstab 18 waren bei denen auf der Nordseite, 19 und 20, Bruchstücke von Zapfen an den Westenden zu sehen.. Weiterhin bewies ihre Lage zueinander, daß sie zusammen im Eckverband standen. Somit erhielten die Rundhölzer 20 und 7 die gleichen Plätze wie 33 an der Ostseite, als eine Art zweiten Handlaufes über den sprossentragenden Rundhölzern.

Die Elemente an der Südseite stimmten zahlenmäßig mit den entsprechenden der Ostseite überein, nur die Anzahl Docken fehlte. Alles lag wie wohlgeordnet nebeneinander. Die sieben Docken an der Südwand des Plattengrabes fanden wir dicht zusammen und teilweise aufeinander auf. Diese Anhäufung konnte nur durch zwei Dockenreihen übereinander hervorgerufen sein, so daß die Gliederung an der Südseite die gleiche wie an der Ostseite war. Daß vom Mittelteil des Totenbettes nur Spuren aufgefunden wurden, dürfte an der Art des Zusammenfallens liegen. Das West- und Ostende waren die konstruktionsmäßig stabilsten Teile und müssen am längsten aufrecht gestanden haben.

Der Mittelteil sank durch den Druck des Abdeckbrettes und den seitlichen Druck des Schildes, welcher an der Nordseite angelehnt stand, am ehesten ab. Dennoch war die Verbindung von Ost- und Westende klar zu sehen.

Das rekonstruierte Totenbett (Abb. S. 354)

Die vorherigen Ausführungen ergeben ein Totenbett folgenden Aussehens:

Die Westseite, nach Lage des Toten das Kopfstück, besteht aus einem Rahmenbrett, ursprünglich 6 Docken (von denen 3 erhalten sind) und 2 Rundstäben. Das ergibt eine einsprossige Wand von 0,27 m Höhe.

Die Ostseite, das Fußstück, mit zerfallenem Rahmenbrett, 12 komplett erhaltenen Docken und 4 Rundstäben, ist eine doppelsprossige Wand von 0,45 m Höhe.

Zur Nordseite gehören ein Rahmenbrett, ursprünglich 18 Docken (die Anzahl ergab der Zapfenlochabstand) und 2 Rundstäbe, die eine ebenfalls einsprossige Wand, gleich der der Westseite, von 0,27 m Höhe ergeben.

Auf der Südseite ist mit Rahmenbrett, ursprünglich 36 Docken und 4 Rundstäben, die Gliederung und die Höhe von 0,45 m der Ostseite gegeben.

Diese Wände sind durch Eckpfosten rechtwinklig miteinander verbunden. Über die Höhe des nordwestlichen Pfostens läßt sich nichts Verbindliches sagen. Er kann mit den drei anderen auf gleicher Höhe gewesen sein oder auch gleich über den niedrigen Sprossenwänden abgeschlossen haben.

Der Boden ist im Längsrahmen eingelassen und wird durch verzapfte Querbretter gehalten. Die Bodenbretter sind auf den Querbrettern mit Holzdübeln befestigt.

Boden-, Rahmen- und Querbretter sind aus Eichenholz; Rundstäbe, Pfosten und Docken aus Holz vom Pflaumenbaum gearbeitet. Auf der Rückseite aller Docken befanden sich Stoffreste in Leinenbindung. Ursprünglich gehörten sie sicher zu einer rückseitigen Bespannung des Bettes, die nur in der Höhe der Docken angebracht gewesen sein muß, da sich an den langen Rundhölzern keine Stoffspuren fanden.
Die schöne Form darf nicht darüber hinwegtäuschen, daß es sich um ein Totenbett handelt.
Es ist der Typ eines auch später noch vorkommenden Kastenbettes. Der erste Gedanke, daß man wegen der geringen Höhe des Plattengrabes einem gewöhnlichen Kinderbett die Füße abschnitt, ist nicht mehr vertretbar. Die Bodenbefestigung ist mangelhaft und falsch konstruiert. Bei freiem Stehen hätte der Boden keine längere Belastung ertragen.
Die aufgeführten Abdeckbretter fehlen in der Zeichnung, weil sie die Betrachtung erschweren würden. Sie gehören nicht zur Konstruktion des Bettes und wurden nur schützend darüber gelegt. Die außergewöhnliche Breite des Abdeckbrettes – trotz fragmentarischer Erhaltung ist es noch 0,50 m breit –, läßt auf eine von Nord nach Süd abfallende Lage schließen.
Gesamtmaß des Totenbettes: 1,37 m lang, 0,53 m breit, 0,50 m hoch.

II. Der Stuhl

Schon bald nach Beginn der Bergung des Grabes stellte sich heraus, daß ostwärts anschließend an das Bett ein zweites Möbelstück, der Stuhl, zu unterscheiden war. Die Lage der Einzelteile war so, daß an ihrer Zusammengehörigkeit kein Zweifel aufkam; schon ihre Dimensionen unterschieden sie von denen des Totenbettes.

Die einzelnen Teile des Stuhles
(Abb. 2)

Sitzrahmen:

1 Vordere Zarge mit zwei Fußfragmenten und einem Halbrundstab, zusammenhängend, noch verzapft, an der Südseite. Zarge 46cm Lg., 5cm Br., 1 cm stark mit fünf Bohrungen von 1 cm Dm. in folgenden Abständen: Beginnend an einem Brettende 2,5–7,5–13–13–7,5–2,5cm.
Fußfragmente aus Rundholz von 4 cm Dm. mit Langlochbohrung 5,5 cm hoch und 1 cm breit und je einer gleichartigen Bohrung, doch nur bis zur Mitte, im rechten Winkel dazu, 1 cm unter dem oberen Abschluß. Erhaltene Lg. des westl. Fußes 18 cm, des östl. 12 cm. Halbrundstab 4 cm Dm., 37 cm Lg., 1,5 cm stark mit drei Bohrungen von 1 cm Dm. in den Abständen von einem Ende ausgehend 5,5 – 13 – 13 – 5,5 cm.

7 Hintere Zarge mit einem Halbrundstab verzapft, an der Nordseite, von gleicher Gliederung und Abmessung wie unter 1 beschrieben. Die Holznägel mit Köpfen.

11 und 11 a Fragment einer Zarge mit lose verbundenem Halbrundstab, an der Ostseite, mit zwei Bohrungen von 1,5 cm Dm. und 13 cm Lochabstand. Höhe und Stärke wie oben, erhaltene Lg. 27,5 cm.

17 Fragment einer Zarge mit drei erhaltenen Bohrungen, an der Westseite. Höhe und Stärke wie oben, erhaltene Lg. 50 cm, Dm. und Lochabstände der Bohrungen wie bei 11.

15 und 16 Zwei Reste von Holznägeln 1 cm Dm. 4 cm. Lg.

10 Rundstabfragment stark zerfallen, Oberfläche deformiert, erhaltene Maße 1,2 bis 1,6 cm Dm., 20 cm Lg.

o. Nr Lederreste.

Rückenlehne

6 Zwei Rundhölzer mit Querleiste zusammenhängend verzapft, Rundhölzer: 4 cm Dm., erhaltene Lg. 28 cm mit Langlochbohrung 4 cm hoch, 1 cm breit, 4 cm unter dem oberen Abschluß. 11 cm von oben eingedrehte Rille, 1 cm breit und tief. 19 cm von oben Zapfenloch in gleicher Richtung wie die Langlochbohrung. Dm. unsicher.
Querleiste Br. 4 cm, 1 cm stark, Lg. 46 cm, mit je einer Bohrung, 1 cm Dm., 2,5 cm von den Enden.

5 Rundstabfragment mit einem Zapfenloch. 4 cm Dm., erhaltene Lg. 20 cm, Dm. des Zapfenloches 1,5 cm, wohl Teile des hinteren Stuhlbeines.

2 Rundstabfragment mit einem Zapfenende, sehr zerfallen, 2,5 cm Dm., Lg. 6 cm.

4 und 8 Teile eines Rundstabes, beim Zusammensturz zerbrochen, mit Zapfenenden, Dm. 2,5 cm, ges. Lg. 36 cm. Dm. der Zapfen 1 cm, Lg. 1,5 cm.

3 Rundstabfragment mit Zapfenlöchern für Docken. Dm. 2,5 cm, erhaltene Lg. 14 cm. Drei Zapfenlöcher Dm. 6 – 7 mm, Lochabstand 4,3 cm.

9 Rundstabfragment mit einem Zapfenende und sechs Zapfenlöchern für Docken. Dm. 2,5 cm, erhaltene Lg. 28 cm. Dm. der Zapfenlöcher 6 – 8 mm, Lochabstand 4,3 cm.

9 a – g Docken, vollrund, doppelkonisch, mit ausgeprägter Mittelrippe und Zapfen an beiden Basen. Dm. 2 cm, 4 cm hoch. Zapfen Dm. 6 – 8 mm, Lg. 6 mm.

12 Fragment eines Rundstabes mit einem Zapfenende, stark zerfallen, ein Zapfenloch gerade noch angedeutet, wohl zu 3 gehörend. Dm. 2,5 cm, erh. Lg. 6 cm, Zapfen Dm. 1 cm, Lg. 1,5 cm.

13 Fragment eines Rundstabes mit Zapfenlöchern für Docken, sehr deformiert, Maße nur annähernd. Dm. 2,5 cm, erh. Lg. 6 cm, Zapfen Dm. 1 cm, Lg. 1,5 cm.

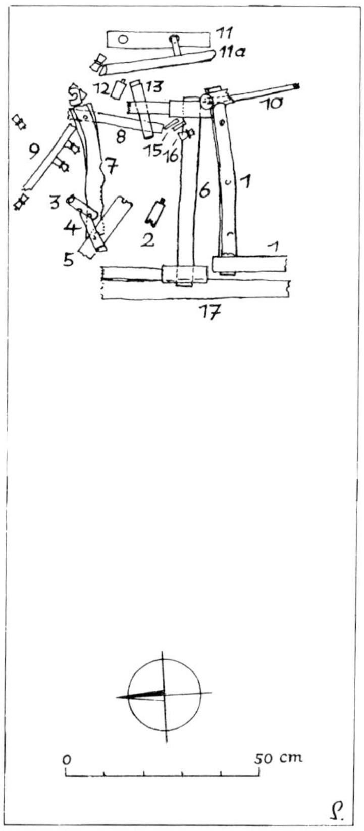

Abb. 2. Lage der Reste des Stuhles. – Maßstab 1 : 20.

Rekonstruktionsversuch (Abb. S. 354)

Die Teile des Stuhles bildeten ein wirres Durcheinander, zumeist stark zerfallener Rundhölzer, in und über den dicht plazierten Grabbeigaben. Für die Rekonstruktion erschien es zunächst wichtig, den Standplatz des Stuhles zu ermitteln. Den ersten Anhalt dazu erhielten wir, als die oberen Rundhölzer geborgen waren und sich als Rückenlehnenteile erwiesen, und als darunter die hintere Zarge (7) mit Lederresten überdeckt, auf dem Grabboden liegend, sichtbar wurde. Damit war der Standplatz der hinteren Stuhlbeine gefunden.

Es war aber noch nicht der Standplatz des vorderen Stuhlbeinpaares gegeben, denn die Länge des Stuhles mußte erst ermittelt werden. Aus den Abmessungen der seitlichen Zargen (11 und 17) war sie nicht zu entnehmen, weil diese stark zerfallen und nur teilweise erhalten aufgefunden wurden. Die vorderen Beine müssen irgendwo zwischen den Grabbeigaben in der Südost-Ecke des Grabes gestanden haben. Gerade diese Beigaben, so verwirrend sie zuerst schienen, verhalfen zu einem als gesichert geltenden Maß für den Standplatz der Beine, womit dann auch die Sitzfläche der Länge nach bestimmt wurde.

Die hintere Zarge (7) an der Nordseite ließ sich leicht, auf ihrem Fundort, fixieren. Sie war sicher senkrecht abgestürzt, lag parallel zur Nordwand des Plattengrabes fest am Eimer und an der Holzflasche auf dem Plattenboden auf. Von den hinteren Stuhlbeinen wurden bis auf die Teile, die als Rückenlehne dienten (6) und dem Fragment (5) nichts aufgefunden. Die beiden Pfostenfragmente, die durch eine Querleiste verbunden waren (6), lagen unter den Teilen des Helmes und des Ledersackes, mit der hinteren Seite nach oben, zwischen vorderer und hinterer Zarge. Helm und Ledersack müssen daher an der Hinterseite der Rückenlehne gehangen haben. Dieses bedingte aber einen Wandabstand von 16 bis 20 cm, den der Helm ausfüllte. Diesem Abstand entsprach auch der der hinteren Zarge und bestätigte die Annahme, daß die hintere Zarge auf ihrem ursprünglichen Standplatz aufgefunden worden war.

Die vordere Zarge (1) dagegen war mit den verzapften Stuhlbeinen nach Norden hin umgestürzt und lag auf den Beigaben. Durch ihre parallele Lage zu der hinteren Zarge und die rechtwinlig dazu aufgefundenen seitlichen Zargenfragmente waren Form und Breite des Sitzrahmens geklärt.
Legte man nun für die noch zu ermittelnde Länge des Sitzrahmens das Maß der fragmentarisch erhaltenen westlichen Zarge (17) zugrunde, so würde ein vorderes Stuhlbein in die Bronzeschale zu stehen kommen. Es muß (wegen 17) darüber hinaus nach Süden gereicht haben, hatte aber in dieser Richtung nur einen Spielraum von 8 cm, weil dort bereits der Ango seinen Platz hatte. Damit war auch die Länge des Stuhles, wenigstens annähernd, nämlich auf 4 cm genau bestimmt.
Die Frage nach der Sitzhöhe half die große Glasflasche lösen, die, mit glasklarer Flüssigkeit gefüllt, südwestlich der Bronzeschale stand. Sie war 25 cm hoch. Den gleichen Abstand vom Boden muß auch die vordere Zarge gehabt haben, deren Standplatz soeben annähernd bestimmt wurde, in jedem Fall aber über die Mündung der Flasche hinwegführte. Mit der Höhe der Zarge zusammen ergab das ein Mindestmaß von 30 cm für die Sitzhöhe. Unter Berücksichtigung der Deckenhöhe des Grabes verblieb für die Lehne ein maximales Maß von 42 cm.
Nach diesen Erkenntnissen hatte der Stuhl folgendes Aussehen: Der Sitzrahmen bestand aus vier Zargen (1, 7, 11 und 17), die an den Stuhlbeinen befestigt waren. Die vordere und die hintere Zarge waren an ihren Enden, durch gleich hohe Langlöcher in den Stuhlbeinen, durchgesteckt. Sie standen außen 1 cm über. Die beiden seitlichen Zargen nahmen gleichartige Bohrungen auf, die rechtwinklig dazu, axial, bis in die Durchbohrung hinein, ausgeführt waren. Diese Eckverbindungen wurden durch Zapfen, an der Vorderseite noch sichtbar, zusammengehalten. Sie verspannten, durch die vordere Zarge hindurchgeführt, mit ihren unteren Enden die Stirnseiten der seitlichen Zargen, in die sie hineingetrieben als Keile wirkten. Den letzten Zusammenhalt dürften die Verbindungen wohl durch Verleimung erhalten haben.
Die Sitzfläche war aus Leder. Reste davon hafteten noch an den Zargen und lagen auch in kleineren Stückchen im Stuhlbereich. Es scheint eine geschlossene Lederfläche gewesen zu sein, die über den Rahmen gespannt und von außen mit Halbrundstäben und Holznägeln auf die Zargen montiert war. Auf der Vorder- und Rückseite geschah dies mit drei und an den Seiten mit wenigstens vier Holznägeln. Die Halbrundstäbe waren genau in die Zwischenräume der Füße eingepaßt und erweiterten die Stand- und Tragfähigkeit des Stuhles.
Die Rückenlehnenteile waren in die Rundpfosten (6) eingelassen. Vom oberen Abschluß der Pfosten, 12 cm abwärts, war durch eine 1 cm breite und tiefe Rille eine Art Bekrönung entstanden, durch deren Mitten 4 cm hohe und 1 cm breite Langlöcher gebohrt waren, in die die verbindende gleichhohe Querleiste eingeschoben und mit Zapfen befestigt war. Darunter saß ein Rundstab (Fragmente 4 und 8), dessen Stellung 20 cm unter dem oberen Abschluß durch ein Zapfenloch am westlichen Pfosten gesichert war.
Die Rundholzfragmente (3, 9, 12 und 13) und die sieben Docken (9 a – g) ließen sich zu einer einsprossigen Dockenreihe aufbauen, die sicher unterhalb des Rundholzes (4 und 8) ihren Platz hatten. Die genaue Höhe ihrer Anordnung war nicht nachzuweisen, jedoch auf jeden Fall tiefer als 27 cm vom oberen Abschluß, weil der so lang erhaltene westliche Pfosten, außer dem Zapfenloch zum Rundstab (4 und 8), keine Befestigungsmöglichkeit aufwies.
Die Sprossenreihe hatte eine Gesamthöhe von 9 cm. Das ergab für die Lehne eine Mindesthöhe von 36 cm. Bei einer maximalen Höhe von 42 cm ergab sich also für die Rekonstruktion der Lehne ein Spielraum von 6 cm.
Die Sprossenreihe erscheint in unserer Rekonstruktionszeichnung etwa 2 cm über dem Sitzrahmen, weil auf diese Weise die beiden Öffnungen über und unter dem Rundholz (4 und 8) gleich sind. Ob das unter den Resten des östlichen vorderen Beines aufgefundene Rundstabfragment (10), wie anzunehmen ist, eine zusätzliche untere Verstrebung der Beine darstellte, ließ sich mit Bestimmtheit nicht nachweisen.

Der rekonstruierte Stuhl (Abb. S. 354)

Der Stuhl bestand aus zwei langen und zwei kurzen Rundfüßen, die durch teils durchgesteckte, teils eingelassene Zargen verbunden waren. Die Eckverbindungen wurden außerdem verzapft und wohl auch verleimt. Die Sitzfläche war eine Lederbespannung, die über die Zargen gezogen und mit Halbrundstäben und Holznägeln befestigt war.

Die Rückenlehne wurde durch eine obere Leiste, ferner durch einen Rundstab und eine Dockenleiter mit ursprünglich 9 Docken (von denen 7 erhalten sind) gebildet.
Maßlich gesichert ist nur die Breite des Stuhles mit 45 cm. Die Länge ist annähernd bestimmt und beträgt 55 – 60 cm. Die Sitzhöhe betrug bei der Grablegung 30 – 36 cm und die Höhe der Rückenlehne konnte das Maß von 42 cm wegen der Deckenhöhe des Grabes nicht überschreiten.
Es ist anzunehmen, daß die Beine des Stuhles bei der Grablegung gekürzt worden sind.Er ist aus Hartholz (Pflaume oder Kirsche) hergestellt. Die Glieder der Rückenlehne tragen die gleichen Rillen wie alle Rundteile des Totenbettes.
Gesamtmaße des Stuhles: 55 – 60 cm lang, 45 cm breit, 30 – 36 cm Sitzhöhe. 72 cm Gesamthöhe.

Otto Doppelfeld

Die Domgrabung

XV. Der Helm aus dem fränkischen Knabengrab unter dem Chor des Kölner Domes

Aus: Kölner Domblatt 20, 1961/62, 118 – 126

Einordnung des Helmes

Bei dem Versuch, den in seinen Teilen beschriebenen und rekonstruierten Helm (s. S. 336 ff.) in die Reihe der bisher bekannten Helme des frühen Mittelalters einzuordnen, muß man feststellen, daß zwar mehrere Einzelheiten schon von anderen Funden bekannt, andere Details aber und vor allem der Typus als solcher bisher nicht belegt sind.

Dabei ist besonders erfreulich, daß wir, wie es scheint, jetzt erstmalig eine genauere Vorstellung von der inneren Lederausstattung der frühen Helme bekommen. Es besteht wohl kein Zweifel, daß wir die gleiche oder eine ähnliche Ausrüstung auch bei den anderen Helmen voraussetzen dürfen, deren Lederreste meist spurlos vergangen sind. Auch bei den späteren Helmen des Mittelalters sind wir in dieser Hinsicht kaum besser gestellt. Die am Helm aus dem Kölner Dom nachgewiesene weiche Helmkappe, die sich dem Schädel anschmiegt und nur am Stirnreif mit der festen Helmglocke Verbindung hat, so daß die Glocke über dem Schädel schwebt, ist für die Helme der neueren Zeit, bei denen die Ledergarnitur erhalten ist, eine Selbstverständlichkeit. Wir müssen sie auch bei den schweren älteren Helmen, wo sie nicht erhalten ist, voraussetzen. Allerdings macht auch diese Vorrichtung das Tragen des Helmes noch keineswegs zu einem Vergnügen. „Weh guter Helm, wie preßt du meinen Schädel!" ruft Gerhard im Wilhelmslied des 11. Jahrhunderts [1].

Auch konnte die freischwebend angebrachte Helmkappe harte Schläge, die die Helmglocke trafen, ohne sie zu durchschlagen, nicht ganz abfangen. Den Helden verging dabei, wie man liest, zuweilen Hören und Sehen. Um so mehr wird man auf die Milderung solcher Schläge bedacht gewesen sein und sich nicht mit einer Polsterung aus Werg oder Watte begnügt haben. Wo wir von einer solchen hören, ist sicher eine Wattierung der Helmkappe, nicht der Helmglocke gemeint. So schlug Dietlaib Waten „durch den Helm, durch Patwat und Hersenier", wobei als Helm hier nur die harte Glocke gemeint ist; das Hersenier, die Halsberge, ist das im Mittelalter allmählich zu einem Schutz für den ganzen Hals und Kopf anwachsende Ringgeflecht des alten Nackenschutzes; Patwat aber (Wattierung) ist hier sicherlich eine Polsterung der Helmkappe und steht als Bezeichnung für diese [2]. Sonst gebraucht man zur Bezeichnung der Helmkappe auch andere Wörter wie Haube, Gupfe, Hut oder Helmhut. Im Nibelungenlied (2051) „wundet Irinc Hagenen durch sinen helmhuot", er verwundete ihn, weil er durch den Helmhut schlug. Geht aber der Schlag nicht bis an den Hut,

[1] W. u. M. Schwarzkopf, Sagen und Geschichten des alten Frankreich und England, 1925, S. 100.

[2] Müller-Hickler, der diese Stelle zitiert, denkt noch an einfache Wergpolsterung (Zeitschr. f. hist. Waffen- u. Kostümkunde 13 (N. F. 4), S. 181.

sondern wird von der Helmglocke aufgefangen, dann fließt kein Blut. Im Kudrunlied wird es klar gesagt: Hagen schlägt Wate durch die Haube, so daß das Blut aus dem Helm rinnt. Der Gegenschlag Wates geht nicht einmal durch die Helmglocke (pouge) Hagens, ist aber doch so wuchtig, daß die Funken stieben und den Getroffenen „geprast des tages vor den ougen“ [3].

Die gesondert von der Glocke gearbeitete Helmkappe ist eine so einfache und naheliegende Einrichtung, daß man ihre Anwendung in allen Zeiten und Zonen voraussetzen darf, ohne besondere Typenunterscheidungen erwarten zu müssen.

Anders verhält es sich mit der Helmglocke. Als Schmuck und Abzeichen der Würde sowie als Sinnbild des Heiles ist dieser sichtbare Teil des Helmes – von seiner technischen Verbesserung und Anpassung an die Angriffswaffen ganz abgesehen – ständigen Wandlungen unterworfen. Bei den an sich unbegrenzten Möglichkeiten, eine feste Helmglocke herzustellen, kann man unter den erhaltenen historischen Helmen zwei entgegengesetzte Verfahren feststellen, die sich mehrfach einander abzulösen scheinen, im Grunde jedoch nebeneinander hergehen. Bei dem einen Verfahren wird die Glocke aus einer einzigen, allenfalls aus zwei Metallplatten getrieben, seltener gegossen, beim anderen setzt man sie aus vielen Segmenten, Rippen und dergleichen zusammen. Das erste Verfahren setzt einen hohen Stand der Metallkunst voraus und führte schon in der Bronzezeit, dann aber besonders im Umkreis der antiken Welt des Mittelmeeres und wieder im hohen Mittelalter zu Glanzleistungen der Plattnerkunst. Man ist gerne geneigt, gegenüber diesen schimmernden Helmen die anderen, die aus Teilen zusammengesetzt sind, auf ein Absinken der metallurgischen Künste zurückzuführen, doch trifft dies nur in sehr bedingtem Maße zu. Ein aus Reifen, Spangen und Platten mit vielen buckligen Nieten zusammengeschlagener Helm kann durchaus, etwa gegen Hiebe mit Langschwertern und Keulen, widerstandsfähiger sein als ein dünnes Helmblech. Aber damit ist der Übergang vom ganz getriebenen zum vielfältig zusammengesetzten Helm, in unserem Falle das Aufkommen des Spangenhelmes in der Spätantike und sein Vorherrschen im frühen Mittelalter noch keineswegs erklärt.

Man hat seit langem erkannt, daß der Spangenhelm der Völkerwanderungszeit auf Einflüsse aus dem Osten zurückzuführen ist, wobei aber die genauere Herkunft und die Vermittler noch sehr umstritten sind [4]. Offensichtlich weist in der Tat der aus Segmenten zusammengesetzte Helm in östliche Richtung und zwar, wie es scheint, in jedem Falle, sei es nun, daß er wirklich zusammengenietet oder -genäht ist, sei es, daß er die radialen Linien nur noch als Ornament zeigt. Wir sehen den Spangenhelm bei den sarmatischen Truppen auf der Trajanssäule in Rom und später bei den römischen Soldaten auf dem Galeriustor in Saloniki, wir begegnen ihm auf sassanidischen Schalen und weiter nördlich bei den sog. Bal-Bal-Figuren aus dem russischen Steppengebiet; schließlich lebt er fort in den konischen radial verzierten Helmen mit anhängendem Ringgeflecht kaukasischer Völker und zaristischer Regimenter. Auch in der abendländischen Plattnerkunst ist die östliche Form noch bis an den Anfang des 18. Jahrhunderts als „ungarische Reiterhaube“ oder „Zischägge“ geläufig. Die Zischägge bewahrt, wie beispielsweise an einem Prunkstück, nämlich der von deutschen

[3] Kudrun 518 – 519.
Dô sluoc er durch die hûben des Künic Hetelen man
Waten den vil küenen daz ûz dem helme ran
daz pluot von sîner wunde. dô kuolten nu di winde.
ez was gegen âbent. man sach dâ strîten allez daz gesinde.
Wate galt mit zorn den grimmen ferechslac,
daz bluotiger zähere sô vil ûf im lac.
er sluog den wilden Hagnen, daz von des helmes pouge
daz swert sêre erglaste. im geprast des tages vor den ougen.

[4] Die umfangreiche Literatur bei P. Post, Der kupferne Spangenhelm, ein Beitrag zur Stilgeschichte der Völkerwanderungszeit auf waffentechnischer Grundlage, 34. Bericht der Röm.-Germ. Kommission, Berlin 1954, 115 ff., und J. Werner, Frühmittelalterliche Spangenhelme, Prähistorische Zeitschr. 34/35, 1949/50, S. 178 ff.

Plattnern verfertigten „Ungarischen Haube" Kaiser Karls VI., noch in so später Zeit getreulich die uralte Form aus der Völkerwanderungszeit, die in acht Segmente geteilte Kalotte, die Scheitelplatte mit Spitze, den Stirnreif und die breiten Wangenklappen mit aufgenieteten Randleisten [5]. Der Nakkenschutz ist allerdings nicht mehr aus Kettengeflecht, sondern als geschobener Nackenschirm gearbeitet. Schließlich sind noch zwei bezeichnende Einzelheiten der Zischägge zu nennen, der angenietete oder auch angehängte Augenschirm und das Naseneisen; beide Vorrichtungen werden bei völkerwanderungszeitlichen Helmen allgemein als Einwirkung aus östlicher Richtung angesehen.

Man wird die über viele Jahrhunderte gehende östliche Tradition der haubenartigen, aus Segmenten zusammengesetzten oder doch in dieser Weise ornamentierten Helme nicht auf eine modische Vorliebe des Ostens oder auf sein Unvermögen, ganze Plattnerstücke zu liefern, zurückführen können, sondern den Grund dafür in der Tatsache zu suchen haben, daß man hier in der Regel und von Hause aus andere Stoffe, nämlich solche organischer Art verwandte, weil derartige Helme der schnellen östlichen Reitertaktik mehr entsprachen. Der Hornhelm aus dem Kölner Knabengrab gibt in dieser Richtung wertvolle Hinweise, denn hier sind durch glückliche Umstände die Teile aus organischen Stoffen, die sonst restlos vergangen sind, erhalten.

Zunächst ist festzustellen, daß man den Kölner Helm nicht als ein Spielzeug ansehen und damit seinen Wert für unsere Kenntnis der Entwicklung des Helmes herabsetzen kann. Denn wenn er auch für einen Knabenkopf von etwa 52 cm Kopfweite berechnet ist, die königlichen Locken, die man wohl voraussetzen darf, mitgerechnet, und wenn auch die Reste der Zähne sowie der Fingerring darauf hindeuten, daß sein Träger höchstens sechs Jahre alt gewesen ist, so kann doch nicht bezweifelt werden, daß der Helm als eine kleine Ausführung eines wirklichen, auch für den Kampf bestimmten Typus zu werten ist. Die Scheitelscheibe und der Nackenschutz haben die gleiche Stärke wie bei anderen Helmen der Zeit. Die Spangen sind vergleichsweise schmal, gewinnen aber durch ihre Vielzahl und ihr gebogenes Profil an Festigkeit. Schließlich mögen die mit doppeltem kräftigem Leder vernähten und vernieteten Hornplatten einer punktmäßigen Beanspruchung vielleicht weniger standgehalten haben als Metallplatten, machten aber dank ihrer elastischen Zähigkeit den Helm zu einer ernsthaften und wirksamen Schutzwaffe.

Es wurde schon gesagt, daß der neue Kölner Helm mit den bisher bekannten Exemplaren aus dem Umkreis des fränkischen Reiches zwar das Grundprinzip der Konstruktion aus Segmenten gemein hat und daß Einzelheiten, wie der Nackenschutz, die Form der Wangenklappen und die Lochleiste am unteren Helmrand bei den anderen Helmen in gleicher Weise wiederzufinden sind. Davon abgesehen steht er mit seinen vielen schmalen Spangen und in seiner Ausführung aus Horn und Leder gänzlich abseits von den übrigen, die sich auch in der Ornamentik zu einer engen Gruppe zusammenschließen. Man hat mit Recht vermutet, daß diese alle in einem begrenzten Gebiet, wahrscheinlich in Oberitalien und vielleicht sogar in den gleichen Werkstätten hergestellt worden sind. Es handelt sich um den nach einem der ersten eingehend veröffentlichten Funde genannten „Baldenheimer" Typus (Abb. 7 und 8).

Das Gerüst der Helme vom Baldenheimer Typus besteht aus sechs, seltener vier umgekehrt T-förmigen Kupferspangen, die oben unter einer aufgenieteten Scheibe mit Zimierhülse zusammenlaufen und mit ovalen hinterlegten Eisenplatten so vernietet sind, daß die weit ausladenden Füße aneinanderstoßen und den Umfang des Helmes bestimmen. Zusätzlich ist unterhalb dieses festen Spangenkranzes noch ein besonderer Stirnreif aus Eisen angebracht, der mit einer vergoldeten Kupfer- oder Bronzeblechleiste mit eingestanzten Ornamenten verziert ist. Dieser Stirnreif ist mit rhombischen Eisenriegeln an die Spangenfüße genietet; außerdem ist er meist auch noch mit den spitzen, unten herausragenden Enden der ovalen hinter den Spangen angebrachten Füllungen vernietet. An der Unterseite ist der Stirnreif mit einer dichten Lochleiste versehen, in der die kupferver-

[5] B. Thomas, Deutsche Plattnerkunst, München 1944, S. 124.

goldeten Wangenklappen und das eiserne Ringgeflecht des Nackenschutzes an Lederschnüren hingen. Bisher waren 17 Exemplare dieser Helmgattung bekanntgeworden. Ein weiteres wurde vor einigen Jahren 30 km westlich von Köln im Fürstengrab von Morken gefunden (Abb. 7) [6]. Diese 18 Helme zeigen gewisse geringfügige Abweichungen in den Proportionen, in der Ornamentik und in der Form der Spangenfüße, aber in der Konstruktion stimmen sie auf das weitgehendste miteinander überein. Das ist um so erstaunlicher, als man diese getrost als eine Fehlkonstruktion bezeichnen kann, deren Stückelei kaum mehr zu überbieten sein dürfte. Hier liegt auch die Schwierigkeit begründet, die die Herleitung dieser den antiken Helm ganz verdrängenden Helmform immer noch bereitet.

An sich lag die Tendenz, die Helme nicht mehr aus einem Stück zu treiben, sondern aus einzelnen Teilen zusammenzusetzen, im Zuge der Zeit. Statt der prachtvollen getriebenen Helme aus Eisen und Bronze und der Prunkhelme mit Gesichtsmaske begegnen wir in der späten Kaiserzeit Legionärshelmen, die aus zwei Schalen zusammengesetzt und durch ein aufgenietetes, von vorn nach hinten durchlaufendes Band verbunden sind. Wangenklappen und Nackenschutz sind mit Scharnieren fest angebracht (Abb. 1; Typus Intercisa, 4. Jahrhundert) [7]. In ähnlicher Weise sind einige Prunkhelme des 4. und 5. Jahrhunderts in ihrem eisernen Kern aus zwei Schalen zusammengesetzt. Ihre reich verzierte Silberverschalung aber zeigt nicht nur einen der Eisenkonstruktion entsprechenden silbernen Kamm, sondern will den Eindruck erwecken, als ob die Helmkuppe kreuzweise von Bügelspangen überspannt oder aus mehreren Segmenten zusammengesetzt wäre (Typus Deurne, Budapest, Pferrsee). Nur bei einem dieser Prunkhelme (Concesti; Abb. 2) ist die innere Eisenglocke wirklich aus vier Segmenten zusammengesetzt [8]. Aus der nur ornamentalen Andeutung von Bügelspangen bei den anderen Prunkhelmen geht klar hervor, daß nicht technische Schwierigkeiten, sondern andere Gründe zur Ausbildung des Spangenhelmes geführt haben.

Wenn wir berücksichtigen, daß auch Constantin auf Münzbildnissen mit dem gleichen vierspangigen Bügelhelm dargestellt ist, so wird die Bedeutung des Wandels offensichtlich. A. Alföldi hat sie nachgewiesen [9]. Nach seinen Ausführungen haben wir es hier mit der Adaption der persischen Helmform zu tun, die der zunehmenden Bedeutung der orientalischen Panzerreiter und Bogenschützen, wie überhaupt der persischen Taktik entsprach. Alföldi sieht den Beweis in der Allocutionsszene des Galeriusbogens in Saloniki [10]. Das Heer, das hier den Cäsar Galerius umgibt, trägt konische Spangenhelme, wie sie auch schon von der Trajanssäule [11] und dem Monument von Adamklissi [12] bekannt sind. Wenn auch zu berücksichtigen ist, daß das Heer für den Perserfeldzug nach einer ersten Niederlage des Cäsars eilig in den Donauprovinzen zusammengezogen wurde (*per Illyricum Moesiamque contractis copiis,* Eutrop.) und daher die dargestellten Helmträger ebensogut zusammengeraffte Auxiliartruppen sein können, deren Helmform nicht unbedingt sassanidischen, sondern etwa auch sarmatischen Ursprungs sein könnte, so scheint doch zugunsten der persischen Herkunft ein Helm aus Ninive (Abb. 3) zu sprechen, auf den J. Werner hingewiesen hat [13]. Zwar ist dieser Helm im Museum Bagdad ebenso wie andere gleichen Typs aus Mesopotamien im Britischen Museum nicht exakt zu datieren, aber die Ähnlichkeit mit dem Helm vom Baldenheimer Ty-

[6] K. Böhner, Das Grab eines fränkischen Herrn aus Morken, Köln und Graz 1959 (Kunst und Altertum am Rhein Nr. 4); ders. in: Neue Ausgrabungen in Deutschland, Berlin 1958, S. 432 ff.

[7] Abgebildet u. a. bei Post (a. a. O., Anm. 4) und Prähist. Zeitschr. 4, 1912, S. 182 ff.

[8] Abgebildet bei Post und Werner, Anm. 4.

[9] A. Alföldi, Eine spätrömische Helmform und ihre Schicksale im germanisch-römischen Mittelalter, Acta Archeologica 5, 1934, S. 99 ff.

[10] W. Arendt, Zeitschr. f. hist. Waffen- und Kostümkunde, N. F. 8, S. 28, Abb. 3; neue Fotos vom Bogen: W. F. Volbach, Frühchristliche Kunst, München 1958; die Allocutio, Taf. 2, rechts oben.

[11] W. Arendt, Zeitschr. f. hist. Waffen- und Kostümkunde, N. F. 5. 27, Abb. 1.

[12] Florea Bobu Florescu, Monumentul de la Adamklissi, Bukarest 1959, Fig. 148 u. a.

[13] a. a. O. Anm. 4.

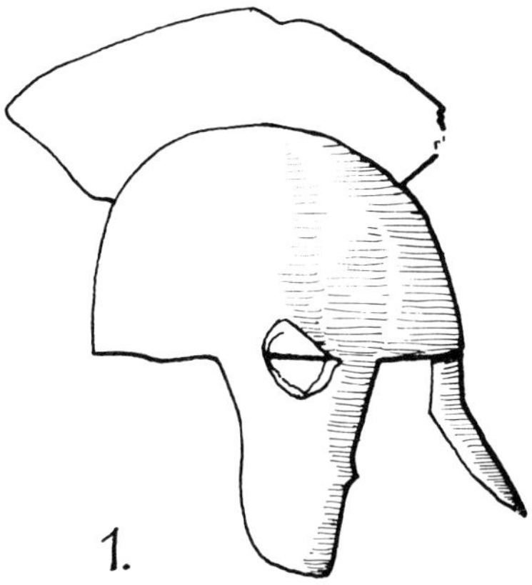

1. INTERCISA 4. Jh.

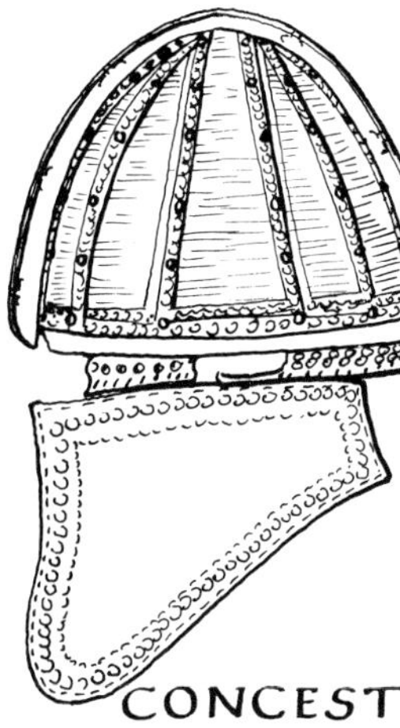

2. CONCESTI 4. Jh.

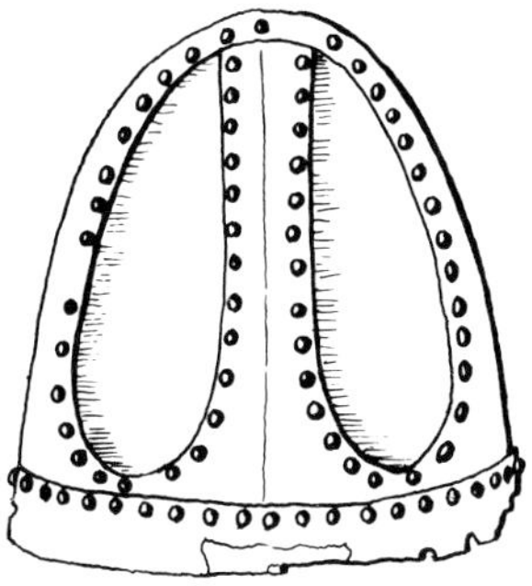

3. NINIVE 4. Jh. (?)

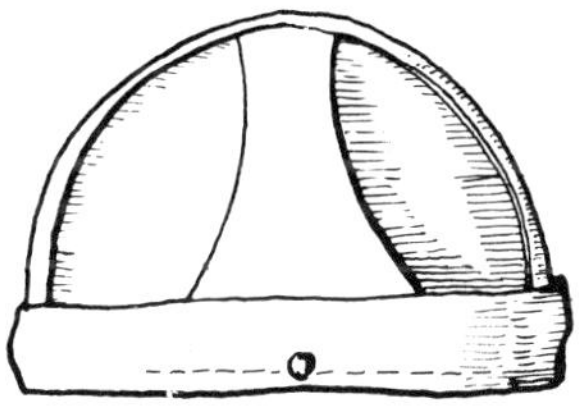

4. BRETZENHEIM 5. Jh.

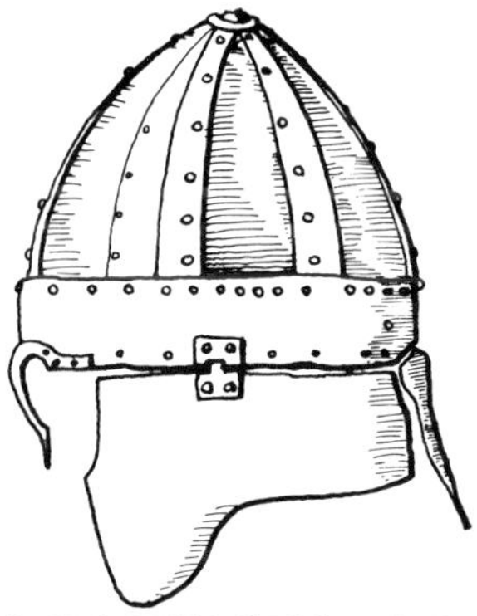

5. AEGYPTEN 5. Jh.

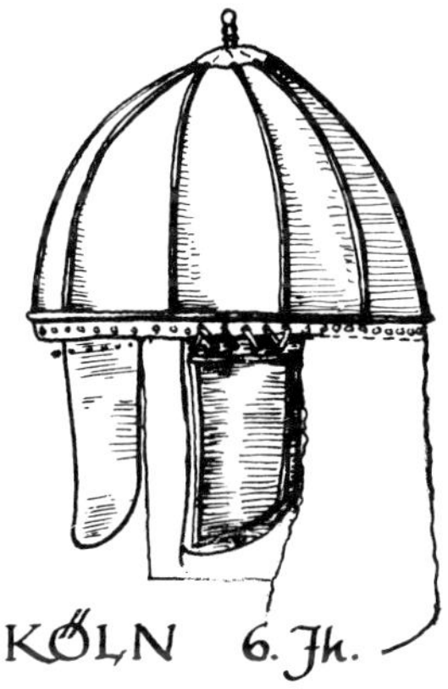

6. KÖLN 6. Jh.

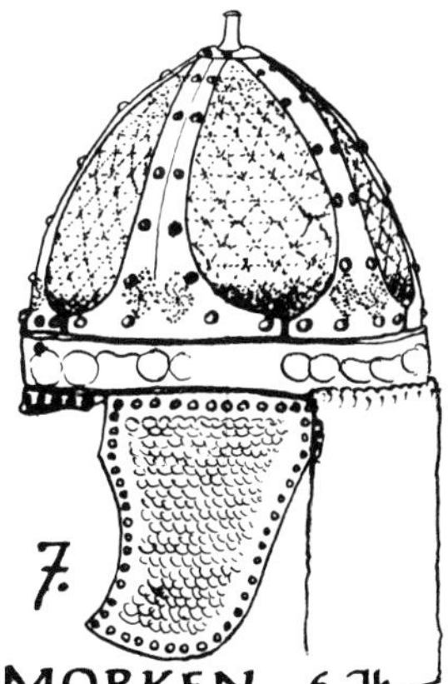

7. MORKEN 6. Jh.

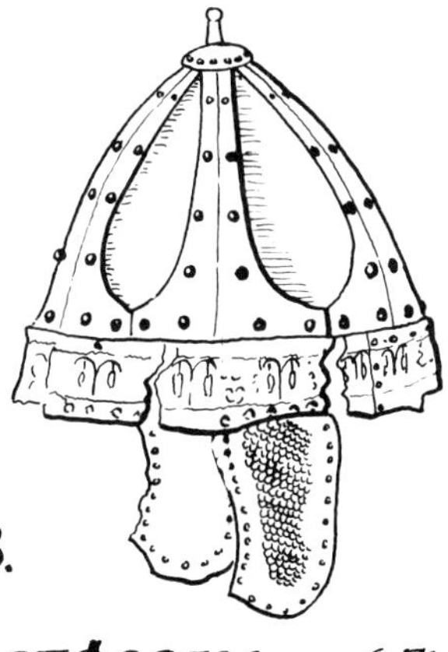

8. STÖSSEN 6. Jh.

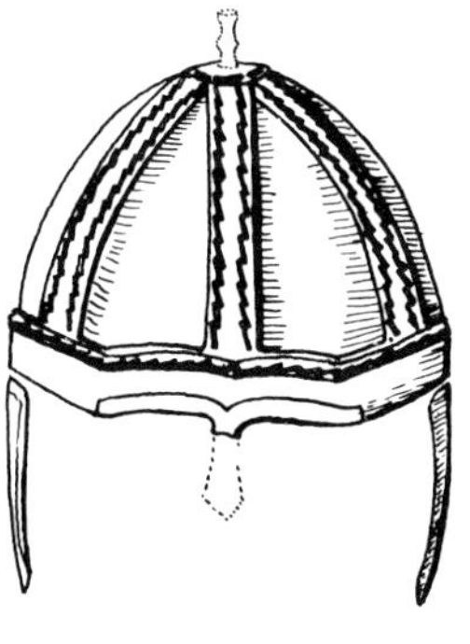

9. KERTSCH 6. Jh.

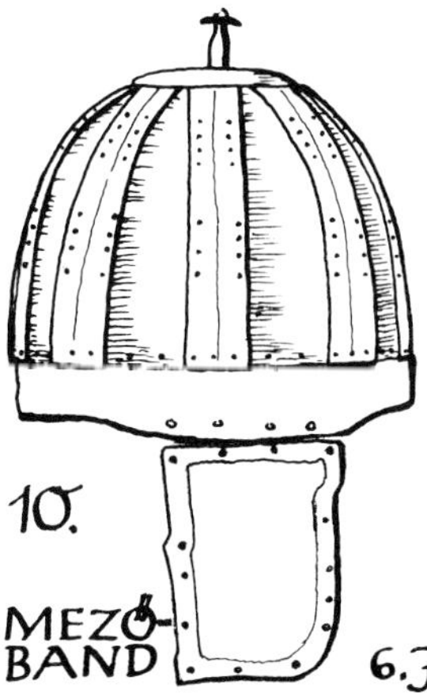

10. MEZÖ-BAND 6. Jh.

11. KERTSCH 6. Jh.

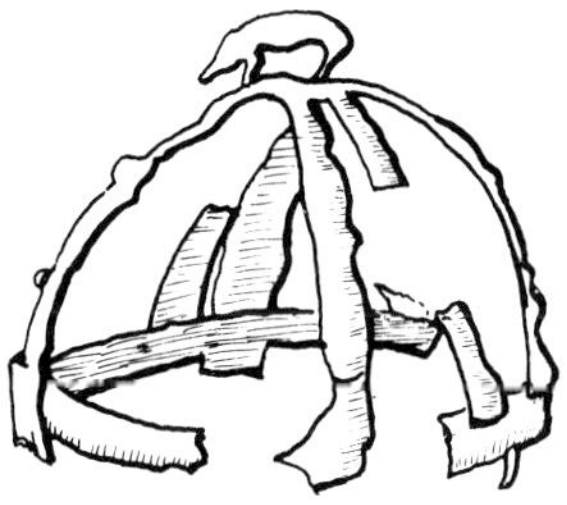

12. BENTY-GRANGE 7. Jh.

pus ist doch frappant. Wir finden die gleichen umgekehrt T-förmigen Spangen und die ovalen Füllplatten wieder. Es fehlt indes die Scheitelscheibe, die vordere und hintere Spange bilden vielmehr einen Bügel, der über dem Scheitel glatt durchläuft. Auch sonst ist die Konstruktion bedeutend klarer und stabiler als die des Baldenheimer Typus: die Spangenfüße sind fest am Stirnreif vernietet und nicht mit einzelnen Riegeln angelascht.

Wegen dieses konstruktiven Rückschritts hält es P. Post für „schlechthin unvorstellbar", daß der Baldenheimer Typus eine Weiterentwicklung des sassanidischen Helmes ist. Man wird Post darin nicht folgen können, vielmehr mit J. Werner an der Möglichkeit festhalten, daß der geschilderte sassanidische Typus zunächst auf die schlichten eisernen Helme des Westens eingewirkt hat, die im 5. Jahrhundert auch als vierteilige Spangenhelme mit über dem Scheitel durchlaufenden und am Stirnband vernieteten Bügelspangen begegnen (Abb. 4; Typus Bretzenheim, Trivières) [14]. Im Norden und Westen macht dieser schlichte Typus eine weitere Entwicklung durch; er wird zu einer reichen und sehr charakteristischen Helmform, die ihre Herkunft von dem schlichten Bügelhelm nicht verleugnen kann. Der von einer Eberfigur bekrönte Helm von Benty-Grange (Derbyshire; Abb. 12) [15], der übrigens der einzige Helm ist, bei dem die Verwendung von Hornplatten – freilich in völlig anderer Funktion als beim Kölner Helm – vermerkt wird, gehört hierher, ebenso wie die Vendelhelme aus Skandinavien und Sutton-Hoo [16]. Diese nordischen Helme bilden eine Gruppe, die sich sowohl in der Konstruktion wie in ihrer geographischen Verbreitung deutlich vom Baldenheimer Typus absetzt [16]. Die Herausbildung dieses letzteren wird man sich trotz der Bedenken von Post nicht ohne die sassanidischen Vorbilder denken können. Es muß allerdings noch offen bleiben, ob die Entwicklung wirklich so vor sich gegangen ist, wie Werner es vorschlägt. Danach wäre ein schlichter Eisenhelm, der zweimal aus Ägypten (Abb. 5) belegt ist und als allgemein byzantinische Form des 5. Jahrhunderts angesprochen wird, als Zwischenstadium anzusehen (Typ Kairo) [17]. Unser Helmmaterial ist sehr lückenhaft, und Werner selbst gibt zum Schluß zu, daß man auch mit Einwirkungen aus einer zweiten östlichen Richtung nämlich aus dem Gebiet der russischen Steppe, rechnen muß.

In diese Richtung weist uns sehr entschieden unser neuer Helm. Er sollte uns veranlassen, die Möglichkeit einer sehr wesentlichen östlichen Komponente für die Entwicklung des Baldenheimer Helmtypus in Erwägung zu ziehen. Manche Eigenheiten dieses Typus lassen sich durch den Kölner Hornhelm leicht erklären. Bei einem Hornhelm zwingt das zur Verfügung stehende Material dazu, die Kuppe aus sehr vielen schmalen Segmenten zusammenzusetzen. Ferner lassen sich hörnere Wangenklappen nicht wie metallene zu einem Befestigungsscharnier biegen, sie müssen angebunden werden. Ähnlich mußte man mit dem Ringgeflecht des Nackenschutzes verfahren. Beim Baldenheimer Typus sind diese Erscheinungen, die Segmentteilung, das Anschnüren der unteren Teile

[14] Bretzenheim: Mainzer Zeitschr. 14, 1919, Taf. 2; Trivières: Loë, Belgique ancienne IV, 27. Abb. 16 und 17.

[15] Gute Abbildungen in einer kurzen Notiz von Bruce-Mitford, The Benty-Grange helmet, Annual Report 1956 des Sheffield City Museum. Die den Helm bekrönende Eberfigur ist nach der Reinigung durch H. J. Plenderleith ganz anders zu sehen als sie bisher dargestellt wurde (z. B. Post, a. a. O., Abb. 4). Sie ist aus Bronze und mit Silber und Gold verziert. Die Zwischenräume des eisernen Helmgerüstes waren „occupied by plates of horn, with strips of horn rivetted to the iron bands to cover the joins between adjacent plates". Die nur noch als Abdrücke im Eisenrost erhaltenen Hornplatten waren grätenförmig angeordnet. Der Helm gehört in das späte 7. Jahrhundert, nicht in die frühe Völkerwanderungszeit.

[16] Die vermutete Entwicklung dieser Gruppe vom Typus Bretzenheim bis zum Vendelhelm ist aber nicht eine Erscheinung der „europäischen Grenzmarken" im Westen, Norden und Osten, sondern nur eine Angelegenheit des Westens und Nordens und hat sicherlich nichts mit dem Kertscher Helm zu tun, wie Post (a. a. O., S. 122 f.) meint. Vgl. B. Thordemann, Zeitschr. f. hist. Waffen- und Kostümkunde 1943, S. 217 ff.; B. Almgren, Romerska drag i nordisk figurkonst fran folkvandringstiden. Tor (Uppsala) 1, 1948, S. 81 ff.

[17] J. Werner, a. a. O. Anm. 4, Taf. 9; W. Arendt, Zeitschr. f. hist. Waffen- und Kostümkunde, N. F. 5, Taf. 4; M. Ebert, Prähist. Zeitschr. 1, Taf. 17.

wohl sicher auf Vorbilder von der Art des Kölner Helmes zurückzuführen. Dagegen entspricht die starke Vernietung der Einzelteile der Helmglocke ganz und gar der Metalltechnik und war bei den sassanidischen Helmen vorgebildet. Die Möglichkeit, auf diese Weise Hornplatten miteinander zu vernieten, ist sehr begrenzt. Bei der Zusammenfügung der Hornsegmente sind, wie gezeigt wurde, feste Lederunterlagen erforderlich, und auch dann wird die eigentliche Bindung doch ohne Schnüren, Flechten und Nähen mit Pechdraht, Lederriemchen oder Bronzedraht nicht auskommen.

P. Post hat schon klar gesehen, daß derartig zusammengeschnürte Helme auf den Baldenheimer Typus eingewirkt haben müssen, und man wird seinen diesbezüglichen Darlegungen ohne weiters folgen, wenn auch manche seiner sonstigen Unterscheidungen nur mit starken Vorbehalten angenommen werden können. Post konnte als Beispiele für verschnürte Helme nur einige eiserne Exemplare von Kertsch (Abb. 9) und Mezöband (Abb. 10) anführen [18]. Von den Kertscher Helmen ist der eine, der „Spangenfederhelm", aus einer Unzahl schmaler Lamellen zusammengesetzt, die so miteinander verschnürt sind, daß sie sich teilweise überdecken (Abb. 11). Es ist dies das uralte System des Lamellen-Harnischs, das vielleicht in Zentralasien beheimatet ist [19]. Der andere Kertscher Helm mit sechs Segmenten (Abb. 9) steht dem Baldenheimer Typus bedeutend näher [20]. Seine Spangen sind nicht sich überdeckend „geschoben"; aber sie sind auch nicht genietet, sondern ähnlich wie beim Spangenfederhelm mit Draht auf die Füllplatten genäht. Das gleiche Verfahren wird auch für den Helm von Mezöband (Abb. 10), dem Ausgräber folgend, allgemein angenommen, weil sich keine Nieten im Grabe gefunden haben [21]. Wenn dies auch keine durchschlagende Begründung ist, so wird man sie jetzt um so eher hinnehmen, nachdem wir mit dem neuen Kölner Helm ein Beispiel für eine Gattung haben, die in hohem Maße auf das Verfahren des Zusammenheftens vieler schmaler Segmente angewiesen ist. In der Tat steht dann auch der Helm von Mezöband dem von Köln am nächsten und macht den Eindruck, als ob er einem Hornhelm dieser Art in Eisen nachgebildet sei.

Der Kölner Helm läßt demnach, obwohl er ohne die zahlreichen Helme vom geläufigen Baldenheimer Typus kaum denkbar wäre, doch in viel einleuchtenderer Weise die Richtung erkennen, aus der die Entwicklung der Helme, unbeschadet der römischen und persischen Komponente, beeinflußt worden ist. Es sind die Einwirkungen aus der Steppe, die mehr als man wohl vermutete, vorhanden und um die Zeit der Kölner Gräber durch die Awaren, die damaligen Nachbarn der Langobarden vor deren Abzug nach Italien, vermittelt wurden. Daher ist der neue Kölner Fund, abgesehen von seiner Bedeutung für unsere Kenntnis alter Helme überhaupt und insbesondere der völkerwanderungszeitlichen, auch für die Stellung Kölns und der ripuarischen Franken im 6. Jahrhundert von größtem Wert. Wenn wir bei dem zugehörigen Frauengrab eine besondere Vermittlerrolle der Langobarden ablehnen mußten, weil sie vor ihrem Abzug nach Italien für Köln nicht als Vermittler römischer Traditionen in Frage kamen, so zeigt uns das Grab des Knaben zu Füßen der Frau dieses Volk doch als einen Kontaktvermittler, freilich nicht zur Welt der Antike, sondern zu einem anderen großen Kreise, dem der Reitervölker des Ostens. Die drei Pfeile aus dem Knabengrab mit dreiflügeligen Spitzen, zu denen sicherlich auch ein völlig vergangener Bogen gehörte, weisen in die gleiche Richtung wie der Helm, nämlich auf die Awaren und die westlich davor siedelnden Lango-

[18] a. a. O. (Anm. 4), Abb. 6, 23 – 25.

[19] W. Arendt, Zeitschr. f. hist. Waffen- und Kostümkunde, N. F. 4, 1932, S. 49 ff., Abb. 1a; P. Post a. a. O., Abb. 23; B. Thordeman, Armour from the Battle of Wisby 1361, 1939, wo auf diese Technik bei langobardischen Fundstücken des 7. Jahrhunderts aus Italien hingewiesen wird. Ebenso J. Werner, a. a. O. (Anm. 4), S. 182.

[20] Ebenfalls bei W. Arendt, a. a. O., 1932, Abb. 2a, und bei P. Post, Abb. 6.

[21] J. Kovács, Dolgozatok 4, 1913, S. 279 ff., ferner J. Werner, Münzdatierte austrasische Grabfunde, S. 66 ff., und P. Post, S. 134, Abb. 25. Der Helm hat 8, nicht 10 Spangen und ebensoviel Segmente aus Eisen. Vom Stirnreif ist nicht ein Fragment der Vorderseite, sondern ein Seitenstück mit den Löchern für die Wangenklappen erhalten. Auf der Scheitelscheibe ist offensichtlich nicht eine Hülse, sondern wie beim Kölner Helm eine massive Spitze angebracht.

barden. Die Beziehungen der letzteren zu den Franken sind bekannt. Von hier führte der König im östlichen Teilreich, Theudebert I., die Königstochter Wisigarde endlich nach siebenjähriger Verlobung heim, nachdem er sich nur widerstrebend von der Mutter seines Sohnes und Nachfolgers Theudebald getrennt hatte, von Deoteria, der Frau aus dem romanischen Süden [22].

[22] Gregor v. Tours, Hist. III, Cap. 27: *Cumque iam septimus annus esset, quod Wisigardem disponsatam haberet et eam propter Deuteriam accipere nollet, coniuncti Franci contra eum valde scandalizabantur, quare sponsam suam relinqueret. Tunc commotus, relicta Deuteria, de qua parvolum filium habebat, Theudobaldum nomen, Wisigardem duxit uxorem* (533 n. Chr.). *Quam nec multo tempore habens, defuncta illa aliam accepit. Verum tamen Deuteriam ultro non habuit.* Sollte die Frau im Grab die noch im Brautschmuck mit der *vitta auro exornata* des Bräutigams beigesetzte Wisigarde sein, die unerwünschte Frau, die Theudebert nur heimführte, weil er den Skandal vermeiden wollte und die die Heirat „*non multo tempore*" überlebte? Wäre der Knabe dann doch nicht ihr Sohn, sondern vielleicht ihr Bruder, ihr kleiner Brautführer, der sie von der fernen Heimat, mit dem stolzen Helm und allen anderen Abzeichen seiner allzu frühen Würde ausgestattet, an den Rhein geleitete, wo beide ein schlimmes Geschick erwartete?

Kurt Böhner

Zur Zeitstellung der beiden fränkischen Gräber im Kölner Dom

Aus: Festschrift für Otto Doppelfeld. Kölner Jahrbuch für Vor- und Frühgeschichte 9, 1967/68, 124 – 135

Die beiden Gräber, die O. Doppelfeld 1959 im Verlauf seiner langjährigen Grabungen im Kölner Dom entdeckt hat, haben durch die ungewöhnlich reiche Ausstattung der in ihnen beigesetzen Toten die Bedeutung der Stadt Köln und ihres Domes während des frühen Mittelalters in ganz neuem Licht erscheinen lassen. Darüber hinaus haben die in den Gräbern zutage gekommenen Fundstücke selbst manche Frage nach ihrer zeitlichen Einordnung und kunstgeschichtlichen Bedeutung gestellt, deren Beantwortung nicht nur für ihre eigene Beurteilung, sondern auch für die des fränkischen Kunsthandwerks im 6. Jahrhundert wichtig ist. Bei der Veröffentlichung der beiden Gräber hat O. Doppelfeld diesen Problemstellungen gebührend Rechnung getragen [1]. Der Ausgangspunkt seiner archäologischen und historischen Interpretation ist die Feststellung, daß das Frauengrab durch die in ihm gefundene Halbsiliqua des Athalarich (526 – 534) in die Zeit um die Mitte des 6. Jahrhunderts zu datieren ist und daß das Knabengrab etwa zu der gleichen Zeit angelegt wurde.
J. Werner, der 1934 die Meinung vertreten hatte, daß die Verwendung von engem Zellenwerk und reicher Filigranverzierung, wie sie auf Schmuckstücken des Frauengrabes erscheinen, im fränkischen Kunsthandwerk erst nach dem langobardisch-fränkischen Friedensschluß von 591 aus Italien übernommen worden sei [2], hat der Datierung O. Doppelfelds beigestimmt und die große chronologische Bedeutung der Kölner Gräber hervorgehoben. „Die fränkische Goldschmiedekunst des 6. Jahrhunderts erscheint nun in einem anderen Licht, und manche mediterrane Schmuckform oder Technik, deren Auftreten bisher auf langobardische Vermittlung zurückgeführt und dementsprechend spät datiert wurde, erweist sich nun als in der fränkischen ‚Hofkunst' bereits vorhanden [3]."
O. Doppelfelds Datierung des Kölner Frauengrabes beruht ausschließlich auf der Zeitbestimmung durch die mitgefundenen Münzen. Nun zeigt aber gerade dieses Grab, daß manche Münzen verhältnismäßig lange in Gebrauch waren und Münzen deshalb nicht unfehlbar einen terminus ad quem abgeben müssen. Zu dem großen Halsschmuck gehören 7 Solidi, die zu Anhängern umgearbeitet sind: einer des Honorius (395 – 423), 2 Valentinians I. (364 – 375), 3 Anastasius I. (491 – 518) und einer Justinus I. (518 – 527). An der zwischen den Rosettenfibeln getragenen Goldkette hing außerdem ein Münzanhänger aus einem Solidus Theodosius II. (408 – 450). Wenn diese als Schmuck getragenen Münzen in einem Zeitraum von fast 100 Jahren geprägt sein können, so mag

[1] O. Doppelfeld, Germania 38, 1960, 89 ff.=hier S. 264 ff. (Frauengrab). – ebda. 42, 1964, 156 ff.=hier S. 320 ff. (Knabengrab). Über den Fortgang der Ausgrabungen vgl. Bericht I – XIV im Kölner Domblatt 1 – 22, 1946 – 1963. Zusammenfassend O. Doppelfeld und R. Pirling, Fränkische Fürstengräber im Rheinland (1966).

[2] J. Werner, Münzdatierte austrasische Grabfunde (1934) 44 ff.

[3] J. Werner, Die Langobarden in Pannonien (1962) 91.

das nicht so sehr verwundern, weil der Goldwert der Münzen auch unabhängig von ihrer Prägezeit erhalten bleibt und ererbter oder geschenkter Münzschmuck ja durch sein Alter in seinem Erinnerungswert für die Trägerin noch erhöht worden sein kann. Aber auch die nicht zu Schmuck verarbeiteten Münzen, die der Toten als kursierendes Geld mit in das Grab gegeben worden sind, haben eine mögliche Prägezeit von über 40 Jahren. Vermutlich in der Tasche der Dame lagen eine Halbsiliqua Theoderichs d. Gr. (493 –526) und eine solche seines Enkels Athalarich (526 – 534), während sich zwischen dem Kopfende des Sarges und der Westwand der Grabkammer ein Solidus Anastasius I. (491 – 518) und eine Siliqua Theoderichs d. Gr. (493 – 526) fanden. Gewiß zeigt die Prägezeit dieser Münzen an, daß die Grablegung mit großer Wahrscheinlichkeit in der ersten Hälfte des 6. Jahrhunderts erfolgt ist. Trotzdem ist aber die Möglichkeit nicht von der Hand zu weisen, daß durch Zufall oder Absicht nicht die letzten Prägungen als Grabbeigaben verwendet wurden. Deshalb sei der Versuch gemacht, die durch die Münzen nahegelegte Datierung des Frauengrabes durch den Vergleich mit verwandten rheinischen Funden zu überprüfen.

Hierzu ist eine methodische Vorbemerkung notwendig. Wenn J. Werner gerade angesichts der Kölner Gräber die große Bedeutung von „Schlüsselfunden" für die archäologische Chronologie betont hat, so wird ihm kaum jemand widersprechen [4]. Trotzdem darf man aber nicht übersehen, daß auch „Schlüsselfunde" vom Rang des Childerichgrabes, des Arnegundegrabes und der Kölner Gräber nur eine willkürliche Kombination von Funden zu einem gewissen Zeitpunkt – nämlich dem der Grablegung – sind, damit aber noch nichts über die Zeiträume aussagen, in denen ihre einzelnen Bestandteile in Gebrauch waren. Gerade die zu Grabinventaren mit kostbarer Ausstattung gehörenden Gegenstände können sich jedoch durchaus nach ihrer Herkunft und ihrer Entwicklungsgeschichte voneinander unterscheiden: Während einige von ihnen bei der Anlage des Grabes der neuesten Mode angehörten, waren andere möglicherweise bereits altmodisch und schon ein Leben lang in Gebrauch. Um solche Entwicklungsstufen der einzelnen Fundstücke beurteilen zu können und dadurch eine möglichst präzise Datierung eines Grabfundes zu erhalten, ist es notwendig, die Zeiträume zu überschauen, in denen jene Entwicklungen sich vollzogen haben. Im Bereich des archäologischen Quellenmaterials ist der Überblick über Zeiträume nur dadurch möglich, daß geschlossene Funde, die sich durch die nahe Verwandtschaft ihres Inventars als gleichzeitig erweisen, zu Gruppen zusammengeschlossen werden, welche dann in ihrer Gesamtheit den Formenschatz eines bestimmten Zeitraumes repräsentieren und deshalb auch als Zeitstufen gewertet werden dürfen. Die frühmittelalterliche Archäologie ist außerdem in der glücklichen Lage, daß die in manchen Gräbern mitgefundenen Münzen in ihrer Gesamtheit eindeutige Hinweise auf die zeitliche Eingrenzung solcher Zeitstufen geben. Auch hierbei darf man allerdings nicht von einzelnen Gräbern, sondern nur von der Gesamtaussage aller zu einer Stufe gehörenden münzdatierten Funde ausgehen, weil einzelne Gräber durchaus Münzen enthalten können, die zur Zeit der Grablegung bereits außer Gebrauch waren.

Bei dem Vergleich der zu den einzelnen Zeitstufen gehörigen Altertümer zeigt sich, daß eine große Anzahl von typischen Formen stets zusammen vorkommt, so daß sie als gleichzeitig angesprochen werden dürfen. Andere setzen jedoch vereinzelt bereits in einer Stufe ein, die vor der ihrer hauptsächlichen Lebensdauer liegt, während andere Formen wiederum die Stufe (oder Stufen) ihrer Hauptlebensdauer vereinzelt noch überleben und erst nach dem Ende der Stufe „ausklingen". Erst wenn die Zeitdauer der Entwicklungsstufen der einzelnen Typen auf diese Weise festgelegt ist, ist es möglich, die in einem „Schlüsselfund" zusammengefügten Funde in ihrem gegenseitigen Verhältnis richtig zu beurteilen. Auch „Schlüsselfunde" können deshalb ihre volle Auswertung nicht als Einzelfunde erfahren, sondern nur durch den Vergleich mit entsprechenden Fundgruppen.

Nirgends im ganzen „Reihengräbergebiet" sind so gute Voraussetzungen für die Bildung von Zeitstufen gegeben, wie im Rheinland. In den großen rheinischen Museen liegen einige Tausende von

[4] Werner, Langobarden 90.

		Stufe II (450 – 525)	Stufe III (525 – 600)	Stufe IV (7. Jahrhundert)
Theodosius d. Gr.	(379 – 395)	■		
Theodosius II.	(408 – 450)	■		
Valentinian III.	(425 – 455)		■	
Anthemius	(467 – 472)		■	
Zeno	(474 – 491)	■		
Basiliscus	(476 – 477)	■		
(Childerichgrab)	(gest. 482)	■		
Anastasius	(491 – 518)	■■	■■■■	
Justinus I.	(518 – 527)	■	■■■■■	■
Athalarich	(526 – 534)		■	
Justinian I.	(527 – 565)		■■■■■■■■■■■■■■■	■■
-Athalarich	(527 – 534)		■	
-Witigis-Hildebad	(536 – 541)		■	
Nachprägung Justinian I.	t. p. 538		■■	■■
-Totila	(541 – 552)		■■■■■	■
-Teja	(552 – 553)		■	
Halbsiliquen	t. p. 555		■■■■■■■■■■	■
Justinus I. oder II.	t. p. 518 oder 565		■	
Justinus II.	(565 – 578)		■■	■
Nachprägung Justinian I.	t. p. 568		■	
Tiberius II. Constantinus	(578 – 582)		■■	
Mauricius Tiberius	(582 – 602)			■
-Authari oder Agilulf	(584 – 602)		■	
Phokas	(602 – 610)			■■■
Heraclius/Heraclius Constantinus	(613 – 641)			■■■■
Constans II./Constantin IV.	(654 – 668)			■
Childebert l'adoptif	(660 – 662)			■

Abb. 1. Übersicht über die Schlußmünzen in Reihengräbern der Stufen II bis IV.

geschlossenen Grabfunden, die alle Voraussetzungen für die Anwendung der von O. Montelius formulierten Methode erfüllen, welche darauf beruht, daß die durch typologische Untersuchungen festgestellten Entwicklungsstufen der einzelnen Gegenstände durch „sichere Funde", in denen sie auftreten, zu bestimmten Perioden kombiniert werden [5]. Die fränkischen Altertümer des Rheinlandes gehören einem Raum an, in dem die allgemeine Entwicklung halbwegs gleichartig verlief, die Formen der einzelnen Typen sind differenziert und veränderlich genug, um ihre Entwicklungsphasen klar erkennen zu lassen, und es liegen genug „sichere Funde" vor, die die Zusammengehörigkeit dieser Typen in den verschiedenen Phasen ihrer Entwicklung zu Gruppen erweisen und dadurch die Feststellung von Zeitstufen ermöglichen. Endlich können die auf diesem Wege gewonnenen Zeitstufen mit verwandten münzdatierten Grabfunden aus dem gesamten „Reihengräbergebiet" verbunden werden, wodurch auch eine zuverlässige absolute Datierung möglich ist. Diesen methodischen Weg habe ich bei der Einteilung der fränkischen Funde des Trierer Landes [6] beschritten und feststellen können, daß sich diese in vier klar voneinander zu trennende Zeitstufen (II – V) einteilen lassen. Dabei läßt sich mit Hilfe der Mengenstatistik gut beobachten, daß die Lebensdauer der zu einer oder mehreren Zeitstufen gehörenden Altertümer keineswegs immer streng auf diese

[5] O. Montelius, Die älteren Kulturperioden im Orient und in Europa (1903) 14 ff.

[6] K. Böhner, Die fränkischen Altertümer des Trierer Landes (1958) 15 ff.

begrenzt ist, sondern zuweilen bereits etwas früher einsetzt oder auch später endet. Die im Trierer Land gewonnene Stufeneinteilung habe ich an vielen geschlossenen Grabfunden des Rheinlandes überprüft und im ganzen immer wieder bestätigt gefunden. Daß etwa am Mittel- oder Niederrhein Formen auftreten, die im Trierer Land fehlen, wird ebensowenig überraschen wie die Tatsache, daß neue Funde manche Einzelheiten korrigiert haben.

Im Moselgebiet und im gesamten Rheinland läßt sich noch eine weitere für die Datierung einzelner Grabfunde wichtige Feststellung treffen: Wenn sich der weitaus überwiegende Teil der Grabinventare auch aus Gegenständen zusammensetzt, die der gleichen Zeitstufe angehören und dadurch die einzelnen Stufen mit großer Sicherheit festzulegen sind, so treten in einzelnen Inventaren doch zuweilen Gegenstände auf, die noch der vorhergehenden oder schon der nachfolgenden Zeitstufe zuzuordnen sind. Es ist mir jedoch kein gut untersuchtes Grab bekannt geworden, das etwa Funde enthalten hätte, die sonst auf die Stufen II, III oder IV zu begrenzen sind, was bedeuten würde, daß man teilweise „Altväterhausrat" als Grabbeigabe verwendet hätte, der seit 50 oder mehr Jahren nicht mehr in Gebrauch war. Lediglich die Münzen machen hier eine gewisse Ausnahme (siehe Tabelle Abb. 1). Da man also den Toten offenbar jeweils die Dinge mit in das Grab gab, deren sie sich im Leben bedient hatten, dürfen Grabinventare, in denen sich neben Gegenständen aus einer bestimmten Zeitstufe noch solche aus der vorhergehenden oder schon aus der nachfolgenden finden, in die „Übergangszone" zweier Zeitstufen datiert werden, während der etwa einige ältere Gegenstände noch in Gebrauch waren oder bereits neue Formen allmählich in Mode kamen.

Daß die auf typologischem Wege an dem Fundmaterial des Trierer Landes gewonnene Abfolge der einzelnen Zeitstufen auch ihrem wirklichen Ablauf entspricht, zeigt eindeutig die beigefügte Tabelle (Abb. 1) [7]. Funde der Stufe I (spätes 4. – 1. Hälfte 5. Jahrhundert) sind in den Reihengräberfeldern des Trierer Landes noch nicht vertreten. In Gräbern der Stufe II liegen – außer spätrömischen – Münzen aus dem späten 5. und dem ersten Viertel des 6. Jahrhunderts, weshalb diese schematisch in die Zeit von 450 – 525 datiert wurde. Die mit Stufe III in Verbindung zu bringenden münzdatierten Gräber gehören hauptsächlich den letzten drei Vierteln des 6. Jahrhunderts an, schematisch dem Zeitraum von 525 – 600. Die Münzfunde aus Gräbern der Stufe IV reichen bis in das späte 7. Jahrhundert, weshalb für diese schematisch das 7. Jahrhundert in Anspruch genommen wurde. Das Ausklingen der Münzbeigaben im Verlauf der zweiten Hälfte des 7. Jahrhundertes deutet an, daß die Sitte der reichen Totenbeigaben wohl bereits in dieser Zeit – also schon vor dem Ende des Jahrhunderts – erloschen ist. Trotzdem scheint es mir geraten, das schematische Enddatum „700" zunächst noch beizubehalten, bis weitere münzdatierte Gräber sichere Schlüsse zulassen. Neben den Enddatierungen der einzelnen Stufen zeigt die Tabelle aber auch, daß man den Toten nicht nur neueste Prägungen mit ins Grab gegeben hat, sondern zuweilen auch Geld, das bereits eine Zeitlang im Umlauf war – ein Hinweis darauf, daß Münzen nicht ohne weiteres für einen terminus ad quem ausgewertet werden dürfen.

Nach J. Werners Meinung [8] wurden unsere chronologischen Vorstellungen „in den letzten Jahren weniger durch neue Keramik- und Waffentypologien modifiziert als durch einige glückliche neue ‚Schlüsselfunde', eine verfeinerte relative Gräberfeldchronologie (Anwendung der horizontalstratigraphischen Methode) und schließlich durch die differenzierter gewordene Interpretation bestimmter Fundgattungen. Denn auch die Basis für Münzdatierungen hat sich weiter gewandelt, als man erkennen mußte, daß die Sitte des ‚Totenpfennigs' . . . nur in ganz bestimmten Gebieten verbreitet war, und daß zu diesem Zweck vorwiegend wertlose, entweder subärate oder sonst als kursierendes Geld untaugliche Münzen verwertet wurden." Aufgrund meiner im Rheinland gewonnenen Erfahrungen kann ich dieser Meinung nicht beipflichten. Gerade Keramik und Waffen haben sich näm-

[7] In die Tabelle sind die in meiner Trierer Arbeit ausgewerteten münzdatierten Gräber aufgenommen und durch einige Neufunde ergänzt worden.

[8] Werner, Langobarden 90.

lich für die Festlegung der einzelnen Zeitstufen als besonders geeignet erwiesen, weil ihre Formen nicht sehr kompliziert und die Merkmale ihrer verschiedenen Entwicklungsstufen deshalb im allgemeinen ziemlich eindeutig festzulegen sind. Außerdem sind Tongefäße und Waffen von den Franken im Rheinland so häufig als Grabbeigaben verwendet worden, daß sie durch ihre große Zahl eine besonders zuverlässige Grundlage für die statistische Auswertung von Fundkombinationen bieten. Daß als Grabbeigaben keineswegs nur vorwiegend Münzen verwendet wurden, die als kursierendes Geld untauglich waren, zeigt die Tabelle (Abb. 1), auf welcher sich die Aufeinanderfolge der Stufen II – IV unmittelbar auch in der Prägezeit der zu ihnen gehörenden Grabmünzen spiegelt.

Versuchen wir nun, die beiden Kölner Gräber in die aus dem fränkischen Fundmaterial des Rheinlandes gewonnenen Zeitstufen einzuordnen, so wird sich zeigen, daß diese aufgrund der glücklichen neuen Schlüsselfunde in keiner Weise modifiziert werden müssen, sondern durch diese vielmehr aufs beste bestätigt werden; außerdem bieten sie die Möglichkeit, das gegenseitige zeitliche Verhältnis der beiden Kölner Gräber zu präzisieren.

Das Frauengrab

Die Almandin-Rosettenfibeln des Kölner Frauengrabes gehören zu einer Gruppe von Fibeln, von denen die weitaus meisten Stücke aus Reihengräberfriedhöfen im Siedlungsgebiet der kontinentalen Germanenstämme bekannt geworden sind [9]. Trotzdem darf es als sicher gelten, daß die Form der almandinverzierten Rosette mit der Kunst der flächigen Edelsteineinlage selbst aus dem Osten nach Mitteleuropa gekommen ist. Angedeutet wird diese östliche Herkunft durch eine mit roten Steinen – wohl Almandinen – belegte Goldrosette aus Deilaman in Persien, welche zur Sammlung des Prinzen Firouz gehört und auf der Ausstellung „7000 Jahre Kunst im Iran" 1962 in Villa Hügel gezeigt wurde (Abb. 2, I) [10]. Der Katalog verzeichnet: „376. Goldene Gürtelschließe in Rosettenform mit 5 flachen roten Steinen (Kornalin?). Auf der Unterseite eine runde Öse. Iran, Deilaman. Partherzeit 1. – 3. Jh. n. Chr." Die Öse auf der Unterseite deutet an, daß die Rosette wohl nicht als Gürtelschließe, sondern als Schmuckscheibe gedient hat, die entweder auf ein Band aufgeschoben oder an einem Gewand befestigt war. Die Schauseite der aus kräftigem Goldblech gearbeiteten Rosette besteht aus einer flachen Goldscheibe mit tropfenförmigen Ausschnitten für die flachen roten Einlagen, die mit dünnen Goldplättchen unterlegt sind. Die ohne nähere Begründung im Katalog gegebene Datierung in das 1. – 3. Jh. dürfte etwas zu früh sein. Im 5. Jahrhundert hat sich die flächige Zellenverzierung, die hauptsächlich mit roten, selten auch mit grünen oder blauen Einlagen arbeitet, nach Mitteleuropa ausgebreitet [11] und mit ihr offenbar auch die Form der mit Einlagen verzierten Rosetten- bzw. Scheibenfibeln.

Welcher Beliebtheit sich die flächige Zellenverzierung schon bald in den führenden Goldschmiedewerkstätten des Mittelmeerraumes erfreute, zeigt etwa die mit Almandinen ausgelegte Darstellung des Lammes auf dem Diptychon aus dem Mailänder Domschatz [12], die aus einem fortlaufenden Kreismuster mit Almandineinlagen bestehende Randfassung des Buchdeckels der Theodolinde in Monza [13] und die ähnlich angelegte Randverzierung auf der Votivkrone des Westgotenkönigs Rekkeswind aus dem Schatzfund von Guarrazar mit roten und grünen Einlagen [14]. Da Meisterwerke

[9] H. Rupp, Die Herkunft der Zelleneinlage und die Almandin-Scheibenfibeln im Rheinland (1937).

[10] 7000 Jahre Kunst im Iran. Ausstellung in Villa Hügel 1962. Auf unserer Abb. 2, 1 nach einer Skizze wiedergegeben.

[11] K. Böhner, Bonn. Jahrb. 148, 1948, 229 ff.

[12] F. Volbach, Elfenbeinarbeiten der Spätantike und des frühen Mittelalters (1952) Nr. 119.

[13] Farbige Abbildung in: Storia di Milano 2 (1954) 104 (G.-P. Bognetti).

[14] Farbige Abbildung in: P. de Palol und M. Hirmer, Spanien. Die Kunst des frühen Mittelalters vom Westgotenreich bis zum Ende der Romanik (1965) 158, Nr. 20 (mit Lit.).

wie diese gewiß nicht aus Werkstätten germanischer Goldschmiede hervorgegangen sind, ist es kaum gerechtfertigt, alle aus Italien bekannten Arbeiten mit Zelleinlagen – besonders Schnallen – als „gotisch" zu bezeichnen, wie es oft geschieht. Wenn etwa die großen „gotischen Bügelfibeln" oder Kerbschnittschnallen mit Raubvogelköpfen [15] als gotisch angesprochen werden, so ist das wohl gerechtfertigt, weil sich beobachten läßt, wie diese Formen bereits im südrussischen Siedlungsgebiet der Goten entstanden und von ihnen mit nach Italien bzw. Spanien gebracht worden sind. Daß aber nicht alle „gotischen Schnallen" genuin gotisch sind, sondern größtenteils sehr eng mit der mittelmeerischen Goldschmiedekunst zusammenhängen, zeigt allein die Tatsache, daß sie die gleiche Grundform besitzen wie die einheimischen Schnallen mit Kerbschnittornament, das selbst nicht selten zusammen mit Edelstein- oder Glaseinlagen verwendet worden ist. Auch die Tatsache, daß bei der Ornamentik der zellenverzierten „gotischen Schnallen" oft geometrische Elemente und Blütenmuster Verwendung finden, wie sie der antiken Schmuckkunst seit jeher geläufig waren, spricht dafür, daß diese einlageverzierten Schmuckstücke in der Hauptsache einheimischen Werkstätten entstammen [16]. Im Gegensatz zum östlichen Kunsthandwerk werden bei den mittelmeerischen Zellenarbeiten außerdem neben roten Einlagen gern auch solche von blauer, grüner und weißer Farbe verwendet. Für die Schmuckstücke aus dem italischen Ostgotenreich hat J. Werner ebenfalls die Vermutung geäußert, daß sie zum größten Teil in einheimischen Werkstätten entstanden sind [17].

Mit der flächigen Zellenverzierung sind im Mittelmeergebiet während des späten 5. und 6. Jahrhunderts offenbar auch in dieser Technik verzierte Scheibenfibeln in Mode gekommen. Das bezeugt z. B. eine solche Fibel aus Auja el-Hafir im Palestine Arch. Museum in Jerusalem, deren Kenntnis ich Th. E. Haevernick verdanke (Abb. 2, 2). Bei dieser Fibel steht in der Mitte der Rosette ein Kreuz, und die Rosette selbst ist der Kreisform der Scheibenfibeln eingepaßt. Daß auch in Spanien einheimische Damen mit Zellenwerk verzierte Scheibenfibeln trugen, erweist ein Stück aus einem Ziegelgrab von einer frühchristlichen Nekropole aus Barcelona [18]. Auch die scheibenfibelartige Verzierung auf den Beschlägplatten „westgotischer Schnallen" zeigt den Einfluß dieser Schmuckform [19]. Wenn solche Scheibenfibeln nach dem Zeugnis der Grabfunde weder in der ostnoch in der westgotischen Frauentracht heimisch wurden, mag das daher kommen, daß die Frauen beider Stämme an der altgewohnten großen Bügelfibel als nationalem Trachtenstück festhielten. Den Gebrauch von Scheibenfibeln in Afrika bezeugen die m. E. nicht mit Recht meist als vandalisch angesehenen Fibeln von Bône [20]. Die mit Blütenmuster verzierten scheibenförmigen Schmuckscheiben auf einem Sattelbeschlag aus Ballana/Nubien Grab 3, auf die J. Werner aufmerksam gemacht hat, deuten an, daß auch dort die Form der Scheibenfibeln geläufig war [21].

Eine besonders lebhafte Blüte erlebte die flächige Zellenverzierung im Frankenreich. Es ist seit langem bekannt, daß zwischen dem Zellenwerk, das im fränkischen Reich während des späten 5. und 6. Jahrhunderts geläufig war, und zellenverzierten Arbeiten aus Südrußland und dem Gebiet an der unteren Donau enge Zusammenhänge bestehen. Man hat deshalb allgemein angenommen, daß die

[15] A. Götze, Gotische Schnallen Taf. 8 – 11.
[16] z. B. ebda. Taf. 14, 15.
[17] J. Werner, Kölner Jahrbuch für Vor- und Frühgeschichte 3, 1958, 57.
[18] P. de Palol, Archivo español de Arqueologia 23, 1950, 81 Abb. 2, 2.
[19] z. B. Palol – Hirmer Abb. V,21. – M. Almagro, Memorias de los museos arqueológicos provinciales 8, 1947 Taf. 18, 29 und 20,37 (mit Mittelkreuz).
[20] J. de Baye, Mém. de la Soc. nat. des Antiquaires de France 48, 1887,3 ff.
[21] Kölner Jahrb. a. a. O. 58.

Abb. 2 (rechts). 1 Deilaman (Persien). – 2 Auja el-Hafir (Israel). – 3 Knauf der Childerichspatha. – 4 und 5 Frauengrab im Kölner Dom. – 6 a Rittersdorf Grab 46. – 6 b Rittersdorf Grab 44. – 7 Mörstadt bei Worms. – 8 Weimar Grab 72. – 9 „Bayern". – 10 Fundort unbekannt (Sammlung Diergardt). – 11 Mayen. – Maßstab 1 : 1.

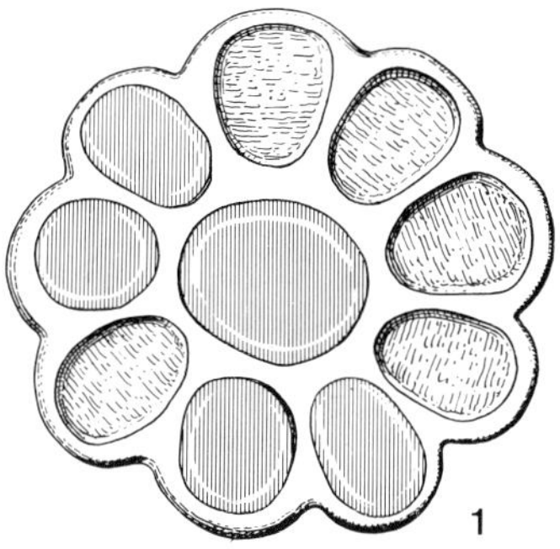
1

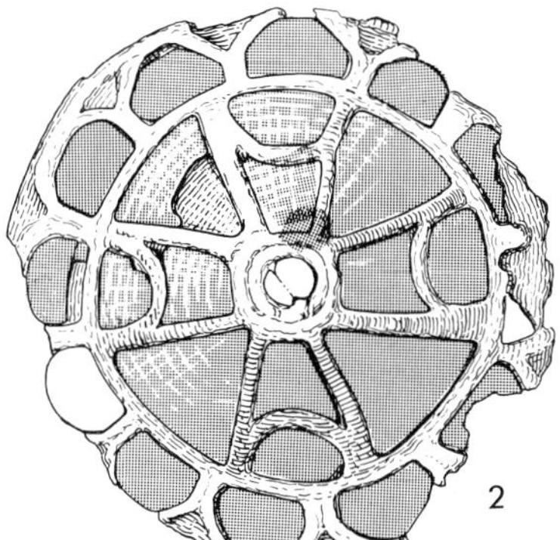
2

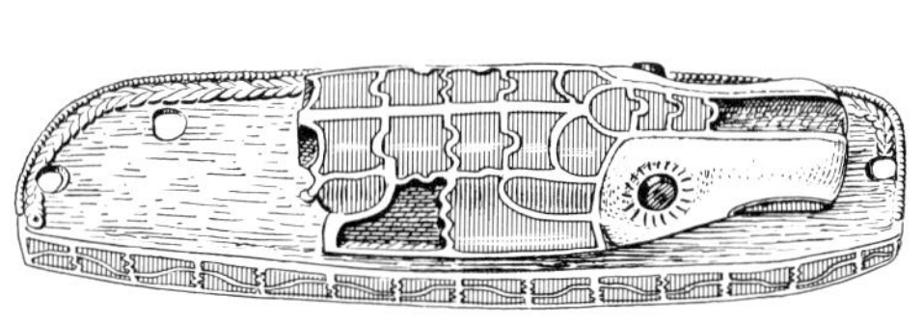
3

4a

4b

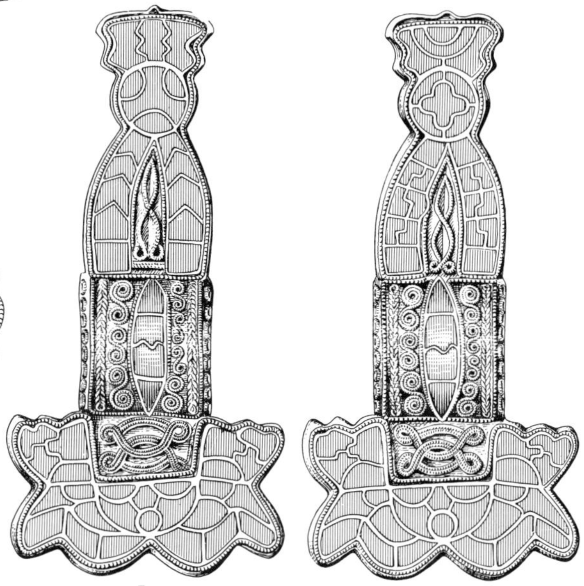
5a

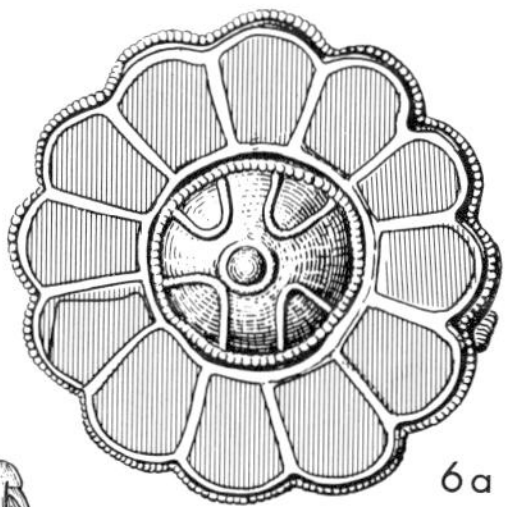
6a

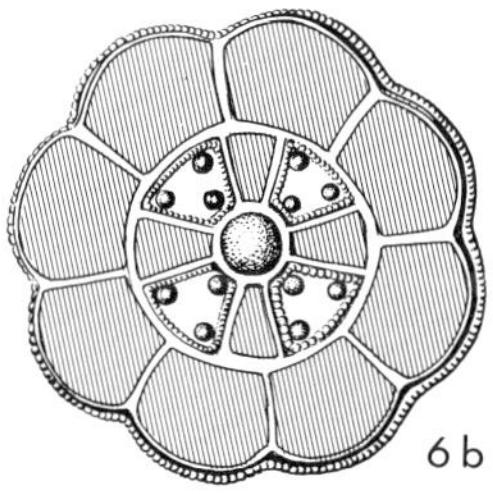
6b

7

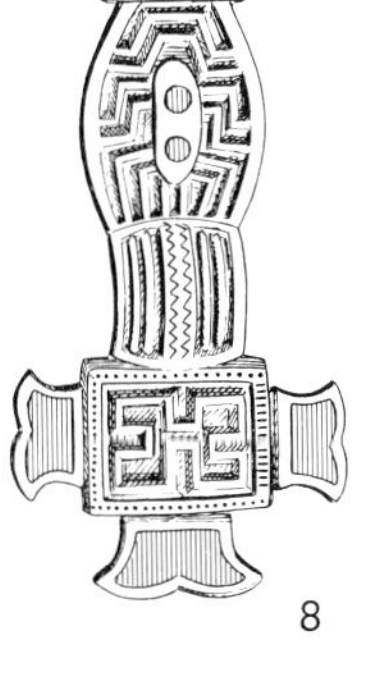
8

9

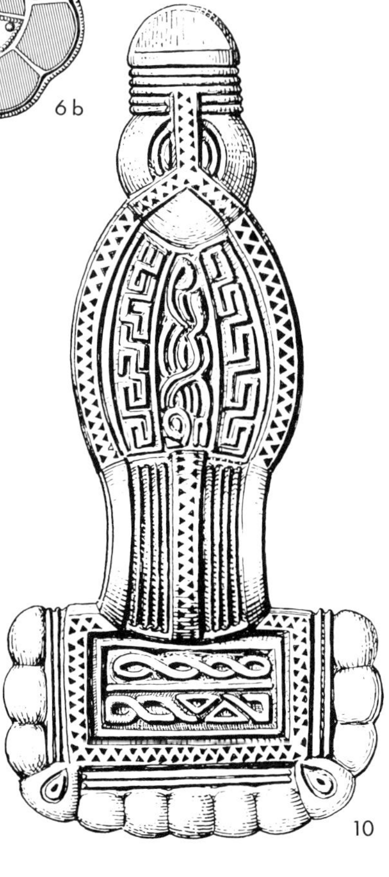
10

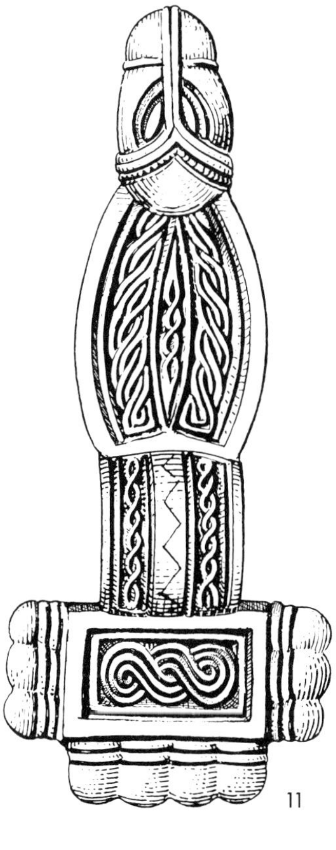
11

Kunst der Zellenverzierung – vermutlich in Verbindung mit dem Attila-Zug oder ähnlichen Volksbewegungen – im 5. Jahrhundert durch Goldschmiede aus dem Südosten in das Frankenreich übertragen worden ist [22]. Für das Langschwert des 482 gestorbenen Frankenkönigs Childerich ließ sich erweisen, daß die Zellenverzierung auf eine einheimische, bei Franken und Nordgermanen seit langem bekannte Schwertform übertragen wurde, welche selbst nicht etwa aus dem Osten hergeleitet werden kann. Die fränkischen Kunsthandwerker haben das Zellenwerk sehr konservativ weiterentwickelt. So kommt es, daß die fränkischen Zellenarbeiten mit den aus dem gleichen Ursprungsgebiet hervorgegangenen Zellenarbeiten des Mittelmeergebietes zwar vieles gemeinsam haben, daß aber auch manche Unterschiede klar zu erkennen sind. So sind von den fränkischen Goldschmieden die Zierelemente des Vierpaßmusters und der in Wellen- oder Zickzacklinien geführten Stege, wie sie bereits von der Schnalle von Apahida oder von den Schwertbeschlägen des Childerichgrabes bekannt sind, stets beibehalten worden, während die aus spätantiken Traditionen überkommenen Blütenmuster u. ä. oder die Vielfarbigkeit mittelmeerischer Zellenarbeiten im Frankenreich nur geringen Einfluß gewonnen haben.

Die trotz aller Unterschiede zwischen fränkischen und mittelmeerischen Zellenarbeiten bestehenden Verbindungen zeigt recht deutlich die Verwendung der Stege mit halbkreisförmiger Ausbuchtung, auf welche J. Werner aufmerksam gemacht hat [23]. Er hat gezeigt, daß diese während der I. Hälfte des 6. Jahrhunderts beliebte Zierform schon bei der frühen Schnalle von Apahida auftritt, und man kann diese Feststellung durch den Hinweis ergänzen, daß Stege mit halbkreisförmiger Ausbuchtung bereits auch auf der Oberseite des tierförmigen Knaufs der Childerichspatha verwendet worden sind (Abb. 2, 3). Gerade das Vorkommen dieses Musters auf dem Childerichschwert läßt annehmen, daß es sich im Frankenreich ohne Beeinflussung von außen her kontinuierlich weiterentwickelt hat, während etwa die Castellani-Schnalle mit ihrem mehrfarbigen Blütenmuster und der gleichen Stegform ein Hinweis darauf ist, daß es gleichzeitig auch in den Formenschatz mittelmeerischer Goldschmiede aufgenommen worden ist. J. Werners Meinung, daß die Verwendung der Stege mit halbkreisförmigen Ausbuchtungen im Frankenreich mit Einflüssen aus dem ostgotischen Italien und kaum mit donauländischen Anregungen der Stufe Apahida/Childerichgrab zusammenhängt, vermag ich mich nicht anzuschließen, sondern halte die Zierform vielmehr für einen Hinweis darauf, daß Anregungen aus dem Osten von Goldschmieden nördlich und südlich der Alpen in gleicher Weise aufgenommen worden sind, in beiden Gebieten dann aber unterschiedlichen Entwicklungen unterlagen.

Daß auch im fränkischen Bereich Sonderentwicklungen vor sich gingen, zeigt nun deutlich die Gruppe von Almandinscheibenfibeln mit metallischem Mittelbuckel, deren prächtigste Vertreter die beiden Stücke aus dem Kölner Grab sind (Abb. 2, 4). Zunächst ist im Frankenreich ebenso wie bei Ost- und Westgoten zu beobachten, daß im späten 5. und frühen 6. Jahrhundert die Scheibenfibel offenbar nur sehr zögernd Eingang in die Frauentracht gefunden hat. Aus dieser Zeit, aus der wir doch zahlreiche Fürstengräber mit almandinverzierten Langschwertern kennen, sind aus dem „Reihengräbergebiet" nur wenige Almandinscheibenfibeln bekannt [24], und es hat den Anschein, daß die germanischen Damen damals allgemein nur Bügelfibeln trugen. Daß aber Goldschmiede wie die, die etwa die Ausrüstung Childerichs herstellen, auch die Form der almandinverzierten Goldrosette kannten, ist allein im Hinblick auf die alten östlichen Traditionen anzunehmen, die in der Rosette von Deilaman/Persien zum Ausdruck kommen. Bei den fränkischen Damen sind die Almandinscheibenfibeln jedoch erst im Laufe der ersten Hälfte des 6. Jahrhunderts in Mode gekom-

[22] Zusammenfassend Böhner, Bonn. Jahrb. 148, 1948, 218 ff.

[23] Kölner Jahrb. a. a. O.

[24] Als Beispiel aus dem beginnenden 6. Jahrhundert seien die Almandin-Scheibenfibeln aus dem alamannischen Frauengrab von Schwenningen angeführt, die durch die mitgefundene Schnalle mit nierenförmigem Beschlag in diese Zeit datiert sind. W. Veeck, Germania 23, 1939, 40 ff.

men und hielten sich dann bis zu dessen Ende [25]. Neben Fibeln mit rein geometrischer Ornamentik erscheinen auch solche, die im Mittelfeld deutlich ein Kreuz tragen, wie die Fibel von Auja el-Hafir (Abb. 2, 2), welches zweifellos nicht rein ornamentale Bedeutung besaß, sondern das Zeichen Christi ist. Vielleicht durch Scheibenfibeln mit mugelig geschliffenem Mittelstein angeregt [26], entstanden auch Fibeln mit ausgewölbtem Metallbuckel, der ebenfalls zuweilen mit dem Kreuzzeichen geschmückt wurde [27]. Aus dieser Gruppe ragen die Kölner Fibeln allein dadurch heraus, daß sie nicht aus Silber, sondern aus Gold bestehen. Die durch Filigranverzierung hervorgehobenen Kreuzarme setzen sich durch ihren goldenen Glanz klar von dem dunkelroten Almandinbelag der Kreuzwinkel und der Randrosette ab. In umgekehrter Verwendung erscheinen Gold und Almandine auf den Riemenkreuzbeschlägen aus dem Fürstengrab von Krefeld-Gellep, deren filigranverzierte Mittelbuckel ein Kreuz aus almandinbelegtem Zellenwerk tragen [28]. Von der Fibel des Kölner Frauengrabes sind einfache Repliken aus Silber bekannt (Abb. 2, 6) [29]. Durch ihre Befunde sind diese Fibeln in die Trierer Stufe III (525 – 600) datiert, wodurch für die Kölner Fibeln der gleiche Zeitansatz gegeben ist. Das früheste Vorkommen der Almandinscheibenfibeln mit kreuzverziertem Mittelbuckel deuten die Riemenkreuzungsbeschläge vom Pferdegeschirr des Krefelder Fürstengrabes an, das noch typische Funde der Stufe II enthält (z. B. Franziska, Lanzenspitze, Taschenbügel), dessen Schilddornschnalle (Form Trier A 6) jedoch zeigt, daß das Grab erst am Ende dieser Stufe oder zu Beginn der Stufe III – schematisch gesprochen um 525 – in die Erde gekommen sein kann. Mit Recht hat es R. Pirling in die erste Hälfte des 6. Jahrhunderts datiert.

Almandinscheibenfibeln haben sich weit verstreut im ganzen Frankenreich gefunden, und es ist kaum möglich, aus ihrer Verbreitung Rückschlüsse auf die Lage ihrer Werkstätten zu ziehen. Durch die Verwendung von Almandineinlagen und Filigran stehen die Kölner Fibeln den Bügelfibeln aus dem gleichen Grabe nahe, und es ist deshalb möglich, daß sie ebenso aus einer rheinischen Werkstatt stammen, wie es für jene zu vermuten ist (s. S. 129=hier S. 383).

Im 7. Jahrhundert sind aus den Almandinscheibenfibeln mit metallenem Mittelbuckel die Goldblechscheibenfibeln mit Mittelbuckel hervorgegangen (Trier D 4). Aus dem Gräberfeld von Charnay sind einige Übergangsformen bekannt, die die Annahme nahelegen, daß in Burgund gelegene Werkstätten bei der Umbildung der Fibelform eine entscheidende Rolle gespielt haben [30]. Auch die Goldblechscheibenfibeln mit Mittelbuckel scheinen hauptsächlich im Frankenreich verbreitet gewesen zu sein; in den langobardischen Gräbern Italiens fehlen sie beispielsweise vollständig.

Bei der Publikation der Bügelfibeln (Abb. 2, 5) hat O. Doppelfeld auf die Verwandschaft hingewiesen, die durch die gezackte Form der Spiralplatte zwischen ihnen und der Gruppe der „Thüringer Fibeln" besteht [31]. Die „Thüringer Fibeln" hat B. Schmidt, ältere Forschungsergebnisse zusammenfassend, in vier Gruppen eingeteilt [32]:

A. Vogelkopffibeln, deren Köpfe vom Bügel weg gegeneinander beißen („mit nach oben beißenden Köpfen").

[25] Zur allgemeinen Datierung Böhner, Trier 93 ff.
[26] z. B. die Fibel aus Veyrier (Rupp a. a. O. Taf. 18,4).
[27] z. B. Rupp a. a. O.
[28] R. Pirling, Germania 42, 1964, Taf. 47.
[29] z. B. Böhner, Trier, Taf. 3, 4 u. 5 (Rittersdorf Grab 44 u. 46). – Rupp a. a. O. Taf. 27, 5 (Schwarzrheindorf).
[30] H. Baudot, Mémoires de la Commission des Antiquités du Département de la Côte d'Or 5, 1857/60, Tafel 12, 2 – 4.
[31] Nach dem Grabungsbericht lagen die Bügelfibeln „wie üblich, mit dem Kopf nach unten hintereinander gereiht in der Gegend des Bauches". (Germania 38, 1960, 95=hier S. 274). Ich halte das deshalb für richtig, die Fibeln so darzustellen, wie sie nach ihrer Herkunft von spätrömischen Fibeltypen und nach dem Zeugnis zahlreicher Grabfunde getragen wurden. Die „Kopfplatte" wird deshalb als Spiralplatte, die „Fußplatte" als Hakenplatte bezeichnet. Hierzu vgl. Böhner, Trier, 83 ff.
[32] B. Schmidt, Die späte Völkerwanderungszeit in Mitteldeutschland (1961) 128 ff.

B. Vogelkopffibeln, deren Köpfe zum Bügel hin gegeneinander beißen („mit nach unten beißenden Köpfen").
C. Zangenfibeln.
D. Gleicharmige Zangenfibeln.

Zweifellos sind diese Untergruppen eng miteinander verwandt, und B. Schmidt hat sie deshalb gemeinsam in einen Zeitraum von etwa 500 – 560 datiert. Die Zangenfibeln sind allerdings m. E. nicht – wie H. Kühn vorgeschlagen hat [33] – von den einfachsten, unverzierten Typen herzuleiten, sondern vielmehr aus geometrisierten Fibeln der Gruppe B („mit nach unten beißenden Vogelköpfen"), wie etwa dem Fibelpaar aus Schretzheim, Grab 197, hervorgegangen [34]. Von den Fibeln der Gruppe A („mit nach oben beißenden Vogelköpfen") scheint neben der geläufigen Form, bei der die Schnäbel der Vögel nach innen gegeneinander gerichtet sind [35], noch eine andere, weniger zahlreich vertretene Gruppe bestanden zu haben, bei der die Schnäbel auseinander gerichtet sind. In stark geometrischer Weise zeigt diese Anordnung eine Fibel aus Mörstadt bei Worms (Abb. 2, 7), bei der die runden Einlagen noch die ursprünglichen Augen andeuten [36]; ihr ist ein Stück aus Mochov an die Seite zu stellen [37]. Ein zu dieser Gruppe gehörendes Stück aus Weimar Grab 72 ist nun mit den Kölner Bügelfibeln eng verwandt (Abb. 2, 8) [38]. Die rechteckige Spiralplatte und die ovale Hakenplatte der Weimarer Fibel zeigen ebenso wie ihre geometrische Kerbschnittverzierung und das spitzovale Mittelfeld auf der Hakenplatte deutlich einen starken Einfluß von fränkischen Fibeln mit den gleichen Eigenheiten an. Die von den Fibeln von Mörstadt und Mochov bereits bekannten Zacken sind bei der Fibel von Weimar an eine rechteckige Spiralplatte angesetzt, wie sie bei einigen fränkischen Bügelfibeltypen sehr geläufig war. Bei den Kölner Bügelfibeln sind diese Zacken nun miteinander zu einem zusammenhängenden Almandinrahmen verbunden, wobei die ursprüngliche rechteckige Spiralplatte stark verkleinert wurde. Die ovale Hakenplatte der Kölner Fibeln ist schildförmig gebildet, in der Form des Fibelabschlusses klingt deutlich die Form des gezackten Hakenplattenendes der Weimarer Fibel an. Noch weitere Eigenheiten fränkischer Fibeln lassen sich bei den Kölner Stücken beobachten: Das aus der rechteckigen Spiralplatte zusammengeschrumpfte rechteckige Zierfeld trägt zwei liegende, ineinander verschlungene Filigranflechtbänder, und auch in dem spitzovalen Mittelfeld der schildförmigen Hakenplatte begegnet uns ein Flechtband aus Filigran. Diese Eigentümlichkeiten der mit Flechtbandornamentik verzierten rechteckigen Spiralplatte und des mit dem gleichen Ornament versehenen spitzovalen Mittelfeldes auf der Hakenplatte findet sich bei einer Reihe gegossener Bügelfibeln wieder, die hauptsächlich im Rheingebiet, aber auch in Nordfrankreich vorkommen und in einzelnen Stücken bis nach Bayern und Ungarn verstreut sind. Durch das zweizeilige Flechtband in der Spiralplatte stehen die Kölner Bügelfibeln den Stücken von Schwarzrheindorf (Kühn Typ 28,14) [39] und einer Fibel von unbekanntem Fundort (Kühn Typ 32,2) nahe (Abb. 2, 10) [39a]; im spitzovalen Zierfeld der Hakenplatte findet sich hier ein Tiergeflecht, bei verwandten Fibeln aus Bayern und Mayen (Kühn Typ 31,14; 28,15. Hier Abb. 2, 9 und 11) ein Flechtband. Es ist wahrscheinlich, daß das winkelige Kerbschnittornament, das auf der Fibel Abb. 2, 10 das Mittelfeld einrahmt, die Anregung zu der stufenförmigen Stegführung des Randzellenwerkes auf der einen der Kölner Bügelfibeln gegeben hat, und es ließe sich gut denken, daß

[33] H. Kühn, Schumacher-Festschrift (1930) 343 ff. – Ders., Die germanischen Bügelfibeln der Völkerwanderungszeit in der Rheinprovinz (1940) 185 ff.
[34] Schmidt a. a. O., Taf. 37, r, s.
[35] z. B. Kühn, Schumacher-Festschrift, Taf. 44, 1 – 5.
[36] ebda. Taf. 44, 11.
[37] B. Svoboda, Čechay v Době Stěhováni Národů (1965), Taf. 70, 10.
[38] Kühn, Schumacher-Festschrift, Taf. 44, 12.
[39] Kühn, German. Bügelfibeln a. a. O.
[39a] J. Werner, Katalog der Sammlung Diergardt 1: Die Fibeln (1961) Nr. 63.

das Winkelmuster auf der anderen Fibel durch die V-förmigen Überschneidungslinien eines Flechtbandes angeregt worden ist. Die Fibeln des Kühnschen Typs 32, mit denen die angeführten Fibeln Abb. 2, 9 – 11 nahe verwandt sind, sind durch die menschlichen Masken in den Ecken des Spiralplattenrahmens eng mit den Fibeln seines Typs 47 verbunden, dessen Verbreitung im Mittelrheingebiet zeigt, daß diese Fibelform hier besonders beliebt war („Mainzer Typ"). Die Verbreitung der genannten gegossenen Bügelfibeln legt die Annahme nahe, daß diese Gruppe hauptsächlich im fränkischen Rheinland hergestellt worden ist.

Für die Kölner Bügelfibeln bedeutet das, daß ihr Meister die für sie bezeichnenden fränkischen Formelemente von solchen rheinischen Fibeln übernommen hat und mit einiger Wahrscheinlichkeit wohl auch dort arbeitete, wo diese besonders gebräuchlich waren. O. Doppelfelds Annahme, daß die Bügel- und Rosettenfibeln in Köln hergestellt wurden, ist durchaus möglich, und es wäre verlockend, auch die verwandten Riemenkreuzungsbeschläge aus dem Fürstengrab von Krefeld-Gellep, das ja nur etwa 50 km von Köln entfernt liegt, einer solchen Werkstatt zuzuschreiben.

Die zum Vergleich mit den Kölner Bügelfibeln herangezogenen Fibelformen sind durch ihre Beifunde der Trierer Stufe III (schematisch 525 – 600) zuzuschreiben, wodurch auch die Kölner Stükke zeitlich festgelegt sind [40]. Deren Entstehungsgeschichte scheint mir am einfachsten so erklärbar zu sein, daß in einer rheinischen – vielleicht Kölner – Werkstatt „thüringische Fibeln" wie die in Mörstadt bei Worms gefundene (Abb. 2, 7) die Anregung zur Spiralplattenform der Kölner Bügelfibeln gegeben haben, wobei ihr Meister gleichzeitig Formelemente von gegossenen Bügelfibeln aufgenommen hat, wie sie im Rheinland geläufig waren. Aus solchen Anregungen schuf er die neue Form der Kölner Bügelfibeln, denen er durch das flächige Almandinzellenwerk und die reiche Filigranverzierung große Kostbarkeit verlieh. Auch Fibeln wie die aus Weimar Grab 72 (Abb. 2, 8) möchte ich für rheinische Arbeiten halten. Möglicherweise sind sie sogar billige Repliken der Kölner Fibeln.

Bei der Besprechung der Rosettenfibeln aus dem Kölner Frauengrab wurde bereits darauf hingewiesen, daß Almandinscheibenfibeln erst in der ersten Hälfte des 6. Jahrhunderts im Frankenreich allgemein in Mode kamen, während die fränkischen Damen vorher im allgemeinen nur Bügelfibeln trugen. Nur verhältnismäßig selten sind im frühen 6. Jahrhundert die Goldschmiede auch dazu übergegangen, auf Bügelfibeln flächiges Zellenwerk zu übertragen und etwa „Bügelfibeln mit halbrunder Kopfplatte und gleichbreitem Fuß" in der Technik des Almandinzellenwerkes herzustellen [41]. Auch im späteren 6. Jahrhundert ist die Übertragung des flächigen Zellenwerkes auf Bügelfibeln verhältnismäßig selten zu beobachten, doch zeigt z. B. das Fibelpaar von Jouy-le-Comte (Dép. Seine et Oise) [42], daß hervorragende Goldschmiede aus geläufigen Formen von gegossenen Bügelfibeln – hier solchen von Kühns Typ 25/26 – durch Verzierung mit flächigem Almandinzellenwerk und Filigran besonders kostbare Schmuckstücke schaffen konnten, wenn hochgestellte und vermögende Damen solche bestellten. Zu diesen seltenen Schöpfungen gehören auch die Bügelfibeln aus dem Kölner Frauengrab. Die weite Streuung der Bügelfibeln mit Almandinzellenwerk (Koch a. a. O.) erlaubt keine Rückschlüsse auf die Lage ihrer Werkstätten. Die Kölner Fibeln zeigen jedoch, daß solche Fibeln auch im Rheinland hergestellt worden sein können.

Die typologischen Untersuchungen der Scheiben- und Bügelfibeln des Kölner Frauengrabes haben ergeben, daß sie in Stufe III zu datieren sind. In den gleichen Zeitraum gehört die silberne Gürtelschnalle mit keulenförmigem Dorn (Form Trier A 2). Auch die silbervergoldeten Schuhschnallen mit dem verdickten und gerieften Dornabschluß dürfen wegen ihrer Verwandtschaft mit den Schilddornschnallen diesem Zeitraum zugewiesen werden, ebenso die almandinverzierten Riemen-

[40] Böhner, Trier, 86 ff. (Bügelfibeln A 7 – 9).

[41] Zu den Bügelfibeln mit flächiger Almandinverzierung vgl. R. Koch, Bodenfunde der Völkerwanderungszeit aus dem Main-Tauber-Gebiet (1967), 20 ff.

[42] B. Salin, Die altgermanische Thierornamentik (1904), Abb. 61.

zungen. Wenn die Musterung von deren Almandinzellenwerk, in dem sich nach J. Werners Vermutung die Darstellung einer Zikade verbirgt [43], auch bereits im späten 5. und frühen 6. Jahrhundert möglich ist, so ist doch die verhältnismäßig große Form solcher Riemenzungen offenbar erst in Stuffe III gebräuchlich geworden, während sie in den Fürstengräbern der vorhergehenden Epoche noch fehlen. Daß sie mindestens bis in die Zeit der Wende des 6./7. Jahrhunderts gebräuchlich geblieben sind, zeigen etwa die Riemenzungen des Grabes von Sutton Hoo [44].

Neben den Funden der Stufe III enthält das Grab aber auch Beigaben, die etwas älter sind. So ist die Form der Messer mit goldenen Griffhülsen hauptsächlich aus Gräbern bekannt, die der Stufe II zuzurechnen sind [45]; um die Zeit der Wende von Stufe II/III begegnet die Form noch in den Fürstengräbern von Planig und Krefeld-Gellep. In Gräbern der Stufe III kommen diese Messer, deren Grifform die der Goldgriffspathen nachahmt, offenbar nicht mehr vor, was darauf hindeutet, daß sie wie jene am Ende der Stufe II außer Gebrauch gekommen sind [45a]. Auch der blütenförmige Anhänger des Halsschmuckes dürfte bereits der ersten Hälfte des 6. Jahrhunderts angehören. J. Werner hat auf ein ähnliches Stück aus dem ostgotischen Schatzfund von Reggio Emilia hingewiesen, den er in die Zeit Theoderichs des Großen datiert [46]. Zu diesem Zeitansatz würde es gut passen, daß die jüngste der zu Anhängern umgearbeiteten Goldmünzen des Kölner Halsschmuckes ein Solidus Justinus I. (518 – 527) ist.

Die Form der Ohrringe mit polyedrischem, almandinverziertem Abschluß begegnet in den Stufen II und III (Trier Form A). Der Sturzbecher mit ausbiegendem Rand (Trier Form A) kam am Ende der Stufe II auf, ist aber dann hauptsächlich in Stufe III in Gebrauch gewesen. Die übrigen Beigaben des Kölner Frauengrabes – die Fingerringe, die Bronzeschüssel, der Eimer, die Bulle, der Bergkristallanhänger, der Goldarmring mit keulenartig verdickten Enden und das Kästchen mit dem Bronzebeschlag – sind vorerst zeitlich nicht näher festzulegen.

Fassen wir die Ergebnisse dieser Untersuchungen zusammen, so ergibt sich, daß die meisten datierbaren Funde des Kölner Frauengrabes der Stufe III angehören, daß aber das Messer und der blütenförmige Anhänger mit großer Wahrscheinlichkeit schon während der Stufe II oder noch in der Zeit um die Wende der Stufe II/III entstanden sind. Nach diesem Befund würde man die Grablegung am liebsten zu Beginn der Stufe III annehmen, also etwa im zweiten Viertel des 6. Jahrhunderts. Diese Datierung paßt gut zu dem durch die Halbsiliqua des Athalarich gegebenen terminus post quem 526/34 und bestätigt aufs beste die Datierung O. Doppelfelds, der die Bestattungszeit des Grabes nicht allzuweit vom Todesjahr des Athalarich (534) abrücken wollte [47].

[43] J. Werner, Germania 41, 1963, 392 ff.

[44] The Sutton Hoo Ship-Burial. A Provisional Guide (1961), Taf. 19.

[45] P. Th. Kessler, Mainzer Zeitschr. 35, 1940, 11. – Pirling, Germania 42, 1964, 212.

[45a] H. Ament hat mich darauf aufmerksam gemacht, daß aus einigen Gräbern der Stufe III Messer mit goldenen Knaufhülsen vorliegen: z. B. Güdingen Grab 2 (W. Schähle, 8. Ber. d. Staatl. Denkmalpflege im Saarland 1961, Taf. 4) – Güttingen Grab 38 (I. Fingerlin, Grab einer adeligen Frau aus Güttingen. Bad. Fundber., Sonderheft 4, 1962, Taf. 4) – Chaoulley (Mém. Soc. d'Arch. Lorraine 54, 1904, 53 f. Taf. 2, 2 – Schmalsax). Ein Messer mit solchem Knauf gehört auch zu dem der frühen Stufe IV zuzuweisenden Grab von Beerlegem (H. Roosens, Bull. Koninkl. Inst. voor het Kunstpatrimonium 2, 1959, 149, Abb. 10). Diese Beispiele lassen annehmen, daß zu Beginn der Stufe III die lange goldene Griffhülse von der kurzen Knaufhülle abgelöst wurde.

[46] in: M. Degani, Il tesoro romano barbarico di Reggio Emilia (1959), 10 f. Werners Deutung dieser blütenförmigen Anhänger als Zikaden vermag ich nicht zu folgen, weil bei ihnen auf keine Weise Kopf oder Augen angedeutet sind, wie es bei allen Zikadenfibeln der Fall ist. Vgl. H. Kühn, IPEK I, 1925, 85 ff. – Z. Vinski, Jahrb. Röm.-Germ. Zentralmuseum 4, 1957, 136 ff. – Zu blütenförmigen Anhängern Böhner, Bonn. Jahrb. 148, 1948, 230 f.

[47] Germania 38, 1960, 112=hier S. 307.

[48] Böhner, Trier, 160 ff.

[49] Mainer Zeitschr. 24/25, 1929/30, 100 ff.

[50] Fränkische Fürsten im Rheinland a. a. O., 22 mit Hinweis auf J. Kovrig, Acta Archaeol. Hungarica 6, 1955, 163 ff.

Das Knabengrab

Vergleichen wir auf ähnliche Weise die Beigaben des Knabengrabes mit anderen rheinischen Funden, so dürfen wir davon ausgehen, daß die Franziska eindeutig der Trierer Form A angehört, welche durch die annähernd gleichmäßig geschwungene Unterkante gekennzeichnet und in Stufe II datiert ist. Auch Messer mit goldener Griffhülse wurden – wie bereits zum Messer des Frauengrabes bemerkt wurde – hauptsächlich während der Stufe II benützt und sind offenbar um die Wende der Stufe II/III außer Gebrauch gekommen. Für die Datierung des Grabes ist die silberne Schilddornschnalle von Wichtigkeit, deren Form (Trier A 6) am Ende der Stufe II aufkam, hauptsächlich aber während der Stufe III in Gebrauch war. Nach der Franziska, dem Messer mit goldenem Griff und der Schilddornschnalle ist das Knabengrab an das Ende der Stufe II zu datieren.
Die übrigen Funde des Grabes widersprechen diesem Zeitansatz nicht, geben aber auch keine Möglichkeit, ihn weiter zu präzisieren. Der Schmalsax (Trier A) ist während der Stufen II und III geläufig, während die Form des Angos von Stufe II bis IV in Gebrauch war, ohne daß sich Veränderungen erkennen lassen. Zu den nur in Stufe II gebräuchlichen Angonen, die durch eine Mindestlänge von einem Meter und eine kräftige Einschnürung der Spitze vor dem Übergang in die Widerhaken gekennzeichnet sind, gehört das Kölner Stück nicht [48]. Schildbuckel mit Spitzenknopf und bronzeblechbelegten Randnieten (Trier A 2) begegnen uns von Stufe II bis in den Anfang der Stufe IV. Der Sturzbecher mit ausbiegendem Rand (Trier A) gehört der gleichen Form an wie der aus dem Frauengrab; die Form dieser Gläser beginnt am Ende der Stufe II und erfreut sich hauptsächlich in Stufe III großer Beliebtheit.
Die 5 fränkischen Silbermünzen sind zeitlich nicht näher festzulegen. W. Hävernick nimmt an, daß sie vor der Herabsetzung des Goldschillings von 24 auf 21 Gewichtssiliquen entstanden sind, welche auf das Jahr 575 datiert wird. Seine Vermutung, daß besonders die Münzen seiner Gruppe C, der 3 von den Kölner Silbermünzen angehören, in Köln geprägt sind, hat durch die Münzen des Knabengrabes an Wahrscheinlichkeit gewonnen [49].
Die übrigen Beigaben des Knabengrabes – Fingerring, gedrechselter Holzstab, Spatha, Bronzebekken, Eimer, Trinkhorn sowie zwei Glasflaschen und Holzgefäße – sind nicht näher zu datieren. Auch für den Helm, die 3 dreiflügeligen Pfeilspitzen sowie die Lanzenspitze mit geschlossener, facettierter Tülle und annähernd dreieckigem Blatt ist kein präziser Zeitansatz zu geben. O. Doppelfeld hat bereits darauf hingewiesen, daß die Lanzenspitze keine fränkische Form ist, und sie mit ähnlichen Formen in awarischen Gräbern Ungarns verglichen, welche allerdings erst in das späte 6. und das 7. Jahrhundert zu datieren sind [50]. Vermutlich ist diese Form der Lanzenspitze im Osten seit spätrömischer Zeit im Gebrauch geblieben [51]. Eine solche Herkunft der Lanzenspitze würde

[51] Lanzenspitzen mit dreieckigem Blatt waren in spätrömischer Zeit sowohl im Westen, als auch im Osten gebräuchlich (z. B. A. E. Nenquin, La Nécropole de Furfooz [1953] 83, J 9. – Cl. Boulanger, Le Mobilier Funéraire Gallo-Romain et Franc en Picardie et en Artois [1902/05] 47: Vermand. – L. Matzulevitsch, Byzant. Antike [1929] 95 ff. mit Taf. 23: Kaiser Konstantius II. und Leibwächter in östlicher Tracht.) Während im Frankenreich seit der Mitte des 5. Jahrhunderts Lanzenspitzen mit Schlitztülle und breitovalem Blatt gebräuchlich wurden (Böhner, Trier 146 ff.), scheinen im Osten Lanzenspitzen mit dreieckigem Blatt in Gebrauch geblieben zu sein. Es sind mir aus dem später awarisch gewordenen Gebiet allerdings Beispiele aus dem 5./6. Jahrhundert unbekannt, doch liegt ein dem Kölner Stück nach Form und Zeitstellung gut entsprechendes Exemplar aus Salo in Finnland vor (H. Salmo, Die Waffen der Merowingerzeit in Finnland [1938] Taf. 2, 3). Bei dieser und der Kölner Lanzenspitze ist das Blatt verhältnismäßig breit, während die von O. Doppelfeld angeführten awarischen Lanzenspitzen des 7. Jahrhunderts spießartig schmale Blätter haben. U. Koch hat gezeigt, daß Lanzenspitzen mit solchen Blättern auch von Baiuvaren, Alamannen und Langobarden benützt wurden (U. Koch, Die Grabfunde der Merowingerzeit aus dem Donautal um Regensburg [1968] 89 f. mit Karte 19). Daß aber auch ein Teil der langobardischen Lanzenspitzen mit dreieckigem Blatt unmittelbar aus spätrömischen Formen hervorgegangen ist, die wohl in Italien weiterlebten, zeigt der Vergleich der oben angeführten Lanzenspitze aus Vermand mit denen aus Castel Trosino Grab 44 (R. Mengarelli, Mon. Ant. 12, 1902, 241 Abb. 102) und Nocera Umbra Grab 6 (A. Pasqui und R. Paribeni, Mon. Ant. 25, 1918, 180 Abb. 26).

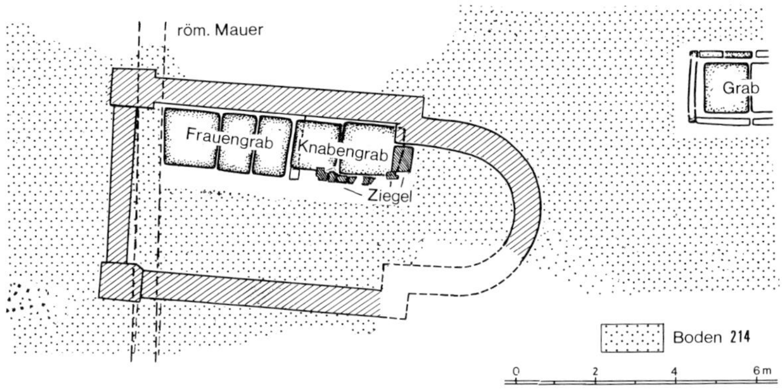

Abb. 3. Oratorium und Grabanlagen im Kölner Dom (Nach einer unveröffentlichten Zeichnung der Domgrabung. – Zur Gesamttopographie vgl. die Pläne der in Anm. 53 genannten Aufsätze). – Maßstab 1 : 200.

gut dazu passen, daß die dreiflügeligen Pfeilspitzen des Kölner Knabengrabes und vermutlich auch sein Helm im Osten hergestellt worden sind [52].

Der Vergleich der Fundstücke aus dem Frauen- und dem Knabengrab mit denen aus anderen fränkischen Gräbern hat ergeben, daß das Knabengrab offenbar früher angelegt worden ist, als das Frauengrab. Während dieses dem Beginn der Stufe III – schematisch etwa dem zweiten Viertel des 6. Jahrhunderts – angehört, ist das Knabengrab an das Ende der Stufe II – schematisch in das erste Viertel des 6. Jahrhunderts – zu datieren.

Zum Schluß sei die Frage gestellt, welche Anhaltspunkte der Grabungsbefund für die Beurteilung des zeitlichen Verhältnisses beider Gräber gibt. Leider ist die Abfolge der für die Datierung der Gräber wichtigen Böden 224 und 214 in dem 1963 von O. Doppelfeld veröffentlichten Idealschnitt durch die Domachse [53] hierfür nicht auszuwerten, weil die Domachse etwa einen Meter südlich der Gräber verläuft und beide Böden bei der Anlage der Gräber durchschlagen wurden. O. Doppelfeld, W. Schneider und W. Weyres gestatteten mir liebenswürdigerweise die Einsicht in die Grabungspläne und unterrichteten mich über die Ergebnisse der letzten Untersuchungen. Danach hat sich O. Doppelfelds Vermutung bestätigt, daß die sowohl innerhalb als auch außerhalb des Oratoriums angetroffenen übereinanderliegenden Böden 224 und 214 zu einem nicht überdeckten Hof gehört haben. In diesem fand sich etwa 4 Meter östlich der Apsis des Oratoriums nun ein weiteres Grab, das mit Trachytplatten eingefaßt und abgedeckt war; es wurde bei späteren Baumaßnahmen zerstört und wohl auch seiner ursprünglich vorhandenen Beigaben beraubt (Abb. 3). Da die Estrichböden 224 und 214 über ihm nicht wieder geschlossen wurden, dürfte die Grabfüllung in der Bodenhöhe des Hofes mit Platten oder Ziegeln bedeckt gewesen sein. Auch bei der Anlage des Knabengrabes im Oratorium wurden die beiden Estriche durchschlagen und nicht wieder geschlossen. An der Ost- und Südwand des Grabes fand sich jedoch ein Band aus römischen Ziegelplatten, das offenbar den Zweck hatte, einen in Bodenhöhe über dem Grab liegenden Belag aus Platten oder Ziegeln einzurahmen. Wenn über dem Frauengrab ebenfalls der durchschlagene Estrich nicht wieder geschlossen wurde, so hängt das wohl damit zusammen, daß offenbar in unmittelbarem Zusammenhang mit der Anlage dieses Grabes das ganze Oratorium abgerissen und ein Neubau mit der „Rotunde" errichtet wurde (Doppelfeld a. a. O.). Der zu diesem Neubau gehörige Boden 244 überzieht sowohl die nicht abgerissenen untersten Fundamentlagen des Oratoriums als auch die drei Gräber.

Aus diesem Befund geht zunächst hervor, daß in dem nicht überdeckten Hof eine ganze Anzahl von Gräbern lag (s. unten), so daß man nicht annehmen darf, nur das Knaben- und Frauengrab sei-

[52] O. Doppelfeld, Kölner Domblatt 20, 1961/62, 118 ff. = hier S. 369 ff.

[53] Kölner Domblatt 1963, 112 ff. = hier S. 323 ff. Der Faltplan verkleinert in Germania 42, 1964, Beil. 5 = hier S. 403. Hier auch die Gesamttopographie.

en hier aus einem einmaligen Anlaß und deshalb vermutlich gleichzeitig angelegt worden. Ferner ist es wahrscheinlich, daß sowohl das Knabengrab als auch das Grab östlich der Apsis, die beide wohl mit Platten abgedeckt waren, bereits einige Zeit im Boden lagen, als – offenbar im Zusammenhang mit der Anlage des Frauengrabes – der ganze Hof umgebaut und der neue Estrich 244 gelegt wurde. Auch dieser Befund deutet an, daß das Knabengrab vor dem Frauengrab in die Erde gekommen ist.

In seinem Bericht über den Stand der Domgrabungen im Jahre 1963 = hier S. 392 hat Otto Doppelfeld die Wahrscheinlichkeit ausgesprochen, daß das Oratorium bzw. die Rotunde in einem estrichbedeckten Hof standen, der von Mauern (821/22 bzw. 387) eingefaßt war, einen Zugang im Westen hatte und 21 m in der Breite und 30 m in der Länge maß. K. Weidemann hat mich darauf aufmerksam gemacht, daß die Anlage solcher estrichbedeckter Höfe, in denen kleine Kapellen standen und Gräber angelegt wurden, bei großen Kirchen in Nordafrika sehr gebräuchlich war [54]. Da O. Doppelfeld bei den Ausgrabungen in der Dreikönigskapelle etwa 20 m östlich des Frauen- und Knabengrabes eine wohl ebenfalls merowingerzeitliche Bestattung angetroffen hat [55], stellt sich die Frage, ob es sich nicht auch bei der Kölner Hofanlage, die zweifellos einen merowingerzeitlichen Dom voraussetzt, um einen solchen Bestattungsplatz handelt, der längere Zeit in Benutzung war und auf dem besonders ausgezeichnete Persönlichkeiten, wie der Knabe und die vornehme Dame ihre letzte Ruhe fanden.

Die Ausgrabungen, die O. Doppelfeld unter schwierigsten Verhältnissen nach den Zerstörungen des Krieges in Köln begonnen und bis heute mit bewunderungswürdiger Tatkraft und Zielstrebigkeit fortgeführt hat, haben unsere Wissenschaft in ungeahnter Weise bereichert, indem sie nicht nur viele alte Fragen beantwortet, sondern auch viele neue gestellt haben. Möge der Jubilar diesen Diskussionsbeitrag zu solchen von ihm gestellten Fragen als ein bescheidenes Zeichen des Dankes für viele Anregungen und gute Nachbarschaft in schweren und heiteren Tagen entgegennehmen!

[54] z. B. M. Christofle, Rapport sur les traveaux de fouilles et consolidations effectuées en 1933 – 1936 par le service des monuments historiques de l'Algerie (1938), 363 ff. (Timgad, Kirchen bei der byzantinischen Festung und dem Tor nach Lambèse).

[55] Kölner Domblatt 1949, 22 = hier S. 103 (Skelett 267). Dazu Taf. 3 und 5. Zum Lageverhältnis des Frauen- und Knabengrabes zu der an dem Scheitel der Ostapsis angebauten Dreikönigskapelle vgl. W. Weyres, in: Karolingische Kunst, hg. von W. Braunfels und H. Schnitzler, 384 ff = hier S. 416 ff. Abb. 2 und 8.

Otto Doppelfeld

Die Domgrabung

XV. Stand der Ausgrabungen 1963

Aus: Kölner Domblatt 21/22, 1963, 105 – 120

Plan und Programm einer langen, zeitlich unbegrenzten Ausgrabung werden stets gewissen Wandlungen unterliegen. Auch wenn man in völlig freiem Gelände und von keinerlei äußeren Umständen behindert graben könnte, würde doch der zweite Schritt von den Ergebnissen des ersten abhängen und daher vielleicht in eine andere Richtung gehen, als es im ursprünglichen Programm vorgesehen war. Dies gilt in weit höherem Maße von der Domgrabung, die notwendigerweise mit mancherlei Schwierigkeiten zu kämpfen hat und Hemmungen überwinden muß, die erfreulicherweise – das muß besonders hervorgehoben werden – in den siebzehn Jahren nie persönlicher Art, sondern rein technischer Natur waren.

Völlige Freiheit bestand für die Grabungsleitung eigentlich nur im ersten Jahr (1946). Im zweiten Jahr kam schon das Domjubiläum 1948 in Sicht, das die Osthälfte des „Grabungsfeldes" für längere Zeit unserem Zugriff entzog. Die damals beabsichtigte Höherlegung der Domumgebung zwang uns überdies, zunächst den Domhof und das Domkloster zu untersuchen. Wieder in die noch freie Westhälfte des Domes zurückgekehrt, mußte die Grabung dort 1952 wegen aufkommender Besorgnisse um die Sicherheit des Domes über ein Jahr lang unterbrochen werden. Abermals wurde die Grabung nach außen verlegt, und zwar diesmal an die Ostseite, südlich des Petersbrunnens. Anschließend gab es eine längere Unterbrechung, weil die Rathausgrabung alle Kräfte und Hilfsmittel beanspruchte. Im Dom wurden nur kleinere Untersuchungen und Messungen vorgenommen, bis zu Beginn des Jahres 1955 wieder vorangegraben werden konnte. Die große Grabung im Westen wurde mit einer Betondecke geschlossen. Als zum Katholikentag 1956 dann die Sperrwand entfernt wurde und das Grabungsbüro aus dem Dom in die neue Dombauhütte an der Südseite des Chores umsiedelte, begannen die Arbeiten an dem großen unterirdischen Stollen in der Achse des Domes.

Diese unterirdische Arbeit ist seither mehr noch als die frühere Grabung an die Bauvorhaben der Dombauhütte gebunden, aber dank der Verbundenheit des Domkapitels und des Dombaumeisters mit den archäologischen Untersuchungen, die diese nicht etwa als lästige Begleiterscheinung, sondern als ihre eigene Sache ansehen und betreiben, nahm das gemeinsame Unternehmen keinesfalls den Charakter einer Notgrabung an, sondern blieb nach wie vor eine Plangrabung, bei der den Planungen freilich enge Grenzen gesetzt sind. Dem Dombaumeister und der Hütte werden beim Ausbau des unterirdischen Domes viel Wendigkeit und Phantasie abverlangt und allen Beteiligten wird Geduld und Zähigkeit auferlegt, da die Arbeiten sehr viel Zeit beanspruchen.

Der Stollen (111) führte zunächst bis zur Vierung, wo durch einen Querstollen (381) auch unter dem Dom eine Vierung geschaffen wurde. Anschließend wurde weiter nach Osten unter den Chor vorgestoßen, wo wir schon 1947 gegraben hatten (201) und mittlerweile die neue Krypta entstanden ist. Beim Beginn der Arbeiten für die ostwärts der Krypta vorgesehene Gruft der Erzbischöfe

wurden 1959 die beiden reichen fränkischen Gräber gefunden, die die Ausschachtungen in dieser Richtung für längere Zeit aufhielten.
Während der langwierigen Untersuchung und Abmauerung der Gräber begann die Dombauhütte – von jetzt an nur noch mit eigenen Arbeitern und Hilfskräften – mit den Ausschachtungen für einen zweiten Zugang zur neuen Krypta von Süden her, bei denen bedeutsame Architekturreste aus fränkischer und römischer Zeit entdeckt wurden, die zusammen mit den Aufklärungen, die uns die fränkischen Gräber auch in baugeschichtlicher Hinsicht brachten, höchster Beachtung wert sind. Sie sollen der Öffentlichkeit nicht länger vorenthalten werden, obwohl sie sich noch nicht zu einem geschlossenen Bilde abgerundet haben, und unsere augenblicklichen Vermutungen über den Sachverhalt vielleicht schon in naher Zukunft durch neue Aufschlüsse überholt sein können. Aber nachdem wir in den letzten sieben Berichten (VIII – XIV) abgeschlossene Einzelgebiete der Grabung behandelt haben und der letzte umfassendere Bericht über den Alten Dom (VII. More Romano) fast neun Jahre zurückliegt, erscheint es an der Zeit, den Stand der neuen Untersuchungen über diesen und auch seine Vorgängerbauten klarzulegen.
Es war ursprünglich beabsichtigt, diesem Bericht einen ausführlichen Katalog über die neuen Funde und eine kurze Liste aller anderen Katalognummern beizufügen, jedoch würde das den Rahmen dieses ersten informatorischen Aufsatzes weit überschreiten. Wir müssen uns daher darauf beschränken, die ausschlaggebenden Funde zu nennen und ihre Bedeutung für die Baugeschichte des Domes zu erörtern. An Hand dreier Pläne (Taf. 1 – 3) sollen zunächst die Feststellungen zum gotischen Dom, dann die zum Alten Dom und schließlich die zur fränkischen und römischen Epoche vorgelegt werden [1].

1. Zeit des Neuen (gotischen) Domes. Perioden XI – XIV. Taf. 1

Die neueste, noch nicht ganz fertiggestellte Gliederung des unterirdischen Domes sieht in der Mitte des Chores eine schon fertige dreischiffige Krypta vor, an die sich ostwärts ein Stollen mit seitlichen in drei Rängen übereinander angeordneten Begräbnisstellen anschließt. Der Ausbau dieses Stollens wurde durch die Entdeckung der fränkischen Fürstengräber und der zugehörigen frühen Sakralbauten und fernerhin durch die Bischofsgrüfte der neueren Zeit bisher sehr verzögert. Ein achsialer Zugang führt von den weit gelegenen westlichen Bezirken der Grabung (Schnitt 1) über die Vierung in die neue Krypta, während von Süden her aus dem Chorumgang ein neues Treppenhaus (Schnitt 383) einen direkten Zugang vermittelt. Von dieser Treppe besteht außerdem eine Verbindung zu den schon 1948 ausgegrabenen und kurz darauf ausgemauerten Stollen des Umganges (Schnitt 330, 300 und weitere Schnitte) sowie den Grabungen in der südlich anschließenden Kapelle mit dem Dombild Lochners (Schnitt 360), die jedoch nur zum Teil ausgemauert, sonst wieder verfüllt sind.
Spuren der neueren Zeit (Periode XIV) sind lediglich die Bestattungen der Erzbischöfe des 19. und 20. Jahrhunderts. Erzbischof von Spiegel († 1835) wurde in der Mitte des Chores vor der älteren Schauenburger Gruft (202) in einem ausgemauerten Schacht in einem Eichen- und Bleisarg beigesetzt (217). Die Eingeweide waren in einer kleinen Holzschatulle in einer ausgemauerten Bodenvertiefung unter dem Sarge beigefügt. Später wurden in der Chorachse bronzene Grabplatten der Erzbischöfe des 19. Jahrhunderts hintereinander gereiht, wobei jedoch die Platte für Erzbischof von Spiegel nicht über dessen Grab zu liegen kam. Auch die übrigen lagen keineswegs über den jewei-

[1] Die Aufmessungen und örtlichen Untersuchungen der neuen Grabung sind fast ganz, in den letzten vier Jahren ausschließlich, von W. Schneider durchgeführt worden. Auch die Pläne des hier veröffentlichten Berichtes sind von ihm gezeichnet worden. Bei der Zeichnung der aufgefundenen römischen Architekturteile wurde er zuletzt von Fräulein Klein unterstützt.

ligen Beisetzungen. Die nachfolgenden Begräbnisse wurden vielmehr alle in dem Gruftkomplex unter der Chormitte untergebracht. Zunächst bestattete man Kardinal Geissel 1864 – Erzbischof Droste-Vischering war im Dom zu Münster begraben worden – in der seitlichen Schauenburger Gruft 202 a, erweiterte aber gleichzeitig die beiden älteren Grüfte durch einen ostwärts anschließenden Querraum (203), in dem von Süden beginnend die Särge aller folgenden Erzbischöfe, je zwei übereinander, eingemauert wurden. Gleichzeitig wurden die alte Gruft 202 und der westlich davorliegende Einstiegschacht (213) neu hergerichtet und verputzt.

Auch die Barock- und Renaissancezeit (Periode XIII) hat – wenn wir von unwesentlichen Anmauerungen an der Westseite der großen Chorabschlußmauer (801) absehen, die weder zeitlich noch nach ihrer Bestimmung festzulegen sind (801 a zum Portal, 801 b zum Anna-Altar gehörig?) – nur Gräber und Grüfte im Boden hinterlassen. Im Chor selbst hat man allerdings nur im Anfang dieser Epoche, im 16. Jahrhundert, die Schauenburger Erzbischöfe begraben. Später richtete man – nachdem einige Erzbischöfe außerhalb Kölns oder des Domes bestattet worden waren – unter den Wittelsbachern die Gruft vor der Dreikönigenkapelle ein, die bis zur Franzosenzeit als Grabstätte für die Erzbischöfe diente. – Die Schauenburger Gruft (202) ist, wie sich entgegen unseren früheren Vermutungen bei ihrem Abbruch 1963 herausstellte, gleichzeitig mit der Nebengruft 202 a gebaut worden. In dieser ruhten Adolf III. († 1556), Anton († 1558), in dessen Sarg sich 1963 reich gestickte Paramente aus dem 13. Jahrhundert (!) fanden, und schließlich Johann-Gebhard von Mansfeld († 1562). Daß man – nach der ersten Bestattung des 19. Jahrhunderts im Chor (1835, Erzb. Spiegel) in einer besonderen Gruft – den nächsten Sarg (1864 Erzb. Geissel) in die Schauenburger Gruft stellte, wurde bereits gesagt. Darüber hinaus fanden sich in dieser Gruft 202 a und auch in einer kleinen gemauerten Kammer unter dem Boden der daneben liegenden Gruft 202 Reste einer ältesten Bestattung, die nach den Aufschriften des 19. Jahrhunderts „verisimiliter“ zu Erzbischof Wilhelm von Gennep zu rechnen sind, dessen Leichnam wohl schon in früherer Zeit aus dem ursprünglichen Grab unter einer Tumba (226, s. u.) hierhergebracht worden ist. Nördlich neben den beiden Schauenburger Grüften fand sich im März 1963 eine sehr stark abgeschliffene Grabplatte dicht unter dem Chorboden, die möglicherweise zu diesen Grüften gehörte und bei der Legung des neuen Chorbodens im 19. Jahrhundert vielleicht seitlich aus der Achse geschoben und überdeckt wurde (802). Bekanntlich sind 1863 bei eben dieser Gelegenheit aus Anlaß der Reinigung des Chores von allem Nichtgotischen die beiden Denkmäler der Schauenburger von 1561 aus dem Chor in die Engelbertus- und Stephanuskapelle versetzt worden.

Im übrigen wurden bei den Ausgrabungen in der Vierung und im Umgang viele Gräber und Grüfte entdeckt, die durch den Boden des 19. Jahrhunderts völlig überdeckt wurden und nicht mehr zu identifizieren sind, soweit nicht heute noch an den Pfeilern Grabinschriften erhalten oder wenigstens überliefert sind. So ließ sich noch im Umgang und Schnitt 300 die Gruft (301) des Domkapitulars von Schönheim († 1789) und in Schnitt 383 das Grab des Weihbischofs von Veyder († 1724) bestimmen, während beispielsweise die Beisetzung eines Bischofs im Ornat vor dem Dombild (292) bisher nicht bestimmt werden konnte, von den Grüften, die wie 189 d und 382 leer waren oder wie 361 eine Anzahl von Skeletten und Knochenresten enthielten, ganz zu schweigen.

Ob unter den vielen Bestattungen auch solche aus gotischer Zeit (Periode XII) sind, ist schwer zu entscheiden. Sicher ist es für ein sorgfältiges aus Steinplatten zusammengesetztes Grab (226) in der Achse des Chores mit einem westlich anschließenden Vorraum (227), der von außen zugewölbt wurde, so daß das Lehrgerüst in verfaultem Zustand angetroffen wurde. Es handelt sich ohne Zweifel um das Grab des Erzbischofs Wilhelm von Gennep († 1362), dessen Tumba hier gestanden hat, bis man sie entfernte und die Skulptur des liegenden Erzbischofs nach verschiedenen anderen Plazierungen schließlich 1904 auf einer neuen Tumba neben dem Gerokreuz unterbrachte. Das Grab wurde bei der Entfernung der Tumba geleert; die Überreste der Bestattung kamen, wie schon gesagt, in die Grüfte 202 und 202 a. Die Deckplatte der ersten Tumba wurde in den Boden verlegt und ist jetzt auf der Tumba von 1904. Auf Grund der Tatsache, daß sich das Grab Wilhelms von

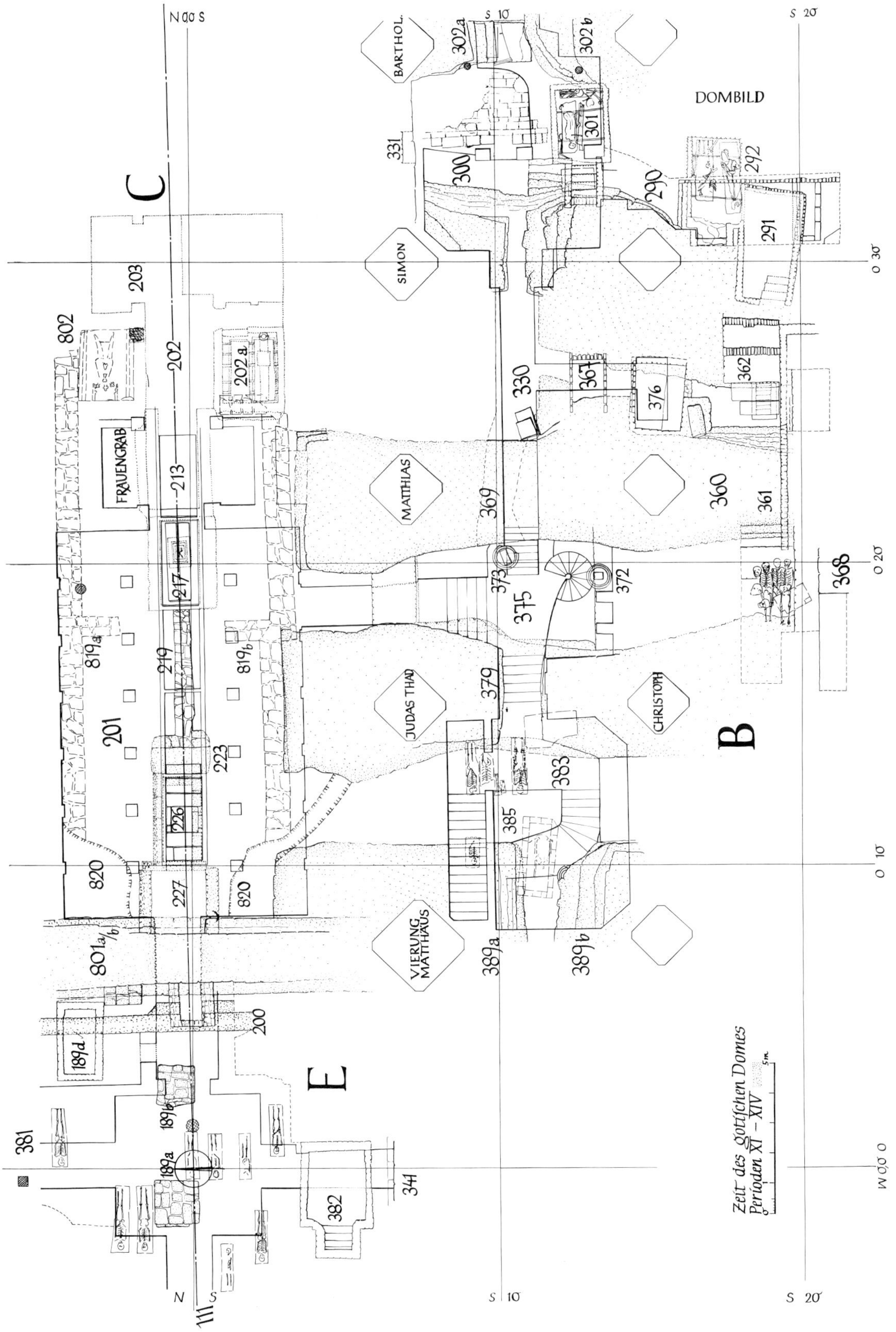

Tafel 1. – Maßstab 1 : 200.

Gennep über den Pfeiler 223 erstreckt, können wir diesen in die gotische Zeit, jedenfalls vor 1362 datieren. Offensichtlich sind dazu zwei weitere, ganz gleiche Pfeilerfundamente (189a, 189b) zu rechnen, die mit ihm in einer ungefähr ostwestlichen Linie stehen und auch vom Gotischen bis auf den Karolingischen Boden reichen, auf dem sie breit aufgesetzt sind. Diese Pfeiler könnten vielleicht auf die Zeit des gotischen Chorbaus zurückgehen, wenn sie auch bereits die Anhöhung des Niveaus zur gotischen Bodenhöhe voraussetzen, da sie in die Auffüllschichten eingesenkt wurden. An den Pfeilern 223 schließt sich ein sehr hoch, dicht unter dem Chorboden gelegenes, flaches Mäuerchen (219) an, das in der Achse des Chores ostwärts verläuft und wohl noch weiter ging als die Grüfte 217, 213, 202, 203, die es offenbar verdrängt haben. Entsprechende Mauern (819a, b) fanden sich 1962 beiderseits beim Ausbau der Krypta. Von diesen gehen nach innen zu kleine Zungenmauern ab. Wir wissen noch nicht, wozu diese schwachen Mauern unter dem Boden des Chores gedient haben; die seitlichen sind wohl frühere Unterbauten für das Chorgestühl.
Mit Sicherheit können wir der Zeit des Chorbaus 1248 – 1322 (Periode XI) einige andere Reste zuweisen, nämlich die beiden Säulenbasen vom abgebrochenen Alten Dom (372, 373), die man von ihrer Stelle rückte und mit daraufgelegten Quadern auf gleiche Höhe brachte, weil man sie offenbar als Unterlage für die Arbeit, vielleicht als Bock zum Holzsägen gebrauchte. Eine Grube, die ganz mit Splittern von frischem Trachyt angefüllt war, fand sich am Westrand der Gruft 203; zwischen den Abfallsplittern fanden wir auch einen eisernen Meißel. An den Anfang der Chorbauzeit (1248) können wir die Mauer 200 setzen, die die stehenbleibende Hälfte des Alten Dom schloß, während das sehr viel kräftigere Fundament 801 daneben die erst beim Weiterbau um die Mitte des 19. Jahrhunderts abgebrochene Abschlußmauer des neuen gotischen Chores trug und an das Ende dieser Periode, gegen 1322, zu datieren ist. Die Pfostenlöcher der gotischen Vermessung gehören, soweit sie in den Bereich ostwärts dieser Mauer fallen, in die Zeit kurz nach 1248, die westlichen dagegen dürften erst nach Abbruch der restlichen Hälfte des Domes im Anfang des 15. Jahrhunderts entstanden sein. Die Fundamente des gotischen Domchores bilden zusammen mit den Mauern des Alten Domes ein gewaltiges Kastensystem, das so tief reicht, daß wir bisher nur in den Tiefgrabungen in der Achskapelle und im südlichen Chorumgang seine Unterkante erreicht haben. Die unterirdischen Fundamentriegel sind nur im Umgang und im Kapellenkranz vorhanden, der Hochchor als Mitte blieb frei. Des weiteren sind die den Chor umgebenden Fundamentkästen keineswegs nach allen Seiten gleichmäßig stark, vielmehr bilden die durch den Schub der Gewölbe am stärksten belasteten Riegel, nämlich die nach auswärts nordsüdlich und radial gerichteten zusammen mit dem Fundament der Außenmauer das eigentliche Gerüst. Die im rechten Winkel dazu die Pfeiler in ostwestlicher Richtung verankernden Riegel sind sekundärer Natur und stützen sich weitgehend auf die sehr tief reichenden Fundamente der Mittel- und Seitenschiffmauern des Alten Domes.

2. Zeit des Alten (karolingischen) Domes. Perioden VII – X. Taf. 2.

Die lange Zeit des Alten Domes, die wir an Hand der Schichten in der Achskapelle 1948 in vier Perioden (VII – X) unterteilt haben, müssen wir bei einer Baubeschreibung leider immer noch als eine Einheit behandeln; denn das, was durch die Ausgrabungen bisher freigelegt wurde, stellt den letzten Bauzustand dar, und die Stellen, an denen ältere Bauzustände festgestellt wurden, geben nicht genügend Anhalt für deren Datierung. So sind in der Emunduskapelle drei Böden übereinander festgestellt, im Querhaus sind es zwei, aber in der Achse des Baus konnte weder in der Krypta noch auch unter dem jetzt weitgehend untersuchten schönen Mittelschiffboden ein älterer Belag festgestellt werden. Eine weitere bauliche Änderung ist die Verbreiterung der Emunduskapelle und des von ihr in den Dom führenden Portals, die wir wohl in ottonische Zeit (VIII) oder doch vor das Todesjahr Annos (1074) setzen müssen. Ebenfalls in die Zeit Brunos (VIII) dürfte die Einbe-

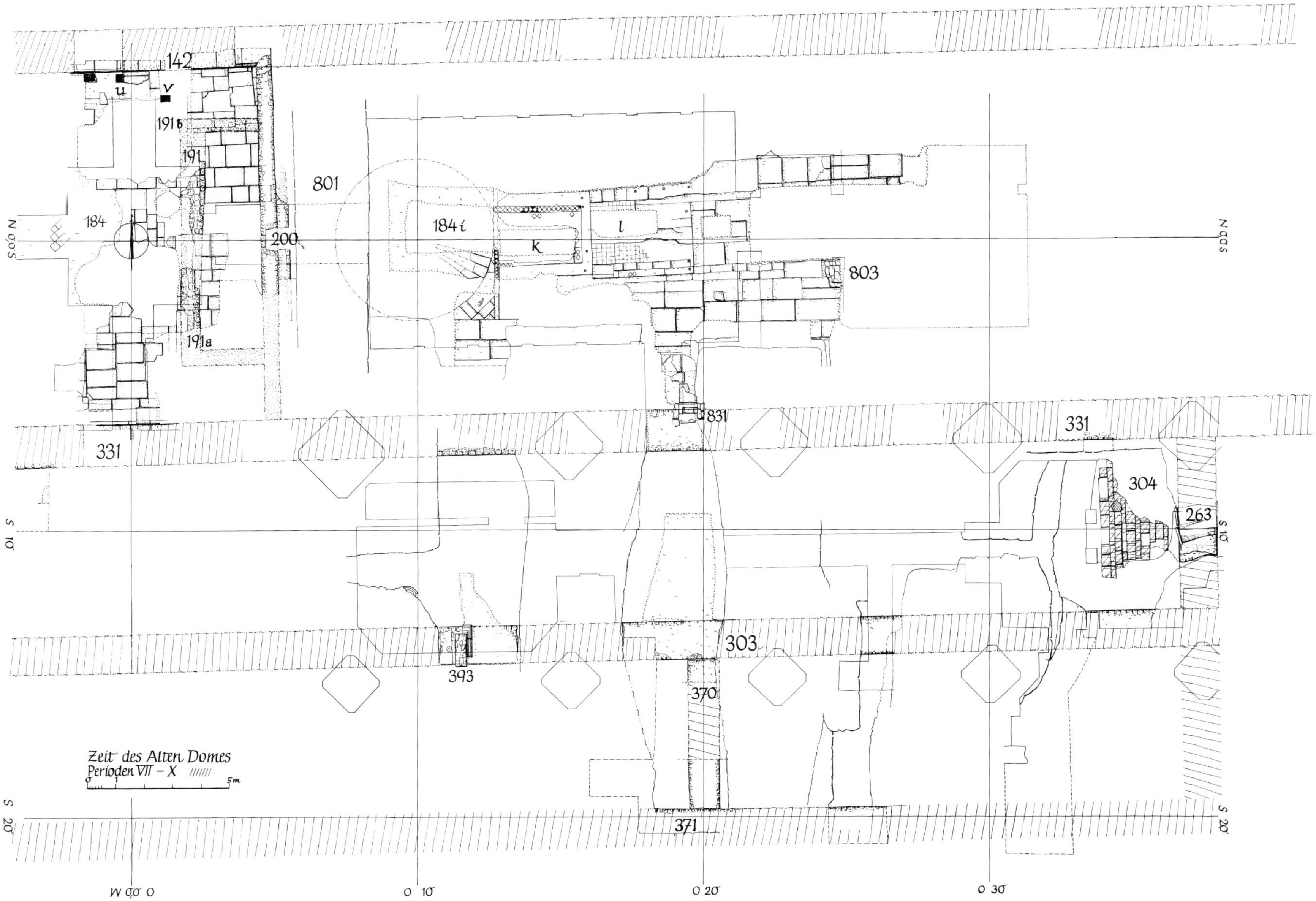

Tafel 2. – Maßstab 1 : 200.

ziehung des 4. und 5. Seitenschiffes fallen, weil sie wohl die in in der Vita Brunonis (Kap. 31) erwähnte Vergrößerung darstellt.

Wie aber die verschiedenen Bauzustände der Krypta zu datieren sind, ist noch nicht zu sagen. Daß die allerletzten rohen Änderungen hier aus dem Ende des 14. Jahrhunderts stammen, als die Westhälfte des Alten Domes abgebrochen wurde, und daß der vorhergehende Zustand mit zwei eingebauten Zellen für Sarkophage in das Jahr des Abbruchs der Osthälfte des Domes, 1248, zu datieren ist, kann nicht bezweifelt werden. Aber die zumindest zwei älteren Zustände und der Anfang der Krypta sind noch nicht hinreichend sicher festzulegen.

Außer den genannten Einbauten in der Krypta ist jetzt eine weitere Änderung des Alten Domes aus dem Jahre 1248 entdeckt worden, nämlich die Absperrmauer, die die damals stehenbleibende Westhälfte des Domes verschloß (200). Sie stand auf den Platten des Bodens und lehnte sich an die Pfeiler des 5. Joches an. Auf dem Putz der (westlichen) Innenfläche war noch die Spur eines abgetreppten Podiums für den Altar zu erkennen, das 9 m breit war und knapp 3 m vorsprang; die vordere und die linke seitliche Begrenzungsmauerung sind noch gefunden worden (191 a, 191 b).

Das Mauerwerk des Alten Domes zeigte sich überall, wo wir es neuerdings angeschnitten haben, in der gleichen soliden und tiefgehenden Fundierung, wie es seit langem bekannt ist. Überall fand sich auch wieder der Wechsel vom weißen zum rötlichen Mörtel, den wir auch weiterhin für das Anzeichen einer Bauunterbrechung halten (VII a, VII b), wenn sich auch außer den bisher bekannten damit verbundenen leichten Abänderungen (geringe Fluchtabweichungen, Verbreiterung des Treppenturmfundamentes) keine weiteren Abweichungen mehr gefunden haben. Das Ganze ist in seinen östlichen und westlichen Teilen so sehr aus einem Guß, daß die Möglichkeit, wesentliche Bauteile im Westen, etwa das Querhaus, abzusondern und als spätere, brunonische Änderungen auszuweisen, wie es vorgeschlagen wurde [2], kaum mehr besteht. Die östliche Mauer dieses Querhauses wurde inzwischen auch im Längsstollen gefunden, und es ist sicher zu erwarten, daß wir, wenn wir eines Tages die Stelle aufgraben, wo sie an die Mittelschiffmauer stößt, hier Mauerverband, also gleiches Alter feststellen werden. Schon der Umstand, daß sie quer unter dem Mittelschiff herläuft, wo sie nichts zu tragen hatte, zeigt, daß sie, und damit das Querhaus, zur ersten Baukonzeption gehört und keine spätere Änderung sein kann.

Zum Aufgehenden des Langhauses wurden bei den neuen Ausgrabungen wesentliche Feststellungen gemacht. Auf der nördlichen Mittelschiffmauer wurden die deutlichen Standspuren zweier benachbarter 1,15×1,70 m großer Pfeiler mit einem Achsabstand von 5,50 m entdeckt. Gehen wir mit diesem Abstand nach Westen zurück, so kommt ein Pfeiler auf die eben genannte Ostmauer des Querhauses zu stehen und der nächste an die Stelle, wo wir im Mittelschiff auf Grund einer Stufe im Boden und seitlich daneben gefundener Fundamentreste den Anfang der Treppe zum westlichen Chor anzusetzen haben. Diese Treppe wurde in der Achse des Schiffs von dem knapp 2 m breiten Zugang zur Krypta unterbrochen. Die vermutlich drei Stufen, die zu dem nur rund 70 cm tiefer liegenden Kryptaboden hinabführten, waren weggerissen und der Untergrund so verschliffen, daß die Treppung im Erdprofil nur noch schwach zu erkennen war. Mit dem gewonnenen Pfeilermaß auch nach Osten hin voranzumessen ist noch problematisch, da wir die östliche Krypta- und Chorgliederung noch nicht kennen. Wenn wir hier eine etwas weniger weit als am Westchor vorspringende Treppe ansetzen, würden wir 12 freistehende Pfeiler erhalten. An sich würde man auf die gesamte Länge des Langhauses bis zu den Ansätzen der Apsiden 13 freistehende Pfeiler verteilen können; jedoch ist diese Rechnung wegen des im Westen schon nachgewiesenen Hereinragens der Chortreppe und der Stellung der beiden festgestellten Pfeiler nicht angebracht [3].

Oberhalb des Bodens mit seinen Platten, Stufen und Pfeilerspuren ist im Langhaus viel weniger als in der tiefer liegenden Krypta erhalten. Auf der südlichen Mittelschiffmauer fanden sich bei O 20

[2] I. Achter, Domblatt 1958, 185 ff. = hier S. 248 ff.

[3] Vgl. Domblatt 1957, 144 = hier S. 216.

einige Reste, die über das Bodenniveau hinausragen (831). Sie gehören nicht zu einem Pfeiler, da sie, wenn die obige Rekonstruktion der Pfeilerreihe richtig ist, in einem Interkolumnium liegen und außerdem über die Kante des Fundaments ragen. Sie könnten aber von einer an den Pfeiler des 8. Joches angelehnten Mauerung, etwa eines Altarfundamentes, herrühren. – Bedeutender ist der Rest, der sich beim Bau der Treppe im Schnitt 383 auf der Seitenschiffmauer 303 fand (393). Er ist noch gut 1 m über dem Niveau des Alten Domes erhalten und gehört zu einem schmalen 0,45×1,20 m großen Pfeiler, der aus großen Handquadern aus Tuffstein auf die Mauer quer zu deren Richtung gesetzt ist und unten allseitig mit einem 20 cm vorspringenden Sockel aus Kalksteinquadern ummantelt war. Den Übergang vom weit ausladenden Sockelvorsprung zum schmalen Pfeilerkern vermittelt eine reiche, stark gedrückte Gliederung aus Plättchen, Wulst, kleinem, merkwürdig gedrücktem fallendem Karnies, Plättchen, Kehle, Wulst und Plättchen. Die nicht sehr reine Gliederung erschwert die Datierung sehr. Falls es sich um eine provinzial-römische Arbeit handeln sollte, wie vermutet wurde, so muß sie aus Ruinen stammen, die weitgehend erhalten waren, da zwei genau aneinander passende Stücke des Sockels heute noch vorhanden sind. Wahrscheinlicher ist es jedoch, daß es sich um eine mittelalterliche Steinmetzarbeit handelt, weil mindestens drei Seiten des schmalen Pfeilers damit umkleidet waren, wie aus den Mörtelabdrücken der fehlenden Teile zu ersehen ist. Als Datierung für den Pfeiler 393 kommt wohl die Zeit nach der Einbeziehung der äußeren Seitenschiffe in Betracht, die wir oben in ottonischer Zeit (Periode VIII) vermuteten, denn der Pfeiler setzt einen bereits durchgehenden Boden in gleicher Höhe voraus. Wir wissen aber, daß der Boden im Bereiche des späteren Seitenschiffes ursprünglich etwa 1 m tiefer lag. Freilich ist dies 1948 an einer etwa 8 m weiter ostwärts liegenden Stelle konstatiert worden. Es wäre denkbar, daß an der Stelle des Pfeilers südlich vorgelagerte Treppenstufen auf das Niveau des Inneren geführt haben, und wir es bei den erhaltenen Resten mit einem mittleren Portalpfeiler der Periode VII zu tun haben. Sicherheit darüber könnte eine Untersuchung des Pfeilerkerns und seines Verhältnisses zum Mauerfundament geben, zu der wir uns bisher nicht entschließen konnten, weil dabei zuviel der geringen erhaltenen Substanz geopfert werden müßte. Daß ein besonders ausgezeichnetes Portal hier an der Südseite des Domes durchaus seinen Platz haben würde, versteht sich von selbst. Es sei nur an den Leichenkondukt Annos 1074 erinnert, bei dem diese Südpforte erwähnt wird.

Die erfreulichste Ergänzung unserer Kenntnis vom Alten Dom brachten die im Mittelschiff angetroffenen Reste seines Fußbodens. Zwar war er weitgehend zerstört, und alle wertvolleren Fliesen waren sorgfältig aufgelesen worden. Aber die Mörtelspuren und die kleinen Reste größerer Figurationen geben doch ein gutes Bild von der im Bodenbelag besonders ausgezeichneten Mittelachse des Alten Domes. Die ersten Ergebnisse unserer Aufmessungen sind bereits veröffentlicht [4]. Sie betrafen die Westhälfte des Alten Domes bis zur gotischen Vierung und zeigten, daß das gut 12 m weite Mittelschiff seitlich mit Trachytplatten ausgelegt war und nur der etwa 4 m breite Mittelstreifen einen sehr lebhaften und abwechslungsreichen Belag aus kleinen Steinfliesen hatte. Der Vorraum vor den Stufen zur Krypta war durch ein rhombisches Muster, die Schwelle davor durch ein besonders minutiöses Band mit einem großen runden Stein in der Mitte ausgezeichnet. Im folgenden ersten und zweiten Joch waren verschiedene Musterungen angebracht, im 3. und 4. Joch dagegen war der Mittelstreifen offenbar nur mit schlichten, diagonal gelegten Fliesen ausgelegt. Bei den weiteren Grabungen hat es sich nun herausgestellt, daß im 5. Joch der Mittelstreifen ganz fehlte und statt dessen rechteckige Trachytplatten durch die ganze Breite des Mittelschiffs gelegt waren. Darauf folgte, im 6. Joch beginnend und bis in das 7. Joch und zur Mitte des Domes reichend, ein großes Quadrat von 5,5 m Seitenlänge mit eingeschriebenem Kreis, der nach den geringen Resten mit keilförmig geschnittenen und radial gelegten Platten ausgelegt war (184 i). Die zweifellos

[4] Domblatt 1957, 144 = hier S. 216.

besonders ausgezeichnete Mitte dieses Rund war leider durch die gotische Absperrmauer völlig gestört. Die vier Zwickel des Quadrates waren mit Platten und offenbar auch mit Emblemen in Mosaik ausgefüllt, wovon sich leider nur an einer Ecke noch ganz geringe Spuren zeigten.
Anschließend an dieses Quadrat mit dem eingeschriebenen Kreis fand sich ein Rechteck, das von einer schmalen, sehr sorgfältig aus kleinen Fliesen zusammengesetzten Rahmung umschlossen war (184 k), deren Bedeutung sofort klar wurde, als wir darunter einen entleerten und mit Erde verfüllten Grabschacht fanden. Wir dürfen wohl als sicher annehmen, daß hier das erste Grab des Erzbischofs Gero (969 – 976) lag und das große Rund westlich davor oder aber eine gleich östlich anschließende oblonge Plattung (184 l) die Stelle gewesen ist, wo das von ihm aufgestellte noch heute erhaltene Gerokreuz gestanden hat. Thietmar von Merseburg berichtet, daß dieses Kreuz in der Mitte des Domes stand und Gero dabei begraben liegt [5]. Es besteht wohl auch kein Zweifel, daß die so sorgsam im Boden umrandete Grabstelle in der Mitte eine besonders kostbare Plattung umschlossen hat, und daß diese die gleiche ist, die noch heute auf der spätgotischen Tumba Geros in der Stephanuskapelle als Deckplatte dient. Die kostbare aus rotem und grünem Porphyr und Marmorsteinchen zusammengesetzte Platte wurde schon seit langem in das 10. Jahrhundert datiert. Das östlich an das Grab anschließende weniger reich geplattete Rechteck ist an seiner West-, Nord- und Ostseite von insgesamt noch 11 kleinen rechteckigen Eintiefungen umsäumt, die sicherlich die letzten, nicht vollständig erfaßten Spuren eines Metallgitters sind, das möglicherweise das Kreuz umgab, wenn nicht eine gleich ostwärts anschließende rechteckige Störung den Standort des Kreuzes bezeichnet und das Gitter das Sanctissimum schützte. Indessen sind sicherlich auch in der 15×15×10 cm tief eingeschnittenen verschließbaren Kammer am Hinterkopf des Gerokruzifixes alter – schon 576 erwähnter – Sitte entsprechend Hostien aufbewahrt worden [6].
Die weiter ostwärts anschließende Plattung des alten Dombodens ist besonders in der Mitte fast ganz gestört. – Für den Bodenbelag in den Seitenschiffen bleibt weiterhin der einzige Beleg die schon 1948 entdeckte Stelle (304) am Ostende des südlichen Seitenschiffes, wo verschieden große rechteckige Ziegelplatten in Reihen aneinander gelegt sind, auf die beim Brande von 1248 das Blei des Daches getropft ist. Es ist indessen fraglich, ob dieser Ziegelboden das ganze Seitenschiff bedeckt hat. – Ungeklärt ist noch die Bedeutung einiger Pfostenlöcher, die teils unter einer der flachen Stufen (184 c) gefunden wurden (184 d, e) sonst aber auch an anderen Stellen unterhalb des Bodens beobachtet worden sind (184 f, g, u, v) [6a].

3. Merowingische Zeit. Periode V. Taf. 3.

In der merowingischen Frage, die bis dahin die schwierigste der Domgrabung war, haben uns die Grabungen der letzten Jahre sehr wesentliche Erkenntnisse gebracht. Die Entdeckung der beiden Gräber des 6. Jahrhunderts brachte schlagartig Licht in diese bis dahin noch sehr dunkle Epoche der Geschichte des Domes, der Stadt Köln und auch, das darf wohl behauptet werden, der frühen fränkischen Geschichte überhaupt. Bei der vorweg gebrachten Veröffentlichung dieser reichsten austrasischen Gräber [7] wurde schon darauf hingewiesen, daß sie neben ihrem Wert für die allgemeine Geschichte des Abendlandes auch für die Erforschung der Baugeschichte des Domes von unschätzbarer Bedeutung sind. Schon gleich bei der Entdeckung des Frauengrabes wurde es klar, daß

[5] *Hic crucifixum, quod nunc stat in media, ubi pausat, ecclesia, ex ligno studiose fabricari precepit.* Thietm. Chron. III, 2.
[6] Vgl. K. Corsten, Ann. d. hist. Ver. f. d. Niederrhein, 126, 1935, 17 und 30.
[6a] Die Pfosten 184 c – g liegen außerhalb des in Tafel 2 gegebenen Planausschnittes.
[7] Domblatt 1959, 1960, 1961/62; Germania 38, 1960; 42, 1964 = hier S. 264 ff.; S. 320 ff.

mehrere Mauern und Böden, die wir 1947 östlich davon in der Kardinalsgruft angeschnitten und damals noch für spätrömisch gehalten hatten, zu diesem Grab gehört haben müssen. Seitdem sind nicht nur im nahen Umkreis der Gräber, sondern auch südwestlich, beim Bau des Treppenzugangs durch die ehemalige Nikolauskapelle (Schnitt 383) neue Beobachtungen hinzugekommen, die zusammen mit den kurz davor im Bereich der Vierung und der neuen Krypta aufgezeichneten Resten zu einer baugeschichtlichen Deutung und Würdigung geradezu zwingen und den Blick auch wieder auf die wenigen weit entfernt unter dem Westteil des Alten Domes entdeckten vorkarolingischen Reste richten. Es hat sich dabei aber sehr bald herausgestellt, daß die weit verstreuten Reste nur mit größter Vorsicht zueinander geordnet werden können. Wenn hier also wegen der großen Bedeutung der Sache ein ordnender Überblick über den Stand der Grabungen in dieser Frage versucht wird, so muß der hypothetische Charakter aller Deutungen von vornherein betont werden. Ferner ist eine besonders Schwierigkeit zu berücksichtigen: es handelt sich hier um eine wenig solide und sehr unregelmäßige Architektur mit schwachen Mauern, welligen Böden und allerlei Flickstellen und Improvisationen, die, wenn sie nur noch in Resten und Spuren erhalten ist, schwer zu erkennen und zu ergänzen ist. Aus diesem Grunde wird man auch kaum Anhalts- und Vergleichsbeispiele von anderen Orten zu Hilfe nehmen können, weil so geringe und unscheinbare Reste in anderen Kirchen wohl längst vernichtet oder bei Aufgrabungen übersehen oder verkannt worden sind. Eher wird man vielleicht in der literarischen Überlieferung aus der merowingischen Zeit Aufklärung finden können.

Seit der Auffindung des Frauengrabes im Frühjahr 1959 wissen wir, daß um die Mitte des 6. Jahrhunderts, als das Grab angelegt wurde, ein kleiner Sakralbau, der im folgenden, ohne einer Deutung vorweggreifen zu wollen, Oratorium genannt wird, niedergelegt wurde, weil sein für das Grab aufgebrochener Boden (214) nicht wieder geflickt, sondern durch einen ganz neuen, höherliegenden (244) ersetzt wurde, der auch über die abgebrochenen Mauern des Oratoriums hinweggeführt wurde. Unsere Folgerung, daß der kleine Bau damals durch einen bedeutend größeren ersetzt wurde, trifft aber in dieser einfachen Weise nicht zu. Es zeigte sich nämlich, daß der Boden 214 sich nicht nur im Inneren des Oratoriums befand, sondern in gleicher Weise auch von außen an seine Mauern herangeführt war. Eine andere Vermutung von damals hat sich indessen vor kurzem bestätigt. Das Oratorium war im Osten durch eine etwas gestelzte Apsis geschlossen (210), die schon 1947 entdeckt, damals aber noch für römisch gehalten wurde. Die Ansatzstelle der Apsis ist inzwischen aufgegraben worden. Seit 1947 wissen wir fernerhin, daß im Bereich dieser Apsis zweimal grundlegende bauliche Änderungen stattfanden. Zunächst wurde nach dem Abbruch des Oratoriums ein kleiner Rundbau mit Zugang von Osten, jedoch nicht konzentrisch zur Apsis, errichtet (Mauer 208 und 215), der im folgenden Rotunde genannt werden soll. Und schließlich wurde auch die Rotunde wie es scheint niedergelegt und durch gerade Mauerzüge (207) überbaut (s. u.). Da aber das zeitliche Verhältnis dieser späteren Änderungen zu den beiden Gräbern noch nicht ganz sicher bestimmt werden kann, sollen sie weiterhin als Periode V b geführt werden. Die Zeit bis zum Abbruch des Oratoriums wird weiterhin V a genannt, obwohl sich herausgestellt hat, daß es auch hier ältere Reste gibt, deren Zugehörigkeit zum Oratorium noch nicht gesichert ist. Beide Perioden müssen also unterteilt werden: V a 1, V a 2, V b 1, V b 2. Dabei ist bisher nur der Übergang von V a nach V b deutlich faßbar und auch durch das Frauengrab zu datieren.

Das Oratorium, ein 4,20×6,50 m weiter Raum mit eingezogener Apsis, hat zum Teil unregelmäßige, bis zu 60 cm breite Fundamente aus Tuff und Grauwacke. Im Westen umfassen sie die Abbruchkante einer sehr tief hinabreichenden römischen Mauer (817). Die merowingischen Mauern des Baus selbst reichen nur 80 – 100 cm unter das Bodenniveau. Am Grunde des Apsisfundaments wurden an zwei Stellen (211, 211 a) römische Säulentrommeln entdeckt, von denen eine (211 a) den Ansatz der Apsis mit der NO-Ecke verbindet. In ähnlicher Weise ist an der gegenüberliegenden Ecke, und wohl auch an der NW-Ecke, eine andere Spolie, nämlich eine kräftige, nach allen Seiten überstehende Trachytplatte als oberer Abschluß des Fundaments so vermauert, daß ihre Oberfläche über Niveau sichtbar war. Vom Aufgehenden ist auch an anderen Stellen nicht mehr als die erste Lage erhalten. Der Boden (214) liegt bei H. 50.60, ist stellenweise aber bis über 10 cm abgesunken. Im Innern fand er sich als normaler Estrich, jedoch nur im Westteil. Im Osten, und zwar nicht nur in der Apsis, war statt dessen nur eine festgestampfte, 20 cm starke Unterlage aus reinem Ziegelsplitt zu finden, die wegen ihrer ebenen Oberfläche mit Sicherheit als Unterlage für einen Holz- oder Plattenboden anzusehen ist. Der Übergang von der einen zur anderen Gestaltung des inneren Bodens ist noch nicht aufgegraben. Außen ist der Boden 214 schon an allen Seiten des Oratoriums festgestellt worden. Unter dem Boden 214 liegt rund 20 cm tiefer bei H 50.40 ein älterer, ebenfalls zum Oratorium gehörender Boden (224). Auch bei diesem unterscheiden sich die westlichen von den östlichen Teilen. Außen fand er sich nur vor der Apsis und, wie es scheint, etwas tiefer auch neben dem östlichen Teil des Rechtecks. Im Innern füllt er in gleicher Höhenlage und Ausführung allem Anschein nach nur die Apsis aus, während sein Niveau sonst nur an Hand der Erdschichtung zu verfolgen ist. Vermutlich gehören die südlich und westlich angesetzten Mauern 811 bzw. 812, 813, 814 mit diesem älteren Boden 224 zusammen zu einem älteren Bauabschnitt des Oratoriums (V a 1), denn sie werden vom Außenboden der späteren Phase (V a 2) überdeckt.

Bevor die schwierige Frage erörtert werden soll, was von den weiter entfernt liegenden Mauern zum Oratorium gehört hat, und wie das Ganze zu denken ist, ist es ratsam, zunächst die verwickelte weitere Entwicklung im Bereich des Oratoriums zu behandeln. In der Westhälfte dieses Bereiches ist die Sachlage klar: um 550, gleichzeitig mit der Bestattung der Frau, wird das Oratorium abgerissen, und ein neuer Boden 244, der 20 cm höher bei H. 50.80 liegt, überdeckt das Ganze. Auch der östliche Teil des Oratoriums wurde abgerissen, aber hier fehlt uns noch der neue Boden, weil die Grabung noch nicht weit genug nach Osten vorgedrungen ist und sich bisher seit 1947 nur im Innern der hier neu aufgeführten Rotunde bewegen konnte. Andererseits ist es noch schwierig, die Rotunde (V b 1) und die sicher spätere Mauer 207 (V b 2) an das Frauengrab anzuschließen, weil wir wegen zunächst noch notwendiger Abstütz-Arbeiten die Nahtstelle in der Mitte des Oratoriums nicht aufdecken können. Vermutlich wird sich bei den künftigen Grabungen folgende Abfolge ergeben:

Die Rotunde, die das Oratorium zunächst ablöst, ist eine kreisrunde Aufmauerung von 4,60 m innerem Durchmesser. Ihr 50 cm breites, bis zu drei Lagen erhaltenes Mauerwerk aus kleinen Tuffsteinen setzt ohne Fundament auf dem letzten Innen- und Außenboden 214 des Oratoriums auf. Im Osten befindet sich eine 1,50 m weite Eingangsöffnung, deren Laibung mit besonderer Sorgfalt gemauert ist. Der Eingang muß, wie die Tastung 1947 ergeben hat, von zwei geraden parallelen Mäuerchen flankiert sein. Er führte jedoch nicht radial auf die Mitte des Runds, sondern ein wenig südlich daran vorbei. Den Boden im Innern bildete der alte Boden 214, auf dem die Rundmauer stand. Außen ist der 20 cm höhere Boden 244 – im Westen wenigstens – an die Rundmauer herangeführt. Aus diesem Grunde müssen wir diese zeitlich zu der Anlage stellen, die bei der Bestattung der Frau geschaffen wurde (V b 1) und sich ebenso wie die vorherige mit dem Oratorium viel weiter nach Osten erstreckt haben dürfte, als wir bisher gegraben haben.

Im letzten Bauabschnitt (V b 2) scheinen keine so wesentlichen Änderungen vorgenommen worden zu sein, wie wir bisher vermuteten. Wir gingen von der Annahme aus, daß die nordsüdlich verlaufende Mauer 207 nicht nur die alte Apsis, sondern auch die Rotunde überschnitten und die neue Ostgrenze eines verkleinerten Bezirkes gebildet habe. Während des Druckes dieses Berichtes im September 1963 stellte sich aber heraus, daß diese Mauer 207 doch nicht eine solche Bedeutung gehabt haben kann, da sie sehr bald nach Osten abwinkelt, also demnach wohl zu einem kleinen Rechteckbau gehörte, der die Rotunde ablöste oder nachträglich in sie hineingesetzt wurde. Die Situation scheint damit vereinfacht, aber keineswegs schon überschaubar zu werden. Von den vielen noch ungedeuteten Einzelbeobachtungen sei nur die eine Tatsache erwähnt, daß der genannte an der Mauer 207 hochgeführte Boden 244 an mehreren beobachteten Stellen genauer besehen eine Flickstelle ist, die sich deutlich vom übrigen Boden abhebt. Ob dies auf die Errichtung der Mauer

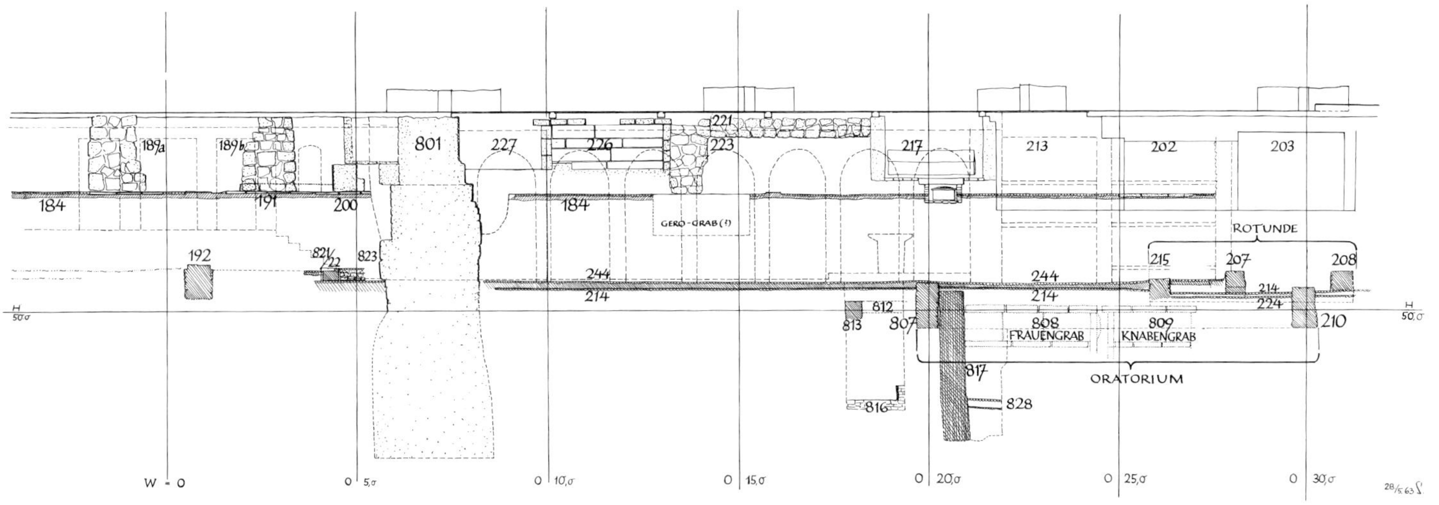

DOMGRABUNG KÖLN 1963 Schnitt in der Domachse, Vierung bis Hochchor Periode I–IV römisch Periode Va,b merow. Periode VII–X karol. Periode XI–XIV got.

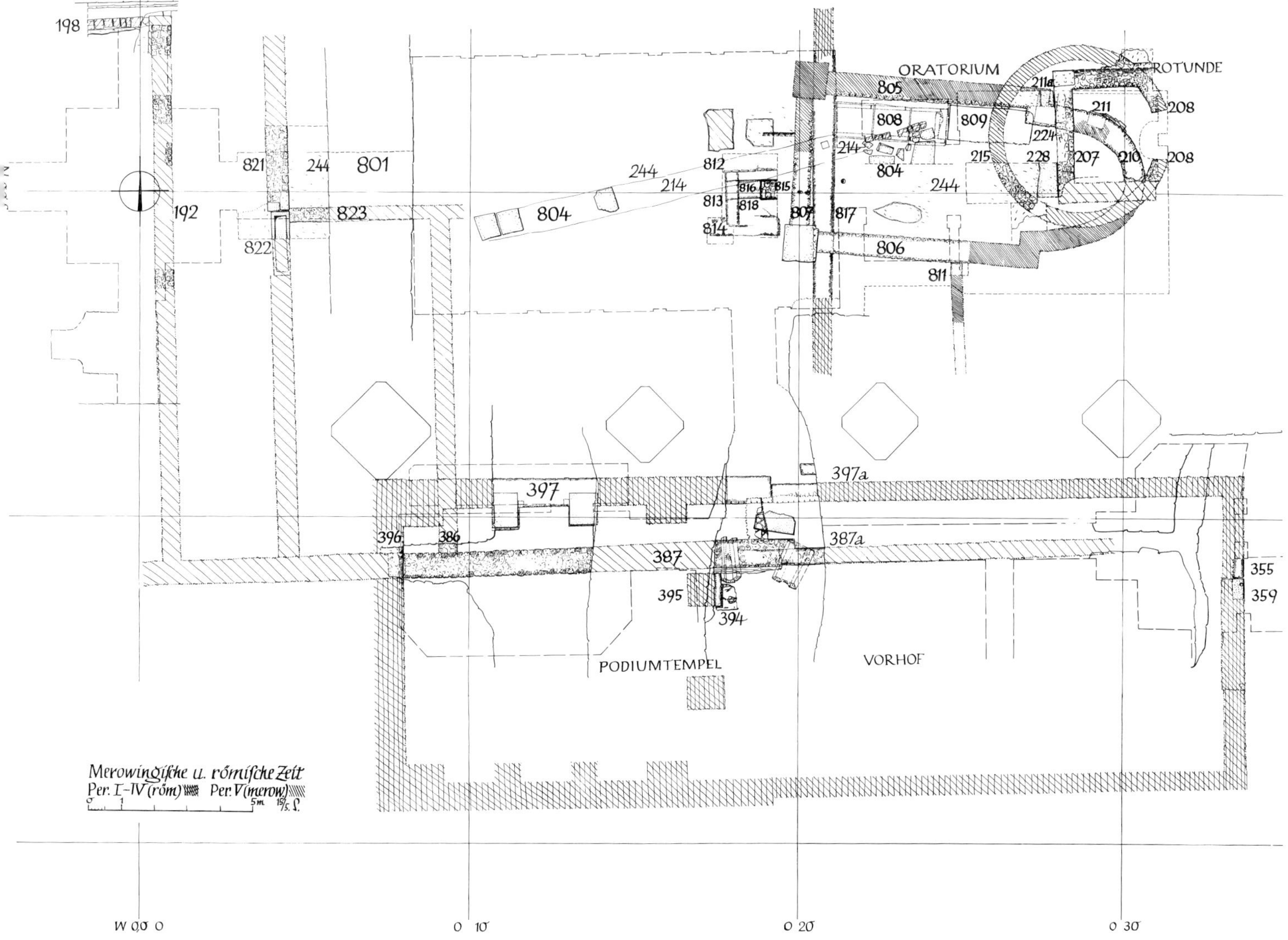

Tafel 3. – Maßstab 1 : 200.

207 nach der Legung des Bodens im Innern der Rotunde und über deren abgebrochene Mauer oder auf spätere Flickungen am Mauerfuß zurückzuführen ist, kann bisher nicht entschieden werden. Noch schwieriger ist im Augenblick die Stellung des Knabengrabes festzulegen. Wenn es sich später herausstellen sollte, daß die Rotunde ungestört über dieses Grab hinweggeführt wurde, muß es mit dem Frauengrab zeitgleich sein. Einstweilen könnte aber jetzt noch der Umstand dagegen sprechen, daß der Boden 244 nicht wie über das Frauengrab, auch über das des Knaben geführt ist. Freilich ist diese Feststellung bisher nur am Fußende des Knabengrabes gemacht worden, also im Innern der abgebrochenen Rotunde. Eine Prognose auf die Ergebnisse der Grabungen der nächsten Monate ist bei der schon geschilderten schlechten Architektur mit ihren vielen Flickungen und Behelfslösungen kaum zu wagen.

Die Böden beider merowingischer Perioden, der der späteren (V b), der in beiden Phasen der gleiche bleibt (244), und der der zweiten Phase der älteren Periode V a 2 (214) treten in annähernd gleicher Höhenlage (beide 15 cm tiefer) im Süden wieder auf, wo sie an die Mauer 387 gestrichen sind und offenbar ihr Ende gefunden haben. Die breiten Fundamente der Hochchorpfeiler haben die Verbindung unterbrochen, jedoch besteht kaum ein Zweifel, daß es sich um die gleichen Böden handelt. Nach Westen zu können die Böden ohne Unterbrechnung bis zur Mauer 821 verfolgt werden, die man ebenfalls gerne als die Begrenzung des Bezirks ansehen möchte, zumal eine Portalschwelle (822) in ihr gefunden wurde. Obwohl der obere – und wohl auch der untere – Boden auch noch jenseits der Mauer gefunden worden ist, scheint sie tatsächlich den Abschluß zu bilden; denn sehr viel weiter können die Böden in der gleichen Höhe sicher nicht gegangen sein, weil die wohl gleichzeitige Parallelmauer 192 höher als der Boden reicht. Das Portal, von dem nur der nördliche Teil mit einer Flankenverquaderung in der Mauer aufgedeckt wurde, bezeichnet offensichtlich nicht die Achse des Bezirks, denn eine schräggeführte Plattenreihe (804) führt von der Pforte über das Frauengrab hinweg auf die Rotunde zu, die ebenso wie vorher das Oratorium wohl die Mitte des Bezirks angibt. Der durch die Plattenreihe angedeutete Weg scheint nördlich an der Rotunde vorbei und zu deren Eingang geführt zu haben. Die Platten waren auf den älteren Boden 214 gelegt, und dann erst hat man sie mit dem neuen Boden 244 umgeben.

Man ist versucht, nach den im Westen und Süden gefundenen Grenzen einen 21 m breiten und zunächst wohl etwa 30 m langen, von Mauern eingefaßten Bezirk zu ergänzen, der ganz mit einem Estrichboden ausgelegt war. In seiner Mitte stand anfänglich (V a) das Oratorium, später (V b 1) die Rotunde, zuletzt (V b 2) an ihrer Stelle oder auch in ihr eine rechteckige Kammer. – Eine solche Rekonstruktion kann aber nur hypothetisch sein, denn abgesehen von der nicht achsialen Lage des Tores (822) im Westen und dem schräg geführten Plattenweg 804 gibt es auch am Südrande des Bezirks gewisse Unregelmäßigkeiten. Die südliche Mauer 387 ist in ihrem ostwärtigen Teile (387 a) schmäler, aber tiefer fundamentiert als in der Verlängerung nach Westen, die später anzusetzen ist, weil sie das Ende des schmäleren Ostteils überdeckt. Überdies sind die schon genannten, hier gefundenen Reste der beiden Böden 244 und 214 nur an der Stelle des Übergangs von der schmäleren zur breiteren Mauer gefunden worden. Weiter westlich fehlen sie; sie können hier auch nicht in gleicher Höhe weitergegangen sein, weil nördlich neben der Abschlußmauer 387 eine schwere römische Mauer (397) noch heute etwa 20 cm höher über das Niveau des letzten Bodens 244 herausragt, ebenso wie eine zu dieser gehörende Mauer (396), die nordsüdlich verläuft und das Ende oder eine Unterbrechung der Abschlußmauer 387 bildete. Es ist nun auffällig, daß die Nordmauer dieses monumentalen römischen Gebäudes ungefähr an der gleichen Stelle wie die merowingische Parallelmauer mit einem Rücksprung in die angesetzte schmälere Mauer 397 a übergeht. Diese letztere muß zu einem Vorbau, vielleicht einer Treppe gehören, die zu der Front des monumentalen Römerbaus führte, der an der Nordostecke jetzt stark abgetragen ist, in merowingischer Zeit aber wohl noch als geschlossener Block über das Niveau herausragte. Möglicherweise hat dieser Block zunächst den mit dem Mörtelboden versehenen Bezirk eingeengt; in der Höhe des Bodens 244 fand sich an seiner Nordseite eine Stickung. Vielleicht ist dann erst später die Mauer 387 nach Westen durchgeführt, dadurch der nördliche Teil des römischen Baus abgeschnitten und als Stufe in den Bezirk einbezogen worden. Leider ist die merowingische Mauer, wie auch sonst alle Reste im Umkreis, bis unter das Niveau abgetragen. Wie schwierig die Situation nach dem bisherigen kleinen Ausschnitt zu beurteilen ist, mag man auch daraus ersehen, daß wir außer dem jetzt angeschnittenen römischen Bau noch mit einem zweiten, nicht weit davon südwestlich gelegenen rechnen müssen, der ebenfalls die nachrömischen Jahrhunderte überdauert und allem Anschein nach sogar noch in den karolingischen Dom hineingeragt hat, der große Rundbau mit der Treppe und der römischen Wasserleitung nämlich, den Voigtel im vorigen Jahrhundert im südlichen Querhaus aufgenommen hat.

Was schließlich die Beurteilung und Deutung des ganzen Bezirks angeht, so wird man die anfangs bei der Auffindung des Frauengrabes geäußerte Vorstellung, daß der um 550 neugelegte Boden eine Erweiterung des Oratoriums bedeute, aufgeben müssen. Da wir die südliche Begrenzung erst in so weiter Entfernung gefunden haben, daß wir mit einer Weite des vergrößerten Gebäudes von 21 m rechnen müßten, fällt es schwer, sich einen so großen Komplex überdacht vorzustellen. Für Zwischenstützen ist kein Anhalt gegeben, und sie sind auch schon wegen der Unregelmäßigkeiten der ganzen Anlage nicht sehr wahrscheinlich. Trotz des Estrichbodens im ganzen Bezirk und trotz des Vorhandenseins eines Portals müssen wir wohl annehmen, daß wir es mit einem ungedeckten Hof zu tun haben. Das Portal im Westen könnte zunächst in einen überdeckten, durch die Mauern 823 und 386 abgetrennten Raum in der Südwestecke des Hofes geführt haben. Aus diesem Raum könnte eine zweite Tür – die Stelle ist durch die gotische Sperrmauer 801 gestört – in den Hof und auf den schrägen Plattenweg 804 geführt haben. Diese unregelmäßigen, ein wenig aus dem Estrich hervorstehenden Platten sprechen übrigens auch für einen offenen Hof, in den es hineinregnen konnte. Der Hof mit dem Oratorium in der Mitte würde dem entsprechen, was bei Flodoard für Reims von Bischof Romulfus um 590 überliefert wird: *Oratorium denique sub honore beati Germani construxit in atrio sancti Remigii* [8].

Was indessen das Oratorium im Kölner Atrium und sein Nachfolgebau, die Rotunde, beherbergten, und zu wessen Ehre sie dort errichtet wurden, wissen wir leider nicht. Es tun sich auch noch andere ungelöste Fragen auf: Warum ist der erste Bau von Westen, der zweite runde von Osten zugänglich, und fernerhin, wo stand die Kirche, zu der das Atrium gehörte? Sie schloß sich zweifellos westlich an das Atrium an; und wir haben ja dort auch schon vor langer Zeit Reste gefunden, die der Periode V zugehören. Aber da die jetzt neugefundenen Reste im Osten nun m. E. doch wohl nicht, wie ich selbst vorher vermutete, mit denen im Westen zu einem Bau zusammengefügt werden können, sondern in den Vorhof verwiesen werden müssen, bleibt es auch weiterhin dabei, daß die wenigen bisher im Westen aufgedeckten Reste keineswegs genügen, einen Kirchengrundriß daraus zu konstruieren. Eines erscheint indessen jetzt sicher, sie gehören zu einer Kirche, und diese kann kaum etwas anderes gewesen sein als die merowingische Bischofskirche.

4. Römische Zeit. Periode I – IV. Taf. 3

Die neueren Grabungen brachten im Mittelschiff und im Hochchor nur wenige Reste, denn die Abschachtungen reichten im allgemeinen nicht bis an die römischen Schichten heran, deren umfassendere Untersuchung einem späteren Grabungsabschnitt vorbehalten ist. Wo gelegentlich, wie etwa an der nördlichen Mittelschiffmauer zum Zwecke der Feststellung ihrer Sohle oder beim Fundament für den Altar der neuen Krypta tiefer gegangen wurde, brachten die im engen Ausschnitt

[8] Hist. Rem. eccl. II, 4; cf E. Knögel, B. J. 129, 87, Nr. 160.

sichtbaren Reste ein Kanälchen (198) bez. ein Mauerstück mit Schwelle und Estrich (815, 816, 818) kaum mehr als eine Sondierung der allgemeinen Niveauverhältnisse ein. Um diese wenigstens im Bereich des Frauengrabes bis zum gewachsenen Boden hinab zu klären, wurde ein tiefer Schacht an der römischen Mauer 817 hinab, die dem Frauengrab als westlicher Abschluß diente, ausgehoben. Es ergab sich, daß der aufgehende Teil dieser Mauer 2,80 m hoch erhalten war und das bei ihrer Errichtung bestehende durch einen östlich angestrichenen und auch einen westlich festgestellten Estrich gleicher Höhe (818) markierte Niveau bei etwa H 47.70 lag. Darunter ging das sich verbreitende Fundament der Mauer nochmals 1,20 m tiefer bis auf den gewachsenen Kies hinab (H 46.50). Neben der erstaunlichen Tatsache, daß hier also im Untergrund des Domes eine noch 4 m hohe und nur 0,60 m breite, also relativ schwache Mauer aus dem 1. Jahrhundert noch ganz lotrecht im Boden steht und im 6. Jahrhundert auch noch oberirdisch sichtbar war, ist die allgemeine Niveaulage zu beachten. Wir befinden uns hier fast 50 m westlich der Achskapelle, wo die Oberkante des gewachsenen Bodens keineswegs tiefer, sondern in der gleichen Höhe lag. Im Vergleich mit dem Profil in der Achskapelle wird man die Mauer also etwa in die Periode II a (claudisch) datieren können. Andererseits liegt aber die Oberkante des gewachsenen Bodens 50 m weiter nach Westen volle 3 m höher bei H 49.50. Zwischenmessungen fehlen uns leider bisher noch, aber es kann als sicher angenommen werden, daß der Höhenunterschied von drei Metern nicht allmählich, sondern mit einem deutlichen Sprung spätestens unter der Vierung des Domes überwunden wurde. Es handelt sich hier wieder um die Kante der Niederterrasse, die auf dem Domhof und am Praetorium schon festgestellt wurde und wie an diesen Stellen so auch im Dom durch davorgesetzte Gebäude mit ihren hohen Fronten architektonisch gestaltet wurde.

Die gleichen Verhältnisse fanden sich wenig weiter südlich im Schnitt 383, wo mit dem Bau der neuen Treppe zur Krypta eine Gelegenheit gegeben war, tiefer zu graben. Hier ist auch die einzige Stelle, an der die neuen Grabungen und die innere Domgrabung überhaupt mehr als nur kleine Sondierungen im Römischen gebracht haben. Zwar sind die Reste vor allem durch die gotischen, aber auch schon durch karolingische Fundamente stark zerschnitten, aber die verbleibenden Ausschnitte lassen doch von vornherein einen Großbau mit Mauer- und Pfeilerstärken erkennen, wie sie sonst im ganzen Dombezirk aus römischer Zeit noch nicht festgestellt worden sind und erst 300 m weiter südlich am Prätorium wieder begegnen.

Der Bau ist wie die zuletzt besprochene Mauer (817) in das 1. Jahrhundert zu datieren, denn er geht vom gleichen Niveau (H 47.70 etwa) aus. Bei dieser Höhe liegen die Fundamentvorsprünge, und die Sohlen reichen 1,30 m tiefer. Reste eines Ziegelplattenbodens (394) liegen an der Ostfront vor Pfeiler 395 rund 30 cm höher; auch der Verputz reichte vielleicht nicht tiefer. Das ist aber nicht von Bedeutung, denn der Bau ist, wie noch gezeigt werden soll, erst im 4. Jahrhundert eingeäschert worden. Als Ruine ragte er, wie oben schon gesagt wurde, noch in das Atrium des 6. Jahrhunderts hinein.

Von dem Bau sind bisher nur erfaßt: zwei Stücke der Nordmauer (397) mit zwei nach innen vorspringenden kräftigen Pilastern, die oben mit je einem großen Sandsteinquader abschließen, der tief in die Mauer eingebunden ist; ferner, bisher nur im oberen Teil freigelegt, ein Stück der Westmauer (396) und an der gegenüberliegenden Ostfront ein 0,30 m schmaler Rest eines Pfeilers (395), der in allem dem übrigen Mauerwerk entspricht und an der Süd- und Ostfläche Putzreste aufweist, die, wie schon gesagt, sehr tief herabreichen. Ob man diesen Pfeiler nun als freistehend oder als Pilaster einer dahinter laufenden, vom gotischen Fundament völlig ausgeräumten östlichen Abschlußmauer ansieht, in jedem Falle wird man nicht annehmen, daß er der einzige (in der Achse stehende) Pfeiler der zu rekonstruierenden Ostfront des Baus gewesen ist, sondern man wird, wenn man nicht an einen breiten Riegelbau mit vielen derartigen Pfeilern denken will, nur einen zweiten ergänzen. Man würde dann einen ungefähr quadratischen Bau erhalten, der sich mit drei Durchgängen nach Osten hin öffnete.

Wenn wir nun weiterhin bedenken, daß die Seitenmauer (397) über die Pfeilerstellung hinausragt

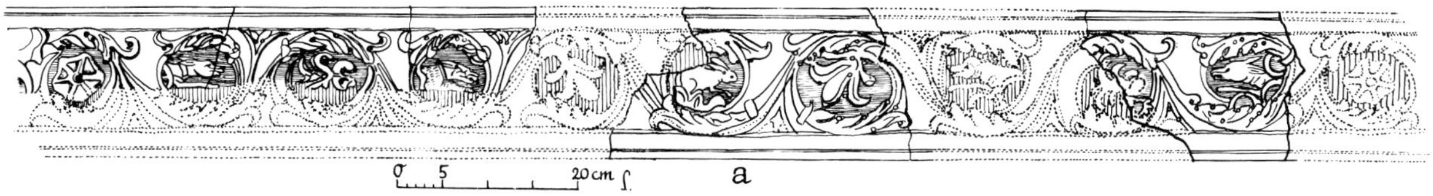

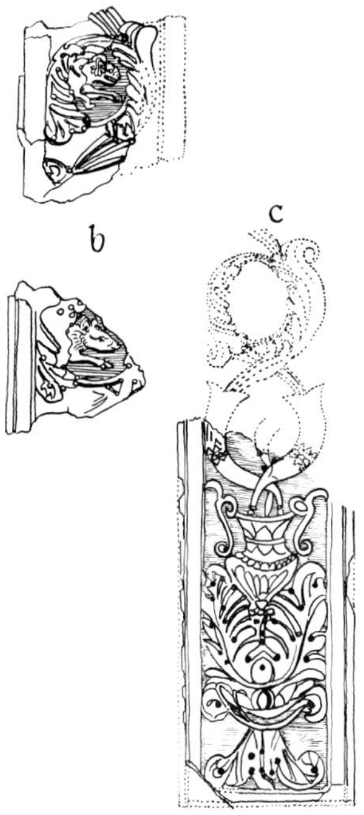

Abb. 1. Fragmente eines römischen Türgewandes, Marmor.
Maßstab 1 : 10.
a Horizontaler Tierfries, ergänzt,
b vertikaler Tierfries, Fragment,
c Laibung, Innenseite, Fragment.

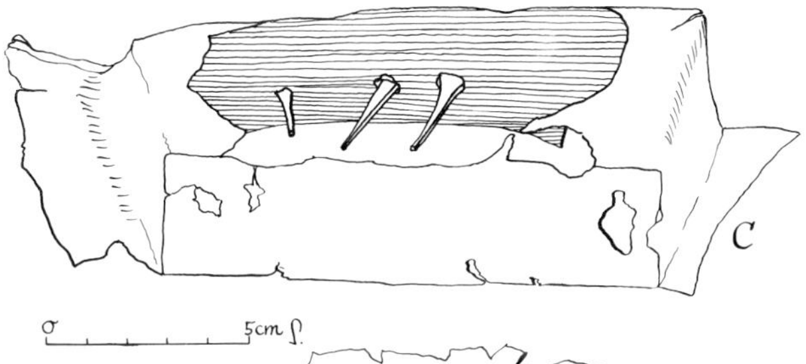

Abb. 2. Bronzebeschläge zu einer römischen Tür (?). – Maßstab 1 : 2,5.
a Geschmiedetes Bronzeblech,
b gegossene Knöpfe,
c Bronzebeschlag mit rundlicher Öffnung.

und glatt endet, so wird die Wahrscheinlichkeit sehr groß, daß wir in den Resten die Fundamente eines Podiumtempels in antis gefunden haben. Die an die nördliche Ante (397) anstoßende schwächere Mauer 397a könnte dann zum Vorhof gehört haben, der mit einer weiter östlich schon 1948 gefundenen Mauer (355) mit Eingangsschwelle (359) seinen östlichen Abschluß gefunden hätte. Die Höhenlage der Schwelle (H 48.10) geht gut mit dem Plattenboden 394 zusammen. Irgendwo in diesem 14 m langen Vorhof müßte eine Treppe mit etwa 10 Stufen auf das Podium geführt haben, dessen Höhe wir an Hand einiger recht kräftiger Balkenlöcher in der Nordwand 397, wenn wir die Dicke der auf den Balken liegenden Decke mit 15 cm berechnen, bei H 50.10, d. h. knapp 2 m über dem Niveau des Plattenbodens 394 und des Vorhofs anzusetzen haben. Da aber der Boden 394 von dem Pfeiler 395 – und leider bisher nur dort – festgestellt wurde, und außerdem die Putzreste an diesem Pfeiler bis zur gleichen Tiefe hinabreichen, muß neben der Treppe auch ein unterer, ebenerdiger Zugang zum Kellerraum des Baus bestanden haben. Daß ein solcher unter der durch die Balkenlöcher gegebenen Decke bestanden hat, geht eindeutig aus der Füllung hervor, die wir in diesem Raume fanden. Sie bestand in der Hauptsache aus Ziegelschutt, der den ganzen Kellerraum bis oben anfüllte, also deutlich als eine in einem einzigen Arbeitsgang bewerkstelligte Einplanierung eines bis dahin bestehenden Kellerraumes zu erkennen ist.

Zwischen dem Ziegelschutt fand sich zunächst ein größeres Fragment (Gewandzipfel) einer lebensgroßen Marmorstatue. Ein wenig tiefer lagen verstreut kleingeschlagene Reste einer Türumrahmung aus Marmor, die an der Vorderfront und an der Laibung ganz mit Akanthusranken in kräftigen Relief verziert war. Zwischen den Ranken, die sich aus Henkelvasen entwickeln, springen Hunde, Panther und Wildschweine, von denen jeweils nur die aus der Volute herausspringenden Vorderteile nicht jedoch die dahinter zu erwartenden Hinterläufe dargestellt sind. Solche mit Tieren gefüllte Voluten scheinen mit anderen abzuwechseln, die mit einer Rosette gefüllt sind. Die bisher gefundenen, nur zum Teil aneinanderpassenden Stücke reichen leider noch nicht für eine völlig gesicherte Rekonstruktion der Tür (vgl. Abb. 1). Man wird die gute Arbeit, bei der an den Ansatzstellen der Blätter regelmäßig, bisweilen aber auch an den Schnauzen und Ohren der Tiere fleißig vom Bohrer Gebrauch gemacht wurde, in das 2. Jahrhundert, vielleicht auch schon in die flavische Zeit, keineswegs aber noch früher zu datieren haben. Wir erhalten so einen willkommenen terminus für die Anfangsdatierung des Baus, zu dem auch die weiter unten am Grunde des Kellers gefundenen Reste einer bronzebeschlagenen und vergoldeten Tür passen (Abb. 2). Es sind ein größeres und viele kleine Stücke eines vergoldeten Bronzebeschlags mit Epheuranken, ferner, ebenfalls aus vergoldeter Bronze der Blechbeschlag eines Balkenendes mit kreisrunder, vielleicht für die Türangel bestimmter Öffnung, und schließlich zwei gegossene stark profilierte Zierknöpfe. Eine eingehende Behandlung dieser Stücke muß ebenso wie die der Skulpturteile einer späteren Zeit vorbehalten bleiben, weil zu erwarten ist, daß wir zu den bisherigen noch weitere Fragmente finden werden.

Von großer Bedeutung sind noch die Münzen aus den festgetretenen Erdschichten am Grunde des Kellers – ein Bodenbelag war wohl nicht vorhanden. Sie sind von weit größerer Bedeutung als die beiden Goldsolidi von Constantinus II. und Constantius II., die weiter oberhalb im Füllschutt lagen. Unter dem Kleingeld vom Kellerboden sind zunächst Stücke der genannten Söhne Konstantins, weiterhin aber auch ältere von Konstantin selbst, Helena und schließlich einige des späten 3. Jahrhunderts. Am bedeutendsten aber sind die späteren Münzen des Valens, Valentinianus I. und als späteste Münze die Siliqua des Usurpators Magnus Maximus (383 – 388), die uns zeigen, daß der Bau nicht etwa beim Frankeneinfall von 355 zugrunde ging, sondern erheblich später, vielleicht sogar viel später als die letzte Münze (388), denn Münzen der spätesten Römerzeit sind in Köln ohnehin nicht häufig. Die Vorlage der genauen Liste der insgesamt etwa 50 Münzen muß einer späteren Publikation vorbehalten bleiben [9].

[9] W. Binsfeld hat freundlicherweise die Bestimmung der teilweise stark abgeschlissenen Münzen übernommen.

Wenn unsere Ergänzungen des Baus und die Deutung als Tempel durch die späteren Grabungen bestätigt werden, hätten wir nun doch den viel diskutierten und so lange vergeblich gesuchten Tempel des Mercurius Augustus gefunden, von dem die am Dom gefundene Inschrift sagt, daß er in flavischer Zeit mitsamt der Umfassungsmauer und zugehörigen Gebäuden erneuert worden sei [10].

[10] Vgl. O. Doppelfeld, Der unterirdische Dom, 1948, S. 21 und U. Kahrstedt, Kölner Domblatt 1949, S. 165 ff.

Otto Doppelfeld

Zur Methode der Kölner Domgrabung

Aus: Kirche und Burg in der Archäologie des Rheinlandes, Kunst und Altertum am Rhein Nr. 8, Ausstellungskatalog Bonn 1962, 13 – 19

Es ist ein großes und für die Wissenschaft kaum hoch genug zu schätzendes Verdienst des Kölner Domkapitels, vor allem des verstorbenen Dompropstes, damals noch Domdechanten Prälat Hermann-Joseph Hecker, aber auch des ebenfalls schon verstorbenen Generalvikars, des langjährigen Rectors am Campo Santo Teutonico Prälat D. Emmerich David und nicht zuletzt des Dombaumeisters Prof. Willy Weyres, gleich nach Kriegsende schon im Jahre 1945 die Grabungen im Dom in die Wege geleitet zu haben. Die Initiatoren der Domgrabung können sich wohl kaum der ganzen Tragweite für die Forschung bewußt gewesen sein und hatten sicherlich zunächst an eine Grabung der Art gedacht, wie sie bislang an verschiedenen Stellen gemacht worden sind. Kirchengrabungen waren an sich nichts Neues. Es sei nur an die hervorragenden Untersuchungen H. Lehners und W. Baders in der Bonner Münsterkirche und im Xantener Dom sowie an die Stollenarbeit F. Fremersdorfs und P. A. Tholens unter der Kölner Severinskirche erinnert, um von den Ausgrabungen in den Kirchen Roms und Italiens zu schweigen. Aber bei diesen älteren Untersuchungen handelte es sich immer um sehr beengte und mit Rücksicht auf den bestehenden Kirchenbau stark begrenzte Arbeiten. Im Kölner Dom aber war 1945 die ganze 140 m lange Fläche des Innern für die Grabung freigelassen. Hier brauchte man nicht mit engen Stollen zu operieren, sondern konnte das ganze Areal wie bei einer Freilandgrabung mit langen Schnitten stratigraphisch aufschließen. Und, da es an dieser Stelle um einen Zentralpunkt der abendländischen Geschichte ging, war einiges zu erwarten. Daß uns aber Schichtenfolgen von über 10 m Tiefe mit 14 aufeinanderfolgenden Perioden aus zwei Jahrtausenden beschert wurden, war doch eine Überraschung. Es ist daher nicht zu verwundern, daß dieses glänzende Ergebnis der stratigraphischen Grabungsmethode Aufsehen erregte. Auch einer der genannten Initiatoren der Domgrabung, der Generalvikar und langjährige Rector im Campo Santo Teutonico, Prälat David, erkannte den Wert dieser Methode sofort und versuchte zusammen mit Prälat Kaas, dem rector fabricae, sie noch in letzter Minute für die Grabungen in St. Peter in Rom nutzbar zu machen. Aber von der Reise der Kölner Grabungsleitung nach Rom wurde dann doch Abstand genommen, weil es zu spät war; die Arbeiten unter St. Peter standen vor dem Abschluß. So gibt es von dieser wichtigen Grabung unter den unzähligen, mit größter Akribie gemachten Aufzeichnungen kein Erdprofil. Als Prälat Kaas auf diesen Mangel hingewiesen die Auffassung äußerte, daß mit der stratigraphischen Methode in diesem Falle ohnehin nicht viel zu erreichen gewesen wäre, da ja doch alles konstantinischer Schutt gewesen sei, mußte ihm entgegengehalten werden, daß jeder Ausgräber als Beweis für diese Behauptung ein genau vermessenes Erdprofil erwarten würde.

Wir wiesen auf diesen Fall hin, weil er zeigt, daß die stratigraphische Methode keineswegs schon bei allen Ausgrabungen angewandt wird, vor allem im Süden nicht, wo soviel massives Mauerwerk im Boden steckt, daß das Ausgraben leicht scheint und die Beobachtung der Erdschichten nur allzu gerne vergessen wird. Der Ausgräber gerät, wenn er eine Mauer erfaßt hat, unweigerlich in das berüchtigte „Der-Mauer-entlang-Graben", wenn er nicht aufpaßt und die Erdarbeiter immer wieder zurückhält, die ja verständlicherweise diesem natürlichen Drang nachgeben und immer weiter schaufeln. Hier liegt die Schwierigkeit, auf die immer wieder hingewiesen werden muß. An sich ist die Schichtenbeobachtung nämlich keine Geheimwissenschaft, sondern der geologischen Beobachtung der natürlichen Erdschichten nächst-verwandt. Kulturgeschichtliche Ausgrabungen, bei denen keine Steinmauern vorhanden sind, zwingen den Forscher ohnehin zu genauer Beobachtung der Erdverfärbungen und der Lagerung der Erdschichten, wenn er überhaupt zu einem Ergebnis kommen will. Daher hat sich diese Methode besonders bei den Burgwallgrabungen in unseren Breiten entwickelt. Wo nur noch Erdflecken zu finden sind, wird das Auge des Ausgräbers zwangsläufig weit mehr geschärft als beispielsweise im Süden, wo die gesuchten Reste als feste Mauern und Fundamente noch handgreiflich im Boden liegen. Aber auch der erfahrene Burgwallgräber wird sich, wenn er den Schnitt zu einer Kirchengrabung oder zu einer sonstigen Freilegung steinerner Baureste macht, hüten müssen, daß er der geschilderten Verlockung nicht nachgibt, sich auf das Freilegen der Architektur beschränkt und so zwar zu einem ansehnlichen Anfangserfolge kommt, sich selbst aber damit alle Möglichkeiten einer näheren Bestimmung und zeitlichen Einordnung abschneidet. Eine Schichtengrabung läßt sich bekanntlich nicht wiederholen; wenn die Erde abgeräumt ist, ist auch die Stratigraphie dahin. Das Abtragen der Erde muß daher bei jeder Ausgrabung gelenkt und ständig reguliert werden. Immer wieder wird es nötig sein, eine vorgesehene Abschachtung zu unterbrechen oder anders weiterzuführen, weil wichtige Altertümer herauskommen, die in das Schichtengefüge, von dessen richtiger Erkenntnis die chronologische Auswertung der Grabung abhängt, eingeordnet werden müssen. Mahnende Beispiele für die Art, wie man es nicht machen soll, sind die immer wieder in den Ausgrabungsschnitten auf einsamen säulenartigen Erdsockeln stehenden Reste, die man beim Ausheben des Schnitts nicht gleich mit der Erde wegräumte, sondern für wichtig genug hielt, erhalten zu werden. Aber nun stehen sie da auf ihren Erdpodesten, abgelöst vom stratigraphischen Konnex der beiderseitigen Grabenwände. Gewiß, diese langen Gräben sind notwendig, denn ihre Profilwände sollen das Rückgrat der Grabungsausdeutung werden, aber wenn man die Funde, die beim Ausheben des Grabens herauskommen, in dieser Weise abschneidet, verliert das Profil an Wert. Handelt es sich beispielsweise um ein Brandgrab kleineren Ausmaßes, das unglücklicherweise mitten im Schnittgraben liegt, so kann seine Grabgrube an allen Seiten abgeschnitten werden. In allen so gelagerten Fällen wird sich also der Ausgräber sofort beim Erkennen der ersten Spuren entschließen müssen, ein Querprofil abstechen zu lassen, um den Fund aus der Mitte des Grabens an die Schichtung in den Profilwänden anschließen zu können.

An diesem einen Beispiel, dem beliebig viele andere an die Seite gestellt werden könnten, wird es zunächst klar, daß die Ausgrabung natürlich alles andere sein muß als ein gedankenloses Suchen und Freilegen von Altertümern. Aber der Fall zeigt weiterhin, daß es mit dem wahllosen Schneiden und Aufzeichnen von Erdschichten allein auch nicht getan ist. Mit einem starren Schema von Schnitten, das von vornherein festgelegt und bis zum Ende, sei es in Rasterstreifen- oder Radialfiguren durchgepaukt wird, werden wirklich durchschlagende Erfolge kaum zu erzielen sein. Der Grabende muß vielmehr bis zum Schluß der Unternehmung völlig frei und wendig bleiben. Gewiß erkennt man den erfahrenen Ausgräber in der Regel daran, daß sein erster Schnitt „sitzt"; aber den zweiten wird er immer auf den Ergebnissen des ersten aufbauen. Nur so bewahrheitet sich der meist ironisch angeführte Satz: Der gute Ausgräber findet, was er sucht; denn der gute Ausgräber sucht keine Schätze, sondern will dem Boden seine Geheimnisse entlocken. Er sucht klare Erkenntnisse und Aufschlüsse, und er weiß sie meist mit richtig angesetzten Schnitten zu finden und wie ein Anatom ohne viele Worte und kompendiöse Veröffentlichungen offen darzulegen. Wer liest schon die alles vernünftige Maß überschreitenden „Grabungsberichte", diese in unverdautem Zustand ausgeschütteten Zettelkästen?

Es ist wohl an der Zeit, daß wir uns der großen Gefahr bewußt werden, die die übermäßige Technisierung der Grabungen mit sich bringen kann. Sie kann die Methode ersticken. Man sollte daher besser von Grabungsmethode als von der Grabungstechnik sprechen. Wir müssen uns bei den Grabungen aller technischen Errungenschaften unserer Zeit bedienen und tun es zum größten Vorteil für die Sache, aber die Hollerit-Maschine darf nicht Selbstzweck werden – ganz und gar nicht bei den Grabungen, die, wie es schon gesagt wurde, wirklich einmalige Aktionen sind und nicht wie ein technischer Versuch wiederholt werden können. Eine Grabung ist kein technischer Apparat, der „an ein Objekt angesetzt" wird, sondern nach wie vor eine sehr persönliche Forschungsarbeit. Diese Feststellung muß vorausgeschickt werden, wenn wir im folgenden noch kurz nach der Behandlung der Methode auch die technische Einrichtung der Kölner Domgrabung auseinanderlegen. Die technischen Dinge sollen nicht das Denken und Forschen ausschalten und sind auch nicht ohne weiteres auf andere Unternehmungen zu übertragen.
Die zu erledigenden Aufgaben und Arbeiten sind bei der Domgrabung in vier Sparten gegliedert, die ihren Niederschlag in vier listenmäßig geführten und numerierten Büchern oder Mappen finden. Es sind die gleichen Sparten, die der Verfasser schon im Sommersemester 1934 bei der großen Lehrgrabung für Studenten der Berliner Universität in Zantoch an der Warthe eingerichtet und bei wöchentlichem Wechsel auf die Teilnehmer verteilt hat. Sie laufen unter den Stichworten 1) Tagebuch, 2) Katalog und Vermessung, 3) Fotos, 4) Funde. Sie haben für den internen Betrieb auch eigene Zeichen: Spaten, Winkel, Stern und verschlungenes F. So bedeutet etwa – wohlbemerkt nur im internen Betrieb – ein Stern mit der folgenden Ziffer 523 den Hinweis auf Blatt 523 der Fotoalben. Alle Originalpapiere dieser vier Abteilungen sind auf das Format DIN A 4 geschnitten oder gefaltet. Übersichtspläne in größerem Format gelten nicht als Originalpapiere, sondern als Umzeichnungen der ersten Aufmessungen auf kleineren Blättern, die alles enthalten müssen.

1. Tagebuch

Im Zeitalter der Lochkarte mag das gute alte Tagebuch überholt erscheinen, aber es zeigt sich immer wieder, daß es in vielen Fällen schnelle Auskunft gibt. Vor allem kann sich jeder vom Gang der Grabung, von ersten Erwartungen und späteren Enttäuschungen, von den mit einzelnen Schnitten gesuchten Aufklärungen und von technischen Einrichtungen ein Bild machen. Die täglichen Eintragungen beginnen nach alter Sitte mit dem Wetter und den anwesenden Mitarbeitern und Besuchern. Es folgen die Aufzählung des Geleisteten in den einzelnen Sparten, der Stand der Abschachtungen und die dabei gemachten Entdeckungen, die gemachten Aufmessungen, die Foto-Aufnahmen und schließlich die aufgesammelten Fundstücke, wobei bemerkenserte Stücke flüchtig skizziert werden. Unmaßstäbliche schnelle Skizzen erläutern auch den nicht täglich, sondern in gewissen Abständen gegebenen Lagebericht, der Auskunft über das Erreichte und die noch offenen Fragen gibt. Diese Skizzen machen den eigentlichen Nutzen des Tagebuchs für schnelle Information aus.

2. Katalog und Vermessung

Alle bei den Grabungen auftretenden Erscheinungen, wie Mauern, Estriche, Verfärbungen, aber auch die zur Entdeckung führenden Schnitte und Profile werden in einem Katalog unter fortlaufender (arabischer) Bezifferung aufgeführt und genau nach Lage, Verhältnis zueinander und Beschaffenheit beschrieben. So kann beispielsweise die Nummer 1 einen Schnitt, 2 eine darin gefundene Mauer, 3 die Profilwand des Schnitts, 4 eine Steinlage, 5 einen Pfeiler, 6 eine von uns geschabte Fläche, 7 einen alten Boden bezeichnen. Diese Ziffern sind endgültig und erscheinen auch später in der Publikation sowie auf allen Zeichnungen. – Die Vermessung geschieht nicht etwa von den Kirchenwänden und vom Fußboden aus, sondern ist auf ein Koordinatenkreuz bezogen, dessen vier Richtungen der besseren Klarheit wegen mit O(st), W(est), N(ord), S(üd) bezeichnet werden. Im Falle der Domgrabung war der Ursprung des Systems gegeben, weil der Dachreiter des Domes ein Festpunkt erster Ordnung für eine Landesvermessung ist. Übrigens werden alle Aufmessungen bei sonstigen Ausgrabungen im Stadtgebiet auf diesen Punkt bezogen. Die Höhenmessung geschieht mit Nivellierinstrumenten und bezieht sich auf Normal-Null. Der Wert dieser Koordinaten für die genaue Festlegung eines jeden Punktes mit drei Zahlen braucht hier nicht hervorgehoben zu werden. Für die genaue Festlegung der Meßlinien stehen Theodolithe zur Verfügung, die ein viel genaueres Fluchten als mit Stäben ermöglichen und gerade für die Aufmessungen in Kirchen mit Krypten und Stollen unentbehrlich sind. Die zeichnerische Aufnahme der Grundrisse und Profile geschieht im Maßstab 1 : 20, und zwar, trotz aller Gegenargumente (daß beispielsweise das Raster dazu verleite, zu schematisieren), nach wie vor auf Millimeterpapier. Es hat den großen Vorteil, daß jede Stelle der Zeichnung im Raster ihren ganz bestimmten Platz hat und Dehnungen des Papiers bei der Entnahme von Zahlenwerten aus der Zeichnung und beim Zusammenzeichnen der Einzelpläne ohne weiteres gänzlich eliminiert werden.

Bei dem gewählten großen Maßstab 1 : 20 kann steingerecht gezeichnet werden. Für die verschiedenen Steinarten gibt es bestimmte Signaturen. Grabungsgrenzen, Störungslinien, Profile, Meßlinien und Achslinien sind überdies an bestimmten Signaturen leicht auseinanderzuhalten. Schließlich wird jede Grundrißzeichnung mit einer Fülle von kleinen Höhenzahlen, auch für die Unterkanten der Mauern, versehen; die Zahlen des Katalogs werden groß in die Objekte hineingeschrieben. Entsprechend wird bei den Profilen verfahren. Die Erdschichten werden von oben nach unten mit kleinen Buchstaben bezeichnet. Großbuchstaben werden für die spätere zusammenfassende Benennung von Räumen reserviert, während die römischen Ziffern nur für die Bezeichnung von Perioden verwandt werden. – Für die spätere zusammenfassende Publikation sind neben den Signaturen für die Steinarten andere für die einzelnen Perioden vorgesehen; sie entsprechen den heraldischen Farbsignaturen und sind so gewählt, daß sie mit notwendigen Ergänzungen und Differenzierungen den vor 50 Jahren für die Typenkarten international festgelegten Periodenfarben entsprechen (rot: Steinzeit, gelb: Bronzezeit, blau: Eisenzeit, orange: Kaiserzeit, grün: Völkerwanderungszeit, violett: frühes Mittelalter).

3. Fotos

Wir sind zwar schon lange von dem Irrwahn genesen, daß die Fotografie einmal die zeichnerische Aufnahme bei Grabungen ersetzen oder auch nur erleichtern könne. Das getreuliche Zeichnen, Schicht für Schicht und Stein für Stein, führt erst durch den Zwang, immer wieder hinzusehen, zu untersuchen und zu kratzen, zu vielen Entdeckungen. Vor allem das Zeichnen der Profile ist und bleibt die vornehmste und verantwortungsvollste Tätigkeit des Ausgräbers. Daß daneben und zusätzlich der Fotografie mit schwarz-weißen und bunten Ansichten und Details, mit Panorama-Aufnahmen und Luftbildern sowie mit Kleinbildserien, etwa von den Kleinfunden, eine große Bedeutung zukommt, ist selbstverständlich. Natürlich werden auch alle Neuerungen in der Optik, bei den Filtern und in den Emulsionen herangezogen. Die Stereofotografie wird für plastische Bilder genützt. Das Gebiet der fotogrammetrischen Vermessung kommt weniger für große Plangrabung als bei kurzen Notgrabungen in Frage. Was die Methode der Luftbildnerei zu erreichen vermag, haben die laufenden Arbeiten des Bonner Landesmuseums gezeigt. Aber hier geht es mehr um die Auffindung der Grabungsobjekte als um die Grabung selbst. – Schließlich sei noch auf den Nutzen des Filmens bei den Ausgrabungen hingewiesen. Schwierige und bedeutungsvolle Bergungen können im Film dokumentarisch festgehalten werden, wie es jüngst bei der Untersuchung des Knabengrabes unter dem Chor des Domes geschehen ist. Aber auch zur allgemeinen Übersicht über eine Grabung und ihre Lage in der Landschaft wird die Filmkamera seit langem mit Erfolg benützt, und alle, die nicht dabeigewesen sind, begrüßen solche unmittelbaren Einführungen auf das lebhafteste. – Das Ordnen der Foto-Abzüge bietet keine besonderen Schwierigkeiten, soll aber sofort und endgültig mit laufender Bezifferung der Albumseiten geschehen, damit in den anderen Grabungspapieren die notwendigen Hinweise gemacht werden können.

4. Funde

Um so mehr Schwierigkeiten bieten bei den meisten Grabungen die Kleinfunde; sie türmen sich in Kisten und Regalen, füllen ganze Räume und werden schließlich zu einem unübersehbaren Ballast, auf dessen Sichtung im Museum alle Beteiligten sehnlichst, aber manchmal viele Jahre lang warten müssen. Inzwischen sind vielleicht die beigepackten Fundzettel verrottet – kurzum es ist eingestandenermaßen meist eine wahre crux mit den Grabungsfunden. Manches geschieht, um dem abzuhelfen, man verwendet fertig vornumerierte Beutel, hebt Duplikate der Fundzettel in Karteien auf und legt eine Fundliste an. Aber ein solches Fundbuch muß schon sehr detaillierte Angaben enthalten, wenn es dazu dienen soll, den ganzen Fundkomplex schon vor seiner Aufbereitung im Museum übersichtlich zu halten, damit auch während der Grabung damit gearbeitet werden kann. Hier ist in der Tat eine gewisse Technisierung vonnöten. Es bleibt dem persönlichen Gutdünken des Grabungsleiters überlassen, ob er für jeden Fund oder jede Fundeinheit eine Lochkarte herstellt und eine dazugehörige Maschine aufstellt, ob er gar ein Elektronengehirn bemüht oder wie er sich sonst aus der Affäre zieht. Bei der Kölner Domgrabung ist es wie folgt organisiert:
Die einzelnen Blätter des Fundbuchs – wie alle Papiere im Format DIN A 4 – gelten jeweils für eine Fundeinheit und enthalten oben die üblichen Angaben über die Herkunft der Sachen (Koordinaten, Höhenlage, Schicht u. dgl.). Links daneben sind Felder zur Angabe der Größe des Objekts bzw. des Umfangs der Einheit (eine oder mehrere Normalkisten, großes sperriges Einzelstück oder kleine Cimelie, Münze oder dgl.) und zu späteren Eintragungen, über den Verbleib (nicht aufgehoben, teilweise aufgehoben, Museum oder Inventarnummern). Der untere, größere Teil des Blattes ist für eine übersichtliche Aufschlüsselung des Inhalts nach den verschiedensten Gesichtspunkten frei. Besonders bemerkenswerte Stücke werden schnell skizziert, aber die Masse der übrigen immer wiederkehrenden Typen wird durch bloßes Ankreuzen in bestimmten Feldern angegeben. Wer also beispielsweise frühe Sigillata sucht, wird beim Durchblättern stets nur auf das dafür vorgesehene Feld achten müssen. Dies Verfahren ist an sich nichts Neues und im Grunde auch das Prinzip der Lochkarten. Aber für die Einteilung der Felder wurde eine neue Ordnung geschaffen nach den Grundsätzen der Dezimalklassifikation. Es bedeutet beispielsweise 21 Terra-Sigillata allgemein, 211 Arretinische im besonderen. Diese Zahlen werden aber nicht hingeschrieben, sondern in ihrem Fach angestrichen. Eine nicht näher definierbare Sigillatascherbe wird durch Ausfüllen des ganzen Sigillatafeldes (21) durch einen großen Kreis notiert, eine Arretinische dagegen durch einen Punkt in der linken oberen Ecke (die Stelle für 211) angezeigt.
Wie dieses System, das sich als sehr leicht praktikabel erwiesen hat, im einzelnen ausgebaut ist, kann man aus den ausgestellten Probezetteln ersehen.
Über die verschiedenen technischen Verfahren bei der Bergung schwieriger Funde, die Bettung in Gips, das Aufrollen von Mosaiken, die Entnahme von Wandmalereien, die Härtung morscher Hölzer und die Verwendung von Lacken für das Abziehen von Erdprofilen soll hier nicht gesprochen werden.
Es sei jedoch zum Schluß noch auf die besonders bei Kirchengrabungen naheliegende Konservierung der ganzen Ausgrabung hingewiesen. Nach den bisherigen Ausführungen ist es klar, daß sich die eigentlichen wissenschaftlichen Ergebnisse nicht konservieren lassen, sondern in den wohlgeordneten Grabungspapieren dokumentarisch festgelegt sind; denn Erdprofile sichtbar zu erhalten, dürfte nur in ganz wenigen Ausnahmefällen möglich sein. Aber die freigelegten Mauerzüge, Steinsarkophage und ähnlichen Reste stellen in der Regel recht eindrucksvolle Monumente dar, die sichtbar

zu erhalten in Kirchen und auch unter anderen Gebäuden, wie im Falle des Praetoriums unter dem Kölner Rathaus, besonders naheliegt, da sie durch das darüberstehende Bauwerk vor der Witterung geschützt sind. Der Ausgräber sollte in solchen Fällen sich auch selbst zusammen mit den Architekten um die sachliche und würdige Ausgestaltung seiner Grabung bemühen. Unter dem Kölner Dom ist ein weiträumiger unterirdischer Bezirk im Entstehen, der dank der lebhaften Teilnahme des Hohen Domkapitels und des Dombaumeisters eine würdige Stätte, ein wahrhaftiger unterirdischer Dom zu werden verspricht.

Willy Weyres

Der karolingische Dom zu Köln

Aus: Karl der Große. Bd. 3 Karolingische Kunst (1965) 384 – 423

Unsere Kenntnis von den karolingischen Großbauten in Deutschland ist in den letzten fünfzig Jahren ständig gewachsen. Sie beschränkt sich allerdings in den meisten Fällen auf Fundamentpläne. Auch die bedeutsamen Forschungen von Vonderau in Fulda haben im Grunde nicht mehr erbracht. Die Gunst der Verhältnisse erlaubte es Otto Doppelfeld, unter der gotischen Kathedrale von Köln in den Jahren nach dem letzten Krieg so viel von den Vorgängerbauten aufzudecken, daß eine Gesamtdarstellung und eine Rekonstruktion des karolingischen Neubaues erlaubt erscheint, wenn auch die Grabungen noch lange nicht abgeschlossen sind. Meine Darstellung beruht auf den mir großzügig von Doppelfeld zur Verfügung gestellten, mit beispielhafter Sorgfalt festgehaltenen Dokumentationen der Grabung.

A. Schriftliche Überlieferung

1 Nach einer Kölner Tradition, die allerdings erst im dritten Viertel des 15. Jahrhunderts schriftlich
zu fassen ist, wurde der alte, 870 durch Erzbischof Willibert geweihte Dom durch den Hofkaplan
Karls des Großen Hildebold (etwa 787 – 818 Bischof von Köln) begonnen [1]. Seit 794/95 führt die-
2 ser den Titel *archiepiscopus.* Von Alkuin (gest. 804) [2] sind zwei Gedichte überliefert, die sich auf den
Kölner Dom beziehen lassen. Es handelt sich um Inschriften auf Altarverkleidungen aus edlen Me-
tallen. Die eine ist von dem Rex Carolus gestiftet, als Hildebold *„praesul in urbe Agrippina"* war,
und für den Petrusaltar bestimmt. Die zweite ist für die von Hildebold selbst gestiftete Verklei-
dung des Marien- und Medardusaltars [3]. Die Gedichte müssen zwischen 787, dem Jahr der Wahl
3 Hildebolds, und 800, dem Jahr der Kaiserkrönung Karls, entstanden sein. Zum Jahre 857 berichten
dann die Annales Fuldenses, daß auf der Synode in Mainz ein Schreiben des Bischofs Gunthar von
Köln (850 – 864) an Altfried von Hildesheim vorgelegt worden sei, in dem von einem schreck-
lichen Unwetter die Rede war; das erschreckte Volk sei in der basilica Si. Petri zusammengeströmt;
während die Glocken läuteten, habe plötzlich ein gewaltiger Blitz in der Gestalt eines feurigen Dra-
chens die Basilika gespalten und durchfahren und dabei einen Priester in der Nähe des Petrusaltars,
einen Diakon am Dionysiusaltar und einen Laien am Marienaltar getötet [4]. Es wird dabei merkwür-

[1] Geschichte des Erzbistums Köln I bearb. v. W. Neuss und F. W. Oediger, Köln 1964, S. 151 ff.; P. Clemen, Der Dom zu Köln (Kunstdenkmäler der Rheinprovinz) 2, Düsseldorf 1938, S. 38.

[2] Seit 782 am Hofe, seit 796 auch Abt von Saint-Martin in Tours.

[3] J. v. Schlosser, Schriftquellen zur Geschichte der karolingischen Kunst, Wien 1892, S. 45; Alcuini Carmina 107, M. G. Poetae lat. med. aevi I, S. 333.

[4] Schlosser, a. a. O., *(3)*; M. G. SS I, S. 370.

digerweise nicht berichtet, daß der Dom gebrannt habe. Da der Dionysiusaltar später nicht mehr in
der Kathedrale erwähnt wird, hat Clemen bezweifelt, daß diese Nachricht sich auf den durch Willi-
4 bert 870 geweihten Dom bezieht [5]. Gunthar hat zwischen 850 und 858 dem sprachgewandten Iren
Sedulius Scotus [6] eine uns überlieferte metrische Inschrift für ein Gemälde in Auftrag gegeben. Aus
ihrem Inhalt geht hervor, daß es sich um eine Maiestas handelt. Schlosser [7] und Clemen [8] nehmen
an, daß das Gemälde für eine Apsis der Kölner Kathedrale bestimmt war. Danach könnte der Dom
5 vor 858 so weit vollendet gewesen sein, daß man an eine Bemalung denken konnte [9]. Das erste feste
Datum ist der 27. September 870. An diesem Tage weihte Willibert, der wenige Monate zuvor (16.
Januar 870) den Kölner Stuhl bestiegen hatte, mit den Erzbischöfen von Mainz, Trier und Salzburg
und seinen sämtlichen Suffraganen, die auf Geheiß Ludwigs des Deutschen zu einer Synode zusam-
6 mengekommen waren, den Dom des hl. Petrus [10]. Eine unserer Quellen, die Annales Fuldenses, be-
richtet dazu, daß der Dom bis dahin noch nicht geweiht gewesen sei *(domum sancti Petri eatenus mi-
nime consecratam dedicaverunt)*. Der Verfasser der Annalen, Meginhard, war unter Gunthar Leiter der
Kölner Domschule gewesen [11]; er gilt als außerordentlich gut unterrichtet [12] und es ist denkbar,
7 daß er im Gefolge des Mainzer Erzbischofs an der Synode teilgenommen hat [13]. Man kann deshalb
seine an die Nachricht von der Weihe geknüpfte Bemerkung nicht einfach abtun, daß nämlich in
der Nacht vorher Stimmen böser Geister zu hören gewesen wären; sie hätten sich darüber beklagt,
daß sie von den sehr lange innegehabten Wohnsitzen vertrieben würden [14]. Diese Bemerkung
schließt im Grunde aus, und Meginhard konnte das sehr wohl wissen, daß die Kathedrale vor der
Weihe benutzt worden ist.

8 Nicht lange konnte sich Willibert seiner neuen Bischofskirche erfreuen. Im Jahre 881 steckten die
Normannen Köln und Bonn mit ihren Kirchen und Gebäuden in Brand [15]. Wir hören in der Folge-
zeit nichts von einer Wiederherstellung des Domes, doch wird der hölzerne Dachstuhl bei einem
Stadtbrand kaum unversehrt geblieben sein. Daß die Mauern erheblich beschädigt worden sind, ist
wenig wahrscheinlich, da offenbar Willibert keine Weihe vorzunehmen brauchte, 887 eine Synode
im Dom abhalten konnte [16] und 889 darin beerdigt wurde [17]. Die Dombibliothek hat anscheinend

[5] KD Köln I, 3, S. 38 *{1}*.

[6] Gründet um 848 in Lüttich eine irische Kolonie, ist zeitweise am Hofe Gunthars in Köln und nach 858 nicht mehr nachzuweisen.

[7] Schlosser, a. a. O., S. 315 (3).

[8] P. Clemen, Die romanische Monumentalmalerei in den Rheinlanden, Düsseldorf 1916, S. 749; KD Köln I,3 S. 46 *{1}*.

[9] 864 nimmt Gunthar zum letzten Male eine Weihehandlung vor; im gleichen Jahre wird er wegen seiner Beteiligung an der Eheaffäre Lothars II. exkommuniziert; Oediger, a. a. O., S. 154 *{1}*.

[10] Annales Fuldenses, M. G. SS I, S. 383; Anselmi gesta episc. Leodiens., M. G. SS. VII, S. 200. Anselm begründet die Weihe mit einer Zerstörung durch die Normannen. Von einer solchen ist sonst nichts bekannt; es ist möglich, daß der als sorgfältig bekannte Verfasser, der aber erst im 11. Jahrhundert schreibt, spätere Ereignisse vorwegnimmt. Die Annales Fuldenses geben den VI. kal. octobr. offenbar als Beginn der Synode. Der Tag der hll. Cosmas und Damian (27. September) gilt später als der Tag der dedicatio.

[11] Meginhard schreibt die Annalen von 864 bis 887. G. Frenken, Die Kölner Domschule im M. A., in: Der Dom zu Köln, Festschrift. Hrsg. von E. Kuphal, Köln 1930, S. 239.

[12] W. Wattenbach, Deutschlands Geschichtsquellen I, 1904, S. 244.

[13] K. Corsten, Die alten Kölner Kathedralen, in: Rhein. Vierteljahresblätter, XIV, 1949, S. 164.

[14] *„Feruntur etiam in eadem nocte, quando basilica mane erat consecranda, voces malignorum spirituum audiri inter se loquentium et valde dolentium, se ab obsessis diutissime sedibus expelli debere."*

[15] Annales Fuldenses (recogn. F. Kurze, SS. rer. germ. 1881, S. 97) und weitere Nachrichten. Dazu E. Hegel, Die Kölner Kirchen und die Stadtzerstörungen der Jahre 355 und 881, in: Kölner Untersuchungen, hrsg. v. W. Zimmermann, Ratingen 1950, S. 46; K. Corsten, a. a. O., S. 166 *{13}*.

[16] Corsten, a. a. O., *{13}* behauptet eine Neuweihe, ohne eine Quelle anzugeben; zur Synode: J. D. Mansi, Conciliorum nova et amplissima collectio XVIII, S. 45.

[17] Chronica praesulum et archiepiscoporum coloniensis ecclesiae, ed. G. Eckertz, in: Ann. d. hist. Vereins f. d. Niederrhein IV, 1857, S. 188.

die Plünderung überstanden, da heute noch von den hundertfünfundsiebzig Bänden, die der Katalog von 833 aufzählt, dreißig bis vierzig erhalten sind [18]. Mit den Reliquien und den Urkunden scheint es schlechter bestellt gewesen zu sein, denn Erzbischof Hermann I. (889 – 924) muß 891 um Reliquien für die zerstörten Kirchen und die Erneuerung der Privilegien für den Dom bitten [19].
9 Über Arbeiten am Dom hören wir dann erst wieder unter Erzbischof Bruno I. (953 – 965), der
außer dem Stab und den Ketten Petri dem Dom auch die Reliquien der hll. Gregor von Spoleto
und Privatus zubrachte und zu seinen Lebzeiten für Privatus neben dem hier zum erstenmal erwähnten Martinsaltar ein Oratorium errichtete. Das Testament Brunos enthält eine Stiftung für ein
10 ähnliches Oratorium auch für Gregor von Spoleto [20]. Außerdem hat Bruno nach den Angaben Levolds von Nordhoff (1279 – 1359) dem alten Bau zwei Seitenschiffe hinzugefügt *(quam etiam eccle-*
11 *siam uno abside in utroque latere decenter ampliavit)* [21]. Wenn Ruotger in der Vita Brunonis von diesem sagt, daß er zur Ehre des hl. Petrus dessen hochgefeiertes Haus wundervoll erweiterte und es aus einem schönen Gotteshaus zu einem allerschönsten machte [22], so kann sich das nach unserer
12 heutigen Kenntnis nur auf die bei Levold erwähnten Seitenschiffe beziehen. Bruno wird nach seinem Tode 965 im Petruschor aufgebahrt.
13 Irrtümlich wird in einer Papsturkunde von 1051 der Marienaltar als Hauptaltar bezeichnet [23]. Um
14 1052 ist Anselm von Lüttich der Meinung, daß der zu seiner Zeit bestehende Dom in Köln noch
15 der von Willibert geweihte sei [24]. Nach 1057 errichtete Anno II. östlich des Domes die Stiftskirche
16 Sankt Maria ad gradus. Wahrscheinlich verband er Dom und Stiftskirche mit Kolonnaden, von denen ein Teil zu Beginn des 19. Jahrhunderts noch stand [25]. Die Vita Annonis berichtet, daß 1075 bei der Leichenfeier für Anno die *ingens amplarum aedium spaciositas* des Domes wegen der Volksmenge zusammenzuschrumpfen schien. Die Bahre mit der Leiche wurde in *occidentali choro contra memoriam principis apostolorum* aufgestellt [26]. Die Memoria des hl. Petrus wird hier zum erstenmal
17 erwähnt. Sie liegt danach im Westchor. Ganz eindeutig werden die beiden Chöre in der Lebensbeschreibung des hl. Bernhard unterschieden, der 1147 einmal am Marienaltar im Osten zelebriert und ein anderes Mal am Petrusaltar, welcher, im Westen gelegen, den Vorrang hätte [27]. Die West-
18 lage des Hauptchores wird hier, als von der Regel abweichend, besonders notiert. 1164 erhält Köln durch Rainald von Dassel die Reliquien der Heiligen Drei Könige [28]. Der Besitz dieser Heiligtü-
19 mer besiegelte das Schicksal des alten Domes, denn hauptsächlich ihretwegen begann man den gotischen Neubau. Erzbischof Rainald errichtet 1165/66 zwei (hölzerne) Türme neben dem Marien-

[18] Hegel, a. a. O., S. 48 *{15}*.

[19] Hermann I. wurde im Dom begraben.

[20] Vita Brunonis, M. G. SS. Nova series X, Weimar 1951; die entsprechenden Stellen bei Doppelfeld in Kölner Domblatt XIV/XV, 1958, S. 192 ff. = hier S. 255 ff. Von den beiden Oratorien ist später nicht mehr die Rede. Von dem nördlichen könnten noch einige Fundamentreste vorhanden sein.

[21] Cat. archiep. Colon., Böhmer, Fontes rerum germ. II, 1845, S. 285. Diese Stelle hat zu vielerlei Vermutungen Anlaß gegeben. Dadurch, daß man absis, wie nicht ungebräuchlich, mit Seitenschiff übersetzt, lassen sich die Schwierigkeiten ohne weiteres beseitigen. Vgl. F. Mühlberg, Die Frühzeit von Sankt Pantaleon und die vorgotischen Domkirchen von Köln, Kölner Domblatt XVIII/XIX, 1960, S. 73 ff. Dazu W. Weyres, Die absides des alten Domes zu Köln, Kölner Domblatt XX, 1961/62, S. 99 ff. = hier S. 260 ff.

[22] *In cuius* (sc. si. Petri) *honore domum eius honoratissimam mirabiliter ampliavit, quam de pulchra pulcherrimam fecit.*

[23] Regesten d. Erzb. v. Köln I hrsg. von F. W. Oediger, Köln 1954, Nr. 827: *„ut maius altare ecclesiae tuae matris virginis honori dedicatum et aliud ibidem apostolorum principi b. Petro addictum reverenter ministrando procurent septem idonei Cardinales presbyteri."*

[24] Anselmi gesta ep. Leod. *{10}*, 200; dazu L. Ennen, Der Dom zu Köln, 1880, S. 12. Die dort angeführten Argumente dagegen sind nach den Grabungsbefunden nicht mehr stichhaltig.

[25] Kunstdenkmäler Köln II, 2, S. 15 ff.

[26] MG. SS. XI, S. 506.

[27] Vita S. Bernardi Claravall. I. Acta Sanctorum Aug. IV, S. 339 f.

[28] Das Ereignis wird in einer Reihe zeitgenössischer Quellen zitiert. M. Hasak, Der Dom des heiligen Petrus zu Köln, Berlin (1911), S. 13 ff.; KD Dom, S. 52 *{1}*; Ennen, Dom, S. 34 *{24}*.

20 chor [29]. Beim Beginn des Chorneubaues 1248 trifft den alten Dom eine schwere Katastrophe. Man
hatte, um einen Teil der Mauern schneller niederzulegen, sie unterhöhlt und mit Holz abgestützt.
21 Als man die Hölzer anzündete, entstand ein gewaltiger Brand [30]. Da auch die beiden vergoldeten
Kronleuchter, von denen einer im Peterschor, der andere in der Gegend des Dreikönigsschreins
22 hing [31], als verloren gemeldet werden, muß der Brand Dach und Decke des ganzen Domes zerstört
haben [32]. Trotz der Katastrophe legte Konrad von Hochstaden im gleichen Jahr den Grundstein
zum Neubau. Gleichzeitig muß man aber auch die Wiederherstellung der Dächer mit Energie in
23 Angriff genommen haben, denn spätestens im Mai 1251 war der Dom wieder benutzbar [33]. Wir
wissen nicht, wie weit man damals den alten Dom abgerissen hat. 1248 hat man wahrscheinlich den
östlichen, zunächst zum Abbruch bestimmten Teil dem westlichen, der bis 1322 dem Gottesdienst
24 diente, durch eine Mauer getrennt [34]. Vom westlichen Teil mit dem Petrusaltar ist bezeugt, daß er
während der ganzen Bauzeit des neuen Chores benutzt wurde [35]. Was wir bisher anführen konnten,
25 besagt zur Gestalt und Lage des alten Domes sehr wenig. Etwas mehr verraten uns ein Kalendar
des Domkustos [36] und die in den Notae Si. Petri überlieferte Abschrift aus einem Buch des Dom-
thesaurars [37]. Beide enthalten eine Aufstellung der Fenster des alten Domes mit ziemlich genauen
26 Ortsangaben, die kurz nach dem Brand von 1248 aufgeschrieben sein muß [38]. Im Kalendar sind
außerdem die Verpflichtungen aufgeführt, die der Kustos an den Festtagen hinsichtlich der Be-
27 leuchtung der Kirche und einzelner Altäre hatte. So erfahren wir auch zum ersten Male, daß der
Dom zwei Krypten besaß, neben der des hl. Petrus die der hl. Maria. Altäre in den Krypten werden
merkwürdigerweise nicht erwähnt; man muß annehmen, daß vielleicht früher vorhandene zu dieser
28 Zeit nicht mehr gebraucht wurden [39]. Die Sakristei, die aurea camera, hat mehrere Nebenräume. In
ihr steht ein Altar, der dem Thesaurar gehört [40], während die Porticus dem Kustos zusteht [41]. Aus
29 einem Totenbuch des 13. Jahrhunderts [42] können wir einige Ergänzungen entnehmen. Wir hören
30 dort von den um diese Zeit noch bekannten Bischofsgräbern. Ein Rituale aus der zweiten Hälfte
des 13. Jahrhunderts im Kölner Stadtarchiv [43] gibt nicht nur sehr interessante Aufschlüsse über den
Gottesdienst im alten Dom, sondern erlaubt auch, die Lage der Sakristei etwas genauer zu bestimmen.

[29] K. D. Dom, *{1}* S. 43; Der Catalogus primus archiep. Colon. (M.G. SS, XXIV, S. 343) berichtet nur von Türmen, erst um 1250 werden diese als hölzerne bezeichnet.

[30] Ennen-Eckertz, Quellen zur Gesch. d. Stadt Köln II, Köln 1863, S. 280 ff.

[31] K. D. Dom *{1}* S. 46. Von dem zweiten Leuchter wird dort irrtümlich angenommen, daß er vor dem Stephanusaltar gehangen habe.

[32] Ennen, Dom *{24}*, S. 30 ff.; Hasak, Dom *{28}*, S. 13 ff.

[33] Hasak, Dom *{28}*, S. 28.

[34] Die Mauer ist bei der Grabung aufgefunden worden.

[35] Ennen, Dom *{24}*, S. 38 ff.

[36] In der Oettingen-Wallersteinschen Bibliothek zu Maihingen: Ennen-Eckertz *{30}*, S. 561 ff.

[37] MG. SS XVI, S. 734 ff.

[38] Die bisherige Datierung um 1300 kann nicht aufrechterhalten werden; die Aufstellungen legen die Verpflichtung des Domkustos zur Unterhaltung der Fenster fest, die nach dem Brande und im Hinblick auf den Neubau notwendig ist. Da aber offenbar dem betroffenen Dignitär im Augenblick der Niederschrift nicht klar war, daß der Neubau von ihm den fünf- bis sechsfachen Betrag für Reparaturen verlangen würde, muß dieser noch so in den Anfängen gesteckt haben, daß der Laie keine Vorstellungen davon gehabt zu haben braucht, wie groß die neuen Fenster werden würden. Sonst hätte er sicherlich seine Verpflichtungen schärfer abgegrenzt. Die Thesaurarie und die Kustodie des Petrusaltares waren 1246 miteinander vereinigt worden (Ennen, Dom *{24}*, S. 16). Da die Reparaturen der Fenster und die Beleuchtung des Domes ursprünglich Sache des Thesaurars war, können die entsprechenden Angaben erst nach 1246 in das Kalendar der Kustodie gekommen sein.

[39] Das Kalendar der Kustodie spricht nur von candelae oder lumina in *„cripta S. Petri"* oder in *„cripta b. Marie"*, sonst heißt es *„candela ad altare S. Crucis"* usw. Altäre in den Krypten werden aber auch sonst nicht erwähnt. Zudem ist es merkwürdig, daß die Krypten keine eigenen Patrone haben.

[40] Es ist der Sylvesteraltar; Ennen-Eckertz *{30}*, S. 600.

[41] Daselbst.

[42] Ennen-Eckertz *{30}*, S. 609 ff.

31 Aus einem Schreiben des Domkapitels erfahren wir, daß man 1325 die alte Porticus an der Südseite, die auch vestibulum genannt wird, niederlegen wollte [44]. Da dies nach dem Einzug des Kapitels in den neuen Chor (1320) liegt, muß die Vorhalle im Bereich des neuen Querhauses gelegen haben. Der Rest des alten Domes wurde wahrscheinlich dem Baufortschritt entsprechend abgebrochen.
32 Wir wissen darüber nichts Genaueres. Um die Mitte des 15. Jahrhunderts war, nach den bei der Grabung gefundenen Glockengußgruben zu urteilen, der Peterschor abgerissen [45]. Die zuletzt ge-
33 nannten Quellen können mit Nutzen zur Rekonstruktion des alten Domes herangezogen werden, doch muß man dabei bedenken, daß sie einen Zustand voraussetzen, in dem ursprüngliche Teile und später hinzugefügte zu einem Gebäude zusammengewachsen waren, dessen ingens spaciositas
34 den Chronisten beeindruckte. Es kommen zwei Abbildungen hinzu, von denen die eine, eine Miniatur im sogenannten Hillinuskodex der Dombibliothek (um 1000) mit ziemlicher Sicher-
35 heit als eine Darstellung des Domes von der Südseite her anzusehen ist [46]. Von Fritz Witte ist eine Emailscheibe am Heribertschrein in Deutz (um 1160) als Darstellung des alten Domes gedeutet worden [47].

B. Bisherige Rekonstruktionen

36 Die erhalten gebliebenen Nachrichten haben manchen Forscher gereizt, eine Rekonstruktion des alten Domes zu versuchen. Da aber vor 1946 nie ernstlich gegraben worden ist [48], mußte man mit dem spärlichen Material aus den Schriftquellen auskommen, das oben umrissen worden ist [49]. Nachdem nun durch die Grabung eine Reihe von Tatsachen bekannt geworden sind, erscheinen alle älteren Rekonstruktionsversuche als falsch, und es ist hier nicht der Raum, sie im einzelnen zu besprechen, was dem aufgewandten Scharfsinn der Verfasser angemessen wäre. Auch die kühne Theorie, die K. Corsten aufgestellt [50] und bis in die jüngste Zeit verteidigt hat [51], daß nämlich der von Willibert geweihte Dom eine römische Marktbasilika gewesen sei, der man zwei Apsiden angefügt habe, ist durch das Ergebnis der Grabungen eindeutig widerlegt.

C. Ablauf der Grabungen

37 Nach den Kriegszerstörungen ergab sich 1946 die Gelegenheit, einen lang gehegten Wunsch der Forschung zu erfüllen und im Boden nach den Vorgängerbauten auf dem Domhügel zu graben.

[43] Geistl. Abt. 89b. Ich verdanke die Kenntnis der Handschrift Herrn Dr. J. Torsy. Sie ist schwierig zu datieren, weil sie einmal den intakten alten Dom voraussetzt, dann aber von dem *Chorus b. marie in novo opere* spricht. Da das Jahr mit dem Karsamstag anfängt und mit Karfreitag aufhört, muß sie zwischen 1222 und 1310 entstanden sein (H. Grotefend, Taschenbuch der Zeitrechnung 10, Hannover 1960, S. 12). Es scheint mir, daß es sich um eine Hs. des zweiten Viertels des 13. Jahrhunderts handelt, in die nach 1260 (Fertigstellung der Marienkapelle), wenn auch nicht an allen Stellen, Korrekturen eingetragen wurden. Sie ist zuerst von Oediger {1} ausgewertet worden.

[44] W. Kisky, Regesten der Erzbischöfe von Köln IV, Nr. 1548.

[45] 1408, 1448 und 1449 sind für den Dom Glocken gegossen worden. Wenn die Kölhoffsche Chronik 1499 behauptet, daß noch eine Säule vom alten Dom stehe, so ist das wohl eine Verwechslung mit dem Atrium.

[46] Abb. K. D. Dom {1}, S. 37.

[47] F. Witte, Der goldene Schrein, Köln 1928, S. 36 f.

[48] Voigtel deckte im südlichen Querhaus eine römische Wasserleitung auf (B. J. LXXXII, 1886, S. 75).

[49] Hasak, Dom {28}, mit östlichem Querschiff und zwei runden Osttürmen; H. nahm an, daß die Miniatur des Hillinuskodex von Nordosten gesehen wäre. R. Schultze, Basilika (Röm.-germ. Forschungen II, 1928), S. 76 und K. D. Dom {1}, S. 44, nahm zwei Querschiffe und östliche Flankierungstürme an. Außerdem: H. Vogts, Der Dom im Stadtplan, in: Der Dom zu Köln (Festschrift hrsg. v. E. Kuphal) Köln 1930, S. 7 ff.; Mertens und Lohne in Zs. für Bauwesen 1862, S. 163.

[50] K. Corsten, Der alte Dom und das römische Forum in Köln, Annalen d. hist. Ver. f. d. Niederrhein, 126, 1935, S. 5 f.

[51] K. Corsten {13}; dazu zuletzt O. Doppelfeld, More Romano, K. Domblatt VIII/IX, 1954, S. 45 = hier S. 169.

Otto Doppelfeld, der auch heute noch die Grabung leitet, konnte gleich zu Anfang als Grabungsleiter gewonnen werden. So kam der Arbeit von vornherein seine Grabungserfahrung und seine exakte Methode zugute. Unter mannigfachen Schwierigkeiten und mit Unterbrechungen, aber stets von dem Wohlwollen und der Förderung des Metropolitankapitels begleitet, ist die Grabung bis heute fortgesetzt worden. Sie ist jedoch noch lange nicht abgeschlossen [52]. Soweit es technisch irgendwie zu vertreten war, wurde der Befund erhalten und zugänglich gemacht. Alle wichtigen Punkte können jederzeit kontrolliert und überprüft werden. Wo Erdmassen und hin und wieder auch Böden entfernt werden mußten, zeigen photographische und zeichnerische Aufnahmen mit genügender Sicherheit den Bestand [53].

D. Der Befund

38 Im Laufe von mehr als zweitausend Jahren ist das Niveau des Erdflecks, auf dem der heutige Dom steht, in vierzehn größeren Etappen vom gewachsenen Boden bis zur Höhe des heutigen Domfußbodens angewachsen. Doppelfeld hat sie voneinander geschieden und benannt; beim Fortschreiten der Grabung mußten einzelne Etappen unterteilt werden. Wir folgen hier seiner Numerierung [54].
39 In einem parallel zur nördlichen römischen Stadtmauer durch die Achse des gotischen Domes geführten Schnitt (Fig. 1) zeigt sich im gewachsenen Boden ein deutlicher, etwa 3 m betragender Höhenunterschied. Er entspricht der Niederterrasse des Rheins. Bei den Grabungen ist die Grenze zwischen dieser und der Uferzone bisher nicht gefunden worden; sie muß nach den Beobachtungen in
40 der Nachbarschaft etwa in der Querschiffachse des heutigen Domes liegen. Während die römische Bebauung der Perioden I – IV noch im großen und ganzen der natürlichen Geländestruktur folgt, schiebt sich die merowingische (Periode V) nach Osten zu dergestalt vor, daß sich scheinbar ein
41 Hügel aus der Terrassenstufe herausbuchtet. Dieses ungefähr in gleicher Höhe verlaufende merowingische Niveau ist heute noch von der Mitte der Vierung aus 83 m weit nach Osten zu verfolgen. Da es darüber hinaus im 19. Jahrhundert abgegraben worden ist, läßt sich nicht sagen, wie
42 weit es sich auf die östliche römische Stadtmauer zu erstreckt hat [55]. Diesem merowingischen Ni-
43 veau entspricht eine Kirche. Von ihr sind zwar nur äußerst bescheidene Mauerreste aufgedeckt worden, doch sind zugehörige Fußböden in zwei oder drei Lagen übereinander an vielen Stellen in einer
44 Längenausdehnung von 49 m und in einer Breite von schätzungsweise 20 – 22 m gefunden worden (Fig. 2). Angesichts der Größe des Bauwerks kann kaum ein Zweifel daran bestehen, daß es sich
45 um die merowingische Bischofskirche handelt [56]. Sie ist zu einer noch nicht näher zu bestimmenden Zeit nach Westen zu erweitert worden (Periode VI). Nach unserer bisherigen Kenntnis ist

[52] Doppelfeld hat den Ablauf der Grabungen zuletzt dargestellt im Kölner Domblatt XXI/XXII, 1963, S. 105 ff. = hier S. 392 ff.

[53] Die Grabungen wurden am Anfang von den Fachkräften des Röm. Germ. Museums in Köln, in den letzten Jahren durch die Dombauhütte ausgeführt.

[54] O. Doppelfeld, Die Ausgrabungen des karolingischen Domes, in: Der Dom zu Köln, hrsg. v. H. Vogts, Köln 1948, S. 159 ff. = hier S. 36 f.

[55] O. Doppelfeld, Die Ausgrabungen am Petersbrunnen, Kölner Domblatt XII/XIII, 1957, S. 49 ff. = hier S. 183 ff. und ders., Die Domgrabung XV, Kölner Domblatt XXI/XXII, 1963, S. 105 ff. = hier S. 392 ff.

[56] Über die Form der Kathedrale ist nichts mit Gewißheit auszusagen. So kann beispielsweise nichts darüber gesagt werden, ob die angegebene Gesamtlänge in eine Kirche und einen Vorhof zu unterteilen ist (Doppelfeld, Domblatt 1963 *{55}*, S. 112 ff. = hier S. 402 ff.), oder ob wir uns eine auf die ganze Länge überdeckte Anlage vorstellen müssen. Ich neige zu der letzten Annahme. Lediglich die Breite ist nach Süden zu eindeutig bestimmbar. Auf diese merowingische Bischofskirche könnte die Erwähnung der *„ecclesia Colonense domni Petri"* in einer Urkunde des Königs Sigibert vom Jahre 639 bezogen werden (W. Levison, Metz u. Südfrankreich im M. A., in: Aus Rheinischer und Fränkischer Frühzeit, Düsseldorf 1948, S. 139 ff.), ferner die Verse des Venantius Fortunatus (gest. vor 610) an den Bischof Carentinus von Köln (W. Neuss – F. W. Oediger *{1}*, S. 115).

46 nicht eindeutig festzustellen, ob die Erweiterung in einer oder in zwei Etappen erfolgte. Im letzten
Stadium hat die merowingische Kirche ein westliches Querschiff mit Westapsis und halbkreisför-
migem Atrium [57] wie der Plan von Sankt Gallen gehabt. Es spricht bisher nichts dagegen, das halb-
47 kreisförmige Atrium in die frühkarolingische Zeit zu datieren [58]. Der Befund sieht bisher ferner so
aus, als ob die merowingische Kirche zunächst nur einen Westchor hatte. Allerdings ist der öst-
48 liche Abschluß noch nicht gefunden worden. Nur für den östlichen Teil der beschriebenen Anlage
kann ein terminus ante quem gegeben werden. Die beiden unter dem gotischen Chor aufgedeckten
Fürstengräber aus der Mitte des 6. Jahrhunderts sind in den älteren Boden eingetieft. Die ihnen ent-
49 sprechende Kirche muß also älter als die Gräber sein [59]. Die merowingische Kirche ist im ganzen
abgebrochen worden, um dem Neubau Platz zu machen. Das läßt sich aus der Anlage der neuen
Fundamente eindeutig ablesen.

50 Während die Fundamente der merowingischen Anlage, die des Atriums *{45}* in etwa ausgenom-
men, sehr wenig sorgfältig gemacht und nur bis in geringe Tiefe geführt sind, haben die Bauleute
des Neubaues (Periode VII) außerordentlich solide gearbeitet. Die Fundamente sind überall bis auf
den gewachsenen Boden geführt, stellenweise sogar leicht in ihn eingetieft *{39}*. Ihre Tiefe ist des-
wegen im Westen geringer (49,50 – 49,70) als im Osten (46,70) [60].
51 Die Fundamente sind fast überall, wo sie festgestellt wurden, gleich breit (1,40 – 1,45 m). Lediglich
die Apsidenmauern im Osten (1,75 m) und die im Westen (1,70) weichen davon ab. Sie sind im
52 Westen etwa 3,85 m und im Osten 6,65 m (unter dem Boden von VII b) tief und nur im untersten
Bereich gegen das Erdreich gemauert, sonst aber in der verhältnismäßig breiten Baugrube glatt und
ohne Absatz hochgeführt. Ihre Außenflächen bestehen aus kleinen, verhältnismäßig unregelmäßi-
gen Handquadern (Tuff, Kalkstein, Grauwacke), die aber ziemlich sauber in die Fläche gesetzt
sind; der überquellende Mörtel ist mit der Kelle abgezogen. Der Mauerkern besteht aus unregelmä-
53 ßigen Stücken gleichen Steinmaterials in sehr dichtem Mörtelbett. Es fällt auf, daß der Mörtel in
zweierlei Mischungen vorkommt. Die größere untere Partie hat einen graugelben Traßmörtel, wäh-
rend der Mörtel in der oberen einen Zusatz von Ziegelmehl hat. Beide Mörtelsorten haben eine
außerordentliche Festigkeit und kommen in der gleichen Folge in allen bisher aufgedeckten Mauern
vor. Man könnte annehmen, daß der Wechsel technische Gründe gehabt hat, etwa daß man die ei-
gentlichen Fundamente mit Traßmörtel, die über einem vielleicht ursprünglich beabsichtigten Ni-
54 veau aber mit rotem Mörtel ausführte. Dem widerspricht aber die verschiedene Höhenlage des
Wechsels im Osten (51,20) und im Westen (52,50). Man könnte auch das noch mit Nachlässig-
keit bei der Ausführung erklären, wenn nicht sonstige Beobachtungen eine andere Deutung nahe-
55 legten. Im Winkel zwischen der Westapsis und der Westwand des nördlichen Querschiffarmes ist
das von einem gotischen Pfeiler zum größten Teil zerstörte oder überdeckte Fundament eines
Rundturmes gefunden worden (Abb. 3). Abweichend von den übrigen ist dieses Fundament nur
sehr seicht und nachlässig gearbeitet [61], aber durchgehend mit rotem Mörtel gemauert. Ganz offen-
sichtlich liegt hier eine Planänderung vor, wegen der das mit Traßmörtel gemauerte Fundament
56 eines schwächer geplanten Rundturmes verstärkt werden mußte [62]. Nicht weit davon gibt es ein

[57] Das Atrium ist einwandfrei gefunden; von der Apsis fehlt jede Spur; sie muß aber des Atriums wegen vorausgesetzt werden. Wahrscheinlich sind ihre Spuren beim Bau des nachfolgenden Westchores getilgt worden, weil sie in den Bereich der breiten Baugruben fielen.

[58] O. Doppelfeld, Stand der Grabungen und Forschungen am alten Dom zu Köln, Forschungen zur Kunstgeschichte und Archäologie, Baden-Baden 1954, S. 69 ff. = hier S. 139 ff.

[59] Doppelfeld in Dbl. 1959, S. 41; Ders. in Dbl. 1960, S. 85; Ders. in Dbl. 1961/62, S. 103; Ders. in Dbl. 1963, S. 49; Ders. in Dbl. 1963, S. 112 ff. = hier S. 402 ff.

[60] Höhenangaben über NN.

[61] Die unteren Lagen bestehen aus großen römischen Kalkblöcken, meist Gebälkstücken, die einfach in die Baugrube geworfen sind. O. Doppelfeld *{58}*, S. 87 ff. = hier S. 151 ff.

[62] Das ältere Fundament ist unter der jüngeren Fundamentverstärkung sichtbar.

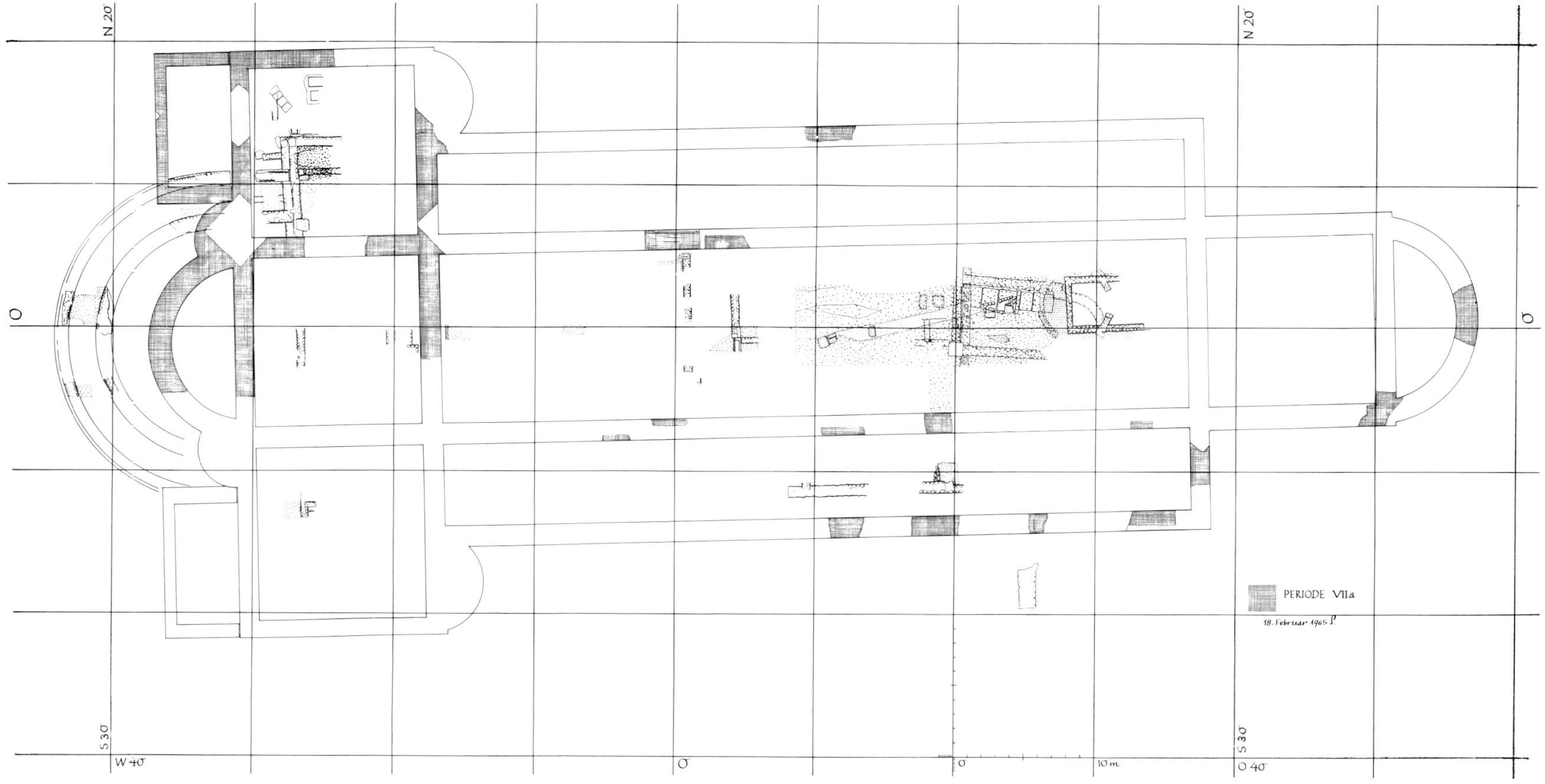

Fig. 2. Befunde der Perioden V und VI. Böden sind punktiert. – Maßstab 1 : 500.

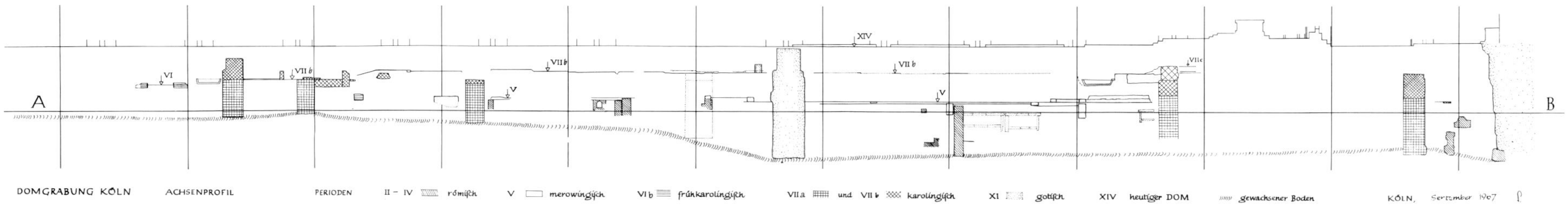

Fig. 1. Längsschnitt durch die Grabung in der Achse des gotischen Domes. – Maßstab 1 : 500.

Abb. 1. Türschwelle des Portals in der Westwand des Nordquerschiffs von Bau VII a nach Norden gesehen. Unten links Fundament der älteren Südwand der Emundus-Kapelle. Darüber äußere Atriumsmauer von Bau VI, deren Fortsetzung in der rechten Bildhälfte zu sehen ist.

weiteres Anzeichen für eine Änderung während des Baues. In der Westwand des nördlichen Quer-
schiffarmes liegt, in roten Mörtel gebettet, eine schwere und vielbegangene Schwelle (Abb. 1;
Fig. 3) mit Angelpfannen und angearbeiteten Auflagern für das Gewände. In die lichte Öffnung
57 dieses Portals trifft von Westen her ein Fundament, das zwar gegen das Fundament des Querschiffs
58 gesetzt ist, aber einen ähnlichen grauen Mörtel hat wie dieses. Die zum Teil noch erhaltene auf-
gehende Mauer ist später eindeutig nach Süden gerückt worden *{146}*, so daß sie nun das Portal
frei läßt. Es hat also auch an dieser Stelle eine Planänderung stattgefunden.
59 Doppelfeld hat deshalb seine Periode VII in a und b unterteilt. Es liegt nahe zu fragen, ob mit die-
ser Änderung des Planes auch eine Bauunterbrechung verbunden war. In der Tat gibt es Anzeichen
dafür. Ungefähr in der Höhe des Mörtelwechsels im Westen zieht sich durch den ganzen Bau eine
humose Schicht, die als Arbeitshorizont anzusprechen ist und offenbar längere Zeit unter freiem
Himmel gelegen hat, ehe man den Raum bis zur Fußbodenhöhe anfüllte, die zum Bauabschnitt
VII b gehört.
60 Wir müssen also einen Bau VII a annehmen, der ins Stocken geriet und den man nach einigen Än-
derungen des Planes fortführte (VII b). Der Befund kann uns nicht verraten, wie der Bau im Auf-
gehenden aussehen sollte, und auch nicht, wann die Unterbrechung stattfand und wie lange sie dau-
61 erte. Die Grundrißgestalt, soweit sie durch die Fundamente bestimmt ist, wurde von Bau VII b un-
verändert übernommen: an ein dreischiffiges Langhaus ist ein ausladendes westliches Querhaus mit

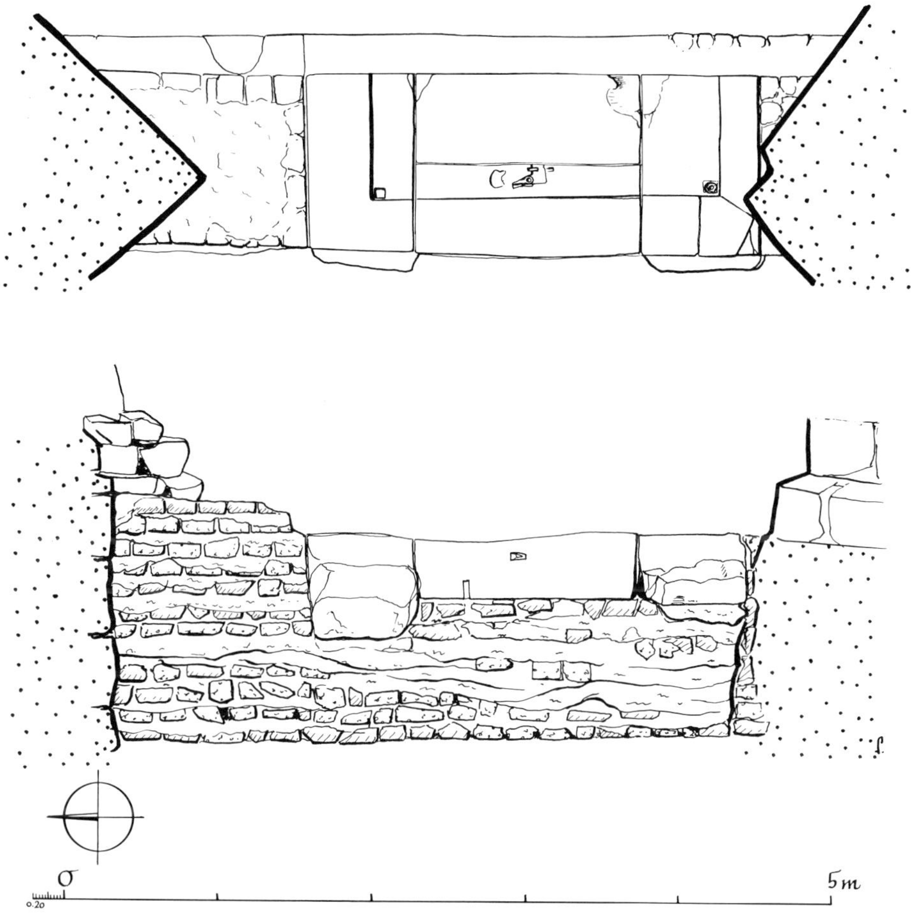

Fig. 3. Türschwelle in der Westwand des nördlichen Querschiffs. – Maßstab 1 : 50.

einer halbkreisförmigen Apsis angesetzt, deren Mittelpunkt auf der inneren Mauerflucht liegt. Nach Osten zu stößt das Mittelschiff etwa um die Mittelschiffbreite über die Ostflucht der Seitenschiffe
62 vor und wird dort durch eine leicht abgesetzte zweite Halbkreisapsis geschlossen (Fig. 10). Die Maße des Bauwerkes sind nicht genau anzugeben, weil kein Anhaltspunkt dafür besteht, in welcher Stärke die aufgehenden Mauern geplant waren. Sie werden sich nur unwesentlich von den Maßen
63 unterscheiden, die bei Bau VII b noch ermittelt werden können *{199}*. Alle Raumkompartimente
64 sind durch kräftige Spannmauern getrennt [63]. Die Fundamente sind durch die gotischen Fundierungen an vielen Stellen zerstört, anscheinend aber auch weitgehend in das neue Fundamentsystem einbezogen worden [64].

65 Es gibt kein Anzeichen dafür, daß bei Bau VII a im Westen eine Krypta geplant war. Alle Fundamente der späteren Krypta gehören der Periode VII b an. Sie sind nur 60 cm tief gegründet und mit
66 rotem Mörtel schlecht gemauert. Das gilt auch für die Abschlußmauer zum Querschiff hin. Für die aus den Quellen bekannte Ostkrypta *{27}* gibt es bisher nur schwache Anhaltspunkte *{98}*.

67 In der Periode VII b sind die Fundamente der Umfassungsmauern, zunächst in gleicher Stärke, bis auf die Höhe des Fußbodens gebracht worden. Man verwendete ähnliches Material wie in VII a, nur

[63] Aufgedeckt sind bisher nur die Spannmauern im westlichen Teil.

[64] Das gilt besonders für den gotischen Chorteil, wo die alten Mauern die Funktion von Spannmauern für den Neubau übernehmen.

68 in rotem Mörtel, und arbeitete stellenweise etwas weniger sorgfältig. Die Innenmauern sind, soweit
wir sie bisher gesehen haben, überall, auch dort, wo sie bestimmt nicht weiter hochgeführt waren,
etwa 60 cm hoch mit zwei 1,10 – 1,15 m breiten und mittig auf das Fundament verlegten Werk-
steinschichten überdeckt worden. Sie bestehen aus sehr sauber gearbeiteten Kalkstein- und Sand-
steinblöcken, die mit ganz schmalen, mit einem rein weißen Mörtel gefüllten Fugen kunstgerecht
versetzt sind (Abb. 2). Die Blöcke sind teilweise miteinander verklammert. Es sieht so aus, als ob
69 man dem sehr soliden Fundament darunter nicht getraut hätte [65]. Eine einzige innere Fundament-
mauer macht davon eine Ausnahme: die Spannmauer innerhalb der Westapsis ist nicht erhöht wor-
den, weil sie bei der Anlage der Krypta im Wege gestanden hätte.
70 Bei den dem gotischen Neubau vorausgehenden Abbrüchen hat man fast alles Mauerwerk bis auf
die Höhe des Fußbodens von Bau VII b abgebrochen [66]. An wenigen Stellen blieben Stücke des
71 Aufgehenden erhalten. Das schönste Stück ist ein Teil der westlichen Apsidenwand (Abb. 3). Un-
72 gefähr in der Höhe des Langhausfußbodens verringert sich ihre Stärke von 1,70 auf 1,35 m, wobei
die innere Kante ungefähr bündig mit dem Fundament aufgeführt ist. Außen wird die Differenz
73 durch ein Abdeckgesims aus Kalkstein in der Form eines liegenden, nicht besonders sorgfältig gear-
beiteten Karnieses ausgeglichen (Fig. 5). Das darüber erhaltene Mauerwerk ist sehr sorgfältig mit
74 Tuffsteinschalen hochgemauert, in die ohne erkennbares System Kalkquader eingebunden sind. Das
Innere der Mauer besteht wie die Fundamente aus einigermaßen in Lagen vermauerten Steinen in
sehr reichlichem Mörtelbett [67].
75 Das Mauerwerk der Außenmauern ist über dem Fundament nur etwa 1,20 m dick und in der Regel
76 mittig daraufgesetzt. Die Westwand des nördlichen Querhausarmes macht davon eine Ausnahme.
77 Hier sitzt das Aufgehende außen bündig. In den erhaltenen unteren Schichten ist hier die aus drei
schweren Blöcken bestehende Schwelle einer im Lichten 1,82 m weiten Tür erhalten. Ihre Oberkan-
te lag ursprünglich um Stufenhöhe über dem Fußboden, ist aber an der Innenseite fast bis auf den
78 Fußboden abgetreten *{56}*. Weiter nördlich liegt daneben eine kleine Türöffnung, die vom goti-
schen Pfeilerfundament abgeschnitten und anscheinend sehr früh vermauert worden ist. An die
79 Nordwand anschließend ist ein Stück des Mauerwerks erhalten mit einem Durchgang, zu dem fünf
Stufen hinaufführen [68]. Schließlich führt durch die Nordwand, ungefähr in ihrer Mitte, eine kleine
0,80 m breite Tür mit außen und innen abgeschrägten Gewänden [69]. Die Oberkante ihrer stark aus-
getretenen Schwelle, auf der sich Abdrücke von Türgewänden erhalten haben, lag ursprünglich zwei
Stufen über dem Fußboden (Fig. 6).
80 Ein sehr aufschlußreicher Befund zum Aufgehenden von Bau VII b zeigte sich auf der nördlichen
Mittelschiffmauer unter der heutigen Vierung. Dort wurden auf der oberen Werksteinschicht *{68}*
eingekerbte Versetzmarken von zwei Pfeilern gefunden, die in der Grundfläche 1,50 m lang und
81 0,93 m breit gewesen sein müssen (Fig. 7). Sie lassen ein Interkolumnium von 4,17 m frei [70]. Die
82 Form der Versetzmarken schließt aus, daß es sich um Spuren von Säulenbasen handelt. Der Bau
83 VII b ist also nicht, wie man in früheren Rekonstruktionen annahm, eine Säulenbasilika gewesen [71].

[65] Die Blöcke müssen von einem großen römischen Bauwerk stammen, zu dem wohl auch die Gesimsstücke im verstärkten Fundament des nordwestlichen Rundturmes gehören.

[66] An einigen Stellen hat man auch die Quader entfernt, doch blieben ihre Abdrücke im roten Mörtelbett erhalten.

[67] Doppelfeld *{58}*, S. 88 = hier S. 152.

[68] Es handelt sich um den Anfang der Treppe zum Dormitorium; sie führte wahrscheinlich hinter der in die Emunduskapelle hineingesetzten schrägen Mauer weiter und ist in der jetzt sichtbaren Form wohl erst mit ihr angelegt worden. Doppelfeld *{58}*, S. 90 = hier S. 153.

[69] *{58}*, Abb. 36; ein außen anschließender Schieferboden läßt die Vermutung zu, daß sich hier ein Raum anschloß.

[70] Die Westkante des östlichen Pfeilers ist zweimal markiert, doch ist die westliche Marke abgetreten, also verworfen worden. Die verworfene Marke hätte ein Interkolumnium von 4,08 m ergeben. Ähnliche Marken fanden sich auch für die Säulenstellungen im Aachener Oktogon.

[71] Man muß also für die vielen Säulenreste, die sich in den gotischen Fundamenten gefunden haben, eine andere Stelle suchen.

Abb. 2. Fundamentquader von Bau VII b mit den Abdrücken des aufgehenden Mauerwerks. Rechts die nördliche Seitenschiffmauer mit einem Rest des Wandsockels. Halbrechts Rest der Mauer mit dem, hier nicht sichtbaren, Ansatz der Seitenapsis, vom gotischen Fundament abgeschnitten.

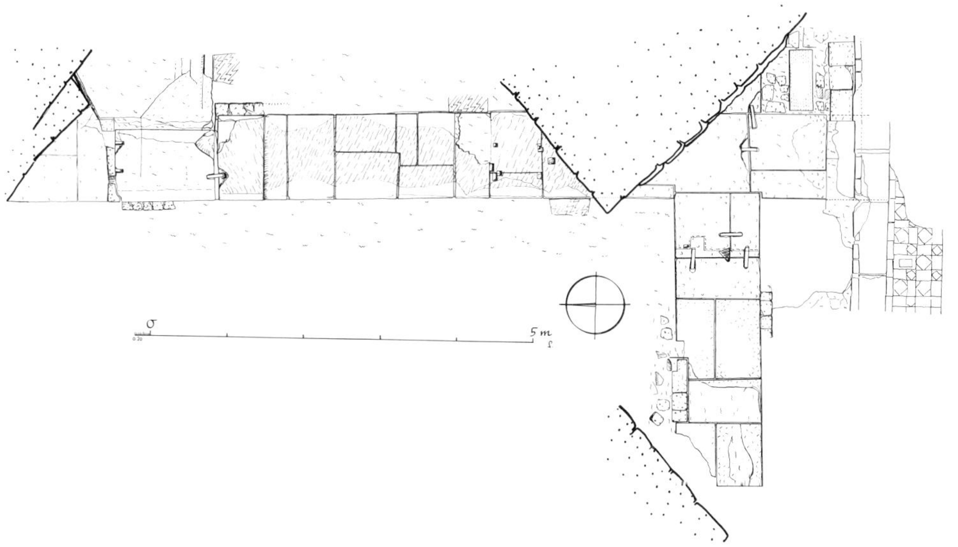

Fig. 4. Ostmauer des nördlichen Querschiffs. Rechts die Spannmauer zwischen Nordarm und Vierung. Links Ansatz der vom gotischen Pfeiler abgeschnittenen Seitenapsis. Norden ist links. – Maßstab 1 : 100.

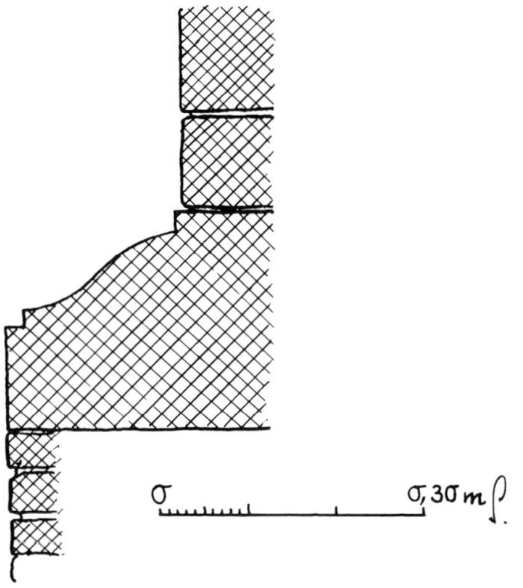

Fig. 5. Äußeres Sockelprofil der Westapsis. – Maßstab 1 : 10.

Die Spuren hoben sich deshalb so deutlich ab, weil die hier zutage tretende Oberfläche der erwähn-
ten Kalksteinquader etwa 10 cm ausgetreten ist. Sie muß also ursprünglich um dieses Maß gegen-
84 über dem anschließenden Fußboden höher gelegen haben. Die Verschleißspuren gehen östlich und
westlich so dicht an den Pfeilerriß heran, daß sie nicht entstanden sein können, wenn die Pfeiler kei-
nen Sockel zur lichten Öffnung hin gehabt haben.
85 In letzter Zeit ist die östliche Spannmauer des Westquerschiffs (Fig. 4) weiter nach Norden zu ver-
folgt worden. Die Abdeckquader sind hier zum Teil entfernt, am Kreuzungspunkt von Langhaus-
und Querschiffwand jedoch sehr gut erhalten. Der Eckpfeiler selbst scheint von kreuzförmigem
Grundriß gewesen zu sein; leider ist auch hier das gotische Fundament so in das alte Mauerwerk
hineingesetzt, daß nur nach zwei Seiten eindeutige Klarheit zu gewinnen ist.
86 Auf der erhaltenen oberen Quaderschicht zeichnet sich nach Süden zu eine Vorlage von etwa
87 1,25 m Länge ab. Die Vorlage nach Westen ist aus Mörtelpuren auf der unverschliffenen Oberflä-
88 che der darunterliegenden Quader abzulesen, die deutliche Flächenhiebe zeigt. Im nördlichen Drit-
tel zeigt die Spur eine anscheinend später angebrachte rechteckige Ausklinkung, die nur erklärbar
ist, wenn man annimmt, daß an dieser Stelle ein senkrechter Holzbalken gestanden hat, der zu ei-
nem Türrahmen gehört haben müßte. Da man als sicher annehmen muß, daß dieser Pfosten nicht
in den aufgehenden Pfeiler eingetieft, sondern an seine Stirnfläche gesetzt war, so kann die Ausklin-
89 kung nur in einem Sockelprofil angebracht gewesen sein, dessen Ausladung durch das Maß der Ein-
tiefung gegeben ist. Das erklärt auch, weshalb die nach Westen anschließenden Quader durch in-
tensives Begehen bis an die Grenze zwischen glatter und rauher Oberfläche, also bis an die Kante
90 des postulierten Sockels, völlig glatt geschliffen erscheinen. Soweit die Ost-West-Spannmauer er-
91 halten ist, zeigt ihre Oberfläche die gleiche glatte Beschaffenheit. Auf ihrer Nordkante wurde spä-
ter eine schmale Mauer aufgesetzt, die in 1,45 m Abstand von der Pfostenspur *(88)* aufhört; hier
92 hat also in späterer Zeit eine Türöffnung bestanden [72]. Auch nach Osten zu hat der Eckpfeiler eine
Vorlage gehabt. Ihre Ausdehnung ist nicht mehr zu bestimmen, da hier das gotische Fundament
93 einschneidet. Abgeschnitten ist auch die Vorlage nach Norden, die als einzige der vier Vorlagen er-
94 wartet werden konnte. Dagegen ist der Abdruck der entsprechenden Vorlage an der nördlichen Au-
ßenmauer erhalten; er springt 65 cm vor und ist 1,12 m breit. Nach Norden daran anschließend
sind Reste des Aufgehenden erhalten. Sie zeigen den Ansatz einer nach Osten gerichteten Apsis. An
dieser Stelle sind Reste eines etwa 10 cm breiten Wandsockels mit abgeschrägter Oberkante erhal-

[72] Anscheinend gleichzeitig ist der Fußboden an dieser Stelle erhöht worden.

Abb. 3. Westapsis von Bau VII mit modernem Backsteinmauerwerk ergänzt. Rechts oben Reste des Atriums von Bau VI.

Abb. 4. Nordwand des Nordquerschiffs. Rechts oben die kleine Pforte. Links die Treppe zum Dormitorium.

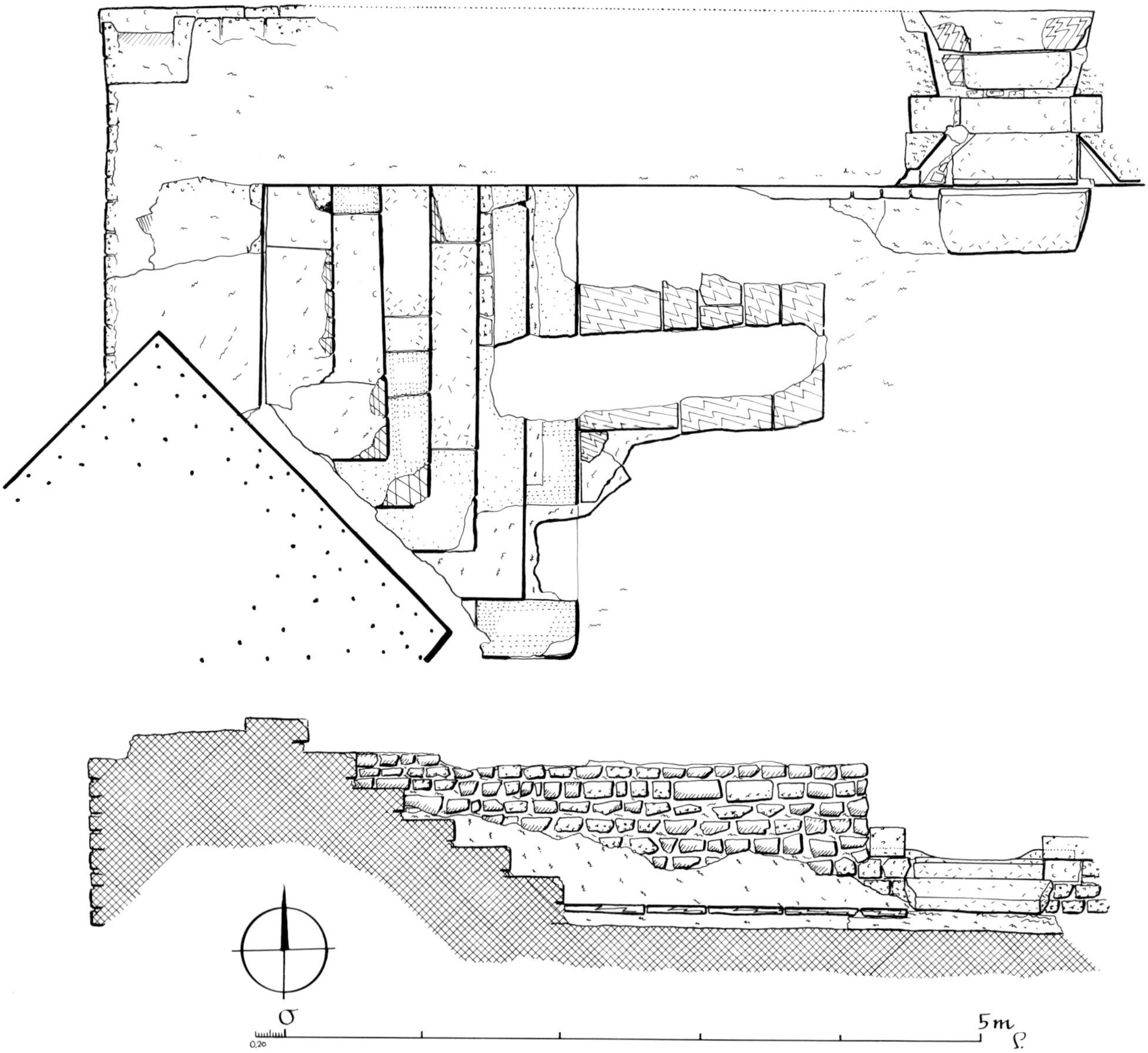

Fig. 6. Treppe zum Dormitorium im nördlichen Querschiffarm und anschließende Nordmauer. – Maßstab 1 : 50.

ten. Er lief anscheinend der Seitenschiffmauer entlang und umzog auch die Vorlage. Durch die Nebenapsis ist er aber nicht fortgeführt.

95 Im Bereich des heutigen Chores ist das südliche Mittelschiffundament von uns durchschlagen wor-
96 den. An dieser Stelle sind keine Quaderschichten mehr erhalten [73]. Bei der im südlichen Chorseitenschiff aufgedeckten Seitenschiffmauer ist vom Aufgehenden gerade so viel erhalten, daß man seine
97 Breite ablesen kann. Auf der Mauer war 10,70 m von der heutigen Querschiffachse nach Osten zu ein Pfeiler aus kleinen Tuffquadern noch etwa 1 m hoch erhalten, der mindestens auf drei Seiten einen profilierten Kalksteinsockel hatte. Da der Fußboden an dieser Stelle nachträglich über die Seitenschiffmauer weggezogen worden ist, muß der Pfeiler einer späteren Erweiterung, wahrscheinlich

[73] Wahrscheinlich sind im Ostteil des alten Domes alle Quader entfernt worden. Sie finden sich nicht nur im Fundament, sondern auch im Aufgehenden des gotischen Baues wieder, z. B. an den Innenwänden der Treppenläufe.

98 der ottonischen, zugerechnet werden. [74]. Die Mauer der östlichen Apsis ist in wenigen Schichten er-
halten; ihre Breite vermindert sich gegenüber dem Fundament von 1,75 m auf 1,65 m. Die Innen-
kante ist bündig hochgeführt; der sich so außen ergebende Überstand ist durch einen aus kleinen
99 Steinen gemauerten Schrägsockel in der Höhe des vermutlichen Kryptabodens ausgeglichen [75]. Bei
der Fundierung der neuen Orgelbühne im nördlichen Chorseitenschiff wurde auf der Seitenschiff-
100 mauer von Bau VII eine Türschwelle gefunden. Die Mauern von Bau VII b waren innen und außen
verputzt.
101 Vom Aufgehenden der Westkrypta ist ein wenig mehr erhalten. Da jedoch hier in späterer Zeit an-
scheinend mehrfach Änderungen vorgenommen worden sind, läßt sich der Bestand der ersten Anla-
ge nur mühsam ablesen (Fig. 8). An der Südseite hat man zudem bei der Anlage der gotischen
Pfeiler, im Gegensatz zur Nordseite, alles ältere Mauerwerk ausgebrochen. In der nördlichen Hälfte
102 ist, an die Apsismauer angelehnt, eine Kammer noch etwa 1 m hoch erhalten. Ihre Mauern sind
zum Teil aus römischen Spolien, zum Teil aus Tuffquäderchen gemauert. Doppelfeld hat wohl mit
Recht vermutet, daß die Kammer 1248 eingerichtet worden ist, um Sarkophage oder Gebeine von
Bischöfen aufzunehmen, die man aus dem abzubrechenden Teil des Domes entfernte [76]. Die aus
103 Spolien hergestellten Mauern und die Vermauerung einer Öffnung in der Ostwand der Kammer
104 müssen als jünger ausgeschieden werden. Die aus Tuff gemauerten Reststücke aber erweisen sich
als Mauerschalen, hinter denen massives Füllmauerwerk weggebrochen ist, um die Kammer herzu-
stellen. Das Rätsel löst sich auf der gegenüberliegenden Seite. Dort finden sich an der bogenförmi-
gen Südwestseite auf dem Boden noch die Abdrücke von keilförmig zugehauenen Steinen, die
105 nichts anderes als eine äußere Mauerschale anzeigen, ähnlich den noch bestehenden Tuffmauern auf
der Nordseite. Es saßen also hier ursprünglich zwei massive Mauerwerkskörper, die im Abstand
von etwa 1,50 m in etwa konzentrisch zur Apsismauer abgerundet waren und so einen Umgang frei
106 ließen. Untereinander waren sie durch einen 1,60 m breiten nach Osten führenden Gang getrennt.
Diese beiden Körper sitzen auf einer Fundamentplatte von 60 cm Stärke, die östlich an die Spann-
107 mauer anstößt, aber nicht unter dem Umgang durchgeführt ist. Östlich der Spannmauer waren vier
etwa 60 cm breite Mauerstreifen angesetzt, die bis an die gleichzeitige östliche Abschlußmauer der
Krypta gingen; die westlichen Enden dieser Zungenmauern waren verdickt und aus Quadern aufge-
108 führt [77]. So entstanden drei Kammern, die durch einen 1,60 m breiten Quergang zugänglich waren.
Dieser liegt zu einem Drittel auf der Spannmauer, im übrigen aber auf der erwähnten Fundament-
109 platte. Die mittlere der Kammern ist durch eine Quermauer, die auf einem östlich neben die Spann-
110 mauer gelegten Fundament sitzt, in zwei Teile geteilt; der westliche öffnet sich zum Quergang, der
östliche ist, wie es scheint, rundum geschlossen gewesen [78]. In der nördlichen der Kammern ist ein
111 Fundament erhalten, das nach Art und Lage ein Altarfundament gewesen sein muß [79]. Die vier Ek-
ken der Kreuzung von Quer- und Längsgang sind ausgeklinkt. Neben den östlichen Ecken liegen
112 im Boden quadratische Vertiefungen, in denen mit Mörtel befestigte Holzpfosten gestanden ha-
ben [80]. Der nördliche Zugang zur Krypta ist erhalten. Er ist etwa 1,50 m weit und führte zwischen

[74] Doppelfeld in K. Dbl. XXI/XXII, 1963, S. 110 = hier S. 398 f.

[75] Doppelfeld in K. Dbl. II/III, 1949, S. 148 = hier S. 101.

[76] Doppelfeld {58}, S. 94 = hier S. 157; er nimmt dort noch zwei symmetrisch angeordnete Kammern an. Von der südlichen sind jedoch keine Spuren erhalten. Bei den jüngsten Grabungen im Osten sind zwei geleerte Sarkophage gefunden worden, die ungefähr in der Achse des Schiffes vor dem Marienchor lagen. Außerdem wird man die Reliquien des als heilig verehrten Erzbischofs Gero während der Bauzeit des neuen Chores irgendwo im noch bestehenden Westteil haben unterbringen müssen.

[77] Nur die nördliche Mauer ist teilweise zwei Schichten hoch erhalten; von den anderen blieben nur Abdrücke auf den Fundamenten übrig.

[78] Da nur noch die Fundamente erhalten sind, können nur Vermutungen angestellt werden.

[79] Während alle anderen Fundamente, außer der Spannmauer und den Umfassungsmauern in rotem Mörtel gemauert sind, hat dies Fundament graugelben Mörtel.

[80] Doppelfeld {58}, Anm. 22.

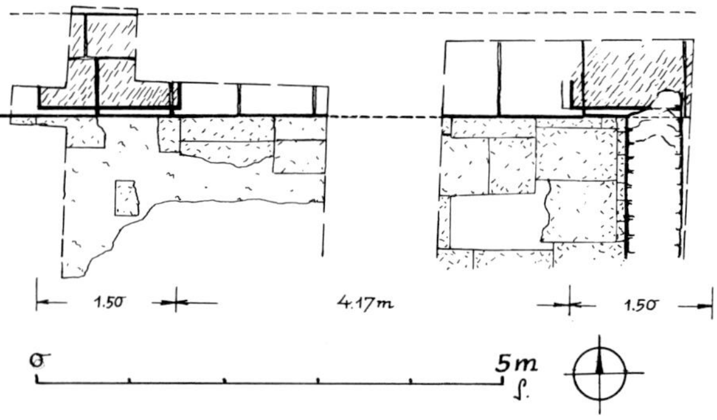

Fig. 7. Pfeilerabdrücke der Periode VII b auf der nördlichen Langhausmauer. – Maßstab 1 : 100.

113 zwei aus Quadern hergestellten Laibungen über drei Stufen in den nördlichen Querschiffarm. Der
in der östlichen Kryptaabschlußwand liegende Quader ist nach Süden zu sauber schräg geschlagen.
Der Schräge entspricht weiter südlich in 35 cm Abstand eine parallel laufende Mauerwerksspur, so
daß man hier einen schmalen Schlitz vermuten kann, der in den unbelichteten Winkel des Umgan-
114 ges etwas Licht bringen sollte. Als Bodenbelag hat sich in der Krypta in größeren Flächen nur ein
erneuerter Belag aus schwarzen und roten, wahrscheinlich ursprünglich weiß glasierten Tonplatten
erhalten, auf den die später eingebauten Zwischenmauern aufgesetzt sind [81].
115 Wegen des durchgängig verwendeten roten Mörtels, der dem der Periode VII b gleicht, könnte man
dazu neigen, den Einbau der Krypta dieser Periode zuzuweisen. Das ist aber kein sicheres Indiz.
Man muß den Bau im Zusammenhang betrachten, um zu einem besser begründeten Ansatz zu
kommen *{208}*.

Ehe jedoch zur Datierung des Bauwerks etwas gesagt wird, muß noch kurz über den Fußboden berichtet werden, weil wir aus ihm einige Hinweise auf die innere Einrichtung der Kirche gewinnen können.

116 Der zu Bau VII b gehörende Fußboden [82], aus einer Stickung, einem Mörtelbett und einem Platten-
117 belag bestehend, ist, wenn auch vielfach gestört, noch in großen Flächen erhalten (Fig. 8). Bei der
Betrachtung der vorgefundenen Reste ist jedoch zu bedenken, daß der Boden noch bei weitem
nicht an allen entscheidenden Stellen aufgedeckt ist, daß im Laufe der langen Zeit, die er gedient
hat, manche Ausbesserungen nötig geworden sind und daß man beim Abbruch auch die meisten
Steine des Plattenbelags herausgerissen hat, um sie anderswo, vielleicht im Neubau zu verwenden.
118 Der Boden ist nicht nach einem Schema, sondern sehr abwechslungsreich, an bestimmten Stellen
119 kostbar, an anderen einfacher ausgeführt. Zwei solcher reicher ausgestatteten Bezirke sind uns
120 bisher bekannt. Der eine liegt östlich vor der Westkrypta. Es sind deutlich drei Abteilungen zu
121 unterscheiden. Die erste, die an die Kryptawand stößt, ist zur Hälfte gestört. Hier liegt nördlich
und südlich von einem etwa 2 m breiten Streifen je eine mächtige römische Spolie, die, soweit sie
122 freigelegt ist, vom Fußboden überdeckt wird. Man möchte in ihnen Widerlager für die Treppen
sehen, die auf das über der Krypta zu suchende Presbyterium führten. Im Zwischenraum zwischen
den Spolien lagen grob keilförmig zugehauene Steine in der Anordnung eines abwärts führenden
123 Erdbogens. Doppelfeld hat sie als Substruktion für eine Treppe zur Krypta gedeutet, da der
Fußboden an dieser Stelle nicht gefunden worden ist [83]. Wenn man, was mir wahrscheinlicher ist,
annimmt, daß die Treppe zu einer Fenestella führte *{109}*, so hätte man eine ähnliche Situation wie
124 am Ostchor des Sankt Gallener Planes, wo zwischen den Treppen eingeschrieben steht: *„accessus ad
confessionem."* Östlich anschließend, aber westlich über die Ostflucht der Spolien noch
hinweggreifend, folgt ein reicheres Stück Boden, das auf einem diagonal gerasterten Grund axial ein

[81] Doppelfeld *{58}*, S. 94 = hier S. 155 f.
[82] Doppelfeld in Dbl. 1957, S. 144 = hier S. 216, u. Dbl. 1963, S. 111 = hier S. 399.
[83] Dbl. 1957, Abb. 10.

125 auf die Spitze gestelltes Quadrat mit einem eingelegten zweiten, orthogonalen Quadrat zeigt. Die
erste Abteilung wird nach Osten zu mit einem doppelten Begrenzungsstreifen abgeschlossen;
zunächst folgt ein glattes Natursteinband, dann ein Querstreifen, in dem ein etwa 1,70 m breites
gemustertes Stück sitzt. Dessen Mitte wird von einem kreisrunden Stein gebildet, der in ein
Quadrat eingelassen ist. Er war anscheinend von besonderer Kostbarkeit, ist aber schon
verlorengegangen, ehe die Bodenplatten im ganzen aufgenommen wurden; die Lücke wurde mit
Mörtel ausgefüllt.

126 Die zweite Abteilung besteht aus einem reichen Marmorteppich von ungefähr 10 m Breite. Er
reichte anscheinend über die östliche Spannmauer des Querschiffs weg, doch ist hier die genaue
Begrenzung nicht mehr festzustellen, weil die Quader der Mauer in gotischer Zeit herausgerissen
worden sind *{85}*. Das Grundmuster ist ein orthogonales Quadratraster; die Quadrate sind durch
schmale Streifen getrennt und mit einem auf die Spitze gestellten kleinen Quadrat gefüllt. In der
127 Längsachse der Kirche ist ein etwa 75 cm breiter Streifen läuferartig abgesetzt; hier sind die
128 teilenden Streifen fortgelassen. Die Nordkante des Teppichs wird von einem breiten Streifen großer
129 Platten gebildet [84]. Bis zur nördlichen Spannmauer des Querschiffs folgt hier eine etwa 1,25 m
breite gestörte Zone, in der der ältere Boden herausgenommen ist, vielleicht um dort ein
Holzpodium einzufügen. Die Quaderoberkanten der nördlichen Spannmauer sind, wie schon
gesagt, völlig abgetreten; sie liegen in derselben Höhe wie der benachbarte Boden *{90}*.

130 In der nach Osten anschließenden dritten Abteilung ist der läuferartige Streifen der zweiten
Abteilung fortgesetzt. Er ist hier etwa 1,60 m breit und etwas anders gemustert. Je vier kleine
Quadrate sind zu einem großen zusammengefaßt, das mit durchgehenden schmalen Streifen
gerahmt ist. Seitlich schließen sich orthogonal verlegte quadratische Platten an. Die Begrenzung
dieser Abteilung ist nach allen Seiten hin unbekannt, doch ist sie, in der Längsachse gemessen,
131 mehr als 3 m breit gewesen. Im Winkel zwischen der östlichen Querschiffspannmauer und der
132 nördlichen Mittelschiffmauer, aber in einem kleinen Abstand von dieser, ist ein Fundamentrest
angeschnitten worden. Ob es der Unterbau eines Ambo ist? Das Bodenmuster ist meist in den
Abdrücken gut zu erkennen *{117}*. Vom Belag sind nur ein paar dreieckige schwarze und weiße
Marmorstücke gefunden worden.

133 An diese reiche westliche Gruppe schließt sich östlich ein einfacher Boden aus diagonal verlegten
quadratischen Platten. Es ist noch nicht bekannt, ob sich dieser Boden über die ganze Breite des
Domes erstreckte oder ob auch hier wieder nur ein Mittelstreifen besonders gestaltet war. In dem
134 östlich anschließenden, etwa 6 m langen Teil besteht der hier besser erhaltene und an manchen
Stellen mehr oder weniger sorgfältig ausgeflickte Boden aus großen, in Streifen parallel zur
135 Längsachse verlegten Trachytplatten. Dieser Belag geht von einer Mittelschiffwand zur anderen
durch und ist wahrscheinlich erneuert; die 1248 errichtete Trennwand ist auf diesen Boden gesetzt
{23} und ebenso ein in Resten nachweisbares Altarpodium, das westlich an die Wand anschloß [85].

136 Dicht hinter der älteren Trennmauer folgt die Baugrube für die vor 1320 errichtete gewaltige
Absperrmauer zwischen den östlichen Vierungspfeilern des gotischen Domes. Durch sie ist der
westliche Teil der nun nach Osten anschließenden zweiten reicheren Gruppe des Fußbodens
137 zerstört. Auch sie läßt sich in drei Teile unterteilen. In der ersten, westlichen Abteilung befand sich
eine aus radial verlegten, aber fast ganz verschwundenen Trachytplatten gebildete Kreisfläche von
etwa 5,40 m Durchmesser. Sie ist in ein Quadrat eingefügt; die restlichen Zwickel sind mit
138 diagonal verlegten Platten, vielleicht auch mit Mosaikarbeiten, gefüllt gewesen [86]. Seitlich schließen
sich wieder ähnliche längsgereihte große Trachytplatten an, wie wir sie vor der Trennmauer

[84] Die ganze Südhälfte ist noch nicht untersucht.

[85] Ich vermute, daß dieses Podium zur interimistischen Aufstellung des Dreikönigenschreines diente. Doppelfeld in Dbl. 1963, S. 108=hier S. 394

[86] Doppelfeld in Dbl. 1963, S. 111=hier S. 399.

angetroffen haben [87]. Die begleitenden Trachytplattenreihen gehen nach Osten zu weiter und
139 schließen die zweite Abteilung des gezierten Bodens ein. In ihrer Mitte fand sich eine ausgeleerte
Grabgrube, deren Rand sorgfältig mit kleinen Fliesen umrahmt war [88]. In der dritten Abteilung
schließt sich in der Breite der Grabumrahmung ein weniger reich beplatteter, aber von den
umgebenden Trachytplatten deutlich getrennter, rechteckiger Bezirk an. In seiner Umrandung sind
140 Vertiefungen für eine Umschrankung zu erkennen [89]. Weiter östlich sind nur noch die begleitenden
141 Trachytplatten aufgefunden worden; die Mitte ist hier in einer Länge von 14 m durch spätere
Gruftanlagen gestört. Am Ende der letzten Gruft lagen zwei Sarkophage. Der eine aus rotem
Sandstein ist durch einen innen eingemeißelten Krummstab als Bischofsgrab ausgewiesen [90].
142 Von den bisher beschriebenen Fußbodenarten weicht die am Ostende des südlichen Seitenschiffs
gefundene völlig ab. Sie besteht aus Streifen von orthogonal verlegten, verschieden breiten
143 Tonplatten. Hier hätten wir gern das Fundament eines Seitenaltars gefunden. Es war aber nicht
vorhanden.
144 Der Boden im nördlichen Querschiffarm war teils mit schwarzen und roten Tonplatten belegt,
ähnlich denen in der Krypta *{114}*, teils mit Schieferplatten. Es sind jedoch nur noch geringe Reste
vorhanden, weil hier später sehr viele Bestattungen vorgenommen worden sind [91]. Es ist denkbar,
daß der älteste Boden im Querschiff ein Estrich war.

E. Annexe und Erweiterungen

145 Von den Nebenräumen des Domes wissen wir noch sehr wenig. Lediglich die nach dem dort
gefundenen Grab eines Wohltäters des Domes von Doppelfeld so genannte Emunduskapelle ist im
Innern ganz ausgegraben. Sie ist ein Zwischenglied zwischen dem westlich sich anschließenden
Kreuzgang und dem Nordflügel des Querschiffs. Die Mauern des in seinem letzten Zustand etwa
4,40×9 m großen Raumes sind wesentlich seichter fundiert als die des Domes selbst und zeigen in
146 der Südwand eine nachträgliche Änderung. Das hier noch in einigen Schichten vorhandene
aufgehende Mauerwerk ist nachträglich, nachdem man eine ältere Mauer abgebrochen hatte, von
der Innenkante des alten Fundamentes aus gerechnet, um 70 cm nach Süden verschoben worden.
Offensichtlich nahm man damit Rücksicht auf die veränderte Lage des Querschiffportales von Bau
147 VIIb *{57}*. Das ältere Fundament der Südwand und das der West- und Nordwand stehen im
148 Verband. In ihm sind eine Reihe von trapezförmigen Grabsteinen vermauert. Drei davon zeigen
149 Anker- und Volutenkreuze [92]. Das Süd- und das Nordfundament stoßen stumpf gegen das

[87] Da wir aus dem Kalendar der Domkustodie wissen, daß über den Drei Königen ein großer Kronleuchter hing, liegt die Versuchung nahe, in diesem, der Projektion einer Corona ähnlichen Fußbodenstück die Stelle zu sehen, wo nach 1164 die Reliquien der Magier aufgestellt wurden.

[88] Doppelfeld *{86}* hat wohl mit Recht in der Grabgrube das ursprüngliche Grab Erzbischof Geros gesehen, zumal die auf dem jetzigen Sarkophag in der Stephanuskapelle liegende, aus rotem und grünem Porphyr und Marmorsteinchen zusammengesetzte Platte gut in diese Umrahmung hineinpassen würde.

[89] Ich vermute, daß dies die Stelle des Kreuzaltares ist. Es ist wahrscheinlich, daß das Gerokreuz hier seinen ursprünglichen Platz hatte, berichtet doch Thietmar (chron. III,2) von Gero: *„Hic crucifixum quod nunc stat in media, ubi pausat, ecclesia, ex ligno studiose fabricari precepit."* Doppelfeld *{86}*.

[90] Der Boden über den Sarkophagen war zerstört und diese selbst entleert. Es ist anzunehmen, daß man beim Abbruch des Ostteiles des alten Domes hier nach den älteren Bischofsgräbern gesucht hat und die Überreste in die Westkrypta übertragen hat. Vgl. Anm. 76.

[91] Doppelfeld *{58}*, S. 91 = hier S. 153.

[92] Doppelfeld *{58}*, S. 92 = hier S. 154. Die Datierung dieser Kreuze ist strittig. Meyer-Barkhausen (Zs. d. Ver. f. Hessische Geschichte und Landeskunde XIII, 1952, S. 27 ff.) glaubt, daß die Volutenkreuze nicht älter sind als das 9. Jahrhundert. Der Befund in diesem Zusammenhang zwingt dazu, wie später noch zu zeigen sein wird, sie früher anzusetzen.

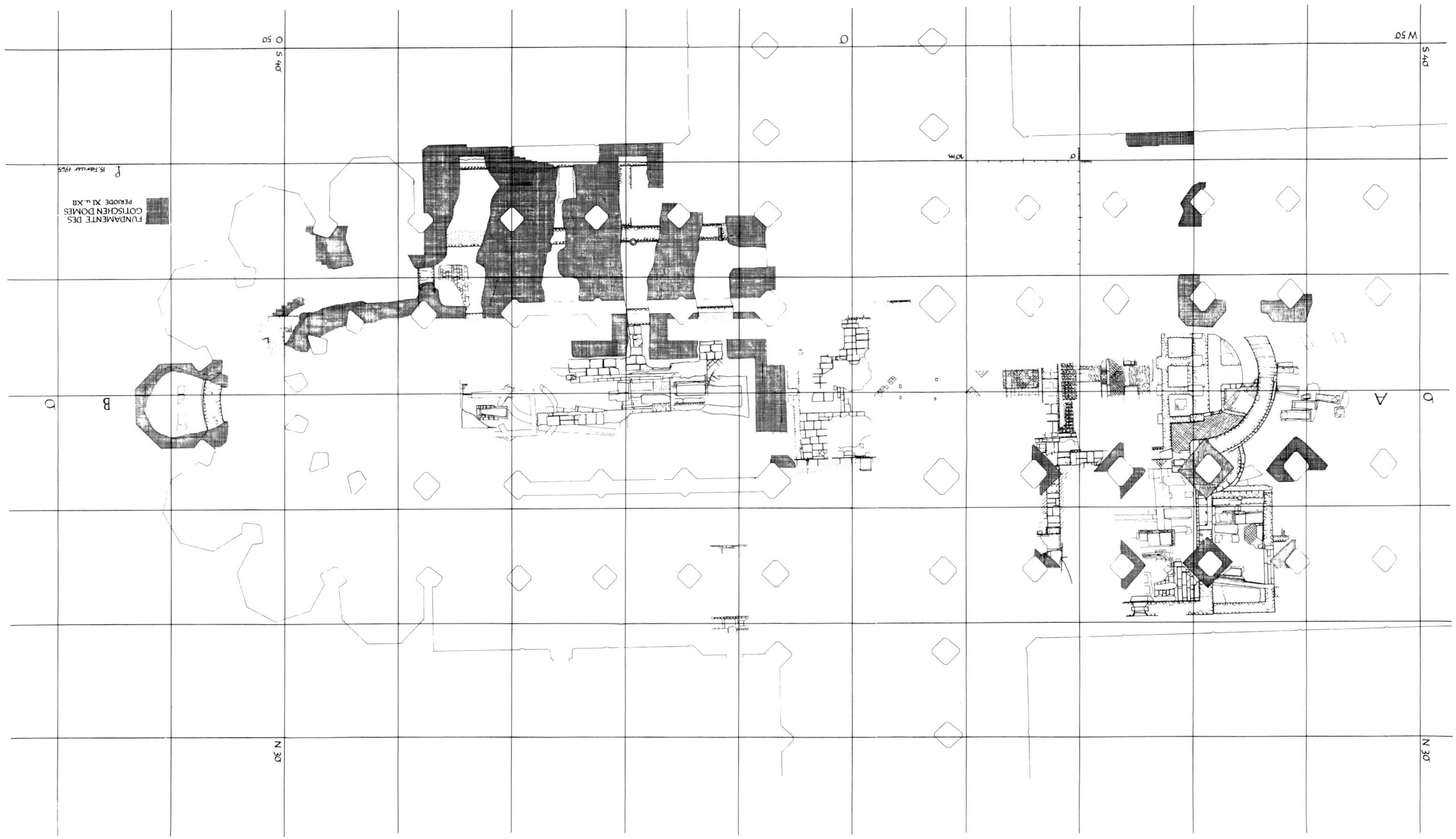

Fig. 8. Übersicht über die Grabung Periode VII. Zu den Perioden V und VI gehörende Befunde sind dünn eingetragen.
Maßstab 1 : 500.

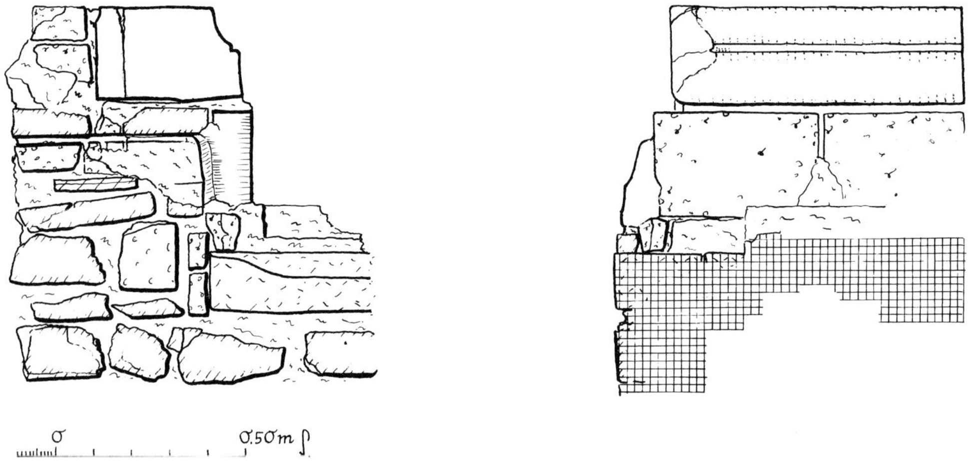

Fig. 9. Ansatz des Bogens von der Emundus-Kapelle in das Atrium. – Maßstab 1 : 20.

150 Querschiffundament von Bau VII a. Das ebenfalls noch in einigen Schichten erhaltene Aufgehende der Westwand gehört wohl zum alten Bestand, weil die jüngere Südwand mit ihr nicht im Verband
151 steht. In der Westwand sitzt eine breite Öffnung, durch die drei Stufen hinaufführen [93]. Ihre
152 südliche Laibung hat ein stark verschliffenes Karniesprofil als Sockel (Fig. 9). Die nördliche Laibung ist durch eine später eingezogene schräglaufende Mauer verdeckt, die sauber aus Tuffquäderchen aufgeführt ist *{79}*. In dieser Mauer sitzen die stark zerstörten Reste eines Epitaphs, das um 1200 über dem darunterliegenden Grab des Emundus angebracht worden ist [94].
153 Hinter ihr stieg vermutlich eine Treppe nach Westen an, die in das im Obergeschoß des Atriums
154 liegende Dormitorium geführt haben muß. Offensichtlich hat an dieser Stelle um 1200 ein Umbau stattgefunden, der auch eine Neufassung des Stiftergrabes nötig machte [95]. Es kann kaum mit
155 guten Gründen bestritten werden, daß das am Fuß der Mauer liegende, durch das Fundament des gotischen Pfeilers zum Teil abgeschnittene Grab wirklich das des *comes Emundus* gewesen ist, der
156 dem Dom Güter in Friesheim schenkte und dessen Jahrgedächtnis vom Kapitel bis zu seiner Aufhebung treulich begangen wurde [96]. Das Grab könnte uns zur Datierung des Baues verhelfen, wenn die Schichten über ihm nicht, anscheinend bei der Anlage des gotischen Pfeilerfundaments, gründlich gestört worden wären. Die Schenkung von Friesheim ist, wie Oediger glaubt, vor 830 erfolgt [97]. 825 tritt ein Graf Emundus in Begleitung des Kölner Erzbischofs Hadebald auf der Aachener Synode auf und wird zum Sendboten ernannt [98]. Das Grab liegt ungefähr in der Achse des zum Kreuzgang führenden Torbogens *{151}*.

[93] Die Westwand hat einen verputzten Sockel mit Schmiege, die vor den Treppenstufen senkrecht abwärts gekröpft ist.

[94] A. Verbeek, Das Grabmal des Emundus im Kölner Dom und die frühen rheinischen Bogengräber, in: Der Kölner Dom (hrsg. v. H. Vogts), Köln 1948, S. 184 ff. = hier S. 57 ff.

[95] Doppelfeld hat diese Treppe mit dem *„angustus additus de templo in dormitorium"* identifiziert, den Anno nach seiner Vita im Jahre 1074 zur Flucht benutzte (Dbl. VIII/IX, 1954, S. 39 = hier S. 169; Kölner Untersuchungen [hrsg. v. W. Zimmermann, Ratingen 1950], S. 31 ff.). Wenn auch die ältere Anlage der Umbauten wegen nicht mit Sicherheit zu erkennen ist, so muß doch nach den Umständen angenommen werden, daß in dieser Ecke auch in der Periode VII b die Treppe zum Dormitorium gelegen hat. Vgl. Anm. 68.

[96] Eine barocke Tafel bezeichnet noch heute an dem gotischen Pfeiler die Stelle des Grabes. Verbeek *{94}*.

[97] Neuss-Oediger *{1}*, S. 255.

[98] H. A. Roth, Die Grabinschrift des Grafen Emundus im Dom zu Köln, in Ann. d. Hist. Ver. f. d. Niederrhein XCVI, 1914, S. 25 ff. Eine Urkunde von 844 von Groß Sankt Martin, in der ein comes Ecmundus als Zeuge auftritt, wird als Fälschung angesehen. Trotzdem könnte man versucht sein, das Jahr 844 als Terminus ante quem anzusehen.

157 Die Sakristei (camera, aurea camera, sacrarium, gerkamer) hat im frühen 13. Jahrhundert an der Nordseite des Domes gelegen [99]. Sie muß damals mehrere Räume gehabt haben *{28}*. Da wir bisher keine Mauern fanden, die wir ihr mit Sicherheit zuordnen können, wissen wir weder wie groß sie war, noch aus welcher Zeit sie stammte [100]. Zu ihr könnte die Tür in der nördlichen Seitenschiffmauer *{99}* geführt haben [101].

158 Ebensowenig wissen wir von der oft erwähnten südlichen Vorhalle (vestibulum, porticus), die den Haupteingang von der Stadt her barg. Sie muß im Bereich des südlichen gotischen Querschiffarmes gelegen haben *{29, 31}*, denn sie wird erst nach 1325, also nach der Vollendung des Chores, abgebrochen [102].

Außerhalb der Seitenschiffmauern von Bau VII sind im Norden und im Süden im Abstand von etwas mehr als 5 m parallellaufende Mauern von etwa 1,20 m Breite angeschnitten worden. Zugehörig ist eine Quermauer von ungefähr gleicher Stärke, die im Bereich der südlichen Chorseitenschiffe gefunden wurde. Sie steht nicht mit der Seitenschiffmauer von Bau VII im Verband. Ein zugehöriger Boden liegt etwa 1 m tiefer. Wir wissen über diese Mauern noch zu wenig, doch scheint es, als ob sie zu einer späteren Erweiterung gehörten. Auf eine Erweiterung weist der erwähnte, erhalten gebliebene Pfeiler *{97}* hin [103]. Doppelfeld glaubt, daß diese Mauern zu einem karolingischen Annexbau gehört haben und in ottonischer Zeit in den Dom einbezogen worden sind [104]. Ich nehme an, daß sie der von EB. Bruno überlieferten Erweiterung des Domes um zwei Seitenschiffe (absides) zugeordnet werden müssen *{10}*, und behandele sie hier nicht weiter.

F. Zur Datierung von Bau VII

159 Bei dem nahezu absoluten Mangel an Bodenfunden scheidet eine Datierung aus diesen aus. Eine relative Chronologie kann auf Grund der stratigraphischen Situation dagegen gewonnen werden. Es kommt dann darauf an, die so gesonderten Bauwerke mit den spärlichen Nachrichten der Schriftquellen zu verknüpfen.

Doppelfeld hat schon 1948 die Meinung vertreten, daß der von ihm gefundene Bau VII der von Willibert 870 geweihte Dom ist [105], und er hat diese Datierung auch nie aufgegeben. Doch hat
160 man ihm widersprochen. Achter [106], Verbeek [107] und Mühlberg [108] glaubten den Bau VII in die ottonische Zeit setzen zu müssen und betrachteten ihn als Werk des Erzbischofs Bruno. Ihre Argumente sind teils archäologischer, teils kunstgeschichtlicher Natur, teils werden die Schriftquellen in einer von Doppelfeld abweichenden Deutung herangezogen. Die von den genannten Verfassern beigebrachten Begründungen setzen zum Teil voraus, daß Funde (z. B. Pingsdorfer Keramik) und Befunde (z. B. das Sockelprofil der Westapsis), für die anscheinend ein

[99] Hasak *{28}*, 20 ff.

[100] Aus mancherlei Gründen kann man annehmen, daß sie in der Mitte von Bau VII, also im Bereich des heutigen nördlichen Querschiffs gelegen hat und während des gotischen Chorbaues noch zum Teil in Betrieb war.

[101] Es sieht vorerst noch so aus, als ob die Sakristei beim brunonischen Umbau nordwärts nach außen gerückt worden wäre. Eine der erwähnten Schwelle entsprechende liegt auch auf der Nordmauer des brunonischen Seitenschiffs.

[102] Hasak *{28}*, S. 35.

[103] Doppelfeld in Dombl. XXI/XXII, S. 110 = hier S. 398 f.

[104] Doppelfeld, a. a. O. = hier S. 398 f.

[105] O. Doppelfeld, Der unterirdische Dom, Köln u. Krefeld 1948, S. 37.

[106] Dbl. XIV/XV, 1958, S. 185 = hier S. 248.

[107] Dass., S. 188 = hier S. 252.

[108] F. Mühlberg, Die Frühzeit von Sankt Pantaleon und die vorgotischen Domkirchen von Köln, Dbl. XVIII/XIX, 1960, S. 41 ff.

Terminus post quem gefunden worden ist, nicht auch früher vorkommen könnten. Bei unserer
immer noch unzureichenden Kenntnis der fraglichen Epoche wird man jedoch einer Verknüpfung
der stratigraphischen Befunde mit den Quellennachrichten den Vorzug geben, soweit das
widerspruchslos geschehen kann. Doppelfeld selbst hat 1958 eine Erwiderung geschrieben [109]. Der
Fortgang der Grabungen hat seitdem seinen Ansatz zur Gewißheit werden lassen, wie im folgenden
gezeigt werden soll.
161 Der Schnitt durch den Untergrund des heutigen Domes (Fig. 1) liefert uns oberhalb der eindeutig
römischen Schichten drei Fußböden, die sich jeweils über eine beträchtliche Fläche ausdehnen. Der
oberste liegt 55,20 m über NN, es ist der Boden des bestehenden Gebäudes; der zweite liegt bei
etwa 53,35 m; der dritte bei etwa 50,80 m. Dazwischen ist keine Spur von einem durchgehenden
162 Boden anzutreffen. Der unterste Boden *{41 – 44}* ist durchgehend zweischichtig. Seine untere
Schicht ist wegen der fränkischen Fürstengräber *{48}*, für die er aufgerissen worden ist, in die Mitte
des 6. Jahrhunderts oder früher zu datieren [110]. Die obere Schicht kann nicht sehr viel später als die
Bestattung sein, denn das Grab der Fürstin wurde nur mit Erde aufgefüllt und der zerstörte untere
Boden nicht mit Estrichmörtel geflickt, während der obere Boden über die ausgefüllte Grube
hinweggezogen ist. Damit dürfte der obere Boden der unteren Zone etwa in die Mitte des 6.
Jahrhunderts datiert sein. Wir haben heute noch nicht die Ostgrenze der fränkischen Böden
163 erreicht [111]. Im Westen bricht der Boden kurz vor der östlichen Querschiffspannmauer ab.
Westlich dieser Mauer kann vielleicht ein kleines Stück noch als zugehörig betrachtet werden, aber
im Bereich von Vierung und Krypta ist sonst von einem entsprechenden Boden nichts zu finden.
164 Wir haben also nur noch einen Boden, den wir mit einer der beiden Baunachrichten verbinden
müssen: der Weihe von 870 oder der Bautätigkeit Brunos. Gegen die Zuschreibung der Periode
VII an Bruno sprechen aber sehr gewichtige Gründe.
165 Das Fundament von VII a *{50 – 52, 60 – 64}* ist völlig gleichartig. Auch die zu VII b gehörende
Fundamenterhöhung *{67 – 68}* ist durch den ganzen Bau gleichartig ausgeführt. Das Ganze ist
166 nach einem einheitlichen Plan angelegt. Um das Fehlen entsprechender Baunachrichten in
ottonischer Zeit zu erklären, hat man annehmen wollen, der Neubau sei etappenweise ausgeführt
und deswegen von den Zeitgenossen nicht als erwähnenswert angesehen worden. Dafür fehlt jedes
Anzeichen.
167 Man hat darauf hingewiesen, daß ein Mörtelwechsel, ähnlich wie er in Köln beobachtet worden ist
{53}, auch an anderen Bauwerken vorkommt, ohne daß man annehmen müßte, daß dort eine
Bauunterbrechung stattgefunden habe [112], mit anderen Worten, daß man ihn aus einem
technischen Grund vorgenommen habe, was durchaus möglich wäre.
168 Nun sind aber Anzeichen für eine Bauunterbrechung vorhanden *{55 – 59}*, die sich durch den
ganzen Bau hinziehen. Wenn man alle Gesichtspunkte zusammen betrachtet, muß man annehmen,
daß die Fundamente (VII a) bis zur Höhe des Mörtelwechsels in einem Zuge hochgeführt worden
sind und daß der vorhergehende Bau in seiner Gänze vorher abgerissen worden ist. Ein totaler
169 Neubau von dieser Größe hätte aber sicherlich eine Konsekration nötig gehabt. Von einer solchen

[109] Dbl. XVI/XV, 1958, S. 191 ff. = hier S. 255 ff.

[110] O. Doppelfeld, Das fränkische Frauengrab, Dbl. XVI/XVII, 1959, S. 41 ff.; ders. Totenbett und Stuhl des Knabengrabes, Dbl. XVIII/XIX, 1960, S. 85; Ders. Das Inventar des fränkischen Knabengrabes, Dbl. XXI/XXII, 1963, S. 49 ff.

[111] Ich gehe hier nicht auf die im engeren oder weiteren Zusammenhang mit den Gräbern aufgefundenen Kapellengrundrisse ein und auch nicht auf die Frage, ob diese Kapellen in einem offenen Hof, wie Doppelfeld will, oder unter einem Dach gestanden haben, wie mir scheint. Hier scheint mir zunächst nur wichtig zu sein, daß die doppelte Fußbodenlage sich so weit nach Osten erstreckt, wie unsere Grabung vorgedrungen ist. Dazu: O. Doppelfeld, Der Stand der Ausgrabungen 1963, Dbl. XXI/XXII, 1963, S. 105 ff. = hier S. 392 ff.

[112] Achter *{106}*; auch beim Aachener Atrium kommt ein ähnlicher Mörtelwechsel vor, worauf mich Dr. F. Kreusch freundlicherweise aufmerksam machte. Auch eine Quaderabdeckung, wie in Köln, ist beim Aachener Dom zu finden.

Abb.5. Westapsis und Krypta während der Grabung. Oben rechts Emundus-Kapelle.

berichten aber weder die Quellen aus der Zeit Brunos, noch aus der seiner Nachfolger. Im
170 Gegenteil, als Weihetag ist bis in den Anfang des 13. Jahrhunderts der 27. September gefeiert
171 worden *{26 – 28}*, an dem Willibert 870 den Dom konsekriert hat [113]. Aber selbst wenn man unterstellt, daß die neue Weihe am gleichen Tage vorgenommen wäre, so bliebe zu erklären, wie Bruno in seiner nur dreizehnjährigen Regierungszeit ein so gewaltiges Bauvorhaben hätte zustande bringen können, ohne daß seine Vita es besonders vermerkt hätte. Nach dem Abbruch des gesamten alten Domes hätte er zunächst die Fundamente hochführen, dann den Plan nach einer Bauunterbrechung ändern, eine altmodische Krypta im Westen einfügen und schließlich noch ein viertes und fünftes Schiff anbauen lassen müssen. Das Ganze wäre dann bei seinem Tode
172 mindestens im Westteil gebrauchsfähig gewesen, denn am Petrusaltar wird sein Testament verlesen [114]. Was sagen dagegen die Nachrichten *{10 – 11}* über Brunos Bautätigkeit? Er macht den Dom größer *(mirabiliter ampliavit);* er fügt zwei Abseiten an [115]; er macht ihn aus einem schönen zu einem allerschönsten Bauwerk *(de pulchra pulcherrimam fecit)* [114]. Alles das läßt sich ohne Zwang darauf anwenden, daß Bruno die beiden äußeren Seitenschiffe anfügt und sie durch

[113] Der gotische Chor ist allerdings an demselben Tag geweiht worden.

[114] Vita Brunonis, MG. SS. Nova series X, Weimar 1951; Texte bei Doppelfeld in Dbl. 1958, S. 192 ff.=hier S. 255 ff. Man kann, wenn überhaupt, dann nur Bruno diese Bautätigkeit zuschreiben, denn von seinen Nachfolgern bis auf Rainald von Dassel hören wir nicht, daß sie am Dom gebaut haben.

[115] Levold v. Nordhof *{21}*. Die Angabe ist für die späte Zeit merkwürdig genau und kann wohl nur auf einer alten Quelle beruhen. Zur Bedeutung des Wortes absis vgl. W. Weyres, Die Absides des Alten Domes zu Köln, Dbl. XX, 1961/62, S. 99 ff.=hier S. 260 ff.

Arkadenreihen mit dem Altbau verbindet {97, 158}. Es soll nicht bestritten werden, daß ampliare
173 auch den Neubau eines Chores oder Querschiffs bedeuten kann; daß es aber einen völligen Neubau
meint, ist wohl ausgeschlossen. Am Rande wäre noch zu bemerken, daß der Stifter Emundus gegen
die Aussage des Befundes {152 – 155} mehr als hundert Jahre außerhalb der Kirche gelegen hätte,
wenn der Vorgängerbau bis in die Zeit Brunos erhalten geblieben wäre.
174 Nach dem Gesagten kann Bau VII nicht in die ottonische Zeit gehören. Die Schwierigkeiten lassen
sich aber reibungslos auflösen, wenn man in ihm den von Willibert geweihten Dom sieht [116].
175 Dieser war bis dahin lange Zeit unbenutzt {5 – 7}, muß aber spätestens 864 im wesentlichen
vollendet gewesen sein, denn nach EB. Gunthars Absetzung und den darauf folgenden
176 Streitigkeiten wird kaum eine größere Arbeit am Dom zustande gekommen sein. Andererseits kann
die Vollendung nicht lange vor 864 angesetzt werden {4}, weil Gunthar seinen Dom sonst wohl
selbst konsekriert hätte. Wer kommt nun als Gründer von Bau VII a in Frage? Aufzeichnungen des
177 späten 15. Jahrhunderts berichten, daß EB. Hildebold den Dom begonnen, aber Willibert ihn
konsekriert habe. Man hat diese Aufgabe, die u. a. in einem Sammelkodex von Sankt Caecilien
enthalten ist [117], als unglaubwürdig abtun wollen [118], weil sie offensichtlich zu dem Zweck
178 aufgezeichnet ist, den Anspruch von Sankt Caecilien zu stützen, die älteste Domkirche Kölns
gewesen zu sein. Kalsbach hat darauf hingewiesen, daß die Formulierung im Codex von Sankt
Caecilien *„quoddam aliud monasterium novum sancti Petri in Colonia prius tamen anno 800 a domino
Hildeboldo, tunc temporis episcopo coloniensi in parte inceptum, pro principali ecclesia per Willibertum
fundatur et consecratur"* einen geschichtlichen Kern enthalten müsse [119]. Die Aussage meint ganz
eindeutig, daß Sankt Caecilien die zweite römische Bischofskirche [120] der Stadt gewesen sei, daß
aber eine von Hildebold an der Stelle des heutigen Domes angefangene Klosterkirche von Willibert
zur Kathedrale umgewandelt worden sei. Nun haben aber Grabungen unter der Caecilienkirche
179 keine vorkarolingische Kirche zutage gebracht [121]. Es ist dagegen mehr als wahrscheinlich, daß die
unter der benachbarten und zu Sankt Caecilien gehörenden Peterskirche aufgefundene Kirche eine
sehr alte ist [122]. Angesichts der großen, unter dem heutigen Dom gefundenen fränkischen Kirche
{41 – 44, 162}, von der die Caecilienlegende offensichtlich nichts weiß, muß man aber wohl stark
bezweifeln, daß die verhältnismäßig kleine Peterskirche noch in fränkischer Zeit die Kathedrale
180 gewesen ist. Es bietet sich eine bessere Lösung an. Wir sahen, daß man den Vorgängerbau
vollständig abreißen mußte, um den Dombau VII anzulegen {49}. Der Bischof und seine
Geistlichen mußten deshalb eine Interimskirche suchen. Vielleicht bot sich die alte Peterskirche
dazu an. Der Umstand, daß sich dann aber das Kapitel nahezu 70 Jahre mit anscheinend dürftigen
Gebäuden begnügen mußte, weil die Verhältnisse es so mit sich brachten, könnte sehr wohl die
Überlieferung haben entstehen lassen, daß die Peterskirche noch die römische Bischofskirche war.
181 Es besteht aber kein Grund, der Überlieferung darin nicht zu glauben, daß Hildebold, der nicht in
Sankt Caecilien oder in Sankt Peter, sondern in Sankt Gereon begraben wird, den Dom VII
begonnen hat. Ob das im Jahr der Kaiserkrönung Karls (ein verlockender Gedanke!) oder später
gewesen ist, kann nicht entschieden werden.

[116] Auf die Einwendungen aus den Kleinfunden in der Baugrube hat Doppelfeld (Dbl. 1958, S. 194=hier S. 257) geantwortet.

[117] Stadtarchiv Köln, Geistl. Abtl. Nr. 72 (1494), Heinrich von Beck, Agrippina (1469 – 1472).

[118] E. Hegel, Eine Dom-Legende von Sankt Cäcilien, Ann d. Hist. Ver. f. d. Niederrhein, 146/47, 1948, S. 48 ff.

[119] A. Kalsbach in O. Doppelfeld, Der unterirdische Dom {105}, S. 76 f.

[120] Sie soll, ebenso wie die erste Kathedrale, S. Victor (Der alte Dom) von dem Apostelschüler Maternus gegründet worden sein (Winheim, Sacrarium Agrippinae, Köln 1736, S. 11 ff.).

[121] A. Tholen, Neue baugeschichtliche Ergebnisse in den frühen Kirchen Kölns, Wallraf-Richartz-Jahrbuch XII/XIII, 1943, S. 20 ff.; O. Doppelfeld, Eine frühchristliche Kirche unter Sankt Peter? Dbl. XVIII/XIX, 1960, S. 37 ff.

[122] Doppelfeld {121}.

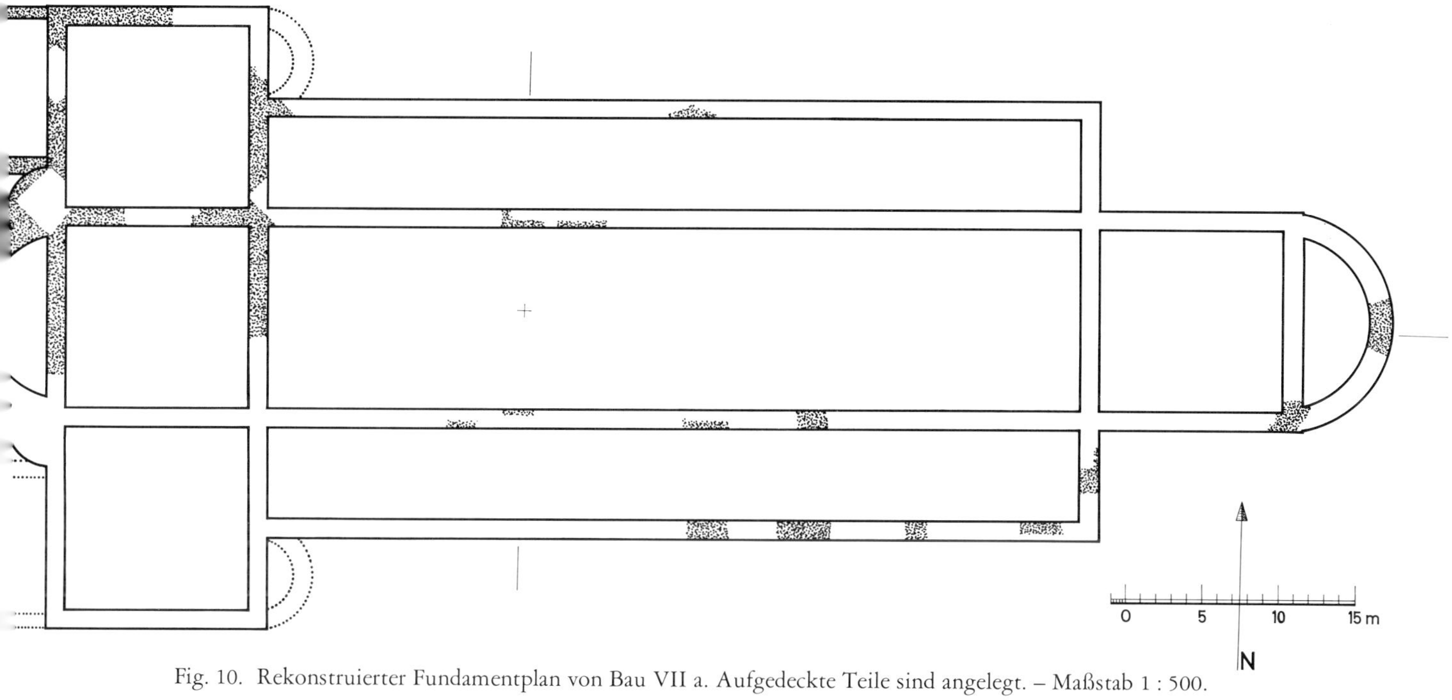

Fig. 10. Rekonstruierter Fundamentplan von Bau VII a. Aufgedeckte Teile sind angelegt. – Maßstab 1 : 500.

182 Es bleibt die Frage offen, wann das „Sankt Gallener" Atrium gebaut worden ist. Dazu muß ich noch einmal kurz auf den Grabungsbefund eingehen, soweit er bisher nicht behandelt worden ist. Im Querschiff von Bau VII liegen fränkische Mauern, die darauf schließen lassen, daß der Bau V
183 sich über die angedeutete Fundgrenze *{162}* hinaus nach Westen zu erstreckt hat [123]. Ein Estrich, der sich dem oberen Boden von V zuordnen läßt, liegt allerdings hier etwa 1 m höher. Das kann bedeuten, daß die merowingische Kirche zu der Zeit, als sie ihren zweiten Boden hatte, im Westen ein nicht ausladendes und nur durch die höhere Lage des Bodens ausgezeichnetes Querschiff besaß. Dann würde erklärlich, daß in der Mittelachse im Bereich des Querschiffs außer dem Kryptaboden
184 von VII b überhaupt kein Boden und auch kein Abschluß gefunden worden ist. Bei der Anlage von VII a sind wahrscheinlich alle Mauern mit ihren sehr seichten Fundamenten hier ausgeräumt worden.
185 Doppelfelds Bau VI ist kein Neubau. Die fränkische Kirche wurde weiter benutzt. Im nördlichen
186 Querschiffarm zeigen sich jedoch deutliche Spuren eines Umbaues im Zusammenhang mit einem
187 weiteren, 35 cm über dem älteren liegenden Boden. Das Querschiff wird nach Norden (vermutlich wohl auch nach Süden) ausgeweitet. Es scheint, daß der hinzugefügte, über die Flucht der Seitenschiffe vorspringende Teil durch eine Arkade abgetrennt war. Eine Apsis zu dieser nun deutlicher als Querschiff zu erkennenden Anlage ist nicht gefunden worden; sie kann in der Baugrube der Apsis von VII verschwunden sein. Man muß sie aber postulieren, weil das Atrium nach dem Sankt Gallener Schema ohne eine darin liegende Apsis kaum zu verstehen wäre. Es wurde
188 angelegt, nachdem die Querschifferweiterung vollzogen war. Das kann allerdings in unmittelbarem Anschluß geschehen sein. Der obere Boden des Querhauses und der des Umgangs liegen ungefähr auf gleicher Höhe.
189 Man kann annehmen, daß Hildebold die beiden kostbaren Altarbekleidungen *{2}* für die erweiterte Kirche V anfertigen ließ und daß die Stiftung im Zusammenhang mit der Erweiterung geschah.

[123] Doppelfeld *{58}*, S. 80 = hier S. 147.

Allerdings müßte man dann auch wohl eine östliche Apsis vermuten *{47}*. Ob sie vorhanden war oder nicht, läßt sich im Augenblick nicht sagen, da die Grabung noch nicht weit genug vorgeschritten ist.

190 Es läßt sich gut vorstellen, daß der Freund des großen Karl, sein Archicapellanus, die mehr als dreihundert Jahre alte Bischofskirche mit ihren schwachen Wänden und dem rauhen Estrichboden nicht als besonders würdig empfand und ihr zunächst durch den Umbau des Westchores zu neuem
191 Glanz verhelfen wollte. Das könnte innerhalb der Jahre zwischen Hildebolds Weihe (782) und Karls Kaiserkrönung (800) gewesen sein. Das Kölner Atrium wäre dann mindestens zwanzig Jahre vor dem Sankt Gallener Plan entstanden.

Hildebold hat den großartigen Plan der Aachener Pfalzkapelle aus eigener Anschauung miterlebt. Es wäre nicht verwunderlich, wenn ihm unter dem Eindruck der Bedeutungssteigerung, die das fränkische Reich durch die Kaiserkrönung erfuhr, und angesichts der meisterlichen Leistung beim Aachener Bau, seine eigene Kathedrale auch mit der Erweiterung nicht angemessen erschien und er sich deshalb zu einem radikalen, großartigen Neubau entschloß. Das müßte in der Zeit zwischen Karls Krönung und Hildebolds Tod (818) geschehen sein.

192 Nach Hildebolds Tod geht der Bau nicht mehr richtig weiter. Das Kapitel zieht in einen Interimsbau *{180}*. Doch scheint die „Emunduskapelle" *{145 – 155}* als Zwischenglied zwischen einem Atrium und dem angelegten Querschiff oder als offene Vorhalle hochgeführt und mit einem Boden versehen worden zu sein. In ihr wird nach 825 der comes Emundus [124] begraben. Aus der Lage seines Grabes ungefähr in der Achse des Torbogens *{151}* könnte man schließen, daß die
193 ursprüngliche Tür zum Westquerschiff weiter nördlich gelegen hätte [125]. In der folgenden Zeit sind die Arbeiten an der Kirche fortgeführt und auch die Südwand der Emunduskapelle neu aufgeführt worden.

194 Die aus der Grabung und aus den Quellen bekannten Fakten sind so in eine Reihe gebracht, die, wie mir scheint, keine Unwahrscheinlichkeiten enthält: Es ist sicher, daß Hildebold nicht den Bau VI als totalen Neubau unternommen hat, wie Doppelfeld früher annahm, sondern wahrscheinlich nur den merowingischen Bau V erweiterte. Hildebold kann Initiator auch von Bau VII gewesen sein, Gunthar hat ihn wahrscheinlich vollendet, Willibert ihn 870 mit Sicherheit geweiht.

G. Rekonstruktionsversuch

195 Es ist heute unmöglich, eine Rekonstruktion von Bau V zu versuchen, wahrscheinlich wird der Boden auch nie so viel hergeben, daß über die Form dieser Kirche etwas Sicheres wird gesagt
196 werden können. Viel besser steht es auch nicht mit der Erweiterung VI (Fig. 2). Wir wissen, daß ein westliches Querschiff vorhanden war, können aber nur vermuten, daß die Kathedrale damals schon doppelchörig und der Grundriß der Westapsis ein gestelzter Halbkreis war. Über das
197 halbkreisförmige westliche Atrium können wir etwas mehr sagen. Seine Außenmauer hatte eine Lisenengliederung. Wir dürfen vermuten, daß sie keine Öffnungen hatte, außer dem in der Achse anzunehmenden Eingang. Die innere Begrenzung des Umgangs bestand nicht aus einer auf den Boden aufgesetzten Stützenreihe, sie hatte eine Brüstungsmauer, auf der wahrscheinlich in rhythmisch unterteilter oder durchlaufender Reihe Stützen standen.

198 Die Grundform von Bau VII a ist bis auf die im Osten noch zu erwartenden Spannmauern durch die Grabung aufgedeckt. Da nur das Fundament ausgeführt ist, läßt sich über den beabsichtigten

[124] Ich kann die Frage nicht ventilieren, ob der 825 genannte comes E. mit dem Stifter E. identisch ist und folge Oediger, der *{1}* die Identität annimmt. Offensichtlich sprechen die Umstände dafür.

[125] Vielleicht ist der kleine Schwellenrest (Nr. 78) noch an der ursprünglich vorgesehenen Stelle verlegt, dann aber der Plan aufgegeben worden und die endgültige Stelle gewählt worden.

Aufbau nicht das geringste aussagen. Im Westen liegende Eingänge können aus der nördlich
aufgedeckten Vorhalle *{145 – 153}* erschlossen werden (Fig. 10).
199 Von Bau VII b wissen wir dagegen so viel, daß man mit den durch die Sachlage bedingten
Vorbehalten eine Rekonstruktion versuchen kann (Fig. 11 u. 12; Abb. 7). Dabei sind außer den
Grabungsbefunden die schriftlichen Quellen und die Darstellungen heranzuziehen. Die Grundform
ist durch VII a vorgegeben: eine dreischiffige, doppelchörige Kirche mit westlichem Querhaus, an
das eine Apsis unmittelbar angesetzt ist. In den Querhausarmen sitzen an den Enden nach Osten
gerichtete kleine Apsiden. Im Osten stößt ein Chorquadrat über die Flucht der Seitenschiffe vor
und wird mit einer nur mäßig verengten Apsis abgeschlossen. Die lichte Gesamtlänge des Baues ist
etwa 91,40 m; die lichte Breite des Mittelschiffs 12,33 m, die der Seitenschiffe etwa 6,20 m. Die
lichte Gesamtbreite des Langhauses ist etwa 26,60 m. Die lichte Gesamtbreite des Querhauses
beträgt etwa 38,60 m.
200 Vom Aufgehenden kennen wir die Lage einiger Türen *{56, 77, 78, 79, 99}*, die Spuren zweier
Mittelschiffpfeiler *{80 – 84}*, die Abdrücke des unregelmäßig kreuzförmigen Pfeilers am Treffpunkt
von Mittelschiff und nördlichem Querhausarm *{86 – 89, 93}* und Abdrücke und geringe
Mauerreste der Ecke zwischen der nördlichen Seitenschiffmauer und dem Querhaus mit dem
Ansatz der Seitenapsis *{94}*, von der wir allerdings noch nicht wissen, ob sie durch VII a
vorgegeben war.
201 Zur Rekonstruktion können das Kalendar des Domkustos und das Buch des Thesaurars *{25}*
sowie die Miniatur des Hillinuskodex herangezogen werden *{34}*. Die Emailplatte des
Heribertschreins *{35}* läßt nur eine doppelchörige Kirche mit Chorflankentürmen und Dachreiter
erkennen.
202 Die Pfeilerabdrücke auf der nördlichen Mittelschiffmauer geben uns die Achsenabstände der
Arkaden des Mittelschiffs *{80 – 81}*. Wir kennen bisher nur das Maß einer Achse (5,67 m) und
203 haben zunächst keinen Grund anzunehmen, daß nicht alle Achsen gleich waren. Die
Pfeilerabdrücke lassen zunächst Pfeiler von 1,50 m (5′ röm) und Zwischenräume von 4,17 m (14′
röm) vermuten, doch muß man, wie ich oben gezeigt habe *{80 – 84}*, seitliche Sockel annehmen
wie in Steinbach [126]. Über die Ausladung der Sockel wissen wir nichts. Sie sind bei meiner
Rekonstruktion so gewählt, daß die Pfeiler 1,26×0,93 m und die lichten Öffnungen 4,41 m weit
204 werden [127]. Da wir auch die Länge des Mittelschiffs errechnen können (etwa 53,85 m), müssen wir
die beiden Maße in Einklang miteinander bringen. Es ergeben sich acht Öffnungen und erhebliche
Reststücke an beiden Enden (östlich 4,30 m; westlich 5,45 m). Zwar würde im westlichen
205 Reststück noch eine Öffnung unterzubringen sein, wenn man sie bis an die Ostflucht des
206 Querhauses reichen ließe [128]. Das ist aber nicht möglich, weil sich nach Osten vor der Flucht ein
Pfeilerabdruck zeigt *{92}*. Am westlichen Ende der Mittelschiffmauer hat also entweder eine
Mauerzunge von der Länge einer Normalachse gestanden, oder es gab hier eine wesentlich
207 schmälere Arkadenöffnung; dafür fehlt aber bisher jeder Anhaltspunkt. Am Ostende der
Mittelschiffwand geht das Maß noch schlechter auf. Hier wird auf jeden Fall eine Zungenmauer
208 anzunehmen sein [129]. Die Teilung der Arkadenreihe ist merkwürdig und kann nicht ohne weiteres
dadurch erklärt werden, daß der Architekt von VII b sich mit den von VII a vorgesehenen Maßen
hätte abfinden müssen. Er hätte die Verteilung auf dem Fundament selbst bei festgelegter lichter

[126] R. Adamy, Die Einhard-Basilika zu Steinbach im Odenwald, Darmstadt 1885, Taf. 3.

[127] Die Maße lösen sich nicht in römischen oder karolingischen Fuß auf, sondern in rheinischen. Das Abweichen von gebräuchlichen Fußmaßen erklärt sich vielleicht durch den Zwang, an einem festgelegten Plan weiterzubauen. Ad hoc hergestellte Einheitsmaße sind noch im 19. Jahrhundert gelegentlich gebraucht worden.

[128] So hat Doppelfeld vor einigen Jahren noch rekonstruieren können; Dbl. XII/XIII, 1957, S. 144 = hier S. 216, und Abb. 1; Dbl. XIV/XV, 1958, Taf. 1.

[129] Da möglicherweise die Treppen zum Ostchor im Bereich dieser Zungen gelegen haben, sind sie vielleicht schon damit begründet.

Öffnung besser bewerkstelligen können. Wahrscheinlich aber hatten die nachträglich eingefügte
Krypta *{65, 101 – 115}* und die damit notwendig werdenden Treppen zum Presbyterium vom
ursprünglich vorgesehenen Chorplatz so viel weggenommen, daß man seine Erweiterung nach
Osten für notwendig hielt. Das würde die Planung der Krypta zu Beginn von Bau VII b
voraussetzen, wie wir es angenommen haben *{115}*.
209 Nun hören wir aber im Kalendar des Domkustos *{25}*, daß der alte Dom im Obergaden je zwölf
Fenster an jeder Seite hatte *(Item in lateribus superiores fenestre 24 hinc et inde)* [130]. Das Bild des
Hillinuskodex *{34}* (Abb. 6) zeigt zwar nur sechs weit auseinandergerückte Obergadenfenster; da
es aber nach den Umbauten Brunos entstanden ist *{9 – 12}*, bleibt nur die Wahl, der Miniatur in
diesem Punkt nicht zu glauben oder eine Umänderung des Obergadens zu postulieren, die
zwischen 1000 und der Abfassung des Kalendars stattgefunden hätte und von der wir nichts
wüßten; denn die Angabe des Kalendars ist unbezweifelbar. Nun wäre es zwar viel leichter, die
210 sechs Fenster des Hillinuskodex (oder sieben, wenn man ein durch den Vorbau vielleicht verdecktes
211 dazunehmen will) unterzubringen. Aber nach einigem Probieren kommt man auch mit zwölf
Fenstern zurecht, indem man jeder unten gefundenen Achse eines zuordnet, je eines in den
Reststücken *{204}* und zwei in dem östlichen Chorquadrat unterbringt. So verteilen sich die zwölf
212 Fenster gleichmäßig auf die Obergadenmauer zwischen westlichem Querschiff und östlicher
Apsis [131]. Das Fenster im östlichen Reststück *{207}* rückt allerdings so nahe an die Westflucht der
dort vermuteten Spannmauer, daß man über ihr lieber keinen Bogen sähe. Ich habe ihn zunächst
einmal fortgelassen.
213 Die Grundrißdisposition der Längswände einschließlich des östlichen Chorquadrats läßt sich so
in der Erdgeschoß- und in der Obergadenebene gewinnen. Wesentlich schwieriger ist es, glaub-
würdige Höhen für den Aufriß zu finden.
214 Die einzige Angabe, die wir hierzu besitzen, ist die Miniatur des Hillinuskodex (Abb. 6). Sie zeigt
– und es besteht kein Grund, ihr darin nicht zu glauben –, daß der First der Dächer über den
Seitenflügeln des Querhauses unter der Traufe des bis zur Westapsis durchgezogenen Mittel-
schiffdaches liegt.
215 Diese, von Steinbach bekannte und vor allem im Maasgebiet bis zum Beginn der Gotik bevorzugte
Anordnung erlaubt uns, ein ungefähres Maß für die Höhe des Langhausobergadens anzunehmen.
Er wird etwa so hoch gewesen sein wie der Stich der Querschiffdächer, deren Neigung
wahrscheinlich nicht in Winkelgraden, sondern in ganzzahligen Verhältnissen festgelegt war. Wir
hätten, wenn unsere Annahme stimmt, die Wahl zwischen 1 : 1, 2 : 3, 1 : 2 und 1 : 3, d. h. die
Höhe zwischen Deckenbalkenoberkante und First würde entsprechend 7,50, 5,0, 3,75 oder 2,50 m.
Das erste Maß, das einer Dachneigung von 45 Grad entspricht, scheint mir zu groß zu sein und das
216 letzte für ein Satteldach zu klein. Ich habe von den mittleren das zweite gewählt, zu dem die Höhe
der Deckenbalken und die Stärke der Bögen zu zählen wären, um den Abstand vom Scheitel des
217 Querschiffbogens bis zur Unterkante der Schiffdecke zu erhalten (4,75 m). Auf ähnliche Weise und
mit gleicher Ungenauigkeit läßt sich ein Maß für den Abstand von der Fenstersohlbank zum
Scheitel der Langhausarkaden finden. Da in Steinbach [132] die Seitenschiffdächer flacher sind als das
Hauptdach, habe ich auch für Köln eine entsprechende Differenzierung der Neigungen
angenommen. Ein Verhältnis 1 : 3 ergibt eine Höhe von 2,50 m; dazu wären für Decke und
Bogenstärke wieder etwa 0,70 – 1 m zu rechnen.
218 Für den Aufriß des Mittelschiffs hätten wir zwei Maße geschätzt: die Höhe des Obergadens
{214 – 216} und die Höhe des Seitenschiffdaches *{217}*. Das ergäbe etwa 8 m über dem Scheitel

[130] Hasak *{28}*, S. 20.

[131] So rekonstruiert schon W. Wegener in seinem Modell im Stadtmuseum. V. H. Elbern, Das erste Jahrtausend, Tafelband, Düsseldorf 1962, Abb. 50.

[132] Adamy *{126}*; Otto Müller, Die Einhards-Basilika zu Steinbach, Seligenstadt 1937.

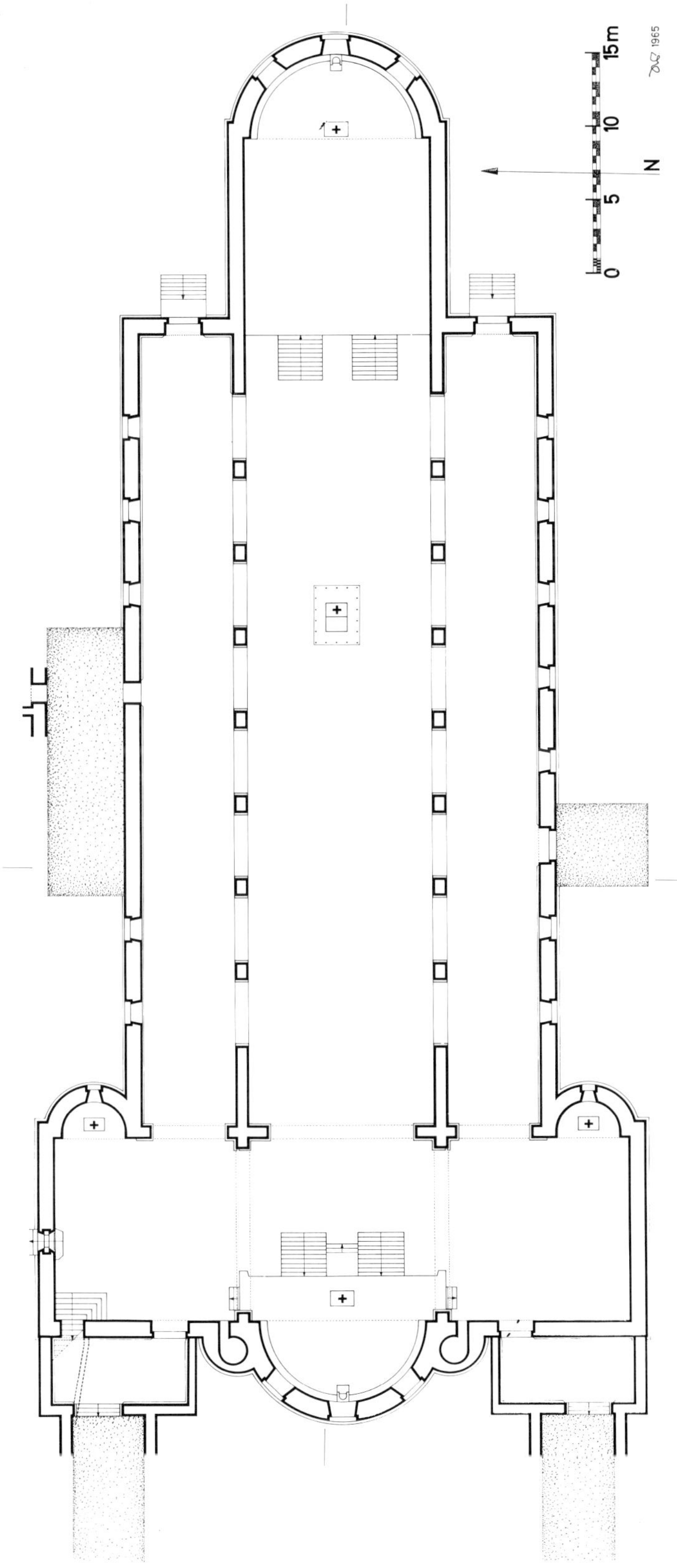

Fig. 11. Rekonstruierter Grundriß von Bau VII b. – Maßstab 1 : 500.

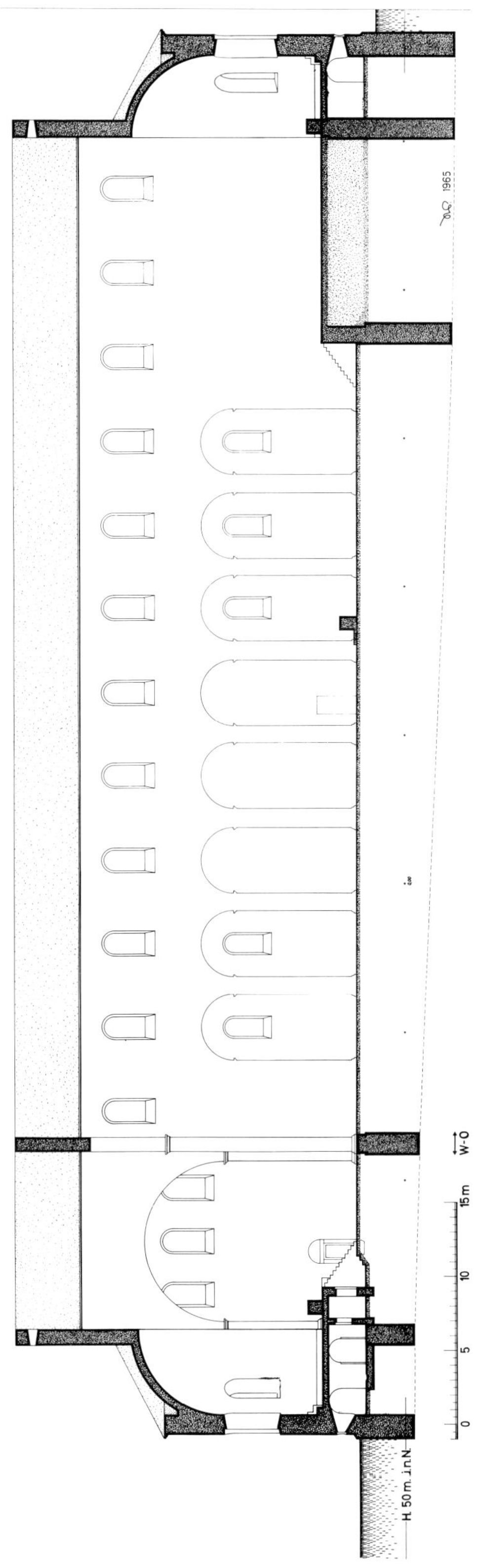

Fig. 12. Rekonstruierter Längsschnitt von Bau VII b. – Maßstab 1 : 500.

Abb. 6. Widmungsbild des Hillinus-Kodex (um 1025). Ansicht des karolingischen Domes von Süden.

219 der Erdgeschoßarkade. Zur Schätzung der Höhe des Arkadenbogens selbst können nur die spärlichen Analogien herangezogen werden. Man darf wohl annehmen, daß er nicht schlanker war
220 als der von Steinbach. Der Grenzwert für die Kölner Langhausarkade wäre dann etwa 11,80 m.
221 Die Proportionen des Steinbacher Querschnitts für den Kölner Schiffquerschnitt zu übernehmen, geht deshalb nicht an, weil sich daraus für Köln nur eine Höhe von etwa 14 m ergeben würde; zieht man davon die oben ermittelten Maße *{218}* ab, so blieben für die Höhe der Langhausarkade 6 m übrig; das ginge wohl noch an. Die Öffnungen zu den Querhausarmen *{243 – 245}* würden dann aber auf jeden Fall unterquadratisch. Das aber scheint mir untunlich zu sein. Nimmt man
222 aber für das Verhältnis von Breite zu Höhe beim Mittelschiff ein ganzzahliges Verhältnis an, etwa 2 : 3, d. h. anderthalb Quadrate, so ergibt sich eine Mittelschiffhöhe von etwa 18,50 m. Darin lassen sich die geschätzten Maße *{218 – 220}* ohne Schwierigkeiten unterbringen und auch der Bogen zwischen Vierung und Querhausarm bliebe überquadratisch. Die Langhausarkaden würden dann im Lichten etwa 10,50 m hoch werden. Es liegt kein Grund vor, für den Hauptquerschnitt ein schlankeres Verhältnis, etwa 1 : 2 (=24,66 m Höhe) anzunehmen [133].
223 Das Mittelschiff wird vom Querschiff durch einen Triumphbogen getrennt. Man könnte zwar in Anlehnung an den Befund in Steinbach [134] in der südlichen Pfeilervorlage des Vierungspfeilers *{86}*

[133] Bei der Unsicherheit der Schätzungen schien es mir besser, im Gegensatz zu Steinbach für den Querschnitt zunächst das angegebene ganzzahlige Verhältnis anzunehmen.

[134] Müller *{132}*, S. 6 und Abb. 37; Adamy *(126)*, S. 13.

Abb. 7. Rekonstruktion der Innenansicht des karolingischen Baues VII b.

den Ansatz einer Chorschranke sehen. Doch sprechen dagegen die Breite der Vorlage und der
Umstand, daß der reichere Bodenbelag über die Spannmauer hinweggezogen ist *{126}*. Die Breite
224 des Abdrucks erlaubt es, für die Vorlage einen umlaufenden Sockel anzunehmen. Der aufgehende
225 Pfeiler würde dann etwa 93 cm, also so breit wie die Mittelschiffpfeiler werden, und etwa 1,12 m in
226 den Raum vorspringen. Es ist anzunehmen, daß der Triumphbogen nur um die Bogenstärke
niedriger war als die Schiffdecke. Die westliche Stirnwand der Vierung ist bestimmt durch die
Öffnung der Apsis, deren halbkreisförmigem Grundriß eine Viertelkugel als Überwölbung
entspricht. Die Wölbung war mit einer Maiestas bemalt, die noch im Kalendar des Domkustos
227 *{25}* erwähnt wird. Ob sie noch karolingisch war, d. h. aus der Zeit Gunthars *{4}* stammt, ist
nicht zu entscheiden. Der Scheitel der Apsiswölbung wird dem der Bögen zwischen Vierung und
Querhausarmen in etwa entsprochen haben. Jedenfalls müßte über dem Apsisbogen noch Platz für
die beiden Rundfenster bleiben, die das Kalendar erwähnt [135] und die an dieser Stelle nicht nur in
228 Steinbach, sondern auch an vielen anderen Orten zu finden sind. In der Apsis sitzen *iuxta altare* drei
229 Fenster, die ausdrücklich groß genannt werden *(tres magne fenestre)*. Die weiter im Kalendar
genannten fünf runden Fenster *„circa altare si. Petri"* haben in unserer Rekonstruktion weder über
noch unter jenen drei großen Fenstern Platz [136]. Da der Hillinuskodex sie nicht zeigt, andererseits
aber auch das Kalendar keinerlei Fenster in der Krypta erwähnt, habe ich sie sowohl hier als auch
im Osten in der Krypta angenommen [137].
230 Die westliche Krypta läßt sich verhältnismäßig sicher rekonstruieren *{101 – 115}*: eine Ringkrypta
römischer Prägung, die jedoch durch einen Quergang und zwei seitlich neben der Confessio liegen-
231 de Kapellen erweitert ist (Fig. 13). Die Confessio ist in den Fundamenten ablesbar. Nach Osten zu
hatte sie wahrscheinlich eine Fenestella, jedenfalls deutet das Gefälle des Fußbodens im Mittelgang
232 zwischen den vermuteten Chortreppen darauf hin *{122}*. Eine *memoria si. Petri* wird 1075 in der vita
233 Annions erwähnt *{16}*. Es liegt nahe, sie mit der rekonstruierten Confessio gleichzusetzen. Ob west-
lich vor ihr ein Altar stand, ist am Befund nicht zu sehen. Doch könnte man die Ausklinkung
234 der Ecken in der „Vierung" und die Pfostenlöcher *{111}* dahin deuten, daß ein Bezirk für einen Al-
tar ausgesondert war. Da außerdem ein Fundamentrest in der nördlichen Seitenkapelle *{110}* ei-
235 gentlich nur als Altarfundament gedeutet werden kann, hätte man Anhaltspunkte für drei Altäre in
der Krypta. Es ist jedoch auffallend, daß weder im Kalendar des Domkustos noch im Buche des
Thesaurars von einem Altar in einer der beiden Krypten die Rede ist; auch werden irgendwelche be-
sonderen Reliquienschätze in den Krypten nicht erwähnt [138].
236 Die Gänge der Krypta sind ungefähr so breit wie in Steinbach. Man braucht deshalb auch nicht
237 anzunehmen, daß sie in Köln wesentlich höher waren. Die Wölbung ist überall als
Tonnenwölbung ausführbar. Dabei ergeben sich in der „Vierung" Tonnendurchdringungen. Die
238 Mündungen der geraden Gänge in die Ringtonne ergeben Stichkappen, die man auch für die in den
Umgang führenden Fenster annehmen muß. Der Boden des Presbyteriums würde danach etwa
2,35 m über dem Boden des Schiffes gelegen haben.
239 Der Hochaltar des hl. Petrus hätte über der als Confessio angesprochenen Kammer seinen rechten
240 Ort. Bischofsthron und Presbyterbank in der Apsisrundung scheinen noch im 13. Jahrhundert

[135] *„Et in alto super altare si. Petri ex utraque parte maiestatis una rotunda fenestra."* Das Bild des Hillinuskodex hat die beiden Rundfenster nicht, aber es legt die Spitze des Apsiskegeldaches unter das durchgezogene Hauptgesims.

[136] Sie sitzen auch in der Wegenerschen Rekonstruktion (Katalog 1900 Jahre Köln) sehr unglaubwürdig.

[137] Die Angaben *„circa altare si. Petri"* und *„circa altare B. M. V."* lassen sich zur Not so auslegen.

[138] Stab und Ketten des hl. Petrus sind erst durch Bruno nach Köln gebracht worden. Sie werden im 13. Jahrhundert in der aurea camera aufbewahrt. Das schließt nicht aus, daß sie früher in der Memoria aufbewahrt wurden. Der Befund läßt jedoch nicht zu, Bruno die Anlage der Krypta zuzuschreiben, wie Achter *{106}* will. Viel eher könnte man vermuten, daß die Einfügung der Krypta in der Erwartung von Reliquientranslationen geschehen ist, die dann nicht mehr erfolgten.

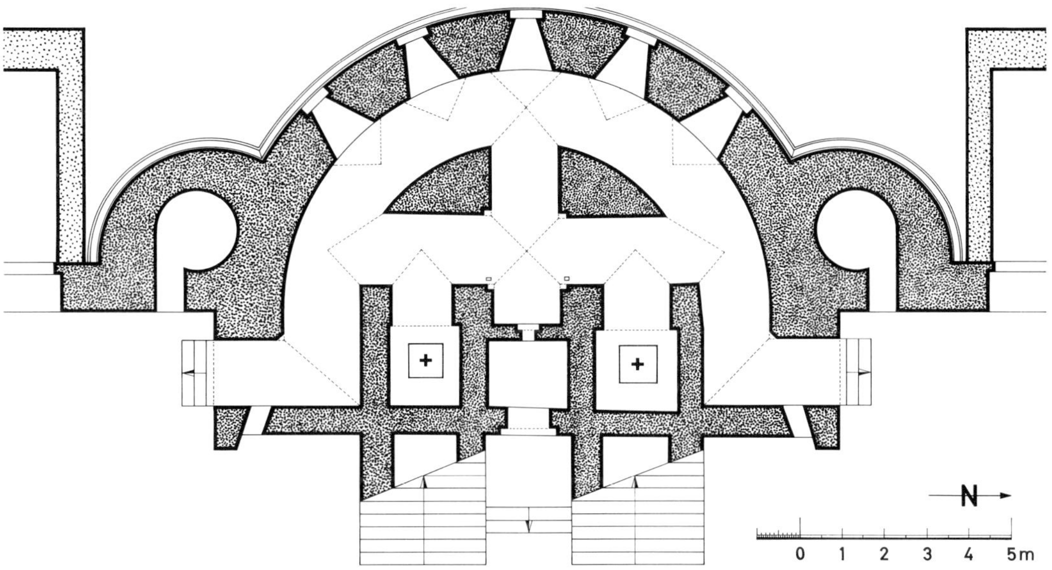

Fig. 13. Rekonstruierter Grundriß der Krypta von Bau VII b. – Maßstab 1 : 200.

241 benutzt worden zu sein [139]. Wie der Chor vor der Krypta ausgestaltet war, läßt sich noch nicht mit Bestimmtheit sagen. Jedenfalls müssen aus ihm heraus die Treppen zum Presbyterium geführt haben. Die römischen Spolien im Fußboden *{121}* können in etwa einen Anhalt für deren
242 Ausdehnung nach Osten und für ihren Abstand voneinander geben. Chorschranken in den Öffnungen zu den Querschiffarmen hat es in der älteren Zeit von VII b nicht gegeben *{90}*. Entweder waren die Querschiffarme ganz zum Chor gezogen, oder die Schranken haben frei im Raum gestanden, wie im Westchor des Sankt Gallener Planes, was aber vorläufig mit nichts zu belegen ist.
243 Das Maß der Öffnung von der Vierung zu den Querschiffarmen ergibt sich aus der Vorlage am
244 nordöstlichen Eckpfeiler *{87 – 89}*. Es besteht vorerst kein Grund anzunehmen, daß die Öffnung unterteilt war, also daß dort statt eines großen Bogens zwei kleine gewesen wären, oder daß sie nicht symmetrisch in der Trennwand zwischen Vierung und Querschiffarmen gesessen hätte. Ihre
245 Höhe wird ungefähr die gleiche wie die der Apsis gewesen sein *{226}*. Für die Querschiffarme
246 notiert das Kalendar des Domkustos je vier Fenster *(versus altare b. Martini tres fenestre et una super*
247 *altare; item versus altare b. Stephani tres fenestre et una fenestra super altare)* [140]. Der Martinsaltar steht im nördlichen Querschiffarm, der Stephansaltar im südlichen [141], und zwar vor oder in den Seitenapsiden [142], die sich nach Osten zu aus der Querschiffwand heraus wölben *{94}*. Ob sich das
248 erwähnte Fenster *{247}* in der Apsis oder in der Wand über ihr befunden hat [143], muß offen-

[139] Jedenfalls kann man eine Stelle des Rituals des Stadtarchivs *{43}* darauf deuten. Die bei Clemen *{1}*, S. 215, mitgeteilte Kölner Überlieferung, daß nämlich der Erzbischof an der „Rückseite" des Hochaltares zelebriert habe, fände so ihre Erklärung.

[140] Hasak *{28}*, S. 20.

[141] Die Bezeichnung *altare* oder *vicaria S. Stephani sub turri* oder *sub campanis,* die sich bis 1725 erhält, hat zu allerhand Spekulationen über den Standort geführt. Offensichtlich ist aber der Altar irgendwie im Zusammenhang mit dem südwestlichen Rundturm gesehen worden, in dem wohl die Glocken gehangen haben.

[142] Leider ist von der Nische nur der Ansatz erhalten, so daß kein Altarfundament mehr vorhanden ist.

[143] Wegen des vermuteten Brunonischen Ausbaues der äußeren Seitenschiffe hat es wahrscheinlich in der Wand über den Apsiden gesessen, sonst wäre es kaum noch in der Aufzählung des Domkustos erschienen.

249 bleiben. Die übrigen drei Fenster der Querschiffarme haben, wenn man dem Hillinuskodex glaubt,
in den Stirnwänden gesessen.
250 In der Mitte des Langhauses muß der später dort anzutreffende Kreuzaltar [144] wohl auch schon in
karolingischer Zeit gestanden haben. Als Standort für ihn bietet sich eine umschrankte Stelle des
251 Fußbodens in der Mittelachse an *{139}*. Stephans-, Martins- und Kreuzaltar sind wahrscheinlich
deshalb die ältesten Nebenaltäre des Domes, weil die Pfarrer der drei ältesten Stadtpfarreien, S.
Laurentius, S. Alban und S. Columba im Interdiktfall an ihnen zelebrieren dürfen [145]. Sie müssen
dafür jeden Sonntag an der Prozession des Kapitels durch den Ambitus und am Hochamt bis zum
Evangelium teilnehmen. Privileg und Verpflichtung deuten auf eine sehr alte Tradition [146].
252 Es ist erwähnt worden, daß die auf allen inneren Fundamenten liegenden Quader im Langhaus um
etwa 10 cm über den Fußboden hinausragen *{83}*. Man kann das kaum mit einem technischen
Fehler begründen [147]. Es sieht vielmehr so aus, als ob das Mittelschiff durch irgendeine Schranke
von den Seitenschiffen abgetrennt war, für die wir bisher keine weiteren Anhaltspunkte haben.
253 Die beiden Altäre des hl. Severin und der hll. Cosmas und Damian müssen im 13. Jahrhundert an
den Ostenden der Seitenschiffe gestanden haben [148]. Nach ihren Patrozinien können sie
karolingischen Ursprungs sein, doch ist an der Stelle, wo der Cosmas- und Damianaltar zu
vermuten wäre, keine Spur eines Altares gefunden worden *{142 – 143}*. Man wird also zunächst
254 diese beiden Altäre in die brunonische Erweiterung verweisen [149]. Die im Buch der Thesaurarie
erwähnte Tür nach Maria ad gradus muß am östlichen Ende des nördlichen Seitenschiffs gewesen
255 sein [150]. Es ist anzunehmen, daß sich auch am Ende des südlichen Seitenschiffs eine Tür befunden
hat.
Über den Ostchor wissen wir noch nicht sehr viel. Man kann vermuten, daß das Chorjoch erhöht
256 war, weil sonst kaum eine Möglichkeit bestand, in die sicher bezeugte Krypta zu gelangen. Die
Apsis hatte drei große Fenster und im Stirnbogen über der Apsis saßen zwei Rundfenster *(ex
257 utraque parte maiestatis una rotunda fenestra)* [151]. Auch die Ostapsis war also im 13. Jahrhundert mit
einer Maiestas ausgemalt.

[144] Über ihm war das von Erzbischof Gero (gest. 976) gestiftete Kreuz angebracht. Vgl. Anm. 89.

[145] Totenbuch des 13. Jahrhunderts, Ennen-Eckertz *{30}* II, S. 624; es handelt sich um einen Zusatz von einer Hd. des 14. Jahrhunderts; dazu Oediger in Jb. d. Köln Gesch. Ver. 29/30, 1957, S. 135.

[146] Hegel, Die Entstehung des ma. Pfarrsystems der Stadt Köln, in Kölner Untersuchungen, hrsg. v. W. Zimmermann, Ratingen 1950, S. 69 ff.

[147] Wenn der Fußboden auf einem kurz vorher angeschütteten Erdreich verlegt wurde, so könnte ein Absacken von 10 cm leicht stattfinden. Es ist aber kaum erklärbar, daß man sich 400 Jahre und noch mehr mit diesem zufällig entstandenen Zustand zufrieden gegeben hätte.

[148] Kalendar der Domkustodie; Hasak *{28}*, S. 20: *Item versus altare beati Severini in turri quinque fenestre et una super altare; item versus altare beatorum martirum Cosme et Damiani tres fenestre et una super altare.* Das Buch der Thesaurarie legt den Standort genauer fest: *Item versus altare sancti Severini, quod situm apud ianuam per quam de ecclesia ad gradus beatae Mariae intratur ad maiorem, ubi quondam una turris, fuerunt quinque fenestrae et una super altare. Item versus altare Cosmae et Damiani in dextero latere, ubi quondam turris altera, fuerunt quinque fenestrae et una super altare.* Die hier erwähnten Fenster gehören wahrscheinlich zur brunonischen Erweiterung. Die Türme können nur die von Rainald v. Dassel erbauten „hölzernen" sein.

[149] Der Befund der Ostwand des südlichen Seitenschiffes ist schwer deutbar. Sie ist etwa 60 cm tiefer als der karolingische Boden abgerissen. Das entspricht der Höhe der beiden Quaderlagen, die auf allen Innenfundamenten gefunden worden sind. Auch hier zeigen sich die Abdrücke der Quader noch deutlich. Man müßte danach auch diese Mauer für eine Innenmauer, also etwa die Spannmauer einer Seitenapsis erklären. Leider aber hat alles Suchen östlich von ihr keine Spur von karolingischem Fußboden oder Mauerwerk zutage gebracht. Vorerst bleibt nur die Möglichkeit, hier ein Portal zu suchen, das aber anders konstruiert gewesen wäre als das bekannte im nördlichen Westquerschiff.

[150] Dafür spricht außer der Anm. 148 erwähnten Stelle auch die gotische Tür nicht weit davon.

[151] Alle übrigen im Kalendarium des Domkustos erwähnten Fenster müssen in den brunonischen Anbau verwiesen werden.

258 Es ist schwierig, etwas über den oberen Raumabschluß zu sagen. Er ist für den Raumeindruck ausschlaggebend, aber wir haben keinerlei nützliche Nachricht. Wenn auch in manchen Teilen des Abendlandes der offene römische Dachstuhl bis ins 12. Jahrhundert in Gebrauch geblieben ist, so muß auf Grund der Texte doch angenommen werden, daß in karolingischer Zeit offene Dachstühle und geschlossene Holzdecken nebeneinander vorkamen [152]. Bei unserer Rekonstruktion ist die vertäfelte Decke als die fortschrittlichere und der Pfeilerbasilika entsprechendere Lösung gewählt worden [153].

H. Die Atrien des Domes

259 Wie die Klosterkirche in Fulda und der Plan von Sankt Gallen hatte die karolingische Kölner Kathedrale im Westen und im Osten einen gestalteten und mit der Kirche verbundenen Vorplatz. Im Westen lag, wie in Fulda und an Sankt Gereon in Köln, das Klaustrum, im Osten ein Atrium.

260 Man hat im Domhof, dem großen mittelalterlichen Platz an der Südseite des Domes, einen erhalten gebliebenen römischen Markt sehen wollen, das *Forum Julii,* das 887 erwähnt wird und das man in der Nähe des Domes suchen muß [154]. Es hat sich durch Doppelfelds Grabungen herausgestellt, daß diese, noch zuletzt von K. Corsten [155] mit Nachdruck vertretene These nicht zu halten ist, weil der Platz an der Südseite des Domes in römischer Zeit und später mit Wohngebäuden zugebaut war und wahrscheinlich erst nach der Wende zum 2. Jahrtausend freigeräumt worden ist [156].

261 Die römische Bebauung im Osten des Domes hat nach den Resultaten Doppelfelds und älterer Grabungen [157] wesentlich anders ausgesehen. Hier sind keine Gebäude festgestellt worden, die man eindeutig als Wohnhäuser ansehen müßte. Vielmehr scheint es so, als ob dort ein in Terrassen angelegter Freiraum an seiner Westseite mit mindestens einem, möglicherweise aber auch mehreren Tempeln abgeschlossen war [158]. Man kann sich sehr wohl hier einen Marktbereich vorstellen, der sich im Anschluß an das Hafentor entlang der östlichen Stadtmauer bis zur Nordmauer hinzog.

262 Es ist merkwürdig, daß noch 887 ein Platz mit einem ausgesprochen römischen Namen bezeichnet wird. Aber in unserem Zusammenhang interessiert mehr seine Lage; auf ihm sollten sich am Johannestag alle versammeln, die sich durch Diebstahl kirchlichen Gutes aus der kirchlichen Gemeinschaft ausgeschlossen hatten, um als öffentliche Büßer rekonziliiert zu werden [159]. Eine

[152] Schlosser {3}, Nr. 37. Wenn es im Capitulare Generale von 789 heißt: *ut super altaria teguria fiant vel laquearia* (dazu J. Braun, Der christliche Altar II, München 1924, S. 185, 190), so kann man laquear bzw. laquearium, wie es gewöhnlich geschieht, mit „getäfelter Decke" übersetzen und tegurium mit Ciborium. Aber wer sagt denn, daß laquear nicht einfach ein über dem Altar aufgehängtes Stück Vertäfelung ist? Ein sicheres Argument kann, scheint mir, aus der perspektivischen Wandmalerei unter der Balkenlage von Steinbach gewonnen werden. Sie läßt sich mit einer bemalten Holzdecke zusammenbringen, kaum aber mit einem offenen Dachstuhl. Nachrichten über bemalte laquearia sind bei Schlosser {3} zu finden.

[153] Es muß natürlich jedermann überlassen bleiben, wie er sich die obere Raumgrenze vorstellen will. Doch möchte man das Auftreten der typischen und anderthalb Jahrhunderte später in Deutschland so selbstverständlichen Vorliebe für exakte und harte Raumgrenzen gern in die zeitliche Nähe der Aachener Pfalzkapelle rücken.

[154] E. Hegel, Die Kölner Kirchen und die Stadtzerstörung in den Jahren 355 und 881, in: Kölner Untersuchungen {146}, S. 50.

[155] Einen Überblick über die Diskussion gibt O. Doppelfeld, Die Grabung auf dem Domhof 1949, in: Kölner Domblatt, VI/VII, 1952, S. 104, Anm. 1.

[156] Doppelfeld {155}, S. 103 ff.

[157] O. Doppelfeld, Die Ausgrabungen am Petersbrunnen, in: Kölner Domblatt XII/XIII, 1957, S. 49 ff. = hier S. 183 ff.

[158] Unter dem inneren südlichen Seitenschiff des Domchores wurden vor nicht langer Zeit die Reste eines offensichtlich nicht profanen Gebäudes aufgedeckt, die sich ohne Gewaltsamkeit zu einem nach Osten offenen Podiumtempel ergänzen lassen. O. Doppelfeld, Die Domgrabung XV, in: Kölner Domblatt XXI/XXII, 1963, S. 116 ff. = hier S. 416 ff. Ein Merkurtempel ist wegen einer in der Nähe des Domes gefundenen Inschrift zu vermuten.

[159] Hegel {154}, S. 50.

263 Handschrift des Kölner Stadtarchivs hilft etwas weiter *{30}*; sie ist im zweiten Viertel des 13.
Jahrhunderts geschrieben und in der zweiten Hälfte des Jahrhunderts korrigiert worden. Sie enthält
264 u. a. die umfangreiche Liturgie der Karwoche. Am Gründonnerstag zieht nach dieser Handschrift
der Erzbischof nach Maria ad gradus, wo ihm *pro foribus* ein Sitz aufgestellt wird. In der folgenden
Rekonziliation der öffentlichen Büßer spielt eine der Treppen, die zum Atrium zwischen Maria ad
265 gradus und dem Dom hinaufführen, eine Rolle. Es ist nun sehr merkwürdig, daß die reconciliatio
nicht in der Portikus an der der Stadt zugewandten Südseite des Domes und auch nicht an den
Portalen zum Westquerschiff stattfindet. Sowohl Portikus als auch Westquerschiff waren bei
Korrektur der Handschrift noch voll in Gebrauch, während das östliche Atrium unmittelbar einer
Großbaustelle benachbart war. Wenn dennoch eine feierliche Zeremonie hier lokalisiert wird, so
kann der Grund dafür nur eine sehr alte Tradition sein.

266 Nun sprechen manche aus der Grabung gewonnene Fakten dafür, daß der merowingische Dom
267 gewestet war und seinen Haupteingang im Osten hatte *{40 – 49}*. Schon 1866 hat Voigtel [160] in der
Achse des Domes eine römische Brunnenanlage aufgedeckt, und Doppelfeld [161] hat die
Möglichkeit angedeutet, daß dieser Brunnen in späterer Zeit als Baptisterium verwendet worden
ist. Er liegt, scheint es, eher in der Achse der merowingischen als der karolingischen Kirche.

268 Auf ein karolingisches Ostatrium deutet ein an verschiedenen Stellen gefundener Plattenbelag aus
Trachytplatten [162], der die zu dieser Zeit aufgegebene Brunnenanlage überdeckt. Von seinen
269 Begrenzungsmauern ist bisher nichts mit Sicherheit zu erkennen, es sei denn, man nimmt an, daß
die annonische Atriumanlage die karolingischen Mauern als Substruktionen verwendete [163]. Damit
270 wäre die Begrenzung nach Norden und Süden gegeben. Wie die Anlage im Osten ausgesehen hat,
271 werden wir nie mehr feststellen können, da hier das Niveau heute etwa 3 m tiefer liegt als der
karolingische Atriumboden. Auch in karolingischer Zeit muß der Niveauunterschied zwischen
dem Atriumboden und dem Fuß der Stadtmauer verhältnismäßig groß gewesen sein. Gegenüber
diesem Abhang wird das Atrium in irgendeiner Form abgeschlossen gewesen sein. Doppelfeld hat
hier einen karolingischen Vorgänger der Kirche Maria ad gradus vermutet [164].

272 Von zum Dom gehörenden Bauten westlich des Petruschors hören wir zum erstenmal im Jahre
1074, als EB Anno durch das Dormitorium aus der Stadt flieht. Den Fluchtweg hat Doppelfeld
273 wieder aufgefunden [165]. Die in der Nordwestecke des Querhauses noch erhaltene Treppe *{79}* kann
nur als Dormitoriumtreppe gedeutet werden. Das 1076 erwähnte *claustrum maioris ecclesiae* (1156
claustrum si. Petri) hat also im Westen des Domes gelegen. Die Grabungen haben es als
wahrscheinlich erwiesen, daß die Anlage, die sich bis an das römische Nordtor und die Straße

[160] Bonner Jahrbücher LIII/LIV, 1873, S. 199.

[161] Domblatt XII/XIII, 1957, S. 66=hier S. 203.

[162] Doppelfeld, a. a. O., S. 80=hier S. 211.

[163] Ders., S. 81=hier S. 212. Die Beschreibung dieser Mauern stammt von 1873. Nur eine Nachgrabung kann über ihren Bestand bzw. ihre Technik Sicheres ergeben. Die oberen Schichten sind allerdings bei der Tieferlegung des Niveaus am Petersbrunnen abgetragen worden. Doppelfeld wollte 1948 noch Mauern als Begrenzung des Atriums annehmen, die er 1957 dem Baderaum der nachrömischen Zeit (Baptisterium) zuschreibt. Seine Gründe gegen die Annahme, daß die Substruktionen der annonischen Säulenreihen die karolingische Atriumsbegrenzung bedeuten, sind nicht mehr zu widerlegen, aber sie sind auch nicht stichhaltig. O. Doppelfeld, Die Ausgrabungen des karolingischen Domes, in: Der Kölner Dom, hrsg. v. H. Vogts, Köln 1948, S. 179=hier S. 52 f.

[164] Kunstdenkmäler der Stadt Köln, hrsg. von P. Clemen, II,3, Düsseldorf 1937, S. 5 ff. Die von Erzbischof Anno wohl kurz nach 1056 begonnene Kirche Maria ad gradus wird 1059 zum erstenmal mit diesem Beinamen genannt; sie erhielt Ende des 12. Jahrhunderts eine Westapsis, das Schiff und der Ostchor wurden von 1400 an erneuert bzw. erweitert. Es ist anzunehmen, daß die Treppen, die der Kirche den Namen geben, ursprünglich an beiden Seiten der Kirche außen vorbeiführten. Im spätmittelalterlichen Zustand mündeten sie in das Querschiff.

[165] O. Doppelfeld, Die Ausgrabungen am Domkloster, Dbl. XIV/XV, 1958, S. 11 ff.=hier S. 219 ff.

Unter Fettenhennen, d. h. die nord-südliche Hauptstraße der römischen Stadt [166] erstreckte, schon
in karolingischer Zeit in der Form eines dreiflügeligen Kreuzganges angelegt wurde. Von den
Gebäuden ist heute nichts mehr erhalten. Sie waren im Laufe der Zeit vielfach umgebaut worden.
Größere Teile wurden zu Beginn des 16. Jahrhunderts abgerissen; die letzten verschwanden im
275 Zuge der Domfreilegung im 19. Jahrhundert. Eine Folge der Freilegung war auch die Absenkung
des allmählich bis ungefähr auf das heutige Domniveau angewachsenen westlichen Vorgeländes um
etwa 2 m. Dadurch sind sowohl die Fundamente der jüngeren Bauten verlorengegangen als auch
276 die der weniger tief gegründeten karolingischen. Der Kreuzgang mit seinen Nebengebäuden war
ein Viereck von etwa 90 m Länge und fast 40 m Breite, das am westlichen Ende vermutlich
schmaler als an seinem östlichen und somit kein genaues Rechteck war. Doppelfeld hat eine
Rekonstruktion unter Verwendung der Säulen der römischen Glacisstraße versucht, von denen er
277 annimmt, daß sie für das karolingische Atrium in situ verwendet worden seien. Das ist aber nicht
zwingend. Nur ein Säulenstumpf ist im vorigen Jahrhundert noch auf seinem Sockel vorgefunden
worden. Alle anderen Säulen waren bis auf den Sockel abgeräumt, deren Oberkante dem Niveau des
halbkreisförmigen Atriums der Periode VI entspricht *{182 – 188; 196 – 197}*. Die Säulen könnten
also zur Zeit dieses Atriums mit Ausnahme der östlichen, die von ihm überschnitten werden, noch
278 über dem Boden gestanden haben. Das Niveau des zu VII a gehörenden Kreuzgangs läßt sich aus
den entsprechenden Schwellen in der Emunduskapelle ablesen *{150 – 151}*. Es liegt mindestens
75 cm höher als die höchsten Oberkanten der uns bekannten Mauern außerhalb des karolingischen
Domes, d. h. die Säulen der Glacisstraße können nicht für den karolingischen Kreuzgang benutzt
worden sein. Bei der Tieferlegung des Straßenniveaus im Jahre 1893 sind alle Fundamente entfernt
worden, die sich in dieser 75 cm dicken Zone befanden.

Die bisher erzielten Grabungsergebnisse sind, soweit sie aus dem 19. Jahrhundert stammen, nur mit Vorsicht auszuwerten. Sie lassen jedoch erkennen, daß das Gelände zwischen dem Areal des Domes und der römischen Nord-Süd-Straße kontinuierlich bebaut gewesen ist. Teile der römischen Straßenrandbebauung sind zum mindesten in der fränkischen Zeit benutzt oder durch Umbauten neuen Zwecken angepaßt worden. Es scheint, daß man beim Baubeginn von Dom VII a den größten Teil der Gebäude bis zur beabsichtigten Fußbodenhöhe des Neubaues abgerissen hat. Genaueres über die Form des dann errichteten Gebäudekomplexes kann erst von weiteren Untersuchungen erwartet werden.

[166] H. Keussen, Topographie der Stadt Köln im Mittelalter II, 1910, S. 299 – 302.

Herr W. Schneider von der Dombauverwaltung hat mir mannigfache Hilfe geleistet und die Bestandspläne angefertigt. Herr Dipl.-Ing. A. Wolff zeichnete die Rekonstruktionspläne. Ich bin beiden Herren für ihre Hilfe sehr verbunden.

Willy Weyres

Zur Baugeschichte der vorgotischen Kölner Kathedralen

Aus: Kölner Domblatt 26/27, 1967, 7 – 56

Damit man die Baugeschichte der vorgotischen Kathedralen besser versteht, empfiehlt es sich, die greifbaren Nachrichten über die Altäre zusammenzustellen und dabei von der Einrichtung des gotischen Neubaues auszugehen, wie sie im 18. Jahrhundert bestand, denn darüber besteht seit den Untersuchungen von Torsy Klarheit [1].

Die Kontinuität der Altarpatrozinien im alten und gotischen Dom

1 Vor der Säkularisation hatte der Dom selbst 22 Altäre, zu denen weitere in der Sakristei, der Pfarrkirche S. Maria im Pesch und in den Annexkapellen kamen, die wir hier außer acht lassen. Den Standort der Altäre vor 1319 zeigt Abb. 2, den vor 1248 Abb. 1.

2 Der Hochaltar im gotischen Ostchor war 1322 wohl ursprünglich Petrus geweiht, wenn auch die Thematik der Mensa das nicht mehr erkennen läßt; aber er muß Nachfolger des bis dahin noch erhaltenen alten Hochaltars im Westchor sein (I in Abb. 1 und 2), weil der Marienaltar in der mittleren Chorkapelle *{11 bis 13}* als Nachfolger des alten östlichen Hochaltars anzusehen ist und 1322 schon längere Zeit bestand. Die frühere Unsicherheit in der Frage nach dem Ort des Hauptaltars und des Hauptchores ist durch die Grabungen eindeutig behoben. Der Westchor des alten Domes war der Hauptchor, der westliche Altar der des hl. Petrus [2].

3 Der Chorplatz des Westchores war in staufischer Zeit nach Osten hin durch einen, bisher noch nicht gefundenen, aber in den Urkunden bezeugten Lettner mit mittlerem Durchgang abgeschlossen. Über ihm hing der eine der beiden großen Radleuchter *{58}*.

4 Der Chorplatz lag auf dem Niveau des Schiffes und war vor 1248 zu den Querschiffarmen hin durch Schranken geschlossen, an deren westlichen Enden sich Türen befanden [3].

5 Der Petrusaltar stand erhöht über der fast in ganzer Höhe über dem Chorniveau herausragenden Krypta, die um rd. 3,0 m in die Vierung hineinreichte. Der genaue Platz des Hochaltars ist aus dem Grabungsbefund nicht abzulesen, doch läßt sich aus dem Vergleich mit verwandten Westchoranlagen (Regensburg, St. Emmeran; Augsburg, Dom; Maastricht, St. Servatius) schließen, daß er sich

[1] J. Torsy, Vikare und Offizianten des Domes in der ersten Hälfte des 18. Jhs., in: Kölner Domblatt 10, 1955, S. 89 ff.

[2] W. Weyres, Der karolingische Dom zu Köln in: Karl der Große III, hrsg. von W. Braunfels u. H. Schnitzler, Düsseldorf, 1965, §§ 12, 13, 16, 17 = hier S. 418.

[3] Weyres *{2}* §§ 88 u. 91 = hier S. 428.

am östlichen Rande der sich in die Apsis einschmiegenden Tribüne befand. Der Priester stand dann bei der Zelebration, vom Schiff aus gesehen, hinter dem Altar und wandte sich nach Osten.

6 Die Krypta wird beim Tode Annos II. „*confessio sancti Petri*" genannt [4]. Damit kann eigentlich nur ihre mittlere Kammer gemeint sein, über der nach den oben gemachten Ausführungen der Petrusaltar richtig gestanden hätte. Was darin aufbewahrt wurde, ist uns nicht bekannt. In staufischer Zeit waren es jedenfalls nicht Stab und Ketten des hl. Petrus. Sie wurden damals in der Schatzkammer verwahrt.

7 Im Scheitel der Westapsis befand sich der Thron des Erzbischofs, wie sich aus einer Eintragung im Prozessionale des Stadtarchivs schließen läßt [5].

8 Die in der Sammlung der Gedichte Alcuins überlieferte Inschrift für einen Petrusaltar kann sich nicht auf den Hochaltar des alten Domes beziehen [6]. Sie muß zwischen 787 (Bischofsweihe Hildebolds) und 800 (Kaiserkrönung Karls) entstanden sein. Auch der Vorgängerbau des alten Domes muß also zu Zeiten Karls des Großen einen Petrusaltar gehabt haben.

9 Auch der 857 im Brief des Erzbischofs Gunthar erwähnte Petrusaltar kann nicht in der 870 von Willibert konsekrierten Kirche gesucht werden [7]. Er muß in dem Interimsbau gestanden haben, den das Kapitel während des Neubaues des alten Domes benutzte *{163}*.

10 Im 18. Jahrhundert steht der Marienaltar „*retro tres reges*", d. h. in der Achsenkapelle des Chorumganges, und, wie Crombach berichtet, fest an der Ostwand der Kapelle hinter dem Mausoleum der Hl. Drei Könige (5 in Abb. 2). Er erhielt 1716 eine neue Mensa und einen Aufsatz aus Marmor und wurde konsekriert „*in honorem BMV et trium regum*" [8].

11 An derselben Stelle stand er auch 1319/20. In diesem Jahre setzt Hermann von Jülich den Vikaren (rectores) von 17 Altären Beträge aus. Die Reihenfolge, in der diese aufgezählt werden, läßt kaum einen Zweifel darüber, daß der Marienaltar damals schon in der Mittelkapelle stand [9].

12 Man kann wohl auch die Erwähnung des Marienaltars, der, wie auch einige andere, „bisher noch nicht gut dotiert ist", in der Stiftung des Hermann von Rennenberg (1318) auf diesen Altar beziehen [10]. Das erwähnte Faktum würde daraus erklärt werden können, daß bislang keine vernünftig dotierte Vicarie an diesem Altar bestand. Das wiederum wäre dann wahrscheinlich, wenn dieser Marienaltar der Nachfolger des östlichen Hochaltars war (VIII in Abb. 1), der 1192 von einem Kanoniker bedient wird [11]. Ungefähr an dessen Stelle steht der neue Marienaltar.

13 Der erwähnte Hermann von Rennenberg wählt sein Begräbnis vor dem Marienaltar; Clemen zeichnet das Grab Rennenbergs ohne Angabe von Gründen vor dem Altar der Marienkapelle ein [12], vielleicht durch den Text des Vermächtnisses verführt. Vor der Achsenkapelle im Chorumgang hat Doppelfeld jedoch zum mindesten zwei unbezeichnete Gräber gefunden [13], die durch die Wittelsbacher Gruft gestört sind. Davon könnte eines der Lage nach das Rennenbergsche Begräbnis sein.

14 Das Grab Konrads von Hochstaden gibt weitere Rätsel auf [14]. Eine offensichtlich alte Tradition will, daß nach dem ursprünglichen Plan der Schrein der Hl. Drei Könige in der Mitte der Vierung

[4] Vita Annonis, M. G. SS XI, S. 506.

[5] Köln, Stadtarchiv, Geistl. Abt. 89 b, fol. 27. Die Datierung Torsys: um 1400, kann nicht aufrechterhalten werden. Die Handschrift muß wesentlich früher sein, da sie den intakten karolingischen Dom voraussetzt. Aus dem gleichen Grunde kann die Zeitangabe von Oediger nicht stimmen (E. 13. Jh.): W. Neuß u. F. W. Oediger, Gesch. d. Erzb. Köln I, Köln 1964, S. 395, Anm. 11.

[6] P. Clemen, Der Dom zu Köln, Düsseldorf ^{2}1938, S. 38.

[7] Clemen *{6}* S. 38.

[8] Torsy *{1}* S. 112; Clemen *{6}* S. 211.

[9] P. Clemen *{6}* S. 56.

[10] M. Hasak, Der Dom des heiligen Petrus zu Köln am Rhein, Berlin o. J., S. 34; Lacomblet, Archiv II, S. 157 f.

[11] Knipping, Regesten der Erzbischöfe von Köln II, Nr. 1439.

[12] Clemen *{6}* Abb. 95.

[13] O. Doppelfeld, Die Domgrabung IV, in: Kölner Domblatt 2/3, 1949, S. 118 ff=hier S. 79 ff.

[14] O. Doppelfeld, Die Ausgrabung des karolingischen Domes, in: Der Kölner Dom, Festschrift 1948, S. 166=hier S. 42 f.

des gotischen Neubaues aufgestellt werden sollte. Bis zum Tage des Einzuges in den neuen Chor hat er anscheinend westlich von der quer durch den alten Dom gezogenen Trennwand gestanden, was der vorgesehenen neuen Stelle ungefähr entsprach *{33}*. Als man das Querhaus begann, mußte er provisorisch an einen anderen Platz gebracht werden. Es scheint so, als ob man ihn damals in die Achsenkapelle vor den Marienaltar gesetzt und gleichzeitig das dort vorhandene Grab, von dem Doppelfeld wohl mit Recht vermutet, daß es das des Konrad von Hochstaden gewesen sei, transferiert hätte. [15].

15 Den mit dem Schrein verbundenen Altar der Könige hat man aber nicht in die Achsenkapelle gesetzt, sondern in die „Marienkapelle" des südlichen Chorseitenschiffs *{32}*. Mit ihm wurde die zur Zeit des Umzuges geschaffene Figur der „Mailänder" Madonna, die anscheinend eine ältere, aus Mailand mitgebrachte ersetzte, verbunden. So kam es, daß diese Kapelle die der beata virgo Maria wurde, obwohl sie keinen Marienaltar besaß.

16 Vor der Mitte des 12. Jahrhunderts war der östliche Hochaltar (VIII in Abb. 1) der Mutter Gottes geweiht *{12}*. Die früheste sichere Nachricht darüber enthält die Vita des hl. Bernhard [16]: *„celebravit autem missam pater sanctus ad altare beati Petri quod, in occidentali parte situm, obtinet in ecclesia principatum"* und *„ad altare beatae Mariae, quod in orientali parte locatum est, missam celebravit"*.

17 Danach ist der Marienchor bzw. Marienaltar im Osten des Domes in den Kalendarien der Domkustodie und des Thesaurars ebenso belegt wie im Prozessionale des Stadtarchivs. Es besteht kein ernsthafter Grund, anzunehmen, daß nicht schon bei der Weihe 870 der Marienaltar im Ostchor stand.

18 Es muß jedoch auch schon vorher, d. h. im Vorgängerbau des karolingischen Domes, außer einem Petrusaltar einen Marienaltar gegeben haben *{196}*, denn die von Alcuin überlieferten Inschriften für metallene Altarbekleidungen können nicht anders als für den Kölner Dom bestimmt gedeutet werden. Die entsprechende Inschrift lautet: *„Ductus amore tuo magno mitissime Christe / Atque tuo pariter sanctissima virgo Maria / Atque tuo meritis praeclare Medarde sacerdos / Iusserat hanc aram pulchris ornare metallis / Hildebaldus ovans humilis pater atque sacerdos / Pro quo lectores tituli exorare rogamus"* [17]. Dieser Altar kann nicht in dem 870 geweihten Dom gestanden haben, denn Alcuin ist 802 gestorben, Hildebold 818. Es liegt nahe, für den zur Zeit Hildebolds und Alcuins bestehenden Kölner Dom zwei Chöre anzunehmen, deren Altäre nicht notwendigerweise erst zur Zeit der Abfassung des Gedichtes errichtet zu sein brauchen. Einer von ihnen war Maria und Medardus geweiht.

19 Der Mitpatron Medardus ist kurz vor 561 als Bischof von Noyon gestorben, seine Hauptverehrungsstätte ist das Kloster S. Médard bei Soissons, in dessen Nähe sich auch eine fränkische Königsresidenz befand. Er ist als Patron bzw. Mitpatron in fränkischer und karolingischer Zeit in einer Reihe von Kirchen zu finden [18]. Das Mitpatrozinium des Medardus könnte auf einen fränkischen Ursprung des östlichen Hauptaltars weisen, doch ist angesichts seiner häufig bezeugten Verehrung in karolingischer Zeit auch denkbar, anzunehmen, daß der Marienaltar mit dem Nebenpatro-

[15] Doppelfeld *{13}* S. 125 = hier S. 86. Die im Grabe aufgefundenen Reste lassen vermuten, daß die Bestattung längere Zeit vor der Umbettung vorgenommen war. Die Lage des Grabes setzt voraus, daß es mit einer Tumba überbaut war. R. Jaques, Paramente aus dem mutmaßlichen Grab Konrads v. Hochstaden, in: Kölner Domblatt 4/5, 1950, S. 150 ff.

[16] Acta SS, Aug. IV, S. 339 f.; Clemen *{6}* S. 44.

[17] J. v. Schlosser, Schriftquellen zur Geschichte der karolingischen Kunst, Wien 1892, S. 45; Alcuini carmina 107, M. G. Poetae lat. med. aevi I, S. 333.

[18] Schlosser *{17}*: Fulda (Rhabani carmina 41), Hersfeld (Rhabani carmina 77), Centula (Carmina centulensia), Solignac. In Trier ist die Pfarrkirche neben S. Matthias vielleicht fränkischen Ursprungs. In der Kölner Diözese gibt es vier Kirchenpatrozinien des hl. Medardus, im Bistum Trier sechs, in Mainz eines. Reliquien von ihm gab es außer in Brauweiler in S. Gereon, Groß-S.-Martin und S. Jakob in Köln. W. Bader, Die Benediktinerabtei Brauweiler bei Köln, Berlin 1937, S. 49, Anm. 1.

zinium erst durch Hildebold errichtet worden ist, zumal Medardus in kölnischen Kalendarien des 9. bis 10. Jahrhunderts noch auftritt [19].

20 Es scheint jedoch, daß das Medarduspatrozinium bei der Weihe des östlichen Hochaltars 870 nicht wiederaufgenommen worden ist. Ein Bruch der Tradition wäre immerhin durch die lange Bauzeit des karolingischen Domes zu erklären.

21 Unter dem Marienaltar befand sich eine Krypta. Sie ist in den Kalendarien der 1. Hälfte des 13. Jahrhunderts wiederholt bezeugt. Über ihre Form kann heute noch nichts ausgesagt werden; es sieht jedoch jetzt so aus, als ob sie im Prinzip so aussah, wie die Krypta des hl. Petrus.

22 Der Marienaltar hat also wahrscheinlich auch erhöht über dem Niveau des Chorplatzes gestanden. Ob in der Ostkrypta ein Altar stand, ist uns unbekannt; er wird jedenfalls ebensowenig erwähnt wie der oder die Altäre der Peterskrypta. Die in den genannten Quellen häufig auftretende Anordnung, daß ein *„lumen in cripta s. Marie"* angezündet werden solle, zeigt jedenfalls, daß sie bis zu ihrem Abbruch noch in irgendeiner Form in die Liturgie einbezogen war [20].

23 Der östliche Chorplatz war zu Beginn des 13. Jahrhunderts mit einem Lettner zum Schiff hin abgeschlossen. Er stand über der karolingischen Spannmauer zwischen Chorquadrat und Schiff. Seine Fundamente sind bei der Ausgrabung gefunden worden. Der Lettner bestand aus einer verhältnismäßig kräftigen Mauer, durch die zwei Türen in den Chor führten. Zwischen ihnen befand sich ein Baldachin, der als ambo diente und unter dem wahrscheinlich ein Altar stand [21]. Der Chorplatz selbst war gegenüber dem karolingischen um etwa 40 cm erhöht worden. Man mußte also zwei Stufen benutzen, um in den Chorraum zu gelangen.

24 1725 heißt es von dem Vikar der Dreikönige: *„cuius altare situm est in capella BMV et est proximum altari principali"*. 1751 wird das *„altare ss. trium Regum in capella"* erwähnt [22]. Die Bezeichnungen scheinen auf den ersten Blick nicht ganz eindeutig zu sein. Als „capella" wird im allgemeinen die Marienkapelle bezeichnet. Nun zeigen aber weder Crombachs Plan von 1654 noch der von 1784 einen Dreikönigenaltar an dieser Stelle. An dem Altar, den man zunächst als Hauptaltar der Kapelle ansehen müßte, steht auf beiden Plänen *„B. Virginis"*. Doch kann sich diese Bezeichnung auf die *„capella"* beziehen, denn der Marienaltar ist der schon behandelte Altar *„retro tres reges"* *{10* bis *15}*.

25 Es scheint aber auch nicht, wie Torsy früher meinte [23], ein Altar vor dem Dreikönigenmausoleum gestanden zu haben. Der Plan von 1784 zeigt nur ausnahmsweise die Altäre, aus ihm ist also für unsere Frage keine Klarheit zu gewinnen. Aber weder die Lithographie von 1835 [24] noch der Kupferstich von Johann Everaerts [25] und der von Ferdinand Lang (1750) [26] haben einen Altar an dieser Stelle. Man muß also wohl den Dreikönigenaltar an anderer Stelle suchen [27].

26 1725 stand der Altar der Dreikönige in der Marienkapelle, und zwar „in der Nähe des Hauptaltars" *{24}*. Der eigentliche Hochaltar kann kaum damit gemeint sein. Aber über den Hauptaltar der Marienkapelle wissen wir etwas. Er ist 1725 Cosmas und Damian geweiht: *„altare est illud principale in capella BMV"*. Sowohl bei Crombach als auch auf dem Plan von 1784 steht aber dieser Altar nicht vor der Rückwand der Kapelle, sondern an dem östlichen Pfeiler zwischen Marienkapelle und Chor-

[19] F. J. Peters, Beiträge z. Gesch. d. Kölner Meßliturgie. Köln 1951, S. 67.
[20] Weyres *{2}* S. 387 = hier S. 419, Anm. 39.
[21] W. Weyres, Befunde am Ostlettner des karolingischen Domes in Köln, in: Kölner Jahrb. f. Vor- u. Frühgeschichte 9, 1967/68, Festschrift f. O. Doppelfeld 144 ff. = hier S. 498 ff.
[22] Torsy, *{1}* S. 116.
[23] Torsy *{1}* S. 117.
[24] Kölner Domblatt 23/24, 1964, Abb. 93.
[25] Ebda Abb. 85.
[26] Ebda Abb. 75.
[27] Dazu: J. Torsy, Achthundert Jahre Dreikönigenverehrung in Köln, in: Kölner Domblatt 1964, S. 47, Anm. 195.

umgang. Dort steht er ganz günstig, wenn man den Chorumgang an dieser Stelle als zur Kapelle gehörig betrachtet.

27 Es besteht also kein Grund, den Dreikönigenaltar nicht in der Achse der Kapelle und an ihrer Ostwand anzunehmen. Wir wissen, daß in seinem 1852 entfernten Aufsatz die Mailänder Madonna stand [28]. Damals wurde der 1661 von Heribert Neuß geschaffene barocke Aufsatz entfernt und durch einen neugotischen mit dem Overbeckschen Bild nach dem Entwurf von Zwirner ersetzt. Dieser hat den Blockaltar unverändert vom barocken Zustand übernommen, während 1662 der köstliche Baldachin der Jungfrau zerschlagen und in die neue Mensa verbaut worden ist.

28 Daß die Mailänder Madonna auf dem Altar stand, spricht nicht gegen das Dreikönigenpatrozinium, erklärt aber andererseits, daß ein und derselbe Altar einmal *„altare trium Regum"*, ein andermal *„altare BMV"* heißt [29].

29 Vor dem Altar der Könige stand der Sarkophag Rainalds von Dassel [30]. Torsy hielt es für möglich [31], daß in der Kapelle der Sarkophag des Rainald, der Dreikönigenaltar und der Altar der Mailänder Madonna hintereinander standen. Das wäre an sich möglich [32]. Die Kapelle wäre dann jedoch ziemlich voll gestellt gewesen und zu den mannigfachen Gottesdiensten, die hier stattfanden, recht wenig geeignet [33].

30 Die Lösung ist wahrscheinlich einfacher. Gelenius (1645) und Crombach (1654) beschreiben den Zustand vor dem Umbau des Altares der Mailänder Madonna. Die Figuren der Dreikönige können durchaus auf diesem Altar gestanden haben *{36};* der barocke Altar hatte sie allerdings nicht mehr [34]. Die Unklarheiten wurden dadurch verursacht, daß einmal der Altar nach dem Patrozinium der Dreikönige, das andere Mal aber nach der Darstellung der Mutter Gottes mit den Königen benannt worden ist, der ja die Kapelle auch geweiht war.

31 Nun hat aber 1319 der Altar der Könige mit ziemlicher Sicherheit nicht an dieser Stelle gestanden. Hermann von Jülich zählt die gestifteten Altäre in der Reihenfolge ihres Standortes, beginnend an der Nordseite, auf [35]. Danach muß man, dem Severinsaltar an der Nordseite entsprechend, hier den Cosmas- und Damianaltar suchen, und in der Tat gibt es Indizien dafür, daß er einmal hier gestanden hat [36]. Durch eine Kopie, die 1856 der Maler C. Hohe anfertigte, wissen wir, daß auf die Rückwand der Marienkapelle die Heiligen Cosmas und Damian gemalt waren. Wir wollen hier nicht auf die schwierig zu klärende Geschichte dieser Malereien eingehen; eines ist sicher, daß die Bilder von Cosmas und Damian gleichzeitig oder später sind als der Altaraufbau, unter dem die Mailänder Madonna stand, und der von Rode mit gutem Grund in die Zeit des Umzugs in den Chorneubau datiert worden ist.

32 Wir können annehmen, daß der ursprünglich an der Rückwand der Marienkapelle stehende Cosmas- und Damianaltar nach der Aufgabe des Westteiles der karolingischen Kirche durch den Dreikönigenaltar ersetzt worden ist; die Erinnerung an den Vorgänger wurde damals durch die Bilder der Heiligen festgehalten, die einen neuen Altar bekamen *{36 bis 42}*.

33 Bis 1322 aber muß das *„altare trium Regum"* noch im alten Dom gestanden haben, und zwar vor dem Schrein [37]. Wir glauben, daß der Schrein ursprünglich an einer durch die Gestaltung des Fuß-

[28] H. Rode, Der Altar der Mailänder Madonna, in: Domblatt 4/5, 1950, S, 41, ferner Kölner Dombl. 1952, S. 153.
[29] Torsy *{1}* S. 111 und 116.
[30] Crombach, Primitiarum genitium, S. 801; Torsy *{27}* S. 44 ff.
[31] Torsy *{27}* S. 46.
[32] Dazu: Rode *{28}* S. 51.
[33] Rode, Kölner Domblatt 1950, S. 57.
[34] Kölner Domblatt 1950, Abb. 18.
[35] Lacomblet, Archiv II, S. 169 f.
[36] A. Stange, Der Marientod in der Marienkapelle, in: Kölner Domblatt 1950, S. 23 ff; Rode *{28}* S. 30 ff.
[37] Torsy *{27}* S. 18; Reg. Eb. Köln IV, Nr. 1328.

Abb. 1. Alter Dom. Zustand vor 1248 mit Altären. Maßstab 1 : 1000.

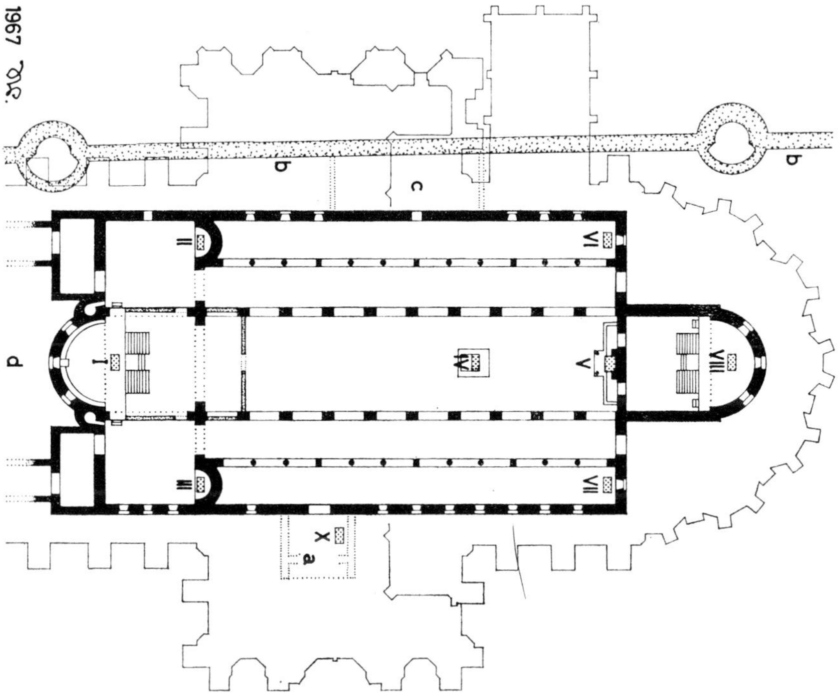

Abb. 2. Chor des gotischen und Westteil des alten Domes. Zustand vor 1319. Maßstab 1 : 1000.

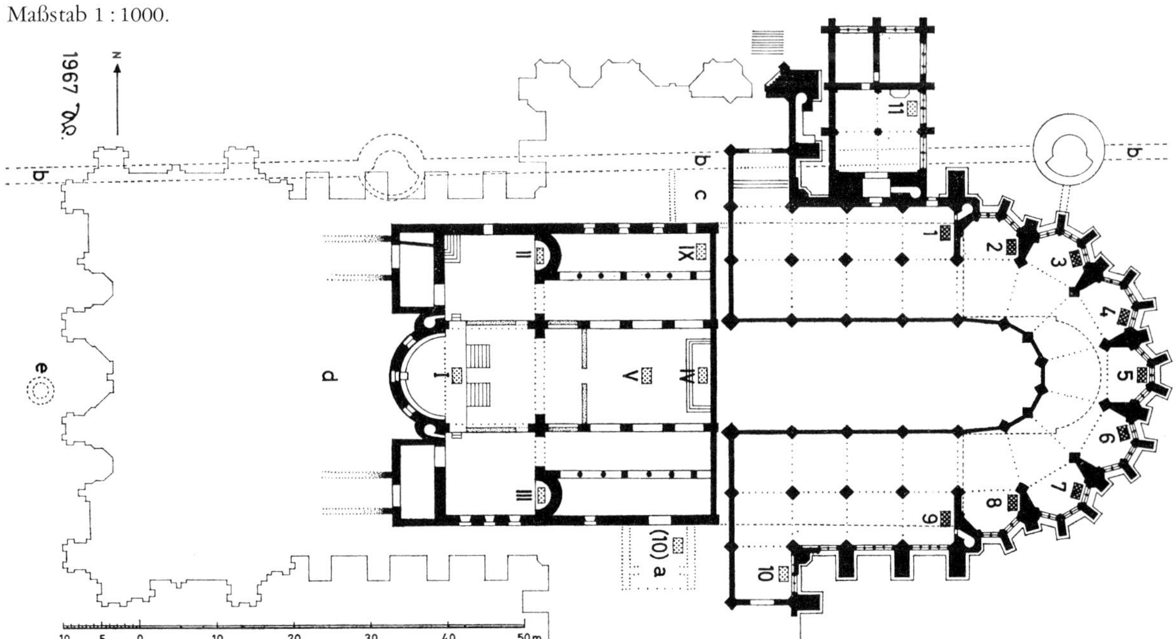

Legende zu Abb. 1 und 2.

Altäre im alten Dom: I Petrusaltar. II Martinusaltar. III Stephanusaltar. IV Dreikönigenaltar. V Kreuzaltar. VI Severinusaltar. VII Cosmas- und Damianaltar. VIII Marienaltar. IX Philippus- und Jakobusaltar. X Nikolausaltar.

Altäre im neuen Dom: 1. Severinusaltar. 2. Katharinaaltar. 3. Jakobusaltar. 4. Johann Baptistaltar. 5. Marienaltar. 6. Yrmentrudaltar. 7. Michaelsaltar. 8. Geroaltar. 9. Cosmas- und Damianaltar. 10. Nikolausaltar. 11. Silvesteraltar. – Die stark punktierten Altäre sind noch vorhanden, bzw. gesichert.

a südliche Portikus. b römische Stadtmauer. c Gerkammer (Sakristei). d westliches Atrium des alten Domes. e Kantharus.

bodens besonders ausgezeichneten Stelle stand (IV in Abb. 1) [38]; da diese innerhalb des nach 1248 abgebrochenen Ostteiles der alten Kirche liegt, müssen der Schrein und der zugehörige Altar damals in den Westteil übertragen worden sein, vielleicht vor die Wand, die den noch benutzten Teil gegen die gotische Baustelle abschloß (IV in Abb. 2) [39]. Die stark abgetretene Quaderabdeckung der nördlichen Mittelschiffundamente in der Nachbarschaft kann mit Vorsicht hier als Argument angezogen werden [40], aber Sicherheit werden wir darüber wohl nicht mehr bekommen können.

34 Daß der Schrein und der Altar *„ante reges"* ursprünglich in der Mitte des Domes gestanden haben, ist jedoch nach den Quellen eindeutig [41]. Über ihm hing die *„corona circa reges"*, der zweite der großen Radleuchter des Doms mit 96 Kerzen, der beim Brande 1248 zugrunde ging, wie ausdrücklich berichtet wird [42].

35 Vor dem Schrein ist bald nach der Übertragung der Reliquien ein Altar errichtet worden. 1228 stiften Herzog Heinrich von Brabant und seine Frau Maria einen Altar zu Ehren der Hl. Drei Könige [43]. Vor 1248 wird an ihm auf Lichtmeß die Lade mit den geweihten Kerzen deponiert [44].

36 Im Grundriß von 1784 steht der Cosmas- und Damianaltar an derselben Stelle, wie auch 1654 bei Crombach [45]. 1834 war De Noël das Patrozinium dieses damals noch existierenden Altars unbekannt; er glaubt, daß er den Hl. Drei Königen gehört, weil Figuren der Könige darauf standen [46]. 1725 dagegen heißt es noch vom Cosmas- und Damianaltar: *„altare est illud principale in Capella BMV"* [47].

37 Die Reihenfolge der Liste von 1319/20 läßt vermuten, daß der Altar der beiden Heiligen damals vor der Ostwand der Kapelle gestanden hat (9 in Abb. 2) *{31}*. Über ihm hätte sich das Bild der Koimesis befunden [48]. Dafür läßt sich vorerst kaum eine Erklärung finden, es sei denn, man hätte hier gar keinen oder einen zweiten Marienaltar gehabt, der beim Umzuge dann den Dreikönigen gegeben worden sei. Dann aber müßte der Cosmas- und Damianaltar von Anfang an, d. h. seitdem der Neubau benutzbar war, am östlichen Mittelpfeiler der Marienkapelle gestanden haben, was nach der Aufzählung von 1318/19 auch möglich wäre.

38 Die früheste Erwähnung des Cosmas- und Damianaltares im neuen Chor ist 1316 *(„vicarius celebrans ad altare ss. Cosmae et Damiani")* [49]; von dem hier begrabenen Thesaurar Heinrich von Heymburg erhält der Vikar des Altares 4 Malter Weizen [50].

39 Der Vikar der hl. Cosmas und Damian gehört 1725 zu den vier Prinzipalvikaren [51]. Die vier *Vicarii principales* kommen schon in den Kalendarien aus der ersten Hälfte des 13. Jahrhunderts, die auch den Cosmas- und Damianaltar erwähnen, vor. Allerdings sind die Vikare da nicht einzeln aufgeführt. Es kann aber kaum bezweifelt werden, daß auch damals der Vikar von Cosmas und Damian zu ihnen gehörte [52].

[38] Weyres *{2}* § 137 = hier S. 433 f. und Anm. 87.
[39] Ebda § 23 u. 135 = hier S. 419 u. 433.
[40] Ebda § 80 ff. = hier S. 426 ff.
[41] Annalen v. St. Pantaleon: Ennen-Eckertz, Quellen zur Geschichte der Stadt Köln I, S. 280 ff.
[42] Ennen-Eckertz *{41}* II, S. 589.
[43] Torsy *{27}* S. 44; Reg. Eb. Köln III, Nr. 2501.
[44] Ennen-Eckertz *{41}* II, S. 568.
[45] Torsy *{1}* S. 112.
[46] M. J. de Noël, Der Dom zu Köln, Köln 1834, S. 124.
[47] Torsy *{1}* S. 114.
[48] Stange wie *{36}*.
[49] L. Ennen, Der Dom zu Köln, Düsseldorf 1880, S. 39.
[50] Lacomblet, Archiv II, S. 154; Hasak *{10}* S. 33.
[51] Torsy *{1}* S. 90.
[52] Es ist bisher nicht bekannt, seit wann die vier Prinzipalvikare, von denen je zwei Vikare des Kaisers und des Papstes waren, zuerst auftraten. L. Ennen, Der Dom zu Köln, Köln 1872, S. 178; Neuß-Oediger *{5}* S. 417.

40 Das Alter des Altars ist aus den Quellen nicht zu ergründen. An sich könnte er dem Patrozinium nach durchaus karolingisch sein, denn im Reliquienschatz Karls des Großen haben sich Reliquien dieser Heiligen befunden. 855 schenkte Kaiser Lothar der Abtei Prüm das Haupt des hl. Cosmas [53]. 874 weiht Altfried die Stiftskirche in Essen unter dem Titel der beiden Heiligen [54]. Aber wir finden vorerst noch keine Stelle für ihren Altar im karolingischen Dom, soweit wir ihn heute kennen; immerhin war ihr Fest, der 27.9., der Weihetag des alten Domes.

41 Es ist durchaus denkbar, daß Bruno, der dem Kloster S. Pantaleon 957 Cosmas und Damian als Nebenpatrone gab [55], ihnen auch im Dom einen Altar weihte und der könnte am östlichen Ende des äußeren südlichen Seitenschiffs gestanden haben (VII in Abb. 1) das nach meiner Meinung von Bruno dem Dome angefügt worden ist *{120 bis 123}*. Im Anfang des 13. Jahrhunderts stand der Altar *„in dextero latere ubi quondam turris altera"* [56].

42 Der im gotischen Neubau errichtete Altar hätte dann ungefähr an der gleichen Stelle gestanden wie der brunonische. Daß der Altar schon ursprünglich an der Südseite stand, ergibt sich eindeutig aus der Gegenüberstellung mit dem Severinusaltar *{45 bis 46}*.

43 Auf dem Plan von 1784 und bei Crombach 1654 steht der Severinusaltar an der Ostwand des nördlichen äußeren Chorseitenschiffs (1 in Abb. 2). 1725 kam an ihm der *vicarius ss. Andreae et Severini et Agathe* seinen Verpflichtungen nach. Sein Altar liegt *„ad ostium BMV ad gradus"*, d. h. an der einzigen Tür, die dafür überhaupt in Frage kommt, der heutigen Sakristeitür, die vor der Erweiterung der Sakristei durch Voigtel ins Freie, d. h. nach Maria ad gradus, führte. Eine entsprechende Tür war auf der Südseite nicht vorhanden.

44 Auf diesem Altar sind noch andere Vikarien vereinigt, so die *ss. Martini et Pancratii* und die *s. Crucis* [57]. Es scheint, daß mit der Neuerrichtung des Altaraufbaues durch Heinrich Mering 1683 das Severinspatrozinium dem des hl. Kreuzes gewichen ist. Wenigstens nimmt Clemen dies an [58]. Die Inschrift im Plan von 1784 spricht dagegen; es scheint aber, daß er nur eine Kopie nach Crombach (1654) ist. Der Vikar der hll. Andreas, Severin und Agatha gehört 1725 zu den vier Principalvikaren [59].

45 In der Aufzählung von 1319 setzt Hermann von Jülich den Altar des hl. Severin (nur dieser wird hier als Patron genannt) an die erste Stelle der von ihm Bedachten[60]. Nach der Reihenfolge muß der Altar damals schon an der jetzigen Stelle gestanden haben. Die Copatrone sind also später hinzugekommen.

46 In den Notae Sancti Petri Coloniensis [61], die anscheinend Quellen aus dem 2. Viertel des 13. Jahrhunderts wiedergeben, heißt es *„altare sancti Severini, quod situm apud ianuam per quam de ecclesia ad gradus beatae Mariae intratur ad maiorem, ubi quondam una turris"*, und im Buch der Kustodie *„altare beati Severini in turri"*. Die hier und bei Cosmas und Damian erwähnten Türme können nur die von Rainald v. Dassel erbauten gewesen sein [62], denn die westlichen beiden anderen, die zum karolingischen Bestand gehören, sind bei der Grabung aufgedeckt worden. Sie haben noch in den 60er und 80er Jahren des 13. Jahrhunderts gestanden, da hier wiederholt die Sturmglocke geläutet wird [63]. Die östlichen Türme waren damals längst abgebrochen.

[53] H. Schiffers, Karls des Großen Reliquienschatz, Aachen 1951, S. 14.
[54] W. Stüwer, Die Patrozinien im Kölner Großarchidiakonat Xanten, Bonn 1938, S. 100 ff.
[55] W. Neuß und F. W. Oediger *{5}* S. 379.
[56] Hasak *{10}* S. 20.
[57] Torsy *{1}* S. 110.
[58] Clemen *{6}* S. 248.
[59] Lacomblet, Archiv II, S. 175.
[60] Ebda S. 169
[61] Hasak *{10}* S. 20.
[62] Clemen *{6}* S. 43.
[63] Ennen *{49}* S. 39.

47 Die Verehrung des hl. Severin scheint im 9. bzw. 10. Jahrhundert einen gewissen Aufschwung genommen zu haben. Er ist der einzige heilige Kölner Bischof, der im Dom einen Altar hat. Im karolingischen Dom konnte bisher noch keine passende Stelle für ihn gefunden werden. Man darf annehmen, daß er in der brunonischen Erweiterung gestanden hat, und zwar neben dem nördlichen Ausgang nach Maria ad gradus und ungefähr an der gleichen Stelle, an der der Kreuzaltar, sein Nachfolger, steht (VI in Abb. 1).

48 Zu Brunos Sorge um die Gräber seiner Vorgänger würde es passen, daß er zu einer Zeit, in der in S. Severin eine neue Confessio für Severin angelegt wurde, diesem auch einen Altar in dem von ihm erweiterten Dom errichtete. Dazu würde auch passen, daß der Severinsaltar nicht zu jenen Altären gehört, an denen die Kölner Altstadtpfarrer im Interdiktfall zelebrieren durften *{51}*.

49 Im 18. Jahrhundert ist die Vikarie der hll. Martin und Pancratius mit dem Severinsaltar verbunden, wie auch die des hl. Kreuzes [64]. Aus der Vereinigung von drei Vikarien auf einen Altar könnte man schließen, daß es sich um eine vorläufige Unterbringung handelt, die man ändern wollte, wenn der Dom vollendet war.

50 Die Übertragung der Martinsvikarie auf den Severinsaltar muß nach 1322 erfolgt sein, als man den Westteil des Domes räumte, denn 1319 stand der zugehörige Altar, wenn man der Aufzählung der Altäre bei Hermann von Jülich folgt, noch dort [65]. Bei der Abfassung der Kalendarien des Domkustos und des Thesaurars war der Martinsaltar vorhanden. Das von Bruno gestiftete Oratorium des hl. Privatus liegt *„iuxta altare S. Martini in occidente ecclesiae"* [66]. Das muß heute eindeutig auf einen der Arme des westlichen Querschiffs bzw. eine der östlich daran angesetzten Apsiden gedeutet werden. Die Frage, welche der beiden das gewesen ist, läßt sich aus den bekannten Urkunden nicht beantworten. Man kann nur Indizien für den einen oder anderen Querschiffarm anführen.

51 Der Martinsaltar wird in der Regel gemeinsam mit dem Stephansaltar aufgeführt. An ihm darf der Pfarrer von S. Alban während des Interdikts zelebrieren, wie der von S. Columba am Stephansaltar und der von S. Laurenz am Kreuzaltar. Nur die Pfarrer der drei ältesten Stadtpfarreien haben im Dom einen solchen Ausweichaltar. Diese Einrichtung scheint so alt zu sein wie die Pfarreien selbst [67]. Man kann wohl mit Recht annehmen, daß der Martinsaltar zu den Altären gehört, die 870 im Dom vorhanden waren. Der Vikar des Martinsaltars gehört zu den vicarii principales.

52 Ich vermute, daß der Martinsaltar im nördlichen Querschiffarm seinen Platz hatte (II in Abb. 1 und 2), denn es hat den Anschein, als hätte man bei der Verlegung der Altäre in den gotischen Neubau die südlich von der Achse liegenden auf der Südseite und die nördlichen auf der Nordseite gelassen.

53 Auch der Vikar des Stephansaltars gehört im 18. Jahrhundert zu den vier vicarii principales, aber er hat anscheinend 1725 keinen eigenen Altar: *„vicaria si. Stephani sub campanis ubi antiquitus habuit suum altare . . . ad unum sacrum a suo altari translatum ad capellam BMV hebdomadatim legendum* [68]. Es ist unwahrscheinlich, daß hier gemeint ist, der Stephansaltar habe früher im gotischen Südturm gestanden, in dem 1725 zweifellos die Glocken, und zwar die einzigen Domglocken hingen. Eher ist wohl anzunehmen, daß im 18. Jahrhundert noch – so merkwürdig wie das ist – eine Erinnerung an den karolingischen Dom wach war.

54 1751 zelebriert der Vikar von S. Stephan *„sub turri"* seine wöchentliche Messe am Stephansaltar in der ersten südlichen Chorkapelle (8 in Abb. 2) [69]. Dies ist aber nicht der ihm zugehörige Altar,

[64] Torsy *{1}* S. 110.
[65] Ennen *{49}* S. 47.
[66] Testament Brunos, Mon. Germ. SSIV, S. 274.
[67] E. Hegel, Entstehung des mittelalterlichen Pfarrsystems, in: Kölner Untersuchungen, hrsg. v. W. Zimmermann, Ratingen 1950, S. 74; Ennen-Eckertz *{41}* II, S. 629.
[68] Lacomblet, Archiv II, S. 175; Torsy *{1}* S. 89.
[69] Torsy *{1}* S. 97.

sondern der Altar der zweiten Stephansvikarie, die 1725 und 1751 neben der anderen erwähnt wird und deren Inhaber zweimal wöchentlich zu zelebrieren hat *{62* bis *63}*.

55 Bei der Dotation des Hermann von Jülich 1319/20 steht der Stephansaltar in der Aufzählung der Altäre an einer solchen Stelle, daß man, wie beim Martinsaltar, annehmen muß, er sei damals noch im alten Dom gewesen. An der Stelle, wo später der oben erwähnte zweite Stephansaltar zu finden sein sollte, steht der Altar des hl. Gero [70]. Danach wäre also der Stephansaltar *„sub turri"* oder *„sub campanis"* im Westen einem Turm benachbart oder unter ihm zu suchen.

56 Die Stelle vor diesem alten Stephansaltar scheint ein gesuchter Begräbnisplatz der Bischöfe gewesen zu sein. 1167 wird hier Rainald von Dassel [71], 1191 Philipp von Heinsberg begraben [72] und 1225 der heilige Engelbert [73], und zwar dieser „gegenüber der südlichen Tür". Die Angabe „gegenüber der südlichen Tür" ist nicht eindeutig, da der Dom mindestens zwei Türen hatte, auf die diese Bezeichnung zutraf, die zur südlichen Vorhalle und die zweite in die Südhalle des Atriums führende. Eines ist danach zunächst einmal sicher, daß der Stephansaltar auf der Südseite des Domes stand.

57 Nun gibt es aber nach dem Ergebnis der Grabungen einen Ort, auf den die Angaben praeter propter passen. Es ist die entsprechend der an der Nordseite aufgefundenen, im Südarm des Querschiffs anzunehmende Apsidiole. Da wir wissen, wo wir den Turm zu suchen haben, in dem die Glocken hingen, nämlich zur Stadt hin, im Winkel zwischen Westapsis und südlichem Querschiffarm, scheint für diesen Ort das Epitheton, mit dem später der Stephansaltar belegt wird, etwas an den Haaren herbeigezogen. Doch braucht man wohl nicht ängstlich zu sein; der Klang der Glocken wird das südliche Querschiff ganz besonders erfüllt haben.

58 Es gibt aber noch eine andere Angabe, die meine These stützt und die bisher ebenfalls schwer zu deuten war. Vor dem Stephansaltar singt der Chor Weihnachten während der Vesper das Magnifikat und die Kollekte vom hl. Stephan, ebenfalls Matutin und Laudes am Festtage selbst. Damit das geschehen kann, muß der Domkustos 16 Unschlittkerzen anzünden lassen *„super coronam que pendet ante per altare beati Stephani, ut in die natalis dicantur domini vespere in choro. Incendatur ille XVI candele super coronam ut interim ardeant, quamdiu chorus ibidem ante altare prefatum cantet magnificat et collectam de s. Stephano, et in matutinis et laudes similiter fiat* [74]. Clemen schloß aus dem angeführten Text [75], daß vor dem Stephanssaltar ein Radleuchter von der gleichen Größe, wie über dem Schrein der Dreikönige gehangen habe, also ein ganz gewaltiger mit 96 Kerzen [76]. Die angeführte Handschrift bezeugt aber zweierlei; erstens, daß im Dom nur zwei Radleuchter vorhanden waren, *„sunt duo tantum corone"*, und sie gibt auch zweitens die Orte genau an, wo sie hingen: *„una in choro si Petri, altera circa reges pendet"* [77]. Auch die Annalen von St. Pantaleon kennen nur zwei Kronen [78]. Die Widersprüche lassen sich auflösen, wenn man annimmt, daß auf der Krone im Peterschor am Nachmittag des Weihnachtstages zum Stephanusaltar hin 16 neue Kerzen aufgesteckt wurden, die für die genannten Zwecke ausreichen mochten *{31}*.

[70] In der gesamten Literatur wird dieser Altar im Anschluß an Lacomblet „Gereonsaltar" genannt. Aber Dr. Rode machte mich freundlich darauf aufmerksam, daß „Gereonis" ein Lesefehler Lacomblets ist und in der Originalurkunde „Geronis" steht.

[71] Clemen *{6}* S. 46; Knipping, Regesten II, Nr. 1424.

[72] Ennen-Eckertz *{41}* II, S. 583.

[73] H. Keussen, Topographie der Stadt Köln im Mittelalter II. 1910, S. 300.

[74] Ennen-Eckertz *{41}* II, S. 586.

[75] Clemen *{6}* S. 46. Die beiden Kölner Kronen sind die größten uns bekannten. Der Barbarossaleuchter in Aachen hat 48 Kerzen, der Hildesheimer Heziloleuchter 72; Caesarius v. Heisterbach erwähnt einen Kronleuchter mit 12 Haupt- und 72 Nebenlichtern: E. Beitz, Caesarius von Heisterbach und die bildende Kunst, Augsburg, 1926, S. 65.

[76] Ennen, wie Anm. 49, S. 19, schließt auf einen kleinen Radleuchter mit 24 Kerzen vor dem Stephanusaltar.

[77] Ennen-Eckertz *{41}* II, S. 589.

[78] Ennen-Eckertz *{41}* II, S. 280 ff.

59 Es scheint mir so nicht unerlaubt, zu schließen, daß der Stephansaltar in der ersten Hälfte des 13. Jahrhunderts im Südarm des Querschiffs, und zwar in der ostwärts gerichteten Apsis stand (III in Abb. 1 und 2). Es besteht kein Grund, anzunehmen, daß der Stephansvikar nicht schon im 13. Jahrhundert zu den Prinzipalvikaren gehörte [79]. Am Stephansaltar durfte der Pfarrer von S. Columba im Interdiktfall zelebrieren [80]. Wir hatten schon beim Martinsaltar aus einem ähnlichen Faktum geschlossen, daß dieses Recht in die Gründungszeit der Pfarreien im 9. Jahrhundert weist [81]. Der Stephansaltar muß also als einer der ursprünglichen Altäre des karolingischen Domes angesehen werden.

60 Das Patrozinium Stephans ist in karolingischer, ja schon in fränkischer Zeit oft anzutreffen [82]. Stephansreliquien finden sich im Reliquienschatz Karls des Großen und werden daraus nach Prüm und Corvey abgegeben [83].

61 Der Altar des hl. Stephan wandert beim Umzug der alten Altäre in den gotischen Neubau auf derselben Seite nach Osten; vielleicht sollte er nach der Vollendung des Domes seinen Platz wieder *„sub turri"* oder *„sub campanis"* bekommen.

62 Wie schon erwähnt, gab es im 18. Jahrhundert eine zweite Stephansvikarie. Diese hatte im Gegensatz zur vicaria si. Stephani sub turri einen eigenen Altar in der ersten südlichen Chorkapelle. Auch bei Crombach (1654) findet sich hier der Stephansaltar. In der Stiftung des Hermann von Jülich steht an dieser Stelle allerdings der Geroaltar [84], der in der Zeit der Einrichtung der Chorkapellen, also im letzten Viertel des 13. Jahrhunderts errichtet und mit einer Vikarie ausgestattet worden sein muß. Die Wandgemälde aus der Zeit der Vollendung des Chores stellen auf der linken Seite die Steinigung Stephans, auf der rechten Seite Gero dar, der mit Nimbus ausgezeichnet, eine Hostie in ein Kreuz einfügt [85].

63 Man kann danach vermuten, daß das Stephanspatrozinium um 1320 dem Geropatrozinium hinzugefügt worden ist. Es ist aber merkwürdig, daß eine neue Stephansvikarie hier ihren Altar hat und nicht die alte „sub turri". Wann die Translation der Gebeine Geros erfolgt ist, läßt sich nicht sagen [86]. Die Angabe des Gelenius, daß Geros Grab sich im neuen Dom, *„in medio sacelli sanctae crucis"* befunden hätte [87], scheint entweder eine Verwechslung mit den Angaben über die Lage des Grabes im alten Dom zu sein oder auch daher zu rühren, daß das Gerokreuz zunächst in der Stephanuskapelle aufgehängt war. Eine doppelte Translation des Gerograbes braucht nicht zwingend angenommen zu werden.

64 Die Lage des Kreuzaltares wird 1725 durch die Bemerkung fixiert: *„vicaria s. Crusis, cuius altare invenitur positum ad ostium quo itur ad ecclesiam BMV ad gradus"* [88]. Die einzige Tür des Domes, die dafür in Frage kommt, ist die der jetzigen Sakristei, die damals ins Freie führte *{43}*. 1683 stiftete der Domherr Heinrich von Mering den heute noch vorhandenen marmornen Altaraufsatz, der ganz eindeutig für das Gerokreuz bestimmt ist [89]. Das Kreuz hat aber wahrscheinlich auch schon im 14. Jahrhundert hier gehangen; jedenfalls läßt der Passus *„quae habetur Coloniae in ecclesia S. Petri prope sacristiam"* in der Vita S. Irmgardis sich so deuten [90].

[79] Zu ihren Aufgaben vgl. Torsy *{1}* S. 89.
[80] Ennen-Eckertz *{41}* II, S. 629.
[81] Hegel *{67}* S. 74.
[82] Stüwer *{54}* S. 87.
[83] Schiffers *{53}* S. 13 f.
[84] Vgl. *{70}*.
[85] Clemen *{6}* S. 177; H. U. Haedeke, Das Gerokreuz im Dom zu Köln, in: Kölner Domblatt 1958, S. 48.
[86] Clemen *{6}* S. 258; O. Doppelfeld, Die Domgrabung XV, in: Kölner Domblatt 1963, S. 111 = hier S. 400.
[87] Gelenius, De admiranda magnitudine Coloniae. Köln 1645, S. 247.
[88] Lacomblet, Arch. II, S. 175; Torsy *{1}* S. 110.
[89] Clemen *{6}* S. 248 ff.
[90] Haedeke *{85}* S. 44.

65 Der Kreuzaltar wird 1751 auch von dem Vikar der hll. Andreas, Severin und Agatha benutzt [91]. Es scheint also, daß das Patrozinium des hl. Kreuzes das des hl. Severin verdrängt hat, die Rechte des alten Vikars des hl. Severin jedoch mit diesem Altar verbunden bleiben.

66 1318 ist der Kreuzaltar offenbar genügend dotiert, denn er wird nicht zu den Altären gerechnet, die *„adhuc non bene dotati sunt"* [92], aber er partizipiert 1319/20 an der Stiftung des Hermann von Jülich. Aus der Stellung, in der er in der Reihenfolge der aufgezählten Altäre steht, muß man aber schließen, daß er sich damals noch im restlichen Westteil des alten Domes befand [93]. In den Kalendarien des Thesaurars und des Custos aus der Mitte des 13. Jahrhunderts wird der Kreuzaltar regelmäßig erwähnt [94]. Auch im Prozessionale des Stadtarchivs aus der ersten Hälfte des 13. Jahrhunderts kommt der Kreuzaltar vor, als einziger neben dem Petrus- und dem Marienaltar [95].

67 Ich habe früher angenommen, daß der Kreuzaltar in der Mitte des karolingischen Domes stand [96]. Eine Stelle im Fußboden, östlich von einer prominenten, aber ausgeleerten Grabgrube, schien sehr schön für den Kreuzaltar mit Gerokreuz zu passen [97]. Auf diese Stelle schien auch die Bemerkung von Thietmar von Merseburg zu zielen, der die Lage des Gerograbes angibt: *„hic (Gero) crucifixum, quod nunc stat in media ecclesia, ubi ipse pausat, ex ligno fabricari studiose praecepit"* [98].

68 Nun hat aber die Auffindung des staufischen Ostlettners das Problem neu aufgerollt [99]. Dieser war vom zweitürigen Typus und ließ in der Achse einen Platz für einen Altar frei (V in Abb. 1), über dem ein Baldachin war *{23}*. Wir wissen bisher von keinem Altar, den wir hier lokalisieren könnten, es sei denn, es wäre eben der Kreuzaltar. An den Stellen in den Kalendarien, die die beiden Lettner erwähnen, hatten wir deshalb vorbeigelesen, weil sie dort *„ambones"* genannt werden. Nun lesen wir, daß auf beiden Kreuze und Leuchter standen[100] und daß z. B. auf Neujahr *„quattuor candele in ambone iuxta crucem supra chorum sancte marie"* angezündet werden.

69 Daß das Gerokreuz damals auf dem Lettner des Marienchores gestanden hat, läßt sich vielleicht auf einem Umweg erschließen. Die Annalen von St. Pantaleon berichten, daß 1248 der Dom *„cum duabus coronis deauratis intus dependentibus preter solos muros parietum . . ."* verbrannt sei[101]. Nach unserer heute möglichen Vorstellung vom alten Dom muß demnach das gesamte hölzerne Dachwerk vernichtet worden sein, aber auch alles an Einrichtungsstücken, das nicht herausgetragen worden ist, wie es vom Schrein der Dreikönige ausdrücklich berichtet wird. Vom sicherlich auch damals noch hochverehrten Gerokreuz wird nichts gesagt [102]. Nun ist aber der Brand sicher eine Folge der Abbruchmethoden gewesen, mit Hilfe derer man den Ostteil schneller niederlegen wollte [103]. Die bei der Ausgrabung aufgefundene provisorische Trennmauer ließ den Westteil zunächst für den Gottesdienst benutzbar [104]. Der Ostlettner lag in dem zum Abbruch bestimmten Teil, aus dem man sicher alle Ausstattungsstücke ausgeräumt hatte. So kann das Gerokreuz während des Brandes zufällig an einem sicheren Orte aufbewahrt gewesen sein. Das ist natürlich ein schwaches Argument, immerhin ist damit eine Möglichkeit aufgezeigt.

[91] Torsy *{1}* S. 90.
[92] Hasak *{10}* S. 34.
[93] Lacomblet, Archiv II, S. 169 ff.
[94] Ennen-Eckertz *{41}* II, Nr. 513.
[95] Wie *{5}* fol. 32.
[96] Weyres *{2}* S. 419, § 250 = hier S. 450.
[97] Ebda, § 139 = hier S. 434 f.
[98] Haedeke *{85}* S. 42.
[99] Weyres wie *{21}* = hier S. 498 ff.
[100] Ennen-Eckertz *{41}* II, S. 562 u. S. 589; Ennen hatte allerdings schon richtig gelesen.
[101] Clemen *{6}* S. 52.
[102] Zur Verehrung des Gerokreuzes: Haedeke wie *{85}*.
[103] Hasak *{10}* S. 14.
[104] Weyres *{2}* § 23 = hier S. 419.

70 Wenn man aber Thietmar wörtlich nehmen will, so müßte der Kreuzaltar vorher, wie beim St. Gallener Plan, mehr in der Mitte des Schiffes gestanden haben und erst in staufischer Zeit beim Bau des Lettners weiter nach Osten verlegt worden sein, es sei denn, das ausgezeichnete Grab in der Mitte des Domes sei gar nicht das Geros gewesen, sondern er hätte in einem der fünf westlich vor dem Lettner aufgefundenen Gräber gelegen. Dann wäre alles außer der *„media ecclesia"* Thietmars gut geklärt. Aber zunächst können wir darüber nichts Genaueres sagen.

71 Der Pfarrer von S. Laurentius darf im Interdiktfall am Kreuzaltar zelebrieren, und wir hatten oben geschlossen, daß die beiden Altäre, an denen die Altstadtpfarrer Messe lesen durften, zu den ursprünglichen Altären des karolingischen Domes gehören *{59}*.

72 Der Vikar des Kreuzaltares gehört aber nicht zu den vicarii principales. Das bedeutet wohl, daß der Kreuzaltar eine Sonderstellung einnahm wie die beiden Hochaltäre. Die Vikarie wird erst im 13. Jahrhundert oder im Anfang des 14. Jahrhunderts eingerichtet worden sein.

73 Nach der Errichtung der Trennmauer muß der Kreuzaltar, gleichgültig ob er unter dem Lettner oder *„in media ecclesia"* gestanden hat, in den westlichen Teil des Domes verlegt worden sein, wie auch der Altar der Dreikönige.

74 Es gibt anscheinend 1742 und 1751 noch einen zweiten Kreuzaltar *„prope pasculum"*. Das ist wahrscheinlich der Annaaltar gewesen, der zwischen 1510 und 1518 als *„altare s. Crucis et s. Annae"* geweiht worden ist [105].

75 Die bisher behandelten Altäre haben jeweils irgendwelche Vorgänger im alten Dom. Ihre Standorte im neuen Bau sind entweder auffallend nahe an denen im alten, wie bei Cosmas und Damian und Severin, oder aber sie sind auf der gleichen Seite der Kirche nach Osten zu verschoben; daß man diese Verlegungen als vorübergehend betrachtete, ergibt sicht aus der Häufung von Vikarien an einem Altar (Severin). Es kann angenommen werden, daß nach Vollendung des Domes die so untergebrachten Vikarien wieder einen eigenen Altar bekommen sollten, der möglicherweise wieder dem ursprünglichen Standort nahe war. Das lange Beibehalten des Beinamens bei S. Stephanus „in turri" könnte darauf hindeuten; gleichwohl darf man nicht übersehen, daß die alten Bindungen meist im Laufe der Zeit vergessen werden.

76 Eine ganz neue Gruppe von Vikarien bzw. Altären ersteht mit dem Neubau des Chores in den sieben Chorkapellen, d. h. besser in den sechs außerhalb der Achsenkapelle. Man muß heute annehmen, daß spätestens 1285, möglicherweise aber auch schon früher, die Disposition für diese Altäre festlag. Aus der Stiftung des Hermann von Jülich 1319 sind uns die damals im Chorumgang vorhandenen Patrozinien bekannt. Im Laufe der Zeit haben einige von ihnen einen zweiten Patron dazu bekommen, der hin und wieder den alten auch in den Hintergrund oder ganz verdrängt hat [106]. Im einzelnen waren es, von der Nordseite angefangen, folgende Altäre.

1. Catharina (1751 Catharina und Engelbert)
2. Jacobus
3. Johann Baptist, 1285 gestiftet, 1725 Johann Baptist und Laurentius; auch der Vikar von S. Achatius benutzt diesen Altar *„donec structura ecclesiae metropolitanae perfecta capitulum aliud proprium altare constituet"*.
5. Yrmentrudis (1725 Agnetis). Als die Kapelle 1340/50 mit Wandmalereien ausgestattet wurde [107], war Irmentrud durch die sel. Gräfin Irmgard v. Aspel bzw. Zütphen ersetzt, deren Sarkophag aus der ersten Hälfte des 14. Jahrhunderts in der Kapelle steht [108]. Auch Agnes ist auf den Wandbildern dargestellt.

[105] Torsy *{1}* S. 111.
[106] Dazu im einzelnen: Torsy wie *{1}*.
[107] H. Rode, Die Wandmalereien in der Agneskapelle, in: Kölner Domblatt 8/9, 1954, S. 179 f.
[108] Clemen *{6}* S. 284.

6. Michael.
7. Gero (1725 Stephan).

77 Die im Laufe des Mittelalters im Chorbereich hinzugekommenen Altäre interessieren uns in diesem Zusammenhang nicht. Es sind: In der Kreuzkapelle 1. der Alexiusaltar, 1488 erwähnt [109]; 2. der Sebastianus- u. Agnesaltar, vor 1367 dotiert und 1725 mit der Vikarie der hll. Fabianus u. Sebastianus verbunden [110]. In der Marienkapelle stand außer den erwähnten beiden Altären 1719 der Hubertusaltar, der 1341 errichtet wurde [111]. *„Inter cancellos"*, d. h. im Hochchor, sind die Altäre des hl. Patroclus an der Südseite und des hl. Antonius an der Nordseite hinzugekommen. Man muß annehmen, daß sie um 1498 gestiftet worden sind [112]. Im Plan Crombachs stehen sie am 2. u. 7. Pfeiler der Apsis, nach der Faynschen Choränderung (1770) rücken sie um einen Pfeiler nach Westen vor; hier sind von uns die aus zerschlagenen Teilen der Chorschranken gemauerten Fundamente gefunden worden.

78 Auch von den Altären, die außerhalb des Chores im unvollendeten Querschiff standen, sind einige für die Geschichte des alten Domes interessant. Wir übergehen den 1600 erwähnten Altar der hll. Vitus und Kilian [113], den 1719 erwähnten Annenaltar *„ante portale"*, d. h. neben dem Westportal zur Chorhalle [114], den Altar der hll. Ivo und Barbara, der 1742 dem Annenaltar entsprechend auf der Südseite des Portales steht [115], und die Altäre der Annexbauten. Für die Baugeschichte sind aber vier weitere Altäre nicht ohne Bedeutung.

79 Das Joch, in dem heute der Agilophusaltar steht, ist im Plan von 1784 und bei Crombach als *C(apella) S. Nicolai* bezeichnet [116]. Die Kapelle ist auf Plänen des frühen 19. Jahrhunderts noch durch Wände bzw. Gitter vom Querschiffarm getrennt. Somit erscheint wahrscheinlich, daß der Nicolausaltar nicht vor einem Pfeiler im südlichen Querschiff stand [117], sondern an der Stelle des Agilolphusaltares (10 in Abb. 2). Das würde auch der Schilderung bei Winheim besser entsprechen [118]. Reste seines vor 1680 errichteten Altaraufsatzes haben sich erhalten [119].

80 In der Stiftung des Hermann von Jülich 1319/20 wird der Vikar des Nikolausaltares an drittletzter Stelle aufgezählt, und zwar nach dem Stephanusaltar, der damals noch im alten Dom stand und vor S. Maria Magdalena und S. Maria in pasculo.

81 Aus der Stiftung des Hermann von Rennenberg geht hervor, daß der Nikolausaltar 1319 nicht gut dotiert ist und *„in ambitu"* stand [120]. Dieses „in ambitu" ist schwer zu erklären, denn es bedeutet sonst das westliche Atrium. Um 1200 jedoch wird der Nikolausaltar in der Porticus der Domkirche erwähnt, wo Gericht gehalten wird und wo Verkaufsstände stehen, deren Einkünfte dem Domkustos gehören [121] (X in Abb. 1 u. 2).

[109] Clemen *{6}* S. 210.
[110] Ebda S. 210; Torsy *{1}* S. 11.
[111] Torsy *{1}* S. 115; Clemen *{6}* S. 211.
[112] Torsy, Zur Geschichte des Altares des hl. Patroklus, in: Kölner Domblatt 6/7, 1952, S. 49 ff.
[113] Clemen *{6}* 210.
[114] Torsy *{1}* S. 114; Clemen *{6}* S. 210.
[115] Torsy *{1}* S. 114.
[116] Dazu auch Winheim, Sacrarium Agrippinae. Köln 1736, S. 31.
[117] Torsy *{1}* S. 116.
[118] Winheim *{116}*
[119] Clemen *{6}* S. 210; Ausstellungskatalog „Der Kölner Dom", 1956, Nr. 80 und ausführlicher. H. Rode, Zwei unerkannte Altarplastiken im Kölner Dom von Jeremias Geisselbrunn, in: Kölner Domblatt 18/19, 1960, S. 151 ff.
[120] Lacomblet, Archiv II, S. 158; Hasak *{10}* S. 34.
[121] Ennen-Eckertz *{41}* II, S. 600; Clemen *{6}* S. 47; H. Vogts, Der Kölner Dom im Stadtplan, in: Der Dom zu Köln, Festschrift, hrsg. v. Erich Kuphal, Köln 1930, S. 19.

82 Um 1325 wird diese Vorhalle abgebrochen [122]. Es gibt zwei Möglichkeiten, die Schwierigkeiten zu erklären. Einmal ist es denkbar, daß der Nikolausaltar provisorisch in den westlichen „ambitus" versetzt worden ist, oder aber das östliche Seitenschiff des gotischen Südquerhauses ist als Umgang aufgefaßt und benannt worden, sobald es zu gebrauchen war, und der Nikolausaltar hat schon 1318 dort seinen neuen Platz gefunden. Auch dieser Altar wäre dann an einer Stelle neu errichtet worden, die von der alten nicht allzusehr entfernt war. Winheim erwähnt noch Anfang des 17. Jahrhunderts die Sitze der erzbischöflichen Prokuratoren und Notare, die an diesem Altar der Messe beiwohnten, ehe sie zum Gericht gingen [123].

83 Die Vorhalle, in der der Nikolausaltar stand, muß, nach dem Baufortgang des gotischen Neubaues zu urteilen, bis auf die östliche Hälfte des südlichen Querhausfundamentes gereicht haben. Sie kann an dieser Stelle kaum zum karolingischen Bau gehört haben und dürfte eher der brunonischen Erweiterung angehören. Dazu würde das Patrozinium des Altares gut passen, das zwar 818 in Fulda auftritt [124], aber erst in ottonischer Zeit, möglicherweise durch den Einfluß der Kaiserin Theophanu, zu größerer Verbreitung kommt. 1089 stiftet Erzbischof Sigewin ein Licht, das jede Nacht *„in lucerna in introitu ecclesie iuxta sanctum Nicholaum"* brennen soll [124a].

84 Im 18. Jahrhundert und schon bei Crombach 1654 steht der Altar der heiligen Philippus und Jakobus *„ e regione ecclesiae parochialis in pasculo ante statuam BMV"* [125], d. h. vor dem zweiten nördlichen Pfeiler der Ostseite des Querhauses. 1319/20 wird er bei Hermann von Jülich an einer Stelle aufgezählt, die vermuten läßt, daß er damals noch im altem Dom stand [126], was auch Clemen annimmt [127]. 1318 war er nicht gut dotiert [128]. Das Patrozinium ist auffallend, denn es ist in der alten Erzdiözese selten. Im Archidiakonat Xanten kommt es nur ein einziges Mal und das noch sehr spät vor. Doch ist 1308 der 1. Mai, das Fest der beiden Heiligen, in der Erzdiözese Köln gebotener Feiertag [129].

85 Zu Allerheiligen werden nach dem Kalender des Domkustos alle Altäre des Domes beleuchtet. Der Nikolausaltar ist nicht dabei und auch nicht der der hll. Philippus u. Jacobus [130]. Man kann also vorerst annehmen, daß der letztere damals noch nicht vorhanden war und erst nach der Mitte des 13. Jahrhunderts errichtet worden ist, vielleicht aber nicht mehr im alten Dom.

86 Im 17. u. 18. Jahrhundert steht der Magdalenenaltar im Querschiff, und zwar dem Philippus- und Jacobusaltar entsprechend im nördlichen Arm. 1318 ist er nicht gut dotiert; 1319/20 wird er an der Stiftung des Hermann von Jülich beteiligt; er kann aber damals noch nicht an seiner späteren Stelle gestanden haben. In den Kalendarien des frühen 13. Jahrhunderts kommt er nicht vor. Wahrscheinlich stand er in einer abgetrennten und nicht vom Custos zu besorgenden Kapelle, die wir noch nicht kennen. Der Kult der Heiligen ist erst ziemlich spät bedeutender geworden [131]. Nach Moerckens ist Erzbischof Hermann II. († 1056) vor dem Magdalenenaltar begraben worden und hat ihm eine Lampe gestiftet [132]. Der Altar müßte also damals vorhanden gewesen sein.

[122] Clemen *{6}* S. 60.
[123] Winheim *{116}* S. 31.
[124] Stüwer *{54}* S. 173, Nikolaus wacht über die Redlichkeit der Kaufleute; daher sein Altar in der Vorhalle.
[124a] Oediger, Reg. d. Erzb. v. Köln I, Nr. 1193.
[125] Torsy *{1}* S. 116.
[126] Lacomblet, Archiv II, S. 169.
[127] Clemen *{6}* S. 210.
[128] Lacomblet, Archiv II, S. 157 ff.
[129] Peters *{19}* S. 73.
[130] Ennen-Eckertz *{41}* II, S. 585.
[131] In Vezelay nicht vor 1050; in S. Maximin (Var) gräbt man 1279 nach den Reliquien der Heiligen; Stüwer *{54}* S. 83 ff.
[132] Clemen *{6}* S. 43.

87 Wenn wir die Geschichte der Altäre und den Grabungsbefund kombinieren, so können wir also annehmen, daß der karolingische Dom nur vier bzw. fünf Altäre hatte: die beiden Hauptaltäre des hl. Petrus und der Mutter Gottes, den Martins- und den Stephanusaltar, vielleicht auch schon den Kreuzaltar. Zur Zeit Brunos scheinen hinzugekommen zu sein: der Cosmas- und Damianaltar und der des hl. Severin. Alle anderen Altäre sind später.

Ein Bericht über den Stand unserer Kenntnis von den Vorgängerbauten des heutigen Domes geht deshalb am besten von Bau VII aus, weil wir ihn am besten kennen und weil man die Darstellung der übrigen Bauten oder Bauphasen am leichtesten an ihn anschließen kann.

Der karolingische Dom (Bau VII)

88 Nach den bisherigen Grabungergebnissen läßt sich der Dom, der nach Doppelfelds Numerierung der Bauperioden [133] als Bau VII bezeichnet wird, einigermaßen sicher im Grundriß rekonstruieren (Abb. 13). Ich stelle hier die Ergebnisse noch einmal zusammen, weil sie von den früher veröffentlichten z. T. abweichen [134].

89 Der Bau der Periode VII war eine dreischiffige Basilika mit westlichem Querschiff, an das in der Mitte nach Westen zu unmittelbar die Apsis des Petruschores anschloß. An den äußeren Enden der Querschiffarme saß nach Osten zu je eine kleine Apsis, die nördliche für den Martinsaltar *{51 – 52}*, die südliche für den Stephansaltar *{56 – 59}*. Die Vierung war ausgeschieden, d. h. sowohl die Querschiffarme als auch das Langhaus waren von ihr durch Pfeilervorlagen und Gurtbögen abgetrennt. In den Winkel zwischen der Apsis und dem Querschiff waren Rundtürme; in dem südlichen hingen Glocken *{57}*. Im Osten war an das Mittelschiff in gleicher Breite ein ungefähr quadratischer Chorraum, der Marienchor, angesetzt, der ebenfalls mit einer Apsis abgeschlossen war. Auch dieser Chorraum war vom Schiff durch einen Gurtborgen abgetrennt [135].

90 Sowohl die östliche wie auch die westliche Apsis besaß eine Krypta. Von der östlichen wissen wir nichts, außer daß sie durch Schriftquellen belegt ist [136]. Dagegen läßt sich die westliche nach den Grabungsbefunden gut rekonstruieren (Abb. 3). Es war eine Ringkrypta nach römischem Vorbild, die jedoch durch einen Quergang und zwei rechts und links neben der (östlichen) Confessio liegenden Kapellen erweitert ist. In der nördlichen liegen Reste eines Altarfundamentes. Die Confessio in der Mitte war nach Westen durch eine Mauer abgeschlossen und stand wahrscheinlich nach Osten zu durch eine fenestella mit der Vierung in Verbindung. Von ihrer westlichen Abschlußwand bietet sich eine Nische als dritter Altarplatz an. Ausklinkungen in den Ecken der davor liegenden kleinen Vierung können auf eine Abschrankung des Altarvorplatzes hinweisen.

91 Die Krypta ragt nach Osten zu rd. 3,0 m in die Vierung hinein; so kann der Ringstollen von den beiden Querhausarmen aus betreten werden. Der Kryptaboden liegt drei Stufen tiefer als das Niveau des Querschiffes; deshalb muß die Fläche des Presbyteriums mindestens 2,35 m darüber gelegen haben. Als Ansatzpunkt für die hinaufführenden Treppen kann man zwei schwere römische Spolien ansehen, zwischen denen der Boden auf die Kryptawand zu abfällt; das ist der Grund, wes-

[133] O. Doppelfeld, Der unterirdische Dom, Köln u. Krefeld 1948; O. Doppelfeld, Die Ausgrabung des karolingischen Domes, in: Der Kölner Dom, hrsg. v. H. Vogts, Köln 1948, S. 175 ff. = hier S. 36 ff.

[134] O. Doppelfeld, More Romano, in: Kölner Domblatt 8/9, 1954, S. 45 = hier S. 169; Weyres *{2}* S. 384 ff. = hier S. 416 ff.

[135] An dieser Stelle ist meine a. a. O. *{2}* gegebene Rekonstruktion zu korrigieren.

[136] Ennen-Eckertz *{41}* II, S. 564 ff. (Kalendarium der Domkustodie). Die Annahme von H. Rosenau, Der Kölner Dom, Köln 1931, S. 218, daß Würfelkapitelle im Schnütgenmuseum aus der Krypta des alten Domes stammen, ist nicht aufrechtzuerhalten; Clemen *{6}* S. 44.

halb in der Mitte der Wand eine fenestella vermutet wird [136a]. Wie die beiden anzunehmenden Treppen zum Presbyterium ausgesehen haben, läßt sich beim gegenwärtigen Stand der Grabungen nicht sagen. Am Ostende des Presbyteriums, über der Confessio ist der Petrusaltar anzunehmen, im Scheitel der Apsis der Stuhl des Erzbischofs *{5 – 7}*.

92 Der Chor, d. h. der Platz der Kanoniker, befand sich in der Vierung, und zwar gegenüber dem Schiff um höchstens eine Stufe erhöht *{3 – 4}*. Es läßt sich heute noch nicht sagen, ob er in karolingischer Zeit durch Schranken gegen die Querschiffarme abgetrennt war. Es haben sich zwar Spuren einer Schrankenmauer gefunden. Da sie aber auf den Plattenboden gesetzt ist, gehört sie einer späteren Änderung an. Zur Zeit läßt sich auch noch nicht sagen, ob der Chor sich in der älteren Zeit nur bis an die Spannmauer zwischen Vierung und Schiff erstreckte. Für die in der frühen Zeit wahrscheinlich geringe Anzahl der Kleriker dürfte er ausgereicht haben. In staufischer Zeit ist er möglicherweise nach Osten zu erweitert worden. Die Ausbildung des Fußbodens könnte dafür sprechen [137]. Von dem im Anfang des 13. Jahrhunderts bezeugten Lettner haben wir allerdings noch nichts gefunden [138].

93 Der der Muttergottes geweihte Ostchor lag ursprünglich auf gleicher Höhe wie der Schiffboden. Er ist – wahrscheinlich kurz vor 1191 – um drei Stufen höher gelegt worden, als man den von uns aufgefundenen Lettner baute [139]. Wie das östliche Presbyterium ausgesehen hat, können wir heute nicht vermuten. Es sieht vorläufig so aus, als ob es dem westlichen entsprochen hätte *{16 – 17, 21 – 23}*.

94 Nach Westen zu ist dem Nordflügel des Querhauses ein Vorraum vorgelagert. Doppelfeld hat ihn wegen des darin liegenden Grabes des „comes" Emundus die Emunduskapelle genannt [140]. An dem noch nicht ausgegrabenen Südarm des Querhauses läßt sich ein entsprechender Vorraum vermuten.

95 Der Fußboden des Bauwerkes ist uns in großen Partien bekannt, allerdings bei weitem nicht so, daß man etwas Endgültiges über ihn sagen könnte. Er war offenbar in den verschiedenen Teilen der Kirche sehr unterschiedlich und ist auch wahrscheinlich an manchen Stellen in späteren Zeiten erneuert worden [141].

96 Da Bau VII von 1248 an – wahrscheinlich in zwei großen Kampagnen – bis auf das Fußbodenniveau abgerissen worden ist, können wir kaum erwarten, daß uns der Befund etwas Wesentliches über sein Aussehen oberhalb des Bodens verrät. Ein wenig sagt er dennoch aus, aber ehe wir uns darüber auslassen, wollen wir uns seine Fundamente genauer ansehen. Diese sind außerordentlich solide, durchgängig 1,40 bis 1,45 m breit [142] und überall bis auf eine feste Kiesschicht hinuntergeführt. So finden sich im Westen, wo das ursprüngliche Gelände ansteigt, Fundamenttiefen von 3,70 bis 4,0 m und im Osten solche von 6,50 m. In den unteren Partien hat man Traßmörtel, darüber Ziegelsplittmörtel verwendet. Das ist nichts Außergewöhnliches und kann aus technischen Gründen so gemacht worden sein. Es liegt aber die obere Grenze des Traßmörtels im Westen 1,30 m höher als im Osten.

Diese Beobachtung hat uns dazu geführt, den Mörtelqualitäten eine größere Aufmerksamkeit zu schenken, und es stellte sich heraus, daß alle Fundamente der Westkrypta – außer den Umfassungsmauern – und das sehr seichte Fundament des nördlichen Rundturmes am Westquerhaus mit ro-

[136a] Weyres *{2}* §§ 101 – 115 = hier S. 431 f.

[137] Ebda §§ 126 – 127, 130 = hier S. 433.

[138] Da bei einem westlichen Lettner ein Mitteleingang die Regel ist, kann es sein, daß wir durch diesen Eingang durchgegraben und die Laibungen der Tür nicht angeschnitten haben.

[139] Weyres wie Anm. *{21}* = hier S. 498 ff. Auch in diesem Punkt ist meine frühere Rekonstruktion zu korrigieren.

[140] Weyres *{2}* §§ 145–152 = hier S. 434 ff. A. Verbeek, Das Grabmal des Emundus im Kölner Dom und die frühen rheinischen Bogengräber, in: Der Kölner Dom, hrsg. v. H. Vogts, Köln 1948, S. 184 ff. = hier S. 57 ff.

[141] Weyres *{2}* §§ 116 – 144 = hier S. 432 – 434.

[142] Lediglich die Fundamente der beiden Apsiden sind breiter, im Osten 1,75 m, im Westen 1,70 m.

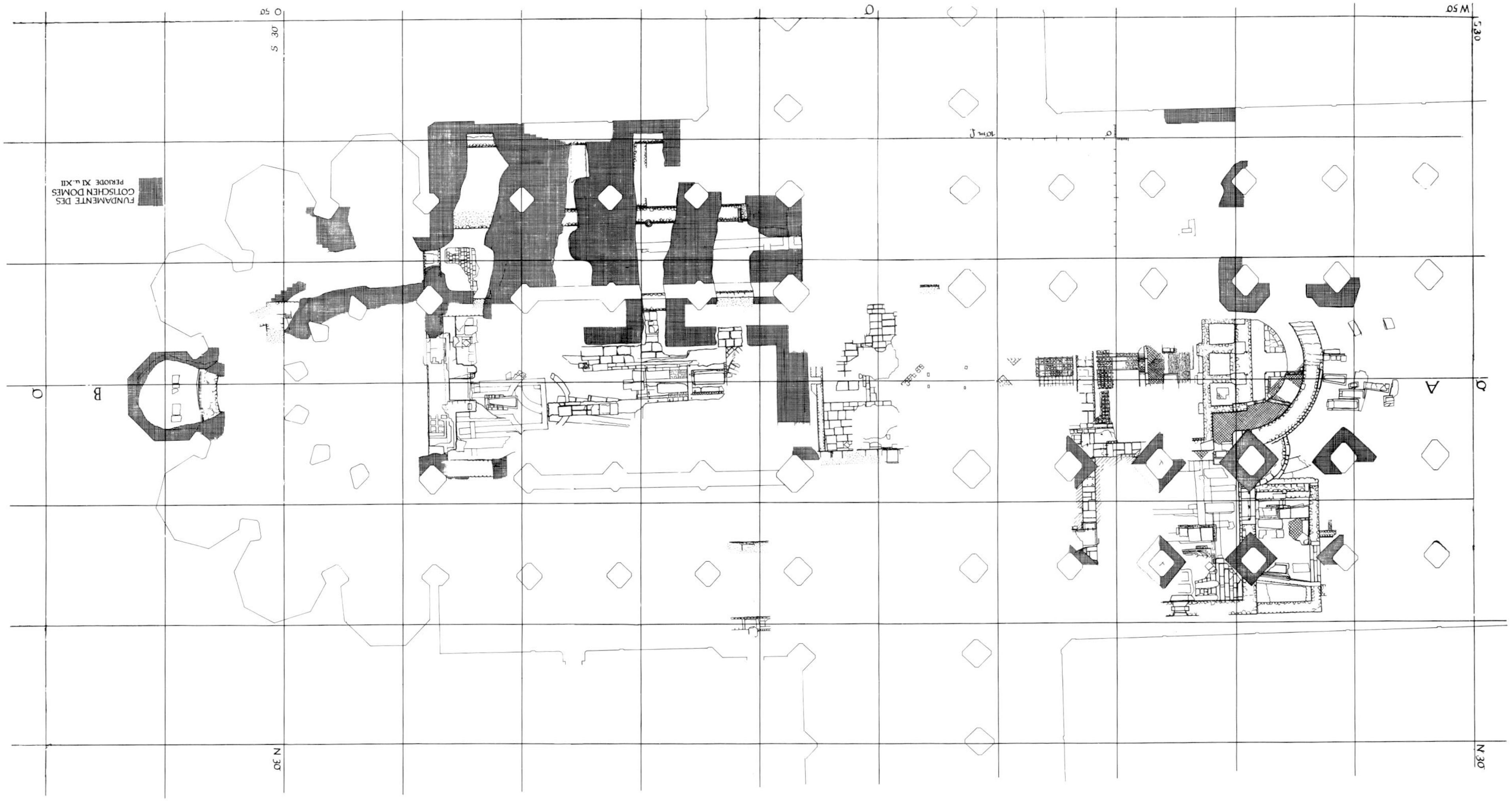

Abb. 3. Alter Dom, Bau VII b, Gesamtgrundriß mit Befund. – Maßstab 1 : 500.

tem Mörtel gemauert waren. Aus diesem Faktum hat Doppelfeld auf eine Bauunterbrechung und eine Planänderung geschlossen [143] und deshalb die Periode VII unterteilt in VII a für die unteren Partien und VII b für die oberen.

97 Eine Planänderung ist besonders deutlich in der Emunduskapelle festzustellen (Abb. 6). Ihre ältere Südwand (13 a) hätte das große Westportal (93) des nördlichen Querschiffs z. T. verstellt. Sie ist deshalb bis zur Fußbodenhöhe der Kapelle abgebrochen und um 0,70 m weiter nach Süden (13 b) herausgerückt worden, so daß das Portal frei blieb. Die neue Mauer ist wie alle im Zusammenhang mit der Planänderung aufgeführten Mauern nur sehr seicht fundiert, während die Fundamente der älteren Teile der Emunduskapelle wesentlich tiefer hinabreichen. Das Westportal muß also ursprünglich wesentlich schmaler oder weiter nach N zu geplant gewesen sein [144].

98 Weitere Hinweise auf eine Planänderung sind bei den Innenfundamenten des Baues VII zu finden. Sie sind nämlich sehr merkwürdig ausgebildet. Einmal sind sie unter sämtlichen vorauszusetzenden Arkadenöffnungen durchgezogen. Sie bilden also auch unter den großen Öffnungen der Vierung und am Eingang des Ostchores Spannmauern.

99 Zum anderen sind sie im Gegensatz zu denen der äußeren Umfassungsmauern, überall wo wir sie angetroffen haben, mit einer etwa 60 cm hohen Abdeckung versehen gewesen, die aus zwei Schichten von sauber in feinem weißem Mörtel verlegten, z. T. verklammerten Kalkstein- oder Sandsteinquadern bestand. Diese stammen von römischen Gebäuden. Ein Teil der Quader ist beim Abbruch entfernt worden, doch zeigen sich an diesen Stellen eindeutig ihre Abdrücke im noch erhaltenen Mörtelbett [145].

100 Nun ist aber merkwürdig, daß die oben erwähnte Mörtelgrenze *(96)* bei der östlichen Spannmauer der Vierung etwa 20 cm unterhalb der Unterkante der Quader liegt, daß man also diese geringe Höhe in rotem Mörtel auf die in Traßmörtel gemauerten unteren Partien der Fundamente aufbrachte. Das kann nicht seinen Grund in technischen Überlegungen gehabt haben.

101 Die Grenze zwischen den beiden Mörtelarten liegt bei der Spannmauer in der Öffnung der westlichen Apsis und beim Apsisfundament selbst auf der Höhe des späteren Kryptabodens, also etwa 20 cm höher als bei der östlichen Spannmauer des Querschiffs. Im Osten dagegen liegt die Grenze der beiden Mörtelarten rd. 1,30 m unter der Quaderunterkante.

102 Bei der Anlage der Krypta hat man zwar die vier Eckpfeiler der Zungen, die die nach Osten gerichteten Kammern scheiden, auf die Spannmauer aufgesetzt, alle anderen Fundamente aber nur etwa 60 cm tief mit rotem Mörtel neu gegründet (Abb. 3; Abb. 13, Längsschnitt).

103 Die Disposition von VII a sah offensichtlich keine Krypta vor. Sie ist erst nach der Planänderung in der Periode VII b in die schon vorhandenen Umfassungsfundamente von VII a hineingebaut worden [146].

104 An dem nördlichen Rundturm zwischen Apsis und Querschiff sah es zunächst so aus, als ob er sehr unsolide auf einem seichten Fundament gegründet wäre, das unter Verwendung von großen römischen Spolien mit rotem Mörtel hergestellt war. Die genauere Untersuchung ergab aber, daß das Fundament des Turmes einen tiefer reichenden Kern in Traßmörtel hat. Er ist also in der Zeit der Planänderung dicker gemacht worden [147].

105 Nun ist aber aus diesen Beobachtungen nicht abzulesen, ob mit der Planänderung auch eine längere Bauunterbrechung verbunden war. Zwar deuten die schlechten Fundamente in der Krypta und am Nordturm auf einen Wechsel der Bauleitung. Dagegen könnten jedoch die sehr gut ausgeführten

[143] O. Doppelfeld, Stand der Grabungen und Forschungen am alten Dom zu Köln, in: Forschungen zur Kunstgeschichte und Archäologie, Baden-Baden, 1954, S. 69 ff. = hier S. 139 ff. Weyres *(2)* §§ 51 – 58 = hier S. 422 – 424.

[144] Weyres *(2)* §§ 57 – 58 = hier S. 424.

[145] Ebda §§ 67 – 69 = hier S. 425 f.

[146] Ebda §§ 65 – 66 = hier S. 425.

[147] Ebda § 55 = hier S. 422.

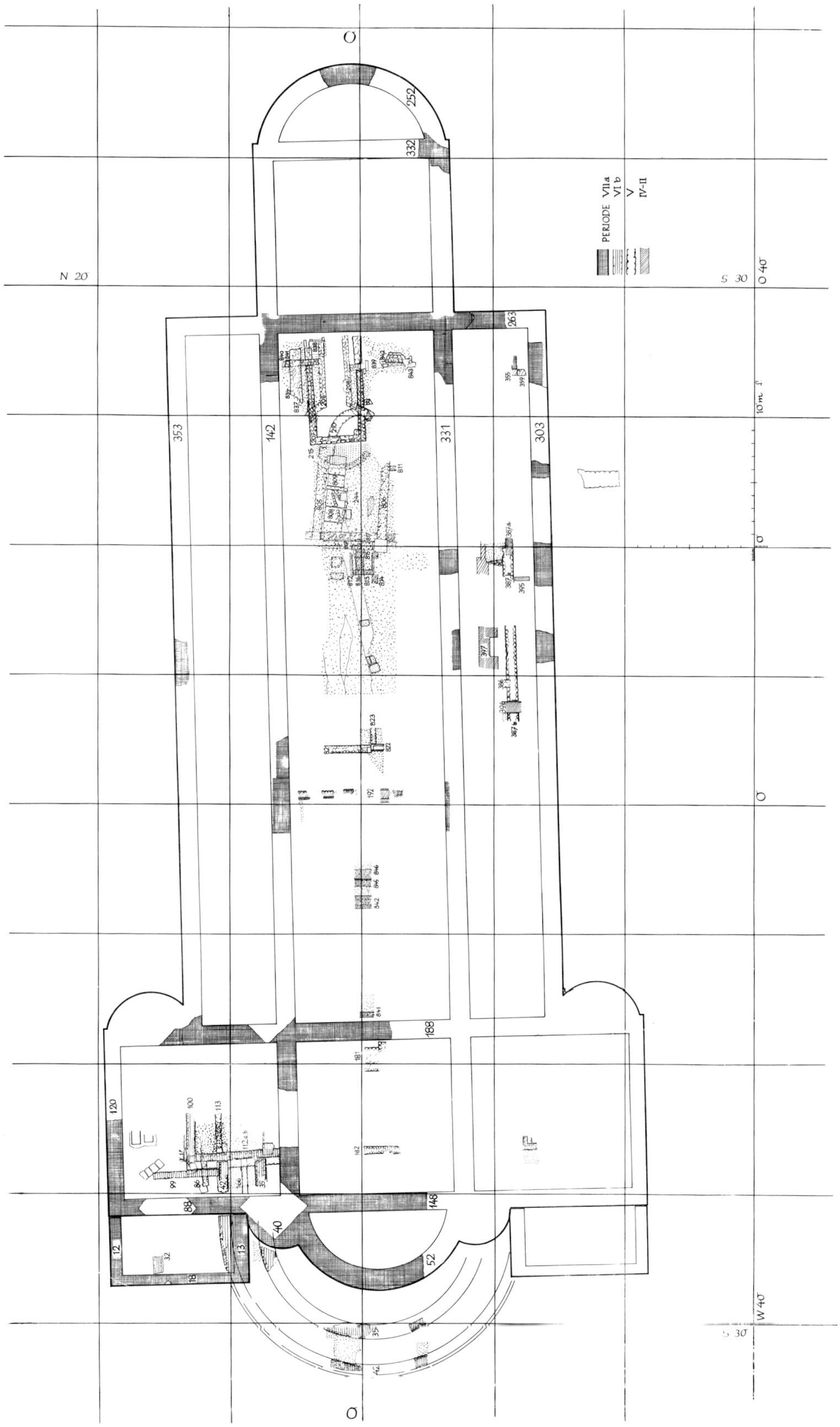

Abb. 4. Alter Dom, Bau VII a. Mit Einzeichnung der älteren Perioden. – Maßstab 1 : 500.

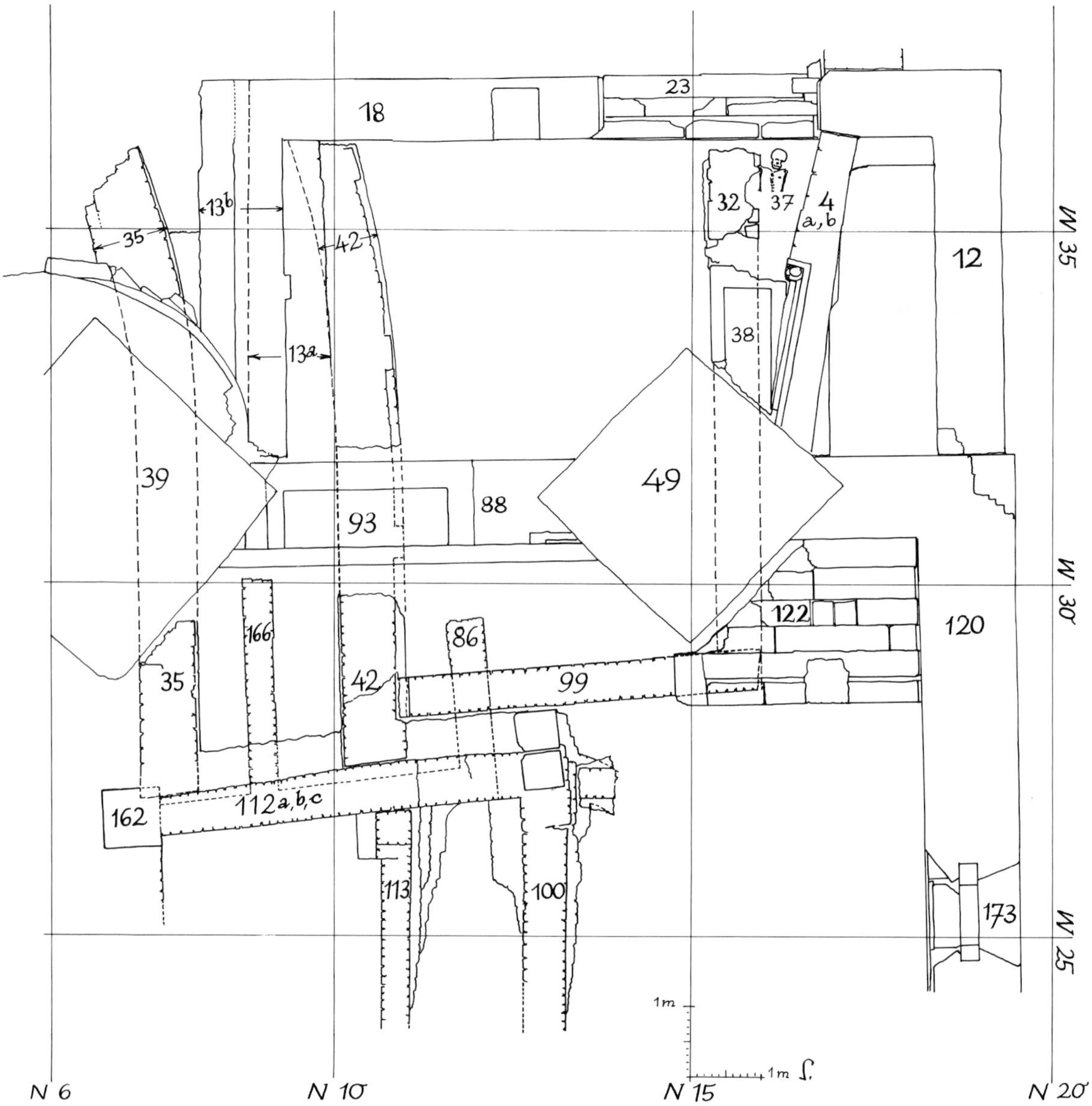

Abb. 6 – 12.
Alter Dom. Nördl. Querschiff und Emunduskapelle. Abb. 6. Gesamtgrundriß. – Maßstab 1 : 100.

Quaderlagen und das sehr solide Mauerwerk in rotem Mörtel auf den Traßmörtelfundamenten aller Hauptmauern sprechen. Es gibt aber nun doch Hinweise auf eine längere Bauunterbrechung. Ungefähr in der Höhe des Mörtelwechsels zieht sich durch den ganzen Bau eine dunkle, sehr feste humose Schicht, die offenbar längere Zeit unter freiem Himmel gelegen hat. Doppelfeld hatte also gute Gründe, sowohl eine Planänderung als auch eine Bauunterbrechung anzunehmen [148].

106 Es bleibt zu untersuchen, ob die Planänderungen im Bereich der Emunduskapelle und die Anlage der Krypta gleichzeitig vorgenommen worden sind. Für die Gleichzeitigkeit könnte der bei beiden Maßnahmen verwendete rote Mörtel sprechen. Aber das ist ein schwaches Indiz. Eher könnte dafür

[148] Ebda § 59 = hier S. 424.

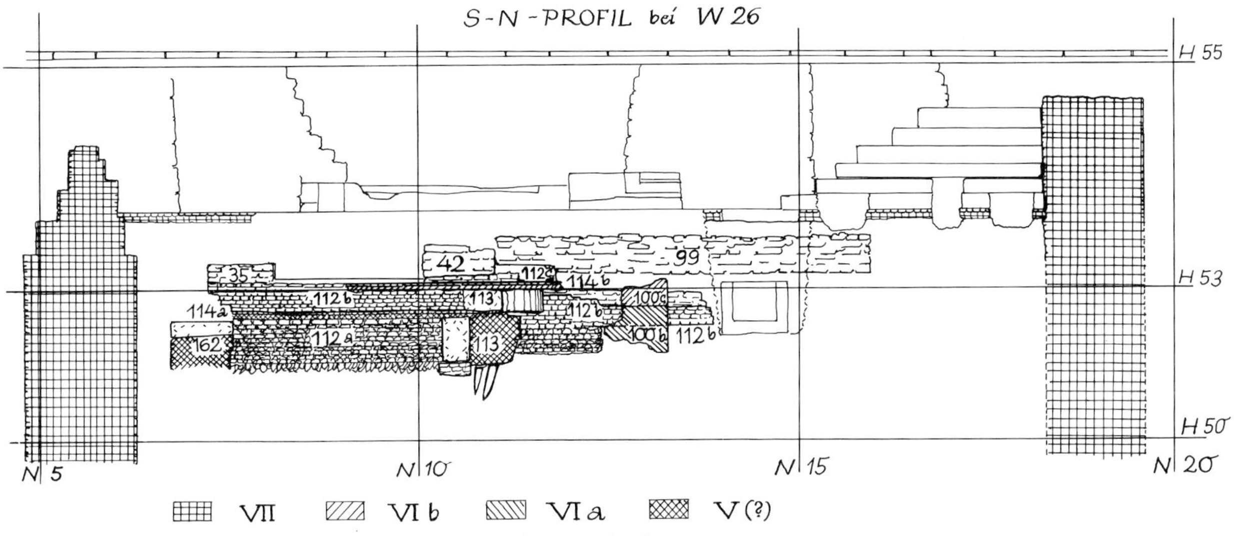

Abb. 7. Maßstab 1 : 100.

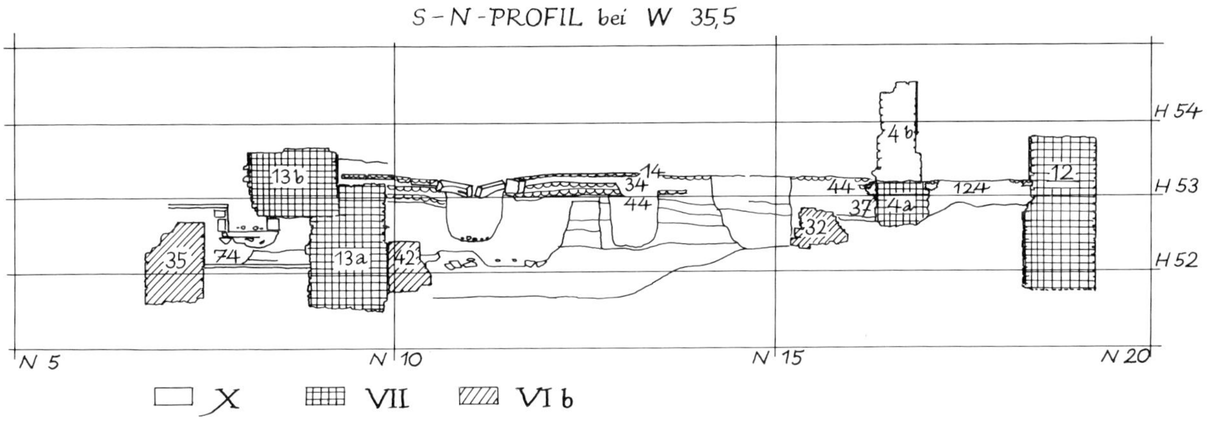

Abb. 8. Maßstab 1 : 100.

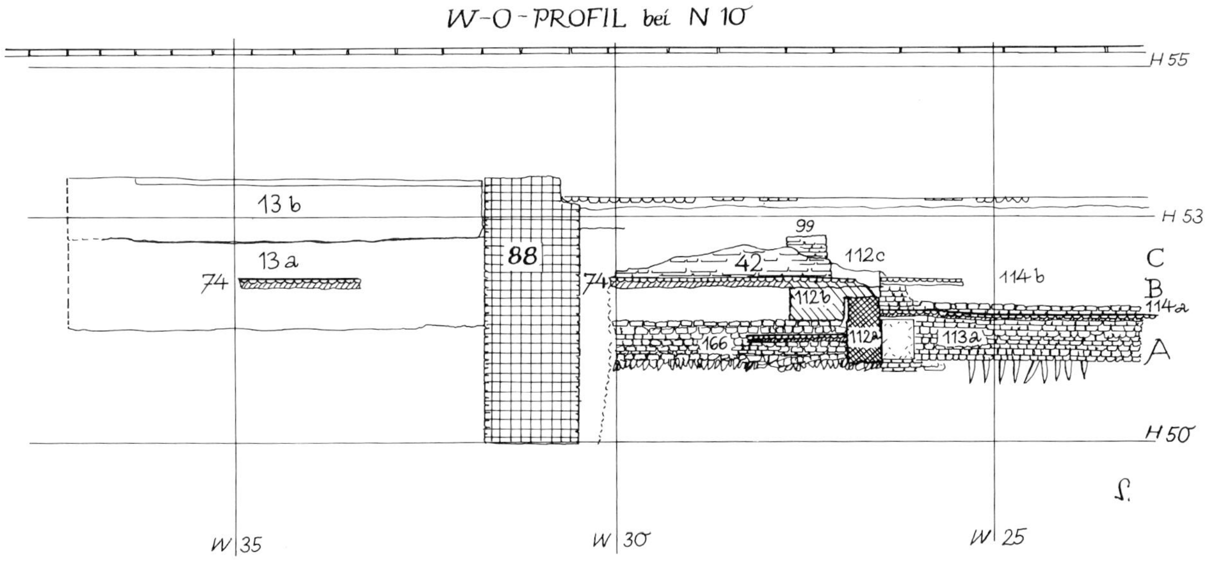

Abb. 9. Maßstab 1 : 100.

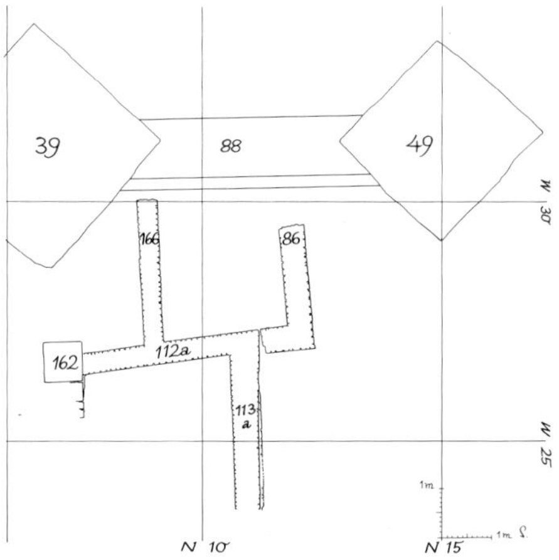

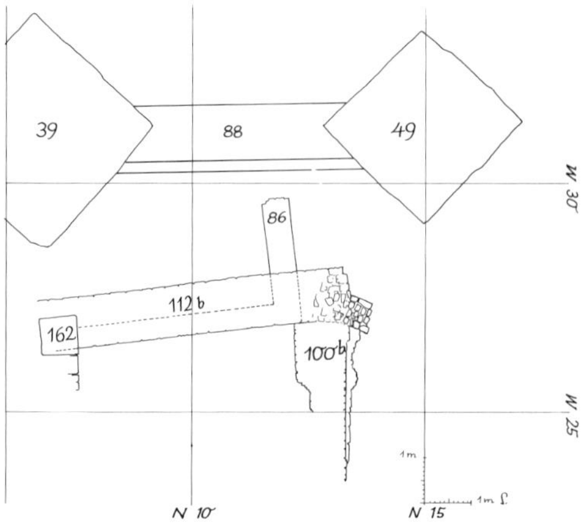

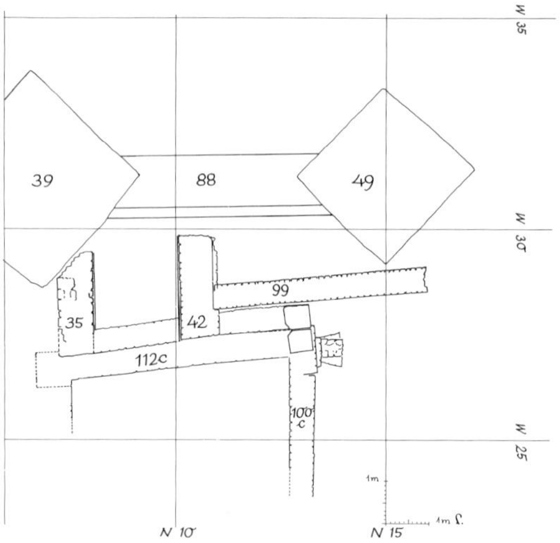

Abb. 10 – 12.
Drei herausgezogene Grundrisse zu Fig. 6. – Maßstab 1 : 200.

Abb. 10. Periode V.

Abb. 11. Periode VI a.

Abb. 12. Periode VI b.

die gleichermaßen sorglose Fundierung sowohl in der Krypta als auch in der Emunduskapelle angeführt werden. Da aber die Erweiterung der Emunduskapelle mit der Verlegung der Türschwelle in der westlichen Querschiffmauer gleichzeitig sein muß, könnte man dafür plädieren, daß auch die Krypta der Periode VII b angehört. Auch daß die Spannmauer in der Öffnung der westlichen Apsis keine Quaderauflage und keine Erhöhung in rotmörteligem Mauerwerk erhalten hat [149], braucht allein genommen noch nicht viel zu bedeuten. Nimmt man jedoch alle Indizien zusammen, so erscheint die angeführte Zuweisung als vernünftig.

Rekonstruktion des Baues VII b

107 Während von Bau VII a nur die für Bau VII b in der Gänze benutzten Fundamente bekannt sind, und von seinem Aufgehenden nichts ausgesagt werden kann, geben die Befunde aus der Periode VII b, zusammen mit dem Bilde des Domes im Hillinuskodex der Kölner Dombibliothek (um 1000) [150] und einigen Angaben in den Kalendern des 13. Jahrhunderts [151], eine Reihe von Anhalts-

[149] Ebda § 69=hier S. 426.
[150] Abb. in F. Witte, Der goldene Schrein, Köln 1928, Tafel II; Weyres *{2}* S. 416=hier S. 457.
[151] Ennen-Eckertz II, wie Anm. *{41}*; Hasak wie Anm. *{10}*; Lacomblet wie Anm. *{10}*.

punkten. Danach läßt sich die äußere Gestalt des Bauwerks einigermaßen vorstellen, wenn auch alle Aussagen über die Höhen der einzelnen Bauteile hypothetisch bleiben müssen.

108 Die Abmessungen sind bedeutend. Allerdings müssen einige Maße vorerst durch symmetrische Ergänzung geschätzt werden. Die Gesamtlänge beträgt im Aufgehenden rd. 94,25 m, die äußere Breite im Langhaus rd. 29,20 m; das Querschiff mißt von Außenflucht zu Außenflucht rd. 40,0 m (Abb. 13 u. 19).

109 Der lange und verhältnismäßig niedrige Körper des Mittelschiffs geht ohne erkennbaren Absatz nach Westen in die Vierung und nach Osten in das Chorhaus über. Die westlichen Querschiffarme sind um soviel niedriger, daß ihr First dicht unterhalb der Trauflinie des Mittelschiffs auftrifft. Der westliche Giebel der Vierung ragt über der Apsis heraus, deren Dachspitze in gleicher Höhe wie die Firstlinie der Querschiffarme liegt. Auch die Ostapsis wird sich entsprechend an das Chorhaus angesetzt haben. In den Winkeln zwischen dem Querhaus und der Westapsis stehen zwei Rundtürme, die im obersten Geschoß eine Reihe von Öffnungen haben.

110 Im Obergaden des Langhauses sind auf jeder Seite, im Gegensatz zum Bilde im Hillinuskodex, zehn Fenster und im Ostchor an jeder Seite zwei Fenster anzunehmen. Die Zahl der Obergadenfenster ist in den Kalendarien eindeutig angegeben: „*in lateribus superiores fenestre 24 hinc et inde*" [152]. Über die Zahl der Fenster in den Seitenschiffen kann nichts gesagt werden, denn in der Zeit, aus der unsere Nachrichten stammen, waren die Seitenschiffmauern von VII b nicht mehr vorhanden.

111 An den Stirnwänden des Querschiffs gibt der Hillinuskodex drei Fenster, was mit den Angaben der Kalendarien übereinstimmt. Für die drei Rundfenster, die er in der Westwand des Querschiffs hat, finden wir allerdings keinen Beleg. Beide Apsiden hatten je drei große Fenster; die der Westapsis sind auf dem Bild des Hillinus zu sehen, nicht dagegen die in den Kalendarien bei beiden Chören erwähnten Rundfenster „*circa maiestatem*" [153]. Es kann angenommen werden, daß diese in den Giebelmauern im Osten und Westen gesessen haben.

112 Schwierig sind je fünf runde Fenster unterzubringen, die „*circa altare beati Petri*" und „*circa altare beate Marie*" erwähnt werden. Ich habe angenommen, daß sie zur Belichtung der Krypten dienten; dafür könnte sprechen, daß sie nicht mit den drei großen Fenstern zusammen aufgezählt werden. Aber Sicherheit ist in diesem Punkt nicht zu gewinnen. Ähnlich unsicher ist auch die Lokalisierung der Fenster, die über dem Martins- und Stephansaltar angegeben werden. Sie können in der Querschiffwand darüber gesessen haben [154].

113 Die von mir für die Aachener Karlsausstellung gezeichnete Rekonstruktion ist im Innern in mehreren Punkten zu revidieren. Der Fortschritt der Grabungen nach Osten hat uns Klarheit über den Ansatz des östlichen Chorhauses gebracht. Entgegen meiner früheren Annahme ist die Grenze zwischen diesem und dem Langhaus durch einen Triumphbogen betont gewesen. Auch ist das Ostende der Seitenschiffe nicht durch eine Zungenmauer vom Langhaus abgetrennt, sondern durch eine Öffnung mit ihm verbunden. Wie die an dieser Stelle zu erwartende Vorlage aussah, ist nicht mehr festzustellen, da das gotische Pfeilerfundament genau auf dem Mauerkreuz von Bau VII sitzt. Es ist nicht möglich, die aus den Pfeilerabdrücken unter dem gotischen Querschiff gewonnenen Interkolumnien vollkommen gleichmäßig bis an den Pfeiler fortzuführen, der den erwähnten Triumphbogen trug. Immerhin ist es denkbar, daß die Achsenabstände östlich der Pfeilerabdrücke um ein geringes Maß kleiner waren, als bisher angenommen wurde [155].

114 Auch die vermutete Höhenlage des Ostchores stimmt in der alten Rekonstruktion nicht. Das Niveau war dort in Wirklichkeit das gleiche wie im Langhaus. Die Krypta muß also wohl auf die Ap-

[152] Hasak *{10}* S. 20.
[153] Hasak *{10}* S. 20.
[154] Weyres *{2}* §§ 209, 228, 229, 249 = hier S. 444, 448, 450.
[155] Ebda §§ 80 – 81, 202 – 208 = hier S. 426, 443.

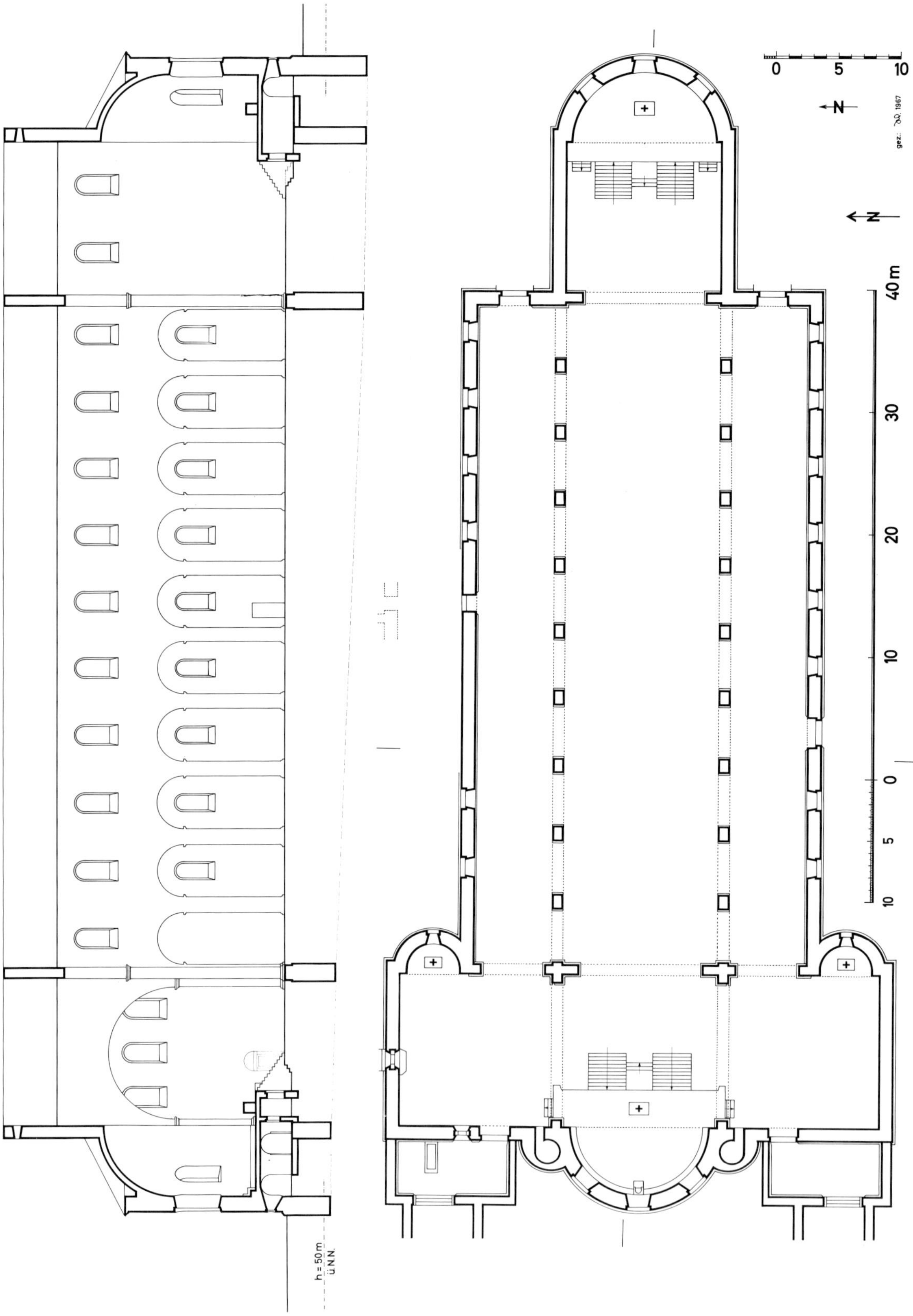

Abb. 13. Alter Dom. Rekonstruktion des karolingischen Baues VII b. Grundriß und Längsschnitt. – Maßstab 1 : 500.

sisrundung beschränkt gewesen bzw. nur wenig über die Grundlinie des Apsishalbkreises in das Chorhaus vorgesprungen sein [156].

115 Die beiden Hauptapsiden waren im 13. Jahrhundert mit einer „*maiestas*" ausgemalt, wie es die Kalendarien ausdrücklich bezeugen [157]. Es ist möglich, daß es sich noch um karolingische Malereien handelte. Wir wissen, daß Erzbischof Gunthar zwischen 850 und 858 dem Sedulius Scotus eine uns überlieferte metrische Inschrift für eine Maiestas in Auftrag gegeben hat, die nach allgemeiner Ansicht für den Kölner Dom bestimmt war [158].

Die Bauten Brunos (Periode VIII)

116 Es gibt keinerlei Nachrichten darüber, daß einer der Bischöfe zwischen Rainald von Dassel und dem heiligen Bruno am Dom gebaut hat. Dagegen ist eine Bautätigkeit Brunos ausreichend, aber nicht eindeutig belegt.

117 Die zeitgenössische Vita Brunonis sagt [159], daß er den Stab und die Ketten des hl. Petrus nach Köln gebracht und zu dessen Ehre sein hoch gefeiertes Haus wundervoll erweitert habe, indem er es aus einem schönen Gotteshaus zu einem allerschönsten machte *(In cuius honore domum eius honoratissimam fecit)*. Ferner bestimmt das Testament Brunos [160]: „Ein gleiches Oratorium, wie wir es dem heiligen Privatus neben dem Altar des heiligen Martinus im Westen der Kirche *(iuxta altare sancti Martini in occidente ecclesiae)* errichtet haben, soll für den heiligen Gregor, den großen Märtyrer, der kürzlich gebracht worden ist, gebaut werden, wo sein hochheiliger Leib beigesetzt werden soll". Eine dritte Nachricht ist später; sie ist zu finden bei Levold von Northoff (1279 – 1359) [161]. Dort heißt es: „*quam etiam ecclesiam uno abside in utroque latere ampliavit*".

118 Zunächst scheint es sich bei den Nachrichten um zwei Bauvorhaben zu handeln, um die beiden Oratorien und um die beiden „absides". Es ist jedoch nicht ganz auszuschließen, daß beide Ausdrücke dasselbe meinen. Auffallend ist immerhin, daß wir später von einem Privatusoratorium nichts mehr hören [162]. Ob das von Bruno gewünschte Oratorium des hl. Gregor, dessen Gebeine später in den Dreikönigenschrein kamen, je gebaut wurde, wissen wir nicht.

119 Was mit „absides" gemeint sein kann, muß heute als geklärt gelten. Hasak hat noch geglaubt, daß der alte Dom zunächst rechteckige Altarhäuser gehabt und daß Bruno diese im Osten und Westen mit einer Apsis versehen habe [163]. Daß das nicht stimmt, wissen wir jetzt, weil die Apsiden eindeutig zu Bau VII gehören. Mühlberg wollte für Oratorien bzw. absides die Emunduskapelle und das vorerst noch nicht aufgedeckte südliche Pendant dazu in Anspruch nehmen [164]. Das dürfte aber nicht in Erwägung gezogen werden, wenn man die Worte der Vita Brunonis *{117}* nicht als Floskel eines Nachrufes ansehen will und wenn man wirklich keinen anderen Bauteil nachweisen kann, der den Texten besser entspricht.

156 Die späteren Störungen sind im Osten besonders groß. Eine Fixierung der Krypta wird einen hohen Aufwand nötig machen.

157 Hasak, wie Anm. *{10}*.

158 Weyres *{2}* § 4 = hier S. 427; Schlosser *{7}* S. 315; P. Clemen, Die romanische Monumentalmalerei in den Rheinlanden. Düsseldorf 1916, S. 749; Clemen *{6}* S. 46.

159 M. G. SS. Nova Series X, Weimar 1951; O. Doppelfeld in: Kölner Domblatt 1958, S. 192 ff = hier S. 255 ff.

160 Ebda Kap. 49 = hier S. 259.

161 Levoldi de Northoff Catalogus archiepiscoporum Coloniensium, M. G. SS, S. 360.

162 Es ist immerhin möglich, daß ein Fundamentrest im nördlichen karolingischen Querschiffarm, also neben dem Martinusaltar, zu diesem Oratorium gehört; das zugehörige Gebäude ist anscheinend bei der Änderung der Dormitoriumstreppe im 13. Jh. abgebrochen worden.

163 Hasak *{10}* S. 25.

164 F. Mühlberg, Die Frühzeit von St. Pantaleon und die vorgotischen Domkirchen zu Köln, in: Kölner Domblatt 18/19 1960, S. 74.

120 I. Achter und A. Verbeek haben nun allerdings Doppelfelds Bau VII im ganzen für Bruno in Anspruch nehmen wollen [165]. Doppelfeld hat auf die Einwände gegen seine Datierung des Baues VII geantwortet [166] und dargelegt, daß es innerhalb des Grabungsbefundes – wenn auch noch nicht genügend bekannte – Bauteile gibt, die man der Bautätigkeit unter Bruno zuweisen kann, und zwar zwei äußere Seitenschiffe. Es ist durchaus möglich, „absis" nicht nur mit Apsis zu übersetzen, wie man es meist tut; es bedeutet in vielen Fällen Abseite=Seitenschiff. Das habe ich im Domblatt 1961/62 dargelegt [167].

121 Die erwähnten äußeren Seitenschiffe können aus den Grabungsbefunden erschlossen werden. An der Nordseite ist beim Bau der neuen Orgelempore eine parallel zur Seitenschiffmauer von Bau VII verlaufende zweite Mauer gefunden worden. Eine auf ihr liegende Türschwelle muß zu einem nördlich anschließenden Raum, wahrscheinlich der Sakristei, geführt haben. Auf der Südseite ist eine entsprechende Mauer an drei Stellen angetroffen worden. Wir kennen so die Breite der „Abseiten" (rd. 5,50 m), wissen aber nicht, wie weit nach Osten und Westen zu sie die Seitenschiffe des Baues VII begleiteten, doch steht vorerst nichts der Annahme im Wege, daß sie genau so lang waren wie die karolingischen.

122 Eine Stelle ist ergraben, an der eindeutig klar wird, daß es sich bei ihnen um einen späteren Anbau handelt. Auf der südlichen Seitenschiffmauer von Bau VII ist im Winkeljoch zwischen dem gotischen Chor- und Querhausseitenschiff ein Pfeilerrest mit teilweise erhaltenem Sockelprofil erhalten (Abb. 14 – 16). Dabei ist zu beachten, daß das Fundament hier bis zur Fußbodenhöhe von Bau VII erhalten ist, und zwar durchgehend als Bruchstein- bzw. Kleinquadermauerwerk. Es haben also hier keine Quaderschichten das Fundament abgedeckt *{99}*, wie es bei allen inneren Mauern des karolingischen Baues der Fall ist, d. h. wir haben es mit einer Außenmauer zu tun [160]. Der Pfeiler selbst ist in Handquadern aus Tuff ausgeführt, das Profil ist bisher von keinem Fachmann mit Sicherheit datiert worden. Es ist immerhin möglich, daß es sich um wiederverwendete provinzialrömische Stükke handelt, aber das berührt uns zunächst weniger.

123 Man kann also mit einigen guten Gründen annehmen, daß die als Werk Brunos überlieferte Vergrößerung und Verschönerung des Domes darin bestand, daß er ihn aus einem dreischiffigen zu einem fünfschiffigen machte. Da wir die durch die Grabung belegten äußeren Seitenschiffe nicht mit einer Baunachricht zwischen Bruno und Rainald von Dassel verbinden können, wird diese Annahme nahezu zwingend.

124 Bruno mußte die älteren Vorhallen, die Sakristei und die karolingischen Seitenschiffmauern abbrechen lassen oder, was aber wegen der Dicke der Mauern weniger wahrscheinlich ist, diese durch große Öffnungen durchbrechen lassen. Die auf den älteren Seitenschiffmauern errichteten Stützen waren wahrscheinlich durch Bögen in der Längsrichtung miteinander verbunden. Das ist eher denkbar als die Wölbungen, die man früher in den Seitenschiffen annahm [169]. Die Zahl der Interkolumnien dieser Arkatur kann vielleicht aus dem Kalender des Domkustos entnommen werden. Dort steht zu lesen: „. . . *ex uno latere monasterii suspenduntur XII (crusibula) semper inter duas columnas sub testudine* [170] *unum crusibulum* [171] *et ex alio latere similiter XII suspenduntur*".

[165] I. Achter, Zur Datierung der Periode VII; A. Verbeek, Zum äußeren Mauersockel am Dom, beide in: Kölner Domblatt 14/15, 1958, S. 185 ff=hier S. 252 ff.

[166] O. Doppelfeld, Entgegnung, Kölner Domblatt 14/15, 1958, S. 191=hier S. 255 ff..

[167] W. Weyres, Die absides des alten Kölner Domes, in: Kölner Domblatt 10, 1961/62, S. 99 ff=hier S. 260 ff; W. Weyres, Instandsetzungsarbeiten am Kölner Dom 1956 – 1963, Jb. d. Rheinischen Denkmalpflege XV, 1965, S. 274; Weyres *{2}* § 160 – 174=hier S. 437 – 440.

[168] O. Doppelfeld, Die Domgrabung XV, in: Kölner Domblatt 21/22, 1963, S. 110=hier S. 398 f.

[169] Clemen *{6}* S. 45; Hasak *{10}* S. 26. Damals nahm man noch ein dreischiffiges Langhaus an.

[170] testudo kann sowohl Bogen, als auch Gewölbe heißen.

[171] crucibulum, crucibolus=Tiegel, Becher, Laterne (Otte, Archaeol. Wörterbuch).

Abb. 14. Alter Dom. Sockel eines ottonischen Seitenschiffpfeilers (393).

Abb. 15. Alter Dom. Detail von 14.

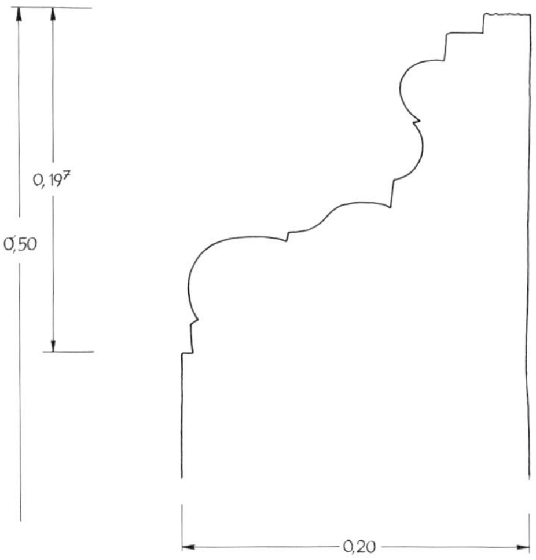

Abb. 16. Alter Dom. Profil von Abb. 14 und 15. – Maßstab 1 : 5.

125 Von den bei zwölf Bögen sich ergebenden elf Freistützen kennen wir einen Pfeiler *{167 – 168}*. Er steht nicht genau in der Mitte der ganzen Reihe, sondern um etwa einen Meter weiter nach Osten. Das kann seinen Grund darin haben, daß die kleinen Querhausapsiden von Bau VII, die man anscheinend nicht abgerissen hat, dazu zwangen, den Ansatzpunkt der neuen Arkatur etwas weiter nach Osten zu anzulegen.

Abb. 17. Römische Säulenbasis.
Im gotischen Fundament vermauert.

Abb. 18. Römischer Säulenrest.
Im gotischen Fundament vermauert.

126 Es bleibt zunächst der Phantasie überlassen, ob wir die ganze Reihe uns als Pfeilerreihe vorstellen wollen. Da in dem Fundament des ersten südlichen Pfeilers der gotischen Chorrundung, also an der Stelle, wo vermutlich die brunonische Stützenreihe zu Ende ging, mehrere römische Säulenstümpfe eingebaut sind (Abb. 17 und 18) und sich in dieser Gegend, zwar nicht mehr in situ, aber in unmittelbarer Nähe der Seitenschiffmauern von Bau VII, zwei Säulenbasen gefunden haben, ist es jedoch verlockend, sich die Arkatur zwischen den beiden Seitenschiffen im sächsischen Stützenwechsel vorzustellen, also drei Pfeiler und acht Säulen anzunehmen. Dafür aber gibt es bisher keinerlei wirkliche Anhaltspunkte.

127 Durch diesen Anbau hätte Bruno den Dom tatsächlich erweitert, indem er ihn im Schiff auf eine Breite von nahezu 40 m brachte, und wenn gelegentlich die Leichenfeier für Erzbischof Anno (1075) bewundernd erzählt wird, daß die *„ingens amplarum aedium spaciositas"* des im Glanze unzählbarer Lichter strahlenden Domes *„praenimia populositate coangustari videbatur"*, so zeugt das für den Eindruck, den er in der erweiterten Form auf die Zeitgenossen machte [172].

128 Aus den Kalendarien des Thesaurars und des Custos wissen wir die Zahl der auf die Seitenschiffe entfallenden Fenster; die Verfasser können im 13. Jahrhundert natürlich nur die in den brunonischen Außenmauern sitzenden gekannt haben. Danach waren in der Gegend (versus) des Cosmas- und Damianaltares drei Fenster [173] und eins über dem Altar; and der Südseite *(inferiores fenestre ver-*

[172] Vita annonis, M. G. SS. XI, S. 506; Clemen *{6}* S. 44.
[173] Die Abschrift des Buches der Thesaurarie (Hasak *{10}* S. 20) hat an dieser Stelle fünf.

sus austrum) waren zwölf. Auf der Nordseite waren in der Gegend des Severinsaltars *„quod situm apud ianuam per quam de ecclesia ad gradus beatae Mariae intratur ad maiorem"* fünf und eines über dem Altar, ferner *„ in latere in quo aedificata est gerkamer"* sechs untere Fenster. Die Ungleichheit der Zahlen für die beiden Seiten ist dadurch zu erklären, daß auf der Nordseite die Sakristei, eben jene „Gerkamer", und an der Südseite die Porticus die Reihe unterbrechen.

129 Die angegebene Zahl der Seitenschiffenster ist erstaunlich hoch und anscheinend ohne Parallele. An der Südseite wurden fünfzehn Fenster gezählt, und es kommt noch eine Reihe von blinden Achsen für den Teil der Außenwand hinzu, an den die offensichtlich nicht kleine Porticus angebaut war. Ehe wir aber nicht wissen, wie groß diese war, ist jeder Versuch, die Fenster richtig zu verteilen, verfrüht. Das gleiche gilt für die Nordseite.

130 Die Gerkamer (camera, sacrarium) muß von Bruno neugebaut worden sein. Sie kann höchstens gegen 7 m im Lichten breit gewesen sein, da es von der Innenkante der Nordmauer des äußeren Seitenschiffs bis zur äußeren (Nord-) Flucht der Römermauer nur 10 m sind. Sie hatte mehrere Räume, von denen die aurea camera mit dem Sylvesteraltar und die Wachskammer (Wascamera) genannt werden, sowie die „bidencamere", in der das von Unkel zu liefernde Holz zur Beheizung aufbewahrt wurde [174].

131 In der Porticus auf der Südseite (vestibulum) stand im 13. Jahrhundert der Nikolausaltar *{81 – 83}*. Sie wird in der ersten Hälfte des 13. Jahrhunderts im Prozessionale des Stadtarchivs des öfteren erwähnt und ist möglicherweise unter Bruno entstanden [175].

Datierung der Perioden VII und VIII

132 Ich habe an anderer Stelle [176], wie ich hoffte endgültig, dargelegt, daß die erhaltenen historischen Nachrichten sich in eine glaubwürdige Folge ordnen lassen, wenn man Doppelfelds Datierung für den Bau VII aufrechterhält. Danach wäre der Bau VII b der 870 geweihte.

133 Nun hat aber F. Mühlen [177] letzthin behauptet, A. Mann [178] und ich hätten die Doppelfeldsche Datierung weiterhin vertreten, ohne auf die Achterschen Theorien Bezug zu nehmen: „Irmgard Achter [179] bringt gewichtige Argumente vor, um die Bauphase VII des alten vorgotischen Kölner Domes dem Erzbischof Bruno (953 – 965), dem Bruder Ottos des Großen, zuzuweisen." A. Mann hat sich auf meine Argumente verlassen, so wie sich F. Mühlen auf I. Achters Argumente verläßt. Mühlen irrt sich jedoch, wenn er glaubt, daß mir zur Zeit der Abfassung meines Aufsatzes Achters Beweisführung völlig unbekannt gewesen wäre [180]. I. Achter hat allerdings unsere dürftigen Geschichtsquellen vermehrt. Sie schreibt am Schlusse ihres Aufsatzes: „Die Aneignung des Bischofsstabes Petri mit dem ihm verbundenen Anspruch und der – wie wir glauben – gleichzeitige Beginn des Dombaues als Abbild der römischen Peterskirche durch den concivis apostolorum Bruno dürften jedoch als Geschichtsquellen nicht außer acht gelassen werden."

134 Sehen wir uns die Grundlagen dieses Glaubens etwas näher an. Ich habe behauptet, daß die Fundamente des Baues VII a in einem Zuge ausgeführt worden seien und daß deswegen das ganze vorher-

[174] Ennen-Eckertz *{41}* II S. 573.

[175] Wie Anm. *{5}* fol. 13; Ennen-Eckertz *{41}* II, S. 600.

[176] Weyres *{2}* S. 405 ff=hier S. 437 ff.

[177] F. Mühlen, Der Dom zu Münster und seine Stellung in der mittelalterlichen Architektur, in: Monasterium, Festschrift Paulusdom Münster, hrsg. v. A. Schröer, Münster 1966, S. 61.

[178] A. Mann, in: Ausstellungskatalog Karl der Große, Aachen 1965, S. 436 f.

[179] I. Achter wie Anm. *{165}*; I. Achter, Die Kölner Petrusreliquien und die Bautätigkeit Erzbischof Brunos (953 – 965) am Kölner Dom, in: Das erste Jahrtausend, Textband II, hrsg. von Viktor H. Elbern, Düsseldorf, 1964, S. 948 ff.

[180] Weyres *{2}* S. 405, § 160 und § 167 ff=hier S. 437 und 439 ff.; der Aufsatz in: „Das erste Jahrtausend" ist mir allerdings erst später zu Gesicht gekommen.

gehende Gebäude hätte vorher abgerissen werden müssen [181]. Achter gibt zu, daß die von Doppelfeld und mir behauptete gleichzeitige Anlage der Fundamente nach dem Abbruch ein ernst zu nehmender Einwand gegen einen abschnittweisen Neubau in ottonischer Zeit sei [182], denn „eine Stadt wie Köln konnte im 10. Jahrhundert nicht jahrzehntelang auf ihre Bischofskirche verzichten, und von einer Verlegung ist aus dieser Zeit nichts bekannt" [183].

135 Gegen meine Angabe, daß der gesamte Vorgängerbau für die Ausführung der Fundamente von Bau VII hätte gleichzeitig abgerissen werden müssen, argumentiert Achter aber mit dem Hinweis darauf, daß „unzählige Parallelbeispiele aus der mittelalterlichen Architekturgeschichte" bekannt seien, in denen ein bestehender Bau durch einen Neubau umbaut worden sei, „wobei die Weiterbenutzung der umbauten Kirche in einigen Fällen einwandfrei gesichert ist". Sie behauptet: „Fast die gesamten Umfassungsmauern des alten Domes VII konnten, die ältere Kirche umbauend, im Fundament und aufgehenden Mauerwerk hochgeführt werden, ohne daß der Gottesdienst im Langhaus beeinträchtigt wurde" [184]. Ferner: „Die Einheitlichkeit der aufgedeckten Fundamente vorausgesetzt, wird man sich den Bauablauf folgendermaßen vorstellen müssen: Gesamtplanung und – nach Abbruch des unsolide gebauten Westchores VI – Ausführung fast aller Grundmauern (weißer Mörtel = Periode VII a) unter Bruno, wahrscheinlich ausgenommen im westlichen Mittelschiff, wo das Schiff der bisherigen Domkirche vorerst erhalten blieb. Die Arbeiten am aufgehenden Bau (roter Mörtel = Periode VII b) begannen naturgemäß mit dem Hochchor, d. h. hier im Westen, zumal die Fertigstellung des Peterschores mit der Confessio ein Hauptanliegen Brunos und vielleicht Anlaß für das Gesamtunternehmen war" [185].

136 Dabei nimmt Achter an, daß der Vorgängerbau (Periode V/VI) „in Breite und Länge erheblich hinter dem an etwa gleicher Stelle errichteten Neubau VII" zurückgeblieben sei. Um die Aussage zu verstehen, muß hinzugefügt werden, daß sie nach Doppelfelds Vorgang meint [186], die merowingische Kirche V habe aus einem östlichen Atrium und der westlich davor gelegenen Kirche bestanden. Wenn die Annahme stimmt, was aber keineswegs für die ganze Periode V sicher ist [187], hätte die merowingische Kirche V östlich bis zur Mauer 192 (Abb. 4) gereicht und wäre mit der Erweiterung VI zusammen etwa 36 m lang gewesen [188]; das Atrium, in dem die kleinen merowingischen Bauten lagen, wäre mindestens ebenso lang gewesen [189].

137 Achter sagt nun: „Nur der karolingische Westbau VI mußte, da sich hier der Grundriß beider Anlagen teilweise deckt, zuvor abgerissen werden" sc., damit Bruno die Westteile des Baues VII errichten konnte. Dieser Westteil hätte aber mindestens die Vierung und den nördlichen Querhausarm [190] umfassen müssen, wenn ein für die Verlesung des Testaments halbwegs brauchbarer Raum beim Tode Brunos zur Verfügung hätte stehen sollen. Daß das Testament am Petrusaltar verlesen wurde, bezeugt die Vita Brunonis eindeutig [191]. Der abzureißende Teil erstreckte sich dann aber östlich bis hinter die schwere Spannmauer, die Westquerschiff und Langhaus trennt, sonst hätte die Vierung nicht gebaut werden können. Als Restkathedrale wäre dann für die Dauer von Brunos Re-

[181] W. Weyres, Instandsetzungsarbeiten am Kölner Dom, in: Jahrbuch der Rheinischen Denkmalpflege XXV, 1965, S. 274.

[182] Achter *{179}* Anm. 49.

[183] Achter *{179}* S. 963.

[184] Achter *{179}* S. 964.

[185] Achter *{179}* S. 973 f.

[186] Doppelfeld *{168}* S. 116 = hier S. 405 f.

[187] Weyres *{2}* S. 390 = hier S. 421 f., Anm. 56; vgl. auch § 177 = hier S. 440.

[188] Die Ostgrenze kann die Mauer 192 gewesen sein, weil sie noch über den merowingischen Fußböden erhalten ist; aber die Möglichkeit ist vorerst noch nicht ganz auszuschließen, daß es eine Schrankenmauer war.

[189] Bisher ist der entsprechende Boden auf eine Länge von etwa 32 m gefunden worden; dazu wäre die Vorhalle östlich von Mauer 192 zu rechnen.

[190] Der im nördlichen Querhausarm zu lokalisierende Martinsaltar wird im Testament Brunos als existent vorausgesetzt.

[191] vgl. Doppelfeld *{166}* S. 192 = hier S. 255 f.

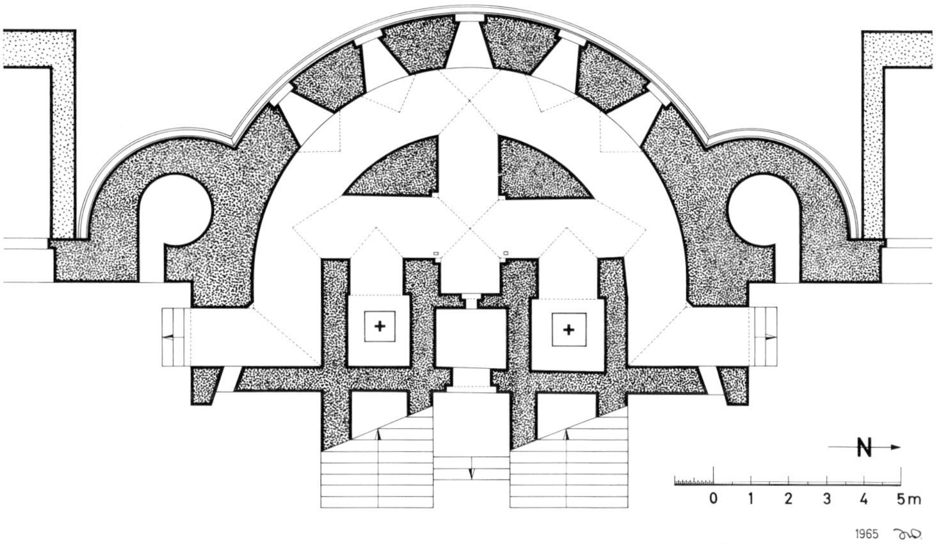

Abb. 18. Rekonstruierter Grundriß der Krypta von Bau VII b. – Maßstab 1 : 200.

gierung ein Raum von etwa 17 m Länge und vielleicht 21 m Breite übriggeblieben. Daß dieser in brunonischer Zeit jahrzehntelang als Bischofskirche genügt hätte, ist in höchstem Maße unwahrscheinlich.

138 An einer anderen Stelle ihres Aufsatzes nimmt Achter an, daß Bruno auch den Westteil des Mittelschiffes fertiggestellt hätte [192]. Dann hätte er auch die Fläche der „Restkathedrale" überbauen müssen. Aber versuchen wir einmal, uns den Bauvorgang konkret vorzustellen. 953 hätte Bruno – nehmen wir den frühest möglichen Termin an – den Petrusstab in Metz erworben. Er hätte dann sofort beschlossen, den Dom, und zwar zum mindesten im Westen, nach dem Vorbild von Alt-St.-Peter neu zu bauen. Achter sagt: „In der confessio unter dem Hochaltar, die in Rom das Grab Petri barg, sollten in Köln vermutlich jene kostbaren Petrusreliquien verehrt werden [193]. Aber offenbar hat Bruno bei seiner Planung keine sehr genaue Vorstellung von der römischen Peterskirche gehabt. Das wichtigste Stück, nämlich die Confessio, fehlt im ersten Plan *{102 – 103}*. Statt dessen soll er, „die Einheitlichkeit der aufgedeckten Fundamente vorausgesetzt", möglicherweise die gesamten Fundamente, zum großen Teil um das alte Gebäude herum, ausgeführt haben [194]. Den Westteil hätter er vorher abreißen und die „Restkathedrale" durch eine provisorische Mauer abtrennen müssen. Dann wäre ihm aufgefallen, daß bei der ersten Planung das wesentlichste vergessen worden wäre, und er hätte die Confessio angelegt und den Westchor und das Querschiff fertiggestellt. Anschließend wäre der Gottesdienst dahin verlegt worden. Die „Restkathedrale" konnte abgebrochen und an ihrer Stelle der Westteil des Mittelschiffs hochgeführt werden. Aber das setzt voraus, daß die „Restkathedrale" wirklich erhalten bleiben konnte, wenn unter Bruno das gesamte Fundament verlegt wurde.

139 Nimmt man aber an, daß im Osten ein Atrium war, so ist es schwer verständlich, warum man nicht dort, wo man ohne Nachteile für den Gottesdienst alles abbrechen konnte, mit dem Bau der neuen Kathedrale begonnen hätte. Man hätte dann ja den alten Westteil bis zur Fertigstellung des Ostteils weiter benutzen können, wie man es beim Neubau des gotischen Ostchores ja auch getan hat.

[192] Achter *{179}* S. 974.
[193] Achter *{179}* S. 973.
[194] Ebda.

140 Wenn aber der Dom V/VI sich über die Fläche des vermuteten Atriums erstreckte und Bruno, wie Achter zugeben will [195], die Fundamente fast in der ganzen Ausdehnung von VII a angelegt hätte, so hätte er auch im Osten die alte Kathedrale nicht erhalten können, weshalb, werden wir nachher sehen.

141 Um aber ihre Aussagen zu stützen, greift Achter zu sonderbaren Argumenten. Bei Brunos Tod war, nach ihrer Meinung, der Westchor im begonnenen Neubau mit dem Hochaltar des hl. Petrus benutzbar. Er wäre mit dem Rest der Kirche V/VI provisorisch verbunden gewesen, was, wie wir gesehen haben, nur sinnvoll gewesen wäre, wenn die alte Kathedrale sich erheblich weit nach Osten ausgedehnt hätte. Der Ausbau des übrigen Teiles soll dann unter Brunos Nachfolgern Folkmar (965 – 69) und Gero (969 – 976) erfolgt sein. Es gibt darüber keinerlei Nachricht, aber Achter schließt, daß Gero möglicherweise zu seinen Lebzeiten die Weihe des Kreuzaltares vollzogen hätte, vor dem er begraben worden wäre und darum, da „im allgemeinen jede Altarweihe eine vorausgegangene Bautätigkeit" nahelege, „Geros Todesjahr 976 einen Terminus ante für die Vollendung des Langhauses" bedeuten würde [196].

142 Wir wissen nun wohl, daß Gero dem Dom das berühmte Kreuz gestiftet hat, aber davon, daß er den Dom vollendet habe, was ja ein viel größeres Werk gewesen wäre, berichten die Quellen nichts. Gero war möglicherweise in dem von Doppelfeld gefundenen Grab in der Mitte des Domes begraben [197]; daß dieses vor dem Kreuzaltar lag, bezeugt Thietmar von Merseburg (zwischen 1012 und 1018), aber daß er diesen Altar geweiht habe, sagt weder Thietmar noch eine andere Quelle *{67, 70}*. Man kann nicht mit einer aus der Luft gegriffenen Weihe beweisen wollen, daß Gero den Dom vollendet habe, zumal auch die Behauptung, eine Altarweihe setze normalerweise eine Bautätigkeit voraus, in dieser Form sicher nicht haltbar ist.

143 Achters Argumentation zeigt, daß sie die in ihrer leider immer noch nicht gedruckten Dissertation aufgestellten Thesen verteidigen will und dazu sonst kaum gebräuchliche Beweisführungen anzuwenden gezwungen ist.

144 Es bleibt nun also, den Nachweis zu erbringen, daß die Fundamente des Baues VII in einem Zuge ausgeführt worden sind und daß, um dies zu tun, der Vorgängerbau zur Gänze abgerissen werden mußte.

Die Fundamente des Baues VII sind uns an vielen Stellen, neuerdings auch am Ostende des Schiffes, bekannt [198]. Sie sind überall, im Osten wie im Westen, in der gleichen Technik ausgeführt; ich habe sie oben genauer beschrieben *{96 – 102}*. Wir haben bisher keine Baufugen im Fundament gefunden; das will natürlich nichts besagen, und es ist auch damit zu rechnen, daß wir nie welche finden werden. Sie könnten natürlich genau da gelegen haben, wo die Fundamente von Bau VII durch die gotischen zerstört sind.

145 Es hieße dennoch die Fakten unnötig pressen, wollte man angesichts des Befundes die Behauptung aufrechterhalten, die Fundamentmauern von VII seien in Abschnitten gebaut, zwischen denen größere Zeiträume gelegen hätten. Wir müssen der Technik wegen also zunächst annehmen, daß das Fundament VII a in einem Zuge, wenn auch nicht überall bis zur gleichen Höhe, ausgeführt worden ist.

146 Das zu akzeptieren, ist Achter auch bereit, aber sie glaubt, daß man dieses außergewöhnliche Fundamentwerk hätte ausführen können, während der Vorgängerbau, wenigstens zu einem guten Teil, noch dem Gottesdienst diente. Wir haben von dem Vorgängerbau, außer den fast überall anzutreffenden Fußböden, nur sehr geringe Mauerreste gefunden. In dem Schacht neben der neuen Kryptatreppe liegt eine schmale, in drei Stücken angetroffene, schwach fundierte Mauer (Abb. 4, 387 b),

[195] Achter *{179}* S. 974.
[196] Achter *{179}* S. 974.
[197] Doppelfeld *{168}* S. 111 = hier S. 400.
[198] Weyres *{2}* §§ 50 – 59 = hier S. 422 – 424.

an die nach Norden zu die Fußböden anschließen. Man muß diese Stelle als äußere südliche Begrenzung des Bauwerks ansehen [199]. Ihr könnten Mauern im nördlichen Querschiffarm von Bau VII (Abb. 10) entsprechen, so daß man mit Doppelfeld eine Breite von rd. 21 m für den Vorgängerbau annehmen kann. Aber bei den geringen Mauerstärken müssen innere Stützenstellungen vorhanden gewesen sein. Hätten diese im Lichten zwischen den Mittelschiffmauern von Bau VII gestanden, so hätten wir eine Spur davon im gotischen Querschiff finden müssen, wo der Kanal 198 (Abb. 4) liegt. Das war aber nicht so. Bisher haben wir auch sonst nirgendwo eine Andeutung von entsprechenden Fundamenten gefunden.

147 Es ist aber auch kaum zu erwarten, daß uns das jemals gelingt. Teilt man nämlich die vermutliche Gesamtbreite von 21 m in vier Teile, so erhält man für Bau V eine lichte Weite des Mittelschiffs von rd. 10 m. Man hätte also die Außenfundamente von Bau VII zwar außen um den alten Bau herum ausführen können, wäre aber mit der Baugrube für die Innenmauern zum mindesten hart an die Fundamente der inneren Stützenstellung von Bau V/VI geraten. Das Lichtmaß zwischen den beiden, im Osten mehr als 3 m tiefen Baugruben beträgt nämlich im Langhaus höchstens 10,40 m. Es ist einfach utopisch, anzunehmen, man hätte den alten, erbärmlich fundierten Bau halten können, ohne eine Katastrophe befürchten zu müssen.

148 Es kommt noch hinzu, daß man die Höhendifferenz zwischen dem Boden von V/VI und dem von VII nicht erst mit Bauschutt anfüllte, nachdem die Fundamentkrone erreicht war, sondern daß man jeweils bis zur erreichten Höhe Erdboden nachfüllte und sich so das Gerüst sparte. Die sich in verschiedenen Höhen vom Fundament weg über die Baugrube und den anschließenden, noch vorhandenen Boden von V erstreckenden Mörtelfahnen sind ein deutlicher Beweis dafür, daß der Vorgängerbau beim Bau der Fundamente für Bau VII nicht mehr bestanden haben kann.

149 Als Beweis für den karolingischen Ursprung von Bau VII hat Doppelfeld die Lage des Emundussarkophages angezogen [200]. Er liegt mit seiner Oberkante 0,75 m unter dem durch die Stufen der Treppe zum Atrium ausgewiesenen Bodenniveau VII, hat also, auf dieses bezogen, eine normale Lage [201]. Daraus ist zu schließen, daß das Grab in einer Zeit angelegt wurde, als das Fußbodenniveau VII festlag. Wenn also Emundus, was bisher noch nicht bestritten worden ist, im zweiten Viertel des 9. Jahrhunderts gestorben ist [202], so würde aus der Anlage seines Grabes sich ergeben, daß der Raum, in dem er bestattet ist, der gleichen Zeit angehört.

150 Seine Baugeschichte *{97* und *106}* ist ein wenig kompliziert (Abb. 6 – 9). In einer ersten Phase stehen die Fundamente seiner Süd-, Nord- und Westwand miteinander im Verband (Mauern 13 a, 18 und 12). Gegen die Fundamente von VII a stoßen sie stumpf an. In einer zweiten Phase ist die Südwand (13 b) um 70 cm weiter nach Süden gerückt worden, offensichtlich um das Querschiffportal, das einer Planänderung seine Stelle verdankt, noch ganz in den Raum münden zu lassen. Die Südwand der ersten Phase (13 a) geht schon über das abgebrochene Rundatrium von VI b hinweg. Das Aufgehende der Westwand (18), soweit es erhalten ist, gehört ebenfalls der ersten Phase an. Diese ist der Periode VII a, die versetzte Südwand der Periode VII b zuzurechnen [203].

151 F. Mühlberg hat aus der Lage des Emundusgrabes eine Datierung von Bau VII in ottonischer Zeit beweisen wollen [204]. Er glaubt, daß Emundus auch in einem Interimsbau zwischen VI und VII bestattet worden sein könnte. Die Emunduskapelle selbst ist keineswegs ein „Interimsbau", vielmehr nehmen die älteren Mauern der Emunduskapelle an der Nordseite ganz eindeutig auf die Flucht der nördlichen Querhausmauer (120) von VII a Bezug. Daß umgekehrt die Ausdehnung des Quer-

[199] Doppelfeld *{168}* S. 115 = hier S. 405.
[200] Doppelfeld *{166}* S. 194 = hier S. 258. Verbeek *{140}* S. 184 ff = hier S. 57 ff.
[201] Die Fürstengräber in Bau V liegen mit der Sarkophagoberkante 0,80 m unter dem Fußboden.
[202] bei Neuß-Oediger, wie Anm. *{5}*, im Register als 830 gestorben verzeichnet; dafür gibt es aber keinen Beleg; dazu Oediger Reg. I, Nr. 136 und 142 a.
[203] Weyres *{2}* §§ 145 – 155 = hier S. 434 – 436.
[204] Mühlberg *{164}* S. 174 ff.

schiffs nach Norden durch den vorher existierenden „Interimsbau" bestimmt worden wäre, erschiene sehr ungewöhnlich.

152 Es hat allerdings einen Vorgängerbau an dieser Stelle gegeben. Von ihm sind nur die Mauerstücke 99 und 32 (Abb. 6 – 9) erhalten, die nach Lage und Technik zueinander gehören. Die Mauer 99 war an die Außenmauer des Atrium VI angesetzt *{193 – 194}*, also wohl später als diese. An der Nordseite der Mauer 32, d. h. außerhalb des Raumes, lag ein Grab (37), für das das Fundament ein wenig ausgehöhlt worden ist. Es liegt so hoch, daß man eine Erddecke etwa 50 cm höher als den späteren Fußboden der Emunduskapelle annehmen muß, also etwa in der Höhe des Fußbodens im letzten, trapezförmigen Atrium. Von einem Boden innerhalb des Raumes fehlt jede Spur, weil die ganze Fläche durch spätere Begräbnisse gestört ist. Dieses Grab ist bei dem Begräbnis des Comes Emundus gestört worden. Die Mauer 32 aber ist an ihrem Ostende dabei völlig ausgeräumt worden. Von einem weiteren „Interimsbau" gibt es keine Spur.

153 Achter schließt sich der Mühlbergschen Behauptung mit einem weiteren Argument an [205]. Sie sagt, man müsse in Erwägung ziehen, daß das an Bau VI nach Westen anschließende Gelände im Laufe der Zeit höher angewachsen sei als der Boden von VI und daß man, „um einen organischen Anschluß an den bestehenden vorkarolingischen Altbau (V) zu gewinnen, für den Bau VI gewisse Erdabtragungen" vorgenommen hätte. Nun ist zweifellos das Gelände im Westen des Domes im Laufe der Jahrhunderte beträchtlich angewachsen [206]. Wenn man nun schon hätte abtragen wollen, so hätte sich das spätrömische Niveau (52,15 über N.N.) angeboten, das dem Boden des halbkreisförmigen Atriums entspricht. Dann aber hätte der Sarkophag des Emundus darüber herausgeragt. Man hätte natürlich genau soviel abtragen können, daß der Boden des Atriums VI rd. 1,15 m tiefer als das anstoßende Gelände gelegen hätte, also daß die jetzige, der üblichen Bestattungstiefe entsprechende Lage des Sarkophages zustande gekommen wäre. Das geht aber nicht wegen der Außengliederung von Mauer 42. Und selbst, wenn man behaupten wollte, Bruno hätte sich mit einem angeblichen Neubau nach der irgendwie zustande gekommenen Lage des Emundusgrabes gerichtet, so scheint das um so mehr bei den Haaren herbeigezogen, als dann Emundus in der Zeit zwischen seinem Tode und dem brunonischen Neubau unter freiem Himmel gelegen hätte, nachdem ein Bau zerstört worden wäre, der zur Periode VI b gehörte oder noch etwas später entstanden ist. Zudem hätte die Lage des Grabes keine erkennbaren Beziehungen zum Bau VI gehabt, was man ja wohl bei der Bedeutung des Grabes erwarten könnte [207].

154 Wenn Achter behauptet, daß sie „zwei wirklich ernst zu nehmende Einwände gegen eine Spätdatierung weitgehend entkräftet" habe [208], so irrt sie sich. Doppelfelds Datierung von Bau VII in das 9. Jahrhundert widerspricht nirgendwo dem Grabungsbefund, und die wenigen Nachrichten, die wir über den Bau des 9. Jahrhunderts und seiner Vorgänger haben, lassen sich mühelos mit ihm verknüpfen. Wer weiterhin mit den „gewichtigen Argumenten" von Achter baugeschichtliche Entwicklungen begründen will, mag das tun. Mir scheint es klüger, zunächst einmal Befunde und Quellen aneinanderzuknüpfen, damit man nicht in Gefahr kommt, voreilige Schlüsse zu ziehen. Ähnlich arbeitete aber nun Achter auch bei der Datierung der äußeren Seitenschiffe. Sie sagt, daß „diese Baumaßnahme . . . frühestens 100 Jahre nach Bruno, um die Mitte des 11. Jahrhunderts, ausgeführt worden sein" kann [209], und begründet das mit Funden in der Stiftskirche von Vilich, die als formale Kopie des Kölner Domes anzusehen sei. Zu den dort kopierten Stücken soll auch eine offe-

[205] Achter *{179}* S. 964.

[206] O. Doppelfeld, Die Ausgrabungen am Domkloster, in: Kölner Domblatt 14/15, 1958, S. 11 ff=hier S. 219 ff.

[207] Das von Emundus gestiftete *„convivium rufum"* und das ständig gepflegte Jahrgedächtnis des Grafen sprechen dagegen.

[208] Achter wie *{179}*.

[209] Achter wie *{179}*.

ne Porticus entlang der Seitenschiffe gehören, die im zweiten Viertel des 11. Jahrhunderts ausgeführt worden sei [210]. Deshalb (!) müssen die offenen Portiken am Kölner Dom auch damals noch existiert haben.

155 Äußere längs des Schiffes angelegte Portiken scheinen aber gar nicht so selten gewesen zu sein [211], als daß man die hypothetischen Portiken des Kölner Domes als Prototyp anziehen müßte [212]. Im übrigen ist durch nichts erwiesen, daß die aufgedeckten kleinen Fundamentstücke außerhalb des nördlichen und südlichen Seitenschiffs von Bau VII *{120 – 123}* offene Hallen gewesen seien. An der Südseite wäre eine solche Halle sinnvoll gewesen; dort wird im Anfang des 13. Jahrhunderts und zuletzt 1325 auch eine Porticus erwähnt [213]. An der Nordseite wäre sie aber ziemlich überflüssig gewesen, denn zwischen Römermauer und Dom müssen Sakristei und Schatzkammer gesucht werden *{130 – 131}*.

156 Die Annahme, Bruno habe die beiden äußeren Seitenschiffe angefügt, steht weder mit den Angaben Ruotgers, noch mit denen des Levold von Northoff im Widerspruch *{117}*.

157 Zum Schluß mag noch darauf hingewiesen werden, daß Ruotger, der Zeitgenosse Brunos, den vorbrunonischen Dom eine *„pulchra domus"* nennt. Die kümmerlichen Fundamentreste von Bau V lassen ein solches Epitheton kaum zu, und es bestand für Ruotger auch kein Grund, etwas zu loben, das der von ihm verehrte Bruno zu einer *„pulcherrima domus"* gemacht hätte. Aber wenn Achters Datierung stimmt, war von diesem allerschönsten Haus zur Zeit, als Ruotger schrieb, nur ein Bruchteil fertig, und er schreibt doch ausdrücklich *„fecit"*, was im Lateinischen Perfekt ist.

158 Wir sahen, daß Achters Versuch, Bau VII als Werk Brunos nachzuweisen, nicht gelungen ist. Dann bleibt aber keine andere Möglichkeit, als Doppelfeld zu folgen, der vom Beginn der Grabung an die Auffassung vertreten hat, daß Bau VII der 870 von Willibert geweihte ist.

159 Für diesen Bau hat Gunthar bei Sedulius Scotus zwischen 850 und 858 Beischriften für ein Gemälde in Auftrag gegeben, das nach allgemeiner Ansicht für eine Apsis bestimmt war [214]. 858 war der Bau – so kann man annehmen – so weit fortgeschritten, daß an eine Ausmalung gedacht werden konnte. Gunthar hat den Dom offenbar nicht konsekriert, und es ist auch wahrscheinlich, daß er vor der Konsekration nicht benutzt worden ist. Die Annales Fuldenses berichten, daß der Dom 870 noch nicht geweiht war [215]. Ihr Verfasser Meginhard war unter Gunthar bis 863 Leiter der Kölner Domschule [216]. Er hat auch wahrscheinlich an der Synode teilgenommen, während der die Domweihe stattfand [217]. Seine Bemerkung, daß in der Nacht vor der Weihe Stimmen böser Geister gehört worden seien, die sich sehr beklagten, weil sie von ihren Sitzen vertrieben würden, die sie sehr lange innegehabt hätten [218], macht ganz deutlich, daß der Dom zur Zeit Gunthars (850 – 864) nicht benutzt worden ist. Willibert, der 870 sein Nachfolger wird, hat aber in den acht Monaten zwischen seiner Weihe und der Konsekration des Domes nicht mehr sehr umfangreiche Arbeiten

[210] Achter *{179}* S. 956 Anm. 33; I. Achter, St. Peter in Vilich, in: Kirche und Burg, Ausstellungskatalog Bonn, Düsseldorf 1962, S. 111 f.

[211] R. Schwarz, Frühtypen der rheinischen Kleinkirche, in: Bonner Jahrbücher 132, 1927, S. 197, vgl. dazu auch die „Halle" an der Nordseite von St. Aposteln in Köln: A. Mann, St. Aposteln in Köln, in: Jb. des Kölnischen Gesichtsvereins 36, 1961, S. 43 f.

[212] Doppelfeld hat diesen Gedanken vielleicht einmal mündlich geäußert. An der Stelle, die Achter als Beleg anführt (Kölner Domblatt 1958, S. 195 = hier S. 258 f.) steht nichts von Portiken.

[213] Kisky, Regesten der Erzbischöfe von Köln IV, Nr. 1578.

[214] Schlosser *{17}* S. 315; Clemen *{158}* S. 749; Clemen *{6}* S. 46.

[215] M. G. SS. I, S. 383 *„domum sancti Petri eatenus minime consecratam dedicaverunt"*, dazu Torsy *{217}* S. 29 ff.

[216] G. Frenken, Die Kölner Domschule im M. A., in: Der Dom zu Köln, Festschrift, hrsg. von E. Kuphal, Köln, 1930, S. 239.

[217] J. Torsy, Sudien zur Frühgeschichte der Kölner Kirche, in: Kölner Domblatt 8/9, 1954, S. 28.

[218] *„Feruntur etiam in eadem nocte, quando basilica mane erat consecranda, voces malignorum spirituum audiri inter se loquentium et valde dolentium, se ob obsessis diutissime sedibus expelli debere."* Nach Anm. *{215}*.

ausführen lassen können [219]. Es muß also angenommen werden, daß an Bau VII während der Regierungszeit Gunthars gebaut worden ist.

160 Die Nachrichten, die uns über den Beginn des Baues und seine Gründer überliefert sind, stammen alle aus verhältnismäßig später Zeit. Die handschriftliche Chronik „Agrippina" aus dem letzten Jahrzehnt des 15. Jahrhunderts sagt: *„Dieser Hildeboldus was, der sant Peter den Doem zu Coelne yrst fundierde ind machen ließe"* [220]. Ihr folgt anscheinend Winheim, der 1606 berichtet, daß Hildebold den dritten Dom in Köln begonnen hätte und daß dieser von Willibert konsekriert worden sei. Von einer Bautätigkeit weiß er übrigens gar nichts [221]. Interessanter ist die Bemerkung in einem 1494 geschriebenen Sammelkodex von Sankt Caecilien, der eine notariell beglaubigte Abschrift eines älteren Buches enthält [222]. Dort heißt es: „Ein anderes neues Münster des heiligen Petrus in Köln, das zwar früher, d. h. im Jahre 800, von dem Herrn Hildebold, der damals kölnischer Bischof war, zum Teil begonnen war, wird durch Willibert bestiftet und geweiht; daher kommt es, daß lange Jahre hindurch dies, früher der seligen Jungfrau Maria und heute der heiligen Caecilia geweihte Münster, das alte und die Kirche des heiligen Petrus, die jetzt die Metropolitankirche ist, das neue Münster genannt wird" [223]. Diese Stelle hat zu mancherlei Auseinandersetzung über die Lage des „alten Domes" geführt, und man hat daraus entnehmen wollen, daß der Vorgänger des karolingischen Domes S. Caecilien gewesen sei [224].

161 Nun ist jedoch ziemlich sicher, daß unter S. Caecilien keine ältere Kirche liegt [225], doch ist es immerhin möglich, daß eine, vielleicht absichtliche, Verwechslung mit der daneben liegenden Kirche S. Peter vorliegt, unter der Doppelfeld Spuren von einer fränkischen, vielleicht sogar noch römischen Kirche aufgefunden hat. Wenn Kalsbach die Meinung vertritt, die Domlegende von S. Caecilien habe möglicherweise einen historischen Kern, so muß man ihm angesichts der Befunde in S. Peter wohl zustimmen [226].

162 Man wird allerdings nach den Funden unter dem heutigen Dom kaum noch behaupten können, der älteste Dom hätte an der Stelle von S. Caecilien oder S. Peter gelegen. Es ist ganz sicher, daß in der Nordostecke der Römerstadt ein sehr großer Baukomplex vor dem Bau VII kultisch benutzt worden ist. Die zu ihm gehörenden Mauern und Böden gehören nach Doppelfelds Numerierung den Perioden V und VI an. Die zweite scheint nach unserer bisherigen Kenntnis nur ein Umbau der ersten gewesen zu sein.

163 Da der Bau V/VI ganz abgerissen werden mußte, ehe man mit den Fundamenten für Bau VII anfing *{144 – 148}*, war es nötig, für die Dauer der Bauzeit den Gottesdienst in eine andere Kirche zu

[219] Clemen *{6}* S. 39.

[220] Zitiert nach Hasak *{10}* S. 7.

[221] Winheim *{123}* S. 12 f. Auch Rupert von Deutz weiß von einer Bautätigkeit Brunos am Dom nichts mehr. Er erwähnt lediglich, daß dieser zum Ärger Ottos des Großen begonnen habe, die Mauern des Kastells Deutz abzubrechen (E. Beitz, Rupertus von Deutz, Köln, 1930, S. 30 f.).

[222] Hasak *{10}* S. 6.

[223] *„Quoddam aliud monasterium novum sancti Petri in Colonia, prius tam videlicet a domino Hildebaldo tunc temporis episcopo Coloniensi in parte inceptum pro principali ecclesia per Willibertum fundatur et consecratur, quo fit quod multis annis ecclesia olim beatae Mariae virginis nunc sanctae Caeciliae monasterium vetus et ecclesia sancti Petri nunc metropolitana ecclesia monasterium novum appellatur."* Zit. nach Hasak *{10}* S. 6; Mühlberg *{164}* S. 62. Die älteste Erwähnung der Caecilienkirche als des alten Domes steht bei Aegidius von Orval um die Mitte des 13. Jhs. (E. Hegel, St. Viktor zum alten Dom, in: Kölner Domblatt 2/3, 1949, S. 109 f.). „Altmünster" im Gegensatz zum „Neumünster" auf dem Kapitolshügel wird S. Caecilia schon seit dem Ende des 10. Jhs. genannt; dazu Hegel, Dom-Legende *{224}* S. 49 ff.

[224] E. Hegel, Eine Dom-Legende von St. Cäcilien?, in: Ann. hist. Verein f. d. Niederrhein 146/7, 1948, S. 48 ff.; E. Hegel, Zur Entwicklung der Kölner Dompfarrei, in: Kölner Domblatt 4/5, 1950, S. 84.

[225] O. Doppelfeld, Eine altchristliche Kirche unter St. Peter?, in: Kölner Domblatt 18/19, 1960, S. 37; A. Tholen, Neue baugeschichtliche Ergebnisse in den frühen Kirchen Kölns, in: Wallraf-Richartz-Jahrbuch XII/XIII, 1943, S. 20 ff.; O. Doppelfeld, Lehrgrabung an der Caecilienkirche, in: Kölner Domblatt 2/3, 1949, S. 208 f.

[226] A. Kalsbach, in: O. Doppelfeld, Der unterirdische Dom, Köln und Krefeld, 1948, S. 76 f.

verlegen. Vielleicht bot sich dafür die von Doppelfeld unter S. Peter gefundene eher an [227] als eine der anderen innerhalb der römischen Stadtmauern gelegenen. Der Bau des neuen Domes zog sich jedoch unerwartet lange hin, d. h. S. Peter wäre 60 oder 70 Jahre lang Kathedrale gewesen. Das könnte immerhin Grund dafür gewesen sein, dort überhaupt den ältesten Dom anzunehmen, wobei es nicht störte, daß S. Caecilien diesen Anspruch erhob, das anscheinend seit seiner Gründung (888) im Besitz der alten Peterskirche war [228].

Die vor- bzw. frühkarolingischen Bauten (Perioden V u. VI)

164 Die Grabung ist noch nicht so weit fortgeschritten, daß Endgültiges über die Vorgänger des karolingischen Baues gesagt werden könnte. Mein Bericht geht deshalb auch nur so weit ins Detail, wie es zum Verständnis der Gesamtanlage notwendig ist. Wenn wir Glück haben, werden wir in den nächsten Jahren an einigen wichtigen Stellen Verbindungen aufdecken, d. h. wenn die karolingischen Fundamentgruben uns etwas übriggelassen haben.

165 Wir haben zwar bisher schon an einer ganzen Reihe von Stellen Böden oder Mauerwerk gefunden, die zur Periode V zu rechnen sind, wir können auch manches mit einer ziemlich großen Wahrscheinlichkeit zueinander in Verbindung setzen, aber das reicht nicht zu einem einigermaßen greifbaren Bilde der merowingischen Anlage. Was wir allerdings mit Sicherheit sagen können, ist, daß sie umfangreich war.

166 Es ist bisher weder im Osten noch im Westen ein eindeutiges Ende der vorerst zur Periode V zu zählenden Bauten gefunden worden. Sie erstreckten sich auf eine Länge von mehr als 66 m, d. h. zwischen der westlichen Mauer des karolingischen Querschiffs und der Spannmauer am Anfang des östlichen Chorquadrates (Abb. 4). Wie weit über diese Mauer hinaus nach Osten sich die Anlage noch fortsetzte, wissen wir nicht. Innerhalb der gotischen Dreikönigenkapelle ist kein Anhaltspunkt dafür gefunden worden, daß der merowingische Bau bis hier reichte [229]. Es ist eine offene Frage, ob und in welcher Weise die rd. 38 m östlich der karolingischen Ostapsis liegende Piscine zur merowingischen Anlage gehörte [230].

167 Über die Breite der Bebauung in der Periode V wissen wir noch weniger, da wir weder die Lage noch die Richtung einer Längsachse kennen. Aus einem kleinen Mauerstück (387) im Winkel zwischen dem östlichen Querhausseitenschiff und dem südlichen Chorseitenschiff [231] und einigen Mauern innerhalb des nördlichen karolingischen Querhausarmes (Abb. 6 – 12, Mauern 112 a, 113 a, 166 und 86) läßt sich mit aller Vorsicht eine Breite von rd. 21 m für die merowingische Periode vermuten [232].

168 Innerhalb der gesamten Längenausdehnung *{166}* sind Fußböden gefunden worden. Sie müssen jedoch nach Qualität und Lage in drei Abschnitte unterteilt werden. Der erste, in dem die Oberkante des Bodens etwa 51,70 m über N. N. liegt, ist nur im nördlichen karolingischen Querhausarm gefunden worden (Abb. 7, 114 a). Hier ist nur ein Boden vorhanden, der zur Periode V gehören kann. Im Bereich der Krypta und der karolingischen Vierung ist ein entsprechender Boden bisher nicht entdeckt worden *{195}*. Auch fehlt hier bisher jeder Anschluß an die Böden der beiden anderen Abschnitte.

[227] Doppelfeld, Eine altchr. Kirche *{225}*.

[228] Neuß-Oediger *{5}* S. 505; E. Hegel, Die Entstehung des mittelalterlichen Pfarrsystems der Stadt Köln, in: Kölner Untersuchungen, hrsg. v. W. Zimmermann, Ratingen 1950, S. 76; F. Mühlberg *{164}* S. 57 ff.

[229] Doppelfeld wie Anm. *{13}* = hier S. 79 ff; ders. wie Anm. *{14}* = hier S. 36; ders. wie Anm. *{133}*.

[230] O. Doppelfeld, Die Ausgrabungen am Petrusbrunnen, in: Kölner Domblatt 12/13, 1957, S. 49 ff = hier S. 183 ff.; Ausstellungskatalog „Römer am Rhein", Köln 1967, S. 117.

[231] Doppelfeld *{168}* S. 115 = hier S. 405 (Mauer 387 und 387 a auf Abb. S. 403)

[232] Ebda.

169 Die erwähnten beiden anderen Abschnitte dagegen gehören eindeutig zusammen. Sie sind auf eine Länge von rd. 53 m verfolgt worden, d. h. sie reichen von der östlichen Spannmauer des karolingischen Querschiffs bis an die westliche Spannmauer des östlichen Chorquadrats. Auf der ganzen Strecke liegen zwei Böden unmittelbar übereinander, doch unterscheiden sich die beiden Abschnitte durch ihre unterschiedliche Höhenlage.

170 Im mittleren Abschnitt, der von der östlichen Spannmauer des karolingischen Querschiffs rd. 21,50 m nach Osten reicht, liegt der oberste Boden auf rd. 51,0 m über N. N. Die Grenze zwischen dem mittleren und dem östlichen Teil wird durch eine rd. 20 cm hohe Schwelle gebildet. Der oberste Boden im letzten Abschnitt liegt dementsprechend 20 cm tiefer. In der Schwelle liegt der Ansatz einer Tür (Abb. 4 und 5). Rund 3,50 m weiter nach Westen wird das höhere Bodenniveau noch einmal durch eine Quermauer (192) unterbrochen. Sie kann beim letzten Zustand des merowingischen Gebäudes eine Trennmauer gewesen sein, da sie noch ein wenig höher als der Fußboden erhalten war. Für eine Schranke ist das Fundament vielleicht zu dick [233].

171 Im letzten, östlichen Abschnitt lagen die drei Kleinbauten, das „Oratorium", die „Rotunde" und der „Rechteckbau", die seit längerer Zeit bekannt sind. Die Grabungen des letzten Jahres ließen Grundrisse vervollständigen. Leider ist das östliche Ende der beiden jüngeren Bauten durch die karolingische Baugrube für die Mauer 263 a abgeschnitten. Ob sie sich östlich dieser Mauer noch fortsetzen, kann erst die weitere Grabung klären [234].

172 Die Form des „Oratoriums" war 1963 schon ganz bekannt. Die „Rotunde" dagegen erstreckte sich wesentlich weiter nach Osten, als zunächst anzunehmen war. An den kreisförmigen Hauptraum von 4,60 m innerem Durchmesser setzte sich nach Osten zu ein Gang an, der 1,50 m im Lichten breit und mindestens 5 m lang war. Das 50 cm breite Fundament der Anlage ist auf den älteren Boden aufgesetzt, soweit dieser nicht durch die Gräber gestört war.

173 Das Gebilde sah zunächst aus wie ein Bema oder ein großer Ambo. Aber die im Vergleich zu dem Bopparder Ambo oder dem von S. Ursula [235] sehr großen Abmessungen könnten zur Vorsicht mahnen. Könnte man allerdings eindeutig die Rotunde als Ambo deklarieren, so wäre die Streitfrage entschieden, ob der östliche Abschnitt unserer Fußböden zur Kirche oder zu einem Vorhof gehörten *{139, 180}*. Aber so einfach war das auch wieder nicht. Es zeigte sich nämlich, daß an den Hals der Rotunde in einem zweiten Bauvorgang nördlich und südlich Räume angesetzt worden sind, die einen eigenen Fußboden haben und nach Osten durch verhältnismäßig sauber gemauerte schmale Mauern (Abb. 4, 839) begrenzt waren. Man hätte nun immer noch annehmen können, es handelte sich dabei um abgeschrankte Plätze innerhalb der Kirche, etwa für eine Schola. Aber in der Folgezeit ist östlich der genannten Begrenzungsmauern eindeutig Erdreich angewachsen, während der innere Boden noch in Benutzung war. Diese Feststellungen schließen aus, daß es sich bei der „Rotunde" um einen Ambo oder sonst einen niedrigen Einbau gehandelt hat. Sie muß mit ihren später hinzugefügten Nebenräumen ein selbständiges hausförmiges Gebilde gewesen sein.

174 Die Rotunde ist in die zweite Hälfte des 6. Jahrhunderts zu datieren. Sie muß nicht lange nach dem Abbruch des Oratoriums errichtet worden sein, weil der Boden 244 an ihre Mauern angestrichen ist, also gleichzeitig oder später als diese ist. Der Boden 244 aber ist die einzige Abdeckung über den beiden Fürstengräbern. Das Knabengrab (809) greift mit seiner nordöstlichen Ecke unter die Mauer des Oratoriums, d. h. das Fundament ist für die Anlage des Grabes an dieser Stelle ausgestemmt worden, als das Oratorium noch stand. Wäre es beim Begräbnis des Knaben schon

[233] Doppelfeld *{168}* S. 115 = hier S. 414.

[234] Doppelfeld, Die Domgrabung XI – XIV, in: Kölner Domblatt, 1959, 1960, 1961/62, 1963.

[235] Ausstellungskatalog *{230}* S. 193 f. (Boppard), S. 116 (S. Ursula); O. Doppelfeld, Grabung in der Kirche S. Ursula zu Köln, in: Rheinische Kirchen im Wiederaufbau, hrsg. v. W. Neuß. M. Gladbach 1951, S. 65 f.; E. Kühnemann, S. Ursula, in: Frühchristliches Köln, Köln 1965, S. 50 ff.

abgebrochen gewesen, so wäre es viel einfacher gewesen, die wenigen über der Grabecke liegenden Steine wegzuräumen.

175 Die Rotunde geht mitten über das Knabengrab hinweg. Die nördliche Mauer des Ganges steht auf einem weiteren Grab, das ebenso wie die beiden Fürstengräber durch die älteren Böden hindurch eingetieft ist. Im Gegensatz zu jenen ist es jedoch etwas aufwendiger ausgeführt. Um das aus antiken Steinplatten gesetzte eigentliche Grab ist in geringem Abstand an den Seiten eine zweite Steinsetzung geführt. Leider ist durch die schon erwähnte karolingische Baugrube das Ostende des Grabes abgeschnitten und sein Inhalt bei dieser Gelegenheit restlos entleert worden. Nach der Situation kann dieses Grab nicht viel früher angesetzt werden als die Rotunde, d. h. es stammt wie die Fürstengräber aus der Mitte des 6. Jahrhunderts. Alle drei Gräber wurden beim Bau der Rotunde nicht mehr berücksichtigt.

176 Zu einem nicht bestimmbaren Zeitpunkt wird auch die Rotunde mit ihrer Erweiterung abgerissen und ein dritter Kleinbau, „der Rechteckbau", darüber hinweg gebaut (Mauer 207). Von ihm war die Westwand bisher schon bekannt. Sein östliches Ende ist auch bei der Fortsetzung der Grabung nicht zum Vorschein gekommen, weil die beiden Längswände durch die karolingische Baugrube abgeschnitten sind. Innerhalb der seitlichen Erweiterungsräume der Rotunde *{173}* sind die Längsmauern auf die älteren Böden aufgesetzt. Nach Osten zu greifen sie aber über die nord-südlich verlaufenden Mauern der Nebenräume (839) hinaus und sind dort auf den über den älteren Böden angewachsenen Erdboden aufgesetzt.

177 Nun sind aber nördlich und südlich parallel zu den karolingischen Langhausfundamenten weitere Mauern zum Vorschein gekommen (840 u. 843), die später sind als der Rechteckbau *{176}*. Sie sind kräftiger als die bisher im Osten gefundenen Mauern, aber ebenso wie alle fränkischen Mauern sehr schlecht gegründet. Bei ihnen handelt es sich sicher nicht um Kleinbauten, aber es ist zu früh, mehr darüber zu sagen.

178 Als wahrscheinlich zur Periode V gehörend, sind also im Osten mindestens sechs, vielleicht auch sieben Baumaßnahmen zu unterscheiden. Von der ersten und zweiten, die möglicherweise im Umfang gleich sind, kennen wir nur die sehr ausgedehnten Böden. In eine dritte Phase gehört das Oratorium, das um 550 abgebrochen wird, in eine vierte die Rotunde, deren Erweiterung als fünfte zu zählen wäre. Der sechsten Phase gehört der Rechteckbau an. In der siebten Phase wird das umfassende Gebäude umgebaut und, wie es bisher aussieht, verkleinert [236]. Ob wir es dabei mit Arbeiten zu tun haben, die gleichzeitig mit dem Umbau des Westchors vorgenommen wurden, oder ob sie vorher liegen, kann zur Zeit nicht ausgemacht werden.

179 Die Ergebnisse der Grabung am Ostende des karolingischen Langhauses sind hier nur ganz summarisch mitgeteilt worden. In römische Schichten konnte bisher nur an einer Stelle vorgestoßen werden, weil das nicht nur umfangreiche Absicherungen nötig machen, sondern auch die Zerstörung der merowingischen Mauern voraussetzen würde, die so kompliziert und verschränkt liegen, daß man nicht zwischen ihnen in die Tiefe graben kann. Am Westende des Oratoriums ist allerdings eine kräftige und sehr tief reichende römische Mauer gefaßt worden (817). Ihre Oberkante reicht bis unmittelbar unter die merowingischen Böden [237].

180 Die Grabungen der letzten Jahre haben keine Klarheit darüber gebracht, ob der große merowingische Baukomplex aus einem Kirchenraum und einem östlich davor liegenden Hof bestand oder ob beide unterscheidbare Teile überdeckt waren. Der Erhaltungszustand der unteren Böden, an vielen Stellen vorzüglich und sehr glatt, könnte dafür sprechen, daß wenigstens zu gewissen Zeiten der östliche Teil des Komplexes überdacht war und daß die Kleinbauten innerhalb eines geschlossenen Raumes gestanden hätten. Die Beobachtungen am Ostende der Rotunde *{173}*

[236] Möglicherweise ist aber auch damals die eigentliche Kirche über das Atrium hinaus verlängert worden, wobei dessen östlicher Teil aufgegeben wurde.

[237] Doppelfeld *{168}* S. 116 f=hier S. 406.

können jedoch nicht anders gedeutet werden, als daß östlich, jenseits der nord-südlich verlaufenden Mauern, in der zweiten Hälfte des 6. Jahrhunderts freier Hofraum war. In der letzten Phase scheint dagegen von dieser Grenze nach Westen zu alles unter Dach gelegen zu haben *{177}*.

181 Den Befund am Westende des gotischen inneren südlichen Chorseitenschiffs hat Doppelfeld schon ausführlicher beschrieben, und ich kann auf seine Darstellung verweisen [238]. Eine Überlegung zur Datierung der verschiedenen Mauerreste mag jedoch erlaubt sein. Doppelfeld hat auf Grund der Münzfunde in dem als Podiumtempel angesprochenen Gebäude [239] dessen Abbruch gegen Ende des 4. Jahrhunderts vorgeschlagen [240]. Es ist nun gleichgültig, ob man den Untergang dieses Tempels mit den theodosianischen Erlassen von 391 zusammenbringen will, die eine öffentliche Ausübung heidnischer Kulte unmöglich machten, oder ob man eine Zerstörung durch ein späteres Brandunglück erklären will. Die O-W Mauer 387, die die obersten der in großer Ausdehnung gefundenen Fußböden *{165 – 171}* südlich begrenzt haben muß, kann jedenfalls erst nach dem Abbruch des Tempels entstanden sein.

182 Wenn nun die Mauer 387 nach dem letzten Jahrzehnt des 4. Jahrhunderts anzusetzen ist, so wird die Antwort auf die Frage, wie lange danach sie gebaut worden ist, für die Datierung der ganzen Großanlage außerordentlich wichtig. Könnte man den Abbruch der Mauer 397 und damit auch des ganzen Tempels tatsächlich in die oben angegebene Zeit datieren, so müßte man, da die Abbruchkante der obersten Fußbodenhöhe im westlichen Schiff genau entspricht (H=rd. 51,0 m), auch diesen Fußboden in die gleiche oder eine frühere Zeit setzen; das ist dann aber nicht möglich, wenn der oberste Boden im Schiff und der Boden über den Gräbern, wie wir bis jetzt gemeint haben, in die gleiche Zeit gehören, also nach 550 entstanden sind. Nach den letzten Untersuchungen wird es aber immer wahrscheinlicher, daß die Mauer 192 wenigstens zeitweise die westliche Abschlußwand der merowingischen Kirche war. Deswegen braucht man nicht unbedingt die beiden obersten Böden für gleichzeitig zu halten.

183 Nimmt man aber den obersten Boden im Schiff als Bauteil des beginnenden 5. Jahrhunderts an, so muß der darunterliegende Estrich eindeutig in die römische Zeit vorher fallen. Er liegt so dicht über abgebrochenen römischen Mauern von Profanbauten, daß keine Bedenken bestehen, ihn als Boden der ersten Kathedrale anzusehen und in die konstantinische Zeit anzusetzen.

184 Bei der Einbeziehung des Tempels kann es sich dann nur um eine Erweiterung eines Gebäudes des 4. Jahrhunderts gehandelt haben. Dabei bleibt bisher unerklärlich, weshalb man die Tempelmauer (397) nicht bis zum Niveau der Böden im östlichen Teil der Anlage abgebrochen hat, denn über diese hätte die Mauer als Hindernis herausgeragt. Man kann allenfalls annehmen, daß in der Breite des noch vorhandenen Stückes der Mauer 397, vielleicht bis zur Flucht der karolingischen Mauer (331), ein etwa 3 m breites Podest lag, das über die Mauer 397 hinwegging und Anschluß an die zu vermutende Vorhalle der Kirche (zwischen den Mauern 192 und 821) hatte. Möglicherweise ist von einem solchen deshalb nichts gefunden worden, weil die karolingische Baugrube hier alle Reste zerstört hat. Die älteren Böden des Ostteils müssen jedenfalls im Zusammenhang mit einem noch als Baukörper existierenden Tempel gesehen werden [241].

185 Es wäre schön, auf diese Weise die Kathedrale des hl. Maternus auf dem Domhügel nachweisen zu können, aber leider ist die Geschichte so einfach nicht. Diese Kathedrale hätte durch das 4. Jahrhundert in friedlicher Nachbarschaft dicht neben dem noch benutzten heidnischen Tempel gelegen. Da unter den Böden der merowingischen Großanlage eine profane römische Bebauung

[238] Doppelfeld *{168}* S. 112 ff=hier S. 400 ff.

[239] Die bei Doppelfeld *{168}*=hier Abb. S. 403 angedeutete Rekonstruktion kann an der Ostseite der Cella nicht stimmen.

[240] Die jüngste gefundene Münze ist von Magnus Maximus (383 – 88).

[241] Doppelfeld *{168}* S. 115=hier S. 406.

zutage gekommen ist, so könnte man an eine solche Nachbarschaft denken, wie sie im 4. Jahrhundert ja wohl auch in anderen römischen Städten zu finden ist [242]. Leider ist von der römischen Bebauung bisher so wenig bekannt, daß es verfrüht ist, ein Urteil zu fällen [243].

186 Es muß zugegeben werden, daß das zwar eine wahrscheinlich richtige, aber nicht die einzige mögliche Deutung ist. Bis jetzt ist noch nicht mit Sicherheit auszuschließen, daß die Anlage der Kathedrale erst um 400 erfolgte und der Tempel, zwar zerstört, noch bis in die Mitte des 6. Jahrhunderts als Bauwerk existierte und erst damals in die Kirche einbezogen worden ist.

187 Unseren drei bekannten Böden (22, 214 und 224) ist nicht anzusehen, ob sie zu einem kirchlichen Gebäude gehören oder zu etwas anderem. Doch scheint die Höhenlage, selbst des untersten (H=50,30 m), es auszuschließen, daß sie zu einer heidnischen römischen Kultanlage gehören *{182 – 183}*. In der römischen Zeit ist das ganze Gebiet zwischen dem Nordtor und der östlichen Stadtmauer 1,50 – 2,0 m angewachsen. Der unterste der Böden liegt noch mehr als 1,0 m höher. Aber auch eine fränkische Profananlage von der vorauszusetzenden Größe ist im höchsten Grade unwahrscheinlich.

188 Andererseits ist aber mit Sicherheit zu erwarten, daß eine christliche Gemeinde in einer Stadt, die wohl im 4. Jahrhundert durchweg christlich war und die zu Ende des 4. Jahrhunderts über eine Reihe von Kultstätten auf den Friedhöfen vor der Stadt verfügte, von denen zum mindesten S. Gereon ein bedeutendes Bauwerk war, eine Kathedrale besaß, die die Friedhofskirchen an Größe und Gestalt übertraf. Für die Errichtung einer Bischofskirche fällt die Zeit nach 430 bis zum Ende des 5. Jahrhunderts wohl aus, denn da ist die Stadt in der Hand der heidnischen Franken, „sie ist voll von Feinden" [244], und den in ihr verbliebenen Christen ging es wirtschaftlich schlecht, wie aus einem Brief des Salvianus zu entnehmen ist [245].

189 Es ist aber, nachdem Doppelfeld die regia aufgedeckt hat, fraglich geworden, ob die Nordostecke der Stadt fränkisches Königsgut war. Warum sollte sie es gewesen sein, wo im Zentrum der Stadt genügend Gebäude für eine Residenz zur Verfügung standen? Wann aber könnte dann der Platz des heutigen Domes in die Hand des Bischofs gekommen sein? Nach allem, was wir von ihm wissen, sieht es so aus, als ob in römischer Zeit zwischen dem aufgefundenen Tempel am Rande der Niederterrasse über dem Hafenmarkt (forum Julii?), der sich entlang der östlichen Stadtmauer erstreckte [246], und der nördlichen Stadtmauer bzw. der Mauerstraße, die bei der Grabung an mehreren Stellen angeschnitten worden ist, Wohngebäude lagen, zu denen die Brunnenanlage im Osten des gotischen Chores gehörte; sie ist anscheinend nach der Übernahme durch die Christen in ein Baptisterium verwandelt worden.

190 Es ist zu früh, um mehr als Vermutungen auszusprechen. Vielleicht finden wir im nächsten Jahr etwas mehr, wenn im Bereich des nördlichen karolingischen Querhausarmes in größerer Breite in die Tiefe gegraben werden kann.

191 Nach der Höhenlage müssen einige Mauern innerhalb des karolingischen Westquerschiffs zur Periode V zu rechnen sein (Abb. 10). Sie gehören auch ihrer Mauertechnik wegen dahin, die allerdings hier einige erwähnenswerte Besonderheiten aufweist. Unter der Mauer 113 ist der Untergrund durch einige Pfähle verfestigt, und die übrigen Mauern sind auf Stickungen aus römischen Ziegeln gesetzt. Das kann seinen Grund darin haben, daß diese Ecke sumpfig geworden ist, nachdem das römische Kanalsystem, dessen Reste hier gefunden wurden, nicht mehr funktionierte. Zu dieser Periode gehört der Boden 114a.

[242] Die Anlagen von Gerash könnten als Vergleich herangezogen werden.
[243] Doppelfeld *{168}* S. 116 f=hier S. 406 f. Der letzte Heidentempel, der in der Lebensbeschreibung des hl. Gallus (um 520) erwähnt wird, kann wegen der Fundumstände auch nicht gemeint sein (W. Binsfeld in: Frühchristliches Köln *{24}* S. 16).
[244] Neuß-Oediger *{5}* S. 48.
[245] W. Binsfeld in: Frühchristliches Köln *{235}* S. 15.
[246] Weyres *{2}* §§ 260 – 271=hier S. 451 f.

192 In einer zweiten Periode, die wir versuchsweise VIa nennen wollen, sind nach Abbruch der Mauern aus V bis zur Fußbodenhöhe neben bzw. über die älteren Fundamente neue gelegt worden; die nördliche Abschlußmauer ist weiter nach N angelegt worden (100b in Abb. 11). Auch die westliche Außenflucht (112b) ist weiter nach Westen gerückt anzunehmen. Am merkwürdigsten ist ein im Norden an die Mauer 100b angesetzter bogenförmiger Ansatz, der radial gemauert ist (112b). Leider ist davon nur ein kurzes Stück erhalten. Es ist auch nicht festzustellen, ob dieses Stück nur angelegt war und nicht weitergebaut worden ist oder ob die Fortsetzung dieser runden Mauer abgerissen wurde. Versucht man, den nur in dem Mauerwinkel und dem Bogenansatz zu erkennenden Bau zu ergänzen, so ergäbe sich etwas wie eine Vorhalle mit seitlichen Apsiden, wie sie etwa in S. Gereon oder am Lateranbaptisterium vorhanden ist. Es sieht allerdings so aus, als ob dieser Bau nicht hochgeführt worden wäre.

193 Der Bau oder das Bauvorhaben VIa *{192}* wurde durch ein anderes abgelöst, das wir als VIb bezeichnen wollen und das dem Westteil von Doppelfelds Bau VI entspricht (Abb. 12). Schon der Bau VIa zeigte gegenüber Bau V eine querschiffartige Erweiterung. Diese wird von dem Nachfolgebau in modifizierter Form übernommen. Die Westflucht wird ungefähr auf die von Bau V zurückgenommen (112c), die Nordmauer (100c) auf die Mauer 100b des Baues VIa gesetzt. Der interessanteste Teil dieser Anlage ist das westlich angesetzte Ringatrium, das in seiner nördliche Hälfte, wenn auch nur in Abschnitten, eindeutig festgestellt ist.

194 Seine durch Lisenen gegliederte äußer Mauer (42) legt sich ebenso wie die innere Mauer mit erhaltenen Putzresten (35) an ihren östlichen Enden über die Fundamente von Bau VI (112b). Damit ist die Westflucht der Mauer 112c bestimmt. Zwischen den Mauern 35 und 42 muß ein Eingang in das Querschiff geführt haben, dessen Bodenhöhe (114b) bei 52,10 m über N. N. erfaßt ist.

195 Leider ist weder zu Bau V noch zu Bau VI eine Apsis gefunden worden. Doch ist es durchaus möglich, daß die beiden Westabschlüsse der karolingischen Baugrube zum Opfer gefallen sind. Auch daß keine zugehörigen Böden angetroffen wurden, ist zunächst merkwürdig. Das kann aber damit erklärt werden, daß das Niveau der Krypta von VIIb tiefer gelegt wurde und die älteren Böden bei dieser Gelegenheit verschwunden sind.

196 Es fällt schwer, anzunehmen, daß die Erweiterung VI mit dem ringförmigen Atrium lange vor 800 erfolgt ist. Die einzigen überlieferten Fakten, die man mit ihr verbinden kann, sind die beiden Widmungsinschriften für einen Petrusaltar und einen Marien- und Medardusaltar, die von Alkuin vor seinem Tode (804) verfaßt worden sind *{8, 18 – 20}*. Diese Altäre haben mit Sicherheit in der damaligen Kathedrale gestanden. Sie können kaum für einen geplanten Neubau bestimmt gewesen sein. Man muß natürlich die Möglichkeit einräumen, daß die in den Inschriften erwähnten kostbaren Metallverkleidungen auch für schon bestehende Altäre gedacht waren. Doch spricht einiges dafür, daß die Stiftungen anläßlich einer Vergrößerung oder Erneuerung der alten Kathedrale gemacht worden sind. Dann ergäbe sich als untere Grenze für dieses Bauvorhaben das Jahr 787, in dem Hildebold Bischof wurde, und als obere das Jahr der Kaiserkrönung Karls (800), weil Karl noch als rex bezeichnet wird. Selbstverständlich sind das Konjekturen, aber mit den Befunden würde eine solche Datierung nicht im Widerspruch stehen [247].

[247] Weyres *{2}* §§ 2, 182 – 189=hier S. 416, 441.

Zusammenfassung

197 Zusammenfassend kann soviel mit einiger Sicherheit gesagt werden:

1. In römischer Zeit, vielleicht schon im 4. Jahrhundert, wird auf dem späteren Domhügel die Kathedrale angelegt.
2. In merowingischer Zeit erleidet sie eine Reihe von Veränderungen. Um die Mitte des 6. Jahrhunderts werden die Fürstengräber im Ostteil innerhalb einer Kapelle, dem „Oratorium", angelegt. Es scheint, daß die Kathedrale zu dieser Zeit den Eingang im Osten hatte. Ob der Ostteil ein Hof war oder ob er eine überdeckte Vorkirche war, ist noch nicht zu sagen. Ebensowenig ist der Zusammenhang mit dem Baptisterium klar. Über die Fürstengräber weg werden in der Folgezeit noch zwei weitere Kleinbauten errichtet.
3. In frühkarolingischer Zeit wird die merowingische Kirche im Westen umgebaut und durch ein Querschiff erweitert, ein ringförmiges Atrium wird um die Apsis gelegt. Vielleicht erfolgt auch eine Erweiterung nach Osten mit einer zweiten Apsis.
4. Nach 800 wird die gesamte merowingische Kirche mit der frühkarolingischen Erweiterung abgerissen und die Fundamente für den Bau VII werden gelegt.
5. Nach einer Bauunterbrechung wird der Bau VII vollendet und 870 geweiht.
6. Unter dem hl. Bruno werden zwei äußere Seitenschiffe angefügt.
7. Unter Rainald von Dassel werden im Osten zwei „hölzerne" Türme errichtet.
8. Vor 1191 wird der Ostlettner erbaut.
9. 1248 wird der Ostteil der karolingischen Kathedrale abgebrochen.

Der römische Tempel

198 Auch über den römischen Tempel [248] ist zur Zeit noch nicht viel Genaues zu sagen. Die letzten Untersuchungen haben allerdings gezeigt, daß der Vorhof mit Treppe an der Ostseite zwar geplant sein kann, aber offensichtlich nicht ausgeführt worden ist. Von einer Treppenanlage findet sich keine Spur. Da das Gelände an der Ostseite in römischer Zeit in gleichem Maß angewachsen ist wie an den übrigen bisher im Dombereich aufgedeckten Stellen, ist es auch fraglich, ob der Tempel bzw. sein Keller jemals nach Osten zu offen war. Möglicherweise ist der aufgefundene Pfeiler 395 die Vorderfläche einer Lisene. Noch in römischer Zeit, allerdings von einem schon erhöhten Niveau ausgehend, ist die Mauer 387 a so gegen die östliche Tempelwand gesetzt worden, daß sie in die nördliche der früher angenommenen drei Türöffnungen stoßen mußte. Auch das spricht dafür, daß der Tempel nach Osten zu geschlossen war. Rätselhaft bleibt dabei ein Boden, der südlich an die erwähnte Mauer anschließt und höher als der durch die Balkenlagen zu rekonstruierende innere Boden liegt. Zur Zeit der Errichtung der Mauer 387 a war nördlich von ihr anscheinend ein mit einem schwachen Mörtelboden abgedeckter Hofraum. Der unterste der von uns der Kathedrale zugewiesenen Böden benutzt die Mauer 387 a als Außenwand. Es sieht jetzt so aus, als ob der Tempel von der Niederterrasse also von Westen aus, zugänglich war. Wie dort die Anlage aussah, können erst weitere Grabungen klären.

[248] Doppelfeld *{168}* S. 116 ff = hier S. 405 ff.

WILLY WEYRES

Befunde am Ostlettner des karolingischen Domes in Köln

Aus: Festschrift für Otto Doppelfeld. Kölner Jahrbuch für Vor- und Frühgeschichte 9, 1967/68, 144 – 151.

Die von Otto Doppelfeld begonnenen und unter seiner Oberleitung fortgesetzten Grabungen unter dem Kölner Dom haben seit meiner zusammenfassenden Darstellung im Jahre 1965 im Osten Ergebnisse erbracht, die einerseits unsere Kenntnis vom karolingischen Dom an einem wichtigen Punkt erweitern, andererseits aber auch zu einer Korrektur meiner Rekonstruktion zwingen [1].

1 Die erwartete Spannmauer zwischen Langhaus und östlichem Chorhaus [2] ist gefunden worden (Abb. 2,263 a). Sie ist in der beim ganzen Bau üblichen Weise errichtet [3] und bis etwa 50 cm unterhalb des karolingischen Fußbodenniveaus erhalten. Auf ihrer Scheitelfläche sind im Mörtel Abdrükke von großen Quadern erhalten, die aber restlos ausgeräumt sind. Die Mauerkrone war also hier wie auch bei den übrigen Innenmauern aus wiederverwendeten Quadern gebildet, die wahrscheinlich überall in zwei Schichten verlegt waren [4].

2 Über der Abbruchfläche lag eine dünne Schmutzschicht und darüber, etwa 80 cm hoch, unregelmäßiges Fundamentmauerwerk, das neben Abbruchmaterial auch eine große Anzahl von Säulenbasalten enthielt (Abb. 4,863 a – c). Dieses Fundament überdeckt die Mauer 263 a in ihrer ganzen Länge; rechts und links von der Mittelachse springen zwei etwa 1,0 m breite Zungen etwa 2,5 m nach Westen zu vor der westlichen Flucht von 263 a vor. Sie sind unterschiedlich in Ausdehnung und Tiefe, im Prinzip jedoch ähnlich. Bei beiden ist das westliche Ende als tiefer geführter Block ausgeführt, der durch eine schwächere Spannmauer mit 863 a verbunden ist. Das Fundament 863 a ist am nördlichen und südlichen Ende, jeweils zwischen den Zungen und den karolingischen Langhausmauern (142 und 331) um etwa 1,0 m nach Westen zu über die westliche Flucht der Mauer 263 a erweitert. Diese Fundamentverbreiterung ist zunächst in der Höhe des karolingischen Fußbodens (184) mit einer Mörtelschicht glatt abgedeckt worden, die an der Ostkante am Fundament 863 a hochgezogen ist; später aber, anscheinend noch während der Arbeiten, ist der etwa 40 cm breite östliche Teil an beiden Seiten bis zur Höhe der übrigen Fundamente erhöht worden. Die Oberkante der erhaltenen Fundamente ist in diesem Bereich nach Westen zu abgetreppt. Hier sind offensichtlich Blockstufen entfernt worden. Am Nord- und Südende war die Treppe gegen die Mauer 263 a zurückgekröpft. Im Bereich der Treppen sind auf dem Fundament 863 a Abdrücke von quadratischen, gesägten Platten zu sehen, die sich nach Osten zu in einen Fußboden fortsetzen, der rd. 40 cm über dem karolingischen Fußbodenniveau liegt, hinter der Mauer aber ein wenig abgesackt ist.

[1] W. Weyres, Der karolingische Dom zu Köln, in: Karl der Große III, hrg. von W. Braunfels und H. Schnitzler (1965) 384=hier S. 416 ff.

[2] ebd. § 198=hier S.442 f.

[3] ebd. § 51 f=hier S. 422.

[4] ebd. § 80 f=hier S. 426 ff.

3 Etwa 1,15 m vor der nördlichen Zunge, ein wenig zur Mitte hin verschoben, lag der Sarkophag 205a, unmittelbar vor der südlichen, an seinem Kopfende vom Fundament 863b überdeckt, der Rest eines zweiten (205b) aus gelblichem Sandstein [5]. Weiter südlich davon fanden sich zwei Grabgruben und der Abdruck des Fußstückes eines weiteren Sarkophags (205e). Alle Gräber waren ausgeräumt und wieder verfüllt [6].

4 Östlich der Mauer 263a liegt der karolingische Boden auf der gleichen Höhe wie im Langhaus (184). Er ist später durch einen darübergelegten Estrichboden erneuert worden.

5 Nachdem der Befund zu übersehen war, wurde uns klar, daß wir das Fundament eines östlichen Lettners entdeckt hatten. Meine frühere Annahme, daß das karolingische Niveau im Ostchor höher gelegen hätte als im Schiff, stimmte nicht [7].

6 Noch größere Überraschungen brachte die Untersuchung des Fundamentes des nördlichen gotischen Pfeilers am Beginn der Chorrundung. Zunächst kamen unter dem Boden des 19. Jhs. große Mengen von gotischen Profilsteinen und zerbrochenen Figuren zum Vorschein, die zu den 1769 entfernten Schranken des Chorumgangs gehörten und als Fundament für den Feynschen Nebenaltar verwendet worden waren.

7 Dahinter wurde das gotische Pfeilerfundament sichtbar, aber es war im Gegensatz zu allen anderen bisher bekannten Pfeilerfundamenten nicht bis in die übliche Tiefe heruntergeführt, sondern auf das karolingische Mauerkreuz aufgesetzt, das von den Mauern 263a und 142 gebildet wird. Die innere Ecke zwischen den beiden Mauern ist ungestört erhalten.

8 Das Lettnerfundament ist an dieser Stelle bis auf die Oberkante der Mauer 263a ausgebrochen. In dem erhaltenen Teil war ein Quaderabdruck von besonderer Art erhalten (836); der Quader selbst ist entfernt worden, jedoch waren die Bearbeitungsspuren der Oberflächen im Mörtel des anschließenden Fundamentmauerwerks nach Süden und Westen zu sauber erhalten (Abb. 2 u. 6), der westliche Abdruck lag allerdings, verglichen mit der sonst feststellbaren Westkante der Quader, um etwa 15 cm weiter nach Osten zu. Vielleicht hat an dieser Stelle ein schmaler Quader gesessen, der bei der Anlage des Lettnerfundamentes herausgerissen worden ist; mit größerer Wahrscheinlichkeit aber ist der große Quader während der karolingischen Bauzeit gleich weiter nach Osten zu verlegt worden. Aus dem Befund ergibt sich eindeutig, daß er zu der durchlaufenden Quaderschicht auf Mauer 263a gehörte und liegengeblieben ist, als man das Lettnerfundament ausführte.

9 Das kann nur deshalb geschehen sein, weil auf diesem Quader etwas stand, das man nicht entfernen konnte oder wollte, und das ist mit ziemlicher Gewißheit die Vorlage für einen Triumphbogen gewesen. Meine Rekonstruktion wäre demnach durch einen Bogen zu ergänzen, der über der Mauer 263a das Chorquadrat vom Langhaus trennte [8]. Nimmt man für die Vorlage Form und Abmessungen an, wie sie für den westlichen Bogen erschlossen worden sind [9], so ergäbe sich ein Pfeiler von 0,93 m Breite und 1,12 m Vorsprung, der auf unserem Quader gut Platz hätte. Die angenommene Lage des westlich anschließenden Obergadenfensters könnte dann in etwa beibehalten bleiben.

[5] ebd. § 141 = hier S. 434 ff.

[6] Es hat den Anschein, als ob die drei südlichen Gräber bei der Anlage der Lettnerfundamente (863), die beiden nördlichen aber erst bei dem gotischen Neubau ausgeräumt worden wären. Im Sarkophag 205 gefundene Gebeine gehören nicht zusammen und sind wohl erst bei Gelegenheit der Ausräumung hineingelegt worden. Die Gräber sind sämtlich älter als das Fundament 863. Man darf vermuten, daß es sich um die Grabstätten der Erzbischöfe Sigewin († 1089), Hermann II. († 1059), Everger († 999), Hermann I. († 925) und Willibert († 889) handelt.

[7] Weyres, wie Anm. 1, § 256 = hier S. 450.

[8] ebd. § 207 f = hier S. 443 ff.

[9] ebd. § 223 = hier S. 446 ff.

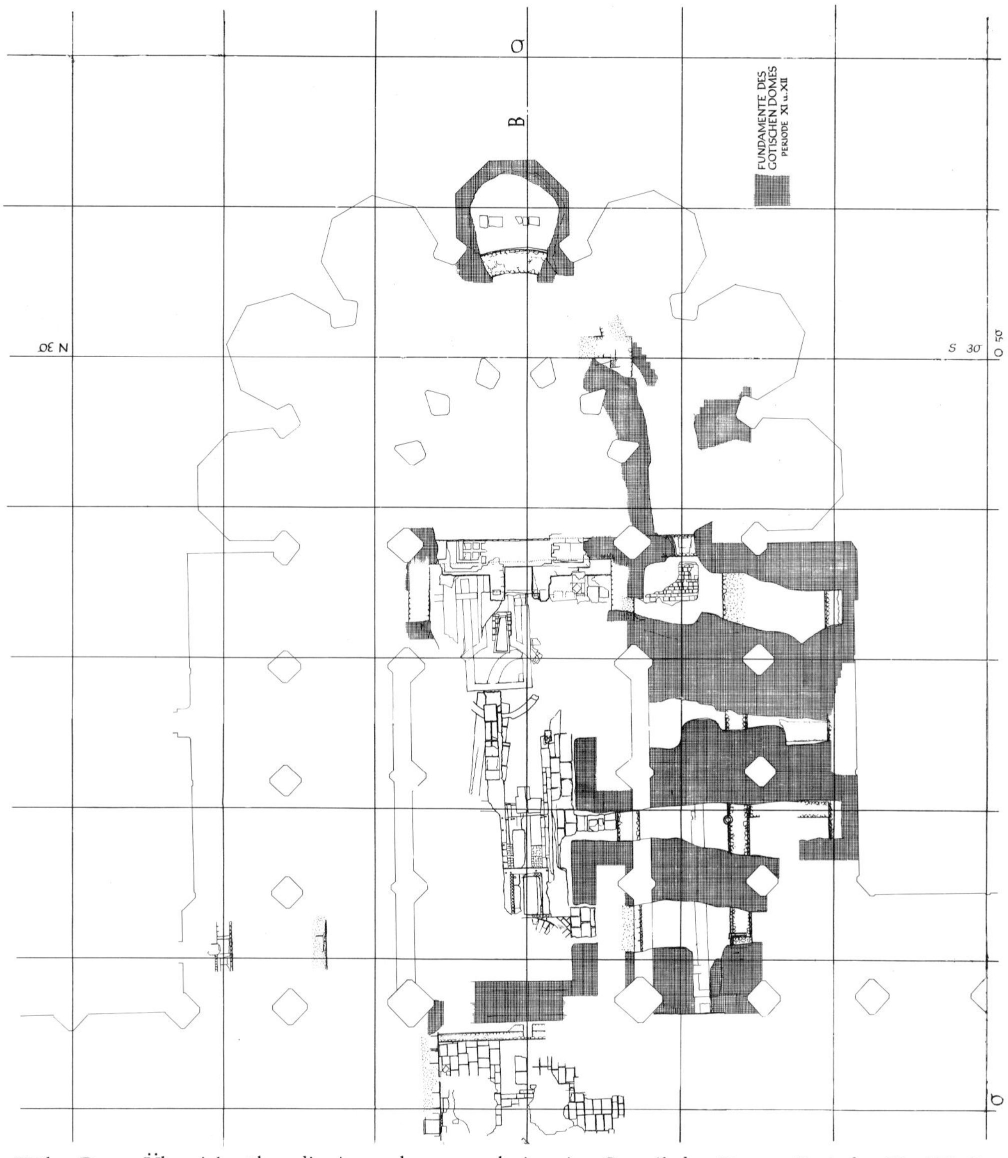

Abb. 1. Köln, Dom. Übersicht über die Ausgrabungsergebnisse im Ostteil des Domes Perioden V – XI. Stand 1966. Maßstab 1 : 500.

10 Zu weiteren Überlegungen zwingt der Befund auf dem aufgedeckten östlichsten Stück der nördlichen Langhausmittelmauer (142). Auch auf ihr haben ursprünglich Quaderschichten gelegen, wie aus den Mörtelabdrücken hervorgeht. Sie sind anscheinend gleichzeitig mit denen auf der Mauer 263 a entfernt worden. Der Hohlraum wurde mit Erdreich gefüllt und ein Estrichboden (884) in der Höhe des karolingischen Fußbodens darübergezogen. Dieser Boden war mit roten Ziegelplatten belegt und in der ganzen Breite des Mittelschiffs westlich vor den Lettnerfundamenten vorhanden. In der Mitte hörte er zwischen den beiden Fundamentzungen etwa 2,0 m östlich der Mauer 263 a mit einer sauberen Kante auf. An der Nordseite setzt er sich über die Mauer 142 weg in das Seitenschiff ohne Unterbrechung fort. Er war dort lediglich in der Nachbarschaft der gotischen Pfeilerfundamente durch einen Erdbogen (835) gestört, der vor 1320 die Trennmauern zwischen dem unvollendeten Chor und den schon benutzten Chorseitenschiffen getragen haben muß (Abb. 5). Die

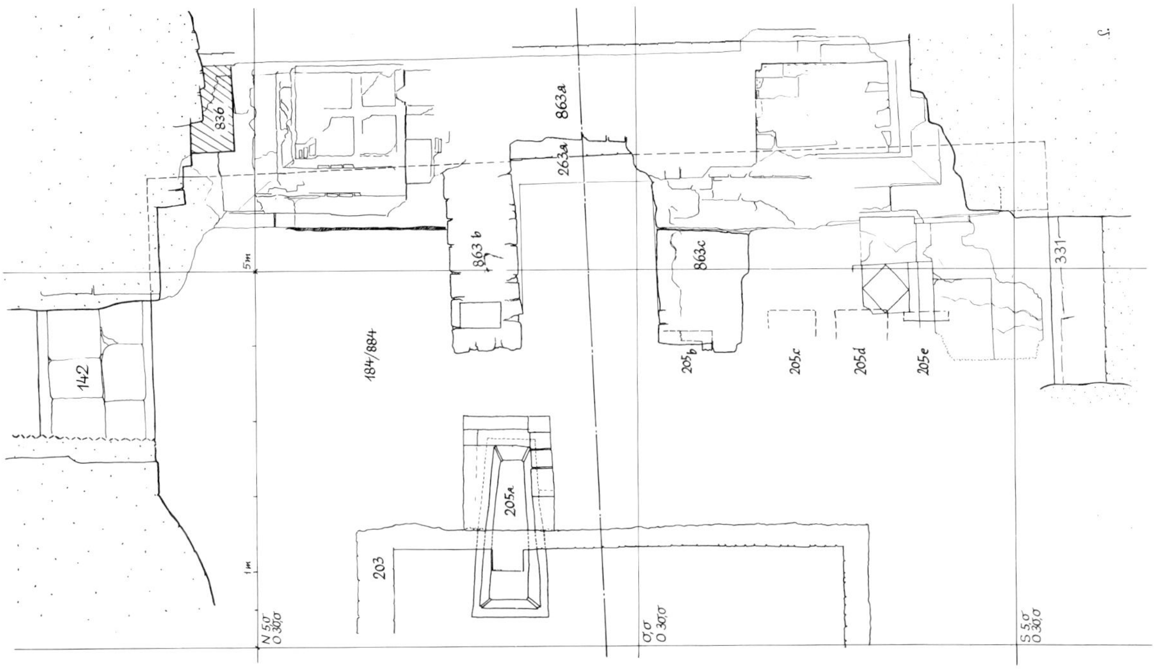

Abb. 2. Köln, Dom. Fundamente des Ostlettners (863 a/b/c) über der karolingischen Spannmauer zum Ostchor (263); Osten oben. – Maßstab 1 : 100.

Verhältnisse bei der inzwischen aufgedeckten südlichen Langhausmauer entsprechen denen der nördlichen.

11 Da die Erneuerung des Bodens mit der Anlage des Lettners gleichzeitig sein muß, sind die Quader auf Mauer 142 vorher und nicht erst beim Bau der gotischen Pfeilerfundamente entfernt worden. An dieser Stelle kann keine Zungenmauer vorhanden gewesen sein, wie ich sie früher rekonstruiert habe [10]. Leider ist von dem gotischen Fundament das östliche Ende der Mauer 142 überdeckt und in seinem Bereich auch der Ersatzfußboden zerstört worden. So ist nicht festzustellen, wie weit nach Osten zu sich dieser Boden erstreckt hat, d. h. ein Maß für die an dieser Stelle nunmehr zu postulierende Arkadenöffnung ist nicht zu bekommen. Aus der Form der weiter unten zu besprechenden Stufenanlage zu den Lettnertüren läßt sich vermuten, daß der karolingische Eckpfeiler des östlichen Chorjoches keine oder nur eine verhältnismäßig schmale westliche Vorlage gehabt hat.

12 Wie die westlich anschließende Öffnung ausgesehen hat, ist nicht aus dem Befund zu ermitteln. Sollte hier ein größerer Bogen gewesen sein, so müßte man ein östliches Querschiff vermuten, wie es Doppelfeld früher getan hat [11], und könnte dazu das Bild des Hillinuskodex heranziehen [12].

13 Dieses Querschiff könnte aber nicht über die Flucht der Seitenschiffmauern vorgesprungen sein, denn das im inneren südlichen Chorseitenschiff aufgedeckte Fundament in der Flucht der karolingischen Seitenschiffmauer ist nicht eine Spannmauer, sondern für aufgehendes Mauerwerk bestimmt. Daß keine Quader darauf gelegen haben, ist deshalb eindeutig festzustellen, weil es bis zur Höhe des karolingischen Fußbodenniveaus erhalten ist. Ein echtes Querschiff ist also an dieser Stelle unwahrscheinlich.

14 Es kommt hinzu, daß bei der Rekonstruktion die Unterbringung der ihrer Zahl nach bekannten Obergadenfenster [13]schwierig wird, wenn man einen größeren Bogen annimmt. Es bleibt nach mei-

[10] ebd. § 204 f. = hier S. 443.
[11] O. Doppelfeld, More Romano, in: Kölner Domblatt 8/9 (1954) 33 ff. = hier S. 159 ff.
[12] Weyres, wie Anm. 1, § 34 = hier S. 420.
[13] ebd. § 209 f. = hier S. 444.

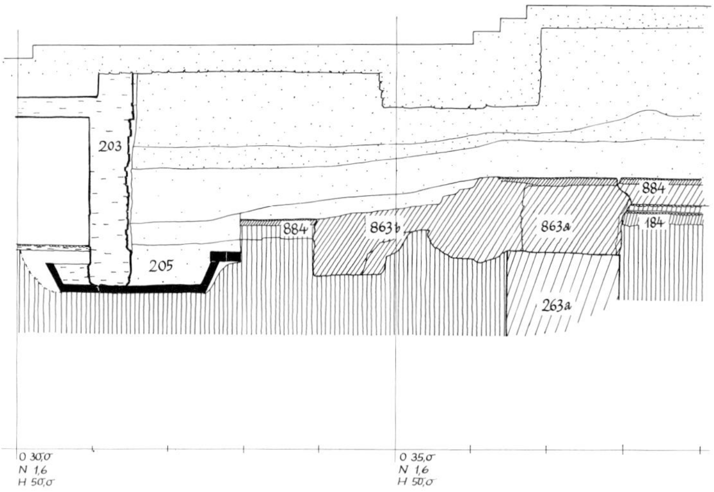

Abb. 3. Köln, Dom. W-O-Schnitt durch die Fundamente des Ostlettners. Maßstab 1 : 100.

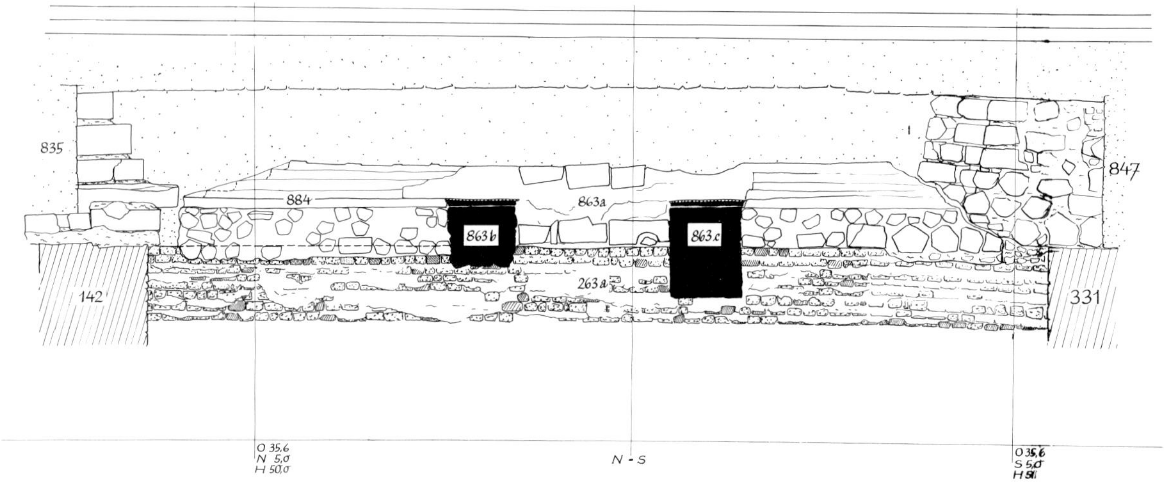

Abb. 4. Köln, Dom. Nord-Süd-Schnitt durch die Fundamente des Ostlettners, 847 und 835 = gotische Fundamente. Maßstab 1 : 100.

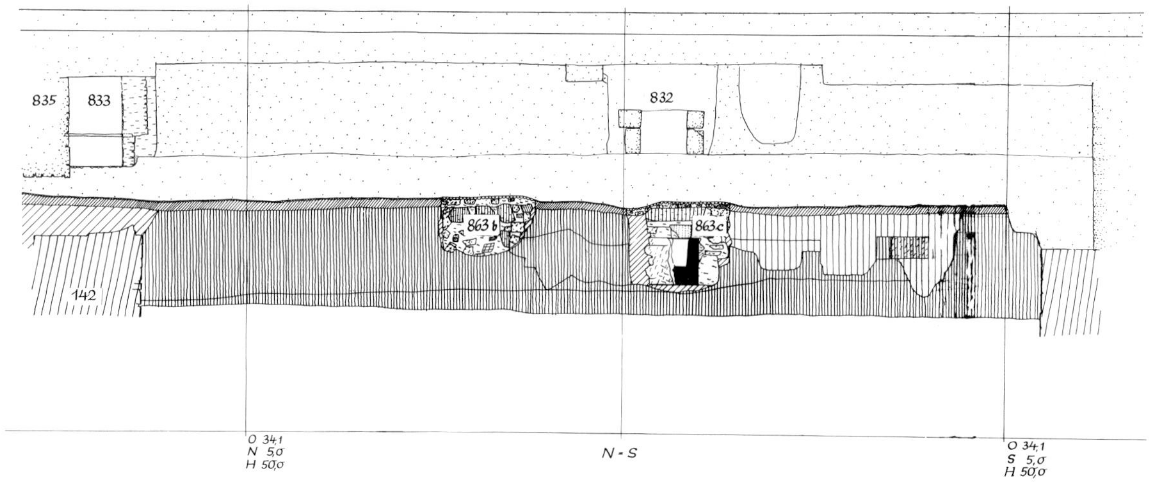

Abb. 5. Köln, Dom. Fundamente des Ostlettners von Westen; 832 und 833 gotische Gräber. – Maßstab 1 : 100.

Abb. 6. Köln, Dom. Abdruck des Quaders 836 innerhalb der Fundamente des Ostlettners.

ner Meinung nur übrig, eine normale Öffnung anzunehmen; das ist dann möglich, wenn man die eine bisher durch den Befund faßbare Arkadenöffnung anders als bisher interpretiert [14].

15 Ich mußte so weit ausholen, um den Standort des Lettners zu beschreiben, wie er nach den letzten Grabungsergebnissen aussah. Leider ist vom Aufgehenden nichts Nennenswertes erhalten geblieben und es haben sich auch keinerlei Architekturreste gefunden; sie sind vermutlich gänzlich in den gotischen Pfeilerfundamenten vermauert worden. Doch läßt sich wenigstens etwas über den Grundriß sagen. Es handelt sich eindeutig um den zweitürigen Typ, wie er nach E. Doberer [15] in Deutschland bevorzugt worden ist.

16 Vor der durchgehenden, nur durch die beiden Türen durchbrochenen Rückwand, die über der karolingischen Spannmauer lag, ist in der Mitte entsprechend den erwähnten beiden Mauerzungen ein nach Westen vorspringender Baldachin anzunehmen, wie in Friedberg (Hessen) [17] oder in Limburg (Lahn) [18]. Seine Arkaden werden zum Schiff hin auf Säulen geruht haben. Eine Platte auf der nördlichen Zunge (863 b) könnte als Unterlage dafür gedient haben [19]. Da keine entsprechenden äußeren Fundamentzungen vorhanden waren, ist die Annahme einer Queranlage mit breiter, durchgehender Bühne wie beim Ostlettner in Naumburg ausgeschlossen [20].

[14] ebd. § 202 f = hier S. 443. Eine verbesserte Rekonstruktion habe ich im Domblatt 1967, 7 ff. = hier S. 454 ff. gebracht.

[15] In: Lexikon für Theologie und Kirche ^{2}VI, Sp. 987. E. Kirchner-Doberer, Die deutschen Lettner bis 1300 [Diss. Wien 1946 (Masch. Schr.)]. J. Braun, Der christliche Altar II (1924) 649 ff.

[16] Diese Angabe findet sich auch schon bei J. Sauer in der 1. Aufl. des Lexikons für Theologie und Kirche. In Deutschland herrscht offensichtlich der Gebrauch vor, den Volksaltar in der Achse der Kirche und des Lettners aufzustellen. Das bedeutet, daß östliche Lettner dann in der Regel zweitürig, westliche dagegen mil einer Mitteltür angelegt werden (vgl. Naumburg). Bei der streng eingehaltenen Ostung der Altäre konnte im Westlettner kein Altar stehen. In Frankreich allerdings hat schon der älteste bekannte Lettner (Chartres) eine Mitteltür. Bei dieser Anordnung ist man dann auch geblieben.

[17] Wie Anm. 15, Taf. nach Sp. 992.

[18] W. Weyres, Der Georgsdom zu Limburg (1935) 88.

[19] Auf der Südseite ist eine solche Platte nicht gefunden worden.

[20] Es ist immerhin denkbar, daß man zunächst an eine solche Anlage gedacht und deshalb die Quader über der Mauer 142 entfernt hat.

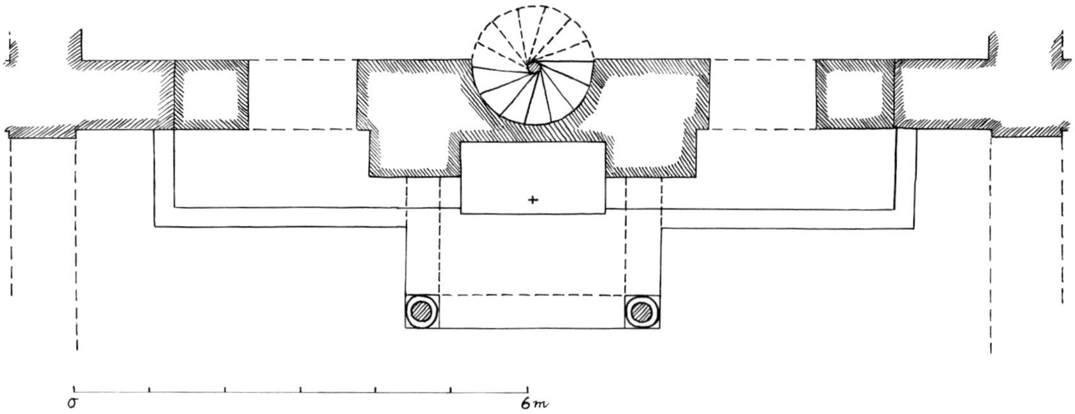

Abb. 7. Köln, Dom. Mögliche Rekonstruktion des Ostlettners. – Maßstab 1 : 100.

17 Der ganze Chorboden war mit der Anlage des Lettners um rd. 40 cm erhöht worden, deshalb lagen vor den beiden Türen zum Schiff hin je 2 Stufen. Während der Bauarbeiten ist das Stufenfundament nach Westen zu verbreitert worden, um ein kleines Plateau vor der Tür zu schaffen. Die untere Stufe ist etwa 1,0 m vor der Langhausarkade nach Osten zu umgekröpft. Zur Mitte hin könnte es ähnlich gewesen sein, aber dort sind keine ablesbaren Spuren mehr vorhanden. Vielleicht liefen die Stufen aber dort gegen eine Schranke, die den Mittelteil unter den seitlichen Arkaden begrenzte.

18 Von einer Treppe zum Mittelbaldachin hinauf, die man ja wohl voraussetzen muß, ist keinerlei Spur vorhanden. In der Mitte reicht der höhergelegte Fußboden bis an die Ostflucht der Mauer 263 a. Ein Rekonstruktionsversuch ist angesichts dieser Befunde eine vage Angelegenheit. Unter dem Baldachin müßte man einen Altar suchen. Es hat sich westlich der Mauer 263 a kein Fundament dafür gefunden. Es bliebe die Möglichkeit, daß der Altar in dem Zwischenraum auf einem Suppedaneum aus Quadern stand, die mit ihm beim Abbruch des Lettners ebenso wie die übrigen Stufen fortgenommen worden sind [21].

19 Vorerst können wir kein Patrozinium mit Sicherheit einem Altar zuordnen, der an dieser Stelle stand. Den Kreuzaltar habe ich bei meiner Rekonstruktion in der Mitte des Domes angenommen [22]. Nach der Art der Benutzung, wie sie das Rituale aus der ersten Hälfte des 13. Jhs. im Kölner Stadtarchiv [23] schildert, stände er dort auch am besten. Doch ist die Möglichkeit nicht ausgeschlossen, daß er unter dem Lettnerbaldachin stand.

20 Die Treppe zum Baldachin könnte geradläufig innerhalb der Mauerstärke angenommen werden. Sie hätte dann allerdings sehr steil sein müssen. Man kann sie sich allerdings auch als Spindel vorstellen, die halb in der Mauer lag und nach einer halben Wendelung frei nach Osten zu vor der Mauer auskragte (Abb. 7).

21 Aus den Quellen sind keine Angaben über die Errichtung des Lettners zu entnehmen. Er ist ganz sicher längere Zeit vor der Grundsteinlegung des gotischen Domes 1248 gebaut worden, ja man muß annehmen, daß er vor der Ermordung des heiligen Engelbert 1225 vorhanden war. Sein zeitgenössischer Biograph Cäsarius von Heisterbach berichtet nämlich, daß Engelbert das Kapitel für den Plan gewonnen habe, den alten Dom abzureißen und einen neuen zu errichten [24]. Man kann unter diesen

[21] Die mittlere Partie ist beim Abbruch stärker abgetragen worden; man hat das Lettnerfundament beim gotischen Neubau mit einer Rampe überdeckt, die das karolingische Niveau mit dem höher gelegten Chorfußboden verband. In der Mitte zeigt die Rampe Spuren von Wagenrädern.

[22] Weyres, wie Anm. 1, § 250=hier S. 450.

[23] ebd. § 30=hier S. 419. Stadtarchiv Köln, Geistl. Abt. 896.

[24] L. Ennen, Der Dom zu Köln (1880) 23. P. Clemen, Der Dom zu Köln [2] (1938) 50.

Umständen kaum annehmen, daß das Kapitel nach dem Tode Engelberts und auch wohl nicht kurze Zeit vorher ein Bauwerk im Dom errichtet hätte, dessen Fundamente verbieten, es als Provisorium zu betrachten. Als oberste Zeitgrenze muß man so ungefähr das Jahr 1220 annehmen. Die untere Grenze ist schwieriger zu bestimmen, weil wir nicht wissen, wann man in Deutschland angefangen hat, echte Lettner zu bauen. E. Doberer glaubt zwar, daß man Kanzellettner, wie sie diesen Typ nennt, in der zweiten Hälfte des 12. Jhs. erschließen könnte. Doch ist der älteste wirklich greifbare der des Domes von Wetzlar, den sie um 1200 datiert. In Frankreich ist der älteste bekannte Lettner der der Kathedrale von Chartres (1220 bis 1230) [25].

22 Für die Datierung des Kölner Lettners kann man vermutlich Rubriken des erwähnten Rituals gebrauchen. Dort heißt es zum Fest der Subdiakone am Oktavtag von Pfingsten: „*Exeuntes subdiaconi cum rege suo coronato de choro sancte marie in processione incipiunt hanc antiphonam*", aber das könnte auch von jedem irgendwie begrenzten Chorraum gesagt werden [26]. Gewichtiger scheint mir eine Stelle zum Lichtmeßtag zu sein, wo es heißt: „*In choro sancte Marie ad novum opus antiphona Tota pulchra es amica . . .* [27]“. Ich habe früher das novum opus mit dem gotischen Chorneubau gleichsetzen wollen und vermutet, daß die Stelle eine spätere Korrektur wäre [28]. Das ist aber nach dem Zusammenhang nicht der Fall. Es liegt nahe, den Lettner als das erwähnte novum opus anzusehen, zumal wir zunächst keinen anderen Bauteil dafür in Anspruch nehmen können. Da sich nun aber das Rituale in der Ordnung der Feste nach dem zwischen 1222 und 1310 gebrauchten Kölner Kalender richtet, d. h. mit Ostern anfängt, muß es zwischen 1222 und 1248, wo der chorus beate marie unbrauchbar wurde, geschrieben worden sein [29]. Der Lettner kann natürlich schon Jahrzehnte älter gewesen sein, da sich die Bezeichnung „*novum opus*" erfahrungsgemäß sehr lange erhalten hat. Der Kalender der Domkustodie erwähnt an mehreren Tagen sowohl den „*ambo*" des Petruschores als auch den des Marienchores [30]. Auf beiden standen Kreuze. Daß unter den Ambonen Lettner [31] zu verstehen sind, ist nach den Funden nicht zu bezweifeln. Der Kalender des Domkustos [32]gibt aber noch einen weiteren Hinweis, der mit aller Vorsicht zur Datierung des Ostlettners herangezogen werden kann. Dort werden an einer Stelle sämtliche Altäre im Dom aufgezählt, außer dem Kreuzaltar. Statt diesem erscheint aber das „*altare episcopi Philippi*". Es ist immerhin möglich, daß der Kreuzaltar von Philipp von Heinsberg (1167 – 1191) im Zusammenhang mit dem Lettner neu errichtet worden ist und eine zeitlang dessen Name an dem neuen Kreuzaltar hing. Für die Errichtung des Lettners ergibt sich damit eine Zeit vor 1191 [33].

[25] H. Bunjes, Der gotische Lettner der Kathedrale von Chartres, Walraf–Richartz Jahrb. 12/13 (1943) 70 ff.

[26] fol. 9.

[27] fol. 11.

[28] Weyres, wie Anm. 1, § 30 = hier S. 419 und Anm. 43.

[29] H. Grotefend, Taschenbuch der Zeitrechnung[10] (1960) 12.

[39] Ennen-Eckertz, Quellen zur Geschichte der Stadt Köln II (1863) Nr. 513. Kirchner-Doberer, wie Anm. 15, Anm. 480 nahm an, daß mit „*ambo*" die über das Schiffniveau herausragenden Kryptenabschlußwände bzw. darauf angebrachte Kanzeln gemeint wären. Nach den Befunden der Ausgrabung ist das jedoch ausgeschlossen.

[31] Schon Ennen, Anm. 24 S. 18 hat übrigens ambo mit Lettner übersetzt.

[32] Ennen-Eckertz, wie Anm. 30, S. 585; Ennen (wie Anm. 24) erwähnt um 1280 einen Altar „*archiepiscopi Philippi*". Damals war der Ostlettner längst abgebrochen. Es könnte sich um den inzwischen in den Neubau transferierten Kreuzaltar handeln.

[33] Für ihre Mitarbeit danke ich Herrn Dipl.-Ing. A. Wolff und Herrn Dombauführer H. Kusche, besonders aber Herrn W. Schneider, der die Vermessung und die Herstellung der Zeichnungen mit gewohnter Sorgfalt unternommen hat.

WILLY WEYRES

Die Domgrabung

XVI. Die frühchristlichen Bischofskirchen und Baptisterien

Aus: Kölner Domblatt 30, 1969, 121 – 136.

1 Über die Ergebnisse der Domgrabung habe ich kurz zusammenfassend zuletzt 1967 berichtet [1]. Inzwischen ist nicht nur die Menge des Bekannten erheblich größer geworden, es sind auch Zusammenhänge klar geworden, die zur Zeit des zitierten Berichts noch nicht zu sehen waren. Das was hier berichtet wird, bedarf zwar in manchen Punkten noch des exakten Beweises und muß als Arbeitshypothese angesehen werden, doch scheint mir, daß der dargebotene Ablauf der Bebauung des „Domhügels" im Augenblick einen hohen Grad von Wahrscheinlichkeit hat und daß die bisher bekanntgewordenen Fakten sich ohne Zwang darin einordnen lassen.

Infolge der Umgestaltung der Domumgebung und des U-Bahnbaues sind rund um den Dom sehr tiefgreifende Ausschachtungen notwendig geworden und z. T. auch schon vorgenommen. An der Nordseite liegt der tiefe Einschnitt der U-Bahn außerhalb der römischen Stadtmauer und damit auch des Areals der älteren Kathedralen. Hier konnten nur die Fundamente des gotischen Baues beobachtet werden [2].

2 Auch an der Ostseite des Domes ist im Zuge der Bechergasse der U-Bahn-Tunnel weitergeführt worden. Da er hier innerhalb der römischen Stadt verläuft, mußte die Stadtmauer in der Kurve durchbrochen werden. Der Domhügel war mit der Erbauung der Kirche Maria ad gradus (vor 1059) bzw. mit ihrer gotischen Chorerweiterung (E. 14. Jh.) bis über die Stadtmauer hinweg nach Osten zu herausgewachsen. 1817 wurde diese Stiftskirche abgebrochen; zwischen 1827 und 1842 hat man das Plateau beseitigt, auf dem sie stand, um eine Straßenverbindung vom Altermarkt zur Trankgasse zu schaffen. Durch die Tieferlegung dieser Fläche wurden alle Spuren mittelalterlicher Bebauungen vernichtet. Es blieben nur dicht unter dem Straßenpflaster römische Mauerzüge erhalten, die beim Bau der U-Bahn unter schwierigen Umständen eingemessen worden sind. Dadurch wurden die von Doppelfeld 1952 südlich vom Petrusbrunnen gefundenen Mauerzüge in etwa ergänzt [3].

3 1866 war der Domhügel im Osten um fast 60 m verkürzt. Damals hat Richard Voigtel das höher liegende Gelände hinter dem Domchor durch eine Umfassungsmauer abgestützt und die Treppenanlage mit dem Petrusbrunnen in der Verlängerung der Domachse angelegt. Bei den Ausschachtungsarbeiten dazu fand man Reste römischer Gebäude und darin übereinander zwei Wasserbecken. Es zeugt für das große Verständnis Voigtels, daß er diese erhielt und mit einem Tonnengewölbe

[1] W. Weyres, Zur Baugeschichte der vorgotischen Kölner Kathedralen, Kölner Domblatt 26/27, 1967, S. 7 ff. = hier S. 454 ff.

[2] A. Wolff, Chronologie der ersten Bauzeit des Kölner Domes, K. Dombl., 28/29, 1968 S. 34ff.

[3] O. Doppelfeld, Die Ausgrabungen am Petrusbrunnen, Kölner Domblatt 12/13, 1957, S. 49ff. = hier S. 183 ff.

überspannen ließ, so daß wir es ungestört wieder vorfanden [4]. Westlich vom Petrusbrunnen wurden 1926 bei der Anlage der Domherrengruft weitere Mauerzüge aufgedeckt, die F. Fremersdorf veröffentlicht hat [5].

4 Man hat die erwähnten Piscinen zunächst als Badeanlagen eines römischen Privathauses angesehen, doch hat schon Doppelfeld die Vermutung ausgesprochen, daß es sich um ein christliches Baptisterium handele. Nach der Schallerschen Planung hat das Voigtelsche Gewölbe nach Osten zu einen geräumigen Vorraum erhalten. Die Piscinen werden so auf die Dauer zugänglich bleiben.

5 Da die Umgebung des Domherrenfriedhofs im Zuge der Umgestaltung der Domumgebung höher angeschüttet worden ist, war es im vorigen Jahr notwendig, alle Mittel auf die Ausgrabung dieser Flächen zu konzentrieren, weil eine Klärung der Situation später nur mit einem sehr großen Aufwand möglich gewesen wäre. Nördlich und südlich der Domherrengruft wurde bis auf den gewachsenen Boden gegraben. Wenn auch nicht alle Punkte, vor allem der östliche Abschluß der Gebäude, restlos geklärt werden konnten, so gelang es doch, eine relative Chronologie der neun vorgotischen Straten zu gewinnen. Dabei war es nicht ganz leicht, die publizierten Ergebnisse der früheren Grabungen mit den neuen Befunden in Übereinstimmung zu bringen.

6 An der Südseite des Chores mußte in diesem Jahre, damit die Dombauhütte auf einem tieferen Niveau neu errichtet werden kann, eine große Erdmasse weggeschafft werden. Es fanden sich dabei die mächtigen Fundamente der 1828/29 abgebrochenen Pfarrkirche St. Johann Evangelist von 1744 [6], sowie die ihrer Vorgängerbauten, ferner die Grundmauern des 1744/49 erbauten Priesterseminars, das 1864 abgebrochen wurde [7].

7 Die südliche Hälfte der kräftigen Grundmauern einer vermutlich quadratischen Kapelle mit östlicher Apsis ist beim gotischen Chorbau übriggeblieben. Es liegt nahe, darin die doppelgeschossige Kapelle der karolingischen Bischofspfalz zu sehen, zu der auch weitere, noch nicht näher deutbare Mauerzüge gehört haben müssen.

8 Unter dem ganzen Bereich liegen die Reste römischer Gebäude, von denen allerdings nur zwei Schichten erfaßt werden konnten, da die Nähe der Domfundamente es nicht ratsam erscheinen ließ, noch tiefer zu graben. In der obersten, in das letzte Viertel des 3. Jahrhunderts zu datierenden Schicht fanden sich sechs Räume mit z. T. gut erhaltenen Mosaikfußböden. Die südlichen Räume gehören zu dem großen Stadtpalast mit dem Dionysosmosaik. Nach Norden stößt mit gemeinsamer Mauer ein weiteres Peristylhaus an, das schätzungsweise bis in die unmittelbare Nachbarschaft des Tempels *{18}* gereicht haben muß.

9 Vor dem südlichen Querhaus hatte Doppelfeld 1949 u. a. die Reste eines mehrfach umgebauten Peristylhauses aufgedeckt, das auf der Niederterrasse liegt und mit seiner östlichen Rückseite an das tiefergelegene Haus mit dem Dionysosmosaik stößt [8]. Im Hinblick auf die Situation des Domes brachte diese Grabung lediglich den Beweis, daß die römische Insula (ein von vier Straßen umgrenztes Stück des regelmäßigen Stadtplanes), deren nördliche Hälfte der Dom überdeckt, in ihrer südlichen Hälfte von Wohngebäuden eingenommen war. Doppelfeld vermutete, daß die über den römischen liegenden Mauern zu der bei dem Begräbnis Annos erwähnten curtis regia gehörten. Die große Freifläche des Domhofes ist erst in nachkarolingischer Zeit entstanden.

10 An der Südseite und an der Westseite des Domes sind zwei zweistöckige Tiefgaragen im Bau. Dazu waren umfangreiche und tiefe Ausschachtungen nötig. Leider sind an beiden Plätzen die oberen Schichten schon entfernt worden, als man im 19. Jahrhundert das Niveau absenkte. So sind von

[4] Voigtel und Düntzer, Die an der Ost- und Nordseite des Domes zu Köln entdeckten Reste römischer und mittelalterlicher Baureste, Bonner Jb. 53/54, 1873, S. 199ff.

[5] F. Fremersdorf, Tempelrest auf dem Domhügel zu Köln, Bonner Jb. 133, 1928, S. 213 ff.

[6] Die Kunstdenkmäler der Stadt Köln II,3, Düsseldorf 1937, S. 48 ff.

[7] wie Anm. 6, S. 384; E. Reckers, Geschichte des Kölner Priesterseminars, Köln 1929, S. 155 ff.

[8] O. Doppelfeld, Die Grabung auf dem Domhof 1949, in: Kölner Domblatt 6/7, 1952, S. 102 ff.; ders., Einzelfunde vom Domhof, in: Kölner Domblatt 10, 1955 S. 10 ff.

der mittelalterlichen Bebauung nur noch geringe Fundamentreste zum Vorschein gekommen. Die mehrschichtige römische Bebauung läßt sich jedoch noch gut fassen. An der Südseite ist ein für die Geschichte der vormittelalterlichen Kathedrale wichtiges Ergebnis die genaue Fixierung der römischen Straßen. Die Kreuzung der die Dominsula im Westen und im Süden tangierenden Straßen ist gefunden worden. Von beiden kennen wir heute den genauen Verlauf und ihre im Laufe der Zeit wechselnden Breiten. Einzelne Begrenzungen der Straßen waren schon von Doppelfeld aufgefunden worden, doch waren die Straßenbreiten bis jetzt nur zu schätzen. Der Verlauf und die Ausbildung der die Insula westlich begrenzenden Straße, die auf den immer schon bekannten Turm der Stadtmauer an der Außenseite des nördlichen gotischen Domseitenschiffs zielt, läßt Schlüsse darauf zu, wie weit die Bebauung der nördlichen Hälfte der Dominsula nach Westen zu gereicht haben kann.

11 Die Vorbereitungen zur Ausschachtung an der Westseite brachten ein überraschendes Ergebnis. Das südwestliche Fundament des Südturms reichte nur bis rd. 8,70 m unter die Oberkante des Domfußbodens, ist also nach dem Fundament der östlichen Hälfte der südlichen Querhausfront das am wenigsten tief geführte von allen uns bisher bekannten Fundamentabschnitten des Domes [9]. Die Fundamente des nordwestlichen Pfeilers des Südturms reichen wesentlich tiefer hinab. Der Nordturm hat Fundamente bis zu 17 m Tiefe unter dem Domfußboden.

12 Die weiteren Schachtarbeiten brachten dann die Bebauung der Insula zwischen der oben *{10}* erwähnten Nord-Süd-Straße und der römischen Hauptstraße zum Vorschein. Hier ist der Anschluß an Doppelfelds Grabung von 1948 zu gewinnen [10]. Das Atrium des karolingischen Domes erstreckte sich über diese Insula hinweg bis zur Straße Unter Fettenhennen, die über der römischen Straße liegt. Von ihm sind allerdings nur noch wenige Spuren zu finden, weil auch hier im 19. Jahrhundert das Straßenniveau abgesenkt worden ist.

13 Das von uns jetzt umschriebene Gebiet wird vom gotischen Dom bedeckt, der mit seinen gewaltigen Fundamenten große Lücken in den früheren Bestand gerissen hat. Aber auch durch den karolingischen Neubau sind wesentliche Teile der älteren Bauten unwiederbringlich vernichtet worden. Befunde sind also nur in den zwischen den jeweils bis zum gewachsenen Boden geführten Fundamenten der beiden Bauten unberührt gebliebenen Zwischenräumen zu machen. Während nun im Inneren des Domes diese Zwischenräume miteinander in Verbindung stehen und damit die Schichten in den verschiedenen Kompartimenten miteinander in Beziehung gebracht werden können, bilden die gewaltigen Fundamentgruben der äußeren Umgrenzungsmauern einen scharfen Einschnitt, über den hinweg eine Beziehung der Schichten nur selten und dann nur bei äußerst scharfer Beobachtung zu finden ist. Die weiteren Grabungen werden mit Sicherheit einiges mehr bringen.

14 Wenn dennoch hier versucht wird, die Geschichte der Bebauung des Domhügels zu schreiben, so geschieht das einmal, wie es bisher auch schon geschehen ist, um einen Überblick zu geben über das, was wir seit dem Beginn der Grabung 1946 erfahren haben, aber auch, um über die sich schrittweise ändernde und klärende Deutung der Befunde zu berichten. Daß manches auch in dieser Darstellung noch zu beweisen bzw. exakter zu belegen sein wird, habe ich schon zu Anfang gesagt.

Die frühchristlichen Bischofskirchen

15 Der heutige Dom liegt in der Nord-Ost-Ecke der römischen Stadt. Parallel zum Rhein verläuft der Hang zwischen der Niederterrasse und der Flußaue. Die römische Bebauung gleicht die Höhenunterschiede nicht generell aus. So liegt das Haus mit dem Dionysosmosaik auf dem Niveau der Flußaue, das westlich anschließende Gebäude aber etwa 2 m höher. Der Abhang verläuft von Norden nach Süden etwa durch die Achse des heutigen Querschiffs.

[9] Wolff, Chronologie *{2}* S. 55.

[10] O. Doppelfeld, Die Ausgrabungen am Domkloster, Kölner Domblatt 14/15, 1958, S. 11 ff. = hier S. 219 ff.

16 Das regelmäßige römische Straßennetz ist gerade in dieser Ecke der Stadt gut bekannt. Die Straßen schneiden sich nicht genau im rechten Winkel und laufen jeweils auf einen Turm in der Stadtmauer zu. Sie scheinen, zum mindesten in der letzten römischen Periode, durchgängig mit Laubengängen versehen gewesen zu sein.

17 Das nordöstlichste durch die Straßen abgeteilte Viereck der römischen Stadt, etwa 115×115 m groß, wurde an der Ostseite vom Hafenmarkt begrenzt, der wegen des schrägen Verlaufs der Stadtmauer einen trapezförmigen Zuschnitt hatte. Die das Viereck südlich begrenzende Straße führte auf das Hafentor zu. An der Nordseite wurde die Insula von der Wallstraße begrenzt, die der Stadtmauer entlang lief.

18 Die Dom-Insula war, soweit wir es heute übersehen können, mit Wohn- und Geschäftsgebäuden von sehr unterschiedlicher Größe voll bebaut. Mitten darin stand jedoch ein verhältnismäßig kleines Gebäude, das nach Aussage der in ihm gefundenen Ausstattungsreste nur ein Kultgebäude gewesen sein kann. Die Errichtung dieses Podiumtempels ist von Doppelfeld, der auch die Funde beschrieben hat [11], in das erste Jahrhundert nach Chr. gesetzt worden. Die Stilmerkmale der gefundenen Ausstattungsreste deuten allerdings darauf hin, daß ein Umbau oder eine Neuausstattung im Anfang des 2. Jahrhunderts stattgefunden hat (Fig. 1,1).

19 Zu diesem Tempel gehören mit größter Wahrscheinlichkeit in nächster Umgebung gefundene bedeutsame Architekturfragmente: a) die 1866 in der Gegend des Petrusbrunnens ausgegrabene Inschrift, die, falls sie wirklich zugehörig ist, den Tempel als den des Merkur ausweisen würde, was zum Hafenmarkt gut paßte [12]; b) ein wenig mehr als 20 m vom Tempel entfernt bei der diesjährigen Grabung im Bereich der Dombauhütte gefundenes Gesimsstück; c) ein an der gleichen Stelle beim Abbruch einer Stützmauer des 19. Jahrhunderts gefundenes Bruchstück einer monumentalen Türumrahmung aus Kalkstein. Dies Stück ist besonders reizvoll (Abb. 28). Es zeigt eine Akanthusranke aus der ein Eichhörnchen über seinem Wintervorrat herauslugt. Ein wenig darüber schleicht sich eine züngelnde Schlange heran; d) der Rest eines Pilasterkapitells. Ob an der gleichen Stelle aufgefundene toskanische Säulenkapitelle und -bruchstücke zum Tempel gehören, ist noch nicht geklärt.

20 Der Tempel ist gegen Ende des 4. Jahrhunderts zerstört und wahrscheinlich auch bis auf die heute noch vorhandenen Mauern abgebrochen worden. Der Abbruchschutt füllte den Keller völlig aus; die späteste darin gefundene Münze ist von 388 n. Chr. Es liegt nahe, die Vernichtung des Gebäudes mit dem Verbot der heidnischen Kulte unter Theodosius (379 – 95) in Zusammenhang zu bringen und sie auf das Ende des 4. Jahrhunderts zu fixieren.

21 Nun hat aber die Umgebung des Tempels, wie neuere Untersuchungen ergeben haben, schon vorher eine einschneidende Veränderung erlitten. Wenn auch gewisse Spuren darauf hindeuten, daß er in der ersten Phase seiner Existenz nach Osten geöffnet war und dementsprechend eine in einen Vorhof hinabführende Treppe besessen haben müßte [13], so muß diese in einer zweiten Phase bis auf die erwähnten Spuren abgerissen worden sein, wenn sie überhaupt je ausgeführt worden ist.

22 Zu einer späteren Zeit, vermutlich zu Anfang des 4. Jahrhunderts, war das Erdreich im Osten des Tempels um rd. 2 m erhöht und mit einem Estrich abgedeckt worden; allerdings nicht auf der ganzen Breite der Ostfront. Etwa 2,25 m von der Nordecke entfernt stößt eine O-W-Mauer auf den Tempel, so daß, wenn jemals drei östliche Türen vorhanden waren, die nördliche nun zugesetzt war.

23 Auch auf die Westfront des Tempels stößt in der Flucht der vorerwähnten *{22}* eine ähnliche Mauer auf. Sie ist gegen den hier noch vorhandenen Außenputz gemauert. Die Bodenverhältnisse sind an dieser Stelle nicht untersucht.

[11] O. Doppelfeld, Die Domgrabung XV. Kölner Domblatt 21/22, 1963, S. 114 ff. = hier S. 406 ff.

[12] O. Doppelfeld, Der unterirdische Dom, Köln u. Krefeld, 1948, S. 22; U. Kahrstedt, Die Inschrift Nr. 3191 und der unterirdische Dom, Kölner Domblatt 2/3, 1949, S. 165 ff.; Doppelfeld, Domgrabung XV *{11}* S. 120 = hier S. 408.

[13] Doppelfeld, Domgrabung XV *{11}*, S. 119 = hier S. 408.

24 Gegen die Nordflanke des Tempels und die oben *{22}* erwähnte Mauer stößt ein Estrichboden auf der Höhe von 50,50 m über NN. an, der das Gebäude also von Norden her umgreift. Diesen Boden haben wir in der O-W-Richtung auf eine Länge von fast 60 m verfolgen können. Zu ihm gehören zwei parallele N-S-Mauern, von denen die westliche ungefähr in der Achse des heutigen Querschiffs liegt. In der östlichen liegt eine Türschwelle. Nach Westen zu schließt der Boden, etwa 20 cm höher liegend, an [14].

25 Doppelfeld hat schon 1963 vermutet, daß die gefundenen Böden zu einer Bischofskirche gehören, die westlich von der genannten Türschwelle lag und gewestet war (Fig. 1, 2).Die beiden parallelen Mauern kann man sich als die Begrenzungen eines etwa 3,0 m breiten Narthex vorstellen. Östlich davon muß sich ein sehr geräumiges Atrium befunden haben, das vielleicht mit Umgängen versehen war (Fig. 1, 3). Da die auf die Mitte des 6. Jahrhunderts datierbaren fränkischen Gräber – das der Fürstin und das des königlichen Knaben – in den Estrich des Atriums eingetieft sind, muß dieses älter als 550 sein [15]. Eine jüngst von Ernst Hollstein durchgeführte, aber noch nicht publizierte dendrochronologische Untersuchung von Holzteilen aus dem Knabengrab hat zu dem gleichen Ergebnis geführt.

26 Über den westlichen Abschluß dieser frühesten Bischofskirche läßt sich nichts aussagen und wir werden wahrscheinlich auch nie etwas darüber erfahren, weil die karolingische Kathedrale mit ihren mächtigen Substruktionen alle Spuren vernichtet zu haben scheint. Auch von der übrigen Kirche besitzen wir bisher nur die Fußböden und ganz geringe Fundamentreste, die uns nicht erlauben, eine Rekonstruktion zu wagen.

27 Die unteren Fundamente der unter dem Nordflügel des karolingischen Querhauses gefundenen Bauten sind möglicherweise die der Nordwestecke der Kirche [16]. Ein dort gefundener Bodenrest liegt zwar wesentlich höher als die weiter westlich angetroffenen Böden. Daraus ergeben sich vorerst noch nicht lösbare Schwierigkeiten für die Rekonstruktion. Andererseits zeigt ein unmittelbar an der Nordseite der vermutlichen Nordmauer der Kirche liegender Gully der Straßenentwässerung, daß hier noch auf die Wallstraße Rücksicht genommen ist. Die Oberkante des Gullys entspricht in etwa dem erwähnten Boden.

28 Nach dem Abbruch des Tempels *{20}* wurde der nicht wiederverwendbare Abbruchschutt in den Keller eingefüllt; die östlich und westlich anstoßenden Mauern wurden durch eine auf den Schutt gesetzte schwache Mauer miteinander verbunden, so daß das Atrium hier eine geradlinige Südbegrenzung erhielt (Fig. 2, 1). Da die Abbruchkante des Tempelmauerwerks höher liegt als der Boden des Atriums, kann man mit Vorsicht schließen, daß dieses einen um eine Stufe höher liegenden Umgang besaß.

29 In das Atrium wurde vor der Mitte des 6. Jahrhunderts eine rechteckige Kapelle mit östlicher Apsis gesetzt [17]. Sie richtet sich nicht nach den Achsen der älteren Bauten. Die Achsenabweichung kann aber damit erklärt werden, daß man die Richtung nicht nach dem mittäglichen Sonnenstand, sondern nach dem Sonnenaufgang an einem bestimmten Heiligenfest festlegte (Fig. 3, 6; Fig. 7 a). In die Kapelle kamen um 550 die beiden erwähnten Gräber *{25}*.

30 In dieselbe Periode gehört eine weitere Grabkammer, die etwa 5 m nach Osten vor der Apsis der Kapelle liegt. Sie ist, wie auch die beiden anderen Gräber, aus Steinplatten errichtet. Leider ist sie an ihrem Ostende bei der Ausschachtung für die Spannmauer am Ostende des karolingischen Schiffs abgeschnitten und bei dieser Gelegenheit vollständig ausgeraubt worden.

[14] Doppelfeld, ebd. XV *{11}*, S. 112 ff. = hier S. 406 ff.

[15] O. Doppelfeld, Das fränkische Frauengrab, Kölner Domblatt 16/17, 1959, S. 41 ff.; ders., Der Helm aus dem fränkischen Knabengrab, Kölner Domblatt 20, 1961/62, S. 103 ff.; ders., Das Inventar des fränkischen Knabengrabes, Kölner Domblatt 21/22, 1963, S. 49 ff.

[16] Weyres, Baugeschichte *{1}*, S. 53 f. = hier S. 496 f.

[17] Doppelfeld, Domgrabung XV *{11}*, S. 113 = hier S. 401.

31 Die Kapelle ist bald, nachdem die beiden Gräber angelegt worden sind, abgebrochen worden. Der für sie durchstoßene Boden wurde nämlich nicht geflickt, sondern es wurde ein etwa 20 cm höher liegender neuer Boden eingebracht, der auch die Fundamente der Kapelle überdeckt [18].

32 Unmittelbar darauf ist ein Rundbau errichtet worden (Fig. 4,e; Fig. 7,b). 1967 habe ich noch bezweifelt, ob die von Doppelfeld so genannte Rotunde ein Bema wäre [19]. Der Fortgang der Grabung nach Osten hat jedoch gezeigt, daß der an das Rund nach Osten zu angesetzte 1,50 m breite Gang 7,50 m lang ist. Dann stößt er an ein schwaches N-S-Fundament. Nach Lage der Dinge kann das Gebilde nicht als ein Gebäude rekonstruiert werden; es muß tatsächlich ein Bema gewesen sein. Daß innerhalb der Rotunde und des Ganges kein zugehöriger Boden gefunden wurde, ist leicht erklärlich. Das Bema, auf dem der Klerus beim Wortgottesdienst Platz nahm, muß um mehrere Stufen höher gelegen haben als der Schiffboden. Bei der späteren Änderung der Anlage, die eine Tieferlegung dieser Stelle nötig machte, mußte der Bodenbelag mit den wahrscheinlich vorhandenen Sitzbänken verschwinden.

33 Die Deutung der „Rotunde" als Bema wird unterstützt durch den Fund zweier ähnlicher Anlagen bei der Domgrabung in Trier [20], einer weiteren in der Severuskirche in Boppard [21] und einer vierten in St. Ursula in Köln [22]. Der Vergleich mit syrischen Bemen drängt sich auf, wenngleich diese Anlagen m. W. keinen verbindenden Laufgang zum Altarraum haben [23]. Andererseits kann die Kölner Anlage wegen ihrer Größe – sie hat einen lichten Durchmesser von 4,50 m – nicht als normaler Ambo angesehen werden. Man kennt zwar Ambonen, die in der Mittelachse des Schiffes liegen, aber sie sind wesentlich kleiner und boten in der Regel nur dem Diakon und seiner Begleitung Platz. Auch fehlt ihnen dann der Laufgang zum Altarplatz hin. Mit der Kölner Anlage am ehesten zu vergleichen ist die der kleinen in der zweiten Hälfte des 7. Jahrhunderts in die Konzilskirche zu Ephesos eingebauten Pfeilerbasilika. Dort liegt mitten im Schiff ein im äußeren Durchmesser etwa 3,70 m messendes Oktogon, das durch einen ca. 7,0 m langen Laufgang mit dem Altarplatz verbunden ist [24].

34 Das Bema kann nicht unter freiem Himmel gelegen haben [25]. Aus seiner Existenz ist mit Sicherheit zu schließen, daß nach 550 die römische Kathedrale über einen großen Teil des Atriums weg nach Osten zu erweitert worden ist (Fig. 4,7), wie weit ist heute noch nicht zu sagen (Bau V nach Doppelfelds Zählung). Östlich der erwähnten Schrankenmauer muß jedenfalls noch ein Raum für den Altar angenommen werden. Die gesamte Länge der Kirche hat im 6. Jahrhundert mindestens 70 m betragen.

35 Es ist jedoch nicht ausgeschlossen, daß die nach Westen gerichtete römische Bischofskirche und die geostete fränkische Erweiterung sich als zwei selbständige hintereinander angeordnete Räume herausstellen. Gewisse Anzeichen, wie eine über das Niveau der Fußböden herausragende kräftige N-S-Mauer [26] sprechen dafür. Eines ist jedenfalls sicher, daß die beiden Kirchen, wenn es tatsächlich so war, Rücken an Rücken gestanden haben müssen.

[18] Doppelfeld, Domgrabung XV *{11}*, S. 114 = hier S. 401.

[19] Weyres, Baugeschichte *{1}*, S. 49, § 172 ff. = hier S. 492 ff.

[20] Frdl. Mitteilung von Dr. Th. Kempf.

[21] [Katalog] Römer am Rhein, Köln 1967, S. 114, Abb. 13 u. Taf. 9; H. Eiden, Zur Siedlungs- und Kulturgeschichte der Frühzeit, in: Zwischen Rhein und Mosel – Der Kreis St. Goar (1966), S. 17 ff.

[22] [Katalog] Römer am Rhein *{21}*, S. 116 f.

[23] Bema ist ein erhöhter Platz, auf dem in der römischen Basilika der Richter seinen Platz hat. Man bezeichnet aber auch die erhöhte Apsis der christlichen Basilika so und in syrischen Kirchen den erhöhten Platz für den Wortgottesdienst mitten in der Kirche. O. Nußbaum, Der Standort des Liturgen am christlichen Altar vor dem Jahre 1000, Bonn 1965, S. 28 f. und passim.

[24] Nußbaum, Standort des Liturgen *{23}* S. 122 f. und Abb. IV,4; nur aus der Literatur bekannt ist der große Ambo, der mitten unter der Kuppel der Hagia Sophia in Konstantinopel stand und auf dem der Kaiseer gekrönt wurde.

[25] Meine im Kölner Domblatt 1967, S. 51, § 180 = hier S. 506, geäußerte Vermutung kann nicht stimmen. Für die seitlich an den Laufgang des Bema angesetzten Räume muß eine andere Erklärung gefunden werden.

[26] Doppelfeld, Domgrabung XV *{11}*, S. 115 = hier S. 402. Mauer 192.

Abb. 1.

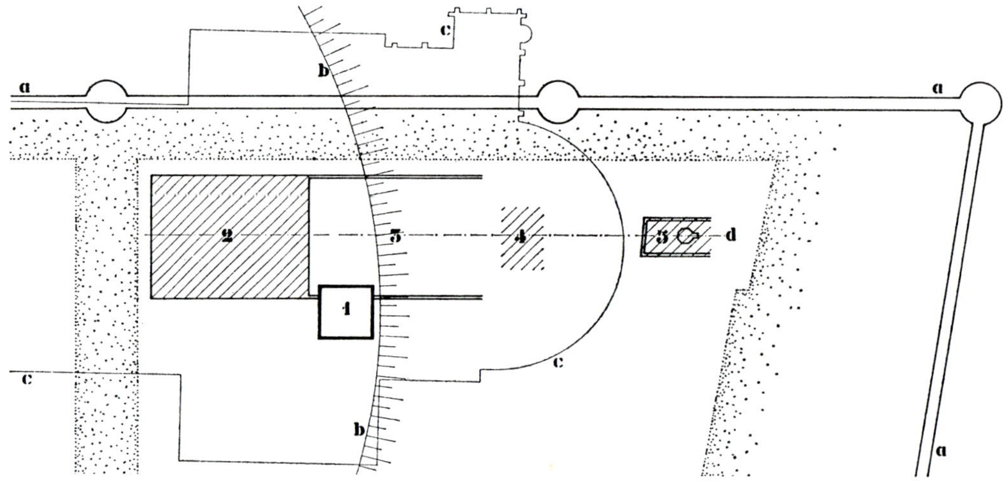

Abb. 2.

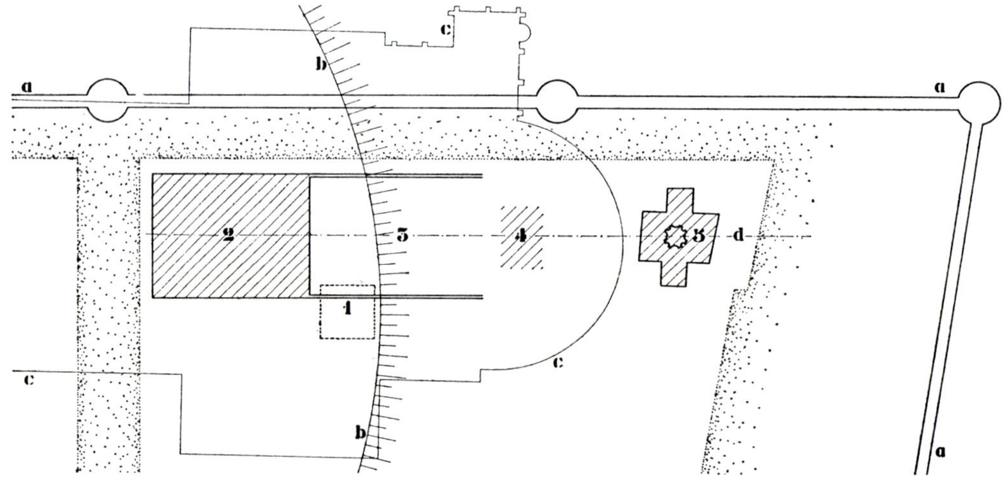

Abb. 3.

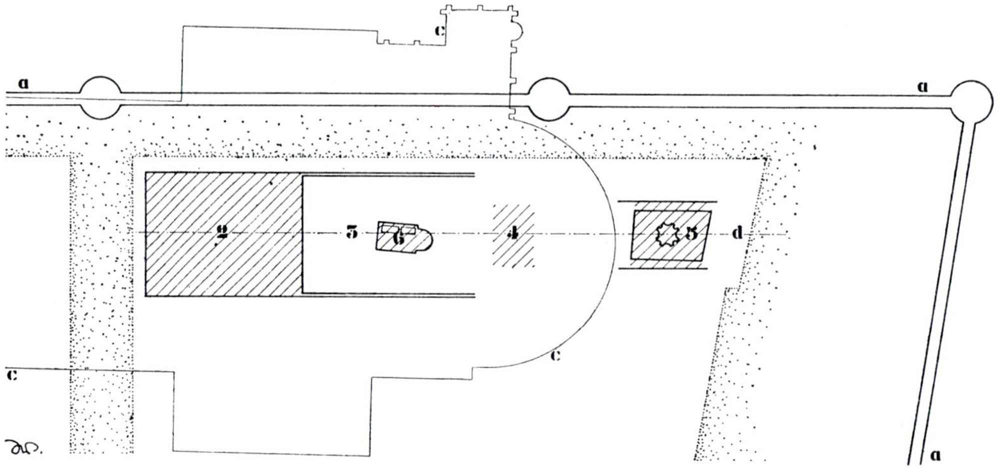

Abb. 1 – 3. Bebauung des Domhügels im 4. bis 6. Jahrhundert. – Maßstab 1 : 1500.

Abb. 1. Zustand gegen Ende des 4. Jh.; Abb. 2. Zustand in der 1. Hälfte des 5. Jh.; Abb. 3. Zustand um die Mitte des 6. Jh.

1 Römischer Tempel (etwa 50 bis 388 n. Chr.); 2 Römische Bischofskirche, gewestet (vielleicht seit 313/14); 3 Atrium; 4 heizbares Gebäude, vielleicht Pristerkollegium; 5 Baptisterium; 6 Kapelle im Atrium mit Fürstengräbern.

a) römische Stadtmauer (etwa 50 n. Chr.); b) vermutliche Lage des Geländebruches zwischen Mittel- und Unterterrasse; c) Umrißlinie des gotischen Domes (ab 1248). Punktiert: Straßen und Markt in römischer Zeit.

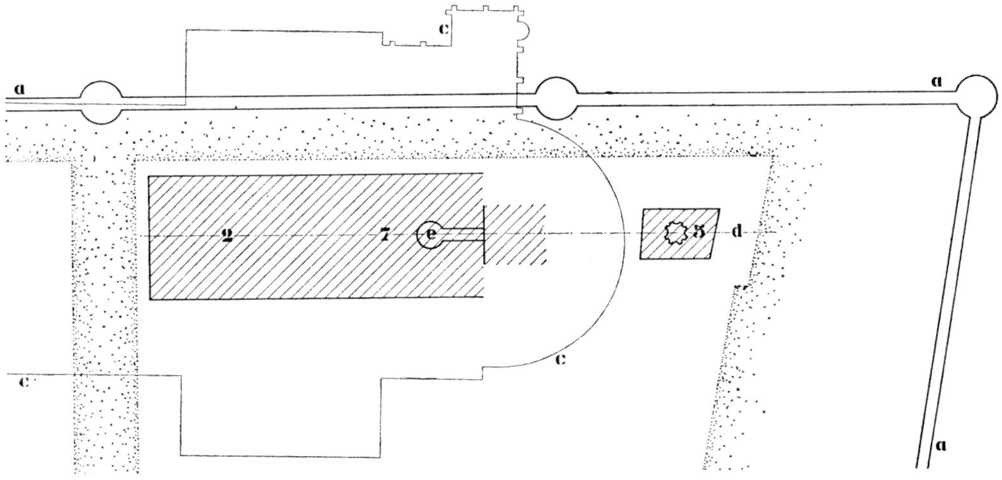

Abb. 4.

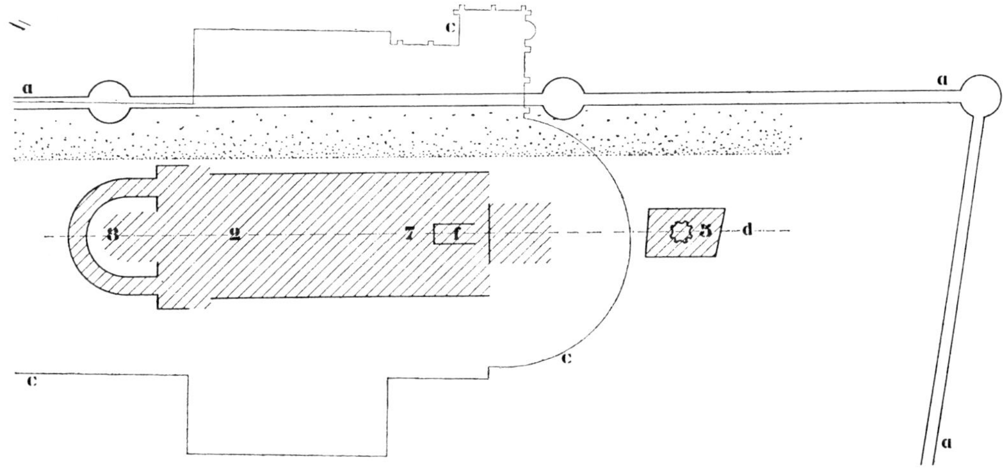

Abb. 5.

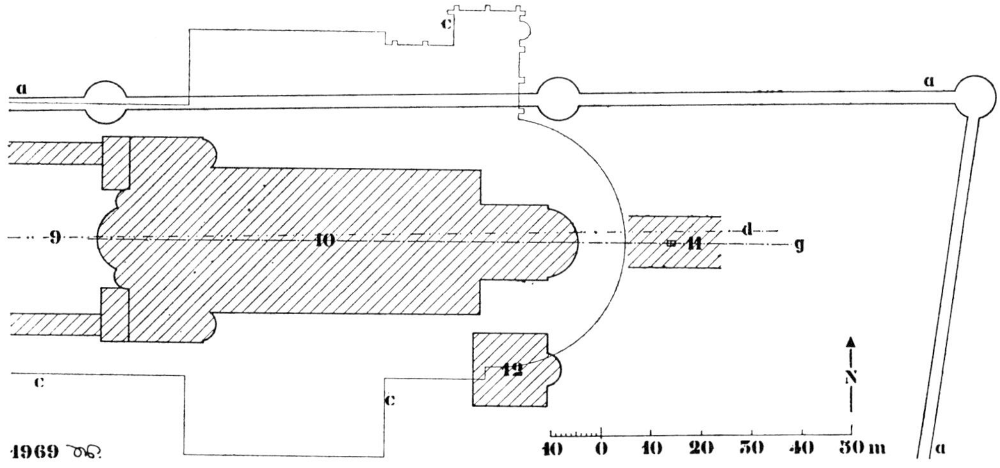

Abb. 6.

Abb. 4 – 6. Bebauung des Domhügels im 6. bis 9. Jahrhundert. – Maßstab 1 : 1500.
Abb. 4. Zustand gegen Ende des 6. Jh.; Abb. 5. Zustand zwischen 782 und 800; Abb. 6. Zustand im 9. Jh. 7 Fränkische Erweiterung der frühchristlichen Bischofskirche, geostet; 8 frühkarolingische Erneuerung der Westanlage mit Ringatrium (vor 800); 10 karolingische Erzbischofskirche, „Alter Dom" (beg. vor 816, geweiht 870): 9 Atrium; 11 karol. Baptisterium; 12 Pfalzkapelle; d) Achse der frühchristlichen Anlagen; e) Bema; f) schola cantorum; g) Achse der karolingischen Anlagen. Nichtgenannte Zahlen und Buchstaben wie in Abb. 1 – 3.

36 Venantius Fortunatus spricht in einem Lobgedicht davon, daß der Bischof Carentinus (um 565) sich mit großem Eifer der Verschönerung und Erweiterung der Kirchen gewidmet habe. Es ist nicht zu sagen, ob die Textstelle, die meist auf St. Gereon gedeutet wird, auch auf die Kathedrale zu beziehen ist. Man kann daraus lesen, daß der Bischof, um mehr Leute unterzubringen, entweder in einer vorhandenen Kirche hat Emporen einbringen oder auch eine Emporenkirche hat bauen lassen [27]. Es ist nicht abwegig anzunehmen, daß der baufreudige Carentinus den fränkischen Erweiterungsbau der Kathedrale vorgenommen hat. Der archäologische Befund spricht jedenfalls nicht dagegen. Man wird jedoch auch in diesem Fall über das Aussehen der Kirche wahrscheinlich nie etwas Sicheres erfahren können, da die karolingischen Fundamentgruben fast genau anstelle der vorauszusetzenden Stützenreihen des merowingischen Baues ausgehoben worden sind und bei ihrer Tiefe alle früheren Spuren getilgt haben.

37 Zur Zeit des hl. Bischofs Kunibert (623 – 663) schenkte zwischen 640 und 647 König Sigibert III. der Kirche des hl. Petrus ein Landgut [28]. Damit erfahren wir, daß der Kölner Dom dem hl. Petrus geweiht war. Wir müssen nach dem vorher Gesagten für diese Zeit entweder eine doppelchörige oder eine Doppel-Kirche annehmen. Wo stand der Petrusaltar? Wir wissen heute mit Sicherheit, daß er im karolingischen Dom in der Westapsis stand und der Hauptaltar war [29]. Wegen der nunmehr eindeutig zutage tretenden Kontinuität der Bebauung des Domhügels darf man ohne allzugroße Unsicherheit schließen, daß auch in der römischen und in der merowingischen Kirche der westliche Altar der des hl. Petrus war. Dann liegt es nahe, den merowingischen Ostchor als der Muttergottes geweiht anzusehen, wenn auch die früheste Erwähnung eines Marienaltares erst die überlieferte Altarinschrift des Alcuin († 802) ist [30]. Es ginge jedoch wohl zu weit, aus Ähnlichkeiten mit der inneren Einrichtung der Konzilskirche von Ephesos darauf schließen zu wollen, daß in Köln ein bestimmter Typus nachgeahmt worden wäre.

38 Der Bau der Periode V wurde vor 800 im Westen entscheidend verändert. Die alte, der Straßenflucht folgende Westwand wurde abgerissen und eine halbrunde Apsis angesetzt, die in die anscheinend aufgegebende Straße einsprang. Sie wurde mit einem halbmondförmigen Atrium umgeben, das von einem konzentrisch geführten Umgang begrenzt wurde (Fig. 5,8). Dieser ist bei der Grabung sehr gut erfaßt worden und entspricht in Form und Lage dem westlichen Atrium des Planes von St. Gallen [31].

39 Die Form der Apsis kann nur aus der Form des Umganges erschlossen werden. Ihre Spuren sind durch die tiefreichenden Fundamente der Apsis des karolingischen Domes (Bau VII) restlos vernichtet worden. Doch ist die Fußbodenhöhe innerhalb zu erschließen. Sie entspricht in etwa der des Umganges und liegt etwas mehr als 1,0 m über dem Schiffboden. Wohl gleichzeitig wurde auch der Raum östlich vor der Apsis querschiffartig erweitert [32]. Auch hier ist der Boden entsprechend dem der Apsis erhöht worden.

40 Man wird das Datum dieser Erweiterungsbauten nicht allzuweit von dem des St. Galler Planes abrücken wollen, das um 820 anzusetzen ist. Einen Hinweis mögen die beiden von Alcuin verfaßten Inschriften für Altarbekleidungen geben [33]. Aus ihnen ergibt sich, daß die Stiftung erfolgt ist, während Karl noch König, Hildebold Bischof war und Alcuin noch lebte. Das war zwischen 782

[27] Frühchristliches Köln, hrsg. vom Römisch-Germanischen Museum (Schriftenreihe der Archäologischen Gesellschaft Köln Nr. 12), Köln 1965, S. 16.

[28] Frühchristliches Köln *{27}* S. 17.

[29] Weyres, Baugeschichte *{1}*, S. 8, § 8 = hier S. 455.

[30] Weyres, Baugeschichte *{1}*, § 18 = hier S. 456.

[31] O. Doppelfeld, More romano, Kölner Domblatt 8/9, 1954, S. 33 ff. = hier S. 159 ff. Die dort gegebene Rekonstruktion von Bau VI ist entsprechend zu korrigieren. In dieser Periode ist der römisch-fränkische Bau lediglich erweitert worden.

[32] Weyres, Baugeschichte *{1}*, § 181 ff. = hier S. 494 ff.

[33] Weyres, Baugeschichte *{1}*, § 18 = hier S. 456; Frühchristliches Köln *{27}*, S. 19.

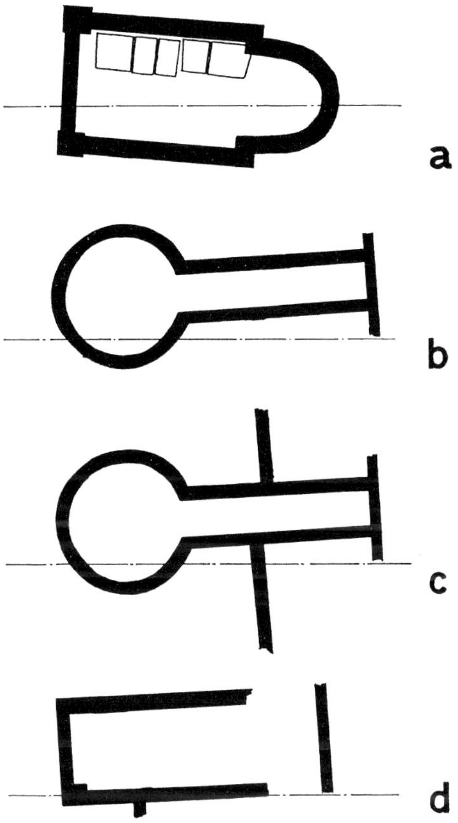

Abb. 7. Kleinbauten unter dem Chor des Domes
a) Fränkische Kapelle mit Fürstengräbern im Atrium der römischen Bischofskirche (6 in Abb. 3).

b) Bema der fränkischen Erweiterung der Bischofskirche (e in Abb. 4).

c) Bema mit späteren seitlichen Anbauten.

d) schola cantorum (f in Abb. 5).

und 800 der Fall. Es ist nicht allzu kühn anzunehmen, daß die Stiftung der Altarumkleidungen mit der westlichen Erweiterung der Kathedrale zusammenhängt.

41 Während die Veränderungen am Westende der Anlage in etwa datiert werden können, sind die Verhältnisse im Osten noch nicht klar zu durchschauen. Auch hier sind Veränderungen vorgenommen worden. Die interessanteste davon ist die Beseitigung des Bema *{32}*. Es wurde bis auf Fußbodenhöhe abgebrochen, nachdem es vorher schon einmal seitlich erweitert worden war (Fig. 7,3). Unmittelbar darüber verlegte man die Fundamente für eine U-förmige Umschrankung, die einen Raum von etwa 3,0 m lichter Weite und etwa 7,5 m Länge umfaßte (Fig. 5,f; Fig. 7,d). Er war nach Osten hin geöffnet und ließ vor der alten Chorschranke einen Durchgang von etwa 2 m frei. Das östliche Ende kann nicht genau fixiert werden, weil die karolingische Spannmauer bzw. deren Baugrube es abgeschnitten haben.

42 Die Anlage kann kaum anders gedeutet werden als eine schola cantorum römischer Art. Auf den Fundamenten müßten dann etwa brusthohe Schranken gestanden haben. Von ihnen ist allerdings keine Spur gefunden worden. Da aber, wie die ganze Baugeschichte des Domhügels zeigt, Natursteine in Köln ein verhältnismäßig kostbares Material waren, das man bei Abbrüchen sorgsam barg und wieder verwendete, ist es gar nicht ausgeschlossen, daß die Schranken im karolingischen Fundamentmauerwerk stecken.

43 Ein kleiner Maueransatz an der Südschranke könnte darauf hindeuten, daß hier ein Ambo angebracht war. Da für die Position des Ambo eine feste Regel offensichtlich nicht existierte und genügend Beispiele für eine südliche Lage bekannt sind, vor allem in Griechenland und Palästina, so bietet die angebotenen Deutung des Maueransatzes aus diesem Grunde keine Schwierigkeiten.

44 Der Ersatz des Bema durch eine schola cantorum läßt auf eine Änderung der liturgischen Gebräuche schließen. Man geht wohl nicht fehl in der Annahme, daß dies in Zusammenhang steht mit der Romanisierung der Liturgie im 8. Jahrhundert. Die Frage muß offenbleiben, ob die baulichen Änderungen gleichzeitig mit den Umbauarbeiten im Westen der Kathedrale oder vielleicht auch früher erfolgt sind.

45 Es scheinen in dieser Phase im Osten auch noch andere Veränderungen vorgenommen worden zu sein. Eine breite Mauer nördlich der „schola cantorum" und entsprechende Mauerreste an ihrer Südseite deuten darauf hin. Bisher ist es jedoch nicht möglich, eine brauchbare Erklärung dafür zu finden.

46 Die ganze Kathedrale der Periode V und die Erweiterungen der Periode VI sind zu Beginn der Periode VII, die wir, der Tradition folgend, mit dem Namen des Erzbischofs Hildebold verbinden, restlos abgerissen worden (Fig. 6,10). Über den Bau der Periode VII haben Doppelfeld und ich mehrfach berichtet [34].

Zur Datierung der römischen Bischofskirche

47 Über die Datierung der frühesten Kathedrale habe ich bisher nichts gesagt. Es schien mir richtig, zunächst die Kontinuität der Bebauung auf der Stelle des heutigen Domes darzulegen, ehe diese schwierige Frage angegriffen wurde. Wir sahen, daß der römische Tempel *{18 – 19}* schon vor seiner Zerstörung auf seiner Nordseite und teilweise auch auf der Ostseite von einem Estrich umgriffen worden ist, der etwa 2 m höher liegt als das ursprüngliche Terrain *{22, 24}*. Nach Ausweis der Bodenprofile ist der Niveauunterschied zwischen der Niederterrasse und der Flußaue in einem Arbeitsvorgang ausgeglichen worden, so daß sich – der Anfang des „Domhügels" – ein weit nach Osten vorschießendes Plateau bildetet, das mit einem Estrich bedeckt war *{24}*. Wir haben diese Anlage als Atrium zu einer westlich davon auf der Niederterrasse liegenden Kirche gedeutet, das an der Südseite von Mauern begrenzt war, die gegen die Ost- und Westseite des Tempels stießen *{22,23}*.

48 Die Korrektur der südlichen Begrenzungsmauer nach dem Abbruch des Tempels *{20,28}* kann mit ziemlicher Gewißheit in das Ende des 4. Jahrhunderts gesetzt werden. Das bedeutet, daß das Atrium älter sein muß und daß Kirche und Tempel im 4. Jahrhundert nebeneinander existiert haben. Die bisherigen Funde erlauben keine genauere zeitliche Festlegung, doch ist es nicht abwegig zu vermuten, daß einer der ersten Kölner Bischöfe, vielleicht auch der hl. Maternus (um 313/14) den nördlichen Randstreifen der „Dominsula" ankaufte und auf dessen westlichem Ende seine Kathedrale baute. Der Vorgang wäre nicht ohne Parallele. Die Kölner Situation ist nicht unähnlich der der Kathedrale (vor 375) und der östlich anschließenden Theodorosbasilika (494/96) in Gerasa in Jordanien [35].

Die Baptisterien

49 Bis in das 8. Jahrhundert hatte nur der Bischof das Recht zu taufen. Das heißt aber nicht, daß nur in der Kathedrale getauft wurde. Nachdem die Kindertaufe allgemein geübt wurde, wäre das in den weit ausgedehnten transalpinen Bistümern gar nicht möglich gewesen. Es gab an bestimmten Orten des Diözesangebietes Taufkirchen. Ein besonders interessantes Beispiel einer solchen ist die vor einigen Jahren unter St. Severus in Boppard aufgedeckte Anlage aus dem 5. Jahrhundert [36]. Dort befindet sich das Baptisterium im abgetrennten westlichen Teil der Kirche. Bei den Bischofskirchen müssen wir allerdings mit selbständigen Taufhäusern rechnen.

[34] zuletzt Weyres, Baugeschichte *{1}*, S. 7 ff. = hier S. 454 ff.

[35] J. W. Crowfoot, Churches at Jerash, Jerusalem 1931; C. H. Kraeling, Gerasa, City of the Decapolis, New Haven, 1938, S. 214 ff.

[36] [Katalog] Römer am Rhein, Köln ^{2}1967, S. 114.

50 Ein solches selbständiges Baptisterium hat die Kölner Bischofskirche bis in die karolingische Zeit hinein besessen. Es lag, im Laufe der Zeit mehrmals neuerrichtet oder verändert, im Osten des heutigen Domes zwischen der Kapitelgruft und dem ehemaligen Standort der Petrusbrunnens *{3 – 5}*.

51 Auch an dieser Stelle der Insula deuten die ältesten Schichten, vier an der Zahl, auf eine Wohn- bzw. gewerbliche Bebauung in römischer Zeit. In der vierten fand sich ein Haufen von Glasmosaiksteinchen, die zugehauen, aber nicht versetzt waren. Die ziemlich reiche Farbskala, bei der blaue Steinchen die Mehrzahl bildeten, entspricht in etwa der der Mosaiken im Mausoleum der Galla Placidia in Ravenna († 450). Die im selben Raum angetroffenen Reste eines Ofens lassen die Vermutung zu, daß hier ein gewerblicher Betrieb war.

52 Etwa 40 cm höher liegt ein Boden, der schon von Voigtel gefunden war und der an der Süd-, West- und Nordseite mit Mauern in Verbindung steht, die einen in etwa rechteckigen Raum ergeben. Der östliche Abschluß war leider nicht mehr zu fassen. In der Achse dieses Raumes liegt, von der späteren Anlage zum größten Teil überdeckt, eine achtseitige Piscine mit zugehörigem Abflußkanal (Fig. 1,5). Aus den Fundberichten läßt sich nicht schließen, ob es sich um eine private oder eine kultische Anlage gehandelt hat [37]. Jedoch sprechen genügend Anzeichen dafür, daß es sich hier tatsächlich um das erste Kölner christliche Baptisterium handelt.

53 Die rechteckige Grundform des Raumes ist bei früheren Baptisterien öfters zu finden (Trier, 4. Jh.; Aquileia, nach 452) [38]. Weder bei früheren Grabungen noch von uns sind Maueransätze gefunden worden, die darauf schließen lassen, daß das Gebäude in einem größeren Komplex eingebunden war; m. a. W. wir müssen annehmen, daß es isoliert gestanden hat und deshalb nicht gut als Badstube eines Privathauses angesehen werden kann. Schließlich liegt die Piscine genau in der Achse der merowingischen und wahrscheinlich auch der römischen Bischofskirche, die wir aus der Lage des Bemas erschließen können *{32}*, und das dürfte wohl etwas mehr als ein bloßer Zufall sein.

54 Daß das „Baptisterium" etwa 2,20 m tiefer liegt, als das von uns gefundene Niveau des Atriums, erklärt sich aus dem natürlichen Geländeabfall. Bei dem Nachfolgebau an derselben Stelle, den wir mit Sicherheit als Baptisterium deuten können, ist das aber praeter propter dasselbe. Völlig ungewöhnlich ist dagegen der erhebliche Abstand des Taufhauses von der Kirche. Wegen der gewaltigen Störung durch die gotischen Fundamente werden wir leider nie Klarheit darüber bekommen können, auf welche Weise das höhere Niveau des Atriums mit dem tieferen des Baptisteriums verbunden war.

55 Die Datierung des ersten Baptisteriums ist schwierig, weil uns die Fundstellen der 1866 entnommenen Scherben und Münzen nicht exakt überliefert sind. Angesichts des Nachfolgebaues dürfte es jedoch erlaubt sein, es noch in das 4. Jahrhundert zu setzen.

56 Der Boden des zweiten Baptisteriums liegt etwa 70 cm höher, die Mauern des älteren sind bis zu dieser Höhe abgerissen worden. Die alte O-W-Achse wurde beibehalten, aber die Mauern sind an allen drei uns bekannten Seiten – die Ostwand fehlt auch hier – um etwa 60 cm weiter nach außen neu errichtet worden, so daß ein Raum von 8,70 m lichter Weite entstand (Fig. 2,5).

57 In der Mittelachse, aber gegenüber der älteren Piscine weiter nach Westen gerückt, liegt ein bemerkenswertes Taufbecken, das von Voigtel sorgsam erhalten und überwölbt worden ist, so daß es nach Abschluß der Arbeiten hinter dem Chor zugänglich ist (Abb. 2). Seine Grundform ist die eines Achtecks mit kürzeren Schrägseiten. Die Begrenzungsmauern sind jedoch nach innen gebogen, so daß eine Sternform mit abgestumpften Ecken entsteht. Man kann sich gut vorstellen, daß auf diesen herausspringenden Ecken, wie bei verwandten Beispielen, Säulen standen, die einen Baldachin trugen. Nach innen folgt der Umfassungsmauer eine Stufe. Je eine weitere Stufe führt an

[37] Die Kunstdenkmäler der Stadt Köln I,2, Düsseldorf 1906, S. 227 f.; Voigtel und Düntzer, Baureste *{4}*.

[38] W. Weyres, Der Ort des Taufgeschehens, in: Kölner Pastoralblatt, 1958, S. 238 ff.

der nördlichen und südlichen orthogonalen Seite auf den Boden des Beckens. Ein Abflußkanal mit einem Bleirohr führt unter dem Boden des Raumes nach NO; er wird kurz vor der Außenwand nach N abgewinkelt.

58 Nach Norden und Süden schließen sich, nicht ganz gleichmäßig angesetzt, Nebenräume an. Die von Voigtel mitgeteilten Aufzeichnungen [39] lassen eine eindeutige Rekonstruktion nicht zu. Auch unsere Grabungen haben keine eindeutige Klärung des Umfanges dieser Nebenräume gebracht. Berücksichtigt man Form und Lage des Gebäudes, so dürfte die Zweckbestimmung eindeutig klar sein. Es kann kein Zweifel sein, daß es sich hier um ein christliches Baptisterium handelt.

59 Zur Datierung können allerdings nur verwandte Anlagen herangezogen werden, da auch hier die bei der Voigtelschen Ausgrabung gemachten Funde nicht lokalisierbar sind. Eine ganz ähnliche, wenn auch siebenstrahlige Form, hat die vor einigen Jahren aufgedeckte Anlage in der Severuskirche in Boppard [40], die in den Anfang des 5. Jahrhunderts gesetzt wird. Verwandt ist auch die gewaltige achtstrahlige Piscine des zwischen 432 und 440 erneuerten Lateranbaptisteriums und das achtstrahlige Taufbecken im Baptisterium von Fréjus (5. Jh.) [41].

60 Da es völlig ausgeschlossen erscheint, daß in der Zeit zwischen der endgültigen Besetzung von Köln durch die heidnischen Franken und der Taufe Chlodwigs ein neues Baptisterium in Köln errichtet worden ist, und die sorgfältige Technik nach einer fünfzigjährigen Unterbrechung der römischen Bautradition schwer denkbar ist, spricht alles dafür, daß das zweite Baptisterium in der ersten Hälfte des 5. Jahrhunderts gebaut worden ist.

61 Der Kernbau ist mit größter Wahrscheinlichkeit bis in die karolingische Zeit erhalten geblieben. Doch sind mindestens zwei Umbauphasen erkennbar. Zunächst sind die seitlichen Räume aufgegeben worden. An ihre Stelle trat ein schmaler Umgang, der an der Nordseite festgestellt worden ist; sein Boden lag etwa 50 cm höher als der des Baptisteriums selbst. Brandspuren deuten darauf hin, daß es sich um eine Holzkonstruktion auf einer niedrigen Brüstungsmauer gehandelt hat (Fig. 3,5).

62 Nach dem Brande ist das Gelände außen um mehr als einen Meter angewachsen. Das erklärt sich daraus, daß die Umgebung als Friedhof benutzt wurde. Der Kernbau muß auch in dieser Zeit noch existiert haben, denn nach Voigtels Grabungsbericht sind im Bereich des Baptisteriums selbst keine Gräber gefunden worden (Fig. 4,5).

63 Nach Voigtels Bericht [42] lag über dem zweiten Baptisterium, aber mit südwärts verschobener Achse, ein Gebilde, das zunächst wie ein Entwässerungsschacht mit ostwärts verlaufendem Abflußkanal aussah. Die Anlage selbst ist 1866 abgeräumt worden. Daß der Schacht in der gegenüber der früheren Kirche verschobenen Achse des karolingischen Domes lag, brauchte zunächst noch nichts Besonderes zu bedeuten. Doch haben wir bei unserer Grabung zwei z. T. ausgeraubte parallele O-W-Fundamente gefunden, die ihrer Höhenlage nach als karolingisch anzusehen sind. Der erwähnte Schacht liegt in der Achse des Gebäudes, das wir aus den Mauern rekonstruieren müssen (Fig. 6,11).

64 Der Höhenlage nach zu diesem Gebäude gehörig ist ein Kanal mit einer Bleirohrdruckleitung, der von S-W auf die Mitte des Gebäudes zuläuft. Seine Lage entspricht, wenn man ein entsprechendes Gefälle berücksichtigt, dem seit altersher bekannten Kanal im südlichen Querschiff des Domes, der bisher als römisch angegeben wurde [43]. Nach Ausweis der Schichten kann aber das neugefundene Kanalstück nicht römisch sein. Der Befund läßt eine Reihe von Fragen stellen: Woher kam das

[39] Voigtel, Baureste *{4}*.
[40] Römer am Rhein *{36}*.
[41] Weyres, Taufgeschehen *{38}*, S. 239.
[42] Voigtel, Baureste *{4}*.
[43] Kunstdenkmäler, Köln I,2 *{37}*, S. 215. Voigtel, Die römische Wasserleitung im Dom zu Köln, in: Bonner Jb. 1886, S. 75.

Abb. 1. Domgrabung an der Südseite des Domchors. Bruchstück eines Türgewändes. 2. H. 1. Jh.

Abb. 2. Piscine des frühchristlichen Baptisteriums, 6. Jh. – An der Ostseite des Domchors.

Wasser, war etwa in karolingischer Zeit noch ein Teil der römischen Wasserversorgung von Köln intakt und wozu diente diese aufwendige Anlage?

65 Die letzte Frage kann in etwa beantwortet werden. Es ist wahrscheinlich, daß in karolingischer Zeit, nach Abbruch des zweiten Baptisteriums, an dieselbe Stelle ein drittes errichtet worden ist. Der oben erwähnte Schacht wäre der zugehörige Taufbrunnen gewesen, allerdings von einer Form, die mir sonst noch nicht begegnet ist. Leider werden wir nie erfahren, wie er über dem Boden ausgesehen hat.

66 Nun hat Doppelfeld bei der Grabung in der Dreikönigenkapelle eine große Menge von Wandmalereibruchstücken gefunden, die er als karolingische angesehen hat [44]. Wir haben bei unserer letzten Grabung mehrere hundert ähnliche Stücke gefunden. Es handelt sich um verhältnismäßig kleine Partikel mit abgerundeten Kanten, wie sie zustande kommen, wenn man die Steine einer abgebrochenen Mauer vom Putz säubert, um sie wieder zu verwenden. Ein kleines Stück des Mauerwerkes mit noch anhaftendem Putz lag an der gleichen Stelle. Die Malereistücke lagen in unregelmäßigen Haufen aufeinander, die sich aus dem Arbeitsprozeß leicht erklären lassen.

67 Die Wandmalereireste können nicht, wie Doppelfeld vermutet hat, zum karolingischen Dom gehört haben. Sie müßten dann an diese Stelle erst nach dessen Abbruch gelangt sein. Da sie aber von einer salischen Friedhofsschicht überlagert werden, muß der Abbruch des zugehörigen Gebäudes erfolgt sein, als der karolingische Dom noch stand. Wegen der räumlichen Nähe der Fundstelle zum letzten Baptisterium ist es erlaubt, die Wandmalereien als zu diesem gehörig zu betrachten. Es muß, nach der Qualität der Bruchstücke zu urteilen, im Inneren sehr reich bemalt gewesen sein.

68 Das karolingische Baptisterium ist wahrscheinlich bei der Errichtung der Kirche S. Maria ad gradus durch Anno abgebrochen worden. Die Fläche zwischen dem Dom und der neuen Stiftskirche wurde als Friedhof benutzt, der schon seit dem 11. Jahrhundert nachweisbar ist [45]. Eine Reihe von Gräbern mit Grabplatten wurde von uns noch gefunden.

69 Es wurde oben *{54}* gesagt, daß die Distanz zwischen der römischen Bischofskirche und dem Baptisterium ungewöhnlich groß ist. Nun hat Doppelfeld in der Dreikönigenkapelle kümmerliche Reste von zwei Gebäuden gefunden [46]. Von dem älteren ist nur ein Heizkanal erhalten geblieben. Er ist in eine Ausgleichsschicht über abgebrochenen älteren Mauern eingetieft. In dieser Schicht sind Scherben gefunden worden, die man, wie Doppelfeld sagt, erst in das Ende des 3. Jahrhunderts zu datieren pflegt [47]. Die Oberkante des zum Kanal gehörenden Bodens liegt 95 cm tiefer als die des römischen Atriums, der Boden des ersten Baptisteriums noch weitere 1,30 m tiefer. Es steht vorerst nichts im Wege anzunehmen, daß in der Zeit der Anlage des Atriums an dieser Stelle ein Wohngebäude, möglicherweise das des Priesterkollegiums, errichtet wurde, das den Niveauunterschied abfing (Fig. 2,4 u. Fig. 3,4).

70 Dieses Gebäude ist neu- oder umgebaut worden. Von diesem Vorgang sind zwei Pfeilerfundamente erhalten geblieben, aus denen man aber über Art und Umfang des Gebäudes nichts schließen kann. Im Zusammenhang mit der merowingischen Erweiterung der Kathedrale muß es abgerissen worden sein.

[44] O. Doppelfeld, Der Schacht in der Dreikönigenkapelle, in: Kölner Domblatt 2/3, 1949, S. 142=hier S. 96 f; ders., Die Einzelfunde aus der Dreikönigenkapelle, in: Kölner Domblatt 4/5, 1950, S. 141 ff.=hier S. 130 ff.

[45] P. Clemen, Die Kunstdenkmäler der Stadt Köln II,3, Düsseldorf 1937, S. 15.

[46] Doppelfeld, Dreikönigenkapelle *{44}*, S. 133=hier S. 89 f.

[47] Doppelfeld, Einzelfunde, vgl. *{44}* S. 124=hier S. 118 f.

Willy Weyres

Die Domgrabung

XVII. Die Baptisterien östlich des Domchores

Aus: Kölner Domblatt 31/32, 1970, 81 – 136.

Der 1969 erstattete Vorbericht über die Grabungen östlich des Chores konnte auf Einzelheiten nicht eingehen [1]. Sie sollen hier nachgetragen werden, weil ihre Kenntnis zum Verständnis der im genannten Bericht vorgetragenen Resultate notwendig ist und weil eine wissenschaftliche Gesamtdarstellung der Domgrabung erst nach Abschluß der Arbeiten möglich sein wird, was noch länger dauern wird.

1 Die zu beschreibenden Befunde sind die Ergebnisse von drei Grabungskampagnen. Die erste ergab sich 1866 bei der Anlage der östlichen Treppenaufgänge und der Errichtung des Petrusbrunnens. Man mußte zu diesem Zweck den östlichen Teil des Erdreiches innerhalb des ehemaligen Atriums von St. Maria ad Gradus abgraben. Damals wurde die achtstrahlige Piscine gefunden; sie wurde 1867 mit einem Tonnengewölbe überdeckt. Die in verschiedenen Höhen vorgefundenen Mauerzüge hat der Polier Jacob Marchand vermessen und in ein Tagebuch eingetragen, das im Archiv der Dombauverwaltung erhalten geblieben ist. Die Aufmessungen scheinen in der Hauptsache genau zu sein, leider sind außer den Grundrissen nur wenige Höhen und keine Unterkanten der Mauern angegeben, von Bodenschichten ganz zu schweigen. Da bei der Abgrabung viele Mauern vernichtet worden sind, ließen sich von uns nur an einigen Stellen die angegebenen Maße kontrollieren.

Voigtel und Düntzer haben die Grabungen erst 1873 publiziert [2]. Bei der Übertragung der Aufzeichnungen haben sich offensichtlich einige Irrtümer eingeschlichen. Andererseits sind in der publizierten Zeichnung aber auch Dinge enthalten, die sich nicht aus dem Aufmaßheft ergeben und die anscheinend entweder aus der Erinnerung der Verfasser oder anderen, uns nicht bekannten Aufzeichnungen hinzugefügt worden sind.

2 Im Jahre 1926 beschloß das Domkapitel, nach einem Plan von Dombaumeister Hertel zwischen Domchor und Petrusbrunnen eine Gruft für die verstorbenen Domherren anlegen zu lassen. Bei der Ausschachtung kamen wiederum Mauerzüge zum Vorschein. Der erst spät zugezogene F. Fremersdorf konnte leider nicht alle Befunde und vor allem nicht die obersten Schichten erfassen. Doch erlaubten die von ihm 1928 veröffentlichten Befunde wesentliche Ergänzungen zu der Darstellung Voigtels [3] und Korrekturen zur Deutung Klinkenbergs [4].

3 In den Jahren 1966 – 68 wurden an der östlichen Terrassenkante des „Domhügels" erhebliche Veränderungen vorgenommen. Der Petrusbrunnen und die ihn umgreifende Treppenanlage wurden im

[1] W. Weyres, Die Domgrabung XVI, in: Kölner Domblatt 30, 1969, S. 133 ff., hier S. 506 ff.

[2] Voigtel und Düntzer, Die an der Ost- und Nordseite des Domes zu Köln entdeckten römischen und mittelalterlichen Baureste, in: Bonner Jb. 53/54, 1873, S. 199 ff.

[3] F. Fremersdorf, Tempelreste auf dem Domhügel zu Köln, in: Bonner Jb. 1928, S. 213 ff.

[4] Die Kunstdenkmäler der Stadt Köln, hrsg. von P. Clemen I, 2, Düsseldorf 1906, S. 226 ff.

Zusammenhang mit dem Bau der U-Bahn abgebrochen. Da im Zuge der Neugestaltung der Domumgebung das Gelände um die Domherrengruft angehoben werden sollte, wurde die Gelegenheit wahrgenommen, größere Flächen im Anschluß an die schon ergrabenen Teile zu untersuchen.

4 Zum Vergleich waren die Grabungsergebnisse heranzuziehen, die Doppelfeld 1947 in der Dreikönigenkapelle[5] und südlich des Petrusbrunnens erzielte[6]. Die 1968 wegen der Veränderungen im Osten des Domes unternommenen Grabungen hatten zum Ziel, Anschlüsse an die bisher publizierten Mauern zu finden, aber auch durch Bodenprofile eine Klärung der zeitlichen Abläufe zu ermöglichen. Die Grabung war auf einzelne Flächen der Domterrasse begrenzt, da die großen Bäume mit ihren umfangreichen Wurzelstöcken erhalten bleiben mußten. Am Ostende des Grabungsfeldes mußten Störungen in Kauf genommen werden, die durch das Einrammen der schweren Stahlträger für die Abfangung der Baugrube zur U-Bahn entstanden waren. Wir konnten außerdem aus technischen Gründen nicht überall in die wünschenswerte Tiefe vorstoßen, doch sind wir in zwei Schnitten bis auf den gewachsenen Boden gekommen, der hier etwas mehr als 9 m unter dem heutigen Domniveau liegt. Die gewonnenen Profile sind etwa 7,20 m hoch.

5 Nach den vielen Änderungen des 19. und 20. Jahrhunderts ist es schwierig, sich vorzustellen, wie das Grabungsgelände zu Beginn des vorigen Jahrhunderts ausgesehen hat. Quaglio stellte 1816 den Zwischenraum zwischen Domchor und Maria ad Gradus dar[7]. Der Abstand zwischen den beiden Gebäuden kann jedoch nicht stimmen. Nach alten Plänen war er 19,60 m. Eine andere Angabe von Quaglio aber stimmt. Er zeichnet das Gelände zwischen Maria ad Gradus und dem Dom in einer solchen Höhenlage, daß der originale Sockel, auf dem die Strebepfeiler des Chores stehen, nicht zu sehen ist. Auch die Basen der Säulen vom Rest der nördlichen Halle des Atriums sind im Boden verschwunden (Abb. 1). 1865 berichtet Voigtel, daß das Gelände an dieser Stelle 1848 von Zwirner um rd. 1,25 m tiefer gelegt worden sei[8]. 1866 hat Voigtel das Niveau nochmals um 2' abgesenkt, den Domsockel mit Basaltlava verkleidet, ihn verbreitert und entsprechend nach unten verlängert.

Das salische Atrium (Abb. 2)

6 Von dem Atrium zwischen der von Anno II. zwischen 1056 und 1061 errichteten Stiftskirche St. Maria ad Gradus und dem karolingischen Dom war zu Beginn des 19. Jahrhunderts noch ein Teil der nördlichen Halle zu sehen[9]. Es wird allgemein angenommen, daß es aus der Gründungszeit der Stiftskirche stammt. Im Laufe der Zeit ist es in seiner östlichen Ausdehnung durch die im 12. Jahrhundert angefügte Westapsis der Marienkirche, in seiner westlichen 1248 durch den gotischen Domchor eingeengt worden. Wann die südliche Halle abgerissen wurde, ist unbekannt. Auf den aus dem Anfang des 19. Jahrhunderts erhaltenen Katasterplänen wie auch auf dem Reinhardtschen Stadtplan von 1752 ist sie nicht mehr zu sehen[10].

7 Durch die verschiedenen Ausgrabungen sind die Mauerzüge der beiden Säulenhallen und damit die Breitenabmessungen bekannt geworden. Der Hof war nicht genau rechteckig angelegt, sondern an seinem östlichen Ende schätzungsweise nahezu 2,50 m schmäler als an seinem westlichen. Diese Trapezform läßt sich noch in den späten Grundstücksgrenzen an der Nordseite ablesen und war da-

[5] O. Doppelfeld, Die Domgrabung IV, in: Kölner Domblatt 2/3, 1949, S. 118 ff., hier S. 79 ff; ders., Die Domgrabung V, in: Kölner Domblatt 4/5, 1950, S. 118 ff., hier S. 114 ff.; ders., Die Ausgrabung des karolingischen Domes, in: Der Kölner Dom, (Festschrift 1948), hrsg. v. H. Vogts, Köln 1948, S. 159 ff., hier S. 36 ff.

[6] O. Doppelfeld. Die Domgrabung IX, in: Kölner Domblatt 12/13, 1957, S. 49 ff., hier S. 183 ff.

[7] S. Boisserée, Ansichten, Risse und einzelne Theile des Domes von Köln, . . . Stuttgart 1823 ff., München [2]1842, Tafel I, gez. von A. Quaglio 1809, gest. von A. Darnstedt 1817.

[8] Dombauarchiv.

[9] Die Kunstdenkmäler der Stadt Köln II, 3, Düsseldorf 1937, S. 5 ff.

[10] Die Kunstdenkmäler der Stadt Köln I, 1, Düsseldorf 1906, Tafel V.

Abb. 1. Salisches Atrium zwischen Domchor und St. Maria ad Gradus. Nach Angelo Quaglio (1809).

durch bedingt, daß Maria ad Gradus nicht genau in der Domachse liegt. Die mittlere lichte Breite des Hofes war etwa 24,20 m. Die Plinthen der Säulenstellung waren 1,05 m breit. Die lichte Breite der Hallen war 6,20 – 6,30 m. Die Abmessungen waren also sehr ansehnlich.

8 Erstaunlich massiv waren die Fundamente der Säulenstellung. Marchand gibt für das nördliche an der Unterkante eine Breite von 1,88 m an, beim südlichen sogar 2,35 m. Das Fundament war mehrfach abgetreppt. Doch stimmen unsere Beobachtungen mit den Aufzeichnungen Marchands nicht exakt überein. Wir fanden die Unterkante des nördlichen Fundaments (516) in Schnitt 501 a (Abb. 16) bei H=48,35, die Abbruchkante bei H=52,40; in Schnitt 501 b (Abb. 17) war das Fundament etwas höher, nämlich bis H=52,60 erhalten[11]. Da Voigtel die ursprüngliche Oberkante gesehen, aber bei der Tieferlegung des Niveaus die oberen Schichten abgebrochen hat, müssen wir uns bei der Festlegung der ursprünglichen Oberkante auf die nicht ganz eindeutigen Anga-

[11] Die Höhenangaben beziehen sich auf NN. Die Höhen bei Fremersdorf beziehen sich auf den Kölner Pegel, die bei Marchand auf den Domsockel; beide sind hier auf NN umgerechnet. Die dreistelligen Zahlen entsprechen den Nummern des Katalogs, an den mit ein- bzw. zweistelligen Zahlen die Ergebnisse früherer Grabungen angefügt sind. Zahlen in eckigen Klammern verweisen auf die Paragraphen der Abschnitte dieses Aufsatzes.

ben bei Marchand verlassen. Er gibt auf der Nordseite eine Höhe von H=rd. 54,0 an, was deshalb nicht stimmen kann, weil dann die Säulenbasis *{10}* über dem von Zwirner tiefergelegten Gelände *{5}* sichtbar gewesen wäre. Eher kann die Angabe mit H=rd. 53,35 stimmen. Die Fundamente waren also mehr als 5,50 m tief.

9 Die Baugrube zur salischen Mauer 516 geht in Schnitt 501a von H=51,20, die der Mauer 536 in Schnitt 501c (Abb. 18) von H=52,40 aus. Das Gelände ist zwischen ottonischer und salischer Zeit offenbar sehr ungleichmäßig angewachsen. Beim Bau des salischen Atriums ist der Boden abgeglichen worden und hat vielleicht einen Plattenbelag erhalten. Davon wäre aber nur noch eine einzige rote Sandsteinplatte erhalten geblieben, die von Doppelfeld in der Dreikönigenkapelle (Abb. 18) gefunden worden ist und deren Oberkante bei H=53,06 liegt[12]. Das kann aber auch der Rest eines Traufpflasters um die karolingische Domapsis gewesen sein, die 1248 bis zu dieser Höhe abgebrochen worden ist. Danach müßten die Säulenstellungen des Atriums ursprünglich auf einer sichtbaren Sockelmauer von etwa 30 cm Höhe gestanden haben.

10 Voigtel hat auf dem südlichen Fundament noch eine Säulenbasis aus Drachenfelser Trachyt in situ gefunden *{13}*. Es ist eine attische Basis mit Plinthe und ohne Eckzehen insgesamt 47 cm hoch. Zwei zugehörige Basen (532 a/b) von gleichen Abmessungen lagerten auf dem Domsockel. A. Verbeek hat auch die heute im Garten des Café Reichardt aufgestellte Säule dem Atrium zugewiesen[13].

11 Leider ist die Fixierung der Basis bei Voigtel dubios, und da kein Interkolumnium bekannt ist, bleibt auch jede Rekonstruktion zweifelhaft[14].

12 Die Außenmauer der nördlichen Halle (553) wurde von uns in einem etwa 3,0 m langen Stück mit einer Abbruchkante bei H=52,46 erfaßt, die der Abbruchhöhe der Fundamente unter der Säulenreihe entspricht. Die Mauer, deren Unterkante nicht ergraben werden konnte, ist 90 cm dick und besteht aus Mischmauerwerk. An der Außenseite war sie durch ein jüngeres Ziegelfundament verstärkt, das anscheinend als Unterlage für einen Stützbalken gedient hat (554).

13 Die Außenmauer der südlichen Halle ist in diesem Jahre beim Bau der neuen Dombauhütte gefunden worden. Sie war aus Tuff gemauert und hatte die gleiche Stärke wie die an der Nordseite.

14 Es wäre schön zu wissen, wie dieses Atrium an den karolingischen Dom anschloß. Wir werden aber die Ansatzstellen nicht mehr finden können, weil sie durch den gotischen Bau zerstört sind. Die Gesamtbreite der Anlage muß beim Anschluß an den Dom, von Außenkante zu Außenkante gemessen, etwa 41,70 m betragen haben. Das entspricht fast genau der Breite des karolingischen Westquerschiffs, die ihrerseits wieder die Breite der brunonischen Erweiterungen bestimmt hat[15].

15 Wie der Anschluß an die Marienkirche ausgesehen hat, ist nicht auszumachen, weil an dieser Stelle alles mit dem Abbruch der Kirche verschwunden ist und Aufzeichnungen nicht existieren; es sieht jedoch so aus, als ob die beiden Hallen ursprünglich die Kirche umfaßt hätten. Aber auch das ist völlig unsicher, da in gotischer Zeit die Marienkirche wesentlich breiter geworden ist und die Hallen von Westen her gegen die querschiffartige Erweiterung gestoßen sein müssen. Ursprünglich aber müssen die schon im 11. Jahrhundert bezeugten Treppen, nach denen die Kirche ihren Beinamen erhalten hat, von dem tiefer gelegenen Gelände hinter der Stadtmauer direkt in die Hallen gemündet haben *{17}*.

16 An der Westseite muß wohl aus jeder Halle eine Tür zum Dom bestanden haben. Allerdings tritt anscheinend nur die nördliche *„per quam de ecclesia beatae Mariae ad gradus intratur ad maiorem"* gelegentlich in den Quellen auf. Sie lag in der Gegend des Severinsaltars. Auch beim gotischen Dom lag die Tür nach Maria ad Gradus, die heutige Sakristeitür, an der Nordseite[16].

[12] Doppelfeld *{5}*, S. 151, Nr. 274, hier S. 106, 105, 108; Tafeln 3 u. 5.

[13] A. Verbeek, Der Säulenhof von St. Mariengraden, in: Jb. des Kölnischen Geschichts-Vereins 18/1936, S. 169.

[14] vgl. O. Doppelfeld *{6}*, S. 81, hier S. 212.

[15] W. Weyres, Die Baugeschichte der vorgotischen Kathedralen, in: Kölner Domblatt 26/27, 1967, S. 12, hier S. 459.

[16] W. Weyres, Der karolingische Dom von Köln, in: Karl der Große, hrsg. von Wolfgang Braunfels, III, Düsseldorf, S. 420, § 254, hier S. 450; ders. *{15}*, Fig. 1, 2, S. 16, §§ 43, 46, hier S. 459, 461.

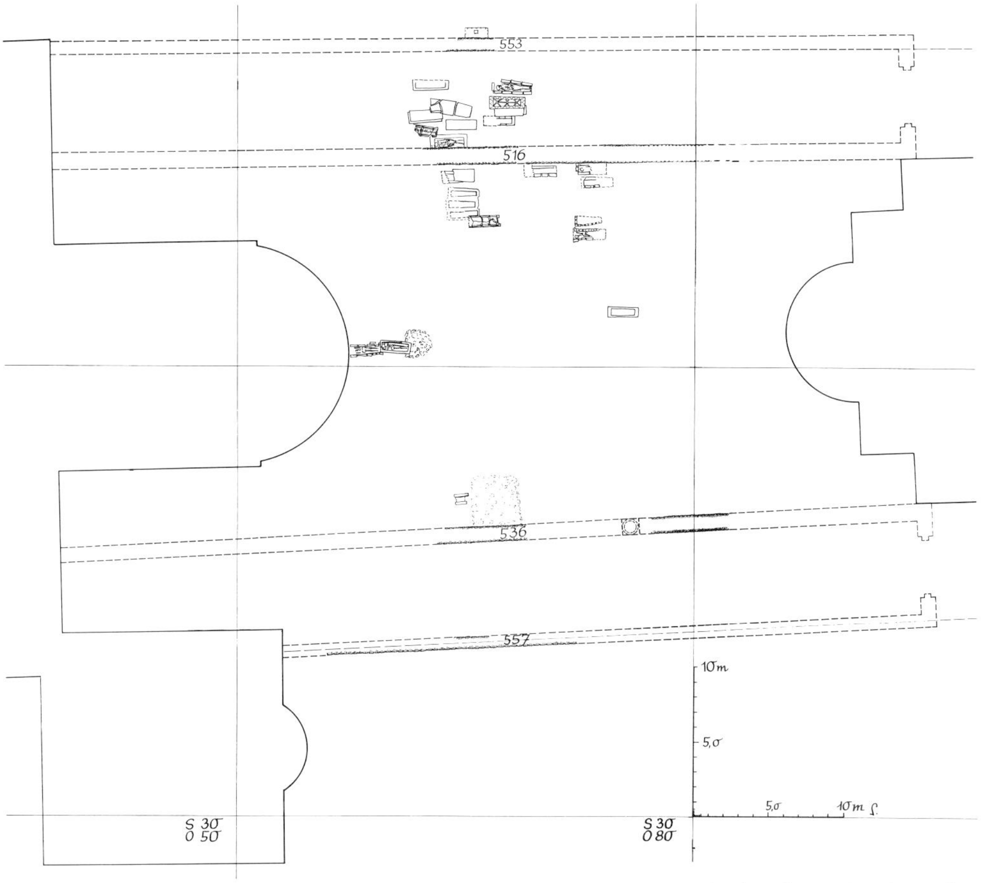

Abb. 2. Reste des salischen Atriums (11. Jh.). Rechts St. Maria ad Gradus, links karolingische Ostapsis und Pfalzkapelle. – Maßstab 1 : 500.

17 Im liturgischen Leben der Kathedrale hatte das Atrium eine wichtige Stelle. Dort fand Gründonnerstag die Wiederaufnahme der Büßer statt [17]. Sie kamen nach dreimaliger Aufforderung über die Treppen [14] in das Atrium, wo der Bischof sie empfing. Das 887 erwähnte Forum Julii, auf dem sich die Büßer zur Rekonziliation versammeln sollten, ist wahrscheinlich mit dem römischen Hafenmarkt im Osten des Domes zu identifizieren. Die archäologischen Befunde sprechen dafür, daß er noch in karolingischer Zeit in irgendeiner Weise benutzt wurde [18].

18 Der karolingische Vorgänger des annonischen Atriums ist bis zum Abbruch des Baptisteriums im 10. Jahrhundert ohne Auffüllungen geblieben *{19 ff.}*. Von da an allerdings ist die Fläche als Friedhof benutzt worden. Dafür sprechen die Gräber in der Dreikönigenkapelle [19]. Das blieb auch so nach der Errichtung des salischen Atriums. Schon Voigtel hat hier Gräber gefunden, leider ist nur ein Sarkophag seiner Lage nach fixiert. Doch berichtet die Bauabrechnung für 1866 davon, daß Sar-

[17] W. Weyres *{16}*, S. 422, § 263, hier S. 452 „Codex des Kölner Stadtarchivs, Geistl. Abt. 89b, fol. 27ff."; über die umstrittene Datierung der Handschrift zuletzt: J. Torsy, Die Bittprozessionen des Kölner Domes um 1300, in: Kölner Domblatt 30, 1969, S. 67; Torsy datiert die Handschrift auf 1300 bis 1320; sie müßte nach dem Inhalt die Abschrift eines älteren Buches sein, die in Unkenntnis der veränderten Verhältnisse gemacht worden wäre. F. W. Oediger, in: Geschichte des Erzbistums Köln, hrsg. von W. Neuß I, 1964, S. 402f.; einen dem Kölner vergleichbaren Reconciliationsritus bringt Migne, Enzyclopädisches Handbuch der kirchl. Liturgie, Gleiwitz 1848, S. 166ff. aus einem Ms. der Abtei S. Victor in Paris.

[18] In einem antiken Abflußkanal fanden sich dort karolingische Scherben.

[19] Doppelfeld *{5}*, Die Domgrabung IV, S. 150, Nr. 267, hier S. 103.

kophage „über dem Römerbad" freigelegt wurden[20]. Über die vielen von uns gefundenen Gräber mit z. T. interessanten Sarkophagen wird später einmal zu berichten sein.

Das karolingische Baptisterium (Abb. 3)

19 Rund 100 Jahre ist also die Fläche östlich des karolingischen Domes nur als Friedhof benutzt worden. Wir kennen aus dieser Zeit keine Gebäudereste und haben bisher angenommen, daß an dieser Stelle in karolingischer Zeit ein zweites, östliches Atrium lag[21]. Nach den letzten Ausgrabungen ist jedoch auch für früher schwer deutbare Befunde eine andere Auslegung möglich geworden.

20 In der Publikation der Grabungsergebnisse von 1866[22] wie auch in den Aufmessungen von Marchand ist über der Piscine des 2. Baptisteriums *{62ff.}* ein merkwürdiges Gebilde dargestellt[23]. Eine nach O ablaufende Rinne hatte an ihrem westlichen Ende eine in der Grundfläche 86,5×55 cm messende Kammer, die aus „gewöhnlichen Ziegelsteinen neuerer Form" gemauert war (11). An ihren längeren Seiten war sie durch rechteckige Mauervorsprünge unterteilt, deren Höhe nicht angegeben ist (Abb. 4).

21 Von der westlichen Abschlußmauer der Kammer wird weder die Dicke noch die erhaltene Höhe mitgeteilt; die nördliche und die südliche Mauer sind mit 21 cm Dicke und 86,5 cm Höhe über dem Boden des Behälters angegeben. Die östliche 31,4 cm dicke Mauer zeigt einen mit einem Stichbogen überdeckten Durchlaß von rd. 55 cm lichter Höhe.

22 Nach O schließt ein 84 cm langes Kanalstück von rechteckigem Querschnitt an. Es ist 26 cm hoch und 23,5 cm breit. Über das Material ist nichts ausgesagt, doch bestand die Abdeckung wahrscheinlich aus 10,5 cm starken Steinplatten. Daran schloß sich, noch etwas über 4 m weit verfolgt, ein aus Werksteinen gearbeiteter Kanal an, der, mit einer lichten Höhe von 13 cm, halbrund in einen rechteckigen Block eingearbeitet und mit einer Platte abgedeckt war. An einem Kopfende der Teilstükke war ein Wulst angearbeitet, der in eine entsprechende Kehle des Anschlußstückes hineingepaßt, also eine dichte Fuge ergeben haben muß.

23 Nach den Aufmessungen Marchands und der Publikation von Voigtel und Düntzer lag über der von ihnen publizierten Piscine *{62ff.}* ein Belag von Drachenfelser Trachytplatten (7) mit der Oberkante bei H = 50,85. Doppelfeld fand in der Dreikönigenkapelle in der Höhe 50,90 – 50,77 den Rest eines Belages (284) aus Trachyt und Kalksteinen und deutete ihn als Boden des karolingischen Ostatriums[24]. Fremersdorf gibt den Trachytboden zwar in einem Schnitt mit H=50,92 an, erwähnt ihn aber im Text nicht[25].

24 Bei den Grabungen der letzten Jahre wurde ein entsprechender Werksteinbelag nicht gefunden, doch sind an mehreren Stellen Estrichböden aufgedeckt worden, die annähernd die gleiche Höhenlage haben, so in Schnitt 501 a Boden 514 (OK=50,70 – 50,80) und in Schnitt 501 b Boden 514 (OK=50,80 – 50,84). Der etwa 12 cm dicke Boden hatte über einer Stickung aus faustgroßen Steinbrocken einen 4 cm starken gelb-ockerfarbigen Estrich, auf den im Abstand von etwa 60 cm 6 – 8 cm breite rote Striche aufgemalt waren.

25 In Schnitt 501 c erschien in gleicher Höhenlage (50,91 – 50,96) ein Boden von etwas verschiedener Qualität (538). Er war etwa 15 cm stark und bestand aus einer Packlage in gelbbraunem Mörtel, die mit feinem gelbsandigem Mörtel gut abgeglichen war. Dort lag, z. T. in die Abbruchkante der

[20] Dombauarchiv, Belege zu den Rechnungen Vol. I, Nr. 124.
[21] Weyres *{16}*, S. 422, § 268 – 71, hier S. 452; Doppelfeld, Die Domgrabung IV *{5}*, S. 138 f., hier S. 93 f.
[22] Voigtel und Düntzer *{2}*.
[23] Aufmaßheft von 1866, Dombauarchiv.
[24] Die Domgrabung IV *{5}*, S. 138, S. 93 f., S. 158 f., hier 109, Tafeln 5, 7, hier S. 108, 111.
[25] Fremersdorf *{3}*, S. 214.

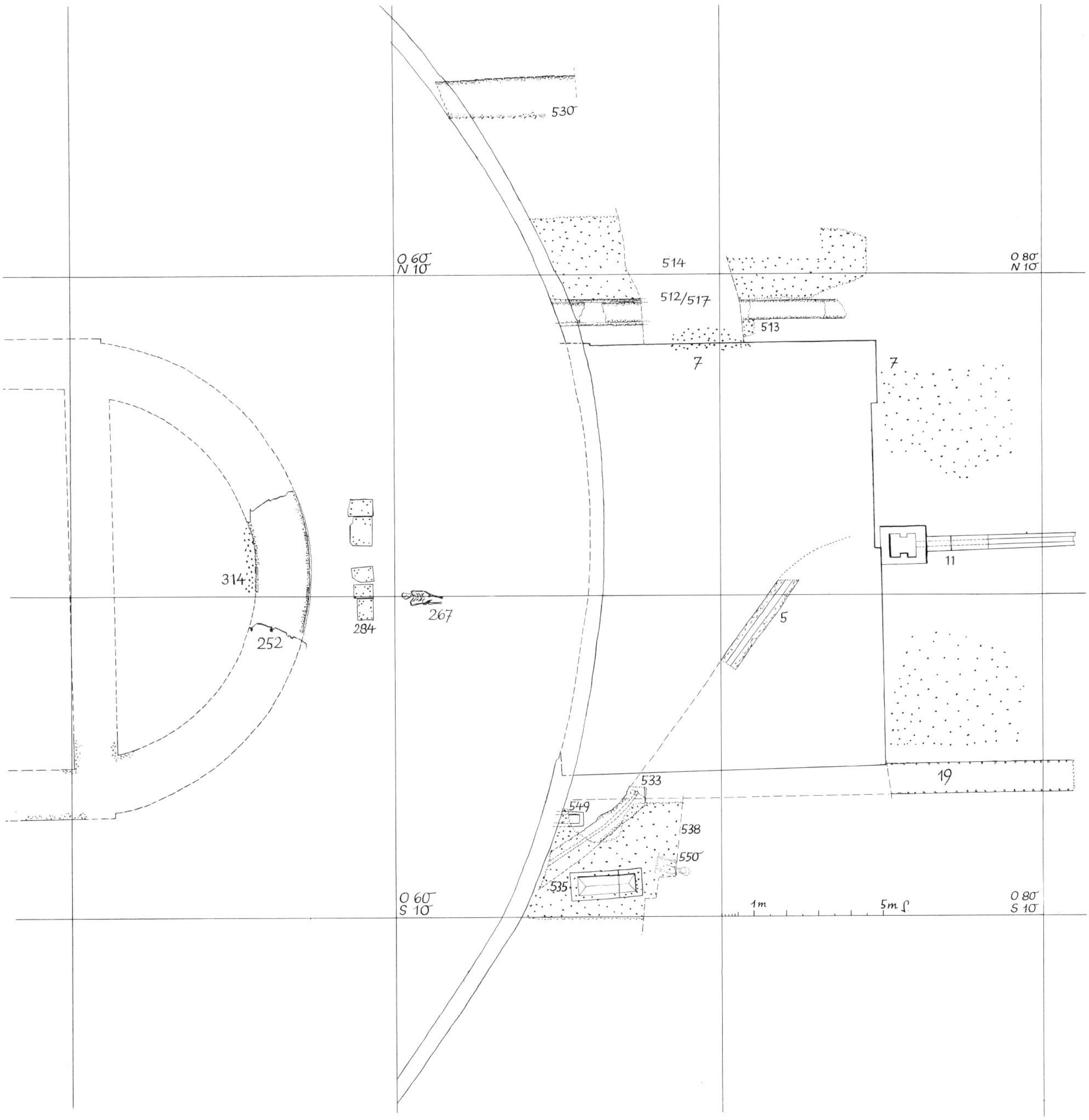

Abb. 3. Reste des karolingischen Baptisteriums. – Maßstab 1 : 200. Links Ostapsis des karolingischen Domes.

südlich anschließenden Mauer 537 hineingesetzt, ein großer Sarkophag aus Weiberner Tuff mit abgewalmtem Deckel (535). Der Boden 538 war über die Ränder des Deckels gezogen, so daß die abgewalmte Fläche darüber hinausragte. Die Grabgrube geht von einer Schicht aus, die in der Höhe der Unterkante des Deckels liegt. Die Bestattung kann jedoch nicht gleichzeitig mit dem Boden 538 sein. Der Deckel ist verschoben und der Sarkophag mit Erde verfüllt angetroffen worden. Man muß also wohl annehmen, daß der fränkische Friedhof an dieser Stelle bis etwa H=51,60 angewachsen war und bei der Anlage des karolingischen Hofbelags bis auf H=50,80 abgetragen worden ist.

26 In den Schnitten 501 a und b war der Boden 514 von N her an die Mauer 512 *{27/28}* so herangeführt, daß er als zugehörig angesehen werden muß. Südlich dieser Mauer entdeckten wir ein etwa 0,25 m^2 großes Bodenstück (513) von 10 – 12 cm Stärke. Die Oberfläche bestand hier aus einer sehr harten, feinen hellgrauen Kalkmörtelschicht, die geschliffen war. Die Höhe entspricht der des Bodens 514.

27 Die Mauer 512 war im östlichen Teil des Schnitts 501 a nur als Ausbruchgrube über einem Fundamentrest gefaßt worden. Weiter nach W zu war sie aber bis zur Oberkante der Böden 513 und 514 erhalten *{26}*. Sie war aus handlichen Tuffquadern gemauert und 64 cm breit. Die Unterkante der Fundamente lag bei H=49,20 – 49,42. Auch im Schnitt 501 b wurde die Mauer 512 mit dem an ihrer Nordseite anschließenden Boden 514 gefunden. Hier ist die Mauer 512 in zwei Etappen gebaut worden, die durch eine dünne schwarze Erdschicht getrennt sind. Der untere Teil hat die Nummer 517 erhalten.

28 Die Mauer 512 ist auf eine Länge von etwas über 9 m erfaßt worden. An ihrem Westende ist sie durch das gotische Domfundament abgeschnitten, ihr Ostende ist, weil sie dort nur noch als Raubgrube zu finden gewesen wäre, 1866 nicht beobachtet worden.

29 Da man den Boden 513 wegen seiner Qualität als einen inneren Boden ansehen mußte, lag es nahe, im Süden nach einer Mauer zu suchen, die der Mauer 512 entsprach. In Voigtels Publikation bot sich eine mit T (=19) bezeichnete O – W-Mauer an, die in Marchands Aufzeichnung eine Breite von 3' hat, in der Reinzeichnung aber mit 85 cm Breite angegeben ist[26]. Sie sitzt teilweise auf einer schmalen älteren Mauer *{97}* auf, die bis H=48,78 abgebrochen ist. Die Erhaltungshöhe der Mauer 19 ist gleich der Oberkante des Trachytplattenbodens angegeben und entspräche damit der Erhaltungshöhe von Mauer 512, wofür sich allerdings bei Marchand kein Beleg findet.

30 Die Suche in Schnitt 501 c ergab zunächst keine der Flucht von 19 entsprechende Mauer, doch war hier der Boden 538 *{25}* in der Flucht der gesuchten Mauer 1,0 m breit zerstört; unmittelbar vor dem gotischen Domfundament dehnte sich die Ausbruchstelle auf etwa 2 m aus. Im Bodenprofil darunter zeichnete sich eine Ausbruchgrube d ab, die von H=51,90 bis H=49,80 herabreichte. Die Unterkante der Grube und damit auch der ausgebrochenen Mauer ist nicht die gleiche wie die der Mauer 19. Das kann sich daraus erklären, daß sie auf die Mauer 539 aufgesetzt war. Der Ausbruch des Fundaments muß später erfolgt sein als der der zugehörigen aufgehenden Mauer, denn die Ausbruchgrube geht durch die über dem Boden 538 lagernde Schicht bemalten Putzes *{42 – 43}*.

31 Der Schnitt 501 c brachte aber noch eine Überraschung. Von SW nach NO verlaufend ragte eine Wasserleitung in die Ausbruchgrube hinein. Das östliche Ende war nach N zu abgebogen. Ein Bleirohr von 11 cm lichter Weite mit einer Wandstärke von 5 mm, seitlich gestoßen, war mit Gefälle nach NO in eine Packung aus feinem rosa Mörtel verlegt. Als Unterlage diente ein etwa 15 cm starker, sehr harter weißlichgelber Estrich, der so weit vorsprang, daß noch ein 30 – 50 cm starkes Mischmauerwerk zum äußeren Schutz 30 – 40 cm hoch aufgesetzt werden konnte. Über der rosa Mörtelschicht lag eine Ziegellage, die gleichzeitig als Unterlage für die Sandschüttung zum Boden 538 diente (533).

32 Die Wasserleitung zeigte etwa 70 cm von der ausgebrochenen Mauer entfernt einen Setzriß. Das deutet darauf hin, daß die Mauer über die Rinne weg gebaut wurde und beim Setzen den Bruch verursacht hat.

33 Fremersdorf hat 1926 ein Rinnenstück (5) gefunden, das sich in den Verlauf der beschriebenen Wasserleitung einfügen läßt, doch wohl nur noch die untere Hälfte der Leitung war und kein Bleirohr mehr enthielt[27]. Er sagt: „Mauerwerk und Mörtel dieses Kanals waren ganz unrömisch; sie erinnerten mich am meisten an das Mauerwerk, das wir im Fundament des Seitenschiffes der Severinskirche im Winter 1925 gefunden hatten und das von etwa 1088 herrührt." Die Unterkante der

[26] Voigtel und Düntzer *{2}*, Taf. XV.
[27] Fremersdorf *{3}*, S. 214.

Verpackung lag bei dieser Rinne auf etwa H=49,77, während die Unterkante des Estrichs bei dem neugefundenen Leitungsstück bei H=49,96 angetroffen wurde. Das ergibt auf eine Länge von etwa 8 m rd. 22 cm Gefälle, d. h. 2,75 cm auf einen Meter.

34 Im südlichen Querschiff des Domes befindet sich eine von altersher bekannte und noch heute zugängliche Abzweigung einer Wasserleitung (Abb. 5), die bislang als römisch angesehen wurde[28]. Die Unterkante der hier sorgfältig aus Werksteinen hergestellten Verpackung liegt 2,45 m unter dem heutigen Fußboden, also etwa auf H=52,80. Der merowingische Kirchenboden liegt rd. 4,55 m unter dem jetzigen Domboden, d. h. auf rd. 50,70, der karolingische auf rd. 52,95. Die Leitung liegt also wesentlich höher als der merowingische Domboden und auch in bezug auf den karolingischen Domfußboden zu hoch.

35 Versucht man, dieses Wasserleitungsstück mit dem neugefundenen *{31}* in Verbindung zu bringen, was der Lage nach möglich ist, so ergäbe sich ein Gefälle von etwa 4,5 cm/m.

36 Aber es gibt da einige Bedenken. Eindeutig scheint mir zu sein, daß die Leitungsgabelung im Dom nicht römisch sein kann, ja daß sie auch später als die merowingische Domerweiterung sein muß. Die Fundstelle befindet sich im gotischen Südquerschiff unmittelbar östlich des zweiten westlichen Pfeilers (von Süden her gezählt), also nach unserer Kenntnis außerhalb der ottonischen Erweiterung des karolingischen und ebenso außerhalb des merowingischen Domes. Wenn man auch annehmen kann, daß das Niveau außerhalb des Domes im Laufe der Zeit gegenüber dem Fußboden im Innern angewachsen ist, so liegt die Sohle des Kanals immer noch mehr als 2 m höher als der merowingische Kirchenboden und etwa 2,80 m über dem gewachsenen Boden, den Doppelfeld vor dem Südportal mit H=50,0 festgestellt hat[29]. Auch Klinkenberg ist die Höhenlage der Sohle aufgefallen[30]: „Die Bleirohrleitung im Dom auf + 16,67 über dem Nullpunkt des Kölner Pegels besitzt weitaus die bedeutendste Höhenlage unter sämtlichen bekannt gewordenen Wasserzuleitungen in der römischen Stadt." Er meinte allerdings, daß das Rohr ungefähr zu ebener Erde gelegen hätte, was aber offensichtlich nicht stimmt. Klinkenbergs Erklärungsversuch, daß die Leitung im Keller eines Hauses gelegen hätte, in den die noch vorhandene Treppe hinabgeführt hätte, ist schon aus dem Grunde hinfällig, weil die zum Kanal hinunterführende Treppe vom gotischen Niveau ausgeht und unmöglich römisch sein kann[31].

37 Doch kann nur mit Vorbehalt angenommen werden, daß der Abzweig im Dom zu unserem neugefundenen Leitungsstück gehört. Nicht nur die Ummantelung, sondern auch das Rohr ist anders ausgeführt. Der Rohrdurchmesser beträgt nur 6,8 cm (gegenüber 11 cm), die Wandstärke beträgt 7 mm gegen 5 mm, außerdem sind die Stöße im Dom verlötet.

38 Aufgrund der Höhenlage und des Abbruchniveaus können als zusammengehörig angesehen werden: 1. die Mauer 512 in Schnitt 501 a (UK 49,20; OK 50,70) *{27/28}*. 2. Die Mauer 512/517 in Schnitt 501 b (UK 49,20; OK 51,20) *{27/28}*. 3. Die Mauer 19 bei Voigtel (UK 48,73; OK 50,92) *{29}*. 4. Die Ausbruchgrube in Schnitt 501 c (UK 49,80; OK 51,80) *{30}*. 5. Der Kanal 5 bei Fremersdorf (UK 49,77) *{33}*. 6. Der Kanal 533 in Schnitt 501 c (UK 50,0; OK 50,50) *{31}*. 7. Mit Vorsicht der Kanal im Südquerschiff des Domes (UK 52,80) *{34/6}*. 8. Das Bekken 11 bei Voigtel mit dem Abflußkanal (UK etwa 49,80, OK etwa 50,60) *{20 – 25}*. 9. Der bei Voigtel und Fremersdorf angegebene Trachytplattenboden (OK 50,85) *{23}*. 10. Der Estrichboden 513 in Schnitt 501 a (OK 50,70) *{26}*. 11. Der Estrichboden 514 in Schnitt 501 a (OK 50,70 – 50,80) *{24}*. 12. Der Estrichboden 514 in Schnitt 501 b (OK 50,80 – 50,84) *{24}*.

[28] J. Klinkenberg, in: Kunstdenkmäler der Stadt Köln, I, 2, Düsseldorf 1906, S. 215ff.; R. Voigtel, Die römische Wasserleitung im Dome zu Köln, in: Bonner Jb. 82, 1886, S. 75 und Taf. IV.

[29] O. Doppelfeld, Die Domgrabung VI, in: Kölner Domblatt 6/7, 1952, Taf. 3.

[30] Klinkenberg *{28}*, S. 217 f.

[31] Der Stempel der von Trajan begründeten und in Vetera stationierten Legio Ulpia Victrix auf einem zur Abdeckung des Kanals verwendeten Ziegel kann keinen Anhalt zur Datierung geben, da eine Wiederverwendung durchaus möglich ist.

13. Der Estrichboden 538 in Schnitt 501 c (OK 50,96) {25}. 14. Der Plattenboden 284 in Doppelfelds Schnitt durch die Dreikönigenkapelle (OK 50,90 – 50,77) {23}.

39 Für die Deutung der Befunde war die Beobachtung von Wichtigkeit, daß das Becken in der Achse des karolingischen Domes lag, aber auch in der Mitte zwischen den beiden O – W-Mauern 19 und 512. Der Abstand seiner Achse von der Mauer 19 ist rd. 6,90 m (im Aufgehenden wahrscheinlich etwas mehr), von der Mauer 512 ist er etwa 6,95 m. Es ist wohl erlaubt, an dieser Stelle ein Bauwerk anzunehmen, das in N – S-Richtung fast 13 m lichte Breite hatte.

40 Über die O – W-Ausdehnung dieses Bauwerkes wissen wir nichts, denn das Ostende ist durch frühere Grabungen oder durch den Bau von St. Maria ad Gradus vernichtet worden, während am Westende die Mauern durch das gotische Fundament abgeschnitten worden sind. Es ist so lediglich zu erkennen, daß die Länge des Baues mehr als 15 m betrug. Das einzige gefundene Stück des Aufgehenden (Schnitt 501 b) ist aus handlichen Tuffquadern gemauert, aber nur 64 cm breit [27]. Man wird bei diesen schwachen Mauern eine innere Stützenstellung postulieren müssen, aber davon ist keine Spur gefunden worden.

41 Natürlich ist mit den bisherigen Angaben noch keinerlei Gewißheit gegeben, daß es sich um ein Bauwerk gehandelt hat. Die von uns gefundenen Mauern könnten ja auch die Begrenzungsmauern eines Hofes gewesen sein, in dessen Mitte ein Abwassereinlauf oder ein Kantharus gelegen hätte.

42 Doch gibt es ein bedeutsames Indiz, das für ein Gebäude spricht. Doppelfeld fand bei der Grabung in der Dreikönigenkapelle Putzreste mit Malereien, die in unregelmäßigen Stücken von max. 10 cm Länge zerschlagen waren [32]. Wir haben in Schnitt 501 c große Mengen von offensichtlich zugehörigen Bruchstücken gefunden. Sie lagen unmittelbar über dem Boden 538 {25}. Die Schicht (f) war nördlich durch die Raubgrube {30} und südlich durch die Baugrube zur salischen Mauer 536 {9} durchschnitten. Bei der Herstellung dieser Grube waren die Putzreste z. T. in sie hineingerutscht. Auch in Doppelfelds Schnitt lagen die Malereireste über dem Plattenboden 284, der in der Höhenlage dem Boden 538 entspricht [33]. Die Schichten haben eine sehr ungleichmäßige obere Begrenzung.

43 In dieser Schicht fanden wir ein Stück abgebrochenes Tuffmauerwerk, an dem der bemalte Putz noch haftete. Aus dem Zusammenhang ließ sich nun klären, was hier geschehen ist: man hat ein sicherlich nicht sehr weit entfernt stehendes Bauwerk aus Tuffsteinen abgebrochen und, wie wir es nach dem zweiten Weltkrieg gemacht haben, die kostbaren Steine mit einer Art Maurerhammer vom anhaftenden Putz gesäubert. Der Arbeitsvorgang erklärt nicht nur die unregelmäßige Lagerung, sondern auch die Kleinheit der Stücke und ihre verrieselten Kanten, die es leider sehr schwer machen, zusammengehörige Stücke wieder zusammenzufügen.

44 Da, wie gesagt, der einzige Rest des Aufgehenden von Mauer 512 aus kleinen Tuffquadern bestand {27}, ist es erlaubt, die Malereireste als zum postulierten Gebäude gehörig zu betrachten. Man könnte aus der Lage der Fundstellen auch mit Vorsicht schließen, daß dieses Gebäude nicht bis an die karolingische Domapsis ging, da man normalerweise solche Säuberungsarbeiten nicht im Innern eines abzubrechenden Gebäudes vornimmt.

45 Doppelfeld hat einen Teil der von ihm gefundenen Malereireste veröffentlicht und sie für karolingisch erklärt [34]. Eine in dem Putz steckende Pingsdorfer Scherbe stützt diese Datierung.

46 Eine stilkritische Analyse der Malerei ist bei dem Mangel an vergleichbarem Material sehr schwierig. Die zum Teil sehr kräftigen Farben sind fest mit dem sehr glatten Kalkputz verbunden. Auch die Weißhöhungen haften sehr fest.

47 Spärliche Figurenreste konnten noch nicht zusammengesetzt werden. Zwei Augen lassen Rückschlüsse auf die Größe der dargestellten Personen zu. Auf dem Tuffbrocken {43} befindet sich der

[32] Doppelfeld, Die Domgrabung V {5}, S. 141 ff., hier S.130 f.

[33] Doppelfeld, Die Domgrabung IV {5}, S. 142, Schicht g 1 – 3, hier S. 96.

[34] Doppelfeld, Die Domgrabung IV {5}, S. 138, hier S. 93; Die Domgrabung V {5}, S. 141 – 145, hier S. 130 f u. Taf. V.

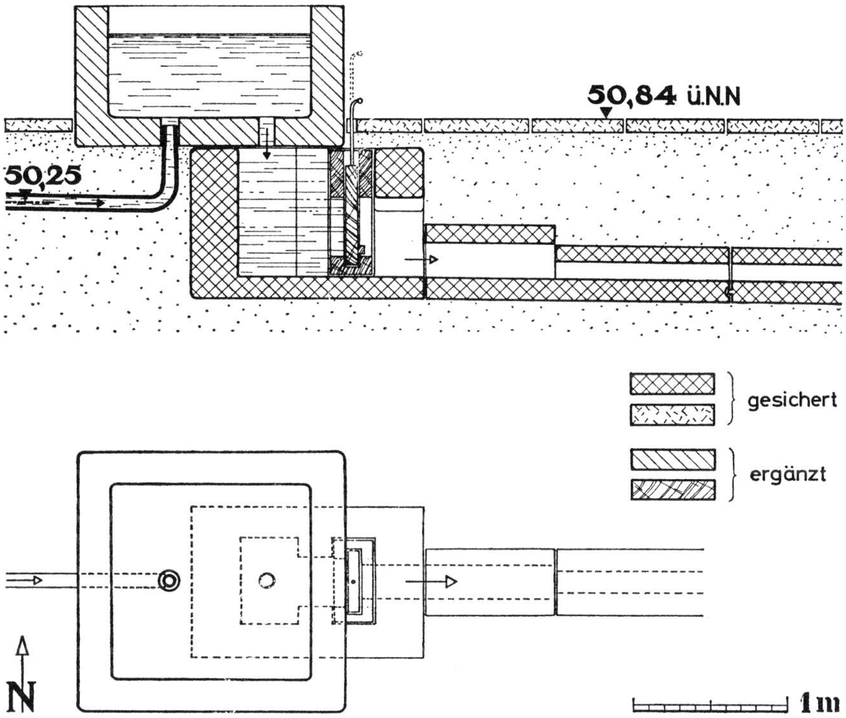

Abb. 4. Rekonstruktionsversuch des karolingischen Taufbeckens. – Maßstab 1 : 50.

Rest eines nackten Oberkörpers. Reiches Rahmenwerk läßt auf großflächige Aufteilung schließen, einzelne Buchstaben deuten auf Beischriften hin.

48 Hier soll nur festgehalten werden, daß sich einige winkelförmige Stücke und gebogene Flächen finden, die etwa auf Fensterlaibungen oder -wölbungen schließen lassen. Auch das deutet auf ein Gebäude und nicht auf irgendwelche Hofmauern.

49 Das Bauwerk hatte, nach allem, was wir wissen, einen Boden aus Drachenfelser Trachytplatten. Dabei soll ein gewisser Widerspruch zu dem oben *{44}* Gesagten nicht verschwiegen werden. Es ist immerhin denkbar, daß die von Doppelfeld gefundenen Platten 284 Traufpflaster waren und zwischen unserem Gebäude und dem alten Dom lagen. Das kleine Estrichstück 513 *{26}* ist schwer zu erklären. Es können dünne Ton- oder Marmorplatten darauf gelegen haben. Von Verlegemörtel allerdings zeigte sich keine Spur.

50 Welchem Zweck mag das Gebäude gedient haben? Die Wände waren mit Malereien von hoher Qualität bemalt. Es gab Fenster mit abgeschrägten Laibungen, wie schon Doppelfeld geschlossen hat[35]. Das merkwürdigste daran ist das Becken mit dem ostwärts gerichteten Abfluß *{20 – 22}*. Voigtel hatte es als Einlaufsschacht für die Hofentwässerung angesehen[36]. Eine unterirdisch geführte Entwässerung wäre zwar bemerkenswert, aber nicht unmöglich; doch ist der merkwürdig konstruierte Schacht als Schlammfang in dieser Form kaum sinnvoll.

51 Der Höhenlage nach gehören die beiden Wasserleitungsstücke *{31; 33}* zu dieser Anlage. Im Zusammenhang mit einer Hofentwässerung ist die Wasserleitung nicht zu erklären. Leider ist ihr Anschluß an das Becken nicht beobachtet worden, aber es ist denkbar, daß sie, nachdem sie in etwa rechtwinklig durch die Mauer geführt war *{32}*, mit einem Bogenstück das Becken an der Westseite erreichte. Man könnte an einen Kantharus denken, aber das wäre in einem geschlossenen Raum

[35] Doppelfeld, Domgrabung V *{5}*, S. 144, hier S. 136 f.
[36] Voigtel *{2}*, S. 202.

sinnlos. Was kann dieser anderes gewesen sein als eine Taufkirche? Nun ist aber das Becken zu klein, als daß es als Piscine hätte dienen können; ein Mensch hätte darin nicht stehen können; auch fehlen Stufen zum Einsteigen.

52 Das Behältnis konnte aber, wenn man die Abflußöffnung durch ein Holzschott dicht machte, das in einem Holzrahmen im östlichen Abschnitt geführt war *{21}*, mit Leichtigkeit nach dem Prinzip der kommunizierenden Röhren bis zur Fußbodenoberkante gefüllt werden und je nachdem, wie lang die Zuleitung war, konnte auch ein Aufbau darüber, etwa ein „Taufbrunnen", noch mit Wasser versorgt werden. Der Wasserstand ließ sich dann mit dem Schott regulieren (Abb. 4).

53 Wir wissen nicht, woher das Wasser kam, aber eines ist sicher, daß es lange geflossen ist. Dafür sprechen die Sinterablagerungen in der unteren Hälfte des Bleirohres *{31}*. Kam es aus einer Zisterne oder einem Brunnen, aus dem man es bei Bedarf in die Leitung füllte? Jedenfalls hatte man eine Art von „lebendigem" Wasser, mit dem in der apostolischen Zeit die Christen getauft werden sollten[37].

54 Die Immersion, d. h. das Übergießen des im Wasser stehenden Täuflings bzw. des bis zum Kopf ins Wasser getauchten Kindes ist als Taufform nur noch vereinzelt bis in die Barockzeit geübt worden[38]. Wenn auch Cabrol sagt, daß die Immersion im Abendland spätestens im 8. Jahrhundert aufhörte[39], so scheint das keine allgemeine Gültigkeit zu haben, denn das Sacramentarium Gregorianum spricht in der vielleicht Alcuin zuzuschreibenden Redaktion noch von trina mersio[40]. Man kann also für die karolingische Zeit noch die Immersion annehmen. Doch mochte der Rückgang der Erwachsenentaufen nahelegen, für die Taufe der Kinder zweckmäßigere Behältnisse zu erfinden, und das könnte ein verhältnismäßig niedriger zylindrischer oder quadratischer Behälter gewesen sein, von dem Cabrol sagt, daß er im 8. Jahrhundert die Piscine verdrängt habe[41]. Es sind anscheinend keine steinernen karolingischen Taufbecken erhalten. A. Thomas erwähnt aber solche aus Holz[42].

55 Wir können also eine Taufkirche rekonstruieren, die im Osten des karolingischen Domes lag; sie war mit einem Hof umgeben, der mit einem Estrichboden befestigt war. Wir wissen nicht, wie weit dieser sich ausdehnte, doch muß man wohl annehmen, daß er mit Mauern umgeben war. Im N könnte dazu das grobe, aus Feldsteinen und Tuff errichtete Mauerstück 530 in Schnitt 501b (UK 49,80; OK 50,50) gehören, das mit seiner Südkante der Nordflucht der karolingischen Seitenschiffmauer zu folgen scheint.

56 Die Anlage des annonischen Atriums *{6 ff.}* setzt den Abbruch der Taufkirche voraus. Die vom Abbruch herrührenden Malereireste *{42 – 43}* liegen in Schnitt 501 c unmittelbar auf dem der Hofanlage zugewiesenen Estrich 538 *{25}* auf. Das bedeutet, daß die Hoffläche bis zum Abbruch nicht angewachsen ist. Auch die Abbruchhöhe der Mauer 512 in Schnitt 501 a deutet darauf hin *{27 – 28}*; sie ist gleich der Oberkante der Estrichböden 514 und 513 (H = 50,70). In Schnitt 501 b liegt die Abbruchhöhe etwa 50 cm höher, und die Raubgrube d in Schnitt 501 c geht von H = 51,80 aus und durchschneidet die dort angehäuften Malerei- und Putzreste *{30, 42 – 43}*. Auch die Raubgrube a in Schnitt 501 a geht von einem Niveau aus, das 35 cm höher liegt als der Estrichboden 514.

[37] Solche „Wasserleitungen" gab es im Simeonskoster bei Assuan und auch im Kloster der Farag in der Gräberstadt von Kairo.

[38] vgl. dazu gotische Taufdarstellungen. Im Mailänder Ritus kommt die Immersion noch bei Carl Borromäus vor (Cabrol, Dictionnaire, unter Baptême, S. 307); W. Weyres, Der Ort des Taufgeschehens, in: Kölner Pastoralblatt 1958, S. 238 ff., dazu auch F. W. Oediger, in: Geschichte des Erzbistums Köln, hrsg. von W. Neuß, Bd. I, Köln 1964, S. 333 ff.

[39] Cabrol *{38}*, S. 307.

[40] Cabrol *{38}*, S. 307.

[41] Cabrol *{38}*, S. 391.

[42] A. Thomas, in: Lex. f. Theologie und Kirche, Bd. 9, Regensburg ^{2}1964, S. 1328.

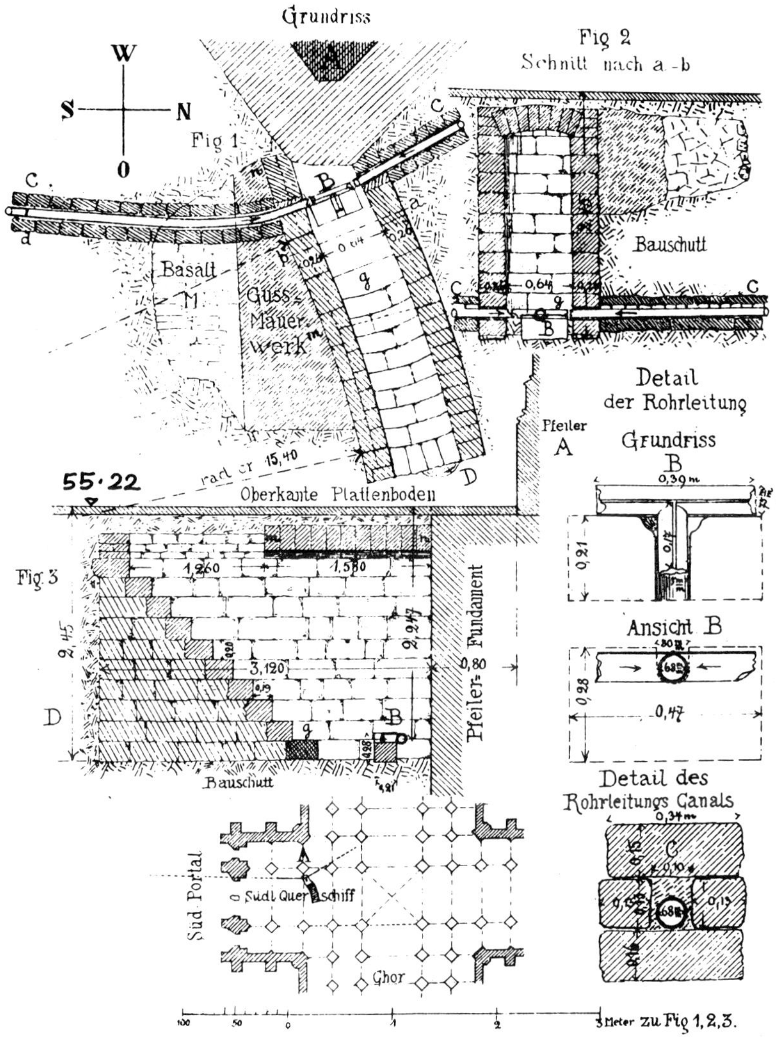

nach Voigtel (1886).

Foto von 1962.

Abb. 5. Wasserleitung im südlichen Querschiff des Domes.

57 Man muß also wohl zwei Arbeitsvorgänge unterscheiden; einmal den Abbruch des Aufgehenden mit dem Ziel, die Tuffsteine zu gewinnen. Das Gelände blieb danach unregelmäßig mit Bauschutt bedeckt. Zu einer späteren Zeit wurden die Fundamente an einzelnen Stellen herausgerissen.

58 Diese Beobachtungen decken sich in etwa mit den Befunden in der Dreikönigenkapelle. Auch dort deckt eine Schicht aus Abbruchmaterial den Plattenboden 284 zu. Allerdings sinkt die Verfüllschicht östlich vom genannten Plattenboden ab, so daß angenommen werden muß, daß hier schon vorher entweder der Plattenboden entfernt oder ein anschließender Estrichboden aus irgendeinem Grunde zerstört war. Es ist immerhin möglich, daß der Plattenboden 284 als Traufpflaster um die Apsis gelegt war *{23, 49}* und der anschließende Hofbelag durch das vom Apsisdach herabschießende Wasser gründlich zerstört worden ist[43].

59 Die Höhe des über dem Hofboden gelagerten Schuttes läßt sich an den Baugruben zu den salischen Mauern ablesen. In Schnitt 501c geht die Grube für die Mauer 536 von H=52,40, in Schnitt 501a die zur Mauer 516 von H=51,20 aus *{9}*. Die Anhöhung des Geländes betrug also 0,70 – 1,70 m,

[43] Doppelfeld, Die Domgrabung IV *{5}*, Tafeln 5 u. 7, hier S. 108 u. 111.

als man mit dem Bau des salischen Atriums begann. Der Abbruch der Taufkirche muß also längere Zeit vor dieser Zeit geschehen sein. Doppelfeld hat die in der Dreikönigenkapelle etwa bis H=51,80 über dem Boden 284 angehäuften Schichten als ottonisch definiert, und auch die Unterkante des von ihm für ottonisch erklärten Außenputzes der karolingischen Apsis würde mit H=51,60 dem nicht widersprechen[44]. Danach wäre die karolingische Taufkirche in ottonischer Zeit abgebrochen worden. Versuchsweise kann man damit die Bautätigkeit Brunos am Dom in den 60er Jahren des 10. Jahrhunderts in Zusammenhang bringen. Der Taufbrunnen wäre dann zu dieser Zeit in den Dom gewandert, wo er in späterer Zeit sicher gestanden hat. Möglicherweise hängt das Aufgeben der Taufkirche auch damit zusammen, daß die Wasserleitung durch den Brunonischen Erweiterungsbau zerstört wurde.

60 Die Verschiebung des Zentrums der Taufkirche gegenüber den Vorgängerbauten nach Süden *{39}* und die damit hergestellte Achsenbeziehung zum karolingischen Dom, dessen Achse ja gegenüber seinen Vorgängern nach Süden zu verdreht worden ist, setzen die Existenz dieses Domes voraus[45]. Da ich aber wahrscheinlich gemacht zu haben glaube, daß während der langen Bauzeit des Domes die alte Peterskirche neben S. Caecilien als Bischofskirche diente[46], kann man auch annehmen, daß in dieser Zeit am Dom nicht getauft wurde.

61 Es ist unwahrscheinlich, daß man den Bau der Taufkirche gleichzeitig mit dem Dom begonnen hat. Doch ist denkbar, daß Erzbischof Gunthar (850 – 870), der den Dom wahrscheinlich vollendete und von dem wir wissen, daß er sich um seine Ausmalung bemühte, auch die Taufkirche baute und ausmalen ließ.

Die zweite spätrömische Taufkapelle (Abb. 6)

62 Etwa 1,5 m unter dem karolingischen Hofniveau fanden Voigtel und Düntzer 1866 eine wohlerhaltene Piscine und Mauerzüge, die dazu gehörten[47]. Bei der Anlage der Domherrengruft beobachtete Fremersdorf 1926 weitere Mauern, die er mit dem alten Befund in Verbindung bringen konnte[48]. Bei beiden Grabungen sind zwangsläufig manche Mauern beseitigt worden. Vor allem aber fehlen Bodenprofile.

63 Wenn in diesem Bericht die verschiedenen Bauhorizonte nicht in zeitlicher Reihenfolge beschrieben werden, so liegt das daran, daß das zentrale Bauwerk, nämlich das zweite spätrömische Baptisterium, etwa 350 Jahre bestanden haben muß, aber in dieser Zeit verschiedene Veränderungen erlitten hat, die schwer zu begreifen sind, wenn nicht zunächst der erste Zustand dargestellt ist.

64 Voigtel hat die von ihm 1866 gefundene Piscine durch eine Überwölbung erhalten, so daß sie auch heute noch zu besichtigen ist[49]. Sie ist auf der Grundlage eines unregelmäßigen Achtecks konstruiert, bei dem die orthogonalen Seiten länger sind als die schrägen. Die Seiten schwingen im Stich- bzw. Halbkreisbogen so ein, daß die Sehnen der inneren Begrenzung sich mehr einem regulären Achteck nähern. Die Bogenteile sind auf Abstand gesetzt, so daß sich Mauervorsprünge von etwa 54 cm Breite ergeben. Die 47 cm bzw. bei den kleineren Bögen 39 cm breite obere Begrenzungsmauer ist unregelmäßig abgebrochen; die ursprüngliche Höhe ist nicht mehr festzustellen, doch kann geschlossen werden, daß sie nicht wesentlich – vielleicht 30 cm – höher gewesen ist als heute (16).

[44] Doppelfeld, Die Domgrabung IV *{5}*, S. 137, hier S. 92 f.
[45] Weyres *{1}*, S. 133, § 53, hier S. 531 f.
[46] W. Weyres *{16}*, S. 407, §§ 174 – 180, hier S.450 ff; W. Weyres *{15}*, S. 47 ff., §§ 161 – 163, hier S. 503.
[47] Voigtel und Düntzer *{2}*.
[48] Fremersdorf *{3}*, S. 213 ff.
[49] W. Weyres *{1}*, Abb. 29, hier S. 535.

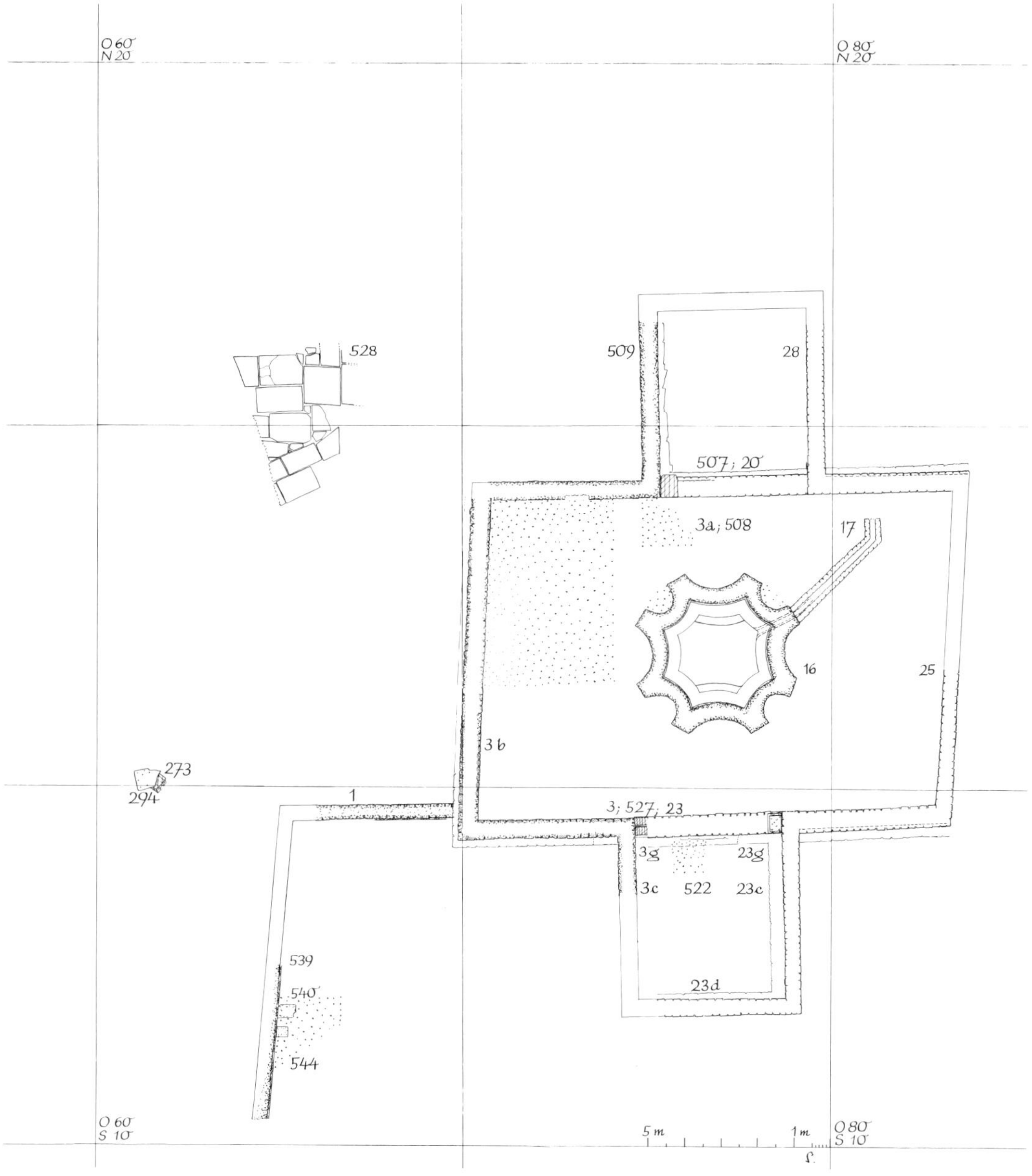

Abb. 6. Zweites Baptisterium (1. H. 5. Jh.) – Maßstab 1 : 200.

65 Die eigentliche Stärke der Umfassungsmauer (78,5 cm bei den größeren Bögen und 65 cm bei den kleinen) zeigt sich innen etwa 15 cm unter dem erhaltenen Rand, so daß hier ein Absatz von 31 cm rund um das Becken läuft. Der kleinste lichte Durchmesser ist in dieser Höhe 194,6 cm. An der Süd- und an der Nordseite des Beckens ist 32 cm unter dem inneren Rand eine der Umgrenzung folgende Stufe von 23,6 cm Breite vorgelegt. Die Tiefe des Beckens vom inneren Rand aus gemessen beträgt 67,5 cm. Der Beckenboden liegt 15,2 cm tiefer als der zugehörige Boden 508 *{80}*, über den der äußere Rand also etwa 78 – 80 cm emporragte.

66 Eine äußere Stufe, die das Hineinsteigen erleichtert hätte, ist nicht mehr vorhanden. In Marchands Aufmaß sind jedoch die nördliche, die westliche und die südwestliche Ausbuchtung durch feste Striche gerade abgeschlossen. Entsprechend zeigt er auch in der westlichen Bucht einen vor das Piscinenmauerwerk vorgelegten Block von 32,7 cm Breite, was der Tiefe der Bucht entspricht. Leider

ist die Höhe nicht angegeben. Die Stufen müssen wohl von Voigtel entfernt worden sein. Ob solche auch in den übrigen Nischen vorhanden waren, ist nicht mehr zu sagen.

67 Das Becken ist sorgfältig aus Tuffquäderchen gemauert und auf den älteren Boden 504 aufgesetzt *{127}*. Es ist mit sorgfältig geglättetem kräftig rotem Mörtel verputzt. Der Zustand dieses Verputzes schließt zwar eine Marmor- oder Mosaikverkleidung nicht aus, doch ist davon nicht die geringste Spur gefunden worden.

68 Voigtel hat auch eine zugehörige, nach NO durch eine der ausspringenden Ecken geführte Abflußleitung (17) gefunden, von der noch ein Rest im Mauerwerk des Beckens erhalten ist. Sie besteht aus einem gelöteten, in Mörtel verpackten Bleirohr von 5,2 cm lichter Weite, das dicht über dem Boden des Beckens austritt und außen in einem gemauerten Kanal verlegt war, der ein starkes Gefälle nach außen hat. Einer der Decksteine des Kanals war ein Weihestein an den Genius der in Köln wohnenden Focarii [50]. Vor der Begrenzungsmauer des Gebäudes war der Kanal umgeknickt, so daß er im rechten Winkel durch die Mauer geführt werden konnte.

69 Die ausspringenden Ecken der Piscine lassen vermuten, daß auf ihnen Säulen gestanden haben, die ein Gebälk oder einen Baldachin trugen. Wenn das Gebälk dem Grundriß folgte, wäre es am leichtesten aus Holz zu konstruieren gewesen; doch wäre auch eine steinerne Konstruktion denkbar, die dann allerdings sehr viel komplizierter gewesen wäre. Mangels jeglichen Anhalts muß es bei Vermutungen bleiben. Auch die Wasserzuführung ist nicht entdeckt worden. Es ist denkbar, daß das ankommende Wasser aus der älteren Leitung *{121}* entnommen und durch einen Speier in das Bekken geleitet wurde.

70 Das zugehörige Gebäude ist in wesentlichen Punkten erfaßt. Es besteht aus einem Hauptraum, dessen Grundriß ein leicht schiefwinkliges Parallelogramm bildet, und je einem im Süden und im Norden angesetzten kleineren Nebenraum. Der Hauptraum ist 8,68 m im Lichten breit. Seine Länge ist nicht exakt festzustellen; sie beträgt etwa 12,50 m. Die Piscine liegt auf beiden Achsen fast genau in der Mitte des Raumes.

71 Die Nebenräume sind schwieriger zu bestimmen. Teile ihrer Umfassungsmauer sind von Voigtel und Fremersdorf publiziert worden, andere von uns aufgefunden worden. Der südliche Nebenraum maß in N – S-Richtung 4,45 m im Lichten und etwa 3,65 m in O – W-Richtung. Der nördliche maß in O – W-Richtung rd. 4,0 m; seine nördliche Begrenzung ist ungewiß, weil sie durch das Fundament 516 *{8}* des salischen Atriums überdeckt wird, sie könnte aber im Abstand von 4,50 m gelegen haben. Die beiden Räume sind ungleichmäßig an den Hauptraum angesetzt; die Westkante des nördlichen liegt rd. 5,0 m von der Westkante des Hauptraumes entfernt, dem entspricht an der Südseite ein Maß von rd. 4,30 m.

72 Die im folgenden aufgeführten Mauern gehören eindeutig zu den beschriebenen Räumen; sie sind nach Doppelfelds Numerierung bezeichnet [51]. Die westliche Abschlußmauer 3 b ist von Fremersdorf gefunden und bestand aus sorgfältig gefügtem Bruchsteinmauerwerk. Ihre Breite war 54 cm; an der Südwestecke sprang das Fundament 15 cm weiter nach W vor.(UK 47,87; OK 49,77). Die Vermutung Doppelfelds, daß diese Mauer sich über die nördliche Begrenzungsmauer hinaus nach N zu weiter fortgesetzt hätte [52], konnte bei der Grabung 1968 nicht bestätigt werden, weil ausgerechnet an dieser Stelle nicht gegraben werden konnte. Da aber weiter östlich kein etwa zugehöriger Boden gefunden wurde, ergibt sich auch daraus kein Anhaltspunkt dafür, daß Doppelfeld hier richtig vermutete.

73 Die südliche Begrenzungsmauer (3) ist von Fremersdorf im Verband mit der gleich breiten Mauer 3 b aufgedeckt worden. Sie setzt leicht schiefwinklig an und hat nach S zu einen 20 cm breiten Fundamentvorsprung. Ihre östliche Verlängerung ist Voigtels Mauer 23. Die Breite ist bei Mar-

[50] Voigtel und Düntzer *{2}*, S. 202.

[51] Doppelfeld *{6}*, S. 49 ff., = hier S. 183 ff., Katalog S. 73 ff. = hier S. 204 ff.

[52] Doppelfeld, *{6}*, S. 57, hier S. 191, Taf. 3.

chand mit 2'1" bzw. 1'9" (65,4 bzw. 54 cm) angegeben. Die bei Voigtel gezeichnete Abbruchkante liegt bei H=49,43, die Unterkante ist offen gelassen.

74 Etwa in ihrer Mitte scheint die Mauer 23 eine etwa 3,20 m breite Öffnung besessen zu haben, durch die man in den südlichen Nebenraum gelangen konnte. An ihrem östlichen Ende fand Voigtel einen Pilaster aus Jurakalk (Abb. 7), an der Süd-, West- und Nordseite kanneliert, mit attischer Basis auf einer Plinthe (23 g). Das Stück maß an der Basis 39,2×52,4 cm und war 65 cm hoch erhalten (UK etwa H=49,12; OK etwa H=49,77). Leider ist die Position des Stückes bei Marchand nur ungenau angegeben[53]. Nach der ganzen Anlage muß es aber frei von einer Mauerecke gestanden haben. Auch die Angabe Marchands, daß das Stück auf einem Boden gestanden hätte, spricht dafür. Dieser muß etwa 22 cm höher gelegen haben als der Boden 508.

75 An der westlichen Ecke der Öffnung fand Fremersdorf zwei große Ziegel in schwacher Mörtelbettung (3 g). Er gibt an, daß sie in Schwellenhöhe lagen. Es scheint mir erlaubt anzunehmen, daß die Ziegel die Unterlage für einen entsprechenden Pilaster gebildet haben.

76 Auch die Nordmauer des Hauptraumes ist in zwei Grabungsabschnitten zum Vorschein gekommen. Der östliche Abschnitt (20) ist 1866 aufgenommen worden (B=rd. 55 cm, OK=48,93, UK nicht angegeben). Der westliche Abschnitt (507 in Schnitt 501 a) wurde 1968 aufgedeckt. Er ruht auf einem Fundament, das dreimal abgetreppt ist; im Aufgehenden ist die Mauer 56 – 57 cm breit und bis zu 1,40 m hoch erhalten (OK 49,60 – 50,30; UK 47,63). Die unterste Fundamentschicht besteht aus einem Mörtelbett mit Steinbruchstücken, darüber folgen große Tuffquader. Das Aufgehende ist aus Tuffhandquadern gemauert. Alle Fundamentvorsprünge liegen an der Nordseite. Das Fundament steht mit der Mauer 509 *{83}* im Verband. Die Mauer zeigte an der Südseite unbemalten Verputz.

77 Im Osten der Mauerecke 507/509 liegt auf der Mauer 507, über die Flucht des Aufgehenden nach N etwa 10 cm vorspringend, eine 6 cm dicke Ziegelplatte, deren OK 2 – 3 cm über dem Boden 508 liegt. Der Befund entspricht dem bei der Mauer 3 *{75}*.

78 Die östliche Begrenzungsmauer des Hauptraumes ist sehr schwierig zu fixieren. Marchand bzw. Voigtel gaben im Abstand von 4,20 m von der Ecke 23 g eine im Verband mit der Mauer 23 gezeichnete, nach Süden und Norden schiefwinklig verlaufende Mauer von gleicher Stärke an. Sie ist etwa in der Mitte des Hauptraumes abgebrochen. Eine Verbindung des nördlichen Armes mit der Mauer 20 ist weder in der Reinzeichnung Voigtels noch in Marchands Aufmaßskizze abzulesen. Da aber gerade an dieser Stelle Beobachtungs- und Aufmaßfehler vorhanden sein müssen, bleibt nichts anderes übrig, als die angegebene Flucht anzunehmen.

79 Völlig unerklärlich bleibt der nach Süden vorspringende Mauerverlauf, der zudem noch im Abstand von 3,50 m von der Mauer 23 einen nach Osten abbiegenden Haken zeigt. Man ist zunächst versucht, eine östliche Vorhalle anzunehmen, doch gibt es weiter keine Anhaltspunkte dafür; am Nordende ist nämlich nichts Entsprechendes gefunden worden. Man könnte eine asymmetrisch vor dem Hauptraum liegende Vorhalle rekonstruieren. Aber dafür wissen wir zu wenig. Einfacher kann der nach S über den Hauptraum vorspringende Mauerzug als Stützmauer erklärt werden.

80 Der Boden im Hauptraum ist merkwürdigerweise von Voigtel nicht beschrieben und auch in seinem Schnitt nur westlich der Piscine und zudem in sicherlich falscher Höhenlage gezeichnet worden, während Fremersdorf ihn in großen Partien vorfand (3 b). Er beschreibt einen Estrich, der etwa 15 cm stark auf kräftiger Bruchsteinstickung verlegt war[54]. Auch 1968 wurde dieser Boden angetroffen (508 in Schnitt 501 a). Allerdings ist hier die Konstruktion anders als die von Fremersdorf angegebene. Die Stärke ist 12 cm in zwei Lagen, die obere bräunlichrosa mit Ziegelsplittzuschlag, die untere fast weiß mit wenig Ziegelsplitt. Der Estrich liegt auf einer dunklen, fettigen Erdschicht von 10 – 12 cm Dicke, mit der eine Bauschuttschicht ausgeglichen wurde. Die Oberkante des Bo-

[53] Die Angabe in Voigtels Reinzeichnung ist sicher falsch.
[54] Fremersdorf *{3}*, S. 215.

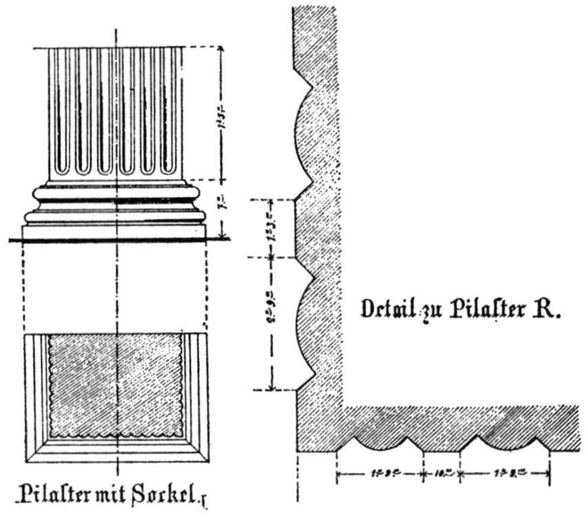

Abb. 7. Pilaster 23 g. (Vgl. Abb. 6). – Ehemals am Eingang zum südlichen Nebenraum von Baptisterium II. Nach Voigtel 1873. Pilaster verschollen.

dens liegt bei H=48,90. An Mauer 507 und an der Piscine ist der Boden angekehlt, der Wandputz ist dort darübergezogen *{76}*. Die unterschiedliche Konstruktion des Bodens mag damit erklärt werden, daß der Untergrund in der von Fremersdorf gefundenen Ecke als zu unsolide erschien.

81 Vom südlichen Flügelraum sind durch Voigtels Angaben die östliche Mauer (23 c) und ein Teil der südlichen Mauer bekannt. Die Breite ist bei beiden 51 cm. Bei 23 c ist nach W ein Fundamentvorsprung von 33 cm; bei der Südmauer entspricht dem ein Absatz von 11 cm nach N zu. Die Abbruchhöhe liegt etwa bei H=49,0. Marchand stellt den Verband von 23 und 23 c eindeutig dar *{73 – 74}*.

82 Von der Westmauer hat Fremersdorf ein 1,60 m langes Stück gefunden (3 c), das mit Mauer 3 im Verband steht *{73}*. Über sie ist aber weiter nichts ausgesagt. Es kann kaum ein Zweifel bestehen, daß alle vier Begrenzungsmauern des südlichen Flügelbaues gefaßt sind. Von einem Boden in diesem Raum berichtet Fremersdorf nichts. Doch gibt Marchand bei der Zeichnung des Pilasters 23 g an, daß der „feste Boden unter der Säule" rd. 6,0 m tiefer als der Domsockel und 82 cm über dem Boden 504 liege *{74}*; das ergäbe eine Höhe zwischen 49,0 und 49,22. Wir haben hier den Boden 522 auf H=49,09 gefunden. Der Boden im südlichen Flügelbau lag also auf jeden Fall höher als der Boden 508 *{80}*. Da indessen die Höhenlage an dieser Seite des Raumes nicht genau bekannt ist, kann die Höhe der Schwelle nicht genau ermittelt werden.

83 Vom nördlichen Flügelbau ist 1968 die Westmauer gefunden worden. Sie war an ihrem Nordende durch die Baugrube der salischen Mauer 516 abgeschnitten. Sie steht mit der Mauer 507 *{76}* im Verband (OK=49,37; UK=47,63) und ist auch ähnlich aufgebaut, doch entsprechen sich die auch hier nach innen liegenden Fundamentabsätze nicht. Auf einer 10 – 12 cm starken Mörtelbettung liegen zwei Reihen schwerer, wiederverwendeter Tuffblöcke, die mit einer Ausgleichsschicht von 4 cm starken Fliesen in dickem Mörtelbett abgeglichen werden. Darauf folgen drei Reihen größerer Tuffhandquader bis zur Höhe von 49,0. Das dann folgende Aufgehende ist 50 cm breit und sehr ordentlich aus kleineren Tuffhandquadern gemauert.

84 Voigtel zeigt auch die östliche Begrenzung des Raumes (28); er zeichnet sie im Verband mit Mauer 20 *{76}*. Marchand gibt die Breite der Mauer bis 51 bzw. 52,5 cm an. Die Unterkante ist nicht bekannt, die Abbruchhöhe liegt bei H=48,90.

85 In bezug auf die nördliche Begrenzung des Raumes muß alles offen bleiben. Marchands Skizzen und Voigtels Reinzeichnung sind nicht übereinzubringen. Wahrscheinlich hat Marchand nördlich der Mauer 516 parallele Mauerzüge gesehen. Da er aber keine Höhen angibt, sind sie nicht mit anderen Mauern in Verbindung zu bringen. Etwa in der Flucht der von Voigtel dargestellten nördlichen Mauer ist 1968 ein Mauerstück von 4,30 m Länge direkt am Domsockel gefunden worden

(530 in Schnitt 501 b). Die Lage seiner Unterkante bei H=49,80 und sein Material schließen jedoch aus, daß es mit den bisher beschriebenen Mauern in Verbindung zu bringen ist *{104}*. Teile von zugehörigen Mauern könnte Marchand gesehen haben. Mit großer Wahrscheinlichkeit liegt die Nordmauer des nördlichen Flügelbaues unter Mauer 516 verborgen.

86 Auch über den Fußboden des nördlichen Flügelbaues gibt es nichts Genaues zu berichten. Voigtel hat ihn nicht gesehen, und auch 1968 sind keine Spuren davon gefunden worden. Der Schichtwechsel in Mauer 509 bei H=49,0 *{83}* läßt allerdings vermuten, daß über dieser Höhe ein Boden gelegen hat. Das entspräche der Höhe des Bodens im südlichen Flügelbau *{82}* und in etwa der Ziegelplatte auf Mauer 507 *{82}*. Der Boden des nördlichen Flügelraumes hätte dann wahrscheinlich auch um eine Stufe höher gelegen als der Boden des Hauptraumes.

87 Wenn auch im N und O keine absolute Sicherheit gewonnen werden kann, so hätten wir doch mit einiger Sicherheit ein Gebäude erfaßt, das isoliert dastand. Allerdings existierte auch im W noch ein Mauerstück, das schwer einzuordnen ist. Fremersdorf berichtet von der Mauer 1 *{124}*, daß sie sich westlich von Mauer 3 b noch bis zum Domfundament fortsetzte. Es handelt sich um eine wesentlich ältere Mauer, die auch bei dem, dem hier beschriebenen Bauwerk vorausgehenden mitbenutzt worden ist. Innerhalb des jüngeren ist sie bis unter die Fußbodenhöhe abgebrochen; außerhalb, also nach W zu, war sie „höher hinaufreichend erhalten, doch waren auch auf der Südseite noch deutliche Reste des Verputzes erhalten“ [55]. Das bedeutet entweder, daß sich im Westen des von uns ermittelten Bauwerkes noch ein Raum angeschlossen hätte, dessen Boden so hoch gelegen haben müßte, daß die Mauer 1 überdeckt gewesen wäre. Von einem solchen Boden hat Fremersdorf aber nichts gefunden. Ich werde später auf diese Mauer zurückkommen *{124}*.

88 Nach N zu hat Fremersdorf keine entsprechende Parallelmauer gefunden. Die von uns in Schnitt 501 b gefundenen Mauern, die man der Lage nach heranziehen könnte, sind wesentlich jünger *{27 – 28}*.

89 Allerdings kam an der Südseite in Schnitt 501 c hart am Domfundament eine N – S-Mauer zum Vorschein (539/542), die man mit der Mauer 1 in Verbindung bringen kann. Sie wird später genauer beschrieben werden *{161}*. Hier interessiert nur, daß ihre Abbruchhöhe bei H=49,69 und ihre Unterkante bei 45,92 liegt. Fremersdorf hat die Abbruchhöhe von Mauer 1 nicht angegeben, sie muß aber über H=49,0 gelegen haben. Die Unterkante ist mit H=46,83 verzeichnet; da aber die Mauer 539/542 zum mindesten zwei Perioden aufweist, spielt der Unterschied in der Fundamenttiefe zunächst keine Rolle.

90 Es muß also wohl angenommen werden, daß südwestlich des Baptisteriums noch eine gewisse Zeitlang ein Gebäude bestand, das mit seiner nordöstlichen Ecke über dessen Südwestecke griff, aber wahrscheinlich keine Verbindung mit dem Baptisterium hatte. Leider kennen wir die östliche und die südliche Begrenzung dieses Gebäudes nicht. Der zugehörige Boden 544 erstreckte sich über den ganzen Bereich des Schnittes 501 c. Seine Oberkante bei H=47,91 – 96 entspricht in etwa der des Bodens 34, der von Voigtel südlich des Baptisteriums angetroffen wurde (H=47,88) *{133, 134}*. In den sorgfältig beobachteten Schichten über dem Boden 544 fanden sich keine Spuren von weiteren Böden. Es sieht so aus, als ob dieser Raum bis zu einem Brande – dafür spricht eine Brandschicht auf Boden 544 – mit dem tieferliegenden Niveau in Benutzung war. Vielleicht war es ein Keller, der erst verfüllt wurde, als das äußere Niveau um das Baptisterium schon angewachsen war *{102}*.

91 Der Kernbau des beschriebenen Baptisteriums hat mit größter Wahrscheinlichkeit bis ins 9. Jahrhundert bestanden. Es sollen daher zunächst die Veränderungen beschrieben werden, die es im Laufe seiner Geschichte erlitten hat. Erst danach wird auf die tieferliegenden Vorgängerbauten eingegangen werden *{118 ff.}*.

[55] Fremersdorf *{3}*, S. 216.

Veränderungen des zweiten Baptisteriums (Abb. 8 und 9)

92 Im Westen des Baptisteriums kam in Schnitt 501 b ein Mauerrest zutage, dessen Flucht der Mauer 507 entsprach (525). Es war ein grobes Mischmauerwerk (UK=48,85; OK=49,50 – 70), im Aufgehenden 60 cm, im Fundament 80 cm breit. Nach S zu hatte die Mauer einen 16 cm lang erhaltenen Vorsprung (529), der nicht so tief gegründet war, aber mit ihr im Verband stand. Leider ist die Fortsetzung des Vorsprungs nach Süden durch die Domherrengruft abgeschnitten, bei deren Bau aber auch nicht beobachtet worden, so daß nicht gesagt werden kann, ob es sich um einen Mauerzug oder nur um einen Strebepfeiler handelt.

93 Die Mauer 525 sitzt im westlichen Teil auf dem schweren Plattenboden 528 (H=49,21) auf, der im O mit einer glatten Begrenzung aufhört; weiter nach O ist die Mauer tiefer gegründet. Da der Plattenboden seiner Höhenlage nach in die Zeit der Erbauung des Baptisteriums gesetzt werden kann, muß die Mauer 525 später sein. Möglicherweise ist mit ihr ein westlicher Vorplatz vor dem Baptisterium abgegrenzt worden, dessen südliche Begrenzung die damals noch vorhandene Mauer 1 bzw. das dazu gehörende Gebäude war.

94 In Schnitt 501 a zeigte sich, daß die Westmauer des nördlichen Flügelbaues (509) tiefer abgebrochen war als die Nordmauer 507 des Hauptraumes *{76, 83}*. Das würde nichts besagen, wenn nicht eine O – W-Mauer 511 von 52 cm Breite auf die Abbruchkante gesetzt worden wäre (UK=49,35; OK=49,80). Rund 3 m weiter westlich wurde dieselbe Mauer mit UK=49,35 und OK=49,80 noch einmal angetroffen. Dazu gehörte ein südlich angrenzender festgestampfter Erdboden (524) auf H=49,45. Nördlich davon war das Erdreich schon bei der Errichtung der Mauer 511 auf H=49,75 angewachsen (Baugrube). Über die Mauer 511 zog sich von N her herankommend eine Brandschicht (i), die auf den Boden 524 herab abfiel.

95 Es ist also an der Nordseite unter Aufgabe des Flügelbaues ein Umgang von 1,40 m Breite entstanden, dessen Boden gegenüber dem des Baptisteriums um rd. 55 cm höher lag. Die Mauer 511 scheint aber nicht hochgeführt gewesen zu sein, es sei denn, man wollte annehmen, daß unmittelbar nach ihrem Abbruch ein Brand stattgefunden hätte, von dem der Brandschutt herrührte. Der Befund erklärt sich besser, wenn man voraussetzt, daß Mauer 511 nur eine Brüstungsmauer war, auf der ein hölzerner offener Laubengang stand.

96 Die östliche Fortsetzung dieser Mauer ist von Voigtel verzeichnet worden (18). Sie geht auch bei ihm über die Ostmauer des nördlichen Flügelraumes hinweg und nach O zu weiter und ist mit 55 cm Breite angegeben[56]. Er gibt sie als bis zur Höhe von 50,43 erhalten an, also wesentlich höher als die vorhin erwähnte Mauer 511. Da fast alle Höhenangaben bei Voigtel unsicher sind, brauchte der Unterschied nicht allzu ernst genommen zu werden. Immerhin ist dennoch denkbar, daß die Mauer in voller Höhe existierte und wir zufällig einen Eingang gefunden hätten.

97 Auf der Südseite des Baptisteriums ergab sich etwas Ähnliches. Hier fand Fremersdorf die 65 cm breite Mauer 4 (UK=48,76; OK=49,61) aus schlechtem Tuffmauerwerk. Sie war etwa 8 m lang erhalten und hatte von der Mauer des Baptisteriums (3) einen Abstand von rd. 1,70 m. Über die Westflucht des Baptisteriums (3 b) hinaus lief sie noch 2,80 m nach W weiter. Östlich davon zeichnete Marchand eine Mauer (24) von 63 cm Breite im Abstand von 1,59 m von Mauer 23, die wir mit Mauer 3 gleichgesetzt haben *{73}*; an einer anderen Stelle gibt er allerdings den Abstand mit rd. 1,67 m an. Nach der Reinzeichnung Voigtels und der Skizze Marchands sieht es so aus, als ob auch hier die jüngere Mauer auf die Abbruchkante der östlichen Mauer des südlichen Flügelbaues (23 c) gesetzt worden wäre *{81}*. Sie ist dort als bis H=49,30 erhalten angegeben. Die Unterkante läge danach bei rd. 49,0.

[56] Doppelfeld *{6}*, S. 82, hier S. 212 hat die Mauer [18] zur Rekonstruktion eines vermutlichen Baderaumes der nachrömischen Zeit herangezogen (Periode V). Für diesen Baderaum sind aber keine weiteren Anzeichen aufgefunden worden.

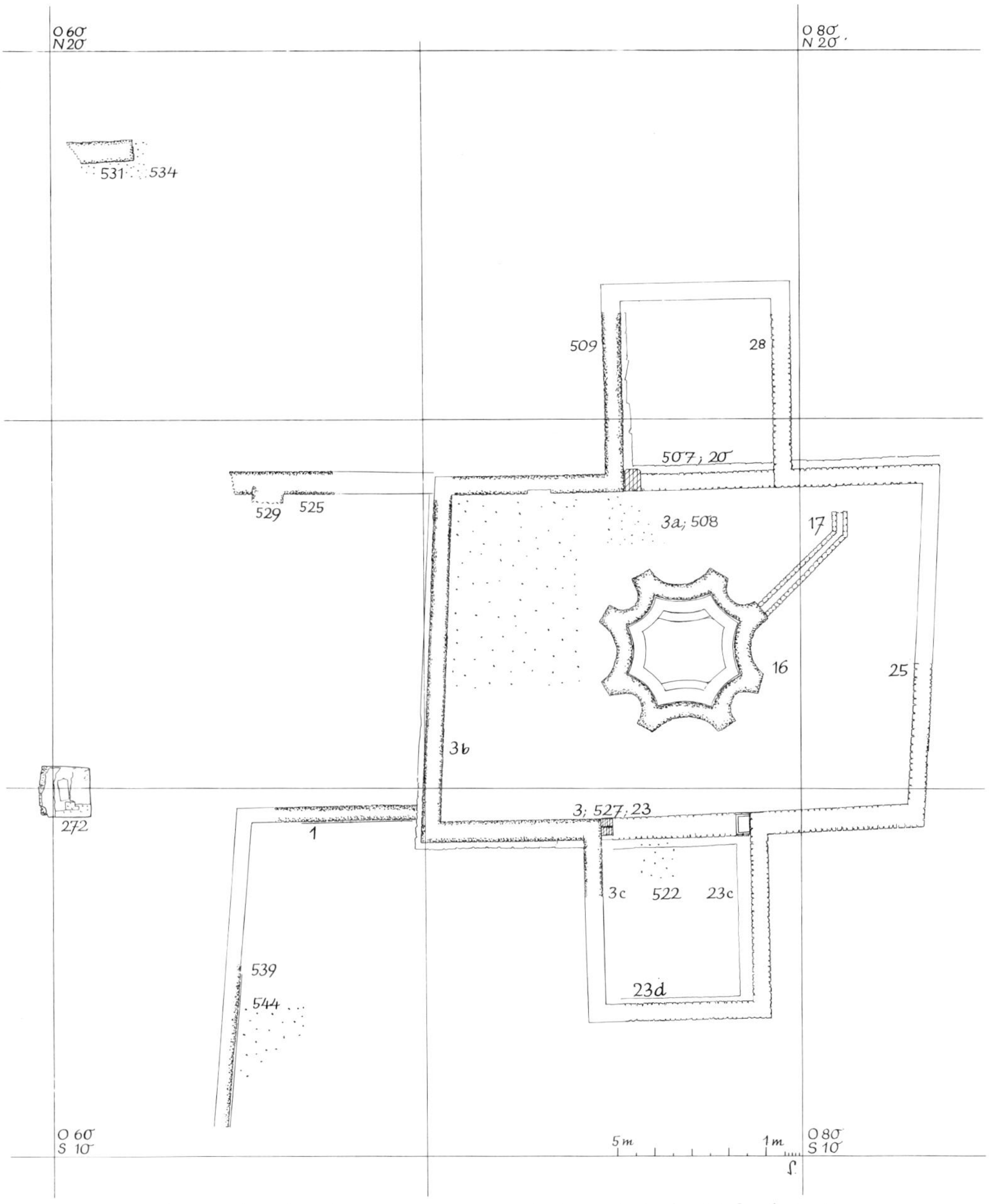

Abb. 8. Zweites Baptisterium mit westlichem Vorhof. – Maßstab 1 : 200.

98 Wenn auch die Maße nicht genau mit den entsprechenden an der Nordseite übereinstimmen, so können doch wohl die Mauern 4, 511 und die entsprechenden Voigtelschen Mauern als zu einem Bauvorgang gehörig angesehen werden. Leider ist an der Ostseite des Baptisteriums kein vergleichbarer Befund nachzuweisen. Wahrscheinlich sind hier schon beim Abbruch von St. Maria ad Gradus die oberen Schichten zerstört worden.

99 Wenn nun aber an der Südseite die Mauer 4 weiter nach W vorstieß, so lag es nahe, auch an der Nordseite nach einem entsprechenden Befund zu suchen. Dort fand sich tatsächlich in Schnitt 501 b eine Ausbruchgrube, die in der Flucht der Mauer 511 entsprach (h) und deren Oberkante bei H = 50,20 lag. Sie scheint nicht wesentlich weiter nach W gereicht zu haben.

100 Daraus ergäbe sich, daß das Baptisterium zu einer nicht näher zu bestimmenden Zeit unter Aufgabe der Flügelbauten einen Umgang erhalten hätte, der an der Nordseite 1,40 m und an der Südseite

etwa 1,70 m breit gewesen wäre und dem an der Westseite eine Vorhalle von etwa 2,80 m Breite entsprochen hätte. Man könnte annehmen, daß der Umgang sich auch um die Ostseite fortgesetzt hat. Der südlich an die Mauer 1 anstoßende Raum muß zu dieser Zeit aufgegeben worden sein, da die Mauer 4 *{97}* über ihn hinweggeht.

101 Es ist oben *{95}* gesagt worden, daß der Umgang möglicherweise aus einem hölzernen Laubengang bestand. Außer der unsicheren Höhenangabe bei Voigtel spricht nichts dagegen.

102 Wohl gleichzeitig mit dem Abbruch des Raumes südlich der Mauer 1 wurde die O – W-Mauer 537 in Schnitt 501 c gebaut. Ihr Fundament (UK=49,05) ist in die ältere Mauer 539 eingebrochen worden. Das angrenzende Gelände war inzwischen bis auf H=49,75 angewachsen (k in Schnitt 501 a).

103 Östlich davon ist von Voigtel die Fortsetzung gefunden worden (35). Während die Flucht mit der der Mauer 537 gut übereinstimmt, sind Fundamentunterkante (H=48,66) und Abbruchhöhe (H=49,90) abweichend angegeben. Bei der Ungenauigkeit von Voigtels Höhenangaben darf man aber diese Unterschiede wohl vernachlässigen. Die Mauer 537 hat offensichtlich nicht sehr lange bestanden, denn ihre Abbruchkante (H=50,30) wird von der vorkarolingischen Gräberschicht *{106 – 108}* überdeckt. Ein zugehöriger Boden ist nicht gefunden worden, doch findet sich im Süden der Mauer ein exakt horizontales Niveau (H=50,15), während nach N zu die Verfüllschichten ungleichmäßig verlaufen. Das deutet darauf hin, daß es sich um die südliche Grenzmauer der Hoffläche rings um das Baptisterium handelt, die als Friedhof benutzt worden ist.

104 Der Friedhof wird auch im Norden eine Begrenzung gehabt haben. Dafür bietet sich der Mauerrest in Schnitt 501 b an. Seine Unterkante liegt mit H=49,66 höher als die Unterkante der Mauer 511, der Abbruch entspricht mit H=50,30 dem der Mauer 537. Der Untergrund war durch Pfähle verfestigt, von denen einer (551) gefunden wurde. Er ist durch den Boden 552 geschlagen worden (OK=49,72). Dieser ist ein etwa 10 cm starker roter Estrich, der wohl nachträglich mit einem 10 cm starken Belag aus Kalkstein- und Ziegelplatten belegt wurde. Die Oberkante entspricht der nördlich der Mauer 511 angetroffenen angewachsenen Terrainoberkante *{94}*. Der Boden gehört wohl zu einem nicht mehr faßbaren Gebäude.

105 Man ist versucht, eine von Voigtel nördlich des salischen Arkadenfundaments (516) angegebene Mauer mit Mauer 530 in Verbindung zu bringen, in deren Flucht sie liegt. Auch die gezeichnete erhebliche Fundamentbreite würde dazu passen. Allerdings ist die Überlieferung an dieser Stelle besonders trübe, denn bei Marchand finden sich keine Anhalte. Die Abbruchkante ist in der Reinzeichnung mit H=rd. 48,90 angegeben, die Fundamentunterkante fast 2 m tiefer. Das geht nicht gut mit der Mauer 530 zusammen. Dennoch kann dieser Mauerzug nicht unerwähnt bleiben, weil er möglicherweise die alte nördliche Grundstücksgrenze fixiert. Er liegt ungefähr im gleichen Abstand von der römischen Stadtmauer wie die vermutete NW-Ecke der römischen Bischofskirche [57]. Es kann nach Erfahrungen, die in Köln an anderen Stellen gemacht worden sind, allerdings kaum damit gerechnet werden, daß die Südflucht der der Stadtmauer entlang geführten Straße im Laufe der Zeit nicht verändert worden wäre. Dafür, daß das hier der Fall war, spricht der unter Mauer 530 angetroffene Boden 552.

106 Da von Voigtel die Schichtungen innerhalb des Baptisteriums nicht angegeben sind, ist es schwierig zu ermitteln, wie lange es existiert hat. Das umgebende Gelände ist als Friedhof benutzt worden und entsprechend angewachsen. Die obere Grenze der Friedhofsschicht ist bei H=50,40 – 65 beobachtet worden. Sie kann aber ursprünglich stellenweise höher gelegen haben *{25}*. Auch in der Dreikönigenkapelle fand Doppelfeld eine Bestattung (267), die zu dieser Schicht gehört [58].

107 Die merkwürdige Situation in Schnitt 501 c ist schon beschrieben worden *{25}*. Der dort liegende Sarkophag aus Weiberner Tuff (535) gehört zur fränkischen Friedhofsschicht. Man muß wohl an-

[57] Weyres *{1}*, S. 126, § 27, hier S. 510.

[58] Doppelfeld, Domgrabung IV *{5}*, S. 150, hier S. 103.

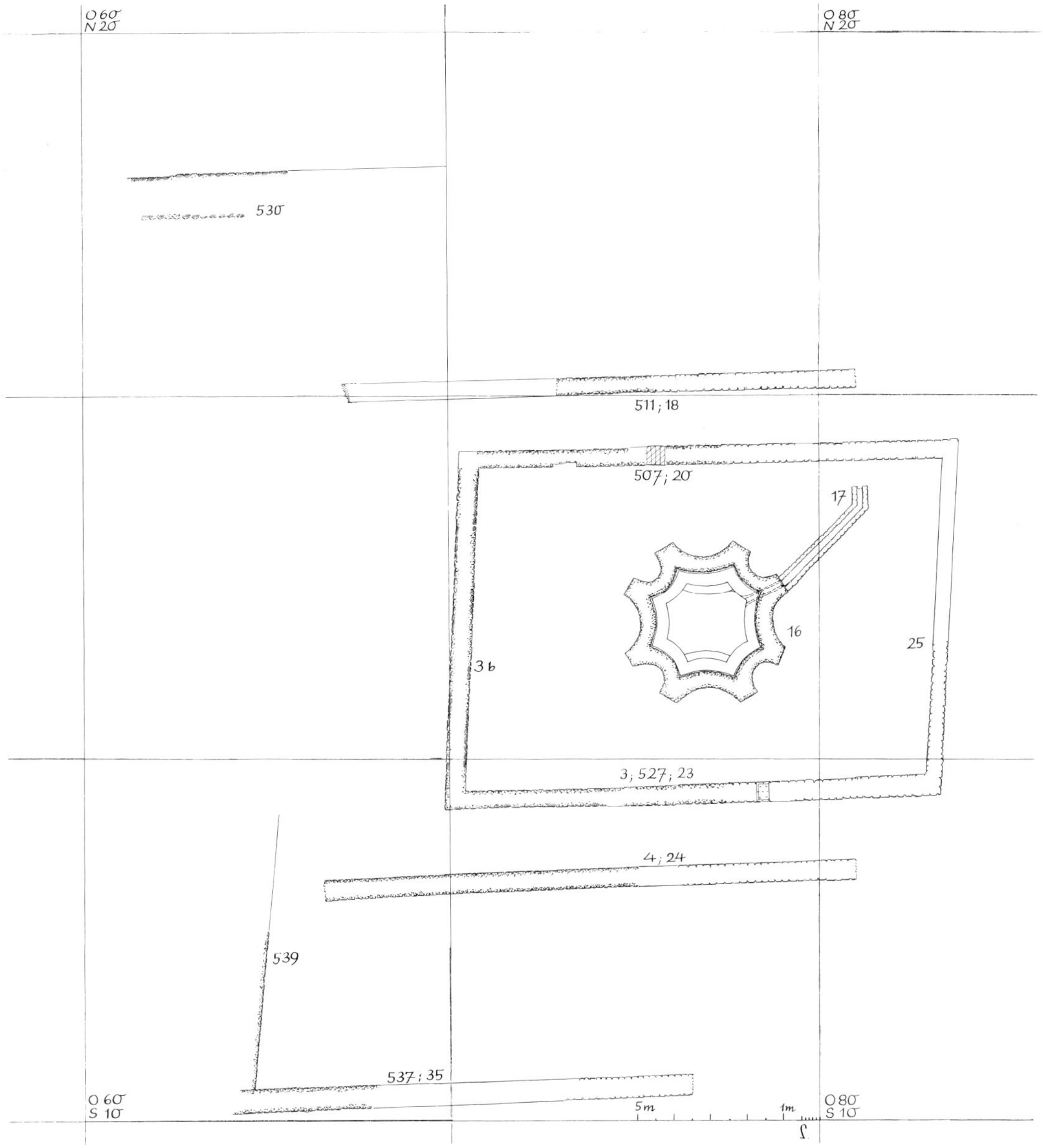

Abb. 9. Zweites Baptisterium mit Umgängen. – Maßstab 1 : 200.

nehmen, daß er ursprünglich mit einer Erdschicht überdeckt war und daß der fränkische Friedhof bis etwa H=51,60 angewachsen war.

108 Zur Friedhofsschicht gehören in Schnitt 501 c (Abb. 18) auch die Erdbestattung 541 mit einer Grabsohle auf H=49,80, das Sarkophagfragment 549 und die Erdbestattung 550 mit einer Sohle von H=49,90.

109 Wir wissen nicht, ob sich über dem Baptisterium merowingische Gräber befunden haben. Nun zeigte sich auf der Nordseite in Schnitt 501 a ein eigentümlicher Befund. Die Schicht g, die aus lokkerer dunkler Erde mit geringen Mörtelspuren bestand, war in H=50,55 bis 50,60 mit einem 12 cm starken doppelschichtigen Lehm-Estrichboden überdeckt (518). Dieser wird durch die Baugrube zur karolingischen Mauer 512 durchschnitten. Über dem Estrich befindet sich eine 2 – 3 cm starke Brandschicht.

110 Da in der Nähe des Baptisteriums in der letzten Zeit des Friedhofs kein anderes aufrecht stehendes Gebäude angetroffen wurde – alle anderen Mauern sind überdeckt –, kann man die Brandspuren auf den Brand des Baptisteriums beziehen, das danach abgebrochen wurde. Der Schnitt 501 c gibt weitere Hinweise dafür, daß das Baptisterium noch bestand, als der Boden 518 angelegt wurde. Die Mauer 512 hat auf ihrer Nordseite eine erkennbare Baugrube *{27}*. Eine solche ist auf ihrer Südseite nicht vorhanden. Dort ist das Verfüllmaterial über der abgebrochenen Mauer des Baptisteriums gegen die Mauer 512 geschüttet. Diese muß also gebaut worden sein, als südlich von ihr noch freier Raum war.

111 Rätselhaft bleibt dabei, weshalb man die Mauer 507 noch 70 cm hoch hat stehen lassen *{76}*. Das entspricht in etwa der erhaltenen Höhe der Piscine. Ob man auch den Boden im Inneren des Baptisteriums mit der Zeit höher gelegt hat? Die Piscine wäre jedenfalls dann immer noch zu benutzen gewesen. Leider fehlen uns hier alle Hinweise.

112 Das Baptisterium II muß also bis zur Errichtung der karolingischen Taufkirche bestanden haben; darauf deutet die Art der Errichtung von Mauer 512 hin. Es hat in später Zeit noch einen äußeren Hofbelag erhalten, der die Schicht der Gräber wenigstens in der unmittelbaren Nähe des Gebäudes überdeckte.

Die Datierung des zweiten Baptisteriums

113 Zur Datierung der Anlage gibt es nur sehr geringe Hinweise. Eine Kleinbronze des Arkadius ist unter dem Plattenboden 528 gefunden worden *{93}*, den wir in die Zeit der Errichtung des Baptisteriums gesetzt haben, und der damit später als der Anfang des 5. Jahrhunderts sein muß. Da mit Sicherheit anzunehmen ist, daß in der Zeit zwischen der endgültigen Eroberung Kölns durch die Franken und der Bekehrung Chlodwigs in Köln kein aufwendiges christliches Bauwerk errichtet worden ist, kann man die aus dem Vergleich ähnlicher Piscinen zu gewinnende Datierung wohl als gegeben ansehen.

114 Die einzige datierbare ähnliche Piscine ist die des zwischen 432 und 440 über einem konstantinischen Rundbau errichtete des Lateranbaptisteriums in Rom [59]. Sie hat zwar wesentlich größere Abmessungen, zeigt aber an der Außenseite der Umfassungsmauer des kreisrunden Beckens acht halbkreisförmige Einbuchtungen, die jeweils durch ein Säulenfundament getrennt werden. Von den Säulen hier wird allerdings ein aus dem Gebäude herausragender Tambour getragen. Die vor einigen Jahren in der Severuskirche in Boppard gefundene Piscine der frühchristlichen Gemeindekirche mißt im Lichten nur 1,0 m [60]. Sie ist ebenfalls innen kreisrund. Nach außen setzten sich sieben Ausbuchtungen, durch Säulenpodeste getrennt, an. Auf Säulen eines Baldachins darüber weisen Dübellöcher hin. Der Abfluß befindet sich im Boden. Von den Ausgräbern wird die Anlage in den Anfang des 5. Jahrhunderts gesetzt. Ähnlich ist die Piscine im Baptisterium von Stobi im südlichen Jugoslawien, ein Sechseck mit angesetzten Säulenbasen, die durch Kreisausschnitte verbunden sind; als Entstehungszeit wird das 5. – 6. Jahrhundert angegeben [61]. Achteckig, mit ausgeschweifter äußerer Begrenzung ist das Becken des Baptisteriums von Albenga in Ligurien, das heute durchweg ins 5. Jahrhundert datiert wird [62]. Auch hier sind die Einnischungen durch Säulenbasen getrennt. Die achteckige Piscine des Baptisteriums von Fréjus in Südfrankreich hat gerade Kanten mit übereck

[59] G. B. Giovenale, Il Battistero Lateranense, Rom 1929.

[60] F. Mühlberg, in: Römer am Rhein (Katalog der Ausstellung), Köln 1967, S. 114; H. Eiden, Zur Siedlungs- und Kulturgeschichte der Frühzeit, in: Zwischen Rhein und Mosel – Der Kreis St. Goar (1966), S. 17 ff.

[61] Frdl. Hinweis von Dr. Bracker; A. Khachatrian, Les baptistères paléochrétiens, Paris 1962, Abb. 178.

[62] J. W. Franklin, The cathedrals of Italy, London 1958, Abb. 5; Van der Meer-Mohrmann, Bildatlas der frühchristlichen Welt, Gütersloh 1959, Abb. 419.

angesetzten Blöcken, die als Sockel für Säulen dienten [63]. Pfister ist geneigt, sie noch in das 4. Jahrhundert zu datieren. Die angeführten Piscinen haben gewisse Eigenschaften gemeinsam. Sie waren wohl alle mit einem Baldachin überdeckt – mit Ausnahme der im Lateranbaptisterium, wo das Haus selber den Baldachin abgibt – und haben einen sternförmigen Umriß.

115 Das Kölner Becken ist insofern ein Unikum, als die Einbuchtungen der äußeren Umgrenzungslinie sich auch im Innern des Beckens zeigen und die der Konstruktion zugrunde liegende Figur kein reguläres Achteck ist. Wenn auch die angeführten Beispiele, außer dem Lateranbaptisterium, nicht exakt datierbar sind, so läßt sich aber doch von ihnen nichts herleiten, was der Datierung der Kölner Anlage in die erste Hälfte des 5. Jahrhunderts widerspräche.

116 Nur am Rande sei erwähnt, daß die achtstrahlige Form des Beckens wie auch die siebenstrahlige und die sechsstrahlige symbolische Bedeutung hat. Die Zahl 8 ist die eigentliche heilige Zahl des Neuen Bundes. Schon für Origenes († 254) ist sie das Symbol des zukünftigen Lebens, das auf den siebten Tag der Ruhe des Schöpfers folgt. Hilarius von Poitiers († 367) nennt die Taufe *sacramentum ogdoadis* [64], und dem heiligen Ambrosius († 397) werden die acht Distichen zugeschrieben, die in der achteckigen Taufkapelle von S. Tecla in Mailand in sehr dichter Form das Mysterium der Taufe erläuterten [65]. Sie beginnen: *octachorum sanctos templum surrexit in usus octagonus fons est munere dignus eo.* Auch die drei Stufen, die bei unserer Piscine in die Tiefe führen, werden symbolisch gedeutet: Isidor von Sevilla nennt sie *septem gradus*, und zwar entsprechen die drei abwärts führenden der *renunciatio*, die drei aufwärts zu beschreitenden der *confessio;* die siebte ist der Boden, das *fundamentum aquae* [66].

117 Man ist versucht, auch für die Form des Gebäudes eine symbolische Deutung zu suchen. Hätte es die beliebte Achteckform, wie in S. Tecla, so wäre das nicht eben schwer, und man wundert sich, daß man dem aufwendigen Becken nicht eine konzentrische Raumhülle gegeben hat. Vielleicht wollte man von der Form des Vorgängerbaues nicht abweichen. Nun meint Seston, daß die Orthodoxen nach dem Sieg über die Arianer in „Konstantinopel wie in Rom, in Ravenna wie in Bologna" Auferstehungskirchen gebaut hätten, „keineswegs nach dem Grundriß des Heiligen Grabes, sondern um das göttliche Wesen des Sohnes im Sinne des eigenen Bekenntnisses zu künden, in der Form des Kreuzes" [67]. Das stimmt sicher nur zum Teil, und wenn, dann eher für die Zeit des Theodosius und des Ambrosius, der 382 in Mailand die kreuzförmige Apostelkirche errichtet [68]. Wenn im 5. Jahrhundert Grab- und Memorienbauten in Kreuzform errichtet werden, wie S. Teuteria e Tosca in Verona [69] und die Kapelle der Galla Placidia in Ravenna [70], so liegt es bei der engen Verknüpfung, in der die Symbolik Tod und Taufe sieht, nahe, auch für die Baptisterien kreuzförmige Grundrisse zu wählen. Das Baptisterium von Venasque ist, was Baugeschichte und Datierung angeht, zu ungeklärt, als daß man es zum Vergleich heranziehen könnte [71]. Doch kann der von Eygun in das 6. Jahrhundert gesetzte Umbau von S. Jean in Poitiers als Beispiel genannt werden [72] wie auch das kreuzförmige Baptisterium von Pola in Istrien, das nach jüngeren Ausgrabungen ins

[63] P. Pfister, in: Riv. d. Arch. Cristiana 1928, S. 365 ff.

[64] J. Dölger, Zur Symbolik des altchristlichen Taufhauses, in: Antike und Christentum, 4 S. 168 ff.

[65] J. Sauer, Symbolik des Kirchengebäudes, Freiburg ²1924, S. 79; A. de Capitani d'Arzago, La Chiesa maggiore di Milano, Milano 1952, S. 165.

[66] Cabrol *{38}*, S. 336.

[67] in: Propyläen Weltgeschichte IV, S. 529.

[68] S. Guyer, Grundlagen mittelalterlicher abendländischer Baukunst, Einsiedeln – Zürich – Köln 1950, S. 68; de Capitani *{65}*, S. 68.

[69] Guyer *{68}*, S. 36; nicht später als im 5. Jh.: de Capitani d'Arzago, Architetture dei secoli quarto e quinto in Alta Italia, S. 557.

[70] Guyer *{68}*, S. 67.

[71] R. de Lasteyrie, L'architecture religieuse en France à l'époque romane, Paris 1912, S. 127.

[72] F. Eygun, Le baptistère Saint-Jean à Poitiers, in: Gallia XXII, 1, Paris 1964, S. 137 ff.

5. Jahrhundert datiert wird [73]. Zwar ist dort die Kreuzform ganz streng und die Mitte turmartig höher als die vier Flügel geführt, doch dürfte damit bewiesen sein, daß die Kreuzform für den Grundriß eines Baptisteriums im 5. Jahrhundert denkbar ist. Die Kölner Anlage bleibt dennoch, auch was die Gebäudeform angeht, vorerst ein Sonderfall. Der Vollständigkeit halber sei erwähnt, daß kreuzförmige Piscinen, vor allem im byzantinischen Bereich, sehr oft vorkommen [74].

Das erste Baptisterium (Abb. 10)

118 Voigtel hat unter der achtstrahligen Piscine eine ältere, schlicht achteckige entdeckt (26), von der nur der westliche Teil sichtbar war [75]. Sein äußerer Durchmesser ist rd. 3,0 m, die Kanten sind außen 1,40 bzw. 1,45 m lang. An seiner Ostseite führten zwei Stufen hinauf. Die Erhaltungshöhe über dem von uns in Schnitt 501 a festgestellten zugehörigen Boden 504 (H=48,23) betrug 36,5 cm. Der Boden der Piscine liegt 13 cm tiefer. Die 28 bis 30 cm starken Wandungen des Beckens – man muß wohl an Marmortafeln denken – waren 10 cm tief in den Boden eingelassen. Die Standspuren sind an der NO- und der SO-Ecke noch vorhanden.

119 In der Reinzeichnung Voigtels und in Marchands Aufzeichnung ist ein nach SO führender Abflußkanal über das Becken hinweggezeichnet (27). Voigtel hat ihn als zugehörig angesehen, aber nicht bedacht, daß er über dem Fußboden lag. Er gehört zu einer erneuerten Piscine, die ich unten besprechen werde *{144 ff.}*.

120 Wir haben unter einem von Voigtel nicht beseitigten Rest des Bodens 504 eine Bleirohrableitung gefunden (505 in Schnitt 501 a). Das kurze Stück geht senkrecht auf die Mauer 506 zu, die hier entfernt war. Die Bleileitung war wahrscheinlich ursprünglich von elliptischem Querschnitt (etwa 6 : 9 cm). Die das Rohr bildenden Bleistreifen waren beim Stoß seitlich nach außen abgebogen. Die Leitung lag in einem Kanal, dessen Wangen aus Tuffsteinen auf ein Mörtelbett aufgesetzt und mit großformatigen Ziegelplatten (20 – 25 : 42 : 2 – 2,5 cm) abgedeckt waren. Der Anschluß an das Becken konnte bei einer Nachgrabung in diesem Jahr nicht mehr gefunden werden. Wahrscheinlich ist er durch Fundierungsarbeiten des 19. Jahrhunderts zerstört worden.

121 Bei einer weiteren Nachgrabung wurde in der SW-Ecke der von Voigtel errichteten Kammer der in den Boden eingetiefte Kanal für den Zufluß gefunden (556). Er ist 12 cm breit, seine Sohle lag auf H=47,97. Er war oben offen, und die zu vermutende Bleileitung war entfernt.

122 Die Umfassungsmauern des zugehörigen Raumes sind uns an der Nord- West- und Südseite bekannt. Die an der Ostseite kann nur vermutet werden. Das östliche Ende der Nordmauer (22) ist bei Voigtel 55 cm breit gezeichnet. Weiter westlich konnten wir noch ein 1,80 m langes Stück aufdecken (506 in Schnitt 501 a). Die Mauer ist bei H=48,63 abgebrochen, ihre Unterkante bei H=47,72 sitzt auf einem nahezu 1,30 m breiten Fundament auf (503), dessen Unterkante bei 47,40 liegt. Die 62 cm breite Mauer 506 ist aus handlichen Tuffquadern sehr sorgfältig gemauert, an ihrer Südseite saß ein rötlicher, 2 cm starker Putz, der übergangslos in den Boden 504 hineingeht. Die westliche Fortsetzung ist durch die Domherrengruft überbaut. Fremersdorf hat sie hier leider nicht beobachten können.

123 Die westliche Mauer (2) ist von Fremersdorf gefunden worden. Er beschreibt sie als aus Bruchsteinen sehr sorgfältig gemauert und 48 cm breit. Die Unterkante wird bei H=48,05 angegeben. An ihrem südlichen Ende war sie auf Pfähle gegründet und gegen die Mauer 1 gestoßen. Die Abbruchkante entsprach etwa der der Mauer 506. Da die Ecke zwischen 506 und 2 nicht bekannt ist, kann die zeitliche Zusammengehörigkeit der beiden Mauern nur mit Vorsicht aus den Bodenverhältnissen geschlossen werden.

[73] Khachatrian *{61}*, S. 145.
[74] Khachatrian *{61}*, passim.
[75] Voigtel und Düntzer *{2}*, S. 202; Doppelfeld *{6}*, S. 82, hier S. 213.

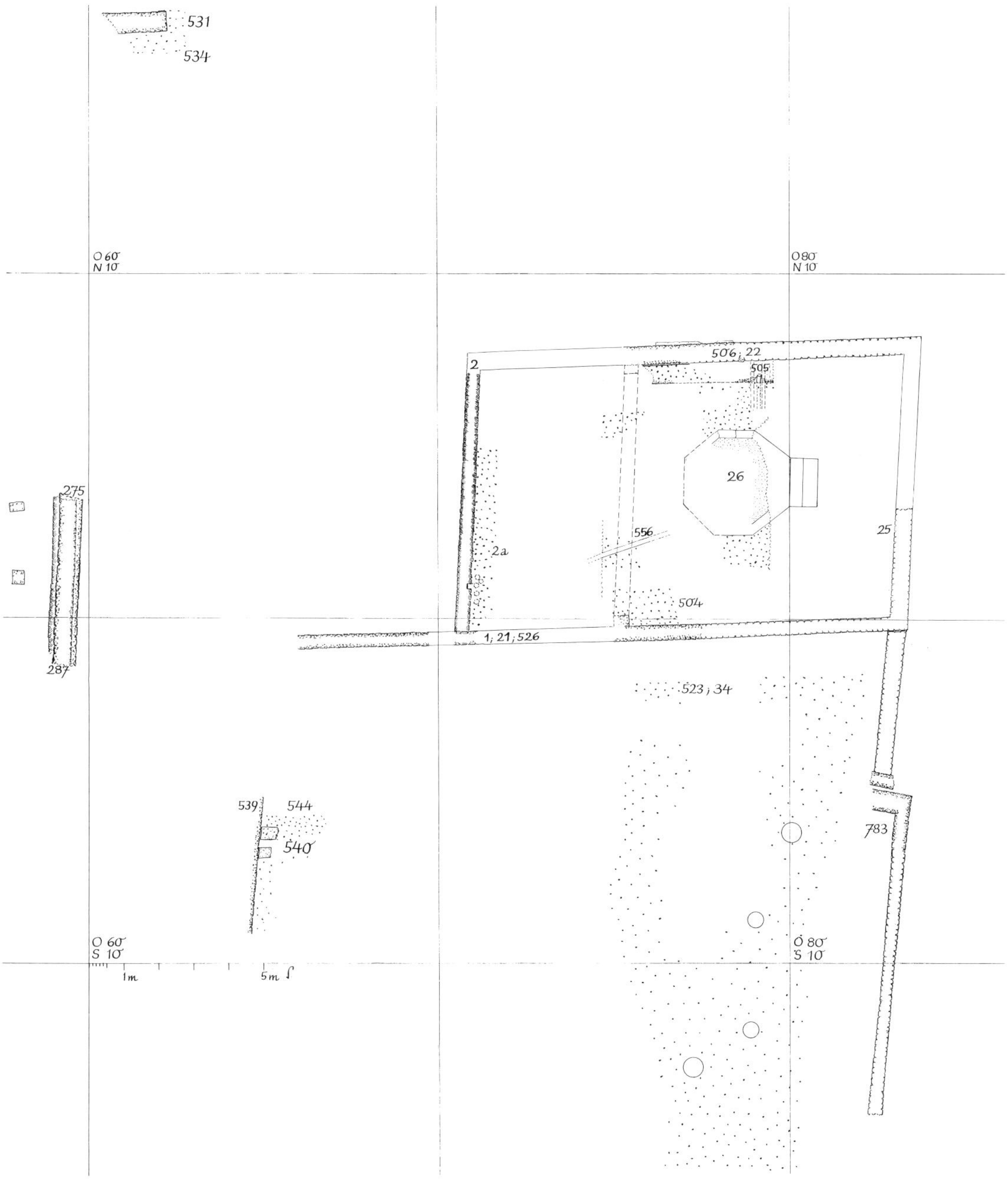

Abb. 10. Erstes Baptisterium (1. H. 4. Jh.). – Maßstab 1 : 200.

124 Überraschungen brachte die südliche Mauer. Bei Marchand ist sie nur mit der Breite von 42 cm angegeben (21). Fremersdorf hat ein Stück davon weiter westlich gefunden (1). Er zeichnet die Breite mit etwa 45 cm und gibt an, daß es eine reine Tuffmauer war, die nach N zu zwei Fundamentabsätze aufwies und bis zur Unterkante des Bodens 508 *{80}* erhalten war. Die Fundamentsohle war etwa 80 cm breit und lag bei H=46,83. Der saubere Puffsand lag noch 45 cm darunter. Das mittlere Stück der Mauer (526) ist von uns gefunden worden. Es war 45 cm breit und aus Tuffhandquadern ausgeführt. Die Fundamentunterkante lag bei H=46,58, die Abbruchkante bei H=48,57. An der Nordseite war eine Vorlage von 30 cm zu erkennen, die einer inneren Teilung durch eine Arkatur entsprechen könnte.

125 Die Mauer 1 ist offensichtlich von einem älteren Bauwerk übernommen. Sie reichte nach Fremersdorfs Befund nach W zu bis an das Domfundament, also über die Flucht der Westmauer hinaus. Doch war sie auch höher erhalten und hat dort nach dem Abbruch ihres östlichen Teils und dem der Mauer 2 noch existiert *{87}*.

126 Die entsprechende westliche Fortsetzung der Mauer 22 hätte Fremersdorf finden müssen *{122}*. Die von Doppelfeld gezeichnete Rekonstruktion muß also in diesem Punkt Hypothese bleiben [76].

127 Der zur Piscine gehörende Boden ist von Voigtel auf H=48,23 angegeben. Fremersdorf gibt ihn mit H=48,33 an (2a). Er wurde im westlichen Teil des Raumes als Estrich, sorgfältig mit Ziegelkleinschlag hergestellt, 15 cm stark angetroffen; er lag auf einer 20 cm starken, in zwei Arbeitsgängen verlegten Tuffbrockenstickung. Wir haben Reste davon in Schnitt 501 a auf H=48,23 gefunden (504). Er war hier von hoher Qualität, hatte eine dunkelrote, geschliffene Oberfläche, war 16 cm stark und lag auf einer 10 cm starken lehmigen Schicht. Der Unterschied zu Fremersdorfs Unterbau ist dadurch zu erklären, daß man, wie die Pfahlgründung unter Mauer 2 zeigt, am Westende den Untergrund für unsicher ansah.

128 Die lichten Maße des zu rekonstruierenden, leicht schiefwinkligen Raumes betrugen in der Breite 7,60 m und in der Länge schätzungsweise 12,50 m. Sie entsprechen damit in etwa den im syrischen Testamentum Domini nostri Jesu Christi angegebenen Verhältnissen für ein Baptisterium [77], nämlich 12 : 21. Ungefähr genau in der Längsachse lag die beschriebene Piscine 26. Möglicherweise war der Raum durch eine Arkadenstellung unterteilt *{124}*.

129 Doppelfeld hat die Piscine 26 als Bad eines Privathauses angesprochen [78]. Die Voraussetzung dafür wäre allerdings, daß dieser verhältnismäßig große Raum mit anderen in Verbindung stand; das wäre nun zu untersuchen.

130 Eines ist ganz sicher; daß die Mauer 1/21 älter ist als die Anlage des „Baderaumes". In Schnitt 501 a ist keine Spur von Mauern und Böden gefunden worden, die als gleichzeitig anzusetzen wären. In Schnitt 501 b ist allerdings hart am Domfundament das 2,0 m lange Stück einer O – W-Mauer (531) gefunden worden; sie ist 60 cm breit und besteht aus gutem Mauerwerk von Tuffhandquadern. Mit ihrer Fundamentunterkante (H=47,58) entspricht sie in etwa der Mauer 506, ist jedoch mit ihrer Abbruchkante (H=49,38) wesentlich höher erhalten als diese. Die Ostkante der Mauer war unregelmäßig, aber einigermaßen lotrecht abgebrochen. Ein Ziegelsplittestrich schloß in H=48,44 im Süden und im Osten an die Mauer an. Er war nur 3 – 5 cm dick, stark wellig, aber glatt abgezogen. An der Nordseite der Mauer fand sich der Boden nicht. Das hier bestehende Gebäude ist vor der Errichtung der Mauer 530 abgebrochen worden [*104*]. Eine starke Bauschuttschicht mit auffallend vielen römischen Dachziegelbruchstücken wurde in der Höhe der Abbruchkante an allen drei Seiten der Mauer gefunden.

131 Das zugehörige Gebäude kann sich nicht sehr weit nach Süden erstreckt haben, denn weder in Schnitt 501 a noch in Schnitt 501 b wurden parallel zu der Nordmauer des Baptisteriums entsprechende Böden und Mauern gefunden. Es kann sich also um eine schmale Randbebauung der Wallstraße handeln, deren westliche Fortsetzung durch das gotische Domfundament abgeschnitten worden ist.

132 Von den Mauern in der Dreikönigenkapelle läßt sich nur 275 heranziehen (UK 47,30; OK 48,50; zugehörige Baugrube von H=etwa 48,20 eingetieft) [79]. Sie sitzt auf einer älteren Mauer (287) auf, ist aber über die O – W-Mauer 329 hinweggezogen, die in etwa in der Flucht mit Mauer 1 liegt. Während diese aber weiter östlich noch bis in die Zeit des 2. Baptisteriums erhalten blieb, ist sie im Bereich der Dreikönigenkapelle vor der Errichtung der Mauer 275 abgebrochen worden. Zuge-

[76] Doppelfeld *{6}*, Taf. 2, hier S. 189.
[77] F. J. Dölger *{64}*, S. 153.
[78] Doppelfeld *{6}*, S. 62, hier S. 200 f.
[79] Doppelfeld, Die Domgrabung IV *{5}*, S. 151, hier S. 107.

hörige Böden sind an dieser Stelle nicht gefunden worden. Möglicherweise ist die Mauer 275 eine Stützmauer zur Abgrenzung eines westlichen Vorhofs von Baptisterium I gewesen und mit diesem abgebrochen worden. Die Schichtenfolge könnte darauf hindeuten.

133 Im Gegensatz zu dem Befund in der Dreikönigenkapelle gibt es im Süden von Baptisterium I eine größere Anzahl von Böden, die zu betrachten sein werden. Voigtel fand den Estrichboden 34 auf H=48,0 aus rotem Ziegelmehlmörtel über einer starken Packlage aus zerschlagenen Baugliedern und Skulpturen. Seine Gesamtdicke war 40 – 50 cm [80]. Doppelfeld fand einen vergleichbaren Boden (800) in gleicher Höhenlage etwa 24 m weiter südlich [81]. Auch Fremersdorf hat diesen Boden (1 a) in etwa gleicher Qualität auf H=47,86 südlich Mauer 1 gefunden [82].

134 Von uns ist etwa 5 m südlich des Baptisteriums I in Schnitt 501 c, bei H=47,91 – 96 der Boden 544 beobachtet worden. Er liegt ebenfalls auf einer sehr kräftigen Stickung aus Werksteinbruchstücken und gehört zu der schon angeführten N – S-Mauer 539 *{103}*.

135 Es hat den Anschein, als ob südlich des Baptisteriums I ein großer älterer Gebäudekomplex weiterbestanden hat, der mit dem Baptisterium eine gemeinsame ostwestlich verlaufende Grenzmauer (1 u. 21) hatte. Er erstreckte sich wahrscheinlich bis zur Mauer 789 mit dem zugehörigen Boden 800 a (OK H=48,0 – 48,07), die Doppelfeld 1952 bei der Grabung am Petersbrunnen aufgedeckt hat [83]. Sie verläuft im Gegensatz zu Mauer 1 von NW nach SO, also in etwa senkrecht zur Stadtmauer. Ob die von uns gefundene N – S-Mauer 539 die westliche Begrenzung des Grundstückes war, läßt sich nicht ausmachen. Die östliche ist die von Doppelfeld so benannte „Frontmauer" 783 b, die parallel zur Stadtmauer verläuft [84]. Ihre im südlichen Abschnitt gefundene Abbruchhöhe bei H=49,20 liegt wesentlich höher als die von uns in der Nachbarschaft der Baptisterien gefundene (H=46,83). Das deutet darauf hin, daß sich die Besitzverhältnisse zur Zeit der Errichtung von Baptisterium II geändert haben, weil der südliche Flügelraum über die Grundstücksgrenze nach S vorstößt. Die westliche Partie des Geländes war weiterhin profan benutzt *{90, 81}*.

136 Darauf, daß das ganze Grundstück bis dahin profan genutzt war, deuten die Funde, die Voigtel und auch wir über den Böden 34 und 544 gemacht haben. Voigtel fand unter einer 15 cm dicken Brandschicht Topfscherben, Knochen und Austernschalen in großer Menge [85]. Unregelmäßig auf den Boden aufgesetzte Säulenstümpfe lassen daran denken, daß hier ein Dach durch Notstützen abgefangen worden ist. Da auch auf dem Boden 504 innerhalb des Baptisteriums Brandreste gefunden wurden, könnte der Untergang der beiden benachbarten Bauwerke in die gleiche Zeit gesetzt werden.

137 Der Raum an Mauer 539 mit dem Boden 544 in Schnitt 501 c hat entweder die Katastrophe überstanden, oder er ist neu hergerichtet worden; jedenfalls ist er länger in Benutzung geblieben. Auf dem Boden war eine kleine Feuerstelle erhalten (540). In der Nähe lag ein Haufen von noch nicht versetzt gewesenen Glasmosaiksteinchen. Die reiche Farbskala, bei der die blauen Steinchen die Mehrzahl bildeten, läßt an das 5. Jahrhundert denken.

138 Die Bodenverhältnisse nördlich der Mauer 1 sind von denen auf der Südseite sehr verschieden. Das als Fundament zu Mauer 506 angesprochene Mauerstück 503 ist mit seiner Unterkante etwa 20 cm tief in eine Schuttschicht eingetieft, die etwa 30 cm hoch über einem 6 – 8 cm starken Lehmboden liegt, der mit einer Brandschicht abgedeckt ist (519 in Schnitt 501 a; OK bei H=47,12 – 14). Ein weiterer Boden auf festgepreßtem Tuffkleinschlag liegt darunter bei H=46,9. Die Mauer 510 in Schnitt 501 a (OK=46,60; UK=46,15) ist zugehörig, aber vom oberen Niveau (519) aus ausgeraubt. Weiter westlich in Schnitt 501 b sind die besprochenen Horizonte nicht angetroffen worden. Die Mauer 510 (OK bei H=46,95) war hier jedoch noch vorhanden; darüber Reste einer Kalkgrube.

[80] Voigtel und Düntzer *{2}*, S. 201.
[81] Doppelfeld *{6}*, S. 77, hier S. 208.
[82] Fremersdorf *{3}*, S. 216
[83] Doppelfeld *{6}*, S. 76, hier S. 206.
[84] Doppelfeld *{6}*, S. 74, hier S. 205.
[85] Voigtel und Düntzer *{2}*, S. 202.

139 Es ist also nördlich der Mauer 1/21 keine Spur von Böden in der Höhenlage und Qualität von 1a, 34, 544 und 800a gefunden worden. Das spricht durchaus dafür, daß die Mauer 1/21 die ursprüngliche Grundstücksgrenze war und Baptisterium I nicht zu dem südlich benachbarten Gebäude gehörte, also auch nicht dessen Baderaum war. Auch zu einem nördlich angrenzenden Gebäude ist keine Verbindung gefunden worden. Vielmehr sprechen die Befunde dafür, daß das Baptisterium auf einem brachliegenden Gelände errichtet wurde. Damit dürfte es aber nahezu sicher sein, daß das Gebäude als christliches Baptisterium errichtet wurde. Die Achsenbeziehung zur Bischofskirche kann natürlich zufällig sein; sie ist immerhin auffallend. Die Lage des Baptisteriums im Osten der Kirche kommt auch sonst vor, spricht somit nicht gegen die These.

140 Nach wie vor auffallend bleibt jedoch der weite Abstand – immerhin 65 m – zwischen Kirche und Taufhaus. Während für Baptisterium II ein Gebäude zwischen Baptisterium und Atrium nachzuweisen ist *{166 ff.}*, kann das für das Baptisterium I nicht gesagt werden. Immerhin ist es möglich, daß weiter westlich, also in der Gegend des heutigen Chorumgangs, ein Gebäude bestanden hat. Hier ist bisher nicht auf entsprechende Tiefen gegraben worden.

141 Ebenso auffallend ist, daß das Baptisterium auf dem Gelände der Flußaue gebaut wurde, während das Atrium der Bischofskirche auf der Niederterrasse, also mehr als 2 m höher lag. Immerhin scheint es möglich, daß das Baptisterium I älter ist als die von uns der ältesten Kathedrale zugeordneten Böden im Westen des heutigen Domes. Die beengten Grundstücksverhältnisse in der Gegend des Baptisteriums im Vergleich zu der wesentlich größeren Ausdehnung der Kirche nach Süden hin lassen daran denken. Dann aber hätten wir die älteste Bischofskirche noch zu suchen.

142 Die Errichtung eines christlichen Baptisteriums ist in Köln wohl erst nach dem Mailänder Edikt möglich gewesen. Die Stratigraphie läßt eine Datierung in die erste Hälfte des 4. Jahrhunderts durchaus zu.

Die Veränderung des ersten Baptisteriums (Abb. 11)

143 Wegen der Bauarbeiten an der Domterrasse war es lange Zeit nicht möglich, die Piscine des 2. Baptisteriums genauer zu untersuchen. Erst im Herbst dieses Jahres gab es wieder die Möglichkeit dazu. Es stellte sich heraus, daß die Piscine des 1. Baptisteriums zu irgendeiner Zeit abgebrochen und durch eine größere ersetzt worden ist, die in ihrer Form ungefähr der des 2. Baptisteriums entsprach.

144 Es war schon immer aufgefallen, daß der unterhalb des Bodens 508 *{80}* liegende Teil der Piscine 16 in den Ausnischungen einen abweichenden Verlauf der Außengrenzen hatte. Das war vor allem in den diagonal angesetzten Ausbuchtungen der Fall. Benutzt man die gefundenen Grenzen zu einer Rekonstruktion, so ergibt sich eine Piscine (502) von etwa den gleichen Dimensionen, wie sie das Taufbecken des 2. Baptisteriums hatte, mit dem Unterschied, daß die diagonal liegenden äußeren Nischen flacher waren.

145 Ein 2 cm starker Ziegelestrich (558) war in der SW-Nische über das Mauerwerk gezogen (H=48,56). Man muß daraus schließen, daß das Aufgehende des Beckens erst weiter nach innen zu ansetzte. Spuren des Bodens wurden auch an der Ostseite in H=48,46 beobachtet. Es ist anzunehmen, daß er mit Platten belegt war, die beim Abbruch entfernt worden sind.

146 Der Zufluß der älteren Piscine *{121}* ist wahrscheinlich weiter benutzt worden. Aber auch der Abfluß ist bekannt. In Marchands Aufmaß und in der Reinzeichnung Voigtels ist ein nach SO führender Kanal (27) angegeben, der bis an die Piscine 16 herangeführt ist. Voigtel hat ihn als Abfluß der Piscine 26 gedeutet[86]. Das konnte aber nicht stimmen, weil beide Male der Kanal über die ältere Piscine hinwegführend dargestellt ist. Bisher hatten wir angenommen, daß ein Irrtum Marchands

[86] Doppelfeld *{6}*, S. 82/83, hier S. 213.

vorgelegen hätte. Heute wissen wir, daß er meist doch genauer beobachtet hat. Der Kanal ist zwar von Voigtel entfernt worden, aber sein Abdruck ist auf dem Boden 504 erhalten *{127}*.

147 Der Kanal 27 gehört eindeutig zu der Piscine 502. Die Stelle, an der er in sie einmündete, ist bei der Anlage von Piscine 16 mit andersfarbigem Mörtel zugesetzt worden. Nach Angaben Voigtels war der Kanal 21 cm breit und gemauert.

148 Es ergab sich die Frage, zu welchem Gebäude das neuentdeckte Becken gehörte. Es lag nahe, es dem 2. Baptisterium zuzuschreiben. Die Untersuchung in Schnitt 501 a ergab jedoch, daß das nicht ging. Die nördliche Mauer des 1. Baptisteriums (506) war hier bis auf H=48,63 erhalten *{122}*. Der Boden 558 *{146}* konnte also nicht über die Mauer weggezogen sein. Leider ist er an dieser Stelle nicht beobachtet worden.

149 Es muß also angenommen werden, daß die Piscine 502 unter Entfernung der vielleicht vorhandenen Arkadenwand *{124}* in das 1. Baptisterium hineingesetzt worden ist, nachdem man die ältere abgebrochen hatte. Nach der Form möchte ich annehmen, daß das gegen Ende des 4. Jahrhunderts geschehen ist.

Ältere römische Bauten (Abb. 12)

150 Die älteren römischen Baureste im Osten des gotischen Domchores müssen später im Zusammenhang mit den Grabungen Doppelfelds im Jahre 1952 und den Befunden an der Südseite des Domchores genauer behandelt werden [87]. Hier sollen nur Ergebnisse so weit mitgeteilt werden, als es die Klärung im Bereich der Baptisterien nötig erscheinen läßt.

151 Unter Baptisterium I läßt sich ein sich von O nach W erstreckendes, von Mauern eingefaßtes Areal (A) ablesen, das 10,70 m breit und rd. 24 m lang ist. Seine Südgrenze wird durch die Mauer 1 gebildet *{124/25}*. Sie wird bei Fremersdorf mit einer Unterkante bei H=46,83 angegeben und soll eine reine Tuffmauer sein.

152 Ihre östliche Fortsetzung ist Mauer 21 bei Voigtel, über die nur vage gesagt ist, daß sie aus Tuff bestehe. Die südöstliche Ecke ist von uns mit einer Unterkante bei H=45,98 und einer Abbruchhöhe bei H=46,66 gefunden worden. In der Dreikönigenkapelle entspricht die aus Mischmauerwerk (Tuff und Grauwacke) hergestellte Mauer 329 nahezu der Flucht von Mauer 1. Ihre Unterkante liegt bei H=46,74, ihre Abbruchkante bei H=47,90. Sie ist schon von Doppelfeld als mit Mauer 1 und 21 zusammengehörig angesehen worden [88].

153 Westlich der leicht schiefwinklig ansetzenden N – S-Mauer 299 setzt sich die Mauer 329 noch um 5 m weiter fort. Die Mauer 299 hat ein sorgfältig gemauertes Fundament aus Bruchsteinen, zeigt aber in den Resten des Aufgehenden Tuffsteine. Ihre Unterkante liegt bei H=46,20; bei H=47,10 ist sie abgebrochen. Sie könnte die westliche Grundstücksgrenze gewesen sein.

154 Die nördliche Begrenzungsmauer 510 ist von uns in den Schnitten 501 a und 501 b gefaßt worden *{138}*. In Schnitt 501 b war die Unterkante des Fundaments von 70 cm Breite bei H=46,52; die Oberkante des 55 cm breiten Aufgehenden bei H=47,0. Die Mauer war sehr sorgfältig aus frischen Steinen gemauert. In Schnitt 501 a lag die Unterkante des Fundaments bei H=46,15, die erhaltene Oberkante bei H=46,60, die Breite des hier nur noch erhaltenen Fundaments war 70 cm. Darüber zeigte sich eine Raubgrube, die von H=47,20 ausging.

155 Die nordöstliche Ecke der Mauer 510 wurde bei den Ausschachtungen zur Untergrundbahn beobachtet. Sie war hier bis H=47,16 erhalten, 75 cm breit und hatte noch einen nördlichen Fundamentvorsprung von 25 cm. Die Unterkante des Fundaments ist bei H=46,04 zu vermuten.

156 Die im Verband angelegte Ostmauer 783 a (UK=46,04, erhaltene Oberkante H=46,66 – 46,95, Breite=80 cm mit östlichem Fundamentvorsprung) folgte wider Erwarten nicht dem sonst an der

[87] Doppelfeld *{6}*, hier S. 183 ff.

[88] Doppelfeld *{6}*, S. 79, hier S. 210.

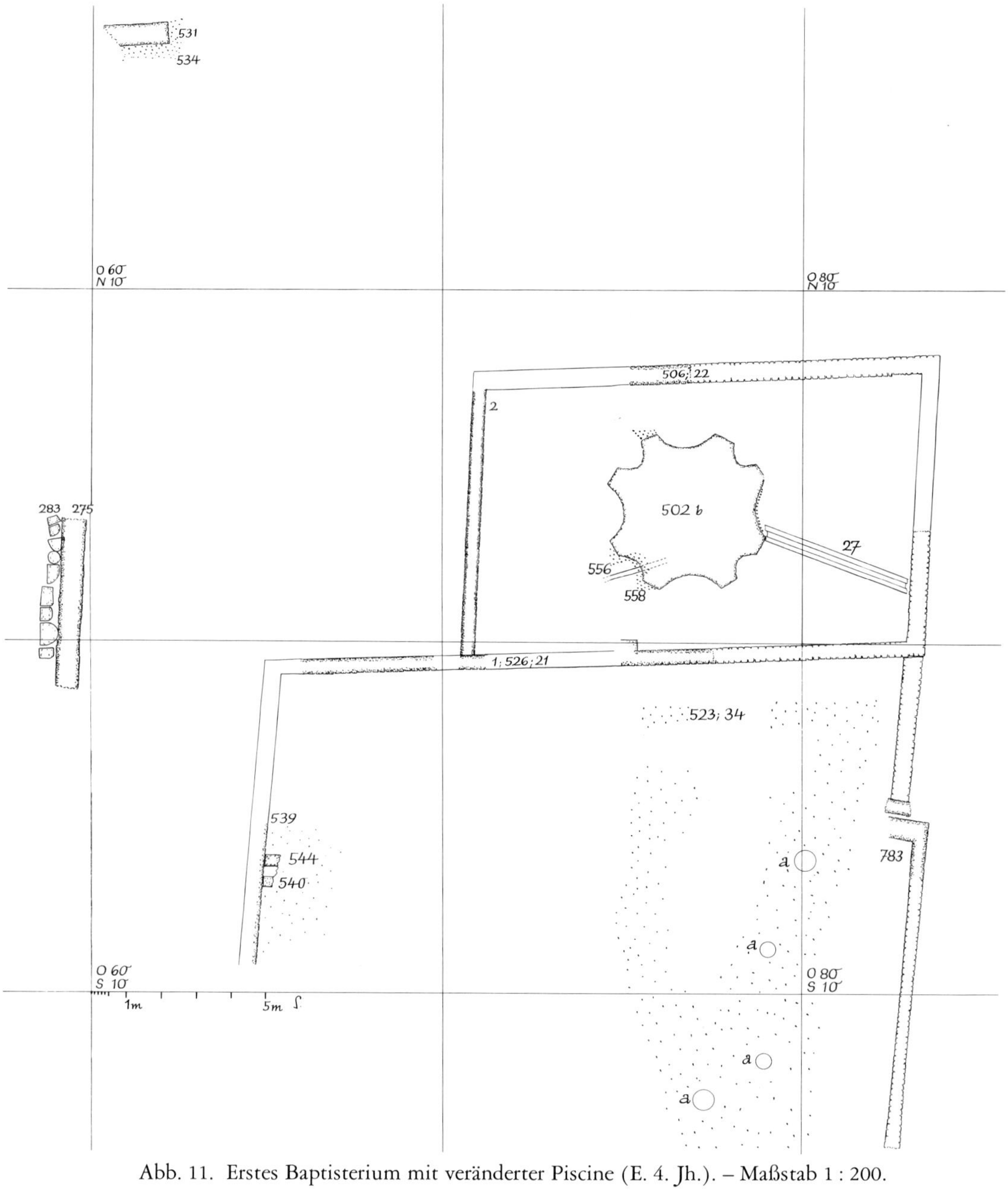

Abb. 11. Erstes Baptisterium mit veränderter Piscine (E. 4. Jh.). – Maßstab 1 : 200.

ganzen Insula festgestellten schrägen Verlauf der „Frontmauer" *{135}*, sondern war an der Südostecke fast rechtwinklig zu den Mauern 21 und 510 angelegt.

157 Innerhalb des Areals ist kein Estrich gefunden worden. Doch liegen in Schnitt 501 a zwei zugehörige Bodenschichten; die obere, ein fester, geglätteter Lehmboden (519) bei H=47,20, war von der unteren (520) durch eine Lehmschicht mit Dachziegelresten, ein dünnes Kalkband und eine Schicht aus fetter dunkler Erde mit Holzkohleresten getrennt. Die untere Bodenschicht (OK bei H=46,80) bestand aus Tuffkleinschlag mit feinsandigem Lehm *{138}*. Die Art des Bodens entspricht den auch sonst in der Insula gefundenen Böden in gewerblichen Räumen.

158 Unter den Böden folgte eine Schicht aus fast reinem Lehm (OK=46,75), bei H=45,95 der reine Sand. Die Mauer 510 ist in den Lehm eingetieft. Die Oberkante der Lehmschicht liegt in der Drei-

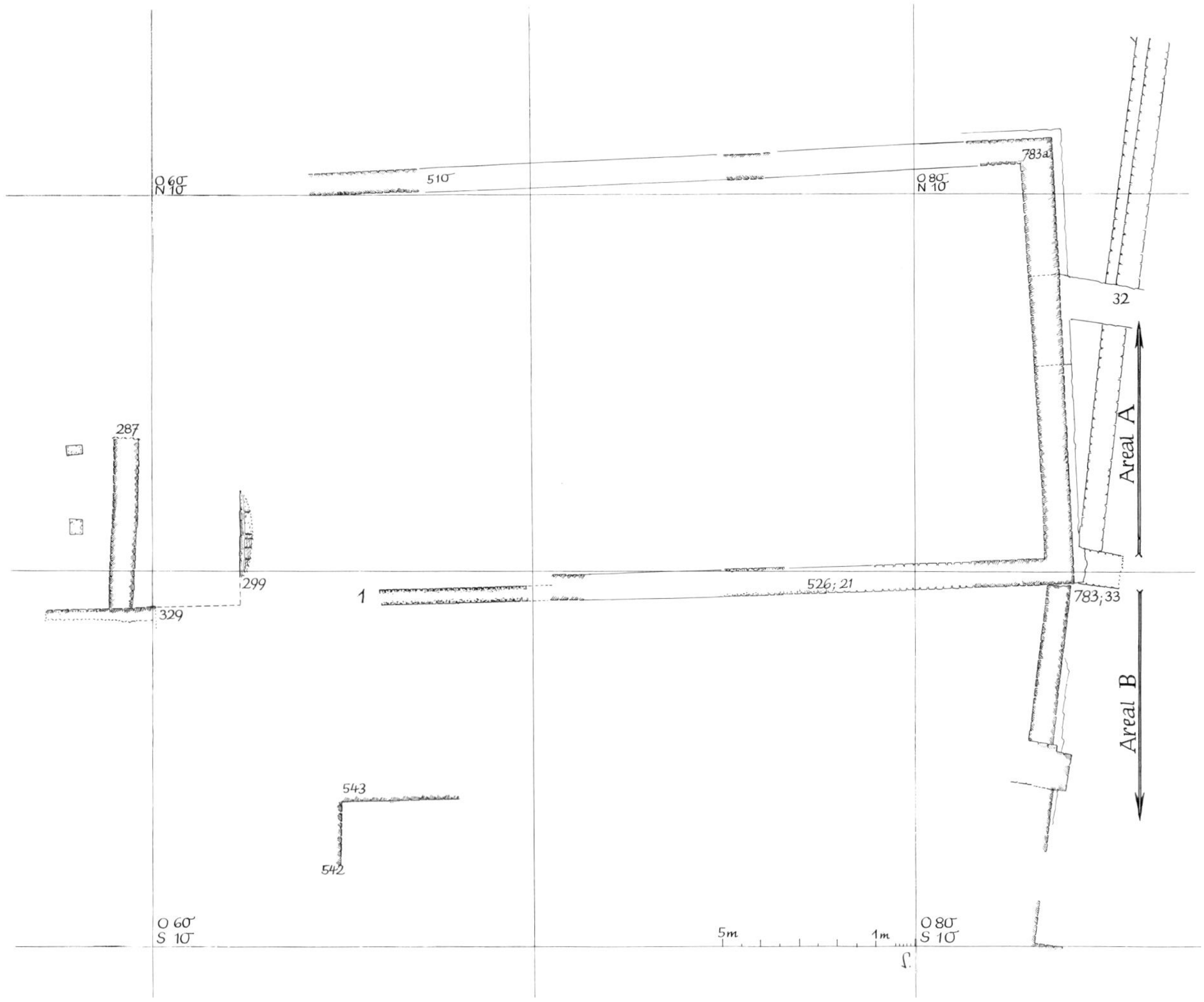

Abb. 12. Ältere römische Mauern. – Maßstab 1 : 200.

königenkapelle bei H=46,90 – 46,80. Der gewachsene Boden verläuft also nahezu eben von der Dreikönigenkapelle bis zur Ostkante des Baptisteriums.

159 Daß innerhalb des Areals A keinerlei Unterteilungen gefunden wurden, hängt damit zusammen, daß die gesamte Fläche des Baptisteriums nicht tiefer untersucht werden konnte. Die Böden und die Schuttschicht über dem Boden 519 *{157}* deuten darauf hin, daß das Areal wenigstens zum Teil überdacht war. Das Gelände muß aber, wie schon gesagt, lange Zeit wüst gelegen haben *{138}*.

160 Über das südlich angrenzende Areal (B) habe ich schon z. T. berichtet *{133 ff.}*. Seine nördliche Begrenzung wäre die gemeinsame Grenzmauer 1/21/329. Solche gemeinsamen Grenzmauern sind in der Insula auch an anderen Stellen beobachtet worden.

161 Ob die Mauer 539 in Schnitt 501 c die westliche Begrenzung des Grundstücks darstellte, läßt sich nicht sagen. Sie sitzt auf einer älteren Mauer (542) auf, die aus Bruchsteinen sorgfältig gemauert ist. Ihre Unterkante liegt bei H=45,92. Die zugehörige Baugrube beginnt bei H=47,60 und geht durch die beiden Niveaus 545 und 548, die demnach älter sind.

162 Älter ist auch die O – W-Mauer 543, gegen die die Mauer 542 schiefwinklig gestoßen ist und die schon von dem Niveau 548 überdeckt wird. Sie geht ebenfalls bis auf H=45,96 herunter, ist aus Bruchsteinen gemauert und zeigt bis auf H=46,80 einen Fugenverstrich, was der Höhe eines älteren Niveaus entsprechen könnte. Bis H=46,90 steht der Lehm an, bis H=46,30 der Sand.

163 Die Flucht von Mauer 543 entspricht einer Fuge in der „Frontmauer" 783, deren Unterkante bei H=45,98 die Zusammengehörigkeit vermuten läßt. Sollte hier eine weitere Grundstücksgrenze gewesen sein, so ergäbe das ein sehr schmales Grundstück (lichte Breite etwa 4,50 m). In einer zweiten Phase ist aber sicher dieses Grundstück mit dem südlich benachbarten zusammen benutzt worden, wie aus dem Vergleich der Böden 544 und 34 *{133, 136}* und der Überdeckung der Mauer 543 zu sehen war *{162}*.

164 Die südliche Begrenzung des Areals B könnte die ungefähr senkrecht zur „Frontmauer" laufende Mauer 555 sein, die mit einer Fundamentunterkante bei H=46,08 und einer Abbruchhöhe von H=47,08 in den Zusammenhang passen würde. An ihrer Nordseite liegt ein roter Estrichboden auf H=46,25. Es ist dies der tiefste der Böden auf dem ganzen Gebiet am Ostchor des Domes, könnte aber einem von Doppelfeld weiter südlich gefundenen Ziegelestrich auf H=46,50 (794 a) in etwa entsprechen [89].

165 Ein Problem bleibt der östliche Abschluß des Raumes an der Westseite von Areal B. Er ist offensichtlich sehr lange in Benutzung geblieben *{137}*. Da Baptisterium II an der Südwestecke über die Mauerflucht 1/21 nach Süden ausgreift, muß hier eine existierende oder neuerrichtete O – W-Mauer postuliert werden, die in dieser Zeit die veränderten Grundstücksverhältnisse berücksichtigte und die weitere Benutzung des Raumes möglich machte. Von ihr ist allerdings keine Spur gefunden worden.

166 Bei dem Bilde, das wir uns heute von der frühchristlichen Bebauung des „Domhügels" machen, ist auffallend, daß die Entfernung zwischen der Bischofskirche und dem Baptisterium so ungewöhnlich groß ist *{140}* [90]. Nun sind in der Dreikönigenkapelle von Doppelfeld Spuren eines Gebäudes gefunden worden, das das römische Atrium und den Baptisteriumsbereich trennt [91].

167 Gefunden wurden ein Pfeilerrest mit Fundament (272) und ein Bodenrest (294) mit darunter liegendem Heizkanal (273). Doppelfeld hat damals vermutet, daß der Pfeiler die Fortsetzung des Laubenganges bildete, der am Dombunker aufgedeckt worden ist, und ihn in die Periode V (spätrömisch) gesetzt. Estrich und Heizkanal, die zweifellos älter sind, setzte er in die Periode III (2. Jh.).

168 Die Unterkante des Pfeilerfundaments liegt über einer Stickung aus Tuffbrocken bei H=48,90, die Oberkante des Fundaments bei H=49,50; darüber sind noch 36 cm vom aufgehenden Pfeiler erhalten. Da an dieser Stelle die Oberkante des gewachsenen Bodens (Lehm) bei rd. 46,80 liegt, was nahezu genau den Verhältnissen unter dem Baptisterium entspricht, muß der Pfeiler verhältnismäßig spät angelegt worden sein, zumal der zu postulierende zugehörige Boden durch eine über eine mehr als 1 m hohe Anschüttung von den aufgegebenen älteren Mauern darunter getrennt ist.

169 Die Höhe des Fußbodens liegt bestenfalls bei H=49,55 eher höher. Sie läge damit mindestens 65 cm höher als der Boden 508 in Baptisterium II. Nur wenig tiefer liegt der Boden 524 aus der Umbauphase dieses Baptisteriums. In eine Beziehung kann die Mauer 525 gesetzt werden *{92}*, die mit UK H=48,85 ungefähr von der gleichen Höhenlage ausgeht wie das Pfeilerfundament. Auch die Höhen der Abbruchkanten (49,86 bei Pfeiler und 49,50 bei Mauer 525) liegen nicht allzuweit auseinander.

170 Der Pfeiler 272 gehört seiner Höhenlage wegen wohl sicher nicht zu der Straßenkolonnade. Man muß vielmehr hier ein Gebäude vermuten, das später als das Baptisterium II errichtet worden ist und eine Halle besaß, die durch Pfeiler unterteilt war. Mit dem Baptisterium könnte sie durch einen Vorhof verbunden gewesen sein. Über die Größe dieses Gebäudes kann nichts ausgesagt werden. Sein Abbruch scheint stattgefunden zu haben, als die fränkische Erweiterung der Kathedrale im 6. Jahrhundert zu nahe von W her herangerückt war und die Umgebung des Baptisteriums als Friedhof benutzt wurde [92].

[89] Doppelfeld *{6}*, S. 76, hier S. 207.

[90] Weyres *{1}*, S. 128, hier S. 512.

[91] Doppelfeld, Die Domgrabung IV *{5}*, S. 132 f., hier S. 89 f.

[92] Weyres *{1}*, S. 126, §§ 32 ff., hier S. 511 f.

171 Nun hat aber dieses Gebäude einen Vorgänger gehabt. Der von Doppelfeld gefundene Heizkanal (273) läßt daran keinen Zweifel. Der von SSW nach NNO verlaufende Kanal ist an seinem nördlichen Ende, zu einer Tubulatur führend, aufwärts abgeschrägt gewesen, was an diesem Ende mit dem Ende des Bauwerks oder einer beheizten Zwischenwand rechnen läßt. Von dieser ist allerdings nichts gefunden worden, da hier das Domfundament alles vernichtet hat.

172 Der zugehörige gute Estrichboden liegt mit seiner Oberkante bei H=49,55. Der Kanal ist in eine anscheinend planmäßig aufgebrachte Ausgleichsschicht eingetieft worden. Da aber keinerlei zu diesem Bau gehörige Mauern gefunden werden können, ist seine Einordnung äußerst schwierig. So kann auch nicht gesagt werden, ob der Pfeilerbau ein Umbau war oder ob man den älteren Bau aufgegeben hat, als man die Pfeiler errichtete. Aber auch hier gibt die hohe Lage des Fußbodens zu denken.

173 Da wir noch nicht wissen, wie weit ostwärts das Atrium der römischen Bischofskirche gereicht hat bzw. wie weit die zu dessen Anlage vorgenommene Anschüttung reichte, ist auch noch unklar, in welcher Zeit das Gebäude errichtet sein könnte[93]. Immerhin ist denkbar, daß das Bauwerk an dieser Stelle den Geländeunterschied abgefangen hat. Doppelfelds Datierung in das 2. Jahrhundert wäre auch dann noch problematisch. Eher bietet sich eine Datierung in das 4. Jahrhundert an. Die Frage muß offen bleiben, bis vielleicht die Fortsetzung der Grabung unter dem Ostchor des Domes bessere Schlüsse zuläßt.

174 Es ist nicht ganz leicht, eine exakte Periodenteilung für das ganze Gelände anzugeben, da offenbar die beiden Areale A und B nicht gleichmäßig gewachsen sind. Wir können es vorerst auch nur versuchen; die Vergleiche mit der übrigen Bebauung der Insula mögen später genauere Angaben möglich machen. Zum Vergleich seien hier nur die Straten im Bereich des Baptisteriums und die in der Südwestecke von Areal B gegenübergesetzt.

	Areal A	Areal B		Zeit
I	Niveau 520 H=46,85	verm. Boden	H=46,78	1. Jh.
II	Niveau 519 H=47,20	Boden 548	H=47,60	
III	unbebaut	Boden 544	H=48,0	
IV	Baptisterium I, Boden 504, H=48,20		H=48,0	4. Jh.
V	Baptisterium I, Boden 558, H=48,50		H=48,0	E. 4. Jh.
VI	Baptisterium II, Boden 508, H=48,92		H=48,0	A. 5. Jh.
VII	Baptisterium II, Anbau H=rd. 49,0		H=48,0	
VIII	Baptisterium II, Umgang H=49,40	Niveau 546	H=50,10	
IX	Boden 518, H=rd. 50,60	Friedhofsschicht OK über 50,80		
X	Plattenboden bzw. Bapt. III, OK 50,70	Boden 538,	OK=50,85	9. Jh.
XI	Abbruch Baptisterium III	Abbruchschutt		10. Jh.
XII	Friedhof			10. Jh.
XIII	Friedhof im Atrium			11. – 18. Jh.

Zu den Zeichnungen:
Wilhelm Schneider hat die gesamten Aufnahmen der Grabung gemacht und die in diesem Aufsatz veröffentlichten Zeichnungen angefertigt.
Die Rekonstruktionszeichnung des karolingischen Taufbeckens stammt von Dr. Arnold Wolff.

[93] Weyres *{1}*, S. 125, § 22, hier S. 509.

Zusammenfassung

Die Baugeschichte der Kölner Baptisterien stellt sich etwa so dar:

In der ersten Hälfte des 4. Jahrhunderts erwirbt der Kölnische Bischof, vielleicht der hl. Maternus, den brachliegenden nördlichen Randstreifen in der nordöstlichen Insula der Römerstadt und baut dort das erste Baptisterium. Vermutlich gegen Ende des Jahrhunderts erhält dieses Baptisterium eine neue Piscine. In der ersten Hälfte des 5. Jahrhunderts wird an derselben Stelle ein neues, kreuzförmiges Taufhaus errichtet, in dem die Piscine in der gleichen Form über der älteren gebaut wird. Dieses zweite Baptisterium greift nach Süden über die Grundstücksgrenze aus. Im Laufe der folgenden Jahrhunderte wird es mehrfach verändert. Das umliegende Gelände wird bis ins 9. Jahrhundert als Friedhof benutzt. In diesem Jahrhundert wird das alte Gebäude, das tief im Boden steckte, abgerissen. An seiner Stelle wird mit veränderter Achse ein neues Baptisterium gebaut, das im Innern reich bemalt ist. Es steht in einem Hof, der einen festen Boden hat. Im 10. Jahrhundert wird das dritte Baptisterium abgerissen. Der Platz wird wieder Friedhof. Im 11. Jahrhundert wird am Ostende die Kirche St. Maria ad Gradus errichtet und mit dem karolingisch-ottonischen Dom durch ein Atrium verbunden, dessen letzte Reste im 19. Jahrhundert verschwunden sind.

Blick auf die Grabung von O.
Vgl. Abb. 16c; links Ziegelmauer Voigtels (1867) und Domherrengruft 521.

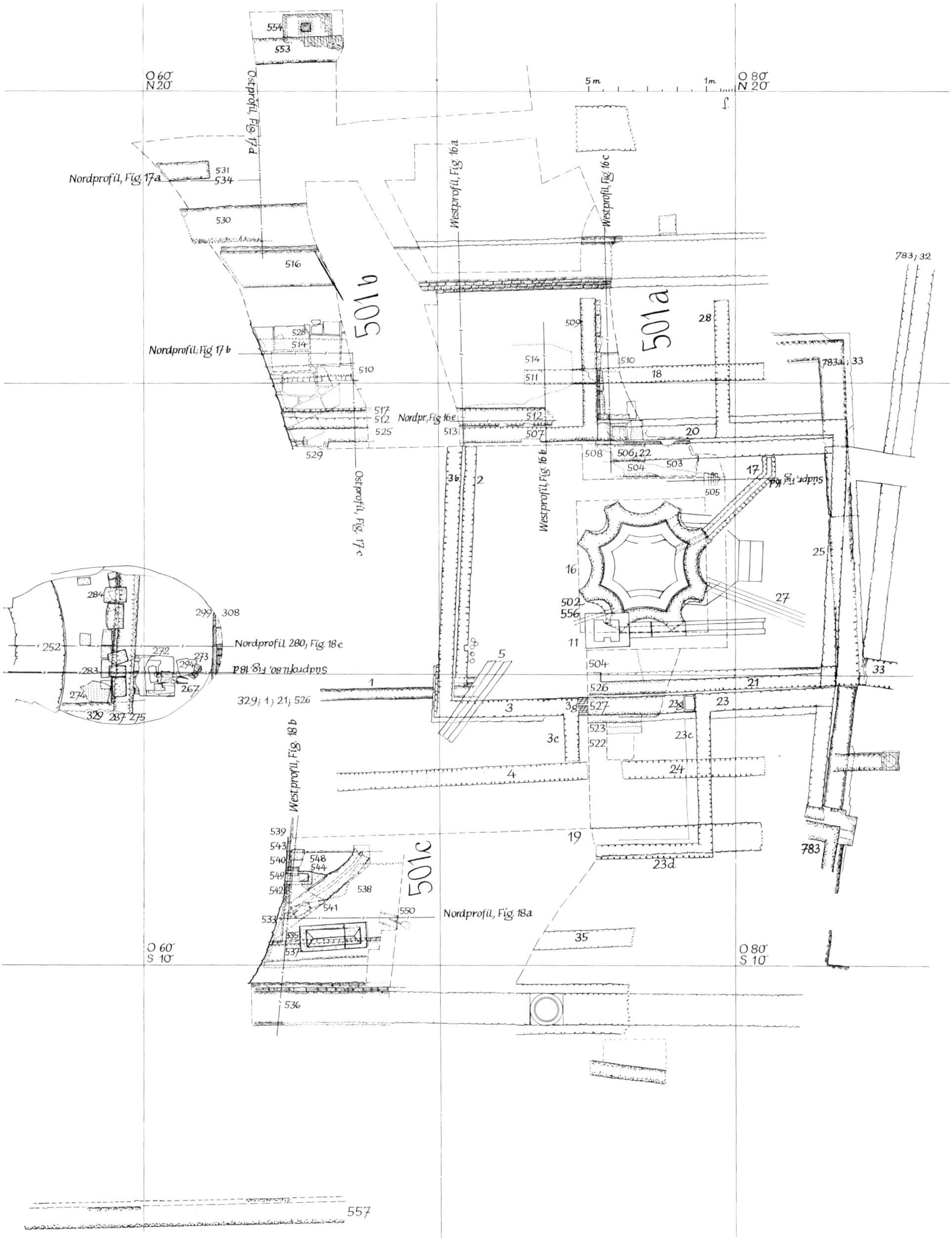

Abb. 13. Übersicht über die gesamte Grabungsfläche mit Eintragung der früheren Grabungsfunde und Angabe der Schnittprofile Abb. 16 – 18. – Maßstab 1 : 200.

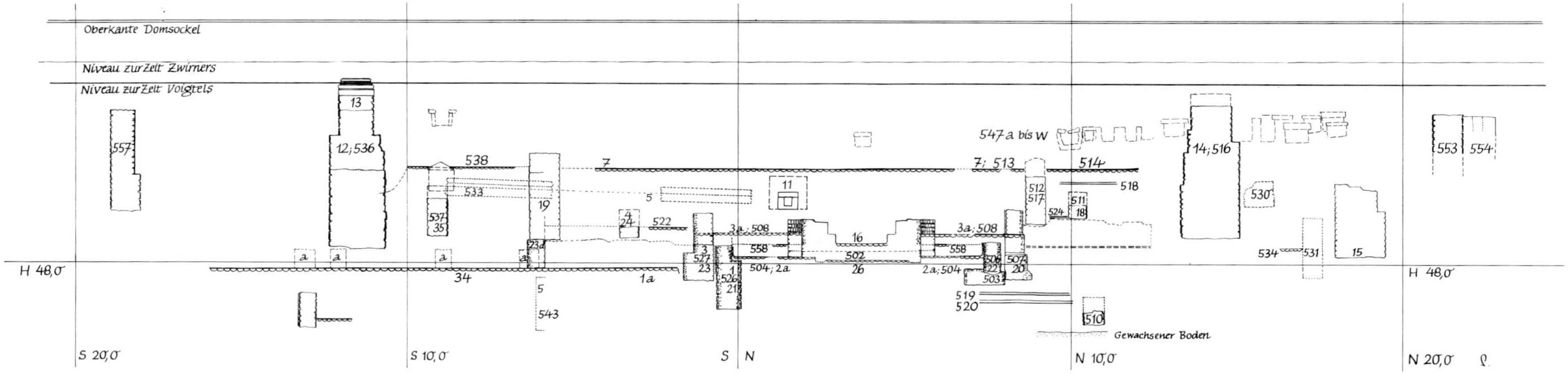

Abb. 14. Süd-Nord-Schnitt durch das Grabungsgelände. Punktierte Mauern liegen hinter der Schnittebene. Maßstab 1 : 200.

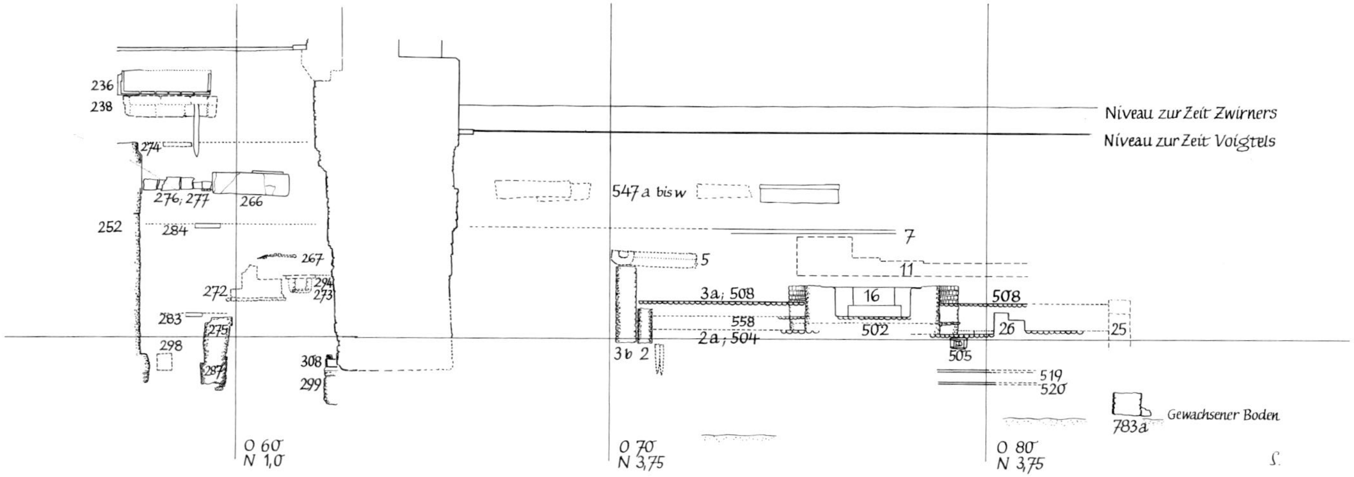

Abb. 15. West-Ost-Schnitt durch das Grabungsgelände und die Dreikönigenkapelle. – Maßstab 1 : 200.

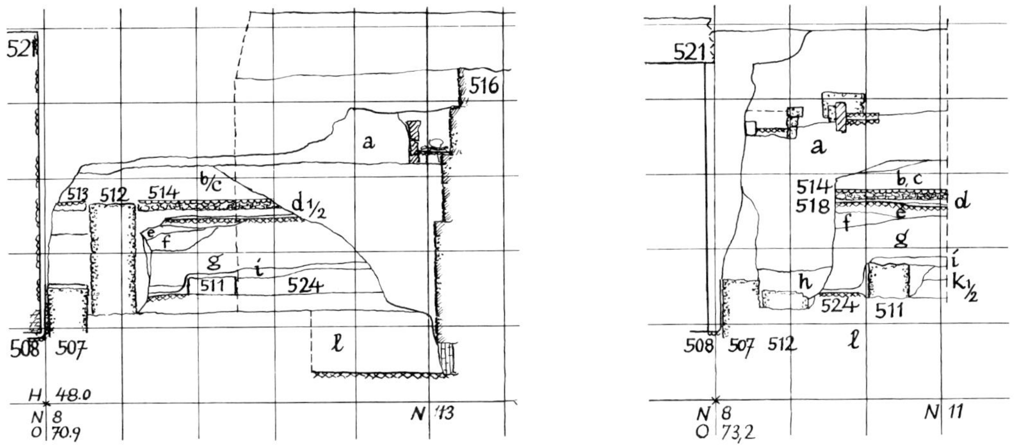

Abb. 16. Profile zu Schnitt 501 a, Maßstab 1 : 100. Lage der Profile ist in Abb. 13 angegeben.

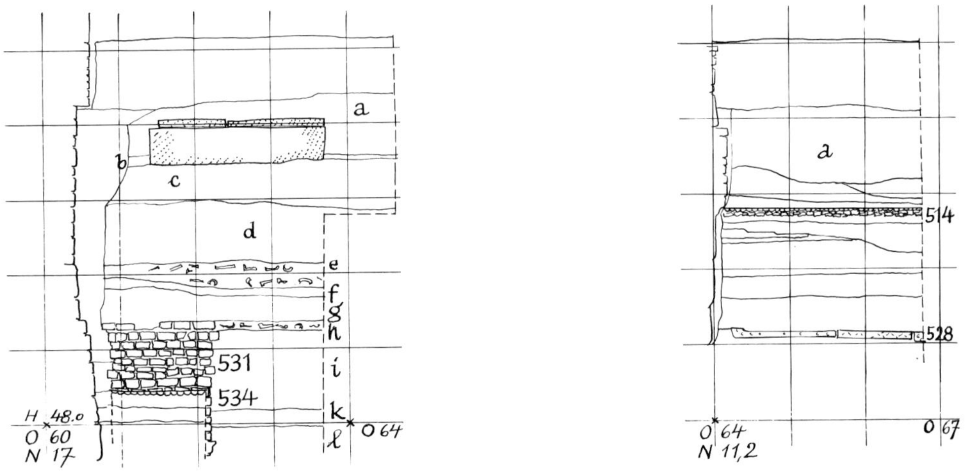

Abb. 17. Profile zu Schnitt 501 b. Maßstab 1 : 100.

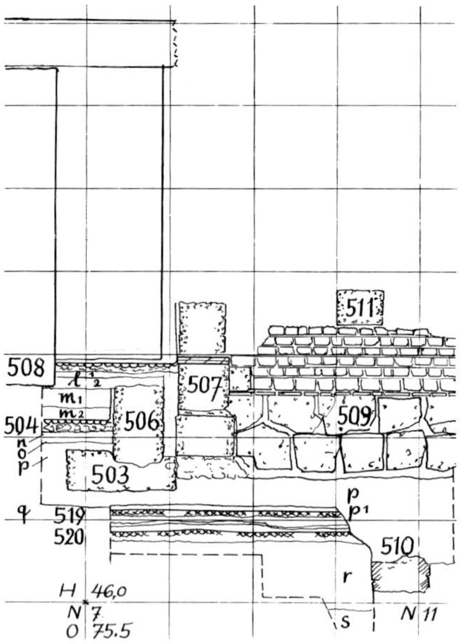

Abb. 16 c. – Maßstab 1 : 100.

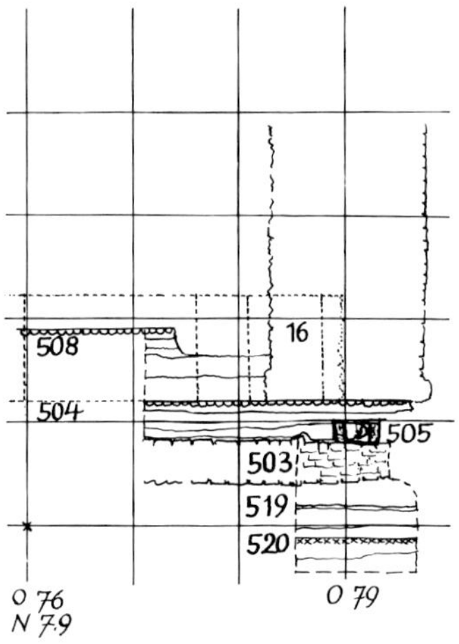

Abb. 16 d. (spiegelverkehrt).

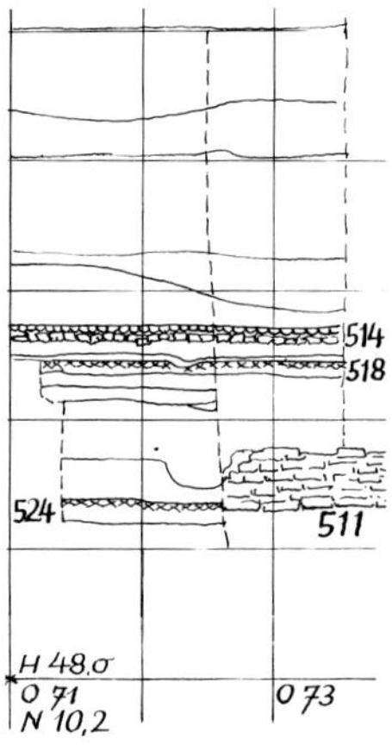

Abb. 16 e.

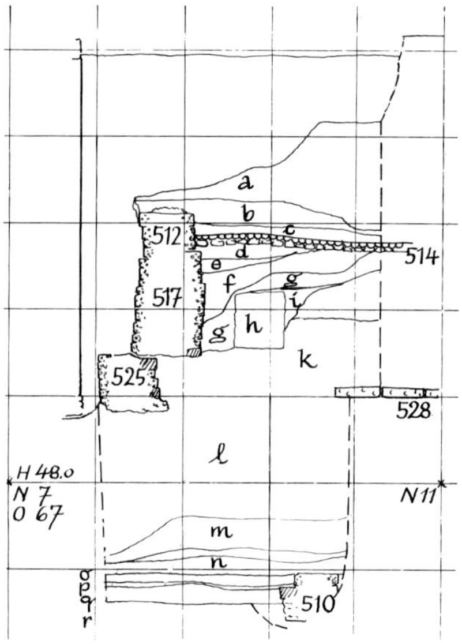

Abb. 17 c. (spiegelverkehrt).

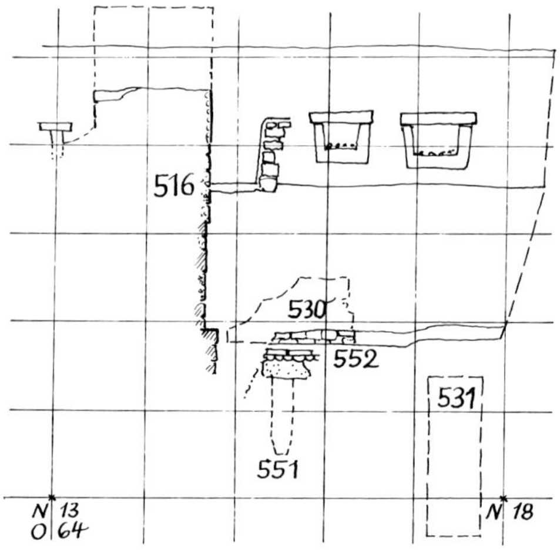

Abb. 17 d. (spiegelverkehrt).

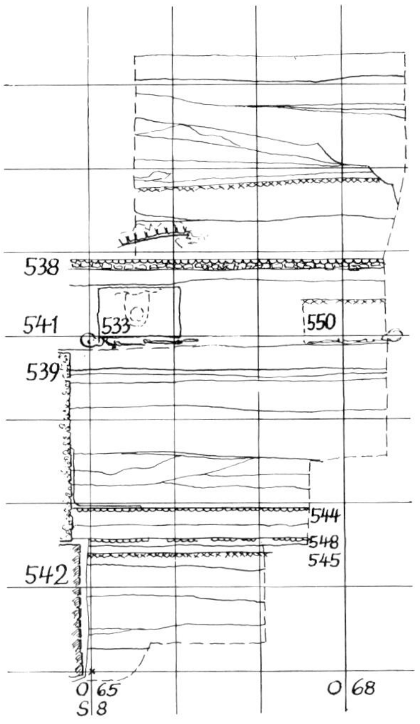

Abb. 18 a.

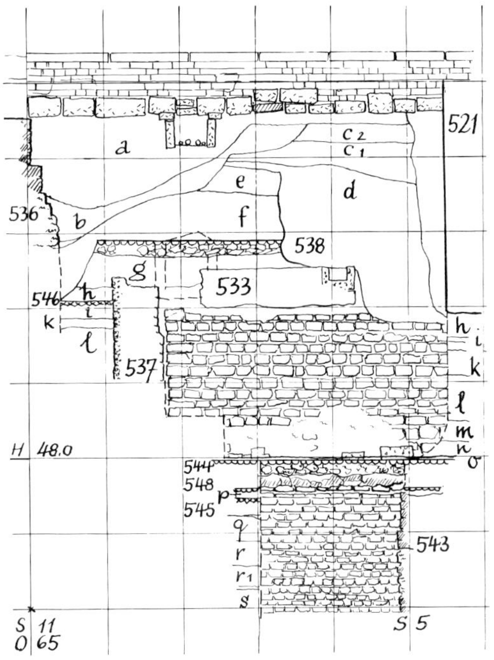

Abb. 18 b.

Abb. 18 a und b. Profile zu Schnitt 501 c. Maßstab 1 : 100.

KATALOG

bearbeitet von Wilhelm Schneider

Abkürzungen:
OK = Oberkante – UK = Unterkante – H = Höhe – Br = Breite – Lg = Länge – Dm = Durchmesser.
Höhenangaben in m über N. N. Punktangaben in der Fläche nach Soldner Koordinaten in m, bezogen auf den Dachreiter des Kölner Domes. (Beispiel: O 76,88; N 3,74 bedeutet: der Punkt liegt 76,88 m östlich einer durch den Mittelpunkt des Dachreiters verlaufenden Nord-Süd-Linie und 3,74 m nördlich einer durch den Mittelpunkt des Dachreiters verlaufenden Ost-West-Linie.)

Vorbemerkung:
Die Nummern der Grabungen nach 1946 sind dreistellig (mit Ausnahme von Nr. 80), die der Grabung von Fremersdorf 1926 einstellig, die der Grabung von Voigtel 1866 zweistellig.

A. Grabungen 1968 – 70

501a Grabungsschnitt nördlich der Piscine 16 (Abb. 13)
Hierzu fünf Profile:
Westprofil (Abb. 16 a)
Westprofil (Abb. 16 b)
Westprofil (Abb. 16 c)
Südprofil (Abb. 16 d)
Nordprofil (Abb. 16 e)
Die Lage der Profile ist in Abb. 13 eingetragen.

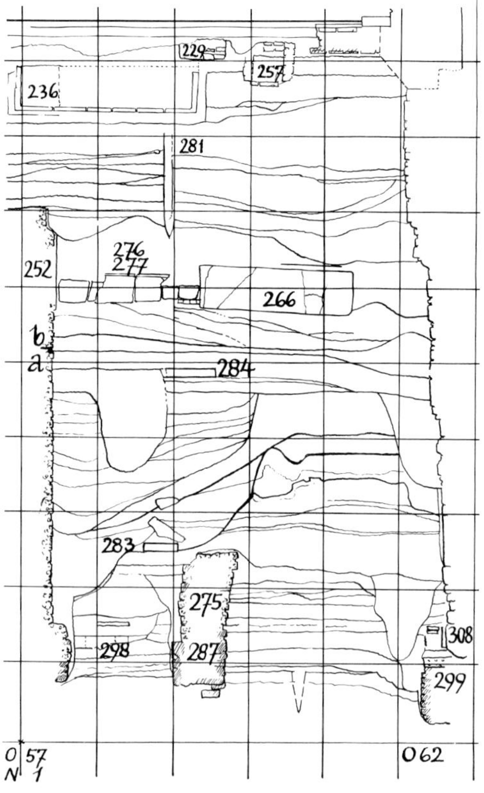

Abb. 18 c. Profil 280.

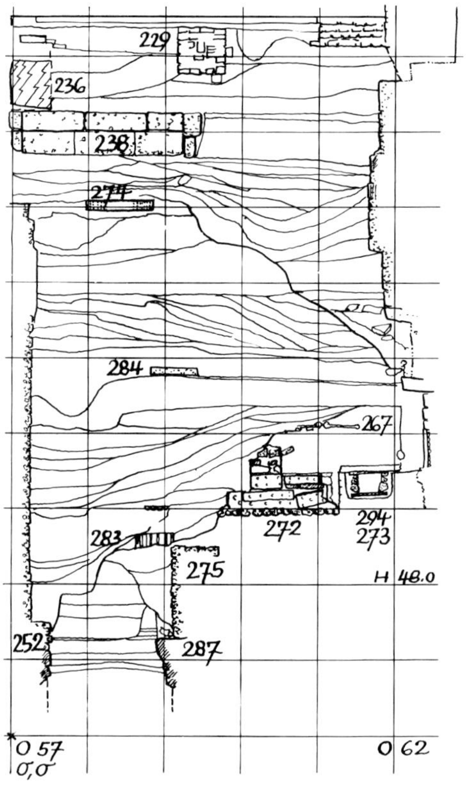

Abb. 18 d. Profil 80 (spiegelverkehrt).

Abb. 18 c und d. Profile zur Grabung in Dreikönigenkapelle nach Doppelfeld. – Maßstab 1 : 100.

501 b Grabungsschnitt nördlich der Domherrengruft 521 (Abb. 13)
Hierzu vier Profile:
Nordprofil (Abb. 17 a)
Nordprofil (Abb. 17 b)
Ostprofil (Abb. 17 c)
Ostprofil (Abb. 17 d)
Die Lage der Profile ist in Abb. 13 eingetragen.

501 c Grabungsschnitt südlich der Domherrengruft 521 (Abb. 13)
Hierzu zwei Profile:
Nordprofil (Abb. 18 a)
Westprofil (Abb. 18 b)
Die Lage der Profile ist in Abb. 13 eingetragen.

502 Zweite Piscine zu Baptisterium I
Mittelpunkt bei O 76,88; N 3,74. Außendurchmesser 4,62 m.
Sternförmige oktogonale Anlage unter Piscine 16 aus groben Tuff- und Kalksteinen sorgfältig gemauert; rosa Mörtel, der in der östlichen Einbuchtung als 8 cm starke Schicht erscheint und die Grenze zwischen Piscine 502 und 16 anzeigt. Die Piscine hat im Prinzip die gleiche Form wie die spätere Piscine 16. Die kleineren, über Eck liegenden Ausbuchtungen sind jedoch flacher. Das Aufgehende sprang um mindestens 20 cm nach innen. Beobachtet wurden nur die Außenkanten des Fundaments. Zugehörig der Kanal 27, dessen Einführung in die Piscine später mit Kalksteinen zugesetzt wurde.

503 Mauer O – W, Fundament zu 506 in Schnitt 501 a
N-Kante N 8,05; O 78,00 bis O 75,70; OKH 47,80 bis 47,85; UKH 47,40.

Erfaßte Lg 2,75 m; O-Ende durch Domterrassenbau von 1866 abgebrochen, westliche Ausdehnung nicht ergraben. Br 1,28 bis 1,30 m.

504 Estrichboden zu Baptisterium I in Schnitt 501 a H 48,23.
Der Estrichboden besteht aus weißem Mörtel unter Zusatz von Ziegelsplitt. Er ist rot, von hoher Qualität und plangeschliffen. Die 16 cm starke Betonschicht hat keine Stickung. Sie ist auf eine etwa 10 cm hohe lehmige Erde aufgebracht. An den beiden Mauerbegrenzungen 506 und 526 ist der Boden flaschenhalsförmig herangeführt und geht in den Putz der Wände über.

505 Abfluß aus Bleirohr zu Baptisterium I in Schnitt 501 a
Bei N 7,00; O 78,00; H 47,75 (Rohrmitte).
Das elliptische Bleirohr, 9 cm hoch und 6 cm breit, liegt in einer Rinne aus handformatigen Tuffsteinen. Der Boden besteht aus einer 6 cm starken, grauen Mörtelschicht, als Abdeckung dienen Ziegelplatten 42×25 – 20 cm; 2 – 2,5 cm stark.

506 Nordmauer zu Baptisterium I in Schnitt 501 a
S-Kante bei N 7,3; O 77,00 bis 74,50; OKH 48,63; UKH 47,72.
Lg min. 6 m (nach Aufzeichnungen von Voigtel), aufgefunden und beobachtet etwa 1,80 m. Handliche Tuffquadern in gut verlegten horizontalen Schichten. Mauerbreite 0,62 m, Mörtel hellgrau bis weiß, grob gekörnt, sehr fest. Die Innenraumseite, Südkante, ist mit einem rötlichen, 2 cm starken Putz versehen, der übergangslos in den tangierenden Boden 504 ausläuft.

507 Nordmauer zu Baptisterium II in Schnitt 501 a
In Verband mit Mauer 509. S-Kante bei N 8,10; O 71,00 bis 77,00; OKH 50,30 – 49,60; UKH 47,63.
Lg min. 16 m, (Voigtel beobachtete 8,50 m); 6,50 m wurden freigelegt. Der Aufbau (von unten nach oben) gliedert sich in vier Stufen: Bankett 25 cm hoch aus grauweißem, grobkörnigem Mörtel mit vornehmlich Sandsteinbruch; darüber etwa 20 cm rückspringend eine Lage großer Tuffblöcke in Wiederverwendung, 0,65×0,65 m, 0,52 – 0,54 m hoch; darauf eine etwa 8 cm starke Ausgleichschicht aus weißgelbem Mörtel. Das darauffolgende Mauerstück aus sechs Schichten Tuffhandquadern springt 10 cm zurück (alle Absätze sind an der N-Seite, die S-Seite der Mauer ist lotrecht), steigt 0,65 m auf und endet etwa in Höhe des südlichen Bodenansatzes 508. Den Abschluß bildet an der beobachteten Stelle bei O 75,30 bis 75,80 eine 6 cm starke Ziegelplatte. Westlich davon springt der letzte Teil der Mauer von etwa 65 cm Höhe 5 cm zurück und hat eine Mauerstärke von 56 – 57 cm. Das Mauerwerk wirkt in diesem Teil grober, die verwandten Steine sind größer, Tuffsteine 0,35×0,25; 0,20 m hoch. Die südliche Innenraumseite ist mit einem gelb gestrichenen, 2 – 3 cm starken Putz versehen, der kantenlos in den Boden 508 übergeht.

508 Estrichboden zu Baptisterium II in Schnitt 501 a
H 48,95; Stärke 12 cm.
Der Estrich besteht aus zwei Schichten: Mischung von Ziegelsplitt und Kalkmörtel, Oberfläche rosa marmoriert, die untere Schicht beinahe weiß, auf einer 10 bis 12 cm starken dunklen fettigen Erdschicht, die auf eine Bauschuttschicht planiert wurde. Der Estrich wurde Mauer 507 angestrichen und reicht unter den Außenputz.

509 Westliche Mauer des nördlichen Flügelraumes von Baptisterium II in Schnitt 501 a
Oberkante Aufgehendes: N 8,62; O 75,32 bis N 12,97; O 75,24. Erhaltene Lg min. 4,40 m; OKH 49,37; UKH 47,63. Br. des Aufgehenden 0,50 m; Ges.-Br. mit östlichem Fundamentvorsprung 0,76 m.
Die Mauer ist mit Mauer 507 in einem Zuge errichtet und entspricht ihr in ihrem Aufbau. Auch hier sind die vier Stufen von unten nach oben deutlich abzulesen; lediglich die Absätze sind in der Höhenlage verschieden: 1. Fundamentunterbau, 10 – 12 cm starkes grauweißes Mörtelbett von H 47,63 bis 47,75; 2. darüber zwei Lagen Tuffblöcke, Formate 0,75×0,60×0,50 m, bis H 48,53 mit horizontaler Ausgleichschicht aus 4 cm starken Bodenfliesenbruchstücken in einem dicken Mörtelbett, insgesamt 8 cm; 3. darüber gut ausgerichtetes Mauerwerk aus drei Lagen größerer Tuffsteine, Abmessungen 0,25×0,20×0,12 – 0,14 m bis auf H 49,00. Diese Höhe entspricht der Ziegelabdeckung auf der Mauer 507 und etwa dem Innenboden 508; 4. Abschließend bis zur Abbruchkante sind drei Schichten aus handlichen Tuffsteinen erhalten, bis H 49,37.

510 Mauer OW unter Mauer 509 in Schnitt 501 a und b
1. S-Kante am Domfundament bei N 10,06; O 64,30 bis N 10,16; O 66,25; OKH 47,00; UKH 46,52;

Lg 2,15 m; Fundamentbreite 0,70 m, Aufgehendes 0,55 m breit.
2. S-Kante bei N 10,40 (geringfügig südl. verschoben), von O 75,60 bis 76,10; OKH 46,60; UKH 46,15. Lg 0,70 m; Mauerbreite 0,70 m.
3. S-Kante bei N 10,75; O 81,75 bis N 10,80; O 82,80; OKH 47,60; UKH 46,04; Lg 2,30 m, in Verband mit NS-Mauer 783 a.
Grauwacke in Erstverlegung mit kantenreinen Schnitten in hellgrauen bis weißen Mörtel. Beim 2. Teilstück: Baugrube von Niveau 520=H 46,88; geräumt von Niveau 519 aus (H 47,12).

511 Mauer O – W zum Umgang des Baptisteriums II in Schnitt 501 a
S-Kante bei N 10,00; von O 72,75 bis O 75,20; OKH 49,77; UKH 49,34; Mauerbreite 0,52 m.
2,50 m langes Fragment; östl. Abbruch durch den Terrassenbau von 1866, westl. Abbruch durch eine Raubgrube. Die Mauer ist auf eine grau-schwarze erdige Schicht erbaut und besteht aus Tuffhandsteinen in guter horizontaler Verlegung, ohne Fundament. An der N-Seite ist bis zur heutigen Abbruchhöhe die Baugrube noch erhalten. Als Ausbruchgube ist die Mauer bei O 67,0 in Schnitt 501 b beobachtet worden, mit OKH 50,20 und UKH 49,52.

512 Nordmauer zu Baptisterium III in Schnitt 501 a und b
517 1. S-Kante in Schnitt 501 a/b bei N 8,70; O 73,70 bis N 8,45; O 64,80; OKH 51,20; UKH 49,20 – 49,42.
2. S-Kante in Schnitt 501 b bei N 8,50; O 64,85 – 67,50; OKH 51,20; UKH 49,44.
Erhaltene Lg 9 m; Br im Aufgehenden 0,64 m; Fundamentunterkante 0,80 m breit. Westende an der Baugrube des gotischen Domfundamentes, Ostende durch den Terrassenbau von 1966 abgebrochen. Tuffmauerwerk aus handlichen Formaten; die Erhaltungshöhe nimmt von Osten nach Westen zu. Die Mauer ist im östlichen Teil bis tief unter den dazugehörenden Boden 514 ausgeraubt, von O 70,10 nach Westen ist sie bis H 51,20 erhalten. Im westlichen Grabungsabschnitt ist die Mauer durch ein dunkles, tief eingedrungenes Erdbändchen in zwei Phasen geteilt.

513 Estrichboden zu Baptisterium III südlich der Mauer 512 in Schnitt 501 a
Von N 8,0 bis 8,60; O 70,80 bis 71,10; H 50,75. Erhalten etwa 0,25 m^2.
Der Boden besteht aus einer Schicht von feinem, hellgrauem Kalkmörtel. Er ist sehr hart abgebunden und auf der Oberfläche glatt geschliffen. Stärke 10 bis 12 cm auf einer feinsandigen, gelbbraunen Bauschuttschicht.

514 Estrichboden nördlich der Mauer 512 in Schnitt 501 a und b
Von N 9,0 bis N 12,00; O 65,00 bis O 74,20; H 50,72.
Ausdehnung O – W min. 9,20 m; N – S min. 2,70 m.
Der Boden ist 12 cm stark und besteht aus zwei Schichten; die untere eine Stickung aus faustgroßen Steinbrocken (Grauwacke- und Sandstein, Tuff- und Ziegelbruch), die obere ein gelb- bis ockerfarbiger Estrich von 4 cm Stärke, auf dem, schwach sichtbar, rote Bänder in O – W-Richtung im Abstand von 0,60 m 6 bis 8 cm breit aufgetragen waren.

516 Nördliches Arkadenfundament des salischen Atriums in Schnitt 501 a
S-Kante von O 63,20; N 13,15 bis O 76,15; N 13,30 ergraben, zugehörige Mauer 14, von Voigtel bis O 81,50 beobachtet und aufgezeichnet. OKH 52,60; UKH 48,35.
Erhaltene Lg 13 m (und 5,50 m bei Voigtel), Br 1,85 m
Im Westen ist die Mauer durch die Baugrube der gotischen Chorkapellenfundamente zerstört, im Osten durch den Terrassenausbau von 1866. Mischmauerwerk mit einer etwa 0,50 m hohen Basaltfundierung. Darüber folgen sehr sauber gemauerte Schichten in verschiedenen Höhen aus gehauenen Steinen, Tuff-, Grauwacke-, roter und gelber Sand- und Kalksandstein. Auf der S-Seite springt das Mauerwerk in drei Stufen nach N zurück, auf der N-Seite weist es nur einen Rücksprung nach S auf.

518 Lehmestrich in Schnitt 501 a unter Boden 514
Von N 9,00 bis N 11,50; O 71,00 bis O 74,20; H 50,55 – 50,60.
Zwei Schichten, die untere aus gepreßtem gelbem Sand mit geringen Mörtelspuren, die Deckschicht planierter Lehm bis 4 cm Stärke mit glatter Oberfläche. Über dem Estrich befindet sich eine beinahe geschlossene, etwa 2 – 3 cm starke breiige Brandschicht.

519 Bodenniveau zu Mauer 510 in Schnitt 501 a
Bei O 75,00 bis O 75,80; N 7,25 bis N 10,00; H 47,12 bis 47,14.
Dunkler bis roter Lehm von 6 bis 8 cm Stärke ohne Beimischungen über fester Lehmschicht mit Zie-

gelresten. Die Oberfläche ist geglättet und horizontal. Darüber befindet sich eine lockere Brandschicht; an der Südkante durch Raubgrube gestört.

520 Bodenniveau unter Niveau 519 in Schnitt 501 a
Bei O 75,00 bis O 75,80; N 7,25 bis N 10,00; H 46,90.
Horizontal planierte Schicht mit rauher, aber fester Oberfläche von 10 cm Stärke aus Tuffkleinschlag, Farbe grünbraun. Die Schicht ist sehr dicht und ohne fremde Beimengungen. Von dieser Schicht aus wird die Baugrube zur Mauer 510 angelegt.

521 Domherrengruft von 1926

522 Bodenestrich zum südlichen Flügelraum vom Baptisterium II
H 49,09.
Ziegelestrich 12 bis 15 cm stark, reicht an der S-Kante noch über das Fundament der O – W-Mauer 527 hinaus. Von O 76,00 bis O 76,50 befand sich über dem Boden auf einer 8 cm festen, schwarzdunklen Erdschicht ein Mauerabdruck von S 1,90 bis S 2,75.

523 Bodenestrich südlich von Mauer O – W 527 = 34
Bei S 2,00; O 75,70 bis O 76,60; H 47,90.
Estrich von heller Farbe mit Ziegelsplitt, 12 bis 15 cm stark. Die Oberfläche ist sehr glatt und weist keine Verwitterungsspuren auf.

524 Niveau zur Mauer 511 in Schnitt 501 a
Bei N 9,15; O 70,90 bis N 9,35; O 73,20; H 49,45
Gestampfter roter Lehm an der S-Seite der O – W-Mauer 511, Oberseite schwarz verkohlt, darauf liegen Abbruch von Mauer 511 und Brandreste. Diese Brandschicht zieht sich horizontal über die Abbruchhöhe von Mauer 511 in nördlicher Richtung hinweg.

525 Mauer O – W in Schnitt 501 b
N-Kante (Aufgehendes) bei N 8,74; O 64,80 bis N 8,70; O 67,40; OKH 49,50 bis 49,70; UKH 48,85.
Erfaßte Lg 2,80 m, Fundamentbreite 0,80 m, Aufgehendes 0,60 m breit.
Die Mauer ist am Westende durch das gotische Domfundament zerstört. In den unteren Zonen grobes Mischmauerwerk aus teils großformatigen Kalk- und Sandsteinbrocken und grober Grauwacke. Aufgehendes Mauerwerk aus etwas über handformatigen Tuffsteinen und vereinzelten Grauwackesteinen, schnurgerecht verlegt und glatt verstrichen. Der Mörtel ist hellgelb und feinkörnig. Auf der S-Seite wurde bei O 65,38 bis O 66,22 die Mauer 529 im Verband erfaßt.

526 Südmauer zum Baptisterium I
S-Kante bei S 0,66; O 75,00 bis S 0,65; O 77,55; OKH 48,57; UKH 46,58.
Aufgehende Mauer 0,45 m breit, Fundamentbreite nicht beobachtet; Tuffhandsteine mit 2 cm starkem Außenputz an der Südseite. Bei O 75,40 hat die Mauer nach N eine 31 cm lange Vorlage aus einem Tuffquader.

527 Südwand des Baptisteriums II
S-Kante des aufgehenden Mauerwerks O 75,00; S 1,34 bis O 77,60; S 1,35; Sockelsprung an der Südseite bis S 1,61; OKH 48,57; Sockelhöhe H 48,34; UKH der gesamten Mauer H 47,50.
Aufgehendes 0,62 m breit, solide aus handlichen Tuffsteinen gemauert, unter Verwendung eines hellgrauen, beinahe weißen Mörtels.

528 Plattenboden in Schnitt 501 b südlich der salischen Mauer 516
O 64,30 bis O 66,70; N 8,00 bis N 12,00; H 49,25 – 49,12.
Wiederverwendete Buntsandstein-, Trachyt- und Kalksteinplatten verschiedener Größen in NS-Richtung verlegt; die südlichen, unter den Mauern 517 und 525/529 sind in SW-Richtung verschoben. Das Westende des Bodens wird durch die gotische Chorkapellenbaugrube gestört, das Ostende ist nicht ergraben.

529 N – S-Maueransatz an der Südseite der O – W-Mauer 525 in Schnitt 501 b
Ostecke bei O 66,22; N 8,07; Mauerbreite 0,84 m; Länge des erhaltenen Stumpfes 0,60 bis 0,16 m. OKH 49,85; UKH 49,05.
Grobes Tuffmauerwerk.

530 O – W-Mauer in Schnitt 501 b
Nordkante bei O 61,00; N 16,05 bis O 65,30; N 16,30; OKH 50,50; UKH 49,80.
Die südliche Kante ist durch die Baugrube zur annonischen Mauer 516 gestört.

531 O – W-Mauer in Schnitt 501 b
Südkante bei O 60,60; N 17,05 bis O 62,25; N 17,15; OKH 49,38; UKH 47,58; Lg 2,00 m, Br 0,60 m. Das aus guten Tuffhandsteinen aufgeführte Mauerwerk ist dreizehn Lagen hoch erhalten. Hellgrauer bis weißer feinkörniger Mörtel. Die östliche Abbruchkante ist ungleichmäßig und folgt den Steinen. In Höhe 48,40 ist ein feiner Ziegelestrich (roter gestampfter Lehm) von S und O an die Mauer herangeführt (534). In der Abbruchhöhe verläuft nach S, N und O eine starke graue Bauschuttschicht mit auffallend vielen großen Dachziegelbruchstücken.

533 Kanal mit Bleirohr zu Baptisterium III in Schnitt 501 c
O 64,55; S 8,35 bis O 67,10; S 6,5; OKH des Bleirohrs bei O 64,55; H 50,42; bei O 67,10; H 50,32. (Koordinaten Mitte Bleirohr.)
Bleirohr innen Dm 0,11 m, Wandstärke 5 mm; Bleistreifen 0,38 m breit, rund gebogen und seitlich gestoßen.
Die von SW nach NO verlaufende Wasserführung ruht auf einem etwa 0,15 m starken glasharten, weißlich-gelben Mörtelbett. Außenwände des Kanals aus Mischmauerwerk, 0,30 – 0,50 m breit und 0,30 – 0,40 m hoch. Bleirohr mit Gefälle nach N – O in eine feine rosafarbene Mörtelmasse eingebettet, die mit Ziegeln abgedeckt ist. Der Kanal ist mit einer Sandschicht von 8 – 10 cm Stärke abgedeckt.

534 Estrich mit rotem Ziegelsplitt in Schnitt 501 b
An Mauer 531 nach S und O. O 60,60; N 17,00; bei O 62,30; N 16,60; H 48,44, Stärke etwa 3 – 5 cm.
Die mürbe Oberfläche war leicht gewellt, aber glatt abgezogen. Der Boden war auf einer kaum planierten, fetten schwarzen Lehmerde aufgestampft. Darunter folgte eine horizontale, 0,20 m starke Bauschuttschicht mit Ziegelbruch und größeren Bruchstücken von roten Estrichböden. Auf der Nordseite der Mauer 531 war der Boden nicht vorhanden.

535 Sarkophag aus Tuffstein in Boden 538 in Schnitt 501 c
N-Kante bei O 65,25; S 8,64 bis O 67,48; S 8,51. OKH = Firsthöhe der abgedachten Deckplatte 51,01; UKH 50,16. Größe des Sarkophags 2,00×0,80 m; 0,60 m hoch; Innenmaß 1,78×0,57 m; 0,45 m tief; Bestattung mit Kopf im W; Maße der Abdeckplatte: 2,20×0,90×0,24 m.
Die Abdeckplatte hat eine 7 cm hohe Abdachung. Sie setzt nach einem an der Kopfseite 20 cm und sonst umlaufend 15 cm breiten waagerechten Randstreifen an. Die Abdeckung liegt in dem Boden 538, dessen Feinschicht den Randstreifen überdeckt. Das Material ist ein stark bimshaltiges weiches Tuffgestein, das durch die darüberlagernden Erdmassen zusammengedrückt war.

536 Südliches Arkadenfundament des salischen Atriums in Schnitt 501 c
N-Kante von O 63,80; S 10,65 bis O 68,20; S 10,68; als Mauer 12 bei Voigtel bis O 81,50; bekannte Länge 17,70 m. Gesamtbreite nach Voigtel 2,35 m, Gesamtbreite nach Aufmaß 1968 1,73 m. OKH 52,57; UKH 50,86, bei Voigtel 48,30.
Breite des aufgehenden Mauerwerks über den Abtreppungen 1,09 m. Nach N springt der Unterbau in zwei Absätzen von 0,14 – 0,15 m vor. Vorsprung nach Süden von 0,30 m wurde dem Aufmaß von Voigtel entnommen. Weiter im O-Teil nach Voigtel noch ein dritter Vorsprung von 0,62 m. Die Mauer entspricht im Material der Mauer 516, ist allerdings nicht so sauber ausgeführt.

537 O – W-Mauer in Schnitt 501 c
Gestört und unter Sarkophag 535 (stört den Verlauf der Mauer 539 in südl. Richtung). S-Kante von O 64,08; S 9,90; bis O 67,00; S 9,75; UKH 49,66; OKH 50,30. Länge in Schnitt 501 c 3,85 m; Fundament nach N vorspringend 0,78 – 0,80 m breit. Breite des aufgehenden Mauerwerks 0,60 m. Bei Voigtel Mauer 35 bei S 8,70 – S 9,40; 6,50 m lang.
Das Mauerwerk ist aus Tuffhandsteinen in gelbgrauem Mörtel aufgeführt. Erhalten sind sechs Lagen bei Schichthöhen von 0,10 – 0,11 m. Im Bereich des Sarkophags 535 ist die Mauer tiefer abgetragen, hier sitzt der Sarkophag auf der Mauer auf; in Höhe 50,15 lehnt sich an die Südkante der Mauer ein exakt horizontales Niveau (536) an, auf dem auch der lose, meist feine Abbruchschutt der Mauer 537 aufliegt.

538 Karolingischer Estrich in Schnitt 501 c
Von O 64,10; S 10,10 bis O 64,90; S 6,10 und O 68,40; S 10,05 rd. bis O 68,65; S 6,50; H 50,91 bis 50,96.
Der Estrichboden ist von hellbrauner bis gelber Farbe und liegt auf einer nicht sehr sorgfältig verlegten Packlage von kleineren Steinen. Material: Tuff-, Kalk-, Sand- und Grauwackesteine in gelbbraunem

Mörtel. Die Abdeckung ist feiner, gelbsandiger Mörtel, nach Süden im Mauerbereich von 537 leicht ansteigend.

539 N – S-Mauer in Schnitt 501 c auf Mauer 542
Von O 64,66; S 9,20 bis O 64,96; S 5,68; Lg 3,52 m. OKH 49,96; UKH 47,55.
Das aus siebzehn wechselnd hohen Lagen von Tuffsteinen errichtete Mauerwerk ist lotrecht auf der darunterliegenden Mauer 542 aufgeführt. Der Mauermörtel besteht aus weißem Kalk mit feinkörnigem Sand. Die Fugen sind verstrichen. Nach den unteren drei Lagen stößt der sehr massive Boden 544 von O her gegen die Mauer. Ab Höhe 47,96 ist die Mauer mit einem glatten Kalkmörtel verputzt. N-Teil durch Feuer verrußt. Erhaltene Höhe des Putzes durchweg 0,50 m. Er läuft in einer Viertelrundung horizontal auf dem Boden 544 aus. Im S ist die Mauer durch die O – W-Mauer 537 gestört. An der N-Seite des Schnittes verläuft die Mauer hinter die W-Wand der Domherrengruft 521. Die W-Kante ist vom Fundament des gotischen Chorkapellenkranzes überbaut.

540 Zwei Herdsteine in Schnitt 501 c an der N – S-Mauer 539
Auf dem Boden 544. Kontaktstellen an Mauer 539 bei S 6,90 und S 5,97. OKH max. 48,18. Südlich ein Trachytquader, 0,10 m hoch; nördlich ein Tuffquader, 0,21 m hoch. Der 0,25 m breite Raum zwischen den Steinen ist mit hellem Mörtel ausgestrichen. Die Feuerstelle lehnte gegen den Putz der Mauer 539. Steine und Wandputz waren mit einer fetten, bis 1 cm starken Rußschicht überzogen.

541 Erdbestattung in Schnitt 501 c unter der Wasserführung 533
Bestattung in O – W-Richtung, Blick nach Osten. O 64,80; S 8,20 bis O 66,10; S 7,80. Sohle des Grabes etwa H = 49,80.
Diese Bestattung gehört mit dem Sarkophag 535 und Sarkophag 550 zu der merowingischen Friedhofsschicht unter dem Boden 538.

542 N – S-Mauer in Schnitt 501 c unter Mauer 539 an Mauer 543
O-Kante von O 64,88; S 7,85 bis O 65,00; S 6,10. Lg 1,80, Br nicht erfaßt; OKH 47,55; UKH 45,92.
Grauwackemauerwerk in weißem, feinkörnigem Kalkmörtel; Fundament, weil für Mauer 539 Baugrube von Niveau 545 ausgeht. Die unteren 0,30 m sind geschüttet, die dreizehn nachfolgenden Steinlagen haben Handsteingrößen von 8 – 10 cm Höhe und 10 – 25 cm Länge. Die Fugen sind abgerieben. Die oberste Steinlage geht über die Mauer 543 hinweg.

543 O – W-Mauer in Schnitt 501 c
S-Kante von O 64,90; S 6,12 bis O 67,10; S 6,10; OKH 47,56; UKH 45,96.
Grauwackemauerwerk mit weißlichem Kalksandmörtel, Fugen in den unteren Lagen, etwa 0,80 m hoch; verstrichen; in den nachfolgenden acht Lagen verfugt.

544 Estrichboden in Schnitt 501 c an Mauer 539
H 47,91 – 47,96.
Estrich von rd. 12 cm Stärke auf einer 20 cm starken Stickung. Darauf in einer bis 0,15 m starken schwarzen, brandigen Schicht eine Menge von Glasmosaik-Steinen.

545 Niveau in Schnitt 501 c
H 47,44.
Durch Baugrube zu 542 durchschnitten. Lehmige, rotsandige Schicht mit fester Lauffläche, in die Brandreste eingetreten sind.

546 Niveau südlich von Mauer 537 in Schnitt 501 c, nördl. Mauer 536
O 65,00; S 9,75 – S 10,40; H 50,14 – 50,18.
Laufschicht über einer 0,30 m starken schwarzen Erde stößt von S an die Mauer 537 und ist mit dem Abbruchmaterial der Mauer überlagert.

547 Gräber in Schnitt 501 a und b
a – r Über dem Boden 514 (H 50,77).
Salischer Friedhof.

548 Niveau östlich der Mauer 539 in Schnitt 501 c
O 65,00 – O 67,00; S 6,00 – S 8,00; H 47,60.
Niveau auf einer festgestampften dunklen fetten lehmigen Schicht, die mit einer gewalzten Ziegelmehlschicht von etwa 1 cm Stärke bedeckt ist.

549 Karolingisches Sarkophag-Fragment im Kanalmauerwerk zur Wasserführung 533 in Schnitt 501 c
N-Kante O 65,58; S 7,25 bis O 64,85; S 6,75. Br 0,45 m; Lg 0,85 m; H 0,32 m.

Tuffstein. Bei der Verlegung der Wasserführung unter dem Boden 538 wurde der Sarkophag entleert und mit vermauert.

550 Erdbestattung in Schnitt 501 c unter dem Boden 538
Bestattung in OW-Richtung, Blick nach Westen, von O 68,80; S 8,50 bis O 67,50; S 8,30; Sohle H 49,90.

551 Pfahlloch in Schnitt 501 b
Mittelpunkt bei O 63,42; N 15,55; OKH 49,72; UKH 48,47.

552 Bodenrest unter der O – W-Mauer 530 in Schnitt 501 b
O 62,50 bis O 64,00; N 15,00 bis N 15,70; H 49,63 (Estrichhöhe); H 49,72 (Plattenhöhe). Die 0,10 m starke rote Estrichschicht war mürbe; nachträglich wurde sie mit Kalkstein- und Ziegelplatten (etwa 0,10 m stark) belegt.

553 Nördliche Außenmauer des salischen Atriums hinter Schnitt 501 b
N-Kante N 21,95; O 63,80 bis N 22,05; O 66,75. OKH 52,46; UKH nicht ergraben. Erfaßte Lg 3,00 m; Br 0,90 m.
Mischmauerwerk unter Verwendung von hellgrauem Kalkmörtel.

554 Gemauerte Vorlage aus Ziegelsteinen, nördlich des Schnittes 501 b an Mauer 553
N-Kante N 22,75; O 64,78 bis N 22,78; O 66,40. OKH 52,46; UK nicht erfaßt; Lg 1,65 m; Br 0,75 m.
Auf der Oberfläche ist, nicht ganz mittig, eine rechteckige Aussparung, in der noch die verkohlten und vermoderten Überreste eines rechteckigen Pfostens von 0,28 m Seitenlänge stecken.

555 Schräge Mauer O – W an Mauer N – S 783 a, vielleicht südl. Grundstücksgrenze.

556 Kanal, Zuleitung zur ersten Piscine von Baptisterium I
N-Wange O 74,70; N 1,90 bis O 75,70; N 2,25; Sohle H 47,98. Br der Rinne 12 cm, H 11 cm.
In Boden 504 eingeschnitten für ein Bleirohr, Oberkante ausgebrochen, Gefälle von W nach O, unter die Piscine 502 reichend.

557 Südl. Außenmauer des salischen Atriums O 54,00 – 70,00; S 19,00 Südkante; OKH 52,58; UKH 49,58.
Ziemlich regelmäßiges Tuffmauerwerk; Br 0,75 m. Im O ist das Fundament nach N vorspringend, 90 cm breit beobachtet worden.

558 Ziegelestrich in Baptisterium I
O 75,70; N 1,60 bis N 2,50; H 48,56 und bei O 75,30 bis O 76,00; N 6,00; H 48,59.
Streicht als 2 cm starker roter Estrich über das Fundament der Piscine 502 auf einer 17 cm starken dunklen, mit Kalksteinbrocken durchsetzten Schicht hinweg. An der Piscine des Baptisteriums II abgeschlagen.

B. Befunde aus früheren Grabungen

(Numerierung nach Doppelfeld, Die Domgrabung IX, Kölner Domblatt 1957, S. 73 ff., hier S. 204 ff.)

1. Grabung 1952

783 Mauer SSW – NNO „Frontmauer"

2. Grabung in der Dreikönigenkapelle 1947/48

80 S-Profil (Abb. 18 d; Lage in Abb. 13 eingetragen).
280 N-Profil (Abb. 18 e Lage in Abb. 13 eingetragen).
267 Skelettgrab, zum merowingischen Friedhof gehörend.
272 Pfeilerfundament
273 Rest eines Heizungskanals
274 Rote Sandsteinplatte, wahrscheinlich Traufpflaster zur karolingischen Apsis, 11. Jh.
275 Mauer NNO – SSW auf Mauer 287, OKH 48,50; UKH 47,30; Br 0,70 m.
284 Karolingischer Plattenboden, Trachyt- und Kalksteinplatten, 0,10 m stark, OKH = 50,90.
287 Fundamentrest einer älteren Mauer unter 275, UKH 46,70; OKH 47,30.
299 N – S-Mauer unter dem gotischen Fundament, UKH 46,20; OKH 47,10.
329 O – W-Mauer, UKH 46,24; OKH 47,90.
Gegenüber der Flucht von 1/21 nach Süden herausgerückt.

3. Grabung 1926

1 S-Mauer von Baptisterium I, in einer Flucht mit Mauer 21, innerhalb des Raumes von Estrich 2 a überdeckt; westlich davon höher anstehend. An der S-Seite Putzreste. Breite etwa 0,45 m, zwei Fundamentabtreppungen nach N, Sohle etwa 0,80 m breit; UKH 46,83.

1a Estrich zu Mauer 1, aber nur südlich von ihr festgestellt, sehr sorgfältig mit Ziegelsplitt, 14 cm stark auf 22 cm dicker Bruchsteinstickung, zu Boden 34 gehörig; OKH 47,86.
2 W-Mauer zu Baptisterium I; im S an Mauer 1 gestoßen, sorgfältig aus Bruchsteinen gemauert. Br 0,58 m; UKH 48,05; OKH etwa 48,90.
2a Estrich zu Baptisterium I, ostwärts von und zugehörig zu Mauer 2, sorgfältig mit Ziegelkleinschlag, zu Boden 504 gehörig.
2b Pfahllöcher unterhalb der Fundamentsohle von Mauer 2.
2c senkrechter Schlitz in Mauer 2, bis zum Boden 2a hinabreichend, 12 cm breit und 8 cm tief.
3 S-Mauer von Baptisterium II, im Verband mit Mauer 3b; sorgfältiges Bruchsteinmauerwerk. Nach S ein 15 cm breiter Fundamentvorsprung. Verlängerung von Mauer 23. Br 0,54 m; UKH 47,87; OKH 49,77.
3a Estrich in Baptisterium II. 15 cm stark, auf kräftiger Bruchsteinstickung und weniger sorgfältig als die älteren Estriche 2a oder 1a, zu Boden 508 gehörend. OKH=49,06.
3b Westmauer von Baptisterium II, schiefwinklig im Verband mit Mauer 3 und von gleicher Beschaffenheit wie diese.
3c Westmauer des südlichen Flügelraumes von Baptisterium II. Verband mit Mauer 3 nicht festgestellt.
3g Zwei Ziegel in Mauer 3, je etwa 30×40 cm, auf schwacher Mörtelbettung, vielleicht Unterlage eines ähnlichen Pilasters wie 23g.
4 O – W-Mauer, südliche Begrenzung des Umgangs zu Baptisterium II, schlechtes Tuffmauerwerk; Fortsetzung von Mauer 24. Br=0,65 m; UKH 48,76; OKH 49,61.
4a S-Mauer des karolingischen Baptisteriums, von Fremersdorf in der S-Wand der Baugrube beobachtet. UKH 48,76; OKH etwa 49,56.
5 Wasserzuführung zum karolingischen Baptisterium über Abbruchkante von Mauer 3, von SW nach NO auf die Piscine zulaufend, zu 533 gehörend. UKH 49,77.
7 Trachytplattenboden, OKH 50,92. 77 mm starke, sauber behauene „Drachenfelser Hausteinplatten".

4. Grabung 1866

11 Wasserrinne mit „brunnenartigem Schacht"
Der Schacht ist aus „gewöhnlichen Ziegeln neuerer Form" konstruiert (Voigtel); Grundfläche 86,5×55 cm; an den längeren (O – W) Seiten durch rechteckige Mauervorlagen unterteilt. Nördliche und südliche Wandung 21 cm dick. Über dem mit OKH 50,08 angegebenen Boden des Schachtes stand das Mauerwerk noch 86,5 cm hoch an. Die östliche, mit 31,4 cm Dicke angegebene Wand zeigt einen mit Stichbogen überdeckten Durchlaß von 55 cm lichter Höhe. Nach O schließt ein 84 cm langes Kanalstück von rechteckigem Querschnitt an, 26 cm hoch, 23,5 cm breit. Anschließend nach O, etwas über 4 m verfolgt, ein aus Werksteinen gearbeiteter Kanal, halbrund, mit lichter Höhe von 13 cm, in Blöcke eingearbeitet. Am Kopfende der Einzelstücke Wulst angearbeitet, der in eine Nut des Anschlußstücks gepaßt haben muß. Gefälle des Kanals nach O.
12 Südliches Arkadenfundament des salischen Atriums
Östliche Fortsetzung von Mauer 536. Obere Breite 1,10 m; Fundamentbreite 2,30 m; nach S ein, nach N zwei Fundamentabsätze; „Drachenfelser Stein" (?).
13 Basis der salischen Arkaden auf Mauer 12. Plinthe 1,06×1,06 m, 17 cm hoch; zwei Wülste durch Kehle getrennt, 30 cm hoch, Schaft-Dm 0,80 m; Position nicht fixierbar, Trachyt.
14 Nördliches Arkadenfundament des salischen Atriums, östliche Fortsetzung von Mauer 516. Untere Fundamentbreite 1,90; zwei Fundamentabsätze nach S, einer nach N.
16 Piscine von Baptisterium II
Über und fast in gleicher Form errichtet wie Piscine 502; sorgfältig aus Tuffstein gemauert und allseitig mit rotem Mörtel verputzt. „Die Grundrißfigur des Beckens ist in einem Kreis von 4,70 Dm derart eingeschrieben, daß durch bogenförmig eingebuchtete Seitenflächen acht Zacken entstehen, die aber nicht den Ecken eines regelmäßigen Achtecks entsprechen, sondern paarweise enger gestellt sind" (Doppelfeld). Die 47 cm bzw. bei den kleineren Buchten 39 cm breite obere Begrenzungsmauer ist nur z. T. erhalten. Darunter springt das Mauerwerk nach innen um 31 cm vor. Kleinster lichter Dm 194,6 cm. An der S- und an der N-Seite eine der Begrenzung folgende Stufe von 23,6 cm vorgelegt. OKH (Piscinenboden) 48,57.

17 Ablaufkanal zu Piscine 16
Im ONO-Zacken der Piscine unterhalb des Bodens 508 eingeführt. Der Kanal geht mit Gefälle nach NO, biegt aber vor der Mauer 20 nach N ab. Darin Bleirohr von 5,2 cm lichter Weite, gelötet. Als Abdeckung des Kanals wurde ein dem Genius der in Köln wohnenden Focarii geweihter Stein verwendet.

18 N-Begrenzungsmauer des Umgangs zu Baptisterium II
Östliche Fortsetzung von Mauer 511; Br etwa 0,60 m; UKH 49,00; OKH etwa 50,60.

19 S-Mauerfundament des karolingischen Baptisteriums
Auf die schmalere Mauer 23 d aufgesetzt. Br. 0,85 m; UKH 48,80; OKH 51,00; überlieferte Breite nicht ganz sicher. 20

20 N-Mauer des Baptisteriums II
Östliche Verlängerung von Mauer 507; Br im Aufgehenden 0,55 m; im nach N zweimal abgetreppten Fundament 1,05 m; UK nicht erfaßt; OKH 48,93.

21 S-Mauer des Baptisteriums I
Östliche Verlängerung von Mauer 1 und 526; Br 0,45 m; UKH nicht erfaßt; OKH 48,93 gezeichnet; unwahrscheinlich, da Boden 508 darüber weggezogen sein muß.

22 N-Mauer des Baptisteriums I
Östliche Verlängerung von Mauer 506. Br 0,55 m; UKH nicht erfaßt; OKH bis zur Unterkante von Boden 508 gezeichnet.

23 S-Mauer des Baptisteriums II
Östliche Fortsetzung von Mauer 3, wohl im Verband mit Mauer 23 c. In der Mauerflucht der Pilaster 23 g, dessen Position bei Voigtel falsch angegeben ist und nach Marchands Aufzeichnung korrigiert wurde. Br=65,5 cm.

23 c O-Mauer des südlichen Flügelbaues von Baptisterium II
Br bei Marchand 0,49 m mit nördlichem Fundamentvorsprung von 34 cm und im Verband mit 23 d gezeichnet. UKH etwa 47,86; OKH etwa 48,83. Die Mauer sitzt bei Voigtel auf dem Boden 34 auf.

23 d S-Mauer des südlichen Flügelraumes von Baptisterium II
Br bei Marchand 0,49 m mit nördlichem Fundamentvorsprung von 8,3 m und im Verband mit 23 c gezeichnet.

23 g Pilaster in der Flucht von 23
Jurakalk, an drei Seiten bearbeitet; verstäbte Kannelierung auf attischer Basis, Br etwa 0,46 m; wahrscheinlich östliche Rahmung des Zugangs vom südlichen Flügelraum zu Baptisterium II.

24 O – W-Mauer, östliche Fortsetzung von 4, südliche Begrenzung des Umganges zu Baptisterium II
Br 0,63 m, streicht bei Marchand über Mauer 23c nach O zu weg. UKH vermutl. 48,83; OKH etwa 49,20.

25 O-Wand zu Baptisterium II
Die genaue Lage kann aus Marchands Aufzeichnung nicht mit Sicherheit fixiert werden. Sie war aber offenbar gesehen worden.

26 Erste Piscine von Baptisterium I
Achteck, von dem nur die drei östlichen Seiten erfaßt werden konnten. Äußerer Dm 3,0 m, Kantenlängen 1,40 m bzw. 1,45 m. Die 28 – 30 cm starken Wandungen waren etwa 10 cm tief in den Boden 504 eingelassen. OK des Piscinenbodens H 48,10. An der O-Seite fand Voigtel noch zwei aufwärts führende Stufen. Zugehörig die Wasserleitung 556 und der Abflußkanal 505.

27 Abflußkanal zu Piscine 502, nach SO führend.
Voigtel gibt eine Breite von 21 cm an. Die Abdruckspuren auf dem Bodenrest 504 sind noch erhalten.

28 O-Mauer des nördlichen Flügelraumes von Baptisterium II
Nach Marchands Aufzeichnung mit Mauer 20 im Verband. Br. 0,55 m; UKH nicht bekannt; OKH bei Voigtel etwa 48,85.

34 Boden in dem südlich an das Baptisterium I grenzenden Raum
Estrich aus rotem Ziegelmehlmörtel auf einer starken Stickung aus zerschlagenen Baugliedern und Skulpturen, darunter Reiterbild von halber Lebensgröße; Gesamtstärke etwa 40 – 50 cm; zugehörig Boden 1 a. OKH 47,86.

34 a Vier Säulentrommeln auf Boden 34; Dm 0,47 m.

35 O – W-Mauer über Schuttschicht, vermutlich südliche Begrenzung des merowingischen Friedhofs
Fortsetzung von Mauer 537. Br 0,65 m; UKH = etwa 48,66; OKH = etwa 49,90.

Willy Weyres

Die Domgrabung

XVIII. Der Ostteil des spätrömischen Atriums und der fränkischen Kirche unter dem Hochchor

Aus: Kölner Domblatt 33/34, 1971, 79 – 108

Nachdem die Grabung außerhalb des gotischen Chores abgeschlossen war [1], konzentrierte sich die Suche auf den bisher noch nicht entdeckten Ostabschluß der fränkischen Kirche bzw. des vorfränkischen Atriums [2]. Die Arbeiten waren aus mehreren Gründen verhältnismäßig unergiebig. Der Fundamentblock (862 in Abb. 8) des ursprünglichen gotischen Hochaltars konnte nicht entfernt werden [3], so daß unter ihm nur teilweise gegraben wurde. Außerdem war der Grabungsbereich nicht nur durch karolingische Raubgruben, sondern vor allem durch die Baugruben für den karolingischen und den gotischen Dom erheblich gestört und die Abfolge der Schichten durch frühe Veränderungen der Choranlage verunklärt. Nur durch sehr sorgfältige Beobachtung der Straten konnten die verschiedenartigen Prozesse soweit geklärt werden, daß eine, wenn auch in einigen Phasen noch zu untermauernde, Chronologie gewonnen wurde.

Die folgende Darstellung setzt die früheren Veröffentlichungen zur Domgrabung im Domblatt voraus und baut auf ihnen auf.

1 Der Ostabschluß der merowingischen Kirche ist nicht erreicht worden. Er liegt östlich der erreichten und vorerst erreichbaren Grabungsgrenze, d. h. zwischen O 46 und O 56 [4], auf jeden Fall nicht weiter über O 56 hinaus, da Doppelfeld in der Dreikönigenkapelle nichts davon gefunden hat [5]. Gerade in diesem Zwischenraum haben die sehr breiten Baugruben für das Ringfundament des Chorpolygons alles zerstört. Es besteht eine kleine Hoffnung, noch Spuren des Ostabschlusses und vielleicht auch einen Hinweis auf seine Form unter der Gruft des Erzbischofs Dietrich von Moers im Chorumgang zu finden. Es ist jedoch technisch sehr schwer, unter die Gruft zu gelangen; deshalb mußte diese Untersuchung vorerst zurückgestellt werden.

2 Der merowingischen Kirche konnten innerhalb des gotischen Hochchores keine Mauern zugewiesen werden. Sie sind in diesem Grabungsbereich sämtlich durch die karolingischen und gotischen Fundamente vernichtet worden. Da aber ein zur fränkischen Kirche gehörender Boden (214 in

[1] Willy Weyres. Die Domgrabung XVII. Die Baptisterien östlich des Domchores. In: Kölner Domblatt 31/32, 1970. =hier S. 521 ff.

[2] Willy Weyres, Die Domgrabung XVI. Die frühchristlichen Bischofskirchen und Baptisterien. In: Kölner Domblatt 30, 1969, S. 128=hier S. 520 ff.

[3] Willy Weyres, Die Wiederherstellungsarbeiten am Dom. In: Kölner Domblatt 30, 1969, S. 113.

[4] Zahlenangaben dieser Art geben Punkte bzw. Fluchten in dem Raster an, das gleichmäßig über die ganze Fläche des Domes gelegt ist, wobei der Nullpunkt des Koordinatensystems in der Mitte der gotischen Vierung liegt. O 46 bedeutet also eine Nord-Südflucht im Abstand von 46 m östlich des Nullpunktes.

[5] Otto Doppelfeld, Die Domgrabung IV. Der Schacht in der Dreikönigenkapelle. In: Kölner Domblatt 2/3, 1949, S. 118 ff.=hier S. 79 ff.

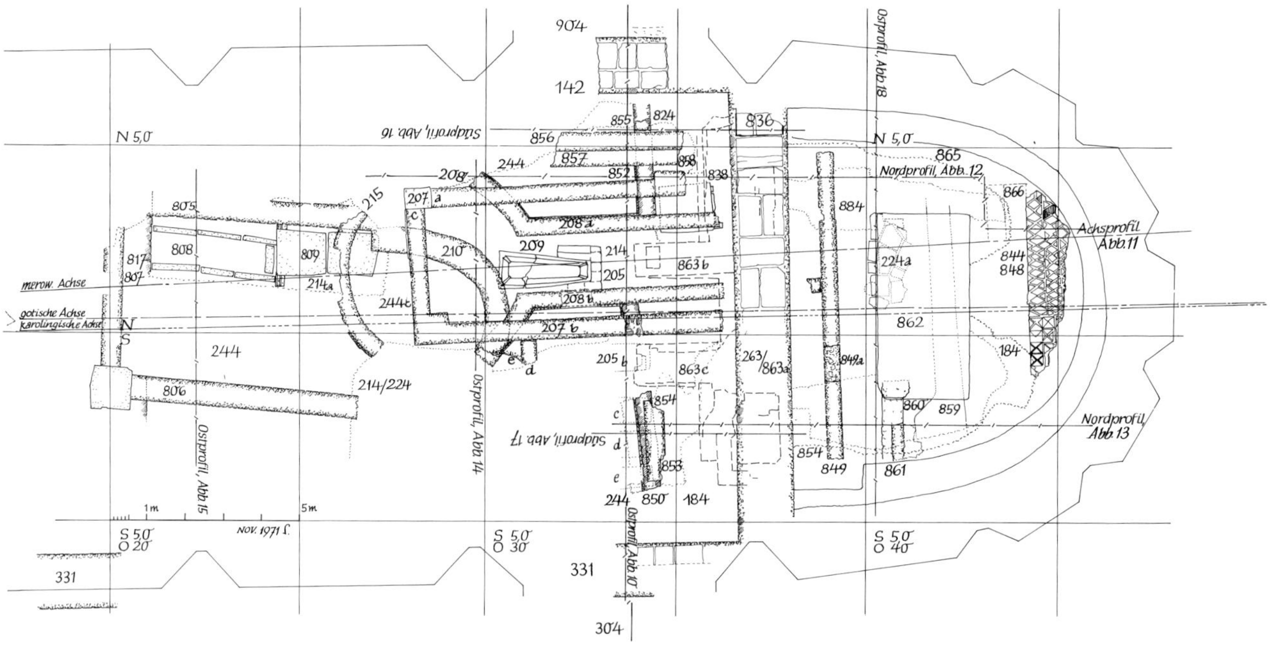

Abb. 1. Übersicht über die Grabungen im Domchor mit Angabe der Schnittprofile. – Maßstab 1 : 200.

Abb. 3) ohne Unterbrechung zwischen der nördlichen und der südlichen gotischen Baugrube verfolgt werden konnte, muß diese im Mittelschiff mindestens so breit gewesen sein, wie der Abstand zwischen den gotischen Baugruben, d. h. etwa 12 m. Da die Achse der merowingischen Anlagen gegenüber der des gotischen Baues stärker nach NO abweicht [6], kann schon dieses Mindestmaß beträchtlich größer gewesen sein.

Der Boden des römischen Atriums (Abb. 2)

3 Den Boden 224 haben wir schon früher dem spätrömischen Atrium zugewiesen [7]; bisher zeigte sich nichts, was dieser Annahme widerspräche. Er besteht aus einem kräftigen Estrich mit Ziegelstücken und hat eine glattgeschliffene, durch Ziegelmehl rosa gefärbte Oberfläche. Seine Ausdehnung von W nach O ist heute auf eine Länge von 35,6 m mit Sicherheit festzustellen (O 4,5 – O 40,10). Ursprünglich ging der Boden 224 wahrscheinlich bis O 42,0 *{5,6}*. Im Osten ist er durch die Baugrube der karolingischen Mauer 263 unterbrochen. Im Westen scheint die Mauer 821 die Ostmauer eines Narthex und damit die westliche Grenze des Atriums zu sein [8].

4 Östlich von O 40,10 liegt im nördlichen Teil des Grabungsbereichs ein unregelmäßig verlegter Boden aus sehr dicken, wiederverwendeten Trachytplatten (224a). Sie sind offensichtlich später in den Estrich 224 eingefügt worden. Am nördlichen Ende ist dieser Boden gestört; anscheinend hat man hier vergeblich nach Gräbern gesucht und dann die Platten in die Grube 865 (Abb. 3) geworfen. Die Suchgrube durchschneidet die Böden 224 und 214. Sie ist wieder verfüllt und mit einem etwa 2 cm starken Estrich aus reinem Kalkmörtel abgedeckt worden. Bei den Fürstengräbern war das ge-

[6] Weyres *{2}* § 53 = hier S. 517.

[7] Weyres *{2}* §§ 24 ff. = hier S. 510.

[8] Otto Doppelfeld, Die Domgrabung XV. Stand der Ausgrabungen 1963. In: Kölner Domblatt 21/22, 1963, S. 115 = hier S. 404.

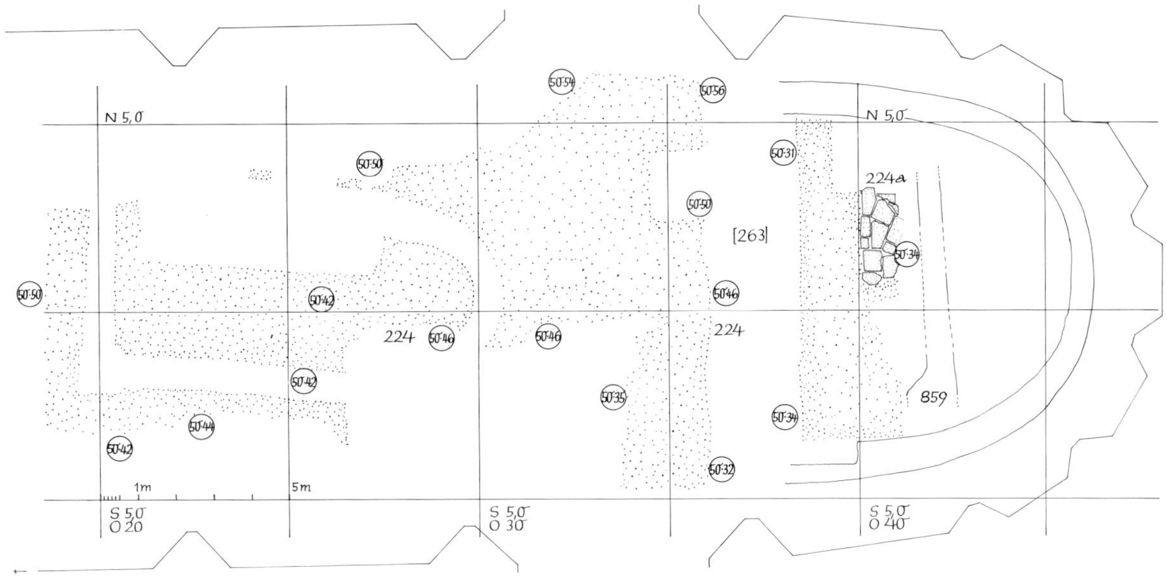

Abb. 2. Der Boden des römischen Atriums (Periode IV a).

Abb. 2. – 18. Sämtliche Pläne in den Abb. 2 – 18 sind im Maßstab wie Abb. 1 gehalten. Die Zahlen in Kreisen geben die Höhe über NN an.

nauso, so daß man den Vorgang als etwa gleichzeitig mit dem Abbruch des Oratoriums und der Errichtung der merowingischen Kirche, d. h. in die zweite Hälfte des 6. Jahrhunderts ansetzen kann [9].

5 Die Platten erstreckten sich nach Süden bis etwa N 1,0. Südlich anschließend schloß sich anscheinend der Boden 224 an, nach Osten zu bis an die Ausbruchgrube 859 {6}. Hierüber war allerdings wegen einer Störung nichts Genaues zu ermitteln. Ein ganz ähnlicher Boden aus dicken, wiederverwendeten Buntsandstein-, Trachyt- und Kalksteinplatten liegt auf H = 49,25 – 49,12 westlich des zweiten römischen Baptisteriums (528) [10]. Eine Entstehung in der ersten Hälfte des 5. Jahrhunderts ist dort wahrscheinlich.

6 Es ist nicht unwahrscheinlich, daß der Plattenboden 224a den Vorplatz zum Eingang in ein Gebäude bildete und eine Reparatur des 5. Jahrhunderts darstellt {4}. Doppelfeld hat Reste eines Gebäudes in der Dreikönigenkapelle gefunden, das zwei Bauzustände erkennen läßt [11]. Wenn es bis an das Atrium heranreichte, hätte es eine O – W-Ausdehnung von etwa 22 m gehabt (von O 39 bis O 61), was bei einem Atrium- oder Peristylhaus denkbar wäre. Die aufgefundenen Fußbodenreste liegen etwa 1 m tiefer als der Boden 224. Es ist nur an einzelnen Stellen tiefer gegraben worden, um den Boden 214 {11} nicht zu zerstören. An drei Stellen wurde bei etwa O 42,0 eine Ausbruchgrube von 5,40 m Länge (von S 1,90 – N 3,50) gefaßt, die eine Mauer von 50 – 60 cm Breite enthalten hat. Diese könnte die W-Mauer des Hauses gewesen sein; jedenfalls haben wir in ihr die östliche Begrenzung des Atriums zu sehen, denn östlich von ihr ist der Boden 224 nicht mehr vorhanden.

7 Ich habe früher schon berichtet, daß der Atriumboden 224 auf einer gleichmäßigen Bodenanschüttung liegt, die den Unterschied zwischen der Niederterrasse und der Flußaue an dieser Stelle ausglich und die, soweit die wenigen Tiefgrabungen erkennen lassen, in einem Arbeitsgang eingebracht worden ist [12]. Eine jüngere Ausschachtung 851, östlich der Mauer 263, bestätigt dies; römische

[9] Doppelfeld {8} S. 113 = hier S. 402.
[10] Die Angabe H = 49,25 und ähnliche bedeuten die Höhe über N.N., Weyres {1} S. 131 = hier S. 565.
[11] Doppelfeld {5} S. 132 f. = hier S. 90 f.; Weyres {2} § 69 = hier S. 520.
[12] Weyres {2} § 47. = hier S. 516.

Kulturschichten wurden erst wieder etwa 3 m unter dem Boden 224 angetroffen (Abb. 12). Dort fanden sich zwei Lehmestriche bei H = 47,20 und 47,06. Das entspricht einem Estrich auf H = 47,70 an der Mauer 817 (Abb. 11) im Bereich des Oratoriums [13]. Auch die Horizonte unter den Baptisterien lassen sich zwanglos mit den Befunden an Mauer 263 zusammenbringen. Niveaus bei H = 46,85 und H = 47,20 zeigten, daß sich die Flußaue sanft zum Rhein hin absenkte, etwa 1,4 cm auf 1 m [14].

8 Der Boden 224 war keineswegs waagerecht. Es wurden Höhenunterschiede bis zu 30 cm festgestellt. Im Norden lag der Boden im allgemeinen höher als im Süden, darüber hinaus zeigten sich z. T. recht kräftige Dellen.

9 Eine Reihe von Fehlstellen war dadurch verursacht, daß man Gräber eingetieft hat, wie die bekannten Fürstengräber (808 und 809 in Abb. 3) innerhalb des Oratoriums und das durch die Mauer 263 angeschnittene leere Grab 838 (Abb. 3 u. 12).

Einer großen, wohl karolingischen Raubgrube zwischen O 26,5 und O 34 sind mit allen späteren Aufbauten auch die älteren Böden zum Opfer gefallen.

10 Die Oberfläche des Bodens 224 war an verschiedenen Stellen zerstört und durch eine dünne Kalkestrichschicht ausgebessert, an anderen war er so stark zermürbt, daß er von dem darüberliegenden neuen Boden 214 nur mit Mühe getrennt werden konnte.

Die merowingische Veränderung des Atriums. Der fränkische Friedhof (Abb. 3)

11 Über den ganzen Boden 224 wurde im Zusammenhang mit dem Bau des Oratoriums (805, 806, 807 und 210), über das Doppelfeld 1963 ausführlicher berichtet hat [15], ein neuer Estrichboden (214) gezogen. Auch bei ihm sind die Höhen sehr unterschiedlich (Abb. 10 und 18). Sie bewegen sich zwischen H = 50,44 und H = 50,64. Die generelle Absenkung nach SO ist ähnlich wie bei dem Boden 224. Im Osten reicht der Boden 214 über die Ausbruchgrube 859 hinaus, was bedeutet, daß bei seiner Anlage das erschlossene Gebäude *{6}* aufgegeben und der etwa 1 m betragende Höhenunterschied ausgeglichen worden ist. Im Osten ist dieser Boden durch die Fundamente des gotischen Hochchores abgeschnitten; er erstreckte sich also noch weiter nach Osten. Bei Doppelfelds Grabung in der Dreikönigenkapelle ist jedoch keine Spur des Atriumbodens gefunden worden. Das ist nicht weiter verwunderlich; die sehr breite Baugrube der karolingischen Ostapsis hat auf einer Breite von schätzungsweise 6 m alle Spuren früherer Bauten vernichtet.

12 Das Atrium ist also nach Osten erweitert worden. Das hängt möglicherweise zusammen mit den Änderungen, die am zweiten römischen Baptisterium vorgenommen wurden [16]. Ich habe aus dem Befund geschlossen, daß nach Westen zu vor das Baptisterium ein von Mauern eingefaßter Vorplatz angelegt wurde, der etwa 1,5 m tiefer lag als das Atrium. Eine Treppe müßte den Höhenunterschied überwunden haben.

13 Der Boden 214 ist unterschiedlich dick und besteht aus einem mit Ziegelbrocken untermischten Kalkmörtel. An der Oberfläche erscheinen die Ziegelstücke ziemlich dichtgesetzt; sie ist glattgeschliffen.

14 Durch den Boden 214 sind einige Gräber eingetieft worden. Zwei um 550 angelegte Fürstengräber liegen innerhalb des Oratoriums (808, 809) [17]. Ein sehr stattliches, aus Platten gesetztes und mit

[13] Doppelfeld *{8}* S. 117=hier S. 406.
[14] Weyres *{19}* § 174=hier S. 492 f.
[15] Doppelfeld *{8}* S. 115=hier S. 404 f.
[16] Weyres *{1}* §§ 92 ff.=hier S. 540 ff.
[17] Otto Doppelfeld, Die Domgrabung XI. Das fränkische Frauengrab. In: Kölner Domblatt 16/17, 1959, S. 41 ff.; ders. Die Domgrabung XII. Totenbett und Stuhl des Knabengrabes. In: Kölner Domblatt 18/19, 1960, S. 85 ff.; ders. Die Domgrabung XIII. Der Helm aus dem fränkischen Knabengrab. In: Kölner Domblatt 20, 1961/62, S. 103 ff.

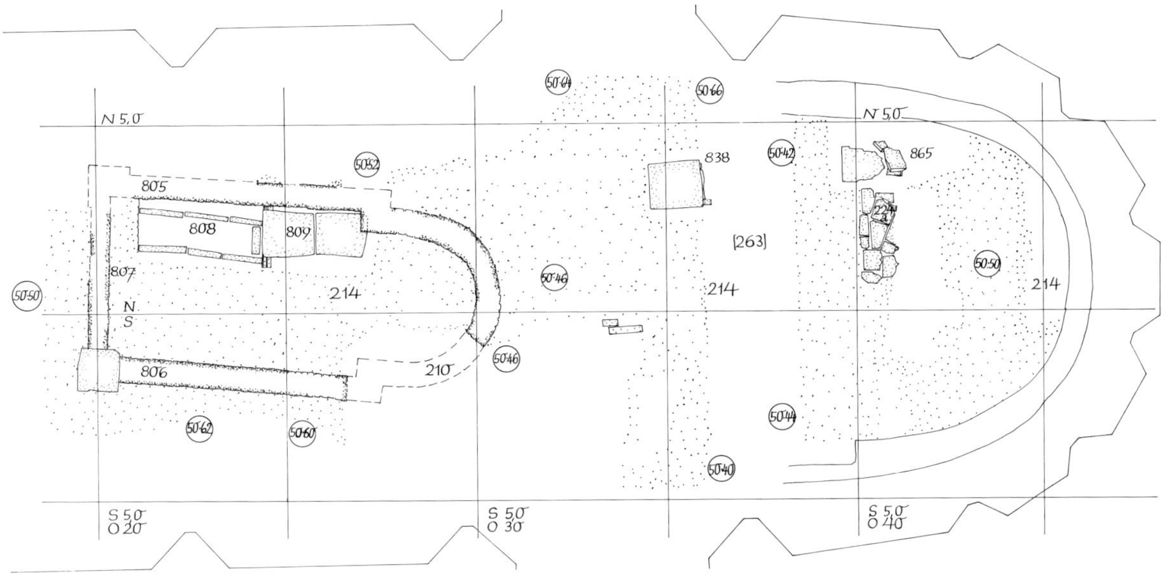

Abb. 3. Die fränkische Kapelle und die fränkischen Bestattungen im römischen Atrium (Periode V a).

großen Platten abgedecktes Grab (838) liegt westlich der Mauer 263; es ist durch die Baugrube zu dieser Mauer am Ostende abgeschnitten und offensichtlich während der Bauarbeiten völlig ausgeleert worden. Der Boden ist nach der Bestattung durch eine ganz dünne Kalkmörtelschicht ausgeflickt worden, wie bei den Fürstengräbern. Möglicherweise ist auch die Suchgrube *{4}* östlich der Mauer 263 eine Bestattung gewesen. Entsprechende Spuren sind hier allerdings nicht gefunden worden. Der merkwürdige Befund im Bereich des Plattenbodens 224a läßt sich damit erklären, daß man hier vergeblich nach Gräbern gesucht hat, wozu man durch die zufällige Auffindung des großen und wahrscheinlich reich ausgestatteten Grabes 838 angeregt worden sein mag. Auch die großen Gruben im Süden des Grabungsbereiches deuten darauf hin, daß man in karolingischer Zeit mehr oder weniger systematisch nach Gräbern gesucht hat.

Der Bau der merowingischen Kirche (Abb. 4)

15 Kurze Zeit nach der Bestattung der Fürsten im Oratorium ist dieses abgebrochen worden [18]. Das kann daraus geschlossen werden, daß die Böden 224 und 214 für die Bestattung durchbrochen werden, die eingefüllte Erde über der Grabkammer aber nur mit einer ganz dünnen Kalkmörtelschicht abgedeckt wird (214a in Abb. 15), die sich auch über die Fundamente des Oratoriums hinwegzieht. Doppelfeld hat 1963 angenommen, daß unmittelbar danach ein neuer Boden (244) über der ganzen Fläche aufgebracht worden sei. Die letzten Grabungen haben ergeben, daß man einen Zwischenzustand annehmen muß, d. h. daß der Boden 214 eine gewisse Zeit mit sehr unsoliden Flickstellen im Gebrauch gewesen ist. In dieser Zeit war er allerdings nicht mehr ein Boden unter freiem Himmel, sondern durch Überdachung geschützter Kirchenboden. 1967 war dies noch nicht eindeutig zu entscheiden [19], nachdem aber die von Doppelfeld noch so genannte Rotunde sich eindeutig als ein Bema herausgestellt hat, ist daran nicht mehr zu zweifeln.

[18] Doppelfeld *{8}* S. 114 = hier S. 402 ff.

[19] Willy Weyres, Zur Baugeschichte der vorgotischen Kölner Kathedralen. In: Kölner Domblatt 26/27, 1967, §§ 172 ff. = hier S. 492 f.

16 Das Bema [20], ein Rundfundament (215) von etwa 4,50 m lichtem Durchmesser mit dem östlich anschließenden, etwa 8 m langen und 1,5 m breiten Gang 209 (Mauern 208a und 208b) ist über einer 2 cm starken Erdschicht auf den Boden 214 aufgesetzt und durch eine etwa 2 cm dicke Kalkmörtelschicht mit diesem kehlenartig verbunden worden [21].

17 Gleiches Mörtelmaterial ist an anderen Stellen zur Reparatur des Bodens 214 benutzt worden und kann nach seiner Beschaffenheit mit den über den Gräbern gefundenen Reparaturschichten *{15}* gleichzeitig sein, zumal es sich auch über den manchmal etwas herausragenden Abbruchflächen der Oratoriumsmauern befindet.

18 An den Außenflächen des Ganges (208a und 208b) *{16}* und der Rotunde befindet sich noch der glatte Kalkputz, der bis auf den Boden 214 herunterreicht (Abb. 10). Innerhalb des Bemas finden sich keine Putzspuren. Sie sind auch nicht zu erwarten, da die Rotunde und auch der Gang sicherlich um einiges gegenüber dem umgebenden Boden erhöht war. Es kann angesichts unseres Klimas keinen Zweifel darüber geben, daß das Bema, auf dem sich das abspielte, was wir heute Wortgottesdienst nennen, in einem geschlossenen Raum befand.

19 Es ist Sache der Liturgieforschung zu erklären, wie sich der Wortgottesdienst auf diesem Einrichtungsstück vollzog, das wir vorerst einmal Bema genannt haben. Wir wissen nicht, ob, wie in Syrien während der Vormesse, der gesamte Klerus auf dem Bema Platz nahm – wozu ja in Köln Raum genug war – oder ob nur, wie berichtet wird, das Evangelium in feierlicher Prozession unter Vorangang von sieben Leuchterträgern zum Ort der Verkündigung getragen wurde [22].

20 Der Boden 214 ist also, wenn auch nur notdürftig geflickt, als Kirchenboden weiter benutzt worden, nachdem das Bema errichtet war, d. h. nachdem die Bischofskirche in einer Form, über die noch zu sprechen sein wird, nach Osten zu erweitert worden ist [23]. Im Osten, jenseits der karolingischen Mauer 263 stoßen die Mauern des Bemaganges an die schwache N – S-Mauer 849 (Abb. 11, 12 u. 13), die in wenigen Schichten erhalten ist. Sie ist ebenfalls über einer 2 cm starken Erdschicht auf den Boden 214 gesetzt und mit ihm auf beiden Seiten durch einen dünnen Kalkstrich verbunden. Die Deutung der Mauer als Fundament einer Altarschranke ist kaum zu umgehen.

21 Die Mauer 849 ist verschieden hoch erhalten. Während sie im allgemeinen bis auf H = 50,80 heruntergebrochen ist, steht südlich des Ganges ein 50 cm breites Stück bis auf H = 50,96 an. Da man einen Eingang vom Gang in dem östlich von dieser Mauer zu suchenden Altarbereich annehmen muß, gibt die Differenz zwischen dem Boden 214, dessen Oberkante an dieser Stelle bei H = 50,54 – 50,56 liegt, und der niedrigsten Abbruchhöhe ein Mindestmaß für die Höhe des Laufganges, d. h. er lag mindestens zwei Stufen höher als der umgebende Boden.

22 Der weiter südlich 16 cm höher anstehende Teil 849a der Mauer braucht bei dieser Annahme nicht zu stören. Wahrscheinlich war die Altarschranke eine verputzte Mauer; dann hätten wir dort ein Stück des Aufgehenden erhalten. Die Treppe vom Gang zum Altarraum müßte nach dieser Überlegung östlich der Schranke gelegen und, wie wir noch sehen werden, abwärts geführt haben.

23 Man sollte zunächst annehmen, daß das Niveau des Altarraumes mindestens eine Stufe höher lag als das des Schiffes. Auf der ganzen, von uns untersuchten Fläche zwischen der Mauer 849 und dem gotischen Hochchorfundament im Osten ist aber keine Andeutung eines entsprechenden Bodens zu finden gewesen. Da aber der Boden 214 östlich der Schranke 849 sehr uneben, z. T. stark eingedellt und ziemlich primitiv eingeebnet ist (214a in Abb. 15), kann man sich nur schwer vorstellen, daß der zweite Atriumsboden hier wie der Schiffsboden zunächst weiterbenutzt worden ist. Das Ankehlen der Flickschichten an die Ostseite der Schrankenmauer *{20}* spricht allerdings dafür.

[20] Weyres *{2}* §§ 32 ff. = hier S. 511.

[21] Über die Benennung des „Bema" kann man streiten. Man kann es natürlich auch Ambo nennen. Das Wort ist hier in Anlehnung an syrische Formen gewählt worden.

[22] J. A. Jungmann, Missarum solemnia I, Wien 1949, S. 61.

[23] Weyres *{2}* § 34. = hier S. 511.

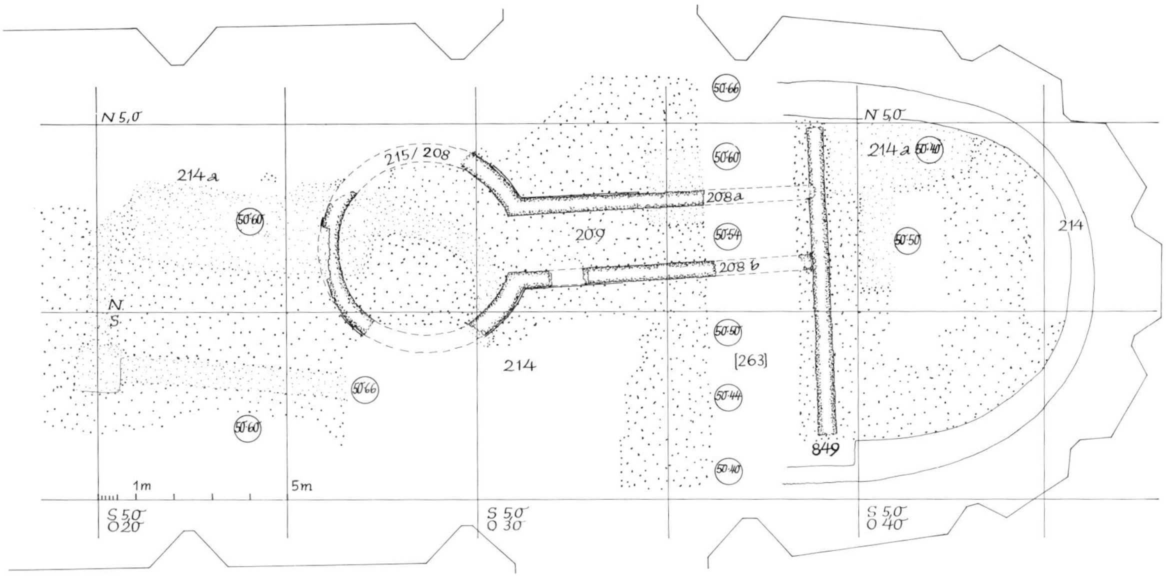

Abb. 4. Das Bema im fränkischen Dom (Periode V b).

24 Nach dem Befund bleibt nichts anderes übrig, als anzunehmen, daß der Boden 214 zunächst als Boden für den Altarraum benutzt worden ist, d. h. daß er auf derselben Ebene lag wie der Schiffsboden.

25 Wir wissen nicht, wo in dem geräumigen Altarraum der Altar gestanden hat. Man möchte ihn auf der Sehne einer Apsis suchen. Aber wir kennen den Punkt nicht, an dem eine Apsis hätte ansetzen können, und wir werden ihn wahrscheinlich auch nie finden. Ebensowenig wissen wir, ob das Altarhaus rechteckig war und ob der Altar mit Stufen über dem Niveau erhöht war. Auch wissen wir von der Liturgie der fränkischen Zeit zu wenig, um sagen zu können, ob gleichzeitig mit dem Bema eine Priesterbank in der Apsis hinter dem Altar in Gebrauch war. Da bei den wenigen, uns nördlich der Alpen aus dieser Zeit bekannten Kirchen sowohl Rechteckchöre als auch Apsiden bekannt sind, kann man auch aus Analogien keine vertretbaren Schlüsse ziehen.

26 Die Länge des fränkischen Erweiterungsbaues war mindestens 43 m. Die Gesamtbreite können wir mit ungefähr 24 m angeben. Die Breite des Mittelschiffs kann nie mehr genau bestimmt werden, weil seine Fundamente durch den karolingischen Neubau vernichtet worden sind. Sie ist aber mindestens 12 m gewesen, wie sich aus den erhaltenen Bodenresten ergibt *{2}*.

27 Ein Datum für die Errichtung der fränkischen Kirche läßt sich verhältnismäßig genau fixieren. Sie kann erst nach der Aufgabe der Fürstengräber bzw. des Oratoriums gebaut worden sein, da die Rotunde des Bema über das Knabengrab hinweggeht [24]. Schon Doppelfeld hat festgestellt, daß zwischen der Beisetzung und dem Abbruch des Oratoriums kein langer Zeitraum gewesen sein kann. Er hat die Bestattung der Fürstin mit Hilfe der Münzbeigaben auf die Mitte des 6. Jahrhunderts datiert [25]. Eine noch präzisere Angabe lieferte das Knabengrab. Ernst Hollstein hat ein Brettstück daraus mit Hilfe der Dendrochronologie auf 557 ± 8 bestimmt [26]. Man kann also die 60er Jahre des 6. Jahrhunderts mit gutem Grunde als die Erbauungszeit der fränkischen Anlage annehmen.

[24] Doppelfeld *{8}* S. 114 = hier S. 402 ff.

[25] Doppelfeld, Domgrabung XI *{17}*, S. 49.

[26] Ernst Hollstein, Dendrochronologische Untersuchung der Einbäume im Historischen Museum der Pfalz, in: Hundert Jahre Historisches Museum der Pfalz, hrsg. v. Karl Schultz, Speyer 1969, S. 199. – E. Hollstein (Mitteleuropäische Eichenchronologie, Mainz 1980, S. 75) hat das dendrochronologische Datum des Abdeckbrettes MK (Eiche [5, –, 1], 238 Ringe, Endjahr 511 n. Chr.) korrigiert und „um 537 n. Chr. (– 10, + 10)" angesetzt. [Hrsg.]

28 Dieses Datum führt in die Zeit des baufreudigen Bischofs Carentinus. Seine Regierungszeit ist zwar nicht bekannt, aber der Dichter Venantius Fortunatus widmete ihm vor 567 ein langes Lobgedicht, in dem er unter anderem seine Tätigkeit für die Kölner Kirchen rühmt. Er erwähnt, daß Carentinus, um mehr Raum zu schaffen, in einer Kirche einen „*alter in excelso pendulus ordo*" errichtet habe, womit eigentlich nur eine Emporenkirche gemeint sein kann [27]. Diese Stelle ließe sich, wenn man will, auf den Dom beziehen. Jedenfalls ist Venantius eine Emporenkirche als etwas Besonderes aufgefallen; doch ist die Errichtung von Emporenkirchen in dieser Zeit bekannt. Während man die Empore in Byzanz aufgibt, entsteht in Rom beispielsweise an S. Lorenzo f. l. m. zwischen 579 und 590 eine solche Anlage [28]; 625 – 38 wird dort die Emporenanlage v. S. Agnese gebaut [29].

Die Veränderungen der Choranlage in fränkischer Zeit (Abb. 5)

29 Die Choranlage hat während ihrer Benutzung in etwa 2½ Jahrhunderten eine Reihe von Änderungen erlitten, die allerdings z. T. nur erschlossen werden können. Man scheint im wesentlichen nur die Ausstattung umgebaut zu haben. Anzeichen dafür, daß das Gebäude selbst verändert worden ist, haben sich bisher nicht ergeben.

30 Im Norden und im Süden des Bemaganges 209 *{16}* wurden zunächst O – W-Mauern angesetzt (Abb. 12 u. 13). Die erhaltenen Teile haben Lehm als Mörtel und sind auf den Boden 214 aufgesetzt. Ihre Qualität ist sehr schlecht. An der Nordseite stößt die Mauer 852 etwa senkrecht auf die Wangenmauer 208a des Ganges und ist stumpf gegen sie bzw. gegen den Putz gestoßen. Am Nordende ist sie wegen späterer Veränderungen ziemlich tief heruntergebrochen, während sie am Bemagang bis H = 50,95 erhalten ist. Sie ist unterschiedlich breit, 0,46 – 0,50 cm. Auf der Westseite ist die Mauer 852 bis auf den anschließenden Boden 244 *{32}* verputzt. Die Ostseite hat dagegen keine Spur von Verputz.

31 Ähnlich zeigt sich auf der Südseite die Mauer 850, aus der allerdings ein etwa 1,50 m langes Stück herausgebrochen ist. Auch sie steht auf dem Boden 214 und ist ebenso nur auf der Westseite verputzt; die Mauertechnik ist die gleiche wie bei Mauer 852. Wie auf der Nordseite schwankt die Mauerbreite zwischen 46 und 50 cm. Es fällt jedoch auf, daß die Mauer am Bemagang weiter westlich als die Mauer 852 und mit einem schiefen Winkel ansetzt.

32 Westlich der Mauern 852 (Abb. 12) und 850 (Abb. 13) beginnt der Boden 244, der durchschnittlich etwa 20 cm über dem Boden 214 liegt. Er ist jeweils an diesen Mauern, aber auch an den Bemamauern, bei denen eine ähnliche Verbindung mit dem Boden 214 festgestellt wurde *{16}*, hochgezogen (Abb. 10, 12, 14) und deshalb als gleichzeitig mit 852 und 850 zu betrachten [30]. Er besteht aus einem 16 cm dicken weißen Estrich mit glatter Oberfläche.

33 Nach Westen zu setzt sich der Boden 244 über den ganzen Grabungsbereich bis O 4,5 fort. Seine Oberkante liegt bei H = 50,66 – 50,78. Man hat offensichtlich versucht, die Ungleichmäßigkeiten der älteren Böden auszugleichen und eine nahezu waagerechte Oberfläche zu bekommen, was wegen der noch vorhandenen Einbauten nicht ganz einfach war. So erklärt sich, daß die Substruktion des Bodens unterschiedlich ist; z. T., besonders im Bereich des Oratoriums, liegt er auf einer Steinstickung, während er östlich auf dem Boden 214 aufliegt.

34 Westlich der Mauern 852 und 850 ist also zu einer nicht näher zu bestimmenden Zeit der Schiffsboden höher gelegt worden, und unter ihm verschwanden die letzten Anzeichen für das Oratorium, die vorher sich als Unebenheiten im Boden bemerkbar gemacht haben müssen.

[27] Geschichte des Erzbistums Köln, hrsg. von Wilhelm Neuß, Köln 1964, I, S. 114 ff.

[28] Richard Krautheimer, Corpus basilicarum christianarum Romae II, Vatikanstadt 1959, S. 1 ff.

[29] Krautheimer, Corpus I *{28}*, Vatikanstadt 1937, S. 14 ff.

[30] Doppelfeld *{8}*, S. 114 = hier S. 402 ff., hat noch angenommen, daß der Boden 244 unmittelbar nach dem Abbruch des Oratoriums eingebracht worden sei.

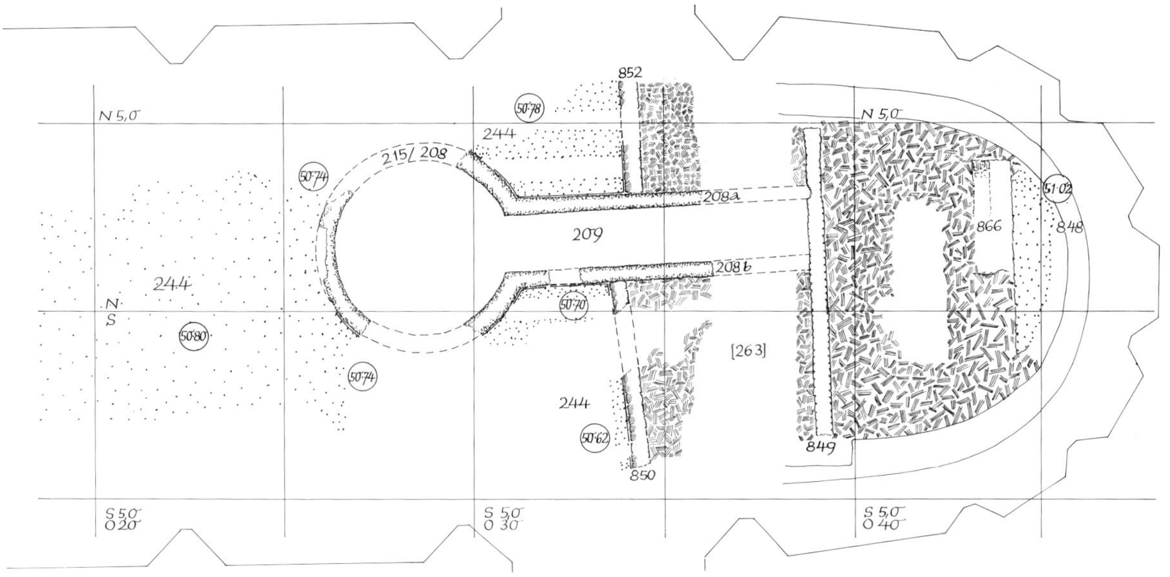

Abb. 5. Veränderungen am Bema und am Ostabschluß der fränkischen Kirche (Periode V c).

35 Schwierigkeiten bringt die Deutung der Befunde östlich der Mauern 852 und 850, die wegen ihrer geringen Qualität nur Fundamente für Schranken gewesen sein können. Ich sagte schon *{30 – 31}*, daß diese Mauern auf der Ostseite keine Spuren von Putz zeigen. Anstoßendes schwarzes Erdreich ist in die Fugen eingedrungen. Da hier auch keine Spur von einem entsprechenden Boden aufzufinden war, habe ich früher, als wir das Bema noch für ein Gebäude ansahen, angenommen, daß die fränkische Kirche an dieser Stelle zu Ende gewesen und östlich davon Erdreich angewachsen wäre [31]. Heute bleibt nur übrig anzunehmen, daß östlich dieser Schranken das Terrain um ein uns unbekanntes Maß erhöht und dann möglicherweise mit Platten abgedeckt worden ist, die später entfernt wurden.

36 Auch östlich der karolingischen Mauer 263 zeigte sich über dem Boden 214 eine solche Aufschüttung. Die Schrankenmauer 849 *{20}* wird zu dieser Zeit aufgegeben. Ihre Abbruchkante bei H = 50,95 gibt ein Mindestmaß für die Anschüttung an.

37 Zwischen S 0,40 und S 1,30 ist ein Stück der Schrankenmauer bis auf H = 51,09 erhalten *{22}*. Die Verhältnisse weiter im Osten zeigen, daß der Boden kaum über diese Stelle hinweggegangen sein kann. Es ist immerhin möglich, daß dieses Mauerstück als Sockel für einen Aufbau, etwa ein Pult, gedient hat.

38 Die Aufschüttung läßt sich nach Osten zu bis O 44,40 verfolgen. In einem Schnitt bei N 0,40 liegt auf H = 50,85 eine feste lehmige Schicht, die als Unterlage für einen Plattenboden gedient haben kann (Abb. 11); sie ist jedoch in anderen Schnitten nicht beobachtet worden. Wenn man für den Plattenboden eine Stärke von 10 – 12 cm annimmt, erreicht man damit die Abbruchkante von Mauer 849 *{36}*. Man muß dann annehmen, daß die Oberkante der Mauer, wie es auch anderswo, selbst bei karolingischen Mauern beobachtet worden ist, in der Bodenfläche erschien und nur mit einer dünnen Mörtelschicht abgedeckt war.

39 Nun fanden wir bei O 43,60 – 44,20 eine merkwürdige Ausbruchgrube (866) oberhalb des Bodens 214. Sie besteht aus einer etwa 15 cm tiefen Grube mit UK H = 50,80, die 58 cm breit und schätzungsweise 3 m lang war (Abb. 11). Bei H = 50,95 weitet sich die Grube auf eine Breite von etwa 1,0 m. Die erfaßte Oberkante dieser Erweiterung liegt bei H = 51,09. Die tiefere Grube ist an der

[31] Weyres *{19}* § 173 = hier S. 492.

Westkante durch einige Steine begrenzt. Im Schnitt sieht das so aus, als ob der tiefere Teil der Grube ein Reliquiengrab gewesen wäre, das mit Steinen umgeben und mit einer schweren Platte abgedeckt war, auf der der Altar stand. Da die Achse der Anlage ziemlich genau zu fixieren und nur der nördlich davon liegende Teil der Grube mit 1,50 m Länge erfaßt ist, käme man auf eine gesamte Länge für die Abdeckplatte von etwa 3,0 m. So lange Altäre dürften aber in dieser frühen Zeit selten gewesen sein. Beispiele bei Otto Nußbaum zeigen, daß Altäre, die etwa ⅓ der Raumbreite einnahmen, nicht ganz auszuschließen sind [32]. Er hat auch darauf hingewiesen, daß bei Ausgrabungen sehr oft der Altarplatz bzw. die Größe des Altares nicht mehr festzustellen ist, weil der Boden an den in Frage kommenden Stellen durchwühlt wurde, offenbar um Reliquien zu bergen.

40 Östlich der Ausbruchgrube steht ein Estrichboden (848) mit OK H = 51,04 an, dessen Oberfläche rauh ist. Der Höhenunterschied zu dem postulierten Plattenboden ist zu gering, als daß man daraus eine Stufe ableiten könnte. Wir wissen aber nicht, ob auf dem Boden 848 noch eine Auflage gewesen ist, die man entfernte, als man den Boden 844 aufbrachte *{58}*.

41 Das Bema war in dieser Zeit noch in Funktion. Auf das Niveau des bis zu den Mauern 852 und 850 *{27 – 29}* nach Westen erweiterten Altarbereichs müssen vom Boden 244 aus eine oder auch zwei Stufen geführt haben, die vielleicht an den äußeren Enden dieser Mauern lagen. An den erhaltenen Mauern wurde davon keine Spur gefunden. Die Mauern des Bemaaufganges sind östlich der Mauern 852 und 850 noch bis zu H = 50,98 erhalten. Sie könnten zu dieser Zeit, also noch an der Nordseite um etwa 1,50 m und an der Südseite um 2,25 m in den Altarbereich vorgestoßen sein. Der Unterschied in den Maßen erklärt sich daraus, daß die Mauer 850 weiter nach Westen zu angesetzt ist *{31}*. Bei den Ansatzstellen an der Altarschranke 849 *{20}* sind sie jedoch nur 25 cm hoch erhalten, d. h. das östliche Ende der Laufgangmauern muß hier unter dem angeschütteten Boden verschwunden sein.

Die frühkarolingische Änderung des Altarbereichs (Abb. 6)

42 In der nächsten Periode wurden die Mauern 852 und 850 sowie das Bema abgebrochen und an ihre Stelle ein Rechteck aus den Mauern 207a im Norden, 207b im Süden und 207c im Westen gelegt. Das westliche Ende ist schon von Doppelfeld gefunden [33] und der weitere Verlauf von uns bis an die Baugrube der Mauer 263 verfolgt worden. Ich habe schon früher diese Anlage als schola cantorum angesprochen [34].

43 Alle Teile des Bemas, die außerhalb des Rechtecks *{42}* lagen, sind bis auf die Höhe des Bodens 244 weggenommen worden. Innerhalb des Rechtecks stehen sie höher an, was besagt, daß der Boden der Schola höher lag als der umgebende Fußboden 244. Wo die Mauern des neuen Bauwerks die des Bemas überstreichen, wurden die entsprechenden Stücke der Bemamauern stehengelassen und mitverwendet (Abb. 11).

44 Westlich der alten Fluchten der Mauern 852 und 850 durchstoßen die Scholamauern den Boden 244 und stehen auf dem Boden 214 auf. Der Boden 244 wurde an diesen Stellen mit einem gelblichen Estrich beigeflickt und an die neuen Mauern angekehlt (Abb. 10).

45 Östlich der Mauern 852 und 850 sieht das ganz anders aus. Hier sitzen die überstoßenden Enden der Mauern 207a und 207b nicht mehr auf dem Boden 214 auf, sondern 18 cm höher auf einer schwarzen Auffüllung (Abb. 12). Diese Auffüllung habe ich oben *{35}* mit der Veränderung des Altarplatzniveaus in Verbindung gebracht, das in dieser Zeit und an dieser Stelle wieder abgesenkt

[32] Otto Nußbaum, Der Standort des Liturgen am christlichen Altar, Bonn 1965. Säben um 575 (II, S. 150), zeigt ein Altarpodium von 4,50 m Breite, aber der Altar war sicherlich schmäler.

[33] Doppelfeld *{8}* S. 114 = hier S. 402 ff.

[34] Weyres *{2}* §§ 41 – 44 = hier S. 515 f.

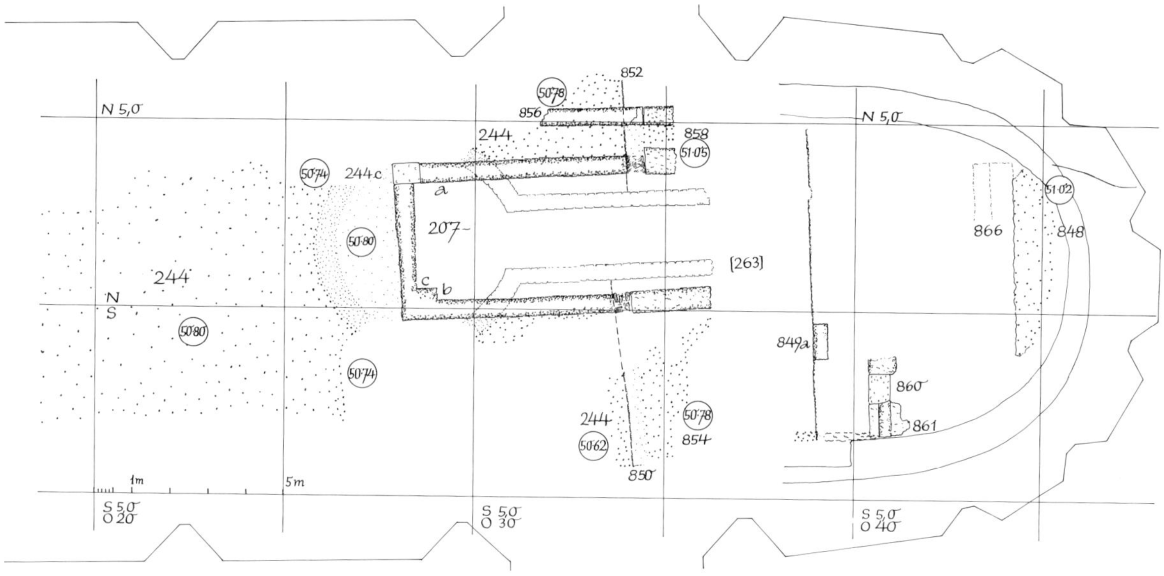

Abb. 6. Die frühkarolingische schola cantorum (Periode VI a).

worden sein muß. Anders läßt sich der seltsame Befund nicht erklären, denn warum hätte man hier die neuen Mauern nicht auf einen vorhandenen Boden setzen sollen? Statt dessen hat man sie, nur wenig tiefer, in den aufgeschütteten Boden hineingesetzt.

46 Gleichzeitig mit der Errichtung der Scholamauern hat man im östlichen Abschnitt an der Nord- und Südseite außerhalb der Schola einen neuen Estrich eingebracht (854 in Abb. 13 und 858 in Abb. 10). Er liegt in der Höhe der Abbruchkante der Mauern 850 und 852, so daß sich an dieser Stelle gegenüber dem Boden 244 eine Stufe von etwa 12 cm ergab. Dieser an vielen Stellen zerstörte Boden war aus einem weißen, mit Ziegelsplitt durchsetzten Estrich hergestellt und hat als Oberkante auf der Südseite H = 59,78 – 50,85 und im Norden H = 51,05.

47 Eine zunächst unerklärliche O – W-Mauer 856 liegt in 80 cm Abstand parallel zur Nordmauer der Schola. Sie ist 50 cm breit und etwa 6 m lang und sitzt in ihrem westlichen Teil auf dem Boden 214, in ihrem östlichen auf dem angefüllten Boden. Sie verhält sich also genau wie die Mauern 207 a und 207 b *{45}*. An ihrem östlichen Ende ist sie wie alle Mauern und Böden von der karolingischen Baugrube abgeschnitten. Auch das westliche Ende ist wegen der Baugrube eines gotischen Chorpfeilers nicht mehr zu fassen.

48 Wir haben zunächst angenommen, daß es sich bei der Mauer 856 und ihrer späteren Verbreiterung 857 *{64}* um die Außenmauer eines verschmälerten Chores gehandelt hätte. Dagegen aber spricht einmal, daß das östliche Ende auf einer sicherlich nicht für höhere Belastungen ausreichenden Aufschüttung sitzt und zweitens, daß auf der Südseite, wo sie sicher hätte gefunden werden müssen, keine entsprechende Mauer zu finden war.

49 Was könnte aber ein solches, außerhalb der Scholamauern liegendes einzelnes Mauerstück bedeuten? Wenn man nach Analogien sucht, so bieten sich römische Scholaanlagen an. Leider sind die heute vorhandenen schönen Anlagen alle sehr viel späteren Datums, aber man nimmt allgemein an, daß sie Rekonstruktionen der früher vorhandenen sind. Nun stehen dort entweder auf der Süd- oder der Nordseite sehr aufwendige Ambonen, die mit ihren Treppen z. T. eine recht beträchtliche Längenausdehnung haben.

50 Als Beispiel sei nur Sa. Maria in Cosmedin in Rom genannt. Die Ende des 19. Jahrhunderts rekonstruierte Scholaanlage wird ins 1. Viertel des 12. Jahrhunderts datiert [35]. An ihrer Südseite steht der

[35] G. Massini, La Chiesa de S. Maria in Cosmedin, Roma 1953, S. 21.

Evangelienambo, der mit seinen Stufen eine Länge von etwa 6 m hat. Die Treppen mit ihren Wangen sind etwa 1 m breit. Im Gegensatz zu Köln ist der Ambo unmittelbar an die Schranken der Schola gesetzt. Ich bringe das Beispiel nur, um zu zeigen, daß eine Deutung der Mauer 856 als Fundament für einen Evangelienambo mit doppelter Treppe nicht unmöglich ist. Die geringe Breite der Mauer macht bei einer Rekonstruktion Schwierigkeiten. Sie konnte immerhin durch überkragende Stufen auf eine genügende Breite gebracht werden. Wenn man die späteren Erweiterungen *{63}* entfernen würde, könnte man vielleicht noch etwas mehr herausbekommen. Das werden wir aber nicht tun.

51 Daß der Ambo im Gegensatz zu Sa. Maria in Cosmedin an der Nordseite steht, hat nichts zu bedeuten, weil seine Stellung in der Kirche sehr unterschiedlich ist und genügend Beispiele in Griechenland und Dalmatien bekannt sind, wo der Evangelienambo im Norden steht.

52 Wir stellen also fest, daß in dieser Periode der Vorchor grundlegend verändert worden ist. Eine mindestens 4,15 m breite und mindestens 8,10 m lange Schola nimmt die Mitte ein [36]; ihr Boden muß im westlichen Teil mindestens 25 cm höher als der Schiffsboden gelegen haben, weil er über die Abbruchkanten der Bemamauern hinweg gegangen sein muß. Der östliche Teil des Schiffsbodens ist um eine Stufe höher. Der erhöhte Teil des Fußbodens *{46}* geht nach Osten durch bis O 38,80 und ist also im Schnitt 5,0 m lang.

53 Östlich der karolingischen Mauer 263 ist nur der Boden 854 *{46}* in einem kleinen Stück mit max. H = 50,85 nachweisbar. Weiter östlich, bei O 40,40 und S 1,6 – 2,4 hat sich die einzelne Kalksteinplatte 860 erhalten (Abb. 18), deren Oberkante mit H = 51,02 die Höhe des eigentlichen Altarplatzes angeben könnte. Man kann annehmen, daß hier die Höhe der vorigen Periode beibehalten worden ist.

54 Es sah zunächst so aus, als ob die Platte 860 eine Schwelle gewesen wäre. Da aber der Boden 854 nur bis an die westliche Kante der alten Schrankenmauer 849 *{20}* erhalten, aber östlich von ihr ein Mörtelstreifen auf H = 50,86 gefunden worden ist, den man als Plattenunterlage ansehen kann, muß man annehmen, daß die Westkante der Mauer 849 als Stufenkante ausgebildet war. Das höher erhaltene Stück der Mauer 849 *{20 – 22, 37}* wäre dann entweder im Boden als mit dünnen Plattenstücken abgedeckter Flecken sichtbar geblieben oder hätte als Unterlage für einen Aufbau, etwa ein Pult, gedient.

55 Im Süden der Platte 860 ist ein kleines, schlecht fundiertes Mauerstück 861 (Abb. 18) von etwa 80 cm Dicke und 1 m Länge bis zu H = 51,14 erhalten. Es ragte auf jeden Fall aus dem Boden heraus. Gegenüber der Westkante der Platte springt es um 28 cm nach Osten zurück.

56 Westlich des Mauerrestes 861 liegt eine 28 cm breite und 34 cm dicke vermörtelte Steinpackung mit OK H = 51,03. Das könnte die Unterlage für eine Stufe gewesen sein.

57 Leider konnte an der Nordseite nichts Entsprechendes gefunden werden. In der Deutung dieses Mauerrestes sind wir also ganz auf Vermutungen angewiesen. Das Mauerstück 861 und das davorliegende Fundamentstück könnten als Überreste einer pergula gedeutet werden, wie sie in italienischen Kirchen anzutreffen ist [37], d. h. einer 1,10 – 1,20 m hohen Schranke mit daraufgesetzter Säulenstellung, die mit einem Balken überdeckt und gegebenenfalls durch Vorhänge zu verschließen war [38]. Nach Westen zu hätte vor der Schranke eine Stufe gelegen, die im Bereich der Platte 560 *{53,56}* durchschnitten war. Es ergäbe sich damit an dieser Stelle ein Durchgang von etwa 80 cm Breite, was allerdings ungewöhnlich wäre.

58 Am östlichen Ende der Grabung, d. h. im Abstand von 4,0 m von der Westkante der Platte 860, sind die Reste des Marmorbodens 844 zum Vorschein gekommen (Abb. 11), der auf

[36] Die genaue lichte Weite der Schola läßt sich nicht angeben, weil der Aufbau nicht mehr erhalten ist.

[37] Vgl. Cividale, Sa. Maria della valle, wo die pergula von E. Schaffran (Die Kunst der Langobarden, Jena 1941, S. 46 ff.) als langobardisch angesehen wird.

[38] Zur Frage der Velen: Nußbaum *{32}* I, S. 416 ff.

H = 51,14 – 51,16 liegt [39]. Er ist an seiner Westkante anscheinend mit Holzbalken begrenzt gewesen, deren Abdrücke sich erhalten haben. Der Befund ist uns unerklärlich.

59 Dieser Boden liegt östlich hinter der Ausbruchgrube, die ich oben *{39}* als Spur des Altares der vorhergehenden Periode zu erklären versuchte. Wir wissen nicht, ob der Altar in dieser Periode verändert worden ist, können aber, immer vorausgesetzt, daß unsere Deutung der Ausbruchgrube richtig ist, aus dem Aussehen der Grube schließen, daß er bis zur Aufgabe der ganzen Kirche hier gestanden hat.

60 Weiter nach Osten zu fehlt uns alles. Wir können voraussetzen, daß hinter dem Altar sich in irgendeiner Form in der Achse der Bischofsstuhl und ihn einfassend die Priestersitze befunden haben, wie ich es für den karolingischen Westchor erschlossen habe [40]. Zwischen Bischofsthron und Altar muß man einen angemessenen Abstand annehmen, der dann wohl ganz mit dem um eine Stufe über dem Altarplatzniveau erhöhten Marmorboden belegt war.

61 Die geschilderte grundlegende Änderung des ganzen Chorbereichs kann nur eine völlige Änderung der Liturgie zum Grunde haben. Früher fand, wie ich oben als Möglichkeit vermutet habe, der Wortgottesdienst auf dem Bema statt, auf dem Bischof und Priester Platz hatten (die Zahl der Kleriker war sicher geringer als im hohen Mittelalter). Jungmann sagt, daß man in der gallikanischen Liturgie zur Lesung des Evangeliums in feierlicher Prozession unter Vorantritt von sieben Leuchterträgern „auszieht" [41] und: „Die Opfermesse beginnt mit einer neuen feierlichen Prozession, in der der Klerus die Gaben zum Altar bringt" [42]. Man kann sich bei der von uns erschlossenen ersten Einrichtung der merowingischen Kirche gut vorstellen, wie sich zur Verkündigung des Evangeliums die feierliche Prozession mit Bischof und Klerikern durch den Gang zum Bema bewegt; dort findet die Predigt statt und das Credo wird gesungen. Danach bewegt sich die Prozession mit den Opfergaben zum Altar zurück. Die (etwas ungenau so genannte) gallikanische Liturgie, die zwar zu der abendländischen Gruppe der Liturgien gehört, aber zum mindesten seit dem 6. Jahrhundert zahlreiche orientalische Bräuche aufgenommen hatte [43], verschwindet seit dem 8. Jahrhundert [44].

62 Nach der liturgischen Neuordnung des 8. Jahrhunderts findet ein Sängerchor innerhalb der Schranken vor dem Altar Aufstellung, Bischof und assistierende Priester sitzen während des Wortgottesdienstes hinter dem Altar, Subdiakon und Diakon werden zum Gesang von Epistel und Evangelium zum Ambo entsandt, der Diakon nur noch von zwei Akolythen begleitet, wie Amalar von Metz († 850/51) in seiner allegorischen Meßinterpretation berichtet [45].

63 Für diese Änderungen läßt sich ein terminus post quem angeben. Pippin der Kurze, sein Bruder, der Bischof Remigius von Rouen († 772), und der Reformator der Stiftskapitel, der Bischof Chrodegang von Metz († 766), haben in der Nachfolge der Reformversuche des hl. Bonifatius und seit der Anwesenheit des Papstes Stefan II. im Frankenreich (753 bis 755) sich mit großem Eifer für die Reform der Liturgie im Sinne der römischen Gebräuche eingesetzt. Sie haben scholae cantorum gegründet, denen sie aus Rom herbeigeholte Meister vorsetzten [46]. 766/7 verfügt Pippin die allgemei-

[39] Dazu Hiltrud Kier, Der Fußboden des Alten Domes in Köln, in diesem Domblatt, S. 121 = hier S. 608.

[40] Weyres, *{19}*, S. 8 = hier S. 454 f.

[41] J. A. Jungmann, Missarum sollemnia I, Wien 1949, S. 61.

[42] Jungmann *{41}*, S. 62.

[43] C. Vogel, La réforme liturgique sous Charlemagne, in: Karl der Große II, hrsg. von W. Braunfels und B. Bischoff, Düsseldorf 1965, S. 219.

[44] Jungmann *{41}* S. 82.

[45] Jungmann *{41}* S. 133. Man kann vermuten, daß die bei der gallikanischen Evangelienprozession erwähnten sieben Leuchterträger deshalb dort erscheinen, weil der Bischof mitzog. Die ursprünglich dem Papst vorbehaltenen sieben Leuchter (Jungmann *{41}*, S. 87) stehen bis heute jedem Bischof zu (Caeremoniale Episcoporum I, cap. XII, 12).

[46] Vogel *{43}* Anm. 31.

ne Einführung des römischen Gesanges anstelle des altgallischen [47], der wohl ziemlich anspruchslos gewesen ist [48]. Die ausgebildeten Choralsänger brauchten in der Kirche ihren eigenen Platz, der sich von dem der Kleriker unterschied. Die Ordnungen, die im 7. Jahrhundert die Stationsgottesdienste in Rom regelten, kennen diesen Platz an der Stelle, wo wir ihn gefunden und entsprechend gedeutet haben: zwischen Altarraum und Schiff [49].

Es scheint allerdings nicht so, als ob sich die Einrichtung der scholae cantorum überall gleich durchgesetzt hat. Noch 798 fordert Erzbischof Arno von Salzburg, daß jeder Bischof in seiner Kirchenprovinz eine schola einrichte [50]. Als Zeit für die besprochenen Änderungen müssen wir vorerst die 2. Hälfte des 8. Jahrhunderts annehmen.

Die letzten Änderungen im Chorbereich der vorkarolingischen Kathedrale (Abb. 7)

64 Die Änderungen im Chorbereich der merowingischen Kirche waren aber damit noch nicht abgeschlossen. Der Ambo *{47 – 51}* war anscheinend in der ersten Ausführung nicht ansehnlich genug; man legte südwärts neben die Mauer 856 ein 45 cm breites Fundament (Abb. 10, 857), das im Westen auf dem Boden 244 und im Osten auf dem Boden 858 [46] aufsitzt. Das ältere Fundament 856 wurde für den Aufbau mitbenutzt, so daß das gesamte Werk jetzt eine Breite von 95 cm bekam. Der Abstand zur Scholaschranke betrug jetzt nur noch 30 – 40 cm. Er wurde mit einem Grobmörtel ausgefüllt.

65 Es kann sein, daß man erst jetzt den Ambo in unmittelbare Verbindung mit der Schola brachte, so daß er von dort aus bestiegen wurde, wie es die späten römischen Beispiele zeigen. Das Aufsetzen des Fundaments 857 auf den Boden 244 spricht dafür.

66 Man ist versucht, den römischen Beispielen weiter zu folgen und auch noch einen Epistelambo zu suchen. Der wäre an sich nicht nötig, weil die Epistel auch von den Stufen des Evangelienambos aus – zum Bischof hin – gesungen werden kann. Doch gibt es an der Südseite der Scholamauer noch ein unerklärtes Mauerstück.

67 Dieses Mauerstück 207 d ist zwischen O 29,95 und 30,40 stumpf gegen den Putz der Schrankenmauer 207 b *{42}* gesetzt. Es steht über einer 5 cm dicken Erdschicht auf dem Boden 244. Diese bei vielen Mauern gefundenen Erdschichten sind rätselhaft, da mit Sicherheit angenommen werden kann, daß die unmittelbar darunter liegenden Böden weiter benutzt wurden. Man kann ja doch kaum annehmen, daß diese zwischen 3 und 5 cm hoch verschmutzt waren.

68 Westlich von 207 d lagen einige Steinschichten (207 e), die anscheinend in einem Bogen radial verlegt waren. Sie lagen ebenfalls auf dem Boden 244 und waren gegen 207 d und 207 a stumpf gestoßen. Es handelt sich bei 207 d und 207 e um sehr geringe Reste, die an der Südseite durch eine große karolingische Raubgrube abgeschnitten waren. Die Stelle für einen Epistelambo wäre hier ganz richtig, aber die geringen Reste erlauben keine Rekonstruktion.

69 Es wurde ferner später im Süden der Schola eine neue Schrankenmauer errichtet (853 in Abb. 17). Sie steht auf dem Boden 854 *{46}* zwischen O 34,20 und O 34,76, in etwa über der älteren Schrankenmauer 850 *{31}*, korrigiert aber deren Schrägrichtung, so daß sie mit der älteren Mauer 852 auf der Nordseite in einer Flucht liegt.

70 Diesem Mauerstück entspricht nördlich des Fundaments, das ich für den Ambo in Anspruch genommen habe (856), ein Mauerstück 855, das genau über den hier tief abgebrochenen Resten der

[47] Anton Baumstark, Vom geschichtlichen Werden der Liturgie, Freiburg 1923, S. 52.
[48] Jungmann *{41}* S. 75.
[49] Jungmann *{41}* S. 89.
[50] Vogel *{43}* Anm. 31.

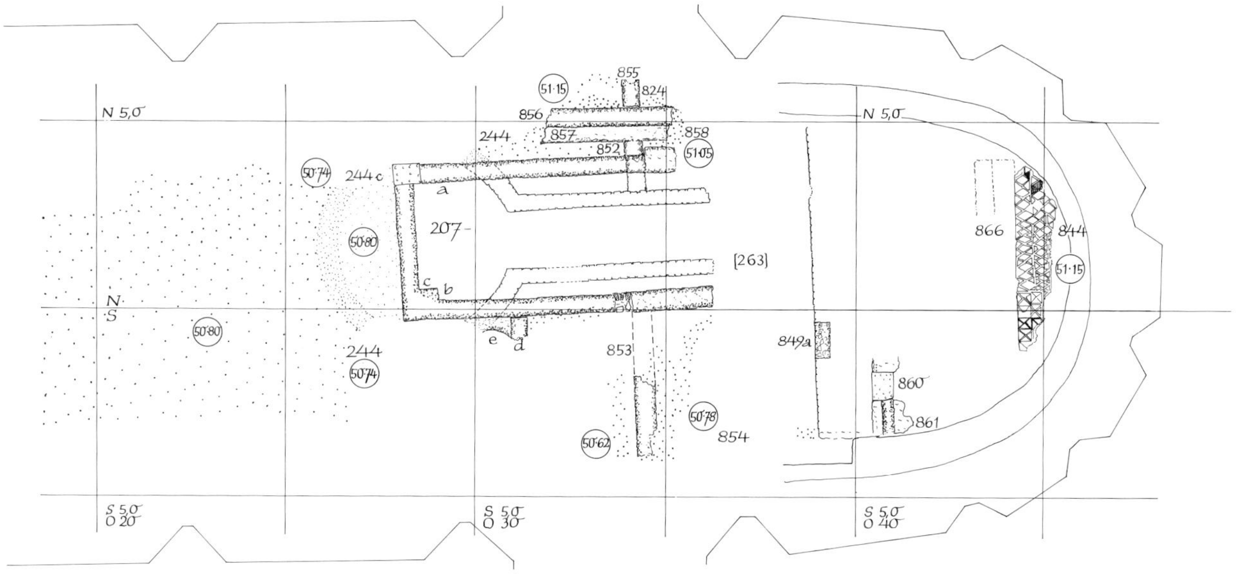

Abb. 7. Chorbereich des fränkischen Doms, letzter Zustand (Periode VI b).

Mauer 852 *{30}* liegt (Abb. 16), aber von diesen durch eine dicke Erdschicht getrennt ist. Es scheint also, daß auch hier der Altarvorplatz noch einmal durch eine Schranke abgetrennt worden ist.

71 Der Abbruchhöhe dieses Mauerstücks bei H = 51,15 entspricht ein sehr kleiner Bodenrest 824 (Abb. 16), der vielleicht im Zusammenhang mit dem Ambo zu sehen ist, aber wegen seiner Kleinheit nicht weiter gedeutet werden kann.

72 Es ist sehr bedauerlich, daß bei der ganzen Grabung keinerlei Architekturstücke gefunden worden sind, die mit der Einrichtung der Kirchen in Verbindung gebracht werden könnten. So können wir uns auch keine Vorstellung davon machen, wie die Schranken, der Ambo oder der Altar ausgesehen haben. Es ist möglich, daß alles Steinmaterial in den karolingischen Fundamenten verschwunden ist.

73 Immerhin ist es schwierig, sich vorzustellen, daß alles, was in der Kirche stand, nur aus einfachem verputztem und vielleicht bemaltem Mauerwerk bestand, denn dazu hätten die von Karl dem Großen und Hildebold gestifteten kostbaren beiden Altarbekleidungen, deren von Alcuin verfaßte Inschriften überliefert sind, in einem zu großen Gegensatz gestanden [51].

74 Die ganze römische und merowingische Kathedrale ist in einem Zuge abgebrochen worden [52]. Über den Abbruchkanten sämtlicher früherer Mauern zieht sich eine 20 – 30 cm dicke schwarze mit wenig Bauschutt untermischte Schicht, die von den karolingischen Baugruben angeschnitten wird. Es scheint, daß diese Schicht das für die Vermessung des karolingischen Baues nötige Planum abgegeben hat.

75 Als Zeit für den Abbruch kommt eigentlich nur die des Erzbischofs Hildebold in Frage, mit dessen Namen die Kölner Tradition den Beginn des Neubaues des 870 geweihten Domes verbindet [53].

76 Der Boden dieses Neubaues liegt im Schiff rd. 2,50 m höher als der Estrich 244 *{32, 33}*. Zur Geschichte und Form kann ich auf die früheren Veröffentlichungen im Domblatt verweisen [54]. Einen

[51] Paul Clemen, Der Dom zu Köln. Düsseldorf ²1938, S. 38. – Weyres *{19}* § 18 = hier S. 456.

[52] Weyres *{19}* §§ 134 ff. = hier S. 483 f.

[53] Weyres *{19}* §§ 160 ff. = hier S. 490 f.

[54] Otto Doppelfeld, More romano. In: Kölner Domblatt 8/9, 1954, S. 33 = hier S. 159 f. – Weyres *{19}* §§ 88 ff. = hier S. 469 f.

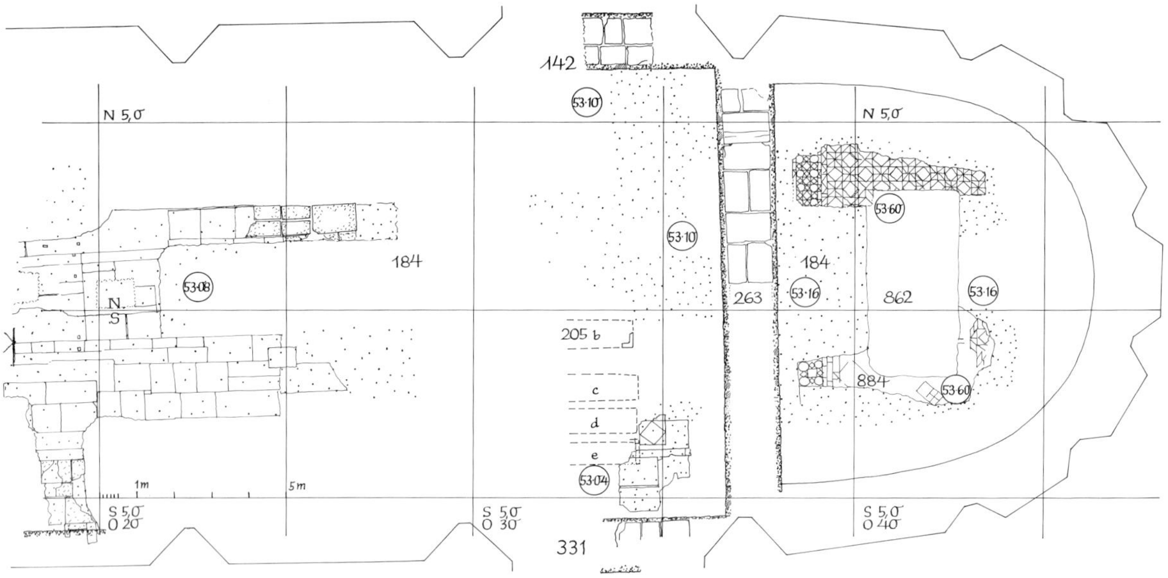

Abb. 8. Östliches Langhaus und Chorquadrat des karolingischen Doms (Periode VII b).

interessanten Befund an der Mauer 263, der Spannmauer am Eingang des östlichen Chorquadrats, will ich hier nachtragen (Abb. 12 und 13).

77 Die Baugrube für deren 1,54 m breites und bis auf H = 46,90 herunterreichendes Fundament ist an ihrem oberen Ende 4 m breit und verengt sich unten auf etwa 2,5 m. An der West- und an der Ostseite geht sie von der erwähnten schwarzen Schicht *{74}* aus. An der Ostseite zeigen sich nun drei Baugruben übereinander. Die oberste ist die für den später zu erwähnenden staufischen Ostlettner *{80}*, die untere ist die originale Baugrube für die Mauer 263, die verfüllt und mit einer etwa 1,50 m hohen Schuttschicht überdeckt ist. Die mittlere Baugrube geht von der Oberkante dieser Schicht aus. Sie reicht bis zum schon des öfteren beschriebenen Mörtelwechsel in der Mauer 263 hinab (oben Ziegelsplittmörtel, unten Traßkalk) [55].

78 An der Westseite der Mauer 263 war außer dem Einbruch für den Lettner nur eine Baugrube festzustellen, die von der beschriebenen schwarzen Auffüllschicht *{74}* ausgeht. Sie ist anscheinend mit einer weiteren Auffüllung zusammen zugeworfen worden. Aus dem Befund kann abgelesen werden, daß man die Mauer 263 bis zur Höhe des Mörtelwechsels aufgeführt, dann aber aufgegeben hat. Während im Westen die Baugrube anscheinend offen blieb, hat man im Osten, wahrscheinlich nach einer Bauunterbrechung, noch mehr Füllschichten aufgetragen. Die Mauern des Chorquadrats sind damals wahrscheinlich schon höher aufgeführt worden, wobei man die Aufschüttungen anstelle eines Mauergerüstes benutzte, wie es sich an vielen anderen Stellen gezeigt hat. Wir wissen nicht, in welcher Höhe die Fußböden des neuen Domes geplant waren. Vielleicht wollte man den Ostchor höher legen als den Schiffsboden und die Differenz über dem unteren Teil der Mauer 263 durch eine Treppe überwinden. Nachdem man sich entschlossen hatte, den Schiffsboden im ganzen beträchtlich höher anzulegen und den Ostchor nur mäßig zu erhöhen, hat man die Mauer 263, für uns unverständlich, in der ganzen Breite hochgeführt und mit Quadern abgedeckt (Abb. 8).

[55] Weyres *{19}* § 96 = hier S. 470 ff. – Doppelfeld *{54}* S. 38 = hier S. 163 f.

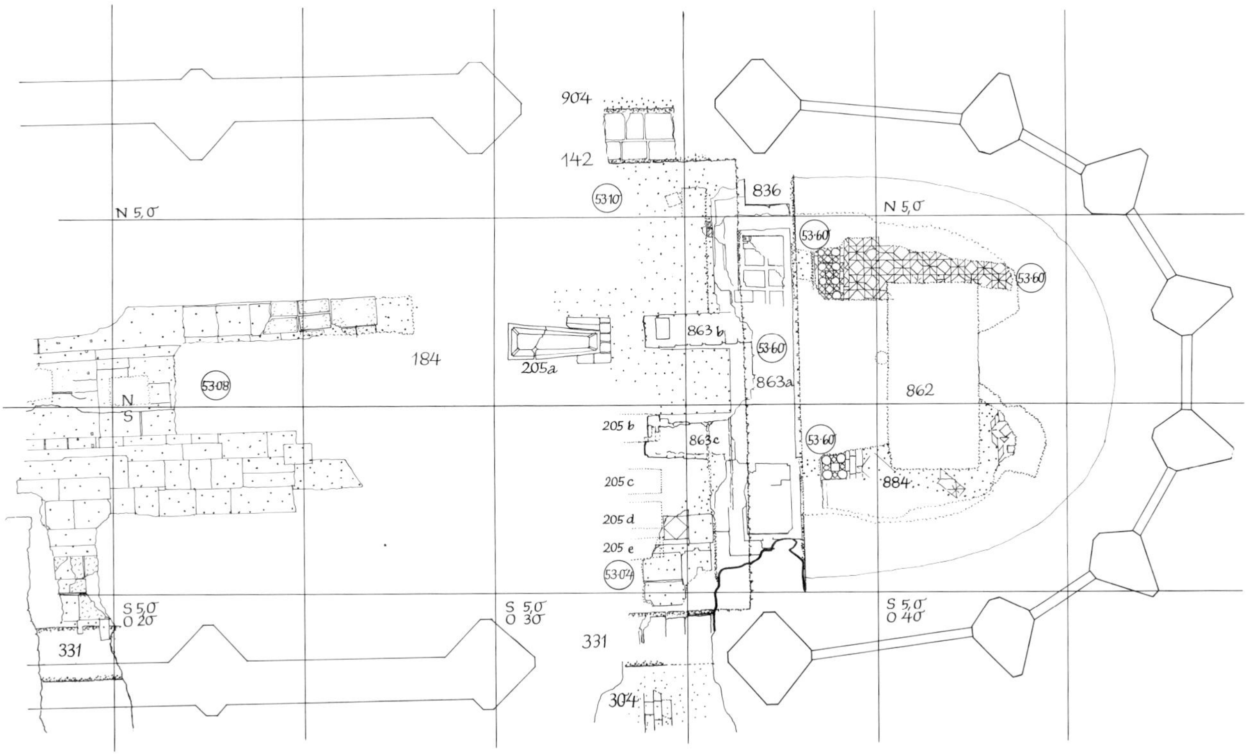

Abb. 9. Östliches Langhaus und Chorquadrat des karolingischen Doms, staufischer Zustand.

79 Die von Doppelfeld schon 1954 ausgesprochene Vermutung, daß zwischen seinem Bau VII a und dessen Vollendung (VII b) eine längere Bauunterbrechung liegt [56], die mit Planänderungen verbunden war, hat sich somit erneut bestätigt.

80 Über die Mauer 263 ist in staufischer Zeit, nachdem man die Quaderabdeckung entfernt hatte, ein Lettner errichtet worden, über den ich ausführlicher an anderer Stelle berichtet habe (863 a – c in Abb. 9, 11, 13) [57].

81 Die Periodeneinteilung für die vorgotischen Kölner Kathedralen könnte unter Anlehnung an Doppelfeld heute so aussehen.

Periode	Zeit	Bauwerk
II	1. Jh.	Tempel innerhalb profaner Bebauung
IV a	4. Jh.	Bischofskirche mit östlichem Atrium (Boden 224)
IV b	Ende 4. Jh.	Abbruch des Tempels und Korrektur der südlichen Atriumflucht
V a	vor 550	Erneuerung und Verlängerung des Atriumboden nach Osten. Bau des Oratoriums (Boden 214)
V b	nach 550	Abbruch des Oratoriums und Bau der nach Osten gerichteten fränkischen Kirche mit Bema
V c	2	Erneuerung des Fußbodens in der fränkischen Kirche (Boden 244)

[56] Doppelfeld *{54}*, S. 38 = hier S. 163 f. – Willy Weyres, Der karolingische Dom zu Köln. In: Karl der Große III, hrsg. von W. Braunfels, Düsseldorf 1965, § 55 = hier S. 422. – Weyres *{19}*, §§ 104 ff. = hier S. 472 ff.

[57] Weyres, Befunde am Ostlettner des karolingischen Domes in Köln. In: Kölner Jahrbuch für Vor- und Frühgeschichte, 9, 1967/68, S. 144 ff. = hier S. 498 ff.

VIa	2. H. 8. Jh.	Änderungen im Ostteil der fränkischen Kirche, Einrichtung der schola cantorum
VIb	vor 800 (?)	Weitere Änderungen im Ostteil der fränkischen Kirche. Neuanlage der Westapsis der römischen Kirche mit dem halbrunden Atrium
VIIa	nach 800 (?)	Abbruch des römischen und fränkischen Teiles der Kathedrale. Anlage des karolingischen Domes. Bauunterbrechung
VIIb	870	Weihe des Neubaues
VIII	vor 965	Erweiterung des Domes um zwei äußere Seitenschiffe durch den heiligen Bruno

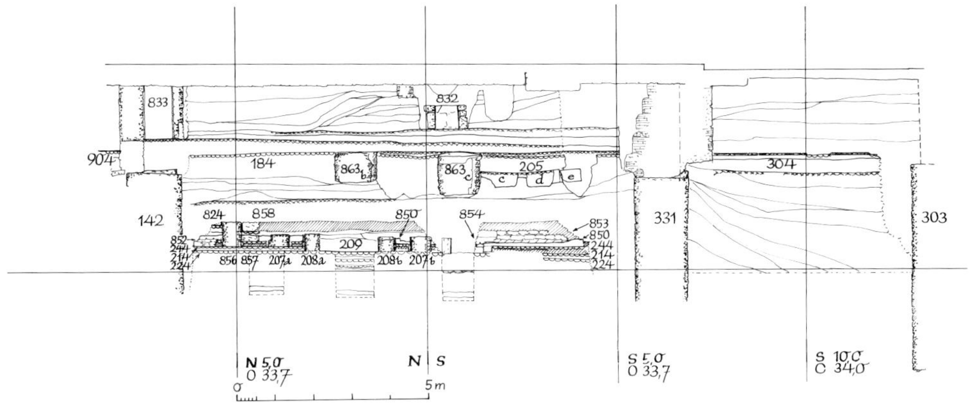

Abb. 10. Ostprofil. N-S-Schnitt durch den gesamten Grabungsbereich.

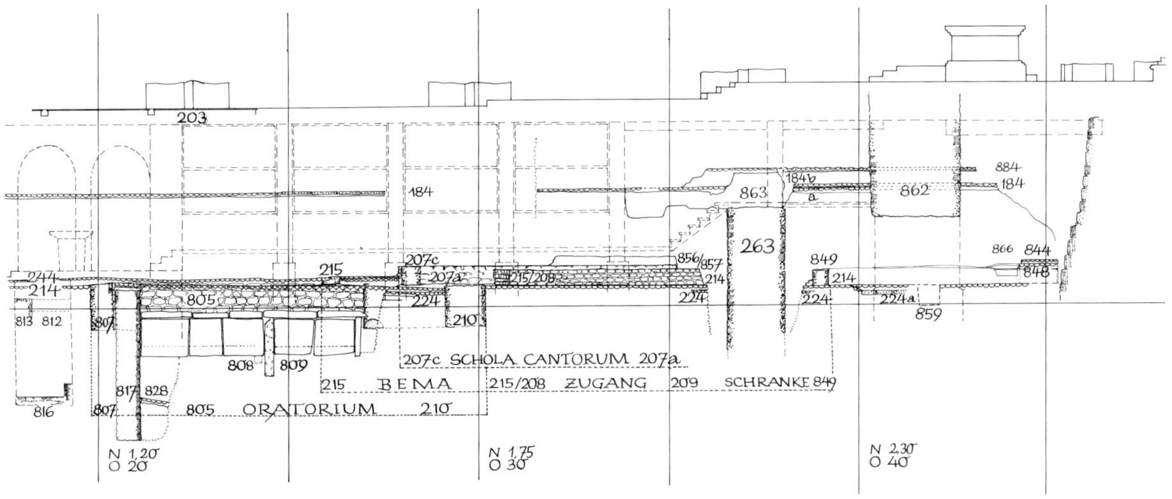

Abb. 11. Achsprofil gegen Norden. W-O-Schnitt durch den gesamten Grabungsbereich.

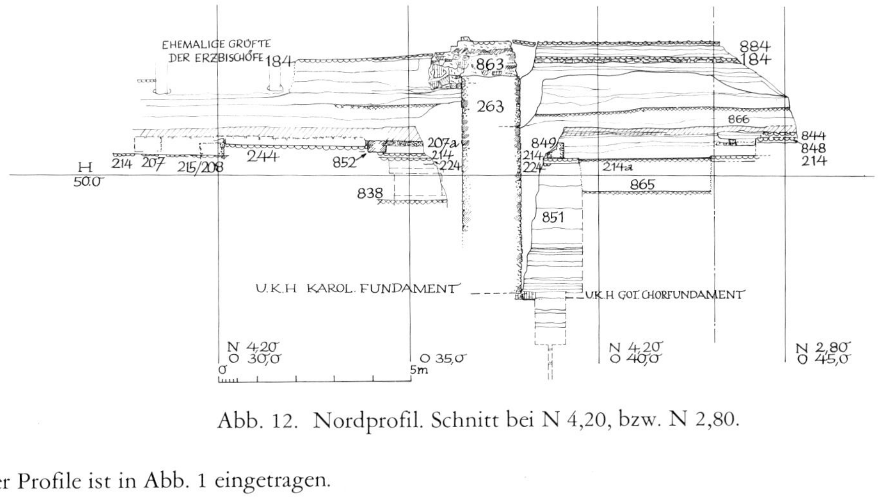

Abb. 12. Nordprofil. Schnitt bei N 4,20, bzw. N 2,80.

Abb. 10. – 12. Die Lage der Profile ist in Abb. 1 eingetragen.

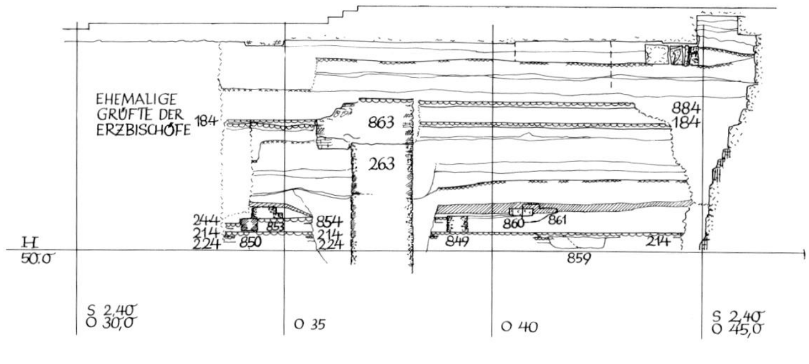

Abb. 13. Nordprofil. Schnitt bei S 2,40.

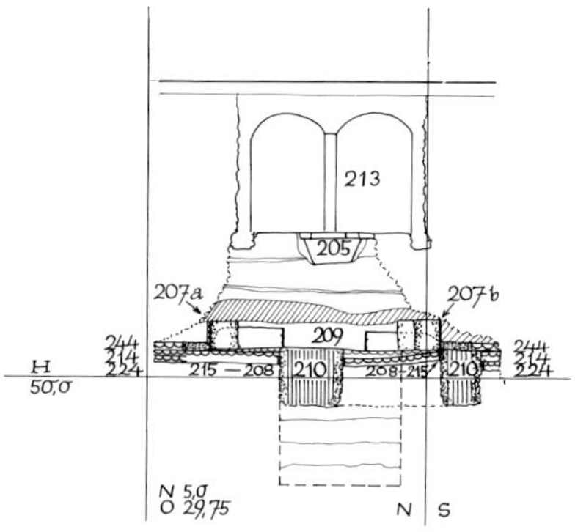

Abb. 14. Ostprofil. Schnitt bei O 29,75.

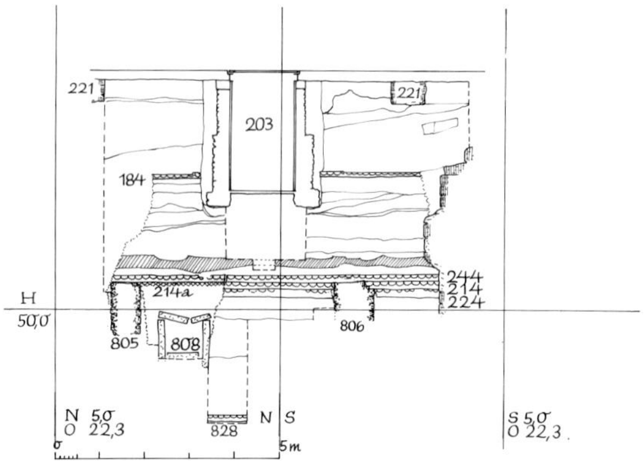

Abb. 15. Ostprofil. Schnitt bei O 22,30.

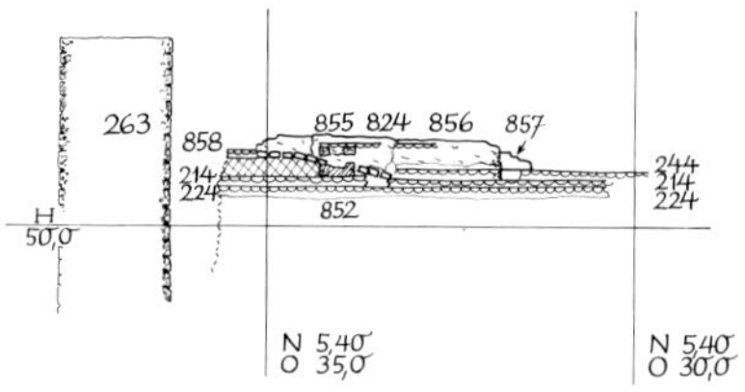

Abb. 16. Südprofil. Schnitt bei N 5,40.

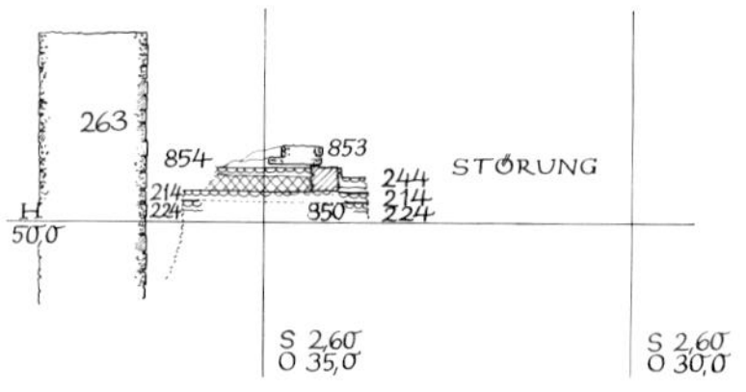

Abb. 17. Südprofil. Schnitt bei S 2,60.

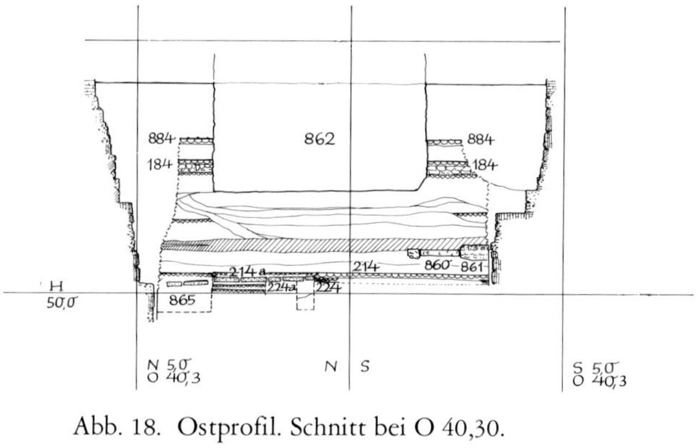

Abb. 18. Ostprofil. Schnitt bei O 40,30.

Abb. 13 – 18. Die Lage der Profile ist in Abb. 1 eingetragen.

KATALOG

bearbeitet von Wilhelm Schneider

Abkürzungen:
OK = Oberkante – UK = Unterkante – H = Höhe – Br = Breite – Lg = Länge – Dm = Durchmesser.
Höhenangaben in m über N. N. (Normal Null = Amsterdamer Pegel). Punktangaben in der Fläche nach Soldner Koordinaten in m, bezogen auf den Dachreiter des Kölner Domes. (Beispiel: O 76,88; N 3,74 bedeutet: der Punkt liegt 76,88 m östlich einer durch den Mittelpunkt des Dachreiters verlaufenden Nord-Süd-Linie und 3,74 m nördlich einer durch den Mittelpunkt des Dachreiters verlaufenden Ost-West-Linie.)

201 Grabungsschnitt im Ostteil des gotischen Binnenchores von O 20,00 bis O 45,00; N 7,00 bis S 5,00 (Abb. 1) Periodische Bauzusammenhänge als Höhenschichtbilder
1. Abschnitt 1946 bis 1947
Untersuchungen durch den Einstiegsschacht zu den Erzbischöflichen Grüften von Otto Doppelfeld.
2. Abschnitt ab 1959
Untersuchungen in Verbindung mit dem Ausbau des Binnenchores zur Grabstätte für die Erzbischöfe.
Hierzu neun Profile:

Ostprofil	bei O 33,70; von N 9,00 bis S 13,00 (Abb. 10)
Achsprofil	gegen N von O 17,50 und N 1,10 bis O 50,00 und N 2,85 (Abb. 11)
Nordprofil	bei N 4,20 von O 27,00 bis O 43,00; hier versetzt auf N 2,80 von O 43,00 bis O 45,30 (Abb. 12)
Nordprofil	bei S 2,40; von O 30,00 bis O 45,00 (Abb. 13)
Ostprofil	bei O 29,75; von N 5,00 bis S 1,30 (Abb. 14)
Ostprofil	bei O 22,30; von N 4,00 bis S 4,25 (Abb. 15)
Südprofil	bei N 5,40; von O 30,00 bis O 38,00 (Abb. 16)
Südprofil	bei S 2,60; von O 33,50 bis O 38,30 (Abb. 17)
Ostprofil	bei O 40,30; N 6,00 bis S 4,50 (Abb. 18)

Die Lage der Profile ist in Abb. 1 eingetragen.

142 Nördliches Mittelschiffundament des karolingischen Domes im Verband mit der westlichen Chorquadratmauer 263
S-Kante bei N 6,46 und O 36,26 bis N 6,32 und O 32,80; OKH 52,60; UKH hier nicht erfaßt.
3,85 m langes und 1,45 m breites Fragment der an drei verschiedenen Grabungsplätzen erfaßten, 53 m langen Mauer. Der östlichste Punkt ist die NO-Ecke des Mittelschiffs. Der weitere östliche Verlauf als Nordmauer des Chorquadrats ist durch das gotische Ringfundament des Chores verdeckt. Mit der westlichen Chorquadratmauer und der Mauer, die den Ostabschluß des nördlichen Seitenschiffs bildet, ist eine gewaltige, im Verband gemauerte Kreuzung entstanden, auf der das Fundament des nordwestlichsten Pfeilers der Chorrundung steht.
Das Mauerwerk ist vornehmlich aus Tuffsteinen mit dicht verstrichenen Fugen ausgeführt, im unteren Teil (Per. VII a) bis H 51,30 in handlichen Formaten unter Verwendung von Traßkalk-Mörtel, darüber in fugenrechter Verlegung mit größeren Formaten (bis 0,30 m×0,20 m) in durch Ziegelsplittzusätze rosa verfärbtem Kalkmörtel (Per. VII b). Auf der Mauerkrone Abdrücke größerer Quader in gelbgrauem Versatzmörtel.

184 Bodenestrich des karolingischen Domes
Im gesamten Grabungsbereich mit vielen Störungen beobachtet.
H 53,10 bis 53,25; 0,15 m bis 0,22 m stark.
Erfaßt bis O 44,44 bei S 1,00 an der gotischen Baugrube im Chorschluß.
In der SO-Ecke des Mittelschiffes befinden sich Abdrücke des Plattenbelags: in einem 0,65 m×0,65 m großen Quadratfeld ein auf die Spitze gestelltes Quadrat von 0,40 m Seitenlänge; nördlich davon folgt in O – W-Richtung ein schmales Band; südlich des Quadratfeldes folgen neben zwei Bändern abschließend bis an die südliche Mittelschiffmauer 331 zwei große Platten.
Der weitere Verlauf des Bodens nach N ist durch Grabgruben gestört.
Der Boden besteht aus einer Stickung von in weißem Kalkmörtel sorgfältig verlegten Tuffsteinen, die mit einem abgeriebenen Traßkalk-Estrich bis 0,10 m Stärke bedeckt ist. Rosafarbiger Verlegemörtel

und gelbsandiger Mörtel zur Angleichung an den aufgebrachten Lettneraufbau 863 über der Mauer 263 wurden beobachtet.
Im karolingischen Chorquadrat ist der Boden ohne Plattenabdrücke auf gleicher Höhe unter dem Schmuckboden 884 aufgefunden.

203 Einstiegschacht zur Erzbischöflichen Gruft
Von O 21,00 bis o 24,00 in der gotischen Chorachse; OKH 55,28 = Chorboden; UKH 52,65.
Abgedeckt mit einer Bronzeplatte.

205 a Sarkophag aus rotem Sandstein
S-Kante von N 1,20 und O 34,40 bis N 1,35 und O 32,65; OK ohne die fehlende Deckplatte H 52,80.
Innenmaß Lg = 2,20 m; Br = 0,80 – 0,45 m; H = 0,30 m.
Der schmalere Fußteil liegt im Osten. Im Fußstück ist plastisch vortretend ein Krummstab ausgemeißelt. Die Ecken sind als Viertelstäbe ausgebildet. Um den ungestörten Ostteil legt sich ein rd. 0,25 m breiter Tuffstreifen in Höhe des Sarkophagrandes. Die Bestattung war ausgeräumt, am Fußende fanden sich Gebeinsreste.

205 b – e Grabgruben südlich des Sarkophages 205
Ostenden bei O 34,00; von S 0,25 bis S 4,20.
Die Westenden wurden durch den Ausbau der Grüfte im 19. Jahrhundert zerstört. In 205 b fand sich das Fußstück eines Sarkophages aus gelblichem Sandstein. Die Bestattungen wurden beim gotischen Neubau ausgeräumt.

207 Schola cantorum (Periode VI a)

207 a Nordmauer der Schola
S-Kante (innen) von N 3,30 und O 28,35 bis N 3,62 und O 35,25; OKH 50,94 bis 51,00; UKH bis O 34,00 = 50,60; östlich der Schrankenmauer 852 = 50,75.
Lg = 7,05 m; Fundament Br = 0,58 m, nach N vorspringend; Aufgehendes Br = 0,52 m.
Das Mauerwerk besteht aus vier Lagen handformatiger Tuffsteine, die in weißem Kalkmörtel verlegt sind. Die beiden unteren Lagen stehen im westlichen Teil auf dem Boden 214 auf; sie sind in den Boden 244 eingeschnitten.
Am Westende ist der Eckverband mit Mauer 207 c in der Abbruchhöhe mit einer Kalksteinplatte von 0,76 m×0,60 m×0,12 m hergestellt.
Östlich der Schranke 852 wird das Fundament 0,72 m breit; es liegt auf Bauschutt. Der Ostabschluß fällt in die Baugrube der karolingischen Chorquadratmauer 263. Das der Mauerbreite entsprechende Stück der Mauer 852 ist im Fundament erhalten geblieben.

207 b Südmauer der Schola
N-Kante (innen) von N 0,18 und O 29,05 bis N 0,60 und O 36,20; OKH 50,90; UKH 50,44; Lg = 7,15 m; Br bis an das Schrankenfundament 850 = 0,50 m; östlich davon = 0,60 m.
Die Mauer entspricht der Parallelmauer 207 a, hat jedoch keinen Sockelvorsprung. Östlich der Schranke ist das Mauerwerk weniger solide. Geringe Putzreste sind an der Außenkante erhalten. Das Ostende ist der karolingischen Baugrube zum Opfer gefallen.

207 c Westmauer der Schola
W-Kante von N 3,80 und O 27,80 bis S 0,35 und O 28,10. OKH 51,11; UKH am Nordende 50,42 und am Südende 50,62. Lg = 4,15 m; Br = 0,50 m.
Das Fundament ist mit den Mauern 207 a und 207 b im Verband. Im Nordteil sind einige römische Kalksteinplatten verbaut, im Südteil springt ein Block 0,42 m×0,30 m in den Innenraum ein. Die Westseite ist mit 2 cm starkem Putz versehen, der in die Bodenreparatur 244 c übergeht.

207 d N – S-Mauer über dem Boden 244 an Mauer 207 b
W-Kante von S 0,22 und O 30,92 bis S 0,85 und O 30,94; OKH 50,92; UKH 50,65; Lg = 0,62 m; Br = 0,46 m.
Zwei Lagen Tuffsteine, in Handformaten mit weißem Mörtel auf einer 5 cm starken Schuttschicht über dem Boden 244 verlegt, stoßen gegen die Südkante der Mauer 207 b. Das Südende der Mauer fällt in die große Ausbruchgrube im südlichen Grabungsteil zwischen O 27,00 und O 34,00.

207 e Gebogener Ansatz im westlichen Mauerwinkel der Mauern 207 b und 207 d
Bei O 30,00 bis O 30,80 über dem Boden 244; OKH 50,90; UKH 50,60.

Abb. 19. Die vorkarolingischen Baureste innerhalb der neuen Bischofsgruft.
1. Apsis (210) der fränkischen Kapelle (vgl. Abb. 3). 2. Fränkisches Bema (208 b; vgl. Abb. 4, 5).
3. Frühkarolingische schola cantorum (207 b; vgl. Abb. 6, 7).

Etwa radial verlegte Tuffsteine in weißem Kalkmörtel stoßen stumpf gegen die benachbarten Mauern. West- und Südteil durch die Ausbruchgrube zerstört.

208/215 Bema (Periode V b)

208 Ostteil mit Durchgang; 215 Westteil.

Mittelpunkt N 1,78 und O 28,60.

Außendurchmesser 5,60 m; OKH 50,74 bis 50,98; UKH 50,45 bis 50,56.

Kreisrunde Anlage aus 0,50 m breitem Tuffmauerwerk mit weißem Mörtel, in zwei Fragmenten erhalten, die durch Ausbruchgruben getrennt sind.

Der westliche Teil, etwa ein Viertel der Anlage, wurde in der Periode VI a bis auf Höhe des Bodens 244 abgebrochen und eine Schicht hoch aufgefunden. Das östliche Viertel, innerhalb der späteren schola cantorum höher erhalten, weist im Osten eine 1,50 m breite Öffnung auf. Das Gemäuer ist außen mit einem 2 cm starken grauen Kalkputz versehen, der bis auf den Boden 214 herabreicht, auf dem die Mauern stehen.

208 a Nördliche Mauer des Zugangs zur Rotunde

S-Kante von N 2,56 und O 30,80 bis N 2,82 und O 35,84; OKH 50,95; UKH 50,54.

Die Mauer erstreckt sich vom Rundbau bis zur Schranke 849. Mit der Rotunde 208/215 ist sie im Verband gemauert und reißt an der karolingischen Baugrube ab. Der Kontaktpunkt an der Westseite der Schrankenmauer ist nicht gesichert. Wie beim östlichen Rundbauteil sind vier Lagen handformatiger Tuffsteine zu einer schnurgeraden Mauer von 0,44 m Breite unter Verwendung weißen Mörtels gefügt.

Ein grauer Außenputz von 2,5 cm Stärke geht in den des Rundbaues über und reicht bis auf den Boden 214, auf dem die Mauerteile stehen.

Der spätere Boden 244 ist fest an den Außenputz herangeführt.

208 b Südliche Mauer des Zugangs zur Rotunde

N-Kante von N 1,06 und O 30,82 bis N 1,54 und O 38,72; OKH 50,90; UKH 50,48; Lg = 7,90 m; Br = 0,42 m.

Sie entspricht der Mauer 208 a und weicht in Form und Ausführung nicht von ihr ab. Der östliche Abschluß an der Schrankenmauer stößt gegen diese. An der Außenseite ist Putz wie bei Mauer 208 a erhalten. Dazwischen liegen zwei Ausbrüche; der westliche Ausbruch von O 32,00 bis 33,00 folgt der Außenflucht und ist 0,20 m in den Zugang hinein 0,30 m tief durch den Boden 214 getrieben. Der 1,00 m × 0,70 m große Ausbruch hat einen grauen Estrichboden. Die Grube ist in Höhe des Bodens 214 über einer Schuttverfüllung mit grauem Stampfestrich verschlossen. Der östliche Ausbruch wird durch die Baugrube der karolingischen Mauer verursacht.

209 Zugang zum Bema

Lg = 7,90 m; Br = 1,50 m; auf dem Boden 214 in H 50,50.

Der durch die beiden O – W-Mauern 208 a und 208 b begrenzte Zugang reicht von der Rundmaueröffnung bis zur Schranke 849. Es ist kein Boden und kein Innenputz vorhanden.

210 Apsis des Oratoriums (Periode V a)

In Verband mit der N-Wand der Anlage (805) bei N 2,62 und O 27,00; nach S vorspringend bis N 2,17; dann gestreckter Verlauf nach Osten bis N 1,90 und O 28,60 und von hier in engem Bogen bis O 30,00, um bei S 0,52 und O 29,68 durch große Störung abzureißen. OKH 50,60; UKH 49,49.

Zwei Drittel der gestelzten Apsis sind erhalten. Sie ist aus groben Tuffsteinen, 0,70 m breit, mit weißem Kalkmörtel gemauert. Die unterste Lage weist auch Säulentrommeln und andere Kalksteinspolien römischer Herkunft auf. Sie durchbricht den Atriumsboden 224 und sitzt auf einer lehmigen Bodenschicht auf. Zur Apsis gehört der Boden 214.

213 Tonnengewölbter Zugangsstollen zur ehemaligen Bischofsgruft

Von O 24,00 bis 28,50.

214 Estrichboden über Boden 224 (Periode V a)

Von W 16,50 bis O 5,00; im O – W-Achsenschnitt an vier verschiedenen Stellen nachgegraben und von O 5,00 durchgehend bis O 45,00 beobachtet.

Verschiedene Höhen über NN von W nach O: bei W 16,50 = 51,00; im Nullpunkt = 50,90; bei O 20,00 = 50,60; bei O 35,00 im Südteil = 50,66 und im Nordteil = 50,39; von O 39,00 bis O 45,00 = 50,50. Erfaßt: Lg = 61,50 m; Br = 11,00 m.

Der rosa- bis ockerfarbige, sehr feste Kalkestrich mit Ziegelbruch und vereinzelten Scherben ist auf der Oberfläche geschliffen. Er umschließt das Oratorium und befindet sich auch im Inneren auf gleicher Höhe. Stärke: 0,14 m bis 0,20 m. Erhaltungszustand: Im Westen brüchig und verwaschen; nach Osten 0,50 m Gefälle; im Bereich des Oratoriums sehr gut erhalten, an die Mauern innen und außen angestrichen. Östlich davon bis O 35,00 fällt der Boden von N nach S auf der elf Meter langen Strecke 0,27 m ab. Der östliche Teil von O 39,00 bis O 45,00 ist geschliffen und eben; hier wurden größere Brandflekken beobachtet.

214 a Reparaturen des Estrichbodens 214 im gesamten Grabungsbereich (Periode V b)

1. Quadratmetergroße linsenförmige Ausbrüche bei O 18,00, östlich des Oratoriums, die mit graugelben Mörteln verschlossen sind.

2. Nachverlegte Ziegel- und Schieferplattenreste in der S – O-Ecke der Grube für das Knabengrab 809.

3. 2 – 3 cm starke Kalkestrichabdeckungen von grauer Farbe über den Gräbern 808, 809 und 838.

4. Ähnliche Abdeckung wie bei 3. über der Grube 865 und der Störung über dem Boden 224 a bei O 40,00.

5. Einplanieren der niedergelegten Mauern 805, 806 und 807 mit einem dunklen grauen Mörtel. Der zumeist auf einer feinen, sehr festen, kräftigbraunen, in ihrer Höhe wechselnden Erdschicht aufgetragene Mörtel gleicht die Oberflächenstörungen des Bodens 214 aus. Auf diesem so vorbereiteten Boden wird das Bema errichtet.

215 Vgl. 208/215

221 Fundament aus Säulenbasalten unter dem gotischen Chorboden

Unter der Vorderkante des Holzpodiums der inneren Reihe des Chorgestühls. – OKH 55,15; UKH 54,55.
Die Fundamentmauer ist 0,75 m breit und wurde von O 19,00 in westlicher Richtung auf der S-Seite beobachtet. Einige im Verband gemauerte Querriegel gleichen Formats und Materials mußten beim Kryptaausbau abgeräumt werden.

224 Estrichboden unter Boden 214
Von W 16,50 bis O 41,80. An vier Stellen im Achsenschnitt von Westen ergraben bis zum Nullpunkt und ab O 3,00 durchgehend bis O 41,80 erfaßt. Lg = 58,30 m; Br = 11,00 m. H im Westen = 51,00; bei O 22,00 H 50,50; bei O 35,00 starkes Gefälle von N 5,00 in H 50,50 bis S 5,00 in H 50,30; bei O 41,80 läuft der Boden eben auf H 50,30 aus. Hier beginnt die Baugrube 859.
Dunkelroter geschliffener Kalkestrich mit Ziegelbruch in einer Stärke von 0,12 m bis 0,14 m. Erhaltungszustand, trotz des starken Gefälles nach Süden, besser als der des darüberliegenden Bodens 214. Südwestlich des Oratoriums ist der Boden vielfach vom darüberliegenden Boden 214 kaum zu trennen. Er wirkt hier wie eine fest vermörtelte Stickung mit rauher Oberfläche.

224 a Plattenboden am Ostrand des Bodenestrichs 224
Bei O 40,00 bis O 41,10 und N 0,60 bis N 3,25; OKH 50,25 bis 50,30; 0,15 m stark,
Trachytplattenreihe, 1,10 m breit, unregelmäßig verlegt und am Westende mit dunkelgrauem Mörtel an der Estrichkante angestrichen. Das Ostende wurde nicht erfaßt; es fällt in die lange N – S-Grube 859; das N-Ende ist durch eine späte Grube 865 gestört.

244 Estrichboden über Boden 214 (Periode V c)
Von W 16,50 bis O 34,00. Bei W 16,50 H 51,10; ab O 5,00 H 50,80. Beim östlichen Abschluß, etwa bei O 34,00 fällt der Boden stark von H 50,80 bis H 50,60 nach S ab.
Heller Kalktraß-Estrich, 5 cm stark, auf verlegter Steinstickung; erfaßte Lg = 50,50 m; Br mindestens 11,00 m. Stellenweise ist der Boden mit Ziegelsplittzusätzen hergestellt und dann 0,14 m bis 0,20 m stark. Er ist als neuer Boden gegen den Außenputz des Bemas herangeführt und fest verstrichen. Er endet nördlich und südlich des Bemaganges 209 an den verputzten Westseiten der N – S-Mauern 850 und 852. Westlich des Bemabereiches ist der Boden aufgerauht und sehr unruhig.

244 b Rinnenartiger Ausbruch in Boden 244
Von O 8,40 und S 1,00 bis O 24,00 und N 2,00 bis auf den Boden 214 eingetieft.
Der lange bis über das Frauengrab 808 beobachtete Ausbruch ist mit einem mergeligen rötlich bis gelben Mörtel verschlossen. An einigen Punkten wurden wiederverwendete Trachytplatten bodengleich hineingelegt.

244 c Reparaturstelle westlich der Schola
Von O 26,00 bis O 28,00; H 50,76.
Die 0,15 m starke, gelb bis rosa gefärbte Kalkmörtelschicht ist der Ausgleich für den fehlenden Boden im Rundteil des niedergelegten Bemas. Sie schließt den Boden von O 26,00 bis an die Scholawand 207 c, an der der Mörtel als 2 cm starker Außenputz hochgezogen ist.

263 Westliche Chorquadratmauer N – S in Verband mit den Mittelschiffmauern 142 und 331 (Periode VII)
W-Kante von N 6,46 und O 36,26 bis S 5,42 und O 36,69. OKH 53,50; UKH 46,90.
Dazu das Lettnerfundament 863 a – 863 c; OKH 53,72 (Periode X).
Erfaßte Lg im Mittelschiff 11,80 m; die Mauer setzt sich als östlicher Abschluß der Seitenschiffe nach S und N fort. Im S ist sie bis S 11,25 verfolgt. Br = 1,48 m bis 1,50 m.
In zwei Phasen errichtetes Mischmauerwerk, vornehmlich aus handformatigen Tuffsteinen, das 4,60 m hoch in weißem Kalktraß-Mörtel aufgemauert ist. Darüber folgt ähnliches Material mit einigen Schichten aus etwas höheren Steinen, aber unter Verwendung eines Kalkmörtels mit Ziegelsplittbeimischung. Mörtelwechsel bei H 51,30, wie auch bei den anschließenden Mauern. Erhalten ist der gemauerte Teil, wie die Abdrücke großer Natursteinquader beweisen, die auf der Mauerkrone in andersfarbenem Mörtel gelegen haben. Diese wurden vor dem Lettnerbau abgeräumt.

303 Südliche Außenmauer des karolingischen Domes
Im Ostprofil dargestellt in Abb. 10.
Angeschnitten bei S 12,80 und O 34,00; OKH 53,13; UKH 47,30. Im Schnitt 300 auf einer Lg von 2,60 m erfaßt.

304 Ziegelplattenboden in Schnitt 300
Südlich des Grabungsbereiches aufgefunden von O 33,50 bis O 36,35 und S 7,70 bis S 11,80; OKH 53,10, 0,20 m stark.
Etwa 4 qm erhalten; auf hellem Kalktraß-Estrich liegen im Wechsel Ziegelplatten und Ziegelbänder als gemusterter Boden. Plattenmaße: 0,40 m×0,30 m, 3 – 4 cm stark; die Bänder 0,15 m bis 0,20 m breit und bis 0,70 m lang, 4 cm stark. Die Oberfläche zeigt starke Brandspuren, dabei ein großer geschmolzener Bleiklumpen: „Träne des Alten Domes".

331 Südliches Mittelschiffundament des karolingischen Domes im Verband mit der Chorquadratmauer 263
S-Kante von S 5,42 und O 36,69 nach S 5,48 und O 33,50 im Grabungsbereich erfaßt.
OKH 52,46; UKH nicht ergraben; Gesamtlänge 53,00 m; Br = 1,45 m.
Parallelmauer zur nördlichen Mittelschiffmauer 142, früher schon an den verschiedensten Stellen ausgegraben. Einheitliches Mauerwerk mit Mörtelwechsel von weiß nach rosa in H 51,30 mit Abdrücken großformatiger Quader auf der Mauerkrone wie bei Mauer 142.

805 Nordmauer des Oratoriums (Periode V a)
S-Kante beobachtet von N 3,00 und O 21,00 bis N 2,72 und O 27,00; Abbruch in Bodenhöhe 214; UKH 49,45.
Das Fundament ist 0,64 m breit und auf 6 m Länge freigelegt. Mauerwerk aus groben handlichen Tuffsteinen unter Verwendung eines hellen Kalkmörtels. Die Mauer endet östlich im rechtwinklig vorspringenden Ansatz der Apsis 210. Der Eckverband mit der N – S-Mauer 807 liegt außerhalb des Grabungsbereiches.

806 Südmauer des Oratoriums
N-Kante von S 1,16 und O 20,32 bis S 1,68 und O 26,56. Abbruch in Bodenhöhe 214; UKH 49,45.
Mit der Westmauer 807 gleichzeitig im Verband errichtet, ist das 0,64 m breite Fundament aus groben Tuffsteinen und weißem Kalktraß-Mörtel auf dem südwestlichen Eckpunkt mit einer 1,00 m×0,90 m großen, 12 cm starken Trachytplatte abgedeckt. Das 6,24 m lange Fragment reißt an der großen Ausbruchgrube im südlichen Grabungsbereich ab.

807 Westmauer des Oratoriums
O-Kante freigelegt von N 2,75 und O 20,40 bis S 1,16 und O 20,32. Erfaßte Lg = 3,91 m; Br = 0,60 m; Abbruch in Bodenhöhe 214; UKH 49,45.
Die vom Boden 244 überdeckte N – S-Mauer wurde nur an der Ostkante freigelegt. Die Breite wurde an zwei Punkten ertastet, vgl. Mauer 806.

808 Frauengrab in Boden 214
S-Kante bei N 1,62 und O 21,10 bis N 1,30 und O 24,34. Größe des Steinplatten-Sarkophages: 3,30 m×1,10 m; H = 0,90 m; OKH 49,90; UKH 49,00.
Bestattung mit Kopf nach W, Abdeckung eingedrückt. Inventar veröffentlicht in Kölner Domblatt 11, 1959, S. 41 ff und Germania 38, 1960, S. 89 ff. = hier S. 264 ff.

809 Knabengrab in Boden 214
S-Kante der Abdeckung bei N 1,50 und O 24,36 bis N 1,40 und O 27,00; OKH 49,90; UKH 49,00.
Größe des Steinplatten-Sarkophages: 2,65 m×1,18 m; H = 0,90 m.
Bestattung mit Kopf nach W, Abdeckung eingedrückt. Inventar veröffentlicht im Kölner Domblatt 12, 1960, S. 85 ff. und Folge 13, 1961/62, S. 103 ff. und Germania 42, 1964, S. 156 ff. = hier S. 320 ff.

824 Estrich aus grauem Kalkmörtel
An der O – W-Mauer 856 leicht hochgezogen von O 33,00 bis O 34,30 in einem Streifen von 0,15 bis 0,40 m Breite erfaßt. H 51,15; 7 bis 8 cm stark.
Der feste, an der Oberfläche leicht rauhe Estrich ist auf dunklem Bauschutt ohne Stickung aufgebracht und fest gegen den Außenputz der Mauer 856 gestrichen. Er reißt an der Baugrube zum Mittelschiffundament 142 ab.

832 Gemauertes Tuffsteinquadergrab
N-Kante an der O – W-Grabungsachse von O 32,48 bis O 35,00; Größe: 2,50 m×1,00 m, H = 0,60 m. Die Abdeckung fehlt; OKH 54,30; UKH 53,70.
Auf dem estrichartigen Niveau der gotischen Bauzeit. Zwei Lagen 0,18 m breiter Tuffsteine. Bestattung mit Kopf im W. Gebeine im Westen fast, im Osten ganz zerfallen.

833 Gotische Grabkammer mit Gebeinspuren
Bei N 7,40 am Fundamentbogen zwischen den gotischen Pfeilern von O 33,00 bis O 35,50.
Auf einen Laufboden in H 53,55 ist 0,60 m südlich parallel zum Fundament eine 0,36 m breite Ziegelmauer gestellt, die mit der gleichartigen Westmauer in Verband steht. Den Ostabschluß bildet der Fundamentvorsprung des gotischen Pfeilers bei O 36,00. Etwa in H 54,00 sind drei Flacheisen in gleichem Abstand eingelassen, darunter auf dem Boden Spuren von Gebeinen und Holz.

836 Chorbogenvorlage auf Mauer 263 (Periode VII b)
Im Fundamentmauerwerk des staufischen Lettners 863 zeigte sich der Abdruck eines entfernten Quaders, durch die Bearbeitungsspuren erkenntlich, ab. Der Quader muß bei der Anlage des Fundaments bestanden haben und ist mit großer Sicherheit als Spur der Pfeilervorlage zu einem Triumphbogen anzusehen.

838 Fragment eines Steinplatten-Sarkophags unter Boden 214a
S-Kante bei S 2,75; von O 34,50 bis O 36,00; OKH Abdeckung 50,18, Höhe des Bodens = 49,44, Erhaltungsmaß: Lg = 1,50 m, Br = 1,30 m, H = 0,70 m. Höhe der Deckplatte 0,12 m.
Sarkophag aus Kalkstein- und Trachytplatten; die östliche Hälfte fiel der Baugrube der Chorquadratmauer 263 zum Opfer. Der Grabinhalt wurde von da aus ausgeräumt. Die Grabgrube ist in den Boden 214 eingeschnitten und im N mit einer Steinplatte abgesteift. Nach der Verfüllung wurde sie mit der grauen Kalkmörtelschicht 214a abgedeckt.

844 Marmorboden auf weißem Estrich (Periode VI b)
W-Kante bei N 3,50 und O 44,20 bis S 1,00 und O 44,36; H 51,14 bis 51,16.
Ein 0,12 m starker, mit feinem Ziegelsplitt versetzter weißer Estrich ist im Westen gegen Balken gestrichen. Er reißt segmentartig an der gotischen Baugrube zum Innenchorschluß ab. Größte Ausdehnung nach Osten ist 1,0 m. Erhalten sind etwa 3 qm mit Plattenbelag oder Abdrücken zweier verschiedener Muster. Der größere Nordteil ist ein Rautenmuster aus schwarzen und weißen Marmorplatten; Plattengröße 0,40 m×0,24 m, 3,4 – 4 cm stark. Rauten in situ: eine weiße ganz, drei weiße halbiert, eine schwarze ganz (zerbrochen) und zwei schwarze halbiert. Der Südteil ab N 0,45 bildet das zweite Kompartiment aus acht diagonal geschnittenen quadratischen Feldern. Feldgröße 0,31 m×0,31 m. Aufgefunden drei Felder in situ, mit weißen Marmorplatten und 2 cm breiten verstrichenen Fugen. Die Oberfläche wirkt sehr unruhig und ist nur an der Westkante horizontal.

848 Estrichboden unter Boden 844
W-Kante etwa wie 844 bei O 44,20; N 3,50 bis S 1,00; H 51,02; 0,12 m stark.
Grauer Estrich mit Einschüssen kleinerer Steinbrocken und sehr rauher horizontaler Oberfläche.

849 Schrankenmauer östlich Mauer 263 (Periode V b)
W-Kante bei N 4,90 und O 38,60 bis S 3,28 und O 38,92; Abbruchhöhe = 50,95; UKH im Norden 50,44, im Süden 50,56; erfaßte Lg = 8,18 m; Br = 0,48 m. Nord- und Südende durch gotische Baugruben zerstört.
Das drei bis vier Lagen hoch erhaltene, auf den Boden 214 gesetzte Mauerwerk besteht aus in weißen Kalkmörtel verlegten handformatigen Tuffsteinen. Die südliche Zunge 208b des Bemaganges 209 stößt bei N 1,12 bis 1,56 an. Am Südende der Mauer tangiert der Boden 854 von W kommend.

849a Höher erhaltener Teil der Mauer 849
Zwischen N – S-Achse und S 1,00 ist die Mauer bis H 51,09 14 cm höher erhalten; darauf Abdrücke von Plattenresten (?) in einem festen grauen Mörtel.

850 N – S-Mauer an der Südseite des Bemaganges (Periode V c)
Auf Boden 214; W-Kante bei N 0,78 und O 33,56 bis S 3,90 und O 34,18; OKH 50,72; UKH 50,44. Lg = 4,70 m (von N – S-Achse bis S 1,50 ausgebrochen), insgesamt erfaßt bis zur karolingischen Baugrube zur Mauer 331.
Grauwacke-Mauerwerk unter Verwendung von Lehmmörtel, 0,44 m breit und auf der W-Seite mit einer 2 cm starken, weißen, rot bemalten Kalkputzschicht versehen. Die Ostseite zeigt keine Spur von Verputz. Die Mauer stößt stumpfwinklig gegen die Bemazunge 208b. Im Westen ist der Boden 244 angekehlt. Im Osten stößt der Boden 854 in der Höhe der Abbruchkante an.

851 Tiefschacht östlich der Mauer 263
O-Kante bei N 3,00 und O 39,80 bis N 5,00 und O 39,75; von Boden 214 = H 50,44 ausgehend bis H 45,40 abgeschachtet; dann Bohrung bis H 44,40. Im Winkel der Ostkante der Mauer 263 und des

anstoßenden nördlichen Binnenchor-Fundamentes wurde in Terrassensprüngen der etwa 4 qm große Schacht angelegt.
Bei H 47,20 und H 47,06 wurden zwei feste Horizonte festgestellt. Bei H 46,90 wurden die UK der karolingischen Chorquadratmauer 263 und bei H 46,66 die UK des gotischen Chorfundamentes angetroffen. Gewachsener Boden wurde bei H 46,44 erreicht.

852 N – S-Mauer an der Nordseite des Bemaganges (Periode V c)
Auf Boden 214; W-Kante bei N 3,19 und O 33,96 bis N 6,10 und O 33,80; OKH 50,97; UKH 50,64, erfaßte Lg = 2,91 m; Br = 0,48 m.
Grauwackemauerwerk mit Lehmmörtel und handformatigen Steinen. Die Mauer stößt mit dem Südende an die Zungenmauer 208 a des Bemaganges 209 und ist mit ihr durchgehend und zusammen in der NW-Ecke verputzt. Geglätteter Kalkputz mit rotem Farbanstrich. Die Ostseite zeigt keine Spur von Verputz. Von Westen läuft in diesem Winkel Boden 244 aus. An der Ostseite beginnt an der Mauer 852 der Boden 858 auf einem höheren Niveau.

853 N – S-Mauer südlich des Bemaganges 209 (Periode VI b)
Auf Boden 854; W-Kante von S 1,80 und O 34,16 bis S 3,50 und O 34,26; OKH 51,03; UKH 50,85. Erhaltene Lg = 1,70 m; Fundamentbreite 0,75 m; Aufgehendes 0,55 m breit.
Die Mauer ist im Norden durch die große Ausbruchgrube und im Süden durch die karolingische Baugrube zur Mittelschiffmauer 331 zerstört. Sie steht auf einer 10 cm starken Schuttschicht über Mauer 850 und über dem östlich anschließenden Boden 854. Sie liegt genau in der Flucht der nördlichen Mauern 855 und 852. Die O-Kante der Mauer hat einen 0,20 m breiten, eine Steinschicht hohen Sockel. Mauermaterial handformatiger Tuffstein in weißem Mörtel.

854 Estrichboden östlich Mauer 850 (Periode VI a)
H 50,78 an Mauer 850; 2 m östlich H 50,85; Stärke 0,16 m.
Der Boden besteht aus einem bis 6 cm starken hellgrauen Estrich auf einer 10 cm starken handverlegten Tuffsteinstickung. Durch Bau- und Raubgruben stark zerstört. Erhalten etwa 3 qm mit geschliffener Oberfläche.

855 N – S-Mauer nördlich an Mauer 856 (Periode VI b)
Auf Mauer 852 von N 5,40 bis N 5,70; 0,48 m breit; OKH 51,11; UKH 51,02.
Fragment, wegen der Baugrube zur nördlichen Mittelschiffmauer nur bis auf eine Lage von sechs Steinen erhalten. Sie stößt gegen die verputzte Seite der Mauer 856. Errichtet ist sie auf einer 0,15 bis 0,20 m starken Schuttschicht über dem nördlichen Teil der Mauer 852.

856 O – W-Mauer parallel zur Mauer 207 a (Periode VI a)
N-Kante bei N 5,34 und O 32,00 bis N 5,42 und O 35,20; OKH 51,25; UKH 50,64. Erfaßte Lg = 3,20 m, beide Enden durch Baugruben zerstört.
Die 0,50 m breite Mischmauer aus vornehmlich handformatigen Tuffsteinen mit weißem Kalkmörtel steht mit ihrem Westteil bis zur W-Kante der N – S-Mauer 852 auf dem Boden 214 auf. Von da aus steigen die Fugen in einem Winkel von 20° nach Osten an. Drei Lagen hoch erhalten, schiebt sich die Mauer 856 rampenartig über die Ostseite der Mauer 852 und die dahinter angefüllte Schutterde hinweg. Die Nordseite ist 2 cm stark glatt grau verputzt. Gegen den Putz stößt der Mauerkopf 855 und auch der höchstgelegene Estrich westlich der Mauer 263 an (824).

857 O – W-Mauer an der Südseite der Mauer 856 (Periode VI b)
S-Kante bei N 4,38 und O 31,60 bis N 4,45 und O 34,40; OKH 51,20; UKH 50,78; erfaßte Lg = 2,90 m; Br = 0,45 m.
Mischmauerwerk, Steine in handlichen Formaten mit reichlichem hellen Kalkmörtelanteil errichtet; steht auf dem Boden 244, lehnt sich fest an die Südkante von Mauer 856 und überspannt auch die N – S-Mauer 852. Östlich davon liegt der Estrich 858.

858 Bodenestrich östlich der Mauern 856 und 857 (Periode VI a)
H 51,05; 0,50 qm erhalten.
Bei N 4,90 stößt dieser 10 cm starke glasharte graue Estrichrest von Süden gegen die Mauer 856. Durch die späteren Baugruben beinahe restlos zerstört, ist er nur in diesem geschützten Teil stehengeblieben.

859 Ausbruchgrube unter dem gotischen Fundamentblock (Periode IV a)
W-Kante nördlich des Blockes: N 2,10 bis N 3,40 und O 41,60; 0,40 bis 0,90 m breit. OKH 50,35;

Sohle H 50,08. W-Kante an der Südseite des Blockes: S 1,60 bis S 1,00 und O 41,40; etwa 1,20 m breit. Die flache Grube ist mit Bauschutt verfüllt und mit einer feinen grauen mörtelartigen Schicht bodengleich zum Niveau 224 abgedeckt.

860 Kalksandsteinplatte nördlich von N – S-Mauer 861 (Periode VI a)
W-Kante bei S 1,64 und O 40,39 bis S 2,42 und O 40,41; OKH 51,02.
Maueranschlüsse an Nord- und Südseite. Stark abgetretene römische Spolie, 0,80 m×0,56 m×0,13 m stark; auf der Oberfläche Mörtelspuren.

861 N – S-Mauer mit westlichem Sockel (Periode VI a)
Östlich der Mauer 849, teilweise unter dem Fundamentblock 862. W-Kante mit eingeschlossener Platte 860 von S 1,40 und O 40,38 bis S 3,30 und O 40,44. OKH Fundament = 51,03, UKH 50,69. Die Westkante des Aufgehenden liegt bei O 40,70; OKH 51,16.
Beide Mauerenden sind zerstört. Ein Stein an der Nordkante der Platte 860 und das 1,10 m breite Fundament auf Schutterde über Boden 214 erhalten. Eine 0,13 m hohe Tuffquaderschicht steht, sorgfältig in hellem Kalkmörtel errichtet, 0,26 m östlich der Fundamentkante und schneidet an der Südkante der Platte 860 ab. Aufgehendes Br = 0,62 m.

862 Fundamentblock des gotischen Hochaltars (Periode XII)
W-Kante bei N 3,20 und O 40,30 bis S 1,80 und O 40,30; UKH 52,45.
Grundfläche 5,00 m×2,40 m. Das aus Tuff- und Basaltsteinen errichtete Fundament liegt unter der Westkante der heutigen Altarstufen.

863 Lettnerfundament auf der Mauer 263
Von N 5,80 und O 35,60 bis S 4,00 und O 35,65, Lg = 9,80 m; Br = 2,00 m.
Das Fundament schließt mit der Ostkante der Mauer 263 ab und schiebt sich mit zwei Zungen bis O 34,00 ins Mittelschin es Mischmauerwerk, mit Basalten und Ziegeln in einem glasigen grauweißen Mörtel.

865 Grube bei O 40,0 bis O 43,0
UKH 49,50
Eine 3 m lange Ausbruchgrube, die an der Nordseite durch das gotische Binnenchorfundament gestört ist. Mit Bauschutt, lehmiger Erde und Trachytplatten, zumeist Bruchstücken wie in Bodenreparatur 224 a verfüllt. Abgedeckt mit dunklem grauem Mörtel in Bodenhöhe 214 = H 50,50.

884 Estrichfragmente mit Plattenabdrücken, östlich des Lettneraufbaues 863
Im gesamten Grabungsbereich von O 38,40 bis O 43,55; H 53,65; 0,12 m stark.
Der gemusterte, rosafarbige Estrich, ohne Stickung, ist auf Schutt- und Sandsteinkleinschlagschichten auf einer Fläche von 7,00 m×5,25 m erfaßt. Der Boden wird vom Lettneraufbau 863 und dem Blockfundament 862 durchstoßen und wird von der Baugrube der gotischen Binnenchorrundung abgeschnitten.

Hiltrud Kier

Der Fußboden des Alten Domes in Köln

Aus: Kölner Domblatt 33/34, 1971, 109 – 124

Bei den seit 1946 ununterbrochen andauernden Grabungen [1] unter dem gotischen Dom werden vom Fußboden des Alten Domes zum Teil geringe Reste in situ, zum größten Teil aber nur Plattenabdrücke im Mörtelbett gefunden, die vermessen, gezeichnet und fotografiert werden. Dem Weitergraben in tiefere Schichten fällt jedoch dieses Fußbodenniveau zwangsläufig zum Opfer. Einzelne Teile werden verwahrt.

Das Material des alten Domfußbodens war beim Neubau ab 1248 nahezu vollkommen entfernt worden. In situ gefunden wurden nur je ein Dreieckplättchen aus weißem und schwarzem Marmor im westlichen Mittelschiff (Abb. 1), einige Trachytplatten der großen Mittelrosette und weiße Marmorplatten der sie rahmenden Ecken (Falttafel 1) sowie mehrere weiße und schwarze Marmorplatten der östlich daran anschließenden Grabumrandung (Abb. 5). Im südlichen Seitenschiff fanden sich zu einem Streifenmuster verlegte große Ziegelplatten (Abb. 6, 7).

Diese erstaunliche Tatsache, daß die Platten des Fußbodenbelages vor dem Abbruch systematisch geborgen worden waren, ließ bereits O. Doppelfeld zu der Vermutung kommen, daß es sich um einen sehr kostbaren Belag gehandelt haben muß, der zwecks Wiederverwendung aufgenommen wurde [2]. Für eine theoretisch mögliche Wiederverwendung im gotischen Neubau ergeben sich aber kaum Anhaltspunkte. Die Beschreibungen des Inneren des Kölner Domchors aus dem 19. Jahrhundert vor seiner Umgestaltung, die von einem besonders schönen Marmorbelag sprechen [3], beziehen sich auf einen barocken Belag aus großen schwarzen und weißen Marmorplatten, die zu einem diagonalen Schachbrett verlegt waren [4]. Bis 1969 lagen im Interkolumnium des dritten und vierten

[1] Die Verfasserin dankt Herrn Prof. Dr. O. Doppelfeld und Herrn Dombaumeister Prof. Dr. W. Weyres für die großzügige Erlaubnis, in die zum Teil noch unveröffentlichten Grabungsakten Einsicht nehmen zu dürfen, sowie ihrem Mitarbeiter, Herrn W. Schneider, der der Verfasserin mit seiner lückenlosen Kenntnis des Grabungsverlaufes insbesondere beim Zeichnen der Bestandsaufnahme, unermüdlich zur Seite stand. Herr Schneider hatte 1956 für die Domausstellung eine erste Rekonstruktionszeichnung dieses Fußbodens angefertigt (Kölner Domblatt, 12/13, 1957, Abb. 1=hier S. 217). Herrn Dr. Herbert Rode danke ich ebenso wie Herrn Dr.-Ing. Arnold Wolff für mehrere klärende Gespräche. Der vorliegende Beitrag ist eine erweiterte und auf den neuesten Grabungsstand gebrachte Fassung des bereits Ende 1966 abgeschlossenen Katalogtextes zum Fußboden des Alten Domes in meiner Arbeit über den mittelalterlichen Schmuckfußboden: Hiltrud Kier, Der mittelalterliche Schmuckfußboden, unter besonderer Berücksichtigung des Rheinlandes. Düsseldorf 1970=Die Kunstdenkmäler des Rheinlandes, Beiheft 14.

[2] O. Doppelfeld, in: Kölner Domblatt 12/13, 1957, S. 145=hier S. 216 ff.

[3] W. J. Heinen, Der Begleiter auf Reisen in Deutschland, Köln 1808, 1. Teil, S. 217. – Köln und seine Merkwürdigkeiten, Köln 1818, S. 74. – M. J. de Noël, Der Dom zu Köln, Köln ^{2}1837, S. 56. – F. C. Heimann, in: Zeitschrift für christliche Kunst 31, 1918, S. 134 ff.

[4] Vgl. Köln, Stadtmuseum, Graph. Slg., Innenansichten des Domchores seit dem 17. Jh.

Abb. 1. Köln, Alter Dom. Plattenabdrücke des Fußbodens vor der Schwelle der Fenestella zur Westkrypta (vgl. Falttafel 1 bei W 21 – 22). 9. Jh.

nördlichen Hochchorpfeilers dreieckige und quadratische (10×10 cm) Plättchen aus weißem, schwarzem, rosa und gelbem gemaserten Marmor, die – ohne erkennbaren Musterzusammenhang verlegt – sich völlig von dem übrigen Plattenmosaik des 19. Jahrhunderts unterscheiden. Die Formate der Plättchen entsprechen solchen des Schmuckfußbodens vom Alten Dom. Möglicherweise stellen sie einen letzten Rest dieses kostbaren Belages dar [5]. Für eine denkbare Wiederverwendung in einer anderen Kirche der Stadt gibt es kaum Anhaltspunkte. Der Fußboden des Chores von St. Kunibert weist vor dem Hochaltar ein Musterfeld mit großen Marmorscheiben auf [6], die ungefähr denselben Durchmesser haben wie die Scheiben des westlichen Musterstreifens im Chorquadrat des Alten Domes (Abb. 8). Es wäre durchaus reizvoll, in diesem Zusammenhang eine Urkunde des 11. Jahrhunderts heranzuziehen, in der es heißt, daß Erzbischof Everger (984–999) dem Stift St. Kunibert u. a. einen marmornen Fußbodenbelag geraubt habe [7]. Wurden dem Stift zu dessem 1247 geweihten Neubau beim 1248 erfolgten Abbruch des östlichen Domteiles marmorne Fußbodenplatten zurückgegeben?

Unsere Kenntnisse des Fußbodens beruhen also vor allem auf den aufgedeckten Fugenmörtelstegen, wie sie die Verf. auf Falttafel 1 in einer Bestandsaufnahme vorlegt, die aus den Grabungszeichnungen, -fotos und zum Teil bei der Grabung angefertigten Direktabklatschungen auf mit Wasser-

[5] Sie befinden sich heute im Lapidarium des Domes.

[6] Kier, Schmuckfußboden {1}, Abb. 128 und 130.

[7] Th. Lacomblet, Urkundenbuch für die Geschichte des Niederrheins, Düsseldorf 1840 – 1853, 1. Bd. Nr. 218. Zitiert nach H. H. Roth, St. Severin in Köln, Augsburg 1925=Germania Sacra. Serie A, 1, S. 41. – In St. Kunibert läßt sich außerdem beobachten, daß im Chorfußboden wenige Marmorplatten wie kostbare „Reliquien" inmitten geringeren Materials (schwarzer Kalkstein, grauer Trachyt, gelber Kalksinter) verlegt wurden.

glas getränktes Fließpapier sowie den zur Zeit noch teilweise erhaltenen Mörtelbetteilen entnommen wurden. Falttafel 1 zeigt die daraus resultierende Rekonstruktionszeichnung, soweit sie sich aus den Beständen rechtfertigen ließ.

1.

Im Westen beginnend, begegnen wir zunächst einem rechteckigen Feld von 2,50 m Breite und 1,80 m Tiefe, dem ein diagonal gestelltes Quadrat mit klar abzulesender Innengliederung in Form einer fortlaufenden Quadrathalbierung eingestellt ist (Abb. 2), zu dessen farblicher Rekonstruktion sich der bei St. Maria im Kapitol in Köln 1849 gefundene römische Fußboden geradezu aufdrängte (Abb. 14) [8]. Über die Gliederung der durch die Diagonalstellung des Quadrates sich ergebenden Ecken gibt der Befund leider zu wenig Auskunft. Vielleicht befanden sich hier Stiftmosaiken. Die seitliche Rahmung geschah im Osten durch die Schwelle 184 b, im Norden und Süden durch schwach ablesbare rechteckige Platten von 35 cm Breite, die wir auch als westlichen Abschluß annehmen können [9]. Diesem kleinen Musterfeld schließt sich nach Osten ein etwa 10 m breites und etwa 9 m langes, geschlossenes, in sich gegliedertes Musterfeld an. Die Begrenzung nach Osten ist u. a. gegeben durch einen zwischen W 13,20 und W 12,40 festzustellenden Niveauunterschied von 14 cm, der auf eine Stufe an dieser Stelle schließen läßt.
Von diesem Musterfeld ist soviel an Plattenabdrücken erhalten gewesen, daß wir uns ein relativ geschlossenes Bild davon machen können (Abb. 1, 3, 4). Eingefaßt wird es von einem umlaufenden Streifen großer rechteckiger Platten (etwa 35 cm breit), der an beiden Seiten von je einer Reihe schmaler Leisten gerahmt und nur im Westen unterbrochen wird durch eine vor der Schwelle 184 b liegende gemusterte „Schwelle", die aus einem Quadrat mit eingeschriebenem Kreis, das an beiden Seiten von je einer Reihe eines Quadratmusters und je zwei Reihen eines Dreieckmusters begleitet wird. Das Quadrat mit dem ausgesparten Kreis besteht aus vier in dieser Form gebrannten Ziegelplatten. Der eingeschriebene Kreis war zur Zeit der Ausgrabung mit Mörtel verschmiert, was O. Doppelfeld zu der Annahme führte, daß hier ein besonders wertvoller Stein gesessen habe, der be-

[8] K. Parlasca, Die römischen Mosaiken in Deutschland, Berlin 1959, S. 69: 2. Viertel des 1. Jahrhunderts; dasselbe Muster in Stiftmosaik taucht in der Bordüre des römischen Fußbodens von Münster-Sarmsheim Mitte des 3. Jahrhunderts auf (ders. S. 88 und Tafel 84/2).

[9] An dieser Stelle sei kurz die Frage des umgebenden, aufgehenden Mauerwerks gestreift. O. Doppelfeld hatte auf Grund der damaligen Ausgrabungsergebnisse einen zentralen Zugang zur Westkrypta vom Mittelschiff aus angenommen (Kölner Domblatt, 1956, S. 22; 1963, S. 110=hier S. 398), insbesondere angeregt durch den Niveauunterschied von etwa 80 cm zwischen W 25,50 und W 27, den er mit einer Treppe überbrückte. Der weitere Grabungsverlauf erbrachte eindeutig seitliche Zugänge zur Krypta und veranlaßte I. Achter (in: Das erste Jahrtausend. Kultur und Kunst im werdenden Abendland an Rhein und Ruhr, Hrsg. Victor H. Elbern u. a., Düsseldorf 1962 – 1964, 2. Bd., S. 962) und W. Weyres (in: Karolingische Kunst, hrsg. von W. Braunfels und H. Schnitzler, Düsseldorf 1965, S. 401 und 414=hier S. 432 und 448) eine Fenestella anzunehmen, wie sie u. a. auch Alt-St. Peter in Rom zeigt, das für Bau VII b als vorbildlich gilt (O. Doppelfeld, in Kölner Domblatt 8/9, 1954, S. 33 ff=hier S. 159 ff.; I. Achter, 1962 – 1964, 2. Bd., S. 958). In der Rekonstruktion, die W. Weyres 1965, Abb. 11 und 12=hier S. 445 vorlegt, setzt er die Fenestella bei W 26,5 an und nimmt als teilweise Überbrückung des Niveauunterschiedes von etwa 80 cm zwischen W 25,5 und W 27 drei Treppenstufen an. Die schon von O. Doppelfeld angenommenen, parallel zur Achse auf den Westchor führenden Treppen verschmälert und verkürzt er. Dadurch steht die von ihm vernachlässigte Schwelle 184 b mit dem westlich daranschließenden kleinen Musterfeld frei und ohne Bezug im Raum.
Um diesem Umstand gerecht zu werden, gibt es zwei Möglichkeiten: man verlängert die Treppen wieder bis zur Schwelle 184 b, oder man nimmt im Anschluß an Alt-St. Peter in Rom (I. Achter, 1962 – 1964, 2. Bd. Abb. 7) eine gegenläufige Treppenanlage zum Westchor an. Auf diese Lösung scheint vor allem die Musterung des Feldes westlich der Schwelle 184 b hinzuweisen, die eine gleichwertige Ansichtigkeit nach vier Seiten zeigt und damit auch die Bedeutung dieses Platzes unterstreicht, von dem aus es nach Norden und Süden auf den Westchor, nach Westen mittels der vermutlich gleich hinter dem Musterfeld anzunehmenden Fenestella zur Krypta und nach Osten ins Mittelschiff führen würde. Diese vier Richtungen wären durch die vier Ecken des diagonal gestellten Quadrates gewiesen.

Abb. 2. Köln, Alter Dom. Plattenabdrücke des Fußbodens vor der Fenestella zur Westkrypta (vgl. Falttafel 1 bei W 23 – 24). 9. Jh.

reits in früherer Zeit herausgenommen wurde [10]. Bei dem nördlich anschließenden Dreieckmuster hatten sich zwei dreieckige Plättchen aus weißem und schwarzem Marmor erhalten. Das solcherart eingefaßte große Feld wird durch einen in Ost-West-Richtung verlaufenden Mittelstreifen in eine nördliche und eine südliche Hälfte geteilt. Dieser Mittelstreifen ist im westlichen Teil etwa 60 cm breit. Seine Musterung war aus dem Ausgrabungsfoto abzulesen (Abb. 1). Im östlichen Teil ist dieser Mittelstreifen etwa 1,40 m breit, sein kompliziertes Quadratmuster war den Abklatschen zu entnehmen. Die Anschlußstelle dieser beiden unterschiedlich breiten Mittelstreifenstücke war nicht mehr vorhanden. Der Wechsel in der Musterung ist auch in den nördlich und südlich anstoßenden Feldern zu beobachten. Im westlichen Teil sehen wir in diesen Feldern ein im Norden und Süden gleiches Quadratmuster, das nur unterschiedliche Plattengrößen aufweist (Abb. 3, 4). Im östlichen Teil wird der Mittelstreifen von quadratischen Platten mit 30 cm Seitenlänge eingefaßt.

Wenn wir den Fußboden, nach diesem relativ gut faßbaren, geschlossenen und gegenüber dem Mittelschiff geringfügig erhöhten Stück, nach Osten weiterverfolgen, so muß zunächst in Kauf genommen werden, daß wir über eine Strecke von etwa 20 m (von W 13 bis O 7) nur äußerst spärliche Anhaltspunkte für eine Rekonstruktion vorfinden. In der Achse war auf Grund späterer Störungen kaum etwas von dem Fußbodenniveau erhalten, und nach Norden und Süden steht der Grabungsbefund für große Teile noch aus. Auf Grund geringfügiger Plattenabdrücke kann nur generell festgestellt werden, daß sich hier der Plattenbelag fortsetzte, aber nicht, wie er ausgesehen haben mag. Es hat jedoch den Anschein, als ob sich der kleinteilig gemusterte Belag nicht mehr über die

[10] Doppelfeld *{2}* S. 145 = hier S. 216 f.

ganze Mittelschiffbreite erstreckte, sondern nur einen schmalen Mittelstreifen ausmachte, der seitlich von großen, rechteckigen Trachytplatten gerahmt war, wie wir sie in dem bereits ganz ausgegrabenen Stück zwischen W 1 und O 5 feststellen können. Dabei ist zu bemerken, daß die Trachytplatten in weißem Mörtel verlegt sind, während wir in der Mitte rosa Mörtel als Plattenbelag angetroffen haben, eine Praxis, die wir auch noch weiter nach Osten feststellen können.

Für eine sehr wahrscheinliche Unterteilung dieses mittleren Musterstreifens in mehrere Felder sprechen die bei W 6 festzustellenden geraden Bruchlinien und die bei O 1,5 noch in situ in rosa Mörtel liegenden Teile einer Trachytschwelle. Östlich dieser Schwellen ziehen sich die Trachytplatten über die ganze Mittelschiffbreite durch. Daß sie auch an dieser Stelle zum ursprünglichen Bestand gehörten, zeigt die Tatsache, daß die Absperrmauer (200) von 1248 auf diesen Trachytplatten aufsitzt. Direkt vor der Absperrmauer befand sich zumindest seit 1248 ein Altar; die Spuren seines abgetreppten Podiums waren auf dem Putz ihrer westlichen Innenfläche abzulesen [11]. Östlich dieser Mauer bricht die gotische Chorschlußmauer (errichtet vor 1320) tief und breit in den Fußboden ein (801) [12], und erst ab O 11,5 gewinnen wir wieder einen Einblick in seine Gestaltung; vor allem läßt sich hier der schon weiter westlich erkennbare Mörtelwechsel sowohl im Norden als im Süden über eine längere Strecke verfolgen. Dadurch ergibt sich hier eindeutig der Befund eines besonders gegliederten Mittelstreifens, der im Norden und Süden von verschieden großen Trachytplatten begleitet wird, die mit parallel zur Richtung des Mittelstreifens durchlaufenden Fugen verlegt sind.

Zwischen O 11,5 und O 13 bekommen wir zunächst eine Ecke eines leicht zu ergänzenden Quadrats mit eingeschriebener Rosette (5,50 m Durchmesser) zu fassen. Die Rosette bestand aus keilförmig geschnittenen, radial verlegten Trachytplatten, wie drei in situ befindlich gewesene Stücke zeigten. Die Ecken dieses Quadrats waren, nach den Resten in der einen zu schließen, mit weißen Marmorplatten verhältnismäßig regelmäßig ausgelegt. Zwischen diesen Platten war offensichtlich eine kleine, rechteckige Stelle ausgespart und mit einem Stiftmosaik gefüllt, da sich hier lose Mosaikstifte aus schwarzem, braunem, grauem und grünem Marmor fanden. Sehr ähnliche Rosetten mit Stiftmosaiken in den Ecken wurden in der Benediktinerkirche von Moissac ausgegraben und ins 11. Jahrhundert datiert [13]. Nach diesem Quadrat, dessen Teile völlig in rosa Mörtel verlegt sind, verschmälert sich der mittlere Musterstreifen auf 3 m Breite.

Direkt anschließend an das große Quadrat begegnen wir einem Rechteck (184k) mit einer Rahmung aus diagonalen weißen Quadraten auf schwarzem Grund, von denen einige in situ erhalten waren (schwarzer und weißer Marmor) (Abb. 5). Innerhalb dieses Rechtecks fand sich eine mit Erde verfüllte leere Grabgrube. O. Doppelfeld nimmt als sicher an, daß wir hier das erste Grab Erzbischof Geros vor uns haben und daß seine noch erhaltene [14], geometrisch gemusterte Grabplatte (Abb. 11) in der Mitte des Rechtecks gelegen habe [15]. Die von O. Doppelfeld zitierte Stelle bei Thietmar von Merseburg (975 – 1018) [16], aus der hervorgeht, daß Gero in der Mitte der Kirche begraben war, scheint diese Annahme zu rechtfertigen.

An die Grablege Geros schließt unmittelbar ein weiterer rechteckiger Bezirk (1841) an, dessen Ausmaße durch elf kleine, rechteckige Eintiefungen gegeben sind. O. Doppelfeld deutet diese Eintie-

[11] Doppelfeld, in: Kölner Domblatt 21/22, 1963, S. 109=hier S. 396 f.

[12] Ebenda, Längsschnitt.

[13] H. Kier {1} Abb. 357. – M. Durliat, in: Cahiers archéologiques, 15, 1965, 155 – 177.

[14] In der Stephanuskapelle auf einer gotischen Tumba.

[15] Doppelfeld {11} S. 111=hier S. 399 f. Ähnliche Grabplatten aus geometrisch gemustertem Plattenmosaik kennen wir aus St. Peter in St. Truiden von 945 und 1031 (J. Brasinne, in: Bulletin de la Societé d'art et d'histoire du diocèse de Liège 29, 1938, Tf. III und IV) und von 1180 (D. Doggen, De Grafkapel van de hh. Eucherius en Trudo in de oude abdijkerk te St. Truiden, Antwerpen und Utrecht 1943, Abb. nach S. 6=Medeelingen van de kon. vlaamsche Acad. voor Wetenschappen, letteren en schoone Kunsten van Belgie, Klasse der Schoone Kunsten, Jaargang V, Nr. 1; frdl. Hinweis von Herrn Dr. Albert Verbeek).

[16] *Hic crucifixum, quod nunc stat in media, ubi ipse pausat, ecclesia, ex ligno studiose fabricari precepit.* – Zitiert nach: Regesten der Erzbischöfe von Köln, 1. Bd. 1954 – 1961, Nr. 520.

Abb. 3. Köln, Alter Dom. Plattenabdrücke des Fußbodens im westlichen Querschiff (vgl. Falttafel 1 bei W 21/S 2). 9. Jh.

fungen als die „letzten, nicht vollständig erfaßten Spuren eines Metallgitters" und stellt diesen Platz als Standort des Gerokreuzes und damit des Kreuzaltares zur Diskussion [17]. W. Weyres schließt sich dieser Hypothese an [18], der die Verfasserin aus folgenden Gründen nicht zu folgen vermag: Der Kreuzaltar war, wie J. Braun nachweist, bereits in karolingischer Zeit der eigentliche Volksaltar, da der Altar im Chor den Stiftsherren vorbehalten war [19]. Der Platz vor dem Kreuzaltar hat also einer Beanspruchung Rechnung zu tragen, die keineswegs direkt davor eine so große, nicht zum Betreten bestimmte Formation wie das Gerograb und das daranschließende Quadrat mit seiner sicher speziellen Funktion erlaubt. An dieser Stelle (1841) fanden sich außerdem Plattenabdrücke, deren Maße sich deutlich von denen der übrigen Platten unterscheiden. Es handelt sich um quadratische Platten von 14 cm Seitenlänge, ein Maß also, wie es für ornamentierte Tonfliesen seit dem Ende des 12. Jahrhunderts üblich wird. Sollten an dieser Stelle vielleicht die 1164 feierlich in den

[17] Doppelfeld *{11}* S. 111 = hier S. 399 f.

[18] W. Weyres *{9}* S. 402 und 419 f. = hier S. 433 f. und 450; er stellt außerdem zur Diskussion, daß der Kreuzaltar mit dem Bau eines Ostlettners in staufischer Zeit in diesen verlegt wurde (W. Weyres, in: Kölner Domblatt 26/27, 1967, S. 20 f. = hier S. 465 f.). Es muß betont werden, daß angesichts der dürftigen Reste und der ungenauen Quellenlage die genaue Bestimmung von Kreuzaltar, Gerograb und Dreikönigenaltar nur Spekulation sein kann.

[19] J. Braun, Der christliche Altar, München 1924, 1. Bd., S. 401 ff.

Abb. 4. Köln, Alter Dom. Plattenabdrücke des Fußbodens im westlichen Querschiff (vgl. Falttafel 1 bei W 18/S 2 bis N 1). 9. Jh.

Dom gebrachten Reliquien der Hl. Drei Könige aufgestellt worden sein? Damit würde auch ein umlaufendes Metallgitter, wie es durch die gefundenen Vertiefungen nahegelegt wird, eine sinnvolle Erklärung finden.

Wo stand aber der Kreuzaltar, dessen Vorhandensein allgemein mit der Tatsache des „*in media ecclesia*" aufgestellten Gerokreuzes gekoppelt wird? Für ihn bietet sich der zwischen O 1 und O 5 liegende Platz an, an dem auch nach 1248 ein Altar stand, aus folgenden Gründen: Die Trachytplatten laufen über die ganze Breite des Mittelschiffs durch. Das plötzliche Abbrechen des mittleren Musterstreifens wäre ohne einen Aufbau an dieser Stelle unorganisch und unmotiviert. Bei O 1,5 fanden sich an zwei Stellen (bei S 3 und bei S 0,5) Reste einer querliegenden Trachytschwelle, die starke Abnutzungsspuren durch Beknien aufwies. Er erhebt sich nun die Frage, ob ein Zeitraum von 70 Jahren, der sich aus einem nach 1248 hier neu errichteten und bis zur Chorweihe 1322 benutzten Altar ergibt, genügen würde, um eine so starke Abnutzung durch Beknien hervorzurufen? Wäre es außerdem nicht naheliegend, anzunehmen, daß man die Trennmauer (200) hinter einem bestehenden Altar einzog? In dem direkt dahinterliegenden Kreis könnte die Aufstellung des Gerokreuzes angenommen werden, vielleicht auf einer Säule in der Mitte des Kreises stehend, analog der Aufstellung des Kreuzes auf einer Säule hinter dem Kreuzaltar im Essener Münster und in St. Michael in Hildesheim [20]. Thietmar von Merseburg überlieferte uns außerdem ein nahes Beisammensein von Kreuz und Grab des Gero, ohne allerdings die Reihenfolge genau zu erläutern.

[20] R. Haussherr, Der tote Christus am Kreuz, Diss. Bonn 1962/63, S. 36.

Abb. 5. Köln, Alter Dom. Reste der Grabumrandung des Gerograbes (vgl. Falttafel 1 bei O 15). 10. Jh.

Abb. 6. Köln, Alter Dom. Fußboden aus Ziegelplatten im südlichen Seitenschiff (bei O 35). 9. Jh.

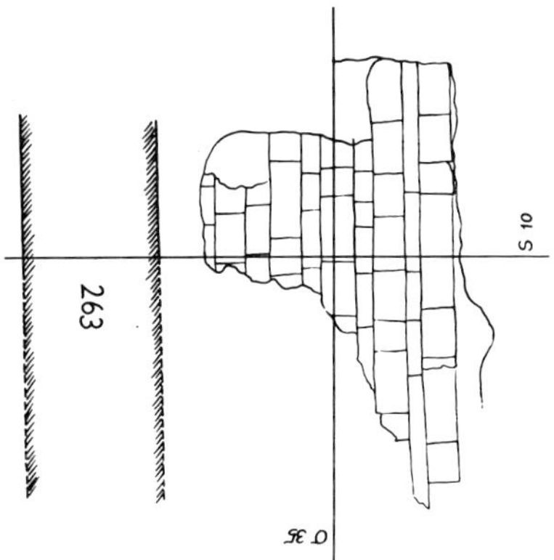

Abb. 7. Köln, Alter Dom. Grabungszeichnung zu Abb. 6. Osten links. – Maßstab 1 : 100.

Abb. 8. Köln, Alter Dom. Plattenabdrücke des Fußbodens auf dem östlichen Chorquadrat (vgl. Falttafel 1 bei O 39). 9. Jh.

Abb. 9. Köln, Alter Dom. Plattenabdrücke des Fußbodens auf dem östlichen Chorquadrat (vgl. Falttafel 1 bei O 40 – 43). 9. Jh.

2.

Östlich des oben beschriebenen Feldes 1841 läßt sich über den Mittelschiffboden nicht mehr aussagen, als daß der mittlere Musterstreifen, seitlich von Trachytplatten begleitet, sich zunächst fortsetzte. Der Plattenabdruck eines einzigen Musterfeldes bei etwa O 35/S 3 läßt aber vermuten, daß sich am östlichen Ende des Mittelschiffes der Musterstreifen zu einem größeren Musterfeld vor dem Chorquadrat erweiterte, wie wir es im westlichen Teil des Mittelschiffes gesehen haben [21]. Im Bereich der Spannmauer zwischen Mittelschiff und Chorquadrat (263) ist der Befund des Fußbodens gestört durch den späteren Einbau eines Lettners [22], nach dessen Fertigstellung der beschädigte Fußboden ausgebessert worden war (Abb. 11 bei Weyres = hier S. 589). Erst hinter dieser Ergänzung des Fußbodens über der Baugrube für das Lettnerfundament finden sich wieder Plattenabdrücke in rotem Mörtel ab O 38,5 in dem um 40 cm erhöhten Fußboden des Chorquadrats (Abb. 8, 9) [23]. Sie waren durch den Fundamentblock für den gotischen Hochaltar gestört. Wir sehen zunächst einen Querstreifen mit einem Kreismuster, dem ein diagonal verlegtes Quadratmuster außergewöhnlich großen Maßstabs bei N 4 in größerer Flächenausdehnung folgt. Die bei etwa O 43/S 1 beobachteten Plattenabdrücke lassen sich nicht ohne weiteres demselben Quadratmuster zuordnen. Möglicherweise haben wir in der Achse einen Musterwechsel anzunehmen. Allerdings sind diese Plattenabdrücke bei O 43/S 1 ihrerseits zu geringfügig, um ein bestimmtes Muster zu erkennen.

Im südlichen Seitenschiff ist bei O 35 ein etwa 2×4 m großer Rest eines Belages aus Ziegelplatten, die in abwechselnd schmalen und breiten, im rechten Winkel zur Kirchenachse laufenden Streifen verlegt sind (Abb. 6, 7). Auf ihnen fanden sich Spuren des Bleis, das beim Brand von 1248 vom Dach getropft war [24].

Etwa 2,45 m unter dem Niveau des gemusterten Chorquadratbodens fanden sich bei O 45 die Abdrücke und zum Teil noch in situ verbliebenen Reste eines Plattenbodens mit einem Rauten- und einem Quadratmuster (Abb. 10; auf Falttafel 1 gestrichelt eingezeichnet). Nach Westen schließt dieses Mörtelbett mit einer geraden Kante ab, die die Abdrücke eines Holzblockes zeigt. Die Verle-

[21] Die von W. Weyres (in: Kölner Jahrbuch für Vor- und Frühgeschichte 9, 1967/68, 146 = hier S. 500) beschriebenen roten Ziegelplatten – „in der ganzen Breite des Mittelschiffs westlich vor den Lettnerfundamenten vorhanden" – waren den Grabungszeichnungen nicht zu entnehmen.

[22] W. Weyres, Befunde am Ostlettner des karolingischen Domes in Köln, in: Kölner Jahrbuch für Vor- und Frühgeschichte 9, 1967/68, S. 144 – 151 = hier S. 498 ff.

[23] Unter diesem Fußboden läuft auf dem Niveau des Mittelschiffbodens ein Estrich ohne Plattenabdrücke weiter (Abb. 11 bei W. Weyres in diesem Jahrbuch = hier S. 589).

[24] O. Doppelfeld *{11}* S. 112 = hier S. 400 f.

Abb. 11. Köln, Alter Dom. Grabplatte des Erzbischofs Gero († 976).

Abb. 10. Köln, Alter Dom. Plattenabdrücke und Reste eines Marmorfußbodens, gefunden 2,45 m unter dem Niveau des östlichen Chorquadrates (vgl. Falttafel 1 bei O 45). Aufnahme von Norden nach Süden.

gung der noch vorhandenen Platten und die sehr unregelmäßigen Fugenmörtelstege zeigen, daß dieser Schmuckfußboden von wesentlich schlechterer Qualität war als alle übrigen bisher beobachteten Fußbodenteile. Außerdem sprechen die wahllos verlegten Platten aus weißem und schwarzem Marmor dafür, daß der ursprüngliche Musterzusammenhang bei der Verlegung an dieser Stelle nicht mehr verstanden und beachtet worden war. Eine Zuordnung dieses Fußbodens zu einem bestimmten Bauteil ist bisher noch nicht möglich [25].

3.

Zusammenfassend läßt sich feststellen, daß vor den Aufgängen zum Westchor und vor der Fenestella ein über Eck gestelltes, durch eine fortlaufende Quadrathalbierung gegliedertes Quadrat liegt, dessen vier Ecken eventuell nach den vier beschreitbaren Richtungen weisen. Über eine Musterschwelle tritt man theoretisch ins Querhaus, praktisch aber bereits ins Mittelschiff, da hier ein großes, geschlossenes Musterfeld den mittleren Teil des Querhauses mit dem westlichen Mittelschiff zu einer Einheit verbindet. Danach verschmälert sich der reicher gegliederte Musterteil zu einem mittleren „Läufer", der seitlich von Trachytplatten begleitet wird und zum Kreuzaltar führt, hinter dem sich, vielleicht auf einer Säule stehend, in der Mitte eines großen Kreises das Gerokreuz erhob. Direkt anschließend an diese Gruppe befindet sich das Grab des Erzbischofs Gero mit einer geometrisch gemusterten Grabplatte aus weißem Mamor, rotem und grünem Porphyr. Östlich davon liegt ein von einem Metallgitter umschlossener Bezirk, der vermutlich schon 1164 zur Aufstellung der Reliquien der Hl. Drei Könige neugestaltet wurde, innerhalb des besonders ausgezeichneten mittleren Musterstreifens, der sich am östlichen Ende des Mittelschiffes wahrscheinlich zu einem Musterfeld erweitert, wie es im Westen zu sehen ist. Eine anzunehmende Treppenanlage mit etwa drei Stufen führt auf das um 40 cm erhöhte östliche Chorquadrat, auf dem ein besonders schöner Schmuckfußboden mit außergewöhnlich großen Platten liegt. Die Seitenschiffe enthalten einen Boden aus Ziegelplatten, die in abwechselnd schmalen und breiten Querstreifen verlegt sind.
Der beschriebene Schmuckfußboden gehört, außer dem 2,45 m unter dem Chorquadrat liegenden, eindeutig zu Bau VII b. Er ist im Mittelschiff der einzige gefundene Belag, das heißt, er wurde dort seit der Fertigstellung des Baues bis zu seinem Abbruch nach 1320 benutzt. Im Chorquadrat finden sich dagegen zwei Fußböden übereinander, einerseits ein auf gleicher Höhe wie der Plattenbelag des Mittelschiffes liegender einfacher Estrich, andererseits der 40 cm höher liegende Plattenbelag. Man könnte aus diesem Befund auf eine zeitliche Verschiedenheit von gemustertem Mittelschiff- und Chorquadratfußboden schließen. Da aber der tieferliegende Estrich im Chorquadrat keinerlei Spuren von Plattenabdrücken zeigt und es sehr ungewöhnlich wäre, daß einem so aufwendig gestalteten Mittelschiffboden ein völlig schmuckloser Presbyteriumfußboden entsprochen hätte, kann man annehmen, daß der erhöhte Chorquadratfußboden der bereits ursprünglich im Zusammenhang mit dem Mittelschiffbelag geplante Schmuckfußboden ist.
Bau VII b wird von der Domgrabung ins 9. Jahrhundert (Weihe 870) datiert [26]. Dagegen wurde auch eine Datierung ins 10. Jahrhundert vorgeschlagen [27]. Die Datierung des Fußbodens kann also

[25] Der Fußboden befindet sich auf fast derselben Höhe wie ein von O. Doppelfeld im Kölner Domblatt 1949, S. 163 = hier S. 113 unter Nr. 314 publizierter Estrichboden innerhalb der Apsis, den er als eventuellen Kryptenboden der Periode VII b anspricht. Aus dem Grabungsbefund ist aber für das Vorhandensein der quellenmäßig belegten Ostkrypta (W. Weyres, in: Kölner Domblatt 26/27, 1967, S. 10 = hier S. 457) kein baulicher Anhaltspunkt im Raume des gefundenen Schmuckfußbodens gegeben.

[26] O. Doppelfeld in allen Veröffentlichungen; W. Weyres, 1965 *{9}* S. 405 – 409 = hier S. 437 ff.; W. Weyres, 1967 *{22}*, S. 39 ff. = hier S. 483 ff.

[27] I. Achter, in: Kölner Domblatt 14/15, 1958 = hier S. 248 ff. und I. Achter, 1962 – 1964 *{9}*, 2. Bd.

Abb. 12. Ravenna, Theoderichspalast. Marmorfußboden der 3. Schicht. 552 – 751.

nur aus stilistischen Gründen geschehen, wobei berücksichtigt werden kann, daß für die Herstellung eines so großen, aufwendigen Belages ein längerer Zeitraum benötigt wurde. [28].

Für den westlichen Teil, der das etwa 10×9 m große geschlossene Musterfeld und das vor der Fenestella liegende, über Eck gestellte Quadrat, das vermutlich als Ganzes eine unveränderte römische Spolie ist, umfaßt, und für den Belag des Chorquadrates bietet sich eine Datierung ins 9. Jahrhundert aus mehreren Gründen an: Das komplizierte Quadratmuster bei W 15 konnte bisher nur noch im Theoderichspalast von Ravenna nachgewiesen werden (Abb. 12). Das diagonal gestellte Quadratmuster bei O 40 entspricht in seinen Proportionen einem ähnlichen, im Obergeschoß der karolingischen Aachener Pfalzkapelle noch erhaltenen Plattenbelag (Abb. 13), und auch für das westlich davor liegende Kreismuster gibt es aus Naturstein nur den Nachweis eines vergleichbaren Musters, das ehemals in der Aachener Pfalzkapelle vorhanden war [29]. Insbesondere auch die großen Proportionen der im Alten Dom verwendeten Plattenmuster haben als einziges Vergleichsbeispiel nur die sehr ähnlichen Plattenböden in der Pfalzkapelle Karls des Großen, der für seinen Bau nachweislich Fußbodenmaterial aus dem Theoderichspalast in Ravenna kommen ließ [30]. Es wäre denkbar, daß Karl der Große seinem Hofkaplan Hildebold zu dessen Dombau einen Teil der Spolien schenkte. Der Fußboden von St. Quirinus in Neuss aus dem 9. Jahrhundert nimmt offensichtlich den des Kölner Domes zum Vorbild, wie genaue Übereinstimmungen zeigen [31].

[28] Vgl. Lorsch (H. Kier, 1970 *{1}* S. 123), wo zwei Jahrhunderte an dem Fußboden arbeiteten, wie aus den Quellen zu ersehen ist, obwohl das Kloster Lorsch an Bedeutung keineswegs hinter dem Kölner Dom zurückstand.

[29] H. Kier, 1970 *{1}*, Muster 83.

[30] Mon. Germ. Hist. Script. II, S. 457.

[31] H. Kier, 1970 *{1}* 128 f.

Abb. 13. Aachen, Pfalzkapelle Karls d. Gr. Marmorfußboden im Obergeschoß, Nordseite. Um 800.

Abb. 14. Köln, röm. Fußboden. Gefunden bei St. Maria im Kapitol (Römisch-Germanisches Museum, Köln).

Der mittlere Teil des Kölner Mittelschiff-Fußbodens wird durch das in ihn organisch eingegliederte Grab Erzbischof Geros (969 – 976) datiert, der 979 im Alten Dom beigesetzt wurde [32]. Gero gestaltete vermutlich diesen ganzen Teil des Fußbodens, in dessen Bezirk der Kreuzaltar und das Gerokreuz errichtet wurden.
Aus schriftlichen Quellen und kleineren Funden wissen wir von mehreren aufwendigen Plattenböden kostbaren Materials in karolingischen Großbauten [33]. Der Schmuckfußboden des Alten Domes in Köln aber, dessen ungewöhnliche Pracht man auch noch aus den kärglichen Resten erahnen kann, ist bisher das einzige auf uns gekommene Beispiel eines solchen Belages in größerer Ausdehnung.

[32] P. Clemen, Der Dom zu Köln, Düsseldorf 1937, S. 252 = Die Kunstdenkmäler der Rheinprovinz 6/3.
[33] H. Kier, 1970 {1} S. 21 – 24.

Arnold Wolff

S. Johannis in Curia

Die erzbischöfliche Pfalzkapelle auf der Südseite des Kölner Domes und ihre Nachfolgebauten

Aus: Kölner Domblatt 33/34, 1971, 125 – 174

Das Gedenkblatt, das der Zentral-Dombauverein im Jahre 1857 an seine Mitglieder in aller Welt versandte, zeigte den Dom in gewohnter Perspektive von Südosten, aber diesmal nicht – wie in den vier vorangegangenen Blättern – mit Eintragung des in den letzten drei Jahren erzielten Baufortschritts, sondern in einem schon historisch gewordenen Zustand (Abb. 1). Nicht nur die Lücke, die seit Jahrhunderten zwischen Chor und Südturm des Domes klaffte, hatte sich inzwischen geschlossen, auch die vorgelagerten Gebäude auf der Nordseite des baumbestandenen, beschaulichen Domhofes waren bis auf das erst 1864 abgebrochene Priesterseminar bereits alle der Domfreilegung zum Opfer gefallen [1].

Vier von ihnen wären nach heutiger Anschauung unbedingt erhaltenswert gewesen, nicht nur als Maßstab für die gewaltige Baumasse der gotischen Kathedrale, sondern auch um ihrer selbst, ihrer Geschichte und ihrer Substanz willen: die aula theologica [2], das Hochgericht [3], das bereits erwähnte Seminar [4] und schließlich der wertvollste Bau der ganzen Gruppe, die barocke Pfarrkirche St. Johannes Evangelist, die aus der Hofkapelle der frühmittelalterlichen Bischofspfalz hervorgegangen war [5] (vgl. auch Abb. 15 c).

Die oftmals sehr dunkle Geschichte der Johanneskirche beim Kölner Dom nachzeichnen zu wollen, ist ein gewagtes Unterfangen, das ohne Frage noch nicht zu einem gültigen Ende geführt wer-

[1] Paul Clemen, Der Dom zu Köln (Die Kunstdenkmäler der Rheinprovinz, 6. III). Düsseldorf [2]1938, S. 404 f., Abb. 15, 22, 43. – Herbert Rode und Arnold Wolff, 125 Jahre Zentral-Dombauverein (=Kölner Domblatt 25, 1965/66), Abb. 35 (Photo von 1855).

[2] Erbaut 1523, nachdem die bis dahin von der theologischen Fakultät benutzten Räume im Atrium des Alten Domes dem Bau des gotischen Nordturmes weichen mußten; 1748 erneuert, 1844 abgebrochen. Clemen *{1}* S. 47, 407. – Hans Vogts, Der Kölner Dom in Stadtplan und Stadtbild, in: Der Dom zu Köln, Festschrift 1930 (Veröffentlichungen des Kölnischen Geschichtsvereins, 5, 1930), S. 24.

[3] Wahrscheinlich aus dem bereits im 12. Jahrhundert bezeugten Gerichtsplatz vor der Johanneskapelle entstanden, vgl. Anm. *{34}*; offene Gerichtshalle, letzter Umbau von Jac. Burscheid um 1744 (Abb. 17, 19), abgebrochen 1829. Clemen *{1}* S. 405. – Vogts *{2}* S. 21 f. (Herkunft aus der porticus des Alten Domes unwahrscheinlich). – Grundrisse vor und nach 1744: Historisches Archiv der Stadt Köln, Plankammer, 1/156/1, 2.

[4] Erbaut 1744 – 49 nach Plänen von M. Leveilly. Ernst Reckers, Geschichte des Kölner Priesterseminars. Köln 1929, S. 155 f., Grundrisse von 1785 S. 323 f., Tafel nach S. 160. – Clemen *{1}* S. 405. – Vogts *{2}* S. 18. – Die auf einer Angabe von de Noel fußende Annahme, das zweischiffige Refektorium des Seminars sei ein Bauteil des alten Bischofshofes gewesen, fand bei den Ausgrabungen von 1969 keine Bestätigung.

[5] K. D. (Die Kunstdenkmäler der Rheinprovinz) Bd. VII, 3, Die ehemaligen Kirchen . . . der Stadt Köln, Düsseldorf 1937, S. 48 – 52, faßt alle bis dahin bekannten Nachrichten, Pläne und Quellen über die Kirche und ihre Geschichte zusammen, hauptsächlich nach Vogts *{2}* S. 4 – 6; Clemen *{1}* S. 45, 407.

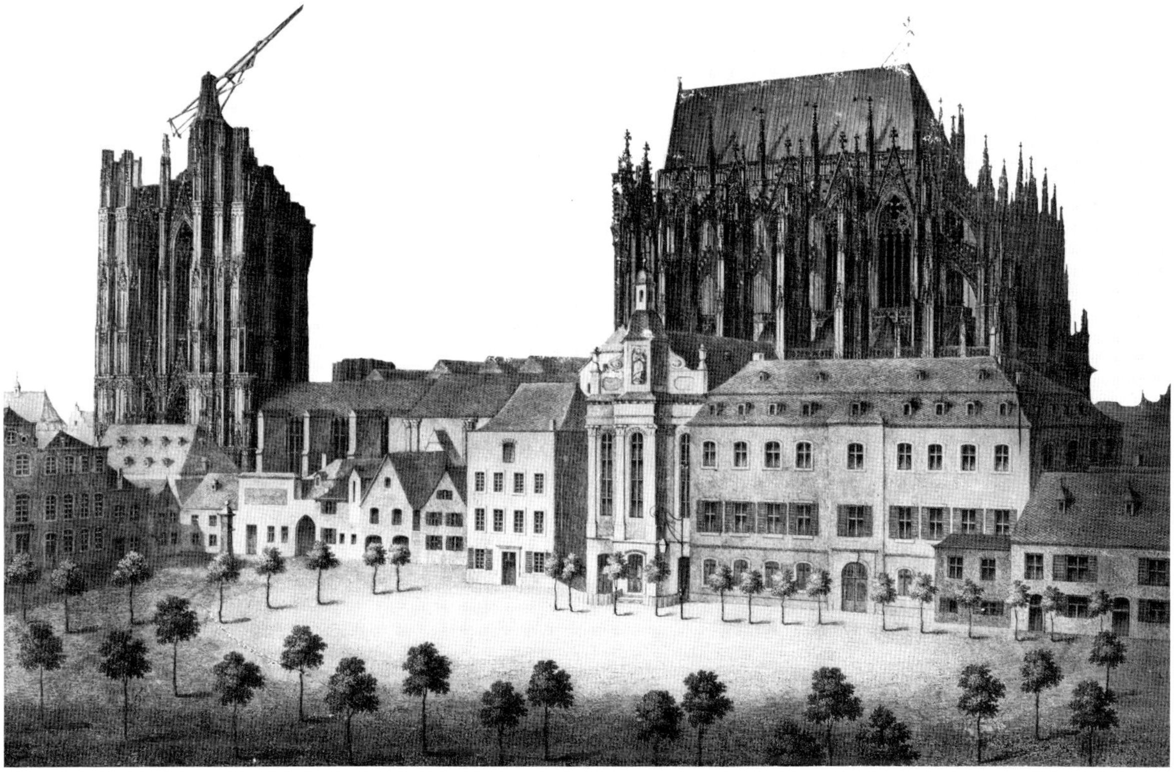

Abb. 1. Dom und Domhof von Süden im Jahre 1824. Vereinsgedenkblatt von 1857 (E. F. Zwirner).

den kann. Daß es überhaupt möglich geworden ist, sie heute besser als noch vor wenigen Jahren zu überblicken, wird den jüngsten Ausgrabungen im Bereich des Domherrenfriedhofs und der Dombauhütte verdankt, durch die auf einige Glieder in der Kette sich einander ablösender Bauten ein neues, helleres Licht geworfen wird. Danach scheint es, daß die Tradition gerade dieser Kirche unbeschadet sich wandelnder Titel, Standorte und Zweckbestimmungen bis in die frühesten Zeiten des Christentums in Köln zurückreicht.
Bevor auf diese Fragen eingegangen werden kann, sollen zunächst die erfaßbaren Bauten vorgestellt werden, vor allem die zuletzt entdeckte mittelalterliche Pfalzkapelle.

Die Ausgrabung im Bereich der neuen Dombauhütte

Im Zuge der Neugestaltung der Domumgebung mußten auch die Gebäude der Dombauhütte an der Südseite des gotischen Domchores abgebrochen und an etwa gleicher Stelle, aber abgesenkt auf das Niveau der östlich vorbeiführenden, etwa 5 m tiefer gelegenen Bechergasse, neu errichtet werden. Damit ergab sich die Möglichkeit, um nicht zu sagen die Notwendigkeit, diesen wichtigen, etwa 1300 Quadratmeter großen Bereich in unmittelbarer Nähe des Domes archäologisch gründlich zu untersuchen [6].

[6] Der Bericht über die Grabung Dombauhütte wird von W. Weyres vorbereitet. Über die neuen Hüttengebäude vgl. den Wiederherstellungsbericht des Dombaumeisters in diesem Jahrbuch.

Bereits vor Grabungsbeginn waren alle erreichbaren Unterlagen gesammelt und die zu erwartenden Mauerzüge verschwundener Gebäude in einem Plan zusammengetragen worden. Das Hauptaugenmerk wurde dabei auf die 1744 erbaute und 1829 abgebrochene Johanneskirche gelegt, deren Nordhälfte mit der Altarapsis in den Grabungsbereich hineinragte (Abb. 17 – 19). Die südlichen Teile einschließlich der Fassadenfundamente waren bereits beim Bau des Dombunkers im Jahre 1941 ausgegraben und anschließend beseitigt worden [7].

Es war schon immer bekannt, daß der mittelalterliche Vorgänger dieser Kirche die Hauskapelle des erzbischöflichen Palastes gewesen ist und schon vor dem gotischen Dom bestanden haben muß [8]. Auf der einzigen zuverlässigen Abbildung des Alten Domes, dem Widmungsbild des heute in der Schatzkammer ausgestellten Hillinus-Kodex aus der Zeit um 1025, ist vor dem östlichen Chor ein turmartiges Gebäude dargestellt, das Hans Vogts bereits 1930 als die Kapelle S. Johannis in curia deutete (Abb. 2) [9]. Er beschrieb den Bau als zweigeschossig und brachte Quellen bei, die die Verbindung des Obergeschosses, in dem der Altar des heiligen Dionysius und der Thron des Bischofs standen, sowohl mit dem Untergeschoß, das den Johannesaltar enthielt, als auch mit dem Alten Dom und dem erzbischöflichen Schlafgemach bezeugen.

Nachdem die Ausgrabungen unter dem gotischen Dom die Angaben des Hillinus-Widmungsbildes für den Alten Dom in fast allen Punkten bestätigt hatten, durfte mit etwas Glück auch erwartet werden, die Pfalzkapelle wiederzufinden. Was aber dann im Sommer 1969 ergraben wurde, hat schließlich doch alle Beteiligten überrascht und ein Ergebnis gebracht, von dem man nachher glaubt, es hätte auch durch Quellenstudium und Nachdenken erreicht werden können. Oft scheint gerade das Selbstverständliche am schwersten zu sein.

Die Lage der Pfalzkapelle wurde zwischen den Fundamentmauern der Kirche von 1744 erwartet, die bald nach Grabungsbeginn massiv zu Tage traten und sich eindrucksvoll von dem schier unentwirrbaren Wust der zahllosen kleinen Mauern aus den verschiedensten Zeiten abhoben (Abb. 3) [10]. Wenig später erschien eine starke, sechzehn Meter lange mittelalterliche Tuffmauer in Ost-West-Richtung unmittelbar südlich vor der nach Norden gerichteten barocken Ziegelkonche. Zunächst schien es, als sei damit die Nordwand der alten Kapelle gefunden und deren Apsis daher südöstlich dieser Mauer zu suchen.

Inzwischen wurden im westlichen Grabungsbereich überraschend, wenn auch nicht ganz unerwartet, römische Mosaikfußböden auf größeren Flächen freigelegt, die die ganze Aufmerksamkeit der Ausgräber auf sich zogen [11]. Nachdem die Böden geborgen und die barocken Fundamente größtenteils beseitigt waren, zeigte es sich, daß die Westwand der mittelalterlichen Kapelle nicht, wie erwartet, nach Süden, sondern nach Norden an die zuerst gefundene Mauer anschloß, wo sie bereits drei Meter nördlich der Ecke vom Fundament des gotischen Domes abgeschnitten wurde. Damit war nicht nur klar, daß sich die gesuchte Kapelle nördlich der zuerst gefundenen Mauer erstreckte, sondern auch, daß diese älter war als der gotische Dom, dem sie spätestens 1248 weichen mußte.

[7] Die Original-Aufmaßpläne von 1941 sind beim Römisch-Germanischen Museum in Köln nicht mehr vorhanden; sie sollen im Kriege zerstört worden sein. In die veröffentlichten Gesamtpläne sind die Mauern der Kirche nicht aufgenommen worden. Fritz Fremersdorf, Das römische Haus mit dem Dionysos-Mosaik vor dem Südportal des Kölner Domes, Berlin 1956, Plan.

[8] Aegidius Gelenius, De admiranda, sacra et civili magnitudine Coloniae . . . Köln 1645, S. 436 f.

[9] Vogts {2} S. 4. – Zum Hillinuskodex: Jaffé-Wattenbach Nr. 12; Clemen {1} S. 393, Nr. 6. – Peter Bloch, Die beiden Reichenauer Evangeliare im Kölner Domschatz, in: Kölner Domblatt 16/17, 1959, S. 27 f., tritt dafür ein, daß der Kodex zwar von Reichenauer Mönchen (den Brüdern Purchard und Konrad), aber in Köln selbst hergestellt wurde. – P. Bloch und H. Schnitzler, Die ottonische Kölner Malschule, Bd. II, Düsseldorf 1970, S. 23 f.

[10] Willy Weyres, Die Wiederherstellungsarbeiten am Dom in den Jahren 1967 – 1969, in: Kölner Domblatt 30/1969, S. 114.

[11] Weyres {10} Abb. 26 – 29. – Otto Doppelfeld u. a., Die neuen Grabungen am Kölner Dom, in: Kölner Domblatt 30, 1969, S. 183 f. – Rom am Dom (Ausstellungskatalog, Schriftenreihe der Archäologischen Gesellschaft Köln Nr. 16, 1970), S. 14, 22, Taf. 7.

Abb. 2. Der Alte Dom von Süden. Widmungsbild des Hillinuskodex, um 1025.

Schnell fand sich nun auch die Ostwand, die innen sieben und außen mehr als elf Meter lang erhalten war. Die außen 5,50 m breite und um etwa 1,50 m vortretende Apsis war vom Innenraum aus nicht zugänglich, sondern durch die durchlaufende Ostwand von ihm getrennt. Für die Ausgräber war das eine gewisse Enttäuschung, denn es bedeutete, daß der Bau nur unterhalb der ehemaligen Fußbodenebene erhalten war und daß aufgehende Teile nicht mehr gefunden werden würden (Abb. 5 c).

I. Die ottonische Pfalzkapelle

Nachdem zu übersehen war, daß hier die Reste eines bedeutenden Bauwerks vorlagen, wurde angestrebt, die erhaltenen Mauern der Kapelle nicht, wie die übrigen aufgedeckten Fundamente, nach der Untersuchung und der Aufnahme zu beseitigen, sondern sie stehen zu lassen und in die neuen Anlagen der Dombauhütte einzubeziehen. Leider verschlechterte sich dadurch die Nutzbarkeit des ohnehin schmalen Hüttengrundstücks noch mehr, doch das Opfer schien der Dombauverwaltung gerechtfertigt, weil so ein wichtiger mittelalterlicher Bestand für Köln und den Dombereich gerettet werden konnte. Heute sind alle erhaltenen Teile überdacht und zugänglich. Der einzige Eingriff war ein Türdurchbruch im Fundament der Südwand, durch den man in das Innere gelangt, das für technische Einrichtungen der Hütte genutzt wird. Er wurde so angelegt, daß keine Wandgliederungkanten verletzt wurden.

Von der Fußgängerebene aus, die zwischen dem Domchor und dem Römisch-Germanischen Museum hindurchführt, kann man West-, Süd- und Ostwand einschließlich der Apside im Hof der Dombauhütte liegen sehen (Abb. 4 a).
Die Außenhaut der erhaltenen Mauern ist rauh und durch spätere Eingriffe stark gestört. Wo aber die ursprüngliche Oberfläche erhalten ist, erkennt man wiederverwendete Tuffsteine, die in gleichmäßigen, etwa 15 – 18 cm hohen Schichten vermauert sind. Zuweilen kommen auch andere Materialien vor, z. B. Grauwacke, Sandstein, Kalkstein und Trachyt. Besonders interessant sind einige Lagen römischer Flachziegel, die als farbige Bänder die Ostapsis umziehen. Der Mörtel ist weiß und feinkörnig und stellenweise mit Holzkohleresten durchmischt [12].
Die höchsten erhaltenen Mauerteile liegen am nördlichen Ende der hier in Apsis und Innenschale aufgespaltenen Ostwand. Sie erreichen eine Höhe von etwa vier Metern über dem Hüttenhof oder 52,25 m über N. N. Im Inneren des halbkreisförmigen Schachtes, der zwischen der halbrunden Apsiswand und der durchlaufenden geraden Ostmauer übrig bleibt, springen beide Wandteile kräftig vor, so daß sich der Zwischenraum von 1,50 m (oben) auf 80 cm (unten) verengt (Abb. 5 b, c). Die Unterkante der Fundamente konnte wegen der schwierigen örtlichen Verhältnisse nicht ermittelt werden. Sie reicht tiefer als 48 m über N. N.
Im Inneren der Kapelle zeigt die Ostwand nur einige durchlaufende Vorsprünge, während Süd- und Westwand aus drei waagrechten Zonen aufgebaut sind, von denen die beiden oberen eine lebhafte Gliederung aufweisen. Irgendwelche Fundamentteile, die für Innenstützen verwandt worden sein könnten, wurden nicht gefunden [13].

Die tiefen Fundamenteile

Trägt man alle Mauerkanten in einen Grundriß ein, so zeigt sich, daß die Fluchtlinien der unteren Bauteile erheblich von denen der oberen abweichen. Darüber hinaus scheinen die tiefen Fundamentlagen eine eigene Grundrißform zu bilden. Das wird besonders bei der Apsiswand deutlich, die unten einen sehr viel größeren Radius hat als oben, während am äußeren Scheitelpunkt die innen festgestellte Mindesttiefe nicht erreicht wird, so daß die oberen Teile überhängen (Abb. 5 b, c).
Die Rekonstruktion des Grundrisses ergibt einen quadratischen Raum mit flacher, weitgespannter Apsis, vom Typ her eher eine Palastula als eine Kapelle (Abb. 6). Seine Maße lassen sich ziemlich exakt in karolingischen Fuß zu 33,28 cm ausdrücken. Danach mißt der Innenraum 32×32 Fuß; die Apsis wäre 20 Fuß weit und 8 Fuß tief, so daß an jeder Seite 6 Fuß der Ostwand übrigblieben [14]. Als Außenmaße ergeben sich für die Gesamtlänge in Ost-West-Richtung 60 Fuß und für die Nord-Süd-Breite 44 Fuß.
Bemerkenswert ist die Lage des Gebäudes zur Bautengruppe des Alten Domes, in die es sich überraschend gut einpaßt. Es liegt sogar im Grundraster der karolingischen Anlage [15]. Seine Nordwand fluchtet genau mit den Südwänden des westlichen Querhauses und des äußeren südlichen Seiten-

[12] Auf der vorgefundenen Abbruchfläche der Südmauer zeichneten sich fünf von innen nach außen durchgehende, in regelmäßigen Abständen von etwa 75 angelegten Rillen von etwa 10 cm Breite ab. Sie können als Auflager für Gerüsthölzer gedeutet werden.

[13] An dem Punkt, an dem die Südost-Innenstütze erwartet werden konnte, war der Boden bis in große Tiefe stark gestört, da hier im 18. Jahrhundert eine tiefe Grube ausgehoben worden war. Die drei anderen Stützen fielen bereits in die gotische Fundamentbaugrube. Vgl. Abb. 3.

[14] Felix Kreusch, Kirche, Atrium und Portikus der Aachener Pfalz; in: Karl der Große, Bd. III, Düsseldorf 1965, S. 527. – Der Kreisbogen der Apsis-Innenfläche trifft die Innenseite der Ostwand genau in dem Punkt, an dem eine 2 m breite Vorlage der tiefen Mauerteile zurückspringt (vgl. Abb. 6).

[15] Willy Weyres, Der karolingische Dom zu Köln, in: Karl der Große, Bd. III, Düsseldorf 1965, S. 384 f. = hier S. 416 f., Abb. 12.

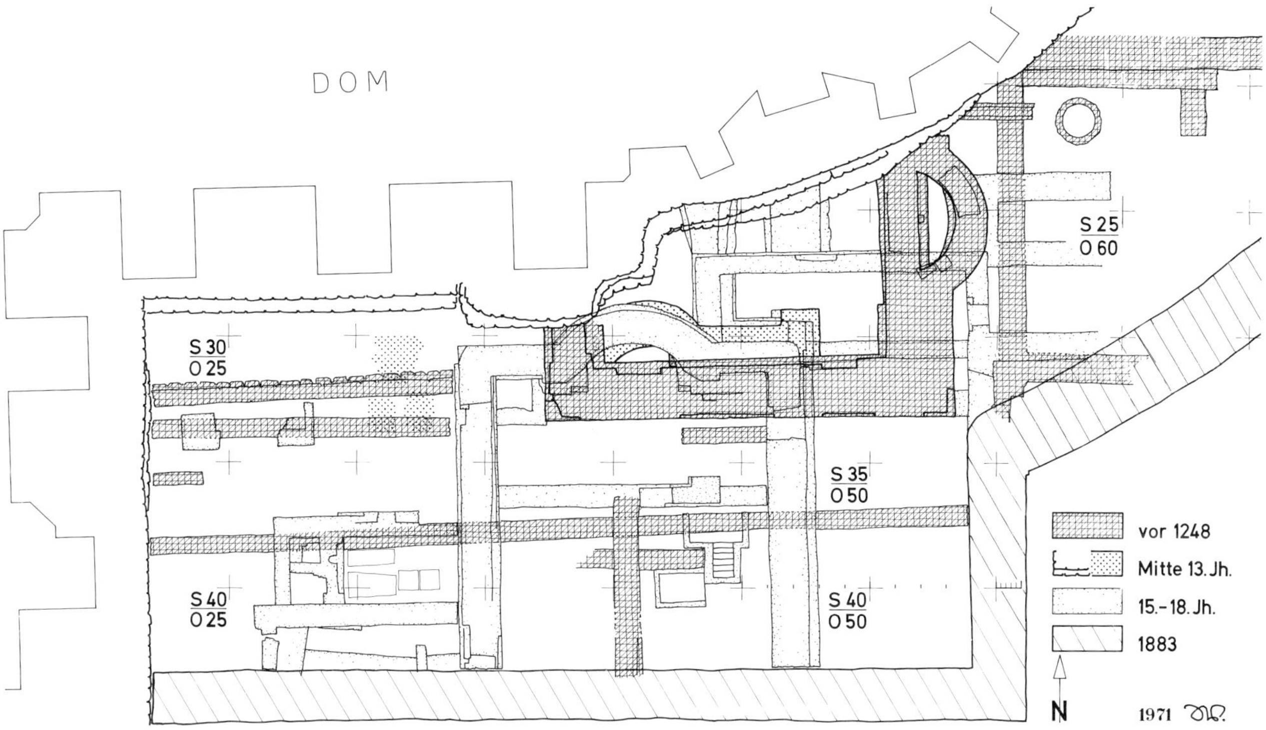

Abb. 3. Domgrabung 1969 für die neue Dombauhütte. Übersicht über die mittelalterlichen und neuzeitlichen Baureste bis 1744. Die vorkarolingischen (römischen) und die nach 1744 anzusetzenden Bauteile sind mit Ausnahme der Terrassenmauer von 1883 weggelassen. – Maßstab 1 : 300.

schiffes der Kathedrale; Ost- und Westwand aber liegen auf den Verlängerungen der entsprechenden Wände des östlichen Chorquadrates (Abb. 18) [16].

Diese Beobachtungen machen eine Datierung der unteren Fundamentlagen in karolingische Zeit möglich. Damit ist weder gesagt, daß das ganze Gebäude wirklich im frühen bis mittleren neunten Jahrhundert entstanden ist, noch daß es damals bereits als Kapelle geplant oder fertig ausgebaut war. Es ist möglich, daß es nie fertig wurde, sondern in den Fundamenten stecken blieb. Die Johanneskapelle, die später sicher über diesen Mauern gestanden hat, wird nämlich von dem elften Jahrhundert niemals erwähnt [17].

Vielleicht war das Bauwerk als eine Art Kapitel- oder Synodensaal gedacht, wie es von dem südlichen Annexbau der Aachener Pfalzkapelle vermutet wird, der „Lateran" genannt wurde. Dieser hat mit dem vorliegenden Bau am Kölner Dom nicht nur die Lage und die Innenmaße, sondern

[16] Willy Weyres, Zur Baugeschichte der vorgotischen Kölner Kathedralen, in: Kölner Domblatt 26/27, 1967, S. 7 f. = hier S. 454 ff., Abb. 1, 2, 13. – Friedrich Oswald, Leo Schaefer, H. R. Sennhauser, Vorromanische Kirchenbauten, München 1966 f., S. 139 f.

[17] Die Trennung der Mauer in zwei zeitlich weit auseinanderliegende Perioden läßt sich vorerst nicht zwingend beweisen. Der Mörtel wirkt oben wie unten dem Augenschein nach gleich oder doch sehr ähnlich. Für die Trennung spricht das Profil gegen die Ostmauer, des einzigen, das überhaupt noch genommen werden konnte (Abb. 5 b). Es zeigt zwei Baugruben. Die untere geht von einer schwarzen Verfüllschicht aus, deren Oberkante bei 49,85 über N. N. liegt. Der Beginn der oberen liegt oberhalb ungestörter Schichten, konnte aber bis etwa 51,00 über N. N. verfolgt werden. Sie durchschnitt mehrere, die untere Baugrube überdeckende Schichten und endete genau auf dem bei 49,50 bis 49,60 liegenden Vorsprung der unteren Mauerteile. Danach scheint es, als sei die Mauer von einer über 51,00 liegenden Ebene aus nochmals freigelegt und dann erst höhergeführt worden. Vgl. auch Anm. {70}.

Abb. 4a. Köln, Pfalzkapelle (Bau 5 in Abb. 18). Fundamentreste im Hof der Dombauhütte, von Südosten gesehen.

auch die Quadratform des Hauptraumes und die vor der Apsis durchlaufende gerade Wand im Fundament gemeinsam. Nur war in Aachen die Apsis nach Süden gerichtet und an der gegenüberliegenden Seite des Hauptraumes ein wahrscheinlich zur Aufnahme einer Empore dienender Baukörper eingestellt [18].

Obwohl von einer solchen Anlage in Köln nichts überliefert zu sein scheint, wäre es gut denkbar, daß Hildebold oder einer seiner Nachfolger ein Synodalgebäude geplant hat, um die neue Rolle ihrer Bischofsstadt als Metropole der Kölner Kirchenprovinz zu betonen. Sollten die tiefen Fundamente wirklich dem neunten Jahrhundert angehören, so müßte der über ihnen anzunehmende Bau entweder später sehr gründlich zerstört oder erst gar nicht zur Ausführung gekommen sein.

Die oberen Bauteile

Die Gliederung an der Innenseite der Südwand wirkt zunächst, als sei sie einheitlich geplant: unten die gerade Wand, darüber die Sockelzone und zuoberst, genau darauf bezogen, die aufgehenden Teile (Abb. 4b, 5c). Doch das Fehlen der Mittelzone an dem kurzen Stück Westwand und die starken Abweichungen in den Fluchtlinien der drei übereinanderliegenden Wandstreifen zeigen, daß hier eine Planänderung vorliegt: nur der obere Mauerstreifen stellt die endgültige, gewollte Form dar, der untere ist die vorgegebene Ausgangslage, der mittlere schafft den Übergang und bereitet die Gliederung der oberen Wand vor (Abb. 5a, c).

[18] Leo Hugot, Die Pfalz Karls des Großen in Aachen, in: Karl der Große, Bd. III, Düsseldorf 1965, S. 565 f., Abb. 2. – Kreusch {14} Abb. 1. Oswald {15} S. 18 – Vgl. auch L. Falkenstein, Der „Lateran" der karolingischen Pfalz zu Aachen, Köln-Graz 1966, passim.

Abb. 4 b Köln, Pfalzkapelle. Südwand (Innenseite), von Nordosten gesehen.

Diese ist nun sehr präzise ausgeführt und so genau gemauert, daß sich die Maßeinheit daraus ableiten läßt. Mit 27,7 cm entspricht sie zwar keiner der gebräuchlichen alten Fußmaße, aber sie kommt so oft vor, daß sie unbedingt als Baustellenmaß angesehen werden muß [19].

Die völlig symmetrische Südwand mißt 41 dieser Einheiten (Abb. 7). Sie verteilen sich auf drei Flachnischen von je neun und zwei Zwischenvorlagen von je fünf Einheiten, so daß für die Eckvorlagen noch je zwei Einheiten übrigbleiben. Die äußeren Achsen sind nochmals mit Nischen versehen, die je sieben Einheiten breit sind. Die Tiefe der Nischen beträgt ein Viertel bzw. drei Viertel Einheiten, also zusammen eine Einheit, die Gliederung der Westwand schließt entsprechend an [20].

[19] Es könnte ein Sekundärfuß, ein abgeleiteter Fuß sein; es entspricht nämlich genau zehn Zwölftel (Zoll) des karolingischen Fußes von 33,28 cm.

[20] Ein Problem besonderer Art birgt die Feststellung, daß die oberste Zone der Südwand sicherlich als aufgehendes Mauerwerk gedacht war. Das geht schon daraus hervor, daß nicht nur die Maße sehr genau eingehalten wurden, sondern auch die Putzstärke berücksichtigt worden ist, denn die Nischen sind stets größer, die Vorlagen aber stets kleiner, als sie nach den Nennmaßen sein müßten. Offensichtlich war beim Bau der Süd- und Westwand noch mit einer Fußbodenhöhe bei etwa 50,50 m über N. N. gerechnet worden. (Bei 50,40 fand sich im O-W-Schnitt ein Rest eines mit Kalkmörtel durchsetzten Bauhorizonts). Als die Südwand an ihrem östlichen Ende innen die Höhe von etwa 50,65 erreicht hatte, wurde erst die Ostwand, die bei etwa 49,50 liegengeblieben war, aufgemauert. Danach wurden beide Wände gemeinsam weitergeführt (davon gerade noch eine Schicht vorhanden). Spätestens zu diesem Zeitpunkt muß die Erhöhung des Fußbodens geplant gewesen sein. Er war sicher höher als 52,15, der höchsterhaltene Punkt vor der Apsis, über den er hinweggegangen sein muß, kann aber durchaus bei 53,20, der Fußbodenhöhe des Alten Domes gelegen haben. Vielleicht war zwischenzeitlich einmal eine Fußbodenlage bei etwa 51,55 der Höhe des letzten Rücksprungs der Ostwand, vorgesehen. Wenig darunter wurde nämlich ein etwa 20×20 cm großes, 15 cm hohes Kästchen aus Tuffstein gefunden, das mit einer Tonplatte verschlossen und im Inneren des Apsisschachtes mit Mörtel an die Ostseite der Ostwand geklebt war (Abb. 5). Seine Oberkante lag bei 51,20. Obwohl das Kästchen bei seiner Auffindung leer war (nur ganz geringe Reste organischen Staubes befanden sich auf dem Boden), dürfte es sich um ein Depositorium für eine Gründungsurkunde oder um ein Sepulchrum für eine Heiligenreliquie gehandelt haben, das unter der vorgesehenen Altarstelle im Boden versenkt wurde.

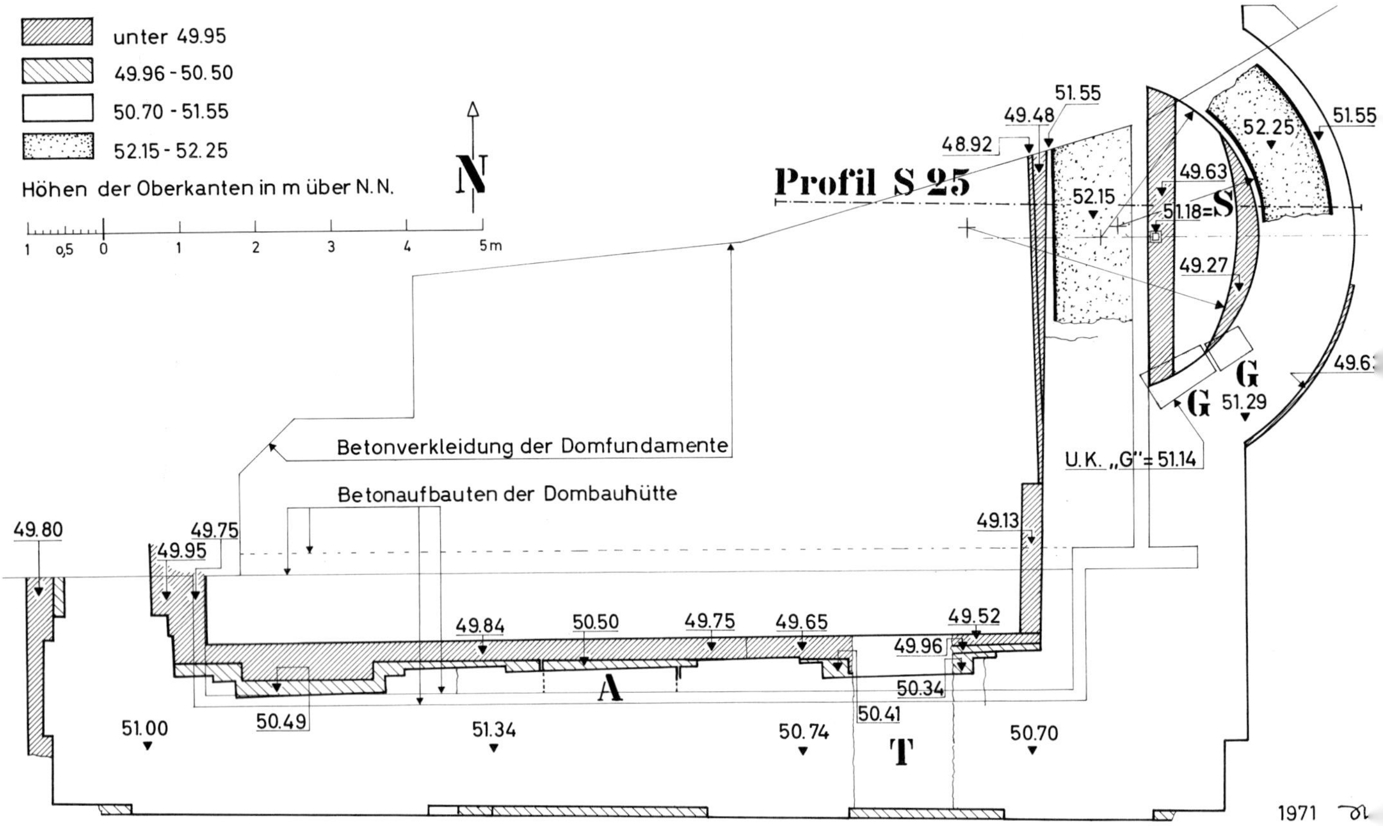

Abb. 5 a. Grundriß mit Angabe der Höhen. A = Alte Störung (angefangene Tür?); T = Türdurchbruch 1970; G = Grabsteine (vgl. Anm. {22} und Abb. 20); S=Sepulchrum (vgl. Anm. {20}). – Maßstab 1 : 100.

Abb. 5 a – c. Köln, Pfalzkapelle (Bau 5 in Abb. 18) Fundamentreste im Hof der Dombauhütte.

An der Ostwand, die bis auf die oberste Schicht gegen die Südwand gesetzt ist, fehlt die Gliederung ganz [20a]. Sie dürfte aber oberhalb der Erhaltungsgrenze eingesetzt haben. Darauf deutet das oberste Mauerstück hin (in Abb. 5 a mit 52.15 bez.), dessen Flucht genau um eine Einheit östlich des Mauerwinkels verläuft.

Wandgliederungen zeigen auch die Außenseiten des Gebäudes. Eigenartigerweise lassen die breiten, nur etwa 15 cm vortretenden Lisenen die Ecken des eigentlichen Mauerkörpers frei. Auch stimmen die Maße nur schlecht mit den ermittelten Einheiten überein. Es scheint, als sollten vier flache Vorlagen vor der Südwand stehen und die drei dazwischenliegenden Felder den drei Achsen der Innenwand entsprechen. Durch die größere Dicke der Ostwand dürfte das System in Unordnung geraten sein [21].

Dagegen passen die beiden Rücksprünge der Westwand gut zu denen der Innengliederung, denen sie genau gegenüberliegen. Hier sind die Lisenen wieder zweistufig, die breite Vorlage mißt fünf

[20a] Die Flucht des obersten Teiles der Ostwand trifft die Südwand nicht genau im rechten Winkel, sondern unter 90° 50'.

[21] Auch am Langhaus von St. Pantaleon stimmen die Achsen von Innen- und Außengliederung nicht überein (vgl. Anm. {60}). – Die Lisenen sind in einer eigenartigen Technik ausgeführt. Einzelne Steine, vor allem an den Ecken, binden tief in die Mauer ein, die meisten aber haben genau die Stärke der Vorlage und sind der Kernmauer nur vorgeblendet. Beim Anbau von Grüften in den späteren Kirchen sind eine Reihe von solchen Steinen ausgebrochen worden, so daß die Westkante der Mittelnische bei den äußersten Bindersteinen anzunehmen ist (Abb. 5 a).

Abb. 5 b. Profil bei S 25 (von W. Schneider). – Maßstab 1 : 100.

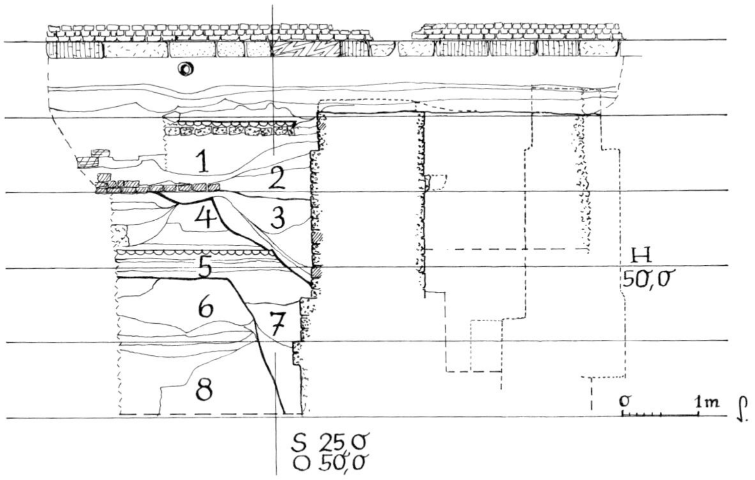

Einheiten, der schmale Zwischenstreifen, der die innere Nische einfaßt, genau eine. Demnach dürfte die Westwand reicher gestaltet gewesen sein und eine echte Fassade gebildet haben.
An der nach Osten vortretenden Apsis ist der Radius der oberen Teile enger als unten. Am inneren südlichen Schnittpunkte der Rundmauer mit der geraden Wand waren zwei Grabsteine vermauert, durch die der Innenkreis nochmals verkleinert und leicht nach Nordost verschoben wurde [22]. Auf diesem Kreisbogen, der für die weitere Rekonstruktion des Grundrisses maßgebend ist, liegt auch die Innenkante des obersten erhaltenen, nochmals leicht zurückgesetzten Mauerstücks (Abb. 5, 7.). Damit sind genügend Anhaltspunkte vorhanden, um die Mittelachse des Gebäudes genau zu bestimmen.
Die Apsis wird in der Rekonstruktion 14 Einheiten breit und 11 Einheiten tief. Nördlich und südlich finden noch zwei kleinere Nebenapsiden auf der breiten Ostwand Platz [23]. Diese bekommt eine Länge von 11,26 m, ist also nur achte Zentimeter kürzer als die Südwand. Die Differenz ist gering und liegt innerhalb unvermeidlicher Bau- und Aufmaßungenauigkeiten, so daß der Innenraum als quadratisch angesehen werden muß.
Der Grundriß, den die oberen Mauerteile bilden, unterscheidet sich erheblich von dem, der aus den unteren rekonstruiert wurde. Er gibt sich nicht mehr als schlichtes Mauerviereck mit Apsis, sondern als ein klar gegliedertes Architekturstück, das bereits entscheidende Elemente des Aufrisses enthält (Abb. 7).

Ein ganz bestimmter Bautyp

Das Innere ist als ein Raum zu rekonstruieren, der sich in drei mal drei Achsen, also in neun Felder gliederte, von denen das mittlere ohne Kontakt mit den Außenwänden war und daher bei einer Ein-

[22] Der 77×45 cm große Grabstein (Memorienstein) ist mit Flechtband ornamentiert und trägt in den beiden größeren Kreisen zweimal die gleichlautende Inschrift OBIIT ADAMUS DE . . . Er dürfte kaum vor der ersten Hälfte des neunten Jahrhunderts entstanden sein. Außerdem ist seine Oberseite stark abgelaufen, so daß er erst geraume Zeit später in den Bau geraten sein kann.

[23] Es soll nicht verschwiegen werden, daß an diesen Stellen auch zwei Wendeltreppen möglich wären. Ihre Lage wäre aber sehr ungewöhnlich, da Treppen meist im Westen angeordnet wurden. Daß sonst im Grundriß an keiner anderen Stelle Treppen unterzubringen sind, braucht kein Argument gegen die Zweigeschossigkeit zu sein (vgl. Anm. {25}). Wahrscheinlich war der Zugang zum Obergeschoß aus Sicherheitsgründen nicht von der Unterkirche, sondern von den Wohnräumen des Erzbischofs aus angelegt (Abb. 8 b, 13 e, f).

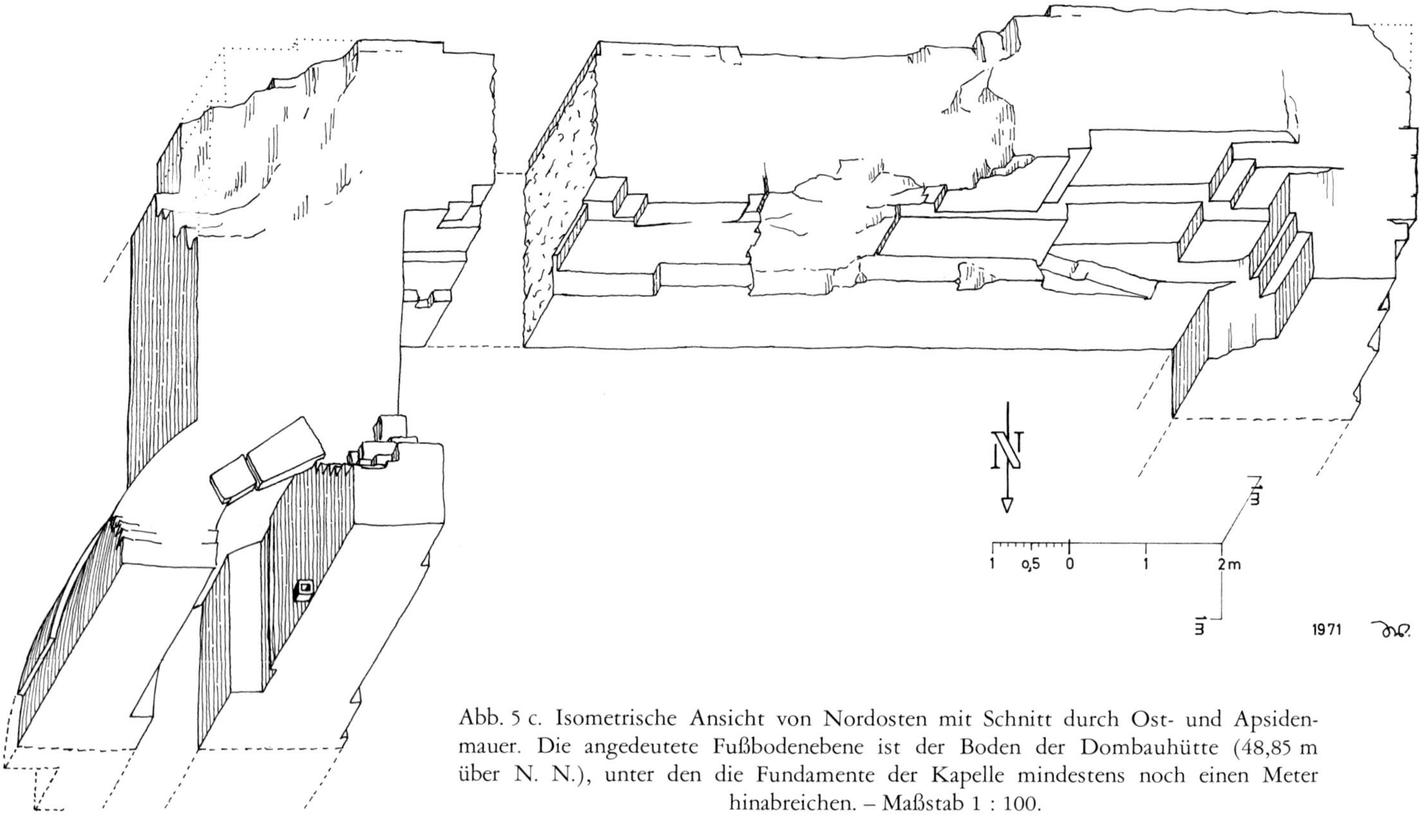

Abb. 5 c. Isometrische Ansicht von Nordosten mit Schnitt durch Ost- und Apsidenmauer. Die angedeutete Fußbodenebene ist der Boden der Dombauhütte (48,85 m über N. N.), unter den die Fundamente der Kapelle mindestens noch einen Meter hinabreichen. – Maßstab 1 : 100.

wölbung vier Freistützen brauchte. Dies war ein sehr geläufiges Grundrißschema, das besonders bei Krypten und beim Erdgeschoß von Westwerken Verwendung fand und seit dem achten Jahrhundert bekannt war [24]. Das Hillinus-Widmungsbild und die schriftlichen Quellen weisen aber darauf hin, daß es sich hier um einen weiteren, aus diesem Schema entwickelten Bautyp handelt, und zwar um die Doppelkapelle, den zweigeschossigen Vierstützenbau mit Raumverbindung [25]. Als Burg-

[24] Oswald {16} bringt (bis etwa 1024) folgende Beispiele: für Krypten: Asmolding (1. Hälfte 11. Jh.) S. 24; Augsburg, Dom, „cripta interior" (um 995) S. 28 f.; (Essen, 1051, S. 74); Gernrode, Ostkrypta (vor 961) S. 98 f.; Halberstadt, Liebfrauen (1. Viertel 11. Jh.) S. 106; Kornelimünster, St. Stephan, Westkrypta (um 816) S. 162; Ladenburg (um 1020) S. 166; Lüttich, St. Lambert (1015) S. 184 f.; Neuenberg (1020 – 1030) S. 231; Reichenau-Oberzell, Westkrypta (vor 896) S. 282; Rohr (10. Jh.) S. 286; Worms, St. Amandus (frühes 11. Jh.) S. 380; Worms-Hochheim (um 1010) S. 381; Helmarshausen, Westkrypta (997 – 1011) S. 411 f.; für Westwerke: Corvey (873 – 885) s. 55 f.;Hildesheim, Dom (852 – 872) S. 116 f.; Köln, St. Pantaleon (um 860, Mühlberg: 857 – 866) S. 151 f.; Lorsch, St. Nararius (767 – 774?) S. 179 f.; Sonderbau: Ostrov-Lednicki (2. Hälfte 10. Jh.) S. 247. – Für die Krypten in Andlau (um 1020) vgl. Rudolf Kautzsch, Der romanische Kirchenbau im Elsaß, Freiburg 1944, S. 54, Abb. 87 – 90. – Nach Leo Schäfer, Der Westchor von St. Aposteln in Köln, in: Beiträge zur rhein. Kunstgeschichte u. Denkmalpflege (K. D., Beiheft 16) Düsseldorf 1970, Abb. 27, war auch die Krypta unter dem Westchor von St. Aposteln in Köln ein Vierstützenraum. Die Kirche wurde von Erzbischof Heribert begonnen, aber erst von seinem Nachfolger Pilgrim (gest. 1036) vollendet.

[25] Oskar Schürer, Romanische Doppelkapellen. Marburg 1929. – Günter Bandmann, Doppelkapelle, -kirche, in: Reallexikon zur Deutschen Kunstgeschichte, Bd. IV, Stuttgart 1958, Sp. 196 bis 215, insb. die in Sp. 198 genannten Beispiele. Bandmann führt in dieser Liste bereits die Pfalzkapelle beim Kölner Dom auf (nach K. D. {5} S. 48 f). Siehe auch Anm. {84}. Aus den vorhandenen Resten der Kapelle ergibt sich noch nicht zwingend die Doppelgeschossigkeit. Sie hätte danach wie die Stiftskapelle in Maastricht (vgl. Anm. {54} stützenfrei, eingeschossig und flach gedeckt gewesen sein können. Die Zweigeschossigkeit wird erst durch den historischen Kontext ersichtlich: 1. durch die allgemeine

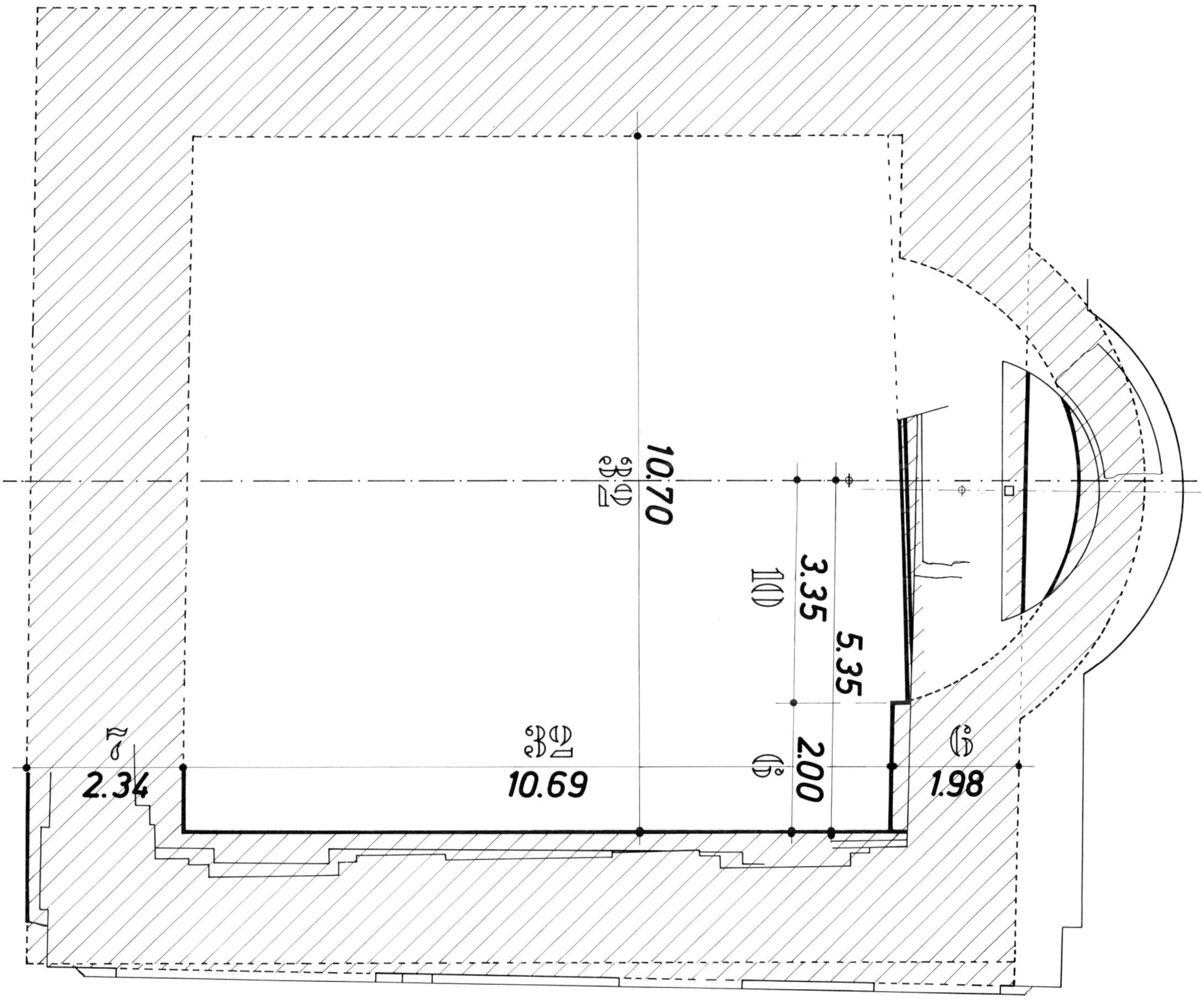

Abb. 6. Köln, Pfalzkapelle. Die unteren Fundamentteile. Zugehörige vorhandene Mauerkanten sind stark gezeichnet. Maßstab 1 : 100.

Tatsache, daß Herrscherkapellen in der Regel zweigeschossig sind. 2. ist auf dem Hillinusbild eine Zweigeschossigkeit auch im Außenbau angedeutet. 3. heißt es in einer Urkunde der Zeit um 1246, also vor dem Abbruch . . . *Ad capellam s. Johannis inferius et superius.* Lacomblet, Archiv für die Geschichte des Niederrheins, Bd. II, Düsseldorf 1857, S. 17. (Das Memorienbuch und die Statuten des Domstiftes). 4. war der Nachfolgebau wieder zweigeschossig. – Das gleiche gilt für die Mittelöffnung, die ebenfalls nur für den Nachfolgebau 6a (vgl. Abb. 18 u. Tabelle) bezeugt ist: Kreuser, Kölns alte Kirchen in Andeutungen, in: Kölner Domblatt 132, 1844 (im Anschluß an Erhard Winheim, Sacrarium Agrippinae, ^{2}1736, S. 339 u. a.): (Die Dionysiuskapelle) „lag nämlich über der alten bischöflichen Hofkirche St. Johann auf dem Domhofe, und zwar unter demselben Dache, so daß man sie durch das Gewölbe sehen konnte, wenn man in St. Johann stand. J. Merlo in: Annalen des historischen Vereins für den Niederrhein, 13/14, 1863, S. 277 f.: Das ganze Gebäude aber war, nach Art der sächsischen Königs-Capelle, so angelegt, daß von der oberen Kirche der Blick auf den Hochaltar frei . . . war". Da die in der Kapelle 6a verehrten Heiligen patroziniengeschichtlich schon vor dem Bau der Pfalzkirche 5 zur Bischofskapelle gehört haben dürften (vgl. Anm. 119, 135 u. 136), andererseits aber der Neubau 6 nach 1248 wieder in Gestalt einer Pfalzkapelle ausgeführt wurde, obwohl er nicht mehr als Bischofskapelle, sondern nur noch als Pfarrkirche diente, dürfte Bau 6 eine in räumlicher wie in liturgischer Hinsicht ziemlich getreue Kopie von Bau 5 gewesen sein.

oder Palastkapelle ist sie in zahlreichen Beispielen erhalten oder nachweisbar, angefangen von der 1034 bis 1038 erbauten Liebfrauenkriche in Goslar [26] bis zu den Pfalzkapellen in Nürnberg und Eger, die erst um bzw. nach 1200 entstanden [27]. Im Winkel zwischen Langhaus und südlichem Querschiff liegt am Dom zu Speyer die Emmeramskapelle (heute Taufkapelle), die mit der darüberliegenden Katharinenkapelle durch eine achteckige Öffnung verbunden ist. Drei Altarnischen sind in die massive Ostwand eingetieft (Abb. 12) [28]. Die um 1137 erbaute Godehardkapelle des Mainzer Domes gibt den Typ besonders rein wieder. Sie steht ebenfalls am Querhaus. Wie in Köln sind die Nebenapsiden außen rechteckig ummauert [29]. In England baute Bischof Robert de Losinga zwischen 1079 und 1095 die Doppelkapelle von Hereford, die zwar, der örtlichen Tradition entsprechend, einen gerade geschlossenen Chor hatte, aber sonst dem hier behandelten Bau sehr ähnlich war (Abb. 11). Diese Kapelle ist besonders wichtig, weil es zu ihr eine zeitgenössische Nachricht über die Bedeutung des Bautyps gibt. Sie soll nämlich nach dem Vorbild der Pfalzkapelle Karls des Großen in Aachen gebaut worden sein [30].

Aachen als Vorbild

In der Tat kann man sich leicht vorstellen, daß diese Bauten mit ihren zwei Geschossen, der oft achteckigen Mittelöffnungen, den übereinanderliegenden Ostchören und den bei einigen von ihnen westlich angesetzten Treppentürmen wie von acht auf vier Innenstützen reduzierte Aachen-Kopien verstanden wurden, zumal die Zweckbestimmung als Hofkapelle meist die gleiche war wie dort.

In Köln kam aber noch ein Weiteres hinzu. So wie die Aachener Pfalzkapelle nicht als geometrischer Baukörper frei auf einem offenen Platz stand, sondern Teil einer umfassenden Palastanlage war [31], so lag auch die Kölner Johanneskapelle inmitten von Kirchen-, Wohn- und Verwaltungsbauten verschiedenster Art, mit denen sie zusammen eine wohlgeordnete „heilige Stadt" bildete (Abb. 8b).

Von den Räumen der bischöflichen Pfalz, die sich nach den Quellen bis um die Mitte des 12. Jahrhunderts in unmittelbarer Nähe der Kapelle befunden hat [32], sind bei den Grabungen nur sehr spärliche Reste zutage getreten. Mit Sicherheit konnte nur die Grundrißgestalt eines einzigen Bauteils ermittelt werden, nämlich eines langgestreckten Korridors, der die Südseite der Kapelle berührte

[26] Edgar Lehmann, Der frühe Deutsche Kirchenbau. Berlin ^{2}1949, S. 63, 100, Abb. 226, 253. – (Udo) Hölscher, Die Pfalz in Goslar, in: Die Denkmalpflege 17, 1915, Nr. 4, S. 25 f.; ders., Die Pfalz in Goslar, Berlin 1927, S. 108 f.) – Schürer *{25}* schreibt vorsichtig, der Bau werde „als die erste nachweisbare Doppelkapelle bezeichnet". – Die These Hölschers, die Krypta der Abteikirche St. Servatius in Quedlinburg sei ursprünglich eine um 930 erbaute Doppelkapelle gewesen, hat sich durch die Grabungen von 1938 – 1942 erledigt und wird von Bandmann *{25}* und Oswald *{16}* .S 263 f. nicht mehr erwähnt.

[27] Oskar Schürer, Die Doppelkapelle der Pfalz in Eger. Eger-Kassel 1929; ders., *{25}* S. 59 u. 67.

[28] Albert Verbeek, Die architektonische Nachfolge der Aachener Pfalzkapelle, in: Karl der Große, Bd. IV, Düsseldorf 1967, S. 138 – Bandmann *{30}* Abb. 5, 6.

[29] Rudolf Kautzsch und Ernst Neeb, Der Dom zu Mainz (Die Kunstdenkmäler im Freistaat Hessen), Darmstadt 1919, S. 495 f., Taf. 85. – Schürer *{25}* S. 13 f., Abb. 1 – 4. – Bandmann *{25} S. 198, Abb. 2 u. 3.*

[30] *Non multo post accepit sedem illum Robertus Lotharingus (a. 1079 – 95), qui ibi ecclesiam tereti edificavit scemate Aquensem basilicam pro modo imitatus suo.* (Aus: Wilhelm von Malmesbury, de gestis pontificum Anglorum, geschrieben um 1125); zitiert nach: Günter Bandmann, Die Bischofskapelle in Hereford, in: Festschrift für Herbert von Einem, Berlin 1965, S. 14; dort auch die Rekonstruktionszeichnungen von Drinkwater (Abb. 1 – 4) sowie weitere alte Ansichten und Grundrisse (Taf. I, II). Grundriß auch in: G. F. Webb, Architecture in Britain: The Middle Ages, (The Pelican History of Art), Harmondsworth 1956, Abb. 21.

[31] Hugot *{18}* S. 534 f., Abb. 1, 2. – Kreusch *{14}* S. 463, Abb. 1. – Karl Faymonville, Der Dom zu Aachen, München 1909, S. 4, jedoch nicht wie S. 10, Abb. 2!

[32] Schon die Bezeichnung der Kapelle *„in curia" oder „in domo episcopali"* weist darauf hin, daß hier der Bischofspalast war. Vogts *{2}* S. 4 f. – Clemen *{1}* S. 405. – Vgl. auch die Urkunden in Anm. *{34}*.

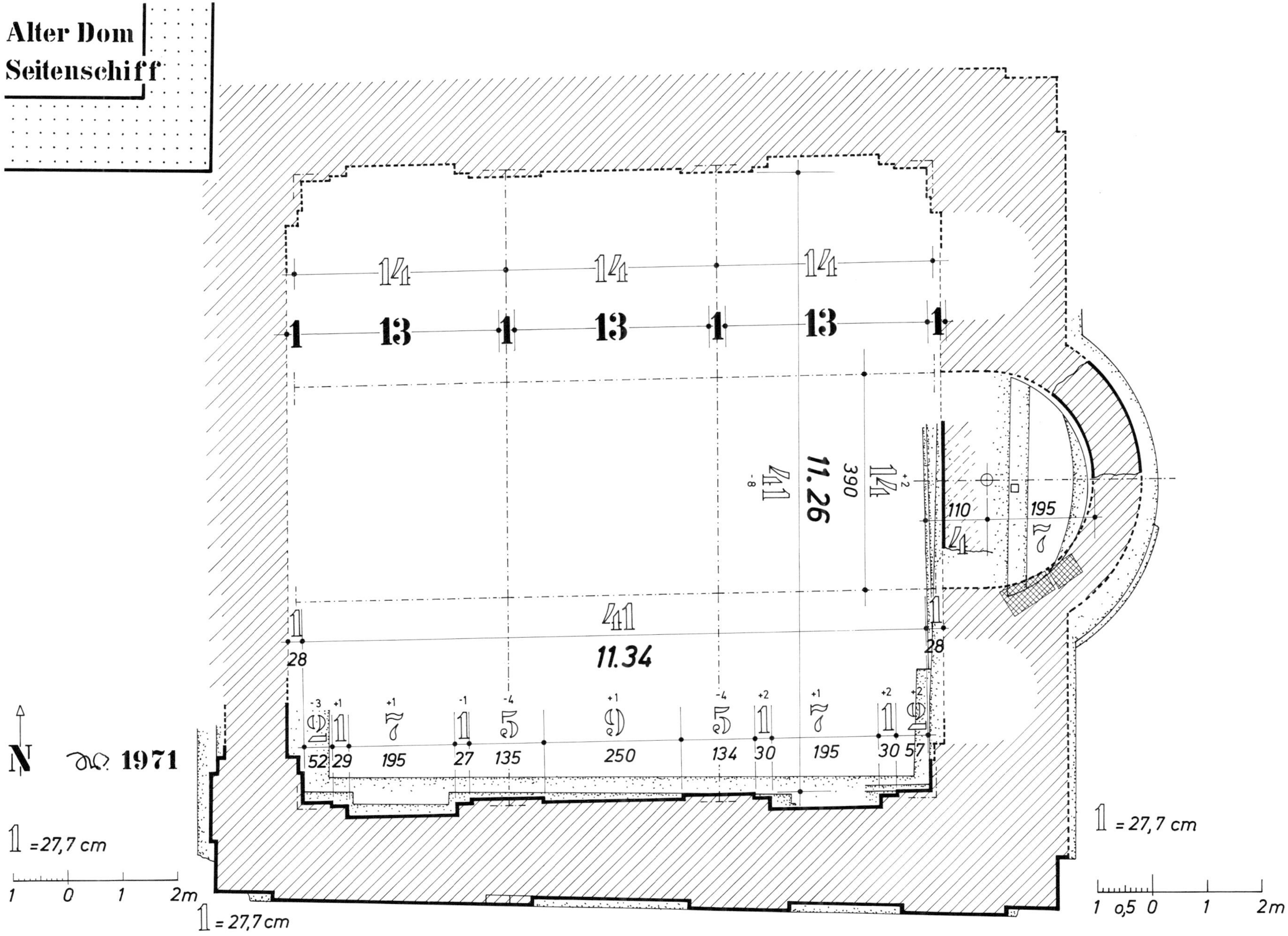

Abb. 7. Köln, Pfalzkapelle. Die oberen Fundamentteile. Zugehörige vorhandene Mauerkanten sind stark gezeichnet. – Maßstab 1 : 100.

und nach Osten wie nach Westen über die Grenzen der Ausgrabung hinauslief. Dabei mag es sich um einen Säulengang gehandelt haben, der nach Norden offen, nach Süden aber geschlossen war und der die mehrfach bezeugte Vorhalle (porticus) auf der Südseite des Alten Domes mit der Kapelle und dem Bischofspalast verband [33].

Damit entstand westlich der Kapelle ein Hofraum von etwa 13 m Breite und mindestens 16 m Länge, also ein eigenes Atrium für die Johanneskirche. Wenn in Urkunden des 12. und 13. Jahrhunderts die Rede davon ist, daß ein steinerner Bischofsthron „vor" der Kapelle stand, dann kann er nur in diesem Atrium gestanden haben, und zwar vor dem Westportal zum Untergeschoß der Kirche [34]. Damit wird auch die Fassadenbildung verständlich, die sich aus der reicheren Gestaltung der Wandglieder an dieser Seite ergibt (Abb. 5, 7, 13 e, f). Sie allein stand völlig frei, während die anderen Fronten weitgehend von angrenzenden Gebäuden verdeckt waren (Abb. 8 b) [35].

Die Parallelität zu Aachen beschränkte sich demnach nicht auf den Innenraum der Kirche, sondern umfaßte die Gesamtanlage einschließlich des Atriums und seiner Funktion. Jüngsten Forschungen nach stand nämlich dort in ottonischer Zeit nicht nur ein Thron im Obergeschoß des Oktogons, von dem aus der Herrscher dem Gottesdienst beiwohnte, sondern ein zweiter unten im Atrium, auf dem er während der Reichsversammlung saß, „treffliche Anordnungen für das Reich" erteilte und „in allgemeiner Fürsten- und Kirchenversammlung zweckmäßig des kirchlichen und weltlichen Rechts waltete" [36].

[33] Clemen *{1}* S. 47. – Maximilian Hasak, Der Dom des heiligen Petrus zu Köln, Berlin 1911, S. 35. – Vogts *{2}* S. 10. – Verbindungsgänge dieser Art gab es, ein- und zweigeschossig, an vielen frühmittelalterlichen Palastanlagen. Vgl. Viollet-le-Duc, Dictionnaire raisonné de l'architecture Française, Bd VII, Paris 1864, S. 3, 6, 7. Besonders berühmt ist der zweigeschossige Verbindungsgang zwischen Palastaula und Pfalzkapelle in Aachen. Vgl. Faymonville *{31}* S. 121 f. – Kreusch *{14}* S. 511 f., Abb. 1, 14, 13, Abb. 24, 25. – Hugot *{18}* Abb. 2.

[34] Richard Knipping, Die Regesten der Erzbischöfe von Köln, Bd. III, 1, Bonn 1909, Nr. 889: (1238, Febr., Erzbischof Heinrich I.) schenkt dem Domstift ... das Haus am Domhof *(super curiam)*, anstoßend an die Johanniskapelle und *Antiquum palatium* genannt, ... indem er sich die Kapelle und den erzbischöflichen Sitz davor reserviert, damit ihm und seinen Nachfolgern bei feierlichen Gelegenheiten wie bisher der Zutritt zu ihnen freistehe. – F. Frensdorf, Das Recht der Dienstmannen des Erzbischofs von Köln, in: Mitteilungen aus dem Stadtarchiv von Köln, 2, 1883, S. 4 – 10: (sog. langer lateinischer Text): *Qui cappellarius proximo die post festum sancti Petri synodum suam celebrabit in veteri domo archiepiscopi ante capellam beati Johannis et in lapidea cathedra ibidem sita ipse residebit, eruntque presentes illic beati Petri ministeriales omnes, ut de excessibus suis, quos personaliter comiserint, cappellario tamquam patri suo spirituali respondeant.* Abgedr. auch bei: F. Gescher, Der Kölner Dom des Mittelalters als Pfarr- und Sendkirche des hohen Adels, in: Der Dom zu Köln, Festschrift 1930 (Veröffentlichungen des Kölnischen Geschichtsvereins, 5, 1930), S. 215 f., dort auch zur umstrittenen Datierung der Urkunde, die zwischen 1164 und 1176 entstanden sein muß (S. 220).

[35] Die Frage, ob die Westfront mit weiteren Aachen-Motiven ausgestaltet war (hohe Mittelnische, tiefe, tonnengewölbte Eingangshalle), kann leider nicht beantwortet werden, da weder das Hillinusbild noch der Grabungsbefund darüber irgendeine Aussage machen. Interessant ist jedoch der Vergleich mit der Lorscher Torhalle, die drei offene Durchgänge hatte, und mit dem Rekonstruktionsversuch D. v. Winterfelds, der für die Kapelle in Speyer ebenfalls drei offene Bögen im Untergeschoß der Westseite annimmt (Abb. 12).

[36] Helmut Beumann, Grab und Thron Karls des Großen zu Aachen, in: Karl der Große, Bd. IV, Düsseldorf 1964, S. 9 f., insb. S. 27. – Lassen sich auch in Köln noch beide Throne nachweisen? J. J. Merlo *{25}* berichtet von der Kirche 6a: Ihr Schluß auf dem oberen Theil war eine weite Rundung (Apsis), in deren Mitte sich angelehnt an die Wand eine einfache Steinbank befand, aus einem einzigen Block bestehend und von der Größe, daß wenigstens drei Männer zum Sitzen bequem darauf Platz hatten. Dies war der Sitz des Erzbischofs ... Dazu steht im Widerspruch die einzige Abbildung des Thrones von Merlos eigener Hand, wonach der Sitz die Gestalt eines Sessels hatte (abgebildet bei Vogts *{2}* S. 4; K. D. *{5}* S. 52, Abb. 34), der nach anderen Beschreibungen (vgl. Anm. *{105}*) mit vielen alten Figuren geschmückt war. (Vgl. J. Braun, Bischofsstuhl, in: Reallexikon zur Deutschen Kunstgeschichte, Bd. II, Stuttgart 1948, Sp. 815; dort „Ehrensitz" genannt). Merlo überliefert mit Sicherheit zwei Sitze, doch ist zur Zeit weder auszumachen, ob es beide tatsächlich Bischofssitze waren (die Bank in der Südkonche könnte der Dreisitz in Bau 6 gewesen sein, als der Altar noch in der Ostapsis stand), noch welcher von beiden ursprünglich im Atrium, bzw. im Obergeschoß der Pfalzkapelle stand.

Hillinusbild und Lageplan

Nach dem Hillinusbild hatte Vogts die Pfalzkapelle an einer ganz anderen Stelle vermutet als an der, wo sie 1969 ausgegraben wurde [37]. Indem er den östlichen Querbau richtig als die Vorhalle des Alten Domes deutete und sie vom Ostende der Seitenschiffe nach Süden reichen ließ, ordnete er die Kapelle folgerichtig an deren südlicher Giebelwand an (Abb. 8a).
Da an dieser Stelle nun nichts gefunden wurde, das turmartige Gebäude auf dem Bild aber ohne Zweifel die Johanneskapelle meint, muß sich der Zeichner von der Reichenau vertan haben. Offenbar war ihm die Vorhalle zu weit nach Osten gerückt, wie ihm auch die Abstände der Obergadenfenster zu weit geraten sind, so daß er nur sechs statt zwölf unterbringen konnte [38]. Da er aber die bedeutende Johanneskapelle nicht durch den Giebel der weniger wichtigen Vorhalle verdecken wollte, mag er diesen einfach weggelassen haben. Daß der Verbindungsgang zwischen Portikus und Bischofspalast fehlt, mag daran liegen, daß für ihn bei der fehlerhaften Zuordnung der beiden anderen Bauten kein Platz mehr war; außerdem wäre er unter den Bildrand gerutscht. Hier genügt, daß er bei den Ausgrabungen gefunden wurde (Abb. 8b) [39].
Wie der Gang an den Bischofspalast und an die Vorhalle des Domes anschloß, ist vorerst nicht zu klären, ebensowenig wie die Frage, ob diese, wie es das Hillinusbild auszusagen scheint, zweigeschossig war. Dann könnte auch der Gang – ähnlich übrigens wie in Aachen – ein Obergeschoß gehabt haben, über das dann die urkundlich erwähnten Verbindungen zwischen Bischofshof, oberer Kapelle und Altem Dom zustandegekommen wären.
Um 1248 muß die Situation um das Atrium jedoch verändert gewesen sein, denn die acht kleinen Zinshäuser, die 1251 abgebrochen wurden, können nur hier gestanden haben [40]. Trotz des immer noch bestehenden Bischofsthrones war die Bedeutung dieses Platzes nach der Verlegung des Palastes auf die gegenüberliegende Seite des Domhofes offenbar zurückgegangen.

Aufriß und Gewölbesystem

Fast alle noch erhaltenen Vierstützenräuem, ob als Krypten, Westbauten oder Doppelkapellen, haben im Untergeschoß Kreuzgratgewölbe, in der Regel zwischen Gurtbögen, die aus den Wandvorlagen emporsteigen. Eine solche Lösung scheidet aber hier aus, weil dazu nach innen vorspringende Eckvorlagen notwendig wären und meistens auch vorhanden sind (vgl. Abb. 12) [41]. Bei diesem und allen anderen Systemen, bei denen die Gliederung der Gewölbe aus der Gliederung der Wand herauswächst, würden in den vier Eckfeldern an den Wänden exzentrische, sichelförmige Schildbögen

[37] Hans Vogts, Köln im Spiegel seiner Kunst. Köln 1950, S. 49, Abb. 7. In der vor Grabungsbeginn hergestellten Zeichnung bedeutet das mit einem diagonalen Kreuz gekennzeichnete Quadrat den im Hillinusbild am östlichen Rand erscheinenden Bau.

[38] Weyres {16} S. 33=hier S. 478, Abb. 13, S. 34=hier S. 477; Quelle abgedr. bei Hasak {33} S. 20.

[39] Hinsichtlich der Höhenangaben darf das Hillinusbild nicht überinterpretiert werden. Versucht man, die Darstellung der Ostpartie wie eine moderne Isometrie zu entzerren, so erhält die Traufe der porticus die gleiche Höhe wie die des Mittelschiffes, das nach den Rekonstruktionen von Weyres {16} S. 33=hier S. 478, ders. {15} S. 410=hier S. 444 etwa 18,5 m hoch war. Die Johanneskapelle ragt mit ihrem etwa 5 m hohen Obergeschoß noch über diese Linie hinaus, so daß sie ohne Dach über 24 m hoch gewesen sein müßte, was ganz sicher nicht der Fall war. Vielleicht muß man die Zeichnung „unperspektivisch" sehen, um annähernd richtige Höhenverhältnisse zu erhalten. Die Kapelle bleibt dann niedriger als das Mittelschiff des Domes; vgl. Abb. 8, 13.

[40] Clemen {1} S. 55 f. – Hasak {33} S. 23.

[41] Bei Bauten, die trotz einspringender Ecken Kreuzgewölbe besitzen, springt die Wandvorlage um eine Stufe weiter vor als die Eckvorlage (vgl. Worms-Hochheim, Andlau u. a., Anm. {24}).

oder senkrecht in die Wölbflächen einschneidende Wandversprünge entstehen, was bei einem so exakt geplanten und ausgeführten Bau sicher nicht geduldet worden wäre [42]. Es gibt nur zwei Möglichkeiten, die Wölbung sauber und ohne häßliche Kompromisse zu bewältigen:

1. Das System der Innenstützen und der Wölbung ist völlig unabhängig von der Gliederung der Wände. Das würde bedeuten, daß die Außenwände oberhalb der Scheitel der rundbogig geschlossenen Flachnischen von einem Gesims abgeschlossen würden, über dem dann eine beliebige Wölbform ansetzen könnte. Auch die Innenstützen brauchten sich nur allgemein nach den Raumachsen zu richten, wobei gleich breite Schiffe oder ein breiteres Mittelschiff gewählt werden könnten. Diese Stützen trügen übermauerte Bögen, die in gleicher Höhe wie die Außenwände mit einem Gesims geschlossen würden. Als Gewölbe böten sich vier Tonnen entlang den Außenwänden an, die sich in den Eckfeldern entweder auf Gehrung schneiden oder kreuzweise durchdringen könnten. Das Innenquadrat könnte frei bleiben (Untergeschoß) oder bequem durch ein einfaches Kreuzgewölbe geschlossen werden (Obergeschoß).
2. Das System der Innenstützen und der Wölbung wird aus den Maßen der Wandgliederung abgeleitet. Die breiten Nischen sind neun, die Wandvorlagen fünf und die Eckvorlagen zwei Einheiten breit. Aus diesen Maßen würden sich bei einer Stützen- bzw. Gurtbogenbreite von nur einer Einheit neun absolut gleiche Grundrißquadrate von je $2+9+2=13\times13$ Einheiten ergeben, die leicht mit Kreuzgewölben oder mit Kuppeln geschlossen werden könnten [43].

Diese beiden Systeme erscheinen auf den ersten Blick sehr verschieden und nicht miteinander vereinbar, das erste massiv und wuchtig, das zweite leicht und offen. Dennoch brauchen sie sich nicht auszuschließen, ja es könnte sogar der besondere Reiz dieses Baues gewesen sein, beide zu vereinigen und das erste unten, das zweite im Obergeschoß anzuwenden; das Vorbild der Aachener Pfalzkapelle wäre damit bestimmt nicht schlecht nachempfunden. Genausogut könnten auch beide Geschosse nach dem zweiten System unterteilt gewesen sein, wobei unten einige leichte Modifizierungen notwendig gewesen wären. Man hätte dann wie in Speyer (Abb. 12) auch im Erdgeschoß Säulen gehabt, die natürlich dicker als die oberen gewesen wären. Die Gurte würden an den Wänden auf konsolenartigen Gesimsstücken enden, die Schildbögen leicht exzentrisch ausfallen.

Bauglieder

Die Wahrscheinlichkeit, von einem Gebäude, das 1248 abgebrochen wurde, einzelne Bauglieder wiederzufinden, ist äußerst gering, vor allem, wenn man bedenkt, daß der einzige erhaltene Mauerzug später mehrmals bis in größere Tiefe freigelegt worden ist und daß bei der Grabung von 1969 keine echten Sturzlagen mehr angetroffen wurden. Wenn hier dennoch ein Würfelkapitell und einige Bruchstücke von Kämpferplatten vorgestellt werden, dann geschieht das nur, um keinen auch noch so geringen Anhaltspunkt für die Rekonstruktion und die Datierung der Kapelle zu übergehen und mit dem ausdrücklichen Hinweis, daß diese Teile zu ihr gehört haben können, nicht aber gehört haben müssen.

Die Stücke fanden sich nicht im Schutt, sondern in anderen Bauteilen vermauert. Das Kapitell stammt aus den großen Fundamentblöcken im Bereich des Nordwestturmes des spätstaufischen

[42] Außerdem würden die äußeren Achsen breiter als die innere, nämlich 11 zu 9 Einheiten. Dies ist bei keinem Vierstützenbau der Fall!

[43] Es gibt noch eine andere Möglichkeit, Kreuzgewölbe ohne sichelförmige Schildbögen einzubringen (wobei allerdings die Außenachsen größer blieben als die Innenachse), nämlich eine scharfe Kehle, die zwischen zwei vom Gewölbemittelpunkt ausgehenden, auf den Vorlageecken endenden Graten liegt. Eine solche Lösung scheint jedoch im Mittelalter nur einmal ausgeführt worden zu sein, nämlich im Erdgeschoß des Westwerks von Corvey (vgl. Anm. {24}) und sollte, zumal sie unbefriedigend ist, nicht unnötig strapaziert werden. Vgl. Elbern {47} Taf. 32.

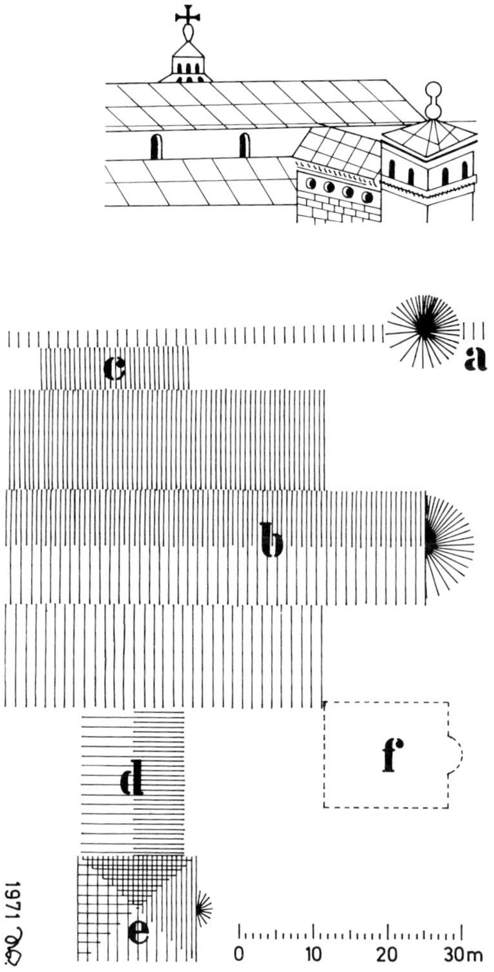

Abb. 8a. Hillinusbild (Nachzeichnung). Darunter Lageplan nach Hillinusbild. Maßstab ca. 1 : 1000.

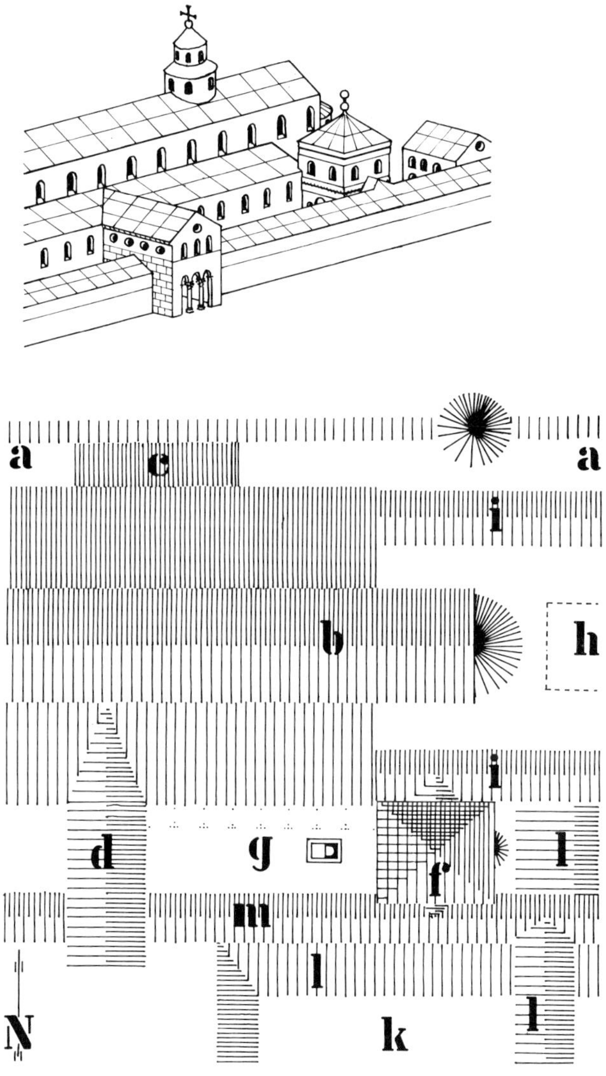

Abb. 8b. „Korrigiertes Hillinusbild". Darunter Lageplan nach Grabungsbefund und Quelleninterpretation. – Maßstab ca. 1 : 1000.

Abb. 8a, b. Köln, Ostpartie des Alten Domes im 11. bis 13. Jahrhundert: a) römische Stadtmauer; b) Alter (= karolingischer) Dom nach Anbau der äußeren Seitenschiffe (um 965); c) camera aurea; d) Vorhalle (porticus); e) Pfalzkapelle (S. Johannis in curia) nach Hillinusbild und Vogts (vgl. Anm. 37); f) Pfalzkapelle (S. Johannis in curia, Bau 5 in Abb. 18), wirklicher Standort nach Grabungsbefund; g) Atrium der Johanneskirche mit erzbischöflichem Thron; eingepunktiert der Standort der acht kleinen Häuser; h) Standort der karolingischen Taufkapelle (Bau 3 in Abb. 18); i) Säulengänge nach B. M. V. ad gradus; k, l) Hofraum und weitere Gebäude der erzbischöflichen Pfalz; m) Verbindungsgang (vgl. Abb. 13e, f).

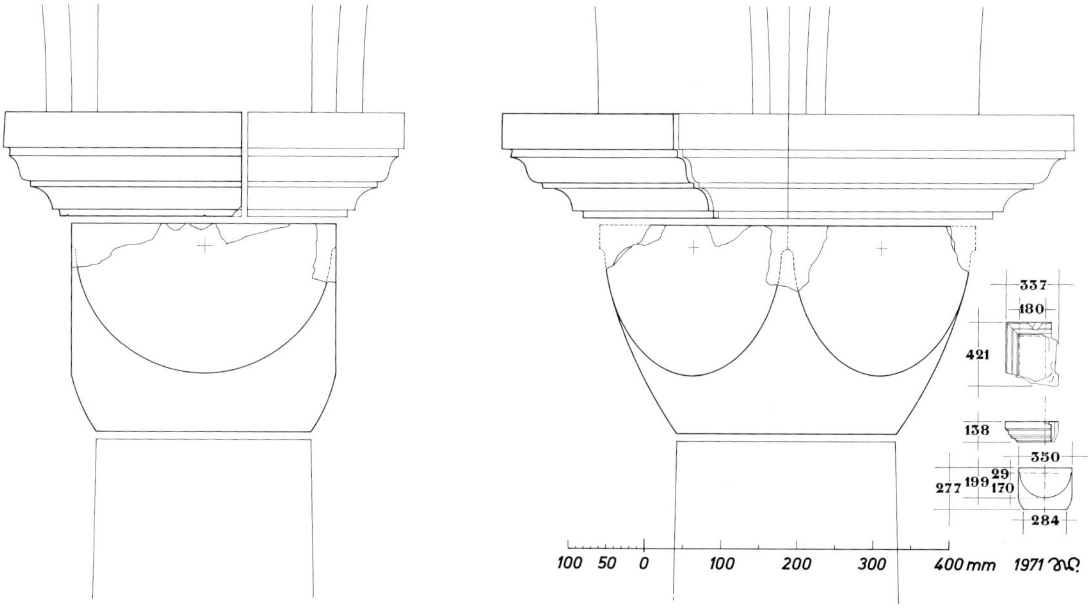

Abb. 9. Würfelkapitell und zugehörige Deckplatte, vielleicht zur Pfalzkapelle gehörig. Frontal- und Diagonalansicht. Maßstab. 1 : 10.

Nachfolgebaues, die in verstürzter Lage angetroffen und vor dem Abtransport von den Ausgräbern zerschlagen wurden, um sie auf datierbare Architekturteile zu untersuchen [44]. Die drei Kämpferfragmente waren in der Westwand der Kirche von 1703 verbaut. Damit ist wenigstens die Kontinuität der Werkstücke gesichert, denn die nachfolgenden Kirchen werden nach Möglichkeit das Material der abgebrochenen Vorgänger übernommen haben, wobei die Kämpfer zum zweitenmal wiederverwendet worden wären.

Alle Teile bestehen aus gelblich-weißem Kalkstein, der in römischer Zeit nach Köln gekommen war und, aus antiken Bauten entnommen, bis in die Gotik hinein gern verarbeitet wurde [45]. Das größte Kämpferstück besitzt an seiner Oberseite noch die glatte römische Oberfläche.

Am interessantesten ist zweifellos das Würfelkapitell (Abb. 9, 10). Es mißt im Grundriß 35×35 cm und ist 27,7 cm hoch; der Kreis des Unterlagers hat einen Durchmesser von 28,4 cm. Die halbkreisförmigen Schilde stoßen an den Ecken fast zusammen. Sie reichen nur um 3,0 cm über ihren Kreismittelpunkt hinauf. Besonders auffällig ist das äußerst steile, kaum gerundete Kissen, durch das die Schilde nur um knapp 4 cm über die Flucht der Säule hinausgebracht werden. Ein Halsring ist nicht vorhanden.

Das Kapitell wirkt sehr streng und blockhaft und gehört sicher in die Frühzeit der Würfelkapitelle. Nicht eine Durchdringung von Würfel und Kugel liegt hier vor, sondern von Würfel und Kegel. Geometrisch müßten dabei parabelförmige Schilde entstehen. Nur deren mit dem Zirkel eingeritzte Kreisform zwingt dazu, das Kissen zu runden [46].

[44] Vgl. unter Abschnitt II „Die spätromanische Johanniskirche" sowie Abb. 14.

[45] Arnold Wolff, Die älteste Bauplastik des gotischen Kölner Domes, in: Kölner Domblatt 26/27, 1967, S. 77.

[46] Falls das Kapitell von der Pfalzkapelle stammt und falls diese, wie im Abschnitt „Datierung" vermutet, um 1000 begonnen wurde, gehört es in der Tat zu den frühesten Würfelkapitellen der deutschen Gruppe überhaupt. Mit denen von St. Michael in Hildesheim hat es die geringe Ausladung der Schilde gegenüber dem Säulenschaft gemeinsam, auch fehlen wie bei einigen Hildesheimer Stücken die Diagonalgrate. Mit den Kapitellen in Weißenburg, die Kautzsch {24} S. 122 für die ältesten im Elsaß hält, bestehen ebenfalls Gemeinsamkeiten. Die Kölner Kapitelle von Maria im Kapitol laden erheblich weiter aus, ebenso die von St. Georg (vgl. Anm. {48}).

Abb. 10. Würfelkapitell und zugehörige Deckplatte. Vielleicht zur Pfalzkapelle gehörig.

Geläufige und gereifte Formen zeigen dagegen die Kämpferstücke. Die Abfolge Plättchen – Kehle – Plättchen – Plättchen – Karnis – Plättchen – Platte tritt häufig auf und paßt gut zu den später anzuführenden Vergleichsbauten (Abb. 9, 10) [47].

Kapitell und Deckplatten gehören offensichtlich zusammen, denn ihre Maße stimmen vorzüglich überein. Die drei Kämpferplatten sind mit 13,8 cm genau halb so hoch wie das Kapitell. Auf der Unterseite des größten Bruchstücks sind Mittel- und Randlinien eingeritzt, deren Abstand 18 cm beträgt, was etwa der Hälfte der oberen Kapitellseite von 35,0 cm entspricht. Die Ausladung von der Mittellinie aus beträgt 27,5 cm. Das paßt zum Maß des Unterkreises und der Höhe des Kapitells.

Das Fehlen des Halsringes kann bedeuten, daß das Kapitell für eine antike Spolie, etwa eine monolithische Marmor- oder Granitsäule, geschaffen wurde, deren Halsring vorhanden war. Angesichts

Eine besonders wichtige Einzelheit, nämlich das Aussehen des Schnittpunktes zweier Schilde, kann nicht mehr nachgewiesen werden, weil alle vier Ecken fehlen. Da jedoch die Seitenlänge 35 cm, die Radien der Schilde aber nur 17 cm betragen, muß mit einem 5 mm breiten Rücksprung der Schilde gerechnet werden (Abb. 9). Dieser von Evers für die frühen Typen als charakteristisch bezeichnete Anlauf dürfte in Höhe der Schildmittelpunkte, also 3 cm unter der Oberkante, anzusetzen sein. Vgl. Hans Gerhard Evers, Entstehung des Würfelkapitells, in: Festschrift für Karl Oettinger, Erlangen 1967. Die Kapitelle am Westbau von St. Pantaleon, die die angebliche Aufgabe, runde in rechteckige Formen zu überführen, gar nicht erfüllen, da sie über Flachpilastern stehen, haben sowohl Halsring wie Diagonalgrate und waren sicher nicht das Vorbild.

Es fällt auf, daß ein großer Teil der frühen Würfelkapitelle in Vierstützenräumen zu finden ist, (Asmolding, Ladenburg, Worms-Hochheim, Andlau, alle Anm. (24)), was damit zusammenhängen kann, daß mehr Krypten als Mittelschiffe aus dieser Zeit erhalten sind. Immerhin sei die Frage gestattet, ob es vielleicht gar nicht die flachgedeckten Oberkirchen waren, die die neue Kapitellform hervorbrachten, sondern die Vierstützenträume. Der unbequeme Satz von Evers: „Das sogenannte Würfelkapitell muß Teil gehabt haben am Westen des Raumes" fände dann eine konkrete Auflösung.

47 Gleich: Susteren, Krypta. Vgl. Victor Elbern, Das erste Jahrtausend. Düsseldorf 1962, Taf. 66. – Ähnlich: Köln, St. Pantaleon, Westbau. Vgl. Albert Verbeek, Kölner Kirchen. Köln ²1969, Abb. 5; Köln, Maria im Kapitol, Umgänge, ebd., Abb. 16, 17, 23, 24. – Vgl. unten Abschnitt „Ähnliche Bauten".

des Vorbildes Aachen wäre das nicht verwunderlich. Doch eine zeichnerische Überprüfung ergibt ein sehr ungünstiges Aussehen einer derartigen Kombination, die nicht in den Rahmen des sonst so sorgfältig durchdachten Baues paßt. Viel wahrscheinlicher ist die Anordnung, bei der das Kapitell direkt auf dem Säulenschaft sitzt, ohne daß ein Halsring dazwischentritt. Sie kommt in der ersten Hälfte des 11. Jahrhunderts mehrfach vor; fast immer sind dann auch die Würfelkapitelle besonders straff und gerade. Die nächstliegenden Beispiele sind St. Maria im Kapitol und St. Peter in Utrecht, die beide um 1040 möglich sind [48]. Unterschiedlich ist dort nur die viel stärkere Ausladung des Kapitells gegenüber dem Säulenschaft.

Bei der Rekonstruktion werden die beiden zusammengehörigen Bauglieder für das Obergeschoß in Anspruch genommen, das nach dem 2. Wölbungssystem dünne Säulen gehabt haben dürfte. Ermutigend ist dabei, daß das Maß von etwa 27,7 cm, das als Baustellenmaß aus der Gliederung der Südwand gewonnen und als Maß für Säule oder Gurtbogen erwogen wurde, bei den aufgefundenen Baugliedern in einfacher und halbierter Form mehrfach auftritt. Die Wahrscheinlichkeit, daß die Teile zu dem Bau gehören, ist demnach trotz gewisser Vorbehalte gegeben [49].

Ähnliche Bauten

Rekonstruktionsversuche untergegangener Bauten können heute nicht mehr den Sinn haben, deren Gestalt wiedergewinnen zu wollen [50]. Sie sollen vielmehr helfen, ähnliche Bauten zu finden und so einer Datierung näher zu kommen.

Nach den Überlegungen zu den möglichen Wölbesystemen fällt die Suche nach ähnlichen Bauten leichter. Von der schon erwähnten Kapelle in Hereford sind außer einer heute eingebauten Wand nur Zeichnungen erhalten (Abb. 11). Danach waren die Wände im Obergeschoß sehr ähnlich wie im Untergeschoß gestaltet. Die Nischen, flach und weit wie am Kölner Bau, waren oben rundbogig geschlossen und in beiden Geschossen vorhanden. Während unten kreuzförmige Pfeiler standen, wurde das Obergeschoß von Säulen getragen, denen an den Wänden Halbsäulen oder vorgelegte Vollsäulen mit Würfelkapitellen entsprachen. Bei der Rekonstruktion der Gewölbe ist sie, namentlich im Untergeschoß, mit den gleichen Schwierigkeiten belastet wie der Kölner Bau und kann deshalb nicht weiterhelfen [51]. Halbtonnen wie in den „Seitenschiffen" des Obergeschosses würden der Kölner Bautradition widersprechen und nicht zu dem Zeltdach des Hillinusbildes passen.

[48] Verbeek {47} Abb. 16 – 18, 23, 24. – Elbern {47} Taf. 65; vgl. auch Deventer, ebd. Taf. 68. – Köln, St. Georg (Krypta) mit leichtem Halsring, Verbeek {47} Abb. 12.

[49] Statisch bestehen keinerlei Einwände gegen Säulen von nur 28 cm Durchmesser an der dünnsten Stelle. Nach den vorgeschlagenen Rekonstruktionen hätte eine Freisäule eine Last von etwa 14,5 t zu tragen gehabt; das entspricht bei einem Querschnitt von $14 \times 14 \times \pi = 617$ cm² einer Belastung von 23,5 kg/cm², was selbst nach den heutigen Vorschriften (DIN 1053 T. 9) bei Verwendung von dichtem Kalkstein eine Schlankheit von fast 1 : 12, d. h. eine Säulenschafthöhe von 3,25 m zugelassen hätte. Selbst bei Annahme einer Überhöhung der Mittelöffnung und einer teilweisen Mitbelastung durch den Dachstuhl dürfte die Belastung einer Säule kaum über 50 t hinausgegangen sein. Die Spannung wäre dann auf etwa 81 kg/cm² angestiegen, was zwar jenseits der Zulässigkeit nach DIN 1053, T. 8, liegt aber immer noch weit unter der tatsächlichen Bruchgrenze, die bei dem angegebenen Material erst bei etwa 500 kg/cm² erreicht wird (DIN 1053, T. 7). Spannungen von über 100 kg/cm² sind bei mittelalterlichen Bauteilen nicht ungewöhnlich. Jürgen Segger, Zur Statik gotischer Kathedralen, Diss. T. H. Aachen, Bamberg 1969, ermittelte am Kölner Dom Spannungen bis zu 189 kp/cm² (S. 150). Nach Segger, S. 85, muß bei gotischen Bauten die Sicherheitsgrenze dreimal so hoch wie nach DIN 1053, Tafel 8, angesetzt werden.

[50] Die Rekonstruktion des Wand- und Gewölbesystems kann ohnehin nicht die tatsächliche Gestalt dieser Bauglieder erbringen, sondern nur die Planungsabsicht zu jenem Zeitpunkt, da der Bau die heutige Abbruchhöhe erreicht hatte.

[51] Die Rekonstruktionen von Drinkwater {30} stimmen in diesem Punkte nicht mit dem Aufmaß von 1737, Bandmann {25} Sp. 199, Abb. 4, sowie dem danach gefertigten Kupferstich, Bandmann {30} Taf. 2, 1, überein, aus denen ein sehr

Die Emmeramskapelle in Speyer hat auch im Untergeschoß Säulen um das innere Quadrat, an den Wänden aber rechteckige Vorlagen in Breite der bögen, während die Grate der Gewölbe auf die Ekken der zweiten Abtreppung treffen (Abb. 12). Im Obergeschoß standen nach v. Winterfeld Halbsäulen vor den Wänden. Die Mittelöffnung war wie in Hereford durch ein belichtetes Türmchen überhöht, das dort quadratisch und mit Kreuzgewölben, in Speyer achteckig und mit Klostergewölben geschlossen war. Speyer und Hereford werden um 1080 datiert. [52].

Da weitere Doppelkapellen mit einem ähnlichen Wandgliederungssystem nicht aufrecht stehen, müssen Bauteile von anderen Kirchen mit vergleichbaren Einzelformen herangezogen werden. Ein Raum von fast gleicher Größe und Wandgliederung ist der Chor der 1024 begonnenen Klosterkirche in Limburg an der Hardt [53]. Hier wird die Wand über den rundbogigen, die Fenster umgreifenden Flachnischen von einem Gesims abgeschlossen, wie es nach System 1 bei der Kölner Kapelle gewesen sein kann. Es folgt darüber aber kein Gewölbe, sondern eine Flachdecke [54].

Umlaufende Tonnen kommen in Zentralbauten mit basilikalem Querschnitt häufig vor, seit die Grabeskirche in Jerusalem kopiert wird. Ein bekanntes Beispiel ist S. Constanza in Rom. Auch die 1818 abgebrochene Martinskirche in Bonn aus der Zeit um 1150 war nach diesem Schema gebaut. Diese Bauten sind jedoch durchweg rund. Rechtwinklig umlaufende Tonnen finden sich oft in Stollenkrypten und waren z.B. im St. Gallener Klosterplan des frühen 9. Jahrhunderts vorgesehen. In St. Pantaleon in Köln scheinen sie um 860 ausgeführt gewesen zu sein. Eine überhöhte Mittelzone, die von Tonnen rechtwinklig umrahmt wird, besitzt die Krypta von St. Mang in Füssen aus dem 10. Jahrhundert [55].

Bei der Außengliederung fallen besonders die freibleibenden Ecken auf, die an bestehenden Bauten äußerst selten sind [56]. Ein naheliegendes Beispiel ist die 1046 geweihte Frauenstiftskirche St. Gertrude in Nivelles, bei der auch die Innenecken in den Nebenchören wie bei der Kölner Kapelle gestaltet sind [57]. Die freien Eckstreifen sind hier unter der Traufe gerade geschlossen, während die breiten Vorlagen hohe, rundbogig geschlossene Nischen einfassen, in denen oben relativ große Fenster sitzen. In ähnlicher Weise sind auch die Außenwände der etwa gleichzeitigen Kirchen St. Hadelin in Celles, St. Denis in Lüttich und vieler anderer Kirchen des Maaslandes gegliedert [58].

logisches Maßsystem der Wandgliederung hervorgeht. Offenbar bewußt hat Drinkwater es vermieden, in den Erdgeschoßgrundriß Gewölbelinien einzuzeichnen. Ehe nicht durch neue Tatsachen (Aufdecken der vermauerten Wand) das sehr exakte, mit Maßen versehene Aufmaß korrigiert wird, muß das Gewölbesystem im Untergeschoß der Herefordеr Kapelle als ungelöst gelten. Auch die absoluten Maße sind nicht klar, Lichtmaß Untergeschoß nach Aufmaß 42,5 Fuß =12,95 m, Drinkwater 15 m.

[52] Bandmann {30} S. 17, Abb. 5, 6. – Verbeek {28} Abb. 14, 15.

[53] Lehmann [26] S. 50, 108, Abb. 34, 35, 170, 248.

[54] Ein ähnlicher, aber wesentlich kleinerer Bau (Innenmaß 6,10×6,10 m) ist der Chor der Stiftskapelle von St. Servatius in Maastricht (vor 1039), bei dem drei Apsiden in die außen glatte Ostwand eingeschnitten sind. Auch dieser Raum ist flach gedeckt. Vgl. J. J. M. Timmers, De Kunst van het Maasland, Assen 1971, S. 74 f., Abb. 95 – 97, Abb. 6, 7.

[55] Fried Mühlberg, Die Frühzeit von St. Pantaleon und die vorgotischen Domkirchen zu Köln, in: Kölner Domblatt 18/19, 1960, S. 48, Abb. 1. – Oswald {16} S. 151 f. u. (Füssen) S. 83.

[56] Am Obergeschoß des Aachener Oktogons sind außen auf jeder Seite zwei dünne pilasterartige Strebepfeiler angebracht, die ebenfalls die Ecken des eigentlichen Baukörpers freilassen. Sollte dies als ein Aachen-Motiv auf die Kölner Pfalzkapelle übergegangen sein? Die Verwendung des Motivs in Nivelles ist ohne weiteres als von Köln beeinflußt denkbar. – Echte, kubische Strebepfeiler, die so an den Baukörper angesetzt sind, daß die Ecken desselben frei bleiben, kommen etwas häufiger vor, bes. an Türmen: St. Foy in Conques (beg. 1041); St. Etienne in Caen (beg. 1050); Kathedrale von Angoulême (1. H. 12 Jh.); Issoire u. andere Kirchen d. Auvergne am Querhaus (12. Jh.); einige englische Türme des 10. Jh., z. B. Bury St. Edmunds. Diese Strebepfeiler enden oben mit einer Schräge, greifen also nicht in die Wandgliederung ein und sind daher von Bildungen wie in Nivelles zu unterscheiden.

[57] Elbern {47} Taf. 61 u. S. 18. – Louis Grodecki, L'architecture Ottonienne, Paris 1958, S. 56 f., Abb. 20, 85, 92. – Lehmann {26} S. 116, Abb. 32, 157, 245. – Oswald {16} S. 236. – Timmers {54} Abb. 125 – 128, 203.

[58] Grodecki {57} Taf. IV. – Timmers {54} Abb. 44, 53, 57, 185.

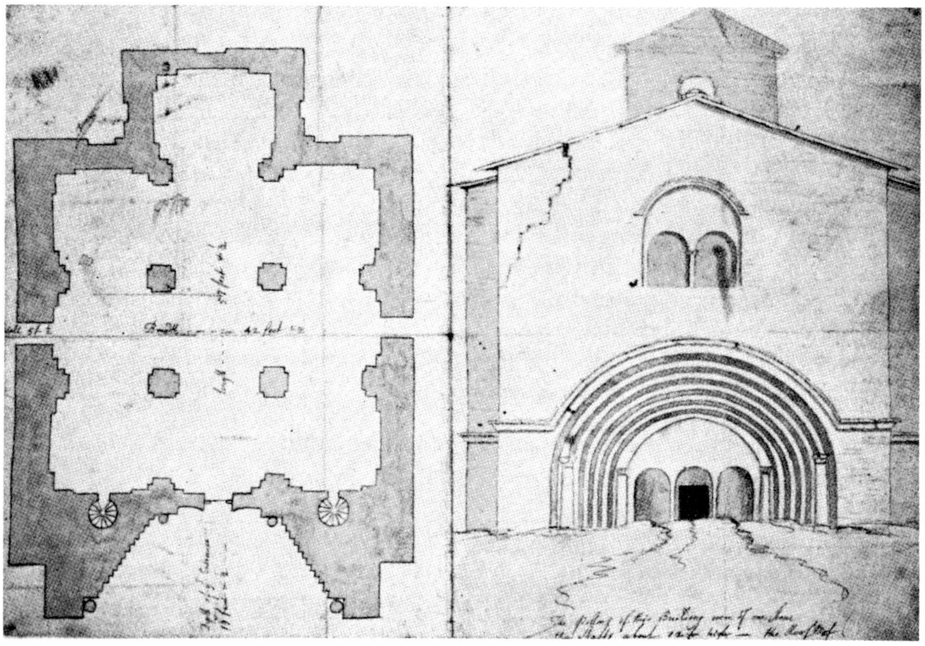

Abb. 11. Hereford, Bischofskapelle. Um 1080, abgebrochen 1737. Grundriß des Erdgeschosses und Westansicht, Aufmaß der Society of Antiquaries, London, 1737. (Nach Bandmann {25} Sp. 199).

Bei den bedeutenden Westbauten von St. Philibert in Tournus [59] und St. Pantaleon in Köln [60], die beide um das Jahr 1000 entstanden sind, werden die Vorlagen geschoßweise durch Bogenfriese verbunden. Beide Formen sind auch bei der Kölner Pfalzkapelle möglich, wobei die breiten Vorlagen mehr für große Rundbogenblenden, die ungleichen Nischenbreiten auf der Südseite eher für Bogenfriese sprechen.

Ganz ähnliche Außengliederungen wie an der Westseite, deren Lisenen zweimal abgetreppt waren, gab es an zwei Kölner Kirchen, nämlich am Westbau von Maria im Kapitol (vor 965) [61] und am Langhaus von St. Pantaleon (966 – 980) [62]. Bei beiden ist der obere Abschluß nicht erhalten, allgemein werden große Rundbögen angenommen. Besonders interessant wäre der Westbau von St. Maria im Kapitol gewesen, weil er ebenfalls – bei etwas geringerer Breite – mit drei Nischen versehen war, die denen der Pfalzkapelle zum Verwechseln ähnlich wären, wenn diese nicht die seltsamen freien Eckstreifen hätte.

Zweistufig gegliedert ist auch der Westbau von St. Pantaleon. Dort trägt das äußere System aus schmalen, dünnen Sandsteinvorlagen flache Kapitelle, auf denen ein einfaches horizontales Gesims ruht, während der innere Rücksprung den aus der Wand herausgeschnittenen Bogenfries aufnimmt.

Für das zweite Wölbsystem gibt es ein aufrecht stehendes Parallelbeispiel, nämlich die 1017 erbaute Bartholomäuskapelle in Paderborn [63]. Sie hat nicht nur die Nischen um die Fenster und die Innen-

[59] Marcel Aubert, Romanische Kathedralen und Klöster in Frankreich, Wiesbaden o. J., Abb. 28.

[60] Lehmann {26} S. 106, Abb. 22. – Elbern {47} Taf. 53. – Grodecki {57} Taf. XIX, Abb. 88.

[61] Oswald {16} S. 148 f.

[62] Vgl. Anm. {21}. – Oswald {16} S. 151 f. – Elbern {47} Taf. 51 (Modellphoto). – Grodecki {57} Abb. 16, 88.

[63] Hermann Busen, Die Bartholomäuskapelle in Paderborn, in: Westfalen, Hefte für Geschichte, Kunst und Volkskunde, Bd. 41, 1963, S. 273 f., insb. Abb. 126 – 132, 135. – Grodecki {57} Abb. 67, Taf. XIII. – Elbern {47} Taf. 47. – Oswald {16} S. 253.

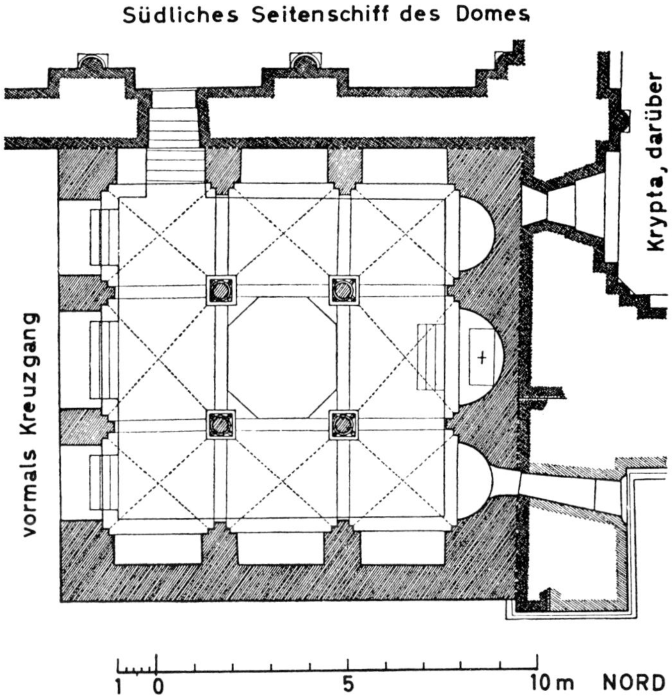

Abb. 12. Speyer, Emmerams- und Katharinenkapelle. Grundriß des Erdgeschosses (Rekonstruktion nach Aufmaß von H. Fenner, gez. von D. von Winterfeld). Maßstab 1 : 200.

winkel ohne Eckvorlagen, sondern auch die unwahrscheinlich dünnen Säulen, die bei einer Gesamthöhe von 4,61 m an ihrer schwächsten Stelle einen Durchmesser von nur 32 cm haben. Wenn auch der Bau immer wieder als ein Fremdling in der nordeuropäischen Kirchenlandschaft hingestellt wird, so ist doch die Verwendung von Nischen, d. h. das Vorblenden von dünnen, rundbogig durchbrochenen Schalen, der regionalen Architektur der Zeit sehr nahe verwandt, die allenthalben mit diesem Gestaltungsmittel arbeitet [64]. Zieht man von dem Kölner Bau innen und außen je eine dieser Schalen ab, so erhält man genau die Wand der Bartholomäuskapelle [65].

Daß zumindest das Obergeschoß, also die eigentliche Bischofskapelle, mit Säulen ausgestattet war, dürfte nicht nur aus dem gefundenen Würfelkapitell, sondern auch aus einem der Emailbilder des

[64] So auch Hans Thümmler, Karolingische und ottonische Baukunst in Sachsen, in: Das erste Jahrtausend, Textband II, Düsseldorf 1964, S. 892. Daß das Gliederungssystem der Wände als Vorlegen dünner, von Arkaden durchbrochender Scheiben verstanden wurde, zeigen nicht nur die freibleibenden Ecken in Köln und Nivelles (selbst oben ist die vorgelegte „Platte" gerade geschlossen! Timmers *{54}* Abb. 128), sondern auch die seltsame Mauertechnik an den Lisenen der Kölner Kapelle (vgl. Anm. *{21}*).

[65] Über das Maßsystem der Bartholomäuskapelle ist viel gerätselt worden. (Vgl. Busen *{63}* S. 300 f.). Die angebotenen Entwurfsmethoden kranken alle daran, daß sie zu kompliziert und zu wenig praxisbezogen sind. In Wirklichkeit dürfte z. B. die Festlegung der Innenlänge der Südwand so vorgenommen worden sein, daß man vier gleichlange Interkolumnien zu je 14 Fuß und drei Säulenplinthen zu je 1½ Fuß addierte. Die genauen Maße betragen von W nach O: 2,395 m; 0,502 m; 2,425 m; 0,495 m; 2,410 m; 0,490 m; 2,400 m; die Verkürzung der Außenjoche um 1 – 2 cm ist durch stärkeren Putzauftrag bedingt. Durch das Fehlen der Eckvorlagen und das Vorhandensein von Halbsäulen auch an West- und Ostwand ergibt sich daraus ohne Weiteres, daß die Lichtweiten zwischen den Plinthen derMittelschiff-Säulenreihe bei den Außenjochen um 25 cm, d. h. erheblich kleiner werden als bei den beiden Mitteljochen. Sie betragen an der Südseite von W nach O: 2.165 m; 2,42 m; 2,415 m; 2,17 m. Die etwa 25 cm auf jeder Seite entsprechen genau den Vorsprüngen der Halbsäulenplinthen an Ost- und Westwand. Damit erledigen sich alle Spekulationen, die liturgische, raumästhetische oder zahlensymbolische Gründe für diese Erscheinung anführen. Auch ein Ausgehen der Vermessung von den Innenstützen ist unwahrscheinlich, da diese in der Regel erst nach Fertigstellung der Außenwände fundiert wurden.

Deutzer Heribertusschreines hervorgehen, das mit einiger Vorsicht als Innenansicht dieses Gebäudeteils gedeutet werden kann und das zugleich an die Frage der Datierung des Werkes heranführt [66].

Datierung

Die älteste überlieferte Begebenheit, die sich in dieser Kapelle zugetragen hat, war nach Lambert und Rupert von Deutz die Versöhnung des Kaisers Heinrich II. (1002 – 1024) mit dem Kölner Erzbischof Heribert (999 – 1021) am 25. Dezember 1020 [67]. Die Wiedergabe der Szene auf der erwähnten Emailscheibe des um 1165 entstandenen Schreines zeigt die handelnden Personen in einem dreiachsigen Gebäude, das von vier schlanken Säulen getragen wird [68]. Mag dies auch eine besonders in der Buchmalerei geläufige Hintergrunddekoration sein, so entbehrt sie hier doch der inneren Notwendigkeit, die eine mittlere Hauptperson, umgeben von zwei Nebenfiguren, erfordern würde. Dagegen agieren hier die Dargestellten frei im Raum, dazu auf zwei Szenen verteilt, ohne auf die Architektur Rücksicht zu nehmen. Ein Altar kennzeichnet den Ort als Kapelle, die über den Kuppeln sichtbaren Bauteile einer großen Kirche deuten auf den Alten Dom hin, dem die Kapelle vorgelagert war. Den Mönchen von St. Heribert wird der Ort der Handlung noch wohlbekannt gewesen sein, so daß sie ihn, um Authentizität bemüht, auf dem Schrein wiedererkennen wollten [69].
Kurze Zeit nach dem Versöhnungsereignis von 1020, etwa um das Jahr 1025, entstand der Hillinus-Kodex, der die erste und einzige Außenansicht der Kapelle bringt (Abb. 2). Damit dürfte zu Genüge belegt sein, daß der Bau um diese Zeit existierte.
Dazu passen die Daten der zum Vergleich angeführten Bauten, die alle aus der zweiten Hälfte des zehnten und der ersten Hälfte des elften Jahrhunderts stammen. Einige von ihnen, besonders die in Köln selbst gelegenen, mögen dazu verleiten, bis in die Zeit Brunos zurückzugehen [70]. Doch in seiner Biographie ist von der Johanneskapelle nicht die Rede. Auch scheint das System der Wandgliederung entwickelter und mehr durchdacht als bei den übrigen genannten Beispielen. Das wird be-

[66] Vgl. Anm. 68.

[67] Lantberti Vita Heriberti, Mon. Germ. SS 4, S. 748. – Nach Friedrich Wilhelm Oediger, Die Regesten der Erzbischöfe von Köln, Bd. I, Bonn 1954 – 61, S. 170, wurde die Vita zwischen 1046 und 1056 in Deutz geschrieben. Die Worte „in der Johanneskapelle" *(in oratorio s. Johannis)* sind erst durch Abt Rupertus von Deutz (1070 – 1129) um 1120 hinzugefügt worden. Sie dürften auf sicherer Überlieferung, wenn nicht auf verlorener schriftlicher Quelle beruhen, denn Rupertus gilt als zuverlässig. Seine „Liebe zur Wirklichkeit in Vergangenheit und Gegenwart, sichtbar an der Überlieferung sonst nicht aufbewahrter Nachrichten" bescheinigt Matthäus Bernards, Rupertus v. Deutz, in: LThK 2, Bd. 9, 1964, Sp. 105. Vgl. auch: Oediger *{73}* S. 177.

[68] Hermann Schnitzler, Der Schrein des heiligen Heribert, Mönchengladbach 1962, Taf. 37; Wilhelm Neuss (Hrsg.) Geschichte des Erzbistums Köln, Köln 1964, S. 176 unten.

[69] Daß die Künstler des Heribertusschreines in der Lage und willens waren, Örtlichkeiten wiederzugeben, zeigt ein anderes Medaillon auf derselben Schreinseite, auf dem der große Zentralbau der Abteikirche deutlich inmitten des Mauerringes des römischen Kastells dargestellt ist; Schnitzler *{68}* Taf. 33; Neuss *{68}* S. 176 oben.

[70] Zu einer Frühdatierung könnte auch eine allzustrenge, die kunsthistorischen Aussagen nicht wertende archäologische Einordnung der Kapelle führen. In der Tat ist das Scherbenmaterial der untersten Schicht 8 rein römisch, das der Baugrube 7 enthält eine karolingische Scherbe (Abb. 5 b). In der Schicht 4, die von der Baugrube 3 der oberen Bauteile durchschnitten wird, fanden sich außer eindeutig karolingischen auch viele Scherben der Vorgebirgskeramik (Pingsdorf). Scherben von Gefäßen des 11. Jhs. wurden in ungestörter Lage erst in einer Höhe von 53,00 m über N. N. östlich der Apside dicht an der Mauer gefunden. (Datierung der Scherben durch Gundolf Precht.) Leider hatte das Profil, das zwischen der gotischen Fundamentgrube und der Grube des 18. Jhs. stehengeblieben war, nur eine Stärke von 20 – 40 cm, so daß aus jeder Formation nur 6 – 8 Scherben geborgen werden konnten. Da beim Freilegen der Ostmauer jedoch nur Material vom Inneren der Kapelle bewegt worden sein dürfte, spricht das Fehlen später Scherben nicht unbedingt gegen eine Datierung der oberen Teile um 1000. Eine Datierung in karolingische Zeit verbietet der Grabstein (vgl. Anm. *{17}* und *{22}*).

sonders im Inneren deutlich, wo wegen der Logik und der Exaktheit der Ausführung damit gerechnet werden muß, daß den Bauleuten diese Gliederungsmethode nicht mehr neu war. Allgemeinere Verbreitung findet sie ohnehin erst in spätottonischer und frühsalischer Zeit. Schließlich verbietet das Würfelkapitell, selbst wenn es eines der frühesten sein sollte, eine Entstehung wesentlich vor dem Jahre 1000.

Bauherr und Bautyp

Vieles spricht dafür, daß Erzbischof Heribert selbst die Johanneskapelle errichtet hat. Heribert, in Worms geboren und erzogen, wurde 994 von Kaiser Otto III. (983 – 1002) zum Kanzler für italienische, 998 auch für deutsche Angelegenheiten ernannt [71]. Auch nach seiner Investitur zum Erzbischof von Köln, die am 9. Juli 999 in Benevent erfolgte, blieb er diesem treu verbunden. Er war anwesend, als der Kaiser nach seiner Rückkehr von Gnesen, wo er den Beginn des neuen Jahrtausend erwartet hatte, in Aachen das Grab Karls des Großen öffnete, das er nach mühsamem Suchen unter dem Thron im Atrium fand [72]. Um ihn gegen seine römischen Widersacher zu unterstützen, zog Heribert ihm im Winter 1001/02 mit einem Heer über die Alpen entgegen, kam aber gerade noch rechtzeitig, um seinem Kaiser im Todeskampf beizustehen. Nach abenteuerlicher, leidvoller Reise brachte er den Leichnam nach Aachen und bestattete ihn dort am Ostersonntag 1002 im Münster Karls des Großen [73].

Wenn die zweigeschossigen Vierstützenbauten mit Raumverbindung als Nachbildungen der Aachener Pfalzkapelle angesehen wurden, und daran kann es angesichts der zeitgenössischen Quellen keinen Zweifel geben, dann hatte Heribert sehr wohl ein Motiv, eine solche zu errichten, auch wenn sein Verhältnis zum Kaisertum nach dem Tode Ottos III. alles andere als glücklich war. Er war nämlich nach dem Alpenübergang von Herzog Heinrich von Bayern, dem späteren Kaiser, einige Tage festgehalten worden und hatte sich danach für die Wahl Hermanns von Schwaben eingesetzt, so daß es in der Folgezeit immer wieder zu Kränkungen, Mißverständnissen und Meinungsverschiedenheiten kam [74]. Die Gründung der Pfalzkapelle dürfte daher am ehesten in den ersten drei Amtsjahren, also zwischen 999 und 1002 erfolgt sein, als Kaiser Otto noch lebte und der Glanz des sächsischen Kaiserhauses noch ungebrochen strahlte, genauer noch: bald nach jenem weltbewegenden Ereignis der Grabesöffnung in Aachen im Mai des Jahres 1000 [75]. Die Versöhnung mit Heinrich II. gerade an diesem Ort wäre dann mehr als ein Zufall. Lambert und Rupert, die Biographen, verteilen das historische Ereignis auf zwei Szenen, um seine Bedeutung hervorzuheben: am Tage finden die Aussprache und die Einigung im profanen Raume statt, die Zerwürfnisse zwischen Heribert und Heinrich werden bereinigt. In der Nacht tritt der Kaiser zu den betenden Erzbischof in die Johanneskapelle ein, in jenen Raum, der für die Pfalzkapelle Karls steht. Hier versöhnen sich nicht Personen, sondern Institutionen.

Aachenkopien als Herrscherkapellen, also als Einzelbauwerke, kommen in den ersten beiden Jahrhunderten nach dem Tode Karls nur vereinzelt vor. Erst nach der Erneuerung des Reiches durch

[71] Oediger, Regesten {67} S. 170 f.

[72] Beumann {36} . – Heriberts Anwesenheit in Aachen: Oediger, Regesten {67} S. 174 (1000, Mai 1, Mai 15).

[73] Friedrich Wilhelm Oediger, Das Erzbistum Köln . . . 787 – 1191; in: Geschichte des Erzbistums Köln, Hrsg. W. Neuss, Köln, 1964, S. 177.

[74] Oediger, Regesten {67} Nr. 594; ders. {73} S. 177. Heribert hatte beim Zug über die Alpen die Heilige Lanze heimlich vorausgesandt. Durch seine Festnahme erzwang Heinrich deren Herausgabe und ließ sich mit ihr investieren, obwohl Otto den niederlothringischen Pfalzgrafen Ezzo für die Nachfolge vorgesehen hatte. Vgl. Albert Bühler, Die Heilige Lanze, in: Das Münster, 16, 1963, S. 88, 95.

[75] Wie Anm. {72}.

die Ottonen [76], ja eigentlich erst nach der intensiven Verehrung des großen Kaisers durch Otto III. treten sie in großer Zahl auf [77]. Bisher schien es, als seien zunächst, das heißt in der ersten Hälfte des 11. Jahrhunderts, nur Polygonalkopien errichtet worden, die dem Vorbild in Grund- und Aufriß recht und schlecht folgen, wobei in einigen Fällen die Zahl der Innenstützen von acht auf sechs vermindert wurde. Aber eine Vollkopie war aufwendig und beanspruchte einen unverhältnismäßig großen Bauplatz, wofür sie im Inneren, namentlich bei starker Verkleinerung, nur sehr wenig Raum bot, von den schlechten Sichtverhältnissen ganz zu schweigen [78].

Heribert dürfte das Problem gekannt haben, denn auch seine Lieblingsgründung Deutz hatte als Kirche einen Zentralbau [79]. Er oder sein Architekt können daher auf die Idee gekommen sein, das Vorbild Aachen von acht auf vier Innenstützen zu reduzieren, indem sie das von Krypten und Westwerken bekannte Schema des Vierstützenraumes zweigeschossig ausführten und das mittlere Gewölbe der Unterkirche wegließen. Die Enge des Baugrundstückes, das Grundraster der Dombauten oder die bereits vorhandenen Fundamente können ihnen entgegengekommen sein. Sicher spielte aber auch der Wunsch nach einem längsrechteckigen, westlich vorgelagerten Atrium bei der Auswahl des Standortes eine Rolle, denn es sollte ja nicht ein Gebäude, sondern eine Bauanlage kopiert werden. Im Längsschnitt von West nach Ost ist Heriberts Pfalzkapelle dem ottonischen Zustand der Aachener Anlage nahezu identisch (Abb. 8b).

Damit wurde ein neuer Bautyp geschaffen, der bald weite Verbreitung fand und sich bis ins dreizehnte Jahrhundert hinein hielt: die einfache, aber doch einleuchtende, mit einem Wort, die praktikable Aachen-Kopie. Sie war wesentlich leichter zu realisieren als der oktogonale Urtyp, konnte auch von weniger qualifizierten Bauleuten errichtet werden und paßte sich besser in vorgegebene Raumgefüge ein. Nach der Mitte des elften Jahrhunderts setzt er sich fast überall gegenüber der Vollkopie durch [80]. Dies hängt sicher nicht nur mit der hervorragenden Bedeutung Kölns in Kirche und Reich zusammen, sondern auch mit der Aufnahme des Typs durch den Kaiser selbst beim Bau der Liebfrauenkirche an seiner Pfalz in Goslar. Wenn für den Kaiser und für den Erzbischof von Köln, die ersten Fürsten des Reiches, der Vierstützenbau ausreicht, wieviel mehr dann für weniger reiche und einflußreiche Bischöfe, Herzöge und Grafen!

Es ist versucht worden, die Doppelkapelle mit Vierstützengrundriß und Raumschacht auf die karolingischenWestwerke [81] oder auf räumlich und zeitlich weit entfernte Bauten zurückzuführen, ja sogar unmittelbare Einwirkung anzunehmen [82]. Angesichts der beschränkten Möglichkeiten des Mittelalters auf dem Gebiet der Dokumentation ist eine solche Ableitung nur mit allergrößter Vor-

[76] Vgl. Karl Hauck, Die Ottonen und Aachen, in: Karl der Große, Bd. 4, Düsseldorf 1967, S. 39 f.

[77] Die typische Aachen-Kopie des 9. und 10. Jhs. ist das Westwerk bzw. der daraus abgeleitete aufwendige Westbau. Vgl. Verbeek *{28}* S. 121 f.; Albert Verbeek, Zentralbauten in der Nachfolge der Aachener Pfalzkapelle, in: Das erste Jahrtausend, Textband II, Düsseldorf 1964, S. 940 (Tabelle). Von den Bauten dieser Liste gehört Goslar sicher der Zeit um 1030 an, Verbeek *{28}* S. 118, während der Bau in Hereford eine Doppelkapelle auf Vierstützengrundriß ist (Abb. 11).

[78] Ein Bau wie die Pfalzkapelle St. Nikolaus in Nimwegen, Verbeek *{28}* S. 117, ders. *{77}* S. 909/910, würde, auf die Außenmaße der Kölner Kapelle reduziert, im Erdgeschoß 125, im Obergeschoß 75 m^2 enthalten. Die Nutzfläche der Kölner Kapelle betrug in jedem Geschoß etwa 142 m^2; darüberhinaus waren die Sichtverhältnisse im Obergeschoß bedeutend besser, es wirkte wie ein einziger großer Raum.

[79] Die Kunstdenkmäler der Rheinprovinz, VII, 3, S. 191 f., Abb. 138 – 140. – Vogts *{37}* S. 65 f., Abb. 12, 13b. – Oswald *{16}* S. 58.

[80] Vgl. Verbeek *{77}* S. 940, Liste.

[81] Schürer *{25}* S. 19 f. versucht die Herleitung des Typs aus den Westwerken, übersieht aber wohl, daß beide zwar die gleiche Wurzel Aachen haben, nicht aber voneinander abhängen müssen.

[82] Rudolf Kautzsch, Die Gothardkapelle am Dom zu Mainz und Kasr-Ibn-Wardan, in Festschrift für Ernst Neeb, Mainz 1936, S. 41 f. – Günter Bandmann, Mittelalterliche Architektur als Bedeutungsträger, Berlin 1951, S. 203 f., Abb. 29, 30.

sicht und bei eindeutiger Quellenlage zu erwägen, in der Regel aber abzulehnen [83]. Allerdings müssen die Begriffe dabei sorgsam auseinandergehalten werden. Es gilt zu unterscheiden zwischen der allgemeinen Bauaufgabe Herrscherkirche, die in mannigfaltigen Raumformen, zumeist zweigeschossig, verwirklicht werden kann, und dem konkreten Bautyp der romanischen Doppelkapelle im alten Reichsgebiet [84]. Alle Bauten dieses Typs, der sich natürlich im Laufe der Entwicklung mit anderen Elementen mischt und nach dem frühen 13. Jahrhundert wieder in der allgemeinen Bauaufgabe „Herrscherkapelle" aufgeht, müssen sich auf ein ganz bestimmtes Vorbild zurückführen lassen, das inmitten des Verbreitungsgebietes selbst vor nicht allzulanger Zeit entstanden ist [85]. Das trifft in hohem Maße auf die Kölner Pfalzkapelle zu, denn ein älterer Bau dieses Typs ist bisher nicht bekannt geworden. Angesichts der oben erwähnten Renaissance des Aachen-Gedankens, die unter Otto III. ihren höchsten Gipfel erreichte, ist auch kaum damit zu rechnen, daß andernorts ein solcher Bau wesentlich früher als um das Jahr 1000 entstanden sein kann.

Architekt und Wandsystem

Als Bischof und Bauherr hat Heribert gewiß die Bauaufgabe formuliert, vielleicht sogar den Bautyp mitbestimmt. Die Festlegung des Wandsystems dürfte dagegen hauptsächlich eine Aufgabe des Architekten gewesen sein [86]. Deshalb sei kurz auf die Frage seiner Herkunft eingegangen.

Wieder muß an das Deutzer Marienkloster erinnert werden. Nachdem die in den Jahren 1002/03 offenbar überhastet errichtete Kirche nach nur einmaligem Gebrauch eingestürzt war, ließ Heribert „erfahrenere Architekten aus fernen Landen" kommen, die zunächst einmal für solide Fundamente „so tief wie ein Mastbaum" sorgten [87]. In der gewählten, hochliterarischen Ausdrucksweise des Lambert von Lüttich mögen damit die gleichen Leute gemeint sein, die in vita Meinwerci in Paderborn schlicht als „griechische Gastarbeiter" bezeichnet [88]. „Griechisch" heißt hier soviel wie byzantinisch, kann sich aber auch allgemein auf Handwerker aus Ravenna oder Sizilien oder gar aus der Lombardei beziehen.

Die Gemeinsamkeiten im Wandaufbau der Bartholomäuskapelle und der Kölner Pfalzkapelle könnten ein Hinweis darauf sein, daß die fremden Handwerker für Heribert nicht nur in Deutz,

[83] „Trotz aller Banalität muß daran erinnert werden, daß das Mittelalter keine Photographie, keine neuzeitliche maßstäbliche Vermessung, kein maßstäbliches Zeichnen, keinen maßstäblichen Modellbau, keine verbindliche Nomenklatur bei der Beschreibung und in den meisten Fällen keine handwerkliche Kontinuität zum Vorbildbau besaß." Günter Bandmann, Die Vorbilder der Aachener Pfalzkapelle, in: Karl der Große, Bd. III, Düsseldorf 1965, S. 426, Anm. 11.

[84] Die wichtigsten bekannten Bauten nach Bandmann *{25}* und Schürer *{25}*: Goslar, Liebfrauen (1036); Hereford (1080, Abb. 11); Speyer, Emmeramskapelle (1080, Abb. 12); Montefiascone (vor 1130 beg.); Mainz, St. Godehard (um 1135); Landsberg bei Halle (um 1180); Nürnberg, Burgkapelle (etwa 1180 – 1200); Braunschweig, Burg Dankwarderode (2. H. 12. Jh.); Burgsteinfurt i. W. (2. H. 12. Jh.); Eger, Pfalzkapelle (1180 – 1220); Lohra (um 1200); Trier, Bischofskapelle (um 1200). Auch die Marienkirche auf dem Harlunger Berg bei Brandenburg (1. H. 13. Jh.) und der Nachfolgebau der Kölner Pfalzkapelle von 1248 müssen, obwohl sie den Typ durch Konchen an allen vier Seiten bereichern, hinzugezählt werden.

[85] Bandmann, Die Bischofskapelle in Hereford *{30}* S. 24, zu den Bauten in Hereford und Speyer: „ Es muß eine, wenn auch vielleicht nicht sehr alte, gemeinsame Tratition vorliegen."

[86] Dabei ist die Grenze fließend. Die Verwendung bestimmter Elemente, bei Aachenkopien vor allem Säulen, kann durchaus vom Bauherrn vorgeschrieben sein. Vgl. Bandmann, Mittelalterliche Architektur als Bedeutungsträger. Berlin 1951, S. 65 f. – Arnold Wolff, Cluny und Chartres, in: Vom Bauen, Bilden und Bewahren, Festschrift für Willy Weyres. Köln 1964, S. 199 f.

[87] K. D. *{79}* S. 198. – Vogts *{37}* S. 65 f. – Übersetzung („Mastbaum" nicht auf die Gestalt der Kirche bezogen, sondern als Maß für die Tiefe der Fundamente gebraucht) nach Oediger, Regesten *{67}* Nr. 598.

[88] . . . *per operarios graecos* Busen *{63}* S. 279. – Vogts *{37}* S. 66, vermutet bereits griechische Handwerker an dem etwa gleichzeitig mit der Pfalzkapelle errichteten Kloster.

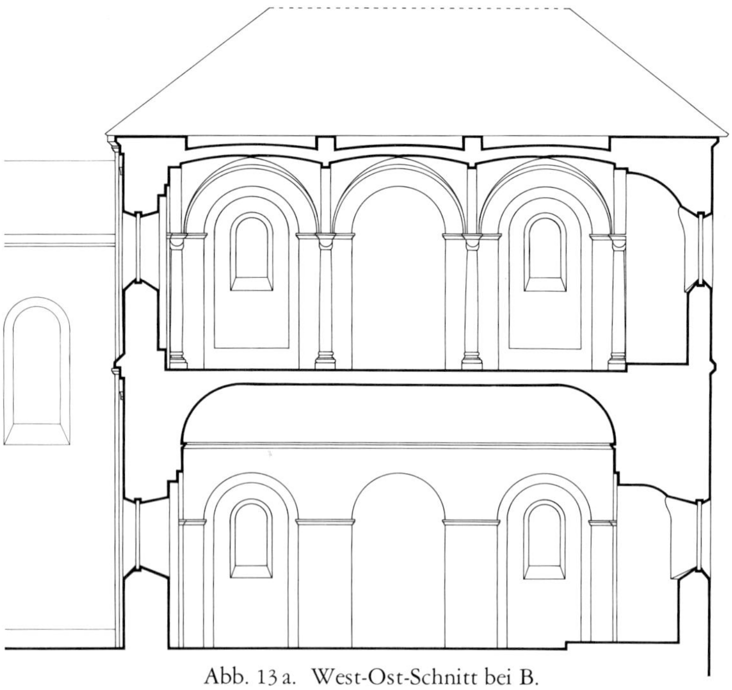

Abb. 13 a. West-Ost-Schnitt bei B.

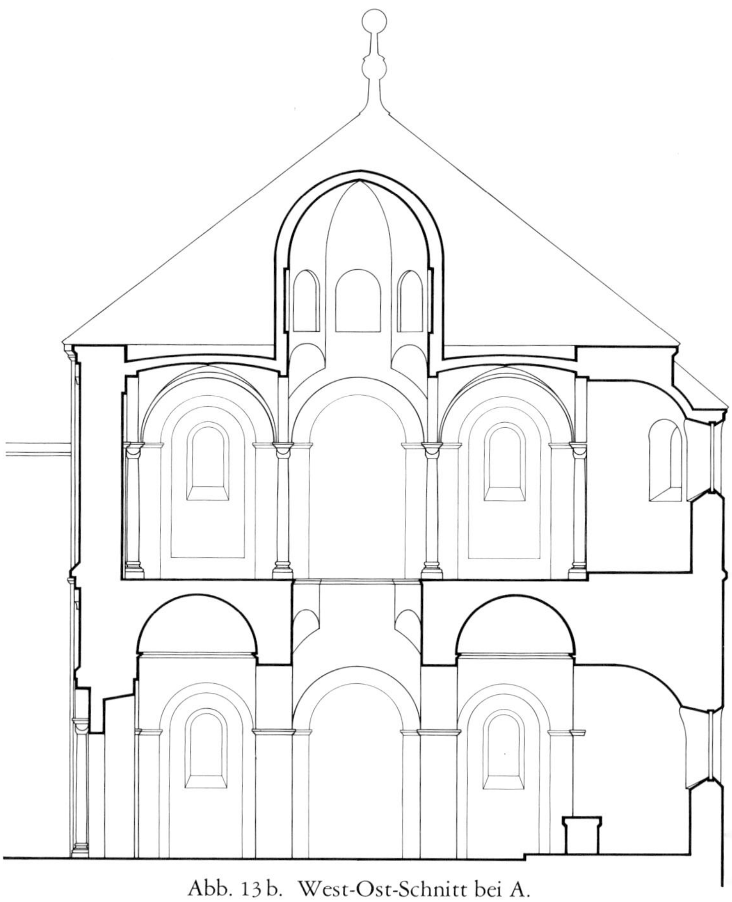

Abb. 13 b. West-Ost-Schnitt bei A.

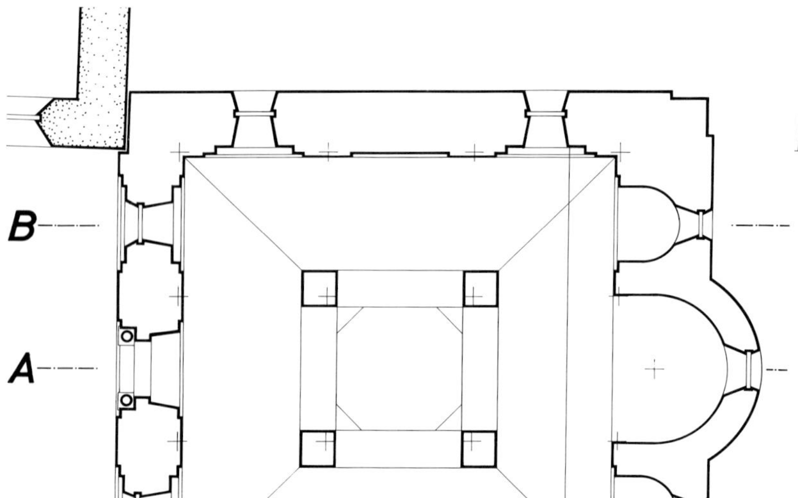

Abb. 13 c. Grundriß des Erdgeschosses.

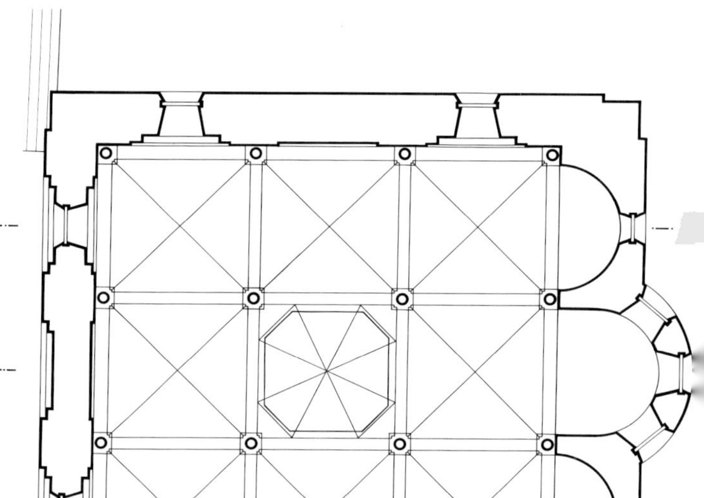

Abb. 13 d. Grundriß des Obergeschosses.

Abb. 13 a – f. Köln, ottonische Pfalzkapelle (Bau 5 in Abb. 18). Rekonstruktionsversuch. Das Erdgeschoß ist mit umlaufenden Tonnen dargestellt, kann aber auch Kreuzgewölbe auf Pfeilern oder Säulen gehabt haben. Die Fassadenrekonstruktion 13 c entspricht den Schnitten 13 a – d; die Fassade 13 f (mit Vorhalle) stimmt nicht in allen Punkten mit 13 a – d überein. – Maßstab 1 : 200.

Abb. 13 e. Ansicht von Westen, I.

Abb. 13 f. Ansicht von Westen, II.

sondern auch am Dom tätig waren. Bemerkenswert erscheint daran, daß sie an Orten auftauchen, an denen die plastische Durchgliederung der Wand früher als anderswo einsetzt.
Eigentlich ist hier schon vorweggenommen, was nach 1025 scheinbar so unvermittelt als „romanische" Architektur in Erscheinung tritt. Denn die Präzision und Konsequenz der Wandgliederung, die in Paderborn und Köln hervorgehoben werden konnte, wird gerade den beiden ersten Großbauten der neuen Ära nachgerühmt: Limburg an der Hardt und Speyer. Aus der Verbindung rechteckiger Vorlagen mit runden Elementen zur Belebung der Innenwände entwickelte sich, auf die Mittelschiffarkaden angewandt, in kurzer Zeit die Vielfalt der Gliederungssysteme des hochmittelalterlichen Kirchenbaus in Europa.
Es wäre zu wünschen, daß die Entdeckung der Kölner Pfalzkapelle die Erforschung der Frage nach dem Beginn dieser neuen Architektur einen kleinen Schritt weiterbrächte.

Erläuterungen zu den Rekonstruktionszeichnungen (Abb. 13)

Rekonstruktionszeichnungen sollen möglichst alle Informationen, die zu einem Bau bekannt geworden sind, verwerten. Leider fehlen hier aber viele Einzelheiten, auf die bei einer rein literarischen Rekonstruktion verzichtet werden kann, die in einer Zeichnung jedoch angegeben werden müssen. Auch bringt der Zwang zur Ausschöpfung des mehr dekorativen als archäologisch exakten Hillinusbildes einige Unsicherheit. Daher bleibt der Versuch in mancher Hinsicht ohne Beweiskraft. Dies darf jedoch nicht dazu verleiten, die räumliche Gesamtdisposition in Zweifel zu ziehen.
Das Untergeschoß wurde nach dem 1. Wölbungssystem mit umlaufenden Tonnen gestaltet (obwohl auch das 2. mit einigen Modifikationen möglich und wahrscheinlich wäre), weil damit eine größere Höhe erreicht und der turmartige Gesamtcharakter des Bauwerkes besser erklärt werden kann. Außer einem Westeingang wurde eine Tür zum südlich vorbeilaufenden Verbindungsgang angeordnet. Diese war bereits in den noch vorhandenen Lagen vorgesehen, nach der Planänderung aber wieder zugesetzt worden (Abb. 5 a, c).
Die Öffnung zum Obergeschoß wurde nach dem Vorbild Aachen und den beiden nächsten Nachfolgern Speyer und Hereford achteckig angenommen. Aus demselben Grund wurde auch eine Überhöhung der mittleren Einheit durch einen achteckigen Tambour und seine Schließung durch ein Klostergewölbe vorgeschlagen. Da das Hillinusbild ein äußeres Hervortreten dieses Bauteils ausschließt, der andererseits bequem unter dem angegebenen Zeltdach Platz gefunden hätte, wurde er ohne Fenster gelassen.
Das Obergeschoß wurde, obwohl auch Kuppeln in Frage kämen, mit Kreuzgratgewölben bedeckt. Sie werden von dünnen Säulen mit Würfelkapitellen nach dem Vorbild des aufgefundenen einschließlich der zugehörigen Deckplatte getragen (Abb. 9, 10). Da an dem einzigen vorhandenen Kapitell an einem Schild oben eine etwa 1 cm dicke Mörtellage klebt, die eindeutig beim Versetzen der Deckplatte von oben zwischen das Kapitell und einen anstoßenden geflächten Werkstein geflossen ist, wurde angenommen, daß es vor einer Wand stand; daraus ergibt sich ein System wie in Hereford und Donaustauf [89], wo ebenfalls Säulen vor den Wänden und in den Ecken standen bzw. stehen. Dafür mußte die Mauerflucht gegenüber dem Untergeschoß um 21 cm (0,75 Einheiten) zurückgesetzt werden, wie es auch in Hereford gewesen zu sein scheint [90]. Das leichte Überstehen der Säulenvorderkante über die Erdgeschoßflucht um etwa 17 cm ist auch in Hereford anzunehmen und wirkt sich statisch günstig aus. Die Achsweiten bleiben dabei voll erhalten.
Die Mittelapside mußte gegenüber dem Erdgeschoß leicht von 14 auf 13 Einheiten eingeschnürt werden, was oberhalb der Gewölbe durchaus möglich und statisch sinnvoll gewesen wäre. Die

[89] Lehmann {26} S. 63, 96, Abb. 59, 229.
[90] Drinkwater (abgedr. bei Bandmann {30}) Abb. 4. – Bandmann {30} Tafel 1, 3.

Gurtbögen sind wie bei ähnlichen Bauten (Donaustauf, Krypten von Nivelles, Maria im Kapitol u. ä. [91]) schmal und von den angrenzenden Gewölbeflächen abgesetzt.
Besonders große Schwierigkeiten bereiten die Außenfronten. Obwohl der einzige Bau mit „freien Ecken", St. Gertrude in Nivelles, rundbogig geschlossene Nischen hat, zwingen das Hillinusbild und der nächstliegende zeitgleiche Bau, der Westteil von St. Pantaleon in Köln, zur Annahme von horizontalen Baugliedern zwischen den Geschossen und unter der Traufe, wofür wie dort ein gerades Gesims über einem Bogenfries angenommen wurde. Ein Ausweichen dieses Bandes über dem Westportal wie in Hereford (Abb. 11) wurde nicht erwogen, weil die Höhe hier ausreicht. Ohnehin ist die Rekonstruktion der Westfront durch das Fehlen des wahrscheinlich vorhanden gewesenen (offenen?) Portalvorbaues belastet, der weder im Hillinusbild noch im ergrabenen Fundament eine Stütze finden kann, weil er hier vom gotischen Fundament überschnitten wurde, dort aber wegen des wahrscheinlich zweigeschossigen Verbindungsganges für den Zeichner unsichtbar war. Das Westportal selbst wurde mit einer Säuleneinstellung angenommen [92]. Ein zweiter Rekonstruktionsvorschlag zeigt die Westfassade mit hohen, umgreifenden Blendbögen und einer kleinen Vorhalle (Abb. 13 f). Bei beiden Zeichnungen ist zu berücksichtigen, daß sich für den Fall, daß im Untergeschoß Kreuzgewölbe statt der umlaufenden Tonnen angenommen werden, auch für die Fassade Verschiebungen in den Höhen ergeben. Gemäß der Innengliederung und den Angaben des Hillinusbildes bleiben die Mittelachsen ohne Fenster.
Dem Hillinusbild ist auch die Dachbekrönung, die übrigens ähnlich für St. Pantaleon nachgewiesen werden konnte, entnommen. Viele andere Einzelheiten wurden nach nicht näher ausgewiesenen Bauten ergänzt. Es würde zu weit führen, für jedes Detail die Herkunft anzugeben.

Zusammenfassung

Die hier vorgestellten Rekonstruktionsversuche mögen angesichts der äußerst dürftigen Befunde in vielen Punkten weit über das hinausgehen, was zur Zeit sicher nachweisbar ist. Festzuhalten aber bleibt, daß der aufgefundene Bau (Nr. 5 in Tabelle und Abb. 18) eine quadratische Kapelle auf Vierstützengrundriß mit östlich anschließenen Apsiden gewesen ist (Abb. 7). Der historische Kontext erlaubt ferner die Annahme, daß er ein Obergeschoß besaß, welches durch eine große Mittelöffnung mit dem Erdgeschoß in Verbindung stand. Damit sind die wesentlichen Merkmale des Bautyps Doppelkapelle beisammen.
Die Datierung des Werkes in die Regierungszeit des Erzbischofs Heribert (999 – 1021) erscheint durch das Hillinusbild (Abb. 2), die Versöhnungsnachricht und die Ähnlichkeit des Wandgliederungssystems an vergleichbaren Bauten hinreichend gesichert. Die Pfalzkapelle am Kölner Dom muß daher, solange nicht ein älterer Bau gefunden wird, als die erste Doppelkapelle mit Raumschacht auf Vierstützengrundriß angesehen werden.

II. Die Nachfolgebauten der ottonischen Pfalzkapelle

Die spätromanische Johanneskirche

Über Abbruch und Neubau der Pfalzkapelle sind keine Nachrichten überliefert. In einer Urkunde von 1251 wird die Johanneskirche zwar genannt, aber nur, um den Standort von acht kleinen Zins-

[91] Timmers *{54}* Abb. 129, aber auch 244, 245, 247, 250, 251, 252. – Elbern *{47}* Taf. 49, 59.
[92] wie Hereford, Bandmann *{30}* Taf. I, II

häusern zu lokalisieren [93]. Da sie in den Bauplatz des gotischen Domes hineinragte, war ihre Zerstörung ohnehin beschlossene Sache, und über ihren Ersatz, der aus dem Dombaufonds finanziert worden sein wird, dürfte man wie bei den Zinshäusern einen genauen Vertrag gemacht haben. Wahrscheinlich brannte sie zusammen mit dem Alten Dom, mit dem sie räumlich verbunden war, am 30. April 1248 ab [94].

Es gibt einen Hinweis darauf, daß mit ihrem Neubau begonnen wurde oder daß wenigstens ihr neuer Standort genau festlag, als das Fundament des Kapellenkranzes entstand, also noch zwischen 1248 und 1251. Das Fundamentmauerwerk des Dompfeilers A 14 ist nämlich an seiner Südseite mit einer Einbuchtung versehen worden, in die sich die nördliche Altarkonche der Kirche von 1703 hineinschiebt (Abb. 3, 14) [95].

Das könnte Zufall sein und wäre weiter nicht bemerkenswert, wenn nicht unter dem Ziegelmauerwerk der Konche eine wenigstens zwei Schichten (ca. 60 cm) hohe Mauer aus wiederverwendeten Kalkstein- und Trachytquadern zum Vorschein gekommen wäre, die im Grundriß ebenfalls einen Halbkreis bildet. Dieser hat mit etwa vier Metern nicht nur einen deutlich geringeren Durchmesser als die barocke Apsis, sondern ist auch um etwa 50 cm nach Nordost verschoben. Der Halbkreis steht mit einer Ost-West-Mauer im Verband, die noch etwa 4,75 m nach Osten reicht und dann nach Süden abknickt. Der Schnittpunkt wird durch einen 1,50 m breiten und 60 cm vortretenden Strebepfeiler markiert, der sowohl die Ecke eingefaßt haben als auch nur nach Norden gerichtet gewesen sein kann (Abb. 3, 14).

Nur wäre es durchaus ungewöhnlich, wenn um die Mitte des 13. Jahrhunderts eine Kapelle nach Norden orientiert worden wäre. Eher könnte man annehmen, daß es sich bei dieser Apsis um die Nordkonche einer Kleeblatt- oder gar Zentralanlage gehandelt hat, die als Nachfolgerin der ottonischen Kapelle deren Raumprogramm in die Sprache der rheinisch-spätstaufischen Baukunst übersetzte [96].

Wichtige Hinweise bringen einige Abbildungen der Südkonche, die bei einem Umbau der Kirche im 15. Jahrhundert erhalten blieb. Die Stadtansicht Woensams von 1531 zeigt diese mit drei Achteckseiten vortretende Apside, deren obere Gliederung an die Zwerggalerie von St. Severus in Boppard (um 1236) erinnert (Abb. 15 a). Die Zweigeschossigkeit und die hohen, schmalen Rundbogenfenster über einer Art Plattenfries werden durch ein Gemälde von 1605 bezeugt (Abb. 15 b).

Daß auch die Nordkonche trotz der runden Fundamentmauer außen polygonal war, dürfte aus einem Plan des Domhofes im Stadtarchiv hervorgehen, der um 1570 gezeichnet wurde (Abb. 15 c) [97]. Die Kirche hat hier eine nahezu quadratische Form, aus der an der Nordseite eine um 45° gegen den Baukörper abgewinkelte Polygonseite heraustritt. Außerdem ist am nördlichen Ende der Westseite ein Turm vorgelagert, der auch anderweitig bezeugt wird. Es handelt sich dabei nicht um den Dachreiter, der wahrscheinlich über der Vierung stand und der sowohl auf dem Woensam-Prospekt als auch auf einer Zeichnung von Finkenbaum (um 1670) zu sehen ist [98]. Vielmehr dürfte er zu einer Doppelturmfront gehört haben, deren südliche Hälfte entweder nicht zur Ausführung ge-

93 Hasak *{33}* S. 23. – Clemen *{1}* S. 55 f.

94 Hasak *{33}* S. 16. – Clemen *{1}* S. 52.

95 Arnold Wolff, Chronologie der ersten Bauzeit des Kölner Domes 1248 – 1277, in: Kölner Domblatt 28/29, S. 29, § 28 u. Falttafel 1.

96 Ein im Grundriß ähnlicher, aber sehr viel größerer und aufwendigerer Bau war die Marienkirche auf dem Harlungerberg bei Brandenburg, die Ende 12. – 1. H. 13. Jh. gebaut und 1722 abgebrochen wurde. Abgeb. bei Dehio – v. Betzold, Die kirchliche Baukunst des Abendlandes, Atlas, II. Bd., Stuttgart 1888, Taf. 208, 1, 2. – Schürer *{25}* S. 84, 85, Abb. 72, 73. – Vgl. auch den Grundriß von Schwarzrheindorf vor dem Erweiterungsbau. Albert Verbeek, Schwarzrheindorf, Die Doppelkirche und ihre Wandgemälde, Düsseldorf 1953, S. LXV, LXXVI.

97 Kopie; Original im Staatsarchiv Düsseldorf, Kurköln, Erbvogtei nr 3 K (zitiert nach K .D. *{5}* S. 49); Abbildung: Umzeichnung nach Vogts *{2}* Abb. 6.

98 Abgeb. bei Vogts *{2}* S. 15. – K. D. *{5}* S. 18, Abb. 12.

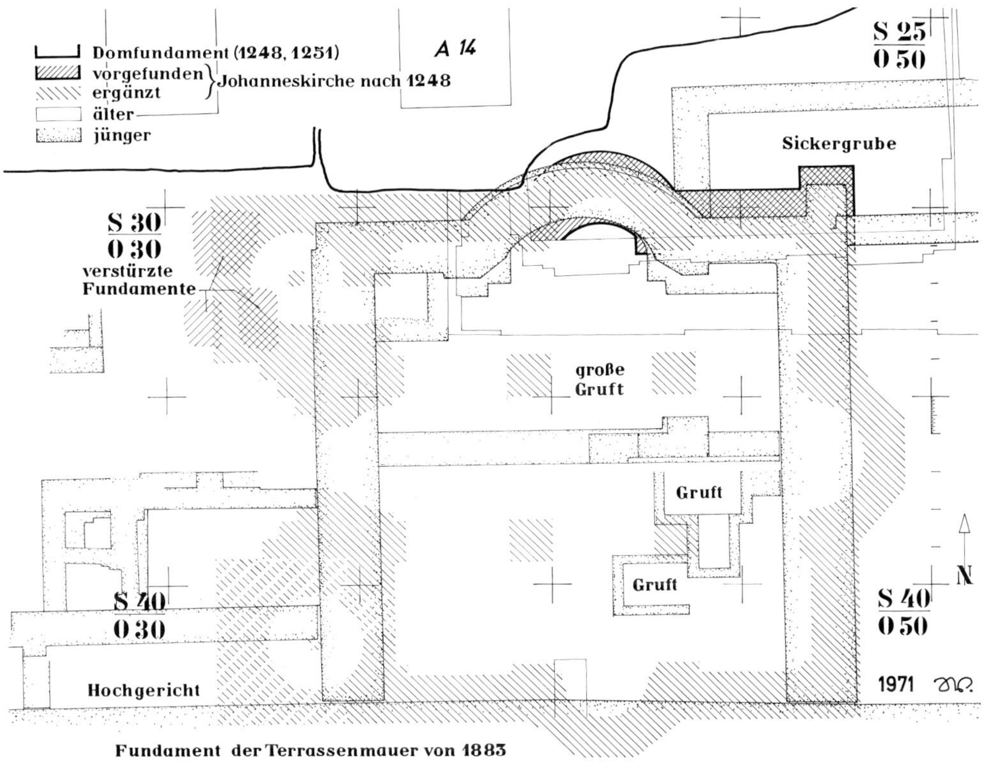

Abb. 14. Köln, Spätromanische Pfarrkirche St. Johann (Evangelist) am Domhof (Bau 6 in Abb. 18). Rekonstruktionsversuch des Grundrisses mit Eintragung der aufgefundenen Fundamentreste. – Maßstab 1 : 200.

kommen ist oder bereits beim Umbau von 1457 wieder beseitigt wurde. Da die Kirche nach ihrem Neubau von 1248 nicht mehr mit dem erzbischöflichen Palast in Verbindung stand, brauchte sie eigene Treppen zum Obergeschoß. Deren Lage kann nur im Westen beiderseits des Haupteingangs vermutet werden.

Leider sind trotz eifriger Suche weitere Grundmauern dieser Kirche nicht aufgefunden worden. Aus den Maßen der Nordkonche und der anhängenden Nordwand errechnet sich eine Breite in Nord-Süd-Richtung von 15,60 m, was dem Bau 5 (Abb. 18) entspricht (errechnet 15,66 m). Danach fiel die Südwand mit ihrer Konche in die Baugrube der sehr breiten und tiefen Terrassenmauer von 1883 [99]. Die Ostwand wurde bereits beim Bau der entsprechenden Mauer der barocken Kirche beseitigt, die noch tiefer reichte. Die Ostapside ragte in den Keller des Seminargebäudes hinein, dessen Sohle noch unter der der Grabungstiefe im Bereich der Nordkonche lag (Abb. 14).

Auch die Westwand ist von der entsprechenden barocken Ziegelmauer überschnitten worden. Lediglich im Bereich des Nordwestturmes lagen relativ hoch einige große, unförmige Fundamentbrocken aus Tuff- und anderen Natursteinen, die offensichtlich stark gestört waren. Ihnen wurde zu

[99] Richard Voigtel, 71. Baubericht über den Fortbau des Domes zu Köln, in: Kölner Domblatt 326, 1882, S. 5: „Der letzte Teil der Umfassungsmauer der Domterrasse an der Südostseite des Domchores ist mit Beginn des Monats April nach Abbruch des Reißbodens in Angriff genommen, und hat den, in die zugeschütteten Keller des Schulstiftungs-Gebäudes, der Kirche St. Johann und früherer mittelalterlichen Bauten daselbst eingebauten Terrassenmauern eine Fundamenttiefe von vier Metern gegeben werden müssen, um den gewachsenen Boden zu erreichen . . . Köln, den 23. Mai 1882". Die Unterkante dieser Mauer, die 1969 mit zahllosen kleinen Dynamitladungen gesprengt wurde, lag nur wenig über 46,00 m über N. N.

Beginn der Grabung keine besondere Bedeutung zugemessen, weil sie aus ihrer Lage gewichen waren und verkippt im Erdreich standen. Ihre Unterkanten lagen über 51,00 m über N. N., d. h. weniger als 4,25 m unter dem Domfußboden. Wenn dies die allgemeine Gründungstiefe war, was übrigens bei weitem ausgereicht hätte, dann ist das restlose Verschwinden aller Fundamente bis auf die Nordwand nicht verwunderlich. Diese ist vermutlich deshalb tiefer angelegt worden, weil sie innerhalb der Baugrube des gotischen Domes lag und nicht auf angeschüttetes Erdreich gesetzt werden sollte [100].

Die wenigen Einzelheiten, die über diese Kirche bekannt sind, passen wie die Gesamterscheinung einigermaßen zu der Datierung „um 1248". Auch die überlieferten Beschreibungen, die von einer „fast unterirdisch gelegenen Kirche mit zwei untereinander verbundenen Kuppelräumen" sprechen, lassen sich damit vereinbaren [101].

Die hier vorgelegte Rekonstruktion sei nur der Vollständigkeit halber angefügt (Abb. 16). Sie läßt einen zwar kleinen, aber prächtigen Bau spätromanischer Prägung erahnen, von dem bisher nichts bekannt war und der zweihundert Jahre in seiner ursprünglichen und weitere zweihundertfünfzig Jahre in veränderter Gestalt neben dem Chor des Domes gestanden hat. Das Untergeschoß enthielt den Johannesaltar. Oben standen der Dionysiusaltar, die Kanzel und die cathedra, der steinerne Sitz des Bischofs, der aus der alten Pfalzkapelle übernommen worden sein muß, denn er wird schon im elften Jahrhundert erwähnt [102]. Er war zuletzt in der südlichen Konche untergebracht, deren Rückwand mit Malereien geschmückt war. Sie zeigen den Erzbischof, auf seinem Sitze thronend, umgeben vom Domkapitel. Darüber waren im Gewölbe der Konche die Wappen des Erzstiftes und der hohen Prälaten wiedergegeben [103]. Schon vom Bildthema her ist eine derartige Darstellung um die Mitte des 13. Jahrhunderts völlig ausgeschlossen. Daher darf man die Vermutung aussprechen, daß die Ausmalung mit dem Umbau der Kirche um 1457 erfolgte [104]. Damals wird man die Ostkonche und den Westbau bis auf den Nordturm beseitigt, die Kultrichtung nach Norden verlegt und den Bischofssitz von der Westkonche nach Süden gebracht haben, damit er wieder dem Altar gegenüber stehe (Abb. 18, Nr. 6a).

Beim Abbruch der Kapelle im Jahre 1703 wurde eine Maßskizze angefertigt; danach war der Kirchenraum innen 30½ Schuh breit, also etwa 9,65 m. Das entspricht etwa der Ost-West-Ausdehnung nach Abbruch der Konchen. Die Höhe wird mit 48 Schuh = etwa 15,10 m angegeben. Das Dach war 20 Schuh (6,30 m) hoch und wurde von dem Dachreiter um 14½ Schuh (4,55 m) über-

[100] Gründungstiefe des Chorkapellenfundamentes in diesem Bereich bei etwa 46,00 m über N. N. (etwa 9,25 m unter dem bei 55,25 m über N. N. liegenden Domfußboden); Wolff *{95}* Faltplan 1. Die Grabung endete zwischen Domfundament und Nordkonche der Johanneskirche bei etwa 48,00 m über N. N. Mögliche Fußbodenhöhe der spätromanischen Kirche etwa 53,70 m (= Höhe des Domhofes vor dem Dom-Südportal um 1251); Wolff *{95}* S. 33, § 49. Höhe im 18. Jh. etwa bei 55,00 m, daher in den Beschreibungen der Ausdruck „fast unterirdisch gelegen", K. D. *{5}* S. 50.

[101] Zusammengestellt bei Vogts *{2}* S. 5. – K. D. *{5}* S. 49/50; vgl. auch Anm. *{100}*. – Im Besitz der Domkirche befinden sich seit langer Zeit eine Reihe von romanischen Kapitellen vom Ende des 10. bis zur Mitte des 13. Jhs. Es wäre zu prüfen, welche von ihnen für den spätromanischen Bau in Frage kommen. Dabei ist weniger an die neun Kapitelle aus dem Umkreis des Samsonmeisters zu denken (heute im Diözesanmuseum), die wohl kaum um 1248 angesetzt werden dürften, als an einige Stücke, die zu einem Stufenportal gehört haben. Das archäologische Interesse, das beim Abbruch der Kirche von 1703 aus den Akten herauszulesen ist, könnte auch die Konservierung von Kapitellen bewirkt haben. Vgl. Clemen *{1}* S. 324. – Vogts *{2}* S. 5. – K. D. *{5}* S. 52.

[102] Quellen zit. in Anm. *{34}*; abgeb. bei Vogts *{2}* S. 4, Abb. 2; K. D. *{5}* S. 52, Abb. 34; vgl. Anm. 36.

[103] Vogts *{2}* S. 5. – K. D. *{5}* S. 52. Merlo *{25}*.

[104] Vogts *{2}* S. 5. – K. D. *{5}* S. 50 mit falscher Jahresangabe (1475). – Kuphal, Mitteilungen aus dem Stadtarchiv von Köln, 39, 1929, S. 39 (1486). – In der Originalurkunde (Historisches Archiv der Stadt Köln, G. B. 13991) wird die Kirche sent Johan an de hoeve genannt; das Wort „Evangelist" kommt nicht vor. Die Beseitigung eines Teiles des Westbaues könnte mit der Umwandlung des Gerichtsplatzes vor der Kirche in ein eigenes Gebäude, das Hochgericht, zusammenhängen, vgl. Abb. 14, 15 c, 17.

Abb. 15 a. Kölner Stadtansicht, 1531 von Anton Woensam, Ausschnitt.

Abb. 15 b. „Domhof mit Pestkranken", von 1606. Ausschnitt. Köln, Stadtmuseum.

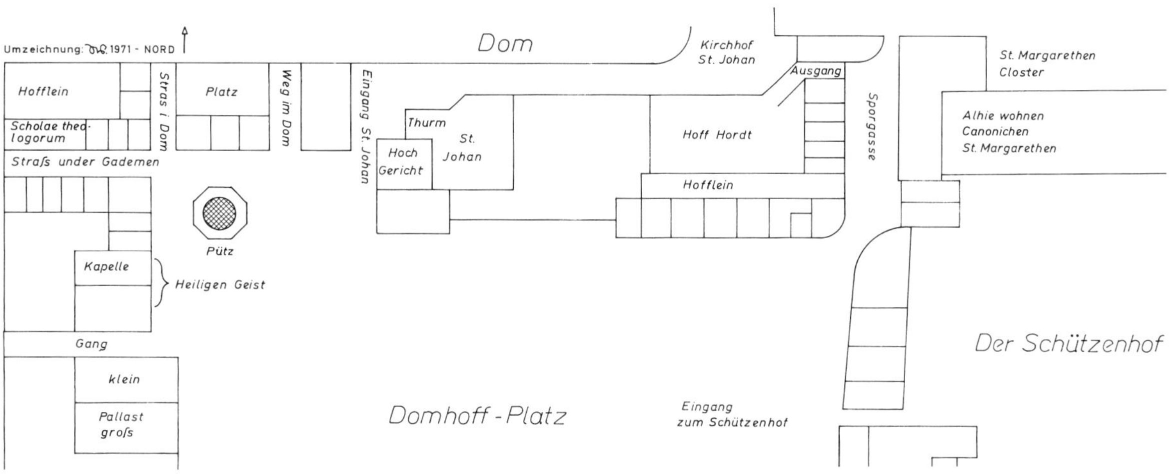

Abb. 15 c. Plan des Domhofes von 1570 (vgl. Anm. 97), Ausschnitt. Umzeichnung, Norden nach oben gerichtet.

Abb. 15 a – c. Köln, Pfarrkirche St. Johann (Evangelist) am Domhof nach dem Umbau von 1457 (Bau 6 b in Abb. 18), Bilddokumente.

Abb. 16. Köln, spätromanische Pfarrkirche St. Johann (Evangelist) am Domhof (Bau 6 in Abb. 18). Rekonstruktionsversuch des Zustandes bzw. der Planung nach 1248.

ragt [105]. Die Gesamthöhe von etwa 26 m stimmt mit der Ansicht von Woensam überein, auf der die Spitze des Dachreiters in die Gegend der Brüstung des Außentriforiums ragt (Abb. 15 a).

Die Kirchen von 1703 und 1744

Der Neubau der Kirche von 1703 behielt nicht nur die Nordorientierung und die ungefähre Lage der Nordwand, sondern beinahe auch die Breite des Vorgängerbaues bei, die nach Abbruch der Ost-und Westkonche außen etwa 13 m betrug und die nun auf 14 m im Fundament und 13,50 m im Aufgehenden gebracht wurde. Durch die Verschiebung der Eingangsfront nach Süden entstand ein längsgerichteter Saalbau mit Emporen an der Süd- und vielleicht auch an der Ost- und der Westseite. Daß nach wie vor die Beziehung des Erzbischofs zu dieser Kirche lebendig war, mag man daraus ersehen, daß als Vorbild die Schloßkapelle seiner Residenz in Bonn genannt wurde. Die aufgehenden Wände sollen teilweise aus Holzfachwerk bestanden haben, so daß der Brand von 1743 den Bau weitgehend zerstört haben dürfte (Abb. 3, 18, Nr. 7) [106].

[105] Historisches Archiv der Erzdiözese Köln, Pfarre St. Johann Evangelist, IV, p. 44. – Vogts {2} S. 5. – K. D. {5} S. 50 mit falscher Angabe der Breite (20½ Fuß).

[106] K. D. {5} S. 51. – Nach Reckers {4} S. 156, der die Bauakten eingesehen hatte, waren die Mauern von Ost-, West- und Nordwand stehengeblieben, demnach gehörten die 1969 freigelegten und weggeräumten Ziegelfundamente zum

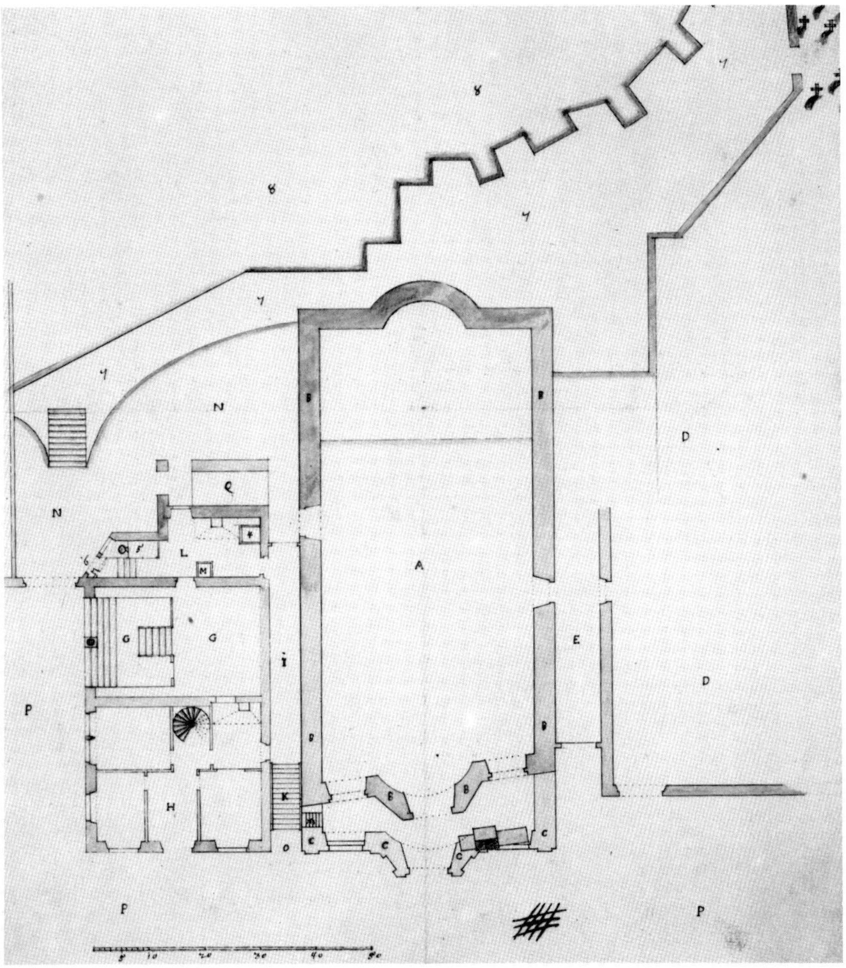

Abb. 17. Köln, Pfarrkirche St. Johann Evangelist am Dom (Bau 8 in Abb. 18). Entwurfszeichnung für den Neubau von Jac. Burscheidt, 31. März 1744. Köln, Stadtmuseum.

Von der stattlichen, massiven Barockkirche, die daraufhin in den Jahren 1744 bis 1747 nach den Plänen des Stadtzimmermeisters Jacob Burscheidt erbaut wurde, gibt es ausführliche Beschreibungen und zahlreiche Abbildungen und Pläne (Abb. 1, 17, 19). Außerdem sind die Baurechungen erhalten [107].

Der Nordteil lag genau über dem des Vorgängerbaues, von dem wahrscheinlich sogar die Fundamente übernommen werden konnten. Die Fassade wurde nochmals nach Süden verschoben, so daß die neue Länge einschließlich Nord- und Südkonche etwa 35 m betrug [108].

Bau von 1703. Die Lage der Südfassade der Kirche von 1703 ist ungewiß. Nach mündlichen Aussagen wurden 1941 zwei Fassadenfundamente gefunden, die sich jedoch in den veröffentlichten Plänen nur noch als Störungen der antiken Mauern abzeichnen. Für die Südfassade von Bau 7 in Abb. 18 wurde eine Störung am nördlichen Ende der Westwand des Atriums im Haus mit dem Dionysosmosaik in Anspruch genommen, die für die Südfassade der gut bekannten Kirche 8 nicht in Frage kommt, da sie zu weit nördlich liegt. Vgl. Anm. {7}.

[107] K. D. {5} S. 49, Fassade S. 51, Abb. 33. – Reckers {4} S. 157.

[108] Vgl. Anm. 7. Längenermittlung nach den Abb. bei Reckers {4} S. 324/325 und nach Katasterplänen im Dombauarchiv, abgeb. Clemen {1} S. 41, Abb. 22.

Eine ausführliche Darstellung der Gestalt und der Baugeschichte der beiden barocken Kirchen muß einer späteren Untersuchung vorbehalten bleiben. Hier interessiert hauptsächlich, daß auch in diesen späten Bauten noch zwei wichtige Elemente der mittelalterlichen Vorgänger erhalten waren: das Prinzip der Zweigeschossigkeit, wenn auch auf eine Empore über dem Eingang reduziert, und der Bischofsthron auf der oberen Ebene, dem Altar genau gegenüber. Überdies erinnerte die polygonale Südkonche an die der spätromanischen Kapelle (Abb. 16, 19).
Im Grundriß überschnitten sich die Bauten des 11., des 13. und des 18. Jahrhunderts (Abb. 3, 14, 18). Zwar ist die gemeinsame Fläche nur klein, aber die Kontinuität des Ortes blieb gewahrt. Denn im Verständnis der kirchlichen Träger ist es ein und dieselbe Kirche geblieben, deren Gestalt sich mehrmals gewandelt hat.
Im Grunde ist dies bei allen Heiligtümern so. Nicht die Gebäude, sondern die Inhalte, das heißt, die Funktionen, Rechte und Titel werden tradiert. Das Eigentümliche und Ungewöhnliche an der Kölner Johanneskirche ist, daß auch diese Inhalte sich im Laufe der Jahrhunderte mehrfach gewandelt haben.

III. Geschichte der Johanneskirche

Die katholische Pfarrkirche auf der Südseite des Domchores, deren inneres Leben nach dem letzten Gottesdienst am 18. November 1827 erlosch, war Johannes dem Evangelisten geweiht [109]. Unter diesem Titel wird sie auch bei Winheim und Gelenius aufgeführt [110]. In den mittelalterlichen Quellen ist jedoch immer nur von dem Oratorium, der Kapelle oder der Kirche des hl. Johannes die Rede, ohne daß genau gesagt würde, welcher der beiden Träger dieses Namens gemeint ist [111].

Täufer oder Evangelist

Die beliebtesten Kirchenpatrone des ersten christlichen Jahrtausends waren Petrus, Maria und Johannes der Täufer [112]. Dagegen tritt der Evangelist Johannes vor dem Jahre 1000 nur äußerst selten als Patron auf [113]. Seine Verehrung beginnt im 10. und findet erst um die Mitte des 12. Jahrhunderts weitere Verbreitung. Karl Koch machte auf diesem Umstand aufmerksam. Er vermutete, daß die Kapelle, in der sich Erzbischof Heribert und Kaiser Heinrich II. in der Weihnachtsnacht 1020 umarmten, nicht dem Evangelisten, sondern dem Täufer Johannes geweiht war [114].
Diesem Heiligen waren in der Tat seit den ältesten christlichen Zeiten grundsätzlich alle Taufkirchen mit nur wenigen Ausnahmen geweiht [115]. Es fragt sich deshalb, wieso der Titel auf die Hauskapelle des Erzbischofs übergehen konnte.

[109] Eduard Hegel, Zur Entwicklung der Kölner Dompfarrei, in: Kölner Domblatt 4/5, 1950, S. 82 f., S. 94. – K. D. *{5}* S. 51.
[110] Erhard Winheim, Sacrarium Agrippinae, Köln 1607, S. 251. – Gelenius *{8}* S. 436.
[111] Die Unterscheidung von anderen Kirchen erfolgte nicht durch Präzisierung des Johannes-Namens, sondern durch Ortsangabe, in der Regel: in curia. Die erste Benennung des Evangelistenpatroziniums, die der Verf. ermitteln konnte, scheint in einer Urkunde Papst Gregors XIII. von 1585 enthalten zu sein: *S. Jois Evangelistae alias in curia.* Wilhelm Esser, Geschichte der Pfarre St. Johann Baptist in Köln, Köln 1885. – Die Herausgeber von Urkunden haben oft des besseren Verständnisses wegen die verschiedenen Bezeichnungen der Kirche in „St. Johann Evangelist" übersetzt. Bei Einsicht der Originale findet sich bis Ende des 16. Jhs. niemals diese Benennung, sonder stets: *in domo episcopali, in veteri domo episcopali* (12. Jh.), *in curia* (13., 14. Jh.), *an de hoeve* (15. Jh.), *an vynckenmart, am domhove* (16. Jh.). Gelenius *{8}* S. 436: *S. Johannis Evangelista etiam appellatur in Curia. Et in vinculis* (1645).
[112] W. Düring, Patron, in: LThK 2, Bd. 8, 1963, Sp. 188.
[113] J. H. Emminghaus, Johannes, Apostel und Evangelist, III., Verehrung in: LThK 2 Bd. 5, 1960, Sp. 1004.
[114] Karl Koch, Die Apostelpatrozinien des Kölner Domviertels, in: Colonia Sacra, Bd. I, Festgabe für Wilhelm Neuß, Köln 1947, S. 62 f., insb. S. 65.
[115] Klaus Beitl, Johannes der Täufer, IV., Rel. Volkskunde, in: LThK 2, Bd. 5, 1960, Sp. 1088 f. – Koch *{114}* S. 63.

Die Taufkirche des Kölner Domes

Die Geschichte der Taufkirche der Kölner Kathedrale, die über sechshundert Jahre lang am Ostabhang des Domes gestanden hatte, ist im Domblatt des vergangenen Jahres erstmalig in einer gründlichen Untersuchung von Willy Weyres dargestellt worden [116].
Danach wurde die erste Taufkapelle bereits kurz nach dem Mailänder Toleranzedikt von 313, sicherlich noch in der ersten Hälfte des vierten Jahrhunderts, durch den damaligen Bischof von Köln, vielleicht durch den hl. Maternus, im Bereich des heutigen Domherrenfriedhofs erbaut. Sie bildete den östlichsten Punkt der mehr als 130 m langen frühchristlichen Kirchenanlage (Abb. 18, Nr. 1).
Ein Jahrhundert später entstand an derselben Stelle ein neues, kreuzförmiges Taufhaus, dessen achtstrahliges Taufbecken heute noch erhalten ist (Abb. 18, Nr. 2). Es mußte nach mehrfachen Umbauten im neunten Jahrhundert einem dritten Baptisterium weichen, das auf erhöhtem Niveau und auf der leicht nach Norden verschobenen Achse des karolingischen Domes errichtet wurde und innen reich mit Wandmalereien ausgeschmückt war (Abb. 18, Nr. 3).
Wie seine Vorgänger wurde es aus südwestlicher Richtung über eine fest verlegte unterirdische Bleirohrleitung mit Wasser versorgt. Als Erzbischof Bruno (953 – 965) den Alten Dom durch Seitenschiffe erweitern ließ, wurde die Leitung unterbrochen und das Taufbecken – wahrscheinlich aus diesem Grunde – in das Innere des Domes verlegt, wo es später sicher gestanden hat [117].
Aus den besonderen Fundumständen schloß Weyres, daß das karolingische Baptisterium im späten zehnten Jahrhundert abgebrochen worden ist, und zwar, wie er ausdrücklich betont, mit dem Ziel, die Tuffsteine zu gewinnen. Sie wurden vom Putz befreit und für einen anderen Bau verwandt [118].
In den meisten Taufkirchen stand nicht nur das Taufbecken, sondern auch ein Altar, der dem hl. Johannes dem Täufer geweiht war. Es wäre völlig ungewöhnlich, wenn es bei dem Kölner Baptisterium, das zuletzt 13 m breit und mindestens 15 m lang war, anders gewesen wäre. Wenn nun das Becken durch den Ausfall der Wasserleitung unbrauchbar geworden sein sollte, so wäre doch der Altar bestehen geblieben.

Papst und Kaiser als Vorbild

Damit war das Patrozinium eines der höchstverehrten Heiligen an eine funktionslose Kapelle gebunden. Der Wunsch des Erzbischofs, diesen Titel an sich zu ziehen, wird verständlich, wenn man bedenkt, daß in Rom, dem Köln in jeder Beziehung nachzueifern trachtete, die Lateranbasilika, also die eigentliche Bischofs-, Haus- und Titelkirche des Papstes, seit dem Wiederaufbau im frühen zehnten Jahrhundert ganz dem Täufer Johannes geweiht war [119].

[116] Willy Weyres, Die Domgrabung. XVII. Die Baptisterien östlich des Domchores, in: Kölner Domblatt 31/32, 1970, S. 81 f. = hier S. 521 f.

[117] Weyres {116} S. 95 = hier S. 532. Vgl. den Bericht des Juden Hermann über seine Taufe (um 1128), zit. nach Migne, Patrologiae cursus completus, Series Latina, Bd. 170, Paris 1894, S. 831: *Universus itaque Coloniensis civitatis clerus in Beati Petri, apostolorum principis, basilicam festiva cum exsultatione convenit, ubi ad celebrandum salutare mysterium fons fuerat praeparatus.*

[118] Weyres {116} S. 94, § 7 = hier S. 538 f.

[119] Vorher: Salvator; nur das Baptisterium war dem Täufer geweiht. Wiederaufbau der Kirche nach einem Erdbeben durch Papst Sergius III. (904 – 911). G. Schwaiger, Sergius III., in: LThK 2, Bd. 9, 1964, Sp. 689. – Natürlich muß auch vor dem Jahre 1000 eine Bischofskapelle am Kölner Dom bestanden haben. Ihr Standort ist unbekannt, dürfte aber im Bereich der Pfalzbauten südlich und südöstlich des Alten Domes zu suchen sein. Auch Titelheilige sind nicht erwähnt, aber aus späteren Angaben können sie versuchsweise rückerschlossen werden. In karolingischer Zeit dürfte die Bischofskapelle dem hl. Dionysius von Paris dediziert gewesen sein, dessen Reliquie entweder 754 durch Papst Stephan oder 842 durch Hilduin nach Köln gekommen war (s. u. Anm. {136}). Zur Zeit des Erzbischofs Bruno (953 – 965) könnte Laurentinus als Nebenpatron hinzugekommen sein (s. u. Anm. {135}).

Heribert, der mit Papst und Kaiser verkehrte und der den Glanz beider Mächte aus eigener Anschauung kannte, ja selbst daran teilgenommen hatte, ehe er als Erzbischof nach Köln gekommen war, ist es zuzutrauen, daß er an seine Palastkapelle diesen hohen Anspruch stellte: ein Bau mit dem Raumprogramm der kaiserlichen Kirche in Aachen und mit dem Titelheiligen der päpstlichen Lateranbasilika [120]. Wahrscheinlich wurden außer dem Patron auch die Steine der alten Taufkapelle, die baulich noch in bestem Zustand gewesen sein muß, für den Neubau übernommen [121]. Dies würde ganz dem Denken der Zeit entsprechen, das tiefe Symbolik und deren realistische Umsetzung fugenlos miteinander zu vereinbaren wußte.
So mag um das Jahr 1000 innerhalb des erzbischöflichen Wohnbereiches an der Südseite des Alten Domes die Pfalzkapelle entstanden sein, nicht in erster Linie als privater Andachtsraum für den Oberhirten, sondern als Herrscherkirche für den Erzbischof von Köln in seiner Eigenschaft als Reichsfürst (Abb. 18, Nr. 5).

S. Johannis in curia als Pfarrkirche

Der Geistliche, dem die Johanneskapelle unterstand, war der capellarius, der Kanzler des Erzbischofs, dem das Urkundenwesen anvertraut war [122]. Er wird der pater spiritualis, also der Seelsorger für die ministeriales, die erzbischöflichen Dienstmannen genannt [123]. Aus diesem Seelsorgerecht des Erzbischofs über seine Gefolgsleute, das der capellarius für ihn ausübte, entwickelte sich allmählich die Pfarre, die sich zunächst nicht auf einen topographischen Sprengel, sondern auf einen bestimmten Personenkreis erstreckte [124].
Der Vorgang wurde noch beschleunigt, als Erzbischof Rainald von Dassel (1159 – 1167) an der Südseite des Domhofes einen neuen Bischofspalast baute, dem als Kultraum die ebenfalls zweigeschossige Thomaskapelle angegliedert wurde [125]. Die Johanneskapelle blieb indes in erzbischöflichem Besitz und behielt auch ihre Funktion als Kirche für die familia des bischöflichen Hofes. Damit wurde die Bindung des capellarius an die Kapelle noch enger. Er wird im Jahre 1172 erstmals „capellarius s. Johannis in domo episcopali" genannt und war um 1230 bereits zum Pfarrer aufgestiegen [126].
Dennoch blieb das besondere Verhältnis des Bischofs zu diesem Bau erhalten, den er offenbar als offizielle Pfalzkapelle ansah, während die auch baulich bescheidenere Thomaskapelle mehr dem privaten Bereich zugeordnet gewesen zu sein scheint. Im Februar 1238 nämlich, als Erzbischof Heinrich I. von Molenark dem Domkapitel, das unter Raummangel litt, den alten Palast schenkte, be-

[120] „Die Verchristlichung des alten Imperiums brachte es mit sich, daß an der Spitze der Christenheit zwei Häupter standen, Papst und Kaiser. Bei der innigen mittelalterlichen Durchdringung aller natürlichen Lebensbereiche mit christlich-religiösem Denken mußte eine reinliche Scheidung der religiös-päpstlichen von der politisch-kaiserlichen Sphäre äußerst schwierig sein." Joseph Höffner, Kolonialismus und Evangelium, Trier ^{2}1969, S. 11 f. Bei den mittelalterlichen Erzbischöfen von Köln ging die Durchdringung von politischer und religiöser Führerschaft noch weiter, da sie beide Ämter in ihrer Person vereinigten.

[121] An den bis zu 20×30 cm großen Bruchstücken der Malerei, mit der die Kapelle ausgeschmückt war, zeigten sich keinerlei Spuren von Abblätterungen, Nässeeinwirkungen oder gar Verwitterungen; Weyres *{116}* S. 92 = hier S. 530.

[122] Hegel *{109}* S. 86.

[123] Quelle zitiert in Anm. *{34}* (nach Frensdorf).

[124] Vgl. Hegel *{109}* S. 91. – Noch Winheim *{109}* erklärt den Namen in curia so: quod olim pro solis Curialibus Episcopi deputata.

[125] Erstmals genannt 1172. Die Kunstdenkmäler der Rheinprovinz, VII, 4, Köln, Die Profanbauten, S. 336. – Koch *{114}* S. 66 f. – Hegel *{109}* S. 91. – Vogts *{2}* S. 17, Abb. 5, 6.

[126] Franz Gescher, Der Kölner Stadtdechant und die Vereinigung der stadtkölnischen Pfarrer, in: Mitteilungen aus dem Stadtarchiv von Köln 40, 1929, S. 177, Nr. 8 (1227 – 1233): *plebani . . . Johannis in curia.* – Ders. *{34}* S. 228. – Hegel *{109}* S. 86, 90.

hielt er sich ausdrücklich die Johanneskapelle vor, und nicht nur die Kapelle, sondern auch den bischöflichen Sitz „davor", damit ihm und seinen Nachfolgern wie bisher der Zugang zu beiden offenstehe [127]. Innerhalb der Feudalordnung des Erzbistums hatte die Kapelle also ihren ganz bestimmten Platz. So wie der Dom die Pfarr- und die Sendkirche für die nobilitas, den hohen Adel war, über die der Erzbischof selbst am Tage Peter und Paul zu Gericht saß, war die Johanneskapelle die Kirche für die servientes oder ministeriales, die Dienstmannen des Bischofs, über die der erzbischöfliche capellarius richtete, und zwar am Tage nach Peter und Paul vor der Kapelle im alten Bischofshof [128].

Die ministeriales, die ihr eigenes Recht hatten und am Hofe und in der Güterverwaltung des Erzbischofs die gehobenen Stellungen besetzten, bildeten eine aktive, aufstrebende Schicht und waren bestrebt, sich als ein zweiter Adel nach unten deutlich abzugrenzen [129]. Von hier aus ist es zu verstehen, daß ihre Sendkirche, die Johanneskapelle, nach 1248 wieder in Gestalt einer Pfalzkapelle errichtet wurde, auch wenn sie ihre Funktion als bischöfliche Hauskapelle längst verloren hatte.

Wechsel des Patroziniums

Vom Abbruch und Wiederaufbau der Kapelle in den Jahren nach 1248 (Abb. 18, Nr. 6) gibt es in den schriftlichen Quellen nicht die geringsten Andeutungen. Aber auch über einen anderen Vorgang schweigen sie, nämlich über den Wechsel des Patroziniums von Johannes dem Täufer zu Johannes dem Evangelisten.

Es gibt nur einige indirekte Hinweise darauf, von denen jeder für sich nicht beweiskräftig wäre, die aber in ihrer Summe gewisse Rückschlüsse zulassen.

1. Bereits Koch hatte darauf verwiesen, daß Johann-Evangelist-Patrozinen vor 1000 äußerst selten sind [130]. Hegel bringt eine Fülle von Beispielen für eine gemeinsame Verehrung beider Heiliger in einem Gotteshaus oder an zwei nebeneinander oder einander gegenüberliegenden Altären, etwa in Krypten [131]. Dabei kam stets der Evangelist später als Nebenpatron hinzu. Wie in anderen Fällen mag er, dessen Verehrung seit der Mitte des 12. Jahrhunderts einen unerhörten Aufschwung nahm, auch in Köln den Hauptpatron auf die Dauer verdrängt haben, zumal diesem noch eine andere stadtkölnische Pfarrkirche geweiht war [132].

2. Am 15. Juni 1285 dotierte der Domvikar Gerhard von Xanten den Altar der hll. Johannes Baptist und Laurentius, der im Chorumgang des gotischen Domes in der nördlich an die Achskapelle

[127] Quelle zitiert in Anm. *{34}* (nach Knipping, Regesten).

[128] Quelle zitiert in Anm. *{34}* (nach Knipping). – Oediger *{73}* S. 259. – Gescher *{34}* S. 222 f.

[129] Oediger *{73}* S. 259.

[130] Vgl. Anm. *{114} u. {115}*. Oswald *{16}* führt 26 Johann-Baptist-Weihungen an (bis etwa 1024), dagegen nur sechs des Evangelisten. Von diesen gehören zwei ins 11.Jahrhundert: Hersfeld (nach 1021, S. 132) und Bamberg, Krypta (1053 erstmals erwähnt, S. 32); in Meißen (gegr. 968) ist nicht bekannt, wann Johannes zu Donatus hinzukam (S. 202); ein Altar in Halberstadt wurde 974 den beiden Johannes geweiht (S. 105); die beiden Trierer Johannesweihungen St. Matthias (S. 344) und St. Maximin (S. 348) gehen auf das 4. Jahrhundert zurück und stehen in keinem Zusammenhang mit der mittelalterlichen Johannes-Evangelist-Verehrung. Eine Abhängigkeit der Kölner Johanneskirche am Dom von St. Maximin in Trier, die Eugen Ewig, Annalen des Hist. Vereins f. d. Niederrhein, 155/156, 1954, S. 211 f., zu erkennen glaubte, wird von Oediger *{73}* S. 378, abgelehnt. Koch *{114}* hat im Gegensatz zu Ewigs Darstellung nie behauptet, „daß der Evangelist als Patron mit dem Täufer verwechselt wurde".

[131] Hegel *{109}* S. 87 – 90.

[132] Die Kirche St. Johann Baptist an der Severinstraße, erstmals erwähnt 948, lag bis ins 11. Jahrhundert außerhalb der Stadt, bis etwa 1200 in der Vorstadt. Auch diese Kirche wird nicht durch Präzisierung des Johannesnamens, sondern durch Ortsangabe benannt: Gescher *{126}* S. 167, Nr. 1 (1172): *in suburbio;* Nr. 9 b (1238): *sancti Johannis sub urbio;* erstmals 1251 (Nr. 12): *sancti Johannis Baptiste;* es fällt auf, daß diese Benennung bald nach dem Abbruch der alten Johanneskapelle am Dom üblich wird.

grenzenden Johanneskapelle stand [133]. In den Chorkapellen waren gerade sechs neue Altarplätze geschaffen worden, die nicht schon für Altäre des Alten Domes vorgesehen waren und die daher Altäre anderer Heiliger aufnehmen konnten. Es ist denkbar, daß an der Pfarrkirche der Wunsch bestand, den Evangelisten, der inzwischen zum wichtigsten Patron geworden war, auch als Titelheiligen zu sehen. Kirchenrechtlich war dies durch den völligen Neubau des Gotteshauses möglich geworden. Der Altar des Täufers konnte daher an den Dom zurückgegeben werden. [134].

3. Der Täufer mußte den Altar in der Johanneskapelle des Domes mit dem hl. Laurentius teilen. Dieser war möglicherweise mit aus der Pfalzkapelle in den Dom gewandert, denn nach Gelenius besaß die Pfarrkirche noch im 17. Jahrhundert beachtliche Reliquien dieses Heiligen [135].

4. Nach Gelenius beging die Pfarre St. Johann Evangelist vier besondere Feste. Es waren dies die Pfarrprozession am Sonntag nach Christi Himmelfahrt, das Fest des Evangelisten Johannes, das Fest des hl. Dionysius von Paris am 9. Oktober [136] und das Kirchweihfest, das ausgerechnet am Tage der Enthauptung des Täufers Johannes gefeiert wurde [137].

Nimmt man hinzu, daß der Titel möglicherweise von dem kurz vor dem Bau der Pfalzkapelle abgebrochenen Baptisterium übernommen wurde, so gewinnt die Annahme, die Kirche S. Johannis in curia sei ursprünglich dem Täufer geweiht gewesen, einen noch höheren Grad von Wahrscheinlichkeit [138].

[133] Hasak {33} S. 29. – Clemen {1} S. 56. u. 211. – Willy Weyres, Zur Baugeschichte der vorgotischen Kölner Kathedralen, in: Kölner Domblatt 26/27, 1967, S. 22 = hier S. 466. – Wolff {95} S. 221, §§ 655 – 685.

[134] Dom und Pfarrkirche waren über die Person des Pfarrers miteinander verbunden, seit am 13. Mai 1219 das Amt des capellarius mit einem Kanonikat des Domstiftes vereinigt worden war. Knipping {34} Nr. 235; Hegel {109} S. 86. Nach 1251 nennt sich die Johanneskirche an der Severinstraße St. Johannes Baptist, vgl. Anm. {132}.

[135] Gelenius {8} S. 437: II. S. Laurentii notabiles Reliquiae: Die Verehrung dieses Heiligen breitete sich im Reichsgebiet besonders nach dem Sieg auf dem Lechfeld am 10. August 955 aus, der am Tage des Heiligen errungen und ihm zugeschrieben wurde. B. Kötting, Laurentius, Diakon, in: LThK 2, Bd. 6, 1961, Sp. 830 f. Laurentius war einer der bevorzugten Heiligen des ottonischen Königshauses. Die Reliquien in der Bischofskapelle könnten auf Erzbischof Bruno zurückgehen, der Laurentiusreliquien auch an die Abtei St. Martin in Köln vergab (Oediger, Regesten {67} Nr. 466; Gelenius {8} S. 378) und zu dessen Regierungszeit erstmals das Oratorium erwähnt wird, aus dem die spätere Pfarrkirche St. Laurentius hervorging (abgebrochen 1818). K. D. {5} S. 56; Gelenius {8} S. 397.

[136] Gelenius {8} S. 437. Dem hl. Dionysius war der Altar in der Oberkirche, der eigentlichen bischöflichen Hauskapelle geweiht. Nach Gelenius hat Papst Stephan den Arm des gallischen (Pariser) Dionysius für die Kölner von den ihm befreundeten fränkischen Herrschern erlangt und aus Frankreich herausgebracht. Dionysius v. Paris wurde seit 827 mit Dionysius Areopagita (angebl. Schüler des hl. Paulus) gleichgesetzt, dessen hochangesehene Werke damals durch den Abt Hilduin von St. Denis herausgegeben wurden, der auch die Vita verfaßte. J. Fleckenstein. Hilduin, in: LThK 2, Bd. 6, 1960, Sp. 346. Nach Oediger, Regesten {67}, S. 51; ders. {73} S. 154 war Hilduin 842 – 849 vocatus archiepiscopus von Köln (nach Handbuch der Erzdiözese Köln, [26]1966, S. 32 nur „verwandt"). Vielleicht hat Hilduin die Dionysiusreliquie wenn nicht mitgebracht, so doch besonders hervorgehoben, denn ein Altar dieses Heiligen in Basilica s. Petri wird erstmals 857 genannt (Oediger, Reg. {67} Nr. 167), als die Bischofskirche nach Weyres {16} S. 48 = hier S. 491 wegen der Bauarbeiten am Dom nach St. Peter (neben St. Caecilien) ausgewichen war. Nach der Rückkehr des Kapitels in den Dom (870 Sept. 28) wird der Altar nicht mehr erwähnt. Möglicherweise wurde Dionysius danach Patron der Bischofskapelle, denn die bedeutendste Reliquie der Johanneskirche war noch 1645 die des hl. Dionysius. Gelenius: I. Notabiles os S. Dionysij conseruatum olim in sanctiore Thesauro Archiepiscoporum. – Bei Winheim {109} S. 251, handeln von 24 Zeilen, die er der Johanneskirche widmet, 16 von der Dionysiusrelique. – Auf die Translation Stephans II. könnte der Dionysiusalter im Dekagon von St. Gereon zurückgehen. K. D. VII, S. 59; Gelenius {8} S. 266: Dionysij duas partes. (9. octobris).

[137] 29. August. Gelenius {8} S. 437: II. Dedicationis Ecclesiae ipso S. Joannis Baptistae decollati. – Winheim {109}: Parochiae vero Dedicatio, ipsa decollatione S. Joannis Baptistae occurrit.

[138] Oediger {73} lehnt die Annahme Kochs {114}, die Johanneskirche sei ursprünglich die Taufkirche des Domes gewesen, ab, indem er darauf verweist, daß nach dem Bericht des Juden Hermann {117} und den Ritualien des Domes aus dem 13. Jh. das Taufbecken im Dom selbst gestanden hat. Damit hat er sicher insofern recht, als das Gebäude, das um 1000 als Palastkapelle errichtet wurde, niemals Taufkapelle war. Die Übernahme nur des Patroziniums aus der im späten 10. Jh. abgebrochenen und bis dahin tatsächlich vorhanden gewesenen Taufkirche des Domes wird davon nicht berührt.

Bau	Zeit	Zweckbestimmung	Patron *Nebenpatron*	Bemerkung
1	nach 313	Taufkapelle	Johannes d. T. *	Ende 4. Jh. mit neuer Piscine versehen
2	1. H. 5. Jh.	Taufkapelle	Johannes d. T. *	Piscina erneuert, heute noch vorhanden
2 a	6. Jh.			Seitenbauten von 2 abgebrochen, dafür Umgang
3	9. Jh.	Taufkirche	Johannes d. T. **	Abgebrochen Ende 10. Jh.
(4)	9. Jh.	Bischofskapelle	Dionysius **	Standort nicht bekannt. (Tiefe Lagen von Bau 5?)
(4 a)	nach 955		Dionysius ** *Laurentius* **	Vgl. Anm. 119, 135 u. 136
5	1000	Pfalzkapelle	Johannes d. T. ** *Dionysius* ** *Laurentius* ** *Johannes Ev.* **	Mit Westatrium. Seit spätestens 1165 nicht mehr erzbischöfliche Hauskapelle.
5 a	von 1233	Pfarrkirche	Johannes d. T. ** *Johannes Ev.* ** *Dionysius* ** *Laurentius* **	Abgebrochen 1248
6	nach 1248	Pfarrkirche	Johannes Ev. *Johannes d. T.* *Dionysius* *Laurentius*	Vierkonchenbau mit Westfassade
6 a	vor 1457	Pfarrkirche, seit 1659 auch Oratorium	Johannes Ev.	Umbau von 6, Beseitigung von Ostchor und Westbau, Kultrichtung Norden. Abgebrochen 1703.
7	1703	Pfarrkirche, Oratorium	Johannes Ev.	Abgebrannt 1743
8	1744	Pfarrkirche, Seminarkirche, Oratorium	Johannes Ev. *Philippus Neri*	Pfarre 1803 aufgehoben
8 a	nach 1803	Seminarkirche		Abgebrochen 1828 – 1829

Anmerkungen: * = möglich; ** = wahrscheinlich

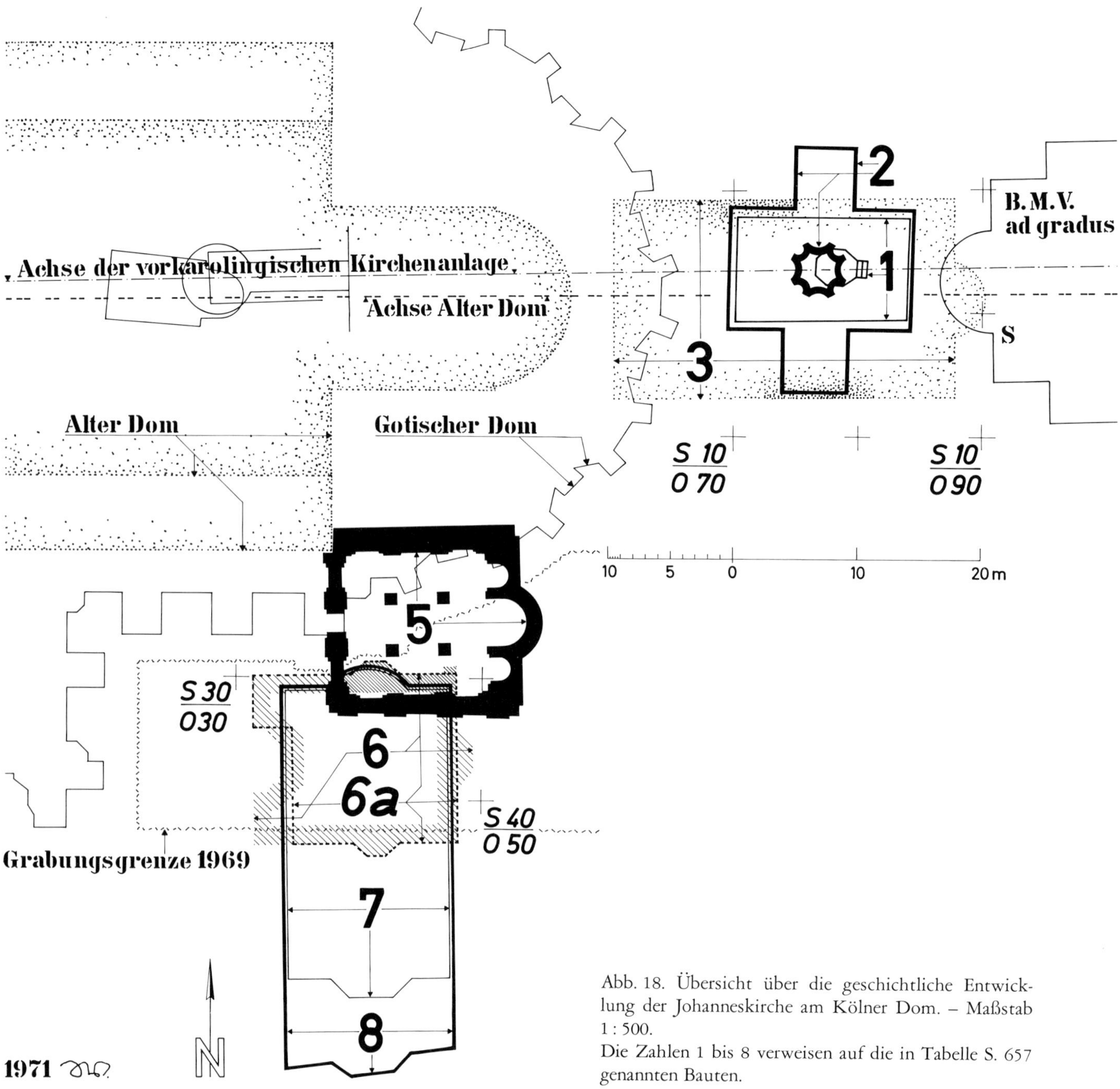

Abb. 18. Übersicht über die geschichtliche Entwicklung der Johanneskirche am Kölner Dom. – Maßstab 1 : 500.
Die Zahlen 1 bis 8 verweisen auf die in Tabelle S. 657 genannten Bauten.

Oratorium und Seminar

Im Jahre 1647 führte Erzbischof Ferdinand von Bayern in Köln das Oratorium ein, eine Kongregation von Weltpriestern, die nach der Regel des von Kardinal Pierre de Berulle 1611 in Paris gegründeten Oratoriums lebten [139]. Ihm wurde 1659 die Pfarrkirche St. Johann Evangelist übergeben [140].

[139] Reckers {4} S. 94.
[140] K. D. {5} S. 50.

Abb. 19. Köln, Pfarrkirche St. Johann Evangelist am Dom (Bau 8 in Abb. 18). Entwurfszeichnung der Fassade von Jac. Burscheidt, 1744. Köln, Stadtmuseum.

1683 inkorporierte Erzbischof Max Heinrich das damals nur noch dem Namen nach existierende Priesterseminar dem Oratorium an St. Johann Evangelist, das von den verbliebenen Einkünften zwei Priester zu unterhalten hatte, die dem Erzbischof zur Aushilfe in der Seelsorge dauernd zur Verfügung stehen sollten [141]. Wegen Zweckentfremdung wurden die wenigen Mittel, die noch aus dem Seminarfonds flossen, dem Oratorium 1710 wieder entzogen [142].
Nach langen Bemühungen konnte das Seminar am Peter-und-Paulstag 1738 wieder eröffnet werden, jedoch unter beengten räumlichen Bedingungen in einem Hause, das den Namen „Glashütte" führte und an der Ostseite des Domhofes lag [143]. Nach dem Brande der Johanneskirche im Jahre 1743 kam der Gedanke auf, die Pfarre mit dem Oratorium und dem Seminar zu vereinigen. Dieser sehr glückliche Plan wurde den zuständigen Stellen zur Genehmigung vorgelegt und am 16. November 1744 von Erzbischof Clemens August (1723 – 1761) unterzeichnet [144]. Damit kam die Pfarre zu einer neuen Kirche, das Seminar zu einem neuen Gebäude und das Oratorium zu neuem Leben.

141 Reckers *{4}* S. 93 f.
142 Reckers *{4}* S. 95.
143 Reckers *{4}* S. 138 f. – Hegel *{109}* S. 91.
144 Reckers *{4}* S. 155 f. – Hegel *{109}* S. 91.

Abb. 20. Grabstein Adam . . . (vgl. Abb. 5 a und S. 623, Anm. 22). Zeichnung A. Weisbecker.

Sowohl an der Grundsteinlegung für den Neubau des Seminars wie an der feierlichen Konsekration der Kirche im Oktober 1748 nahm Clemens August persönlich teil [145]. Wahrscheinlich saß damals zum letzten Male ein Erzbischof auf jenem alten, steinernen Sitz, der auf der Südempore der neuen Kirche wieder dem Altar gegenüber aufgestellt worden war (Abb. 18, Nr. 8) [146].
Wiederum hatte sich ein Wandel in der Bestimmung der Johanneskirche vollzogen. Sie war einer neuen Aufgabe zugewiesen worden, der sie ein weiteres halbes Jahrhundert diente, bis das alte Erzbistum im Jahre 1801 erlosch und die linksrheinischen Gebietsteile dem neugeschaffenen Bistum Aachen angegliedert wurden.
Auch das alte System der Pfarrabgrenzungen in der Stadt Köln wurde verändert. Am 1. März 1804 trat die neue Ordnung der Pfarrsprengel, die bereits am 3. Juli 1803 verkündet worden war, in Kraft. Damit wurde der Dom Hauptpfarrkirche des 4. Pfarrbezirks. St. Johann Evangelist wird nicht mehr erwähnt [147].
Die Kirche wurde jetzt nur noch vom Seminar benutzt, das sich trotz vieler Auflösungsversuche und harter Einschränkungen erstaunlicherweise hatte halten können. Seine Bedeutung war sogar

[145] Reckers {4} S. 158, 160.
[146] K. D. {5} S. 51.
[147] Hegel {109} S. 94. – Rode und Wolff {1} S. 13 f.

noch gestiegen. Da auch die alte Kölner Universität untergegangen war, fiel dem Seminar nun die ganze Ausbildung des Priesternachwuchses zu, so daß die Alumnen nur noch zum geringeren Teil im Seminar, zum größeren aber in der Stadt ihr Unterkommen fanden. In dem einzigen Hörsaal mußten sich die meisten Studenten mit einem Stehplatz zufrieden geben. Diese äußerst beengten Verhältnisse änderten sich nur wenig, als im Wintersemester 1827/28 das Theologenkonvikt in Bonn eröffnet wurde und dem Seminar nur noch, wie bereits früher, die einjährige Schlußausbildung der Weihekandidaten verblieb. Um den unbefriedigenden Zustand zu beenden, wurde das Gebäude am Domhof gegen einige Trakte des alten Jesuitenkollegs an der Marzellenstraße getauscht, das damals der Stadt Köln gehörte.

Damit war das Schicksal der Johanneskirche besiegelt. Am 18. November 1827 wurde in ihr zum letzten Male die Messe gefeiert, im Jahr darauf begann der Abbruch [148].

Dombauhütten

Als König Friedrich Wilehlm IV. am 4. September 1842, umgeben von Erzbischof Geissel, dem Domkapitel, zahlreichen Fürstlichkeiten und einigen tausend festlich gestimmten Kölnern die drei Hammerschläge auf den Grundstein zum Weiterbau des Domes tat, war auf dem Platz, an dem fünfzehn Jahre vorher noch unversehrt die Kirche St. Johann Evangelist gestanden hatte, eine Tribüne aufgebaut, von der aus begüterte Dombaufreunde für die horrende Summe von fünf Thalern je Platz den feierlichen Akt betrachten konnten [149].

Ein Jahr darauf wurde an dieser Stelle der Reißboden für die Dombauhütte errichtet, eine freitragende Halle aus großen Holzbindern von 17,35 m Spannweite und 22 m Länge mit Obergaden und südlich vorgelagerten Nebenräumen, in denen unter anderem zwei große Heizöfen standen [150]. Sie stand fast vierzig Jahre, bis sie Anfang April 1882 abgetragen wurde [151]. Danach wurde das Gelände in eine Gartenanlage verwandelt. Der nördliche Teil lag auf der Ebene der umlaufenden Domterrasse, der südliche etwa 2 m tiefer. Die Terrassenmauer, die in Höhe der südlichen Querhausfassade das Gelände von West nach Ost durchschnitt, mußte wegen der nur mit losem Bauschutt verfüllten Kellerräume des Seminars, der Kirche und des Hochgerichts bis auf den gewachsenen Boden hinabgeführt werden. Sie reichte fast so tief wie die Mauern der Barockkirche und war mehr als drei Meter breit [152].

Vierundvierzig Jahre später, als die Dombauhütte von etwa 26 auf 70 bis 90 Werkleute vergrößert werden sollte, wurden auf der oberen Terrasse die von Dombaumeister Hertel entworfenen neuen Hüttengebäude errichtet, die im November 1926 bezogen werden konnten [153]. Sie brannten am 31. Mai 1942, von zahlreichen Brandbomben getroffen, nieder. Dabei ging auch das Vereinsbanner des Zentral-Dombauvereins von 1842 in Flammen auf [154].

[148] Reckers *{4}* S. 255 – 261. – Hegel *{109}* S. 91. – K. D. *{5}* S. 51. – Historisches Archiv der Stadt Köln, Rep. 400, Verwaltungsakten VI, – 1 B – 13½: „Der Bau-Konduckteur Biercher hat nunmehr die Pläne, Kosten-Anschläge und Taxationen vorgelegt, nach welchen das ehemalige Seminar-Gebäude zu Lehrer-Wohnungen des Jesuiten-Gymnasi und zu den Verwaltungs-Localien eingerichtet, einzelne unbrauchbare und baulose Theile desselben, so wie denn auch die mitabgetretene Johannis-Kirche zur Befoerderung der vorgedachten Zwecke abgebrochen werden müssen. . . . Materialwerth der abzubrechenden Johannis-Kirche zu 1240 rthl 23 sgr 4 pf. . . . Coblenz, den 2ten August 1828".

[149] Clemen *{1}* S. 76 f., Abb. 42. – Rode u. Wolff *{1}* S. 24 f., Abb. 14 – 16. – Kölner Domblatt 9, 1842. – Versucht man den Wert des Preises von 5 Thalern für einen Tribünenplatz in heutigem Geld ausdrücken und bedient man sich dabei als Umrechnungsbasis des Tageslohnes für einen Zimmermann, so kommt man auf die Summe von 740,–DM.

[150] Rode u. Wolff *{1}* S. 39 (Innenansicht), Abb. 18, 35, 64, 65, 88; Das Grundstück wurde von der Stadt Köln für die Dauer der Bauzeit zur Verfügung gestellt. Dombauarchiv, Revisionsprotokoll 1843, p. 4.

[151] Siehe Anm. *{99}*.

[152] Siehe Anm. *{99}*.

[153] Rode u. Wolff *{1}* S. 58 f.

[154] Rode u. Wolff *{1}* S. 62. – Wilhelm Kleff, Der Dom im Kriege, in: Kölner Domblatt 1, 1948, S. 51.

Bereits im Jahr zuvor war auf dem südlich der Terrassenmauer gelegenen Teil des Grundstücks der Dombunker errichtet worden. Beim Ausschachten wurden die südlichen Fundamentteile der Johanneskirche beseitigt und das Dionysosmosaik gefunden [155].
Nachdem sich die Dombauhütte jahrelang mit Provisorien beholfen hatte, errichtete Dombaumeister Weyres im Jahre 1957 das dritte Werkstättengebäude an dieser Stelle seit dem Jahre 1843 [156]. Doch auch dieses stand nur kurze Zeit, bereits 1969 mußte es wieder beseitigt werden. Die vierte Dombauhütte, die nach den Plänen der Architekten Röcke und Renner 1970 erbaut wurde, wird, so hoffen die Dombaufreunde, für lange Zeit die letzte sein und den Werkleuten, die den Dom betreuen, eine vertraute, aber auch eine funktionstüchtige Heimstatt werden.
Die Mauer der Johanneskapelle ragt unübersehbar in den Hüttenhof hinein. Sie erinnert nicht nur daran, daß dieser Ort Geschichte hat, sondern auch daran, daß der Dom unter Opfern erbaut wurde und nur mit Opfern erhalten werden kann.

[155] Siehe Anm. *{7}*.
[156] Bis zum Katholikentag von 1956 war die Dombauhütte zum Teil im Dom selbst untergebracht. Willy Weyres, Die Wiederherstellungsarbeiten am Dom in den Jahren 1955 – 57, in: Kölner Domblatt 14/15, 1958, S. 101. – Rode u. Wolff *{1}*, S. 68.

Willy Weyres

Die Domgrabung

XIX. Das Karolingische Baptisterium und Vorbericht über die Grabungen im südlichen Querschiff

Aus: Kölner Domblatt 36/37, 1973, 75 – 100

I. Das karolingische Baptisterium des Kölner Domes

Bei der Bearbeitung der Ergebnisse, die die 1968/69 wegen der Umgestaltung der Domumgebung im Osten des gotischen Domes notwendig gewordenen Grabungen erbracht hatten, mußten Publikationen von früheren Grabungen an derselben Stelle mit herangezogen werden.

1 Dabei zeigte sich, daß sie bisher nur schwer deutbare Befunde enthielten, die zudem – vor allem in den oberen Schichten – nicht genügend beobachtet waren. Dombaumeister Voigtel hatte 1866 bei der Anlage des Petrusbrunnens außer Resten früherer Bauten vor allem eine Piscine des 5. Jahrhunderts entdeckt und sorgsam durch Überwölbung erhalten [1]. Fritz Fremersdorf fand 1926 bei der Anlage der Domherrengruft zugehörige Mauerzüge auf [2]. Seine Angaben konnten bei der letzten Grabung ergänzt werden.

2 Bei dieser Gelegenheit wurde eine mit Mauerwerk ummantelte Wasserleitung aus Bleirohren freigelegt (Abb. 1), die mit einem von Fremersdorf publizierten, von SW nach NO verlaufenden Rinnenstück in Verbindung gebracht werden kann (5 in Abb. 2). Dieser Fund ist nicht römisch, weil die Unterkante der Rinnenverpackung 4,0 m über dem gewachsenen Boden und die Oberkante nur 40 cm unter einem Estrichboden lag, dessen Niveau schon Doppelfeld als karolingisch angesehen hat [3]. Zwangsläufig stellte sich die Frage nach dem Zweck der Wasserleitung, aber auch zugleich die nach der Herkunft des Wassers.

3 Leider hat Fremersdorf die nordöstliche Fortsetzung des Rinnenstückes nicht beobachtet; möglicherweise war es schon abgeräumt, als er davon unterrichtet wurde, daß eine Ausschachtung für die Domherrengruft im Gange war. Man könnte sich vorstellen, daß die Wasserleitung mit einem Bogen an die von Voigtel mitgeteilte merkwürdige Anlage über der Piscine angeschlossen gewesen ist, für die bisher eine einleuchtende Erklärung nicht zu finden war (11 in Abb. 2).

4 Diese Anlage bestand aus einem rechteckigen gemauerten Schacht von 86,5×55 cm Grundfläche, der an der N- und S-Seite durch Vorlagen unterteilt war. Mit Gefälle nach Osten schloß sich ein aus Werksteinen hergestellter Abflußkanal an. Der Boden des Schachtes lag etwa 85 cm unter einem sowohl von Voigtel als auch von Fremersdorf festgestellten Boden aus Trachytplatten, der in

[1] Voigtel und Düntzer, Die an der Ost- und Nordseite des Domes zu Köln entdeckten römischen und mittelalterlichen Baureste, in: Bonner Jahrbücher 53/54, 1873, S. 199 ff.

[2] F. Fremersdorf, Tempelreste auf dem Domhügel zu Köln, in: Bonner Jahrbücher 1928, S. 213 ff.

[3] O. Doppelfeld, Die Domgrabung IV, in: Kölner Domblatt 2/3, 1949, S. 118 ff.=hier S. 79 ff.

der Höhenlage dem schon erwähnten karolingischen Estrichboden entsprach [4]. Die westliche Wand des Schachtes gibt Voigtel so hoch an, daß sie bis zur Oberkante des Bodens gereicht haben müßte. Da die Anlage von ihm entfernt worden ist, läßt sich nicht mehr nachprüfen, ob Boden und Schacht zusammengehören und wie Schacht und Zuflußkanal miteinander verbunden waren. Die Befunde lassen aber kaum eine andere Deutung zu, als daß Wasserleitung, Schacht und Abflußkanal eine Einheit bildeten.

5 Früher hat man angenommen, daß Schacht und Abflußkanal einer Hofentwässerung gedient hätten. Was wäre dann der Schacht gewesen? Vielleicht ein Schlammfang, dessen östliches Kompartiment mit Hilfe eines Schiebers teilweise geschlossen werden konnte? Für diesen Zweck wäre die Anlage nicht nur aufwendig, sondern auch ziemlich unzweckmäßig gewesen. Man könnte an einen Laufbrunnen denken, der etwa in der Art betrieben worden wäre, wie es Abb. 3 zeigt.

6 Woher aber kam das Wasser? Zwar existiert im südlichen Querschiff des Domes ein Stück einer Bleirohrleitung, die man bislang als römisch angesehen hat. Sie muß aber wegen ihrer Höhenlage karolingisch sein. Unter gewissen Einschränkungen kann sie als Fortsetzung der von uns gefundenen Leitung angesehen werden. Sie hat auch die nötige Höhenlage, so daß ein Laufbrunnen funktionieren könnte [5]. Daß die Anlage auf der Achse des karolingischen Domes lag, würde zu der Annahme eines Laufbrunnens in einem Atrium ganz gut passen.

7 Nach wie vor bleibt die Frage nach der Herkunft des Wassers offen. In karolingischer Zeit konnte es wohl sicher nicht mehr aus der römischen Eifelwasserleitung stammen, da es in der Stadt keine Anhaltspunkte für eine solche Annahme gibt. Es ist auch mit anderen Methoden zu rechnen, Wasserleitungen wenigstens für bestimmte Zeiten mit Wasser zu speisen. So wurde im Simeonskloster in Assuan Wasser auf Eselsrücken zu einem Behälter gebracht, von wo aus es nach Bedarf in die Leitungen des Klosters abfließen konnte [6]. Im Kloster des Faraq in Kairo wurde Wasser mit Hilfe eines Schöpfrades aus einer Zisterne geschöpft und in eine Leitung geführt, die Waschbrunnen, Küche und Abtritte versorgte [7]. Ähnliche Anlagen aus Deutschland sind mir bisher noch nicht bekannt geworden. Die Wasserleitungen in Klöstern sind wohl in der Regel aus Quellen gespeist worden.

8 Am Dom könnte das Wasser aus einem der karolingischen Brunnen, die bei den jüngsten Ausgrabungen außerhalb des Domes zu Tage gekommen sind, entnommen und in die Leitung gefüllt worden sein. Das Verfahren ist natürlich sehr umständlich, und es ist die Frage, ob man diesen Aufwand nur für den Betrieb eines Laufbrunnens getrieben hat.

9 Die Überlegungen wurden aber in eine andere Richtung verwiesen, als während der Ausgrabungen hinter dem Ostchor große Mengen von bemaltem Wandputz gefunden wurden, die den von Doppelfeld in der Dreikönigskapelle gefundenen Malereiresten glichen [8]. Die in kleine Stücke zerhackten Putzreste lagen hier wie dort in unregelmäßigen Haufen über dem karolingischen Niveau. Einige Tuffsteine (Abb. 5), auf denen der Putz noch haftete, zeigten, was hier geschehen war: Man hatte eine Tuffsteinmauer abgebrochen und den Putz von den Steinen abgehackt, um sie wieder zu verwenden. Das Verfahren ist uns aus der Notzeit nach dem Kriege wohl bekannt.

10 In diesem Fundbereich mußte nach den Spuren eines Gebäudes gesucht werden, zu dem die Wandmalereien gehörten. Es konnte nicht weit entfernt gestanden haben, denn die abgebrochenen Steine werden kaum weit transportiert worden sein, bevor sie gesäubert wurden. Bei Voigtel gab es eine Mauer von 85 cm Breite, die bisher schwer einzuordnen war (19 in Abb. 2). Sie war auf Mauern der älteren Baptisterien aufgesetzt [9] und bis zur Höhe des karolingischen Bodens erhalten *{14}*. Eine in

[4] W. Weyres, Die Domgrabung XVII, in: Kölner Domblatt 31/32, 1970, S. 86 ff. = hier S. 521 ff.

[5] Weyres *{4}*, S. 95 = hier S. 533.

[6] U. Monneret de Villard, Il Monastero di S. Simeone preso Aswan I, Milano 1927.

[7] S. Lamey Mostafa, Kloster und Mausoleum des Faraq ibn Barquq in Kairo. Glückstadt 1968, S. 55 ff.

[8] O. Doppelfeld, Die Domgrabung V, in: Kölner Domblatt 4/5, 1950, S. 118 ff. = hier S. 114 ff.

[9] Weyres *{4}*, S. 89, § 29 = hier S. 528.

Abb. 1. Reste der karolingischen Wasserleitung östlich des Domchores.

der Flucht der Mauer 19 ergrabene Ausbruchgrube ließ erkennen, daß sie mindestens bis an das gotische Domfundament reichte. Die Wasserleitung *(2)* ging durch die Mauer hindurch nach N weiter.

11 In gleichem Abstand von dem Schacht *(4)* fand sich bei den letzten Ausgrabungen im Norden eine Parallelmauer (513, 512, 517 in Abb. 2). Sie ist teils als Abbruchgrube erfaßt worden und war in ihrem westlichen Abschnitt bis zur Höhe des karolingischen Bodens und teilweise noch etwas höher erhalten. Bei einer Fundamenttiefe von stellenweise 2,0 m läßt sich kaum annehmen, daß diese Fundamente nur für die Umfassungsmauer eines offenen Atriums gedient haben, zumal der karolingische Boden, teils als Estrich, teils als Trachytplattenbelag, bei beiden Mauerzügen in gleicher Höhe auf beiden Seiten gefunden wurde. Es ist also wohl erlaubt, anzunehmen, daß es sich um die Fundamente von aufgehenden Mauern handelt und daß die aufgefundenen Putzreste zu diesen gehören.

12 Danach ergäbe sich ein Raum von 12,90 m lichter Breite. Über die ostwestliche Ausdehnung wissen wir nichts. Das Westende ist vom gotischen Chorfundament abgeschnitten, das Ostende wahrscheinlich durch die im 19. Jahrhundert entfernten Fundamente der Kirche St. Maria ad gradus. Die Länge muß aber mindestens 15 m betragen haben.

13 Technisch besteht die Möglichkeit, die Breite des Raumes mit einem hölzernen Dachstuhl zu überspannen. Doch stimmt die an einer Stelle gefundene geringe Mauerstärke von 64 cm bedenklich. Man würde lieber zwei, vielleicht hölzerne Stützenreihen annehmen, die den Raum in drei Schiffe teilten. Bei den Grabungen ist allerdings keine Spur davon gefunden worden, doch ist durchaus möglich, daß Stützen nur auf Unterlagsplatten gestellt waren und diese schon mit dem Abbruch des Gebäudes verschwunden sind. Immerhin wäre eine Dach- bzw. Deckenkonstruktion denkbar, wie sie in vielen englischen Kirchen und auch in Spanien noch anzutreffen ist.

14 Der Bodenbelag des Gebäudes bestand aus sauber behauenen Trachytplatten. Sie sind bereits von Voigtel und auch von Fremersdorf gesehen worden und lagen nur zwischen den beiden Mauerzügen, also innerhalb des Raumes (7 in Abb. 2). Südlich der Mauer 512 wurde nur ein ganz kleiner Bodenrest gefunden (513 in Abb. 2). Er bestand aus einem an der Oberfläche glatt geschliffenen Estrich und wich also von dem sonst bekannten Boden ab. Eine Erklärung dafür ist nicht zu geben, da die von Voigtel und Fremersdorf mitgeteilten Fakten nicht erkennen lassen, wie weit die Ausdehnung der Trachytplatten war. Das Gelände nördlich und südlich des Gebäudes war mit einem Estrichboden abgedeckt (514, 538 in Abb. 2), der über einem merowingischen Friedhof weggezogen war.

15 Somit wäre ein geräumiges Gebäude gefunden, dessen Wände reich bemalt waren und in dessen Mitte der beschriebene Schacht mit einer Wasserableitung und einer Wasserzuleitung lag. Da aber unter diesem Bau zwei ältere Baptisterien liegen, und hier wahrscheinlich seit dem 4. Jahrhundert getauft wurde [10], war es nicht abwegig zu untersuchen, ob das erschlossene Gebäude nicht eine Taufkirche gewesen ist.

16 Zunächst aber war zu überlegen, ob der oben beschriebene Schacht *{4}* eine Piscine gewesen sein könnte, in die man bei der Taufe hineinstieg. Dagegen sprach, daß die Grundfläche verhältnismäßig klein und sicher auch durch die notwendige Verschlußvorrichtung vor der großen Abflußöffnung eingeengt war. Stufen, die vorauszusetzen sind, um in das immerhin 1,0 m tiefe Bassin hineinzusteigen, hätten die kleine Grundfläche vollständig verstellt.

17 Es bietet sich auch eine andere Möglichkeit an. Über den Schacht ließ sich eine Kufe stellen, in die das Wasser von unten, oder auch von oben hineingeleitet werden konnte (Abb. 4). Wenn man den Abflußkanal durch einen in einem Rahmen geführten Schieber ganz oder fast schloß, konnte der Wasserspiegel in der Kufe auf beliebiger Höhe gehalten werden. Zur Taufstunde konnte Wasser aus einem Brunnen in die Leitung gefüllt werden, deren Gefälle genügend groß sein mußte, damit nach dem Prinzip der kommunizierenden Röhren der gewünschte Wasserstand erreicht wurde. Wir wissen nicht genau, wo der Brunnen lag, aber wenn das Wasserleitungsstück im Südquerschiff des Domes *{6}* zu dem Leitungssystem gehörte, so wäre schon von dieser Stelle aus die Höhendifferenz zu dem Endstück der Leitung im Baptisterium fast 2,70 m gewesen, mithin 1,70 m mehr, als zur Füllung der Kufe benötigt wurde.

18 Daß die Wasserleitung auch in den Zeiten nicht trocken war, wo sie nicht gebraucht wurde [11], ergibt sich aus Sinterablagerungen, die in dem von uns gefundenen Leitungsstück vorhanden waren. Das ist ein Hinweis dafür, daß die Leitung an ihrem Ende hochgeführt war und nicht etwa in den Schacht direkt mündete.

19 Zur Datierung des Taufhauses gibt es einige Anhaltspunkte. Doppelfeld hat in der Dreikönigenkapelle des Domes östlich der karolingischen Apsis Reste eines Belages aus Trachyt- und Kalksteinplatten gefunden und sie mit guten Gründen der karolingischen Phase zugewiesen [12]. Es kann nicht mehr festgestellt werden, ob die Taufkirche bis an die karolingische Apsis gereicht hat und ob dieser Boden dem Inneren des Gebäudes zugehört. Die Möglichkeit, daß es sich um ein Traufpflaster zwischen Apsis und Baptisterium gehandelt hat, ist nicht auszuschließen. Die Estrich- und Plattenböden, die bei früheren Grabungen und von uns über das ganze Gelände weg gefunden worden sind, liegen auf der gleichen Höhe. Geringe Höhendifferenzen sind auch sonst bei zusammenhängenden Stücken festgestellt worden; sie spielen keine Rolle. Es besteht kein ernsthafter Grund, die Böden außerhalb des Domes nicht auch in die karolingische Zeit zu setzen.

20 Die angetroffenen Fundamente (512, 517 in Abb. 2) sind bis auf die Oberkante der Bodenbeläge abgebrochen. Von größerer Wichtigkeit aber ist die Feststellung, daß die Baugrube zur Mauer 512

[10] Weyres *{4}*.
[11] Taufen fanden wahrscheinlich höchstens dreimal im Jahre statt.
[12] Doppelfeld *{3}* S. 142=hier S. 109.

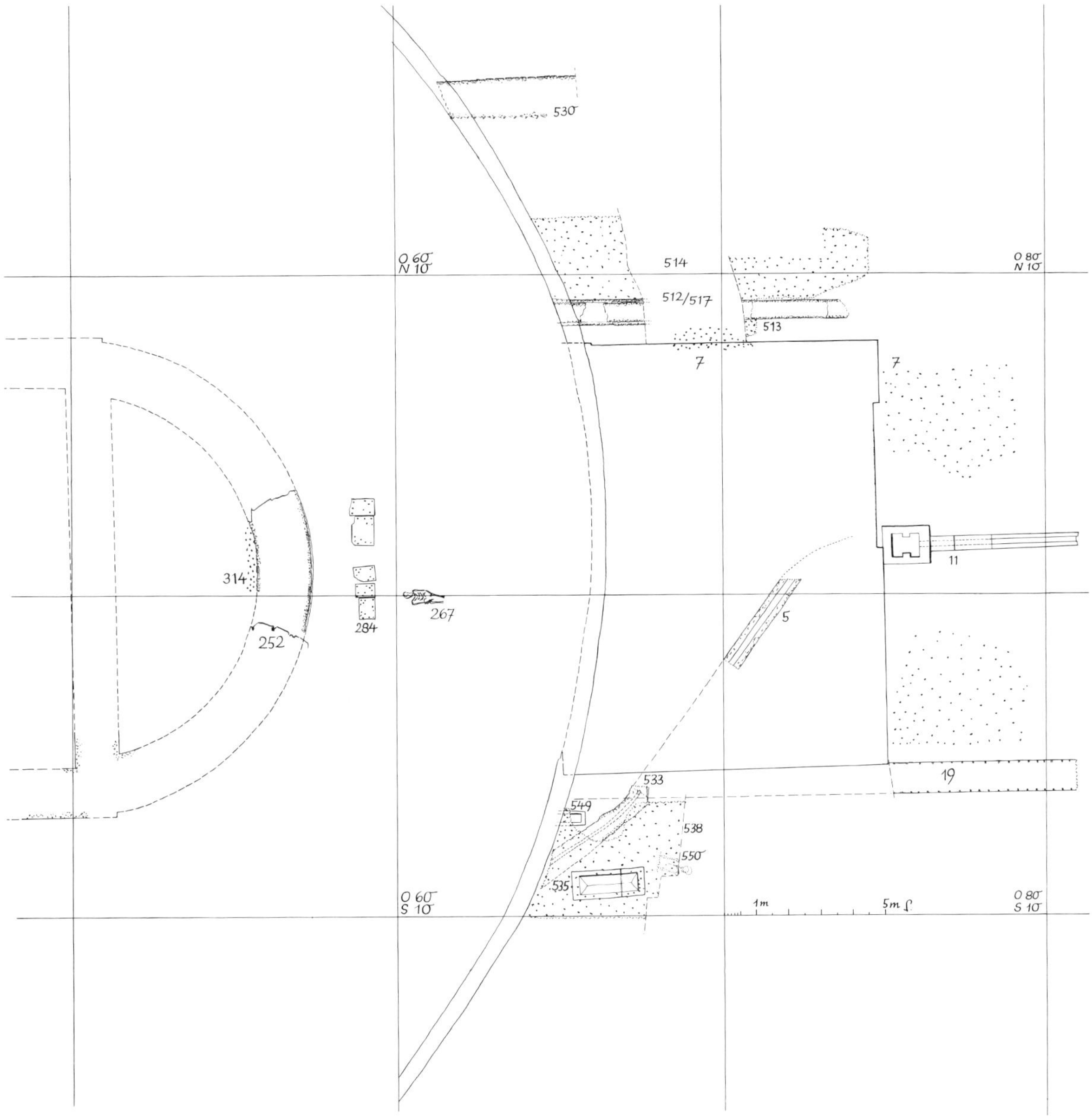

Abb. 2. Reste des karolingischen Baptisteriums. – Maßstab 1 : 200.

von einem Niveau aus eingetieft worden ist, das nur 15 cm unter dem Niveau des aufgefundenen Estrichbodens liegt. Daß Boden und Mauern zusammengehören, ist eindeutig. Ebenso eindeutig ist aber auch, daß die neue Taufkirche die Achse des karolingischen Domes aufnimmt, während die darunter liegenden Baptisterien in der Achse der merowingischen Kirche angelegt sind; über den Piscinen beträgt die Differenz der beiden Achsen etwa 2 m.

21 Eine genauere Zeitbestimmung innerhalb der karolingischen Periode ist schwierig, da außer den Wandmalereiresten keine Funde gemacht worden sind, die zur Datierung zu verwenden wären. Da es aber dem Bischof während der Bauzeit des karolingischen Domes, also 60 – 70 Jahre lang, wohl nicht möglich war, den Kathedralgottesdienst an der Stelle des Alten Domes oder in einer Kirche in seiner Nachbarschaft abzuhalten, und daher vielleicht während dieser Zeit St. Peter im Südwe-

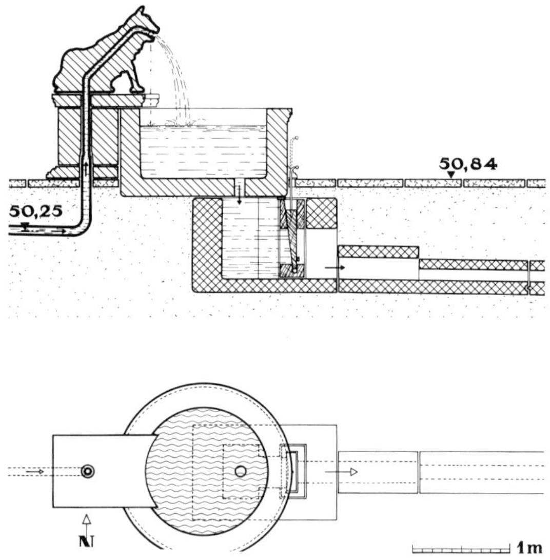

Abb. 3. Mögliche Rekonstruktion eines Laufbrunnens (A. Wolff).

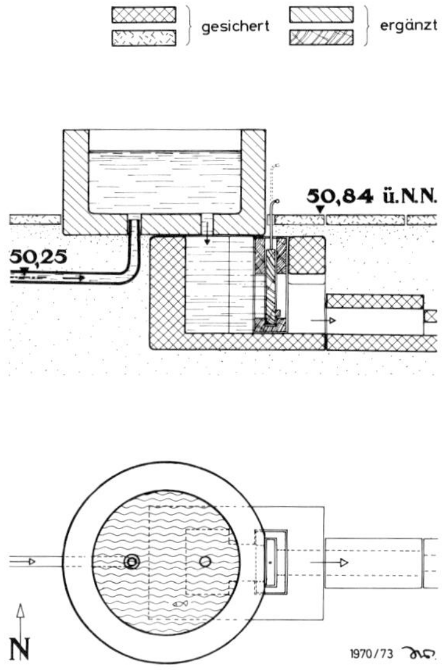

Abb. 4. Mögliche Rekonstruktion der Piscine des karolingischen Baptisteriums (A. Wolff). – Maßstab 1 : 40.

sten der Stadt für diese Funktion gedient hat, ist es unwahrscheinlich, daß vor 870 am Dom getauft worden ist [13].

22 Offenbar war der Neubau des Domes um 858 bereits so weit gediehen, daß schon Ausmalungen erfolgten. Darauf verweist, daß Sedulius Scotus während seines Aufenthaltes in Köln für Erzbischof Gunthar (850 – 858) ein Huldigungsgedicht mit der Beschreibung einer Majestas verfaßte, die mit der Bemalung der Westapsis in Verbindung gebracht wird [14]. Da die Taufstätte im liturgischen Leben der Kathedrale eine wichtige Rolle spielte, kann man annehmen, daß die Taufkirche gleichzeitig mit dieser fertiggestellt wurde.

23 Dem Bauwerk war keine lange Lebensdauer beschieden. Nach Ausweis der Schichtenabfolge ist es im 10. Jahrhundert abgebrochen worden. An den Baugruben des salischen Atriums läßt sich ablesen, daß bis zur Zeit der Errichtung dieses zwischen dem karolingischen Dom und der von Anno zwischen 1056 und 1061 gebauten Stiftskirche St. Maria ad gradus eingefügten, im Norden und Süden von einer Säulenhalle begrenzten Hofes das Gelände unregelmäßig 0,70 – 1,70 m hoch angefüllt war. Es ist zwar denkbar, daß ein Teil der Auffüllung aus dem Fundamentaushub der Kirche Maria ad gradus bestand, doch zeigten sich an der karolingischen Apsis Zeichen dafür, daß schon früher über dem karolingischen Plattenboden Bauschutt angehäuft worden ist, in dem sich die Malereireste {9} befanden.

24 Der an der Apsismauer noch vorhandene Außenputz hört rd. 70 cm über dem karolingischen Plattenbelag auf und ist unten mit einem Mörtelwulst begrenzt [15]. Es kann sich bei diesem Putz nicht um den ursprünglichen handeln, von dem allerdings nichts gefunden worden ist. Die Erneuerung ist vielleicht dadurch nötig geworden, daß die Mauerfugen stark ausgewaschen waren. Doppelfeld hat sie in den Anfang der ottonischen Zeit gesetzt [16]. Sein Ansatz wird nicht nur durch die Schichtenabfolge, sondern auch durch weiter östlich gewonnene Beobachtungen bestätigt. Es ergibt sich,

[13] W. Weyres, Zur Baugeschichte der vorgotischen Kölner Kathedralen, in: Kölner Domblatt 26/27, 1967, S. 46 ff. = hier S. 489 ff.
[14] P. Clemen, Die romanische Monumentalmalerei in den Rheinlanden. Düsseldorf 1916, S. 749.
[15] Doppelfeld {3}, S. 128 = hier S. 86.
[16] Doppelfeld {3}, S. 128 = hier S. 86 f.

Abb. 5. Tuffsteine mit Malereiresten vom karolingischen Baptisterium.

daß der Putz an der Apsis erst erneuert worden ist, nachdem die Malereireste über dem karolingischen Boden angehäuft waren, d. h. daß die Taufkirche vorher abgebrochen war.

25 Die Gründe für ihren Abbruch können nur vermutet werden. Möglicherweise hat man den Taufstein in ottonischer Zeit in den Dom hineingeholt. Zu Beginn des 13. Jahrhunderts fand die Taufwasserweihe und die Taufe am Karsamstag sicher im Dom statt, wie es das Rituale des Kölner Stadtarchivs erkennen läßt [17]. Als unter Erzbischof Bruno der Dom um zwei Seitenschiffe erweitert wurde [18], benötigte man eine Menge Steine und wird sie – nach altem Brauch – möglichst aus der Nähe genommen haben. Daher ist nicht unwahrscheinlich, daß Bruno die handlichen Tuffsteine des aufgegebenen karolingischen Baptisteriums für seinen Umbau verwenden ließ [19]. Da die Wasserleitung vermutlich durch das Gelände ging, das für den Erweiterungsbau Brunos benutzt wurde, ist sie vielleicht zu dieser Zeit aufgegeben worden.

26 Die Bemalung der Taufkirche war, nach den aufgefundenen Resten zu urteilen, sehr prächtig (Abb. 6). Leider sind die ausgegrabenen Stücke – ein großer Teil ist entweder schon beim gotischen Bau oder auch bei späteren Ausgrabungen vernichtet worden, oder er liegt noch unter den nicht abgegrabenen Flächen des Areals – so klein und durch die Art des Abklopfens ohne scharfe Kanten, daß sich bisher nur ganz wenige Stücke wieder aneinanderfügen ließen. So sind die Zusammenhänge nur zu erahnen.

[17] Der Codex Geistl. Abt. 89 b ist in der Datierung noch umstritten, er bezieht sich jedoch eindeutig auf liturgische Funktionen im karolingisch-ottonischen Dom. J. Torsy, Die Bittprozessionen des Kölner Domes um 1300, in: Kölner Domblatt, 30, 1969, S. 67 bringt die verschiedenen vorgeschlagenen Datierungen. Er hält eine Entstehungszeit zwischen 1300 und 1320 für wahrscheinlich.

[18] W. Weyres, Die „absides" des Alten Domes in Köln, in: Kölner Domblatt 20, 1961/62, S. 99 ff. = hier S. 260 ff.

[19] Arnold Wolff hat neuerdings die Vermutung ausgesprochen, daß die Steine für den Bau der Pfalzkapelle verwandt worden seien. A. Wolff, S. Johannis in Curia, in: Kölner Domblatt, 33/34, 1971, S. 166 = hier S. 656.

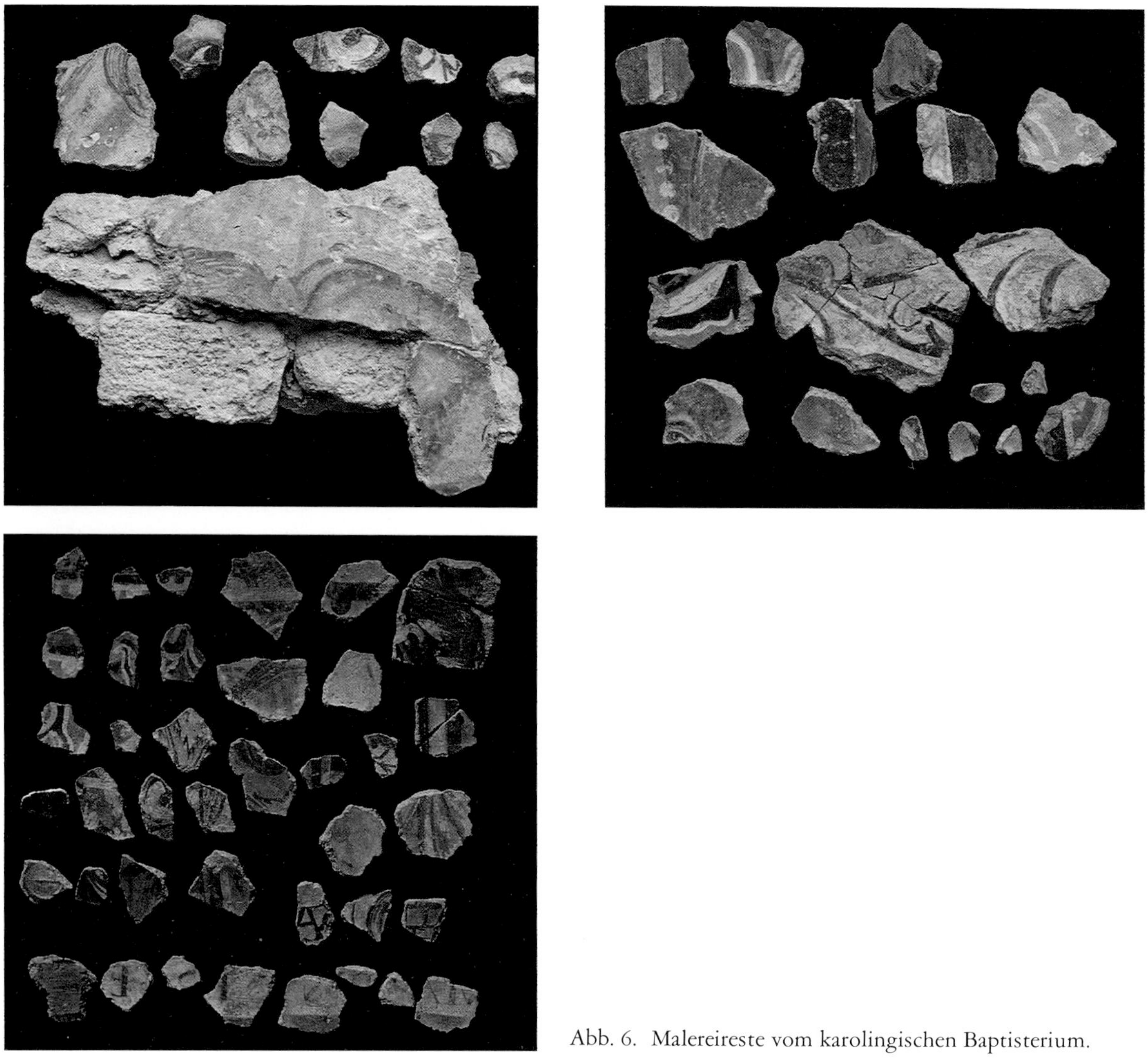

Abb. 6. Malereireste vom karolingischen Baptisterium.

27 Der Putz besteht aus einem bis zu drei cm starken Unterputz, der ziemlich schwach mit Kalk gebunden ist, darüber liegt eine 6–9 mm starke Feinschicht aus feinerem Sand und größerem Kalkanteil. Sehr viele Stücke sind entweder ohne Anstrich oder haben einen ganz dünnen Kalkanstrich. Bei den bemalten Teilen liegt die Farbe entweder direkt auf dem leichtkörnigen und welligen Feinputz, oder ist auf eine weiße Kalkschicht aufgetragen. Es ist denkbar, aber natürlich nicht zwingend, daß die unbemalten Stücke zum Außenputz gehörten.

28 Die bemalten Stücke zeigen keinerlei Verwitterungsspuren; man muß sie also wohl dem Innenraum zuweisen. Rahmenwerk und Ornamente scheint man auf den rohen Putz gemalt zu haben, während figurale Darstellungen einen Malgrund besitzen. Die Farben sitzen außerordentlich fest und sind auch wasserunlöslich. Bei einer chemischen Untersuchung sind keinerlei organische Bindemittel festgestellt worden[20]. Da die Farben z.T. sehr kräftig sind, müssen sie mit Sinterwasser angerührt auf einen sehr frischen Putz aufgetragen worden sein.

29 Die Farbskala ist erstaunlich differenziert. Es kommen drei Rottöne vor: ein roteres und ein violetteres Caput mortuum und gebrannte Siena; durch deckenderen oder lasierenden Auftrag ergeben

[20] Doppelfeld *{8}* S. 144=hier S. 132.

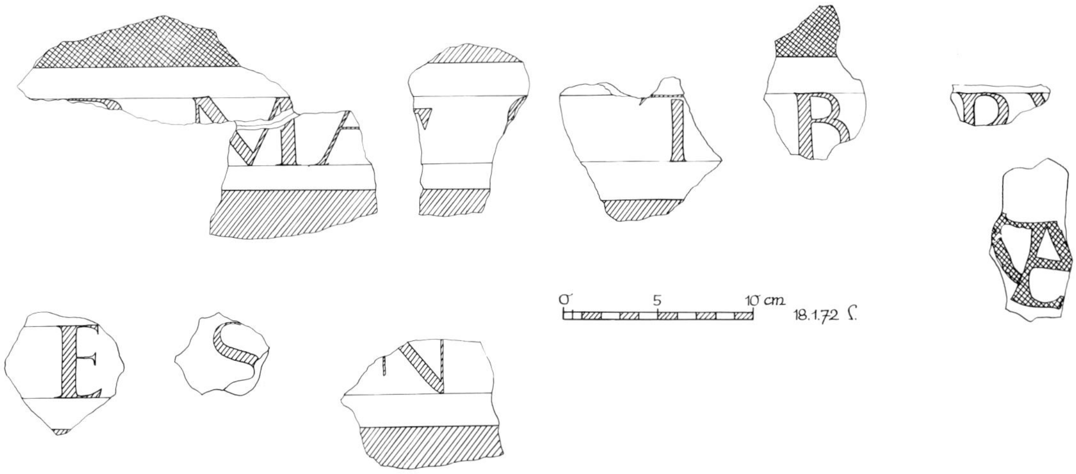

Abb. 7. Buchstaben aus den Malereiresten des karolingischen Baptisteriums. – Maßstab 1 : 40.

Abb. 8. Buchstaben aus Malereiresten der karolingischen Königspfalz in Paderborn (nach Winkelmann).

sich zahlreiche Abstufungen. Zinnober hat sich in ganz geringen Spuren als Untermalung erhalten. Durch Mischen von Weiß mit Caput mortuum entstand ein kühles Rosa, das anscheinend für Hintergründe gebraucht wurde, während lasierend aufgetragene Siena Fleischtöne erzeugte. Ocker, entweder rein oder mit Weiß gemischt, ergab die Gelbtöne. Schwarz scheint reichlich für ornamentale Teile verwendet worden zu sein; es kommt von ganz kompakten Tönen bis zum hellen Grau vor. Daneben findet man eine braune Umbra. Größere Flächen waren lichtgrün mit grüner Umbra getönt. Außerdem kommt in kleinen Stücken ein dunkles Olivgrün vor, ebenso Kobaltblau auf Weiß lasiert und ziemlich deckend auf Schwarz, wie es die Wandmalerei des 12. und 13. Jahrhunderts anwendet. Kalkweiß ist als Grund stehengelassen, oft aber auch zur Höhung gebraucht worden.

30 Die Pinselführung ist sehr sicher und flott. Sehr breite gerade Striche stehen neben ganz feinen bei Haarpartien und mittleren, elegant hingesetzten in Gewandteilen. Zur Konturierung bei Blattpartien wird Schwarz oder Braun, zur Zeichnung von Haaren gebrannte Siena benutzt. Inkarnatsstücke zeigen eine verhältnismäßig schwache Modellierung mit Siena.

31 Bisher ist es nicht gelungen, das System der Ausmalung zu rekonstruieren. Es scheint aber, daß die inneren Wandflächen ganz mit Malereien überzogen waren. Es sind einige Stücke gefunden worden, die von Ecken abgeschlagen sind, darunter solche, bei denen die Flächen im rechten Winkel aufeinandertreffen und solche, bei denen sich ein Winkel von 110 – 120 ° beobachten läßt, außerdem gibt es Bogenstücke mit schrägem Laibungsansatz. Beide Flächen sind jeweils bemalt.

32 Neben glatt angelegten Flächen gibt es reiche Blattornamentik. Die interessantesten Stücke sind die wenigen Figurenreste: Teile von Köpfen, nackten Körpern und Gewändern. Sie haben verschiedene Maßstäbe und sind gegenüber den strengeren Ornamentformen malerischer in der Auffassung.

33 Dem stratigraphisch gewonnenen zeitlichen Ansatz widersprechen die Malereien nicht, wenn auch jede Bestimmung aus dem Charakter der Fundstücke nur mit großer Vorsicht gemacht werden kann. Dem geringen Bestand an bekannten Bildern stehen unsere Rudimente gegenüber. Wegen ihres eindeutig verschiedenen Charakters können die Malereien von Müstair und erst recht nicht die von St. Georg auf der Reichenau zum Vergleich herangezogen werden. Die Malereien der karolingischen Krypta von St. Maximin in Trier können eher in Frage kommen [21]. Auch die von der Kuppel des Aachener Domes erhaltenen Kopien helfen nicht viel weiter [22]. Da es sich um Vorzeichnungen für Mosaiken handelt, sagen sie über die beabsichtigte Farbigkeit wohl kaum etwas aus. Doch kann man in der großzügigen Pinselführung mit differenzierten Strichbreiten und den reichlich angewendeten Weißhöhungen eine gewisse Verwandtschaft mit unseren Stücken sehen. Am nächsten kommen wohl den Kölner Bruchstücken die Malereien in der Benediktuskapelle zu Mals (Südtirol) [23], die von Grabar in die Zeit von 881 gesetzt werden.

34 Unter den Bruchstücken haben sich Reste von Inschriften erhalten (Abb. 7), deren Buchstaben sich zwar nicht zu Wörtern zusammenfügen lassen, aber zur Datierung dienen können. Sie gehören zum Typ der Capitalis quadrata, die seit römischer Zeit für monumentale Inschriften gebraucht wurde, mit ziegelroter Farbe sind sie auf einen weißen Kalkgrund gesetzt. Die Höhe der Buchstaben ist durch Ritzlinien begrenzt; sie schwankt zwischen 3,6 und 3,8 cm. Die Breite beträgt beim M 5,2 cm und beim E 2,2 cm. Die Grundstriche sind zwischen 0,6 und 0,8 cm breit, die Aufstriche 2 mm und weniger. Wilhelm Winkelmann hat bei den Grabungen nach der karolingischen Königspfalz in Paderborn 1964 – 1970 Bruchstücke von Inschriften gefunden, die den unsrigen vergleichbar sind [24]. Die Farbe, der Aufbau des Putzuntergrundes und die Maltechnik gleichen sich; in Paderborn sind die Buchstaben etwas größer und zwar zwischen 5,2 und 4,5 cm hoch (Abb. 8). Winkelmann datiert die Paderborner Reste nach stratigraphischem Befund und epigraphischem Vergleich in das späte 8. Jahrhundert. Bei der Zeitbestimmung spielt die Form des A eine Rolle. In Köln hat es einen geraden Querstrich, in Paderborn dagegen einen gewinkelten, der „Anfang des 9. Jahrhunderts . . . noch eben möglich" ist, während sich die andere Form „im Zuge der karolingischen Reform für längere Zeit" durchsetzte.

35 Bei dem kärglichen zur Verfügung stehenden Material kann über Andeutungen und Vermutungen hinaus nichts wirklich Stichhaltiges über eine Zeitbestimmung gesagt werden. So bleibt also nur die aus der Stratigraphie gewonnene Datierung. Vielleicht aber hilft das wenige, was ich anbieten kann, zu weiteren Erkenntnissen an anderen Stellen.

36 Faßt man diese Beobachtungen zusammen, so ergibt sich die Existenz einer Taufkirche, die zwischen 850 und 950 bestand. Sie hatte reich bemalte Wände und in ihrer Mitte einen Taufbrunnen,

[21] H. Eichler, Die karolingische Krypta von St. Maximin in Trier und ihre Wandgemälde, in: Zs. d. Rhein. Vereins für Denkmalpflege und Heimatschutz, 1952, S. 65 ff. – V. H. Elbern, Die bildende Kunst in der Karolingerzeit, in: Das erste Jahrtausend I, hrsg. von V. H. Elbern, Düsseldorf 1962, S. 412 ff.

[22] Clemen *{14}*, S. 25 ff.; die hier gebotenen Abbildungen sind Kopien von Kopien.

[23] A. Grabar u. C. Nordenfalk, Das frühe Mittelalter, Genf 1957, S. 58.

[24] W. Winkelmann, Capitalis Quadrata, in: Zs. Westfalen 48, 1970, S. 171 ff.

der mit fließendem Wasser versorgt wereen konnte. Manche Fragen bleiben aber offen. Die Gestalt des Gebäudes wird sich nie mehr ermitteln lassen. Doch wäre es gut zu wissen, weshalb in karolingischer Zeit noch eine Taufkirche gebaut wird, denn im St. Gallener Plan ist der Taufstein eindeutig in der Kirche vorgesehen. Auch über die Entwicklung des Taufritus karolingischer Zeit wüßte man gerne Genaueres.

II. Vorbericht über die Grabung im südlichen Querschiff

Das Kölner Domblatt hat seine Leser über die Ergebnisse und den Fortgang der seit 27 Jahren durchgeführten Ausgrabungen unter und neben dem Dom in kurzen Abständen unterrichtet. Diese Mitteilungen umfassen Teilabschnitte, ersetzen aber nicht eine exakte wissenschaftliche Gesamtpublikation der Grabungen.

Die endgültige Veröffentlichung der Grabungsergebnisse wird noch längere Zeit auf sich warten lassen. Sie kann erst erfolgen, wenn die Grabung im wesentlichen abgeschlossen ist und damit Befunde in größere Zusammenhänge eingeordnet werden können, die, da sie in der Regel nur in begrenzten Grabungsfeldern gewonnen werden, sich noch einer unzweideutigen Interpretation verschließen.

Obwohl die Grabung im südlichen Querschiff noch nicht abgeschlossen ist und in den tiefen Schichten wichtige Punkte der Klärung harren, wird jetzt schon ein Vorbericht gegeben, der auch erklären wird, weshalb die Arbeiten so langsam vorangehen (Abb. 9).

37 Über die Anfänge der Arbeiten in diesem Grabungsabschnitt habe ich 1971 kurz berichtet [25]. An dieser Stelle war schon bei der Erneuerung des Fußbodenbelags eine Stahlbetonplatte ausgeführt worden, die zwar nicht das ganze Feld abdeckte, aber die unterirdisch auszuführenden Arbeiten wesentlich erleichterte. Zunächst wurden von einem Stollen aus die gotischen Verfüllungen zwischen dem karolingischen Boden und dem heutigen so weit weggenommen, wie es jeweils notwendig war.

38 Schon seit langem war in der Achse des Querschiffs vom Mittelgang ausgehend und entsprechend der Null-Koordinate unseres Vermessungsrasters ein Stollen weit nach Süden zu vorgetrieben worden, dessen Boden etwa 3,10 m unter dem Schiffsniveau lag. Dieser Stollen hatte das karolingische Mittelschiffsfundament (331) erreicht [26]. Es zeigte die bei allen Binnenfundamenten angetroffene Struktur – es war mit zwei Reihen wiederverwendeter römischer Quader bis etwa 10 cm über der Höhe des (karolingischen) Fußbodens abgedeckt.

39 Im Verlauf der Grabung konnte die Mauer 331 von Süden her weiter untersucht werden. Sie reichte mit ihrer Unterkante 6,30 m unter das karolingische Fußbodenniveau [27], hatte den auch sonst überall beobachteten Mörtelwechsel zwischen Traßmörtel in der unteren Partie und Ziegelmehlmörtel in der oberen [28]. Die zugehörige Baugrube ist bisher nur an der Südseite festgestellt worden. Sie begann vom Niveau des Vorgängerbaues aus und ist in dieser Höhe, von der Südkante der Mauer aus gemessen, fast 3,50 m breit. Sie fällt schräg bis zur Unterkante der Fundamentmauer ab. An der Nordseite ist die Baugrube vermutlich sehr schmal (Abb. 10).

[25] W. Weyres, Die Wiederherstellungsarbeiten am Dom in den Jahren 1969 bis 1971, in: Kölner Domblatt 23/24, 1971, S. 175 f.

[26] Der Stollen ist dargestellt auf dem Faltblatt „Zeit des alten Domes" zu: Otto Doppelfeld, Die Domgrabung XV, in: Kölner Domblatt 21/22, 1963, S. 105 ff. = hier S. 392 ff. – Vgl. dazu auch die Übersichtspläne in: W. Weyres, Zur Baugeschichte der vorgotischen Kölner Kathedralen, in: Kölner Domblatt 26/27, 1967, S. 26 f. = hier S. 471 ff. und W. Weyres, Der karolingische Dom zu Köln, in: Karl der Große II, hrsg. von W. Braunfels und H. Schnitzler, Düsseldorf 1965, S. 400 u. 395, § 68 = hier S. 435 u. 426.

[27] Die Unterkante konnte nur durch eine Sonde ertastet werden.

[28] W. Weyres, Der karolingische Dom *{26}*, §§ 51 – 54 = hier S. 422; Doppelfeld *{26}*, S. 109 = hier S. 396 f.

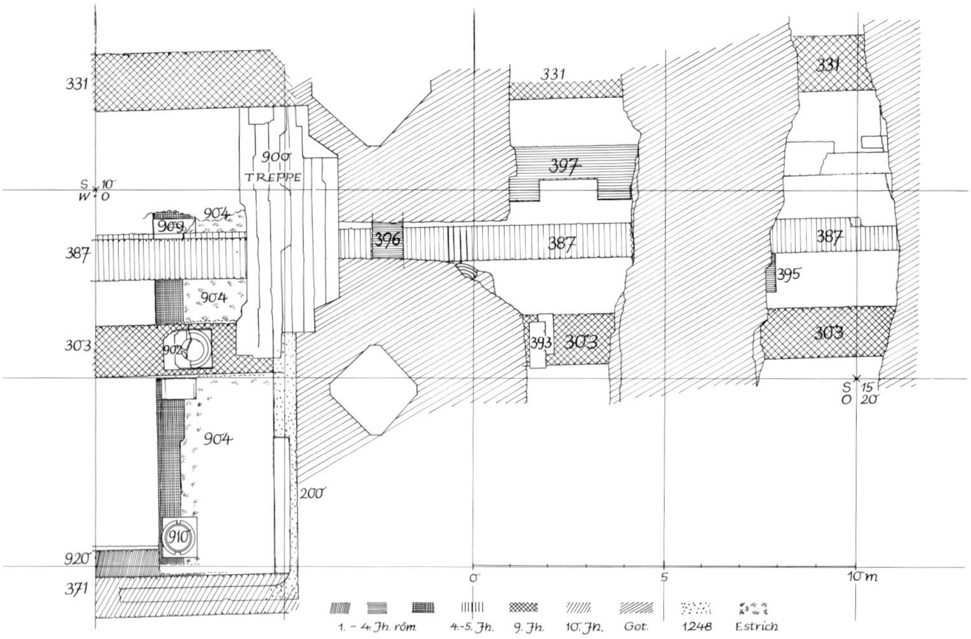

Abb. 9. Grundrißskizze des Grabungsbefundes im gotischen Südquerschiff. – Maßstab 1 : 200.

40 Sechs Meter weiter nach Süden wurde erwartungsgemäß die Außenmauer des karolingischen Seitenschiffs (303) angetroffen [29]. Sie war bis auf das karolingische Fußbodenniveau abgebrochen und besaß im Unterschied zu Mauer 331 keine Quaderabdeckung. Die Unterkante des Fundaments ist noch nicht erreicht. Es besteht jedoch kein Grund anzunehmen, daß sie weniger tief liegt als die der Mauer 331. Damit entspräche sie dem, was 10 m weiter östlich innerhalb des Tempels festgestellt worden ist; sie läge dann auch 6,30 m unter dem karolingischen Boden [30].

41 Die Baugrube zu Mauer 303 war nach N und S zu sehr schmal. Es scheint also, daß die karolingischen Baugruben für die Mittelschiffmauern in der Regel von außen nach innen zu abfallend angelegt waren. Eine Ausnahme macht die der Mauer 331 im Bereich des Tempels. Dort diente die Tempelmauer 397 als sehr solide Baugrubenbegrenzung, zumal sie genau so tief reichte wie die neue Mauer, die man im Abstand von etwa 1,30 m nördlich von ihr errichten wollte. An dieser Stelle scheint man die Grube an der Nordseite weiter gemacht zu haben. Die ursprüngliche Breite ist allerdings schwer festzustellen, weil sie vom gotischen Fundament erheblich eingeengt wird.

42 Auf der Krone des Fundaments 303 fand sich in situ eine der Stützen, die das äußere Seitenschiff, das Erzbischof Bruno dem Dom hinzufügte, vom älteren karolingischen Seitenschiff trennten [31]. Es ist ein Säulenstumpf aus rotem Sandstein von 0,58 m unterem Durchmesser, 0,54 m hoch erhalten über einer quadratischen Platte und einer Basis aus gelbem Sandstein, deren Profil stark abgeschliffen ist (Abb. 11). Die Säule hat einen dem Ablauf der antiken Säule entsprechenden rechteckig geschnittenen Fußring. Dem Umstand, daß sie gesplissen ist, verdankt sie wahrscheinlich ihre Erhaltung beim Abbruch der Westhälfte des Alten Domes nach der Einweihung des neuen Chores.

43 Schon seit längerer Zeit war von dieser Stützenreihe eine Stütze bekannt (393). Sie steht im Bereich des Tempels auf derselben Mauer 303. Im Gegensatz zu der neu gefundenen Säule handelt es sich

[29] Weyres *{25}*, S. 175 f.

[30] Weyres *{26}*, § 52 = hier S. 422.

[31] Zum brunonischen Seitenschiff: Weyres, Baugeschichte *{26}*, §§ 116 – 129 = hier S. 479 ff. – Ferner die Zeichnung von A. Wolff ebda., S. 12 = hier S. 459. – Zur Datierung: Weyres, Der karolingische Dom *{26}*, §§ 159 – 173 = hier S. 437 ff.

Abb. 10. Schnitt durch die Mauern 303 und 331.
Maßstab 1 : 100.

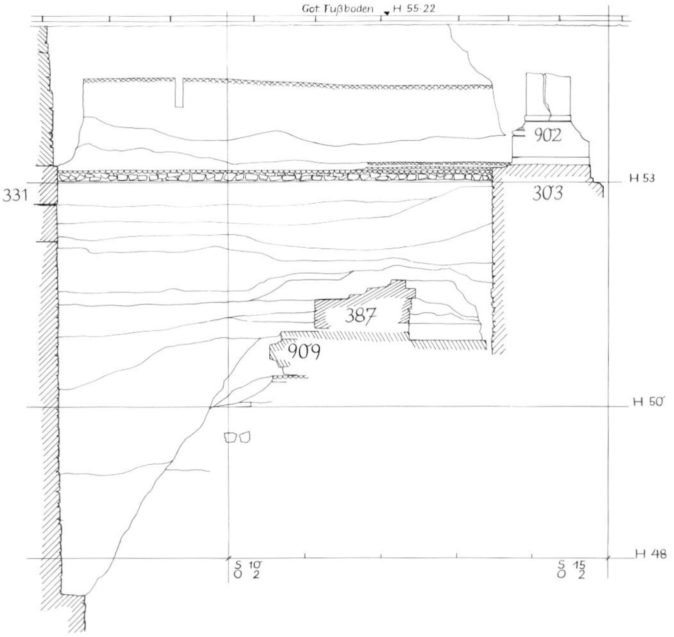

dabei um einen rechteckigen Pfeiler, dessen Basis z. T. erhalten ist [32]. Die Hoffnung, eine weitere Stütze dieser Reihe zu finden und so eindeutig ihren Charakter nachweisen zu können, hat getrogen. Die schon 1967 von A. Wolff gegebene Rekonstruktion einer Stützenreihe mit sächsischem Stützenwechsel bleibt auch weiterhin die wahrscheinlichste Lösung [33]. Um sicher zu gehen, wird man die Mauer 303 ins südliche gotische Seitenschiff hinein verfolgen müssen, was aber vorläufig noch nicht möglich ist [34].

44 Vor zwei Jahren habe ich mitgeteilt, daß sich auf der Mauer 303 der Abdruck einer Schwelle befindet und daß Ansätze einer engen Vorhalle vorhanden wären [35]. Dieser Bereich ist noch nicht weiter untersucht und wird sich auch nicht mit Sicherheit nach weiteren Grabungen klären lassen, so daß die Stelle der stadtzugewandten karolingischen Portikus zunächst sich noch nicht angeben läßt.

45 Im Abstand von rd. 5,30 m fand sich südlich der Mauer 303 auch die Außenwand des brunonischen Seitenschiffs (371). Die Nordkante dieser Mauer ist 20 und 25 m weiter östlich schon vor langer Zeit angetroffen worden. Doppelfeld hat 1954 diese Mauerstücke zur Rekonstruktion eines querschiffähnlichen Gebildes herangezogen [36]. Ob die von ihm als westliche Begrenzung des Ostquerschiffes in Anspruch genommene Mauer 370 in das brunonische Seitenschiff hineinpaßt, muß vorerst, wie so manches, offenbleiben [37].

46 Die Mauer 371 ist unregelmäßig abgebrochen, aber stellenweise noch fast 1 m hoch erhalten und von guter Qualität. Sie besteht aus Mischmauerwerk, hat einen Außensockel und Reste des Außenputzes. Das Fundament zeigt, wie auch sonst die alten Mauern, an vielen Stellen kräftige Risse. Sie sind eindeutig als Folgen des Setzens der gotischen Fundamente zu erklären.

47 Die Unterkante des Fundaments von 371 liegt wesentlich höher als die der Mauern 303 und 331. Daß diese Mauer nur 2,10 m unter dem durchgängigen karolingischen Niveau gegründet ist, brach-

[32] Doppelfeld *{26}*, S. 110 = hier S. 409. – Weyres, Baugeschichte *{26}*, § 121 mit Abb. 14 – 16 = hier S. 492 f.
[33] Weyres, Baugeschichte *{26}*, S. 12, Abb. 1 = hier S. 471.
[34] Es liegt nahe, in dieser Stützenreihe das früheste Beispiel eines sächsischen Stützenwechsels in Deutschland zu sehen (Bruno † 965).
[35] Weyres *{25}*, S. 175.
[36] O. Doppelfeld, More Romano, in: Kölner Domblatt 8/9, 1954, S. 37 u. 43 = hier S. 161 u. 167.
[37] Vgl. Faltblatt bei Doppelfeld *{26}* = hier S. 395, 397, 403.

Abb. 11. a, b. Säule der Arkadenreihe zwischen dem karolingischen und dem brunonischen Südseitenschiff.

te die Konzeption der Grabung in Unordnung. Da wir wesentlich tiefere Schichten ergraben wollten, mußte überlegt werden, auf welche Weise die Mauer gehalten werden konnte, ohne die benachbarten tieferen Schächte zu gefährden (Abb. 12).

48 Das von Erzbischof Bruno angelegte äußere südliche Seitenschiff ist durch den jüngsten Grabungsabschnitt in wichtigen Punkten erfaßt. Zwar sind bis jetzt noch keine Funde gemacht worden, die eine unmittelbare Datierung dieses Teiles des Alten Domes erlauben, es sind aber auch keine Baunachrichten vorhanden, die auf eine so umfangreiche Bautätigkeit nach Bruno bezogen werden könnten. Dagegen ist der präzise Bericht bei Levold von Nordhof, daß nämlich Bruno den Kölner Dom „uno abside in utroque latere ampliavit", also ihn auf jeder Seite um eine Abseite vergrößerte, heute kaum noch zu mißdeuten [38].

49 Wenn aber die Seitenschiffe das Werk Brunos sind, dann ist damit auch die von Doppelfeld von Beginn der Grabung an geäußerte Datierung des Alten Domes in das 9. Jahrhundert nicht mehr zu bezweifeln. Es ist, was auch die jüngsten Grabungsergebnisse gezeigt haben, immer wieder erstaunlich, mit welchem Aufwand und mit welcher Sorgfalt die karolingische Kirche ausgeführt worden ist.

50 Auf die Mauern 303 und 371 konnten Pfeiler aufgemauert und auf sie die in der Grabung hergestellten schweren Unterzüge aufgelegt werden. Über der Mauer 331 konnte die auf diese aufgesetzte gotische Spannmauer zwischen den Vierungspfeilern als Auflager benutzt werden [39].

51 Die Ausweitung des Stollens nach O brachte noch einige interessante Aufschlüsse über die letzte Phase des karolingischen Domes. Die bei Beginn der Bauarbeiten am neuen gotischen Chor errich-

[38] W. Weyres, Die „absides" des Alten Domes zu Köln, in: Kölner Domblatt 20, 1961/62, S. 99 ff. = hier S. 269 ff.

[39] Die technische Leistung der in der Grabung beschäftigten Steinmetze verdient alle Bewunderung. Die statische Berechnung der Substruktionen machte Dipl.-Ing. Mols, die Überwachung der Ausführung liegt bei Dombauführer Hubert Kusche und Domsteinmetzmeister Anton Meid.

Abb. 12. Schnitt durch Mauer 303 und 371.
Maßstab 1 : 100.

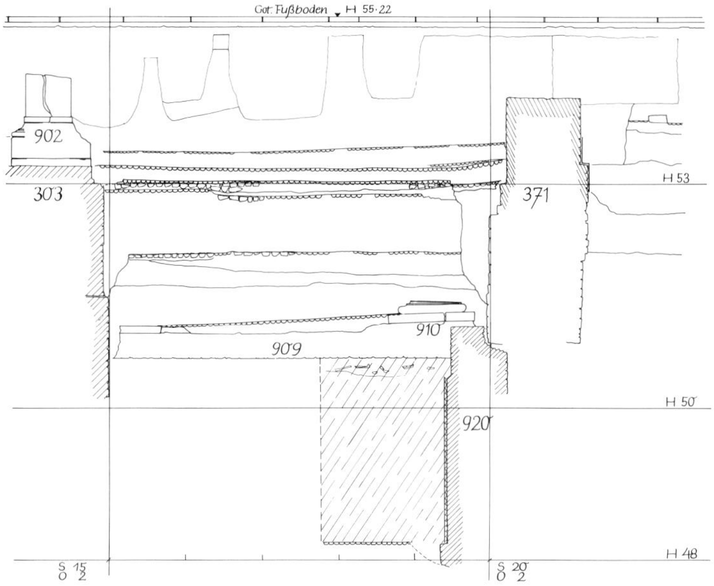

tete Mauer 200 war schon bei der Grabung im Mittelschiff gefunden worden [40]. Sie wurde innerhalb des brunonischen Seitenschiffs fast bis zum gotischen Fußboden reichend angetroffen. Sie war, wie auch im Bereich des gotischen Mittelschiffs, einfach auf den alten Schieferfußboden gesetzt und noch voll verputzt.

52 Ritzzeichnungen im Putz, Höherlegung des Fußbodens und in den Fußboden eingelassene Steinblöcke deuten darauf hin, daß am Ende des Seitenschiffs sich eine Werkstätte befunden haben muß. Das kann nur geschehen sein, nachdem der gotische Chor ganz in Benutzung genommen war. Die Werkstatt muß nach dem inneren Seitenschiff hin mit einer Fachwerkwand abgeschlossen gewesen sein.

53 Im inneren Seitenschiff führt eine Treppe mit acht Stufen nach Osten zu auf das Niveau des gotischen Chores (900). Sie nimmt die ganze Breite des Seitenschiffs ein. Die eigentlichen Stufen sind entfernt, dagegen ist der Stufenunterbau gut erhalten. Die monumentale Gestalt der Treppe zeigt, daß der westliche Rest des karolingischen Domes und der Chorumgang zusammen benutzt worden sind.

54 Wie A. Wolff nachgewiesen hat, ist der gotische Chorumgang um 1265 fertig gewesen [41]. In dieser Zeit wird auch die Treppe angelegt worden sein. Über die Art und Weise, wie sie durch die Trennmauer von 1248 *{51}* geführt war, kann nichts ausgesagt werden. Zur Aufnahme der gotischen Abschlußwand zwischen innerem südlichen Chorseitenschiff und künftigem Querschiff ist eine mächtige Fundamentbrücke zwischen dem südöstlichen Vierungspfeiler und dem ersten südlichen Pfeiler der Querschiffostseite gebaut worden, gegen die die Treppe *{53}* anläuft.

55 Die Grabung im südlichen Querschiff hat sehr schöne Aufschlüsse zur Baugeschichte des karolingischen Domes gebracht. Sie ist aber in erster Linie unternommen worden, weil hier die Aussicht bestand, auf etwas größeren Flächen tiefer zu graben, um über die frühe Bischofskirche und den römischen Tempel mehr zu erfahren. Die Grabung in den tiefen Zonen ist noch nicht abgeschlossen, hat aber dennoch schon so überraschende Ergebnisse gebracht, daß sie der Öffentlichkeit nicht vor-

[40] Vgl. Faltblatt bei Doppelfeld *{26}* = hier S. 395, 397, 403 – ferner Weyres, Baugeschichte *{26}*, S. 14 = hier S. 457 f. und die Zeichnung von A. Wolff, ebda., S. 13 = hier S. 459.

[41] A. Wolff, Chronologie der ersten Bauzeit des Kölner Domes, in: Kölner Domblatt 28/29. 1968, S. 224 f.

enthalten werden sollten, selbst wenn die eine oder andere hier gegebene Deutung sich bei einem weiteren Fortschreiten der Arbeiten als voreilig herausstellen sollte.

56 Über die Reste des römischen Tempels im westlichsten Joch des inneren südlichen Chorseitenschiffs hat zuerst Doppelfeld berichtet [42]. Es handelt sich um ein Gebäude, das einen Keller besaß. Die Balkenlöcher für die Kellerdecke sind noch vorhanden. Nach diesen lag der Fußboden auf rd. 50,10 m über NN, während ein außen östlich anschließender Plattenboden rd. 2,0 m tiefer lag.

57 Es lag nahe, an einen Podiumtempel zu denken, der nach Osten geöffnet war, wie das Doppelfeld zunächst auch getan hat [43]. An der Ostseite ist aber keine Spur von einer Treppe oder Vorhalle mehr gefunden worden. Schon in römischer Zeit abgebrochene oder aufgegebene, sehr tiefliegende Mauern könnten allenfalls Reste einer solchen zur ersten Phase des Bauwerks gehörenden Anlage gewesen sein.

58 Der Tempel liegt eindeutig auf dem Niveau der Flußaue. In welcher Art er mit der westlich in nicht allzu weiter Entfernung zu vermutenden Kante der Niederterrasse verbunden war, ist noch nicht bekannt. In diesem Punkt werden durch weitere Grabungen zusätzliche Aufschlüsse erwartet.

59 Doppelfeld hat die erste Phase des Tempels wegen seiner sehr tief reichenden Fundamente und seines Mauerwerks, das dem der römischen Stadtmauer gleicht, ins 1. Jahrhundert datiert. Das erhaltene Mauerwerk zeigt die Spuren eines Wiederaufbaues, bei dem, soweit wir heute sehen, die ursprüngliche Form, wahrscheinlich mit Ausnahme einer vielleicht früher vorhanden gewesenen östlichen Treppenanlage, beibehalten wurde. Im Keller gefundene Marmorreste und Bronzebeschläge setzte Doppelfeld ins 2. Jahrhundert, vielleicht auch in die flavische Zeit.

60 Wenn die 1866 östlich des Domchores gefundene Restitutionsinschrift eines Merkurtempels zu unserem Gebäude gehörte [44], was sich zwar nie beweisen lassen wird, so würde dies, da Titus darin erwähnt wird, gut mit Doppelfelds Zeitangabe zusammengehen. Ob die 1969 bei der Ausschachtung für die neue Hütte gefundenen Architekturteile, das Stück eines Architravs, das Bruchstück einer Türumrahmung und der Rest eines Pilasterkapitells [45], zu diesem Tempel gehörten, wird sich leider ebensowenig beweisen lassen.

61 Die Form des Tempels, d. h. sein Grundriß, ist ungewöhnlich. Er scheint ganz glatte Außenwände gehabt zu haben. Die Ostseite könnte durch Blendfelder gegliedert gewesen sein. An der Westseite müssen wir, bis zum Beweis des Gegenteils, eine Portikus annehmen. Im Inneren hatten die Längswände je vier Vorlagen, die drei Nischen zwischen sich bildeten. Die Ost- und Westseite waren glatt. Auf den Vorlagen wären Säulen zu rekonstruieren (Abb. 13).

62 Die gefundenen Mauerstücke reichen nicht aus, um ein gesichertes Außenmaß in der Breite anzugeben. Es könnte 10,50 m betragen haben. Die Länge der Cella ist etwas genauer mit 10,80 m zu bestimmen, dazu wäre die Vorhalle zu rechnen, von deren Breite in der ursprünglichen Form wir noch keine Ahnung haben – immer vorausgesetzt, daß eine solche überhaupt vorhanden war.

63 Einen ähnlichen Grundriß hat ein nicht näher bezeichneter Podiumtempel in den Forumsthermen von Ostia [46]. Das Podium ist gut erhalten und so viel von den aufgehenden Mauern, daß der Grundriß leicht rekonstruiert werden kann. Die Gesamtlänge einschließlich der Portikus beträgt 7,25 m, die der Cella 5,75 m; die Breite ist 6,20 m. Die Außenwände sind glatt bis auf Ecklisenen. Im Inneren haben die Längswände je vier Vorlagen, bzw. drei Nischen. Eingangs- und Rückseite

[42] Doppelfeld *{26}*, S. 117 ff. und das entsprechende Faltblatt dazu = hier S. 403. Die dort gegebene Rekonstruktion der Ostmauer ist so nicht möglich und muß korrigiert werden.

[43] Doppelfeld *{26}*, S. 119 = hier S. 408 f.

[44] O. Doppelfeld, Der unterirdische Dom, Köln u. Krefeld 1948, S. 22. – U. Kahrstedt, Die Inschrift Dessau Nr. 3191 und der unterirdische Dom, in: Kölner Domblatt 2/3, 1949, S. 165 ff. – O. Doppelfeld, in: Rom am Dom, Ausstellungskatalog, Köln 1970/71, S. 10 f. – H. Schmitz, Colonia Claudia Ara Agrippinensium. Köln 1956, S. 121.

[45] W. Weyres, Die Domgrabung XVI, in: Kölner Domblatt 30, 1969, § 19 = hier S. 509.

[46] Russel Meigs, Roman Ostia. Oxford 1916, S. 413 f.

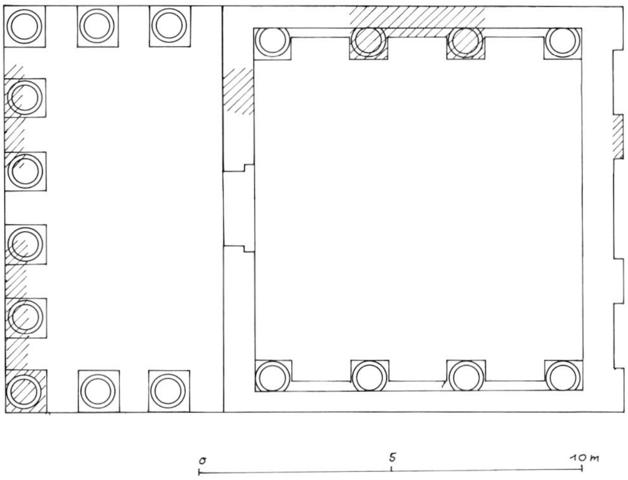

Abb. 13. Mögliche Rekonstruktion des Tempels mit Vorhalle des 4. Jahrhunderts. – Maßstab 1 : 200.

sind ohne Vorlagen. Die Disposition entspricht also unserem Tempel. Die Datierung des Tempels von Ostia ins 2. Jahrhundert ist schwer zu belegen [47].

64 Unser Tempel ist nach 388 zerstört worden. Das ist aus der spätesten der fünfzig im Schutt gefundenen Münzen (Magnus Maximus 383 – 388) zu schließen. Der Abbruchschutt füllte den ganzen Keller aus [48]. Die Zerstörung des Gebäudes läßt sich mit den durch Theodosius I. ausgesprochenen Verboten der heidnischen Kulte in Verbindung bringen, die einem Nachbarn die Möglichkeit gaben, sein Gelände zu arrondieren oder früheres Eigentum wieder in seine Hand zu bekommen *{86}*.

65 Eine solche Arrondierung ist nun tatsächlich vorgenommen worden. Nach dem Abbruch des Tempels wurde mit einer sehr kümmerlichen Fundierung eine Mauer (387) auf den eingefüllten Trümmerschutt gesetzt. Sie führt die Flucht einer älteren, von Osten an den Tempel stoßenden Mauer (387 a) fort, die dort in Verbindung mit einer Erhöhung des Geländes erbaut worden war [49].

66 Bisher schien die Geschichte des Tempels auf die oben dargestellte Weise abgelaufen zu sein. Die neuen Ausgrabungen im Querschiff brachten aber eine ganze Reihe von Überraschungen. Unterhalb des karolingischen Niveaus mußte sehr vorsichtig und deshalb auch sehr langsam gegraben werden. Der Transportweg für die ausgehobenen Erdmassen ist sehr weit, und jede Schaufel Erde muß gesiebt werden. Es geht aber nicht an, bei einer solchen Arbeit ungeduldig zu werden.

67 Zunächst wurde innerhalb des brunonischen Seitenschiffs eine Säulenbasis (910) gefunden. Sie hatte an ihrer Nord- und Südseite je eine rechteckige Auskerbung wie für ein Gitter, war stark abgeschliffen und offensichtlich in zweiter Verwendung verlegt (Abb. 14). Sie war auf ein wenig solides Bankett gesetzt, das sich weiter nach Norden, aber nicht über die Basis hinaus nach Süden zu erstreckte (909). Die südliche Kante des Fundaments könnte der uns noch nicht bekannten südlichen Begrenzung der Cella des Tempels entsprechen.

68 Nach Norden zu war das Bankett durch die karolingische Mauer 303 und deren Baugrube unterbrochen; sie setzte sich aber nördlich von dieser fort und war dann durch die Baugrube zu Mauer 331 zerstört *{39}*. Das nördliche Ende bildet jetzt eine schwere Sandsteinplatte, die, nach den darauf befindlichen Mörtelresten zu urteilen, als Unterlage für eine weitere Basis gedient hat. Wenn man annimmt, daß die Nordflucht der nördlichen Cellamauer (397) auch die Begrenzung der durch die

[47] G. Calza – G. Becatti, Ostia Rom [10]1970, S. 28.

[48] Doppelfeld *{26}*, S. 120 = hier S. 408 f. – Weyres *{45}*, §§ 18 – 23 = hier S. 525 f.

[49] Doppelfeld *{26}*, S. 115 = hier S. 404 f. – Weyres *{45}*, § 28 = hier S. 528.

Basis ausgewiesenen Säulenreihe gewesen ist, so läßt sich eine Reihe von sechs Säulen rekonstruieren (Abb. 13).

69 Östlich schließt an das Bankett *{67}* ein sehr dicht mit Tonscherben durchsetzter Estrich (pavimentum tesselatum) an, der sich wahrscheinlich bis an die westliche Cellamauer (396) fortsetzt (904). Der Kontaktpunkt wird sich nur durch den Abbruch einer über dem Estrich liegenden Mauer *{83}* feststellen lassen, die aber vorerst noch intakt gelassen ist.

70 Der Abstand der Säulenreihe von der Cellawestwand beträgt rd. 5,0 m. So ergibt sich eine sehr geräumige Vorhalle, die jedoch für einen römischen Tempel nichts Ungewöhnliches wäre. Sehr viel störender ist der Umstand, daß die Oberkante des Estrichs etwa 1 m höher liegt als die im Innern des Tempels erschlossene Fußbodenhöhe *{56}*. Man hätte also aus der Vorhalle in den Tempel hinabsteigen müssen, was ein wenig ungewöhnlich, aber aus der Lage *{58}* am Rande der Niederterrasse erklärlich gewesen wäre.

71 Die Vermutung, daß die Vorhalle nicht zur ursprünglichen Anlage des Tempels gehört, bestätigte sich sehr bald. Das Fundament der Säulenreihe unterscheidet sich nicht nur durch seine schlechte Technik von der der Cellamauern (396, 397), sondern auch dadurch, daß es nur wenige Schichten tief ist. Es ist südlich der Mauer 303 *{40}* auf einer mit sehr viel Ziegelbruch durchsetzten Füllschicht verlegt, in der eine Münze des Gratian († 383) gefunden wurde.

72 Damit wurde klar, daß der Tempel im letzten Viertel des 4. Jahrhunderts eine neue Vorhalle erhalten hatte, die auf eine Veränderung der Geländeverhältnisse westlich von ihm Rücksicht nahm. Über dem Estrich und dem Fundament der Vorhalle lag südlich der Mauer 303 eine Füllschicht, die auch mit Ziegelbruch durchsetzt war und die der Verfüllung des Kellers im Inneren der Cella glich *{64}*.

73 Die Verhältnisse nördlich der Mauer 303 sind anders und komplizierter, aber ehe darauf eingegangen wird, soll dargestellt werden, was südlich der besagten Mauer unterhalb des Banketts der Säulenreihe angetroffen wurde. Nach dem Gesagten *{71, 56, 57}* ergab sich die Notwendigkeit, zu untersuchen, was auf der Westseite der Cella war, bevor die Verfüllung *{71}* eingebracht wurde, bzw. ob der Tempel in einem früheren Stadium eine westliche Vorhalle hatte.

74 Die erwähnte Verfüllung reichte sehr tief und zwar bis zu einer Höhe von 48,20 m über NN, einer Höhe, die dem östlich der Cella gefundenen Plattenboden *{56}* und außerhalb des Domes festgestellten Höhen entsprach. Die Verfüllung ist in einem einzigen Arbeitsgang eingebracht worden, wie sich aus dem Zustand der im Süden das Grabungsloch abschließenden Mauer *{75}* ablesen läßt.

75 Diese 0,80 m breite Mauer (920) ist noch 2,70 m hoch erhalten und reicht bis rd. 48,0 m über NN herab; sie sitzt unmittelbar nördlich neben und parallel der brunonischen Mauer 371 *{45 – 47}*. Da sie tiefer reichte als diese, konnte 371 nicht unterfangen werden. Die Sicherung des Bestandes muß zu einem späteren Zeitpunkt erfolgen. Wenn sie auch nicht ganz einfach sein wird, so ist doch der Befund so wichtig, daß die Arbeit unbedingt gemacht werden muß.

76 Die allein sichtbare nördliche Fläche der Mauer 920 hat ihre ursprüngliche einfache dekorative Bemalung unversehrt und frisch bewahrt. Ockerfarbene hochrechteckige Felder werden durch braune Streifen getrennt. Ein dunkelroter, gesprenkelter Sockel schließt die Wand über dem Lehmestrich ab (Abb. 14).

77 Die Mauer 920 ist bisher nur in einem Stück von rd. 2 m Breite erfaßt. Sie geht nach Westen zu weiter. Nach Osten zu greift sie unter das Portikusfundament *{67, 71}*. Über Art und Verwendung des von dieser Mauer nach Süden zu abgeschlossenen Raumes läßt sich bisher nichts sagen, auch nicht über sein Alter. Zwar könnten die Höhenlage des Bodens und der Charakter der Wandbemalung für eine frühe Entstehung sprechen; andererseits aber sind das Aufgeben des Raumes und seine Verfüllung nach dem Jahre 383 *{71}* eindeutig ablesbar; das spricht neben dem Zustand der Wandbemalung dagegen, daß er sehr lange benutzt worden ist.

Abb. 14. Ansicht der Grube von Mauer 371 von Norden.

78 Damit taucht wiederum die Frage nach der ursprünglichen westlichen Vorhalle des Tempels auf. Es ist eigentlich unmöglich, daß sie die gleiche Ausdehnung nach Westen zu wie die von uns gefundene *{67}* hatte. Wir hätten die westliche Fundamentmauer schon finden müssen. Denkbar aber ist, daß der Tempel entweder überhaupt keine Vorhalle besaß, oder daß eine solche nur halb so breit war wie die jüngere. Auf jeden Fall wäre das Gebäude, zu dem die bemalte Wand *{76}* gehört, ziemlich nahe an den Tempel gerückt, was in einer Zeit, in der dieser an Bedeutung verloren hatte, etwa im 2. Viertel des 4. Jahrhunderts, eher annehmbar ist. Die weitere Grabung wird, so hoffen wir, diese Frage klären.

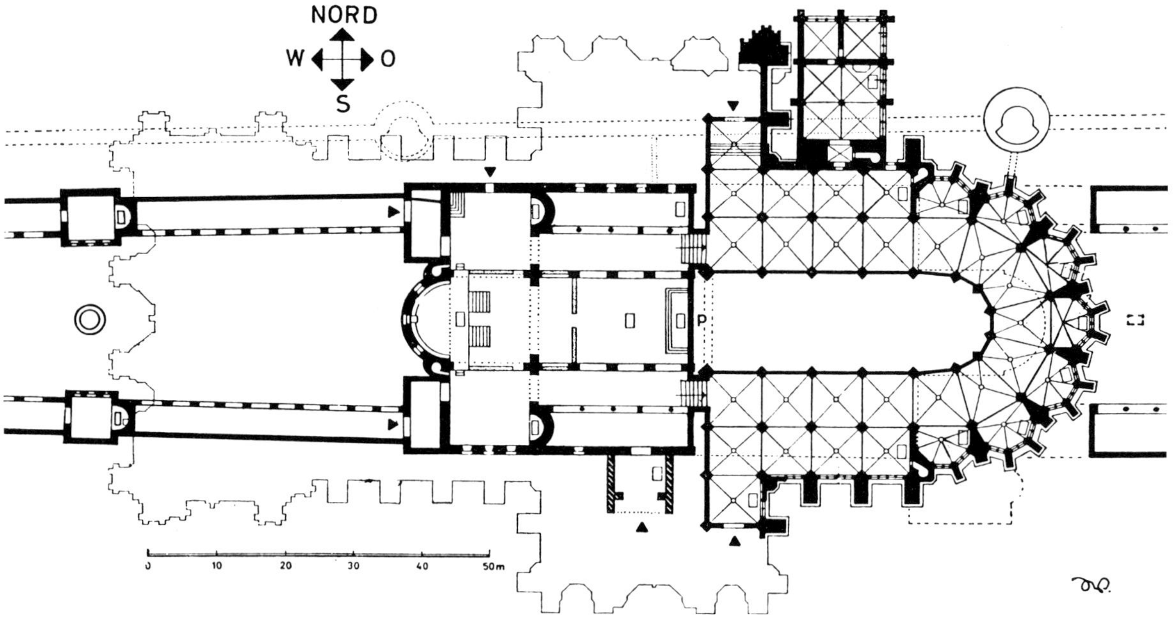

Abb. 15. Zustand des Domes nach der Mitte des 13. Jahrhunderts (A. Wolff).

79 Innerhalb des karolingischen Südseitenschiffs war durch die enorme Baugrube zur Mauer 331 *{39, 68}* viel zerstört. In der Tiefe bei H=rd. 48,0 m über NN hatte sich ein guter Estrichboden bis nahe an die karolingische Mauer 331 erhalten (Abb. 10). Dieser Estrich gehört nicht zu dem besprochenen Raum zwischen Mauer 303 und Mauer 371 *{74 – 77}*, aber er liegt ebenso unterhalb des Banketts für die späte Portikus *{67, 68}* wie der zu jenem Raum gehörende Boden. Man muß also, was die westliche Nachbarschaft des Tempels angeht, zunächst nördlich und südlich der Mauer 303 ähnliche Verhältnisse annehmen.

80 Über diesem Boden *{79}* liegt etwa 2,5 m hoch eine relativ gleichmäßige Verfüllung ohne erkennbare Niveaus. Sie entspricht im Charakter den im Mittelschiff angetroffenen Verfüllungen [50]. Ein Estrich über dieser Verfüllung, wie er im Schiff in großer Ausdehnung auf der Höhe von 50,32 – 50,56 m über NN angetroffen worden ist [51], wurde bisher nur in einem geringen Rest gefunden. Der unterschiedliche Befund einerseits im karolingischen, andererseits im brunonischen Seitenschiff ist jedoch wohl zu beachten.

81 In diese Verfüllung ist im Winkel zwischen der Treppe 900 und der Mauer 303 mit sehr enger Baugrube ein aus Tuffringen gemachter Brunnen eingeteuft worden. Seine Tiefe und sein Umfang sind noch nicht bekannt; bisher wurden acht Ringschichten gesehen; der Durchmesser mag etwa 1,50 m sein. Der Brunnen ist verfüllt; sein Inhalt dürfte noch einige Auskünfte geben. Er kann aber erst ausgeräumt werden, wenn weitere Abstützungskonstruktionen ausgeführt sind.

82 Es ist zunächst müßig zu fragen, zu welchem Zweck der Brunnen – ob als Zisterne oder als wirklicher Brunnen – gedient hat. Festzuhalten ist, daß er verhältnismäßig spät angelegt wurde. Er ist von dem erwähnten Estrichrest *{80}* abgedeckt, aber über ihn hinweg geht der Estrich der Portikus *{69}*, unter dem an dieser Stelle eine beträchtliche Höhlung ist.

83 Parallel zur Mauer 303 ist im Abstand von rd. 2 m eine sehr breite O-W-Mauer unmittelbar über die Portikus weggezogen. Sie setzt die Flucht der innerhalb der Cella liegenden Mauer 387 fort *{65}*

[50] Weyres *{45}*, § 47=hier S. 516. – W. Weyres, Die Domgrabung XVIII, in: Kölner Domblatt 33/34, 1971, § 7=hier S. 573 f.

[51] Weyres, Domgrabung XVIII *{50}*, §§ 3 ff.=hier S. 570 f.

Abb. 16. Grabungsbefund im südlichen Querhaus.
Vor der gotischen Treppe (900) karolingischer Estrich (384), rückwärts auf der (nicht sichtbaren) Seitenschiffmauer (303) ottonischer Säulenstumpf mit Basis (902). Vgl. § 53 – 54 und Abb. 9.

und ist identisch mit dem Mauerstück, das schon früher an die Mauer 396 anstoßend angetroffen worden ist [52]. Diese Mauer ist nach der Zerstörung der Portikus zu datieren, d. h. auf jeden Fall nach ihrer Erbauung, die, wie wir gesehen haben, erst nach 388 stattgefunden haben kann *{71}*. Es dürfte aber kaum ein Zweifel bestehen, daß sie zur Bischofskirche gehört.

84 Nun bleiben gerade an dieser Stelle eine Reihe von Fragen offen, die erst die weitere Grabung klären kann. Etwa unterhalb der untersten Treppenstufe *{53}* wird die erwähnte Mauer *{83}* von einer nord-südlichen Mauer gekreuzt, die in den oberen Schichten mit jener im Verband steht. Wäre sie nur auf der Nordseite von unserer breiten Mauer zu finden, so könnte man sie als die östliche Abschlußmauer der Bischofskirche ansehen. Da sie aber auch südlich der Mauer *{83}* weiterläuft, ist sie schwer zu deuten. Eines ist sicher, daß sie erst nach Aufgabe der Portikus entstanden sein kann. Ob sie eine vielleicht nur für kurze Zeit dienende Abmauerung des Tempels war? In diesem Fall hätten wir zu den verschiedenen Phasen der Baugeschichte des Tempels noch eine weitere anzunehmen.

85 Die komplizierte Baugeschichte des Tempels und der christlichen Kirche ist noch keineswegs geklärt, doch haben die Grabungen im südlichen Querschiff Fakten beigebracht, die eine bisher nicht erahnbare, höchst interessante Phase der Geschichte beleuchten. Ich möchte sie den Kampf um den Tempel nennen.

86 Bisher ist weder bewiesen noch ausgeschlossen, daß die römische Bischofskirche im frühen 4. Jahrhundert existierte. Wir können einstweilen nur Indizien dafür anführen [53]. Es scheint auch heute

[52] Doppelfeld *{26}*, Abb. – Weyres *{45}*, § 23 = hier S. 509.
[53] Weyres *{45}*, §§ 15 ff. = hier S. 508 ff.

noch so, als ob sie in ihrer ersten Phase an das nördliche Drittel der Westseite des Tempels angebaut war, während an der Ostseite das Atrium den Tempel in ähnlicher Weise umgriff [54]. Für diese These spricht der Unterschied der Verfüllschichten nördlich und südlich der Mauer 303 *{71, 80}*.

87 Nach 383 erhält der Tempel eine neue Vorhalle *{67 – 72}*; hier befinden wir uns auf sicherem Boden. Diese Vorhalle geht über ältere Gebäudeteile hinweg *{77}*. Es ist hier offenkundig ein Restitutionsakt belegt. Wegen des Münzfundes *{71}* ist es nicht möglich, diesen Vorgang mit der Tätigkeit Julians in Köln (355) in Verbindung zu bringen, der zudem, bevor er 361 Kaiser wurde, in der Begünstigung des Heidentums sehr vorsichtig war. Allerdings könnte man bei der Errichtung der Säulenvorhalle an einen Rückgriff auf Dekrete Julians denken [55].

88 In Köln ist die Renovierung eines wahrscheinlich nicht sakralen Gebäudes auf Befehl des Comes Arbogast aus der Zeit des Kaiser Eugenius (393 – 94) bekannt [56]. Auch in Ostia ist die Wiederherstellung eines Gebäudes, diesmal des Herkulestempels, unter Eugenius belegt [57]. Nimmt man die Fakten zusammen, so liegt es nicht fern, anzunehmen, daß der Tempel unter dem Dom ebenfalls unter Arbogast nach 393 wiederhergestellt wurde und eine neue, wahrscheinlich größere Vorhalle erhielt.

89 Theodosius I. hebt die Verfügungen des Usurpators Eugenius am 21. 4. 395 auf [58]. Damit war den Christen die Möglichkeit gegeben, die Restitutionsmaßnahmen des Arbogast rückgängig zu machen. Wie weit unter Arbogast in den Bestand der Bischofskirche eingegriffen wurde, müßten die weiteren Grabungen klären [59].

[54] Weyres *{45}*, S. 129, Abb. 1 = hier S. 512.

[55] „In Gallien, wo die Übung der heidnischen Kulte nie aufgehört, waren die Dekrete Julians gegenstandslos". J. Bidez, Julian der Abtrünnige, München 1940, S. 239. Im Orient spielt bei der Wiederherstellung der heidnischen Tempel durch Julian die Zurückerstattung von Säulen eine große Rolle: Bidez, S. 240 f.

[56] (Katalog) Römer am Rhein. Köln 1967, S. 129 u. Taf. 15. – Schmitz *{44}*, S. 247 ff.

[57] H. Bloch, Ein neues inschriftliches Zeugnis der letzten Erhebung des Heidentums in Westrom, in: Das frühe Christentum im römischen Staat, hrsg. von R. Klein. Darmstadt 1971, S. 129 ff. – Calza-Becatti *(47)*, S. 30.

[58] O. Perler, Augustinus und das Todesdatum des Augustus Magnus Maximus, in: Festschrift für Aloys Thomas. Trier 1967, S. 295.

[59] Die Zeichnungen fertigte Wilhelm Schneider, oder sie beruhen auf seinen Aufnahmen, desgl. sind die Fotos von ihm.

WILLY WEYRES

Die Domgrabung

XX. Ergebnisse zum Alten Dom und Berichte zu neuen Grabungen im südlichen Querhaus (Mit Beiträgen von Wilhelm Schneider, Ernst Hollstein und Gerd Biegel)

Aus: Kölner Domblatt 40, 1975, 133 – 176.

A. Rückschau auf die bisherigen Ergebnisse

Die Grabungsergebnisse sind bisher in möglichst kurzen Abständen, nach den einzelnen Grabungsabschnitten, im Kölner Domblatt oder auch an anderen Stellen veröffentlicht worden. Das hat zur Folge, daß sich ein Überblick nur mühsam erarbeiten läßt. Wir wollen deshalb in diesem Jahr, außer einigen Berichten über jüngste Funde, zunächst einmal an Hand von zwei Plänen, die den ganzen Umfang der Grabungen zeigen, einen gerafften Überblick über die, wie wir meinen, sehr bedeutenden Resultate der Grabungen geben [1].

1 Die Grabungen wurden 1946 mit dem Ziel begonnen, den 870 geweihten karolingischen Vorgängerbau zu erfassen. Die unmittelbare Veranlassung dazu gab eine Anregung der englischen Kunstschutzoffiziere, zu untersuchen, ob die Fundamente des Domes durch die Bombeneinschläge Schaden erlitten hätten. Wie von uns erwartet, konnte sehr bald festgestellt werden, daß dies nicht der Fall war. Die Grabungen haben eine nahezu lückenlose Kenntnis der außerordentlich soliden, zwischen neun und siebzehn Meter tief reichenden Fundierung des Domes erbracht [2].

Das ist nicht nur für die Erkenntnis des Bauvorganges einer gotischen Kathedrale von bedeutendem Wert, sondern auch für die Beurteilung ihrer statischen Zuständigkeit an sich und ihres Verhaltens bei Arbeiten in ihrer nächsten Umgebung (U-Bahn, Tiefgaragen).

2 Durch die Grabung ist der karolingische Dom in seinen Fundamenten bis auf die urkundlich erwähnte Sakristei an der Nordseite, das Atrium an der Südseite und das westliche Atrium bekannt geworden. Es handelt sich um eine dreischiffige Pfeilerbasilika mit westlichem Querschiff, einer westlichen, von Rundtürmen flankierten Apsis sowie einem östlichen Chorquadrat mit entsprechender Apsis [3]. Es ist der größte, zuverlässig rekonstruierbare Langhausbau in Deutschland aus

[1] Im folgenden sind in den Anmerkungen die wichtigsten Stellen angegeben, an denen genauer über einzelne Abschnitte der Grabung referiert wird.

[2] Arnold Wolff hat über die bis 1968 bekannten Fundamente berichtet in: Chronologie der ersten Bauzeit des Kölner Domes 1248 – 1277, in: Kölner Domblatt 1968, S. 23 ff. Von seiner damaligen Darstellung weichen die Fundamente der westlichen Pfeiler des Südquerhauses ab, die auf einem durchgehenden Bankett aufsitzen. Auch scheinen die Scheibenfundamente der südlichen Chorseitenschiffe nicht bis an die Außenmauern zu reichen.

[3] Die Spuren des sehr großen, vermutlich bis an die Straße Unter Fettenhennen reichenden, westlichen Atriums sind bei den Planierungsarbeiten des 19. Jahrhunderts fast restlos vernichtet worden. Man wird die Publikation der Ausgrabungen beim Bau der Tiefgarage vor der Westfront abwarten müssen. Vgl. O. Doppelfeld, Die Ausgrabungen am Domkloster, K. Domblatt 1958, S. 11 ff. = hier S. 219 ff. Zum südlichen Atrium scheinen die Mauern 370 und 970 in Abb. 2 zu gehören.

karolingischer Zeit. Daß der gefundene Großbau der 870 von Erzbischof Willibert geweihte Dom sei [4], ist von manchen lange bezweifelt worden. Nach den letzten Ausgrabungsergebnissen muß diese Zuschreibung als durchaus gesichert gelten. Der Kölner Tradition zufolge ist der Neubau von Erzbischof Hildebold (ca. 787 – 814) angefangen worden [5]. Es spricht nichts gegen den Wahrheitsgehalt dieser Überlieferung, zumal Größe und Charakter des Bauwerks dem mächtigen Archicancellarius Karls des Großen durchaus angemessen erscheinen [6]. Die Rekonstruktion im Kölner Domblatt 1967 dürfte im wesentlichen richtig sein. Sie ist dort ausführlich begründet [7].

3 Die ungewöhnlich lange Bauzeit erklärt sich zwanglos aus den Wirren um den zweiten Nachfolger Hildebolds [8]. Die durch sie bedingte Bauunterbrechung benutzte man zu einer an mehreren Stellen wahrnehmbaren Planänderung. So wurde etwa in der Mitte des 9. Jahrhunderts im Westchor eine Ringkrypta eingebaut [9]. Ferner wurden die Flankentürme der Westapsis verstärkt [10] und der Nordwesteingang verschoben [11], was zur Folge hatte, daß die Annexkapelle mit dem Grab des Grafen Emundus [12] nach Süden zu erweitert werden mußte [13]. Die urkundlich belegte Ostkrypta ist bisher noch nicht nachgewiesen.

4 Die urkundlich gesicherte Erweiterung des karolingischen Domes durch Erzbischof Bruno im 10. Jahrhundert ist eindeutig zu belegen. Es wurde damals im Norden und Süden je ein weiteres Seitenschiff angefügt [14]. Diese wurden durch eine Arkadenstellung im sogenannten sächsischen Stützenwechsel – möglicherweise dem ältesten in Deutschland – zum Altbau hin geöffnet.

5 Der überall angetroffene Fußboden des karolingischen Domes liegt etwa 2 Meter unter dem gotischen [15]. Die untere Grabungsgrenze war zunächst bei rd. 52,50 m über NN, d. h. auf etwa 0,70 m unterhalb des karolingischen Niveaus vorgesehen, mit dem Ziel, die Grabungsergebnisse ständig zugänglich zu halten. Nur an einigen Stellen im Westquerschiff und innerhalb der gotischen Dreikönigskapelle [16] wurde zunächst tiefer gegraben.

[4] Geschichte des Erzbistums Köln, hrsg. von E. Hegel, [2]I, bearbeitet von F. W. Oediger, Köln 1972, S. 94 ff.

[5] Oediger, Geschichte {4}, S. 87 ff. – E. Hlawitschka, Regino von Prüm, in: Rheinische Lebensbilder 6, hrsg. von B. Poll, Köln 1975, s. 40.

[6] Zum karolingischen Dom gehören die Mauern: 40, 52, 88, 120, 142, 148, 188, 199, 252, 263, 303, 331, 332, 353 (in Abb. 2). Zur Rekonstruktion: O. Doppelfeld, More Romano, in: K. Domblatt 1954, S. 33 ff. = hier S. 159 ff.; der dort gegebene Grundriß ist in einigen Punkten überholt. Auch meine Rekonstruktion in: Karl der Große III, hrsg. von W. Braunfels und H. Schnitzler, Düsseldorf 1965, S. 410 = hier S. 445; muß korrigiert werden. Zu den Kontroversen über die Datierung vgl. K. Domblatt 1958, S. 185 ff. = hier S. 248 ff. und I. Achter, Die Kölner Petrusreliquien und die Bautätigkeit Erzbischof Brunos (953 – 65) am Kölner Dom, in: Das erste Jahrtausend, Textband II, red. von V. H. Elbern, Düsseldorf 1960, S. 948 ff.

[7] W. Weyres, Zur Baugeschichte der vorgotischen Kölner Kathedralen, in: K. Domblatt 1967, S. 25 ff. = hier S. 469 ff.

[8] Oediger, Geschichte {4}, S. 87 ff.

[9] dazu Mauern 152 und 63, sowie Boden 64; Rekonstruktion bei Weyres, Baugeschichte {7} S. 56 = hier S. 485.

[10] Nr. 40 in Abb. 2.

[11] das. Nr. 93.

[12] das. Nr. 28; dazu: O. Doppelfeld, Der unterirdische Dom, Köln und Krefeld 1948, S. 39 – A. Verbeek, Das Grabmal des Emundus im Kölner Dom, in: Der Dom zu Köln, Festschrift des Zentral-Dombau-Vereins. Köln 1948, S. 184 ff. = hier S. 57 ff.

[13] Nr. 13 in Abb. 2; Weyres, Baugeschichte {7}, S. 29 = hier S. 472.

[14] dazu gehören die Mauern 343 und 371, sowie der Pfeiler 393 und die Säule 902; W. Weyres, Die „absides" des Alten Domes zu Köln, in: K. Domblatt 1961/62, S. 99 ff. = hier S. 260 ff. – Weyres, Baugeschichte {7}, S. 35 ff. = hier S. 479 ff.; dazu die Rekonstruktion von A. Wolff, das. S. 12 = hier S. 459. – W. Weyres, Das karolingische Baptisterium und Vorbericht über die Grabungen im südlichen Querschiff, in: K. Domblatt 1973, S. 89 f. = hier S. 674 f.; zur Datierung vgl. auch Weyres, {6}, S. 405 ff. = hier S. 437 ff.

[15] Der Fußboden ist in Abb. 2 eingetragen, aber nicht durch Zahlen bezeichnet. O. Doppelfeld, Neue Ergebnisse der Domgrabung; Pfeilerstellung und Bodenbelag des Alten Domes, in: K. Domblatt 1957, S. 144 ff. = hier S. 216 ff. – H. Kier, Der mittelalterliche Schmuckfußboden unter besonderer Berücksichtigung des Rheinlandes, Düsseldorf 1970, passim – H. Kier, Der Fußboden des Alten Domes in Köln, in: K. Domblatt 1971, S. 109 ff. = hier S. 600 ff.

[16] Doppelfeld, Dom {12} S. 39 – O. Doppelfeld, Die Ausgrabung des karolingischen Domes, in: Der Kölner Dom, Festschrift, Köln 1948, S. 184 ff. = hier S. 57 ff. – O. Doppelfeld, Der Schacht in der Dreikönigenkapelle, in: K. Domblatt

6 Im Westen außerhalb der karolingischen Westapsis wurden die Reste eines ringförmigen Atriums gefunden, das sich merkwürdigerweise nicht konzentrisch um die Apsis legt und, da es durch die karolingische Querschiffmauer unterbrochen ist, nicht zum karolingischen, sondern zu einem Vorgängerbau gehören muß [17]. Dieses Atrium muß als Vorbild für das ringförmige Atrium auf dem Plan von St. Gallen angesehen werden [18]. Durch diesen Befund wurde klar, daß der aufgefundene karolingische Dom nicht die erste Kirche an dieser Stelle gewesen ist.

7 Unter dem Niveau des ringförmigen Atriums liegen noch wenigstens zwei Böden. Es ist deshalb eine verhältnismäßig späte Anlage und setzt das Vorhandensein einer Apsis voraus, die jedoch nicht an der Stelle der heute sichtbaren gelegen haben kann, weil die Zentren der beiden Halbkreise nicht übereinstimmen.

8 Im Hinblick auf den Plan von St. Gallen fällt es schwer, diesen Bauteil lange vor 800 anzusetzen. Die einzigen überlieferten Fakten, die man mit ihm in Verbindung bringen kann, sind die beiden Widmungsinschriften Alkuins († 804) für einen Maria- und Medardusaltar und für einen Petrusaltar. Die Inschriften beziehen sich auf kostbare Antependien, die Hildebold stiftete und die mit größter Wahrscheinlichkeit nicht für die noch nicht existierende neue Kathedrale bestimmt waren, aber auch nicht für einen Dom bei St. Caecilien *{31}*.

9 Während in der bisherigen Forschung die Meinung vertreten war, daß der Vorgänger der karolingischen Bischofskirche ein „ältester Dom" in der Gegend der Caecilienkirche gewesen sei [19], brachte die Grabung den Nachweis, daß an der Stelle des heutigen Domes, in der Nordostecke der römischen Stadt, seit dem 4. Jahrhundert ein Gebäudekomplex existierte, der nach Form und Lage nur die Bischofskirche der Stadt gewesen sein kann.

10 Da durch die gewaltigen karolingischen Fundamente, mit Tiefen von 3,70 m im Westen und 6,50 m im Osten, soweit es bisher beobachtet werden konnte, die Fundamente des Vorgängerbaues fast restlos beseitigt worden sind, war es bisher nur möglich, den Fußboden des spätantiken Bauwerks zu erfassen. Er liegt im Durchschnitt etwa 5 m unter dem heutigen Domniveau. Er ist im Laufe der Zeit mehrfach erneuert bzw. geflickt worden und konnte in einer Länge von rd. 67 m erfaßt werden; der westliche Teil, der etwas weniger als die Hälfte lang ist, liegt eine Stufe höher. Die Breite des Bodens kann auf etwa 24 m geschätzt werden [20].

11 Wegen der starken Unterbrechungen ist es nur mit Hilfe von sehr exakten Messungen möglich, die wenigen gefundenen Fundamentstücke aufeinander zu beziehen. Solche sind gefunden worden im nördlichen karolingischen Querschiffarm, in der karolingischen Vierung und (vermutlich) an der Grenze zwischen den erwähnten beiden Böden [21].

1949, S. 118 ff. = hier S. 79 ff. – O. Doppelfeld, Die Einzelfunde aus der Dreikönigenkapelle, in: K. Domblatt 1950, S. 118 ff. = hier S. 114 ff. –

[17] Doppelfeld, More romano *{6}* S. 35 ff. = hier S. 159 ff.; Hierzu gehören in Abb. 1 die Mauern 35 und 42; vgl. ferner: O. Doppelfeld, Der Alte Kölner Dom und der Baurіß von St. Gallen, in: Das Münster 1948, S. 1 ff. = hier S. 66 ff. – ders., Eine Tagung über den St.-Gallen Plan. Mit neuen Erkenntnissen zum Alten Dom zu Köln, in: K. Domblatt 1957, S. 141. – Weyres, Baugeschichte *{7}* S. 54 = hier S. 496.

[18] Abb. bei M. Hasak, in: Handbuch der Architektur II, 4 c, Stuttgart 1902 – Weitere Literatur im Katalog der Ausstellung „Karl der Große", 1965, S. 409 f.

[19] Weyres, in: Karl der Große III *{6}* S. 407 = hier S. 440 – E. Hegel, Eine Domlegende von Sankt Caecilien, in: Ann. d. hist. Vereins f. d. Niederrhein, 1948, S. 48 ff. – O. Doppelfeld, Eine frühchristliche Kirche unter St. Peter?, in: K. Domblatt 1960, S. 37 ff.

[20] Im Westteil der Grabung, d. h. da, wo wir die frühe Bischofskirche suchen, liegen zwei Böden übereinander. Sie sind nur in kleinen Suchgräben erfaßt und noch nicht genauer untersucht. Im Osten, d. h. innerhalb des gotischen Hochchores, liegen (abgesehen von Reparaturen) drei Böden ziemlich dicht übereinander. W. Weyres, Der Ostteil des spätrömischen Atriums und der fränkischen Kirche unter dem Domchor, in: K. Domblatt 1971, S. 79 = hier S. 571; Katalog von W. Schneider, das. S. 102 f. = hier S. 591 f.

[21] Es sind die nicht sehr starken Mauern 112, 113, 182 und 822 in Abb. 1; vgl. Weyres, Baugeschichte *{7}*, S. 31 = hier S. 476. Die Mauer 113 flankiert die römische Glacisstraße; die Mauer 112 zeigt drei Phasen übereinander, die unterste fluchtet mit Mauer 182.

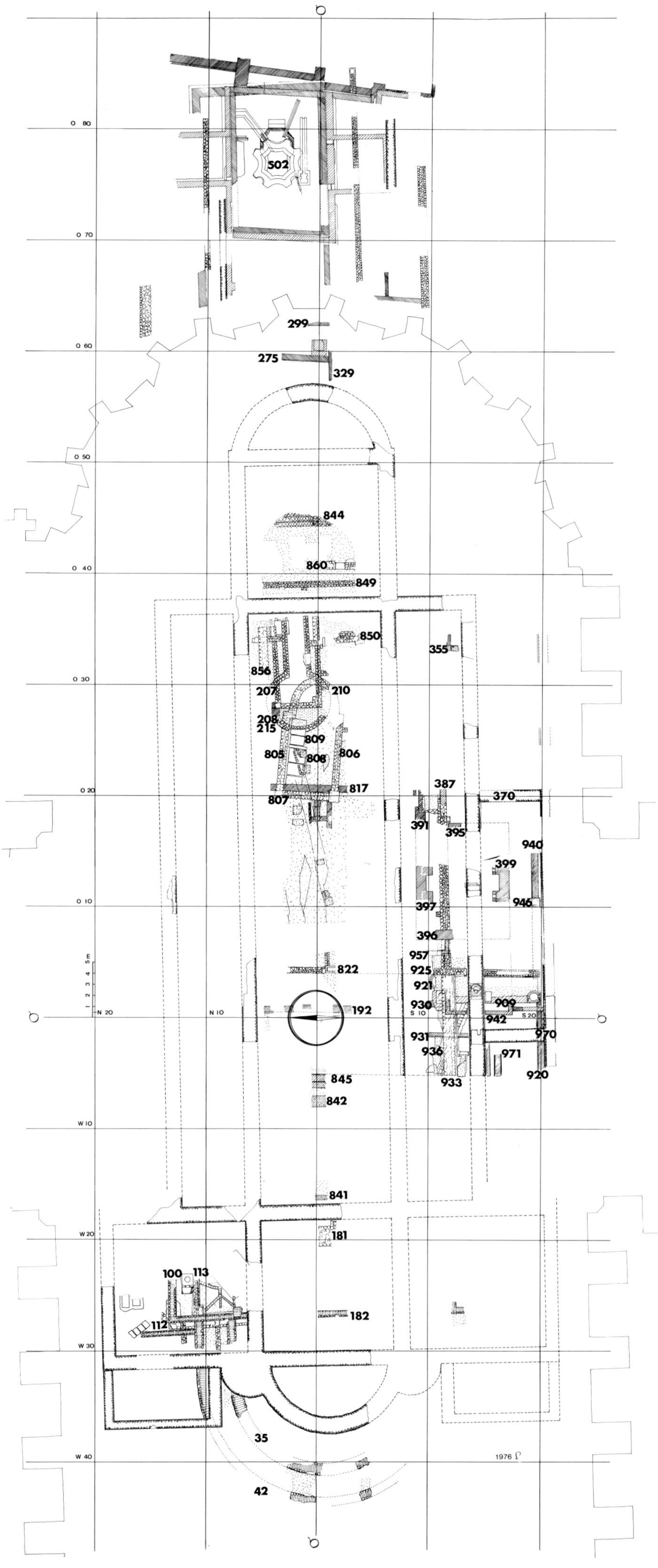

Abb. 1. Übersicht über die Grabungsergebnisse aus den vorkarolingischen Epochen. Maßstab 1 : 500.

Abb. 2. Übersicht über die Grabungsergebnisse der karolingischen und späteren Epochen. – Maßstab 1 : 500.

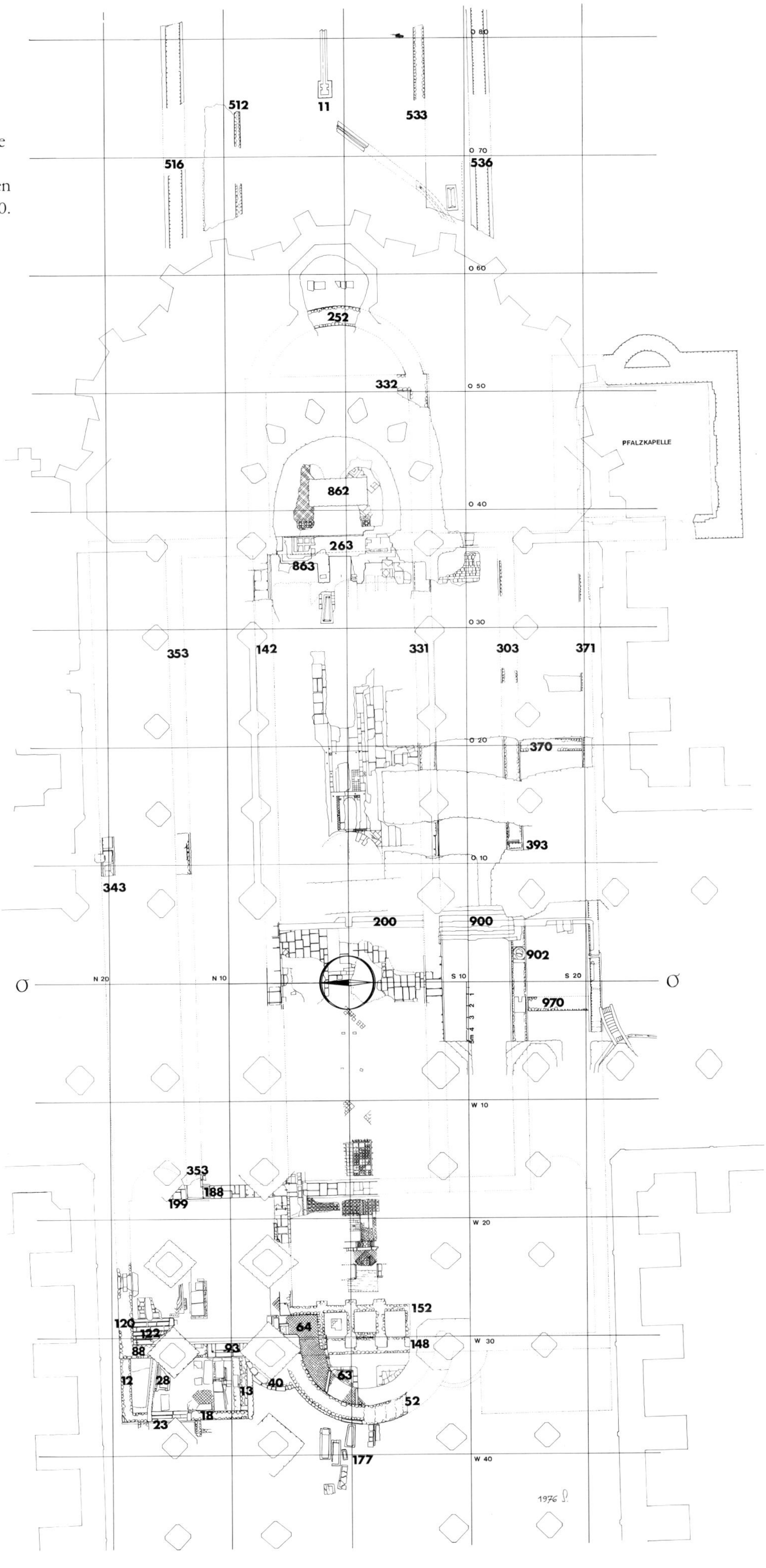

12 Mit Hilfe der wenigen gefundenen Mauerreste und der Veränderungen, die spätere Zeiten vorgenommen haben, läßt sich die Bischofskirche, wie sie vor der Mitte des 6. Jahrhunderts bestand, im groben beschreiben. Es gab die eigentliche Kirche, die, nach Westen gerichtet, im Westen und Norden an die römischen Straßen stieß [22], und ein östlich anschließendes sehr großes Atrium, das seinerseits im Osten durch ein Wohngebäude abgeschlossen war [23].

13 Da das Gelände sich über die Niederterrasse des Rheins und die 2,50 – 3 m tiefer liegende Flußaue erstreckte, hatte man den Unterschied durch eine erhebliche, offensichtlich in einem Arbeitsgang eingebrachte und mit einem soliden Estrich abgedeckte Anschüttung ausgeglichen und so den Boden des Atriums auf eine Höhe gebracht, die nur eine Stufe unter der des Kirchenbodens lag [24]. Der Komplex wurde im Osten durch ein Baptisterium abgeschlossen, das auf dem Niveau der Flußaue erbaut war *{36 – 39}*. Daß die Anlage im frühen 6. Jahrhundert so ausgehen hat, ist nicht zu bezweifeln. Für eine gewestete Kirche in der Nachfolge der Peterskirche in Rom spricht die Anlage des Atriums im Osten. Das Petruspatrozinium des 1320 aufgegebenen Hochaltars der karolingischen Kirche konnte auf eine damals nahezu 700jährige Tradition zurückblicken, d. h. so lange ist es bezeugt. Man kann ohne große Scheu annehmen, daß es wesentlich älter ist.

14 Da die Stelle, wo die frühe Kirche gestanden hat, noch nicht systematisch untersucht ist, haben wir auch noch keine Funde gemacht, die zu ihrer Datierung dienen können. Wir sind also bei einem Versuch, ihre Entstehungszeit anzugeben, auf Indizien angewiesen. Wenn wir das Alter der Aufschüttung *{13}* feststellen können, sind wir dabei einen Schritt weiter.

15 Nach den Befunden im südlichen gotischen Querhaus muß diese gewaltige Arbeit vor 392 vorgenommen worden sein [25]. Dort wurde ein 14 m tiefer Brunnen durch die Anschüttung hindurch abgeteuft [26]. Der verfüllte Brunnen ist etwa 0,5 m höher von einem Estrich überdeckt, der zu einer Portikus gehört; diese ist nach Ausweis einer Münze des Gratian, die unter dem zugehörigen Bankett lag, nach 383 errichtet worden [27].

16 Nach den geringen Benutzungsspuren zu urteilen, kann der Brunnen nicht sehr lange gebraucht worden sein [28]. Die Hoffnung, durch eine dendrochronologische Untersuchung der an seinem unteren Ende verbauten Hölzer einen Anhalt für seine Erbauung zu bekommen, erfüllte sich nicht, da diese Hölzer zum zweiten Mal verwendet waren [29].

17 Wir können also heute zunächst nur sagen, daß die Anschüttung vor 383 vorhanden war. Wenn wir auch bis heute nicht exakt beweisen können, daß der durch eine Aufschüttung hergestellte und

[22] Die westliche Begrenzung waren anscheinend die Mauern 112 und 182; die westliche Straße ist die von Doppelfeld (Die Grabung auf dem Domhof, in: K. Domblatt, 1952, S. 102 ff.) bei der Ausschachtung für die Tiefgaragen gefundene; sie zielt auf den Turm 59 der Stadtmauer (O. Doppelfeld, Die römische Stadtmauer von Köln, in: Kölner Untersuchungen, hrsg. von W. Zimmermann, Ratingen 1950, Abb. 21). Die nördliche Straße ist die Glacisstraße entlang der Stadtmauer (O. Doppelfeld, Die Ausgrabungen am Domkloster, in: K. Domblatt 1958, S. 11 ff. = hier S. 219 ff.). Die Nähe der Westmauer zur Straße läßt die Annahme einer nach W gerichteten Apsis nicht zu.

[23] Nur der Rest einer Heizanlage ist davon gefunden worden; Doppelfeld, Dreikönigenkapelle *{16}*, S. 151 = hier S. 105. – Weyres, Atrium *{20}* S. 81 = hier S. 532 f. – ders. Die Baptisterien östlich des Domchores, in: K. Domblatt 1970, S. 93 f. = hier S. 517 f. War dies die domus ecclesiae? (Oediger, *{4}*, S. 79).

[24] Die Anschüttung besteht aus stark lehmigem, mit wenig Bauschutt durchsetztem Erdreich und überdeckt einige in erheblicher Höhe erhaltene römische Mauern: 817 in Abb. 1 (O. Doppelfeld, Stand der Ausgrabungen 1963, in: K. Domblatt 1963, S. 117 = hier S. 406), 920 in Abb. 1 und 3 (Weyres, Baptisterium *{14}*, S. 96 = hier S. 680); in dem Raum, der zu Mauer 920 gehörte, ist die Auffüllung sehr viel stärker mit Bauschutt durchsetzt. Die Aufschüttung wurde in gleicher Höhe und Art auch östlich von Mauer 263 in Abb. 2 festgestellt (Weyres, *{20}* S. 98, Abb. 12 = hier S. 683 f.) und über der Mauer 391.

[25] Weyres, Baptisterium *{14}*, S. 99 f. = hier S. 683 f.

[26] 921 in Abb. 1 und 3; vgl. den Bericht von W. Schneider in diesem Beitrag.

[27] Weyres Baptisterium *{14}* S. 94 ff. = hier S. 678 ff.

[28] vgl. Schneider in diesem Beitrag.

[29] vgl. den Schnitt auf Abb. 4.

mit einem schönen rötlichen Ziegelsplittestrich befestigte Platz – um einen solchen handelt es sich zweifelsfrei – von fast 40 m Länge [30] das Atrium einer frühchristlichen Kirche war, so spricht doch, wenn man alle Umstände wägt, nichts dagegen, die Anschüttung in das 2. Jahrzehnt des 4. Jahrhunderts zu setzen und das im Westen erschlossene Gebäude *{12}* für die erste Kölner Bischofskirche nach dem Mailänder Edikt zu halten.

18 Nun hat aber der Verursacher der Anschüttung anscheinend gegen ein altes Tabu vorstoßen, das für Rom 367 der Stadtpräfekt Praetextatus erneuert hat, nach dem es untersagt war, „aedes sacrae" durch Mauern mit Privatgebäuden zu verbinden [31]. Die Anschüttung reicht im Norden und streckenweise auch im Westen und Osten an die Cella eines Tempels *{43}* [32].

19 Es hat den Anschein – mehr kann man bei dem augenblicklichen Stand der Ausgrabungen nicht sagen – als ob bei einer Wiederherstellung des Tempels hier eine Ecke der frühesten Kirche abgebrochen und durch die Portikus [33] überbaut worden sei *{52}*. Wenn unsere Deutung stimmt, so wäre das ein gutes Argument für die Existenz der Kirche des frühen 4. Jahrhunderts an der angegebenen Stelle.

20 Die erneuerte Portikus scheint nicht lange gestanden zu haben. Fast unmittelbar wird ihr Bankett und ihr Estrich von dem Fundament einer schweren O – W-Mauer überlagert, die, nach allem was wir bisher gesehen haben, nur die Südmauer der Kirche sein kann, die bis zu ihrem Abbruch im 9. Jahrhundert bestanden haben muß [34].

21 Auf den Tempel will ich später eingehen *{43}*. Zunächst soll die weitere Baugeschichte der Kirche verfolgt werden, da aus ihr Rückschlüsse auf die Existenz der römischen Kirche gezogen werden können.

22 Im 6. Jahrhundert existierte im Atrium eine kleine rechteckige Kapelle mit östlicher Apsis, deren Zweckbestimmung nicht festzustellen ist [35]. In ihre Nordwestecke wurden um 550 zwei reich mit Beigaben ausgestattete Gräber eingebracht [36]. Sie gehören zu den reichsten Frankengräbern, die im Rheinland gefunden worden sind. Die Namen der Bestatteten sind wohl nicht zu ermitteln, doch kann man auf Grund der Beigaben schließen, daß es sich um eine Fürstin und einen königlichen Knaben handelt. Eine dendrochronologische Untersuchung der in den Gräbern gefundenen Hölzer [37] und beigegebene Münzen ergaben das angeführte Datum. Die Funde bilden eine wesentliche Bereicherung unserer Kenntnisse der fränkischen Kulturgeschichte [38].

23 Die Kapelle ist anscheinend kurze Zeit nach den Begräbnissen abgebrochen worden. Der Grund wurde offenbar, nachdem dicht über den Fundamenten der Kapelle liegende Mauerreste gedeutet werden konnten. Es handelt sich um einen Fundamentring von 4,50 m Durchmesser, der von Osten her durch einen fast 8 m langen Gang zugänglich war [39]. Ähnliche, wenn auch kleinere Anlagen

[30] Etwa von der Mitte der heutigen Vierung bis zum Hochaltar.

[31] H. Bloch, Ein neues inschriftliches Zeugnis der letzten Erhebung des Heidentums in Westrom, in: Das frühe Christentum im römischen Staat, hrsg. von R. Klein, Darmstadt 1971, S. 137. –

[32] W. Weyres, Die frühchristlichen Bischofskirchen und Baptisterien, in: K. Domblatt 1969, S. 125 f. = hier S. 509 f.; vgl. Mauer 387 an der Ostseite von 395 in Abb. 1; – Weyres, Baptisterium *{14}*, S. 98 f. = hier S. 682 f.

[33] Nummern 904, 909, 910 und 929 der Abb. 1 und 3.

[34] Mauer 933 in Abb. 1 und 3; unklar ist bisher noch die Funktion der Mauern 925 und 926.

[35] Dazu gehören die Mauern 210, 805, 806 und 807 in Abb. 1; vgl. Weyres, Atrium *{20}*, S. 82 f. = hier S. 574 f.

[36] Nummern 808 und 809 in Abb. 1; O. Doppelfeld, Das fränkische Frauengrab, in: K. Domblatt 1959, S. 41 ff. – ders. Totenbett und Stuhl des Knabengrabes, in: K. Domblatt, 1960, S. 85 ff. – ders. Der Helm aus dem fränkischen Knabengrab, in: K. Domblatt 1961/62, S. 103 ff. – K. Böhner, Zur Zeitstellung der beiden fränkischen Gräber im Kölner Dom, in: Kölner Jb. f. Vor- und Frühgeschichte, 1967/68, S. 124 ff. = hier S. 377 ff.

[37] E. Hollstein, Dendrochronologische Untersuchung der Einbäume im Historischen Museum der Pfalz, in: 100 Jahre Historisches Museum der Pfalz, hrsg. von K. Schultz, Speyer 1969, S. 199 = vgl. hier S. 577 Anm. 26.

[38] Die Funde sind im Diözesanmuseum in Köln zu sehen.

[39] Mauern 208/215 in Abb. 1; vgl. Weyres, Atrium *{20}*, S. 87 = hier S. 401 f.; Doppelfeld *{24}*, S. 113 = hier S. 578 f., hatte an eine frei im Atrium stehende Rundkapelle gedacht.

sind nach dem letzten Krieg in Trier, Boppard und St. Ursula in Köln gefunden worden [40]. Man hat sich daran gewöhnt, sie Bema zu nennen. Sie dienten dazu, den ersten Teil der Messe inmitten des Volkes abzuhalten [41]. Liturgiegeschichtlich sind diese Entdeckungen von Bedeutung, weil sie eine Rekonstruktion eines Teils der fränkischen Meßliturgie erlauben.

24 Leider ist vom Altarraum nur noch die Spur einer Schranke erhalten, bis zu der der erwähnte Gang führte [42]. Wir können also nicht sagen, wo der Altar gestanden hat; die mutmaßliche Stelle ist gestört.

25 Etwas anderes wird aber aus dem Fund des Bemas einsichtig. Es kann nicht unter freiem Himmel gelegen haben. Im Tur Abdin gibt es zwar solche im Freien gelegene Verkündigungsplätze, bei unserm Klima ist das aber unmöglich anzunehmen. Untersuchungen an den Fußböden erhärteten dann die Vermutung, daß im 6. Jahrhundert das ganze römische Atrium mit einer Kirche überbaut worden ist. Die Frage ist noch offen, ob dieser neue Kirchenbau mit der älteren Kirche zu einer Einheit verschmolzen wurde und so eine doppelchörige Kirche entstanden ist, oder ob man es mit zwei Kirchen zu tun hat, die sozusagen Rücken an Rücken standen.

26 Von diesem neuen Bau haben wir zunächst nur ein Mauerstück gefunden [43], aber wir haben fast über die ganze Fläche weg die beiden Estrichböden, die nacheinander auf dem Atriumboden aufgebracht worden sind [44]. Die Länge des fränkischen Erweiterungsbaues war mindestens 43 m, die Breite etwa 24 m.

27 Wir müssen vorläufig darauf verzichten, weitere Mauern der fränkischen Kirche zu suchen. Der Aufwand wäre im Augenblick noch nicht vertretbar. Bei der angegebenen Breite muß mit einer Unterteilung in drei Schiffe gerechnet werden. Wo die Stützenstellungen dafür gestanden haben und wie sie aussahen, werden wir nie mehr feststellen können. Sie standen wohl sicher an der Stelle der karolingischen Mittelmauern und sind den für diese ausgehobenen, z. T. gewaltigen Fundamentgruben zum Opfer gefallen. Doch wissen wir wahrscheinlich etwas über den Erbauer.

28 Aus einer Stelle in einem Loblied des Venantius Fortunatus († nach 600) kann jetzt geschlossen werden, daß der nur durch dieses Gedicht bekannte Bischof Carentinus den römischen Dom durch eine Emporenkirche erweitert hat [45]. Dem Dichter muß die Methode, Kirchen durch Emporen geräumiger zu machen, als etwas Neuartiges aufgefallen sein. Byzantinische Emporenkirchen hat er wahrscheinlich nicht gesehen. Die bekannten abendländischen sind fast alle später [46].

29 Diese Doppelkirche oder doppelchörige Kirche hat bis zu ihrem Abbruch im 9. Jahrhundert bestanden, aber es sind an ihr im Laufe der Zeit einige bezeichnende Veränderungen vorgenommen

[40] zu Trier: Vorromanische Kirchenbauten, München 1966, Taf. nach S. 348. – zu Boppard: Katalog der Ausstellung „Römer am Rhein", Köln 1967, S. 113 f. – zu Köln, St. Ursula: O. Doppelfeld, Grabungen in der Kirche St. Ursula in Köln, in: Rheinische Kirchen im Wiederaufbau, hrsg. von W. Neuß, M. Gladbach 1951, S. 65 ff. – E. Kühnemann, in: Frühchristliches Köln, hrsg. vom Römisch-Germanischen Museum, Köln 1965, S. 50 ff.

[41] Es müßte geklärt werden, ob in der Kathedrale während der Vormesse der Bischof mit dem gesamten Klerus auf dem Bema Platz nahm, wie in Syrien, oder ob nur das Evangelium unter Assistenz von sieben Leuchterträgern dort gesungen wurde, wie es J. A. Jungmann von der fränkischen Liturgie berichtet (Missarum Sollemnia, I, Wien 1949, S. 61).

[42] Mauer 849 in Abb. 1.

[43] Bei Mauer 387 in Abb. 1 und 3; es handelt sich um die oberste Phase dieser in mehreren Zeitabschnitten errichteten Mauer.

[44] Weyres, Atrium *{20}*, S. 84 f. = hier S. 576.

[45] Weyres, Atrium *{20}*, S. 86 = hier S. 577 f. – Oediger, Erzbistum *{4}*, S. 75 – Frühchristliches Köln *{40}*, S. 17. Das Gedicht muß vor 567 entstanden sein. Das geht mit der für die Gräber gefundenen Datierung (vgl. Hollstein, *{37}*: 557 ± 8) vorzüglich zusammen. Nach neueren Untersuchungen von O. Schwab an St. Gereon in Köln kann man die eindeutig auf eine Emporenanlage hinweisende Textstelle nicht auf St. Gereon beziehen. Es handelt sich in dem Gedicht offensichtlich um zwei Kirchen.

[46] Vielleicht mit Ausnahme von S. Pierre in Vienne, das R. de Lasteyrie (L'architecture religieuse en France à l'époque romane, Paris 1929, S. 43) dem 5. Jahrhundert zugeschrieben hat. Vgl. dazu: P. O. Rave, Der Emporenbau in romanischer und frühgotischer Zeit, Bonn und Leipzig 1924, S. 30 f.

worden. Über kleinere Änderungen, die anscheinend mit der Einrichtung von besonderen Plätzen für Sänger zusammenhängen, will ich hier hinweggehen [47].

30 Später ist das Bema bis auf zwei Steinschichten abgebrochen und mit einer rechteckigen Schrankenanlage überbaut worden, die einer römischen schola cantorum entspricht [48]. Die sich hierin kundtuende Veränderung der liturgischen Gebräuche kann mit den frühkarolingischen Liturgiereformen, speziell mit der Einführung des gregorianischen Chorals im Frankenreich in Verbindung gebracht werden, für die die Ausgrabungen im Dom bisher das einzige monumentale Zeugnis erbracht haben [49].

31 Wahrscheinlich im Zusammenhang mit dieser liturgischen Neuordnung ist das erwähnte halbrunde Atrium zu sehen *{6 – 8}*, dem eine Apsis entsprochen haben muß, die aber durch die Fundamente des karolingischen Neubaues zerstört worden ist. Selbstverständlich ist, sowohl dem Bema als auch der schola cantorum entsprechend, im Osten ein Altar anzunehmen. Für das Patronat kommt nur Maria in Frage, der ja auch der karolingische Ostchor geweiht war. Zu ihm muß die zweite der kostbaren Altarverkleidungen gehört haben, die Erzbischof Hildebold zwischen 787 und 800 dem Dom stiftete *{8}* [50].

32 Wahrscheinlich gehört zu den frühkarolingischen Änderungen auch der Rest eines Marmorbodens, der im Osten von den Fundamenten der Pfeiler des Chorpolygons abgeschnitten ist [51]. Es besteht keine Hoffnung zu erfahren, ob das Altarhaus des merowingischen Baues apsidial oder rechteckig war. Man kann lediglich sagen, daß die Kirche wahrscheinlich etwas in den gotischen Chorumgang reichte [52].

33 Aus welcher Zeit ein nördlich der schola cantorum aufgedecktes Fundament stammt [53], läßt sich nicht sagen. Es besteht aus zwei langen parallelen und miteinander verbundenen Mauerstücken, von denen das südlichere mit der schola gleichzeitig sein könnte. Ich habe diese als Spuren eines Ambo römischer Form gedeutet [54].

34 Es ist anzunehmen, daß weder die spätrömische noch die merowingische Kirche Türme gehabt haben. Dagegen ist nicht auszuschließen, daß solche bei der frühkarolingischen Erweiterung nach W, analog dem Plan von St. Gallen, errichtet worden sind. Die beiden die Apsis des karolingischen Neubaues flankierenden Türme sind bekannt bzw. können erschlossen werden *{2 u. 3}*.

35 Bisher nicht gefunden sind auch die in den Quellen erwähnten beiden hölzernen Türme, die Rainald von Dassel 1165 dem Dom hinzufügte [55]. Ich vermute, daß es sich dabei um hölzerne Aufbauten über den Ostenden der brunonischen Seitenschiffe gehandelt hat, zumal unter ihnen anscheinend Altäre gestanden haben [56].

36 Östlich des gotischen Chores war schon im 19. Jahrhundert ein bemerkenswertes großes Wasserbecken aufgedeckt worden, das als Bestandteil eines römischen Hausbades oder auch schon als Pis-

[47] Weyres, Atrium *{20}* S. 86 f. = hier S. 577 f.

[48] Weyres, Atrium *{20}* S. 89 f. = hier S. 580 f., Mauer 207 auf Abb. 1.

[49] Zur frühkarolingischen Liturgiereform: Jungmann *{41}*, S. 93 ff. „Mit Pippin und Chrodegang setzen die Nachrichten über den Ausgleich zwischen dem römischen Ritus und der gallikanischen Liturgie des Frankenreichs ein". (Th. Schieffer, Winfrid-Bonifatius und die christliche Grundlegung Europas, Darmstadt 1972, S. 265.)

[50] Oediger *{4}*, S. 315 f. – Beide Inschriften auszugsweise bei: J. von Schlosser, Schriftquellen zur Geschichte der karolingischen Kunst, Wien 1892, S. 45 und M. Hasak, Der Dom zu Köln, Berlin, o. J., S. 8 f., sowie: P. Clemen, Der Dom zu Köln, Düsseldorf ^{2}1938, S. 38 (hier Petrusinschrift vollständig), sowie Weyres, Baugeschichte *{7}*, S. 9 = hier S. 455 f., (vollständige Inschrift des Marienantependiums).

[51] 844 in Abb. 1; Kier *{15}*, S. 120 f. = hier S. 608 f.; Weyres *{20}*, S. 105 = hier S. 597.

[52] Weyres *{20}*, S. 92 = hier S. 582 f.

[53] Mauer 856 in Abb. 1.

[54] Weyres *{20}*, S. 90 f. = hier S. 581 f.

[55] Clemen *{50}*, S. 42 f.

[56] Weyres *{7}*, S. 16, §§ 41 und 46 = hier S. 461.

cine eines christlichen Baptisteriums gedeutet worden ist [57]. Dombaumeister Voigtel hatte Mauern eines zugehörigen Gebäudes vermessen und 1867 das Becken überwölben lassen und es so erhalten. Beim Bau der U-Bahn wurde der „Domhügel" im Osten angeschnitten und, da das Gelände an dieser Stelle erhöht werden sollte, ergab sich die Notwendigkeit, soweit die vorhandenen und zu schonenden Bäume es zuließen, eine sehr schwierige und unter Zeitdruck stehende Grabungsetappe einzuschieben. Es stellte sich heraus, daß das von Voigtel entdeckte Gebäude, und schon dessen Vorgänger, von Anfang an als Baptisterium errichtet worden ist. Ein erster Hinweis darauf war, daß die Piscine genau in der Achse des erwähnten Bemas lag [58].

37 Diese Taufkirche hatte eine sehr wechselvolle Geschichte. Es ließen sich sechs Bauphasen feststellen, die allerdings nur zwei verschiedenen Bauwerken entsprachen. Das Gebäude der dritten Phase war gut zu erfassen. Es bestand aus einem rechteckigen Hauptraum von 12,65 m innere Länge und 8,90 m Breite. Nach Norden und Süden waren zwei geräumige Nebenräume angesetzt, die in breiten Bögen zum Hauptraum geöffnet waren [59].

38 In der Mitte des Hauptraumes lag die achtstrahlige, aus verputztem Tuffsteinmauerwerk hergestellte Piscine [60]. Sie ist mit 4,62 m größtem Außendurchmesser ein sehr ansehnliches Stück. Nach Analogien kann man annehmen, daß sie mit einem, wohl hölzernen, Baldachin überdeckt war. Zwei ältere Becken liegen, noch heute erkennbar, unter ihr.

39 Mehrfach umgebaut, hat das Gebäude der dritten Phase bis in den Beginn des 9. Jahrhunderts überdauert. Eine genaue Datierung der verschiedenen Phasen ist sehr schwierig, weil nur eine einzige Münze gefunden worden ist [61] und unsere Kenntnisse der spätrömischen und fränkischen Keramik zu präzisen Zeitangaben nicht ausreichen. Doch läßt ein formaler Vergleich der achtstrahligen Piscine mit den fünf vergleichbaren Stücken [62] im christlichen Abendland eine Datierung der dritten Phase auf die Zeit zwischen 400 und 450 wahrscheinlich werden. Die beiden darunterliegenden Phasen müssen entsprechend älter sein, also dem 4. Jahrhundert zugeschrieben werden. Die Piscine ist heute von der Bechergasse aus zugänglich.

40 Bei den Grabungen östlich des Chores wurden neben den Fundamenten des in der 2. Hälfte des 11. Jahrhunderts zwischen dem Dom und der östlich davon gelegenen Stiftskirche St. Maria ad gradus erbauten Atriums [63] auch Reste eines karolingischen Baptisteriums gefunden [64]. Leider waren die Überbleibsel der zugehörigen Piscine schon im 19. Jahrhundert entfernt worden. Man hatte sie zwar aufgezeichnet, aber ihre Bedeutung nicht erkannt. Die letzten Ausgrabungen brachten dazu ein wohlerhaltenes Stück einer Wasserleitung und große Mengen von bemalten Putzstücken, die zwar nicht zusammensetzbar waren, aber dennoch zu der sehr geringen Kenntnis, die wir bisher von karolingischen Wandmalereien haben, einiges hinzufügen [65]. Die karolingische Taufkirche ist schon im 10. Jahrhundert abgebrochen worden.

[57] Voigtel und Dünzer, Die an der Nord- und Ostseite des Domes zu Köln entdeckten römischen und mittelalterlichen Baureste, in: Bonner Jahrbücher 1873, S. 199 ff. – W. Weyres, Die Baptisterien östlich des Domchores, in: K. Domblatt 1970, S. 81 ff. = hier S. 521 ff. – O. Doppelfeld, Die Ausgrabungen am Petrusbrunnen, in: K. Domblatt 1957, S. 61 ff. = hier S. 192 ff. – ders. in: Katalog der Ausstellung „Römer am Rhein", Köln 1967, S. 117.

[58] Daß Bema und schola cantorum nicht in der Achse der karolingischen Kirche liegen, rührt von einer Achsenverschiebung beim Bau der Kirche des 9. Jahrhunderts her. Sie ist dargestellt in: K. Domblatt 1969, S. 129 ff. = hier S. 513.

[59] Weyres *{57}* S. 96 ff. = hier S. 534 ff.

[60] 502 in Abb. 1; Abb. 29 in K. Domblatt 1969.

[61] Eine Kleinbronze des Arcadius, die das Gebäude der dritten Phase in die Zeit nach 383 weist; Weyres *{57}*, S. 107 = hier S. 544.

[62] Es sind: das Baptisterium des Laterans (zwischen 432 und 440), das in Boppard (Anfang des 5. Jahrhunderts), das von Stobi in Jugoslawien (5. bis 6. Jahrhundert), das von Albenga. Weyres *{57}*, S. 107 f. = hier S. 544 f. mit den genaueren Nachweisen.

[63] Mauern 516 und 536 in Abb. 2; es sind die Fundamente der Arkaden; Weyres *{57}*, S. 83 ff. = hier S. 522 f.

[64] Mauern 512, 533 und Piscine 11 mit Abfluß in Abb. 2; Weyres *{57}*, S. 86 ff. = hier S. 524 ff.; ders. *{14}*, S. 75 ff. = hier S. 663 ff.

[65] Weyres *{14}*, S. 82 ff. = hier S. 669 ff.

41 Im Zusammenhang mit dem Bau des Römisch-Germanischen Museums an der Südseite des Domes mußte die Dombauhütte um Geschoßhöhe tiefer neu gebaut werden. Die dazu nötigen Ausschachtungen führten bis auf römische Schichten, die, wenn auch wiederum unter Zeitdruck, so doch systematisch von den Grabungsleuten des Domes untersucht und aufgenommen worden sind [66]. Die Ausgrabung brachte nicht nur eine Ergänzung zum römischen Stadtpalast mit dem Dionysosmosaik – mehrere Räume mit z. T. reichen Marmorfußböden –, sondern auch einen Teil eines großen Peristylhauses, das wegen seiner mit Hakenkreuzen geschmückten Mosaikböden mit einigem Grund als das Gebäude der Augustalen angesehen werden konnte, die den Dienst an dem benachbarten, später noch zu besprechenden Mercurius-Augustus-Tempel zu versehen hatten [67]. Die Mosaiken befinden sich jetzt als Leihgabe im Römisch-Germanischen Museum.

42 Von großer Bedeutung für die Baugeschichte war an dieser Stelle die Aufdeckung der Reste der um 1000 errichteten zweigeschossigen bischöflichen Pfalzkapelle [68]. Sie war zur Hälfte durch den Neubau des gotischen Domchores zerstört worden und in der verbliebenen Hälfte durch Nachfolgebauten überdeckt. Es war jedoch noch soviel übriggeblieben, daß von A. Wolff eine zeichnerische Rekonstruktion versucht werden konnte. Die Überreste der Pfalzkapelle sind erhalten und im Hof der neuen Dombauhütte sichtbar.

B. Zweiter Vorbericht über die Grabungen im südlichen Querhaus (Plan 3 und 4) [69]

43 Im gesamten Bereich der Grabung ist man, wie es an dieser Stelle der römischen Stadt nicht anders zu erwarten war, auf Mauern römischer Gebäude gestoßen. Es konnten allerdings bisher nur an einer Stelle zusammengehörige Fundamente aufgedeckt werden, und zwar unterhalb des südlichen gotischen Chorseitenschiffs. Hier sind gut deutbar die Reste eines römischen Podiumtempels, für dessen Erbauung im ersten Jahrhundert Otto Doppelfeld überzeugende Gründe angeführt hat [70]. Bisher waren von der Cella die nördliche, östliche und westliche Begrenzung bekannt [71], ferner die durch Balkenlöcher ausgewiesene Höhe des Bodens, über dem die Mauer an der Nord- und Westseite noch rd. 1,70 m hoch erhalten ist [72].

44 Ob es der in einer in der Nähe gefundenen Inschrift erwähnte Mercurius-Augustus-Tempel ist, kann nur vermutet werden [73]. „Mercurius Augustus ist der im römischen Kaiser personifizierte Gott römischer Kultur, Zivilisation und Weltordnung" [74].

[66] Die Ergebnisse sind bisher nur in Vorberichten bekannt geworden; vgl. O. Doppelfeld, in: Ausstellungskatalog „Rom am Dom", Köln 1970, S. 22 f. – W. Weyres, Die Wiederherstellungsarbeiten am Dom in den Jahren 1967 bis 1969, in: K. Domblatt 1969, S. 114 und Abb. 26/27.

[67] Im Hause der Augustalen in Ostia finden sich vergleichbare Hakenkreuzmosaiken (G. Calza, G. Becatti, Ostia [10], Rom 1970, S. 10 und Tafel 68). – Zu den Augustalen: O. Doppelfeld *{57}*, S. 181; H. Schmitz, Colonia Claudia Ara Agrippinensium, Köln 1956, S. 96 und 120; Russell Meiggs, Roman Ostia, Oxford 1960, S. 217 ff.

[68] A. Wolff hat nicht nur zusammen mit W. Schneider die Ausgrabungen an dieser Stelle überwacht, sondern auch die komplizierten Funde analysiert und ausführlich dargestellt. Zu beachten ist auch seine Rekonstruktion: A. Wolff, S. Johannis in Curia, die erzbischöfliche Pfalzkapelle auf der Südseite des Kölner Domes und ihre Nachfolgebauten, in K. Domblatt 1971, S. 125 ff. = hier S. 614 ff.

[69] Der erste Vorbericht steht im Domblatt 1973, S. 86 ff. = hier S. 663 ff.

[70] O. Doppelfeld, Stand der Domgrabungen 1963, in: K. Domblatt 1963, S. 117 ff. = hier S. 406 ff.

[71] Mauern 395, 396, 397 und 399 in Abb. 1 und 3.

[72] vgl. Ansicht und Schnitt in Abb. 4.

[73] Die Inschrift ist unvollständig. O. Doppelfeld, Der unterirdische Dom, Köln und Krefeld 1948, S. 22 f. bringt zwei mögliche Ergänzungen. Vgl. dazu: U. Kahrstedt, Die Inschrift Dessau Nr. 3191 und Der unterirdische Dom, in: K. Domblatt 1949, S. 165 ff.; im Katalog „Rom am Dom", Köln [1970], S. 10 f. gibt Doppelfeld der Kahrstedtschen Ergänzung den Vorzug. Nach dieser wäre die Inschrift ursprünglich etwa 2,16 m lang gewesen. Fraglich bleibt die Stelle, an der sie am Tempel gesessen haben kann.

[74] G. Ristow, in: Katalog „Rom am Dom", Köln [1970], S. 29.

45 Im Kölner Domblatt habe ich eine Rekonstruktion des Tempels nach den bis zu diesem Jahr bekannten Fakten versucht [75]. Im August 1975 wurde in einem Stollen, den wir unter erheblichen Schwierigkeiten zwischen dem 1. und 2. Pfeiler der Querschiffostseite nach Osten vorgetrieben haben, die Südmauer der Tempelcella aufgedeckt [76]. Sie entspricht in ihrer Ausbildung vollkommen dem bekannten Abschnitt der Nordmauer [77], ist aber etwa 1 m höher erhalten.

46 Zu unserer großen Überraschung lag aber die Südmauer nicht an der Stelle, an der wir sie vermutet hatten, sondern weiter nördlich. Es ergibt sich daraus, daß die Cella nicht, wie bisher angenommen, 10,50 m breit war, sondern nur 8,25 m. Meine bisherige Rekonstruktion ist also falsch [78].

47 Nach wie vor muß angenommen werden, daß die Ost- und die Westmauer auf ihrer Innenseite keine Vorlagen hatten. Die Nord- und Südwand dagegen hatten eine Gliederung, die aber wesentlich zierlicher gewesen sein muß als in meiner Rekonstruktion.

48 Unklar bleibt auch nach den letzten Grabungsergebnissen, welche Seite die Eingangsseite des Tempels in seiner ältesten Phase gewesen ist [79]. Die sehr tief liegenden römischen Mauerreste an der Ostseite [80] gaben für die Rekonstruktion einer Treppenanlage auf dieser Seite wenig her, obwohl Doppelfelds Vermutung eines ummauerten Vorhofs ansprechend ist [81]. In spätrömischer Zeit war der Eingang sicher von Westen her [82].

49 Durch die Entdeckung der Südmauer der Tempelcella ist auch die von mir vorgeschlagene Form der Portikus [83] unglaubwürdig geworden. An ihrer Existenz gegen Ende des 4. Jahrhunderts ist jedoch nicht vorbeizukommen. Da das Südende des Banketts mit der in situ befindlichen Säulenbasis [84] weit über die aufgefundene Flucht der südlichen Cellamauer nach S vorschießt, kann es sich in der späten Zeit nicht um einen Prostylos gehandelt haben.

50 Es besteht die Hoffnung, daß wir beim Tiefergraben in dem erwähnten Stollen erfahren, wie der Tempel in seiner Frühzeit aussah, ob er ein Prostylos oder ein Peripteros war; letzteres wäre allerdings bei einem Podiumtempel sehr merkwürdig.

51 Wenn auch die bisherigen Ergebnisse der Grabung der Ergänzungen bedürfen und solche auch noch zu erwarten sind, so sind die Resultate interessant genug. Die Untersuchung der zwischen der karolingischen Südseitenschiffmauer und der neu gefundenen Cellamauer [85] liegenden Verfüllung des Sockelgeschosses des Tempels wird uns sicher weitere Auskunft über das Schicksal des Tempels bringen.

52 Der Tempel ist mindestens zweimal restauriert worden, vielleicht zum ersten Mal in flavischer Zeit [86]. Wahrscheinlich infolge der Bemühungen der christlichen Kaiser um die Abschaffung des Kaiserkultes wie der verschiedenen Opferverbote wurde der Tempel im 4. Jahrhundert vernachlässigt. Vielleicht ist sein hölzerner Fußboden in den Sockelraum hinuntergestürzt. Außen wuchs das Gelände an bzw. wurde es angeschüttet *{13}*. An der Westseite baute man ein wahrscheinlich profanes Gebäude, das bis unter die Portikus reicht [87].

[75] vgl. K. Domblatt, 1973, S. 93 = hier S. 678 f.
[76] Mauer 399 in Abb. 1 und 3.
[77] Mauer 397 in Abb. 1, 3 und 4.
[78] Das gilt auch für Doppelfelds Rekonstruktion auf dem Faltblatt in: K. Domblatt 1963 = hier S. 403.
[79] Doppelfeld *{70}*, S. 117 ff. = hier S. 406 ff. hat sich für einen östlichen Eingang, also auch für eine Treppe im Osten ausgesprochen.
[80] 391 und 392 in Abb. 1, 3 und 4.
[81] *{70}*, S. 119. Mauer 355 mit Schwelle in Abb. 1. = hier S. 408 f.
[82] Weyres in: K. Domblatt 1973, S. 93 = hier S. 678 f.
[83] K. Domblatt 1973, S. 93 = hier S. 678.
[84] Bankett 909 und Basis 910 in Abb. 1, 3 und 4; Weyres in: K. Domblatt 1973, S. 94 ff. = hier S. 678 ff.
[85] Mauern 303 und 399 in Abb. 1 und 3.
[86] Doppelfeld *{70}*, S. 119 = hier S. 408 f.; das. auch die Abb. der zur Datierung angezogenen Fundstücke; vgl. auch K. Domblatt 1969, Abb. 29 = hier S. 519 Abb. 2.
[87] Wie nahe der Raum an den Tempel heranreichte, muß noch untersucht werden.

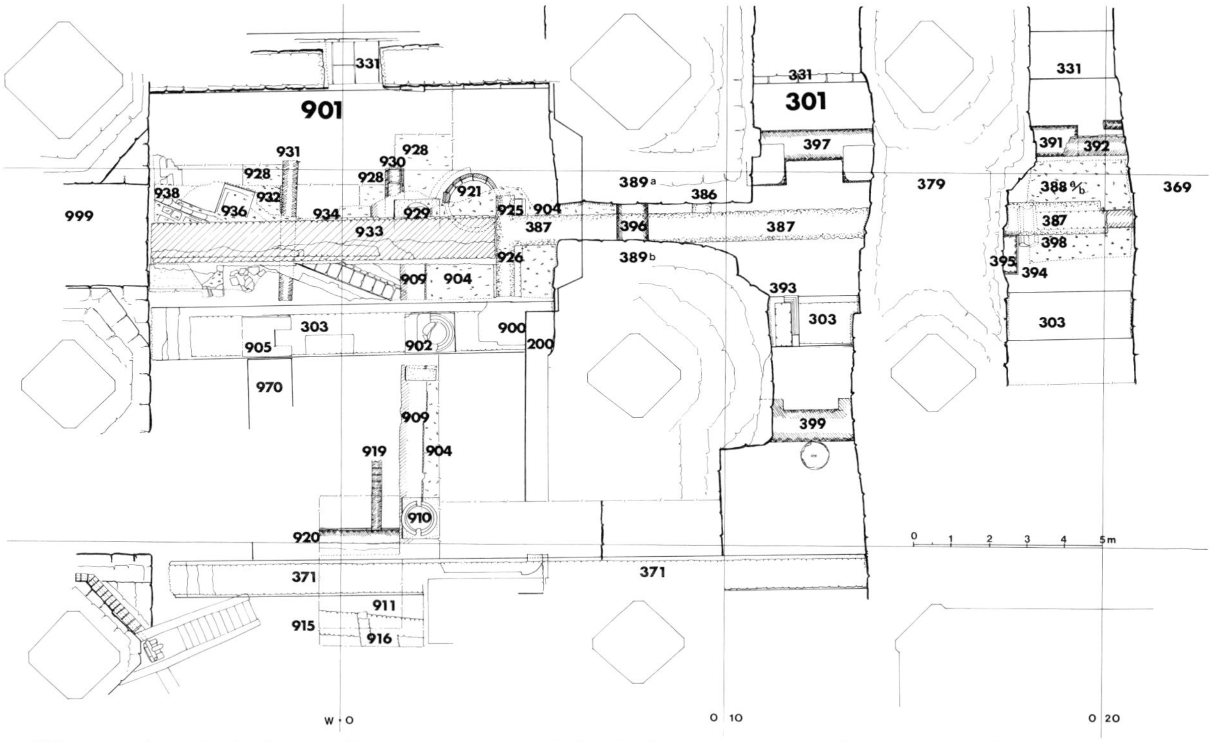

Abb. 3. Grabungsbefund im südlichen Querhaus und den beiden östlich anschließenden Jochen der Chorseitenschiffe, Grundriß. – Maßstab 1 : 200.

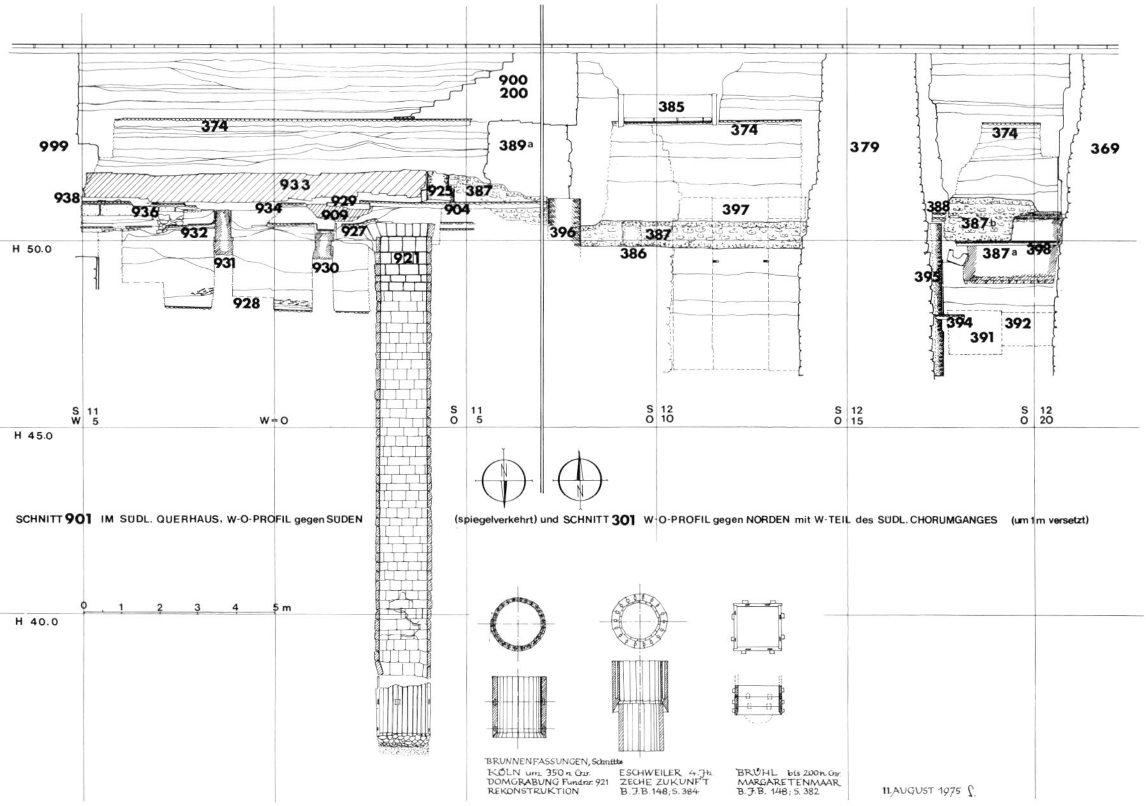

Abb. 4. O-W-Schnitt durch die Grabungen im südlichen Querhaus und das östlich anschließende innere Joch der Chorseitenschiffe. – Maßstab 1 : 200.

53 Von diesem Gebäude ist eine noch 2,70 m hohe, bemalte Mauer erhalten [88]. Der zugehörige Raum hatte einen Stampflehmboden, der gleich hoch lag wie die übrigen in der Nähe auf der Flußaue gefundenen Böden. Der Raum ist im wesentlichen in einem Arbeitsgang durch einen stark mit Dachziegelresten durchsetzten Bauschutt ausgefüllt worden [89]. Diese Maßnahme möchte ich im Zusammenhang mit der letzten Wiederherstellung des Tempels sehen.

54 Sie kann man mit gutem Grunde dem Comes Arbogast zuschreiben, von dem man weiß, daß er eine Wiederherstellung der heidnischen Kultstätten betrieben hat [90]. Diese Zuweisung läßt sich aus der Art der Arbeiten und aus Münzfunden rechtfertigen.

55 Welche Arbeiten kann man dieser Restaurierung zuweisen? Da ist zunächst die vollständige Verfüllung des Tempelkellers mit Bauschutt, der zum größten Teil vom verrotteten Gebäude selbst herrührt [91]. Die aufgefundene Oberkante des Schuttes lag etwa 1,50 m höher als die ursprüngliche Fußbodenhöhe. Ein zu erwartender Fußboden auf der neuen Höhe ist nicht gefunden worden, er muß also noch höher gelegen haben und bei der endgültigen Zerstörung des Tempels entfernt worden sein.

56 Außen mußte im Westen die Eingangssituation bereinigt werden. Man füllte den oben erwähnten Raum *{52}* vollständig mit Bauschutt an und legte in diese Anschüttung hinein ein Bankett von geringer Tiefe, das nach Ausweis der noch in situ befindlichen Basis [92] eine Säulenreihe trug. Ein von dem Bankett aus sich östlich erstreckender roter Estrich [93] bildete den Fußboden dieser recht leichtfertig angelegten Portikus.

57 Der nicht mehr vorhandene neue Fußboden im Inneren des Tempels mag eine Stufe höher gelegen haben als der Estrich der Portikus [94]. Das Gebäude hatte nach dieser Reparatur nicht mehr das Aussehen eines Podiumtempels. Westlich der Portikus hat man anscheinend einen geräumigen Vorplatz angelegt, dessen Estrich [95] etwa 10 cm tiefer lag als der innerhalb der Vorhalle.

58 Wann hat nun diese Restaurierung des Tempels stattgefunden? Wir haben drei Anhaltspunkte: Die Münzfunde aus der Verfüllung des Tempels, die aus der Verfüllung des Brunnens und eine Münze unterhalb des Banketts *{56}*. Die späteste Münze aus der Verfüllung des Tempels stammt von Magnus Maximus (383 – 388) [96], die jüngste aus der Verfüllung des Brunnens ist eine des Arkadius, dessen Münzen von 383 – 408 nachweisbar sind [97]. Die Kleinbronze unter dem Portikusfundament gehört Gratian (367 – 383) [98].

59 An sich würde man mit der spätesten Münze einen soliden Terminus post quem haben. Das wäre 408. Es ist aber wohl ausgeschlossen, die Wiederherstellung eines heidnischen Tempels in so später

[88] Mauer 920 in Abb. 1 und 3; sie ist noch sieben Steinlagen höher erhalten als die Brunnenoberkante; vgl. Weyres *{83}*, S. 96 f. = hier S. 679 f.

[89] Die Verfüllung unterscheidet sich stark von der weiter nördlich unter dem Atrium angetroffenen. Zwischen beiden Anschüttungen muß eine Trennung vorhanden gewesen sein. Sie kann in einer der späteren Baugruben verschwunden sein. Vorläufig möchte ich annehmen, daß die Anschüttung für das Atrium in die ersten Jahrzehnte des 4. Jahrhunderts gehört, die in dem zu 920 gehörenden Raum erst gegen Ende des Jahrhunderts erfolgt ist.

[90] Weyres *{83}*, S. 99 f. = hier S. 683 f. – Katalog „Römer am Rhein", Köln 1967, S. 129 – Schmitz *{67}*, S. 247.

[91] Doppelfeld *{70}*, S. 119 = hier S. 408 f.

[92] Mauer 909, Basis 910 und Platte 929 in Abb. 1, 3 und 4.

[93] 904 in Abb. 3 und 4.

[94] Er ist wahrscheinlich entfernt worden, als man die Südmauer des Atriums in christlicher Zeit über den abgebrochenen Tempel hinweg begradigte (Mauer 387) – W. Weyres, Die frühchristlichen Bischofskirchen und Baptisterien, in: K. Domblatt 1969, S. 128, Fig. 2 = hier S. 512 Abb. 2; da wir jetzt ein Stück der Verfüllung des Tempelkellers außerhalb des Atriumbereichs ausgraben können, besteht die Hoffnung, daß wir den jüngeren Tempelboden noch finden.

[95] 934 in Abb. 3 und 4.

[96] Doppelfeld *{70}*, S. 120 = hier S. 408 f.

[97] vgl. Hill, Kent und Carson, Late Roman Bronze Coinage. London 1965.

[98] Weyres *{82}*, S. 96 = hier S. 680.

Zeit anzunehmen. Dagegen ist ein solches Vorhaben zwischen 392 und 394 durchaus denkbar. Auch dagegen würden die Münzfunde nicht sprechen [99].

60 Der Franke Arbogast, römischer Comes, hatte 392, gestützt auf die noch heidnische Senatsaristokratie, Eugenius, einen Hofbeamten des Kaisers Theodosius, zum Kaiser gemacht. Arbogast war Heide, Eugenius dem Namen nach Christ. Es begann der letzte Versuch, dem alten Götterglauben seine alte Position wiederzugewinnen. Im Frühjahr 393 wurde das Heidentum in Gallien, Italien und Afrika feierlich in seine alten Rechte eingesetzt [100]. Im ganzen weströmischen Reich begann nun eine Wiederherstellung zerstörter oder vernachlässigter heidnischer Tempel. So auch in Köln.

61 Ein 1571 an der Südseite des Chores von St. Peter eingemauerter Stein, der zwischen Hohe- und Stephanstraße gefunden worden war, berichtet von der Wiederherstellung eines Gebäudes. Darin sind genannt: die Kaiser Theodosius, Arcadius, Eugenius, der Comes Arbogast und andere [101]. Schmitz und Doppelfeld beziehen diese Inschrift auf eine Wiederherstellung des kölnischen Kapitols [102].

62 Eugenius und Arbogast wurden am 6. 9. 394 von Theodosius I. in der Schlacht am Frigidus besiegt und kamen in bzw. nach der Schlacht um. 395 hebt Theodosius die Verfügungen des Eugenius auf [103]. Das schon früher (381) ausgesprochene allgemeine Opferverbot [104] wird erneuert; 399 wird unter seinem Nachfolger Honorius verordnet, daß die Tempel auf dem Lande abzureißen sind; 408 sollen die Götterbilder, die man bisher noch ihres Wertes wegen geschont hat, aus den Tempeln entfernt werden [105].

63 Damit war auch für den kölnischen Bischof die Stunde gekommen, wo er den heidnischen Tempel vernichten konnte. Wie lange es gedauert hat, bis er rechtens in seinen Besitz kam, wissen wir nicht. Es scheint, daß er zunächst die Portikus beseitigte und den Zugang zum Tempel vermauerte [106]. Dann hat er wahrscheinlich seine Kathedrale bis an diese Vermauerung geführt [107] oder wiederhergestellt. Schließlich hätte er dann den Tempel abgebrochen und die südliche Begrenzungsmauer seines Atriums über den Keller hinweggezogen [108].

64 Es spricht nichts dagegen, daß das alles um 400, zur Zeit des heiligen Bischofs Severin geschehen ist [109]. Stimmt meine Deduktion, so wäre seiner Biographie durch die Archäologie ein wenig hinzugefügt, ebenso wie auch bei Carentinus. Die Grabung aber muß weitere Fakten suchen und analysieren, nicht nur um in einigen Punkten Klarheit zu schaffen, wie etwa bei der oben *{49}* geschilderten Situation, sondern vor allem über den ersten Bischofsbau, der nach meiner Überzeugung mit ziemlicher Sicherheit da gestanden hat, wo wir ihn vermuten.

[99] Weyres *{82}*, S. 99 f. = hier S. 683 f.
[100] Propyläen-Weltgeschichte IV, Berlin, Frankfurt, Wien 1963, S. 532 f.
[101] Schmitz *{67}*, S. 247 f.; Doppelfeld, in: Katalog „Römer am Rhein" *{90}*, S. 129 und Tafel 15.
[102] Über die Wiederherstellung des Herkulestempels in Ostia: H. Bloch, Ein neues inschriftliches Zeugnis der letzten Erhebung des Heidentums in Westrom, in: Das frühe Christentum im römischen Staat, hrsg. von R. Klein, Darmstadt 1971, S. 129 ff.
[103] O. Perler, Augustinus und das Todesdatum des Augustus Magnus Maximus von Trier, in: Festschrift für Alois Thomas, Trier 1967, S. 295.
[104] R. Klein, Der Streit um den Victoriaaltar, Darmstadt 1972, S. 9 f.
[105] Oediger *{4}*, S. 52.
[106] Mauern 925 und 926 (in den unteren Schichten) in Abb. 3 und 4.
[107] Mauer 933 in Abb. 1, 3 und 4.
[108] Mauer 387 in Abb. 1, 3 und 4.
[109] Oediger *{4}*, S. 26.

Legende zu Abb. 1 – 4

11 Piscine des karolingischen Baptisteriums vgl. K. Domblatt 1973, S. 75 ff. = hier S. 663 ff.
12 Umfassungsmauern der sog. Emunduskapelle; 9. Jh.
13 N 8,0 bis N 19,0; W 30,0 bis W 37,0.
18 vgl. K. Domblatt 1967, S. 28 (u. 94) = hier S. 469 f.
23 Treppe zum karolingischen Atrium.
28 Grab des Grafen Emundus; 9. Jh. N 15,0 bis N 16,0; W 32,0 bis W 35,0 vgl. Domfestschrift 1948, S. 184 ff. = hier S. 57 ff.
35 Inneres Fundament des ringförmigen Atriums, 4 Fragmente; E. 8. Jh.; Scheitel N = S; W 40,0.
40 Fundament des nördlichen Flankenturmes der karolingischen Apsis; zwei Bauphasen.
42 Äußeres Fundament des ringförmigen Atriums; zu 35.
52 Westapsis des karolingischen Domes; Scheitelpunkt etwa S 1,70; W 37,50.
63 Rest der inneren Westkryptamauern, im W gegen Mauer 52 gestoßen; 9. Jh., vgl. K. Domblatt 1967, S. 56 = hier S. 485 Abb. 18.
64 Fliesenboden der Krypta.
88 Westmauer des karolingischen Querschiffs, im Verband mit Mauer 120; N 8,0 bis N 19,6; W 32.
93 Schwelle des Nordwesteinganges zum karolingischen Dom.
100 W – O-Mauer, gegen N – S-Mauer 112 gesetzt; N 12,70; W 23,50 bis 27,0; vermutlich frühkarolingisches Querschiff; vgl. K. Domblatt 1967, S. 31 = hier S. 476 Abb. 10 – 12.
112 N – S-Mauer in den unteren Schichten im Verband mit W – O-Mauer 113; spätrömisch bzw. frühkarolingisch; W-Kante W 27,50; N 13,40 bis W 27,60; N 6,60; vgl. K. Domblatt 1967, S. 31 = hier S. 476 Abb. 10 – 12.
113 W – O-Mauer im Verband mit Mauer 112; spätrömisch; S-Kante bei N 10,60; W 23,50 bis 26,80; vgl. K. Domblatt 1967, S. 31 = hier S. 476 Abb. 10 – 12.
120 Nordmauer des karolingischen Nordquerschiffarms, im Verband mit Mauer 88; auf N 19,50.
122 Treppe zum Dormitorium, vermutlich E. 12. Jh. anstelle einer älteren.
142 Nördl. Mittelschiffmauer des karolingischen Domes im Verband mit Mauern 263 und 152; W 28,10 bis O 37,80; vgl. K. Domblatt 1971, S. 99 = hier S. 591; Pfeilerabdrücke zwischen O 5,0 und W 2,0; vgl. Karl der Große III, hrsg. v. W. Braunfels und H. Schnitzler, Düsseldorf 1965, S. 411 ff. = hier S. 443 f. und K. Domblatt 1967, S. 34 = hier S. 477 und K. Domblatt 1963, S. 109 f. = hier S. 396 ff.
148 Fundamentriegel N – S in der Apsis 52; unter dem Kryptaboden bei W 30,0 mit Abdrücken der Kryptapfeiler; vgl. K. Domblatt 1967, S. 56 = hier S. 485 Abb. 18; gehört zur ersten Phase des karolingischen Baues.
152 Ostabschlußmauer N – S der Krypta, im Verband mit Mittelschiffmauer 142; O-Kante bei W 27,50; gehört zur 2. Phase des karolingischen Domes; vgl. K. Domblatt 1971, S. 99 = hier S. 591.
177 Gräberfeld im Westatrium; nach 1000.
181 N – S Mauerfragment bei N = S bis S 2,0; W 20,0.
182 N – S-Mauerfragment bei N = S bis S 3,0; in der Flucht der Mauer 112; Westmauer der römischen Bischofskirche?
188 Ostwand des karolingischen Westquerhauses bei W 17,0; vgl. K. Domblatt 1967, S. 29 = hier S. 470.
192 N – S-Mauer, römisch, in 4 Stücken gefunden; W-Kante bei N 4,5 bis S 3,5; O 0,50.
199 Ansatz der östlichen Apsidiole des Nordquerschiffarmes, 9. Jh.
200 Absperrmauer des karolingischen Domes beim Abbruch des Ostteils 1248; O 5,0; Die Mauer setzt sich südlich der Mauer 303 fort und wird durch die Treppe 900 unterbrochen; vgl. K. Domblatt 1973, S. 87 = hier S. 674.
207 Schola cantorum, spätes 8. Jh.; von O 28,0 bis O 38,6; vgl. K. Domblatt 1971, S. 91 = hier S. 581 Abb. 6.
208/215 Bema; äußerer Durchmesser des runden Verkündigungspodiums 5,60 m; dessen Mittelpunkt bei N 1,78; O 28,60; Verbindungsgang bis zur Mauer 849 7,70 m lang; Mitte 6. Jh., vgl. K. Domblatt 1971, S. 85 = hier S. 577 Abb. 4.
210 Apsis des Oratoriums; Scheitel bei O 30,8; S 0,6; vor M. 6. Jh.; vgl. 805 und 806 und K. Domblatt 1971, S. 102 = hier S. 594.

252 Ostapsis des karolingischen Domes; Scheitelpunkt N 0,80; O 57,28; vgl. K. Domblatt 1949, S. 148= hier S. 101.

263 N – S-Mauer, Spannmauer zwischen karolingischem Schiff und östlichem Chorquadrat; bei O 37,0; die Mauer setzt sich südlich als Ostabschluß des Seitenschiffs fort. vgl. K. Domblatt 1971, S. 95=hier S. 586 Abb. 8. Über ihr liegt der Lettner 863; vgl. Kölner Jahrbuch f. Vor- und Frühgeschichte 1967/68, S. 144 ff.=hier S. 498 ff.

275 N – S-Mauerfragment in der gotischen Achsenkapelle, römisch; vgl. K. Domblatt 1949, S. 151=hier S. 107 und K. Domblatt 1970, S. 134=hier S. 568.

299 N – S-Mauerfragment in der Achsenkapelle, frührömisch; vgl. K. Domblatt 1949, S. 162=hier S. 112 und K. Domblatt 1970, S. 117=hier S. 553 Abb. 12.

301 Schnitt in der Nikolaus-Kapelle.

303 Seitenschiffmauer des karolingischen Domes, nur als Fundament erhalten; darauf der Pfeiler 393 und die Säule 902; vgl. K. Domblatt 1973, S. 88 und 91=hier S. 675 Abb. 10, 677 Abb. 12.

329 O – W-Mauer wohl zu Mauer 299 gehörig; frührömisch; vgl. K. Domblatt 1949, S. 163=hier S. 113 und K. Domblatt 1970, S. 117=hier S. 553 Abb. 12.

331 südliche Mittelschiffmauer des karolingischen Domes; im Verband mit Mauer 263; vgl. K. Domblatt 1973, S. 88=hier S. 675.

332 Ansatz der Spannmauer innerhalb der karolingischen Ostapsis 352.

343 Mauerrest mit Türschwelle; O 12,50 bis O 9,0; N 20,0; Nordmauer des ottonischen äußeren Nordseitenschiffs.

353 Nordmauer des karolingischen Nordseitenschiffs, nur bei O 13,0 bis O 9,0 und bei W 16,0 bis W 18,5 gefunden.

355 N – S-Mauer mit Schwelle bei O 33,5; S 12,0; frührömisch (?); vgl. K. Domblatt 1963, S. 119=hier S. 408 f.

369 Gotisches Fundament zwischen Pfeiler 12 b und 12 c.

370 N – S-Mauer unter dem ottonischen Seitenschiffboden bei O 20,0; gegen die karolingische Seitenschiffmauer gestoßen; vermutlich Ostmauer der karolingischen Vorhalle; vgl. 970.

371 O – W-Mauer, Südmauer der brunonischen Erweiterung; N-Kante bei S 20,0; vgl. K. Domblatt 1973, S. 91=hier S. 677.

383 Schnitt Nikolauskapelle; ältere Bezeichnung im K. Domblatt 1963, S. 116 ff.=hier S. 405 ff., heute Schnitt 901/301.

386 Maueransatz an Mauer 387, M. 6. Jh. bei O 9,0.

387 O – W-Mauer über der Verfüllung des Tempelkellers; S-Kante S 12,0; O 4,5 bis S 11,5; O 20,75; um 400; nördliche Begrenzungsmauer des frühen Atriums; im 6. Jh. wird dickere Mauer darüber gesetzt = Außenmauer der merowingischen Kirche; vgl. K. Domblatt 1963, S. 115=hier S. 404 f.; K. Domblatt 1973, S. 87=hier S. 674.

388 Zwei Böden nördlich an Mauer 387; spätrömisch und merowingisch.

391 Maueransatz in O – W-Richtung; Nord-Kante bei S 9,0; O 18,0 bis O 20,0; fluchtet mit Mauer 397; frührömisch; vgl. K. Domblatt 1963, S. 119=hier S. 408 f. (dort 397 a) und K. Domblatt 1973, S. 93= hier S. 678.

392 Mauerrest bei O 19,0; S. 9,0; überlappt Mauer 391; frührömisch.

393 Pfeiler auf der karolingischen Südseitenschiffmauer; O 12,0; brunonisch; Rest der Arkadenstellung zwischen dem karolingischen und dem brunonischen Südseitenschiff; vgl. K. Domblatt 1963, S. 110= hier S. 398 und K. Domblatt 1967, S. 37=hier S. 491; vgl. 902.

394 Plattenboden auf H 48,01; frührömisch; anschließend an Mauer 395; vgl. K. Domblatt 1963, S. 107= hier S. 394.

395 Rest der Ostmauer der Tempelcella; O-Kante von S 11,65 bis S 12,70; O 17,65; 1. Jh. Vgl. K. Domblatt 1963, S. 117=hier S. 406 und K. Domblatt 1973, S. 87 ff.=hier S. 673 ff.

396 Rest der Westmauer der römischen Tempelcella, 1. Jh.; W-Kante bei S 11,0 bis S 12,0; O 7,15; vgl. K. Domblatt 1963, S. 117=hier S. 406 und K. Domblatt 1973, S. 87 ff.=hier S. 673 ff.

397 Nordmauer der römischen Tempelcella mit zwei inneren Pfeilervorlagen; 1. Jh.; N-Kante bei S 9,0; von O 10,60 bis O 13,60; vgl. K. Domblatt 1963, S. 117 f.=hier S. 406 ff. und K. Domblatt 1973, S. 87 ff.= hier S. 673 ff.

398 Estrich südlich der Mauer 387, 4. Jh.
399 Südmauer der römischen Tempelcella; S-Kante bei S 17,0; von O 11,0 bis 13,5.
502 Piscine des Baptisteriums, erhalten und sichtbar; 1. H. 5. Jh.; Mittelpunkt bei N 3,74; O 76,88; größter Durchmesser 4,62 m; vgl. K. Domblatt 1970, S. 96 ff. = hier S. 534 ff.
512 Nordmauer des karolingischen Baptisteriums; von O 63,0 bis O 80,0 beobachtet; zugehörig 533 und 11; vgl. K. Domblatt 1970, S. 86 ff. = hier S. 526 ff.und K. Domblatt 1973, S. 75 ff. = hier S. 663 ff.
516 Fundament der Nordarkade des salischen Atriums; Nordkante bei N 15,0; O 62,0 bis O 82,0; vgl. K. Domblatt 1970, S. 85 = hier S. 525.
533 Südmauer des karolingischen Baptisteriums; von O 75,0 bis O 81,0 beobachtet; vgl. 512 und K. Domblatt 1970, S. 86 ff. = hier S. 526 ff. bzw. K. Domblatt 1973, S. 75 ff. = hier S. 663 ff.
536 Fundament der Südarkade des salischen Atriums, S-Kante bei S 12,50; O 63,0 bis O 82,5; vgl. K. Domblatt 1970, S. 85 = hier S. 525.
805 Nordmauer des Oratoriums; vor Mitte 6. Jh.; vgl. 210 und K. Domblatt 1971, S. 104 = hier S. 596.
806 Südmauer des Oratoriums, vgl. 805.
807 Westmauer des Oratoriums, vgl. 805.
808 Frauengrab innerhalb des Oratoriums; bei O 21,0 bis O 24,5; Mittelachse von S 2,20 nach S 1,60; M. 6. Jh.; vgl. K. Domblatt 1959, S. 41 ff. und K. Domblatt 1971, S. 105 = hier S. 596.
809 Knabengrab innerhalb des Oratoriums östlich an das Frauengrab anschließend; M. 6. Jh.; vgl. K. Domblatt 1960, S. 85 ff; K. Domblatt 1961/62, S. 103 ff.; K. Domblatt 1971, S. 105 = hier S. 596; Kölner Jahrbuch f. Vor- und Frühgeschichte 1967/68, S. 124 ff. = hier S. 377 ff.
817 N – S-Mauer, römisch; Ostkante von N 4,0 bis S 2,50 auf O 21,0; das Frauengrab 808 ist gegen diese Mauer gestoßen. Vgl. K. Domblatt 1963, S. 117 = hier S. 406 und K. Domblatt 1971, S. 97 = hier S. 589.
822 N – S-Mauer mit Türschwelle; W-Kante bei O 4,0; von N 2,0 bis S 2,0; fluchtet mit Mauer 925 im südl. Querhaus, Ostmauer der Bischofskirche zu Anfang des 5. Jahrhunderts (?).
841 N – S-Mauer, römisch; W-Kante W 16,40; von N 0,0 nach S 1,0.
842 N – S-Mauer, römisch; gefaßt nur in der Breite des Mittelstollens; W-Kante W 12,0.
844 Marmorboden innerhalb des gotischen Binnenchorschlusses; W-Kante bei O 44,36 von N 3,50 nach S 1,0; frühkarolingisch; vgl. K. Domblatt 1971, S. 105 f. = hier S. 597 f.; ferner das. S. 120 f. = hier S. 608 ff.
845 N – S-Mauer, römisch; W-Kante bei W 13,70.
849 Auf den römischen Atriumboden gesetze Mauer M. 6. Jh.; N 5,0 bis S 3,50; W-Kante bei O 38,70; bei N 1,30 Ansatz der Südmauer des Bemaaufganges (vgl. 208/215) vgl. K. Domblatt 1971, S. 106 = hier S. 597.
850 N – S-Mauer bei O 33,50 gegen die Südmauer des Bemaganges gestoßen; vgl. K. Domblatt 1971, S. 87 = hier S. 579.
856 O – W-Mauer nördlich neben 207; von O 31,0 bis O 36,0; frühkarolingisches Fundament für einen Ambo (?); vgl. K. Domblatt 1971, S. 107 = hier S. 598.
860 Sandsteinplatte mit Pfeileransatz bei O 40,40; von S 1,40 bis S 3,30; vielleicht zu 844 in Verbindung zu bringen; Altarschranke (?); vgl. K. Domblatt 1971, S. 107 = hier S. 599.
862 ehemaliges Fundament des gotischen Hochaltars.
863 Fundament des staufischen Ostlettners auf Mauer 263; vgl. Kölner Jahrbuch f. Vor- und Frühgeschichte 1967/8, S. 144 ff. = hier S. 498 ff.
900 Unterbau einer Treppenanlage zur Verbindung des noch in Benutzung befindlichen karolingischen Westteils des Domes mit dem gotischen Chorumgang; M. 13. Jh.; die Treppe durchbricht die Mauer 200; 9 Stufen.

KATALOG

Funde im südlichen Querschiffarm (z. Abb. 1 – 4)

Bearbeitet von Wilhelm Schneider

Vorbemerkungen:
Abkürzungen: OK = Oberkante UK = Unterkante H = Höhe Br = Breite Lg = Länge Dm = Durchmesser
Höhenangaben in Metern über N.N. (Amsterdamer Pegel) Punktangaben in der Fläche und auf dem Profil in m, bezogen auf den Dachreiter des Kölner Domes nach Soldner Koordinaten. (Beispiel: S 12,50; O 7,00 bedeutet: der Punkt liegt 12,50 m südlich einer O – W-Achse, die durch ein vom Dachreiter des Domes gefälltes Lot verläuft und 7,00 ostwärts auf der durch den Schnittpunkt rechtwinklig verlaufenden N – S-Linie.)

901 Schnitt im südlichen Querhaus
Umfaßt das Gebiet zwischen den gotischen Pfeilern C 9 nach C 10 und A 9 nach A 10 mit einer Erweiterung ins Feld 42 des gotischen Grundrisses (vgl. Gliederungsplan in Kölner Domblatt 28/29, 1968, S. 22) von S 8,00 bis S 21,00; ab W 5,00 bis O 7,00.
Es sind 230 qm Grabungsfläche im Untertagebau zwischen den Fundamenten der angegebenen Pfeiler.
Pläne: Grundriß mit dem Befund ab der gotischen Phase, Abb. 1 – 3. (Der karolingisch-ottonische Boden ist nicht dargestellt.) Hauptprofil in O – W-Richtung, Abb. 4.
Der W-Teil auf der S-Koordinate 11,00 von 12 m Lg W 5,00 bis O 7,00 wurde gegen Süden aufgemessen und daher spiegelverkehrt dargestellt.
Der Ostteil in Schnitt 301 ist auf S 12,00 angeführt, von O 7,00 bis O 21,00, 14 m lang mit Blick gegen Norden. Querprofile in N – S-Richtung bei O 1,60; S 8,00 bis S 22,70 sind angelegt von der karolingischen S-Mittelschiffmauer durch beide südl. Schiffe bis über die brunonische Schlußwand reichend (2 Abb. in Kölner Domblatt 36/37, 1973, S. 88 u. 91, Abb. 10 und 12=hier S. 675 u. 677).

902 Basis mit Säulenstumpf auf der Mauer 303
Mittelpunkt: S 14,32; O 2,36.
Fragmentarische Stütze (brunonisch) auf bodengleichem Abbruch der karolingischen Südwand. Schaft 0,58 m Dm mit 1 cm starkem, 7 cm hohem Fußring aus rotem Sandstein, 0,64 m hoch erhalten (vertikal geborsten). Die Basis steht auf einer Standplatte von 1,30 m×1,00 m, am Ostende 0,10 m hoch, Gesamthöhe 0,48 m. Der Überstand nach Westen beträgt 0,30 m. Material: gelber Sandstein, vgl. Kölner Domblatt 36/37, 1973, S. 89, Abb. 11 a und b=hier S. 676.

904 Kalk-Estrich, römisch, an Mauer 396 und an Bankett 909
Erfaßt an der Grubenkante zur karolingischen Mittelschiffmauer 331, weiter zwischen den gotischen Fundamenten 389 a und b und im brunonischen Seitenschiff mit westlichem Kantenschluß auf dem Bankett 909.
Ausdehnung in N – S-Richtung (fragmentarisch) 9,50 m, in O – W-Richtung 4,85 m von O 2,00 bis O 7,00; H 51,00 bis 51,20. Der Boden ist 0,14 m stark. Auf einer Stickung aus kleineren Steinbrocken ist ein bis 8 cm starker mit Ziegelsplitt versetzter Kalk-Estrich aufgestrichen, der nach der Verfestigung geschliffen wurde.
Boden der Tempelportikus des letzten Jahrzehnts des 4. Jhs. n. Chr., vgl. Kölner Domblatt 36/37, 1973, S. 87=hier S. 674.

905 Pfeilerabdruck, brunonisch, im Versatzmörtel auf der Mauer 303
mit starker ostwärtiger Auskerbung.
Mittelpunkt S 14,50, W 2,00, Grundfläche 1,24 m×1,15 m.

909 Bankett in N – S-Richtung, W-Fundament der spätrömischen Portikus
W-Kante (nördl. Abschluß fehlt) verläuft auf O 1,50, von S 10,60 bis S 20,00 (Abschluß unsicher).
Erhaltene Lg 9,40 m, Br bis 1,60 m, OKH 50,90, UKH 50,45.
Schüttung in einer Rinne, bestehend aus Steinbrocken in weißem, sehr hartem Kalkmörtel. Vgl. Kölner Domblatt 36/37, 1973, S. 94 ff.=hier S. 678 ff.: Bankett für die Säulenstellung der Tempelportikus des letzten Jahrzehnts des 4. Jhs. n. Chr.

910 Säulenbasis im Südteil des Bankettes 909
Mittelpunkt: S 19,30; O 2,00.
Die Basis mit 0,90 m Dm steht auf einer quadratischen Trachytplatte (Seitenlg 1,10 m, Höhe 0,12 m). Der Säulen-Dm ist 0,62 m, Höhe der Basis 0,18 m. Sicherlich zweimal verwendet, ist sie stark nach Norden abgesunken und im Oberlager erneut horizontal geschliffen worden. Nach N und S sind durch den Wulst 0,10 m breite rechteckige Auskerbungen angebracht (vgl. Kölner Domblatt 36/37, 1973, S. 93 ff. und Abb. 13 = hier S. 679).

911 Suchschnitt südlich der Südschiffswand 371 im Januar 1971
S 21,50 bis S 22,80; W 0,60 bis O 2,00 ungef.
Auf einer Grundfläche von 1,30 m×2,40 m wurde an der S-Seite der Schiffswand die Gründungstiefe dieser Mauer aus statischen Gründen verfolgt. Auf der N-Seite der Mauer ist das nicht möglich gewesen, weil die römische Mauer 920 die Situation verdeckt.

915/916 Mauer in O – W-Richtung mit winkligem Verband nach Süden
Nordkante bei S 21,85 in Schnittbreite 911.
Lg min. 2,70 m, Br 0,62 m, OKH 51,50; UKH 50,90.
Grobes Mischmauerwerk unter Verwendung von weißem Mörtel. Der Verlauf der Mauer ist gegenüber den anderen im Umkreis von NW nach SO. Der 1,00 m breite Winkel ist nicht zu verfolgen.

918 Hofboden aus Steinplattenresten südlich der Mauer 371
Von W – O bis O 2,00 gegen die Außenwand, H 53,80; 0,12 m stark (nicht gezeichnet).

919 Mauer N – S auf einer rd. 2,80 m hohen Schuttauffüllung nördlich der Mauer 920
O-Kante O 1,00, erfaßte Lg 1,20 m; Br 0,28 m; OKH 50,70; UKH 50,45.
Sie besteht aus drei Lagen römischer Dachziegel und wurde an der O-Kante eines kleinen Schnittes nördlich der Mauer 920 freigelegt; sie fußt mit dem S-Ende auf dem fasenartigen Rücksprung des Wandputzes der Mauer 920.

920 Mauer in O – W-Richtung, römisch, nördlich von und teils unter Mauer 371
N-Kante in kleinem Schnitt erfaßt bei S 19,60; von W 0,60 bis O 1,50; OKH 51,10; UKH 47,90.
Es ist ein 0,85 m breites Mauerwerk, dessen N-Front freigelegt ist. Bis heute sichtbar ist ein 2,30 m langes Stück, 3,20 m hoch.
Die Mauer gliedert sich in:
1. Fundament 0,27 m hoch, 0,08 m Vorsprung, bestehend aus drei Lagen Grauwacke-Handsteinen.
2. aufgehendes Mauerwerk, zimmerhoch aus Grauwacke mit zweischichtigem Innenputz und Putzfase für den Deckenansatz.
3. Unverputztes Mauerwerk für ein oberes Geschoß, bestehend aus sieben Lagen handformatiger Quader aus Grauwacke in weißem Kalkmörtel; Höhe über dem Putzrücksprung 0,68 m.

Die Zimmerhöhe vom Bodenansatz unter dem Sockel bis zur Schnittkante für die Decke beträgt 2,15 m. Der Sockel ist 0,50 m hoch, wie die ganze Wandfläche geschliffen und mit dunkelroter Farbe deckend bemalt. Darauf sind bunte Farbtupfer und -spritzer, als Marmor-Imitation. Der Sockel schließt mit weißem und breitem schwarzem Band ab. Darauf stehen 1,43 m hohe, kreidefarbene, gesäumte, gelbverschmutzte Felder, die vertikal durch braune Bänder, die auf dem Sockel aufsitzen, getrennt werden. Die weiteren Untersuchungen wurden aus statischen Gründen zurückgestellt.
Vgl. Kölner Domblatt 36/37, 1973, S. 95 = hier S. 679 f.

921 Brunnen, römisch, unter dem Boden 904
Mittelpunkt: S 10,88; O 3,40
OKH 50,46; UKH (Sohle) 36,80
Beschreibung und Befund in diesem Beitrag des Kölner Domblattes = hier S. 706 ff.

922 Lehm-Estrich zu Mauer 920
in H 48,22 (nicht gezeichnet).

925/926 Mauern in N–S-Richtung in Verband mit der Mauer 387 auf dem Boden 904
W-Kante O 4,00; fragm. erhalten von S 10,50 bis S 13,30; OKH 51,78; UKH 51,10
Die Mauern haben zwei Phasen und sind von unterschiedlicher Breite und Mauertechnik. Auf der S-Seite des liegenden „T" wurden drei Lagen Grauwacke-Handsteine, sich im Winkel nach 387 fortsetzend, aufgenommen. Die Unterkante konnte nicht gefaßt werden. Darüber folgen im Mauerwerk grobe Steinlagen aus wiederverwendeten Tuffsteinen, vergleichbar in Art und Material der Mauer 387.

Vgl. Kölner Domblatt 36/37, 1973, S. 87=hier S. 674; der dort gezeichnete Befund muß korrigiert werden. Bei 926, der südlichen Fortsetzung von Mauer 925, ist die Deutung dieser vermutlich um 400 n. Chr. entstandenen Situation noch unklar.

927 Kalk-Estrich, römisch, westlich und südlich des Brunnenrandes 921

Erfaßt an der karolingischen Baugrube zur Mittelschiff-Mauer bei S 11,00 ungef., etwa O 1,70 zwischen Mauer 930 und 931; H 50,40.

Stickungsloser, 0,10 m starker Kalk-Estrich mit Ziegelsplittzusätzen. Auf schlechter Gründung ist der Boden gegen einen Kanal über der Mauer 930 geführt und verläuft weiter nach Westen gegen die Mauer 931. Die Zone ist durch die spätere Bebauung stark zerschlagen. Tiefe Raubgruben stören die Bauzusammenhänge.

928 Estrichboden, römisch, frühestes Niveau im Grabungsbereich

Verfolgt von W 3,0 bis O 2,5; H 48,04 steigend bis H 48,26; bei drei kleineren Untersuchungen auf der Koordinate S 11,0 ist er 5,50 m weit ohne Abgrenzungen als stickungsloser, sehr fester Kalkestrich mit Ziegelsplittzusätzen angetroffen worden. Bodenstärke etwa 0,12 m, darauf aufgefunden wurden vielfach noch zusammenhängende Wandputzreste, pompejanisch rot bemalt mit rückseitigen Flechtwerk-Abdrücken.

Die Höhe entspricht dem Lehmestrich 922, der an Mauer 920 gefunden worden ist. (vgl. Kölner Domblatt 36/37, 1973, S. 87=hier S. 674.) Auf gleicher Höhe liegt auch der Ziegelplattenboden 394 vor der Mauer 395 (vgl. Kölner Domblatt 21/22, 1963, S. 117=hier S. 406).

929 Trachytplatte, römisch, auf dem Bankett 909

N-Kante bei S 10,75; von O 1,34 bis O 2,52.

Die Platte ist 1,18 m lg, 0,16 m stark; sie liegt auf der nördlichen Abbruchkante des Bankettes. Die Breite ist nicht erfaßt, weil die Mauer 933 darüber hinweg verläuft.

Auf der freiliegenden Fläche ist ein mondsichelförmiger Mörtelabdruck bis 6 cm Stärke und über 0,40 m Dm. Östlich ist der Boden 904 teilweise darüber gestrichen.

Vgl. Kölner Domblatt 36/37, 1973, S. 95=hier S. 681.

930 Mauer in N – S-Richtung, römisch, mit Spuren eines Kanals, dazu Boden 927

W-Kante bei O 1,10; S 10,0 bis 11,20; OKH 50,14, UKH 49,43.

Von dem Fragment sind 1,20 m freigelegt, die Br beträgt 0,50 m. Ohne erkennbare Baugrube ist das aus Grauwacke-Handsteinen errichtete Mauerwerk in die Schuttauffüllung gesetzt worden (vgl. 919). Auf der Mauerkrone ist ein Kanal aus Dachziegeln gemauert. Zur Zeit des Bankettbaues 909 wurde sie abgeräumt, wobei dann der Kanalverlauf und die Bodenansätze von 927 verlorengingen. Die Mauer hat eine starke Neigung nach Osten.

931 Mauer N – S, römisch, parallel zur Mauer 930 mit Boden 932 nach W

O-Kante von S 9,90; W 1,20 nach S 13,50; W 1,30; OKH 50,74; UKH 49,54.

Die Grauwacke-Mauer ist 1,20 m hoch erhalten, davon sind 0,50 m leicht vorspringendes Fundament. Ab Höhe der Bodenanschlüsse 927 (?) und 932 ist sie mit Wandputz versehen. Über dem Fragment ist eine große Raubgrube.

932 Estrichboden an der Westseite der Mauer 931

Bei S 11,0; von W 1,60 bis W 5,0; H 50,40.

Der helle Kalk-Estrich ist mitsamt seiner Stickung aus faustgroßen Steinen 0,12 m stark. Er ist an den Verputz der Westseite angekehlt. Weiter westlich ist die Oberfläche stark eingedrückt und durch eine spätere Bebauung und feine Kiesschichten bedeckt oder zertrümmert.

933 Mauer in O – W-Richtung gegen Mauer 925 gesetzt, römisch

S-Kante bei S 12,36; O 4,0 bis S 12,40; W 5,0; OKH bis 51,80; UKH 51,10.

Erhaltene Lg 9 m, im Westen abgebrochen, Ges. Br 1,20 m.

Es ist teilweise nur eine Lage aufgehendes Mauerwerk über dem Fundament sichtbar. An der S-Seite ist ein Sockelsprung von 0,20 m. Die N-Seite ist durch die weit ausladende, karolingische Baugrube bis auf eine oder zwei meist dicke Bruchsteinschichten abgeschrotet.

Die Mauer endet an der Quermauer 925/926 im Osten.

Vermutlich südliche Kirchenmauer aus dem Ende des 4. oder dem Anfang des 5. Jhs. n. Chr.; vgl. Kölner Domblatt 36/37, 1973, S. 98=hier S. 682 f.

Das Mischmauerwerk ist auf eine 0,20 m starke, horizontal ausgleichende Schuttschicht gelegt. Es erstreckt sich über dem Raum mit dem Boden 904 und dem ungeklärten Mauerwerk 936.

934 Estrichboden, römisch, westlich des Bankettes 909
H 50,95.
Wegen der Überbauung von oben nicht freigelegt. Die Beobachtung beschränkt sich auf das O – W-Profil bei O 0,90, westlich davon ist eine Störung bis W 3,30. Der Boden schließt an das Bankett 909 nach Westen an. Einen Zusammenhang mit Boden 938 am W-Ende der Grabung kann man vermuten, zur Klärung müßte die Mauer 933 abgebrochen werden. Vgl. Kölner Domblatt 36/37, 1973, S. 98 ff. = hier S. 682 ff.; Befestigung eines Tempelvorplatzes (?), in etwa der Höhenlage des Portikusbodens 904 entsprechend.

936 Mauerwerk aus großen Quadern mit schrägverlaufendem Kanal, römisch
Auf der Fläche S 10,50 bis S 12,60, von W 2,0 bis W 5,0 (Grabungsgrenze in der gotischen Fundamentgrube) OKH 51,10; UKH 50,70.
Ungeklärte Lage großer Tuff- und Trachytsteine in weißem Mörtel verlegt, die sich gegen Osten in der Baugrube zur Mauer 303 verlieren. Eine eingearbeitete Rinne ist mit rosafarbigem Mörtel ausgestrichen. Erfaßte Rinnenlg. 7,0 m.

938 Estrich, teils mit Plattenabdrücken auf dem Mauerwerk 936
H 51,10
Vielleicht zu Boden 934 gehörend (vgl. Pos. 934)

970 Mauer N – S unter dem ottonischen Boden
Bei W 3,0 an karolingische Seitenschiffwand 303 gestoßen; wohl W-Mauer der karolingischen Süd-Vorhalle, im Zusammenhang mit Mauer 370 zu sehen.

999 Reihenfundament, gotisch, der Pfeiler A, B u. C 9
Westliche Grabungsgrenze im südlichen Querhaus bei W 5,0.

C. Ein römischer Brunnen

Ergraben unter dem südlichen Querhaus des Kölner Domes. Arbeitsbericht mit Fragen zur Zeitstellung der Bebauung auf dem „Domhügel" *

von Wilhelm Schneider

Selten gelingt es bei der archäologischen Stadtkernforschung, Erdprofile aufzunehmen, deren Schichten vom gewachsenen Boden ausgehend bis zum heutigen Zustand ungestört zu verfolgen sind. Meist fehlen letztlich gute Leitfunde in der übereinanderfolgenden Bebauung, die einer Datierung dienen könnten.

In unserem Grabungsbereich, der Nordost-Ecke der römischen Stadt zwischen der Flußaue und der im Westen ansteigenden Niederterrasse, ist es nicht anders. Niveau-Absenkungen zu allen Zeiten, besonders im letzten Jahrhundert, reichen vielfach bis in die römischen Bauphasen hinein, die oft direkt unter dem Straßenpflaster aufgefunden werden.

Das wurde leider auch bei den Voruntersuchungen und Notgrabungen um den Kölner Dom, die wegen der geplanten Arbeiten an U-Bahn, Terrassenausbau und Tiefgaragen nötig wurden, wieder bestätigt.

Nahezu ideal für eine Erdprofil-Aufnahme scheint der Standort des Domes zu sein, der in seinen mächtigen Mauern unter dem Boden des 19. Jahrhunderts alle Kulturschichten bewahrt hat. Aber hier zerstören gotische und karolingische Fundamente mit weit ausladenden Baugruben bis in die

* Für freundliche Unterstützung, besonders bei der Bestimmung und Datierung des Fundmaterials, danke ich Herrn Prof. Dr. Doppelfeld, Köln, und Prof. Dr. Weyres als Leiter der Grabung. Herrn Dr. Wolfgang Binsfeld, Trier, verdanke ich manche Anregung.

Kiesschichten hinunter örtliche Bauzusammenhänge, und das Abgraben der Kulturschichten bis in größere Tiefe muß daher aus statischen Gründen auf wenige Plätze beschränkt bleiben.
Durch die planmäßige Grabungsvermessung und die Aufnahme der Schichtprofile wurde die kontinuierliche Bebauung des Domhügels seit längerer Zeit von O. Doppelfeld und W. Weyres nachgewiesen [1].
Schon bei den Untersuchungen in der Dreikönigenkapelle im Jahre 1947 gelang es O. Doppelfeld mit einem Schnitt durch alle Kulturschichten innerhalb des beinahe ringförmigen Fundaments, ein Leitprofil vorzulegen.
Bei unseren Grabungen unter dem gotischen Hochchor wurde aufgedeckt, daß bereits hier auf höherem Niveau als dem der Flußaue römische Mauern vorhanden waren, wo eigentlich der Übergang von den Uferbauten zu den Bauten auf der Niederterrasse im allgemeinen achtzig Meter weiter westlich zu suchen ist. Auf einer in die Flußaue vorgeschobenen Halde aus gekipptem Lehm mit Bauschutt setzte sie ein. Sie war mit einem äußerst festen, stickungslosen Estrich abgedeckt. Am nicht fixierten Ostende dieser Schüttung wurden die Taufanlagen nachgewiesen.
Bei den Untersuchungen im südlichen Querhaus des Domes wurde außerhalb der weiten karolingischen Baugruben dieselbe Schüttung erfaßt, darüber Bodenspuren ähnlich wie im Hochchor. Lehmschicht und Boden umgeben im erfaßten Bereich auch die Tempelreste, die vor der Terrassenkante stehen. Die Terrassenkante muß hier also noch weiter westlich liegen.
Zwischen Terrassenkante und Tempel, drei Meter von der Westwand der Cella, wurde ein Brunnen aufgefunden, der durch die Schüttung gegraben war. Er war mit Bauschutt verfüllt und über ihn erstreckte sich auf einem höheren Niveau ein gewesteter Tempelvorhof.
Hier bestand die Aussicht, anstelle der schwierigen Tiefgrabungen (wenn man ein geschlossenes Großprofil haben will), durch die Feststellung der Bau- und Gebrauchszeit des Brunnens und die Aussage der Funde aus der späteren Verfüllung, archäologische Daten zu erhalten. Könnte man Bau- und Gebrauchszeit bestimmen, wäre die Erweiterungsphase der Terrasse zeitlich einzugrenzen. Funde aus der Verfüllung müßten Auskunft über den Beginn der römischen Spätbebauung, besonders über den westlichen Tempelvorhof, geben.
Sucht man einen Grund, warum von einer neuen Geländehöhe aus ein Brunnen in große Tiefe geschlagen wurde, könnte man an die von dieser Höhe aus nicht mehr erreichbare oder intakte Wasserleitung denken. Eindeutiges zur Plazierung und zum Zweck der Anlage an dieser Stelle ist bei dem Grabungszustand noch nicht zu sagen.
Diese und technische Überlegungen, die dem Freilegen des Brunnens vorausgingen, überwogen die Bedenken gegen die schwierige Arbeit, die bei Kunstlicht in einem kellerartigen Raum durchgeführt werden mußte.

Brunnen in Schnitt 901; Katalog Nr. 921 (Abb. 3 – 6)

Lage: Mittelpunkt in O 3,40; S 10,88
OKH 50,46; UKH (letzte Steinlage) 38,35; (Kies) 37,00, zwischen den Mauern 303 und 331 des karolingischen Südseitenschiffs unter Estrich 924, dem Boden der Westportikus.
Der Nordrand ist durch eine karolingische Baugrube angeschnitten. Der Brunnen ist mit Bauschutt verfüllt.
Zylinderförmiger Körper, Innen-Dm 1,25 m, aus Tuffbogensteinen 0,25 bis 0,45 m lg, 0,12 m st. in horizontalen Lagen von 0,18 bis 0,45 m Höhe.
Die höchste erhaltene Lage, 0,45 m hoch, ist trichterförmig ausgestellt und mit einer dünnen Estrichschicht abgedeckt. Ein ebenerdiger Aufbau fehlt, die Abdeckung ist eine schwarze erdige

[1] Kölner Domblatt 1948 bis 1973 in 32 Folgen.

Schicht; exakte Steinsetzung auf Messerfugen; Balkenkranz als Brunnenfassung 1,25 m Dm gesehen oder ertastet: 8 bis 10 Balken, Querschnitt 17×7 und 18×8 cm, erh. Lg 1,10 – 1,30 m; bis Unterkante Stein der letzten Lage 1,65 m lg; geborgene Stücke bis 0,80 m lg, mit Brettzapfen, untere Enden spitzwinklig nach außen abgeschrägt.

Der Kranz steht in feinem Kies. Der Boden ist muldenförmig ausgehoben und mit Kieselsteinen, bis in Kinderkopfgröße, aufgefüllt.

Wasserstand im ausgeleerten Brunnen am 6. Sept. 74 = H 36,94 bei Wasserstand des Rheines von H 37,23 über Amsterdamer Pegel.

Die Baugrube wurde an der Westseite erfaßt; sehr eng, 0,18 bis 0,20 m breit, verfolgt bis H 47,80, (Suchschnitt eingestellt) mit sandiger, lehmiger Erde fest verfüllt.

Bergung

Im Dezember 1973 ist über dem Brunnen der Teil des Bodens der römischen Tempelportikus und die darunter folgende Schuttschicht entfernt worden.

Der Aushub begann mit der humosen Abdeckung, der eine größere Probe entnommen wurde (Holzspuren von der Abdeckung?).

Dann mußte der südliche Brunnenrand gegen das auf dem Boden stehende Mauerwerk der späteren Bebauung mit einem Schutzdach versehen und der Brunnenrand dazu durch einen verriegelten Balkenrahmen gesichert werden.

Die Schuttfüllung wurde nach Steinlagen ausgehoben; die Funde ausgesiebt und getrennt verpackt. Die Ringhöhen dienten als Maßband und Katalognummern.

Beim Ausheben ab Kopfhöhe trug der Ausgräber einen Sicherheits- und Rettungsgurt, der mit einer Rettungsleine aus Perlonmaterial versehen war. Das Seil lief über eine feste Rolle am Aufzugsgalgen.

Ein kleiner Bauaufzug und eine steckbare Leichtmetall-Schiebeleiter bis maximal zwölf Meter Auszug waren die notwendigen Geräte, um mit Schaufeln und Eimern der mühsamen Arbeit nachzukommen.

Täglich wurde die Luft im Brunnen vor Arbeitsbeginn überprüft. Einer der Ausgräber stieg ein und grub aus, die beiden anderen bargen den Aushub. Die Baustelle war so eingerichtet, daß der Arbeitsvorgang im Brunnen im Blickfeld lag.

Im abwechselnden Turnus konnten bis Februar 1974 siebenunddreißig Ringschichten freigelegt werden, bis H 41,0 über NN, das sind vierzehn Meter unter dem gotischen Domfußboden. Einige Ringe waren hier an einer Seite brüchig, so daß in dieser Höhe eine Innenmanschette aus armiertem Beton, 0,10 m stark und 1,50 m hoch, gegossen wurde. Sie übernahm die zusätzliche Sicherung der Wandung des Brunnens. Nach der Verfestigungszeit konnte das Abgraben fortgesetzt werden, bis man im 44. Ring, in H 38,70, das Grundwasser erreichte. Der Rhein führte Hochwasser in H 39,65 über NN. Nach der technischen Aufnahme mußte der Brunnen geschlossen werden, bis das Hochwasser zurückging.

Inzwischen waren mit der Ringzahl 44 ebenso viele Säckchen mit Kleinfunden und Scherben gefüllt, über zweihundert Kleinerze waren zutage gekommen. Die Verfüllung war gleichbleibend Bauschutt in lehmiger, brauner Erde.

Bis Mitte Juni fiel der Wasserstand um mehr als zwei Meter, und so konnte im Brunnen die Arbeit fortgesetzt werden. Mit dem 45. Ring, in H 38,35, schloß die Steinsetzung ab. Die Brunnensohle konnte nicht mehr viel tiefer liegen, die Verfüllung war aber noch unverändert. Dennoch wurde von nun an jedem Eimer horizontal geschürften Aushubs eine Erdprobe entnommen. Der Versuch, ein Profil der unteren Schichten anzulegen, schlug fehl. Es war zu schlammig, die lehmige Erde völ-

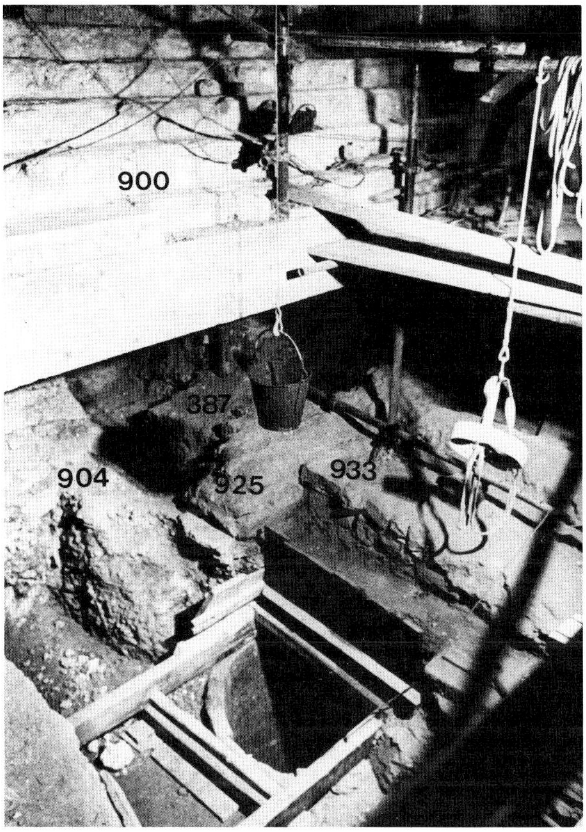

Abb. 5. Kopfende des römischen Brunnens. Darüber die gotische Treppe 900. Rechts die spätrömische Mauer 933.

Abb. 6. Blick in den römischen Brunnen.

lig verschmiert. Durch einen Probenvergleich soll die letzte Sinkschicht der Gebrauchszeit isoliert werden, indem man sie einer botanischen Untersuchung unterzieht.

Dann brach das Wasser erneut knöcheltief ein. Der allgemein übliche Holzrahmen als Brunnenfassung in der Kieszone fehlte scheinbar, oder er war verwittert. So mußte als Sicherung des unbefestigten Bereiches ein eisernes Rohrstück von zwei Meter Länge eingebracht werden. Mit 1,20 m Durchmesser entsprach es dem Brunnenmaß. Es wurde halbiert, mit Spannschlössern versehen in den Brunnen hinabgelassen und auf der erreichten Sohle wieder zusammengefügt. Mit 280 kg Eigengewicht drückte die Röhre beim weiteren Abgraben nach und gewährte den Ausgräbern optimalen Schutz. Nachteilig war, daß man die Schichtungen unter der Steinsetzung nicht mehr verfolgen konnte.

Dennoch wurde der Balkenkranz der Brunnenfassung ertastet. Die Köpfe der Balken waren abgewittert, beim Bergen brachen sie im Grund ab.

Später wurde im beruhigten, klaren Wasser, vor dem Nachrücken des Sicherungsrohres, der Holzkranz aus starken Balken sichtbar. Die Balken standen auf dem feinen Kies, mit Brettern untereinander verzapft, an den Füßen nach außen zugespitzt. Die muldenförmige Vertiefung der Quelle war mit faust- bis kinderkopfgroßen Kieselsteinen ausgelegt, die die Wirbelung des Sandes verhinderten. Die letzten Funde wurden im klaren Wasser zwischen den Steinen herausgesucht und noch einige Erdproben entnommen.

Am 9. September 1974 war das Unternehmen unter Tage beendet und der Brunnen mit einer vorläufigen Abdeckung versehen.

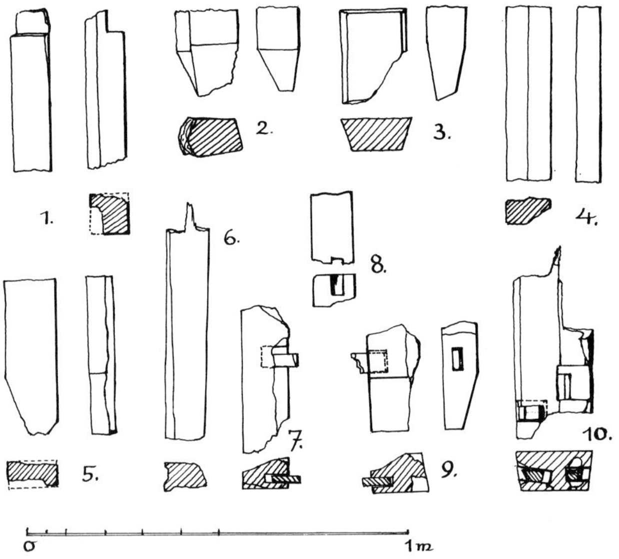

Abb. 7. Holzreste von der Quellfassung des römischen Brunnens. – Maßstab 1 : 20.

Bau- und Nutzungszeit

Zur Datierung des Brunnens wurde die hölzerne Quellenfassung herangezogen. Nachdem anfänglich zwei Fragmente geborgen waren, konnte Herr Ernst Hollstein vom Landesmuseum Trier sie dendrochronologisch auf 265 n. Chr. datieren. Bis Ende August wurden die in der nachfolgenden Liste aufgeführten und in Abbildung 19 gezeichneten Balkenfragmente aus der Brunnenspundung herausgezogen und auch zur Untersuchung in seine Hände gelegt. Mit besonderem Dank sei vermerkt, daß diese auch zeitraubende Arbeit baldigst erledigt wurde, so daß sein Ergebnis vorliegt.
Bei der zweiten Überprüfung der Hölzer bestätigte sich der Verdacht, daß sich an ihnen Bearbeitungsspuren befänden, die nicht mit der Brunnenbautechnik in Einklang zu bringen waren. Festgestellter Wurmbefall machte eindeutig, daß sie in zweiter Verwendung waren.

Liste der Fragmente aus Eichenholz mit Skizzen in Ansichten und Schnitten
Abb. 4 und 7

Maßangaben in cm
Die Bearbeitung der Stämme erfolgte durch Reißen, Sprengen, Sägen, Beilen und Stemmen.

1. Balken 10× 8,5×42 cm lg,
2. Balken 17×11 ×22 cm lg, ein Ende allseitig zugespitzt
3. Balken 16×10 ×25 cm lg, trapezoider Querschnitt, gegenseitig angespitzt
4. Balken 12× 6 ×43 cm lg,
5. Balken 14× 7 ×44 cm lg, eine Schmalseite zugespitzt
6. Balken 12× 7 ×61 cm lg,
7. Balken 12×10 ×38 cm lg, mit Nute und Zapfenrest
8. Balken 11× 9 ×21 cm lg, mit Nute
9. Balken 14×10 ×28 cm lg, leicht konischer Querschnitt mit Nute und passendem Zapfenfragment
10. Balken 20×10 ×50 cm lg, konischer Querschnitt mit in Höhe und im Winkel versetzten Nuten
11. Bruchstücke von Balken 13×13 cm im Querschnitt und Brettreste in Abmessungen der Zapfen (nicht gezeichnet).

Die Hölzer fallen für die genaue Datierung der Bauzeit aus [2], dagegen sind Parallelen anzuführen, die durch Gleichheit des verwendeten Materials, der Ausführung und der Abmessungen, eine dazu noch datiert, bestechen.
Wenn man von dem faßförmigen, in den Feinkies gesetzten Balkenkranz absieht, ist es einmal der beim Erweitern der Zeche Zukunft-Weisweiler gefundene Brunnen. Die Holzkränze wurden vermessen und decken sich mit dem Befund der Domgrabung. Leider wurde die Schachtung nicht beobachtet, auch eine Steinsetzung „nur" bemerkt. Seine Zeitstellung ist Ende 4. Jh. n. Chr. [3]. Abb. 4 Schnittbild 901/301, südl. Querhaus.
Zu vergleichen ist auch der 110 m westlich und 10 m nach Norden, beim Bau der Tiefgarage freigelegte Brunnen. Bei den gekrümmten, hohen Tuffquadern bestach das besonders schlanke Maß von 0,10 m Dicke, das auch beim Brunnen 921 auffällt. Zunächst mußte darauf verzichtet werden, den unteren Bereich abzugraben, um eine Datierung zu erreichen. Jedoch kann man aus der Art seiner Anlage im Schichtprofil so viel sagen, daß der Brunnen aus dem 4. Jh. n. Chr. stammt [4].
Die aufgeführten Brunnen haben die gleichen Innen- und Außendurchmesser. Auf die Möglichkeit einer Normung, wie aus Schachtabmessungen schon früher geschlossen wurde, sei nur hingewiesen [5]. Ein Brunnen als Beispiel anderer Technik in der Quellenfassung in Form eines durch Holzbohlen verriegelten Kastens, stammt aus dem Landkreis Köln. Er soll stellvertretend sein für gleichartige Befunde, die bis 200 n. Chr. datiert werden [6], vgl. Abb. 4.

Die Funde

Nun galt es auf andere Weise die Gebrauchszeit festzulegen. Dazu fanden sich zwischen den faustgroßen Kieselsteinen im feinen sandigen Kies vier hochglänzende Bronzemünzen, „moorpatiniert". Die darüber folgenden, etwa zwanzig Stück, stammen aus dem leicht dunkel verfärbten Kies. Sie haben eine helle, frischgrüne Patina. In der nachfolgenden, ersten vorläufigen Betrachtung der über 200 Fundmünzen, die Herr G. Biegel vom Münzkabinett der Hist. Museen, Köln, zur Publikation vorbereitet, sind die ersten von 341 – 346, die letzten um 350 nach Chr. datiert [7].
Von der Keramik auf der Kieslage sind nach Material gruppiert in Zeichnungen aufgeführt:

I. Sigillata-Scherben Abb. 7, 8.
1. Schale mit Rundstablippe, Dragendorff 37 [8]; späteste Form mit einfacher Rollstempelverzierung; 0,26 m Dm.
2. Rand eines Tellers mit Rollstempel-Dekor in Schachbrettmuster, Gose 111 [9], 1. Hälfte 4. Jh.; 0,20 m Dm.
3. u. 4. Scherben eines (?) birnförmigen Henkelkruges, Halsstück 6 cm Dm, Wandscherbe mit Resten weißer Bemalung, Oswald-Pryce Tf. 82,9 u. 10 [10].
5. Randscherbe eines Napfes, Dragendorff 44 {8}, Alzey-Typus 5 [11], 0,18 m Dm.

[2] vgl. dazu: Ernst Hollstein, hier S. 718 ff.
[3] Oelmann, Grabungsbericht Eschweiler, in: Bonner Jb. 148, 1948, S. 384 f.
[4] RGM. Köln, Fund-Nr. 1969/1128, Brunnen; in Bearbeitung.
[5] von Petrikovits, Grabungsbericht Walsum, in: Bonner Jb. 143/144, 1944, S. 386.
[6] von Stokar, Grabungsbericht Brühl, in: Bonner Jb. 148, 1948, S. 382 f.
[7] G. Biegel hier S. 721.
[8] H. Dragendorff, Terra sigillata, in: Bonner Jb. 96, 1895, S. 18 ff.
[9] Gose, Der gallorömische Tempelbezirk im Altbachtal zu Trier. Mainz 1972.
[10] F. Oswald, D. Pryce, An introduction to the study of Terra Sigillata. London 1920.
[11] W. Unverzagt, Materialien zur römisch-germanischen Keramik, II. Die Keramik des Kastells Alzey. Frankfurt/Main 1916.

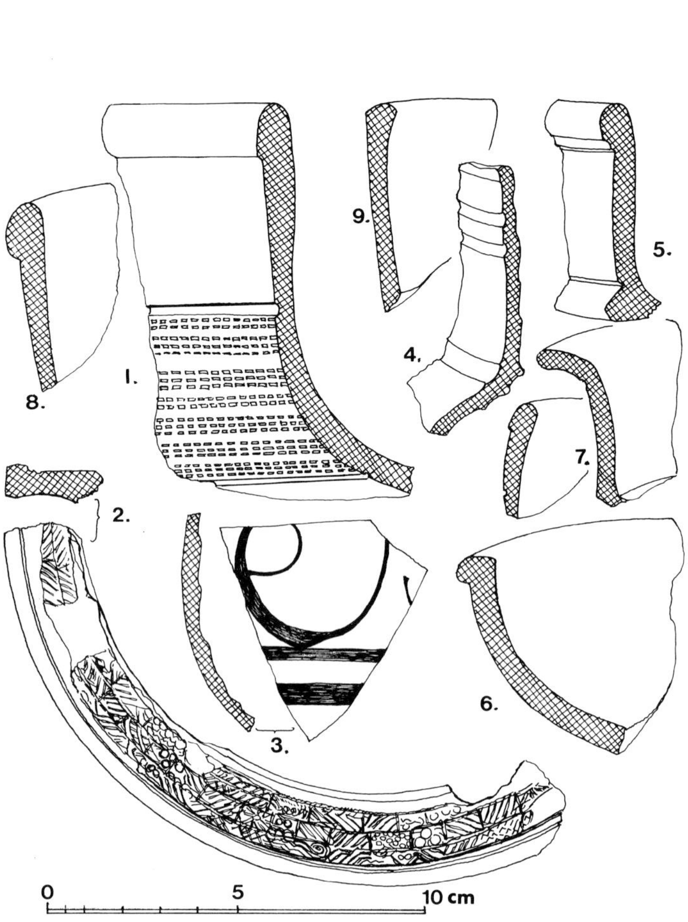

Abb. 8. Sigillatascherben von der Brunnensohle. – Maßstab 1 : 2.

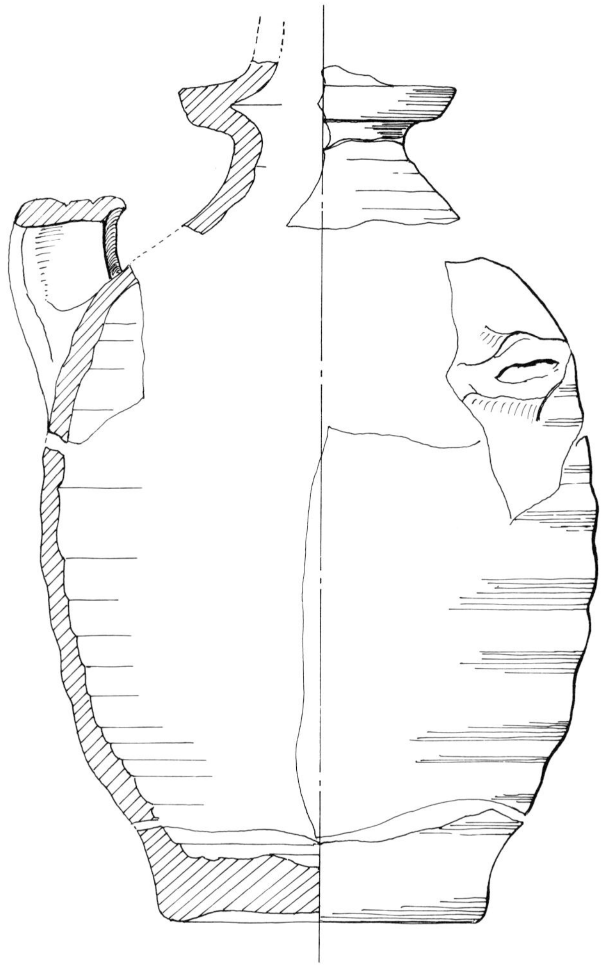

Abb. 9. Glasierte Kanne von der Brunnensohle. – Maßstab 1 : 2.

6. Randscherbe eines Napfes mit glatter, stark verwitterter Wandung, wohl Gose 20, (Altbachtal 2, Tf. 30,4) [12].
7. Randscherbe eines Täßchens mit ausladender Lippe, ähnlich Dragendorff 46 [8], aber mit glattem Rand; 0,12 m Dm.
8. Glatte Randscherbe, Dragendorff 37 {8} 37; 0,26 m Dm.
9. Randscherbe eines hohen Gefäßes mit steilem Rand von Kragenschüssel (?); 0,28 m Dm.
II. Glasierte Ware Abb. 9
Scherben eines doppelhenkligen Kruges aus ziegelfarbigem Ton mit kräftigem, grünem Glasurüberzug.
Höhe etwa 0,25 m, 0,14 m Dm (rekonstruiert) [13].
III. Rauhwandig-tongrundiges Geschirr Abb. 10
Scherben von acht Kannen und vier Schüsseln, von denen sich beim Katalogisieren fünf Kannen zusammensetzen ließen. Sie sind sicher beim Füllen über den Brunnenrand gestoßen worden.
Drei einhenklige Krüge mit eingekniffenen Schnauzen, zwei aus rottoniger, die dritte aus graugel-

[12] Gose, Tempelbezirk {9}.
[13] R. Pirling, Das römisch-fränkische Gräberfeld von Krefeld-Gellep I, Berlin 1966, Typentafel 1; 10; Grab 868.

Abb. 10. Tongrundige Kannen von der Brunnensohle. Maßstab 1 : 5.

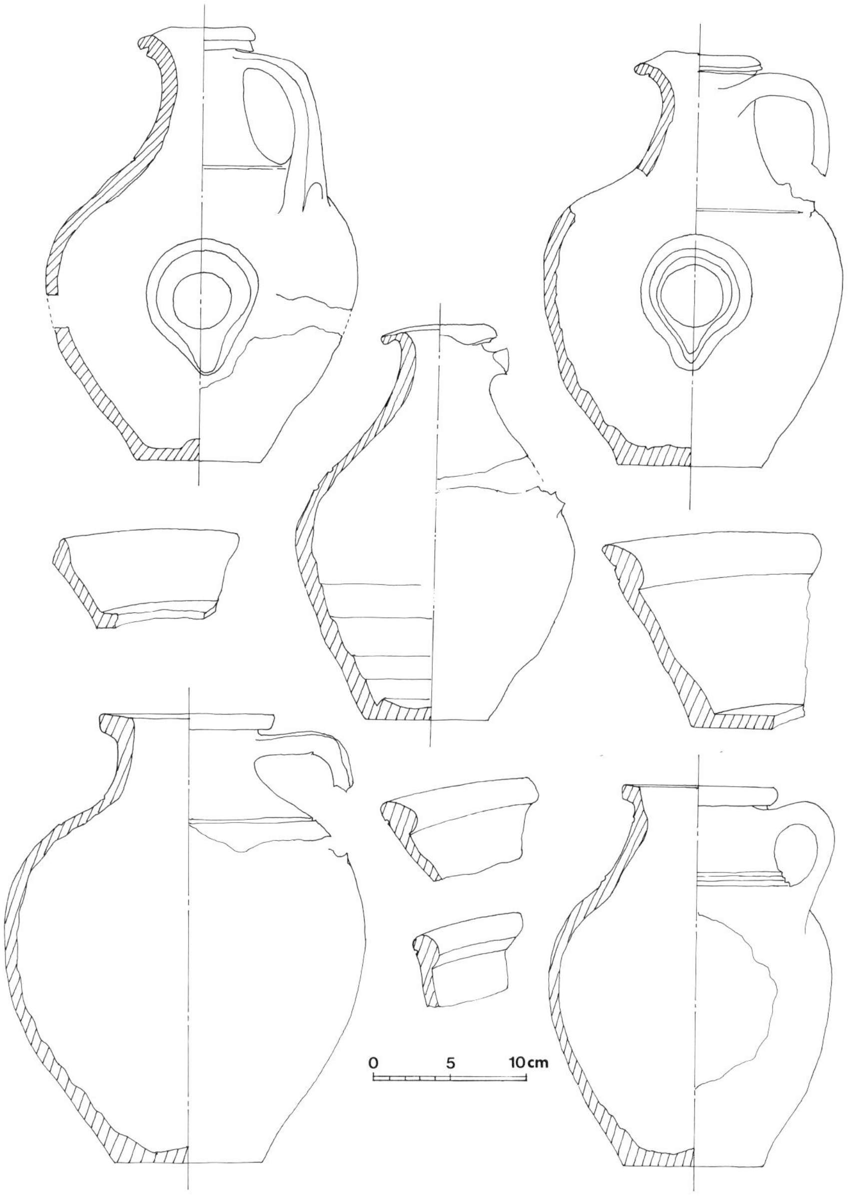

ber Keramik; zwei weithalsige Kannen mit umgeschlagenen Rändern, eine aus weißgelber Keramik, die zweite ist auf der Oberfläche braunledrig.
Randscherben von Näpfen mit nach innen verdickten und geknickten Wulsträndern, Keramikfarbe von Gelb nach Ocker, wohl Speicherer Ware, Altbachtal, Tf. 2,30/10 [14] und R. Pirling [15].
IV. Aus weißtoniger Ware, (nicht abgebildet), wurden einige Wandscherben bauchiger Krüge, braun gebändert, gefunden.
Aus Bronze fanden sich folgende Geräte, Abb. 11
1. Ein bodenloses Schüsselchen (?). – 2. Ein Löffel mit gedrehtem Griff und 3. ein mit Blei gefülltes Gewicht in Form eines Glöckchens, 24,3 g schwer. Da das Blei von unten angebohrt ist, dürfte es sich ursprünglich um eine römische uncia (1/12 libra) = 27,288 g handeln.

[14] Gose, Tempelbezirk, {9}.
[15] Pirling, Gräberfeld {13}.

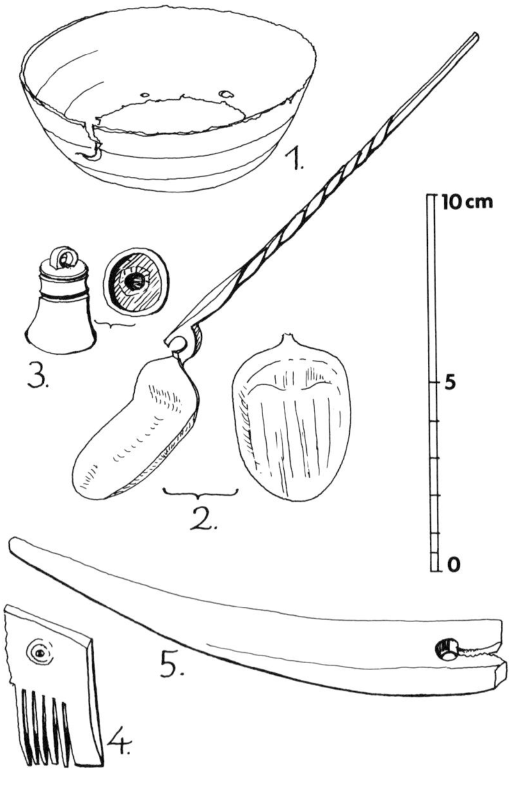

Abb. 11. Bronze- und Beinfunde von der Brunnensohle. – Maßstab 1 : 2.

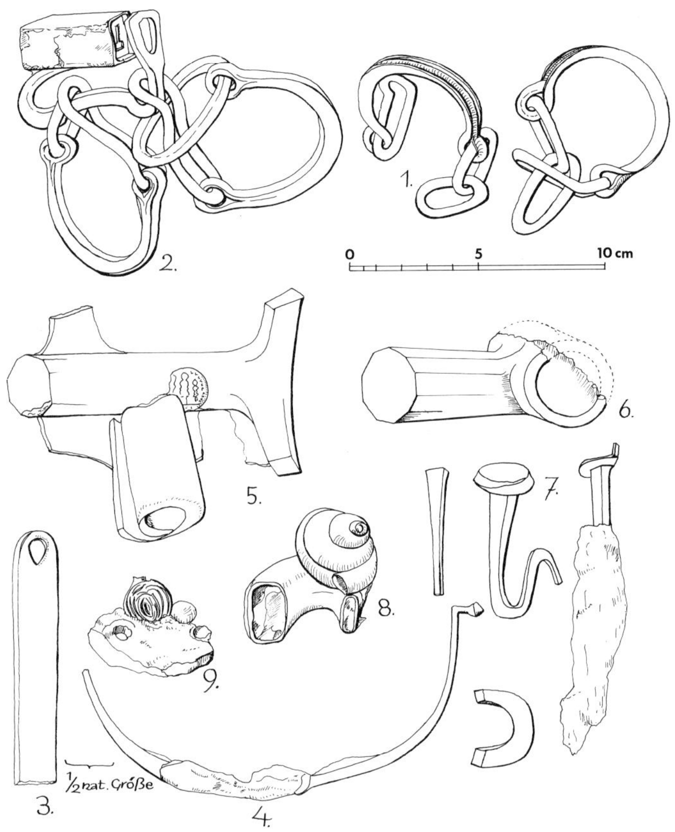

Abb. 12. Metallgegenstände von der Brunnensohle. – Maßstab 1 : 3.

Aus Bein sind zu nennen: 4. das Bruchstück eines Kammes und 5. ein Netzknüpfholz für die Fischerei.

An interessanten Eisenfunden ragten zwei Paar Fesseln heraus, Abb. 12.

1. Schalenförmige, ovale Manschetten mit Ösenenden und Kettengliedern ohne Schlösser.

Sie sind aus Flacheisen entsprechender Länge, von der Mitte aus sich verjüngend, hohlgeschmiedet. Ab Paßmaß sind die Enden zu starkem Draht ausgezogen. Nach dem Biegen der Ösen wurde der Draht feuergeschweißt und in die Hohlkehle gehoben. Abschließend schmiedete man es zur Manschette und erreichte damit Biegefestigkeit und Oberflächenspannung. Zur Verriegelung nahm man Kettenglieder, die zusammengesteckt wurden. Dazu befinden sich in einer Öse zwei Kettenglieder und in der anderen ein längeres rechtwinklich geknicktes Kettenglied.

2. Hufeisenförmiges Fesselpaar mit Kettenverriegelung und anhaftendem Schloßteil. Es sind aus einem Vierkantstück geschmiedete Hufeisen, Dm 10,5 cm, die in den flacher ausgezogenen Enden unrunde Durchschläge von 12 mm aufweisen. Als Verriegelung sind in einer Öse ein ovales großes Kettenglied, in der gegenüberliegenden zum Durchstecken ein langes, sichelförmiges Kettenglied feuerverschweißt.

Der Schloßzylinder mit gewinkeltem Bügel ist ein rechteckiger Blechkasten, 3×3,5 cm, 7 cm lang und hat an einer Schmalseite eine Schlüssellochöffnung. Von der anderen Seite ist der Bügel in einigem Abstand parallel zum Schloßzylinder geführt. Sein abgewinkeltes Ende ist mit einem pyramidenförmigen Langloch versehen, das zentriert vor dem Schlüsselloch sitzt. Als Verschluß könnte man an einen geformten Bolzen mit einhakender Blattfeder zum Dauerverschluß, aber eher an einen Hohlschlüssel mit inliegendem drehbarem Bart denken. (vgl. Daremberg-Saglio IV, [16]. – W.

[16] Daremberg-Saglio, Dictionnaire des antiquités greques et romaines, IV, Paris 1918, IV, 2.

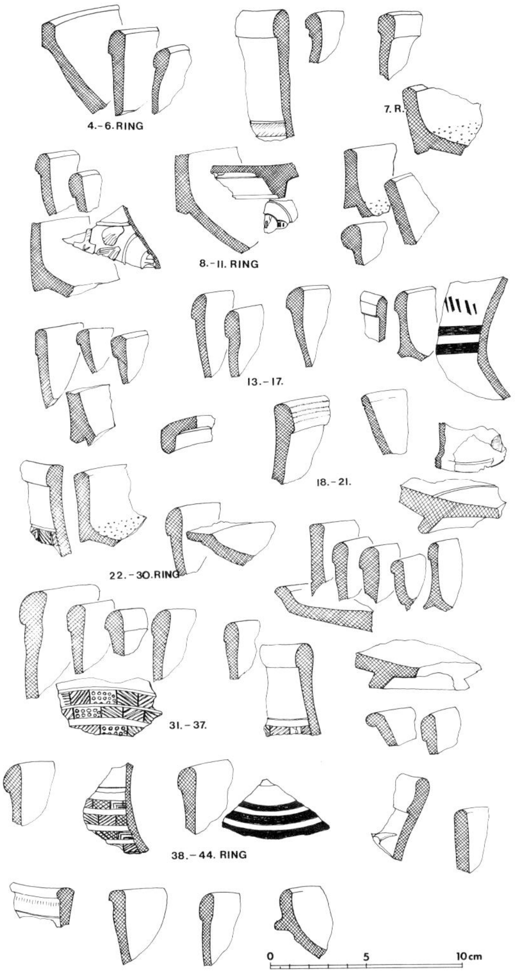

Abb. 13. Sigillatascherben aus der Brunnenverschüttung. Nach Ringen geordnet. – Maßstab 1 : 4.

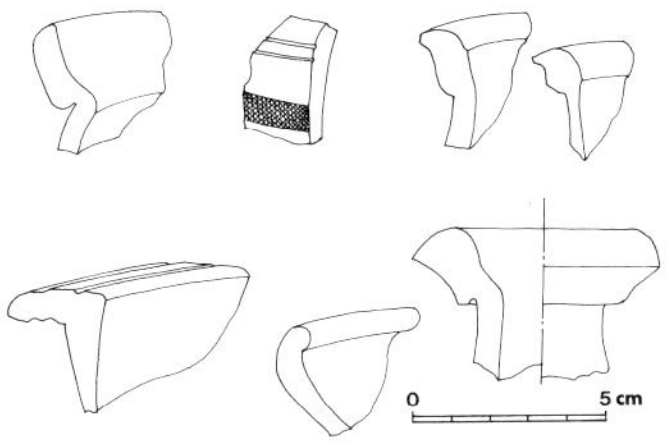

Abb. 14. Weißtonige Ware
aus der Brunnenverschüttung. – Maßstab 1 : 4.

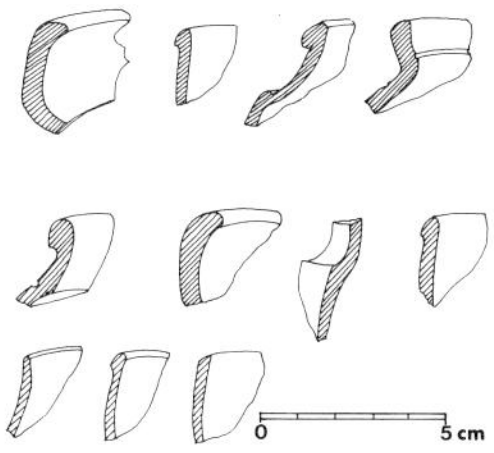

Abb. 15 a. Firnisware
aus der Brunnenverschüttung. – Maßstab 1 : 4.

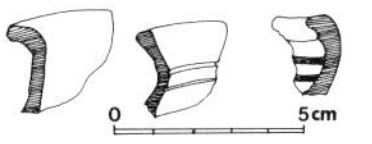

Abb. 15 b. Nigrascherben
aus der Brunnenverschüttung. – Maßstab 1 : 4.

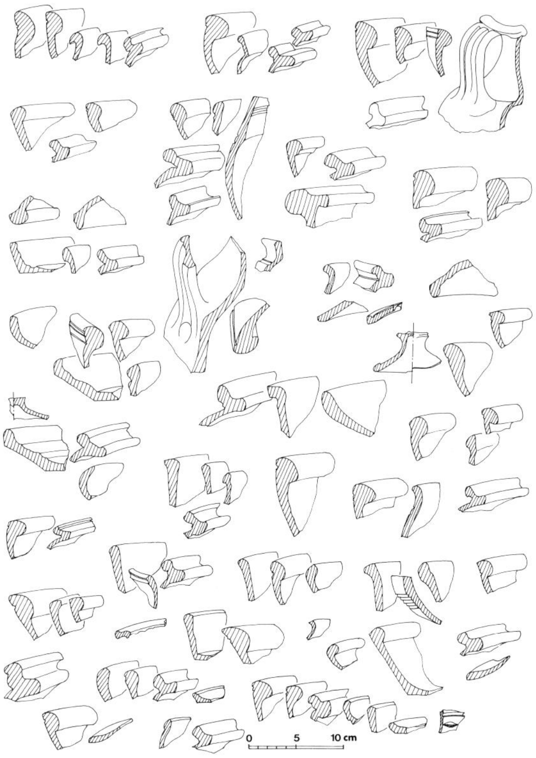

Abb. 16. Tongrundige Ware aus der Brunnenverschüttung.
Nach Ringen geordnet. – Maßstab 1 : 4.

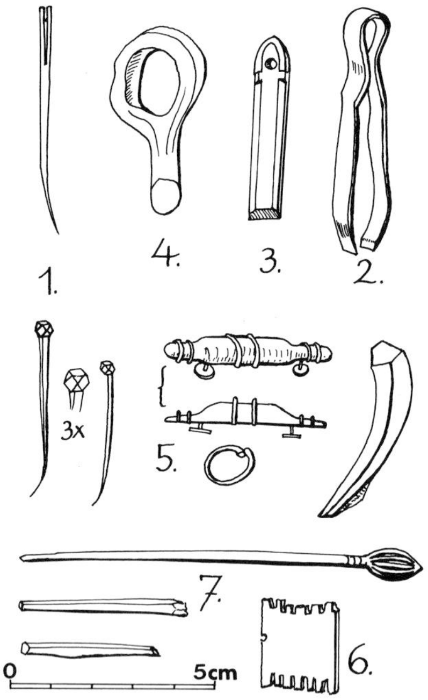

Abb. 17. Bronze- und Beinfunde aus der Brunnenverschüttung. – Maßstab 1 : 2.

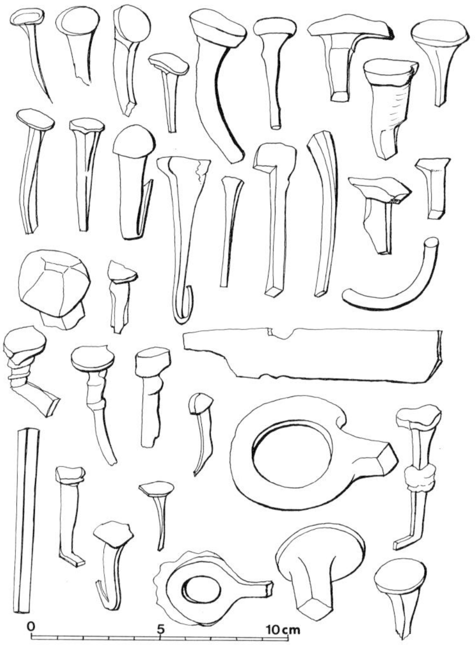

Abb. 18. Metallfunde aus der Brunnenverschüttung. – Maßstab 1 : 3.

Schneider, in: Römer-Illustrierte 2 [17]. – W. Binsfeld über die neugefundene Fessel von Bengel [18]. Weiterhin sind zu nennen die Funde vom Kastell Künzing, Prähist. Staatssammlung Waffenkammer und im Eisendepot Saarburg.)

3. Attasche eines Eimers (nicht gezeichnet 2,5 cm hohe Bänderfragmente).
4. Eimerhenkel mit Griffwickelung.
5. u. 6. Schmiedewerkstücke noch unsicherer Bestimmung; eines davon mit einem Walzblei und einer Münze versintert.
7. Huf- und Schiffsnägel.
8. Rohrkrümmling, stark verformt und versintert, darauf ein Schneckenhaus einer Weinbergschnecke.
9. Metallrest, im Rost verbunden ein Pfirsichkern.

Das ist die gesamte Ausbeute der Gebrauchszeit des Brunnens. Auf Grund dieses Befundes dürfte er vor 341 n. Chr. in Benutzung gewesen sein. Die Nutzungszeit war sicher äußerst kurz, das ließ sich auch schon aus der außergewöhnlich guten Erhaltung des Brunnens schließen. Die einzelnen Brunnensteine sind, abgesehen von den geschilderten Schäden, ohne Korrosionsspuren und auch in den oberen Ringen ohne Schleifspuren von Schöpfeimern oder sonstigen Beschädigungen.

Zeit der Verfüllung

Bei der Sichtung der aus dem Schutt ringweise abgesammelten Funde wurde nach dem gleichen Prinzip der Scherbenordnung verfahren: nach Waren getrennt und für jeden Ring gruppiert zusammengezeichnet.

[17] Köln 1975, S. 161 ff., sowie S. 183 ff.
[18] Römer-Illustrierte 2, Köln 1975.

Sigillata Abb. 13
Weißtonige Ware Abb. 14
Einige Firnis-Scherben Abb. 15 a
Drei Nigra-Scherben Abb. 15 b
Rauhwandige Ware Abb. 16
Schon bei den Sigillata-Scherben, mehr aber noch bei der Betrachtung der einförmigen, rauhwandigen Scherben von Schüsseln und Näpfen, waren trotz der unterschiedlichen Fundhöhen keine Unterschiede in Form und Material auszumachen. Auch die einzeln abgebildeten Scherben aus dem Quellbereich hoben sich nicht hervor. Zur Komplettierung der Fundliste aus der Verfüllung folgen die Gegenstände aus Bronze und Bein Abb. 17.
1. Nadeln – 2. Pinzette – 3. Griffende, gelocht (Löffelstiel?) – 4. Ösenende (Zelthäring?) – 5. Gürtelbeschlag in Balusterform – Aus Bein 6. Kammrest und 7. eine große Haarnadel mit geschnittenem Zierknopf.
Schließlich sind die vielen kleinen Eisenfunde, Abb. 18, aus den verschiedenen Ringen zu nennen.
Nach diesem Befund scheint der Brunnen nicht lange nach seiner Abteufung wieder verfüllt worden zu sein. Hinweise, die auf eine zwangsweise notwendige Schließung, etwa wegen Verseuchung deuten, kamen nicht zutage.
Die Verfüllung aus einem Guß kann, nach dem Ausweis der jüngsten Münze (Arcadius), nicht vor 385 n. Chr. erfolgt sein.

Zusammenfassung

Faßt man die Indizien für die Bau- und Nutzungszeit zusammen, kommt man für die letztere auf eine Zeitspanne von fünfzig Jahren. Zwar sind die obersten Schichten des Brunnens etwa in Atriumshöhe aufgefunden und mit einem eigenen Boden ausgestattet, eine Beziehung zum Tempel ist jedoch vorerst nicht anzunehmen.
Verbindungen sind trotzdem nicht ganz auszuschließen, denn zur Westwand 396 des Tempels hin sind Spuren des Brunnenbodens 927 verfolgt worden.
In die Gründungszeit des Brunnens zu verweisende Bauteile, die wie er in die bis 2,80 m hohe, aus lehmigem Bauschutt erfolgte Terrassenerweiterung eingetieft wurden, sind die Mauer 931, beidseitig verputzt, mit dem Boden 927 nach Osten zum Brunnenrand und einem westlichen Anschluß 932 in gleicher Höhe und die Mauer 930 mit der bodengleichen Kanalrinne auf der Mauerkrone (vgl. Abb. 3 und 4).
Von Wichtigkeit ist sicher, zumindest für die Endphase der Bebauung, die Feststellung, daß die Münzen, zuunterst im Brunnen und die Münzen auf dem Kellerboden in der Tempelcella unter der Brandschicht aufgefunden, aus der gleichen Zeit stammen (vgl. Kölner Domblatt 1963, S. 120= hier S. 408).
Das Ergebnis der Brunnengrabung mag nicht alle Erwartungen erfüllt haben, die Bauzeit vor 341 n. Chr. ist jedoch wohl korrekt; die Verschüttung des Brunnens hingegen bis 392 n. Chr. setzt für eine Epoche der römischen Spätbebauung einen Terminus post quem, dem früher erhaltene Daten und Aussagen dann nicht entgegenstehen, wenn man den Bauplatz der Bischofskirche des Maternus westlich dieser Zone auf der Niederterrasse sucht.

D. Dendrochronologische Untersuchung an Hölzern eines römischen Brunnens unter dem Kölner Dom

von Ernst Hollstein

Bei der Kölner Domgrabung wurde 1974 ein römerzeitlicher Brunnen unter dem südlichen Querhaus entdeckt (Brunnen 921) [1]. Auf der Brunnensohle waren stehende Hölzer in kreisförmiger Anordnung wie bei einem Daubenbrunnen zu beobachten. Aus den noch wassersatt geborgenen Proben wurden die zwölf ergiebigsten ausgewählt und im Rheinischen Landesmuseum Trier nach der dendrochronologischen Methode untersucht und datiert. Der Befund ist sowohl chronologisch wie auch technologisch höchst eigenartig.

Ich gebe daher in der folgenden Übersicht (Abb. 19) nicht nur die üblichen Daten der Jahrringanalyse (Ringzahl und Datierung), sondern auch eine maßstäbliche Darstellung der Querschnitte mit einer kurzen Beschreibung der Werkzeugspuren, der (zufällig erhaltenen) Holzverbindungen und weiterer Merkmale, die zur Deutung und Datierung dieser Brunnenfassung beitragen können.

Die Querschnitte der verwendeten Hölzer, durchweg feinringige Eiche, sind äußerst verschieden in der Form und in den Maßen (Abb. 19). An Nr. 8, 9, 10 und 11 sind Zapfenlöcher erhalten. Durchschnittliche Breite der sauber gestemmten Eintiefungen 1 Zoll (2,4 cm), Tiefe und Länge 2½ bis 3 Zoll (5,4 bis 7,0 cm). Bei Nr. 8 ist noch ein Teil des abgebrochenen Zapfens vorhanden. Bei Nr. 11 ist das Zapfenloch schräg gestemmt, in Übereinstimmung mit einer abgeschrägten Kante des Querschnitts. Nr. 12 zeigt eine Aufkämmung, kombiniert mit einer Anblattung. Bei Nr. 11, ein ganz auffälliger „Knotenpunkt", ist außer dem erwähnten Zapfenloch ebenfalls eine Anblattung (oder Verkämmung?) zu sehen, wobei sogar die Vorritzung erhalten ist (Abb. 20).

Alle Querschnitte außer Nr. 2 weisen grobe Spaltflächen auf, die noch ganz frisch sind und sich deutlich abheben von den rechtwinklig bzw. schräg gebeilten Kanten und Verbindungsflächen. Diese Flächen und Kanten sind bei fast allen Stücken merklich verwittert und an den Ecken abgestoßen. Nr. 4 enthält einen Anobienfraßgang in 8 cm Kernholztiefe.

Da nicht ein einziger Querschnitt der bekannten Form von Brunnendauben entspricht, kommt nach diesem merkwürdigen Befund nur eine einzige Deutung aller Hölzer in Frage: es handelt sich um ehemals oberirdisch verwendete Bauhölzer. Die aufgezeigten Konstruktionsmerkmale sind typisch für Zimmermannsarbeiten im Fachwerkbau und bei Dächern. Verwitterung und Larvenfraß ist nur an der Luft möglich.

Dieser Erklärung entspricht die weit auseinanderklaffende Spanne der Jahrringdaten. Die (theoretisch möglichen) Fällungszeiten streuen von 180 bis 312 n. Chr. Da fast alle Teile durch grobe Spaltung eine erhebliche Einbuße des ursprünglichen Querschnitts erlitten haben, sind die Ringfolgen natürlich nicht vollständig und eine jahrgenaue Datierung ist nicht möglich wie bei Holzproben mit Splint und Waldkante. Eine einzige Probe, Nr. 11, enthält noch in einer Ecke einen kleinen Splintrest. Abb. 21 zeigt das mikroskopische Bild in starker Vergrößerung: die Poren der letzten drei Ringe von 285 bis 288 n. Chr. sind offen (nicht verthyllt, d. h. mit feinen Häuten verschlossen wie die vorangehenden Kernholzringe). Streng genommen kann nur diese Probe in ein sicheres Zeitintervall datiert werden: Fällung um 312 (− 6+6).

Dennoch lassen sich nach der Jahrringcharakteristik und den möglichen Enddaten höchstwahrscheinlich drei Fällungsperioden, das heißt also drei Bauwerke erschließen, aus denen die Hölzer stammen: um 180, um 229 und um 312. Zum ersten rechne ich Nr. 7 und 10, während Nr. 1, 4, 5 und 6 wahrscheinlich ein anderes Bauwerk um 229 darstellen. Die übrigen sechs Proben können ein drittes Gebäude um 312 datieren, möglicherweise auch noch ein viertes um 300. Ein späteres Datum kommt nicht in Frage.

[1] Wilhelm Schneider, Ein römischer Brunnen, hier S. 706.

Querschnitt	Nr.		Ringzahl	Datierung
	7	scharfkantig gebeilt	67	nach 180
	10	Zapfenloch 2,4/6,3 cm der Erstverwendung grobe Spaltflächen der Zweitverwendung	64	nach 180
	6	scharfkantig gebeilt (Erstverwendung) grobe Spaltflächen (Zweitverwendung)	82	nach 205
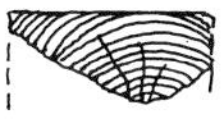	1	ehemals scharfkantig gebeilt, jetzt verwittert	96	nach 214
	5	scharfkantig gebeilt. Spaltflächen (Zweitverwendung)	109	nach 215
	4	scharfkantig gebeilt. Anobienfraßgang in 8 cm Tiefe!	114	um 229
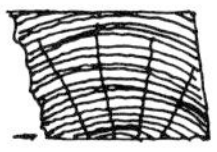	3	scharfkantig gebeilt	107	nach 276
	2	ehemals scharfkantig gebeilt, jetzt verwittert	130	nach 286
	8	Zapfenloch 2,4/6 cm der Erstverwendung 6 cm tief, mit erhaltenem, abgebrochenem Zapfen	139	nach 289
	12	gebeiltes Balkenende mit Aufkämmung und Anblattung	120	nach 298
	9	Zapfenloch 2,4/5,4 cm tief gestemmt. Gebeilte Flächen verwittert; Spaltflächen nicht verwittert.	136	nach 301
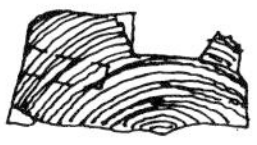	11	Balkenstück mit schrägem Zapfloch, 2,4/6,7 cm tief; Anblattung mit Vorritzung. Splint im Jahrring 286!	137	um 312

Deutung: Abbruchmaterial aus 3 Fachwerk- und Dachkonstruktionen (nach 180, um 229 und um 312); Zweitverwendung zum Brunnenbau. Datierung und Zeichnung: E. Hollstein, Rh. Landesmus. Trier

Abb. 19. Kölner Domgrabung 1974, Hölzer des Brunnens 921. – Maßstab 1 : 15.

Abb. 20. Holzprobe 11 aus Brunnen 921 mit schräger Anblattung. Höhe 9 cm.

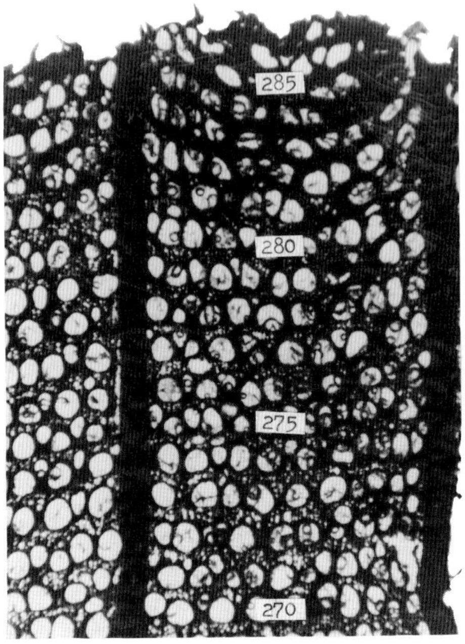

Abb. 21. Holzprobe 11 aus Brunnen 921, Mikroschnitt der Splintzone. Porendurchmesser ca. 0,35 mm.

Zusammenfassende Deutung der Brunnenhölzer: es handelt sich um Abbruchmaterial aus drei (oder vier) Fachwerk- und Dachkonstruktionen um oder nach 180, um 229 und um 312 n. Chr.; die Hölzer wurden durch einfaches Spalten grob zugerichtet und beim Brunnenbau wiederverwendet.

Wenn damit auch der Brunnen selber nicht so genau datiert ist, wie wir erhofft hatten, so ist der dendrochronologische Befund dennoch sehr wertvoll. Die Kölner Eichenchronologie der Römerzeit ist erheblich verstärkt worden. Unsere Kenntnis derjenigen Merkmale, auf die man achten muß, um zweitverwendete Hölzer zu erkennen, ist erweitert worden. Damit erhöht sich die Sicherheit dendrochronologischer Aussage *.

* Die hier vorgelegten dendrochronologischen Daten hat E. Hollstein (Mitteleuropäsiche Eichenchronologie. Trierer dendrochronologische Forschungen zur Archäologie und Kunstgeschichte, Mainz 1980, 74 f.) korrigiert und die Fällungszeit des Kantholzes 11 (Eiche [3, 4, 1] 137 Ringe, Endjahr 314 n. Chr.) „um 338 n. Chr. (– 8, +8)" angesetzt. [Hrsg.]

E. Fundmünzen und Verschüttungsdatum des Brunnens unter dem Kölner Dom – Vorbericht

von Gerd Biegel

Bei den Grabungen unter dem Kölner Dom wurde 1973 ein Brunnen (921) angeschnitten, der von seiner Bautechnik und Erhaltung her besonders beachtenswert erscheint, wie der obige Beitrag von W. Schneider zeigt. Der Brunnen ist wohl nach einer relativ kurzen Nutzungszeit wieder zugeschüttet worden, wobei das genaue Datum dieser Verschüttung eine wichtige Rolle spielt für weitere Datierungen im Rahmen der Domgrabung (s. o. Beitrag von W. Weyres).

Für die Feststellung der Bau- und Nutzungszeit des Brunnens glaubte man zunächst, mit Hilfe von dendrochronologischen Untersuchungen weiterzukommen. E. Holstein, vom Rheinischen Landesmuseum Trier, konnte Balkenfragmente der hölzernen Quellenfassung exakt auf das Jahr 265 n. Chr. datieren. Da sich allerdings an den Hölzern Bearbeitungsspuren fanden, die nicht vom Brunnenbau herrühren konnten, ist das dendrochronologische Ergebnis für die Benutzungszeit des Brunnens nicht ausreichend.

Es muß daher versucht werden, auf anderem Wege nähere Anhaltspunkte zu gewinnen. Eine Möglichkeit dazu ist festzustellen, ob für die Datierung der Verfüllung chronologische Aussagen zu gewinnen sind. Im Laufe der Grabung fanden sich nun zahlreiche Münzen, die sich für die Datierungsfragen geradezu anboten, denn die Fundmünzen sind nach wie vor eines der wichtigsten Hilfsmittel der archäologischen Datierung. Diese Tatsache ist natürlich darin begründet, daß römische Münzen chronologische Angaben besitzen, wie kaum noch eine andere Quellengattung der Antike.

Zwei wichtige Fragen sollen in diesem Vorbericht kurz angesprochen und geklärt werden:

1. In welchem Zeitraum ist der Brunnen zugeschüttet worden?
2. Wann ist der Endpunkt dieser Maßnahme etwa anzusetzen?

Bis heute sind in dem Brunnen unter dem Kölner Dom insgesamt 231 römische Münzen gefunden worden, die dem Münzkabinett der Historischen Museen der Stadt Köln zur Bearbeitung vorliegen. Eine erste Sichtung des Materials hat ergeben, daß es sich in der Masse der Funde um Prägungen aus dem 3. und 4. Jahrhundert n. Chr. handelt, die fast ausnahmslos einen sehr schlechten Erhaltungszustand haben. Die zeitliche Abfolge der Münzen innerhalb der einzelnen Brunnenringe macht die Antwort auf die erste Frage sehr leicht, denn in den ersten Brunnenringen fanden sich z. T. weitaus ältere Münzen als in den unteren Ringen. Wir dürfen also annehmen, daß dieser Brunnen innerhalb kurzer Zeit verfüllt worden ist.

Es bleibt also nun die Frage der Schlußmünze zu klären, also der jüngsten Münze innerhalb der Funde, denn es ist natürlich klar, daß der Brunnen nicht vor dem Prägedatum dieser Schlußmünze zugeschüttet worden sein kann.

Am 6. Dez. 1973 wurden innerhalb des 7. Ringes fünf Münzen gefunden, unter denen sich eine Bronzeprägung des Arcadius (383–408) befand:

* 231	Hce	388/402	Lug	RIC 44 e	LRBC 389–92

Diese Bronzeprägung ist die Schlußmünze der Funde im Brunnen und gibt uns als frühestes Datum für die Verschüttung das Jahr 388 n. Chr. an. Aufgrund der Erhaltung dürfen wir jedoch davon ausgehen, daß die Münze schon längere Zeit im Umlauf gewesen sein muß, bevor sie mit dem Schutt in den Brunnen gelangt ist. Mit Hilfe der Münzfunde läßt sich also auch unsere zweite Frage mit relativer Genauigkeit beantworten. Der Brunnen unter dem Kölner Dom kann nicht vor dem Jahr 390 n. Chr. verfüllt worden sein.

Die endgültige Publikation der Funde wird zur Zeit vom Verfasser fertiggestellt und erscheint im nächsten Kölner Domblatt.

Willy Weyres

Die Domgrabung

XXI. Zweiter Vorbericht über die Grabungen im südlichen Querhaus

Aus: Kölner Domblatt 41, 1976, 83 – 124

Die bisherige Untersuchung [1] des Ausgrabungsgeländes hat ergeben, daß die Bebauung des sogenannten Domhügels in vier deutlich zu trennenden Ebenen vor sich gegangen ist. Die beiden oberen, den gotischen und den karolingischen Fußboden, kann man als Ebenen im mathematischen Sinne ansehen. Die etwa 2,5 m unter dem letzteren liegende Phase enthält Bauvorgänge vom 4. bis zum 8. Jahrhundert und ist nicht so gleichmäßig wie die beiden darüber, doch kann man sie immer noch als Ebene bezeichnen. Lediglich am Ostende liegt die Bebauung um 1,5 – 2 m tiefer.
Die unterste Ebene ist in zwei Abschnitte geteilt: einen westlichen, der auf der Höhe der Niederterrasse nur wenig mehr als 1 m tiefer als die vorige liegt, und einen östlichen auf der Höhe der Flußaue, etwa 3 m unter der dritten Ebene. Die Bebauung folgt in dieser Phase dem natürlichen Geländeverlauf wie in der übrigen römischen Stadt. Über einen Ausschnitt der untersten Ebene im Bereich des gotischen Südquerschiffs und der westlichen Joche der südlichen Chorseitenschiffe, der etwa 250 m ^{2} groß ist, habe ich im vorigen Domblatt berichtet [2]. Ich habe dort auch versucht, die Befunde zu deuten. Die Fortsetzung der Grabung brachte neue Überraschungen. Es ist zwar durchaus nicht alles falsch, was ich im vorigen Jahr geschrieben habe, aber manches muß modifiziert werden. Der „Kampf um den Tempel" ging offensichtlich stärker hin und her, als wir es ursprünglich angenommen hatten [3]. Dieser Bericht wird sich mit den Grabungsergebnissen in der Umgebung des Tempels befassen, dabei auf ältere Veröffentlichungen zurückgreifen, sie korrigieren oder neu einordnen müssen. Ich gliedere die Darstellung in drei Hauptabschnitte, in denen die Befunde an der Ostseite, der Südseite und der Westseite des Tempels abgehandelt werden. Über die Zustände an der Nordseite kann wegen der Zerstörungen durch karolingische und gotische Fundamente nichts ausgesagt werden. Für die Resultate der Grabung aus karolingischer Zeit verweise ich auf frühere Veröffentlichungen und auf §§ 76 ff. [4].

* Die Zeichnungen sind von Wilhelm Schneider aufgrund seiner sehr präzisen und scharf beobachteten Aufnahmen vor Ort angefertigt worden. Die Zahlen in eckigen Klammern verweisen auf entsprechende Abschnitte des gleichen Textes bzw. auf vorausgegangene Anmerkungen. Die Höhenangaben gehen von N.N. aus.

[1] Der Bericht schließt sich an den Überblick im 40. Jahrgang des Kölner Domblattes (1975), S. 133 ff. = hier S. 685 ff. an.

[2] Die Domgrabung XX. In: Kölner Domblatt 40, 1975, S. 133 ff. = hier S. 685 ff.; der dort auf S. 146 = hier S. 697 gegebene Grundriß zeigt den Stand der Grabung im August 1975.

[3] W. Weyres, Die Domgrabung XIX. In: Kölner Domblatt 36/37, 1973, S. 98, § 85 = hier S. 683.

[4] Weyres {2}, S. 133 ff. = hier S. 685 ff.; zur Identifizierung der mit Zahlen bezeichneten Fundstellen vgl. Legende und Katalog, die im Anschluß an den Bericht von 1975, S. 150 ff. = hier S. 700 ff. abgedruckt sind.

A. Befunde an der Ostseite des Tempels zwischen O 17,5 u. O 20 [5]. Abb. 2, 3, 4, 5.

1 Vom Tempel ist bei O 17,65 der Rest der östlichen Cellamauer erhalten geblieben (395). Es handelt sich um ein 1,05 m breites und rd. 0,25 m dickes Mauerstück, das 2,50 m hoch über einem
2 nach Osten anschließenden Plattenboden (394, OK=48,0 ü. N. N.) erhalten ist [6]. Dieses sehr schöne, in der Technik der römischen Stadtmauer ähnliche Mauerstück besteht aus Grauwackehandquadern; die Fugen sind eingebügelt.

3 In den oberen Partien zeigen sich, wie auch sonst an den Tempelmauern, Spuren einer Wiederherstellung in einer schlechteren Technik.

4 An der Westseite ist das Mauerstück abgeschrotet worden, als man die Baugrube für das gotische Fundament herstellte. Es ist deshalb unsicher, ob es eine Vorlage oder ein Pfeiler gewesen ist [7]. Wenn es uns gelingt, eine glaubwürdige Rekonstruktion der Tempelostseite vorzulegen, wird es vielleicht leichter sein, zwischen den beiden Möglichkeiten zu entscheiden.

5 An der Nord- und Ostseite des Mauerstücks 395 ist rd. 0,50 m hoch ein doppellagiger Verputz erhalten [8]. An der Südseite ist der Putz wesentlich höher – 1,36 m – noch in situ. Hinter dem Verputz sind die Fugen genauso eingebügelt wie an den Flächen, die heute keinen Putz mehr haben; daraus ist zu entnehmen, daß der Tempel im ganzen verputzt war.

6 Etwa 2 m weiter nach Norden zu liegen sehr tief mehrere Fundament-bzw. Mauerstücke (391, 392). Ihre Unterkante liegt bei H=47,0 ü. N. N.; merkwürdigerweise liegt die Abbruchhöhe beider Stücke 0,10 m über dem Boden 394.

7 Sowohl die Fundamenttiefe als auch Breite und Flucht der Mauern legen es nahe, die Mauern 391 und 392 mit der Cella des Tempels in Verbindung zu bringen. Leider ist deren Nordostecke durch das gotische Fundament zerstört, so daß nicht mit Sicherheit geklärt werden kann, ob diese Mauern zum Tempel gehören oder nicht [9].

8 Aus diesen Mauern läßt sich nicht die Substruktion für eine Porticus rekonstruieren. Dazu fehlen entsprechende Mauern zwischen ihnen und dem Pfeiler 395. Es ist leider nichts davon gefunden worden. Als Untermauerung für eine Treppe können sie auch nicht angesehen werden, dafür liegen sie zu weit nach außen. Auch für die Annahme eines Treppenunterbaues fehlen weitere Belege.

9 Während wir mit Sicherheit sagen können, daß der Tempel ein oberirdisches Untergeschoß hatte, fehlt uns jedes Indiz dafür, daß er von Osten, mit Hilfe einer Treppe oder mit einer Rampe, zugänglich war. Ebensowenig können wir feststellen, ob das Untergeschoß von Osten aus zu betreten war. Die Befunde an der Westseite *{76 ff.}* lassen das allerdings erwarten.

10 Nach alledem bleibt zunächst nichts anderes übrig, als die Mauern 391 und 392 einer Bebauungsphase zuzuweisen, die älter ist als der Tempel. Es kann sich dabei, wegen der Stärke der Mauern, durchaus um einen Vorgänger des jetzt noch in Resten erhaltenen Tempels gehandelt haben.

11 Dieser älteren Bebauung muß man Niveaus zurechnen, die tiefer liegen als der Boden 394 *{1}*. An mehreren Stellen des östlichen Abschnitts der Flußaue sind solche gefunden worden, so der Boden 828 im Mittelschiff [10] oder die Böden 519 und 520 im Baptisterium [11].

12 Rund 15,5 m weiter nach Osten ist ein Mauerstück mit einem Schwellenabdruck (359 und 355) auf H=48,10 ü. N. N. gefunden worden. Das entspricht der Höhe von Boden 394 *{1}*. Doppelfeld hat dieses Stück zusammen mit der Mauer 391 *{6}* als Begrenzung eines Tempelhofes gedeutet [12].

[5] Die Koordinaten beziehen sich auf ein Achsenkreuz, dessen Nullpunkt in der Mitte der gotischen Vierung liegt.
[6] O. Doppelfeld, Die Domgrabung XV. In: Kölner Domblatt 21/22, 1963, S. 117=hier S. 406.
[7] Doppelfeld *{6}*, S. 117=hier S. 406.
[8] Die untere Schicht ist 3 cm stark und rosafarben, die obere 1 cm, gelblich und glatt.
[9] Doppelfeld *{6}*, S. 119=hier S. 408 f.
[10] Doppelfeld *{6}*, S. 117=hier S. 406.
[11] W. Weyres, Die Domgrabung XVII. In: Kölner Domblatt 31/32, 1970, S. 130=hier S. 564 f.
[12] Doppelfeld *{6}*, S. 119=hier S. 408 f.; die dort angeführte Mauer 397a ist später in 391 umbenannt worden.

13 Die erwähnte Schwelle liegt nicht in der uns heute bekannten Achse des Tempels *{39 ff.}*, sondern weiter nördlich. Das macht aber die Vorstellung von einem Vorhof nicht unmöglich. Wesentlich schwieriger ist es, sich vorzustellen, daß diesem Hof bestenfalls nur eine Tür im Tempelkeller zugeordnet gewesen sein soll.

14 Das Erdprofil östlich des Mauerstücks 395 *{1}* zeigt eine interressante und nicht ohne weiteres deutbare Abfolge. Über dem Plattenboden 394 liegt eine humose, wohl als angewachsen anzusehende Erdschicht bis auf rd. H=48,70 ü. N. N. Darüber folgen zwei angeschüttete Schichten mit Bauschutt bis auf H=49,50 ü. N. N. Alle drei Schichten reichen von der karolingischen Mittelschiffmauer 331 bis zur südlichen Seitenschiffmauer 303.

15 Durch die beiden letzten Schichten ist die O-W-Mauer 387a gesetzt, deren Unterkante bei H=48,70 ü. N. N. liegt. Sie tangiert die Flucht der Tempelcella, soweit sie durch Mauer 395 angezeigt ist, nicht, sondern hört rd. 0,50 m vor dieser Flucht auf.

16 In dem Zwischenraum liegt, anscheinend in zweiter Verwendung, eine Rinne aus Trachyt von rd. 1,30 m Länge (950). Die Mauer 387a überdeckt die Rinne nicht. Diese liegt vielmehr in einem offenen Schlitz zwischen Tempelcella und dem Kopf der Mauer 387a.

17 Nach Norden zu stößt an die Mauer 387a ein Estrich (384 auf H=49,85 ü. N. N.). Er liegt über einer weiteren Anschüttung, die allerdings, im Gegensatz zu den drei früher erwähnten *{14}*, nach Süden nur bis an die Mauer 387a reicht.

18 Die Rinne *{16}* diente zur Entwässerung eines im Süden durch die Mauer 387a begrenzten Hofes, der nicht Bestandteil des östlichen Tempelvorhofs *{12}* gewesen sein kann. Dieser ist mit der Errichtung der Mauer 387a um ein beträchtliches Stück verkleinert worden. Der restliche, südlich dieser Mauer liegende und auf H=49,50 ü. N. N. angehöhte Teil *{14}* muß bei stärkerem Regen wegen der über die Rinne zugeleiteten Wassermengen in einen Sumpf verwandelt worden sein.

19 Die Reaktion des Nachbarn kann man noch am Erdprofil ablesen: Er schüttet sein Gelände weiter an und überdeckt seinen Grundstücksteil mit einem Boden in H=50,0 ü. N. N. (398). Damit war die Rinne 950 nicht mehr funktionsfähig und der nördliche Nachbar mußte zusehen, wie er mit dem Regenwasser fertig wurde.

20 Er hat auch reagiert und seinen Geländeanteil noch einmal angehöht und mit einem neuen Estrich (388a) in H=50,45 ü. N. N. abgedeckt, der an die Mauer 387a angestrichen wurde. Die Höhenlage dieses Bodens entspricht der Höhe im römischen Kirchenatrium (H=rd. 50,50 ü. N. N.) [13].

21 Über der Mauer 387a sitzt bzw. saß rittlings die breitere O-W-Mauer 387b. Für sie ist an der Nordseite durch den Boden 388a *{20}* eine Baugrube ausgeschachtet worden. Die Südkante sitzt auf dem Boden 398 *{19}* auf und ist anscheinend von hier aus glatt hochgemauert worden. Das hieße, daß bis zur Errichtung dieser Mauer das Niveau 398 erhalten geblieben wäre, über dem, nach dem Abbruch des Tempels, das Cellastück 395 *{1 ff.}* noch rd. 0,45 m freigestanden hätte.

22 An die Mauer 387b stößt von Norden her auf H=50,75 ü.N.N. ein zweiter Estrichboden an (388b), der an sie angestrichen ist und die erwähnte Baugrube *{21}* überdeckt. Er entspricht in der Höhe dem Boden 244 im Mittelschiff [14]. Der Nachweis, daß die Böden 388 und 244 der gleichen Baumaßnahme angehören, läßt sich nicht erbringen, da die mögliche Kontaktstelle durch die karolingische Mauer 331 zerstört ist. Doch ist kaum ein berechtigter Zweifel möglich, daß die Mauer 387b und der Boden 388b zur merowingischen Kirche des 6. Jahrhunderts gehören. Deren südliche Begrenzung wäre an dieser Stelle erfaßt [15]. Die östliche schmale Strecke der Mauer könnte auf ein Portal an dieser Stelle hinweisen *{61}*.

23 Nachdem für die Mauer 387b eine Zeit fixiert ist, ergibt sich für alle Schichten darunter ein termi-

[13] W. Weyres, Die Domgrabung XVIII. In: Kölner Domblatt 33/34, 1971, S. 80 f.=hier S. 571 f.

[14] Weyres *{13}*, S. 87, § 32 f.=hier S. 578 f.

[15] Weyres *{13}*, S. 83 ff.=hier S. 575 ff.

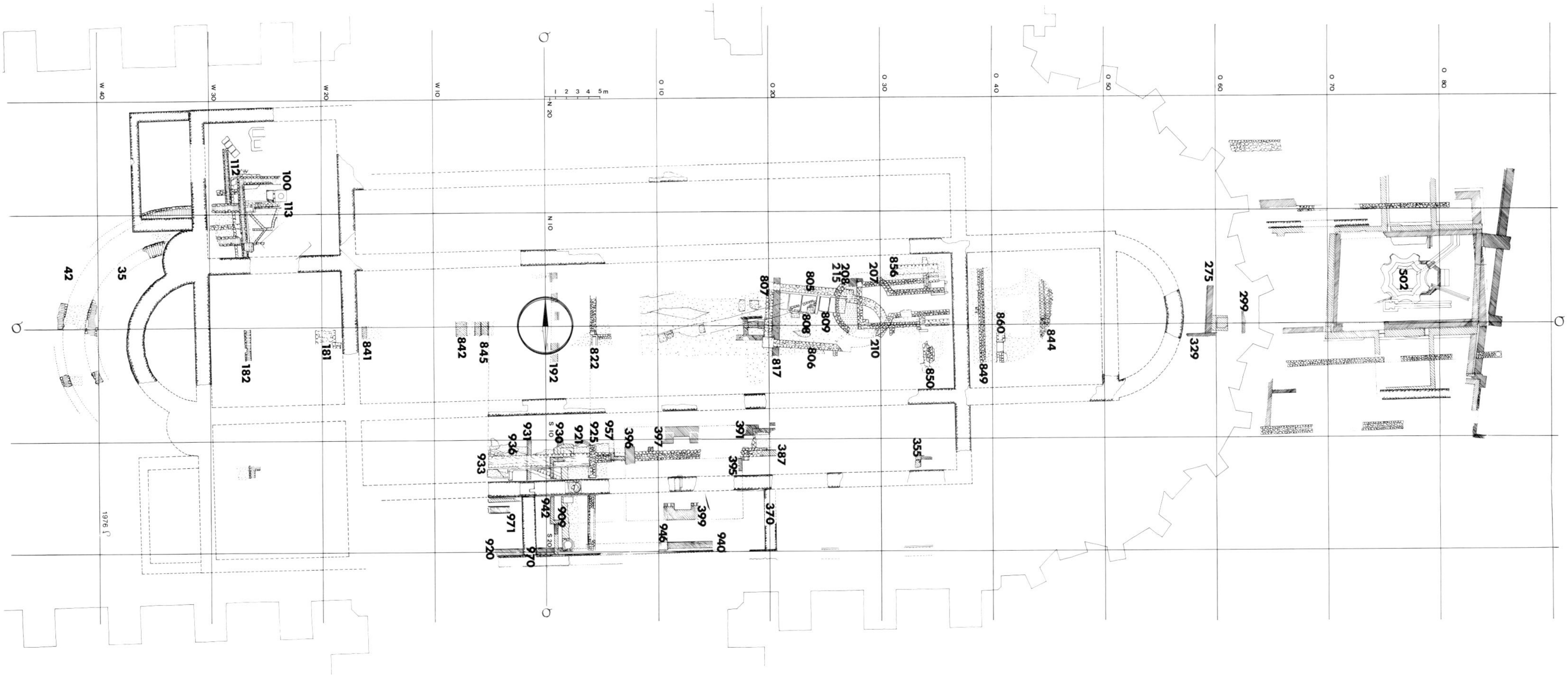

Abb. 1. Übersichtsplan ab dem ottonischen Befund, von W 40 bis O 40; N 20 bis S 21. (Der karolingisch-ottonische Boden ist nicht dargestellt.). – Maßstab 1 : 500.

nus ante quem. Da uns aber keinerlei datierbare Kleinfunde zu Hilfe kommen, bleibt nur möglich, mit Hilfe der Straten probable Datierungen vorzuschlagen.

24 Die Mauer 387 a fixiert eine Grundstücksgrenze, die möglicherweise vorher nicht existierte *{15}*. Ihre Flucht läßt sich 25 m weit nach Westen verfolgen. Merkwürdig ist dabei, daß sie fast 500 Jahre von Gebäuden respektiert wurde, die zu sehr verschiedenen Zeiten aufgeführt worden sind.

25 Es überrascht, daß die Mauer 387 a nicht mindestens unterhalb der Rinne 950 *{16 – 18}* bis an die Cellamauer durchgeführt ist. Technische Gründe dafür können kaum gefunden werden. Doch ist der Befund so auffällig, daß man geneigt ist, sich Gedanken darüber zu machen. Ein altes Gesetz verbot, daß man Privatgebäude durch Mauern mit „aedes sacrae" verband; daß dieses Gesetz auch im 4. Jahrhundert noch bekannt, wenn auch nicht immer beachtet worden war, zeigt eine Erneuerung durch ein Edikt des Praetextatus, der seit 367 praefectus urbi in Rom war († 384) [16].

26 Es hat also zur Zeit der Errichtung von Mauer 387 a jemand einen Streifen Landes am Nordrand des Tempelhofs *{12}* in seinen Besitz gebracht und nach Süden mit einer Mauer begrenzt, die die Sakralität des Tempels respektiert.

27 Man kann sich schlecht vorstellen, daß ein solches Arrangement in der Zeit der vollständigen Unterdrückung des Heidentums, also nach 394, noch nötig gewesen wäre, wo alle gesetzlichen Möglichkeiten gegeben waren, die heidnischen Kultstätten zu zerstören.

28 Es ist zweckmäßig, sich in Erinnerung zu rufen, daß die Überwindung des Heidentums im westlichen Teil der römischen Welt im Laufe des 4. Jahrhunderts in Aktionen und Reaktionen vor sich ging. Theodosius I. hatte 391 jeden heidnischen Kult und sogar den Besuch von Tempeln kategorisch verboten [17], aber es gelang dem heidnischen Comes Arbogast mit dem von ihm erhobenen, dem Namen nach christlichen Kaiser Eugenius im Jahre 392, fast ohne Widerstand, Italien zu erobern, was ohne Unterstützung einer noch kräftigen heidnischen Partei kaum möglich gewesen wäre.

29 Noch Praetextatus hatte die Porticus Deorum Consentium und deren Standbilder auf dem Forum Romanum erneuert [18] und noch 388 waren die beiden höchsten Reichsämter in der Hand von Heiden [19]. Nach dem Siege des Theodosius über Arbogast und Eugenius am Frigidus wäre die Aktion des Stadtpräfekten nicht mehr möglich gewesen.

30 Wir haben durch die Grabung erfahren, daß in der Umgebung des Tempels der Höhenunterschied zwischen Flußaue und Niederterrasse aufgefüllt worden ist. Dabei ist eine ältere Bebauung in dieser Aufschüttung verschwunden [20].

31 Der westlich des Tempels aufgefundene Brunnen 921, über den im vorigen Domblatt ausführlich berichtet worden ist [21], läßt sich dendrochronologisch annähernd datieren [22]. Er ist auf jeden Fall nach 312, wahrscheinlich aber eine ganze Reihe von Jahren später angelegt worden. Da er aber durch die erwähnte Anschüttung hindurch *{30}* abgeteuft worden ist, muß diese früher sein.

32 Aufgrund von Indizien, die ich noch vorlegen werde *{95 ff.}*, möchte ich die Mauer 387 a *{15 ff.}*

[16] Der heidnische Historiker Ammianus Marcellinus († 400) lobt ihn dafür. Vgl. H. Bloch, Ein neues Zeugnis der letzten Erhebung des Heidentums. In: Das frühe Christentum im römischen Staat, hg. von R. Klein, Darmstadt 1971, S. 137.

[17] Bloch *{16}*, S. 161; er erneuert damit Erlasse Konstantius' I. von 356, die sich aber damals nicht durchsetzen ließen. Vgl. Handbuch der Kirchengeschichte II, 1, Freiburg 1973, S. 224.

[18] Bloch *{16}*, S. 141.

[19] Bloch *{16}*, S. 158.

[20] Doppelfeld *{6}*, S. 117 = hier S. 406; – Weyres *{13}*, S. 81, § 7 = hier S. 573 f.; – Weyres *{3}*, S. 96, § 74 = hier S. 585; – Wilhelm Schneider, Ein römischer Brunnen. In: Kölner Domblatt 40, 1975, S. 158 = hier S. 707.

[21] Schneider *{20}*, S. 157 ff. = hier S. 706 ff.

[22] Ernst Hollstein, Dendrochronologische Untersuchung an Hölzern eines römischen Brunnens unter dem Kölner Dom. In: Kölner Domblatt 40, 1975, S. 172 ff. = hier S. 718 ff.

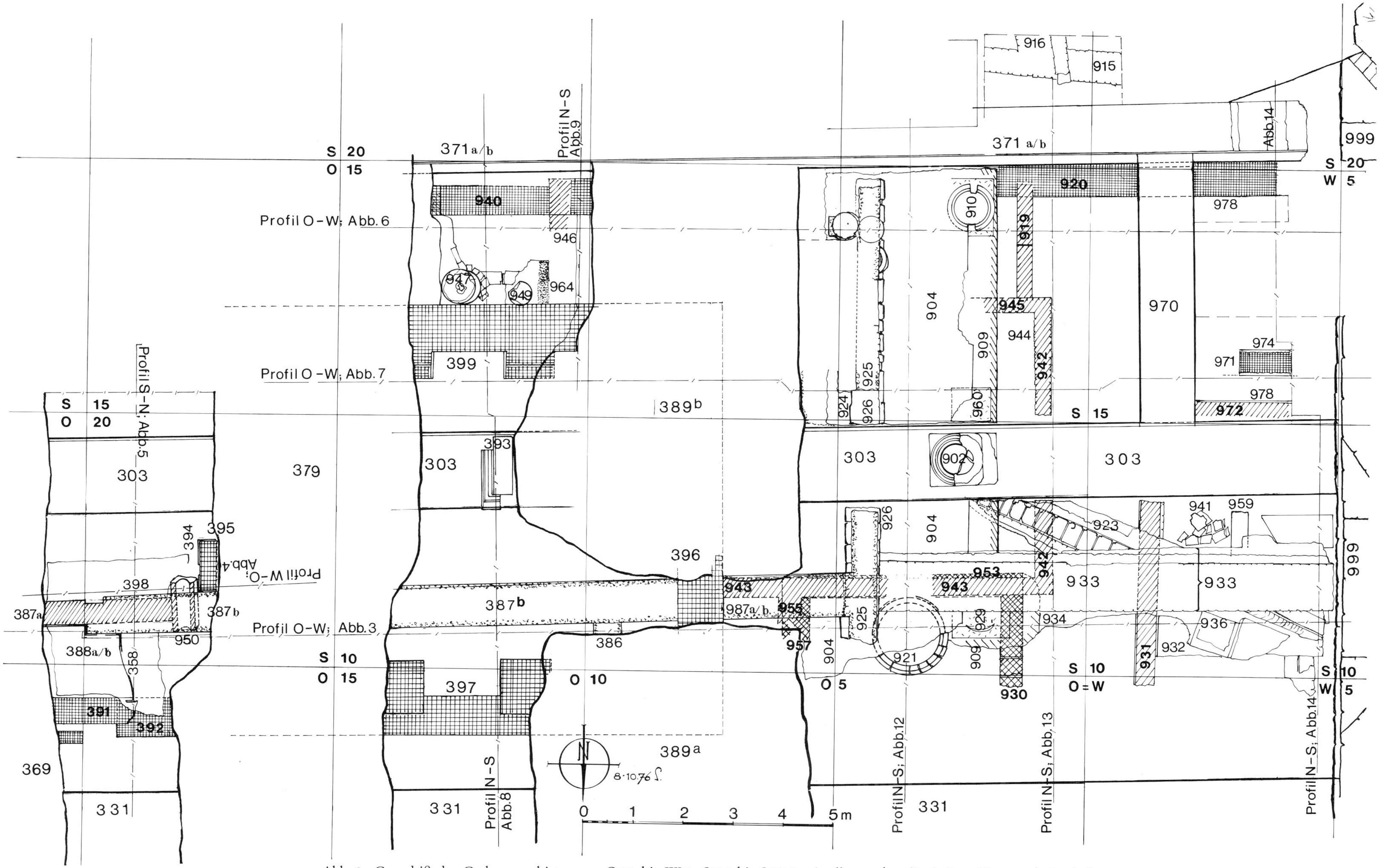

Abb. 2. Grundriß des Grabungsgebietes von O 21 bis W 5; S 7,0 bis S 22,0 mit allen vorkarolingischen Phasen; darin sind die Verläufe der Schnitte gezeichnet und die Abb. Nr. so eingesetzt, wie das Profil zu lesen ist. – Maßstab 1 : 100.

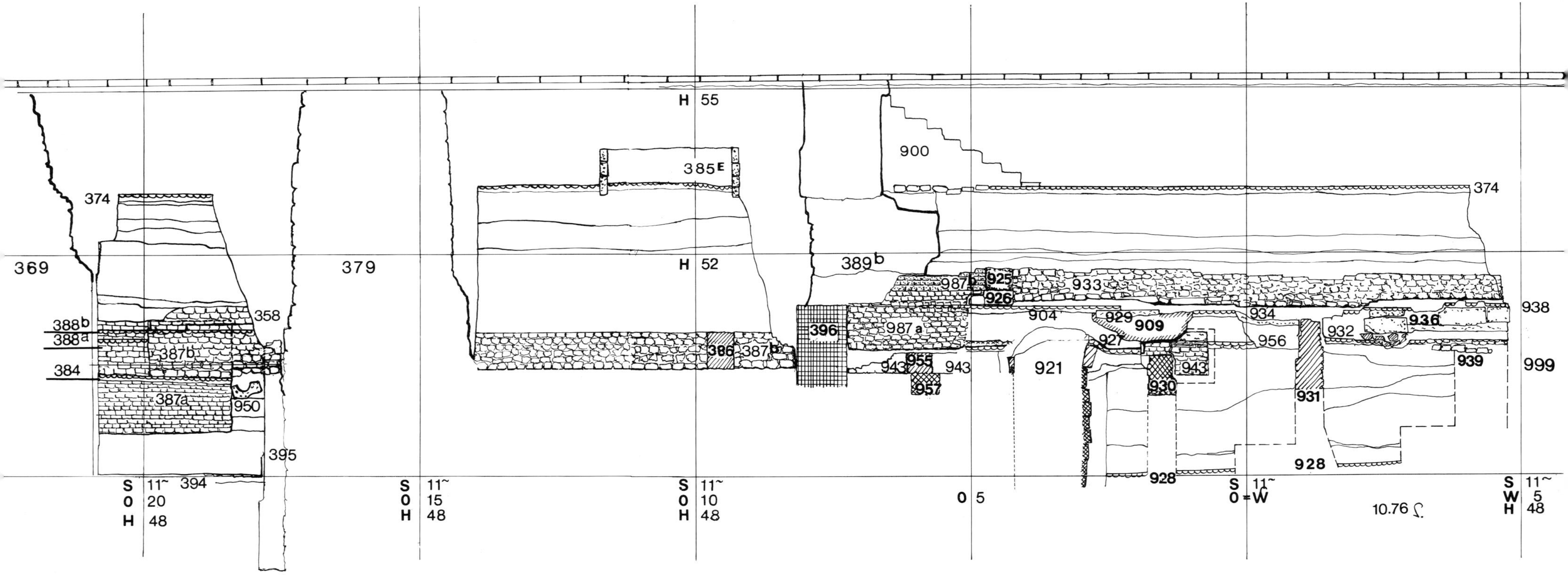

Abb. 3. 1. Hauptprofil O-W-Richtung von O 21; S 11 (ungef.) bis W 5; S 11 gegen Süden. – Maßstab 1 : 100.

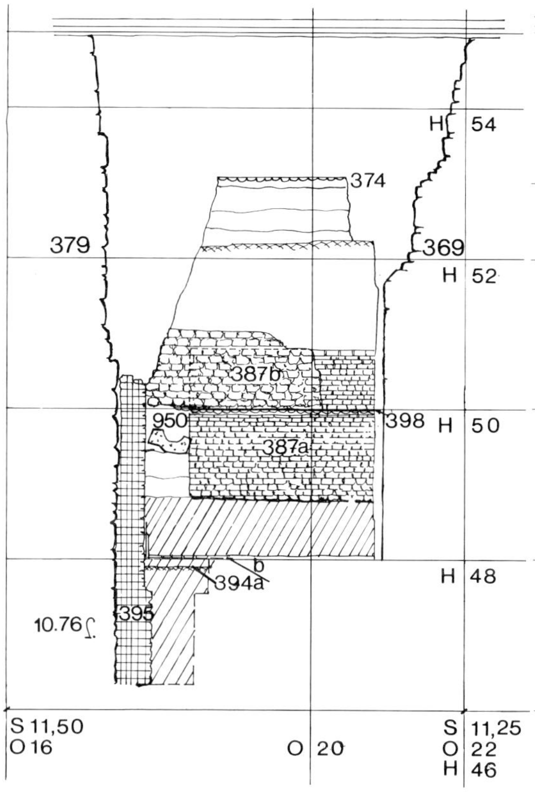

Abb. 4. Profil in W-O-Richtung gegen N von O 16 bis O 21 bei S 11, 25 (ungef.). Die Mauern 387 a und 387 b sind in Ansicht gezeichnet. – Maßstab 1 : 100.

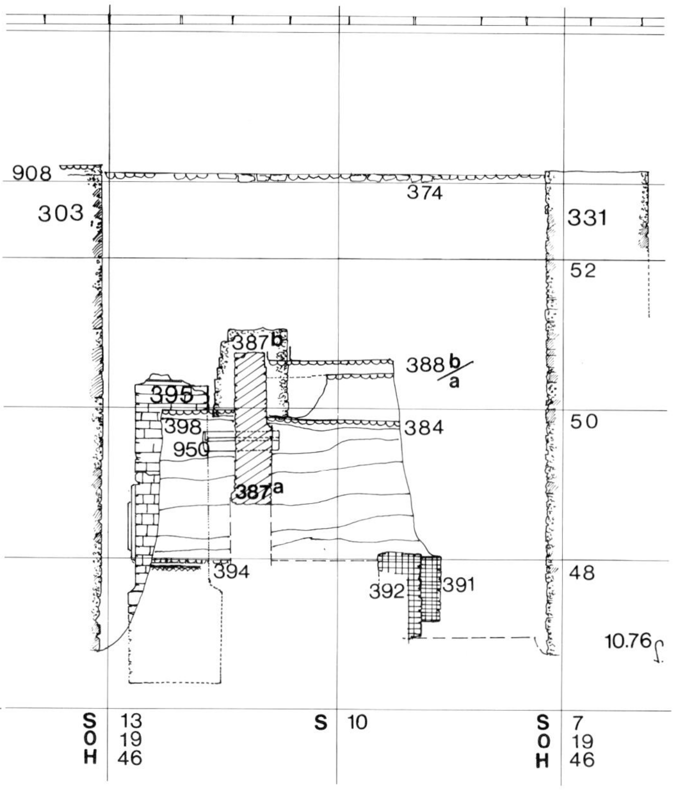

Abb. 5. Profil in S-N-Richtung bei O 19 im Schnitt 30. Der westlich hinter dem Profil stehende Cellarest mit Außenputz ist durch die offene Baugrube zur karolingischen Mauer O-W 303 in Ansicht gezeichnet. – Maßstab 1 : 100.

für gleichzeitig mit der Anlage des Brunnens halten. Sie ist sicher im vierten Jahrhundert, und zwar mit großer Wahrscheinlichkeit in der ersten Hälfte, erbaut worden.

33 Der Tempel war, wie oben gezeigt worden ist, verputzt *{5}*. Man sollte deshalb erwarten, daß sich vor der Mauer 395 Hügel von Putzresten befänden. Da das nicht der Fall ist, muß man annehmen, daß der durch den Boden 394 indizierte Hofraum noch frei bzw. in Gebrauch war, als aus irgendeinem Grund der Putz zum großen Teil abstürzte. Man muß die Reste weggeräumt haben.

34 Wenn man in Betracht zieht, daß sich Putzreste, durch Verschüttungen *{14}* geschützt, in verschiedenen Höhen erhalten haben, diese anderseits vom nördlichen Nachbargrundstück her gleichmäßig vor der Mauer 395 herstrichen *{14}*, so muß man schließen, daß eine solche Maßnahme erst in einer Zeit erfolgen konnte, in der der Kult vernachlässigt war. Eine wahrscheinlich vorhandene Tür zum Tempeluntergeschoß wurde dadurch unbrauchbar.

B. Befunde im Inneren des Tempels und südlich davon zwischen O 10 und O 13,5. Abb. 6, 7, 8, 9.

35 Die Grabung an der Südseite des Tempels brachte überraschende Aufschlüsse über sein Alter. Während es bisher den Anschein hatte, als ob der Tempel, für dessen Entstehungszeit Doppelfeld das 1. Jahrhundert n. Chr. vorgeschlagen hat [23], der älteste Bau an dieser Stelle sei, ist nach den

[23] Doppelfeld *{6}*, S. 117 = hier S. 406.

jüngsten Ergebnissen der Grabung nicht mehr zu übersehen, daß der Tempel in eine ältere Profanbebauung hineingesetzt worden ist.

36 Die älteste Mauer in dem hier vorgeführten Schnitt ist die stellenweise 3,65 m hoch erhaltene Mauer 940. Sie besteht aus einem soliden Handquadermauerwerk mit gebügelten Fugen, das dem des Tempels ähnelt, und hat einen schwach vorspringenden, mit Ziegeln abgedeckten Sockel.

37 Über dem Sockel hat sich 30 cm hoch Verputz erhalten, der bemalt ist und anzeigt, daß die ganze Wand ursprünglich verputzt war. Die Mauer gleicht der schon früher weiter westlich aufgedeckten Mauer 920, die allerdings nicht genau mit ihr fluchtet, sondern etwa 0,50 m weiter südlich verläuft [24].

38 Zur Mauer 940 gehört eine Fußbodenstickung aus Grauwackersteinen (984). Sie ist von einer schwachen Anschüttung überlagert, die sowohl über den erwähnten Sockel *{36}* weggeht, als auch an Mauer 399 angezogen ist.

39 Die Mauer 399 ist von der Stickung *{38}* an abwärts in der Oberfläche stark uneben, also gegen eine Baugrubenkante gemauert. Damit erweist sie sich gegenüber der Mauer 940 eindeutig als später.

40 Die Mauer 399 entspricht nach Form, Material und Technik der Mauer 397 [25] und der Mauer 395 *{1 ff.}* [26]. Es handelt sich um die Südmauer der Tempelcella, die an dieser Stelle einschließlich des Fundaments 5,50 m hoch erhalten ist.

41 Auf beiden Seiten zeigt die Mauer 399 Handquadermauerwerk, vorwiegend aus Grauwacke mit gebügelten Fugen. Vom Verputz, den man entsprechend der Mauer an der Ostseite *{5}* annehmen möchte, fehlt jede Spur.

42 Auf der Innenseite zeigt die 0,90 m dicke Mauer noch – wie die gegenüber liegende Cellanordmauer 397 – zwei kräftige Vorlagen. Bei einer gleichbleibenden Breite von rd. 1,0 m sind sie im oberen Teil wesentlich schwächer (0,24 m) als im unteren, wo sie 0,60 m weit ausladen. Zwischen den beiden Teilen der Vorlagen liegt ein 0,55 m hoher Sandsteinquader, dessen Kanten völlig verschlissen sind.

43 Wie in der Nordmauer befinden sich dicht neben den Vorlagen 0,18 m hohe Balkenlöcher, deren Oberkante bei H=49,42 ü. N. N. liegt. Die Löcher in der Südmauer sind 0,50 m tief, die in der Nordmauer nur 0,25 m. Ein nachträgliches Einbringen der Balken war so leicht möglich.

44 Addiert man zu der durch die Balkenlöcher gegebenen Höhe die Dicke einer aus Längsbalken und kräftigem Estrich gebildeten Decke, so erhält man als Oberkante des Tempelbodens 49,70 ü. N. N. bis 49,90 ü. N. N. Der Unterschied zwischen dem im Osten angetroffenen Außenniveau *{1}* und dem Boden über dem Keller muß 1,70 bis 1,90 betragen haben. Wir haben schon festgestellt, daß die zur Überwindung dieses Niveauunterschiedes nötige Konstruktion nicht im Osten gewesen sein kann. *{8 f.}*.

45 Die erwähnten Balkenlöcher *{43}* sind nicht die einzigen Löcher in den Mauern. Es gibt an den Außenseiten solche, die als Rüstlöcher oder auch als Auflager für Pultdächer gedeutet werden können. Von ihnen will ich nicht weiter sprechen. Doch muß ich eine Ausarbeitung an der Oberseite des Sandsteinquaders (UK H=50,92 ü. N. N.) *{42}* erwähnen, die nichts anderes als ein Balkenlager für einen auf höherem Niveau erneuerten Boden gewesen sein kann.

46 Die nördliche Cellamauer (397) hat Doppelfeld 1963 beschrieben [27]; dem ist nichts hinzuzufügen. Es ist nur vielleicht sinnvoll, sich den Erhaltungszustand zu merken. Die Mauer ist bis 51,0 ü. N. N. abgebrochen, also 0,90 m niedriger als die Südmauer 399. Diese Beobachtung ist wichtig für die Deutung der späteren Bauvorgänge an dieser Stelle.

[24] Weyres *{3}*, S. 96, § 75 ff.=hier S. 680 f.
[25] Doppelfeld *{6}*, S. 117=hier S. 406.
[26] Doppelfeld, ebda.
[27] Doppelfeld *{6}*, S. 117 f.=hier S. 406 ff.

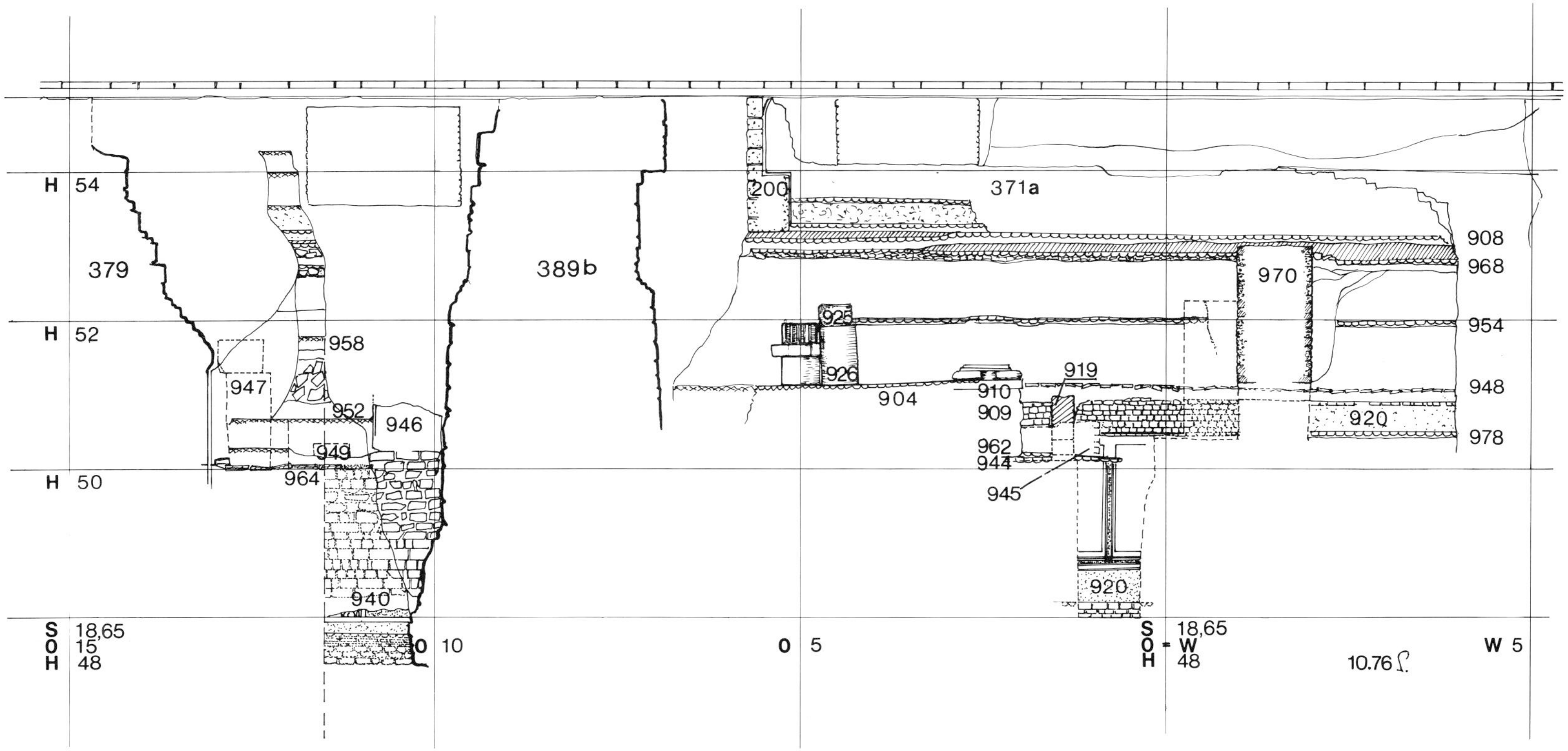

Abb. 6. 2. Hauptprofil am S-Ende des Grabungsgebietes bei S 18.65 gegen Süden mit Ansichten der frühen römischen Mauern 920 und 940. – Maßstab 1 : 100.

47 Die Fundamente der Mauern 397 und 399 sind von einem Niveau in H=47,0 ü. N. N. eingetieft. Den Kellerraum hat man nach der Errichtung der Mauern mit einem etwa 0,40 m starken, festen Lehmboden (400) versehen, der bis zum Einsturz des Cellabodens in Funktion gewesen sein muß.

48 Bei der Analyse der auf Niveau 400 lagernden Verfüllung darf man nicht vergessen, daß, verursacht durch spätere Baumaßnahmen, von dem ursprünglich vorhandenen Volumen nur weniger als ein Siebentel noch vorhanden war.

49 Die schweren, bis zu 5 m breiten, von Nord nach Süd verlaufenden gotischen Fundamente gehen bis in die Gründungstiefe der römischen Mauern hinab. Sie haben von der westlichen Cellamauer nur das Stück 396 *{94}* und von der östlichen nur das Stück 395 *{1}* übriggelassen.

50 Größere Verluste an Verfüllungsschutt haben die karolingischen Baugruben zu den Mauern 303 und 331 verursacht, die in diesem Schnitt erscheinen. Beide Mauern gehen, wie die gotischen Fundamente, nahezu bis auf die römische Gründungstiefe herunter. Für die etwa 4,75 m breite Baugrube zu Mauer 303 wird als südliche Begrenzung die südliche Cellamauer 399 stehen gelassen, während auf der Nordseite der Grube die schwache Mauer 387 glücklicherweise erhalten blieb *{51}*. Ähnlich wird die nördliche Cellamauer 397 als südliche Begrenzung der Baugrube zu 331 erhalten. Die Grube an der Nordseite dieser Mauer ist nicht mehr festzustellen. Weiter westlich greift sie nach Süden fast 3,50 m aus [28].

51 Daß die Mauer 387 von der karolingischen Baugrube zu Mauer 303 erfaßt wurde, ist wohl der Grund dafür, daß sie bis auf H=50,45 ü. N. N. abgebrochen worden ist. Es ist sogar denkbar, daß eine vielleicht auf ihr ruhende dickere Mauer – ähnlich der Mauer 387b *{21}* – bei der karolingischen Ausschachtung restlos entfernt worden ist.

52 Die Mauer 387 fällt dadurch auf, daß sie die Flucht von 387a *{15 ff.}* innerhalb der Cella nach Westen fortsetzt. An der Westseite der Cella wird sie von der Mauer 987 *{148}* kräftiger und weiter nach Westen führend aufgenommen.

53 Es ist verlockend, in diesem Zuge eine alte von Ost nach West durch die Insula laufende Grundstücksgrenze zu sehen, die auf eine Länge von 25 m zu verfolgen wäre *{24}*. Leider hat sich im Westen unter dem westlichen Stück der Mauer 943 *{109}* dafür kein Anhaltspunkt finden lassen. Im Osten von O 8,5 – O 21,0 handelt es sich um die südliche Begrenzungsmauer des christlichen Atriums [29].

54 Bei einem Brand ist der Cellaboden eingestürzt und in den Keller gefallen. Münzen in einer Brandschicht über dem Boden 400, darunter eine Siliqua des Magnus Maximus (383 – 88) zeigen, daß dieses Ereignis nach 383 stattgefunden haben muß. Anschließend ist der Keller mit Schutt angefüllt worden, der mit großer Sicherheit vom Tempel selbst stammte [30].

55 Es ist nicht zu sagen, ob wir es hier mit einem Unglück oder einer gewaltsamen Zerstörung zu tun haben. Wir können auch nicht mehr feststellen, wie hoch die Verfüllung gereicht hat. Lediglich aus dem Balkenloch in dem Sandsteinquader der Mauer 399 *{45}* könnte man schließen, daß der Schutt bis in diese Höhe, also etwa 3,5 m hoch eingefüllt worden ist. Ein begehbarer Keller war da auf keinen Fall mehr vorhanden, da die Füllung an der Nordmauer noch ungefähr so hoch erhalten war.

56 Der aus dem Balkenloch *{45}* zu erschließende neue Boden über der Verfüllung muß als Oberkante die Höhe 51,25 ü. N. N. gehabt haben. Damit hätte er eine Stufe höher gelegen als die im Westen der Cella aufgedeckte Porticus *{133 ff.}* [31]. In dieser Höhe ist innerhalb der durch die Mauern 395, 396, 397 und 399 umschriebenen Cella kein Boden mehr angetroffen worden. Der zwischen der Mauer 387 und der Mauer 399 vorauszusetzende Boden ist der Baugrube zu Mauer 303 zum Opfer gefallen. Die einzige Spur eines solchen Bodens ist das erwähnte Balkenloch *{45}*.

[28] Weyres *{3}*, S. 88=hier S. 675 Abb. 10.

[29] W. Weyres, Die Domgrabung XVI. In: Kölner Domblatt 30, 1969, S. 128, § 28=hier S. 510; – Weyres *{13}*, S. 80 ff.= hier S. 666 ff.

[30] Doppelfeld *{6}*, S. 119 f.=hier S. 408 f.

[31] Weyres *{3}*, S. 94 ff., §§ 67 – 72=hier S. 679 f.; – Weyres *{2}*, S. 148, §§ 54 – 62=hier S. 698 f.

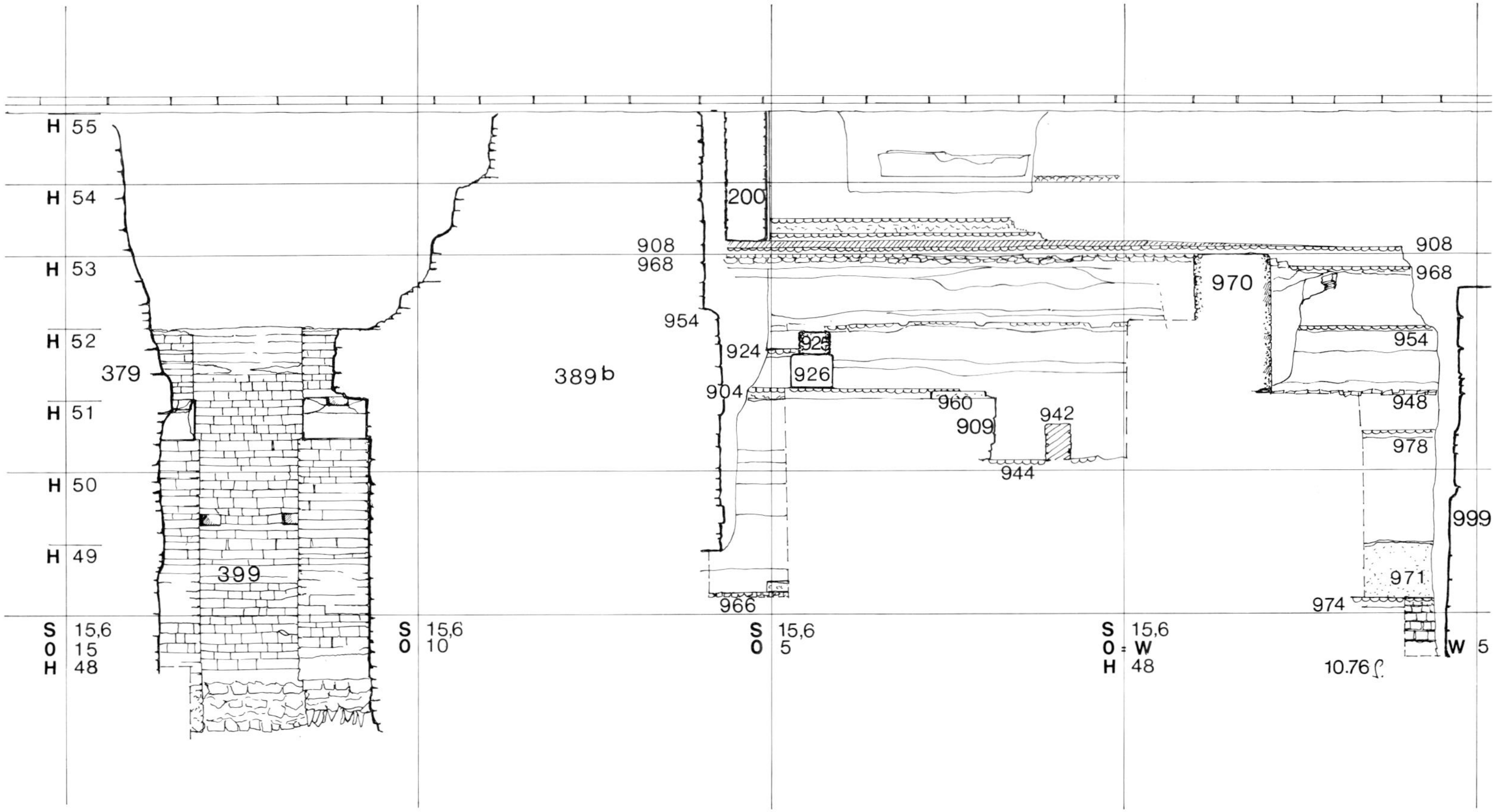

Abb. 7. Profil O-W.Richtung bei O 16 (ungef.) durch das ganze Grabungsgebiet gegen Süden gesehen. In Ansicht wird die Innenseite der Cella-Südwand mit Lisenen und Abdeckungen gezeigt. Nach Westen durchschneidet das Profil die Porticus und schließt mit der Ansicht der frühen römischen Fachwerkmauer ab. – Maßstab 1 : 100.

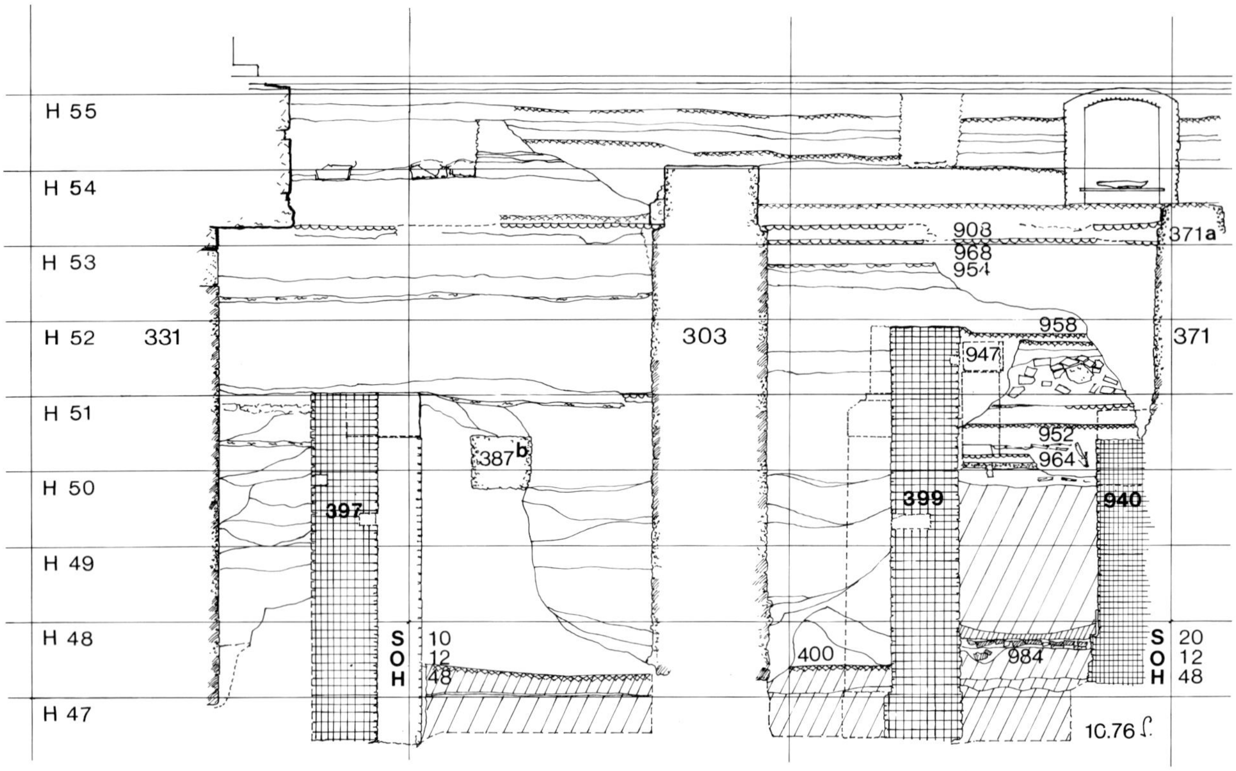

Abb. 8. Profil in N-S-Richtung bei O 12 (ungef.) gegen Osten gesehen. – Maßstab 1 : 100.

57 Da die Mauer 399 bis H=51,90 ü. N. N. erhalten ist – sie ist die am höchsten erhaltene aller vorkarolingischen Mauern – ist es denkbar, daß der postulierte jüngere Tempelboden *{56}* – wenn auch durch jüngere Schichten überlagert – wenigstens teilweise bis zur Errichtung des karolingischen Großbaues erhalten geblieben ist.

58 Seine nördliche Begrenzung muß nach dem Abbruch des Tempels die Mauer 387 gewesen sein *{51 f.}*. Ich habe früher dargetan, daß sie die südliche Begrenzung des römischen Atriums gewesen ist [32]. Bei der Errichtung des merowingischen Erweiterungsbaues muß sie auch die südliche Seitenschiffmauer getragen haben, was bei ihrer Breite von rd. 0,80 m vorstellbar ist [33]. Die Seitenschiffmauer selbst ist nicht mehr vorhanden. Doch kann angesichts des Mauerstücks 387b *{21}* kaum ein Zweifel bestehen, daß wir es mit der Stelle dieser Mauer zu tun haben.

59 Die Situation nördlich der Mauer 387 scheint zunächst Rätsel aufzugeben. Die Mauer 397 ist bis H=51,0 ü. N. N. erhalten. Der im Mittelschiff gefundene Estrich, den wir dem christlichen Atrium zugewiesen haben [34], weist eine Maximalhöhe von 50,50 auf; er kann also die Mauer 397 nicht überdeckt haben. Leider ist weder nördlich noch südlich ein Bodenanschluß an diese Mauer erhalten; da ist durch die karolingischen Baugruben alles abgeräumt.

60 Auch der von uns als Boden der merowingischen Kirche angesehen Estrich 214 liegt mit max. H=50,66 ü. N. N. noch unterhalb der Abbruchkante von 397 [35]. Selbst der darüberliegende Estrich 244 erreicht mit max. H=50,80 ü. N,K N. die Abbruchhöhe nicht [36].

[32] Weyres *{29}*, § 28=hier S. 510.
[33] Weyres *{2}*, S. 141, § 26=hier S. 692.
[34] Weyres *{13}*, S. 80, § 2 ff.=hier S. 571 ff.
[35] Weyres *{13}*, S. 83, §§ 17 ff.=hier S. 576 f.
[36] Weyres *{13}*, S. 87, §§ 32 ff.=hier S. 578 f.

Abb. 9. Profil in N-S-Richtung bei O 10.20 gegen Süden, endet auf dem gotischen Fundamentfuß. Es ist die abgeschabte östliche Grubenkante der gotischen Baugrube gezeichnet. – Maßstab 1 : 100.

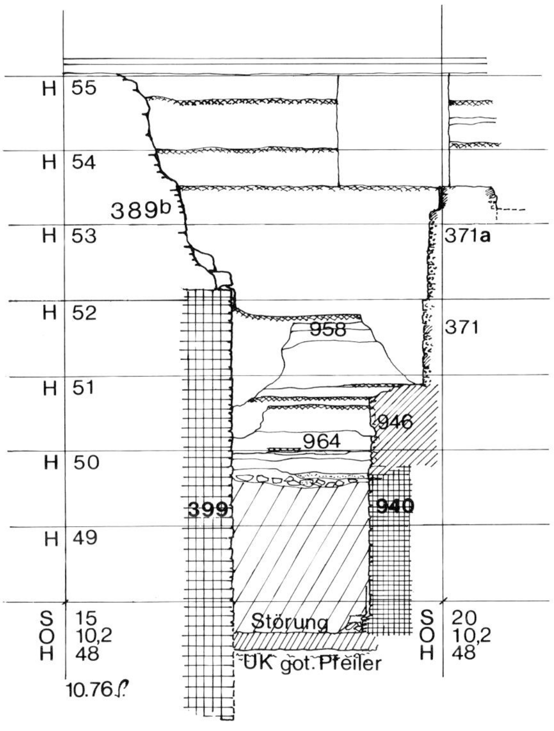

61 Diesen Umstand hat schon Doppelfeld aufgezeigt [37]. Zwei Deutungen bieten sich an: Entweder hat man die Mauer 397 nach ihrem Abbruch aus irgendeinem Grund 0,50 m hoch aus dem Atriumboden und später etwa 0,30 m aus dem Kirchenboden herausragen lassen, oder man hat an dieser Stelle so etwas wie einen erhöhten Umgang oder ein erhöhtes Seitenschiff angelegt. Dieses kann sich aber nicht weit nach Osten hin erstreckt haben, denn wenige Meter weiter östlich sind die Fußbodenhöhen die gleichen wie im Mittelschiff *{20 ff.}* Eine im Grundriß geschwungene Steinsetzung 358 nördlich von Mauer 387 b *{21 ff.}* kann als Unterlage einer Differenztreppe angesehen werden.

62 Wenn unsere Annahme stimmt, daß im Zusammenhang mit der Anlage der erneuerten Porticus *{133 ff.}* ein neuer Boden im Innern der Cella in Höhe 51,25 ü. N. N. eingebracht worden ist *{56}*, so muß man bei der Errichtung der Mauer 387 und beim Abbruch der Mauer 397 diesen Boden teilweise entfernt und das Niveau nördlich der Mauer 387 abgesenkt haben (Abb. 10).

63 Südlich der Mauer 387 sind völlig andere Verhältnisse. Zwar ist zwischen dieser und der südlichen Cellamauer durch die Baugrube zu 399 alles vernichtet, aber zwischen 399 und 940 waren ungestörte Schichten vorhanden.

64 Von der Mauer 940 *{36 f.}* läßt sich nicht sagen, ob sie Außen- oder Zwischenmauer gewesen ist. Eine Öffnung an ihrem Ostende könnte für das erstere sprechen. Die Mauer hat jedenfalls sehr lange sichtbar gestanden und ist in ihrem oberen Teil erst bei Anlage des Niveaus 952 *{73}* abgebrochen worden.

65 Über ihrer Abbruchhöhe in H=50,35 ü. N. N. beginnt, nach Süden versetzt, die Mauer 371, deren nördliche Baugrube, von H=52,70 ü. N. N. ausgehend, deutlich zu verfolgen ist. Die Unterkante ihres Fundaments entspricht in etwa der weiter westlich gefundenen *{78}* [38].

66 Wir haben die Mauer 371 früher als die Außenmauer der brunonischen Erweiterung angesehen. In ihrem oberen Teil ist sie das auch (371 a). Aber die Mauer des 10. Jahrhunderts benutzt eine karo-

[37] Doppelfeld *{6}*, S. 117 = hier S. 406.

[38] Weyres *{3}*, S. 90, § 45 ff. = hier S. 698.

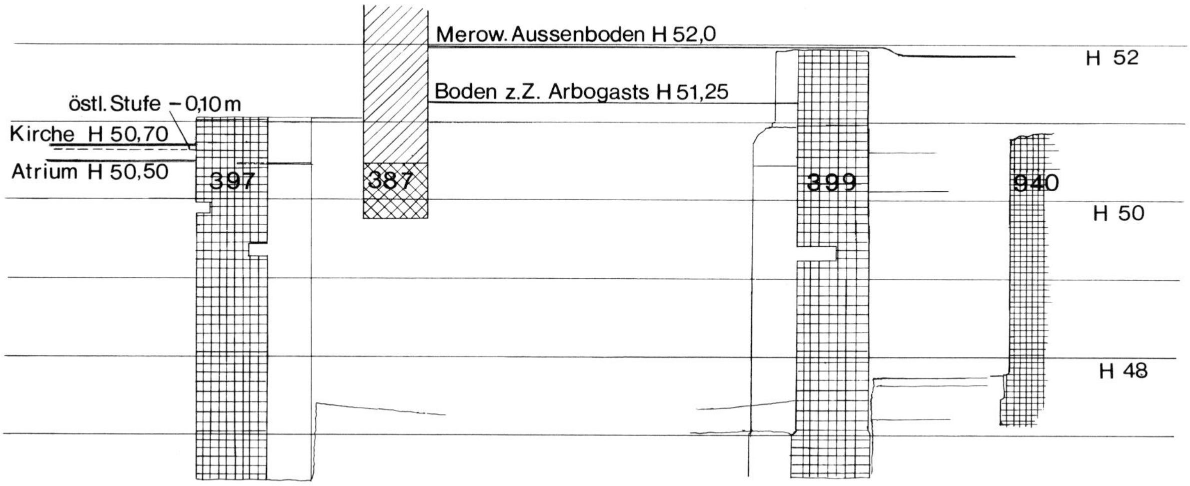

Abb. 10. Rekonstruktion in N-S-Richtung (nach Abb. 8) (unmaßstäblich).

lingische Mauer als Fundament. Diese gehört, wie unten noch darzulegen sein wird, zur karolingischen Südvorhalle *{78 f.}*.

67 Der Zwischenraum zwischen den Mauern 399 und 940 ist über der Stickung *{38}* rd. 2,0 m hoch mit einer lehmigen Erdmasse angefüllt worden, über der eine schmale Schuttschicht bis auf H=50,05 ü. N. N. liegt, die mit Ziegelplattenbrocken abgedeckt ist (964).

68 Am Rande der westlichen gotischen Baugrube bildet ein Dachziegel eine Kante. Darüber liegt Ziegelgrus, eine Art Traufenschutz. Aus dieser Anordnung war auf das Vorhandensein einer N-S-Mauer zu schließen, die mit der gotischen Baugrube verloren gegangen wäre.

69 Ein Rest dieser Mauer (946) hat sich bis zur Höhe von 50,75 ü. N. N. erhalten, und zwar in und über der Mauer 940. Die Unterkante innerhalb der gotischen Baugrube, die unter 50,05 ü. N. N. *{67}* gelegen haben muß, ist natürlich nicht mehr zu finden.

70 Für die ursprüngliche Höhe von 940 gibt es kein Indiz; Die Mauer ist aber zur Zeit des Bodens 964 noch sichtbar gewesen. Sehr hoch kann sie allerdings nicht über ihn hinausgeragt haben.

71 Der Höhenlage nach paßt der Boden 964 zum Boden 938 im Osten der Cella *{19}* und zu dem knapp 10 cm höher liegenden Niveau 944 im Westen des Tempels, das uns noch beschäftigen muß *{108}*. Es scheint, als ob die Mauer 946 den Raum zwischen den Mauern 940 und 399 von einem westlichen Tempelvorplatz abgetrennt hat *{106}*.

72 Der Zwischenraum ist nach Ausweis der verschiedenen Böden, die man übereinander gelegt hat, längere Zeit in Benutzung gewesen. Auf dem Boden 964 steht an der Mauer 399 eine aus zwei Stükken bestehende, wahrscheinlich durch Brand beschädigte Säule 947. Ein Sockel für eine Votivfigur? Ein flaches Stück einer unregelmäßigen Säulentrommel (949) liegt etwas weiter westlich auf einer schmalen Schuttschicht, die um 947 angewachsen ist.

73 Ein neues festes Niveau über einer Brandschicht findet sich bei H=50,60 ü. N. N. (952). Diese Schicht tangiert offensichtlich die Mauer 946, geht aber über die Mauer 940 hinweg. Analoge Auffüllungen sind im Osten des Tempels nicht mehr zu finden gewesen.

74 Das im Westen an die Cellawand zu verlängernde Niveau wäre der Boden der von uns dem Comes Arbogast zugeschriebenen neuen Porticus (904) in H=51,10 ü. N. N. [39]. Die Mauer 946 könnte die südöstliche Begrenzung der Porticus geblieben sein.

75 Bei H=51,80 ü. N. N., d. h. nur wenig unterhalb der Abbruchhöhe der südlichen Cellamauer 399, findet sich noch einmal ein festes Niveau, das auch die Säule 947 überdeckt (958). Es liegt 0,80 m

[39] Weyres *{3}*, S. 94 f.=hier S. 678 f.; Weyres *{2}*, S. 148 ff.=hier S. 696 ff.

höher als die Abbruchkante von Mauer 397. Es sieht so aus, als ob die Mauer 399 gleichzeitig mit der Ablage des Bodens 958 abgebrochen worden ist. Der Abbruchschutt könnte in der Steinmasse unterhalb des Bodens gesehen werden. Es handelt sich um das letzte Außenniveau vor dem karolingischen Neubau. Es müßte nach N zu bis an die merowingische Kirchenmauer 387 gereicht haben.

C. Befunde im Westen des Tempels zwischen O 7,0 und W 5,0 (Abb. 2, 3, 11 bis 14)

76 Dieser Grabungsabschnitt wird durch drei starke karolingische O-W-Mauern in zwei Unterabschnitte geteilt. Es handelt sich um die Mittelschiffmauer 331, die südliche Seitenschiffmauer 303 und das jetzt erst als zur südlichen Vorhallenmauer gehörig erkannte Fundament 371.

77 Im Westen ist der Abschnitt durch das mächtige gotische Streifenfundament 999 abgeriegelt. Im Osten lassen die gewaltigen Einzelfundamente 389 a und 389 b schmale Zwischenräume frei, durch die hindurch die Verbindung mit den östlichen Grabungsabschnitten hergestellt werden konnte *{35 ff.}*.

78 Die Mauern 303 und 331 sind früher beschrieben worden [40]. Die Mauer 371 ist bei ihrer Aufdekkung als die Außenwand der Erweiterung unter Erzbischof Bruno (953 – 965) erkannt worden. In ihrem oberen Teil, den wir jetzt 371 a nennen wollen, ist sie das auch *{65}*. Der untere Teil der Mauer, der bei H = 50,90 ü. N. N. beginnt, ist jedoch karolingisch.

79 Um den Nachweis für den karolingischen Ursprung zu erbringen, müssen wir uns zunächst die N-S-Mauer 970 ansehen. Sie hat ihre Unterkante auf ungefähr gleicher Höhe wie 371. Im Norden ist sie gegen die Mauer 303 gestoßen; im Süden ist sie in ihrem unteren Teil glatt hochgemauert. Die Mauer 371 ist hier gegen sie gesetzt, während im oberen Bereich wenige Schichten zwischen beiden Mauern Verband haben.

80 Die Mauer 970 ist auf H = 53,0 ü. N. N. abgebrochen und mit dem Boden 908 überdeckt, der über die Abbruchhöhe der Mauer 303 hinweggeht und sich damit als Boden der brunonischen Erweiterung ausweist [41]. Dieser Boden ist an Mauer 371 a, also den oberen Teil von 371 herangeführt.

81 Die vergleichsweise schmalen Baugruben sowohl zu 371 als auch zu 970 sind gut ablesbar. Sie gehen von einem Boden auf H = 53,0 ü. N. N. aus, der als Außenboden zur karolingischen Kirche die richtige Höhe hat (968). Der innere Boden liegt um eine Stufe höher bei 53,22.

82 Der Boden 968 ist über der Baugrube zu Mauer 371 eingebrochen; über der westlichen Baugrube zu 970 ist er geflickt. Das deutet darauf hin, daß er älter ist als die Mauern 371 und 970; man hat einen dem inneren entsprechenden Außenboden, also eine Art Vorplatz vor einem Südportal angelegt und dann erst die beiden Mauern eingebracht.

83 Der befestigte Vorplatz läßt vermuten, daß man erst nach der Fertigstellung der Kathedrale eine südliche Vorhalle mit wesentlich geringeren Fundamenten als der Hauptbau sie hatte, ausgeführt hat.

84 Ähnliche Befunde lassen den Schluß zu, daß die Mauer 370 zu dieser Vorhalle gehört [42]. Der Abstand zwischen 370 und 970 ist etwa 22 m. Das wäre schon eine sehr große Halle. Merkwürdigerweise geht aber die Mauer 371 noch nach W zu über die Westkante von 970 weiter bis an die gotische Baugrube, also noch etwa 2,5 m. Eine Erklärung für dieses Faktum ist im Augenblick nicht möglich.

85 Die Südmauer der Vorhalle kann man sich wenigstens teilweise als offene Arkade vorstellen, die in brunonischer Zeit durch eine Tuffsteinmauer ersetzt wurde. Die Tuffsteinaufmauerung ist noch

[40] Weyres *{3}*, S. 87 ff. = hier S. 673 ff.
[41] Weyres *{3}*, S. 89 f. = hier S. 674 f.
[42] Weyres *{2}*, S. 137 = hier S. 689.

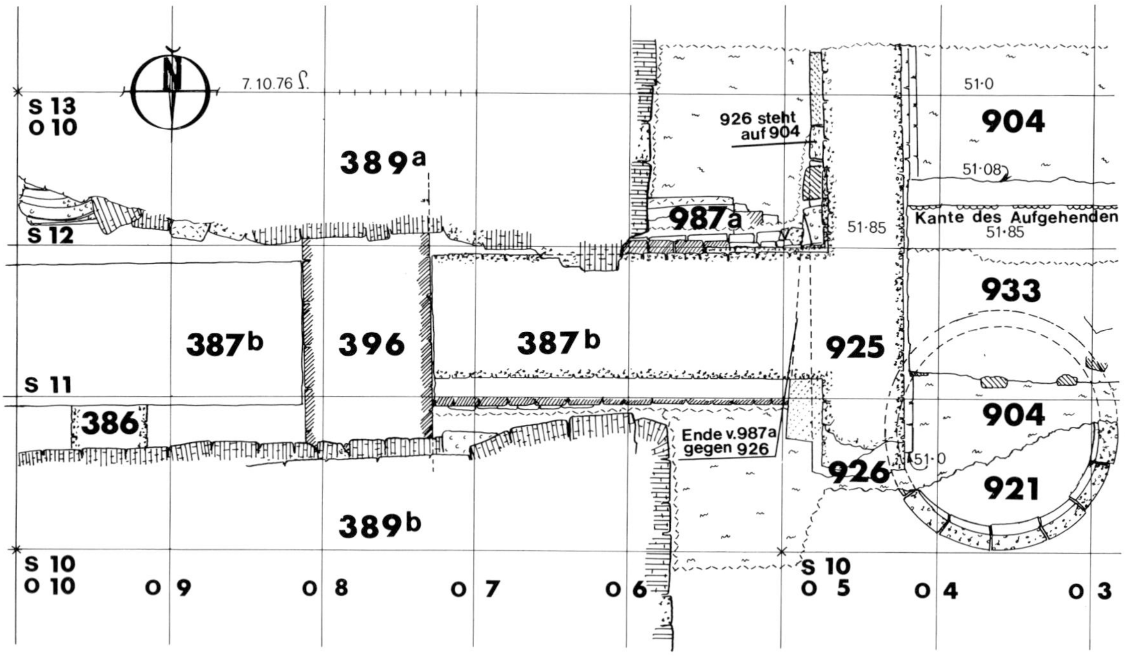

Abb. 11. Grundriß westlich der Cella nach der Phase „Arbogast". – Maßstab 1 : 50.

über einen Meter, an der Trennmauer 200 noch bis H = 54,90 ü. N. N., hoch erhalten. Die an dieser Stelle zu vermutende Portalöffnung ist in den bisher bekannten Mauerstücken nicht vorhanden. Sie kann natürlich an der Stelle des gotischen Pfeilerfundaments 389 b gesessen haben. Dann werden wir sie nie finden.

86 Wenn sie aber dort gelegen hat, so wäre sie dem mittelalterlichen Zugang durch die östliche Abseite des gotischen Querschiffs, der an dem mittelalterlichen Gericht vorbeiführte, ein ganzes Stück nähergerückt. Ob die Hacht eine späte Nachfolgerin unserer Vorhalle war, kann ich nicht entscheiden; daß aber kirchliche Sendgerichte in dem geräumigen Bauwerk abgehalten worden sind, kann man, aus Nachrichten von anderen Kirchen schließend, als wahrscheinlich ansehen.

87 Der Ort des Sendgerichts ist wahrscheinlich zu unterscheiden von der Stelle, an der am Gründonnerstag die „reconciliatio" der Büßer stattfand. Das geschah im 13. Jahrhundert im Atrium zwischen Maria ad Gradus und dem Ostchor des Domes [43].

88 Um die sehr verwickelten Befunde in diesem Grabungsabschnitt einigermaßen verständlich zu machen, werde ich aber besser mit den untersten Schichten anfangen, die bis jetzt gefunden worden sind. Es ist sicher nicht an allen Stellen der gewachsene Boden erreicht worden. Die Aussicht, unter einer gewissen Höhenkote noch zusammenhängende Befunde aufzudecken, ist gering und wäre auf jeden Fall mit einem Aufwand verbunden, den die zu erwartenden Resultate nicht rechtfertigen [44].

89 Es fällt auf, daß Böden verschiedener Qualität in diesem Grabungsabschnitt praktisch überall in der Höhe von rd. 48,0 ü. N. N. gefunden worden sind, aber nicht nur hier, sondern auch bei O 20,0 im Mittelschiff und zwischen O 33,0 und O 10,0 im südlichen Chorseitenschiff. Bei O 40,0 und im Bereich des Baptisteriums liegen Böden rd. 1,0 m tiefer.

90 Früher ist angenommen worden, daß der Geländebruch zwischen Niederterrasse und Flußaue von Nord nach Süd ungefähr durch die Mitte des gotischen Querhauses verliefe. Jetzt hat sich herausgestellt, daß die Kante bei W 8,0 noch nicht vorhanden ist und andererseits vor dem Südquerhaus

[43] F. W. Oediger, Geschichte des Erzbistums Köln I. Köln [2] 1972, S. 324 f.; – Weyres *{44}*, S. 86 = hier S. 524.

[44] Eine Ausnahme bilden die Grabungen am Baptisterium, die bis auf eine Höhe von 46,00 ü. N. N. heruntergeführt worden sind. W. Weyres, Die Domgrabung XVII. In: Kölner Domblatt 31/32, 1970, S. 81 ff. = hier S. 521 ff.

etwa bei O 18,0 liegt [45], so daß sie also nach Norden zu weiter nach Westen zurückweicht; d. h. der Tempel liegt weiter von der Niederterrassenkante entfernt, als ursprünglich angenommen werden mußte.

91 Der genaue Verlauf der Ostkante der Niederterrasse ist deshalb schwierig festzustellen, weil die Grundstücksbesitzer auf der Flußaue ihre Gebäude in die Böschung zwischen dieser und der Niederterrasse hineingeschoben haben.

92 Zu den Böden in H=48,0 ü. N. N. gehören verschiedene Mauern. Die erste, 817, liegt im gotischen Mittelschiff. Doppelfeld hat sie schon 1963 beschrieben [46]. Die zweite, südlich der Tempelcella (940), habe ich oben *{64}* erwähnt. Über eine dritte (920), die ebenfalls von Ost nach West, aber 0,25 m weiter südlich als 940 verläuft, habe ich 1973 berichtet [47]. Die vierte schließlich (971) ist dieses Jahr zum Vorschein gekommen. Es handelt sich um eine 0,50 m dicke Stampflehmmauer mit beidseitigem Verputz, die auf einem Bruchsteinfundament errichtet ist.

93 Die Mauer 971 ist offensichtlich eine Zwischenwand. Ihr oberer Teil ist bei der Verschüttung des zugehörigen Raumes nach Süden hin umgeworfen worden. Der Befund läßt nicht zu, eine Katastrophe anzunehmen, bei der dieses Gebäude zerstört worden wäre. Der Oberteil der Mauer ist erst umgeworfen worden, nachdem der anschließende Raum schon bis zu einer gewissen Höhe verfüllt war.

94 Wie die Mauern der Tempelcella (395, 396, 397, 399) haben auch die Mauern 940 und 920 die große Verschüttung überstanden, während 817 und erst recht 971 verschwunden waren. 940 und 920 sind weiter benutzt worden.

95 Über den Böden in H=48,0 ü. N. N., von denen man nicht ohne weiteres annehmen muß, daß sie gleichzeitig entstanden sind, lagert eine mächtige Lehmschicht, die mehr oder weniger stark mit Bauschutt durchsetzt ist. Im Bereich des Mittelschiffs ist die Anschüttung bis zu 2,80 m hoch [48]. Im hier behandelten Grabungsbereich ist die Auffüllung 1,90 bis 2,30 m hoch. Sie zeigt keine erkennbaren Nutzungshorizonte.

96 Es kann nicht gesagt werden, ob die große Verschüttung, die, wie ausgeführt, rund um den Tempel zu beobachten ist, überall zur gleichen Zeit vorgenommen wurde. Es gibt Anzeichen dafür, daß das nicht der Fall war. Auffallend ist, daß eine Verfüllung von dem um den Tempel vorgefundenen Ausmaß außerhalb des Domes im Süden nicht anzutreffen war.

97 Die Verfüllung reicht bis an die Westmauer der Tempelcella. Der möglicherweise hier vorhanden gewesene Aufgang bzw. ein Vorplatz, den man in der Höhe des ursprünglichen Tempelbodens *{43}* erwarten sollte, ist nicht gefunden worden.

98 Über der Verfüllung sind drei verschiedene Bauten bzw. Anlagen ausgeführt worden: ein Brunnenhaus mit Brunnen, ein ummauerter Tempelvorplatz und ein westlich davon durch einen befestigten Weg geschiedenes Gebäude, dessen Zweckbestimmung nicht zu erraten ist, das aber wahrscheinlich ein profanes Haus war.

99 Der interessanteste und rätselvollste Fund ist das Brunnenhaus. Wilhelm Schneider hat über den Brunnen (921) berichtet [48a]. Er ist durch die Aufschüttung hindurch abgeteuft. Die verhältnismäßig schmale Baugrube ist bis auf einen Boden in H=48,20 ü. N. N. gut erkennbar.

100 Der Brunnenrand scheint nicht in der ursprünglichen Form erhalten zu sein. Die oberste Schicht der Ringsteine ist z. T. stark nach außen geneigt und, im Gegensatz zu dem übrigen Brunnenmauerwerk, das bemerkenswert ordentlich ist, nachlässig und ohne Keilschnitt versetzt.

[45] O. Doppelfeld, Die Domgrabung VI. In: Kölner Domblatt 6/7, 1952, S. 115.

[46] Doppelfeld *{6}*, S. 117=hier S. 406.

[47] Weyres *{3}*, S. 96, §§ 75 ff.=hier S. 680 ff.

[48] Im gotischen Chor, wo ein Boden bei 47,20 ü. N. N. gefunden wurde, erreicht die Anschüttung eine Höhe von 3,40 m. Weyres *{13}*, S. 106, Nr. 851=hier S. 597 f.

[48a] Wilhelm Schneider, Ein römischer Brunnen. In: Kölner Domblatt 40, 1975, S. 157 ff.=hier S. 706 ff.; – Weyres *{2}*, S. 139, § 15 f.=hier S. 690.

101 Ein Ziegelsplittestrich (927) ist gegen den Brunnenrand hochgezogen, so daß sich eine Rinne bildet. Das sieht aus wie eine Maßnahme, um eine versumpfte Umgebung der Brunnenmündung zu sanieren oder um zu verhindern, daß Oberflächenwasser in den Brunnen hineinlief. Das ist geschehen, als man das Brunnenhaus verändert hat *{104}*.

102 Von dem, was man als Brunnenhaus ansehen kann, sind die Ost-, Süd- und Westmauer nachzuweisen. Ein Nordabschluß ist, wenn er vorhanden war, der karolingischen Baugrube zum Opfer gefallen.

103 Die Westmauer 930 beginnt auf H=49,45 ü. N. N. Ihr oberer Teil ist weggebrochen, wie aus einer Raubgrube zu erkennen ist. Sie ist 0,45 m breit und steht im Verband mit der Südmauer 953, die die gleiche Tiefe hat.

104 Diese Südmauer 953 ist von drei späteren Mauern (943, 909 und 933) überdeckt. Sie konnte, wollte man nicht zuviel zerstören, nur durch Suchschlitze erfaßt werden; das ist am Westende und auch im Osten gelungen. Ein in der Mitte angelegter Schlitz konnte nur noch eine Raubgrube feststellen.

105 Die Ostmauer 957 liegt unter der Mauer 955, um 0,10 m nach Westen versetzt. Zwischen ihr und der Cellamauer 396 bleibt ein Zwischenraum von 1,20 m. Eine Erklärung, weshalb das Brunnenhaus an gerade dieser Stelle liegt, das heißt vor der Tempelcella, aber noch in einem Abstand davon, ist zur Zeit nicht möglich.

106 Das Brunnenhaus liegt nahe an der Stelle, wo man die Tür zur Cella suchen muß. Es kann also sein, daß der Tempel vernachlässigt war. Er ist aber in der Zeit des Brunnenhauses noch keineswegs aufgegeben, denn in der folgenden Phase erhält er einen stattlichen, ummauerten Vorplatz auf der Höhe von H=rd. 50,15 ü. N. N. Das stimmt zu dem von uns rekonstruierten Fußboden im Innern des Tempels *{43}*.

107 Von der Ummauerung des Vorplatzes sind bekannt: die Nordmauer 943, die über der Mauer 953 liegt; die Westmauer 942 und die Südmauer 945. Die Stärke der Mauern ist 0,35 m, ihre Unterkante liegt bei H=49,90 – 50,05 ü. N. N.

108 Ein Bodenrest (944) in H=50,15 ü. N. N. in der Südwestecke zeigte, daß der Vorplatz mit einem Mosaikbelag auf einer dünnen Kalkschicht belegt war. Die für einen offenen Platz nicht recht geeignete Technik ist die Ursache dafür, daß nur noch einzelne Mosaiksteinchen gefunden wurden.

109 Die Südmauer 945 fluchtet mit der südlichen Cellamauer 399, während die Nordmauer 943 von der Nordflucht des Tempels (Mauer 397) rd. 2,50 m entfernt ist. Der Vorplatz liegt also nicht in der Tempelachse (=S 15,8). Das kann damit erklärt werden, daß man das Brunnenhaus respektieren bzw. den Brunnen erhalten wollte.

110 Dafür gibt es weitere Anzeichen. Die Mauern des Brunnenhauses (oder die Ummauerung des Brunnenplatzes) sind niedergelegt und mit z. T. veränderter Flucht mit Mauerwerk wieder aufgeführt worden, das mit der Ummauerung des Tempelvorplatzes im Verband steht *{109}*. Es handelt sich um die Mauern 955 und 943. Die letztere ist über die Ostflucht der Mauer 955 hinaus nach Osten verlängert worden, bis sie an die Cellamauer 396 stieß.

111 In der Achse des Brunnens nach Süden zu ist die Mauer 943 nicht vorhanden. Es muß also eine Verbindung zwischen dem Tempelvorplatz und dem Brunnen hergestellt worden sein. Die Situation ist nicht eindeutig zu klären. Jedenfalls ist der Ziegelsplittestrich, der zur Reparatur des Brunnenrandes verwendet wurde *{100}* in H=50,45 ü. N. N. (also höher als Boden 944 *{108}*), über die Raubgrube der Mauer 943 hinweg und nach Süden zu mit einem einfachen Estrich fortgeführt worden. Man muß also möglicherweise hier noch eine Zwischenphase annehmen.

112 An der Südkante des Tempelvorplatzes springt die Mauer 919, gegen die Mauer 945 gestoßen, 0,40 m nach Osten zurück. Sie zeigt den Abdruck einer Schwelle in H=50,44 ü. N. N. Dieses Zwischenstück (919) ist im Süden bis H=50,85 ü. N. N. erhalten und auf die Mauer 920 gehakt.

113 Östlich an Mauer 919 schließt sich ein Boden an, der an seiner tiefsten Stelle dem Boden 944 entspricht, aber nach Süden zu ansteigt. Hier ist ein ostwärts gerichteter Korridor zu erkennen, der rechts von der noch existierenden Mauer 920 *{94}* und links von der Mauer 945 begrenzt wurde.

114 Der Korridor setzt sich in den Zwischenraum zwischen Mauer 940 und 399 fort, wo ein Boden 964 *{67 – 69}* 0,10 m tiefer liegt. Eine Trennung zwischen beiden Räumen kann die nur noch in Resten faßbare Mauer 946 *{69 f.}* gewesen sein. Da das südliche Stück dieser Mauer bis H=50,75 ü. N. N. erhalten ist, kann hier nur eine schmale Tür angenommen werden.

115 Wir hätten hier also einen Zugang zum Tempel gefunden. Er war zwar nicht sehr monumental, erlaubte aber wohl, von dem verkleinerten östlichen Vorplatz mit dem Boden 398 *{19}* auf ungefähr gleicher Höhe in den Westen des Tempels zu gelangen, wo sich in dieser Zeit mit Sicherheit der Eingang befand.

116 Es ist nun zu untersuchen, was in dieser Phase im Westen des Tempelvorplatzes war. Hier findet sich im Abstand von rd. 1,70 m von der Mauer 942 *{107}* eine in etwa parallele N-S-Mauer 931. Sie ist nur nördlich der Mauer 303 gefunden worden. Südlich davon muß sie unter der Mauer 970 *{79}* verschwunden sein.

117 An ihrem aufgedeckten Nordende hatte die Mauer 931 eine Unterkante bei H=49,54 ü. N. N. [49]. Die vergleichbaren Mauern 930 *{103}* und 957 *{105}* haben beide UKH=49,45 ü. N. N. Man kann die drei Mauern zunächst als gleichzeitig ansehen.

118 Da die Mauern des Tempelvorplatzes 942 und 943 *{107}* erst bei UKH=49,90 ü. N. N. beginnen und sich über 930 und 953 *{107}* legen, muß man die Einrichtung des Tempelvorplatzes als später erfolgt ansehen als die Herstellung der Mauer 931. Der Schluß ist nicht unbedingt zwingend, aber sehr wahrscheinlich.

119 Der Zwischenraum zwischen der Mauer 942 (bzw. den Mauern 930 und 919) und der Mauer 931 muß als eine Gasse angesehen werden, auf die der Korridor südlich der Tempelcella mündete. Sie hatte in H=50,37 ü. N. N. einen festen Belag (956), der etwas höher lag als der erneuerte Boden des Brunnenhauses (927) *{111}*.

120 Wohin die Gasse sonst noch führte, konnte nicht festgestellt werden. Vorerst jedenfalls sieht es nicht so aus, als ob sie entlang der Mauer 920, die in dieser Zeit noch über die Höhe des Belags 956 beträchtlich herausragte und so den Weg nach Süden versperrte, nach Westen abgebogen wäre.

121 Die 0,38 m dicke Mauer 931 ist auf beiden Seiten verputzt. Im Westen schließt sich auf H=50,40 ü. N. N. ein solider Estrichboden 932 an [50]. Ein vielleicht entsprechender Boden 978 findet sich in H=50,54 ü. N. N. an der Nordseite der Mauer 920 und an der Südseite der Mauer 972 *{123}*.

122 Ein Prachtstück ist die Mauer 920 *{92}*, die zu den ältesten der Grabung gehört [51]. Sie ragt über den Boden 978 noch 0,50 m heraus, ist in dieser Phase also erhalten und sichtbar geblieben und mit einem neuen rosafarbenen Verputz versehen worden.

123 Die im Abstand von 4,20 m parallel dazu verlaufende O-W-Mauer 972 ist wesentlich jünger. Sie setzt mit UKH=49,60 ü. N. N. oberhalb der umgekippten Lehmmauer 971 *{93}*, aber 0,60 m nach Norden versetzt, ein. Auf ihre Erhaltungshöhe in H=50,96 ü. N. N. muß geachtet werden *{125}*. Die Südseite dieser Mauer ist in gleicher Weise verputzt wie der obere Teil der Mauer 920 *{122}*; die Nordseite ist bei der Ausschachtung der karolingischen Baugrube für Mauer 303 abgeschrotet worden, so daß die ursprüngliche Dicke unbekannt ist.

124 Wir haben also zwei O-W-Mauern, 920 und 972; eine N-S-Mauer 931 und zwei Fußböden, 932 und 978, die wir als zu einem Gebäude gehörig ansehen können. Von diesem Gebäude würden wir zwei Räume kennen, die Fußböden mit einem Höhenunterschied von 0,14 m hätten. Die westliche Begrenzung der beiden Räume ist in der gotischen Baugrube verschwunden; die nördliche in der Baugrube zur karolingischen Mauer 331.

125 In der nächsten Phase passiert etwas sehr Merkwürdiges. Über die niedergebrochenen Mauern 942 und 931 hinweg wird ein sehr sorgfältig gemachter Abflußkanal 923 mit kräftigem Gefälle nach O-

[49] Weyres *{2}*, S. 156=hier S. 705.

[50] Weyres *{2}*, S. 156=hier S. 705.

[51] Weyres *{3}*, S. 96, § 75 ff.=hier S. 680 ff.

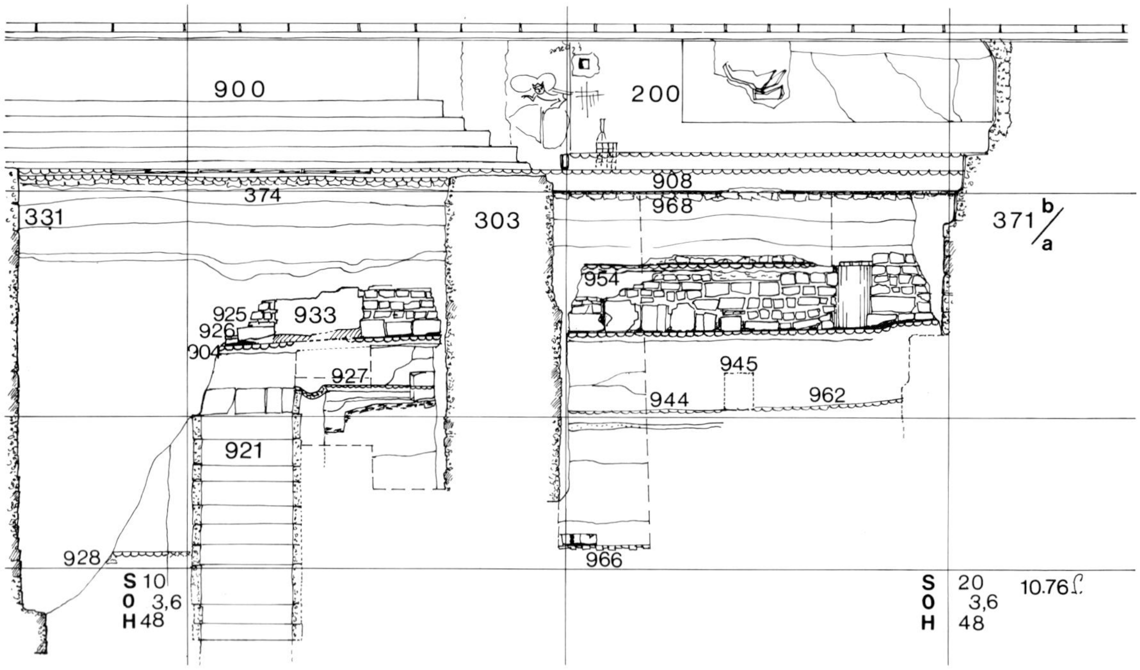

Abb. 12. Profil in N-S-Richtung bei O 3.60 durch den Westhof mit West-Ansichten der Mauern auf dem Boden der Arbogast-Phase gegen Osten gezeichnet. – Maßstab 1 : 100.

SO angelegt. Ein schwer deutbarer Mauerklotz 936 könnte dazugehören [52]. Die Mauer 972 steht in dieser Phase noch aufrecht.

126 Die ganze Anlage kann nur dazu gedient haben, Regenwasser von einem großen Gebäude schnell wegzuschaffen, das wir im Anschluß an das Mauerwerk 936 nach W zu zu suchen hätten. Daß hier die Notwendigkeit bestand, Tageswasser zu beseitigen, zeigt eine verhältnismäßig hohe Kies- und Sandpackung unterhalb des Kanals 923.

127 Wir sind nach wie vor der Meinung, daß dieser Großbau nur die älteste Kölner Bischofskirche gewesen sein kann, der wir allerdings bisher nur wenige Befunde zuweisen können: Ein Estrich, den wir im Mittelschiff von W 6,0 – W 16,0, also 10 m weit verfolgen konnten; eine Mauer (845), die östlich an diesen Estrich anschließt, und zwei Mauern im karolingischen Nordquerschiff (112 a und 118 a) [53].

128 Wenn man die Flucht der Mauer 845 nach Süden verlängert, so tangiert sie den Mauerklotz 936 *{125 f.}*. Eine hier vorhandene Mauer muß also vollständig bei der Anlage der Baugrube zum gotischen Fundament der westlichen Pfeilerreihe des Querhauses entfernt worden sein. Abdruckspuren an 936 machen das ehemalige Vorhandensein einer solchen Mauer wahrscheinlich, die zusammen mit der Mauer 845 die westliche Begrenzungsmauer der Bischofskirche gewesen wäre.

129 Das oben rekonstruierte zweiteilige Gebäude *{124}* hätte danach mit dem nördlichen der beiden Räume vor der Westfront der Kirche gelegen. In der Phase des Kanalbaues *{125 f.}* war dieser allerdings zerstört, während der südliche Raum weiter bestand, wie man aus den Abbruchhöhen der zugehörigen Mauern annehmen muß *{123}*.

130 Der Kanal 923 hat aber auch den Tempelvorplatz *{106 ff.}* so zerschnitten, daß er nicht mehr zu benutzen war. Wohin der Kanal sein Wasser abgab, kann nur vermutet werden. Da von ihm außer-

[52] Weyres *{2}*, S. 157 = hier S. 706.

[53] W. Weyres, Zur Baugeschichte der vorgotischen Kölner Kathedralen. In: Kölner Domblatt 26/27, 1967, S. 7 – 56 = hier S. 454 ff.

halb des Vorplatzes weder südlich noch südöstlich eine Spur gefunden worden ist, kann er nur zu einer Sickergrube geführt haben, die an der Stelle des gotischen Pfeilerfundaments 389 b gelegen haben muß.

131 Der Tempel selbst stand in dieser Phase noch aufrecht. Auch der Brunnen 921 kann noch benutzbar gewesen sein, während die Umfassungsmauern des Vorplatzes ruiniert waren. Wir können hier mit der gebotenen Vorsicht annehmen, daß ein Übergriff der Christen in den Sakralbereich des Tempels stattgefunden hat.

132 Die Grabung erbrachte nicht den Nachweis, wer den Brunnen angelegt hat. Wenn man die Christen als die Urheber der großen Anschüttung nördlich des Tempels *{95 f.}* ansehen will, so könnte man auch den Brunnen ihnen zuschreiben. Sie sind dann aber sicher nicht unbestritten in seinem Besitz geblieben.

133 In der folgenden Phase erfolgte eine grundlegende Änderung, die das ganze Grabungsfeld im südlichen Querhausarm in Mitleidenschaft zog und die wir bisher und auch jetzt noch als das Resultat der Bautätigkeit unter dem Comes Arbogast ansehen [54].

134 Eine Mauer 909 diente als Fundament für eine Säulenstellung, von der die Basis 910 und die Unterlagsplatten 929 und 960 sich noch in situ befinden. Dazu gehört ein sehr stabiler Ziegelsplittestrich 904 in H=51,05 ü. N. N. – 51,20 ü. N. N., der sich bis an die Tempelcella erstreckt.

135 Eine Untersuchung südlich der Mauer 371 ergab, daß die Säulenstellung sich nicht weiter nach Süden erstreckte und die Basis 910 das Ende der Reihe anzeigte. Die beiden Kerben in ihr können nur bedeuten, daß sie in zweiter Verwendung versetzt ist [55]. Auch so liegt sie schon weit über die südliche Cellaflucht nach Süden hinaus [56].

136 Am Nordende sind das Fundament 909 und der Estrich 904 durch die Baugrube zu 331 abgebrochen. Der Estrich geht über den Brunnen hinweg und reicht auch noch etwas weiter nach Norden als die Abbruchkante von 909. Daraus ist zweierlei abzulesen: 1. der Brunnen ist zu dieser Zeit aufgegeben, und 2. die aus dem Fundament 909 und dem Estrich 904 zu erschließende Säulenporticus reichte weiter nach Norden, mindestens bis zur Nordflucht der Cella.

Weil wir das Nordende der Porticus nicht kennen, ist sie kaum mit Sicherheit zu rekonstruieren.

137 Wenn man annimmt, daß sie nach Norden so weit über die Cellaflucht hinausreichte wie auf der Südseite, kann man mit geringen Verschiebungen (zwischen 20 und 40 cm) sich eine viersäulige Säulenreihe vorstellen mit einem Achsenabstand von rd. 4 m. Das setzt natürlich voraus, daß die beiden Enden der Halle sozusagen im freien Raum gestanden hätten. Es ist schwierig, sich ein Dach darüber vorzustellen.

138 Ein bei H=51,10 ü. N. N. liegender Estrich (934) schließt sich westlich an das Bankett an [57]. Er reicht westlich bis an die gotische Baugrube und überdeckt nicht nur die Kanalanlage 923, sondern auch alle Mauern, die sich in diesem Bereich befanden.

139 Im Zusammenhang mit der Errichtung der Porticus ist also ein geräumiger, mehr als 6 m breiter Vorplatz vor dem Tempel geschaffen worden, der bis an die Westwand der Kirche, falls sie zu dieser Zeit existierte, gereicht hat.

140 Der Porticus entspricht der im Innern des Tempels erschlossene neue Fußboden *{45}*. Auch im Zwischenraum zwischen der Cella und der Mauer 940 gibt es ein Niveau 952 *{73}*, das bei H=50,60 ü. N. N. nur 50 cm tiefer als der Boden der Porticus liegt und mit ihr als phasengleich angesehen werden kann. Dieser Boden dehnt sich über die Flucht der Mauer 940 hinweg nach Süden aus. Eine Grenze ist aber nicht mehr zu finden. Zwischen Porticus und Boden 952 besteht zu dieser Zeit noch die Mauer 946 *{68 ff.}*.

[54] Weyres *{2}*, S. 148, §§ 54 ff.=hier S. 698.
[55] Weyres *{3}*, S. 99 f.=hier S. 683 f.
[56] Weyres *{2}*, S. 147, § 49=hier S. 696.
[57] Schneider, *{48 a}*, S. 157=hier S. 706 f.

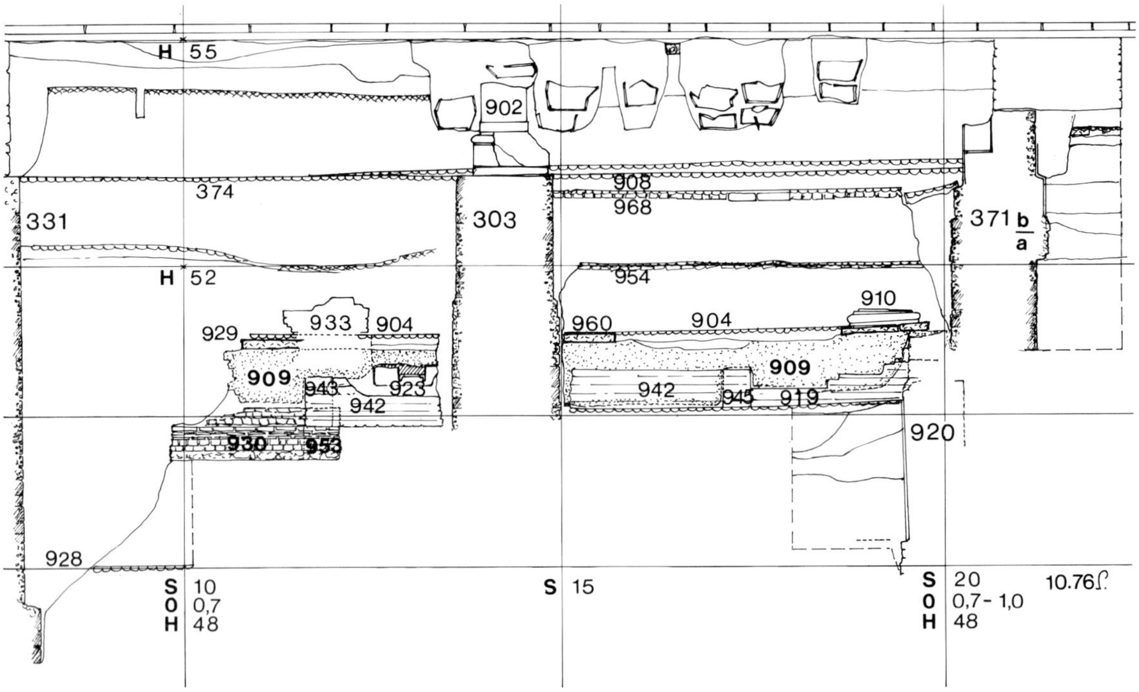

Abb. 13. Profil in N-S-Richtung bei O 0.70; gegen Osten gesehen mit Ansicht der Westwand des Hofes westlich der Cella und dem östlichen Umgang. In Ansicht weiter zurückversetzt zu sehen, ist die Phase „Arbogast" der Porticus auf dem durchlaufenden Boden. – Maßstab 1 : 100.

141 Zur Herstellung der Porticus mußten die Reste des Tempelvorplatzes *{118 f.}* unter einer Anschüttung verschwinden. Der über diese Anschüttung gelegte, an sich sehr solide Boden 904 *{134}* ist stellenweise ziemlich abgesackt, was bedeutet, daß man wenig sorgfältig und eilig gearbeitet hat.

142 Es handelt sich bei den beschriebenen Maßnahmen offensichtlich um eine Wiederherstellung des Tempels, die nicht ohne Gewaltanwendung vor sich gegangen sein kann. Die Verschüttung des Brunnens 921 ist der Anlage der Porticus notwendigerweise vorangegangen [58]. Die im Brunnen gefundenen Münzen geben einen Terminus post quem [59]. Frühestes Datum für das Aufgeben des Brunnens ist 383 n. Chr. Wahrscheinlich ist das aber später geschehen. Wenn wir die Anlage der Porticus und die übrigen ihr zuzuordnenden Arbeiten der heidnischen Restauration unter dem Comes Arbogast und dem Kaiser Eugenius (392 – 94) zuschreiben, so befinden wir uns, glaube ich, auf sicherem Boden [60].

143 Wir wissen aus der schriftlichen Überlieferung, daß die Periode der Restauration nicht länger als zwei Jahre gedauert hat. Aber es hat den Anschein, als ob die Christen den Tempel nicht unmittelbar nach 394 abgerissen haben, obwohl ihnen die verschärften kaiserlichen Edikte dazu eine Handhabe geboten hätten. Die Porticus des Arbogast allerdings scheint nur kurze Zeit nach ihrer Errichtung wieder entfernt worden zu sein.

144 Doch wird im Abstand von rd. 2,70 m von der Cellawestmauer die Mauer 926 unmittelbar auf den Boden 904 der Porticus aufgesetzt [61]. Sie ist 0,60 m breit und reicht von der Baugrube zu 371 bis zur Baugrube zu 331; sie streicht also vor der ganzen Breite des Tempels her.

[58] Schneider *{48 a}*, S. 157 ff. = hier S. 706 ff.

[59] G. Biegel, Fundmünzen und Verschüttungsdatum des Brunnens unter dem Kölner Dom. In: Kölner Domblatt 40, 1975, S. 175 ff. = hier S. 721.

[60] Weyres *{2}*, S. 148, §§ 54 ff. = hier S. 698; ders. *{3}*, S. 99 f. = hier S. 683 f.

[61] Schneider *{48 a}*, S. 155 = hier S. 704 f.

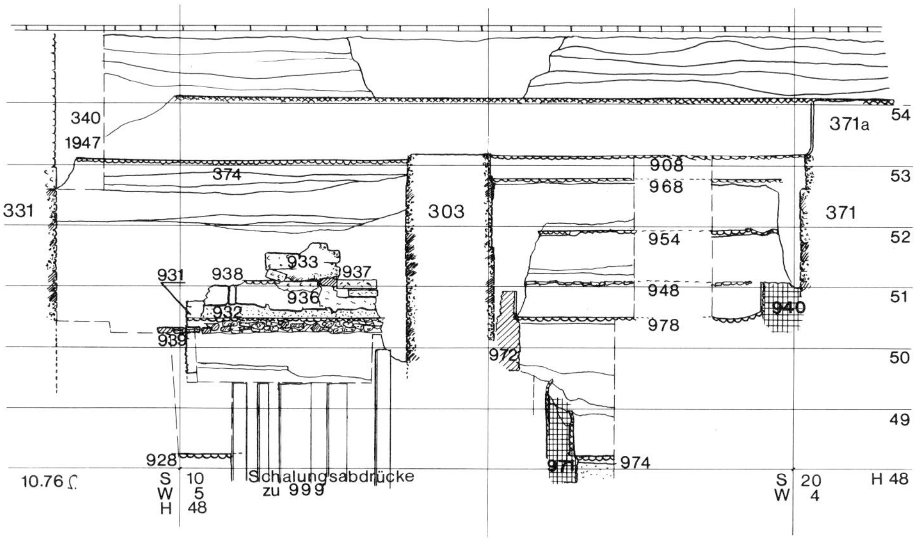

Abb. 14. Profil N-S am W-Ende des Grabungsbereiches bei ca. W 5 in N bis W 4 am S-Ende gegen Osten aufgenommen. – Maßstab 1 : 100.

145 Das sah zunächst so aus, als hätte man den heidnischen Bereich durch eine Mauer gegen den christlichen abgeriegelt, wobei der Abstand von 2,70 m von der Cella merkwürdig ist. Die genauere Analyse der schwierig zu deutenden Befunde ergab jedoch noch ganz andere Merkwürdigkeiten.

146 Zu einer späteren Zeit wurde über einer schwachen, auf dem Boden der Porticus 904 und dem zugehörigen Außenboden 934 lagernden Erdschicht die mächtige O-W-Mauer 933 errichtet [62]. Das Fundament ist 1,20 m breit und zeigt an der Südseite einen Sockelvorsprung von 0,20 m in H=51,50 ü. N. N. Leider ist die Nordseite durch die karolingische Baugrube zu 331 gestört, so daß weder die Mauerbreite noch die Höhe eines zugehörigen Bodens festgestellt werden können.

147 Die Mauer 933 stößt stumpf gegen die Mauer 926 *{144}* und gegen die N-S-Mauer 925, die 926 überdeckt. Diese wiederum steht mit der östlichen Fortsetzung von 933 im Verband (987 b) *{148}*.

148 Um dieses Zwischenstück 987 b zwischen der westlichen Cellamauer 396 und der Mauer 926 anlegen zu können, wurde der Boden 904 durchschlagen und ein 0,75 m tiefes, sehr ordentliches Fundament eingebracht (987 a). Die Mauer 987 b ist in ihrem Ostende abgebrochen, weshalb nicht gesagt werden kann, in welchem Verhältnis sie zur Mauer 396 stand, ob sie diese einmal überdeckt hat oder ob die Tempelmauer bei der Anlage von 987 b noch aufrecht stand. Die Mauer 987 a respektiert die Mauer 926, das bedeutet, daß diese die ältere ist.

149 Die Mauer 926 könnte einen Korridor vor der Westwand des Tempels und dessen südlichem Nebenraum gebildet haben. Es sieht wie eine Planänderung aus, daß sie mit der Mauer 925 in einer sehr wilden Form und unter Verwendung von allem möglichen Material überhöht worden ist.

150 Da diese Erhöhung mit der Mauer 987 b in Verband steht, kann man nur annehmen, daß mit letzterer der Korridor nach Norden zu abgesperrt wurde und daß auf diese Weise ein Zugang zur Tempeltür geschaffen worden ist, der von dem übrigen Vorplatzbereich der Arbogastschen Neuanlage getrennt war.

151 Daß dieser Korridor als Zugang benutzt worden ist, zeigt ein Bodenrest 924 in H=51,75 ü. N. N. südlich der Mauer 303. Dieser liegt allerdings wesentlich höher als die vermutete Bodenhöhe im Tempel nach der Restaurierung durch Arbogast *{56 u. 62}*. Er legt sich auf die Mauer 926 und ist an die schmalere Mauer 925 angepaßt. Ein entsprechendes Außenniveau zu 926 und 925 ist nicht gefunden worden.

[62] a. O. S. 156=hier S. 705 f.

152 Wir sehen die Mauer 933 als einen Teil der Südwand der römischen Bischofskirche an, und zwar jenen, der zu Ende des 4. oder zu Anfang des 5. Jahrhunderts den oben erschlossenen Urbau *{126}* mit dem Tempel verband.

153 Es ergeben sich bei dieser Annahme Schwierigkeiten, die noch nicht alle ausgeräumt sind. Die – mit Vorsicht – aus dem Fundament der Mauer 933 abzulesende Fußbodenhöhe liegt bei H=51,40 ü. N. N. und entspricht nicht den Höhen, die im Mittelschiff gefunden worden sind. Bei W 7,0 findet sich eine Fußbodenhöhe von 50,80 ü. N. N. Die im Osten innerhalb der fränkischen Kirchenerweiterung gefundenen Böden liegen tiefer – bei H=50,40 – 50,60 ü. N. N. [63]. Die Abbruchhöhe der Mauer 397 *{59}* liegt bei 51,00 ü. N. N. Ein Boden 114 a im karolingischen Nordquerschiff, den wir zur frühesten Kirchenanlage rechnen müssen, liegt bei H=51,70 ü. N. N. [64].

154 Mit einiger Phantasie kann man sich eine Kirche vorstellen, die erhöhte Seitenschiffe für die Frauen hatte, etwa in der Art der Gynäzeen in der byzantinischen Kirche im „Atelier des Phidias" in Olympia.

155 Ist es so noch schwierig, sich aus den verschiedenen Höhenlagen ein überzeugendes Bild zu machen, so haben die letzten Ausgrabungen Zweifel darüber aufkommen lassen, wann der Tempel abgebrochen worden ist. Wir hatten früher mit guten Gründen angenommen, daß es nach der Episode des Arbogast geschehen sei [65]; wahrscheinlich ist aber, daß er in der angeführten unregelmäßigen Form *{46}* erst abgerissen worden ist, als man eine grundlegende Bereinigung des Geländes durch die Mauer 387 *{50 f.}* beabsichtigte.

156 Die Mauerstücke 387 a *{15}*, 387 *{50}*, 987 a/b *{148}* und 933 liegen genau in einer O-W-Flucht. Sie sind aber alle zu verschiedenen Zeiten ausgeführt. Die Vermutung liegt nahe, daß hier eine alte Grundstücksgrenze sich durchgesetzt hat, die vom Tempel und dem Restaurationsbau des Arbogast nach Süden hin überschritten worden ist. Eine zweite Grundstücksgrenze scheint durch die Mauern 920 *{92}* und 940 *{36}* markiert zu sein.

157 Als Außenniveau dienten der spätrömischen Kirchenerweiterung anscheinend zunächst die sich auf der Platzbefestigung 948 vor der Arbogastschen Porticus ansammelnden Erdschichten. Sie erhalten in H=52,00 ü. N. N. eine Abdeckung 954, von der die karolingischen Baugruben ausgehen. Für die Schichten darüber verweise ich auf die Berichte im Kölner Domblatt 1973 und 1975=hier S. 663 ff. und S. 685 ff.

D. Zusammenfassung

Wir können heute 22 Bebauungsphasen auf dem Gelände der Domgrabung unterscheiden:

1. Älteste erfaßte profane Bebauung;
2. Tempel, wahrscheinlich 1. Jahrhundert (Abb. 15);
3. Anschüttung des Geländes (Vorbereitung des christlichen Atriums), 4. Jahrhundert;
4. Anlage des Brunnens (1. christliche Kirche) (Abb. 16);
5. Tempelvorplatz und gegenüberliegende Räume (Abb. 17);
6. Kanalanlage (Abb. 18);
7. Porticus und Tempelerneuerung unter Arbogast 392/394 (Abb. 19);
8. Abmauerung des Tempels;
9. Erweiterung des ersten Kirchenbaues nach Osten (Abb. 20);
10. Abbruch des Tempels;
11. Kapelle im Atrium;

[63] Weyres *{13}*, S. 83 ff.=hier S. 575 ff.
[64] Weyres *{53}*, S. 49=hier S. 491 f.
[65] Doppelfeld *{6}*, S. 120=hier S. 408 f.

12. fränkische Fürstengräber, um 550;
13. fränkische Erweiterung der Bischofskirche nach Osten;
14. frühkarolingische Erweiterung der Bischofskirche nach Westen, vor 800;
15. karolingischer Neubau der Bischofskirche, 1. Phase;
16. Fertigstellung der Bischofskirche, Weihe 870;
17. Anlage der südlichen Vorhalle;
18. Erweiterung der Kathedrale unter Bruno, 10. Jahrhundert;
19. Beginn des gotischen Neubaues und Abbruch des Ostteiles der karolingischen Kirche 1248;
20. Verbindungstreppe aus dem Rest der karolingischen Kirche zum Chorumgang;
21. Abbruch des Westteils der karolingischen Kirche nach 1320;
22. Weiterbau und Fertigstellung des Domes im 19. Jahrhundert; Etappen der Bautätigkeit im Osten und im Westen außerhalb des Domes sind hier nicht mitaufgeführt.

KATALOG

Funde aus dem südlichen Chorumgang und der Neufunde im südlichen Querschiffarm

Bearbeitet von Wilhelm Schneider

Vorbemerkungen:

Abkürzungen: OK = Oberkante, UK = Unterkante, H = Höhe, Br = Breite, Lg = Länge und Dm = Durchmesser

Die Höhen sind in Metern über N. N. (Amsterdamer Pegel) angegeben. Das Koordinationsgitter ist nach Soldner auf den Dachreiter des Kölner Domes bezogen. Das aus ihm gefällte Lot ist der Nullmeßpunkt der gesamten Ausgrabung.

Erfaßt sind alle Fundnummern von den Grabungen ab 1961.

1. Aus der sogen. Nikolauskapelle in der Nummerngruppe 301 bis 399.

2. Spätere Verbindungsstollen und kleinere Nachgrabungen im und am südlichen Querschiffarm, die unter den Nummern 901 bis 999 erfaßt wurden.

Die bereits in dem Katalog des Vorberichtes, Kölner Domblatt 40, 1975, S. 153 ff. = hier S. 703 ff. beschriebenen Fundpunkte werden in der Nummernfolge berücksichtigt, die komplexen Zusammenhänge und die Textseiten werden aufgeführt.

Fundpunkte aus den Nummerngruppen, die außerhalb des Grabungsbereiches liegen, sind ausgelassen.

Die Feldbezeichnungen sind dem in der Dombauhütte verwandten Normalgrundriß entnommen (vgl. Kölner Domblatt 28/29, 1968, S. 22).

301 Zugang zur Krypta von 1959 bis 1961. Schnitt in der Nikolauskapelle (ehem. 383) und im westlichsten Feld des südlichen Chorumganges
Die S-Koordinaten 7,0 bis 15,0 durchziehen von O 7,0 bis O 21,0 das sich verengende Grabungsfeld. Die Grabungsfläche beträgt 60 qm innerhalb der trennenden und abschließenden gotischen Pfeilerfundamente 369, 379 und 389 a und b (Felder 41 und 47). Die Grabung wurde im Tagebau ausgeführt und erreichte die Fußpunkte der gotischen Fundamente in H 46,50.

303 Mauer in O-W-Richtung, karolingische Südschiffwand
N-Kante S 13,70; W 5,0 bis S 13,10; O 20,65
hier erfaßt 25,70 m, Br 1,40 m, OKH 53,25, UKH 47,15 bei O 19. Gesamt-Lg der Mauer 53 m. Es ist sorgfältig verstrichenes Mischmauerwerk aus Handquadern, vielfach wiederverwendetes Material in Kalkmörtel. Wie in anderen Grabungsbereichen beobachtet, liegt auch hier ein Mörtelwechsel vor. Bis H 51,50 wird weißer Kalkmörtel verwendet, die nachfolgenden Lagen sind durch Ziegelsplittzuschlag

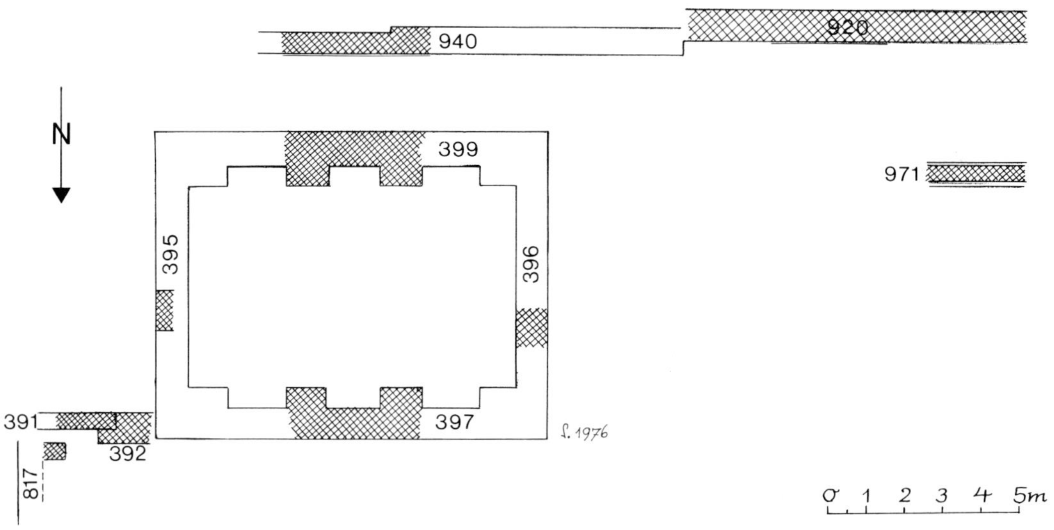

Abb. 15. Der römische Tempel und die ältere profane Bebauung (921). – Maßstab 1 : 200.

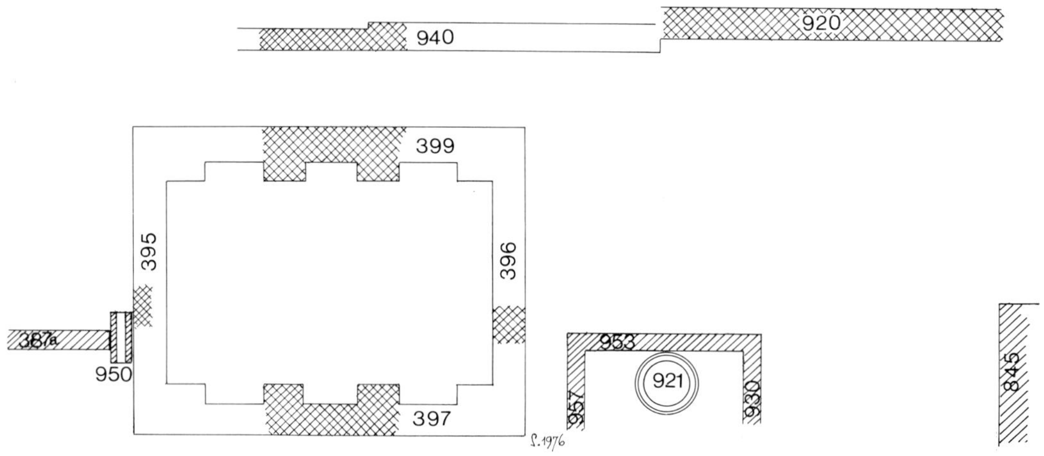

Abb. 16. Anlage des Brunnens westlich des Tempels. – Maßstab 1 : 200.

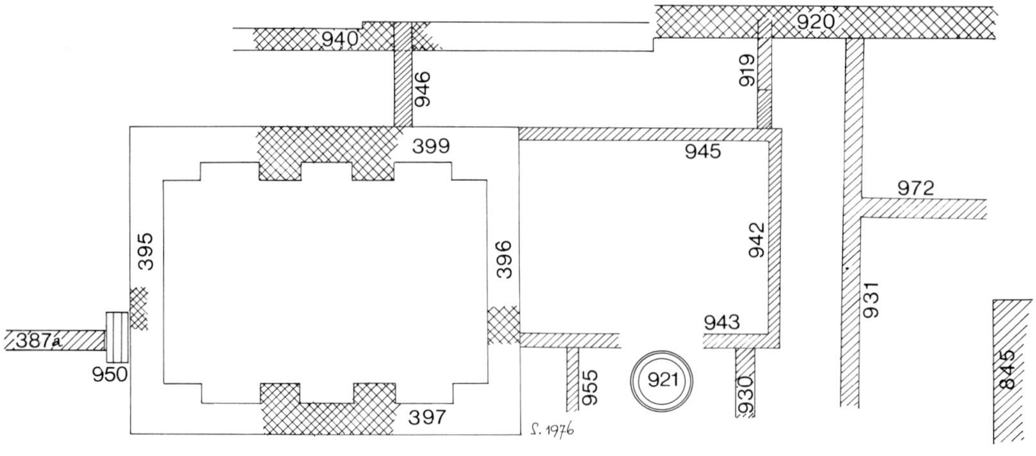

Abb. 17. Westlicher Tempelvorplatz. – Maßstab 1 : 200.

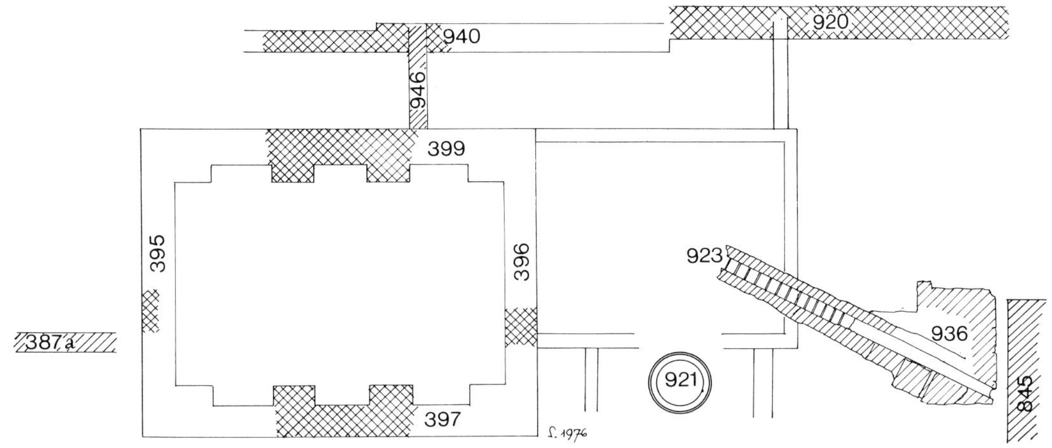

Abb. 18. Kanalanlage auf dem Tempelvorplatz. – Maßstab 1 : 200.

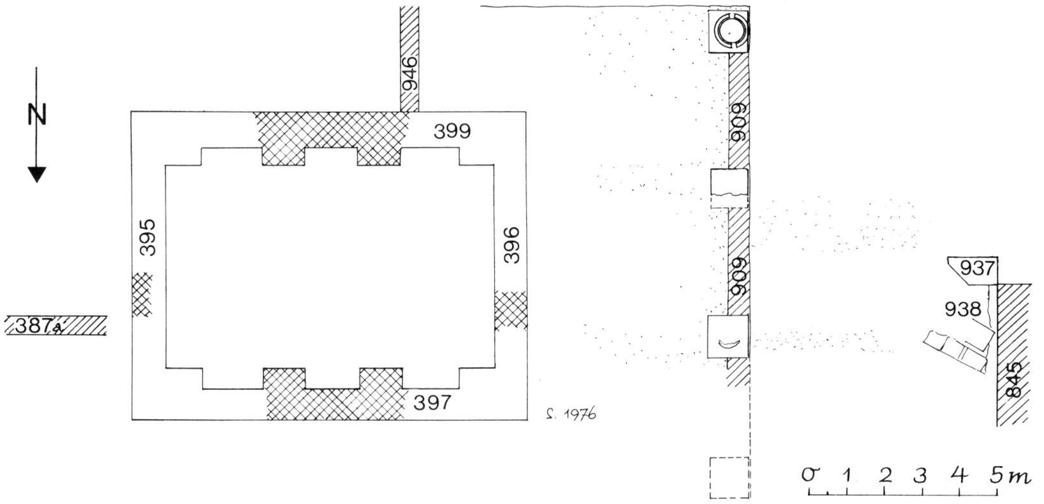

Abb. 19. Porticus im Westen und Tempelerneuerung (392 – 394). – Maßstab 1 : 200.

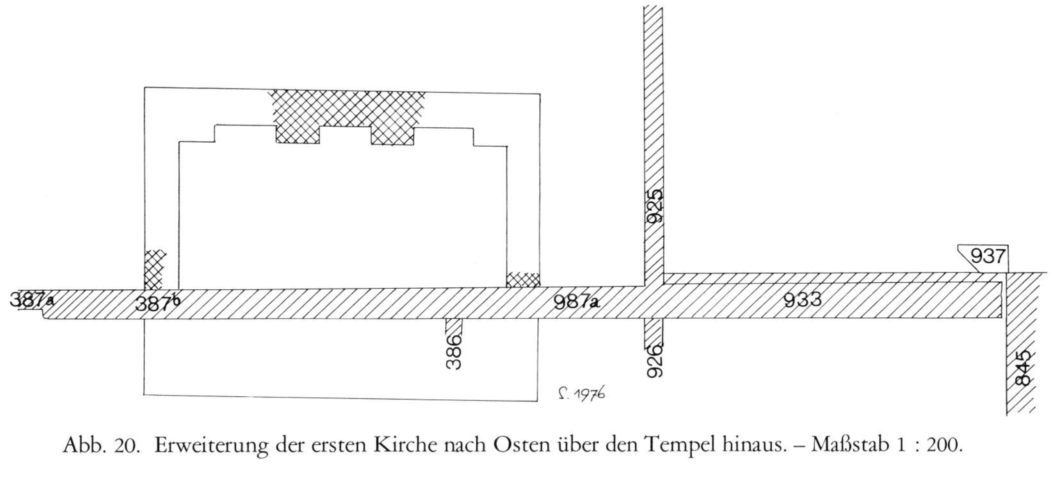

Abb. 20. Erweiterung der ersten Kirche nach Osten über den Tempel hinaus. – Maßstab 1 : 200.

rosafarben vermörtelt. Bei der späteren südlichen Schiffserweiterung wurde sie bodengleich niedergelegt und erhielt die Aufbauten Pfeiler 393 und 902 und den Abdruck 905.
Die letzte Steinlage der N-Kante (Innenseite) etwa H 53,0 springt 0,20 m zurück.

330 Verbindungsstollen zwischen Schnitt 301 und dem Grabungsfeld des östlichen karolingischen Südschiff-Abschlusses (Felder 51, 55, 59)
Nach Osten unter dem südlichen Chorumgang von O 20 bis O 30 etwa, die Mittelachse liegt bei S 10.

331 Mauer in O-W-Richtung, südliche karolingische Mittelschiffmauer
S-Kante bei S 8,0; W 5,0 bis S 7,3; O 20,25 (im Grabungsbereich). Lg 25,25 m, Br 1,45 m, OKH 53,20 bis 53,25, UKH bei O 20 erreicht 46,10.
Gesamt-Lg der Mauer: (ohne Chorquadrat) 53 m.
Aufgefunden schon 1949 (Richartzmauer) im Ostteil der Grabung des südlichen Chorumganges, vgl. Kölner Domblatt 33/34, 1971, S. 104=hier S. 596; 36/37, 1973, S. 88=hier S. 675 Abb. 10 und 40, 1975, S. 151=hier S. 701.
Fundamentmauerwerk aus Handquadern mit Kalkmörtel aufgerichtet, bis H 51,20 feinkörnig weiß, anschließend bis H 52,60 rosafarben durch Ziegelsplittzuschlag. Auf der Mauerkrone sind mittig zwei Lagen 1,25 m breite Quadern aufgelegt, als schwellenartiger Abschluß. Es sind römische Spolien aus Trachyt, Rot-, Bunt- und Kalksteinen, die etwa 5 cm das Bodenniveau überragen.

340 Kleiner Suchschnitt am südwestlichen Vierungspfeiler
(Feld C 9) von 1947, bei S 9, von W 3 bis W 5.

360 Schnitt in der Sakramentskapelle; 1947 bis 1948
(Felder 55 und 56)
Ab S 18, von O 16 bis O 28,50 gegen das gotische Südwand-Fundament. Untersucht wurde bis H 52,50.

364a, 364b Zwei Böden in Schnitt 360
bei N-S-Mauer 370; (vgl. Boden 374)
Ausdehnung von S 14,2 bis S 19,7 und O 18,2 bis O 20,6.
Boden a – H 52,90 von Westen gegen die Mauer 370.
Boden b – H 53,10 bis 53,16. Lg 5,50 m, Br (noch) 2,40 m über Mauer 370.
Beide Böden sind 6 cm stark, aus weißem, sehr harten Kalkmörtel hergestellt. Sie stoßen gegen N und S an die O-W-Mauern 303 und 371. Der obere ist an dem verputzten Sockel der Mauer 371 angestrichen. Im südlichen Teil lagen die Böden fest aufeinander, nach Norden trennten sie sich in steigendem Maße durch eine feine Schuttschicht bis 0,20 m Stärke.

369 Fundament in N-S-Richtung, gotisch
W-Kante (verläuft unregelmäßig, springt teilweise stark nach oben ein) von S 5; O 20 bis S 19,3; O 19,3. OKH 55,0, UKH 46,5.
Es ist das Fundament der Pfeilerreihe A, B und C 12 aus Basalt- und Tuffsteinlagen in festem, weißem Kalkmörtel.

370 Mauer in N-S-Richtung in Schnitt 360, karolingische Phase VII c (?) zwischen den O-W-Mauern 303 und 371, dazu Boden 364 a
W-Kante bei O 19,44; S 14,2 bis O 19,46; S 19,74; Lg 5,50 m, Br 1,10 m, OKH 52,94, UKH nicht erfaßt, abgegraben wurden 0,70 m.
Fundamentmauerwerk aus Grauwacke-Handstein unter Verwendung von Kalkmörtel mit Ziegelsplittzuschlag. Ab H 52,66 springt die Mauer 5 cm nach O zurück. Gegen die Mauer 303 wird die Stoßfuge beobachtet. An der Westseite zerschneidet sie 2 Böden (378 a, b) in H 52,24.
Gegen S wird sie 1947 im erfaßten Bereich mit der O-W-Mauer 371 in Verband aufgezeichnet. Ähnlich verhält sich die Parallelmauer 970 in den oberen Steinlagen.

371, 371 a Mauer in O-W-Richtung, Südmauer der brunonischen Erweiterung. Fundament-Mauerwerk darunter über die N-S-Mauern 370 und 970 hinaus weiter nach W und O verlaufend. Karolingisch, Phase VII c
N-Kante des Fundaments bei S 19,7; O 25,9 bis S 21,2; W 4,3; Lg min. 30 m, Br 1,25 m, UKH 50,90; höchste erhaltene Stelle an der Mauer 200 bis unter die Bodenstickung des heutigen gotischen Domfußbodens in H 53,0.
Das Fundament ist anders als die der Mauern 331 und 303 nicht durch das gotische Fundament 389 b

durchbrochen. Im Grabungsgebiet 901 ist die Mauer auf die römischen Mauern 920 und 940 in H 50,50 bis H 50,90 gesetzt. In 13 Lagen ist mit weißem Mörtel 1,65 m starkes Mauerwerk aufgeführt; Material an der nördl. Wandung grobe Tuffquader; südlich wurden außen ca. 8 Schichten Grauwacke-Handquader beobachtet. Es folgen ab hier leichte Rücksprünge bis 10 cm und es beginnt der Mörtelwechsel durch Ziegelsplitt-Zuschlag (H 52,6 ca.).

In 5 bis 6 Steinlagen aus Tuffhandquadern erreichen sie die H 53,0. Es folgt ein letzter beidseitiger Rücksprung von 12 cm; der verwendete Mörtel ist nun graugelb mit kleinen Kalkbröckchen versetzt, auch sind Brandschadenregulierungen mit Ziegelsplittmörtel vorgenommen worden.

Vom 1. Rücksprung an aufwärts, H 52,6, ist die Mauer auf der Nordseite verputzt, ab H 53,0 auf beiden Seiten.

Ab O 5,0 ungefähr ist eine 0,35 m tiefe Nische von der Innenseite in H 53,55 nach Osten verlaufend eingeschnitten, die in die gotische Trennwand 200 einschwenkt und in diese Phase zu verweisen ist.

372 Säulenbasis in Schnitt 330, römisch

Gefunden 1949 auf Boden 374 in H 53,11 bei S 14,3; O 20,2 (Mitte). Plinthe 0,85 m Seiten-Lg, Schaft-Dm 0,60 m, H 0,48 m.

Attische Basis 0,22 m hoch auf 0,08 m hoher Plinthe. Der Schaft hat 24 unten eiförmig zulaufende Kanneluren, 6 cm breit mit 2 cm Abstand. Die stark beschädigte Plinthe war in den Boden 374 eingetieft. Material: Kalkstein. Auf dem Stumpf lag eine Kalksteinplatte 0,55×0,30 m, 0,25 m hoch. Das Ensemble entspräche dem Werkplatz eines Steinmetzen. (Seit 1972 als Dauerleihgabe im Röm.-Germ. Museum, Köln.)

373 Säulenbasis in Schnitt 360, römisch

Gefunden 1949 auf dem Boden 374 in H 53,13 über der Mauer 303 bei S 12,9; O 19,6 (Mitte), Basis Seiten-Lg 0,73 m, Schaft-Dm 0,56 m, Gesamthöhe fragmentiert 0,52 m. Material: Kalkstein.

Die Plinthe ist 0,08 m hoch, stark beschädigt, in den Boden 374 eingelassen; darauf die 0,16 m hohe Basis, bestehend aus einem breiten unteren und einem schmalen oberen Wulst, beide durch eine Hohlkehle verbunden. Der anschließende Schaft ist glatt. Darauf lagen eine 0,20 m hohe Kalksteinplatte und ein 0,17 m hoher Sandsteinblock. Werkplatz eines Steinmetzen, wie 372? (Seit 1972 als Dauerleihgabe im Röm.-Germ. Museum, Köln.)

374 Boden des karolingischen Domes im südlichen Seitenschiff zwischen den Mauern 303 und 331

Im gesamten Grabungsbereich mit späteren Störungen in H 53,10 bis H 53,20 beobachtet. Boden aus hellem Estrich auf einer gemischten Handquaderstickung in Mörtel verlegt. Bodenstärke durchweg 0,20 m. Die Mörteloberfläche von ca. 4 cm Stärke ist sehr narbig; es sind Fremdmörtelspuren vorhanden, die jedoch, wie auch ein harter, nur schwer lösbarer schwarzer Schlämmschutt, aus der gotischen Bauphase sein können. Der Boden umschließt Pfeiler 902. Zur Bodenabdeckung könnte eine Schieferplatte gehören, westlich der Treppe 900 aufgefunden.

375 Suchschnitt in südlicher Richtung von Schnitt 330 ausgehend

Untersuchungen im südlichen Chorumgang bei O 18 von S 7 bis S 20 in Stollenbau bis 2 m breit (Felder 47 und 48) 1949

Erfaßt wurde die karolingische Südschiffbreite, in kleineren Schachtungen die Anschlüsse der Mauer 370 an den Mauern 303 und 371. Grabungssohle war der Boden 374 in H 53,11 bis H 53,14, der hier die Fundnummer 364b erhielt, weil die Unterbrechungen durch die gotischen Pfeilerfundamente keine Verbindungen erkennen ließen.

378a, 378b Böden in Schnitt 360 im westlichen Winkel der Mauern 370 und 371, aufgefunden 1949

Erfaßt wurden bei O 19,45 von S 18 bis S 19,7, mindestens 1 m breit, Reste von etwa 2 qm, die an der Westseite durch die gotische Baugrube gestört waren.

Boden 378a=OKH 52,14; Boden 378b=OKH 52,24.

Die gleichartigen Böden, 0,18 m und 0,10 m stark, haben glatte Oberflächen aus feinem grauem Kalkmörtel über Grauwacke- und Tuffstein- Kleinschlagstickungen. (vgl. Boden 954)

379 Fundament in N-S-Richtung der gotischen Pfeilerreihe A 11 (SO-Querhausecke), B und C 11

Es zerteilt in N-S-Verlauf mit einer Br von 5 m, von O 13,30 bis O 18,20, die Grabung in die zwei Teilbereiche: OKH 55,00; UKH 46,50.

383 Schnitt Nikolauskapelle (ältere Beschriftung gestrichen)

Durch die neue Grabung und des zusammenhängenden Befundes wegen in Schnitt 301 aufgelassen.

384 Ziegelsplitt-Estrich nördlich an Mauer 387 a
OKH 49,90; Etwa 2 qm ab O 18,00 bis O 20,00.
Der stickungslose Kalkestrich mit Ziegelsplitt-Zusätzen, 0,10 m stark, wellenförmig eingedrückt, reißt im Norden an der karolingischen Baugrube ab. Die Ergänzung der Mauer 387 a = Mauer 387 b fußt auf dem Westteil des Bodens.

385 Plattengrab, wahrscheinlich von Weihbischof von der Veyder, 1724 verstorben
Mittelachse auf S 11,40; von O 9,00 bis O 11,50.
Grabsohle ist der Boden des karolingischen Domes H 53,20, darauf ist das Grab aus Tuffsteinplatten aufgemauert. Es wies keine Abdeckplatte auf und scheint im 19. Jahrhundert gestört worden zu sein. Unter 385 sind in alphabetischer Reihenfolge von A bis D weitere neuzeitliche Bestattungen katalogisiert.

386 Mauer nach N an O-W-Mauer 387 b, merowingisch
Bei S 11,00; von O 9,10 bis O 9,60; OKH 50,50; UKH 49,75.
Das Mauerwerk ist 0,50 m breit und nur 3 Mauersteine lang erhalten (Grauwacke).

387 a Mauer in O-W-Richtung in Schnitt 301 östlich der Cella, römisch
N-Kante bei S 10,95; von O 18,4 bis O 20,85; OKH 50,75; UKH 48,70.
Erhaltene Lg 2,45 m, nach Osten fragmentarisch, Br 0,51 m. Die schöne Handquadermauer aus Grauwackesteinen ist auf einem 0,25 m hohen gröberen Fundament errichtet, das scheinbar grubenlos eingetieft wurde. Die Südseite ist glatt hochgeführt, auf der Nordseite springt das Mauerwerk in H 49,75 um 6 cm zurück und nimmt auf dem Sockel den Boden 384 an. An das aufgehende Mauerwerk, jetzt 0,45 m stark, wird von S in H 50,0 der Boden 398 herangeführt. Am westlichen „Mauerkopf" ist in H 49,40 eine Abflußrinne angelehnt.

387 b Mauer in O-W-Richtung in Schnitt 301, östlich und in der Cella
N-Kante von O 20; S 10,7 nach O 8,2; S 11; OKH 51,05; UKH 49,75. Gesamt-Lg 11,80 m, Br 0,90 m. Sie überdeckt mit ihrem Tuffmauerwerk die Mauer 387 a auf einer Strecke von 1,80 m. Gegründet wird sie hier auf den Böden 384 und 398. Durch das gotische N-S-Fundament 379 unterbrochen, wird sie westlich in der Cella mit UKH 49,75 wieder angetroffen und endet dort an der Cella-Westwand. Sie ist auf der Verfüllung der Cella gegründet.
Das östliche Teilstück hat in H 50,90 einen Sockelansatz, 0,10 m tief, an der S-Seite. An der Nordseite sind die Böden 388 a und 388 b angestrichen. Der Boden 388 b ist übergangslos in den Verputz der Mauerkombination 387 a und b geführt.

388 a, 388 b Estrichböden, römisch, nördlich der Mauern 387 a und b
Zwischen O 18,00 und O 21,75, H 50,45 als Boden „a".
Das Fragment, etwa 3 qm groß, gegen Norden durch die karolingische Baugrube abgebrochen, ist ein solider Kalkestrich mit Ziegelstückchen. Er ist ohne Stickung auf einen festen humosen Schutt aufgetragen und nach der Trocknung geschliffen worden. Der Schutt ist eine Auffüllung über Boden 384. Für den Mauerbau 387 b wurde er durch die Baugrube, die bis auf Boden 384 reicht, ausgeschnitten.

388 b Boden auf Boden 388 a nördlich an Mauer 387 a und 387 b
Auf einer handverlegten Grauwacke- und Tuffsteinstickungen in hellem Kalkmörtel ist ein bis 8 cm starker Kalkestrich mit hohem Anteil an Ziegelsplitt-Zuschlag gestrichen und nachfolgend geschliffen worden. Die Oberfläche wirkt unruhig, ausgetreten und ausgewaschen, ist jedoch fest zusammenhängend. Sie verläuft übergangslos in den Mauerputz.

389 a, 389 b Fundamente in N-S-Richtung, gotisch, Pfeilerreihe A, B und C 10, von 5,5 bis O 11
Sie trennen die Grabungsgebiete südliches Querhaus und südlicher Chorumgang, bestehen aber aus 2 Teilstücken. Das Blockfundament 389 a trägt den Vierungspfeiler C 10.
Nach einer 1,10 m breiten Lücke, in der die Cella-Westwand, die Mauern 387 b, 987 a und 987 b teilweise herausgemeißelt werden mußten, beginnt in gleicher Breite in südlicher Richtung der 2. Teil. Im nichtbelasteten Teil, nördlich der O-W-Mauer 371, ca. 1,50 m breit und 1,60 m hoch ab H 52,50, wurde er durchbrochen, um an die Südwand der Cella gelangen zu können.

391 Mauer in O-W-Richtung in Schnitt 301, östlich des gotischen Fundamentes 379, frührömisch
N-Kante bei S 8,65; von O 17,9 bis O 19,25; OKH 48,10; UKH 44,90; Lg min. 1,35 m, Br 0,90 m. Das Mauerwerk aus Grauwacke-Handquadern ist 1,20 m hoch erhalten, der Westteil steckt im Fundament 379, der Ostteil könnte ein Mauerkopf oder die Stoßfläche gegen eine später abgeräumte N-S-Mauer gewesen sein.

392 Mauer in O-W-Richtung in Schnitt 301, römisch
N-Kante bei S 8,90 von O 19 bis O 20,5; OKH 48,10; UKH 47,15; Lg 1,50 m Fragment; Br 0,50 m. Die Mauer schließt im W an das schwach abgetreppte Ende der Mauer 391 an. Sie springt auf die Südflucht von 391 zurück und ist in den oberen Steinlagen durch Überlappung eine Einheit geworden. Verwendet wurde für beide Mauern gleichartiger weißer Kalkmörtel, auch das gleiche Steinmaterial.

393 Pfeiler auf der karolingischen S-Seitenschiffmauer, brunonisch
N-S-Achse des rechteckigen Maueraufbaues auf O 11,63; Grundfläche 1,20 m×0,44 m; Erhaltungshöhe 0,80 m.
Tuffmauerwerk mit einem Sockelrest an der N-O-Ecke (vgl. Kölner Domblatt 21, 1963, S. 110=hier S. 398; 26/27, 1967, S. 37=hier S. 481 Abb. 14 – 16; 40, 1975, S. 152=hier S. 701).

394 a Stampfboden östlich der Vorlage 395 in Schnitt 301, frührömisch
Schmale Spur zwischen S 11,7 und S 12,4 in H 47,85.
Ab dieser Höhe ist das Fundament der Vorlage (?) in den festen Lehm eingetieft. Abschließend wurde eine Mischung aus kleinem Grauwackesplitt mit feinem Lehm über die Verfüllung gestampft und gestrichen.

394 b Bruchplatten-Boden über dem Boden 394 a in Schnitt 301, römisch
Erhalten etwa 1 qm in H 48,01 aus umgedrehtem römischem Dachziegelbruch in Lehm verlegt. Ab hier beginnt an der Vorlage die doppelte Putzschicht (vgl. Kölner Domblatt 21, 1963, S. 107=hier S. 394; 40, 1975, S. 152=hier S. 701).

395 Ostmauer der Tempelcella in Schnitt 301, römisch
O-Kante von S 11,52 bis S 12,63 auf O 17,85 (korrig.); OKH 50,45; UKH 46,33.
Das Mauerfragment mit 3 freistehenden Seiten ist die 0,30 m breite Schale eines Vorsprungs. Das Kernmauerwerk muß dem gotischen Fundament 379 zum Opfer gefallen sein. Das gröbere Fundament, 1,60 m hoch, lädt etwas aus, ab H 48,0 ist es mit zweischichtigem Putz versehen. Auf der geschliffenen Oberseite wurden Malereireste beobachtet. Bauausführung, Steinmaterial und Mörtel aller Cellawände sind einheitlich aus Grauwacke-Handquadern mit verstrichenen, linierten Fugen aus weißem Kalkmörtel. Ab H 50,0 ist die einheitliche Mauerung gestört und durch grobes gleiches Material ergänzt (vgl. Kölner Domblatt 21, 1963, S. 117=hier S. 406; 36/37, 1973, S. 93=hier S. 678 f. und Abb. 13; 40, 1975, S. 152=hier S. 701).

396 Westmauer der Tempelcella in Schnitt 901, römisch
W-Kante bei O 7,26, von S 10,4 bis S 12,4 (korrig.); OKH 51,10; UKH nicht erreicht.
Das Bruchstück der Mauer, ca. 2,0 m lang, 0,90 m breit, wurde in der Lücke zwischen den gotischen Fundamenten 389 a und 389 b ergraben. Aufbau und Technik wie unter 395 beschrieben, aber ungestört. Abgegraben bis H 49,50 (vgl. Kölner Domblatt 21, 1963, S. 117 ff.=hier S. 406 ff.; 36/37, 1973, S. 87 ff.=hier S. 701 ff. und 40, 1975, S. 152=hier S. 701).

397 Nordmauer der Tempelcella in Schnitt 301, römisch
N-Kante bei S 8,7, von O 10,7 bis O 14; OKH 51,10; UKH 46,40 (korrig.); Lg des Fragmentes 4 m, Br 0,90 m.
Teilstück der Nordwand mit Innenpilastern von 1,04 m×0,60 m und 1,50 m Abstand zueinander. Das einheitliche, unter 395 beschriebene Quadermauerwerk ist bis in H 50,48 ausgeführt, dann sind auf die Pilaster 0,50 m hohe Sandsteinplatten abdeckend 1,10 m tief aufgelegt, die 0,50 m ins Mauerwerk hineinragen. In H 49,3 sind 2 Aussparungen 0,30 m breit und tief, 0,15 m hoch, Abstand mittig 1,30 m (vgl. Kölner Domblatt 1963, S. 97; 1973, S. 93 ff.=hier S. 678 ff. und Abb. 13; 40, 1975, S. 152=hier S. 701).

398 Estrich in Schnitt 301, südlich an Mauer 387 a, römisch
Bei S 11,5 von O 18,2 bis O 20,80 in H 50,0.
Erhalten sind ca 2 qm an der Mauer 387 a, nach S abgebrochen. Auf der lehmigen Aufschüttung von 2 m Höhe ist eine 0,10 m starke, in Kalkmörtel verlegte Handquader-Stickung aufgelegt und mit einem 0,06 m starken Kalkestrich mit Ziegelsplittzuschlag versehen worden. Er ist die Ausgangshöhe der Mauer 387 b auf der Südseite (vgl. Kölner Domblatt 40, 1975, S. 152=hier S. 701).

399 Südmauer der Tempelcella in Schnitt 901, römisch
S-Kante bei S 17,2 von O 10,2 bis O 13,5 (fragm.); OKH 51,88; UKH 46,3.
Die Innenseite des 3,30 m langen Teilstückes mit 2 Pilastern ist über dem Fundamentfuß noch bis in den oberen Bereich des aufgehenden Mauerwerks im Originalzustand erhalten. Die Anordnung des

Fundamentes 0,80 m hoch aus Grauwacke- und Basaltbruch entspricht den Mauern 395 und 397 auch in den Gründungstiefen. Die Ausführung, die Ausmaße, Abdeckungen und Abstände der Vorlagen sind alle aus einer Hand. In H 49,24 sind ebenfalls 2 Aussparungen, ca. 0,30 m hoch und breit, 0,50 m tief, Abstand (mittig) 1,20 m.
Bis 0,86 m hoch über den Abdecksteinen erhalten, springen die Vorlagen bis auf 0,22 m zurück. In der westlichen Abdeckung ist eine Rinne 0,12 m tief und 0,30 m breit gegen den Vorlagenrücksprung geschlagen. Die Außenwand weist in H 51,0 in unregelmäßigen Abständen steinschichthohe Ausbrüche auf. In diesem Bereich auf H 50,0 stößt Boden 964 an, von dessen Höhe aus sich eine Säulentrommel 947 anlehnt (vgl. Kölner Domblatt 40, 1975, S. 152=hier S. 701).

400 Niveau in der Tempelcella H 47,3 – H 47,4

901 Schnitt im südlichen Querhaus 1970 bis 1976
Von S 8 bis S 22; von W 5 bis O 14 (in der S-O-Ecke) (vgl. Vorbemerkungen und Katalog im Kölner Domblatt 40, 1975, S. 153 ff.=hier S. 703 ff.).

902 Basis mit Säulenstumpf auf der Mauer 303

904 Kalk-Estrich, römisch
An Westmauer 396 und an Bankett 909 (vgl. dazu 948).

905 Pfeilerabdruck, brunonisch
Abdruck des Versatzmörtels mit starker ostwärtiger Auskerbung auf der Mauer 303.

906 Rüstlöcher in Mauer 371 a
In H 53,7, bei W 0,20 und O 2 sind 12×12 cm starke, quadratische durchgehende Öffnungen im 0,90 m breiten aufgehenden Mauerwerk.

908 Estrich über Boden 374 im Bereich des Pfeilers 902
In H 53,23; die Abbruchhöhe der karolingischen Südschiffwand verschleift der wohl als Reparatur gedachte graue, glatte Kalkmörtel, 6 cm stark, teils auf einem Lehmausgleich aufgetragen, den geringen Höhenunterschied zwischen dem Boden des Seitenschiffs 374 und dem Boden der Erweiterung.

909 Bankett in N-S-Richtung
W-Fundament der spätrömischen Portikus.

910 Säulenbasis im Südteil des Bankettes 909

911 Schnitt südlich der Südschiffwand 371

912 Plattengrabrest in Schnitt 911
Nordwange aus 2 Tuffsteinplatten auf S 21,8, Sohle H 52,2; Plattenmaße 0,60×0,30×0,10 m.

913 Mauer in N-S-Richtung in Schnitt 911
O-Kante bei S 21,35; O 0,36 nach S 22,65; O 0,33; OKH 53,07; UKH 52,59; Lg min. 1,35 m; Br 0,80 m.
Das Mauerwerk stößt, von S kommend, gegen den Außenputz der Mauer 371 unterhalb des Sockelsprunges. Mischmauerwerk aus Handquadern mit weißem Kalkmörtel.

914 Hüttenboden in Schnitt 901, gotisch
Sehr harter grauer Estrich, 6 cm stark auf einer Schuttschicht über dem Boden 908 gegen die Mauer 200 in H 53,4. Der ansteigende S-Teil ist bis in die Nische der Mauer 371 gestrichen.

915 Mauer in O-W-Richtung in Schnitt 911

916 Mauer N-S, in Verband mit Mauer 915

917 Sarkophagrest (?) in S-W-Winkel des Schnittes 911
Abdeckung 0,14 m stark in H 52,6. Die Wandung verschwindet in den Erdwänden.

918 Hofplattung in Schnitt 911, südlich der Mauer 371 a
Von O 1,0 bis Schnittende ungleichmäßig verlegte Plattenreste in H 53,80 aus Schiefer, Trachyt, Kalk- und Sandstein.

919 Mauer N-S in Schnitt 901

920 Mauer in O-W-Richtung, frührömisch, in Schnitt 901

921 Brunnen unter dem Boden 904 im Schnitt 901, römisch

922 Lehm-Estrich nördlich der Mauer 920 im Schnitt 901

923 Kanalanlage vom Quaderwerk 936 in süd-östlicher Richtung verlaufend
Von W 5; S 11 nach O 2; S 13,36 (Achse); Sohle im Westen H 51,0, im Osten H 50,55.
An beiden gefundenen Enden gestört; war schon aufgegeben, da die Abdeckung fehlt. Sie besteht aus

umgekehrten Dachziegeln im östlichen Fragment, die 0,20 m hohe Wandung ist aus Tuffquadern mit Ziegelsplitt-Mörtel gemauert und verputzt. Ges.-Br 1,10 m, Rinnen-Br 0,40 m. Im Westteil, durch die Mauer 933 verdeckt, erscheint sie von W 2,2 bis W 4,4 als in den Tuffstein geschlagene Rinne. Parallel laufende Plattenabdrücke deuten auf eine offene Führung.

924 Estrich von Osten gegen Mauer 925 in Schnitt 901
Fragment bei S 15,5 nach S 16 (verschwindet im Profil); bis O 4,1 (Gotische Grube); in H 51,70. Etwa 0,5 qm erhalten; aus rosafarbenem Kalkmörtel, 0,10 m stark ohne Stickung.

925 Mauer in N-S-Richtung auf Mauer 926 in Verband mit Mauer 987 b
W-Kante bei O 4,2; von S 10,5 bis S 19,7; OKH 51,95 (max.); UKH 51,25.
Das in 4 Tufflagen aus Handsteinen in weißem Kalkmörtel erhaltene Mauerwerk ist über 9 m lang und 0,52 m (im N), 0,42 m (im S) breit.

926 Mauer in N-S-Richtung auf Boden 904 (Portikus)
W-Kante bei O 4,2; von S 10,4 bis S 19,85; OKH 51,7; UKH 51,0 bis 51,15; Lg 9,5 m und Br bis 0,80 m. Mauer aus zusammengesuchten römischen Spolien. Gesimsstücke, Säulentrommeln und Basisfragmente sind in hellgrauem Mörtel versetzt.

927 Kalk-Estrich des Brunnenhauses von Brunnen 921, römisch
Vgl. Katalog Kölner Domblatt 40, 1975, S. 156=hier S. 705.
Bei Nachgrabungen 1976 wurde der Boden weiter freigelegt und lag auf dem Brunnenrand, danach verlief er muldenartig in H 50,30 und dann weiter in H 50,40. Er ist gegen das Mauerwerk 930 geführt. Der Eindruck einer Kanalrinne entstand durch Ausbrüche zur karolingischen Baugrube am Grubenrand bei S 10 von 1971. Die kegelige Mündung und der daraufgezogene Boden ist eine zweite Erhaltungsphase der Einrichtung (vgl. N-S-Profil bei O 3,6).

928 Estrichboden, römisch
Frühestes Niveau im Grabungsbereich.

929 Trachytplatte, römisch, zum Bankett 909

930 Mauer in N-S-Richtung, Westwand des Brunnenhauses
Die Dachziegel sind Mauerschichten (vgl. Katalog Kölner Domblatt 40, 1975=hier S. 705 und oben 927).

931 Mauer N-S, parallel zur Mauer 930 mit Boden 932 von W

932 Estrichboden an der Westseite der Mauer 931

933 Mauer in N-S-Richtung gegen Mauer 925
Vgl. Katalog Kölner Domblatt 40, 1975=hier S. 705; das Westende könnte auch gegen eine Mauer gestoßen gewesen sein (s. Profil N-S bei W 5).

934/938 Estrichboden, westlich des Bankettes 909
Vgl. Katalog Kölner Domblatt 40, 1975=hier S. 706; die Stelle wurde untersucht und als ein Boden erkannt, dazu gehören auch die Trachytplatte 937 und der Ziegelboden 948 ab S 15 auf gleicher Höhe.

935 Zwei kleine Profile, die tiefen Schichten des O-W-Profils bei S 11. erfassend
Durch die Platzaufschüttung geschnitten zur Untersuchung der Terrassenkante.

936 Mauerwerk aus großen Quadern

937 Trachytquader in Boden 934/938 am Westende der Grabung
1,45 m×0,65 m×0,13 m stark, Spolie mit Schrägschnitt am Ostende.

938 Estrich mit Plattenabdrücken auf den großen Quadern
Vgl. 934.

939 Steinlage aus Grauwacke und Kleinbasalten
Bei W 5; S 10; H 50,35. Bis 0,15 m Schichthöhe in N-S-Richtung, vielleicht unterste Lage eines Fundamentes, nach N in die karolingische Baugrube verlaufend, 1,10 m breit.

940 Mauer in N-S-Richtung in der S-O-Ecke des Schnitts 901, römisch
N-Kante von O 10 bis O 13,5 bei S 19; OKH 50,40; UKH 47,3; Lg min. 8 m (Abdruck im Boden 904 bei Mauer 926); Br im oberen Bereich 0,72 m Rückseite nicht gesehen, darüber steht, wie bei 920, die Mauer 371/371 a.
Aus der ursprünglichen Bebauung sind 19 Lagen bis 0,15 m hohe hammerrechte Grauwackesteine mit linierten Fugen in 2 cm starkem weißem Kalkmörtel auf einem 0,40 m hohen Fundament erhalten. Das leicht vorspringende Fundament besteht aus 3 Lagen grober Grauwacke mit dreischichtiger Ziegel-

bruch-Abdeckung. Es endet in H 47,77, wo auch der Rest des Bodens 984 anläuft und in zweischichtigen bemalten Putz übergeht. Putzstärke 4 cm mit geriebenem und geschliffenem Malgrund. Darauf Reste eines hellockerfarbenen Sockels mit bunten Farbspritzern und Punkten, abschließend ein 6 cm breites Band mit schwarzen Streifen eingefaßt, davon auch zwei Verläufe in vertikaler Richtung, die ein schmales und ein breiteres Panneau einer Scheinarchitektur gliedern. Der schmale Felderrest ist weißgrundig mit Spuren einer Basis(?), der breite ist auf der Oberfläche schadhaft und rauh, englischrot bemalt mit schwarzen Spritzern.

Ab H 50,0 ist bei O 11 ein Ausbruch in der Mauer, der bis H 49,65 herunterreicht. Die Reparaturstelle ist mit weniger gut behauenen Grauwacken ausgefüllt und ab OK mit der in N-S-Richtung verlaufenden Mauer 946 bedeckt.

941 Ziegelplattenbruch westlich von Mauer 931, römisch
Bei S 13, W 3, etwa 0,5 qm umgedrehte Dachziegelbruchstücke in Lehm verlegt, durch spätere Baugruben gestört und ohne Zusammenhang in H 50,63.

942 Mauer in N-S-Richtung, W-Front des Tempelhofes
Bei O 0,80 von S 11,6 bis S 17,45; Gesamtlänge 5,85 m; Br 0,40 m; OKH 50,65; UKH 50,25 (im N-Teil) und 50,10 (im S-Teil).
Die Mauer ist auf einem Boden in H 50,10 aus 4 bis 6 Lagen Tuffhandsteinen unter Verwendung von weißem Kalkmörtel in Verband nach O mit den Mauern 943 und 945 in einem Vorgang errichtet.

943 Mauer in O-W-Richtung, Nordwand des oben beschriebenen Mauergevierts
Bei S 11,6 von O 0,65 bis O 7,25 mit 6,60 m Gesamtlänge und 0,38 m Breite gegen die Westwand der Tempelcella stoßend. Beim Brunnen ist ein 1,10 m breiter Durchbruch.

944 Boden im Mauergeviert des Hofes, römisch
In H 50,10 östlich der Mauer 942 und im Winkel 942/945 auf dem Stampflehm der Auffüllung als 2 bis 4 cm starke Kalkmörtelschicht; ein schmaler Streifen bis ans aufsitzende Bankett 909, mit vielen weißen Mosaiksteinen lose auf der Oberfläche. In der Brunnengegend ist auf der Höhe des Bodens eine starke Brandschicht.

945 Mauer in O-W-Richtung, S-Grenze des Hofes
Von S 17,15 bis S 17,45 im Winkelverband mit 942 nach O. Die Mauer wird vom Bankett 909 überquert. Sie ist 0,30 m breit und bildet mit dem oberen Teil der Mauer 920 einen südlichen Umgang. Hier steigt der Boden 944 wegen der früheren Bebauung ein wenig nach S an.

946 Mauer in N-S-Richtung über der Mauer 940
O-Kante (verputzt), bei O 9,85; OKH 50,85; UKH ist die Reparaturstelle in H 50,3 (vgl. Mauer 940). Von der Mauer ist nur der Negativabdruck mit dem Außenputz und dem anlaufenden Niveau 952 sichtbar. Sie wurde durch die gotische Baugrube zu 389a ausgebrochen.

947 Zwei Säulentrommeln übereinandergesetzt, auf Boden 964
Mitte des Aufbaues bei S 17,55; O 12,65; Dm 0,64 m; ab H 50 das untere Stück bis H 51,3, darauf bis H 51,7 eine kleinere Trommel. Der demolierte, leicht verschobene Aufbau lehnt nach O verkippt an Mauer 399, der Cella-S-Wand. Zwei im Lot stehende eingeschlagene Vierkantlöcher in H 50,4 und H 51,05, 2 cm×2 cm weisen nach S. Material: Kalkstein.

948 Bruchziegelboden westlich von Bankett 909
In H 51,10 bedeckt der Boden aus Dachziegelbruch den S-W-Teil der Grabung über einer Planierung, in die auch das Bankett 909 eingetieft ist.

949 Säulentrommel auf dem Plattenboden 964
Wohl durch Hitzebrüche fragmentarische kleine Trommel, 0,35 m Dm und 0,15 m hoch, an Mauer 399 angelehnt bei O 11,35 aus Kalkstein, westlich einer späteren Feuerstelle gelegen.

950 Rinne in N-S-Richtung, westlich Mauer 387a in Schnitt 301
Von O 17,9 bis O 18,45; S 10,6 bis S 11,9; Sohle in H 49,5.
Wiederverwendete Tuffrinne 1,30 m×0,50 m×0,35 m.

951 Kleiner Schnitt, 1976, westlich der Westwand der Cella
In der Lücke zwischen Pfeiler 389a und 389b wurden die Mauern 987a und 987b herausgestemmt, die Verläufe und die Zusammenhänge der Mauern 957, 943 und 955 geklärt.

952 Außenniveau mit starkem Abbrand östlich Mauer 946
Etwa ab O 10 bis O 13 über Mauer 940 in H 50,60.

953 Mauer in O-W-Richtung unter Boden 904, römisch
Bei S 12 von O 1,20 bis O 6,10 mit den Mauern 930 und 957 zu den erhaltenen Seiten des Brunnenhauses gehörig. Br 0,60 m; OKH 49,9; UKH 49,45; in Grauwacke-Handstein und Dachziegelbruch mit hellem Kalkmörtel ausgeführt.

954 Boden im Südteil des Schnittes 901
Zwischen den Mauern 303 und 371 in H 52,0 liegend 0,12 m starke Stickung aus Handsteinen mit weißem Mörtel.

955 N-S-Mauer in Verband mit der Hofmauer 943 nach N
Bei 0 6,15 unter der Mauer 987 a, 0,45 m breit, in 3 Schichten aus Tuffsteinen mit weißem Kalkmörtel erhalten.

956 Boden zwischen den N-S-Mauern 930 und 931
Fester gelber Estrich mit feinen Kieseln, 0,10 m stark in H 50,40.

957 Mauerteil in N-S-Richtung zu den Mauern 953/930
Fundamentlage 0,55 m breit aus Grauwacke in Verband mit der Mauer 953, UKH 49,9.

958 Außenniveau südlich der Tempelcella
Die in H 51,80 sich in südlicher Richtung ab Cella fortsetzende Laufschicht entspricht dem Boden 954.

959 Mäuerchen in N-S-Richtung westlich von Mauer 931, römisch
Nach S verlaufende Mauer bei W 3, 0,40 m breit, OKH 50,92; UKH 50,29.
Ein Bruchstück nördlich der Mauer 303, zu der Boden 941 gehören könnte.

960 Trachytplatte im Bankett 909, römisch
Lg 0,65 m (fragm.), Br 0,80 m, 0,12 m stark; S-Kante bei S 15,7.

964 Plattenboden aus Dachziegeln südlich der Tempelcella
Von S 11 bis S 13 in H 50,10.
Der gut verlegte Boden weist starke Brandspuren auf. Er ist in der Zone des Säulenaufbaues 947 stark eingedrückt. Das W-Ende besteht aus einer 6 – 8 cm starken Traufschicht aus grobem Ziegelsplitt, die gegen die Mauer 946 gestoßen sein muß (vgl. Boden 398 dazu mit Mauer 387 a).

966 Kleinquaderboden, römisch
Bei S 15; O 13,6 in einer Abschachtung südlich der Mauer 303 in H 48,20 aufgedeckt; gehört zu den Niveaus der frühen Platzbebauung. Material aus Natursteinen in faustgroßen Bruchstücken ohne Verlegemörtel; ca. 1 qm bis 0,10 m stark erfaßt.

968 Estrichboden westlich der N-S-Mauer 970, karolingisch
Weißer Kalkestrich, 0,12 m stark, ohne Stickung in H 50,80 verlegt; bedeckt von W 2 an westlich der Mauer 970 den Raum zwischen den Mauern 303 und 371.

970 Mauer N-S unter dem ottonischen Boden
O-Kante bei W 1,0, Lg 5,10 m; Br 1,10 m; OKH 52,95; UKH 51,10.
Die Mauer, 18 Lagen meist aus Tuffhandquadern, ist zwischen den Mauerzügen 303 und 371 erfaßt. Gegen die Mauer 303 ist sie vermörtelt gestoßen. Das S-Ende hat zur Mauer 371 dagegen 0,12 m Abstand. Mit 14 Steinlagen in weißem Mörtel verlegt, erreicht die Mauer den Sockelrücksprung der Mauer 371. Von hier aus schieben sich die 4 letzten Lagen in das Mauerwerk von 371 hinein und bilden einen Verband. Die oberen Lagen wurden unter Verwendung von Kalkmörtel mit Ziegelsplitt-Zuschlag ausgeführt (Untersuchung vom 22. 6. 1976).

971 Fachwerkmauer in O-W-Richtung, frührömisch
N-Kante bei W 16, von W 3 bis W-Ende des Schnittes 901; Lg min. 1,20 m, W-Ende gestört, Br 0,54 m; OKH 49,60; UKH 47,40.
Auf einem 0,60 m hohen Grauwacke-Handstein-Fundament waren Flechtwerkwände erstellt und mit weißem Kalkmörtel verputzt. An der N-Seite bis 8 cm, an der S-Seite 4 cm stark.
Der Zwischenraum ist mit Lehm aufgefüllt und gestampft. Die freigelegte S-Wand ist rosafarben gestrichen. Von S stößt in H 48,20 ein Boden an.

972 Mauer O-W im S-W-Teil des Schnittes 901
S-Kante bei S 15,59, von W 2 bis 4 (Fragment); OKH 50,95; UKH 49,60; ab H 50,52 verputzt.
Von der Mauer aus Grauwacke-Lagen bis 0,10 m hoch in weißem Kalkmörtel ist nur die S-Front, verputzt und rosafarben bemalt, stehen geblieben. Die N-Seite ist durch die karolingische Baugrube zur Mauer 303 abgeschrotet. Zu ihr gehört der Boden 978.

974 Kalkestrich, rosafarben, an Mauer 971, frührömisch
Der Estrich, 0,12 m stark, liegt auf einem festen Lehmbett und ist gegen die Mauer 971 geführt, nach S müßte er den Sockelfuß von Mauer 920 erreichen, die gegenüber noch erhalten ist.

978 Kalkestrich im Raum zwischen den Mauern 372 und 920, römisch
Von W 2 bis W 4 vor den Mauern erfaßt in H 50,54.
Er ist 0,12 m stark, gelbrosa-farben und fällt vor der Mauer 920 stark ab; muldenartig dann ansteigend legt er sich auf den kleinen Absatz des verputzten Mauerteiles.

984 Bodenstickung zum Raume nördlich der Mauer 940, frührömisch
Von O 10,5 bis O 11,5 in Grauwacke-Handstein mit hellem Mörtel 0,12 m stark auf H 47,72 verlegt.
Sie stößt gegen die Mauer 940 und überdeckt im W eine verfüllte Grube, die aus der Gründungszeit der Cella-Südwand stammt. Die Oberfläche weist viel Kleinbruch von Grauwacke und Buntsandstein auf, aber keine Putzreste. Abgedeckt ist die Stickung bis zum Sockelfuß der Mauer 940 mit einer kalksandigen, sehr festen Schuttschicht mit Brandspuren.

987 a, 987 b Mauern in O-W-Richtung westlich der Tempelcella
N-Kanten der Mauern bei S 11,1; Br bis 1,10 m; Lg der Mauer 987 a 2,30 m, Lg der Mauer 987 b 3 m in T-Verband mit Mauer 925. UKH 50,25; OKH der „a" 51,10; der „b" 51,85.
Die Mauer 987 a ist durch den Boden 904 durchgesetzt und auf Schutt über den Mauern 943/955 gegründet. Die sauberen Grauwacke-Handsteine sind in weißem Kalkmörtel versetzt und lehnen sich nach O gegen die Cella-Westwand und am Westende leicht vorspringend gegen die Mauer 926. Die Mauer 987 b besteht aus Tuffhandquadern. In den oberen Lagen mit weißem Kalkmörtel gemauert, ist sie 0,80 m breit, die Verbindung mit Mauer 925 ist höhengleich erhalten.

999 Reihenfundament, gotisch, der Pfeiler A, B und C 9
Westliche Grabungsgrenze bei W 5.

Willy Weyres

Die Domgrabung

XXII. Bericht über die Ausgrabungsergebnisse 1977 – 1979

Aus: Kölner Domblatt 44/45, 1979/1980, 407 – 436

Beobachtungen an der Ostapsis des karolingischen Domes

1 Die Ostapsis des karolingischen Domes (252) ist von Otto Doppelfeld 1947 aufgedeckt worden. Er erfaßte sie in der Dreikönigenkapelle in einer Länge von rd. 4,5 m [1]. Sie war bis H=53,08 erhalten und an der Oberkante 1,62 m breit. Die Unterkante liegt bei H=46,72.

2 Doppelfelds Grabung war nicht wieder verschüttet, sondern mit einer provisorischen Decke in der Dreikönigenkapelle abgedeckt worden. Die wichtigen Grabungsergebnisse waren nur durch eine Einstiegluke zu erreichen. Eine Verbindung mit dem Grabungsstollen im südlichen Chorseitenschiff bestand nicht. Um diese Verbindung herzustellen, aber auch, weil die provisorische Decke erneuert werden mußte, beschloß die Grabungsleitung, nach Abschluß der Grabung im südlichen gotischen Querschiffarm den Durchbruch zwischen dem Seitenschiffsstollen und der Dreikönigenkapelle zu wagen.

3 Es war vorauszusehen, daß die Arbeit nur mit erheblichem technischen Aufwand durchzuführen war. Der Chorumgang zwischen dem Stollenende und der von Doppelfeld aufgedeckten Wittelsbacher Gruft [2] war mit Gräbern bzw. Grabkammern angefüllt, deren Lage nur zum Teil bekannt war. Sie mußten durchbrochen werden, wobei die vorhandenen Gewölbe abgefangen werden mußten (Fig. 1 und 2). Die vorgefundenen Skelette wurden in der Nähe wieder beigesetzt.

4 Als ein Ergebnis der neuen Grabung wurde etwas mehr als die südliche Hälfte der Ostapsis in der ganzen Länge erfaßt. So konnte ihr innerer Halbmesser mit großer Genauigkeit festgestellt werden. Mit 5,66 m entspricht er dem inneren Halbmesser der Westapsis. Der Mittelpunkt des Halbkreises liegt ungefähr auf der Westkante einer Spannmauer (332). Diese ist 1,45 m breit und in ganzer Breite in die Apsis hineingerückt (Fig. 3). In gleicher Weise ist man auch bei der westlichen Apsis vorgegangen.

Die Beobachtung der Befunde wurde von Wilhelm Schneider mit gewohnter Akribie vorgenommen. Er fertigte auch die Aufnahmezeichnungen und die Fotos. Dombaumeister Dr. Wolff gab vielfache Anregungen und leitete mit Dombauführer Kusche die komplizierten technischen Arbeiten. Ich habe ihnen sehr zu danken.

[1] O. Doppelfeld, Die Domgrabung IV. Der Schacht in der Dreikönigenkapelle. In: Kölner Domblatt 2./3. 1949, S. 118 ff.=hier S. 79 ff.

[2] Doppelfeld *{1}*, S. 152 f.=hier S. 81 f., 102.

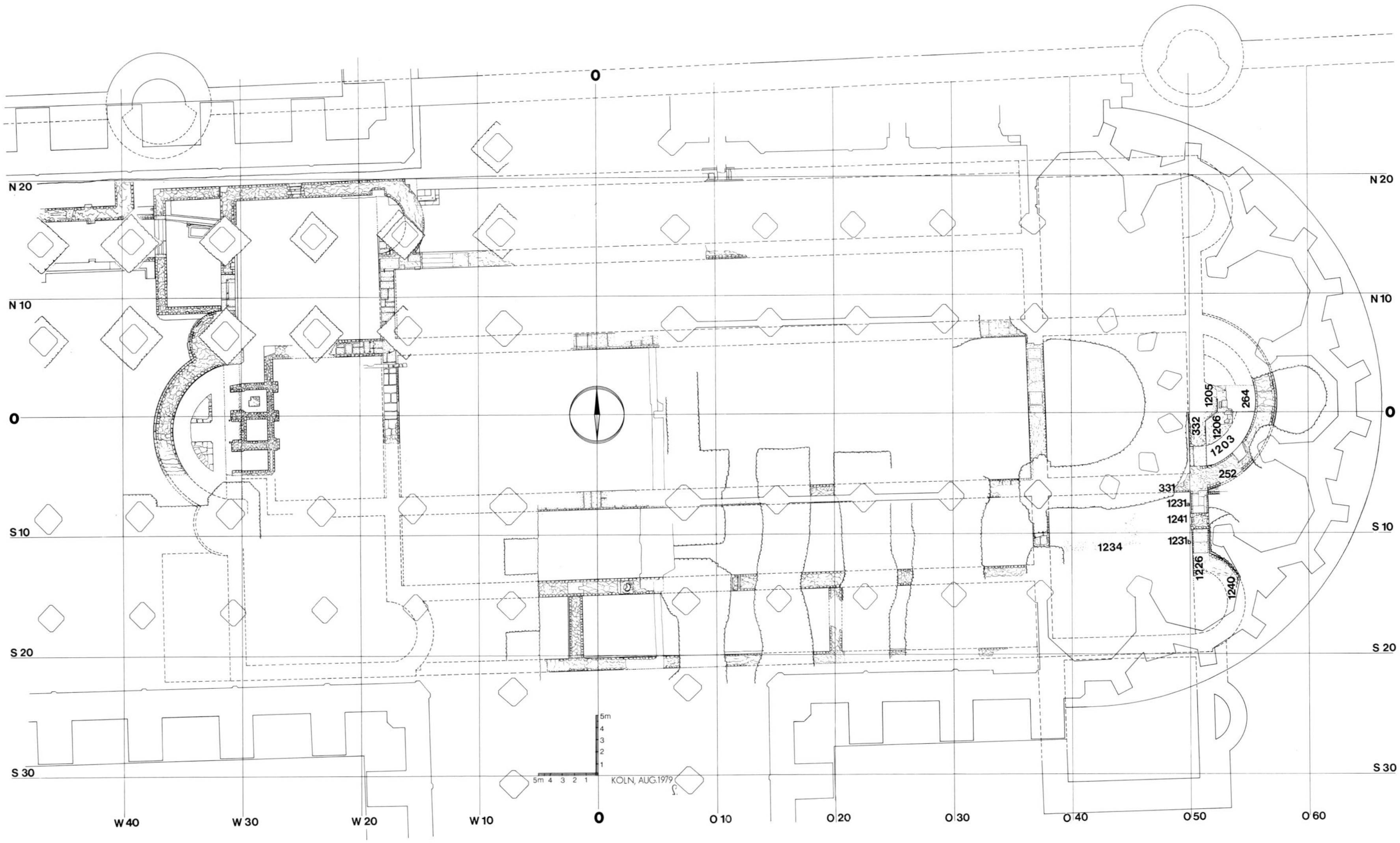

Fig. I. Gesamtplan. – Maßstab 1 : 500.

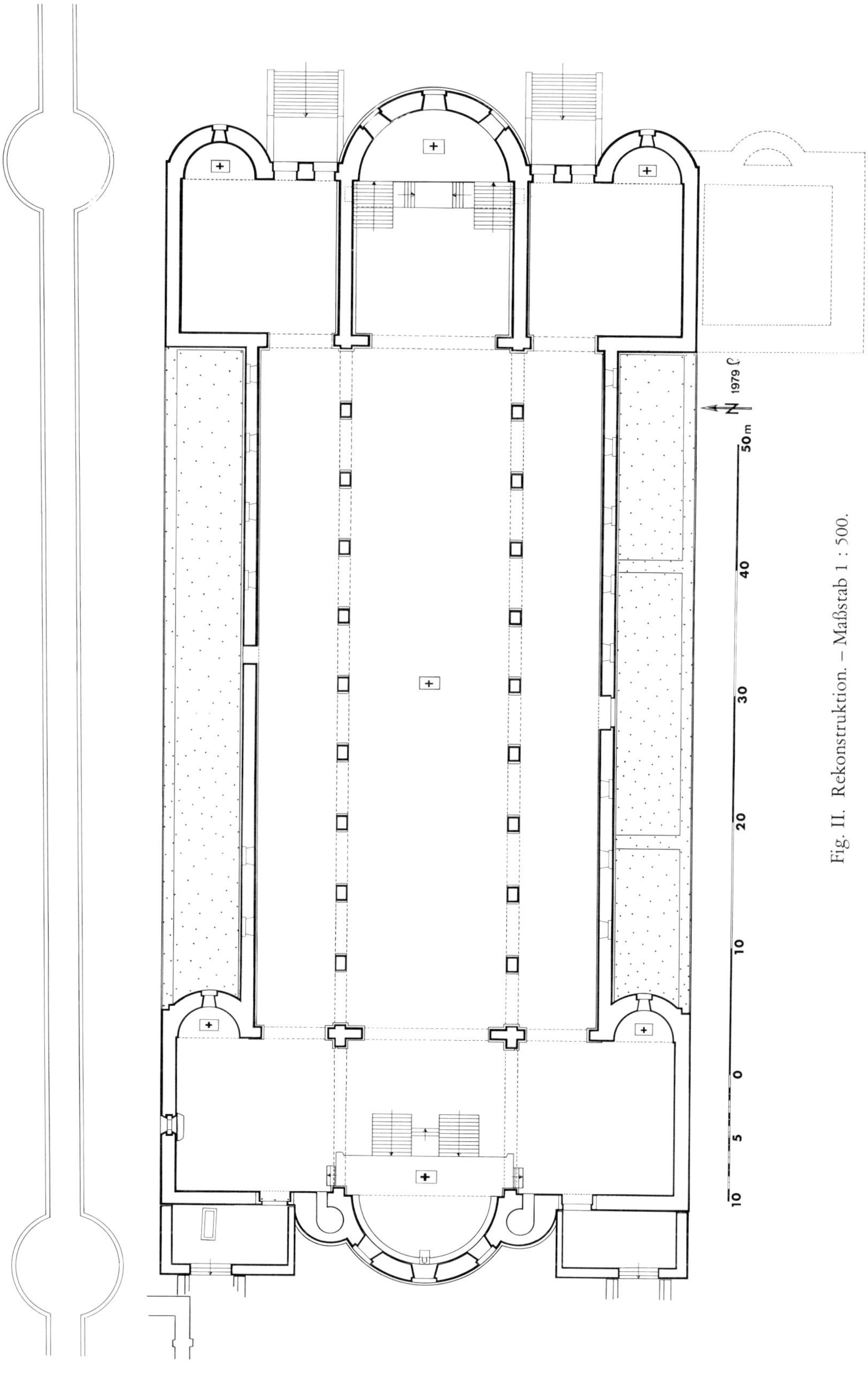

Fig. II. Rekonstruktion. – Maßstab 1 : 500.

5 In dem Winkel zwischen Mauer 332 und der Rundmauer zeigt sich im Verlauf der letzteren eine auffällige Korrektur. Während die Fundamentpartie der Mauer 252 dem Zirkelschlag folgt, ist sie oberhalb des anschließenden Bodens 264 nach innen eingezogen, so daß ihr westliches Ende nahezu senkrecht auf die Mauer 332 stößt.

6 Die Mauer 252 zeigt, wie auch die Mauer 332, den Wechsel des Mörtels, zwischen weißem in den unteren Teilen und durch Ziegelsplitt rosa gefärbtem in den oberen, wie es schon Doppelfeld beschrieben hat [3]. Im Scheitel der Apsis ist die Grenze des Wechsels bei H=51,16, an ihrem Westende liegt sie bei H=51,50.

7 Die Abbruchhöhe der Mauer 252 ist sehr unterschiedlich. Sie schwankt zwischen H=52,72 (also nur 7 cm über dem Boden 264 *{§ 17}*) und H=53,20. Während die höher erhaltenen Mauerreste in der Mittelachse keine eindeutige Erklärung zulassen, fand sich auf einem Radius unter 45 ° ein überraschender Befund.

8 Dort befindet sich eine rd. 80 cm tiefe Nische (1209) in der Mauer. Ihr Boden (1208) liegt 8 cm höher als der Boden des Umgangs (264). Er ist nachträglich mit einer 2 cm starken Feinputzschicht überzogen worden. Die Rückwand der Nische ist 40 cm hoch erhalten. Links neben ihr ist in der Wange ein dreieckiger Schlitz, der ebenso wie die Rückwand und die Wangen verputzt ist (Fig. 5 und 6; Abb. 1).

9 Es kann kein Zweifel sein, daß in der Nische ein Fenster gesessen hat. Über seine Form läßt sich vom Befund her nichts aussagen und auch nicht darüber, an welcher Stelle der Mauerstärke es sich befand. Von einer Fensterbank ist keine Spur mehr vorhanden.

10 Die Wangen der Nische sind nicht symmetrisch angelegt. Während die rechte nur wenig von einer Senkrechten auf die innere Peripherie der Apsis abweicht, ist die linke deutlich abgeschrägt. Wahrscheinlich wollte man auf diese Weise den Lichteinfall stärker auf die Mitte des Umgangs richten. Unmittelbar neben der linken Nischenkante ist eine weitere sehr merkwürdige Nische in die Mauer eingetieft (1210). Sie ist im Grundriß dreieckig und hat einen gleichen doppelten Bodenbelag wie die Fensternische. Auch in ihr hat sich der Wandputz erhalten. Eine Erklärung für Stelle und Form läßt sich vorerst nicht finden.

11 Angesichts des Befundes bei der Nische 1209 läßt sich auch eine Vermutung über die in der Mittelachse auf der Mauer 252 übriggebliebenen Überreste aussprechen. Mit ziemlicher Sicherheit kann man auch hier ein Fenster annehmen (Fig. 7; Abb. 2).

12 In der Mitte zwischen diesen beiden Stellen hebt sich in der Mauer 252 ein Stück Mauerwerk ab, das wie eine Flickstelle aussieht (1213). Es ist möglich, daß hier ursprünglich eine Fensternische angelegt war, die aber schon beim Weiterbau zugesetzt wurde. Es bleibt aber die Möglichkeit offen, daß nur der untere Teil der Nische zugesetzt wurde und ein Fenster darüber saß.

13 Die Ostkrypta hat also drei oder fünf Fenster gehabt. Ich habe mich bei der Rekonstruktion der Westkrypta aufgrund einer Nachricht in der *Notae sancti Petri Coloniensis* [4] für 5 Fenster ausgesprochen. Bei der Westkrypta ist keine Spur der Fenster erhalten. Nach dem Befund an der Ostapsis gewinnt die von mit für die Westkrypta gebrachte Rekonstruktion, was deren Fenster angeht, an Wahrscheinlichkeit.

14 Auch für den Ostchor gibt das Buch der Custodie vom ausgehenden 13. Jahrhundert *quinque rotundae fenestrae* an, die, wie die übrigen Fenster des Domes, vom Custos in Reparatur gehalten werden müssen.

[3] Doppelfeld *{1}*, S. 148 f.=hier S. 101 f.

[4] Monumenta Germaniae historica, script. XVI. Hannover 1859, S. 734 ff. – Max Hasak, Der Dom des heiligen Petrus zu Köln am Rhein. Berlin 1911, S. 20 f. – Willy Weyres, Der karolingische Dom von Köln. In: Karl der Große 3., hgg. von Wolfgang Braunfels und Hermann Schnitzler, Düsseldorf 1965, S. 414 ff.=hier S. 448 ff.

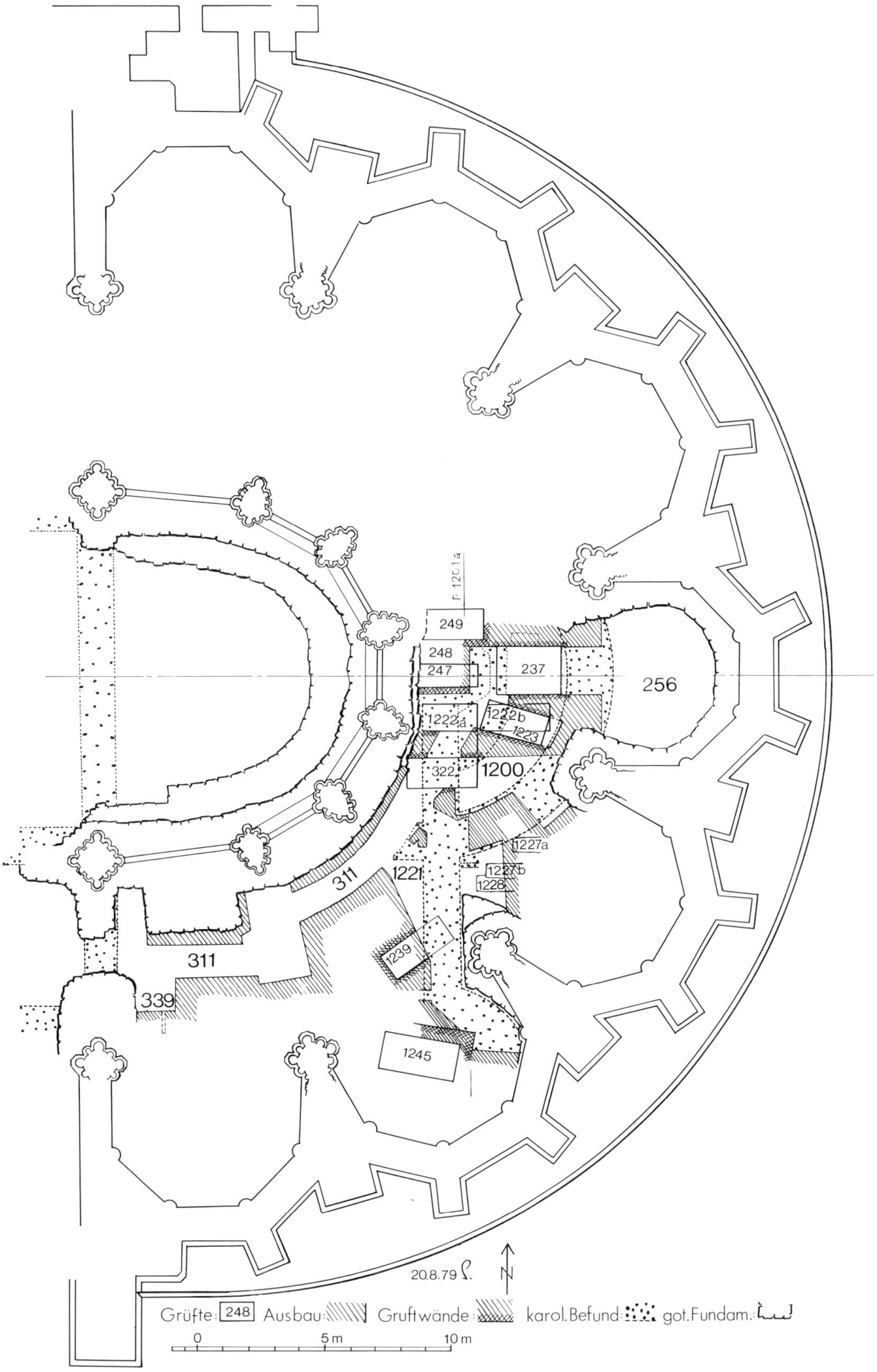

Fig. 1. Arbeitsstollen mit Plan der Grüfte und Gräber. – Maßstab 1 : 250.

Die Ostkrypta

15 Konzentrisch zur Apsismauer 252 liegt im Inneren ein Umgang (1203). Er ist zum Zentrum hin von Mauerresten (1206) begrenzt und hat eine Breite von rd. 1,60 m. In der Mitte ist er innerhalb eines Streifens von 2,20 m Breite nach Westen zu auf rd. 2,40 m erweitert (Fig. 4).

16 Der Boden des Umgangs ist sehr unterschiedlich. Innerhalb der erwähnten Verbreiterung *{§ 15}* liegt er auf H=52,65 und ist von sehr guter Qualität mit glatter Oberfläche. Außerhalb dieses Rechtecks liegt 5 cm tiefer ein Bodenrest mit rauher Oberfläche. Im Rest des Umgangs bis zur Mauer 332 war kein Boden mehr vorhanden. Lediglich an der Ringmauer kleben noch Estrichreste auf H=52,65. Der Unterboden lag an der Mauer 332 um 13 cm tiefer als die Mauerkrone (Fig. 3). Der Befund kann so erklärt werden, daß in dem niedriger erhaltenen Umgangteil Platten von gewisser Stärke verlegt waren, die man beim Abbruch herausgenommen hat. Die an der Ringmauer klebenden Estrichreste könnten Ausfüllungen von Zwickeln zwischen den Platten und der Mauer gewesen sein.

17 Am westlichen Ende ist der Boden 264 dünn über die Mauer 332 gezogen. Die Mauer 332 ist die östliche Abschlußspannmauer des Chorquadrats. Sie entspricht der Spannmauer vor der Westapsis und war wie diese nie mit Quadern überdeckt, wie das sonst bei allen Mauern des karolingischen Domes, die innerhalb von Öffnungen liegen, festgestellt worden ist [5]. Das ergibt sich eindeutig daraus, daß bei der Mauer 332 Bruchsteinmauerwerk noch in der Höhenlage erhalten ist, in der bei den anderen Mauern die Quader liegen.

18 Am südlichen Ende dieser Spannmauer befindet sich nach W hin eine Ausklinkung von 1,62 m Breite (1207). Sie mißt in O-W-Richtung 30 cm und ist 8 cm tief. Nördlich von ihr ist das aufgehende Mauerwerk 23 cm höher als der Boden 264 erhalten, an der Südseite in einem kurzen Abschnitt, der die Fortsetzung des Apsisbogens ist, etwas mehr als 30 cm. Die Ausklinkung kann nichts anderes sein als das Bett einer flachen Stufe.

19 Wir haben so einen der Zugänge zur Krypta gefunden, aber es ist bei weitem nicht alles klar. Leider ist der nach W anschließende Boden entfernt. Er wäre bei H=~ 53,20 zu erwarten gewesen. Diese Fußbodenhöhe ist durchweg innerhalb des karolingischen Baues angetroffen worden [6]. Es gibt jedoch Gründe, die gegen einen anstoßenden Fußboden in dieser Höhe sprechen. Über sie wird noch zu handeln sein *{§ 29}*.

20 Eines ist festzuhalten. Die Mauer 332 muß bis zum gotischen Abbruch erhalten geblieben sein, im Gegensatz zu der entsprechenden Mauer der Westkrypta, die wahrscheinlich nie hoch geführt war. Sie muß auch hochgeführt gewesen sein, als im Inneren der Krypta ein umfangreicher Umbau stattfand.

21 Im Inneren des Halbrunds sind Reste von Mauerwerk verschieden hoch erhalten (1206). Ihre Abbruchhöhe schwankt zwischen H=52,57 und H=52,87. Im südlichen Drittel begrenzt dieses Mauerwerk den oben erwähnten Umgang. Rechts und links der Mittelachse springt es in rd. 2,28 m Breite und rd. einen Meter nach Westen zurück *{§ 15}*.

22 Der merkwürdigste Befund innerhalb des Mauerwerks ist eine 4 cm breite tiefe Rille, die auf beiden Wangen Abdrücke einer Holzschalung aufweist. Sie bildet in etwa ein halbes, nach W offenes Sechseck, reicht aber nach N zu nur wenig über die Mittelachse hinaus. Die nördliche Seite des halben Sechsecks ist jedoch an Resten des Mauerwerks abzulesen. Hier war die Rille nicht vorhanden.

23 Das beiderseits der Rille erhaltene Mauerwerk (1205 und 1206) ist auf einen Boden aufgesetzt, der in der Höhe des Umgangsbodens (264) liegt. Auch die in der Rille vorhanden gewesene Schalung ist in dem orthogonalen Teil des Sechsecks auf diesen Boden aufgesetzt gewesen. In dem südlichen,

[5] Weyres *{4}*, S. 395 f.=hier S. 426.

[6] Weyres, Die Domgrabung XVIII. In: Kölner Domblatt 33/34, 1971, S. 100=hier S. 591.

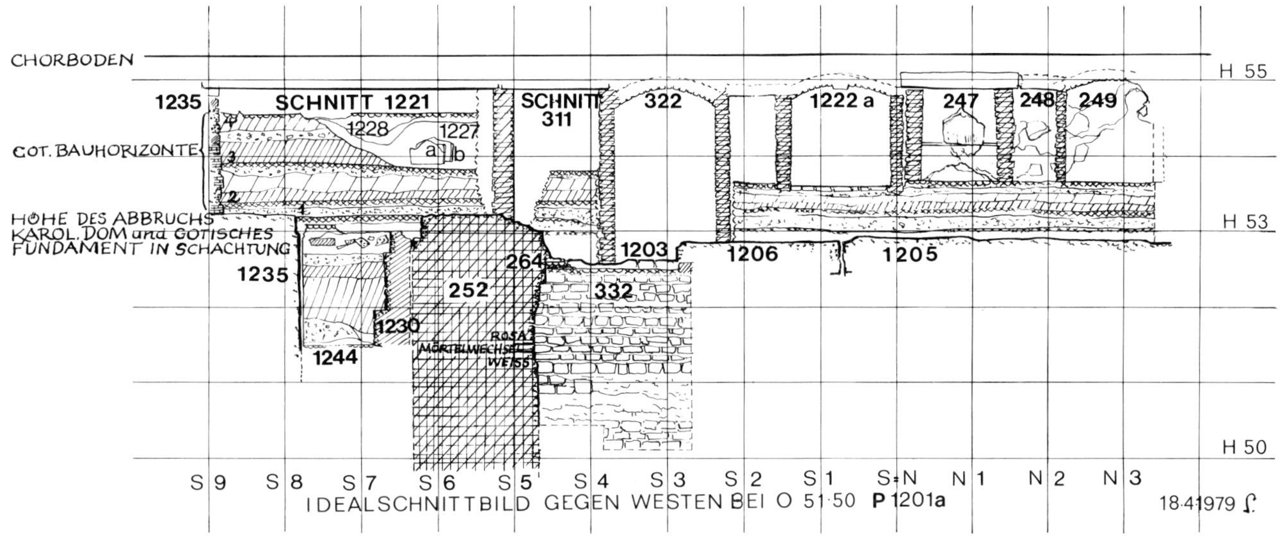

Fig. 2. Profil zu Fig. 1 in N-S-Richtung (von S=N bis S 9 : 9 m). – Maßstab 1 : 100.

schräg laufenden Teil der Rille befindet sich darunter eine etwa quadratische Aussparung, in der ursprünglich ein Balken gelegen haben muß (Fig. 8).

24 In dem nach W ausgeweiteten Mittelteil des Umgangs liegt auf dem Boden 264 eine 0,50 zu 0,60 m große Kalksteinplatte, die 10 cm dick ist. Dahinter liegt nach W zu eine Halbsäule aus Kalksinter. Nördlich davon sind Abdrücke weiterer Steinplatten zu sehen (Fig. 3). Es muß sich um Reste eines Suppedaneums handeln. Das nach W anschließende, bis zur Höhe von H=52,88 erhaltene Mauerwerk muß dann der Rest eines Blockaltars sein (Fig. 4).

25 Aus dem Befund läßt sich als Endzustand *{§ 27}* eine Umgangskrypta rekonstruieren, die, wie auch bei der Westkrypta, mit Hilfe von mächtigen Mauerblöcken (1206) errichtet war. Der Zugang erfolgte an beiden Seiten aus dem „Chorquadrat". Das war also hier anders als bei der Westkrypta, wo der Zugang aus den Seitenräumen des Querschiffs erfolgte.

In der Mitte befand sich eine aus einem halben Sechseck gebildete Nische, die nach W zu offen gewesen sein muß. In ihr stand ein Altar, der vom O her zu bedienen war.

26 Es ist anzunehmen, daß die Nische mit orthogonal über die Mauer 332 gesetzten Seitenwangen fortgesetzt und überwölbt war, so daß über den Altar hinweg ein Blick in die Krypta möglich war. Es gab keineswegs einen mittleren Eingang in diese.

27 Aus mancherlei Befunden aber ergibt sich, daß der geschilderte Zustand der Krypta das Ergebnis eines radikalen Umbaus war. Ich berichtete schon, daß die Bretterschalung in dem Schlitz *{§ 23}* auf einen Boden aufgesetzt war. Dieser Boden ist auch unter dem Mauerblock 1206 angetroffen worden. Er reicht in Resten bis an die Mauer 332. Da diese schon vor dem Umbau der Krypta hochgeführt sein muß und die Mauerreste 1206 und 1205 mit ganz geringen Fundamenttiefen gegen sie gestoßen sind, andererseits die Anlage eines Fußbodens normalerweise erst erfolgt, wenn das Bauwerk vollendet ist, muß man annehmen, daß eine Krypta von anderer Form vorher existierte, die aus irgendeinem Grund eingestürtzt oder abgebrochen worden ist und die zu einer nicht bestimmbaren Zeit durch die von uns aufgedeckte Anlage ersetzt wurde. Dieser Befund ist ein neuer Beweis dafür, daß der Plan des karolingischen Domes in einigen wesentlichen Punkten (Einbau der Krypten, Verlegung des Westportals) nach einer Bauunterbrechung geändert worden ist [6a].

[6a] Weyres *{4}*, S. 394 ff. = hier S. 424 ff.

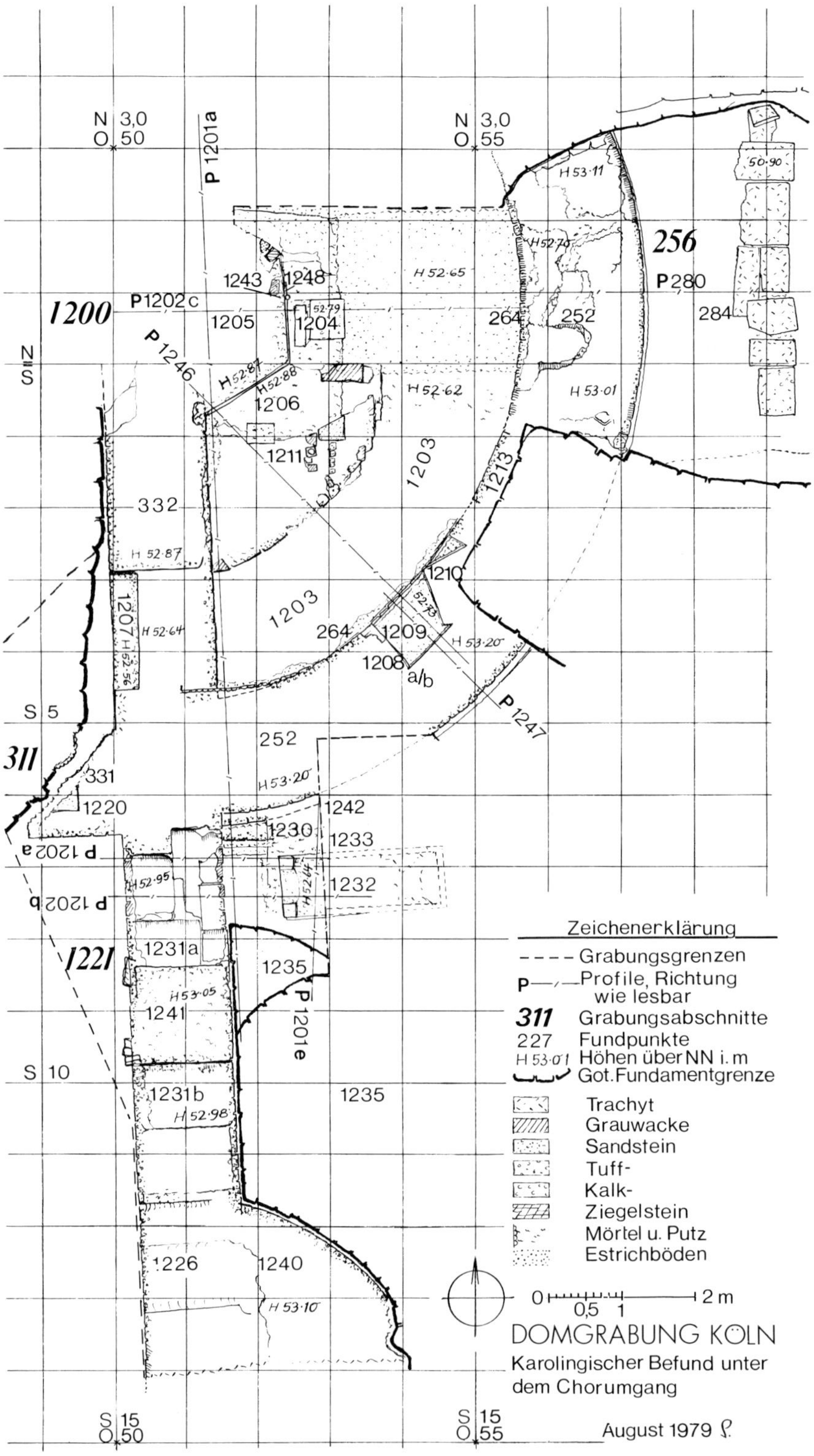

Fig. 3. Grundriß des karolingischen Ostchores mit Angabe der Profile. – Maßstab 1 : 100.

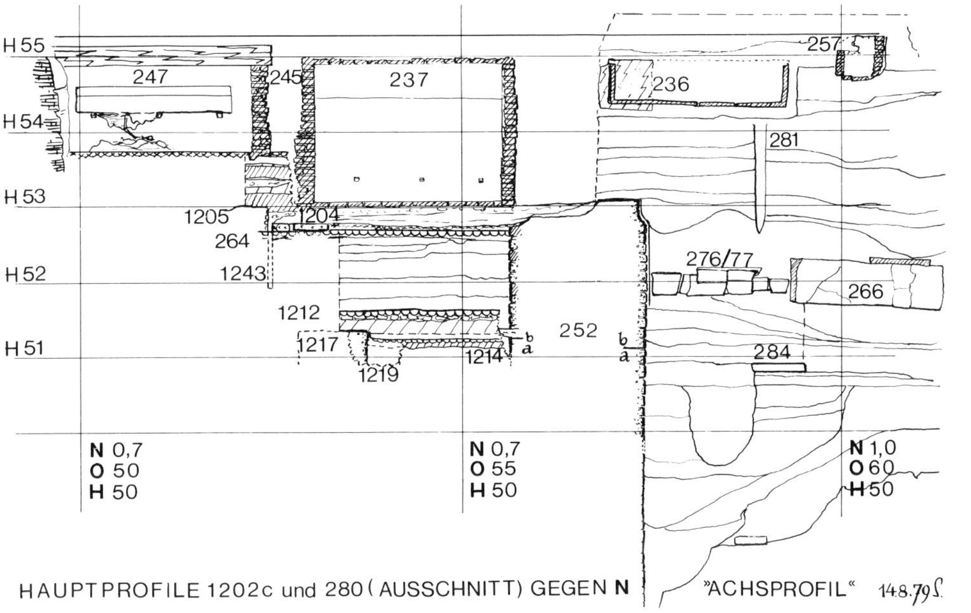

Fig. 4. W-O-Profil durch den karolingischen Ostchor (O 50 bis O 55 : 5 m). – Maßstab 1 : 100.

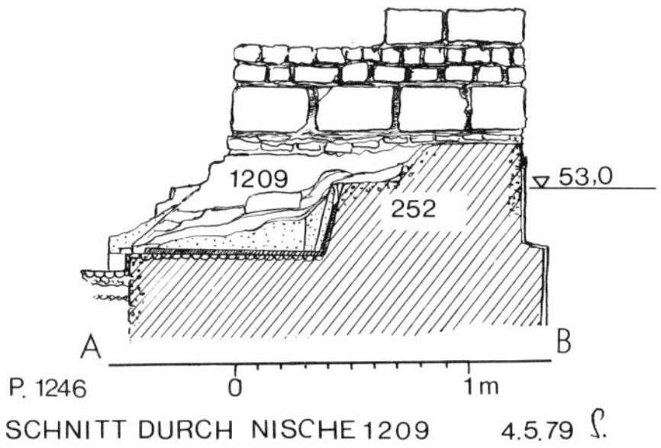

Fig. 5. Fensternische im Ostchor (Schnitt). Maßstab 1 : 50.

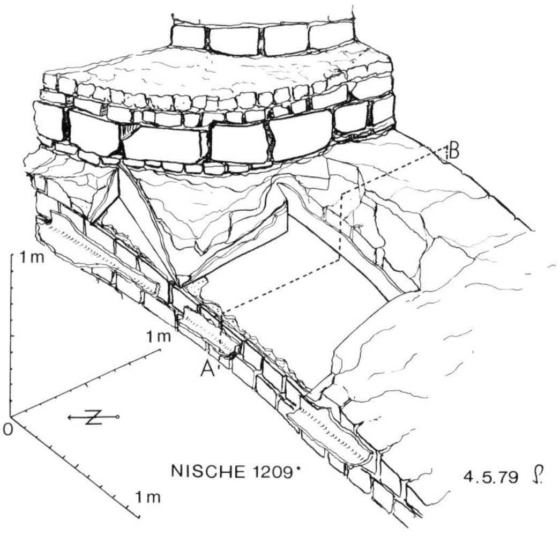

Fig. 6. Fensternische im Ostchor (perspektivische Ansicht). Maßstab 1 : 50.

28 Die Krypta setzt voraus, daß der eigentliche Altarplatz mindestens 3 m über dem Niveau des Umgangs lag. Es wäre zu überlegen, wo die Treppen angelegt waren, mit deren Hilfe man zu diesem gelangen konnte. Es gibt dazu einige, wenn auch sehr geringfügige Hinweise.

29 Der erste ist die Aussparung für eine Stufe 1207 in Mauer 332 *(§ 18)*. Ihre Oberkante muß in der Höhe des anschließenden Umgangs, also bei H = 52,56 gewesen sein. Westlich von ihr ist kein Boden mehr gefunden worden. Er hätte, falls diese Stufe die letzte einer abwärts führenden Treppe gewesen wäre, bei H = 53,20 gelegen haben müssen.

30 Dagegen, daß hier ein Boden in dieser Höhe vorhanden war, spricht ein Befund, den schon Otto Doppelfeld gemacht, aber nicht veröffentlicht hat. Er hatte, kurz vor dem Abbruch der Grabung an dieser Stelle, die Mauer 331 erfaßt, die wir bislang als die Südmauer des Chorquadrats bezeichnet haben. In diesem Mauerstück fand sich der Rest einer Nische (1220), deren Boden in H = 52,70 lag

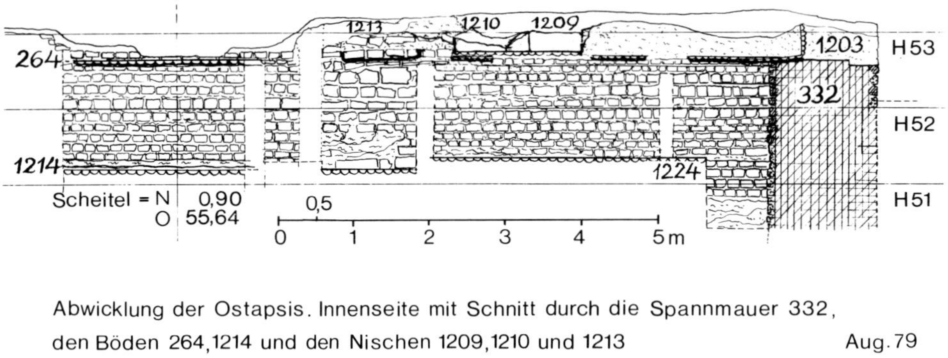

Fig. 7. Karolingische Ostapsis. Maßstab 1 : 100.

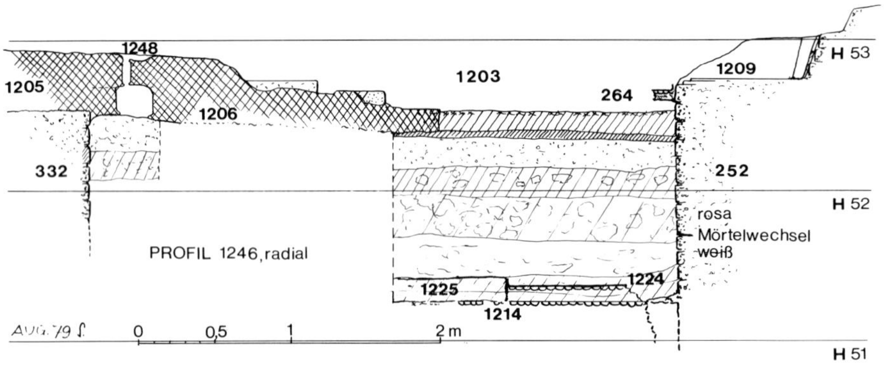

Fig. 8. Schnitt durch die Ostkrypta von NW nach SO. – Maßstab 1 : 50.

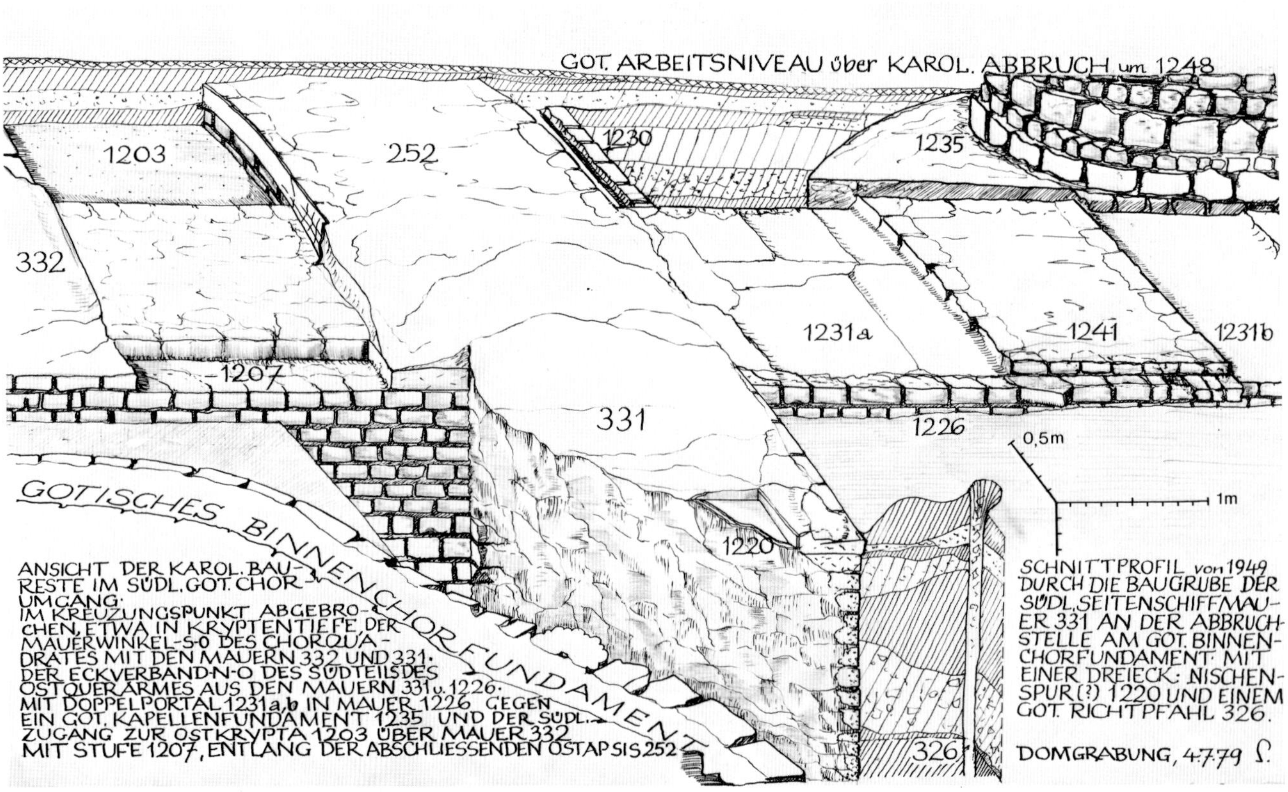

Fig. 9. Perspektivische Ansicht des Befundes am Ostchor. – Maßstab 1 : 50.

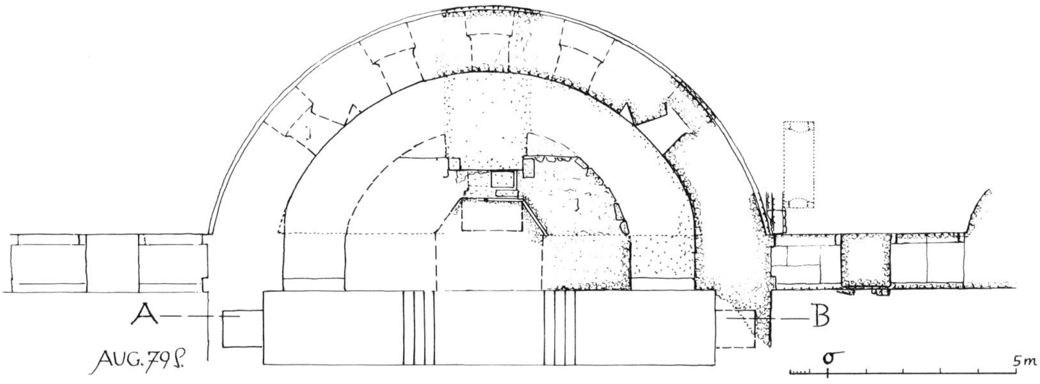

Fig. 10. Karolingische Ostkrypta, Grabungsbefund. – Maßstab 1 : 200.

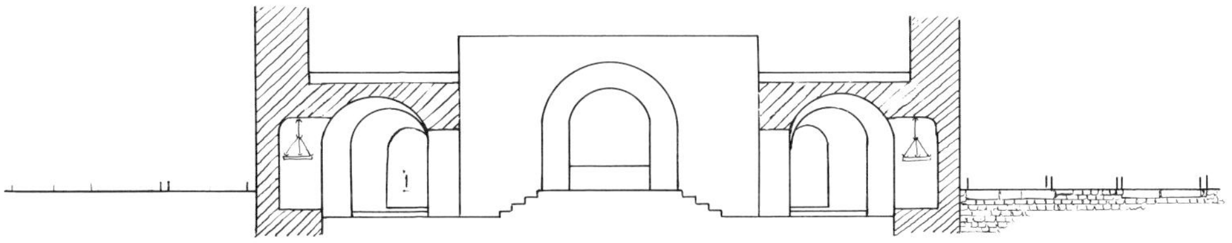

Fig. 11. Karolingische Ostkrypta, Ansicht von Westen. – Maßstab 1 : 200.

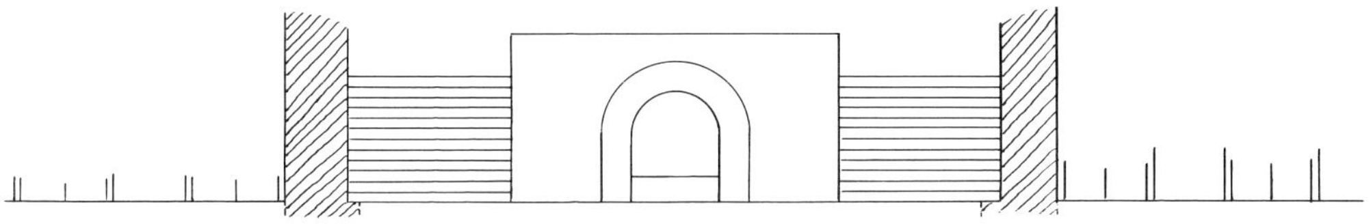

Fig. 12. Karolingische Ostkrypta, Schnitt bei A-B. – Maßstab 1 : 200.

und wie die Nische 1209 einen doppelten Mörtelverstrich hatte (Fig. 9). Es kann sich bei dieser Nische aber kaum um eine Fensternische gehandelt haben. Das Fenster hätte zu dem später zu besprechenden Ostquerschiff geführt *(§ 37)* und so kaum Licht gebracht. Ich denke eher, daß man in der Nische eine Lampe aufstellen oder aufhängen konnte, um den Zugang zur Krypta zu beleuchten.

31 Man kann annehmen, daß der nördlich an die Nische anstoßende Fußboden ähnlich wie bei der Nische 1209 mindestens 8 cm tiefer gelegen hat, keinesfalls auf der Höhe des „Chorquadrats", also auf H=53,20. Die Stufe aus dem Kryptenumgang (1207) muß also abwärts geführt haben auf ein Niveau, das wahrscheinlich bei H=52,45 lag.

32 Es ist nun nach einem Grund zu suchen, weshalb an dieser Stelle der Fußboden abgesenkt war. Es kann nur gemacht worden sein, um unter einer Treppe in die Krypta zu gelangen. Es bietet sich eine Treppenführung entlang der Süd- bzw. Nordwand des Chorquadrats an. Es läßt sich dort eine Treppe von 2,50 m Breite gut unterbringen. Sie würde in der Grundfläche fast die Hälfte der O-W-Ausdehnung des Chorquadrats einnehmen, wenn man die oberste Stufe mit der Westkante der Mauer 332 abschließen wollte. Unter dieser Treppe hätte man aber, bei einer Bodenhöhe von H=53,20, den Zugang zur Krypta nicht erreichen können.

33 Man mußte also unter dem östlichen Teil der Treppe den Boden soweit absenken, daß man aufrecht stehen konnte. Zu diesem tiefer gelegenen Niveau mußte man dann auf 4 oder 5 Stufen heruntersteigen. Diese Differenztreppe kann man senkrecht zum Hauptlauf der Treppe annehmen oder auch parallel zu ihr (Fig. 10 – 12).

34 Die Führung der Treppen in der vorgeschlagenen Form setzt beinahe mit Sicherheit voraus, daß die südliche und die nördliche Seitenmauer des „Chorquadrats" (331) geschlossen waren, mindestens im Bereich der Treppe. Dafür spricht auch die aufgefundene Nische *(§ 30)*, an deren Stelle ein Pfeileransatz hätte gefunden werden müssen. Ob weiter nach W eine Öffnung war, wird nie mehr festzustellen sein, denn dort ist durch das gotische Fundament der Chorpfeiler alles ausgeräumt.

35 Es gibt ein, wenn auch nicht absolut stichhaltiges Argument dafür, daß die Seitenwände des Chorquadrats geschlossen waren. In dem Raum zwischen den Treppen zum Altarplatz und der später durch den staufischen Lettner abgeschlossenen westlichen Begrenzung des Chorquadrats muß man sich die zur Feier des Gottesdienstes im Ostchor nötigen Chorstühle denken. Aber auch der in staufischer Zeit erbaute Lettner zwischen dem Schiff und dem „Chorquadrat" könnte – mit Vorsicht – als Argument dafür herangezogen werden, daß die seitlichen Mauern geschlossen waren [7].

Das Ostquerschiff

36 Bei dem Versuch, den Anschluß der Apsismauer 252 an die Spannmauer 332 bzw. die Mauer 331 festzustellen, ergab sich ein Befund, der dazu zwang, die bisherige Rekonstruktion des karolingischen Grundrisses an dieser Stelle erheblich zu korrigieren. Es zeigte sich, daß die Mauer 332 sich nach Süden zu über die Flucht der Mauer 331 forsetzte.

37 Diese Mauer (1226) ist wie die übrigen Mauern des karolingischen Domes 1,45 m breit und steht im Verband mit der Mauer 331. Sie konnte auf eine Länge von 7,15 m verfolgt werden. Das ist mehr als die im übrigen Dom aufgefundene Seitenschiffbreite. Ein dieser Breite entsprechender Maueranschluß nach W ist nicht vorhanden. Auch ein Stichstollen, etwa 5 m weiter westlich, hat keine Spur einer Seitenschiffmauer erbracht. Damit ergab sich eindeutig, daß wir ein bisher nicht bekanntes östliches Querschiff aufgedeckt haben (Fig. 13).

38 Die Mauer 1226 ist bis zu einer maximalen Höhe von H=53,06 abgebrochen, zeigt aber in dieser Höhe auf ihrer Krone Spuren des früheren aufgehenden Mauerwerks. Die Befunde sind in der nördlichen und der südlichen Hälfte verschieden. Im nördlichen Teil findet sich ungefähr in der Mitte dieses Abschnitts ein Mauerblock (1241) mit rosa Mörtel von 1,34 m Seitenlänge, offenbar ein mächtiger Pfeiler, in den sowohl in N wie im S ein über die Flucht nach W zu herausragender Stein eingebunden ist (Fig. 3).

39 Rechts und links davon ist je eine etwa 1,90 m breite Mauerfläche zu sehen, auf der sich Abdrücke von Quadern befinden (Fig. 9; Abb. 4). Nach Beobachtungen an anderen Stellen des Bauwerks kann das nichts anderes bedeuten, als daß hier Türschwellen gelegen haben, die, als brauchbare Steine, beim Abbruch herausgenommen worden sind. Wir hätten also zwei nach O führende Türen aufgedeckt. Daß es zwei sind, ist auffallend. Als Erklärung dafür kann die Rolle dieser Eingänge angeführt werden, die sie bei bestimmten Zeremonien gespielt haben, beispielsweise bei der Reconciliation der Exkommunizierten am Gründonnerstag [8].

40 Die herausragenden Steine am Mittelpfeiler verleiten zu der Vermutung, daß auf der Innenseite dieses Pfeilers eine Zierarchitektur angebracht bzw. vorgesehen war, etwa in der Form eines Säulenaufbaues mit darüber gesetztem Bogen.

41 Man könnte einwenden, daß von den Anschlägen der Tür keine Spuren zu sehen sind. Der Befund beim Portal in der Emunduskapelle zeigt aber, daß die Türgewände offenbar auf die Stufen aufge-

[7] W. Weyres, Befunde am Ostlettner des Kölner Domes. In: Kölner Jahrbuch für Vor- und Frühgeschichte 9, 1967/8, S. 144 ff.=hier S. 498 ff.

[8] W. Weyres, Die Domgrabung XVII. In: Kölner Domblatt 31/32, 1970, S. 86=hier S. 525.

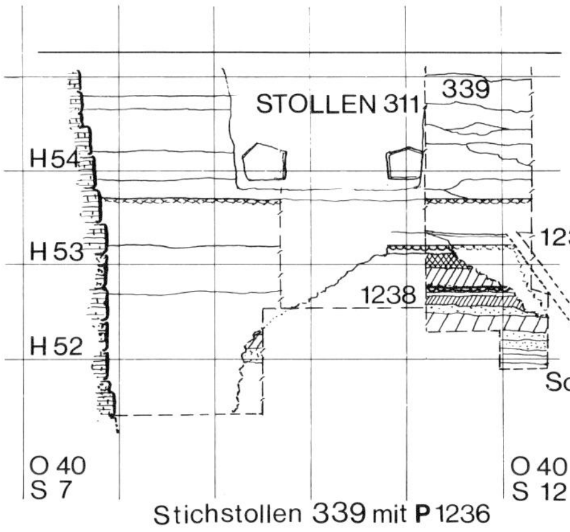

Fig. 13. Untersuchung im Südarm des karolingischen Ostquerhauses (von S 7 bis S 12: 5 m). – Maßstab 1 : 100.

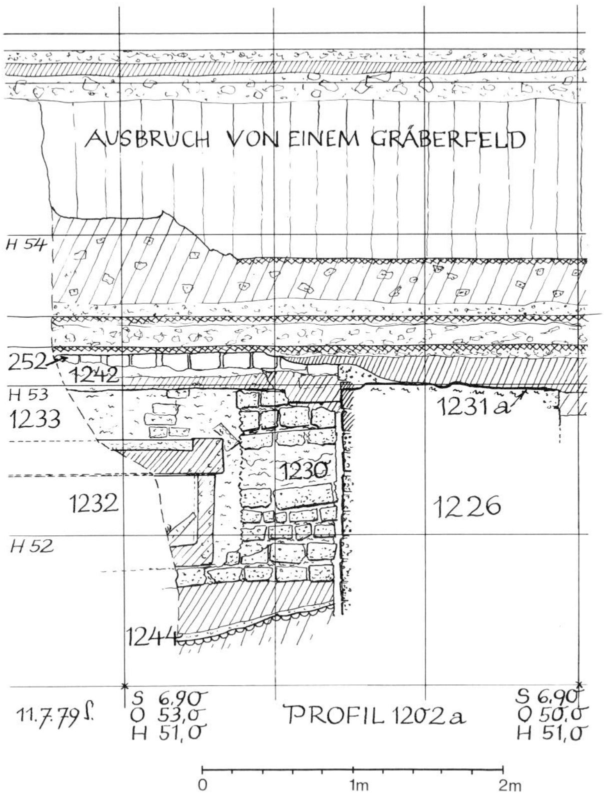

Fig. 14. Ost-West-Schnitt außerhalb des Südarmes des karolingischen Ostquerhauses. – Maßstab 1 : 50.

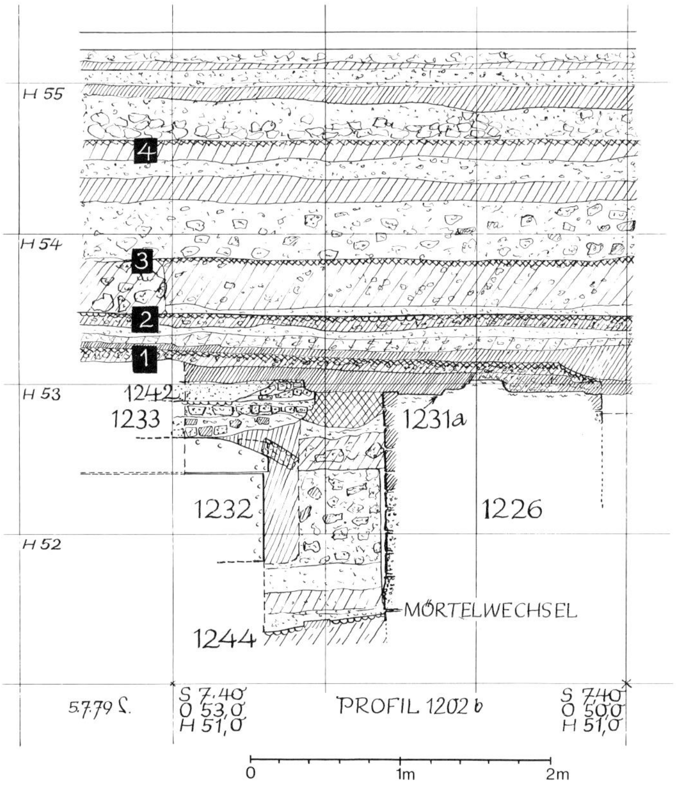

Fig. 15. Gegenprofil zu Fig. 14. – Maßstab 1 : 50.

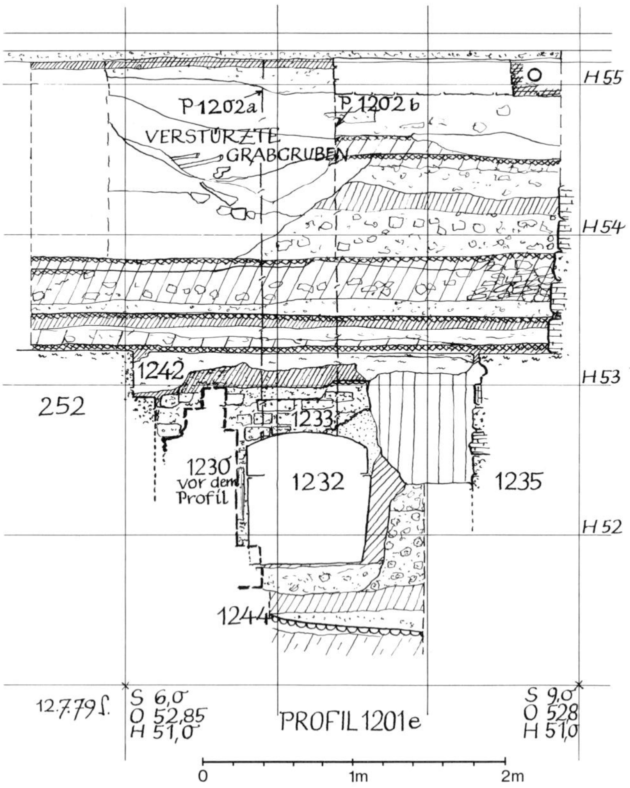

Fig. 16. Nord-Süd-Schnitt außerhalb des Südarmes des karolingischen Ostquerhauses. – Maßstab 1 : 50.

setzt waren und beim Abbruch mit weggenommen worden sind. Die Türen waren wahrscheinlich in einen Werksteinrahmen auf die aus mehreren wieder verwendeten Stücken zusammengesetzten Schwellen gesetzt [9].

42 Mit geringem Abstand findet sich südlich von den Portalöffnungen der Ansatz einer Nebenapsis (1240). Ihre äußere Begrenzung konnte auf einer Länge von etwa 2,50 m verfolgt werden. Daraus konnte ihr Radius auf 4,15 m festgelegt werden. Er entspricht den Maßen der im nördlichen Westquerhaus aufgedeckten Nebenapsis. Auch die Dicke der Fundamentmauern entspricht der dort festgestellten.

43 Bei der Betrachtung des Grundrisses fällt auf, daß die äußere Peripherie der Seitenapsiden in einem stumpfen Winkel gegen die Ostmauern der Querschiffarme stößt. Der Mittelpunkt der Apsiden liegt auf der Westkante dieser Mauern. Die innere Peripherie geht über die Mauern weg, so daß sie senkrecht auf die Westkante stößt. Die Hauptapsiden sind in gleicher Weise konstruiert.

44 Wir haben dann weiter untersucht, ob der Ostchor Flankierungsstürme gehabt hat wie der Westchor. Es konnte eindeutig festgestellt werden, daß in dem Winkel zwischen der Ostapsis und der östlichen Mauer des südlichen Ostquerschiffs niemals ein Turm gestanden hat. Das mag ein Hinweis darauf sein, daß der Westchor der Hauptchor der Kathedrale war, wie es seit langem auch wegen anderer Indizien anzunehmen war [10].

45 Bei der Suche nach dem Turm kamen in dem 1,5 – 2,0 m breiten Streifen zwischen der Apsis und dem gotischen Fundament aber andere unerwartete Befunde zum Vorschein. Wenn wir uns hier außerhalb des Domes befunden hätten, wäre etwa bei H=50,90 ein Niveau zu erwarten gewesen. Statt dessen aber zeigte sich, daß hier Reste von Anlagen waren, die bei H=53,0, also wenig tiefer

[9] Weyres *{4}*, S. 393=hier S. 424.

[10] Weyres *{4}*, S. 386=hier S. 418.

Abb. 1. Fensternische in der Ostapsis.

als der anzunehmende innere Boden, erhalten sind. Ein früher hier vorhandener Boden muß bei der Anlage der gotischen Fundamente ausgeräumt worden sein (Fig. 14 – 16).

46 Es handelt sich um ein Mauerstück (1230) und einen Sarkophag (1232). Der Mauerrest ist nach Osten zu abgebrochen und wenig tief gegründet (UKH=51,80). Er ist gegen die Apsismauer gemauert und hat ein verbreitertes Fundament.

47 Der Sarkophag ist römisch und mit einem flach gewölbten Deckel mit Eckakroterien abgedeckt. Er ist aus gelbem Sandstein. Der Deckel sitzt nicht genau auf und ist gebrochen. Das Skelett ist gestört; Sand ist hineingerieselt. Die Grabstätte ist also gestört worden (Abb. 5).

48 Bei der Anlage des unnötig nach N ausgreifenden gotischen Fundaments muß, wie gesagt, ein Boden in dem Zwischenraum zwischen der karolingischen Apsis und ihm ausgeräumt worden sein. Es mußte aber untersucht werden, ob dieser Boden eine nachträgliche Änderung war, oder ob er zum Zustand des vollendeten karolingischen Domes gehört.

49 Man mußte von der Schwelle des Portals auf irgendeine Weise auf das bei H= ~ 51,0 festgestellte Außenniveau [11] gelangen können. Das ließ zunächst an eine unmittelbar an die Mauer 332 gesetzte Treppe denken. Davon hat sich aber keine Spur finden lassen. Es ist auch unwahrscheinlich, daß man vom Portal direkt auf die Treppe gelangt wäre.

50 Ein Podest ungefähr in der Höhe der Türschwelle, also in der Höhe des entfernten Bodens über dem Sarkophag, ist deshalb anzunehmen. Seine Breite läßt sich nach der Länge des Sarkophags annehmen, dessen innere Länge gemessen werden konnte. Sie beträgt 2,10 m. Wenn man den Abstand von der Querhausmauer mit 80 cm, die Sarkophagwandungen mit je 0,10 m und eine Stufe von

[11] Weyres *[8]*, S. 132=hier S. 566 f.

Abb. 2. Ansicht der Ostapsis mit dem Grabungsbereich in der Wittelsbacher Gruft. Fotomontage 1979 unter Verwendung einer Aufnahme von 1947.

Abb. 3. Blick in den Kryptenumgang von Osten.

Abb. 4. Portal am Südarm des karolingischen Ostquerhauses.

Abb. 5. Sarkophag (1230) östlich des Portals im Südarm des karolingischen Ostquerhauses.

30 cm Breite zusammenzählt, ergibt sich eine Mindestausdehnung nach Osten von 3,40 m. Eine daran anschließende Treppe konnte sich nach O zu frei entwickeln.

51 Es ergab sich die Frage, ob das so erschlossene Podest innerhalb eines Raumes lag oder unter freiem Himmel. Um das zu entscheiden, müssen wir die Position des Sarkophags noch einmal näher betrachten. Er ist in eine Baugrube hineingesetzt worden, die an seinem Westende noch genau zu erkennen war. Bei dieser Gelegenheit ist die Mauer 1230 an ihrem östlichen Ende sauber abgebrochen worden. Das konnte nur gemacht werden, wenn diese Mauer nicht über das Niveau des Podestes höher geführt war, d. h. daß sie nicht die Seitenmauer eines Vorraumes war, der der Emunduskapelle im W geglichen hätte.

52 Nachdem man den Sarkophag eingebracht hatte, hat man ihn mit einer mit Steinlagen durchsetzten, betonähnlichen Mörtelmasse überdeckt, wahrscheinlich um den wohl aus Steinplatten gebildeten Boden des Podestes stabil darüber zu halten. Es ist auch denkbar, daß über dem Grab eine Steinplatte lag. Die Mörtelmasse hat auch die Baugrube z. T. ausgefüllt.

53 Beim Abbruch des karolingischen Domes muß man außer dem Bodenbelag des Podestes auch die Steinstufen der Treppe entfernt haben. Bei dieser Arbeit muß das Ostende des Sarkophags entdeckt worden sein. Daher rührte dann wohl die Störung des Deckels und des Grabinhaltes am Ostende.
Nachdem man die gotischen Fundamente hoch genug in der Baugrube aufgemauert hatte, legte man einen festen Arbeitshorizont in H=53,20 über die ganze Abbruchstelle. Man hatte ihn nötig, um Kontrollvermessungen für den komplizierten Chorgrundriß auszuführen. Er diente auch als Gerüstunterlage für die weitere Mauerarbeit an den nun auf ihr rechtes Maß gebrachten Fundamenten der äußeren Umgangspfeiler.

Abb. 6. Blick von Osten in den Grabungsbereich des Schnittes 1200 in der Wittelsbacher Gruft. Freigelegt und angeschnitten der rotbunte Kryptaboden mit der Vorderkante des Suppedaneums. Darunter weißgrauer letzter Kalkestrichboden der merowingischen Kirche rechts, tiefer aufgebrochen, Marmorplattenreste auf dem ersten Boden dieser Kirche. Im Hintergrund die neue Verschlußmauer der Gruft des Dietrich von Moers.

54 Die 1967 im Domblatt veröffentlichte Rekonstruktion des karolingischen Domes [12] ist also nach den letzten Grabungsergebnissen zu korrigieren. Danach hat dieser sowohl im Osten wie im Westen ein Querschiff besessen. Beide hatten nach Osten gerichtete Nebenapsiden. Sie waren jeweils in den äußeren Hälften der Querschiffquadrate angesetzt. Zwischen ihnen und der Hauptapsis waren Portale angeordnet. Es waren dies aber nicht die Hauptzugänge zur Stadt. Ob das mehrere oder nur ein einzelner waren, wissen wir nicht, doch müssen sie aus einer langgestreckten Vorhalle an der Südseite in den Dom geführt haben [13]. Der Petruschor im Westen war der Hauptchor; er war durch zwei Rundtürme ausgezeichnet, die jeweils in den Winkel zwischen der Apsis und der westlichen Querschiffmauer gerückt waren.

55 Die Decken der Querhausarme lagen niedriger als die des Hauptschiffs. Die Arme bildeten so selbständige Kapellen, jeweils mit einem Altar. Dabei hat es den Anschein, als ob die beiden westlichen durch einen großen Bogen mit der „Vierung" verbunden waren, während die östlichen möglicherweise vollständig zur Mittelachse hin geschlossen waren.

56 Das Auffallendste in der Disposition der Querschiffarme ist, daß die Seitenapsiden an das äußere Ende gerückt sind. Wir kennen nicht viele Kirchen, bei denen das der Fall ist, abgesehen von denen, wo die Anordnung eines Flankenturmes neben der Hauptapsis das nötig machte, etwa wie beim Dom zu Speyer oder der Abteikirche von Knechtsteden. Auch wenn ein Chorumgang in das Querschiff mündet, wie in Hildesheim, St. Godehard, oder wenn ein Seitenschiff mit dem Querschiff in Verbindung gebracht werden mußte, wie bei unserem Westquerschiff, war eine solche Disposition geboten. In Oberkaufungen ist kein Grund dafür mehr zu erkennen. Anders ist es bei einer maasländischen Gruppe von großen Kirchen. Bei St. Servatius und der Liebfrauenkirche in Maastricht und bei St. Bartholomäus in Lüttich liegen die Seitenapsiden in den östlichen Querhausarmen so wie in Köln. Das ist so gemacht, damit zwischen ihnen und der Hauptapsis ein wichtiges Portal angebracht werden konnte. Die letztgenannten Kirchen haben mit dem karolingischen Kölner Dom noch gemeinsam, daß die Querschiffdecken wesentlich tiefer liegen als die im Hauptschiff. Die äußeren Hälften der Querschiffarme sind so zu ungestörten, kapellenartigen Kompartimenten für kleinere Gruppen abgetrennt. Da die angeführten Beispiele alle jünger sind als Köln, ist es naheliegend, den karolingischen Dom als Vorbild für Querschifflösungen im Maasgebiet anzusehen.

57 In der Absicht, Doppelfelds Grabung in der Dreikönigenkapelle innerhalb der karolingischen Ostapsis zu vervollständigen, haben wir unterhalb der Krypta tiefer gegraben. Unter H = 51,60 fanden wir mehrere Böden, die zur merowingischen Kirche gerechnet werden müssen. Diese Befunde sind noch nicht aufgearbeitet, aber soviel kann jetzt schon gesagt werden, daß die merowingische Kirche nach O zu dieselbe Ausdehnung gehabt hat wie die karolingische [14].

[12] Willy Weyres, Zur Baugeschichte der vorgotischen Kölner Kathedralen. In: Kölner Domblatt 26/27, 1967, S. 33 f. = hier S. 454 ff. Man könnte uns vorwerfen, daß wir zu früh Rekonstruktionen gebracht haben. Es ist jedoch immer Wert darauf gelegt worden, die Leser des Domblatts über den jeweiligen Stand der Erkenntnisse zu informieren.

[13] Willy Weyres, Die Domgrabung XXI. In: Kölner Domblatt 41, 1976, S. 115, Mauer 371 = hier S. 750 f.

[14] Vgl. Die Domgrabung XVIII. In: Kölner Domblatt 33/34, 1971, S. 83 ff. = hier S. 575 ff.

KATALOG

Bearbeitet von Wilhelm Schneider

Abkürzungen: OK=Oberkante, UK=Unterkante, H=Höhe, Br=Breite, Lg=Länge, Dm=Durchmesser; N, S, O, W=Norden, Süden, Osten, Westen.
Die Höhen sind in Meter über N.N. (Normal Null=Amsterdamer Pegel) angegeben. Das Koordinatengitter ist nach Soldner: die Punktbestimmung geschieht über das aus dem Dachreiter gefällte Lot=Nullpunkt mit der Bezeichnung der Himmelsrichtung und der gemessenen Meterentfernung.
Beispiel: Punkt X liegt bei S 7,0; O 50,0 bedeutet: vom Nullpunkt wurden 50 m nach Osten gemessen und dann rechtwinklig dazu 7 m nach Süden. Das ist der kartierte Punkt X.

Erfaßt werden die Grabungsbereiche ab Achsenkapelle im südlichen Chorumgang mit:
1200 Grabungsabschnitt westlich des Schachtes in der Dreikönigenkapelle von O 50,0 bis O 55,80, N 3,0 bis S 5,0 als Erweiterung des kleinen Stollens 311 von Grabung 1947 unter dem SO-Teil des gotischen Chorumganges.
1221 Untersuchungen ab Stollen 311 in südlicher Richtung zur Michaelskapelle von S 7,0 bis S 14,0 und O 49,60 bis O 54,0.
339 Kleine Untersuchung ab Stollen 311 bei O 40,0

Aufgeführt werden alle Fundpunkte von 1977 – 1979 ab Nr. 1200. In direkter Folge sind die Bezugspunkte aus dem Katalog von 1947: „Schacht in der Dreikönigenkapelle" als dreistellige Zahlen dazwischen geschoben, soweit sie in den Grabungsbereich übergreifen und einer Ergänzung oder Korrektur bedürfen. Die Grabungszeit dauerte kontinuierlich mit dem Ausbau 2 Jahre. Das schwierige Arbeitsgebiet ist, trotz des hohen Zeitaufwandes, weniger als 80 qm groß und erreichte auch nur einmal im Scheitel der Ostapsis eine Tiefe von unter H 50,0.
Es wurde im Stollenvortrieb, teils unter Grüften her, gegraben. Das Ergebnis und die Abwicklung wurden durch die von der Bauleitung vorprogrammierten erforderlichen Direktmaßnahmen zur Bausicherung geprägt. Dazu kam der über 100 m lange Transportweg des Abraumes bis zur Zwischenlagerung unter dem südlichen Seitenschiff im sogen. „Kassenraum" und der entsprechende Weg zum Heranbringen des Materials zur Bausicherung.

Pläne:
Grundrisse:
1. Grabungsplan. Befund in Schnitt 1200 und 1221, Fig. 3.
2. Plan des gotischen Chores mit den erfaßten Grüften, dem Stollen 311 und der Grabungsphase von 1977 bis 1979, Fig. 1.
3. Gesamtplan, „Alter Dom", Baubefund mit gestrichelten Ergänzungen, Fig. I.
4. Ansichtszeichnung vom Zugang zur Krypta (1203 von Westen mit Abdrücken eines östlichen Doppelportals auf der Ostmauer (1226) des östlichen Querhauses (perspektivisch), Abb. 9.
5. Rekonstruktionsvorschlag, Fig. II, (aus Fig. I).

Profile:
Abwicklung der Ostapsis 252 mit Fenster 1209, Nische 1210, Reparaturstelle 1213, Bodenanschlüsse 264 und Kryptenzugang 1203; Spannmauer 332 bis Bodenhöhe Vorgängerbau freigelegt, geschnitten, Fig. 7.

1201 a N-S Profil in Schnitt 1200 und 1221
Daraus eine Montage als Idealschnitt gegen W bei O 51,50; Ostapsis 252 geschnitten, Spannmauer 332 teils in Ansicht mit Resten des Kryptenausbaues 1203, 1205 und 1206, (Fig. 2).
1201 e Profil in Stollen 1221 über dem Sarkophag 1232 bei O 52,85 von S 5,5 bis S 8,90
zeigt den Zustand ab Apsis 252 bis zum aufgehenden Teil des Fundamentes zum Pfeiler der Michaelskapelle. Die im oberen Bereich anstehenden Schichten werden in beiden angegebenen Profilen (P 1202 a und P 1202 b) behandelt.
Im Abbruchbereich um H 53,0 werden Baufolgen deutlich. Ab Boden 1244 Bau der Mauer 252. Auf späterer Aufschüttung Errichtung der O-W Mauer 1230 (als Schatten vor das Profil gestellt, da sie

am Profil für die Grablegung ausgebrochen ist: vgl. P 1202 a). Ohne Grube, bis etwa Sockelhöhe von Apsis 252; danach Beifüllung von Schutterde in horizontalen Schichten.

Weitere Baufolgen sind durch den gotischen Abbruch verloren gegangen. Die Apsis 252 und die O-W-Mauer 1230 sind nicht mit Außenputz versehen. Letztere wird durch die Grablegung mit Sarkophag 1232 ausgebrochen und beim Verschließen der Grube wieder fest vermauert (Steinlagen 1233). Ein Boden darüber fehlt. Es bildet sich eine dunkle, feste Schuttschicht. Diese wird nach Fertigstellung des gotischen Fundamentes 1225 mit einer Mörtellage 1242 bis an die Apsis 252 bedeckt. Damit wird auch die Störung, eine kleine Grube am SW Teil der Grabvermauerung, verschlossen (Fig. 16).

1202 a O-W Profil im Südstollen 1221

Gegen Stollen 311 bei S 6,90 von O 50,0 bis O 53,0. Spiegelverkehrte Darstellung zum Vergleich mit Profil 1202 b. Es führt von einer Gräberfeldspur über 3 gotische Horizonte auf die Abbruchhöhe der karolingischen Anlage. Etwas nördlich hinter dem Profil sieht man die unverputzten Steine der Apsis 252 im Verband mit N-S Mauer 1226 in H 53,10 – 53,20. In H 52,90 ist als Linie der Sockel der Apsis eingetragen. Das Profil verläuft rechtwinklig gegen N-S Mauer 1226 und überquert sie bei den Quaderabdrücken 1231 a. Im schachtartigen Bereich bilden die Ansicht der Mauer 1230 und der Boden 1244 darunter den Abschluß. Die Mauer 1230 weist im Winkel an der Apsis eine breite Absetzfuge auf, wie auch alle Auffüllschichten gegen die Mauer 1226, vgl. Profil 1202 b. Eine spätere Absenkung des Geländes könnte die Ursache sein, die beim Boden 1244 zu beobachten ist. Die Grabgrube für den Sarkophag 1232 zerschneidet die Mauer bis auf die unterste Steinlage des Fundamentsockels. Darunter folgen dunkelbraune Erde und feine Kalkspuren in hellem Sand. Die Grablege wurde mit einer Ausgleichsmauerung und Mörtelschüttung 1233 bis OK Mauer 1230 wieder verschlossen. Die Oberfläche ist teilweise abgezogen und als Unterboden anzusehen.

Ein Boden fehlt; es finden sich auch keinerlei Markierungen der Grabstätte. Zum gotischen Fundament wird ein Höhenausgleich 1242 horizontal zur Apsis gezogen (Fig. 14).

1202 b O-W Profil im Südstollen 1221

Auf S 7,40, von O 50,0 bis O 53,60; Gegenprofil zu 1202 a, ab Abbruchhöhe der Mauer 1226.

Auffüllschichten des gotischen Neubaues in 4 ausgeprägten Arbeitshorizonten. Auf der Mauer die Quaderabdrücke 1231 a und östlich in der kleinen Schachtung die abgesetzten horizontalen Auffüllschichten aus karolingischer Zeit bis zum schlecht erhaltenen Boden 1244. Das Mauerwerk ist frei errichtet, lagenrecht mit abgestrichenen Fugen.

Die Grubenfüllung zur Bestattung 1232 wechselt von dunkelgrauer feiner Erde bis zu gelbem Kies. Über den gewölbten Deckel ist bis über die Grube lagenweise Mauerwerk 1233 gezogen und darüber eine betonartige Mörtelmasse, das Westende davon glich einem Estrich. Die spätere Störung wird mit gelbem Kies ausgeglichen (Fig. 15).

1202 c Hauptprofil gegen N zur Übersicht

Im Bereich der Wittelsbacher Gruft mit dem Achsenprofil von 1947. Etwa auf N 1,0 von O 49,0 bis O 63,0 zum Vergleich der Böden und Niveaus westlich und östlich der Apsis (Abb. 4).

1203 Umgang der Ostkrypta

Mit Zugang durch die Spannmauer 332 und den Boden 264. Von S 2,85 bis S 4,50, beginnend bei O 50,0 ringförmig parallel zur Apsis verlaufend. Lg ca. 15 m, Br 1,65 m, H 52,65.

Über N-S Mauer 332 hinweggezogener Umgang, davon noch Spuren der Türlaibungen. Die südliche gebogene Laibung wird durch starken Verputz gestreckt zu einer rechtwinkligen Stelzung. Im Apsisbereich fehlt der Boden 264 des südlichen Umgangsteiles beinahe ganz. In der Achse ist er über 2 m Br erhalten (Fig. 3 und 9).

252 Ostapsis des karolingischen Domes

In Verband mit Spannmauer 332 und Ostquerhausmauer 1226. Scheitel außen: O 57,36, innen: O 55,64 auf N 0,90, abgebrochen bis H 53,20; Br mit Sockel 1,75 m, Sockel in H 52,80, Außenputz mit Spritzwasserzone in H 51,16 – 51,32, UKH 46,72, tiefste ergrabene Stelle innen in H 50,40.

Ab 1977 ca. 9,40 m an der Innenseite freigelegt. Gerechneter Radius (=dem der Westapsis) ist 5,66 m. Verfolgt wurden 11 bis 12 Lagen Handquader bis auf die Böden des Vorgängerbaues 1214 und 1224. Ab da sehr enge Fundamentgruben für den unteren Teil der Mauer, die durch das Abstreifen vom Mörtel aus den oberen Lagen teilweise bodengleich zugedeckt waren. Der bekannte Wechsel des Mauermörtels von weißer nach rosa Farbe wird in H 51,16 bis 51,50 beobachtet. Das Mischmauerwerk ist von den Böden ab frei erstellt, die Fugen der einzelnen Lagen sorgfältig abgestrichen. Der Verband mit der Riegelmauer 332 nachlässig durchgeführt, abschnittweise ganz ausgelassen (Fig. 3, 4 und 7).

284 Plattenboden östlich der Ostapsis
Bei O 59 von N 3,50 bis S 0,80 in H 50,90. Kalk- und Trachytplatten, 0,10 m stark, zur Apsis hin abgebrochen.

332 Ostwand des östlichen Chorquadrates
Sogenannte Spann- oder Riegelmauer. W-Seite ab S 5,12; O 50,06 bis S 0,90; O 49,87. Lg max. 11 m, davon erfaßt 4,50 m, Br 1,45 m; ergraben ab Abbruch in H 52,87 bis H 50,40 beidseitig zwischen S 4,0 und S 5,0.
Baugrube an der Ostseite ca. 0,70 m br. Darüber folgen 8 bis 9 Lagen frei aufgerichtete Handquaderlagen, meist in gleicher Höhe des Apsismauerwerkes, zuerst in weißem, höher in rosafarbigem Mörtel verlegt. Vom Anschluß der Mittelschiffmauer 331 an die Spannmauer sind auf der W-Seite nur noch 3 Verbundlagen erhalten. Die Innenseite der Mauer 331 mußte dem weit ausladenden gotischen Binnenchorfundament weichen. Beide Seiten unverputzt. Ab W-Kante bei S 2,87 bis S 4,52 beginnt der 1,65 m breite Durchgang 1203 mit einem abwärts weisenden Stufenbett 1207. Bei S 0,75 stoßen von O gegen die O-Kante Teile des gestörten Bodens 264 und darauf ein zweiteiliger Einbau 1205 und 1206 (Fig. 2, 3, 7 und 9).

1204 Kalksteinplatte vor Einbau 1205
Im Scheitel der Krypta. O-Kante auf O 53,20, von N 0,32 bis N 0,92, OKH 52,79, UKH 52,69. Gesägte Spolie, allseitig bearbeitet 0,60×0,50 m, 0,10 m st. Mit einem halbbearbeiteten Rundling aus Kalksinter, 0,12 m Dm und 0,60 m lg in bis 4 cm starkem Mörtel auf dem Boden 264 verlegt (Fig. 3 und 4).

1205 Mauerwerk östlich der Spannmauer
Bei S 0,70; O 51,30 liegt der südlichste Anschlußpunkt an Mauer 332, nach NO verlaufend (Brettabdruck) bis N 0,95; O 52,42, weiter nach N bis N 1,55; O 52,38.
Fragmentarisch in H 52,88 abgebrochen, UKH 52,40 und 52,65. Das trapezförmige Fundament, max. 3 qm, besteht aus einer hellgrauen Mörtelmasse mit Bruchsteinen. Es ist in eine Schalung gegossen und in die Mauer 332 eingelassen. Die Schalung wird auf einem Balken durch eine Ausbruchstelle des Bodens 264 geführt. Die Bohle anschließend, in NS-Richtung, fußt auf dem hier noch intakten Boden. In deren Verlauf, etwa Mittelachse bei N 0,95; O 52,45 befindet sich ein 1 m tiefes Pfostenloch, 5 cm Dm. Der nördliche Abschluß ist nicht gesichert. Mörtelreste und schwache Abdrücke verlaufen in NW-Richtung über den Boden und unterstreichen die Form eines halben Sechseckes (Fig. 3, 4 und 8).

1206 Begrenzungsmauerwerk des Kryptenumganges
An der Spannmauer beginnend bei S 2,90; O 51,40 radial geführt bis an den geschliffenen Teil des Bodens 264 bei N=S; O 53,70. Abbruchhöhe H 52,87, UKH 52,64 bis 52,50.
Gleichzeitig mit Mauer 1205 errichtet, am Umgangsrand unter Bodenniveau niedergelegt, in einer Steinlage erhalten. Vor dem abgeflachten Ostrand ist eine Bodenreparatur; rauher, graugelber Mörtel in H 52,62. Bei N=S springt das Mauerwerk 1,0 m nach Westen zurück bis zur Kante mit der Stufe 1204 (Fig. 3 und 8).

264 Erster Boden innerhalb der Apsis 252 (vgl. Kölner Domblatt 2/3. 1949, S. 149=hier S. 103)
Mit Erneuerung im Scheitel 2,20 m br., 2,40 m lg. Zwischen Apsis und Spannmauer rotbunter, mit vielen verschiedenfarbigen Steinbröckchen versehener Kalkestrich, ca. 0,10 m st, mattglänzend geschliffen. An der N-Seite durch die Wittelsbachergruft nicht weiter beobachtet; im S durch eine in O-W Achsenrichtung verlaufende Naht gekennzeichnet, hinter der der Estrich etwas tiefer liegend ohne Oberfläche, rauh, und mit graugelbem Mörtel aufgefunden wurde. Nach Westen fehlt er im Umgang ganz, unter den Einbauten 1205 und 1206 tangiert er in Bruchstücken an Spannmauer 332. An der Wandung der Apsis ist er in kurzen Abständen mit Resten des Verputzes verwachsen erhalten (Fig. 2, 3, 4, 7 und 8).

1207 Aussparung in Mauer 332
Bei S 2,90 bis S 4,55; O 50,0 an der Westseite der Spannmauer 1,65 m lg und 0,30 br, bis H 52,56 in die Mauer eingeschnitten, nimmt sie die gesamte Breite des Durchganges zur Krypta ein (Fig. 3, und 9).

1208 a/b Böden in den Wandnischen 1209 und 1210 der Apsis.
H 52,71 und H 52,73 übereinander angelegt. Boden a rotbunt geschliffen, Material wie bei Boden 264 im Scheitel in beiden Nischen. An der Apsiskante gestört und aufgespitzt, darüber folgt: Boden b in H 52,73 aus ähnlichem Material übergangslos in den Wandputz verlaufend (Fig. 3, 5 und 6).

1209 Nische in Apsis mit den Böden 1208 a und b
Von O 53,60 bis O 54,30, 1 m br in H 52,69, in Apsis 0,80 m tief eingelassen.
Die W-Kante verläuft nahezu radial. Die O-Kante weicht nach W ab. Die Rückwand ist beidseitig dreieckig geschlitzt, gebaucht zurückspringend. Erhaltungshöhe bis 0,40 m, auch in den Schlitzen sorgfältig verputzt (Fig. 3, 5 und 6).

1210 Nische in der Apsis an der Nische 1209, dazu Böden 1208 a und b
Von O 54,30 bis O 54,70, 0,65 m br in H 52,69 in die Apsis in dreieckiger Form eingelassen.
Die Ostseite der Nische verläuft radial 0,35 m tief, die Rückwand verläuft nach NW und trifft die Ostwand der Nische 1209 auf der Apsisbogenkante etwa in einem rechten Winkel (Fig. 3).

1211 Metallspur in Kryptaeinbau 1206
S 1,25; O 52,80 = Mittelpunkt.
Ein Abdruck und Metallreste eines starken Eisenblechs 10×10 cm mit 4 cm großem Loch an einer Steinlage von 1206 (Fig. 3).

1212 Kalkestrich zur Mauer 1225
H 51,60.
Im gesamten Bereich der Grabung in der Achse nördlich der Bogenmauerung 1225, ein Teil 0,50 m lang noch daran angestrichen. Heller, grauweißer grobkiesiger Kalkestrich, 4 bis 6 cm st, auf einer 10 bis 15 cm Handquaderstickung, an einigen Stellen eingedrückt. Bei S 0,50 bis N 2,20 durch die Baugrube zur Ostapsis 252 abgetrennt. Boden zum Vorgängerbau (vgl. dazu Boden 1224) und karolingisches Arbeitsniveau im Scheitelbereich (Fig. 4).

1213 Flickstelle in der Apsis
Von O 55 bis O 55,40, 1 m br in H 52,64.
Die bis an dieser Stelle aufgeführten Handsteinquaderlagen sind in rosafarbigem Mörtel aufgeführt. Auf dem 1 m breiten Streifen scheinen die Lagerfugen außer Kontrolle zu geraten; mit unterschiedlich hohen Quäderchen und auch römischen Bodenziegeln wird in gelbkiesigem Mörtel korrigiert (Fig. 3 und 7).

1214 Estrich innerhalb der Apsis 252
(vgl. 314, Periodenangabe streichen), H 51,22 – 51,25, auf der gesamten gegrabenen Fläche durch die karolingischen Baugruben von Apsis 252 und Spannmauer 332 gestört.
Rötlicher Kalkestrich mit Ziegelsplittzusätzen 0,10 m st ohne Stickung (Fig. 4, 7 und 8).

1217 Mauer in N-S Richtung
O-Kante bei O 53,72, von N 0,70 bis N 2,50, Lg min. 1,80 m, Br 0,52 m, UKH 51,20, OKH 51,35.
Erfaßt ist eine Lage der Mauer aus Handquadern in weißem Mörtel am W-Ende der Grabung. Gesamte Lg. ist nicht faßbar. Die Ostseite ist weiß verputzt und ist durch einen groben Estrich gestört. Nördlich dahinter stößt ein Restboden 1218 aus Marmorplatten gegen sie (Fig. 4).

1219 Ausbruchstelle in Mauer 1217 und Boden 1214
Kreisförmiger Ausbruch 0,70 Ø bei N 1,50; O 53,80 (etwa Mitte).
Ab Mauerhöhe H 51,35 bis unter Boden 1214 bis in H 51,14 sind Boden und halbe Mauer zerstört. Am Grund der Grube sind Grauwackebruchstücke in grauem Mörtel (Fig. 4).

1220 Nischenspur in der südlichen Mittelschiffmauer 331
SO-Ecke in S 6,40 und O 49,80, Nischenboden in H 52,65.
Erhalten ein dreieckiger Rest mit 0,30 m Seitenlängen in Abbruchhöhe auf der Mittelschiffmauer, 1,10 m tief max. Ausgestattet mit 2 übereinanderliegenden 2 cm starken Estrichböden mit vielfarbigen Steinchen versetzt. Der obere Estrich wie auch Boden 1208 verläuft in den Wandputz (Fig. 3 und 9).

1221 Schnitterweiterung ab Stollen 311
Von O 49,50 bis O 52,85, bis ca. 3 m br in Stollenvortrieb 8,50 m lg.
In südlicher Richtung bis S 14. Arbeitshöhe ab H 53,0, dazu einige kleine schachtartige Untersuchungen zwischen S 7 und S 9; O 51 bis O 53. Der Schnitt sollte Zweifel über die Form des Abschlusses

der karolingischen Ostanlage beheben. Begründet durch Untersuchungen auf der Ostterrasse und die Neuerstellung der Dombauhütte 1969. Gefunden wurde der südliche Ostquerarm (Fig. 3, 14, 15 und 16).

1222 a Gruft Godesberg von 1754
Durch ein später verschlossenes Loch in der Tonnenwölbung der Gruft waren die Bestattungen entnommen worden. Vorhanden waren einige Holzreste der Deckenschalung (Fig. 1).

1222 b Gruft von Sayn um 1461
Die Bestattungen waren abgeräumt, der Boden war „besenrein" (Fig. 1).

1223 Gruft-Neuanlage durch und über der Sayn-Gruft
Höhengleich mit den Grüften des 18. Jh., unbelegt (Fig. 1).

1224 Estrichboden zu Mauer 1225
Erfaßt als Fragment ab S 2,46; O 52,04 entlang des weit gestreckten Boden an der S-Seite der Mauer 1225 bis S 1,75; O 54,20. OKH 51,36, UKH 51,30.
Erhalten etwa 4 m ^{2}, im SO durch die Baugrube zur Ostapsis gestört. Rosafarbiger Kalkestrich, 4 bis 6 cm st, auf einer feinen dunkelgrauen Stampferde über dem Boden 1214. Wie sein Pendant, Boden 1212, ist er gegen das Mauerwerk angestrichen (Fig. 7 und 8).

1225 Rundmauer
Fragment mit Böden 1212 und 1224. S-Kante von S 2,46; O 52,04 nach S 1,75; O 54,20; Erhaltungshöhe bis H 51,64, UKH 51,24, Br 1 m, Lg min. 2,50 m. Radius außen (konstruiert) 5,15 m.
Bis zu 3 Lagen hoch erhaltenes Mauerwerk, meist aus Tuffsteinen in weißem Kalkmörtel gesetzt. Die Baugruben der karolingischen Spannmauer und der Ostapsis zerschneiden den west- und östlichen Verlauf der Rundmauer (Fig. 8).

1226 Querhausostwand
In Verband mit der Ostapsis und in Verlängerung der Spannmauer.
Ostkante der Mauer in N-S Richtung bei S 6,30; O 51,55, an der Ostapsis bis S 11,70; O 51,75, dem Ansatz einer Apsidiole.
Gesamtlg min. 11,90 m, Br 1,45 m. Ergraben davon 7,15 m. Bis H 51,0 untersucht, OKH 53,06 (Abbruchhöhe), UKH unbekannt.
Das Mischmauerwerk aus Handquadern ist frei aufgeführt ab etwa H 51,0. Aufgemauert und abgestrichen bis H 51,47 in 0,12 m hohen Steinlagen mit weißem und nachfolgend in rosafarbigem Kalkmörtel. Innen- und Außenseite unverputzt und ohne Sockel. Auf der Oberfläche der Mauer sind Abdrücke großformatiger Steinplatten bis an den Ansatz der Apsidiole zu erkennen (Fig. 3, 9, 14 und 15).

1227 a und b Erdbestattungen
Zwischen S 5 bis S 7 und O 51 bis O 55

1228 Spuren von Sarghölzern und locker verfüllten Grabgruben
Auf dem letzten gotischen Bauniveau (Fig. 1).

1229 Reste einer Erdbestattung
Östlich der Gruft 332; bei S 3,0; von O 52,0 bis O 53,0 in H 54,0.
Bei der Anlage der Gruft 322 teilzerstörte Bestattung, die als Beigabe einen Zierdegen aus Eisen, 1,17 m lg, enthielt (Fig. 1).

1230 Mauer in O-W Richtung
Gegen die Ostquerhausmauer im Winkel des Ostapsidenanschlusses.
Südliche Vorderkante über dem Sockel bei S 6,62; von O 51,60 bis O 52,15, OKH 53,00, UKH 51,66.
Lg der Mauer unbekannt; Br am Sockel 0,52 m, Br darüber 0,36 m, ein weiterer Rücksprung der letzten 3 Steinlagen in H 52,70 bis 0,26 m Mauerbreite.
Bis auf das zweischichtige Fundament sockelbreit in der Grube Tuffmauerwerk aus Handquäderchen, 11 frei erstellte Lagen unter Verwendung von weißem Kalkmörtel. Zur Beisetzung mit dem Sarkophag 1232 wurde ein Teil der Mauer bis zum Sockelfuß abgebrochen und anschließend mit meist geschütteten Gußmörtel wieder auf das alte Höhenmaß gebracht. Ursprünglich stieß die Mauer gegen Mauer 1226, heute klafft eine Lücke von 4 cm Breite (Fig. 2, 3, 9, 14 und 16).

1231 a Quaderabdrücke auf der Mauer 1226

Bei S 6,50 bis S 8,40 in H 52,95. Abdrücke im rosafarbigem Mauermörtel von ca. 3 großen Quadern von 1,90 m Lg und mauerbreit die Lücke füllend zwischen der Mittelschiffmauer 331 und der N-Kante eines Pfeilerabdruckes 1241 (Fig. 3, 9, 14 und 15).

1231 b Quaderabdrücke auf Mauer 1226
Südlich des Pfeileransatzes 1241. Von S 9,75 bis S 11,70 in H 52,98 bis H 53,05. Abdrücke von 2 Quadern ab S-Kante des Pfeileransatzes, 1,95 m lg, 1,45 m br, bis an den Anfang der Apsidiole. Rosafarbiger Mauermörtel (Fig. 3 und 9).

1232 Sarkophag in O-W Richtung
Östlich der Querhausmauer 1226. N-Seite von S 6,85; O 52,40 bis S 6,80; O 54,75, OKH 52,65, UKH 51,82.
Steinkiste mit Deckel aus gelbem Sandstein. Grundfläche am Boden: 2,35 m×0,74 m, 0,58 m hoch, nach oben leicht ausgestellt; Wandstärken: 0,11 m, Boden 0,14 m st. Bearbeitung: innen und außen gespitzt in Gardinenschlagtechnik. Deckel rund, Kopfende zurückgeschnitten, im Scheitel 0,26 m hoch, zwischen 0,20 m×0,20 m starken Eckpfosten. Dach primitiv geschindelt, Eckpfosten unbearbeitet. Vom Äußeren nur das W-Ende erfaßt. Angebrochener Deckel wurde gehoben und im Inneren die weiteren Maße entnommen. Der Bestattete, Blick nach Osten, bis zum Becken unversehrt in leicht verstürzter Lage, ab dann nahezu verdeckt durch eingedrungene Erde am gebrochenen Deckel. Keine Beigaben (Fig. 3, 14, 15 und 16).

1233 Vermauerung des Sarkophages 1232
An und auf der O-W Mauer 1230.
Ab O 52,0 bis O 52,90 in Mauer 1230 und ab S 6,30 bis S 7,60 über dem Sarkophagdeckel bis H 53,15. 3 bis 4 Lagen kleiner Tuffsteine sind in graugelbem glasharten Gußmörtel gepackt und verschließen, meist geschüttet, die Mauer und die Grabstelle. Oberfläche wirkt estrichartig (Fig. 3, 14, 15 und 16).

1234 Boden des südlichen Querhauses
Ohne Maueranschlüsse in H 53,20 bei S 11 von O 45,0, 4,50 m lg, bis zu 4 m br.
Auf harter gestampfter Schutterde aufgetragener rosafarbiger Estrich mit gut erhaltener Oberfläche, ca. 0,10 m st. Er liegt saumbreit auf den sich beinahe überschneidenden Fundamentgruben des Binnenchores und der Chorkapellenpfeiler. Als Randspur im S-Profil des Stollens 311 entdeckt. Im kleinen Kontrollschnitt 339 noch 0,50 m breit erhalten (Gesamtplan und Fig. 13).

1235 Gotisches Fundament
Östlich der Querhausmauer 1226. Von S 8,50 bis min. S 13,0 (Grabungsgrenze), ab O 51,60.
Der in einer Baugrube errichtete bogenförmige Unterbau, in bekannter Technik aus Basalt- und Tuffsteinlagen, lehnt sich gegen die Querhausmauer. Ab Abbruchhöhe der karolingischen Anlage springt das Fundament stufenförmig zurück und trägt den Ostpfeiler der Michaelskapelle (Fig. 2, 3, 9 und 16).

1236 Profil in N-S Richtung im Stollen 311 und der Erweiterung 339
Bei O 40,0, von S 7,0 bis S 13,0, bis H 51,50 tief.
Beginn an der S-Kante des Binnenchor-Fundamentes mit seiner weit ausladenden Baugrube. Am südlichen Rand ist der Querhausboden 1234 als kleiner Saum ca. 0,50 m br. Der Stollen 311 ist in seiner Ausbaubreite dargestellt, er wurde beim Ausmauern um Mauerstärken erweitert. In der südlichen Erweiterung 339 bricht der Boden 1234 an der Baugrube zum Chorkapellenfundament ab. An den darunterliegenden horizontalen Auffüllschichten aus karolingischer Zeit hätte als S-Grenze ab S 12,10 die S-Schiffwand 303 sein müssen, wenn das südliche Seitenschiff weiter nach O verlaufen sollte. Eine zusätzlich geschlagene Sonde zur Kontrolle schloß ihr Vorhandensein aus. Als Bauhorizont wurde vielleicht in H 52,75 der Estrich 1238 erfaßt (Fig. 13).

1238 Estrichboden
In Schnitt 339 bei S 11 bis S 12; O 39,30 bis O 40,60; H 52,75. Rosafarbiger Kalkestrich ca. 0,10 m stark ohne Stickung auf sandigem Lehm aufgestrichen. Stark verbrannt und ausgewaschen, rauhe Oberfläche, darauf Holzkohlereste, teilweise ohne Bindung (Fig. 13).

1239 Gruft in Schnitt 1221
NW-Seite von S 8,50; O 50,80 nach S 10,60; O 49,0; OKH 55,10, UKH 53,90.
Die aus Ziegelsteinen gemauerte Gruft mit Tonnenwölbung ist von SW nach NO ausgerichtet.

Maße: 2,75 m×1,50 m, Höhe im Scheitel 1,10 m.

Der Bestattete in vollem Ornat ist der Dompropst Von der Zeyl-Wurzach, gest. um 1770. Die Grabkammer war ungestört; sie wurde beim Grabungsausbau mit in die W-Wand einbezogen und dabei geringfügig verkürzt (Fig. 1).

1240 Apsidiole

Fragment an der Ostseite der Querhausmauer 1226. Bei S 11,72 beginnender Verband mit einem R=4,15 m (ermittelt).

Erfaßt sind 2,50 m vom Bogen, bis H 53,10 erhalten. Auch hier alles in einem Zuge mit der Mauer 1226 in rosafarbigem Mörtel errichtet. An der Außenseite hellgrauer Verputz. Nach SO Abbruch durch die gotischen Kapellenfundamente 1235 (Fig. 3).

1241 Pfeilerspur

Auf der Querhausmauer 1226, dazu die Quaderabdrücke 1231a und 1231b. W-Seite von S 8,42; O 50,24 bis S 9,76; O 50,28. Form quadratisch, Seitenlg 1,34 m.

Von der W-Kante der Mauer 0,10 m rückspringend. Eine Lage verlegter Handsteine hoch erhalten in rosafarbigem Mörtel. Nord- und Südgrenzen sind die Kantenabdrücke der Quader 1231a und b. Vor dem Pfeiler sind an der W-Seite an den Ecken in der letzten Steinlage der Mauer 1226 einige Steine leicht ausgestellt (Fig. 3 und 9).

1242 Mörtelbett

Zwischen der Ostapsis und dem gotischen Fundament 1235. Von S 6,30 bis S 8,0 und O 50,60 bis O 51,90, OKH 53,20.

Etwa 2 qm großer Mörtelausgleich seitlich und über dem Grab 1232 auf Schutt- und Kiesschicht. Gleicht die Höhen zwischen Apsidenabbruch und dem ausladenden Fundamentfuß von 1235 aus nach Abbruch der Außenböden. Hellgrauer Mörtel mit mittelkörnigem Bims (Fig. 3, 14, 15 und 16).

1243 Pfostenloch

Bei N 0,95; O 52,45, Dm 5 cm, ab H 52,65, 1 m tief.

An der N-Grenze der Schalung des Gußmauerwerkes 1205/1206, liegt es etwa in der OW-Achse (Fig. 3 und 4).

1244 Estrich

Im kleinen Schnitt zwischen dem Sarkophag 1232 und der Querhausmauer 1226.

Von S 7,0 bis S 7,90 und O 51,60 bis O 52,40, H 51,45. Erfaßt etwa 1 qm, 5 cm stark; rosafarbiger Estrich auf hellgrauem Bauschutt mit 20 Grad Gefälle nach S und O (Fig. 14, 15 und 16).

1245 Hochgrab des Erzbischofes Walram von Jülich 1332 – 1349 in der Michaelskapelle.

Erfaßt ist die NO-Ecke des gewaltigen Unterbaus der Tumba bei S 13, wahrscheinlich die Grabkammer. Sofort sichernd abgemauert, wurde sie südliche Grabungsgrenze (Fig. 1).

1246 Profil eines radialen Schnittes

Durch Gußfundamente östlich an Spannmauer 332. Von S 0,30; O 51,0 nach S 4,0; O 54,70, H 51,0 bis H 53,0.

Es zeigt die 2. Baumaßnahme in Kryptenbereich nach der Teilzerstörung des Boden 264. Boden noch als Rest mit Putzspuren in der Apsis. Brett- und Balkenspuren 1248 geschnitten; der untere Balken ersetzt an dieser Stelle den weiter nördlich noch erhaltenen Boden, der als Ausgangshöhe der Einbauten dient. Das bis 5 cm starke Brett trennt die Gußmörtel 1205 und 1206. Anschluß bis an die Apsis bildet eine Trampelschicht in H 52,50. Darunter folgen horizontale Auffüllschichten; danach Rundmauer 1225 mit Boden 1224 auf dem Vorgängerboden 1214 (Fig. 8).

1247 Schnitt durch die Nische 1209 in der Apsis

Radialer Verlauf von S 3,40; O 53,80 nach S 4,80; S 55,30.

Zeigt die 2 Phasen der Nische durch die 2 nacheinander eingezogenen Böden in H 52,71 und H 52,73 (hier o. Nr.) wie sie in den Wandputz weiter verlaufen. Dahinter das teilweise auf der Apsis auffußende Fundament eines Kapellenpfeilers. Apsis noch über dem Sockel verputzt (Fig. 5 und 6).

1248 Balken- und Brettspuren in der Krypta

Zwischen den Gußmörteln der Einbauten 1205 und 1206 (Fig. 3 und 8).

WILHELM SCHNEIDER

Baubestandsaufnahmen zur Domgrabung

Stand 1980

1. Domgrabung Köln. Domumriß mit Lagebezeichnungen. – Maßstab 1 : 600.
2. Domgrabung Köln. Übersicht über die Ausgrabungsbereiche. – Maßstab 1 : 800.
3. Domgrabung an der Südseite des Domchores. Drei römische Mosaikböden.
4. Domgrabung an der Südseite des Domchores. Römischer Mosaikboden.
5. Römischer Baubestand in der Nordostecke der römischen Stadt (Insulae H 1/J 1). Maßstab 1 : 600.
6. Mittelalterliche Baubestände. Plan 1. – Maßstab 1 : 600.
7. Mittelalterliche Baubestände. Plan 2. – Maßstab 1 : 600.
8. Mittelalterliche Baubestände. Plan 3. – Maßstab 1 : 600.
9. Mittelalterliche Baubestände. Plan 4. – Maßstab 1 : 600.
10. Domgrabung 1969. Römische und mittelalterliche Baubefunde im Bereich der Dombauhütte. Maßstab 1 : 200.
11. Domgrabung 1969. W-O-Profil. – Maßstab 1 : 100.
12. Domgrabung 1969. W-O-Profil. – Maßstab 1 : 100.
13. Domgrabung 1969. N-S-Profil. – Maßstab 1 : 100.
14. Domgrabung 1969. Nordwand des Dombunkers. Haus mit dem Dionysosmosaik. O-W-Profil. Maßstab 1 : 100.

Falttafel 2

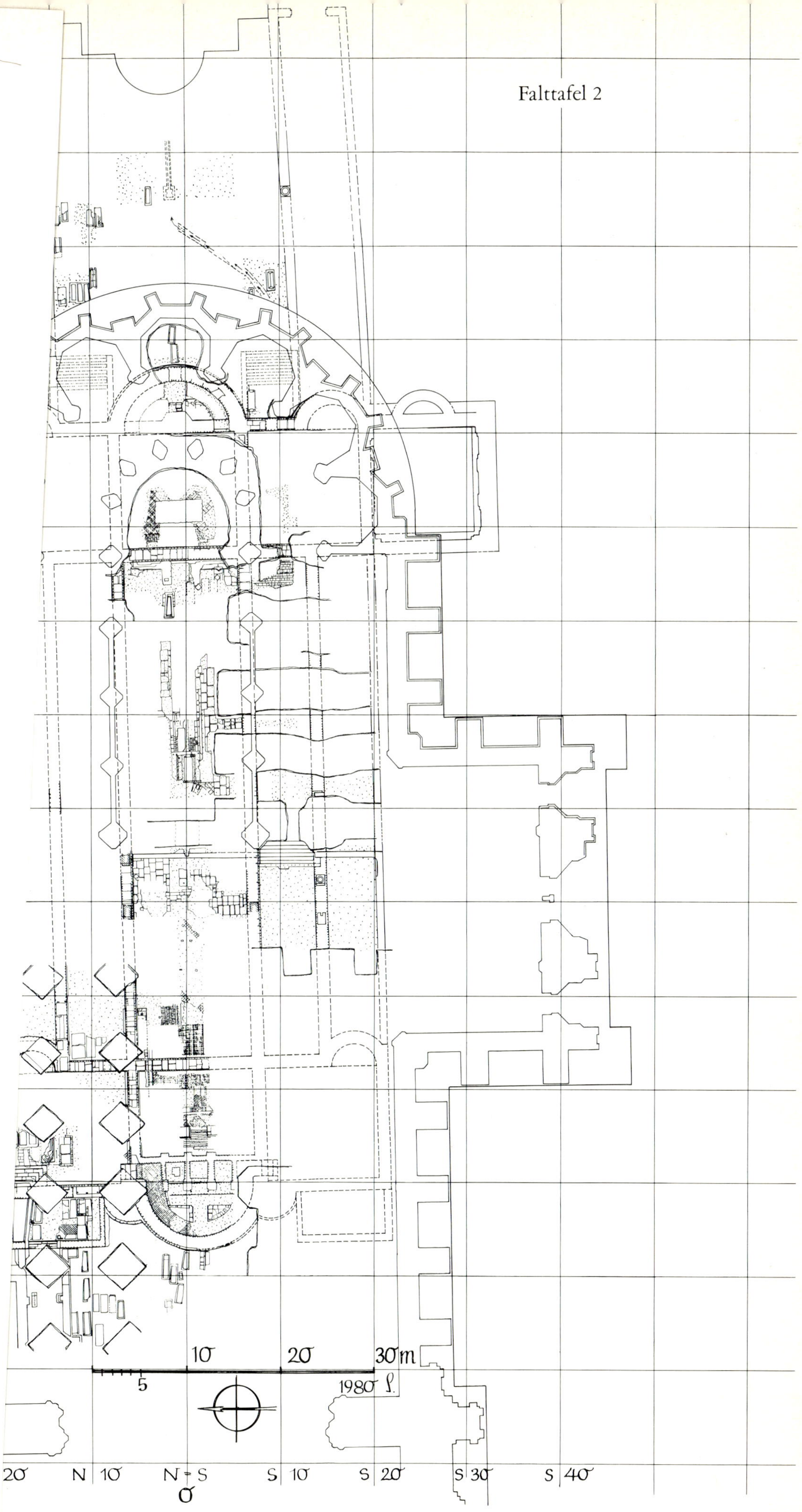

9. Mittelalterliche Baubestände. Plan 4. – Maßstab 1 : 600

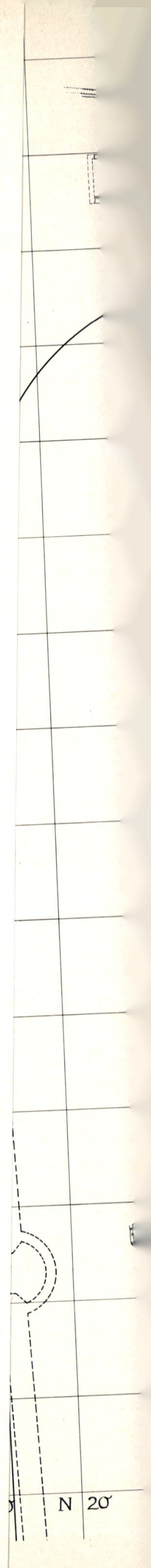
N
20

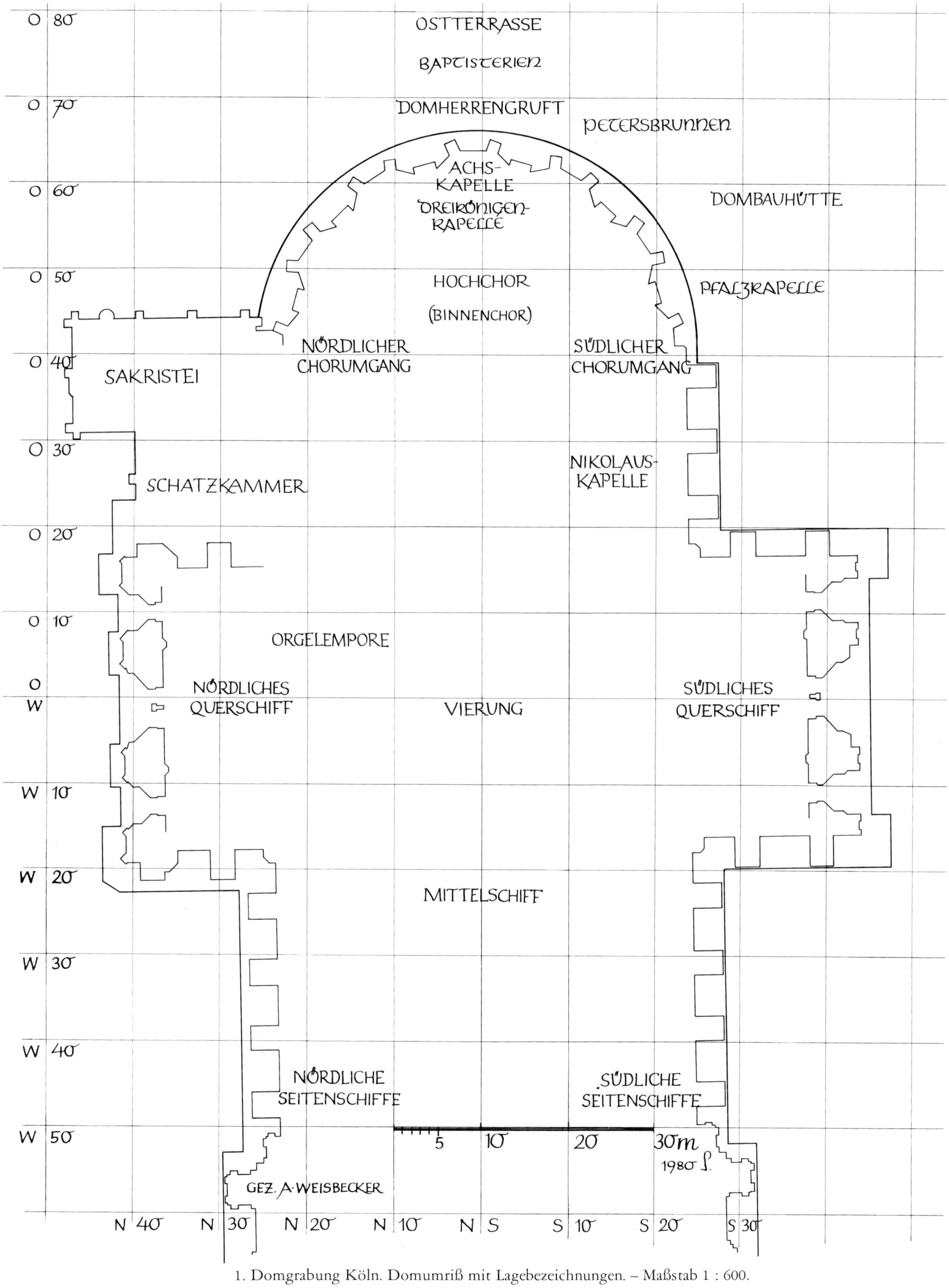

1. Domgrabung Köln. Domumriß mit Lagebezeichnungen. – Maßstab 1 : 600.

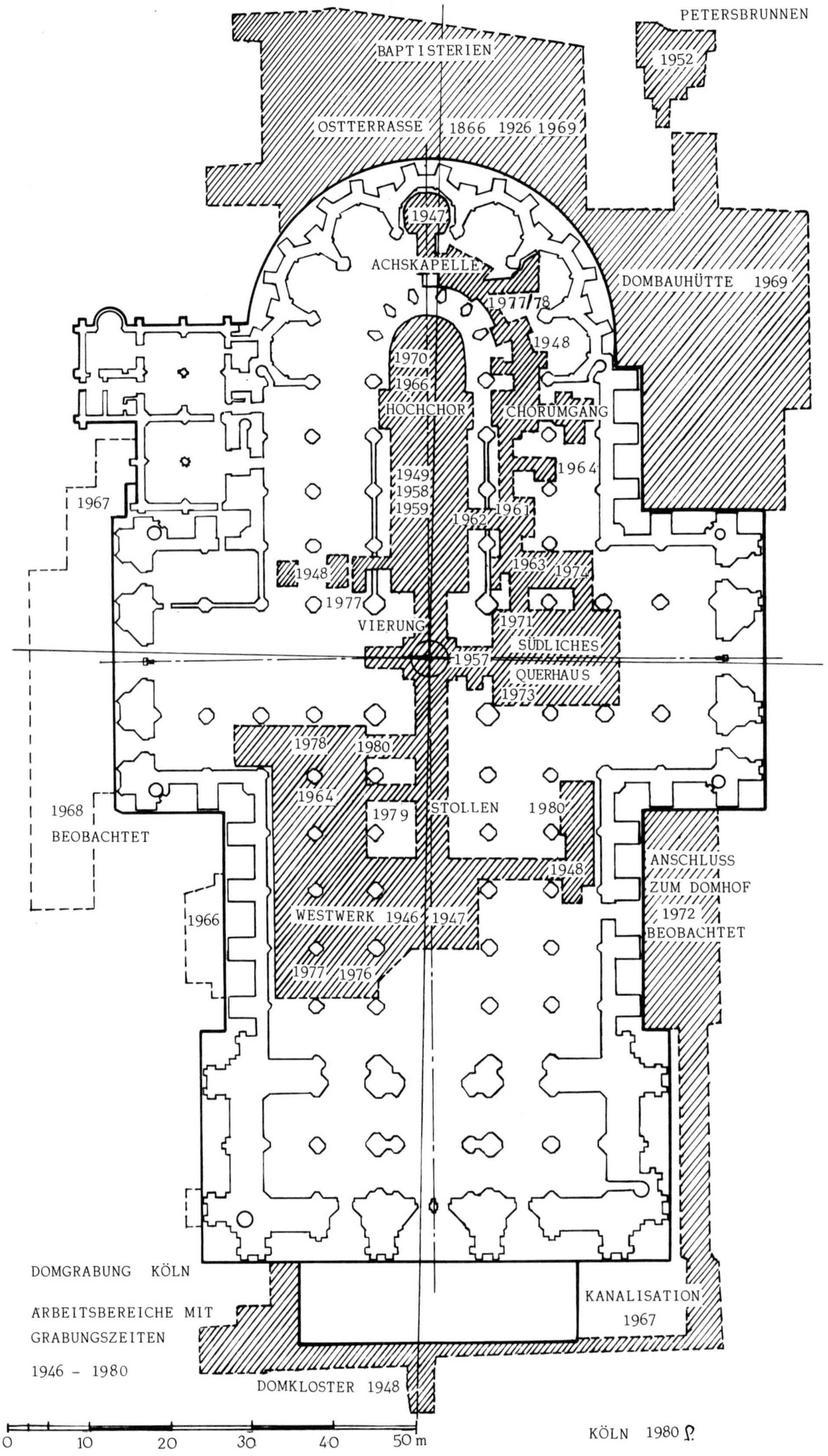

2. Domgrabung Köln. Übersicht über die Ausgrabungsbereiche. – Maßstab 1 : 800.

3. Domgrabung an der Südseite des Domchores. Drei römische Mosaikböden.

4. Domgrabung an der Südseite des Domchores. Römischer Mosaikboden.

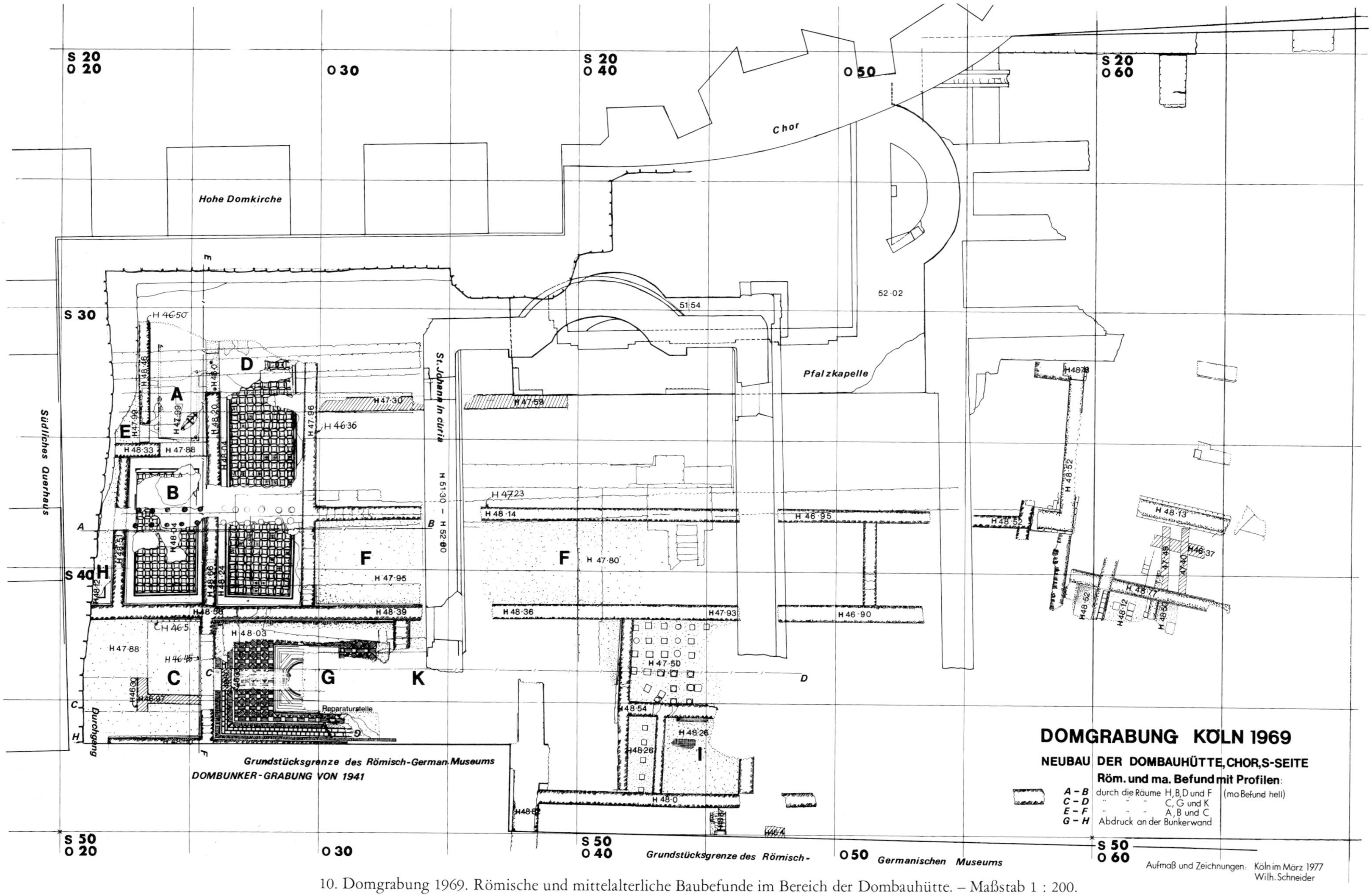

10. Domgrabung 1969. Römische und mittelalterliche Baubefunde im Bereich der Dombauhütte. – Maßstab 1 : 200.

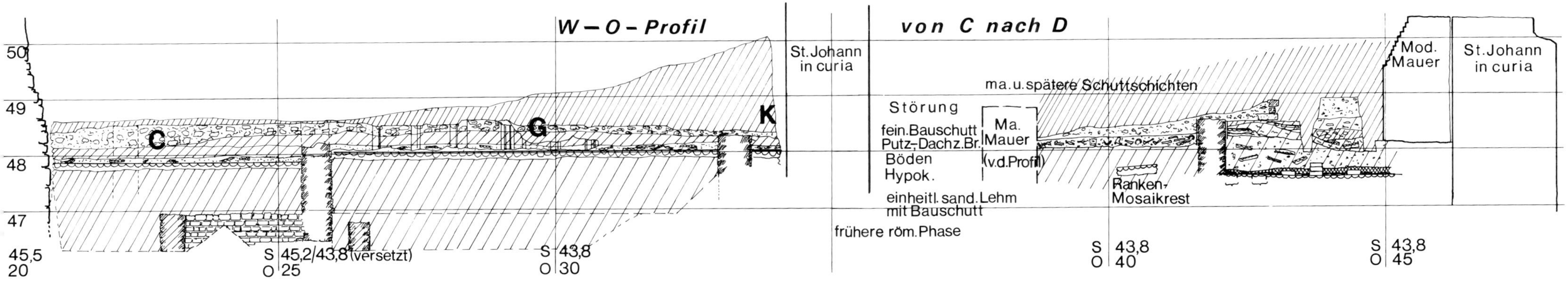

11. Domgrabung 1969. W-O-Profil. – Maßstab 1 : 100.

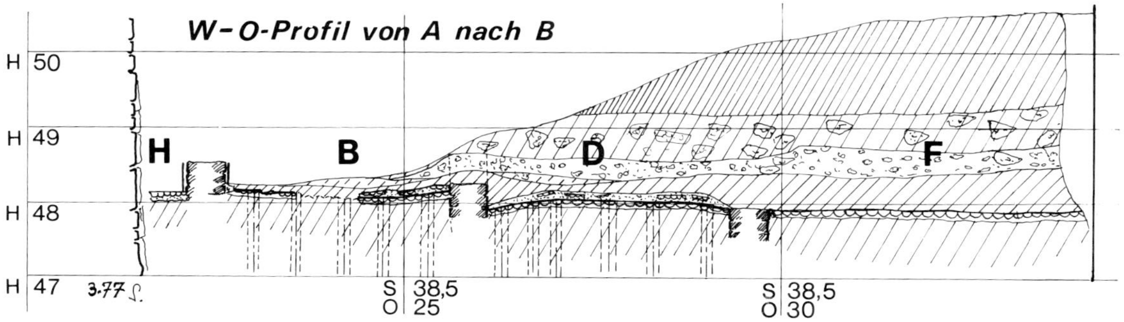

12. Domgrabung 1969. W-O-Profil. – Maßstab 1 : 100.

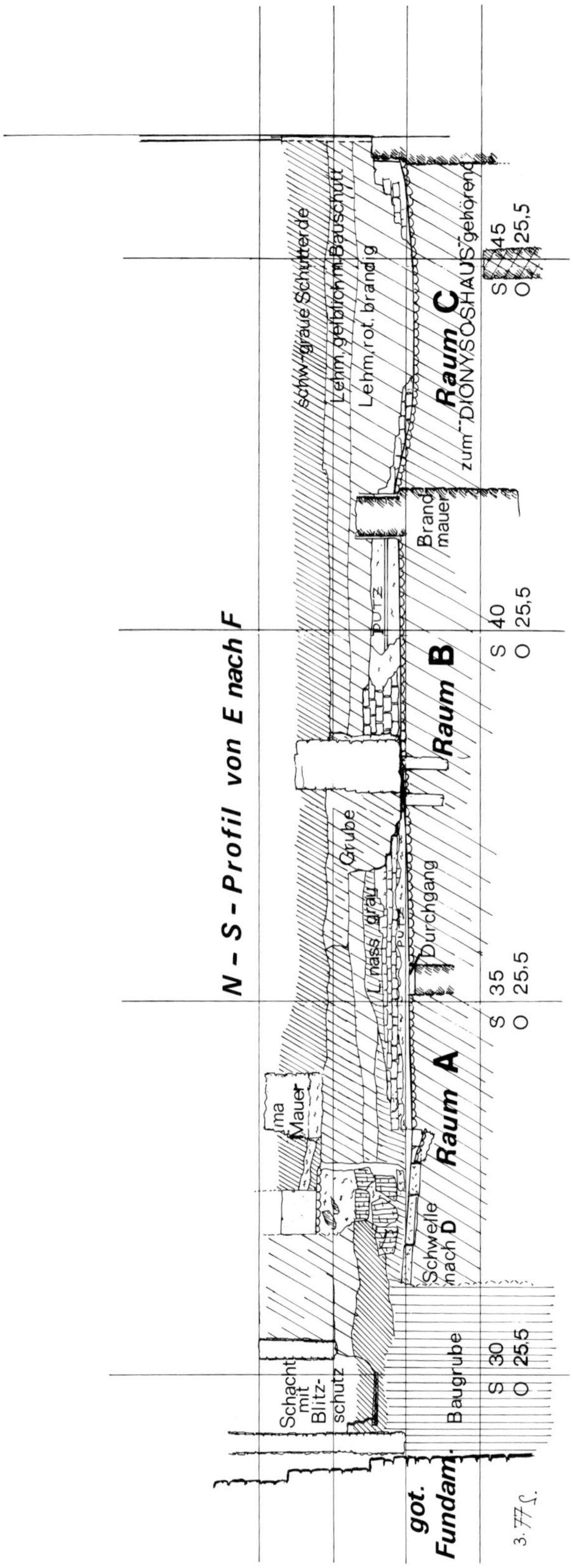

13. Domgrabung 1969. N-S-Profil. – Maßstab 1 : 100.

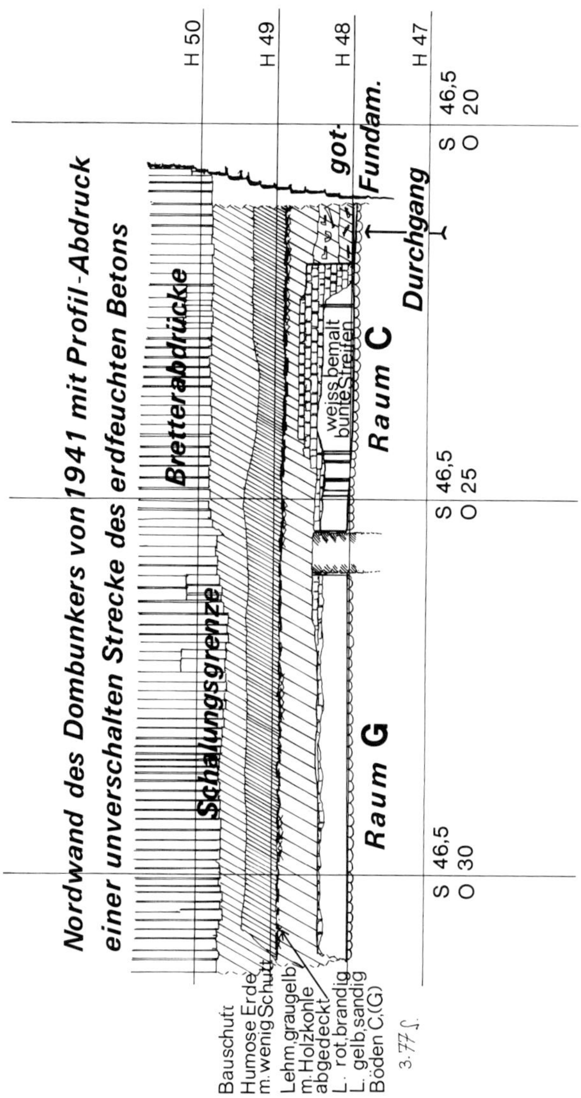

14. Domgrabung 1969. Nordwand des Dombunkers. Haus mit dem Dionysosmosaik. O-W-Profil. – Maßstab 1 : 100.

Der Herausgeber dankt den folgenden Personen und Institutionen, die Abdruckerlaubnis erteilten:

Prof. Dr. Wolfgang Braunfels, München

Zentral-Dombau-Verein, Köln
Römisch-Germanische Kommission des Deutschen Archäologischen Instituts, Frankfurt am Main
Rheinisches Landesmuseum Bonn
Verlag L. Schwann, Düsseldorf
DuMont-Buchverlag, Köln

Bildnachweis

Originalzeichnungen bei der Domgrabung Köln

Alle fotografischen Aufnahmen und Reproduktionen
Rheinisches Bildarchiv und Archiv Domgrabung Köln

S. 135 Höchst, Justinuskirche, Foto Marburg
S. 311 Abb. 5 Bonn, Rheinisches Landesmuseum
S. 523 Abb. 1 aus S. Boisserée, Ansichten, Risse und einzelne Teile des Domes von Köln, neu hrsg. von A. Wolff, Köln 1979, Tafel 1
S. 609 Abb. 11 Bonn, Landeskonservator
S. 611 Abb. 12 nach G. Ghirardini, Gli scavi del Palazzo di Teodorico a Ravenna. In: Monumenti antichi, publicati per cura della Reale accademia dei Lincei 24, Mailand 1916, 738 ff.
S. 612 Abb. 13 Aachen, Dombaumeister
S. 660 Foto G. Bleichert, Baden-Baden, Zeichnung A. Weisbecker, Köln

Farbtafeln

Hillinus-Codex: R. Gaertner, Bergisch Gladbach
Hildebold-Mosaik: R. Gaertner
fränkischer Schmuck: H. Bischoff, Köln
Gerograb: Bonn, Landeskonservator
Gerokreuz: H. Buchen, Rheinisches Bildarchiv
Heribertschrein: Rheinisches Bildarchiv
Dom, Achskapelle: H. Buchen, Rheinisches Bildarchiv